Golfo de Vizcaya
Bayona
Fuenterrabía
Guernica y Luno
Irún
Eibar
País Vasco
Vitoria
Navarra
Tafalla
P. N. de Ordesa y Monte Perdido
La Rioja
Sistema Ibérico
Tudela
Huesca
P. N. de Aigüestortes y lago de san Mauricio
Soria
Tarazona
Zaragoza
Monzón
Lérida
Manresa
Igualada
Montserrat
Terrassa
Vic
Gerona
Figueras
Ampurias
Portbou
Cabo de Creus
Lloret de Mar
Mataró
Badalona
Sabadell
Barcelona
L'Hospitalet de Llobregat
Gavà
Vilanova i la Geltrú
Poblet
Cataluña
Bujaraloz
Embalse de Mequinenza
Aragón
Calatayud
Atienza
Sigüenza
Alcañiz
Reus
Tarragona
Montalbán
Tortosa
Golfo de San Jorge
Cabo de Tortosa
Costa Dorada
Costa Brava
Montpellier
Marsella
Golfo de León
Serranía de Cuenca
Sierra de Gúdar
Albarracín
Teruel
Vinaroz
Cuenca
Tarancón
Comunidad Valenciana
Onda
Segorbe
Castellón de la Plana
Almazora
Burriana
Sagunto
Paterna
Burjassot
Utiel
Requena
Valencia
La Albufera
Golfo de Valencia
La Roda
Júcar
Albacete
Molatón 1 242 m
Alcira
Tomelloso
Gandía
Denia
Alcoy
Cabo de la Nao
Sierra de Alcaraz
Almenara 1 797 m
Elda
Benidorm
Elche
Alicante
Cieza
Orihuela
Sierra de Segura
Murcia
Costa Blanca
Lorca
Cartagena
Cabo Palos
Baza
Huércal-Overa
Águilas
P. N. de Sierra Nevada
Almería
Roquetas de Mar
Cabo de Gata
Costa Cálida
Mar Mediterráneo
Islas Baleares
Cabo Formentor
Mahón
Menorca
Pollensa
Puig Major 1 445 m
Artà
Palma de Mallorca
Mallorca
P. N. Archipiélago de Cabrera
Cabrera
Ibiza
Formentera
40°
Islas Canarias
Alegranza
Graciosa
Lanzarote
P. N. de Timanfaya
Arrecife
La Palma
P. N. Caldera de Taburiente
La Laguna
Puerto de la Cruz
Santa Cruz de Tenerife
P. N. Cañadas del Teide
Tenerife
Fuerteventura
Puerto del Rosario
Gomera
P. N. de Garajonay
Las Palmas de Gran Canaria
Gran Canaria
Hierro
Océano Atlántico
15°
28°
50 km

Comment accéder à la version électronique du *Maxi Poche Plus Espagnol* sur tablette ?

- La **procédure d'installation** est disponible à l'adresse suivante : www.editions-larousse.fr/poche-numerique-espagnol/
- Votre **carte d'activation** permet de télécharger la version électronique du *Maxi Poche Plus Espagnol* sur tablette jusqu'au 31/12/2018.
- **Cette carte est personnelle** et ne peut être communiquée à des tiers (que ce soit à titre gratuit ou payant).

Configuration requise :

iPad 2 et supérieur :
Système d'exploitation Apple iOS7, iOS8, iOS9

Tablette Android :
Système d'exploitation Android 5 et supérieur

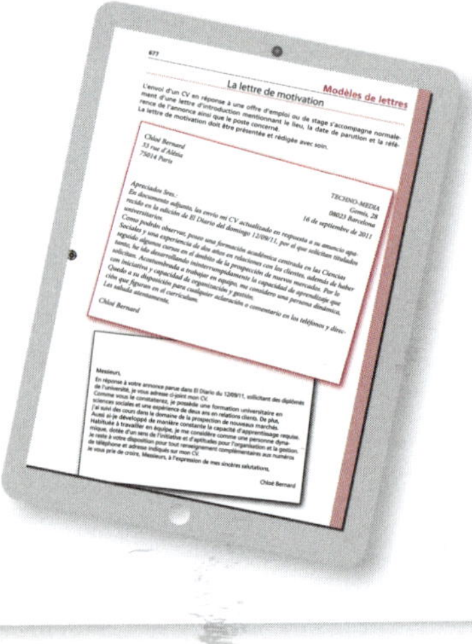

DICTIONNAIRE

Espagnol

français - espagnol • espagnol - français

DICCIONARIO

Francés

francés - español • español - francés

LAROUSSE

DICTIONNAIRES

21, rue du Montparnasse
75283 Paris Cedex 06, France

ISBN 978-2-03-591587-0
www.larousse.fr

Larousse Editorial, S.L.
Rosa Sensat, 9-11, 3ª planta
08005 Barcelona
larousse@larousse.es / www.larousse.es

ISBN 978-84-16368-94-5
2617209

Depósito legal: B-5193-2016
4E2I

Direction du département Dictionnaires et Encyclopédies :
Carine Girac-Marinier

Direction éditoriale :
Claude Nimmo

Édition :
Valérie Katzaros

Rédaction :
David Tarradas Agea

Direction artistique :
Ulrike Meindl

Maquette et mise en page :
Sophie Rivoire *avec* Jérôme Faucheux

Informatique éditoriale, structuration et composition :
Dalila Abdelkader, Monika Al Mourabit, Ivo Kulev

Fabrication :
Marlène Delbeken

Préface

Ce nouveau dictionnaire français-espagnol de la gamme Larousse est l'outil de travail idéal pour un large éventail de situations, allant de l'usage scolaire au contexte quotidien du bureau.

Avec plus de 250 000 mots, expressions et traductions et une présentation claire qui en rend la consultation aisée, ce dictionnaire permet de pleinement comprendre et apprécier textes littéraires et articles de presse, et constitue une aide fondamentale pour faire une traduction ou une synthèse. Le vocabulaire le plus à jour dans un grand nombre de domaines, tels que les technologies de l'information, l'économie, l'environnement, ainsi que les nombreux sigles, abréviations et noms propres, en font une référence particulièrement actuelle. Par le traitement détaillé de la langue courante au travers d'exemples d'emploi, de constructions grammaticales et d'expressions idiomatiques, les indications de sens soulignant la traduction appropriée et mettant en garde contre les faux amis, il permet de rédiger en espagnol sans hésitation et sans risque de contresens. Par ailleurs, ce dictionnaire vise à donner une couverture aussi large que possible de l'espagnol dans le monde aujourd'hui et propose un grand nombre de mots et d'expressions propres à l'Amérique hispanophone. Dans un souci de précision, nous avons étiqueté ces américanismes en fonction de leur zone d'influence géographique.

Partant du principe qu'un dictionnaire est aussi un pont entre les cultures et les sociétés, cet ouvrage propose des clés pour mieux comprendre les civilisations hispaniques par le biais de notes lorsque la traduction demeure insuffisante ou impossible.

Enfin, grâce à son supplément pratique contenant une grammaire synthétique de l'espagnol et un guide de communication, cet ouvrage vise à répondre efficacement aux questions posées par la rédaction de travaux et de lettres en espagnol.

Prólogo

Este nuevo diccionario francés-español de la gama Larousse es la herramienta de trabajo ideal en muy variadas circunstancias, desde el uso en la escuela hasta el uso diario en la oficina.

Con sus más de 250.000 palabras, expresiones y traducciones, así como una presentación clara que facilita la consulta, este diccionario permitirá al lector comprender y apreciar plenamente textos literarios y artículos de prensa, y constituye una ayuda fundamental a la hora de hacer una traducción o una síntesis. Su vocabulario totalmente al día en un gran número de ámbitos, tales como las tecnologías de la información, la economía, el medio ambiente, así como las numerosas siglas, abreviaturas y nombres propios, lo convierten en una referencia particularmente actual. Gracias al tratamiento detallado que de la lengua usual hace mediante ejemplos de uso, las construcciones gramaticales y los modismos, las indicaciones de sentidos que orientan hacia la traducción apropiada y advierten de la existencia de los falsos amigos, este diccionario permite redactar en francés sin enfrentarse a dudas y sin riesgo de contrasentidos. Por otra parte, este diccionario intenta dar una cobertura tan amplia como sea posible del español en el mundo de hoy y propone un gran número de palabras y expresiones propias de la América hispanoparlante. Para ser más precisos, hemos etiquetado estos americanismos en función de su zona geográfica.

Partiendo del principio de que un diccionario es también un puente entre las culturas y las sociedades, esta obra brinda varias claves para comprender mejor las civilizaciones hispanas mediante notas allí donde la traducción resulta insuficiente o imposible.

Asimismo, gracias al suplemento práctico que contiene una gramática sintética del español y una guía de comunicación, esta obra está pensada para responder eficazmente a los diferentes problemas que plantea la redacción de trabajos y cartas en francés.

Comment utiliser le dictionnaire

mot d'entrée
entrada

acupuncture, **acuponcture** [akypɔ̃ktyʀ] nf acupuntura *f*.

variante graphique
variante gráfica

homographes
homógrafos

clochette [klɔʃɛt] nf campanilla *f*.
clodo [klɔdɔ] nmf *fam* vagabundo *m*, -da *f*.

forme féminine
forma femenina

catégorie grammaticale
categoría gramatical

conservateur, **trice** [kɔ̃sɛʀvatœʀ, tʀis] adj & nm, f conservador(ra). ◆ **conservateur** nm [produit] conservante *m*.

numéro qui renvoie aux verbes modèles
numéro que remite a los verbos modelos

introduit une sous-entrée
introduce una subentrada

les constructions, les mots composés et les expressions sont mis en évidence
se destacan las construcciones, los compuestos y las expresiones

fonder [3] [fɔ̃de] vt **1.** [créer] fundar **2.** [baser] basar, cimentar ▸ **fonder qqch sur qqch** basar algo en algo ▸ **fonder des espoirs sur qqn** fundar esperanzas en alguien. ◆ **se fonder** vp ▸ **se fonder sur qqch** basarse en algo.

transcription phonétique
transcripción fonética

numéros indiquant les sens
números que indican las acepciones

traduction générale
traducción general

indicateur de domaine
indicador de campo semántico

indication précise du sens et du contexte
indicación precisa del significado y del contexto

chaîne [ʃɛn] nf **1.** [gén] cadena *f* ▸ **à la chaîne** en cadena ▸ **chaîne alimentaire** ÉCOL cadena alimentaria ▸ **chaîne du froid** cadena de frío ▸ **chaîne de montage** cadena de montaje ▸ **chaîne de montagnes** cadena montañosa, cordillera *f* **2.** [appareil] equipo *m*, cadena *f* ▸ **chaîne hi-fi / stéréo** equipo de alta fidelidad/estéreo **3.** TV canal *m*, cadena *f* ▸ **chaîne à péage** cadena de pago ▸ **chaîne cablée / cryptée** cadena del cable/canal codificado ▸ **chaîne de télévision** canal de televisión ▸ **chaîne thématique** canal temático. ◆ **chaînes** nfpl **1.** [pour pneus] cadenas *fpl* **2.** *fig* [servitude] lazos *mpl*. ◆ **en chaîne** loc adj en cadena ▸ **des catastrophes en chaîne** catástrofes en cadena.

sous-entrée : les verbes pronominaux, les verbes qui s'utilisent avec une préposition et les substantifs pluriels figurent en sous-entrée
subentrada: los verbos pronominales, los verbos que se emplean con una preposición y los substantivos plurales van en una subentrada

exemples illustratifs des expressions
ejemplos ilustrativos de las expresiones

indication de l'usage
indicación del nivel de uso

exemples : le mot d'entrée est montré en contexte

ejemplos: la entrada se presenta contextualizada

indication du niveau de langue

indicación del nivel de lengua

expressions regroupées par ordre alphabétique

expresiones agrupadas y ordenadas alfabéticamente

avoir[1] [1] [avwaʀ]

❖ v aux

haber / *je n'ai pas encore fini* todavía no he acabado / *si je l'avais vu, je le lui aurais dit* si lo hubiera visto, se lo habría dicho

❖ vt

1. [gén] tener / *il a deux enfants / une belle maison* tiene dos hijos/una casa bonita / *elle a vingt ans* tiene veinte años ▸ **avoir du chagrin** estar triste ▸ **avoir de la sympathie pour qqn** tenerle simpatía a alguien ▸ **avoir faim** tener hambre ▸ **avoir sommeil** tener sueño ▸ **j'ai mal à la tête** me duele la cabeza

2. [obtenir] obtener / *avoir son permis de conduire* sacarse el carnet de conducir

3. EXPR **en avoir après qqn** *fam* tener algo contra alguien ▸ **j'en ai pour cinq minutes** sólo serán cinco minutos ▸ **se faire avoir** *fam* dejarse engañar

les mots importants et le plus souvent consultés sont mis en évidence

se destacan las palabras más importantes y que son a menudo las más consultadas

lorsqu'il en existe une, on donne une équivalence culturelle du mot d'entrée

cuando existe un equivalente cultural de la entrada, se da

abréviations et sigles

abreviaturas y siglas

SAMU, Samu [samy] (*abr de* **Service d'aide médicale d'urgence**) nm *servicio móvil de urgencias médicas* ; ≃ SAMUR / *les interventions du SAMU* ≃ las intervenciones del SAMUR. ◆ **SAMU social, Samu social** nm *servicio móvil de urgencia destinado a la acogida de personas sin techo.*

glose, c'est-à-dire explication, lorsqu'il n'y a pas de traduction

glosa, es decir explicación, cuando no hay ninguna traducción

noms propres, termes géographiques, personnages historiques, etc.

nombres propios, términos geográficos, personajes históricos, etc.

Byzance [bizɑ̃s] npr Bizancio ▸ **c'est Byzance !** *fam* ¡es un lujo asiático!

ce symbole met en garde contre les faux amis

este símbolo avisa de la existencia de falsos amigos

bonbon [bɔ̃bɔ̃] nm **1.** [friandise] caramelo *m* ▸ **bonbon acidulé** caramelo ácido **2.** BELGIQUE [gâteau sec] galleta *f*.

⚠ **Bombón** est un faux ami, **un bombón** ne signifie pas *un bonbon*, mais « un chocolat ».

les noms géographiques sont réunis par type dans un encadré (îles, lacs, mers, etc.)

ciertos nombres relativos a la geografía están reunidos en un mismo cuadro (islas, lagos, mares, cabos, etc.)

désert, e [dezɛʀ, ɛʀt] adj desierto(ta). ◆ **désert** nm desierto *m* ▸ **crier** ou **parler** ou **prêcher dans le désert** clamar ou predicar en el desierto.

Déserts

le désert d'Atacama	el desierto de Atacama
le désert de Gobi	el desierto de Gobi
le désert du Kalahari	el desierto de Kalahari
le désert de Libye	el desierto de Libia
le désert du Namib	el desierto de Namibia
le désert de Nubie	el desierto de Nubia
le désert du Sahara	el desierto del Sahara

Cómo usar et diccionario

entrada
mot d'entrée

transportable, **trasportable** adj portable.

variante gráfica
variante graphique

homógrafos
homographes

modular[1] ◆ adj modulaire. ◆ sm RP **1.** [sofá] canapé *m* modulaire **2.** [pieza de sofá] module *m*.
modular[2] vt moduler.

forma femenina
forme féminine

chileno, na ◆ adj chilien(enne). ◆ sm, f Chilien *m*, -enne *f*.

introduce una categoría gramatical
introduit une catégorie grammaticale

subentrada: los verbos pronominales, los verbos que se emplean con una preposición y los substantivos plurales van en una subentrada
sous-entrée : les verbes pronominaux, les verbes qui s'utilisent avec une préposition et les substantifs pluriels figurent en sous-entrée

temer ◆ vt ▸ **temer (algo / a alguien)** craindre (qqch / qqn) / *teme el agua / a su madre* il a peur de l'eau / de sa mère / *temo que se vaya* je crains qu'il ne s'en aille. ◆ vi avoir peur, craindre / *teme por sus hijos* il a peur pour ses enfants ▸ **no temas** ne crains rien ▸ **temer por la vida de alguien** craindre pour la vie de qqn. ◆ **temerse** vprnl craindre / *me temo lo peor* je crains le pire.

ejemplos : la entrada se presenta contextualizada
exemples : le mot d'entrée est montré en contexte

se indican las diferentes acepciones de las expresiones
les différents sens des expressions sont indiqués

andar[1] [52]
◆ vi
1. [caminar, funcionar] marcher / *hemos venido andando* nous sommes venus à pied
2. [estar] être / *andar preocupado* être inquiet / *andar mal de dinero* être à court d'argent / *las cosas andan mal* les choses vont mal / *ando con dolor de cabeza* j'ai mal à la tête / *anda sin trabajo* il n'a pas de travail / *creo que anda por ahí* je crois qu'il est quelque part par là ▸ **andar haciendo algo** être en train de faire qqch ▸ **andar tras algo / alguien** a) [buscar] être à la recherche de qqch / qqn b) [perseguir] courir après qqch / qqn ▸ **andar en** a) [papeleos, negocios] être dans b) [asuntos, líos] être mêlé(e) à c) [pleitos] être en
3. [hurgar] ▸ **andar en** fouiller dans

traducción general
traduction générale

indicación precisa del significado y del contexto
indication précise du sens et du contexte

números que indican las acepciones
numéros indiquant les sens

expresiones agrupadas y ordenadas alfabéticamente
expressions regroupées par ordre alphabétique

campo sm **1.** [gen] champ *m* ▸ **a campo traviesa** à travers champs ▸ **a campo abierto** à découvert ▸ **campo de batalla / de tiro** champ de bataille / de tir ▸ **campo eléctrico** champ électrique ▸ **dejar el campo libre** *fig* laisser le champ libre **2.** [campiña] campagne *f* **3.** DEP [de fútbol, hockey, golf] terrain *m* ; [de tenis] court *m* ▸ **jugar en campo propio** jouer sur son propre terrain o à domicile ▸ **jugar en campo contrario** jouer à l'extérieur **4.** *fig* [ámbito] domaine *m* **5.** RP [finca] ferme *f* **6.** EXPR **hacer campo** ANDES faire de la place, écarter la foule. ◆ **campo de concentración** sm camp *m* de concentration. ◆ **campo de trabajo** sm [para prisioneros] camp *m* de travail. ◆ **campo visual** sm champ *m* visuel.

se destacan las construcciones, los compuestos y las expresiones
les constructions, les mots composés et les expressions sont mis en évidence

indicador de campo semántico
indicateur de domaine

abreviaturas y siglas

abréviations et sigles

SPE (*abr de* **Servicios Públicos de Empleo**) smpl *institut national espagnol pour l'emploi* ; ≃ Pôle emploi *m* ◆ **una oficina de los SPE** ≃ une agence du Pôle emploi.

glosa, es decir explicación, cuando no hay ninguna traducción

glose, c'est-à-dire explication, lorsqu'il n'y a pas de traduction

cuando existe un equivalente cultural de la entrada, se da

lorsqu'il en existe une, on donne une équivalence culturelle du mot d'entrée

cajón sm **1.** [compartimento] tiroir *m* **2.** [recipiente] caisse *f* **3.** AM [ataúd] cercueil *m* **4.** MÉX [para aparcar] place *f* de parking **5.** RP [de botellas] casier *m* **6.** CHILE [entre montañas] gorge *f*, défilé *m* **7.** EXPR **es de cajón** ESP *fam* ça va de soi. ◆ **cajón de sastre** sm fourre-tout *m inv*.

amplia cobertura de americanismos con marcas de país o zonas de influencia geográfica

large couverture des américanismes étiquetés selon leur zone d'influence géographique

se especifican las palabras usadas únicamente en España

les mots utilisés seulement en Espagne sont indiqués

indicación del nivel de lengua

indication du niveau de langue

nombres propios, términos geográficos, personajes históricos, etc.

noms propres, termes géographiques, personnages historiques, etc.

Belice npr Belize *m*.

Lenguas oficiales

Il existe en Espagne plusieurs langues officielles. L'espagnol, ou castillan, est la langue commune à tout le territoire, mais dans certaines communautés autonomes, il est associé à la langue autochtone. Les autres langues officielles sont le catalan en Catalogne, le basque ou euskera au Pays Basque et le galicien en Galice. Chacune de ces communautés a établi des lois visant à réglementer l'utilisation de la langue autochtone dans les écoles, les administrations, le monde du travail, etc., connues sous le nom de **leyes de normalización lingüística** (lois de normalisation linguistique).

información de carácter cultural o enciclopédico

informations de nature culturelle ou encyclopédique

expresiones corrientes y útiles para expresar distintas nociones reunidas en un cuadro

des expressions courantes et utiles pour exprimer différentes notions réunies dans un encadré

Cómo presentar disculpas

- **Pardon !** *(para disculparse) ¡Perdón!* o *¡Lo siento!*
- **Pardon !** *(para pasar) ¡Con permiso!*
- **Excusez-moi, je dois vous laisser.** *Perdone, pero tengo que irme.*
- **Désolé de vous interrompre, mais...** *Siento interrumpirle, pero...*
- **Je suis désolé pour le malentendu de ce matin.** *Siento el malentendido de esta mañana.*
- **Je suis (vraiment) désolé.** *Lo siento (muchísimo).*
- **J'ai bien peur que nous ne soyons obligés de tout annuler.** *Me temo que vamos a vernos obligados de cancelarlo todo.*
- **Je vous dois des excuses.** *Le debo disculpas.*

Abreviaturas / Abréviations

Abreviaturas		Abréviations
equivalente cultural	≈	équivalent culturel
abreviatura	***abr***	abréviation
adjetivo	**adj**	adjectif
administración	**ADMIN**	administration
adverbio	**adv**	adverbe
aeronáutica	**AERON / AÉRON**	aéronautique
agricultura	**AGRIC**	agriculture
anatomía	**ANAT**	anatomie
arquitectura	**ARCHIT**	architecture
argot crimen	***arg crim / arg crime***	argot du milieu
argot escolar	***arg escol / arg scol***	argot scolaire
arquitectura	**ARQUIT**	architecture
astrología	**ASTROL**	astrologie
astronomía	**ASTRON**	astronomie
biología	**BIOL**	biologie
botánica	**BOT**	botanique
química	**CHIM**	chimie
comercio	**COM / COMM**	commerce
comparativo	**compar**	comparatif
conjunción	**conj**	conjonction
construcción	**CONSTR**	construction
costura	**COUT**	couture
cocina	**CULIN**	cuisine
culto	***culto***	soutenu
demostrativo	**demos / dém**	démonstratif
deporte	**DEP**	sport
derecho	**DER / DR**	droit
despectivo	***despec***	péjoratif
desuado	***desus***	vieilli
ecología	**ECOL / ÉCOL**	écologie
electricidad	**ELECTR / ÉLECTR**	électricité
electrónica	**ELECTRÓN / ÉLECTRON**	électronique
equitación	**EQUIT / ÉQUIT**	équitation
eufemismo	***eufem / euphém***	euphémisme
exclamativo	**excl**	exclamatif
bloque de las expresiones	**EXPR**	bloc des expressions
femenino	**f**	féminin
familiar	***fam***	familier
ferrocarril	**FERROC**	rail
figurado	***fig***	figuré
filosofía	**FILOS**	philosophie
finanzas	**FIN**	finance
física	**FÍS**	physique
fútbol	**FÚT / FOOTBALL**	football
generalmente	**gen / gén**	généralement
geografía	**GEOGR/ GÉOGR**	géographie
geología	**GEOL / GÉOL**	géologie
geometría	**GEOM / GÉOM**	géométrie
gramática	**GRAM / GRAMM**	grammaire
historia	**HIST**	histoire
humorístico	***hum***	humoristique
imprenta	**IMPR**	imprimerie
indefinido	**indef / indéf**	indéfini
informática	**INFORM**	informatique
insultante	***injur***	injurieux
insultante	***insult***	injurieux
interjección	**interj**	interjection
interrogativo	**interrog / interr**	interrogatif
invariable	**inv**	invariable
irónico	***irón / iron***	ironique
lingüística	**LING**	linguistique
literario	***liter / litt***	littéraire
literatura	**LITER /LITTÉR**	littérature
locución	**loc**	locution

masculino	**m**	masculin
matemáticas	**MAT / MATH**	mathématiques
mecánica	**MECÁN**	mécanique
medicina	**MED / MÉD**	médecine
meteorología	**METEOR / MÉTÉOR**	météorologie
masculino y femenino	***mf***	masculin et féminin
muy familiar	***mfam***	très familier
militar	**MIL**	militaire
mitología	**MITOL**	mythologie
música	**MÚS / MUS**	musique
mitología	**MYTHOL**	mythologie
náutica	**NÁUT / NAUT**	nautique
sustantivo femenino	**nf**	nom féminin
sustantivo masculino	**nm**	nom masculin
sustantivo masculino, sustantivo femenino	**nm, f**	nom masculin, nom féminin
sustantivo masculino y femenino	**nmf**	nom masculin et féminin
nombre propio	**npr**	nom propre
numeral	***num***	numéral
despectivo	***péj***	péjoratif
filosofía	**PHILO**	philosophie
fonética	**PHON**	phonétique
física	**PHYS**	physique
plural	**pl**	pluriel
política	**POLÍT / POLIT**	politique
participio pasado	**pp**	participe passé
sentido propio	***pr***	sens propre
prefijo	**pref / préf**	préfixe
preposición	**prep / prép**	préposition
pronombre	**pron**	pronom
pronombre personal	**pron pers**	pronom personnel
pronombre posesivo	**pron poses / pron poss**	pronom possessif
pronombre relativo	**pron relat / pron rel**	pronom relatif
proverbio	***prov***	proverbe
psicología	**PSICOL/ PSYCHO**	psychologie
algo	**qqch**	quelque chose
alguíen	**qqn**	quelqu'un
química	**QUÍM**	chimie
radio	**RAD**	radio
religión	**RELIG**	religion
educación	**SCOL**	scolaire
sustantivo femenino	**sf**	nom féminin
singular	**sing**	singulier
sustantivo masculino	**sm**	nom masculin
sustantivo masculino y femenino	**smf**	nom masculin et féminin
sustantivo masculino, sustantivo femenino	**sm, f**	nom masculin, nom féminin
culto	***sout***	soutenu
sujeto	***suj***	sujet
superlativo	***superl***	superlatif
tauromaquia	**TAUROM**	tauromachie
tecnología	**TECNOL / TECHNOL**	technologie
telecomunicaciones	**TELECOM / TÉLÉCOM**	télécommunications
muy familiar	***tfam***	très familier
televisión	**TV**	télévision
tipografía	**TYPO**	typographie
universidad	**UNIV**	université
verbo	**v**	verbe
verbo auxiliar	**v aux**	verbe auxiliaire
verbo copulativo	**v cop / v att**	verbe attributif
verbo impersonal	**v impers**	verbe impersonnel
verbo intransitivo	**vi**	verbe intransitif
verbo pronominal	**vprnl / vp**	verbe pronominal
verbo pronominal intransitivo	**vprnli / vpi**	verbe pronominal intransitif
verbo pronominal transitivo	**vprnlt / vpt**	verbe pronominal transitif
verbo transitivo	**vt**	verbe transitif
vulgar	***vulg***	vulgaire
zoología	**ZOOL**	zoologie

Les encadrés du dictionnaire

Notes sur la culture et la société

L'Académie française
L'Alliance française
Arrondissement
L'Assemblée nationale
Le Festival d'Avignon
Le baccalauréat
La Bastille
Beaubourg
La Bibliothèque nationale de France
Le bizutage
Café
Le Festival de Cannes
Césars
Les châteaux de la Loire
Le cinéma français
La cinémathèque française
Classes préparatoires
Les classiques
Collège
Le Collège de France
La Comédie-Française
Concours
Le Conseil constitutionnel
Le coq gaulois
La Déclaration des droits de l'homme et du citoyen
Département
Grande école
L'Élysée
Fête
La Fête de la musique
La francophonie
La galette des Rois
L'impressionnisme
L'Institut de France
L'Institut Pasteur
Le Journal officiel
La fête du 14 juillet
La laïcité
La Légion d'honneur
La Libération
Louis XIV
Le Louvre
Le siècle des Lumières
Lycée
1er mai
Mai 1968
Marianne
La Marseillaise
Matignon
Muguet
Napoléon 1er
Musée d'Orsay
Pâques
Paris
Poisson d'avril
Polytechnique
Le privé et le public
Le prix Goncourt
Quai
Quartier Latin
Le quinquennat
Région
La rentrée
La République
La Résistance
Révolution Française
Roland-Garros
Saint-Germain-des-Prés
La Sécurité sociale
Le Sénat
La Sorbonne
Tour de France
Tour Eiffel
La Toussaint
Verlan
Vouvoiement

Comment exprimer...

L'accord
Que l'on aime ou que l'on n'aime pas quelqu'un ou quelque chose
L'autorisation
La certitude
La comparaison
La compassion
Que l'on a compris / pas compris
La condition
La confirmation
Un conseil
La crainte
Une demande
Le désaccord
La désapprobation
L'encouragement
Des excuses
Des explications
Des félicitations
L'impatience
L'impossibilité
L'improbabilité
L'incertitude
L'indifférence
L'indignation
L'interdiction
Une invitation
Une menace
L'obligation
Une opinion
Un ordre
La permission
La persuasion
Une plainte
La possibilité
Une préférence
Comment se présenter
La probabilité
Une proposition
Que l'on donne raison à quelqu'un
Le refus
Des regrets
Des remerciements
Comment fixer un rendez-vous
Comment résumer
Comment dire au revoir
Les salutations
Des souhaits
La supposition
La surprise
Que l'on donne tort à quelqu'un
Des vœux

Los cuadros del diccionario

Notas acerca de la cultura y la sociedad

Real Academia Española
El Al Ándalus
Apellido
Los aztecas
Baraja española
BOE
Botafumeiro
Café
Camino de Santiago
Miguel de Cervantes
Los charros
Churros
El Cid
El cine español
Cristóbal Colón
Comunidad Autónoma
Los conquistadores
Las Cortes
El descubrimiento de América
Dolarización
El Dorado
Entierro de la Sardina
El español
Estatuto de Autonomía
23 F
Fallas de Valencia
Feria de Abril
El flamenco
El franquismo
Gaucho
Generación del 27
Generación del 98
Gitano
Guardia Civil
Guerra Civil española
Imperio español
Los incas
Los Santos Inocentes
Inquisición
Lenguas amerindias
Lenguas oficiales
El Levantamiento
Día del libro
11 M
Mariachis
Mate
Los mayas
Monarquía española
Moncloa
La movida madrileña
Día de los muertos
El Muralismo
ONCE
Panamericana
Parador Nacional
Paso del Ecuador
Picaresca
Museo del Prado
Premio Miguel de Cervantes
Don Quijote de la Mancha
Reconquista
Reyes Magos
Sanfermines
Semana Santa
Siglo de Oro
Sistema educativo
El tango
Tapas
Los toros
Transición
Tuna
Las doce uvas
Zarzuela
El Palacio de la Zarzuela

Cómo expresar…

El acuerdo
Una amenaza
Cómo dar ánimos
El arrepentimiento
La certeza
Cómo fijar una cita
Cómo hacer una comparación
La compasión
Cómo decir que hemos comprendido o no
La condición
Cómo confirmar
Un consejo
Cómo convencer
El desacuerdo
La desaprobación
Deseos
Cómo despedirse
Cómo presentar disculpas
Cómo indicar a alguien su error
Explicaciones
Cómo felicitar
Cómo dar las gracias
Cómo decir que no nos gusta algo o alguien
La impaciencia
La imposibilidad
La improbabilidad
La incertidumbre
La indiferencia
La indignación
Cómo invitar
La obligación
Una opinión
Cómo dar órdenes
Cómo pedir permiso
Cómo dar permiso
La posibilidad
Una preferencia
Cómo presentarse
La probabilidad
Cómo prohibir
Una propuesta
Una queja
Cómo dar razón a alguien
El rechazo
Cómo resumir
Cómo saludar
Una solicitud
Una sorpresa
La suposición
El temor

Variétés de l'espagnol / Variedades del espagñol

español de América	AM	espagnol d'Amérique
español de Argentina	ARG	espagnol d'Argentine
español de Bolivia	BOL	espagnol de Bolivie
español de América Central	CAM	espagnol d'Amérique centrale
español del Caribe	CARIB	espagnol des Antilles
español de Colombia	COL	espagnol de Colombie
español de Costa Rica	CRICA	espagnol du Costa Rica
español del Cono Sur	CSUR	espagnol du Cône sud
español de España	ESP	espagnol d'Espagne
español de México	MÉX	espagnol du Mexique
español del Río de la Plata	RP	espagnol du Río de la Plata
español de Uruguay	URUG	espagnol de l'Uruguay
español de Venezuela	VEN	espagnol du Vénézuela

Transcripción fonética

Ya que la pronunciación del español no presenta irregularidades, las palabras españolas no llevan transcripción fonética en este diccionario; sólo algunos préstamos lingüísticos procedentes de otras lenguas y de difícil pronunciación aparecen transcritos.

En el caso de los compuestos franceses (ya sea cuando llevan guiones o no), se proporciona la transcripción fonética de todo aquel elemento que no aparezca en el diccionario como entrada en sí misma.

Transcription phonétique

La prononciation de l'espagnol ne présentant pas d'irrégularités, les mots espagnols ne comportent pas de transcription phonétique dans ce dictionnaire, mis à part certains emprunts linguistiques. En revanche, tous les mots français sont suivis d'une transcription phonétique.

Pour les mots composés français (avec ou sans trait d'union), la transcription phonétique est présente pour les éléments qui n'apparaissent pas dans le dictionnaire en tant qu'entrée à part entière.

Vocales españolas

[i] piso, imagen
[e] tela, eso
[a] pata, amigo
[o] bola, otro
[u] luz, una

Voyelles françaises

[i] fille, île
[e] pays, année
[ɛ] bec, aine
[a] lac, papillon
[o] drôle, aube
[ɔ] botte, automne
[u] outil, goût
[y] usage, lune
[ø] aveu, jeu
[œ] peuple, bœuf
[ə] le, je

Diptongos españoles

[ei] ley, peine
[ai] aire, caiga
[oi] soy, boina
[au] causa, aula
[eu] Europa, feudo

Nasales françaises

[ɛ̃] timbre, main
[ɑ̃] champ, ennui
[ɔ̃] ongle, mon
[œ̃] parfum, brun

Semivocales / Semi-voyelles

Semivocales		Semi-voyelles
hierba, miedo	[j]	yeux, lieu
agua, hueso	[w]	ouest, oui
	[ɥ]	lui, nuit

Transcripción fonética / Transcription phonétique

Consonantes / Consonnes

Consonantes		Consonnes
papá, campo	[p]	prendre, grippe
bomba, vaca	[b]	bateau, rosbif
caballo, curvo	[ß]	
toro, pato	[t]	théâtre, temps
donde, caldo	[d]	dalle, ronde
que, cosa	[k]	coq, quatre
grande, guerra	[g]	garder, épilogue
aguijón, buldog	[ɣ]	
ocho, chusma	[ʧ]	
fui, afable	[f]	physique, fort
	[v]	voir, rive
cera, paz	[θ]	
cada, pardo	[ð]	
solo, paso	[s]	cela, savant
	[z]	fraise, zéro
	[ʃ]	charrue, schéma
	[ʒ]	rouge, jabot
gema, jamón	[x]	
madre, cama	[m]	mât, drame
no, pena	[n]	nager, trône
caña	[ɲ]	agneau, peigner
	[ŋ]	lifting, parking
ala, luz	[l]	halle, lit
	[R]	rude, arracher, ouvrir
altar, paro	[r]	
perro, rosa	[rr]	
llave, collar	[ʎ]	

El símbolo ['] representa la "h aspirada" francesa, por ejemplo "hacher" ['aʃe].

Le symbole ['] représente le « h aspiré » français, par exemple « hacher » ['aʃe].

Marques déposées :

Les termes considérés comme des marques déposées sont signalés dans cet ouvrage par ®. Cependant, la présence ou l'absence de ce symbole ne constitue nullement une indication quant à la valeur juridique de ces termes.

Marcas registradas:

Los términos considerados como marcas registradas vienen indicados en esta obra con ®. No obstante, la presencia o la ausencia de este símbolo no constituyen en ningún modo una indicación en lo que al valor jurídico de estos términos se refiere.

Réforme de l'orthographe

Des recommandations pour une orthographe française revue et modernisée ont été faites en 1990 par le groupe de travail du Conseil supérieur de la langue française. Elles avaient pour but de supprimer des exceptions, d'établir des régularités, de mettre en adéquation la graphie avec la prononciation actuelle et ainsi de faciliter l'apprentissage de la langue. L'Académie française s'est prononcée pour souligner que ces règles n'avaient aucun caractère obligatoire et qu'aucune des graphies, la traditionnelle ou la nouvelle, n'était tenue pour fautive. Récemment, par son *Bulletin officiel* du 12 avril 2007, le ministère français de l'Éducation nationale a demandé aux enseignants de l'école primaire de prendre en compte ces nouvelles graphies.

Ce dictionnaire ne montre pas la nouvelle graphie. Voici néanmoins les cinq grands principes qui sous-tendent cette réforme et donnent à chacun les règles pour écrire en nouvelle orthographe.

Une graphie plus phonétique

- **Plus intuitive :** ***exéma*** au lieu de ***eczéma, ognon*** au lieu de ***oignon***
- **Plus simple :** certaines lettres superflues peuvent être omises : le « e « de ***asseoir, rasseoir*** et ***surseoir*** [infinitif et formes conjuguées] ; le «h» de ***saccharine***, etc.

Des familles réassorties

Par exemple le fameux ***charriot,*** seul sans double «r» *(chariot)* de la série des ***charrue, charretier,*** etc., ***boursouffler*** (avec deux «f») comme ***souffler, prud'hommal*** (avec deux «m») comme ***prud'homme, quincailler*** (sans «i après le double «l») comme ***poulailler,*** etc.

Un trait d'union

- **Plus systématique.** Tous les adjectifs numéraux composés peuvent prendre un trait d'union. On peut donc écrire maintenant : ***vingt-et-un*** (21) et ***vingt-et-unième*** (21e), ainsi que ***cent-deux*** (102), ***deux-mille*** (2 000), etc.
- **Ou supprimé.** Peuvent s'écrire sans trait d'union, donc «soudés» :

- les mots composés commençant par «contre», «entre», «extra», «infra», «intra», «ultra» sur le modèle de ***«extraordinaire»***

- les mots composés formés d'un verbe et d'un nom : ***croquemonsieur, portemonnaie***

- des mots, formés d'un adverbe et d'un nom : ***bienpensant ;*** ou commençant par un préfixe d'origine latine ou grecque : ***électroencéphalogramme , néocalédonien***

- des mots formés d'onomatopées ou d'origine étrangère moderne : ***cahincaha, weekend***

Des changements d'accentuation

- **L'accent circonflexe.** Selon la Réforme de l'orthographe, cet accent peut être supprimé. Ainsi, par exemple, pour les verbes [infinitif et formes conjuguées] :

connaitre, *il/elle connait, il/elle connaitra, il/elle connaitrait et non plus forcément :* ***connaître,*** *il/elle connaît, il/elle connaîtra, il/elle connaîtrait.*

Cela vaut pour le «i» de ***apparaitre*** (apparaître), **naitre** (naître), ***paraitre*** (paraître), et tous les verbes de même modèle, mais aussi pour le «u» de ***bruler*** (brûler), ainsi que sur des noms tels que ***buche*** (bûche), ***bucheron*** (bûcheron), ***flute*** (flûte), ***ile*** (île), etc.

Exceptions : l'accent circonflexe est conservé

- pour distinguer deux homophones : *il* ***croit*** vs. *il* ***croît, jeune*** vs. ***jeûne***

- aux formes du passé simple de l'indicatif et au subjonctif : ***nous partîmes, qu'il partît***

- **L'accent grave sur le «e»** est admis à la place du «é» (prononcé comme un «e» ouvert à l'oral) :

- dans certains mots tels que ***évènement,*** au lieu de ***événement, règlement*** au lieu de ***réglement***

- dans les conjugaisons de certains verbes. Il s'agit surtout des verbes ayant pour modèle ***céder*** et des verbes en ***-eler, -érer, -eter*** :

J'amoncèle au lieu de ***j'amoncelle***

je cèderais au lieu de ***je céderais***

- **Le tréma** peut être placé au-dessus du «u», lettre dont il signale la prononciation : ***ambigüité*** et non plus seulement ***ambiguïté, aigüe*** et non plus seulement ***aiguë,*** etc.

Des accords plus réguliers

Singulier et pluriel des mots composés. On écrit «un sèche-cheveux» et «des amuse-gueule». En nouvelle orthographe, le mot composé est vu comme un mot simple dont seul le dernier composant varie en nombre : «***un sèche-cheveu, des sèche-cheveux***».

Les emprunts aux langues étrangères peuvent être accentués selon leur prononciation et suivent le pluriel du français : ***un flash /des flashs ; un jazzman / des jazzmans ; un référendum / des référendums***

Le participe passé de laisser. L'accord du participe passé est une difficulté du français à l'écrit. Les semi-auxiliaires *faire* et *laisser* sont considérés comme deux cas particuliers ; or l'orthographe traditionnelle ne les traite pas de la même façon :

Faire devant un infinitif reste invariable en genre et en nombre – *Elle s'est* ***fait*** *faire une mise en plis. Laisser* devant un infinitif est variable ou non, selon la fonction du sujet par rapport à l'infinitif. *Elle s'est* ***laissé*** *prendre* [invariable : ce n'est pas elle qui prend], mais *Elle s'est* ***laissée*** *tomber* [variable : c'est elle qui tombe]

Le cas est simplifié en nouvelle orthographe : *laisser* est lui aussi admis comme étant invariable en genre et en nombre.

Reforma de la ortografía

En 1990, el Consejo Superior de la Lengua Francesa hizo una serie de recomendaciones para una ortografía francesa revisada y modernizada. El objetivo era suprimir excepciones, establecer regularidades, adecuar la escritura con la pronunciación actual y facilitar así el aprendizaje de la lengua. La Academia Francesa se pronunció para indicar que estas reglas no eran obligatorias y que no se consideraba incorrecta ninguna de las grafías, ni la tradicional ni la nueva. Recientemente, en su boletín oficial del 12 de abril de 2007, el Ministerio francés de la Educación Nacional pidió a los profesores de la escuela primaria que tomaran en cuenta estas nuevas grafías.

En este diccionario no aparece la nueva grafía. Con todo, estos son los cinco grandes principios en que se basa esta reforma y que proporcionan las reglas para escribir en nueva ortografía.

Una escritura más fonética

- **Más intuitiva:** ***exéma*** en lugar de ***eczéma, ognon*** en vez de ***oignon***
- **Más sencilla:** se pueden suprimir algunas letras innecesarias: la "e" de ***asseoir***, ***rasseoir*** y ***surseoir*** [infinitivo y formas conjugadas]; la "h" de ***saccharine,*** etc.

Familias homogéneas

Por ejemplo el famoso ***charriot,*** el único sin "rr" (*chariot*) de la serie de las ***charrue, charretier,*** etc., ***boursouffler*** (con dos "f") como ***souffler, prud'hommal*** (con dos "m") como ***prud'homme, quincailler*** (sin "i" después de la "ll") como ***poulailler,*** etc.

Un guión

- **Más sistemático.** Todos los adjetivos numerales compuestos pueden tomar un guión.

Por lo tanto ahora se puede escribir: ***vingt-et-un*** (21) y ***vingt-et-unième*** (21e), así como ***cent-deux*** (102), ***deux-mille*** (2 000), etc.

• **O suprimido.** Pueden escribirse sin guión y con enclisis, pues:

- las palabras compuestas que empiezan por «contre», «entre», «extra» *(extraordinaire)*, «infra», «intra», «ultra».

- las palabras compuestas formadas con un verbo y un nombre: ***croquemonsieur, portemonnaie***

- palabras formadas con un adverbio y un nombre: ***bienpensant;*** o que empiezan con un prefijo de origen latino o griego: ***électroencéphalogramme, néocalédonien***

- palabras formadas con onomatopeyas o de origen extranjero moderno: ***cahincaha, weekend***

Cambios en la acentuación

• **El acento circunflejo.** Según la reforma ortográfica, este acento se puede suprimir. Así, por ejemplo, para los verbos [infinitivo y formas conjugadas]: ***connaitre****, il/elle connait, il/elle connaitra, il/elle connaitrait y ya no forzosamente:* ***connaître,*** *il/elle connaît, il/elle connaîtra, il/elle connaîtrait.*

Esto vale para la "i" de ***apparaitre*** (apparaître), ***naitre*** (naître), ***paraitre*** (paraître), y todos los verbos del mismo modelo, pero también para la "u" de ***bruler*** (brûler), así como en nombres tales como ***buche*** (bûche), ***bucheron*** (bûcheron), ***flute*** (flûte), ***ile*** (île), etc.

Excepciones: se conserva el acento circunflejo

- para distinguir dos homófonos: *il* ***croit*** → *il* ***croît, jeune*** → ***jeûne***

- en las formas del pretérito indefinido y el imperfecto de subjuntivo:

nous partîmes, qu'il partît

• **El acento grave en la "e"** se admite en vez de "é" (pronunciado como una "e" abierta):

- en ciertas palabras tales como ***évènement,*** en lugar de ***événement, règlement*** en vez de ***réglement***

- en las conjugaciones de ciertos verbos. Se trata sobre todo de verbos que siguen el modelo de ***céder*** y de verbos en ***-eler, -érer, -eter:***

J'amoncèle en lugar de ***j'amoncelle***
Je cèderais en vez de ***je céderais***

• **La diéresis** se podrá desplazar encima de la "u", letra de la cual indica la pronunciación: ***ambigüité*** y ya no solamente ***ambiguïté, aigüe*** y ya no sólo ***aiguë,*** etc.

Concordancias más regulares

• **Singular y plural de las palabras compuestas.** Se escribe "un sèche-cheveux" y "des amuse-gueule". En nueva ortografía, la palabra compuesta es considerada como una palabra simple de la cual solamente cambia el número del último componente: "***un sèche-cheveu, des sèche-cheveux***".

• **Los préstamos a los otros idiomas** pueden acentuarse conforme a su pronunciación y se vuelven variables según las reglas usuales del francés: ***un flash / des flashs; un jazzman / des jazzmans; un référendum / des référendums***

• **El participio pasado de "laisser".** La concordancia del participio pasado es una dificultad del francés escrito. Los semiauxiliares *faire* y *laisser* son considerados como dos casos particulares; mientras que la ortografía tradicional no los trata del mismo modo:

Faire delante de un infinitivo es invariable en género y número – *Elle s'est* ***fait*** *faire une mise en plis. Laisser* delante de un infinitivo es variable o no, según la función del sujeto en relación al infinitivo. *Elle s'est* ***laissé*** *prendre* [invariable: no es ella la que toma], pero *Elle s'est* ***laissée*** *tomber* [variable: es ella la que cae]

El caso se simplifica en nueva ortografía: se admite que *laisser* es también invariable en género y número.

français - espagnol
francés - español

A

a¹, A [a] nm inv [lettre] a *f*, A *f* ▸ **prouver par a + b** *demostrar algo sin dejar lugar a dudas* ▸ **de A à Z** de arriba abajo. ◆ **a** (*abr écrite de* **are**) a. ◆ **A 1.** (*abr écrite de* **anticyclone**) A **2.** (*abr écrite de* **ampère**) A **3.** (*abr écrite de* **autoroute**) A / *la circulation sur l'A13* la circulación en la A13.

a² ⟶ **avoir**.

à [a] *(***au** [o] *forme contractée de à + le,* **aux** [o] *forme contractée de à + les)* ❖ prép

1. [introduit un complément d'objet indirect] : *parler à qqn* hablar a alguien / *penser à qqch* pensar en algo / *donner qqch à qqn* dar algo a alguien

2. [introduit un complément de lieu - situation] en ; [- direction] a / *il a une maison à la campagne* tiene una casa en el campo / *il habite à Paris* vive en París / *aller à Paris* ir a París / *un voyage à Londres / aux Seychelles* un viaje a Londres / a las Seychelles / *de Paris à Londres* de París a Londres

3. [introduit un complément de temps] : *à lundi !* ¡hasta el lunes! / *à plus tard !* ¡hasta luego! / *de 8 à 10 heures* de (las) 8 a (las) 10 ▸ **à haute voix** en voz alta ▸ **au mois de février** en el mes de febrero

4. [introduit la manière] : *à pied* a pie / *à bicyclette* en bicicleta

5. [introduit un chiffre] : *ils sont venus à dix* han venido diez / *un livre à 2 euros* un libro a 2 euros / *la vitesse est limitée à 50 km / h* la velocidad está limitada a 50 km / h

6. [indique l'appartenance] : *à moi* mío / mía / *un ami à lui* un amigo suyo

7. [introduit une caractéristique] : *des chaussures à talons* zapatos de tacón

8. [introduit le but] : *une machine à écrire* una máquina de escribir / *le courrier à poster* el correo que hay que mandar

Å (*abr écrite de* **angström**) Å.

A+ (*abr écrite de* **à plus tard**) SMS HL *(hasta luego)*.

AA (*abr de* **Alcooliques Anonymes**) nmpl AA *mpl*.

AB 1. (*abr écrite de* **assez bien**) ≃ B **2.** (*abr de* **agriculture biologique**) AB.

abaisser [4] [abese] vt **1.** [rideau, voile] bajar **2.** [taux, prix] reducir **3.** *sout* [humilier] degradar. ◆ **s'abaisser** vp **1.** [vitre, barrière] bajarse **2.** [s'humilier] rebajarse ▸ **s' abaisser à faire qqch** rebajarse a hacer algo.

abandon [abɑ̃dɔ̃] nm **1.** [d'une personne, d'une maison, etc.] abandono *m* ▸ **à l'abandon** abandonado(da) **2.** [d'un droit] renuncia *f* **3.** [d'un bien] cesión *f* ▸ **faire abandon de** hacer (una) cesión de **4.** [confiance] ▸ **avec abandon** con toda confianza.

abandonné, e [abɑ̃dɔne] adj abandonado(da).

abandonner [3] [abɑ̃dɔne] ❖ vt **1.** [quitter, négliger] abandonar **2.** [renoncer à] renunciar a **3.** [céder] ▸ **abandonner qqch à qqn** ceder algo a alguien. ❖ vi [laisser tomber] rendirse ▸ **j'abandonne !** ¡me rindo! ◆ **s'abandonner** vp **1.** [se laisser aller] abandonarse ▸ **s'abandonner à qqch** entregarse a algo **2.** [s'épancher] desahogarse.

abasourdi, e [abazuʀdi] adj [stupéfait] atónito(ta) ▸ **être abasourdi** quedarse atónito.

abasourdir [32] [abazuʀdiʀ] vt [stupéfier] dejar atónito.

abat-jour [abaʒuʀ] nm inv **1.** [en toile, en papier] pantalla *f* **2.** [en verre] tulipa *f*.

abats [aba] nmpl [de volaille] menudillos *mpl* ; [de bétail] asaduras *fpl*.

abattage [abataʒ] nm [d'arbre] tala *f*.

abattement [abatmɑ̃] nm **1.** [physique et moral] abatimiento *m* **2.** [déduction] deducción *f* ▸ **abattement fiscal** deducción fiscal.

abattis [abati] nmpl despojos *mpl*.

abattoir [abatwaʀ] nm matadero *m*.

abattre [83] [abatʀ] vt **1.** [arbre] talar **2.** [tuer] matar **3.** [avion, mur] derribar **4.** *fig* [épuiser] agotar **5.** [démoraliser] desmoralizar. ◆ **s'abattre** vp ▸ **s'abattre sur a)** [arbre] desplomarse sobre **b)** [pluie] caer sobre / *l'aigle s'est abattu sur sa proie* el águila se abatió sobre su presa.

abattu, e [abaty] ❖ pp ⟶ **abattre**. ❖ adj abatido(da).

abbaye [abei] nf abadía *f*.

abbé [abe] nm [d'église] padre *m* ; [de couvent] abad *m*.

abbesse [abɛs] nf abadesa *f*.

abc [abese] nm abecé *m*.

abcès [apsɛ] nm absceso *m* ▸ **crever l'abcès** *fig* cortar por lo sano.

abdication [abdikasjɔ̃] nf abdicación *f*.

abdiquer [3] [abdike] ❖ vt renunciar a. ❖ vi **1.** [roi] abdicar **2.** [abandonner] claudicar.

abdomen [abdɔmɛn] nm abdomen *m*.

abdominal, e, aux [abdɔminal, o] adj abdominal. ◆ **abdominaux** nmpl **1.** [muscles] abdominales *mpl* **2.** [exercices] abdominales *fpl* ▸ **faire des abdominaux** hacer abdominales.

abdos [abdo] nmpl *fam* **1.** [muscles] abdominales *mpl* **2.** [exercices] abdominales *fpl* / *faire des abdos* hacer abdominales.

abécédaire [abesedɛʀ] nm abecedario *m*.

abeille [abɛj] nf abeja *f*.

aberrant, e [abɛʀɑ̃, ɑ̃t] adj aberrante.

aberration [abɛʀasjɔ̃] nf aberración *f*.

abhorrer [3] [abɔʀe] vt *sout* aborrecer.

Abidjan [abidʒɑ̃] npr Abidjan.

abîme [abim] nm abismo *m*.

abîmé, e [abime] adj estropeado(da).

abîmer [3] [abime] vt estropear. ◆ **s'abîmer** vp **1.** [se détériorer] estropearse **2.** *sout* [s'enfoncer] ▸ **s'abîmer dans a)** [navire] hundirse en **b)** *fig* sumirse en.

abject, e [abʒɛkt] adj abyecto(ta).

abjurer [3] [abʒyʀe] vt abjurar.

ablatif [ablatif] nm ablativo *m*.

ablation [ablasjɔ̃] nf ablación *f*.

ablutions [ablysjɔ̃] nfpl ▸ **faire ses ablutions** hacer sus abluciones.

abnégation [abnegasjɔ̃] nf abnegación *f*.

aboie ⟶ **aboyer**.

aboiement [abwamɑ̃] nm ladrido *m*.

abois [abwa] nmpl ▸ **être aux abois** *fig* estar acorralado(da).

abolir [32] [abɔliʀ] vt abolir.

abolition [abɔlisjɔ̃] nf abolición *f*.

abominable [abɔminabl] adj **1.** [fait] abominable **2.** [temps] horrible.

abominablement [abɔminabləmɑ̃] adv **1.** [horriblement] fatal **2.** [extrêmement] exageradamente / *j'ai abominablement mal* me duele muchísimo.

abomination [abɔminasjɔ̃] nf abominación *f*.

abondamment [abɔ̃damɑ̃] adv **1.** [manger, pleuvoir] abundantemente **2.** [illustrer, parler] ampliamente.

abondance [abɔ̃dɑ̃s] nf abundancia *f* ▸ **en abondance** en abundancia ▸ **vivre dans l'abondance** vivir en la opulencia.

abondant, e [abɔ̃dɑ̃, ɑ̃t] adj **1.** [gén] abundante **2.** [végétation] frondoso(sa).

abonder [3] [abɔ̃de] vi abundar / *la région abonde en fruits* la fruta es abundante en la región ▸ **abonder dans le sens de qqn** abundar en la misma opinión que alguien.

abonné, e [abɔne] nm, f **1.** [à un journal] suscriptor *m*, -ra *f* **2.** [à un service, théâtre] abonado *m*, -da *f* **3.** [à une bibliothèque] socio *m*, -cia *f*.

abonnement [abɔnmɑ̃] nm **1.** [à un journal] suscripción *f* **2.** [à un service, un théâtre] abono *m* **3.** [à une bibliothèque] carné *m* de socio.

abonner [3] [abɔne] vt ▸ **abonner qqn à qqch a)** [à un journal] suscribir a alguien a algo **b)** [à un service, un théâtre] abonar a alguien a algo **c)** [à une bibliothèque] hacer socio(cia) a alguien de algo. ◆ **s'abonner** vp abonarse ▸ **s'abonner à qqch a)** [journal] suscribirse a algo **b)** [service, théâtre] abonarse a algo **c)** [bibliothèque] hacerse socio(cia) de algo.

abord [abɔʀ] nm ▸ **être d'un abord difficile / agréable** mostrarse inaccesible / accesible ▸ **au premier** ou **de prime abord** a primera vista. ◆ **abords** nmpl inmediaciones *fpl*. ◆ **d'abord** loc adv en primer lugar, primero. ◆ **tout d'abord** loc adv ante todo.

abordable [abɔʀdabl] adj **1.** [prix, produit] asequible **2.** [personne, lieu] accesible.

abordage [abɔʀdaʒ] nm abordaje *m* ▸ **à l'abordage !** ¡al abordaje!

aborder [3] [abɔʀde] ◈ vi NAUT atracar. ◈ vt **1.** [personne, question] abordar **2.** [virage] entrar en.

aborigène [abɔʀiʒɛn] adj aborigen.

abortif, ive [abɔʀtif, iv] adj abortivo(va). ◆ **abortif** nm abortivo *m*.

aboutir [32] [abutiʀ] vi **1.** [réussir] llegar a un resultado **2.** [mener] ▸ **aboutir à** ou **dans** desembocar en **3.** *fig* [déboucher] ▸ **aboutir à qqch** conducir a algo.

aboutissement [abutismɑ̃] nm [d'un travail, d'un parcours] resultado *m* ; [d'une carrière] culminación *f*.

aboyer [13] [abwaje] vi **1.** [chien] ladrar **2.** *fam* [personne] berrear.

abracadabrant, e [abʀakadabʀɑ̃, ɑ̃t] adj estrafalario(ria).

abrasif, ive [abʀazif, iv] adj abrasivo(va). ◆ **abrasif** nm abrasivo *m*.

abrégé, e [abʀeʒe] adj abreviado(da). ◆ **abrégé** nm compendio *m*. ◆ **en abrégé** loc adv en resumen.

abréger [22] [abʀeʒe] vt [conversation] acortar ; [texte] resumir ; [mot] abreviar.

abreuver [5] [abʀœve] vt **1.** [faire boire] abrevar **2.** *fig* [accabler] ▸ **abreuver qqn de qqch** colmar a alguien de algo. ◆ **s'abreuver** vp [animal] abrevar(se).

abreuvoir [abʀœvwaʀ] nm abrevadero *m*.

abréviation [abʀevjasjɔ̃] nf abreviatura *f*.

abri [abʀi] nm abrigo *m* ▸ **être à l'abri de qqch a)** [des intempéries] estar al abrigo de algo **b)** *fig* [de menaces, de soupçons] estar libre de algo ▸ **se mettre à l'abri** ponerse a cubierto ▸ **abri antiatomique** refugio *m* atómico.

Abribus® [abʀibys] nm marquesina *f* de autobús.

abricot [abʀiko] nm albaricoque *m*.

abricotier [abʀikɔtje] nm albaricoquero *m*.

abrité, e [abʀite] adj [du soleil, du vent] protegido(da), resguardado(da).

abriter [3] [abʀite] vt **1.** [protéger] proteger **2.** [héberger] alojar. ◆ **s'abriter** vp resguardarse ▸ **s'abriter de qqch** resguardarse de algo.

abroger [17] [abʀɔʒe] vt abrogar.

abrupt, e [abʀypt] adj **1.** [chemin, pente] abrupto(ta) **2.** [tons, manières] brusco(ca).

abruti, e [abʀyti] adj & nm, f *fam* estúpido(da).

abrutir [32] [abʀytiʀ] vt **1.** [abêtir] embrutecer **2.** [accabler] ▸ **abrutir qqn de qqch** agobiar a alguien con algo **3.** [étourdir] aturdir. ◆ **s'abrutir** vp **1.** [s'abêtir] embrutecerse **2.** [s'accabler] ▸ **s'abrutir de travail** matarse trabajando.

abrutissant, e [abʀytisɑ̃, ɑ̃t] adj **1.** [travail] agotador(ra) **2.** [jeu, feuilleton] embrutecedor(ra) **3.** [bruit] ensordecedor(ra).

abrutissement [abʀytismɑ̃] nm **1.** [physique] agotamiento *m* **2.** [intellectuel] embotamiento *m*.

ABS (*abr de* **Antiblockiersystem**) nm ABS *m* ▸ **le système de freinage ABS** el sistema de frenado ABS.

abscisse [apsis] nf MATH abscisa *f*.

absence [apsɑ̃s] nf **1.** [de personne] ausencia *f* ▸ **en l'absence de qqn** en ausencia de alguien **2.** [carence] falta *f*.

absent, e [apsɑ̃, ɑ̃t] adj & nm, f ausente ▸ **être absent de** estar ausente de.

absentéisme [apsɑ̃teism] nm absentismo *m*.

absenter [3] [apsɑ̃te] ◆ **s'absenter** vp ▸ **s'absenter (de)** ausentarse (de).

abside [apsid] nf ábside *m*.

absinthe [apsɛ̃t] nf **1.** [plante] ajenjo *m* **2.** [boisson] ajenjo *m*, absenta *f*.

absolu, e [apsɔly] adj absoluto(ta). ◆ **absolu** nm absoluto *m* ▸ **dans l'absolu** de manera absoluta.

absolument [apsɔlymɑ̃] adv **1.** [à tout prix] sin falta / ***il faut absolument qu'il vienne*** tiene que venir sin falta / ***il veut absolument sortir*** por fuerza quiere salir **2.** [totalement] totalmente / ***c'est absolument vrai*** es totalmente cierto / ***vous avez absolument raison*** tiene usted toda la razón **3.** [oui] por supuesto ▸ **absolument pas** en absoluto.

absolution [apsɔlysjɔ̃] nf absolución *f*.

absolutisme [apsɔlytism] nm absolutismo *m*.

absorbant, e [apsɔʀbɑ̃, ɑ̃t] adj absorbente.

absorber [3] [apsɔʀbe] vt **1.** [gén & ÉCON] absorber **2.** [ingérer] ingerir. ◆ **s'absorber** vp ▸ **s'absorber dans** sumergirse en.

absorption [apsɔʀpsjɔ̃] nf **1.** [gén & ÉCON] absorción *f* **2.** [ingestion] ingestión *f*.

abstenir [40] [apstəniʀ] ◆ **s'abstenir** vp abstenerse ▸ **s'abstenir de faire qqch** abstenerse de hacer algo.

abstention [apstɑ̃sjɔ̃] nf abstención *f*.

abstentionnisme [apstɑ̃sjɔnism] nm abstencionismo *m*.

abstentionniste [apstɑ̃sjɔnist] nmf abstencionista *mf*.

abstenu, e [apstəny] pp ⟶ **abstenir**.

abstiendrai ⟶ **abstenir**.

abstinence [apstinɑ̃s] nf abstinencia *f* ▸ **faire abstinence** hacer abstinencia.

abstraction [apstʀaksjɔ̃] nf abstracción *f*.

abstrait, e [apstʀɛ, ɛt] adj abstracto(ta). ◆ **abstrait** nm ▸ **l'abstrait** lo abstracto ▸ **dans l'abstrait** de forma abstracta.

absurde [apsyʀd] ❖ adj absurdo(da). ❖ nm ▸ **l'absurde** lo absurdo ▸ **par l'absurde** por reducción al absurdo.

absurdité [apsyʀdite] nf **1.** [illogisme] absurdo *m* ▸ **l'absurdité de** [situation, attitude, etc.] lo absurdo de **2.** [parole, action] disparate *m*.

ab1to (***abr écrite de*** **à bientôt**) SMS hst prnt.

Abu Dhabi [abudabi] npr Abu Dhabi.

abus [aby] nm abuso *m* ▸ **abus de confiance** abuso de confianza ▸ **abus de pouvoir** abuso de poder.

abuser [3] [abyze] ❖ vi **1.** [exagérer] abusar ▸ **abuser de** [tabac, alcool, pouvoir] abusar de **2.** [violer] ▸ **abuser d'une femme** abusar de una mujer. ❖ vt *sout* [tromper] engañar. ◆ **s'abuser** vp *sout* engañarse.

abusif, ive [abyzif, iv] adj abusivo(va).

abyme [abim] nm ▸ **mise en abyme** ART, THÉÂTRE & LITTÉR puesta *f* en abismo.

AC (*abr de* **appellation contrôlée**) nf DO *f*.

acabit [akabi] nm ▸ **de cet acabit, du même acabit** *péj* de esta calaña, de la misma calaña.

acacia [akasja] nm acacia *f*.

académicien, enne [akademisjɛ̃, ɛn] nm, f académico *m*, -ca *f*.

académie [akademi] nf **1.** [gén] academia *f* ▸ **académie de peinture / musique** academia de pintura / música **2.** SCOL & UNIV *distrito educativo en Francia*. ◆ **Académie française** nf ▸ **l'Académie française** *sociedad oficial de literatos para la defensa del idioma* ; ≃ Real Academia *f*. ◆ **Académie Goncourt** nf ▸ **l'Académie Goncourt** *sociedad de literatos que otorga el premio literario Goncourt*.

L'Académie française

Fundada en 1635 por el cardenal de Richelieu, está formada por cuarenta escritores eminentes, llamados los **Académiciens** o los **Immortels**. Además de conceder premios literarios de gran prestigio, se encargan de la redacción de dos obras de referencia de la lengua francesa : una gramática y un diccionario tan meticuloso que sólo ha tenido ocho ediciones entre 1694 y 1932, la novena está en preparación desde 1986. Los miembros de la **Académie** llevan un uniforme verde y negro, al que se hace referencia en ocasiones como el **habit vert**. Para un escritor, ser admitido en la **Académie française** supone la consagración de su carrera.

académique [akademik] adj **1.** [relatif à une académie] académico(ca) **2.** UNIV *relativo al distrito educativo en Francia* **3.** *péj* [conventionnel] academicista.

acajou [akaʒu] adj inv & nm caoba.

acariâtre [akaʀjatʀ] adj desabrido(da).

acarien [akaʀjɛ̃] nm ácaro *m*.

accablant, e [akablɑ̃, ɑ̃t] adj abrumador(ra) ; [travail] agobiante.

accabler [3] [akable] vt **1.** [surcharger] ▸ **accabler qqn de qqch a)** [de travail] agobiar a alguien de algo **b)** [d'injures, de reproches] colmar a alguien de algo **2.** [accuser] confundir.

accalmie [akalmi] nf calma *f*.

accaparer [3] [akapaʀe] vt acaparar. ◆ **s'accaparer** vp apropiarse.

accéder [18] [aksede] vi ▸ **accéder à** acceder a.

accélérateur [akseleʀatœʀ] nm acelerador *m*.

accélération [akseleʀasjɔ̃] nf **1.** [d'un mouvement, d'un véhicule] aceleración *f* **2.** [d'un processus] aceleramiento *m*.

accéléré [akseleʀe] nm ▸ **en accéléré** CINÉ en cámara rápida.

accélérer [18] [akseleʀe] vt & vi acelerar.

accent [aksɑ̃] nm acento *m* ▸ **accent aigu / grave / circonflexe / tonique** acento agudo/grave/circunflejo/tónico ▸ **mettre l' accent sur** *fig* poner énfasis en.

accentuation [aksɑ̃tɥasjɔ̃] nf acentuación *f*.

accentué, e [aksɑ̃tɥe] adj **1.** LING acentuado(da) **2.** *fig* [trait, caractéristique] acentuado(da).

accentuer [7] [aksɑ̃tɥe] vt **1.** [gén] acentuar **2.** [intensifier] aumentar. ◆ **s'accentuer** vp acentuarse.

acceptable [aksɛptabl] adj aceptable.

acceptation [aksɛptasjɔ̃] nf aceptación *f*.

accepter [4] [aksɛpte] vt aceptar ; [permettre] admitir ▸ **accepter de faire qqch** aceptar hacer algo ▸ **accepter que** *(+ subjonctif)* consentir que *(+ subjonctif)* / *je n'accepte pas que l'on me manque de respect* no consiento que me falten el respeto.

acception [aksɛpsjɔ̃] nf acepción *f*.

accès [aksɛ] nm **1.** [entrée] entrada *f* ▸ **'accès interdit'** 'prohibida la entrada' **2.** [voie, crise] acceso *m* ▸ **avoir accès à qqch** tener acceso a algo / *cette porte donne accès au jardin* esta puerta da al jardín / *cette formation donne accès à…* esta carrera da acceso a… ▸ **'accès au quai réservé aux personnes munies d'un billet'** 'prohibido el acceso a personas sin billete' ▸ **accès à Internet** acceso a internet ▸ **'accès réservé aux riverains'** 'paso exclusivo para vecinos' **3.** [crise] acceso *m* ▸ **accès de colère** arrebato *m* de cólera ▸ **accès de fièvre** acceso de fiebre **4.** [abord] ▸ **être d'un accès facile / difficile** ser accesible/inaccesible.

accessible [aksesibl] adj **1.** [gén] accesible **2.** [prix, produit] asequible.

accession [aksɛsjɔ̃] nf acceso *m* ▸ **accession à qqch** acceso a algo.

accessit [aksesit] nm accésit *m*.

accessoire [akseswaʀ] ◆ adj accesorio(ria). ◆ nm **1.** [de théâtre, de cinéma] atrezo *m* **2.** [de machine] accesorio *m* **3.** [de mode] complemento *m* **4.** [chose peu importante] ▸ **l'accessoire** lo accesorio.

accessoirement [akseswaʀmɑ̃] adv **1.** [en plus] accesoriamente **2.** [éventuellement] en todo caso.

accident [aksidɑ̃] nm accidente *m* ▸ **accident de la circulation** accidente de tráfico ▸ **accident de parcours** contratiempo *m* ▸ **accident de terrain** accidente del terreno ▸ **accident du travail** accidente laboral ▸ **accident de voiture** accidente de coche. ◆ **par accident** loc adv por casualidad.

accidenté, e [aksidɑ̃te] adj & nm, f accidentado(da).

accidentel, elle [aksidɑ̃tɛl] adj **1.** [rencontre] accidental, casual **2.** [mort] por accidente.

accidentellement [aksidɑ̃tɛlmɑ̃] adv **1.** [par hasard] por casualidad **2.** [par accident] por accidente ; [dans un accident] en un accidente.

acclamation [aklamasjɔ̃] nf aclamación *f*.

acclamer [3] [aklame] vt aclamar.

acclimatation [aklimatasjɔ̃] nf aclimatación *f*.

acclimater [3] [aklimate] vt [animal, végétal] aclimatar. ◆ **s'acclimater** vp [s'adapter] ▸ **s'acclimater à qqch** aclimatarse a algo.

accointances [akwɛ̃tɑ̃s] nfpl ▸ **avoir des accointances avec** tener relaciones con.

accolade [akɔlad] nf **1.** [signe graphique] llave *f* **2.** [embrassade] abrazo *m*.

accoler [3] [akɔle] vt juntar ▸ **accoler qqch à qqch** juntar algo con algo.

accommodant, e [akɔmɔdɑ̃, ɑ̃t] adj **1.** [personne] complaciente **2.** [caractère] conciliador(ra).

accommodement [akɔmɔdmɑ̃] nm acomodamiento *m*.

accommoder [3] [akɔmɔde] vt **1.** [viande, poisson] preparar **2.** [adapter] ▸ **accommoder qqch à qqch** adecuar algo a algo. ◆ **s'accommoder** vp ▸ **s'accommoder de qqch** [se contenter] conformarse con algo ▸ **s'accommoder à qqch** [s'adapter] adaptarse a algo.

accompagnateur, trice [akɔ̃paɲatœʀ, tʀis] nm, f acompañante *mf*.

accompagnement [akɔ̃paɲmɑ̃] nm **1.** MUS acompañamiento *m* **2.** CULIN guarnición *f* **3.** [escorte] escolta *f*.

accompagner [3] [akɔ̃paɲe] vt acompañar ▸ **accompagner qqch de qqch** acompañar algo con algo ▸ **accompagner qqn au piano / à la guitare** acompañar a alguien al piano/a la guitarra.

accompli, e [akɔ̃pli] adj consumado(da).

accomplir [32] [akɔ̃pliʀ] vt cumplir. ◆ **s'accomplir** vp cumplirse.

accomplissement [akɔ̃plismɑ̃] nm cumplimiento *m*.

accord [akɔʀ] nm **1.** [entente, traité] acuerdo *m* ▸ **en accord avec qqn / qqch** de acuerdo con alguien / algo ▸ **d'un commun accord** de común acuerdo ▸ **accord à l'amiable** acuerdo amistoso ▸ **accord commercial** acuerdo comercial ▸ **accord de confidentialité** acuerdo de confidencialidad ▸ **accord de paix** acuerdo de paz **2.** [acceptation] aprobación *f* ▸ **donner son accord à** dar su aprobación a **3.** MUS acorde *m* **4.** GRAM concordancia *f*. ◆ **d'accord** loc adv de acuerdo ▸ **être d'accord avec qqn / qqch** estar de acuerdo con alguien / algo ▸ **tomber** OU **se mettre d'accord** ponerse de acuerdo.

accordéon [akɔʀdeɔ̃] nm acordeón *m* ▸ **en accordéon** en acordeón.

accordéoniste [akɔʀdeɔnist] nmf acordeonista *mf*.

accorder [3] [akɔʀde] vt **1.** [attribuer] ▸ **accorder qqch à qqn** conceder algo a alguien ▸ **accorder de l'importance / de la valeur à qqch** conceder importancia / valor a algo **2.** [harmoniser] combinar **3.** GRAM ▸ **accorder qqch avec** concordar algo con **4.** [instrument] afinar. ◆ **s'accorder** vp **1.** [s'entendre] ponerse de acuerdo ▸ **s'accorder pour faire qqch** ponerse de acuerdo para hacer algo ▸ **s'accorder à faire qqch** estar de acuerdo en hacer algo **2.** [être assorti] combinar **3.** GRAM concordar ▸ **s'accorder avec** concordar con.

accordeur [akɔʀdœʀ] nm afinador *m*.

accoster [3] [akɔste] ◈ vt **1.** NAUT atracar **2.** [personne] abordar. ◈ vi NAUT atracar.

accotement [akɔtmɑ̃] nm arcén *m* ESP, acotamiento *m* AM ▸ **'accotement non stabilisé'** 'arcén impracticable'.

accouchement [akuʃmɑ̃] nm parto *m* ▸ **accouchement anonyme** OU **sous X** parto anónimo ▸ **accouchement sans douleur** parto sin dolor.

accoucher [3] [akuʃe] ◈ vi dar a luz ▸ **accoucher de** dar a luz a. ◈ vt asistir al parto.

accouder [3] [akude] ◆ **s'accouder** vp ▸ **s'accouder à** apoyar los codos en.

accoudoir [akudwaʀ] nm brazo *m (de sillón)*.

accouplement [akupləmɑ̃] nm **1.** [d'animaux] apareamiento *m* **2.** TECHNOL acoplamiento *m*.

accoupler [3] [akuple] vt **1.** [animaux] aparear, acoplar **2.** TECHNOL acoplar. ◆ **s'accoupler** vp [animaux] aparearse.

accourir [45] [akuʀiʀ] vi acudir.

accours ⟶ **accourir**.

accouru, e [akuʀy] pp ⟶ **accourir**.

accoutré, e [akutʀe] adj *péj* ataviado(da).

accoutrement [akutʀəmɑ̃] nm atavío *m*.

accoutrer [3] [akutʀe] ◆ **s'accoutrer** vp ataviarse.

accoutumance [akutymɑ̃s] nf **1.** [adaptation] costumbre *f* **2.** MÉD adicción *f*.

accoutumé, e [akutyme] adj habitual. ◆ **comme à l'accoutumée** loc adv como de costumbre.

accoutumer [3] [akutyme] vt ▸ **accoutumer qqn à qqch / à faire qqch** acostumbrar a alguien a algo / a hacer algo. ◆ **s'accoutumer** vp ▸ **s'accoutumer à qqn / à qqch** acostumbrarse a alguien / a algo.

Accra [akʀa] npr Accra.

accréditation [akʀeditasjɔ̃] nf acreditación *f*.

accréditer [3] [akʀedite] vt acreditar ▸ **accréditer qqn auprès de** acreditar a alguien ante. ◆ **s'accréditer** vp acreditarse.

accro [akʀo] adj *fam* enganchado(da) / *il n'arrive pas à l'oublier, il est complètement accro* no logra olvidarla, está completamente enganchado ▸ **être accro à qqch** estar enganchado a algo / *son frère est accro à l'héroïne / à l'informatique* su hermano está enganchado a la herona / al ordenador.

Accrobranche® [akʀobʀɑ̃ʃ] nf *circuitos acrobáticos por los árboles*.

accroc [akʀo] nm **1.** [déchirure] desgarrón *m* ▸ **faire un accroc à** hacer un siete en **2.** [incident] contratiempo *m* ▸ **sans accroc** sin contratiempos.

accrochage [akʀɔʃaʒ] nm **1.** [accident] choque *m* ESP, estrellón *m* AM **2.** [d'un tableau] colocación *f* **3.** *fam* [dispute] agarrada *f*.

accroche [akʀɔʃ] nf COMM eslogan *m*.

accrocher [3] [akʀɔʃe] vt **1.** [suspendre] colgar ▸ **accrocher qqch à** colgar algo en **2.** [déchirer] engancharse ▸ **accrocher qqch à** engancharse algo en OU con **3.** [heurter] chocar con **4.** [attacher] enganchar ▸ **accrocher qqch à** enganchar algo a **5.** [retenir l'attention de] impactar. ◆ **s'accrocher** vp **1.** [s'agripper] agarrarse ▸ **s'accrocher à qqn / à qqch** a) agarrarse a alguien / a algo b) *fig*

Comment exprimer l'accord

- **¡Por supuesto!** *Absolument.*
- **Tiene (toda la) razón.** *Vous avez absolument raison.*
- **Comparto plenamente su opinión.** *Je suis entièrement* OU *tout à fait de votre avis.*
- **Estoy totalmente de acuerdo.** *Je suis tout à fait d'accord.*
- **Es exactamente lo que pensaba.** *C'est exactement ce que je pensais.*
- **Estoy bastante de acuerdo (contigo).** *Je suis assez d'accord (avec toi).*
- **Yo también pienso lo mismo.** *C'est aussi mon avis.*
- **Has tomado la decisión acertada.** *Tu as fait le bon choix.*
- **Por supuesto que no es normal.** *Bien sûr que ce n'est pas normal.*
- **No hay ningún problema.** *Il n'y a pas de problème.*

aferrarse a alguien / a algo **2.** *fam* [se disputer] agarrarse **3.** *fam* [persévérer] trabajar duro.

accrocheur, euse [akʀɔʃœʀ, øz] adj **1.** [publicité] impactante **2.** [personne] tenaz.

accroire [akʀwaʀ] vt *sout* ▸ **en faire accroire à qqn** embaucar a alguien.

accrois ⟶ **accroître**.

accroissement [akʀwasmɑ̃] nm incremento *m*.

accroître [94] [akʀwatʀ] vt incrementar. ◆ **s'accroître** vp incrementarse.

accroupir [32] [akʀupiʀ] ◆ **s'accroupir** vp ponerse en cuclillas.

accru, e [akʀy] pp ⟶ **accroître**.

accu [aky] nm *fam* batería *f* ▸ **recharger ses accus** cargar las baterías.

accueil [akœj] nm **1.** [d'hôtel, etc.] recepción *f* **2.** [action] acogida *f*.

accueillant, e [akœjɑ̃, ɑ̃t] adj acogedor(ra).

accueillir [41] [akœjiʀ] vt **1.** [recevoir] acoger **2.** [héberger] alojar, albergar.

acculer [3] [akyle] vt **1.** [repousser] ▸ **acculer qqn contre ou à** arrinconar a alguien contra **2.** *fig* [conduire] ▸ **acculer qqn à** llevar a alguien a.

accumulateur [akymylatœʀ] nm acumulador *m*.

accumulation [akymylasjɔ̃] nf acumulación *f*.

accumuler [3] [akymyle] vt acumular. ◆ **s'accumuler** vp acumularse.

accusateur, trice [akyzatœʀ, tʀis] adj & nm, f acusador(ra).

accusation [akyzasjɔ̃] nf acusación *f*.

accusé, e [akyze] nm, f acusado *m*, -da *f*. ◆ **accusé de réception** nm acuse *m* de recibo.

accuser [3] [akyze] vt **1.** [gén] acusar ▸ **accuser qqn de qqch** acusar a alguien de algo ▸ **accuser le coup** *fam* acusar el golpe **2.** [accentuer] resaltar. ◆ **s'accuser** vp **1.** [se rendre coupable] culparse **2.** [mutuellement] acusarse.

ace [ɛs] nm TENNIS ace *m*, saque *m* directo.

acerbe [asɛʀb] adj hiriente.

acéré, e [aseʀe] adj **1.** [lame] acerado(da) **2.** [esprit] incisivo(va).

acétate [asetat] nm acetato *m*.

acétone [asetɔn] nf acetona *f*.

achalandé, e [aʃalɑ̃de] adj [approvisionné] ▸ **bien achalandé** bien surtido.

acharné, e [aʃaʀne] adj **1.** [combat] encarnizado(da) **2.** [joueur] empedernido(da) **3.** [travail] intenso(sa).

acharnement [aʃaʀnəmɑ̃] nm **1.** [obstination] empeño *m* **2.** [rage] ensañamiento *m*.

acharner [3] [aʃaʀne] ◆ **s'acharner** vp **1.** [attaquer] ▸ **s'acharner contre ou sur a)** [ennemi, victime] ensañarse con **b)** [suj : malheur, sort] perseguir **2.** [s'obstiner à] ▸ **s'acharner à** obstinarse en.

achat [aʃa] nm compra *f* ▸ **faire des achats** ir de compras.

acheminement [aʃəminmɑ̃] nm [de troupes] envío *m* ; [de marchandises] transporte *m* ▸ **l'acheminement du courrier** el despacho de la correspondencia ou del correo.

acheminer [3] [aʃmine] vt transportar. ◆ **s'acheminer** vp ▸ **s'acheminer vers a)** encaminarse hacia **b)** *fig* ir camino de.

acheter [28] [aʃte] vt comprar ▸ **acheter qqch à qqn ou pour qqn** comprar algo a ou para alguien ▸ **acheter qqn** *fig* comprar a alguien.

acheteur, euse [aʃtœʀ, øz] nm, f comprador *m*, -ra *f*.

achevé, e [aʃve] adj *sout* rematado(da).

achèvement [aʃɛvmɑ̃] nm terminación *f*.

achever [19] [aʃve] ◇ vt **1.** [terminer] acabar **2.** [tuer, accabler] acabar con. ◇ vi *sout* ▸ **achever de faire qqch** acabar de hacer algo. ◆ **s'achever** vp acabarse.

achoppement [aʃɔpmɑ̃] ⟶ **pierre**.

acide [asid] ◇ adj ácido(da). ◇ nm ácido *m* ▸ **acide acétique / chlorhydrique** ácido acético / clorhídrico ▸ **acide aminé** aminoácido *m* ▸ **acide nitrique** ácido nítrico ▸ **acide sulfurique** ácido sulfúrico.

acidifiant, e [asidifjɑ̃, ɑ̃t] adj acidificante. ◆ **acidifiant** nm acidificante *m*.

acidité [asidite] nf **1.** [gén] acidez *f* **2.** [de propos] acritud *f*.

acid jazz [asiddʒaz] nm acid jazz *m*.

acidulé, e [asidyle] adj [saveur] ácido(da).

acier [asje] nm acero *m* ▸ **acier inoxydable** acero inoxidable.

aciérie [asjeʀi] nf acería *f*.

acné [akne] nf acné *m* ▸ **acné juvénile** acné juvenil.

acolyte [akɔlit] nm *péj* acólito *m*.

acompte [akɔ̃t] nm anticipo *m* ▸ **verser un acompte** pagar un anticipo ▸ **acompte provisionnel** cantidad *f* a cuenta.

Aconcagua [akɔ̃kagwa] npr m : *l'Aconcagua* el Aconcagua.

acoquiner [3] [akɔkine] ◆ **s'acoquiner** vp *péj* ▸ **s'acoquiner avec qqn** conpincharse con alguien.

Açores [asɔʀ] npr f pl ▸ **les Açores** las Azores.

à-côté [akote] (*pl* **à-côtés**) nm **1.** [point accessoire] pormenores *mpl* **2.** (*gén pl*) [gain d'appoint] extras *mpl*.

à-coup [aku] (*pl* **à-coups**) nm sacudida *f* ▸ **par à-coups** a trompicones.

acoustique [akustik] ◇ adj acústico(ca). ◇ nf acústica *f*.

acquéreur [akeʀœʀ] nm adquisidor *m*, -ra *f*.

acquérir [39] [akeʀiʀ] vt **1.** [gén] adquirir **2.** [procurer] granjear. ◆ **s'acquérir** vp granjearse.

acquerrai ⟶ **acquérir**.

acquière ⟶ **acquérir**.

acquiers ⟶ **acquérir**.

acquiescement [akjɛsmɑ̃] nm consentimiento *m*.

acquiescer [21] [akjese] vi asentir ▸ **acquiescer à** consentir en.

acquis, e [aki, iz] ❖ pp ⟶ **acquérir.** ❖ adj adquirido(da) ▸ **être acquis à** ser adicto a ▸ **tenir qqch pour acquis a)** [pour évident] dar algo por sabido **b)** [pour décidé] dar algo por hecho. ◆ **acquis** nm experiencia *f* ; [savoir] conocimientos *mpl* ▸ **acquis sociaux** logros *mpl* sociales.

acquisition [akizisjɔ̃] nf adquisición *f*.

acquit [aki] nm **1.** [reçu] recibo *m* ▸ **pour acquit** COMM recibí *m* **2.** EXPR **par acquit de conscience** para mayor tranquilidad.

acquittement [akitmɑ̃] nm **1.** [d'une dette] pago *m* **2.** [d'accusé] absolución *f*.

acquitter [3] [akite] vt **1.** [régler] pagar **2.** [accusé] absolver. ◆ **s'acquitter** vp ▸ **s'acquitter de qqch a)** [dette, impôts] pagar algo **b)** [devoir] cumplir con algo.

acra [akʀa] nm ▸ **acra (de morue)** *tipo de buñuelo de bacalao típico de la comida antillesa*.

âcre [akʀ] adj agrio(gria).

acrimonie [akʀimɔni] nf acritud *f*, acrimonia *f*.

acrobate [akʀɔbat] nmf acróbata *mf*.

acrobatie [akʀɔbasi] nf acrobacia *f* ▸ **acrobaties aériennes** acrobacias aéreas.

acrobatique [akʀɔbatik] adj acrobático(ca).

acronyme [akʀɔnim] nm acrónimo *m*.

acrylique [akʀilik] ❖ nm acrílico *m*. ❖ adj acrílico(ca).

acte [akt] nm **1.** [action] acto *m* ▸ **acte gratuit** acto gratuito **2.** COMM escritura *f* **3.** DR acta *f* ▸ **acte d'accusation** acta de acusación ▸ **acte de mariage** certificado *m* de matrimonio ▸ **acte de naissance** partida *f* de nacimiento ▸ **acte notarié** acta notarial **4.** EXPR **faire acte de présence** hacer acto de presencia ▸ **prendre acte de qqch** tomar nota de algo. ◆ **actes** nmpl actas *fpl*.

acteur, trice [aktœʀ, tʀis] nm, f actor *m*, -triz *f*.

actif, ive [aktif, iv] adj activo(va). ◆ **actif** nm FIN activo *m* ▸ **avoir qqch à son actif** *fig* tener algo en su haber.

action [aksjɔ̃] nf acción *f* ▸ **action de grâce** acción de gracias ▸ **bonne / mauvaise action** buena / mala acción.

actionnaire [aksjɔnɛʀ] nmf accionista *mf*.

actionner [3] [aksjɔne] vt accionar.

activement [aktivmɑ̃] adv activamente.

activer [3] [aktive] vt **1.** [travaux, processus] acelerar **2.** [feu] avivar, atizar. ◆ **s'activer** vp [s'affairer] afanarse ; [se dépêcher] apresurarse.

activisme [aktivism] nm activismo *m*.

activiste [aktivist] adj & nmf activista.

activité [aktivite] nf actividad *f* ▸ **en activité** [volcan] en actividad ▸ **activités d'éveil** *actividades didácticas para niños* ▸ **activité professionnelle** actividad profesional.

actrice ⟶ **acteur**.

actu [akty] (*abr de* **actualité**) nf ▸ **l'actu** la actualidad / *l'actu de la semaine en images* las imágenes de actualidad de la semana.

actuaire [aktɥɛʀ] nm actuario *m*, -ria *f*.

actualisation [aktɥalizasjɔ̃] nf actualización *f*.

actualiser [3] [aktɥalize] vt actualizar. ◆ **s'actualiser** vp actualizarse.

actualité [aktɥalite] nf actualidad *f* ▸ **être d'actualité** estar de actualidad ▸ **l'actualité politique / sportive** la actualidad política / deportiva. ◆ **actualités** nfpl ▸ **les actualités** el noticiario.

actuel, elle [aktɥɛl] adj actual.

actuellement [aktɥɛlmɑ̃] adv actualmente, en la actualidad.

acuité [akɥite] nf **1.** [intensité] gravedad *f* **2.** [sensibilité] agudeza *f* ▸ **acuité visuelle** agudeza visual.

acuponcteur, trice, acupuncteur, trice [akypɔ̃ktœʀ, tʀis] nm, f acupuntor *m*, -ra *f*.

acupuncture, acuponcture [akypɔ̃ktyʀ] nf acupuntura *f*.

adage [adaʒ] nm adagio *m*.

adaptable [adaptabl] adj adaptable.

adaptateur, trice [adaptatœʀ, tʀis] nm, f [personne] adaptador *m*, -ra *f*. ◆ **adaptateur** nm ÉLECTR adaptador *m*.

adaptation [adaptasjɔ̃] nf adaptación *f*.

adapter [3] [adapte] vt **1.** [gén] ▸ **adapter qqch à qqn / à qqch** adaptar ou adecuar algo a alguien / a algo **2.** [fixer] acoplar **3.** [œuvre] adaptar. ◆ **s'adapter** vp ▸ **s'adapter (à qqch)** adaptarse (a algo).

ADD (*abr de* **analogique / digital / digital**) ADD.

addiction [adiksjɔ̃] nf adicción *f*.

additif, ive [aditif, iv] adj aditivo(va). ◆ **additif** nm **1.** [à un texte] cláusula *f* adicional **2.** [substance] aditivo *m*.

addition [adisjɔ̃] nf **1.** [ajout] adición *f* **2.** [calcul] suma *f* **3.** [note] cuenta *f* ▸ **l'addition, s'il vous plaît** la cuenta, por favor.

additionnel, elle [adisjɔnɛl] adj adicional.

additionner [3] [adisjɔne] vt **1.** [calculer] sumar **2.** [ajouter] añadir ▸ **additionner qqch d'eau** aguar algo. ◆ **s'additionner** vp sumarse.

adduction [adyksjɔ̃] nf **1.** ANAT aducción *f* **2.** [d'eau, de gaz] toma *f*.

adepte [adɛpt] nmf adepto *m*, -ta *f* ▸ **adepte de qqch** adepto a algo.

adéquat, e [adekwa, at] adj adecuado(da).

adéquation [adekwasjɔ̃] nf adecuación *f*.

adhérence [adeʀɑ̃s] nf adherencia *f*.

adhérent, e [aderɑ̃, ɑ̃t] ◆ adj adherente. ◆ nm, f [membre - d'une association] miembro *m* ; [- de parti] afiliado *m*, -da *f*.

adhérer [18] [adere] vi **1.** [coller] adherirse **2.** [devenir membre de] ▸ **adhérer à a)** [une association] hacerse miembro de **b)** [un parti] afiliarse a **3.** [être d'accord avec] ▸ **adhérer à** adherirse a.

adhésif, ive [adezif, iv] adj adhesivo(va). ◆ **adhésif** nm adhesivo *m*.

adhésion [adezjɔ̃] nf **1.** [à une idée] adhesión *f* **2.** [à un parti] afiliación *f*.

adieu [adjø] ◆ interj ¡adiós! ▸ **dire adieu à qqch** despedirse de algo. ◆ nm *(gén pl)* adiós *m* ▸ **faire ses adieux à** despedirse de.

adipeux, euse [adipø, øz] adj adiposo(sa).

adjacent, e [adʒasɑ̃, ɑ̃t] adj adyacente.

adjectif [adʒɛktif] nm adjetivo *m* ▸ **adjectif attribut / épithète** adjetivo atributivo / epíteto.

adjoindre [82] [adʒwɛ̃dr] vt agregar ▸ **adjoindre qqn à qqn** asignar alguien a alguien. ◆ **s'adjoindre** vp ▸ **s'adjoindre qqn** tomar un colaborador.

adjoint, e [adʒwɛ̃, ɛ̃t] ◆ adj adjunto(ta). ◆ nm, f adjunto *m*, -ta *f* ▸ **adjoint au maire** teniente *m* de alcalde.

adjonction [adʒɔ̃ksjɔ̃] nf agregación *f* ▸ **sans adjonction de sel / sucre** sin sal / azúcar.

adjudant [adʒydɑ̃] nm ≃ brigada *m*.

adjudant-chef, adjudante-chef [adʒydɑ̃ʃɛf, adʒydɑ̃tʃɛf] *(mpl* **adjudants-chefs**, *fpl* **adjudantes-chefs**) nm ≃ sargento *m*.

adjudicataire [adʒydikatɛr] nm DR adjudicatario *m*, -ria *f*.

adjudication [adʒydikasjɔ̃] nf DR adjudicación *f*.

adjuger [17] [adʒyʒe] vt **1.** [aux enchères] adjudicar ▸ **adjugé !** ¡adjudicado! **2.** [décerner] ▸ **adjuger qqch à qqn** otorgar algo a alguien. ◆ **s'adjuger** vp ▸ **s'adjuger qqch** adjudicarse algo.

adjurer [3] [adʒyre] vt *sout* rogar.

adjuvant [adʒyvɑ̃] nm [médicament] coadyuvante.

admets ⟶ **admettre**.

admettre [84] [admɛtr] vt **1.** [accepter, recevoir] admitir **2.** [supposer] suponer / *admettons que cela soit vrai* supongamos que sea cierto **3.** [autoriser] autorizar ▸ **être admis à faire qqch** tener derecho a hacer algo.

administrateur, trice [administratœr, tris] nm, f administrador *m*, -ra *f* ▸ **administrateur de biens** administrador de bienes ▸ **administrateur judiciaire** ≃ comisario *m* de quiebra ▸ **administrateur de site (Web)** INFORM administrador de web.

administratif, ive [administratif, iv] adj administrativo(va).

administration [administrasjɔ̃] nf administración *f*.

administrer [3] [administre] vt administrar.

admirable [admirabl] adj **1.** [personne, comportement] admirable **2.** [paysage, spectacle] maravilloso(sa).

admirablement [admirabləmɑ̃] adv admirablemente.

admirateur, trice [admiratœr, tris] nm, f admirador *m*, -ra *f*.

admiratif, ive [admiratif, iv] adj [regard, remarque] de admiración.

admiration [admirasjɔ̃] nf admiración *f* ▸ **admiration pour qqn / qqch** admiración por alguien / algo ▸ **être en admiration devant qqn / qqch** quedarse admirado ante alguien / algo.

admiratrice ⟶ **admirateur**.

admirer [3] [admire] vt admirar. ◆ **s'admirer** vp admirarse.

admis, e [admi, iz] pp ⟶ **admettre**.

admissible [admisibl] adj **1.** [acceptable] admisible **2.** SCOL & UNIV *admitido a la última parte de un examen*.

admission [admisjɔ̃] nf admisión *f*.

admonester [3] [admɔnɛste] vt *sout* amonestar.

ADN (*abr de* **acide désoxyribonucléique**) nm ADN *m* ▸ **un test ADN** una prueba de ADN ▸ **une analyse de l'ADN** un análisis de ADN ▸ **une puce à ADN** un chip de ADN.

ado [ado] nmf *fam* adolescente *mf*.

adolescence [adɔlesɑ̃s] nf adolescencia *f*.

adolescent, e [adɔlesɑ̃, ɑ̃t] adj & nm, f adolescente.

adonis [adɔnis] nm adonis *m inv*.

adonner [3] [adɔne] ◆ **s'adonner** vp ▸ **s'adonner à qqch a)** [boisson] darse a algo **b)** [activité] entregarse a algo.

adopter [3] [adɔpte] vt **1.** [gén] adoptar **2.** [loi] aprobar.

adoptif, ive [adɔptif, iv] adj adoptivo(va).

adoption [adɔpsjɔ̃] nf **1.** [d'enfant] adopción *f* ▸ **d'adoption** [famille, pays] adoptivo(va) **2.** [de loi] aprobación *f*.

adorable [adɔrabl] adj adorable.

adorateur, trice [adɔratœr, tris] ◆ adj de adoración. ◆ nm, f adorador *m*, -ra *f*.

adoration [adɔrasjɔ̃] nf adoración *f* ▸ **être en adoration devant qqn** sentir adoración por alguien.

adorer [3] [adɔre] vt adorar ▸ **adorer qqch / faire qqch** encantarle a uno algo / hacer algo.

adosser [3] [adose] vt ▸ **adosser qqch à** OU **contre qqch** adosar algo a OU en algo ▸ **être adossé à** : *elle était adossée au mur* estaba apoyada contra la pared. ◆ **s'adosser** vp ▸ **s'adosser à qqch** respaldarse en algo.

adoucir [32] [adusir] vt **1.** [gén] suavizar **2.** [eau] descalcificar. ◆ **s'adoucir** vp **1.** [climat] suavizarse **2.** [personne] serenarse.

adoucissant, e [adusisɑ̃, ɑ̃t] adj suavizante. ◆ **adoucissant** nm suavizante *m*.

adoucissement [adusismɑ̃] nm **1.** [de la température] mejora *f* **2.** [de l'eau] descalcificación *f*.

adoucisseur [adusisœʀ] nm ▸ **adoucisseur (d'eau)** descalcificador *m*.

adrénaline [adʀenalin] nf adrenalina *f*.

adresse [adʀɛs] nf **1.** [domicile] dirección *f* ▸ **partir sans laisser d'adresse** irse sin dejar señas ▸ **une bonne adresse** a) [hôtel] un buen hotel b) [restaurant] un buen restaurante **2.** [habileté - physique] maña *f* ; [- intellectuelle] ingenio *m* **3.** INFORM dirección *f* ▸ **adresse (de courrier) électronique** dirección de correo electrónico, dirección electrónica ▸ **adresse Internet** dirección internet ▸ **adresse Web** dirección web **4.** [intention] ▸ **à l'adresse de qqn** a la atención de alguien.

adresser [4] [adʀese] vt **1.** [envoyer] remitir ▸ **adresser qqch à qqn** remitir algo a alguien **2.** [reproche, compliment] hacer ▸ **adresser la parole à qqn** dirigir la palabra a alguien **3.** [recommander] ▸ **adresser qqn à qqn** mandar ou enviar alguien a alguien. ◆ **s'adresser** vp ▸ **s'adresser à qqn** a) [parler à qqn] dirigirse a alguien b) [être destiné à qqn] estar destinado(da) a alguien.

Adriatique [adʀijatik] npr f ▸ **l'Adriatique** el Adriático.

adroit, e [adʀwa, at] adj **1.** [habile] diestro(tra) **2.** [ingénieux] hábil.

adroitement [adʀwatmɑ̃] adv **1.** [avec dextérité] con destreza **2.** [avec finesse] con habilidad.

ADSL (*abr de* **asymmetric digital subscriber line**) nm ADSL *m o f* ▸ **una connexion ADSL** una conexión ADSL.

aduler [3] [adyle] vt adular.

adulescent, e [adylesɑ̃, ɑ̃t] nm, f eterno adolescente *m*, eterna adolescente *f*.

adulte [adylt] adj & nmf adulto(ta).

adultère [adyltɛʀ] ◆ nm adulterio *m*. ◆ adj adúltero(ra).

adultérin, e [adylteʀɛ̃, in] adj adulterino(na).

advenir [40] [advəniʀ] vi pasar / *qu'adviendra-t-il de ce projet ?* ¿qué será de este proyecto? ▸ **advienne que pourra** que sea lo que Dios quiera.

advenu, e [advəny] pp ⟶ **advenir**.

adverbe [advɛʀb] nm adverbio *m*.

adversaire [advɛʀsɛʀ] nmf adversario *m*, -ria *f*.

adverse [advɛʀs] adj **1.** [opposé] opuesto(ta) **2.** DR ⟶ **partie**.

adversité [advɛʀsite] nf adversidad *f*.

advient ⟶ **advenir**.

advint ⟶ **advenir**.

AE ◆ nm (*abr de* **adjoint d'enseignement**) profesor *m*, -ra *f* no titular. ◆ nmf inv *abr de* **aide-éducateur**.

AELE (*abr de* **Association européenne de libre-échange**) nf EFTA *f*.

AEN (*abr de* **Agence pour l'énergie nucléaire**) nf *agencia de la OCDE para la energía nuclear*.

aération [aeʀasjɔ̃] nf ventilación *f*.

aéré, e [aeʀe] adj **1.** [pièce, appartement] aireado(do), ventilado(do) **2.** [texte, mise en page] espaciado(do).

aérer [18] [aeʀe] vt **1.** [pièce] ventilar ; [linge] airear, orear **2.** *fig* [texte] airear. ◆ **s'aérer** vp [sortir] airearse, tomar el aire.

aérien, enne [aeʀjɛ̃, ɛn] adj aéreo(rea).

aérobic [aeʀobik] nm aerobic *m*.

aéro-club [aeʀoklœb] nm aeroclub *m*.

aérodrome [aeʀodʀom] nm aeródromo *m*.

aérodynamique [aeʀodinamik] ◆ nf aerodinámica *f*. ◆ adj aerodinámico(ca).

aérogare [aeʀogaʀ] nf **1.** [aéroport] terminal *f* **2.** [gare] *estación de autobuses con destino a un aeropuerto*.

aéroglisseur [aeʀoglisœʀ] nm aerodeslizador *m*.

aérogramme [aeʀogʀam] nm aerograma *m*.

aéromodélisme [aeʀɔmɔdelism] nm aeromodelismo *m*.

aéronautique [aeʀonotik] ◆ nf aeronáutica *f*. ◆ adj aeronáutico(ca).

aéronaval, e, als [aeʀonaval] adj aeronaval.

aéronef [aeʀɔnɛf] nm aeronave *f*.

aérophagie [aeʀɔfaʒi] nf aerofagia *f*.

aéroport [aeʀɔpɔʀ] nm aeropuerto *m*.

aéroporté, e [aeʀopɔʀte] adj aerotransportado(da).

aérosol [aeʀɔsɔl] ◆ nm aerosol *m*. ◆ adj inv en aerosol.

aérospatial, e, aux [aeʀospasjal, o] adj aeroespacial. ◆ **aérospatiale** nf tecnología *f* aeroespacial.

AF ◆ nfpl *abr de* **allocations familiales.** ◆ nf *asamblea federal suiza*.

affabilité [afabilite] nf *sout* afabilidad *f*.

affable [afabl] adj afable.

affabulation [afabylasjɔ̃] nf fabulación *f*.

affaiblir [32] [afebliʀ] vt debilitar. ◆ **s'affaiblir** vp debilitarse.

affaiblissement [afeblismɑ̃] nm debilitamiento *m*, debilitación *f*.

affaire [afɛʀ] nf **1.** [gén] asunto *m* **2.** [question] cuestión *f* / *c'est l'affaire d'une minute* es cuestión de un minuto ou momento **3.** [marché avantageux] ganga *f* ▸ **faire une affaire** hacer (un buen) negocio *m* ▸ **une affaire en or** un negocio redondo **4.** COMM negocio *m* **5.** [polémique] caso *m* **6.** EXPR **avoir affaire à qqn** [traiter avec qqn] tener que tratar con alguien ▸ **j'en fais mon affaire** es cosa mía ▸ **il aura affaire à moi** tendrá que vérselas conmigo ▸ **ça fera l'affaire** con esto me apaño ▸ **tirer qqn d'affaire** poner a alguien fuera de peligro. ◆ **affaires** nfpl **1.** COMM negocios *mpl* **2.** [objets personnels] cosas *fpl* **3.** [activités publiques et privées] asuntos *mpl* ▸ **les affaires de l'État** los asuntos de la Nación ▸ **les Affaires étrangères** Asuntos exteriores ▸ **se mêler de ses affaires** meterse en sus asuntos ▸ **toutes affaires cessantes** de inmediato.

affairé, e [afeʀe] adj atareado(da).

affairer [4] [afeʀe] ◆ **s'affairer** vp atarearse.

affairisme [afeʀism] nm mercantilismo *m*.

affaissement [afɛsmɑ̃] nm GÉOGR hundimiento *m*.

affaisser [4] [afese] ◆ **s'affaisser** vp **1.** [se creuser] hundirse **2.** [tomber] desplomarse.

affaler [4] [afale] ◆ **s'affaler** vp repantingarse.

affamé, e [afame] adj hambriento(ta).

affamer [3] [afame] vt ▸ **affamer qqn** no dar de comer a alguien, privar de alimentos a alguien.

affectation [afɛktasjɔ̃] nf **1.** [attribution] asignación *f* **2.** [nomination] destino *m* **3.** [manque de naturel] afectación *f*.

affecté, e [afɛkte] adj afectado(da).

affecter [4] [afɛkte] vt **1.** [consacrer] destinar **2.** [nommer] ▸ **affecter qqn à** [poste, lieu] destinar a alguien a **3.** [feindre] fingir ▸ **affecter d'être heureux** fingir ser feliz.

affectif, ive [afɛktif, iv] adj afectivo(va).

affection [afɛksjɔ̃] nf **1.** [sentiment] afecto *m* **2.** [maladie] afección *f*.

affectionner [3] [afɛksjɔne] vt [chose] adorar.

affectivité [afɛktivite] nf afectividad *f*.

affectueusement [afɛktɥøzmɑ̃] adv afectuosamente.

affectueux, euse [afɛktɥø, øz] adj afectuoso(sa).

afférent, e [afeʀɑ̃, ɑ̃t] adj **1.** DR ▸ **afférent à qqn** correspondiente a alguien **2.** ANAT aferente.

affermir [32] [afɛʀmiʀ] vt **1.** [pouvoir, position] consolidar **2.** [matière] afirmar. ◆ **s'affermir** vp **1.** [pouvoir] consolidarse **2.** [matière] afirmarse.

affichage [afiʃaʒ] nm **1.** [action d'afficher] fijación *f* **2.** INFORM visualización *f* ▸ **affichage à cristaux liquides** LCD *m* ▸ **affichage numérique** visualización numérica.

affiche [afiʃ] nf cartel *m* ESP, afiche *m* AM ▸ **affiche publicitaire** anuncio *m* ▸ **être à l'affiche** estar en cartel ▸ **tenir l'affiche** mantenerse en cartel.

afficher [3] [afiʃe] vt **1.** [liste, affiche] fijar **2.** *fig* [montrer] hacer alarde de **3.** INFORM visualizar. ◆ **s'afficher** vp **1.** [se montrer] ▸ **s'afficher avec qqn** exhibirse con alguien **2.** ÉLECTR aparecer.

affichette [afiʃɛt] nf COMM cartelito *m*.

afficheur [afiʃœʀ] nm **1.** [entreprise d'affichage] empresa *f* anunciadora **2.** INFORM pantalla *f* electrónica.

affilée [afile] ◆ **d'affilée** loc adv de un tirón.

affiler [3] [afile] vt afilar.

affilié, e [afilje] adj afiliado(da).

affilier [9] [afilje] ◆ **s'affilier** vp [à un club, à un parti] afiliarse ▸ **être affilié à** estar afiliado a.

affiner [3] [afine] vt refinar. ◆ **s'affiner** vp afinarse.

affinité [afinite] nf afinidad *f* ▸ **avoir des affinités avec qqn** tener afinidades con alguien.

affirmatif, ive [afiʀmatif, iv] adj **1.** [réponse] afirmativo(va) **2.** [ton] categórico(ca). ◆ **affirmatif** adv sí. ◆ **affirmative** nf afirmación *f* ▸ **dans l'affirmative** en caso afirmativo ▸ **répondre par l'affirmative** responder afirmativamente.

affirmation [afiʀmasjɔ̃] nf afirmación *f*.

affirmativement [afiʀmativmɑ̃] adv afirmativamente.

affirmer [3] [afiʀme] vt afirmar. ◆ **s'affirmer** vp confirmarse.

affixe [afiks] nm afijo *m*.

affleurer [5] [aflœʀe] vi aflorar.

affliction [afliksjɔ̃] nf *sout* aflicción *f*.

affligé, e [afliʒe] adj afligido(da).

affligeant, e [afliʒɑ̃, ɑ̃t] adj penoso(sa).

affliger [17] [afliʒe] vt **1.** *sout* [attrister] afligir **2.** [accabler] ▸ **être affligé de qqch** estar aquejado de algo. ◆ **s'affliger** vp ▸ **s'affliger de qqch** *sout* afligirse por algo.

affluence [aflyɑ̃s] nf afluencia *f*.

affluent [aflyɑ̃] nm afluente *m*.

affluer [3] [aflye] vi afluir.

afflux [afly] nm **1.** [gén] afluencia *f* **2.** MÉD aflujo *m*.

affolant, e [afɔlɑ̃, ɑ̃t] adj alarmante.

affolé, e [afɔle] adj preso(sa) del pánico.

affolement [afɔlmɑ̃] nm pánico *m*.

affoler [3] [afɔle] vt **1.** [inquiéter] alarmar **2.** [troubler] turbar. ◆ **s'affoler** vp [paniquer] perder la calma.

affranchi, e [afʀɑ̃ʃi] adj **1.** [lettre] franqueado(da) **2.** [esclave] liberto(ta).

affranchir [32] [afʀɑ̃ʃiʀ] vt **1.** [timbrer] franquear **2.** [esclave] libertar **3.** [exempter] ▸ **affranchir qqn de qqch** liberar a alguien de algo. ◆ **s'affranchir** vp ▸ **s'affranchir de qqch** librarse de algo.

affranchissement [afʀɑ̃ʃismɑ̃] nm **1.** [timbrage] franqueo *m* **2.** [libération] liberación *f*.

affres [afʀ] nfpl *sout* angustias *fpl*.

affréter [18] [afʀete] vt fletar.

affreusement [afʀøzmɑ̃] adv **1.** [horriblement] horriblemente **2.** [énormément] terriblemente.

affreux, euse [afʀø, øz] adj horrible.

affriolant, e [afʀijɔlɑ̃, ɑ̃t] adj provocativo(va).

affront [afʀɔ̃] nm afrenta *f* ▸ **faire un affront à qqn** hacer una afrenta a alguien.

affrontement [afʀɔ̃tmɑ̃] nm enfrentamiento *m*.

affronter [3] [afʀɔ̃te] vt **1.** [personne] enfrentarse a OU con **2.** [situation] afrontar. ◆ **s'affronter** vp enfrentarse.

affubler [3] [afyble] vt *péj* ▸ **affubler qqn de qqch** ataviar a alguien con algo. ◆ **s'affubler** vp *péj* ▸ **s'affubler de qqch** ataviarse con algo.

affût [afy] nm ▸ **être à l'affût (de qqch)** *fig* estar al acecho (de algo).

affûter [3] [afyte] vt afilar.

afghan, e [afgɑ̃, an] adj afgano(na). ◆ **afghan** nm LING afgano *m*. ◆ **Afghan, e** nm, f afgano *m*, -na *f*.

Afghanistan [afganistɑ̃] npr m ▸ **l'Afghanistan** Afganistán.

afin [afɛ̃] ◆ **afin de** loc prép a fin de, con el fin de. ◆ **afin que** loc conj con el fin de que / *écris lisiblement afin que l'on puisse te lire* escribe de manera legible con el fin de que se pueda leer lo que escribes.

AFNOR, Afnor [afnɔʀ] (*abr de* **Association française de normalisation**) nf & adj inv *asociación francesa para la normalización* ; ≃ AENOR *f* ▸ **une norme AFNOR** una norma AFNOR ; ≃ una norma AENOR.

AFP (*abr de* **Agence France-Presse**) nf AFP *f* ▸ **un communiqué de l'AFP** un comunicado de la AFP.

africain, e [afʀikɛ̃, ɛn] adj africano(na). ◆ **Africain, e** nm, f africano *m*, -na *f*.

Afrique [afʀik] npr f ▸ **l'Afrique** África ▸ **l'Afrique australe** África austral ▸ **l'Afrique noire** el África negra ▸ **l'Afrique du Nord** África del Norte ▸ **l'Afrique du Sud** Sudáfrica.

afro [afʀo] adj inv afro.

after [aftœʀ] nm after *m*.

after-shave [aftœʀʃɛv] ❖ nm inv after-shave *m*. ❖ adj inv para después del afeitado.

ag. *abr écrite de* **agence**.

AG (*abr de* **assemblée générale**) nf JG *f* / *participer à l'AG du 10 mars* participar en la JG del 10 de marzo.

agaçant, e [agasɑ̃, ɑ̃t] adj irritante.

agacement [agasmɑ̃] nm irritación *f*.

agacer [16] [agase] vt irritar.

agate [agat] nf ágata *f*.

agave [agav] nm agave *f*.

âge [aʒ] nm edad *f* ▸ **à l'âge de** a la edad de ▸ **en âge de** en (la) edad de ▸ **en bas âge** de corta edad ▸ **d'âge mûr** de edad madura ▸ **d'un âge avancé** de edad avanzada ▸ **d'un certain âge** de cierta edad ▸ **l'âge ingrat** la edad del pavo ▸ **prendre de l'âge** hacerse mayor ▸ **quel âge as-tu ?** ¿cuántos años tienes? ▸ **âge canonique** cuarentena *f* ▸ **âge d'or** edad de oro ▸ **âge mental** edad mental ▸ **âge de bronze / de fer** edad de bronce / de hierro ▸ **âge de raison** uso *m* de razón ▸ **le troisième âge** la tercera edad.

âgé, e [aʒe] adj mayor ▸ **être âgé de 20 ans** tener 20 años.

agence [aʒɑ̃s] nf agencia *f* ▸ **agence immobilière** agencia inmobiliaria ▸ **agence d'intérim** empresa *f* de trabajo temporal ▸ **agence matrimoniale** agencia matrimonial ▸ **agence de publicité** agencia de publicidad ▸ **agence de tourisme** agencia de turismo ▸ **agence de voyages** agencia de viajes.

agencement [aʒɑ̃smɑ̃] nm distribución *f*.

agencer [16] [aʒɑ̃se] vt **1.** [éléments] disponer **2.** [espace] distribuir **3.** [texte] estructurar.

agenda [aʒɛ̃da] nm agenda *f* ▸ **agenda électronique** agenda electrónica.

agenouiller [3] [aʒnuje] ◆ **s'agenouiller** vp arrodillarse ▸ **s'agenouiller devant qqn** arrodillarse ante alguien.

agent [aʒɑ̃] nm agente *mf* ▸ **agent de change** agente de cambio y bolsa ▸ **agent immobilier** agente inmobiliario ▸ **agent de police** ≃ guardia *m* ou agente *m* de policía ▸ **agent de publicité** agente publicitario ou de publicidad ▸ **agent secret** agente secreto.

agglomérat [aglɔmeʀa] nm conglomerado *m*.

agglomération [aglɔmeʀasjɔ̃] nf **1.** [amas] aglomeración *f* **2.** [ville] núcleo *m* de población ▸ **l'agglomération parisienne** el área metropolitana de París.

aggloméré [aglɔmeʀe] nm conglomerado *m*.

agglomérer [18] [aglɔmeʀe] vt aglomerar, conglomerar. ◆ **s'agglomérer** vp aglomerarse.

agglutiner [3] [aglytine] vt aglutinar. ◆ **s'agglutiner** vp aglutinarse.

aggravant, e [agʀavɑ̃, ɑ̃t] adj agravante.

aggravation [agʀavasjɔ̃] nf agravación *f*, empeoramiento *m*.

aggraver [3] [agʀave] vt agravar. ◆ **s'aggraver** vp agravarse.

agile [aʒil] adj ágil.

agilement [aʒilmɑ̃] adv ágilmente, con agilidad.

agilité [aʒilite] nf agilidad *f*.

agio [aʒjo] nm *(gén pl)* agio *m*.

agir [32] [aʒiʀ] vi **1.** [faire] actuar **2.** [se comporter] comportarse **3.** [influer] ▸ **agir sur qqn / qqch** influir sobre alguien / algo **4.** [être efficace] surtir efecto. ◆ **s'agir** v impers ▸ **il s'agit de faire qqch** se trata de hacer algo ▸ **il s'agit de qqn / de qqch** se trata de alguien / de algo ▸ **de quoi s'agit-il ?** ¿de qué se trata?

agissements [aʒismɑ̃] nmpl artimañas *fpl*.

agitateur, trice [aʒitatœʀ, tʀis] nm, f POL agitador *m*, -ra *f*. ◆ **agitateur** nm CHIM agitador *m*.

agitation [aʒitasjɔ̃] nf agitación *f*.

agité, e [aʒite] adj agitado(da).

agiter [3] [aʒite] vt agitar ▸ **agiter avant l'emploi** agítese antes de usar. ◆ **s'agiter** vp **1.** [bouger] moverse **2.** *fam* [se dépêcher] espabilar.

agneau [aɲo] nm **1.** [animal, viande] cordero *m* ▸ **doux comme un agneau** (suave) como una seda **2.** [fourrure] piel *f* de cordero.

agonie [agɔni] nf **1.** [de personne] agonía *f* ▸ **être à l'agonie** agonizar **2.** *fig* [déclin] declive *m*.

agoniser [3] [agɔnize] vi agonizar.

agoraphobie [agɔʀafɔbi] nf agorafobia *f*.

agrafe [agʀaf] nf grapa *f* ESP, grampa *f* AM.

agrafer [3] [agʀafe] vt **1.** [papiers] grapar **2.** [vêtement] abrochar.

agrafeuse [agʀaføz] nf grapadora *f* ESP, corchetera *f* AM.

agraire [agʀɛʀ] adj agrario(ria).

agrandir [32] [agʀɑ̃diʀ] vt ampliar. ◆ **s'agrandir** vp crecer.

agrandissement [agʀɑ̃dismɑ̃] nm ampliación *f*.

agréable [agʀeabl] adj agradable.

agréablement [agʀeabləmɑ̃] adv gratamente.

agréé, e [agʀee] adj [organisme, médecin] concertado(da).

agréer [15] [agʀee] vt *sout* [accepter] ▸ **agréer une demande** admitir una demanda ▸ **Veuillez agréer mes salutations distinguées** ou **l'expression de mes sentiments distingués** le saluda atentamente.

agreg [agʀeg] (*abr de* **agrégation**) nf *fam oposiciones para profesores de enseñanza secundaria y superior*.

agrégat [agʀega] nm conglomerado *m*.

agrégation [agʀegasjɔ̃] nf *oposiciones para profesores de enseñanza secundaria y superior*.

agrégé, e [agʀeʒe] nm, f ≃ catedrático *m*, -ca *f*.

agrément [agʀemɑ̃] nm *sout* **1.** [caractère agréable] encanto *m* ▸ **d'agrément** [voyage] de placer **2.** [approbation] consentimiento *m*.

agrémenter [3] [agʀemɑ̃te] vt aderezar / *il a agrémenté son discours de citations* amenizó su discurso con citas.

agrès [agʀɛ] nmpl aparatos *mpl* de gimnasia.

agresser [4] [agʀese] vt agredir.

agresseur [agʀɛsœʀ] nm agresor *m*.

agressif, ive [agʀɛsif, iv] adj agresivo(va).

agression [agʀɛsjɔ̃] nf agresión *f*.

agressivement [agʀɛsivmɑ̃] adv agresivamente.

agressivité [agʀɛsivite] nf agresividad *f*.

agricole [agʀikɔl] adj agrícola.

agriculteur, trice [agʀikyltœʀ, tʀis] nm, f agricultor *m*, -ra *f*.

agriculture [agʀikyltyʀ] nf agricultura *f*.

agripper [3] [agʀipe] vt agarrar. ◆ **s'agripper** vp ▸ **s'agripper à qqch / à qqn** agarrarse a algo / a alguien.

agritourisme [agʀituʀism] nf agroturismo *m*.

agroalimentaire [agʀoalimɑ̃tɛʀ] adj [industrie, produit] agroalimentario(ria).

agrocarburant [agʀokaʀbyʀɑ̃] nm agrocarburante *m*.

agro-industriel, elle [agʀoɛ̃dystʀijɛl] adj agroindustrial.

agronome [agʀɔnɔm] adj agrónomo(ma).

agronomie [agʀɔnɔmi] nf agronomía *f*.

agronomique [agʀɔnɔmik] adj agronómico(ca).

agrotourisme [agʀotuʀism] nm agroturismo *m*.

agrumes [agʀym] nmpl cítricos *mpl*.

aguerrir [32] [ageʀiʀ] vt curtir. ◆ **s'aguerrir** vp curtirse.

aguets [agɛ] ◆ **aux aguets** loc adv al acecho ▸ **être aux aguets** estar al acecho.

aguichant, e [agiʃɑ̃, ɑ̃t] adj provocativo(va).

aguicher [3] [agiʃe] vt provocar.

ah [a] interj **1.** [d'émotion] oh / *ah ! que c'est agréable !* ¡oh! ¡qué agradable! **2.** [de surprise] ah / *ah bon ? pas possible !* ¿ah sí? ¡no me digas! **3.** [d'opposition] ▸ **ah mais !** ¡pero! ▸ **ah non !** ¡pues no! **4.** [marque le rire] ▸ **ah ! ah !** ¡ja, ja, ja!

Ah (*abr écrite de* **ampère-heure**) A/h.

ahuri, e [ayʀi] ◈ adj [abasourdi] asombrado(da). ◈ nm, f [idiot] atolondrado *m*, -da *f*.

ahurir [32] [ayʀiʀ] vt [étonner] dejar pasmado(da).

ahurissant, e [ayʀisɑ̃, ɑ̃t] adj pasmoso(sa).

ahurissement [ayʀismɑ̃] nm pasmo *m*.

ai ⟶ **avoir**.

aide [ɛd] ◈ nf ayuda *f* ▸ **à l'aide !** ¡socorro!, ¡auxilio! ▸ **venir en aide à qqn** venir en ayuda de alguien ▸ **aide humanitaire** ayuda humanitaria ▸ **aide en ligne** ayuda contextual ou en línea ▸ **aide sociale** asistencia *f* social. ◈ nmf ayudante *mf*. ◆ **à l'aide de** loc prép con ayuda de. ◆ **aide de camp** nm ayudante *m* de campo. ◆ **aide familiale** nf *asistenta social que ayuda en las tareas del hogar y a cuidar a los niños de familias con recursos moderados*. ◆ **aide ménagère** nf *asistenta social que ayuda en las tareas del hogar a las personas mayores*.

aide-comptable [ɛdkɔ̃tabl] nmf auxiliar *mf* de contabilidad.

aide-éducateur, trice [ɛdedykatœʀ, tʀis] (*mpl* **aides-éducateurs**, *fpl* **aides-éducatrices**) nm, f SCOL asistente educativo *m*, asistente educativa *f* / *le nombre d'aides-éducateurs va diminuer dans les collèges* el número de asistentes educativos va a disminuir en los colegios.

aide-mémoire [ɛdmemwaʀ] nm inv cuaderno *m* de notas.

aider [4] [ede] ◈ vt ayudar ▸ **aider qqn à faire qqch** ayudar a alguien a hacer algo / *il s'est fait aider par son collègue* le ha ayudado su compañero de trabajo. ◈ vi ▸ **aider à qqch** ayudar a algo. ◆ **s'aider** vp **1.** [s'assister mutuellement] ayudarse **2.** [avoir recours] ▸ **s'aider de qqch** valerse de algo.

aide-soignant, e [ɛdswaɲɑ̃, ɑ̃t] (*mpl* **aides-soignants**, *fpl* **aides-soignantes**) nm, f auxiliar *mf* de clínica.

aie ⟶ **avoir**.

aïe [aj] interj **1.** [de douleur] ¡ay! **2.** [de désagrément] ¡vaya!

AIEA (*abr de* **Agence internationale de l'énergie atomique**) nf OIEA *m* ▸ **les inspecteurs de l'AIEA** los inspectores de la OIEA.

aïeul, e [ajœl] nm, f *sout* abuelo *m*, -la *f* ESP, papá grande *m*, mamá grande *f* AM.

aïeux [ajø] nmpl *sout* antepasados *mpl*.

aigle [ɛgl] nm águila *f*.

aiglon [ɛglɔ̃] nm aguilucho *m*.

aigre [ɛgʀ] ❖ adj **1.** [saveur, propos] agrio(gria) **2.** [odeur] acre. ❖ nm ▸ **tourner à l'aigre** [discussion, débat] subir de tono.

aigre-doux, aigre-douce [ɛgʀədu, dus] (*mpl* **aigres-doux**, *fpl* **aigres-douces**) adj agridulce.

aigrelet, ette [ɛgʀəlɛ, ɛt] adj **1.** [vin] ligeramente agrio(gria) **2.** [voix] agudo(da).

aigrement [ɛgʀəmɑ̃] adv con acritud.

aigrette [ɛgʀɛt] nf penacho *m*.

aigreur [ɛgʀœʀ] nf **1.** [d'aliment] agrura *f* **2.** [de propos] acritud *f*. ◆ **aigreurs d'estomac** nfpl acidez *f* de estómago.

aigri, e [egʀi] adj & nm, f amargado(da).

aigrir [32] [egʀiʀ] vt agriar. ◆ **s'aigrir** vp **1.** [aliment] agriarse **2.** [personne] amargarse.

aigu, uë [egy] adj **1.** [gén] agudo(da) **2.** [lame] afilado(da) ESP, filoso(sa) AM. ◆ **aigu** nm MUS agudo *m*.

aiguillage [egɥijaʒ] nm RAIL cambio *m* de agujas ▸ **c'est une erreur d'aiguillage** *fig* no era el buen camino.

aiguille [egɥij] nf **1.** [gén] aguja *f* ▸ **aiguille à coudre** aguja de coser ▸ **aiguille de pin** aguja de pino ▸ **aiguille à tricoter** aguja de punto ▸ **chercher une aiguille dans une botte de foin** buscar una aguja en un pajar **2.** GÉOGR pico *m*.

aiguiller [egɥije] vt *pr* & *fig* encarrilar.

aiguillette [egɥijɛt] nf CULIN [de canard, d'oie] *tajada delgada cortada del lomo de un ave* ; [de bœuf] parte *f* del lomo *(de vaca)*.

aiguilleur [egɥijœʀ] nm RAIL guardagujas *m inv*. ◆ **aiguilleur du ciel** nm controlador aéreo *m*, controladora aérea *f*.

aiguillon [egɥijɔ̃] nm **1.** [dard] aguijón *m* **2.** *fig* & *sout* [stimulant] acicate *m*.

aiguiser [3] [egize] vt **1.** [outil] afilar **2.** [sensation] aguzar ▸ **aiguiser l'appétit** abrir el apetito.

aïkido [ajkido] nm aikido *m*.

ail [aj] (*pl* **ails** *ou* **aulx** [o]) nm ajo *m*.

aile [ɛl] nf **1.** [gén] ala *f* ▸ **battre de l'aile** dar las últimas bocanadas ▸ **donner des ailes à qqn** dar alas a alguien ▸ **voler de ses propres ailes** volar con sus propias alas **2.** [de moulin] aspa *f* **3.** [de voiture, de nez] aleta *f*.

aileron [ɛlʀɔ̃] nm **1.** [de requin] aleta *f* **2.** [d'avion] alerón *m*.

ailier [ɛlje] nm extremo *m*.

aille ⟶ **aller**.

ailleurs [ajœʀ] ❖ adv en otro lugar, en otra parte ▸ **avoir l'esprit ailleurs** tener la cabeza en otra parte. ❖ nm otro lugar *m*. ◆ **d'ailleurs** loc adv **1.** [de plus] además / *il ne me plaît pas ; d'ailleurs, c'est réciproque* no me gusta y además yo a él tampoco **2.** [du reste] por cierto / *il est très jeune, et très compétent d'ailleurs* es muy joven y, por cierto, muy competente. ◆ **par ailleurs** loc adv por otro lado, por otra parte.

ailloli, aïoli [ajɔli] nm alioli *m*.

aimable [ɛmabl] adj amable.

aimablement [ɛmabləmɑ̃] adv amablemente, con amabilidad.

aimant, e [ɛmɑ̃, ɑ̃t] adj cariñoso(sa). ◆ **aimant** nm imán *m*.

aimanter [3] [ɛmɑ̃te] vt imantar.

aimer [4] [eme]

❖ vt

1. [affectionner] amar, querer / *je t'aime* te quiero

2. [apprécier] gustar / *j'aime le chocolat noir* me gusta el chocolate negro ▸ **aimer faire qqch** gustarle a alguien hacer algo / *j'aime peindre* me gusta pintar ▸ **aimer que** (+ *subjonctif*) gustarle a alguien que (+ *subjonctif*) / *j'aime qu'il fasse chaud* me gusta que haga calor ▸ **aimer bien qqn** gustarle a alguien alguien / *j'aime bien mon professeur d'espagnol* me gusta mi profesor de español / *j'aime bien Benjamin* Benjamin me cae bien ▸ **aimer bien qqch / faire qqch** gustarle a alguien algo / hacer algo / *j'aime bien le thé vert* me gusta el té verde / *j'aime bien cuisiner* me gusta cocinar

3. [préférer] ▸ **aimer mieux qqch / faire qqch** preferir algo / hacer algo / *j'aime mieux lire que regarder la télévision* prefiero leer que ver televisión

◆ **s'aimer** vp **1.** [s'affectionner] amarse, quererse / *ils s'aiment beaucoup* se quieren mucho **2.** [se plaire] gustarse / *elle ne s'aime pas dans cette robe* no se gusta en ese vestido.

Voir encadré p. 30.

aine [ɛn] nf ingle *f*.

aîné, e [ene] ❖ adj mayor. ❖ nm, f mayor *mf* / *elle est mon aînée de deux ans* es dos años mayor que yo.

aînesse [ɛnɛs] ⟶ **droit**.

ainsi [ɛ̃si] adv **1.** [de cette manière] así ▸ **et ainsi de suite** y así sucesivamente ▸ **pour ainsi dire** por así decirlo ▸ **ainsi soit-il** así sea **2.** [par conséquent] así ▸ **ainsi donc** así pues. ◆ **ainsi que** loc conj **1.** *sout* [comme] como **2.** [de même que, et] así como.

aïoli = **ailloli**.

air [ɛʀ] nm aire *m* ▸ **il a l'air sérieux** tiene cara de serio ▸ **il a l'air de pleurer** parece que está llorando ▸ **d'un air dégagé** con aire desenvuelto ▸ **à l'air libre** al aire libre ▸ **en l'air** [paroles, promesses] vano(na) ▸ **en plein air** al aire libre ▸ **au grand air** al aire libre ▸ **n'avoir l'air de rien** no parecerlo ▸ **prendre l'air** tomar el aire ▸ **regarder en l'air** mirar hacia arriba ▸ **sans en avoir l'air, l'air de rien** como quien no quiere la cosa ▸ **air comprimé** aire comprimido ▸ **air conditionné** aire acondicionado ▸ **air de famille** aire de familia ▸ **s'envoyer en l'air** *vulg* echar un polvo. ◆ **airs** nmpl ▸ **prendre de grands airs** darse muchos aires.

Airbag® [ɛʀbag] nm Airbag® *m.*

aire [ɛʀ] nf **1.** [gén] área *f* ▸ **aire de jeux / de repos** área de juegos / de descanso **2.** [nid] aguilera *f.*

airelle [ɛʀɛl] nf arándano *m.*

aisance [ɛzɑ̃s] nf **1.** [facilité] facilidad *f* ▸ **avec aisance** con facilidad **2.** [richesse] desahogo *m* ▸ **vivre dans l'aisance** vivir desahogadamente.

aise [ɛz] ◆ nf ▸ **être à l'aise, être à son aise** estar cómodo(da) ▸ **mettre qqn à l'aise** hacer que alguien se sienta a gusto ▸ **mettre qqn mal à l'aise** hacer que alguien se sienta a disgusto ▸ **à votre aise !** ¡como guste! ▸ **en prendre à son aise** hacer lo que a uno le da la gana. ◆ adj ▸ **j'en suis bien aise !** *sout* ¡cuánto me alegro! ◆ **aises** nfpl ▸ **aimer ses aises** ser comodón ▸ **prendre ses aises** instalarse a sus anchas.

aisé, e [eze] adj **1.** [facile] fácil **2.** [riche] acomodado(da).

aisément [ezemɑ̃] adv fácilmente.

aisselle [ɛsɛl] nf axila *f.*

Ajaccio [aʒaksjo] npr Ajaccio.

ajonc [aʒɔ̃] nm aulaga *f.*

ajournement [aʒuʀnəmɑ̃] nm aplazamiento *m.*

ajourner [3] [aʒuʀne] vt **1.** [reporter] aplazar **2.** [recaler] suspender.

ajout [aʒu] nm añadido *m.*

ajouter [3] [aʒute] ◆ vt **1.** [mettre, dire en plus] añadir / *je n'ai plus rien à ajouter* no tengo nada que añadir **2.** [faire la somme de] sumar / *il faut ajouter les deux résultats* hay que sumar los dos resultados **3.** EXPR **ajouter foi à qqch** dar crédito a algo. ◆ vi ▸ **ajouter à qqch** sumarse a algo. ◆ **s'ajouter** vp ▸ **s'ajouter à qqch** sumarse a algo.

ajustable [aʒystabl] adj ajustable.

ajustage [aʒystaʒ] nm ajuste *m.*

ajusté, e [aʒyste] adj ceñido(da).

ajuster [3] [aʒyste] vt **1.** [pièce, vêtement] ajustar **2.** [coiffure, cravate] arreglar **3.** [tir] apuntar. ◆ **s'ajuster** vp ajustarse.

ajusteur [aʒystœʀ] nm ajustador *m.*

alaise, alèse [alɛz] nf hule *m.*

alambiqué, e [alɑ̃bike] adj enrevesado(da).

alangui, e [alɑ̃gi] adj lánguido(da).

alaouite [alawit] adj alauí, alauita.

alarmant, e [alaʀmɑ̃, ɑ̃t] adj alarmante.

alarme [alaʀm] nf alarma *f* ▸ **donner l'alarme** dar la alarma.

alarmer [3] [alaʀme] vt alarmar. ◆ **s'alarmer** vp alarmarse.

alarmiste [alaʀmist] adj & nmf alarmista.

Alaska [alaska] npr m ▸ **l'Alaska** Alaska.

albanais, e [albanɛ, ɛz] adj albanés(esa). ◆ **albanais** nm LING albanés *m.* ◆ **Albanais, e** nm, f albanés *m*, -esa *f.*

Comment exprimer que l'on aime ou que l'on n'aime pas quelqu'un ou quelque chose

Dire que l'on aime quelqu'un ou quelque chose

- **Me gusta bastante / Me gusta mucho de verdad este cuadro.** *J'aime assez / J'aime vraiment beaucoup ce tableau.*
- **Me gusta mi nuevo trabajo.** *J'aime mon nouveau travail.*
- **Me encanta pasear por la playa.** *J'adore me promener sur la plage.*
- **Le fascinan las joyas.** *Elle est fascinée par les bijoux.*
- **La actualidad me apasiona.** *L'actualité me passionne.*
- **Me gusta muchísimo.** *J'aime énormément.*
- **Me intereso mucho por el arte.** *Je m'intéresse beaucoup à l'art.*
- **Es mi actriz favorita.** *C'est mon actrice préférée.*
- **Siento mucho aprecio por él.** *Je l'apprécie beaucoup.*
- **La encuentro muy simpática.** *Je la trouve très sympathique.*

Dire que l'on n'aime pas quelqu'un ou quelque chose

- **Aborrezco conducir de noche.** *Je déteste conduire la nuit.*
- **No soporto que me hablen así.** *Je ne supporte pas qu'on me parle comme ça.*
- **Detesto la hipocresía.** *Je déteste l'hypocrisie.*
- **Sus cuadros no me entusiasman.** *Ses tableaux ne m'emballent pas.*
- **Tengo debilidad por ella.** *J'ai un faible pour elle.*
- **Él no me cae demasiado bien.** *Lui, je ne l'aime pas trop.*
- **Me pone de los nervios.** *fam Il me tape sur le système.*
- **No puedo verlo (ni en pintura).** *fam Je ne peux pas le voir (en peinture).*
- **El deporte no me mola mucho.** *fam Je ne suis pas très branché sport.*
- **La informática no es precisamente lo mío.** *fam L'informatique, c'est pas vraiment mon truc.*
- **Las películas de ciencia ficción no me van mucho.** *fam Les films de science-fiction, ce n'est pas ma tasse de thé.*

Albanie [albani] npr f ▸ **l'Albanie** Albania.

albâtre [albatʀ] nm alabastro *m*.

albatros [albatʀos] nm albatros *m inv*.

albinos [albinos] adj inv & nmf albino(na).

album [albɔm] nm álbum *m* ▸ **album (de) photos** álbum de fotos.

albumine [albymin] nf albúmina *f*.

alcalin, e [alkalɛ̃, in] adj alcalino(na).

alchimie [alʃimi] nf alquimia *f*.

alchimiste [alʃimist] nm alquimista *mf*.

alcolo [alkɔlo] ◈ adj *fam* ▸ **être alcolo** ser un borrachín, ser un tomador AM. ◈ nmf borrachín *m*, -ina *f*, tomador *m*, -ra *f* AM.

alcool [alkɔl] nm alcohol *m* ▸ **alcool à 90 / à brûler** alcohol de 90 / de quemar ▸ **alcool de prune / de poire** aguardiente *m* de ciruela / de pera.

alcoolémie [alkɔlemi] nf alcoholemia *f*.

alcoolique [alkɔlik] adj & nmf alcohólico(ca).

alcoolisé, e [alkɔlize] adj alcohólico(ca).

alcoolisme [alkɔlism] nm alcoholismo *m*.

Alcootest®, Alcotest® [alkɔtɛst] nm alcohómetro *m* ▸ **passer un Alcootest** pasar la prueba de alcoholemia.

alcôve [alkov] nf alcoba *f* de nicho.

aléas [alea] nmpl *sout* riesgos *mpl* ▸ **les aléas de la vie** los avatares de la vida ▸ **les aléas du métier** los gajes del oficio.

aléatoire [aleatwaʀ] adj aleatorio(ria).

alémanique [alemanik] adj alemán(ana).

alentour [alɑ̃tuʀ] adv *sout* alrededor. ◆ **alentours** nmpl [abords] alrededores *mpl* ▸ **aux alentours de a)** [spatial] cerca de **b)** [temporel] alrededor de.

alerte [alɛʀt] ◈ adj **1.** [gén] ágil **2.** [esprit] vivo(va). ◈ nf alarma *f* ▸ **être en état d'alerte** estar en alerta ou en estado de alerta ▸ **donner l'alerte** dar la alarma ▸ **alerte à la bombe** alarma de bomba ▸ **alerte orange** MÉTÉOR alerta naranja ▸ **alerte rouge** alerta roja ▸ **fausse alerte** falsa alarma.

alerter [3] [alɛʀte] vt **1.** [alarmer] alertar **2.** [informer - police, pompiers] avisar ; [- presse] poner sobre alerta.

alèse = **alaise**.

alexandrin [alɛksɑ̃dʀɛ̃] nm *dodecasílabo francés*.

algèbre [alʒɛbʀ] nf álgebra *f*.

algébrique [alʒebʀik] adj algebraico(ca).

Alger [alʒe] npr Argel.

Algérie [alʒeʀi] npr f ▸ **l'Algérie** Argelia.

algérien, enne [alʒeʀjɛ̃, ɛn] adj argelino(na). ◆ **Algérien, enne** nm, f argelino *m*, -na *f*.

algérois, e [alʒeʀwa, waz] adj argelino(na). ◆ **Algérois, e** nm, f argelino *m*, -na *f*.

algorithme [algɔʀitm] nm MATH & INFORM algoritmo *m* ▸ **algorithme de tri** algoritmo de selección.

algue [alg] nf alga *f* ESP, huiro *m* AM.

alias [aljas] adv alias.

alibi [alibi] nm coartada *f*.

Alicante [alicɑ̃t] npr Alicante.

alien [aljɛn] nm alien *mf*, alienígena *mf*.

aliénation [aljenasjɔ̃] nf **1.** [asservissement] alienación *f* **2.** DR & MÉD enajenación *f* ▸ **aliénation mentale** enajenación mental.

aliéné, e [aljene] ◈ adj **1.** [asservi] alienado(da) **2.** DR & MÉD enajenado(da). ◈ nm, f enajenado *m*, -da *f*.

aliéner [18] [aljene] vt **1.** [asservir] alienar **2.** [renoncer à] renunciar a. ◆ **s'aliéner** vp enajenarse.

alignement [aliɲmɑ̃] nm **1.** [disposition] alineación *f* ▸ **être dans l'alignement** estar alineado(da) **2.** *fig* [ralliement] ▸ **alignement sur qqch** alineamiento con algo.

aligner [3] [aliɲe] vt **1.** [disposer en ligne] alinear **2.** [présenter] exponer **3.** [adapter] ▸ **aligner qqch sur qqch** ajustar algo a algo. ◆ **s'aligner** vp **1.** [élèves, soldats] ponerse en fila **2.** [se conformer à] ▸ **s'aligner sur qqch** alinearse con algo.

> ⚠ Aliñar est un faux ami, il ne signifie pas *aligner*, mais « assaisonner ».

aligoté [aligɔte] adj [vin] *de cepa blanca de Borgoña*.

aliment [alimɑ̃] nm alimento *m*.

alimentaire [alimɑ̃tɛʀ] adj [produit] alimenticio(cia) ; [industrie] alimentario(ria) / ***c'est un travail purement alimentaire*** trabajo en eso porque tengo que comer.

alimentation [alimɑ̃tasjɔ̃] nf **1.** [nourriture] alimentación *f* **2.** [approvisionnement] abastecimiento *m*, suministro *m* ▸ **alimentation en qqch** abastecimiento ou suministro de algo.

alimenter [3] [alimɑ̃te] vt **1.** [nourrir] alimentar **2.** [approvisionner] ▸ **alimenter qqch en qqch** abastecer algo de algo, suministrar algo a algo **3.** *fig* [entretenir] dar pie a. ◆ **s'alimenter** vp alimentarse.

alinéa [alinea] nm **1.** [retrait de ligne] sangría *f* **2.** [paragraphe] párrafo *m*.

aliter [3] [alite] vt ▸ **être alité** guardar cama. ◆ **s'aliter** vp encamarse.

Allah [ala] npr Alá.

allaitement [alɛtmɑ̃] nm lactancia *f*.

allaiter [4] [alete] vt amamantar.

allant [alɑ̃] nm ▸ **plein d'allant** emprendedor(ra).

alléchant, e [aleʃɑ̃, ɑ̃t] adj **1.** [gâteau] apetitoso(sa) **2.** [proposition] tentador(ra).

allécher [18] [aleʃe] vt **1.** [appâter] atraer **2.** [séduire] tentar.

allée [ale] nf **1.** [de parc] paseo *m* ; [de jardin] camino *m* **2.** [de cinéma, d'avion] pasillo *m (entre sillas o butacas)* **3.** [trajet] ▸ **allées et venues** idas y venidas.

allégation [alegasjɔ̃] nf alegación *f*.

allégé, e [aleʒe] adj [aliment] light ; [régime] bajo(ja) en calorías.

allégeance [aleʒɑ̃s] nf juramento *m* de fidelidad.

allègement, allégement [alɛʒmɑ̃] nm **1.** [d'un poids] aligeramiento *m* **2.** *fig* [d'une souffrance] alivio *m* **3.** FIN reducción *f* / *ils sont en faveur de l'allègement des charges sociales pour les entreprises* están a favor de la reducción de las cargas sociales para las empresas ▸ **allègement fiscal** desgravación *f* fiscal.

alléger [22] [aleʒe] vt **1.** [poids] aligerar **2.** *fig* [impôts] reducir ; [douleur] aliviar.

allégorie [alegɔʀi] nf alegoría *f*.

allègre [alɛgʀ] adj vivo(va) ; [humor] jovial.

allègrement [alɛgʀəmɑ̃] adv alegremente / *il se moque allègrement de ce que les autres pensent* le importa un pito lo que piensan los demás.

allégresse [alegʀɛs] nf júbilo *m*.

alléguer [18] [alege] vt alegar ▸ **alléguer que** alegar que.

alléluia [aleluja] ❖ nm RELIG aleluya *m*. ❖ interj RELIG ¡aleluya!

Allemagne [almaɲ] npr f ▸ **l'Allemagne** Alemania ▸ **l'Allemagne de l'Est** Alemania Oriental ▸ **l'Allemagne de l'Ouest** Alemania Occidental.

allemand, e [almɑ̃, ɑ̃d] adj alemán(ana).
◆ **allemand** nm LING alemán *m*. ◆ **Allemand, e** nm, f alemán *m*, -ana *f*.

aller [31] [ale]

❖ nm

ida *f* ▸ **aller retour** a) [voyage] viaje de ida y vuelta b) [billet] billete de ida y vuelta ▸ **aller simple** billete de ida

❖ vi

1. [gén] ir / *je vais en Espagne cet été* este verano voy a España / *il va au lycée en métro* va al instituto en metro ▸ **aller avec qqch** [s'accorder avec qqch] ir con algo ▸ **aller faire qqch** ir a hacer algo / *aller chercher les enfants à l'école* ir a buscar a los niños a la escuela ▸ **cette robe te va bien** este vestido te va ou sienta bien

2. [indiquant un état] estar ▸ **aller mieux** estar mejor ▸ **comment ça va ?** ¿qué tal? ▸ **ça va** [réponse] bien ▸ **je vais bien** estoy bien

3. EXPR **allez !** ¡venga! ▸ **allons-y !** ¡vamos! ▸ **cela va de soi** eso cae por su propio peso ▸ **cela va sans dire** no hay ni que decirlo ▸ **il en va de même pour...** pasa lo mismo con... / *il en va de même pour lui que pour elle* lo que vale para ella vale para él ▸ **il y va de votre vie** su vida está en juego

❖ v aux

[exprime le futur proche] *je vais arriver en retard* voy a llegar tarde / *nous allons bientôt avoir fini* terminaremos dentro de poco / *ne va pas t'imaginer que...* no te vayas a imaginar que...

◆ **s'en aller** vp irse ▸ **allez-vous-en !** ¡iros!, ¡marchaos!

allergénique [alɛʀʒenik] adj alergénico(ca).

allergie [alɛʀʒi] nf alergia *f* ▸ **allergie à qqch** alergia a algo.

allergique [alɛʀʒik] adj alérgico(ca) ▸ **allergique à qqch** alérgico(ca) a algo.

aller-retour [aleʀətuʀ] nm ida y vuelta *f*.

alliage [aljaʒ] nm aleación *f*.

alliance [aljɑ̃s] nf **1.** [union] alianza *f* **2.** [anneau] anillo *m* de boda **3.** [mariage] enlace *m* ▸ **par alliance** [parent] político(ca). ◆ **Alliance française** nf ▸ **l'Alliance française** la Alianza francesa *(institución encargada de la enseñanza y promoción de la lengua y cultura francesas en el extranjero)*.

> **L'Alliance française**
>
> Asociación fundada en 1883 para difundir la cultura francesa en el extranjero, la **Alliance française** organiza clases de lengua y civilización francesas, y tiene delegaciones en el mundo entero. Su sede parisina se encuentra en el boulevard Raspail. En la actualidad es una institución fundamental de la francofonía y cuenta con una red de 1 040 **Alliances** en 136 países.

allié, e [alje] nm, f aliado *m*, -da *f*.

allier [9] [alje] vt **1.** [métaux] alear **2.** *fig* [personne, groupe] aliar. ◆ **s'allier** vp aliarse ▸ **s'allier à** aliarse con.

alligator [aligatɔʀ] nm aligátor *m*.

allitération [aliteʀasjɔ̃] nf aliteración *f*.

allô [alo] interj [en décrochant] ¿diga? ; [sollicitant une réponse] ¿oiga?

allocation [alɔkasjɔ̃] nf subsidio *m* ▸ **accorder / verser une allocation** conceder / dar un subsidio ▸ **allocation (de) chômage** subsidio de desempleo ▸ **allocations familiales** prestaciones *f* familiares ▸ **allocation (de) logement** *ayuda económica estatal para la vivienda*.

allocs [alɔk] (*abr de* **allocations familiales**) nfpl *fam* ▸ **les allocs** las prestaciones familiares.

allocution [alɔkysjɔ̃] nf alocución *f*.

allongé, e [alɔ̃ʒe] adj **1.** [étendu] tumbado(da), tendido(da) / *elle doit rester allongée toute la journée* tiene que permanecer tumbada todo el día **2.** [étiré] alargado(da) / *il a une écriture tout allongée* tiene una letra muy alargada **3.** [additionné d'eau] largo(ga) / *je voudrais un café allongé, s'il vous plaît* quisiera un café largo, por favor.

allongement [alɔ̃ʒmɑ̃] nm alargamiento *m*.

allonger [17] [alɔ̃ʒe] ❖ vt **1.** [vêtement, silhouette] alargar **2.** [étendre - membre] estirar ; [- personne] tender **3.** *fam* [argent] apoquinar **4.** *fam* [coup] largar **5.** CULIN [sauce] aclarar. ❖ vi [jours] alargarse. ◆ **s'allonger** vp **1.** [se coucher] echarse **2.** [devenir plus long] alargarse.

allopathie [alɔpati] nf MÉD alopatía *f*.

allopathique [alɔpatik] adj alopático(ca).

allouer [6] [alwe] vt ▸ **allouer qqch à qqn** **a)** [argent] conceder algo a alguien **b)** [temps] dar algo a alguien.

allumage [alymaʒ] nm encendido *m*.

allumé, e [alyme] *fam* ◆ adj flipado(da), tocado(da) / *son frère est complètement allumé !* ¡su hermano está muy flipado! ◆ nm, f flipado(da) / *il traîne avec une bande d'allumés* se mueve con una pandilla de flipados.

allume-cigares [alymsigaʀ] nm inv encendedor *m (de coche)*.

allume-gaz [alymgaz] nm inv encendedor *m (de cocina)*.

allumer [3] [alyme] vt **1.** [gén] encender **2.** [éclairer] encender la luz de **3.** *fam* [exciter] poner caliente. ◆ **s'allumer** vp **1.** [s'enflammer] prenderse **2.** [s'éclairer] iluminarse.

allumette [alymɛt] nf cerilla *f* ESP, cerillo *m* AM ▸ **craquer une allumette** encender una cerilla.

allumeuse [alymøz] nf *fam* & *péj* calientabraguetas *f inv*.

allure [alyʀ] nf **1.** [vitesse] velocidad *f* ▸ **à toute allure** a toda marcha **2.** [prestance] porte *m* ▸ **avoir de l'allure** tener clase **3.** [apparence] aspecto *m* ▸ **avoir une drôle d'allure** tener un aspecto raro ▸ **avoir fière allure** ir muy puesto.

allusion [alyzjɔ̃] nf alusión *f* ▸ **faire allusion à qqch / à qqn** referirse a algo / a alguien.

alluvions [alyvjɔ̃] nfpl aluviones *mpl*.

almanach [almana] nm almanaque *m*.

aloe vera [alɔevεʀa] nm [plante, produit] ▸ **aloe vera** áloe *m* ou aloe *m* vera.

aloi [alwa] nm ▸ **de bon / de mauvais aloi** de buen / malgusto.

alors [alɔʀ] adv entonces / *et alors, qu'est-ce qui s'est passé ?* y, ¿qué pasó? / *il va se mettre en colère et alors ?* se va a enfadar ¿y qué? ▸ **ou alors** o si no / *alors, qu'est-ce qu'on fait ?* bueno ¿qué hacemos? / *ça alors !* ¡vaya! ◆ **jusqu'alors** loc adv hasta entonces / *il n'avait rien dit jusqu'alors* no había dicho nada hasta entonces. ◆ **alors que** loc conj **1.** [exprimant le temps] cuando, mientras que / *l'orage éclata alors que nous étions dehors* la tormenta estalló cuando estábamos fuera **2.** [exprimant l'opposition] aunque / *on m'accuse alors que je suis innocent* me acusan aunque soy inocente.

alouette [alwɛt] nf alondra *f*.

alourdir [aluʀdiʀ] vt **1.** [véhicule, paquet] volver pesado(da) **2.** *fig* [impôts, charges] incrementar **3.** [phrase, style] recargar. ◆ **s'alourdir** vp **1.** [taille] ensancharse **2.** [paupières] pesar.

aloyau, x [alwajo] nm solomillo *m*.

ALP SMS *abr écrite de* **à la prochaine**.

alpaga [alpaga] nm alpaca *m*.

alpage [alpaʒ] nm pasto *m (en la montaña)*.

alpaguer [3] [alpage] vt *fam* pillar / *je me suis fait alpaguer par mon chef en sortant* me pilló el jefe cuando me iba.

Alpes [alp] npr f pl ▸ **les Alpes** los Alpes.

alpestre [alpɛstʀ] adj alpino(na).

alphabet [alfabɛ] nm alfabeto *m* ▸ **alphabet braille** alfabeto Braille ▸ **alphabet Morse** alfabeto Morse.

alphabétique [alfabetik] adj alfabético(ca).

alphabétiquement [alfabetikmɑ̃] adv alfabéticamente.

alphabétisation [alfabetizasjɔ̃] nf alfabetización *f*.

alphabétisé, e [alfabetize] adj alfabetizado(da).

alphabétiser [3] [alfabetize] vt alfabetizar.

alphanumérique [alfanymeʀik] adj alfanumérico(ca).

alpin, e [alpɛ̃, in] adj alpino(na).

alpinisme [alpinism] nm alpinismo *m*.

alpiniste [alpinist] nmf alpinista *mf*.

Alsace [alzas] npr f ▸ **l'Alsace** Alsacia.

alsacien, enne [alzasjɛ̃, ɛn] adj alsaciano(na). ◆ **alsacien** nm LING alsaciano *m*. ◆ **Alsacien, enne** nm, f alsaciano *m*, -na *f*.

Altadis [altadis] npr *empresa francoespañola producto de la fusión en 1999 entre la SEITA y Tabacalera; en 2008 fue comprada por el grupo Imperial Tobacco*.

altération [alteʀasjɔ̃] nf alteración *f*.

altercation [altɛʀkasjɔ̃] nf altercado *m*.

alter ego [altεʀego] nm inv alter ego *m inv*.

altérer [18] [alteʀe] vt alterar. ◆ **s'altérer** vp alterarse.

altermondialisation [altɛʀmɔ̃djalizasjɔ̃] nf antiglobalización *f*.

altermondialisme [altɛʀmɔ̃djalism] nm antiglobalización *f*.

altermondialiste [altɛʀmɔ̃djalist] adj & nmf antiglobalizador(ora), antiglobalista.

alternance [altɛʀnɑ̃s] nf alternancia *f* ▸ **en alternance** alternativamente.

alternatif, ive [altɛʀnatif, iv] adj **1.** [périodique] alterno(na) **2.** [parallèle] alternativo(va). ◆ **alternative** nf alternativa *f*.

alternativement [altɛʀnativmɑ̃] adv alternativamente.

alterner [3] [altɛʀne] ◆ vt alternar ▸ **faire alterner qqch et qqch** alternar algo con algo. ◆ vi alternarse ▸ **alterner avec qqch** alternarse con algo.

Altesse [altɛs] nf ▸ **Son / Votre Altesse** Alteza *f*.

altier, ère [altje, ɛʀ] adj *sout* altanero(ra).

altimètre [altimɛtʀ] nm altímetro *m*.

altiport [altipɔʀ] nm *aeropuerto de alta montaña*.

altitude [altityd] nf altura *f*, altitud *f* / *le village est situé à 1 500 m d'altitude* el pueblo está a 1.500 m de altitud ▸ **à basse altitude** a baja altura ▸ **prendre de l'altitude** AÉRON tomar ou ganar altura.

alto [alto] nm **1.** [voix] contralto *m* **2.** [instrument] viola *f*.

altruiste [altʀɥist] adj altruista.

alu [aly] *fam* ❖ nm Albal® *m*. ❖ adj ▸ **papier alu** papel *m* Albal®.

aluminium [alyminjɔm] nm aluminio *m*.

alunir [32] [alyniʀ] vi alunizar.

alunissage [alynisaʒ] nm alunizaje *m*.

alvéole [alveɔl] nm ou nf **1.** [cavité] celdilla *f* **2.** ANAT alvéolo *m*.

Alzheimer [alzajmɛʀ] npr ▸ **la maladie d'Alzheimer** la enfermedad de Alzheimer, el Alzaheimer ▸ **avoir un Alzheimer** tener Alzaheimer.

a2m1 SMS *abr écrite de* **à demain**.

amabilité [amabilite] nf amabilidad *f* ▸ **avoir l'amabilité de faire qqch** tener la amabilidad de hacer algo.

amadou [amadu] nm yesca *f*.

amadouer [6] [amadwe] vt engatusar.
◆ **s'amadouer** vp ablandarse.

amaigri, e [amegʀi] adj enflaquecido(da).

amaigrir [32] [amegʀiʀ] vt enflaquecer. ◆ **s'amaigrir** vp enflaquecerse.

amaigrissant, e [amegʀisɑ̃, ɑ̃t] adj adelgazante.

amaigrissement [amegʀismɑ̃] nm adelgazamiento *m*.

amalgame [amalgam] nm amalgama *f* / *il ne faut pas faire l'amalgame entre ces deux situations* no hay que mezclar las dos situaciones.

amalgamer [3] [amalgame] vt amalgamar.
◆ **s'amalgamer** vp ▸ **s'amalgamer (avec** ou **à qqch)** mezclarse (con algo).

amande [amɑ̃d] nf almendra *f* ▸ **des yeux en amande** ojos rasgados.

amandier [amɑ̃dje] nm almendro *m*.

amanite [amanit] nf amanita *f* ▸ **amanite phalloïde** amanita phalloides.

amant [amɑ̃] nm amante *m* ▸ **avoir / prendre un amant** tener / echarse un amante. ◆ **amants** nmpl [couple] amantes *mpl*.

amarre [amaʀ] nf amarra *f* ▸ **larguer les amarres** *pr & fig* soltar amarras.

amarrer [3] [amaʀe] vt amarrar.

amaryllis [amaʀilis] nf amarilis *f inv*.

amas [ama] nm montón *m*.

amasser [3] [amase] vt amontonar ESP, arrumar AM.
◆ **s'amasser** vp amontonarse.

amateur [amatœʀ] nm **1.** [par plaisir] aficionado *m*, -da *f* ▸ **en amateur** como afición ▸ **être amateur de qqch** ser aficionado a algo **2.** SPORT amateur *mf* **3.** *péj* [dilettante] : *c'est un travail d'amateur* es un trabajo de aficionados.

amateurisme [amatœʀism] nm **1.** SPORT amateurismo *m* **2.** *péj* [dilettantisme] diletantismo *m*.

amazone [amazon] nf amazona *f* ▸ **monter en amazone** montar a mujeriegas.

Amazone [amazon] npr f ▸ **l'Amazone** el Amazonas.

Amazonie [amazɔni] npr f ▸ **l'Amazonie** la Amazonia.

amazonien, enne [amazɔnjɛ̃, ɛn] adj amazónico(ca).

ambages [ɑ̃baʒ] ◆ **sans ambages** loc adv *sout* sin ambages.

ambassade [ɑ̃basad] nf embajada *f*.

ambassadeur, drice [ɑ̃basadœʀ, dʀis] nm, f embajador *m*, -ra *f*.

ambiance [ɑ̃bjɑ̃s] nf ambiente *m* ▸ **il y a de l'ambiance** hay mucho ambiente.

ambiant, e [ɑ̃bjɑ̃, ɑ̃t] adj ambiente.

ambidextre [ɑ̃bidɛkstʀ] adj & nmf ambidextro(tra).

ambigu, uë [ɑ̃bigy] adj ambiguo(gua).

ambiguïté [ɑ̃bigɥite] nf ambigüedad *f*.

ambitieux, euse [ɑ̃bisjø, øz] adj & nm, f ambicioso(sa).

ambition [ɑ̃bisjɔ̃] nf **1.** [désir de réussite] ambición *f* **2.** [souhait] ilusión *f* ▸ **avoir l'ambition de faire qqch** tener la ilusión de hacer algo.

ambitionner [3] [ɑ̃bisjɔne] vt ▸ **ambitionner qqch / de faire qqch** ambicionar algo / hacer algo.

ambivalent, e [ɑ̃bivalɑ̃, ɑ̃t] adj ambivalente.

ambre [ɑ̃bʀ] nm ámbar *m*.

ambré, e [ɑ̃bʀe] adj ambarino(na).

ambulance [ɑ̃bylɑ̃s] nf ambulancia *f*.

ambulancier, ère [ɑ̃bylɑ̃sje, ɛʀ] nm, f conductor *m*, -ra *f* de ambulancia.

ambulant, e [ɑ̃bylɑ̃, ɑ̃t] adj ambulante.

âme [am] nf alma *f* ▸ **être artiste dans l'âme** tener alma de artista ▸ **être l'âme de qqch** ser el alma de algo ▸ **une bonne âme** *hum* un alma de Dios ▸ **âme sœur** alma gemela ▸ **en mon âme et conscience** en conciencia ▸ **ne pas rencontrer âme qui vive** no encontrar un alma viviente ▸ **rendre l'âme** entregar el alma a Dios.

amélioration [ameljɔʀasjɔ̃] nf mejora *f*.

améliorer [3] [ameljɔʀe] vt mejorar. ◆ **s'améliorer** vp mejorarse.

amen [amɛn] adv amén ▸ **dire amen à qqch** *fam* decir amén a algo.

aménagement [amenaʒmɑ̃] nm **1.** [de lieu] habilitación *f*, acondicionamiento *m* ▸ **aménagement du territoire** ≃ ordenación *f* territorial **2.** [de programme] planificación *f*.

aménager [17] [amenaʒe] vt **1.** [lieu] habilitar, acondicionar **2.** [programme] planificar.

amende [amɑ̃d] nf multa *f* ▸ **mettre à l'amende** imponer una sanción ▸ **faire amende honorable** retractarse.

amendement [amɑ̃dmɑ̃] nm **1.** POL enmienda *f* **2.** AGRIC abono *m*.

amender [3] [amɑ̃de] vt **1.** [projet de loi] enmendar **2.** [sol] abonar. ◆ **s'amender** vp enmendarse.

amène [amɛn] adj *sout* ameno(na).

amener [19] [amne] vt **1.** [emmener] llevar ; [faire venir avec soi] traer **2.** [inciter] ▸ **amener qqn à faire qqch** inducir a alguien a hacer algo **3.** [occasionner] acarrear **4.** *fig* [conclusion, dénouement] planificar. ◆ **s'amener** vp *fam* venirse.

aménorrhée [amenɔʀe] nf amenorrea *f*.

amenuiser [3] [amənɥize] vt **1.** [amoindrir] achicar **2.** [économies, espoir] disminuir. ◆ **s'amenuiser** vp reducirse.

amer, ère [amɛʀ] adj amargo(ga) ESP, amargoso(sa) AM.

amèrement [amɛʀmɑ̃] adv amargamente.

américain, e [ameʀikɛ̃, ɛn] adj americano(na), norteamericano(na). ◆ **américain** nm LING (inglés) americano *m*. ◆ **Américain, e** nm, f americano *m*, -na *f*, norteamericano *m*, -na *f*.

américaniser [3] [ameʀikanize] vt americanizar. ◆ **s'américaniser** vp americanizarse.

américanisme [ameʀikanism] nm americanismo *m*.

amérindien, enne [ameʀɛ̃djɛ̃, ɛn] adj amerindio(dia). ◆ **Amérindien, enne** nm, f amerindio *m*, -dia *f*.

Amérique [ameʀik] npr f ▸ **l'Amérique** América ▸ **l'Amérique centrale** América Central, Centroamérica ▸ **l'Amérique latine** América Latina, Latinoamérica ▸ **l'Amérique du Nord** América del Norte, Norteamérica ▸ **l'Amérique du Sud** América del Sur, Sudamérica.

amerrir [32] [ameʀiʀ] vi amerizar.

amertume [amɛʀtym] nf **1.** [goût] amargor *m* **2.** [rancœur] amargura *f*.

améthyste [ametist] nf amatista *f*.

ameublement [amœbləmɑ̃] nm mobiliario *m*.

ameublir [32] [amœbliʀ] vt [un sol] mullir.

ameuter [3] [amœte] vt alborotar.

AMF (*abr de* **Autorité des Marchés Financiers**) nf *organismo francés encargado de la supervisión de las operaciones de Bolsa* ; ≃ CNMV *f*.

ami, e [ami] ◈ adj amigo(ga) ESP, compa AM. ◈ nm, f amigo *m*, -ga *f* ▸ **ami d'enfance** amigo de la infancia ▸ **petit ami** novio *m*. ◆ **faux ami** nm LING falso amigo *m*.

amiable [amjabl] ◆ **à l'amiable** loc adv ▸ **régler qqch à l'amiable** solventar algo amistosamente.

amiante [amjɑ̃t] nm amianto *m*.

amibe [amib] nf ameba *f*.

amibien, enne [amibjɛ̃, ɛn] adj MÉD amebiano(na). ◆ **amibien** nm ZOOL amébido *m*.

amical, e, aux [amikal, o] adj amistoso(sa). ◆ **amicale** nf asociación *f*.

amicalement [amikalmɑ̃] adv amistosamente.

amidon [amidɔ̃] nm almidón *m*.

amidonner [3] [amidɔne] vt almidonar.

amincir [32] [amɛ̃siʀ] ◈ vt hacer más delgado. ◈ vi adelgazar. ◆ **s'amincir** vp *fig* reducirse, disminuir.

amincissant, e [amɛ̃sisɑ̃, ɑ̃t] adj adelgazante.

amincissement [amɛ̃sismɑ̃] nm [d'une personne] adelgazamiento *m*.

amiral, aux [amiʀal, o] nm almirante *m*.

amitié [amitje] nf **1.** [rapports amicaux] amistad *f* **2.** [affection] afecto *m*. ◆ **amitiés** nfpl ▸ **faire ses amitiés à qqn** dar recuerdos a alguien.

AMM (*abr de* **autorisation de mise sur le marché**) nf *autorización oficial para comercializar un producto farmacéutico*.

Amman [aman] npr Ammán.

ammoniac [amɔnjak] nm [gaz] amoníaco *m*.

ammoniaque [amɔnjak] nf amoníaco *m*.

amnésie [amnezi] nf amnesia *f*.

amnésique [amnezik] adj & nmf amnésico(ca).

amniocentèse [amnjosɛ̃tɛz] nf amniocentesis *f inv*.

amnistie [amnisti] nf amnistía *f*.

amnistier [9] [amnistje] vt amnistiar.

amocher [3] [amɔʃe] vt *fam* **1.** [abîmer] abollar **2.** [blesser] jorobar. ◆ **s'amocher** vp *fam* jorobarse.

amoindrir [32] [amwɛ̃dʀiʀ] vt disminuir. ◆ **s'amoindrir** vp reducirse.

amollir [32] [amɔliʀ] vt ablandar. ◆ **s'amollir** vp **1.** [chose] ablandarse **2.** [personne] volverse comodón(ona).

amonceler [24] [amɔ̃sle] vt amontonar. ◆ **s'amonceler** vp amontonarse.

amoncelle ⟶ **amonceler**.

amoncellement [amɔ̃sɛlmɑ̃] nm [d'objets] amontonamiento *m*.

amont [amɔ̃] nm curso *m* alto ▸ **en amont a)** [d'une rivière] río arriba **b)** *fig* antes.

amoral, e, aux [amɔʀal, o] adj **1.** [qui ignore la morale] amoral **2.** [débauché] inmoral.

amorçage [amɔʀsaʒ] nm **1.** INFORM inicio *m* **2.** [d'une pompe] cebado *m* **3.** [d'une bombe] ▸ **système d'amorçage** sistema de cebado.

amorce [amɔʀs] nf **1.** [d'explosif, d'hameçon] cebo *m* **2.** *fig* [commencement] inicio *m*.

amorcer [16] [amɔʀse] vt **1.** [explosif, hameçon] cebar **2.** *fig* [commencer] iniciar. ◆ **s'amorcer** vp iniciarse.

amorphe [amɔʀf] adj **1.** [personne] amuermado(da) **2.** [matériau] amorfo(fa).

amorti [amɔʀti] nm SPORT [au football] control *m* ; [au tennis] dejada *f*.

amortir [32] [amɔʀtiʀ] vt **1.** [choc, bruit] amortiguar **2.** [dette, achat] amortizar.

amortissement [amɔʀtismɑ̃] nm **1.** [d'un choc] amortiguación *f* **2.** [d'une dette, d'un achat] amortización *f*.

amortisseur [amɔʀtisœʀ] nm AUTO amortiguador *m*.

amour [amuʀ] nm **1.** [gén] amor *m* ▸ **amour maternel / filial** amor maternal / filial ▸ **pour l'amour de qqch / de qqn** por amor a algo / a alguien ▸ **pour l'amour du ciel** por el amor de Dios ▸ **faire l'amour** hacer el amor ▸ **filer le parfait amour** vivir una historia de amor **2.** [jolie chose] : *j'ai acheté un amour de petite table* he comprado una preciosidad de mesita **3.** [personne] ▸ **c'est un amour** es un encanto / *un amour de petite fille* una monada de niña. ◆ **amours** nfpl ▸ **à tes amours !** *fam* ¡a tu salud!

amouracher [3] [amuʀaʃe] ◆ **s'amouracher** vp ▸ **s'amouracher de qqn** encapricharse con alguien.

amourette [amuʀɛt] nf amorío *m*.

amoureusement [amuʀøzmɑ̃] adv amorosamente.

amoureux, euse [amuʀø, øz] ◇ adj **1.** [personne] enamorado(da) ▸ **tomber amoureux de qqn** enamorarse de alguien **2.** [geste] amoroso(sa) ; [regard] de amor. ◇ nm, f enamorado *m*, -da *f* ▸ **amoureux de qqch** amante *mf* de algo. ◆ **amoureux** nm novio *m* ESP, enamorado *m* AM.

amour-propre [amuʀpʀɔpʀ] nm amor propio *m*.

amovible [amɔvibl] adj amovible.

AMP (*abr de* **assistance médicale à la procréation**) nf MÉD reproducción *f* asistida / *ils ont eu un bébé grâce à l' AMP* tuvieron un bebé gracias a la reproducción asistida.

ampère [ɑ̃pɛʀ] nm amperio *m*.

amphétamine [ɑ̃fetamin] nf anfetamina *f*.

amphi [ɑ̃fi] nm *fam* anfiteatro *m*.

amphibie [ɑ̃fibi] ◇ adj anfibio(bia). ◇ nm anfibio *m*.

amphibien [ɑ̃fibjɛ̃] nm anfibio *m*.

amphithéâtre [ɑ̃fiteatʀ] nm anfiteatro *m*.

ample [ɑ̃pl] adj amplio(plia) ▸ **pour de plus amples informations** para más información.

amplement [ɑ̃pləmɑ̃] adv [largement] ampliamente ▸ **amplement suffisant** más que suficiente.

ampleur [ɑ̃plœʀ] nf **1.** [de vêtement] holgura *f* **2.** [de mouvement] amplitud *f* **3.** [de voix] potencia *f* **4.** *fig* [d'événement] importancia *f*.

ampli [ɑ̃pli] nm *fam* ampli *m*.

amplificateur, trice [ɑ̃plifikatœʀ, tʀis] adj amplificador(ra). ◆ **amplificateur** nm amplificador *m*.

amplification [ɑ̃plifikasjɔ̃] nf amplificación *f*.

amplifier [9] [ɑ̃plifje] vt **1.** [mouvement, image] ampliar **2.** [son, problème] amplificar **3.** [fait] exagerar. ◆ **s'amplifier** vp intensificarse.

amplitude [ɑ̃plityd] nf amplitud *f*.

ampoule [ɑ̃pul] nf **1.** [de lampe] bombilla *f* ESP, bombillo *m* AM **2.** [de peau, de médicament] ampolla *f*.

ampoulé, e [ɑ̃pule] adj *péj* ampuloso(sa).

amputation [ɑ̃pytasjɔ̃] nf amputación *f*.

amputer [3] [ɑ̃pyte] vt **1.** MÉD amputar **2.** *fig* [couper] recortar.

Amsterdam [amstɛʀdam] npr Amsterdam.

amulette [amylɛt] nf amuleto *m*.

amusant, e [amyzɑ̃, ɑ̃t] adj divertido(da).

amuse-gueule [amyzgœl] nm inv *fam* pinchito *m*.

amusement [amyzmɑ̃] nm diversión *f*.

amuser [3] [amyze] vt divertir. ◆ **s'amuser** vp **1.** [se distraire] divertirse / *tu t'es bien amusé ?* ¿te lo has pasado bien? / *il s'amusait à regarder les gens qui passaient* se dedicaba a mirar a la gente que pasaba **2.** *fam* [perdre son temps] : *je ne vais pas m'amuser à tout recompter* no voy a ponerme ahora a contarlo todo de nuevo.

amygdale [amidal] nf amígdala *f*.

an [ɑ̃] nm año *m* ▸ **avoir sept ans** tener siete años ▸ **l'an dernier / prochain** el año pasado / que viene ▸ **le nouvel an** el año nuevo ▸ **le jour** ou **le premier de l'an** el día de año nuevo ▸ **bon an mal an** un año con otro.

anabolisant [anabɔlizɑ̃] nm anabolizante *m*.

anachronique [anakʀɔnik] adj anacrónico(ca).

anachronisme [anakʀɔnism] nm anacronismo *m*.

anagramme [anagʀam] nf anagrama *m*.

ANAH [ana] (*abr de* **Agence nationale pour l'amélioration de l'habitat**) nf *organismo oficial francés que subvenciona la renovación de viviendas antiguas*.

anal, e, aux [anal, o] adj anal ▸ **le stade anal** la fase anal.

analgésique [analʒezik] ◇ adj analgésico(ca). ◇ nm analgésico *m*.

anallergique [analɛʀʒik] adj hipoalergénico(ca).

analogie [analɔʒi] nf analogía *f*.

analogique [analɔʒik] adj analógico(ca).

analogue [analɔg] ◇ adj análogo(ga). ◇ nm equivalente *m*.

analphabète [analfabɛt] adj & nmf analfabeto(ta).

analphabétisme [analfabetism] nm analfabetismo *m*.

analyse [analiz] nf **1.** [gén] análisis *m inv* ▸ **en dernière analyse** en definitiva ▸ **analyse de marché** estudio de mercado ▸ **analyse de texte** análisis de texto ▸ **analyse de sang** análisis de sangre **2.** [psychanalyse] psicoanálisis *m inv* ▸ **faire une analyse** estar en psicoanálisis.

analyser [3] [analize] vt **1.** [gén] analizar **2.** [psychanalyser] psicoanalizar. ◆ **s'analyser** vp analizarse.

analyste [analist] nmf **1.** [gén] analista *mf* **2.** [psychanalyste] psicoanalista *mf*.

analyste-programmeur, euse [analistpʀɔgʀamœʀ, øz] nm, f analista programador *m*, analista programadora *f*.

analytique [analitik] adj **1.** [gén] analítico(ca) **2.** [psychanalytique] psicoanalítico(ca).

ananas [anana(s)] nm piña *f*.

anar [anaʀ] adj & nmf *fam* anarco / ***un groupe anar*** un grupo anarquista / ***les anars*** los anarcos.

anarchie [anaʀʃi] nf anarquía *f*.

anarchique [anaʀʃik] adj anárquico(ca).

anarchiste [anaʀʃist] adj & nmf anarquista.

anathème [anatɛm] nm **1.** [excommunication] anatema *m* ▸ **jeter l'anathème sur qqn** *fig & sout* lanzar un anatema contra alguien **2.** [personne excommuniée] excomulgado *m*, -da *f*.

anatomie [anatɔmi] nf anatomía *f*.

anatomique [anatɔmik] adj anatómico(ca).

ancestral, e, aux [ɑ̃sɛstʀal, o] adj ancestral.

ancêtre [ɑ̃sɛtʀ] nm **1.** [ascendant] antepasado *m* **2.** *fig* [initiateur] precursor *m* **3.** [forme première] predecesor *m*. ◆ **ancêtres** nmpl [aïeux] ancestros *mpl*.

anchois [ɑ̃ʃwa] nm [frais] boquerón *m* ; [mariné] anchoa *f*.

ancien, enne [ɑ̃sjɛ̃, ɛn] ◆ adj **1.** [gén] antiguo(gua) ▸ **la Grèce ancienne** la antigua Grecia ▸ **les anciens élèves** [d'une école, d'une institution] los antiguos alumnos **2.** *(avant n)* [précédent] ex. ◆ nm, f antiguo alumno *m*, antigua alumna *f*. ◆ **ancien** nm ▸ **l'ancien** a) lo antiguo b) [mobilier] los muebles antiguos ▸ **meublé en ancien** amueblado al estilo antiguo. ◆ **anciens** nmpl [aînés] ancianos *mpl*. ◆ **Ancien Régime** nm Antiguo Régimen *m*.

anciennement [ɑ̃sjɛnmɑ̃] adv antiguamente.

ancienneté [ɑ̃sjɛnte] nf antigüedad *f*.

ancrage [ɑ̃kʀaʒ] nm **1.** NAUT anclaje *m* **2.** *fig* [enracinement] arraigamiento *m*.

ancre [ɑ̃kʀ] nf ancla *f* ▸ **jeter / lever l'ancre** echar / levar anclas.

ancrer [3] [ɑ̃kʀe] vt **1.** [bateau] anclar **2.** [idée] inculcar. ◆ **s'ancrer** vp **1.** NAUT anclar **2.** *fig* [s'enraciner] arraigarse.

andalou, se [ɑ̃dalu, uz] adj andaluz(za). ◆ **Andalou, se** nm, f andaluz *m*, -za *f*.

Andalousie [ɑ̃daluzi] npr f ▸ **l'Andalousie** Andalucía.

Andes [ɑ̃d] npr f pl ▸ **les Andes** los Andes.

andin, e [ɑ̃dɛ̃, in] adj andino(na). ◆ **Andin, e** nm, f andino *m*, -na *f*.

andorran, e [ɑ̃dɔʀɑ̃, an] adj andorrano(na). ◆ **Andorran, e** nm, f andorrano *m*, -na *f*.

Andorre [ɑ̃dɔʀ] npr f ▸ **(la principauté d')Andorre** (el principado de) Andorra.

andouille [ɑ̃duj] nf **1.** [charcuterie] *embutido a base de tripas de cerdo* **2.** *fam* [personne] imbécil *mf* ESP, huevón *m*, -ona *f* AM.

andouillette [ɑ̃dujɛt] nf *embutido a base de tripas de cerdo o de ternera que se come caliente*.

androgyne [ɑ̃dʀɔʒin] ◆ adj andrógino(na). ◆ nm andrógino *m*.

androïde [ɑ̃dʀɔid] nm androide *m*.

âne [an] nm **1.** ZOOL asno *m*, burro *m* **2.** *fam* [personne] burro *m*.

anéantir [32] [aneɑ̃tiʀ] vt **1.** [ville, efforts] aniquilar **2.** [démoraliser] asolar. ◆ **s'anéantir** vp desvanecerse.

anéantissement [aneɑ̃tismɑ̃] nm **1.** [d'une ville, des efforts] aniquilación *f* **2.** [moral] abatimiento *m*.

anecdote [anɛkdɔt] nf anécdota *f*.

anecdotique [anɛkdɔtik] adj anecdótico(ca).

anémie [anemi] nf **1.** MÉD anemia *f* **2.** *fig* [affaiblissement] debilitamiento *m*.

anémié, e [anemje] adj anémico(ca).

anémier [9] [anemje] vt **1.** MÉD provocar anemia **2.** *fig* [affaiblir] debilitar.

anémique [anemik] adj **1.** MÉD anémico(ca) **2.** *fig* [faible] débil.

anémone [anemɔn] nf anémona *f*.

ânerie [anʀi] nf *fam* burrada *f*.

ânesse [anɛs] nf asna *f*, burra *f*.

anesthésie [anɛstezi] nf anestesia *f* ▸ **sous anesthésie** bajo anestesia ▸ **anesthésie locale / générale** anestesia local / general.

anesthésier [9] [anɛstezje] vt **1.** MÉD anestesiar **2.** *fig* [opinion, population] neutralizar.

anesthésique [anɛstezik] ◆ nm anestésico *m*. ◆ adj anestésico(ca).

anesthésiste [anɛstezist] nmf anestesista *mf*.

aneth [anɛt] nm eneldo *m*.

Aneto [aneto] npr ▸ **le pic d'Aneto** el Aneto.

anévrysme, anévrisme [anevʀism] nm MÉD aneurisma *m* ▸ **rupture d'anévrysme** ruptura de aneurisma.

anfractuosité [ɑ̃fʀaktɥozite] nf anfractuosidad *f*.

ange [ɑ̃ʒ] nm ángel *m* ▸ **ange gardien** ángel de la guarda ▸ **être aux anges** *fig* estar en la gloria ▸ **un ange passe** *fig* ha pasado un ángel.

angélique [ɑ̃ʒelik] ◆ adj angelical. ◆ nf **1.** BOT angélica *f* **2.** [confiserie] *hojas de angélica confitadas*.

angélus [ɑ̃ʒelys] nm ángelus *m inv*. ◆ **Angélus** nm [prière] Ángelus *m inv*.

angevin, e [ɑ̃ʒvɛ̃, in] adj & nm, f angevino(na).

angine [ɑ̃ʒin] nf angina *f* ▸ **angine de poitrine** angina de pecho.

anglais, e [ɑ̃glɛ, ɛz] adj inglés(esa). ◆ **anglais** nm LING inglés *m*. ◆ **Anglais, e** nm, f inglés *m*, -esa *f*. ◆ **à l'anglaise** loc adv CULIN al vapor ▸ **filer à l'anglaise** *fig* despedirse a la francesa. ◆ **anglaises** nfpl [boucles] tirabuzones *mpl*.

angle [ɑ̃gl] nm **1.** [gén] ángulo *m* ▸ **angle droit / aigu / obtus** ángulo recto / agudo / obtuso ▸ **angle mort** ángulo muerto ▸ **arrondir les angles** *fig* limar asperezas ▸ **voir les choses sous un certain angle** ver las cosas desde un determinado ángulo **2.** [coin] esquina *f*.

Angleterre [ɑ̃glətɛʀ] npr f ▸ **l'Angleterre** Inglaterra.

anglican, e [ɑ̃glikɑ̃, an] adj & nm, f anglicano(na).

anglicisme [ɑ̃glisism] nm anglicismo *m*.

anglophone [ɑ̃glɔfɔn] adj & nmf anglófono(na).

anglo-saxon, onne [ɑ̃glosaksɔ̃, ɔn] adj anglosajón(ona). ◆ **Anglo-Saxon, onne** nm, f anglosajón *m*, -ona *f*.

angoissant, e [ɑ̃gwasɑ̃, ɑ̃t] adj angustioso(sa).

angoisse [ɑ̃gwas] nf angustia *f* ▸ **c'est l'angoisse !** *fam* ¡qué agobio!

angoissé, e [ɑ̃gwase] adj angustiado(da).

angoisser [3] [ɑ̃gwase] vt angustiar. ◆ **s'angoisser** vp **1.** [être anxieux] angustiarse **2.** *fam* [s'inquiéter] agobiarse.

Angola [ɑ̃gɔla] npr m ▸ **l'Angola** Angola.

angolais, e [ɑ̃gɔlɛ, ɛz] adj angoleño(ña), angolano(na). ◆ **Angolais, e** nm, f angoleño *m*, -ña *f*, angolano *m*, -na *f*.

angora [ɑ̃gɔʀa] ◈ adj de angora. ◈ nm angora *f*.

anguille [ɑ̃gij] nf ZOOL anguila *f* ▸ **il y a anguille sous roche** aquí hay gato encerrado.

angulaire [ɑ̃gylɛʀ] adj angular.

anguleux, euse [ɑ̃gylø, øz] adj anguloso(sa).

anicroche [anikʀɔʃ] nf obstáculo *m*.

animal, e, aux [animal, o] adj **1.** [propre à l'animal] animal **2.** *fig* [instinctif] instintivo(va). ◆ **animal** nm **1.** [bête] animal *m* ▸ **animal en peluche** peluche *m* ▸ **animal sauvage / domestique** animal salvaje / doméstico **2.** *fam* [personne] animal *m*.

animalerie [animalʀi] nf [magasin] tienda *f* de animales.

animalier, ère [animalje, ɛʀ] adj [parc, peintre, sculpture] animalista.

animateur, trice [animatœʀ, tʀis] nm, f **1.** [gén] animador *m*, -ra *f* **2.** RADIO & TV presentador *m*, -ra *f*.

animation [animasjɔ̃] nf **1.** [gén] animación *f* **2.** [spectacle] actuación *f*.

animatrice ⟶ **animateur**.

animé, e [anime] adj animado(da).

animer [3] [anime] vt **1.** [conversation, fête] animar **2.** [émission] presentar. ◆ **s'animer** vp animarse.

animisme [animism] nm animismo *m*.

animiste [animist] adj & nmf animista.

animosité [animozite] nf animosidad *f*.

anis [ani(s)] nm anís *m*.

anisette [anizɛt] nf anisete *m*.

Anjou [ɑ̃ʒu] npr m ▸ **l'Anjou** Anjou.

Ankara [ɑ̃kaʀa] npr Ankara.

ankylosé, e [ɑ̃kiloze] adj anquilosado(da).

ankyloser [3] [ɑ̃kiloze] ◆ **s'ankyloser** vp anquilosarse.

annales [anal] nfpl anales *mpl* ▸ **annales du bac** *manual que recopila anualmente temas y modelos de ejercicios del examen final del bachillerato francés* ▸ **rester dans les annales** *fig* quedar en los anales.

Annapurna [anapyʀna] npr m ▸ **l'Annapurna** el Annapurna.

anneau, x [ano] nm **1.** [de rideau] anilla *f* **2.** [bague, de reptile] anillo *m* **3.** [de chaîne] eslabón *m*. ◆ **anneaux** nmpl SPORT anillas *fpl*.

année [ane] nf año *m* ▸ **d'année en année** año tras año ▸ **souhaiter la bonne année à qqn** felicitar el año nuevo a alguien ▸ **année fiscale** año fiscal ▸ **année sabbatique** año sabático ▸ **année scolaire** curso *m* escolar.

année-lumière (*pl* **années-lumière**) [anelymjɛʀ] nf **1.** ASTRON año *m* luz **2.** EXPR **être à des années-lumière de qqn / qqch** estar a años luz de alguien / algo.

annexe [anɛks] ◈ adj adicional. ◈ nf anexo *m*.

annexer [4] [anekse] vt **1.** [pays] anexionar **2.** [joindre] adjuntar ▸ **annexer qqch à qqch** adjuntar algo a algo. ◆ **s'annexer** vp [s'attribuer] apropiarse.

annexion [anɛksjɔ̃] nf anexión *f*.

annihiler [3] [aniile] vt aniquilar.

anniversaire [anivɛʀsɛʀ] ◈ nm [de naissance] cumpleaños *m inv* ▸ **joyeux** OU **bon anniversaire !** ¡feliz cumpleaños! ; [d'un autre événement] aniversario *m* ▸ **anniversaire de mariage** aniversario de boda. ◈ adj [de naissance] de cumpleaños ; [d'un autre événement] de aniversario.

annonce [anɔ̃s] nf anuncio *m* ▸ **passer une annonce** escribir un anuncio ▸ **annonce commerciale** anuncio (comercial) ▸ **petite annonce** anuncio por palabras.

annoncer [16] [anɔ̃se] vt anunciar. ◆ **s'annoncer** vp **1.** [journée, saison] : *s'annoncer bien / mal* presentarse bien / mal **2.** [crise, orage] anunciarse.

annonceur, euse [anɔ̃sœʀ, øz] nm, f locutor *m*, -ra *f*. ◆ **annonceur** nm COMM anunciante *mf*.

annonciateur, trice [anɔ̃sjatœʀ, tʀis] adj que presagia.

Annonciation [anɔ̃sjasjɔ̃] nf inv Anunciación *f*.

annotation [anɔtasjɔ̃] nf anotación *f*.

annoter [3] [anɔte] vt anotar.

annuaire [anɥɛʀ] nm anuario *m* ▸ **annuaire téléphonique** guía *f* telefónica.

annualisation [anɥalizasjɔ̃] nf periodicidad *f* anual.

annualiser [anɥalize] vt anualizar / ***le gouvernement a annualisé la durée du temps de travail*** el gobierno ha anualizado la jornada laboral.

annuel, elle [anɥɛl] adj anual.

annuellement [anɥɛlmɑ̃] adv anualmente.

annuité [anɥite] nf **1.** [paiement] anualidad *f* **2.** [année de service] año *m*.

annulaire [anylɛʀ] adj & nm anular.

annulation [anylasjɔ̃] nf anulación *f*.

annuler [3] [anyle] vt **1.** [gén] anular **2.** INFORM cancelar. ◆ **s'annuler** vp anularse.

anoblir [32] [anɔbliʀ] vt ennoblecer.
anode [anɔd] nf ánodo *m*.
anodin, e [anɔdɛ̃, in] adj anodino(na).
anomalie [anɔmali] nf anomalía *f*.
ânon [anɔ̃] nm borriquillo *m*, borriquito *m*.
ânonner [3] [anɔne] ❖ vi balbucear. ❖ vt murmurar.
anonymat [anɔnima] nm anonimato *m* ▸ **garder l'anonymat** conservar el anonimato.
anonyme [anɔnim] adj **1.** [sans nom] anónimo(ma) **2.** [impersonnel] impersonal.
anorak [anɔʀak] nm anorak *m*.
anorexie [anɔʀɛksi] nf anorexia *f*.
anorexique [anɔʀɛksik] adj & nmf anoréxico(ca).
anormal, e, aux [anɔʀmal, o] ❖ adj **1.** [gén] anormal **2.** MÉD subnormal **3.** [intolérable] ▸ **il est anormal que** no es normal que. ❖ nm, f subnormal *mf*.
anormalement [anɔʀmalmɑ̃] adv anormalmente.
anse [ɑ̃s] nf **1.** [d'ustensile] asa *f (de un objeto redondo)* **2.** GÉOGR ensenada *f*.
antagonisme [ɑ̃tagɔnism] nm antagonismo *m*.
antagoniste [ɑ̃tagɔnist] adj & nmf antagonista.
antalgique [ɑ̃talʒik] ❖ adj MÉD analgésico(ca). ❖ nm MÉD analgésico *m*.
antan [ɑ̃tɑ̃] ◆ **d'antan** loc adj *sout* de antaño.
Antananarivo [ɑ̃tananaʀivo] npr Antananarivo.
antarctique [ɑ̃taʀktik] adj antártico(ca) ▸ **le cercle polaire antarctique** el círculo polar antártico. ◆ **Antarctique** nm ▸ **l'Antarctique a)** [continent] la Antártida **b)** [océan] el Antártico.
antécédent [ɑ̃tesedɑ̃] nm [gén & GRAM] antecedente *m* ▸ **anécédents médicaux** antecedentes médicos.
antédiluvien, enne [ɑ̃tedilyvjɛ̃, ɛn] adj antediluviano(na).
antenne [ɑ̃tɛn] nf **1.** [d'insecte, de télévision, de radio] antena *f* ▸ **antenne parabolique** antena parabólica ▸ **être à l'antenne** estar en antena ▸ **hors antenne** fuera de antena ▸ **avoir des antennes** *fam* estar al loro, tener la antena puesta **2.** [succursale] delegación *f*.
antenne-relais [ɑ̃tɛnʀəlɛ] (*pl* **s**) nf TÉLÉCOM antena *f* (de telefonía móvil).
antépénultième [ɑ̃tepenyltjɛm] ❖ nf LING antepenúltima sílaba *f*. ❖ adj antepenúltimo(ma).
antéposer [ɑ̃tepoze] vt anteponer / *dans cette phrase l'adjectif est antéposé* en esta frase el adjetivo va antepuesto.
antérieur, e [ɑ̃teʀjœʀ] adj anterior.
antérieurement [ɑ̃teʀjœʀmɑ̃] adv anteriormente.
antériorité [ɑ̃teʀjɔʀite] nf anterioridad *f*.
anthologie [ɑ̃tɔlɔʒi] nf antología *f*.
anthracite [ɑ̃tʀasit] ❖ nm antracita *f*. ❖ adj inv gris antracita.
anthropologie [ɑ̃tʀɔpɔlɔʒi] nf antropología *f*.
anthropométrie [ɑ̃tʀɔpɔmetʀi] nf antropometría *f*.
anthropophage [ɑ̃tʀɔpɔfaʒ] adj & nmf antropófago(ga).
antiacarien, enne [ɑ̃tiakaʀjɛ̃, ɛn] adj & nm antiácaros.
antiaérien, enne [ɑ̃tiaeʀjɛ̃, ɛn] adj antiaéreo(a).
anti-âge [ɑ̃tiaʒ] ⟶ **crème**.
antialcoolique [ɑ̃tialkɔlik] ⟶ **ligue**.
antiaméricain, e [ɑ̃tiameʀikɛ̃, ɛn] adj antiamericano(na).
antiaméricanisme [ɑ̃tiameʀikanism] nm antiamericanismo *m*.
antiatomique [ɑ̃tiatɔmik] adj antiatómico(ca).
antiavortement [ɑ̃tiavɔʀtəmɑ̃] adj inv antiaborto.
antibactérien, enne [ɑ̃tibakteʀjɛ̃, ɛn] adj antibacteriano(na).
antibiotique [ɑ̃tibiɔtik] ❖ nm antibiótico *m*. ❖ adj antibiótico(ca).
antibrouillard [ɑ̃tibʀujaʀ] ❖ nm faro *m* antiniebla. ❖ adj inv antiniebla.
antibruit [ɑ̃tibʀɥi] adj inv contra el ruido.
antibuée [ɑ̃tibɥe] ⟶ **dispositif**.
anticalcaire [ɑ̃tikalkɛʀ] ❖ adj anticalcáreo(rea). ❖ nm anticalcáreo *m*.
anticancéreux, euse [ɑ̃tikɑ̃seʀø, øz] adj anticanceroso(sa), anticancerígeno(na). ◆ **anticancéreux** nm anticanceroso *m*.
anticellulitique [ɑ̃tiselylitik] adj anticelulítico(ca).
antichambre [ɑ̃tiʃɑ̃bʀ] nf antecámara *f* ▸ **faire antichambre** *fig* hacer antesala.
anticipation [ɑ̃tisipasjɔ̃] nf anticipación *f* ▸ **régler** OU **payer qqch par anticipation** pagar algo por adelantado.
anticipé, e [ɑ̃tisipe] adj anticipado(da) ; [paiement] por adelantado.
anticiper [3] [ɑ̃tisipe] ❖ vt anticipar. ❖ vi ▸ **anticiper (sur qqch)** prever (algo).
anticlérical, e, aux [ɑ̃tikleʀikal, o] adj & nm, f anticlerical.
anticléricalisme [ɑ̃tikleʀikalism] nm anticlericalismo *m*.
anticoagulant, e [ɑ̃tikɔagylɑ̃, ɑ̃t] adj anticoagulante. ◆ **anticoagulant** nm anticoagulante *m*.
anticolonialisme [ɑ̃tikɔlɔnjalism] nm anticolonialismo *m*.
anticolonialiste [ɑ̃tikɔlɔnjalist] adj & nmf anticolonialista.
anticommunisme [ɑ̃tikɔmynism] nm anticomunismo *m*.
anticommuniste [ɑ̃tikɔmynist] adj & nmf anticomunista.
anticoncurrentiel, elle [ɑ̃tikɔ̃kyʀɑ̃sjɛl] adj anticompetencia.

anticonformiste [ɑ̃tikɔ̃fɔʀmist] adj & nmf anticonformista.

anticonstitutionnel, elle [ɑ̃tikɔ̃stitysjɔnɛl] adj anticonstitucional.

anticorps [ɑ̃tikɔʀ] nm anticuerpo *m*.

anticyclone [ɑ̃tisiklon] nm anticiclón *m*.

antidater [ɑ̃tidate] vt antedatar.

antidémocratique [ɑ̃tidemɔkatik] adj antidemocrático(ca).

antidépresseur [ɑ̃tidepʀesœʀ] ❖ nm antidepresivo *m*. ❖ adj m antidepresivo(va).

antidérapant, e [ɑ̃tideʀapɑ̃, ɑ̃t] adj antideslizante. ◆ **antidérapant** nm antideslizante *m*.

antidopage [ɑ̃tidɔpaʒ], **antidoping** [ɑ̃tidɔpiŋ] adj inv ▸ **contrôle antidopage** control *m* antidoping.

antidote [ɑ̃tidɔt] nm antídoto *m*.

antidouleur [ɑ̃tidulœʀ] ❖ adj inv [médicament] antidolor *(inv)*. ❖ nm antidolor *m*.

antidumping [ɑ̃tidœmpiŋ] adj antidumping.

antiécologique [ɑ̃tiekɔlɔʒik] adj antiecológico(ca).

anti-effraction [ɑ̃tiefʀaksjɔ̃] adj antirrobo.

antiémeute [ɑ̃tiemøt] adj inv antidisturbios.

antieuropéen, enne [ɑ̃tiøʀɔpeɛ̃, ɛn] adj & nm, f antieuropeísta, antieuropeo(pea).

antifasciste [ɑ̃tifaʃist] adj & nmf antifascista.

antigang [ɑ̃tigɑ̃g] ❖ adj ⟶ **brigade.** ❖ nf *brigada de policía encargada de la lucha contra el crimen organizado.*

antigel [ɑ̃tiʒɛl] adj inv & nm anticongelante.

antiglobalisation [ɑ̃tiglɔbalizasjɔ̃] adj antiglobalización.

antihémorragique [ɑ̃tiemɔʀaʒik] ❖ adj antihemorrágico(ca). ❖ nm antihemorrágico *m*.

anti-infectieux, euse [ɑ̃tiɛ̃fɛksjø, øz] adj antiinfeccioso(sa). ◆ **anti-infectieux** nm antiinfeccioso *m*.

anti-inflammatoire [ɑ̃tiɛ̃flamatwaʀ] ❖ adj MÉD antiinflamatorio(a). ❖ nm antiinflamatorio *m*.

anti-inflationniste [ɑ̃tiɛ̃flasjɔnist] adj antiinflacionista.

antijeu [ɑ̃tiʒø] nm SPORT antijuego *m*.

antillais, e [ɑ̃tijɛ, ɛz] adj antillano(na). ◆ **Antillais, e** nm, f antillano *m*, -na *f*.

Antilles [ɑ̃tij] nfpl ▸ **les Antilles** las Antillas.

antilope [ɑ̃tilɔp] nf antílope *m*.

antimilitarisme [ɑ̃timilitaʀism] nm antimilitarismo *m*.

antimilitariste [ɑ̃timilitaʀist] adj & nmf antimilitarista.

antimite [ɑ̃timit] adj inv & nm matapolillas.

antimoine [ɑ̃timwan] nm CHIM antimonio *m*.

antimonarchique [ɑ̃timɔnaʀʃik], **antimonarchiste** [ɑ̃timɔnaʀʃist] adj antimonárquico(ca).

antimondialisation [ɑ̃timɔ̃djalizasjɔ̃] nf antiglobalización *f*.

antimondialiste [ɑ̃timɔ̃djalist] adj & nmf antiglobalizador(ora), antiglobalista.

antimycosique [ɑ̃timikɔzik] adj & nm antimicótico(ca).

antinucléaire [ɑ̃tinykleɛʀ] adj antinuclear.

antiparasite [ɑ̃tipaʀazit] ❖ nm antiparásito *m*, antiparasitario *m*. ❖ adj inv antiparasitario(ria).

antipathie [ɑ̃tipati] nf antipatía *f*.

antipathique [ɑ̃tipatik] adj antipático(ca).

antipelliculaire [ɑ̃tipelikylɛʀ] adj anticaspa.

antipersonnel [ɑ̃tipɛʀsɔnɛl] adj inv antipersonal, antipersonas ▸ **une mine antipersonnel** una mina antipersonal.

antiperspirant, e [ɑ̃tipɛʀspiʀɑ̃, ɑ̃t] adj antisudoral, antitranspirante. ◆ **antiperspirant** nm antisudoral *m*.

antiphrase [ɑ̃tifʀaz] nf antífrasis *f inv*.

antipode [ɑ̃tipɔd] nm GÉOGR antípoda *f* ▸ **être à l'antipode, être aux antipodes a)** [lieu] estar en las antípodas **b)** *fig* [à l'opposé] ser el polo opuesto.

antipoison [ɑ̃tipwazɔ̃] ⟶ **centre.**

antipollution [ɑ̃tipɔlysjɔ̃] adj inv [contrôle] de la contaminación ; [mesures] contra la contaminación.

antiquaire [ɑ̃tikɛʀ] nmf anticuario *m*, -ria *f*.

antique [ɑ̃tik] adj **1.** [gén] antiguo(gua) **2.** *péj* [vieux] del año de la nana.

antiquité [ɑ̃tikite] nf antigüedad *f*. ◆ **Antiquité** nf ▸ **l'Antiquité** la Antigüedad.

antirabique [ɑ̃tiʀabik] ⟶ **vaccin.**

antiracisme [ɑ̃tiʀasism] nm antirracismo *m*.

antiraciste [ɑ̃tiiʀasist] adj & nmf antirracista.

antiradar [ɑ̃tiʀadaʀ] ❖ adj antirradar. ❖ nm antirradar *m*.

antiradiation [ɑ̃tiʀadjasjɔ̃] adj antirradiación *(inv)* ▸ **bouclier antiradiation** escudo antirradiación ▸ **étui antiradiation** [pour téléphone portable] carcasa antirradiación.

antireflet [ɑ̃tiʀəflɛ] ❖ adj inv antirreflectante. ❖ nm PHOTO polarizador *m*.

antirides [ɑ̃tiʀid] adj antiarrugas *(inv)*.

antirouille [ɑ̃tiʀuj] adj inv antioxidante.

antisèche [ɑ̃tisɛʃ] nf *arg scol* chuleta *f*.

antisémite [ɑ̃tisemit] adj & nmf antisemita.

antisémitisme [ɑ̃tisemitism] nm antisemitismo *m*.

antiseptique [ɑ̃tisɛptik] ❖ adj MÉD antiséptico(ca). ❖ nm MÉD antiséptico *m*.

antisida [ɑ̃tisida] adj antisida *(inv)*.

antisismique [ɑ̃tisismik] adj antisísmico(ca).

antislash [ɑ̃tislaʃ] nm INFORM barra *f* invertida.

antisocial, e, aux [ɑ̃tisɔsjal, o] adj antisocial.

antistress [ɑ̃tistʀɛs] adj antiestrés *(inv)*.

antitabac [ɑ̃titaba] adj antitabaco.

antitache [ɑ̃titaʃ] adj inv antimanchas *(inv)*.

antiterroriste [ɑ̃titɛʀɔʀist] adj antiterrorista.

antithèse [ɑ̃titɛz] nf antítesis *f inv*.

antitranspirant, e [ɑ̃titʀɑ̃spiʀɑ̃, ɑ̃t] adj antitranspirante.

antitrust [ɑ̃titʀœst] adj inv ÉCON antitrust *(inv)*, antimonopolio *(inv)*.

antitussif, ive [ɑ̃titysif, iv] adj antitusígeno(na). ◆ **antitussif** nm antitusígeno *m*.

antiviral, aux [ɑ̃tiviʀal, o] nm antivirus *m inv*.

antivirus [ɑ̃tiviʀys] nm INFORM antivirus *m inv*.

antivol [ɑ̃tivɔl] adj inv & nm antirrobo.

antre [ɑ̃tʀ] nm antro *m*.

anus [anys] nm ano *m*.

Anvers [ɑ̃vɛʀ(s)] npr Amberes.

anxiété [ɑ̃ksjete] nf ansiedad *f*.

anxieusement [ɑ̃ksjøzmɑ̃] adv ansiosamente.

anxieux, euse [ɑ̃ksjø, øz] adj & nm, f ansioso(sa) ▸ **être anxieux de qqch / de faire qqch** estar ansioso por algo/de hacer algo.

anxiolytique [ɑ̃ksjɔlitik] nm ansiolítico *m*.

AOC (*abr de* **appellation d'origine contrôlée**) nf DO *f* ▸ **vin AOC** vino DO ▸ **obtenir l'AOC** obtener la DO.

aorte [aɔʀt] nf aorta *f*.

août [u(t)] nm agosto *m* ▸ **le 15 Août** ≃ la Virgen de Agosto. ***Voir aussi*** **septembre**.

aoûtat [auta] nm ácaro *m*.

aoûtien, enne [ausjɛ̃, ɛn] nm, f *veraneante que se toma las vaciones en agosto*.

apache [apaʃ] ❖ adj [culture, art] apache. ❖ nm [langue] apache *m*. ◆ **Apaches** npr ▸ **les Apaches** los Apaches.

apaisant, e [apɛzɑ̃, ɑ̃t] adj [crème, lotion] calmante ; [paroles, voix, influence] tranquilizador(ra).

apaisement [apɛzmɑ̃] nm **1.** [moral] sosiego *m* **2.** [physique] alivio *m*.

apaiser [4] [apeze] vt **1.** [personne] aplacar, apaciguar **2.** [conscience] acallar **3.** [douleur] calmar **4.** [faim] aplacar **5.** [passion] apagar. ◆ **s'apaiser** vp **1.** [personne] apaciguarse **2.** [faim] aplacarse **3.** [tempête, douleur] calmarse.

apanage [apanaʒ] nm *sout* patrimonio *m* ▸ **être l'apanage de qqn / de qqch** ser atributo propio de alguien/de algo.

aparté [apaʀte] nm aparte *m* ▸ **prendre qqn en aparté** coger a alguien aparte.

apartheid [apaʀtɛd] nm apartheid *m*.

apathie [apati] nf apatía *f*.

apathique [apatik] adj & nmf apático(ca).

apatride [apatʀid] adj & nmf apátrida.

apercevoir [52] [apɛʀsəvwaʀ] vt divisar. ◆ **s'apercevoir** vp ▸ **s'apercevoir de qqch / que** darse cuenta de algo/de que.

aperçois ⟶ **apercevoir**.

aperçu, e [apɛʀsy] pp ⟶ **apercevoir.** ◆ **aperçu** nm idea *f* aproximada ▸ **donner un aperçu de qqch** dar una idea aproximada de algo.

apéritif, ive [apeʀitif, iv] adj de aperitivo. ◆ **apéritif** nm aperitivo *m* ▸ **prendre l'apéritif** tomar el aperitivo.

apéro [apeʀo] (*abr de* **apéritif**) nm *fam* aperitivo *m*.

apesanteur [apəzɑ̃tœʀ] nf ingravidez *f*.

à-peu-près [apøpʀɛ] nm inv aproximación *f*.

apeuré, e [apœʀe] adj atemorizado(da).

aphasie [afazi] nf afasia *f*.

aphone [afɔn] adj afónico(ca).

aphorisme [afɔʀism] nm aforismo *m*.

aphrodisiaque [afʀɔdizjak] ❖ nm afrodisíaco *m*. ❖ adj afrodisíaco(ca).

aphte [aft] nm llaga *f (en la boca)*.

aphteux, euse [aftø, øz] adj ▸ **fièvre aphteuse** fiebre aftosa.

API (*abr de* **alphabet phonétique international**) nm AFI *m* ▸ **la transcription en API** la transcripción en AFI.

à-pic [apik] nm inv escarpadura *f*.

apiculteur, trice [apikyltœʀ, tʀis] nm, f apicultor *m*, -ra *f*.

apiculture [apikyltyʀ] nf apicultura *f*.

apitoie ⟶ **apitoyer**.

apitoiement [apitwamɑ̃] nm compasión *f*.

apitoyer [13] [apitwaje] vt inspirar compasión. ◆ **s'apitoyer** vp apiadarse ▸ **s'apitoyer sur son sort** apiadarse de su suerte.

ap. J.-C., ap. J-C (*abr écrite de* **après Jésus-Christ**) d. de JC., d. JC. / ***en 138 ap. J.-C.*** en el año 138 d. de JC.

APL (*abr de* **aide personnalisée au logement**) nf *ayuda personalizada a la vivienda, en Francia* ▸ **bénéficier de l'APL** beneficiarse de la APL.

aplanir [32] [aplaniʀ] vt allanar. ◆ **s'aplanir** vp *fig* allanarse.

aplati, e [aplati] adj aplastado(da).

aplatir [32] [aplatiʀ] vt **1.** [écraser] aplastar **2.** [couture] sentar **3.** [cheveux] alisar. ◆ **s'aplatir** vp **1.** [s'écraser] aplastarse **2.** [s'étaler] despatarrarse **3.** *fam* [s'humilier] ▸ **s'aplatir devant qqn** achicarse ante alguien.

aplomb [aplɔ̃] nm **1.** [stabilité] aplomo *m* **2.** [audace] desfachatez *f* ▸ **avoir de l'aplomb** tener aplomo ▸ **ne pas manquer d'aplomb** no faltarle aplomo (a alguien). ◆ **d'aplomb** loc adv ▸ **être d'aplomb** **a)** [meuble] estar derecho(cha) **b)** [personne] encontrarse bien ▸ **se tenir d'aplomb** tenerse en pie ▸ **ne pas se sentir d'aplomb** no encontrarse bien.

APN nm *abr de* **appareil photo numérique**.

apnée [apne] nf apnea *f* ▸ **plonger en apnée** bucear a pulmón libre.

apocalypse [apɔkalips] nf apocalipsis *m inv* ▸ **d'apocalypse** [scène] apocalíptico(ca). ◆ **Apocalypse** nf ▸ **l'Apocalypse** el Apocalipsis.

apocalyptique [apɔkaliptik] adj apocalíptico(ca).

apogée [apɔʒe] nm apogeo *m* ▸ **à l'apogée de qqch** en el apogeo de algo.

apolitique [apɔlitik] adj apolítico(ca).

apollon [apɔlɔ̃] nm [bel homme] apolo *m*.

apologie [apɔlɔʒi] nf apología *f* ▸ **faire l'apologie de qqn / de qqch** hacer apología de alguien / de algo.

apoplexie [apɔplɛksi] nf apoplejía *f*.

apostolique [apɔstɔlik] adj apostólico(ca).

apostrophe [apɔstʀɔf] nf **1.** [signe graphique] apóstrofo *m* **2.** [interpellation] apóstrofe *m o f*.

apostropher [3] [apɔstʀɔfe] vt *sout* increpar. ◆ **s'apostropher** vp increparse.

apothéose [apɔteoz] nf apoteosis *f inv*.

apôtre [apotʀ] nm apóstol *m* ▸ **se faire l'apôtre de qqch** hacerse apóstol de algo.

Appalaches [apalaʃ] npr m pl ▸ **les Appalaches** los Apalaches.

apparais ⟶ **apparaître**.

apparaissais ⟶ **apparaître**.

apparaître [91] [apaʀɛtʀ] ❖ vi **1.** [se montrer, se manifester] aparecer / *tout cela m'apparaît comme une plaisanterie* todo esto me parece una broma **2.** *fig* [se dévoiler] salir a la luz. ❖ v impers ▸ **il apparaît que…** parece ser que….

apparat [apaʀa] nm aparato *m*, pompa *f* ▸ **d'apparat** **a)** [dîner, habit] de gala **b)** [discours] solemne ▸ **en grand apparat** de (gran) gala.

appareil [apaʀɛj] nm **1.** [gén] aparato *m* ▸ **appareil auditif** audífono *m* ▸ **appareil dentaire** aparato corrector ▸ **dans le plus simple appareil** como Dios lo trajo al mundo **2.** [téléphone] teléfono *m* ▸ **qui est à l'appareil ?** ¿quién es? ◆ **appareil digestif** nm aparato *m* digestivo. ◆ **appareil photo** nm cámara *f* fotográfica ▸ **appareil photo numérique** cámara fotográfica digital.

appareillage [apaʀɛjaʒ] nm **1.** [équipement] utillaje *m* **2.** [NAUT - manœuvres] preparativos *mpl* para zarpar ; [- départ] salida *f* (de un barco).

appareiller [4] [apaʀɛje] ❖ vt [assortir] emparejar. ❖ vi NAUT zarpar.

apparemment [apaʀamɑ̃] adv aparentemente, al parecer.

apparence [apaʀɑ̃s] nf apariencia *f* ▸ **malgré les** OU **en dépit des apparences** a pesar de las apariencias ▸ **sauver les apparences** guardar las apariencias. ◆ **en apparence** loc adv en apariencia.

apparent, e [apaʀɑ̃, ɑ̃t] adj **1.** [gén] aparente **2.** [couture, poutre] a la vista.

apparenté, e [apaʀɑ̃te] adj ▸ **apparenté à** [personne, chose] emparentado con / ***des listes apparentées*** POL *listas electorales agrupadas en elecciones proporcionales*.

apparenter [3] [apaʀɑ̃te] ◆ **s'apparenter** vp ▸ **s'apparenter à qqch** semejarse a algo.

appariteur [apaʀitœʀ] nm bedel *m (de facultad)*.

apparition [apaʀisjɔ̃] nf aparición *f* ▸ **faire son apparition** aparecer.

appart [apaʀt] nm *fam* piso *m*.

appartement [apaʀtəmɑ̃] nm piso *m*.

appartenance [apaʀtənɑ̃s] nf pertenencia *f*.

appartenir [40] [apaʀtəniʀ] vi pertenecer ▸ **appartenir à qqch / à qqn** pertenecer a algo / a alguien / *il ne m'appartient pas de prendre cette décision* no me corresponde tomar esta decisión.

appartenu [apaʀtəny] pp inv ⟶ **appartenir**.

appart hôtel [apaʀtotɛl] nm apartotel *m*, apartotel *m*.

appartiendrai ⟶ **appartenir**.

appartiens ⟶ **appartenir**.

appartins ⟶ **appartenir**.

apparu, e [apaʀy] pp ⟶ **apparaître**.

appât [apa] nm **1.** [à la pêche] cebo *m* **2.** *fig* [attrait] afán *m*.

appâter [3] [apate] vt **1.** [poisson] cebar **2.** *fig* [personne] tentar.

appauvrir [32] [apovʀiʀ] vt empobrecer. ◆ **s'appauvrir** vp empobrecerse.

appel [apɛl] nm **1.** [gén] llamada *f* ESP, llamado *m* AM ▸ **faire appel à qqn** recurrir a alguien ▸ **faire appel à qqch** [exiger] requerir algo ▸ **appel au secours** OU **à l'aide** llamada de socorro OU de auxilio ▸ **appel (téléphonique)** llamada (telefónica) ▸ **appel en PCV** llamada a cobro revertido ▸ **appel longue distance** llamada a larga distancia **2.** DR apelación *f*, recurso *m* ▸ **faire appel** **a)** DR apelar, recurrir **b)** SCOL presentar un recurso ▸ **sans appel** inapelable **3.** SCOL ▸ **faire l'appel** pasar lista ▸ **manquer à l'appel** faltar **4.** [signe] ▸ **faire un appel de phares** dar luces. ◆ **appel d'offres** nm licitación *f*.

appeler [24] [aple] vt **1.** [gén] llamar ▸ **appeler au secours** OU **à l'aide** pedir auxilio OU ayuda **2.** [exiger] requerir **3.** [entraîner] llevar a / *la violence appelle la violence* la violencia engendra violencia **4.** [destiner] ▸ **être appelé à qqch / à faire qqch** estar destinado a algo / a hacer algo **5.** *sout* [solliciter] ▸ **en appeler à qqch** apelar a algo. ◆ **s'appeler** vp llamarse / *comment t'appelles-tu ?* ¿cómo te llamas? / *je m'appelle Jean* me llamo Jean.

appellation [apelasjɔ̃] nf denominación *f* ▸ **appellation d'origine contrôlée** denominación de origen.

appelle ⟶ **appeler**.

appendice [apɛ̃dis] nm apéndice *m*.

appendicite [apɛ̃disit] nf apendicitis *f inv*.

appentis [apɑ̃ti] nm cobertizo *m*.

appert [apɛʀ] ◆ **il appert que** v impers *sout* DR resulta que.

appesantir [32] [apəzɑ̃tiʀ] vt entorpecer. ◆ **s'appesantir** vp entorpecerse ▸ **s'appesantir sur qqch** [insister sur] alargarse en algo.

appétissant, e [apetisɑ̃, ɑ̃t] adj **1.** [nourriture] apetitoso(sa) **2.** [personne] apetecible.

appétit [apeti] nm apetito *m* ▸ **bon appétit !** ¡buen provecho! ▸ **couper l'appétit à qqn** quitar el apetito a alguien ▸ **manger de bon appétit** comer con mucho apetito.

applaudimètre [aplodimɛtʀ] nm aplausómetro *m*.

applaudir [32] [aplodiʀ] ◆ vt aplaudir. ◆ vi ▸ **applaudir à qqch** *fig* aplaudir algo.

applaudissements [aplodismɑ̃] nmpl aplausos *mpl*.

appli [apli] (*abr de* **application**) nf INFORM aplicación *f*.

applicable [aplikabl] adj aplicable ▸ **applicable à qqn / à qqch** aplicable a alguien / a algo.

applicateur [aplikatøʀ] nm [dispositif] aplicador *m*.

application [aplikasjɔ̃] nf [gén & INFORM] aplicación *f* ▸ **mettre qqch en application** a) [loi, tarif] poner algo en aplicación b) [conseils, connaissances] poner algo en práctica.

applique [aplik] nf aplique *m*.

appliqué, e [aplike] adj [élève, écriture, domaine] aplicado(da).

appliquer [3] [aplike] vt aplicar ▸ **appliquer sur** aplicar en. ◆ **s'appliquer** vp **1.** [convenir] aplicarse **2.** [s'efforcer] ▸ **s'appliquer à faire qqch** esmerarse en hacer algo.

appoint [apwɛ̃] nm suelto *m* ▸ **faire l'appoint** dar cambio. ◆ **d'appoint** loc adj adicional / *un radiateur d'appoint* una estufa adicional ▸ **un salaire d'appoint** un sobresueldo.

appointements [apwɛ̃tmɑ̃] nmpl sueldo *m*.

apport [apɔʀ] nm **1.** FIN aportación *f* **2.** [de chaleur, aliments] aporte *m* ▸ **un apport en vitamines** un aporte vitamínico **3.** *fig* [contribution] contribución *f* **4.** DR bienes *mpl (aportados al matrimonio)*.

apporter [3] [apɔʀte] vt **1.** [objet] traer ▸ **apporter qqch à qqn** traer algo a alguien **2.** [raison, preuve] aportar ▸ **apporter qqch à qqch** aportar algo a algo **3.** [changement, amélioration] acarrear ▸ **apporter qqch à qqn** acarrear algo a alguien ▸ **apporter qqch à qqch** acarrear algo en algo.

apposer [3] [apoze] vt [affiche] fijar ; [signature] firmar.

apposition [apozisjɔ̃] nf aposición *f* ▸ **en apposition** en aposición.

appréciable [apʀesjabl] adj apreciable.

appréciation [apʀesjasjɔ̃] nf **1.** [estimation] apreciación *f* **2.** [jugement] juicio *m* **3.** SCOL opinión *f*.

apprécier [9] [apʀesje] vt apreciar ▸ **apprécier de faire qqch** gustarle a alguien hacer algo. ◆ **s'apprécier** vp apreciarse, tenerse aprecio.

appréhender [3] [apʀeɑ̃de] vt **1.** [craindre] temer ▸ **appréhender de faire qqch** tener miedo de hacer algo **2.** [arrêter] aprehender.

appréhension [apʀeɑ̃sjɔ̃] nf aprensión *f*.

apprenais ⟶ **apprendre**.

apprenant, e [apʀənɑ̃, ɑ̃t] nm, f alumno *m*, -na *f*, estudiante *mf*.

apprendre [79] [apʀɑ̃dʀ] vt **1.** [étudier] aprender ▸ **apprendre qqch / à faire qqch** aprender algo / a hacer algo **2.** [enseigner] ▸ **apprendre qqch à qqn** enseñar algo a alguien ▸ **apprendre à qqn à faire qqch** enseñar a alguien a hacer algo **3.** [être informé de] enterarse de ▸ **apprendre que** enterarse de que **4.** [faire connaître] ▸ **apprendre qqch à qqn** informar de algo a alguien.

apprends ⟶ **apprendre**.

apprenne ⟶ **apprendre**.

apprenti, e [apʀɑ̃ti] nm, f aprendiz *m*, -za *f* ▸ **apprenti sorcier** *fig* aprendiz de brujo.

apprentissage [apʀɑ̃tisaʒ] nm aprendizaje *m*.

apprêté, e [apʀete] adj [estilo] afectado(da) ; [coiffure] rebuscado(da).

apprêter [4] [apʀete] vt preparar. ◆ **s'apprêter** vp **1.** [se préparer] ▸ **s'apprêter à faire qqch** disponerse a hacer algo **2.** [s'habiller] ▸ **s'apprêter pour qqch** arreglarse para algo.

appris, e [apʀi, iz] pp ⟶ **apprendre**.

apprivoiser [3] [apʀivwaze] vt **1.** [animal] domesticar **2.** [personne] domar. ◆ **s'apprivoiser** vp **1.** [animal] domesticarse **2.** [personne] civilizarse.

approbateur, trice [apʀɔbatœʀ, tʀis] adj de aprobación.

approbation [apʀɔbasjɔ̃] nf aprobación *f*.

approchant, e [apʀɔʃɑ̃, ɑ̃t] adj parecido(da) ▸ **quelque chose d'approchant** algo parecido.

approche [apʀɔʃ] nf **1.** [d'un événement] proximidad *f* ; [d'une personne] llegada *f* ▸ **à l'approche de** a) [lieu] al acercarse a b) [événement, date] al aproximarse **2.** [point de vue] enfoque *m* **3.** [ébauche] aproximación *f*. ◆ **approches** nfpl [abords] inmediaciones *fpl*.

approcher [3] [apʀɔʃe] ◆ vt **1.** [rapprocher] acercar **2.** [aborder] ▸ **approcher qqn** acercarse a alguien. ◆ vi acercarse ▸ **approcher de qqch** acercarse a algo. ◆ **s'approcher** vp acercarse ▸ **s'approcher de qqn / de qqch** acercarse a alguien / a algo.

approfondi, e [apʀɔfɔ̃di] adj profundo(da) / *elle a une connaissance approfondie de la langue* tiene un profundo conocimiento de la lengua.

approfondir [32] [apʀɔfɔ̃diʀ] vt **1.** [creuser] hacer más profundo **2.** [développer] profundizar en. ◆ **s'approfondir** vp **1.** [devenir plus profond] hacerse más profundo **2.** [se compliquer] complicarse.

approprié, e [apʀɔpʀije] adj apropiado(da), adecuado(da) ▸ **approprié à qqch** adecuado a algo.

approprier [10] [apʀɔpʀije] vt **1.** [adapter] acomodar, adaptar ▸ **approprier qqch à qqch** adecuar ou adaptar algo a algo **2.** BELGIQUE [nettoyer] limpiar. ◆ **s'approprier** vp apropiarse de.

approuver [3] [apʀuve] vt aprobar ▸ **approuver qqn de faire qqch** felicitar a alguien por hacer algo.

approvisionnement [apʀɔvizjɔnmɑ̃] nm provisión *f*; [d'un magasin] abastecimiento *m*.

approvisionner [3] [apʀɔvizjɔne] vt **1.** [compte en banque] ingresar dinero en **2.** [magasin] abastecer. ◆ **s'approvisionner** vp **1.** [faire ses provisions] comprar **2.** [se fournir] ▸ **s'approvisionner en** abastecerse ou proveerse de.

approximatif, ive [apʀɔksimatif, iv] adj aproximado(da).

approximation [apʀɔksimasjɔ̃] nf aproximación *f*.

approximativement [apʀɔksimativmɑ̃] adv aproximadamente.

appt (*abr écrite de* **appartement**) piso / *appt à louer* se alquila piso.

appui [apɥi] nm apoyo *m* ▸ **à l'appui de qqch** en apoyo de algo, para apoyar algo.

appuie ⟶ **appuyer**.

appui-tête [apɥitɛt] (*pl* **appuis-tête**) nm reposacabezas *m inv*.

appuyé, e [apɥije] adj **1.** [regard] insistente **2.** [plaisanterie] pesado(da).

appuyer [14] [apɥije] ❖ vt apoyar. ❖ vi ▸ **appuyer sur qqch a)** [presser sur] apretar algo **b)** [insister sur] hacer hincapié en algo. ◆ **s'appuyer** vp **1.** [se tenir] ▸ **s'appuyer sur** ou **contre qqch / qqn** apoyarse en ou contra algo / alguien **2.** [se baser] ▸ **s'appuyer sur** basarse en **3.** [compter] ▸ **s'appuyer sur** contar con **4.** *fam* [supporter, prendre en charge] ▸ **s'appuyer qqn / qqch** apechugar con algo / con alguien.

apr. (*abr écrite de* **après**) d.

âpre [apʀ] adj **1.** [goût, ton] áspero(ra) **2.** [concurrence] duro(ra) **3.** [combat] cruel **4.** [discussion] violento(ta) **5.** [critique] severo(ra).

âprement [apʀəmɑ̃] adv con aspereza.

après [apʀɛ]

❖ prép

1. [gén] después de / *après dîner* después de cenar ▸ **après cela** después de eso ▸ **après quoi** después de lo cual

2. *fam* [indiquant l'attachement, l'hostilité] ▸ **soupirer après qqn** suspirar por alguien ▸ **aboyer après qqn** abroncar a alguien ▸ **se fâcher après qqn** enfadarse con alguien

❖ adv

después / *le mois d'après* el ou al mes siguiente / *la rue d'après* la calle siguiente / *un mois après* un mes después / *celui qui vient après* el que viene detrás

◆ **et après** loc adv **1.** (*employée interrogativement*) [questionnement sur la suite] ¿y después? **2.** [exprime l'indifférence] ¿y qué?

◆ **après coup** loc adv después.

◆ **après tout** loc adv después de todo.

◆ **d'après** loc prép según ▸ **d'après lui** según él ▸ **d'après moi** en mi opinión.

◆ **après que** loc conj (+ *indicatif*) después de que, una vez que / *je le verrai après qu'il aura fini* lo veré una vez que haya terminado.

après-demain [apʀɛdmɛ̃] adv pasado mañana.

après-guerre [apʀɛgɛʀ] (*pl* **après-guerres**) nm & nf posguerra *f*.

après-midi [apʀɛmidi] nm inv & nf inv tarde *f*.

après-rasage [apʀɛʀazaʒ] ❖ adj inv para después del afeitado. ❖ nm (*pl* **après-rasages**) loción *f* para después del afeitado.

après-shampooing [apʀɛʃɑ̃pwɛ̃] (*pl* **après-shampooings**), **après-shampoing** [apʀɛʃɑ̃pwɛ̃] (*pl* **après-shampoings**) nm acondicionador *m*.

après-ski [apʀɛski] (*pl* **après-skis**) nm descansos *mpl*, après-ski *m inv*.

après-soleil (*pl* **après-soleils**) [apʀɛsɔlɛj] adj inv [lait, lotion] aftersun *m*, crema *f* hidratante para después de tomar el sol.

après-vente [apʀɛvɑ̃t] ⟶ **service**.

âpreté [apʀəte] nf **1.** [goût, voix] aspereza *f* **2.** [concurrence] dureza *f* **3.** [discussion] violencia *f* **4.** [combat] crueldad *f* **5.** [critique] severidad *f*.

apr. J.-C., apr. J-C (*abr écrite de* **après Jésus-Christ**) d. de JC, d. JC / *en 55 apr. J.-C.* en el año 55 d. de JC.

à-propos [apʀɔpo] nm inv pertinencia *f* ▸ **avoir le sens de l'à-propos** intervenir de manera oportuna.

APS [apeɛs] (*abr de* **advanced photographic system**) nm APS *f*.

apte [apt] adj ▸ **apte à qqch / à faire qqch** apto(ta) para algo / para hacer algo ▸ **apte (au service)** MIL apto para el servicio militar.

aptitude [aptityd] nf aptitud *f* ▸ **aptitude pour** ou **à qqch** aptitud para algo ▸ **aptitudes à** ou **pour faire qqch** aptitudes para hacer algo.

aquagym [akwaʒim] nf gimnasia *f* acuática.

aquarelle [akwaʀɛl] nf acuarela *f*.

aquarelliste [akwaʀelist] nmf acuarelista *mf*.

aquarium [akwaʀjɔm] nm acuario *m*.

aquatique [akwatik] adj acuático(ca).

aqueduc [akdyk] nm acueducto *m*.

aqueux, euse [akø, øz] adj acuoso(sa).

aquilin [akilɛ̃] adj m ▸ **nez aquilin** nariz aguileña.

Aquitaine [akitɛn] npr f ▸ **l'Aquitaine** Aquitania.

AR[1], A-R (*abr écrite de* **aller-retour**) i/v / *un billet AR Paris-Marseille* un billete i/v París-Marsella.

AR² **1.** (*abr écrite de* **accusé de réception**) acuse *m* de recibo ▸ **une lettre recommandée avec AR** una carta certificada con acuse de recibo **2.** *abr écrite de* **arrière**.

arabe [aʀab] adj & nm árabe. ◆ **Arabe** nmf árabe *mf*.

arabesque [aʀabɛsk] nf arabesco *m*.

Arabie [aʀabi] npr f ▸ **l'Arabie** Arabia ▸ **l'Arabie saoudite** Arabia Saudí.

arable [aʀabl] adj arable.

arabophone [aʀabɔfɔn] adj & nmf arabófono(na).

arachide [aʀaʃid] nf cacahuete *m* ESP, maní *m* AM.

Aragon [aʀagɔ̃] npr m ▸ **l'Aragon** Aragón.

araignée [aʀeɲe] nf araña *f* ▸ **avoir une araignée dans le** ou **au plafond** *fam* & *fig* faltarle a alguien un tornillo. ◆ **araignée de mer** nf centolla *f*, centollo *m*.

araser [3] [aʀaze] vt **1.** [égaliser] nivelar **2.** GÉOL erosionar.

arbalète [aʀbalɛt] nf ballesta *f*.

arbitrage [aʀbitʀaʒ] nm arbitraje *m*.

arbitraire [aʀbitʀɛʀ] ◆ adj arbitrario(ria). ◆ nm ▸ **l'arbitraire** la arbitrariedad.

arbitrairement [aʀbitʀɛʀmɑ̃] adv arbitrariamente.

arbitre [aʀbitʀ] nm árbitro *m*. ◆ **libre arbitre** nm libre albedrío *m*.

arbitrer [3] [aʀbitʀe] vt arbitrar.

arborer [3] [aʀbɔʀe] vt **1.** [drapeau] enarbolar **2.** [décoration, sourire] lucir.

arborescence [aʀbɔʀesɑ̃s] nf INFORM arborescencia *f*.

arboriculteur, trice [aʀbɔʀikyltœʀ, tʀis] nm, f arboricultor *m*, -ra *f*.

arboriculture [aʀbɔʀikyltyʀ] nf arboricultura *f*.

arbouse [aʀbuz] nf madroño *m*.

arbre [aʀbʀ] nm **1.** [gén] árbol *m* ▸ **arbre fruitier** árbol frutal ▸ **arbre généalogique** árbol genealógico ▸ **arbre de Noël** árbol de Navidad **2.** [axe] eje *m* ▸ **arbre à cames** árbol *m* de levas ▸ **arbre de transmission** eje de transmisión.

arbrisseau [aʀbʀiso] nm arbolillo *m*.

arbuste [aʀbyst] nm arbusto *m*.

arc [aʀk] nm **1.** [gén & ARCHIT] arco *m* ▸ **arc de triomphe** arco de triunfo ▸ **arc de cercle** arco de circunferencia **2.** [courbe] curva *f*. ◆ **Arc de Triomphe** nm ▸ **l'Arc de Triomphe** el Arco de Triunfo.

arcade [aʀkad] nf [piliers] arcada *f*; [couloir] soportales *mpl*. ◆ **arcade sourcilière** nf arco *m* de la ceja.

arc-bouter [3] [arkbute] ◆ **s'arc-bouter** vp ▸ **s'arc-bouter contre** apoyarse en.

arceau [aʀso] nm **1.** ARCHIT arco *m* de bóveda **2.** [objet] aro *m*.

arc-en-ciel [aʀkɑ̃sjɛl] (*pl* **arcs-en-ciel**) nm arco iris *m inv*.

archaïque [aʀkaik] adj arcaico(ca).

archange [aʀkɑ̃ʒ] nm arcángel *m*.

arche [aʀʃ] nf **1.** ARCHIT arco *m* **2.** RELIG ▸ **arche de Noé** arca *f* de Noé.

archéologie [aʀkeɔlɔʒi] nf arqueología *f*.

archéologique [aʀkeɔlɔʒik] adj arqueológico(ca).

archéologue [aʀkeɔlɔg] nmf arqueólogo *m*, -ga *f*.

archer [aʀʃe] nm arquero *m*.

archet [aʀʃɛ] nm arco *m*.

archétype [aʀketip] nm arquetipo *m*.

archevêché [aʀʃəveʃe] nm arzobispado *m*.

archevêque [aʀʃəvɛk] nm arzobispo *m*.

archi [aʀʃi] (*abr de* **architecture**) nf *fam* arquitectura *f* / *il a fait archi* estudió arquitectura.

archipel [aʀʃipɛl] nm archipiélago *m*.

architecte [aʀʃitɛkt] nmf arquitecto *m*, -ta *f*.

architectural, e, aux [aʀʃitɛktyʀal, o] adj arquitectónico(ca).

architecture [aʀʃitɛktyʀ] nf **1.** [de bâtiment] arquitectura *f* **2.** *fig* [de roman] estructura *f*.

archiver [3] [aʀʃive] vt archivar.

archives [aʀʃiv] nfpl archivo *m* ESP, bibliorato *m* AM.

archiviste [aʀʃivist] nmf archivero *m*, -ra *f*.

arctique [aʀktik] adj ártico(ca) ▸ **le cercle polaire arctique** el círculo polar ártico. ◆ **Arctique** nm ▸ **l'Arctique** el Ártico.

ardemment [aʀdamɑ̃] adv ardientemente.

Ardennes [aʀdɛn] npr f pl ▸ **les Ardennes** las Ardenas.

ardent, e [aʀdɑ̃, ɑ̃t] adj **1.** [gén] ardiente **2.** *sout* [empressé] ▸ **être ardent à** dedicarse en cuerpo y alma a.

ardeur [aʀdœʀ] nf **1.** [gén] ardor *m* **2.** [au travail] dinamismo *m*.

ardoise [aʀdwaz] nf pizarra *f* ▸ **avoir une ardoise chez un commerçant** *fig* tener cuenta en una tienda.

ardu, e [aʀdy] adj arduo(dua).

are [aʀ] nm área *f*.

arène [aʀɛn] nf ruedo *m* ▸ **l'arène politique** el foro político. ◆ **arènes** nfpl plaza *f* de toros.

arête [aʀɛt] nf **1.** [de poisson] espina *f* **2.** [de toit] caballete *m* **3.** [de montagne] cresta *f* **4.** [du nez] línea *f*.

arg. *abr écrite de* **argus**.

argan [aʀgɑ̃] nm argan *m* ▸ **huile d'argan** aceite de argan.

argent [aʀʒɑ̃] nm **1.** [métal, couleur] plata *f* **2.** [monnaie] dinero *m* ▸ **argent comptant** dinero en efectivo ▸ **argent liquide** dinero en metálico ▸ **argent de poche a)** dinero de bolsillo, dinero para gastos menudos **b)** [que donnent les parents] paga *f* ▸ **en avoir pour son argent** salir ganando.

argenté, e [aʀʒɑ̃te] adj plateado(da).

argenterie [aʀʒɑ̃tʀi] nf plata *f (vajilla y cubertería)*.

argentin, e [aʀʒɑ̃tɛ̃, in] adj argentino(na). ◆ **Argentin, e** nm, f argentino *m*, -na *f*.

Argentine [aʀʒɑ̃tin] npr f ▸ **l'Argentine** (la) Argentina.

argile [aʀʒil] nf arcilla *f.*

argileux, euse [aʀʒilø, øz] adj arcilloso(sa).

argot [aʀgo] nm **1.** [langue populaire] argot *m* **2.** [jargon] jerga *f.*

argotique [aʀgɔtik] adj de argot.

arguer [8] [aʀgɥe, aʀge] vi *sout* [prétexter] ▸ **arguer de qqch** alegar algo.

argument [aʀgymɑ̃] nm argumento *m* ▸ **tirer argument de qqch** valerse de algo como excusa ▸ **argument de vente** argumento (de venta).

argumentaire [aʀgymɑ̃tɛʀ] nm COMM argumentación *f.*

argumentation [aʀgymɑ̃tasjɔ̃] nf argumentación *f.*

argumenter [3] [aʀgymɑ̃te] vi & vt argumentar.

argus [aʀgys] nm ▸ **être coté à l'argus (de l'automobile)** *aparecer en la lista oficial de precios de los coches de ocasión.*

aride [aʀid] adj **1.** [terre] árido(da) **2.** [cœur, esprit] insensible.

aridité [aʀidite] nf **1.** [sécheresse, difficulté] aridez *f* **2.** [froideur] insensibilidad *f.*

aristocrate [aʀistɔkʀat] nmf aristócrata *mf.*

aristocratie [aʀistɔkʀasi] nf aristocracia *f.*

aristocratique [aʀistɔkʀatik] adj aristocrático(ca).

arithmétique [aʀitmetik] ❖ nf aritmética *f.* ❖ adj aritmético(ca).

armagnac [aʀmaɲak] nm *aguardiente de Armagnac en la región de la Gascuña.*

armateur [aʀmatœʀ] nm armador *m.*

armature [aʀmatyʀ] nf **1.** [gén] armazón *m* **2.** *fig* [base] estructura *f.*

arme [aʀm] nf arma *f* ▸ **arme biologique** arma biológica ▸ **arme chimique / nucléaire** arma química / nuclear ▸ **arme à feu / blanche** arma de fuego / blanca ▸ **être une arme à double tranchant** *fig* ser un arma de doble filo ▸ **passer l'arme à gauche** *fam & fig* estirar la pata ▸ **passer qqn par les armes** fusilar a alguien ▸ **partir avec armes et bagages** irse con la casa a cuesta ▸ **faire ses premières armes** hacer sus pinitos ▸ **fourbir ses armes** velar las armas. ◆ **armes** nfpl **1.** [armée] ▸ **les armes** la milicia **2.** [blason] armas *fpl.*

armé, e [aʀme] adj **1.** [personne, troupe] armado(da) / *attention, il est armé* cuidado, que está armado **2.** [arme] montado(da) **3.** EXPR **armé jusqu'aux dents** armado hasta los dientes ▸ **être bien / mal armé contre qqch** ou **pour faire qqch** estar bien|mal armado contra algo ou para hacer algo.

armée [aʀme] nf **1.** [troupes] ejército *m* ▸ **l'armée** el ejército ▸ **une armée de** *fig* [une foule de] un ejército de ▸ **l'armée de l'air / de terre** el ejército del aire / de tierra ▸ **armée de métier** ejército profesional ▸ **armée de réserve** ejército de reserva **2.** [service militaire] servicio *m* militar ▸ **être à l'armée** hacer la mili **3.** [unité militaire] cuerpo *m* de ejército. ◆ **Armée du Salut** nf ▸ **l'Armée du Salut** el Ejército de Salvación.

armement [aʀməmɑ̃] nm **1.** [gén] armamento *m* ▸ **l'industrie de l'armement** la industria armamentista **2.** [d'un appareil photo] arrastre *m.*

Arménie [aʀmeni] npr f ▸ **l'Arménie** Armenia.

arménien, enne [aʀmenjɛ̃, ɛn] adj armenio(nia). ◆ **arménien** nm LING armenio *m.* ◆ **Arménien, enne** nm, f armenio *m,* -nia *f.*

armer [3] [aʀme] vt **1.** [personne, groupe] armar ▸ **être armé pour qqch / pour faire qqch** *fig* estar preparado para algo / para hacer algo **2.** [fusil] cargar **3.** [appareil photo] arrastrar. ◆ **s'armer** vp [prendre une arme] armarse ▸ **s'armer de qqch** [patience, courage] armarse de algo.

armistice [aʀmistis] nm armisticio *m.*

armoire [aʀmwaʀ] nf armario *m* ▸ **armoire à glace** armario de luna ▸ **c'est une armoire à glace !** *fig* ¡está cuadrado!

armoiries [aʀmwaʀi] nfpl escudo *m* de armas.

armure [aʀmyʀ] nf armadura *f.*

armurerie [aʀmyʀʀi] nf **1.** [industrie] fábrica *f* de armas **2.** [magasin] armería *f.*

armurier [aʀmyʀje] nm armero *m.*

ARN (*abr de* **acide ribonucléique**) nm ARN *m* ▸ **une molécule d'ARN** una molécula de ARN ▸ **l'ARN messager** el ARN mensajero ▸ **l'ARN de transfert** el ARN de transferencia ▸ **l'ARN ribosimique** el ARN ribosómico.

arnaque [aʀnak] nf *fam* estafa *f* ESP, calote *m* AM.

arnaquer [3] [aʀnake] vt *fam* estafar.

arnaqueur, euse [aʀnakøʀ, øz] nm, f *fam* estafador *m,* -ra *f,* mangante ESP.

aromate [aʀɔmat] nm especia *f.*

aromathérapie [aʀɔmateʀapi] nf aromaterapia *f.*

aromatique [aʀɔmatik] adj aromático(ca).

aromatisant, e [aʀɔmatizɑ̃, ɑ̃t] adj aromatizante. ◆ **aromatisant** nm aromatizante *m.*

aromatisé, e [aʀomatize] adj aromatizado(de) / *un yaourt aromatiséé au citron* un yogur con sabor a limón.

aromatiser [3] [aʀɔmatize] vt aromatizar.

arôme [aʀom] nm **1.** [odeur - de plat] olor *m* ; [- du vin] bouquet *m* ; [- de fleur] fragancia *f* **2.** [goût] aroma *m* ▸ **arôme naturel / artificiel** aroma natural / artificial.

arpège [aʀpɛʒ] nm arpegio *m.*

arpent [aʀpɑ̃] nm arpende *m (antigua medida agraria francesa que tenía entre 20 y 50 áreas).*

arpenter [3] [aʀpɑ̃te] vt **1.** [marcher] ir y venir *(por una habitación)* **2.** [mesurer] apear.

arpenteur [aʀpɑ̃tœʀ] nm apeador *m.*

ARPP (*abr de* **Autorité de régulation professionnelle de la publicité**) nm *organismo francés que comprueba si los anuncios publicitarios respetan la deontología profesional.*

arqué, e [aʀke] adj arqueado(da) ▸ **avoir les jambes arquées** tener las piernas arqueadas.

arr. *abr écrite de* **arrondissement**.

arrache [aʀaʃ] ◆ **à l'arrache** loc adv *fam* a pulso, con gran esfuerzo.

arraché [aʀaʃe] ◆ **à l'arraché** loc adv SPORT en un sprint final ▸ **obtenir qqch à l'arraché** conseguir algo a pulso.

arrachement [aʀaʃmɑ̃] nm desgarramiento *m*.

arrache-pied [aʀaʃpje] ◆ **d'arrache-pied** loc adv sin descanso.

arracher [3] [aʀaʃe] vt **1.** [gén] arrancar ▸ **arracher qqch des mains** quitar algo de las manos **2.** [sortir] ▸ **arracher qqn à qqch** [pensées, occupations] sacar a alguien de algo. ◆ **s'arracher** vp **1.** [se disputer - une chose] pelearse por ; [- une personne] disputarse / *ce disque, on se l'arrache ! fam* ¡ese disco, nos lo quitan de las manos! **2.** *fam* [partir] largarse **3.** *fam* [s'efforcer] darse caña.

arraisonner [3] [aʀɛzɔne] vt *inspeccionar en alta mar*.

arrangeant, e [aʀɑ̃ʒɑ̃, ɑ̃t] adj acomodaticio(cia).

arrangement [aʀɑ̃ʒmɑ̃] nm **1.** [entente & MUS] arreglo *m* **2.** [disposition] colocación *f*.

arranger [17] [aʀɑ̃ʒe] vt **1.** [gén] arreglar **2.** [organiser] concertar **3.** [convenir à] convenir ▸ **ça ne m'arrange pas** *fam* no me viene bien **4.** MUS hacer arreglos. ◆ **s'arranger** vp **1.** [dispute, situation] arreglarse **2.** [se mettre d'accord] ponerse de acuerdo **3.** [se débrouiller] ▸ **s'arranger pour faire qqch** arreglárselas para hacer algo.

arrdt. *abr de* **arrondissement**.

arrérages [aʀeʀaʒ] nmpl atrasos *mpl*.

arrestation [aʀɛstasjɔ̃] nf detención *f* ▸ **être en état d'arrestation** estar detenido(da).

arrêt [aʀɛ] nm **1.** [de mouvement, station] parada *f* ▸ **être à l'arrêt** [véhicule] estar parado(da) ▸ **tomber en arrêt devant qqch** quedarse parado(da) ante algo ▸ **arrêt facultatif** parada discrecional **2.** [interruption] interrupción *f*, suspensión *f* ▸ **sans arrêt** sin cesar ▸ **arrêt maladie** baja *f* por enfermedad ▸ **arrêt de travail** baja *f* (laboral) **3.** DR fallo *m*.

arrêté [aʀete] nm **1.** ADMIN orden *f* gubernativa ▸ **arrêté préfectoral** *orden del gobierno civil* **2.** FIN liquidación *f* de deuda.

arrêter [4] [aʀete] ◈ vt **1.** [véhicule, machine] parar ▸ **on n'arrête pas le progrès** el progreso es imparable **2.** [date] fijar **3.** [voleur] detener **4.** [études, etc.] dejar **5.** [compte, dette] liquidar **6.** INFORM apagar. ◈ vi [cesser] parar ▸ **arrêter de** dejar de. ◆ **s'arrêter** vp pararse ▸ **s'arrêter à qqch** [prêter attention à] fijarse en algo ▸ **s'arrêter de faire qqch** dejar de hacer algo.

arrhes [aʀ] nfpl paga *f* y señal.

arrière [aʀjɛʀ] ◈ adj inv trasero(ra) ▸ **la marche arrière** la marcha atrás / *les roues arrière* las ruedas traseras. ◈ nm **1.** [de véhicule] parte *f* de atrás / *à l'arrière* en la parte de atrás, detrás ▸ **assurer ses arrières** protegerse las espaldas **2.** SPORT defensa *m*. ◆ **en arrière** loc adv atrás. ◆ **en arrière de** loc prép detrás de.

arriéré, e [aʀjeʀe] adj *péj* **1.** [personne] retrasado(da) **2.** [idées] anticuado(da) **3.** [pays, région] atrasado(da). ◆ **arriéré** nm atraso *m*.

arrière-boutique [aʀjɛʀbutik] (*pl* **arrière-boutiques**) nf trastienda *f*.

arrière-garde [aʀjɛʀgaʀd] (*pl* **arrière-gardes**) nf retaguardia *f* ▸ **d'arrière-garde** [idées] retrógrado(da) ▸ **un combat d'arrière-garde** una última tentativa.

arrière-goût [aʀjɛʀgu] (*pl* **arrière-goûts**) nm regusto *m*.

arrière-grand-mère [aʀjɛʀgʀɑ̃mɛʀ] (*pl* **arrière-grands-mères**) nf bisabuela *f*.

arrière-grand-père [aʀjɛʀgʀɑ̃pɛʀ] (*pl* **arrière-grands-pères**) nm bisabuelo *m*.

arrière-grands-parents [aʀjɛʀgʀɑ̃paʀɑ̃] nmpl bisabuelos *mpl*.

arrière-pays [aʀjɛʀpei] nm inv interior *m (de una región)* / *ils ont acheté une maison dans l'arrière-pays niçois* se compraron una casa en el interior de la región de Niza.

arrière-pensée [aʀjɛʀpɑ̃se] (*pl* **arrière-pensées**) nf segunda intención *f* ▸ **sans arrière-pensée** de buena fe.

arrière-petite-fille [aʀjɛʀpətitfij] (*pl* **arrière-petites-filles**) nf bisnieta *f*.

arrière-petits-enfants [aʀjɛʀpətizɑ̃fɑ̃] nmpl bisnietos *mpl*.

arrière-plan [aʀjɛʀplɑ̃] (*pl* **arrière-plans**) nm segundo plano *m*.

arrière-saison [aʀjɛʀsɛzɔ̃] (*pl* **arrière-saisons**) nf final *m* del otoño.

arrière-train [aʀjɛʀtʀɛ̃] (*pl* **arrière-trains**) nm trasero *m*.

arrimer [3] [aʀime] vt estibar.

arrivage [aʀivaʒ] nm **1.** [de marchandises] arribada *f* **2.** *iron* [de touristes] hornada *f*.

arrivant, e [aʀivɑ̃, ɑ̃t] nm, f ▸ **un nouvel arrivant** un recién llegado ▸ **les premiers / derniers arrivants** los primeros / últimos en llegar.

arrivée [aʀive] nf **1.** [venue] llegada *f* **2.** [d'air, essence] entrada *f*.

arriver [3] [aʀive] ◈ vi **1.** [venir] llegar ▸ **arriver à** [lieu, heure] llegar a ▸ **arriver de** [provenance] llegar de ▸ **arriver en OU par** [moyen] llegar en ▸ **arriver jusqu'à** llegar hasta, alcanzar ▸ **en arriver à faire qqch** llegar a hacer algo ▸ **quoi qu'il arrive** pase lo que pase **2.** [réussir] triunfar ▸ **arriver à faire qqch** conseguir hacer algo. ◈ v impers pasar, suceder / *il arrive à tout le monde de se tromper* todos podemos equivocarnos / *il m'est arrivé une drôle d'aventure* me ha pasado una cosa curiosa / *il arrive qu'en mai il fasse frais* puede (suceder) que en mayo haga frío.

arrivisme [aʀivism] nm *péj* arribismo *m*.

arriviste [aʀivist] adj & nmf arribista.

arrobas(e), arobas [aʀɔbas] nf INFORM arroba *f*.

arrogance [aʀɔgɑ̃s] nf arrogancia *f*.

arrogant, e [aʀɔgɑ̃, ɑ̃t] adj arrogante.

arroger [17] [aʀɔʒe] ◆ **s'arroger** vp arrogarse.

arrondi [aʀɔ̃di] nm redondeo *m*.

arrondir [32] [aʀɔ̃diʀ] vt redondear. ◆ **s'arrondir** vp engordar.

arrondissement [aʀɔ̃dismɑ̃] nm **1.** ADMIN distrito *m* **2.** [de somme] redondeo *m*.

Arrondissement

Esta división administrativa es propia de las grandes ciudades francesas como París, Lyon y Marsella. París cuenta con veinte **arrondissements**. Cada uno de ellos tiene su propio ayuntamiento distinto del de París. Para referirse a ellos, se utilizan los números ordinales y se escriben con cifras romanas. Se considera que vivir o frecuentar un **arrondissement** determinado conlleva un modo de vida o mentalidad particulares. Así, el XVIe corresponde a la zona elegante de París; el Ve y el VIe, a la zona de estudiantes; el XXe es un barrio donde viven muchos inmigrantes, y el VIIIe y el XVIIe se asocian principalmente a los negocios.

arrosage [aʀozaʒ] nm riego *m*.

arroser [3] [aʀoze] vt **1.** [jardin] regar **2.** [suj : rivière] bañar **3.** *fam* [repas] regar **4.** *fam* [célébrer] remojar / *il faut arroser ça !* ¡esto hay que remojarlo! **5.** *fam* [mélanger] ▸ **arroser son café** echar unas gotas en el café **6.** *fam* [soudoyer] untar.

arrosoir [aʀozwaʀ] nm regadera *f*.

arsenal, aux [aʀsənal, o] nm arsenal *m*.

arsenic [aʀsənik] nm arsénico *m*.

art [aʀ] nm arte *m* ▸ **avoir l'art de** *iron* tener el don de ▸ **art culinaire** arte culinario ▸ **art dramatique** arte dramático ▸ **art thérapie** arte terapia ▸ **le septième art** el séptimo arte. ◆ **arts** nmpl artes *fpl* ▸ **arts appliqués** artes aplicadas ▸ **arts décoratifs** artes decorativas ▸ **arts graphiques** artes gráficas ▸ **arts et métiers** artes y oficios ▸ **arts martiaux** artes marciales ▸ **arts plastiques** artes plásticas.

art. (*abr écrite de* **article**) art., arto. ▸ **conformément à l'art. 34** conforme al art. 34.

Art déco [aʀdeko] nm art déco *m*.

Arte [aʀte] npr Arte *(canal cultural franco-alemán)*.

artère [aʀtɛʀ] nf arteria *f* ▸ **grande artère** [rue] gran arteria.

artériel, elle [aʀteʀjɛl] adj arterial.

artériosclérose [aʀteʀjɔskleʀoz] nf arteriosclerosis *f inv*.

arthrite [aʀtʀit] nf artritis *f inv*.

arthrose [aʀtʀoz] nf artrosis *f inv*.

artichaut [aʀtiʃo] nm alcachofa *f* ESP, alcaucil *m* AM.

article [aʀtikl] nm artículo *m* ▸ **article défini / indéfini** artículo determinado / indeterminado ▸ **article de fond** artículo de fondo ▸ **articles de bureau** artículos OU material *m* de oficina ▸ **faire l'article** hacer el artículo ▸ **à l'article de la mort** in articulo mortis.

articulaire [aʀtikylɛʀ] adj ANAT articular.

articulation [aʀtikylasjɔ̃] nf **1.** [gén] articulación *f* **2.** DR exposición *f* **3.** [liaison] estructuración *f*.

articulé, e [aʀtikyle] adj articulado(da).

articuler [3] [aʀtikyle] vt **1.** [gén] articular ▸ **articulez !** ¡vocalice! **2.** DR exponer. ◆ **s'articuler** vp ▸ **s'articuler sur qqch / autour de qqch** [raisonnement, texte] articularse alrededor de algo.

artifice [aʀtifis] nm artimaña *f*.

artificiel, elle [aʀtifisjɛl] adj artificial.

artificiellement [aʀtifisjɛlmɑ̃] adv de manera artificial.

artificier, ère [aʀtifisje, ɛʀ] nm, f **1.** [pyrotechnicien] pirotécnico *m*, -ca *f* **2.** [spécialiste en explosifs] artificiero *m*, -ra *f*.

artillerie [aʀtijʀi] nf artillería *f* ▸ **artillerie lourde** *fig* artillería pesada.

artilleur [aʀtijœʀ] nm artillero *m*.

artisan, e [aʀtizɑ̃, an] nm, f artesano *m*, -na *f*. ◆ **artisan** nm ▸ **être l'artisan de qqch** *fig* ser el artífice de algo.

artisanal, e, aux [aʀtizanal, o] adj artesanal ▸ **de fabrication artisanale** de fabricación artesanal.

artisanat [aʀtizana] nm **1.** [art] artesanía *f* **2.** [ensemble des artisans] artesanado *m*.

artiste [aʀtist] ❖ nmf artista *mf* ▸ **artiste peintre** pintor *m*, -ra *f*. ❖ adj artístico(ca).

artistique [aʀtistik] adj artístico(ca).

as[1] [a] ⟶ **avoir**.

as[2] [as] nm **1.** [gén] as *m* ▸ **as de carreau / de cœur / de pique / de trèfle** as de diamantes / de corazones / de picas / de tréboles **2.** [au tiercé] uno *m* **3.** EXPR› **être fringué comme l'as de pique** *fam* ir hecho un adefesio ▸ **c'est passé à l'as** *fam* nos lo hemos saltado a la torera ▸ **plein aux as** *fam* forrado (de dinero).

a / s (*abr de* **aux (bons) soins de**) a / cgo.

AS (*abr de* **association sportive**) nf inv AD *f* / *être un supporter de l'AS Monaco* ser un hincha de la AD Mónaco.

ASA, Asa (*abr de* **American Standards Association**) nf ASA *f* ▸ **une pellicule (de) 400 ASA** una película de 400 ASA.

ASAP (*abr de* **as soon as possible**) SMS LAP *(lo antes posible)*.

asc. *abr écrite de* **ascenseur**.

ascendance [asɑ̃dɑ̃s] nf [ancêtres] ascendencia *f*.

ascendant, e [asɑ̃dɑ̃, ɑ̃t] adj ascendente.
◆ **ascendant** nm ascendiente *m* ▸ **avoir de l'ascendant sur qqn** tener ascendiente sobre alguien.

ascenseur [asɑ̃sœʀ] nm **1.** ascensor *m* ESP, elevador *m* AM **2.** INFORM ascensor.

ascension [asɑ̃sjɔ̃] nf **1.** [montée] ascensión *f* ▸ **l'ascension d'une montagne** la ascensión a una montaña **2.** [réussite] ascenso *m*. ◆ **Ascension** nf ▸ **l'Ascension** la Ascensión.

ascensionnel, elle [asɑ̃sjɔnɛl] adj ascensional.

ascèse [asɛz] nf ascesis *f inv*.

ascète [asɛt] nmf asceta *mf*.

ASCII [aski] (*abr de* **American standard code for information interchange**) nm INFORM ASCII *m*.

ASE nf **1.** (*abr de* **Agence spatiale européenne**) AEE *f* **2.** (*abr de* **Aide sociale à l'enfance**) *asistencia social para la infancia*.

aseptique [asɛptik] adj aséptico(ca).

aseptisé, e [asɛptize] adj aséptico(ca).

aseptiser [3] [asɛptize] vt aseptizar.

ashkénaze [aʃkenaz] adj askenazí, asquenazí.
◆ **Ashkénaze** nmf asquenazí *mf*, askenazí *mf*.

asiatique [azjatik] adj asiático(ca).
◆ **Asiatique** nmf asiático *m*, -ca *f*.

Asie [azi] npr f ▸ **l'Asie** Asia ▸ **l'Asie centrale** Asia central ▸ **l'Asie du Sud-Est** (el) Sureste asiático.

asile [azil] nm **1.** [refuge] asilo *m* ▸ **demander / accorder l' asile politique** pedir/conceder asilo político **2.** [psychiatrique] manicomio *m*.

asocial, e, aux [asɔsjal, o] ◈ adj antisocial. ◈ nm, f inadaptado *m*, -da *f*.

aspartam(e) [aspaʀtam] nm aspartamo *m*.

aspect [aspɛ] nm aspecto *m* ▸ **à l'aspect de qqch** *sout* [à la vue de] por el cariz de algo.

asperge [aspɛʀʒ] nf espárrago *m*.

asperger [17] [aspɛʀʒe] vt ▸ **asperger qqch de qqch** rociar algo con ou de algo ▸ **asperger qqn de qqch** salpicar a alguien con algo. ◆ **s'asperger** vp ▸ **s'asperger de qqch** rociarse de algo.

aspérité [aspeʀite] nf aspereza *f*.

aspersion [aspɛʀsjɔ̃] nf aspersión *f*.

asphalte [asfalt] nm asfalto *m*.

asphyxie [asfiksi] nf asfixia *f*.

asphyxier [9] [asfiksje] vt asfixiar.
◆ **s'asphyxier** vp asfixiarse.

aspic [aspik] nm áspid *m*.

aspirant, e [aspiʀɑ̃, ɑ̃t] adj aspirante.
◆ **aspirant** nm *grado inmediatamente inferior al de alférez en la milicia francesa* ; [dans la marine] ≃ guardiamarina *m*.

aspirateur [aspiʀatœʀ] nm aspirador *m*.

aspiration [aspiʀasjɔ̃] nf aspiración *f*.
◆ **aspirations** nfpl [désirs] aspiraciones *fpl*.

aspirer [3] [aspiʀe] ◈ vt aspirar. ◈ vi ▸ **aspirer à qqch / à faire qqch** aspirar a algo/a hacer algo.

aspirine [aspiʀin] nf aspirina® *f*.

assagir [32] [asaʒiʀ] vt **1.** [personne] volver juicioso(sa) **2.** [passion] moderar. ◆ **s'assagir** vp sentar la cabeza.

assaillant, e [asajɑ̃, ɑ̃t] adj & nm, f asaltante.

assaillir [47] [asajiʀ] vt asaltar ▸ **assaillir qqn de qqch** [questions, etc.] acosar a alguien con algo.

assainir [32] [aseniʀ] vt sanear.

assainissement [asenismɑ̃] nm saneamiento *m*.

assaisonnement [asɛzɔnmɑ̃] nm aliño *m*.

assaisonner [3] [asɛzɔne] vt **1.** CULIN aliñar ▸ **assaisonner de** *fig* amenizar con **2.** *fam* [gronder] reñir ▸ **se faire assaisonner par qqn** recibir una regañina de alguien.

assassin, e [asasɛ̃, in] adj [regard] asesino(na) ; [critique] mordaz. ◆ **assassin** nm asesino *m*, -na *f*.

assassinat [asasina] nm asesinato *m*.

assassiner [3] [asasine] vt asesinar.

assaut [aso] nm asalto *m* ▸ **donner l'assaut à** asaltar ▸ **monter à l'assaut de** lanzarse al asalto de ▸ **prendre qqch d'assaut** tomar algo por asalto ▸ **faire assaut de** *fig* rivalizar en.

assèchement [asɛʃmɑ̃] nm desecación *f*.

assécher [18] [aseʃe] vt **1.** [terre] desecar **2.** [réserve d'eau] desaguar. ◆ **s'assécher** vp desecarse.

ASSEDIC, Assedic [asedik] (*abr de* **Association pour l'emploi dans l'industrie et le commerce**) nfpl *asociación francesa que asigna los subsidios de desempleo y que ahora forma parte de el Pôle emploi* ▸ **toucher les ASSEDIC** ≃ cobrar el paro.

assemblage [asɑ̃blaʒ] nm **1.** [montage] montaje *m* **2.** [réunion] combinación *f* **3.** TECHNOL ensamblaje *m*.

assemblée [asɑ̃ble] nf **1.** [public] reunión *f* **2.** ADMIN junta *f* **3.** POL asamblea *f* ▸ **assemblée constituante** asamblea constituyente ▸ **assemblée consultative** cuerpo *m* consultivo. ◆ **Assemblée nationale** nf ▸ **l'Assemblée nationale** ≃ el Congreso de los diputados. *Voir encadré p. 50.*

assembler [3] [asɑ̃ble] vt **1.** [monter] montar **2.** [réunir] reunir **3.** TECHNOL ensamblar. ◆ **s'assembler** vp [personnes] congregarse.

assener [19], **asséner** [18] [asene] vt asestar.

assentiment [asɑ̃timɑ̃] nm consentimiento *m* ▸ **donner son assentiment à qqch** dar su consentimiento a algo.

asseoir [65] [aswaʀ] vt **1.** [sur un siège] sentar ▸ **faire asseoir qqn** hacer sentar a alguien **2.** [fondations] asentar **3.** [réputation] basar ▸ **asseoir qqch sur qqch** basar algo en algo **4.** [impôt] establecer. ◆ **s'asseoir** vp sentarse ▸ **asseyez-vous !** a) [messieurs] ¡siéntense! b) [monsieur] ¡siéntese! ▸ **s'asseoir sur qqch** sentarse en algo.

assermenté, e [asɛʀmɑ̃te] adj **1.** [fonctionnaire, traducteur] jurado(da) **2.** [témoin] juramentado(da).

L'Assemblée nationale

El Parlamento francés está constituido por dos cámaras: la **Assemblée nationale** y el **Sénat**. Los miembros de la **Assemblée nationale**, los diputados, son elegidos cada cinco años por sufragio universal y su misión principal es aprobar los proyectos de ley. Puede darse el caso de que la mayoría de los diputados no pertenezca a la misma tendencia política que el Presidente, situación que se denomina la **cohabitation**. Por otro lado, el Presidente de la República puede disolver la **Assemblée** y convocar nuevas elecciones legislativas. Los franceses se refieren a menudo a los diputados como el **hémicycle**, alusión a la forma semicircular del recinto donde tienen lugar las reuniones.

assertion [asɛʀsjɔ̃] nf aserción *f*.

asservir [32] [asɛʀviʀ] vt avasallar, someter.

asservissement [asɛʀvismɑ̃] nm [dépendance] avasallamiento *m*, sumisión *f*.

assesseur [asesœʀ] nm asesor *m*, -ra *f*.

asseyais ⟶ **asseoir**.

asseyez ⟶ **asseoir**.

assez [ase] adv **1.** [suffisamment] suficiente / *il en reste juste assez* queda suficiente ▸ **assez de** suficiente / *assez de chaises* suficientes sillas / *assez de lait* suficiente leche ▸ **en avoir assez de qqch / de qqn** estar harto(ta) de algo / de alguien **2.** [plutôt] bastante / *il roule assez vite* conduce bastante rápido ▸ **assez bien** bastante bien.

assidu, e [asidy] adj **1.** [élève] asiduo(dua) **2.** [travail] constante.

assiduité [asidɥite] nf **1.** [zèle] perseverancia *f* **2.** [fréquence] asiduidad *f* ▸ **avec assiduité** con asiduidad, asiduamente. ◆ **assiduités** nfpl *péj* & *sout* [attentions] atenciones *fpl*.

assidûment [asidymɑ̃] adv **1.** [avec zèle] con perseverancia **2.** [fréquemment] con asiduidad, asiduamente.

assieds ⟶ **asseoir**.

assiégeant, e [asjeʒɑ̃, ɑ̃t] adj sitiador(ra). ◆ **assiégeant** nm ▸ **les assiégeants** los sitiadores.

assiéger [22] [asjeʒe] vt asediar.

assiérai ⟶ **asseoir**.

assiette [asjɛt] nf **1.** [gén] plato *m* ▸ **assiette anglaise** ≃ entremeses *mpl* variados ▸ **assiette creuse** OU **à soupe** plato hondo OU sopero ▸ **assiette de crudités** *entremés a base de hortalizas crudas* ▸ **assiette à dessert** plato de postre ▸ **ne pas être dans son assiette** *fam* no encontrarse bien **2.** [de cavalier] equilibrio *m* **3.** [d'impôt] base *f* imponible.

assiettée [asjete] nf plato *m (contenido)*.

assignation [asiɲasjɔ̃] nf **1.** [attribution] asignación *f* **2.** DR ▸ **assignation (en justice)** citación *f* (judicial).

assigner [3] [asiɲe] vt **1.** [fonds, tâche] asignar **2.** DR ▸ **assigner qqn en justice** citar a alguien a juicio.

assimilable [asimilabl] adj [comparable] ▸ **assimilable à** análogo(ga) a.

assimilation [asimilasjɔ̃] nf **1.** [gén] asimilación *f* **2.** [intégration] integración *f*.

assimiler [3] [asimile] vt **1.** [aliment, connaissance] asimilar **2.** [confondre] confundir ▸ **assimiler qqch à qqch** confundir algo con algo **3.** [intégrer] integrar. ◆ **s'assimiler** vp **1.** [se comparer] ▸ **s'assimiler à qqn** equipararse con alguien **2.** [s'intégrer] integrarse.

assis, e [asi, iz] ❖ pp ⟶ **asseoir**. ❖ adj sentado(da). ◆ **assise** nf [base] cimientos *mpl*. ◆ **assises** nfpl **1.** DR ≃ sala *f* de lo penal **2.** [congrès] congreso *m*.

assistance [asistɑ̃s] nf **1.** [gén] asistencia *f* ▸ **assistance technique** asistencia técnica ▸ **prêter assistance à qqn** prestar asistencia a alguien **2.** [auditoire] audiencia *f*. ◆ **Assistance publique** nf ▸ **l'Assistance publique** la Asistencia social.

assistant, e [asistɑ̃, ɑ̃t] nm, f **1.** [auxiliaire] asistente *mf* ▸ **assistante sociale** asistente *f* social **2.** [enseignant] auxiliar *mf* de conversación.

assister [3] [asiste] ❖ vi ▸ **assister à qqch** asistir a algo. ❖ vt ▸ **assister qqn a)** [le seconder] ayudar a alguien **b)** [lui porter secours] prestar asistencia a alguien.

associatif, ive [asɔsjatif, iv] adj asociativo(va).

association [asɔsjasjɔ̃] nf asociación *f* ▸ **association d'idées** asociación de ideas ▸ **association à but non lucratif** asociación sin afán de lucro ▸ **association humanitaire** asociación humanitaria ▸ **association sportive** asociación deportiva.

associé, e [asɔsje] ❖ adj asociado(da). ❖ nm, f socio *m*, -cia *f*.

associer [9] [asɔsje] vt **1.** [personnes, idées] asociar ▸ **associer qqch à qqch** asociar algo con algo **2.** [faire participer] ▸ **associer qqn à qqch** hacer participar a alguien en algo. ◆ **s'associer** vp **1.** [collaborer] asociarse ▸ **s'associer à** OU **avec qqn** asociarse con alguien **2.** [participer] ▸ **s'associer à qqch** participar en algo **3.** [se combiner] ▸ **s'associer à qqch** combinarse con algo.

assoiffé, e [aswafe] adj [d'eau] sediento(ta) ; [de pouvoir, d'argent] ávido(da).

assoirai ⟶ **asseoir**.

assois ⟶ **asseoir**.

assombrir [32] [asɔ̃bʀiʀ] vt **1.** [plonger dans l'obscurité] oscurecer **2.** *fig* [attrister] ensombrecer. ◆ **s'assombrir** vp **1.** [devenir sombre] oscurecerse **2.** *fig* [s'attrister] ensombrecerse.

⚠ Asombrar est un faux ami, il ne signifie pas *assombrir*, mais « stupéfier ».

assommant, e [asɔmɑ̃, ɑ̃t] adj *fam* & *péj* pesado(da).

assommer [3] [asɔme] vt **1.** [frapper] tumbar **2.** *fam* [ennuyer] aburrir **3.** [accabler] agobiar.

⚠ Asomar est un faux ami, il ne signifie pas *assommer*, mais « montrer » et aussi « apparaître ».

Assomption [asɔ̃psjɔ̃] nf ▸ **l'Assomption** la Asunción.

assorti, e [asɔʀti] adj **1.** [coordonné] combinado(da) ▸ **assorti à** combinado con ▸ **bien / mal assorti** bien/mal combinado **2.** [complémentaire] ▸ **ce couple est bien assorti** hacen buena pareja **3.** [accompagné] ▸ **assorti de qqch** acompañado de algo **4.** [approvisionné] surtido(da).

assortiment [asɔʀtimɑ̃] nm **1.** [ensemble] conjunto *m* **2.** [choix] surtido *m*.

assortir [32] [asɔʀtiʀ] vt **1.** [objets] combinar ▸ **assortir qqch à qqch** combinar algo con algo **2.** [magasin] surtir. ◆ **s'assortir** vp **1.** [se combiner] hacer juego, combinar **2.** [être accompagné] ▸ **s'assortir de qqch** estar acompañado(da) de algo.

assoupi, e [asupi] adj **1.** [endormi] adormilado(da) **2.** [affaibli] adormecido(da).

assoupir [32] [asupiʀ] vt adormecer, dormir. ◆ **s'assoupir** vp adormilarse.

assoupissement [asupismɑ̃] nm adormilamiento *m*.

assouplir [32] [asupliʀ] vt **1.** [corps] dar flexibilidad **2.** [matière] ablandar **3.** [règlement] hacer flexible **4.** [caractère] suavizar. ◆ **s'assouplir** vp **1.** [physiquement] adquirir flexibilidad **2.** [moralement] suavizarse.

assouplissant [asuplisɑ̃], **assouplisseur** [asuplisœʀ] nm suavizante *m*.

assouplissement [asuplismɑ̃] nm **1.** [du corps, d'un règlement] flexibilidad *f* **2.** [d'une matière] ablandamiento *m* **3.** [d'un caractère] suavidad *f*.

assourdir [32] [asuʀdiʀ] vt **1.** [personne] ensordecer **2.** [bruit] amortiguar.

assourdissant, e [asuʀdisɑ̃, ɑ̃t] adj ensordecedor(ra).

assouvir [32] [asuviʀ] vt *sout* **1.** [appétit] saciar **2.** [passions] satisfacer. ◆ **s'assouvir** vp *sout* saciarse.

assoyais ⟶ **asseoir**.

ASSU, Assu [asy] (*abr de* **Association du sport scolaire et universitaire**) nf *asociación del deporte escolar y universitario francés*.

assujetti, e [asyʒeti] adj sometido(da) ▸ **assujetti à l'impôt** sujeto al impuesto ▸ **assujetti à la sécurité sociale** afiliado a la seguridad social.

assujettir [32] [asyʒetiʀ] vt **1.** [soumettre] someter ▸ **assujettir qqn à qqch** someter a alguien a algo **2.** [fixer] fijar. ◆ **s'assujettir** vp ▸ **s'assujettir à qqch** someterse a algo.

assumer [3] [asyme] vt asumir. ◆ **s'assumer** vp aceptarse.

assurance [asyʀɑ̃s] nf **1.** [gén] seguridad *f* / *j'ai reçu l'assurance qu'on m'aiderait* me han asegurado que me ayudarían / *veuillez recevoir l'assurance de mes sentiments distingués* le saluda atentamente **2.** [contrat] seguro *m* ▸ **assurance maladie / tous risques** seguro de enfermedad/a todo riesgo. ◆ **assurance-vie** nf seguro *m* de vida.

assuré, e [asyʀe] nm, f asegurado *m*, -da *f* ▸ **assuré social** beneficiario *m* de la Seguridad Social.

assurément [asyʀemɑ̃] adv *sout* ciertamente.

assurer [3] [asyʀe] ❖ vt **1.** [gén] asegurar / *il m'a assuré de sa bonne foi* me aseguró que era de buena fe / *il m'a assuré qu'il viendrait* me aseguró que vendría **2.** [garantir] garantizar ▸ **assurer des revenus fixes** garantizar ingresos fijos. ❖ vi *fam* dar la talla. ◆ **s'assurer** vp asegurarse ▸ **s'assurer de qqch / que** [confirmer] asegurarse de algo/de que ▸ **s'assurer qqch** [obtenir] asegurarse algo ▸ **s'assurer contre qqch** asegurarse contra algo.

astérisque [asteʀisk] nm asterisco *m*.

astéroïde [asteʀɔid] nm asteroide *m*.

asthmatique [asmatik] adj & nmf asmático(ca).

asthme [asm] nm asma *m*.

asticot [astiko] nm gusano *m* blanco.

asticoter [3] [astikɔte] vt *fam* chinchar, hacer rabiar.

astigmate [astigmat] adj & nmf astigmático(ca).

astiquer [3] [astike] vt sacar brillo.

astrakan [astʀakɑ̃] nm astracán *m*.

astral, e, aux [astʀal, o] adj astral.

astre [astʀ] nm astro *m*.

astreignais ⟶ **astreindre**.

astreignant, e [astʀɛɲɑ̃, ɑ̃t] adj esclavizante.

astreindre [81] [astʀɛ̃dʀ] vt ▸ **astreindre qqn à qqch / à faire qqch** obligar a alguien a algo/a hacer algo. ◆ **s'astreindre** vp ▸ **s'astreindre à qqch / à faire qqch** obligarse a algo/a hacer algo.

astreins ⟶ **astreindre**.

astreint, e [astʀɛ̃, ɛ̃t] pp ⟶ **astreindre**.

astringent, e [astʀɛ̃ʒɑ̃, ɑ̃t] adj astringente. ◆ **astringent** nm astringente *m*.

astrologie [astʀɔlɔʒi] nf astrología *f*.

astrologique [astʀɔlɔʒik] adj astrológico(ca).

astrologue [astʀɔlɔg] nmf astrólogo *m*, -ga *f*.

astronaute [astʀɔnot] nmf astronauta *mf*.

astronautique [astʀɔnotik] nf astronáutica *f*.

astronome [astʀɔnɔm] nmf astrónomo *m*, -ma *f*.

astronomie [astʀɔnɔmi] nf astronomía *f*.

astronomique [astʀɔnɔmik] adj astronómico(ca).

astrophysicien, enne [astʀofizisjɛ̃, ɛn] nm, f astrofísico *m*, -ca *f*.

astrophysique [astʀɔfisik] nf astrofísica *f.*

astuce [astys] nf **1.** [ingéniosité] astucia *f* **2.** [ruse] truco *m* **3.** [plaisanterie] broma *f.*

astucieusement [astysjøzmɑ̃] adv astutamente, ingeniosamente.

astucieux, euse [astysjø, øz] adj **1.** [personne] astuto(ta) ESP, abusado(da) AM **2.** [idée] ingenioso(sa).

Asturies [astyʀi] npr f pl ▸ **les Asturies** Asturias.

Asunción [asunsjɔn] npr Asunción.

asymétrie [asimetʀi] nf asimetría *f.*

asymétrique [asimetʀik] adj asimétrico(ca).

Atacama [atakama] npr ⟶ **désert**.

atavisme [atavism] nm atavismo *m.*

atelier [atəlje] nm **1.** [d'artisan] taller *m* **2.** [de peintre] estudio *m.*

atermoiement [atɛʀmwamɑ̃] nm DR [délai] prórroga *f.* ◆ **atermoiements** nmpl tergiversaciones *fpl.*

athée [ate] adj & nmf ateo(a).

athéisme [ateism] nm ateísmo *m.*

athénée [atene] nm BELGIQUE *instituto de enseñanza secundaria en Bélgica.*

Athènes [atɛn] npr Atenas.

athénien, enne [atenjɛ̃, ɛn] adj ateniense. ◆ **Athénien, enne** nm, f ateniense *mf.*

athlète [atlɛt] nmf atleta *mf.*

athlétique [atletik] adj atlético(ca).

athlétisme [atletism] nm atletismo *m.*

Atlantide [atlɑ̃tid] npr f ▸ **l'Atlantide** la Atlántida.

atlantique [atlɑ̃tik] adj atlántico(ca) ▸ **la côte atlantique** la costa atlántica ▸ **le Pacte atlantique** el Pacto atlántico. ◆ **Atlantique** npr m ▸ **l'Atlantique** el Atlántico.

atlas [atlas] nm atlas *m.*

Atlas [atlas] npr m ▸ **l'Atlas** el Atlas ▸ **le Haut** OU **Grand Atlas** el Alto OU Gran Atlas ▸ **le Moyen Atlas** el Atlas Medio.

atmosphère [atmɔsfɛʀ] nf **1.** GÉOGR atmósfera *f* **2.** [air] aire *m* **3.** [ambiance] ambiente *m.*

atmosphérique [atmɔsfeʀik] adj atmosférico(ca).

atoll [atɔl] nm atolón *m.*

atome [atom] nm átomo *m* ▸ **ne pas avoir un atome de** *fig* no tener ni pizca de ▸ **avoir des atomes crochus avec qqn** *fig* tener buena química con alguien.

atomique [atɔmik] adj atómico(ca).

atomiseur [atɔmizœʀ] nm pulverizador *m.*

atone [atɔn] adj **1.** [voyelle] átono(na) **2.** [regard] inexpresivo(va).

atours [atuʀ] nmpl *sout* atavío *m* ▸ **dans ses plus beaux atours** con sus mejores galas.

atout [atu] nm **1.** [carte] triunfo *m* ▸ **atout carreau / cœur / pique / trèfle** triunfo de diamantes / corazones / picas / tréboles **2.** *fig* [ressource] ventaja *f*, baza *f.*

ATP (*abr de* **Association des tennismen professionnels**) nf ATP *f* ▸ **numéro un mondial au classement ATP** número uno mundial en la clasificación ATP.

âtre [atʀ] nm *sout* hogar *m (chimenea).*

atroce [atʀɔs] adj **1.** [crime] atroz **2.** [souffrance, temps] espantoso(sa).

atrocement [atʀɔsmɑ̃] adv **1.** [horriblement] horriblemente **2.** [exagérément] terriblemente.

atrocité [atʀɔsite] nf **1.** [horreur] atrocidad *f* **2.** [calomnie] calumnia *f.*

atrophie [atʀɔfi] nf atrofia *f.*

atrophier [9] [atʀɔfje] vt atrofiar. ◆ **s'atrophier** vp atrofiarse.

attabler [3] [atable] ◆ **s'attabler** vp sentarse a la mesa ▸ **s'attabler devant qqch** sentarse ante algo.

attachant, e [ataʃɑ̃, ɑ̃t] adj entrañable.

attache [ataʃ] nf atadura *f.* ◆ **attaches** nfpl **1.** [relations] vínculos *m* **2.** [parenté] lazos *m* **3.** [poignets et chevilles] *muñecas y tobillos.*

attaché, e [ataʃe] nm, f agregado *m*, -da *f* ▸ **attaché d'ambassade** agregado diplomático ▸ **attaché commercial** agregado comercial ▸ **attaché culturel** agregado cultural ▸ **attaché militaire** agregado militar ▸ **attaché de presse** responsable *mf* de prensa.

attaché-case [ataʃekɛz] (*pl* **attachés-cases**) nm maletín *m.*

attachement [ataʃmɑ̃] nm apego *m.*

attacher [3] [ataʃe] ❖ vt **1.** [animal, paquet] atar ▸ **attacher qqch à qqch** atar algo a algo **2.** [ceinture, manteau] abrochar **3.** *fig* [émotionnellement] : *il est très attaché à sa mère* está muy unido a su madre / *elle est attachée à son pays* tiene mucho apego a su tierra. ❖ vi pegarse. ◆ **s'attacher** vp **1.** [se prendre d'affection] ▸ **s'attacher à qqn / à qqch** encariñarse con alguien / con algo **2.** [se fermer] ▸ **s'attacher avec** OU **par qqch** abrocharse con algo **3.** [s'appliquer] ▸ **s'attacher à qqch / à faire qqch** esmerarse en algo / en hacer algo.

attaquant, e [atakɑ̃, ɑ̃t] adj & nm, f atacante.

attaque [atak] nf ataque *m* ▸ **attaque contre qqch / contre qqn** *fig* ataque contra algo / contra alguien ▸ **avoir une attaque** tener un ataque ▸ **être d'attaque** estar en forma ▸ **attaque à main armée** atraco *m* a mano armada.

attaquer [3] [atake] vt **1.** [gén] atacar **2.** DR [jugement] impugnar ▸ **attaquer qqn en justice** llevar a alguien a los tribunales **3.** *fam* [commencer] liarse con algo / *on attaque ?* ¿vamos al lío? ◆ **s'attaquer** vp ▸ **s'attaquer à qqn a)** [le combattre] atreverse con alguien **b)** *fig* atacar a alguien ▸ **s'attaquer à qqch** [problème, dossier] enfrentarse a algo.

attardé, e [ataʀde] ❖ adj retrasado(da). ❖ nm, f retrasado *m*, -da *f* (mental).

attarder [3] [ataʀde] ◆ **s'attarder** vp ▸ **s'attarder à qqch** detenerse en algo ▸ **s'attarder à faire qqch** entretenerse haciendo algo.

atteignais ⟶ **atteindre**.

atteindre [81] [atɛ̃dʀ] ◆ vt **1.** [toucher, attraper] alcanzar **2.** [affecter] afectar **3.** [arriver] llegar a. ◆ vi ▸ **atteindre à qqch** alcanzar algo.

atteins ⟶ **atteindre**.

atteint, e [atɛ̃, ɛ̃t] adj **1.** [malade] afectado(da) **2.** *fam* [fou] tocado(da). ◆ **atteinte** nf **1.** [préjudice] ▸ **atteinte à qqch** atentado contra algo ▸ **porter atteinte à qqch** atentar contra algo **2.** [portée] ▸ **hors d'atteinte** fuera de alcance.

atteinte [atɛ̃t] nf [attaque] ▸ **atteinte à** atentado contra ▸ **hors d'atteinte** fuera de alcance ▸ **porter atteinte à** atentar contra.

attelage [atlaʒ] nm **1.** [chevaux] tiro *m* **2.** [harnachement] arreos *mpl*.

atteler [24] [atle] vt **1.** [animal] uncir **2.** [véhicule] enganchar **3.** *fig* [mettre] ▸ **atteler qqn à qqch** [travail, tâche] encargar a alguien algo. ◆ **s'atteler** vp ▸ **s'atteler à qqch** consagrarse a algo.

attelle [atɛl] nf tablilla *f*.

attenant, e [atnɑ̃, ɑ̃t] adj contiguo(gua) ▸ **attenant à qqch** lindante con algo.

attendre [73] [atɑ̃dʀ] ◆ vt esperar / *j'attends que la pluie cesse* espero que deje de llover ▸ **attendre qqch de qqn / de qqch** esperar algo de alguien / de algo. ◆ vi esperar. ◆ **s'attendre** vp ▸ **s'attendre à qqch** esperarse algo ▸ **s'attendre à ce que** esperarse que / *il s'attendait à ce qu'elle lui donne cette réponse* se esperaba que le diera esa respuesta. ◆ **en attendant** loc adv mientras tanto.

attendrir [32] [atɑ̃dʀiʀ] vt **1.** *fig* [personne] enternecer, ablandar **2.** [viande] macerar. ◆ **s'attendrir** vp enternecerse ▸ **s'attendrir sur qqn / sur qqch** enternecerse por alguien / por algo.

attendrissant, e [atɑ̃dʀisɑ̃, ɑ̃t] adj **1.** [personne] enternecedor(ra) **2.** [geste] conmovedor(ra).

attendrissement [atɑ̃dʀismɑ̃] nm ternura *f*.

attendrisseur [atɑ̃dʀisœʀ] nm *máquina para ablandar la carne*.

attends ⟶ **attendre**.

attendu, e [atɑ̃dy] ◆ pp ⟶ **attendre.** ◆ adj esperado(da). ◆ **attendu** ◆ nm DR considerando *m*. ◆ prép en vista de. ◆ **attendu que** loc conj en vista de que.

attentat [atɑ̃ta] nm atentado *m* ▸ **attentat à la bombe** atentado con bomba ▸ **attentat à la pudeur** atentado contra la moral ▸ **attentat à la voiture piégée** atentado con coche bomba ▸ **attentat terroriste** atentado terrorista.

attentat-suicide [atɑ̃tasɥisid] (*pl* **s**) nm atentado *m* suicida / *impliqué dans l'organisation d'attentats-suicides au cours desquels plusieurs personnes ont été tuées* implicado en la organización de atentados suicidas en el curso de los cuales varias personas murieron.

attente [atɑ̃t] nf **1.** [action d'attendre] espera *f* **2.** [espoir] expectativa *f* ▸ **contre toute attente** contra todo pronóstico ▸ **répondre à l'attente de qqn** responder a las expectativas de alguien.

attenter [3] [atɑ̃te] vt ▸ **attenter à qqch** atentar contra algo ▸ **attenter à ses jours** atentar contra su vida.

attentif, ive [atɑ̃tif, iv] adj atento(ta).

attention [atɑ̃sjɔ̃] ◆ nf atención *f* ▸ **à l'attention de** a la atención de ▸ **faire attention que** vigilar que ▸ **faire attention à qqch** a) tener cuidado con algo b) [à un détail] poner atención en algo ▸ **porter qqch à l'attention de qqn** señalar algo a alguien. ◆ interj ¡cuidado! ▸ **'attention, chien méchant'** 'cuidado con el perro' ▸ **'attention à la marche'** 'cuidado con el escalón' ▸ **'attention peinture fraîche'** 'recién pintado'.

attentionné, e [atɑ̃sjɔne] adj considerado(da) ▸ **attentionné avec qqn** atento con alguien.

attentisme [atɑ̃tism] nm política *f* de espera.

attentivement [atɑ̃tivmɑ̃] adv atentamente ; [avec soin] detenidamente.

atténuant, e [atenɥɑ̃, ɑ̃t] adj [circonstance] atenuante.

atténuante [atenɥɑ̃t] ⟶ **circonstance**.

atténuation [atenɥasjɔ̃] nf atenuación *f*.

atténuer [7] [atenɥe] vt atenuar. ◆ **s'atténuer** vp atenuarse.

atterrer [ateʀe] vt aterrar / *sa réponse m'a atterré* su respuesta me aterró.

atterrir [32] [ateʀiʀ] vi **1.** [avion] aterrizar **2.** *fam* [personne] parar.

atterrissage [ateʀisaʒ] nm aterrizaje *m* ▸ **atterrissage forcé** aterrizaje forzoso ▸ **atterrissage sans visibilité** aterrizaje sin visibilidad.

attestation [atɛstasjɔ̃] nf **1.** [certificat] certificado *m* ▸ **attestation médicale** certificado médico **2.** [preuve] prueba *f*.

attester [3] [atɛste] vt **1.** [confirmer] atestiguar **2.** [certifier] testificar.

attifer [3] [atife] vt *fam* emperifollar. ◆ **s'attifer** vp *fam* emperifollarse.

attique [atik] ◆ adj HIST ático(ca). ◆ nm ARCHIT ático *m*.

attirail [atiʀaj] nm *fam* trastos *mpl*.

attirance [atiʀɑ̃s] nf atracción *f* ▸ **éprouver de l'attirance pour qqch / qqn** sentir una atracción por algo / alguien.

attirant, e [atiʀɑ̃, ɑ̃t] adj atractivo(va).

attirer [3] [atiʀe] vt **1.** [gén] atraer ▸ **attirer qqn à ou vers soi** atraer a alguien hacia sí **2.** [provoquer] ▸ **attirer des ennuis à qqn** acarrear problemas a alguien. ◆ **s'attirer** vp [l'estime, le soutien, la critique] ganarse.

attiser [3] [atize] vt **1.** [feu] atizar **2.** *fig* & *sout* [sentiment] avivar.

attitré, e [atitʀe] adj **1.** [représentant, fournisseur] acreditado(da) **2.** [place] reservado(da) **3.** *iron* [habituel] habitual.

attitude [atityd] nf **1.** [posture] postura *f* **2.** [comportement] actitud *f*.

attouchement [atuʃmɑ̃] nm [caresse sexuelle] tocamiento *m* ▸ **se livrer à des attouchements sur qqn** someter a alguien a tocamientos.

attouchements [atuʃmɑ̃] nmpl caricias *fpl*.

attractif, ive [atʀaktif, iv] adj atractivo(va).

attraction [atʀaksjɔ̃] nf **1.** [gén] atracción *f* ▸ **attraction terrestre** atracción terrestre **2.** [centre d'intérêt] (centro *m* de) atracción. ◆ **attractions** nfpl [de cirque] atracciones *fpl*.

attractivité [atʀaktivite] nf [d'un pays, d'un métier] atractivo *m*.

attrait [atʀɛ] nm atracción *f*. ◆ **attraits** nmpl **1.** *sout* [séduction] encantos *mpl* **2.** [intérêt] atractivos *mpl*.

attrape [atʀap] ⟶ **farce**.

attrape-nigaud [atʀapnigo] (*pl* **attrape-nigauds**) nm engañabobos *m inv*.

attraper [3] [atʀape] vt **1.** [gén] coger **2.** [prendre au piège] atrapar **3.** *fam* [train, avion] coger por los pelos **4.** *fam* [gronder] reñir ▸ **je me suis fait attraper par le professeur** me ha reñido el profesor **5.** [surprendre] pillar **6.** *fam* [tromper] engañar / ***il m'a bien attrapé !*** ¡me ha engañado!

attrayant, e [atʀɛjɑ̃, ɑ̃t] adj atrayente.

attribuer [7] [atʀibɥe] vt **1.** [qualité, mérite] atribuir **2.** [prix, privilège] otorgar. ◆ **s'attribuer** vp atribuirse.

attribut [atʀiby] nm atributo *m*.

attribution [atʀibysjɔ̃] nf **1.** [de prix, rôle] adjudicación *f* **2.** [d'une tâche, place] asignación *f* **3.** [d'un fait, mérite] atribución *f*. ◆ **attributions** nfpl [compétences] atribuciones *fpl* ▸ **ne pas entrer dans les attributions de qqn** no entrar dentro de las atribuciones de alguien.

attrister [3] [atʀiste] vt entristecer. ◆ **s'attrister** vp ▸ **s'attrister (de)** entristecerse (por).

attroupement [atʀupmɑ̃] nm **1.** [de badauds] aglomeración *f* **2.** [de manifestants] concentración *f*.

attrouper [3] [atʀupe] ◆ **s'attrouper** vp aglomerarse.

au ⟶ **à**.

aubade [obad] nf alborada *f*.

aubaine [obɛn] nf ganga *f*.

aube [ob] nf alba *f* ▸ **à l'aube** de madrugada ▸ **à l'aube de a)** [au matin de] en la madrugada de **b)** *fig* [au commencement de] en los albores de.

aubépine [obepin] nf espino *m* blanco.

auberge [obɛʀʒ] nf hostal *m*, posada *f vieilli* ▸ **auberge espagnole** *fig casa a la que los invitados llevan su propia comida* ▸ **auberge de jeunesse** albergue *m* juvenil ▸ **on n'est pas sorti de l'auberge** *fam* ¡no nos queda nada!

aubergine [obɛʀʒin] ❖ nf berenjena *f*. ❖ adj inv [couleur] berenjena *(en apposition)*.

aubergiste [obɛʀʒist] nmf posadero *m*, -ra *f*.

auburn [obœʀn] adj inv trigueño(ña).

aucun, e [okœ̃, yn] ❖ adj **1.** [sens négatif] ninguno(na) / ***il n'y a aucun bus dans la rue*** no hay ningún autobus en la calle / ***il n'y a aucune boutique ici*** no hay ninguna tienda aquí **2.** [sens positif] cualquier / ***il lit plus qu'aucun autre enfant*** lee más que cualquier otro niño. ❖ pron **1.** [sens négatif] ninguno(na) / ***il n'en veut aucun*** no quiere ninguno / ***aucun d'entre nous*** ninguno de nosotros **2.** [sens positif] cualquiera / ***il parle mieux qu'aucun de nous*** habla mejor que cualquiera de nosotros ▸ **d'aucuns** *sout* algunos.

audace [odas] nf **1.** [hardiesse] audacia *f* **2.** [insolence] osadía *f* ▸ **avoir l'audace de faire qqch** tener la osadía de hacer algo **3.** [innovation] atrevimiento *m*.

audacieusement [odasjøzmɑ̃] adv **1.** [avec courage] audazmente **2.** [avec effronterie] atrevidamente.

audacieux, euse [odasjø, øz] ❖ adj **1.** [hardi] audaz **2.** [insolent] atrevido(da). ❖ nm, f atrevido *m*, -da *f*.

au-dedans [odədɑ̃] loc adv dentro, por dentro. ◆ **au-dedans de** loc prép dentro de.

au-dehors [odəɔʀ] loc adv (por) fuera. ◆ **au-dehors de** loc prép fuera de.

au-delà [odəla] ❖ loc adv **1.** [plus loin] más allá **2.** [davantage] mucho más. ❖ nm ▸ **l'au-delà** RELIG el más allá. ◆ **au-delà de** loc prép más allá de / ***au-delà du pont*** pasado el puente.

au-dessous [odsu] loc adv debajo. ◆ **au-dessous de** loc prép debajo de.

au-dessus [odsy] loc adv encima. ◆ **au-dessus de** loc prép por encima de ▸ **au-dessus de sept ans** de más de siete años.

au-devant [odəvɑ̃] loc adv delante. ◆ **au-devant de** loc prép ▸ **aller au-devant de** ir al encuentro de.

audible [odibl] adj audible ▸ **à peine audible** a penas perceptible.

audience [odjɑ̃s] nf audiencia *f*.

Audimat® [odimat] nm **1.** [audimètre] *audímetro televisivo francés* **2.** [taux d'audience] audiencia *f*.

audio [odjo] adj inv [matériel, fichier, livre] audio *(inv)*.

audioblog [odjoblɔg] nm audioblog *m*.

audioconférence [odjɔkɔ̃feʀɑ̃s] nf audioconferencia *f*.

audioguide [odjɔgid] nm audioguía *m*.

audionumérique [odjonymeʀik] adj audionumérico(ca).

audiophone [odjɔfɔn] nm audífono *m*.

audiovisuel, elle [odjovizɥɛl] adj audiovisual. ◆ **audiovisuel** nm **1.** [secteur] imagen *f* y sonido **2.** [techniques] medios *mpl* audiovisuales.

audit [odit] nm auditoría *f*.

auditeur, rice [oditœʀ, tʀis] nm, f [gén] oyente *mf* ; [de conférence] asistente *mf* ; [de radio] radioyente *mf*. ◆ **auditeur** nm FIN auditor *m*, -ra *f*. ◆ **auditeur libre** nm UNIV oyente *mf*.

auditif, ive [oditif, iv] adj auditivo(va).

audition [odisjɔ̃] nf **1.** [gén] audición *f* ▸ **audition de témoins** audición de los testigos **2.** THÉÂTRE prueba *f*.

auditionner [3] [odisjɔne] vt escuchar.

auditoire [oditwaʀ] nm auditorio *m* ▸ **auditoire cible** COMM público *m* objetivo.

auditorium [oditɔʀjɔm] nm auditórium *m*, auditorio *m*.

auditrice ⟶ **auditeur**.

auge [oʒ] nf comedero *m*.

augmentation [ogmɑ̃tasjɔ̃] nf **1.** [gén] aumento *m* ▸ **demander / obtenir une augmentation (de salaire)** pedir/conseguir un aumento (de sueldo) **2.** [de taux] incremento *m* **3.** [de prix] subida *f*.

augmenter [3] [ogmɑ̃te] ◆ vt **1.** [gén] aumentar **2.** [durée] alargar **3.** [prix, salaire] subir ▸ **augmenter qqn** conceder un aumento (de sueldo) a alguien, subirle el sueldo a alguien. ◆ vi aumentar.

augure [ogyʀ] nm augurio *m* ▸ **de bon / mauvais augure** de buen/malaugurio.

augurer [3] [ogyʀe] vt *sout* augurar ▸ **bien / mal augurer de qqch** augurar algo bueno/malo.

auguste [ogyst] adj *sout* augusto(ta).

aujourd'hui [oʒuʀdɥi] adv **1.** [ce jour] hoy ▸ **aujourd'hui en huit / en quinze** de hoy en ocho días/en quince días **2.** [à notre époque] hoy (en día).

aulx ⟶ **ail**.

aumône [omon] nf limosna *f* ▸ **faire l'aumône à qqn** dar limosna a alguien / *elle lui a fait l'aumône d'un regard* se dignó mirarle.

aumônier [omonje] nm capellán *m*.

auparavant [opaʀavɑ̃] adv antes.

auprès [opʀɛ] ◆ **auprès de** loc prép **1.** [près de] junto a / *elle est restée auprès du malade* se quedó junto al enfermo **2.** [comparé à] al lado de / *son travail n'est rien auprès du mien* su trabajo no es nada al lado del mío **3.** [dans l'opinion de, en s'adressant à] ante / *il passe pour un idiot auprès de ses voisins* pasa por un idiota ante sus vecinos / *déposer une demande auprès du ministre* presentar una solicitud ante el ministro.

auquel [okɛl] ⟶ **lequel**.

aura [ɔʀa] nf [halo] aura *f*.

aurai ⟶ **avoir**.

auréole [oʀeɔl] nf aureola *f*.

auréoler [3] [oʀeɔle] vt aureolar ▸ **auréolé de gloire** cubierto de gloria.

auriculaire [oʀikylɛʀ] ◆ adj auricular. ◆ nm (dedo) meñique *m*.

aurore [oʀɔʀ] nf **1.** [aube] aurora *f* ▸ **se lever aux aurores** levantarse de madrugada ▸ **aurore boréale** aurora boreal **2.** *fig* & *sout* [commencement] albores *mpl*.

ausculter [3] [oskylte] vt auscultar.

auspice [ospis] nm *(gén pl)* auspicio *m* ▸ **sous d'heureux auspices** con buenos auspicios ▸ **sous les auspices de qqn** bajo los auspicios de alguien.

> **aussi** [osi]
>
> ◆ adv
>
> **1.** [pareillement, en plus] también / *moi aussi* yo también / *il parle anglais et aussi espagnol* habla inglés y también español
>
> **2.** [dans une comparaison] *il n'est pas aussi intelligent que son frère* no es tan inteligente como su hermano / *je n'ai jamais rien vu d'aussi beau* nunca he visto nada tan bonito / *aussi incroyable que cela puisse paraître* por muy increíble que parezca
>
> **3.** *sout* [introduisant une explication] por lo tanto
>
> **4.** EXPR **aussi sec** *fam* al instante
>
> ◆ **(tout) aussi bien** loc adv también / *j'aurais pu (tout) aussi bien refuser* también habría podido negarme.
>
> ◆ **aussi bien... que** loc conj tanto... como, tan... como / *cela peut être aussi bien lui qu'elle* puede ser tanto él como ella / *tu le sais aussi bien que moi* lo sabes tan bien como yo.

aussitôt [osito] adv en seguida / *aussitôt après son retour* en cuanto volvió ▸ **aussitôt dit, aussitôt fait** dicho y hecho. ◆ **aussitôt que** loc conj tan pronto como / *venez me voir aussitôt que vous le pourrez* venga a verme en cuanto pueda.

austère [ostɛʀ] adj austero(ra).

austérité [osteʀite] nf austeridad *f*.

austral, e [ostʀal] (*pl* **australs** *ou* **austraux** [ostʀo]) adj austral.

Australie [ostʀali] npr f ▸ **l'Australie** Australia.

australien, enne [ostʀaljɛ̃, ɛn] adj australiano(na). ◆ **Australien, enne** nm, f australiano *m*, -na *f*.

autant [otɑ̃] ◆ adv

1. [comparatif] ▸ **autant que** tanto como / *je l'aime autant que toi* lo quiero tanto como tú ▸ **autant de... que** tanto... como / *il y a autant de femmes que d'hommes* hay tantas mujeres como hombres

2. [à un tel point, en si grande quantité] tanto(ta) / *je ne pensais pas qu'ils seraient autant* no pensaba que fueran tantos ▸ **autant... autant** tanto... tanto / *autant d'hommes, autant d'avis* tantos hombres, tantas opiniones ▸ **autant de** tanto(ta) / *autant de patience* tanta paciencia ▸ **en dire autant** decir lo mismo ▸ **en faire autant** hacer igual

3. [il vaut mieux] más vale, mejor / *autant dire la vérité* mejor decir la verdad

◆ **autant que** loc conj ▸ **autant que possible** en la medida de lo posible ▸ **(pour) autant que je sache** que yo sepa.

◆ **d'autant** loc adv otro tanto / *cela augmente d'autant nos intérêts* esto aumenta nuestros intereses otro tanto.

◆ **d'autant que** loc conj más aún cuando ▸ **d'autant moins que / plus que** menos / más aún cuando.
◆ **d'autant mieux** loc adv mucho mejor ▸ **d'autant mieux que** tanto más cuanto que.
◆ **pour autant** loc adv sin embargo, aun así / *la situation n'est pas perdue pour autant* sin embargo, no todo está perdido.

autarcie [otaʀsi] nf autarquía *f.*

autel [otɛl] nm altar *m.*

auteur, e [otœʀ] nm autor *m*, -ra *f.*

auteur-compositeur, auteure-compositrice [otœʀkɔ̃pozitœʀ, tʀis] n compositor *m*, -ra *f.*

authenticité [otɑ̃tisite] nf autenticidad *f.*

authentifier [9] [otɑ̃tifje] vt autentificar.

authentique [otɑ̃tik] adj **1.** [document, œuvre] auténtico(ca) **2.** [sentiment] verdadero(ra) **3.** [événement] real / *c'est une histoire authentique* es una historia real.

autisme [otism] nm autismo *m.*

autiste [otist] adj & nmf autista.

autistique [otistik] adj autístico(ca).

auto [oto] nf coche *m* ESP, carro *m* AM ▸ **auto tamponneuse** coche de choque.

autobiographie [otɔbjɔgʀafi] nf autobiografía *f.*

autobiographique [otɔbjɔgʀafik] adj autobiográfico(ca).

autobronzant, e [otɔbʀɔ̃zɑ̃, ɑ̃t] adj autobronceador(ra) ▸ **crème autobronzante** crema *f* autobronceadora. ◆ **autobronzant** nm autobronceador *m.*

autobus [otɔbys] nm autobús *m* ESP, camión *m* AM ▸ **autobus à impériale** autobús de dos pisos.

autocar [otɔkaʀ] nm autocar *m*, autobús *m (de línea regular).*

autocariste [otokaʀist] nmf [chauffeur] conductor(ra) *m* de autocar.

autocensure [otosɑ̃syʀ] nf autocensura *f.*

autocensurer [3] [otosɑ̃syʀe] ◆ **s'autocensurer** vp autocensurarse.

autochtone [otɔktɔn] adj & nmf autóctono(na).

autocollant, e [otɔkɔlɑ̃, ɑ̃t] adj adhesivo(va).
◆ **autocollant** nm pegatina *f.*

autocouchette [otɔkuʃɛt] ⟶ **train**.

autocritique [otɔkʀitik] nf autocrítica *f.*

autocuiseur [otɔkɥizœʀ] nm olla *f* a presión.

autodéfense [otɔdefɑ̃s] nf autodefensa *f.*

autodérision [otodeʀizjɔ̃] nf autoescarnio *m.*

autodestructeur, trice [otodɛstʀyktœʀ, tʀis] adj autodestructivo(va).

autodestruction [otodɛstʀyksjɔ̃] nf autodestrucción *f.*

autodétermination [otɔdetɛʀminasjɔ̃] nf autodeterminación *f.*

autodétruire [98] [otɔdetʀɥiʀ]
◆ **s'autodétruire** vp autodestruirse.

autodéveloppement [otɔdevlɔpmɑ̃] nm autoayuda *f.*

autodidacte [otɔdidakt] adj & nmf autodidacta.

autodiscipline [otɔdisiplin] nf autodisciplina *f.*

auto-école [otɔekɔl] (*pl* **auto-écoles**) nf autoescuela *f.*

autoentrepreneur, euse [otɔɑ̃tʀəpʀənœʀ, øz] n autoempresario *m*, -rio *f.*

autofinancement [otɔfinɑ̃smɑ̃] nm autofinanciación *f.*

autofinancer [16] [otofinɑ̃se]
◆ **s'autofinancer** vp autofinanciarse.

autofocus [otɔfɔkys] ◈ adj autofocus *(inv).*
◈ nm [appareil] autofocus *m inv.*

autogène [otɔʒɛn] adj autógeno(na).

autogéré, e [otɔʒeʀe] adj autogestionado(da).

autogestion [otɔʒɛstjɔ̃] nf autogestión *f.*

autographe [otɔgʀaf] ◈ adj autógrafo(fa).
◈ nm autógrafo *m.*

autoguidé, e [otɔgide] adj autodirigido(da).

automate [otɔmat] nm robot *m.*

automatique [otɔmatik] ◈ adj automático(ca).
◈ nm (pistola *f*) automática.

automatiquement [otɔmatikmɑ̃] adv automáticamente.

automatisation [otɔmatizasjɔ̃] nf automatización *f.*

automatiser [3] [otɔmatize] vt automatizar.

automatisme [otɔmatism] nm **1.** [de machine] automatismo *m* **2.** *fig* [réflexe] reflejo *m.*

automédication [otɔmedikasjɔ̃] nf automedicación *f.*

automitrailleuse [otɔmitʀajøz] nf autoametralladora *f.*

automnal, e, aux [otɔnal, o] adj otoñal.

automne [otɔn] nm otoño *m* ▸ **être à l'automne de sa vie** *fig* estar en el otoño de la vida.

automobile [otɔmɔbil] adj & nf automóvil *m.*

automobiliste [otɔmɔbilist] nmf automovilista *mf.*

automoteur, trice [otɔmɔtœʀ, tʀis] adj automotor(ra). ◆ **automoteur** nm motora *f.*
◆ **automotrice** nf autovía *f.*

autonettoyant, e [otɔnɛtwajɑ̃, ɑ̃t] adj autolimpiable.

autonome [otɔnɔm] adj [gén] autónomo(ma) ; [personne] independiente.

autonomie [otɔnɔmi] nf autonomía *f* ▸ **autonomie de vol** autonomía de vuelo.

autonomiser [otɔnomize] vt autonomizar.
◆ **s'autonomiser** vp autonomizarse.

autonomiste [otɔnɔmist] adj & nmf autonomista.

autopartage [otɔpaʀtaʒ] nm coche *m* compartido ▸ **faire de l'autopartage** compartir coche.

autoportrait [otɔpɔʀtʀɛ] nm autorretrato *m*.

autoproclamer [3] [otɔpʀɔklame] ◆ **s'autoproclamer** vp autoproclamarse.

autopropulsé, e [otɔpʀɔpylse] adj autopropulsado(da).

autopsie [otɔpsi] nf autopsia *f*.

autopsier [9] [otɔpsje] vt hacer la autopsia.

autoradio [otɔʀadjo] nm autorradio *m*.

autorail [otɔʀaj] nm autovía *f (tren)*.

auto-reverse [otɔʀivœʀs] adj & nm autorreverse.

autorisation [otɔʀizasjɔ̃] nf autorización *f* ▸ **avoir l'autorisation de faire qqch** tener la autorización para hacer algo ▸ **demander / accorder l'autorisation de faire qqch** pedir / conceder una autorización para hacer algo ▸ **autorisation d'accès** INFORM autorización de acceso ▸ **autorisation parentale** autorización de los padres.

autorisé, e [otɔʀize] adj autorizado(da).

autoriser [3] [otɔʀize] vt **1.** [donner la permission à] ▸ **autoriser qqn à faire qqch** autorizar a alguien a hacer algo **2.** [donner la possibilité de] dar cabida a.

autoritaire [otɔʀitɛʀ] adj & nmf autoritario(ria).

autoritarisme [otɔʀitaʀism] nm autoritarismo *m*.

autorité [otɔʀite] nf autoridad *f* ▸ **avoir de l'autorité sur qqn** ejercer autoridad sobre alguien ▸ **faire autorité** sentar cátedra ▸ **faire qqch d'autorité** hacer algo sin dar explicaciones ▸ **autorité parentale** patria potestad *f*.

autoroute [otɔʀut] nf autopista *f* ▸ **autoroute de l'information** autopista de la información.

autoroutier, ère [otoʀutje, ɛʀ] adj de autopistas.

autosatisfaction [otosatisfaksjɔ̃] nf autosatisfacción *f*.

auto-stop [otɔstɔp] nm autostop *m*, autoestop *m* ▸ **faire de l'auto-stop** hacer autostop ▸ **prendre qqn en auto-stop** coger a un autostopista.

autostoppeur, euse [otɔstɔpœʀ, øz] nm, f autostopista *mf*, autoestopista *mf*.

autosuggestion [otosygʒɛstjɔ] nf autosugestión *f*.

autour [otuʀ] adv alrededor. ◆ **autour de** loc prép **1.** [en cercle] en torno a **2.** [près de] alrededor de.

autre [otʀ] ◈ adj indéf otro(tra) / *un autre homme* otro hombre / *l'un et l'autre projet* uno y otro proyecto / *ni l'une ni l'autre maison* ni una casa ni la otra / *c'est un (tout) autre homme que son père* es un hombre totalmente distinto a su padre. ◈ pron indéf el otro, la otra / *ce livre ou l'autre* este libro o el otro / *l'un et l'autre sont venus* han venido uno y otro ▸ **aucun autre** ningún otro ▸ **nul autre** nadie más ▸ **quelqu'un d'autre** otra persona ▸ **rien d'autre** nada más ▸ **un autre** otro. ◆ **entre autres** loc adv entre otras cosas.

autrefois [otʀəfwa] adv en otro tiempo, antes.

autrement [otʀəmɑ̃] adv **1.** [différemment] de otro modo ▸ **autrement dit** dicho de otro modo / *je n'ai pas pu faire autrement que d'y aller* no tuve más remedio que ir **2.** [sinon] si no / *obéis ! autrement tu seras puni* obedece si no te van a castigar **3.** *sout* [beaucoup plus] mucho más / *c'est autrement mieux* es mucho mejor.

Autriche [otʀiʃ] npr f ▸ **l'Autriche** Austria.

autrichien, enne [otʀiʃjɛ̃, ɛn] adj austríaco(ca). ◆ **Autrichien, enne** nm, f austríaco *m*, -ca *f*.

autruche [otʀyʃ] nf avestruz *m* ▸ **avoir un estomac d'autruche** *fam* tener un estómago de piedra ▸ **la politique de l'autruche** la táctica del avestruz.

autrui [otʀɥi] pron el prójimo.

auvent [ovɑ̃] nm [en toile] toldo *m* ; [en dur] tejadillo *m*.

Auvergne [ovɛʀɲ] npr f ▸ **l'Auvergne** Auvernia.

aux ⟶ **à**.

auxiliaire [oksiljɛʀ] ◈ adj auxiliar. ◈ nmf [assistant] ayudante *mf* ▸ **un auxiliaire médical** un auxiliar clínico. ◈ nm GRAM auxiliar *m*.

auxquelles [okɛl] ⟶ **lequel**.

auxquels [okɛl] ⟶ **lequel**.

av. (*abr écrite de* **avenue**) Avda.

Comment exprimer l'autorisation

- **Autorizan a sus hijos a salir los sábados por la noche.** *Ils autorisent leurs enfants à sortir le samedi soir.*
- **Se puede utilizar un diccionario en el examen.** *L'utilisation d'un dictionnaire est autorisée lors de l'examen.*
- **Estoy de acuerdo / no veo inconveniente para que te apuntes a clases de teatro.** *Je suis d'accord / je ne vois pas d'inconvénient pour que tu t'inscrives au cours de théâtre.*
- **No está permitido utilizar el móvil en el instituto.** *Il n'est pas permis d'utiliser son téléphone portable dans le lycée.*
- **Le doy permiso para salir hoy más temprano.** *Vous avez mon accord pour partir plus tôt aujourd'hui.*
- **Te autorizo a utilizar mi tarjeta de crédito para hacer la compra.** *Tu as l'autorisation d'utiliser ma carte de crédit pour faire les courses.*
- **En Europa se puede viajar con sólo el carné de identidad.** *On peut voyager seulement avec sa carte d'identité en Europe.*
- **No se admiten perros en este restaurante.** *Les chiens ne sont pas admis dans ce restaurant.*

AV 1. *abr de* **avis de virement 2.** *abr écrite de* **avant 3.** *abr de* **à vendre**.

avachi, e [avaʃi] adj [vêtement, chaussure] deformado(da).

avachir [32] [avaʃiʀ] ◆ **s'avachir** vp **1.** [vêtement, bottes, canapé] deformarse **2.** [personne - physiquement] abandonarse ; [- moralement] desanimarse / *s'avachir dans un fauteuil* repanchigarse en un sillón.

avais, avait [avɛ] ⟶ **avoir**.

aval[1] [aval] nm inv curso *m* bajo ▸ **en aval a)** [d'une rivière] río abajo **b)** *fig* después.

aval[2], **als** [aval] nm [caution] aval *m* ▸ **donner son aval à qqn / à qqch** avalar a alguien / a algo.

avalanche [avalɑ̃ʃ] nf **1.** [en montagne] alud *m* **2.** *fig* [profusion] ▸ **avalanche de qqch** avalancha *f* de algo.

avaler [3] [avale] vt **1.** [déglutir] tragar **2.** [manger] tomar **3.** *fam* [croire] tragarse **4.** *fam* [supporter] tragar.

> ⚠ Avalar est un faux ami, il ne signifie pas *avaler*, mais « avaliser ».

avaliser [3] [avalize] vt avalar.

avance [avɑ̃s] nf **1.** [progression] avance *m* **2.** [distance - dans l'espace] ventaja *f* ; [- dans le temps] adelanto *m* **3.** [somme d'argent] adelanto *m*, anticipo *m*. ◆ **avances** nfpl ▸ **faire des avances à qqn** hacer proposiciones a alguien. ◆ **à l'avance** loc adv por adelantado ▸ **une heure à l'avance** una hora antes. ◆ **d'avance** loc adv **1.** [dans le temps] de adelanto ▸ **une heure d'avance** una hora de adelanto ▸ **payer d'avance** pagar por adelantado **2.** [dans l'espace] de ventaja ▸ **3 km d'avance** 3 km por delante. ◆ **en avance** loc adv ▸ **être en avance** ir adelantado(da) ▸ **être en avance sur qqch a)** [époque, concurrence] ir por delante de algo **b)** [horaire, programme] ir adelantado(da) en algo. ◆ **par avance** loc adv *sout* de antemano.

avancé, e [avɑ̃se] adj **1.** [dans le temps] avanzado(da) / *ils se sont rencontrés à un âge avancé* se conocieron a una edad avanzada / *j'ai appelé à une heure avancée* llamé a una hora muy avanzada **2.** [intelligence] adelantado(da).

avancée [avɑ̃se] nf *fig* avance *m* / *l'avancée de la médecine* el avance de la medicina.

avancement [avɑ̃smɑ̃] nm **1.** [développement] progreso *m* **2.** [promotion] ascenso *m*.

avancer [16] [avɑ̃se] ❖ vt **1.** [dans l'espace, dans le temps] adelantar **2.** [tête, main] alargar **3.** [faire progresser] avanzar **4.** [argent] ▸ **avancer qqch à qqn** adelantar algo a alguien **5.** [affirmer] sostener. ❖ vi **1.** [progresser] avanzar **2.** [faire saillie] sobresalir ▸ **avancer dans / sur qqch** adentrarse en algo **3.** [montre, horloge] adelantar **4.** [servir] : *ça ne t'avance à rien* con eso no adelantas nada / *à quoi cela va-t-il vous avancer ?* ¿de qué te va a servir? ◆ **s'avancer** vp **1.** [s'approcher] acercarse ▸ **s'avancer vers qqn / vers qqch** acercarse a alguien / a algo **2.** [prendre de l'avance] adelantarse ▸ **s'avancer dans qqch** [son travail, etc.] adelantar algo **3.** [s'engager] comprometerse.

avanies [avani] nfpl *sout* vejaciones *fpl*.

avant [avɑ̃] ❖ prép antes de, antes que / *avant les vacances* antes de las vacaciones / *avant moi* antes que yo. ❖ adv antes ▸ **d'avant** anterior / *la semaine d'avant* la semana anterior / *bien avant* mucho antes. ❖ adj inv delantero(ra) / *les roues avant* las ruedas delanteras. ❖ nm **1.** [d'un véhicule] delantera *f* **2.** SPORT delantero *m*. ◆ **avant de** loc prép ▸ **avant de faire qqch** antes de hacer algo. ◆ **avant que** loc conj antes de que. ◆ **en avant** loc adv hacia adelante. ◆ **en avant de** loc prép por delante de. ◆ **avant tout** loc adv ante todo.

avantage [avɑ̃taʒ] nm ventaja *f* ▸ **se montrer à son avantage** mostrarse en su mejor aspecto ▸ **avantages en nature** pago *m* en especies ▸ **avantages sociaux** beneficios *m* sociales.

avantager [17] [avɑ̃taʒe] vt favorecer.

avantageusement [avɑ̃taʒøzmɑ̃] adv ventajosamente.

avantageux, euse [avɑ̃taʒø, øz] adj **1.** [profitable, économique] ventajoso(sa) **2.** [flatteur] favorecedor(ra) **3.** *sout* [présomptueux] presuntuoso(sa).

avant-bras [avɑ̃bʀa] nm inv antebrazo *m*.

avant-centre [avɑ̃sɑ̃tʀ] (*pl* **avants-centres**) nm delantero *m* centro.

avant-coureur [avɑ̃kuʀœʀ] (*pl* **avant-coureurs**) adj m : *des signes avant-coureurs* signos precursores.

avant-dernier, ère [avɑ̃dɛʀnje, ɛʀ] (*mpl* **avant-derniers**, *fpl* **avant-dernières**) adj penúltimo(ma).

avant-garde [avɑ̃gaʀd] (*pl* **avant-gardes**) nf vanguardia *f* ▸ **d'avant-garde a)** [technique] de vanguardia **b)** [idée] vanguardista.

avant-goût [avɑ̃gu] (*pl* **avant-goûts**) nm anticipo *m*.

avant-hier [avɑ̃tjɛʀ] adv anteayer.

avant-première [avɑ̃pʀəmjɛʀ] (*pl* **avant-premières**) nf preestreno *m* ▸ **en avant-première** de preestreno.

avant-projet [avɑ̃pʀɔʒɛ] (*pl* **avant-projets**) nm anteproyecto *m*.

avant-propos [avɑ̃pʀɔpo] nm inv prólogo *m*.

avant-veille [avɑ̃vɛj] (*pl* **avant-veilles**) nf antevíspera *f*.

avare [avaʀ] ❖ adj **1.** [pingre] avaro(ra) **2.** [peu prodigue] ▸ **être avare de qqch** ser parco(ca) en algo. ❖ nmf avaro *m*, -ra *f*.

avarice [avaʀis] nf avaricia *f*.

avarie [avaʀi] nf avería *f*.

avarié, e [avaʀje] adj [viande, fruit] pasado(da).

avatar [avataʀ] nm [transformation & INFORM] avatar *m*. ◆ **avatars** nmpl [mésaventures] avatares *mpl*.

avec [avɛk] ❖ prép con ▸ **et avec ça ?** *fam* [dans un magasin] ¿algo más? ❖ adv con él / ella etc. / *tiens mon sac, je ne peux pas courir avec* toma mi bolso, no puedo correr con él.

Ave (Maria) [ave(marja)] nm inv Avemaría *m*.

avenant, e [avnɑ̃, ɑ̃t] adj **1.** *sout* [personne] afable **2.** [comportement] agradable **3.** [maison] bonito(ta). ◆ **avenant** nm DR cláusula *f* adicional. ◆ **à l'avenant** loc adv : *le dessert fut à l'avenant du repas : élaboré et léger* el postre estuvo a la imagen de la comida: elaborado y ligero.

avènement [avɛnmɑ̃] nm **1.** [de roi] llegada *f* al trono **2.** *fig* RELIG advenimiento *m*.

avenir [avniʀ] nm **1.** [futur] futuro *m* ▸ **d'avenir** [domaine, métier] con futuro **2.** [de personne] porvenir *m*. ◆ **à l'avenir** loc adv en lo sucesivo.

avent [avɑ̃] nm RELIG adviento *m*.

aventure [avɑ̃tyʀ] nf aventura *f* ▸ **dire la bonne aventure** echar la buenaventura. ◆ **à l'aventure** loc adv a la aventura. ◆ **d'aventure** loc adv ▸ **si d'aventure…** si por acaso….

aventurer [3] [avɑ̃tyʀe] vt **1.** *sout* [hypothèse, remarque] aventurar **2.** [fortune, réputation] arriesgar. ◆ **s'aventurer** vp aventurarse ▸ **s'aventurer à faire qqch** aventurarse a hacer algo.

aventureux, euse [avɑ̃tyʀø, øz] adj **1.** [personne, caractère] aventurado(da) **2.** [projet] arriesgado(da) **3.** [vie] azaroso(sa).

aventurier, ère [avɑ̃tyʀje, ɛʀ] nm, f aventurero *m*, -ra *f*.

avenu, e [avny] adj ▸ **nul et non avenu** nulo y sin valor.

avenue [avny] nf avenida *f*.

avéré, e [aveʀe] adj probado(da).

avérer [18] [aveʀe] ◆ **s'avérer** vp [se révéler] revelarse / *la situation s'avère difficile* la situación resulta difícil.

averse [avɛʀs] nf chaparrón *m*.

aversion [avɛʀsjɔ̃] nf aversión *f* ▸ **aversion pour qqch / qqn** aversión a algo / alguien ▸ **prendre / avoir qqn / qqch en aversion** coger / teneraversión a alguien / algo.

averti, e [avɛʀti] adj **1.** [expérimenté] sagaz **2.** [connaisseur] iniciado(da) ▸ **être averti de qqch** estar al corriente de algo.

avertir [32] [avɛʀtiʀ] vt **1.** [mettre en garde] advertir **2.** [prévenir] avisar ▸ **avertir qqn de qqch** avisar a alguien de algo.

avertissement [avɛʀtismɑ̃] nm **1.** [menace de sanction - SPORT] amonestación *f* ; [- école] aviso *m* **2.** [signe] advertencia *f* **3.** [conseil] consejo *m* **4.** [préambule] preámbulo *m* **5.** [avis] aviso *m*.

avertisseur, euse [avɛʀtisœʀ, øz] adj de aviso. ◆ **avertisseur** nm claxon *m*. ◆ **avertisseur d'incendie** nm alarma *f* de incendios.

aveu, x [avø] nm confesión *f* ▸ **de l'aveu de** según el testimonio de ▸ **faire un aveu à qqn** confesarle algo a alguien ▸ **passer aux aveux** confesar (la culpabilidad).

aveuglant, e [avœglɑ̃, ɑ̃t] adj **1.** [lumière] deslumbrador(ra), deslumbrante **2.** *fig* [vérité] aplastante.

aveugle [avœgl] adj & nmf ciego(ga) ▸ **être aveugle à qqch** estar ciego(ga) ante algo.

aveuglement [avœgləmɑ̃] nm *fig* obcecación *f*.

aveuglément [avœglemɑ̃] adv ciegamente.

aveugler [5] [avœgle] vt **1.** [personne, fenêtre] cegar **2.** [éblouir] deslumbrar **3.** *fig* [troubler] ofuscar. ◆ **s'aveugler** vp equivocarse ▸ **s'aveugler sur qqn** equivocarse con alguien.

aveuglette [avœglɛt] ◆ **à l'aveuglette** loc adv a ciegas.

avez [ave] ⟶ **avoir**.

aviateur, trice [avjatœʀ, tʀis] nm, f aviador *m*, -ra *f*.

aviation [avjasjɔ̃] nf aviación *f*.

aviculture [avikyltyʀ] nf avicultura *f*.

avide [avid] adj ávido(da) ▸ **avide de qqch** ávido(da) de algo ▸ **avide de faire qqch** ansioso por hacer algo.

avidement [avidmɑ̃] adv ávidamente, con avidez.

avidité [avidite] nf avidez *f*.

Avignon [aviɲɔ̃] npr Aviñón / *en Avignon* en Aviñón ▸ **le festival d'Avignon** el festival de Aviñón.

> **Le Festival d'Avignon**
>
> Fundado por Jean Vilar en 1947, este festival de las artes del espectáculo, que se celebra cada verano en Aviñón y sus alrededores, es un escaparate para las nuevas obras de teatro, baile, música y cine. Al margen del festival oficial, el llamado **Festival off** ha adquirido un gran renombre en el transcurso de los años.

avilir [32] [aviliʀ] vt envilecer. ◆ **s'avilir** vp envilecerse.

aviné, e [avine] adj **1.** *sout* [personne] achispado(da) **2.** [haleine] que huele a vino.

avion [avjɔ̃] nm avión *m* ▸ **en avion** en avión ▸ **par avion** [courrier] por vía aérea ▸ **avion de ligne** avión de línea ▸ **avion à réaction** avión a reacción, reactor *m*.

avion-cargo [avjɔ̃kaʀgo] (*pl* **avions-cargos**) nm avión *m* de carga.

aviron [aviʀɔ̃] nm remo *m*.

avis [avi] nm **1.** [opinion] opinión *f*, parecer *m* ▸ **changer d'avis** cambiar de opinión ▸ **donner un avis défavorable** no dar la aprobación ▸ **donner un avis favorable** dar el visto bueno ▸ **être d'avis que** ser del parecer ou de la opinión que ▸ **à mon avis** a mi parecer, en mi opinión ▸ **les avis sont partagés** las opiniones están divididas **2.** [annonce, message] aviso *m* ▸ **sauf avis contraire** salvo objeciones ▸ **avis de crédit / de débit** nota *f* de crédito / de adeudo ▸ **avis de décès** notificación *f* de defunción ▸ **avis de recherche** aviso de búsqueda ▸ **avis de virement** aviso de transferencia.

avisé, e [avize] adj prudente ▸ **être bien / mal avisé de faire qqch** hacer bien / mal en hacer algo.

aviser [avize] ❖ vt ▸ **aviser qqn de qqch** informar a alguien de algo. ❖ vi decidir. ◆ **s'aviser** vp **1.** *sout* [s'apercevoir] ▸ **s'aviser de qqch** percatarse de algo ▸ **s'aviser que** percatarse de que **2.** [oser] ▸ **s'aviser de faire qqch** atreverse a hacer algo / *ne t'avise pas de rentrer tard* no se te ocurra volver tarde.

aviver [3] [avive] vt avivar.

av. J.-C., av. J-C (*abr écrite de* **avant Jésus-Christ**) a. de JC, a. JC / *Rome aurait été fondée en 753 av. J.-C.* Roma fue fundada probablemente en el año 753 a. de JC.

avocat, e [avɔka, at] nm, f **1.** DR abogado *m*, -da *f* ▸ **avocat d'affaires / de la défense** abogado de empresa / de la defensa ▸ **avocat général** ≃ fiscal *mf* del Tribunal Supremo **2.** [défenseur] defensor *m*, -ra *f* ▸ **se faire l'avocat de qqch** erigirse en defensor de algo ▸ **se faire l'avocat du diable** hacerse abogado del diablo. ◆ **avocat** nm [fruit] aguacate *m* ESP, palta *f* AM.

avoine [avwan] nf avena *f*.

avoir[1] [1] [avwaʀ]

❖ v aux

haber / *je n'ai pas encore fini* todavía no he acabado / *si je l'avais vu, je le lui aurais dit* si lo hubiera visto, se lo habría dicho

❖ vt

1. [gén] tener / *il a deux enfants / une belle maison* tiene dos hijos / una casa bonita / *elle a vingt ans* tiene veinte años ▸ **avoir du chagrin** estar triste ▸ **avoir de la sympathie pour qqn** tenerle simpatía a alguien ▸ **avoir faim** tener hambre ▸ **avoir sommeil** tener sueño ▸ **j'ai mal à la tête** me duele la cabeza

2. [obtenir] obtener / *avoir son permis de conduire* sacarse el carnet de conducir

3. EXPR **en avoir après qqn** *fam* tener algo contra alguien ▸ **j'en ai pour cinq minutes** sólo serán cinco minutos ▸ **se faire avoir** *fam* dejarse engañar

❖ vi

▸ **avoir à** [devoir] tener que / *tu n'avais pas à lui parler sur ce ton* no tenías que haberle hablado en este tono / *tu n'avais qu'à me le demander* no tenías más que preguntármelo / *tu n'as qu'à y aller toi-même* ve tú mismo

◆ **il y a** v impers **1.** [présentatif] hay / *il y a des problèmes* hay problemas / *qu'est-ce qu'il y a ?* ¿qué pasa? **2.** [temporel] hace / *il y a dix ans* hace diez años **3.** EXPR **il n'y a pas de quoi** no hay de qué.

avoir[2] [avwaʀ]

❖ nm [crédit] vale *m* / *j'ai un avoir de 30€ chez le libraire* tengo un vale de 30€ en la librería.

avoisinant, e [avwazinɑ̃, ɑ̃t] adj **1.** [lieu, maison] próximo(ma) **2.** [sens, couleur] parecido(da).

avoisiner [3] [avwazine] vt [en valeur] rondar, aproximarse a / *le taux de réussite à l'examen avoisine 80 %* el porcentaje de éxito en el examen ronda el 80 %.

Avoriaz [avɔʀjaz] npr ▸ **le festival d'Avoriaz** *festival de cine que se celebra en Avoriaz.*

avortement [avɔʀtəmɑ̃] nm **1.** MÉD aborto *m* **2.** *fig* [de projet] fracaso *m*.

avorter [3] [avɔʀte] vi **1.** MÉD abortar **2.** *fig* [échouer] fracasar.

avorton [avɔʀtɔ̃] nm **1.** *péj* [nabot] engendro *m* **2.** [animal, plante] abortón *m*.

avouer [6] [avwe] vt **1.** [confesser] confesar **2.** [admettre, reconnaître] reconocer, admitir. ◆ **s'avouer** vp **1.** [coupable] declararse **2.** [vaincu] darse por.

avril [avʀil] nm abril *m*. *Voir aussi* **septembre**.

axe [aks] nm **1.** [gén] eje *m* ▸ **dans l'axe de** [dans le prolongement de] en la misma línea de ou que ▸ **les grands axes** [routes] las principales vías de comunicación ▸ **axe rouge** *en París, zonas de denso tráfico, donde está terminantemente prohibido pararse o aparcar* ; ≃ VP *f (vía preferente)* **2.** [de politique] línea *f*.

axer [3] [akse] vt ▸ **axer qqch sur qqch** centrar algo en algo.

axial, e, aux [aksjal, o] adj axial.

axiome [aksjom] nm axioma *m*.

ayant [ɛjɑ̃] ⟶ **avoir**.

ayant droit [ɛjɑ̃dʀwa] (*pl* **ayants droit**) nm derechohabiente *m*.

ayatollah [ajatɔla] nm ayatollah *m*.

ayez [ɛje] ⟶ **avoir**.

ayons [ɛjɔ̃] ⟶ **avoir**.

azalée [azale] nf azalea *f*.

Azerbaïdjan [azɛʀbajdʒɑ̃] npr m ▸ **(l')Azerbaïdjan** Azerbaiyán.

azerbaïdjanais, e [azɛʀbajdʒanɛ, ɛs] adj azerbaiyano(na). ◆ **Azerbaïdjanais, e** nm, f azerbaiyano(na).

azeri [azeʀi] adj & nm azerí. ◆ **Azeri** nmf azerí.

azimut [azimyt] ◆ **tous azimuts** loc adv *fam* [offensive] en todos los frentes ; [débat, arrestations, négociations] a todos los niveles.

azote [azɔt] nm nitrógeno *m*.

aztèque [aztɛk] adj azteca. ◆ **Aztèque** nmf azteca *mf*.

azur [azyʀ] nm azur *m*.

azyme [azim] ⟶ **pain**.

B

b, **B** [be] nm inv [lettre] b *f*, B *f*. ◆ **B** (*abr écrite de* **bien**) ≃ N.

B2i [bedøzi] nm *abr de* **brevet informatique et Internet**.

BA [bea] nf *fam* buena acción *f* ▸ **faire sa BA** hacer una buena acción.

baba [baba] ◆ nm **1.** CULIN (bizcocho) borracho *m* ▸ **baba au rhum** (bizcocho) borracho de ron **2.** [hippie] hippie *mf* ▸ **baba cool** progre *mf*. ◆ adj inv *fam* ▸ **en rester baba** quedarse pasmado(da).

b.a.-ba [beaba] nm inv abecé *m*, rudimentos *mpl*.

babeurre [babœʀ] nm suero *m* lácteo.

babil [babil] nm balbuceo *m*.

babiller [3] [babije] vi balbucear.

babines [babin] nfpl belfos *mpl* ▸ **se lécher les babines** *fig* relamerse (de gusto).

babiole [babjɔl] nf **1.** [objet] chuchería *f* **2.** [broutille] tontería *f*.

bâbord [babɔʀ] nm babor *m* ▸ **à bâbord** a babor.

babouche [babuʃ] nf babucha *f*.

babouin [babwɛ̃] nm zambo *m (mono)*.

baby-boom [bebibum] (*pl* **baby-booms**) nm explosión *f* demográfica, auge *m* demográfico.

baby-boomer [babibumœʀ *ou* bebibumœʀ] (*pl* **baby-boomers**) nmf *persona nacida durante la explosión demográfica de los años 60.*

baby-boomeur, euse [babibumœʀ, øz *ou* bebibumœʀ, øz] (*mpl* **baby-boomeurs**, *fpl* **euses**) nm, f *persona nacida durante la explosión demográfica de los años 60.*

baby-foot [babifut] nm inv futbolín *m*.

Babylone [babilɔn] npr Babilonia.

baby-sitter [bebisitœʀ] (*pl* **baby-sitters**) nmf canguro *mf*.

baby-sitting [bebisitiŋ] (*pl* **baby-sittings**) nm ▸ **faire du baby-sitting** hacer de canguro.

bac [bak] nm **1.** *fam* (*abr de* **baccalauréat**) ▸ **bac blanc** *examen de prueba previo al examen oficial de estudios secundarios* ▸ **passer son bac** ≃ examinarse de selectividad ▸ **avoir un bac + 2 / 3 / 4 / 5** *haber cursado 2 / 3 / 4 / 5 años de carrera universitaria* **2.** [bateau] transbordador *m* **3.** [de réfrigérateur] bandeja *f* ▸ **bac à glace** bandeja para los cubitos de hielo ▸ **bac à légumes** verdulero *m* **4.** [d'évier] pila *f* **5.** INFORM ▸ **bac à papier** bandeja *f* para papel.

baccalauréat [bakalɔʀea] nm *examen y / o título de enseñanza secundaria que permite el acceso a los estudios superiores* ; ≃ selectividad *f*.

> **Le baccalauréat**
>
> Los alumnos franceses deben examinarse del **baccalauréat**, también llamado **bac**, al final de los dos últimos cursos del **lycée** para poder acceder a la universidad o a otros estudios superiores. Existen tres tipos de **bac** generales: el **bac L** (letras), el **bac S** (ciencias) y el **bac ES** (economía y sociales). Además, existen los **bac** técnicos y los **bac** profesionales. En Francia, para indicar el nivel de estudios en un currículum o en una oferta de trabajo, se utiliza la fórmula del tipo **Bac+2**, que señala el número de cursos estudiados después del **bac**.

bâche [baʃ] nf cubierta *f* de lona.

bachelier, ère [baʃəlje, ɛʀ] nm, f *persona que ha aprobado el examen de enseñanza secundaria.*

bachot [baʃo] *vieilli* nm *abr de* **baccalauréat**.

bachotage [baʃɔtaʒ] nm empollada *f*.

bachoter [3] [baʃɔte] vi *fam* empollar ESP, quemarse las pestañas (estudiando) MÉX, tragar RP.

bacille [basil] nm bacilo *m*.

bâcler [3] [bakle] vt hacer deprisa y corriendo ▸ **c'est du travail bâclé** es una chapuza.

bacon [bekɔn] nm panceta *f*, bacon *m*.

bactéricide [bakteʀisid] adj bactericida.

bactérie [bakteʀi] nf bacteria *f*.

bactériologique [bakteʀjɔlɔʒik] adj bacteriológico(ca).

badaboum [badabum] interj *fam* ¡cataplum!

badaud, e [bado, od] nm, f curioso *m*, -sa *f*, mirón *m*, -ona *f*.

badge [badʒ] nm **1.** [de fantaisie] chapa *f* **2.** [d'identification] tarjeta *f* **3.** INFORM pase *m* electrónico.

badger [badʒe] vi fichar.

badgeuse [badʒøz] nf lector *m* electrónico.

badigeon [badiʒɔ̃] nm encalado *m*.

badigeonner [3] [badiʒɔne] vt **1.** [mur] encalar **2.** [plaie] cubrir **3.** [tarte] recubrir.

badin, e [badɛ̃, in] adj bromista.

badinage [badinaʒ] nm broma *f*.

badiner [3] [badine] vi *sout* bromear ▸ **ne pas badiner avec qqch** no jugar con algo.

badminton [badmintɔn] nm bádminton *m*.

BAFA, Bafa [bafa] (*abr de* **brevet d'aptitude aux fonctions d'animation**) nm *diploma que da acceso a la función de animador* / ***passer le BAFA*** presentarse el BAFA / ***un stage BAFA*** un cursillo de BAFA.

baffe [baf] nf *fam* torta *f (bofetada)*.

baffle [bafl] nm bafle *m*.

bafouer [6] [bafwe] vt *sout* mofarse de.

bafouille [bafuj] nf *fam* carta *f*.

bafouiller [3] [bafuje] vi & vt farfullar.

bâfrer [3] [bafʀe] *fam* ❖ vi engullir. ❖ vt zamparse.

bagage [bagaʒ] nm **1.** [valise, sac] equipaje *m* ▸ **bagage à main** equipaje de mano ▸ **avec armes et bagages** con todos sus bártulos ▸ **plier bagage** liar el petate **2.** [connaissances] bagaje *m* ▸ **bagage intellectuel / culturel** bagaje intelectual / cultural.

bagagiste [bagaʒist] nm mozo *m* de equipajes.

bagarre [bagaʀ] nf pelea *f* ▸ **chercher la bagarre** *fam* buscar camorra.

bagarrer [3] [bagaʀe] vi pelear. ◆ **se bagarrer** vp pelearse.

bagarreur, euse [bagaʀœʀ, øz] adj & nm, f camorrista.

bagatelle [bagatɛl] nf **1.** [objet sans valeur] bagatela *f* **2.** [petite somme d'argent] cuatro perras *fpl* ▸ **coûter la bagatelle de 1.500 euros** *iron* costar la friolera de 1.500 euros **3.** *fig* [chose futile] tontería *f* **4.** *vieilli* [sexe] ▸ **la bagatelle** la carne.

Bagdad [bagdad] npr Bagdad.

bagdadi, e [bagdadi] adj bagdadí.

bagdadien, enne [bagdadjɛ̃, ɛn] adj = **bagdadi.** ◆ **Bagdadien, enne** nm, f bagdadí.

baggy [bagi] nm pantalones *mpl* baggy.

bagnard [baɲaʀ] nm presidiario *m*.

bagne [baɲ] nm **1.** [prison] presidio *m* **2.** *fig* [situation] muermo *m*.

bagnole [baɲɔl] nf *fam* coche *m*.

bagou, bagout [bagu] nm labia *f* ▸ **avoir du bagou** tener labia.

bague [bag] nf **1.** [bijou, anneau] anillo *m*, sortija *f* ▸ **bague de fiançailles** sortija de compromiso **2.** [de cigare] vitola *f* **3.** [de roulement, de serrage] manguito *m* **4.** [d'oiseau] anilla *f*.

baguer [3] [bage] vt anillar.

baguette [bagɛt] nf **1.** [pain] ≃ barra *f* (de pan) **2.** [petit bâton] varilla *f* ▸ **baguette magique** varita *f* mágica **3.** [pour manger] palillo *m* **4.** [de chef d'orchestre] batuta *f*.

bah [ba] interj ¡bah!

Bahamas [baamas] npr f pl ▸ **les Bahamas** las Bahamas.

bahut [bay] nm **1.** [buffet] aparador *m* **2.** [coffre] arca *f* **3.** *arg scol* [lycée] cole *m*.

baie [bɛ] nf **1.** [fruit] baya *f* **2.** GÉOGR bahía *f*. ◆ **baie vitrée** nf ventanal *m*.

baignade [bɛɲad] nf **1.** [action] baño *m* ▸ **'baignade interdite'** 'prohibido bañarse' **2.** [lieu] *lugar donde uno puede bañarse*.

baigner [4] [beɲe] ❖ vt **1.** [gén] bañar **2.** [remplir] ▸ **baigner qqch de qqch** inundar algo de algo. ❖ vi [être immergé dans] nadar ▸ **tout** OU **ça baigne** *fam* va como una seda. ◆ **se baigner** vp bañarse.

baigneur, euse [bɛɲœʀ, øz] nm, f bañista *mf*. ◆ **baigneur** nm [poupée] muñeco *m*.

baignoire [bɛɲwaʀ] nf **1.** [de salle de bains] bañera *f* ESP, tina *f* AM **2.** THÉÂTRE palco *m* de platea.

bail [baj] (*pl* **baux** [bo]) nm DR contrato *m* de arrendamiento ▸ **renouveler un bail** renovar un contrato de arrendamiento ▸ **bail commercial** traspaso *m* ▸ **bail reconductible** arrendamiento prorrogable ▸ **ça fait un bail que...** *fam & fig* hace un siglo que....

bâillement [bajmɑ̃] nm bostezo *m*.

bâiller [3] [baje] vi **1.** [personne] bostezar **2.** [vêtement] dar de sí.

bailleur, eresse [bajœʀ, bajʀɛs] nm, f arrendador *m*, -ra *f*. ◆ **bailleur de fonds** nm socio *m* capitalista.

bâillon [bajɔ̃] nm mordaza *f*.

bâillonner [3] [bajɔne] vt **1.** [mettre un bâillon] amordazar **2.** *fig* [réduire au silence] acallar.

bain [bɛ̃] nm baño *m* ▸ **faire couler un bain** preparar un baño, llenar la bañera ▸ **prendre un bain** tomar un baño, bañarse ▸ **bain de bouche** enjuague *m* de boca ▸ **bain de foule** *fig* baño de multitudes ▸ **bain de mer** baño de mar ▸ **bain moussant** baño de espuma ▸ **bain de pieds** baño de pies ▸ **bain à remous** baño de burbujas ▸ **prendre un bain de soleil** tomar el sol ▸ **se mettre dans le bain** *fig* cogerle el truco a algo.

bain-marie [bɛ̃maʀi] (*pl* **bains-marie**) nm baño *m* María ▸ **au bain-marie** al baño María.

baïonnette [bajɔnɛt] nf bayoneta *f*.

baise [bɛz] nf *vulg* folleteo *m*.

baisemain [bɛzmɛ̃] nm besamanos *m inv* ▸ **faire le baisemain à qqn** hacerle el besamanos a alguien.

baiser [beze] ❖ nm beso *m*. ❖ vt **1.** [embrasser] besar **2.** *vulg* [coucher avec] follar **3.** *vulg* [tromper] dar por el culo. ❖ vi *vulg* follar.

baisse [bɛs] nf **1.** [gén] bajada *f* ▸ **à la baisse** a la baja ▸ **en baisse** en baja ▸ **baisse de tension a)** MÉD bajada de tensión **b)** INFORM pérdida *f* de tensión **2.** [de température] descenso *m*.

baisser [4] [bese] ❖ vt bajar ▸ **baisser les yeux** bajar la mirada ▸ **baisser le ton** bajar el tono ▸ **baisser les bras** *fig* tirar la toalla. ❖ vi [diminuer - température, prix] descender, bajar ; [- vue, talent] debilitarse ▸ **le jour baisse** anochece. ◆ **se baisser** vp agacharse.

bajoue [baʒu] nf **1.** [d'animal] carrillada *f* **2.** *péj* [de personne] moflete *m*.

bakchich [bakʃiʃ] nm *fam* [pot-de-vin] soborno *m* ESP, mordida *f* AM.

Bakou [baku] npr Bakú.

bal [bal] nm baile *m* ▸ **bal populaire** ou **musette** baile popular ▸ **bal masqué** ou **costumé** baile de máscaras ou de disfraces.

BAL, Bal [bal] (*abr de* **boîte aux lettres (électronique)**) nf servicio *m* de correo electrónico.

balade [balad] nf *fam* paseo *m* ▸ **faire une balade** dar una vuelta ou un paseo.

balader [3] [balade] *fam* ◆ vt **1.** [traîner avec soi] cargar con **2.** [emmener en promenade] pasear. ◆ vi ▸ **envoyer balader** mandar a paseo. ◆ **se balader** vp *fam* darse una vuelta.

baladeur, euse [baladœʀ, øz] adj [lampe] portable. ◆ **baladeur** nm Walkman® *m*. ◆ **baladeuse** nf [lampe] lámpara *f* portátil.

balafre [balafʀ] nf cuchillada *f (en la cara)*.

balafré, e [balafʀe] adj marcado(da).

balai [balɛ] nm **1.** [de nettoyage] escoba *f* ▸ **balai mécanique** escoba mecánica **2.** [d'essuie-glace] limpiaparabrisas *m inv* **3.** *fam* [an] taco *m* / *il a cinquante balais* tiene cincuenta tacos.

balai-brosse [balɛbʀɔs] (*pl* **balais-brosses**) nm cepillo *m (para fregar)*.

balaie ⟶ **balayer**.

balance [balɑ̃s] nf **1.** [gén] balanza *f* ▸ **balance des paiements** balanza de pagos ▸ **faire pencher la balance** *fig* inclinar la balanza **2.** [état d'équilibre] equilibrio *m* **3.** *arg* [dénonciateur] soplón *m*, -ona *f*, chivato *m*, -ta *f*. ◆ **Balance** nf ASTROL Libra *f* ▸ **être Balance** ser Libra.

balancement [balɑ̃smɑ̃] nm **1.** [gén] balanceo *m* **2.** [de hanches] contoneo *m*.

balancer [16] [balɑ̃se] ◆ vt **1.** [bouger] balancear **2.** *fam* [lancer] tirar **3.** *fam* [jeter] tirar a la basura **4.** *arg* [dénoncer] chivar. ◆ vi *sout* **1.** [hésiter] vacilar **2.** [osciller] oscilar. ◆ **se balancer** vp **1.** [sur une chaise] balancearse **2.** [sur une balançoire] columpiarse **3.** *fam* ▸ **se balancer de qqch** [s'en moquer] importarle a uno un bledo algo.

balancier [balɑ̃sje] nm **1.** [de pendule] péndulo *m* **2.** [de funambule] balancín *m*.

balançoire [balɑ̃swaʀ] nf columpio *m*.

balayage [balɛjaʒ] nm EXPR **se faire faire un balayage** hacerse reflejos.

balayer [11] [baleje] vt **1.** [nettoyer] barrer **2.** *fig* [écarter] desechar **3.** [suj : caméra, projecteur] dar una pasada por ou entre ; [suj : radar] barrer.

balayette [balɛjɛt] nf escobilla *f*.

balayeur, euse [balɛjœʀ, øz] nm, f barrendero *m*, -ra *f*. ◆ **balayeuse** nf barredora *f*.

balayures [balɛjyʀ] nfpl basuras *fpl*.

balbutiement [balbysimɑ̃] nm balbuceo *m*.

balbutier [9] [balbysje] ◆ vi **1.** [bafouiller] balbucear **2.** *fig* [débuter] estar en sus primeros balbuceos. ◆ vt [excuses] murmurar.

balcon [balkɔ̃] nm **1.** [de maison] balcón *m* **2.** [de théâtre] palco *m* **3.** [de cinéma] anfiteatro *m*.

balconnet [balkɔnɛ] nm EXPR **(soutien-gorge) à balconnet** (sujetador) de media copa.

baldaquin [baldakɛ̃] nm dosel *m*, baldaquino *m*.

Baléares [baleaʀ] npr f pl ▸ **les Baléares** (las) Baleares.

baleine [balɛn] nf ballena *f*.

baleinier, ère [balɛnje, ɛʀ] adj ballenero(ra). ◆ **baleinier** nm (barco) ballenero *m*.

balèze [balɛz] adj *fam* [grand et fort] cuadrado;(da) ; [intelligent] puesto(ta), empollado(da) ESP / *il est drôlement balèze en maths* está muy puesto en matemáticas.

Bali [bali] npr Bali.

balinais, e [balinɛ, ɛz] adj balinés(esa). ◆ **Balinais, e** nm, f balinés *m*, -esa *f*.

balisage [balizaʒ] nm balizaje *m*.

balise [baliz] nf **1.** [marque, dispositif] baliza *f* **2.** INFORM etiqueta *f*.

baliser [3] [balize] ◆ vt balizar. ◆ vi *fam* [avoir peur] tener canguelo.

balistique [balistik] ◆ adj balístico(ca). ◆ nf balística *f*.

baliverne [balivɛʀn] nf *(gén pl)* pamplina *f*.

balkanique [balkanik] adj balcánico(ca).

Balkans [balkɑ̃] npr m pl ▸ **les Balkans** los Balcanes.

ballade [balad] nf balada *f*.

ballant, e [balɑ̃, ɑ̃t] adj ▸ **les bras ballants** con los brazos colgando.

ballast [balast] nm **1.** [chemin de fer] balasto *m* **2.** NAUT lastre *m*.

balle [bal] nf **1.** [d'arme, de marchandises] bala *f* ▸ **balle perdue** bala perdida ▸ **tué / blessé par balle** muerto / herido por bala ▸ **se tirer une balle dans le pied** *fig* tirar piedras contra su propio tejado **2.** [de jeu, de sport] pelota *f* ▸ **balle de ping-pong / de tennis** pelota de ping-pong / de tenis **3.** EXPR **être un enfant de la balle** haber mamado la profesión ▸ **la balle est dans ton camp** te toca a ti ▸ **saisir la balle au bond** no pensárselo dos veces ▸ **se renvoyer la balle** devolverse la pelota.

ballerine [balʀin] nf **1.** [danseuse] bailarina *f* **2.** [chaussure] zapatilla *f* de ballet.

ballet [balɛ] nm **1.** [gén] ballet *m* **2.** *fig* [activité intense] baile *m*.

ballon [balɔ̃] nm **1.** SPORT balón *m* ▸ **ballon de football / de basket / de rugby** balón de fútbol / de baloncesto / de rugby ▸ **le ballon ovale** el rugby ▸ **le ballon rond** el fútbol **2.** [jouet, montgolfière] globo *m* **3.** [réservoir] ▸ **ballon d'eau chaude** termo *m* de agua caliente ▸ **ballon d'oxygène** a) botella *f* de oxígeno b) *fig* balón *m* de oxígeno **4.** *fam* [verre de vin] vaso *m* ▸ **ballon de rouge** vaso de tinto.

ballonné, e [balɔne] adj hinchado(da) ▸ **avoir le ventre ballonné** tener el vientre hinchado ▸ **se sentir ballonné** sentirse hinchado.

ballonnement [balɔnmɑ̃] nm : *avoir des ballonnements* tener el vientre hinchado.

ballot [balo] nm **1.** [de marchandises] fardo *m* **2.** *vieilli* [imbécile] memo *m*, -ma *f*.

ballottage [balɔtaʒ] nm POL *empate entre candidatos en la primera vuelta de una votación* ▸ **en ballottage** *que no ha obtenido la mayoría*.

ballotter [3] [balɔte] ❖ vt **1.** [secouer] sacudir **2.** *fig* [tirailler] ▸ **être ballotté entre qqch et qqch** debatirse entre algo y algo. ❖ vi traquetear.

balluchon = **baluchon**.

balnéaire [balneɛʀ] adj costero(ra) ▸ **une station balnéaire** una ciudad costera.

balnéothérapie [balneɔteʀapi] nf balneoterapia *f*.

balourd, e [baluʀ, uʀd] adj & nm, f palurdo(da).

balsamique [balzamik] adj BOT & MÉD balsámico(ca) ▸ **vinaigre balsamique** vinagre balsámico.

balte [balt] adj báltico(ca). ◆ **Balte** nmf báltico *m*, -ca *f*.

Baltique [baltik] npr ▸ **la Baltique** el Báltico.

baluchon, balluchon [balyʃɔ̃] nm petate *m* ▸ **faire son baluchon** *fam* liar el petate.

balustrade [balystʀad] nf **1.** ARCHIT balaustrada *f* **2.** [rambarde] barandilla *f*.

bambin [bɑ̃bɛ̃] nm chiquillo *m*, -lla *f*.

bambou [bɑ̃bu] nm bambú *m* ▸ **pousse de bambou** tallo *m* de bambú.

bamboula [bɑ̃bula] nf *fam* ▸ **faire la bamboula** ir de marcha.

ban [bɑ̃] nm **1.** [applaudissements] aplauso *m* / *un ban pour…* un aplauso para… **2.** EXPR **mettre qqn au ban de la société** marginar a alguien de la sociedad ▸ **être en rupture de ban** renunciar a su condición. ◆ **bans** nmpl [de mariage] amonestaciones *fpl* ▸ **publier** ou **afficher les bans** publicar las amonestaciones.

banal, e, als [banal] adj **1.** [ordinaire] trivial ▸ **c'est pas banal !** *fam* ¡es extraordinario! **2.** [sans originalité] corriente.

banalisation [banalizasjɔ̃] nf **1.** [généralisation - d'un appareil] popularización *f* ; [- de la violence] generalización *f* **2.** *péj* [perte d'originalité] banalización *f*.

banalisé, e [banalize] adj trivializado(da) ▸ **voiture banalisée** coche camuflado.

banaliser [3] [banalize] vt trivializar ; [véhicule] camuflar. ◆ **se banaliser** vp generalizarse.

banalité [banalite] nf **1.** [caractère] trivialidad *f* **2.** [lieu commun] tópico *m* ▸ **échanger des banalités** hablar de cosas sin importancia.

banana split [bananasplit] nm inv banana split *m* (*plátano natural con helado, nata o crema y chocolate líquido*).

banane [banan] nf **1.** [fruit] plátano *m* **2.** [sac] riñonera *f* **3.** [coiffure] tupé *m*.

bananier, ère [bananje, ɛʀ] adj bananero(ra) ▸ **république bananière** república *f* bananera. ◆ **bananier** nm **1.** [arbre] plátano *m* **2.** [cargo] bananero *m*.

banc [bɑ̃] nm banco *m* ▸ **le banc des accusés** el banquillo de los acusados. ◆ **banc d'essai** nm banco *m* de pruebas. ◆ **banc de poissons** nm banco *m* de peces. ◆ **banc de sable** nm banco *m* de arena.

bancaire [bɑ̃kɛʀ] adj bancario(ria).

bancal, e, als [bɑ̃kal] adj **1.** [personne] patituerto(ta) **2.** [meuble] cojo(ja) **3.** *fig* [raisonnement, idée] errado(da) **4.** *fig* [phrase] mal estructurado *m*, mal estructurada *f*.

bandage [bɑ̃daʒ] nm **1.** [de blessé] vendaje *m* **2.** [de roue] llanta *f*.

bandana [bɑ̃dana] nm *pequeño fular de algodón estampado*.

bande [bɑ̃d] nf **1.** [de tissu, de papier] tira *f* **2.** [de film, d'enregistrement] cinta *f* ▸ **bande magnétique / vidéo** cinta magnética / de vídeo **3.** [bandage] venda *f* ▸ **bande Velpeau®** venda *f* **4.** [groupe] pandilla *f* ▸ **bande de… !** *fam* ¡atajo de…! ▸ **en bande** en pandilla ▸ **faire bande à part** hacer rancho aparte **5.** NAUT escora *f* **6.** INFORM & RADIO [de billard] banda *f* ▸ **bande audionumérique** banda audionumérica ▸ **bande de fréquence** banda de frecuencia. ◆ **bande dessinée** nf cómic *m*. ◆ **bande d'arrêt d'urgence** nf carril *m* de emergencia.

bande-annonce [bɑ̃danɔ̃s] (*pl* **bandes-annonces**) nf trailer *m*, avances *mpl*.

bandeau [bɑ̃do] nm **1.** [sur les yeux] venda *f* ▸ **avoir un bandeau sur les yeux** *fig* tener una venda en los ojos **2.** [dans les cheveux] cinta *f*.

bandelette [bɑ̃dlɛt] nf **1.** [de tissu, de papier] cinta *f* **2.** [des momies] banda *f*.

bander [3] [bɑ̃de] ❖ vt **1.** [plaie] vendar ▸ **bander les yeux de qqn** vendar los ojos a alguien **2.** [arc] tensar. ❖ vi *vulg* empalmarse.

banderille [bɑ̃dʀij] nf banderilla *f*.

banderole [bɑ̃dʀɔl] nf banderola *f*.

bande-son [bɑ̃dsɔ̃] (*pl* **bandes-son**) nf banda *f* sonora.

bandit [bɑ̃di] nm **1.** [hors-la-loi] bandido *m*, -da *f* **2.** [escroc] estafador *m*, -ra *f*.

banditisme [bɑ̃ditism] nm bandidaje *m* ▸ **grand banditisme** gran bandidaje.

bandoulière [bɑ̃duljɛʀ] nf bandolera *f* ▸ **en bandoulière** en bandolera.

Bangkok [bɑ̃kɔk] npr Bangkok.

bangladais, e [bɑ̃gladɛ, ɛz] adj de Bangladesh. ◆ **Bangladais, e** nm, f *natural o habitante de Bangladesh*.

Bangladesh [bɑ̃gladɛʃ] npr ▸ **le Bangladesh** Bangladesh.

Bangui [bɑ̃gi] npr Bangui.

banjo [bɑ̃(d)ʒo] nm banjo *m*, banyo *m*.

banlieue [bɑ̃ljø] nf afueras *fpl* ▸ **en banlieue** en las afueras ▸ **la banlieue parisienne** las afueras de París ▸ **la proche banlieue** *municipios limítrofes con una ciudad* ▸ **la grande banlieue** el extrarradio.

banlieusard, e [bɑ̃ljøzaʀ, aʀd] nm, f *habitante de las afueras de París.*

bannière [banjɛʀ] nf estandarte *m* ▸ **bannière publicitaire** INFORM bandera *f* publicitaria.

bannir [32] [baniʀ] vt desterrar ▸ **bannir qqn / qqch de** desterrar a alguien / algo de.

banque [bɑ̃k] nf **1.** [gén] banco *m* ▸ **banque d'affaires** banco de negocios ▸ **banque de données** banco de datos ▸ **banque d'organes / du sang / du sperme** banco de órganos / de sangre / de esperma **2.** [activité, somme au jeu] banca *f*. ◆ **Banque centrale européenne** nf ▸ **la Banque centrale européene** el Banco central europeo. ◆ **Banque de France** nf ▸ **la Banque de France** *el banco nacional de Francia.*

banquer [3] [bɑ̃ke] vi *fam* soltar la tela, apoquinar ESP, ponerse RP.

banqueroute [bɑ̃kʀut] nf [faillite] bancarrota *f* ▸ **faire banqueroute** quebrar.

banquet [bɑ̃kɛ] nm banquete *m*.

banquette [bɑ̃kɛt] nf banqueta *f* ▸ **banquette arrière** asiento *m* trasero.

banquier, ère [bɑ̃kje, ɛʀ] nm, f **1.** FIN banquero *m*, -ra *f* **2.** [au jeu] banca *f*.

banquise [bɑ̃kiz] nf banco *m* de hielo.

baobab [baɔbab] nm baobab *m*.

baptême [batɛm] nm bautismo *m* ▸ **baptême de l'air** bautismo del aire ▸ **baptême du feu** bautismo de fuego ▸ **baptême de plongée** bautismo de buceo.

baptiser [3] [batize] vt bautizar.

baptismaux [batismo] ⟶ **fonts**.

baquet [bakɛ] nm cubeta *f*.

bar [baʀ] nm **1.** [café, unité de pression] bar *m* ▸ **au bar** [au comptoir] en la barra ▸ **bar à café** SUISSE cafetería *f* ▸ **bar de nuit** bar nocturno ▸ **bar à vin** bodega *f* **2.** [poisson] lubina *f*.

baragouiner [3] [baʀagwine] vt *fam* **1.** [langue] chapurrear **2.** [bredouiller] farfullar.

baraka [baʀaka] nf *fam* potra *f* ▸ **avoir la baraka** tener potra.

baraque [baʀak] nf **1.** [cabane] barraca *f* **2.** *fam* [maison] casa *f*.

baraqué, e [baʀake] adj *fam* ▸ **être baraqué** estar cachas.

baraquement [baʀakmɑ̃] nm zona *f* de barracas.

baratin [baʀatɛ̃] nm *fam* charlatanería *f* ▸ **faire du baratin à qqn** camelarse a alguien.

baratiner [3] [baʀatine] *fam* ◈ vt camelar. ◈ vi contar cuentos.

baratineur, euse [baʀatinœʀ, øz] nm, f *fam* charlatán *m*, -ana *f*.

Barbade [baʀbad] npr ▸ **la Barbade** Barbados.

barbant, e [baʀbɑ̃, ɑ̃t] adj *fam* pesado(da).

barbare [baʀbaʀ] ◈ adj **1.** *péj* [invasion, peuple] bárbaro(ra) **2.** [crime, mœurs] salvaje. ◈ nm bárbaro *m*, -ra *f*.

barbarie [baʀbaʀi] nf barbarie *f*.

barbarisme [baʀbaʀism] nm barbarismo *m*, extranjerismo *m*.

barbe [baʀb] nf barba *f* ▸ **faire qqch au nez et à la barbe de qqn** hacer algo en las barbas de alguien ▸ **quelle** OU **la barbe !** *fam* ¡qué lata! ◆ **barbe à papa** nf algodón *m* (de azúcar).

barbecue [baʀbəkju] nm barbacoa *f*.

barbelé, e [baʀbəle] adj espinoso(sa). ◆ **barbelé** nm alambrada *f* de espino.

barber [3] [baʀbe] vt *fam* [ennuyer - suj : personne] dar la lata ; [- suj : chose] aburrir ; [embêter] jorobar. ◆ **se barber** vp *fam* [s'ennuyer] aburrirse.

barbiche [baʀbiʃ] nf perilla *f*.

barbiturique [baʀbityʀik] nm barbitúrico *m*.

barboter [3] [baʀbɔte] ◈ vi [se baigner] chapotear. ◈ vt *fam* [voler] birlar.

barboteuse [baʀbɔtøz] nf pelele *m (prenda)*.

barbouiller [3] [baʀbuje] vt **1.** [salir] embadurnar ▸ **barbouiller qqch / qqn de qqch** embadurnar algo / a alguien de algo **2.** *péj* [peindre, écrire] pintarrajear **3.** [donner la nausée à] revolver el estómago ▸ **être barbouillé, avoir l'estomac barbouillé** tener el estómago revuelto.

barbouze [baʀbuz] nf *fam* [agent secret] agente *m* secreto.

barbu, e [baʀby] adj barbudo(da). ◆ **barbu** nm [personne] barbudo *m*. ◆ **barbue** nf [poisson] barbada *f*.

barcelonais, e [baʀsəlɔnɛ, ɛz] adj barcelonés(esa). ◆ **Barcelonais, e** nm, f barcelonés *m*, -esa *f*.

Barcelone [baʀsəlɔn] npr Barcelona.

barda [baʀda] nm **1.** *arg* MIL petate *m* **2.** *fam* [attirail] bártulos *mpl* ▸ **avec tout son barda** con todos sus bártulos.

barde [baʀd] ◈ nm [poète] bardo *m*. ◈ nf CULIN albardilla *f*.

barder [3] [baʀde] ◈ vt CULIN enalbardar ▸ **être bardé de qqch** *fig* [décorations, diplômes] estar cargado de algo. ◈ vi *fam* ▸ **ça va barder !** ¡se va a armar (una)!

barème [baʀɛm] nm baremo *m*.

barge [baʀʒ] nf [bateau] pontón *m*.

baril [baʀil] nm barril *m* ▸ **baril de pétrole** barril de petróleo.

barillet [baʀijɛ] nm **1.** [petit baril] barrilete *m* **2.** [de revolver] tambor *m* **3.** [de serrure] cilindro *m (de cerradura)*.

bariolé, e [baʀjɔle] adj abigarrado(da).

barjo(t) [baʀʒo] adj *fam* pirado(da).

barmaid [baʀmɛd] nf camarera *f* ESP, moza *f* AM.

barman [baʀman] (*pl* **barmans** *ou* **barmen** [baʀmɛn]) nm camarero *m* ESP, barman *m* ESP, mozo *m* AM.

baromètre [baʀɔmɛtʀ] nm barómetro *m*.

baron, onne [baʀɔ̃, ɔn] nm, f barón *m*, -onesa *f*. ◆ **baron** nm **1.** [personnage important] barón *m* **2.** CULIN ▸ **baron d'agneau** cuarto *m* trasero de cordero.

baroque [baʀɔk] ❖ adj **1.** [style] barroco(ca) **2.** [idée] extravagante. ❖ nm ART ▸ **le baroque** el barroco.

baroud [baʀud] nm : *baroud d'honneur fig* batalla *f* final.

baroudeur, euse [baʀudœʀ, øz] nm, f *fam* **1.** [combattant] guerrero *m*, -ra *f* **2.** [voyageur] aventurero *m*, -ra *f*, trotamundos *mf inv*.

barque [baʀk] nf barca *f* ▸ **bien mener sa barque** *fig* desenvolverse bien.

barquette [baʀkɛt] nf **1.** [tartelette] tartaleta *f* **2.** [de fruits] cestita *f*; [de beurre] tarrina *f* **3.** [de congélation] bandeja *f*.

barrage [baʀaʒ] nm **1.** [de rivière] presa *f*, embalse *m* ESP, represa *f* AM **2.** [de rue] barrera *f* ▸ **barrage de police** cordón *m* policial.

barre [baʀ] nf **1.** [morceau - de bois] vara *f*; [- de métal, chocolat] barra *f* ▸ **barre fixe** barra fija ▸ **barres parallèles** (barras) paralelas ▸ **avoir un coup de barre** *fam* tener un bajón **2.** [gouvernail] timón *m* ▸ **être à la barre a)** estar al timón **b)** *fig* [diriger] llevar la batuta **3.** [trait] raya *f* ▸ **la barre du t** el palote de la t **4.** INFORM ▸ **barre de défilement** barra *f* de desplazamiento ▸ **barre d'espacement** espaciador *m* ▸ **barre d'état** barra *f* de estado ▸ **barre de menu** barra *f* de menús ▸ **barre d'outils** barra *f* de herramientas **5.** DR barra *f* ▸ **appeler à la barre** llamar al estrado (a declarar).

barré, e [baʀe] adj **1.** [bloqué] cortado(da), cerrado(da) **2.** [rayé - erreur, phrase] tachado(da) ; [- chèque] cruzado(da) **3.** *fam* [fou] pirado(da) **4.** EXPR ▸ **être mal barré** llevarla clara / *nous sommes mal barrés* la llevamos clara.

barreau [baʀo] nm **1.** [de métal, de bois] barrote *m* **2.** DR ▸ **le barreau** el Colegio de Abogados.

barrer [3] [baʀe] vt **1.** [mot, phrase] tachar **2.** [rue, route] cortar **3.** [chèque] barrar **4.** [bateau] llevar el timón de. ◆ **se barrer** vp *fam* [partir] abrirse.

> ⚠ Barrer est un faux ami, il ne signifie pas *barrer*, mais « balayer ».

barrette [baʀɛt] nf [à cheveux] pasador *m*.

barreur, euse [baʀœʀ, øz] nm, f timonel *mf*.

barricade [baʀikad] nf barricada *f* ▸ **monter sur les barricades** *fig* dar la batalla.

barricader [3] [baʀikade] vt **1.** [porte, fenêtre] atrancar **2.** [rue] levantar barricadas en. ◆ **se barricader** vp encerrarse ▸ **se barricader chez soi** encerrarse en su casa.

barrière [baʀjɛʀ] nf barrera *f* ▸ **barrière automatique** barrera automática ▸ **barrière de dégel** barrera de deshielo ▸ **barrière douanière** barrera arancelaria.

barrique [baʀik] nf barrica *f* ▸ **être gros comme une barrique** estar gordo como un tonel.

barrir [32] [baʀiʀ] vi bramar.

bar-tabac [baʀtaba] nm *bar con estanco*.

baryton [baʀitɔ̃] nm barítono *m*.

bas, basse [ba, bas] adj bajo(ja) / *parler à voix basse* hablar en voz baja. ◆ **bas** ❖ nm **1.** [partie inférieure] parte *f* de abajo, parte *f* inferior **2.** [vêtement] media *f* ▸ **bas résille** media de rejilla. ❖ adv bajo / *parler bas* hablar bajo ▸ **mettre bas** parir ▸ **tomber bien bas** *fig* caer muy bajo. ◆ **à bas** loc adv : *à bas la dictature !* ¡abajo la dictadura! ◆ **en bas de** loc prép abajo / *il l'attend en bas de chez elle* la espera abajo. ◆ **en bas** loc adv abajo / *la voiture est en bas* el coche está abajo.

basalte [bazalt] nm basalto *m*.

basané, e [bazane] adj moreno(na).

bas-bleu [bablø] (*pl* **bas-bleus**) nm *péj* marisabidilla *f*.

bas-côté [bakote] (*pl* **bas-côtés**) nm arcén *m* ESP, acotamiento *m* AM.

bascule [baskyl] nf **1.** [balance] báscula *f* **2.** [balançoire] balancín *m*.

basculer [3] [baskyle] ❖ vi **1.** [tomber à la renverse] volcar ESP, voltear AM **2.** *fig* [vie, film] ▸ **basculer dans qqch** dar un vuelco hacia ou a algo. ❖ vt **1.** [renverser] tumbar **2.** [appel] pasar.

base [baz] nf **1.** [gén] base *f* ▸ **la base** POL la base ▸ **de base a)** [connaissances] básico(ca) **b)** [salaire] base ▸ **à base de qqch** a base de algo ▸ **sur la base de 20 euros de l'heure** sobre una base de 20 euros la hora **2.** [de colonne] basa *f*. ◆ **base de données** nf INFORM base *f* de datos. ◆ **base de loisirs** nf base *f* de ocio.

base-ball [bɛzbol] (*pl* **base-balls**) nm béisbol *m*.

baser [3] [baze] vt **1.** [fonder] ▸ **baser qqch sur qqch** basar algo en algo **2.** MIL ▸ **être basé à** estar destacado en. ◆ **se baser** vp ▸ **se baser sur qqch** basarse en algo.

bas-fond [bafɔ̃] (*pl* **bas-fonds**) nm [de l'océan] bajío *m*, bajo *m*. ◆ **bas-fonds** nmpl **1.** [de société] bajos fondos *mpl* **2.** [quartiers pauvres] barrios *mpl* bajos.

basilic [bazilik] nm [plante] albahaca *f*.

basilique [bazilik] nf basílica *f*.

basique [bazik] adj básico(ca).

basket [baskɛt] nf zapatilla *f* de deporte ▸ **lâche-moi les baskets !** *fam* ¡déjame en paz!

basket-ball [baskɛtbol] nm baloncesto *m*.

basketteur, euse [baskɛtœʀ, øz] nm, f baloncestista *mf*, jugador *m*, -ra *f* de baloncesto.

basmati [basmati] nm basmati *m*.

basque [bask] ❖ adj vasco(ca). ❖ nm LING vasco *m*, euskera *m*. ❖ nf [de vêtement] faldón *m* ▸ **être toujours pendu aux basques de qqn** estar

siempre pegado a las faldas de alguien.
◆ **Basque** nmf vasco *m*, -ca *f*.

bas-relief [barəljɛf] (*pl* **bas-reliefs**) nm bajorrelieve *m*.

basse [bas] ◇ adj ⟶ **bas.** ◇ nf [MUS - personne, voix] bajo *m* ; [- instrument] contrabajo *m*.

basse-cour [baskur] (*pl* **basses-cours**) nf **1.** [volaille] aves *fpl* de corral **2.** [partie de ferme] corral *m*.

bassement [basmɑ̃] adv vilmente.

bassesse [basɛs] nf bajeza *f*.

basset [basɛ] nm [chien] basset *m*.

bassin [basɛ̃] nm **1.** [cuvette] barreño *m* **2.** [pièce d'eau] estanque *m* **3.** [de piscine] piscina *f* ESP, pileta *f* AM ▸ **grand bassin** piscina para adultos ▸ **petit bassin** piscina para niños **4.** ANAT pelvis *f inv* **5.** GÉOL cuenca *f*.
◆ **Bassin parisien** nm ▸ **le Bassin parisien** la depresión parisina.

bassine [basin] nf barreño *m*.

bassiner [3] [basine] vt *fam* [importuner] dar la lata / ***il n'arrête pas de me bassiner avec cette histoire*** no para de darme la lata con esta historia .

bassiste [basist] nmf **1.** [contrebassiste] contrabajo *m* **2.** [de rock ou de jazz] bajo *m*.

basson [basɔ̃] nm [MUS - instrument] bajón *m*, fagot *m* ; [- personne] bajonista *mf*.

basta [basta] interj *fam* ¡sanseacabó!

Bastia [bastja] npr Bastia.

Bastille [bastij] npr ▸ **la prise de la Bastille** la toma de la Bastilla.

> **La Bastille**
>
> La prisión estatal de la Bastilla fue tomada por el pueblo de París el 14 de julio de 1789, como protesta popular contra la monarquía y supuso el inicio de lo que se conoce como la Revolución Francesa. Ese día se celebra actualmente la fiesta nacional francesa. En la plaza donde existió dicha prisión, llamada **Place de la Bastille**, se inauguró en 1989 la nueva ópera de París. Asimismo, el barrio de la Bastilla destaca por su animación nocturna, con numerosos bares y restaurantes.

bastingage [bastɛ̃gaʒ] nm borda *f*.

bastion [bastjɔ̃] nm bastión *m*.

baston [bastɔ̃] nf *tfam* palos *mpl*.

bastonner [3] [bastɔne] ◆ **se bastonner** vp *fam* pelearse.

bas-ventre [bavɑ̃tr] (*pl* **bas-ventres**) nm bajo vientre *m*.

bât [ba] nm albarda *f* ▸ **c'est là que le bât blesse** *fig* ése es su punto débil.

bataille [bataj] nf **1.** MIL batalla *f* ▸ **bataille aérienne/navale** batalla aérea/naval **2.** [bagarre] riña *f* **3.** [jeu de cartes] ≃ guerrilla *f* **4.** EXPR **en bataille** [cheveux] desgreñado(da).

batailler [3] [bataje] vi [lutter] ▸ **batailler pour qqch / pour faire qqch** batallar por algo / para hacer algo.

bataillon [batajɔ̃] nm batallón *m*.

bâtard, e [batar, ard] ◇ adj **1.** [gén] bastardo(da) **2.** *péj* [hybride] híbrido(da). ◇ nm, f *péj* [enfant illégitime] bastardo *m*, -da *f*. ◆ **bâtard** nm **1.** [pain] ≃ barra *f* de cuarto corta **2.** [chien] chucho *m*.

bateau [bato] ◇ nm **1.** [embarcation - petite] barca *f* ; [- grande] barco *m* ▸ **bateau à moteur a)** [petit] barca a motor **b)** [grand] barco a motor ▸ **bateau de pêche a)** [petit] barca de pesca **b)** [grand] (barco) pesquero *m* ▸ **bateau à voile** barco de vela ▸ **mener qqn en bateau** *fam* & *fig* quedarse con alguien **2.** [de trottoir] vado *m*. ◇ adj inv **1.** [encolure, lit] barco **2.** [sujet, thème] trillado(da).

bateau-bus [batobys] (*pl* **bateaux-bus**) nm barcobus *m*, barco(s)-buses / ***prendre le bateau-bus*** tomar el barco-bus.

bateau-mouche [batomuʃ] (*pl* **bateaux-mouches**) nm *barco de paseo que circula por el Sena en París*.

bateleur, euse [batlœr, øz] nm, f saltimbanqui *mf*.

bath [bat] adj inv *vieilli* estupendo(da).

bâti, e [bati] adj edificado(da) ▸ **bien / mal bâti** [personne] bien / mal proporcionado. ◆ **bâti** nm **1.** COUT hilván *m* **2.** CONSTR armazón *m o f*.

batifoler [3] [batifɔle] vi retozar.

bâtiment [batimɑ̃] nm **1.** [édifice] edificio ▸ **il est ou travaille dans le bâtiment** trabaja en la construcción **2.** [navire] navío *m*.

bâtir [32] [batir] vt **1.** [construire] construir **2.** COUT hilvanar **3.** *fig* [théorie] elaborar ; [fortune] labrarse.
◆ **se bâtir** vp construirse.

> ⚠ Batir est un faux ami, il ne signifie pas *bâtir*, mais « battre ».

bâtisse [batis] nf caserón *m*.

bâton [batɔ̃] nm **1.** [canne] bastón *m* **2.** [morceau - de bois] palo *m* ; [- de rouge à lèvres, de craie] barra *f* ▸ **bâton de colle** pegamento *m* en barra ▸ **bâton de réglisse** barra de regaliz ▸ **bâtons de ski** bastones *mpl* de esquí ▸ **mettre des bâtons dans les roues à qqn** poner trabas a alguien ▸ **à bâtons rompus** sin orden ni concierto.

> ⚠ Bastón est un faux ami, il ne signifie pas *bâton*, mais « canne ».

bâtonnet [batɔnɛ] nm bastoncillo *m*.

bâtonnier [batɔnje] nm DR *decano del colegio de abogados.*

batracien [batʀasjɛ̃] nm batracio *m.*

bats ⟶ **battre**.

battant, e [batɑ̃, ɑ̃t] ❖ adj que bate, que golpea ▸ **sous une pluie battante** bajo un chaparrón ▸ **le cœur battant** con el corazón palpitante. ❖ nm, f [personne] luchador *m*, -ra *f.* ◆ **battant** nm **1.** [de porte, de fenêtre] batiente *m* **2.** [de cloche] badajo *m.*

batte [bat] nf **1.** SPORT [de cricket] palo *m* ; [de base-ball] bate *m* **2.** [outil] mazo *m.*

battement [batmɑ̃] nm **1.** [mouvement, bruit] golpeteo *m* ▸ **battement d'ailes** aleteo *m* ▸ **battement de cils** ou **de paupières** parpadeo *m* ▸ **battement de cœur** latido *m* **2.** [intervalle de temps] tiempo *m* libre ▸ **une heure de battement** una hora libre.

batterie [batʀi] nf batería *f* ▸ **batterie de cuisine** batería de cocina ▸ **recharger ses batteries** *fig* cargar las pilas.

batteur, euse [batœʀ, øz] nm, f **1.** MUS [personne] batería *mf* **2.** AGRIC trillador *m*, -ra *f* **3.** SPORT bateador *m*, -ra *f.* ◆ **batteur** nm CULIN batidora *f.* ◆ **batteuse** nf AGRIC trilladora *f.*

battoir [batwaʀ] nm **1.** [instrument] sacudidor *m* **2.** *fig* [main] manaza *f.*

battre [83] [batʀ] ❖ vt **1.** [frapper - personne] pegar ; [- tapis] sacudir **2.** [vaincre - SPORT] ganar ; [- en politique] derrotar **3.** CULIN batir ▸ **battre les blancs en neige** batir las claras a punto de nieve **4.** [cartes] barajar. ❖ vi **1.** [cœur, pouls] latir **2.** [porte] golpetear **3.** [frapper] ▸ **battre des mains** tocar palmas **4.** EXPR **battre de l'aile** ir ou andar de capa caída ▸ **battre son plein** estar en su apogeo ▸ **battre en retraite** batirse en retirada. ◆ **se battre** vp **1.** [combattre] pelearse ▸ **se battre contre qqn** pelearse con alguien **2.** [s'acharner] luchar ▸ **se battre pour / contre qqch** luchar por / contra algo.

battu, e [baty] pp ⟶ **battre**.

battue [baty] nf batida *f.*

baudroie [bodʀwa] nf rape *m.*

baudruche [bodʀyʃ] nf ▸ **ballon de baudruche** globo *m* de goma.

baume [bom] nm bálsamo *m* ▸ **mettre du baume au cœur de qqn** ser (como) un bálsamo para las penas de alguien.

baux ⟶ **bail**.

bauxite [boksit] nf bauxita *f.*

bavard, e [bavaʀ, aʀd] adj & nm, f charlatán(ana).

bavardage [bavaʀdaʒ] nm **1.** [papotage] charloteo *m* ▸ **puni pour bavardage** castigado por hablar **2.** *(gén pl)* [racontar] habladuría *f.*

bavarder [3] [bavaʀde] vi **1.** [parler] charlar **2.** *péj* [jaser] cotillear.

bavarois, e [bavaʀwa, az] adj [de Bavière] bávaro(ra). ◆ **Bavarois, e** nm, f bávaro *m*, -ra *f.* ◆ **bavarois** nm [gâteau] bavarois *m.*

bave [bav] nf baba *f.*

baver [3] [bave] vi **1.** [personne, animal] babear ▸ **en baver** *fam* pasarlas canutas **2.** [stylo] chorrear.

bavette [bavɛt] nf **1.** [viande] lomo *m* bajo **2.** [de tablier] peto *m* **3.** [bavoir] babero *m* **4.** EXPR **tailler une bavette (avec qqn)** *fam* pegar la hebra (con alguien), estar de palique (con alguien).

baveux, euse [bavø, øz] adj **1.** [qui bave] baboso(sa) **2.** [peu cuit] : *une omelette baveuse* una tortilla poco hecha.

Bavière [bavjɛʀ] npr ▸ **la Bavière** Baviera.

bavoir [bavwaʀ] nm babero *m.*

bavure [bavyʀ] nf **1.** [tache] tinta *f* corrida **2.** [erreur] error *m.*

bazar [bazaʀ] nm **1.** [boutique] bazar *m* **2.** *fam* [attirail] bártulos *mpl* / *emporte tout ton bazar* llévate todos los bártulos **3.** *fam* [désordre] ▸ **quel bazar !** ¡vaya leonera! **4.** *fam* [chahut] jaleo *m* / *arrêtez de faire le bazar !* ¡dejad ya de montar jaleo! **5.** EXPR **et tout le bazar** y todo lo demás.

bazarder [3] [bazaʀde] vt *fam* quitar de en medio.

bazooka [bazuka] nm bazuca *m.*

BCBG (*abr de* **bon chic bon genre**) adj & nmf inv *fam* pijo(ja) / *un mec très BCBG* un tío muy pijo.

BCE (*abr de* **Banque centrale européenne**) nf BCE *m.*

BCG (*abr de* **bacille Calmette-Guérin**) nm BCG *f.*

bcp *abr écrite de* **beaucoup**.

bd *abr écrite de* **boulevard**.

BD¹ (*abr écrite de* **banque de données**) nf BDD / *stocker des infos dans une BD* almacenar información en una BDD.

BD², B.D., bédé [bede] (*abr de* **bande dessinée**) nf **1.** [livre] tebeo *m*, cómic *m* / *lire une BD* leer un tebeo ou cómic **2.** [genre littéraire] : *la BD* el cómic.

beach-volley [bitʃvolɛ] (*pl* **s**) nm volley-playa *m* / *jouer au beach-volley* jugar al volley-playa.

béant, e [beɑ̃, ɑ̃t] adj muy abierto(ta).

Béarn [beaʀn] npr ▸ **le Béarn** Béarn.

béarnais, e [beaʀnɛ, ɛz] adj bearnés(esa). ◆ **Béarnais, e** nm, f bearnés *m*, -esa *f.* ◆ **béarnaise** nf ▸ **(sauce) béarnaise** salsa *f* bearnesa.

béat, e [bea, at] adj **1.** [content de soi] plácido(da) **2.** [niaisement heureux] beatífico(ca).

béatement [beatmɑ̃] adv beatíficamente.

béatifier [9] [beatifje] vt RELIG beatificar.

béatitude [beatityd] nf beatitud *f.*

beau, belle, beaux [bo, bɛl]

(***bel*** [bɛl] *devant voyelle ou 'h' muet)*

❖ adj

1. [esthétique - objet] hermoso(sa) ; [- personne] guapo(pa), bello(lla)

2. [joli] bonito(ta) / ***tu as une très belle voix*** tienes una voz muy bonita

3. [important] imponente, grande / ***il a amassé une belle fortune*** amasó una gran fortuna

4. [noble] bello(lla) / ***quel beau métier !*** ¡ qué profesión tan bonita!

5. *iron* [mauvais] menudo(da) / ***j'ai attrapé une belle grippe !*** ¡menuda gripe he pillado!

6. [à valeur indéfinie] ▸ **un beau jour** un buen día ▸ **un beau matin / soir** una buena mañana/noche

7. EXPR **avoir beau jeu de faire qqch** resultarle a alguien fácil hacer algo ▸ **c'est la belle vie !** ¡esto es vida!

◆ **beau** ❖ adv ▸ **il fait beau** hace buen tiempo / ***j'ai beau essayer, je n'y arrive pas*** por más ou mucho que lo intente, no lo consigo. ❖ nm ▸ **le beau** lo hermoso ▸ **être** ou **rester au beau fixe** a) [temps] mantenerse b) [conjoncture] estar en un buen momento ▸ **faire le beau** a) [chien] ponerse a cuatro patas b) [paon, personne] pavonearse.

◆ **belle** nf **1.** [femme] amada *f* **2.** [dans un jeu] desempate *m* **3.** EXPR **se faire la belle** tomar las de Villadiego.

◆ **bel et bien** loc adv efectivamente / ***je ne pensais pas qu'il s'en irait, mais il a bel et bien démissionné*** no creía que se fuera, pero efectivamente ha dimitido.

◆ **de plus belle** loc adv con más fuerza que antes / ***je lui ai dit de se taire, mais il a recommencé à crier de plus belle*** le he dicho que se callara, pero ha vuelto a gritar con más fuerza que antes.

Beaubourg [bobuʀ] npr *centro nacional de arte y de cultura Georges-Pompidou.*

Beaubourg

Este término se emplea normalmente para designar el centro nacional de arte y cultura **Georges-Pompidou**, que es uno de los monumentos más visitados de París. Inaugurado en 1977 y situado en el barrio de **Les Halles**, el edificio fue objeto de gran controversia a causa de su insólito estilo arquitectónico contemporáneo. Alberga el museo nacional de arte moderno y una gran biblioteca pública.

beaucoup [boku]

❖ adv

1. [grand nombre, grande quantité] ▸ **beaucoup de** mucho(cha) / ***beaucoup de gens*** mucha gente / ***il n'a pas beaucoup de temps*** no tiene mucho tiempo / ***beaucoup d'accidents*** muchos accidentes

2. [modifiant un verbe, un adjectif comparatif] mucho / ***il boit beaucoup*** bebe mucho ▸ **c'est beaucoup dire** es mucho decir ▸ **beaucoup trop** demasiado / ***il parle beaucoup trop*** habla demasiado ▸ **c'est beaucoup mieux** es mucho mejor

❖ pron inv

muchos(chas) / ***nous sommes beaucoup à penser que*** somos muchos los que pensamos que

◆ **de beaucoup** loc adv con diferencia, con mucho / ***je préfère de beaucoup le sien*** prefiero el suyo con diferencia.

beauf [bof] nm *péj* **1.** [Français moyen] *ciudadano medio, conservador y sin amplitud de miras,* hortera *mf* **2.** *fam* [beau-frère] cuñado *m.*

beau-fils [bofis] (*pl* **beaux-fils**) nm **1.** [gendre] yerno *m* **2.** [de remariage] hijastro *m.*

beau-frère [bofʀɛʀ] (*pl* **beaux-frères**) nm cuñado *m.*

beaujolais [boʒɔlɛ] nm *vino de la región de Beaujolais.*

beau-père [bopɛʀ] (*pl* **beaux-pères**) nm **1.** [père du conjoint] suegro *m* **2.** [par remariage] padrastro *m.*

beauté [bote] nf belleza *f* ▸ **de toute beauté** bellísimo(ma) ▸ **en beauté** [magnifiquement] triunfalmente ▸ **être en beauté** estar guapísima ▸ **se faire une beauté** arreglarse. ◆ **beautés** nfpl maravillas *fpl.*

beaux-arts [bozaʀ] nmpl bellas artes *fpl.*

beaux-parents [bopaʀɑ̃] nmpl suegros *mpl.*

bébé [bebe] ❖ nm **1.** [enfant] bebé *m* **2.** [animal - de mammifère] cachorro *m* ; [- d'oiseau] polluelo *m* **3.** *fam* [personne immature] crío *m,* -a *f.* ❖ adj inv crío(a) *(en apposition).*

bébé-éprouvette [bebeepʀuvɛt] (*pl* **bébés-éprouvette**) nm bebé probeta *m.*

bébête [bebɛt] ❖ adj *fam* [niais] tontito(ta). ❖ nf *langage enfantin* [insecte] bicho *m.*

bec [bɛk] nm **1.** [d'oiseau] pico *m* ▸ **ouvrir le bec** *fam* [pour parler] abrir el pico ▸ **clouer le bec à qqn** *fam* cerrar el pico a alguien **2.** [d'instrument de musique] boquilla *f* **3.** [d'objet] pitorro *m* ▸ **bec verseur** pitorro **4.** GÉOGR lengua *f* de tierra. ◆ **bec de gaz** nm farol *m* de gas.

bécane [bekan] nf *fam* **1.** [bicyclette] bici *f* **2.** [moto] moto *f* **3.** [machine] máquina *f* **4.** [ordinateur] ordenador *m.*

bécasse [bekas] nf **1.** [oiseau] becada *f* **2.** *fam* [femme sotte] pava *f.*

bécassine [bekasin] nf **1.** [oiseau] agachadiza *f* **2.** *fam* [jeune fille naïve] pavilla *f.*

bec-de-lièvre [bɛkdəljɛvʀ] (*pl* **becs-de-lièvre**) nm labio *m* leporino.

béchamel [beʃamɛl] nf ▸ **(sauce) béchamel** (salsa) bechamel *f.*

bêche [bɛʃ] nf laya *f.*

bêcher [4] [beʃe] ❖ vt [terrain] layar. ❖ vi *fam* [personne] fardar.

bêcheur, euse [beʃœʀ, øz] nm, f *fam* fardón *m,* -ona *f.*

bécoter [3] [bekɔte] vt *fam* besuquear.

◆ **se bécoter** vp *fam* besuquearse.

becquée [beke] nf bocado *m* ▸ **donner la becquée** dar de comer.

becqueter [27], **béqueter** [bɛkte] vt [oiseau] picotear.

becter [4] [bɛkte] vi *fam* [manger] jalar.

bedaine [bədɛn] nf *fam* barrigón *m*.

bédé = **BD**.

bedeau, x [bədo] nm sacristán *m*, -ana *f*.

bedonnant, e [bədɔnɑ̃, ɑ̃t] adj barrigón(ona).

bédouin, e [bedwɛ̃, in] adj beduino(na). ◆ **Bédouin, e** nm, f beduino *m*, -na *f*.

bée [be] ⟶ **bouche**.

bégaiement [begɛmɑ̃] nm tartamudeo *m*.

bégayer [11] [begeje] ❖ vi tartamudear. ❖ vt [excuses] mascullar.

bégonia [begɔnja] nm begonia *f*.

bègue [bɛg] adj & nmf tartamudo(da).

bégueule [begœl] *fam* & *péj* ❖ adj mojigato(ta). ❖ nf mojigata *f*.

béguin [begɛ̃] nm *fam* ▸ **avoir le béguin pour qqn / qqch** estar encaprichado(da) con alguien / algo.

beige [bɛʒ] adj & nm beige.

beigne [bɛɲ] nf *fam* sopapo *m*.

beignet [bɛɲɛ] nm CULIN buñuelo *m*.

bel ⟶ **beau**.

bêler [4] [bele] vi balar.

belette [bəlɛt] nf comadreja *f*.

belge [bɛlʒ] adj belga. ◆ **Belge** nmf belga *mf*.

belgicisme [bɛlʒisism] nm LING *término o expresión propios del francés que se habla en Bélgica*.

Belgique [bɛlʒik] npr ▸ **la Belgique** Bélgica.

Belgrade [bɛlgʀad] npr Belgrado.

bélier [belje] nm **1.** [animal] carnero *m* **2.** [poutre] ariete *m*. ◆ **Bélier** nm Aries *m* ▸ **être Bélier** ser Aries.

Belize [beliz] npr ▸ **le Belize** Belice.

bellâtre [bɛlatʀ] nm *péj* guaperas *m*.

belle ⟶ **beau**.

belle-famille [bɛlfamij] (*pl* **belles-familles**) nf familia *f* política.

belle-fille [bɛlfij] (*pl* **belles-filles**) nf **1.** [épouse du fils] nuera *f* **2.** [de remariage] hijastra *f*.

belle-mère [bɛlmɛʀ] (*pl* **belles-mères**) nf **1.** [mère du conjoint] suegra *f* **2.** [de remariage] madrastra *f*.

belles-lettres [bɛllɛtʀ] nfpl bellas letras *fpl*.

belle-sœur [bɛlsœʀ] (*pl* **belles-sœurs**) nf cuñada *f*.

belligérant, e [beliʒeʀɑ̃, ɑ̃t] adj & nm, f beligerante.

belliqueux, euse [belikø, øz] adj belicoso(sa).

belote [bəlɔt] nf *juego de cartas*.

belvédère [bɛlvedɛʀ] nm mirador *m*.

bémol [bemɔl] adj & nm bemol.

ben [bɛ̃] adv *fam* : *ben oui / non !* ¡pues sí / no!; / *ben voilà, euh...* pues bueno, verás....

bénédictin, e [benediktɛ̃, in] adj & nm, f benedictino(na) ▸ **de bénédictin** *fig* [travail] de chinos. ◆ **Bénédictine®** nf [liqueur] benedictino *m (licor)*.

bénédiction [benediksjɔ̃] nf **1.** RELIG bendición *f* **2.** [assentiment] beneplácito *m* ▸ **donner sa bénédiction à** dar su beneplácito a.

bénef [benɛf] nm *fam* beneficio *m* / *cette opération c'est tout bénef pour moi* la operación me beneficia totalmente.

bénéfice [benefis] nm beneficio *m* ▸ **au bénéfice de** [au profit de] a beneficio de ▸ **bénéfices commerciaux** beneficios comerciales ▸ **bénéfice net** beneficio neto ▸ **rapport cours-bénéfice** per *m* ▸ **accorder le bénéfice du doute** conceder el beneficio de la duda ▸ **tirer (un) bénéfice de qqch** sacar provecho de algo.

bénéficiaire [benefisjɛʀ] ❖ adj [marge] de beneficio. ❖ nmf [personne] beneficiario *m*, -ria *f*.

bénéficier [9] [benefisje] vt ▸ **bénéficier de qqch** beneficiarse de algo.

bénéfique [benefik] adj beneficioso(sa).

Benelux [benelyks] npr ▸ **le Benelux** el Benelux ▸ **les pays du Benelux** los países del Benelux.

benêt [bənɛ] adj & nm bendito.

bénévolat [benevɔla] nm voluntariado *m* ▸ **faire du bénévolat** ofrecerse voluntario(ria).

bénévole [benevɔl] ❖ adj benévolo(la), benevolente. ❖ nmf [personne] voluntario *m*, -ria *f*.

bénévolement [benevɔlmɑ̃] adv como voluntario(ria).

bénin, igne [benɛ̃, iɲ] adj **1.** [maladie, accident] leve **2.** [tumeur] benigno(na) **3.** *sout* [bienveillant] apacible.

Bénin [benɛ̃] npr ▸ **le Bénin** Benín.

béninois, e [beninwa, az] adj beninés(esa). ◆ **Béninois, e** nm, f beninés *m*, -esa *f*.

béni-oui-oui [beniwiwi] nmf inv *péj persona que dice amén a todo*.

bénir [32] [beniʀ] vt bendecir.

bénit, e [beni, it] adj bendito(ta) ▸ **eau bénite** agua bendita.

bénitier [benitje] nm pila *f* (del agua bendita).

benjamin, e [bɛ̃ʒamɛ̃, in] nm, f benjamín *m*, -ina *f*.

benne [bɛn] nf **1.** [de camion] volquete *m* **2.** [de grue] pala *f* **3.** [de téléphérique] cabina *f* **4.** [wagonnet] vagoneta *f*.

benzine [bɛ̃zin] nf bencina *f*.

BEP, Bep (*abr de* **brevet d'études professionnelles**) nm *diploma de estudios profesionales* ▸ **faire un BEP** hacer un BEP ▸ **passer le BEP** presentarse al BEP / *obtenir / rater le* ou *son BEP* aprobar / suspender el BEP.

BEPC, Bepc (*abr de* **brevet d'études du premier cycle**) nm *diploma que antiguamente se concedía tras los cuatro primeros años de estudios secundarios; ha pasado a llamarse "diplôme national du brevet"*.

béqueter = **becqueter**.

béquille [bekij] nf **1.** [pour marcher] muleta *f* **2.** [de deux-roues] patilla *f*.

berbère [bɛʀbɛʀ] ◆ adj beréber, bereber. ◆ nm LING beréber *m*, bereber *m*. ◆ **Berbère** nmf beréber *mf*, bereber *mf*.

bercail [bɛʀkaj] nm redil *m* ▸ **rentrer au bercail** volver al redil.

berceau, x [bɛʀso] nm **1.** [lit d'enfant, lieu d'origine] cuna *f* **2.** ARCHIT bóveda *f* de cañón.

bercer [16] [bɛʀse] vt **1.** [bébé] acunar **2.** *fig* [imprégner] arropar ▸ **bercer de qqch** arropar con algo **3.** *fig* [tromper] ▸ **bercer qqn d'illusions / de promesses** engañar a alguien con ilusiones/promesas. ◆ **se bercer** vp *fig* ▸ **se bercer d'illusions** engañarse con ilusiones.

berceuse [bɛʀsøz] nf **1.** [MUS - chanson] nana *f*, canción *f* de cuna ; [- morceau de musique] nana *f* **2.** QUÉBEC [fauteuil] mecedora *f*.

Bercy [bɛʀsi] npr **1.** [ministère] *Ministerio de Hacienda francés* **2.** [stade] *estadio polideportivo y sala de concierto parisiense*.

BERD, Berd [bɛʀd] (*abr de* **Banque européenne pour la reconstruction et le développement**) nf BERD *m*.

béret [beʀɛ] nm boina *f* ▸ **béret basque** chapela *f*.

bergamote [bɛʀgamɔt] nf bergamota *f*.

berge [bɛʀʒ] nf **1.** [bord] orilla *f* **2.** *fam* [année d'âge] taco *m*.

berger, ère [bɛʀʒe, ɛʀ] nm, f [personne] pastor *m*, -ra *f*. ◆ **bergère** nf [canapé] poltrona *f*. ◆ **berger allemand** nm pastor *m* alemán.

bergerie [bɛʀʒəʀi] nf aprisco *m*.

bergeronnette [bɛʀʒəʀɔnɛt] nf aguzanieves *f inv*.

berk [bɛʀk], **beurk** [bœʀk] interj *fam* pu.

Berlin [bɛʀlɛ̃] npr Berlín ▸ **le mur de Berlin** el muro de Berlín.

berline [bɛʀlin] nf berlina *f*.

berlingot [bɛʀlɛ̃go] nm **1.** [bonbon] *caramelo con forma de rombo* **2.** [emballage] bolsa *f*.

berlinois, e [bɛʀlinwa, az] adj berlinés(esa). ◆ **Berlinois, e** nm, f berlinés *m*, -esa *f*.

berlue [bɛʀly] nf ▸ **avoir la berlue** ver visiones.

bermuda [bɛʀmyda] nm bermudas *fpl*.

Bermudes [bɛʀmyd] npr f pl ▸ **les Bermudes** las Bermudas ▸ **le triangle des Bermudes** el triángulo de las Bermudas.

bernard-l'ermite [bɛʀnaʀlɛʀmit] nm inv ermitaño *m*.

berne [bɛʀn] nf ▸ **en berne** a media asta.

Berne [bɛʀn] npr Berna.

berner [3] [bɛʀne] vt engañar.

berrichon, onne [beʀiʃɔ̃, ɔn] adj [du Berry] de la región de Berry. ◆ **Berrichon, onne** nm, f *natural o habitante de la región de Berry*.

Berry [bɛʀi] npr ▸ **le Berry** Berry.

besace [bəzas] nf alforjas *fpl*.

bésicles [bezikl] nfpl *hum* antiparras *fpl*.

besogne [bəzɔɲ] nf trabajo *m* ▸ **aller vite en besogne** *fig* no andarse ou irse por las ramas.

besoin [bəzwɛ̃] nm **1.** [gén] necesidad ▸ **avoir besoin de qqch** necesitar algo ▸ **avoir besoin de faire qqch** necesitar hacer algo ▸ **au besoin** en caso de necesidad ▸ **faire ses besoins** hacer sus necesidades ▸ **pour les besoins de la cause** por la causa **2.** [dénuement] ▸ **être dans le besoin** estar en la indigencia.

bestiaire [bɛstjɛʀ] nm bestiario *m*.

bestial, e, aux [bɛstjal, o] adj bestial.

bestiole [bɛstjɔl] nf bicho *m*.

best of [bɛstɔf] nm inv : *un best of de Serge Gainsbourg* lo mejor de Serge Gainsbourg.

best-seller [bɛstselœʀ] (*pl* **best-sellers**) nm best seller *m*.

bétail [betaj] nm ganado *m*.

bête [bɛt] ◆ adj **1.** [stupide] tonto(ta) **2.** [simple] : *c'est tout bête* es muy fácil **3.** [regrettable] ▸ **c'est bête !** ¡qué tonto!, ¡qué tontería! ◆ nf bestia *f* ▸ **bête à bon Dieu** mariquita *f* ▸ **chercher la petite bête** buscar tres pies al gato ▸ **c'est sa bête noire** es su pesadilla.

bêtement [bɛtmɑ̃] adv **1.** [de façon bête] tontamente **2.** [simplement] ▸ **tout bêtement** sencillamente.

bêtifiant, e [betifjɑ̃, ɑ̃t] adj embrutecedor(ra).

bêtise [betiz] nf tontería *f* ESP, babosada *f* AM ▸ **faire des bêtises** hacer tonterías.

bêtisier [betizje] nm colección *f* de disparates.

béton [betɔ̃] nm hormigón *m* ▸ **en béton** *fig* [argument] de peso ▸ **béton armé** hormigón armado.

bétonner [3] [betɔne] ◆ vt CONSTR construir con hormigón. ◆ vi SPORT [football] hacer el cerrojo.

bette [bɛt], **blette** [blɛt] nf acelga *f*.

betterave [bɛtʀav] nf remolacha *f* ▸ **betterave fourragère** remolacha forrajera ▸ **betterave sucrière** ou **à sucre** remolacha azucarera.

beuglement [bøgləmɑ̃] nm **1.** [d'animal] mugido *m* **2.** *fam* [de personne, radio] berridos *mpl*.

beugler [5] [bøgle] vi **1.** [bovin] mugir **2.** *fam* [personne, radio] berrear.

beur [bœʀ] nmf *joven nacido en Francia de padres inmigrantes de origen magrebí*.

beurk = **berk**.

beurre [bœʀ] nm mantequilla *f* ▸ **beurre de cacahuètes** crema *f* de cacahuetes ▸ **beurre de cacao** manteca *f* de cacao ▸ **beurre demi-sel** mantequilla semisalada ▸ **beurre noir** [sauce] *mantequilla rehogada con alcaparras, perejil y vinagre* ▸ **au beurre noir** [œil] morado(da) ▸ **compter pour du beurre** [être sans importance] ser pan y manteca ▸ **faire son beurre** *fam* [s'enrichir] hacer su agosto ▸ **mettre du beurre dans les épinards** *fam* redondear el presupuesto▸ **vouloir le beurre et l'argent du beurre** *fam* querer el oro y el moro.

beurré, e [bœʀe] adj **1.** [couvert de beurre] untado(da) con mantequilla **2.** *fam* [ivre] trompa.

beurrer [5] [bœʀe] vt untar con mantequilla.

beurrier, ère [bœʀje, ɛʀ] adj [qui produit du beurre] mantequero(ra). ◆ **beurrier** nm [récipient] mantequera *f*.

beuverie [bœvʀi] nf cogorza *f*.

bévue [bevy] nf metedura *f* de pata▸ **faire** OU **commettre une bévue** meter la pata.

Beyrouth [beʀut] npr Beirut.

Bhoutan [butɑ̃] npr : *le Bhoutan* Bután.

BHV (*abr de* **Bazar de l'Hôtel de Ville**) nm *grandes almacenes parisinos*/ *aller au BHV* ir al BHV/ *le rayon bricolage du BHV* la sección de bricolaje del BHV.

bi [bi] (*abr de* **bisexuel, elle**) adj & nmf *fam* bi▸ **être bi** ser bi/ *les bis* los/las bi.

biais [bjɛ] nm **1.** [ligne oblique] sesgo *m*▸ **de** OU **en biais a)** en diagonal **b)** COUT al sesgo▸ **regarder de biais** mirar de reojo **2.** COUT bies *m inv* **3.** [point de vue] ángulo *m* **4.** [moyen détourné] truco *m*. ◆ **par le biais de** loc prép por medio de/ *il a obtenu cette promotion par le biais d'un ami* ha conseguido el ascenso por medio de un amigo.

biaiser [4] [bjeze] vi **1.** *fam* [agir, parler indirectement] andarse con rodeos **2.** [être de travers] estar sesgado(da).

bibande [bibɑ̃d] adj bibanda.

bibelot [biblo] nm bibelot *m*.

biberon [bibʀɔ̃] nm biberón *m* ESP , mamadera *f* AM ▸ **donner le biberon** dar el biberón▸ **nourrir un enfant au biberon** alimentar un bebé a biberón.

bibi [bibi] pron *fam* mi menda.

bibine [bibin] nf *fam* [boisson] brebaje *m*, aguachirle *f* ESP .

bible [bibl] nf biblia *f*. ◆ **Bible** nf▸ **la Bible** la Biblia.

bibliobus [biblijɔbys] nm biblioteca *f* ambulante.

bibliographie [biblijɔgʀafi] nf bibliografía *f*.

bibliographique [biblijɔgʀafik] adj bibliográfico(ca).

bibliophile [bibliɔfil] nmf bibliófilo *m*, -la *f*.

bibliothécaire [biblijɔtekɛʀ] nmf bibliotecario *m*, -ria *f*.

bibliothèque [biblijɔtɛk] nf **1.** [meuble] librería *f*, biblioteca *f* **2.** [édifice & INFORM] biblioteca *f*▸ **bibliothèque municipale** biblioteca municipal **3.** [collection] ▸ **la bibliothèque rose** *colección literaria para niños*▸ **la bibliothèque verte** *colección literaria para adolescentes*. ◆ **Bibliothèque nationale de France** nf ▸ **la Bibliothèque nationale de France** *la biblioteca nacional francesa*.

La Bibliothèque nationale de France

En 1994, se creó la **Bibliothèque nationale de France (BNF)**, a partir de la fusión de la **Bibliothèque nationale (BN)** y de la **Bibliothèque de France (BDF)**. Ocupa dos sedes en París, la **BNF Richelieu**, en el distrito II, y la **BNF Tolbiac**, en el distrito XIII. La **BNF**, también llamada **Bibliothèque François-Mitterrand**, comprende tanto salas abiertas al público como espacios reservados a los investigadores. Está situada en el sudeste de París y se trata de un moderno complejo arquitectónico formado por cuatro edificios en forma de libro abierto.

biblique [biblik] adj bíblico(ca).

Bic® [bik] nm [stylo à bille] boli *m*.

bicarbonate [bikaʀbɔnat] nm bicarbonato *m*▸ **bicarbonate de soude** bicarbonato sódico.

bicentenaire [bisɑ̃tnɛʀ] ❖ adj bicentenario(ria). ❖ nm bicentenario *m*.

biceps [bisɛps] nm bíceps *m inv*.

biche [biʃ] nf **1.** ZOOL cierva *f* **2.** [personne]▸ **ma biche !** ¡cariño!

bichonner [3] [biʃɔne] vt [choyer] mimar. ◆ **se bichonner** vp [se pomponner] acicalarse.

bicolore [bikɔlɔʀ] adj bicolor.

bicoque [bikɔk] nf *fam* casucha *f*.

bicross [bikʀɔs] nm bicicross *m*.

bicyclette [bisiklɛt] nf bicicleta *f*.

bidasse [bidas] nm *fam* [soldat] quinto *m*, soldado *m* raso.

Bidassoa [bidasoa] npr▸ **la Bidassoa** el Bidasoa.

bide [bid] nm *fam* **1.** [ventre] barriga *f* **2.** [échec] fracaso *m*.

bidet [bidɛ] nm bidé *m*.

bidon [bidɔ̃] ❖ nm **1.** [récipient] bidón *m* **2.** *fam* [ventre] barriga *f* **3.** EXPR **c'est du bidon** *fam* es puro cuento. ❖ adj inv *fam* [excuse, argument] falso(sa).

bidonnant, e [bidɔnɑ̃, ɑ̃t] adj *fam* tronchante, desternillante.

bidonner [3] [bidɔne] ◆ **se bidonner** vp *fam* desternillarse.

bidonville [bidɔ̃vil] nm barrio *m* de chabolas.

bidouillage [bidujaʒ] nm *fam* chapuza *f*, apaño *m* ; INFORM [d'un programme] pirateo *m*.

bidouiller [biduje] vt *fam* [appareil, programme] bricolajear/ *depuis qu'il a bidouillé la télé, on n'a plus d'image* desde que anduvo bricolajeando, ya no se ve la tele.

bidouilleur, euse [bidujœʀ, øz] nm, f *fam* : *c'est un bidouilleur* es un bricolajedor.

bidule [bidyl] nm *fam* chisme *m* ESP, coso *m* AM.

bielle [bjɛl] nf biela *f*.

biélorusse [bjelɔʀys] adj bielorruso(sa). ◆ **Biélorusse** nmf bielorruso *m*, -sa *f*.

Biélorussie [bjelɔʀysi] npr ▸ **la Biélorussie** Bielorrusia.

bien [bjɛ̃]

(***mieux** est le comparatif et le superlatif de **bien***)

◈ adj inv

bien / *il est bien, ce bureau* está bien este despacho / *il est bien comme prof* es buen profesor ▸ **être bien avec qqn** [en bons termes] mantener buenas relaciones con alguien

◈ nm

bien *m* ▸ **le bien et le mal** el bien y el mal ▸ **dire du bien de qqn / de qqch** hablar bien de alguien / de algo ▸ **en tout bien tout honneur** con buenas intenciones ▸ **faire du bien** venir ou hacer bien / *la promenade m'a fait du bien* el paseo me ha venido bien

◈ adv

1. [de manière satisfaisante] bien / *on mange bien ici* se come bien aquí

2. [sens intensif] muy, mucho ▸ **bien de** mucho(cha) / *il a bien de la chance* tiene mucha suerte / *bien souvent* muy a menudo / *elle est bien jolie* es muy bonita / *en es-tu bien sûr ?* ¿estás completamente seguro? / *on a bien ri* nos hemos reído mucho

3. [au moins] *il y a bien trois heures que j'attends* hace por lo menos tres horas que espero

4. [renforçant un comparatif] mucho / *il est parti bien plus tard* se fue mucho más tarde

5. [servant à conclure ou à introduire] *bien, c'est fini pour aujourd'hui* bueno, se acabó por hoy / *bien, je t'écoute* bien ou bueno, te escucho / *très bien, je vais avec toi* muy bien, voy contigo

6. [en effet] *c'est bien lui* efectivamente es él / *c'est bien ce que je disais* es justo lo que yo decía

7. EXPR **c'est bien fait pour toi** te lo has merecido

◈ interj

▸ **eh bien !** ¡(muy) bien! / *eh bien, qu'en penses-tu ?* y bien, ¿tú qué opinas?

◆ **biens** nmpl bienes *mpl* ▸ **biens d'équipement** bienes de equipo ▸ **biens de production** bienes de producción.

◆ **bien entendu** loc adv desde luego, por supuesto.

◆ **bien que** loc conj *(+ subjonctif)* aunque *(+ subjonctif)* / *bien qu'il ait terminé son travail, il ne sortira pas* aunque haya terminado su trabajo, no saldrá.

◆ **bien sûr** loc adv desde luego, por supuesto.

◆ **bien trop** loc adj demasiado.

bien-aimé, e [bjɛ̃neme] (*mpl* **bien-aimés**, *fpl* **bien-aimées**) ◈ adj querido(da). ◈ nm, f amado *m*, -da *f*.

bien-être [bjɛ̃nɛtʀ] nm inv bienestar *m*.

bienfaisance [bjɛ̃fəzɑ̃s] nf beneficencia *f*.

bienfaisant, e [bjɛ̃fəzɑ̃, ɑ̃t] adj beneficioso(sa).

bienfait [bjɛ̃fɛ] nm **1.** [faveur] favor *m* **2.** [effet bénéfique] efecto *m* benéfico.

bienfaiteur, trice [bjɛ̃fɛtœʀ, tʀis] nm, f benefactor *m*, -ra *f*.

bien-fondé [bjɛ̃fɔ̃de] (*pl* **bien-fondés**) nm pertinencia *f*.

bienheureux, euse [bjɛ̃nøʀø, øz] adj dichoso(sa).

biennal, e, aux [bjenal, o] adj bienal. ◆ **biennale** nf bienal *f*.

bien-pensant, e [bjɛ̃pɑ̃sɑ̃, ɑ̃t] (*mpl* **bien-pensants**, *fpl* **bien-pensantes**) *péj* ◈ adj conservador(ra). ◈ nm, f : *les bien-pensants* la gente bien.

bienséance [bjɛ̃seɑ̃s] nf urbanidad *f*. ◆ **bienséances** nfpl buenos modales *mpl*.

bientôt [bjɛ̃to] adv pronto ▸ **à bientôt** hasta pronto.

bienveillance [bjɛ̃vejɑ̃s] nf benevolencia *f*.

bienveillant, e [bjɛ̃vejɑ̃, ɑ̃t] adj benevolente.

bienvenu, e [bjɛ̃vəny] ◈ adj [qui arrive à propos] oportuno(na). ◈ nm, f ▸ **un café serait le bienvenu** un café sería bienvenido ▸ **soyez la bienvenue** sea usted bienvenida. ◆ **bienvenue** nf bienvenida *f* ▸ **souhaiter la bienvenue à qqn** dar la bienvenida a alguien.

bière [bjɛʀ] nf **1.** [boisson] cerveza *f* ▸ **bière blonde / brune** cerveza rubia / negra ▸ **bière pression** cerveza de barril **2.** [cercueil] ataúd *m*.

biffer [3] [bife] vt *sout* tachar.

bifidus [bifidys] nm bífidus *m* ▸ **yaourt au bifidus** yogur *m* con bífidus.

bifocal, e, aux [bifɔkal] adj [lentille, lunettes] bifocal.

bifteck [biftɛk] nm bistec *m*.

bifurcation [bifyʀkasjɔ̃] nf bifurcación *f*.

bifurquer [3] [bifyʀke] vi **1.** [route, voie ferrée] bifurcarse **2.** [voiture] girar **3.** *fig* [personne] orientarse hacia.

bigame [bigam] adj & nmf bígamo(ma).

bigamie [bigami] nf bigamia *f*.

bigarré, e [bigaʀe] adj abigarrado(da).

bigarreau, x [bigaʀo] nm cereza *f* gordal ou garrafal.

big band [bigbɑ̃d] (*pl* **big bands**) nm big band *m*, gran orquesta *f* de jazz.

bigleux, euse [biglø, øz] adj & nm, f *fam* [myope] miope.

bigophone [bigɔfɔn] nm *fam* teléfono *m*.

bigorneau, x [bigɔʀno] nm bígaro *m*.

bigot, e [bigo, ɔt] adj & nm, f *péj* beato(ta).

bigoudi [bigudi] nm bigudí *m*.

bigrement [bigʀəmɑ̃] adv *fam* & *vieilli* : *il fait bigrement froid* hace la mar de frío.

bihebdomadaire [biɛbdɔmadɛʀ] adj bisemanal.

bijou, x [biʒu] nm joya *f*.

bijouterie [biʒutʀi] nf joyería *f*.

bijoutier, ère [biʒutje, ɛʀ] nm, f joyero *m*, -ra *f*.

bikini [bikini] nm bikini *m*.

bilan [bilɑ̃] nm balance *m* ▸ **déposer son bilan** declararse en quiebra ▸ **faire le bilan de qqch** hacer (el) balance de algo. ◆ **bilan de santé** nm chequeo *m*.

bilatéral, e, aux [bilateʀal, o] adj **1.** [contrat, décision] bilateral **2.** [stationnement] a ambos lados *(de la calzada)*.

bile [bil] nf **1.** MÉD bilis *f inv* **2.** EXPR **déverser sa bile** descargar la mala leche ▸ **se faire de la bile** *fam* preocuparse.

biliaire [biljɛʀ] adj biliar.

bilieux, euse [biljø, øz] adj **1.** [teint] verdoso(sa) **2.** [tempérament] bilioso(sa).

bilingue [bilɛ̃g] adj & nmf bilingüe.

bilinguisme [bilɛ̃gɥism] nm bilingüismo *m*.

billard [bijaʀ] nm **1.** [jeu] billar *m* **2.** [table de jeu] mesa *f* de billar **3.** *fam* [table d'opération] ▸ **passer** ou **monter sur le billard** pasar por quirófano.

bille [bij] nf **1.** [d'enfant] canica *f* ESP , bolita *f* AM **2.** [de billard] bola *f* **3.** [de bois] madero *m* **4.** *fam* [tête] careto *m*.

billet [bijɛ] nm billete *m* ▸ **billet d'avion / de train** billete de avión / de tren ▸ **billet (de banque)** billete (de banco) ▸ **billet de faveur** pase *m* ▸ **billet de loterie** billete de lotería. ◆ **billet doux** nm mensaje *m* de amor.

billetterie [bijɛtʀi] nf **1.** [de banque] cajero *m* automático **2.** [de gare, théâtre] taquilla *f* ESP , boletería *f* AM .

billion [biljɔ̃] nm billón *m*.

bimbo [bimbo] nf *fam* & *péj chica atractiva pero carente de inteligencia*.

bimensuel, elle [bimɑ̃sɥɛl] adj bimensual. ◆ **bimensuel** nm bimensual *m*.

bimestriel, elle [bimɛstʀijɛl] adj bimestral.

bimode [bimɔd] adj bimode *(inv)*.

bimoteur [bimɔtœʀ] adj & nm bimotor.

binaire [binɛʀ] adj binario(ria).

binational, e, aux [binasjɔnal, o] ❖ adj binacional. ❖ nm, f binacional *mf*.

biner [3] [bine] vt binar.

bingo [bingo] ❖ nm bingo *m*. ❖ interj ¡bingo!

biniou [binju] nm gaita *f* (bretona).

binoclard, e [binɔklaʀ, aʀd] nm, f *fam* gafudo *m*, -da *f*, cuatro ojos *mf inv*.

binocle [binɔkl] nm binóculo *m*. ◆ **binocles** nmpl *fam* [lunettes] lupas *fpl*.

binôme [binom] nm MATH binomio *m*.

binz [bins] nm *fam* **1.** [chose compliquée] : ***quel binz pour trouver sa maison !*** ¡qué lío ou follón ESP para encontrar su casa! **2.** [désordre] desorden *m*.

bio [bjo] adj inv biológico(ca).

biocarburant [bjokaʀbyʀɑ̃] nm biocarburante *m*.

biocénose, biocœnose [bjɔsenoz] nf ÉCOL biocenosis *f*.

biochimie [bjɔʃimi] nf bioquímica *f*.

biocombustible [bjɔkɔ̃bystibl] nm biocombustible *m*.

biodégradable [bjɔdegʀadabl] adj biodegradable.

biodiversité [bjɔdivɛʀsite] nf biodiversidad *f*.

bioéthique [bjɔetik] adj bioético(ca).

biographe [bjogʀaf] nmf biógrafo *m*, -fa *f*.

biographie [bjɔgʀafi] nf biografía *f*.

biographique [bjɔgʀafik] adj biográfico(ca).

bio-industrie [bjoɛ̃dystʀi] (*pl* **bio-industries**) nf bioindustria *f*.

biologie [bjɔlɔʒi] nf biología *f*.

biologique [bjɔlɔʒik] adj biológico(ca).

biologiste [bjɔlɔʒist] nmf biólogo *m*, -ga *f*.

biomasse [bjɔmas] nf biomasa *f*.

biométrique [bjɔmetʀik] adj biométrica(ca) ▸ **passeport biométrique** pasaporte biométrico.

biopic [bjopik] nm biopic *m* o *f*.

biopsie [bjɔpsi] nf biopsia *f*.

biorythme [bjɔʀitm] nm biorritmo *m*.

biosphère [bjɔsfɛʀ] nf biosfera *f*.

biotechnologie [bjɔtɛknɔlɔʒi] **biotechnique** [bjɔtɛknik] nf biotecnología *f*.

biotechnologique [bjɔtɛknɔlɔʒik] **biotechnique** [bjɔtɛknik] adj biotecnológico(ca).

bioterrorisme [bjɔtɛʀɔʀism] nm bioterrorismo *m*.

bioterroriste [bjɔtɛʀɔʀist] adj & nmf bioterrorista.

bip [bip] nm **1.** [signal] bip *m* / ***parler après le bip sonore*** hablar después de oír la señal **2.** [appareil] busca *m*.

bipède [bipɛd] ❖ adj bípedo(da). ❖ nm bípedo *m*.

biper [bipe] vt llamar al busca.

bipolaire [bipɔlɛʀ] adj ÉLECTR, PHYS & PSYCHO bipolar.

bique [bik] nf **1.** *fam* [chèvre] cabra *f* **2.** *péj* [femme désagréable] bruja *f*.

BIRD [bɛʀd] (*abr de* **Banque internationale pour la reconstruction et le développement**) nf BIRD *m* / ***un projet financé par la BIRD*** un proyecto financiado por el BIRD.

biréacteur [biʀeaktœʀ] nm birreactor *m*.

birman, e [biʀmɑ̃, an] adj birmano(na). ◆ **birman** nm LING birmano *m*. ◆ **Birman, e** nm, f birmano *m*, -na *f*.

Birmanie [biʀmani] npr : ***la Birmanie*** Birmania.

bis[1], e [bi, biz] adj **1.** [pain, toile] bazo(za) **2.** [teint] moreno(na).

bis[2] [bis] ❖ adv **1.** [numéro] bis **2.** [à la fin d'un spectacle] ▸ **crier bis** gritar ¡otra! ▸ **bis ! bis !** ¡otra! ¡otra! ❖ nm [répétition] bis *m*.

bisannuel, elle [bizanɥɛl] adj bienal.

bisbille [bizbij] nf pique *m* ▸ **être en bisbille avec qqn** *fam* estar picado(da) con alguien.

biscaïen, enne, biscayen, enne [biskajɛ̃, en] adj vizcaíno(na). ◆ **Biscaïen, enne, Biscayen, enne** nm, f vizcaíno(na). ◆ **biscaïen, biscayen** nm LING vizcaíno *m*.

biscayen [biskajɛ̃] = **biscaïen**.

biscornu, e [biskɔʀny] adj **1.** [maison] de forma irregular **2.** [idée] retorcido(da).

biscotte [biskɔt] nf biscote *m*.

biscuit [biskɥi] nm **1.** [gâteau sec] galleta *f* **2.** [porcelaine] porcelana *f* sin esmaltar.

bise [biz] nf **1.** [vent] cierzo *m* **2.** *fam* [baiser] beso *m*.

biseau, x [bizo] nm bisel *m* ▸ **en biseau** [vitre] biselado(da).

bisexualité [bisɛksɥalite] nf bisexualidad *f*.

bisexuel, elle [bisɛksɥɛl] adj & nm, f bisexual.

bison [bizɔ̃] nm bisonte *m*.

bisou [bizu] nm *fam* [baiser] besito *m* ▸ **gros bisou** [formule d'adieu] un beso muy fuerte.

bisque [bisk] nf CULIN bisque *f* ▸ **bisque de homard** sopa de bogavante.

bisser [3] [bise] vt **1.** [suj : artiste] bisar **2.** [suj : spectateur] hacer repetir, pedir un bis a **3.** BELGIQUE SCOL [redoubler] repetir.

bissextile [bisɛkstil] adj f bisiesto / *cette année est une année bissextile* este año es bisiesto.

bistouri [bistuʀi] nm bisturí *m*.

bistrot, bistro [bistʀo] nm *fam* [café] bar *m* ; [restaurant] restaurante *m*.

bit [bit] nm INFORM bit *m*.

BIT (*abr de* **Bureau international du travail**) nm OIT *f* / *le taux de chômage selon leBIT* la tasa de paro/el número de parado según la OIT.

bite, bitte [bit] nf *vulg* polla *f*.

bitoniau [bitɔnjo] nm *fam* pichirulo *m*.

bitume [bitym] nm asfalto *m*.

bivouac [bivwak] nm vivaque *m*.

bivouaquer [3] [bivwake] vi acampar.

biz (*abr écrite de* **bises**) SMS bss *(besos)*.

bizarre [bizaʀ] adj extraño(ña), raro(ra).

bizarrement [bizaʀmɑ̃] adv de forma extraña **ou** rara.

bizarrerie [bizaʀʀi] nf rareza *f*.

bizarroïde [bizaʀɔid] adj *fam* extraño(ña), raro(ra).

bizutage [bizytaʒ] nm novatada *f*.

Le bizutage

En Francia, el **bizutage** designa las bromas y novatadas, en ocasiones crueles, que los **veteranos** de las **classes préparatoires**, de las **grandes écoles** y de ciertas universidades gastan a los nuevos alumnos a principios de curso. Actualmente está prohibido, si bien algunos lo siguen haciendo.

bizuter [3] [bizyte] vt *fam* SCOL & UNIV hacer una novatada a.

bjr SMS *abr écrite de* **bonjour**.

blabla, bla-bla [blabla] nm inv *fam* bla bla bla *m* / *tout ça, c'est du blabla* es puro bla bla bla.

black [blak] adj *fam* negro(gra). ◆ **Black** nmf *fam* negro(gra).

blackbouler [3] [blakbule] vt **1.** [aux élections] derrotar **2.** *fam* [à un examen] dar calabazas.

black-out [blakaut] nm **1.** [panne de courant] apagón *m* **2.** *fig* [censure] ▸ **faire le black-out** correr un tupido velo.

blafard, e [blafaʀ, aʀd] adj pálido(da).

blague [blag] nf **1.** [plaisanterie] chiste *m* ▸ **blague à part** bromas aparte ▸ **sans blague !** ¡no me digas! **2.** [farce] broma *f* **3.** [maladresse] metedura *f* de pata. ◆ **blague à tabac** nf petaca *f*.

blaguer [3] [blage] *fam* ⟡ vi [plaisanter] bromear. ⟡ vt [taquiner] burlarse de.

blagueur, euse [blagœʀ, øz] adj & nm, f *fam* bromista.

blaireau [blɛʀo] nm **1.** [animal] tejón *m* **2.** [de rasage] brocha *f* de afeitar **3.** *fam* [individu antipathique] pringado(da).

blairer [4] [blɛʀe] vt *fam* [supporter] ▸ **ne pas pouvoir blairer qqch / qqn** no poder tragar algo/a alguien.

blâme [blam] nm **1.** [désapprobation] censura *f* **2.** [sanction] sanción *f*.

blâmer [3] [blame] vt **1.** [désapprouver] censurar **2.** [sanctionner] sancionar.

blanc, blanche [blɑ̃, blɑ̃ʃ] adj **1.** [gén] blanco(ca) **2.** [page, nuit] en blanco ▸ **blanc comme neige** blanco como la nieve. ◆ **blanc** nm **1.** [couleur, linge] blanco *m* ▸ **blanc cassé** color *m* hueso **2.** [linge de maison] ▸ **le blanc** *mantería, toallas y ropa de cama* **3.** [sur papier] espacio *m* en blanco ▸ **laisser en blanc** dejar en blanco **4.** [dans conversation] silencio *m* **5.** [de volaille] pechuga *f* ; [d'œuf] clara *f* **6.** [vin] vino *m* blanco ▸ **blanc de blanc** *vino blanco hecho de uva blanca* **7.** EXPR **à blanc a)** [chauffer] al rojo blanco **b)** [tirer] al blanco. ◆ **blanche** nf MUS blanca *f*.

blanc-bec [blɑ̃bɛk] (*pl* **blancs-becs**) nm *péj* & *vieilli* mocoso *m*.

blanchâtre [blɑ̃ʃatʀ] adj blancuzco(ca).

blanche ⟶ **blanc**.

blancheur [blɑ̃ʃœʀ] nf blancura *f*.

blanchiment [blɑ̃ʃimɑ̃] nm blanqueo *m* ▸ **blanchiment d'argent** *fig* blanqueo de dinero.

blanchir [32] [blɑ̃ʃiʀ] ⟡ vt **1.** [mur, tissu, argent] blanquear **2.** [linge] lavar **3.** [légumes] escaldar **4.** *fig* [accusé] exculpar. ⟡ vi **1.** [personne] ▸ **blanchir de qqch** [colère, peur] ponerse pálido(da) por algo **2.** [cheveux] encanecer.

blanchissage [blɑ̃ʃisaʒ] nm **1.** [du linge] lavado *m* **2.** [du sucre] refinado *m (del azúcar)*.

blanchissant, e [blɑ̃ʃisɑ̃, ɑ̃t] adj **1.** [produit] que blanquea **2.** [cheveux, barbe] encanecido(da).

blanchisserie [blɑ̃ʃisʀi] nf lavandería *f*.

blanchisseur, euse [blɑ̃ʃisœʀ, øz] nm, f lavandero *m*, -ra *f*.

blanquette [blɑ̃kɛt] nf CULIN estofado *m (de carne blanca)* ▸ **blanquette de Limoux** vino *m* blanco de Limoux ▸ **blanquette de veau** estofado de ternera.

blasé, e [blaze] ◆ adj hastiado(da). ◆ nm, f desganado *m*, -da *f* ▸ **faire le blasé** hacerse el desganado.

blason [blazɔ̃] nm blasón *m*.

blasphématoire [blasfematwaʀ] adj blasfemo(ma).

blasphème [blasfɛm] nm blasfemia *f*.

blasphémer [18] [blasfeme] ◆ vt blasfemar contra. ◆ vi blasfemar.

blatte [blat] nf cucaracha *f*.

blazer [blazɛʀ] nm blazer *m*, americana *f* ESP, saco *m* AM.

blé [ble] nm **1.** [céréale] trigo *m* ▸ **blé en herbe** trigo en ciernes ▸ **blé noir** trigo sarraceno ▸ **blond comme les blés** rubio como el trigo **2.** *fam* [argent] pasta *f*.

bled [blɛd] nm **1.** [brousse] *interior del país en África del Norte* **2.** *fam & péj* [village isolé] pueblo *m* de mala muerte, pueblucho *m*.

blême [blɛm] adj pálido(da).

blêmir [32] [blemiʀ] vi palidecer.

blennorragie [blenɔʀaʒi] nf blenorragia *f*, blenorrea *f*.

blessant, e [blɛsɑ̃, ɑ̃t] adj hiriente.

blessé, e [blese] nm, f herido *m*, -da *f* ▸ **un grand blessé** un herido de gravedad.

blesser [4] [blese] vt **1.** [physiquement] herir ▸ **être blessé au bras** ser herido en el brazo **2.** [suj : souliers] hacer daño **3.** [moralement] ofender. ◆ **se blesser** vp herirse, hacerse daño.

blessure [blesyʀ] nf herida *f*.

blet, blette [blɛ, blɛt] adj pasado(da).

blette = **bette**.

bleu, e [blø] adj **1.** [couleur] azul ▸ **bleu pâle / marine / roi** azul claro / marino / eléctrico **2.** CULIN poco hecho(cha). ◆ **bleu** nm **1.** [couleur] azul *m* **2.** [meurtrissure] cardenal *m*, morado *m* **3.** [colorant] azulete *m* ▸ **bleu de méthylène** azul *m* de metileno **4.** [novice] recluta *m* **5.** [fromage] queso *m* azul ▸ **bleu d'Auvergne** *queso de Auvernia parecido al Roquefort* **6.** CULIN ▸ **au bleu** al caldo corto con vinagre. ◆ **bleu de travail** nm mono *m* de trabajo.

bleuet [bløɛ] nm aciano *m*.

bleuir [32] [bløiʀ] ◆ vt **1.** [chose] azular **2.** [partie du corps] amoratarse. ◆ vi [devenir bleu] volverse azul.

bleuté, e [bløte] adj azulado(da) ESP, azuloso(sa) AM.

blindé, e [blɛ̃de] adj **1.** [véhicule, porte] blindado(da) **2.** *fam & fig* [personne] curtido(da). ◆ **blindé** nm vehículo *m* blindado.

blinder [3] [blɛ̃de] vt **1.** [véhicule, porte] blindar **2.** *fam & fig* [personne] curtir. ◆ **se blinder** vp *fam & fig* ▸ **se blinder (contre)** curtirse (contra).

bling-bling [blingbling] ◆ adj *fam* **1.** [voyant] cantoso(sa), ostentoso(sa) **2.** [vulgaire] hortera. ◆ nm ▸ **le bling-bling** lo hortera ostentoso / ***il fait dans le bling-bling maintenant*** ahora le ha dado por lo hortera ostentoso.

blini [blini] nm blini *m*.

blizzard [blizaʀ] nm *ventisca en América del Norte*.

bloc [blɔk] nm **1.** [gén] bloque *m* ▸ **en bloc** en bloque / ***tout refuser en bloc*** decir que no a todo ▸ **bloc d'alimentation** INFORM bloque de alimentación ▸ **bloc d'habitations** bloque de viviendas **2.** [groupe] coalición *f* ▸ **faire bloc** hacer piña **3.** [ensemble d'éléments] módulo *m* ▸ **bloc opératoire** quirófano *m* ▸ **bloc sanitaire** botiquín *m* **4.** EXPR **être remonté à bloc** *fam* estar pletórico de moral.

blocage [blɔkaʒ] nm **1.** [des prix, salaires] congelación *f* **2.** [de roue] bloqueo *m* **3.** PSYCHO bloqueo *m* (mental).

blockbuster [blɔkbœstœʀ] nf [film] gran éxito *m* de taquilla.

blockhaus [blɔkos] nm blocao *m*.

bloc-moteur [blɔkmɔtœʀ] (*pl* **blocs-moteurs**) nm bloque *m* del motor.

bloc-notes [blɔknɔt] (*pl* **blocs-notes**) nm bloc *m* de notas.

blocus [blɔkys] nm bloqueo *m*.

blog [blɔg] nm INFORM blog *m*, bitácora *f*.

blogosphère [blɔgɔsfɛʀ] nf blogosfera *f*, blogisfera *f*, blogalaxia *f*.

blogroll [blogʀɔl] nf INTERNET blogrollo *m*.

blond, e [blɔ̃, blɔ̃d] adj & nm, f rubio(bia) ESP, güero(ra) AM. ◆ **blond** nm rubio *m* ▸ **blond cendré / platine / vénitien** rubio ceniza / platino / bermejo. ◆ **blonde** nf **1.** [cigarette] rubio *m* **2.** [bière] rubia *f*.

blondeur [blɔ̃dœʀ] nf rubio *m*.

blondinet, ette [blɔ̃dinɛ, ɛt] nm, f rubiales *mf*.

blondir [32] [blɔ̃diʀ] vi [cheveux] volverse rubio(bia) ▸ **faire blondir** CULIN dorar.

bloquer [3] [blɔke] vt **1.** [gén] bloquear **2.** [prix, salaires] congelar **3.** [jours] juntar. ◆ **se bloquer** vp bloquearse.

blottir [32] [blɔtiʀ] ◆ **se blottir** vp acurrucarse ▸ **se blottir contre qqn** acurrucarse contra alguien.

blousant, e [bluzɑ̃, ɑ̃t] adj ablusado(da).

blouse [bluz] nf **1.** [de travail, d'écolier] bata *f* **2.** [chemisier] blusa *f*.

blouser [3] [bluze] ◆ vi [chemisier] ablusarse. ◆ vt *fam* [tromper] timar.

blouson [bluzɔ̃] nm cazadora *f* ESP, campera *f* AM ▸ **blouson noir** [voyou] gamberro *m*.

blue-jean [bludʒin] (*pl* **blue-jeans** [bludʒins]) nm vaqueros *mpl*.

blues [bluz] nm inv **1.** MUS blues *m inv* **2.** *fam* [mélancolie] depre *f*.

bluff [blœf] nm fantasmada *f*.

bluffer [3] [blœfe] *fam* ◆ vi tirarse un farol. ◆ vt embaucar / ***je suis sûr qu'il nous bluffe*** estoy seguro de que es un farol.

blush [blœʃ] nm colorete *m*.

BNF (*abr de* **Bibliothèque nationale de France**) nf *biblioteca nacional situada en París a orillas del Sena que alberga la mayor parte del patrimonio bibliográfico de Francia* ▸ **les collections de la BNF** las colecciones de la BNF / ***consulter le catalogue de la BNF sur Internet*** consultar el catálogo de la BNF en Internet.

BO (*abr de* **bande originale**) nf BSO *f (banda sonora original)*.

boa [bɔa] nm boa *f* ▸ **boa constricteur** boa constrictor.

boat people [botpipœl] nmpl boat people *mpl*.

bob [bɔb] nm **1.** [chapeau] merengue *m* **2.** SPORT = **bobsleigh**.

bobard [bɔbaʀ] nm *fam* trola *f*.

bobine [bɔbin] nf **1.** [de fil] bobina *f*; [de ruban] carrete *m* **2.** *fam* [visage] jeta *f*.

bobo[1] [bɔbo] nm [langage enfantin] pupa *f* ▸ **avoir bobo** [avoir mal] tener pupa.

bobo[2] [bobo] (*abr de* **Bourgeois bohème**) nmf *fam* bobo *mf*, bohemio burgués *m*, bohemio burguesa *f*.

bobonne [bɔbɔn] nf *péj* maruja *f*.

bobsleigh [bɔbslɛg], **bob** [bɔb] nm bobsleigh *m*.

bocage [bɔkaʒ] nm *paisaje típico de Normandía*.

bocal, aux [bɔkal, o] nm tarro *m*.

bock [bɔk] nm [verre à bière] caña *f*.

body (*pl* **bodys** *ou* **bodies**) [bɔdi] nm body *m*.

body art [bɔdiaʀt] nm body art *m*, body-art *m*.

bodyboard [bɔdibɔʀd] nm SPORT bodyboard *m*.

body-building [bɔdibɥildiŋ] nm body-building *m*.

bœuf, s [bœf, bø] nm **1.** [animal] buey *m* **2.** [viande] vaca *f* ▸ **bœuf bourguignon** CULIN *guisado de carne de vaca con vino tinto* ▸ **bœuf en daube** CULIN *estofado de vaca* ▸ **bœuf miroton** CULIN *guisado de carne de vaca con cebolla*.

bof [bɔf] interj *fam* ¡bah!

Bogota [bɔgɔta] npr Bogotá.

bogue [bɔg], **bug** [bœg] nm bug *m*.

bohème [bɔɛm] ◆ adj & nmf bohemio(mia). ◆ nf [milieu des artistes] ▸ **la bohème** la bohemia *f*.

Bohême [bɔɛm] npr ▸ **la Bohême** Bohemia.

bohémien, enne [bɔemjɛ̃, ɛn] ◆ adj bohemio(mia) *(de la Bohemia)*. ◆ nm, f [gitan] gitano *m*, -na *f*.
◆ **Bohémien, enne** nm, f bohemio *m*, -mia *f*.

boire [108] [bwaʀ] ◆ vt **1.** [avaler] beber ▸ **boire de l'eau / du vin** beber agua / vino **2.** [absorber] chupar. ◆ vi beber.

bois [bwa] ◆ nm **1.** [forêt] bosque *m* **2.** [matériau - de construction] madera *f*; [- de chauffage] leña *f* ▸ **en bois** de madera ▸ **chèque en bois** *fig* sin fondos ▸ **bois mort** leña seca ▸ **bois vert** leña verde ▸ **toucher du bois** *fig* tocar madera. ◆ nmpl **1.** MUS instrumentos *mpl* de viento **2.** [cornes] cornamenta *f*. ◆ v ⟶ **boire.**

boisé, e [bwaze] adj poblado(da) de árboles.

boiser [3] [bwaze] vt poblar de árboles.

boiserie [bwazʀi] nf carpintería *f*.

boisson [bwasɔ̃] nf bebida *f* ▸ **s'adonner à la boisson** darse a la bebida ▸ **boisson alcoolisée** bebida alcohólica ▸ **boisson chaude / froide** bebida caliente / fría ▸ **être pris de boisson** *sout* estar bebido.

boîte [bwat] nf **1.** [gén] caja *f* ▸ **en boîte** [en conserve] en lata ▸ **boîte à chaussures** caja de zapatos ▸ **boîte de conserve** lata de conservas ▸ **boîte de dialogue** INFORM ventana de diálogo ▸ **boîte à gants** guantera ▸ **boîte à idées** buzón de sugerencias ▸ **boîte aux lettres** buzón ▸ **boîte aux lettres électronique** INFORM buzón de correo electrónico ▸ **boîte à musique** caja de música ▸ **boîte noire** [d'avion] caja negra ▸ **boîte (de nuit)** discoteca ▸ **boîte à outils** caja de herramientas ▸ **boîte postale** apartado de correos ▸ **boîte de vitesses** caja de cambios ▸ **boîte vocale** INFORM buzón de voz ▸ **mettre qqn en boîte** *fig* tomarle el pelo a alguien **2.** *fam* [entreprise] empresa *f* **3.** *fam* [discothèque] disco *f* ▸ **aller en boîte** ir a la disco.

boiter [3] [bwate] vi cojear.

boiteux, euse [bwatø, øz] adj & nm, f cojo(ja).

boîtier [bwatje] nm **1.** [gén] caja *f* **2.** [d'appareil photo] cuerpo *m*.

boitiller [3] [bwatije] vi cojear un poco.

bol [bɔl] nm tazón *m*, bol *m* ▸ **bol alimentaire** bolo alimenticio ▸ **prendre un bol d'air** tomar el aire ▸ **avoir du bol** *fam* tener potra.

bolée [bɔle] nf tazón *m*.

boléro [bɔleʀo] nm **1.** [vêtement] bolero *m*, torera *f* **2.** MUS bolero *m*.

bolet [bɔlɛ] nm boleto *m (seta)*.

bolide [bɔlid] nm bólido *m* ▸ **comme un bolide** como un bólido.

Bolivie [bɔlivi] npr ▸ **la Bolivie** Bolivia.

bolivien, enne [bɔlivjɛ̃, ɛn] adj boliviano(na).
◆ **Bolivien, enne** nm, f boliviano *m*, -na *f*.

bombance [bɔ̃bɑ̃s] nf *fam* & *vieilli* ▸ **faire bombance** ir de francachela ou de cuchipanda.

bombardement [bɔ̃baʀdəmɑ̃] nm bombardeo *m*.

bombarder [3] [bɔ̃baʀde] vt **1.** MIL bombardear ▸ **bombarder qqn / qqch de qqch** bombardear a alguien / algo con algo **2.** *fam* & *fig* [accabler] ▸ **bombarder qqn de qqch** bombardear a alguien de algo **3.** *fam* & *fig* [nommer] nombrar de sopetón *(para un cargo)*.

bombardier [bɔ̃baʀdje] nm bombardero *m*.

Bombay [bɔ̃bɛ] npr Bombay.

bombe [bɔ̃b] nf **1.** [projectile, scandale] bomba *f* ▸ **bombe atomique / incendiaire / à retardement** bomba atómica/incendiaria/de efecto retardado **2.** [de cavalier] gorra *f (de jinete)* **3.** [atomiseur] espray *m* **4.** *fam* [fête] ▸ **faire la bombe** ir de juerga. ◆ **bombe glacée** nf CULIN *helado de forma esférica*.

bombé, e [bɔ̃be] adj abombado(da).

bomber¹ [3] [bɔ̃be] ❖ vt **1.** [torse] hinchar **2.** [peindre] ▸ **bomber qqch sur qqch** dibujar con espray algo en algo. ❖ vi **1.** [devenir convexe] abombarse **2.** *fam* [aller très vite] volar.

bomber² [bɔ̃bœʀ] nm (cazadora *f*) bomber *f*.

bon, bonne [bɔ̃, bɔn]

*(**meilleur** [mɛjœʀ] est le comparatif et le superlatif de **bon**)*

❖ adj

1. [gén] bueno(na) / ***très bonne idée !*** ¡muy buena idea! / ***il a eu de bonnes notes*** sacó buenas notas

2. [dans l'expression d'un souhait] feliz ▸ **bon anniversaire !** ¡feliz cumpleaños! ▸ **bonne année !** ¡feliz año nuevo!

3. [sens intensif] largo(ga) ▸ **deux bonnes heures** dos horas largas

4. [réponse, solution, etc.] correcto(ta)

5. EXPR **être bon à** servir para ▸ **être bon pour qqch / pour faire qqch** *fam* no escaparse de algo/de hacer algo

❖ nm, f

1. [personne idéale, chose souhaitée] *je crois que c'est enfin le bon* [candidat, amoureux] creo que por fin es el defnitivo

2. [personne, chose de qualité] *on me soumet beaucoup de livres, mais je ne publie que les bons* me someten muchos libros, pero sólo publico los mejores

3. EXPR **c'est un bon à rien** es un inútil

◆ **bon** ❖ adv ▸ **à quoi bon ?** ¿para qué? ▸ **il fait bon** hace buen tiempo ▸ **sentir bon** oler bien ▸ **tenir bon** aguantar. ❖ interj **1.** [marque de satisfaction] bueno **2.** [marque de surprise] ▸ **ah bon ?** ¿ah sí? ❖ nm **1.** [coupon] bono *m* ▸ **bon de commande** nota *f* de pedido, orden *f* ▸ **bon du Trésor** bono del Tesoro, obligación *f* del Estado **2.** *(gén pl)* [personne] : *les bons et les méchants* los buenos y los malos **3.** [éléments valables] : *il y a du bon dans ce qu'il dit* hay cosas interesantes en lo que dice.

bonasse [bɔnas] adj bonachón(ona).

bonbon [bɔ̃bɔ̃] nm **1.** [friandise] caramelo *m* ▸ **bonbon acidulé** caramelo ácido **2.** BELGIQUE [gâteau sec] galleta *f*.

⚠ **Bombón** est un faux ami, **un bombón** ne signifie pas *un bonbon*, mais « un chocolat ».

bonbonne [bɔ̃bɔn] nf bombona *f*.

bonbonnière [bɔ̃bɔnjɛʀ] nf bombonera *f*.

bond [bɔ̃] nm brinco *m* ▸ **faire un bond a)** [bondir] dar un brinco **b)** [progresser] dar un salto ▸ **faire faux bond à qqn** fallarle a alguien.

bonde [bɔ̃d] nf **1.** [d'évier] desagüe *m* **2.** [bouchon] tapón *m* **3.** [trou] piquera *f*.

bondé, e [bɔ̃de] adj abarrotado(da).

bondieuserie [bɔ̃djøzʀi] nf *péj* **1.** [bigoterie] santurronería *f* **2.** [objet] objetos *mpl* de culto.

bondir [32] [bɔ̃diʀ] vi **1.** [sauter] brincar **2.** [s'élancer] abalanzarse ▸ **bondir sur qqch / sur qqn** saltar sobre algo/sobre alguien **3.** *fig* [réagir violemment] saltar ▸ **bondir de qqch** [joie, impatience] saltar de algo.

bon enfant [bɔnɑ̃fɑ̃] adj inv campechano(na), sin malicia.

bonheur [bɔnœʀ] nm **1.** [félicité] felicidad *f* ▸ **faire le bonheur de qqn a)** [le rendre heureux] hacer feliz a alguien **b)** [lui être utile] resolver la papeleta a alguien **2.** [chance] suerte *f* ▸ **par bonheur** por suerte ▸ **porter bonheur** dar suerte ▸ **au petit bonheur** al tuntún.

bonhomie [bɔnɔmi] nf bonachonería *f*.

bonhomme [bɔnɔm] (*pl* **bonshommes**) ❖ adj bonachón(ona). ❖ nm **1.** *fam* & *péj* [homme] tío *m* **2.** [petit garçon] hombrecito *m* **3.** [représentation] muñeco *m* ▸ **bonhomme de neige** muñeco de nieve **4.** EXPR **aller son petit bonhomme de chemin** ir a su ritmo.

boniche [boniʃ] nf *péj* chacha *f*.

bonification [bɔnifikasjɔ̃] nf **1.** [de terre, vin] mejora *f* **2.** SPORT prima *f*.

bonifier [9] [bɔnifje] vt mejorar. ◆ **se bonifier** vp mejorar.

boniment [bɔnimɑ̃] nm **1.** [baratin] ▸ **faire son boniment** hacer el artículo **2.** [mensonge] trola *f*.

bonjour [bɔ̃ʒuʀ] nm **1.** [le matin] buenos días *m* ESP, buen día *m* AM **2.** [salut] ¡hola! ▸ **dire bonjour** saludar ▸ **c'est simple comme bonjour** es coser y cantar.

bonne [bɔn] ❖ adj ⟶ **bon.** ❖ nf criada *f* ESP, mucama *f* AM.

bonne-maman [bɔnmamɑ̃] (*pl* **bonnes-mamans**) nf abuelita *f*.

bonnement [bɔnmɑ̃] adv ▸ **tout bonnement** lisa y llanamente.

bonnet [bɔnɛ] nm **1.** [coiffure] gorro *m* ▸ **bonnet d'âne** orejas *fpl* de burro ▸ **bonnet de bain** gorro de baño ▸ **bonnet de nuit** gorro de dormir ▸ **bonnet phrygien** gorro frigio ▸ **gros bonnet** *fig* pez *m* gordo **2.** [de soutien-gorge] copa *f* **3.** EXPR **c'est bonnet blanc et blanc bonnet** da lo mismo que lo mismo da.

bonneterie [bɔnɛtʀi] nf **1.** [industrie] industria *f* de géneros de punto **2.** [marchandise] géneros *mpl* de punto **3.** [magasin] tienda *f* de géneros de punto, mercería *f*.

bon-papa [bɔ̃papa] (*pl* **bons-papas**) nm abuelito *m*.

bonsaï [bɔnzaj *ou* bɔ̃zaj] nm bonsái *m*.

bonsoir [bɔ̃swaʀ] nm [dans l'après-midi] buenas tardes *fpl* ; [la nuit] buenas noches *fpl* ▸ **dire bonsoir** a) [dans l'après-midi] dar las buenas tardes b) [la nuit] dar las buenas noches.

bonté [bɔ̃te] nf **1.** [bienveillance] bondad *f* ▸ **avoir la bonté de faire qqch** *sout* tener la bondad de hacer algo **2.** *(gén pl)* [acte d'amabilité] atención *f*.

bonus [bɔnys] nm **1.** [supplément] plus *m* **2.** [assurance automobile] bonificación *f*.

bonze [bɔ̃z] nm bonzo *m*.

bookmaker [bukmɛkœʀ] nm bookmaker *m*, corredor *m* profesional de apuestas.

booléen, enne [buleɛ̃, ɛn] adj booleano(na).

boom [bum] nm boom *m*.

boomerang [bumʀɑ̃g] nm bumerang *m*.

booster [3] [buste] vt *fam* impulsar, disparar.

boots [buts] nmpl OU nfpl botines *mpl*.

borborygme [bɔʀbɔʀigm] nm borborigmo *m*.

bord [bɔʀ] nm **1.** [extrémité, côté] borde *m* ▸ **à ras bord** hasta el borde ▸ **au bord de** a) [très près de] al borde de b) [sur le point de] a punto de **2.** [rivage] orilla *f* ▸ **au bord de la mer** a) a orillas del mar b) [vacances] en la playa, en la costa **3.** [lisière] lindero *m* **4.** [bordure - de vêtement] ribete *m* ; [- de chapeau] ala *f* **5.** [dans un moyen de transport] ▸ **à bord de qqch** a bordo de algo ▸ **passer par-dessus bord** caer por la borda ▸ **virer de bord** virar a bordo **6.** EXPR **être du même bord** estar del mismo lado.

bordeaux [bɔʀdo] ◆ adj inv [couleur] burdeos *(en apposition)*. ◆ nm [vin] burdeos *m inv*.

Bordeaux [bɔʀdo] npr Burdeos.

bordée [bɔʀde] nf [salve d'artillerie] andanada *f* ▸ **une bordée d'injures** una sarta de insultos.

bordel [bɔʀdɛl] nm *tfam* **1.** [maison close] burdel *m* **2.** *fig* [désordre] follón *m*.

bordelais, e [bɔʀdəlɛ, ɛz] adj bordelés(esa). ◆ **Bordelais, e** nm, f bordelés *m*, -esa *f*. ◆ **Bordelais** nm ▸ **le Bordelais** [région] la región bordelesa OU de Burdeos.

bordélique [bɔʀdelik] adj *fam* caótico(ca).

border [3] [bɔʀde] vt **1.** [être en bordure de] bordear **2.** [vêtement] ribetear **3.** [lit] remeter ; [personne au lit] arropar **4.** NAUT costear.

bordereau [bɔʀdəʀo] nm **1.** [liste] relación *f* detallada **2.** [formulaire] impreso *m* **3.** [facture] albarán *m*.

bordure [bɔʀdyʀ] nf **1.** [bord] borde *m* ▸ **en bordure de qqch** al borde de algo **2.** [de fleurs] bordura *f* **3.** [de vêtement] ribete *m*.

boréal, e, als [bɔʀeal] adj boreal.

borgne [bɔʀɲ] ◆ adj **1.** [personne] tuerto(ta) **2.** *fig* [hôtel] de mala muerte. ◆ nmf [personne] tuerto *m*, -ta *f*.

borne [bɔʀn] nf **1.** [marque] mojón *m* ▸ **borne kilométrique** hito *m* kilométrico **2.** *fam* [kilomètre] kilómetro *m* **3.** *fig* [limite] límite *m* ▸ **dépasser les bornes** pasarse de la raya ▸ **sans bornes** sin límites **4.** INFORM ▸ **borne interactive** terminal *m* interactivo.

borné, e [bɔʀne] adj **1.** [restreint] limitado(da) **2.** [obtus] corto(ta) de alcances.

Bornéo [bɔʀneo] npr Borneo.

borner [3] [bɔʀne] vt limitar. ◆ **se borner** vp ▸ **se borner à faire qqch** limitarse a hacer algo ▸ **se borner à qqch** limitarse a algo.

bosniaque [bɔsnjak] adj bosnio(nia). ◆ **Bosniaque** nmf bosnio *m*, -nia *f*.

Bosnie [bɔsni] npr ▸ **la Bosnie** Bosnia.

bosquet [bɔskɛ] nm bosquecillo *m*.

bossa-nova [bɔsanɔva] (*pl* **bossas-novas**) nf bossa nova *f*.

bosse [bɔs] nf **1.** [à la suite d'un coup] chichón *m* **2.** ANAT [de bossu, chameau] giba *f*, joroba *f* ; [du crâne] protuberancia *f* **3.** [de terrain] montículo *m* **4.** EXPR **avoir la bosse des maths** *fam* tener aptitudes para las matemáticas ▸ **rouler sa bosse** *fam* correr mundo.

bosseler [24] [bɔsle] vt abollar.

bosser [3] [bɔse] vi *fam* currar.

bosseur, euse [bɔsœʀ, øz] adj & nm, f *fam* currante.

bossu, e [bɔsy] adj & nm, f jorobado(da).

bot, e [bo, bɔt] adj EXPR **avoir un pied bot** tener un pie zopo, ser zopo.

botanique [bɔtanik] ◆ adj botánico(ca). ◆ nf botánica *f*.

botaniste [bɔtanist] nmf botánico *m*, -ca *f*.

Botswana [bɔtswana] npr ▸ **le Botswana** Botsuana.

botswanais, e [bɔtswanɛ, ɛz] adj botsuanés(esa). ◆ **Botswanais, e** nm, f botsuanés *m*, -esa *f*.

botte [bɔt] nf **1.** [chaussure] bota *f* ▸ **botte de** OU **en caoutchouc** bota de goma ▸ **lécher les bottes de qqn** *fam* hacer la pelota a alguien ▸ **en avoir plein les bottes** *fam* estar hasta las narices **2.** [de légumes] manojo *m* **3.** [d'escrime] estocada *f*.

botter [3] [bɔte] vt *fam* **1.** [donner un coup de pied à] dar una patada a **2.** *vieilli* [plaire à] chiflar.

bottier [bɔtje] nm zapatero *m*.

bottillon [bɔtijɔ̃] nm botín *m*.

Bottin® [bɔtɛ̃] nm *fam* guía *f* telefónica.

bottine [bɔtin] nf botín *m*.

bouc [buk] nm **1.** [animal] macho *m* cabrío ▸ **bouc émissaire** *fig* chivo *m* expiatorio **2.** [barbe] perilla *f*.

boucan [bukɑ̃] nm *fam* jaleo *m*.

bouche [buʃ] nf boca *f* ▸ **bouche d'incendie / de métro** boca de incendios/de metro ▸ **rester bouche bée** quedarse boquiabierto(ta) ▸ **pour la bonne bouche** para postres ▸ **de bouche à oreille** de boca en boca ▸ **faire la fine bouche** hacer remilgos.

bouché, e [buʃe] adj **1.** [obstrué] atascado(da) **2.** [vin] embotellado(da) **3.** [oreille] taponado(da).

bouche-à-bouche [buʃabuʃ] nm boca a boca *m* ▸ **faire du bouche-à-bouche à qqn** hacer el boca a boca a alguien.

bouche-à-oreille [buʃaɔʀɛj] nm inv boca a oreja *m* / *on a trouvé notre maison par le* OU *grâce au bouche-à-oreille* encontramos la casa por el OU gracias al boca a oreja.

bouchée [buʃe] nf bocado *m* ▸ **bouchée à la reine** CULIN volován *m* ▸ **pour une bouchée de pain** por cuatro perras.

boucher¹ [3] [buʃe] vt **1.** [bouteille, trou] tapar **2.** [obstruer - passage] interceptar ; [- vue] tapar **3.** EXPR **il est bouché** *fam* no le entra ni a empujones.
◆ **se boucher** vp [s'obstruer] atascarse ▸ **se boucher les oreilles** taparse los oídos.

boucher², ère [buʃe, ɛʀ] nm, f carnicero *m*, -ra *f*.

boucherie [buʃʀi] nf carnicería *f* ▸ **boucherie chevaline** carnicería caballar.

boucherie-charcuterie [buʃʀiʃaʀkytʀi] (*pl* **boucheries-charcuteries**) nf carnicería charcutería *f*.

bouche-trou [buʃtʀu] (*pl* **bouche-trous**) nm **1.** [personne] figurante *m*, -ta *f* **2.** [objet] relleno *m*.

bouchon [buʃɔ̃] nm **1.** [de bouteille, flacon] tapón *m* ESP, tapa *f* AM **2.** [de canne à pêche] flotador *m* **3.** [embouteillage] atasco *m* ESP, atorón *m* AM.

bouchonner [3] [buʃɔne] ❖ vt [cheval] cepillar. ❖ vi [former un embouteillage] formar un atasco.

boucle [bukl] nf **1.** [de ceinture, soulier] hebilla *f* **2.** [de cheveux, d'avion] rizo *m* **3.** [de fleuve] meandro *m* **4.** INFORM bucle *m*. ◆ **boucle d'oreille** nf pendiente *m* ESP, aro *m* AM.

bouclé, e [bukle] adj rizado(da) / *cet enfant est tout bouclé* ese niño tiene el pelo rizadito.

boucler [3] [bukle] vt **1.** [attacher] abrocharse **2.** *fam* [fermer] cerrar ▸ **boucle-la !** ¡cierra el pico! **3.** *fam* [enfermer] encerrar **4.** [quartier] acordonar **5.** [cheveux] rizar ESP, enchinar AM **6.** *fam* [terminer] acabar ▸ **la boucle est bouclée** *fig* estamos en el punto de partida.

bouclette [buklɛt] nf [de cheveux] ricito *m* ; [de laine, de moquette] bucle *m* pequeño.

bouclier [buklije] nm escudo *m* ▸ **bouclier fiscal** escudo fiscal *(en Francia, medida fiscal que limita el total de impuestos directos al 50 %)* ▸ **se faire un bouclier de qqch** *fig* escudarse en algo.

bouddha [buda] nm buda *m*.

bouddhisme [budism] nm budismo *m*.

bouddhiste [budist] adj & nmf budista.

bouder [3] [bude] ❖ vi [être renfrogné] enfurruñarse. ❖ vt [personne] esquivar ; [chose] pasar de.

bouderie [budʀi] nf enfurruñamiento *m*.

boudeur, euse [budœʀ, øz] ❖ adj enfurruñado(da). ❖ nm, f gruñón *m*, -ona *f*.

boudin [budɛ̃] nm **1.** CULIN morcilla *f* ▸ **boudin blanc** morcilla blanca ▸ **boudin créole** *pequeña morcilla que se toma como aperitivo en las Antillas Francesas* ▸ **boudin noir** morcilla **2.** *fam & péj* [personne] feto *m*.

boudiné, e [budine] adj **1.** [gros] regordete(ta) **2.** [serré] embutido(da).

boudoir [budwaʀ] nm **1.** [salon] gabinete *m* **2.** [biscuit] *bizcocho alargado y duro*.

boue [bu] nf **1.** [terre] barro *m* **2.** *fig* [infamie] lodo *m* ▸ **traîner qqn dans la boue** arrastrar a alguien por el lodo.

bouée [bwe] nf boya *f* ▸ **bouée de sauvetage** salvavidas *m inv*.

boueux, euse [bwø, øz] adj fangoso(sa).
◆ **boueux** nm *fam* [éboueur] basurero *m*.

bouffant, e [bufɑ̃, ɑ̃t] adj ahuecado(da).

bouffe [buf] nf *fam* manduca *f*.

bouffée [bufe] nf **1.** [d'air] bocanada *f* ; [de parfum] tufarada *f* ▸ **bouffées de chaleur** sofocos *mpl* **2.** [de cigarette] calada *f* **3.** [accès] arrebato *m*.

bouffer [3] [bufe] ❖ vi ahuecarse ▸ **faire bouffer qqch** dar volumen a algo. ❖ vt *fam* [manger] papear.

bouffi, e [bufi] adj **1.** [yeux, visage] abotargado(da) **2.** *fig* [rempli] ▸ **bouffi d'orgueil** hinchado de orgullo.

bouffon, onne [bufɔ̃, ɔn] adj [comique] gracioso(sa).
◆ **bouffon** nm **1.** [pitre] payaso *m* **2.** HIST bufón *m*.

bouge [buʒ] nm **1.** [taudis] cuchitril *m* **2.** [café] antro *m*.

bougeoir [buʒwaʀ] nm palmatoria *f*.

bougeotte [buʒɔt] nf ▸ **avoir la bougeotte** *fam* ser (un) culo de mal asiento.

bouger [17] [buʒe] ❖ vt [déplacer] mover. ❖ vi **1.** [remuer, sortir] moverse **2.** [vêtement] alterarse, deformarse **3.** [changer] agitarse. ◆ **se bouger** vp *fam* **1.** [faire des efforts] moverse **2.** [se déplacer] apartarse.

bougie [buʒi] nf **1.** [chandelle] vela *f* ESP, veladora *f* AM **2.** [de moteur] bujía *f*.

bougon, onne [bugɔ̃, ɔn] adj & nm, f gruñón(ona).

bougonner [3] [bugɔne] vi *fam* refunfuñar.

bougre, esse [bugʀ, ɛs] nm, f *fam* tipo *m*, -pa *f* ▸ **bon bougre** buen tipo ▸ **pauvre bougre** pobre diablo *m*.
◆ **bougre** nm ▸ **bougre d'imbécile !** *fam* ¡pedazo de idiota!

boui-boui [bwibwi] (*pl* **bouis-bouis**) nm *fam & péj* tugurio *m*.

bouillabaisse [bujabɛs] nf bullabesa *f*.

bouillant, e [bujɑ̃, ɑ̃t] adj **1.** [eau, café] hirviendo, hirviente **2.** *fig* [tempérament, personne] ardiente.

bouille [buj] nf *fam* [visage] cara *f* ▸ **avoir une bonne bouille** tener una cara simpática.

bouilleur de cru [bujœʀdəkʀy] nm [distillateur] cosechero *m* destilador.

bouilli, e [buji] adj hervido(da). ◆ **bouilli** nm CULIN cocido *m*.

bouillie [buji] nf [de bébé] papilla *f* ▸ **réduire en bouillie a)** [légumes] hacer puré de **b)** [personne] hacer papilla.

bouillir [48] [bujiʀ] vi **1.** [liquide] hervir ▸ **faire bouillir qqch** hervir algo **2.** *fig* [personne] ▸ **bouillir de qqch** [impatience, colère] arder de algo.

bouilloire [bujwaʀ] nf hervidora *f*.

bouillon [bujɔ̃] nm **1.** [soupe] caldo *m* **2.** [bouillonnement] borbotón *m* ▸ **à gros bouillons** a borbotones. ◆ **bouillon de culture** nm caldo *m* de cultivo.

bouillonnant, e [bujɔnɑ̃, ɑ̃t] adj [liquide, torrent] borbotante, borboteante, borbollante ▸ **bouillonnant de colère** *fig* rojo de ira ▸ **bouillonnant de vie / d'idées** *fig* rebosante de vida / de ideas.

bouillonnement [bujɔnmɑ̃] nm [d'idées, des esprits] ebullición *f*.

bouillonner [3] [bujɔne] vi **1.** [liquide, torrent] borbotear, borbollar **2.** *fig* [s'agiter] hervir.

bouillotte [bujɔt] nf bolsa *f* de agua caliente.

boul. *abr écrite de* **boulevard**.

boulanger, ère [bulɑ̃ʒe, ɛʀ] adj & nm, f panadero(ra).

boulangerie [bulɑ̃ʒʀi] nf panadería *f*.

boulangerie-pâtisserie [bulɑ̃ʒʀipatisʀi] (*pl* **boulangeries-pâtisseries**) nf panadería bollería *f*.

boule [bul] nf **1.** [de billard, de pétanque] bola *f*; [de loto] ficha *f* ▸ **boule de neige** bola de nieve ▸ **boules Quiès®** tapones *mpl* para los oídos ▸ **faire boule de neige** *fig* hacerse una bola de nieve **2.** INFORM ▸ **boule de commande** bola *f* de seguimiento **3.** EXPR **perdre la boule** *fam* perder la chaveta ▸ **se mettre en boule** *fam* ponerse histérico(ca). ◆ **boules** nfpl *fam* ▸ **avoir les boules a)** [avoir peur] no tenerlas todas consigo **b)** [être furieux] estar furioso.

bouleau [bulo] nm abedul *m*.

bouledogue [buldɔg] nm buldog *m*.

bouler [3] [bule] vi *fam* ▸ **envoyer bouler qqn** mandar a alguien a freír espárragos OU a hacer gárgaras.

boulet [bulɛ] nm **1.** [de canon] bala *f* ▸ **tirer à boulets rouges sur qqn** poner a alguien por los suelos **2.** [de forçat] grillete *m* **3.** *fig* [fardeau] cruz *f*.

boulette [bulɛt] nf **1.** [de pain, papier] bolita *f* **2.** [de viande] albóndiga *f* **3.** *fam* & *fig* [bévue] ▸ **faire une boulette** meter la pata.

boulevard [bulvaʀ] nm **1.** [rue] bulevar *m* **2.** THÉÂTRE comedia *f* ligera. ◆ **Grands Boulevards** nm ▸ **les Grands Boulevards** *bulevares parisinos que van de la plaza République a la Madeleine.*

bouleversant, e [bulvɛʀsɑ̃, ɑ̃t] adj conmovedor(ra).

bouleversé, e [bulvɛʀse] adj emocionado(da).

bouleversement [bulvɛʀsəmɑ̃] nm **1.** [émotion] conmoción *f* **2.** [changement] alteración *f*.

bouleverser [3] [bulvɛʀse] vt **1.** [émouvoir] conmocionar, trastornar **2.** [modifier] perturbar **3.** [mettre en désordre] revolver.

boulgour [bulguʀ] nm (trigo) bulgur *m* / ***salade / gratin de boulgour*** ensalada *f* / gratén *m* de bulgur.

boulier [bulje] nm ábaco *m*.

boulimie [bulimi] nf bulimia *f* ▸ **boulimie de qqch** *fig* hambre *f* de algo.

boulimique [bulimik] adj & nmf MÉD bulímico(ca).

bouliste [bulist] nmf jugador *m*, -ra *f (de petanca)*.

Boulle [bul] npr ▸ **l'école Boulle** *escuela parisiense de ebanistas y decoradores de interior*.

boulon [bulɔ̃] nm perno *m*.

boulonner [3] [bulɔne] ◆ vt [visser] empernar. ◆ vi *fam* [travailler] currar.

boulot¹ [bulo] nm *fam* trabajo *m*.

boulot², otte [bulo, ɔt] adj [rondelet] regordete(ta).

boum [bum] ◆ interj ¡pumba! ◆ nm **1.** [bruit] pum *m* **2.** *fig* [succès] boom *m*. ◆ nf *fam* [fête] fiesta *f*.

bouquet [bukɛ] nm **1.** [de fleurs] ramo *m* ▸ **bouquet garni** CULIN ramillete *m* de hierbas aromáticas **2.** [du vin] buqué *m* **3.** [de feu d'artifice] castillo *m (de fuegos artificiales)* **4.** TV ▸ **bouquet de programmes** paquete *m* de programas ▸ **bouquet numérique** plataforma *f* digital **5.** [crevette] langostino *m* **6.** EXPR **c'est le bouquet !** *fam* ¡es el colmo!

bouquetin [buktɛ̃] nm cabra *f* montés.

bouquin [bukɛ̃] nm *fam* libro *m*.

bouquiner [3] [bukine] vt & vi *fam* leer.

bouquiniste [bukinist] nmf *librero de viejo en los muelles del Sena*.

bourbeux, euse [buʀbø, øz] adj fangoso(sa).

bourbier [buʀbje] nm **1.** [lieu] barrizal *m* **2.** *fig* [situation] lodazal *m*.

bourbon [buʀbɔ̃] nm [whisky] bourbon *m*.

bourde [buʀd] nf **1.** [baliverne] bola *f (mentira)* **2.** *fam* [erreur] ▸ **faire une bourde** meter la pata.

bourdon [buʀdɔ̃] nm **1.** [insecte] abejorro *m* **2.** [cloche] campana *f* mayor **3.** EXPR **avoir le bourdon** *fam* tener morriña.

bourdonnement [buʀdɔnmɑ̃] nm **1.** [d'insecte, de moteur] zumbido *m* **2.** [de voix] murmullo *m* **3.** MÉD ▸ **avoir des bourdonnements d'oreilles** zumbarle a alguien los oídos.

bourdonner [3] [buʀdɔne] vi zumbar.

bourg [buʀ] nm villa *f*.

bourgade [buʀgad] nf aldea *f*.

bourgeois, e [buʀʒwa, az] ◆ adj **1.** [gén] burgués(esa) **2.** [cuisine] casero(ra). ◆ nm, f burgués *m*, -esa *f*.

bourgeoisie [buʀʒwazi] nf burguesía *f*.

bourgeon [buʀʒɔ̃] nm yema *f*.

bourgeonner [buʀʒɔne] vi BOT brotar, echar brotes.

bourgmestre [buʀgmɛstʀ] nm burgomaestre *m*.

bourgogne [buʀgɔɲ] nm [vin] borgoña *m*.

Bourgogne [buʀgɔɲ] npr ▸ **la Bourgogne** Borgoña.

bourguignon, onne [buʀgiɲɔ̃, ɔn] adj borgoñón(ona). ◆ **Bourguignon, onne** nm, f borgoñón *m*, -ona *f*.

bourlinguer [3] [buʀlɛ̃ge] vi *fam* & *fig* correr mundo.

bourrade [buʀad] nf empujón *m*.

bourrage [buʀaʒ] nm [de coussin] relleno *m*. ◆ **bourrage de crâne** nm *fam* **1.** [bachotage] empollada *f* **2.** [propagande] comida *f* de coco.

bourrasque [buʀask] nf borrasca *f*.

bourratif, ive [buʀatif, iv] adj *fam* pesado(da).

bourre [buʀ] nf **1.** [de poils, de laine] borra *f* **2.** EXPR **être à la bourre** *fam* ir retrasado(da).

bourré, e [buʀe] adj *fam* **1.** [plein] abarrotado(da) **2.** [ivre] borracho(cha) ESP, curda AM. ◆ **bourrée** nf *baile folclórico del centro de Francia*.

bourreau [buʀo] nm verdugo *m* ▸ **bourreau des cœurs** rompecorazones *m inv* ▸ **bourreau de travail** fiera *mf* para el trabajo.

bourrelé, e [buʀle] ⟶ **remords**.

bourrelet [buʀlɛ] nm **1.** [de graisse] michelín *m* **2.** [de porte] burlete *m*.

bourrer [3] [buʀe] vt **1.** [coussin] rellenar **2.** [valise] abarrotar; [fusil, pipe] cargar **3.** *fam* [gaver] atiborrar ▸ **ça bourre !** ¡llena! ◆ **se bourrer** vp *fam* **1.** [se gaver] atiborrarse ▸ **se bourrer de qqch** atiborrarse de algo **2.** [se soûler] emborracharse.

bourricot [buʀiko] nm borriquillo *m*.

bourrique [buʀik] nf **1.** [ânesse] burra *f* ▸ **faire tourner qqn en bourrique** *fam* volver a alguien tarumba OU loco(ca) **2.** *fam* [personne] burro *m*, -rra *f*.

bourru, e [buʀy] adj *fig* huraño(ña).

bourse [buʀs] nf **1.** [porte-monnaie] monedero *m* ▸ **sans bourse délier** sin aflojar la bolsa **2.** [d'études] beca *f*. ◆ **Bourse** nf FIN Bolsa *f* ▸ **Bourse de commerce** bolsa de comercio, lonja *f* ▸ **Bourse des valeurs** bolsa de valores.

boursicoter [3] [buʀsikɔte] vi jugar a la Bolsa.

boursier, ère [buʀsje, ɛʀ] ◆ adj **1.** [élève] becario(ria) **2.** FIN bursátil. ◆ nm, f **1.** [étudiant] becario *m*, -ria *f* **2.** FIN bolsista *mf*.

boursouflé, e [buʀsufle] adj hinchado(da).

boursoufler [3] [buʀsufle] vt abotargar.

boursouflure [buʀsuflyʀ] nf [du visage, des yeux, d'une plaie] hinchazón *f*; [de la peinture] vejiga *f*, ampolla *f*.

bous ⟶ **bouillir**.

bousculade [buskylad] nf **1.** [cohue] avalancha *f* **2.** [précipitation] prisa *f*.

bousculer [3] [buskyle] vt **1.** [pousser] empujar, dar un empujón a **2.** [presser] meter prisa a **3.** *fig* [idées reçues, habitudes] tirar, hacer caer. ◆ **se bousculer** vp atropellarse.

bouse [buz] nf ▸ **bouse (de vache)** boñiga *f* (de vaca).

bousiller [3] [buzije] vt *fam* **1.** [bâcler] chapucear **2.** [casser] cargarse.

boussole [busɔl] nf brújula *f*.

bout [bu] nm **1.** [extrémité] punta *f* **2.** [fin] final *m* ▸ **bout à bout** uno a continuación del otro, una a continuación de la otra ▸ **au bout de qqch** al cabo de algo ▸ **d'un bout à l'autre** de punta a punta, de cabo a rabo ▸ **jusqu'au bout** hasta el final ▸ **au bout du compte** al fin y al cabo ▸ **être à bout d'arguments** quedarse sin argumentos ▸ **être à bout de forces / de souffle** quedarse sin fuerzas/sin aliento ▸ **être au bout du rouleau** estar en las últimas ▸ **ne pas être au bout de ses peines** no acabarse la historia ahí ▸ **pousser qqn à bout** sacar a alguien de sus casillas ▸ **venir à bout de** acabar con ▸ **voir** OU **apercevoir le bout du tunnel** *fig* ver el final del túnel **3.** [morceau] trozo *m* **4.** EXPR **à bout portant** a quemarropa, a bocajarro ▸ **à tout bout de champ** cada dos por tres ▸ **du bout des lèvres** [avec réticence] de labios para fuera ▸ **mener qqn par le bout du nez** manejar a alguien como a un títere ▸ **(ne pas) arriver à joindre les deux bouts** (no) llegar a fin de mes. ◆ **bout de chou** nm *fam* [petit enfant] chiquitín *m*, -ina *f*.

boutade [butad] nf broma *f*.

boute-en-train [butɑ̃tʀɛ̃] nm inv alma *f* ▸ **le boute-en-train de la soirée** el alma de la fiesta.

bouteille [butɛj] nf botella *f* ▸ **mettre en bouteilles** embotellar ▸ **prendre de la bouteille** *fam* [vieillir] hacerse viejo(ja).

boutique [butik] nf tienda *f* ▸ **boutique hors-taxes** tienda libre de impuestos ▸ **boutique en ligne** tienda en línea ▸ **boutique de mode** boutique *f*, tienda de moda ▸ **fermer boutique** cerrar el negocio ▸ **parler boutique** hablar del trabajo.

bouton [butɔ̃] nm **1.** COUT & ÉLECTR botón *m* ▸ **bouton de manchette** gemelo *m* ▸ **bouton de réglage** botón de ajuste ▸ **bouton de sonnette** timbre *m* **2.** [sur la peau] grano *m* **3.** [de porte] tirador *m* **4.** [bourgeon] botón *m*, yema *f*.

bouton-d'or [butɔ̃dɔʀ] (*pl* **boutons-d'or**) nm botón *m* de oro.

boutonner [3] [butɔne] vt abotonar. ◆ **se boutonner** vp [vêtement] abotonarse.

boutonneux, euse [butɔnø, øz] adj lleno(na) de granos.

boutonnière [butɔnjɛʀ] nf ojal *m*.

bouton-pression [butɔ̃pʀesjɔ̃] (*pl* **boutons-pression**) nm cierre *m*, presilla *f*.

bouture [butyʀ] nf esqueje *m*.

bouvier [buvje] nm [chien] perro *m* pastor belga.

bouvreuil [buvʀœj] nm [oiseau] gorrión *m*.

bovidé [bɔvide] nm bóvido *m*.

bovin, e [bɔvɛ̃, in] adj **1.** [animal] bovino(na), vacuno(na) **2.** *fig* [regard] bovino(na). ◆ **bovin** nm bovino *m*.

bowling [buliŋ] nm **1.** [jeu] bolos *mpl* **2.** [lieu] bolera *f*.

box [bɔks] (*pl* **boxes**) nm box *m*; [pour voiture] cochera *f*, garaje *m* ▸ **le box des accusés** el banquillo de los acusados.

boxe [bɔks] nf boxeo *m* ESP, box *m* AM.

boxer[1] [bɔkse] ◆ vi boxear. ◆ vt dar puñetazos a.

boxer² [bɔksɛʀ] nm [chien] bóxer *m*.

boxeur [bɔksœʀ] nm boxeador *m*.

box-office [bɔksɔfis] (*pl* **box-offices**) nm taquilla *f*, boletería *f* AM ▸ **être en tête du box-office** ser un éxito de taquilla ou de boletería AM.

boyau [bwajo] nm **1.** [chambre à air] tubular *m* **2.** [corde] cuerda *f (de tripa)* **3.** [galerie] galería *f* estrecha. ◆ **boyaux** nmpl [intestins] tripas *fpl*.

boycott [bɔjkɔt] nm boicot *m*, boycot *m*.

boycotter [3] [bɔjkɔte] vt boicotear.

boy-scout [bɔjskut] (*pl* **boy-scouts**) nm *vieilli* boy scout *m*.

BP (*abr de* **boîte postale**) nf Apdo.

bracelet [bʀaslɛ] nm **1.** [bijou] pulsera *f* **2.** [de montre] correa *f*.

bracelet-montre [bʀaslɛmɔ̃tʀ] (*pl* **bracelets-montres**) nm reloj *m* de pulsera.

braconnage [bʀakɔnaʒ] nm [chasse] caza *f* furtiva ; [pêche] pesca *f* furtiva.

braconner [3] [bʀakɔne] vi [chasser] practicar la caza furtiva ; [pêcher] practicar la pesca furtiva.

braconnier, ère [bʀakɔnje, ɛʀ] nm **1.** [chasseur] cazador furtivo *m*, cazadora furtiva *f* **2.** [pêcheur] pescador furtivo *m*, pescadora furtiva *f*.

brader [3] [bʀade] vt liquidar / *on brade !* ¡rebajamos las rebajas!

braderie [bʀadʀi] nf liquidación *f*.

braguette [bʀagɛt] nf bragueta *f*.

braille [bʀaj] nm braille *m*.

braillement [bʀajmɑ̃] nm *péj* berrido *m*.

brailler [3] [bʀaje] ❖ vi berrear. ❖ vt cantar a grito pelado.

braire [112] [bʀɛʀ] vi rebuznar.

braise [bʀɛz] nf brasa *f* ▸ **cuire sous la braise** asar a la brasa ▸ **de braise** [yeux, regard] ardiente.

braiser [4] [bʀeze] vt CULIN estofar.

bramer [3] [bʀame] vi bramar.

brancard [bʀɑ̃kaʀ] nm **1.** [civière] camilla *f* **2.** [d'attelage] varal *m* ▸ **ruer dans les brancards** *fig* montar el cirio.

brancardier, ère [bʀɑ̃kaʀdje, ɛʀ] nm, f camillero *m*, -ra *f*.

branchage [bʀɑ̃ʃaʒ] nm ramaje *m*.

branche [bʀɑ̃ʃ] nf **1.** [d'arbre] rama *f* ▸ **en branches** [épinards, céleri] en rama **2.** [de lunettes] patilla *f* **3.** [de compas] pierna *f* **4.** [secteur, discipline] ramo *m*.

branché, e [bʀɑ̃ʃe] adj *fam* [à la mode] moderno(na).

branchement [bʀɑ̃ʃmɑ̃] nm conexión *f*.

brancher [3] [bʀɑ̃ʃe] vt **1.** [à une prise] enchufar **2.** [à un réseau] conectar **3.** *fam* [orienter] ▸ **brancher qqn sur qqch** orientar a alguien hacia algo **4.** *fam* [plaire à] molar / *ça te branche de venir au ciné ?* ¿te molaría venir al cine?

branchies [bʀɑ̃ʃi] nfpl branquias *fpl*.

brandade [bʀɑ̃dad] nf ▸ **brandade de morue** *puré de bacalao y patatas*.

brandir [32] [bʀɑ̃diʀ] vt blandir.

branlant, e [bʀɑ̃lɑ̃, ɑ̃t] adj [meuble] cojo(ja).

branle [bʀɑ̃l] nm ▸ **mettre en branle** poner en marcha.

branle-bas [bʀɑ̃lba] nm inv trajín *m* ▸ **branle-bas de combat** zafarrancho *m* de combate.

branler [3] [bʀɑ̃le] ❖ vi [être instable] bambolearse. ❖ vt **1.** [hocher] ▸ **branler la tête** menear la cabeza **2.** *tfam* [faire] hacer / *mais qu'est-ce qu'il branle ?* ¿pero qué narices hace? ◆ **se branler** vp *vulg* hacerse una paja ▸ **je m'en branle** me la suda.

branleur, euse [bʀɑ̃lœʀ, øz] nm, f *vulg* [bon à rien] gandul *m*, -ula *f*.

braquage [bʀakaʒ] nm **1.** AUTO giro *m (del volante)* **2.** [attaque] atraco *m*.

braquer [3] [bʀake] ❖ vt **1.** [diriger] ▸ **braquer qqch sur qqch / sur qqn** a) [arme] apuntar a algo / a alguien con algo b) [lampe] dirigir algo hacia algo / hacia alguien c) [regard] fijar algo en algo / en alguien **2.** [contrarier] llevar la contraria a **3.** *fam* [attaquer] atracar. ❖ vi girar. ◆ **se braquer** vp [personne] rebotarse.

bras [bʀa] nm brazo *m* ▸ **bras droit** *fig* brazo derecho, mano *f* derecha ▸ **bras de fer** [jeu] pulso *m* ▸ **bras de mer** brazo de mar ▸ **à bras ouverts** con los brazos abiertos ▸ **bras dessus bras dessous** (cogidos) del brazo ▸ **le bras en écharpe** el brazo en cabestrillo ▸ **avoir le bras long** tener mucha influencia ▸ **baisser les bras** darse por vencido(da) ▸ **en bras de chemise** en mangas de camisa ▸ **donner le bras à qqn** dar el brazo a alguien ▸ **les bras ballants** sin hacer nada ▸ **les bras m'en tombent !** *fam* ¡no me lo puedo creer! ▸ **se croiser les bras** *fig* cruzarse de brazos ▸ **se jeter dans les bras de qqn** [l'embrasser] fundirse en un abrazo ▸ **tomber à bras raccourcis sur qqn** a) [le frapper] dar una paliza a alguien b) [le critiquer] fustigar a alguien.

brasier [bʀazje] nm hoguera *f*.

Brasilia [bʀazilja] npr Brasilia.

bras-le-corps [bʀalkɔʀ] ◆ **à bras-le-corps** loc adv por la cintura.

brassage [bʀasaʒ] nm **1.** [de bière] braceado *m* **2.** *fig* [mélange] mezcla *f*.

brassard [bʀasaʀ] nm brazalete *m*.

brasse [bʀas] nf [nage] braza *f* ▸ **brasse papillon** mariposa *f*.

brassée [bʀase] nf brazada *f*.

brasser [3] [bʀase] vt **1.** [mélanger] remover ▸ **brasser la bière** elaborar cerveza **2.** *fig* [manipuler] ▸ **brasser de l'argent** manejar dinero.

brasserie [bʀasʀi] nf **1.** [café-restaurant] café restaurante *m* **2.** [usine de bière] cervecería *f*.

brasseur, euse [brasœr, øz] nm, f **1.** [de bière] cervecero *m*, -ra *f* **2.** [nageur] bracista *mf*.
◆ **brasseur d'affaires** nm hombre *m* de negocios.

brassière [brasjɛr] nf **1.** [de bébé] camisita *f* **2.** [gilet de sauvetage] chaleco *m* salvavidas **3.** QUÉBEC [soutien-gorge] sujetador *m*.

Bratislava [bratislava] npr Bratislava.

bravade [bravad] nf bravata *f* ▸ **par bravade** para provocar.

brave [brav] ◈ adj **1.** [courageux] valiente **2.** [naïf] inocentón(ona) / ***un brave homme*** un buen hombre.
◈ nm ▸ **mon brave** amigo mío.

bravement [bravmɑ̃] adv valientemente.

braver [3] [brave] vt **1.** [défier] desafiar **2.** [mépriser] afrontar.

bravo [bravo] ◈ interj [approbation] ¡bravo! ◈ nm [applaudissement] bravo *m*.

bravoure [bravur] nf valentía *f*.

BRB (*abr de* **Brigade de répression du banditisme**) nf *cuerpo especial de la policía francesa para la lucha contra el crimen* ▸ **les policiers de la BRB** los policías de la BRB.

break [brɛk] nm **1.** *fam* pausa *f* ▸ **faire un break** hacer una pausa **2.** SPORT break *m* ▸ **faire le break** romper el juego, hacer un break.

breakdance [brɛkdɛns] nm breakdance *m*.

brebis [brəbi] nf oveja *f* ▸ **brebis galeuse** *fig* oveja negra.

brèche [brɛʃ] nf brecha *f* ▸ **être toujours sur la brèche** [au travail] estar siempre en la brecha ▸ **battre qqn en brèche** atacar a alguien por sistema.

bredouille [brəduj] adj ▸ **être / rentrer bredouille** tener / volver con las manos vacías.

bredouillement [brədujmɑ̃] nm balbuceo *m*.

bredouiller [3] [brəduje] vi & vt balbucear.

bref, brève [brɛf, brɛv] adj breve. ◆ **bref** adv resumiendo, en resumen ▸ **en bref** en pocas palabras.
◆ **brève** nf **1.** PRESSE noticia *f* breve **2.** MUS breve *f*.

breloque [brəlɔk] nf colgante *m*, dije *m*.

brème [brɛm] nf **1.** [poisson] brema *f* **2.** *fam* [carte à jouer] naipe *m*.

Brésil [brezil] npr ▸ **le Brésil** (el) Brasil.

brésilien, enne [breziljɛ̃, ɛn] adj brasileño(ña) ESP, brasilero(ra) AM. ◆ **Brésilien, enne** nm, f brasileño *m*, -ña *f* ESP, brasilero *m*, -ra *f* AM.

Bretagne [brətaɲ] npr ▸ **la Bretagne** (la) Bretaña.

bretelle [brətɛl] nf **1.** (*gén pl*) [de vêtement] tirante *m* ESP, breteles *mpl* AM **2.** [de fusil] bandolera *f* **3.** [d'autoroute] enlace *m*.

breton, onne [brətɔ̃, ɔn] adj bretón(ona).
◆ **breton** nm LING bretón *m*.
◆ **Breton, onne** nm, f bretón *m*, -ona *f*.

breuvage [brœvaʒ] nm brebaje *m*.

brève ⟶ **bref**.

brevet [brəvɛ] nm **1.** [certificat, diplôme] diploma *m* ; [au collège] *diploma de primer ciclo de secundaria* ▸ **brevet de technicien** diploma técnico **2.** [d'invention] patente *f* ▸ **déposer un brevet** patentar algo.

breveté, e [brəvte] adj [invention] patentado(da).

breveter [27] [brəvte] vt patentar ▸ **faire breveter qqch** patentar algo.

bréviaire [brevjɛr] nm breviario *m*.

bribe [brib] nf (*gén pl*) fragmento *m* ▸ **saisir des bribes de conversation** oír una conversación a medias.

bric-à-brac [brikabrak] nm inv batiburrillo *m*.

bricolage [brikɔlaʒ] nm **1.** [travail manuel] bricolaje *m* **2.** [réparation provisoire, travail bâclé] chapuza *f*.

bricole [brikɔl] nf **1.** [objet] tontería *f* **2.** *fig* [fait insignifiant] menudencia *f*.

bricoler [3] [brikɔle] ◈ vi **1.** [faire des travaux manuels] hacer bricolaje **2.** *fam* [faire toute espèce de métiers] hacer un poco de todo. ◈ vt *fam* **1.** [réparer] arreglar **2.** [fabriquer] hacer.

bricoleur, euse [brikɔlœr, øz] ◈ adj mañoso(sa).
◈ nm, f manitas *mf*.

bride [brid] nf **1.** [de cheval] brida *f* ▸ **à bride abattue** a rienda suelta ▸ **lâcher la bride à qqn** dar rienda suelta a alguien **2.** [de chapeau] cinta *f* **3.** COUT [boutonnière] presilla *f* **4.** TECHNOL brida *f*.

bridé, e [bride] adj [yeux] rasgado(da).

brider [3] [bride] vt **1.** [cheval] embridar **2.** *fig* [contenir] refrenar.

bridge [bridʒ] nm **1.** [jeu de cartes] bridge *m* **2.** [prothèse dentaire] puente *m*.

brie [bri] nm *queso de la región de Brie*.

briefer [3] [brife] vt poner al tanto.

briefing [brifiŋ] nm briefing *m*.

brièvement [brijɛvmɑ̃] adv brevemente.

brièveté [brijɛvte] nf brevedad *f*.

brigade [brigad] nf **1.** MIL destacamento *m* ▸ **brigade antigang** *unidad de policía encargada de la lucha contra el crimen organizado* ▸ **brigade des mœurs** *unidad de policía encargada de la lucha contra la prostitución y la pornografía* ▸ **brigade des stupéfiants** brigada *f* de estupefacientes ; ≃ (brigada) antivicio *f* **2.** [d'ouvriers, d'employés] brigada *f*.

brigadier [brigadje] nm **1.** MIL general *m* de brigada **2.** [de police] cabo *m*.

brigand [brigɑ̃] nm **1.** [bandit] bandolero *m* **2.** [homme malhonnête] sinvergüenza *mf*.

brigandage [brigɑ̃daʒ] nm **1.** [vol à main armée] bandidaje *m* **2.** [action malhonnête] fechoría *f*.

briguer [3] [brige] vt *sout* anhelar ▸ **briguer un poste** pretender un puesto.

brillamment [brijamɑ̃] adv brillantemente.

brillant, e [bʀijɑ̃, ɑ̃t] adj brillante ESP, brilloso(sa) AM. ◆ **brillant** nm **1.** [diamant] brillante *m* **2.** [éclat] brillo *m*.

brillantine [bʀijɑ̃tin] nf brillantina *f*.

briller [3] [bʀije] vi brillar.

brimade [bʀimad] nf **1.** [vexation] humillación *f* **2.** [de bizutage] novatada *f*.

brimer [3] [bʀime] vt humillar.

brin [bʀɛ̃] nm **1.** [de paille, muguet] brizna *f* ▸ **brin d'herbe** brizna de hierba **2.** [fil] hilo *m* **3.** *fam* [petite quantité] ▸ **un brin (de)** una pizca (de) ▸ **faire un brin de toilette** lavarse un poco por encima ▸ **ne pas avoir un brin de jugeote** no tener dos dedos de frente **4.** EXPR **un beau brin de fille** *fam* una buena ou real moza.

brindille [bʀɛ̃dij] nf ramita *f*.

bringue [bʀɛ̃g] nf *fam* **1.** [femme] ▸ **une grande bringue** una mujer desgarbada **2.** [fête] marcha *f* ▸ **faire la bringue** irse de marcha.

bringuebaler, brinquebaler [3] [bʀɛ̃gbale] vi bambolearse.

brio [bʀijo] nm [talent] ingenio *m* ▸ **avec brio** brillantemente.

brioche [bʀijɔʃ] nf **1.** [pâtisserie] brioche *m*, bollo *m* **2.** *fam* [gros ventre] barriga *f*.

brioché, e [bʀijɔʃe] adj de brioche.

brique [bʀik] ◆ adj inv [couleur] teja *(en apposition)*. ◆ nf **1.** [pierre] ladrillo *m* **2.** [emballage] tetrabrik® *m*.

briquer [3] [bʀike] vt dar lustre a, sacar brillo a.

briquet [bʀikɛ] nm encendedor *m*, mechero *m*.

briqueterie [bʀikɛtʀi] nf ladrillera *f*.

briquette [bʀikɛt] nf tetra brik® *m* pequeño, tetra briks pequeños.

bris [bʀi] nm **1.** DR [destruction] rotura *f* ▸ **bris de glace** rotura de luna **2.** *(gén pl)* [morceau] trozos *mpl*.

brisant [bʀizɑ̃] nm [écueil] rompiente *m*. ◆ **brisants** nmpl [vagues] *espuma que se forma en los rompientes*.

brise [bʀiz] nf brisa *f*.

brisé, e [bʀize] adj [ligne, pâte] quebrado(da) ▸ **un arc brisé** un arco ojival ▸ **brisé de fatigue** destrozado por el cansancio. ◆ **brisées** nfpl ▸ **aller** ou **marcher sur les brisées de qqn** *sout* rivalizar con alguien.

brise-glace, brise-glaces [bʀizglas] nm inv **1.** [navire] rompehielos *m inv* **2.** [de pont] espolón *m*, tajamar *m*.

brise-jet [bʀizʒɛ] nm inv alcachofa *f (de ducha)*.

brise-lames [bʀizlam] nm inv rompeolas *m inv*.

brise-mottes [bʀizmɔt] nm inv rodillo *m* de discos.

briser [3] [bʀize] vt **1.** [objet, grève] romper **2.** [carrière, espoir] destrozar **3.** [résistance, orgueil] vencer **4.** [cœur] romper. ◆ **se briser** vp **1.** [gén] romperse **2.** [espoir] venirse abajo **3.** [effort] fracasar.

briseur, euse [bʀizœʀ, øz] nm, f ▸ **briseur de grève** esquirol *m*.

bristol [bʀistɔl] nm **1.** [papier] bristol *m* **2.** *vieilli* [carte de visite] tarjeta *f* (de visita).

britannique [bʀitanik] adj británico(ca). ◆ **Britannique** nmf británico *m*, -ca *f*.

broc [bʀo] nm jarra *f*.

brocante [bʀɔkɑ̃t] nf antigüedades *fpl*.

brocanteur, euse [bʀɔkɑ̃tœʀ, øz] nm, f anticuario *m*, -ria *f*.

brocart [bʀɔkaʀ] nm brocado *m*.

broche [bʀɔʃ] nf **1.** [bijou] broche *m* **2.** CULIN pincho *m* ▸ **cuire à la broche** asar en el espetón **3.** MÉD clavo *m* **4.** ÉLECTR enchufe *m* macho **5.** [de métier à filer] broca *f*.

broché, e [bʀɔʃe] adj **1.** [tissu] briscado(da) **2.** [livre] en rústica.

brochet [bʀɔʃɛ] nm lucio *m*.

brochette [bʀɔʃɛt] nf **1.** [ustensile, couvert] pincho *m* **2.** *fam* & *fig* [groupe] ramillete *m*.

brochure [bʀɔʃyʀ] nf **1.** [imprimé] folleto *m* **2.** [de livre] encuadernación *f (en rústica)* **3.** [de tissu] briscado *m*.

brocoli [bʀɔkɔli] nm brécol *m*.

brodequin [bʀɔdkɛ̃] nm borceguí *m*.

broder [3] [bʀɔde] ◆ vt **1.** [tissu] bordar **2.** *fig* [histoire] adornar. ◆ vi *fig* [exagérer] exagerar.

broderie [bʀɔdʀi] nf bordado *m*.

broie ⟶ **broyer**.

bromure [bʀɔmyʀ] nm bromuro *m*.

bronche [bʀɔ̃ʃ] nf bronquio *m*.

broncher [3] [bʀɔ̃ʃe] vi rechistar ▸ **sans broncher** sin rechistar.

bronchiolite [bʀɔ̃kjɔlit] nf bronquiolitis *f*.

bronchite [bʀɔ̃ʃit] nf bronquitis *f inv*.

bronzage [bʀɔ̃zaʒ] nm bronceado *m*.

bronzant, e [bʀɔ̃zɑ̃, ɑ̃t] adj bronceador(ra).

bronze [bʀɔ̃z] nm bronce *m*.

bronzé, e [bʀɔ̃ze] adj bronceado(da), moreno(na).

bronzer [3] [bʀɔ̃ze] vi broncearse.

brosse [bʀɔs] nf **1.** [ustensile] cepillo *m* ESP, escobilla *f* AM ▸ **brosse à cheveux / à dents / à habits** cepillo para el pelo / de dientes / para la ropa ▸ **en brosse** [coiffure] al cepillo **2.** [pinceau] brocha *f*.

brosser [3] [bʀɔse] vt **1.** [cheveux, habits] cepillar **2.** [paysage, portrait] bosquejar. ◆ **se brosser** vp **1.** [se nettoyer] cepillarse ▸ **se brosser les cheveux / les dents** cepillarse el pelo / los dientes **2.** EXPR **tu peux toujours te brosser** *fam* puedes esperar sentado(da).

brou [bʀu] ◆ **brou de noix** nm **1.** [liqueur] licor *m* de cáscara de nuez **2.** [teinture] nogalina *f*.

brouet [bʀuɛ] nm caldo *m* claro.

brouette [bʀuɛt] nf carretilla *f*.

brouhaha [bʀuaa] nm guirigay *m*.

brouillage [bʀujaʒ] nm RADIO interferencia *f*.

brouillard [bʀujaʀ] nm niebla *f* ▸ **brouillard givrant** niebla helada ▸ **être dans le brouillard** *fig* no enterarse.

brouille [bʀuj] nf desavenencia *f*.

brouillé, e [bʀuje] adj **1.** [fâché] : ***il est brouillé avec son père*** ha reñido con su padre / ***il est brouillé avec les mathématiques*** no le entran las matemáticas **2.** [teint] turbado(da) **3.** ⟶ **œuf**.

brouiller [3] [bʀuje] vt **1.** [désunir] separar ▸ **brouiller qqn avec qqch** hacer odiar a alguien algo ▸ **brouiller qqn avec qqn** enfrentar a alguien con alguien **2.** [troubler - vue] nublar ; [- teint] turbar **3.** [rendre confus] confundir **4.** [émission] interferir. ◆ **se brouiller** vp **1.** [se fâcher] pelearse ▸ **se brouiller avec qqn** pelearse con alguien **2.** [vue] nublarse **3.** [devenir confus] confundirse.

brouilleur [bʀujœʀ] nm INFORM distorsionador *m* (de frecuencias).

brouillon, onne [bʀujɔ̃, ɔn] adj **1.** [élève] desordenado(da) **2.** [travail] sucio(cia). ◆ **brouillon** nm borrador *m* ▸ **au brouillon** en sucio.

broussaille [bʀusaj] nf maleza *f* ▸ **en broussaille** [cheveux] enmarañado(da).

broussailleux, euse [bʀusajø, øz] adj **1.** [végétation] cubierto(ta) de maleza **2.** [sourcils] espeso(sa).

brousse [bʀus] nf sabana *f*.

brouter [3] [bʀute] ❖ vt [herbe] pacer. ❖ vi **1.** [animal] pacer **2.** [embrayage] vibrar.

broutille [bʀutij] nf tontería *f*.

broyer [13] [bʀwaje] vt triturar.

broyeur, euse [bʀwajœʀ, øz] adj & nm, f triturador(ra). ◆ **broyeur** nm triturador *m*, trituradora *f* ▸ **broyeur à ordures** triturador de basura.

bru [bʀy] nf *sout* nuera *f*.

brucelles [bʀysɛl] nfpl **1.** [pince fine] bruselas *fpl* **2.** SUISSE [pince à épiler] pinzas *fpl* de depilar.

Bruges [bʀyʒ] npr Brujas.

brugnon [bʀyɲɔ̃] nm nectarina *f*.

bruine [bʀɥin] nf llovizna *f* ESP, garúa *f* AM.

bruiner [3] [bʀɥine] v impers lloviznar, chispear.

bruire [105] [bʀɥiʀ] vi [eau, vent] susurrar ; [étoffe] crujir.

bruissement [bʀɥismɑ̃] nm murmullo *m*, susurro *m*.

bruit [bʀɥi] nm **1.** [son, vacarme] ruido *m* ▸ **faire du bruit** hacer ruido ▸ **sans bruit** sin hacer ruido ▸ **bruit de fond** ruido de fondo **2.** [rumeur] rumor *m* ▸ **le bruit court que…** corre el rumor de que… **3.** [retentissement] ▸ **faire du bruit** *fig* dar mucho de que hablar.

bruitage [bʀɥitaʒ] nm THÉÂTRE, CINÉ & RADIO efectos *mpl* de sonido.

brûlant, e [bʀylɑ̃, ɑ̃t] adj **1.** [objet] ardiendo ; [soleil] abrasador(ra) **2.** [main, front] que arde **3.** [amour] ardiente **4.** [question] candente.

brûlé, e [bʀyle] ❖ adj [calciné] quemado(da) / ***ça sent le caoutchouc brûlé*** huele a caucho quemado / ***mon gâteau est complètement brûlé*** mi bizcocho está completamente quemado. ❖ nm, f quemado *m*, -da *f* ▸ **grand brûlé** quemado grave. ◆ **brûlé** nm **1.** quemado *m* / ***enlève le brûlé sur le gâteau*** quita el quemado del bizcocho ▸ **de brûlé** [odeur, goût] a quemado **2.** EXPR **sentir le brûlé a)** *pr* oler a quemado **b)** *fam* & *fig* oler a chamusquina.

brûle-parfum [bʀylpaʀfœ̃] (*pl* **brûle-parfums**) nm pebetero *m*.

brûle-pourpoint [bʀylpuʀpwɛ̃] ◆ **à brûle-pourpoint** loc adv a quemarropa.

brûler [3] [bʀyle] ❖ vt **1.** [détruire] quemar ; [suj : soleil] abrasar **2.** [irriter] irritar **3.** [feu rouge] saltarse ; [étape] quemar **4.** [café] tostar. ❖ vi **1.** [être détruit] quemarse **2.** *fig* [se consumer] arder ▸ **brûler de** [désir, impatience] arder de ▸ **brûler de faire qqch** arder en deseos de hacer algo. ◆ **se brûler** vp quemarse.

brûlis [bʀyli] nm chamicera *f*.

brûlure [bʀylyʀ] nf **1.** [lésion, marque] quemadura *f* ▸ **brûlure au premier / troisième degré** quemadura de primer / tercer grado **2.** [sensation] ardor *m* ▸ **avoir des brûlures d'estomac** tener ardor de estómago.

brume [bʀym] nf bruma *f*.

brumeux, euse [bʀymø, øz] adj **1.** [temps] nuboso(sa) **2.** *fig* [pensée] sombrío(a).

brun, e [bʀœ̃, bʀyn] ❖ adj **1.** [cheveux] moreno(na) ESP, morocho(cha) AM **2.** [bière, tabac] negro(gra). ❖ nm, f [personne] moreno *m*, -na *f*. ◆ **brun** nm [couleur] castaño *m*. ◆ **brune** nf **1.** [cigarette] cigarrillo *m* negro **2.** [bière] cerveza *f* negra.

brunâtre [bʀynatʀ] adj pardusco(ca).

brunch [bʀœntʃ] nm brunch *m*, desayuno-almuerzo *m*.

bruncher [bʀœnʃe] vi comer el brunch.

brunir [32] [bʀyniʀ] ❖ vt **1.** [peau] tostar **2.** [métal] bruñir. ❖ vi [cheveux] oscurecerse ; [personne] tostarse.

Brushing® [bʀœʃiŋ] nm marcado *m*.

brusque [bʀysk] adj **1.** [gén] brusco(ca) **2.** [départ] precipitado(da).

brusquement [bʀyskəmɑ̃] adv **1.** [soudainement] precipitadamente **2.** [avec brusquerie] bruscamente.

brusquer [3] [bʀyske] vt **1.** [presser] precipitar **2.** [traiter sans ménagement] ser duro(ra) con.

brusquerie [bʀyskəʀi] nf brusquedad *f*.

brut, e [bʀyt] adj **1.** [pétrole, toile] crudo(da) **2.** [pierre, minerai] en bruto **3.** *fig* [donnée, fait] desnudo(da) **4.** ÉCON bruto(ta) **5.** ⟶ **champagne.** ◆ **brute** nf [personne violente] animal *m*.

brutal, e, aux [bʀytal, o] adj **1.** [violent] brutal, violento(ta) ▸ **être brutal avec qqn** comportarse como un animal con alguien **2.** [soudain] repentino(na).

brutalement [bʀytalmɑ̃] adv **1.** [avec violence] brutalmente, con brutalidad **2.** [soudainement] bruscamente, de repente.

brutaliser [3] [bʀytalise] vt maltratar.

brutalité [bʀytalite] nf **1.** [violence] brutalidad *f* **2.** [soudaineté] brusquedad *f.* ◆ **brutalités** nfpl maltratos *mpl*.

Bruxelles [bʀysɛl] npr Bruselas.

bruxellois, e [bʀysɛlwa, az] adj bruselense. ◆ **Bruxellois, e** nm, f bruselense *mf*.

bruyamment [bʀɥijamɑ̃] adv ruidosamente.

bruyant, e [bʀɥijɑ̃, ɑ̃t] adj ruidoso(sa).

bruyère [bʀɥijɛʀ] nf **1.** [plante] brezo *m* **2.** [lande] brezal *m*.

bsr SMS *abr écrite de* **bonsoir**.

b1sur SMS *abr écrite de* **bien sûr**.

BT ❖ nm *abr de* **brevet de technicien.** ❖ nf (*abr de* **basse tension**) BT *f*.

BTA (*abr de* **brevet de technicien agricole**) nm *diploma de peritaje agrícola* ; ≃ FP, rama agraria.

BTP (*abr de* **bâtiment et travaux publics**) nm *sector de la construcción y obras públicas* / *les entreprises de BTP* las empresas de construcción y obras públicas / *le BTP représente 18 % de l'emploi intérimaire total* el sector de la construcción y obras públicas representa el 18 % del empleo temporal total.

BTS (*abr de* **brevet de technicien supérieur**) nm *diploma de técnico superior que se realiza en dos años de estudios después del bachillerato*.

bu, e [by] pp ⟶ **boire**.

BU (*abr de* **bibliothèque universitaire**) nf biblioteca *f* universitaria / *s'inscrire à la BU* inscribirse en la biblioteca universitaria.

buanderie [byɑ̃dʀi] nf lavadero *m*.

Bucarest [bykaʀɛst] npr Bucarest.

buccal, e, aux [bykal, o] adj [cavité] bucal ; [voie] oral.

bûche [byʃ] nf **1.** [bois] tronco *m* **2.** *fam* [chute] ▸ **prendre** OU **ramasser une bûche** pegarse un batacazo **3.** *fam* [lourdaud] pasmarote *m.* ◆ **bûche de Noël** nf tronco *m* de Navidad ; ≃ brazo *m* de gitano.

bûcher[1] [byʃe] nm **1.** [supplice] ▸ **le bûcher** la hoguera **2.** [funéraire] pira *f*.

bûcher[2] [byʃe] vt & vi empollar.

bûcheron, onne [byʃʀɔ̃, ɔn] nm, f leñador *m*, -ra *f*.

bûcheur, euse [byʃœʀ, øz] adj & nm, f empollón(ona).

bucolique [bykɔlik] ❖ adj bucólico(ca). ❖ nf poesía *f* bucólica.

Budapest [bydapɛst] npr Budapest.

budget [bydʒɛ] nm presupuesto *m*.

budgétaire [bydʒetɛʀ] adj presupuestario(ria).

budgéter [bydʒete], **budgétiser** [3] [bydʒetize] vt presupuestar.

buée [bɥe] nf vaho *m*.

Buenos Aires [bɥenozɛʀ] npr Buenos Aires.

buffet [byfɛ] nm **1.** [meuble] aparador *m* **2.** [réception] bufé *m* **3.** [café-restaurant] bar-restaurante *m* ▸ **buffet de gare** bar-restaurante de estación.

buffle [byfl] nm búfalo *m*.

bug = **bogue**.

building [bildiŋ] nm torre *f*, edificio *m* de muchas plantas.

buis [bɥi] nm boj *m*.

buisson [bɥisɔ̃] nm matorral *m*.

buissonnière [bɥisɔnjɛʀ] ⟶ **école**.

Bujumbura [buʒumbuʀa] npr Bujumbura.

bulbe [bylb] nm bulbo *m*.

bulgare [bylgaʀ] ❖ adj búlgaro(ra). ❖ nm LING búlgaro *m.* ◆ **Bulgare** nmf búlgaro *m*, -ra *f*.

Bulgarie [bylgaʀi] npr ▸ **la Bulgarie** Bulgaria.

bulldozer [byldozɛʀ] nm bulldozer *m* ESP, topadora *f* AM.

bulle [byl] nf **1.** [d'air, de gaz & MÉD] burbuja *f* ▸ **bulle de savon** pompa *f* de jabón **2.** *fam* SCOL [zéro] rosco *m* **3.** [de bande dessinée] bocadillo *m* **4.** RELIG bula *f* **5.** INFORM ▸ **bulle d'aide** ayuda *f* flotante, burbuja *f* de ayuda **6.** ÉCON ▸ **bulle financière** burbuja *f* financiera.

buller [3] [byle] vi *fam* zanganear, holgazanear.

bulletin [byltɛ̃] nm **1.** [gén & SCOL] boletín *m* ▸ **bulletin (de la) météo / de santé** parte *m* meteorológico / médico **2.** [certificat] recibo *m* ▸ **bulletin de salaire** OU **de paie** nómina *f.* ◆ **bulletin de vote** nm papeleta *f*.

bulletin-réponse [byltɛ̃ʀepɔ̃s] (*pl* **bulletins-réponse**) nm cupón *m* de respuesta.

bungalow [bœ̃galo] nm bungalow *m*.

bunker [bunkœʀ] nm búnker *m*.

buraliste [byʀalist] nmf estanquero *m*, -ra *f*.

bure [byʀ] nf **1.** [tissu] paño *m* **2.** [vêtement] sayal *m*.

bureau, x [byʀo] nm **1.** [lieu de travail] oficina *f* **2.** [meuble] mesa *f* de despacho **3.** [pièce] despacho *m* **4.** [service] oficina *f* ▸ **bureau d'aide sociale** centro *m* de asistencia social ▸ **bureau de change** oficina de cambio ▸ **bureau de poste** oficina de correos ▸ **bureau de vote** colegio *m* electoral **5.** [de direction] comité *m* **6.** INFORM escritorio *m.* ◆ **bureau d'études** nm gabinete *m* de estudios. ◆ **bureau de tabac** nm estanco *m*.

bureaucrate [byʀokʀat] nmf *péj* burócrata *mf*.

bureaucratie [byʀokʀasi] nf burocracia *f*.

bureaucratique [byʀokʀatik] adj *péj* burocrático(ca).

bureautique [byʀotik] nf ofimática *f*.

burette [byʀɛt] nf **1.** [de mécanicien] aceitera *f* **2.** [de chimiste] bureta *f*.

burin [byʀɛ̃] nm **1.** [outil] buril *m* **2.** [gravure] grabado *m* con buril.

buriné, e [byʀine] adj **1.** [objet] grabado(da) con buril **2.** *fig* [visage, traits] surcado(da) por las arrugas.

burka [buʀka] = **burqa**.

Burkina [byʀkina], **Burkina Faso** npr ▸ **le Burkina** OU **le Burkina Faso** Burkina OU Burkina Faso.

burkinabé [byʀkinabe] adj de Burkina. ◆ **Burkinabé** nmf burquinabe *mf*.

burlesque [byʀlɛsk] ◆ adj **1.** [comique, ridicule] grotesco(ca) **2.** THÉÂTRE burlesco(ca). ◆ nm ▸ **le burlesque** el género burlesco.

burnous [byʀnu] nm albornoz *m*.

burqa, burka [buʀka] nm ou nf burka *m o f*.

burundais, e [buʀundɛ, ɛz] adj burundés(esa). ◆ **Burundais, e** nm, f burundiano *m*, -na *f*.

Burundi [buʀundi] npr ▸ **le Burundi** Burundi.

bus [bys] nm bus *m*.

busard [byzaʀ] nm aguilucho *m*.

buse [byz] nf **1.** [oiseau] cernícalo *m* **2.** [tuyau] boquilla *f* **3.** *fam & fig* [personne] cernícalo *m*.

business [biznɛs] nm *fam* [affaire(s)] negocios *mpl* / *parler business* hablar de negocios ▸ **business angel** inversor *m*, -ra *f* ou inversionista *mf* ángel.

businessman [biznɛsman] (*pl* **businessmen** [biznɛsmɛn] *ou* **businessmans**) nm hombre *m* de negocios.

busqué, e [byske] adj ▸ **nez busqué** nariz aguileñada.

buste [byst] nm busto *m*.

bustier [bystje] nm bustier *m*.

but [byt] nm **1.** [gén] objetivo *m*, meta *f* ▸ **aller droit au but** ir al grano ▸ **toucher au but** alcanzar la meta **2.** [intention] fin *m* ▸ **à but non lucratif** con fines no lucrativos ▸ **dans le but de faire qqch** con el fin de hacer algo **3.** [destination] destino *m* **4.** SPORT gol *m* ▸ **marquer un but** marcar ou meter un gol **5.** EXPR **de but en blanc** de golpe y porrazo.

butane [bytan] nm butano *m*.

buté, e [byte] adj terco(ca). ◆ **butée** nf **1.** ARCHIT contrafuerte *m* **2.** TECHNOL tope *m*.

buter [3] [byte] ◆ vi [se heurter] ▸ **buter sur** ou **contre qqch a)** [pierre] tropezar con algo **b)** *fig* [difficulté] encallarse en algo. ◆ vt *tfam* [tuer] cargarse a. ◆ **se buter** vp [s'entêter] obstinarse.

butin [bytɛ̃] nm botín *m*.

butiner [3] [bytine] vt & vi libar.

butoir [bytwaʀ] nm **1.** [de porte] tope *m* **2.** *fig* [limite] tope *m* ▸ **la date butoir** la fecha tope.

butte [byt] nf **1.** [colline] loma *f* ▸ **butte de tir** espaldón *m* de tiro **2.** EXPR **être en butte à qqch** ser el blanco de algo.

buvable [byvabl] adj **1.** [boisson] potable **2.** [ampoule] bebible.

buvard [byvaʀ] nm **1.** [papier] papel *m* secante **2.** [sous-main] secafirmas *m inv*.

buvette [byvɛt] nf **1.** [de gare, théâtre] bar *m* **2.** [de station thermale] fuente *f* de aguas termales.

buveur, euse [byvœʀ, øz] nm, f bebedor *m*, -ra *f*.

buvons ⟶ **boire**.

buzz [bœz] nm buzz *m* / *le film a fait un énorme buzz* la película ha generado un buzz enorme ▸ **buzz marketing** buzz marketing.

buzzer [bœze] vi & vt generar un buzz / *un clip qui fait buzzer la Toile* un clip que ha generado un buzz en la Red.

BVA (*abr de* **Brulé Ville Associés**) npr *sociedad francesa de estudios de mercado y sondeos de opinión*.

Byzance [bizɑ̃s] npr Bizancio ▸ **c'est Byzance !** *fam* ¡es un lujo asiático!

BZH (*abr écrite de* **Breizh**) Bretaña.

C

c, C [se] nm inv [lettre] c *f*, C *f*. ◆ **c 1.** (*abr écrite de* **centime**) cent **2.** (*abr écrite de* **centi**) c. ◆ **C 1.** (*abr écrite de* **Celsius, centigrade**) C **2.** (*abr écrite de* **coulomb**) C **3.** (*abr écrite de* **code**) cód.

c' ⟶ ce.

CA ❖ nm **1.** (*abr de* **chiffre d'affaires**) volumen de negocios / *100 millions de CA* 100 millones de volumen de negocios **2.** (*abr de* **conseil d'administration**) CA *m* / *une réunion du CA* una reunión del CA **3.** (*abr de* **corps d'armée**) CE *m* (Cuerpo del Ejército) / *la 14e Div. du 7e CA* la 14° Div. del 7° CE. ❖ nf (*abr de* **chambre d'agriculture**) cámara *f* agrícola.

ça [sa] pron dém **1.** [pour désigner un objet] esto ; [le plus proche du locuteur] eso **2.** [sujet indéterminé] ▸ **ça ira comme ça** así está bien ▸ **ça y est** ya está ▸ **ça vaut mieux** más vale ▸ **c'est ça** eso es ▸ **comment ça va ?** ¿qué tal? **3.** [emploi expressif] ▸ **où ça ?** ¿dónde? ▸ **quand ça ?** ¿cuándo? ▸ **qui ça ?** ¿quién?

çà [sa] ◆ **çà et là** loc adv aquí y allá.

cabale [kabal] nf **1.** [science, intrigue] cábala *f* **2.** [groupe] camarilla *f*.

cabalistique [kabalistik] adj cabalístico(ca).

caban [kabɑ̃] nm **1.** [de marin] impermeable *m* **2.** [longue veste] chaquetón *m*.

cabane [kaban] nf **1.** [abri] cabaña *f* ESP, bohío *m* AM ▸ **cabane à lapins** conejera *f* **2.** [remise] caseta *f* **3.** *fam* [prison] chirona *f* ▸ **en cabane** en chirona.

cabanon [kabanɔ̃] nm cabañita *f*.

cabaret [kabaʀɛ] nm cabaret *m*.

cabas [kaba] nm capacho *m*.

cabillaud [kabijo] nm bacalao *m* fresco.

cabine [kabin] nf **1.** [de navire] camarote *m* **2.** [d'avion, de fusée] cabina *f* **3.** [de véhicule] habitáculo *m* **4.** [petit local] caseta *f* ▸ **cabine d'essayage** probador ▸ **cabine téléphonique** cabina telefónica.

cabinet [kabinɛ] nm **1.** [petite pièce & POL] gabinete *m* ▸ **cabinet de toilette** cuarto de baño ▸ **cabinet ministériel** gabinete ministerial ▸ **cabinet de travail** despacho *m* **2.** [toilettes] retrete *m* ESP, excusado *m* AM **3.** [local professionnel] consultorio *m* ▸ **cabinet d'architectes** estudio de arquitectos ▸ **cabinet d'avocats** bufete, consultorio jurídico ▸ **cabinet dentaire / médical** consultorio del dentista / del médico.

câble [kabl] nm cable *m*.

câblé, e [kable] adj *que dispone de televisión por cable*.

câbler [3] [kable] vt TÉLÉCOM & TV conectar por cable.

caboche [kabɔʃ] nf *fam* [tête] coco *m*, chola *f*.

cabosser [3] [kabɔse] vt abollar.

cabot [kabo] ❖ adj comediante. ❖ nm **1.** *fam* & *péj* [chien] chucho *m* **2.** [personne] comediante *m*.

cabotage [kabɔtaʒ] nm cabotaje *m*.

caboteur [kabɔtœʀ] nm barco *m* de cabotaje.

cabotin, e [kabɔtɛ̃, in] ❖ adj *péj* comediante(ta). ❖ nm, f *fam* divo *m*, -va *f*.

cabrer [3] [kabʀe] ◆ **se cabrer** vp **1.** [cheval, avion] encabritarse **2.** *fig* [s'irriter] saltar.

cabri [kabʀi] nm cabrito *m*.

cabriole [kabʀijɔl] nf cabriola *f* ▸ **faire des cabrioles** hacer cabriolas.

cabriolet [kabʀijɔlɛ] nm cabriolé *m*.

CAC, Cac [kak] (*abr de* **cotation assistée en continu**) nf : *l'indice CAC-40 índice de referencia en la bolsa francesa* ; ≃ el índice IBEX 35.

caca [kaka] nm *fam* caca *f* ▸ **faire caca** hacer caca. ◆ **caca d'oie** nm [couleur] caqui *m*.

cacahouète [kakawɛt], **cacahuète** [kakaɥɛt] nf cacahuete *m* ESP, maní *m* AM.

cacao [kakao] nm cacao *m*.

cachalot [kaʃalo] nm cachalote *m*.

cache [kaʃ] ❖ nf [cachette] escondite *m*. ❖ nm **1.** [masque] *plantilla para tapar una parte de algo* **2.** CINÉ ocultador *m* **3.** PHOTO palomita *f*.

cache-cache [kaʃkaʃ] nm inv ▸ **jouer à cache-cache** jugar al escondite.

cache-cœur [kaʃkœʀ] nm inv blusa *f* cruzada.

cache-col [kaʃkɔl] nm inv echarpe *m*.

cachemire [kaʃmiʀ] nm cachemira *f*.

cache-nez [kaʃne] nm inv bufanda *f*.

cache-pot [kaʃpo] nm inv macetero *m*.

cacher [3] [kaʃe] vt **1.** [dissimuler] esconder ▸ **je ne vous cache pas que...** no le niego que... **2.** [masquer] tapar. ◆ **se cacher** vp esconderse ▸ **se cacher de qqn** esconderse de alguien.

cache-sexe [kaʃsɛks] nm inv taparrabos *m inv*.

cachet [kaʃɛ] nm **1.** [comprimé] tableta *f* **2.** [sceau] sello *m* ▸ **avoir du cachet** tener carácter ▸ **cachet de la poste** matasellos *m inv* **3.** [rétribution] cachet *m*.

cacheter [27] [kaʃte] vt **1.** [enveloppe] cerrar **2.** [bouteille] precintar.

cachette [kaʃɛt] nf escondite *m* ▸ **en cachette (de qqn)** a escondidas (de alguien). *Voir encadré p. 90.*

⚠ **Cachete** est un faux ami, il ne signifie pas *cachette*, mais « joue » et aussi « gifle ».

cachot [kaʃo] nm calabozo *m*.

cachotterie [kaʃɔtʀi] nf tapujo *m* ▸ **faire des cachotteries (à qqn)** andarse con tapujos (con alguien).

cachottier, ère [kaʃɔtje, ɛʀ] ◆ adj que anda con tapujos. ◆ nm, f persona que anda con tapujos.

cachou [kaʃu] nm pastilla *f* de cachú.

cacophonie [kakɔfɔni] nf cacofonía *f*.

cactus [kaktys] nm cactus *m inv*.

c.-à-d. (*abr écrite de* **c'est-à-dire**) es decir, o sea.

cadastre [kadastʀ] nm catastro *m*.

cadavérique [kadaveʀik] adj cadavérico(ca).

cadavre [kadavʀ] nm cadáver *m* ▸ **un cadavre ambulant** *fig* un cadáver ambulante.

Caddie® [kadi] nm [chariot] carrito *m*.

caddie [kadi] nm [au golf] caddy *m*.

cadeau [kado] ◆ nm (*pl* **-x**) regalo *m* ▸ **faire cadeau de qqch à qqn** regalar algo a alguien ▸ **cadeau d'anniversaire** regalo de cumpleaños ▸ **ne pas faire de cadeau (à qqn)** *fam* no dejarle pasar ni una (a alguien). ◆ adj inv de regalo.

cadenas [kadna] nm candado *m*.

⚠ **Cadena** est un faux ami, il ne signifie pas *cadenas*, mais « chaîne ».

cadenasser [3] [kadnase] vt cerrar con candado.
◆ **se cadenasser** vp encerrarse con candado.

cadence [kadɑ̃s] nf **1.** [de musique] cadencia *f* ▸ **en cadence** al compás **2.** [de travail] ritmo *m*.

cadencé, e [kadɑ̃se] adj acompasado(da).

cadet, ette [kadɛ, ɛt] ◆ adj menor. ◆ nm, f **1.** [plus jeune] menor *mf* ▸ **être le cadet de qqn** ser más joven que alguien ▸ **il est mon cadet de deux ans** tiene dos años menos que yo ▸ **c'est le cadet de mes soucis** es la última de mis preocupaciones **2.** SPORT juvenil *mf*.

Cadix [kadiks] npr Cádiz.

cadran [kadʀɑ̃] nm **1.** [de montre, de baromètre] esfera *f* ▸ **cadran solaire** reloj *m* de sol **2.** [de téléphone] disco *m* **3.** [de compteur] frontal *m* de datos y lectura.

cadre [kadʀ] nm **1.** [bordure, contexte] marco *m* ▸ **dans le cadre de qqch** en el marco de algo ▸ **sortir du cadre de qqch** salirse de los límites de algo **2.** [décor, milieu] ambiente *m* **3.** [responsable] ejecutivo *m* ▸ **cadre moyen** cargo *m* intermedio ▸ **cadre supérieur** ejecutivo ▸ **jeune cadre dynamique** *hum* ejecutivo agresivo ▸ **être rayé des cadres** ser despedido **4.** [sur formulaire] recuadro *m*.

cadrer [3] [kadʀe] ◆ vi [concorder] concordar ▸ **ne pas cadrer avec qqch** no concordar con algo.
◆ vt PHOTO, CINÉ & TV encuadrar.

cadreur [kadʀœʀ] nm CINÉ & TV cámara *m*.

caduc, caduque [kadyk] adj **1.** [feuille] caduco(ca) **2.** [périmé] obsoleto(ta).

CAF ◆ nf [kaf] (*abr de* **Caisse d'allocations familiales**) *organismo francés encargado de las ayudas familiares* / *un formulaire à renvoyer à la CAF* un formulario para devolver a la CAF. ◆ adj inv (*abr de* **coût, assurance, fret**) CIF *m*.

cafard [kafaʀ] nm **1.** [insecte] cucaracha *f* **2.** *fig* [mélancolie] ▸ **avoir le cafard** estar deprimido(da).

cafarder [3] [kafaʀde] vi *fam* **1.** [dénoncer] chivarse **2.** [déprimer] estar depre.

cafardeux, euse [kafaʀdø, øz] adj [déprimé] deprimido(da).

café [kafe] ◆ nm **1.** [plante, boisson] café *m* ▸ **café crème** café con leche ▸ **café glacé** café con hielo ▸ **café en grains / moulu / soluble** café en grano / molido / soluble ▸ **café au lait / noir** café con leche / solo ▸ **café liégeois** *café frío con helado de café y nata montada* **2.** [lieu] bar *m* ESP, confitería *f* AM. ◆ adj inv [couleur] café *(en apposition)*.

Café

En los cafés franceses, si pedimos simplemente un **café**, nos servirán un café solo. Si queremos un café fuerte, pediremos un café **serré** y si lo queremos americano, un **café léger** o **allongé**. El término **café au lait** no se utiliza casi nunca, sino que se dice un **(café) crème**, mientras que el cortado se llama **noisette**.

caféine [kafein] nf cafeína *f* ▸ **sans caféine** sin cafeína.

cafétéria [kafeteʀja] nf cafetería *f*.

café-théâtre [kafeteatʀ] (*pl* **cafés-théâtres**) nm café-teatro *m*.

cafetier [kaftje] nm *vieilli* gerente *m* de un café.

cafetière [kaftjɛʀ] nf cafetera *f*.

cafouillage [kafujaʒ] nm *fam* **1.** [confusion] jaleo *m* **2.** [de moteur de voiture] rateo *m*.

cafouiller [3] [kafuje] vi *fam* **1.** [s'embrouiller] no dar pie con bola **2.** [moteur] fallar.

cafter [kafte] vi & vt *fam* chivar.

cage [kaʒ] nf **1.** [pour animaux] jaula *f* ▸ **mettre en cage** enjaular **2.** ARCHIT ▸ **cage d'escalier / d'ascenseur** hueco *m* de la escalera / del ascensor.
◆ **cage thoracique** nf caja *f* torácica.

cageot [kaʒo] nm **1.** [caisse] banasta *f* **2.** *péj* [femme] retaco *m*.

cagibi [kaʒibi] nm cuartito *m*.

cagnard [kaɲaʀ] nm *fam* [soleil] solanera *f*.

cagneux, euse [kaɲø, øz] adj **1.** [jambes, genoux] torcido(da) **2.** [cheval] patizambo(ba).

cagnotte [kaɲɔt] nf bote *m*.

cagoule [kagul] nf **1.** [passe-montagne] pasamontañas *m inv* **2.** [de pénitent] capirote *m* **3.** [de voleur] verdugo *m*.

cahier [kaje] nm cuaderno *m* ▸ **cahier de brouillon** cuaderno de sucio ▸ **cahier de textes** cuaderno de ejercicios. ◆ **cahier des charges** nm pliego *m* de condiciones.

cahin-caha [kaɛ̃kaa] adv ▸ **aller cahin-caha** ir tirando.

cahot [kao] nm bache *m*.

cahoter [3] [kaɔte] ❖ vi [véhicule] renquear. ❖ vt [secouer] sacudir ESP, remecer AM.

cahute [kayt] nf choza *f* ESP, mediagua *f* AM.

caïd [kaid] nm cabecilla *m*.

caillasse [kajas] nf *fam* maleza *f*.

caillasser [kajase] vt *fam* apedrear.

caille [kaj] nf codorniz *f*.

caillé, e [kaje] adj **1.** [lait] cuajado(da) **2.** [sang] coagulado(da). ◆ **caillé** nm CULIN requesón *m*.

cailler [3] [kaje] vt cuajar. ◆ **se cailler** vp **1.** [lait] cuajarse **2.** [sang] coagularse **3.** *fam* [avoir froid] pelarse.

caillot [kajo] nm coágulo *m*.

caillou, x [kaju] nm **1.** [gén] piedra *f* **2.** *fam* [crâne] coco *m*.

caillouteux, euse [kajutø, øz] adj pedregoso(sa).

caïman [kaimɑ̃] nm caimán *m*.

Caire [kɛʀ] npr ▸ **Le Caire** El Cairo.

caisse [kɛs] nf **1.** [gén] caja *f* ▸ **tenir la caisse** llevar la caja ▸ **caisse enregistreuse** caja registradora ▸ **caisse d'épargne / de retraite** caja de ahorros/de pensiones ▸ **caisse noire** doble contabilidad *f* ▸ **caisse à outils** caja de herramientas ▸ **caisse de prévoyance** caja de previsiones **2.** [organisme] ▸ **caisse d'allocations familiales** *organismo francés encargado de las ayudas familiares* ▸ **caisse primaire d'assurance maladie** *organismo francés de gestión de la Seguridad Social.* ◆ **grosse caisse** nf MUS bombo *m*.

caissette [kɛsɛt] nf cajita *f*.

caissier, ère [kesje, ɛʀ] nm, f **1.** [de banque, de magasin] cajero *m*, -ra *f* **2.** [au cinéma] taquillero *m*, -ra *f* ESP, boletero *m*, -ra *f* AM.

caisson [kɛsɔ̃] nm **1.** TECHNOL & NAUT campana *f* **2.** ARCHIT artesón *m* **3.** *fam* [tête] ▸ **se faire sauter le caisson** saltarse la tapa de los sesos.

cajoler [3] [kaʒɔle] vt mimar ESP, apapachar AM.

cajolerie [kaʒɔlʀi] nf mimo *m*.

cajou [kaʒu] ⟶ **noix**.

cake [kɛk] nm bizcocho *m*.

cal[1] (*abr écrite de* **calorie**) cal. / *consommer 2 000 cal par jour* consumir 2.000 cal. al día.

cal[2] [kal] nm callo *m*.

calamar [kalamaʀ], **calmar** [kalmaʀ] nm calamar *m*.

calaminé, e [kalamine] adj calaminado(da).

calamité [kalamite] nf calamidad *f*.

calamiteux, euse [kalamitø, øz] adj calamitoso(sa).

calandre [kalɑ̃dʀ] nf calandria *f*.

calanque [kalɑ̃k] nf cala *f*.

calcaire [kalkɛʀ] ❖ adj calcáreo(a). ❖ nm caliza *f*.

calciné, e [kalsine] adj calcinado(da).

calciner [3] [kalsine] vt calcinar.

calcium [kalsjɔm] nm calcio *m*.

calcul [kalkyl] nm **1.** [gén] cálculo *m* ▸ **calcul mental** cálculo mental ▸ **calcul rénal** MÉD cálculo renal **2.** *fig* [plan] intenciones *fpl* ▸ **par calcul** intencionadamente.

calculateur, trice [kalkylatœʀ, tʀis] adj & nm, f calculador(ra). ◆ **calculateur** nm INFORM ordenador *m*. ◆ **calculatrice** nf calculadora *f* ▸ **calculatrice de poche** calculadora de bolsillo.

calculer [3] [kalkyle] ❖ vt calcular ▸ **mal / bien calculer qqch** calcular mal/bien algo. ❖ vi **1.** [faire des calculs] calcular **2.** [dépenser avec parcimonie] llevar las cuentas.

calculette [kalkylɛt] nf minicalculadora *f*.

Calcutta [kalkyta] npr Calcuta.

cale [kal] nf **1.** [de navire] cala *f* ▸ **en cale sèche** en dique seco **2.** [pour immobiliser] taco *m* **3.** [pour mettre d'aplomb] cuña *f*.

calé, e [kale] adj *fam* [personne] empollado(da).

calebasse [kalbas] nf calabaza *f*.

calèche [kalɛʃ] nf calesa *f*.

caleçon [kalsɔ̃] nm **1.** [d'homme] calzoncillos *mpl* ESP, interiores *mpl* AM ▸ **caleçon long** calzoncillos largos **2.** [de femme] mallas *fpl*.

calembour [kalɑ̃buʀ] nm retruécano *m* ▸ **faire** OU **dire des calembours** hacer juegos de palabras.

calendes [kalɑ̃d] nfpl ▸ **renvoyer qqch aux calendes grecques** dejar algo para el día del juicio final.

calendos [kalɑ̃dos] nm *fam* [camembert] camembert *m (queso)*.

calendrier [kalɑ̃dʀije] nm **1.** [planning, carnet] agenda *f*; [à accrocher] almanaque *m* **2.** [d'un voyage, d'un festival] programa *m* **3.** [système] calendario *m* ▸ **calendrier républicain** calendario republicano.

cale-pied [kalpje] (*pl* **cale-pieds**) nm calapiés *m inv*.

calepin [kalpɛ̃] nm bloc *m* de notas.

caler [3] [kale] ❖ vt **1.** [immobiliser] calzar **2.** [installer] instalar **3.** *fam* [estomac] llenar. ❖ vi **1.** [moteur, véhicule] calarse **2.** *fam* [être bloqué] rendirse **3.** *fam* [être rassasié] estar lleno(na).

calfeutrer [3] [kalføtʀe] vt [porte, fenêtre] tapar con burletes. ◆ **se calfeutrer** vp [s'enfermer] encerrarse.

calibre [kalibʀ] nm **1.** [de fusil, fruit] calibre *m* **2.** TECHNOL calibrador *m* **3.** *fig* [importance] tamaño *m* ▸ **du même calibre** de la misma medida **4.** *arg* [arme] pipa *f*.

calibrer [3] [kalibʀe] vt **1.** [balle, arme] calibrar **2.** [classer] clasificar.

calice [kalis] nm cáliz *m* ▸ **boire le calice jusqu'à la lie** aspirar el cáliz hasta las heces.

calicot [kaliko] nm [tissu] calicó *m*.

calife [kalif] nm califa *m*.

Californie [kalifɔʀni] npr ▸ **la Californie** California ▸ **la Basse Californie** Baja California.

californien, enne [kalifɔʀnjɛ̃, ɛn] adj californiano(na). ◆ **Californien, enne** nm, f californiano *m*, -na *f*.

califourchon [kalifuʀʃɔ̃] ◆ **à califourchon** loc adv a horcajadas ▸ **à califourchon sur qqch** a horcajadas en ou sobre algo.

câlin, e [kalɛ̃, in] adj [personne] mimoso(sa) ; [regard, ton] acariciador(ra). ◆ **câlin** nm mimo *m* ▸ **faire un câlin à qqn** hacer un mimo a alguien.

câliner [3] [kaline] vt mimar.

calisson [kalisɔ̃] nm pastelillo *m* de mazapán ▸ **calisson d'Aix** *pastelillo de crema de almendras típico de Aix-en-Provence*.

calleux, euse [kalø, øz] adj calloso(sa).

call-girl [kɔlgœʀl] (*pl* **call-girls**) nf *prostituta que concierta sus citas por teléfono*.

calligraphie [kaligʀafi] nf caligrafía *f*.

callosité [kalozite] nf callo *m*.

calmant, e [kalmɑ̃, ɑ̃t] adj [piqûre] calmante ; [infusion] tranquilizante. ◆ **calmant** nm [pour la douleur] calmante *m* ; [pour l'anxiété] tranquilizante *m*.

calmar = **calamar**.

calme [kalm] ◈ adj tranquilo(la). ◈ nm calma *f* ▸ **dans le calme** a) [pacifiquement] pacíficamente b) [tranquillement] tranquilamente, con calma ▸ **du calme !** ¡calma! ▸ **garder / perdre son calme** conservar / perder la calma ▸ **le calme plat** [de la mer] la calma chicha ▸ **rétablir le calme** restablecer la calma.

calmement [kalməmɑ̃] adv tranquilamente, con calma.

calmer [3] [kalme] vt calmar. ◆ **se calmer** vp **1.** [gén] calmarse **2.** [s'immobiliser - mer] calmarse ; [- vent] amainar.

calomnie [kalɔmni] nf calumnia *f*.

calomnier [9] [kalɔmnje] vt calumniar.

calomnieux, euse [kalɔmnjø, øz] adj calumnioso(sa).

calorie [kalɔʀi] nf caloría *f*.

calorifère [kalɔʀifɛʀ] adj calorífero(ra).

calorifique [kalɔʀifik] adj calorífico(ca).

calorifuge [kalɔʀifyʒ] ◈ adj calorífugo(ga). ◈ nm [isolant thermique] aislante *m* térmico.

calorique [kalɔʀik] adj calórico(ca).

calot [kalo] nm **1.** [de militaire] gorra *f* militar **2.** [bille] canica *f* grande.

calotte [kalɔt] nf **1.** [bonnet] bonete *m* **2.** *fam* [gifle] torta *f*. ◆ **calotte crânienne** nf bóveda *f* craneal. ◆ **calotte glaciaire** nf casquete *m* glaciar.

calque [kalk] nm **1.** [copie & LING] calco *m* **2.** [papier] papel *m* de calco **3.** *fig* [imitation] copia *f*.

calquer [3] [kalke] vt **1.** [dessin] calcar **2.** *fig* [imiter] copiar / ***il a calqué son attitude sur celle de ses parents*** ha imitado la actitud de sus padres.

calumet [kalymɛ] nm calumet *m* ▸ **fumer le calumet de la paix** *fig* fumar la pipa de la paz.

calvados [kalvados] nm *aguardiente de sidra de Calvados, en Francia*.

calvaire [kalvɛʀ] nm calvario *m*. ◆ **Calvaire** nm ▸ **le Calvaire** el Calvario.

calviniste [kalvinist] adj & nmf calvinista.

calvitie [kalvisi] nf calvicie *f* ▸ **calvitie précoce** calvicie precoz.

camaïeu [kamajø] nm *mezcla de varios tonos de un mismo color*.

camarade [kamaʀad] nmf **1.** [ami] compañero *m*, -ra *f* ▸ **camarade d'école** ou **de classe** compañero de escuela ou de clase **2.** POL camarada *mf*.

camaraderie [kamaʀadʀi] nf **1.** [familiarité, entente] camaradería *f* **2.** [solidarité] compañerismo *m*.

camarguais, e [kamaʀgɛ, ɛz] adj camargués(esa). ◆ **Camarguais, e** nm, f camargués *m*, -esa *f*.

cambiste [kɑ̃bist] ◈ adj FIN de divisas. ◈ nmf FIN cambista *mf*.

Cambodge [kɑ̃bɔdʒ] npr ▸ **le Cambodge** Camboya.

cambodgien, enne [kɑ̃bɔdʒjɛ̃, ɛn] adj camboyano(na). ◆ **Cambodgien, enne** nm, f camboyano *m*, -na *f*.

cambouis [kɑ̃bwi] nm grasa *f* (*de coche, etc.*).

cambré, e [kɑ̃bʀe] adj [dos, reins] arqueado(da) ; [pieds] con mucho puente.

cambrer [3] [kɑ̃bʀe] vt [reins, dos] arquear. ◆ **se cambrer** vp [se redresser] estirarse, erguirse.

cambrien, enne [kɑ̃bʀijɛ̃, ɛn] adj GÉOL cámbrico(ca). ◆ **cambrien** nm GÉOL : ***le cambrien*** el cámbrico.

cambriolage [kɑ̃bʀijɔlaʒ] nm robo *m*.

cambrioler [3] [kɑ̃bʀijɔle] vt robar / ***j'ai été cambriolé*** han robado en mi casa.

cambrioleur, euse [kɑ̃bʀijɔlœʀ, øz] nm, f ladrón *m*, -ona *f*.

cambrousse [kɑ̃bʀus] nf *fam* & *péj* campo *m*.

cambrure [kɑ̃bʀyʀ] nf [du dos] arqueo *m* ; [du pied, d'une chaussure] puente *m*.

came [kam] nf **1.** *arg* [drogue] farlopa *f* **2.** ⟶ **arbre**.

camé, e [kame] adj & nm, f *tfam* [drogué] drogata.

camée [kame] nm [bijou] camafeo *m*.

caméléon [kameleɔ̃] nm camaleón *m*.

camélia [kamelja] nm camelia *f*.

camelote [kamlɔt] nf *péj* baratija *f*.

camembert [kamɑ̃bɛʀ] nm camembert *m*.

camer [kame] ◆ **se camer** vp *fam* colocarse, drogarse.

caméra [kameʀa] nf cámara *f*.

cameraman [kameʀaman] (*pl* **cameramen** [kameʀamɛn] *ou* **cameramans**) nm cámara *m*.

Cameroun [kamʀun] npr ▸ **le Cameroun** (el) Camerún.

camerounais, e [kamʀunɛ, ɛz] adj camerunés(esa). ◆ **Camerounais, e** nm, f camerunés *m*, -esa *f*.

Caméscope® [kameskɔp] nm cámara *f* de vídeo, videocámara *f*.

camion [kamjɔ̃] nm camión *m* ▸ **camion de déménagement** camión de mudanzas.

camion-citerne [kamjɔ̃sitɛʀn] (*pl* **camions-citernes**) nm camión *m* cisterna.

camionnage [kamjɔnaʒ] nm camionaje *m*.

camionnette [kamjɔnɛt] nf camioneta *f*.

camionneur [kamjɔnœʀ] nm **1.** [conducteur] camionero *m*, -ra *f* **2.** [entrepreneur] transportista *mf*.

camion-poubelle [kamjɔ̃pubɛl] (*pl* **s**) nm camión *m* de la basura / *le camion-poubelle vient ramasser les déchets dans les villages* el camión de la basura va a recoger los desperdicios a los pueblos.

camisole [kamizɔl] ◆ **camisole de force** nf camisa *f* de fuerza.

camomille [kamɔmij] nf manzanilla *f*.

Camorra [kamɔʀa] nf camorra *f*.

camouflage [kamuflaʒ] nm **1.** [déguisement & MIL] camuflaje *m* **2.** *fig* [de preuves, d'intentions] ocultación *f*.

camoufler [3] [kamufle] vt *fig* **1.** [déguiser] disimular ▸ **camoufler qqch en qqch** hacer que algo parezca algo ▸ **camoufler un crime en suicide** hacer que un asesinato parezca un suicidio **2.** [preuves, intentions] ocultar. ◆ **se camoufler** vp [se cacher] camuflarse.

camouflet [kamuflɛ] nm *sout* afrenta *f* ▸ **infliger un camouflet à qqn** hacerle una afrenta a alguien.

camp [kɑ̃] nm **1.** [lieu où l'on campe] campamento *m* ▸ **camp retranché** campamento atrincherado ▸ **camp volant** campamento temporal ▸ **ficher le camp** *fam* largarse ▸ **lever le camp** *fig* levantar el campo **2.** [lieu d'internement] campo *m* de prisioneros ▸ **camp de concentration** campo *m* de concentración **3.** SPORT campo *m* **4.** [parti] bando *m*.

campagnard, e [kɑ̃paɲaʀ, aʀd] ◈ adj **1.** [de la campagne] campesino(na) **2.** *péj* [rustique] del campo. ◈ nm, f campesino *m*, -na *f*.

campagne [kɑ̃paɲ] nf **1.** [région rurale] campo *m* ▸ **en rase campagne** en despoblado ▸ **battre la campagne** [la parcourir] dar una batida **2.** MIL, COMM & POL campaña *f* ▸ **en campagne** en campaña ▸ **faire campagne pour qqch** hacer campaña a favor de algo ▸ **campagne d'affichage** campaña de publicidad exterior ▸ **campagne électorale / publicitaire** campaña electoral / publicitaria ▸ **campagne de presse** campaña de prensa ▸ **campagne de vente** campaña de ventas.

campanile [kɑ̃panil] nm ARCHIT campanil *m*.

campanule [kɑ̃panyl] nf farolillo *m*.

campé, e [kɑ̃pe] adj ▸ **bien campé** a) [personnage] bien caracterizado b) [récit] bien construido ▸ **bien campé sur ses jambes** bien plantado.

campement [kɑ̃pmɑ̃] nm campamento *m*.

camper [3] [kɑ̃pe] ◈ vi **1.** [faire du camping] hacer camping **2.** *fig* [s'installer provisoirement] quedarse, parar ▸ **camper sur ses positions** seguir en sus trece. ◈ vt **1.** *fig* [personnage, scène] describir **2.** [poser solidement] plantar. ◆ **se camper** vp ▸ **se camper devant qqn / devant qqch** plantarse ante alguien / ante algo.

campeur, euse [kɑ̃pœʀ, øz] nm, f campista *mf*.

camphre [kɑ̃fʀ] nm alcanfor *m*.

camphré, e [kɑ̃fʀe] adj alcanforado(da).

camping [kɑ̃piŋ] nm camping *m* ▸ **faire du camping** hacer camping ▸ **camping sauvage** camping libre.

camping-car [kɑ̃piŋkaʀ] (*pl* **camping-cars**) nm autocaravana *f*, caravana *f*.

Camping-Gaz® [kɑ̃piŋgaz] nm inv camping gas® *m inv*.

campus [kɑ̃pys] nm campus *m inv*.

camus [kamy] ⟶ **nez**.

Canada [kanada] npr ▸ **le Canada** (el) Canadá.

Canadair® [kanadɛʀ] nm hidroavión *m* Canadair®.

canadianisme [kanadjanism] nm *palabra o giro propio del francés hablado en Canadá*.

canadien, enne [kanadjɛ̃, ɛn] adj canadiense. ◆ **Canadien, enne** nm, f canadiense *mf*. ◆ **canadienne** nf [veste] *chaqueta forrada de piel*.

canaille [kanaj] ◈ adj [coquin] pícaro(ra). ◈ nf [personne malhonnête] canalla *m*.

canal, aux [kanal, o] nm canal *m* ▸ **canal d'irrigation** canal de riego ▸ **canal de distribution** ECON canal de distribución.

Canaux

le canal de Panamá	el canal de Panamá
le canal de Suez	el canal de Suez

canalisation [kanalizasjɔ̃] nf [conduit] canalización *f*.

canaliser [3] [kanalize] vt **1.** [cours d'eau] canalizar **2.** *fig* [foule, énergie] encauzar.

canapé [kanape] nm **1.** [siège] sofá *m* ▸ **canapé convertible** sofá cama *m* **2.** CULIN canapé *m*.

canapé-lit [kanapeli] (*pl* **canapés-lits**) nm sofá cama *m*.

canaque, kanak, e [kanak] adj canaco(ca). ◆ **Canaque, Kanak, e** nm, f canaco *m*, -ca *f*.

canard [kanaʀ] nm **1.** [oiseau] pato *m* ▸ **canard laqué** CULIN pato *m* laqueado ou lacado **2.** *fam* [journal] periodicucho *m*.

canarder [3] [kanaʀde] vt *fam* disparar a cubierto.

canari [kanaʀi] ◈ nm canario *m*. ◈ adj inv [jaune] canario *(en apposition)*.

canarien, enne [kanaʀjɛ̃, ɛn] adj canario(ria), canariense. ◆ **Canarien, enne** nm, f canario *m*, -ria *f*.

Canaries [kanaʀi] npr f pl ▸ **les Canaries** (las) Canarias.

canasson [kanasɔ̃] nm *fam* [cheval] caballo *m*.

Canberra [kɑ̃bɛʀa] npr Canberra.

cancan [kɑ̃kɑ̃] nm cotilleo *m* ▸ **colporter des cancans sur qqn** cotillear de alguien. ◆ **(French) cancan** nm cancán *m*.

cancaner [3] [kɑ̃kane] vi **1.** [canard] parpar **2.** *fig* [médire] cotillear ▸ **cancaner sur qqn** contar cotilleos de alguien.

cancanier, ère [kɑ̃kanje, ɛʀ] adj cotilla.

cancer [kɑ̃sɛʀ] nm MÉD cáncer *m*. ◆ **Cancer** nm **1.** ASTROL Cáncer *m* ▸ **être Cancer** ser Cáncer **2.** ⟶ **tropique**.

cancéreux, euse [kɑ̃seʀø, øz] adj & nm, f canceroso(sa).

cancérigène [kɑ̃seʀiʒɛn] adj cancerígeno(na).

cancérogène [kɑ̃seʀɔʒɛn], **cancérigène** [kɑ̃seʀiʒɛn] adj cancerígeno(na).

cancérologue [kɑ̃seʀɔlɔg] nmf cancerólogo *m*, -ga *f*.

cancre [kɑ̃kʀ] nm *fam* mal estudiante *m*, mala estudiante *f*.

cancrelat [kɑ̃kʀəla] nm cucaracha *f*.

candélabre [kɑ̃delabʀ] nm candelabro *m*.

candeur [kɑ̃dœʀ] nf candor *m*.

candi [kɑ̃di] adj m [sucre] cande.

candidat, e [kɑ̃dida, at] nm, f candidato *m*, -ta *f* ▸ **être candidat à qqch** ser candidato a algo.

candidature [kɑ̃didatyʀ] nf candidatura *f* ▸ **poser sa candidature pour qqch** presentar una candidatura para algo.

candide [kɑ̃did] adj cándido(da).

cane [kan] nf pata *f (hembra del pato)*.

caneton [kantɔ̃] nm anadón *m*.

canette [kanɛt] nf **1.** [de boisson] botellín *m* **2.** [petite cane] anadina *f* **3.** [de machine à coudre] canilla *f*.

canevas [kanva] nm **1.** COUT cañamazo *m* **2.** [de livre, discours] esquema *m*.

caniche [kaniʃ] nm caniche *m*.

caniculaire [kanikylɛʀ] adj [chaleur] sofocante, bochornoso(sa).

canicule [kanikyl] nf canícula *f*.

canif [kanif] nm navaja *f*.

canin, e [kanɛ̃, in] adj canino(na).

canine [kanin] nf canino *m*.

caniveau [kanivo] nm alcantarilla *f*.

cannabis [kanabis] nm cannabis *m inv*.

canne [kan] nf **1.** [bâton] bastón *m* ▸ **canne à pêche** caña *f* de pescar **2.** *fam* [jambe] pata *f*. ◆ **canne à sucre** nf caña *f* de azúcar.

canné, e [kane] adj de rejilla.

cannelé, e [kanle] adj acanalado(da).

cannelle [kanɛl] ◆ nf [aromate] canela *f*. ◆ adj inv [couleur] canela *(en apposition)*.

cannelloni [kanelɔni] (*pl inv ou* **cannellonis**) nm canelones *mpl*.

cannelure [kanlyʀ] nf acanaladura *f*.

Cannes [kan] npr ▸ **le festival de Cannes** el festival de Cannes.

Le Festival de Cannes

Este festival internacional de cine se celebra todos los años en Cannes en el mes de mayo. El jurado, formado por personalidades del mundo del espectáculo, adjudica un cierto número de premios, de los cuales el más prestigioso es la **Palme d'Or**, que recompensa la mejor película del año. La entrega de premios se celebra en el **Palais des festivals**, situado en el paseo marítimo conocido como **la Croisette**.

cannibale [kanibal] adj & nmf caníbal.

cannibalisme [kanibalism] nm canibalismo *m*.

canoë [kanɔe] nm canoa *f*.

canoë-kayak [kanɔekajak] (*pl* **canoës-kayaks**) nm SPORT piragüismo *m*.

canon [kanɔ̃] ◆ nm **1.** [gén] cañón *m* **2.** *fam* [verre de vin] ▸ **boire un canon** tomar un chato **3.** [modèle, MUS & RELIG] canon *m* ▸ **chanter en canon** cantar en canon. ◆ adj ⟶ **droit**.

canonique [kanɔnik] adj **1.** [conforme aux canons] canónico(ca) **2.** ⟶ **âge**.

canoniser [3] [kanɔnize] vt canonizar.

canopée [kanɔpe] nf canopea *f*.

canot [kano] nm bote *m*, lancha *f* ▸ **canot pneumatique** bote neumático, lancha neumática ▸ **canot de sauvetage** bote salvavidas, lancha salvavidas.

canotage [kanɔtaʒ] nm remo *m* ▸ **faire du canotage** practicar el remo.

canotier [kanɔtje] nm **1.** [rameur] remero *m* **2.** [chapeau] canotier *m*, canotié *m*.

Cantabrique [kɑ̃tabʀik] npr ▸ **la Cantabrique** Cantabria.

Cantabriques [kɑ̃tabʀik] ⟶ **mont**.

cantal [kɑ̃tal] nm queso *m* de Cantal.

cantate [kɑ̃tat] nf cantata *f*.

cantatrice [kɑ̃tatʀis] nf cantante *f* (de ópera).

cantine [kɑ̃tin] nf **1.** [réfectoire] comedor *m* **2.** [malle] baúl *m*.

cantique [kɑ̃tik] nm cántico *m*.

canton [kɑ̃tɔ̃] nm **1.** [en France] *división administrativa de un distrito, en Francia* **2.** [en Suisse] cantón *m*.

Canton [kɑ̃tɔ̃] npr Cantón.

cantonade [kɑ̃tɔnad] ◆ **à la cantonade** loc adv al foro.

cantonais, e [kɑ̃tɔnɛ, ɛz] adj cantonés(esa). ◆ **Cantonais, e** nm, f cantonés *m*, -esa *f*. ◆ **cantonais** nm [langue] cantonés *m*.

cantonal, e, aux [kɑ̃tɔnal, o] adj **1.** [en France] *relativo a la división administrativa de un distrito, en Francia* **2.** [en Suisse] cantonal.

cantonnement [kɑ̃tɔnmɑ̃] nm MIL acantonamiento *m*.

cantonner [3] [kɑ̃tɔne] vt **1.** *fig* [limiter] ▸ **cantonner qqn à** OU **dans qqch** [activité] confinar a alguien a algo **2.** MIL acantonar. ◆ **se cantonner** vp [se limiter] encasillarse.

cantonnier [kɑ̃tɔnje] nm peón *m* caminero.

canular [kanylaʀ] nm broma *f* ▸ **monter un canular** gastar una broma.

canyon, cañon [kaɲɔn] nm cañón *m*.

canyoning [kaɲɔniŋ] nm barranquismo *m*.

CAO (*abr de* **conception assistée par ordinateur**) nf DAO *m* ▸ **un logiciel de CAO** un programa de DAO.

caoutchouc [kautʃu] nm **1.** [plante, substance] caucho *m* **2.** [matériau] goma *f* ▸ **en caoutchouc** de goma. ◆ **caoutchoucs** nmpl zapatos *mpl* de goma.

caoutchouteux, euse [kautʃutø, øz] adj gomoso(sa).

cap [kap] nm **1.** GÉOGR cabo *m* ▸ **passer le cap de** *fig* **a)** [dans une gradation, des statistiques] superar, rebasar **b)** [âge] pasar de / ***la revue a passé le cap des deux mille lecteurs*** la revista ha superado los dos mil lectores / ***il a passé le cap de la quarantaine*** ya pasa de los cuarenta / ***l'adolescence est un cap difficile à passer*** la adolescencia es una etapa difícil por la que se tiene que pasar **2.** [direction] rumbo *m* ▸ **mettre le cap sur** poner rumbo a ▸ **changer de cap** *fig* cambiar de rumbo.

Caps

le cap de Bonne-Espérance	el cabo de Buena Esperanza
le cap Canaveral	cabo Cañaveral
le cap Creus	el cabo de Creus
le cap Finisterre	el cabo de Finisterre
le cap Horn	el cabo de Hornos
le cap Nord	el cabo Norte
le cap Palos	el cabo de Palos
le cap Saint-Vincent	el cabo San Vicente

CAP (*abr de* **certificat d'aptitude professionnelle**) nm *diploma técnico que se obtiene al finalizar dos años de formación profesional* ▸ **faire un CAP** hacer un CAP ▸ **passer le CAP** presentarse al CAP ▸ **obtenir / rater le** OU **son CAP** aprobar/suspender el CAP.

Cap [kap] npr : *Le Cap* Ciudad *f* del Cabo.

capable [kapabl] adj **1.** [compétent] competente **2.** [apte] ▸ **capable de faire qqch** capaz de hacer algo / ***il est capable de gentillesse*** puede ser amable **3.** [susceptible] capaz.

capacité [kapasite] nf capacidad *f*. ◆ **capacité en droit** nf [diplôme] *diploma universitario de derecho al que pueden acceder los estudiantes que no aprobaron el examen final del bachillerato*.

cape [kap] nf capa *f* ▸ **rire sous cape** *fig* reír para sus adentros.

CAPES, Capes [kapɛs] (*abr de* **Certificat d'aptitude au professorat de l'enseignement du second degré**) nm *título de profesor de enseñanza secundaria obtenido tras un examen del mismo nombre* ▸ **passer le CAPES** presentarse al CAPES ▸ **avoir / rater le CAPES** aprobar/suspender el CAPES.

capésien, enne [kapesjɛ̃, ɛn] nm, f *persona que tiene el certificado para ejercer como profesor en la enseñanza secundaria*.

CAPET, Capet [kapɛt] (*abr de* **certificat d'aptitude au professorat de l'enseignement technique**) nm *título de profesor de enseñanza profesional obtenido tras hacer el examen del mismo nombre* ▸ **préparer / avoir / rater le CAPET** preparar/aprobar/suspender el CAPET ▸ **passer le CAPET** presentarse al CAPET ▸ **CAPET interne / externe** el CAPET interno/externo.

capharnaüm [kafaʀnaɔm] nm leonera *f*.

capillaire [kapilɛʀ] ◆ adj capilar. ◆ nm **1.** BOT [fougère] culantrillo *m* **2.** ANAT [vaisseau capillaire] capilar *m*.

capillarité [kapilaʀite] nf capilaridad *f*.

capitaine [kapitɛn] nm capitán *m* ▸ **capitaine au long cours** ≃ oficial *m* de la marina mercante.

capitainerie [kapitɛnʀi] nf capitanía *f*.

capital, e, aux [kapital, o] adj capital. ◆ **capital** nm capital *m* ▸ **capital social** capital social. ◆ **capitale** nf **1.** [ville] capital *f* **2.** [lettre majuscule] mayúscula *f*. ◆ **capitaux** nmpl FIN capital *m*.

capitalisation [kapitalizasjɔ̃] nf capitalización *f* ▸ **capitalisation boursière** capitalización bursátil.

capitaliser [3] [kapitalize] ◆ vt **1.** FIN capitalizar **2.** *fig* [accumuler] adquirir. ◆ vi [thésauriser] capitalizar ▸ **capitaliser sur** capitalizar sobre.

capitalisme [kapitalism] nm capitalismo *m*.

capitaliste [kapitalist] adj & nmf capitalista.

capiteux, euse [kapitø, øz] adj **1.** [vin, parfum] embriagador(ra) **2.** [charme] seductor(ra).

capitonner [3] [kapitɔne] vt acolchar.

capitulation [kapitylasjɔ̃] nf capitulación *f* ▸ **capitulation sans conditions** capitulación sin condiciones.

capituler [3] [kapityle] vi capitular ▸ **capituler devant qqn / devant qqch** capitular ante alguien/ante algo.

capoeira [kapwɛʀa] nf capoeira *f*.

caporal, aux [kapɔʀal, o] nm **1.** MIL cabo *m* **2.** [tabac] tabaco *m.*

caporal-chef [kapɔʀalʃɛf] (*pl* **caporaux-chefs**) nm ≃ cabo *m* primero.

capot [kapo] ◆ nm **1.** [de voiture] capó *m* **2.** [de machine] tapa *f.* ◆ adj inv [aux cartes] ▸ **être capot** estar eliminado(da) por inferioridad.

capote [kapɔt] nf **1.** [de voiture, landau] capota *f* **2.** [manteau de soldat] capote *m* **3.** *fam* [préservatif] ▸ **capote (anglaise)** condón *m.*

capoter [3] [kapɔte] vi **1.** [se retourner - automobile] dar vueltas de campana ; [- avion] capotar **2.** *fig* [échouer] irse a pique **3.** QUÉBEC [perdre la tête] perder la cabeza.

cappuccino [kaputʃino] nm capuchino *m.*

câpre [kapʀ] nf alcaparra *f.*

caprice [kapʀis] nm capricho *m* ▸ **faire des caprices** tener caprichos.

capricieux, euse [kapʀisjø, øz] ◆ adj **1.** [personne] caprichoso(sa) **2.** *fig* [temps, moteur] inestable. ◆ nm, f caprichoso *m,* -sa *f.*

capricorne [kapʀikɔʀn] nm ZOOL algavaro *m.* ◆ **Capricorne** nm **1.** ASTROL Capricornio *m* ▸ **être Capricorne** ser Capricornio **2.** ⟶ **tropique.**

capsule [kapsyl] nf **1.** [gén] cápsula *f* **2.** [de bouteille] chapa *f.*

capter [3] [kapte] vt captar.

capteur [kaptœʀ] nm PHYS sensor *m* ▸ **capteur solaire** panel *m* solar.

captieux, euse [kapsjø, øz] adj *sout* capcioso(sa).

captif, ive [kaptif, iv] ◆ adj cautivo(va). ◆ nm, f prisionero *m,* -ra *f.*

captivant, e [kaptivɑ̃, ɑ̃t] adj cautivador(ra).

captiver [3] [kaptive] vt cautivar.

captivité [kaptivite] nf cautividad *f* ▸ **en captivité** en cautividad.

capture [kaptyʀ] nf **1.** [action] captura *f* **2.** [prise] presa *f* **3.** INFORM ▸ **capture d'écran** captura *f* de pantalla.

capturer [3] [kaptyʀe] vt capturar.

capuche [kapyʃ] nf capucha *f.*

capuchon [kapyʃɔ̃] nm capuchón *m.*

capucin, e [kapysɛ̃, in] nm, f RELIG capuchino *m,* -na *f.*

capucine [kapysin] nf [fleur] capuchina *f.*

capverdien, enne [kapvɛʀdjɛ̃, ɛn] adj caboverdiano(na). ◆ **Capverdien, enne** nm, f caboverdiano *m,* -na *f.*

Cap-Vert [kapvɛʀ] npr ▸ **le Cap-Vert** Cabo Verde.

caquelon [kaklɔ̃] nm puchero *m.*

caquet [kakɛ] nm **1.** [de poule] cacareo *m* **2.** *péj* [bavardage] parloteo *m* ▸ **rabattre le caquet à qqn** cerrarle el pico a alguien.

caqueter [27] [kakte] vi **1.** [poule] cacarear **2.** *péj* [personne] chismorrear.

car¹ [kaʀ] nm autocar *m.*

car² [kaʀ] conj puesto que, porque / *je ne peux pas venir car je suis malade* no puedo ir puesto que estoy enfermo.

carabine [kaʀabin] nf carabina *f.*

carabiné, e [kaʀabine] adj *fam* [tempête, rhume] de aúpa.

Caracas [kaʀakas] npr Caracas.

caraco [kaʀako] nm camisola *f.*

caracoler [3] [kaʀakɔle] vi **1.** [cheval] hacer cabriolas **2.** [cavalier] hacer cabriolas con el caballo.

caractère [kaʀaktɛʀ] nm **1.** [tempérament, cachet] carácter *m* ▸ **avoir du caractère** tener carácter ▸ **avoir mauvais caractère** tener mal carácter ou mal genio ▸ **avoir un sale caractère** *fam* tener mala uva **2.** [caractéristique] rasgo *m* **3.** [d'écriture] carácter *m,* letra *f* ▸ **en petits caractères** en letra pequeña ▸ **en gros caractères** en grandes letras ▸ **caractère d'imprimerie** letra de imprenta.

caractériel, elle [kaʀaktɛʀjɛl] ◆ adj caracterial, del carácter. ◆ nm, f caracterópata *mf.*

caractérisé, e [kaʀakteʀize] adj evidente.

caractériser [3] [kaʀakteʀize] vt caracterizar. ◆ **se caractériser** vp ▸ **se caractériser par qqch** caracterizarse por algo.

caractéristique [kaʀakteʀistik] ◆ adj característico(ca). ◆ nf característica *f.*

carafe [kaʀaf] nf [récipient] jarra *f* ▸ **rester en carafe** *fam* [en panne] quedarse tirado(da).

carafon [kaʀafɔ̃] nm [petite carafe] jarrita *f.*

caraïbe [kaʀaib] adj caribe.

Caraïbes [kaʀaib] npr f pl ▸ **les Caraïbes** el Caribe.

carambolage [kaʀɑ̃bɔlaʒ] nm colisión *f* en cadena.

caramel [kaʀamɛl] nm **1.** [sucre fondu] caramelo *m* (líquido) **2.** [bonbon] caramelo *m (golosina)* ▸ **caramel dur / mou** caramelo duro / masticable.

caraméliser [3] [kaʀamelize] vt CULIN caramelizar. ◆ **se caraméliser** vp acaramelarse.

carapace [kaʀapas] nf caparazón *m.*

carapater [kaʀapate] ◆ **se carapater** vp *fam* darse el piro.

carat [kaʀa] nm quilate *m* ▸ **à 18 carats** de 18 quilates.

caravane [kaʀavan] nf **1.** [de camping, du désert] caravana *f* **2.** [cortège] comitiva *f.*

caravaning [kaʀavaniŋ] nm caravaning *m* ▸ **faire du caravaning** hacer caravaning.

caravelle [kaʀavɛl] nf **1.** [bateau] carabela *f* **2.** [avion] caravelle *m.*

carbonade, carbonnade [kaʀbɔnad] nf carne *f* a la brasa.

carbone [kaʀbɔn] nm carbono *m* ▸ **carbone 14** carbono 14 ▸ **datation au carbone 14** datación con carbono 14 ▸ **(papier) carbone** papel carbón ▸ **taxe carbone** ÉCOL tasa sobre el carbono.

carbonique [karbɔnik] adj carbónico(ca).

carbonisé, e [karbɔnize] adj carbonizado(da).

carboniser [3] [karbɔnize] vt carbonizar.

carburant [karbyrɑ̃] adj & nm carburante.

carburateur [karbyratœr] nm carburador *m*.

carbure [karbyr] nm carburo *m*.

carburer [3] [karbyre] vi **1.** [moteur] carburar **2.** *fam* [être en forme] ▸ **ça carbure ?** ¿qué? ¿eso marcha?

carcan [karkɑ̃] nm **1.** *fig* [contrainte] cortapisa *f* **2.** [collier de fer] argolla *f*.

carcasse [karkas] nf **1.** [d'animal] huesos *mpl* **2.** [de bateau] esqueleto *m* **3.** *fam* [de personne] esqueleto *m* ▸ **sauver sa carcasse** salvar el pellejo.

carcéral, e, aux [karseral, o] adj penitenciario(ria).

carcinome [karsinɔm] nm carcinoma *m*.

cardan [kardɑ̃] nm [de voiture] cardán *m*.

carder [3] [karde] vt cardar.

cardiaque [kardjak] ◆ adj **1.** [crise] cardíaco(ca) **2.** [personne] enfermo(ma) del corazón. ◆ nmf enfermo *m*, -ma *f* del corazón.

cardigan [kardigɑ̃] nm chaqueta *f* de punto, cárdigan *m*.

cardinal, e, aux [kardinal, o] adj **1.** [nombre, point] cardinal **2.** [principal] fundamental. ◆ **cardinal** nm **1.** RELIG cardenal *m* **2.** MATH cardinal *m*.

cardiologue [kardjolɔg] nmf cardiólogo *m*, -ga *f*.

cardio-respiratoire [kardjorespiratwar] (*pl* **cardio-respiratoires**) adj cardiorrespiratorio(ria).

cardio-vasculaire [kardjovaskylɛr] (*pl* **cardio-vasculaires**) adj cardiovascular.

cardon [kardɔ̃] nm cardo *m*.

carême [karɛm] nm ▸ **faire carême** hacer ayuno. ◆ **Carême** nm Cuaresma *f*.

carence [karɑ̃s] nf **1.** MÉD carencia *f* ▸ **carence en qqch** carencia de algo **2.** [d'une administration] incompetencia *f*.

carène [karɛn] nf carena *f*.

caréner [18] [karene] vt carenar.

caressant, e [karɛsɑ̃, ɑ̃t] adj **1.** [personne] cariñoso(sa) **2.** *fig* [voix, regard] acariciador(ra).

caresse [karɛs] nf caricia *f* ESP, apapachos *mpl* AM ▸ **faire une caresse à qqn** hacer una caricia a alguien.

caresser [4] [karese] vt acariciar.

car-ferry [karferi] (*pl* **car-ferries**) nm ferry *m*.

cargaison [kargɛzɔ̃] nf cargamento *m*.

cargo [kargo] nm carguero *m*.

cari = **curry**.

caribéen, enne [karibeɛ̃, ɛn] adj caribeño(ña). ◆ **Caribéen, enne** nm, f caribeño *m*, -ña *f*.

caribou [karibu] nm caribú *m*.

caricatural, e, aux [karikatyral, o] adj caricaturesco(ca).

caricature [karikatyr] nf caricatura *f*.

caricaturer [3] [karikatyre] vt caricaturizar.

caricaturiste [karikatyrist] nmf caricaturista *mf*.

carie [kari] nf caries *f inv*.

carié, e [karje] adj cariado(da).

carillon [karijɔ̃] nm **1.** [de cloche] repique *m* **2.** [d'horloge] toque *m* **3.** [de porte] timbre *m*.

carillonner [3] [karijɔne] ◆ vi **1.** [cloches] repicar **2.** [sonner] ▸ **carillonner à la porte** llamar a la puerta. ◆ vt **1.** [heure] tocar **2.** *fig* [nouvelle] pregonar.

caritatif, ive [karitatif, iv] adj caritativo(va).

carlingue [karlɛ̃g] nf **1.** [d'avion] carlinga *f* **2.** [de navire] sobrequilla *f*.

carmélite [karmelit] nf carmelita *f*.

carmin [karmɛ̃] adj inv & nm carmín.

carnage [karnaʒ] nm matanza *f*, masacre *f*.

carnassier, ère [karnasje, ɛr] adj carnívoro(ra). ◆ **carnassier** nm carnívoro *m*.

carnaval [karnaval] nm carnaval *m*.

carnet [karnɛ] nm **1.** [cahier] libreta *f*, cuadernillo *m* ▸ **carnet d'adresses** agenda de direcciones ▸ **carnet de notes** boletín (escolar) **2.** [à feuilles détachables] bloc *m* ▸ **carnet de chèques** talonario de cheques ▸ **carnet de tickets** bono de metro ▸ **carnet de timbres** *cuadernillo de diez sellos*.

> ⚠ **Carné** est un faux ami, il ne signifie pas *carnet*, mais « carte » et aussi « permis ».

carnivore [karnivɔr] ◆ adj carnívoro(ra). ◆ nm carnívoro *m*.

carotide [karɔtid] adj & nf carótida.

carotte [karɔt] ◆ nf zanahoria *f* ▸ **carottes râpées** zanahorias ralladas ▸ **carottes Vichy** *zanahorias hervidas y cortadas en redondeles* ▸ **les carottes sont cuites** *fam* & *fig* ya no hay nada que hacer. ◆ adj inv [couleur] zanahoria *(en apposition)*.

carotter [3] [karɔte] vt *fam* ▸ **carotter qqch à qqn** **a)** [objet] afanar OU mangar ESP algo a alguien **b)** [argent] timar algo a alguien.

Carpates [karpat] npr f pl ▸ **les Carpates** los Cárpatos.

carpe [karp] nf [poisson] carpa *f* ▸ **muet comme une carpe** *fig* más callado que un muerto.

carpette [karpɛt] nf **1.** [tapis] alfombrilla *f* **2.** *fam* & *fig* [personne] gusano *m*.

> ⚠ **Carpeta** est un faux ami, il ne signifie pas *carpette*, mais « chemise » (en papier) et aussi « dossier ».

carquois [karkwa] nm aljaba *f*.

carré, e [kaʀe] adj **1.** [gén] cuadrado(da) **2.** [franc] sincero(ra) ▸ **être carré en affaires** ser honesto en los negocios. ◆ **carré** nm **1.** [quadrilatère & MATH] cuadrado *m* ▸ **élever un nombre au carré** elevar un número al cuadrado ▸ **carré de soie** [foulard] pañuelo *m* de seda **2.** NAUT & MIL comedor *m* de oficiales **3.** [cartes] póker *m* **4.** CULIN ▸ **carré d'agneau** costillar *m* de cordero **5.** [petit terrain] parcela *f*.

carreau, x [kaʀo] nm **1.** [carrelage] azulejo *m* **2.** [sol] baldosa *f* ▸ **rester sur le carreau** *fig* quedarse KO **3.** [vitre] cristal *m* **4.** [motif carré] cuadro *m* ▸ **à carreaux** a cuadros **5.** [aux cartes] diamante *m* **6.** EXPR **se tenir à carreau** andarse con mucho cuidado.

carrefour [kaʀfuʀ] nm **1.** [de routes] cruce *m* **2.** [forum] encuentro *m* **3.** *fig* [situation charnière] encrucijada *f*.

carrelage [kaʀlaʒ] nm **1.** [action de carreler] embaldosado *m* **2.** [surface carrelée - sur un mur] azulejos *mpl* ; [- par terre] baldosas *fpl*.

carreler [24] [kaʀle] vt [mur] alicatar ; [sol] embaldosar.

carrelet [kaʀlɛ] nm **1.** [poisson] platija *f* **2.** [filet de pêche] *red cuadrada para pescar*.

carreleur [kaʀlœʀ] nm embaldosador *m*, -ra *f*.

carrément [kaʀemɑ̃] adv **1.** *fam* [dire, agir] claramente **2.** [complètement] totalmente / *c'est carrément du vol !* ¡es un robo descarado!

carrer [kaʀe] ◆ **se carrer** vp [se caler] arrellanarse.

carrière [kaʀjɛʀ] nf **1.** [profession] carrera *f* ▸ **embrasser une carrière** escoger una carrera ▸ **faire carrière dans qqch** hacer carrera en algo **2.** [de pierre, de marbre] cantera *f*.

carriériste [kaʀjeʀist] nmf *péj* arribista *mf*.

carriole [kaʀjɔl] nf **1.** [charrette] carreta *f* **2.** QUÉBEC [traîneau] trineo *m*.

carrossable [kaʀɔsabl] adj abierto(ta) al tránsito rodado.

carrosse [kaʀɔs] nm carroza *f*.

carrosserie [kaʀɔsʀi] nf carrocería *f*.

carrossier [kaʀɔsje] nm carrocero *m*, -ra *f*.

carrousel [kaʀuzɛl] nm carrusel *m*.

carrure [kaʀyʀ] nf **1.** [de personne] anchura *f* de espaldas **2.** [de vêtement] anchura *f* de hombros **3.** *fig* [personnalité] envergadura *f*.

cartable [kaʀtabl] nm cartera *f*.

carte [kaʀt] ◈ nf

1. [de jeu] carta *f*, naipe *m* ▸ **abattre ses cartes** a) enseñar sus cartas, descubrir su juego b) *fig* descubrir su juego ▸ **battre les cartes** barajar (las cartas) ▸ **carte à jouer** carta, naipe ▸ **brouiller les cartes** *fig* embrollar la situación ▸ **jouer cartes sur table** poner las cartas boca arriba ▸ **tirer les cartes à qqn** echar las cartas a alguien

2. GÉOGR mapa *m* ▸ **carte d'état-major** *mapa de Francia elaborado por el estado mayor del Ejército* ▸ **carte routière** mapa de carreteras

3. [au restaurant] carta *f* ▸ **à la carte** a la carta ▸ **carte des vins** carta de vinos

4. [document] tarjeta *f*, carné *m* ▸ **carte d'anniversaire** tarjeta de cumpleaños ▸ **carte bancaire / de crédit** tarjeta bancaria / de crédito ▸ **carte d'électeur** tarjeta censal ou de elector ▸ **carte d'étudiant** carné de estudiante ▸ **carte grise / de séjour** permiso de circulación / de residencia ▸ **carte d'identité** carné de identidad, documento nacional de identidad ▸ **carte à mémoire ou à puce** tarjeta inteligente ▸ **carte nominative** tarjeta nominativa ▸ **carte postale** (tarjeta) postal ▸ **carte privative** tarjeta intransferible ▸ **carte téléphonique** tarjeta telefónica ▸ **carte de vœux** tarjeta de felicitación ▸ **donner carte blanche à qqn** dar carta blanca a alguien

5. INFORM ▸ **carte graphique** tarjeta gráfica ▸ **carte mère** placa *f* madre ▸ **carte son** tarjeta de sonido

◆ **Carte Bleue** nf [nationale] tarjeta *f* bancaria ; [internationale] Visa® *f*.

cartel [kaʀtɛl] nm ÉCON & POL cártel *m*.

carter [kaʀtɛʀ] nm cárter *m*.

carte-réponse [kaʀtʀepɔ̃s] (*pl* **cartes-réponses**) nf cupón *m* (de respuesta).

Carterie® [kaʀtəʀi] nf tarjetería *f*.

cartésien, enne [kaʀtezjɛ̃, ɛn] adj & nm, f cartesiano(na).

Carthagène [kaʀtaʒɛn] npr Cartagena.

cartilage [kaʀtilaʒ] nm cartílago *m*.

cartilagineux, euse [kaʀtilaʒinø, øz] adj cartilaginoso(sa).

cartographique [kaʀtɔgʀafik] adj cartográfico(ca).

cartomancien, enne [kaʀtɔmɑ̃sjɛ̃, ɛn] nm, f echador *m*, -ra *f* de cartas.

carton [kaʀtɔ̃] nm **1.** [matière] cartón *m* ▸ **en carton** de cartón ▸ **carton ondulé** cartón ondulado **2.** [emballage] caja *f* de cartón ▸ **carton à chapeaux** sombrerera *f* ▸ **carton à dessin** carpeta de dibujos **3.** [cible] blanco *m* ▸ **faire un carton** a) *fam* [sur une cible] tirar al blanco b) *fig* [réussir] tener gran éxito **4.** [d'invitation, de sanction] tarjeta *f* ▸ **carton jaune / rouge** SPORT tarjeta amarilla / roja.

cartonné, e [kaʀtɔne] adj [gén] de cartón ; [livre] en cartoné.

cartonner [kaʀtɔne] vi *fam* [réussir] arrasar / *le film a cartonné* la película arrasó.

carton-pâte [kaʀtɔ̃pat] (*pl* **cartons-pâtes**) nm cartón *m* piedra ▸ **de ou en carton-pâte** de cartón piedra.

cartouche [kaʀtuʃ] nf **1.** [de fusil, dynamite & INFORM] cartucho *m* **2.** [de stylo, briquet] recambio *m* **3.** [de cigarettes] cartón *m*.

cas [ka] nm caso *m* ▸ **au cas où** (+ *conditionnel*) por si (+ *présent indicatif*), por si acaso / *prends un parapluie, au cas où il pleuvrait* llévate un paraguas, por si llueve ▸ **auquel cas** en tal caso ▸ **c'est le cas de le dire** es el momento de decirlo ▸ **dans ou en ce cas** en ese caso ▸ **en aucun cas** en ningún caso ▸ **en cas de besoin** en caso de necesidad ▸ **en cas d'urgence** en caso de urgencia ▸ **en tout cas** en todo caso ▸ **le cas échéant** llegado el caso ▸ **cas de conscience** caso de conciencia ▸ **cas de force majeure** caso de fuerza mayor ▸ **cas social** *persona que vive en un entorno psicológicamente o socialmente desfavorable* ▸ **faire grand cas de qqch / de qqn** hacer mucho caso de algo / de alguien.

casanier, ère [kazanje, ɛʀ] adj & nm, f hogareño(ña), casero(ra).

casaque [kazak] nf casaca *f* ▸ **tourner casaque** *fig* cambiar de chaqueta.

casbah [kazba] nf [dans les pays arabes] kasbah *f*.

cascade [kaskad] nf **1.** [chute d'eau] cascada *f* ▸ **en cascade** [en chaîne] en cascada **2.** CINÉ escena *f* de riesgo.

cascadeur, euse [kaskadœʀ, øz] nm, f **1.** [au cirque] acróbata *mf* **2.** CINÉ doble *mf*, especialista *mf*.

case [kaz] nf **1.** [habitation] cabaña *f* **2.** [de boîte, tiroir] compartimento *m* ▸ **il lui manque une case** le falta un tornillo **3.** [sur un échiquier, un formulaire] casilla *f* ▸ **retourner à la case départ** *fig* volver a las mismas.

casemate [kazmat] nf caserna *f*.

caser [3] [kaze] vt *fam* **1.** [placer] poner **2.** [loger] alojar **3.** [trouver un emploi pour] colocar **4.** [marier] casar. ◆ **se caser** vp *fam* **1.** [se marier] casarse **2.** [se placer, trouver un emploi] colocarse **3.** [se loger] alojarse.

caserne [kazɛʀn] nf cuartel *m*.

cash [kaʃ] ◆ adv al contado ▸ **payer cash** pagar al contado. ◆ nm dinero *m* en metálico.

casher = **kasher**.

casier [kazje] nm **1.** [de rangement] casillero *m* **2.** [pour la pêche] nasa *f*. ◆ **casier à bouteilles** nm botellero *m*. ◆ **casier judiciaire** nm DR (certificado *m* de) antecedentes *mpl* penales ▸ **avoir un casier judiciaire vierge** no tener antecedentes penales.

casino [kazino] nm casino *m*.

Caspienne [kaspjɛn] npr ▸ **la Caspienne** el Caspio.

casque [kask] nm **1.** [de protection, à écouteurs] casco *m* ▸ **casque intégral** casco integral **2.** [séchoir à cheveux] secador *m*. ◆ **casques bleus** nmpl : *les casques bleus* los cascos azules.

casqué, e [kaske] adj [motocycliste] con casco.

casquer [3] [kaske] vi *fam* [payer] aflojar la mosca, rascarse el bolsillo.

casquette [kaskɛt] nf gorra *f*.

cassant, e [kasɑ̃, ɑ̃t] adj **1.** [matière] quebradizo(za) **2.** [voix, ton] tajante.

cassation [kasasjɔ̃] ⟶ **cour**.

casse [kas] ◆ nm *fam* [cambriolage] robo *m (en un establecimiento)*. ◆ nf **1.** [bris, dommage] destrozos *mpl* **2.** *fam* [bagarre] ▸ **il va y avoir de la casse** va a armarse la gorda ou la marimorena **3.** [de voitures] desguace *m* **4.** [en typographie] caja *f* ▸ **haut / bas de casse** caja alta / baja.

cassé, e [kase] adj [voix] cascado(da).

casse-cou [kasku] nm inv *fam* atrevido *m*, -da *f*.

casse-croûte [kaskʀut] nm inv tentempié *m*.

casse-gueule [kasgœl] adj inv *tfam* [endroit] peligroso(sa) ; [entreprise] arriesgado(da).

casse-noisettes [kasnwazɛt] nm inv cascanueces *m inv*.

casse-pieds [kaspje] adj & nmf inv peñazo.

casser [3] [kase] ◆ vt **1.** [gén] romper ▸ **à tout casser a)** [extraordinaire] genial **b)** [tout au plus] como máximo, como mucho ▸ **ça ne casse rien** *fam* no mola nada **2.** DR anular. ◆ vi romperse. ◆ **se casser** vp **1.** [se briser] romperse **2.** [tomber] ▸ **se casser la figure** *fam* ou **la gueule** & *tfam* darse un porrazo **3.** *fam* [se fatiguer] desriñonarse ▸ **ne pas se casser pour faire qqch** no matarse en hacer algo **4.** *fam* [s'en aller] abrirse.

> ⚠ Casarse est un faux ami, il ne signifie pas *se casser*, mais « se marier ».

casserole [kasʀɔl] nf **1.** [ustensile] cacerola *f* **2.** EXPR **passer à la casserole** *fam* **a)** [être tué] irse al otro barrio **b)** [sexuellement] pasar por la piedra.

casse-tête [kastɛt] nm inv **1.** [jeu] rompecabezas *m inv* **2.** [problème] quebradero *m* de cabeza **3.** [bruit] estruendo *m*.

cassette [kasɛt] nf **1.** [de magnétophone, magnétoscope] casete *f* ▸ **cassette vidéo** cinta *f* de vídeo **2.** [coffret] cofrecillo *m*.

casseur [kasœʀ] nm **1.** [ferrailleur] chatarrero *m*, -ra *f* **2.** [manifestant] incontrolado *m*, -da *f* **3.** [cambrioleur] caco *m*.

cassis [kasis] nm **1.** [arbuste, liqueur] casis *m inv* **2.** [fruit] grosella *f* negra **3.** [sur la route] bache *m*.

cassonade [kasɔnad] nf azúcar *m* semirrefinado.

cassoulet [kasulɛ] nm *plato típico de la región de Toulouse parecido a la fabada*.

cassure [kasyʀ] nf **1.** [brisure] rotura *f* **2.** *fig* [rupture] ruptura *f*.

castagne [kastaɲ] nf *fam* pelea *f* / ***il risque d'y avoir de la castagne*** puede haber pelea.

castagnettes [kastaɲɛt] nfpl castañuelas *fpl*.

caste [kast] nf casta *f*.

castillan, e [kastijɑ̃, an] adj castellano(na). ◆ **castillan** nm LING castellano. ◆ **Castillan, e** nm, f castellano *m*, -na *f*.

Castille [kastij] npr ▸ **la Castille** Castilla. ◆ **Castille-La Manche** npr f Castilla-La Mancha. ◆ **Castille-León** npr f Castilla-León.

casting [kastiŋ] nm CINÉ & TV reparto *m* ; [sélection] casting *m* ; THÉÂTRE audición *f* ▸ **aller à un casting** presentarse a un casting / a una audición.

castor [kastɔʀ] nm castor *m*.

castrat [kastʀa] nm MUS castrato *m*.

castration [kastʀasjɔ̃] nf castración *f*.

castrer [3] [kastʀe] vt castrar.

castriste [kastʀist] adj & nmf POL castrista.

castrisme [kastʀist] nm POL castrismo.

cata [kata] nf *fam* : *c'est la cata !* ¡qué desastre!

cataclysme [kataklism] nm cataclismo *m*.

catacombes [katakɔ̃b] nfpl catacumbas *fpl*.

catadioptre [katadjɔptʀ], **Cataphote®** [katafɔt] nm catadióptrico *m*.

catalan, e [katalɑ̃, an] adj catalán(ana). ◆ **catalan** nm LING catalán *m*. ◆ **Catalan, e** nm, f catalán *m*, -ana *f*.

Catalogne [katalɔɲ] npr ▸ **la Catalogne** Cataluña.

catalogue [katalɔg] nm catálogo *m*.

cataloguer [3] [katalɔge] vt catalogar ▸ **cataloguer comme** *péj* catalogar de.

catalyser [katalize] vt catalizar.

catalyseur [katalizœʀ] nm catalizador *m*.

catalytique [katalitik] ⟶ **pot**.

catamaran [katamaʀɑ̃] nm catamarán *m*.

Cataphote® = **catadioptre**.

cataplasme [kataplasm] nm cataplasma *f*.

catapulter [3] [katapylte] vt catapultar ▸ **catapulter qqn quelque part** catapultar a alguien a algún sitio.

cataracte [kataʀakt] nf catarata *f*.

catarrhe [kataʀ] nm catarro *m*.

catastrophe [katastʀɔf] nf catástrofe *f* ▸ **catastrophe naturelle** catástrofe natural ▸ **en catastrophe** a) [atterrir] de emergencia b) [partir] corriendo, a toda prisa.

catastrophé, e [katastʀɔfe] adj destrozado(da).

catastrophique [katastʀɔfik] adj catastrófico(ca).

catastrophiste [katastʀɔfist] adj catastrofista / ***il a prononcé un discours catastrophiste sur l'évolution du climat*** pronunció un discurso catastrofista sobre la evolución del clima.

catch [katʃ] nm lucha *f* libre.

catcheur, euse [katʃœʀ, øz] nm, f luchador *m*, -ra *f* de catch.

catéchèse [kateʃɛz] nf catequesis *f inv*.

catéchisme [kateʃism] nm catecismo *m*.

catégorie [kategɔʀi] nf categoría *f* ▸ **catégorie socio-professionnelle** categoría socioprofesional.

catégorique [kategɔʀik] adj categórico(ca).

catégoriquement [kategɔʀikmɑ̃] adv categóricamente.

caténaire [katenɛʀ] nf catenaria *f*.

cathédrale [katedʀal] nf catedral *f*.

catho [kato] adj & nmf *fam* católico(ca).

cathode [katɔd] nf cátodo *m*.

cathodique [katɔdik] ⟶ **tube**.

catholicisme [katɔlisism] nm catolicismo *m*.

catholique [katɔlik] adj **1.** RELIG católico(ca) **2.** *fig* [honnête] ▸ **tout ça n'est pas (très) catholique** eso no es muy católico.

catimini [katimini] ◆ **en catimini** loc adv a escondidas, a hurtadillas.

catogan [katɔgɑ̃] nm **1.** [coiffure] coleta *f* **2.** [ruban] cinta *f (de pelo)*.

Caucase [kokaz] npr ▸ **le Caucase** Cáucaso.

caucasien, enne [kokazjɛ̃, ɛn] adj caucásico(ca). ◆ **Caucasien, enne** nm, f caucásico *m*, -ca *f*.

cauchemar [koʃmaʀ] nm pesadilla *f*.

cauchemarder [3] [kɔʃmaʀde] vi tener pesadillas.

cauchemardesque [koʃmaʀdɛsk] adj de pesadilla.

caudal, e, aux [kodal, o] adj caudal.

causal, e, als, aux [kozal, o] adj causal.

causalité [kozalite] nf casualidad *f*.

causant, e [kozɑ̃, ɑ̃t] adj *fam* ▸ **peu / très causant** poco / muy hablador.

cause [koz] nf causa *f* ▸ **être en cause** estar en juego ▸ **être mis hors de cause** estar fuera de sospecha ▸ **gagner qqn à sa cause** poner a alguien de su parte ▸ **pour cause de qqch** por algo ▸ **remettre en cause** poner en tela de juicio ▸ **et pour cause !** ¡y con razón! ▸ **faire cause commune avec qqn** hacer causa común con alguien. ◆ **à cause de** loc prép a causa de, debido a ; [par la faute de] por culpa de.

causer [3] [koze] vt **1.** [provoquer, occasionner] causar **2.** [bavarder] ▸ **causer de qqch / de qqn** hablar de algo / de alguien **3.** *fam* [cancaner] murmurar ▸ **causer sur qqn / de qqch** murmurar de alguien / de algo.

causerie [kozʀi] nf charla *f* ESP, conversada *f* AM.

causette [kozɛt] nf *fam* palique *m* ▸ **faire la causette avec qqn** estar de palique con alguien.

causticité [kostisite] nf causticidad *f*.

caustique [kostik] ◆ adj cáustico(ca). ◆ nm sustancia *f* cáustica.

cauteleux, euse [kotlø, øz] adj cauteloso(sa).

cautériser [3] [koteʀize] vt cauterizar.

caution [kosjɔ̃] nf **1.** [somme d'argent] paga y señal *f* ▸ **verser une caution** dejar paga y señal ▸ **libérer qqn sous caution** poner a alguien en libertad bajo fianza **2.** [personne] fiador *m*, -ra *f* ▸ **se porter caution pour qqn** salir fiador(ra) de alguien **3.** [garantie morale] garantía *f* ; [soutien] aval *m*.

cautionner [3] [kosjɔne] vt **1.** DR [se porter garant] salir fiador(ra) de **2.** *fig* [soutenir] avalar.

cavalcade [kavalkad] nf **1.** [de cavaliers] cabalgata *f* **2.** *fam* [d'enfants] correteo *m*.

cavale [kaval] nf *fam* [évasion] fuga *f* ▸ **être en cavale** estar fugado(da).

cavaler [3] [kavale] vi *fam* **1.** [courir] correr **2.** [rechercher les aventures amoureuses] : ***il ne pense qu'à cavaler*** es muy mujeriego. ◆ **se cavaler** vp *fam* [s'enfuir] pirárselas.

cavalerie [kavalʀi] nf caballería *f*.

cavalier, ère [kavalje, ɛʀ] ◆ adj **1.** [allée, piste] para las caballerías **2.** *sout* [impertinent] insolente. ◆ nm, f **1.** [à cheval] jinete *m* **2.** [partenaire] pareja *f* *(de baile)* ▸ **faire cavalier seul** *fig* hacer rancho aparte. ◆ **cavalier** nm **1.** [aux échecs] caballo *m* **2.** MIL soldado *m* de caballería.

cavalièrement [kavaljɛʀmɑ̃] adv con insolencia.

cave [kav] ◆ nf **1.** [sous-sol] sótano *m* **2.** [à vin] bodega *f* **3.** [cabaret] cabaret *m.* ◆ nm *arg* primo *m,* -ma *f.* ◆ adj **1.** [yeux, joues] hundido(da) **2.** ANAT [veine] cava.

caveau, x [kavo] nm **1.** [sépulture] panteón *m* **2.** [cabaret] cabaret *m.*

caverne [kavɛʀn] nf caverna *f.*

caviar [kavjaʀ] nm caviar *m.*

caviarder [3] [kaviaʀde] vt *fam* [article, texte] censurar.

caviste [kavist] nmf bodeguero *m,* -ra *f.*

cavité [kavite] nf cavidad *f.*

Cayenne [kajɛn] npr Cayena.

CB nf **1.** [sibi] (*abr de* **citizen's band, canaux banalisés**) CB *f* **2.** *abr de* **carte bleue**.

Cb1 SMS *abr écrite de* **c'est bien**.

cc 1. (*abr écrite de* **cuillère à café**) cc. / *prendre 1 cc de sirop* tomar 1 cc. de jarabe **2.** (*abr écrite de* **charges comprises**) gastos *mpl* de comunidad incluidos / *le loyer est de 595 euros cc* el alquiler es de 595 euros gastos de comunidad incluidos.

CC (*abr écrite de* **corps consulaire**) CC.

CCI (*abr de* **Chambre de commerce et d'industrie**) nf CCI *f.*

CCP (*abr de* **compte chèque postal**) nm CCP *f.*

CD nm **1.** (*abr de* **chemin départemental**) carretera *f* comarcal / *prendre le CD-144* tomar el CD-144 **2.** (*abr de* **Compact Disc**) CD *m* / *écouter un CD* escuchar un CD **3.** (*abr de* **comité directeur**) comité *m* directivo **4.** (*abr de* **corps diplomatique**) CD *m.*

CDD (*abr de* **contrat à durée déterminée**) **1.** [contrat] un contrato *m* temporal ▸ **un salarié en CDD** un trabajador con contrato temporal ▸ **signer / conclure un CDD** firmar / acordar un contrato temporal ▸ **être en CDD** tener un contrato temporal / *un CDD de deux ans* un contrato temporal de dos años **2.** [personne en CDD] : *un CDD* una persona con contrato temporal.

CDI ◆ nm **1.** (*abr de* **centre de documentation et d'information**) *biblioteca de un centro de enseñanza secundaria* **2.** (*abr de* **contrat à durée indéterminée**) contrato *m* indefinido / *il a été embauché en CDI* le han hecho un contrato indefinido / *il a trouvé un CDI* ha encontrado un trabajo fijo / *elle est en CDI* está fija. ◆ nmf pl [personne] *las personas con contrato indefinido.*

CD-ROM, CD-Rom [sedeʀɔm] (*abr de* **compact disc read only memory**) nm CD-ROM *m* ▸ **un lecteur de CD-ROM** un lector de CD-ROM ▸ **une encyclopédie sur CD-ROM** una enciclopedia en CD-ROM ▸ **un CD-ROM éducatif** un CD-ROM educativo.

CDU (*abr de* **Classification décimale universelle**) nf UDC *f.*

ce, cette [sə, sɛt] (*pl* **ces** [se]) *(devant voyelle ou 'h' muet* **cet** [sɛt]*)* ◆ adj dém [proche] este (esta) ; [éloigné] ese (esa) / *ce mois-ci* este mes / *cette année-là* aquel año / *regarde de ce côté-ci et pas de ce côté-là* mira por este lado y no por ése. ◆ pron dém (**c'** *devant voyelle*) ▸ **c'est** es ▸ **ce sont** son / *c'est mon bureau* es mi despacho / *ce sont mes enfants* son mis hijos / *qui est-ce ?* ¿quién es? / *tu sais ce à quoi je pense* ya sabes en lo que pienso / *ce dont je me souviens* aquello de lo que me acuerdo / *faites ce pour quoi on vous paye* haga aquello por lo que le pagan ▸ **ce que / qui** lo que / *ils ont obtenu ce qui leur revenait* han obtenido lo que les correspondía / *c'est ce que je lui ai dit* es lo que le he dicho / *ce qui est étonnant* lo asombroso.

CE ◆ nm **1.** (*abr de* **comité d'entreprise**) comité *m* de empresa / *les élections CE et DP* las elecciones para el comité de empresa y el delegado de personal **2.** (*abr de* **cours élémentaire**) / *être en CE1 / CE2* ≃ estar en 2° / 3° de E.P. ◆ nf (*abr de* **Communauté européenne**) *antiguo nombre de la CE (Comunidad Europea).*

CEA (*abr de* **Commissariat à l'énergie atomique**) nm *organismo oficial francés para la investigación y el desarrollo de la energía atómica* ; ≃ CIEMAT *m.*

ceci [səsi] pron dém esto / *ceci (étant) dit* dicho esto / *ceci n'explique pas cela* esto no justifica aquello / *ceci pour vous dire que…* esto para decirle que… / *à ceci près que* excepto que.

cécité [sesite] nf ceguera *f.*

céder [18] [sede] ◆ vt **1.** [donner] ceder ▸ **céder la parole à qqn** ceder la palabra a alguien ▸ **céder sa place à qqn** dejar el sitio a alguien ▸ **céder le passage** ceder el paso **2.** [vendre] traspasar. ◆ vi **1.** [se soumettre, se rompre] ceder ▸ **céder à qqch a)** [à une demande, une menace] ceder a OU ante algo **b)** [à la tentation] caer en algo **c)** [à la colère] dejarse llevar por algo **2.** [s'abandonner] ▸ **céder à qqn** entregarse a alguien.

cédérom [sedeʀɔm] nm INFORM cederrom *m,* cederrón *m.*

CEDEX, Cedex (*abr de* **courrier d'entreprise à distribution exceptionnelle**) nm *correo de empresa con reparto especial.*

cédille [sedij] nf cedilla *f (virgulilla)* ▸ **c cédille** cedilla.

cèdre [sɛdʀ] nm cedro *m.*

CEE (*abr de* **Communauté économique européenne**) nf *antiguo nombre de la CEE (Comunidad Económica Europea).*

CEI (*abr de* **Communauté d'États indépendants**) nf CEI *f.*

ceindre [81] [sɛ̃dʀ] vt ceñir ▸ **ceindre qqch de qqch** ceñir algo con algo.

ceinture [sɛ̃tyʀ] nf **1.** [gén] cinturón *m* ▸ **se serrer la ceinture** *fig* apretarse el cinturón ▸ **attachez vos ceintures** abróchense los cinturones ▸ **ceinture à enrouleur** cinturón de seguridad retráctil ▸ **ceinture noire** [de judo] cinturón negro ▸ **ceinture de sécurité** cinturón de seguridad **2.** ANAT & COUT [taille] cintura *f*.

ceinturer [3] [sɛ̃tyʀe] vt **1.** [adversaire] inmovilizar agarrando por la cintura **2.** [espace, lieu] rodear.

ceinturon [sɛ̃tyʀɔ̃] nm cinto *m*.

cela [səla] pron dém eso, aquello / *il y a des années de cela* hace años de aquello / *prenez cela* coja eso ▸ **après cela** después de eso ▸ **cela dit** dicho esto ▸ **malgré cela** a pesar de eso.

célébration [selebʀasjɔ̃] nf celebración *f*.

célèbre [selɛbʀ] adj famoso(sa), célebre.

célébrer [18] [selebʀe] vt **1.** [anniversaire, messe] celebrar **2.** *sout* [faire l'éloge de] alabar.

célébrité [selebʀite] nf **1.** [renommée] fama *f* **2.** [personne] celebridad *f*.

céleri [sɛlʀi] nm apio *m* ▸ **céleri (branche)** apio ▸ **céleri rave** apio-nabo *(raíz)* ▸ **céleri rémoulade** CULIN *raíz de apio rallada y aliñada con una salsa de mostaza*.

céleri-rave [sɛlʀiʀav] (*pl* **céleris-raves**) nm apio-nabo *m*.

célérité [seleʀite] nf celeridad *f*.

céleste [selɛst] adj **1.** [du ciel] celeste **2.** *fig* [merveilleux] celestial.

célibat [seliba] nm celibato *m*.

célibataire [selibatɛʀ] adj & nmf soltero(ra) ▸ **célibataire endurci** solterón *m*, soltero *m* empedernido.

celle ⟶ **celui**.

celle-ci ⟶ **celui-ci**.

celle-là ⟶ **celui-là**.

celles ⟶ **celui**.

celles-ci ⟶ **celui-ci**.

celles-là ⟶ **celui-là**.

cellier [selje] nm bodega *f*.

Cellophane® [selɔfan] nf celofán® *m* ▸ **sous Cellophane** en papel de celofán.

cellulaire [selylɛʀ] adj celular.

cellule [selyl] nf **1.** [de prisonnier, moine & INFORM] celda *f* **2.** POL célula *f* ▸ **cellule photoélectrique** célula fotoeléctrica **3.** [groupe] comisión *f*. ◆ **cellule familiale** nf unidad *f* familiar.

cellulite [selylit] nf celulitis *f inv*.

Celluloïd® [selylɔid] nm celuloide *m*.

cellulose [selyloz] nf celulosa *f*.

celte [sɛlt] adj celta. ◆ **Celte** nmf celta *mf*.

celtique [sɛltik] adj céltico(ca).

celui, celle [səlɥi, sɛl] (*mpl* **ceux** [sø], *fpl* **celles** [sɛl]) pron dém el, la / *celle de devant* la de delante / *ceux d'entre nous* aquellos de entre nosotros / *celui que vous voyez* el que usted ve / *c'est celle qui te va le mieux* es la que mejor te sienta / *ceux que je connais* los que conozco.

celui-ci, celle-ci [səlɥisi, sɛlsi] (*mpl* **ceux-ci** [søsi], *fpl* **celles-ci** [sɛlsi]) pron dém éste (ésta) ▸ **ceux-ci / celles-ci** éstos/éstas.

celui-là, celle-là [səlɥila, sɛlla] (*mpl* **ceux-là** [søla], *fpl* **celles-là** [sɛlla]) pron dém ése (ésa), aquél (aquella) ▸ **ceux-là / celles-là** ésos/ésas, aquellos/aquellas.

cénacle [senakl] nm cenáculo *m*.

cendre [sɑ̃dʀ] nf ceniza *f*. ◆ **cendres** nfpl cenizas *fpl* ▸ **réduire qqch en cendres** reducir algo a cenizas ▸ **renaître de ses cendres** renacer de sus cenizas. ◆ **Cendres** nfpl ▸ **le mercredi des Cendres** el Miércoles de Ceniza.

cendré, e [sɑ̃dʀe] adj ceniciento(ta).

cendrier [sɑ̃dʀije] nm cenicero *m*.

Cène [sɛn] nf ▸ **la Cène** la Última Cena.

censé, e [sɑ̃se] adj : *il est censé être à Paris* se supone que está en París ▸ **elle n'est pas censée le savoir** no tiene por qué saberlo.

censément [sɑ̃semɑ̃] adv *sout* [apparemment] como si dijéramos, por así decirlo.

censeur [sɑ̃sœʀ] nm **1.** [gén] censor *m*, -ra *f* **2.** [de lycée] director *m*, -ra *f* de instituto.

censure [sɑ̃syʀ] nf censura *f*.

censurer [3] [sɑ̃syʀe] vt censurar.

cent[1] [sɑ̃] ◆ adj num **1.** [gén] ciento / *cent deux euros* ciento dos euros / *quatre cents pages* cuatrocientas páginas **2.** [devant substantif] cien / *cent personnes* cien personas / *cent mille euros* cien mil euros. ◆ adj inv [centième] ciento. ◆ nm **1.** [chiffre] cien *m inv* **2.** [mesure de proportion] ▸ **pour cent** por cien, por ciento ▸ **à cent pour cent** [entièrement] totalmente / *soixante pour cent* el sesenta por ciento. ***Voir aussi* six**.

cent[2] [sɛnt] nm [monnaie du Canada et des États-Unis] centavo *m*.

centaine [sɑ̃tɛn] nf centena *f*.

centenaire [sɑ̃tnɛʀ] ◆ adj & nmf centenario(ria). ◆ nm [centième anniversaire] centenario *m*.

centième [sɑ̃tjɛm] ◆ adj centésimo(ma). ◆ nm centésima parte *f*. ◆ nf THÉÂTRE centésima representación *f*.

centigrade [sɑ̃tigʀad] ⟶ **degré**.

centigramme [sɑ̃tigʀam] nm centígramo *m*.

centilitre [sɑ̃tilitʀ] nm centilitro *m*.

centime [sɑ̃tim] nm céntimo *m*.

centimètre [sɑ̃timɛtʀ] nm **1.** [mesure] centímetro *m* **2.** [ruban, règle] cinta *f* métrica.

centrafricain, e [sɑ̃tʀafʀikɛ̃, ɛn] adj centroafricano(na). ◆ **Centrafricain, e** nm, f centroafricano *mf*, -na *f*.

central, e, aux [sɑ̃tʀal, o] adj central, céntrico(ca) / *un quartier très central* un barrio muy céntrico. ◆ **central** nm **1.** [tennis] pista *f* central **2.** [de réseau] central *f* ▸ **central téléphonique** central telefónica. ◆ **centrale** nf central *f* ▸ **centrale d'achat** central de compras ▸ **centrale hydroélectrique / nucléaire**

central hidroeléctrica/nuclear ▸ **centrale (syndicale)** central sindical. ◆ **Centrale** npr *escuela superior de ingenieros, en París.*

centralien, enne [sɑ̃tʀaljɛ̃, ɛn] nm, f *alumno de la escuela superior de ingenieros llamada "Centrale".*

centralisation [sɑ̃tʀalizasjɔ̃] nf centralización *f.*

centraliser [3] [sɑ̃tʀalize] vt centralizar.

centraméricain, e [sɑ̃tʀameʀikɛ̃, ɛn] adj centroamericano(na). ◆ **Centraméricain, e** nm, f centroamericano *m,* -na *f.*

centre [sɑ̃tʀ] nm centro *m* ▸ **centre d'accueil** centro de acogida ▸ **centre aéré** *centro de esparcimiento infantil, gestionado por los ayuntamientos* ▸ **centre antipoison** *servicio de información toxicológica* ▸ **centre d'appels** central *f* de llamadas ▸ **centre commercial/culturel** centro comercial/cultural ▸ **centre de documentation** centro de documentación ▸ **centre équestre** círculo *m* ecuestre ▸ **centre de gravité** centro de gravedad ▸ **centre d'intérêt** centro de interés ▸ **centre hospitalier régional** centro hospitalario regional ▸ **centre hospitalo-universitaire** hospital *m* clínico universitario ▸ **centre de loisirs** *centro de esparcimiento infantil, gestionado por los ayuntamientos* ▸ **centre de rééducation** centro de rehabilitación.

centrer [3] [sɑ̃tʀe] vt centrar.

centre-ville [sɑ̃tʀəvil] (*pl* **centres-villes**) nm centro *m* urbano.

centrifuge [sɑ̃tʀifyʒ] ⟶ **force**.

centrifuger [17] [sɑ̃tʀifyʒe] vt centrifugar.

centrifugeuse [sɑ̃tʀifyʒøz] nf **1.** CULIN licuadora *f* **2.** TECHNOL centrifugadora *f.*

centriste [sɑ̃tʀist] adj & nmf centrista.

centuple [sɑ̃typl] nm céntuplo *m* ▸ **au centuple** centuplicado(da).

centupler [3] [sɑ̃typle] ◈ vt centuplicar. ◈ vi centuplicarse.

cep [sɛp] nm cepa *f.*

cépage [sepaʒ] nm cepa *f,* vid *f.*

cèpe [sɛp] nm seta *f* comestible.

cependant [səpɑ̃dɑ̃] conj sin embargo.

céramique [seʀamik] nf cerámica *f.*

cerbère [sɛʀbɛʀ] nm cancerbero *m.*

CERC, Cerc (*abr de* **Centre d'étude des revenus et des coûts**) nm *institución francesa que estudia la distribución de la renta y el coste de la vida.*

cerceau [sɛʀso] nm **1.** [de tonneau] cerco *m* **2.** [jouet] aro *m* **3.** [de robe] polisón *m.*

cercle [sɛʀkl] nm **1.** [gén] círculo *m* ▸ **cercle d'amis** círculo de amigos ▸ **cercle vicieux** círculo vicioso **2.** [disposition en cercle] corro *m.*

cerclé, e [sɛʀkle] adj con montura.

cercueil [sɛʀkœj] nm ataúd *m.*

céréale [seʀeal] nf cereal *m.*

céréalier, ère [seʀealje, ɛʀ] adj [production, culture, région] cerealista. ◆ **céréalier** nm [producteur] cerealista *mf.*

cérébral, e, aux [seʀebʀal, o] ◈ adj cerebral. ◈ nm, f persona *f* cerebral.

cérémonial, als [seʀemɔnjal] nm ceremonial *m.*

cérémonie [seʀemɔni] nf **1.** [manifestation] ceremonia *f,* acto *m* **2.** *fig* [politesse] cumplido *m* ▸ **faire des cérémonies** hacer cumplidos ▸ **sans cérémonie** sin cumplidos.

cérémonieux, euse [seʀemɔnjø, øz] adj ceremonioso(sa).

cerf [sɛʀ] nm ciervo *m.*

cerfeuil [sɛʀfœj] nm perifollo *m.*

cerf-volant [sɛʀvɔlɑ̃] (*pl* **cerfs-volants**) nm **1.** [jouet] cometa *f* **2.** [insecte] ciervo *m* volante.

cerise [səʀiz] ◈ nf cereza *f* ▸ **la cerise sur le gâteau** la guinda del pastel. ◈ adj inv [couleur] cereza *(en apposition).*

cerisier [səʀizje] nm cerezo *m.*

CERN, Cern [sɛʀn] (*abr de* **Conseil européen pour la recherche nucléaire**) nm CERN *m.*

cerne [sɛʀn] nm **1.** [sous les yeux] ojera *f* **2.** [d'arbre] anillo *m.*

cerné [sɛʀne] ⟶ **œil**.

cerner [3] [sɛʀne] vt **1.** [encercler] rodear **2.** *fig* [problème, question] delimitar, acotar.

certain, e [sɛʀtɛ̃, ɛn] ◈ adj seguro(ra) / *c'est une chose certaine* es una cosa segura / *c'est certain* es seguro ▸ **c'est sûr et certain** segurísimo ▸ **être certain de** estar seguro de ▸ **être certain que** estar seguro de que. ◈ adj indéf *(avant n)* **1.** [gén] cierto(ta) ▸ **à un certain moment** en cierto momento ▸ **dans certains cas** en ciertos casos ▸ **un certain temps** algún tiempo ▸ **dans une certaine mesure** en cierta medida ▸ **d'un certain âge** de cierta edad **2.** [devant nom de personne] tal / *un certain Juan* un tal Juan. ◆ **certains** (*fpl* **certaines**) pron indéf pl algunos(nas).

certainement [sɛʀtɛnmɑ̃] adv por supuesto / *c'est certainement un garçon intelligent* sin duda alguna es un chico inteligente ▸ **mais certainement** pues claro.

certes [sɛʀt] adv **1.** [indique une concession] en efecto, claro **2.** [en vérité] desde luego.

certificat [sɛʀtifika] nm **1.** [attestation] certificado *m* ▸ **certificat médical/de scolarité** certificado médico/de escolaridad **2.** [diplôme] diploma *m* ▸ **certificat d'aptitude professionnelle** *diploma técnico que se obtiene al finalizar dos años de formación profesional* ▸ **certificat d'études** SCOL *certificado de fin de estudios primarios.*

certifié, e [sɛʀtifje] ◈ adj [professeur] *en Francia, profesor con título para enseñar en secundaria.* ◈ nm, f ≃ profesor con el CAP.

certifier [9] [sɛʀtifje] vt **1.** [assurer] ▸ **certifier qqch à qqn** asegurar algo a alguien **2.** ADMIN [document] compulsar.

certitude [sɛʀtityd] nf certeza *f* ▸ **avoir la certitude que** tener la certeza de que.

cérumen [seʀymɛn] nm cerumen *m*.

cerveau [sɛʀvo] nm cerebro *m*.

cervelas [sɛʀvəla] nm *salchicha gruesa de carne y sesos de cerdo*.

cervelle [sɛʀvɛl] nf **1.** ANAT & CULIN sesos *mpl* ▸ **se brûler** ou **se faire sauter la cervelle** levantarse la tapa de los sesos **2.** [facultés mentales] cerebro *m* ▸ **se creuser la cervelle** devanarse los sesos, exprimirse el cerebro.

cervical, e, aux [sɛʀvikal, o] adj cervical. ◆ **cervicale** nf ▸ **(vertèbre) cervicale** cervical *f*.

ces ⟶ **ce**.

CES (*abr de* **collège d'enseignement secondaire**) nm *antiguo nombre de los centros de enseñanza secundaria de primer ciclo*.

César [sezaʀ] nm césar *m (premio cinematográfico francés)*.

Césars

Desde 1976, la **Académie des arts et techniques du cinéma** concede cada año estos galardones, divididos en categorías tales como mejor actor, mejor director, o mejor película. El nombre de los premios proviene del escultor que diseñó la estatuilla.

césarienne [sezaʀjɛn] nf cesárea *f*.

césariser [sezaʀize] vt premiar con un césar.

césium [sezjɔm] nm cesio *m*.

cessante [sɛsɑ̃t] ⟶ **affaire**.

cessation [sɛsasjɔ̃] nf cese *m* ▸ **cessation de paiements** suspensión *f* de pagos.

cesse [sɛs] nf ▸ **n'avoir de cesse que** *sout* no descansar hasta que / *je n'aurai de cesse qu'il n'admette qu'il a tort* no descansaré hasta que admita que se ha equivocado. ◆ **sans cesse** loc adv sin cesar, sin parar.

cesser [4] [sese] ◈ vi cesar, terminar ▸ **ne pas cesser de faire qqch** no parar de hacer algo. ◈ vt suspender.

cessez-le-feu [seselfø] nm inv alto *m* el fuego.

cession [sɛsjɔ̃] nf cesión *f*.

c'est-à-dire [setadiʀ] conj **1.** [introduit une explication] o sea, es decir **2.** [introduit une restriction] (la cosa) es que / *tu es libre ce soir ? c'est-à-dire que je suis déjà invitée ailleurs* ¿tienes la noche libre? (la cosa) es que ya me han invitado.

césure [sezyʀ] nf **1.** [en poésie] cesura *f* **2.** INFORM partición *f* de palabras.

cet ⟶ **ce**.

cétacé [setase] nm cetáceo *m*.

cette ⟶ **ce**.

ceux ⟶ **celui**.

ceux-ci ⟶ **celui-ci**.

ceux-là ⟶ **celui-là**.

Ceylan [selɑ̃] npr Ceilán.

ceylanais, e [selanɛ, ɛz] adj cingalés(esa). ◆ **Ceylanais, e** nm, f cingalés *m*, -esa *f*.

cf. (*abr écrite de* **confer**) cf. / *cf. chap. 2* cf. cap. 2.

CFA ◈ nf (*abr de* **Communauté financière africaine**) / *40 000 francs CFA* 40.000 francos CFA. ◈ nm **1.** (*abr de* **centre de formation des apprentis**) *institución pública francesa para la formación de aprendices* **2.** (*abr de* **championnat de France amateur**) *campeonato francés de fútbol de equipos aficionados* / *ce club joue en CFA* este club juega en el CFA.

CFAO (*abr de* **conception de fabrication assistée par ordinateur**) nf CAD/CAM *f*.

CFC (*abr de* **chlorofluorocarbone**) nm CFC *m*.

CFDT (*abr de* **Confédération française démocratique du travail**) nf *organización sindical francesa de orientación socialdemócrata*.

CFES nm **1.** (*abr de* **certificat de fin d'études secondaires**) *certificado concedido a los alumnos que han suspendido en los exámenes orales de repesca del "baccalauréat"* **2.** (*abr de* **Comité français d'éducation pour la santé**) *comité para la educación sanitaria del gobierno francés*.

Comment exprimer la certitude

- **Estoy segurísimo de que va a tener éxito.** *Elle va réussir, j'en suis sûr et certain.*
- **Estoy convencido de que va a volver.** *Je suis persuadé* ou *convaincu qu'il va revenir.*
- **Estoy convencido de su buena fe.** *Je suis convaincu de sa bonne foi.*
- **¿Estás seguro de que era ella?** *Tu es sûr que c'était elle ?*
- **Seguro que vamos a encontrarlos.** *On va les retrouver, c'est sûr.*
- **Por supuesto que va a venir.** *Bien sûr qu'il va venir.*
- **Sé perfectamente que no lo hará.** *Je sais pertinemment qu'il ne le fera pas.*
- **Te aseguro que es muy buena persona.** *Je t'assure que c'est quelqu'un de très bien.*
- **Sin lugar a dudas** ou **Sin duda alguna, 2004 fue un año excepcional para el rioja.** *Sans l'ombre d'un doute, 2004 fut une année exceptionnelle pour le vin de Rioja.*
- **No hay duda alguna, es él.** *Il n'y a pas de doute, c'est bien lui.*
- **No me cabe la menor duda de que miente.** *Il n'y a pas le moindre doute, il ment.*

CFF (*abr de* **Chemins de fer fédéraux**) nmpl *compañía ferroviaria suiza.*

CFL (*abr de* **Chemins de fer luxembourgeois**) nmpl *compañía ferroviaria de Luxemburgo.*

CFTC (*abr de* **Confédération française des travailleurs chrétiens**) nf *organización sindical francesa que defiende los principios de la doctrina social cristiana.*

cg (*abr écrite de* **centigramme**) cg.

CGC (*abr de* **Confédération générale des cadres**) nf *organización sindical francesa de directivos.*

CGPME (*abr de* **Confédération générale des petites et moyennes entreprises**) nf *confederación francesa de la pequeña y mediana empresa* ; ≃ CEPYME *f.*

CGT (*abr de* **Confédération générale du travail**) nf *organización sindical francesa de orientación marxista* ▸ **les militants de la CGT** los militantes de la CGT.

ch. (*dans les petites annonces*) **1.** *abr écrite de* **charges** **2.** *abr écrite de* **chauffage** **3.** *abr écrite de* **cherche**.

CH (*abr écrite de* **Confédération helvétique**) CH.

chabichou [ʃabiʃu] nm *queso de cabra de Poitou, en Francia.*

chablis [ʃabli] nm *vino blanco de Chablis, en Francia.*

chacal [ʃakal] (*pl* **chacals**) nm **1.** [animal] chacal *m* **2.** *péj* [personne] buitre *m.*

chacun, e [ʃakœ̃, yn] pron indéf cada uno, cada una ▸ **chacun de nous / de vous / d'eux** cada uno de nosotros / de vosotros / de ellos ▸ **chacun pour soi** cada cual a lo suyo ▸ **tout un chacun** todos y cada uno.

chagrin, e [ʃagʀɛ̃, in] adj triste. ◆ **chagrin** nm pena *f* ▸ **avoir du chagrin** estar triste.

chagriner [3] [ʃagʀine] vt apenar.

chahut [ʃay] nm jaleo *m* ▸ **faire du chahut** armar jaleo.

chahuter [3] [ʃayte] ❖ vi armar jaleo. ❖ vt **1.** [importuner] abuchear **2.** [bousculer] incordiar.

chahuteur, euse [ʃaytœʀ, øz] adj & nm, f alborotador(ra).

chai [ʃɛ] nm bodega *f.*

chaîne [ʃɛn] nf **1.** [gén] cadena *f* ▸ **à la chaîne** en cadena ▸ **chaîne alimentaire** ÉCOL cadena alimentaria ▸ **chaîne du froid** cadena de frío ▸ **chaîne de montage** cadena de montaje ▸ **chaîne de montagnes** cadena montañosa, cordillera *f* **2.** [appareil] equipo *m*, cadena *f* ▸ **chaîne hi-fi / stéréo** equipo de alta fidelidad / estéreo **3.** TV canal *m*, cadena *f* ▸ **chaîne à péage** cadena de pago ▸ **chaîne câblée / cryptée** cadena del cable / canal codificado ▸ **chaîne de télévision** canal de televisión ▸ **chaîne thématique** canal temático. ◆ **chaînes** nfpl **1.** [pour pneus] cadenas *fpl* **2.** *fig* [servitude] lazos *mpl.* ◆ **en chaîne** loc adj en cadena ▸ **des catastrophes en chaîne** catástrofes en cadena.

chaînette [ʃɛnɛt] nf cadenita *f.*

chaînon [ʃɛnɔ̃] nm **1.** [maillon] eslabón *m* ▸ **chaînon manquant** eslabón perdido **2.** *fig* [élément] paso *m.*

chair [ʃɛʀ] ❖ nf **1.** [d'homme] carne *f* ▸ **bien en chair** metido(da) en carnes ▸ **en chair et en os** de ou encarne y hueso ▸ **chair à saucisse** carne picada ▸ **avoir la chair de poule** tener la carne de gallina **2.** [de fruit] pulpa *f.* ❖ adj inv [couleur] carne *(en apposition).*

chaire [ʃɛʀ] nf **1.** [estrade - de prédicateur] púlpito *m* ; [- de professeur] tarima *f* **2.** UNIV [poste de professeur] cátedra *f.*

chaise [ʃɛz] nf silla *f* ▸ **chaise électrique** silla eléctrica ▸ **chaise haute** sillita *f* para bebés ▸ **chaise longue** tumbona *f* ▸ **être assis entre deux chaises** *fig* nadar entre dos aguas.

chaland [ʃalɑ̃] nm [bateau] chalana *f.*

châle [ʃal] nm chal *m*, mantón *m.*

chalet [ʃalɛ] nm **1.** [de montagne] chalet *m*, chalé *m* **2.** QUÉBEC [maison de campagne] casa *f* de campo.

chaleur [ʃalœʀ] nf **1.** [température, enthousiasme] calor *m* ▸ **avec chaleur** con calor **2.** ZOOL celo *m* ▸ **en chaleur** en celo.

chaleureusement [ʃalœʀøzmɑ̃] adv calurosamente.

chaleureux, euse [ʃalœʀø, øz] adj caluroso(sa).

challenge [ʃalɑ̃ʒ] nm **1.** [épreuve sportive] trofeo *m* **2.** *fig* [défi] reto *m.*

challenger [tʃalɛndʒœʀ], **challengeur, euse** [ʃalɑ̃ʒœʀ, øz] nm **1.** SPORT aspirante *mf* **2.** *fig* [rival] adversario *m*, -ria *f.*

chaloupe [ʃalup] nf bote *m*, chalupa *f.*

chaloupé, e [ʃalupe] adj : ***elle a une démarche chaloupée*** anda contoneándose.

chalumeau, x [ʃalymo] nm soplete *m.*

chalut [ʃaly] nm [filet] traína *f* ▸ **au chalut** [pêche] de arrastre.

chalutier [ʃalytje] nm **1.** [bateau] trainera *f* **2.** [pêcheur] pescador *m*, -ra *f* de trainera.

chamade [ʃamad] nf ▸ **son cœur battait la chamade** *sout* el corazón se le salía del pecho.

chamailler [3] [ʃamaje] ◆ **se chamailler** vp *fam* pelearse.

chaman [ʃaman] nm chamán *m.*

chamarré, e [ʃamaʀe] adj abigarrado(da).

chambardement [ʃɑ̃baʀdəmɑ̃] nm desbarajuste *m.*

chambarder [3] [ʃɑ̃baʀde] vt *fam* **1.** [mettre en désordre] desordenar **2.** *fig* [bouleverser] trastocar.

chamboulement [ʃɑ̃bulmɑ̃] nm *fam* [désordre] lío *m*, follón *m* ESP ; [changement] trajín *m.*

chambouler [3] [ʃɑ̃bule] vt *fam* **1.** [mettre sens dessus dessous] poner patas arriba **2.** *fig* [bouleverser] trastornar.

chambranle [ʃɑ̃bʀɑ̃l] nm [de porte, fenêtre] marco *m* ; [de cheminée] faldón *m.*

chambre [ʃɑ̃bʀ] nf **1.** [de maison, d'hôtel] cuarto *m*, habitación *f* ▸ **garder la chambre** [rester alité] guardar cama ▸ **faire chambre à part** dormir en habitaciones separadas ▸ **chambre d'amis** cuarto de invitados ▸ **chambre à coucher** dormitorio *m* ▸ **chambre d'hôte** *cuarto de huéspedes que se alquila* ▸ **chambre double / individuelle** habitación doble / individual **2.** [local]

cámara *f* ▸ **chambre à air / de combustion** cámara de aire / de combustión ▸ **chambre forte** cámara acorazada ▸ **chambre froide** cámara frigorífica ▸ **chambre à gaz** cámara de gas ▸ **chambre noire** cámara oscura **3.** DR sala *f.* ◆ **Chambre de commerce et d'industrie** nf ▸ **la Chambre de commerce et d'industrie** la Cámara de Comercio e Industria. ◆ **Chambre des députés** nf ▸ **la Chambre des députés** la Cámara de los diputados.

chambrée [ʃɑ̃bʀe] nf dormitorio *m* (colectivo).

chambrer [3] [ʃɑ̃bʀe] vt **1.** [vin] poner del tiempo **2.** *fam* [se moquer de] cachondearse de.

chameau, x [ʃamo] nm **1.** [mammifère] camello *m* **2.** *fam & péj* [personne] mal bicho *m.*

chamois [ʃamwa] ◆ nm gamuza *f.* ◆ adj inv [couleur] gamuzado(da).

champ [ʃɑ̃] nm campo *m* ▸ **champ d'action** campo de acción ▸ **champ de bataille** campo de batalla ▸ **champ de courses** hipódromo *m* ▸ **champ magnétique** campo magnético ▸ **champ visuel** campo visual ▸ **laisser le champ libre à qqn** dejar el campo libre a alguien.

champagne [ʃɑ̃paɲ] nm champán *m* (francés) ▸ **sabler le champagne** celebrar algo con champán ▸ **champagne rosé / brut** champán rosado / brut.

Champagne [ʃɑ̃paɲ] npr ▸ **la Champagne** Champaña.

champagnisé [ʃɑ̃paɲize] ⟶ **vin.**

champêtre [ʃɑ̃pɛtʀ] adj campestre.

champignon [ʃɑ̃piɲɔ̃] nm **1.** [à manger] seta *f* ▸ **champignon de Paris** champiñón *m* ▸ **pousser comme un champignon** [s'étendre très vite] extenderse rápidamente **2.** BIOL & MÉD hongo *m* **3.** *fam* [accélérateur] acelerador *m* ▸ **appuyer sur le champignon** pisar el acelerador.

champion, onne [ʃɑ̃pjɔ̃, ɔn] nm, f **1.** SPORT campeón *m,* -ona *f* ▸ **champion du monde** campeón del mundo **2.** *fig* [défenseur] paladín *m.* ◆ **champion** adj inv *fam* [équipe] campeón(ona) / ***pour les gaffes il est champion !*** ¡metiendo la pata es el rey!

championnat [ʃɑ̃pjɔna] nm campeonato *m* ▸ **championnat du monde** campeonato del mundo.

chance [ʃɑ̃s] nf **1.** [sort] suerte *f* ▸ **avoir de la chance** tener suerte ▸ **bonne chance !** ¡(buena) suerte! ▸ **quelle chance !** ¡qué suerte! ▸ **porter chance** traer suerte, dar (buena) suerte **2.** [probabilité, possibilité] posibilidad *f,* probabilidad *f* ▸ **avoir des chances de faire qqch** tener probabilidades de hacer algo ▸ **donner sa chance à qqn** dar una oportunidad a alguien ▸ **il y a peu de chances que** hay pocas probabilidades de que.

chancelant, e [ʃɑ̃slɑ̃, ɑ̃t] adj **1.** [personne] titubeante **2.** *fig* [santé] delicado(da) ; [courage, mémoire] débil.

chanceler [24] [ʃɑ̃sle] vi [personne, gouvernement] tambalearse.

chancelier [ʃɑ̃səlje] nm canciller *m.*

chancellerie [ʃɑ̃sɛlʀi] nf **1.** [services du ministère de la Justice] *administración del ministerio de Justicia, en Francia* **2.** [de consulat, d'ambassade] cancillería *f.*

chanceux, euse [ʃɑ̃sø, øz] adj afortunado(da).

chancre [ʃɑ̃kʀ] nm **1.** MÉD chancro *m* **2.** BOT cancro *m.*

chandail [ʃɑ̃daj] nm jersey *m.*

> ⚠ Chándal est un faux ami, il ne signifie pas *chandail*, mais « survêtement ».

Chandeleur [ʃɑ̃dlœʀ] nf Candelaria *f.*

chandelier [ʃɑ̃dəlje] nm candelabro *m.*

chandelle [ʃɑ̃dɛl] nf vela *f* ESP, veladora *f* AM ▸ **dîner aux chandelles** cenar a la luz de las velas ▸ **brûler la chandelle par les deux bouts** *fig* tirar la casa por la ventana ▸ **devoir une fière chandelle à qqn** *fig* deberle a alguien un gran favor ▸ **voir trente-six chandelles** *fam & fig* ver las estrellas.

change [ʃɑ̃ʒ] nm **1.** FIN cambio *m* ▸ **perdre au change** perder en ou con el cambio **2.** [couche de bébé] pañal *m* **3.** EXPR **donner le change** dar el pego.

changeant, e [ʃɑ̃ʒɑ̃, ɑ̃t] adj **1.** [variable - temps] variable ; [- humeur] cambiante **2.** [couleur, étoffe] tornasolado(da).

changement [ʃɑ̃ʒmɑ̃] nm **1.** [gén] cambio *m* ▸ **changement de programme** cambio de programa **2.** [en train, métro] transbordo *m,* trasbordo *m.*

changer [17] [ʃɑ̃ʒe] ◆ vt **1.** [gén] cambiar ▸ **changer qqch en qqch** [monnaie] cambiar algo en algo ▸ **changer qqch contre qqch** cambiar algo por algo ▸ **ne rien changer à qqch** no cambiar nada en absoluto a ou de algo **2.** [transformer] ▸ **changer en** convertir en. ◆ vi **1.** [gén] cambiar ▸ **changer de** [adresse, vêtement, etc.] cambiar de **2.** [apporter un changement] variar ▸ **pour changer** *iron* para variar. ◆ **se changer** vp **1.** [de vêtement] cambiarse **2.** [se transformer] ▸ **se changer en** convertirse en.

changeur [ʃɑ̃ʒœʀ] nm FIN cambista *mf.* ◆ **changeur de monnaie** nm máquina *f* de cambio automático.

chanoine [ʃanwan] nm canónigo *m.*

chanson [ʃɑ̃sɔ̃] nf canción *f* ▸ **c'est toujours la même chanson** *fig* siempre la misma canción ou historia.

chansonnette [ʃɑ̃sɔnɛt] nf cancioncilla *f.*

chansonnier, ère [ʃɑ̃sɔnje, ɛʀ] nm, f cantautor *m,* -ra *f.*

chant [ʃɑ̃] nm canto *m* ▸ **apprendre le chant** estudiar canto ▸ **le chant du cygne** *fig* el canto del cisne ▸ **chant grégorien** canto gregoriano.

chantage [ʃɑ̃taʒ] nm chantaje *m* ▸ **faire du chantage** hacer chantaje.

chantant, e [ʃɑ̃tɑ̃, ɑ̃t] adj **1.** [accent, voix] melodioso(sa) **2.** [mélodie, air] pegadizo(za).

chanter [3] [ʃɑ̃te] ◆ vt **1.** [chanson] cantar **2.** *fam* [raconter] contar / ***qu'est-ce que tu me chantes ?*** ¿qué me cuentas? ◆ vi cantar ▸ **chanter juste / faux** entonar/desafinar ▸ **faire chanter qqn** *fig* hacerle chantaje a alguien ▸ **si ça vous chante** *fam* si os apetece.

chanterelle [ʃɑ̃tʀɛl] nf **1.** [champignon] níscalo *m* **2.** [corde d'instrument] cantarela *f.*

chanteur, euse [ʃɑ̃tœʀ, øz] nm, f cantante *mf.*

chantier [ʃɑ̃tje] nm **1.** [de construction] obra *f* ▸ **en chantier a)** en obras **b)** *fig* [en cours] en marcha ▸ **chantier naval** astillero *m* **2.** *fam* [désordre] leonera *f.*

chantilly [ʃɑ̃tiji] nf nata *f* montada.

chantonner [3] [ʃɑ̃tɔne] ◆ vt [air] tararear. ◆ vi [personne] canturrear.

chanvre [ʃɑ̃vʀ] nm cáñamo *m.*

chaos [kao] nm caos *m inv.*

chaotique [kaɔtik] adj caótico(ca).

chap. (*abr écrite de* **chapitre**) cap. / *voir chap. 2* ver cap. 2.

chaparder [3] [ʃapaʀde] vt sisar.

chape [ʃap] nf **1.** [de béton] capa *f* / *la chaleur pèse sur la ville comme une chape de plomb* el calor pesa en la ciudad como una losa **2.** [d'un pneu] superficie *f* de rodadura.

chapeau [ʃapo] ◆ nm (*pl* **-x**) **1.** [couvre-chef] sombrero *m* ▸ **chapeau melon** bombín *m*, sombrero hongo ▸ **tirer son chapeau à qqn** *fig* descubrirse ante alguien, quitarse el sombrero ante alguien **2.** [de texte, d'article] encabezamiento *m* **3.** EXPR **démarrer sur les chapeaux de roues** *fam* arrancar a toda prisa. ◆ interj *fam* ▸ **chapeau !** ¡bravo!

chapeauter [3] [ʃapote] vt [superviser] controlar.

chapelain [ʃaplɛ̃] nm capellán *m.*

chapelet [ʃaplɛ] nm **1.** RELIG rosario *m* ▸ **dire son chapelet** rezar el rosario **2.** [d'aliments] ristra *f* **3.** *fig* [d'injures, insultes] retahíla *f.*

chapelier, ère [ʃapəlje, ɛʀ] adj & nm, f sombrerero(ra).

chapelle [ʃapɛl] nf **1.** [petite église] capilla *f* ▸ **chapelle ardente** capilla ardiente **2.** [clan] camarilla *f.*

chapelure [ʃaplyʀ] nf pan *m* rallado.

chaperon [ʃapʀɔ̃] nm **1.** [capuchon] caperuza *f* **2.** [personne] carabina *f.* ◆ **Petit Chaperon Rouge** nm ▸ **le Petit Chaperon Rouge** Caperucita Roja.

chapiteau, x [ʃapito] nm **1.** [de colonne] capitel *m* **2.** [de cirque] carpa *f.*

chapitre [ʃapitʀ] nm **1.** [de livre] capítulo *m* **2.** FIN [de budget] partida *f*, asiento *m* **3.** RELIG [assemblée] cabildo *m* **4.** [sujet] tema *m.*

chapitrer [3] [ʃapitʀe] vt reprender.

chapon [ʃapɔ̃] nm **1.** [coq châtré] capón *m* **2.** [croûte de pain] *pan untado con ajo.*

chaque [ʃak] adj indéf cada / *chaque personne* cada persona ▸ **chaque chose en son temps** cada cosa a su tiempo.

char [ʃaʀ] nm **1.** [véhicule] carro *m* ▸ **char d'assaut** carro de combate **2.** [de carnaval] carroza *f* **3.** QUÉBEC [voiture] coche *m.*

charabia [ʃaʀabja] nm galimatías *m inv.*

charade [ʃaʀad] nf charada *f.*

charbon [ʃaʀbɔ̃] nm carbón *m* ▸ **charbon de bois** carbón de leña ▸ **être sur des charbons ardents** *fig* estar en ascuas.

charbonnage [ʃaʀbɔnaʒ] nm cuenca *f* hullera.

charbonnier, ère [ʃaʀbɔnje, ɛʀ] adj & nm, f carbonero(ra). ◆ **charbonnier** nm [cargo] carbonero *m.*

charcuter [3] [ʃaʀkyte] vt *fam & péj* hacer una carnicería.

charcuterie [ʃaʀkytʀi] nf **1.** [magasin] charcutería *f*, tienda *f* de embutidos **2.** [produits] embutidos *mpl.*

charcutier, ère [ʃaʀkytje, ɛʀ] nm, f charcutero *m*, -ra *f.*

chardon [ʃaʀdɔ̃] nm **1.** [plante] cardo *m* **2.** [sur un mur] púas *fpl* de hierro.

chardonneret [ʃaʀdɔnʀɛ] nm jilguero *m.*

charentais, e [ʃaʀɑ̃tɛ, ɛz] adj de Charente. ◆ **charentaise** nf [pantoufle] zapatilla *f.*

charge [ʃaʀʒ] nf **1.** [gén] cargo *m* ▸ **avoir qqn à (sa) charge** tener a alguien a su cargo ▸ **être à la charge de qqn a)** [frais, travaux] correr a cargo de alguien **b)** [personne] estar a cargo de alguien ▸ **prendre qqch / qqn en charge** hacerse cargo de algo/de alguien ▸ **à charge de revanche** pero, te debo una **2.** [fardeau, attaque] carga *f* ▸ **revenir à la charge** volver a la carga **3.** PSYCHO ▸ **charge affective** ou **émotionnelle** carga afectiva ou emocional. ◆ **charges** nfpl **1.** [d'appartement] gastos *mpl* de comunidad / *'charges comprises'* 'gastos de comunidad incluidos' **2.** ÉCON costes *mpl* ▸ **charges sociales** cargas *fpl* sociales.

chargé, e [ʃaʀʒe] ◆ adj **1.** [personne, véhicule] cargado(da) ▸ **chargé de qqch** cargado de algo **2.** [responsable] encargado(da) ▸ **chargé de qqn / de qqch** encargado de alguien/de algo **3.** [journée, emploi du temps] ocupado(da), cargado(da) **4.** [décoration, tissu] recargado(da). ◆ nm, f encargado *m*, -da *f* ▸ **chargé d'affaires** encargado de negocios ▸ **chargé de cours** ≃ profesor *m* asociado ▸ **chargé de mission** delegado *m.*

chargement [ʃaʀʒəmɑ̃] nm **1.** [de marchandises] cargamento *m* **2.** [d'arme, appareil photo] carga *f.*

charger [17] [ʃaʀʒe] vt **1.** [gén & INFORM] cargar **2.** [attaquer] cargar contra **3.** [donner une mission à] ▸ **charger qqn de qqch / de faire qqch** encargar a alguien de algo/que haga algo **4.** DR [déposer contre] declarar en contra de. ◆ **se charger** vp **1.** [porter une charge] cargarse **2.** [s'occuper de] ▸ **se charger de qqn / de qqch** ocuparse de alguien/de algo ▸ **se charger de faire qqch** encargarse de hacer algo.

chargeur [ʃaʀʒœʀ] nm [d'arme] cargador *m.*

charia [ʃaʀja] nf RELIG sharia *f*, sharía *f.*

chariot [ʃaʀjo] nm **1.** [charrette] carretilla *f* ▸ **chariot élévateur** carretilla elevadora **2.** [table roulante] carrito *m* **3.** [de machine à écrire] carro *m.*

charismatique [kaʀismatik] adj carismático(ca).

charisme [karism] nm carisma *m*.

charitable [ʃaritabl] adj caritativo(va).

charité [ʃarite] nf **1.** RELIG caridad *f* ▸ **faire la charité à qqn** dar limosna a alguien **2.** [bonté] bondad *f*.

charivari [ʃarivari] nm jaleo *m*.

charlatan [ʃarlatɑ̃] nm *péj* [vendeur] charlatán *m*, -ana *f* ; [médecin] matasanos *mf inv*.

charlotte [ʃarlɔt] nf carlota *f*.

charmant, e [ʃarmɑ̃, ɑ̃t] adj **1.** [séduisant, ravissant] encantador(ra) **2.** [agréable] agradable ▸ **c'est charmant !** *iron* ¡muy bonito!

charme [ʃarm] nm **1.** [attrait] atracción *f* **2.** [séduction] encanto *m* ▸ **faire du charme (à qqn)** coquetear con alguien **3.** [enchantement] hechizo *m* ▸ **être sous le charme de qqn** estar bajo el hechizo de alguien ▸ **rompre le charme** romper el hechizo **4.** [arbre] carpe *m* **5.** EXPR **se porter comme un charme** estar más sano(na) que una manzana.

charmer [3] [ʃarme] vt cautivar ▸ **être charmé de faire qqch** estar encantado de hacer algo.

charmeur, euse [ʃarmœr, øz] ❖ adj encantador(ra). ❖ nm, f seductor *m*, -ra *f*. ◆ **charmeur de serpents** nm encantador *m* de serpientes.

charnel, elle [ʃarnɛl] adj carnal.

charnier [ʃarnje] nm osario *m*.

charnière [ʃarnjɛr] ❖ nf bisagra *f*. ❖ adj inv decisivo(va).

charnu, e [ʃarny] adj carnoso(sa).

charognard [ʃarɔɲar] nm *pr* & *fig* buitre *m*.

charogne [ʃarɔɲ] nf **1.** [d'animal] carroña *f* **2.** *tfam* [crapule] crápula *mf*.

charpente [ʃarpɑ̃t] nf **1.** [de bâtiment] armazón *m* ; [de personne] osamenta *f* **2.** *fig* [de roman] estructura *f*.

charpenté, e [ʃarpɑ̃te] adj ▸ **être bien charpenté a)** [personne] ser fortachón **b)** [texte, roman] estar bien estructurado.

charpentier [ʃarpɑ̃tje] nm carpintero *m*, -ra *f* de obra, carpintero *m*, -ra *f* de blanco.

charretier, ère [ʃartje, ɛr] nm, f carretero *m*, -ra *f* ▸ **jurer comme un charretier** blasfemar como un carretero.

charrette [ʃarɛt] nf carreta *f*.

charrier [ʃarje] ❖ vt **1.** [entraîner] arrastrar **2.** [transporter] acarrear **3.** *fam* [se moquer de] pitorrearse de, chotearse de. ❖ vi *fam* [exagérer] pasarse.

charrue [ʃary] nf arado *m* ▸ **mettre la charrue avant les bœufs** *fig* empezar la casa por el tejado.

charte [ʃart] nf carta *f* ▸ **l'École nationale des chartes** *escuela nacional francesa de archiveros*.

charter [ʃartɛr] nm chárter *m*.

chartreuse [ʃartrøz] nf **1.** RELIG [couvent] cartuja *f* **2.** [liqueur] chartreuse *m*.

Charybde [karibd] npr ▸ **tomber de Charybde en Scylla** salir de Guatemala y entrar en Guatepeor.

chas [ʃa] nm ojo *m (de aguja)*.

chasse [ʃas] nf **1.** [action] caza *f* ▸ **aller à la chasse** ir de caza ▸ **chasse à courre** montería *f* **2.** [période] temporada *f* de caza ▸ **la chasse est ouverte** la veda está levantada **3.** [poursuite] caza *f*, persecución *f* ▸ **faire la chasse à qqch a)** dar caza a algo **b)** *fig* perseguir algo ▸ **prendre qqn en chasse** perseguir a alguien **4.** [des toilettes] cadena *f* ▸ **tirer la chasse** tirar de la cadena ▸ **chasse d'eau** cisterna *f*. ◆ **chasse au trésor** nf caza *f* del tesoro. ◆ **chasse gardée** nf **1.** [terrain] coto *m* privado de caza **2.** *fig* [sujet réservé] terreno *m* reservado.

chassé-croisé [ʃasekrwaze] (*pl* **chassés-croisés**) nm cruce *m*.

chasse-neige [ʃasnɛʒ] nm inv **1.** [véhicule] quitanieves *m inv* **2.** [position des skis] cuña *f*.

chasser [3] [ʃase] ❖ vt **1.** [animal] cazar **2.** [faire partir - personne] expulsar ; [- idées noires, soucis] desechar **3.** [employé] despedir. ❖ vi **1.** [aller à la chasse] cazar **2.** [roues] patinar.

chasseur, euse [ʃasœr, øz] nm, f cazador *m*, -ra *f*. ◆ **chasseur** nm **1.** [d'hôtel] botones *m inv* **2.** [avion] avión *m* de caza. ◆ **chasseur alpin** nm MIL cazador *m* de montaña. ◆ **chasseur de têtes** nm headhunter *mf*, cazatalentos *mf inv*.

châssis [ʃasi] nm **1.** [de fenêtre, porte] contramarco *m* **2.** [de véhicule] chasis *m inv* **3.** [de tableau, machine] bastidor *m*.

chaste [ʃast] adj casto(ta).

chasteté [ʃastəte] nf castidad *f*.

chasuble [ʃazybl] nf casulla *f*.

chat[1], chatte [ʃa, ʃat] nm, f gato *m*, -ta *f* ▸ **chat de gouttière / persan / sauvage / siamois** gato callejero / persa / montés / siamés ▸ **il n'y a pas un chat** *fam* no hay ni un alma ▸ **appeler un chat un chat** llamar al pan pan y al vino vino ▸ **avoir d'autres chats à fouetter** tener otras cosas que hacer ▸ **avoir un chat dans la gorge** tener carraspera.

chat[2] [tʃat] (*pl* **s**) nm INFORM chat *m*.

châtaigne [ʃatɛɲ] nf castaña *f*.

châtaignier [ʃateɲe] nm castaño *m*.

châtain [ʃatɛ̃] ❖ adj [couleur] castaño(ña). ❖ nm castaño *m*.

château, x [ʃato] nm **1.** [gén] castillo *m* ▸ **le château de Versailles** el palacio de Versalles ▸ **les châteaux de la Loire** los castillos del Loira ▸ **château fort** fortaleza *f* ▸ **château de cartes** *pr* & *fig* castillo de naipes ▸ **château de sable** castillo de arena ▸ **château gonflable** castillo hinchable ▸ **bâtir des châteaux en Espagne** *fig* hacer castillos en el aire **2.** [vignoble] viñedo *m*. ◆ **château d'eau** nm arca *f* de agua.

chateaubriand, châteaubriant [ʃatobrijɑ̃] nm CULIN chateaubriand *m (filete a la plancha)*.

châtelain, e [ʃatlɛ̃, ɛn] nm, f castellano *m*, -na *f*.

châtié, e [ʃatje] adj [style, langage] pulido(da).

châtier [9] [ʃatje] vt **1.** [punir] castigar **2.** [langage, style] pulir.

chatière [ʃatjɛʀ] nf gatera *f*.

châtiment [ʃatimɑ̃] nm castigo *m*.

chaton [ʃatɔ̃] nm **1.** [petit chat] gatito *m* **2.** BOT amento *m*, candelilla *f* **3.** [de bague] engaste *m*.

chatouiller [3] [ʃatuje] vt **1.** [faire des chatouilles à] hacer cosquillas a **2.** *fig* [titiller] cosquillear.

chatouilles [ʃatuj] nfpl cosquillas *fpl* ▸ **faire des chatouilles à qqn** hacer cosquillas a alguien.

chatouilleux, euse [ʃatujø, øz] adj **1.** [qui craint les chatouilles] cosquilloso(sa) **2.** *fig* [susceptible] quisquilloso(sa).

chatoyant, e [ʃatwajɑ̃, ɑ̃t] adj tornasolado(da).

chatoyer [13] [ʃatwaje] vi irisar.

châtrer [3] [ʃatʀe] vt castrar, capar.

chatte ⟶ **chat**.

chatter, tchatter [tʃate] vi INFORM chatear.

chatterton [ʃatɛʀtɔn] nm cinta *f* aislante.

chatteur, euse, tchatteur, euse [tʃatœʀ, øz] nm, f INFORM chateador *m*, -ra *f*.

chaud, e [ʃo, ʃod] adj **1.** [eau, vêtement] caliente ; [temps, voix] cálido(da) **2.** *fig* [enthousiaste] entusiasta ▸ **ne pas être très chaud pour** *(+ infinitif)* no tener ánimos para *(+ infinitif)* **3.** [sensuel] ardiente **4.** *fig* [animé] caliente. ◆ **chaud** ◇ adv ▸ **avoir chaud** tener calor ▸ **il fait chaud** hace calor ▸ **tenir chaud a)** dar calor **b)** [vêtement] abrigar ▸ **j'ai eu chaud** *fig* de buena me he librado. ◇ nm calor *m* ▸ **garder qqch au chaud** mantener algo caliente ▸ **rester au chaud** quedarse en casa ▸ **un chaud et froid** un resfriado.

chaudement [ʃodmɑ̃] adv **1.** [pour avoir chaud] ▸ **être chaudement vêtu** vestirse con ropa de abrigo **2.** [chaleureusement] calurosamente.

chaud-froid [ʃofʀwa] (*pl* **chauds-froids**) nm CULIN *ave servida con gelatina o mayonesa*.

chaudière [ʃodjɛʀ] nf caldera *f*.

chaudron [ʃodʀɔ̃] nm caldero *m*.

> **Les châteaux de la Loire**
>
> Así se denomina al conjunto de residencias reales o señoriales construidas en el valle del Loira en el oeste de Francia entre los siglos XVI y XVII, por lo que en general predomina el estilo renacentista. Destacan los castillos de Chambord, construido por encargo de Francisco I, Chenonceaux, a horcajadas sobre el río Cher, y Azay-le-Rideau, situado en uno de los islotes del Indre.

chauffage [ʃofaʒ] nm **1.** [appareil] calefacción *f* ▸ **chauffage central** calefacción central **2.** [action de chauffer] calentamiento *m*.

chauffant, e [ʃofɑ̃, ɑ̃t] adj eléctrico(ca).

chauffard [ʃofaʀ] nm *péj* : *c'est un chauffard* conduce como un loco.

chauffe-biberon [ʃofbibʀɔ̃] (*pl* **chauffe-biberons**) nm calientabiberones *m inv*.

chauffe-eau [ʃofo] nm inv calentador *m* de agua.

chauffe-plat [ʃofpla] (*pl* **chauffe-plats**) nm calientaplatos *m*.

chauffe-plats [ʃofpla] nm inv calientaplatos *m inv*.

chauffer [3] [ʃofe] ◇ vt calentar ▸ **chauffer à blanc** [métal] poner al rojo blanco. ◇ vi **1.** [devenir chaud] calentarse **2.** [moteur] calentar **3.** *fam* [devenir houleux] armarse una buena. ◆ **se chauffer** vp calentarse.

chaufferette [ʃofʀɛt] nf **1.** [chauffe-pieds] brasero *m* **2.** [réchaud de table] calientaplatos *m inv*.

chaufferie [ʃofʀi] nf sala *f* de calderas.

chauffeur [ʃofœʀ] nm conductor *m*, -ra *f* ESP, motorista *mf* AM ; [domestique] chófer *m*, chofer *m* ▸ **chauffeur de taxi** taxista *mf*.

chaume [ʃom] nm paja *f*.

chaumière [ʃomjɛʀ] nf choza *f* ESP, mediagua *f* AM.

chaussée [ʃose] nf calzada *f*.

chausse-pied [ʃospje] (*pl* **chausse-pieds**) nm calzador *m*.

chausser [3] [ʃose] ◇ vt **1.** [souliers, skis] calzarse ▸ **chausser un enfant** calzar a un niño **2.** [lunettes] calarse. ◇ vi ▸ **chausser bien / mal / large** irle bien / pequeño / grande ▸ **chausser du 40** calzar un cuarenta. ◆ **se chausser** vp calzarse.

chausse-trape, chausse-trappe (*pl* **chausse-trap(p)es**) [ʃostʀap] nf trampa *f*.

chaussette [ʃosɛt] nf calcetín *m*.

chausseur [ʃosœʀ] nm zapatero *m*, -ra *f*.

chausson [ʃosɔ̃] nm **1.** [pantoufle, chaussure de danse] zapatilla *f* **2.** [de bébé] peúco *m* **3.** CULIN [pâtisserie] ≃ empanadilla *f* ▸ **chausson aux pommes** *tipo de tarta de hojaldre rellena de compota de manzana*.

chaussure [ʃosyʀ] nf **1.** [soulier] zapato *m* ▸ **chaussure à crampons** bota *f* (de tacos) ▸ **chaussure de marche** calzado *m* de marcha ▸ **chaussure montante** botín *m* ▸ **chaussures plates** zapatos planos ▸ **chaussures à scratch** zapatos con velcro ▸ **chaussure de ski** bota *f* de esquí ▸ **chaussures de sport** zapatillas *fpl* de deporte ▸ **chaussures à talons** zapatos con tacones ▸ **trouver chaussure à son pied** *fam & fig* encontrar su media naranja **2.** [industrie] industria *f* del calzado.

chauve [ʃov] adj & nmf calvo(va).

chauve-souris [ʃovsuʀi] (*pl* **chauves-souris**) nf murciélago *m*.

chauvin, e [ʃovɛ̃, in] adj & nm, f chovinista.

chauvinisme [ʃovinism] nm chovinismo *m*.

chaux [ʃo] nf cal *f* ▸ **blanchi à la chaux** encalado.

chavirer [3] [ʃaviʀe] ◆ vi [bateau, projet] irse a pique. ◆ vt **1.** [bateau] hundir **2.** [meuble] poner patas arriba **3.** *fig* [bouleverser] emocionar.

chéchia [ʃeʃja] nf turbante *m*.

check-up [tʃɛkœp] nm inv chequeo *m*.

cheese-cake (*pl* **cheese-cakes**), **cheesecake** [tʃizkek] nm pastel *m* de queso.

chef [ʃɛf] nm **1.** [dirigeant] jefe *m*, -fa *f*, director *m*, -ra *f* ▸ **en chef a)** [gén] jefe **b)** MIL en jefe ▸ **le chef de l'État** el jefe de Estado ▸ **chef de chantier** maestro *m* de obras ▸ **chef de clinique** director de clínica ▸ **chef d'entreprise** empresario *m* ▸ **chef de fabrication** director de producción ▸ **chef de famille** cabeza *mf* de familia ▸ **chef de file** jefe de filas ▸ **chef de gare** jefe de estación ▸ **chef de marque** director de producto ▸ **chef d'orchestre** director de orquesta ▸ **chef de produit** director de producto ▸ **chef de service a)** ADMIN ≃ director de departamento **b)** [dans un hôpital] director de servicio **2.** [cuisinier] jefe *m* de cocina, chef *m* **3.** *fam* [champion] campeón *m*, -ona *f* **4.** EXPR **de son propre chef** por sí mismo (misma) ▸ **opiner du chef** asentir con la cabeza. ◆ **chef d'accusation** nm DR cargo *m*.

chef-d'œuvre [ʃɛdœvʀ] (*pl* **chefs-d'œuvre**) nm obra *f* maestra.

chef-lieu [ʃɛfljø] (*pl* **chefs-lieux**) nm ≃ capital *f* (de provincia).

chelem [ʃlɛm] nm EXPR **grand / petit chelem** JEUX & SPORT gran/pequeño slam.

chemin [ʃəmɛ̃] nm **1.** camino *m* ▸ **en chemin** por el camino ▸ **demander son chemin (à qqn)** preguntar el camino (a alguien) ▸ **rebrousser chemin** desandar lo andado ▸ **se frayer un chemin dans** ou **à travers qqch** abrirse camino ou paso por ou a través de algo ▸ **faire du chemin a)** [avancer] hacer una buena tirada **b)** *fig* [progresser] progresar ▸ **prendre le chemin des écoliers** *fig* tomar el camino más largo ▸ **suivre le droit chemin** *fig* seguir el buen camino **2.** ▸ **chemin (d'accès)** INFORM camino (de acceso). ◆ **chemin de croix** nm vía crucis *m inv*.

chemin de fer [ʃəmɛ̃dfɛʀ] (*pl* **chemins de fer**) nm ferrocarril *m* ▸ **les chemins de fer** [société d'exploitation] la compañía ferroviaria.

cheminée [ʃəmine] nf **1.** [gén] chimenea *f* **2.** [en alpinisme] *paso estrecho entre dos peñascos*.

cheminement [ʃəminmɑ̃] nm **1.** [progression - de marcheurs] marcha *f*; [- d'eau] flujo *m* **2.** *fig* [d'idée, de pensée] evolución *f*.

cheminer [3] [ʃəmine] vi **1.** [personne] caminar **2.** *fig* [idée, pensée] abrirse camino.

cheminot [ʃəmino] nm ferroviario *m*.

chemise [ʃəmiz] nf **1.** [vêtement] camisa *f* ▸ **chemise de nuit** camisón *m* **2.** [dossier] carpeta *f*.

chemiserie [ʃəmizʀi] nf camisería *f*.

chemisette [ʃəmizɛt] nf **1.** [d'homme] camiseta *f* **2.** [d'enfant] camisita *f*, camisola *f*.

chemisier [ʃəmizje] nm [vêtement] blusa *f*.

chenal, aux [ʃənal, o] nm canal *m*.

chenapan [ʃnapɑ̃] nm pillín *m*.

chêne [ʃɛn] nm roble *m*.

chêne-liège [ʃɛnljɛʒ] (*pl* **chênes-lièges**) nm alcornoque *m*.

chenet [ʃənɛ] nm morillo *m*.

chenil [ʃənil] nm **1.** [pour chiens] perrera *f* **2.** SUISSE [désordre] leonera *f*.

chenille [ʃənij] nf **1.** [gén] oruga *f* **2.** [tissu] felpilla *f*.

chenu, e [ʃəny] adj *sout* **1.** [tête, barbe] canoso(sa) **2.** [arbre] pelado(da).

cheptel [ʃɛptɛl] nm cabaña *f (ganado)*.

chèque [ʃɛk] nm cheque *m*, talón *m* ▸ **chèque bancaire** cheque ou talón bancario ▸ **chèque barré** cheque ou talón cruzado ▸ **chèque en blanc** cheque en blanco ▸ **chèque en bois** ou **sans provision** cheque ou talón sin fondos ▸ **chèque au porteur** cheque ou talón al portador ▸ **chèque postal / de voyage** cheque postal/de viaje ▸ **payer par chèque** pagar con cheque ou talón ▸ **faire un chèque à qqn** entregar ou extender un cheque a alguien ▸ **toucher** ou **encaisser un chèque** cobrar un cheque.

chèque-restaurant [ʃɛkʀɛstɔʀɑ̃] (*pl* **chèques-restaurant**) nm ticket-restaurante *m*.

chèque-vacances [sɛkvakɑ̃s] (*pl* **s**) nm cheque *m* vacaciones.

chéquier [ʃekje] nm talonario *m* de cheques ESP, chequera *f* AM.

cher, chère [ʃɛʀ] ◆ adj **1.** [aimé] querido(da) **2.** [précieux] ▸ **être cher à qqn** ser muy preciado para alguien **3.** [coûteux] caro(ra) **4.** [dans une lettre] estimado(da), querido(da). ◆ nm, f ▸ **mon cher** querido ▸ **ma chère** querida. ◆ **cher** adv caro ▸ **coûter cher** costar caro. ◆ **chère** nf ▸ **la bonne chère** el buen comer.

chercher [3] [ʃɛʀʃe] ◆ vt **1.** [gén] buscar ▸ **aller chercher qqn / qqch** ir a buscar a alguien/algo ▸ **venir chercher qqn / qqch** venir a buscar a alguien/algo ▸ **vous l'aurez cherché !** ¡os lo habéis buscado!, ¡usted se lo ha buscado! **2.** *fam* [atteindre] ▸ **ça va chercher dans les…** esto ronda los…. ◆ vi ▸ **chercher à faire qqch** procurar hacer algo. ◆ **se chercher** vp buscarse.

chercheur, euse [ʃɛʀʃœʀ, øz] ◆ adj **1.** [esprit] curioso(sa) **2.** TECHNOL [tête] buscador(ra). ◆ nm, f [scientifique] investigador *m*, -ra *f*. ◆ **chercheur d'or** nm buscador *m* de oro.

chèrement [ʃɛʀmɑ̃] adv **1.** [aimer] de todo corazón **2.** [acheter, payer] caro.

chéri, e [ʃeʀi] ◆ adj [aimé] querido(da). ◆ nm, f **1.** [terme d'affection] ▸ **mon chéri, ma chérie** cariño **2.** [favori] preferido *m*, -da *f*.

chérir [32] [ʃeʀiʀ] vt **1.** [personne] querer **2.** [chose, idée] amar.

chérot [ʃeʀo] adj inv *fam* caro(ra).

cherté [ʃɛʀte] nf alto precio *m* ▸ **la cherté de la vie** la carestía de la vida.

chétif, ive [ʃetif, iv] adj **1.** [enfant] enclenque **2.** [arbre] raquítico(ca).

cheval, aux [ʃəval, o] nm **1.** [animal] caballo *m* ▸ **cheval de bataille** *fig* caballo de batalla ▸ **cheval de course / de trait** caballo de carreras / de tiro ▸ **monter sur ses grands chevaux** subirse a la parra ▸ **être à cheval sur qqch** a) [être assis sur] sentarse a horcajadas en algo b) *fig* [tenir à] ser estricto(ta) con respecto a ou en algo c) *fig* [siècles, époques] estar a caballo entre dos cosas **2.** [équitation] equitación *f* ▸ **faire du cheval** hacer equitación, practicar la equitación ▸ **monter à cheval** montar a caballo. ◆ **cheval-d'arçons** nm potro *m*. ◆ **cheval à bascule** nm caballo *m* de cartón. ◆ **chevaux de bois** nmpl caballitos *mpl*.

chevaleresque [ʃəvalʀɛsk] adj caballeresco(ca).

chevalerie [ʃəvalʀi] nf caballería *f*.

chevalet [ʃəvalɛ] nm **1.** [de peintre] caballete *m* **2.** [de violon] puente *m* **3.** [de tisserand] bastidor *m* **4.** [de menuisier] banco *m*.

chevalier [ʃəvalje] nm **1.** [gén] caballero *m* ▸ **chevalier servant** galán *m* **2.** [oiseau] chorlito *m*.

chevalière [ʃəvaljɛʀ] nf sello *m (sortija)*.

chevalin, e [ʃəvalɛ̃, in] adj **1.** [boucherie, race] caballar **2.** *fig* [visage] equino(na).

cheval-vapeur [ʃ(ə)valvapœʀ] (*pl* **chevaux-vapeur**) nm AUTO caballo *m* de vapor.

chevauchée [ʃəvoʃe] nf cabalgada *f*.

chevaucher [3] [ʃəvoʃe] vt montar.
◆ **se chevaucher** vp [tuiles, dents] encabalgarse, solaparse ; [cours] solaparse.

chevelu, e [ʃəvly] adj melenudo(da).

chevelure [ʃəvlyʀ] nf **1.** [cheveux] cabellera *f* **2.** [de comète] cola *f*.

chevet [ʃəvɛ] nm cabecera *f* ▸ **être au chevet de qqn** estar a la cabecera de alguien.

cheveu, x [ʃəvø] nm pelo *m*, cabello *m* ▸ **avoir des cheveux blancs** tener canas ▸ **cheveux (taillés) en brosse** pelo cortado al cepillo ▸ **avoir un cheveu sur la langue** cecear ▸ **s'arracher les cheveux** tirarse de los pelos ▸ **couper les cheveux en quatre** buscarle tres pies al gato ▸ **tiré par les cheveux** cogido por los pelos ▸ **venir comme un cheveu sur la soupe** no venir a cuento.

cheville [ʃəvij] nf **1.** ANAT tobillo *m* ▸ **ne pas arriver à la cheville de qqn** *fig* no llegarle a la suela del zapato a alguien **2.** [pour consolider] clavija *f* ▸ **cheville ouvrière** a) AUTO clavija maestra b) *fig* [élément essentiel] cabecilla *mf*.

chèvre [ʃɛvʀ] ◆ nf cabra *f* ▸ **ménager la chèvre et le chou** saber nadar y guardar la ropa. ◆ nm queso *m* de cabra.

chevreau, x [ʃəvʀo] nm **1.** [animal] cabrito *m* **2.** [peau] cabritilla *f*.

chèvrefeuille [ʃɛvʀəfœj] nm madreselva *f*.

chevreuil [ʃəvʀœj] nm **1.** [animal] corzo *m* **2.** CULIN ciervo *m*.

chevron [ʃəvʀɔ̃] nm **1.** CONSTR cabrío *m* **2.** [galon] galón *m* **3.** [motif décoratif] espiga *f*.

chevronné, e [ʃəvʀɔne] adj veterano(na).

chevrotant, e [ʃəvʀɔtɑ̃, ɑ̃t] adj [voix] tembloroso(sa).

chevrotine [ʃəvʀɔtin] nf posta *f*, perdigón *m*.

chewing-gum [ʃwiŋgɔm] (*pl* **chewing-gums**) nm chicle *m*.

chez [ʃe] prép **1.** [dans la demeure de] en casa de / *il est chez lui* está en su casa / *il va chez lui* va a su casa / *je reste chez moi* me quedo en casa **2.** [commerçant] ▸ **aller chez le coiffeur / chez le médecin** ir a la peluquería / al médico **3.** [en ce qui concerne] : *chez lui* en él / *ce que j'aime chez lui* lo que me gusta de él.

chez-soi [ʃeswa] nm inv hogar *m*.

chiadé, e [ʃjade] adj *fam* [élaboré] currado(da).

chialer [3] [ʃjale] vi *tfam* lloriquear.

chiant, e [ʃjɑ̃, ɑ̃t] adj *tfam* coñazo *(en apposition)*.

chiasse [ʃjas] nf *vulg* ▸ **avoir la chiasse** [la diarrhée] tener cagalera.

chic [ʃik] ◆ adj *(inv en genre)* **1.** [élégant] elegante ESP, elegantoso(sa) AM **2.** [serviable] amable. ◆ nm [élégance, bon goût] ▸ **avoir du chic** tener estilo ▸ **bon chic bon genre** pijo(a) ▸ **avoir le chic pour faire qqch** *hum* tener el don de hacer algo. ◆ interj ▸ **chic (alors) !** ¡qué bien!

chicane [ʃikan] nf **1.** [passage] paso *m* en zigzag **2.** [querelle] pelea *f* ▸ **chercher chicane à qqn** buscarle las cosquillas a alguien.

chicaner [3] [ʃikane] ◆ vt [chercher querelle à] ▸ **chicaner qqn sur / pour qqch** buscarle las cosquillas a alguien por algo. ◆ vi [contester] buscarle tres pies al gato ▸ **chicaner sur tout** tener respuesta para todo.
◆ **se chicaner** vp [se chamailler] picarse.

chicano [ʃikano] adj chicano(na).
◆ **Chicano** nmf chicano *m*, -na *f*.

chicha, shisha [ʃiʃa] nf narguile *m*, pipa *f* de agua.

chiche [ʃiʃ] ◆ adj **1.** [avare] tacaño(ña) **2.** [peu abondant] parco(ca) **3.** *fam* [capable de] ▸ **être chiche de faire qqch** tener narices de ou para hacer algo. ◆ interj ▸ **chiche !** ¿a que no...?

chichement [ʃiʃmɑ̃] adv humildemente.

chichi [ʃiʃi] nm *fam* ▸ **faire des chichis** hacer remilgos.

chichiteux, euse [ʃiʃitø, øz] adj *fam* remilgado(da).

chicorée [ʃikɔʀe] nf **1.** [racine, boisson] achicoria *f* **2.** [salade] escarola *f*.

chicos [ʃikos] adj *fam* chic.

chié, e [ʃje] adj *fam* ▸ **être chié** [culotté] tener morro ESP ou tupé RP. ◆ **chiée** nf *tfam* : *(toute) une chiée de* un montón ou mogollón ESP de.

chien, chienne [ʃjɛ̃, ʃjɛn] nm, f **1.** [animal] perro *m*, -rra *f* ▸ **chien d'aveugle** ou **chien guide** perro guía ou lazarillo ▸ **chien de chasse / de garde** perro de caza / guardián ▸ **chien esquimau** perro esquimal ▸ **chien policier** perro policía ▸ **chien savant** perro amaestrado

▸ **être comme chien et chat** llevarse como el perro y el gato ▸ **être malade comme un chien** estar muy enfermo ▸ **de chien** [temps, humeur, vie] de perros ▸ **entre chien et loup** entre dos luces ▸ **se regarder en chiens de faïence** dirigirse miradas asesinas **2.** [d'arme] gatillo *m* ▸ **en chien de fusil** acurrucado(da) **3.** EXPR **avoir du chien** *fam* tener gancho.

chiendent [ʃjɛ̃dɑ̃] nm grama *f*.

chien-loup [ʃjɛ̃lu] (*pl* **chiens-loups**) nm perro *m* lobo.

chienne → **chien**.

chier [9] [ʃje] vi *vulg* cagar ▸ **faire chier (qqn)** [l'importuner] tocar los cojones (a alguien) ▸ **se faire chier** morirse de asco ▸ **se faire chier à faire qqch** estar jodido(da) haciendo algo.

chieur, euse [ʃjœʀ, øz] nm, f *tfam* plomazo *m*, coñazo *m* ESP.

chiffon [ʃifɔ̃] nm trapo *m*. ◆ **chiffons** nmpl *fam* [vêtements] trapos *mpl* ▸ **parler chiffons** hablar de trapos.

chiffonnade [ʃifɔnad] nf CULIN *plato condimentado con mantequilla fundida y sazonada*.

chiffonné, e [ʃifɔne] adj **1.** [tissu] arrugado(da) **2.** [contrarié] preocupado(da) **3.** [fatigué] cansado(da).

chiffonner [3] [ʃifɔne] vt **1.** [froisser] arrugar **2.** *fig* [contrarier] preocupar. ◆ **se chiffonner** vp [se froisser] arrugarse.

chiffonnier, ère [ʃifɔnje, ɛʀ] nm, f [personne] trapero *m*, -ra *f*. ◆ **chiffonnier** nm [meuble] chiffonnier *m*.

chiffre [ʃifʀ] nm **1.** [caractère] cifra *f* ▸ **chiffres arabes / romains** números *mpl* arábigos / romanos **2.** [montant] importe *m* ▸ **chiffre rond** número *m* redondo **3.** [code secret] clave *f*. ◆ **chiffre d'affaires** nm volumen *m* de negocios.

chiffrer [ʃifʀe] ◇ vt **1.** [évaluer] calcular **2.** [numéroter] numerar **3.** [message] cifrar. ◇ vi *fam* subir. ◆ **se chiffrer** vp [se monter à] ▸ **se chiffrer à X euros** ascender a X euros.

chignole [ʃiɲɔl] nf taladradora *f*.

chignon [ʃiɲɔ̃] nm moño *m* ESP, chongo *m* AM ▸ **se crêper le chignon** *fig* tirarse del moño.

chihuahua [ʃiwawa] nm chihuahua *m*.

chiite [ʃiit] adj & nmf RELIG chií, chiita.

Chili [ʃili] npr ▸ **le Chili** Chile.

chili (con carne) [ʃili(kɔnkaʀne)] nm CULIN chile *m* (con carne).

chilien, enne [ʃiljɛ̃, ɛn] adj chileno(na). ◆ **Chilien, enne** nm, f chileno *m*, -na *f*.

chimère [ʃimɛʀ] nf quimera *f*.

chimérique [ʃimeʀik] adj quimérico(ca).

chimie [ʃimi] nf química *f*.

chimio [ʃimjo] nf *fam* quimio *f*.

chimiothérapie [ʃimjɔteʀapi] nf quimioterapia *f*.

chimique [ʃimik] adj químico(ca).

chimiquement [ʃimikmɑ̃] adv químicamente.

chimiste [ʃimist] nmf químico *m*, -ca *f*.

chimpanzé [ʃɛ̃pɑ̃ze] nm chimpancé *m*.

chinchilla [ʃɛ̃ʃila] nm chinchilla *f*.

Chine [ʃin] npr ▸ **la Chine** China.

chiné, e [ʃine] adj de mezclilla.

chiner [3] [ʃine] vi buscar gangas.

chinetoque [ʃintɔk] nmf *tfam & péj término racista para referirse a un chino*.

chinois, e [ʃinwa, az] adj chino(na). ◆ **chinois** nm **1.** LING chino *m* ▸ **c'est du chinois** *fig* suena a chino **2.** [passoire] colador *m*. ◆ **Chinois, e** nm, f chino *m*, -na *f*.

chinoiserie [ʃinwazʀi] nf **1.** [objet] objeto *m* chino **2.** *fig* [complication] engorro *m*.

chiot [ʃjo] nm cachorro *m*.

chiottes [ʃjɔt] nfpl *vulg* meadero *m*, tigre *m*.

chiper [3] [ʃipe] vt *fam* mangar.

chipie [ʃipi] nf *fam* pillina *f*.

chipiron [ʃipiʀɔ̃] nm chipirón *m*.

chipolata [ʃipɔlata] nf *salchicha pequeña de cerdo*.

chipoter [3] [ʃipɔte] vi ▸ **chipoter (sur qqch)** darle vueltas (a algo).

chipoteur, euse [ʃipɔtœʀ, øz] adj & nm, f *fam* **1.** [en mangeant] mal comedor, mala comedora **2.** [pinailleur] quisquilloso(sa).

chips [ʃips] nfpl patatas *fpl* fritas.

chiqué [ʃike] nm *fam* ▸ **c'est du chiqué** es un camelo.

chiquenaude [ʃiknod] nf capirotazo *m*.

chiquer [ʃike] vt mascar *(tabaco)*.

chiromancien, enne [kiʀɔmɑ̃sjɛ̃, ɛn] nm, f quiromántico *m*, -ca *f*.

chiropracteur [kiʀɔpʀaktœʀ] nm quiropráctico *m*.

chiropraticien, enne [kiʀɔpʀatisjɛ̃, ɛn] nm, f quiropráctico *m*, -ca *f*.

chirurgical, e, aux [ʃiʀyʀʒikal, o] adj quirúrgico(ca).

chirurgie [ʃiʀyʀʒi] nf cirugía *f* ▸ **chirurgie esthétique** cirugía estética.

chirurgien [ʃiʀyʀʒjɛ̃] nm cirujano *m*, -na *f*.

chirurgien-dentiste [ʃiʀyʀʒjɛ̃dɑ̃tist] (*pl* **chirurgiens-dentistes**) nm dentista *mf*.

Chisinau [kiʃinao] npr Chisinau.

chiure [ʃjyʀ] nf ▸ **chiure de mouche** cagada *f* de mosca.

ch.-l. (*abr écrite de* **chef-lieu**) ≃ capital *f* (de provincia) / *Ajaccio, ch.-l. de la région Corse* Ajaccio, capital de la región de Córcega.

chlore [klɔʀ] nm cloro *m*.

chlorer [klɔʀe] vt CHIM clorar.

chlorhydrique [klɔʀidʀik] adj ▸ **acide / gaz chlorhydrique** ácido / gas clorhídrico.

chloroforme [klɔʀɔfɔʀm] nm cloroformo *m*.

chloroformer [3] [klɔʀɔfɔʀme] vt cloroformizar.

chlorophylle [klɔʀɔfil] nf clorofila *f*.

chlorure [klɔʀyʀ] nm cloruro *m*.

choc [ʃɔk] nm **1.** [coup, conflit] choque *m* ▸ **choc opératoire** choc *m* postoperatorio **2.** *(en apposition)* [images] de choque ▸ **mesures(-)chocs** medidas de choque ▸ **prix choc** ganga *f*.

chochotte [ʃɔʃɔt] *fam* & *péj* ◆ adj [mijauré] cursi ; [douillet] blandengue. ◆ nf [personne mijaurée] cursi *mf* ; [personne douillette] blandengue *mf* ▸ **faire sa chochotte** andarse con remilgos.

chocolat [ʃɔkɔla] ◆ nm **1.** [gén] chocolate *m* ▸ **chocolat au lait / fondant** chocolate con leche / fondant ▸ **chocolat noir / blanc** chocolate negro / blanco ▸ **chocolat chaud** chocolate a la taza ▸ **chocolat glacé** helado *m* de chocolate ▸ **chocolat liégeois** chocolate suizo **2.** [bonbon] bombón *m* **3.** EXPR **être chocolat** quedarse con tres palmos de narices. ◆ adj inv [couleur] chocolate *(en apposition)*. ◆ **au chocolat** loc adj de chocolate.

chocolaté, e [ʃɔkɔlate] adj chocolateado(da).

chocolatier, ère [ʃɔkɔlatje, ɛʀ] adj & nm, f chocolatero(ra). ◆ **chocolatière** nf [récipient] chocolatera *f*.

chocottes [ʃɔkɔt] nfpl *fam* ▸ **avoir les chocottes** tener canguelo ▸ **filer** ou **foutre les chocottes à qqn** meter el miedo en el cuerpo a alguien.

chœur [kœʀ] nm coro *m* ▸ **chanter en chœur** cantar a coro.

choir [72] [ʃwaʀ] vt *sout* ▸ **laisser choir qqch** dejar caer algo ▸ **laisser choir qqn** abandonar a alguien ▸ **se laisser choir** dejarse caer.

choisi, e [ʃwazi] adj **1.** [morceau, œuvre] escogido(da) **2.** [langage, style] rebuscado(da) **3.** [société, assemblée] selecto(ta).

choisir [32] [ʃwaziʀ] ◆ vt elegir, escoger. ◆ vi **1.** [se prononcer pour] elegir, escoger **2.** [décider de] ▸ **choisir de faire qqch** decidir hacer algo.

choix [ʃwa] nm **1.** [décision] elección *f* ▸ **avoir le choix** poder elegir ▸ **il n'y a pas le choix** no hay más remedio ▸ **au choix** a elegir ▸ **laisser le choix à qqn** dejar a alguien escoger **2.** [d'articles] selección *f* **3.** [qualité] ▸ **de premier / second choix** de primera / segunda calidad.

choléra [kɔleʀa] nm cólera *m*.

cholestérol [kɔlɛsteʀɔl] nm colesterol *m*.

chômage [ʃomaʒ] nm paro *m*, desempleo *m* ESP, cesantía *f* AM ▸ **chômage partiel / technique** paro parcial / técnico.

chômé, e [ʃome] adj festivo(va) / *le 1er mai est (un jour) chômé* el 1 de mayo es un día festivo ou es fiesta.

chômedu [ʃomdy] nm *fam* desempleo *m*, paro *m* ESP, cesantía *f* CSUR ▸ **être au chômedu** estar en (el) paro ESP ou desocupado AM.

chômer [3] [ʃome] ◆ vt festejar, celebrar. ◆ vi **1.** [être sans travail] estar en paro **2.** [être inactif] descansar.

chômeur, euse [ʃomœʀ, øz] nm, f parado *m*, -da *f*.

chope [ʃɔp] nf jarra *f*.

choper [3] [ʃɔpe] vt *fam* **1.** [voleur, rhume] pescar / *il s'est fait choper* lo han pescado **2.** [voler] mangar, chorizar.

choquant, e [ʃɔkɑ̃, ɑ̃t] adj chocante.

choquer [3] [ʃɔke] vt **1.** [scandaliser] chocar **2.** [traumatiser] afectar.

choral, e [kɔʀal] *(pl* **chorals** *ou* **choraux** [kɔʀo]) adj coral. ◆ **choral, als** nm [chant liturgique] coral *f*. ◆ **chorale** nf coral *f*.

chorégraphe [kɔʀegʀaf] nmf coreógrafo *m*, -fa *f*.

chorégraphie [kɔʀegʀafi] nf coreografía *f*.

chorégraphier [9] [kɔʀegʀafje] vt coreografiar.

choriste [kɔʀist] nmf corista *mf*.

chose [ʃoz] ◆ nf cosa *f* ▸ **les choses de la vie** las cosas de la vida ▸ **c'est (bien) peu de chose** es poca cosa ▸ **c'est la moindre des choses** no es nada ▸ **chaque chose en son temps** cada cosa a su tiempo ▸ **de deux choses l'une** una de dos ▸ **dire bien des choses à qqn** dar recuerdos a alguien ▸ **faire les choses à moitié** hacer las cosas a medias ▸ **parler de choses et d'autres** hablar de todo y de nada ▸ **regarder les choses en face** mirar las cosas de frente. ◆ adj inv ▸ **se sentir** ou **être (tout) chose** sentirse extraño(ña).

chou[1], x [ʃu] nm **1.** [légume] col *f* ▸ **chou de Bruxelles** col de Bruselas ▸ **chou rouge** col lombarda, lombarda *f* ▸ **faire chou blanc** *fam* quedarse con un palmo de narices **2.** [pâtisserie] ≃ petisú *m* ▸ **chou à la crème** bocadito *m* de nata. ◆ **chou** adj inv *fam* mono(na).

chou[2], choute [ʃu, ʃut] nm, f *fam* [personne] ▸ **mon chou** cielito mío.

choucas [ʃuka] nm chova *f*.

chouchou, oute [ʃuʃu, ut] nm, f *fam* ojito *m* derecho. ◆ **chouchou** nm [pour les cheveux] coletero *m*.

chouchouter [3] [ʃuʃute] vt *fam* mimar ESP, papachar AM.

choucroute [ʃukʀut] nf choucroute *f* ▸ **choucroute garnie** choucroute con guarnición.

chouette [ʃwɛt] ◆ nf [oiseau] lechuza *f*. ◆ adj *fam* **1.** [personne] majo(ja) **2.** [chose] guay. ◆ interj ¡(qué) guay!

chou-fleur [ʃuflœʀ] *(pl* **choux-fleurs**) nm coliflor *f*.

chouia [ʃuja] nm *fam* ▸ **un chouia (de qqch)** una pizca (de algo).

chouiner [ʃwine] vi *fam* lloriquear.

chou-rave [ʃuʀav] *(pl* **choux-raves**) nm colinabo *m*.

chouraver [3] [ʃuʀave], **chourer** [3] [ʃuʀe] vt *tfam* afanar, mangar ESP, chorizar ESP, bajar MÉX / *je me suis fait chouraver mon sac* me afanaron el bolso.

choyer [13] [ʃwaje] vt *sout* mimar.

CHR (*abr de* **centre hospitalier régional**) nm inv ≃ centro hospitalario regional / *il a été admis au CHR de Bordeaux* le ingresaron en el CHR de Burdeos.

chrétien, enne [kʀetjɛ̃, ɛn] adj & nm, f cristiano(na).

chrétien-démocrate, chrétienne-démocrate [kʀetjɛ̃demɔkʀat, kʀetjɛndemɔkʀat] (*mpl* **chrétiens-démocrates**, *fpl* **chrétiennes-démocrates**) adj & nm, f democristiano(na), democratacristiano(na).

chrétienté [kʀetjɛ̃te] nf cristiandad *f*.

christ [kʀist] nm [crucifix] cristo *m*. ◆ **Christ** nm Cristo *m*.

christianisation [kʀistjanizasjɔ̃] nf cristianización *f*.

christianiser [3] [kʀistjanize] vt cristianizar.

christianisme [kʀistjanism] nm cristianismo *m*.

chromatique [kʀɔmatik] adj **1.** [gamme, couleurs] cromático(ca) **2.** BIOL cromosómico(ca).

chrome [kʀom] nm cromo *m*. ◆ **chromes** nmpl cromado *m*.

chromé, e [kʀome] adj cromado(da).

chromer [kʀome] vt cromar.

chromosome [kʀɔmozom] nm cromosoma *m*.

chronique [kʀɔnik] ◆ adj crónico(ca). ◆ nf crónica *f* ▸ **défrayer la chronique** dar que hablar.

chroniqueur, euse [kʀɔnikœʀ, øz] nm, f PRESSE periodista *mf* ▸ **chroniqueur sportif** periodista deportivo.

chrono [kʀɔno] nm *fam* [chronomètre] cronómetro / *en 12 secondes chrono* en 12 segundos cronómetro en mano ▸ **exploser le chrono** batir un récord.

chronologie [kʀɔnolɔʒi] nf cronología *f*.

chronologique [kʀɔnolɔʒik] adj cronológico(ca).

chronologiquement [kʀɔnɔlɔʒikmɑ̃] adv cronológicamente.

chronométrage [kʀɔnɔmetʀaʒ] nm cronometraje *m*.

chronomètre [kʀɔnɔmɛtʀ], **chrono** [kʀɔno] nm cronómetro *m*.

chronométrer [18] [kʀɔnɔmetʀe] vt cronometrar.

chrysalide [kʀizalid] nf crisálida *f*.

chrysanthème [kʀizɑ̃tɛm] nm crisantemo *m*.

CHS (*abr de* **comité d'hygiène et de sécurité**) nm *organismo francés que controla las condiciones de higiene y seguridad laboral de las empresas.*

CHU (*abr de* **Centre Hospitalier Universitaire**) ≃ hospital clínico universitario / *la clinique du CHU de Rouen* la clínica del CHU de Ruán / *le service de réanimation du CHU de Nancy* el servicio de reanimación del CHU de Nancy.

chuchotement [ʃyʃɔtmɑ̃] nm cuchicheo *m*.

chuchoter [3] [ʃyʃɔte] vt & vi cuchichear.

chuinter [3] [ʃɥɛ̃te] vi **1.** [gén] silbar ESP, chiflar AM **2.** LING *pronunciar con sonido sibilante.*

chut [ʃyt] interj ¡chitón!

chute [ʃyt] nf **1.** [gén] caída *f* ▸ **faire une chute** caer, caerse ▸ **chute libre** caída libre ▸ **chute de neige** nevada *f* ▸ **chute de pierres** desprendimiento *m* (de piedras) ▸ **chute de reins** rabadilla *f* ▸ **la chute du mur de Berlin** la caída del muro de Berlín **2.** [cascade] catarata *f* ▸ **chute d'eau** salto *m* de agua **3.** [de température, de tension] bajada *f* **4.** [de tissu] jirón *m*.

> **Chutes**
>
> | | |
> |---|---|
> | **les chutes d'Iguaçu** | las cataratas del Iguazú |
> | **les chutes du Niagara** | las cataratas del Niágara |
> | **les chutes Victoria** | las cataratas Victoria |

chuter [3] [ʃyte] vi bajar en picado.

> ⚠ **Chutar** est un faux ami, il ne signifie pas *chuter*, mais « shooter ».

Chypre [ʃipʀ] npr Chipre.

chypriote [ʃipʀijɔt], **cypriote** [sipʀijɔt] adj chipriota. ◆ **Chypriote, Cypriote** nmf chipriota *mf*.

ci [si] ◆ adv (*après un n*) : *cet homme-ci* este hombre. ◆ pron dém éste ▸ **comme ci, comme ça** *fam* regular.

Ci (*abr écrite de* **curie**) Ci.

CIA (*abr de* **Central Intelligence Agency**) nf CIA *f*.

ci-après [siapʀɛ] adv siguiente.

cibiste [sibist] nmf radioaficionado *m*, -da *f*.

cible [sibl] nf **1.** [de tir] blanco *m* **2.** [publicité] objetivo *m*.

ciblé, e [sible] adj COMM *dirigido a un sector de población restringido.*

cibler [3] [sible] vt bombardear ; *fig* [public] definir.

ciboire [sibwaʀ] nm copón *m*.

ciboulette [sibulɛt] nf cebolleta *f*.

ciboulot [sibulo] nm *tfam* [tête] coco *m*, tarro *m* ESP, chola *f* ESP ▸ **se creuser le ciboulot** romperse la cabeza.

cicatrice [sikatʀis] nf cicatriz *f*.

cicatrisant, e [sikatʀizɑ̃, ɑ̃t] adj cicatrizante.

cicatrisation [sikatʀizasjɔ̃] nf cicatrización *f*.

cicatriser [3] [sikatʀize] vt cicatrizar. ◆ **se cicatriser** vp **1.** [plaie] cicatrizarse **2.** *fig* [blessure morale] curarse.

ci-contre [sikɔ̃tʀ] adv adjunto(ta).

CICR (*abr de* **Comité international de la Croix-Rouge**) nm CICR *m*.

ci-dessous [sidəsu] adv más abajo.

ci-dessus [sidəsy] adv más arriba.

CIDEX, Cidex [sidɛks] (*abr de* **courrier individuel à distribution exceptionnelle**) nm *correo individual con reparto especial.*

CIDJ (*abr de* **Centre d'information et de documentation de la jeunesse**) nm *centro de información y documentación para los jóvenes.*

cidre [sidʀ] nm sidra *f* ▸ **cidre bouché** sidra embotellada ▸ **cidre brut** sidra seca ▸ **cidre doux** sidra dulce.

CIDUNaTI [sidynati] (*abr de* **Comité interprofessionnel d'information et de défense de l'union nationale des travailleurs indépendants**) nm *organización francesa de artesanos y comerciantes.*

Cie (*abr écrite de* **compagnie**) Cía, Cía. *(Compañía)* / *la société Dupond & Cie* la empresa Dupond & Cía.

ciel [sjɛl, sjø] ❖ nm (*mpl* **cieux**) cielo *m* ▸ **à ciel ouvert** a cielo abierto ▸ **ciel de plomb** cielo plomizo ▸ **être au septième ciel** estar en el séptimo cielo ▸ **remuer ciel et terre** remover cielo y tierra ▸ **tomber du ciel** caer del cielo. ❖ interj *hum* & *sout* ▸ **ciel !** ¡Dios mío! ◆ **ciel de lit** nm dosel *m.* ◆ **cieux** nmpl [paradis] cielos *mpl.*

cierge [sjɛʀʒ] nm cirio *m.*

cieux ⟶ **ciel**.

cigale [sigal] nf cigarra *f.*

> ⚠ **Cigala** est un faux ami, il ne signifie pas *cigale*, mais « langoustine ».

cigare [sigaʀ] nm cigarro *m* puro, puro *m.*

cigarette [sigaʀɛt] nf cigarrillo *m* ▸ **cigarette blonde / brune** cigarrillo rubio/negro.

cigarillo [sigaʀijo] nm purito *m.*

ci-gît [siʒi] adv aquí yace.

cigogne [sigɔɲ] nf cigüeña *f.*

ciguë [sigy] nf cicuta *f.*

ci-inclus, e [siɛ̃kly, yz] adj adjunto(ta). ◆ **ci-inclus** adv adjunto.

CIJ (*abr de* **Cour internationale de Justice**) nf TIJ *m.*

ci-joint, e [siʒwɛ̃, ɛ̃t] adj adjunto(ta). ◆ **ci-joint** adv ▸ **veuillez trouver ci-joint** le adjunto.

cil [sil] nm pestaña *f.*

ciller [3] [sije] vi pestañear ▸ **sans ciller** *fig* sin rechistar.

cimaise, cymaise [simɛz] nf cimacio *m.*

cime [sim] nf [sommet - d'arbre] copa *f*; [- de montagne] cima *f.*

ciment [simɑ̃] nm **1.** [matériau] cemento *m* **2.** *fig* [lien] cimientos *mpl.*

cimenter [3] [simɑ̃te] vt **1.** CONSTR cimentar **2.** *fig* [consolider] consolidar.

cimetière [simtjɛʀ] nm cementerio *m* ▸ **cimetière de voitures** cementerio de coches ▸ **le cimetière des éléphants** el cementerio de elefantes.

ciné [sine] nm *fam* cine *m.*

cinéaste [sineast] nmf cineasta *mf.*

ciné-club [sineklœb] (*pl* **ciné-clubs**) nm cine-club *m.*

cinéma [sinema] nm cine *m* ▸ **aller au cinéma** ir al cine ▸ **faire du cinéma** a) [acteur] hacer cine b) *fig* [de la comédie] hacer teatro ▸ **cinéma publicitaire** cine publicitario.

> **Le cinéma français**
>
> Francia ha ejercido una gran influencia en el cine europeo y mundial desde finales del siglo XIX. Tuvo su edad de oro con el período de entreguerras, con el realismo poético de directores como Jean Renoir y Marcel Camé. Tras la Segunda Guerra Mundial, el cine logró el reconocimiento y el apoyo oficiales con la primera edición del **Festival de Cannes** en 1946. A finales de la década de los 50 irrumpió la **nouvelle vague** con directores como François Truffaut, Jean-Luc Godard o Claude Chabrol, que promovían un cine de autor alejado de las producciones de estudio. En 1975 se crearon los premios **César**, un prestigioso equivalente nacional a los "Oscars". Actualmente, el cine francés cuenta con una vigorosa protección oficial que bajo el lema de la **excepción cultural**, defiende su especificidad frente a las grandes producciones importadas.

cinémathèque [sinematɛk] nf cinemateca *f.* ◆ **Cinémathèque** nf ▸ **la Cinémathèque française** *la filmoteca francesa.*

> **La cinémathèque française**
>
> Fundada en 1936, la **Cinémathèque française** está especializada en la conservación y restauración de películas, aunque también organiza proyecciones cinematográficas para el público.

cinématographique [sinematɔgʀafik] adj cinematográfico(ca).

cinéphile [sinefil] nmf cinéfilo *m*, -la *f.*

cinétique [sinetik] ❖ adj cinético(ca). ❖ nf cinética *f.*

cinglant, e [sɛ̃glɑ̃, ɑ̃t] adj **1.** [vent] azotador(ra) **2.** *fig* [ton] mordaz.

cinglé, e [sɛ̃gle] adj & nm, f *fam* chiflado(da).

cingler [3] [sɛ̃gle] ❖ vt **1.** [cheval] fustigar, azotar **2.** *fig* [suj : pluie, vent] azotar. ❖ vi *sout* [naviguer] navegar.

cinq [sɛ̃k] adj num inv & nm inv cinco ▸ **cinq cents élèves** quinientos alumnos ▸ **il était moins cinq** *fam* ha sido por poco. ***Voir aussi* six**.

cinquantaine [sɛ̃kɑ̃tɛn] nf **1.** [nombre] cincuentena *f* **2.** [âge] ▸ **la cinquantaine** los cincuenta (años).

cinquante [sɛ̃kɑ̃t] adj num inv & nm inv cincuenta. *Voir aussi* **soix**.

cinquantenaire [sɛ̃kɑ̃tnɛʀ] ◆ adj cincuentenario(ria). ◆ nmf quincuagenario *m*, -ria *f*. ◆ nm [anniversaire] cincuentenario *m*.

cinquantième [sɛ̃kɑ̃tjɛm] adj num & nmf quincuagésimo(ma). *Voir aussi* **sixième**.

cinquième [sɛ̃kjɛm] ◆ adj num & nmf quinto(ta) ▸ **la cinquième roue du carrosse** *fig* el último mono. ◆ nf SCOL ≃ primero *m* de la ESO. ◆ nm quinta parte *f*. *Voir aussi* **sixième**.

cinquièmement [sɛ̃kjɛmmɑ̃] adv en quinto lugar.

cintre [sɛ̃tʀ] nm **1.** [pour les vêtements] percha *f* **2.** ARCHIT cimbra *f* **3.** [de théâtre] telar *m*.

cintré, e [sɛ̃tʀe] adj **1.** COUT entallado(da) **2.** ARCHIT cimbrado(da).

CIO nm **1.** (*abr de* **Comité international olympique**) COI *m* **2.** (*abr de* **Centre d'information et d'orientation**) *servicio público de información y de consejo para ayudar a jóvenes y adultos a construir un proyecto escolar y/o profesional*.

cirage [siʀaʒ] nm **1.** [action de cirer] encerado *m* **2.** [produit] betún *m* **3.** EXPR **être dans le cirage** *fam* estar atontado(da).

circoncis, e [siʀkɔ̃si, iz] adj circunciso(sa).

circoncision [siʀkɔ̃sizjɔ̃] nf circuncisión *f*.

circonférence [siʀkɔ̃feʀɑ̃s] nf circunferencia *f*.

circonflexe [siʀkɔ̃flɛks] ⟶ **accent**.

circonscription [siʀkɔ̃skʀipsjɔ̃] nf circunscripción *f* ▸ **circonscription électorale** distrito *m* electoral.

circonscrire [99] [siʀkɔ̃skʀiʀ] vt **1.** [incendie, épidémie] localizar **2.** [sujet] delimitar **3.** GÉOM circunscribir.

circonspect, e [siʀkɔ̃spɛ, ɛkt] adj circunspecto(ta).

circonspection [siʀkɔ̃spɛksjɔ̃] nf circunspección *f*.

circonstance [siʀkɔ̃stɑ̃s] nf circunstancia *f* ▸ **de circonstance** de circunstancias ▸ **circonstances atténuantes** circunstancias atenuantes.

circonstancié, e [siʀkɔ̃stɑ̃sje] adj detallado(da).

circonstanciel, elle [siʀkɔ̃stɑ̃sjɛl] adj circunstancial.

circuit [siʀkɥi] nm **1.** [gén] circuito *m* ▸ **circuit d'alimentation** circuito de alimentación ▸ **circuit imprimé** circuito impreso ▸ **circuit intégré** circuito integrado **2.** [parcours] ruta *f* ▸ **circuit touristique** ruta turística ▸ **en circuit fermé** a) [en boucle] en circuito cerrado b) *fig* [en restant confiné] a puerta cerrada **3.** ÉCON canal *m* ▸ **circuit de distribution** canal de distribución.

circulaire [siʀkylɛʀ] adj & nf circular.

circulation [siʀkylasjɔ̃] nf **1.** [gén & ÉCON] circulación *f* ▸ **être / mettre en circulation** estar/poner en circulación ▸ **disparaître de la circulation** *fam* & *fig* desaparecer del mapa **2.** [trafic] circulación *f*, tráfico *m* ▸ **circulation alternée** circulación intermitente ▸ **route à grande circulation** carretera con mucho tráfico ▸ **circulation routière** circulación vial **3.** ANAT circulación *f* ▸ **avoir une bonne / mauvaise circulation** tener buena/mala circulación.

circulatoire [siʀkylatwaʀ] adj circulatorio(ria).

circuler [3] [siʀkyle] vi circular ▸ **circulez !** ¡circulen!, ¡circule!

cire [siʀ] nf cera *f* ▸ **cire d'abeille** cera de abeja ▸ **cire à cacheter** lacre *m*.

ciré, e [siʀe] adj **1.** [parquet] encerado(da) **2.** ⟶ **toile**. ◆ **ciré** nm impermeable *m*.

cirer [3] [siʀe] vt **1.** [meuble, parquet] encerar **2.** [chaussures] limpiar **3.** EXPR **(n')en avoir rien à cirer (de qqch)** *fam* sudarle (a alguien) (algo) / *j'en ai rien à cirer de ce qu'elle pense* me la suda lo que piensa.

cireur, euse [siʀœʀ, øz] nm, f [de chaussures] limpiabotas *mf*. ◆ **cireuse** nf [machine] enceradora *f*.

cireux, euse [siʀø, øz] adj ceroso(sa). ◆ **cireuse** nf [appareil] enceradora *f*.

cirque [siʀk] nm **1.** [gén] circo *m* **2.** *fam* & *fig* [désordre, chahut] jaleo *m*.

cirrhose [siʀoz] nf cirrosis *f inv*.

cisaille [sizaj] nf **1.** [à métaux] cizalla *f* **2.** [de jardinier] podadora *f*, podadera *f*.

cisaillement [sizajmɑ̃] nm **1.** [de métal] cizalladura *f* **2.** [de branches] poda *f*.

cisailler [3] [sizaje] vt **1.** [métal] cizallar **2.** [branches] podar.

ciseau, x [sizo] nm cincel *m*. ◆ **ciseaux** nmpl **1.** [instrument] tijeras *fpl* **2.** SPORT ▸ **faire des ciseaux** [en gymnastique] hacer tijeretas ▸ **sauter en ciseaux** saltar de tijeras.

ciseler [25] [sizle] vt **1.** [pierre, métal] cincelar **2.** [bijou] tallar.

ciselure [sizlyʀ] nf cinceladura *f*.

Cisjordanie [sisʒɔʀdani] npr ▸ **la Cisjordanie** Cisjordania.

cisjordanien, enne [sisʒɔʀdanjɛ̃, ɛn] adj de Cisjordania. ◆ **Cisjordanien, enne** nm, f *natural o habitante de Cisjordania*.

cistercien, enne [sistɛʀsjɛ̃, ɛn] adj cisterciense. ◆ **cistercien** nm cisterciense *m*.

citadelle [sitadɛl] nf ciudadela *f*.

citadin, e [sitadɛ̃, in] ◆ adj urbano(na). ◆ nm, f ciudadano *m*, -na *f*.

citation [sitasjɔ̃] nf **1.** [d'écrit, de propos] cita *f* **2.** DR & MIL citación *f*.

cité [site] nf **1.** [ville] ciudad *f* **2.** [résidence, lotissement] residencia *f* ▸ **cité ouvrière** barrio *m* obrero ▸ **cité universitaire** ciudad *f* universitaria.

cité-dortoir [sitedɔʀtwaʀ] (*pl* **cités-dortoirs**) nf ciudad *f* dormitorio.

citer [3] [site] vt citar.

citerne [sitɛʀn] nf **1.** [réservoir d'eau] cisterna *f*, aljibe *m* **2.** [cuve] cuba *f* ▸ **citerne à mazout** tanque *m* de fuel oil.

cité U [sitey] (*abr de* **cité universitaire**) nf *fam* ciudad f universitaria / *vivre en cité U* vivir en la ciudad universitaria.

citoyen, enne [sitwajɛ̃, ɛn] nm, f ciudadano *m*, -na *f*.

citoyenneté [sitwajɛnte] nf ciudadanía *f*.

citron [sitʀɔ̃] ❖ nm limón *m* ▸ **citron pressé** zumo *m* de limón natural ▸ **citron vert** limón verde. ❖ adj inv [couleur] amarillo limón, amarilla limón.

citronnade [sitʀɔnad] nf limonada *f*.

citronnelle [sitʀɔnɛl] nf cidronela *f*.

citronnier [sitʀɔnje] nm limonero *m*.

citrouille [sitʀuj] nf calabaza *f*.

civet [sivɛ] nm encebollado *m* ▸ **civet de lièvre** encebollado de liebre.

civière [sivjɛʀ] nf camilla *f*.

civil, e [sivil] ❖ adj civil *mf* ▸ **en civil** de paisano. ❖ nm, f civil *mf* ▸ **dans le civil** en la vida civil.

civilement [sivilmɑ̃] adv [non religieusement] por lo civil / *ils se sont mariés civilement l'année dernière* se casaron por lo civil el año pasado.

civilisation [sivilizasjɔ̃] nf civilización *f*.

civilisé, e [sivilize] adj civilizado(da).

civiliser [3] [sivilize] vt civilizar. ◆ **se civiliser** vp civilizarse.

civilité [sivilite] nf [politesse] urbanidad *f*. ◆ **civilités** nfpl [salutations] ▸ **présenter ses civilités à qqn** presentar sus respetos a alguien.

civique [sivik] adj cívico(ca).

civisme [sivism] nm civismo *m*.

cl (*abr écrite de* **centilitre**) cl.

clac [klak] interj clac.

clafoutis [klafuti] nm *pastel de cerezas*.

claie [klɛ] nf **1.** [treillis d'osier] cañizo *m* **2.** [clôture] cerca *f*.

clair, e [klɛʀ] adj claro(ra) ▸ **c'est clair et net** está bien claro ▸ **il est clair que** está claro que ▸ **passer le plus clair de son temps à faire qqch** pasar la mayor parte del tiempo haciendo algo. ◆ **clair** adv ▸ **en clair** TV no codificado(da) ▸ **voir clair** ver claro ▸ **tirer qqch au clair** sacar algo en claro. ◆ **clair de lune** (*pl* **clairs de lune**) nm claro *m* de luna.

clairement [klɛʀmɑ̃] adv claramente.

claire-voie [klɛʀvwa] ◆ **à claire-voie** loc adj [persienne, volet] enrejado(da).

clairière [klɛʀjɛʀ] nf claro *m*.

clair-obscur [klɛʀɔpskyʀ] (*pl* **clairs-obscurs**) nm **1.** [en peinture] claroscuro *m* **2.** [lumière douce] penumbra *f*.

clairon [klɛʀɔ̃] nm corneta *f*, clarín *m*.

claironner [3] [klɛʀɔne] ❖ vi tocar la corneta, tocar el clarín. ❖ vt *fig* [nouvelle] pregonar.

clairsemé, e [klɛʀsəme] adj [cheveux] ralo (rala) ; [arbres] poco frondoso(sa).

clairvoyant, e [klɛʀvwajɑ̃, ɑ̃t] adj clarividente.

clamer [3] [klame] vt proclamar.

clameur [klamœʀ] nf clamor *m*.

clamser [3] [klamse] vi *fam* [mourir] palmarla.

clan [klɑ̃] nm clan *m*.

clandestin, e [klɑ̃dɛstɛ̃, in] ❖ adj clandestino(na). ❖ nm, f [résident] ilegal *mf* ; [passager] polizón *m*.

clandestinement [klɑ̃dɛstinmɑ̃] adv [secrètement] en secreto ; [illégalement] clandestinamente.

clandestinité [klɑ̃destinite] nf clandestinidad *f* ▸ **dans la clandestinité** en la clandestinidad.

clapet [klapɛ] nm **1.** TECHNOL [soupape] válvula *f* **2.** *fam* & *fig* [bouche] pico *m* ▸ **fermer son clapet** cerrar el pico.

clapier [klapje] nm conejera *f*.

clapotement [klapɔtmɑ̃], **clapotis** [klapɔti] nm chapoteo *m*.

clapoter [3] [klapɔte] vi chapotear.

clapotis = **clapotement**.

claquage [klakaʒ] nm MÉD distensión *f*.

claque [klak] nf **1.** [gifle] bofetada *f* ESP, cachetada *f* AM ▸ **donner une claque à qqn** dar una bofetada a alguien **2.** [public] ▸ **la claque** la claque **3.** EXPR **en avoir sa claque (de qqch)** *fam* estar hasta la coronilla (de algo).

claqué, e [klake] adj *fam* [éreinté] reventado(da).

claquement [klakmɑ̃] nm **1.** [de porte] portazo *m* **2.** [de fouet, langue, doigts] chasquido *m*.

claquemurer [3] [klakmyʀe] vt encerrar. ◆ **se claquemurer** vp encerrarse.

claquer [3] [klake] ❖ vt **1.** [fermer brusquement] cerrar de un golpe ▸ **claquer la porte** dar un portazo ▸ **claquer la porte au nez de qqn** dar a alguien con la puerta en las narices **2.** *fam* [gifler] pegar **3.** *fam* [dépenser] pulirse **4.** *fam* [fatiguer] reventar. ❖ vi **1.** [provoquer un claquement] restallar / *la porte a claqué* han dado un portazo ▸ **faire claquer qqch** [élastique, fouet] (hacer) chasquear algo ▸ **faire claquer ses doigts / sa langue** chasquear los dedos / la lengua ▸ **claquer des dents** tiritar, castañear **2.** *fam* [mourir] palmarla. ◆ **se claquer** vp **1.** [se fatiguer] matarse **2.** [muscle] sufrir una distensión en.

claquettes [klakɛt] nfpl claqué *m*.

clarification [klaʀifikasjɔ̃] nf clarificación *f*.

clarifier [9] [klaʀifje] vt clarificar. ◆ **se clarifier** vp clarificarse.

clarinette [klaʀinɛt] nf clarinete *m*.

clarinettiste [klaʀinɛtist] nmf clarinetista *mf*, clarinete *mf*.

clarté [klaʀte] nf **1.** [lumière] luz *f* **2.** [transparence] transparencia *f* **3.** *fig* [d'un raisonnement] claridad *f*.

classe [klas] ❖ nf **1.** [gén] clase *f* ▸ **aller en classe** ir a clase ▸ **avoir de la classe** tener clase ▸ **faire la classe** dar clase ▸ **classe de neige** ≃ semana *f* blanca ▸ **classe**

ouvrière clase obrera ▸ **classe préparatoires** *curso de preparación de los exámenes de acceso a las "grandes écoles"* ▸ **classe de rattrapage** clase de recuperación ▸ **classe verte** *colonia escolar en el campo* ▸ **première / seconde classe** [en train] primera / segunda clase **2.** [qualité] categoría *f* ▸ **de première classe** de primer orden **3.** MIL [contingent] reemplazo *m* ▸ **de deuxième classe** raso ▸ **de première classe** de primera ▸ **faire ses classes** hacer la instrucción militar. ◆ adj *fam* guay.

Classes préparatoires

Las **classes préparatoires**, o **prépas**, preparan a los exámenes de acceso a las **grandes écoles**. Dado el prestigio de estas escuelas y su duro proceso de selección, estos cursos requieren mucho trabajo. Los dos años de **prépas** pueden convalidarse por la **L2** o **L3** (diploma de tres cursos universitarios).

classement [klasmɑ̃] nm **1.** [rangement, classification] clasificación *f* ▸ **classement général** clasificación general **2.** [liste] lista *f*.

classer [3] [klase] vt **1.** [ranger, classifier] clasificar ; [dossier, affaire] archivar **2.** [monument] ▸ **classer qqch** declarar algo monumento nacional.

classeur [klasœʀ] nm **1.** [meuble] archivador *m* **2.** [dossier compartimenté] carpeta *f (con separadores)* **3.** [à feuillets mobiles] carpeta *f* de anillas.

classification [klasifikasjɔ̃] nf clasificación *f* ▸ **classification périodique des éléments** CHIM tabla *f* periódica de elementos.

classique [klasik] ◆ nm clásico *m* ▸ **le classique** la música clásica ▸ **les grands classiques** los grandes clásicos. ◆ adj clásico(ca).

claudication [klodikasjɔ̃] nf claudicación *f*.

clause [kloz] nf cláusula *f*.

claustrer [3] [klostʀe] ◆ **se claustrer** vp *sout* enclaustrarse.

claustrophobe [klostʀɔfɔb] adj claustrofóbico(ca).

claustrophobie [klostʀɔfɔbi] nf claustrofobia *f*.

clavecin [klavsɛ̃] nm clavicordio *m*.

clavicule [klavikyl] nf clavícula *f*.

clavier [klavje] nm teclado *m*.

claviériste [klavjeʀist] nmf teclista *mf*.

clé, clef [kle] nf **1.** [gén] llave *f* ▸ **à la clé** en juego ▸ **fermer à clé** cerrar con llave ▸ **clés en main** llave en mano ▸ **sous clé** bajo llave ▸ **mettre sous clé** poner bajo llave ▸ **clé anglaise** ou **à molette** llave inglesa ▸ **clé de contact** llave de contacto ▸ **mettre la clé sous la porte** esfumarse **2.** MUS clave *f* ▸ **clé de sol / de fa** clave de sol / de fa **3.** [moyen] ▸ **la clé de** la clave / ***ce produit est la clé de notre réussite*** este producto es la clave de nuestro exito **4.** *(en apposition)* [position, rôle] clave ▸ **mots(-)clés** palabras clave **5.** INFORM ▸ **clé USB** memoria *f* USB. ◆ **clé de voûte** nf clave *f* de bóveda.

clean [klin] adj *fam* ▸ **c'est clean** [lieu] es un sitio bien ▸ **il est clean** [personne] es un niño bien.

clébard [klebaʀ], **clebs** [klɛps] nm *fam* chucho *m*.

clef = **clé**.

clématite [klematit] nf clemátide *f*.

clémence [klemɑ̃s] nf **1.** *sout* [indulgence] clemencia *f* **2.** *fig* [de climat, saison] suavidad *f*.

clément, e [klemɑ̃, ɑ̃t] adj **1.** [indulgent] clemente **2.** *fig* [climat, saison] suave.

clémentine [klemɑ̃tin] nf clementina *f*.

cleptomane = **kleptomane**.

clerc [klɛʀ] nm **1.** RELIG clérigo *m* **2.** [employé] primer oficial *m* ▸ **clerc de notaire** pasante de notario.

clergé [klɛʀʒe] nm clero *m*.

clérical, e, aux [kleʀikal, o] adj & nm, f clerical.

clic [klik] nm INFORM clic *m* ▸ **clic droit** clic derecho ▸ **clic gauche** clic izquierdo ▸ **faire un clic droit** hacer clic derecho.

Clic-Clac® [klikklak] nm [sofá] Clic-Clac® *m*.

cliché [kliʃe] nm **1.** PHOTO negativo *m*, cliché *m* **2.** *fig* [lieu commun] cliché *m*.

client, e [klijɑ̃, ɑ̃t] nm, f cliente *mf*.

clientèle [klijɑ̃tɛl] nf clientela *f*.

Les classiques

El clasicismo francés del siglo XVII coincide aproximadamente con el reinado de Luis XIV. Inspirado en la filosofía, la historia y la mitología grecolatinas, así como en la temática bíblica, supuso una forma de expresión artística sometida a reglas estrictas lo mismo en literatura que en música, arquitectura o pintura. En teatro, los autores — algunos tan destacados como Corneille y Racine en la tragedia — se rigieron por las tres normas clásicas de unidad de lugar, tiempo y acción. En el pensamiento, destacaron figuras como Pascal, La Rochefoucauld o La Bruyère, de clara vocación moralista, al igual que el fabulista La Fontaine. Brillaron en la pintura Poussin, Claudio de Lorena (Claude Lorrain) y la Real Academia de la Pintura y Escultura, mientras que los grandes arquitectos de la época fueron Mansart y Le Vau, y la obra fundamental, el palacio de Versalles. Es una de las épocas de máximo esplendor de la cultura francesa.

cligner [3] [kliɲe] ❖ vt ▸ **cligner les yeux** entornar los ojos. ❖ vi ▸ **cligner de l'œil** guiñar el ojo ▸ **cligner des yeux** parpadear.

clignotant, e [kliɲɔtɑ̃, ɑ̃t] adj parpadeante. ◆ **clignotant** nm **1.** [de voiture] intermitente *m* ESP, direccional *m* AM ▸ **mettre son clignotant** poner el intermitente **2.** ÉCON [signal de danger] señal *f* de alarma.

clignoter [3] [kliɲɔte] vi parpadear.

clim [klim] (*abr de* **climatisation**) nf *fam* climatización *f*, aire *m* acondicionado.

climat [klima] nm clima *m*.

climatique [klimatik] adj climático(ca).

climatisation [klimatizasjɔ̃] nf climatización *f*.

climatisé, e [klimatize] adj climatizado(da).

climatiser [3] [klimatize] vt climatizar.

clin [klɛ̃] ◆ **clin d'œil** nm ▸ **faire un clin d'œil (à qqn)** hacer un guiño (a alguien), guiñar el ojo (a alguien). ◆ **en un clin d'œil** loc adv en un abrir y cerrar de ojos.

clinique [klinik] ❖ nf clínica *f*. ❖ adj clínico(ca).

clinquant, e [klɛ̃kɑ̃, ɑ̃t] adj cantoso(sa).

clip [klip] nm **1.** [vidéo] videoclip *m*, clip *m* **2.** [bijou] broche *m* ; [boucle d'oreille] pendiente *m* de clip.

clipart [klipaʀt] nm INFORM clipart *m*.

cliquable [klikabl] adj INFORM clicable.

clique [klik] nf *péj* [bande] pandilla *f*. ◆ **cliques** nfpl *fam* ▸ **prendre ses cliques et ses claques** liar el petate.

cliquer [3] [klike] vi INFORM hacer clic.

cliqueter [27] [klikte] vi tintinear.

cliquetis [klikti] nm tintineo *m*.

clitoris [klitɔʀis] nm clítoris *m inv*.

clivage [klivaʒ] nm **1.** *fig* [division] división *f* **2.** GÉOL [fracture] hendidura *f*.

cloaque [klɔak] nm cloaca *f*.

clochard, e [klɔʃaʀ, aʀd] nm, f vagabundo *m*, -da *f*.

cloche [klɔʃ] ❖ nf **1.** [d'église] campana *f* **2.** [couvercle] tapadera *f* ▸ **cloche à fromage** quesera *f* **3.** *fam* [personne stupide] lelo *m*, -la *f* **4.** *(en apposition)* [jupe] abombado(da) ; [chapeau] de campana. ❖ adj *fam* [idiot] lelo(la).

cloche-pied [klɔʃpje] ◆ **à cloche-pied** loc adv a la pata coja.

clocher[1] [klɔʃe] nm campanario *m*.

clocher[2] [klɔʃe] vi ▸ **il y a quelque chose qui cloche** hay algo que no encaja.

clochette [klɔʃɛt] nf campanilla *f*.

clodo [clɔdɔ] nmf *fam* vagabundo *m*, -da *f*.

cloison [klwazɔ̃] nf tabique *m*.

cloisonner [3] [klwazɔne] vt **1.** [pièce, maison] tabicar, separar con tabiques **2.** *fig* [fonctions, services] compartimentar.

cloître [klwatʀ] nm claustro *m*.

cloîtrer [3] [klwatʀe] vt enclaustrar. ◆ **se cloîtrer** vp enclaustrarse.

clonage [klɔnaʒ] nm clonaje *m* ▸ **clonage thérapeutique** clonaje terapéutico.

clone [klɔn] nm clon *m*.

cloner [klɔne] vt BIOL clonar.

clope [klɔp] nf *fam* pito *m (cigarrillo)*.

clopin-clopant [klɔpɛ̃klɔpɑ̃] adv ▸ **aller clopin-clopant a)** [en boitant] cojear **b)** *fig* [péricliter] ir así así.

clopiner [3] [klɔpine] vi [boiter] cojear.

clopinettes [klɔpinɛt] nfpl *fam* cuatro duros *mpl*, cuatro perras *fpl* / ***dans cette boîte, il gagne des clopinettes*** en esa empresa gana cuatro perras.

cloporte [klɔpɔʀt] nm cochinilla *f*.

cloque [klɔk] nf **1.** [ampoule - sur la peau] ampolla *f* ; [- de peinture] vejiga *f* **2.** EXPR **être en cloque** *fam* estar preñada.

cloquer [klɔke] ❖ vt [tissu, étoffe] gofrar. ❖ vi [peinture] avejigarse.

clore [113] [klɔʀ] vt **1.** [gén] cerrar ▸ **clore un débat** concluir un debate **2.** [entourer] cercar.

clos, e [klo, kloz] adj cerrado(da). ◆ **clos** nm **1.** [terrain] cercado *m* **2.** [vignoble] viñedo *m*.

clôture [klotyʀ] nf **1.** [enceinte - haie] valla *f* ; [- en fil de fer] alambrada *f* ▸ **clôture électrifiée** OU **électrique** alambrada electrificada OU eléctrica **2.** [fermeture - de scrutin] cierre *m* ; [- de compte] liquidación *f* ; [- de débat] clausura *f*.

clôturer [3] [klotyʀe] vt **1.** [terrain] cercar **2.** *fig* [débat] clausurar.

clou [klu] nm **1.** [pointe] clavo *m* ▸ **clou de girofle** clavo de especia ▸ **maigre comme un clou** delgado(da) como un fideo **2.** [de spectacle, de fête] atracción *f* principal **3.** EXPR **des clous !** *fam* ¡un jamón! ▸ **mettre au clou a)** [bijou] empeñar **b)** [personne] enchironar. ◆ **clous** nmpl [passage piéton] paso *m* de peatones.

clouer [3] [klue] vt clavar ▸ **cloué sur place** [stupéfait] clavado en el sitio ▸ **être cloué au lit** *fig* verse obligado a guardar cama.

clouté, e [klute] adj de clavos.

clown [klun] nm payaso *m* ▸ **faire le clown** *fig* hacer el payaso.

CLT (*abr de* **Compagnie luxembourgeoise de télédiffusion**) nf *compañía luxemburguesa de teledifusión*.

club [klœb] nm **1.** [groupe] club *m* ▸ **club de sport** OU **sportif** club deportivo **2.** [de golf] palo *m*.

cm (*abr écrite de* **centimètre**) cm.

CM ❖ nf (*abr de* **chambre des métiers**) oficina *f* de oficios. ❖ nm (*abr de* **cours moyen**) / *CM1* ≃ 4° de E.P. ▸ **passer en CM1** ≃ pasar a 4° de E.P. / *CM2* ≃ 5° de E.P. ▸ **redoubler le CM2** ≃ repetir 5° de E.P.

CMU (*abr de* **couverture maladie universelle**) nf *cobertura universal de enfermedad para todas aquellas personas que no se benefician del régimen general de la Seguridad*

Social francesa ▸ **la CMU complémentaire** *cobertura universal de enfermedad complementaria que permite a las personas con ingresos bajos beneficiarse de un complemento además de los reembolsos de la Seguridad Social francesa* ▸ **la CMU de base** *cobertura universal de enfermedad dirigida a todas aquellas personas que viven en Francia de manera legal y estable después de más de 3 meses y que no se benefician todavía de la Seguridad Social.*

CNAC [knak] (*abr de* **Centre national d'art et de culture**) nm *nombre oficial del centro nacional de arte y cultura Georges-Pompidou de París.*

CNAM (*abr de* **Conservatoire national des arts et métiers**) npr *en Francia, escuela superior de ingenieros.*

CNC nm **1.** (*abr de* **Conseil national de la consommation**) *organización oficial francesa de defensa del consumidor* / *conformément à une recommandation du CNC* conforme a una recomendación del CNC **2.** (*abr de* **Centre national de la cinématographie**) *centro nacional francés de la cinematografía.*

CNDP (*abr de* **Centre national de documentation pédagogique**) nm *centro nacional francés de documentación pedagógica.*

CNE (*abr de* **caisse nationale d'épargne**) nf *caja nacional de ahorros francesa.*

CNED [knɛd] (*abr de* **Centre national d'enseignement à distance**) nm *centro nacional francés de educación a distancia* ▸ **suivre les cours du CNED** seguir cursos del CNED.

CNES, Cnes [knɛs] (*abr de* **Centre national d'études spatiales**) nm *centro nacional francés de investigación espacial.*

CNIL (*abr de* **Commission nationale de l'informatique et des libertés**) nf *institución pública independiente que vela para que la informática respete la libertad e intimidad del ciudadano.*

CNIT, Cnit [knit] (*abr de* **Centre national des industries et des techniques**) nm *salón de exposiciones situado en la Défense cerca de París.*

CNRS (*abr de* **Centre national de la recherche scientifique**) nm *centro nacional de investigación científica* ; ≃ CSIC *m* / *un chercheur au CNRS* un investigador del CNRS.

CNUCED, Cnuced [knysɛd] (*abr de* **Conférence des Nations unies pour le commerce et l'industrie**) nf UNCTAD *f*.

coach [kotʃ] (*pl* **coachs** *ou* **coaches**) nmf **1.** [entraîneur] coach *mf* ▸ **coach personnel** coach personal **2.** [conseiller] asesor *m*, -ra *f*.

coacher [kotʃe] vt **1.** [entraîner] hacer coaching **2.** [conseiller] asesorar.

coaching [kotʃiŋ] nm coaching *m*.

coactionnaire [kɔaksjɔnɛʀ] nmf accionista *mf*.

coagulant, e [kɔagylɑ̃, ɑ̃t] adj coagulante. ◆ **coagulant** nm coagulante *m*.

coaguler [3] [kɔagyle] ◆ vt **1.** [sang] coagular **2.** [lait] cuajar. ◆ vi **1.** [sang] coagularse **2.** [lait] cuajarse. ◆ **se coaguler** vp **1.** [sang] coagularse **2.** [lait] cuajarse.

coaliser [3] [kɔalize] vt aliarse. ◆ **se coaliser** vp aliarse.

coalition [kɔalisjɔ̃] nf **1.** MIL alianza *f* **2.** POL coalición *f*.

coasser [3] [kɔase] vi croar.

coauteur, e [kootœʀ] nm, f [d'un livre] coautor *m*, -ra *f*.

cobalt [kɔbalt] nm cobalto *m*.

cobaye [kɔbaj] nm **1.** [animal] cobaya *f*, conejillo *m* de Indias **2.** *fig* [personne] conejillo *m* de Indias.

cobra [kɔbʀa] nm cobra *f*.

coca [kɔka] ◆ nm [arbrisseau] coca *f*. ◆ nf [substance] coca *f*. ◆ **Coca** nm [boisson] Coca-Cola® *f*.

cocaïne [kɔkain] nf cocaína *f*.

cocaïnomane [kokainɔman] nmf cocainómano *m*, -na *f*.

cocarde [kɔkaʀd] nf **1.** [sur un avion, une voiture] divisa *f* **2.** [sur un vêtement] escarapela *f*.

cocardier, ère [kɔkaʀdje, ɛʀ] ◆ adj [propos] chauvinista. ◆ nm, f [personne] patriotero *m*, -ra *f*.

cocasse [kɔkas] adj *fam* gracioso(sa).

coccinelle [kɔksinɛl] nf **1.** [insecte] mariquita *f* **2.** [voiture] escarabajo *m*.

coccyx [kɔksis] nm coxis *f inv*.

coche [kɔʃ] nm ▸ **rater le coche** *fam* & *fig* perder la oportunidad.

cocher¹ [kɔʃe] nm cochero *m*.

cocher² [3] [kɔʃe] vt marcar con una cruz.

cochère [kɔʃɛʀ] ⟶ **porte**.

cochon, onne [kɔʃɔ̃, ɔn] ◆ adj [obscène] guarro(rra). ◆ nm, f *péj* cerdo *m*, -da *f*, marrano *m*, -na *f* ▸ **jouer un tour de cochon à qqn** *fam* & *fig* hacer una jugarreta a alguien. ◆ **cochon** nm [animal] cerdo *m* ESP, chancho *m* AM ▸ **cochon d'Inde** conejillo *m* de Indias, cobaya *f* ▸ **cochon de lait** lechón *m*.

cochonnaille [kɔʃɔnaj] nf *fam* [charcuterie] embutidos *mpl*.

cochonner [3] [kɔʃɔne] vt *fam* **1.** [bâcler] chapucear **2.** [salir] enguarrar.

cochonnerie [kɔʃɔnʀi] nf *fam* **1.** [gén] porquería *f*, guarrería *f* **2.** [obscénité] guarrada *f*.

cochonnet [kɔʃɔnɛ] nm **1.** [petit cochon] cochinillo *m* **2.** [au jeu de boules] boliche *m*.

cocker [kɔkɛʀ] nm cocker *m*.

cockpit [kɔkpit] nm cabina *f*.

cocktail [kɔktɛl] nm cóctel *m*. ◆ **cocktail Molotov** nm cóctel *m* molotov.

coco [koko] nm **1.** ⟶ **noix 2.** [terme d'affection] ▸ **mon coco** cariñín **3.** *fam* & *péj* [individu] tipejo *m* **4.** *péj* [communiste] rojo *m*.

cocon [kɔkɔ̃] nm **1.** ZOOL capullo *m (de gusano)* **2.** *fig* [nid] caparazón *m*.

cocooning [kɔkuniŋ] nm *estilo de vida hogareño* ▸ **faire du cocooning** hacer cocoon.

cocorico [kɔkɔriko] nm quiquiriquí *m*.

cocotier [kɔkɔtje] nm cocotero *m*.

cocotte [kɔkɔt] nf **1.** [marmite] olla *f* **2.** [poule] gallina *f* ▸ **cocotte en papier** pajarita *f* de papel **3.** *péj* [courtisane] mujer *f* galante.

Cocotte-Minute® [kɔkɔtminyt] nf olla *f* a presión.

cocotter [kɔkɔte] = **cocoter**.

cocu, e [kɔky] adj & nm, f *fam* cornudo(da).

code [kɔd] nm código *m* ▸ **code (à) barres** código de barras ▸ **code civil** ou **Napoléon / pénal** código civil / penal ▸ **code confidentiel** ou **personnel** [d'une carte de crédit] número secreto ▸ **code génétique** código genético ▸ **code postal** código postal ▸ **code de la route** código de (la) circulación ▸ **code secret** código secreto. ◆ **codes** nmpl AUTO luces *fpl* de cruce ▸ **se mettre en codes** poner las luces de cruce.

codé, e [kɔde] adj [langage, message] codificado(da).

code-barres [kɔdbaʀ] (*pl* **codes-barres**) nm código *m* de barras.

codéine [kɔdein] nf codeína *f*.

coder [3] [kɔde] vt codificar.

codétenu, e [kɔdetny] nm, f compañero *m*, -ra *f* de cárcel.

codification [kɔdifikasjɔ̃] nf INFORM codificación *f*.

codifier [9] [kɔdifje] vt codificar.

codirection [kodiʀɛksjɔ̃] nf codirección *f*.

coédition [koedisjɔ̃] nf coedición *f*.

coefficient [kɔefisjɑ̃] nm MATH & SCOL coeficiente *m*.

coéquipier, ère [kɔekipje, ɛʀ] nm, f compañero *m*, -ra *f* de equipo.

cœur [kœʀ]

◆ nm

1. [gén] corazón *m* ▸ **à cœur ouvert** a) MÉD a corazón abierto b) *fig* [franchement] con el corazón en la mano ▸ **histoire de cœur** historia sentimental ▸ **ses problèmes de cœur** sus problemas sentimentales ▸ **aller droit au cœur** : *vos paroles me sont allées droit au cœur* sus palabras me han llegado al corazón ▸ **avoir bon cœur** tener buen corazón ▸ **avoir un cœur d'artichaut** ir de flor en flor ▸ **avoir le cœur sur la main** no caberle el corazón en el pecho ▸ **avoir le cœur serré** ou **gros** tener el corazón oprimido ou en un puño ▸ **le cœur battant** con el corazón palpitante ▸ **mon cœur** [terme d'affection] amor mío ▸ **serrer qqn contre son cœur** apretar a alguien contra su pecho ▸ **avoir mal au cœur** estar mareado(da) ▸ **briser le cœur à qqn** partir el corazón a alguien ▸ **ça me fait mal au cœur** : *ça m'a fait mal au cœur de l'entendre pleurer comme ça* me dolió oírlo llorar así / *ça me ferait mal au cœur de devoir le lui laisser* me daría rabia tener que dejárselo ▸ **cela lui tient à cœur** tiene gran interés por ello ▸ **en avoir le cœur net** saber a qué atenerse ▸ **fendre le cœur de qqn** partir el corazón de alguien ▸ **ne pas avoir le cœur de faire qqch** no tener corazón para hacer algo ▸ **le cœur n'y est pas** : *ils travaillent, mais le cœur n'y est pas* trabajan pero sin ganas ou sin ánimo ▸ **porter qqn dans son cœur** *fam* : *je ne le porte pas dans mon cœur* no es santo de mi devoción ▸ **prendre les choses à cœur** tomarse las cosas en serio ▸ **soulever le cœur** revolvérsele a uno el estómago

2. [centre] ▸ **cœur de laitue** cogollo *m* de lechuga ▸ **cœur d'artichaut** *pr* corazón de alcachofa

3. [point essentiel] centro *m* / *le cœur du débat* el centro del debate ▸ **au cœur de** en pleno(na)

◆ **cœur de palmier** nm palmito *m*.

◆ **à cœur joie** loc adv ▸ **s'en donner à cœur joie** pasarlo en grande.

◆ **de bon cœur** loc adv [volontiers - donner, rire, manger] de buena gana ; [- parler] con el corazón ▸ **c'est de bon cœur** : *tenez, c'est de bon cœur* tome, es de corazón.

◆ **de tout cœur** loc adv ▸ **être de tout cœur avec qqn** [condoléances] acompañar a alguien en el sentimiento / *je ne pourrai assister à votre mariage mais je serai de tout cœur avec vous* no podré asistir a vuestra boda pero estaré de todo corazón con vosotros.

◆ **par cœur** loc adv [apprendre, connaître] de memoria ▸ **apprendre / savoir qqch par cœur** aprender / saber algo de memoria ▸ **connaître qqn par cœur** conocer a alguien de memoria.

coexistence [kɔɛgzistɑ̃s] nf coexistencia *f*.

coexister [3] [kɔɛgziste] vi coexistir.

COFACE [kɔfas] (*abr de* **Compagnie française d'assurance pour le commerce extérieur**) nf *compañía francesa de seguros para el comercio exterior* ; ≃ CESCE *f* ▸ **un assurance crédit COFACE** un seguro de crédito de la COFACE.

coffrage [kɔfʀaʒ] nm encofrado *m*.

coffre [kɔfʀ] nm **1.** [meuble] baúl *m* **2.** [de voiture] maletero *m* ESP, cajuela *f* AM **3.** [de banque] caja *f* fuerte **4.** EXPR **avoir du coffre** *fam* tener un chorro de voz.

coffre-fort [kɔfʀəfɔʀ] (*pl* **coffres-forts**) nm caja *f* fuerte.

coffrer [3] [kɔfʀe] vt **1.** *fam* [emprisonner] enchironar **2.** TECHNOL encofrar.

coffret [kɔfʀɛ] nm **1.** [petit coffre] cofrecito *m* ▸ **coffret à bijoux** joyero *m* **2.** [de disques, livres] estuche *m*.

cogestion [kɔʒɛstjɔ̃] nf cogestión *f*.

cogitation [kɔʒitasjɔ̃] nf *hum* cavilación *f*.

cogiter [3] [kɔʒite] vi *hum* cavilar.

cognac [kɔɲak] nm coñac *m*.

cogner [1] [kɔɲe] ◆ vt *fam* [battre] sacudir.

◆ vi **1.** [frapper] ▸ **cogner à la porte** aporrear la puerta ▸ **cogner contre / sur qqch** golpear contra algo **2.** *fam* [user de violence] sacudir ▸ **cogner sur qqn** sacudir a alguien **3.** *fam* [soleil] ▸ **ça cogne** (el sol) pica.

◆ **se cogner** vp **1.** [se heurter] darse contra ▸ **se**

cogner à ou **contre qqch** darse un golpe contra algo **2.** *fam* [se battre] sacudirse.

cohabitation [kɔabitasjɔ̃] nf **1.** [de personnes] convivencia *f* **2.** POL cohabitación *f*.

cohabiter [3] [kɔabite] vi **1.** [habiter ensemble] convivir **2.** POL cohabitar.

cohérence [kɔeʀɑ̃s] nf coherencia *f*.

cohérent, e [kɔeʀɑ̃, ɑ̃t] adj coherente.

cohéritier, ère [kɔeʀitje, ɛʀ] nm, f coheredero *m*, -ra *f*.

cohésion [kɔezjɔ̃] nf cohesión *f*.

cohorte [kɔɔʀt] nf cohorte *f*.

cohue [kɔy] nf **1.** [foule] tropel *m* **2.** [bousculade] barullo *m*.

coi, coite [kwa, kwat] adj *sout* ▸ **rester coi** no decir esta boca es mía.

coiffant, e [kwafɑ̃, ɑ̃t] adj ▸ **gel coiffant** gomina *f*, gel *m* fijador.

coiffe [kwaf] nf [coiffure - régionale] cofia *f* ; [- de religieuse] toca *f*.

coiffé, e [kwafe] adj [peigné] peinado(da) / ***il n'est même pas coiffé quand il arrive au bureau*** ni siquiera va peinado cuando llega a la oficina ▸ **être bien / mal coiffé** estar bien / mal peinado.

coiffer [3] [kwafe] vt **1.** [peigner] peinar **2.** [mettre sur la tête de] ▸ **coiffer qqn de qqch** [casquette, chapeau] poner algo en la cabeza de alguien **3.** *sout* [recouvrir] cubrir **4.** [diriger] dirigir. ◆ **se coiffer** vp **1.** [se peigner] peinarse **2.** [mettre sur sa tête] ▸ **se coiffer de qqch** tocarse con algo.

coiffeur, euse [kwafœʀ, øz] nm, f peluquero *m*, -ra *f* ▸ **aller chez le coiffeur** ir a la peluquería. ◆ **coiffeuse** nf [meuble] tocador *m*.

coiffure [kwafyʀ] nf **1.** [coupe de cheveux] peinado *m* **2.** [chapeau] sombrero *m* **3.** [profession] peluquería *f*.

coin [kwɛ̃] nm **1.** [angle - rentrant] rincón *m* ; [- saillant] esquina *f* ▸ **à tous les coins de rue** *fig* en todas partes ▸ **au coin du feu** junto al fuego ▸ **du coin** [du quartier] de la esquina ▸ **envoyer au coin** [punir] mandar al rincón **2.** [commissure] comisura *f* ▸ **coin de l'œil** rabillo *m* del ojo ▸ **regarder du coin de l'œil** mirar con el rabillo del ojo **3.** [parcelle] trozo *m* **4.** [endroit retiré, recoin] rincón *m* ▸ **le petit coin** *fam* el retrete **5.** [outil - pour caler] calzo *m* ; [- pour fendre] cuña *f* **6.** [matrice pour monnaie] troquel *m*.

coincé, e [kwɛ̃se] adj *fam* [peu détendu] cortado(da).

coincer [16] [kwɛ̃se] vt **1.** [bloquer] atrancar, atascar **2.** *fam* [attraper, mettre en difficulté] acorralar. ◆ **se coincer** vp **1.** [se bloquer] atrancarse **2.** [doigts, pied] pillarse.

coïncidence [kɔɛ̃sidɑ̃s] nf coincidencia *f*.

coïncider [kɔɛ̃side] vi coincidir.

coing [kwɛ̃] nm [fruit] membrillo *m*.

coït [kɔit] nm coito *m*.

coite ⟶ **coi**.

coke [kɔk] ◈ nm [combustible] coque *m*. ◈ nf *fam* [cocaïne] coca *f*.

col [kɔl] nm **1.** [gén] cuello *m* ▸ **col du fémur / de l'utérus** cuello del fémur / del útero ▸ **col en V** cuello de pico ▸ **col roulé** cuello vuelto ▸ **faux col** cuello postizo **2.** GÉOGR puerto *m*.

> ⚠ Col est un faux ami, il ne signifie pas *col*, mais « chou ».

col. ***abr écrite de*** **colonne**.

colchique [kɔlʃik] nm cólquico *m*.

coléoptère [kɔleɔptɛʀ] nm coleóptero *m*.

colère [kɔlɛʀ] nf **1.** [mauvaise humeur] cólera *f*, ira *f* ▸ **être en colère** estar enfadado(da) ou enojado(da) ▸ **se mettre en colère** enfadarse, enojarse ▸ **ravaler sa colère** contener su ira **2.** [crise] rabieta *f* ▸ **piquer une colère** coger una rabieta.

coléreux, euse [kɔleʀø, øz], **colérique** [kɔleʀik] adj colérico(ca).

colibri [kɔlibʀi] nm colibrí *m*.

colifichet [kɔlifiʃɛ] nm [bijou] quincalla *f* ; [objet] baratija *f*.

colimaçon [kɔlimasɔ̃] ◆ **en colimaçon** loc adv de caracol.

colin [kɔlɛ̃] nm merluza *f*.

colin-maillard [kɔlɛ̃majaʀ] (*pl* **colin-maillards**) nm gallinita *f* ciega.

colique [kɔlik] nf cólico *m* ▸ **avoir la colique** tener un cólico.

colis [kɔli] nm paquete *m* ESP, encomienda *f* AM.

colistier, ère [kɔlistje, ɛʀ] nm POL *miembro de una misma candidatura*.

coll. 1. ***abr écrite de*** **collection 2.** ***abr écrite de*** **collaborateurs**.

collabo [kɔlabo] nmf *fam & péj* colaboracionista *mf*.

collaborateur, trice [kɔlabɔʀatœʀ, tʀis] nm, f **1.** [gén] colaborador *m*, -ra *f* **2.** HIST [sous l'Occupation] colaboracionista *mf*.

collaboratif, ive [kɔlabɔʀatif, iv] adj colaborativo(va) / ***c'est un travail collaboratif*** es un trabajo colaborativo ▸ **encyclopédie collaborative** enciclopedia colaborativa ▸ **espace collaboratif** INFORM espacio colaborativo.

collaboration [kɔlabɔʀasjɔ̃] nf **1.** [gén] colaboración *f* **2.** HIST [sous l'Occupation] colaboracionismo *m*.

collaborer [3] [kɔlabɔʀe] vi colaborar ▸ **collaborer à qqch** colaborar en algo.

collage [kɔlaʒ] nm **1.** [action de coller] encolado *m* **2.** ART collage *m*.

collagène [kɔlaʒɛn] nm colágeno *m*.

collant, e [kɔlɑ̃, ɑ̃t] adj **1.** [étiquette] adhesivo(va) **2.** [vêtement] ceñido(da) **3.** *fam* [personne] pesado(da). ◆ **collant** nm **1.** [sous-vêtement féminin] medias *fpl*, panty *m* ESP, pantymedias *fpl* AM **2.** [de danse] malla *f*.

collatéral, e, aux [kɔlateʀal, o] ◆ adj colateral. ◆ nm DR colateral *m*.

collation [kɔlasjɔ̃] nf colación *f*.

colle [kɔl] nf **1.** [substance] cola *f*, pegamento *m* **2.** *fam* [question difficile] pregunta *f* difícil ▸ **poser une colle à qqn** pillar en bragas **3.** SCOL [retenue] castigo *m* ▸ **avoir une heure de colle** estar una hora castigado(da).

collecte [kɔlɛkt] nf colecta *f* ▸ **collecte de vêtements** recogida *f* de ropa.

collecteur, trice [kɔlɛktœʀ, tʀis] ◆ adj colector(ra). ◆ nm, f recaudador *m*, -ra *f* ▸ **collecteur d'impôts / de fonds** recaudador de impuestos / de fondos. ◆ **collecteur** nm [drain] colector *m*.

collectif, ive [kɔlɛktif, iv] adj colectivo(va). ◆ **collectif** nm colectivo *m*. ◆ **collectif budgétaire** nm presupuestos *mpl* adicionales.

collection [kɔlɛksjɔ̃] nf colección *f* / *il fait collection de timbres* colecciona sellos ▸ **collection privée** colección privada ▸ **la collection d'été / d'hiver** la colección de verano / de invierno.

collectionner [3] [kɔlɛksjɔne] vt coleccionar.

collectionneur, euse [kɔlɛksjɔnœʀ, øz] nm, f coleccionista *mf*.

collectivement [kɔlɛktivmɑ̃] adv colectivamente.

collectivité [kɔlɛktivite] nf comunidad *f* ▸ **les collectivités locales** *las administraciones locales y regionales en Francia* ▸ **collectivité territoriale** colectividad *f* territorial.

collector [kɔlɛktɔʀ] nm objeto *m* de colección / *coffret collector* edición de coleccionista.

collège [kɔlɛʒ] nm **1.** [établissement scolaire] *colegio donde se imparten los cursos equivalentes al segundo ciclo de ESO* **2.** [de personnes] colegio *m* ▸ **collège électoral** colegio electoral. ◆ **Collège de France** nm ▸ **le Collège de France** el Collège de France.

collégial, e, aux [kɔleʒjal, o] adj [pouvoir, direction] colegiado(da). ◆ **collégiale** nf RELIG colegiata *f*.

collégien, enne [kɔleʒjɛ̃, ɛn] nm, f colegial *m*, -la *f*.

collègue [kɔlɛg] nmf colega *mf*.

coller [3] [kɔle] ◆ vt **1.** [gén & INFORM] pegar **2.** *fam & fig* [suivre partout] ▸ **coller qqn** pegarse a alguien **3.** *fam* [mettre] apalancar **4.** *fam & fig* [donner] ▸ **coller qqch à qqn** [gifle, punition, etc.] soltar algo a alguien **5.** *fam* [avec une question] pillar **6.** [SCOL - punir] castigar ; [- refuser] ▸ **être collé à un examen** suspender un examen. ◆ vi **1.** [adhérer] pegarse **2.** [être adapté] ▸ **coller à qqch** [réalité] adecuarse a algo **3.** *fam* [bien se passer] ir bien **4.** *fam* [suivre de près] pegarse. ◆ **se coller** vp **1.** *fam* [subir] cargar con **2.** [se plaquer] ▸ **se coller contre qqch / qqn** arrimarse a algo / alguien.

> ⚠ **Colar** est un faux ami, il ne signifie pas *coller*, mais « filtrer », « passer ».

collerette [kɔlʀɛt] nf **1.** [de vêtement] cuello *m* **2.** [de tuyau] brida *f*.

collet [kɔlɛ] nm **1.** [de vêtement] cuello *m* ▸ **mettre la main au collet de qqn** echar el guante a alguien ▸ **être collet monté** ser estirado(da) **2.** [piège] lazo *m*.

colleur, euse [kɔlœʀ, øz] nm, f ▸ **colleur d'affiches** cartelero *m*, pegador *m* de carteles.

collier [kɔlje] nm **1.** [gén] collar *m* ▸ **collier de perles** collar de perlas **2.** [barbe] sotabarba *f*.

collimateur [kɔlimatœʀ] nm ▸ **avoir qqn dans le collimateur** *fam* tener fichado(da) a alguien.

colline [kɔlin] nf colina *f*.

collision [kɔlizjɔ̃] nf colisión *f* ▸ **entrer en collision avec qqch / avec qqn** chocar contra algo / contra alguien.

colloque [kɔlɔk] nm coloquio *m*.

collusion [kɔlyzjɔ̃] nf colusión *f*.

collutoire [kɔlytwaʀ] nm colutorio *m*.

collyre [kɔliʀ] nm colirio *m*.

colmater [3] [kɔlmate] vt **1.** [fuite] taponar **2.** [brèche] tapar.

colo [kɔlo] nf *fam* colonia *f* de vacaciones.

coloc¹ [kɔlɔk] nmf *fam* compañero(ra) de piso.

coloc² [kɔlɔk] nf *fam* compartir piso ▸ **habiter en coloc** compartir piso.

colocataire [kɔlɔkatɛʀ] nmf compañero(ra) de piso.

colombage [kɔlɔ̃baʒ] nm ARCHIT entramado *m* ▸ **à colombages** *con vigas de madera a la vista*.

colombe [kɔlɔ̃b] nf paloma *f*.

Colombie [kɔlɔ̃bi] npr ▸ **la Colombie** Colombia.

Collège

En Francia, el **collège** es el establecimiento escolar de primer ciclo de enseñanza secundaria, destinado a los alumnos de entre 11 y 15 años. El **collège** incluye los cursos de **sixième, cinquième, quatrième** y **troisième**. Al final del cuarto curso, los alumnos deben pasar un examen para obtener el **brevet des collèges**.

Le Collège de France

Este lugar de saber privilegiado se dedica desde 1530 a la investigación y la enseñanza de diversas disciplinas. Está situado cerca de la Sorbona, y en él se organizan conferencias públicas impartidas por catedráticos y especialistas mundialmente conocidos. A pesar de que depende del Ministerio de Educación Nacional, el **Collège de France** no es una universidad y no otorga diplomas.

colombien, enne [kɔlɔ̃bjɛ̃, ɛn] adj colombiano(na). ◆ **Colombien, enne** nm, f colombiano *m*, -na *f*.

Colombo [kɔlɔ̃bo] npr Colombo.

colon [kɔlɔ̃] nm colono *m*.

côlon [kolɔ̃] nm colon *m*.

colonel [kɔlɔnɛl] nm coronel *m*.

colonelle [kɔlɔnɛl] nf coronela *f (esposa de coronel)*.

colonial, e, aux [kɔlɔnjal, o] adj colonial.

colonialisme [kɔlɔnjalism] nm colonialismo *m*.

colonialiste [kɔlɔnjalist] adj & nmf colonialista.

colonie [kɔlɔni] nf colonia *f*. ◆ **colonie de vacances** nf colonia *f* de verano.

colonisateur, trice [kɔlɔnizatœʀ, tʀis] adj & nm, f colonizador(ra).

colonisation [kɔlɔnizasjɔ̃] nf colonización *f*.

coloniser [3] [kɔlɔnize] vt **1.** [occuper] colonizar **2.** *fig* [envahir] invadir.

colonnade [kɔlɔnad] nf columnata *f*.

colonne [kɔlɔn] nf **1.** [gén] columna *f* **2.** [file] fila *f* ▸ **en colonne** en fila. ◆ **colonne vertébrale** nf columna *f* vertebral.

colorant, e [kɔlɔʀɑ̃, ɑ̃t] adj colorante. ◆ **colorant** nm colorante *m* ▸ **colorant alimentaire** colorante alimentario.

coloration [kɔlɔʀasjɔ̃] nf coloración *f*.

coloré, e [kɔlɔʀe] adj **1.** [qui a de la couleur] con color **2.** *fig* [imagé] colorista.

colorer [3] [kɔlɔʀe] vt dar color a ▸ **colorer de qqch** teñir de algo. ◆ **se colorer** vp coger color ▸ **se colorer de** *fig* teñirse de.

coloriage [kɔlɔʀjaʒ] nm coloreado *m*.

colorier [3] [kɔlɔʀje] vt colorear.

coloris [kɔlɔʀi] nm colorido *m*.

colorisation [kɔlɔʀizasjɔ̃] nf coloración *f*.

coloriser [3] [kɔlɔʀize] vt colorear.

coloscopie [kɔlɔskɔpi], **colonoscopie** [kɔlɔnɔskɔpi] nf colonoscopia *f*.

colossal, e, aux [kɔlɔsal, o] adj colosal.

colosse [kɔlɔs] nm coloso *m*.

colportage [kɔlpɔʀtaʒ] nm venta *f* ambulante.

colporter [3] [kɔlpɔʀte] vt **1.** [marchandises] vender *(de manera ambulante)* **2.** [bruits, nouvelles] divulgar. ◆ **se colporter** vp [bruits, nouvelles] propagarse.

colporteur, euse [kɔlpɔʀtœʀ, øz] nm, f **1.** [de marchandises] vendedor *m*, -ra *f* ambulante ESP, abonero *m*, -ra *f* AM **2.** [de bruits, nouvelles] correveidile *mf*.

coltiner [3] [kɔltine] ◆ **se coltiner** vp *fam* cargar con.

colza [kɔlza] nm colza *f*.

coma [kɔma] nm coma *m* ▸ **être dans le coma** estar en coma.

comateux, euse [kɔmatø, øz] ◈ adj comatoso(sa). ◈ nm, f persona en coma.

combat [kɔ̃ba] nm **1.** [bataille] combate *m* ▸ **combat de boxe** combate de boxeo ▸ **combat singulier** combate singular ▸ **être / mettre hors de combat** estar/dejar fuera de combate **2.** *fig* [lutte] lucha *f* ▸ **engager le combat contre qqch** emprender la lucha contra algo.

combatif, ive [kɔ̃batif, iv] adj combativo(va).

combativité [kɔ̃bativite] nf combatividad *f*.

combats ⟶ **combattre**.

combattant, e [kɔ̃batɑ̃, ɑ̃t] ◈ adj combatiente. ◈ nm, f combatiente *mf* ▸ **ancien combattant** ex combatiente.

combattre [83] [kɔ̃batʀ] ◈ vt **1.** [adversaire] combatir contra OU con **2.** [chose, idée] combatir. ◈ vi combatir, luchar. ◆ **se combattre** vp vencerse.

combattu, e [kɔ̃baty] pp ⟶ **combattre**.

combien [kɔ̃bjɛ̃] ◈ adv cuánto / ***combien coûte ce livre ?*** ¿cuánto cuesta este libro? ▸ **combien de** cuánto(ta) / ***combien de temps vous faut-il ?*** ¿cuánto tiempo necesita? / ***combien de pilules prenez-vous ?*** ¿cuántas pastillas toma? / ***combien cela a changé !*** ¡cuánto ha cambiado! ◈ nm inv ▸ **le combien ?** [jour] ¿qué día? / ***le combien sommes-nous ?*** ¿a qué día estamos? / ***tous les combien ?*** ¿cada cuánto?

combientième [kɔ̃bjɛ̃tjɛm] ◈ nmf : ***c'est le combientième ?*** ¿qué número es? / ***il est arrivé le combientième ?*** ¿en qué posición ha llegado? ◈ adj cuánto(ta) ▸ **c'est ton combientième gâteau ?** ¿cuántos pasteles llevas?

combinaison [kɔ̃binɛzɔ̃] nf **1.** [gén] combinación *f* **2.** [sous-vêtement] combinación *f* ESP, fustán *m* AM **3.** [vêtement] mono *m* ▸ **combinaison de plongée** traje *m* de submarinismo ▸ **combinaison de ski** mono de esquí.

combine [kɔ̃bin] nf *fam* chanchullo *m*.

combiné [kɔ̃bine] nm **1.** [de téléphone] auricular *m* **2.** [au ski] combinado *m*.

combiner [kɔ̃bine] vt combinar. ◆ **se combiner** vp *fam* resolverse.

comble [kɔ̃bl] ◈ nm colmo *m* ▸ **être au comble de qqch** estar en la cumbre de algo ▸ **c'est un** OU **le comble !** ¡es el colmo! ◈ adj abarrotado(da), atestado(da). ◆ **combles** nmpl desván *m*, buhardilla *f*.

combler [3] [kɔ̃ble] vt **1.** [personne] colmar ▸ **combler qqn de qqch** [joie, honneurs] colmar a alguien de algo **2.** [trou, fossé] llenar **3.** [déficit, lacune] subsanar. ◆ **se combler** vp [trou, fossé] llenarse.

combustible [kɔ̃bystibl] adj & nm combustible.

combustion [kɔ̃bystjɔ̃] nf combustión *f*.

come-back [kɔmbak] nm inv regreso *m* ▸ **faire son** OU **un come-back** regresar.

COMEcon, Comecon [kɔmɛkɔn] (*abr de* **Council for Mutual Economic Assistance**) nm COMECON *m*.

comédie [kɔmedi] nf **1.** THÉÂTRE & CINÉ comedia *f* ▸ **comédie musicale** comedia musical ▸ **jouer la comédie** *fig* hacer teatro **2.** [complication] historia *f.* ◆ **Comédie-Française** nf ▸ **la Comédie-Française** *la compañía de teatro nacional francesa.*

La Comédie-Française

Esta compañía de actores de teatro, subvencionada por el Estado, fue creada en el siglo XVII. Desde 1812, está instalada en la calle Richelieu, en una de las dependencias del **Palais-Royal** y el teatro se llama oficialmente **Théâtre Français** o **le Français**. Su repertorio está compuesto principalmente por obras clásicas, pero dispone de otros dos teatros; el del **Vieux-Colombier** y el **Studio-Théâtre**, que ofrecen un repertorio más moderno. Para un actor, ser admitido en la **Comédie-Française** supone la consagración de su carrera.

comédien, enne [kɔmedjɛ̃, ɛn] adj & nm, f comediante(ta).

comestible [kɔmɛstibl] adj comestible. ◆ **comestibles** nmpl comestibles *mpl.*

comète [kɔmɛt] nf ASTRON cometa *m* ▸ **tirer des plans sur la comète** *fig* hacer castillos en el aire.

comice [kɔmis] nm ▸ **comice agricole** feria *f* agrícola.

coming out [kɔmiŋawt] nm inv ▸ **faire son coming out** salir del armario.

comique [kɔmik] ◆ nm **1.** [acteur] cómico *m,* -ca *f* **2.** [genre théâtral] ▸ **le comique** la comedia. ◆ adj cómico(ca).

comité [kɔmite] nm comité *m* ▸ **en petit comité** en familia ▸ **comité consultatif** comité consultivo ▸ **comité d'entreprise** comité de empresa.

commandant [kɔmɑ̃dɑ̃] nm MIL [dans les armées de terre et de l'air] comandante *m* ; [dans la marine] capitán *m* ▸ **commandant de bord** AÉRON comandante de a bordo.

commande [kɔmɑ̃d] nf **1.** [de marchandises] pedido *m* ▸ **passer une commande** pasar un pedido ▸ **sur commande** por encargo **2.** [de machine] mando *m* ▸ **être aux commandes de qqch** estar al mando de algo ▸ **prendre les commandes de qqch** tomar las riendas de algo ▸ **tenir les commandes de qqch** *fig* estar al mando de algo ▸ **commande à distance** mando a distancia **3.** INFORM comando *m* ▸ **commande numérique** comando numérico.

commandement [kɔmɑ̃dmɑ̃] nm **1.** [ordre] orden *f* ▸ **à mon commandement** cuando dé la orden ▸ **les dix commandements** los Diez Mandamientos **2.** [pouvoir] mando *m.*

commander [3] [kɔmɑ̃de] ◆ vt **1.** [donner des ordres à] mandar ▸ **commander qqn** dar órdenes a alguien **2.** [plat] pedir ; [livre, meuble] encargar **3.** [opération] dirigir **4.** [contrôler] controlar. ◆ vi mandar ▸ **commander à qqn de faire qqch** mandar a alguien que haga algo. ◆ **se commander** vp [sentiment] : *l'amour, ça ne se commande pas* en el amor no se manda.

commanditaire [kɔmɑ̃ditɛʀ] adj & nm comanditario(ria).

commanditer [3] [kɔmɑ̃dite] vt **1.** [entreprise] comanditar **2.** [meurtre] ordenar.

commando [kɔmɑ̃do] nm comando *m.*

comme [kɔm]

◆ conj

1. [gén] como / *il est médecin comme son père* es médico como su padre / *fais comme il te plaira* haz como te plazca, haz lo que te plazca / *il était comme fou* estaba como loco ▸ **comme prévu / convenu** como estaba ou habíamos previsto/acordado / *les arbres comme le châtaignier* los árboles como el castaño / *comme professeur, il est nul* como profesor, no vale nada

2. [ainsi que] tanto… como / *les filles comme les garçons jouent au foot* tanto las chicas como los chicos juegan al fútbol

3. [introduisant une cause] como / *comme il pleuvait, nous sommes rentrés* como llovía, hemos vuelto

◆ adv

cómo, qué / *comme c'est long !* ¡qué largo es! / *comme il nage bien !* ¡qué bien nada! / *comme tu as grandi !* ¡cómo has crecido!

◆ **comme si** loc conj **1.** [exprimant la comparaison] como si / *il se conduit comme s'il était encore étudiant* se comporta como si todavía fuera estudiante **2.** [marquant l'exclamation] como si / *c'est comme si c'était fait !* ¡es como si estuviera hecho!

◆ **comme quoi** loc adv para que veas / *comme quoi on ne peut pas se fier aux apparences* para que veas que no te puedes fiar de las apariencias.

commémoratif, ive [kɔmemɔʀatif, iv] adj conmemorativo(va).

commémoration [kɔmemɔʀasjɔ̃] nf conmemoración *f.*

commémorer [3] [kɔmemɔʀe] vt conmemorar.

commencement [kɔmɑ̃smɑ̃] nm principio *m* ▸ **au commencement** al principio ▸ **commencer par le commencement** empezar por el principio ▸ **le commencement de la fin** *fig* el principio del fin.

commencer [16] [kɔmɑ̃se] ◆ vt empezar, comenzar. ◆ vi empezar, comenzar ▸ **commencer à faire qqch** empezar ou comenzara hacer algo ▸ **commencer mal / bien** empezar mal/bien ▸ **ça commence bien !** *iron* ¡empezamos bien!

comment [kɔmɑ̃] adv cómo / *comment vas-tu ?* ¿cómo estás? ▸ **comment cela ?** ¿cómo es eso?

▸ **comment donc !, et comment !** ¡cómo no! ▸ **comment mais… !** ¡pero cómo…!

commentaire [kɔmɑ̃tɛʀ] nm comentario *m* ▸ **sans commentaire !** ¡sin comentarios! ◆ **commentaires** nmpl [critiques] comentarios *mpl*.

commentateur, trice [kɔmɑ̃tatœʀ, tʀis] nm, f comentarista *mf* ▸ **commentateur sportif** comentarista deportivo.

commenter [3] [kɔmɑ̃te] vt comentar.

commérage [kɔmeʀaʒ] nm comadreo *m*, cotilleo *m*.

commerçant, e [kɔmɛʀsɑ̃, ɑ̃t] ◈ adj comercial. ◈ nm, f comerciante *mf* ▸ **petit commerçant** pequeño comerciante.

commerce [kɔmɛʀs] nm **1.** [activité, magasin] comercio *m* ▸ **dans le commerce** a la venta ▸ **commerce de détail** comercio al por menor ▸ **commerce en gros** comercio al por mayor ▸ **commerce électronique** comercio electrónico ▸ **commerce en ligne** comercio en línea ▸ **commerce équitable** comercio justo ▸ **commerce extérieur / intérieur** comercio exterior / interior **2.** *sout* [fréquentation] trato *m* ▸ **être d'un commerce agréable** ser de trato agradable.

commercial, e, aux [kɔmɛʀsjal, o] ◈ adj comercial ; [droit] mercantil. ◈ nm, f comercial *mf*.

commercialisation [kɔmɛʀsjalizasjɔ̃] nf comercialización *f*.

commercialiser [3] [kɔmɛʀsjalize] vt comercializar.

commère [kɔmɛʀ] nf *péj* cotilla *f*.

commets ⟶ **commettre**.

commettre [84] [kɔmɛtʀ] vt cometer / *commettre un crime/une erreur* cometer un crimen/un error. ◆ **se commettre** vp *sout* ▸ **se commettre avec qqn** comprometerse con alguien.

commis, e [kɔmi, iz] pp ⟶ **commettre**. ◆ **commis** nm dependiente *m* ▸ **commis voyageur** viajante *m* (de comercio).

commisération [kɔmizeʀasjɔ̃] nf *sout* conmiseración *f*.

commissaire [kɔmisɛʀ] nm comisario *m* ▸ **commissaire de police** comisario de policía.

commissaire-priseur [kɔmisɛʀpʀizœʀ] (*pl* **commissaires-priseurs**) nm perito tasador *m*, perita tasadora *f*.

commissariat [kɔmisaʀja] nm comisaría *f* ; [organisme] comisariado *m* ▸ **commissariat de police** comisaría de policía.

commission [kɔmisjɔ̃] nf **1.** [délégation, rémunération] comisión *f* ▸ **travailler à la commission** trabajar a comisión ▸ **commission d'enquête / parlementaire** comisión investigadora / parlamentaria ▸ **commission rogatoire** (comisión) rogatoria *f* **2.** [message] recado *m*. ◆ **commissions** nfpl [achats] compra *f* ▸ **faire les commissions** hacer la compra.

commissionnaire [kɔmisjɔnɛʀ] nm comisionista *mf*.

commissure [kɔmisyʀ] nf comisura *f* ▸ **commissure des lèvres** comisura de los labios.

commode [kɔmɔd] ◈ adj **1.** [gén] cómodo(da) **2.** [aimable] amable ▸ **il n'est pas commode** no es nada fácil. ◈ nf [meuble] cómoda *f*.

commodité [kɔmɔdite] nf comodidad *f*. ◆ **commodités** nfpl [confort] comodidades *fpl*.

commotion [kɔmɔsjɔ̃] nf conmoción *f* ▸ **commotion cérébrale** conmoción cerebral.

commotionner [3] [kɔmosjɔne] vt **1.** MÉD conmocionar **2.** [choquer] conmocionar.

commuer [7] [kɔmɥe] vt ▸ **commuer une peine de prison en amende** conmutar una pena de cárcel en una multa.

commun, e [kɔmœ̃, yn] adj **1.** [collectif, semblable] común ▸ **commun à** común a ▸ **en commun** en común ▸ **avoir / mettre qqch en commun** tener / poner algo en común **2.** [répandu] corriente **3.** *péj* [banal] vulgar **4.** *péj* [manières] basto(ta). ◆ **commun** nm ▸ **le commun** lo común ▸ **hors du commun** fuera de lo común ▸ **le commun des mortels** el común de los mortales. ◆ **commune** nf municipio *m*. ◆ **Commune** nf ▸ **la Commune (de Paris)** HIST la Comuna de París. ◆ **communs** nmpl dependencias *fpl*.

communal, e, aux [kɔmynal, o] adj municipal.

communautaire [kɔmynotɛʀ] adj comunitario(ria).

communauté [kɔmynote] nf **1.** [gén] comunidad *f* ▸ **communauté de biens** comunidad de bienes ▸ **communauté en ligne** comunidad en línea ▸ **communauté réduite aux acquêts** bienes *mpl* gananciales ▸ **vivre en communauté** vivir en comunidad **2.** [de sentiments, de pensée] afinidad *f*. ◆ **Communauté** nf ▸ **la Communauté européenne** la Comunidad Europea.

communément [kɔmynemɑ̃] adv comúnmente.

communiant, e [kɔmynjɑ̃, ɑ̃t] nm, f comulgante *mf* ▸ **premier communiant** *niño que hace la primera comunión*.

communicant, e [kɔmynikɑ̃, ɑ̃t] adj comunicante ▸ **deux chambres communicantes** dos habitaciones comunicantes. ◆ **communicant** nm [spécialiste] comunicador *m*, -ra *f*.

communicateur, trice [kɔmynikatœʀ, tʀis] nm, f comunicador *m*, -ra *f*.

communicatif, ive [kɔmynikatif, iv] adj **1.** [personne] comunicativo(va) **2.** [rire] contagioso(sa).

communication [kɔmynikasjɔ̃] nf **1.** [gén] comunicación *f* ▸ **communication d'entreprise** imagen *f* corporativa ▸ **communication de masse** comunicación de masas **2.** [message] noticia *f* ▸ **avoir communication de qqch** tener noticia de algo **3.** TÉLÉCOM llamada *f* ESP, llamado *m* AM ▸ **être en communication avec qqn** estar hablando con alguien por teléfono ▸ **recevoir / prendre une communication** recibir / aceptar una llamada ▸ **communication locale** llamada urbana OU local.

communier [kɔmynje] vi comulgar.

communion [kɔmynjɔ̃] nf comunión *f* ▸ **communion solennelle** comunión solemne ▸ **première communion**

primera comunión ▸ **être en communion avec qqn** estar en comunión con alguien.

communiqué [kɔmynike] nm comunicado *m* ▸ **communiqué de presse** comunicado de prensa.

communiquer [3] [kɔmynike] ✦ vt **1.** [gén] comunicar **2.** [chaleur] transmitir **3.** [énergie, rire] contagiar. ✦ vi ▸ **communiquer avec qqch a)** [être relié à] comunicar con algo **b)** [être en contact avec] comunicarse con algo. ◆ **se communiquer** vp transmitirse.

communisme [kɔmynism] nm comunismo *m*.

communiste [kɔmynist] adj & nmf comunista.

commutateur [kɔmytatœʀ] nm conmutador *m*.

commutation [kɔmytasjɔ̃] nf conmutación *f* ▸ **commutation de peine** conmutación de pena.

Comores [kɔmɔʀ] npr f pl ▸ **les Comores** (las) Comores.

comorien, enne [kɔmɔʀjɛ̃, ɛn] adj comorense. ◆ **Comorien, enne** nm, f comorense *mf*.

compact, e [kɔ̃pakt] adj compacto(ta). ◆ **compact** nm disco *m* compacto, compact *m*.

compacte [kɔ̃pakt] nf compacto *m*.

compacter [3] [kɔ̃pakte] vt **1.** [neige, terre] compactar **2.** INFORM [fichier, données] compactar.

compagne ⟶ **compagnon**.

compagnie [kɔ̃paɲi] nf **1.** [gén & COMM] compañía *f* ▸ **en compagnie de qqn** en compañía de alguien ▸ **et compagnie** y compañía ▸ **fausser compagnie à qqn** dejar plantado(da) a alguien ▸ **tenir compagnie à qqn** hacer compañía a alguien ▸ **compagnie aérienne / d'assurance / de navigation** compañía aérea / de seguros / naviera **2.** [assemblée] concurrencia *f*.

compagnon, compagne [kɔ̃paɲɔ̃, kɔ̃paɲ] nm, f compañero *m*, -ra *f* ▸ **compagnon d'infortune** compañero de fatigas. ◆ **compagnon** nm [artisan] oficial *m*.

comparable [kɔ̃paʀabl] adj comparable.

comparaison [kɔ̃paʀɛzɔ̃] nf comparación *f* ▸ **en comparaison de qqch** en comparación con algo ▸ **par comparaison avec qqch** en comparación con algo ▸ **être sans comparaison** no tener ni punto de comparación.

comparaître [91] [kɔ̃paʀɛtʀ] vi DR comparecer.

comparatif, ive [kɔ̃paʀatif, iv] adj comparativo(va). ◆ **comparatif** nm GRAM comparativo *m*.

comparativement [kɔ̃paʀativmɑ̃] adv en comparación, comparativamente.

comparé, e [kɔ̃paʀe] adj comparado(da).

comparer [3] [kɔ̃paʀe] vt comparar ▸ **comparer qqn / qqch à** OU **avec qqn / qqch** comparar a alguien / algo con alguien / algo.

comparse [kɔ̃paʀs] nmf *péj* compinche *mf*.

compartiment [kɔ̃paʀtimɑ̃] nm compartimento *m*.

compartimenter [3] [kɔ̃paʀtimɑ̃te] vt *pr* & *fig* dividir.

comparution [kɔ̃paʀysjɔ̃] nf DR comparecencia *f*.

compas [kɔ̃pa] nm compás *m* ▸ **avoir le compas dans l'œil** *fig* tener buen ojo.

compassé, e [kɔ̃pase] adj *sout* mesurado(da).

compassion [kɔ̃pasjɔ̃] nf compasión *f* ▸ **avoir de la compassion pour qqn** sentir compasión por alguien. *Voir encadré p. 128.*

compatibilité [kɔ̃patibilite] nf [accord, MÉD & TECHNOL] compatibilidad *f*.

compatible [kɔ̃patibl] adj [gén & INFORM] compatible ▸ **compatible avec qqch** compatible con algo / ***cela n'est pas compatible avec mon emploi du temps*** esto no es compatible con mis horarios ▸ **compatible PC** compatible PC.

compatir [32] [kɔ̃patiʀ] vt compadecer ▸ **compatir à la douleur de qqn** compadecerse de alguien.

compatissant, e [kɔ̃patisɑ̃, ɑ̃t] adj compasivo(va).

compatriote [kɔ̃patʀijɔt] nmf compatriota *mf*.

Comment exprimer la comparaison

- **Tuvieron tanto como nosotros.** *Ils en ont eu autant que nous.*
- **Es como el año pasado.** *C'est comme l'an dernier.*
- **Este piso es más caro / mucho más caro / aún más caro que el nuestro.** *Cet appartement est plus cher / bien plus cher / encore plus cher que le nôtre.*
- **Hemos tardado más de lo previsto.** *On a mis plus de temps que prévu.*
- **Es mejor / peor que el año pasado.** *C'est mieux / pire que l'an dernier.*
- **Se le da menos bien que a su hermano.** *Il est moins doué que son frère.*
- **No es ni de lejos tan rápido como ella.** *Il est loin d'être aussi rapide qu'elle.*
- **Tanto el uno como el otro son igual de perezosos.** *Ils sont aussi paresseux l'un que l'autre.*
- **En comparación con Londres, Toledo es una ciudad pequeña.** *Comparée à Londres, Tolède est une petite ville.*
- **Al contrario de su hermano, sabe aceptar las bromas.** *Contrairement à son frère, il comprend la plaisanterie.*
- **Miguel es el vivo retrato de su padre.** *Miguel est le portait craché de son père.*
- **A él le encantan la ópera y la pintura, mientras que a ella le va más el deporte.** *fam Il adore l'opéra et la peinture, alors qu'elle est plutôt sportive.*
- **Este espectáculo me ha encantado, mientras que había encontrado aburrido el último.** *Au tant son dernier spectacle était ennuyeux, autant celui-ci m'a passionné.*

compensation [kɔ̃pɑ̃sasjɔ̃] nf compensación *f* ▸ **en compensation** en compensación.

compensé, e [kɔ̃pɑ̃se] adj compensado(da).

compenser [3] [kɔ̃pɑ̃se] vt compensar.
◆ **se compenser** vp compensarse.

compère [kɔ̃pɛʀ] nm compinche *m*.

compète [kɔ̃pɛt] nf *fam* competición *f*.

compétence [kɔ̃petɑ̃s] nf competencia *f*.

compétent, e [kɔ̃petɑ̃, ɑ̃t] adj competente.

compétitif, ive [kɔ̃petitif, iv] adj competitivo(va).

compétition [kɔ̃petisjɔ̃] nf competición *f* ▸ **être en compétition** competir ▸ **compétition automobile** competición automovilística.

compétitivité [kɔ̃petitivite] nf competitividad *f*.

compil [kɔ̃pil] nf *fam* grandes éxitos *mpl*.

compilation [kɔ̃pilasjɔ̃] nf compilación *f*.

complainte [kɔ̃plɛ̃t] nf endecha *f*.

complaire [110] [kɔ̃plɛʀ] vi ▸ **complaire à qqn** *sout* complacer a alguien. ◆ **se complaire** vp ▸ **se complaire dans qqch / à faire qqch** complacerse en algo / en hacer algo.

complaisance [kɔ̃plɛzɑ̃s] nf **1.** [obligeance] amabilidad *f* **2.** [indulgence, autosatisfaction] complacencia *f* ▸ **avec complaisance** con complacencia.

complaisant, e [kɔ̃plɛzɑ̃, ɑ̃t] adj complaciente.

complément [kɔ̃plemɑ̃] nm complemento *m* ▸ **complément d'information** información *f* complementaria ▸ **pour obtenir un complément d'information…** para más información… ▸ **complément d'agent** complemento agente ▸ **complément d'objet direct / indirect** complemento directo / indirecto.

complémentaire [kɔ̃plemɑ̃tɛʀ] adj **1.** [caractère, couleur] complementario(ria) **2.** [supplémentaire] suplementario(ria).

complet, ète [kɔ̃plɛ, ɛt] adj **1.** [gén] completo(ta) ; [pain, riz] integral ▸ **c'est complet !** *fam* ¡lo que faltaba! ▸ **au (grand) complet** al completo, en pleno **2.** [hôtel, théâtre] lleno(na). ◆ **complet** nm traje *m*.

complètement [kɔ̃plɛtmɑ̃] adv **1.** [entièrement] íntegramente **2.** [vraiment] completamente.

compléter [18] [kɔ̃plete] vt completar.
◆ **se compléter** vp complementarse.

complexe [kɔ̃plɛks] ⬥ nm complejo *m* ▸ **avoir des complexes** tener complejos ▸ **sans complexe(s)** sin complejos ▸ **complexe hospitalier / scolaire** complejo hospitalario / escolar ▸ **complexe d'infériorité / de supériorité** complejo de inferioridad / de superioridad ▸ **complexe multisalle** multicine *m* ▸ **complexe sportif** polideportivo *m* ▸ **complexe d'Œdipe** complejo de Edipo. ⬥ adj complejo(ja).

complexé, e [kɔ̃plɛkse] adj acomplejado(da).

complexer [3] [kɔ̃plɛkse] vt acomplejar.

complexification [kɔ̃plɛksifikasjɔ̃] nf complicación *f*.

complexifier [9] [kɔ̃plɛksifje] vt complicar.

complexité [kɔ̃plɛksite] nf complejidad *f*.

complication [kɔ̃plikasjɔ̃] nf **1.** [complexité] complejidad *f* **2.** [aggravation] complicación *f*.
◆ **complications** nfpl MÉD complicaciones *fpl*.

complice [kɔ̃plis] adj & nmf cómplice.

complicité [kɔ̃plisite] nf complicidad *f*.

compliment [kɔ̃plimɑ̃] nm cumplido *m* ▸ **retourner le compliment à qqn** devolver el cumplido a alguien ▸ **faire ses compliments à qqn** [le féliciter] felicitar a alguien.

complimenter [3] [kɔ̃plimɑ̃te] vt ▸ **complimenter qqn sur qqch** felicitar a alguien por algo.

compliqué, e [kɔ̃plike] adj complicado(da).

compliquer [3] [kɔ̃plike] vt complicar.
◆ **se compliquer** vp complicarse.

complot [kɔ̃plo] nm complot *m*.

comploter [3] [kɔ̃plɔte] ⬥ vt [manigancer] tramar. ⬥ vi **1.** [conspirer] conspirar **2.** *fig* [intriguer] maquinar.

comportement [kɔ̃pɔʀtəmɑ̃] nm comportamiento *m*.

comportemental, e, aux [kɔ̃pɔʀtəmɑ̃tal, o] adj conductista.

comporter [kɔ̃pɔʀte] vt **1.** [inclure] conllevar **2.** [être composé de] constar de. ◆ **se comporter** vp **1.** [se conduire] comportarse **2.** [fonctionner] funcionar.

composant, e [kɔ̃pozɑ̃, ɑ̃t] adj componente. ◆ **composant** nm componente *m*. ◆ **composante** nf componente *f*.

Comment exprimer la compassion

- **Lo siento muchísimo.** *Je suis vraiment désolé(e).*
- **¡Qué triste!** *C'est (vraiment) triste !*
- **Si puedo ayudarle en lo que sea, no lo dude ni un segundo.** *Si je peux vous aider en quoi que ce soit, surtout n'hésitez pas.*
- **De verdad, ¡qué mala suerte** OU **potra tienes!** *fam Tu n'as vraiment pas de chance* OU *de bol !*
- **¡Pobre!** *Mon / Ma pauvre !*
- **Le acompaño en el sentimiento.** *Je suis de tout cœur avec vous.*
- **Mi más sentido pésame.** *Sincères condoléances.*
- **Me dio mucha pena enterarme del fallecimiento de tu padre.** *Ça m'a fait beaucoup de peine d'apprendre le décès de ton père.*
- **¡Le deseo que se restablezca pronto!** *Je vous souhaite un prompt rétablissement !*

composante [kɔ̃pozɑ̃t] nf componente *f*.

composé, **e** [kɔ̃poze] adj compuesto(ta). ◆ **composé** nm **1.** [mélange] mezcla *f* **2.** CHIM & LING compuesto *m*.

composer [kɔ̃poze] ◈ vt **1.** [gén] componer, formar ▸ **être composé de qqch** estar compuesto de algo, estar formado por algo **2.** [numéro de téléphone] marcar ESP, discar AM. ◈ vi [trouver un compromis] transigir. ◆ **se composer** vp [être constitué] ▸ **se composer de** componerse de, constar de.

composite [kɔ̃pozit] ◈ nm compuesto *m*. ◈ adj **1.** [disparate] heterogéneo(nea) **2.** [matériau] compuesto(ta).

compositeur, **trice** [kɔ̃pozitœʀ, tʀis] nm, f **1.** MUS compositor *m*, -ra *f* **2.** TYPO cajista *mf*.

composition [kɔ̃pozisjɔ̃] nf **1.** [gén] composición *f* ▸ **être de bonne composition** [personne] ser de buena pasta **2.** SCOL redacción *f* ▸ **composition française** redacción en francés.

compost [kɔ̃pɔst] nm abono *m* compuesto.

composter [3] [kɔ̃pɔste] vt [billet de train] picar.

compote [kɔ̃pɔt] nf CULIN compota *f* ▸ **en compote** *fam* hecho(cha) puré.

compotier [kɔ̃pɔtje] nm [pour compote] compotera *f*; [pour fruits] frutero *m*.

compréhensible [kɔ̃pʀeɑ̃sibl] adj comprensible.

compréhensif, **ive** [kɔ̃pʀeɑ̃sif, iv] adj comprensivo(va).

compréhension [kɔ̃pʀeɑ̃sjɔ̃] nf comprensión *f*.

comprenais ⟶ **comprendre**.

comprendre [79] [kɔ̃pʀɑ̃dʀ] ◈ vt **1.** [gén] comprender, entender **2.** [comporter, inclure] comprender. ◈ vi comprender, entender. ◆ **se comprendre** vp entenderse, comprenderse ▸ **ça se comprend** es comprensible.

comprends ⟶ **comprendre**.

comprenne ⟶ **comprendre**.

compresse [kɔ̃pʀɛs] nf compresa *f*.

compresser [kɔ̃pʀese] vt **1.** [tasser] apretujar **2.** INFORM comprimir.

compresseur [kɔ̃pʀesœʀ] ⟶ **rouleau**.

compression [kɔ̃pʀesjɔ̃] nf **1.** [de l'air] compresión *f* **2.** *fig* [réduction] reducción *f* ▸ **compression de personnel** reducción de plantilla.

comprimé, **e** [kɔ̃pʀime] adj comprimido(da). ◆ **comprimé** nm comprimido *m* ▸ **comprimé effervescent** comprimido efervescente.

comprimer [3] [kɔ̃pʀime] vt **1.** [gén] comprimir **2.** *fig* [dépenses] reducir **3.** [serrer] apretar.

compris, **e** [kɔ̃pʀi, iz] ◈ pp ⟶ **comprendre.** ◈ adj **1.** [situé] comprendido(da) **2.** [inclus] incluido(da) ▸ **non compris** a) aparte b) [page, date] exclusive ▸ **tout compris** todo incluido ▸ **y compris** a) incluido(da) b) [page, date] inclusive / *y compris les enfants* incluidos los niños.

compromets ⟶ **compromettre**.

compromettant, **e** [kɔ̃pʀɔmetɑ̃, ɑ̃t] adj comprometedor(ra).

compromettre [84] [kɔ̃pʀɔmɛtʀ] vt comprometer. ◆ **se compromettre** vp ▸ **se compromettre avec qqn** comprometerse con alguien ▸ **se compromettre dans qqch** meterse en algo.

compromis, **e** [kɔ̃pʀɔmi, iz] pp ⟶ **compromettre.** ◆ **compromis** nm compromiso *m (acuerdo)*.

compromission [kɔ̃pʀɔmisjɔ̃] nf compromiso *m*.

compta [kɔ̃ta] nf *fam* contabilidad *f*.

comptabiliser [3] [kɔ̃tabilize] vt contabilizar.

comptabilité [kɔ̃tabilite] nf **1.** [technique] contabilidad *f* **2.** [service] departamento *m* de contabilidad.

comptable [kɔ̃tabl] ◈ nmf contable *mf* ESP, contador *m*, -ra *f* AM. ◈ adj *sout* ▸ **être comptable de qqch** ser responsable de algo.

comptant [kɔ̃tɑ̃] ◈ adj inv al contado. ◈ adv ▸ **payer** ou **régler comptant** pagar ou abonar al contado. ◈ nm ▸ **au comptant** al contado.

compte [kɔ̃t] ◈ nm
1. [calcul] cuenta *f* ▸ **faire le compte de qqch** hacer el recuento de algo ▸ **compte à rebours** cuenta atrás ▸ **compte rond** cuenta redonda

Comment exprimer que l'on a compris / pas compris

Dire que l'on a compris

- **Ah sí, ahora entiendo.** *Ah oui, je comprends maintenant.*
- **Por fin he entendido.** *J'ai enfin compris.*
- **Sí, veo adonde quiere ir a parar.** *Oui, je vois où vous voulez en venir.*
- **¡Sí, sí, vale!** *Oui oui, d'accord !*
- **¡Vale, de acuerdo...!** *OK, d'accord... !*

Dire que l'on n'a pas compris

- **Perdone, pero no estoy seguro de haber entendido bien.** *Excusez-moi, mais je ne suis pas sûr d'avoir bien compris.*
- **¿Cómo dice?** *(pour faire répéter) Pardon ?*
- **¡Un momento, no logro seguirlo todo!** *Attendez, là je ne vous suis plus !*
- **Estoy un poco perdido...** *Je suis un peu perdu là...*
- **Lo siento, pero sigo sin entender.** *Désolé, mais je ne comprends toujours pas.*
- **No acabo de entender el sentido de su pre gunta.** *Je n'ai pas saisi le sens de votre question.*

2. BANQUE & FIN cuenta *f* ▸ **ouvrir un compte** abrir una cuenta ▸ **compte bancaire** ou **en banque** cuenta bancaria ▸ **compte courant / d'épargne** cuenta corriente / de ahorros ▸ **compte créditeur / débiteur** cuenta acreedora / deudora ▸ **compte de dépôt** cuenta de depósito ▸ **compte d'exploitation** cuenta de explotación ▸ **compte joint** cuenta conjunta ▸ **compte postal** cuenta de la caja postal
3. INFORM & INTERNET cuenta *f* ▸ **compte utilisateur** cuenta de usuario ▸ **compte d'accès Internet** cuenta de acceso internet
4. EXPR **avoir son compte (de)** tener su ración (de) / *je n'ai pas mon compte de sommeil* no he dormido bastante ▸ **être / se mettre à son compte** trabajar / establecerse por su cuenta ou por cuenta propia ▸ **prendre qqch en compte, tenir compte de qqch** tener en cuenta algo ▸ **compte tenu de** dado, dada / *compte tenu de la conjoncture actuelle, nous ne pouvons pas embaucher* dada la conyuntura actual, no podemos contratar personal ▸ **régler son compte à qqn** *fig* ajustar las cuentas a ou con alguien ▸ **rendre compte de qqch** dar cuenta de algo ▸ **se rendre compte de qqch / que** darse cuenta de algo / de que ▸ **trouver son compte** : *j'y trouve mon compte* me compensa
◆ **comptes** nmpl [comptabilité] cuentas *fpl* ▸ **faire ses comptes** hacer cuentas ▸ **faire des comptes d'apothicaire** hacer cuentas minuciosas ▸ **régler ses comptes avec qqn / avec qqch** saldar sus cuentas con alguien / con algo ▸ **rendre des comptes à qqn** rendir cuentas a alguien.
◆ **tout compte fait, tous comptes faits** loc adv **1.** [en résumé] en resumidas cuentas / *il nous reste, tout compte fait, cinq thèmes à aborder* en resumidas cuentas, nos quedan cinco temas que tratar **2.** [après tout] al final / *tout compte fait, je vais déménager* al final, me voy a mudar.

compte-chèques [kɔ̃tʃɛk] (*pl* **comptes-chèques**) nm *cuenta corriente con talonario.*

compte-gouttes [kɔ̃tgut] nm inv cuentagotas *m inv* ▸ **au compte-gouttes** *fig* con cuentagotas.

compter [3] [kɔ̃te] ❖ vt **1.** [dénombrer] contar **2.** [avoir l'intention de] pensar / *je compte m'installer à Paris* pienso instalarme en París. ❖ vi contar ▸ **compter avec qqch / qqn** tener en cuenta algo / a alguien ▸ **compter sur qqn / sur qqch** contar con alguien / con algo ▸ **compter parmi** contarse entre. ◆ **à compter de** loc prép a partir de. ◆ **sans compter** loc adv **1.** [sans tenir compte de] sin contar **2.** [sans se ménager] sin escatimar. ◆ **sans compter que** loc conj aparte de que.

compte rendu (*pl* **comptes rendus**), **compte-rendu** (*pl* **comptes-rendus**) [kɔ̃trɑ̃dy] nm [gén] informe *m* ; [de livre, de spectacle] reseña *f* ; [de séance] acta *f*.

compte-tours [kɔ̃ttur] nm inv cuentarrevoluciones *m inv*.

compteur [kɔ̃tœr] nm contador *m* ▸ **remettre les compteurs à zéro** *fig* empezar de cero.

comptine [kɔ̃tin] nf canción *f* infantil.

comptoir [kɔ̃twar] nm **1.** [de bar] barra *f* **2.** [de magasin] mostrador *m* **3.** [dans un aéroport] ▸ **comptoir d'enregistrement** mostrador *m* de facturación.

compulser [3] [kɔ̃pylse] vt consultar.

compulsif, ive [kɔ̃pylsif, kɔ̃pylsiv] adj compulsivo(va).

comte, comtesse [kɔ̃t, kɔ̃tɛs] nm, f conde *m*, -desa *f*.

comté [kɔ̃te] nm **1.** [domaine du comte] condado *m* **2.** [au Canada] condado *m* **3.** [fromage] *tipo de queso elaborado en Franche-Comté, en Francia*.

con, conne [kɔ̃, kɔn] *tfam* & *péj* ❖ adj **1.** [personne] gilipollas ESP, gil (gila) AM **2.** [chose] tonto(ta). ❖ nm, f gilipollas *mf inv*.

Conakry [kɔnakri] npr Conakry.

concasser [3] [kɔ̃kase] vt [gén] machacar ; [poivre] moler.

concave [kɔ̃kav] adj cóncavo(va).

concéder [18] [kɔ̃sede] vt **1.** [donner] conceder **2.** *sout* ▸ **concéder qqch à qqn** admitir algo ante alguien.

concentration [kɔ̃sɑ̃trasjɔ̃] nf concentración *f*.

concentré, e [kɔ̃sɑ̃tre] adj **1.** [gén] concentrado(da) **2.** [esprit, personne] centrado(da) **3.** ⟶ **lait.** ◆ **concentré** nm concentrado *m* ▸ **concentré de tomates** concentrado de tomate, tomate *m* concentrado.

concentrer [3] [kɔ̃sɑ̃tre] vt concentrar.
◆ **se concentrer** vp concentrarse, centrarse.

concentrique [kɔ̃sɑ̃trik] adj concéntrico(ca).

concept [kɔ̃sɛpt] nm concepto *m*.

concepteur, trice [kɔ̃sɛptœr, tris] nm, f diseñador *m*, -ra *f*.

conception [kɔ̃sɛpsjɔ̃] nf [d'un projet, d'un enfant] concepción *f* ; [d'une machine] diseño *m* ▸ **conception assistée par ordinateur** diseño asistido por ordenador.

conceptuel, elle [kɔ̃sɛptɥɛl] adj [art] conceptual.

concernant [kɔ̃sɛrnɑ̃] prép relativo(va) a ; [en ce qui concerne] en lo que se refiere a, (con) respecto a.

concerner [3] [kɔ̃sɛrne] vt concernir ▸ **être concerné par qqch** concernirle algo a uno ▸ **se sentir concerné par qqch** afectarle algo a uno ▸ **en ce qui concerne** en lo que se refiere a, en lo que concierne a ▸ **en ce qui me concerne** por lo que a mí respecta.

concert [kɔ̃sɛr] nm concierto *m* ▸ **de concert avec qqn** *fig* de común acuerdo con alguien.

concertation [kɔ̃sɛrtasjɔ̃] nf concertación *f*.

concerter [3] [kɔ̃sɛrte] vt concertar.
◆ **se concerter** vp ponerse de acuerdo.

concertiste [kɔ̃sɛrtist] nmf concertista *mf*.

concerto [kɔ̃sɛrto] nm concerto *m*.

concession [kɔ̃sesjɔ̃] nf concesión *f* ▸ **faire des concessions (à qqn)** hacer concesiones (a alguien) ▸ **concession à perpétuité** concesión a perpetuidad.

concessionnaire [kɔ̃sesjɔnɛr] adj & nm concesionario(ria).

concevable [kɔ̃səvabl] adj concebible.

concevoir [52] [kɔ̃səvwaʀ] vt concebir.
◆ **se concevoir** vp concebirse.

concierge [kɔ̃sjɛʀʒ] nmf portero *m*, -ra *f*.

concile [kɔ̃sil] nm concilio *m*.

conciliabule [kɔ̃siljabyl] nm conciliábulo *m*.

conciliant, e [kɔ̃siljɑ̃, ɑ̃t] adj **1.** [personne] acomodaticio(cia) **2.** [ton, paroles] conciliador(ra).

conciliateur, trice [kɔ̃siljatœʀ, tʀis] nm, f conciliador *m*, -ra *f*.

conciliation [kɔ̃siljasjɔ̃] nf conciliación *f*.

concilier [9] [kɔ̃silje] vt **1.** [mettre d'accord] conciliar **2.** [faire coïncider] ▸ **concilier qqch et ou avec qqch** compaginar algo y ou con algo. ◆ **se concilier** vp ▸ **se concilier qqch de qqn** [faveurs, amitié] granjearse algo de alguien.

concis, e [kɔ̃si, iz] adj conciso(sa).

concision [kɔ̃sizjɔ̃] nf concisión *f*.

concitoyen, enne [kɔ̃sitwajɛ̃, ɛn] nm, f conciudadano *m*, -na *f*.

conclu, e [kɔ̃kly] pp ⟶ **conclure**.

concluant, e [kɔ̃klyɑ̃, ɑ̃t] adj concluyente.

conclure [96] [kɔ̃klyʀ] ◈ vt **1.** [affaire, marché] cerrar **2.** [discours, écrit] concluir **3.** [déduire] ▸ **conclure de qqch que** deducir de algo que ▸ **en conclure que** deducir que. ◈ vi ▸ **conclure à qqch** [innocence, culpabilité] pronunciarse por ou sobre algo.

conclus ⟶ **conclure**.

conclusion [kɔ̃klyzjɔ̃] nf **1.** [fin, déduction] conclusión *f* ▸ **en conclusion** en conclusión ▸ **en arriver à la conclusion que** llegar a la conclusión de que **2.** [d'un traité] firma *f*.

concocter [3] [kɔ̃kɔkte] vt [préparer - un plat] preparar ; [- un crime] urdir.

concombre [kɔ̃kɔ̃bʀ] nm pepino *m*.

concomitant, e [kɔ̃kɔmitɑ̃, ɑ̃t] adj concomitante.

concordance [kɔ̃kɔʀdɑ̃s] nf concordancia *f* ▸ **concordance des temps** concordancia de tiempos.

concorde [kɔ̃kɔʀd] nf concordia *f*. ◆ **Concorde** nm AÉRON Concorde *m*.

concorder [3] [kɔ̃kɔʀde] vi concordar ▸ **concorder avec qqch** concordar con algo.

concourir [45] [kɔ̃kuʀiʀ] vi **1.** [contribuer] ▸ **concourir à qqch** contribuir a algo **2.** [à un concours] presentarse.

concours [kɔ̃kuʀ] nm **1.** [dans l'administration] oposición *f* ▸ **concours de recrutement** oposición **2.** UNIV examen *m* de selección ▸ **concours d'entrée** examen de ingreso ▸ **le concours général** ≃ Premio Extraordinario de Bachillerato **3.** [compétition] concurso *m* ▸ **hors concours** fuera de concurso ▸ **concours hippique** concurso hípico **4.** [collaboration] colaboración *f* ▸ **avec le concours de qqn** con la colaboración de alguien.
◆ **concours de circonstances** nm cúmulo *m* de circunstancias.

Concours

En Francia, es corriente tener que pasar por un proceso de selección muy estricto para ser aceptado en ciertas instituciones. El término **concours** se refiere principalmente a dos de estos procesos: a las oposiciones que se deben aprobar para ser funcionario y a los exámenes de admisión en las **grandes écoles**. Éstos últimos, a los que se accede tras dos años de **classes préparatoires** en un **lycée**, son muy duros y requieren una gran preparación por parte de los alumnos.

concret, ète [kɔ̃kʀɛ, ɛt] adj concreto(ta).

concrètement [kɔ̃kʀɛtmɑ̃] adv en concreto, concretamente.

concrétiser [3] [kɔ̃kʀetize] vt [projet, souhait] materializar ; [accord, offre] concretar. ◆ **se concrétiser** vp [projet, souhait] materializarse ; [accord, offre] concretarse.

concubin, e [kɔ̃kybɛ̃, in] nm, f concubino *m*, -na *f*.

concubinage [kɔ̃kybinaʒ] nm concubinato *m*.

concupiscent, e [kɔ̃kypisɑ̃, ɑ̃t] adj concupiscente.

concurremment [kɔ̃kyʀamɑ̃] adv conjuntamente.

concurrence [kɔ̃kyʀɑ̃s] nf competencia *f* ▸ **défier toute concurrence** desafiar toda competencia ▸ **jusqu'à concurrence de** hasta un total de ▸ **concurrence déloyale** competencia desleal.

concurrencer [16] [kɔ̃kyʀɑ̃se] vt competir con, hacer la competencia a / *ils nous concurrencent dangereusement* nos hacen la competencia muy peligrosamente.

concurrent, e [kɔ̃kyʀɑ̃, ɑ̃t] adj & nm, f competidor(ra).

concurrentiel, elle [kɔ̃kyʀɑ̃sjɛl] adj competitivo(va).

condamnable [kɔ̃danabl] adj censurable.

condamnation [kɔ̃danasjɔ̃] nf condena *f*.

condamné, e [kɔ̃dane] ◈ adj **1.** DR condenado(da) **2.** [malade] desahuciado(da). ◈ nm, f DR condenado *m*, -da *f*.

condamner [3] [kɔ̃dane] vt **1.** [gén & DR] condenar ▸ **condamner qqn à qqch** condenar a alguien a algo **2.** [malade] desahuciar **3.** [interdire] prohibir **4.** [blâmer, dénoncer] denunciar, condenar **5.** [fermer] condenar, tapiar.

condensateur [kɔ̃dɑ̃satœʀ] nm condensador *m*.

condensation [kɔ̃dɑ̃sasjɔ̃] nf condensación *f*.

condensé, e [kɔ̃dɑ̃se] adj condensado(da).
◆ **condensé** nm resumen *m*.

condenser [3] [kɔ̃dɑ̃se] vt **1.** [gaz] condensar **2.** [récit, pensée] resumir. ◆ **se condenser** vp condensarse.

condescendance [kɔ̃desɑ̃dɑ̃s] nf condescendencia *f*.

condescendant, e [kɔ̃desɑ̃dɑ̃, ɑ̃t] adj condescendiente.

condescendis ⟶ **condescendre**.

condescendre [13] [kɔ̃desɑ̃dʀ] vi *sout* ▸ **condescendre à qqch / à faire qqch** acceder a algo / a hacer algo.

condescends ⟶ **condescendre**.

condescendu [kɔ̃desɑ̃dy] pp inv ⟶ **condescendre**.

condiment [kɔ̃dimɑ̃] nm condimento *m*.

condisciple [kɔ̃disipl] nmf condiscípulo *m*, -la *f*.

condition [kɔ̃disjɔ̃] nf **1.** [gén] condición *f* ▸ **remplir une condition** cumplir un requisito ▸ **sans condition** sin condiciones ▸ **condition sine qua non** condición sine qua non **2.** [état physique] condiciones *fpl* físicas ▸ **être en bonne / mauvaise condition** estar en buenas / malas condiciones físicas. ◆ **conditions** nfpl condiciones *fpl* ▸ **conditions atmosphériques** condiciones atmosféricas ▸ **conditions de vie** condiciones de vida. ◆ **à condition de** loc prép con la condición de, a condición de que. ◆ **à condition que** loc conj a condición de que.

conditionné, e [kɔ̃disjɔne] adj **1.** [influencé] ▸ **être conditionné par qqch** estar condicionado por algo **2.** [produit] envasado(da) **3.** ⟶ **air**.

conditionnel, elle [kɔ̃disjɔnɛl] adj condicional. ◆ **conditionnel** nm GRAM condicional *m*.

conditionnement [kɔ̃disjɔnmɑ̃] nm **1.** [emballage] envase *m* **2.** [opérations d'emballage] envasado *m* **3.** PSYCHO condicionamiento *m*.

conditionner [3] [kɔ̃disjɔne] vt **1.** [influencer & PSYCHO] condicionar **2.** [produit] envasar **3.** [climatiser] acondicionar.

condoléances [kɔ̃dɔleɑ̃s] nfpl pésame *m* ▸ **présenter ses condoléances à qqn** dar el pésame a alguien.

conducteur, trice [kɔ̃dyktœʀ, tʀis] ❖ adj ÉLECTR conductor(ra). ❖ nm, f [chauffeur] conductor *m*, -ra *f* ESP, motorista *mf* AM. ◆ **conducteur** nm ÉLECTR conductor *m*.

conduire [98] [kɔ̃dɥiʀ] ❖ vt **1.** [gén] conducir **2.** [en voiture] llevar en coche. ❖ vi ▸ **conduire à qqch** conducir o llevar a algo. ◆ **se conduire** vp portarse.

conduis ⟶ **conduire**.

conduisais ⟶ **conduire**.

conduit, e [kɔ̃dɥi, it] pp ⟶ **conduire.** ◆ **conduit** nm conducto *m*.

conduite [kɔ̃dɥit] nf **1.** [de véhicule] conducción *f* ▸ **conduite en état d'ivresse** conducción en estado de embriaguez **2.** [d'une entreprise, d'un projet] dirección *f* **3.** [comportement] conducta *f* **4.** [canalisation] conducto *m* ▸ **conduite d'eau** conducto de agua ▸ **conduite de gaz** conducto de gas.

cône [kon] nm cono *m*.

confection [kɔ̃fɛksjɔ̃] nf confección *f*.

confectionner [3] [kɔ̃fɛksjɔne] vt confeccionar.

confédéral, e, aux [kɔ̃fedeʀal, o] adj confederal.

confédération [kɔ̃fedeʀasjɔ̃] nf confederación *f*.

conférence [kɔ̃feʀɑ̃s] nf conferencia *f* ▸ **conférence de presse** rueda *f* de prensa ▸ **conférence au sommet** cumbre *f*.

conférencier, ère [kɔ̃feʀɑ̃sje, ɛʀ] nm, f conferenciante *mf*.

conférer [18] [kɔ̃feʀe] vt ▸ **conférer qqch à qqn** conferir algo a alguien.

confesse [kɔ̃fɛs] nf ▸ **aller à confesse** ir a confesarse.

confesser [4] [kɔ̃fese] vt confesar. ◆ **se confesser** vp confesarse.

confession [kɔ̃fesjɔ̃] nf confesión *f*.

confessionnal, aux [kɔ̃fesjɔnal, o] nm confesionario *m*.

confessionnel, elle [kɔ̃fesjɔnɛl] adj confesional.

confetti [kɔ̃feti] nm confeti *m*.

confiance [kɔ̃fjɑ̃s] nf confianza *f* ▸ **avoir confiance en qqn / en qqch** tener confianza en alguien / en algo, confiar en alguien / en algo ▸ **avoir confiance en soi** tener

Comment exprimer la condition

- **No me molesta hospedarlo, a condición de que sólo se quede algunos días.** *Ça ne me dérange pas de l'héberger, à condition qu'il ne reste que quelques jours.*
- **Si eres tú quien prepara la comida, te invito a cenar con mucho gusto.** *Si c'est toi qui prépares le repas, je veux bien t'inviter à dîner.*
- **Para pasar al segundo año, hay que haber aprobado todas las asignaturas.** *Pour passer en deuxième année, il faut avoir réussi dans toutes les matières.*
- **Sólo podré irme de vacaciones si he finalizado el expediente.** *Je ne pourrai partir en vacances que si j'ai fini le dossier.*
- **Sólo es posible presentarse a las oposiciones si se tiene la edad requerida.** *On ne peut se présenter au concours que si l'on a l'âge requis.*
- **Dominar el español es un requisito imperativo para ocupar el puesto / presentar su candidatura.** *La maîtrise de l'espagnol est une condition impérative pour occuper le poste / présenter sa candidature.*
- **Sólo si has terminado tu trabajo podrás salir.** *Tu pourras sortir seulement si tu as fini ton travail.*
- **Te presto mi bici pero tienes que ser prudente.** *Je te prête mon vélo mais tu dois être prudent.*

confianza en uno mismo ▸ **faire confiance à qqn / à qqch** fiarse de alguien / de algo.

confiant, e [kɔ̃fjɑ̃, ɑ̃t] adj confiado(da) ▸ **être confiant en qqch** confiar en algo.

confidence [kɔ̃fidɑ̃s] nf confidencia *f* ▸ **en confidence** de modo confidencial, confidencialmente ▸ **être dans la confidence** estar en el secreto ▸ **faire des confidences à qqn** hacer confidencias a alguien.

confident, e [kɔ̃fidɑ̃, ɑ̃t] nm, f confidente *mf*.

confidentialité [kɔ̃fidɑ̃sjalite] nf confidencialidad *f* ▸ **accord de confidentialité** acuerdo *m* de confidencialidad.

confidentiel, elle [kɔ̃fidɑ̃sjɛl] adj confidencial.

confier [9] [kɔ̃fje] vt ▸ **confier qqn / qqch à qqn** [donner] confiar a alguien / algo a alguien ▸ **confier qqch à qqn** [dire] confiar algo a alguien. ◆ **se confier** vp ▸ **se confier à qqn** confiarse a alguien.

configuration [kɔ̃figyʀasjɔ̃] nf configuración *f*.

configurer [3] [kɔ̃figyʀe] vt INFORM configurar.

confiné [kɔ̃fine] adj **1.** [non aéré] viciado(da) **2.** [enfermé] confinado(da).

confins [kɔ̃fɛ̃] ◆ **aux confins de** loc prép en los confines de.

confirmation [kɔ̃fiʀmasjɔ̃] nf confirmación *f*.

confirmer [3] [kɔ̃fiʀme] vt confirmar ▸ **confirmer que** confirmar que ▸ **confirmer qqn dans qqch** confirmar a alguien en algo. ◆ **se confirmer** vp confirmarse.

confiscation [kɔ̃fiskasjɔ̃] nf [d'un jouet, de marchandises] confiscación *f*.

confiserie [kɔ̃fizʀi] nf **1.** [activité, magasin] confitería *f* **2.** [sucrerie] dulce *m*.

confiseur, euse [kɔ̃fizœʀ, øz] nm, f confitero *m*, -ra *f*.

confisquer [3] [kɔ̃fiske] vt **1.** [biens] confiscar, decomisar **2.** [objet] quitar.

confit, e [kɔ̃fi, it] adj ⟶ **fruit.** ◆ **confit de canard** nm *carne de pato cocida y conservada en su grasa.*

confiture [kɔ̃fityʀ] nf mermelada *f*.

conflagration [kɔ̃flagʀasjɔ̃] nf conflagración *f*.

conflictuel, elle [kɔ̃fliktyɛl] adj conflictivo(va).

conflit [kɔ̃fli] nm conflicto *m* ▸ **entrer en conflit avec** entrar en conflicto con alguien ▸ **être en conflit avec qqn** estar en conflicto con alguien ▸ **conflit armé** conflicto armado ▸ **conflit d'intérêts** conflicto de intereses ▸ **conflit social** OU **du travail** conflicto social OU laboral.

confluent [kɔ̃flyɑ̃] nm confluencia *f* ▸ **au confluent de** en la confluencia de.

confondis ⟶ **confondre**.

confondre [15] [kɔ̃fɔ̃dʀ] vt ▸ **confondre (avec)** confundir (con). ◆ **se confondre** vp **1.** [se mêler] confundirse **2.** *fig* ▸ **se confondre en** [excuses, remerciements] deshacerse en.

confonds ⟶ **confondre**.

confondu, e [kɔ̃fɔ̃dy] pp ⟶ **confondre**.

conformation [kɔ̃fɔʀmasjɔ̃] nf conformación *f*.

conforme [kɔ̃fɔʀm] adj ▸ **conforme à qqch** conforme a OU con algo.

conformé, e [kɔ̃fɔʀme] adj ▸ **bien conformé** sano ▸ **mal conformé** con malformaciones.

conformément [kɔ̃fɔʀmemɑ̃] adv ▸ **conformément à qqch** conforme a algo.

conformer [3] [kɔ̃fɔʀme] vt ▸ **conformer qqch à qqch** ajustar algo a algo. ◆ **se conformer** vp ▸ **se conformer à qqch a)** [s'adapter à] adaptarse a algo **b)** [obéir à] someterse a algo.

> ⚠ **Conformarse** est un faux ami, il ne signifie pas *se conformer*, mais « se contenter » et aussi « se résigner ».

conformisme [kɔ̃fɔʀmism] nm conformismo *m*.

conformiste [kɔ̃fɔʀmist] adj & nmf conformista.

conformité [kɔ̃fɔʀmite] nf conformidad *f* ▸ **conformité à qqch** conformidad con algo ▸ **être en conformité avec qqch** estar en conformidad con algo.

confort [kɔ̃fɔʀ] nm comodidad *f* ▸ **tout confort** con todas las comodidades.

confortable [kɔ̃fɔʀtabl] adj **1.** [fauteuil] cómodo(da), confortable **2.** [vie] desahogado(da) **3.** [avance] cómodo(da).

confortablement [kɔ̃fɔʀtabləmɑ̃] adv **1.** [installer] cómodamente **2.** [payer] generosamente.

Comment exprimer la confirmation

- **Te confirmo que vendré a tu fiesta.** *Je te confirme que je viendrai à ta soirée.*
- **La presencia del ministro a la conferencia está confirmada.** *La présence du ministre à la conférence est confirmée.*
- **En efecto, está previsto que lleguemos el martes que viene a las seis de la tarde.** *Notre arrivée est bien prévue à 18h mardi prochain.*
- **Es exactamente lo que le había dicho en la carta.** *C'est bien ce que je vous avais dit dans ma lettre.*
- **¡Es exactamente esto!** *C'est tout à fait ça !*
- **Es él, estoy segura.** *C'est lui, j'en suis sûre.*
- **Estoy seguro de que es la persona que vi.** *C'est bien la personne que j'ai vue, j'en suis certain.*
- **Sí, son mis gafas.** *Oui, ce sont bien mes lunettes.*

conforter [3] [kɔ̃fɔʀte] vt ▸ **conforter qqn dans qqch** confirmar a alguien en algo.

confrère, **consœur** [kɔ̃fʀɛʀ, kɔ̃sœʀ] nm, f colega *mf.*

confrérie [kɔ̃fʀeʀi] nf cofradía *f.*

confrontation [kɔ̃fʀɔ̃tasjɔ̃] nf **1.** [face à face] careo *m* **2.** [comparaison] confrontación *f*, cotejo *m.*

confronter [3] [kɔ̃fʀɔ̃te] vt **1.** [mettre face à face] ▸ **être confronté à qqch** enfrentarse a algo **2.** [comparer] confrontar, cotejar.

confucianisme [kɔ̃fysjanism] nm confucianismo *m*, confucionismo *m.*

confus, **e** [kɔ̃fy, yz] adj **1.** [embrouillé] confuso(sa) **2.** [désolé] : *je suis confus de ce retard* lamento este retraso / *je suis vraiment confus* lo siento mucho **3.** *sout* [touché] ▸ **être confus de qqch** [éloge, récompense] estar abrumado por algo.

confusément [kɔ̃fyzemɑ̃] adv de manera confusa.

confusion [kɔ̃fyzjɔ̃] nf confusión *f.*

congé [kɔ̃ʒe] nm **1.** [vacances] vacaciones *fpl* ▸ **en congé** de vacaciones ▸ **congé annuel** vacaciones anuales ▸ **congés payés** vacaciones pagadas **2.** [arrêt de travail] baja *f* laboral ▸ **congé (de) maladie / de maternité** baja por enfermedad/por maternidad **3.** [renvoi] despido *m* ▸ **donner son congé à qqn** despedir a alguien ▸ **prendre congé** despedirse.

congédier [9] [kɔ̃ʒedje] vt *sout* despedir ESP, cesantear AM.

congé-formation [kɔ̃ʒefɔʀmasjɔ̃] nm *permiso concedido a un empleado para seguir un curso de formación a cargo de la empresa.*

congélateur [kɔ̃ʒelatœʀ] nm congelador *m.*

congélation [kɔ̃ʒelasjɔ̃] nf congelación *f.*

congeler [25] [kɔ̃ʒle] vt congelar. ◆ **se congeler** vp se congeler.

congélo [kɔ̃ʒelo] nm *fam* congelador *m.*

congénital, **e**, **aux** [kɔ̃ʒenital, o] adj congénito(ta).

congère [kɔ̃ʒɛʀ] nf *nieve amontonada por el viento.*

congestion [kɔ̃ʒɛstjɔ̃] nf congestión *f* ▸ **congestion pulmonaire** congestión pulmonar.

conglomérat [kɔ̃glɔmeʀa] nm ÉCON corporación *f.*

Congo [kɔ̃go] npr ▸ **le Congo** el Congo

congolais, **e** [kɔ̃gɔlɛ, ɛz] adj congoleño(ña). ◆ **Congolais**, **e** nm, f congoleño *m*, -ña *f.* ◆ **congolais** nm CULIN sultana *f.*

congratuler [3] [kɔ̃gʀatyle] vt *sout* congratular. ◆ **se congratuler** vp congratularse.

congre [kɔ̃gʀ] nm congrio *m.*

congrégation [kɔ̃gʀegasjɔ̃] nf congregación *f.*

congrès [kɔ̃gʀɛ] nm congreso *m.* ◆ **Congrès** nm [Parlement américain] ▸ **le Congrès** el Congreso.

congressiste [kɔ̃gʀesist] nmf congresista *mf.*

congrue [kɔ̃gʀy] ⟶ **portion**.

conifère [kɔnifɛʀ] nm conífera *f.*

conique [kɔnik] adj cónico(ca).

conjecture [kɔ̃ʒɛktyʀ] nf conjetura *f* ▸ **se perdre en conjectures** perderse en conjeturas.

conjecturer [3] [kɔ̃ʒɛktyʀe] vt *sout* ▸ **conjecturer qqch** hacer conjeturas sobre algo.

conjoint, **e** [kɔ̃ʒwɛ̃, ɛ̃t] ◆ adj **1.** [note] adjunto(ta) **2.** [demande] conjunto(ta). ◆ nm, f cónyuge *mf.*

conjointement [kɔ̃ʒwɛ̃tmɑ̃] adv conjuntamente ▸ **conjointement avec qqn** conjuntamente con alguien.

conjonctif, **ive** [kɔ̃ʒɔ̃ktif, iv] adj conjuntivo(va).

conjonction [kɔ̃ʒɔ̃ksjɔ̃] nf conjunción *f* ▸ **conjonction de coordination / de subordination** conjunción coordinada / subordinada.

conjonctivite [kɔ̃ʒɔ̃ktivit] nf conjuntivitis *f inv.*

conjoncture [kɔ̃ʒɔ̃ktyʀ] nf coyuntura *f.*

conjoncturel, **elle** [kɔ̃ʒɔ̃ktyʀɛl] adj coyuntural.

Comment exprimer un conseil

Demander conseil

- **¿Qué haría usted en mi lugar?** *Que feriez-vous à ma place ?*
- **¿Qué piensas de eso?** *Qu'est-ce que tu en penses ?*
- **Necesito un consejo.** *J'aurais besoin d'un conseil.*
- **¿Crees que debería hablarle de ello?** *Tu crois que je devrais lui en parler ?*
- **¿Qué me aconsejarías que hiciera?** *Que me conseillerais-tu de faire ?*

Donner un conseil

- **¿Quieres saber lo que pienso?** *Tu veux mon avis ?*
- **Si quieres mi opinión, pienso que deberías ir.** *Si tu veux mon avis, je pense que tu devrais y aller.*
- **Sabes, creo que deberías aceptar.** *Tu sais, je crois que tu devrais accepter.*
- **Yo en tu lugar se lo diría.** *Moi, à ta place, je le lui dirais.*
- **Le aconsejo que se lo diga.** *Je vous conseille de le lui dire.*
- **Deberías decírselo.** *Tu devrais le lui dire.*
- **Más valdría quizás que se lo dijeras.** *Tu ferais peut-être mieux de le lui dire.*
- **¿Por qué no se lo dices claramente?** *Pourquoi tu ne le lui dis pas carrément ?*
- **¿Y si le hablaras de ello?** *Et si tu lui en parlais ?*
- **Harías bien en ir al médico.** *Tu ferais bien d'aller voir un médecin.*

conjugaison [kɔ̃ʒygɛzɔ̃] nf conjugación *f*.

conjugal, e, aux [kɔ̃ʒygal, o] adj conyugal.

conjuguer [3] [kɔ̃ʒyge] vt conjugar. ◆ **se conjuguer** vp conjugarse.

conjuration [kɔ̃ʒyʀasjɔ̃] nf **1.** [conspiration] conjura *f* **2.** [exorcisme] conjuro *m*.

conjurer [3] [kɔ̃ʒyʀe] vt **1.** [gén] conjurar **2.** *sout* [supplier] ▸ **je vous en conjure** se lo suplico.

connais ⟶ **connaître**.

connaissais ⟶ **connaître**.

connaissance [kɔnɛsɑ̃s] nf **1.** [savoir, conscience] conocimiento *m* ▸ **à ma connaissance** que yo sepa ▸ **en connaissance de cause** con conocimiento de causa ▸ **perdre / reprendre connaissance** perder / recobrarel conocimiento ▸ **sans connaissance** MÉD sin conocimiento ou sentido ▸ **prendre connaissance de qqch** enterarse de algo **2.** [relation] conocido *m*, -da *f* ▸ **une vieille connaissance** un antiguo conocido ▸ **faire connaissance (avec qqn)** conocerse (con alguien).

connaisseur, euse [kɔnɛsœʀ, øz] adj & nm, f entendido(da).

connaître [91] [kɔnɛtʀ] vt conocer. ◆ **se connaître** vp **1.** [gén] conocerse **2.** [maîtriser] ▸ **s'y connaître (en qqch)** entender (de algo).

connard [kɔnaʀ] = **conard**.

connecter [4] [kɔnɛkte] vt ÉLECTR conectar. ◆ **se connecter** vp ▸ **se connecter sur Internet** conectarse a Internet.

connecteur [kɔnɛktœʀ] nm ▸ **connecteur à broches** conector *m* de patillas.

connerie [kɔnʀi] nf *tfam* gilipollez *f*, chorrada *f*.

connexe [kɔnɛks] adj conexo(xa).

connexion [kɔnɛksjɔ̃] nf conexión *f* ▸ **connexion (à) Internet** conexión a internet.

connivence [kɔnivɑ̃s] nf connivencia *f* ▸ **être de connivence (avec qqn)** estar en connivencia con alguien, estar conchabado(da) con alguien.

connotation [kɔnɔtasjɔ̃] nf connotación *f*.

connu, e [kɔny] ◈ pp ⟶ **connaître.** ◈ adj conocido(da) ▸ **connu de qqn** conocido por alguien.

connus ⟶ **connaître**.

conquérant, e [kɔ̃keʀɑ̃, ɑ̃t] adj & nm, f conquistador(ra).

conquérir [39] [kɔ̃keʀiʀ] vt conquistar.

conquerrai ⟶ **conquérir**.

conquête [kɔ̃kɛt] nf conquista *f* ▸ **faire la conquête de qqch / de qqn** conquistar algo / a alguien.

conquière ⟶ **conquérir**.

conquiers ⟶ **conquérir**.

conquis, e [kɔ̃ki, iz] pp ⟶ **conquérir**.

conquistador [kɔ̃kistadɔʀ] nm conquistador *m (en la conquista de América)*.

consacré, e [kɔ̃sakʀe] adj RELIG consagrado(da).

consacrer [3] [kɔ̃sakʀe] vt **1.** [église] consagrar **2.** [employer] ▸ **consacrer qqch à qqch** dedicar algo a algo. ◆ **se consacrer** vp ▸ **se consacrer à a)** [se vouer à] consagrarse a **b)** [s'occuper de] dedicarse a.

consanguin, e [kɔ̃sɑ̃gɛ̃, in] adj & nm, f consanguíneo(a).

consciemment [kɔ̃sjamɑ̃] adv conscientemente.

conscience [kɔ̃sjɑ̃s] nf **1.** [gén] conciencia *f* ▸ **agir selon sa conscience** actuar según su conciencia ▸ **avoir conscience de qqch** tener conciencia de algo, ser consciente de algo ▸ **avoir bonne conscience** tener la conciencia tranquila ▸ **avoir mauvaise conscience** tener mala conciencia ▸ **avoir qqch sur la conscience** tener algo en la conciencia ▸ **conscience professionnelle** ética *f* profesional **2.** [connaissance] ▸ **perdre / reprendre conscience** perder / recobrar el conocimiento.

consciencieusement [kɔ̃sjɑ̃sjøzmɑ̃] adv a conciencia, concienzudamente.

consciencieux, euse [kɔ̃sjɑ̃sjø, øz] adj concienzudo(da).

conscient, e [kɔ̃sjɑ̃, ɑ̃t] adj consciente ▸ **être conscient de qqch** ser consciente de algo.

conscription [kɔ̃skʀipsjɔ̃] nf reclutamiento *m*.

conscrit [kɔ̃skʀi] nm recluta *m*.

consécration [kɔ̃sekʀasjɔ̃] nf consagración *f*.

consécutif, ive [kɔ̃sekytif, iv] adj **1.** [successif & GRAM] consecutivo(va) **2.** [résultant] ▸ **consécutif à qqch** provocado por algo.

consécutivement [kɔ̃sekytivmɑ̃] adv consecutivamente ▸ **consécutivement à** a ou como consecuencia de.

conseil [kɔ̃sɛj] nm **1.** [avis, assemblée] consejo *m* ▸ **être de bon conseil** ser buen consejero / ***demande-lui, elle est de bon conseil*** pídele consejo, es buena consejera ▸ **donner un conseil / des conseils** dar un consejo / (unos) consejos ▸ **suivre les conseils de qqn** seguir los consejos de alguien ▸ **conseil d'administration** consejo de administración ▸ **conseil de classe** ≃ junta *f* de evaluación ▸ **le Conseil constitutionnel** *institución francesa* ▸ **conseil de discipline** consejo de disciplina ▸ **le Conseil d'État** ≃ el Consejo de Estado ▸ **le Conseil de l'Europe** el Consejo de Europa ▸ **conseil des ministres** consejo de ministros ▸ **le Conseil des ministres** ≃ el Consejo de Ministros ▸ **conseil municipal** concejo *m* (municipal) ▸ **le Conseil supérieur de la magistrature** *institución francesa que vela por la independencia del poder judicial* **2.** [conseiller] asesor *m*, -ra *f*. *Voir encadré p. 136.*

conseiller[1] [kɔ̃seje] ◈ vt [recommander] aconsejar ▸ **conseiller qqch à qqn** aconsejar algo a alguien. ◈ vi [donner un conseil] ▸ **conseiller à qqn de faire qqch** aconsejar a alguien que haga algo.

conseiller[2], ère [kɔ̃seje, ɛʀ] nm, f consejero *m*, -ra *f* ▸ **conseiller matrimonial** consejero matrimonial ▸ **conseiller municipal** concejal *m* ▸ **conseiller d'orientation** consejero de orientación ▸ **conseiller principal d'éducation** *en Francia, persona que en los colegios e*

Le Conseil constitutionnel

El **Conseil constitutionnel** se compone de nueve miembros, elegidos por un periodo de nueve años, y de todos los antiguos presidentes de la República Francesa. El Presidente de la República puede, como cualquier otro miembro del Parlamento, deferir leyes al **Conseil constitutionnel** para que éste las examine.

institutos se encarga de la disciplina, así como de algunas tareas educativas.

consensuel, elle [kɔ̃sɑ̃sɥɛl] adj [contrat] consensual ; [politique] consensuado(da).

consensus [kɔ̃sɛ̃sys] nm consenso *m*.

consentant, e [kɔ̃sɑ̃tɑ̃, ɑ̃t] adj consentidor(ra).

consentement [kɔ̃sɑ̃tmɑ̃] nm consentimiento *m*.

consentir [37] [kɔ̃sɑ̃tiʀ] ◆ vt [accorder] ▸ **consentir qqch à qqn** conceder algo a alguien. ◆ vi [accepter] ▸ **consentir à qqch** consentir algo / *je consens à ce qu'il parte* consiento que se marche.

conséquence [kɔ̃sekɑ̃s] nf consecuencia *f* ▸ **avoir des conséquences** tener consecuencias ▸ **sans conséquence** sin consecuencias ▸ **ça ne porte pas à conséquence** no tiene importancia.

conséquent, e [kɔ̃sekɑ̃, ɑ̃t] adj **1.** [important] considerable **2.** [cohérent] consecuente.
◆ **par conséquent** loc adv por consiguiente.

conservateur, trice [kɔ̃sɛʀvatœʀ, tʀis] adj & nm, f conservador(ra). ◆ **conservateur** nm [produit] conservante *m*.

conservation [kɔ̃sɛʀvasjɔ̃] nf conservación *f*.

conservatoire [kɔ̃sɛʀvatwaʀ] nm conservatorio *m* ▸ **conservatoire d'art dramatique** escuela *f* de arte dramático ▸ **conservatoire de musique** conservatorio (de música) ▸ **le Conservatoire national des arts et métiers** *escuela superior francesa de ingenieros* ▸ **le Conservatoire national supérieur d'art dramatique** *escuela nacional francesa de arte dramático*.

conserve [kɔ̃sɛʀv] nf conserva *f* ▸ **mettre en conserve** poner en conserva.

conservé, e [kɔ̃sɛʀve] adj EXPR **être bien conservé** *fam* estar bien conservado, conservarse bien / *elle est plutôt bien conservée* está bastante bien conservada, se conserva bastante bien.

conserver [3] [kɔ̃sɛʀve] vt conservar ▸ **être bien conservé** conservarse bien, estar bien conservado ▸ **conserver au frais** conservar en sitio fresco.
◆ **se conserver** vp conservarse.

considérable [kɔ̃sideʀabl] adj considerable.

considérablement [kɔ̃sideʀabləmɑ̃] adv considerablemente.

considération [kɔ̃sideʀasjɔ̃] nf consideración *f* ▸ **en considération de qqch** en consideración a algo ▸ **prendre qqch en considération** tomar algo en consideración. ◆ **considérations** nfpl ▸ **se perdre en considérations** perderse en consideraciones.

considérer [18] [kɔ̃sideʀe] vt **1.** [envisager] considerar **2.** [observer] mirar **3.** [juger] ▸ **considérer que** considerar que / *il considère qu'il est trop jeune pour se marier* considera que es demasiado joven para casarse / *on le considère comme le meilleur* está considerado (como) el mejor **4.** [apprécier] apreciar.

consigne [kɔ̃siɲ] nf **1.** *(gén pl)* [ordre] consigna *f* **2.** [à bagages] consigna *f* ▸ **consigne automatique** consigna automática **3.** [d'une bouteille] importe *m* del casco.

consigner [3] [kɔ̃siɲe] vt **1.** [bagage] dejar en consigna **2.** [bouteille] *cobrar el importe del casco de una botella* **3.** *sout* [relater] anotar **4.** MIL acuartelar.

consistance [kɔ̃sistɑ̃s] nf consistencia *f* ▸ **sans consistance** sin consistencia.

consistant, e [kɔ̃sistɑ̃, ɑ̃t] adj consistente.

consister [3] [kɔ̃siste] vi ▸ **consister en qqch** [se composer de] constar de algo ▸ **consister à faire qqch** consistir en hacer algo.

conso [kɔ̃so] nf *fam* consumición *f*.

consœur ⟶ **confrère**.

consolation [kɔ̃sɔlasjɔ̃] nf consuelo *m*.

console [kɔ̃sɔl] nf **1.** [table & INFORM] consola *f* / *console de jeux* INFORM consola de juegos **2.** ARCHIT ménsula *f*.

consoler [3] [kɔ̃sɔle] vt ▸ **consoler qqn (de qqch)** consolar a alguien (de algo). ◆ **se consoler** vp ▸ **se consoler de qqch** consolarse de algo.

consolidation [kɔ̃sɔlidasjɔ̃] nf **1.** [renforcement] consolidación *f* **2.** MÉD [d'une fracture] consolidación *f* **3.** FIN [d'une dette, d'un bilan] consolidación *f*.

consolider [3] [kɔ̃sɔlide] vt consolidar.

consommateur, trice [kɔ̃sɔmatœʀ, tʀis] nm, f **1.** [acheteur] consumidor *m*, -ra *f* **2.** [client] cliente *m*, -ta *f*.

consommation [kɔ̃sɔmasjɔ̃] nf **1.** [de papier, d'essence, etc.] consumo *m* ▸ **la société de consommation** la sociedad de consumo **2.** [boisson] consumición *f* **3.** [accomplissement] consumación *f*.

consommé, e [kɔ̃sɔme] adj *sout* [accompli] consumado(da). ◆ **consommé** nm consomé *m*, caldo *m* (de carne).

consommer [3] [kɔ̃sɔme] ◆ vt **1.** [gén] consumir ▸ **'à consommer avant le...'** 'consumir antes de...' **2.** *sout* [accomplir] consumar. ◆ vi consumir.

consonance [kɔ̃sɔnɑ̃s] nf **1.** [rime & MUS] consonancia *f* **2.** [ensemble de sons] resonancia *f*, sonido *m*.

consonne [kɔ̃sɔn] nf consonante *f*.

consort [kɔ̃sɔʀ] adj m ⟶ **prince**.
◆ **consorts** nmpl ▸ **et consorts** y otras hierbas.

consortium [kɔ̃sɔʀsjɔm] nm consorcio *m*.

conspirateur, trice [kɔ̃spiʀatœʀ, tʀis] nm, f conspirador *m*, -ra *f*.

conspiration [kɔ̃spiʀasjɔ̃] nf conspiración *f* ▸ **conspiration contre qqn / contre qqch** conspiración contra alguien / contra algo.

conspirer [3] [kɔ̃spiʀe] ◆ vt maquinar. ◆ vi conspirar ▸ **conspirer contre qqn / contre qqch** conspirar contra alguien / contra algo.

conspuer [7] [kɔ̃spɥe] vt abuchear.

constamment [kɔ̃stamɑ̃] adv constantemente.

constance [kɔ̃stɑ̃s] nf **1.** [gén] constancia *f* **2.** *sout* [sérénité] entereza *f*.

constant, e [kɔ̃stɑ̃, ɑ̃t] adj constante.

Constantinople [kɔ̃stɑ̃tinɔpl] npr f Constantinopla *f*.

constat [kɔ̃sta] nm **1.** [procès-verbal - par un officiel] atestado *m*, acta *f* ; [- par un particulier] parte *m* ▸ **constat à l'amiable** declaración *f* amistosa ▸ **constat d'huissier** atestado *m* (de ujier) **2.** [constatation] constatación *f* ▸ **faire le constat de qqch** constatar algo ▸ **faire un constat d'échec** reconocer el fracaso.

constatation [kɔ̃statasjɔ̃] nf constatación *f*.

constater [3] [kɔ̃state] vt **1.** [se rendre compte de] constatar **2.** [consigner] hacer constar.

constellation [kɔ̃stelasjɔ̃] nf constelación *f*.

constellé, e [kɔ̃stele] adj ▸ **constellé de a)** [parsemé de] salpicado de **b)** [maculé de] cubierto de.

consternant, e [kɔ̃stɛʀnɑ̃, ɑ̃t] adj [nouvelle] desolador(ra) ; [bêtise, niveau, résultats] triste.

consternation [kɔ̃stɛʀnasjɔ̃] nf consternación *f*.

consterner [3] [kɔ̃stɛʀne] vt consternar.

constipation [kɔ̃stipasjɔ̃] nf estreñimiento *m*.

constipé, e [kɔ̃stipe] adj estreñido(da) ▸ **avoir l'air constipé** *fam* & *fig* tener cara de pito.

> ⚠ Constipado est un faux ami, il ne signifie pas *constipé*, mais « enrhumé ».

constituant, e [kɔ̃stitɥɑ̃, ɑ̃t] adj constituyente.

constitué, e [kɔ̃stitɥe] adj **1.** [personne] ▸ **bien** ou **normalement constitué** bien formado **2.** [composé] ▸ **constitué de qqch / de qqn** constituido por algo / por alguien **3.** [établi par la loi] constituido(da).

constituer [7] [kɔ̃stitɥe] vt constituir.
◆ **se constituer** vp **1.** [se créer] hacerse con **2.** [se composer] ▸ **se constituer de qqch / de qqn** estar compuesto(ta) por algo / por alguien **3.** [s'organiser] ▸ **se constituer en qqch** constituirse en algo.

constitution [kɔ̃stitysjɔ̃] nf constitución *f*.

constitutionnel, elle [kɔ̃stitysjɔnɛl] adj constitucional.

constructeur, trice [kɔ̃stʀyktœʀ, tʀis] nm, f **1.** [fabricant] fabricante *mf* **2.** [bâtisseur] constructor *m*, -ra *f*.

constructif, ive [kɔ̃stʀyktif, iv] adj **1.** [créateur] creativo(va) **2.** [positif] constructivo(va).

construction [kɔ̃stʀyksjɔ̃] nf construcción *f*.

construire [98] [kɔ̃stʀɥiʀ] vt construir.

construis ⟶ **construire**.

construisais ⟶ **construire**.

construit, e [kɔ̃stʀɥi, it] pp ⟶ **construire**.

consul [kɔ̃syl] nm cónsul *m* ▸ **consul honoraire** cónsul honorario.

consulat [kɔ̃syla] nm consulado *m*.

consultant, e [kɔ̃syltɑ̃, ɑ̃t] nm, f [spécialiste] consultor *m*, -ra *f* / *il est consultant en gestion* es consultor en gestión.

consultatif, ive [kɔ̃syltatif, iv] adj consultivo(va).

consultation [kɔ̃syltasjɔ̃] nf consulta *f*.

consulte [kɔ̃sylt] nf SUISSE tribunal *m* de justicia.

consulter [3] [kɔ̃sylte] ◆ vt **1.** [gén] consultar **2.** [spécialiste - médecin] consultar a ; [- avocat] consultar con. ◆ vi [médecin] tener consulta, visitar.
◆ **se consulter** vp consultarse.

consumer [3] [kɔ̃syme] vt consumir.
◆ **se consumer** vp *sout* consumirse ▸ **se consumer de qqch** consumirse de algo.

consumérisme [kɔ̃symeʀism] nm consumerismo *m*.

contact [kɔ̃takt] nm contacto *m* ▸ **au contact de qqn / de qqch** por el contacto con alguien / con algo ▸ **mettre qqn et qqn en contact** poner a alguien y alguien en contacto ▸ **prendre contact avec qqn** ponerse en contacto con alguien.

contacter [3] [kɔ̃takte] vt ponerse en contacto con, contactar con.

contagieux, euse [kɔ̃taʒjø, øz] ◆ adj contagioso(sa). ◆ nm, f enfermo contagioso *m*, enferma contagiosa *f*.

contagion [kɔ̃taʒjɔ̃] nf contagio *m*.

container = **conteneur**.

contamination [kɔ̃taminasjɔ̃] nf MÉD contagio *m* ; [pollution] contaminación *f* ; [radioactivité] radiactividad *f*, radioactividad *f*.

contaminer [3] [kɔ̃tamine] vt **1.** [infecter] contaminar **2.** *fig* [gagner] contagiar.

conte [kɔ̃t] nm cuento *m* ▸ **conte de fées** cuento de hadas.

contemplation [kɔ̃tɑ̃plasjɔ̃] nf contemplación *f* ▸ **rester en contemplation devant qqch / devant qqn** quedarse ensimismado(da) ante algo / ante alguien.

contempler [3] [kɔ̃tɑ̃ple] vt contemplar.

contemporain, e [kɔ̃tɑ̃pɔʀɛ̃, ɛn] adj & nm, f contemporáneo(a).

contemporanéité [kɔ̃tɑ̃pɔʀaneite] nf contemporaneidad *f* / *la contemporanéité de ses oeuvres / son art* la contemporaneidad de sus obras/su arte.

contenance [kɔ̃tnɑ̃s] nf **1.** [de bouteille, réservoir] capacidad *f* **2.** *fig* [attitude] compostura *f* ▸ **perdre contenance** perder la compostura.

conteneur [kɔ̃tənœʀ], **container** [kɔ̃tɛnɛʀ] nm contenedor *m*, contáiner *m*.

contenir [40] [kɔ̃tniʀ] vt **1.** [suj : récipient, salle] tener (una) capacidad para **2.** [inclure, retenir] contener. ◆ **se contenir** vp contenerse.

content, e [kɔ̃tɑ̃, ɑ̃t] adj contento(ta) ▸ **content de qqn / de qqch / de faire qqch** contento con alguien/con algo/de hacer algo. ◆ **content** nm ▸ **avoir son content de qqch** tener su ración de algo.

contentement [kɔ̃tɑ̃tmɑ̃] nm contento *m*.

contenter [3] [kɔ̃tɑ̃te] vt **1.** [clientèle] contentar **2.** [caprice, besoin] satisfacer. ◆ **se contenter** vp ▸ **se contenter de qqch / de faire qqch** contentarse con algo/con hacer algo ▸ **se contenter de peu** contentarse con poco.

contentieux [kɔ̃tɑ̃sjø] nm contencioso *m*.

contenu, e [kɔ̃tny] pp ⟶ **contenir.** ◆ **contenu** nm [d'un paquet, d'une lettre] contenido *m*.

conter [3] [kɔ̃te] vt contar *(relatar)*.

contestable [kɔ̃tɛstabl] adj discutible.

contestataire [kɔ̃tɛstatɛʀ] adj & nmf contestatario(ria).

contestation [kɔ̃tɛstasjɔ̃] nf contestación *f* ▸ **sans contestation possible** indiscutible.

conteste [kɔ̃tɛst] ◆ **sans conteste** loc adv sin lugar a dudas.

contester [3] [kɔ̃tɛste] ❖ vt discutir. ❖ vi protestar.

conteur, euse [kɔ̃tœʀ, øz] nm, f narrador *m*, -ra *f*; [écrivain] cuentista *mf*.

contexte [kɔ̃tɛkst] nm contexto *m*.

contiendrai ⟶ **contenir**.

contiens ⟶ **contenir**.

contigu, uë [kɔ̃tigy] adj contiguo(gua) ▸ **contigu à qqch** contiguo a algo.

continent [kɔ̃tinɑ̃] nm continente *m*.

continental, e, aux [kɔ̃tinɑ̃tal, o] adj continental.

contingence [kɔ̃tɛ̃ʒɑ̃s] nf *(gén pl)* contingencia *f*.

contingent, e [kɔ̃tɛ̃ʒɑ̃, ɑ̃t] adj contingente. ◆ **contingent** nm **1.** MIL contingente *m* **2.** [de marchandises] cupo *m*, contingente *m*.

contingenter [3] [kɔ̃tɛ̃ʒɑ̃te] vt contingentar.

contins ⟶ **contenir**.

continu, e [kɔ̃tiny] adj continuo(nua).

continuation [kɔ̃tinɥasjɔ̃] nf continuación *f* ▸ **bonne continuation !** ¡que la cosa siga bien!

continuel, elle [kɔ̃tinɥɛl] adj continuo(nua).

continuellement [kɔ̃tinɥɛlmɑ̃] adv continuamente.

continuer [7] [kɔ̃tinɥe] ❖ vt continuar. ❖ vi continuar, seguir ▸ **continuer à ou de faire qqch** continuar ou seguir haciendo algo. ◆ **se continuer** vp seguir.

continuité [kɔ̃tinɥite] nf continuidad *f*.

contondant, e [kɔ̃tɔ̃dɑ̃, ɑ̃t] adj contundente.

contorsion [kɔ̃tɔʀsjɔ̃] nf contorsión *f*.

contorsionner [kɔ̃tɔʀsjɔne] ◆ **se contorsionner** vp contorsionarse.

contorsionniste [kɔ̃tɔʀsjɔnist] nmf contorsionista *mf*.

contour [kɔ̃tuʀ] nm **1.** [limite, silhouette] contorno *m* **2.** *(gén pl)* [de route] curva *f*; [de cours d'eau] meandro *m*.

contourner [3] [kɔ̃tuʀne] vt **1.** [obstacle] rodear, salvar **2.** *fig* [difficulté] salvar, esquivar.

contraceptif, ive [kɔ̃tʀasɛptif, iv] adj anticonceptivo(va). ◆ **contraceptif** nm anticonceptivo *m*.

contraception [kɔ̃tʀasɛpsjɔ̃] nf anticoncepción *f*, contracepción *f*.

contracter [3] [kɔ̃tʀakte] vt contraer.

contraction [kɔ̃tʀaksjɔ̃] nf [de muscle] contracción *f* ▸ **avoir des contractions** tener contracciones.

contractuel, elle [kɔ̃tʀaktɥɛl] ❖ adj contractual. ❖ nm, f ≃ policía *mf* municipal.

contradiction [kɔ̃tʀadiksjɔ̃] nf contradicción *f*.

contradictoire [kɔ̃tʀadiktwaʀ] adj **1.** [idées] contradictorio(ria) **2.** [débat] polémico(ca).

contraignais ⟶ **contraindre**.

contraignant, e [kɔ̃tʀɛɲɑ̃, ɑ̃t] adj [devoir, travail] apremiante ; [horaire] exigente.

contraindre [80] [kɔ̃tʀɛ̃dʀ] vt ▸ **contraindre qqn à faire qqch / à qqch** obligar a alguien a algo/a hacer algo. ◆ **se contraindre** vp ▸ **se contraindre à faire qqch** imponerse la obligación de hacer algo.

contrains ⟶ **contraindre**.

contraint, e [kɔ̃tʀɛ̃, ɛ̃t] ❖ adj forzado(da), obligado(da) ▸ **contraint et forcé** bajo presión. ❖ pp ⟶ **contraindre.** ◆ **contrainte** nf [violence] coacción *f*; [obligation] obligación *f* ▸ **obtenir qqch sous la contrainte** obtener algo por coacción.

contraire [kɔ̃tʀɛʀ] ❖ nm contrario *m*. ❖ adj **1.** [opposé] contrario(ria) ▸ **contraire à qqch** contrario(ria) a algo **2.** [nuisible] ▸ **contraire à qqch / à qqn** perjudicial para algo/para alguien. ◆ **au contraire** loc adv al contrario. ◆ **au contraire de** loc prép al contrario de.

contrairement [kɔ̃tʀɛʀmɑ̃] ◆ **contrairement à** loc prép contrariamente a.

contrariant, e [kɔ̃tʀaʀjɑ̃, ɑ̃t] adj **1.** [personne] que siempre lleva la contraria **2.** [esprit] de contradicción **3.** [événement] ▸ **être contrariant** ser una contrariedad.

contrarier [9] [kɔ̃tʀaʀje] vt **1.** [irriter] contrariar **2.** [contrecarrer] oponerse a.

contrariété [kɔ̃tʀaʀjete] nf contrariedad *f*.

contraste [kɔ̃tʀast] nm contraste *m*.

contrasté, e [kɔ̃tʀaste] adj contrastado(da) / *une photo bien / mal contrastée* una foto con mucho/poco contraste.

contraster [3] [kɔ̃tʀaste] ◆ vt hacer contrastar. ◆ vi contrastar ▸ **contraster avec qqn / avec qqch** contrastar con alguien/con algo.

contrat [kɔ̃tʀa] nm **1.** [acte, convention] contrato *m* ▸ **être sous contrat** estar bajo contrato ▸ **renouveler un contrat** renovar un contrato ▸ **contrat d'apprentissage** contrato en prácticas ▸ **contrat d'assurance** contrato de seguro ▸ **contrat collectif** contrato colectivo ▸ **contrat à durée déterminée / indéterminée** contrato temporal/indefinido ▸ **contrat de mariage** capitulaciones ▸ **contrat de location** a) [de local] contrato de alquiler b) [de voiture] contrato de alquiler de coche ▸ **contrat reconductible** contrato renovable ▸ **contrat de travail** contrato de trabajo **2.** [entente] trato *m* ▸ **remplir son contrat** cumplir su parte del trato.

contravention [kɔ̃tʀavɑ̃sjɔ̃] nf multa *f*.

contre [kɔ̃tʀ] ◆ prép **1.** [gén] contra / *agir contre qqn* actuar contra alguien ou en contra de alguien / *élu à 15 voix contre 9* elegido por 15 votos a favor y 9 en contra **2.** [comparaison] frente a / *parier à 10 contre 1* apostar 10 contra 1 **3.** [échange] por / *troquer une bille contre une gomme* cambiar una canica por una goma. ◆ adv **1.** [opposition] contra / *vous êtes pour ou contre ?* ¿está a favor o en contra? **2.** [juxtaposition] : *consultez le tableau ci-contre* véase cuadro adjunto. ◆ nm **1.** ⟶ **pour 2.** SPORT contraataque *m*. ◆ **par contre** loc adv en cambio.

contre-allée [kɔ̃tʀale] (*pl* **contre-allées**) nf lateral *f*.

contre-attaque [kɔ̃tʀatak] (*pl* **contre-attaques**) nf contraataque *m*.

contre-attaquer [3] [kɔ̃tʀatake] vi contraatacar.

contrebalancer [16] [kɔ̃tʀəbalɑ̃se] vt *sout* contrarrestar. ◆ **se contrebalancer** vp : *je m'en contrebalance ! fam* ¡me importa un pito!

contrebande [kɔ̃tʀəbɑ̃d] nf contrabando *m* ▸ **faire de la contrebande** hacer contrabando.

contrebandier, ère [kɔ̃tʀebɑ̃dje, ɛʀ] nm, f contrabandista *mf*.

contrebas [kɔ̃tʀəba] ◆ **en contrebas** loc adv más abajo. ◆ **en contrebas de** loc prép más abajo de.

contrebasse [kɔ̃tʀəbas] nf contrabajo *m*.

contrebassiste [kɔ̃tʀəbasist] nmf contrabajista *mf*.

contrecarrer [3] [kɔ̃tʀəkaʀe] vt oponerse a.

contrecœur [kɔ̃tʀəkœʀ] ◆ **à contrecœur** loc adv a regañadientes.

contrecoup [kɔ̃tʀəku] nm consecuencia *f*.

contre-courant [kɔ̃tʀəkuʀɑ̃] ◆ **à contre-courant** loc adv a contracorriente. ◆ **à contre-courant de** loc prép a contracorriente de.

contredire [103] [kɔ̃tʀədiʀ] vt contradecir. ◆ **se contredire** vp contradecirse.

contrée [kɔ̃tʀe] nf tierra *f*.

contre-écrou [kɔ̃tʀekʀu] (*pl* **contre-écrous**) nm contratuerca *f*.

contre-enquête [kɔ̃tʀɑ̃kɛt] (*pl* **contre-enquêtes**) nf DR nueva investigación *f*.

contre-espionnage [kɔ̃tʀɛspjɔnaʒ] (*pl* **contre-espionnages**) nm contraespionaje *m*.

contre-exemple [kɔ̃tʀɛgzɑ̃pl] (*pl* **contre-exemples**) nm excepción *f* a la regla.

contre-expertise [kɔ̃tʀɛkspɛʀtiz] (*pl* **contre-expertises**) nf peritaje *m* de comprobación.

contrefaçon [kɔ̃tʀəfasɔ̃] nf **1.** COMM [de marque] imitación *f* **2.** [de billets, signature] falsificación *f*.

contrefait, e [kɔ̃tʀəfɛ, ɛt] adj **1.** *sout* [difforme] contrahecho(cha) **2.** [frauduleux] falsificado(da).

contreficher [3] [kɔ̃tʀəfiʃe] ◆ **se contreficher** vp *fam* ▸ **se contreficher de qqch / de qqn** importarle un pepino algo/alguien / *je m'en contrefiche !* ¡me importa un pepino!

contre-filet [kɔ̃tʀəfilɛ] (*pl* **contre-filets**) nm contrafilete *m*.

contrefort [kɔ̃tʀəfɔʀ] nm contrafuerte *m*.

contrefoutre [116] [kɔ̃tʀəfutʀ] ◆ **se contrefoutre** vp *tfam* : *je m'en contrefous* me importa un carajo.

contre-indication [kɔ̃tʀɛ̃dikasjɔ̃] (*pl* **contre-indications**) nf contraindicación *f*.

contre-indiqué, e [kɔ̃tʀɛ̃dike] (*mpl* **contre-indiqués**, *fpl* **contre-indiquées**) adj MÉD contraindicado(da).

contre-interrogatoire [kɔ̃tʀɛ̃teʀɔgatwaʀ] (*pl* **contre-interrogatoires**) nm interrogatorio *m* de repreguntas.

contre-jour [kɔ̃tʀəʒuʀ] (*pl* **contre-jours**) nm contraluz *f*. ◆ **à contre-jour** loc adv a contraluz.

contre-la-montre [kɔ̃tʀəlamɔ̃tʀ] nm inv SPORT contrarreloj *m*.

contremaître [kɔ̃tʀəmɛtʀ] nm capataz *m*.

contremarque [kɔ̃tʀəmaʀk] nf **1.** THÉÂTRE & CINÉ contraseña *f (tiquet)* **2.** COMM contramarca *f*, contraseña *f*.

contre-offensive [kɔ̃tʀɔfɑ̃siv] (*pl* **contre-offensives**) nf contraofensiva *f*.

contrepartie [kɔ̃tʀəpaʀti] nf **1.** [compensation] contrapartida *f* **2.** [contraire] ▸ **la contrepartie** lo contrario. ◆ **en contrepartie** loc adv en contrapartida.

contre-performance [kɔ̃tʀəpɛʀfɔʀmɑ̃s] (*pl* **contre-performances**) nf mal resultado *m*.

contrepèterie [kɔ̃tʀəpetʀi] nf retruécano *m*.

contre-pied [kɔ̃tʀəpje] nm inv ▸ **prendre le contre-pied de qqch** defender lo contrario de algo.

contreplaqué [kɔ̃tʀəplake] nm contrachapado *m* ▸ **en contreplaqué** contrachapado(da).

contre-plongée [kɔ̃tʀəplɔ̃ʒe] (*pl* **contre-plongées**) nf CINÉ & PHOTO contrapicado *m*.

contrepoids [kɔ̃tʀəpwa] nm contrapeso *m*.

contrepoint [kɔ̃tʀəpwɛ̃] nm contrapunto *m* ▸ **chanter en contrepoint** contrapuntear.

contrepoison [kɔ̃tʀəpwazɔ̃] nm contraveneno *m*.

contre-pouvoir [kɔ̃tʀəpuvwaʀ] (*pl* **contre-pouvoirs**) nm contrapoder *m*.

contre-proposition [kɔ̃tʀəpʀɔpozisjɔ̃] (*pl* **contre-propositions**) nf contrapropuesta *f*.

contre-publicité [kɔ̃tʀəpyblisite] (*pl* **contre-publicités**) nf **1.** [mauvaise publicité] publicidad *f* negativa **2.** [publicité offensive] réplica *f* publicitaria.

contrer [3] [kɔ̃tʀe] ◆ vt **1.** [s'opposer à] oponerse a **2.** [aux cartes] doblar. ◆ vi [aux cartes] jugar a la contra.

contresens [kɔ̃tʀəsɑ̃s] nm contrasentido *m*.
◆ **à contresens** loc adv **1.** [rouler, marcher] a contramano, en sentido contrario **2.** *fig* [comprendre] al revés.

contresigner [3] [kɔ̃tʀəsiɲe] vt refrendar.

contretemps [kɔ̃tʀətɑ̃] nm contratiempo *m*.
◆ **à contretemps** loc adv MUS a contratiempo ; *fig* a destiempo.

contrevenant, e [kɔ̃tʀəvnɑ̃, ɑ̃t] nm, f contraventor *m*, -ra *f*.

contrevenir [40] [kɔ̃tʀəvniʀ] vi ▸ **contrevenir à qqch** contravenir algo.

contrevérité [kɔ̃tʀəveʀite] nf mentira *f*.

contribuable [kɔ̃tʀibɥabl] nmf contribuyente *mf*.

contribuer [7] [kɔ̃tʀibɥe] vi ▸ **contribuer à qqch / à faire qqch** contribuir en algo / a hacer algo.

contributeur, trice [kɔ̃tʀibytœʀ, tʀis] nm, f contribuidor *m*, -ra *f*.

contributif, ive [kɔ̃tʀibytif, iv] adj INFORM & INTERNET contributivo(va) ▸ **logiciel contributif** programa contributivo ▸ **encyclopédie contributive** enciclopedia contributiva.

contribution [kɔ̃tʀibysjɔ̃] nf **1.** [somme d'argent] contribución *f* **2.** *(gén pl)* [impôt] impuesto *m* ▸ **contributions directes / indirectes** impuestos directos / indirectos ▸ **contributions sociales** contribuciones sociales **3.** [collaboration, participation] colaboración *f*, contribución *f* ▸ **mettre qqn à contribution** recurrir a alguien, echar mano de alguien.

contrit, e [kɔ̃tʀi, it] adj *sout* contrito(ta).

contrôle [kɔ̃tʀol] nm **1.** [maîtrise, vérification] control *m* ▸ **perdre le contrôle de qqch** perder el control de algo ▸ **contrôle antidopage** control antidoping ▸ **contrôle continu** evaluación *f* continua ▸ **contrôle d'identité** control de identidad ▸ **contrôle judiciaire** vigilancia *f* judicial ▸ **contrôle des naissances** control de natalidad ▸ **contrôle parental** control parental ▸ **contrôle de qualité** control de calidad ▸ **contrôle radar** control por radar ▸ **contrôle de routine** control rutinario ▸ **contrôle technique** AUTO inspección técnica **2.** SCOL examen *m* / ***avoir un contrôle en chimie*** tener un examen de química ▸ **contrôle continu (des connaissances)** evaluación contínua.

contrôler [3] [kɔ̃tʀole] vt **1.** [maîtriser, diriger] controlar **2.** [vérifier] comprobar.
◆ **se contrôler** vp controlarse.

contrôleur, euse [kɔ̃tʀolœʀ, øz] nm, f [de bus, train, etc.] revisor *m*, -ra *f*, interventor *m*, -ra *f* ▸ **contrôleur aérien** controlador *m* aéreo.

contrordre [kɔ̃tʀɔʀdʀ] nm contraorden *f* ▸ **sauf contrordre** salvo contraorden.

controverse [kɔ̃tʀɔvɛʀs] nf controversia *f*.

controversé, e [kɔ̃tʀɔvɛʀse] adj controvertido(da).

contumace [kɔ̃tymas] nf DR ▸ **condamné par contumace** condenado en rebeldía.

contusion [kɔ̃tyzjɔ̃] nf contusión *f*.

conurbation [kɔnyʀbasjɔ̃] nf conurbación *f*.

convaincant, e [kɔ̃vɛ̃kɑ̃, ɑ̃t] adj convincente.

convaincre [114] [kɔ̃vɛ̃kʀ] vt **1.** [persuader] ▸ **convaincre qqn de qqch / de faire qqch** convencer a alguien de algo / de que haga algo **2.** DR [reconnaître coupable] probar la culpabilidad de.

convaincs ⟶ **convaincre**.

convaincu, e [kɔ̃vɛ̃ky] ◆ adj convencido(da) ▸ **convaincu de qqch** [d'un crime, etc.] convicto de algo. ◆ pp ⟶ **convaincre.**

convainquais ⟶ **convaincre**.

convalescence [kɔ̃valesɑ̃s] nf convalecencia *f* ▸ **être en convalescence** estar en período de convalecencia.

convalescent, e [kɔ̃valesɑ̃, ɑ̃t] adj & nm, f convaleciente.

convecteur [kɔ̃vɛktœʀ] nm convector *m*.

convenable [kɔ̃vnabl] adj **1.** [tenue, manières] decente **2.** [approprié] conveniente **3.** [acceptable, normal] aceptable.

convenablement [kɔ̃vnabləmɑ̃] adv correctamente.

convenance [kɔ̃vnɑ̃s] nf conveniencia *f* ▸ **à ma / à sa convenance** a mi / a su conveniencia.
◆ **convenances** nfpl reglas *fpl* de urbanidad.

convenir [40] [kɔ̃vniʀ] ◆ vi **1.** [se mettre d'accord] ▸ **convenir de qqch / de faire qqch** acordar algo / hacer algo **2.** [satisfaire] ▸ **convenir à qqn** convenir a alguien **3.** [être approprié] ▸ **convenir à OU pour qqch** ser adecuado(da) para algo **4.** *sout* [admettre] ▸ **convenir que / de qqch** admitir OU reconocer que / algo ▸ **en convenir** admitirlo. ◆ v impers [être utile] ▸ **il convient d'y réfléchir** convendría pensárselo.

convention [kɔ̃vɑ̃sjɔ̃] nf **1.** [accord] convenio *m* ▸ **convention collective** convenio colectivo **2.** [assemblée] convención *f*. ◆ **conventions** nfpl convencionalismos *mpl* ▸ **les conventions sociales** los convencionalismos sociales.

conventionné, e [kɔ̃vɑ̃sjɔne] adj [médecin] *que aplica la tarifa establecida por la Seguridad Social en Francia.*

conventionnel, elle [kɔ̃vɑ̃sjɔnɛl] adj convencional.

convenu, e [kɔ̃vny] adj **1.** [décidé] convenido(da) ▸ **comme convenu** según lo acordado **2.** *péj* [stéréotypé] convencional.

convergence [kɔ̃vɛʀʒɑ̃s] nf convergencia *f*.

convergent, e [kɔ̃vɛʀʒɑ̃, ɑ̃t] adj convergente.

converger [17] [kɔ̃vɛʀʒe] vi converger.

conversation [kɔ̃vɛʀsasjɔ̃] nf conversación *f* ▸ **être en grande conversation avec qqn** tener una conversación sesuda con alguien ▸ **détourner la conversation** desviar la conversación.

converser [3] [kɔ̃vɛʀse] vi *sout* conversar ▸ **converser avec qqn** conversar con alguien.

conversion [kɔ̃vɛʀsjɔ̃] nf conversión *f* ▸ **conversion de qqch en qqch** conversión de algo en algo.

converti, e [kɔ̃vɛʀti] nm, f converso *m*, -sa *f* ▸ **prêcher un converti** *fig* convencer a un convencido.

convertible [kɔ̃vɛʀtibl] ❖ adj convertible ▸ **convertible en qqch** [monnaie] convertible en algo. ❖ nm [canapé-lit] sofá-cama *m*.

convertir [32] [kɔ̃vɛʀtiʀ] vt convertir ▸ **convertir qqch en qqch** convertir algo en algo ▸ **convertir qqn à qqch** convertir a alguien a algo. ◆ **se convertir** vp ▸ **se convertir à qqch** convertirse a algo.

convertisseur [kɔ̃vɛʀtisœʀ] nm **1.** TECHNOL convertidor *m* **2.** INFORM ▸ **convertisseur analogique numérique** conversor *m* analógico digital ou A/D.

convexe [kɔ̃vɛks] adj convexo(xa).

conviction [kɔ̃viksjɔ̃] nf convicción *f* ▸ **avoir la conviction que** estar convencido(da) de que. ◆ **convictions** nfpl convicciones *fpl*.

conviendrai ⟶ **convenir**.

conviens ⟶ **convenir**.

convier [9] [kɔ̃vje] vt ▸ **convier qqn à qqch** a) [inviter] convidar a alguien a algo b) *fig* & *sout* [inciter] invitar a alguien a algo.

convins ⟶ **convenir**.

convive [kɔ̃viv] nmf comensal *mf*.

convivial, e, aux [kɔ̃vivjal, o] adj **1.** [réunion, assemblée] distendido(da) **2.** INFORM de fácil manejo.

convivialité [kɔ̃vivjalite] nf **1.** [entre personnes] buena convivencia *f* **2.** INFORM facilidad *f* de manejo.

convocation [kɔ̃vɔkasjɔ̃] nf convocatoria *f* ▸ **convocation à qqch** convocatoria a ou para algo.

convoi [kɔ̃vwa] nm **1.** [de véhicules, de train] convoy *m* ▸ **'convoi exceptionnel'** 'transporte especial' **2.** [cortège funèbre] cortejo *m*.

convoiter [3] [kɔ̃vwate] vt codiciar.

convoitise [kɔ̃vwatiz] nf codicia *f* ▸ **exciter la convoitise de qqn** provocar la codicia de alguien.

convoler [konvole] vi *hum* ▸ **convoler (en justes noces)** pasar por la vicaría.

convoquer [3] [kɔ̃vɔke] vt convocar.

convoyer [13] [kɔ̃vwaje] vt escoltar.

convoyeur, euse [kɔ̃vwajœʀ, øz] ❖ adj de escolta. ❖ nm, f escolta *m* ▸ **convoyeur de fonds** guarda *m* jurado.

convulsé, e [kɔ̃vylse] adj convulso(sa).

convulser [3] [kɔ̃vylse] vt convulsionar. ◆ **se convulser** vp convulsionarse.

convulsif, ive [kɔ̃vylsif, iv] adj convulsivo(va).

convulsion [kɔ̃vylsjɔ̃] nf convulsión *f*.

cookie [kuki] nm [petit gâteau & INFORM] cookie *m* o *f*.

cool [kul] adj inv *fam* **1.** [décontracté] enrollado(da) ; [calme] tranqui **2.** MUS cool.

coopérant, e [kɔɔpeʀɑ̃, ɑ̃t] adj & nm, f cooperante. ◆ **coopérant** nm MIL *antiguamente en Francia, joven que realizaba la prestación social substitutoria en el extranjero.*

coopératif, ive [kɔɔpeʀatif, iv] adj cooperativo(va) ▸ **se montrer coopératif** mostrarse dispuesto a colaborar.

coopération [kɔɔpeʀasjɔ̃] nf cooperación *f* ▸ **en coopération avec qqn** en cooperación con alguien.

coopérative [kɔɔpeʀativ] nf cooperativa *f* ▸ **coopérative d'achat** economato *m*.

coopérer [18] [kɔɔpeʀe] vi ▸ **coopérer à qqch** cooperar en algo.

cooptation [kɔɔptasjɔ̃] nf cooptación *f* ▸ **par cooptation** por cooptación.

coordinateur, trice [kɔɔʀdinatœʀ, tʀis], **coordonnateur, trice** [kɔɔʀdɔnatœʀ, tʀis] nm, f coordinador *m*, -ra *f* / *il assure le rôle de coordinateur dans ce projet* desempeña el papel de coordinador en este proyecto.

coordination [kɔɔʀdinasjɔ̃] nf coordinación *f*.

coordonné, e [kɔɔʀdɔne] adj **1.** [mouvements, efforts] coordinado(da) **2.** [draps, vêtements] combinado(da), a juego. ◆ **coordonnées** nfpl **1.** [d'une personne] señas *fpl* **2.** MATH, GÉOGR & ASTRON coordenadas *fpl*.

coordonnée [kɔɔʀdɔne] nf **1.** LING coordinada *f* **2.** MATH coordenada *f*. ◆ **coordonnées** nfpl **1.** *fam* [adresse] señas *fpl* **2.** GÉOGR coordenadas *fpl*.

coordonner [3] [kɔɔʀdɔne] vt coordinar.

copain, copine [kɔpɛ̃, kɔpin] ❖ adj amigo(ga). ❖ nm, f *fam* colega *mf* ESP, viejo *m*, -ja *f* AM.

coparent [kɔpaʀɑ̃] nm copadre *m*, comadre *f*.

copeau, x [kɔpo] nm viruta *f*.

Copenhague [kɔpɛnag] npr Copenhague.

copie [kɔpi] nf **1.** [double, reproduction] copia *f* ▸ **copie (certifiée) conforme** fotocopia *f* compulsada **2.** SCOL [d'examen] examen *m* ▸ **rendre copie blanche** entregar el examen en blanco **3.** INFORM ▸ **copie d'écran** copia *f* de pantalla.

copier [9] [kɔpje] ❖ vt [gén & INFORM] copiar. ❖ vi ▸ **copier sur qqn** copiar de alguien.

copier-coller [3] [kɔpjekɔle] vt INFORM copiar y pegar.

copieur, euse [kɔpjœʀ, øz] nm, f [élève] copión *m*, -ona *f*. ◆ **copieur** nm [machine] fotocopiadora *f*.

copieusement [kɔpjøzmɑ̃] adv copiosamente.

copieux, euse [kɔpjø, øz] adj copioso(sa).

copilote [kɔpilɔt] nmf copiloto *m*.

copinage [kɔpinaʒ] nm *fam* amiguismo *m* ▸ **par copinage** por enchufe.

copine ⟶ **copain**.

coprésidence [kɔpʀezidɑ̃s] nf copresidencia *f*.

coprésident [kɔpʀezidɑ̃] nm copresidente *m*.

coprésidente [kɔpʀezidɑ̃t] nf copresidenta *f*.

coprocesseur [kɔpʀɔsesœʀ] nm coprocesador *m*.

coproducteur, trice [kɔpʀɔdyktœʀ, tʀis] nm, f coproductor *m*, -ra *f*.

coproduction [kɔpʀɔdyksjɔ̃] nf coproducción *f* ▸ **en coproduction** en coproducción.

coproduire [80] [kɔpʀɔdɥiʀ] vt coproducir.

copropriétaire [kɔpʀɔpʀijetɛʀ] nmf copropietario *m*, -ria *f*.

copropriété [kɔpʀɔpʀijete] nf copropiedad *f* ▸ **réunion de copropriété** junta *f* de comunidad ▸ **acheter qqch en copropriété** comprar algo en régimen de copropriedad.

copulation [kɔpylasjɔ̃] nf cópula *f*.

copuler [3] [kɔpyle] vi copular.

copyright [kɔpiʀajt] nm copyright *m*.

coq [kɔk] nm **1.** ZOOL gallo *m* ▸ **coq de bruyère** urogallo *m* ▸ **le coq gaulois** el gallo galo **2.** CULIN pollo *m* ESP, ave *f* AM ▸ **coq au vin** pollo al vino **3.** EXPR **fier comme un coq** como un gallo en un corral ▸ **être comme un coq en pâte** ser tratado(da) a cuerpo de rey ▸ **sauter** OU **passer du coq à l'âne** saltar de un tema a otro.

> **Le coq gaulois**
>
> El gallo es el emblema de Francia. Su canto en francés, **cocorico**, se puede emplear como expresión irónica para simbolizar el orgullo nacional en los éxitos deportivos. Por ejemplo, podremos leer: **tres medallas para Francia — ¡Cocorico !**

coquard, coquart [kɔkaʀ] nm *fam* ojo *m* a la funerala.

coque [kɔk] nf **1.** [de noix, amande] cáscara *f* **2.** [de navire] casco *m* **3.** ZOOL berberecho *m*.

coquelet [kɔklɛ] nm gallo *m* joven.

coquelicot [kɔkliko] nm amapola *f*.

coqueluche [kɔklyʃ] nf tos *f* ferina ▸ **être la coqueluche de** *fig* ser el preferido (la preferida) de.

coquet, ette [kɔkɛ, ɛt] adj **1.** [élégant] coqueto(ta) **2.** *(avant le n) hum* [important] bonito(ta). ◆ **coquette** nf mantenida *f*.

coquetier [kɔktje] nm huevera *f*.

coquetterie [kɔkɛtʀi] nf coquetería *f*.

coquillage [kɔkijaʒ] nm **1.** [mollusque] marisco *m* *(que tiene concha)* **2.** [coquille] concha *f*.

coquille [kɔkij] nf **1.** [de mollusque] concha *f* ▸ **coquille Saint-Jacques a)** [animal] vieira *f* **b)** [enveloppe] concha *f* ▸ **rentrer dans sa coquille** *fig* encerrarse en su concha **2.** [d'œuf] cáscara *f* ▸ **coquille de noix** *fig* cascarón *m* de nuez **3.** [typographique] gazapo *m*, errata *f*.

coquillette [kɔkijɛt] nf [pâte] conchita *f (de pasta)*.

coquin, e [kɔkɛ̃, in] ◇ adj pícaro(ra). ◇ nm, f **1.** [malicieux] pícaro *m*, -ra *f* **2.** [malhonnête] tunante *m*, -ta *f*.

cor [kɔʀ] nm **1.** [instrument] trompa *f* ▸ **cor de chasse** cuerno *m* de caza **2.** [au pied] callo *m*. ◆ **à cor et à cri** loc adv a voz en grito.

corail, aux [kɔʀaj, o] nm [animal, calcaire] coral *m*. ◆ **corail** ◇ adj inv **1.** [couleur] de color coral **2.** RAIL [train] estrella *(en apposition)*. ◇ nm inv [couleur] color *m* coral.

Coran [kɔʀɑ̃] nm Corán *m*.

coranique [kɔʀanik] adj coránico(ca).

corbeau [kɔʀbo] nm **1.** [oiseau] cuervo *m* **2.** *fig* [délateur] autor *m*, -ra *f* de anónimos.

corbeille [kɔʀbɛj] nf **1.** [panier] cesta *f* **2.** THÉÂTRE palco *m* **3.** [Bourse] corro *m* **4.** INFORM papelera *f*.

corbillard [kɔʀbijaʀ] nm coche *m* fúnebre.

cordage [kɔʀdaʒ] nm **1.** [de bateau] jarcias *fpl*, cordaje *m* **2.** [de raquette] cordaje *m*.

corde [kɔʀd] nf cuerda *f* ▸ **cordes vocales** cuerdas vocales ▸ **avoir plus d'une corde à son arc** tener varios ases en la manga ▸ **être sur la corde raide** estar en la cuerda floja ▸ **toucher la corde sensible** tocar la fibra sensible ▸ **usé jusqu'à la corde a)** [vêtement] raído **b)** [histoire] sobado. ◆ **cordes** nfpl **1.** MUS & SPORT cuerdas *fpl* **2.** EXPR **être dans les cordes de qqn** dársele bien a alguien ▸ **il tombe** OU **pleut des cordes** llueve a cántaros.

cordeau [kɔʀdo] nm **1.** [de jardinier] cordel *m* ▸ **tiré au cordeau** *fig* bordado **2.** [de pêche] palangre *m*.

cordée [kɔʀde] nf **1.** [alpinisme] cordada *f* **2.** [pêche] espinel *m*.

cordelette [kɔʀdəlɛt] nf cuerdecilla *f*.

cordial, e, aux [kɔʀdjal, o] adj cordial.

cordialement [kɔʀdjalmɑ̃] adv cordialmente.

cordialité [kɔʀdjalite] nf cordialidad *f*.

cordillère [kɔʀdijɛʀ] nf ▸ **la cordillère des Andes** la cordillera de los Andes.

cordon [kɔʀdɔ̃] nm **1.** [lien] cordón *m* ▸ **cordon ombilical** cordón umbilical ▸ **cordon de police** cordón policial **2.** [insigne] banda *f*.

cordon-bleu [kɔʀdɔ̃blø] (*pl* **cordons-bleus**) nm cocinero *m*, -ra *f* excelente.

cordonnerie [kɔʀdɔnʀi] nf zapatería *f*.

cordonnier, ère [kɔʀdɔnje, ɛʀ] nm, f zapatero *m*, -ra *f*.

cordouan, e [kɔʀduɑ̃, an] adj cordobés(esa). ◆ **Cordouan, e** nm, f cordobés(esa).

Cordoue [kɔʀdu] npr Córdoba.

Corée [kɔʀe] npr Corea ▸ **la Corée du Nord / du Sud** Corea del Norte / del Sur.

coréen, enne [kɔʀeɛ̃, ɛn] adj coreano(na). ◆ **Coréen, enne** nm, f coreano *m*, -na *f*.

coreligionnaire [kɔʀəliʒjɔnɛʀ] nmf correligionario *m*, -ria *f*.

coriace [kɔʀjas] adj **1.** [viande] correoso(sa) **2.** *fig* [caractère] tenaz.

coriandre [kɔʀjɑ̃dʀ] nf cilantro *m*.

corinthien, enne [kɔʀɛ̃tjɛ̃, ɛn] adj corintio(a). ◆ **Corinthien, enne** nm, f corintio(a).

cormoran [kɔʀmɔʀɑ̃] nm cormorán *m*.

corne [kɔʀn] nf **1.** [gén] cuerno *m* ▸ **corne d'abondance** *fig* cuerno de la abundancia, cornucopia *f* ▸ **corne de brume** sirena *f* de niebla **2.** [matière] asta *f* **3.** [callosité] callosidad *f*, dureza *f*.

cornée [kɔʀne] nf córnea *f*.

corneille [kɔʀnɛj] nf corneja *f*.

cornélien, enne [kɔʀneljɛ̃, ɛn] adj **1.** [de Corneille] corneliano(na) **2.** *fig* [dilemme] dilemático(ca).

cornemuse [kɔʀnəmyz] nf gaita *f*.

corner[1] [3] [kɔʀne] ◆ vi [sonner] tocar la bocina. ◆ vt [page] doblar.

corner[2] [kɔʀnɛʀ] nm SPORT córner *m*.

cornet [kɔʀnɛ] nm cucurucho *m* ▸ **cornet à dés** cubilete *m* ▸ **cornet de glace** cucurucho (de helado) ▸ **cornet à pistons** MUS cornetín *m*.

corn flakes [kɔʀnflɛks] nmpl corn flakes *mpl*.

corniaud, corniot [kɔʀnjo] nm **1.** [chien] perro *m* callejero **2.** *fam* & *péj* [imbécile] bobo *m*, -ba *f*.

corniche [kɔʀniʃ] nf cornisa *f*.

cornichon [kɔʀniʃɔ̃] nm **1.** [condiment] pepinillo *m* **2.** *fam* & *péj* [imbécile] burro *m*, -rra *f*.

corollaire [kɔʀɔlɛʀ] nm corolario *m*.

corolle [kɔʀɔl] nf corola *f*.

coron [kɔʀɔ̃] nm *grupo de viviendas para mineros*.

coronaire [kɔʀɔnɛʀ] adj coronario(ria).

corossol [kɔʀɔsɔl] nm corojo *m*, corozo *m*.

corporation [kɔʀpɔʀasjɔ̃] nf gremio *m*.

corporel, elle [kɔʀpɔʀɛl] adj **1.** [besoins, exercice] corporal **2.** DR [bien] material.

corps [kɔʀ] nm cuerpo *m* ▸ **à mon corps défendant** a mi pesar ▸ **à corps perdu** con todas sus fuerzas ▸ **au corps à corps** cuerpo a cuerpo ▸ **le corps du délit** el cuerpo del delito ▸ **corps d'armée** cuerpo de ejército ▸ **corps de ballet** cuerpo de baile ▸ **corps diplomatique / enseignant** cuerpo diplomático / docente ▸ **corps étranger** cuerpo extraño ▸ **corps expéditionnaire** cuerpo expedicionario ▸ **corps gras** cuerpo graso ▸ **faire corps avec** formar cuerpo con ▸ **se dévouer corps et âme** entregarse en cuerpo y alma ▸ **sombrer corps et biens** perder bienes y personas.

corpulence [kɔʀpylɑ̃s] nf corpulencia *f*.

corpulent, e [kɔʀpylɑ̃, ɑ̃t] adj corpulento(ta).

corpus [kɔʀpys] nm **1.** [recueil de documents] recopilación *f* **2.** LING corpus *m inv*.

corpuscule [kɔʀpyskyl] nm corpúsculo *m*.

correct, e [kɔʀɛkt] adj correcto(ta).

correctement [kɔ̃ʀɛktəmɑ̃] adv **1.** [sans faute] correctamente **2.** [décemment] aceptablemente.

correcteur, trice [kɔʀɛktœʀ, tʀis] adj & nm, f corrector(ra). ◆ **correcteur orthographique** nm corrector *m* ortográfico.

correctif, ive [kɔʀɛktif, iv] adj correctivo(va). ◆ **correctif** nm precisión *f* ▸ **apporter un correctif à qqch** hacer una precisión sobre algo.

correction [kɔʀɛksjɔ̃] nf **1.** [gén] corrección *f* **2.** [punition] correctivo *m* ▸ **donner une correction à qqn** aplicar un correctivo a alguien.

correctionnel, elle [kɔʀɛksjɔnɛl] adj correccional. ◆ **correctionnelle** nf tribunal *m* correccional ▸ **passer en correctionnelle** ir a juicio.

corrélation [kɔʀelasjɔ̃] nf correlación *f*.

correspondance [kɔʀɛspɔ̃dɑ̃s] nf **1.** [gén] correspondencia *f* ▸ **lire sa correspondance** leer la correspondencia ▸ **par correspondance** por correo **2.** [train, bus] enlace *m* ; [avion] correspondencia *f*.

correspondant, e [kɔʀɛspɔ̃dɑ̃, ɑ̃t] ◆ adj correspondiente. ◆ nm, f **1.** [par lettres] correspondiente *mf* **2.** [au téléphone] interlocutor *m*, -ra *f* **3.** PRESSE corresponsal *mf* ▸ **de notre correspondant à…** de nuestro corresponsal en… ▸ **correspondant de guerre** corresponsal de guerra.

correspondis ⟶ **correspondre**.

correspondre [75] [kɔʀɛspɔ̃dʀ] vi **1.** [être conforme] ▸ **correspondre à qqch** corresponder a algo **2.** [par lettres] cartearse ▸ **correspondre avec qqn** cartearse con alguien. ◆ **se correspondre** vp [s'accorder] corresponder.

corresponds ⟶ **correspondre**.

correspondu, e [kɔʀɛspɔ̃dy] pp ⟶ **correspondre**.

corrida [kɔʀida] nf corrida *f*.

corridor [kɔʀidɔʀ] nm **1.** [couloir] pasillo *m*, corredor *m* **2.** GÉOGR corredor *m*.

corrigé [kɔʀiʒe] nm corrección *f* / *le corrigé de l'examen* el examen modelo.

corriger [17] [kɔʀiʒe] vt corregir. ◆ **se corriger** vp corregirse ▸ **se corriger de qqch** [d'un défaut] enmendarse en algo.

corroborer [3] [kɔʀɔbɔʀe] vt corroborar.

corroder [3] [kɔʀɔde] vt corroer.

corrompis ⟶ **corrompre**.

corrompre [78] [kɔʀɔ̃pʀ] vt corromper.

corromps ⟶ **corrompre**.

corrompu, e [kɔʀɔ̃py] ◆ pp ⟶ **corrompre**. ◆ adj corrupto(ta).

corrosif, ive [kɔʀozif, iv] adj corrosivo(va). ◆ **corrosif** nm [substance] sustancia *f* corrosiva.

corrosion [kɔʀozjɔ̃] nf **1.** [des métaux] corrosión *f* **2.** [des sols] erosión *f*.

corruption [kɔʀypsjɔ̃] nf corrupción *f* ▸ **corruption de fonctionnaire** cohecho *m*.

corsage [kɔʀsaʒ] nm **1.** [chemisier] blusa *f* **2.** [de robe] cuerpo *f*.

corsaire [kɔʀsɛʀ] nm **1.** [marin] corsario *m* **2.** [navire] barco *m* corsario **3.** [pantalon] pantalón *m* (de) pirata.

corse [kɔʀs] ◆ adj corso(sa). ◆ nm LING corso *m*. ◆ **Corse** ◆ nmf corso *m*, -sa *f*. ◆ npr ▸ **la Corse** Córcega ▸ **la Corse-du-Sud** Córcega del Sur ▸ **la Haute-Corse** Alta Córcega.

corsé, e [kɔʀse] adj [café] fuerte ; [problema] arduo(a).

corser [3] [kɔʀse] vt : *on va corser les choses* vamos a complicar la cosa. ◆ **se corser** vp complicarse ▸ **ça se corse** esto ou la cosa se complica.

corset [kɔʀsɛ] nm corsé *m* ▸ **corset orthopédique** corsé ortopédico.

cortège [kɔʀtɛʒ] nm **1.** [défilé] cortejo *m*, séquito *m* ▸ **cortège funèbre** cortejo fúnebre **2.** *fig* [suite] séquito *m*.

corticoïde [kɔʀtikɔid], **corticostéroïde** [kɔʀtikɔsteʀɔid] nm MÉD corticoide *m*, corticosteroide *m*.

cortisone [kɔʀtizɔn] nf cortisona *f*.

corvée [kɔʀve] nf faena *f*.

corvette [kɔʀvɛt] nf corbeta *f*.

cosignataire [kosiɲatɛʀ] nmf consignatario *m*, -ria *f*, cofirmante *mf*.

cosinus [kɔsinys] nm coseno *m*.

cosmétique [kɔsmetik] ◆ nm cosmético *m*. ◆ adj cosmético(ca).

cosmique [kɔsmik] adj cósmico(ca).

cosmonaute [kɔsmɔnot] nmf cosmonauta *mf*.

cosmopolite [kɔsmɔpɔlit] adj cosmopolita.

cosmos [kɔsmos] nm cosmos *m*.

cosse [kɔs] nf **1.** [de légume] vaina *f* **2.** ÉLECTR terminal *m*.

cossu, e [kɔsy] adj **1.** [maison, intérieur] señorial **2.** [personne] acomodado(da).

costar(d) [kɔstaʀ] nm *fam* traje *m* ▸ **costard cravate** traje y corbata / *il a mis son costard cravate* se puso traje y corbata / *il est arrivé en costard cravate* llegó encorbatado ▸ **tailler un costard à qqn** criticar a alguien a sus espaldas.

Costa Rica [kɔstaʀika] npr ▸ **le Costa Rica** Costa Rica.

costaricain, e [kɔstaʀikɛ̃, ɛn], **costaricien, enne** [kɔstaʀisjɛ̃, ɛn] adj costarriqueño(ña), costarricense. ◆ **Costaricain, e, Costaricien, enne** nm, f costarriqueño *m*, -ña *f*, costarricense *mf*.

costaricien, enne [kɔstaʀisjɛ̃, ɛn] adj costarricense, costarriqueño(ña). ◆ **Costaricien, enne** nm, f costarricense *mf*, costarriqueño *m*, -ña *f*.

costaud, e [kɔsto, od] adj *fam* **1.** [personne] forzudo(da) **2.** [exercice, problème] recio(cia). ◆ **costaud** nm forzudo *m*.

costume [kɔstym] nm **1.** [vêtement d'homme] traje *m* ▸ **costume trois-pièces** terno *m* **2.** THÉÂTRE ▸ **les costumes** el vestuario.

costumé, e [kɔstyme] adj [bal, soirée] de disfraces.

cotation [kɔtasjɔ̃] nf FIN cotización *f* ▸ **cotation en Bourse** cotización en Bolsa.

cote [kɔt] nf **1.** [niveau] cota *f*, nivel *m* ▸ **cote d'alerte a)** [de cours d'eau] nivel ou cota de alerta **b)** *fig* [de situation] punto *m* crítico ▸ **cote de popularité** cota ou nivel de popularidad ▸ **avoir la cote (auprès de qqn)** *fam* ser el preferido (la preferida) de alguien **2.** [de livres] signatura *f* **3.** FIN cotización *f* **4.** [de voiture] valoración *f* **5.** [de cheval] apuesta.

côte [kot] nf **1.** ANAT costilla *f* **2.** [CULIN - de bœuf] chuletón *m* ; [- d'agneau, de porc] chuleta *f* **3.** [pente] cuesta *f* **4.** [littoral] costa *f*. ◆ **côte à côte** loc adv uno al lado del otro. ◆ **Côte d'Azur** npr ▸ **la Côte d'Azur** la Costa Azul.

coté, e [kɔte] adj **1.** [estimé] cotizado(da) ▸ **être coté** ser apreciado **2.** FIN ▸ **être coté en Bourse** cotizar en Bolsa.

côté [kote] nm **1.** [gén] lado *m* ▸ **de l'autre côté de qqch** al otro lado de algo ▸ **côté opposé** lado opuesto ou contrario ▸ **être aux côtés de qqn** estar al lado de alguien ▸ **les bons / mauvais côtés de** [personne, situation] el lado bueno / malo de **2.** [flanc] costado *m*, lado *m* ▸ **sur le côté** de costado, de lado.

coteau [kɔto] nm **1.** [petite colline] cerro *m* **2.** [versant] ladera *f*.

Côte d'Ivoire [kotdivwaʀ] npr ▸ **la Côte d'Ivoire** Costa de Marfil.

côtelé, e [kotle] adj acanalado(da) ; ⟶ **velours**.

côtelette [kotlɛt] nf chuleta *f*.

coter [3] [kɔte] vt **1.** [livres] numerar, poner la signatura en **2.** FIN cotizar **3.** [plan, carte] acotar.

coterie [kɔtʀi] nf *péj* camarilla *f*.

côtes-du-rhône [kotdyʀon] nm inv *vino del valle del Ródano*.

côtier, ère [kotje, ɛʀ] adj costero(ra).

cotisation [kɔtizasjɔ̃] nf **1.** [quote-part - à un club, parti] cuota *f* ; [- à la Sécurité sociale] cotización *f* ▸ **cotisations patronales** cuotas patronales ▸ **cotisations salariales** cuotas salariales **2.** [collecte d'argent] colecta *f*.

cotiser [3] [kɔtize] vi **1.** [payer une cotisation - à un club, un parti] pagar una cuota ; [- à la Sécurité sociale] cotizar **2.** [participer] ▸ **cotiser pour qqch** dar dinero para. ◆ **se cotiser** vp hacer una colecta.

coton [kɔtɔ̃] nm algodón *m* ▸ **coton à démaquiller** algodón para desmaquillar ▸ **coton hydrophile** algodón hidrófilo ▸ **filer un mauvais coton** ir por mal camino.

cotonnade [kɔtɔnad] nf cotonada *f*.

Coton-Tige® [kɔtɔ̃tiʒ] nm bastoncillo *m* (de algodón).

côtoyer [13] [kotwaje] vt [fréquenter] frecuentar.

cotte [kɔt] ◆ **cotte de mailles** nf cota *f* de mallas.

cou [ku] nm cuello *m* ▸ **sauter** OU **se jeter au cou de qqn** echar los brazos al cuello de alguien ▸ **jusqu'au cou** *fig* hasta las cejas.

couac [kwak] nm gallo *m* ▸ **faire un couac** a) [en chantant] soltar un gallo b) [instrument] dar una nota falsa.

couard, e [kwaʀ, aʀd] adj & nm, f *sout* cobarde.

couchage [kuʃaʒ] ⟶ **sac**.

couchant [kuʃɑ̃] ◆ nm poniente *m*. ◆ adj m ⟶ **soleil**.

couche [kuʃ] nf **1.** [gén] capa *f* ▸ **couche d'ozone** capa de ozono ▸ **en avoir** OU **tenir une couche** *fam* & *fig* traérselas **2.** [de bébé] pañal *m* **3.** [classe sociale] clase *f*. ◆ **couches** nfpl parto *m* ▸ **être en couches** ir de parto. ◆ **fausse couche** nf aborto *m* natural, aborto *m* espontáneo.

couche-culotte [kuʃkylɔt] (*pl* **couches-culottes**) nf braga *f* pañal, pañal *m*.

coucher¹ [3] [kuʃe] ◆ vt **1.** [enfant] acostar **2.** [objet] tumbar **3.** [blessé] tender **4.** *sout* [sur un testament] incluir. ◆ vi **1.** [dormir] dormir ▸ **un nom à coucher dehors** *fam* un apellido que se las trae **2.** *fam* [avoir des rapports sexuels] ▸ **coucher avec qqn** acostarse con alguien. ◆ **se coucher** vp **1.** [s'allonger] tumbarse **2.** [se mettre au lit] acostarse **3.** [se courber] inclinarse **4.** [soleil] ponerse.

coucher² [kuʃe] nm puesta *f* ▸ **coucher de soleil** puesta de sol.

couchette [kuʃɛt] nf litera *f*.

coucheur [kuʃœʀ] nm ▸ **c'est un mauvais coucheur** *fam* tiene malas pulgas.

couci-couça [kusikusa] adv *fam* así así.

coucou [kuku] ◆ nm **1.** [oiseau] cuco *m*, cuclillo *m* **2.** [fleur] primavera *f* silvestre **3.** [pendule] cucú *m*, reloj *m* de cuco. ◆ interj ¡cucú!

coude [kud] nm **1.** [gén] codo *m* ▸ **mettre les coudes sur la table** poner los codos encima de la mesa ▸ **jouer des coudes** [se frayer un passage] abrirse paso a codazos ▸ **se serrer les coudes** echarse una mano **2.** [de chemin, de rivière] recodo *m*.

coudée [kude] nf ▸ **avoir les coudées franches** tener campo libre.

cou-de-pied [kudpje] (*pl* **cous-de-pied**) nm empeine *m*.

coudoyer [13] [kudwaje] vt *sout* [côtoyer] frecuentar.

coudre [86] [kudʀ] vt & vi coser.

coudrier [kudʀije] nm avellano *m*.

couds ⟶ **coudre**.

couenne [kwan] nf corteza *f* de tocino.

couette [kwɛt] nf **1.** [édredon] funda *f* nórdica, plumón *m* **2.** [coiffure] coleta *f*.

couffin [kufɛ̃] nm **1.** [berceau] cuco *m*, capacho *m* **2.** [cabas] serón *m*.

couille [kuj] nf *vulg* cojón *m*, huevo *m*.

couillon, onne [kujɔ̃, ɔn] adj & nm, f *tfam* gilipollas ESP, pendejo *mf*, -ja *f* AM, gil *mf*, -la *f* CSUR.

couillonner [3] [kujɔne] vt *tfam* tomar el pelo a ▸ **il s'est fait couillonner** le han tomado el pelo.

couiner [3] [kwine] vi **1.** [animal] chillar **2.** *péj* [personne] lloriquear **3.** [porte, fenêtre] rechinar.

coulant, e [kulɑ̃, ɑ̃t] adj **1.** [matière, style] fluido(da) **2.** *fam* [personne] ▸ **être coulant (avec qqn)** enrollarse bien (con alguien).

coulée [kule] nf **1.** [de lave, boue] río *m* **2.** [de métal] colada *f*.

couler [3] [kule] ◆ vt **1.** [navire, entreprise, personne] hundir **2.** [métal, béton] vaciar, colar. ◆ vi **1.** [liquide] correr **2.** [beurre, cire] derretirse **3.** [robinet] gotear **4.** [bateau, personne] hundirse ▸ **couler à pic** irse a pique **5.** [jours] transcurrir. ◆ **se couler** vp **1.** [se glisser] meterse **2.** EXPR **se la couler douce** *fam* vivir alguien mejor que quiere.

couleur [kulœʀ] nf **1.** [gén] color *m* ▸ **en couleurs** en color ▸ **couleur locale** típico(ca) ▸ **en faire voir de toutes les couleurs à qqn** *fam* hacérselas pasar moradas a alguien ▸ **haut en couleur** *fig* con carácter **2.** [linge] ropa *f* de color **3.** [aux cartes] palo *m* ▸ **annoncer la couleur** a) [de l'atout] declarar el triunfo b) *fig* poner las cartas boca arriba.

couleuvre [kulœvʀ] nf culebra *f* ▸ **avaler des couleuvres** *fam* & *fig* tragar (bilis).

coulis [kuli] nm puré *m* ▸ **coulis de framboises** *crema de frambuesas*.

coulissant, e [kulisɑ̃, ɑ̃t] adj corredero(ra).

coulisse [kulis] nf **1.** [glissière] riel *m* ▸ **à coulisse** corredero(ra) **2.** COUT jareta *f*. ◆ **coulisses** nfpl **1.** THÉÂTRE bastidores *mpl* ▸ **dans les coulisses** entre bastidores **2.** *fig* [dessous] entresijos *mpl*.

coulisser [3] [kulise] vi correr.

couloir [kulwaʀ] nm **1.** [corridor, passage] pasillo *m* ▸ **couloir aérien** corredor *m* aéreo ▸ **couloir d'autobus** carril *m* bus **2.** GÉOGR corredor *m* **3.** SPORT calle *f*.

coulommiers [kulɔmje] nm *queso de Coulommiers parecido al camembert*.

coulpe [kulp] nf ▸ **battre sa coulpe** *sout* entonar un mea culpa.

coup [ku] ◆ nm

1. [gén] golpe *m* ▸ **rouer qqn de coups** moler a alguien a golpes ▸ **coup bas** golpe bajo ▸ **coup dur** duro golpe

▸ **coup franc** golpe franco ▸ **coup de grâce** golpe de gracia ▸ **sale coup** golpe bajo
2. [avec instrument, arme, partie du corps] ▸ **passer un coup de balai** pasar la escoba ▸ **coup de ciseaux** tijeretazo *m* ▸ **coup de coude** codazo *m* ▸ **coup de crayon** trazo *m* ▸ **coup de feu** disparo *m* ▸ **coup de fouet** **a)** latigazo *m* **b)** *fig* empujón *m* ▸ **coup de marteau** martillazo *m* ▸ **coup de pied** patada *f*, puntapié *m* ▸ **coup de poing** puñetazo *m* ▸ **coup de sonnette** timbrazo *m* ▸ **jeter un coup d'œil (à qqch)** echar una ojeada OU un vistazo (a algo)
3. *fam* [fois] vez *f*
4. [manifestation soudaine] acceso *m*, arrebato *m* ▸ **avoir un coup de barre** OU **de pompe** *fam* amodorrarse, dar un bajón ▸ **coup de colère** arrebato de cólera ▸ **coup de tonnerre** trueno *m*
5. [action spectaculaire] jugada *f* ▸ **coup fourré** jugarreta *f* ▸ **préparer un mauvais coup** preparar una mala pasada ▸ **réussir un coup fumant** hacer una jugada maestra
6. EXPR **avoir un coup dans l'aile** OU **dans le nez** *fam* estar un poco contentillo(lla) ▸ **boire un coup** *fam* tomar una copa ▸ **donner un coup de main à qqn** echar una mano a alguien ▸ **en prendre un coup** acusar el golpe ▸ **être dans le coup** **a)** [être à la mode] estar a la moda **b)** [être au courant] estar en el ajo ▸ **faire les quatre cents coups** hacer las mil y una ▸ **frapper un grand coup** dar la campanada ▸ **marquer le coup** celebrarlo ▸ **tenir le coup** aguantar (el tipo) ▸ **tenter le coup** intentarlo ▸ **valoir le coup** valer la pena
◆ **coup d'éclat** nm proeza *f*, hazaña *f*.
◆ **coup d'État** nm golpe *m* de Estado.
◆ **coup de fil** nm llamada *f* ▸ **passer un coup de fil (à qqn)** dar un telefonazo (a alguien).
◆ **coup de foudre** nm flechazo *m*.
◆ **coup de téléphone** nm llamada *f* (telefónica) ESP, llamado *m* AM ▸ **donner** OU **passer un coup de téléphone** llamar por teléfono.
◆ **coup de théâtre** nm golpe *m* de efecto.
◆ **à coup sûr** loc adv seguro / ***il l'aura oublié, à coup sûr*** seguro que se le habrá olvidado.
◆ **du coup** loc adv resulta que.
◆ **du premier coup** loc adv a la primera.
◆ **coup sur coup** loc adv uno tras otro, una tras otra.
◆ **sous le coup de** loc prép **1.** [sous l'action de] bajo el peso de **2.** [sous l'effet de] bajo el efecto de.
◆ **sur le coup** loc prép en el momento, al principio.
◆ **tout à coup** loc adv de repente.

coupable [kupabl] ◈ adj **1.** [personne] culpable ▸ **plaider coupable / non coupable** declararse culpable / inocente **2.** [action, pensée] censurable. ◈ nmf culpable *mf*.

coupant, e [kupɑ̃, ɑ̃t] adj cortante.

coupe [kup] nf **1.** [verre & SPORT] copa *f* ▸ **coupe à champagne** copa de champán ▸ **coupe de champagne** copa de champán *(contenido)* ▸ **coupe du monde** copa del mundo **2.** [coiffure & COUT] corte *m* ▸ **coupe de cheveux** corte de pelo **3.** [d'arbres] tala *f* **4.** [plan] sección *f* **5.** [aux cartes] corte *m* **6.** [de mot] partición *f* de palabras **7.** [réduction] recorte *m*.

coupé, e [kupe] adj cortado(da). ◆ **coupé** nm cupé *m*.

coupe-circuit [kupsiʀkɥi] (*pl* **coupe-circuits** *ou inv*) nm cortacircuitos *m inv*.

coupe-faim [kupfɛ̃] nm inv tentempié *m*.

coupe-feu [kupfø] nm inv cortafuego *m*.

coupe-gorge [kupgɔʀʒ] nm inv lugar *m* siniestro.

coupelle [kupɛl] nf copela *f*.

coupe-ongles [kupɔ̃gl] nm inv cortaúñas *m inv*.

coupe-papier [kuppapje] (*pl* **coupe-papiers** *ou inv*) nm abrecartas *m inv*.

couper [3] [kupe] ◈ vt **1.** [gén & INFORM] cortar **2.** [blé, herbe] segar **3.** [traverser] cruzar **4.** [vin] aguar **5.** [aux cartes] matar. ◈ vi cortar ▸ **couper court à qqch** atajar algo / ***tu ne vas pas couper à la vaisselle*** *fam* no te vas a escaquear de lavar los platos. ◆ **se couper** vp **1.** [se blesser] cortarse **2.** [se croiser] cruzarse **3.** [s'isoler] aislarse.

couper-coller [kupekɔle] nm inv INFORM ▸ **faire un couper-coller** hacer un corta pega.

couperet [kupʀɛ] nm cuchilla *f*.

couperose [kupʀoz] nf acné *f* rosácea.

couperosé, e [kupʀoze] adj sonrosado(da).

coupe-vent [kupvɑ̃] nm inv [vêtement] chubasquero *m*.

couple [kupl] nm **1.** [de personnes, d'oiseaux] pareja *f* **2.** PHYS & MATH par *m*.

Couplé® [kuple] nm apuesta *f* doble *(en quinielas)*.

coupler [3] [kuple] vt TECHNOL acoplar.

couplet [kuplɛ] nm estrofa *f*; *fig* cantinela *f*.

coupole [kupɔl] nf cúpula *f*.

coupon [kupɔ̃] nm **1.** [de tissu] retal *m* **2.** [billet & FIN] cupón *m*.

coupon-réponse [kupɔ̃ʀepɔ̃s] (*pl* **coupons-réponse**) nm cupón *m* respuesta.

coupure [kupyʀ] nf **1.** [gén] corte *m* ▸ **coupure de courant** **a)** apagón *m* **b)** TECHNOL corte de corriente **2.** [extrait de journal] recorte *m* ▸ **coupure de journal** recorte de prensa **3.** [billet de banque] billete *m* ▸ **grosses / petites coupures** billetes grandes / pequeños **4.** *fig* [rupture] interrupción *f* ▸ **coupure publicitaire** pausa *f* publicitaria.

cour [kuʀ] nf **1.** [espace] patio *m* ▸ **cour de récréation** patio de recreo **2.** [entourage] corte *f* ▸ **faire la cour à** **a)** [femme] hacer la corte a **b)** *fig* hacer la pelota a **3.** [tribunal] tribunal *m* ▸ **cour d'assises** ≃ audiencia *f* provincial ▸ **cour martiale** tribunal militar. ◆ **Cour de cassation** nf ▸ **la Cour de cassation** ≃ el Tribunal Supremo. ◆ **Cour des comptes** nf ▸ **la Cour des comptes** *entidad administrativa que supervisa los asuntos financieros de los organismos públicos* ; ≃ el Tribunal de Cuentas. ◆ **Haute Cour** nf ▸ **la Haute Cour (de justice)** *tribunal designado por el legislativo y encargado de juzgar al presidente y los ministros en caso de falta muy grave.*

courage [kuʀaʒ] nm **1.** [bravoure] valor *m*, valentía *f* ▸ **prendre son courage à deux mains** a) hacer de tripas corazón b) [rassembler son énergie] sacar fuerzas de flaqueza **2.** [énergie] ánimo *m*.

courageusement [kuʀaʒøzmɑ̃] adv valientemente.

courageux, euse [kuʀaʒø, øz] adj **1.** [brave] valiente **2.** [travailleur] animoso(sa) **3.** [audacieux] audaz.

couramment [kuʀamɑ̃] adv **1.** [sans difficulté] con fluidez ▸ **parler couramment une langue** hablar una lengua con fluidez **2.** [communément] corrientemente, normalmente.

courant, e [kuʀɑ̃, ɑ̃t] adj corriente ▸ **dans la vie courante** en la vida diaria ▸ **les dépenses courantes** los gastos habituales. ◆ **courant** nm **1.** [gén] corriente *f* ▸ **couper le courant** cortar la corriente, quitar la luz ▸ **courant d'air** corriente de aire ▸ **courant alternatif** corriente alterna ▸ **courant de pensée** corriente de pensamiento **2.** [de personnes] movimiento *m*. ◆ **au courant** loc adv ▸ **être au courant (de qqch)** estar al corriente (de algo) ▸ **mettre / tenir qqn au courant (de qqch)** poner/mantener a alguien al corriente (de algo) ▸ **se mettre / se tenir au courant (de qqch)** ponerse/mantenerse al corriente (de algo).

courbatu, e [kuʀbaty] adj ▸ **être courbatu** tener agujetas.

courbature [kuʀbatyʀ] nf agujetas *fpl*.

courbaturé, e [kuʀbatyʀe] adj ▸ **être courbaturé** tener agujetas.

courbe [kuʀb] ◈ nf curva *f* ▸ **courbe de niveau** curva de nivel ▸ **courbe de température** curva de temperatura. ◈ adj curvo(va).

courber [3] [kuʀbe] ◈ vt **1.** [branche, tige] curvar **2.** [tête, front] inclinar. ◈ vi [ployer] encorvarse. ◆ **se courber** vp **1.** [branche, tige] curvarse **2.** [se baisser] inclinarse.

courbette [kuʀbɛt] nf zalema *f* ▸ **faire des courbettes à** ou **devant qqn** *fig* hacer zalemas a ou ante alguien.

coureur, euse [kuʀœʀ, øz] nm, f corredor *m*, -ra *f* ▸ **coureur cycliste** ciclista *mf* ▸ **coureur de jupons** mujeriego *m*.

courge [kuʀʒ] nf **1.** [légume] calabaza *f* **2.** *fam* [imbécile] cabeza hueca *mf*.

courgette [kuʀʒɛt] nf calabacín *m*.

courir [45] [kuʀiʀ] ◈ vt **1.** [course, risque] correr **2.** [parcourir] recorrer **3.** [fréquenter] frecuentar ▸ **courir les magasins** ir de tiendas **4.** *fig* [rechercher] buscar. ◈ vi correr ▸ **courir après qqch / qqn** *fig* correr tras algo/alguien.

couronne [kuʀɔn] nf **1.** [gén] corona *f* ▸ **couronne mortuaire** ou **funéraire** corona mortuoria ou funeraria **2.** [pain] rosco *m*.

couronnement [kuʀɔnmɑ̃] nm coronación *f*.

couronner [3] [kuʀɔne] vt coronar ▸ **être couronné de succès** verse coronado por el éxito.

courrai ⟶ **courir**.

courre [kuʀ] ⟶ **chasse**.

courriel [kuʀjɛl] nm [message] correo *m* electrónico, email *m*.

courrier [kuʀje] nm correo *m* ▸ **courrier du cœur** consultorio *m* sentimental ▸ **courrier direct** marketing *m* directo ▸ **courrier électronique** correo electrónico ▸ **courrier des lecteurs** cartas *fpl* al director.

courroie [kuʀwa] nf correa *f* ▸ **courroie de transmission** correa de transmisión.

courroucé, e [kuʀuse] adj *sout* enfurecido(da).

courroucer [16] [kuʀuse] vt *sout* enojar.

courroux [kuʀu] nm *sout* cólera *f*, ira *f*.

cours[1] [kuʀ]

◈ nm

1. [gén] curso *m* ▸ **cours d'eau** a) [grand] río *m* b) [petit] riachuelo *m* ▸ **en cours** a) [année] en curso b) [affaire] pendiente ▸ **en cours de route** por el camino ▸ **entraver le cours de la justice** poner trabas al ou dificultar el curso de la justicia ▸ **suivre son cours** seguir su curso ▸ **donner** ou **laisser libre cours à** dar rienda suelta a

2. [leçon] clase *f* ▸ **cours par correspondance** curso por correspondencia ▸ **cours intensifs** curso intensivo ▸ **cours magistral** clase magistral ▸ **cours particuliers** clases particulares ▸ **donner / prendre des cours particuliers** tomar/dar clases particulares ▸ **cours de rattrapage / du soir** clase de recuperación/nocturna

3. [classe] ▸ **cours élémentaire 1** ≃ segundo de E.P. ▸ **cours élémentaire 2** ≃ tercero de E.P. ▸ **cours moyen 1** ≃ cuarto de E.P. ▸ **cours moyen 2** ≃ quinto de E.P. ▸ **cours préparatoire** ≃ primero de E.P.

4. [notes de cours] apuntes *mpl* / *le professeur a distribué un cours polycopié* el profesor repartió unos apuntes multicopiados

5. [avenue] paseo *m*

6. [établissement] academia *f*, clases *fpl* / *leur fille fréquente un cours de danse* su hija va a clases de baile

7. FIN cotización *f* ▸ **avoir cours** a) [monnaie] tener curso legal b) *fig* practicarse ▸ **le cours du change** el cambio *(de divisas)* ▸ **le cours de l'or** el precio del oro ▸ **premier cours** ou **cours d'ouverture** cotización inicial ▸ **dernier cours** ou **cours de clôture** cotización al cierre ◆ **au cours de** loc prép durante, a lo largo de.

cours[2] ⟶ **courir**.

course [kuʀs] nf **1.** [action de courir, compétition] carrera *f* ▸ **les courses** [hippiques] las carreras ▸ **course automobile / cycliste** carrera automovilística/ciclista ▸ **course contre la montre** carrera contrarreloj ▸ **course à pied** carrera (a pie) ▸ **faire la course avec qqn** echar una carrera con alguien ▸ **n'être plus dans la course** *fam* no estar en el rollo **2.** [de projectile] trayectoria *f* **3.** [achat] compra *f* ▸ **faire les courses** hacer la compra ▸ **faire des courses** ir de compras.

course-poursuite [kuʀspuʀsɥit] (*pl* **courses-poursuites**) nf persecución *f*.

courser [3] [kuʀse] vt *fam* perseguir / *il a essayé de courser le pickpocket* intentó perseguir al carterista.

coursier, ère [kuʀsje, ɛʀ] nm, f mensajero *m*, -ra *f*.

coursive [kuʀsiv] nf crujía *f (de un barco)*.

court, e [kuʀ, kuʀt] adj corto(ta). ◆ **court** adv ▸ **être à court d'argent / d'idées / d'arguments** andar corto(ta) de dinero / de ideas / de argumentos ▸ **prendre qqn de court** pillar desprevenido(da) ▸ **tourner court** acabarse antes de tiempo.

court-bouillon [kuʀbujɔ̃] (*pl* **courts-bouillons**) nm caldo *m*.

court-circuit [kuʀsiʀkɥi] (*pl* **courts-circuits**) nm cortocircuito *m*.

court-circuiter [3] [kuʀsiʀkɥite] vt ÉLECTR producir un cortocircuito en ; *fig* pasar por encima de.

courtier, ère [kuʀtje, ɛʀ] nm, f corredor *m*, -ra *f*.

courtisan, e [kuʀtizɑ̃, an] nm, f **1.** HIST cortesano *m*, -na *f* **2.** *fig* [flatteur] adulador *m*, -ra *f*.

courtiser [3] [kuʀtize] vt **1.** [flatter] adular **2.** *vieilli* [femme] cortejar.

court-jus [kuʀʒy] (*pl* **courts-jus**) nm *fam* cortocircuito *m*.

court-métrage [kuʀmetʀaʒ] (*pl* **courts-métrages**) nm cortometraje *m*.

courtois, e [kuʀtwa, az] adj cortés.

courtoisement [kuʀtwazmɑ̃] adv cortésmente.

courtoisie [kuʀtwazi] nf cortesía *f*.

couru, e [kuʀy] ❖ pp ⟶ **courir.** ❖ adj concurrido(da) ▸ **c'est couru (d'avance)** *fam* eso se sabe de antemano.

courus ⟶ **courir**.

cousais ⟶ **coudre**.

couscous [kuskus] nm cuscús *m inv*.

cousin, e [kuzɛ̃, in] nm, f primo *m*, -ma *f* ▸ **cousin germain** primo hermano OU carnal.

coussin [kusɛ̃] nm cojín *m* ▸ **coussin d'air** colchón *m* de aire.

coussinet [kusinɛ] nm almohadilla *f*.

cousu, e [kuzy] ❖ pp ⟶ **coudre.** ❖ adj cosido(da) ▸ **cousu main** cosido a mano ▸ **c'est du cousu main** *fig* es una virguería ▸ **cousu de fil blanc** *fig* burdo.

coût [ku] nm coste *m* ▸ **le coût de la vie** el coste de la vida ▸ **coût de distribution** coste de distribución ▸ **coût de fabrication** coste de fabricación ▸ **coût de production** coste de producción.

coûtant [kutɑ̃] ⟶ **prix**.

couteau, x [kuto] nm **1.** [gén] cuchillo *m* ▸ **couteau à cran d'arrêt** navaja *f* de muelle ▸ **couteau de cuisine** cuchillo de cocina ▸ **à couper au couteau a)** [brouillard] que no se ve a dos palmos **b)** [accent] muy fuerte ▸ **avoir le couteau sous la gorge** *fig* estar entre la espada y la pared ▸ **être à couteaux tirés avec qqn** llevarse a matar con alguien **2.** [outil] espátula *f* **3.** [coquillage] navaja *f*.

coutelas [kutla] nm **1.** [grand couteau] cuchillo *m* de carnicero **2.** [sabre] machete *m*.

coutellerie [kutɛlʀi] nf cuchillería *f*.

coûter [3] [kute] ❖ vi costar ▸ **coûter cher** costar caro. ❖ vt costar ▸ **ça coûte combien ?** ¿cuánto cuesta?, ¿cuánto es? ◆ **coûte que coûte** loc adv cueste lo que cueste.

coûteux, euse [kutø, øz] adj costoso(sa).

coutume [kutym] nf costumbre *f* ▸ **avoir coutume de** tener la costumbre de ▸ **la coutume veut que** según la costumbre.

coutumier, ère [kutymje, ɛʀ] adj acostumbrado(da), de costumbre ▸ **être coutumier du fait** tomar algo por costumbre.

couture [kutyʀ] nf costura *f* ▸ **faire de la couture** coser ▸ **couture apparente** pespunte *m* de adorno ▸ **haute couture** alta costura.

couturier, ère [kutyʀje, ɛʀ] nm, f modisto *m*, -ta *f* ▸ **grand couturier** gran modisto.

couvée [kuve] nf nidada *f*.

couvent [kuvɑ̃] nm convento *m*.

couver [3] [kuve] ❖ vt **1.** [œuf, maladie] incubar **2.** [enfant] mimar [ESP], papachar [AM]. ❖ vi **1.** [complot] cocerse **2.** [feu] quedar rescoldos.

couvercle [kuvɛʀkl] nm tapadera *f*.

couvert, e [kuvɛʀ, ɛʀt] ❖ pp ⟶ **couvrir.** ❖ adj **1.** [habillé] abrigado(da) **2.** [ciel, temps] nublado(da) **3.** [plein] ▸ **couvert de qqch** lleno de algo. ◆ **couvert** nm **1.** [abri] refugio *m*, abrigo *m* ▸ **se mettre à couvert** ponerse a cubierto ▸ **sous le couvert de** [sous l'apparence de] bajo la apariencia de **2.** [à table] cubierto *m* ▸ **mettre le couvert** poner la mesa. ◆ **couverts** nmpl cubiertos *mpl*.

couverture [kuvɛʀtyʀ] nf **1.** [de lit] manta *f* [ESP], cobija *f* [AM] ▸ **couverture chauffante** manta eléctrica ▸ **couverture de survie** sábana térmica ▸ **tirer la couverture à soi** *fig* arrimar el ascua a su sardina **2.** [de livre] encuadernación *f*, cubierta *f*, tapa *f* ; [de magazine] portada *f* **3.** [protection & PRESSE] cobertura *f* ▸ **couverture sociale** cobertura de la Seguridad Social **4.** [d'activité secrète] tapadera *f* **5.** PRESSE ▸ **couverture médiatique** cobertura mediática.

couveuse [kuvøz] nf **1.** [pour œuf, bébé] incubadora *f* **2.** [poule] clueca *f*.

couvre ⟶ **couvrir**.

couvre-chef [kuvʀəʃɛf] (*pl* **couvre-chefs**) nm sombrero *m*.

couvre-feu [kuvʀəfø] (*pl* **couvre-feux**) nm toque *m* de queda.

couvre-lit [kuvʀəli] (*pl* **couvre-lits**) nm colcha *f*, cubrecama *m*.

couvre-pied (*pl* **couvre-pieds**), **couvre-pieds** [kuvʀəpje] nm cubrepiés *m inv*.

couvreur [kuvʀœʀ] nm techador *m*.

couvrir [34] [kuvʀiʀ] vt **1.** [gén & PRESSE] cubrir ▸ **couvrir qqn de qqch** [combler de] cubrir a alguien de algo **2.** [vêtir] abrigar **3.** [livre] forrar **4.** [récipient, bruit] tapar **5.** [recouvrir] ▸ **couvrir qqch de qqch** llenar algo de algo. ◆ **se couvrir** vp **1.** [gén] cubrirse **2.** [se vêtir] abrigarse.

cover-girl [kɔvœʀgœʀl] (*pl* **cover-girls**) nf chica *f* de portada, cover-girl *f*.

covoiturage [kovwatyʀaʒ] nm autoestop *m* organizado / *offre de covoiturage dans la région de Genève* oferta de autoestop organizado en la región de Ginebra.

cow-boy [kɔbɔj] (*pl* **cow-boys**) nm cowboy *m*, vaquero *m*.

coyote [kɔjɔt] nm coyote *m*.

CP (*abr de* **cours préparatoir**E) nm ≃ 1º de E.P. / *une classe de CP* ≃ una clase de 1º de E.P. / *être au CP* ≃ estar en 1º de E.P.

CPAM (*abr de* **Caisse primaire d'assurance maladie**) nf *institución pública que reembolsa los gastos médicos del ciudadano* ; ≃ INGESA *m (Instituto Nacional de Gestión Sanitaria)*.

CPE (*abr de* **Conseiller Principal d'Éducation**) nmf *consejero principal de educación encargado del seguimiento de los alumnos en todos los aspectos de la vida escolar* ▸ **être CPE** ser CPE.

CPGE, cpge (*abr de* **classe préparatoire aux grandes écoles**) nf *curso preparatorio para el examen de ingreso en una escuela superior (Grande école) francesa*.

cpt *abr écrite de* **comptant**.

CQFD (*abr écrite de* **ce qu'il fallait démontrer**) QED (quod erat demonstrandum).

crabe [kʀab] nm cangrejo *m*.

crac [kʀak] interj ¡crac!

crachat [kʀaʃa] nm escupitajo *m*.

craché, e [kʀaʃe] adj ▸ **c'est lui tout craché** es clavado a él.

cracher [3] [kʀaʃe] ◆◆ vi **1.** [personne] escupir ▸ **ne pas cracher sur qqch** *fam & fig* no hacer ascos a algo **2.** [crépiter] chisporrotear. ◆◆ vt escupir.

crachin [kʀaʃɛ̃] nm calabobos *m inv*.

crachoir [kʀaʃwaʀ] nm escupidera *f* ESP, salivadera *f* AM ▸ **tenir le crachoir** *fam & fig* darle a la húmeda.

crack [kʀak] nm **1.** *fam* [as] hacha *f* **2.** [drogue] crack *m* **3.** [cheval] favorito *m*.

cracra [kʀakʀa] adj inv *fam* asqueroso(sa), cochambroso(sa).

crade [kʀad], **cradingue** [kʀadɛ̃g], **crado** [kʀado] adj *fam* asqueroso(sa), cochambroso(sa) / *c'est crade chez lui* su casa es una asquerosidad.

cradingue [kʀadɛ̃g] adj *fam* guarro(rra).

craie [kʀɛ] nf **1.** [roche] roca *f* caliza **2.** [pour écrire] tiza *f* ESP, gis *m* AM.

craignais ⟶ **craindre**.

craignos [kʀɛɲos] adj *fam* **1.** [laid] feo (fea), chungo(ga) **2.** [louche] dudoso(sa), sospechoso(sa).

craindre [80] [kʀɛ̃dʀ] vt **1.** [redouter] temer, tener miedo de / *elle craint de prendre froid* teme pasar frío, tiene miedo de pasar frío / *elle craint que vous (n') ayez oublié quelque chose* teme que os hayáis olvidado algo, tiene miedo de que os hayáis olvidado algo **2.** [être sensible à] alterarse con.

crains ⟶ **craindre**.

craint, e [kʀɛ̃, ɛ̃t] pp ⟶ **craindre**.

crainte [kʀɛ̃t] nf temor *m* ▸ **n'ayez crainte** no se preocupe. ◆ **de crainte de** loc prép por temor a. ◆ **de crainte que** loc conj por temor a que / *de crainte qu'il (ne) parte* por temor a que se vaya.

craintif, ive [kʀɛ̃tif, iv] adj temeroso(sa).

craintivement [kʀɛ̃tivmɑ̃] adv temerosamente.

cramé, e [kʀame] adj *fam* achicharrado(da), quemado(da). ◆ **cramé** nm : *ça sent le cramé* huele a quemado.

cramer [3] [kʀame] *fam* ◆◆ vt chamuscar. ◆◆ vi chamuscarse. ◆ **se cramer** vp *fam* quemarse.

cramoisi, e [kʀamwazi] adj rojo(ja) carmesí.

crampe [kʀɑ̃p] nf calambre *m* ▸ **avoir une crampe** tener un calambre ▸ **crampe d'estomac** retortijón *m* de estómago.

crampon [kʀɑ̃pɔ̃] nm **1.** [crochet] gancho *m* **2.** [de chaussures] taco *m* **3.** *fam* [personne] lapa *f*.

cramponner [3] [kʀɑ̃pɔne] ◆ **se cramponner** vp **1.** [s'agripper] ▸ **se cramponner (à qqch / à qqn)**

Comment exprimer la crainte

- **No hay nada que temer.** *Il n'y a rien à craindre.*
- **Le da miedo la oscuridad.** *Il a peur du noir.*
- **Tiene fobia a las arañas.** *Elle a la phobie des araignées.*
- **Le da mucho miedo ir en avión.** *Il a très peur de prendre l'avion.*
- **Nos llevamos un susto cuando nos llamó.** *Nous avons eu une frayeur lorsqu'il nous a appelés.*
- **Me temo no disponer de bastante tiempo para hacerlo todo.** *Je crains de ne pas avoir assez de temps pour tout faire.*
- **Siento aprensión por la operación.** *J'ai une appréhension pour mon opération.*
- **El examen de mañana le da canguelo.** *fam Il a la trouille pour son examen demain.*

agarrarse (a algo/a alguien) **2.** *fig* [s'attacher] aferrarse ▸ **se cramponner à qqch** [vie, espoir] aferrarse a algo.

cran [kʀɑ̃] nm **1.** [de ceinture] agujero *m* **2.** [entaille] muesca *f* ▸ **cran d'arrêt** muelle *m* ▸ **cran de sûreté** seguro *m* **3.** *fig* [degré] ▸ **baisser / monter d'un cran** bajar/subir un punto **4.** *fam* [audace] agallas *fpl* ▸ **avoir du cran** tener agallas **5.** EXPR **être à cran** *fam* tener los nervios de punta.

crâne [kʀan] nm cráneo *m* ▸ **se mettre qqch dans le crâne** *fig* meterse algo en la cabeza.

crâner [3] [kʀane] vi *fam* fardar.

crâneur, euse [kʀanœʀ, øz] nm, f *fam* fardón *m*, -ona *f*.

crânien, enne [kʀanjɛ̃, ɛn] adj craneal.

crapahuter [3] [kʀapayte] vi *fam* caminar fatigosamente.

crapaud [kʀapo] nm sapo *m*.

crapule [kʀapyl] nf crápula *f*.

crapuleux, euse [kʀapylø, øz] adj infame.

craquant, e [kʀakɑ̃, ɑ̃t] adj *fam* [personne] irresistible, encantador(ra).

craqueler [24] [kʀakle] vt resquebrajar, agrietar. ◆ **se craqueler** vp resquebrajarse, agrietarse.

craquelure [kʀaklyʀ] nf grieta *f*.

craquement [kʀakmɑ̃] nm crujido *m*.

craquer [3] [kʀake] ❖ vi **1.** [parquet, branches] crujir **2.** [se déchirer] reventar **3.** [être séduit] : *il craque pour le chocolat / sa voisine* le chifla el chocolate/su vecina **4.** [perdre le contrôle] : *il n'en peut plus, il va craquer* no puede más, le va a dar algo **5.** [être effrondré] hundirse **6.** *fam* [au jeu] fundirse. ❖ vt **1.** [allumette] frotar **2.** [couture] desgarrar, romper.

crash [kʀaʃ] (*pl* **crashs** *ou* **crashes**) nm accidente *m*.

crasse [kʀas] ❖ nf **1.** [saleté] mugre *f* **2.** *fam* [mauvais tour] jugarreta *f*. ❖ adj [bêtise, ignorance] craso(sa).

crasseux, euse [kʀasø, øz] adj mugriento(ta).

cratère [kʀatɛʀ] nm cráter *m*.

cravache [kʀavaʃ] nf fusta *f*.

cravacher [3] [kʀavaʃe] ❖ vt fustigar. ❖ vi *fam* & *fig* meter caña.

cravate [kʀavat] nf corbata *f*.

crawl [kʀol] nm crol *m*.

crayon [kʀɛjɔ̃] nm lápiz *m* ▸ **crayon à bille** bolígrafo *m* ▸ **crayon de couleur** lápiz de color ▸ **crayon à papier** lápiz.

crayon-feutre [kʀɛjɔ̃føtʀ] (*pl* **crayons-feutres**) nm rotulador *m*.

crayonner [3] [kʀɛjɔne] vt garabatear.

CRDP (*abr de* **centre régional de documentation pédagogique**) nm *centro regional francés de documentación pedagógica*.

créance [kʀeɑ̃s] nf crédito *m*.

créancier, ère [kʀeɑ̃sje, ɛʀ] nm, f acreedor *m*, -ra *f*.

créateur, trice [kʀeatœʀ, tʀis] adj & nm, f creador(ra).

créatif, ive [kʀeatif, iv] adj & nm, f creativo(va).

création [kʀeasjɔ̃] nf creación *f*. ◆ **Création** nf ▸ **la Création (du monde)** la Creación (del mundo).

créationnisme [kʀeasjɔnism] nm creacionismo *m*.

créativité [kʀeativite] nf creatividad *f*.

créature [kʀeatyʀ] nf criatura *f*.

crécelle [kʀesɛl] nf carraca *f*, matraca *f*.

crèche [kʀɛʃ] nf **1.** [garderie] guardería *f* infantil **2.** [de Noël] belén *m*.

crécher [18] [kʀeʃe] vi *fam* anidar.

crédibiliser [3] [kʀedibilize] vt dar credibilidad a.

crédibilité [kʀedibilite] nf credibilidad *f*.

crédible [kʀedibl] adj creíble.

CREDIF, Crédif [kʀedif] (*abr de* **Centre de recherche et d'étude pour la diffusion du français**) nm *centro de investigaciones para la difusión del francés*.

crédit [kʀedi] nm **1.** [gén] crédito *m* ▸ **faire crédit à qqn** dar crédito a alguien ▸ **acheter / vendre (qqch) à crédit** comprar/vender (algo) a crédito ▸ **crédit à la consommation** crédito al consumo ▸ **crédit immobilier** crédito inmobiliario ▸ **porter** OU **mettre qqch au crédit de qqn** : *le succès de l'exposition est à mettre à son crédit* el éxito de la exposición hay que ponerlo en su haber **2.** TÉLÉCOM saldo *m* / *je n'ai plus de crédit* no me queda saldo.

crédit-bail [kʀedibaj] (*pl* **crédits-bails**) nm leasing *m*.

créditer [3] [kʀedite] vt abonar en cuenta ▸ **créditer qqn de qqch** *fig* atribuir algo a alguien.

créditeur, trice [kʀeditœʀ, tʀis] adj & nm, f acreedor(ra).

credo [kʀedo] nm inv [principes] credo *m*. ◆ **Credo** nm inv RELIG Credo *m*.

crédule [kʀedyl] adj crédulo(la).

crédulité [kʀedylite] nf credulidad *f*.

créer [15] [kʀee] vt crear ▸ **créer des ennuis à qqn** crear problemas a alguien.

> ⚠ **Creer** est un faux ami, il ne signifie pas *créer*, mais « croire ».

crémaillère [kʀemajɛʀ] nf **1.** [de cheminée] llares *fpl* ▸ **pendre la crémaillère** *fig* inaugurar la casa con una fiesta **2.** TECHNOL cremallera *f*.

crémation [kʀemasjɔ̃] nf cremación *f*.

crématoire [kʀematwaʀ] ⟶ **four**.

crématorium [kʀematɔʀjɔm] nm crematorio *m*.

crème [kʀɛm] ❖ nf **1.** [gén] crema *f* ▸ **crème anglaise** crema inglesa ▸ **crème anti-âge** crema contra el envejecimiento ▸ **crème autobronzante / dépilatoire** crema autobronceadora/depilatoria ▸ **crème de cassis** licor *m* de casis ▸ **crème glacée** helado *m* ▸ **crème hydratante**

crema hidratante ▸ **crème pâtissière** crema pastelera ▸ **crème à raser** crema de afeitar ▸ **crème renversée** natillas *fpl* **2.** [du lait] nata *f* ▸ **crème fouettée** nata batida ▸ **crème fraîche** nata ▸ **la crème de** [le meilleur de] la flor y nata de. ◆ adj inv [couleur] crema *(en apposition)*.

crémerie [kʀɛmʀi] nf mantequería *f*, lechería *f*.

crémeux, euse [kʀemø, øz] adj cremoso(sa).

crémier, ère [kʀemje, ɛʀ] nm, f mantequero *m*, -ra *f*.

créneau, x [kʀeno] nm **1.** [pour se garer] aparcamiento *m* ▸ **faire un créneau** aparcar **2.** [horaire] hueco *m* **3.** COMM segmento *m* de mercado **4.** [de fortification] almena *f*.

crénelé, e [kʀɛnle] adj almenado(da).

créole [kʀeɔl] ◆ nm LING criollo *m*. ◆ adj criollo(lla). ◆ **créoles** nfpl aros *mpl*.

crêpe [kʀɛp] ◆ nf crepe *f* ▸ **crêpe Suzette** *crepe de azúcar y licor.* ◆ nm **1.** [tissu] crespón *m* **2.** [caoutchouc] crepé *m*.

crêper [4] [kʀepe] vt cardar.

crêperie [kʀɛpʀi] nf crepería *f*.

crépi [kʀepi] nm enlucido *m*.

crépinette [kʀepinɛt] nf *salchicha aplastada*.

crépir [32] [kʀepiʀ] vt enlucir.

crépitement [kʀepitmɑ̃] nm [du feu] crepitación *f* ; [de l'huile] chisporroteo *m*.

crépiter [3] [kʀepite] vi crepitar.

crépon [kʀepɔ̃] nm crespón *m* ▸ **papier crépon** papel *m* pinocho.

CREPS, Creps [kʀɛps] (*abr de* **centre régional d'éducation physique et sportive**) nm *centro regional francés de educación física* ; ≃ INEF *m*.

crépu, e [kʀepy] adj crespo(pa).

crépuscule [kʀepyskyl] nm **1.** [tombée du jour] anochecer *m* ▸ **au crépuscule** al anochecer **2.** *fig & sout* [fin] crepúsculo *m*.

crescendo [kʀeʃɛndo] ◆ adv crescendo ▸ **aller crescendo** ir in crescendo. ◆ nm inv crescendo *m*.

cresson [kʀesɔ̃] nm berro *m*.

crétacé, e [kʀetase] adj GÉOL cretácico(ca), cretáceo(cea). ◆ **crétacé** nm GÉOL : *le crétacé* el cretácico, el cretáceo.

Crète [kʀɛt] npr ▸ **la Crète** Creta.

crête [kʀɛt] nf cresta *f*.

crétin, e [kʀetɛ̃, in] adj & nm, f *fam* cretino(na).

crétois, e [kʀetwa, az] adj cretense. ◆ **Crétois, e** nm, f cretense *mf*.

cretonne [kʀətɔn] nf [tissu] cretona *f*.

creuse ⟶ **creux**.

creuser [3] [kʀøze] ◆ vt **1.** [trou, sol, tunnel] cavar **2.** *fig* [sujet, idée] profundizar en, ahondar en **3.** [front, visage] ▸ **creusé de rides** lleno de arrugas ▸ **creusé par la fatigue** marcado por el cansancio **4.** *fig* [écart, différence] aumentar. ◆ vi [donner faim] ▸ **ça creuse !** *fam* ¡esto abre el estómago! ◆ **se creuser** vp **1.** [devenir creux] ahuecarse **2.** *fig* [écart, fossé] ensancharse **3.** EXPR **se creuser la tête** *fam & fig* romperse la cabeza.

creuset [kʀøzɛ] nm crisol *m*.

creux, euse [kʀø, kʀøz] adj **1.** [vide] hueco(ca) **2.** [assiette] hondo(da) **3.** [période] bajo (baja) **4.** [raisonnement] vacío(cía). ◆ **creux** nm hueco *m* ▸ **le creux de la main** el hueco de la mano ▸ **être au creux de la vague** *fig* estar en horas bajas.

crevaison [kʀəvɛzɔ̃] nf pinchazo *m*.

crevant, e [kʀəvɑ̃, ɑ̃t] adj *fam* agotador(ra).

crevasse [kʀəvas] nf grieta *f*.

crevasser [3] [kʀəvase] vt [peau, mur, sol] agrietar. ◆ **se crevasser** vp [peau, mur, sol] agrietarse.

crève [kʀɛv] nf *fam* ▸ **avoir la crève** tener un trancazo.

crevé, e [kʀəve] adj **1.** [pneu, ballon] pinchado(da) / ***j'ai un pneu crevé*** tengo una rueda pinchada **2.** *fam* [fatigué] reventado(da).

crève-cœur [kʀɛvkœʀ] nm inv desconsuelo *m*.

crever [3] [kʀəve] ◆ vi **1.** [éclater] reventar ; [pneu] pinchar **2.** *fam & fig* [déborder] ▸ **crever de qqch** [jalousie, rage] reventar de algo **3.** *fam* [mourir] palmarla. ◆ vt reventar. ◆ **se crever** vp *fam* reventarse.

crevette [kʀəvɛt] nf gamba *f* ESP, camarón *m* AM ▸ **crevette grise** quisquilla *f* ▸ **crevette rose** gamba *f*.

CRF (*abr de* **Croix-Rouge française**) nf *Cruz Roja francesa*.

cri [kʀi] nm **1.** [de personne, animal] grito *m* ▸ **pousser un cri** dar OU pegar un grito ▸ **cri de joie** grito de alegría ▸ **à grands cris** a voces ▸ **c'est du dernier cri** *fig* es el último grito **2.** [appel] voz *f* ▸ **le cri du cœur** la voz del corazón.

criailler [3] [kʀiaje] vi [personne] chillar, gritar ; [oie] graznar.

criant, e [kʀijɑ̃, ɑ̃t] adj patente, flagrante.

criard, e [kʀijaʀ, aʀd] adj chillón(ona).

crible [kʀibl] nm criba *f* ▸ **passer qqch au crible** *fig* pasar algo por la criba.

criblé, e [kʀible] adj ▸ **criblé de** a) [troué de] acribillado de b) [parsemé de] picado de ▸ **être criblé de dettes** estar acribillado de deudas.

cribler [3] [kʀible] vt [trouer] acribillar ▸ **cribler qqn de balles** acribillar a alguien a balazos.

cric [kʀik] nm gato *m (herramienta)*.

cricket [kʀikɛt] nm críquet *m*.

criée [kʀije] ⟶ **vente**.

crier [10] [kʀije] ◆ vi **1.** [hurler] gritar **2.** [protester] clamar ▸ **crier contre** OU **après qqn** clamar contra alguien. ◆ vt gritar.

> ⚠ **Criar** est un faux ami, il ne signifie pas *crier*, mais « élever ».

crime [kRim] nm **1.** [homicide, faute] crimen *m* ▸ **crime crapuleux** crimen infame ▸ **crime de lèse-majesté** *fig* crimen de lesa majestad ▸ **crime parfait** crimen perfecto ▸ **crime passionnel** crimen pasional ▸ **crimes contre l'humanité** crímenes *mpl* contra la humanidad ▸ **commettre un crime** cometer un crimen **2.** DR [infraction à la loi] delito *m*.

Crimée [kRime] npr ▸ **la Crimée** Crimea ▸ **la guerre de Crimée** la guerra de Crimea.

criminalité [kRiminalite] nf criminalidad *f*.

criminel, elle [kRiminɛl] ◆ adj criminal. ◆ nm, f criminal *mf* ▸ **criminel de guerre** criminal de guerra.

criminologie [kRiminɔlɔʒi] nf criminología *f*.

crin [kRɛ̃] nm crin *f* ▸ **à tous crins** de tomo y lomo.

crinière [kRinjɛR] nf **1.** [de lion, personne] melena *f* **2.** [de cheval] crines *fpl*.

crique [kRik] nf cala *f*.

criquet [kRikɛ] nm langosta *f* ESP, chapulín *m* AM.

crise [kRiz] nf **1.** [accès] ataque *m*, crisis *f inv* ▸ **crise cardiaque / de foie** ataque cardíaco / hepático, crisis cardíaca / hepática ▸ **crise de colère** rabieta *f* ▸ **crise de larmes** llorera *f* ▸ **crise de nerfs** ataque de nervios ▸ **crise de tétanie** ataque de tetania ▸ **piquer une crise** *fam* montar un cristo **2.** [phase critique] crisis *f inv* ▸ **en crise** en crisis ▸ **crise de confiance** crisis de confianza ▸ **crise économique** crisis económica.

criser [kRize] vi *fam* montar un cristo / ***réponds-lui ou il va criser !*** ¡contéstale o va a montar un cristo!

crispant, e [kRispɑ̃, ɑ̃t] adj irritante.

crispation [kRispasjɔ̃] nf crispación *f*.

crisper [3] [kRispe] vt **1.** [visage] crispar **2.** [personne] crisparle los nervios a. ◆ **se crisper** vp crisparse.

criss, kriss [kRis] nm cris *m*.

crisser [3] [kRise] vi rechinar.

cristal, aux [kRistal, o] nm cristal *m* ▸ **en cristal** de cristal ▸ **cristal de roche** cristal de roca.

cristallin, e [kRistalɛ̃, in] adj cristalino(na). ◆ **cristallin** nm ANAT cristalino *m*.

cristalliser [3] [kRistalize] vt **1.** [sucre, sel] cristalizar **2.** *fig* [espoir, menace] cristalizar en, cristalizarse en. ◆ **se cristalliser** vp **1.** [sucre, sel] cristalizarse **2.** *fig* [souvenirs, sentiments] cristalizarse, materializarse.

critère [kRitɛR] nm criterio *m*.

critérium [kRiteRjɔm] nm SPORT critérium *m*.

critiquable [kRitikabl] adj criticable.

critique [kRitik] ◆ nmf crítico *m*, -ca *f* ▸ **un critique d'art / littéraire** un crítico de arte / literario. ◆ nf crítica *f*. ◆ adj crítico(ca).

critiquer [3] [kRitike] vt **1.** [personne, action] criticar **2.** [film, livre] hacer la crítica de.

croasser [3] [kRɔase] vi graznar.

croate [kRɔat] adj croata. ◆ **Croate** nmf croata *mf*.

Croatie [kRɔasi] npr ▸ **la Croatie** Croacia.

crobard, crobar [kRɔbaR] nm *fam* [croquis] croquis *m inv*.

croc [kRo] nm **1.** [crochet] gancho *m* **2.** [canine de chien] colmillo *m* ▸ **montrer les crocs** enseñar los colmillos.

croc-en-jambe [kRɔkɑ̃ʒɑ̃b] (*pl* **crocs-en-jambe**) nm zancadilla *f* ▸ **faire un croc-en-jambe à qqn** poner la zancadilla a alguien.

croche [kRɔʃ] nf corchea *f*.

croche-patte [kRɔʃpat] (*pl* **croche-pattes**) nm *fam* zancadilla *f* ▸ **faire un croche-patte à qqn** poner la zancadilla a alguien.

croche-pied [kRɔʃpje] (*pl* **croche-pieds**) nm zancadilla *f* ▸ **faire un croche-pied à qqn** poner la zancadilla a alguien.

crochet [kRɔʃɛ] nm **1.** [gén] gancho *m* ▸ **vivre aux crochets de qqn** vivir a expensas de alguien **2.** [ouvrage de tricot] ganchillo *m* **3.** [signe graphique] corchete *m* **4.** [détour] rodeo *m* ▸ **faire un crochet** dar un rodeo.

crocheter [28] [kRɔʃte] vt forzar *(con una ganzúa)*.

crochu, e [kRɔʃy] adj [doigts, nez, bec] ganchudo(da) ; [ongles] curvado(da).

croco [kRɔko] nm *fam* piel *f* de cocodrilo.

crocodile [kRɔkɔdil] nm cocodrilo *m*.

crocus [kRɔkys] nm croco *m*.

croire [107] [kRwaR] ◆ vt creer ▸ **croire que** [penser que] creer que / ***je le crois honnête*** creo que es honrado / ***j'ai cru l'apercevoir hier*** me pareció verle ayer ▸ **à l'en croire** según él / ella. ◆ vi creer ▸ **croire à qqch** creer en algo ▸ **croire en qqn** creer en alguien. ◆ **se croire** vp creerse ▸ **se croire tout permis** creer alguien que puede hacer de su capa un sayo.

crois ⟶ **croire**.

croîs ⟶ **croître**.

croisade [kRwazad] nf cruzada *f*.

croisé, e [kRwaze] adj **1.** [veste] cruzado(da) **2.** [rime] alterno(na). ◆ **croisé** nm cruzado *m*. ◆ **croisée** nf **1.** [fenêtre] ventana *f* **2.** *fig* [croisement] ▸ **à la croisée des chemins** en la encrucijada.

croisement [kRwazmɑ̃] nm cruce *m*.

croiser [3] [kRwaze] ◆ vt **1.** [jambes, bras] cruzar **2.** [chemin, route] atravesar **3.** [passer à côté de] cruzarse con **4.** BIOL cruzar. ◆ vi NAUT patrullar. ◆ **se croiser** vp cruzarse.

croisière [kRwazjɛR] nf crucero *m* ▸ **faire une croisière** hacer un crucero.

croisillons [kRwazijɔ̃] nmpl celosía *f* ▸ **à croisillons** de celosía.

croissais ⟶ **croître**.

croissance [kRwasɑ̃s] nf crecimiento *m* / ***notre entreprise est en pleine croissance*** nuestra empresa está en pleno crecimiento ▸ **croissance économique** crecimiento económico ▸ **croissance exponentielle** crecimiento exponencial.

croissant, e [kʀwasɑ̃, ɑ̃t] adj creciente. ◆ **croissant** nm **1.** [lune] media luna *f* **2.** CULIN croissant *m*.

croître [93] [kʀwatʀ] vi crecer ▸ **ne faire que croître et embellir** *iron* ir de mal en peor.

croix [kʀwa] nf **1.** [gén] cruz *f* ▸ **croix gammée** cruz gamada ▸ **croix de guerre** ≃ medalla *f* al mérito militar ▸ **c'est la croix et la bannière** *fam* es un suplicio **2.** [signe graphique] cruz *f*, aspa *f* ▸ **en croix** en cruz ▸ **faire une croix sur qqch** *fam & fig* hacer cruz y raya sobre algo. ◆ **Croix-Rouge** nf ▸ **la Croix-Rouge** la Cruz Roja.

Cro-Magnon [kʀomaɲɔ̃] npr ▸ **l'homme de Cro-Magnon** el hombre de Cromañón.

crooner [kʀunœʀ] nm cantante *m* melódico.

croquant, e [kʀɔkɑ̃, ɑ̃t] adj crujiente. ◆ **croquant** nm *vieilli* labriego *m*.

croque-au-sel [kʀɔkosɛl] ◆ **à la croque-au-sel** adv en crudo con un poco de sal.

croque-madame [kʀɔkmadam] nm inv *sándwich caliente de jamón y queso con un huevo frito encima*.

croque-mitaine [kʀɔkmitɛn] (*pl* **croque-mitaines**) nm coco *m (para asustar)*.

croque-monsieur [kʀɔkməsjø] nm inv *sándwich caliente de jamón y queso*.

croque-mort [kʀɔkmɔʀ] (*pl* **croque-morts**) nm *fam* enterrador *m*.

croquer [3] [kʀɔke] ◈ vt **1.** [manger] comer a mordiscos **2.** [dessiner] bosquejar ▸ **être (joli) à croquer** estar para comérselo. ◈ vi crujir.

croquette [kʀɔkɛt] nf croqueta *f*.

croquis [kʀɔki] nm croquis *m inv* ▸ **faire un croquis** hacer un croquis.

cross [kʀɔs] nm SPORT cross *m inv*.

crosse [kʀɔs] nf **1.** [de fusil] culata *f* **2.** [d'évêque] báculo *m* **3.** [de hockey] palo *m*.

crotale [kʀɔtal] nm crótalo *m*.

crotte [kʀɔt] ◈ nf caca *f*. ◈ interj *fam* ¡córcholis!

crotter [3] [kʀɔte] vt [chaussures, manteau] ensuciar de barro / ***être tout crotté*** estar todo lleno de barro. ◆ **se crotter** vp ensuciarse de barro.

crottin [kʀɔtɛ̃] nm [de cheval] cagajón *m*. ◆ **crottin de Chavignol** nm *pequeño queso de cabra redondo*.

croulant, e [kʀulɑ̃, ɑ̃t] ◈ adj ruinoso(sa), en ruinas. ◈ nm, f *fam* vejestorio *m*.

crouler [3] [kʀule] vi venirse abajo ▸ **crouler sous qqch a)** [poids] hundirse por algo **b)** *fig* [travail, responsabilités] estar agobiado(da) por algo.

croupe [kʀup] nf grupa *f* ▸ **monter en croupe a)** ir a la grupa **b)** [en moto] ir de paquete.

croupier [kʀupje] nm croupier *m*, crupier *m*.

croupion [kʀupjɔ̃] nm rabadilla *f*.

croupir [32] [kʀupiʀ] vi **1.** [eaux] estancarse **2.** *fig* [personne] pudrirse.

CROUS, Crous [kʀus] (*abr de* **centre régional des œuvres universitaires et scolaires**) nm *centros regionales encargados de la distribución de becas, alojamiento, restaurantes universitarios, etc. en Francia* ▸ **une bourse du CROUS** una beca del CROUS ▸ **faire une demande de logement au CROUS** hacer una solicitud de vivienda al CROUS.

croustade [kʀustad] nf ≃ empanada *f*.

croustillant, e [kʀustijɑ̃, ɑ̃t] adj **1.** [biscuit, pain] crujiente **2.** [détail] picante.

croustiller [3] [kʀustije] vi crujir.

croûte [kʀut] nf **1.** [de pain, fromage, etc.] corteza *f* ▸ **croûte terrestre** corteza terrestre ▸ **casser la croûte** *fam* tomar un bocado ▸ **gagner sa croûte** *fam* ganarse el pan **2.** CULIN pastel *m* hojaldrado ▸ **en croûte** empanado(da) **3.** [de plaie] costra *f* **4.** *fam & péj* [tableau] mamarracho *m*.

croûton [kʀutɔ̃] nm **1.** [bout du pain] pico *m* **2.** [pain frit] picatoste *m* **3.** *fam* [vieillard] ▸ **un vieux croûton** un carroza.

croyable [kʀwajabl] adj creíble ▸ **c'est pas croyable** *fam* es increíble.

croyais ⟶ **croire**.

croyance [kʀwajɑ̃s] nf creencia *f*.

croyant, e [kʀwajɑ̃, ɑ̃t] adj & nm, f creyente.

CRS [seɛʀɛs] (*abr de* **compagnie républicaine de sécurité**) nm [policier] ≃ antidisturbios *mpl* / ***on a fait appel aux CRS*** ≃ llamaron a los antidisturbios / ***un cordon de CRS*** ≃ un cordón de antidisturbios.

cru, e [kʀy] ◈ pp ⟶ **croire.** ◈ adj **1.** [aliment] crudo(da) **2.** [lumière, couleur] vivo(va) **3.** [réponse] directo(ta) **4.** [histoire] verde. ◆ **cru** nm **1.** [vin] vino *m* de la tierra ▸ **un grand cru** un gran vino **2.** [vignoble] viñedo *m* ▸ **de son cru** *fig* de cosecha propia. ◆ **à cru** loc adv ▸ **monter à cru** montar a pelo.

crû [kʀy] pp ⟶ **croître**.

cruauté [kʀyote] nf crueldad *f*.

cruche [kʀyʃ] nf **1.** [objet] cántaro *m* **2.** *fam* [personne] zoquete *m*.

crucial, e, aux [kʀysjal, o] adj crucial.

crucifier [9] [kʀysifje] vt crucificar.

crucifix [kʀysifi] nm crucifijo *m*.

crucifixion [kʀysifiksjɔ̃] nf crucifixión *f*.

cruciforme [kʀysifɔʀm] adj [en forme de croix] cruciforme ; [vis] con cabeza de cruz ; [tournevis] de (punta de) cruz.

cruciverbiste [kʀysivɛʀbist] nmf crucigramista *mf*.

crudité [kʀydite] nf [brutalité] crudeza *f*. ◆ **crudités** nfpl [légumes] *hortalizas crudas* ▸ **un sandwich aux crudités** un sandwich vegetal.

crue [kʀy] nf crecida *f* ▸ **en crue** crecido(da).

cruel, elle [kʀyɛl] adj cruel.

cruellement [kʀyɛlmɑ̃] adv cruelmente.

crûment [kʀymɑ̃] adv crudamente.

crus ⟶ **croire**.

crûs ⟶ **croître**.

crustacé [kRystase] nm crustáceo *m*.

cryoconservation [kRijɔkɔ̃sɛRvasjɔ̃] nf crioconservación *f*.

cryogénique [kRijɔʒenik] adj criogénico(ca).

cryptage [kRiptaʒ] nm codificación *f*, encriptado *m*.

crypte [kRipt] nf cripta *f*.

crypté, e [kRipte] adj [message] cifrado(da), encriptado(da) ; TV codificado(da).

crypter [kRipte] vt codificar ▸ **chaîne cryptée** canal *m* codificado.

cs (*abr écrite de* **cuillère à soupe**) cs / *ajouter 1 cs d'huile d'olive* añadir 1 cs de aceite de oliva.

CSA (*abr de* **Conseil supérieur de l'audiovisuel**) nm *consejo superior de los medios audiovisuales, en Francia* / *ce film a été censuré par le CSA* esta película ha sido censurada por el CSA.

CSEN (*abr de* **Confédération des syndicats de l'éducation nationale**) nf *confederación francesa de los sindicatos de profesores de la educación pública*.

CSG [seɛsʒe] (*abr de* **contribution sociale généralisée**) nf *impuesto general destinado a restablecer el equilibrio financiero de la Seguridad Social francesa* ▸ **être soumis / assujetti à la CSG** estar sometido/sujeto a la CSG ▸ **être exonéré de la CSG** estar exonerado de la CSG ▸ **le prélèvement de la CSG** la retención de la CSG.

CSP [seɛspe] (*abr de* **catégorie socio-professionnelle**) nf categoría *f* socioprofesional / *la proportion des femmes dans les différentes CSP* la proporción de mujeres en las distintas categorías socioprofesionales.

Cuba [kyba] npr Cuba.

cubain, e [kybɛ̃, ɛn] adj cubano(na). ◆ **Cubain, e** nm, f cubano *m*, -na *f*.

cube [kyb] ✧ nm cubo *m* ▸ **élever au cube** elevar al cubo. ✧ adj cúbico(ca).

cubique [kybik] adj cúbico(ca).

cubisme [kybism] nm cubismo *m*.

cubiste [kybist] adj & nmf cubista.

cubitus [kybitys] nm cúbito *m*.

cucul, cucu [kyky] adj *fam* repipi.

cueille ⟶ **cueillir**.

cueillette [kœjɛt] nf cosecha *f*.

cueilli, e [kœji] pp ⟶ **cueillir**.

cueillir [41] [kœjiR] vt **1.** [fruits, fleurs] coger **2.** *fam* [personne] pillar.

cuillère, cuiller [kɥijɛR] nf cuchara *f* ▸ **cuillère à café** cucharilla *f* de café ▸ **cuillère à dessert** cuchara de postre ▸ **cuillère à soupe** cuchara sopera ▸ **petite cuillère** cucharilla *f*.

cuillerée [kɥijeRe] nf cucharada *f*.

cuir [kɥiR] nm cuero *m*, piel *f* ▸ **en cuir a)** de cuero **b)** [sac, etc.] de piel ▸ **cuir véritable** piel genuina. ◆ **cuir chevelu** nm cuero *m* cabelludo.

cuirasse [kɥiRas] nf coraza *f*.

cuirassé [kɥiRase] nm NAUT acorazado *m*.

cuire [48] [kɥiR] ✧ vt cocer ▸ **faire cuire** cocer. ✧ vi **1.** [aliment] cocer **2.** [personne] asarse ▸ **il vous en cuira !** *fig* ¡os costará caro!

cuis ⟶ **cuire**.

cuisais ⟶ **cuire**.

cuisant, e [kɥizɑ̃, ɑ̃t] adj **1.** [douleur] punzante **2.** *fig* [défaite, échec] humillante.

cuiseur [kɥizœR] nm cocedor *m* ▸ **cuiseur (vapeur)** cocedor *m* al vapor ▸ **cuiseur à riz** cocedor *m* de arroz ▸ **cuiseur solaire** cocedor *m* solar.

cuisine [kɥizin] nf **1.** [gén] cocina *f* ▸ **faire la cuisine** cocinar ▸ **cuisine allégée / minceur** comida ligera/de régimen ▸ **cuisine bourgeoise** cocina casera **2.** *fam* [combine] artimaña *f* ▸ **cuisine électorale** maniobra *f* electoral ▸ **faire sa petite cuisine** montárselo a su forma. ◆ **de cuisine** loc adj [table, recette, couteau] de cocina.

cuisiné, e [kɥizine] adj precocinado(da).

cuisiner [3] [kɥizine] ✧ vt **1.** [aliments] cocinar **2.** *fam* [personne] tirar de la lengua a. ✧ vi cocinar.

cuisinier, ère [kɥizinje, ɛR] nm, f cocinero *m*, -ra *f*. ◆ **cuisinière** nf [appareil] cocina *f* ▸ **cuisinière électrique / à gaz** cocina eléctrica/de gas.

cuissardes [kɥisaRd] nfpl botas *fpl* altas.

cuisse [kɥis] nf muslo *m*. ▸ **cuisse de poulet** muslo de pollo ▸ **cuisse de grenouille** anca *f* de rana.

cuisson [kɥisɔ̃] nf cocción *f*.

cuissot [kɥiso] nm CULIN pernil *m* ▸ **cuissot de chevreuil** pernil de ciervo.

cuistot [kɥisto] nm *fam* cocinero *m*.

cuistre [kɥistR] nm *sout* figurón *m*.

cuit, e [kɥi, kɥit] ✧ pp ⟶ **cuire.** ✧ adj **1.** CULIN cocido(da) ▸ **être cuit** [plat] estar hecho ▸ **bien cuit** muy hecho ▸ **trop cuit** pasado **2.** *fam* & *fig* [raté] ▸ **c'est cuit pour la promenade** se fastidió el paseo ▸ **c'est cuit pour lui** se acabó para él. ◆ **cuite** nf *fam* cogorza *f* ▸ **prendre une cuite** *fam* coger una cogorza.

cuiter [3] [kɥite] ◆ **se cuiter** vp *fam* coger una cogorza.

cuit-vapeur [kɥivapœR] nm inv cocedor *m* al vapor.

cuivre [kɥivR] nm [métal] cobre *m*. ◆ **cuivres** nmpl MUS cobres *mpl*.

cuivré, e [kɥivRe] adj cobrizo(za).

cul [ky] nm *tfam* culo *m* ▸ **avoir le cul entre deux chaises** *tfam* estar entre dos aguas ▸ **en avoir plein le cul** *vulg* estar hasta las pelotas ▸ **être comme cul et chemise** *tfam* ser uña y carne ▸ **faire cul sec** *fam* apurar hasta el fondo.

culasse [kylas] nf culata *f*.

culbute [kylbyt] nf **1.** [saut] voltereta *f* **2.** [chute] costalada *f*.

culbuter [3] [kylbyte] ◆ vt [faire tomber] derribar. ◆ vi **1.** [faire une chute] caerse **2.** [se renverser] volcar.

cul-de-jatte [kydʒat] (*pl* **culs-de-jatte**) nm lisiado *m*, -da *f (sin piernas)*.

cul-de-sac [kydsak] (*pl* **culs-de-sac**) nm callejón *m* sin salida.

culinaire [kylinɛʀ] adj culinario(ria).

culminant [kylminɑ̃] ⟶ **point**.

culminer [3] [kylmine] vi [surplomber] culminar ▸ **culminer à** a) [pic, montagne] culminar en b) *fig* alcanzar.

culot [kylo] nm **1.** *fam* [toupet] morro *m* ▸ **avoir le culot de faire qqch** tener el morro de hacer algo ▸ **avoir du culot** tener morro **2.** [d'ampoule] casquillo *m* **3.** [de bouteille] casco *m* **4.** [dépôt] residuo *m*.

culotte [kylɔt] nf **1.** [vêtement d'enfant] pantalón *m*, pantalones *mpl* ▸ **en culottes courtes** en pantalones cortos ▸ **porter la culotte** *fam* llevar los pantalones **2.** [sous-vêtement féminin] bragas *fpl*.

culotté, e [kylɔte] adj **1.** *fam* [personne] ▸ **être culotté** tener jeta **2.** [pipe] ennegrecido(da).

culpabiliser [3] [kylpabilize] ◆ vt culpabilizar. ◆ vi sentirse culpable.

culpabilité [kylpabilite] nf culpabilidad *f*.

culte [kylt] nm culto *m*.

cultivable [kyltivabl] adj cultivable.

cultivateur, trice [kyltivatœʀ, tʀis] nm, f labrador *m*, -ra *f*.

cultivé, e [kyltive] adj **1.** [plante, terre] cultivado(da) **2.** [personne] culto(ta).

cultiver [3] [kyltive] vt cultivar. ◆ **se cultiver** vp cultivarse.

culture [kyltyʀ] nf **1.** [gén] cultura *f* ▸ **culture générale** cultura general ▸ **culture physique** cultura física **2.** AGRIC cultivo *m* ▸ **cultures vivrières** cultivo de plantas comestibles.

culturel, elle [kyltyʀɛl] adj cultural.

culturisme [kyltyʀism] nm culturismo *m*.

cumin [kymɛ̃] nm comino *m*.

cumul [kymyl] nm acumulación *f*.

cumulable [kymylabl] adj [fonctions, traitements, réductions] acumulable.

cumuler [3] [kymyle] vt acumular.

cumulus [kymylys] nm cúmulo *m (nube)*.

cupide [kypid] adj codicioso(sa).

cupidité [kypidite] nf codicia *f*.

curable [kyʀabl] adj [maladie] curable.

curaçao [kyʀaso] nm curasao *m*.

curatif, ive [kyʀatif, iv] adj curativo(va).

cure [kyʀ] nf **1.** MÉD cura *f* ▸ **faire une cure de qqch** *fig* darse un hartón de algo ▸ **cure d'amaigrissement** cura de adelgazamiento ▸ **cure de désintoxication / de sommeil** cura de desintoxicación / de sueño ▸ **cure thermale** cura termal **2.** EXPR **je n'en ai cure** *sout* me es indiferente.

curé [kyʀe] nm cura *m*.

cure-dents [kyʀdɑ̃] nm inv mondadientes *m inv*, palillo *m* (de dientes).

curée [kyʀe] nf *fig* arrebatiña *f*.

cure-pipe, cure-pipes [kyʀpip] (*pl* **cure-pipes**) nm escobilla *f (de pipa)*.

curer [3] [kyʀe] vt **1.** [puits] mondar **2.** [pipe] limpiar. ◆ **se curer** vp [ongles] limpiarse ; [nez] hurgarse.

> ⚠ **Curar** est un faux ami, il ne signifie pas *curer*, mais « soigner ».

curetage [kyʀtaʒ] nm MÉD raspado *m*, legrado *m*.

curie [kyʀi] nf HIST curia *f*.

curieusement [kyʀjøzmɑ̃] adv curiosamente.

curieux, euse [kyʀjø, øz] ◆ adj curioso(sa) ▸ **être curieux de qqch / de faire qqch** tener curiosidad por algo / por hacer algo. ◆ nm, f curioso *m*, -sa *f*.

curiosité [kyʀjozite] nf curiosidad *f* ▸ **par curiosité** por curiosidad. ◆ **curiosités** nfpl curiosidades *fpl*.

curiste [kyʀist] nmf agüista *mf*.

curling [kœʀliŋ] nm curling *m*.

curriculum vitae [kyʀikylɔmvite] nm inv currículum *m* vitae.

curry [kyʀi], **carry** [kaʀi], **cari** [kaʀi] nm curry *m*.

curseur [kyʀsœʀ] nm cursor *m*.

cursus [kyʀsys] nm carrera *f* (universitaria).

customisation [kœstɔmizasjɔ̃] nf personalización *f*.

cutané, e [kytane] adj cutáneo(a).

cuti [kyti] nf **1.** *abr de* **cuti-réaction** **2.** ▸ **virer sa cuti** *fam* pasarse a la otra acera.

cuti-réaction [kytiʀeaksjɔ̃] nf cutirreacción *f*, dermorreacción *f*.

cutter [kœtœʀ] nm cúter *m*, cuchilla *f*.

cuve [kyv] nf cuba *f*.

cuvée [kyve] nf **1.** [récolte de vin] cosecha *f* **2.** [contenu de cuve] cuba *f*.

cuver [3] [kyve] vi & vt fermentar.

cuvette [kyvɛt] nf **1.** [récipient] palangana *f* **2.** [partie creuse - de lavabo] lavabo *m* ; [- de WC] taza *f* **3.** GÉOGR depresión *f*.

cv (*abr écrite de* **cheval-vapeur**) [puissance] CV.

CV nm **1.** (*abr de* **curriculum vitae**) CV *m* / *joindre CV et photo d'identité* adjuntar el CV y una foto de carné **2.** [puissance fiscale] (*abr écrite de* **cheval-vapeur**) CV *m* / *un moteur de 11 CV fiscaux* un motor de 11 CV fiscales.

cx nm [coefficient de pénétration dans l'air] coeficiente *m* de resistencia al avance.

cyanure [sjanyʀ] nm cianuro *m*.

cybercafé [sibɛʀkafe] nm cibercafé *m*.

cybercrime [sibɛʀkʀim] nm cibercrimen *m*.

cybercriminalité [sibɛʀkʀiminalite] nf cibercriminalidad *f*.

cyberespace [sibɛʀɛspas], **cybermonde** [sibɛʀmɔ̃d] nm ciberespacio *m*.

cybernaute [sibɛʀnot] nmf cibernauta *mf*.

cybersexe [sibɛʀsɛks] nm cibersexo *m*.

cyberterrorisme [sibɛʀtɛʀɔʀism] nm ciberterrorismo *m*.

cyborg [sibɔʀg] nm ciborg *m*.

cyclable [siklabl] ⟶ **piste**.

Cyclades [siklad] npr f pl ▸ **les Cyclades** las Cícladas.

cyclamen [siklamɛn] nm ciclamen *m*.

cycle [sikl] nm ciclo *m* ▸ **cycle menstruel** ciclo menstrual ▸ **cycle de vie d'un produit** ciclo de vida de un producto ▸ **premier cycle a)** SCOL ≃ segundo ciclo de EP **b)** UNIV ≃ primer ciclo ▸ **second cycle a)** SCOL ≃ Segundo Ciclo de ESO y Bachillerato **b)** UNIV ≃ segundo ciclo ▸ **troisième cycle** UNIV ≃ tercer ciclo.

cyclique [siklik] adj cíclico(ca).

cyclisme [siklism] nm ciclismo *m*.

cycliste [siklist] adj & nmf ciclista.

cyclo-cross [siklɔkʀɔs] nm inv ciclocrós *m*.

cyclomoteur [siklɔmɔtœʀ] nm ciclomotor *m*.

cyclone [siklon] nm ciclón *m*.

cyclothymique [siklɔtimik] adj & nmf ciclotímico(ca).

cyclotourisme [siklɔtuʀism] nm cicloturismo *m*.

cygne [siɲ] nm cisne *m*.

cylindre [silɛ̃dʀ] nm cilindro *m*.

cylindrée [silɛ̃dʀe] nf cilindrada *f*.

cylindrique [silɛ̃dʀik] adj cilíndrico(ca).

cymaise = **cimaise**.

cymbale [sɛ̃bal] nf címbalo *m*, platillo *m*.

cynique [sinik] adj & nmf cínico(ca).

cyniquement [sinikmɑ̃] adv cínicamente.

cynisme [sinism] nm cinismo *m*.

cyprès [sipʀɛ] nm ciprés *m*.

cypriote = **chypriote**.

cyrillique [siʀilik] adj cirílico(ca).

cystite [sistit] nf cistitis *f inv*.

cytise [sitiz] nm cítiso *m*.

D

d, D [de] nm inv [lettre] d *f*, D *f*. ◆ **d** (*abr écrite de* **déci**) d.

d' ⟶ **de**.

da (*abr écrite de* **déca**) D.

DAB nm **1.** (*abr de* **distributeur automatique de billets**) cajero *m* automático **2.** (*abr de* **digital audio broadcasting**) DAB *m*.

d'abord ⟶ **abord**.

Dacca [daka] npr Dacca.

d'accord ⟶ **accord**.

dactylo [daktilo] ❖ nmf [personne] mecanógrafo *m*, -fa *f*. ❖ nf [procédé] mecanografía *f*.

dactylographier [9] [daktilɔgʀafje] vt mecanografiar.

dada [dada] nm **1.** [cheval] caballito *m* **2.** *fam* [occupation favorite] hobby *m* **3.** *fam* [idée favorite] tema *m* predilecto **4.** ART dadaísmo *m*.

dadais [dadɛ] nm *péj* bobo *m*, -ba *f* ▸ **un grand dadais** un grandullón.

dahlia [dalja] nm dalia *f*.

Dahomey [daɔmɛ] npr ▸ **le Dahomey** Dahomey.

daigner [4] [deɲe] vi *sout* ▸ **daigner faire qqch** dignarse a hacer algo.

daim [dɛ̃] nm **1.** [animal] gamo *m* **2.** [peau] ante *m*.

dais [dɛ] nm dosel *m*, palio *m*.

Dakar [dakaʀ] npr Dakar.

dal (*abr écrite de* **décalitre**) dal, Dl.

dallage [dalaʒ] nm enlosado *m*.

dalle [dal] nf losa *f* ▸ **avoir la dalle** *fam* tener un hambre canina ▸ **que dalle !** *fam* ¡ni jota!

dalmatien, enne [dalmasjɛ̃, ɛn] nm, f dálmata *mf*.

daltonien, enne [daltɔnjɛ̃, ɛn] adj & nm, f daltónico(ca).

dam¹ (*abr écrite de* **décamètre**) dam, Dm.

dam² [dam] nm ▸ **au grand dam de** [au grand regret de] en perjuicio de.

Damas [damas] npr Damasco.

dame [dam] nf **1.** [femme] señora *f* **2.** [aux cartes] reina *f*. ◆ **dames** nfpl [jeu] damas *fpl*.

dame-jeanne [damʒan] (*pl* **dames-jeannes**) nf damajuana *f*.

damer [3] [dame] vt [terrain, sol] apisonar.

damier [damje] nm **1.** [de jeu de dames] tablero *m* de damas, damero *m* **2.** [motif] ▸ **à damier** de cuadros.

damnation [danasjɔ̃] nf condena *f*.

damné, e [dane] ❖ adj *fam* [satané] condenado(da). ❖ nm, f RELIG condenado *m*, -da *f*.

damner [3] [dane] vt RELIG condenar. ◆ **se damner** vp RELIG condenarse ▸ **se damner pour qqn / pour qqch** *fig* vender su alma al diablo por alguien / por algo.

dancing [dɑ̃siŋ] nm sala *f* de baile.

dandiner [3] [dɑ̃dine] ◆ **se dandiner** vp **1.** [canard] balancearse **2.** *péj* [personne] contonearse.

dandy [dɑ̃di] nm dandi *m*.

Danemark [danmaʀk] npr ▸ **le Danemark** Dinamarca.

danger [dɑ̃ʒe] nm peligro *m* ▸ **en danger** en peligro ▸ **hors de danger** fuera de peligro ▸ **sans danger** inofensivo(va) ▸ **danger public** peligro público.

dangereusement [dɑ̃ʒʀøzmɑ̃] adv peligrosamente.

dangereux, euse [dɑ̃ʒʀø, øz] adj peligroso(sa).

danois, e [danwa, az] adj danés(esa). ◆ **danois** nm LING danés *m*. ◆ **Danois, e** nm, f danés *m*, -esa *f*.

dans [dɑ̃] prép **1.** [le temps] en / *dans l'Antiquité* en la Antigüedad / *dans un mois* dentro de un mes **2.** [l'espace] en / *dans la chambre* en la habitación **3.** [indiquant l'état, la manière] en / *vivre dans la misère* vivir en la miseria / *il est dans le commerce* se dedica al comercio **4.** [environ] unos(nas) / *ça coûte dans les 15 euros* cuesta unos 15 euros.

dansant, e [dɑ̃sɑ̃, ɑ̃t] adj **1.** [musique, air] para bailar, bailable **2.** [soirée, thé] con baile, dansant.

danse [dɑ̃s] nf baile *m* ▸ **danse classique** danza *f* clásica, baile clásico ▸ **danse folklorique / moderne** baile folklórico / moderno ▸ **danse du ventre** danza *f* del vientre.

danser [3] [dɑ̃se] vi & vt bailar.

danseur, euse [dɑ̃sœʀ, øz] nm, f bailarín *m*, -ina *f* ▸ **en danseuse** SPORT de pie ▸ **danseur étoile** bailarín estrella.

dantesque [dɑ̃tɛsk] adj dantesco(ca).

Danube [danyb] npr ▸ **le Danube** el Danubio.

DAO (*abr de* **dessin assisté par ordinateur**) nm DAO *m* ▸ **un logiciel de DAO** un programa de DAO.

dard [daʀ] nm aguijón *m*.

darder [3] [daʀde] vt lanzar.

dare-dare [daʀdaʀ] adv *fam* pitando.

Dar es-Salaam [daʀɛssalam] npr Dar es Salam.

darne [daʀn] nf rodaja *f* ▸ **darne de saumon** rodaja de salmón.

dartre [daʀtʀ] nf descamación *f*.

DAT [deate] (*abr de* **digital audio tape**) nm cinta *f* de audio digital.

DATAR, Datar [dataʀ] (*abr de* **Délégation à l'aménagement du territoire et à l'action régionale**) nf *delegación nacional francesa de ordenación rural y regional.*

datation [datasjɔ̃] nf **1.** [de contrat, lettre] fecha *f* **2.** [d'objet ancien] datación *f.*

date [dat] nf fecha *f* ▸ **à quelle date ?** ¿qué día? ▸ **de longue date** de mucho tiempo ▸ **en date du** con fecha de ▸ **date limite de consommation** fecha de caducidad ▸ **date limite de vente** fecha de caducidad ▸ **date de naissance** fecha de nacimiento.

> ⚠ **Dato est un faux ami, il ne signifie pas** *date*, **mais « donnée » et aussi « renseignement ».**

dater [3] [date] ❖ vt **1.** [lettre] fechar **2.** [objet ancien] datar. ❖ vi **1.** [faire date] ser un hito **2.** [être démodé] estar anticuado(da) **3.** [remonter à] ▸ **dater de** datar de.
◆ **à dater de** loc prép a partir de.

dateur, euse [datœʀ, øz] adj fechador(ra).
◆ **dateur** nm fechador *m.*

datif [datif] nm dativo *m.*

datte [dat] nf dátil *m.*

dattier [datje] nm palmera *f* datilera.

daube [dob] nf adobo *m* ▸ **en daube** en adobo.

dauphin [dofɛ̃] nm HIST & ZOOL delfín *m.*

dauphine [dofin] nf HIST delfina *f.*

daurade, dorade [dɔʀad] nf dorada *f.*

davantage [davɑ̃taʒ] adv más / *nous n'attendrons pas davantage* no esperaremos más.

dB (*abr écrite de* **décibel**) dB / *70 dB* 70 dB.

DB (*abr de* **division blindée**) nf división *f* blindada.

DCA (*abr de* **défense contre aéronefs**) nf d.a.a. *f*, DCA *f.*

DCC (*abr de* **Digital compact cassette**) nf inv cinta *f* compacta digital.

DCRI (*abr de* **Direction centrale du renseignement intérieur**) nf *dirección central de información interior de la policía francesa.*

DCT (*abr de* **diphtérie coqueluche tétanos**) nm DTP *f* / *le vaccin DCT* la vacuna DTP.

DDA (*abr de* **Direction départementale de l'agriculture**) nf *delegación provincial de agricultura, en Francia.*

DDASS, Ddass [das] (*abr de* **Direction départementale des affaires sanitaires et sociales**) nf *organismo que se encarga de la política sanitaria y social provincial y de la protección de la infancia* / *un enfant de la DDASS* *un niño abandonado o maltratado recogido por la DDASS* / *être placé à la DDASS* ingresar en la DDASS.

DDD (*abr de* **digital digital digital**) DDD.

DDE (*abr de* **Direction départementale de l'Équipement**) nf *delegación provincial de equipamiento, en Francia.*

DDT (*abr de* **dichloro-diphényl-trichloréthane**) nm DDT *m.*

DDTAB (*abr de* **diphtérie, tétanos, typhoïde, paratyphoïde A**) nm *vacuna contra la difteria, tifoideas y paratifoideas.*

> **de** [də]
>
> (**d'** *devant voyelle ou 'h' muet, contraction de* **de + le** = **du** [dy], *contraction de* **de + les** = **des** [de])
>
> ❖ prép
>
> **1.** [provenance] de / *il est sorti de la maison* ha salido de casa / *revenir de Paris* volver de París
>
> **2.** [avec à] ▸ **de... à** de... a / *d'une ville à l'autre* de una ciudad a otra / *du début à la fin* de principio a fin
>
> **3.** [appartenance] de / *la maison de Gabriel* la casa de Gabriel / *la porte du salon* la puerta del salón / *le frère de Pierre* el hermano de Pierre
>
> **4.** [introduisant des nombres, des mesures] *elle est payée 100€ de l'heure* le pagan 100€ por ou la hora / *j'habite un appartement de 80 m²* vivo en un piso de 80 m²
>
> **5.** [indiquant la cause] de / *il est mort de peur* está muerto de miedo / *elle tremblait de froid* temblaba de frío
>
> **6.** [indique la composition, la qualité] de / *un verre d'eau* un vaso de agua / *une couche de peinture* una capa de pintura / *une ville de 500 000 habitants* una ciudad de 500.000 habitantes / *une équipe de spécialistes* un equipo de especialistas
>
> **7.** [avec en] ▸ **de...en** de...en / *ils se déplacent de ville en ville* van de ciudad en ciudad / *il va de mal en pis* va de mal en peor / *le nombre d'étudiants augmente d'année en année* el número de estudiantes aumenta cada año
>
> **8.** [servant de lien syntaxique] *la ville de Madrid* la ciudad de Madrid / *rien de nouveau* rien de neuf / *j'ai quelques heures de libres* tengo algunas horas libres
>
> ❖ art partitif
>
> *je prendrai du fromage* tomaré queso / *boire de l'eau* beber agua / *ils n'ont pas d'enfants* no tienen hijos / *avez-vous du pain ?* ¿tiene pan?

DE (*abr écrite de* **diplômé d'État**) adj *que tiene un diploma oficial* / *une infirmière DE* *una enfermera con diploma oficial.*

dé [de] nm **1.** [à jouer, morceau] dado *m* ▸ **couper en dés** CULIN cortar en dados **2.** COUT ▸ **dé à coudre** dedal *m.*

DEA (*abr de* **diplôme d'études approfondies**) nm *antiguo diploma de tercer ciclo universitario.*

dealer[1] [3] [dile] vi hacer de camello.

dealer[2] [dilœʀ] nm camello *m (de droga).*

déambuler [3] [deɑ̃byle] vi deambular.

déb. (*abr écrite de* **débattre**) ▸ **px à déb.** precio negociable.

débâcle [debakl] nf **1.** [débandade] desbandada *f* **2.** *fig* [ruine] debacle *f.*

déballage [debalaʒ] nm **1.** [de marchandises] desembalaje *m* **2.** *fam* & *fig* [confession] confesión *f*.

déballer [3] [debale] vt **1.** [marchandises] desembalar **2.** *fam* & *fig* [confier] desembuchar.

débandade [debɑ̃dad] nf desbandada *f*.

débaptiser [3] [debatize] vt ▸ **débaptiser qqch / qqn** cambiar el nombre a algo / a alguien.

débarbouiller [3] [debaʀbuje] vt lavar la cara a. ◆ **se débarbouiller** vp lavarse la cara.

débarcadère [debaʀkadɛʀ] nm desembarcadero *m*.

débardeur [debaʀdœʀ] nm **1.** [vêtement] camiseta *f* de tirantes **2.** [ouvrier] descargador *m*.

débarquement [debaʀkəmɑ̃] nm desembarco *m*. ◆ **Débarquement** nm ▸ **le Débarquement** HIST el Desembarco de Normandía.

débarquer [3] [debaʀke] ◈ vt desembarcar. ◈ vi **1.** [d'un bateau & MIL] desembarcar **2.** *fam* & *fig* [ne pas être au courant] estar en babia **3.** *fam* [arriver à l'improviste] encajarse.

débarras [debaʀa] nm trastero *m* ▸ **bon débarras !** ¡adiós, muy buenas!

débarrasser [3] [debaʀase] vt **1.** [nettoyer - pièce] despejar ; [- table] quitar **2.** [ôter] ▸ **débarrasser qqn de qqch** ayudar a alguien a quitarse algo / ***je vous débarrasse de votre manteau ?*** ¿me permite su abrigo? ◆ **se débarrasser** vp ▸ **se débarrasser de qqn / de qqch** deshacerse de alguien / de algo / ***il s'est débarrassé de l'arme du crime*** se deshizo del arma del crimen / ***il s'est débarrassé de son manteau*** se quitó el abrigo.

débat [deba] nm debate *m* ▸ **débat d'idées** debate de ideas ▸ **débat télévisé** debate televisado ▸ **élargir le débat** ampliar el debate.

débats → **débattre**.

débattis → **débattre**.

débattre [83] [debatʀ] ◈ vt discutir. ◈ vi ▸ **débattre de qqch** discutir sobre algo. ◆ **se débattre** vp debatirse ▸ **se débattre contre qqch** *fig* luchar contra algo.

débattu, e [debaty] pp → **débattre**.

débauche [deboʃ] nf desenfreno *m* ▸ **une débauche de** *fig* un exceso de.

débauché, e [deboʃe] adj & nm, f libertino(na).

débaucher [3] [deboʃe] vt **1.** [corrompre] corromper, pervertir **2.** [licencier] despedir **3.** *fam* [détourner de son travail] distraer.

débecter [3] [debɛkte] vt *tfam* dar asco a.

débile [debil] ◈ nmf **1.** MÉD retrasado *m*, -da *f* ▸ **un débile mental** un retrasado mental **2.** *fam* [idiot] subnormal *mf*. ◈ adj *fam* & *péj* [personne] subnormal ; [film] para subnormales.

> ⚠ **Débil** est un faux ami, il ne signifie pas *débile*, mais « faible ».

débilitant, e [debilitɑ̃, ɑ̃t] adj agotador(ra).

débilité [debilite] nf **1.** [stupidité] estupidez *f* **2.** [maladie] debilidad *f*.

débiner [3] [debine] vt *fam* [critiquer] despellejar. ◆ **se débiner** vp *fam* [s'enfuir] pirarse.

débit [debi] nm **1.** [de marchandises] salida *f* **2.** [magasin] ▸ **débit de boissons** despacho *m* de bebidas ▸ **débit de tabac** estanco *m* **3.** [d'un arbre] corte *m* **4.** [de fleuve, robinet] caudal *m* **5.** [de compte bancaire] débito *m*, debe *m* ▸ **carte à débit immédiat / différé** tarjeta de débito / de crédito **6.** [élocution] modo *m* de hablar.

débitant, e [debitɑ̃, ɑ̃t] nm, f **1.** [de boisson] tabernero *m*, -ra *f* **2.** [de tabac] estanquero *m*, -ra *f*.

débiter [3] [debite] vt **1.** [marchandises] despachar **2.** [couper] cortar **3.** [suj : robinet] tener un caudal de **4.** [compte bancaire] cargar **5.** *fam* & *fig* [prononcer] soltar.

débiteur, trice [debitœʀ, tʀis] adj & nm, f deudor(ra).

déblaiement [deblɛmɑ̃], **déblayage** [deblɛjaʒ] nm [de décombres] desescombro *m* ; [des obstacles] retirada *f*.

déblatérer [18] [deblateʀe] vt *fam* despotricar ▸ **déblatérer contre qqn** despotricar contra alguien.

déblayer [11] [debleje] vt [passage, route] despejar ; [décombres] desescombrar ▸ **déblayer le terrain** *fig* despejar el terreno.

déblocage [deblɔkaʒ] nm **1.** [réouverture - d'un tuyau] desatasco *m* ; [- d'une route] desbloqueo *m* **2.** ÉCON & FIN [des prix, des salaires, d'un compte] descongelación *f*.

débloquer [deblɔke] ◈ vt **1.** [machine] desbloquear **2.** [salaire, prix] descongelar. ◈ vi *fam* [perdre la tête] delirar.

déboguer [debɔge], **débuguer** [debyge] vt depurar.

déboires [debwaʀ] nmpl desengaños *mpl*.

déboisement [debwazmɑ̃] nm tala *f*.

déboiser [3] [debwaze] vt talar. ◆ **se déboiser** vp despoblarse de árboles, deforestarse.

déboîter [3] [debwate] ◈ vt **1.** [porte] desencajar **2.** [épaule] dislocar. ◈ vi desviarse. ◆ **se déboîter** vp **1.** [épaule] dislocarse **2.** [porte] desencajarse.

débonnaire [debɔnɛʀ] adj bonachón(ona).

débordant, e [debɔʀdɑ̃, ɑ̃t] adj **1.** [activité] desbordante **2.** [personne] ▸ **être débordant de qqch** [vie, énergie] estar rebosante de algo.

débordé, e [debɔʀde] adj [surmené] desbordado(da) / ***elle manque de temps, elle est débordée en ce moment*** le falta tiempo, está desbordada ahora mismo / ***il est débordé de travail*** está desbordado de trabajo.

débordement [debɔʀdəmɑ̃] nm desbordamiento *m*. ◆ **débordements** nmpl [excès] excesos *mpl*.

déborder [3] [debɔʀde] vi **1.** [gén] desbordarse **2.** *fig* [être plein de] ▸ **déborder de qqch** rebosar de algo.

débouchage [debuʃaʒ] nm [de bouteille] descorche *m* ; [de tuyau] desatasco *m*.

débouché [debuʃe] nm **1.** [issue - de vallée] desembocadura *f* ; [- de rue] salida *f* **2.** *(gén pl)* [de carrière & COMM] salida *f*.

déboucher [3] [debuʃe] ◆ vt **1.** [bouteille] destapar, abrir **2.** [lavabo, conduite] desatascar **3.** [nez] despejar. ◆ vi desembocar ▸ **déboucher sur qqch** desembocar en algo.

débouler [3] [debule] ◆ vi [animal, voiture] entrar de sopetón. ◆ vt [dévaler] bajar corriendo.

déboulonner [3] [debulɔne] vt **1.** [statue] desmontar **2.** *fam* & *fig* [évincer] quitar de en medio.

débourser [3] [debuʀse] vt desembolsar.

déboussoler [3] [debusɔle] vt *fam* descontrolar.

debout [dəbu] ◆ adv **1.** [verticalement] de pie **2.** EXPR **à dormir debout** sin pies ni cabeza ▸ **tenir debout** **a)** [bâtiment] mantenerse en pie **b)** *fig* [argument] tener fundamento ▸ **ne pas tenir debout** no tenerse en pie. ◆ interj ¡arriba!

débouter [3] [debute] vt DR ▸ **débouter qqn de sa demande** desestimar la demanda interpuesta por alguien.

déboutonner [3] [debutɔne] vt desabotonar. ◆ **se déboutonner** vp desabotonarse.

débraillé, e [debʀaje] adj descamisado(da).

débrancher [3] [debʀɑ̃ʃe] ◆ vt **1.** [appareil électrique] desenchufar **2.** [téléphone] desconectar. ◆ vi *fam* & *fig* desconectar.

débrayage [debʀɛjaʒ] nm **1.** AUTO desembrague *m* **2.** [du travail] paro *m (huelga)*.

débrayer [11] [debʀeje] vi **1.** AUTO desembragar **2.** [cesser le travail] hacer un paro.

débridé, e [debʀide] adj *fig* desenfrenado(da).

débriefer [debʀife] vt hacer una reunión informativa.

débriefing [debʀifiŋ] nm informe *m* ou reunión *f* informativa ▸ **faire un débriefing** hacer una reunión informativa.

débris [debʀi] nm **1.** [fragment] pedazo *m* **2.** *fig* [d'État, d'armée] vestigios *mpl*.

débrouillard, e [debʀujaʀ, aʀd] adj & nm, f espabilado(da).

débrouillardise [debʀujaʀdiz] nf *fam* desenvoltura *f*.

débrouille [debʀuj] nf *fam* ▸ **la débrouille** la astucia.

débrouiller [3] [debʀuje] vt **1.** [fils, cheveux] desenredar **2.** [affaire, mystère] esclarecer. ◆ **se débrouiller** vp *fam* **1.** [réussir] defenderse, espabilarse **2.** [s'arranger] arreglárselas ▸ **se débrouiller pour** arreglárselas para.

débroussailler [3] [debʀusaje] vt **1.** [terrain] desbrozar **2.** *fig* [sujet, problème] preparar.

débuguer [3] [debyge] vt = **déboguer**.

débusquer [3] [debyske] vt **1.** [gibier] hacer salir **2.** *fig* [personne] localizar.

début [deby] nm comienzo *m*, principio *m* ▸ **au début** al principio. ◆ **au début de** loc prép [gén] al principio de ; [d'année, de mois, de semaine] a principios de. ◆ **débuts** nmpl [d'une carrière] debut *m*.

débutant, e [debytɑ̃, ɑ̃t] adj & nm, f debutante.

débuter [3] [debyte] vi **1.** [commencer] empezar, comenzar ▸ **débuter par qqch** comenzar ou empezar con algo **2.** [faire ses débuts - dans une activité] dar los primeros pasos ; [- dans une carrière] debutar.

déca [deka] nm *fam* descafeinado *m*.

deçà [dəsa] ◆ **en deçà de** loc prép de este lado de ; *fig* [en dessous de] por debajo de.

décacheter [27] [dekaʃte] vt abrir *(una carta)*.

décade [dekad] nf década *f*.

décadence [dekadɑ̃s] nf decadencia *f*.

décadent, e [dekadɑ̃, ɑ̃t] adj decadente.

décaféiné, e [dekafeine] adj descafeinado(da). ◆ **décaféiné** nm descafeinado *m*.

décalage [dekalaʒ] nm **1.** [dans le temps] desfase *m* ▸ **décalage horaire** diferencia *f* horaria **2.** [dans l'espace] desajuste *m* **3.** *fig* [différence] distancia *f*.

décalcification [dekalsifikasjɔ̃] nf descalcificación *f*.

décalcomanie [dekalkɔmani] nf calcomanía *f*.

décalé, e [dekale] adj **1.** [style, humour] desfasado(da) / ***il a un humour assez décalé*** tiene un humor bastante desfasado / ***cette notion est complètement décalée par rapport à leur discours habituel*** esta noción se aparta completamente del discurso habitual **2.** [personne] desfasado(da) / ***être décalé par rapport à la réalité*** estar desfasados con relación a la realidad / ***les personnages du film sont complètement décalés*** los personajes de la película están completamente desfasados.

décaler [3] [dekale] vt **1.** [dans le temps] aplazar **2.** [dans l'espace] desplazar ▸ **décaler qqch d'un mètre** desplazar algo un metro. ◆ **se décaler** vp desplazarse.

décalitre [dekalitʀ] nm decalitro *m*.

décalquer [3] [dekalke] vt calcar.

décamper [3] [dekɑ̃pe] vi salir corriendo.

décan [dekɑ̃] nm decanato *m*.

décanter [3] [dekɑ̃te] ◆ vt **1.** [liquide] decantar **2.** *fig* [idée] aclarar. ◆ vi **1.** [liquide] decantarse **2.** *fig* [idées] aclararse. ◆ **se décanter** vp **1.** [liquide] decantarse **2.** *fig* [idées] aclararse.

décapant, e [dekapɑ̃, ɑ̃t] adj **1.** [produit] decapante **2.** *fig* [texte, humour] corrosivo(va). ◆ **décapant** nm decapante *m*.

décaper [3] [dekape] vt decapar.

décapiter [3] [dekapite] vt **1.** [personne] decapitar **2.** [arbre] desmochar.

décapotable [dekapɔtabl] nf & adj descapotable.

décapoter [3] [dekapɔte] vt descapotar.

décapsuler [3] [dekapsyle] vt abrir *(botella)*.

décapsuleur [dekapsylœʀ] nm abrebotellas *m inv*, abridor *m* (de botellas).

décarcasser [3] [dekaʀkase] ◆ **se décarcasser** vp *fam* deslomarse.

décathlon [dekatlɔ̃] nm decatlón *m*.

décati, e [dekati] adj decrépito(ta).

décédé, e [desede] adj fallecido(da).

décéder [18] [desede] vi fallecer.

décelable [deslabl] adj perceptible, detectable.

déceler [25] [desle] vt **1.** [repérer] descubrir **2.** *sout* [révéler] revelar.

décélération [deseleʀasjɔ̃] nf desaceleración *f*.

décélérer [18] [deseleʀe] vi desacelerar.

décembre [desɑ̃bʀ] nm diciembre *m*. ***Voir aussi* septembre**.

décemment [desamɑ̃] adv **1.** [convenablement] decentemente **2.** [raisonnablement] razonablemente.

décence [desɑ̃s] nf decencia *f*.

décennie [deseni] nf decenio *m*.

décent, e [desɑ̃, ɑ̃t] adj decente.

décentralisation [desɑ̃tʀalizasjɔ̃] nf descentralización *f*.

décentraliser [3] [desɑ̃tʀalize] vt descentralizar.

décentrer [3] [desɑ̃tʀe] vt descentrar.

déception [desɛpsjɔ̃] nf decepción *f*.

décerner [3] [desɛʀne] vt conceder.

décès [desɛ] nm fallecimiento *m* ; DR defunción *f*.

décevant, e [desəvɑ̃, ɑ̃t] adj decepcionante.

décevoir [52] [desəvwaʀ] vt **1.** [personne] decepcionar **2.** [confiance, espérance] frustrar.

déchaîné, e [deʃene] adj desatado(da) ; [mer] encrespado(da).

déchaînement [deʃɛnmɑ̃] nm [de la mer] embravecimiento *m*, enfurecimiento *m* ; [de la tempête] desencadenamiento *m* ; [des passions] desencadenamiento *m*, estallido *m*.

déchaîner [4] [deʃene] vt desatar. ◆ **se déchaîner** vp **1.** [tempête, cyclone, etc.] desatarse **2.** *fig* [personne] enfurecerse ESP, enchilarse AM ▸ **se déchaîner contre qqn / contre qqch** ensañarse con alguien / con algo.

déchanter [3] [deʃɑ̃te] vi desilusionarse.

décharge [deʃaʀʒ] nf **1.** [d'arme à feu & ÉLECTR] descarga *f* ▸ **décharge électrique** descarga eléctrica **2.** DR [action] descargo *m* **3.** [dépotoir] vertedero *m* ▸ **décharge municipale** vertedero municipal **4.** EXPR **à la décharge de qqn** en descargo de alguien / ***à sa décharge, il faut dire que…*** en su descargo hay que decir que….

déchargement [deʃaʀʒəmɑ̃] nm descarga *f*.

décharger [17] [deʃaʀʒe] vt **1.** [véhicule, marchandises] descargar **2.** [arme] disparar **3.** *fig* [libérer] ▸ **décharger qqn de qqch** descargar ou eximir a alguien de algo. ◆ **se décharger** vp descargarse ▸ **se décharger de qqch sur qqn** delegar algo en alguien.

décharné, e [deʃaʀne] adj demacrado(da).

déchaussé, e [deʃose] adj [dent] descarnado(da).

déchausser [3] [deʃose] vt [enfant] descalzar. ◆ **se déchausser** vp **1.** [personne] descalzarse **2.** [dent] descarnarse.

dèche [dɛʃ] nf *fam* miseria *f* ▸ **être dans la dèche** estar sin blanca.

déchéance [deʃeɑ̃s] nf **1.** [déclin] decadencia *f* **2.** DR [d'un droit] privación *f* ; [de souverain] destronamiento *m*.

déchet [deʃɛ] nm **1.** [perte] desecho *m* **2.** *fig* & *péj* [personne] escoria *f*. ◆ **déchets** nmpl restos *mpl*, residuos *mpl* ▸ **déchets domestiques / industriels** residuos domesticos / industriales ▸ **déchets radioactifs** residuos radioactivos ▸ **déchets toxiques** residuos tóxicos ▸ **gestion des déchets** gestión de residuos.

déchetterie® [deʃɛtʀi] nf planta *f* de reciclaje.

déchiffrable [deʃifʀabl] adj descifrable.

déchiffrer [3] [deʃifʀe] vt **1.** [énigme, inscription] descifrar **2.** MUS repentizar.

déchiqueté, e [deʃikte] adj **1.** [vêtements, papiers] hecho(cha) pedazos **2.** [corps dans une explosion] despedazado(da).

déchiqueter [27] [deʃikte] vt [gén] desmenuzar ; [viande] despedazar.

déchiqueteur [deʃiktœʀ] nm desmenuzador *m*, despedezador *m*.

déchirant, e [deʃiʀɑ̃, ɑ̃t] adj desgarrador(ra).

déchiré, e [deʃiʀe] adj **1.** rasgado(da), desgarrado(da) **2.** MÉD desgarrado(da).

déchirement [deʃiʀmɑ̃] nm *fig* **1.** [souffrance morale] dolor *m* **2.** [division] división *f*.

déchirer [3] [deʃiʀe] vt **1.** [mettre en morceaux - tissu] desgarrar ; [- papier] rasgar **2.** *fig* [percer] romper **3.** *fig* [diviser] dividir **4.** [causer une douleur à - physique] desgarrar ; [- morale] destrozar. ◆ **se déchirer** vp **1.** [personnes] enfrentarse continuamente **2.** [tissu] rasgarse / ***ma robe s'est déchirée*** mi vestido se ha desgarrado **3.** MÉD desgarrarse.

déchirure [deʃiʀyʀ] nf **1.** [gén] desgarradura *f* ▸ **déchirure musculaire** desgarro *m* muscular **2.** *fig* [douleur] dolor *m*.

déchoir [71] [deʃwaʀ] ◆◆ vi *sout* [s'abaisser] rebajarse. ◆◆ vt DR ▸ **déchoir qqn d'un droit** privar a alguien de un derecho.

déchu, e [deʃy] adj [ange] caído(da) ; [souverain] destronado(da).

décibel [desibɛl] nm decibelio *m*.

décidé, e [deside] adj decidido(da) ▸ **décidé à faire qqch** resuelto a hacer algo.

décidément [desidemɑ̃] adv decididamente.

décider [3] [deside] ◆◆ vt **1.** [gén] decidir ▸ **décider que** decidir que **2.** [convaincre] ▸ **décider qqn à faire qqch** convencer a alguien para que haga algo. ◆◆ vi **1.** [prendre une décision] decidir ▸ **décider de faire qqch** decidir hacer algo **2.** [se prononcer] ▸ **décider de qqch**

determinar algo **3.** [être la cause] ▸ **décider de qqch** decidir algo. ◆ **se décider** vp decidirse ▸ **se décider à faire qqch** decidirse a hacer algo ▸ **se décider pour qqch** decidirse por algo.

décideur [desidœʀ] nm responsable *m.*

décigramme [desigʀam] nm decigramo *m.*

décilitre [desilitʀ] nm decilitro *m.*

décimal, e, aux [desimal, o] adj decimal. ◆ **décimale** nf decimal *m.*

décimer [3] [desime] vt diezmar.

décimètre [desimɛtʀ] nm **1.** [dixième de mètre] decímetro *m* **2.** [règle] regla *f* ▸ **double décimètre** *regla de veinte centímetros.*

décisif, ive [desizif, iv] adj decisivo(va).

décision [desizjɔ̃] nf decisión *f* / *la décision t'appartient* la decisión te pertenece ▸ **arriver à une décision** llegar a una decisión ▸ **prendre une décision** tomar una decisión.

décisionnaire [desizjɔnɛʀ] nmf ▸ **les décisionnaires** los que tienen el poder decisorio.

déclamer [3] [deklame] vt declamar.

déclaration [deklaʀasjɔ̃] nf declaración *f* ▸ **faire une déclaration** hacer una declaración ▸ **déclaration de guerre** declaración de guerra ▸ **déclaration d'impôts** declaración de la renta ▸ **déclaration sur l'honneur** declaración jurada.

La Déclaration des droits de l'homme et du citoyen

Este texto, adoptado durante la Revolución por la Asamblea francesa del 26 de agosto de 1789, proclama como principios universales el derecho natural e inalienable de todos los hombres a la libertad, condena los privilegios de clases del Antiguo Régimen y declara a todos los hombres iguales ante la ley. En 1793, el prefacio de la Constitución del año I añadió al texto original el derecho a la educación, al trabajo y la libertad de reunión. Este resultado de la Ilustración y de las ideas de los filósofos del siglo XVIII ha tenido una gran influencia en todo el mundo. En 1948 inspiró la Declaración Universal de los Derechos Humanos.

déclarer [3] [deklaʀe] vt **1.** [annoncer] declarar ▸ **déclarer que** declarar que **2.** [vol, perte] denunciar. ◆ **se déclarer** vp declararse ▸ **se déclarer pour / contre qqch** declararse a favor/en contra de algo.

déclasser [3] [deklase] vt **1.** [hôtel, restaurant] bajar de categoría **2.** SPORT hacer bajar **3.** [livres, papiers] desordenar.

déclenchement [deklɑ̃ʃmɑ̃] nm [de mécanisme] activación *f*; [d'événement, de phénomène] desencadenamiento *m.*

déclencher [3] [deklɑ̃ʃe] vt [mécanisme] activar ; [conflit, crise, grève] desencadenar. ◆ **se déclencher** vp [mécanisme] activarse ; [conflit, crise] desencadenarse.

déclic [deklik] nm **1.** [de mécanisme] disparador *m* **2.** [bruit] clic *m.*

déclin [deklɛ̃] nm **1.** [de pays] decadencia *f* **2.** [de population] descenso *m* **3.** [de jour, âge] ocaso *m.*

déclinaison [deklinɛzɔ̃] nf GRAM declinación *f.*

décliner [3] [dekline] ◆◆ vi **1.** [pays] estar en decadencia **2.** [santé] debilitarse **3.** [jour] declinar. ◆◆ vt **1.** [gén & GRAM] declinar ▸ **décliner une invitation** declinar una invitación ▸ **décliner toute responsabilité** declinar toda responsabilidad **2.** [identité] dar a conocer. ◆ **se décliner** vp GRAM declinarse.

déclivité [deklivite] nf declive *m.*

décloisonnement [deklwazɔnmɑ̃] nm [de services, de disciplines] liberalización *f.*

décloisonner [3] [deklwazɔne] vt *fig* liberalizar.

déclouer [3] [deklue] vt desclavar.

déco [deko] nf *fam* [décoration] decoración *f.*

décocher [3] [dekɔʃe] vt **1.** [coup, flèche] disparar **2.** *fig* [remarque, regard] lanzar.

décoction [dekɔksjɔ̃] nf decocción *f.*

décodage [dekɔdaʒ] nm descodificación *f.*

décoder [3] [dekɔde] vt descodificar.

décodeur [dekɔdœʀ] nm descodificador *m.*

décoiffer [3] [dekwafe] vt despeinar. ◆ **se décoiffer** vp **1.** [cheveux] despeinarse **2.** [enlever son chapeau] descubrirse.

décoincer [16] [dekwɛ̃se] vt **1.** [mécanisme] desbloquear **2.** *fam* & *fig* [personne] relajar. ◆ **se décoincer** vp **1.** [mécanisme] desbloquearse **2.** *fam* & *fig* [personne] relajarse.

déçois ⟶ **décevoir**.

déçoive ⟶ **décevoir**.

décolérer [18] [dekɔleʀe] vi ▸ **ne pas décolérer** no calmarse.

décollage [dekɔlaʒ] nm despegue *m.*

décollé, e [dekɔle] adj despegado(da).

décollement [dekɔlmɑ̃] nm desprendimiento *m* ▸ **décollement de la rétine** desprendimiento de la retina.

décoller [3] [dekɔle] vt & vi despegar. ◆ **se décoller** vp despegarse.

décolleté, e [dekɔlte] adj escotado(da). ◆ **décolleté** nm escote *m.*

décolonisation [dekɔlɔnizasjɔ̃] nf descolonización *f.*

décoloniser [3] [dekɔlɔnize] vt descolonizar.

décolorant, e [dekɔlɔʀɑ̃, ɑ̃t] adj decolorante.
◆ **décolorant** nm decolorante *m*.

décoloration [dekɔlɔʀasjɔ̃] nf decoloración *f*.

décoloré, e [dekɔlɔʀe] adj **1.** [tissu] descolorido(da), desteñido(da) **2.** [cheveux] decolorado(da) / *une blonde décolorée* una rubia oxigenada.

décolorer [3] [dekɔlɔʀe] vt descolorar.
◆ **se décolorer** vp decolorarse.

décombres [dekɔ̃bʀ] nmpl escombros *m*.

décommander [3] [dekɔmɑ̃de] vt cancelar.
◆ **se décommander** vp cancelar una cita.

décomplexer [4] [dekɔ̃plɛkse] vt *fam* quitar los complejos a.

décomposé, e [dekɔ̃poze] adj descompuesto(ta).

décomposer [3] [dekɔ̃poze] vt **1.** [gén] descomponer **2.** [raisonnement, problème] analizar.
◆ **se décomposer** vp **1.** [gén] descomponerse **2.** [se diviser] ▸ **se décomposer en** dividirse en.

décomposition [dekɔ̃pozisjɔ̃] nf **1.** [gén] descomposición *f* **2.** [de raisonnement, de problème] análisis *m inv*.

décompresser [4] [dekɔ̃pʀese] ❖ vt [gén & INFORM] descomprimir. ❖ vi *fam* relajarse.

décompression [dekɔ̃pʀesjɔ̃] nf descompresión *f*.

décompte [dekɔ̃t] nm descuento *m* ▸ **faire le décompte** hacer un descuento.

décompter [3] [dekɔ̃te] vt descontar.

déconcentrer [3] [dekɔ̃sɑ̃tʀe] vt desconcentrar.
◆ **se déconcentrer** vp desconcentrarse.

déconcertant, e [dekɔ̃sɛʀtɑ̃, ɑ̃t] adj desconcertante.

déconcerter [3] [dekɔ̃sɛʀte] vt desconcertar.

déconfit, e [dekɔ̃fi, it] adj descompuesto(ta).

déconfiture [dekɔ̃fityʀ] nf *fam* descalabro *m*.

décongélation [dekɔ̃ʒelasjɔ̃] nf descongelación *f*.

décongeler [25] [dekɔ̃ʒle] vt descongelar.

décongestionnant, e [dekɔ̃ʒɛstjɔnɑ̃, ɑ̃t] adj MÉD descongestionante. ◆ **décongestionnant** nm [médicament] descongestionante *m*.

décongestionner [3] [dekɔ̃ʒɛstjɔne] vt descongestionar.

déconnade [dekɔnad] nf *tfam* cachondeo *m* / *elle adore la franche déconnade* le encanta el cachondeo / *on a passé une soirée de déconnade* tuvimos una noche de cachondeo.

déconnecter [4] [dekɔnɛkte] vt desconectar.
◆ **se déconnecter** vp INFORM desconectarse.

déconner [dekɔne] vi *tfam* **1.** [dire des bêtises] estar de cachondeo **2.** [fonctionner mal] descontrolar.

déconnexion [dekɔnɛksjɔ̃] nf desconexión *f*.

déconseiller [4] [dekɔ̃seje] vt desaconsejar ▸ **déconseiller à qqn de faire qqch** desaconsejar a alguien que haga algo.

déconsidérer [18] [dekɔ̃sideʀe] vt desacreditar.
◆ **se déconsidérer** vp desacreditarse.

décontamination [dekɔ̃taminasjɔ̃] nf descontaminación *f*.

décontaminer [3] [dekɔ̃tamine] vt descontaminar.

décontenancer [16] [dekɔ̃tnɑ̃se] vt confundir.
◆ **se décontenancer** vp alterarse.

décontracté, e [dekɔ̃tʀakte] adj **1.** [muscle] relajado(da) **2.** [détendu - personne] tranquilo(la) ; [- allure, ambiance] distendido(da).

décontracter [3] [dekɔ̃tʀakte] vt relajar.
◆ **se décontracter** vp relajarse.

déconvenue [dekɔ̃vny] nf desengaño *m*.

décor [dekɔʀ] nm **1.** [cadre] marco *m (fondo)* **2.** [décoration] decoración *f* **3.** CINÉ & THÉÂTRE decorado *m*.

décorateur, trice [dekɔʀatœʀ, tʀis] nm, f decorador *m*, -ra *f*.

décoratif, ive [dekɔʀatif, iv] adj decorativo(va).

décoration [dekɔʀasjɔ̃] nf **1.** [gén] decoración *f* **2.** [insigne] condecoración *f*.

décorer [3] [dekɔʀe] vt **1.** [pièce] decorar **2.** [personne] condecorar.

décortiquer [3] [dekɔʀtike] vt **1.** [fruit] pelar **2.** *fig* [texte] desmenuzar.

décorum [dekɔʀɔm] nm decoro *m*.

découcher [3] [dekuʃe] vi dormir fuera de casa.

découdre [86] [dekudʀ] ❖ vt COUT descoser. ❖ vi EXPR **en découdre** llegar a las manos. ◆ **se découdre** vp descoserse.

découler [3] [dekule] vi ▸ **découler de qqch** derivarse de algo.

découpage [dekupaʒ] nm **1.** [action de découper] recorte *m* **2.** [jeu d'enfants] recortable *m* **3.** CINÉ guión *m* técnico **4.** ADMIN ▸ **découpage électoral** *división en circunscripciones electorales*.

découper [3] [dekupe] vt **1.** [viande, tissu] cortar ▸ **'découper suivant le pointillé'** 'cortar por la línea de puntos' **2.** [article, texte] recortar. ◆ **se découper** vp *fig* ▸ **se découper sur** [ressortir] recortarse en.

découplé, e [dekuple] adj ▸ **bien découplé** bien plantado.

découpure [dekupyʀ] nf **1.** [chose découpée] ▸ **découpures** recortes *mpl* **2.** [d'une côte, etc.] silueta *f* ; [d'un tissu] festón *m*.

décourageant, e [dekuʀaʒɑ̃, ɑ̃t] adj desalentador(ra), descorazonador(ra).

découragement [dekuʀaʒmɑ̃] nm desaliento *m*, desánimo *m*.

décourager [17] [dekuʀaʒe] vt **1.** [démoraliser] desalentar, desanimar **2.** [dissuader] disuadir ▸ **décourager qqn de faire qqch** disuadir a alguien de hacer algo.
◆ **se décourager** vp desanimarse.

décousu, e [dekuzy] adj **1.** COUT descosido(da) **2.** *fig* [conversation] deshilvanado(da).

découvert, e [dekuvɛʀ, ɛʀt] ◆ pp ⟶ **découvrir.** ◆ adj descubierto(ta). ◆ **découvert** nm FIN descubierto *m* ▸ **être à découvert** tener un descubierto, estar en números rojos. ◆ **découverte** nf descubrimiento *m*.

découvre ⟶ **découvrir.**

découvrir [34] [dekuvʀiʀ] vt **1.** [gén] descubrir **2.** [casserole] destapar **3.** [paysage] divisar **4.** [projet, plan] revelar. ◆ **se découvrir** vp **1.** [se dévêtir] aligerarse de ropa **2.** [ôter son chapeau] descubrirse ▸ **se découvrir devant qqn** descubrirse ante alguien **3.** [ciel] despejarse **4.** [se trouver - soi-même] encontrarse ; [- passion] descubrir.

décrasser [3] [dekʀase] vt *fam* quitar la roña a.

décrédibiliser [3] [dekʀedibilize] vt desacreditar.

décrépit, e [dekʀepi, it] adj decrépito(ta).

décrépitude [dekʀepityd] nf decrepitud *f*.

decrescendo [dekʀeʃɛndo] ◆ nm inv MUS decrescendo *m*. ◆ adv **1.** MUS decrescendo **2.** *fig* [en décroissant] ▸ **aller decrescendo** ir en descenso.

décret [dekʀɛ] nm decreto *m* ▸ **décret ministériel** decreto ministerial.

décréter [3] [dekʀete] vt **1.** ADMIN decretar **2.** [décider] ▸ **décréter que** decidir que.

décrier [10] [dekʀije] vt *sout* denigrar.

décrire [99] [dekʀiʀ] vt describir.

décrisper [3] [dekʀispe] vt **1.** [personne] tranquilizar **2.** [atmosphère] distender. ◆ **se décrisper** vp tranquilizarse.

décrochement [dekʀɔʃmɑ̃] nm **1.** GÉOL desnivel *m* **2.** [action] desenganche *m* **3.** ARCHIT entrada *f (en una pared)*.

décrocher [3] [dekʀɔʃe] ◆ vt **1.** [détacher] desenganchar **2.** [tableau, téléphone] descolgar **3.** *fam* [obtenir] conseguir. ◆ vi *fam* desconectar. ◆ **se décrocher** vp descolgarse.

décrois ⟶ **décroître.**

décroiser [3] [dekʀwaze] vt descruzar.

décroissais ⟶ **décroître.**

décroissant, e [dekʀwasɑ̃, ɑ̃t] adj decreciente.

décroître [94] [dekʀwatʀ] vi decrecer.

décrotter [3] [dekʀɔte] vt ▸ **décrotter qqch** limpiar el barro de algo.

décru, e [dekʀy] pp ⟶ **décroître.** ◆ **décrue** nf decrecida *f*.

décrus ⟶ **décroître.**

décrypter [3] [dekʀipte] vt descifrar.

déçu, e [desy] ◆ pp ⟶ **décevoir.** ◆ adj **1.** [personne] decepcionado(da) **2.** [espoir] frustrado(da).

déculotter [3] [dekylɔte] vt ▸ **déculotter qqn** quitar los pantalones a alguien. ◆ **se déculotter** vp [enlever - culotte] quitarse los calzoncillos ; [- pantalon] quitarse los pantalones.

déculpabiliser [3] [dekylpabilize] vt desculpabilizar.

décupler [3] [dekyple] ◆ vt [multiplier par dix] multiplicar por diez ; *fig* [augmenter considérablement] centuplicar. ◆ vi multiplicarse por diez.

déçus ⟶ **décevoir.**

dédaigner [4] [dedeɲe] ◆ vt [mépriser] desdeñar. ◆ vi *sout* [refuser] ▸ **dédaigner de faire qqch** no dignarse hacer algo ▸ **ne pas dédaigner de faire qqch** no hacerle ascos a hacer algo.

dédaigneusement [dedɛɲøzmɑ̃] adv con desdén, desdeñosamente.

dédaigneux, euse [dedɛɲø, øz] adj desdeñoso(sa).

dédain [dedɛ̃] nm desdén *m*.

dédale [dedal] nm laberinto *m*.

dedans [dədɑ̃] ◆ adv dentro. ◆ nm interior *m*. ◆ **de dedans** loc adv de dentro. ◆ **en dedans** loc adv por dentro.

dédicace [dedikas] nf dedicatoria *f*.

dédicacer [16] [dedikase] vt [livre, photo] dedicar.

dédier [9] [dedje] vt dedicar.

dédire [103] [dediʀ] ◆ **se dédire** vp desdecirse.

dédit [dedi] nm DR indemnización *f*.

dédommagement [dedɔmaʒmɑ̃] nm **1.** [indemnité] indemnización *f* **2.** [compensation] compensación *f*.

dédommager [17] [dedɔmaʒe] vt **1.** [indemniser] indemnizar **2.** [récompenser] compensar.

dédouanement [dedwanmɑ̃], **dédouanage** [dedwanaʒ] nm despacho *m* de aduanas.

dédouaner [3] [dedwane] vt **1.** COMM despachar en la aduana **2.** *fig* [réhabiliter] redimir / *cet acte de générosité l'a dédouané* este acto de generosidad lo redimió. ◆ **se dédouaner** vp [se racheter] redimirse.

dédoublement [dedubləmɑ̃] nm desdoblamiento *m* ▸ **dédoublement de la personnalité** desdoblamiento de la personalidad.

dédoubler [3] [deduble] vt desdoblar. ◆ **se dédoubler** vp **1.** PSYCHO desdoblarse **2.** *fig* & *hum* [être partout] multiplicarse.

dédramatiser [3] [dedʀamatize] vt desdramatizar.

déductible [dedyktibl] adj deducible.

déduction [dedyksjɔ̃] nf deducción *f*.

déduire [98] [dedɥiʀ] vt deducir.

déduis ⟶ **déduire.**

déduisais ⟶ **déduire.**

déduit, e [dedɥi, it] pp ⟶ **déduire.**

déesse [deɛs] nf diosa *f*.

DEFA, Defa [defa] (*abr de* **diplôme d'État relatif aux fonctions d'animation**) nm *diploma oficial francés de aptitud para ejercer funciones de animador*.

défaillance [defajɑ̃s] nf [de machine] fallo *m*, avería *f* ; [d'organisation] incapacidad *f* ▸ **défaillance cardiaque** fallo cardíaco.

défaillant, e [defajɑ̃, ɑ̃t] adj [machine] defectuoso(sa) ; [mémoire] que falla ; [personne] falleciente.

défaillir [47] [defajiʀ] vi **1.** *sout* [s'évanouir] desfallecer **2.** [mémoire] fallar.

défaire [109] [defɛʀ] vt **1.** [gén] deshacer **2.** *sout* [vaincre] derrotar. ◆ **se défaire** vp deshacerse ▸ **se défaire de qqn / de qqch** deshacerse de alguien / de algo.

défais ⟶ **défaire**.

défaisais ⟶ **défaire**.

défait, e [defɛ, ɛt] ◇ pp ⟶ **défaire**. ◇ adj *fig* [air, mine] descompuesto(ta). ◆ **défaite** nf derrota *f*.

défaites ⟶ **défaire**.

défaitisme [defetism] nm derrotismo *m*.

défaitiste [defetist] adj & nmf derrotista.

défalcation [defalkasjɔ̃] nf deducción *f*.

défalquer [3] [defalke] vt deducir.

défasse ⟶ **défaire**.

défausser [3] [defose] ◆ **se défausser** vp [aux cartes] descartarse / *se défausser à cœur / d'un dix* descartarse de corazones / de un diez.

défaut [defo] nm **1.** [imperfection] defecto *m* ▸ **sans défaut** sin defectos **2.** [manque] falta *f* ▸ **à défaut de** a falta de ▸ **faire (cruellement) défaut** hacer (mucha) falta ▸ **par défaut** [valeur, etc.] predefinido(da).

défaveur [defavœʀ] nf ▸ **être / tomber en défaveur** estar / caer en desgracia.

défavorable [defavɔʀabl] adj desfavorable.

défavorisé, e [defavɔʀize] adj & nm, f desfavorecido(da).

défavoriser [3] [defavɔʀize] vt desfavorecer.

défectif, ive [defɛktif, iv] adj GRAM defectivo(va).

défection [defɛksjɔ̃] nf deserción *f*.

défectueux, euse [defɛktɥø, øz] adj **1.** [machine, produit] defectuoso(sa) **2.** *fig* [raisonnement, démonstration] incompleto(ta).

défendable [defɑ̃dabl] adj defendible.

défendais ⟶ **défendre**.

défendeur, eresse [defɑ̃dœʀ, dʀɛs] nm DR demandado *m*, -da *f*.

défendis ⟶ **défendre**.

défendre [73] [defɑ̃dʀ] vt **1.** [personne, opinion, accusé] defender **2.** [interdire] prohibir ▸ **défendre qqch à qqn** prohibir algo a alguien ▸ **défendre à qqn de faire qqch** prohibir a alguien que haga algo ▸ **défendre que** prohibir que. ◆ **se défendre** vp **1.** [gén] defenderse ▸ **se défendre de** negar que / *il se défend d'être avare* niega que sea avaro **2.** [idée] sostenerse ▸ **ça se défend** se sostiene.

défends ⟶ **défendre**.

défendu, e [defɑ̃dy] pp ⟶ **défendre**.

défenestrer [3] [defənɛstʀe] vt defenestrar.

défense [defɑ̃s] nf **1.** [gén] defensa *f* ▸ **prendre la défense de qqn / de qqch** defender a alguien / algo ▸ **défense antiaérienne / des consommateurs / nationale** defensa antiaérea / de los consumidores / nacional ▸ **légitime défense** legítima defensa **2.** [interdiction] prohibición *f* ▸ **'défense d'afficher'** 'prohibido fijar carteles' ▸ **'défense d'entrer'** 'prohibida la entrada' ▸ **'défense de fumer'** 'prohibido fumar' ▸ **'défense de stationner'** 'prohibido aparcar' **3.** [d'éléphant] colmillo *m*.

défenseur [defɑ̃sœʀ] nm defensor *m*, -ra *f* ▸ **défenseur des droits des enfants** defensor de los derechos de la infancia.

défensif, ive [defɑ̃sif, iv] adj defensivo(va). ◆ **défensive** nf ▸ **être sur la défensive** estar a la defensiva.

déféquer [18] [defeke] vi defecar.

déferai ⟶ **défaire**.

déférence [defeʀɑ̃s] nf deferencia *f*.

déférer [18] [defeʀe] vt deferir.

déferlante [defɛʀlɑ̃t] ⟶ **vague**.

déferlement [defɛʀləmɑ̃] nm **1.** [des vagues] rompimiento *m* **2.** *fig* [d'enthousiasme, de colère] explosión *f* ; [de gens] invasión *f*.

déferler [3] [defɛʀle] vi **1.** [vagues] romperse **2.** *fig* [personnes] invadir.

défi [defi] nm desafío *m*, reto *m* ▸ **mettre qqn au défi de faire qqch** desafiar ou retar a alguien a hacer algo ▸ **relever le défi** aceptar el desafío ou reto.

défiance [defjɑ̃s] nf desconfianza *f*.

défiant, e [defjɑ̃, ɑ̃t] adj desconfiado(da).

déficeler [24] [defisle] vt desatar, deshacer.

déficience [defisjɑ̃s] nf **1.** MÉD deficiencia *f* **2.** *fig* [lacune] fallo *m*.

déficient, e [defisjɑ̃, ɑ̃t] adj deficiente.

déficit [defisit] nm déficit *m* ▸ **être en déficit** tener déficit ▸ **déficit budgétaire** déficit presupuestario ▸ **déficit commercial** déficit comercial.

déficitaire [defisitɛʀ] adj deficitario(ria).

défier [9] [defje] vt **1.** [mettre au défi de] desafiar, retar ▸ **défier qqn à qqch** desafiar ou retar a alguien a algo ▸ **défier qqn de faire qqch** desafiar ou retar a alguien a que haga algo **2.** [résister à la comparaison de] desafiar. ◆ **se défier** vp *sout* ▸ **se défier de qqn / de qqch** desconfiar de alguien / de algo.

défigurer [3] [defigyʀe] vt **1.** [visage] desfigurar **2.** [paysage] afear **3.** *fig* [fait, vérité] deformar.

défilé [defile] nm **1.** GÉOL desfiladero *m* **2.** [parade] desfile *m* ▸ **défilé de mode** desfile de moda.

défiler [3] [defile] vi desfilar. ◆ **se défiler** vp *fam* largarse.

défini, e [defini] adj definido(da).

définir [32] [definiʀ] vt definir.

définitif, ive [definitif, iv] adj definitivo(va).
◆ **en définitive** loc adv en definitiva.

définition [definisjɔ̃] nf definición *f* ▸ **par définition** por definición ▸ **haute définition** alta definición.

définitivement [definitivmɑ̃] adv definitivamente.

défis ⟶ **défaire**.

défiscaliser [3] [defiskalize] vt eximir de impuestos.

déflagration [deflagʀasjɔ̃] nf deflagración *f*.

déflation [deflasjɔ̃] nf deflación *f*.

déflationniste [deflasjɔnist] adj deflacionista.

déflecteur [deflɛktœʀ] nm deflector *m*.

déflocage [deflɔkaʒ] nm retirada *f* del amianto.

déflorer [3] [deflɔʀe] vt desflorar.

défonce [defɔ̃s] nf *tfam* colocón *m*, cuelgue *m*.

défoncé, e [defɔ̃se] adj *fam* [drogué] colocado(da), colgado(da).

défoncer [16] [defɔ̃se] vt [sommier, fauteuil] desfondar ; [porte] echar abajo. ◆ **se défoncer** vp **1.** *tfam* [se droguer] colocarse **2.** *fam* [se surpasser] emplearse a fondo.

déforestation [defɔʀɛstasjɔ̃] nf deforestación *f*.

déformant, e [defɔʀmɑ̃, ɑ̃t] adj deformante.

déformation [defɔʀmasjɔ̃] nf deformación *f* ▸ **déformation professionnelle** deformación profesional.

déformer [3] [defɔʀme] vt deformar.
◆ **se déformer** vp deformarse.

défoulement [defulmɑ̃] nm desahogo *m*.

défouler [3] [defule] vt desahogar. ◆ **se défouler** vp *fam* desahogarse.

défouloir [defulwaʀ] nm *fam* desahogadero *m* / ***sortir en boîte, c'est son défouloir*** se desahoga yendo a la discoteca.

défragmentation [defʀagmɑ̃tasjɔ̃] nf defragmentación *f*, desfragmentación *f*.

défraîchi, e [defʀeʃi] adj ajado(da).

défrayer [11] [defʀeje] vt **1.** *sout* [indemniser] ▸ **défrayer qqn de qqch** retribuir a alguien algo **2.** EXPR **défrayer la chronique** ser noticia.

défricher [3] [defʀiʃe] vt **1.** [terrain] desbrozar **2.** *fig* [question] desbrozar.

défriser [3] [defʀize] vt **1.** [cheveux] estirar, alisar **2.** *fam* & *fig* [déplaire] molestar.

défroisser [3] [defʀwase] vt desarrugar.
◆ **se défroisser** vp desarrugarse.

défunt, e [defœ̃, œ̃t] ◈ adj **1.** [personne] difunto(ta) **2.** *sout* [amour] pasado(da). ◈ nm, f difunto *m*, -ta *f*.

dégagé, e [degaʒe] adj **1.** [ciel, vue] despejado(da) **2.** [ton, air] desenvuelto(ta).

dégagement [degaʒmɑ̃] nm **1.** [passage] corredor *m* **2.** [émanation] escape *m* **3.** [évacuation] evacuación *f*.

dégager [17] [degaʒe] ◈ vt **1.** [odeur] desprender, soltar **2.** [crédits] liberar **3.** [idée, blessé] sacar, extraer **4.** [épaule] dejar libre **5.** [pièce, vue] despejar **6.** [libérer] ▸ **dégager qqn de qqch** [responsabilités, obligations] liberar a alguien de algo. ◈ vi *fam* largarse.
◆ **se dégager** vp **1.** [se libérer] ▸ **se dégager de qqch** liberarse de algo **2.** [ciel, nez] despejarse **3.** [odeur, idée] desprenderse.

dégaine [degɛn] nf *fam* facha *f*, pinta *f*.

dégainer [4] [degene] vt [épée] desenvainar ; [pistolet] desenfundar.

dégarni, e [degaʀni] adj **1.** [personne] medio calvo(va) ▸ **avoir le front dégarni** tener la frente despoblada, tener entradas **2.** [frigidaire, rayons] vacío;(a).

dégarnir [32] [degaʀniʀ] vt desguarnecer.
◆ **se dégarnir** vp perder pelo.

dégât [dega] nm daño *m*, estrago *m* ▸ **dégâts matériels** daños materiales ▸ **faire des dégâts** causar estragos ▸ **limiter les dégâts** limitar los daños.

dégel [deʒɛl] nm **1.** [fonte des glaces] deshielo *m* **2.** ÉCON & POL desbloqueo *m*.

dégeler [25] [deʒle] ◈ vt **1.** [produit surgelé & ÉCON] descongelar **2.** *fig* [atmosphère] caldear. ◈ vi descongelarse. ◆ **se dégeler** vp *fig* desbloquearse.

dégénéré, e [deʒeneʀe] adj & nm, f degenerado(da).

dégénérer [18] [deʒeneʀe] vi degenerar ▸ **dégénérer en qqch** degenerar en algo.

dégénérescence [deʒeneʀesɑ̃s] nf degeneración *f*.

dégingandé, e [deʒɛ̃gɑ̃de] adj *fam* desgarbado(da).

dégivrage [deʒivʀaʒ] nm [de réfrigérateur] descongelación *f*.

dégivrer [18] [deʒivʀe] vt descongelar.

dégivreur [deʒivʀœʀ] nm [de voiture] luneta *f* térmica ; [de réfrigérateur] descongelador *m*.

déglacer [16] [deglase] vt CULIN [plat] desglasar.

déglinguer [3] [deglɛ̃ge] vt *fam* descuajaringar.
◆ **se déglinguer** vp *fam* descuajaringarse.

déglutir [32] [deglytiʀ] vi deglutir.

déglutition [deglytisjɔ̃] nf deglución *f*.

dégonflé, e [degɔ̃fle] ◈ adj [pneu, ballon] desinflado(da). ◈ nm, f *fam* [personne] rajado *m*, -da *f*.

dégonfler [3] [degɔ̃fle] ◈ vt desinflar. ◈ vi desinflarse ▸ **faire dégonfler qqch** deshinchar algo.
◆ **se dégonfler** vp **1.** [objet] desinflarse **2.** *fam* [personne] rajarse.

dégorger [17] [degɔʀʒe] ◈ vt **1.** [purger] desatascar **2.** [évacuer] verter **3.** [soie, laine] lavar. ◈ vi **1.** CULIN ▸ **faire dégorger** a) [escargots] poner a babear, poner en ayunas b) [légumes, poisson] salar **2.** [rendre sa couleur] desteñir **3.** [se déverser] ▸ **dégorger dans** verter en.

dégoter, dégotter [3] [degɔte] vt *fam* descubrir, encontrar. ◆ **se dégoter** vp *fam* encontrar, descubrir.

dégouliner [3] [deguline] vi gotear.

dégoupiller [3] [degupije] vt [grenade] quitar el pasador a.

dégourdi, e [deguʀdi] adj & nm, f despabilado(da).

dégourdir [32] [deguʀdiʀ] vt **1.** [membre] desentumecer **2.** *fig* [personne] despabilar. ◆ **se dégourdir** vp **1.** [membre] estirar, desentumecer ▸ **se dégourdir les jambes** estirar las piernas **2.** *fig* [prendre de l'assurance] despabilarse.

dégoût [degu] nm **1.** [gén] asco *m* ▸ **dégoût pour qqch** asco por algo ▸ **ravaler son dégoût** reprimir su asco **2.** [lassitude] hastío *m* ▸ **le dégoût de la vie** el hastío de la vida.

dégoûtant, e [degutɑ̃, ɑ̃t] ❖ adj **1.** [sale] asqueroso(sa) **2.** [révoltant, grossier] repugnante. ❖ nm, f asqueroso *m*, -sa *f* ▸ **un vieux dégoûtant** un viejo verde.

dégoûté, e [degute] ❖ adj asqueado(da). ❖ nm, f ▸ **faire le dégoûté** hacerse el delicado.

dégoûter [3] [degute] vt dar asco ▸ **dégoûter qqn de qqch** hacer aborrecer a alguien algo ▸ **dégoûter qqn de faire qqch** quitar a alguien las ganas de hacer algo. ◆ **se dégoûter** vp ▸ **se dégoûter de qqch** coger asco a algo.

> ⚠ **Disgustar** est un faux ami, il ne signifie pas *dégoûter*, mais « déplaire ».

dégoutter [3] [degute] vi gotear / *un imperméable qui dégoutte de pluie* un impermeable que chorrea.

dégradant, e [degʀadɑ̃, ɑ̃t] adj degradante.

dégradation [degʀadasjɔ̃] nf **1.** [d'un édifice, d'un site] deterioro *m* **2.** [d'une situation, d'un officier] degradación *f* **3.** [d'un sol] agotamiento *m*.

dégradé, e [degʀade] adj degradado(da). ◆ **dégradé** nm [de couleur] degradación *f*, degradé *m*. ◆ **en dégradé** loc adv [cheveux] a capas.

dégrader [3] [degʀade] vt **1.** [officier, situation, personne] degradar **2.** [édifice, site] deteriorar. ◆ **se dégrader** vp **1.** [situation, personne] degradarse **2.** [santé] empeorar.

dégrafer [3] [degʀafe] vt desabrochar. ◆ **se dégrafer** vp desabrocharse.

dégraissage [degʀɛsaʒ] nm **1.** [d'un vêtement] limpieza *f (de manchas de grasa)* **2.** *fam* [dans une entreprise] reducción *f* de personal.

dégraisser [4] [degʀese] ❖ vt **1.** [vêtement] limpiar *(las manchas de grasa)* **2.** CULIN retirar la capa de grasa. ❖ vi *fam* [personnel] hacer reducción de personal.

degré [dəgʀe] nm **1.** [gén] grado *m* ▸ **degré centigrade** ou **Celsius** grado centígrado ou Celsius ▸ **degré de parenté** grado de parentesco ▸ **prendre qqch au premier degré** interpretar algo al pie de la letra **2.** *sout* [marche] peldaño *m*.

dégressif, ive [degʀesif, iv] adj decreciente.

dégrèvement [degʀɛvmɑ̃] nm desgravación *f*.

dégriffé, e [degʀife] adj sin marca. ◆ **dégriffé** nm *ropa rebajada por no llevar marca*.

dégringolade [degʀɛ̃gɔlad] nf *fam* caída *f*.

dégringoler [3] [degʀɛ̃gɔle] *fam* ❖ vt [escalier] bajar corriendo. ❖ vi **1.** [personne] caer rodando **2.** FIN hundirse.

dégriser [3] [degʀize] vt **1.** [désenivrer] despejar **2.** *fig* [désillusionner] desilusionar.

dégrossir [32] [degʀosiʀ] vt **1.** [matériau, personne] pulir **2.** *fig* [affaire, question] aclarar.

dégrouper [3] [degʀupe] vt [objets, personnes] dividir en varios grupos, disgregar.

déguenillé, e [degənije] adj andrajoso(sa).

déguerpir [32] [degɛʀpiʀ] vi salir corriendo.

dégueu [degø] adj inv *tfam* [sale, mauvais] asqueroso(sa) ▸ **c'est pas dégueu !** ¡no está mal!

dégueulasse [degœlas] *tfam* ❖ adj guarro(rra) ▸ **c'est dégueulasse, ce qu'il t'a fait !** ¡vaya putada te ha hecho! ❖ nmf guarro *m*, -rra *f*.

dégueulasser [3] [degœlase] vt *tfam* enguarrar.

dégueuler [5] [degœle] vi *tfam* echar las papas.

dégueulis [degœli] nm *tfam* pota *f*, vomitona *f*.

déguisé, e [degize] adj **1.** [personne] disfrazado(da) **2.** *fig* [sentiment, intention] disimulado(da).

déguisement [degizmɑ̃] nm disfraz *m*.

déguiser [3] [degize] vt **1.** [personne] disfrazar **2.** [voix, écriture] disimular. ◆ **se déguiser** vp ▸ **se déguiser en** disfrazarse de.

dégustation [degystasjɔ̃] nf [de mets] degustación *f* ; [de vin] cata *f*.

déguster [3] [degyste] ❖ vt [savourer - mets] saborear ; [- vin] catar. ❖ vi *fam* [souffrir] pasarlas canutas / *qu'est-ce que je vais déguster si je rentre tard !* ¡la que me espera si vuelvo tarde!

déhanchement [deɑ̃ʃmɑ̃] nm [en marchant] contoneo *m*.

déhancher [3] [deɑ̃ʃe] ◆ **se déhancher** vp contonearse.

dehors [dəɔʀ] ❖ adv fuera ▸ **jeter** ou **mettre qqn dehors** echar a alguien. ❖ nm exterior *m*. ❖ nmpl ▸ **les dehors** las apariencias. ◆ **en dehors** loc adv hacia fuera. ◆ **en dehors de** loc prép aparte de.

déjà [deʒa] adv **1.** [gén] ya / *je l'ai déjà vu* ya lo he visto **2.** [au fait] : *comment tu t'appelles, déjà ?* ¿cómo me has dicho que te llamas?

déjanté, e [deʒɑ̃te] adj *fam* ▸ **être (complètement) déjanté** estar (completamente) chalado(da).

déjanter [3] [deʒɑ̃te] ❖ vt [pneu] desmontar la llanta de. ❖ vi *fam* & *fig* perder la olla.

déjà-vu [deʒavy] nm inv *fam* ▸ **c'est du déjà-vu** está muy visto(ta).

déjection [deʒɛksjɔ̃] nf deyección *f*.

déjeuner [3] [deʒœne] ❖ vi **1.** [le matin] desayunar **2.** [à midi] comer, almorzar. ❖ nm **1.** [repas du midi] comida *f*, almuerzo *m* ▸ **déjeuner d'affaires** comida de negocios **2.** QUÉBEC [dîner] cena *f*.

déjouer [6] [deʒwe] vt desbaratar.

delà [dəla] ◆ **par-delà** loc prép al otro lado de, más allá de.

délabré, e [delabʀe] adj ruinoso(sa).

délabrement [delabʀəmɑ̃] nm ruina *f*.

délacer [16] [delase] vt desatar.

délai [delɛ] nm **1.** [temps accordé] plazo *m* ▸ **dans un délai de** en un plazo de ▸ **dans les délais impartis** en el plazo establecido ▸ **sans délai** sin demora ▸ **dans les meilleurs délais** ou **dans les plus brefs délais** lo antes posible / ***j'y serai dans les plus brefs délais*** estaré allí lo antes posible ▸ **délai de grâce** periodo ou plazo de gracia ▸ **délai de livraison** plazo de entrega ▸ **délai de paiement** plazo de pago **2.** [sursis] prórroga *f* ▸ **donner** ou **accorder un délai (supplémentaire) à qqn** conceder una prórroga a alguien.

délaissé, e [delese] adj abandonado(da).

délaisser [4] [delese] vt abandonar.

délassant, e [delasɑ̃, ɑ̃t] adj relajante.

délassement [delasmɑ̃] nm descanso *m*.

délasser [3] [delase] vt relajar. ◆ **se délasser** vp relajarse.

délateur, trice [delatœʀ, tʀis] nm, f delator *m*, -ra *f*.

délation [delasjɔ̃] nf delación *f*.

délavé, e [delave] adj descolorido(da).

délaver [delave] vt [couleur] deslavar.

délayage [delɛjaʒ] nm palabrería *f*.

délayer [11] [deleje] vt **1.** [diluer] desleír, diluir **2.** *fig* [exposer longuement] diluir.

Delco® [dɛlko] nm delco®.

délectable [delɛktabl] adj *sout* deleitable.

délectation [delɛktasjɔ̃] nf delectación *f*, deleite *m* ▸ **avec délectation** con delectación, con deleite.

délecter [4] [delɛkte] ◆ **se délecter** vp *sout* ▸ **se délecter de qqch / de faire qqch** deleitarse con algo / haciendo algo.

délégation [delegasjɔ̃] nf delegación *f*.

délégué, e [delege] ◆ adj delegado(da). ◆ nm, f delegado *m*, -da *f* ▸ **délégué de classe / du personnel / syndical** delegado de curso / de personal / sindical.

déléguer [18] [delege] vt delegar.

délestage [delɛstaʒ] nm deslastre *m*.

délester [3] [delɛste] vt **1.** [navire, ballon] deslastrar **2.** [circulation routière] descongestionar **3.** *fig* & *hum* [voler] ▸ **délester qqn de qqch** aligerar a alguien de algo.

délibératif, ive [delibeʀatif, iv] adj deliberativo(va).

délibération [delibeʀasjɔ̃] nf deliberación *f*.

délibéré, e [delibeʀe] adj **1.** [intentionnel] deliberado(da) **2.** [résolu] resuelto(ta). ◆ **délibéré** nm DR deliberación *f*.

délibérément [delibeʀemɑ̃] adv deliberadamente.

délibérer [18] [delibeʀe] vi deliberar.

délicat, e [delika, at] ◆ adj delicado(da). ◆ nm, f ▸ **faire le délicat** ser tiquismiquis.

délicatement [delikatmɑ̃] adv delicadamente, con delicadeza.

délicatesse [delikatɛs] nf delicadeza *f*.

délice [delis] nm delicia *f*. ◆ **délices** nfpl [plaisirs] delicias *fpl*.

délicieusement [delisjøzmɑ̃] adv deliciosamente.

délicieux, euse [delisjø, øz] adj delicioso(sa).

délictueux, euse [deliktɥø, øz] adj DR delictivo(va).

délié, e [delje] adj **1.** [écriture] menudo(da) **2.** [doigts] ágil.

délier [9] [delje] vt **1.** [gén] desatar **2.** *fig* & *sout* [libérer] ▸ **délier qqn de qqch** [promesse, obligation] desligar a alguien de algo. ◆ **se délier** vp **1.** [se défaire] desatarse **2.** *fig* [s'exprimer] soltarse / ***après quelques verres, les langues se délient*** con unas copas encima, las lenguas se sueltan.

délimitation [delimitasjɔ̃] nf delimitación *f*.

délimiter [3] [delimite] vt delimitar.

délinquance [delɛ̃kɑ̃s] nf delincuencia *f* ▸ **délinquance juvénile** delincuencia juvenil.

délinquant, e [delɛ̃kɑ̃, ɑ̃t] ◆ adj delincuente. ◆ nm, f delincuente *mf* ▸ **petit délinquant** pequeño delincuente.

déliquescent, e [delikesɑ̃, ɑ̃t] adj **1.** PHYS delicuescente **2.** *vieilli* [décadent] decadente.

délirant, e [deliʀɑ̃, ɑ̃t] adj delirante.

délire [deliʀ] nm delirio *m* ▸ **en délire** [public, foule] delirante ▸ **c'est du délire !** *fig* ¡es una locura!

délirer [3] [deliʀe] vi delirar.

délit [deli] nm delito *m* ▸ **en flagrant délit** in fraganti ▸ **délit de fuite** ≃ omisión *f* del deber de socorro ▸ **délit d'initié** utilización *f* de información privilegiada.

délivrance [delivʀɑ̃s] nf **1.** [de prisonnier] liberación *f* **2.** [soulagement] alivio *m* **3.** [de passeport, de certificat] expedición *f*.

délivrer [3] [delivʀe] vt **1.** [prisonnier, pays] liberar ▸ **délivrer de** *fig* [débarrasser] librar de **2.** [certificat, passeport] expedir **3.** [marchandise] entregar. ◆ **se délivrer** vp [se libérer] liberarse.

délocalisation [delɔkalizasjɔ̃] nf deslocalización *f*.

délocaliser [3] [delɔkalize] vt deslocalizar.

déloger [17] [delɔʒe] vt desalojar.

déloyal, e, aux [delwajal, o] adj desleal.

delta [dɛlta] nm delta *m*.

delta-plane (*pl* **delta-planes**), **deltaplane** [dɛltaplan] nm ala *f* delta.

déluge [delyʒ] nm diluvio *m.* ◆ **Déluge** nm RELIG ▸ **le Déluge** el Diluvio ▸ **remonter au Déluge** *fig* remontarse a los tiempos de Maricastaña.

déluré, e [delyʀe] adj **1.** [malin] avispado(da) **2.** *péj* [dévergondé] desvergonzado(da).

démago [demago] adj & nmf *fam abr de* **démagogue**.

démagogie [demagɔʒi] nf demagogia *f.*

démagogique [demagɔʒik] adj demagógico(ca).

démagogue [demagɔg] nmf demagogo *m*, -ga *f.*

demain [dəmɛ̃] ❖ adv mañana ▸ **demain matin** mañana por la mañana. ❖ nm **1.** [jour suivant] mañana *m* ▸ **à demain !** ¡hasta mañana! **2.** [avenir] el día de mañana.

demande [dəmɑ̃d] nf **1.** [souhait] petición *f* ▸ **à la demande générale** a petición general ▸ **accéder à une demande** acceder a una petición **2.** [démarche, candidature] solicitud *f* ▸ **demande d'emploi** solicitud de empleo ▸ **demande en mariage** petición *f* de mano **3.** [commande] encargo *m* **4.** ÉCON & DR demanda *f.*

demandé, e [dəmɑ̃de] adj solicitado(da) ▸ **très demandé** muy solicitado.

demander [3] [dəmɑ̃de] ❖ vt **1.** [gén] pedir / *il lui a demandé de l'argent* le pidió dinero ▸ **ne pas demander mieux** no desear otra cosa **2.** [interroger] preguntar ▸ **qui demandez-vous ?** ¿por quién pregunta? **3.** [nécessiter] requerir **4.** [chercher] buscar. ❖ vi **1.** [réclamer] ▸ **demander à qqn de faire qqch** pedir a alguien que haga algo ▸ **ne demander qu'à** sólo pedir que **2.** [nécessiter] ▸ **demander à** requerir **3.** [prendre des nouvelles] ▸ **demander après qqn** *fam* preguntar por alguien. ◆ **se demander** vp ▸ **se demander qqch** preguntarse algo ▸ **se demander si** preguntarse si.

demandeur[1], euse [dəmɑ̃dœʀ, øz] nm, f solicitante *mf* ▸ **demandeur d'asile** solicitante de asilo ▸ **demandeur d'emploi** desempleado *m.*

demandeur[2], eresse [dəmɑ̃dœʀ, dʀɛs] nm, f DR demandante *mf.*

démangeaison [demɑ̃ʒɛzɔ̃] nf **1.** [irritation] comezón *f* **2.** *fig* [grande envie] ganas *fpl.*

démanger [17] [demɑ̃ʒe] vt **1.** [gratter] picar **2.** *fig* [donner envie] ▸ **ça me démange de** tengo unas ganas de.

démantèlement [demɑ̃tɛlmɑ̃] nm desmantelamiento *m.*

démanteler [25] [demɑ̃tle] vt desmantelar.

démaquillage [demakijaʒ] nm desmaquillado *m.*

démaquillant, e [demakijɑ̃, ɑ̃t] adj desmaquillador(ra), desmaquillante. ◆ **démaquillant** nm desmaquillador *m*, desmaquillante *m.*

démaquiller [3] [demakije] vt desmaquillar. ◆ **se démaquiller** vp desmaquillarse.

démarcation [demaʀkasjɔ̃] nf demarcación *f.*

démarchage [demaʀʃaʒ] nm ▸ **démarchage (à domicile)** venta *f* a domicilio.

démarche [demaʀʃ] nf **1.** [manière de marcher] andares *mpl* **2.** [raisonnement] enfoque *m* **3.** [requête] gestión *f*, trámite *m* ESP, tratativas *fpl* AM.

démarcheur, euse [demaʀʃœʀ, øz] nm, f vendedor *m*, -ra *f* a domicilio.

démarque [demaʀk] nf rebaja *f.*

démarquer [3] [demaʀke] vt **1.** [solder] *cambiar o quitar la marca de un artículo para venderlo más barato* **2.** [enlever la marque de] quitar la marca de **3.** SPORT desmarcar. ◆ **se démarquer** vp **1.** SPORT desmarcarse **2.** [se distinguer] ▸ **se démarquer (de)** desmarcarse (de).

démarrage [demaʀaʒ] nm arranque *m* ▸ **démarrage en côte** arranque en una cuesta.

démarrer [demaʀe] ❖ vi **1.** [gén] arrancar ▸ **faire démarrer** arrancar **2.** NAUT zarpar. ❖ vt **1.** [voiture] arrancar **2.** *fig* [affaire, projet] poner en marcha.

démarreur [demaʀœʀ] nm arranque *m (mecanismo).*

démasquer [3] [demaske] vt desenmascarar. ◆ **se démasquer** vp desenmascararse.

Comment exprimer une demande

- **¿Puedes echarme una mano?** *Tu peux me donner un coup de main ?*
- **¿Podría ayudarme a coger la maleta, por favor?** *Est-ce que vous pourriez m'aider à attraper ma valise, s'il vous plaît ?*
- **¿Me ayuda a bajar los paquetes, por favor?** *Vous voulez bien m'aider à descendre les paquets, s'il vous plaît?*
- **¿Tienes por casualidad tiempo de leer esta carta?** *Aurais-tu par hasard le temps de relire cette lettre ?*
- **Me preguntaba si no podrías prestarme diez euros...** *Je me demandais si tu ne pourrais pas me prêter dix euros...*
- **Oye, necesito de verdad tu coche.** *Écoute, j'ai vraiment besoin de ta voiture.*
- **Si no es demasiada molestia, ¿podría mostrarme el camino?** *Si cela ne vous dérange pas, pouvez-vous m'indiquer le chemin ?*
- **Tenga la amabilidad de mostrarme su pasaporte.** *Veuillez me montrer votre passeport.*
- **Por favor, llámame cuanto antes.** *Merci de me rappeler dès que possible.*
- **¿Me pasas la sal, por favor?** *Tu me passes le sel, s'il te plaît ?*
- **¿Me traes un vaso de agua?** *Tu m'apportes un verre d'eau ?*
- **¿Me dejas tu bolígrafo?** *Est-ce que je peux emprunter ton stylo ?*

dématérialiser [dematerjalize] vt desmaterializar.

démêlant, e [demɛlɑ̃, ɑ̃t] adj suavizante. ◆ **démêlant** nm suavizante *m*.

démêlé [demele] nm altercado *m* ▸ **avoir des démêlés avec la justice** tener líos con la justicia.

démêler [4] [demele] vt **1.** [cheveux, fils] desenredar **2.** *fig* [affaire, mystère] desembrollar. ◆ **se démêler** vp ▸ **se démêler les cheveux** desenredarse ▸ **se démêler de qqch** *fig* desembarazarse de algo.

démembrer [3] [demɑ̃bʀe] vt **1.** *fig* [réseau] desmantelar **2.** [animal] desmembrar.

déménagement [demenaʒmɑ̃] nm mudanza *f*.

déménager [17] [demenaʒe] ❖ vt [meuble] trasladar. ❖ vi [changer d'adresse] mudarse.

déménageur [demenaʒœʀ] nm [entrepreneur] empresa *f* de mudanzas ; [employé] mozo *m* de mudanzas.

démence [demɑ̃s] nf **1.** MÉD demencia *f* **2.** *fig* [bêtise] locura *f*.

démener [19] [demne] ◆ **se démener** vp **1.** [s'agiter] forcejear **2.** *fig* [se donner du mal] moverse.

dément, e [demɑ̃, ɑ̃t] ❖ adj **1.** MÉD demente **2.** *fam* [incroyable, extravagant] alucinante. ❖ nm, f MÉD demente *mf*.

démenti [demɑ̃ti] nm mentís *m inv* ▸ **apporter un démenti à** dar un mentís a.

démentiel, elle [demɑ̃sjɛl] adj demencial.

démentir [37] [demɑ̃tiʀ] vt desmentir. ◆ **se démentir** vp ▸ **ne pas se démentir** *sout* no cesar.

démerder [3] [demɛʀde] ◆ **se démerder** vp *tfam* [se débrouiller] buscarse la vida.

démériter [3] [demeʀite] vi *sout* desmerecer.

démesure [deməzyʀ] nf desmesura *f*.

démesuré, e [deməzyʀe] adj desmesurado(da).

démesurément [deməzyʀemɑ̃] adv desmesuradamente.

démets ⟶ **démettre**.

démettre [84] [demɛtʀ] vt **1.** MÉD dislocar **2.** [destituer] ▸ **démettre qqn de ses fonctions** destituir a alguien de sus funciones. ◆ **se démettre** vp **1.** MÉD dislocarse **2.** [démissionner] ▸ **se démettre de ses fonctions** dimitir (de) su cargo.

demeurant [dəmœʀɑ̃] ◆ **au demeurant** loc adv por lo demás.

demeure [dəmœʀ] nf **1.** [maison] mansión *f* **2.** *sout* [domicile] residencia *f* **3.** DR ▸ **mettre qqn en demeure de faire qqch** compeler a alguien a hacer algo. ◆ **à demeure** loc adv para siempre.

demeuré, e [dəmœʀe] adj & nm, f retrasado(da) mental.

demeurer [5] [dəmœʀe] vi **1.** *(aux être)* [rester] quedarse, permanecer **2.** *(aux avoir)* [habiter] residir.

⚠ **Demorar** est un faux ami, il ne signifie pas *demeurer*, mais « retarder ».

demi, e [dəmi] adj **1.** [qui est la moitié de] medio(dia) ▸ **et demi** y medio **2.** [incomplet] ▸ **un demi-succès** un éxito a medias. ◆ **demi** nm **1.** [bière] caña *f* **2.** SPORT medio *m* ▸ **demi de mêlée / d'ouverture** medio de melé / de apertura. ◆ **demie** nf **1.** [demi-heure] media *f* ▸ **à la demie** a la media, a y media **2.** [demi-bouteille] botella *f* de medio. ◆ **à demi** loc adv **1.** [à moitié] medio ▸ **à demi nu** medio desnudo **2.** [en partie] a medias ▸ **faire les choses à demi** hacer las cosas a medias.

demi-bouteille [dəmibutɛj] (*pl* **demi-bouteilles**) nf botella *f* de medio.

demi-cercle [dəmisɛʀkl] (*pl* **demi-cercles**) nm semicírculo *m* ▸ **en demi-cercle** en semicírculo.

demi-douzaine [dəmiduzɛn] (*pl* **demi-douzaines**) nf media docena *f*.

demi-écrémé, e [dəmiekʀeme] adj semidesnatado(da).

demi-fin, e [dəmifɛ̃, in] (*mpl* **demi-fins**, *fpl* **demi-fines**) adj mediano(na).

demi-finale [dəmifinal] (*pl* **demi-finales**) nf semifinal *f*.

demi-finaliste [dəmifinalist] (*pl* **demi-finalistes**) nmf semifinalista *mf*.

demi-frère [dəmifʀɛʀ] (*pl* **demi-frères**) nm hermanastro *m*.

demi-heure [dəmijœʀ] (*pl* **demi-heures**) nf media hora *f*.

demi-jour [dəmiʒuʀ] nm inv media luz *f*.

demi-journée [dəmiʒuʀne] (*pl* **demi-journées**) nf media jornada *f*.

démilitariser [3] [demilitaʀize] vt desmilitarizar.

demi-litre [dəmilitʀ] (*pl* **demi-litres**) nm medio litro *m*.

demi-mal [dəmimal] (*pl* **demi-maux**) nm mal *m* menor.

demi-mesure [dəmiməzyʀ] (*pl* **demi-mesures**) nf **1.** [quantité] media medida *f* **2.** [compromis] parche *m*.

demi-mot [dəmimo] ◆ **à demi-mot** loc adv ▸ **comprendre à demi-mot** entender sin necesidad de palabras.

déminage [deminaʒ] nm retirada *f* de minas.

déminer [3] [demine] vt desminar, retirar las minas de.

démineur [deminœʀ] nm desactivador *m* de minas.

demi-pension [dəmipɑ̃sjɔ̃] (*pl* **demi-pensions**) nf media pensión *f*.

demi-pensionnaire [dəmipɑ̃sjɔnɛʀ] (*pl* **demi-pensionnaires**) nmf medio pensionista *mf*.

demi-place [dəmiplas] (*pl* **demi-places**) nf **1.** [pour un spectacle] media entrada *f* **2.** [dans les transports] medio billete *m*.

demi-pointe [dəmipwɛ̃t] (*pl* **demi-pointes**) nf [position] paso *m* de puntillas ; [chausson] zapatilla *f* de media punta.

démis, e [demi, iz] pp ⟶ **démettre**.

demi-saison [dəmisɛzɔ̃] (*pl* **demi-saisons**) nf entretiempo *m*.

demi-sel [dəmisɛl] ◆ adj inv semisalado(da). ◆ nm inv **1.** [beurre] mantequilla *f* salada **2.** *arg crime* [faux dur] blandengue *m*.

demi-sœur [dəmisœʀ] (*pl* **demi-sœurs**) nf hermanastra *f*.

demi-soupir [dəmisupiʀ] (*pl* **demi-soupirs**) nm pausa *f* de corchea.

démission [demisjɔ̃] nf dimisión *f* ▸ **remettre sa démission** presentar su dimisión.

démissionnaire [demisjɔnɛʀ] adj & nmf dimisionario(ria).

démissionner [3] [demisjɔne] ◆ vi [quitter son emploi] dimitir. ◆ vt *fam* [renvoyer] dimitir.

demi-tarif [dəmitaʀif] (*pl* **demi-tarifs**) nm medio billete *m*.

demi-teinte [dəmitɛ̃t] (*pl* **demi-teintes**) nf media tinta *f* ▸ **en demi-teintes** *fig* con medias tintas.

demi-ton [dəmitɔ̃] (*pl* **demi-tons**) nm semitono *m*.

demi-tour [dəmituʀ] (*pl* **demi-tours**) nm media vuelta *f* ▸ **faire demi-tour** dar media vuelta.

démo [demo] nf *fam* demo *f*.

démobiliser [3] [demɔbilize] vt **1.** MIL desmovilizar **2.** *fig* [démotivé] ▸ **être démobilisé** estar desmotivado.

démocrate [demɔkʀat] adj & nmf demócrata.

démocrate-chrétien, enne [demɔkʀatkʀetjɛ̃, ɛn] (*mpl* **démocrates-chrétiens**, *fpl* **démocrates-chrétiennes**) adj & nm, f democratacristiano(na).

démocratie [demɔkʀasi] nf democracia *f*.

démocratique [demɔkʀatik] adj democrático(ca).

démocratiquement [demɔkʀatikmɑ̃] adv democráticamente.

démocratisation [demɔkʀatizasjɔ̃] nf democratización *f*.

démocratiser [demɔkʀatize] vt democratizar. ◆ **se démocratiser** vp [pays, institution] democratizarse ; [sport, voyage] popularizarse.

démodé, e [demɔde] adj **1.** [vêtement] pasado(da) de moda **2.** [technique, théorie] anticuado(da).

démographie [demɔgʀafi] nf demografía *f*.

démographique [demɔgʀafik] adj demográfico(ca).

demoiselle [dəmwazɛl] nf **1.** [jeune fille] señorita *f* ▸ **demoiselle d'honneur** dama *f* de honor **2.** [libellule] libélula *f*.

démolir [32] [demɔliʀ] vt **1.** [édifice] demoler **2.** [casser] destrozar **3.** *fam* [personne] moler a palos **4.** *fig* [projet, réputation] arruinar.

démolisseur [demɔlisœʀ] nm demoledor *m*.

démolition [demɔlisjɔ̃] nf demolición *f* ▸ **en démolition** [immeuble] en derribo.

démon [demɔ̃] nm **1.** [diable & MYTH] demonio *m* **2.** [enfant] diablo *m* **3.** *fig* [vice] ▸ **le démon de** [alcool, jeu] el demonio de ▸ **le démon de midi** *tentación sexual que siente un hombre de edad mediana*.

démoniaque [demɔnjak] adj **1.** *fig* [diabolique] demoníaco(ca) **2.** [possédé du démon] endemoniado(da).

démonstrateur, trice [demɔ̃stʀatœʀ, tʀis] nm, f demostrador *m*, -ra *f*.

démonstratif, ive [demɔ̃stʀatif, iv] adj demostrativo(va). ◆ **démonstratif** nm GRAM demostrativo *m*.

démonstration [demɔ̃stʀasjɔ̃] nf demostración *f*.

démontable [demɔ̃tabl] adj desmontable.

démontage [demɔ̃taʒ] nm desmonte *m*, desmontaje *m*.

démonté, e [demɔ̃te] adj [mer, océan] embravecido(da).

démonte-pneu [demɔ̃tpnø] (*pl* **démonte-pneus**) nm desmontable *m (de neumáticos)*.

démonter [3] [demɔ̃te] vt **1.** [appareil] desmontar ; [meuble] desarmar **2.** *fig* [troubler] desmoronar. ◆ **se démonter** vp ▸ **il ne s'est pas démonté** *fam* no se le han roto los esquemas.

démontrer [demɔ̃tʀe] vt demostrar. ◆ **se démontrer** vp demostrarse.

démoralisant, e [demɔʀalizɑ̃, ɑ̃t] adj desmoralizador(ra).

démoraliser [3] [demɔʀalize] vt desmoralizar. ◆ **se démoraliser** vp desmoralizarse.

démordis ⟶ **démordre**.

démordre [76] [demɔʀdʀ] vi ▸ **ne pas démordre de qqch** no dar su brazo a torcer en algo.

démords ⟶ **démordre**.

démordu [demɔʀdy] pp inv ⟶ **démordre**.

démotivé, e [demɔtive] adj desmotivado(da).

démotiver [3] [demɔtive] vt desmotivar.

démouler [3] [demule] vt [statue] vaciar ; [gâteau, pâté] desmoldar.

démultiplication [demyltiplikasjɔ̃] nf desmultiplicación *f*.

démultiplier [9] [demyltiplije] vt [multiplier] multiplicar.

démuni, e [demyni] adj [pauvre] despojado(da) ▸ **démuni de** desprovisto de.

démunir [32] [demyniʀ] vt despojar. ◆ **se démunir** vp ▸ **se démunir de qqch** despojarse de algo.

démystifier [9] [demistifje] vt desmitificar.

démythifier [9] [demitifje] vt desmitificar.

dénatalité [denatalite] nf disminución *f* de la natalidad.

dénationalisation [denasjɔnalizasjɔ̃] nf desnacionalización *f*.

dénationaliser [3] [denasjɔnalize] vt desnacionalizar.

dénaturé, e [denatyʀe] adj **1.** [produit] desnaturalizado(da) **2.** [goût] alterado(da).

dénaturer [3] [denatyʀe] vt **1.** [goût] alterar **2.** [paroles] deformar **3.** [produit] desnaturalizar.

dénégation [denegasjɔ̃] nf **1.** [négation & PSYCHO] negación *f* **2.** DR denegación *f*.

déneigement [denɛʒmɑ̃] nm limpieza *f* de la nieve.

déneiger [23] [deneʒe] vt quitar la nieve de.

déni [deni] nm negación *f*. ◆ **déni de justice** nm DR denegación *f* de justicia.

déniaiser [3] [denjeze] vt *vieilli* & *hum* espabilar.

dénicher [3] [deniʃe] vt [objet rare] topar con ; [voleur] descubrir.

denier [dənje] nm [monnaie] denario *m* ▸ **denier du culte** contribución *f* para la Iglesia. ◆ **deniers** nmpl ▸ **les deniers publics** OU **de l'État** los fondos públicos OU del Estado.

dénigrement [denigʀəmɑ̃] nm denigración *f* / *une campagne de dénigrement* una campaña de difamación.

dénigrer [3] [denigʀe] vt denigrar.

dénivelé [denivle] nm desnivel *m*.

dénivellation [denivɛlasjɔ̃] nf **1.** [de route] desnivel *m* **2.** [de montagne] pendiente *f*.

dénombrable [denɔ̃bʀabl] adj contable.

dénombrer [3] [denɔ̃bʀe] vt **1.** [compter] contar **2.** [recenser] censar.

dénominateur [denɔminatœʀ] nm denominador *m* ▸ **le plus petit dénominateur commun** el mínimo común múltiplo ▸ **dénominateur commun** denominador común.

dénomination [denɔminasjɔ̃] nf denominación *f*.

dénommé, e [denɔme] adj tal / *un dénommé Victor* un tal Victor.

dénoncer [16] [denɔ̃se] vt **1.** [gén] denunciar **2.** *fig* [trahir] revelar.

dénonciation [denɔ̃sjasjɔ̃] nf denuncia *f*.

dénoter [3] [denɔte] vt denotar.

dénouement [denumɑ̃] nm desenlace *m*.

dénouer [6] [denwe] vt **1.** [nœud] desanudar **2.** *fig* [affaire] desenmarañar.

dénoyauter [3] [denwajote] vt deshuesar.

denrée [dɑ̃ʀe] nf comestible *m* ▸ **denrées alimentaires** productos *mpl* alimenticios ▸ **denrée rare** bien *m* escaso.

dense [dɑ̃s] adj denso(sa).

densité [dɑ̃site] nf densidad *f* ▸ **densité de population** densidad de población ▸ **double / haute densité** INFORM doble / alta densidad.

dent [dɑ̃] nf **1.** [gén] diente *m* ▸ **claquer des dents** tiritar ▸ **faire ses dents** echar los primeros dientes ▸ **mordre à belles dents** dar unos buenos bocados a ▸ **dent de lait** diente de leche ▸ **dent de sagesse** muela *f* del juicio ▸ **en dents de scie** **a)** [denté] dentado(da) **b)** [humeur] fluctuante ▸ **armé jusqu'aux dents** armado hasta los dientes ▸ **avoir les dents longues** tener miras altas ▸ **avoir une dent contre qqn** tener manía a alguien ▸ **avoir la dent dure pour qqn** criticar a alguien con severidad ▸ **être sur les dents** andar de cabeza ▸ **grincer des dents** rechinar los dientes ▸ **manger tout ce qui vous tombe sous la dent** hincar el diente a todo lo que se encuentra ▸ **ne pas desserrer les dents** no despegar los labios ▸ **ne rien avoir à se mettre sous la dent** **a)** [à manger] no tener qué llevarse a la boca **b)** *fig* no tener en qué hincar el diente ▸ **se casser les dents sur qqch** *fig* romperse las narices con algo, estrellarse en algo **2.** GÉOGR pico *m*.

dentaire [dɑ̃tɛʀ] adj dental.

dental, e, aux [dɑ̃tal, o] adj LING dental.

denté, e [dɑ̃te] adj dentado(da).

dentelé, e [dɑ̃t(ə)le] adj dentado(da).

dentelle [dɑ̃tɛl] nf encaje *m*.

dentier [dɑ̃tje] nm dentadura *f* postiza.

dentifrice [dɑ̃tifʀis] nm dentífrico *m*.

dentiste [dɑ̃tist] nmf dentista *mf*.

dentition [dɑ̃tisjɔ̃] nf **1.** [dents] dentadura *f* **2.** [croissance] dentición *f*.

dénuder [3] [denyde] vt **1.** [partie du corps] dejar al descubierto **2.** [fil électrique] pelar. ◆ **se dénuder** vp desnudarse.

dénué, e [denɥe] adj ▸ **dénué de** desprovisto de.

dénuement [denymɑ̃] nm indigencia *f*.

dénutrition [denytʀisjɔ̃] nf desnutrición *f*.

déodorant, e [deɔdɔʀɑ̃, ɑ̃t] adj desodorante. ◆ **déodorant** nm desodorante *m*.

déontologie [deɔ̃tɔlɔʒi] nf deontología *f*.

déontologique [deɔ̃tɔlɔʒik] adj deontológico(ca).

dép. 1. *abr écrite de* **départ 2.** *abr écrite de* **département**.

dépannage [depanaʒ] nm reparación *f*.

dépanner [3] [depane] vt **1.** [réparer] reparar ESP, refaccionar AM **2.** *fam* & *fig* [aider] echar una mano a.

dépanneur, euse [depanœʀ, øz] nm, f [de machine, télévision] técnico *m*, -ca *f* ; AUTO mecánico *m*, -ca *f*. ◆ **dépanneuse** nf grúa *f*.

dépareillé, e [depaʀeje] adj **1.** [service] dispar **2.** [chaussettes, gants] desparejado(da).

déparer [3] [depaʀe] vt deslucir.

départ [depaʀ] nm **1.** [de personne] partida *f* ▸ **les grands départs** la operación salida **2.** [de train, avion, course] salida *f* ▸ **faux départ** salida falsa **3.** [d'employé] marcha *f* **4.** [début] punto *m* de partida. ◆ **au départ** loc adv [au début] en un principio.

départager [17] [depaʀtaʒe] vt **1.** [concurrents, candidats] desempatar **2.** [opinions] terciar **3.** [séparer] dividir.

département [depaʀtəmɑ̃] nm **1.** [territoire] *división territorial en Francia* ; ≃ provincia *f* ▸ **département d'outre-mer** *departamento francés de ultramar* **2.** ADMIN departamento *m*.

Département

El **départment** es la segunda subdivisión administrativa de Francia. En total hay 100 departamentos, 96 en Francia metropolitana y 4 en ultramar (Guadalupe, Martinica, Guyana Francesa y La Reunión). Cada uno es administrado por un **Conseil général** elegido cada seis años, regido por un presidente y un **préfet**. Están numerados de acuerdo con su orden alfabético, excepto Isla de Francia. Las cifras que los designan forman parte de la vida cotidiana de los franceses (en los códigos postales o números de la Seguridad Social).

départemental, e, aux [departəmɑ̃tal, o] adj *relativo a la división territorial en Francia.*
◆ **départementale** nf ≃ carretera *f* comarcal, comarcal *f*.

départir [32] [departiʀ] ◆ **se départir** vp ▸ **ne pas se départir de qqch** [calme, sourire] no perder algo.

dépassé, e [depase] adj **1.** [périmé] anticuado(da) **2.** *fam* [déconcerté] desbordado(da).

dépassement [depasmɑ̃] nm **1.** [en voiture] adelantamiento *m* **2.** FIN rebasamiento *m*.

dépasser [3] [depase] ✧ vt **1.** [voiture] adelantar **2.** [surpasser - en hauteur, importance, temps] sobrepasar ; [- en qualité] superar **3.** [prévision, attente] superar **4.** [limite, cap] rebasar, sobrepasar **5.** EXPR **ça me dépasse** *fam* esto me pone malo(la). ✧ vi sobresalir ▸ **dépasser de** sobresalir de. ◆ **se dépasser** vp [se surpasser] superarse.

dépassionner [3] [depasjɔne] vt desapasionar.

dépatouiller [3] [depatuje] ◆ **se dépatouiller** vp *fam* apañarse / ***qu'il se* OU *s'en dépatouille tout seul !*** ¡que se las apañe él solito!

dépaysant, e [depeizɑ̃, ɑ̃t] adj : ***le voyage était très dépaysant*** el viaje supuso un agradable cambio de aires.

dépaysement [depeizmɑ̃] nm cambio *m* de aires.

dépayser [3] [depeize] vt **1.** [désorienter] desorientar **2.** [changer de cadre] cambiar de ambiente.
◆ **se dépayser** vp cambiar de aires.

dépecer [29] [depəse] vt **1.** [volaille] descuartizar **2.** [proie] despedazar.

dépêche [depɛʃ] nf **1.** PRESSE comunicado *m* ▸ **dépêche d'agence** comunicado de agencia **2.** [correspondance officielle] despacho *m* ▸ **dépêche diplomatique** despacho diplomático.

dépêcher [4] [depeʃe] vt *sout* [envoyer] mandar.
◆ **se dépêcher** vp darse prisa ▸ **se dépêcher de faire qqch** apresurarse a hacer algo.

dépeignais ⟶ **dépeindre**.

dépeindre [81] [depɛ̃dʀ] vt describir.

dépeins ⟶ **dépeindre**.

dépeint, e [depɛ̃, ɛ̃t] pp ⟶ **dépeindre**.

dépenaillé, e [depənaje] adj *fam* zarrapastroso(sa).

dépénalisation [depenalizasjɔ̃] nf despenalización *f*.

dépénaliser [3] [depenalize] vt DR despenalizar.

dépendance [depɑ̃dɑ̃s] nf dependencia *f*.
◆ **dépendances** nfpl dependencias *fpl*.

dépendant, e [depɑ̃dɑ̃, ɑ̃t] adj dependiente ▸ **être dépendant de** depender de.

dépendis ⟶ **dépendre**.

dépendre [73] [depɑ̃dʀ] ✧ vi [être soumis] ▸ **dépendre de** depender de. ✧ vt [décrocher] descolgar.

dépends ⟶ **dépendre**.

dépendu, e [depɑ̃dy] pp ⟶ **dépendre**.

dépens [depɑ̃] nmpl DR costas *fpl* ▸ **aux dépens de qqn** a costa de alguien / ***à mes dépens*** a mi costa.

dépense [depɑ̃s] nf gasto *m* ▸ **ne pas regarder à la dépense** no reparar en gastos ▸ **les dépenses publiques** el gasto público.

dépenser [3] [depɑ̃se] vt **1.** [argent] gastar ▸ **dépenser sans compter** gastar sin medida **2.** [temps, efforts] dedicar. ◆ **se dépenser** vp **1.** [se fatiguer] cansarse **2.** *fig* [s'investir] desvivirse.

dépensier, ère [depɑ̃sje, ɛʀ] adj gastador(ra), derrochador(ra).

déperdition [depɛʀdisjɔ̃] nf pérdida *f* ▸ **déperdition de chaleur** pérdida de calor.

dépérir [32] [depeʀiʀ] vi **1.** [personne] depauperarse **2.** [santé, affaire] decaer **3.** [plante] marchitarse.

dépêtrer [4] [depetʀe] ◆ **se dépêtrer** vp ▸ **se dépêtrer de a)** [d'une personne] librarse de **b)** [d'une situation] salir de.

dépeuplement [depœpləmɑ̃] nm despoblación *f*.

dépeupler [5] [depœple] vt despoblar.
◆ **se dépeupler** vp despoblarse.

déphasé, e [defaze] adj desfasado(da).

dépiauter [3] [depjote] vt *fam* **1.** [animal] despellejar **2.** *fig* [texte] mirar con lupa.

dépilatoire [depilatwaʀ] adj depilatorio(ria).

dépistage [depistaʒ] nm [de maladie] reconocimiento *m* ▸ **dépistage du sida** prueba *f* del sida.

dépister [3] [depiste] vt **1.** [maladie] detectar **2.** [voleur] descubrir el rastro de **3.** [gibier] rastrear **4.** [déjouer] despistar.

dépit [depi] nm despecho *m* ▸ **par dépit** por despecho.
◆ **en dépit de** loc prép a pesar de.

dépité, e [depite] adj disgustado(da).

déplacé, e [deplase] adj **1.** [remarque, attitude] fuera de lugar **2.** [population] desplazado(da).

déplacement [deplasmɑ̃] nm **1.** [gén] desplazamiento *m* ▸ **déplacement de vertèbre** dislocación *f* de vértebra **2.** [voyage] viaje *m*, desplazamiento *m* ▸ **en déplacement** de viaje ▸ **ça valait le déplacement** *fig* el viaje merecía la pena.

déplacer [16] [deplase] vt **1.** [objet, meuble] desplazar **2.** *fig* [problème] desviar **3.** [fonctionnaire] trasladar. ◆ **se déplacer** vp desplazarse.

déplafonner [3] [deplafɔne] vt [crédit, cotisation] suprimir el tope máximo de.

déplaire [110] [deplɛʀ] vi **1.** [ne pas plaire] desagradar **2.** [irriter] disgustar ▸ **n'en déplaise à…** *hum* mal que le pese a….

déplaisant, e [deplɛzɑ̃, ɑ̃t] adj desagradable.

déplaisir [deplezir] nm *sout* disgusto *m*.

déplâtrer [3] [deplatʀe] vt [membre fracturé] quitar el yeso **ou** la escayola de / *on le déplâtre demain* mañana le quitan la escayola.

dépliant [deplijɑ̃] nm folleto *m*.

déplier [10] [deplije] vt desplegar, abrir. ◆ **se déplier** vp desplegarse, abrirse.

déploiement [deplwamɑ̃] nm despliegue *m* ▸ **un grand déploiement de** un gran despliegue de.

déplorable [deplɔʀabl] adj **1.** [gén] deplorable, penoso(sa) **2.** [regrettable] lamentable.

déplorer [3] [deplɔʀe] vt *sout* deplorar.

déployer [13] [deplwaje] vt **1.** [déplier & MIL] desplegar **2.** *fig* [montrer] dar muestra de. ◆ **se déployer** vp desplegarse.

dépoitraillé, e [depwatʀaje] adj *fam & péj* despechugado(da).

dépoli, e [depɔli] adj **1.** [métal] mate **2.** [verre] esmerilado(da).

dépolitiser [3] [depɔlitize] vt despolitizar. ◆ **se dépolitiser** vp despolitizarse.

dépolluant, e [depɔlɥɑ̃, ɑ̃t] adj descontaminante. ◆ **dépolluant** nm descontaminante *m*.

dépolluer [7] [depɔlɥe] vt descontaminar.

déportation [depɔʀtasjɔ̃] nf deportación *f*.

déporté, e [depɔʀte] nm, f deportado *m*, -da *f*.

déporter [3] [depɔʀte] vt **1.** [prisonnier] deportar **2.** [voiture, avion] desviar.

déposant, e [depozɑ̃, ɑ̃t] nm, f **1.** FIN depositante *mf* **2.** DR testigo *mf*.

déposé, e [depoze] adj [marque] registrado(da) ; [modèle] patentado(da).

déposer [3] [depoze] ◈ vt **1.** [personne, objet] dejar **2.** [sédiments] depositar ; [argent] ingresar **3.** [marque, brevet] registrar **4.** DR ▸ **déposer une plainte** presentar una denuncia ▸ **déposer son bilan** declararse en suspensión de pagos **5.** [monarque] destituir. ◈ vi **1.** DR deponer **2.** [liquide] depositar. ◆ **se déposer** vp depositarse.

dépositaire [depozitɛʀ] nm **1.** COMM concesionario *m* **2.** [d'objet] depositario *m*.

déposition [depozisjɔ̃] nf **1.** DR declaración *f* **2.** [de monarque] deposición *f*.

déposséder [18] [depɔsede] vt ▸ **déposséder qqn de qqch** desposeer a alguien de algo.

dépôt [depo] nm **1.** [gén] depósito *m* ▸ **dépôt de bus / de train** cochera *f* ▸ **dépôt de garantie** depósito en garantía ▸ **dépôt légal** depósito legal ▸ **dépôt d'ordures** vertedero *m* **2.** [prison] calabozo *m*.

dépoter [3] [depɔte] vt [plante] trasplantar.

dépotoir [depɔtwaʀ] nm **1.** [décharge] vertedero *m* **2.** *péj* [lieu en désordre] leonera *f* **3.** TECHNOL [usine] planta *f* de transformación de residuos.

dépôt-vente [depovɑ̃t] (*pl* **dépôts-ventes**) nm venta *f* en depósito ▸ **mettre qqch en dépôt-vente** dejar algo en depósito para su venta.

dépouille [depuj] nf **1.** [peau] piel *f* **2.** [humaine] ▸ **dépouille (mortelle)** restos *mpl* (mortales). ◆ **dépouilles** nfpl [butin] despojos *mpl*.

dépouillement [depujmɑ̃] nm **1.** [sobriété] austeridad *f* **2.** [examen minutieux] escrutinio *m* ▸ **dépouillement du scrutin** recuento *m* de votos, escrutinio.

dépouiller [3] [depuje] vt **1.** [voler] ▸ **dépouiller qqn de qqch** despojar a alguien de algo **2.** [examiner] escrutar. ◆ **se dépouiller** vp ▸ **se dépouiller de qqch** despojarse de algo.

dépourvu, e [depuʀvy] adj ▸ **dépourvu de** desprovisto de. ◆ **au dépourvu** loc adv ▸ **prendre qqn au dépourvu** pillar a alguien desprevenido(da).

dépoussiérer [18] [depusjeʀe] vt **1.** [nettoyer] limpiar el polvo de **2.** *fig* [rajeunir] renovar.

dépravation [depʀavasjɔ̃] nf depravación *f*.

dépravé, e [depʀave] ◈ adj depravado(da). ◈ nm, f depravado *m*, -da *f*, pervertido *m*, -da *f*.

dépraver [3] [depʀave] vt pervertir. ◆ **se dépraver** vp pervertirse.

dépréciation [depʀesjasjɔ̃] nf depreciación *f*.

déprécier [9] [depʀesje] vt **1.** [œuvre, personne] menospreciar **2.** [marchandise] depreciar. ◆ **se déprécier** vp **1.** [marchandise, monnaie] depreciarse **2.** [personne] infravalorarse.

dépressif, ive [depʀesif, iv] adj & nm, f depresivo(va).

dépression [depʀesjɔ̃] nf depresión *f* ▸ **faire de la dépression** estar deprimido(da) ▸ **dépression nerveuse** depresión nerviosa.

dépressurisation [depʀesyʀizasjɔ̃] nf despresurización *f*.

déprimant, e [depʀimɑ̃, ɑ̃t] adj deprimente.

déprime [depʀim] nf *fam* depre *f* ▸ **faire une déprime** tener una depre.

déprimé, e [depʀime] adj deprimido(da).

déprimer [3] [depʀime] ◈ vt deprimir. ◈ vi *fam* estar depre.

déprogrammer [3] [depʀɔgʀame] vt desprogramar.

dépuceler [24] [depysle] vt *fam* desvirgar.

depuis [dəpɥi] ✧ prép **1.** [à partir de] desde ▸ **depuis… jusqu'à** desde… hasta / *depuis la route, on pouvait voir la mer* desde la carretera se podía ver el mar / *il est parti depuis hier* se marchó ayer **2.** [exprimant la durée] desde hace / *depuis 10 ans* desde hace 10 años / *depuis combien de temps est-il là ?* ¿cuánto tiempo hace que está aquí? / *depuis longtemps* desde hace tiempo / *depuis toujours* desde siempre. ✧ adv desde entonces / *depuis, nous ne l'avons pas vu* desde entonces no lo hemos visto. ◆ **depuis lors** loc adv desde entonces. ◆ **depuis que** loc conj desde que.

> ⚠ **Después** est un faux ami, il ne signifie pas *depuis*, mais « après », « ensuite ».

dépuratif, ive [depyʀatif, iv] adj depurativo(va). ◆ **dépuratif** nm depurativo *m*.

députation [depytasjɔ̃] nf diputación *f*.

député, e [depyte] nm, f diputado *m*, -da *f* ▸ **député européen** eurodiputado *m*.

député-maire [depytemɛʀ] (*pl* **députés-maires**) nm *diputado que también ejerce como alcalde*.

députer [3] [depyte] vt diputar, delegar.

déraciné, e [deʀasine] ✧ adj **1.** [arbre] desenraizado(da), desarraigado(da) **2.** [personne] desarraigado(da). ✧ nm, f [personne] desarraigado *mf*, -da *f*.

déraciner [3] [deʀasine] vt **1.** [arbre] arrancar de cuajo, arrancar de raíz **2.** *fig* [personne] desarraigar.

déraillement [deʀajmɑ̃] nm descarrilamiento *m*.

dérailler [3] [deʀaje] vi **1.** [train] descarrilar **2.** *fam* [montre, radio] funcionar mal **3.** *fam* [personne] desvariar.

dérailleur [deʀajœʀ] nm cambio *m* de marchas *(de bicicleta)*.

déraison [deʀɛzɔ̃] nf *sout* desatino *m*.

déraisonnable [deʀɛzɔnabl] adj *sout* poco razonable.

déraisonner [3] [deʀɛzɔne] vi *sout* desvariar.

dérangé, e [deʀɑ̃ʒe] adj **1.** *fam* [fou] trastornado(da) ; [perturbé] perturbado(da) **2.** EXPR **avoir l'estomac dérangé** tener el estómago revuelto.

dérangeant, e [deʀɑ̃ʒɑ̃, ɑ̃t] adj [œuvre, personnage] perturbador(ra).

dérangement [deʀɑ̃ʒmɑ̃] nm **1.** [gêne] molestia *f* ▸ **dérangement intestinal** trastorno *m* estomacal **2.** [déplacement] viaje *m* **3.** [dérèglement] ▸ **en dérangement** [téléphone] averiado(da).

déranger [17] [deʀɑ̃ʒe] ✧ vt **1.** [objets, pièce] desordenar **2.** [personne] molestar, importunar ▸ **ça vous dérange si… ?** ¿le molesta si…? **3.** [esprit] perturbar. ✧ vi molestar. ◆ **se déranger** vp **1.** [se déplacer] moverse **2.** [être gêné] molestarse.

dérapage [deʀapaʒ] nm **1.** [gén] derrape *m* ▸ **dérapage contrôlé** derrape controlado **2.** *fig* [erreur] desliz *m*.

déraper [3] [deʀape] vi **1.** [voiture] derrapar **2.** *fig* [économie, prix] descontrolarse.

dératé, e [deʀate] nm, f ▸ **courir comme un dératé** *fam* correr como un loco.

dératisation [deʀatizasjɔ̃] nf desratización *f*.

derechef [dəʀəʃɛf] adv *sout* de nuevo.

déréglé, e [deʀegle] adj [vie, mœurs] desordenado(da).

dérèglement [deʀɛgləmɑ̃] nm **1.** [de vie, etc.] desorden *m* **2.** [d'un mécanisme] desbarajuste *m*, fallo *m* **3.** MÉD alteración *f*.

déréglementation [deʀegləmɑ̃tasjɔ̃] nf desregulación *f* ; ÉCON liberalización *f*.

déréglementer [3] [deʀegləmɑ̃te] vt ÉCON desregular, liberalizar.

dérégler [18] [deʀegle] vt **1.** [mécanisme] estropear **2.** [estomac] destrozar. ◆ **se dérégler** vp [mécanisme] estropearse.

dérider [3] [deʀide] vt alegrar la vida. ◆ **se dérider** vp alegrarse, animarse.

dérision [deʀizjɔ̃] nf escarnio *m* ▸ **tourner qqch en dérision** hacer escarnio de algo.

dérisoire [deʀizwaʀ] adj irrisorio(ria).

dérivatif, ive [deʀivatif, iv] adj LING derivativo(va). ◆ **dérivatif** nm ▸ **dérivatif (à qqch)** distracción *f* (para algo).

dérivation [deʀivasjɔ̃] nf **1.** [de circulation, rivière] desviación *f* **2.** MATH, LING & ÉLECTR derivación *f*.

dérive [deʀiv] nf **1.** [mouvement] deriva *f* ▸ **aller ou être à la dérive** *fig* ir a la deriva **2.** [de bateau] orza *f*.

dérivé [deʀive] nm LING & CHIM derivado *m*.

dérivée [deʀive] nf MATH derivada *f*.

dériver [3] [deʀive] ✧ vt derivar. ✧ vi **1.** [aller à la dérive] derivar **2.** *fig* [découler] ▸ **dériver de qqch** derivar ou provenir de algo.

dériveur [deʀivœʀ] nm balandro *m*.

dermato [dɛʀmatɔ] (*abr de* **dermatologue**) nmf *fam* dermatólogo *m*, -ga *f*.

dermatologie [dɛʀmatɔlɔʒi] nf dermatología *f*.

dermatologique [dɛʀmatɔlɔʒik] adj dermatológico(ca).

dermatologue [dɛʀmatɔlɔg], **dermatologiste** [dɛʀmatɔlɔʒist] nmf dermatólogo *m*, -ga *f*.

dernier, ère [dɛʀnje, ɛʀ] ✧ adj **1.** [gén] último(ma) **2.** *(après le n)* [semaine, année, etc.] pasado(da). ✧ nm, f **1.** [dans une série] último *m*, -ma *f* ▸ **ce dernier** éste, este último **2.** [pire] ▸ **le dernier des** el peor de **3.** [benjamin] pequeño *m*, -ña *f* ▸ **le petit dernier** el benjamín. ◆ **en dernier** loc adv en último lugar.

dernièrement [dɛʀnjɛʀmɑ̃] adv últimamente.

dernier-né, dernière-née [dɛʀnjene, dɛʀnjɛʀne] (*mpl* **derniers-nés**, *fpl* **dernières-nées**) nm, f **1.** [bébé] hijo *m* menor, hija *f* menor **2.** *fig* [dernier modèle] ▸ **la dernière-née de la gamme** el último modelo de la gama.

dérobade [deʀɔbad] nf espantada *f.*

dérobé, e [deʀɔbe] adj [escalier, porte] secreto(ta). ◆ **à la dérobée** loc adv a hurtadillas.

dérober [3] [deʀɔbe] vt *sout* hurtar. ◆ **se dérober** vp *sout* **1.** [se soustraire] ▸ **se dérober à qqch** [devoirs, obligations] eludir algo **2.** [s'effondrer] hundirse.

dérogation [deʀɔgasjɔ̃] nf derogación *f.*

déroger [17] [deʀɔʒe] vt ▸ **déroger à qqch** **a)** [principe] faltar a algo **b)** [loi, règlement] contravenir algo.

dérouillée [deʀuje] nf *fam* paliza *f* / *prendre une dérouillée* recibir una paliza.

dérouiller [3] [deʀuje] ◈ vt **1.** [nettoyer] desoxidar **2.** *fam* [frapper] ▸ **dérouiller qqn** dar una paliza a alguien, moler a alguien a palos. ◈ vi *fam* [être battu] recibir una paliza. ◆ **se dérouiller** vp *fam* [se dégourdir] ▸ **se dérouiller les jambes** estirar las piernas.

déroulant, e [deʀulɑ̃, ɑ̃t] adj ▸ **menu déroulant** INFORM menú desplegable.

déroulé [deʀule] nm manera *f* de desarrollarse / *le déroulé d'un procès* la manera de desarrollarse un juicio.

déroulement [deʀulmɑ̃] nm **1.** *fig* [d'événement] desarrollo *m* **2.** [de bobine de fil, câble] desenrollamiento *m.*

dérouler [3] [deʀule] vt [bobine de fil, câble] desenrollar. ◆ **se dérouler** vp *fig* [événement] desarrollarse.

déroutant, e [deʀutɑ̃, ɑ̃t] adj desconcertante.

déroute [deʀut] nf **1.** MIL espantada *f* ▸ **mettre en déroute** poner en fuga **2.** *fig* [échec] desastre *m.*

dérouter [3] [deʀute] vt **1.** *fig* [personne] desconcertar **2.** [avion, navire] desviar.

derrick [deʀik] nm torre *f* de perforación *(petrolífera).*

derrière [dɛʀjɛʀ] ◈ adv detrás. ◈ prép **1.** [en arrière de] detrás de **2.** [au-delà de] más allá de, detrás de. ◈ nm **1.** [partie arrière] parte *f* de atrás **2.** [fesses] trasero *m.*

des [de] ◈ art indéf ⟶ **un.** ◈ prép ⟶ **de.**

dès [dɛ] prép **1.** [depuis] desde / *dès l'enfance* desde niño ▸ **dès maintenant** desde ahora, a partir de ahora ▸ **dès demain** a partir de mañana **2.** [aussitôt que] en cuanto / *dès mon retour, j'irai te voir* en cuanto vuelva, iré a verte. ◆ **dès lors** loc adv desde entonces. ◆ **dès lors que** loc conj ya que. ◆ **dès que** loc conj en cuanto / *dès que j'arriverai, je l'informerai* en cuanto llegue, le pondré al corriente ▸ **dès que possible** cuanto antes.

désabusé, e [dezabyze] adj desengañado(da).

désaccord [dezakɔʀ] nm desacuerdo *m*, discrepancia *f.*

désaccordé, e [dezakɔʀde] adj desafinado(da).

désaccoutumer [3] [dezakutyme] vt *sout* ▸ **désaccoutumer qqn de qqch** desacostumbrar a alguien a algo. ◆ **se désaccoutumer** vp *sout* ▸ **se désaccoutumer de qqch** desacostumbrarse a algo.

désactiver [3] [dezaktive] vt desactivar.

désaffecté, e [dezafɛkte] adj abandonado(da).

désaffection [dezafɛksjɔ̃] nf desafecto *m.*

désagréable [dezagʀeabl] adj desagradable.

désagréablement [dezagʀeabləmɑ̃] adv desagradablemente, de manera desagradable.

désagréger [22] [dezagʀeʒe] vt disgregar. ◆ **se désagréger** vp disgregarse.

désagrément [dezagʀemɑ̃] nm disgusto *m.*

désaltérant, e [dezalteʀɑ̃, ɑ̃t] adj ▸ **une boisson désaltérante** una bebida que quita la sed.

désaltérer [3] [dezalteʀe] vt quitar la sed (a alguien). ◆ **se désaltérer** vp beber.

désambiguïsation [dezɑ̃biguizasjɔ̃] nf desambiguación *f.*

désambiguïser [3] [dezɑ̃biguize] vt eliminar ambigüedades de.

désamiantage [dezamjɑ̃taʒ] nm desamiantado *m* / *le désamiantage des bâtiments a duré deux ans* el desamiantado de los edificios duró dos años.

Comment exprimer le désaccord

- **No estoy en absoluto de acuerdo.** *Je ne suis absolument pas* ou *pas du tout d'accord.*
- **No comparto esta** ou **su opinión.** *Je ne suis pas de cet* ou *de votre avis.*
- **Lo siento, pero no estoy de acuerdo.** *Désolé(e), mais je ne suis pas d'accord.*
- **No, no es verdad.** *Non, c'est faux.*
- **¡No es para nada eso!** *Ce n'est pas ça du tout !*
- **De hecho, no es del todo exacto.** *En fait, ce n'est pas tout à fait exact.*
- **¿Usted cree? Yo diría más bien que...** *Vous croyez ? Moi je dirais plutôt que...*
- **Creo que no es exactamente eso.** *Je crois que ce n'est pas tout à fait ça.*
- **No me has entendido bien.** *Tu ne m'as pas bien compris.*
- **¡Ah no, yo no he dicho eso!** *Ah non, je n'ai pas dit ça !*
- **Sí, pero eso no quiere decir necesariamente que...** *Oui, mais cela ne veut pas dire pour autant que...*
- **No pienso que se trate de eso.** *Je ne pense pas qu'il s'agisse de ça.*
- **¿Estás seguro que eso se dice / se escribe así?** *Tu es sûr que ça se dit / s'écrit comme ça ?*
- **No comparto su opinión.** *Je ne partage pas votre opinion.*
- **Con el debido respeto, pienso que no es exactamente eso.** *Avec tout le respect que je vous dois, je pense que ce n'est pas tout à fait ça.*
- **Se equivoca, no tiene nada que ver en ello.** *Vous vous trompez, il n'a rien à voir là-dedans.*

désamianter [dezamjɑ̃te] vt desamiantar.

désamorcer [16] [dezamɔʀse] vt **1.** [arme] descebar **2.** *fig* [complot] desarticular.

désappointer [3] [dezapwɛ̃te] vt decepcionar.

désapprendre [79] [dezapʀɑ̃dʀ] vt desaprender.

désapprobateur, trice [dezapʀɔbatœʀ, tʀis] adj de desaprobación.

désapprobation [dezapʀɔbasjɔ̃] nf desaprobación *f*.

désapprouver [3] [dezapʀuve] ❖ vt desaprobar. ❖ vi protestar.

désarçonner [3] [dezaʀsɔne] vt **1.** [cavalier] desarzonar **2.** *fig* [déconcerter] desconcertar, confundir.

désargenté, e [dezaʀʒɑ̃te] adj *iron* sin dinero.

désarmant, e [dezaʀmɑ̃, ɑ̃t] adj que desarma.

désarmement [dezaʀməmɑ̃] nm desarme *m*.

désarmer [3] [dezaʀme] ❖ vt **1.** [gén] desarmar **2.** [fusil] desmontar. ❖ vi **1.** [pays] desarmarse **2.** *fig* ▸ **ne pas désarmer a)** *sout* [personne] no rendirse **b)** [haine] no ceder.

désarroi [dezaʀwa] nm desconcierto *m*.

désarticulé, e [dezaʀtikyle] adj **1.** [pantin] desarticulado(da) **2.** [corps] descoyuntado(da).

désassorti, e [dezasɔʀti] adj desemparejado(da).

désastre [dezastʀ] nm desastre *m*.

désastreux, euse [dezastʀø, øz] adj desastroso(sa).

désavantage [dezavɑ̃taʒ] nm desventaja *f*.

désavantager [17] [dezavɑ̃taʒe] vt perjudicar.

désavantageux, euse [dezavɑ̃taʒø, øz] adj desventajoso(sa).

désaveu, x [dezavø] nm **1.** [rétractation] negación *f* **2.** [désapprobation] desaprobación *f*.

désavouer [6] [dezavwe] vt **1.** [renier] negar **2.** [désapprouver] desaprobar. ◆ **se désavouer** vp [se rétracter] retractarse.

désaxé, e [dezakse] adj & nm, f desequilibrado(da).

désaxer [3] [dezakse] vt descentrar.

descendance [desɑ̃dɑ̃s] nf descendencia *f*.

descendant, e [desɑ̃dɑ̃, ɑ̃t] ❖ adj [lignée] descendente. ❖ nm, f [héritier] descendiente *mf*.

descendis ⟶ **descendre**.

descendre [73] [desɑ̃dʀ] ❖ vt *(aux avoir)* **1.** [gén] bajar ▸ **descendre une rivière** ir río abajo ▸ **descendre à terre** ir a tierra **2.** *fam* [abattre - homme] liquidar ; [- avion] derribar. ❖ vi *(aux être)* **1.** [gén] bajar **2.** [de véhicule] bajarse, apearse ESP, desembarcarse AM **3.** [être en pente] ser empinado(da), estar en cuesta **4.** [séjourner] alojarse **5.** [être issu] ▸ **descendre de** descender de.

descends ⟶ **descendre**.

descendu, e [desɑ̃dy] pp ⟶ **descendre**.

descente [desɑ̃t] nf **1.** [action] descenso *m*, bajada *f* **2.** [au ski] descenso *m* **3.** [irruption] ▸ **descente de police** redada *f* **4.** *fam* [de boisson] : *ce type a une bonne descente* ese tipo es una esponja.
◆ **descente de lit** nf alfombrilla *f* de cama.

descriptif, ive [dɛskʀiptif, iv] adj descriptivo(va).
◆ **descriptif** nm descripción *f* detallada.

description [dɛskʀipsjɔ̃] nf descripción *f*.

désectoriser [desɛktɔʀize] vt [l'école, un département] desectorizar.

désembourber [3] [dezɑ̃buʀbe] vt sacar del barro.

désemparé, e [dezɑ̃paʀe] adj desamparado(da).

désemplir [32] [dezɑ̃pliʀ] vi ▸ **ne pas désemplir** estar siempre lleno(na).

désenchanté, e [dezɑ̃ʃɑ̃te] adj desencantado(da).

désencombrer [3] [dezɑ̃kɔ̃bʀe] vt despejar.

désendettement [dezɑ̃dɛtmɑ̃] nm reducción *f* de una deuda.

désenfler [3] [dezɑ̃fle] vi deshincharse, desinflarse.

désengagement [dezɑ̃gaʒmɑ̃] nm rompimiento *m* de un compromiso, desentendimiento *m*.

désengager [17] [dezɑ̃gaʒe] vt [d'une obligation] liberar. ◆ **se désengager** vp [d'une obligation] liberarse.

désengorger [17] [dezɑ̃gɔʀʒe] vt **1.** [tuyau] desatascar **2.** [rue] descongestionar **3.** ÉCON [marché] desbloquear.

désensibiliser [3] [desɑ̃sibilize] vt insensibilizar.

désépaissir [32] [dezepɛsiʀ] vt **1.** [sauce] aclarar **2.** [cheveux] entresacar.

Comment exprimer la désapprobation

- **Desapruebo completamente su actitud.** *Je désapprouve totalement son attitude.*
- **No me gusta que se junte con esa gente.** *Je n'aime pas qu'il fréquente ces gens.*
- **Cometió un error hablándole así.** *Il/Elle a eu tort de lui parler comme ça.*
- **Esas no son maneras (de actuar).** *Ce ne sont pas des façons (de faire).*
- **Pero, ¿qué le pasa?** *Mais qu'est-ce qui lui a pris ?* ou *qu'est-ce qu'il a ?*
- **No puedo decir que apruebo su actitud.** *Je ne peux pas dire que j'approuve son attitude.*
- **No estoy seguro de que haya tenido razón hablándole de ello.** *Je ne suis pas sûr qu'elle ait eu raison* ou *qu'elle ait bien fait de lui en parler.*
- **¡Es inadmisible!** *C'est inadmissible !*

déséquilibre [dezekilibʀ] nm desequilibrio *m*.

déséquilibré, e [dezekilibʀe] nm, f desequilibrado *m*, -da *f*.

déséquilibrer [3] [dezekilibʀe] vt desequilibrar.

désert, e [dezɛʀ, ɛʀt] adj desierto(ta). ◆ **désert** nm desierto *m* ▸ **crier** ou **parler** ou **prêcher dans le désert** clamar ou predicar en el desierto.

Déserts

le désert d'Atacama	el desierto de Atacama
le désert de Gobi	el desierto de Gobi
le désert du Kalahari	el desierto de Kalahari
le désert de Libye	el desierto de Libia
le désert du Namib	el desierto de Namibia
le désert de Nubie	el desierto de Nubia
le désert du Sahara	el desierto del Sahara

déserter [3] [dezɛʀte] ◆ vt **1.** [endroit] abandonar **2.** *fig* [cause] desertar de. ◆ vi MIL desertar.

déserteur [dezɛʀtœʀ] nm desertor *m*.

désertification [dezɛʀtifikasjɔ̃], **désertisation** [dezɛʀtizasjɔ̃] nf **1.** GÉOL desertización *f* **2.** [dépeuplement] despoblamiento *m*.

désertion [dezɛʀsjɔ̃] nf deserción *f*.

désertique [dezɛʀtik] adj desértico(ca).

désertisation = **désertification**.

désespérant, e [dezɛspeʀɑ̃, ɑ̃t] adj **1.** [déprimant] desesperanzador(ra) **2.** [sans espoir] desesperante.

désespéré, e [dezɛspeʀe] ◆ adj **1.** [regard] de desesperación **2.** [situation] desesperado(da). ◆ nm, f desesperado *m*, -da *f*.

désespérément [dezɛspeʀemɑ̃] adv **1.** [sans espoir] con desesperación, desesperadamente **2.** [avec acharnement] desesperadamente.

désespérer [18] [dezɛspeʀe] ◆ vt desesperar ▸ **désespérer que qqch arrive** desesperar de que algo pase. ◆ vi perder la esperanza ▸ **désespérer de faire qqch** perder toda esperanza de hacer algo. ◆ **se désespérer** vp desesperarse.

désespoir [dezɛspwaʀ] nm desesperación *f* ▸ **faire le désespoir de qqn** ser la desesperación de alguien ▸ **en désespoir de cause** en último extremo.

déshabillé [dezabije] nm deshabillé *m*, salto *m* de cama.

déshabiller [3] [dezabije] vt desnudar. ◆ **se déshabiller** vp desnudarse.

déshabituer [7] [dezabitɥe] vt ▸ **déshabituer qqn de qqch / de faire qqch** desacostumbrar a alguien a algo/a hacer algo. ◆ **se déshabituer** vp ▸ **se déshabituer de qqch / de faire qqch** desacostumbrarse a algo/a hacer algo.

désherbant, e [dezɛʀbɑ̃, ɑ̃t] adj herbicida. ◆ **désherbant** nm herbicida *m*.

désherber [3] [dezɛʀbe] vt & vi desherbar.

déshérité, e [dezeʀite] adj & nm, f desheredado(da).

déshériter [3] [dezeʀite] vt desheredar.

déshonneur [dezɔnœʀ] nm deshonor *m*, deshonra *f*.

déshonorant, e [dezɔnɔʀɑ̃, ɑ̃t] adj deshonroso(sa).

déshonorer [3] [dezɔnɔʀe] vt deshonrar. ◆ **se déshonorer** vp deshonrarse.

déshumanisation [dezymanizasjɔ̃] nf deshumanización *f*.

déshumaniser [3] [dezymanize] vt deshumanizar. ◆ **se déshumaniser** vp deshumanizarse.

déshydratation [dezidʀatasjɔ̃] nf deshidratación *f*.

déshydraté, e [dezidʀate] adj **1.** [peau, organisme, aliment] deshidratado(da) / ***l'air est très sec et ma peau est déshydratée*** el aire es muy seco y tengo la piel deshidratada / ***ajoutez un sachet de purée déshydratée*** añadir una bolsa de puré deshidratado **2.** *fam* [assoiffé] muerto(ta) de sed / ***je suis complètement déshydraté*** estoy muerto de sed.

déshydrater [3] [dezidʀate] vt deshidratar. ◆ **se déshydrater** vp deshidratarse.

desiderata [dezideʀata] nmpl peticiones *fpl*.

design [dizajn] ◆ adj inv de diseño. ◆ nm diseño *m*.

désignation [deziɲasjɔ̃] nf **1.** [appellation] denominación *f* **2.** [nomination] nombramiento *m*.

designer [dizajnœʀ] nm diseñador *m*, -ra *f*.

désigner [3] [deziɲe] vt **1.** [choisir] designar, nombrar **2.** [montrer] señalar **3.** [signifier] significar.

désillusion [dezilyzjɔ̃] nf desilusión *f*.

désillusionner [3] [dezilyzjɔne] vt desilusionar.

désincarné, e [dezɛ̃kaʀne] adj desencarnado(da).

désindustrialisation [dezɛ̃dystʀijalizasjɔ̃] nf desindustrialización *f*.

désinence [dezinɑ̃s] nf desinencia *f*.

désinfectant, e [dezɛ̃fɛktɑ̃, ɑ̃t] adj desinfectante. ◆ **désinfectant** nm desinfectante *m*.

désinfecter [4] [dezɛ̃fɛkte] vt desinfectar. ◆ **se désinfecter** vp desinfectarse.

désinfection [dezɛ̃fɛksjɔ̃] nf desinfección *f*.

désinflation [dezɛ̃flasjɔ̃] nf deflación *f*.

désinformation [dezɛ̃fɔʀmasjɔ̃] nf desinformación *f*.

désinhiber [dezinibe] vt desinhibir.

désinstallation [dezɛ̃stalasjɔ̃] nf INFORM desinstalación *f*.

désinstaller [3] [dezɛ̃stale] vt INFORM desinstalar.

désintégration [dezɛ̃tegʀasjɔ̃] nf desintegración *f*.

désintégrer [18] [dezɛ̃tegʀe] vt desintegrar. ◆ **se désintégrer** vp desintegrarse.

désintéressé, e [dezɛ̃teʀese] adj desinteresado(da).

désintéresser [4] [dezɛ̃teʀese] ◆ **se désintéresser** vp ▸ **se désintéresser de qqch / de qqn** desentenderse de algo/de alguien.

désintérêt [dezɛ̃terɛ] nm desinterés *m*.

désintoxication [dezɛ̃tɔksikasjɔ̃] nf desintoxicación *f*.

désintoxiquer [3] [dezɛ̃tɔksike] vt desintoxicar.

désinvestir [32] [dezɛ̃vɛstiʀ] vt ÉCON desinvertir en / *l'entreprise désinvestit le secteur de l'électronique* la empersa desinvierte en el sector de la electrónica. ◆ **se désinvestir** vp [perdre sa motivation] desmotivarse.

désinvolte [dezɛ̃vɔlt] adj **1.** [à l'aise] desenvuelto(ta) **2.** *péj* [sans gêne] atrevido(da).

désinvolture [dezɛ̃vɔltyʀ] nf atrevimiento *m* ▶ **avec désinvolture** con descaro.

désir [deziʀ] nm deseo *m*.

désirable [deziʀabl] adj **1.** [chose] apetecible **2.** [personne] deseable.

désirer [3] [deziʀe] vt desear ▶ **vous désirez ?** [dans un magasin] ¿en qué puedo servirle? ▶ **laisser à désirer** dejar bastante que desear.

désireux, euse [deziʀø, øz] adj *sout* ▶ **être désireux de** estar deseoso de.

désistement [dezistəmɑ̃] nm renuncia *f*.

désister [deziste] ◆ **se désister** vp [retirer sa candidature] desistir, retirarse ▶ **se désister de qqch** DR [renoncer à] renunciar a algo.

désobéir [32] [dezɔbeiʀ] vi desobedecer ▶ **désobéir à qqch / à qqn** desobedecer algo / a alguien.

désobéissance [dezɔbeisɑ̃s] nf desobediencia *f*.

désobéissant, e [dezɔbeisɑ̃, ɑ̃t] adj desobediente.

désobligeant, e [dezɔbliʒɑ̃, ɑ̃t] adj *sout* descortés.

désodorisant, e [dezɔdɔʀizɑ̃, ɑ̃t] adj desodorante. ◆ **désodorisant** nm ambientador *m*.

désodoriser [3] [dezɔdɔʀize] vt desodorar, desodorizar.

désœuvré, e [dezœvʀe] adj ocioso(sa).

désœuvrement [dezœvʀəmɑ̃] nm ociosidad *f*.

désolant, e [dezɔlɑ̃, ɑ̃t] adj lamentable.

désolation [dezɔlasjɔ̃] nf desolación *f*.

désolé, e [dezɔle] adj ▶ **être désolé** sentirlo (mucho) / *je suis désolé, mais je dois m'en aller* lo siento (mucho) pero tengo que irme.

désoler [3] [dezɔle] vt entristecer / *ça me désole de devoir partir* siento mucho tener que irme. ◆ **se désoler** vp [s'affliger] entristecerse, apenarse.

désolidariser [3] [desɔlidaʀize] vt **1.** [personnes] desunir **2.** [objets, mécanismes] separar. ◆ **se désolidariser** vp ▶ **se désolidariser de qqn / de qqch** dejar de solidarizarse con alguien / con algo.

désopilant, e [dezɔpilɑ̃, ɑ̃t] adj desternillante.

désordonné, e [dezɔʀdɔne] adj desordenado(da).

désordre [dezɔʀdʀ] nm **1.** [fouillis] desorden *m* ▶ **en désordre** desordenado(da) ▶ **dans le désordre** desordenadamente, en desorden **2.** *(gén pl)* [trouble] disturbio *m*, desorden *m* **3.** *fig* [confusion] confusión *f*.

désorganisation [dezɔʀganizasjɔ̃] nf desorganización *f*.

désorganisé, e [dezɔʀganize] adj [personne] desorganizado(da).

désorganiser [3] [dezɔʀganize] vt desorganizar. ◆ **se désorganiser** vp desorganizarse.

désorienté, e [dezɔʀjɑ̃te] adj desorientado(da).

désorienter [3] [dezɔʀjɑ̃te] vt desorientar.

désormais [dezɔʀmɛ] adv a partir de ahora, de ahora en adelante.

désosser [3] [dezɔse] vt **1.** [viande] deshuesar **2.** [voiture] desguazar ; [machine] destripar.

despote [dɛspɔt] adj & nm déspota.

despotique [dɛspɔtik] adj despótico(ca).

despotisme [dɛspɔtism] nm despotismo *m* ▶ **despotisme éclairé** despotismo ilustrado.

desquels, desquelles [dekɛl] ⟶ **lequel**.

DESS (*abr de* **diplôme d'études supérieures spécialisées**) nm *antiguo diploma de especialización profesional de tercer ciclo universitario*.

dessaisir [32] [deseziʀ] vt **1.** [personne] ▶ **dessaisir qqn de qqch** desposeer a alguien de algo **2.** DR recusar. ◆ **se dessaisir** vp *sout* [renoncer à] ▶ **se dessaisir de qqch** desprenderse de algo.

dessaler [3] [desale] ❖ vt **1.** [poisson] desalar **2.** *fam* [personne] espabilar. ❖ vi *fam* NAUT irse a pique. ◆ **se dessaler** vt *fam* [personne] espabilarse.

dessaouler, dessoûler [3] [desule] ❖ vt quitar la borrachera. ❖ vi dejar de estar borracho(cha) ▶ **ne pas dessaouler** *fam* no soltar la mona, ir de borrachera en borrachera.

dessécher [18] [deseʃe] vt **1.** [peau] resecar **2.** *fig* [cœur] endurecer. ◆ **se dessécher** vp **1.** [se déshydrater] resecarse **2.** [maigrir] secarse **3.** *fig* [s'endurcir] endurecerse.

dessein [desɛ̃] nm *sout* propósito *m*. ◆ **à dessein** loc adv adrede.

desserrer [4] [deseʀe] vt aflojar.

dessert [desɛʀ] nm postre *m*.

desserte [desɛʀt] nf **1.** [meuble] mesa *f* auxiliar **2.** [service d'autobus] servicio *m* de transporte.

desservir [38] [desɛʀviʀ] vt **1.** [désavantager] perjudicar **2.** [table] quitar **3.** [transports] comunicar.

dessin [desɛ̃] nm **1.** [graphique] dibujo *m* ▶ **dessin animé** dibujos *mpl* animados ▶ **dessin industriel** diseño *m* industrial **2.** *fig* [contour - de chose] contorno *m* ; [- de visage] perfil *m*.

dessinateur, trice [desinatœʀ, tʀis] nm, f dibujante *mf* ▶ **dessinateur industriel** diseñador *m* industrial.

dessiner [3] [desine] ❖ vt **1.** [gén] dibujar **2.** [souligner] resaltar. ❖ vi dibujar. ◆ **se dessiner** vp **1.** [ombre, silhouette] dibujarse **2.** *fig* [plan, projet] perfilarse.

dessoûler = **dessaouler**.

dessous [dəsu] ◆ adv debajo. ◆ prép debajo de. ◆ nm **1.** [partie inférieure] parte *f* de abajo ▸ **les voisins du dessous** los vecinos de abajo **2.** EXPR **être au trente-sixième dessous** estar hundido(da). ◆ nmpl **1.** [sous-vêtements féminins] ropa *f* interior femenina **2.** *fig* [secrets] ▸ **les dessous de qqch** los entresijos de algo. ◆ **en dessous** loc adv abajo ▸ **agir par en dessous** actuar de manera subrepticia ▸ **regarder qqn par en dessous** mirar a alguien de soslayo ou por el rabillo del ojo. ◆ **en dessous de** loc prép debajo de / *en dessous de zéro* bajo cero / *vous êtes très en dessous de la vérité* está usted muy lejos de la verdad.

dessous-de-plat [dəsudpla] nm inv salvamanteles *m inv*.

dessous-de-table [dəsudtabl] nm inv [entre particuliers] soborno *m* ; [pot-de-vin] comisión *f* ilegal.

dessus [dəsy] ◆ adv encima, arriba. ◆ nm **1.** [partie supérieure] parte *f* de encima ▸ **les voisins du dessus** los vecinos de arriba **2.** EXPR **avoir le dessus** ganar ▸ **reprendre le dessus** recuperarse ▸ **mettre qqch sens dessus dessous** poner algo patas arriba. ◆ **en dessus** loc adv encima, arriba.

dessus-de-lit [dəsydli] nm inv colcha *f*, cubrecama *m*.

déstabilisateur, trice [destabilizatœʀ, tʀis] adj desestabilizador(ra).

déstabilisation [destabilizasjɔ̃] nf desestabilización *f*.

déstabiliser [3] [destabilize] vt desestabilizar.

destin [dɛstɛ̃] nm destino *m*.

destinataire [dɛstinatɛʀ] nmf destinatario *m*, -ria *f*.

destination [dɛstinasjɔ̃] nf destino *m* ▸ **à destination de** con destino a ▸ **arriver à destination** llegar a su destino.

destinée [dɛstine] nf destino *m*.

destiner [3] [dɛstine] vt ▸ **destiner qqch à qqn /à qqch** destinar algo a alguien /a algo ▸ **destiner qqn à qqch** destinar a alguien a algo. ◆ **se destiner** vp ▸ **se destiner à qqch** pensar dedicarse a algo.

destituer [7] [dɛstitɥe] vt destituir.

destitution [dɛstitysjɔ̃] nf destitución *f*.

déstockage [destɔkaʒ] nm COMM puesta *f* en venta de las existencias ▸ **déstockage massif** puesta en venta masiva de las existencias.

déstresser [destʀese] ◆ vt desestresar. ◆ vi desestresarse.

destructeur, trice [dɛstʀyktœʀ, tʀis] adj & nm, f destructor(ra).

destruction [dɛstʀyksjɔ̃] nf destrucción *f*.

déstructuration [destʀyktyʀasjɔ̃] nf desestructuración *f*.

déstructurer [3] [destʀyktyʀe] vt desestructurar. ◆ **se déstructurer** vp desestructurarse.

désuet, ète [dezɥɛ, ɛt] adj anticuado(da).

désuétude [dezɥetyd] nf ▸ **tomber en désuétude** caer en desuso.

désuni, e [dezyni] adj desunido(da).

désunion [dezynjɔ̃] nf desunión *f*.

désunir [32] [dezyniʀ] vt desunir. ◆ **se désunir** vp desunirse.

détachable [detaʃabl] adj amovible ; [supplément, coupon] recortable.

détachage [detaʃaʒ] nm : *procéder au détachage* quitar las manchas.

détachant, e [detaʃɑ̃, ɑ̃t] adj quitamanchas. ◆ **détachant** nm quitamanchas *m inv*.

détaché, e [detaʃe] adj **1.** [feuille] suelto(ta) **2.** [air] indiferente.

détachement [detaʃmɑ̃] nm **1.** [indifférence] indiferencia *f* **2.** [mission] traslado *m* temporal ▸ **en détachement auprès de qqn** destinado(da) al servicio de alguien **3.** MIL destacamento *m*.

détacher [3] [detaʃe] vt **1.** [cheveux, chien] soltar **2.** [liens] desatar **3.** [découper] recortar **4.** [nettoyer] quitar las manchas de **5.** ADMIN [fonctionnaire] destinar provisionalmente **6.** *fig* [éloigner] ▸ **détacher qqn de qqch** apartar a alguien de algo. ◆ **se détacher** vp **1.** [se libérer] librarse ▸ **se détacher de** librarse de **2.** [défaire ses liens] desatarse **3.** [ressortir] ▸ **se détacher sur** recortarse en **4.** *fig* [se désintéresser] ▸ **se détacher de qqn** apartarse de alguien.

détail [detaj] nm detalle *m* ▸ **n'omettre aucun détail** no omitir ningún detalle. ◆ **au détail** loc adv [vente] al por menor, al detalle. ◆ **en détail** loc adv con todo detalle.

détaillant, e [detajɑ̃, ɑ̃t] ◆ adj al por menor, al detalle. ◆ nm, f minorista *mf*, detallista *mf*.

détaillé, e [detaje] adj detallado(da).

détailler [3] [detaje] vt **1.** [récit, facture] detallar **2.** [vendre au détail] vender al por menor, vender al detalle.

détaler [3] [detale] vi **1.** [personne] salir pitando, irse por piernas **2.** [animal] huir velozmente.

détartrage [detaʀtʀaʒ] nm **1.** [de dents] eliminación *f* del sarro ▸ **se faire faire un détartrage** hacerse una limpieza bucal **2.** [de bouilloire, de cafetière, de chaudière] eliminación *f* de la cal.

détartrant, e [detaʀtʀɑ̃, ɑ̃t] adj antical. ◆ **détartrant** nm antical *m*.

détartrer [3] [detaʀtʀe] vt quitar la cal de ; [dents] limpiar el sarro de.

détaxe [detaks] nf desgravación *f* ▸ **détaxe à l'exportation** desgravación a la exportación.

détaxer [3] [detakse] vt [supprimer] exonerar de impuestos a / *marchandises détaxées* productos exentos ou libres de impuestos.

détectable [detɛktabl] adj detectable.

détecter [4] [detɛkte] vt detectar.

détecteur, trice [detɛktœʀ, tʀis] adj detector(ra). ◆ **détecteur** nm detector *m* ▸ **détecteur de fumée** detector de humos.

détection [detɛksjɔ̃] nf detección *f*.

détective [detɛktiv] nm detective *mf* ▸ **détective privé** detective privado.

déteignais ⟶ **déteindre**.

déteindre [81] [detɛ̃dʀ] ◈ vt desteñir. ◈ vi **1.** [changer de couleur] desteñir ▸ **déteindre au lavage** desteñir al lavar **2.** *fig* [influencer] contagiar ▸ **déteindre sur qqn** contagiar a alguien.

déteins ⟶ **déteindre**.

déteint, e [detɛ̃, ɛ̃t] pp ⟶ **déteindre**.

dételer [24] [det(ə)le] ◈ vt [détacher] desenganchar. ◈ vi *fam* & *fig* [s'arrêter] ▸ **sans dételer** sin parar.

détendis ⟶ **détendre**.

détendre [73] [detɑ̃dʀ] vt **1.** [personne] relajar **2.** *fig* [atmosphère] hacer menos tenso(sa). ◆ **se détendre** vp **1.** [personne] relajarse **2.** [corde, ressort] aflojarse **3.** [atmosphère, relations] volverse menos tenso(sa), volverse menos tirante.

détends ⟶ **détendre**.

détendu, e [detɑ̃dy] ◈ pp ⟶ **détendre.** ◈ adj **1.** [personne] relajado(da) **2.** [corde, ressort] flojo(ja).

détenir [40] [det(ə)niʀ] vt **1.** [objet, record] poseer **2.** [secret, vérité] detentar **3.** [garder en captivité] retener *(en prisión)*.

détente [detɑ̃t] nf **1.** [repos] descanso *m* **2.** [de ressort & POL] distensión *f* **3.** [d'athlète] estiramiento *m* **4.** EXPR **être dur à la détente** ser duro de mollera.

détenteur, trice [detɑ̃tœʀ, tʀis] nm, f poseedor *m*, -ra *f*.

détention [detɑ̃sjɔ̃] nf **1.** [possession] posesión *f* **2.** [emprisonnement] detención *f* ▸ **détention préventive** prisión *f* preventiva.

détenu, e [det(ə)ny] ◈ pp ⟶ **détenir.** ◈ adj & nm, f detenido(da).

détergent, e [detɛʀʒɑ̃, ɑ̃t] adj detergente. ◆ **détergent** nm detergente *m*.

détérioration [deteʀjɔʀasjɔ̃] nf deterioro *m*.

détériorer [3] [deteʀjɔʀe] vt estropear. ◆ **se détériorer** vp deteriorarse.

déterminant, e [detɛʀminɑ̃, ɑ̃t] adj determinante. ◆ **déterminant** nm determinante *m*.

détermination [detɛʀminasjɔ̃] nf **1.** [définition] determinación *f* **2.** [résolution, fermeté] determinación *f*, decisión *f*.

déterminé, e [detɛʀmine] adj **1.** [fixé] determinado(da) **2.** [résolu] determinado(da), decidido(da).

déterminer [3] [detɛʀmine] vt determinar ▸ **déterminer qqn à faire qqch** determinar a alguien a hacer algo. ◆ **se déterminer** vp ▸ **se déterminer à faire qqch** decidirse a hacer algo.

déterminisme [detɛʀminism] nm determinismo *m*.

déterré, e [deteʀe] adj ▸ **avoir une mine de déterré** *fig* tener cara de muerto.

déterrer [4] [deteʀe] vt desenterrar.

détersif, ive [detɛʀsif, iv] adj detersivo(va). ◆ **détersif** nm detergente *m*, detersivo *m*.

détestable [detɛstabl] adj odioso(sa), detestable.

détester [3] [detɛste] vt odiar, detestar ; [plat] aborrecer.

détiendrai ⟶ **détenir**.

détiens ⟶ **détenir**.

détins ⟶ **détenir**.

détonant, e [detɔnɑ̃, ɑ̃t] adj detonante.

détonateur [detɔnatœʀ] nm **1.** TECHNOL detonador *m* **2.** *fig* [de crise] detonante *m*.

détonation [detɔnasjɔ̃] nf detonación *f*.

détonner [3] [detɔne] vi desentonar.

détour [detuʀ] nm **1.** [déviation] rodeo *m* ▸ **faire un détour (par)** dar un rodeo (por) ▸ **sans détour** sin rodeos **2.** [méandre] recodo *m* ▸ **au détour du chemin** en el recodo del camino.

détourné, e [detuʀne] adj indirecto(ta).

détournement [detuʀnəmɑ̃] nm desvío *m* ▸ **détournement d'avion** secuestro *m* aéreo ▸ **détournement de fonds** malversación *f* ▸ **détournement de mineur** corrupción *f* de menores.

détourner [3] [detuʀne] vt **1.** [gén] desviar **2.** [avion] secuestrar **3.** [regard] desviar ; [tête] volver **4.** [fonds] malversar **5.** *fig* [écarter] ▸ **détourner qqn de** distraer a alguien de. ◆ **se détourner** vp **1.** [tourner la tête] apartar la vista **2.** *fig* [se désintéresser] ▸ **se détourner de qqn / de qqch** apartarse de alguien / de algo.

détracteur, trice [detʀaktœʀ, tʀis] nm, f detractor *m*, -ra *f*.

détraqué, e [detʀake] ◈ adj **1.** [machine] estropeado(da) **2.** *fam* [dérangé] tocado(da). ◈ nm, f *fam* chiflado *m*, -da *f*.

détraquer [3] [detʀake] vt estropear. ◆ **se détraquer** vp *fam* estropearse ESP, descomponerse AM.

détrempe [detʀɑ̃p] nf **1.** [de l'acier] destemple *m* **2.** ART temple *m*.

détremper [3] [detʀɑ̃pe] vt **1.** [sol] empapar ESP, ensopar AM **2.** [acier] destemplar.

détresse [detʀɛs] nf **1.** [sentiment] desamparo *m* **2.** [situation] miseria *f* ▸ **en détresse** [navire, avion] en peligro.

détriment [detʀimɑ̃] ◆ **au détriment de** loc prép en detrimento de.

détritus [detʀity(s)] nm detritus *m inv*.

détroit [detʀwa] nm estrecho *m*. *Voir encadré p. 182.*

Détroits

le détroit de Béring	el estrecho de Bering ou Behring
le (détroit du) Bosphore	el (estrecho del) Bósforo
le détroit de Cook	el estrecho de Cook
le détroit des Dardanelles	el estrecho de los Dardanelos
le détroit de Gibraltar	el estrecho de Gibraltar
le détroit de Magellan	el estrecho de Magallanes
le détroit d'Ormuz	el estrecho de Ormuz

détromper [detʀɔ̃pe] vt **1.** [personne] sacar del error **2.** [soupçons, prévisions] echar por tierra. ◆ **se détromper** vp desengañarse.

détrôner [3] [detʀone] vt destronar.

détrousser [3] [detʀuse] vt *sout* saltear *(robar)*.

détruire [98] [detʀɥiʀ] vt destruir. ◆ **se détruire** vp destrozarse.

détruis ⟶ **détruire**.

détruisais ⟶ **détruire**.

détruit, e [detʀɥi, it] pp ⟶ **détruire**.

dette [dɛt] nf deuda *f* ▸ **avoir des dettes** tener deudas ▸ **la dette extérieure** la deuda exterior ▸ **la dette publique** la deuda pública ▸ **être criblé de dettes** estar acribillado a deudas.

DEUG, Deug [dœg] (*abr de* **diplôme d'études universitaires générales**) nm *diploma que se obtiene tras dos años de estudios universitarios generales; tras la reforma LMD ha pasado a ser un diploma intermedio de diplomatura.*

deuil [dœj] nm **1.** [mort] deceso *m*, defunción *f* **2.** [tenue, période] luto *m* ▸ **en deuil** de luto ▸ **porter le deuil** llevar luto **3.** [douleur] duelo *m* ▸ **faire son deuil de qqch** decir adiós a algo, despedirse de algo.

DEUST, Deust [dœst] (*abr de* **diplôme d'études universitaires scientifiques et techniques**) nm *diploma que se obtiene tras cursar dos años de estudios técnicos universitarios.*

deux [dø] ❖ adj num dos / *tous les deux jours* cada dos días. ❖ nm dos *m inv* ▸ **les deux** ambos(as) ▸ **par deux** de dos en dos ▸ **en moins de deux** *fam* en un santiamén, en menos que canta un gallo. *Voir aussi* **six**.

deuxième [døzjɛm] adj & nmf segundo(da). *Voir aussi* **sixième**.

deuxièmement [døzjɛmmɑ̃] adv en segundo lugar.

deux-pièces [døpjɛs] nm inv **1.** [appartement] piso *m* con un dormitorio y salón **2.** [maillot de bain] bikini *m*.

deux-points [døpwɛ̃] nm inv dos puntos *m*.

deux-roues [døʀu] nm inv vehículo *m* de dos ruedas.

deux-temps [døtɑ̃] adj ▸ **à deux-temps** [moteur] de dos tiempos. ◆ **deux-temps** nm inv TECHNOL motor *m* de dos tiempos.

dévaler [3] [devale] ❖ vt bajar a toda prisa por. ❖ vi bajar a toda prisa.

dévaliser [3] [devalize] vt **1.** [cambrioler] desvalijar **2.** *fam* & *fig* [vider] saquear.

dévalorisant, e [devalɔʀizɑ̃, ɑ̃t] adj que desvaloriza.

dévalorisation [devalɔʀizasjɔ̃] nf desvalorización *f*.

dévaloriser [3] [devalɔʀize] vt **1.** [gén] desvalorizar **2.** [personne] menospreciar. ◆ **se dévaloriser** vp **1.** [monnaie] desvalorizarse **2.** [personne] menospreciarse.

dévaluation [devalɥasjɔ̃] nf devaluación *f*.

dévaluer [7] [devalɥe] ❖ vt devaluar. ❖ vi devaluar la moneda. ◆ **se dévaluer** vp devaluarse.

devancer [16] [dəvɑ̃se] vt **1.** [précéder] adelantar **2.** [surpasser] aventajar **3.** [anticiper] anticiparse a.

devancier, ère [dəvɑ̃sje, ɛʀ] nm, f antecesor *m*, -ra *f*.

devant [dəvɑ̃] ❖ adv delante. ❖ prép **1.** [en face de, en avant de] delante de ▸ **devant qqch** delante de algo ▸ **devant moi / toi** delante de mí / de ti **2.** [en présence de, face à] ante. ❖ nm parte *f* de delante, delantera *f* ▸ **prendre les devants** tomar la delantera, adelantarse. ◆ **de devant** loc adj [pattes, roues] de delante.

devanture [dəvɑ̃tyʀ] nf escaparate *m* ▸ **à la devanture de** en el escaparate de.

dévastateur, trice [devastatœʀ, tʀis] adj devastador(ra).

dévastation [devastasjɔ̃] nf devastación *f*.

dévaster [3] [devaste] vt devastar.

déveine [devɛn] nf *fam* mala pata *f*.

développé, e [devlɔpe] adj desarrollado(da) / *avoir un sens artistique très développé* tener una sensibilidad artística muy acusada.

développement [devlɔpmɑ̃] nm **1.** [gén] desarrollo *m* / *une région en plein développement* una zona en pleno desarrollo / *nous sommes chargés du développement du produit / du logiciel* nos encargamos del desarrollo del producto / programa ▸ **développement durable** ÉCON desarrollo duradero **2.** PHOTO revelado *m* **3.** [exposé] exposición *f*. ◆ **développements** nmpl consecuencias *fpl*.

développer [3] [devlɔpe] vt **1.** [gén] desarrollar **2.** PHOTO revelar ▸ **faire développer des photos** revelar unas fotos. ◆ **se développer** vp desarrollarse.

développeur [devlɔpœʀ] nm INFORM desarrollador *m*.

devenir [40] [dəvniʀ] vi [changer d'état - sans volonté propre] volverse ; [- après des efforts] llegar a ser / *il est devenu sourd* se ha vuelto sordo / *il est devenu président* ha llegado a ser presidente ▸ **que devient-elle ?** ¿qué es de ella?, ¿qué ha sido de ella?

devenu, e [dəvny] pp ⟶ **devenir**.

dévergondé, e [devɛʀgɔ̃de] adj & nm, f desvergonzado(da).

dévergonder [3] [devɛʀgɔ̃de] vt espabilar. ◆ **se dévergonder** vp perder la vergüenza.

déverrouiller [3] [devɛʀuje] vt **1.** [porte] descorrer el cerrojo de **2.** [arme] desbloquear el cierre de.

déverser [3] [devɛʀse] vt **1.** [répandre] verter **2.** [décharger] tirar **3.** *fig* [sentiment, humeur] desahogar.
◆ **se déverser** vp ▸ **se déverser dans** [fleuve] desembocar en.

déversoir [devɛʀswaʀ] nm vertedero *m* ESP, tiradero *m* AM.

dévêtir [44] [devetiʀ] vt *sout* desvestir.
◆ **se dévêtir** vp *sout* desvestirse.

dévêts ⟶ **dévêtir**.

dévêtu, e [devety] pp ⟶ **dévêtir**.

déviant, e [devjɑ̃, ɑ̃t] adj marginal.

déviation [devjasjɔ̃] nf **1.** [de trajectoire] desviación *f* **2.** [de circulation] desvío *m* **3.** [de doctrine] desviacionismo *m*.

dévider [3] [devide] vt [fil] devanar.

deviendrai ⟶ **devenir**.

deviens ⟶ **devenir**.

dévier [9] [devje] ❖ vi ▸ **dévier de** a) [s'écarter de] desviarse de b) *fig* apartarse de. ❖ vt desviar.

devin, devineresse [dəvɛ̃, dəvinʀɛs] nm, f adivino *m*, -na *f*.

deviner [3] [dəvine] vt adivinar. ◆ **se deviner** vp adivinarse.

devineresse ⟶ **devin**.

devinette [dəvinɛt] nf adivinanza *f*, acertijo *m*.

devins ⟶ **devenir**.

devis [dəvi] nm presupuesto *m* ▸ **faire un devis** hacer un presupuesto.

dévisager [17] [devizaʒe] vt mirar de hito en hito.

devise [dəviz] nf divisa *f*.

deviser [3] [dəvize] vi **1.** *sout* [parler] departir **2.** SUISSE [faire un devis] hacer un presupuesto.

dévisser [3] [devise] ❖ vt desatornillar, destornillar.
❖ vi [en alpinisme] despeñarse.

de visu [devizy] adv de visu.

dévitaliser [3] [devitalize] vt desvitalizar.

dévoiler [3] [devwale] vt **1.** [gén] desvelar **2.** [secret, intentions] revelar ▸ **dévoiler ses charmes** evidenciar sus encantos. ◆ **se dévoiler** vp desvelarse.

devoir¹ [53] [dəvwaʀ]

❖ vt

1. [marque l'obligation - matérielle] deber, tener que ; [- morale] haber de / *je dois le faire* debo hacerlo / *je dois partir* tengo que irme / *je dois admettre qu'il a raison* tengo que reconocer que tiene razón / *tu dois travailler davantage* has de trabajar más

2. [argent, respect] deber ▸ **devoir qqch à qqn** deber algo a alguien / *je lui dois d'être ce que je suis* le debo todo lo que soy

3. [marque la probabilité] deber de / *ça doit coûter cher* esto debe (de) costar caro

4. [marque le futur] *il doit commencer bientôt* empezará dentro de poco

5. [exprime le conseil, la suggestion] deber / *vous devriez lui en parler* debería hablarle de ello / *tu ne devrais pas te coucher si tard* no deberías acostarte tan tarde

◆ **se devoir** vp ▸ **se devoir de faire qqch** deber (de) hacer algo, tener que hacer algo ▸ **comme il se doit** como es debido.

devoir² [dəvwaʀ] nm deber *m* ▸ **devoir de géographie** deber de geografía ▸ **devoir sur table** examen *m* ▸ **faire ses devoirs** SCOL hacer los deberes ▸ **devoir conjugal** *euphém* deber conyugal ▸ **faire son devoir** cumplir con su deber ▸ **être du devoir de qqn de faire qqch** ser del deber de alguien hacer algo ▸ **le devoir m'appelle** *hum* el deber me llama.

dévolu, e [devɔly] adj *sout* correspondiente por derecho.
◆ **dévolu** nm ▸ **jeter son dévolu sur qqn / sur qqch** echar el ojo a alguien / a algo.

dévorer [3] [devɔʀe] vt devorar ▸ **être dévoré de** consumirse de.

dévot, e [devo, ɔt] adj & nm, f devoto(ta).

dévotion [devɔsjɔ̃] nf devoción *f* ▸ **faire ses dévotions** cumplir con sus deberes religiosos.

dévoué, e [devwe] adj abnegado(da).

dévouement [devumɑ̃] nm abnegación *f*.

dévouer [6] [devwe] ◆ **se dévouer** vp **1.** [se consacrer] ▸ **se dévouer à** consagrarse a **2.** *fig* [se sacrifier] sacrificarse.

dévoyé, e [devwaje] adj & nm, f descarriado(da).

dévoyer [13] [devwaje] vt *sout* descarriar.
◆ **se dévoyer** vp *sout* descarriarse.

devrai ⟶ **devoir**.

dextérité [dɛksteʀite] nf **1.** [manuelle] destreza *f*, habilidad *f* **2.** [de l'esprit] soltura *f*.

dézinguer [dezɛ̃ge] vt *tfam* **1.** [critiquer] cargarse **2.** [tuer, se débarrasser de] cargarse / *il s'est fait dézinguer* se lo han cargado.

dézipper [3] [dezipe] vt INFORM descomprimir el zip, deszipear.

dg (*abr écrite de* **décigramme**) dg.

DG nm *abr de* **directeur général**.

DGE (*abr de* **dotation globale d'équipement**) nf *asignación global recibida por los organismos públicos franceses destinada al equipamiento.*

DGF (*abr de* **dotation globale de fonctionnement**) nf *asignación global recibida por los organismos públicos franceses destinada a su funcionamiento.*

DGI (*abr de* **Direction générale des impôts**) nf *dirección general de Hacienda pública francesa.*

DGSE (*abr de* **Direction générale de la sécurité extérieure**) nf *servicio de inteligencia encargado de la seguridad del territorio francés* ; ≃ CNI *m*.

diabète [djabɛt] nm diabetes *f inv*.

diabétique [djabetik] adj & nmf diabético(ca).

diable [djabl] nm **1.** [gén] diablo *m* ▸ **allez au diable !** ¡váyase/váyanse al diablo! ▸ **au diable** [loin] en el quinto infierno ou pino ▸ **avoir le diable au corps** tener el diablo en el cuerpo ▸ **tirer le diable par la queue** estar a la cuarta pregunta **2.** [outil] carretilla *f*.

diablement [djabləmɑ̃] adv terriblemente.

diablesse [djablɛs] nf arpía *f*.

diablotin [djablɔtɛ̃] nm diablillo *m*.

diabolique [djabɔlik] adj diabólico(ca).

diaboliser [djabɔlize] vt diabolizar.

diabolo [djabɔlo] nm **1.** [jouet] diábolo *m* **2.** [boisson] *bebida hecha con gaseosa y jarabe* ▸ **diabolo menthe** *bebida hecha con gaseosa y jarabe de menta.*

diacre [djakʀ] nm diácono *m*.

diadème [djadɛm] nm diadema *f*.

diagnostic [djagnɔstik] nm diagnóstico *m*.

diagnostiquer [3] [djagnɔstike] vt diagnosticar.

diagonal, e, aux [djagɔnal, o] adj diagonal. ◆ **diagonale** nf diagonal *f* ▸ **en diagonale** en diagonal ▸ **lire en diagonale** leer en diagonal.

diagramme [djagʀam] nm diagrama *m*.

dialecte [djalɛkt] nm dialecto *m*.

dialectique [djalɛktik] ❖ adj dialéctico(ca). ❖ nf dialéctica *f*.

dialogue [djalɔg] nm diálogo *m* ▸ **dialogue de sourds** diálogo de sordos, diálogo para besugos. ◆ **dialogues** nmpl CINÉ diálogos *mpl*.

dialoguer [3] [djalɔge] vi dialogar.

dialyse [djaliz] nf diálisis *f inv*.

diamant [djamɑ̃] nm **1.** [pierre] diamante *m* **2.** [de tête de lecture] aguja *f*.

diamétralement [diametʀalmɑ̃] adv ▸ **diamétralement opposés** diametralmente opuestos.

diamètre [djamɛtʀ] nm diámetro *m*.

diantre [djɑ̃tʀ] interj *vieilli* & *hum* diantre.

diapason [djapazɔ̃] nm diapasón *m* ▸ **se mettre au diapason** ponerse a tono.

diaphane [djafan] adj *sout* diáfano(na).

diaphragme [djafʀagm] nm diafragma *m*.

diaporama [djapoʀama] nm diaporama *m*.

diapositive [djapozitiv] nf diapositiva *f*.

diapré, e [djapʀe] adj *sout* tornasolado(da).

diarrhée [djaʀe] nf diarrea *f*.

diaspora [djaspɔʀa] nf diáspora *f*.

diatribe [djatʀib] nf *sout* diatriba *f*.

dichotomie [dikɔtɔmi] nf dicotomía *f*.

dico [diko] nm *fam* diccionario *m*.

Dictaphone® [diktafɔn] nm dictáfono *m*.

dictateur [diktatœʀ] nm dictador *m*.

dictatorial, e, aux [diktatɔʀjal, o] adj dictatorial.

dictature [diktatyʀ] nf dictadura *f*.

dictée [dikte] nf dictado *m*.

dicter [3] [dikte] vt dictar.

diction [diksjɔ̃] nf dicción *f*.

dictionnaire [diksjɔnɛʀ] nm diccionario *m* ▸ **dictionnaire bilingue / encyclopédique** diccionario bilingüe/enciclopédico.

dicton [diktɔ̃] nm dicho *m*, refrán *m*.

didacticiel [didaktisjɛl] nm INFORM software *m* educativo.

didactique [didaktik] adj didáctico(ca).

dièse [djɛz] ❖ adj sostenido(da) ▸ **do / fa dièse** do/fa sostenido. ❖ nm **1.** MUS sostenido *m* **2.** [symbole] almohadilla *f* ▸ **appuyer sur (la touche) dièse** pulsar la tecla almohadilla.

diesel [djezɛl] adj inv & nm diesel.

diète [djɛt] nf [régime] dieta *f* ▸ **être à la diète** estar a dieta.

diététicien, enne [djetetisjɛ̃, ɛn] nm, f dietista *mf*.

diététique [djetetik] nf dietética *f*.

dieu, x [djø] nm dios *m* ▸ **être beau comme un dieu** *hum* & *fig* estar como Dios. ◆ **Dieu** nm Dios *m* ▸ **croire en Dieu** creer en Dios ▸ **mon Dieu !** ¡Dios mío! ▸ **Dieu sait où / comment** sabe Dios dónde/cómo ▸ **Dieu merci** a Dios gracias ▸ **Dieu sait si...** bien sabe Dios ... / *Dieu sait si je l'ai aidé !* ¡bien sabe Dios cuanto lo ayudé! ▸ **on lui donnerait le bon Dieu sans confession** parece que nunca ha roto un plato.

diffamation [difamasjɔ̃] nf difamación *f*.

diffamatoire [difamatwaʀ] adj difamatorio(ria).

diffamer [3] [difame] vt difamar.

différé, e [difeʀe] adj diferido(da). ◆ **différé** nm TV programa *m* en diferido ▸ **en différé** en diferido.

différemment [difeʀamɑ̃] adv de otro modo.

différence [difeʀɑ̃s] nf diferencia *f*.

différenciation [difeʀɑ̃sjasjɔ̃] nf diferenciación *f*.

différencier [9] [difeʀɑ̃sje] vt ▸ **différencier qqch de qqch** diferenciar algo de algo. ◆ **se différencier** vp ▸ **se différencier de qqn** diferenciarse de alguien.

différend [difeʀɑ̃] nm diferencia *f (desacuerdo)* ▸ **avoir un différend avec qqn** tener diferencias con alguien.

différent, e [difeʀɑ̃, ɑ̃t] adj **1.** [distinct] diferente **2.** [divers] vario(ria).

différentiel, elle [difeʀɑ̃sjɛl] adj diferencial.

différer [18] [difeʀe] ❖ vt [retarder] aplazar. ❖ vi **1.** [être différent] ▸ **différer de qqch** diferir de algo

2. [varier] variar **3.** [ne pas être d'accord] ▸ **différer sur** discrepar en.

difficile [difisil] ❖ adj difícil. ❖ nmf ▸ **faire le/la difficile** hacerse el/la difícil.

difficilement [difisilmɑ̃] adv difícilmente.

difficulté [difikylte] nf dificultad *f* ▸ **en difficulté** en dificultades, en apuros.

difforme [difɔʀm] adj deforme.

difformité [difɔʀmite] nf deformidad *f*.

diffraction [difʀaksjɔ̃] nf difracción *f*.

diffus, e [dify, yz] adj difuso(sa).

diffuser [3] [difyze] vt **1.** [gén] difundir **2.** [émission] emitir.

diffuseur [difyzœʀ] nm difusor *m*.

diffusion [difyzjɔ̃] nf **1.** [gén] difusión *f* **2.** [d'émission] emisión *f*.

digérer [18] [diʒeʀe] vi digerir.

digeste [diʒɛst] adj digestible.

digestible [diʒɛstibl] adj digestible.

digestif, ive [diʒɛstif, iv] adj digestivo(va). ◆ **digestif** nm digestivo *m*.

digestion [diʒɛstjɔ̃] nf digestión *f*.

digital, e, aux [diʒital, o] adj **1.** [code, affichage] digital **2.** ⟶ **empreinte**.

digitale [diʒital] nf BOT digital *f*.

digne [diɲ] adj digno(na) ▸ **digne de qqn/de qqch** digno(na) de alguien/de algo ▸ **digne de foi** fidedigno(na), digno(na) de fe.

dignement [diɲ(ə)mɑ̃] adv con dignidad, dignamente.

dignitaire [diɲitɛʀ] nm dignatario *m*, -ria *f*.

dignité [diɲite] nf dignidad *f* ▸ **être élevé à la dignité de** [haute fonction] ser elevado a la dignidad de ▸ **se draper dans sa dignité** revestirse de dignidad.

digression [digʀesjɔ̃] nf digresión *f*.

digue [dig] nf dique *m*.

diktat [diktat] nm imposición *f (del país más fuerte)*.

dilapider [3] [dilapide] vt dilapidar.

dilatation [dilatasjɔ̃] nf dilatación *f*.

dilater [3] [dilate] vt dilatar. ◆ **se dilater** vp dilatarse.

dilatoire [dilatwaʀ] adj dilatorio(ria).

dilemme [dilɛm] nm dilema *m*.

dilettante [diletɑ̃t] nm diletante *mf*, aficionado *m*, -da *f* ▸ **en dilettante** como aficionado.

diligence [diliʒɑ̃s] nf diligencia *f*.

diligent, e [diliʒɑ̃, ɑ̃t] adj *sout* diligente.

diluant [dilɥɑ̃] nm diluyente *m*.

diluer [7] [dilɥe] vt diluir. ◆ **se diluer** vp diluirse.

dilution [dilysjɔ̃] nf [de peinture, d'une boisson] dilución *f*.

diluvien, enne [dilyvjɛ̃, ɛn] adj diluviano(na).

dimanche [dimɑ̃ʃ] nm domingo *m* ▸ **le dimanche des Rameaux** el domingo de Ramos. ***Voir aussi* samedi**.

dîme [dim] nf diezmo *m*.

dimension [dimɑ̃sjɔ̃] nf **1.** [taille] dimensión *f* ▸ **à OU en trois dimensions** en tres dimensiones **2.** *(gén pl)* [mesure] medida *f* ▸ **prendre les dimensions de** tomar las medidas de **3.** *fig* [ampleur] magnitud *f* **4.** *fig* [aspect, composante] aspecto *m*.

diminué, e [diminɥe] adj disminuido(da).

diminuer [7] [diminɥe] ❖ vt reducir. ❖ vi disminuir. ◆ **se diminuer** vp rebajarse.

diminutif, ive [diminytif, iv] adj LING diminutivo(va). ◆ **diminutif** nm diminutivo *m*.

diminution [diminysjɔ̃] nf disminución *f*.

DIN, Din (*abr écrite de* **Deutsche Industrie Norm**) DIN.

dinde [dɛ̃d] nf *pr & fig* pava *f*.

dindon [dɛ̃dɔ̃] nm pavo *m* ESP, guajolote *m* AM ▸ **être le dindon de la farce** *fam* ser el blanco de las bromas.

dîner [3] [dine] ❖ vi cenar. ❖ nm cena *f* ▸ **dîner d'affaires/aux chandelles** cena de negocios/a la luz de las velas.

dînette [dinɛt] nf cacharritos *mpl* ▸ **jouer à la dînette** jugar a las comiditas.

dingo [dɛ̃go] adj & nmf *fam* chalado(da), chiflado(da).

dingue [dɛ̃g] *fam* ❖ adj **1.** [fou] chalado(da), chiflado(da) **2.** [incroyable] de locos. ❖ nmf chalado *m*, -da *f*, chiflado *m*, -da *f*.

dinosaure [dinozɔʀ] nm dinosaurio *m*.

diocèse [djɔsɛz] nm diócesis *f inv*.

diode [djɔd] nf diodo *m*.

dioptrie [djɔptʀi] nf dioptría *f*.

dioxine [diɔksin] nf dioxina *f*.

dioxyde [diɔksid] nm dióxido *m* ▸ **dioxyde de carbone** dióxido de carbono.

dioxygène [diɔksiʒɛn] nm CHIM dioxígeno *m*.

diphasé, e [difaze] adj difásico(ca).

diphtérie [difteʀi] nf difteria *f*.

diphtongue [diftɔ̃g] nf diptongo *m*.

diplomate [diplɔmat] ❖ adj diplomático(ca). ❖ nmf [ambassadeur] diplomático *m*, -ca *f*. ❖ nm [gâteau] *pudding a base de bizcochos con licor, frutas confitadas y crema inglesa*.

diplomatie [diplɔmasi] nf diplomacia *f*.

diplomatique [diplɔmatik] adj diplomático(ca).

diplôme [diplom] nm diploma *m*.

diplômé, e [diplome] adj & nm, f diplomado(da) ▸ **il est diplômé d'HEC** es graduado de HEC.

dire [102] [diʀ]

❖ vt

1. [gén] decir ▸ **dire qqch à qqn** decir algo a alguien / *je le lui ai dit ce matin* se lo dije esta mañana / *je*

vais le dire à ses parents [le raconter] se lo voy a decir ou contar a sus padres / *on se voit demain, disons vers cinq heures* nos vemos mañana, digamos a eso de las cinco ▸ **dire à qqn de** decirle a alguien que / *dis-lui de venir* dile que venga ▸ **dire du bien / du mal de qqn / de qqch** hablar bien / mal de alguien / algo ▸ **vouloir dire** querer decir
2. [plaire] ▸ **ça te dit / dirait de... ?** ¿te apetece...? ▸ **ça ne me dit rien** no me apetece nada ▸ **qu'en dis-tu ?** ¿qué te parece?
3. [rappeler] sonar ▸ **ça te dit quelque chose ?** ¿te suena de algo?
4. EXPR **à ce qu'on dit** por lo que ou según dicen ▸ **cela va sans dire** no hace falta decirlo ▸ **ce n'est pas peu dire** es mucho decir ▸ **c'est beaucoup dire** es mucho decir ▸ **c'est vite dit** eso se dice pronto ▸ **en dire long sur qqch** *fig* decir mucho de algo ▸ **entre nous soit dit** dicho sea entre nosotros ▸ **(et) dire que je n'étais pas là !** ¡y pensar que no estaba allí! ▸ **on dirait que** parece que ▸ **on dit que** se dice que, dicen que
◆ **se dire** vp **1.** [s'énoncer, être en usage] decirse / *comment se dit ce mot en espagnol ?* ¿cómo se dice esta palabra en español? / *cela ne se dit plus* ya no se dice **2.** [penser] pensar / *je me disais que ça serait une bonne idée d'aller se promener* estaba pensando que sería una buena idea dar un paseo.
◆ **à vrai dire** loc adv a decir verdad.
◆ **au dire de** loc prép al decir de.
◆ **cela dit** loc adv dicho esto.
◆ **dis donc** loc adv *fam* ¡oye! / *dis-donc, tu en as eu de la chance !* ¡oye! ¡has tenido suerte!
◆ **pour ainsi dire** loc adv digamos, por así decirlo.

direct, e [diʀɛkt] adj directo(ta). ◆ **direct** nm SPORT & TV directo *m* ▸ **en direct** en directo ▸ **faire du direct** trabajar en directo ▸ **un direct du gauche** un directo de izquierda.

directement [diʀɛktəmɑ̃] adv directamente.

directeur, trice [diʀɛktœʀ, tʀis] ◈ adj **1.** [comité] director(ra) **2.** [ligne, roue] director(triz). ◈ nm, f [responsable] director *m*, -ra *f* ▸ **directeur artistique** director artístico ▸ **directeur commercial** director comercial ▸ **directeur général** director general ▸ **directeur de la communication** jefe *m* de comunicaciones ▸ **directeur du marketing / des ventes** director de marketing / de ventas ▸ **directeur du personnel** jefe *m* de personal ▸ **directeur des ressources humaines** director de recursos humanos ▸ **directeur de thèse** director de tesis.

direction [diʀɛksjɔ̃] nf dirección *f* ▸ **en direction de** [train] con destino a ▸ **dans la direction de** en dirección de / *vous allez dans quelle direction ?* ¿en qué dirección va? ▸ **sous la direction de** bajo la dirección de ▸ **prendre la direction de** [société] tomar la dirección de ▸ **'toutes directions'** 'todas direcciones' ▸ **direction assistée** dirección asistida ▸ **direction des ressources humaines** dirección de recursos humanos.

directive [diʀɛktiv] nf directriz *f*.

directorial, e, aux [diʀɛktɔʀjal, o] adj directorial.

directrice ⟶ **directeur**.

dirigeable [diʀiʒabl] adj & nm dirigible.

dirigeant, e [diʀiʒɑ̃, ɑ̃t] ◈ adj dirigente. ◈ nm, f dirigente *mf*; [d'une entreprise] directivo *m*, -va *f*.

diriger [17] [diʀiʒe] vt **1.** [entreprise, regard] dirigir **2.** [véhicule] conducir. ◆ **se diriger** vp ▸ **se diriger vers** dirigirse hacia.

dirigisme [diʀiʒism] nm dirigismo *m*.

dirlo [diʀlo] nmf *fam* dire *mf*.

dis ⟶ **dire**.

disais ⟶ **dire**.

discal, e, aux [diskal, o] ⟶ **hernie**.

discernement [disɛʀnəmɑ̃] nm discernimiento *m*.

discerner [3] [disɛʀne] vt **1.** [distinguer] discernir **2.** [deviner] distinguir.

disciple [disipl] nmf discípulo *m*, -la *f*.

disciplinaire [disiplinɛʀ] adj disciplinario(ria).

discipline [disiplin] nf disciplina *f* ▸ **une discipline de fer** una disciplina de hierro.

discipliné, e [disipline] adj disciplinado(da).

discipliner [3] [discipline] vt disciplinar.
◆ **se discipliner** vp disciplinarse.

disc-jockey [diskʒɔkɛ] (*pl* **disc-jockeys**) nm disc-jockey *m*.

disco [disko] ◈ adj inv disco *(en apposition)*.
◈ nm música *f* disco.

discographie [diskɔgʀafi] nf discografía *f*.

discographique [diskɔgʀafik] adj discográfico(ca).

discontinu, e [diskɔ̃tiny] adj discontinuo(nua).

discontinuer [7] [diskɔ̃tinɥe] vi ▸ **sans discontinuer** sin cesar.

discordance [diskɔʀdɑ̃s] nf discordancia *f*.

discordant, e [diskɔʀdɑ̃, ɑ̃t] adj discordante.

discorde [diskɔʀd] nf discordia *f*.

discothèque [diskɔtɛk] nf discoteca *f*.

discount [disk(a)unt] nm **1.** [réduction de prix] descuento *m* **2.** [vente au rabais] discount *m*.

discourir [45] [diskuʀiʀ] vi disertar ▸ **discourir sur qqch** disertar sobre algo.

discourrai ⟶ **discourir**.

discours [diskuʀ] ◈ v ⟶ **discourir.** ◈ nm discurso *m* ▸ **faire un discours** hacer un discurso ▸ **discours direct / indirect** estilo *m* directo / indirecto.

discourus ⟶ **discourir**.

discrédit [diskʀedi] nm descrédito *m* ▸ **jeter le discrédit sur qqn** desacreditar a alguien.

discréditer [3] [diskʀedite] vt desacreditar.
◆ **se discréditer** vp desacreditarse.

discret, ète [diskʀɛ, ɛt] adj discreto(ta).

discrètement [diskʀɛtmɑ̃] adv discretamente, con discreción.

discrétion [diskʀesjɔ̃] nf discreción *f*. ◆ **à discrétion** loc adj & loc adv a discreción.

discrétionnaire [diskʀesjɔnɛʀ] adj discrecional.

discrimination [diskʀiminasjɔ̃] nf discriminación *f*.

discriminatoire [diskʀiminatwaʀ] adj discriminatorio(ria).

disculper [3] [diskylpe] vt probar la inocencia de. ◆ **se disculper** vp probar su inocencia.

discussion [diskysjɔ̃] nf **1.** [conversation] conversación *f* **2.** [débat] debate *m* **3.** [contestation, altercation] discusión *f* ▸ **pas de discussion !** ¡no admito discusiones! ▸ **sans discussion** [obéir] sin protestar.

discutable [diskytabl] adj discutible.

discutailler [3] [diskytaje] vi *fam* discutir por pequeñeces.

discuté, e [diskyte] adj discutido(da).

discuter [3] [diskyte] ◈ vt **1.** [débattre] debatir **2.** [contester] discutir. ◈ vi **1.** [converser] hablar ▸ **discuter de qqch** hablar de algo **2.** [contester] discutir. ◆ **se discuter** vp **1.** [être débattu] debatirse **2.** [être contestable] discutirse.

dise ⟶ **dire**.

disert, e [dizɛʀ, ɛʀt] adj *sout* diserto(ta).

disette [dizɛt] nf hambre *f*.

diseuse [dizøz] ◆ **diseuse de bonne aventure** nf pitonisa *f*.

disgrâce [disgʀas] nf desgracia *f (pérdida de favor)*.

disgracieux, euse [disgʀasjø, øz] adj **1.** [geste, démarche] falto(ta) de gracia **2.** [visage] poco agraciado(da).

disjoindre [82] [disʒwɛ̃dʀ] vt **1.** [séparer] separar **2.** DR desglosar. ◆ **se disjoindre** vp separarse.

disjoins ⟶ **disjoindre**.

disjoint, e [disʒwɛ̃, ɛ̃t] pp ⟶ **disjoindre**.

disjoncter [disʒɔ̃kte] vi **1.** ÉLECTR saltar (los plomos) **2.** *fam* [perdre la tête] írsele la olla a alguien / ***il a disjoncté*** se le fue la olla.

disjoncteur [disʒɔ̃ktœʀ] nm disyuntor *m*.

dislocation [dislɔkasjɔ̃] nf **1.** MÉD dislocación *f* **2.** [d'une famille, d'un empire] desmembramiento *m*.

disloquer [3] [dislɔke] vt **1.** MÉD dislocar **2.** [famille, empire] desmembrar. ◆ **se disloquer** vp [articulation] dislocarse.

disparais ⟶ **disparaître**.

disparaissais ⟶ **disparaître**.

disparaître [91] [disparɛtʀ] vi desaparecer ▸ **disparais !** [sors !] ¡fuera! ▸ **faire disparaître a)** [gén] hacer desaparecer **b)** [difficulté, obstacle] salvar ▸ **disparaître de la circulation** ou **dans la nature** *fam* desaparecer del mapa ▸ **disparaître en mer** desaparecer en el mar.

disparate [disparat] adj discordante.

disparité [disparite] nf **1.** [d'âge, de salaire] disparidad *f* **2.** [d'éléments, de couleurs] discordancia *f*.

disparition [disparisjɔ̃] nf desaparición *f*.

disparu, e [dispary] ◈ nm, f desaparecido *m*, -da *f* ; [mort] difunto *m*, -ta *f*. ◈ pp ⟶ **disparaître.**

disparus ⟶ **disparaître**.

dispatcher [3] [dispatʃe] vt repartir, distribuir.

dispendieux, euse [dispɑ̃djø, øz] adj *sout* dispendioso(sa).

dispensaire [dispɑ̃sɛʀ] nm dispensario *m*.

dispense [dispɑ̃s] nf dispensa *f* ▸ **dispense d'âge** dispensa de edad ▸ **dispense de service militaire** exención *f* del servicio militar.

dispenser [3] [dispɑ̃se] vt **1.** *sout* [soin] dispensar **2.** [exempter] ▸ **dispenser qqn de qqch** dispensar a alguien de algo / ***je te dispense de tes réflexions*** puedes ahorrarte tus comentarios. ◆ **se dispenser** vp ▸ **se dispenser de** dispensarse de.

disperser [3] [dispɛʀse] vt dispersar. ◆ **se disperser** vp dispersarse.

dispersion [dispɛʀsjɔ̃] nf dispersión *f*.

disponibilité [dispɔnibilite] nf **1.** [gén] disponibilidad *f* **2.** [de fonctionnaire] excedencia *f* ▸ **en disponibilité** en excedencia. ◆ **disponibilités** nfpl FIN disponibilidades *fpl*, fondos *mpl* disponibles.

disponible [dispɔnibl] adj **1.** [place, personne] disponible **2.** [fonctionnaire] en excedencia, excedente.

dispos, e [dispo, oz] ⟶ **frais**.

disposé, e [dispoze] adj dispuesto(ta) ▸ **être disposé à** estar dispuesto a ▸ **être bien disposé envers qqn** tener buena disposición hacia alguien, estar bien dispuesto hacia alguien.

disposer [3] [dispoze] ◈ vt **1.** [arranger] disponer, poner **2.** [inciter] ▸ **disposer qqn à faire qqch** llevar a alguien a hacer algo. ◈ vi disponer ▸ **disposer de qqch / de qqn** disponer de algo / de alguien ▸ **vous pouvez disposer** puede usted retirarse. ◆ **se disposer** vp ▸ **se disposer à faire qqch** disponerse a hacer algo.

dispositif [dispozitif] nm dispositivo *m* ▸ **dispositif d'alarme** dispositivo de alarma ▸ **dispositif antibuée** dispositivo antivaho ▸ **dispositif antiparasite** filtro *m* ▸ **dispositif de sûreté** dispositivo de seguridad.

disposition [dispozisjɔ̃] nf **1.** [arrangement] distribución *f*, disposición *f* **2.** [disponibilité] ▸ **à la disposition de** a disposición de **3.** DR disposición *f*.

disproportion [dispʀɔpɔʀsjɔ̃] nf desproporción *f*.

disproportionné, e [dispʀɔpɔʀsjɔne] adj desproporcionado(da).

dispute [dispyt] nf disputa *f*, discusión *f*.

disputer [3] [dispyte] vt disputar ▸ **disputer qqch à qqn** *sout* disputar algo a alguien. ◆ **se disputer** vp **1.** [se quereller] pelearse **2.** SPORT disputarse **3.** [lutter pour] ▸ **se disputer qqch** disputarse algo.

disquaire [diskɛʀ] nmf vendedor *m*, -ra *f* de discos.

disqualification [diskalifikasjɔ̃] nf descalificación *f*.

disqualifier [9] [diskalifje] vt descalificar. ◆ **se disqualifier** vp [se discréditer] descalificarse.

disque [disk] nm disco *m* ▸ **disque compact** compact disc *m*, disco compacto ▸ **disque dur** disco duro ▸ **disque intervertébral** disco intervertebral ▸ **disque laser** disco láser.

disquette [diskɛt] nf disquete *m* ▸ **disquette système** disquete sistema.

dissection [disɛksjɔ̃] nf disección *f*.

dissemblable [disɑ̃blabl] adj dispar.

dissémination [diseminasjɔ̃] nf diseminación *f*.

disséminer [3] [disemine] vt diseminar. ◆ **se disséminer** vp diseminarse.

dissension [disɑ̃sjɔ̃] nf disensión *f*.

disséquer [18] [diseke] vt **1.** [cadavre, animal] disecar **2.** *fig* [ouvrage] desmenuzar.

dissert [disɛʀt] (*abr de* **dissertation**) nf *fam* SCOL & UNIV trabajo *m*.

dissertation [disɛʀtasjɔ̃] nf disertación *f*; SCOL & UNIV trabajo *m*.

disserter [3] [disɛʀte] vi disertar.

dissidence [disidɑ̃s] nf disidencia *f*.

dissident, e [disidɑ̃, ɑ̃t] adj & nm, f disidente.

dissimulateur, trice [disimylatœʀ, tʀis] adj disimulador(ra).

dissimulation [disimylasjɔ̃] nf **1.** [de la vérité] ocultación *f* **2.** [hypocrisie] disimulo *m*.

dissimulé, e [disimyle] adj disimulado(da).

dissimuler [3] [disimyle] vt **1.** [cacher] disimular **2.** [taire] ocultar. ◆ **se dissimuler** vp **1.** [se cacher] ocultarse, esconderse **2.** [refuser de voir] ▸ **se dissimuler qqch** cerrar los ojos a algo.

dissipation [disipasjɔ̃] nf **1.** [gén] disipación *f* **2.** [d'élève, de classe] alboroto *m*.

dissipé, e [disipe] adj **1.** [turbulent] alborotador(ra) **2.** *sout* [frivole] disipado(da).

dissiper [3] [disipe] vt **1.** [gén] disipar **2.** [distraire] distraer. ◆ **se dissiper** vp **1.** [brouillard, doute] disiparse **2.** [être inattentif] distraerse.

dissocier [9] [disɔsje] vt disociar.

dissolu, e [disɔly] adj disoluto(ta).

dissolus ⟶ **dissoudre**.

dissolution [disɔlysjɔ̃] nf disolución *f*.

dissolvais ⟶ **dissoudre**.

dissolvant, e [disɔlvɑ̃, ɑ̃t] adj disolvente. ◆ **dissolvant** nm [à ongles] quitaesmalte *m*.

dissonance [disɔnɑ̃s] nf disonancia *f*.

dissoudre [87] [disudʀ] vt disolver ▸ **faire dissoudre qqch** disolver algo. ◆ **se dissoudre** vp disolverse.

dissous, oute [disu, ut] pp ⟶ **dissoudre**.

dissuader [3] [disɥade] vt ▸ **dissuader qqn de faire qqch** disuadir a alguien de hacer algo.

dissuasif, ive [disɥazif, iv] adj disuasivo(va), disuasorio(ria).

dissuasion [disɥazjɔ̃] nf disuasión *f*.

dissymétrique [disimetʀik] adj asimétrico(ca), disimétrico(ca).

distance [distɑ̃s] nf distancia *f* ▸ **à distance** a distancia ▸ **se tenir à distance** mantenerse a distancia ▸ **prendre / garder ses distances** guardar las distancias.

distancer [16] [distɑ̃se] vt **1.** [personne, véhicule] adelantar / ***il a largement distancer son rival*** le ha sacado una amplia ventaja a su rival **2.** *fig* [concurrence] dejar atrás.

distanciation [distɑ̃sjasjɔ̃] nf distanciamiento *m*.

distancier [9] [distɑ̃sje] ◆ **se distancier** vp ▸ **se distancier de qqch / de qqn** distanciarse de algo / de alguien.

distant, e [distɑ̃, ɑ̃t] adj distante.

distendis ⟶ **distendre**.

distendre [73] [distɑ̃dʀ] vt distender. ◆ **se distendre** vp distenderse.

distends ⟶ **distendre**.

distendu, e [distɑ̃dy] pp ⟶ **distendre**.

distillation [distilasjɔ̃] nf destilación *f*.

distillé, e [distile] adj destilado(da).

distiller [distile] vt destilar.

distillerie [distilʀi] nf destilería *f*.

distinct, e [distɛ̃, ɛ̃kt] adj **1.** [séparé] distinto(ta) **2.** [clair] claro(ra).

distinctement [distɛ̃ktəmɑ̃] adv con claridad.

distinctif, ive [distɛ̃ktif, iv] adj distintivo(va).

distinction [distɛ̃ksjɔ̃] nf distinción *f*.

distingué, e [distɛ̃ge] adj distinguido(da) ▸ **salutations distinguées** [dans une lettre] le saluda atentamente.

distinguer [3] [distɛ̃ge] vt distinguir. ◆ **se distinguer** vp distinguirse.

distorsion [distɔʀsjɔ̃] nf **1.** [déformation du visage] distorsión *f* **2.** [déséquilibre entre deux facteurs] desequilibrio *m*.

distraction [distʀaksjɔ̃] nf distracción *f* ▸ **par distraction** por distracción.

distraire [112] [distʀɛʀ] vt distraer. ◆ **se distraire** vp distraerse.

distrais ⟶ **distraire**.

distrait, e [distʀɛ, ɛt] ◈ adj distraído(da). ◈ pp ⟶ **distraire**.

distraitement [distʀɛtmɑ̃] adv distraídamente.

distrayais ⟶ **distraire**.

distrayant, e [distʀɛjɑ̃, ɑ̃t] adj entretenido(da).

distribanque [distʀibɑ̃k] nf cajero *m* automático.

distribuer [7] [distʀibɥe] vt **1.** [gén] repartir, distribuir **2.** [eau, gaz] suministrar **3.** [produit, film] distribuir.

distributeur, trice [distʀibytœʀ, tʀis] nm, f repartidor *m*, -ra *f*. ◆ **distributeur** nm **1.** COMM distribuidor *m*, -ra *f* **2.** [machine] máquina *f* expendedora

▸ **distributeur automatique** distribuidor automático ▸ **distributeur (automatique) de billets** cajero *m* automático ▸ **distributeur de boissons** máquina expendedora de bebidas ▸ **distributeur de savon / gobelets** dispensador *m* de jabón / cubitos.

distribution [distʀibysjɔ̃] nf **1.** [répartition, CINÉ & THÉÂTRE] reparto *m* ▸ **distribution du courrier** reparto (del correo) ▸ **distribution des prix** SCOL reparto OU entrega *f* de premios **2.** [d'eau, de gaz] suministro *m* **3.** [disposition & COMM] distribución *f*.

district [distʀikt] nm distrito *m*.

dit, e [di, dit] ❖ pp ⟶ **dire.** ❖ adj **1.** [appelé] llamado(da) **2.** DR dicho(cha) **3.** [fixé] previsto(ta).

dites [dit] ⟶ **dire**.

dithyrambique [ditiʀɑ̃bik] adj adulador(ra), ditirámbico(ca).

DIU [deiy] (*abr de* **dispositif intra-utérin**) nm MÉD DIU *m*.

diurétique [djyʀetik] ❖ adj diurético(ca). ❖ nm diurético *m*.

diurne [djyʀn] adj diurno(na).

diva [diva] nf diva *f*.

divagation [divagasjɔ̃] nf divagación *f*. ◆ **divagations** nfpl desvaríos *mpl*, delirio *m*.

divaguer [3] [divage] vi divagar.

divan [divɑ̃] nm diván *m*.

divergeais ⟶ **diverger**.

divergence [divɛʀʒɑ̃s] nf divergencia *f*, discrepancia *f*.

divergent, e [divɛʀʒɑ̃, ɑ̃t] adj discrepante.

diverger [17] [divɛʀʒe] vi **1.** [lignes, rayons] divergir **2.** *fig* [opinions] divergir, discrepar.

divers, e [divɛʀ, ɛʀs] adj **1.** [différent] diverso(sa) **2.** [varié] variopinto(ta) **3.** POL ▸ **les divers droite / gauche** POL *candidato o grupo que no pertenece a uno de los partidos principales situados a la izquierda o a la derecha del espectro político, pero cuyas tendencias se aproximan a uno de los dos.*

diversement [divɛʀsəmɑ̃] adv de distinta manera.

diversification [divɛʀsifikasjɔ̃] nf diversificación *f*.

diversifier [9] [divɛʀsifje] vt diversificar. ◆ **se diversifier** vp **1.** [varier] variar **2.** COMM diversificarse.

diversion [divɛʀsjɔ̃] nf diversión *f* ▸ **créer une** OU **faire diversion** desviar la atención.

diversité [divɛʀsite] nf diversidad *f*.

divertir [32] [divɛʀtiʀ] vt divertir. ◆ **se divertir** vp divertirse.

divertissant, e [divɛʀtisɑ̃, ɑ̃t] adj divertido(da).

divertissement [divɛʀtismɑ̃] nm **1.** [passe-temps] diversión *f* **2.** MUS intermedio *m*.

dividende [dividɑ̃d] nm dividendo *m*.

divin, e [divɛ̃, in] adj divino(na).

divination [divinasjɔ̃] nf adivinación *f*.

divinement [divinmɑ̃] adv divinamente.

divinité [divinite] nf divinidad *f*.

diviser [3] [divize] vt dividir ▸ **diviser pour mieux régner** divide y vencerás. ◆ **se diviser** vp **1.** [gén] dividirse **2.** [diverger] estar dividido(da).

> ⚠ **Divisar est un faux ami, il ne signifie pas *diviser*, mais « apercevoir ».**

divisible [divizibl] adj divisible.

division [divizjɔ̃] nf división *f* ▸ **division aéroportée** división aerotransportada ▸ **division blindée** división blindada.

divorce [divɔʀs] nm divorcio *m* ▸ **demander le divorce** pedir el divorcio.

divorcé, e [divɔʀse] adj & nm, f divorciado(da).

divorcer [16] [divɔʀse] vi divorciarse.

divulgation [divylgasjɔ̃] nf divulgación *f*.

divulguer [3] [divylge] vt divulgar.

dix ([dis] *en fin de phrase,* [di] *devant consonne ou 'h' aspiré,* [diz] *devant voyelle ou 'h' muet)* ❖ adj num **1.** [gén] diez **2.** [nombre indéterminé] cien / ***je te l'ai répété dix fois !*** ¡te lo he repetido cien veces! ❖ nm diez *m*. ***Voir aussi*** **six**.

dix-huit [dizɥit] adj num inv & nm inv dieciocho. ***Voir aussi*** **six**.

dix-huitième [dizɥitjɛm] ❖ adj num & nmf decimoctavo(va). ❖ nm dieciochoavo *m*, decimoctava parte *f*. ***Voir aussi*** **sixième**.

dixième [dizjɛm] ❖ adj num & nmf décimo(ma). ❖ nm décimo *m*, décima parte *f*. ***Voir aussi*** **sixième**.

dix-neuf [diznœf] adj num inv & nm inv diecinueve. ***Voir aussi*** **six**.

dix-neuvième [diznœvjɛm] ❖ adj num & nmf decimonoveno(na). ❖ nm diecinueveavo *m*, decimonovena parte *f*. ***Voir aussi*** **sixième**.

dix-sept [disɛt] adj num inv & nm inv diecisiete. ***Voir aussi*** **six**.

dix-septième [disɛtjɛm] ❖ adj num & nmf decimoséptimo(ma). ❖ nm diecisieteavo *m*, decimoséptima parte *f*. ***Voir aussi*** **sixième**.

dizaine [dizɛn] nf **1.** MATH decena *f* **2.** [environ dix] unos diez *m*, unas diez *f*.

DJ [didʒi *ou* didʒe] (*abr de* **disc-jockey**) nm inv pinchadiscos *mf inv*, pincha *mf inv*, disc jockey *mf*.

Djakarta, Jakarta [dʒakaʀta] npr Jakarta.

djellaba [dʒɛlaba] nf chilaba *f*.

Djibouti [dʒibuti] ◆ npr [État] ▸ **le Djibouti** Yibuti. ◆ npr [ville] Yibuti.

djiboutien, enne [dʒibusjɛ̃, ɛn] adj de Yibuti. ◆ **Djiboutien, enne** nm, f *natural o habitante de Yibuti.*

djihad [dʒiad] nm yihad *f.*

dl (*abr écrite de* **décilitre**) dl.

dm (*abr écrite de* **décimètre**) dm.

DM (*abr écrite de* **deutsche Mark**) DM.

do¹ [do] nm inv MUS do *m inv.*

do² (*abr écrite de* **dito**) id.

doberman [dobɛʀman] nm doberman *m.*

doc *abr de* **documentation**.

doc. (*abr écrite de* **document**) doc., docum. / *voir doc. 5* ver doc. 5.

docile [dɔsil] adj dócil.

docilement [dɔsilmɑ̃] adv dócilmente.

docilité [dɔsilite] nf docilidad *f.*

dock [dɔk] nm **1.** [bassin] dársena *f* **2.** [hangar] almacén *m*, depósito *m.*

docker [dɔkɛʀ] nm descargador *m* de muelle.

docte [dɔkt] adj *iron* docto(ta).

doctement [dɔktəmɑ̃] adv doctamente.

docteur [dɔktœʀ] nm doctor *m*, -ra *f* ▸ **docteur honoris causa** doctor honoris causa ▸ **docteur ès lettres / sciences** doctor en letras/en ciencias ▸ **docteur en médecine** doctor en medicina.

doctoral, e, aux [dɔktɔʀal, o] adj *péj* doctoral.

doctorant, e [dɔktɔʀɑ̃, ɑ̃t] nm, f doctorando *m*, -da *f.*

doctorat [dɔktɔʀa] nm **1.** [titre] doctorado *m* ▸ **doctorat d'État** *título más elevado conferido por las universidades francesas antes de la reforma de LMD* ▸ **doctorat du troisième cycle** *antiguo nombre del doctorado* **2.** [épreuve] ≃ licenciatura *f* en medicina.

doctoresse [dɔktɔʀɛs] nf doctora *f*, médica *f.*

doctrinaire [dɔktʀinɛʀ] adj doctrinario(ria).

doctrine [dɔktʀin] nf doctrina *f.*

document [dɔkymɑ̃] nm documento *m.*

documentaire [dɔkymɑ̃tɛʀ] adj & nm documental.

documentaliste [dɔkymɑ̃talist] nmf documentalista *mf.*

documentation [dɔkymɑ̃tasjɔ̃] nf **1.** [gén] documentación *f* **2.** [documents] papeles *mpl.*

documenté, e [dɔkymɑ̃te] adj documentado(da).

documenter [3] [dɔkymɑ̃te] vt documentar. ◆ **se documenter** vp documentarse.

dodeliner [3] [dɔdəline] vi ▸ **dodeliner de la tête** cabecear, mover la cabeza.

dodo [dodo] nm *langage enfantin* camita *f* ▸ **faire dodo** mimir.

dodu, e [dɔdy] adj **1.** [animal] cebado(da) **2.** *fam* [enfant, bras] regordete(ta).

dogmatique [dɔgmatik] adj dogmático(ca).

dogmatisme [dɔgmatism] nm dogmatismo *m.*

dogme [dɔgm] nm dogma *m.*

dogue [dɔg] nm dogo *m.*

Doha [dɔa] npr Doha.

doigt [dwa] nm dedo *m* ▸ **avoir les doigts gourds** tener los dedos entumecidos ▸ **montrer qqch du doigt** señalar algo con el dedo ▸ **se lécher les doigts** chuparse los dedos ▸ **un doigt de** [vin, alcool] un dedo de ▸ **doigt de pied** dedo del pie ▸ **petit doigt** dedo meñique, meñique *m* ▸ **à deux doigts de** a un paso de ▸ **faire qqch les doigts dans le nez** *fam* hacer algo con los ojos cerrados ▸ **mettre le doigt dans l'engrenage** meterse en un fregado ▸ **mettre le doigt sur qqch** poner el dedo en la llaga ▸ **obéir au doigt et à l'œil** obedecer punto por punto ▸ **se mettre le doigt dans l'œil** *fam* equivocarse de medio a medio ▸ **s'en mordre les doigts** tirarse de los pelos.

doigté [dwate] nm tacto *m.*

dois ⟶ **devoir**.

doive ⟶ **devoir**.

doléances [dɔleɑ̃s] nfpl quejas *fpl.*

dollar [dɔlaʀ] nm dólar *m.*

dolmen [dɔlmɛn] nm dolmen *m.*

DOM [dɔm] (*abr de* **département d'outre-mer**) nm *departamento francés de ultramar* / *l'île de la Réunion est un DOM* la isla de la Reunión es un departamento francés de ultramar.

domaine [dɔmɛn] nm **1.** [propriété] dominio *m* ▸ **domaine skiable** pistas *fpl* esquiables **2.** [secteur] campo *m* **3.** [compétence] competencia *f.*

domanial, e, aux [dɔmanjal, o] adj del dominio público.

dôme [dom] nm **1.** ARCHIT cúpula *f* **2.** GÉOGR cerro *m.*

domestication [dɔmɛstikasjɔ̃] nf domesticación *f.*

domestique [dɔmɛstik] ◆ adj doméstico(ca). ◆ nmf criado *m*, -da *f* ESP, mucamo *m*, -ma *f* AM.

domestiquer [3] [dɔmɛstike] vt **1.** [animal] domesticar **2.** [vent, marées] dominar.

domicile [dɔmisil] nm domicilio *m* ▸ **à domicile** a domicilio ▸ **élire domicile quelque part** fijar su domicilio en algún sitio ▸ **sans domicile fixe** sin hogar ▸ **domicile conjugal** domicilio conyugal.

domiciliation [dɔmisiljasjɔ̃] nf domiciliación *f* ▸ **domiciliation bancaire** domiciliación bancaria.

domicilié, e [dɔmisilje] adj domiciliado(da).

domicilier [9] [dɔmisilje] vt [personne] ▸ **être domicilié à** tener su domicilio en, residir en / *Mme Jacques, domiciliée à Toulouse* la señora Jacques, residente en Toulouse.

dominant, e [dɔminɑ̃, ɑ̃t] adj dominante. ◆ **dominante** nf **1.** [caractéristique] característica *f* dominante **2.** [couleur] color *m* dominante **3.** MUS dominante *f.*

domination [dɔminasjɔ̃] nf **1.** [autorité] dominación *f* **2.** [influence] dominio *m.*

dominer [3] [dɔmine] ❖ vt dominar. ❖ vi **1.** [régner] dominar **2.** [prédominer] predominar **3.** [triompher] ganar.

dominicain[1], e [dɔminikɛ̃, ɛn] adj dominicano(na). ◆ **Dominicain, e** nm, f dominicano *m*, -na *f*.

dominicain[2], e [dɔminikɛ̃, ɛn] adj & nm, f RELIG dominico(ca).

dominical, e, aux [dɔminikal, o] adj dominical.

Dominique [dɔminik] npr ▸ **la Dominique** Dominica.

domino [dɔmino] nm dominó *m*.

dommage [dɔmaʒ] nm **1.** [préjudice] daño *m* ▸ **dommages et intérêts** daños y perjuicios **2.** [dégât] daño *m*, desperfecto *m* **3.** EXPR **(c'est) dommage !** ¡qué pena!, ¡qué lástima!

dompter [3] [dɔ̃te] vt **1.** [animal] domar **2.** [éléments] domeñar **3.** *sout* [colère] dominar.

dompteur, euse [dɔ̃tœʀ, øz] nm, f domador *m*, -ra *f*.

DOM-TOM [dɔmtɔm] (*abr de* **départements et territoires d'outre-mer**) nmpl *antiguo nombre de los departamentos y territorios franceses de ultramar*.

don [dɔ̃] nm **1.** [cadeau] donación *f* ▸ **faire don de** donar, hacer donación de ▸ **don du sang** donación de sangre **2.** [talent, aptitude] don *m*.

DON [dɔn] (*abr de* **disque optique numérique**) nm disco *m* óptico numérico.

donateur, trice [dɔnatœʀ, tʀis] nm, f donante *mf*.

donation [dɔnasjɔ̃] nf donación *f*.

donc [dɔ̃k] conj **1.** [marque la conséquence] así pues, así que / *elle est malade et ne pourra donc pas venir* está enferma así que no podrá venir **2.** [après une digression, pour renforcer] pues / *je disais donc que…* pues como decía….

donf [dɔ̃f] ◆ **à donf** loc adv (*verlan de* **à fond**) a fondo / *en ce moment elle est à donf dans le rap* en estos momentos está metido a fondo en el rap / *il écoute cette chanson en boucle à donf* escucha esta canción en continuo a fondo / *tu kiffes ? — à donf !* ¿te mola? — ¡cantidad!

donjon [dɔ̃ʒɔ̃] nm torreón *m*.

donjuanisme [dɔ̃ʒyanism] nm donjuanismo *m*.

donnant [dɔnɑ̃] ◆ **donnant donnant** loc adv uno por otro.

donne [dɔn] nf [cartes] ▸ **à toi la donne** te toca dar ▸ **faire la donne** dar las cartas.

donné, e [dɔne] adj **1.** [lieu, date, distance] dado(da) **2.** *fam* [bon marché] ▸ **c'est donné** está regalado ▸ **ce n'est pas donné** está caro. ◆ **donnée** nf dato *m* ▸ **données numériques** datos numéricos. ◆ **étant donné que** loc conj dado que.

donner [3] [dɔne]

❖ vt

1. [gén] dar / *elle m'a donné un livre à lire* me ha dado un libro para que lo lea / *ça m'a donné la migraine* me dio migraña / *il lui a donné un coup de pied* le dio una patada / *donnez-moi un beau rôti* deme un buen redondo / *ils lui ont donné un surnom* le pusieron un apodo / *les citoyens sont encouragés à donner leur sang* se anima a los ciudadanos a que donen sangre / *j'espère que vos efforts donneront des résultats* espero que sus esfuerzos den resultados / *je donne trop d'importance à ces choses-là* doy demasiada importancia a esas cosas ▸ **donner à penser que** dar a pensar que ▸ **ça n'a rien donné** no ha dado resultado

2. [estimer - âge] echar / *quel âge me donnez-vous ?* ¿qué edad me echa?

3. [maladie, passion] *tu m'as donné ton rhume* me has pegado tu catarro / *son père lui a donné le goût du théâtre* su padre le ha transmitido el amor por el teatro

4. *fam* [complice] delatar

❖ vi

1. [être orienté] ▸ **donner sur qqch** dar a algo / *cette fenêtre donne sur le jardin* esta ventana da al jardín

2. [s'adonner] ▸ **donner dans qqch** darse a algo / *sans donner dans le mélodrame* sin caer en el melodrama

3. EXPR **ne plus savoir où donner de la tête** [être débordé] ir de cabeza

◆ **se donner** vp **1.** [échanger] : *ils se sont donnés rendez-vous devant le cinéma* se dieron cita delante del cine **2.** [se consacrer] ▸ **se donner à qqch** consagrarse a algo, entregarse a algo / *monte sur scène et donne-toi à fond* sal al escenario y entrégate a fondo.

donneur, euse [dɔnœʀ, øz] nm, f **1.** [de cartes] repartidor *m*, -ra *f* **2.** [d'organe, de sang] donante *mf* ▸ **donneur de sang** donante de sangre.

dont [dɔ̃] ❖ pron rel

1. [complément de verbe ou d'adjectif - relatif à un objet] del que, de la que ; [- relatif à une personne] de quien / *l'accident dont il est responsable* el accidente del que es responsable / *les corvées dont il a été dispensé* las faenas de las que se ha liberado / *c'est quelqu'un dont on dit le plus grand bien* es una persona de quien se dicen muchas cosas buenas / *les personnes dont je parle…* las personas de quienes hablo…

2. [complément de nom ou de pronom] cuyo(ya) / *un meuble dont le bois est vermoulu* un mueble cuya madera está carcomida / *c'est quelqu'un dont j'apprécie l'honnêteté* es alguien cuya honradez admiro / *celui dont les parents sont divorcés* aquél cuyos padres están divorciados

3. [indiquant la partie d'un tout] de los cuales, de las cuales / *j'ai vu plusieurs films, dont deux étaient intéressants* he visto varias películas, dos de las cuales eran interesantes

4. [parmi eux] uno de ellos, una de ellas / *plusieurs personnes ont téléphoné, dont ton frère* han llamado varias personas, una de ellas (era) tu hermano

dopage [dɔpaʒ] nm doping *m*.

dopant, e [dɔpɑ̃, ɑ̃t] adj estimulante.

◆ **dopant** nm estimulante *m*.

dope [dɔp] nf *fam* droga *f*.

doper [3] [dɔpe] vt dopar. ◆ **se doper** vp doparse.

dorade = **daurade**.

doré, e [dɔʀe] adj dorado(da) ▸ **doré sur tranche** de canto dorado. ◆ **doré** nm dorado *m*.

dorénavant [dɔʀenavɑ̃] adv en adelante, en lo sucesivo.

dorer [3] [dɔʀe] ❖ vt dorar. ❖ vi CULIN ▸ **faire dorer** dorar. ◆ **se dorer** vp dorarse, tostarse.

dorloter [3] [dɔʀlɔte] vt mimar ESP, papachar AM.

dormant, e [dɔʀmɑ̃, ɑ̃t] adj durmiente.

dormeur, euse [dɔʀmœʀ, øz] nm, f dormilón *m*, -ona *f*.

dormir [36] [dɔʀmiʀ] vi dormir ▸ **dormir debout** dormirse de pie ▸ **à dormir debout** *fig* inverosímil.

dorsal, e, aux [dɔʀsal, o] adj dorsal.

dortoir [dɔʀtwaʀ] nm dormitorio *m* común.

dorure [dɔʀyʀ] nf **1.** [processus] doradura *f*, dorado *m* **2.** [ornement] dorados *mpl*.

doryphore [dɔʀifɔʀ] nm dorífora *f*, dorífera *f*.

dos [do] nm **1.** [d'homme, de vêtement] espalda *f* ▸ **à dos de** a lomos de ▸ **de dos** por detrás ▸ **dos à dos** de espaldas ▸ **sur le dos** [couché] boca arriba ▸ **tourner le dos à** dar la espalda a ▸ **avoir bon dos** *fig* tener buenas espaldas ▸ **en avoir plein le dos** *fam* estar hasta las narices ▸ **ne rien avoir à se mettre sur le dos** no tener nada que ponerse ▸ **se mettre qqn à dos** enemistarse con alguien **2.** [natation] ▸ **dos crawlé** espalda **3.** [de siège] respaldo *m* **4.** [de livre, d'animal] lomo *m* **5.** [verso] dorso *m* ▸ **'voir au dos'** 'véase al dorso'.

DOS, Dos [dɔs] (*abr de* **Disc Operating System**) nm DOS *m*.

dosage [dozaʒ] nm dosificación *f*.

dos-d'âne [dodan] nm inv badén *m*.

dose [doz] nf **1.** [de médicament] dosis *f inv* ▸ **'ne pas dépasser la dose prescrite'** 'no sobrepasar la dosis prescrita' ▸ **dépasser la dose** [exagérer] cargar las tintas, írsele la mano **2.** [quantité] ración *f*, dosis *f inv*.

doser [3] [doze] vt dosificar.

dosette [dozɛt] nf dosis *m inv* individual.

doseur [dozœʀ] nm dosificador *m*.

dossard [dosaʀ] nm dorsal *m*.

dossier [dosje] nm **1.** [de fauteuil] respaldo *m* **2.** [documents] dossier *m* ▸ **dossier d'inscription** solicitud *f* de inscripción **3.** [classeur] carpeta *f* ▸ **dossier suspendu** carpeta colgada **4.** INFORM carpeta *f*.

dot [dɔt] nf dote *f*.

dotation [dɔtasjɔ̃] nf **1.** DR dotación *f* **2.** ADMIN dotación *f*, asignación *f*.

doté, e [dɔte] adj ▸ **doté de** dotado de.

doter [3] [dɔte] vt dotar.

douairière [dwɛʀjɛʀ] nf vieja dama *f*.

douane [dwan] nf aduana *f*.

douanier, ère [dwanje, ɛʀ] adj & nm, f aduanero(ra).

doublage [dublaʒ] nm **1.** [de vêtement, de paroi] forro *m* **2.** CINÉ [de film] doblaje *m* **3.** THÉÂTRE & CINÉ [d'acteur] substitución *f*.

double [dubl] ❖ adj doble. ❖ adv doble ▸ **voir double** ver doble. ❖ nm **1.** [gén] doble *m* **2.** [copie] copia *f* ▸ **en double** **a)** por duplicado **b)** [image] repetido(da) **3.** [au tennis] dobles *m inv*.

doublé, e [duble] adj **1.** [vêtement] forrado(da) **2.** [film] doblado(da) **3.** [consonne, lettre] doble. ◆ **doublé** nm **1.** [orfèvrerie] chapado *m* **2.** [réussite] doble triunfo *m* **3.** [à la chasse] doblete *m*.

double-clic [dubləklik] (*pl* **doubles-clics**) nm INFORM doble clic *m*.

double-cliquer [3] [dubləklike] vi INFORM hacer doble clic.

doublement [dubləmɑ̃] ❖ adv doblemente. ❖ nm [de consonne] duplicación *f*.

doubler [3] [duble] ❖ vt **1.** [gén & CINÉ] doblar **2.** [vêtement, sac] forrar **3.** [véhicule] adelantar **4.** *fam* [trahir] engañar **5.** [augmenter] redoblar. ❖ vi **1.** [véhicule] adelantar **2.** [être multiplié par deux] duplicarse. ◆ **se doubler** vp ▸ **se doubler de qqch** acompañarse de algo.

doublure [dublyʀ] nf **1.** [de vêtement, sac] forro *m* **2.** THÉÂTRE & CINÉ doble *mf*.

douce ⟶ **doux**.

douceâtre [dusatʀ] adj dulzón(ona).

doucement [dusmɑ̃] adv **1.** [sans violence] con suavidad **2.** [avec douceur] con dulzura **3.** [bas] bajo **4.** [lentement] despacio, lentamente.

doucereux, euse [dus(ə)ʀø, øz] adj **1.** [saveur] dulzón(ona) **2.** *fig* [mielleux] meloso(sa).

doucette [dusɛt] nf milamores *fpl*.

douceur [dusœʀ] nf **1.** [gén] suavidad *f* ▸ **la douceur de vivre** los placeres de la vida **2.** [de saveur] dulzor *m* **3.** [de caractère] dulzura *f*. ◆ **douceurs** nfpl [friandises] dulces *mpl*. ◆ **en douceur** ❖ loc adj [démarrage] suave. ❖ loc adv [démarrer] suavemente, con suavidad ; [commencer, se passer] tranquilamente, con tranquilidad.

douche [duʃ] nf ducha *f* ESP, regadera *f* AM ▸ **prendre une douche** ducharse, tomar una ducha ▸ **douche écossaise** ou **froide** *fig* jarro *m* de agua fría.

doucher [3] [duʃe] vt duchar, dar una ducha a. ◆ **se doucher** vp ducharse.

douchette [duʃɛt] nf lector *m* de código de barras.

doudou [dudu] nm *fam* [langage enfantin] *objeto al que un niño toma cariño y con el que se siente seguro*.

doudoune [dudun] nf plumón *m*.

doué, e [dwe] adj dotado(da) ▸ **être doué de** estar dotado de ▸ **être doué pour qqch** estar dotado para algo.

douer [6] [due] vt *sout* ▸ **douer qqn de qqch** dotar a alguien de algo.

douille [duj] nf **1.** [d'ampoule, de cartouche] casquillo *m* **2.** [d'outil] ojo *m*.

douillet, ette [dujɛ, ɛt] ◆ adj **1.** [lit, canapé] mullido(da) **2.** [personne] delicado(da). ◆ nm, f delicado *m*, -da *f*.

douillettement [dujɛtmɑ̃] adv cómodamente.

douleur [dulœʀ] nf dolor *m* ▸ **se tordre de douleur** retorcerse de dolor.

douloureusement [duluʀøzmɑ̃] adv dolorosamente.

douloureux, euse [duluʀø, øz] adj **1.** [blessure, événement] doloroso(sa) **2.** [partie du corps] dolorido(da) **3.** [regard, expression] dolorido(da), doliente.

Douro [duʀo] npr : *le Douro* el Duero.

doute [dut] nm duda *f* ▸ **sans aucun doute** sin duda alguna, sin ninguna duda ▸ **avoir des doutes sur qqn / sur qqch** tener dudas sobre alguien / sobre algo ▸ **mettre qqch en doute** poner algo en duda ou en tela de juicio. ◆ **sans doute** loc adv seguramente.

douter [3] [dute] vi dudar ▸ **douter de qqch / de qqn** dudar de algo / de alguien ▸ **douter que** dudar que ▸ **j'en doute** lo dudo. ◆ **se douter** vp ▸ **se douter de** sospechar ▸ **je m'en doute** me lo figuro.

douteux, euse [dutø, øz] adj **1.** [gén] dudoso(sa) **2.** [sale] sucio(cia).

douve [duv] nf [de château] foso *m*.

doux, douce [du, dus] adj **1.** [gén] suave **2.** [souvenir] grato(ta) **3.** [personne, caractère] dulce **4.** [climat] templado(da). ◆ **en douce** loc adv a la chita callando. ◆ **doux** adv ▸ **il fait doux** hace un tiempo agradable.

douzaine [duzɛn] nf **1.** [douze] docena *f* **2.** [environ douze] ▸ **une douzaine** unos / unas doce.

douze [duz] adj num inv & nm inv doce. ***Voir aussi* six**.

douzième [duzjɛm] ◆ adj num doceavo(va), duodécimo(ma). ◆ nmf doceavo *m*, duodécima parte *f*. ***Voir aussi* sixième**.

doyen, enne [dwajɛ̃, ɛn] nm, f decano *m*, -na *f*.

DP (*abr de* **délégué du personnel**) nm delegado(da) de personal / *les élections CE et DP* las elecciones para el comité de empresa y el delegado de personal.

DPLG (*abr de* **diplômé par le gouvernement**) adj : *un architecte DPLG* un arquitecto diplomado por el gobierno francés.

dr. (*abr écrite de* **droite**) dcha. / *3ème étage porte dr.* 3° dcha.

Dr (*abr écrite de* **Docteur**) Dr., Dra.

draconien, enne [dʀakɔnjɛ̃, ɛn] adj draconiano(na).

dragage [dʀagaʒ] nm dragado *m*.

dragée [dʀaʒe] nf **1.** [confiserie] peladilla *f* **2.** [comprimé] gragea *f* **3.** EXPR **tenir la dragée haute à qqn** hacer sudar la gota gorda a alguien.

dragon [dʀagɔ̃] nm **1.** [monstre] dragón *m* **2.** *péj* [personne autoritaire] sargento *mf*.

drague [dʀag] nf **1.** [machine] draga *f* **2.** *fam* [flirt] ligue *m* ESP, amasiato *m* AM.

draguer [3] [dʀage] vt **1.** [lac, fleuve] dragar **2.** *fam* [personne] ligar con.

dragueur, euse [dʀagœʀ, øz] nm, f *fam* [personne] ligón *m*, -ona *f*. ◆ **dragueur de mines** nm dragaminas *m inv*.

drainage [dʀɛnaʒ] nm drenaje *m*.

drainer [4] [dʀene] vt **1.** [terrain, plaie] drenar **2.** *fig* [capitaux, main-d'œuvre] atraer.

dramatique [dʀamatik] ◆ adj dramático(ca). ◆ nf TV dramático *m*.

dramatisation [dʀamatizasjɔ̃] nf dramatización *f*.

dramatiser [3] [dʀamatize] vt dramatizar.

dramaturge [dʀamatyʀʒ] nmf dramaturgo *m*, -ga *f*.

drame [dʀam] nm drama *m*.

drap [dʀa] nm **1.** [de lit] sábana *f* ▸ **drap housse** sábana bajera **2.** [étoffe] paño *m* ▸ **être dans de beaux draps** *fig* estar apañado(da). ◆ **drap de bain** nm toalla *f* de baño.

drapeau, x [dʀapo] nm bandera *f* ▸ **drapeau blanc** bandera blanca ▸ **drapeau tricolore** bandera tricolor *(de Francia)* ▸ **être sous les drapeaux** *fig* servir a la bandera.

draper [3] [dʀape] vt **1.** [couvrir] cubrir (con un paño) **2.** [tissu] drapear. ◆ **se draper** vp ▸ **se draper dans** encubrirse en ou con.

draperie [dʀapʀi] nf **1.** [tenture] colgaduras *fpl* **2.** [industrie] fábrica *f* de paños.

drap-housse [dʀaus] (*pl* **draps-housses**) nm sábana *f* ajustable.

drapier, ère [dʀapje, ɛʀ] ◆ adj pañero(ra). ◆ nm, f **1.** [fabricant] fabricante *mf* de paños **2.** [marchand] pañero *m*, -ra *f*.

drastique [dʀastik] adj drástico(ca).

dreadlocks [dʀɛdlɔks] nfpl trenzas *fpl* rastafaris.

dressage [dʀesaʒ] nm adiestramiento *m*.

dresser [4] [dʀese] vt **1.** [tête, échelle, tente] levantar **2.** [liste, procès-verbal] elaborar **3.** *sout* [statue, monument] erigir **4.** [animal] adiestrar ▸ **être bien dressé** estar bien enseñado **5.** [opposer] ▸ **dresser qqn contre qqn** poner a alguien en contra de alguien. ◆ **se dresser** vp **1.** [se mettre debout] levantarse ESP, pararse AM **2.** [s'élever] erguirse **3.** [apparaître] surgir **4.** *fig* [s'insurger] ▸ **se dresser contre qqch** levantarse contra algo.

dresseur, euse [dʀesœʀ, øz] nm, f domador *m*, -ra *f*.

dressoir [dʀeswaʀ] nm aparador *m*, trinchero *m (mueble)*.

DRH ◆ nf (*abr de* **direction des ressources humaines**) dirección *f* de recursos humanos / *les membres de la DRH* los miembros de la dirección de recursos humanos. ◆ nm (*abr de* **directeur** ou **directrice des ressources humaines**) director(ra) de recursos humanos ▸ **avoir une entrevue avec le DRH** tener una entrevista con el director de recursos humanos.

dribbler [3] [dʀible] vt & vi regatear, driblar.

drille [dʀij] nm ▸ **un joyeux drille** un gracioso.

dring [dʀiŋ] interj ¡ding dong!

driver¹ [dʀajvœʀ] nm **1.** INFORM driver *m* **2.** SPORT *jockey conductor de un sulky*.

driver² [dʀajve] vt [en hippisme] conducir.

drogue [dʀɔg] nf droga *f* ▸ **drogue dure** droga dura.

drogué, e [dʀɔge] ◈ adj drogado(da). ◈ nm, f drogadicto *m*, -ta *f*.

droguer [3] [dʀɔge] vt drogar. ◆ **se droguer** vp drogarse.

droguerie [dʀɔgʀi] nf droguería *f*.

droguiste [dʀɔgist] nmf droguero *m*, -ra *f*.

droit, e [dʀwa, dʀwat] ◈ adj
1. [situé à droite, vertical] derecho(cha)
2. [rectiligne, honnête] recto(ta) ▸ **droit comme un i** tieso como una vela
◆ **droit** ◈ adv **1.** [selon une ligne droite] recto ▸ **tout droit** todo recto **2.** [directement] derecho, directo ▸ **aller droit au but** ir al grano. ◈ nm **1.** [lois, discipline] derecho *m* ▸ **droit d'aînesse** derecho de primogenitura ▸ **droit d'asile** derecho de asilio ▸ **droit canon / coutumier** derecho canónico/consuetudinario ▸ **droit civil / pénal** derecho civil/penal ▸ **droit commun / commercial / constitutionnel** derecho común/comercial/constitucional ▸ **de droit commun** de derecho común ▸ **droit de grève** derecho de huelga ▸ **droit international** derecho internacional ▸ **droit de regard** derecho de inspección ▸ **droit de réponse** derecho de réplica ▸ **droit de veto** derecho de veto ▸ **droit de visite** derecho de visita ▸ **droit de vote** derecho al voto ▸ **droit privé / public** derecho privado/público ▸ **droits de l'homme** derechos del hombre **2.** [prérogative] derecho *m* ▸ **à qui de droit** a quien corresponda ▸ **avoir droit à** tener derecho a ▸ **avoir tous les droits** *fam* : *ce gosse a tous les droits dans la maison* a este crío se le consiento todo en su casa ▸ **connaître / défendre ses droits** conocer/defender sus derechos ▸ **de quel droit ?** ¿con qué derecho? ▸ **donner droit à** dar derecho a algo / *le billet donne droit à une consommation gratuite* la entrada da derecho a una consumisión gratis ▸ **donner le droit à qqn de faire qqch** dar el derecho a alguien de hacer algo ▸ **être dans son droit** estar en su derecho ▸ **être en droit de** estar en el derecho de **3.** [frais] derecho *m* ▸ **droits d'auteur** derechos de autor ▸ **droits d'inscription** derechos ou tasas *fpl* de inscripción.
◆ **droite** nf derecha *f* ▸ **serrer / garder sa droite** circular por la derecha.

droitier, ère [dʀwatje, ɛʀ] adj & nm, f diestro(tra) *(que usa la mano derecha)*.

droiture [dʀwatyʀ] nf rectitud *f*.

drôle [dʀol] adj **1.** [amusant] divertido(da) **2.** [bizarre] raro(ra) **3.** *fam* [remarquable] menudo(da) / *elle a fait de drôles de progrès !* ¡menudos progresos ha hecho!

drôlement [dʀolmɑ̃] adv **1.** [de façon amusante] con gracia **2.** [bizarrement] de forma extraña **3.** *fam* [très] la mar de / *il est drôlement intelligent* es la mar de inteligente.

drôlerie [dʀolʀi] nf gracia *f*.

DROM [dʀom] (*abr de* **Département et Région d'outre-mer**) nm *départamento y región de ultramar francesa*.

dromadaire [dʀɔmadɛʀ] nm dromedario *m*.

drone [dʀɔn] nm MIL avión *m* teledirigido.

dru, e [dʀy] adj abundante. ◆ **dru** adv ▸ **tomber dru** [pluie] arreciar.

drugstore [dʀœgstɔʀ] nm drugstore *m*.

druide [dʀɥid] nm druida *m*.

dsl (*abr écrite de* **désolé**) SMS lo siento, sorry.

DT (*abr de* **diphtérie, tétanos**) nm *vacuna contra la difteria y el tétanos*.

D.T.COQ. [detekɔk] (*abr de* **diphtérie, tétanos, coqueluche**) nm vacuna *f* triple.

DTS (*abr de* **droits de tirage spéciaux**) nmpl DEG *m*.

du ⟶ **de**.

dû, due [dy] ◈ adj debido(da). ◈ pp ⟶ **devoir.**
◆ **dû** nm lo que se debe ▸ **réclamer son dû** reclamar el pago (de una deuda).

dualisme [dɥalism] nm dualismo *m*.

dualité [dɥalite] nf dualidad *f*.

Dubayy [dybaj] npr Dubay.

dubitatif, ive [dybitatif, iv] adj dubitativo(va).

Dublin [dyblɛ̃] npr Dublín.

dublinois, e [dyblinwa, az] adj dublinés(esa).
◆ **Dublinois, e** nm, f dublinés *m*, -esa *f*.

duc [dyk] nm duque *m*.

ducal, e, aux [dykal, o] adj ducal.

duché [dyʃe] nm ducado *m*.

duchesse [dyʃɛs] nf duquesa *f*.

duel [dɥɛl] nm duelo *m*.

duffel-coat (*pl* **duffel-coats**), **duffle-coat** (*pl* **duffle-coats**) [dœfœlkot] nm trenca *f*.

dulcinée [dylsine] nf *litt* dulcinea *f*.

dûment [dymɑ̃] adv debidamente.

dumping [dœmpiŋ] nm dumping *m*.

dune [dyn] nf duna *f*.

duo [dyo] nm dúo *m* ▸ **en duo** a dúo.

dupe [dyp] ◈ adj engañado(da) ▸ **être / ne pas être dupe** dejarse/no dejarse engañar. ◈ nf ▸ **être la dupe de qqn** ser víctima de alguien.

duper [3] [dype] vt *sout* embancar.

duplex [dyplɛks] nm dúplex *m inv* ▸ **en duplex** [émission] en dúplex.

duplicata [dyplikata] nm inv duplicado *m*.

duplication [dyplikasjɔ̃] nf [d'un document] duplicación *f*.

duplicité [dyplisite] nf duplicidad *f*.

dupliquer [3] [dyplike] vt duplicar.

duquel [dykɛl] ⟶ **lequel**.

dur, e [dyʀ] ◆ adj **1.** [gén] duro(ra) **2.** [difficile] difícil ▸ **dur à avaler** *fig* difícil de digerir ou de encajar. ◆ nm, f duro *m*, -ra *f* ▸ **dur à cuire** *fam* duro de pelar. ◆ **dur** adv **1.** [avec force] fuerte **2.** [avec ténacité] duro. ◆ **dure** nf ▸ **à la dure** [avec sévérité] con mano dura.

durabilité [dyʀabilite] nf **1.** [qualité] durabilidad *f*, duración *f* **2.** ÉCOL durabilidad *f*.

durable [dyʀabl] adj **1.** [gén] duradero(ra) **2.** ÉCON sostenible ▸ **le développement durable** el desarrollo sostenible.

durablement [dyʀabləmɑ̃] adv de forma duradera.

duraille [dyʀaj] adj *fam* durillo(a).

durant [dyʀɑ̃] prép durante.

durcir [32] [dyʀsiʀ] ◆ vt endurecer. ◆ vi endurecerse. ◆ **se durcir** vp endurecerse.

durcissement [dyʀsismɑ̃] nm endurecimiento *m*.

durée [dyʀe] nf duración *f* ▸ **durée de conservation** período *m* de conservación ▸ **longue durée** larga duración.

durement [dyʀmɑ̃] adv **1.** [violemment] con fuerza **2.** [péniblement] con rigor, con crudeza **3.** [sévèrement] duramente.

durer [3] [dyʀe] vi durar.

dureté [dyʀte] nf **1.** [gén] dureza *f* **2.** [d'exercice] dificultad *f*.

durillon [dyʀijɔ̃] nm dureza *f (callosidad)*.

dus ⟶ **devoir**.

DUT (*abr de* **diplôme universitaire de technologie**) nm *diploma técnico universitario obtenido tras dos años de estudios* / ***avoir un DUT de génie mécanique*** tener un DUT de ingeniería mecánica.

duvet [dyvɛ] nm **1.** [plumes] plumón *m* **2.** [sac de couchage] saco *m* de dormir *(de plumón)* **3.** [poils fins] bozo *m*.

DVD (*abr de* **Digital Video** ou **Versatile Disc**) nm inv DVD *m* ▸ **regarder / louer un DVD** ver / alquilar un DVD ▸ **un lecteur (de) DVD** un lector (de) DVD.

DVD-ROM, DVD-Rom [devedeʀɔm] (*abr de* **Digital Video** ou **Versatile Disk Read Only Memory**) nm DVD-ROM *m* ▸ **un lecteur (de) DVD-ROM** un lector (de) DVD-ROM.

DVR (*abr de* **digital video recorder**) nm DVR *m*.

dynamique [dinamik] ◆ adj dinámico(ca). ◆ nf dinámica *f* ▸ **dynamique de groupe** dinámica de grupo.

dynamisant, e [dinamizɑ̃, ɑ̃t] adj dinamizador(ra).

dynamiser [3] [dinamize] vt dinamizar.

dynamisme [dynamism] nm dinamismo *m*.

dynamite [dinamit] nf dinamita *f*.

dynamiter [3] [dinamite] vt dinamitar.

dynamo [dinamo] nf dinamo *f*.

dynamomètre [dinamɔmɛtʀ] nm dinamómetro *m*.

dynastie [dinasti] nf dinastía *f*.

dysenterie [disɑ̃tʀi] nf disentería *f*.

dysfonctionnement [disfɔ̃ksjɔnmɑ̃] nm *pr* & *fig* disfunción *f* / ***on constate de nombreux dysfonctionnements dans la gestion de l'entreprise*** se observan numerosas disfunciones en la gestión de la empresa.

dysfonctionner [disfɔ̃ksjɔne] vi disfuncionar.

dyslexie [dislɛksi] nf dislexia *f*.

dyslexique [dislɛksik] adj & nmf disléxico(ca).

dyspepsie [dispɛpsi] nf dispepsia *f*.

E

e, E [ə] nm inv [lettre] e *f*, E *f*. ◆ **E** (*abr écrite de* **est**) E.

EAO (*abr de* **enseignement assisté par ordinateur**) nm enseñanza *f* asistida por ordenador.

eau, x [o] nf agua *f* / *boire de l'eau* beber agua ▸ **prendre l'eau** a) [chaussures, imperméable] calar b) [bateau] hacer agua ▸ **eau bénite** agua bendita ▸ **eau de Cologne** agua de Colonia ▸ **eau courante** agua corriente ▸ **eau distillée / oxygénée** agua destilada / oxigenada ▸ **eau douce / de mer** agua dulce / salada ▸ **eau gazeuse / plate** agua con gas / sin gas ▸ **eau minérale** agua mineral ▸ **eau de pluie / de source** agua de lluvia / de manantial ▸ **eau du robinet** agua del grifo ▸ **eau de rose / de Seltz** agua de rosas / de Seltz ▸ **eau de toilette** (agua de) colonia *f* ▸ **eaux dormantes** aguas estancadas ▸ **eaux usées** aguas residuales ▸ **à l'eau de rose** [roman, histoire] rosa ▸ **mettre de l'eau dans son vin** moderar sus pretensiones ▸ **mettre** ou **faire venir l'eau à la bouche** hacérsele a alguien la boca agua ▸ **se jeter à l'eau** *fig* liarse la manta a la cabeza ▸ **tomber à l'eau** *fig* irse a pique, aguarse. ◆ **Eaux et Forêts** nfpl ▸ **les Eaux et Forêts** ≃ la Administración de Montes.

EAU (*abr de* **Émirats arabes unis**) npr m pl EAU *mpl*.

eau-de-vie [odvi] (*pl* **eaux-de-vie**) nf [alcool] aguardiente *m*.

eau-forte [ofɔʀt] (*pl* **eaux-fortes**) nf [peinture] aguafuerte *m*.

ébahi, e [ebai] adj atónito(ta), boquiabierto(ta).

ébahissement [ebaismɑ̃] nm estupor *m*.

ébats [eba] nmpl *sout* retozos *mpl* ▸ **ébats amoureux** juegos *mpl* amorosos.

ébattre [83] [ebatʀ] ◆ **s'ébattre** vp *sout* retozar.

ébauche [eboʃ] nf **1.** [esquisse] boceto *m* **2.** *fig* [commencement] esbozo *m*.

ébaucher [3] [eboʃe] vt **1.** [œuvre, plan] bosquejar **2.** *fig* [geste, sourire] esbozar. ◆ **s'ébaucher** vp **1.** [œuvre] bosquejarse **2.** *fig* [relations] iniciarse.

ébène [ebɛn] nf ébano *m*.

ébéniste [ebenist] nmf ebanista *mf*.

ébénisterie [ebenistəʀi] nf ebanistería *f*.

éberlué, e [ebɛʀlɥe] adj atónito(ta).

éblouir [32] [ebluiʀ] vt deslumbrar.

éblouissant, e [ebluisɑ̃, ɑ̃t] adj **1.** [aveuglant] deslumbrador(ra) **2.** [fascinant] deslumbrante.

éblouissement [ebluismɑ̃] nm **1.** [gén] deslumbramiento *m* **2.** [vertige] mareo *m*.

ébonite [ebɔnit] nf ebonita *f*.

e-book [ibuk] (*pl* **e-books**) nm libro *m* electrónico.

éborgner [3] [ebɔʀɲe] vt dejar tuerto(ta). ◆ **s'éborgner** vp quedarse tuerto.

éboueur [ebwœʀ] nm basurero *m*, -ra *f*.

ébouillanter [3] [ebujɑ̃te] vt escaldar. ◆ **s'ébouillanter** vp escaldarse.

éboulement [ebulmɑ̃] nm desprendimiento *m*.

éboulis [ebuli] nm desprendimiento *m*.

ébouriffé, e [ebuʀife] adj alborotado(da).

ébranler [3] [ebʀɑ̃le] vt **1.** [faire trembler] estremecer, sacudir **2.** [santé, moral] quebrantar **3.** [gouvernement] hacer tambalear **4.** [opinion, conviction] hacer temblar. ◆ **s'ébranler** vp ponerse en movimiento.

Èbre [ɛbʀ] npr m ▸ **l'Ebre** el Ebro.

ébrécher [18] [ebʀeʃe] vt **1.** [verre, assiette] picar ; [lame, couteau] mellar **2.** *fam* & *fig* [fortune] mermar.

ébriété [ebʀijete] nf embriaguez *f*.

ébrouer [3] [ebʀue] ◆ **s'ébrouer** vp sacudirse.

ébruiter [3] [ebʀɥite] vt divulgar. ◆ **s'ébruiter** vp divulgarse.

ébullition [ebylisjɔ̃] nf ebullición *f* ▸ **porter à ébullition** llevar a ebullición ▸ **en ébullition** [en effervescence] en plena ebullición.

écaille [ekaj] nf **1.** [de poisson, reptile] escama *f* **2.** [de plâtre, peinture, vernis] desconchón *m* **3.** [matière] concha *f* ▸ **en écaille** de concha.

écailler[1], ère [ekaje, ɛʀ] nm, f ostrero *m*, -ra *f*.

écailler[2] [3] [ekaje] vt **1.** [poisson] escamar **2.** [huîtres] abrir. ◆ **s'écailler** vp [peinture, vernis] desconcharse.

écarlate [ekaʀlat] adj & nf escarlata.

écarquiller [3] [ekaʀkije] vt ▸ **écarquiller les yeux** abrir los ojos de par en par.

écart [ekaʀ] nm **1.** [dans l'espace] distancia *f*, separación *f* ▸ **tenir qqn à l'écart de qqch** mantener a alguien al margen de algo **2.** [dans le temps] intervalo *m* / *ils ont deux ans d'écart* se llevan dos años **3.** [différence] diferencia *f* / *un écart de salaire* una diferencia salarial **4.** [mouvement] extraño *m* ▸ **faire un écart à son régime** *fig* saltarse el régimen. ◆ **grand écart** nm ▸ **faire le grand écart** abrirse de piernas.

écarteler [25] [ekaʀtəle] vt **1.** [torturer] descuartizar **2.** *fig* [tirailler] dividir.

écartement [ekaʀtəmɑ̃] nm [gén] distancia *f* ; [de rails] ancho *m*.

écarter [3] [ekaʀte] vt **1.** [bras, jambes, rideaux] abrir **2.** [éloigner] apartar **3.** [obstacle, danger] eliminar ; [solution] desechar. ◆ **s'écarter** vp apartarse.

ecchymose [ekimoz] nf equimosis *f inv*.

ecclésiastique [eklezjastik] ◇ adj eclesiástico(ca). ◇ nm eclesiástico *m*.

écervelé, e [esɛʀvəle] adj & nm, f atolondrado(da).

échafaud [eʃafo] nm cadalso *m*.

échafaudage [eʃafodaʒ] nm **1.** CONSTR andamio *m*, andamiaje *m* **2.** [amas] montón *m*, pila *f* **3.** *fig* [de plan] elaboración *f*.

échafauder [3] [eʃafode] ◇ vt [projet, théorie] elaborar. ◇ vi CONSTR montar un andamio.

échalas [eʃala] nm **1.** [perche] rodrigón *m* **2.** *péj* [personne] ▸ **un grand échalas** un fideo, un espárrago.

échalote [eʃalɔt] nf chalote *m*.

échancré, e [eʃɑ̃kʀe] adj [vêtement] escotado(da).

échancrure [eʃɑ̃kʀyʀ] nf [de robe] escote *m*.

échange [eʃɑ̃ʒ] nm intercambio *m* / *il y a eu plusieurs échanges de coups de feu* hubo un tiroteo ▸ **en échange (de)** a cambio (de) ▸ **échange de bons procédés** intercambio de favores ▸ **échange de fichiers** intercambio de archivos ▸ **échange de prisonniers** canje *m* de prisioneros ▸ **échange standard** intercambio estándar. ◆ **échanges** nmpl ÉCON intercambios *mpl*.

échangeable [eʃɑ̃ʒabl] adj canjeable.

échanger [17] [eʃɑ̃ʒe] vt **1.** [troquer] ▸ **échanger qqch contre qqch** cambiar algo por algo **2.** [sourires, lettres, impressions] intercambiar.

échangeur [eʃɑ̃ʒœʀ] nm [de routes] intercambiador *m*.

échangisme [eʃɑ̃ʒism] nm **1.** [de partenaire sexuel] intercambio *m* de parejas **2.** ÉCON librecambio *m*.

échantillon [eʃɑ̃tijɔ̃] nm muestra *f*.

échantillonnage [eʃɑ̃tijɔnaʒ] nm muestrario *m*.

échappatoire [eʃapatwaʀ] nf escapatoria *f*.

échappé, e [eʃape] nm, f [évadé] escapado(da). ◆ **échappée** nf **1.** SPORT escapada *f* **2.** [vue] vista *f*.

échappement [eʃapmɑ̃] nm **1.** AUTO escape *m* ; ⟶ **pot 2.** [d'horloge] rueda *f* catalina.

échapper [3] [eʃape] ◇ vi **1.** [gén] ▸ **échapper à** a) escapar ou escaparse de b) [détail, nom] escapársele ▸ **laisser échapper** a) [occasion] dejar escapar b) [mot] soltar c) [erreur, faute] escapársele **2.** [glisser] ▸ **échapper des mains** escaparse de las manos. ◇ vt ▸ **l'échapper belle** salvarse por los pelos. ◆ **s'échapper** vp ▸ **s'échapper (de)** escaparse (de), escapar (de).

écharde [eʃaʀd] nf astilla *f*.

écharpe [eʃaʀp] nf bufanda *f* ▸ **en écharpe** [bras] en cabestrillo ▸ **l'écharpe tricolore** *faja con los colores de la bandera francesa que llevan los alcaldes en los actos oficiales* ▸ **prendre en écharpe** [voiture] golpear lateralmente.

écharper [3] [eʃaʀpe] vt despedazar.

échasse [eʃas] nf **1.** [de berger] zanco *m* **2.** [oiseau] zancuda *f*.

échassier [eʃasje] nm zancuda *f*.

échauder [3] [eʃode] vt escaldar.

échauffement [eʃofmɑ̃] nm **1.** [de moteur & SPORT] calentamiento *m* **2.** *fig* [surexcitation] caldeamiento *m*.

échauffer [3] [eʃofe] vt **1.** [gén] calentar **2.** [énerver] irritar. ◆ **s'échauffer** vp calentarse.

échauffourée [eʃofuʀe] nf refriega *f*.

échéance [eʃeɑ̃s] nf **1.** [délai] plazo *m* ▸ **à longue échéance** a largo plazo ▸ **à courte ou brève échéance** a corto ou en breve plazo ▸ **arriver à échéance** vencer un plazo **2.** [date de paiement] vencimiento *m* **3.** [somme d'argent] desembolso *m*.

échéancier [eʃeɑ̃sje] nm registro *m* de vencimientos.

échéant [eʃeɑ̃] ⟶ **cas**.

échec [eʃɛk] nm fracaso *m* ▸ **échec scolaire** fracaso escolar ▸ **un échec cuisant** un duro revés ▸ **essuyer un échec** sufrir un fracaso ▸ **tenir qqn en échec** mantener a raya a alguien ▸ **voué à l'échec** llamado al fracaso ▸ **échec et mat** jaque mate. ◆ **échecs** nmpl [jeu] ajedrez *m*.

échelle [eʃɛl] nf **1.** [objet] escalera *f* ▸ **échelle de corde** escalera de cuerda ▸ **faire la courte échelle à qqn** aupar a alguien **2.** [ordre de grandeur] escala *f* ▸ **à l'échelle de** [proportionné à] a la medida de ▸ **sur une grande échelle** a gran escala. ◆ **échelle de Richter** nf GÉOL escala *f* de Richter.

échelon [eʃlɔ̃] nm **1.** [barreau] escalón *m*, peldaño *m* **2.** *fig* [niveau] grado *m* ▸ **gravir les échelons** escalar puestos.

échelonnement [eʃlɔnmɑ̃] nm [de paiements, de vacances, d'un travail] escalonamiento *m*.

échelonner [3] [eʃlɔne] vt escalonar. ◆ **s'échelonner** vp escalonarse.

écheveau, x [eʃvo] nm madeja *f*.

échevelé, e [eʃəv(ə)le] adj **1.** [personne] despeinado(da) **2.** [course, rythme] desenfrenado(da).

échine [eʃin] nf ANAT espinazo *m* ; [de porc] lomo *m* ▸ **courber l'échine** *fig* doblar el espinazo.

échiner [3] [eʃine] ◆ **s'échiner** vp ▸ **s'échiner à** deslomarse a.

échiquier [eʃikje] nm **1.** [jeu] tablero *m* de ajedrez **2.** *fig* [scène] tablero *m* ▸ **l'échiquier politique** el tablero político.

écho [eko] nm eco *m* ▸ **rester sans écho** quedar sin respuesta ▸ **se faire l'écho de** hacerse eco de.

échographie [ekogʀafi] nf ecografía *f*.

échoir [70] [eʃwaʀ] vi *sout* **1.** [être dévolu] ▸ **échoir à qqn** tocarle a alguien **2.** [terme] vencer.

échoit [eʃwa] ⟶ **échoir**.

échoppe [eʃɔp] nf puesto *m*, tenderete *m*.

échouer [6] [eʃwe] vi **1.** [ne pas réussir] fracasar ▸ **échouer à un examen** suspender un examen **2.** [navire] encallar **3.** *fam* & *fig* [aboutir] ir a parar. ◆ **s'échouer** vp [navire] encallarse.

échu, e [eʃy] pp ⟶ **échoir**.

éclabousser [3] [eklabuse] vt salpicar.

éclaboussure [eklabusyʀ] nf [de liquide] salpicadura *f*.

éclair [eklɛʀ] ◆ nm **1.** [de lumière] relámpago *m* ESP, refusilo *m* AM **2.** *fig* [instant] chispa *f* ▸ **en un éclair** en un abrir y cerrar de ojos **3.** [gâteau] *pastelito alargado relleno de crema de chocolate o de café.* ◆ adj inv relámpago *(en apposition).*

éclairage [eklɛʀaʒ] nm **1.** [lumière - des rues] alumbrado *m* ; [- de local] iluminación *f* **2.** *fig* [point de vue] enfoque *m*.

éclairagiste [eklɛʀaʒist] nmf ingeniero *m*, -ra *f* de luces.

éclaircie [eklɛʀsi] nf claro *m (entre nubes).*

éclaircir [32] [eklɛʀsiʀ] vt aclarar. ◆ **s'éclaircir** vp **1.** [gén] aclararse **2.** [cheveux] enrarecer.

éclaircissement [eklɛʀsismɑ̃] nm aclaración *f*.

éclairer [4] [ekleʀe] vt **1.** [illuminer] alumbrar, iluminar **2.** *sout* [renseigner] ▸ **éclairer qqn sur qqch** aclarar a alguien sobre algo. ◆ **s'éclairer** vp **1.** [avec de la lumière] alumbrarse **2.** *fig* [visage] iluminarse **3.** [situation, idées] aclararse.

éclaireur, euse [eklɛʀœʀ, øz] nm, f explorador *m*, -ra *f* ▸ **partir en éclaireur** adelantarse.

éclat [ekla] nm **1.** [de lumière] resplandor *m* **2.** [de couleur, des yeux] brillo *m* **3.** [de verre, pierre] fragmento *m* ▸ **voler en éclats** hacerse pedazos **4.** [faste] esplendor *m* **5.** [bruit] estampido *m* ▸ **éclat de rire** carcajada *f* ▸ **éclats de voix** gritos *mpl* ▸ **rire aux éclats** reír a carcajadas ▸ **faire un éclat** armar un escándalo.

éclatant, e [eklatɑ̃, ɑ̃t] adj **1.** [lumière, couleur, succès] brillante **2.** [beauté] resplandeciente **3.** [rire, voix] estridente.

éclate [eklat] nf *fam* ▸ **c'est l'éclate** es lo más ou la bomba ESP ou lo máximo AM.

éclatement [eklatmɑ̃] nm **1.** [d'un obus, d'un ballon, d'un verre] estallido *m* ; [d'un pneu] reventón *m* **2.** *fig* [d'un parti, d'un groupe] fragmentación *f*.

éclater [3] [eklate] vi estallar ▸ **faire éclater qqch** hacer estallar algo. ◆ **s'éclater** vp *fam* pasárselo de miedo.

éclectique [eklɛktik] adj & nmf ecléctico(ca).

éclipse [eklips] nf eclipse *m* ▸ **éclipse de Lune / Soleil** eclipse lunar / solar.

éclipser [3] [eklipse] vt eclipsar. ◆ **s'éclipser** vp *fam* eclipsarse.

éclopé, e [eklɔpe] adj & nm, f cojo(ja).

éclore [113] [eklɔʀ] vi [fleur, œuf] hacer eclosión.

éclos, e [eklo, oz] pp ⟶ **éclore**.

éclosion [eklozjɔ̃] nf eclosión *f*.

éclôt ⟶ **éclore**.

écluse [eklyz] nf esclusa *f*.

écluser [3] [eklyze] vt **1.** NAUT [canal, rivière] cerrar con una esclusa ; [bateau] *hacer que pase por una esclusa* **2.** *fam* [boire] soplarse.

écobilan [ekɔbilɑ̃] nm ecobalance *m*, balance *m* ecológico.

écocitoyen, enne [ekɔsitwajɛ, ɛn] adj ecociudadano(na) / ***ayez des gestes écocitoyens*** tenga gestos ecociudadanos.

écœurant, e [ekœʀɑ̃, ɑ̃t] adj **1.** [gén] repugnante, asqueroso(sa) **2.** *fam* [démoralisant] asqueroso(sa).

écœurement [ekœʀmɑ̃] nm **1.** [nausée, répugnance] asco *m* **2.** *fam* [découragement] desánimo *m*.

écœurer [5] [ekœʀe] vt **1.** [dégoûter, indigner] dar asco **2.** *fam* [décourager] desmoralizar.

écolabel [ekɔlabɛl] nm ecoetiqueta *f*, etiqueta *f* ecológica.

école [ekɔl] nf **1.** [gén] escuela *f*, colegio *m* ▸ **aller à l'école** ira la escuela ou al colegio ▸ **être à bonne école** tener (un) buen maestro ▸ **faire école** hacer ou crear escuela ▸ **école communale** ≃ escuela municipal ▸ **école maternelle** parvulario *m* ▸ **école primaire** ≃ escuela de primaria ▸ **l'école publique** la escuela pública ▸ **une grande école** *institución de enseñanza superior de gran prestigio cuyo acceso va precedido de unas difíciles oposiciones* ▸ **l'École nationale d'administration** *la escuela nacional de administración en Francia que forma a altos funcionarios de Estado* ▸ **l'École nationale de la magistrature** *la escuela nacional de la magistratura en Francia* ▸ **l'École normale** *la antigua escuela de magisterio* ▸ **l'École normale supérieure** *la institución de enseñanza superior especializada en humanidades* ▸ **faire l'école buissonnière** hacer novillos **2.** [éducation] enseñanza *f* ▸ **école libre** enseñanza libre ▸ **école privée** enseñanza privada.

Grande école

Las **grandes écoles** son centros no universitarios de educación superior que otorgan diplomas muy prestigiosos. El acceso a las mismas se realiza tras superar una prueba de admisión muy selectiva. Para ello, los candidatos se preparan durante dos años en una **classe préparatoire**. La mayoría de estas escuelas mantienen estrechos lazos con el mundo empresarial. Las que cuentan con una mayor reputación son la **École des hautes études commerciales, HEC** (escuela de administración de empresas), la **École polytechnique** (escuela de ingenieros), la **École normale supérieure** (que forma a profesores e investigadores) y la **École nationale d'administration (ENA)**, que forma a altos funcionarios de Estado.

écolier, ère [ekɔlje, ɛʀ] nm, f **1.** [élève] escolar *mf*, colegial *m*, -la *f* **2.** *fig* [novice] principiante *mf*.

écolo [ekɔlɔ] nmf *fam* ecologista *mf* / *les écolos* los verdes.

écologie [ekɔlɔʒi] nf ecología *f*.

écologique [ekɔlɔʒik] adj ecológico(ca).

écologiste [ekɔlɔʒist] nmf ecologista *mf*.

écologue [ekɔlɔg] nmf [expert] ecólogo *m*, -ga *f*.

écomusée [ekomyze] nm ecomuseo *m*.

éconduire [98] [ekɔ̃dɥiʀ] vt *sout* rechazar.

économat [ekɔnɔma] nm economato *m*.

économe[1] [ekɔnɔm] ◆ adj ahorrador(ra) ▸ **être économe de qqch** ahorrarse algo. ◆ nmf ecónomo *m*, -ma *f*.

économe®[2] [ekɔnɔm] nm pelador, pelapatatas.

économie [ekɔnɔmi] nf **1.** [science & POL] economía *f* ▸ **économie dirigée / de marché** economía dirigida / de mercado ▸ **économie mixte** economía mixta **2.** *fig* [épargne] ahorro *m* ▸ **faire des économies** ahorrar ▸ **économies d'énergie** ahorro de energía. ◆ **économies** nfpl **1.** [pécule] ahorros *mpl* **2.** ÉCON ▸ **économies d'échelle** economías *fpl* de escala.

économique [ekɔnɔmik] adj económico(ca).

économiquement [ekɔnɔmikmɑ̃] adv económicamente.

économiser [3] [ekɔnɔmize] vt ahorrar.

économiseur [ekɔnɔmizœʀ] nm INFORM ▸ **économiseur d'écran** salvapantallas *m inv*.

économiste [ekɔnɔmist] nmf economista *mf*.

écoper [3] [ekɔpe] ◆ vt NAUT achicar. ◆ vi *fam* [être puni] pagar el pato ▸ **écoper de qqch** [sanction, corvée] cargar con algo.

écoproduit [ekɔpʀɔdɥi] nm ecoproducto *m*.

écoquartier [ekɔkaʀtje] nm ecobarrio *m*, barrio *m* ecológico.

écorce [ekɔʀs] nf corteza *f* ▸ **écorce d'orange** corteza de naranja ▸ **écorce terrestre** corteza terrestre.

écorché, e [ekɔʀʃe] adj & nm, f quisquilloso(sa) ▸ **un écorché vif** un quisquilloso. ◆ **écorché** nm **1.** ANAT *figura sin piel para el estudio de la anatomía* **2.** [schéma] corte *m*, sección *f*.

écorcher [3] [ekɔʀʃe] vt **1.** [égratigner] arañar **2.** [langue, nom] destrozar **3.** [lapin] despellejar. ◆ **s'écorcher** vp hacerse un arañazo.

écorchure [ekɔʀʃyʀ] nf arañazo *m*.

écorecharge [ekɔʀəʃaʀʒ] nf ecorrecarga *f*.

écorner [3] [ekɔʀne] vt **1.** [page] estropear **2.** *fig* [entamer] mermar.

écossais, e [ekɔsɛ, ɛz] adj escocés(esa). ◆ **écossais** nm **1.** LING escocés *m* **2.** [tissu] tela *f* escocesa. ◆ **Écossais, e** nm, f escocés *m*, -esa *f*.

Écosse [ekɔs] npr f ▸ **l'Écosse** Escocia.

écosser [3] [ekɔse] vt desgranar.

écosystème [ekɔsistɛm] nm ecosistema *m*.

écot [eko] nm escote *m* ▸ **payer son écot** pagar a escote.

écotaxe [ekotaks] nf ecotasa *f*.

écoterrorisme [ekɔtɛʀɔʀism] nm ecoterrorismo *m*, terrorismo *m* ecológico.

écotourisme [ekɔtuʀism] nm ecoturismo *m*, turismo *m* ecológico.

écoulement [ekulmɑ̃] nm **1.** [d'eau & MÉD] flujo *m* **2.** [de marchandises] salida *f*.

écouler [3] [ekule] vt deshacerse de. ◆ **s'écouler** vp **1.** [liquide] escurrirse **2.** [temps] pasar.

écourter [3] [ekuʀte] vt [durée] acortar.

écoute [ekut] nf **1.** [action d'écouter, de surveiller] escucha *f* ▸ **être à l'écoute de qqn** estar a la escucha de alguien ▸ **écoutes téléphoniques** escuchas telefónicas ▸ **être sur écoutes (téléphoniques)** tener el teléfono pinchado **2.** [audience] audiencia *f* ▸ **heure de grande écoute** hora de gran audiencia.

écouter [3] [ekute] vt escuchar / *j'aime écouter de la musique* me gusta escuchar música ▸ **il sait écouter** sabe escuchar ▸ **écouter aux portes** escuchar detrás de la puerta ▸ **n'écouter que d'une oreille** escuchar a medias. ◆ **s'écouter** vp **1.** [musique, discours] escucharse **2.** [suivre son inspiration] ▸ **si je m'écoutais** si dependiera de mí **3.** [s'observer] mirarse el ombligo ▸ **il s'écoute trop** siempre está lloriqueando ▸ **s'écouter parler** escucharse hablar.

écouteur [ekutœʀ] nm auricular *m*.

écoutille [ekutij] nf escotilla *f*.

écrabouiller [3] [ekʀabuje] vt *fam* espachurrar.

écran [ekʀɑ̃] nm pantalla *f* ▸ **le petit écran** la pequeña pantalla ▸ **porter qqch à l'écran** llevar algo a la pantalla ▸ **écran de fumée** cortina *f* de humo ▸ **écran orientable / tactile** pantalla orientable / táctil.

écrasant, e [ekʀazɑ̃, ɑ̃t] adj aplastante.

écraser [3] [ekʀaze] ◆ vt **1.** [comprimer, vaincre] aplastar **2.** [accabler] agobiar, abrumar **3.** [piétiner, marcher sur] pisar **4.** INFORM suprimir **5.** [renverser] atropellar / *il s'est fait écraser par une voiture* lo ha atropellado un coche **6.** EXPR **en écraser** *fam* dormir como un tronco. ◆ vi ▸ **écrase !** *fam* ¡cállate ya! ◆ **s'écraser** vp **1.** [avion, véhicule] estrellarse **2.** *fam* [se taire] morderse la lengua.

écrémage [ekʀemaʒ] nm *fig* [dans une organisation, un budget] selección *m*.

écrémer [18] [ekʀeme] vt **1.** [lait] descremar **2.** *fig* [prendre le meilleur de] escoger lo mejor de.

écrevisse [ekʀəvis] nf cangrejo *m* de río ▸ **écrevisses à la nage** CULIN *caldo de cangrejo de río con nata* ▸ **être rouge comme une écrevisse** estar más rojo que un cangrejo.

écrier [3] [ekʀije] ◆ **s'écrier** vp exclamar.

écrin [ekʀɛ̃] nm joyero *m (estuche)*.

écrire [99] [ekʀiʀ] vt escribir. ◆ **s'écrire** vp escribirse.

écris ⟶ **écrire**.

écrit, e [ekʀi, it] ❖ adj escrito(ta) ▸ **bien / mal écrit** bien/mal escrito. ❖ pp ⟶ **écrire.** ◆ **écrit** nm **1.** [ouvrage, document] escrito *m* **2.** [examen] examen *m* escrito. ◆ **par écrit** loc adv por escrito.

écriteau, x [ekʀito] nm letrero *m*, cartel *m* ESP, afiche *m* AM.

écriture [ekʀityʀ] nf **1.** [système de signes] escritura *f* **2.** [de personne] letra *f* **3.** *sout* [style] estilo *m*. ◆ **écritures** nfpl COMM ▸ **tenir les écritures** llevar los libros. ◆ **Écriture sainte** nf Sagradas Escrituras *fpl*.

écrivain [ekʀivɛ̃] nm escritor *m*, -ra *f*. ◆ **écrivain public** nm amanuense *mf*, escribiente *mf*.

écrivais ⟶ **écrire**.

écrou [ekʀu] nm tuerca *f*.

écrouer [3] [ekʀue] vt encarcelar.

écroulement [ekʀulmɑ̃] nm derrumbamiento *m*.

écrouler [3] [ekʀule] ◆ **s'écrouler** vp derrumbarse, desplomarse.

écru, e [ekʀy] adj crudo(da).

ecsta [ɛksta] (*abr de* **ecstasy**) nm *fam* éxtasis *m*.

ecstasy [ɛkstazi] nm éxtasis *m inv (droga)*.

ectoplasme [ɛktɔplasm] nm ectoplasma *m*.

écu [eky] nm escudo *m*.

ÉCU [eky] (*abr de* **European Currency Unit**) nm ECU *m* / *en 1998, l'ÉCU a été remplacé par l'euro* en 1998, el euro remplazó al ecu.

écueil [ekœj] nm escollo *m*.

écuelle [ekɥɛl] nf escudilla *f*.

éculé, e [ekyle] adj gastado(da).

écume [ekym] nf **1.** [de mer, de bière] espuma *f* **2.** [de personne, d'animal] baba *f*, espumarajo *m* **3.** *fig* [rebut] escoria *f*.

écumer [3] [ekyme] ❖ vt **1.** [enlever l'écume de] espumar **2.** *fig* [piller] saquear. ❖ vi **1.** [mer] espumar **2.** [animal] babear, echar espumarajos **3.** *fig* [être furieux] echar chispas / *il écume de rage* está que muerde.

écumoire [ekymwaʀ] nf espumadera *f*.

écureuil [ekyʀœj] nm ardilla *f* ▸ **l'Écureuil** *logotipo de la caja de ahorros de París*.

écurie [ekyʀi] nf **1.** [bâtiment] cuadra *f*, caballeriza *f* **2.** *fig* [chevaux de courses] cuadra *f* **3.** AUTO escudería *f*.

écusson [ekysɔ̃] nm **1.** [d'armoiries] escudo *m* **2.** MIL distintivo *m (del cuerpo del ejército)*.

écuyer, ère [ekɥije, ɛʀ] nm, f [de cirque] caballista *mf*. ◆ **écuyer** nm [de chevalier] escudero *m*.

eczéma [ɛgzema] nm eczema *m*.

éd. (*abr écrite de* **édition**) ed. / *éd. 2010* ed. 2010.

edelweiss [edɛlvɛs] nm edelweiss *m inv*.

éden [edɛn] nm edén *m*.

édenté, e [edɑ̃te] adj desdentado(da).

édifiant, e [edifjɑ̃, ɑ̃t] adj edificante.

édification [edifikasjɔ̃] nf **1.** [de temple, d'empire] construcción *f* **2.** RELIG [de fidèles] edificación *f*.

édifice [edifis] nm **1.** [construction] edificio *m* ▸ **édifice public** edificio público **2.** *fig* [ensemble organisé] entramado *m*.

édifier [9] [edifje] vt **1.** [bâtiment] construir, edificar **2.** [théorie] elaborar **3.** *iron* [personne] edificar.

Édimbourg [edɛ̃buʀ] npr Edimburgo.

édit [edi] nm edicto *m*.

édit. (*abr écrite de* **éditeur**) ed.

éditer [3] [edite] vt editar.

éditeur, trice [editœʀ, tʀis] nm, f editor *m*, -ra *f*.

édition [edisjɔ̃] nf edición *f* ▸ **3ᵉ édition revue et corrigée** tercera edición corregida y aumentada ▸ **édition originale** edición original ▸ **dernière édition** última edición.

édito [edito] nm *fam* editorial *m*.

éditorial, aux [editɔʀjal, o] nm editorial *m*.

éditorialiste [editɔʀjalist] nmf editorialista *mf*.

édredon [edʀədɔ̃] nm edredón *m*.

éducateur, trice [edykatœʀ, tʀis] ❖ adj educador(ra). ❖ nm, f educador *m*, -ra *f* ▸ **éducateur spécialisé** *profesor en educación especial*.

éducatif, ive [edykatif, iv] adj educativo(va).

éducation [edykasjɔ̃] nf educación *f* ▸ **éducation civique** formación *f* cívica ▸ **éducation physique** educación física ▸ **éducation sexuelle** educación sexual. ◆ **Éducation nationale** nf ▸ **l'Éducation nationale** *la Educación Nacional francesa*.

édulcorant [edylkɔʀɑ̃] nm edulcorante *m* ▸ **édulcorant de synthèse** edulcorante sintético.

édulcorer [3] [edylkɔʀe] vt **1.** *sout* [sucrer] endulzar, edulcorar **2.** *fig* [adoucir] suavizar.

éduquer [3] [edyke] vt educar.

effaçable [efasabl] adj **1.** [encre, crayon, inscription] borrable **2.** INFORM [mémoire] borrable, regrabable.

effacé, e [efase] adj **1.** [personne, rôle] discreto(ta) **2.** [teinte] apagado(da).

effacer [16] [efase] vt **1.** [gén & INFORM] borrar **2.** *fig* [éclipser] eclipsar. ◆ **s'effacer** vp **1.** [s'estomper] borrarse **2.** *sout* [s'écarter] apartarse **3.** *fig* [s'incliner] inclinarse *(en señal de respeto)*.

effaceur [efasœʀ] nm borrador *m*.

effarant, e [efaʀɑ̃, ɑ̃t] adj espantoso(sa).

effaré, e [efaʀe] adj asustado(da).

effarement [efaʀmɑ̃] nm espanto *m*.

effarer [3] [efaʀe] vt espantar, asustar.

effaroucher [3] [efaʀuʃe] vt asustar.

effectif, ive [efɛktif, iv] adj efectivo(va). ◆ **effectif** nm **1.** MIL efectivos *mpl* **2.** SCOL alumnado *m*.

effectivement [efɛktivmɑ̃] adv **1.** [réellement] realmente **2.** [pour confirmer] efectivamente.

effectuer [7] [efektɥe] vt efectuar. ◆ **s'effectuer** vp efectuarse.

efféminé, e [efemine] adj afeminado(da).

effervescence [efɛʀvesɑ̃s] nf efervescencia *f* ▸ **en effervescence** en efervescencia.

effervescent, e [efɛʀvesɑ̃, ɑ̃t] adj efervescente.

effet [efɛ] nm **1.** [gén] efecto *m* ▸ **avoir pour effet de** tener como resultado ou consecuencia ▸ **faire son effet** hacer efecto ▸ **rester sans effet** no surtir efecto ▸ **sous l'effet de** bajo el efecto de ▸ **effet rétroactif** efecto retroactivo ▸ **effet secondaire** efecto secundario ▸ **effet de serre** efecto (de) invernadero ▸ **effets spéciaux** efectos especiales **2.** [impression produite] efecto *m*, impresión *f* ▸ **faire de l'effet** causar sensación. ◆ **à cet effet** loc adv a este efecto. ◆ **en effet** loc adv en efecto, efectivamente.

effeuiller [5] [efœje] vt deshojar. ◆ **s'effeuiller** vp deshojarse.

efficace [efikas] adj **1.** [remède, mesure] eficaz **2.** [personne] eficaz, eficiente.

efficacement [efikasmɑ̃] adv [avec succès] eficazmente ; [de façon productive] eficazmente, eficientemente.

efficacité [efikasite] nf eficacia *f*.

efficience [efisjɑ̃s] nf eficiencia *f*.

effigie [efiʒi] nf efigie *f*.

effilé, e [efile] adj **1.** [lame, couteau] afilado(da) **2.** [silhouette, doigts] estilizado(da).

effiler [3] [efile] vt **1.** [tissu] deshilachar **2.** [lame, couteau] afilar **3.** [cheveux] atusar. ◆ **s'effiler** vp deshilacharse.

effilocher [3] [efilɔʃe] vt deshilachar. ◆ **s'effilocher** vp deshilacharse.

efflanqué, e [eflɑ̃ke] adj flaco(ca).

effleurer [5] [eflœʀe] vt **1.** [surface, visage] rozar **2.** [problème, affaire] tratar superficialmente **3.** [suj : idée, pensée] ocurrirse / *cette pensée ne l'a jamais effleuré* nunca se le ha ocurrido esta idea.

effluves [eflyv] nmpl efluvios *mpl*.

effondrement [efɔ̃dʀəmɑ̃] nm **1.** [de mur, toit, projet] hundimiento *m*, desmoronamiento *m* **2.** [de personne] desfondamiento *m*.

effondrer [3] [efɔ̃dʀe] vt *fig* [personne] hundir, desmoronar. ◆ **s'effondrer** vp hundirse, desmoronarse.

efforcer [16] [efɔʀse] ◆ **s'efforcer** vp ▸ **s'efforcer de faire qqch** esforzarse en hacer algo.

effort [efɔʀ] nm **1.** [de personne] esfuerzo *m* ▸ **faire un effort** hacer un esfuerzo ▸ **sans effort** sin esfuerzo **2.** PHYS fuerza *f*.

effraction [efʀaksjɔ̃] nf DR fractura *f*.

effrayant, e [efʀɛjɑ̃, ɑ̃t] adj espantoso(sa).

effrayer [11] [efʀeje] vt asustar. ◆ **s'effrayer** vp asustarse.

effréné, e [efʀene] adj desenfrenado(da).

effritement [efʀitmɑ̃] nm **1.** [d'un mur, d'un revêtement, de la roche] pulverización *f* **2.** *fig* [de l'autorité, d'une majorité, de fonds] desmoronamiento *m*.

effriter [3] [efʀite] vt pulverizar. ◆ **s'effriter** vp **1.** [mur, pierre] reducirse a polvo **2.** *fig* [majorité] desmoronarse.

effroi [efʀwa] nm pavor *m*.

effronté, e [efʀɔ̃te] adj & nm, f descarado(da).

effrontément [efʀɔ̃temɑ̃] adv descaradamente.

effronterie [efʀɔ̃tʀi] nf descaro *m*.

effroyable [efʀwajabl] adj espantoso(sa).

effusion [efyzjɔ̃] nf **1.** [de sang] derramamiento *m* ▸ **sans effusion de sang** sin derramamiento de sangre **2.** [de sentiments] efusión *f* ▸ **avec effusion** efusivamente.

égailler [3] [egaje] ◆ **s'égailler** vp dispersarse.

égal, e, aux [egal, o] ◈ adj **1.** [équivalent] igual **2.** [régulier] regular **3.** [indifférent] ▸ **ça m'est égal** me da igual ou lo mismo. ◈ nm, f igual *mf* ▸ **d'égal à égal** de igual a igual ▸ **sans égal** sin igual.

également [egalmɑ̃] adv **1.** [avec égalité] con igualdad **2.** [aussi] también.

égaler [3] [egale] vt **1.** MATH ser, dar / *deux plus trois égale cinq* dos y tres son cinco **2.** [être à la hauteur de] igualar.

égalisation [egalizasjɔ̃] nf **1.** [de terrain] igualación *f* ; [de salaires] ajuste *m* **2.** SPORT empate *m*.

égaliser [3] [egalize] vt **1.** [rendre égal] igualar **2.** SPORT empatar, igualar.

égalitaire [egalitɛʀ] adj igualitario(ria).

égalitarisme [egalitaʀism] nm igualitarismo *m*.

égalité [egalite] nf **1.** [gén] igualdad *f* ▸ **être à égalité** estar empatados(das), estar igualados(das) **2.** [d'humeur] regularidad *f*.

égard [egaʀ] nm respeto *m* ▸ **eu égard à** *sout* por deferencia a ▸ **par égard pour** por deferencia hacia. ◆ **à l'égard de** loc prép respecto a. ◆ **à certains égards** loc adv en ciertos aspectos.

égaré, e [egaʀe] adj extraviado(da).

égarement [egaʀmɑ̃] nm extravío *m*.

égarer [3] [egaʀe] vt extraviar. ◆ **s'égarer** vp **1.** [objet, personne] extraviarse **2.** [discussion] desviarse **3.** *fig* & *sout* [sortir du bon sens] divagar.

égayer [11] [egeje] vt alegrar, animar. ◆ **s'égayer** vp animarse.

égérie [eʒeʀi] nf musa *f*.

égide [eʒid] nf égida *f* ▸ **sous l'égide de** bajo la égida de, bajo los auspicios de.

églantier [eglɑ̃tje] nm agavanzo *m*.

églantine [eglɑ̃tin] nf gavanza *f*.

églefin [egləfɛ̃], **aiglefin** [ɛgləfɛ̃] nm abadejo *m*.

église [egliz] nf iglesia *f* ▸ **aller à l'église** ir a la iglesia. ◆ **Église** nf ▸ **l'Église catholique / protestante** la Iglesia católica / protestante.

ego [ego] nm ego *m*.

égocentrique [egɔsɑ̃tʀik] adj & nmf egocéntrico(ca).

égocentrisme [egɔsɑ̃tʀism] nm egocentrismo *m*.

égoïsme [egɔism] nm egoísmo *m*.

égoïste [egɔist] adj & nmf egoísta.

égoïstement [egɔistəmɑ̃] adv egoístamente.

égorger [4] [egɔʀʒe] vt degollar.

égosiller [3] [egɔzije] ◆ **s'égosiller** vp desgañitarse.

égout [egu] nm alcantarilla *f* ▸ **les égouts** el alcantarillado.

égoutter [3] [egute] vt **1.** [linge, vaisselle, légumes] escurrir **2.** [fromage] desuerar. ◆ **s'égoutter** vp escurrirse.

égouttoir [egutwaʀ] nm **1.** [à légumes] escurridor *m* **2.** [à vaisselle] escurridor *m*, escurreplatos *m inv*.

égratigner [3] [egʀatiɲe] vt **1.** [érafler] arañar **2.** *fig* [blesser] afectar. ◆ **s'égratigner** vp [s'érafler] arañarse.

égratignure [egʀatiɲyʀ] nf **1.** [éraflure] arañazo *m*, rasguño *m* **2.** *fig* [blessure] rasguño *m*.

égrener [19] [egʀəne] vt desgranar. ◆ **s'égrener** vp **1.** [raisins] desgranarse **2.** *fig* [personnes, voitures] desfilar.

égrillard, e [egʀijaʀ, aʀd] adj chocarrero(ra).

Égypte [eʒipt] npr f ▸ **l'Égypte** Egipto.

égyptien, enne [eʒipsjɛ̃, ɛn] adj egipcio(cia). ◆ **égyptien** nm LING egipcio *m*. ◆ **Égyptien, enne** nm, f egipcio *m*, -cia *f*.

égyptologie [eʒiptɔlɔʒi] nf egiptología *f*.

eh [e] interj eh ▸ **eh bien** bueno.

éhonté, e [eɔ̃te] adj & nm, f sinvergüenza.

Eiffel [efɛl] npr : *la tour Eiffel* la Torre Eiffel.

Eire [ɛʀ] npr f ▸ **l'Eire** Eire.

éjaculation [eʒakylasjɔ̃] nf eyaculación *f* ▸ **éjaculation précoce** eyaculación precoz.

éjaculer [3] [eʒakyle] vt & vi eyacular.

éjectable [eʒɛktabl] adj eyectable.

éjecter [4] [eʒɛkte] vt **1.** [rejeter] eyectar **2.** *fam* [personne] echar / *il s'est fait éjecter* lo han echado.

élaboration [elabɔʀasjɔ̃] nf elaboración *f*.

élaboré, e [elabɔʀe] adj elaborado(da) *(sofisticado)*.

élaborer [3] [elabɔʀe] vt elaborar.

élagage [elagaʒ] nm **1.** [d'arbre] poda *f* **2.** *fig* [de texte] expurgación *f*.

élaguer [3] [elage] vt **1.** [arbre] podar **2.** *fig* [texte, exposé] recortar, expurgar.

élan [elɑ̃] nm **1.** ZOOL alce *m* **2.** [mouvement physique] impulso *m* ▸ **prendre son élan** coger impulso **3.** *fig* [de joie, de générosité] arrebato *m*.

élancé, e [elɑ̃se] adj esbelto(ta).

élancement [elɑ̃smɑ̃] nm punzada *f*.

élancer [16] [elɑ̃se] vi MÉD dar punzadas. ◆ **s'élancer** vp **1.** [se précipiter] lanzarse **2.** SPORT coger impulso.

élargir [32] [elaʀʒiʀ] vt **1.** [route, jupe] ensanchar **2.** *fig* [connaissances] ampliar. ◆ **s'élargir** vp **1.** [route, vêtement, chaussure] ensancharse **2.** *fam* [personne] engordar **3.** *fig* [idées, connaissances] ampliar.

élargissement [elaʀʒismɑ̃] nm **1.** [de vêtement, route] ensanchamiento *m* **2.** *fig* [de débat, d'idées] ampliación *f*.

élasthanne [elastan] nm elastano *m*.

élasticité [elastisite] nf elasticidad *f*.

élastique [elastik] ◇ adj elástico(ca). ◇ nm elástico *m*, goma *f*.

élastomère [elastɔmɛʀ] nm elastómero *m*.

Elbe [ɛlb] npr ▸ **l'île d'Elbe** la isla de Elba.

eldorado [ɛldɔʀado] nm paraíso *m*. ◆ **Eldorado** nm Eldorado *m*.

e-learning [ilœʀniŋ] nm enseñanza *f* virtual, aprendizaje *m* virtual.

électeur, trice [elɛktœʀ, tʀis] nm, f elector *m*, -ra *f*.

élection [elɛksjɔ̃] nf elección *f* ▸ **d'élection** de elección ▸ **élection présidentielle** elecciones presidenciales ▸ **élections municipales** elecciones municipales.

électoral, e, aux [elɛktɔʀal, o] adj electoral.

électoralisme [elɛktɔʀalism] nm electoralismo *m*.

électorat [elɛktɔʀa] nm electorado *m*.

électricien, enne [elɛktʀisjɛ̃, ɛn] nm, f electricista *mf*.

électricité [elɛktʀisite] nf **1.** PHYS electricidad *f* **2.** *fig* [tension] ▸ **il y a de l'électricité dans l'air** el ambiente está muy cargado.

électrification [elɛktʀifikasjɔ̃] nf electrificación *f*.

électrifier [9] [elɛktʀifje] vt electrificar.

électrique [elɛktʀik] adj **1.** PHYS eléctrico(ca) **2.** *fig* [impression] electrizante.

électriser [3] [elɛktʀize] vt electrizar.

électro [elɛktʀo] nf inv electro *m*.

électroaimant [elɛktʀoɛmɑ̃] nm electroimán *m*.

électrocardiogramme [elɛktʀokaʀdjɔgʀam] nm electrocardiograma *m*.

électrochoc [elɛktʀoʃɔk] nm electrochoque *m*.

électrocuter [3] [elɛktʀɔkyte] vt electrocutar.

électrocution [elɛktʀokysjɔ̃] nf electrocución *f*.

électrode [elɛktʀɔd] nf electrodo *m*.

électroencéphalogramme [elɛktʀoɑ̃sefalɔgʀam] nm electroencefalograma *m*.

électrogène [elɛktʀɔʒɛn] adj electrógeno(na).

électrolyse [elɛktʀɔliz] nf electrólisis *f inv*.

électromagnétique [elɛktʀɔmaɲetik] adj electromagnético(ca).

électroménager [elɛktʀɔmenaʒe] ◇ adj electrodoméstico. ◇ nm electrodomésticos *mpl*.

électron [elɛktʀɔ̃] nm electrón *m*.

électronicien, enne [elɛktʀɔnisjɛ̃, ɛn] nm, f técnico *mf* electrónico.

électronique [elɛktʀɔnik] ◆ adj electrónico(ca). ◆ nf electrónica *f*.

électrophone [elɛktʀɔfɔn] nm electrófono *m*.

élégamment [elegamɑ̃] adv **1.** [s'habiller] elegantemente **2.** [parler] con elegancia.

élégance [elegɑ̃s] nf elegancia *f*.

élégant, e [elegɑ̃, ɑ̃t] adj elegante ESP, elegantoso(sa) AM.

élément [elemɑ̃] nm elemento *m* ▸ **les bons / mauvais éléments** los buenos/malos elementos ▸ **être dans son élément** *fig* estar en su elemento ▸ **les quatre éléments** los cuatro elementos.

élémentaire [elemɑ̃tɛʀ] adj elemental.

éléphant [elefɑ̃] nm elefante *m*.

éléphanteau, x [elefɑ̃to] nm cría *f* de elefante.

éléphantesque [elefɑ̃tɛsk] adj *fam* gigante.

élevage [ɛlvaʒ] nm [activité] cría *f*; [installation] criadero *m*.

élévateur, trice [elevatœʀ, tʀis] adj elevador(ra). ◆ **élévateur** nm [appareil] elevador *m*.

élévation [elevasjɔ̃] nf elevación *f* ▸ **élévation au carré** MATH elevación al cuadrado.

élève [elɛv] nmf **1.** [gén] alumno *m*, -na *f* **2.** MIL ≃ cadete *mf*.

élevé, e [ɛlve] adj **1.** [gén] elevado(da) **2.** [éduqué] ▸ **bien / mal élevé** bien/mal educado.

élever [19] [ɛlve] vt **1.** [enfant] educar **2.** [animaux] criar **3.** [statue, protestations] levantar **4.** [prix, niveau de vie] subir **5.** [esprit] elevar **6.** EXPR **élever la voix** OU **le ton** alzar OU levantar la voz ▸ **élever le débat** elevar el debate ▸ **élever un nombre au carré / cube** elevar un número al cuadrado/cubo. ◆ **s'élever** vp **1.** [monter] elevarse **2.** [protester] ▸ **s'élever contre qqn / contre qqch** levantarse contra alguien/contra algo. ◆ **s'élever à** vp + prép [facture, bénéfices, pertes] ascender a / *le bilan s'élève à 10 morts et 12 blessés* el balance asciende a 10 muertos y 12 heridos.

éleveur, euse [ɛlvœʀ, øz] nm, f criador *m*, -ra *f*.

elfe [ɛlf] nm elfo *m*.

élider [elide] vt elidir. ◆ **s'élider** vp elidirse.

éligibilité [eliʒibilite] nf elegibilidad *f*.

éligible [eliʒibl] adj elegible.

élimination [eliminasjɔ̃] nf eliminación *f* ▸ **procéder par élimination** proceder por eliminación.

éliminatoire [eliminatwaʀ] ◆ adj eliminatorio(ria). ◆ nf SPORT eliminatoria *f*.

éliminer [3] [elimine] vt eliminar.

élire [106] [eliʀ] vt elegir.

élis ⟶ **élire**.

élisais ⟶ **élire**.

élision [elizjɔ̃] nf elisión *f*.

élite [elit] nf elite *f* ▸ **d'élite** de elite.

élitisme [elitism] nm elitismo *m*.

élitiste [elitist] nmf elitista *mf*.

élixir [eliksiʀ] nm elixir *m*.

elle [ɛl] pron pers ella / *il a fait ça pour elle* lo ha hecho por ella / *elle est jolie, Marie* es guapa, Marie ▸ **c'est à elle** es suyo/suya. ◆ **elle-même** pron pers ella misma.

ellipse [elips] nf **1.** GÉOM elipse *f* **2.** LING elipsis *f inv*.

elliptique [eliptik] adj elíptico(ca).

élocution [elɔkysjɔ̃] nf elocución *f*.

éloge [elɔʒ] nm elogio *m* ▸ **couvrir qqn d'éloges** deshacerse en elogios con alguien ▸ **faire l'éloge de qqn / de qqch** elogiar a alguien/algo.

élogieux, euse [elɔʒjø, øz] adj elogioso(sa).

éloigné, e [elwaɲe] adj **1.** [dans l'espace] alejado(da) **2.** [dans le temps, la famille] lejano(na) **3.** *fig* & *sout* ▸ **ne pas être éloigné de croire que** no estar lejos de pensar que.

éloignement [elwaɲmɑ̃] nm **1.** [gén] alejamiento *m* **2.** [recul] distanciamiento *m*.

éloigner [3] [elwaɲe] vt alejar. ◆ **s'éloigner** vp alejarse.

élongation [elɔ̃gasjɔ̃] nf elongación *f*.

éloquence [elɔkɑ̃s] nf elocuencia *f*.

éloquent, e [elɔkɑ̃, ɑ̃t] adj elocuente.

élu, e [ely] ◆ adj POL electo(ta). ◆ nm, f POL & RELIG elegido *m*, -da *f* ▸ **l'élu de son cœur** su media naranja. ◆ pp ⟶ **élire.**

élucider [3] [elyside] vt dilucidar.

élucubration [elykybʀasjɔ̃] nf *péj* elucubración *f*.

éluder [3] [elyde] vt eludir.

élus ⟶ **élire**.

Élysée [elize] npr ▸ **l'Élysée** el Elíseo *(residencia oficial del presidente de la República Francesa)*.

L'Élysée

Este palacio del siglo XVIII es la residencia oficial del Presidente de la República, y está situado cerca de la avenida de los Campos Elíseos. A menudo se habla del Élysée para referirse a la presidencia.

émacié, e [emasje] adj *sout* demacrado(da).

e-mail [imɛl] (*pl* **e-mails**) nm e-mail *m*.

émail, aux [emaj, emo] nm esmalte *m* ▸ **en émail** esmaltado(da). ◆ **émaux** nmpl esmaltes *mpl*.

émaillé, e [emaje] adj ▸ **émaillé de** salpicado de.

émanation [emanasjɔ̃] nf emanación *f*.

émancipation [emɑ̃sipasjɔ̃] nf emancipación *f*.

émancipé, e [emɑ̃sipe] adj emancipado(da).

émanciper [3] [emɑ̃sipe] vt emancipar. ◆ **s'émanciper** vp **1.** [se libérer] emanciparse **2.** *fam* [se dévergonder] espabilarse.

émaner [3] [emane] vi emanar.

émarger [17] [emaʀʒe] vt firmar en el margen.

émasculer [3] [emaskyle] vt emascular.

emballage [ɑ̃balaʒ] nm embalaje *m*.

emballement [ɑ̃balmɑ̃] nm **1.** [enthousiasme] entusiasmo *m* **2.** [d'un moteur] aceleración *f* anormal.

emballer [3] [ɑ̃bale] vt **1.** [objet, moteur] embalar **2.** [cadeau] envolver **3.** *fam* [plaire] entusiasmar. ◆ **s'emballer** vp **1.** [personne, moteur] embalarse **2.** [cheval] desbocarse.

embarcadère [ɑ̃baʀkadɛʀ] nm embarcadero *m*.

embarcation [ɑ̃baʀkasjɔ̃] nf embarcación *f*.

embardée [ɑ̃baʀde] nf bandazo *m* ▸ **faire une embardée** dar un bandazo.

embargo [ɑ̃baʀgo] nm embargo *m*.

embarquement [ɑ̃baʀkəmɑ̃] nm **1.** [de marchandises] embarque *m* **2.** [de passagers] embarco *m* ▸ **embarquement immédiat** embarco inmediato.

embarquer [3] [ɑ̃baʀke] ◈ vt **1.** [marchandises, passagers] embarcar **2.** *fam* [malfaiteur] trincar **3.** *fam* [emporter] llevarse **4.** *fam* & *fig* [engager] ▸ **embarquer qqn dans qqch** embarcar a alguien en algo. ◈ vi ▸ **embarquer (pour)** embarcarse (para). ◆ **s'embarquer** vp embarcarse ▸ **s'embarquer dans** *fam* & *fig* embarcarse en.

embarras [ɑ̃baʀa] nm **1.** [incertitude, situation difficile] aprieto *m*, apuro *m* ▸ **avoir l'embarras du choix** tener mucho donde escoger ▸ **être dans l'embarras** estar en un aprieto ou apuro ▸ **mettre qqn dans l'embarras** poner a alguien en un compromiso ▸ **tirer qqn d'embarras** sacar a alguien de un aprieto ou apuro **2.** [souci] problema *m* **3.** [gêne] molestia *f*.

embarrassant, e [ɑ̃baʀasɑ̃, ɑ̃t] adj embarazoso(sa).

embarrassé, e [ɑ̃baʀase] adj **1.** [chargé] cargado(da) **2.** [perplexe] apurado(da) **3.** [timide] apocado(da) **4.** [confus] confuso(sa).

> ⚠ **Embarazada** est un faux ami, il ne signifie pas *embarrassée*, mais « enceinte ».

embarrasser [3] [ɑ̃baʀase] vt **1.** [encombrer] atestar **2.** [gêner] estorbar **3.** [déconcerter] poner en un compromiso, poner en un aprieto. ◆ **s'embarrasser** vp **1.** [s'encombrer] ▸ **s'embarrasser de qqch** cargar con algo / *il ne s'embarrasse pas de scrupules* no tiene ningún escrúpulo **2.** *fig* [s'empêtrer] ▸ **s'embarrasser dans** liarse con.

embauche [ɑ̃boʃ] nf contratación *f*.

embaucher [3] [ɑ̃boʃe] vt **1.** [employer] contratar **2.** *fam* [occuper] reclutar.

embaumer [3] [ɑ̃bome] ◈ vt embalsamar. ◈ vi desprender buen olor.

embellie [ɑ̃beli] nf *fig* [d'une situation] mejora *f*.

embellir [32] [ɑ̃beliʀ] ◈ vt **1.** [agrémenter] embellecer **2.** *fig* [enjoliver] adornar. ◈ vi embellecerse.

embellissement [ɑ̃belismɑ̃] nm embellecimiento *m*.

emberlificoter [3] [ɑ̃bɛʀlifikɔte] vt *fam* liar. ◆ **s'emberlificoter** vp *fam* liarse.

embêtant, e [ɑ̃bɛtɑ̃, ɑ̃t] adj *fam* molesto(ta) ; [personne] pesado(da).

embêtement [ɑ̃bɛtmɑ̃] nm *fam* problema *m*.

embêter [4] [ɑ̃bete] vt *fam* **1.** [embarrasser] ▸ **être bien embêté** estar en un buen aprieto **2.** [importuner, contrarier] molestar. ◆ **s'embêter** vp *fam* [s'ennuyer] aburrirse.

emblée [ɑ̃ble] ◆ **d'emblée** loc adv en seguida.

emblématique [ɑ̃blematik] adj emblemático(ca).

emblème [ɑ̃blɛm] nm emblema *m*.

embobiner [3] [ɑ̃bɔbine] vt **1.** *fam* [tromper] embaucar **2.** [fil] bobinar.

emboîter [3] [ɑ̃bwate] vt **1.** [ajuster] ▸ **emboîter qqch dans qqch** encajar algo en algo **2.** EXPR **emboîter le pas à qqn** pisarle los talones a alguien. ◆ **s'emboîter** vp encajar.

embolie [ɑ̃bɔli] nf embolia *f*.

embonpoint [ɑ̃bɔ̃pwɛ̃] nm gordura *f* ▸ **prendre de l'embonpoint** engordar.

embouché, e [ɑ̃buʃe] adj ▸ **mal embouché** *fam* mal hablado.

embouchure [ɑ̃buʃyʀ] nf **1.** [de fleuve] desembocadura *f* **2.** [d'instrument] boquilla *f*, embocadura *f*.

embourber [3] [ɑ̃buʀbe] vt atascar. ◆ **s'embourber** vp **1.** [s'enliser] atascarse **2.** *fig* [s'embrouiller] liarse.

embourgeoisement [ɑ̃buʀʒwazmɑ̃] nm aburguesamiento *m*.

embourgeoiser [3] [ɑ̃buʀʒwaze] vt aburguesar. ◆ **s'embourgeoiser** vp aburguesarse.

embout [ɑ̃bu] nm contera *f*.

embouteillage [ɑ̃butɛjaʒ] nm **1.** [de véhicules] atasco *m*, embotellamiento *m* ESP, atorón *m* AM **2.** [mise en bouteille] embotellado *m*.

emboutir [32] [ɑ̃butiʀ] vt **1.** [voiture] chocar contra ▸ **se faire emboutir** tener un choque **2.** TECHNOL embutir.

embranchement [ɑ̃bʀɑ̃ʃmɑ̃] nm **1.** [de chemins] cruce *m* **2.** [d'arbre] ramificación *f*.

embraser [3] [ɑ̃bʀaze] vt **1.** [incendier] abrasar **2.** [éclairer] iluminar **3.** *fig* [d'amour] inflamar. ◆ **s'embraser** vp **1.** [prendre feu] abrasarse **2.** *sout* [s'éclairer] incendiarse **3.** *fig* & *sout* [d'amour] inflamarse.

embrassade [ɑ̃bʀasad] nf abrazo *m*.

embrasse [ɑ̃bʀas] nf alzapaño *m*.

embrasser [3] [ɑ̃bʀase] vt **1.** [donner un baiser à] besar **2.** *vieilli* [étreindre] abrazar **3.** *fig* [saisir] abarcar **4.** *fig* [religion, carrière] abrazar. ◆ **s'embrasser** vp besarse.

embrasure [ɑ̃bʀazyʀ] nf [de fenêtre, de porte] hueco *m*.

embrayage [ɑ̃bʀɛjaʒ] nm embrague *m*.

embrayer [11] [ɑ̃bʀeje] vi **1.** AUTO embragar **2.** *fig* [enchaîner] ▸ **embrayer sur qqch** emprenderla con algo.

embrigader [3] [ɑ̃bʀigade] vt **1.** MIL formar una brigada con **2.** *fig* [recruter] enrolar. ◆ **s'embrigader** vp alistarse.

embringuer [3] [ɑ̃bʀɛ̃ge] vt *fam* enredar, liar. ◆ **s'embringuer** vp *fam* enredarse, liarse.

embrocher [3] [ɑ̃bʀɔʃe] vt ensartar.

embrouillamini [ɑ̃bʀujamini] nm *fam* maraña *f*, embrollo *m*.

embrouille [ɑ̃bʀuj] nf *fam* embrollo *m*.

embrouiller [3] [ɑ̃bʀuje] vt embrollar.

embruns [ɑ̃bʀœ̃] nmpl salpicaduras *fpl (de las olas)*.

embryologie [ɑ̃bʀijɔlɔʒi] nf embriología *f*.

embryon [ɑ̃bʀijɔ̃] nm embrión *m*.

embryonnaire [ɑ̃bʀijɔnɛʀ] adj embrionario(ria).

embûches [ɑ̃byʃ] nfpl obstáculos *mpl*.

embué, e [ɑ̃bɥe] adj empañado(da).

embuer [7] [ɑ̃bɥe] vt empañar.

embuscade [ɑ̃byskad] nf emboscada *f* ▸ **tomber dans une embuscade** caer en una emboscada.

embusquer [3] [ɑ̃byske] vt emboscar. ◆ **s'embusquer** vp emboscarse.

éméché, e [emeʃe] adj *fam* piripi.

émeraude [emʀod] ◆ nf esmeralda *f*. ◆ adj esmeralda *(en apposition)*.

émergence [emɛʀʒɑ̃s] nf *pr* & *fig* surgimiento *m*.

émergent, e [emɛʀʒɑ̃, ɑ̃t] adj ▸ **pays émergent** país *m* emergente.

émerger [17] [emɛʀʒe] vi **1.** [sortir de l'eau] emerger **2.** *fig* [apparaître] surgir **3.** *fig* [se distinguer] sobresalir **4.** *fam* [se réveiller] despertarse.

émeri [emʀi] nm **1.** esmeril *m* ▸ **papier** OU **toile émeri** papel de lija **2.** EXPR **être bouché à l'émeri** *fam* ser duro de mollera.

émérite [emeʀit] adj emérito(ta).

émerveillement [emɛʀvɛjmɑ̃] nm maravilla *f (admiración)*.

émerveiller [4] [emɛʀveje] vt maravillar. ◆ **s'émerveiller** vp maravillarse ▸ **s'émerveiller de qqch** maravillarse de algo.

émets ⟶ **émettre**.

émetteur, trice [emetœʀ, tʀis] adj emisor(ra). ◆ **émetteur** nm emisor *m* ▸ **émetteur-récepteur** emisor *m* receptor.

émettre [84] [emɛtʀ] vt emitir.

émeus ⟶ **émouvoir**.

émeute [emøt] nf motín *m*.

émeutier, ère [emøtje, ɛʀ] nm, f amotinado *m*, -da *f*.

émeuve ⟶ **émouvoir**.

émietter [4] [emjete] vt **1.** [pain] desmigar **2.** *fig* [disperser] dispersar.

émigrant, e [emigʀɑ̃, ɑ̃t] adj & nm, f emigrante.

émigration [emigʀasjɔ̃] nf emigración *f*.

émigré, e [emigʀe] adj & nm, f emigrado(da).

émigrer [3] [emigʀe] vi emigrar.

émincé, e [emɛ̃se] adj [viande] en lonchas, en lonjas ; [légumes] en rodajas. ◆ **émincé** nm CULIN *lonchas de carne asada o hervida, cubiertas de salsa*.

émincer [16] [emɛ̃se] vt [viande] cortar en lonchas ; [légumes] cortar en rodajas finas OU láminas.

éminemment [eminamɑ̃] adv eminentemente.

éminence [eminɑ̃s] nf eminencia *f* ▸ **éminence grise** *fig* eminencia gris. ◆ **Éminence** nf ▸ **Son Éminence** Su Eminencia.

éminent, e [eminɑ̃, ɑ̃t] adj eminente.

émir [emiʀ] nm emir *m*.

émirat [emiʀa] nm emirato *m*. ◆ **Émirats arabes unis** npr m pl ▸ **les Émirats arabes unis** los Emiratos Árabes Unidos.

émis, e [emi, iz] pp ⟶ **émettre**.

émissaire [emisɛʀ] ◆ nm emisario *m*, -ria *f*. ◆ adj ⟶ **bouc**.

émission [emisjɔ̃] nf **1.** [gén] emisión *f* **2.** [programme] programa *m*.

emmagasiner [3] [ɑ̃magazine] vt almacenar.

emmailloter [3] [ɑ̃majɔte] vt **1.** [bébé] poner los pañales a **2.** [membre blessé] vendar.

emmanchure [ɑ̃mɑ̃ʃyʀ] nf sisa *f*.

Emmaüs [emays] npr ▸ **Emmaüs International** *organización caritativa de ayuda a personas pobres y sin domicilio*.

emmêler [4] [ɑ̃mele] vt **1.** [fils] enredar **2.** *fig* [idées, affaire] embrollar. ◆ **s'emmêler** vp **1.** [cheveux, fils] enredarse **2.** *fig* [s'embrouiller] liarse ▸ **s'emmêler les pédales** OU **les pinceaux** liarse, hacerse un lío.

emménagement [ɑ̃menaʒmɑ̃] nm mudanza *f*.

emménager [17] [ɑ̃menaʒe] vi mudarse.

emmener [19] [ɑ̃mne] vt llevar ▸ **emmener qqn à** llevar a alguien a.

emmerdant, e [ɑ̃mɛʀdɑ̃, ɑ̃t] adj *tfam* coñazo.

emmerde [ɑ̃mɛʀd] nf *tfam* lío *m*, follón *m* ESP ▸ **faire des emmerdes à qqn** causar problemas a alguien.

emmerdement [ɑ̃mɛʀdəmɑ̃] nm *tfam* mal rollo *m* ▸ **avoir des emmerdements** tener marrones.

emmerder [3] [ɑ̃mɛʀde] vt *tfam* joder *(molestar)*. ◆ **s'emmerder** vp *tfam* aburrirse como una ostra.

emmerdeur, euse [ɑ̃mɛʀdœʀ, øz] nm, f *tfam* coñazo *mf.*

emmitoufler [3] [ɑ̃mitufle] vt abrigar.
◆ **s'emmitoufler** vp abrigarse.

émoi [emwa] nm **1.** *sout* [agitation] conmoción *f* ▸ **en émoi** conmocionado(da) **2.** *vieilli* [émotion] emoción *f.*

émollient, e [emɔljɑ̃, ɑ̃t] adj emoliente.
◆ **émollient** nm emoliente *m.*

émoluments [emɔlymɑ̃] nmpl emolumentos *mpl.*

émonder [3] [emɔ̃de] vt **1.** [arbre] podar **2.** EXPR **amandes émondées** almendras peladas.

émoticon [emɔtikɔ̃] nm INFORM emoticón *m*, emoticono *m*, carita *f.*

émotif, ive [emɔtif, iv] adj & nm, f emotivo(va).

émotion [emosjɔ̃] nf emoción *f* ▸ **donner des émotions à qqn** dar sobresaltos a alguien.

émotionnel, elle [emosjɔnel] adj emocional.

émotionner [3] [emosjɔne] vt *fam* emocionar.

émotivité [emɔtivite] nf emotividad *f.*

émoulu, e [emuly] adj ▸ **frais émoulu de l'université** recien salido de la universidad.

émousser [3] [emuse] vt *fig* embotar.
◆ **s'émousser** vp *fig* embotarse.

émoustiller [3] [emustije] vt **1.** *fam* [rendre gai] alegrar **2.** [exciter] excitar.

émouvant, e [emuvɑ̃, ɑ̃t] adj emocionante.

émouvoir [55] [emuvwaʀ] vt **1.** [attendrir] emocionar **2.** [troubler] conmover. ◆ **s'émouvoir** vp conmoverse, emocionarse ▸ **sans s'émouvoir** sin inmutarse.

empailler [3] [ɑ̃paje] vt **1.** [animal] disecar **2.** [chaise] empajar.

empaler [3] [ɑ̃pale] vt ▸ **empaler sur** empalar en.
◆ **s'empaler** vp ▸ **s'empaler sur qqch** clavarse algo.

empaqueter [27] [ɑ̃pakte] vt empaquetar.

emparer [3] [ɑ̃paʀe] ◆ **s'emparer** vp **1.** [se saisir] ▸ **s'emparer de qqch** apoderarse de algo ▸ **s'emparer de qqn** coger a alguien **2.** *fig* [suj : sentiment] ▸ **s'emparer de qqn** hacer presa en alguien.

empâté, e [ɑ̃pate] adj abotargado(da).

empâter [3] [ɑ̃pate] vt **1.** [visage, traits] abotargar **2.** [bouche, langue] ponerse pastoso(sa).
◆ **s'empâter** vp engordar.

empattement [ɑ̃patmɑ̃] nm **1.** AUTO distancia *f* entre ejes **2.** TYPO grueso *m.*

empêchement [ɑ̃pɛʃmɑ̃] nm impedimento *m.*

empêcher [4] [ɑ̃peʃe] vt impedir ▸ **empêcher que** impedir que / *j'empêcherai qu'elle sorte* le impediré que salga ▸ **empêcher qqn de faire qqch** impedir a alguien que haga algo ▸ **empêcher qqch de faire qqch** impedir que algo haga algo ▸ **(cela) n'empêche que** eso no quita que ▸ **rien ne t'empêche de…** nada te impide… ▸ **ça ne m'empêche pas de dormir** eso no me quitará el sueño.
◆ **s'empêcher** vp : *je ne peux pas m'empêcher d'y penser* no puedo dejar de pensar en ello / *je n'ai pas pu m'en empêcher* no he podido evitarlo.

empêcheur, euse [ɑ̃pɛʃœʀ, øz] nm, f ▸ **empêcheur de tourner en rond** *fam* & *fig* aguafiestas *mf inv.*

empeigne [ɑ̃pɛɲ] nf empeine *m.*

empereur [ɑ̃pʀœʀ] nm emperador *m.*

empesé, e [ɑ̃pəze] adj **1.** [linge] almidonado(da) **2.** *fig* [style] afectado(da).

empester [3] [ɑ̃pɛste] vt & vi apestar.

empêtrer [4] [ɑ̃petʀe] vt liar ▸ **être empêtré dans qqch a)** estar metido en algo **b)** *fig* liarse con algo.
◆ **s'empêtrer** vp liarse ▸ **s'empêtrer dans** liarse con.

emphase [ɑ̃faz] nf *péj* énfasis *m inv.*

emphatique [ɑ̃fatik] adj *péj* enfático(ca).

empiècement [ɑ̃pjɛsmɑ̃] nm canesú *m.*

empiéter [18] [ɑ̃pjete] vi ▸ **empiéter sur qqch a)** [déborder] invadir algo **b)** *fig* inmiscuirse en algo.

empiffrer [3] [ɑ̃pifʀe] ◆ **s'empiffrer** vp *fam* atiborrarse.

empilement [ɑ̃pilmɑ̃], **empilage** [ɑ̃pilaʒ] nm apilamiento *m.*

empiler [3] [ɑ̃pile] vt apilar. ◆ **s'empiler** vp apilarse.

empire [ɑ̃piʀ] nm **1.** [gén] imperio *m* ▸ **pas pour un empire** *fig* ni por todo el dinero del mundo **2.** *sout* [contrôle, emprise] dominio *m* ▸ **sous l'empire de** dominado(da) por. ◆ **Empire** npr m ▸ **l'Empire** el imperio napoleónico *(bajo Napoleón I)* ▸ **le second Empire** el Segundo Imperio *(bajo Napoleón III).*

empirer [3] [ɑ̃piʀe] vi empeorar.

empirique [ɑ̃piʀik] adj empírico(ca).

empirisme [ɑ̃piʀism] nm empirismo *m.*

emplacement [ɑ̃plasmɑ̃] nm situación *f (localización).*

emplâtre [ɑ̃platʀ] nm **1.** [pommade] emplasto *m* **2.** *fam* & *péj* [incapable] pasmarote *m.*

emplette [ɑ̃plɛt] nf *(gén pl)* compra *f* ▸ **faire des emplettes** ir de tiendas ▸ **faire l'emplette de qqch** comprarse algo.

emplir [32] [ɑ̃pliʀ] vt llenar ▸ **emplir qqch de** llenar algo de ▸ **emplir qqn de** [de sentiments] llenar a alguien de.

emploi [ɑ̃plwa] nm empleo *m* ▸ **faire double emploi** estar de más, sobrar ▸ **emploi du temps** horario *m* ▸ **marché de l'emploi** mercado *m* laboral ▸ **être sans emploi** estar sin trabajo.

employé, e [ɑ̃plwaje] ◆ adj empleado(da). ◆ nm, f empleado *m*, -da *f* ▸ **employé de bureau** oficinista *m.*

employer [13] [ɑ̃plwaje] vt **1.** [utiliser] emplear **2.** [salarier] dar empleo, emplear. ◆ **s'employer** vp emplearse ▸ **s'employer à qqch / à faire qqch** esforzarse en algo / por hacer algo.

employeur, euse [ɑ̃plwajœʀ, øz] nm, f jefe *m*, -fa *f* ; COMM empresa *f.*

empocher [3] [ɑ̃pɔʃe] vt *fam* embolsarse.

empoignade [ɑ̃pwaɲad] nf *fam* agarrada *f*.

empoigne [ɑ̃pwaɲ] ⟶ **foire**.

empoigner [3] [ɑ̃pwaɲe] vt [saisir] empuñar. ◆ **s'empoigner** vp **1.** [se battre] llegar a las manos **2.** [se quereller] discutir.

empoisonnant, e [ɑ̃pwazɔnɑ̃, ɑ̃t] adj *fam* latoso(sa).

empoisonnement [ɑ̃pwazɔnmɑ̃] nm **1.** [intoxication] envenenamiento *m* **2.** *fam* & *fig* [souci] engorro *m*.

empoisonner [3] [ɑ̃pwazɔne] vt **1.** [gén] envenenar **2.** *fam* [ennuyer] dar la lata **3.** [empuantir] apestar.

empoisonneur, euse [ɑ̃pwazɔnœʀ, øz] nm, f **1.** *fam* [importun - qui ennuie] aburrido *m*, -da *f*, tostón ; [- qui dérange] maldito *mf*, -ta *f*, puñetero *m*, -ra *f* ESP **2.** [assassin] envenenador *m*, -ra *f*.

emporté, e [ɑ̃pɔʀte] adj arrebatado(da).

emportement [ɑ̃pɔʀtəmɑ̃] nm arrebato *m*.

emporte-pièce [ɑ̃pɔʀtəpjɛs] (*pl* **emporte-pièces** *ou inv*) nm [outil] sacabocados *m inv*. ◆ **à l'emporte-pièce** loc adj sin pararse en barras.

emporter [3] [ɑ̃pɔʀte] vt **1.** [gén] llevarse ▸ **à emporter** [plat] para llevar **2.** [entraîner] arrastrar **3.** [surpasser] ▸ **l'emporter sur a)** [adversaire] superar a **b)** *fig* prevalecer sobre. ◆ **s'emporter** vp dejarse llevar.

empoté, e [ɑ̃pɔte] adj & nm, f *fam* zoquete.

empourprer [3] [ɑ̃puʀpʀe] vt *sout* enrojecer. ◆ **s'empourprer** vp *sout* enrojecer.

empreint, e [ɑ̃pʀɛ̃, ɛ̃t] adj ▸ **empreint de** impregnado de.

empreinte [ɑ̃pʀɛ̃t] nf huella *f*ado ▸ **empreinte carbone** huella de carbono ▸ **empreinte écologique** huella ecológica ▸ **empreinte génétique** huella genética.

empressé, e [ɑ̃pʀese] ❖ adj [attentionné] solícito(ta). ❖ nm, f ▸ **faire l'empressé** mostrarse atento.

empressement [ɑ̃pʀɛsmɑ̃] nm diligencia *f*.

empresser [4] [ɑ̃pʀese] ◆ **s'empresser** vp ▸ **s'empresser de faire qqch** apresurarse en hacer algo ▸ **s'empresser auprès de qqn** mostrarse atento con alguien.

emprise [ɑ̃pʀiz] nf influencia *f* ▸ **sous l'emprise de** bajo la influencia de.

> ⚠ **Empresa** est un faux ami, il ne signifie pas *emprise*, mais « entreprise ».

emprisonnement [3] [ɑ̃pʀizɔnmɑ̃] nm encarcelamiento *m*.

emprisonner [ɑ̃pʀizɔne] vt **1.** [incarcérer] encarcelar **2.** [immobiliser] aprisionar.

emprunt [ɑ̃pʀœ̃] nm **1.** [gén & ÉCON] préstamo *m* ▸ **couvrir un emprunt** cubrir un préstamo ▸ **lancer un emprunt** hacer un empréstito ▸ **emprunt public** empréstito *m* **2.** *fig* [imitation] copia *f*, imitación *f*.

emprunté, e [ɑ̃pʀœ̃te] adj **1.** [gauche] forzado(da) **2.** [artificiel] artificioso(sa).

emprunter [3] [ɑ̃pʀœ̃te] vt **1.** [objet, argent] pedir prestado(da) ▸ **emprunter qqch à qqn a)** [argent] pedir prestado algo a alguien **b)** *fig* [expression] tomar algo de alguien **2.** [route] coger, tomar **3.** LING ▸ **emprunter qqch à** [mot] tomar prestado algo de.

empuantir [32] [ɑ̃pɥɑ̃tiʀ] vt apestar.

EMT (*abr de* **éducation manuelle et technique**) nf trabajos *mpl* manuales.

ému, e [emy] ❖ adj emocionado(da). ❖ pp ⟶ **émouvoir**.

émulation [emylasjɔ̃] nf emulación *f*.

émule [emyl] nmf émulo *m*, -la *f*.

émulsion [emylsjɔ̃] nf emulsión *f*.

émus ⟶ **émouvoir**.

> **en** [ɑ̃]
>
> ❖ prép
>
> **1.** [gén] en / *en 2012* en 2012 / *en Suède* en Suecia / *des arbres en fleur* árboles en flor / *elle est en forme* está en forma / *sucre en morceaux* azúcar en terrones / *lait en poudre* leche en polvo / *dire qqch en anglais* decir algo en inglés / *il est très bon en chimie* es muy bueno en química / *en vacances* de vacaciones / *nous avons passé Noël en famille* pasamos la Navidad en familia / *agir en traître* actuar a traición / *il parle en expert* habla como experto / *je la préfère en vert* la prefiero (en) verde / *en avion / bateau / train* en avión / barco / tren / *compter en dollars* contar en dólares
>
> **2.** [matière] de / *en métal* de metal / *une théière en argent* una tetera de plata
>
> **3.** [devant un participe présent] *en arrivant à Paris* al llegar a París / *en mangeant* mientras comía / *en faisant un effort* haciendo un esfuerzo / *elle répondit en souriant* respondió con una sonrisa
>
> ❖ pron
>
> *il s'en souvient* se acuerda (de ello) / *nous en avons déjà parlé* ya hemos hablado (de ello) / *j'ai du chocolat, tu en veux ?* tengo chocolate, ¿quieres? / *j'en connais un / plusieurs* conozco uno / varios / *tu en as de la chance !* ¡qué suerte tienes! / *si l'on en croit les journaux* si nos fiamos a los periódicos
>
> ❖ adv
>
> de allí / *j'en viens à l'instant* acabo de llegar de allí

ENA, Ena [ena] (*abr de* **École nationale d'administration**) nf *escuela nacional de administración en Francia que forma a altos funcionarios de Estado* ▸ **préparer / faire / rater l' ENA** preparar / ir a / suspender la ENA ▸ **préparer / passer / réussir / rater le concours d'entrée à l'ENA** preparar / presentarse a / aprobar / suspender las oposiciones de entrada a la ENA / *elle a fait l'ENA* ha estudiado en la ENA.

énarque [enaʀk] nmf *antiguo alumno de la ENA, escuela nacional francesa de administración*.

encablure [ɑ̃kablyʀ] nf cable *m* (*medida*).

encadré [ɑ̃kadʀe] nm recuadro *m* / *'lire encadré ci-contre'* leer recuadro.

encadrement [ɑ̃kadʀəmɑ̃] nm **1.** [de tableau, de porte] marco *m* **2.** [responsables - d'entreprise] directivos *mpl* ; [- de groupe] responsables *mpl* **3.** ÉCON [des prix] contención *f*.

encadrer [3] [ɑ̃kadʀe] vt **1.** [photo, visage] enmarcar **2.** [équipe, groupe] dirigir **3.** MIL [soldats] encuadrar **4.** [détenu] flanquear **5.** EXPR **ne pas pouvoir encadrer qqn** *fam* no tragar a alguien.

encadreur [ɑ̃kadʀœʀ] nm enmarcador *m*, -ra *f*.

encaisse [ɑ̃kɛs] nf caja *f*.

encaissé, e [ɑ̃kese] adj encajonado(da).

encaisser [4] [ɑ̃kese] vt **1.** [argent] cobrar ▸ **encaisser un chèque** cobrar ou hacer efectivo un cheque **2.** *fam* [critique, coup] encajar **3.** EXPR **ne pas pouvoir encaisser qqn** *fam* no tragar a alguien. ◆ **s'encaisser** vp [s'enfoncer] encajonarse.

encanailler [3] [ɑ̃kanaje] ◆ **s'encanailler** vp encanallarse.

encart [ɑ̃kaʀ] nm encarte *m* ▸ **encart publicitaire** encarte publicitario.

en-cas, encas [ɑ̃ka] nm tentempié *m*.

encastrable [ɑ̃kastʀabl] adj empotrable.

encastrer [3] [ɑ̃kastʀe] vt empotrar, encajar. ◆ **s'encastrer** vp empotrarse.

encaustique [ɑ̃kostik] nf **1.** [cire] encáustico *m* **2.** [peinture] encausto *m*, encauste *m*.

encaustiquer [3] [ɑ̃kostike] vt encerar.

enceinte [ɑ̃sɛ̃t] ◈ adj f embarazada. ◈ nf **1.** [muraille] muralla *f* **2.** [salle] recinto *m* **3.** [baffle] ▸ **enceinte (acoustique)** altavoz *m*.

encens [ɑ̃sɑ̃] nm incienso *m*.

encenser [3] [ɑ̃sɑ̃se] vt incensar.

encensoir [ɑ̃sɑ̃swaʀ] nm incensario *m*.

encéphalogramme [ɑ̃sefalɔgʀam] nm encefalograma *m*.

encercler [3] [ɑ̃sɛʀkle] vt **1.** [lieu] rodear **2.** [avec un stylo] ▸ **encercler qqch** rodear algo con un círculo.

enchaînement [ɑ̃ʃɛnmɑ̃] nm **1.** [gén & MUS] encadenamiento *m* **2.** [liaison] enlace *m*.

enchaîner [4] [ɑ̃ʃene] ◈ vt **1.** [gén] encadenar **2.** [idées] enlazar. ◈ vi ▸ **enchaîner sur qqch** proseguir con algo. ◆ **s'enchaîner** vp enlazarse.

enchanté, e [ɑ̃ʃɑ̃te] adj encantado(da) ▸ **enchanté (de faire votre connaissance)** encantado (de conocerle).

enchantement [ɑ̃ʃɑ̃tmɑ̃] nm **1.** [sortilège] encantamiento *m* ▸ **comme par enchantement** como por arte de magia **2.** *sout* [ravissement] encanto *m* **3.** [merveille] maravilla *f*.

enchanter [3] [ɑ̃ʃɑ̃te] vt encantar.

enchanteur, eresse [ɑ̃ʃɑ̃tœʀ, tʀɛs] adj & nm, f encantador(ra).

enchâsser [3] [ɑ̃ʃase] vt engarzar.

enchère [ɑ̃ʃɛʀ] nf **1.** [offre] puja *f* ▸ **faire monter les enchères** aumentar la puja **2.** [au jeu] apuesta *f*.

enchérir [32] [ɑ̃ʃeʀiʀ] vi ▸ **enchérir sur qqn** [offrir plus] superar la oferta de alguien ▸ **enchérir sur qqch** *fig & sout* [dépasser] ir más allá de algo, superar algo.

enchevêtrement [ɑ̃ʃəvɛtʀəmɑ̃] nm **1.** [de fils, de branchages] enredo *m* ; [de ruelles, de couloirs] maraña *f* **2.** *fig* [d'idées, d'une histoire, d'une intrigue] embrollo *m*.

enchevêtrer [4] [ɑ̃ʃəvɛtʀe] vt enredar. ◆ **s'enchevêtrer** vp [fils, cordages] enredarse.

enclave [ɑ̃klav] nf enclave *m*.

enclencher [3] [ɑ̃klɑ̃ʃe] vt poner en marcha. ◆ **s'enclencher** vp **1.** TECHNOL engranar **2.** *fig* [affaire, processus] iniciarse.

enclin, e [ɑ̃klɛ̃, in] adj ▸ **enclin à qqch / à faire qqch** propenso a algo / a hacer algo.

enclore [113] [ɑ̃klɔʀ] vt cercar.

enclos, e [ɑ̃klo, oz] pp ⟶ **enclore.** ◆ **enclos** nm cercado *m*.

enclume [ɑ̃klym] nf yunque *m*.

encoche [ɑ̃kɔʃ] nf muesca *f*.

encoder [3] [ɑ̃kɔde] vt codificar.

encodeur [ɑ̃kɔdœʀ] nm codificador *m*.

encoignure [ɑ̃kɔɲyʀ, ɑ̃kwaɲyʀ] nf **1.** [coin] rincón *m* **2.** [meuble] rinconera *f*.

encolure [ɑ̃kɔlyʀ] nf **1.** [gén] cuello *m* **2.** [de vêtement] escote *m*.

encombrant, e [ɑ̃kɔ̃bʀɑ̃, ɑ̃t] adj **1.** [colis] voluminoso(sa) **2.** *fig* [personne] ▸ **être encombrant** ser un estorbo. ◆ **encombrants** nmpl *desechos voluminos que son objeto de una recogida especial por parte de los servicios que se ocupan del mantenimiento y la limpieza de la vía pública*.

encombre [ɑ̃kɔ̃bʀ] ◆ **sans encombre** loc adv sin tropiezos.

encombré, e [ɑ̃kɔ̃bʀe] adj atestado(da).

encombrement [ɑ̃kɔ̃bʀəmɑ̃] nm **1.** [embouteillage] atasco *m*, embotellamiento *m* **2.** [volume] volumen *m* **3.** [entassement] amontonamiento *m* **4.** *fig* [de réseau] saturación *f*.

encombrer [ɑ̃kɔ̃bʀe] vt **1.** [couloir, passage] obstruir, estorbar **2.** [mémoire] ▸ **encombrer de** sobrecargar con. ◆ **s'encombrer** vp ▸ **s'encombrer de qqn** *fam* cargar con alguien ▸ **s'encombrer de qqch** cargar con algo ▸ **ne pas s'encombrer de qqch** *fig* no pararse en algo.

encontre [ɑ̃kɔ̃tʀ] ◆ **à l'encontre de** loc prép en contra de ▸ **aller à l'encontre de** ir en contra de.

encorbellement [ɑ̃kɔʀbɛlmɑ̃] nm voladizo *m* ▸ **en encorbellement** en voladizo.

encorder [3] [ɑ̃kɔʀde] ◆ **s'encorder** vp encordarse.

encore [ɑ̃kɔʀ]

❖ adv

1. [toujours] todavía, aún / *il dort encore* todavía duerme / *encore un mois* un mes más ▸ **pas encore** todavía no, aún no

2. [de nouveau] *tu manges encore !* ¡estás comiendo otra vez! / *il m'a encore menti* ha vuelto a mentirme / *l'ascenseur est encore en panne !* ¡otra vez está el ascensor estropeado! / *encore une fois* una vez más

3. [marque le renforcement] todavía más, aún más / *baissez-le encore* bájelo aún más ▸ **encore mieux / pire** aún mejor/peor

4. [marque une restriction, opposition] *il ne suffit pas d'être beau, encore faut-il être intelligent* no basta con ser guapo, además hay que ser inteligente / *je t'en donne 15 euros, et encore* te doy 15 euros y gracias ▸ **si encore** si al menos / *si encore tu conduisais, tu pourrais m'y emmener* si al menos condujeras, podrías llevarme

5. EXPR **encore heureux !** ¡menos mal! ▸ **et puis quoi encore ?** *fam* ¿y qué más? ▸ **mais encore ?** ¿y qué más? ▸ **qu'est-ce qu'il y a encore ?** ¿qué pasa ahora?

◆ **encore que** loc conj aunque / *j'aimerais y aller, encore qu'il soit trop tard* me gustaría ir aunque es muy tarde.

encourageant, e [ɑ̃kuʀaʒɑ̃, ɑ̃t] adj alentador(ra).

encouragement [ɑ̃kuʀaʒmɑ̃] nm **1.** [parole] palabras *fpl* de aliento **2.** [action] aliento *m*, apoyo *m*.

encourager [17] [ɑ̃kuʀaʒe] vt **1.** [personne] alentar, animar ▸ **encourager qqn à faire qqch** alentar a alguien a hacer algo **ou** a que haga algo, animar a alguien a hacer algo **ou** a que haga algo **2.** [activité] fomentar.

encourir [43] [ɑ̃kuʀiʀ] vt *sout* exponerse a.

encours ⟶ **encourir**.

encouru, e [ɑ̃kuʀy] pp ⟶ **encourir**.

encrasser [3] [ɑ̃kʀase] vt **1.** [appareil] atascar **2.** *fam* [salir] ensuciar ESP, enchastrar AM.

◆ **s'encrasser** vp atascarse.

encre [ɑ̃kʀ] nf tinta *f* ▸ **encre de Chine** tinta china.

encrer [3] [ɑ̃kʀe] vt entintar.

encreur [ɑ̃kʀœʀ] ⟶ **rouleau, tampon**.

encrier [ɑ̃kʀije] nm tintero *m*.

encroûter [3] [ɑ̃kʀute] vt encostrar.

◆ **s'encroûter** vp *fig* anquilosarse.

enculé [ɑ̃kyle] nm *vulg* maricón *m*.

enculer [3] [ɑ̃kyle] vt *vulg* dar por el culo.

encyclique [ɑ̃siklik] nf encíclica *f*.

encyclopédie [ɑ̃siklɔpedi] nf enciclopedia *f*.

encyclopédique [ɑ̃siklɔpedik] adj enciclopédico(ca).

endémique [ɑ̃demik] adj endémico(ca).

endetté, e [ɑ̃dɛte] adj endeudado(da).

endettement [ɑ̃dɛtmɑ̃] nm endeudamiento *m*.

endetter [4] [ɑ̃dete] vt endeudar.

◆ **s'endetter** vp endeudarse.

endeuiller [5] [ɑ̃dœje] vt enlutar.

endiablé, e [ɑ̃djable] adj endiablado(da).

endiguer [3] [ɑ̃dige] vt *pr* & *fig* encauzar.

endimanché, e [ɑ̃dimɑ̃ʃe] adj endomingado(da).

endimancher [3] [ɑ̃dimɑ̃ʃe]

◆ **s'endimancher** vp endomingarse.

endive [ɑ̃div] nf endibia *f*, endivia *f*.

endocrine [ɑ̃dɔkʀin] ⟶ **glande**.

endoctrinement [ɑ̃dɔktʀinmɑ̃] nm adoctrinamiento *m*.

endoctriner [3] [ɑ̃dɔktʀine] vt adoctrinar.

endolori, e [ɑ̃dɔlɔʀi] adj dolorido(da).

endommager [17] [ɑ̃dɔmaʒe] vt dañar, deteriorar.

◆ **s'endommager** vp deteriorarse.

endomorphine [ɑ̃dɔmɔʀfin] nf endorfina *f*.

endormi, e [ɑ̃dɔʀmi] adj **1.** [gén] dormido(da) **2.** *fig* [paysage] sosegado(da).

endormir [36] [ɑ̃dɔʀmiʀ] vt **1.** [gén] dormir **2.** [ennuyer, affaiblir] adormecer. ◆ **s'endormir** vp **1.** [gén] dormirse ▸ **s'endormir sur qqch** [se contenter de] dormirse en algo **2.** [s'affaiblir] adormecerse.

endoscopie [ɑ̃dɔskɔpi] nf endoscopia *f*.

endosser [3] [ɑ̃dose] vt **1.** [vêtement] ponerse **2.** DR & FIN endosar ▸ **endosser un chèque** endosar un cheque.

endroit [ɑ̃dʀwa] nm **1.** [lieu, point] sitio *m* / *c'est à cet endroit que…* fue allí donde… ▸ **à quel endroit ?**

Comment exprimer l'encouragement

- **Encuentro todo eso muy positivo.** *Je trouve tout cela très positif.*
- **Todo eso me parece muy bien.** *Tout ça m'a l'air très bien.*
- **Va por el buen camino.** *Vous tenez le bon bout.*
- **Vamos, todavía un esfuerzo, casi lo ha conseguido.** *Encore un effort, vous y êtes presque.*
- **¡No vas a dejarlo estar así ahora!** *Tu ne vas pas laisser tomber maintenant !*
- **¡Vamos, pídeselo!** *Vas-y, demande-lui !*
- **Vamos, sabes perfectamente que te va a gustar.** *Allez, tu sais bien que ça va te plaire.*
- **Estoy seguro de que eres capaz de aprobar el examen.** *Je suis sûr que tu es capable de réussir cet examen.*

¿dónde? ▸ **par endroits** en algunos sitios **2.** [côté] derecho *m* ▸ **mettre à l'endroit** poner del derecho.
◆ **à l'endroit de** loc prép *sout* [à l'égard de] para con, respecto a.

enduire [98] [ɑ̃dɥiʀ] vt untar ▸ **enduire qqch de** untar algo con. ◆ **s'enduire** vp ▸ **s'enduire de** untarse con.

enduis ⟶ **enduire**.

enduisais ⟶ **enduire**.

enduit, e [ɑ̃dɥi, it] pp ⟶ **enduire.**
◆ **enduit** nm enlucido *m*.

endurance [ɑ̃dyʀɑ̃s] nf **1.** [physique] resistencia *f* **2.** [morale] resistencia *f*, aguante *m*.

endurant, e [ɑ̃dyʀɑ̃, ɑ̃t] adj resistente.

endurci, e [ɑ̃dyʀsi] adj endurecido(da).

endurcir [32] [ɑ̃dyʀsiʀ] vt **1.** [rendre dur, moins sensible] curtir **2.** [aguerrir] ▸ **endurcir qqn à** volver a alguien insensible a. ◆ **s'endurcir** vp ▸ **s'endurcir (à)** volverse insensible (a).

endurer [3] [ɑ̃dyʀe] vt aguantar.

énergétique [enɛʀʒetik] adj energético(ca).

énergie [enɛʀʒi] nf energía *f* ▸ **énergie éolienne / nucléaire / solaire** energía eólica / nuclear / solar ▸ **énergie propre** energía limpia ▸ **énergie renouvelable** energía renovable ▸ **énergie verte** energía verde ▸ **énergie vitale** energía vital ▸ **mettre toute son énergie à qqch / à faire qqch** dedicar todas sus energías a algo / a hacer algo.

énergique [enɛʀʒik] adj enérgico(ca).

énergiquement [enɛʀʒikmɑ̃] adv enérgicamente.

énergisant, e [enɛʀʒizɑ̃, ɑ̃t] adj vigorizante.
◆ **énergisant** nm vigorizante *m*.

énergumène [enɛʀgymɛn] nmf energúmeno *m*, -na *f*.

énervant, e [enɛʀvɑ̃, ɑ̃t] adj irritante.

énervé, e [enɛʀve] adj **1.** [irrité] enfadado(da) **2.** [agité] nervioso(sa).

énervement [enɛʀvəmɑ̃] nm **1.** [irritation] enfado *m* **2.** [agitation] nerviosismo *m*.

énerver [3] [enɛʀve] vt poner nervioso(sa).
◆ **s'énerver** vp ▸ **ne vous énervez pas !** a) [s'irriter] ¡no se ponga nervioso! b) [se fâcher] ¡no se enfade!

enfance [ɑ̃fɑ̃s] nf **1.** [âge] infancia *f*, niñez *f* ▸ **d'enfance** de la infancia / *c'est mon ami d'enfance* es mi amigo de la infancia ▸ **dès sa plus tendre enfance** desde su más tierna infancia ▸ **retomber en enfance** volver a la infancia **2.** [enfants] niños *mpl* **3.** EXPR **c'est l'enfance de l'art** es el abecé del arte.

enfant [ɑ̃fɑ̃] nmf **1.** [personne à l'âge de l'enfance] niño *m*, -ña *f* ▸ **c'est un enfant de la balle** ha nacido entre bambalinas ▸ **enfant martyr / prodige** niño maltratado / prodigio **2.** [fils ou fille] hijo *m*, -ja *f* ▸ **attendre un enfant** esperar un hijo ▸ **enfant illégitime / naturel** hijo ilegítimo / natural.

enfant-bulle [ɑ̃fɑ̃byl] (*pl* **enfants-bulle**) nm niño(ña) burbuja.

enfantement [ɑ̃fɑ̃tmɑ̃] nm *sout* alumbramiento *m*.

enfanter [3] [ɑ̃fɑ̃te] vt *pr* & *fig* alumbrar.

enfantillage [ɑ̃fɑ̃tijaʒ] nm chiquillada *f*.

enfantin, e [ɑ̃fɑ̃tɛ̃, in] adj **1.** [qui se rapporte à l'enfance] infantil **2.** [facile] para niños.

enfer [ɑ̃fɛʀ] nm infierno *m* ▸ **un bruit d'enfer** *fam* un ruido infernal ▸ **une voiture d'enfer** *fam* un coche alucinante. ◆ **Enfers** nmpl infiernos *mpl*.

enfermer [3] [ɑ̃fɛʀme] vt **1.** [gén] encerrar **2.** [ranger] guardar. ◆ **s'enfermer** vp encerrarse.

> ⚠ **Enfermar** est un faux ami, il ne signifie pas *enfermer*, mais « contaminer » et aussi « tomber malade ».

enferrer [4] [ɑ̃feʀe] ◆ **s'enferrer** vp *fig* ▸ **s'enferrer dans** enredarse en.

enfilade [ɑ̃filad] nf fila *f*, hilera *f* ▸ **en enfilade** en fila.

enfiler [3] [ɑ̃file] vt **1.** [aiguille] enhebrar ; [perles] ensartar **2.** *fam* [vêtement] ponerse. ◆ **s'enfiler** vp *fam* [avaler] echarse entre pecho y espalda.

enfin [ɑ̃fɛ̃] adv **1.** [en dernier lieu] por fin, al fin / *enfin seuls !* ¡al fin solos! **2.** [dans une liste] finalmente, por último **3.** [pour récapituler] en fin / *enfin, ce qui est fait est fait !* ¡enfin, lo hecho, hecho está! **4.** [pour rectifier] en fin, bueno ▸ **mais enfin !** ¡pero bueno!

enflammé, e [ɑ̃flame] adj **1.** [en flammes] en llamas **2.** *fig* [passionné] ardiente.

enflammer [3] [ɑ̃flame] vt **1.** [bois] incendiar **2.** *fig* [cœur, esprit] encender. ◆ **s'enflammer** vp **1.** [bois] incendiarse **2.** *fig* [cœur, esprit] encenderse.

enflé, e [ɑ̃fle] adj hinchado(da).

enfler [3] [ɑ̃fle] ◈ vi hincharse, inflarse. ◈ vt hinchar, inflar.

enflure [ɑ̃flyʀ] nf [de cheville] hinchazón *f*.

enfoiré, e [ɑ̃fwaʀe] nm, f *tfam* & *injur* cabrón *m*, -ona *f* / *vous êtes tous des enfoirés* sois todos unos cabrones / *espèce d'enfoiré !* ¡cabronazo!

enfoncé, e [ɑ̃fɔ̃se] adj hundido(da).

enfoncer [16] [ɑ̃fɔ̃se] vt **1.** [clou, écharde] ▸ **enfoncer qqch (dans)** clavar algo (en) **2.** [enfouir] ▸ **enfoncer qqch dans** hundir algo en **3.** [défoncer] derribar **4.** *fam* & *fig* [humilier] hundir. ◆ **s'enfoncer** vp **1.** [entrer] ▸ **s'enfoncer dans** a) [eau, boue] hundirse en b) [forêt, ville] adentrarse en c) [suj : clou] clavarse en **2.** [s'affaisser] hundirse **3.** *fig* [s'enferrer] enredarse.

enfouir [32] [ɑ̃fwiʀ] vt **1.** [ensevelir] sepultar, enterrar **2.** [cacher] esconder. ◆ **s'enfouir** vp [s'enfoncer] hundirse.

enfourcher [3] [ɑ̃fuʀʃe] vt montar (a horcajadas) en.

enfourner [3] [ɑ̃fuʀne] vt **1.** [pain] hornear **2.** *fam* [avaler] zamparse.

enfreignais ⟶ **enfreindre**.

enfreindre [81] [ɑ̃fʀɛ̃dʀ] vt infringir.

enfreins ⟶ **enfreindre**.

enfreint, e [ɑ̃fʀɛ̃, ɛ̃t] pp ⟶ **enfreindre**.

enfuir [35] [ɑ̃fɥiʀ] ◆ **s'enfuir** vp **1.** [fuir] huir **2.** *fig* [temps] pasar.

enfuis ⟶ **enfuir**.

enfumer [3] [ɑ̃fyme] vt llenar de humo.

enfuyais ⟶ **enfuir**.

engagé, e [ɑ̃gaʒe] adj [artiste, littérature] comprometido(da) / *c'était un écrivain engagé* era un escritor comprometido.

engageant, e [ɑ̃gaʒɑ̃, ɑ̃t] adj atrayente, atractivo(va).

engagement [ɑ̃gaʒmɑ̃] nm **1.** [gén & POL] compromiso *m* ▸ **sans engagement de votre part** sin compromiso por su parte **2.** MIL alistamiento *m* **3.** SPORT saque *m*.

engager [17] [ɑ̃gaʒe] ❖ vt **1.** [lier, impliquer] comprometer ▸ **cela n'engage que moi** esto sólo me compromete a mí **2.** [embaucher] contratar **3.** [faire entrer] meter **4.** [capitaux] invertir **5.** [négociation, débat] entablar **6.** [inciter] ▸ **engager qqn à faire qqch** animar a alguien a hacer algo. ❖ vi **1.** SPORT sacar **2.** [lier] ▸ **cela n'engage à rien** esto no compromete a nada. ◆ **s'engager** vp **1.** [commencer] emprender **2.** POL comprometerse **3.** MIL ▸ **s'engager (dans)** alistarse (en) **4.** [s'avancer] ▸ **s'engager dans** entrar en **5.** [promettre] ▸ **s'engager à qqch / à faire qqch** comprometerse a algo / a hacer algo.

engeance [ɑ̃ʒɑ̃s] nf *sout* calaña *f*.

engelure [ɑ̃ʒlyʀ] nf sabañón *m*.

engendrer [3] [ɑ̃ʒɑ̃dʀe] vt *sout* engendrar.

engin [ɑ̃ʒɛ̃] nm **1.** [machine] artefacto *m* **2.** MIL [projectile] misil *m* **3.** *péj* [objet] trasto *m*.

engineering [ɛnʒiniʀiŋ] nm ingeniería *f*.

englober [3] [ɑ̃glɔbe] vt englobar.

engloutir [32] [ɑ̃glutiʀ] vt **1.** [gén] engullir **2.** [fortune] enterrar. ◆ **s'engloutir** vp esfumarse.

engluer [3] [ɑ̃glye] vt enviscar. ◆ **s'engluer** vp **1.** [se coller] pringarse **2.** *fig* [être pris] ▸ **s'engluer dans** [routine, médiocrité] hundirse en.

engoncé, e [ɑ̃gɔ̃se] adj ▸ **engoncé dans** embutido en.

engorgement [ɑ̃gɔʀʒəmɑ̃] nm **1.** [de canalisation & MÉD] obstrucción *f* **2.** *fig* [de marché] saturación *f*.

engorger [17] [ɑ̃gɔʀʒe] vt **1.** [obstruer] atascar **2.** MÉD obstruir. ◆ **s'engorger** vp [s'obstruer] atascarse.

engouement [ɑ̃gumɑ̃] nm entusiasmo *m*.

engouer [6] [ɑ̃gwe] ◆ **s'engouer** vp *sout* ▸ **s'engouer de qqch / de qqn** encapricharse con algo / con alguien.

engouffrer [3] [ɑ̃gufʀe] vt **1.** *fam* [dévorer] tragar **2.** [dilapider] enterrar. ◆ **s'engouffrer** vp [pénétrer] ▸ **s'engouffrer dans** meterse en.

engourdi, e [ɑ̃guʀdi] adj **1.** [membre] entumecido(da) **2.** *fig* [esprit] aletargado(da).

engourdir [32] [ɑ̃guʀdiʀ] vt **1.** [membre] entumecer **2.** *fig* [esprit] aletargar. ◆ **s'engourdir** vp entumecerse.

engourdissement [ɑ̃guʀdismɑ̃] nm **1.** [raideur] entumecimiento *m* **2.** [torpeur] adormecimiento *m*.

engrais [ɑ̃gʀɛ] nm abono *m* ▸ **engrais chimique** abono químico.

engraisser [4] [ɑ̃gʀese] ❖ vt **1.** [animal] cebar **2.** [terre] abonar. ❖ vi engordar. ◆ **s'engraisser** vp *fam & fig* [s'enrichir] forrarse.

engranger [17] [ɑ̃gʀɑ̃ʒe] vt **1.** [foin] entrojar **2.** *fig* [accumuler] almacenar.

engrenage [ɑ̃gʀənaʒ] nm engranaje *m*.

engrosser [3] [ɑ̃gʀose] vt *fam* preñar.

engueulade [ɑ̃gœlad] nf *fam* bronca *f*.

engueuler [5] [ɑ̃gœle] vt *fam* echar una bronca / *si je rentre tard, je vais me faire engueuler par ma mère* si vuelvo tarde, mi madre me echará una bronca. ◆ **s'engueuler** vp *fam* tener una bronca.

enguirlander [3] [ɑ̃giʀlɑ̃de] vt *fam* echar un rapapolvo.

enhardir [32] [ɑ̃aʀdiʀ] vt animar. ◆ **s'enhardir** vp ▸ **s'enhardir à faire qqch** atreverse a hacer algo.

ENI (*abr de* **École normale d'instituteurs**) nf *centro de enseñanza que forma a los futuros maestros* ; ≃ Escuela Normal.

énième, nième [enjɛm] adj enésimo(ma) ▸ **la énième fois** *fam* la enésima vez.

énigmatique [enigmatik] adj enigmático(ca).

énigme [enigm] nf **1.** [mystère] enigma *f* **2.** [jeu] adivinanza *f*.

enivrant, e [ɑ̃nivʀɑ̃, ɑ̃t] adj embriagador(ra).

enivrer [3] [ɑ̃nivʀe] vt embriagar. ◆ **s'enivrer** vp **1.** [se saouler] embriagarse **2.** *fig* [être transporté] ▸ **s'enivrer de** embriagarse con.

enjambée [ɑ̃ʒɑ̃be] nf zancada *f* ▸ **à grandes enjambées** a grandes zancadas.

enjamber [3] [ɑ̃ʒɑ̃be] vt **1.** [obstacle] pasar por encima de **2.** *fig* [vallée, cours d'eau] atravesar.

enjeu [ɑ̃ʒø] nm **1.** [mise] apuesta *f* **2.** *fig* [but] lo que está en juego.

enjoignais ⟶ **enjoindre**.

enjoindre [82] [ɑ̃ʒwɛ̃dʀ] vt *sout* ▸ **enjoindre à qqn de faire qqch** ordenar a alguien que haga algo.

enjoins ⟶ **enjoindre**.

enjoint [ɑ̃ʒwɛ̃] pp inv ⟶ **enjoindre**.

enjôler [3] [ɑ̃ʒole] vt engatusar.

enjôleur, euse [ɑ̃ʒolœʀ, øz] adj zalamero(ra).

enjoliver [3] [ɑ̃ʒɔlive] vt adornar.

enjoliveur [ɑ̃ʒɔlivœʀ] nm embellecedor *m*.

enjoué, e [ɑ̃ʒwe] adj jovial.

enlacer [16] [ɑ̃lase] vt abrazar. ◆ **s'enlacer** vp [s'embrasser] abrazarse.

enlaidir [32] [ɑ̃lediʀ] vt afear. ◆ **s'enlaidir** vp afearse.

enlevé, e [ɑ̃lve] adj alegre ▸ **bien enlevé** MUS bien ejecutado.

enlèvement [ɑ̃lɛvmɑ̃] nm **1.** [rapt] rapto *m* **2.** [de bagages, d'ordures] recogida *f* ▸ **'enlèvement demandé'** 'se avisa grúa'.

enlever [19] [ɑ̃lve] vt **1.** [ôter, supprimer] quitar ▸ **enlever qqch à qqn** llevarse algo de alguien / *il me l'a enlevé des mains* me lo quitó de las manos / *cela n'enlève rien à sa valeur* eso no le resta nada de valor **2.** [emporter - gén] llevarse ; [- ordures] recoger **3.** [kidnapper] raptar. ◆ **s'enlever** vp [vêtement, tache] quitarse.

enliser [3] [ɑ̃lize] vt atascar. ◆ **s'enliser** vp **1.** [s'enfoncer] hundirse **2.** *fig* [stagner] estancarse **3.** *fig* [s'embrouiller] enredarse.

enluminure [ɑ̃lyminyʀ] nf iluminación *f.*

ENM (*abr de* **École nationale de la magistrature**) nf *escuela nacional de la magistratura en Francia* ▸ **préparer / faire / rater l' ENM** preparar / ir a / suspender la ENM ▸ **préparer / passer / réussir / rater le concours d'entrée à l'ENM** preparar / presentarse a / aprobar / suspender las oposiciones de entrada a la ENM / *il a fait l'ENM* ha estudiado en la ENM.

enneigé, e [ɑ̃neʒe] adj nevado(da).

enneigement [ɑ̃nɛʒmɑ̃] nm : *bulletin d'enneigement* estado *m* de la nieve.

ennemi, e [ɛnmi] ◈ adj enemigo(ga). ◈ nm, f enemigo *m*, -ga *f* ▸ **passer à l'ennemi** pasarse al enemigo ▸ **ennemi juré / public** enemigo declarado / público.

ennui [ɑ̃nɥi] nm **1.** [lassitude] aburrimiento *m* **2.** [problème] problema *m* ▸ **avoir des ennuis** tener problemas ▸ **créer des ennuis à qqn** crear problemas a alguien ▸ **s'attirer des ennuis** buscarse problemas ▸ **l'ennui c'est que…** el problema es que….

ennuyé, e [ɑ̃nɥije] adj en un aprieto.

ennuyer [14] [ɑ̃nɥije] vt **1.** [lasser] aburrir **2.** [contrarier] fastidiar ESP, embromar AM **3.** [inquiéter] preocupar. ◆ **s'ennuyer** vp aburrirse.

ennuyeux, euse [ɑ̃nɥijø, øz] adj **1.** [lassant] aburrido(da) **2.** [gênant] molesto(ta).

énoncé [enɔ̃se] nm **1.** [gén] enunciado *m* **2.** [de jugement] lectura *f.*

énoncer [16] [enɔ̃se] vt **1.** [proposition, faits] enunciar **2.** [jugement] leer.

énonciation [enɔ̃sjasjɔ̃] nf enunciación *f.*

enorgueillir [32] [ɑ̃nɔʀgœjiʀ] vt *sout* enorgullecer. ◆ **s'enorgueillir** vp *sout* ▸ **s'enorgueillir de** enorgullecerse de.

énorme [enɔʀm] adj **1.** [immense] enorme **2.** *fig* [incroyable] exagerado(da).

énormément [enɔʀmemɑ̃] adv muchísimo ▸ **énormément de** muchísimo(ma) / *énormément de gens* muchísima gente.

énormité [enɔʀmite] nf **1.** [gigantisme] enormidad *f* **2.** [absurdité] barbaridad *f* ▸ **dire des énormités** decir barbaridades.

enquérir [39] [ɑ̃keʀiʀ] ◆ **s'enquérir** vp *sout* **1.** [demander des nouvelles] ▸ **s'enquérir de qqn** preguntar por alguien **2.** [s'informer] ▸ **s'enquérir de qqch** informarse sobre algo.

enquête [ɑ̃kɛt] nf **1.** [recherche & DR] investigación *f* ▸ **enquête de routine** investigación rutinaria **2.** [sondage] encuesta *f.*

enquêter [4] [ɑ̃kete] vi **1.** [policier] investigar **2.** [sonder] encuestar.

enquêteur, eusetrice [ɑ̃kɛtœʀ, øz, tʀis] nm, f **1.** [de police] investigador *m*, -ra *f* **2.** [pour un sondage] encuestador *m*, -ra *f.*

enquiers ⟶ **enquérir**.

enquiquinant, e [ɑ̃kikinɑ̃, ɑ̃t] adj *fam* **1.** [contrariant] fastidioso(sa) **2.** [qui importune] pesado(da).

enquiquiner [3] [ɑ̃kikine] vt *fam* **1.** [ennuyer] fastidiar / *ça finit par m'enquiquiner* acaba fastidiándome **2.** [importuner] tocar las narices a / *celui-là, il commence à m'enquiquiner !* ¡ese tío empieza a tocarme las narices! ◆ **s'enquiquiner** vp *fam* aburrirse. ◆ **s'enquiquiner à** vp + prép *fam* molestarse en / *je ne vais pas m'enquiquiner à tout recopier* no voy a molestarme en volver a copiarlo todo.

enquiquineur, euse [ɑ̃kikinœʀ, øz] nm, f *fam* pelmazo *m*, -za *f.*

enquis, e [ɑ̃ki, iz] pp ⟶ **enquérir**.

enracinement [ɑ̃ʀasinmɑ̃] nm **1.** BOT enraizamiento *m* **2.** *fig* [d'une personne, d'un sentiment, d'une coutume] arraigo *m.*

enraciner [3] [ɑ̃ʀasine] vt *pr* & *fig* arraigar. ◆ **s'enraciner** vp *pr* & *fig* echar raíces.

enragé, e [ɑ̃ʀaʒe] adj **1.** [chien] rabioso(sa) **2.** *fig* [joueur] empedernido(da).

enrageant, e [ɑ̃ʀaʒɑ̃, ɑ̃t] adj exasperante.

enrager [17] [ɑ̃ʀaʒe] vi ▸ **enrager de faire qqch** dar rabia hacer algo ▸ **faire enrager qqn** hacer rabiar a alguien.

enrayer [11] [ɑ̃ʀɛje] vt **1.** [épidémie] detener **2.** [inflation, crise] frenar. ◆ **s'enrayer** vp [arme] encasquillarse.

enrégimenter [3] [ɑ̃ʀeʒimɑ̃te] vt **1.** [dans l'armée] incorporar a un regimiento **2.** *péj* [dans un groupe, parti] afiliar.

enregistrement [ɑ̃ʀəʒistʀəmɑ̃] nm **1.** [de son, d'images] grabación *f* ▸ **enregistrement pirate** grabación pirata **2.** [à l'aéroport] facturación *f* ▸ **enregistrement des bagages** facturación de equipajes **3.** [ADMIN - formalité] inscripción *f* ; [- lieu] registro *m* **4.** [consignation] anotación *f.*

enregistrer [3] [ɑ̃ʀəʒistʀe] vt **1.** [son, images & INFORM] grabar **2.** [constater, inscrire] registrar **3.** [bagage] facturar.

enregistreur, euse [ɑ̃ʀəʒistʀœʀ, øz] adj registrador(ra).

enrhumé, e [ɑ̃ʀyme] adj resfriado(da).

enrhumer [3] [ɑ̃ʀyme] vt resfriar.
◆ **s'enrhumer** vp resfriarse.

enrichi, e [ɑ̃ʀiʃi] adj **1.** [gén] enriquecido(da) **2.** *fig* [orné] ▸ **enrichi de** adornado con.

enrichir [32] [ɑ̃ʀiʃiʀ] vt enriquecer.
◆ **s'enrichir** vp enriquecerse.

enrichissant, e [ɑ̃ʀiʃisɑ̃, ɑ̃t] adj enriquecedor(ra).

enrichissement [ɑ̃ʀiʃismɑ̃] nm enriquecimiento *m*.

enrobé, e [ɑ̃ʀɔbe] adj **1.** [bonbon] ▸ **enrobé de** bañado de **2.** *fam* [personne] rellenito(ta).

enrober [3] [ɑ̃ʀɔbe] vt **1.** [recouvrir] ▸ **enrober de** bañar con **2.** *fig* [déguiser] disimular. ◆ **s'enrober** vp [grossir] entrar en carnes.

enrôlement [ɑ̃ʀolmɑ̃] nm alistamiento *m*.

enrôler [3] [ɑ̃ʀole] vt alistar, enrolar. ◆ **s'enrôler** vp alistarse, enrolarse.

enroué, e [ɑ̃ʀwe] adj ronco(ca) ▸ **être enroué** estar ronco.

enrouer [6] [ɑ̃ʀwe] vt enronquecer. ◆ **s'enrouer** vp enronquecerse.

enroulement [ɑ̃ʀulmɑ̃] nm enrollamiento *m* ; ARCHIT voluta *f*.

enrouler [3] [ɑ̃ʀule] vt enrollar ▸ **enrouler qqch autour de qqch** enrollar algo alrededor de algo. ◆ **s'enrouler** vp **1.** [entourer] ▸ **s'enrouler sur / autour de qqch** enrollarse en / alrededor de algo **2.** [se pelotonner] ▸ **s'enrouler dans qqch** envolverse en algo.

enrouleur, euse [ɑ̃ʀulœʀ, øz] adj enrollador(ra).

ENS (*abr de* **École normale supérieure**) nf *institución de enseñanza superior especializada en humanidades* ▸ **préparer / faire / rater l' ENS** preparar / ir a / suspender la ENS ▸ **préparer / passer / réussir / rater le concours d'entrée à l'ENS** preparar / presentarse a / aprobar / suspender las oposiciones de entrada a la ENS / ***elle a fait l'ENS*** ha estudiado en la ENS.

ensabler [3] [ɑ̃sable] vt encallar. ◆ **s'ensabler** vp encallar ; [port] enarenarse.

ENSAD, Ensad [ɛnsad] (*abr de* **École nationale supérieure des arts décoratifs**) nf *centro de enseñanza pública francés dependiente del Ministerio de la Cultura que forma a futuros creadores.*

ENSAM, Ensam [ɛnsam] (*abr de* **École nationale supérieure des arts et métiers**) nf *centro de enseñanza pública francés destinado a la formación de ingenieros* ▸ **préparer / faire / rater l' ENSAM** preparar / ir a / suspender la ENSAM ▸ **préparer / passer / réussir / rater le concours d'entrée à l'ENSAM** preparar / presentarse a / aprobar / suspender las oposiciones de entrada a la ENSAM / ***il a fait l'ENSAM*** ha estudiado en la ENSAM.

ensanglanter [3] [ɑ̃sɑ̃glɑ̃te] vt ensangrentar / ***un festival ensanglanté par un attentat*** un festival ensangrentado por un atentado.

enseignant, e [ɑ̃sɛɲɑ̃, ɑ̃t] ❖ adj docente. ❖ nm, f profesor *m*, -ra *f*.

enseigne [ɑ̃sɛɲ] nf **1.** [de commerce] letrero *m* ▸ **enseigne lumineuse** letrero luminoso **2.** MIL bandera *f*, estandarte *m* **3.** EXPR **être logé à la même enseigne** estar en el mismo barco. ◆ **à telle enseigne que** loc conj *sout* hasta tal punto que.

enseignement [ɑ̃sɛɲ(ə)mɑ̃] nm **1.** [gén] enseñanza *f* ▸ **enseignement primaire / secondaire** enseñanza primaria / secundaria ▸ **enseignement privé** enseñanza privada **2.** *fig* [leçon] lección *f*.

enseigner [4] [ɑ̃seɲe] ❖ vt enseñar ▸ **enseigner qqch à qqn** enseñar algo a alguien. ❖ vi enseñar.

ensemble [ɑ̃sɑ̃bl] ❖ adv **1.** [en collaboration] juntos(tas) / ***ils l'ont fait ensemble*** lo hicieron juntos **2.** [en même temps] a la vez / ***ne répondez pas tous ensemble !*** ¡todos a la vez, no, por favor! **3.** [en harmonie] ▸ **aller ensemble** ir bien, pegar. ❖ nm **1.** [gén] conjunto *m* ▸ **dans l'ensemble** en conjunto ▸ **d'ensemble** : *avoir une vue d'ensemble* tener una visión de conjunto ▸ **l'ensemble de** el conjunto de **2.** [harmonie] ▸ **avec un bel ensemble** al unísono. ◆ **grand ensemble** nm urbanización *f* ESP, fraccionamiento *m* AM.

ensemblier [ɑ̃sɑ̃blije] nm **1.** [décorateur] decorador *m*, -ra *f* **2.** CINÉ & TV ayudante *mf* de decoración.

ensemencer [16] [ɑ̃səmɑ̃se] vt **1.** [terre] sembrar **2.** [rivière] repoblar.

enserrer [4] [ɑ̃seʀe] vt ceñir.

ENSET, Enset [ɛnsɛt] (*abr de* **École nationale supérieure de l'enseignement technique**) nf *centro de enseñanza pública francés que forma a los futuros profesores de asignaturas técnicas y científicas.*

ensevelir [32] [ɑ̃səv(ə)liʀ] vt *pr* & *fig* sepultar.
◆ **s'ensevelir** vp enterrarse.

ensoleillé, e [ɑ̃sɔleje] adj soleado(da).

ensoleillement [ɑ̃sɔlɛjmɑ̃] nm insolación *f (horas de sol)*.

ensommeillé, e [ɑ̃sɔmeje] adj soñoliento(ta).

ensorceler [24] [ɑ̃sɔʀsəle] vt hechizar.

ensorcellement [ɑ̃sɔʀsɛlmɑ̃] nm hechizo *m*.

ensuite [ɑ̃sɥit] adv **1.** [après, plus tard] después **2.** [plus loin] a continuación **3.** [en second lieu] y además.

ensuivre [89] [ɑ̃sɥivʀ] ◆ **s'ensuivre** v impers ▸ **il s'en est suivi…** ha provocado… ▸ **il s'ensuit que…** se deduce que… ▸ **et tout ce qui s'ensuit** y todo lo demás.

ENT nm *abr de* **espace numérique de travail**.

entaille [ɑ̃taj] nf **1.** [encoche] muesca *f* **2.** [blessure] corte *m*.

entailler [3] [ɑ̃taje] vt cortar. ◆ **s'entailler** vp cortarse.

entame [ɑ̃tam] nf primer corte *m*.

entamer [3] [ɑ̃tame] vt **1.** [nourriture, boisson] empezar **2.** [commencer - conversation, négociations] entablar ; [- travail] empezar, comenzar **3.** [économies, réputation] mermar **4.** [écorcher] cortar.

entartrer [3] [ɑ̃taʀtʀe] vt cubrir de sarro. ◆ **s'entartrer** vp cubrirse de sarro.

entassement [ɑ̃tasmɑ̃] nm amontonamiento *m*.

entasser [3] [ɑ̃tase] vt **1.** [objets] amontonar **2.** [personnes] apiñar. ◆ **s'entasser** vp **1.** [objets] amontonarse **2.** [personnes] apiñarse.

entendement [ɑ̃tɑ̃dmɑ̃] nm **1.** PHILO raciocinio *m* **2.** [compréhension] ▸ **dépasser l'entendement de qqn** escapar al entendimiento de alguien.

entendeur [ɑ̃tɑ̃dœʀ] nm ▸ **à bon entendeur salut !** a buen entendedor (con) pocas palabras bastan.

entendis ⟶ **entendre**.

entendre [73] [ɑ̃tɑ̃dʀ] vt **1.** [percevoir] oír ▸ **entendre parler de qqch** oír hablar de algo **2.** [écouter] escuchar ▸ **à l'entendre** escuchándolo **3.** *sout* [comprendre] ▸ **entendre qqch à** entender algo de ▸ **laisser entendre que** dar a entender que **4.** [vouloir dire] *qu'entendez-vous par là ?* ¿qué quiere decir con eso? **5.** *sout* [vouloir] ▸ **entendre que** querer que ▸ **ne pas l'entendre de cette oreille** no entenderlo así.
◆ **s'entendre** vp **1.** [sympathiser] ▸ **s'entendre avec qqn** entenderse con alguien, llevarse bien con alguien **2.** [se mettre d'accord] ponerse de acuerdo **3.** [savoir] ▸ **s'entendre à faire qqch / en qqch** saber hacer algo / de algo ▸ **s'y entendre** entender (mucho) de eso **4.** [être évident] ▸ **cela s'entend** por supuesto **5.** [s'écouter] ▸ **on ne s'entend plus** aquí no hay quien se entienda.

> ⚠ Entender est un faux ami, il ne signifie pas *entendre*, mais « comprendre ».

entends ⟶ **entendre**.

entendu, e [ɑ̃tɑ̃dy] ❖ adj **1.** [compris] claro(ra) ▸ **(c'est) entendu !** ¡de acuerdo! **2.** [sourire, air] cómplice *(en apposition)*. ❖ pp ⟶ **entendre.**

entente [ɑ̃tɑ̃t] nf **1.** [harmonie] armonía *f* ; POL alianza *f* **2.** [accord] acuerdo *m*.

entériner [3] [ɑ̃teʀine] vt ratificar.

entérite [ɑ̃teʀit] nf enteritis *f inv*.

enterrement [ɑ̃tɛʀmɑ̃] nm entierro *m*.

enterrer [4] [ɑ̃teʀe] vt enterrar ▸ **enterrer sa vie de garçon** celebrar su despedida de soltero. ◆ **s'enterrer** vp *fig* enterrarse.

entêtant, e [ɑ̃tɛtɑ̃, ɑ̃t] adj mareante.

en-tête [ɑ̃tɛt] (*pl* **en-têtes**) nm membrete *m*.

entêté, e [ɑ̃tete] ❖ adj terco(ca). ❖ nm, f cabezota *mf*.

entêtement [ɑ̃tɛtmɑ̃] nm **1.** *péj* [obstination] cabezonería *f* **2.** [ténacité] terquedad *f*.

entêter [4] [ɑ̃tete] ◆ **s'entêter** vp empeñarse ▸ **s'entêter à** empeñarse en ▸ **s'entêter dans qqch** empeñarse en algo.

enthousiasmant, e [ɑ̃tuzjasmɑ̃, ɑ̃t] adj apasionante.

enthousiasme [ɑ̃tuzjasm] nm entusiasmo *m*.

enthousiasmer [3] [ɑ̃tuzjasme] vt entusiasmar. ◆ **s'enthousiasmer** vp ▸ **s'enthousiasmer pour** entusiasmarse por.

enthousiaste [ɑ̃tuzjast] adj & nmf entusiasta.

enticher [3] [ɑ̃tiʃe] ◆ **s'enticher** vp ▸ **s'enticher de qqch / de qqn** encapricharse por algo / por alguien.

entier, ère [ɑ̃tje, ɛʀ] adj entero(ra). ◆ **en entier** loc adv en su totalidad.

entièrement [ɑ̃tjɛʀmɑ̃] adv totalmente.

entité [ɑ̃tite] nf entidad *f*.

entomologie [ɑ̃tɔmɔlɔʒi] nf entomología *f*.

entonner [3] [ɑ̃tɔne] vt [chant] entonar.

entonnoir [ɑ̃tɔnwaʀ] nm **1.** [instrument] embudo *m* **2.** [cavité] hoyo *m*.

entorse [ɑ̃tɔʀs] nf MÉD esguince *m* ▸ **faire une entorse à qqch** *fig* hacer una excepción a algo.

entortiller [3] [ɑ̃tɔʀtije] vt enredar.

entourage [ɑ̃tuʀaʒ] nm **1.** [clôture] cerca *f*, cercado *m* **2.** *fig* [milieu - gén] entorno *m* ; [- famille] entorno *m* familiar.

entouré, e [ɑ̃tuʀe] adj **1.** [enclos] rodeado(da) **2.** *fig* [soutenu] acompañado(da).

entourer [3] [ɑ̃tuʀe] vt **1.** [gén] rodear **2.** *fig* [soutenir] apoyar, acompañar. ◆ **s'entourer** vp ▸ **s'entourer de** [précautions, mystères] rodearse de.

entourloupette [ɑ̃tuʀlupɛt] nf *fam* jugarreta *f*.

entracte [ɑ̃tʀakt] nm entreacto *m*.

entraide [ɑ̃tʀɛd] nf ayuda *f* mutua.

entraider [4] [ɑ̃tʀede] ◆ **s'entraider** vp ayudarse mutuamente.

entrailles [ɑ̃tʀaj] nfpl entrañas *fpl*.

entrain [ɑ̃tʀɛ̃] nm ánimo *m*, animación *f*.

entraînant, e [ɑ̃tʀɛnɑ̃, ɑ̃t] adj [air, musique] alegre.

entraînement [ɑ̃tʀɛnmɑ̃] nm **1.** [de mécanisme] arrastre *m* **2.** SPORT entrenamiento *m* ▸ **manquer d'entraînement** faltarle a uno entrenamiento **3.** [préparation] práctica *f*.

entraîner [4] [ɑ̃tʀene] vt **1.** [emmener & TECHNOL] arrastrar **2.** [provoquer] suponer **3.** SPORT entrenar. ◆ **s'entraîner** vp **1.** SPORT entrenarse **2.** [se préparer] practicar ▸ **s'entraîner à faire qqch** practicar algo.

entraîneur, euse [ɑ̃tʀɛnœʀ, øz] nm, f SPORT entrenador *m*, -ra *f*.

entraîneuse [ɑ̃tʀɛnøz] nf [dans un cabaret, etc.] chica *f* de alterne.

entrant, e [ɑ̃tʀɑ̃, ɑ̃t] adj entrante.

entrapercevoir [52] [ɑ̃tʀapɛʀsəvwaʀ] vt entrever.

entrave [3] [ɑ̃tʀav] nf traba *f*.

entraver [ɑ̃tʀave] vt **1.** [animal] trabar **2.** *fig* [action] poner trabas a.

entre [ɑ̃tʀ] prép entre ▸ **entre nous** entre nosotros.

entrebâillement [ɑ̃tʀəbajmɑ̃] nm resquicio *m*.

entrebâiller [3] [ɑ̃tʀəbaje] vt entreabrir ▸ **être entrebâillé** estar entreabierto.

entrechat [ɑ̃tʀəʃa] nm trenzado *m*.

entrechoquer [3] [ɑ̃tʀəʃɔke] vt entrechocar. ◆ **s'entrechoquer** vp entrechocarse.

entrecôte [ɑ̃tʀəkot] nf entrecot *m*.

entrecoupé, e [ɑ̃tʀəkupe] adj ▸ **entrecoupé de** entrecortado por.

entrecouper [3] [ɑ̃tʀəkupe] vt entrecortar.

entrecroiser [3] [ɑ̃tʀəkʀwaze] vt entrecruzar. ◆ **s'entrecroiser** vp entrecruzarse.

entre-déchirer [3] [ɑ̃tʀədeʃiʀe] ◆ **s'entre-déchirer** vp destrozarse.

entre-deux [ɑ̃tʀədø] nm inv hueco *m* ▸ **dans l'entre-deux** en el intervalo.

entre-deux-guerres [ɑ̃tʀədøgɛʀ] nm ou nf inv período *m* de entreguerras.

entrée [ɑ̃tʀe] nf **1.** [gén] entrada *f* ▸ **'entrée libre'** 'entrada libre' ▸ **'entrée interdite'** 'entrada prohibida' ▸ **entrée des artistes** entrada de artistas ▸ **entrée en scène** *fig* THÉÂTRE entrada en escena ▸ **entrée de service** entrada de servicio ▸ **entrée en fonction** entrada en funciones ▸ **avoir ses entrées chez qqn** tener puerta abierta con alguien **2.** [plat] entrante *m*, primer plato *m* **3.** [début] principio *m* ▸ **entrée en matière** preámbulo *m* ▸ **d'entrée de jeu** de entrada.

entrefaites [ɑ̃tʀəfɛt] nfpl ▸ **sur ces entrefaites** en esto, en estas.

entrefilet [ɑ̃tʀəfilɛ] nm suelto *m*.

entregent [ɑ̃tʀəʒɑ̃] nm *sout* ▸ **avoir de l'entregent** tener don de gentes.

entrejambe [ɑ̃tʀəʒɑ̃b] nm entrepierna *f*.

entrelacer [16] [ɑ̃tʀəlase] vt entrelazar. ◆ **s'entrelacer** vp entrelazarse.

entrelarder [3] [ɑ̃tʀəlaʀde] vt ▸ **entrelarder de** mezclar con.

entremêler [4] [ɑ̃tʀəmele] vt entremezclar, mezclar ESP, entreverar AM ▸ **entremêler de** mezclar con. ◆ **s'entremêler** vp entremezclarse ESP, entreverarse AM.

entremets[1] ⟶ **entremettre**.

entremets[2] [ɑ̃tʀəmɛ] nm postre *m*.

entremetteur, euse [ɑ̃tʀəmɛtœʀ, øz] nm, f intermediario *m*, -ria *f*. ◆ **entremetteuse** nf *péj* & *vieilli* alcahueta *f*.

entremettre [84] [ɑ̃tʀəmɛtʀ] ◆ **s'entremettre** vp intervenir ▸ **s'entremettre dans** intervenir en.

entremis, e [ɑ̃tʀəmi, iz] pp ⟶ **entremettre**.

entremise [ɑ̃tʀəmiz] nf mediación *f* ▸ **par l'entremise de** por mediación de.

entrepont [ɑ̃tʀəpɔ̃] nm entrepuente *m*.

entreposer [3] [ɑ̃tʀəpoze] vt depositar.

entrepôt [ɑ̃tʀəpo] nm almacén *m*.

entreprenais ⟶ **entreprendre**.

entreprenant, e [ɑ̃tʀəpʀənɑ̃, ɑ̃t] adj **1.** [dynamique] emprendedor(ra) **2.** [auprès des femmes] atrevido(da).

entreprendre [79] [ɑ̃tʀəpʀɑ̃dʀ] vt **1.** [commencer] emprender ▸ **entreprendre de faire qqch** proponerse a hacer algo **2.** *fam* [entretenir] ▸ **entreprendre qqn sur** entretener a alguien con.

entreprends ⟶ **entreprendre**.

entrepreneur, euse [ɑ̃tʀəpʀənœʀ, øz] nm, f **1.** CONSTR contratista *mf* **2.** [patron] empresario *m*, -ria *f*.

entrepreneuriat [ɑ̃tʀəpʀənœʀja] nm empresariado *m*.

entrepris, e [ɑ̃tʀəpʀi, iz] pp ⟶ **entreprendre**.

entreprise [ɑ̃tʀəpʀiz] nf empresa *f* ▸ **la libre entreprise** la libre empresa ▸ **entreprise nationalisée** empresa nacionalizada.

entrer [3] [ɑ̃tʀe] ◈ vi **1.** [pénétrer] entrar ▸ **entrer dans a)** [gén] entrar en **b)** [bain] meterse en ▸ **entrer par** [porte, fenêtre] entrar por ▸ **entrez !** ¡pase!, ¡pasen! **2.** [être admis, devenir membre] ▸ **entrer à** [club, parti] entrar en, ingresar en ▸ **entrer dans a)** [affaires] meterse en **b)** [enseignement] entrar en ▸ **entrer à l'hôpital** ingresar en el hospital ▸ **entrer à l'université** entrar en la universidad ▸ **entrer en scène** entrar en escena ▸ **entrer en politique** meterse en política.
◈ vt introducir ▸ **faire entrer qqch** introducir algo ▸ **faire entrer qqn** hacer entrar a alguien.

entresol [ɑ̃tʀəsɔl] nm entresuelo *m*.

entre-temps [ɑ̃tʀətɑ̃] adv mientras tanto.

entretenir [40] [ɑ̃tʀətniʀ] vt **1.** [faire durer - paix] mantener ; [- feu] alimentar ; [- amitié, relation] cultivar **2.** [soigner - maison, jardin, etc.] mantener ▸ **entretenir qqn** [personne, famille] mantener a alguien **3.** [parler] ▸ **entretenir qqn de qqch** conversar con alguien sobre algo. ◆ **s'entretenir** vp **1.** [se parler] ▸ **s'entretenir (avec qqn)** conversar (con alguien) **2.** [prendre soin de soi] cuidarse.

> ⚠ **Entretener** est un faux ami, il ne signifie pas *entretenir*, mais « distraire ».

entretenu, e [ɑ̃tʀətny] ◈ adj **1.** [lieu] cuidado(da) ▸ **bien / mal entretenu** bien / mal cuidado **2.** [personne] mantenido(da). ◈ pp ⟶ **entretenir.**

entretien [ɑ̃tʀətjɛ̃] nm **1.** [soins] cuidado *m*, mantenimiento *m* **2.** [conversation] conversación *f* ▸ **entretien d'embauche** entrevista *f* de trabajo.

entretiendrai ⟶ **entretenir**.

entretiens ⟶ **entretenir**.

entretins ⟶ **entretenir**.

entre-tuer [7] [ɑ̃tʀətɥe] ◆ **s'entre-tuer** vp matarse (unos a otros).

entreverrai ⟶ **entrevoir**.

entrevis ⟶ **entrevoir**.

entrevoir [62] [ɑ̃tʀəvwaʀ] vt entrever. ◆ **s'entrevoir** vp entreverse.

entrevois ⟶ **entrevoir**.

entrevoyais ⟶ **entrevoir**.

entrevu, e [ɑ̃tʀəvy] pp ⟶ **entrevoir**.

entrevue [ɑ̃tʀəvy] nf entrevista *f*.

entrouvert, e [ɑ̃tʀuvɛʀ, ɛʀt] ❖ adj entreabierto(ta). ❖ pp ⟶ **entrouvrir**.

entrouvre ⟶ **entrouvrir**.

entrouvrir [34] [ɑ̃tʀuvʀiʀ] vt entreabrir. ◆ **s'entrouvrir** vp entreabrirse.

entuber [3] [ɑ̃tybe] vt *fam* [duper] estafar / ***il m'a entubé de 100 euros*** me ha estafado 100 euros ▸ **se faire entuber** ser estafado.

énumération [enymeʀasjɔ̃] nf enumeración *f*.

énumérer [18] [enymeʀe] vt enumerar.

env. ***abr écrite de*** **environ**.

envahir [32] [ɑ̃vaiʀ] vt **1.** [gén] invadir **2.** [accaparer] absorber.

envahissant, e [ɑ̃vaisɑ̃, ɑ̃t] adj **1.** [herbes] invasor(ra) **2.** *fam* [personne] avasallador(ra).

envahissement [ɑ̃vaismɑ̃] nm invasión *f*.

envahisseur [ɑ̃vaisœʀ] nm invasor *m*.

enveloppe [ɑ̃vlɔp] nf **1.** [de lettre] sobre *m* ▸ **mettre sous enveloppe** meter en un sobre ▸ **enveloppe à fenêtre** sobre con ventana ▸ **enveloppe timbrée** sobre sellado **2.** [d'emballage] envoltura *f* **3.** [de graine] vaina *f* **4.** [budget] suma *f* (de dinero) ▸ **enveloppe budgétaire** presupuesto *m*.

enveloppé, e [ɑ̃vlɔpe] adj *fam* : ***(un peu) enveloppé*** [personne] (un poco) rellenito(ta).

envelopper [3] [ɑ̃vlɔpe] vt envolver. ◆ **s'envelopper** vp ▸ **s'envelopper dans** envolverse en.

envenimer [3] [ɑ̃vnime] vt **1.** [blessure] infectar **2.** *fig* [querelle] enconar. ◆ **s'envenimer** vp **1.** [blessure] infectarse **2.** *fig* [atmosphère, relations] degradarse, emponzoñarse.

envergure [ɑ̃vɛʀgyʀ] nf envergadura *f*.

enverrai ⟶ **envoyer**.

envers¹ [ɑ̃vɛʀ] prép [à l'égard de] (para) con ▸ **envers et contre tout** contra viento y marea.

envers² [ɑ̃vɛʀ] nm **1.** [de vêtement] revés *m* **2.** [face cachée] cara *f* oculta ▸ **l'envers du décor a)** THÉÂTRE detrás del escenario **b)** *fig* la cara oculta de algo. ◆ **à l'envers** loc adv al revés, del revés.

envi [ɑ̃vi] ◆ **à l'envi** loc adv *sout* a porfía.

enviable [ɑ̃vjabl] adj envidiable.

envie [ɑ̃vi] nf **1.** [désir] ganas *fpl* ▸ **avoir envie de qqch / de faire qqch** tener ganas de algo / de hacer algo ▸ **mourir d'envie de** morirse de ganas de **2.** [jalousie] envidia *f* ▸ **faire envie à qqn** apetecer a alguien.

envier [9] [ɑ̃vje] vt envidiar ▸ **n'avoir rien à envier à qqn / à qqch** no tener nada que envidiar a alguien / a algo.

> ⚠ **Enviar** est un faux ami, il ne signifie pas *envier*, mais « envoyer ».

envieux, euse [ɑ̃vjø, øz] adj & nm, f envidioso(sa).

environ [ɑ̃viʀɔ̃] adv aproximadamente, alrededor de.

environnant, e [ɑ̃viʀɔnɑ̃, ɑ̃t] adj cercano(na).

environnement [ɑ̃viʀɔnmɑ̃] nm **1.** [nature] medio ambiente *m* / ***c'est un grand défenseur de l'environnement*** es un gran defensor del medio ambiente ▸ **l'environnement culturel / familial** el entorno cultural / familiar **2.** [entourage & INFORM] entorno *m*.

environnemental, e, aux [ɑ̃viʀɔnmɑ̃tal, o] adj medioambiental.

environnementaliste [ɑ̃viʀɔnmɑ̃talist] nmf medioambientalista *mf*.

environner [3] [ɑ̃viʀɔne] vt rodear.

environs [ɑ̃viʀɔ̃] nmpl alrededores *mpl* ▸ **dans les environs de** [lieu] en los alrededores de ▸ **aux environs de a)** [lieu] en los alrededores de **b)** [époque] alrededor de, por **c)** [heure] a eso de.

envisageable [ɑ̃vizaʒabl] adj factible / ***cette solution est envisageable*** es una solución factible.

envisager [17] [ɑ̃vizaʒe] vt **1.** [considérer] considerar **2.** [projeter] proyectar ▸ **envisager de faire qqch** tener previsto hacer algo.

envoi [ɑ̃vwa] nm envío *m* ▸ **envoi contre remboursement** envío contra reembolso.

envoie ⟶ **envoyer**.

envol [ɑ̃vɔl] nm **1.** [d'oiseau] vuelo *m* ▸ **prendre son envol** levantar el vuelo **2.** [d'avion] despegue *m* **3.** *fig* [essor] desarrollo *m*.

envolée [ɑ̃vɔle] nf [poétique] vena *f* ; FIN subida *f* estrepitosa.

envoler [3] [ɑ̃vɔle] ◆ **s'envoler** vp **1.** [oiseau] echar a volar, levantar el vuelo **2.** [avion] despegar **3.** *fam* [disparaître] esfumarse.

envoûtant, e [ɑ̃vutɑ̃, ɑ̃t] adj fascinante.

envoûtement [ɑ̃vutmɑ̃] nm embrujo *m*, hechizo *m*.

envoûter [3] [ɑ̃vute] vt embrujar, hechizar.

envoyé, e [ɑ̃vwaje] ❖ adj *fam* ▸ **bien envoyé** [remarque] bien dirigido. ❖ nm, f enviado *m*, -da *f* ▸ **envoyé spécial** enviado especial.

envoyer [30] [ɑ̃vwaje] vt **1.** [paquet, lettre] enviar ▸ **envoyer qqch à qqn** enviar algo a alguien **2.** [personne] ▸ **envoyer qqn faire qqch** mandar a alguien a hacer algo ▸ **envoyer promener qqn** *fam* mandar a alguien a paseo. ◆ **s'envoyer** vp **1.** [lettres, cartes postales] enviarse ▸ **s'envoyer des fleurs** *fig* echarse flores **2.** *fam* ▸ **s'envoyer qqch** [boisson, gâteau] meterse algo entre pecho y espalda **3.** *fam* [corvée] cargar con.

envoyeur, euse [ɑ̃vwajœʀ, øz] nm, f remitente *mf*.

enzyme [ɑ̃zym] nm ou nf enzima *f*.

éolien, enne [eɔljɛ̃, ɛn] adj eólico(ca). ◆ **éolienne** nf aeromotor *m*.

épagneul [epaɲœl] nm podenco *m*.

épais, aisse [epɛ, ɛs] adj **1.** [chose, personne, plaisanterie] grueso(sa) **2.** [brouillard, sauce] espeso(sa).

épaisseur [epɛsœʀ] nf **1.** [largeur] grosor *m* **2.** [densité] espesura *f* **3.** *fig* [consistance] profundidad *f*.

épaissir [32] [epesiʀ] ❖ vt espesar. ❖ vi **1.** [sauce] espesarse **2.** [taille] ensanchar. ◆ **s'épaissir** vp **1.** [liquide, brouillard] espesarse **2.** [taille] engordar **3.** [mystère] oscurecerse.

épanchement [epɑ̃ʃmɑ̃] nm **1.** [effusion] desahogo *m* **2.** MÉD derrame *m* ▸ **épanchement de synovie** derrame sinovial.

épancher [3] [epɑ̃ʃe] vt *sout* dar rienda suelta a ▸ **épancher son cœur** desahogarse. ◆ **s'épancher** vp desahogarse.

épanoui, e [epanwi] adj **1.** [personne] realizado(da) **2.** [visage] risueño(ña), alegre **3.** [corps] generoso(sa).

épanouir [32] [epanwiʀ] vt **1.** [personne] hacer feliz **2.** [fleur] abrir. ◆ **s'épanouir** vp **1.** [fleur] abrirse **2.** [visage] iluminarse **3.** [corps] desarrollarse **4.** [personnalité] realizarse.

épanouissant, e [epanwisɑ̃, ɑ̃t] adj satisfactorio(a) / ***il a un travail épanouissant*** tiene un trabajo que le hace sentirse realizado.

épanouissement [epanwismɑ̃] nm **1.** [de fleur] florecimiento *m* **2.** [de visage] felicidad *f* **3.** [de corps, de personnalité] plenitud *f*.

épargnant, e [eparɲɑ̃, ɑ̃t] ❖ adj ahorrativo(va), ahorrador(ra). ❖ nm, f ahorrador *m*, -ra *f* ▸ **les petits épargnants** los pequeños ahorradores.

épargne [eparɲ] nf ahorro *m*.

épargner [3] [eparɲe] vt **1.** [argent, explications] ahorrar ▸ **épargner qqch à qqn** ahorrar algo a alguien **2.** [personne] perdonar la vida **3.** [ne pas détruire] respetar. ◆ **s'épargner** vp ▸ **s'épargner qqch** ahorrarse algo.

éparpiller [3] [eparpije] vt dispersar. ◆ **s'éparpiller** vp dispersarse.

épars, e [epaʀ, aʀs] adj *sout* disperso(sa).

épatant, e [epatɑ̃, ɑ̃t] adj *fam* estupendo(da) ESP, padre AM.

épate [epat] nf *fam* farde *m* ▸ **faire de l'épate** fardar.

épaté, e [epate] adj **1.** [nez] chato(ta) ESP, ñato(ta) AM **2.** *fam* [étonné] pasmado(da).

épater [3] [epate] vt *fam* dejar pasmado(da).

épaule [epol] nf **1.** ANAT hombro *m* ▸ **hausser les épaules** encoger los hombros, encogerse de hombros **2.** CULIN paletilla *f* ▸ **épaule d'agneau** paletilla de cordero.

épaulement [epolmɑ̃] nm **1.** [mur] muro *m* de contención **2.** GÉOL rellano *m*.

épauler [3] [epole] vt **1.** [fusil] encararse **2.** CONSTR contener **3.** *fig* [personne] respaldar. ◆ **s'épauler** vp respaldarse mutuamente.

épaulette [epolɛt] nf **1.** MIL charretera *f* **2.** [rembourrage] hombrera *f*.

épave [epav] nf **1.** [de navire] restos *mpl* **2.** [voiture] chatarra *f* **3.** *fig* [personne] ruina *f*.

épée [epe] nf espada *f* ▸ **épée de Damoclès** espada de Damocles ▸ **c'est un coup d'épée dans l'eau** es como arar en el mar.

épeler [24] [eple] vt deletrear.

épépiner [3] [epepine] vt despepitar.

éperdu, e [epɛʀdy] adj [sentiment] apasionado(da) ▸ **être éperdu de** [personne] estar loco de.

éperdument [epɛʀdymɑ̃] adv perdidamente.

éperlan [epɛʀlɑ̃] nm eperlano *m*.

éperon [epʀɔ̃] nm **1.** [gén] espolón *m* ▸ **éperon rocheux** espolón rocoso **2.** [de cavalier] espuela *f*.

éperonner [3] [epʀɔne] vt espolear.

épervier [epɛʀvje] nm gavilán *m*.

éphèbe [efɛb] nm efebo *m*.

éphémère [efemɛʀ] ❖ adj efímero(ra). ❖ nm efímera *f*.

éphéméride [efemeʀid] nf efeméride *f*; [calendrier] calendario *m*.

épi [epi] nm **1.** BOT espiga *f* ▸ **épi de maïs** mazorca *f* **2.** [de cheveux] remolino *m*.

épice [epis] nf especia *f*.

épicé, e [epise] adj **1.** [plat] sazonado(da) **2.** [récit] picante.

épicéa [episea] nm picea *f*.

épicentre [episɑ̃tʀ] nm epicentro *m*.

épicer [16] [epise] vt **1.** [plat] sazonar **2.** [récit] salpimentar.

épicerie [episʀi] nf **1.** [magasin] tienda *f* de comestibles ESP, abarrotería *f* AM **2.** [denrées] comestibles *mpl* ▸ **épicerie fine** *tienda selecta de ultramarinos*.

épicier, ère [episje, ɛʀ] nm, f tendero *m*, -ra *f* ESP, abarrotero *m*, -ra *f* AM.

épicurien, enne [epikyʀjɛ̃, ɛn] adj & nm, f epicúreo(a).

épidémie [epidemi] nf epidemia *f*.

épidémique [epidemik] adj **1.** [maladie] epidémico(ca) **2.** *fig* [sentiment] contagioso(sa).

épiderme [epidɛʀm] nm epidermis *f inv*.

épidermique [epidɛʀmik] adj epidérmico(ca).

épier [9] [epje] vt **1.** [espionner] espiar **2.** [observer] atisbar.

épieu [epjø] nm **1.** [de guerre] chuzo *m* **2.** [de chasse] venablo *m*.

épigramme [epigʀam] ◆ nf [poème satirique] epigrama *f*. ◆ nm CULIN *chuleta de cordero cocida al vapor, empanada y asada a la parrilla*.

épilateur [epilatœʀ] nm depiladora *f* ▸ **épilateur à cire** depiladora de cera ▸ **épilateur électrique** depiladora eléctrica.

épilation [epilasjɔ̃] nf depilación *f* ▸ **épilation à la cire** depilación a la cera.

épilatoire [epilatwaʀ] adj [crème] depilatorio(ria).

épilepsie [epilɛpsi] nf epilepsia *f*.

épileptique [epilɛptik] adj & nmf epiléptico(ca).

épiler [3] [epile] vt depilar. ◆ **s'épiler** vp depilarse.

épilogue [epilɔg] nm epílogo *m*.

épiloguer [3] [epilɔge] vi ▸ **épiloguer sur** hacer comentarios sobre.

épinard [epinaʀ] nm espinaca *f* ▸ **épinards en branches** espinacas en rama.

épine [epin] nf **1.** [piquant] espina *f* ▸ **tirer une épine du pied à qqn** *fig* quitar un peso de encima a alguien **2.** [arbrisseau] espino *m*. ◆ **épine dorsale** nf espina *f* dorsal.

épineux, euse [epinø, øz] adj espinoso(sa).

épingle [epɛ̃gl] nf **1.** [gén] alfiler *m* ▸ **épingle à cheveux** horquilla *f* ▸ **épingle à nourrice** ou **de sûreté** imperdible *m* **2.** EXPR **monter qqch en épingle** dramatizar ▸ **tiré à quatre épingles** de punta en blanco ▸ **tirer son épingle du jeu** salir del apuro.

épingler [3] [epɛ̃gle] vt **1.** [fixer] prender con alfileres **2.** *fam* [arrêter] pescar / ***il s'est fait épingler par la police*** lo ha pescado la policía.

épinière [epinjɛʀ] ⟶ **moelle**.

Épiphanie [epifani] nf Epifanía *f*.

épiphénomène [epifenɔmɛn] nm epifenómeno *m*.

épique [epik] adj épico(ca).

épiscopal, e, aux [episkɔpal, o] adj episcopal.

épiscopat [episkɔpa] nm episcopado *m*.

épisiotomie [epizjɔtɔmi] nf episiotomía *f*.

épisode [epizɔd] nm **1.** [de film] capítulo *m* **2.** [événement] episodio *m*.

épisodique [epizɔdik] adj episódico(ca).

épisodiquement [epizɔdikmɑ̃] adv esporádicamente.

épistémologie [epistemɔlɔʒi] nf epistemología *f*.

épistolaire [epistɔlɛʀ] adj epistolar.

épitaphe [epitaf] nf epitafio *m*.

épithète [epitɛt] adj & nf epíteto.

épître [epitʀ] nf RELIG epístola *f*.

éploré, e [eplɔʀe] adj **1.** [personne] desconsolado(da) **2.** [visage, air, voix] afligido(da).

épluchage [eplyʃaʒ] nm **1.** [de légumes] mondadura *f* **2.** [de comptes, de textes] espulgo *m*.

épluche-légumes [eplyʃlegym] nm inv pelador *m*.

éplucher [3] [eplyʃe] vt **1.** [légumes] pelar **2.** *fig* [texte, comptes] espulgar.

épluchure [eplyʃyʀ] nf mondadura *f*.

éponge [epɔ̃ʒ] nf esponja *f* ▸ **jeter l'éponge** tirar la toalla ▸ **passer l'éponge** hacer borrón y cuenta nueva.

éponger [17] [epɔ̃ʒe] vt enjugar. ◆ **s'éponger** vp ▸ **s'éponger le front** secarse la frente.

épopée [epɔpe] nf epopeya *f*.

époque [epɔk] nf época *f* ▸ **à l'époque** en la época ▸ **d'époque** de época. ◆ **Belle Époque** nf ▸ **la Belle Époque** la Belle Époque.

épouiller [3] [epuje] vt despiojar.

époumoner [3] [epumɔne] ◆ **s'époumoner** vp desgañitarse.

épouse ⟶ **époux**.

épouser [3] [epuze] vt **1.** [se marier avec] casarse con **2.** [suivre - forme] adaptarse ; [- idées, principes] abrazar.

épousseter [27] [epuste] vt quitar el polvo de.

époustouflant, e [epustuflɑ̃, ɑ̃t] adj *fam* pasmoso(sa).

époustoufler [3] [epustufle] vt *fam* dejar boquiabierto(ta).

épouvantable [epuvɑ̃tabl] adj espantoso(sa).

épouvantail [epuvɑ̃taj] nm espantajo *m* ▸ **épouvantail à moineaux** espantapájaros *m inv*.

épouvante [epuvɑ̃t] nf terror *m*.

épouvanter [3] [epuvɑ̃te] vt aterrorizar.

époux, épouse [epu, epuz] nm, f esposo *m*, -sa *f* ▸ **prendre pour époux** tomar por esposo.

éprendre [79] [epʀɑ̃dʀ] ◆ **s'éprendre** vp ▸ **s'éprendre de qqn / de qqch** prendarse de alguien / de algo.

épreuve [epʀœv] nf prueba *f* ▸ **à toute épreuve** a prueba de bombas ▸ **à l'épreuve de** a prueba de ▸ **mettre à l'épreuve** poner a prueba ▸ **épreuve écrite / orale** prueba escrita / oral ▸ **épreuve de force** *fig* prueba de fuerza.

épris, e [epʀi, iz] ◆ pp ⟶ **éprendre.** ◆ adj ▸ **épris de a)** [amoureux de] prendado de **b)** [passionné de] apasionado por.

éprouvant, e [epʀuvɑ̃, ɑ̃t] adj agotador(ra).

éprouvé, e [epʀuve] adj **1.** [méthode] probado(da) **2.** [personne] afectado(da).

éprouver [3] [epʀuve] vt **1.** [tester] probar **2.** [faire souffrir] afectar ▸ **être éprouvé par** estar afectado por **3.** [ressentir] sentir **4.** [difficulté] sufrir.

éprouvette [epʀuvɛt] nf probeta *f*.

EPS (*abr de* **éducation physique et sportive**) nf educación *f* física / *être dispensé d'EPS* estar exento de educación física / *aujourd'hui, j'ai EPS* hoy tengo educación física.

épuisant, e [epɥizɑ̃, ɑ̃t] adj agotador(ra).

épuisé, e [epɥize] adj agotado(da).

épuisement [epɥizmɑ̃] nm agotamiento *m* ▸ **jusqu'à épuisement des stocks** hasta agotar las existencias.

épuiser [3] [epɥize] vt agotar.

épuisette [epɥizɛt] nf salabre *m*, sacadera *f*.

épuration [epyʀasjɔ̃] nf depuración *f*.

épure [epyʀ] nf dibujo *m* técnico.

épurer [3] [epyʀe] vt depurar.

équarrir [32] [ekaʀiʀ] vt **1.** [poutre] escuadrar **2.** [animal] descuartizar.

équateur [ekwatœʀ] nm ecuador *m*.

Équateur [ekwatœʀ] npr m ▸ **l'Équateur** Ecuador.

équation [ekwasjɔ̃] nf ecuación *f* ▸ **équation du premier / second degré** ecuación de primer/segundo grado.

équatorial, e, aux [ekwatɔʀjal, o] adj ecuatorial.

équatorien, enne [ekwatɔʀjɛ̃, ɛn] adj ecuatoriano(na). ◆ **Équatorien, enne** nm, f ecuatoriano *m*, -na *f*.

équerre [ekɛʀ] nf escuadra *f* ▸ **en équerre** a escuadra.

équestre [ekɛstʀ] adj ecuestre.

équeuter [3] [ekøte] vt quitar el rabillo a *(fruta)*.

équidistance [ekɥidistɑ̃s] nf equidistancia *f* / *à équidistance de la gare et de l'aéroport* a la misma distancia de la estación que del aeropuerto.

équidistant, e [ekɥidistɑ̃, ɑ̃t] adj equidistante.

équilatéral, e, aux [ekɥilateʀal, o] adj equilátero(ra).

équilibre [ekilibʀ] nm **1.** [gén] equilibrio *m* ▸ **en équilibre** en equilibrio ▸ **perdre l'équilibre** perder el equilibrio **2.** [d'une situation] balance *m* ▸ **équilibre budgétaire** equilibio presupuestario.

équilibré, e [ekilibʀe] adj equilibrado(da) / *manger équilibré* comer equilibradamente.

équilibrer [3] [ekilibʀe] vt equilibrar. ◆ **s'équilibrer** vp equilibrarse.

équilibriste [ekilibʀist] nmf equilibrista *mf*.

équinoxe [ekinɔks] nm equinoccio *m*.

équipage [ekipaʒ] nm tripulación *f*.

> ⚠ **Equipaje** est un faux ami, il ne signifie pas *équipage*, mais « bagages ».

équipe [ekip] nf equipo *m* ▸ **d'équipe** [travail, sport] de equipo ▸ **faire équipe avec** formar equipo con ▸ **travailler en équipe** trabajar en equipo ▸ **équipe de secours** equipo de socorro.

équipé, e [ekipe] adj equipado(da). ◆ **équipée** nf **1.** [aventure] aventura *f* **2.** *hum* [promenade] escapada *f*.

équipement [ekipmɑ̃] nm **1.** [matériel] equipo *m* **2.** [aménagement] equipamiento *m* ▸ **équipements sportifs / scolaires** equipamiento deportivo/escolar.

équiper [3] [ekipe] vt equipar ▸ **équiper qqch de qqch** equipar algo con algo. ◆ **s'équiper** vp equiparse ▸ **s'équiper de** equiparse con.

équipier, ère [ekipje, ɛʀ] nm, f SPORT compañero *m*, -ra *f* de equipo.

équitable [ekitabl] adj equitativo(va).

équitablement [ekitabləmɑ̃] adv equitativamente.

équitation [ekitasjɔ̃] nf equitación *f* ▸ **faire de l'équitation** hacer equitación.

équité [ekite] nf equidad *f*.

équivalent, e [ekivalɑ̃, ɑ̃t] adj equivalente. ◆ **équivalent** nm equivalente *m*.

équivaloir [60] [ekivalwaʀ] vt equivaler.

équivalu [ekivaly] pp inv ⟶ **équivaloir**.

équivaut ⟶ **équivaloir**.

équivoque [ekivɔk] ❖ adj equívoco(ca). ❖ nf [ambiguïté] equívoco *m* ▸ **sans équivoque** inequívoco(ca).

érable [eʀabl] nm arce *m*.

éradication [eʀadikasjɔ̃] nf erradicación *f*.

éradiquer [3] [eʀadike] vt erradicar.

érafler [3] [eʀafle] vt arañar. ◆ **s'érafler** vp arañarse.

éraflure [eʀaflyʀ] nf arañazo *m*.

éraillé, e [eʀaje] adj [voix] cascado(da).

Erasmus, erasmus [eʀasmys] (*abr de* **European Action Scheme for the Mobility of University Students**) ❖ nm Erasmus *m* ▸ **partir à l'étranger avec Erasmus** ir al extranjero de Erasmus ▸ **le programme d'échange Erasmus** el programa de intercambio Erasmus ▸ **une bourse Erasmus** una beca Erasmus. ❖ adj Erasmus / *il est Erasmus* está de Erasmus.

ERDF (*abr de* **Électricité réseau distribution France**) nf *empresa de electricidad francesa de colaboración público-privada*.

ère [ɛʀ] nf era *f* ▸ **l'ère chrétienne** la era cristiana ▸ **notre ère** nuestra era.

érection [eʀɛksjɔ̃] nf erección *f* ▸ **en érection** en erección.

éreintant, e [eʀɛ̃tɑ̃, ɑ̃t] adj extenuante.

éreinté, e [eʀɛ̃te] adj extenuado(da).

éreinter [3] [eʀɛ̃te] vt **1.** [fatiguer] extenuar **2.** [critiquer] vapulear. ◆ **s'éreinter** vp ▸ **s'éreinter à faire qqch** extenuarse haciendo algo.

érémiste [eʀemist] = **RMiste**.

Erevan [ɛʀevan] npr Eriván.

ergonomie [ɛʀgɔnɔmi] nf ergonomía *f*.

ergonomique [ɛʀgɔnɔmik] adj ergonómico(ca).

ergot [ɛʀgo] nm **1.** [d'animal] espolón *m* ▸ **se dresser sur ses ergots** *fig* ponerse gallito(ta) **2.** [de blé] tizón *m*.

ergoter [3] [ɛʀgɔte] vi ser quisquilloso(sa).

ergothérapie [ɛʀgɔteʀapi] nf ergoterapia *f*.

ériger [17] [eʀiʒe] vt **1.** [monument] erigir **2.** *fig* [tribunal] constituir **3.** *fig* [élever] ▸ **ériger qqn en** elevar a alguien a la categoría de. ◆ **s'ériger** vp ▸ **s'ériger en** erigirse en.

ermite [ɛʀmit] nm ermitaño *m*, -ña *f*.

éroder [3] [eʀɔde] vt erosionar.

érogène [eʀɔʒɛn] adj erógeno(na).

érosion [eʀozjɔ̃] nf erosión *f*.

érotique [eʀɔtik] adj erótico(ca).

érotisme [eʀɔtism] nm erotismo *m*.

errance [ɛʀɑ̃s] nf vagabundeo *m*.

errant, e [ɛʀɑ̃, ɑ̃t] adj **1.** [gén] errante **2.** [chien, chat] callejero(ra).

erratique [ɛʀatik] adj errático(ca).

erratum [eʀatɔm] (*pl* **errata** [eʀata]) nm errata *f*. ◆ **errata** nm inv fe *f* de erratas.

errements [ɛʀmɑ̃] nmpl ▸ **retomber dans ses anciens errements** volver a las andadas.

errer [4] [ɛʀe] vi errar, vagar.

erreur [ɛʀœʀ] nf error *m*, equivocación *f* ▸ **faire erreur** estar equivocado(da) ▸ **faire une erreur** cometer un error ▸ **induire en erreur** inducir a error ▸ **par erreur** por error ▸ **sauf erreur (de ma part)** salvo error (por mi parte) ▸ **l'erreur est humaine** errar es humano ▸ **erreur de calcul** error de cálculo ▸ **erreur judiciaire** error judicial.

erroné, e [ɛʀɔne] adj erróneo(a).

ersatz [ɛʀzats] nm sucedáneo *m*.

éructer [3] [eʀykte] ◆ vi eructar. ◆ vt *fig* [injures] proferir.

érudit, e [eʀydi, it] adj & nm, f erudito(ta).

érudition [eʀydisjɔ̃] nf erudición *f*.

éruption [eʀypsjɔ̃] nf **1.** [gén] erupción *f* **2.** [de joie, de colère] acceso *m*.

Érythrée [eʀitʀe] npr f : *l'Érythrée* Eritrea *f*.

érythréen, enne [eʀitʀeɛ̃, ɛn] adj eritreo(a). ◆ **Érythréen, enne** nm, f eritreo(a).

es [ɛ] ⟶ **être**.

ES (*abr de* **économique et social**) SCOL *en el sistema escolar francés, los cursos correspondientes al bachillerato con una modalidad en economía y ciencias sociales.*

E/S (*abr écrite de* **entrée/sortie**) INFORM E/S.

ès [ɛs] prép en.

ESA, Esa [eza] (*abr de* **European Space Agency**) nf ESA *f*.

ESB (*abr de* **encéphalopathie spongiforme bovine**) nf EEB *f* / *l'ESB, que l'on appelle aussi maladie de la « vache folle »* la EBB, también llamada enfermedad de las "vacas locas" / *un nouveau cas d'ESB a été signalé* ha sido señalado un nuevo caso de EEB.

esbroufe [ɛzbʀuf] nf *fam* chulería *f* ▸ **faire de l'esbroufe** chulear, hacerse el chulo.

escabeau, x [ɛskabo] nm [échelle] escalerilla *f*.

escadre [ɛskadʀ] nf escuadra *f*.

escadrille [ɛskadʀij] nf escuadrilla *f*.

escadron [ɛskadʀɔ̃] nm escuadrón *m*.

escalade [ɛskalad] nf escalada *f*.

escalader [3] [ɛskalade] vt escalar.

Escalator® nm escalera *f* mecánica.

escale [ɛskal] nf escala *f* ▸ **faire escale à** hacer escala en ▸ **escale technique** escala técnica.

escalier [ɛskalje] nm escalera *f* ▸ **escalier en colimaçon** escalera de caracol ▸ **escalier roulant** ou **mécanique** escalera mecánica ▸ **escalier de secours** escalera de incendios ▸ **escalier de service** escalera de servicio.

escalope [ɛskalɔp] nf filete *m* ESP ▸ **escalope panée** escalope *m* rebozado, milanesa *f*.

escamotable [ɛskamɔtabl] adj plegable.

escamoter [3] [ɛskamɔte] vt **1.** [gén] escamotear **2.** AÉRON replegar **3.** [mot, son] comerse.

escampette [ɛskɑ̃pɛt] ⟶ **poudre**.

escapade [ɛskapad] nf escapada *f*.

escarbille [ɛskaʀbij] nf pavesa *f*.

escargot [ɛskaʀgo] nm caracol *m* ▸ **comme un escargot** [lentement] a paso de tortuga.

escarmouche [ɛskaʀmuʃ] nf escaramuza *f*.

escarpé, e [ɛskaʀpe] adj escarpado(da).

escarpement [ɛskaʀpəmɑ̃] nm escarpamiento *m*.

escarpin [ɛskaʀpɛ̃] nm zapato *m* de tacón.

escarre [ɛskaʀ] nf escara *f*.

Escaut [ɛsko] npr m ▸ **l'Escaut** el Escalda.

escient [ɛsjɑ̃] nm ▸ **à bon escient** oportunamente ▸ **à mauvais escient** inoportunamente.

esclaffer [3] [ɛsklafe] ◆ **s'esclaffer** vp partirse de risa.

esclandre [ɛsklɑ̃dʀ] nm *sout* escándalo *m* ▸ **faire un esclandre** armar un escándalo.

esclavage [ɛsklavaʒ] nm esclavitud *f*.

esclavagisme [ɛsklavaʒism] nm esclavismo *m*.

esclave [ɛsklav] adj & nmf esclavo(va).

escogriffe [ɛskɔgʀif] nm *fam* ▸ **un grand escogriffe** un grandullón.

escompte [ɛskɔ̃t] nm descuento *m*.

escompter [3] [ɛskɔ̃te] vt **1.** [prévoir] contar con **2.** FIN descontar.

escorte [ɛskɔʀt] nf escolta *f*.

escorter [3] [ɛskɔʀte] vt escoltar.

escouade [ɛskwad] nf **1.** MIL escuadra *f* **2.** [groupe] cuadrilla *f*.

escrime [ɛskʀim] nf esgrima *f*.

escrimer [3] [ɛskʀime] ◆ **s'escrimer** vp ▸ **s'escrimer à** empeñarse en.

escrimeur, euse [ɛskʀimœʀ, øz] nm, f tirador *m*, -ra *f*.

escroc [ɛskʀo] nm estafador *m*.

escroquer [3] [ɛskʀɔke] vt **1.** [tromper] estafar **2.** [extorquer] ▸ **escroquer qqch à qqn** sacar algo a alguien.

escroquerie [ɛskʀɔkʀi] nf estafa *f*.

eskimo [ɛskimo] ❖ adj inv esquimal. ❖ nm LING esquimal *m*. ◆ **Eskimo** nmf esquimal *mf*.

ésotérique [ezɔteʀik] adj esotérico(ca).

espace [ɛspas] nm espacio *m* ▸ **espace aérien** espacio aéreo ▸ **espace publicitaire** espacio publicitario ▸ **espace vert** zona *f* verde ▸ **espace vital** espacio vital.

espacement [ɛspasmɑ̃] nm espaciamiento *m*.

espacer [16] [ɛspase] vt espaciar. ◆ **s'espacer** vp espaciarse.

espadon [ɛspadɔ̃] nm [poisson] pez *m* espada.

espadrille [ɛspadʀij] nf alpargata *f*.

Espagne [ɛspaɲ] npr f ▸ **l'Espagne** España.

espagnol, e [ɛspaɲɔl] adj español(la).
◆ **espagnol** nm LING español *m*.
◆ **Espagnol, e** nm, f español *m*, -la *f*.

espagnolette [ɛspaɲɔlɛt] nf falleba *f*.

espalier [ɛspalje] nm **1.** SPORT espalderas *fpl* **2.** [d'arbres] espaldera *f*.

espèce [ɛspɛs] nf **1.** [minérale, animale, végétale] especie *f* ▸ **espèce en voie de disparition** especie en vías de extinción **2.** [sorte] clase *f* ▸ **une espèce de** una especie de ▸ **espèce d'idiot !** ¡so imbécil!, ¡pedazo de imbécil! **3.** EXPR **en l'espèce** *sout* en este caso, en concreto. ◆ **espèces** nfpl FIN ▸ **payer en espèces** pagar en efectivo OU en metálico.

espérance [ɛspeʀɑ̃s] nf esperanza *f* ▸ **espérance de vie** esperanza de vida.

espéranto [ɛspeʀɑ̃to] nm esperanto *m*.

espérer [18] [ɛspeʀe] ❖ vt esperar ▸ **espérer faire qqch** esperar hacer algo ▸ **espérer que** esperar que. ❖ vi tener confianza ▸ **espérer en qqn / en qqch** confiar en alguien / en algo.

espiègle [ɛspjɛgl] adj & nmf travieso(sa).

espièglerie [ɛspjɛgləʀi] nf travesura *f*.

espion, onne [ɛspjɔ̃, ɔn] nm, f espía *mf*.

espionnage [ɛspjɔnaʒ] nm espionaje *m* ▸ **espionnage industriel** espionaje industrial.

espionner [3] [ɛspjɔne] vt espiar.

esplanade [ɛsplanad] nf esplanada *f*.

espoir [ɛspwaʀ] nm **1.** [gén] esperanza *f* ▸ **avoir bon espoir que** tener la esperanza de que ▸ **caresser l'espoir de faire qqch** abrigar la esperanza de hacer algo ▸ **sans espoir** sin esperanza **2.** [personne] promesa *f*.

esprit [ɛspʀi] nm **1.** [attitude, fantôme] espíritu *m* ▸ **avoir l'esprit de contradiction** tener espíritu de contradicción ▸ **esprit de caste** conciencia *f* de clase ▸ **esprit de compétition** espíritu de competición ▸ **esprit critique** espíritu crítico ▸ **esprit d'équipe** espíritu de equipo **2.** [entendement] mente *f* ▸ **avoir l'esprit mal tourné** ser mal pensado(da) ▸ **large d'esprit** amplio de miras ▸ **reprendre ses esprits** volver en sí ▸ **venir à l'esprit de qqn** venir a la mente de alguien **3.** [humour] ingenio *m* ▸ **faire de l'esprit** ser gracioso(sa).

esquif [ɛskif] nm *sout* esquife *m*.

Esquimau® [ɛskimo] nm [glace] bombón *m*.

esquimau, aude, x adj esquimal. ◆ **esquimau** nm LING esquimal *m*. ◆ **Esquimau, aude, x** nm, f esquimal *mf*.

esquinter [3] [ɛskɛ̃te] vt *fam* **1.** [abîmer] escacharrar **2.** [critiquer] poner de vuelta y media **3.** [fatiguer] dejar molido(da). ◆ **s'esquinter** vp *fam* **1.** [se blesser] jorobarse **2.** [se fatiguer] matarse ▸ **s'esquinter à faire qqch** matarse haciendo algo.

esquisse [ɛskis] nf **1.** [croquis] apunte *m*, bosquejo *m* **2.** [projet] esbozo *m* **3.** *fig* [de geste, de sourire] esbozo *m*, amago *m*.

esquisser [3] [ɛskise] vt **1.** [dessiner] bosquejar **2.** [décrire les grandes lignes de] esbozar **3.** *fig* [geste, sourire] esbozar, amagar. ◆ **s'esquisser** vp esbozarse.

esquiver [3] [ɛskive] vt esquivar. ◆ **s'esquiver** vp escabullirse.

essai [esɛ] nm **1.** [test] prueba *f* ▸ **à l'essai** a prueba **2.** [tentative] intento *m* **3.** [étude & SPORT] ensayo *m* ▸ **un essai sur** un ensayo sobre.

essaie ⟶ **essayer**.

essaierai ⟶ **essayer**.

essaim [esɛ̃] nm enjambre *m*.

essaimer [4] [eseme] vi **1.** [abeilles] enjambrar **2.** *fig* [se répandre] propagarse.

essayage [esɛjaʒ] nm prueba *f*.

essayer [11] [eseje] vt **1.** [tester] probar **2.** [tenter] probar (con) ▸ **essayer de faire qqch** intentar hacer algo, tratar de hacer algo **3.** [vêtement] probarse. ◆ **s'essayer** vp ▸ **s'essayer à qqch / à faire qqch** ejercitarse en algo / en hacer algo.

> ⚠ **Ensayar** est un faux ami, il ne signifie pas *essayer*, mais « tester » et aussi « répéter ».

ESSEC, Essec [esɛk] (*abr de* **École supérieure des sciences économiques et commerciales**) nf *centro privado francés de enseñanza superior que forma a los futuros ejecutivos de la industria y del comercio* ▸ **préparer / faire / rater l' ESSEC** preparar / ir a / suspender la ESSEC.

essence [esɑ̃s] nf **1.** [carburant] gasolina *f* ESP, nafta *f* AM **2.** [nature, concentré] esencia *f* ▸ **par essence** por definición **3.** [d'arbre] especie *f*.

essentiel, elle [esɑ̃sjɛl] adj esencial ▸ **essentiel à / pour** esencial para. ◆ **essentiel** nm ▸ **l'essentiel** lo esencial ▸ **l'essentiel est que** lo esencial es que / ***l'essentiel est que vous soyez heureux*** lo esencial es que sea feliz.

essentiellement [esɑ̃sjɛlmɑ̃] adv esencialmente.

esseulé, e [esœle] adj *sout* abandonado(da).

essieu [esjø] nm eje *m*.

essor [esɔʀ] nm **1.** [développement] desarrollo *m* ▸ **en plein essor** en auge **2.** [envol] vuelo *m* ▸ **prendre son essor** levantar el vuelo.

essorage [esɔʀaʒ] nm [manuel] escurrido *m* ; [à la machine] centrifugado *m*.

essorer [3] [esɔʀe] vt [manuellement] escurrir ; [à la machine] centrifugar.

essoreuse [esɔʀøz] nf secadora *f*.

essoufflement [esufləmɑ̃] nm **1.** [manque de souffle] sofoco *m* **2.** *fig* [de l'économie, d'une activité] debilitamiento *m*.

essouffler [3] [esufle] vt dejar sin aliento.
◆ **s'essouffler** vp **1.** [être hors d'haleine] perder el aliento **2.** *fig* [artiste] perder la inspiración ; [industrie, économie] debilitarse.

essuie ⟶ **essuyer**.

essuie-glace [esɥiglas] (*pl* **essuie-glaces**) nm limpiaparabrisas *m inv*.

essuie-mains [esɥimɛ̃] nm inv toalla *f* de manos.

essuierai ⟶ **essuyer**.

essuie-tout [esɥitu] nm inv bayeta *f*.

essuyer [14] [esɥije] vt **1.** [vaisselle, mains] secar **2.** [poussière] limpiar **3.** [échec] sufrir. ◆ **s'essuyer** vp secarse ; [fesses] limpiarse.

est[1] [ɛ] ⟶ **être**.

est[2] [ɛst] ◈ adj inv este. ◈ nm inv este *m* ▸ **à l'est** en el este ▸ **à l'est de** al este de. ◆ **Est** nm ▸ **l'Est** el Este.

establishment [ɛstabliʃmɛnt] nm establishment *m*.

estafette [ɛstafɛt] nf furgoneta *f*.

estafilade [ɛstafilad] nf chirlo *m*.

est-allemand, e [ɛstalmɑ̃, ɑ̃d] adj germano oriental.

estaminet [ɛstaminɛ] nm cafetín *m*.

estampe [ɛstɑ̃p] nf estampa *f*.

estamper [3] [ɛstɑ̃pe] vt **1.** [métal, cuir] acuñar **2.** *fam* [escroquer] estafar.

estampille [ɛstɑ̃pij] nf estampilla *f*.

est-ce que [ɛskə] loc adv : *est-ce que tu viens ?* ¿vienes? / *où est-ce que tu es ?* ¿dónde estás?

esthète [ɛstɛt] adj & nmf esteta.

esthéticienne [ɛstetisjɛn] nf esteticista *f*, esthéticienne *f*.

esthétique [ɛstetik] ◈ adj estético(ca). ◈ nf estética *f*.

estimable [ɛstimabl] adj **1.** [digne d'estime] estimable **2.** [évaluable] valorable.

estimatif, ive [ɛstimatif, iv] adj estimativo(va).

estimation [ɛstimasjɔ̃] nf estimación *f*.

estime [ɛstim] nf estima *f* ▸ **avoir de l'estime pour qqn** tener aprecio ou estima a alguien.

estimer [3] [ɛstime] vt **1.** [objet d'art] valorar **2.** [résultat, somme] calcular **3.** [respecter] apreciar **4.** [penser] considerar ▸ **estimer que** considerar que. ◆ **s'estimer** vp considerarse.

estival, e, aux [ɛstival, o] adj estival, veraniego(ga).

estivant, e [ɛstivɑ̃, ɑ̃t] nm, f veraneante *mf*.

estocade [ɛstɔkad] nf estocada *f*.

estomac [ɛstɔma] nm estómago *m* ▸ **avoir l'estomac barbouillé** tener el estómago revuelto ▸ **avoir l'estomac dans les talons** tener el estómago en los pies ▸ **avoir un estomac d'autruche** tener un estómago de piedra.

estomaqué, e [ɛstɔmake] adj pasmado(da).

estomaquer [3] [ɛstɔmake] vt *fam* dejar pasmado(da).

estomper [3] [ɛstɔ̃pe] vt **1.** [contour] difuminar **2.** [douleur] atenuar. ◆ **s'estomper** vp **1.** [contour] difuminarse **2.** [douleur] atenuarse.

Estonie [ɛstɔni] npr f ▸ **l'Estonie** Estonia.

estonien, enne [ɛstɔnjɛ̃, ɛn] adj estonio(nia).
◆ **estonien** nm LING estonio *m*.
◆ **Estonien, enne** nm, f estonio *m*, -nia *f*.

estrade [ɛstʀad] nf estrado *m* ; [à l'école] tarima *f*.

estragon [ɛstʀagɔ̃] nm estragón *m*.

Estrémadure [ɛstʀemadyʀ] npr f ▸ **l'Estrémadure** Extremadura.

estropié, e [ɛstʀɔpje] adj & nm, f lisiado(da).

estropier [9] [ɛstʀɔpje] vt [personne] lisiar.
◆ **s'estropier** vp desgraciarse.

estuaire [ɛstɥɛʀ] nm estuario *m*.

estudiantin, e [ɛstydjɑ̃tɛ̃, in] adj estudiantil.

esturgeon [ɛstyʀʒɔ̃] nm esturión *m*.

et [e] conj y, e *(devant un 'i' atone)* / *et moi ?* ¿y yo?

ét. (*abr écrite de* **étage**) piso / *habiter au 3ème ét.* vivir en el 3er piso.

ETA (*abr de* **Euskadi Ta Askatasuna**) nf ETA *f* ▸ **un militant d'ETA** ou **de l'ETA** un militante de (la) ETA.

étable [etabl] nf establo *m*.

établi [etabli] nm banco *m*.

établir [32] [etabliʀ] vt **1.** [installer, fonder] establecer **2.** [liste, facture, etc.] fijar **3.** [vérité, culpabilité] asentar.
◆ **s'établir** vp establecerse.

établissement [etablismɑ̃] nm establecimiento *m* ▸ **établissement hospitalier / public / scolaire** establecimiento hospitalario / público / escolar.

étage [etaʒ] nm **1.** [de bâtiment] piso *m* ▸ **à l'étage** en este piso ▸ **au premier / troisième étage** en el primer / tercer piso **2.** [de fusée] cuerpo *m* **3.** EXPR **de bas étage** de baja estofa.

étager [17] [etaʒe] vt escalonar. ◆ **s'étager** vp escalonarse.

étagère [etaʒɛʀ] nf **1.** [meuble] estantería *f* ESP, librero *m* AM **2.** [rayon] estante *m*.

étain [etɛ̃] nm **1.** [métal] estaño *m* **2.** [objet] objeto *m* de estaño.

étais ⟶ **être**.

étal [etal] (*pl* **étals** *ou* **étaux** [eto]) nm **1.** [éventaire] puesto *m* **2.** [de boucher] tabla *f* de carnicero.

étalage [etalaʒ] nm **1.** [marchandises] muestrario *m* **2.** [devanture] escaparate *m* **3.** [ostentation] alarde *m* ▸ **faire étalage de qqch** hacer alarde de algo.

étalagiste [etalaʒist] nmf escaparatista *mf*.

étale [etal] adj quieto(ta).

étalement [etalmɑ̃] nm **1.** [de marchandises] exposición *f*, presentación *f* **2.** [dans le temps] escalonamiento *m*.

étaler [3] [etale] vt **1.** [marchandises] exponer **2.** [papiers, journal] desplegar **3.** [peinture] extender ; [beurre, confiture] untar **4.** *péj* [exhiber] ostentar **5.** [échelonner] escalonar. ◆ **s'étaler** vp **1.** [peinture, beurre] extenderse **2.** [dans le temps] escalonarse **3.** *fam* [s'avachir] tumbarse **4.** *fam* [tomber] caerse al suelo **5.** *fam* [échouer] catear.

étalon [etalɔ̃] nm **1.** [cheval] semental *m* **2.** [mesure] patrón *m* ▸ **étalon or** patrón oro.

étalonner [3] [etalɔne] vt [graduer] graduar.

étamine [etamin] nf **1.** [de fleur] estambre *m* **2.** [tissu] estameña *f* **3.** [filtre] cedazo *m*.

étanche [etɑ̃ʃ] adj [cloison] estanco(ca) ; [toiture] impermeable ; [montre] sumergible.

étanchéité [etɑ̃ʃeite] nf estanqueidad *f* ; [imperméabilité] impermeabilidad *f* ; [herméticité] estanquidad *f*.

étancher [3] [etɑ̃ʃe] vt **1.** [larmes] secar **2.** [tonneau] cerrar herméticamente **3.** [soif] apagar.

étang [etɑ̃] nm estanque *m*.

étape [etap] nf **1.** [distance, phase] etapa *f* ▸ **brûler les étapes** quemar etapas **2.** [halte] parada *f* ▸ **faire étape à** parar en.

état [eta] ❖ nm
1. [gén] estado *m* ▸ **en bon / mauvais état** a) en buen / mal estado b) [appartement, etc.] en buenas / malas condiciones ▸ **en état de marche** en condiciones ▸ **être dans un état second** perder el mundo de vista ▸ **être en état / hors d'état de faire qqch** estar / no estar en condiciones de hacer algo ▸ **faire état de qqch** levantar acta de algo ▸ **mettre qqn hors d'état de nuire** poner a alguien fuera de combate ▸ **remettre qqch en état** reparar algo ▸ **état d'âme** humor *m* ▸ **état civil** estado civil ▸ **état d'esprit** estado de ánimo ▸ **état des lieux** *en Francia, descripción del estado en que se encuentran los locales en el momento de arrendarlos* ▸ **état de santé** estado de salud ▸ **état de siège** estado de sitio ▸ **état d'urgence** estado de emergencia ▸ **être dans tous ses états** estar fuera de sí **2.** *sout* [condition sociale] condición *f* ▸ **de son état** [de métier] de oficio
◆ **État** nm Estado *m*.
◆ **en tout état de cause** loc adv en todo caso.

étatique [etatik] adj estatal.

étatiser [3] [etatize] vt estatalizar.

étatisme [etatism] nm estatismo *m*.

état-major [etamaʒɔʀ] nm estado *m* mayor.

état-nation [etanasjɔ̃] nm estado-nación *m*.

États-Unis [etazyni] npr m pl ▸ **les États-Unis (d'Amérique)** los Estados Unidos (de América).

étau, x [eto] nm torno *m*.

étayer [11] [eteje] vt **1.** [mur, plafond] apuntalar **2.** *fig* [démonstration] apoyar.

etc. (*abr écrite de* **et cetera**) etc.

été [ete] ❖ pp inv ⟶ **être.** ❖ nm verano *m* ▸ **en été** en verano ▸ **l'été indien** el veranillo de San Martín.

éteignais ⟶ **éteindre**.

éteindre [81] [etɛ̃dʀ] vt **1.** [gén & INFORM] apagar **2.** [DR - annuler un droit] anular ; [- annuler une dette] liquidar. ◆ **s'éteindre** vp **1.** [feu, appareil] apagarse **2.** [bruit, souvenir] extinguirse **3.** [mourir] apagarse.

éteins ⟶ **éteindre**.

éteint, e [etɛ̃, ɛ̃t] ❖ adj apagado(da). ❖ pp ⟶ **éteindre.**

étendage [etɑ̃daʒ] nm tendido *m*.

étendard [etɑ̃daʀ] nm estandarte *m*.

étendis ⟶ **étendre**.

étendre [73] [etɑ̃dʀ] vt **1.** [bras, aile, enduit] extender **2.** [linge, blessé] tender **3.** [vocabulaire, pouvoir] extender, ampliar **4.** *fam* [élève] catear. ◆ **s'étendre** vp **1.** [personne] tenderse **2.** [plaine, paysage, épidémie] extenderse **3.** [s'attarder] ▸ **s'étendre sur qqch** extenderse sobre algo *(hablando)*.

étends ⟶ **étendre**.

étendu, e [etɑ̃dy] ❖ adj **1.** [bras, aile] extendido(da) **2.** [plaine, pouvoirs] extenso(sa). ❖ pp ⟶ **étendre.**
◆ **étendue** nf extensión *f*.

éternel, elle [etɛʀnɛl] adj eterno(na). ◆ **Éternel** nm ▸ **l'Éternel** el Padre Eterno.

éternellement [etɛʀnɛlmɑ̃] adv eternamente.

éterniser [3] [etɛʀnize] vt eternizar. ◆ **s'éterniser** vp eternizarse.

éternité [etɛʀnite] nf eternidad *f* ▸ **il y a une éternité que** *fig* hace una eternidad que.

éternuement [etɛʀnymɑ̃] nm estornudo *m*.

éternuer [7] [etɛʀnɥe] vi estornudar.

êtes [ɛt] ⟶ **être**.

étêter [4] [etete] vt [arbre] desmochar ; [clou, poisson] descabezar.

éther [etɛʀ] nm éter *m*.

éthéré, e [eteʀe] adj etéreo(a).

Éthiopie [etjɔpi] npr f ▸ **l'Éthiopie** Etiopía.

éthiopien, enne [etjɔpjɛ̃, ɛn] adj etíope.
◆ **Éthiopien, enne** nm, f etíope *mf*.

éthique [etik] ❖ nf ética *f*. ❖ adj ético(ca).

ethnie [ɛtni] nf etnia *f*.

ethnique [ɛtnik] adj étnico(ca).

ethnographie [ɛtnɔgʀafi] nf etnografía *f*.

ethnologie [ɛtnɔlɔʒi] nf etnología *f*.

ethnologue [ɛtnɔlɔg] nmf etnólogo *m*, -ga *f*.

éthologie [etɔlɔʒi] nf etología *f*.

éthylique [etilik] ◆ adj etílico(ca). ◆ nmf alcohólico *m*, -ca *f*.

éthylisme [etilism] nm etilismo *m*.

étiez [etje], **étions** [etjɔ̃] → **être**.

étincelant, e [etɛ̃slɑ̃, ɑ̃t] adj **1.** [couleur, lumière] relumbrante **2.** [regard, œil] brillante.

étinceler [24] [etɛ̃sle] vi **1.** [étoile] relumbrar **2.** *sout* [yeux, conversation] brillar.

étincelle [etɛ̃sɛl] nf **1.** [gén] chispa *f* **2.** *fig* [d'intelligence] destello *m*.

étioler [3] [etjɔle] vt **1.** [plante] marchitar **2.** [personne, faculté] debilitar. ◆ **s'étioler** vp **1.** [plante] marchitarse **2.** [personne, faculté] debilitarse.

étique [etik] adj *sout* hético(ca) *(débil)*.

étiqueter [27] [etikte] vt etiquetar.

étiquette [etikɛt] nf etiqueta *f* ▸ **mettre** ou **coller une étiquette à qqn** poner una etiqueta a alguien ▸ **sans étiquette politique** [candidat, journal] sin tendencia política.

étirement [etirmɑ̃] nm [des membres, du corps] estiramiento *m* ▸ **faire des étirements** ou **des exercices d'étirement** hacer estiramientos ou ejercicios de estiramiento.

étirer [3] [etire] vt estirar. ◆ **s'étirer** vp estirarse.

Etna [ɛtna] npr m ▸ **l'Etna** el Etna.

étoffe [etɔf] nf **1.** [tissu] tela *f* **2.** [personnalité] madera *f* ▸ **avoir l'étoffe de** tener madera de.

étoffer [3] [etɔfe] vt dar cuerpo a. ◆ **s'étoffer** vp fortalecerse.

étoile [etwal] nf estrella *f* ▸ **l'étoile du berger** el lucero del alba ▸ **étoile filante** estrella fugaz ▸ **à la belle étoile** al raso ▸ **être né sous une bonne étoile** haber nacido con buena estrella. ◆ **étoile de mer** nf estrella *f* de mar.

étoilé, e [etwale] adj estrellado(da).

étole [etɔl] nf estola *f*.

étonnamment [etɔnamɑ̃] adv asombrosamente.

étonnant, e [etɔnɑ̃, ɑ̃t] adj asombroso(sa).

étonné, e [etɔne] adj sorprendido(da) / *il avait l'air étonné* parecía sorprendido.

étonnement [etɔnmɑ̃] nm asombro *m* ▸ **au grand étonnement de** con gran asombro de.

étonner [3] [etɔne] vt ▸ **étonner qqn** asombrar a alguien. ◆ **s'étonner** vp asombrarse ▸ **s'étonner que** extrañarse que / *ça m'étonne qu'elle soit venue* me extraña que haya venido ▸ **rien ne m'étonne** nada me sorprende ▸ **ça m'étonnerait** me extrañaría.

étouffant, e [etufɑ̃, ɑ̃t] adj sofocante.

étouffé, e [etufe] adj [assourdi] sofocado(da).

étouffée [etufe] ◆ **à l'étouffée** loc adj estofado(da) ▸ **faire cuire qqch à l'étouffée** estofar algo.

étouffement [etufmɑ̃] nm **1.** [suffocation] ahogo *m*, sofoco *m* **2.** [d'une révolte] sofocación *f*.

étouffer [3] [etufe] ◆ vt **1.** [asphyxier] ahogar **2.** [feu] sofocar **3.** [bruit] amortiguar **4.** [sentiment] disimular **5.** *fig* [scandale, affaire] acallar ; [révolte] sofocar. ◆ vi **1.** [suffoquer] sofocar **2.** *fig* [être mal à l'aise] ahogarse. ◆ **s'étouffer** vp [s'étrangler] atragantarse.

étouffoir [etufwar] nm *fam* [local confiné] horno *m*.

étourderie [eturdəri] nf despiste *m*.

étourdi, e [eturdi] adj & nm, f despistado(da).

étourdiment [eturdimɑ̃] adv despistadamente.

étourdir [32] [eturdir] vt **1.** [assommer] aturdir **2.** [fatiguer] atontar. ◆ **s'étourdir** vp aturdirse.

étourdissant, e [eturdisɑ̃, ɑ̃t] adj **1.** [bruit] ensordecedor(ra) **2.** [sensationnel] asombroso(sa).

étourdissement [eturdismɑ̃] nm mareo *m*.

étourneau, x [eturno] nm estornino *m*.

étrange [etrɑ̃ʒ] adj extraño(ña).

étrangement [etrɑ̃ʒmɑ̃] adv de manera extraña, sorprendentemente.

étranger, ère [etrɑ̃ʒe, ɛr] ◆ adj **1.** [personne, langue] extranjero(ra) **2.** [affaires, politique] exterior **3.** [différent, isolé] extraño(ña) ▸ **être étranger à qqn** ser desconocido para alguien ▸ **être étranger à qqch** a) [insensible à] ser insensible a algo b) [extérieur à] ser ajeno a algo. ◆ nm, f **1.** [d'un autre pays] extranjero *m*, -ra *f* **2.** [inconnu] desconocido *m*, -da *f*. ◆ **étranger** nm ▸ **l'étranger** el extranjero ▸ **à l'étranger** en el extranjero.

étrangeté [etrɑ̃ʒte] nf extrañeza *f*.

étranglé, e [etrɑ̃gle] adj sofocado(da).

étranglement [etrɑ̃gləmɑ̃] nm **1.** [strangulation] estrangulación *f* **2.** [rétrécissement] estrechamiento *m*.

étrangler [3] [etrɑ̃gle] vt **1.** [stranguler, comprimer] estrangular **2.** [émouvoir, ruiner] ahogar **3.** *fig* [museler - presse] amordazar ; [- libertés] atropellar. ◆ **s'étrangler** vp **1.** [s'étouffer] atragantarse **2.** [voix, sanglots] quebrarse.

étrave [etrav] nf estrave *m*.

être¹ [ɛtr]

◆ v aux

1. [forme les temps composés] haber / *il est arrivé tard* ha llegado tarde / *il est parti ce matin* se ha ido esta mañana / *il est né en 1992* ha nacido en 1992

2. [forme le passif] ser / *il a été vu par un témoin* fue visto por un testigo

◆ v att

1. [indique l'état, la matière] ser / *il est grand / heureux* es alto / feliz / *il est médecin* es médico / *le boa est un serpent* la boa es una serpiente / *il est très bien habillé* va muy bien vestido / *le sac est trop lourd* el bolso es demasiado pesado / *ma montre est en argent*

mi reloj es de plata / *sois sage !* ¡pórtate bien! / *c'était qui ?* ¿quién era?

2. [appartenir] *ce livre est à mon frère* este libro es de mi hermano / *c'est à vous, cette voiture ?* ¿es vuestro este coche?

3. [indique une situation, une localisation] estar / *il est à Paris* está en París / *je suis bien ici* estoy bien aquí / *nous sommes au printemps / en été* estamos en primavera / en verano / *nous sommes le 18 décembre* estamos a 18 de diciembre / *vous êtes bien au...* [numéro de téléphone] está hablando con el..

4. [indique une obligation] *c'est à vérifier* hay que comprobarlo / *cette chemise est à laver* esta camisa es para lavar ▸ **c'est à voir** habrá que verlo

5. [indique une continuité] *il est toujours à ne rien faire* está todo el día sin hacer nada / *il est toujours à s'inquiéter* se pasa la vida preocupándose

6. [indique l'origine] ser / *il est de Paris* es de París

7. [substitut de aller] estar / *tu y as déjà été fam* ¿ya has estado allí?

◆ v impers

1. [exprimant le temps] ser / *quelle heure est-il ?* ¿qué hora es? / *il est dix heures dix* son las diez y diez

2. [suivi d'un adjectif] ser / *il est inutile de...* es inútil... / *il serait bon de lui écrire* sería conveniente escribirle / *il serait bon que tu viennes* sería conveniente que vinieras

◆ vi

[exister] ser / *les choses telles qu'elles sont* las cosas como son / *il n'est plus sout* dejó de existir

être² [ɛtʀ] nm ser *m* ▸ **les êtres vivants / humains** los seres vivos / humanos.

étreindre [81] [etʀɛ̃dʀ] vt **1.** [serrer, embrasser] abrazar **2.** *fig* [tenailler] oprimir, atenazar. ◆ **s'étreindre** vp abrazarse.

étreinte [etʀɛ̃t] nf **1.** [enlacement] abrazo *m* **2.** [pression] asedio *m*.

étrenner [4] [etʀene] vt estrenar.

étrennes [etʀɛn] nfpl *regalo o aguinaldo que se ofrece el primer día del año.*

étrier [etʀije] nm estribo *m*.

étriller [3] [etʀije] vt **1.** [cheval] almohazar **2.** [adversaire, film] criticar duramente.

étriper [3] [etʀipe] vt destripar. ◆ **s'étriper** vp *fam* destriparse.

étriqué, e [etʀike] adj [vêtement] apretado(da) ; [local] exiguo(gua) ; [esprit] limitado(da).

étroit, e [etʀwa, at] adj **1.** [rue, chaussures, relation] estrecho(cha) **2.** *péj* [esprit, vues] limitado(da). ◆ **à l'étroit** loc adj ▸ **être à l'étroit** quedar pequeño(ña).

étroitement [etʀwatmɑ̃] adv **1.** [intimement] estrechamente **2.** [de près] estrechamente, de cerca ▸ **surveiller étroitement** vigilar de cerca **3.** [rigoureusement] estrictamente.

étroitesse [etʀwatɛs] nf estrechez *f* ▸ **étroitesse d'esprit** estrechez de miras.

étude [etyd] nf **1.** [gén] estudio *m* ▸ **à l'étude** en estudio ▸ **étude de marché** estudio de mercado **2.** [local, charge de notaire] notaría *f*. ◆ **études** nfpl estudios *mpl* ▸ **faire des études** estudiar ▸ **études primaires** estudios primarios ▸ **études secondaires** estudios secundarios.

étudiant, e [etydjɑ̃, ɑ̃t] ◆ adj estudiantil. ◆ nm, f estudiante *mf*.

étudié, e [etydje] adj estudiado(da).

étudier [9] [etydje] vt estudiar. ◆ **s'étudier** vp [s'observer] estudiarse.

étui [etɥi] nm estuche *m* ▸ **étui à cigarettes** pitillera *f* ▸ **étui à lunettes** estuche de gafas.

étuve [etyv] nf **1.** [local] sauna *f* **2.** [appareil] estufa *f*.

étuvée [etyve] ◆ **à l'étuvée** ◆ loc adj estofado(da). ◆ loc adv ▸ **faire cuire à l'étuvée** estofar.

étymologie [etimɔlɔʒi] nf etimología *f*.

étymologique [etimɔlɔʒik] adj etimológico(ca).

eu, e [y] pp ⟶ **avoir**.

É-U, É-U A (*abr de* **États-Unis (d'Amérique)**) npr m pl EUA *mpl*, EE UU *mpl*.

eucalyptus [økaliptys] nm eucalipto *m*.

eucharistie [økaʀisti] nf eucaristía *f*.

euh [ø] interj pues / *viendras-tu demain ? — euh, je ne sais pas* ¿vendrás mañana? — pues no lo sé.

eûmes [ym] ⟶ **avoir**.

eunuque [ønyk] nm eunuco *m*.

euphémisme [øfemism] nm eufemismo *m*.

euphorie [øfɔʀi] nf euforia *f*.

euphorique [øfɔʀik] adj eufórico(ca).

euphorisant, e [øfɔʀizɑ̃, ɑ̃t] adj euforizante. ◆ **euphorisant** nm euforizante *m*.

Euphrate [øfʀat] npr m ▸ **l'Euphrate** el Éufrates.

Eurasie [øʀazi] nf ▸ **l'Eurasie** Eurasia.

eurasien, enne [øʀazjɛ̃, ɛn] adj eurasiático(ca). ◆ **Eurasien, enne** nm, f eurasiático *m*, -ca *f*.

eurent [yʀ] ⟶ **avoir**.

euro [øʀɔ] nm euro *m* ▸ **zone euro** zona *f* euro.

eurocentrisme [øʀɔsɑ̃tʀism] nm eurocentrismo *m*.

eurocrate [øʀɔkʀat] nmf eurócrata *mf*.

eurodevise [øʀɔdəviz] nf eurodivisa *f*.

eurodollar [øʀɔdɔlaʀ] nm eurodólar *m*.

euroméditerranéen, enne (*mpl* **euroméditerranéens**, *fpl* **ennes**), **euro-méditerranéen, enne** (*mpl* **euro-méditerranéens**, *fpl* **ennes**) [øʀɔmeditɛʀaneɛ̃, ɛ̃n] adj euromediterráneo(nea).

euromissile [øʀɔmisil] nm euromisil *m*.

Europe [øʀɔp] npr f ▸ **l'Europe** Europa ▸ **l'Europe centrale** Europa central ▸ **l'Europe de l'Est** Europa del Este.

européen, enne [øʀɔpeɛ̃, ɛn] adj europeo(a). ◆ **Européen, enne** nm, f europeo *m*, -a *f*.

◆ **européennes** nfpl POL : *les européennes* las europeas.

eurosceptique [øʀosɛptik] nmf POL euroescéptico *m*, -ca *f*.

Eurovision [øʀɔvizjɔ̃] nf Eurovisión *f*.

eus ⟶ **avoir**.

Euskadi [øskadi] npr Euskadi.

euskarien, enne [øskaʀjɛ̃, ɛn] adj euskera. ◆ **Euskarien, enne** nm, f euskera *mf*.

eusse ⟶ **avoir**.

eût [y] ⟶ **avoir**.

eûtes [yt] ⟶ **avoir**.

euthanasie [øtanazi] nf eutanasia *f*.

euthanasier [9] [øtanazje] vt eutanasiar.

eux [ø] pron pers ellos / *ce sont eux qui me l'ont dit* me lo han dicho ellos / *je veux les voir, eux* quiero verlos / *c'est à eux* es de ellos. ◆ **eux-mêmes** pron pers ellos mismos.

eV (*abr écrite de* **électron-volt**) eV.

évacuation [evakɥasjɔ̃] nf **1.** [gén] evacuación *f* **2.** [d'eau, de déchets] desagüe *m*.

évacuer [7] [evakɥe] vt **1.** [lieu, personnes] evacuar **2.** [eau] verter **3.** MÉD [éliminer] eliminar.

évadé, e [evade] nm, f evadido *m*, -da *f*.

évader [3] [evade] ◆ **s'évader** vp ▸ **s'évader (de)** evadirse (de).

évaluation [evalɥasjɔ̃] nf evaluación *f*.

évaluer [7] [evalɥe] vt **1.** [distance, risque] evaluar **2.** [objet d'art] valorar, evaluar.

évanescent, e [evanesɑ̃, ɑ̃t] adj *sout* evanescente.

évangélique [evɑ̃ʒelik] adj evangélico(ca).

évangélisation [evɑ̃ʒelizasjɔ̃] nf evangelización *f*.

évangéliser [3] [evɑ̃ʒelize] vt evangelizar.

évangéliste [evɑ̃ʒelist] nm evangelista *m*.

évangile [evɑ̃ʒil] nm evangelio *m*. ◆ **Évangile** nm ▸ **l'Évangile selon saint Jean** el Evangelio según san Juan.

évanouir [32] [evanwiʀ] ◆ **s'évanouir** vp [personne] desmayarse ; *fig* [espoirs, etc.] desvanecerse.

évanouissement [evanwismɑ̃] nm desmayo *m*, desvanecimiento *m*.

évaporation [evapɔʀasjɔ̃] nf evaporación *f*.

évaporer [3] [evapɔʀe] ◆ **s'évaporer** vp **1.** [liquide] evaporarse **2.** [disparaître] evaporarse, esfumarse.

évasé, e [evaze] adj [vase] de boca ancha ; [vêtement] acampanado(da).

évaser [3] [evaze] vt ensanchar. ◆ **s'évaser** vp ensancharse.

évasif, ive [evazif, iv] adj evasivo(va).

évasion [evazjɔ̃] nf evasión *f*.

évasivement [evazivmɑ̃] adv evasivamente.

évêché [eveʃe] nm obispado *m*.

éveil [evɛj] nm despertar *m* ▸ **en éveil** en vilo.

éveillé, e [eveje] adj **1.** [qui ne dort pas] desvelado(da) **2.** [esprit, enfant] despierto(ta).

éveiller [4] [eveje] vt **1.** [gén] despertar **2.** *sout* [tirer du sommeil] desvelar. ◆ **s'éveiller** vp **1.** [gén] despertarse **2.** *sout* [s'ouvrir à] ▸ **s'éveiller à qqch** despertar a algo.

événement, évènement [evɛnmɑ̃] nm **1.** [fait] acontecimiento *m*, evento *m* / *plus tard, les évènements lui ont donné raison* más tarde, los acontecimientos le dieron la razón / *c'est l'événement cinématographique de cette année* es el acontecimiento cinematográfico de este año **2.** EXPR **attendre un heureux événement** esperar un nacimiento, estar embarazada ▸ **être dépassé par les évènements** verse ou estar superado por los acontecimientos ▸ **faire ou créer l'évènement** crear expectación ▸ **les événements d'Algérie / de mai 68** los acontecimientos de Argelia / de Mayo del 68.

événementiel, elle [evɛnmɑ̃sjɛl] adj cronológico(ca).

éventail [evɑ̃taj] nm abanico *m* ▸ **en éventail** en abanico.

éventaire [evɑ̃tɛʀ] nm [étalage] puesto *m*.

éventé, e [evɑ̃te] adj **1.** [altéré - vin] desbravado(da) ; [- parfum] estropeado(da) **2.** [secret] aireado(da).

éventer [3] [evɑ̃te] vt **1.** [personne] abanicar **2.** [secret] airear. ◆ **s'éventer** vp **1.** [personne] abanicarse **2.** [parfum] desvanecerse.

éventrer [3] [evɑ̃tʀe] vt destripar.

éventualité [evɑ̃tɥalite] nf eventualidad *f* ▸ **parer à toute éventualité** tomar todo tipo de precauciones.

éventuel, elle [evɑ̃tɥɛl] adj eventual.

éventuellement [evɑ̃tɥɛlmɑ̃] adv eventualmente.

évêque [evɛk] nm obispo *m*.

Everest [evʀɛst] npr m ▸ **l'Everest** el Everest.

évertuer [7] [evɛʀtɥe] ◆ **s'évertuer** vp ▸ **s'évertuer à faire qqch** esforzarse en hacer algo.

éviction [eviksjɔ̃] nf evicción *f*.

évidemment [evidamɑ̃] adv evidentemente.

évidence [evidɑ̃s] nf evidencia *f* ▸ **à l'évidence** por lo que se ve ▸ **mettre en évidence** poner en evidencia, evidenciar ▸ **se rendre à l'évidence** rendirse a la evidencia.

évident, e [evidɑ̃, ɑ̃t] adj evidente.

évider [3] [evide] vt [gén] vaciar ; [arbre] recortar ; [fruit] quitar el corazón a.

évier [evje] nm fregadero *m*.

évincer [16] [evɛ̃se] vt ▸ **évincer qqn (de qqch)** excluir a alguien (de algo).

évitement [evitmɑ̃] nm BELGIQUE desvío *m*.

éviter [3] [evite] ◈ vt evitar ▸ **éviter qqch à qqn** evitar algo a alguien. ◈ vi [s'abstenir] ▸ **éviter de faire qqch** evitar hacer algo. ◆ **s'éviter** vp evitarse.

évocateur, trice [evɔkatœʀ, tʀis] adj evocador(ra) ▸ **évocateur de qqch** evocador de algo.

évocation [evɔkasjɔ̃] nf evocación *f*.

évolué, e [evɔlɥe] adj **1.** [société, pays] evolucionado(da) **2.** [personne] moderno(na).

évoluer [7] [evɔlɥe] vi **1.** [se transformer, se déplacer] evolucionar **2.** [personne] cambiar.

évolutif, ive [evɔlytif, iv] adj evolutivo(va).

évolution [evɔlysjɔ̃] nf evolución *f*. ◆ **évolutions** nfpl [mouvements] evoluciones *fpl*.

évoquer [3] [evɔke] vt evocar.

ex [ɛks] nmf *fam* ex *mf*.

exacerbé, e [ɛgzasɛʀbe] adj exacerbado(da).

exacerber [3] [ɛgzasɛʀbe] vt exacerbar.

exact, e [ɛgzakt] adj **1.** [gén] exacto(ta) **2.** [ponctuel] puntual.

exactement [ɛgzaktəmɑ̃] adv exactamente.

exaction [ɛgzaksjɔ̃] nf exacción *f*.

exactitude [ɛgzaktityd] nf **1.** [gén] exactitud *f* **2.** [ponctualité] puntualidad *f*.

ex aequo [ɛgzeko] adj inv & adv ex aequo.

exagération [ɛgzaʒeʀasjɔ̃] nf exageración *f*.

exagéré, e [ɛgzaʒeʀe] adj exagerado(da).

exagérément [ɛgzaʒeʀemɑ̃] adv exageradamente.

exagérer [18] [ɛgzaʒeʀe] vt & vi exagerar.

exaltant, e [ɛgzaltɑ̃, ɑ̃t] adj exaltador(ra).

exalté, e [ɛgzalte] adj & nm, f exaltado(da).

exalter [3] [ɛgzalte] vt exaltar. ◆ **s'exalter** vp exaltarse.

exam [ɛgzam] nm *fam* SCOL & UNIV examen *m*.

examen [ɛgzamɛ̃] nm examen *m* ▸ **à l'examen** en fase de examen ▸ **examen d'entrée** examen de ingreso ▸ **examen médical** examen ou reconocimiento *m* médico ▸ **mise en examen** DR *acto del procedimiento en el que el juez de instrucción da a conocer a alguien las imputaciones de las que se le acusan*.

examinateur, trice [ɛgzaminatœʀ, tʀis] nm, f examinador *m*, -ra *f*.

examiner [3] [ɛgzamine] vt examinar.

exaspérant, e [ɛgzaspeʀɑ̃, ɑ̃t] adj exasperante.

exaspération [ɛgzaspeʀasjɔ̃] nf exasperación *f*.

exaspérer [18] [ɛgzaspeʀe] vt exasperar.

exaucer [16] [ɛgzose] vt [personne] oír ; [vœu, demande] atender.

ex cathedra [ɛkskatedʀa] loc adv [d'un ton sentencieux] ex cátedra.

excédant, e [ɛksedɑ̃, ɑ̃t] adj exasperante.

excédent [ɛksedɑ̃] nm **1.** [surplus] exceso *m* ▸ **en excédent** en exceso ▸ **excédent de bagages** exceso de equipaje **2.** ÉCON excedente *m*.

excédentaire [ɛksedɑ̃tɛʀ] adj excedente.

excéder [18] [ɛksede] vt **1.** [dépasser] exceder a **2.** [exaspérer] exasperar.

excellemment [ɛkselamɑ̃] adv excelentemente.

excellence [ɛkselɑ̃s] nf excelencia *f* ▸ **par excellence** por excelencia. ◆ **Excellence** nf ▸ **Son Excellence** su Excelencia.

excellent, e [ɛkselɑ̃, ɑ̃t] adj excelente.

exceller [4] [ɛksele] vi ▸ **exceller en** ou **dans qqch** destacar en algo ▸ **exceller à faire qqch** ser muy bueno(na) haciendo algo.

excentré, e [ɛksɑ̃tʀe] adj : *c'est très excentré* queda muy alejado del centro.

excentricité [ɛksɑ̃tʀisite] nf excentricidad *f*.

excentrique [ɛksɑ̃tʀik] ◈ adj **1.** [gén] excéntrico(ca) **2.** [quartier] periférico(ca). ◈ nmf excéntrico *m*, -ca *f*.

excepté, e [ɛksɛpte] adj exceptuado(da). ◆ **excepté** prép excepto.

exception [ɛksɛpsjɔ̃] nf excepción *f* ▸ **d'exception** de excepción ▸ **faire exception** ser una excepción ▸ **à l'exception de** con ou a excepción de.

exceptionnel, elle [ɛksɛpsjɔnɛl] adj excepcional.

exceptionnellement [ɛksɛpsjɔnɛlmɑ̃] adv excepcionalmente.

excès [ɛksɛ] ◈ nm exceso *m* ▸ **à l'excès** en exceso ▸ **sans excès** con moderación ▸ **excès de vitesse** exceso de velocidad. ◈ nmpl excesos *mpl*.

excessif, ive [ɛksesif, iv] adj [prix, rigueur] excesivo(va) ; [personne, caractère] exagerado(da).

excessivement [ɛksesivmɑ̃] adv excesivamente.

excipient [ɛksipjɑ̃] nm excipiente *m*.

excision [ɛksizjɔ̃] nf excisión *f*.

excitant, e [ɛksitɑ̃, ɑ̃t] adj excitante. ◆ **excitant** nm excitante *m*.

excitation [ɛksitasjɔ̃] nf excitación *f*.

excité, e [ɛksite] ◈ adj excitado(da). ◈ nm, f exaltado *m*, -da *f*.

exciter [3] [ɛksite] vt **1.** [gén] excitar **2.** *fam* [intéresser] : *cette perspective ne m'excite pas vraiment* no me llama demasiado esa perspectiva. ◆ **s'exciter** vp *fam* **1.** [s'énerver] cabrearse **2.** [s'acharner] ▸ **s'exciter sur qqch** cebarse con algo.

exclamation [ɛksklamasjɔ̃] nf exclamación *f*.

exclamer [3] [ɛksklame] ◆ **s'exclamer** vp exclamar / *« eh, toi ! », s'exclama-t-il* "¡eh, tú!", exclamó.

exclu, e [ɛkskly] ◈ adj excluido(da) ▸ **c'est exclu !** ¡ni hablar! ▸ **il n'est pas exclu que…** es posible que…. ◈ nm, f marginado *m*, -da *f*.

exclure [96] [ɛksklyʀ] vt **1.** [expulser, être incompatible avec] excluir ▸ **exclure qqn (de qqch)** excluir a alguien (de algo) **2.** [rejeter] excluir, descartar.

exclusif, ive [ɛksklyzif, iv] adj exclusivo(va).

exclusion [ɛksklyzjɔ̃] nf exclusión *f* ▸ **à l'exclusion de** con exclusión de.

exclusivement [ɛksklyzivmɑ̃] adv **1.** [uniquement] exclusivamente **2.** [non inclus] exclusive.

exclusivité [ɛksklyzivite] nf **1.** [gén] exclusiva *f* ▸ **avoir l'exclusivité (de qqch)** tener la exclusiva (de algo) ▸ **en exclusivité** en exclusiva **2.** [de sentiment] exclusividad *f*.

excommunier [3] [ɛkskɔmynje] vt excomulgar.

excrément [ɛkskʀemɑ̃] nm *(gén pl)* excremento *m*.

excroissance [ɛkskʀwasɑ̃s] nf excrecencia *f*.

excursion [ɛkskyʀsjɔ̃] nf excursión *f* ▸ **faire une excursion** hacer una excursión.

excusable [ɛkskyzabl] adj excusable.

excuse [ɛkskyz] nf excusa *f* / ***il m'a adressé une lettre d'excuses*** me envió una carta de disculpa ▸ **avoir une excuse** tener una excusa ▸ **se confondre en excuses** deshacerse ou excederse en disculpas ▸ **présenter ses excuses à qqn** pedir disculpas a alguien.

excuser [3] [ɛkskyze] vt **1.** [gén] disculpar, excusar ▸ **excusez-moi** disculpe, perdone **2.** [dispenser] excusar ▸ **se faire excuser** excusarse. ◆ **s'excuser** vp disculparse, excusarse ▸ **s'excuser de qqch / de faire qqch** disculparse ou excusarse por algo / por hacer algo.

exécrable [ɛgzekʀabl] adj **1.** [humeur, temps] terrible **2.** *sout* [crime] execrable.

exécrer [18] [ɛgzekʀe] vt execrar.

exécutable [ɛgzekytabl] adj INFORM ejecutable *m*.

exécutant, e [ɛgzekytɑ̃, ɑ̃t] nm, f **1.** [personne] mandado *m*, -da *f* **2.** MUS ejecutante *mf*.

exécuter [3] [ɛgzekyte] vt **1.** [projet] llevar a cabo ; [tableau] pintar **2.** [mettre à mort & MUS] ejecutar. ◆ **s'exécuter** vp obedecer.

exécuteur [ɛgzekytœʀ] ◆ **exécuteur testamentaire** nm testamentario *m*.

exécutif, ive [ɛgzekytif, iv] adj ejecutivo(va). ◆ **exécutif** nm ejecutivo *m*.

exécution [ɛgzekysjɔ̃] nf [gén] ejecución *f* ; [de promesse] cumplimiento *m* ▸ **mettre à exécution** llevar a cabo.

exécutoire [ɛgzekytwaʀ] ◈ adj ejecutorio(ria). ◈ nm ejecutoria *f*.

exégèse [ɛgzeʒɛz] nf exégesis *f inv*.

exemplaire [ɛgzɑ̃plɛʀ] ◈ adj ejemplar. ◈ nm ejemplar *m* ▸ **en trois exemplaires** por triplicado.

exemple [ɛgzɑ̃pl] nm ejemplo *m* ▸ **citer qqn en exemple** citar a alguien como ejemplo ▸ **montrer l'exemple** dar ejemplo ▸ **à l'exemple de** siguiendo el ejemplo de ▸ **par exemple** por ejemplo ▸ **pour l'exemple** como ejemplo ▸ **prendre exemple sur qqn** tomar ejemplo de alguien ▸ **servir d'exemple** servir de ejemplo ▸ **ça, par exemple !** ¡vaya!

exempt, e [ɛgzɑ̃, ɑ̃t] adj ▸ **exempt de qqch a)** [dispensé de] exento de algo, libre de algo **b)** [dépourvu de] libre de algo ▸ **exempt de taxes** libre de impuestos.

exempté, e [ɛgzɑ̃pte] adj exento(ta) ▸ **être exempté de qqch** estar exento de algo.

exempter [3] [ɛgzɑ̃pte] vt ▸ **exempter qqn de** eximir a alguien de.

exemption [ɛgzɑ̃psjɔ̃] nf exención *f*.

exercer [16] [ɛgzɛʀse] vt **1.** [métier, activité] ejercer **2.** [droit] ejercitar. ◆ **s'exercer** vp **1.** [s'entraîner] ejercitarse ▸ **s'exercer à qqch** ejercitarse en algo ▸ **s'exercer à faire qqch** ejercitar algo **2.** [se manifester] ejercerse.

exercice [ɛgzɛʀsis] nm ejercicio *m* / ***as-tu fait ton exercice de grammaire ?*** ¿has echo el ejercicio de gramática? / ***des exercices d'assouplissement*** ejercicios de flexibilidad ▸ **en exercice** en ejercicio ▸ **dans l'exercice de ses fonctions** en el ejercicio de sus funciones ▸ **faire de l'exercice** hacer ejercicio ▸ **exercice budgétaire** ejercicio presupuestario ▸ **exercice fiscal** ejercicio fiscal ▸ **exercice de style** *pr* & *fig* ejercicio de estilo.

exergue [ɛgzɛʀg] nm [dans un livre] exergo *m* ▸ **mettre en exergue** *fig* poner de relieve.

exfoliant, e [ɛksfoljɑ̃, ɑ̃t] adj exfoliante. ◆ **exfoliant** nm exfoliante *m*.

exhalaison [ɛgzalɛzɔ̃] nf exhalación *f*.

exhaler [3] [ɛgzale] vt **1.** [odeur, soupir] exhalar ; [plainte] proferir **2.** [sentiment] desahogar. ◆ **s'exhaler** vp [odeur, soupir] desprenderse.

exhausser [3] [ɛgzose] vt elevar.

exhaustif, ive [ɛgzostif, iv] adj exhaustivo(va).

exhiber [3] [ɛgzibe] vt exhibir. ◆ **s'exhiber** vp exhibirse.

exhibition [ɛgzibisjɔ̃] nf *péj* [de savoir, de richesses, de muscles] exhibición *f*.

exhibitionniste [ɛgzibisjɔnist] nmf exhibicionista *mf*.

Comment exprimer des excuses

- **¡Perdón!** ou **¡Lo siento!** *Pardon !* ou *Désolé(e) !*
- **¡Con permiso!** *Pardon !*
- **Perdone, pero tengo que irme.** *Excusez-moi, mais je dois vous laisser.*
- **Siento interrumpirle, pero...** *Désolé(e) de vous interrompre, mais...*
- **Siento el malentendido de esta mañana.** *Je suis désolé(e) pour le malentendu de ce matin.*
- **Lo siento (muchísimo).** *Je suis (vraiment) désolé.*
- **Lamento haberle molestado.** *Je regrette de vous avoir dérangé.*
- **Me temo que vamos a vernos obligados de cancelarlo todo.** *Je crains que nous ne soyons obligés de tout annuler.*

exhortation [ɛgzɔʀtasjɔ̃] nf exhortación *f* ▸ **exhortation à qqch / à faire qqch** exhortación a algo / a hacer algo.

exhorter [3] [ɛgzɔʀte] vt ▸ **exhorter qqn à qqch / à faire qqch** exhortar a alguien a algo / a hacer algo.

exhumer [3] [ɛgzyme] vt **1.** [déterrer - cadavre] exhumar ; [- trésor] desenterrar **2.** *fig* [passé] desenterrar.

exigeant, e [ɛgziʒɑ̃, ɑ̃t] adj exigente.

exigence [ɛgziʒɑ̃s] nf exigencia *f* / *nous devons répondre aux exigences de qualité* debemos responder a las exigencias de calidad ▸ **satisfaire aux exigences de qqch** cumplir con las exigencias de algo.

exiger [17] [ɛgziʒe] vt exigir ▸ **exiger que** exigir que / *j'exige que tu rentres tôt* exijo que vuelvas temprano ▸ **exiger qqch de qqn** exigir algo de alguien.

exigible [ɛgziʒibl] adj exigible.

exigu, ë [ɛgzigy] adj exiguo(gua).

exiguïté [ɛgzigɥite] nf exigüidad *f*.

exil [ɛgzil] nm exilio *m* ▸ **en exil** en el exilio.

exilé, e [ɛgzile] nm, f exiliado *m*, -da *f*.

exiler [3] [ɛgzile] vt exilar. ◆ **s'exiler** vp **1.** POL exiliarse **2.** *fig* [partir] retirarse.

existant, e [ɛgzistɑ̃, ɑ̃t] adj [modèle, loi, tarif] vigente. ◆ **existant** nm ▸ **l'existant** lo existente, lo que existe / *on ne peut pas se contenter de l'existant, il faut augmenter notre gamme* no podemos contentarnos con lo que existe, tenemos que aumentar nuestra gama / *un architecte qui travaille souvent avec l'existant* un arquitecto que trabaja a menudo con lo existente.

existence [ɛgzistɑ̃s] nf existencia *f*.

existentialisme [ɛgzistɑ̃sjalism] nm existencialismo *m*.

existentiel, elle [ɛgzistɑ̃sjɛl] adj existencial.

exister [3] [ɛgziste] vi existir / *il n'existe aucune directive à ce sujet* no hay ninguna directiva al respecto / *il existe des appareils à denoyauter les fruits* existen las deshuesadoras ▸ **si elle n'existait pas, il faudrait l'inventer !** ¡si no existiera, habría que inventarla!

exode [ɛgzɔd] nm éxodo *m* ▸ **exode rural** éxodo rural.

exonération [ɛgzɔneʀasjɔ̃] nf exoneración *f* ▸ **exonération d'impôts** exención *f* tributaria.

exonérer [18] [ɛgzɔneʀe] vt ▸ **exonérer qqn de qqch** exonerar a alguien de algo.

exoplanète [ɛgzɔplanɛt] nf exoplaneta *m*.

exorbitant, e [ɛgzɔʀbitɑ̃, ɑ̃t] adj exorbitante.

exorbité [ɛgzɔʀbite] ⟶ **œil**.

exorciser [3] [ɛgzɔʀsize] vt exorcizar.

exorciste [ɛgzɔʀsist] nmf [personne qui exorcise] exorcista *m*.

exorde [ɛgzɔʀd] nm exordio *m*.

exotique [ɛgzɔtik] adj exótico(ca).

exotisme [ɛgzɔtism] nm exotismo *m*.

exp (*abr écrite de* **expéditeur**) Rte.

expansé, e [ɛkspɑ̃se] adj expandido(da).

expansif, ive [ɛkspɑ̃sif, iv] adj expansivo(va).

expansion [ɛkspɑ̃sjɔ̃] nf expansión *f* ▸ **expansion démographique** expansión demográfica.

expansionnisme [ɛkspɑ̃sjɔnism] nm expansionismo *m*.

expansionniste [ɛkspɑ̃sjɔnist] adj & nmf expansionista.

expatriation [ɛkspatʀijasjɔ̃] nf expatriación *f*.

expatrié, e [ɛkspatʀije] adj & nm, f expatriado(da).

expatrier [10] [ɛkspatʀije] vt expatriar. ◆ **s'expatrier** vp expatriarse.

expectative [ɛkspɛktativ] nf ▸ **être dans l'expectative** estar a la expectativa.

expectorant, e [ɛkspɛktɔʀɑ̃, ɑ̃t] adj expectorante. ◆ **expectorant** nm expectorante *m*.

expectorer [3] [ɛkspɛktɔʀe] vt expectorar.

expédient [ɛkspedjɑ̃] nm recurso *m* ▸ **vivre d'expédients** vivir del cuento.

expédier [9] [ɛkspedje] vt **1.** [lettre, marchandise, bagages] expedir **2.** [se débarrasser de - personne] librarse de ; [- travail, affaire] despachar.

expéditeur, trice [ɛkspeditœʀ, tʀis] ◈ adj expedidor(ra). ◈ nm, f remitente *mf*.

expéditif, ive [ɛkspeditif, iv] adj expeditivo(va).

expédition [ɛkspedisjɔ̃] nf expedición *f*.

expéditionnaire [ɛkspedisjɔnɛʀ] ⟶ **corps**.

expérience [ɛkspeʀjɑ̃s] nf **1.** [gén] experiencia *f* ▸ **avoir de l'expérience** tener experiencia ▸ **faire l'expérience de qqch** pasar por la experiencia de algo ▸ **tenter l'expérience** probar **2.** [essai] experimento *m*.

expérimental, e, aux [ɛkspeʀimɑ̃tal, o] adj experimental.

expérimentation [ɛkspeʀimɑ̃tasjɔ̃] nf experimentación *f*.

expérimenté, e [ɛkspeʀimɑ̃te] adj experimentado(da).

expérimenter [3] [ɛkspeʀimɑ̃te] vt experimentar.

expert, e [ɛkspɛʀ, ɛʀt] adj experto(ta) ▸ **être expert en la matière** ser experto en la materia. ◆ **expert** nm perito *m*.

expert-comptable [ɛkspɛʀkɔ̃tabl] (*pl* **experts-comptables**) nm ≃ censor *m* jurado de cuentas.

expertise [ɛkspɛʀtiz] nf peritaje *m*.

expertiser [3] [ɛkspɛʀtize] vt peritar, realizar un examen pericial.

expiation [ɛkspjasjɔ̃] nf expiación *f*.

expier [9] [ɛkspje] vt expiar.

expiration [ɛkspiʀasjɔ̃] nf **1.** [d'air] espiración *f* **2.** [de contrat, de bail] expiración *f* **3.** [d'un aliment, d'un médicament] caducidad *f* ▸ **arriver à expiration** caducar ▸ **date d'expiration** fecha *f* de caducidad.

expirer [3] [ɛkspiʀe] ◆ vt espirar. ◆ vi expirar.

explicable [ɛksplikabl] adj explicable.

explicatif, ive [ɛksplikatif, iv] adj explicativo(va).

explication [ɛksplikasjɔ̃] nf explicación *f* ▸ **demander des explications à qqn** pedir explicaciones a alguien ▸ **explication de texte** comentario *m* de texto.

explicite [ɛksplisit] adj explícito(ta).

explicitement [ɛksplisitmɑ̃] adv explícitamente.

expliciter [3] [ɛksplisite] vt explicitar.

expliquer [3] [ɛksplike] vt **1.** [gén] explicar **2.** [texte] comentar. ◆ **s'expliquer** vp **1.** [gén] explicarse **2.** [devenir compréhensible] explicarse, aclararse.

exploit [ɛksplwa] nm hazaña *f*.

exploitable [ɛksplwatabl] adj explotable.

exploitant, e [ɛksplwatɑ̃, ɑ̃t] nm, f explotador *m*, -ra *f* ▸ **exploitant agricole** agricultor *m*.

exploitation [ɛksplwatasjɔ̃] nf explotación *f* ▸ **exploitation agricole** explotación agrícola.

exploiter [3] [ɛksplwate] vt explotar.

exploiteur, euse [ɛksplwatœʀ, øz] nm, f explotador *m*, -ra *f*.

explorateur, trice [ɛksplɔʀatœʀ, tʀis] nm, f explorador *m*, -ra *f*.

exploration [ɛksplɔʀasjɔ̃] nf exploración *f*.

exploratoire [ɛksplɔʀatwaʀ] adj exploratorio(ria).

explorer [3] [ɛksplɔʀe] vt explorar.

exploser [3] [ɛksploze] vi **1.** [bombe, personne] explotar **2.** [colère, joie] estallar.

explosif, ive [ɛksplozif, iv] adj explosivo(va). ◆ **explosif** nm explosivo *m*.

explosion [ɛksplozjɔ̃] nf **1.** [de bombe] explosión *f* **2.** [éclat, manifestation] estallido *m* ▸ **explosion de joie / de colère** estallido de alegría / de ira.

expo [ɛkspo] nf *fam* expo *f*.

exponentiel, elle [ɛkspɔnɑ̃sjɛl] adj exponencial.

export [ɛkspɔʀ] nm exportación *f* ▸ **export de données** INFORM exportación de datos.

exportateur, trice [ɛkspɔʀtatœʀ, tʀis] adj & nm, f exportador(ra).

exportation [ɛkspɔʀtasjɔ̃] nf exportación *f*.

exporter [3] [ɛkspɔʀte] vt exportar.

exposant, e [ɛkspozɑ̃, ɑ̃t] nm, f expositor *m*, -ra *f*. ◆ **exposant** nm **1.** MATH exponente *m* **2.** TYPO superíndice *m*.

exposé [ɛkspoze] nm **1.** [compte-rendu] informe *m* **2.** SCOL exposición *f*.

exposer [3] [ɛkspoze] vt [gén] exponer ▸ **exposer qqch à qqn** exponer algo a alguien. ◆ **s'exposer** vp exponerse ▸ **s'exposer à qqch** exponerse a algo.

exposition [ɛkspozisjɔ̃] nf [gén] exposición *f*.

exposition-vente [ɛkspozisjɔ̃vɑ̃t] (*pl* **expositions-ventes**) nf exposición y venta *f*.

exprès[1], esse [ɛkspʀɛs, ɛs] adj [ordre, défense] expreso(sa). ◆ **exprès** adj inv [lettre, colis] urgente. ◆ **en exprès** loc adv ▸ **envoyer qqch en exprès** hacer un envío urgente.

exprès[2] [ɛkspʀɛ] adv aposta, adrede ▸ **faire qqch exprès** hacer algo a propósito ou aposta.

express [ɛkspʀɛs] ◆ adj inv [train, voie] exprés. ◆ nm inv [train, café] expreso *m*.

expressément [ɛkspʀesemɑ̃] adv expresamente.

expressif, ive [ɛkspʀesif, iv] adj expresivo(va).

expression [ɛkspʀɛsjɔ̃] nf expresión *f* ▸ **expression idiomatique** expresión idiomática ▸ **réduire qqch à sa plus simple expression** reducir algo a la mínima expresión ▸ **selon l'expression consacrée** como se dice comúnmente.

expressionnisme [ɛkspʀɛsjɔnism] nm expresionismo *m*.

expressivité [ɛkspʀesivite] nf expresividad *f*.

expresso [ɛkspʀeso] nm = **express**.

exprimable [ɛkspʀimabl] adj expresable.

exprimer [3] [ɛkspʀime] vt expresar / *exprimez clairement vos idées* exprese claramente sus ideas / *comment vous exprimer toute mon admiration ?* ¿cómo expresarle mi admiración? ◆ **s'exprimer** vp expresarse ▸ **si je peux m'exprimer ainsi** si puedo decirlo así.

Comment exprimer des explications

Demander des explications

- **¿Qué quieres decir exactamente?** *Qu'est-ce que tu veux dire, exactement ?*
- **¿Es decir?** *C'est-à-dire ?*
- **¿Podría ser un poco más preciso?** *Pourriez-vous être un peu plus précis ?*
- **¿Qué quiere decir con eso?** *Qu'entendez-vous par là ?*
- **¿Adónde quieres exactamente ir a parar?** *Où est-ce que tu veux en venir, au juste ?*

Donner des explications

- **Quiero / Quería decir que...** *Je veux / voulais dire que...*
- **Voy a tratar de ser más claro...** *Je vais essayer d'être plus clair...*
- **A ver si me explico: ...** *Je m'explique : ...*
- **Lo que estoy intentando decir es...** *Ce que j'essaie de dire, c'est...*

⚠ Exprimir est un faux ami, il ne signifie pas *exprimer*, mais « presser ».

expropriation [ɛkspʀɔpʀijasjɔ̃] nf expropiación *f*.

exproprier [10] [ɛkspʀɔpʀije] vt expropiar.

expulser [3] [ɛkspylse] vt [gén] expulsar ; [locataire] desahuciar.

expulsion [ɛkspylsjɔ̃] nf [gén] expulsión *f* ; [de locataire] desahucio *m*.

expurger [17] [ɛkspyʀʒe] vt expurgar.

exquis, e [ɛkski, iz] adj **1.** [gén] exquisito(ta) **2.** [agréable] delicioso(sa).

exsangue [ɛksɑ̃g] adj exangüe.

extase [ɛkstaz] nf éxtasis *m inv* ▸ **tomber en extase devant qqn / devant qqch** extasiarse ante alguien / ante algo.

extasier [9] [ɛkstazje] ◆ **s'extasier** vp extasiarse ▸ **s'extasier devant qqn / devant qqch** extasiarse ante alguien / ante algo.

extatique [ɛkstatik] adj extático(ca).

extenseur [ɛkstɑ̃sœʀ] ❖ adj extensor(ra). ❖ nm extensor *m*.

extensible [ɛkstɑ̃sibl] adj extensible.

extensif, ive [ɛkstɑ̃sif, iv] adj extensivo(va).

extension [ɛkstɑ̃sjɔ̃] nf extensión *f* ▸ **par extension** por extensión.

exténuant, e [ɛkstenɥɑ̃, ɑ̃t] adj extenuante.

exténuer [7] [ɛkstenɥe] vt extenuar. ◆ **s'exténuer** vp ▸ **s'exténuer à faire qqch** extenuarse haciendo algo.

extérieur, e [ɛksteʀjœʀ] adj **1.** [externe] exterior / *le monde extérieur l'effraie* le asusta el mundo exterior **2.** [apparent, étranger] externo(na) / *ne juge pas l'aspect extérieur* [d'un objet, un bâtiment] no juzgues por el aspecto exterior / *ils ne veulent aucune aide extérieure* no quieren ninguna ayuda externa. ◆ **extérieur** nm [dehors] exterior *m* ▸ **à l'extérieur de qqch** por fuera de algo.

extérieurement [ɛksteʀjœʀmɑ̃] adv **1.** [à l'extérieur] exteriormente **2.** [en apparence] en apariencia.

extérioriser [3] [ɛksteʀjɔʀize] vt exteriorizar. ◆ **s'extérioriser** vp exteriorizarse.

extermination [ɛkstɛʀminasjɔ̃] nf exterminación *f*, exterminio *m*.

exterminer [3] [ɛkstɛʀmine] vt exterminar.

externaliser [3] [ɛkstɛʀnalize] vt externalizar.

externat [ɛkstɛʀna] nm **1.** [lycée] externado *m* **2.** [en médecine] rotatorio *m*.

externe [ɛkstɛʀn] ❖ adj externo(na) ▸ **externe à qqch** ajeno(na) a algo. ❖ nmf **1.** [élève] externo *m*, -na *f* **2.** [étudiant en médecine] rotatorio *m*, -ria *f*.

extincteur [ɛkstɛ̃ktœʀ] nm extintor *m*.

extinction [ɛkstɛ̃ksjɔ̃] nf extinción *f* ▸ **extinction des feux** toque *m* de silencio. ◆ **extinction de voix** nf afonía *f*.

extirper [3] [ɛkstiʀpe] vt **1.** [plante, secret] arrancar **2.** MÉD extirpar **3.** [sortir avec difficulté] ▸ **extirper qqn / qqch de qqch** sacar a alguien / algo de algo. ◆ **s'extirper** vp ▸ **s'extirper de qqch** salir con dificultad de algo.

extorquer [3] [ɛkstɔʀke] vt ▸ **extorquer qqch à qqn** sacar algo a alguien.

extorsion [ɛkstɔʀsjɔ̃] nf extorsión *f* ▸ **extorsion de fonds** extorsión de fondos.

extra [ɛkstʀa] ❖ adj inv **1.** [de qualité supérieure] extra **2.** *fam* [génial] guay. ❖ nm inv **1.** [service occasionnel] trabajito *m* ▸ **faire des extra** hacer trabajitos **2.** [chose inhabituelle] extra *m*.

extraconjugal, e [ɛkstʀakɔ̃ʒygal] adj extraconyugal.

extraction [ɛkstʀaksjɔ̃] nf extracción *f*.

extrader [3] [ɛkstʀade] vt extraditar.

extradition [ɛkstʀadisjɔ̃] nf extradición *f*.

extrafin, e [ɛkstʀafɛ̃, in] adj extrafino(na).

extraire [112] [ɛkstʀɛʀ] vt extraer ▸ **extraire qqch (de qqch)** extraer algo (de algo).

extrait [ɛkstʀɛ] nm extracto *m* ▸ **extrait de café** extracto de café ▸ **extrait (d'acte) de naissance** partida *f* de nacimiento.

extralucide [ɛkstʀalysid] ⟶ **voyant**.

extranet [ɛkstʀanɛt] nm extranet *f*.

extraordinaire [ɛkstʀaɔʀdinɛʀ] adj extraordinario.

extraordinairement [ɛkstʀaɔʀdinɛʀmɑ̃] adv extraordinariamente.

extraplat, e [ɛkstʀapla, at] adj extraplano(na).

extrapoler [3] [ɛkstʀapɔle] vt & vi extrapolar.

extrascolaire [ɛkstʀaskɔlɛʀ] adj [activités] extraescolar.

extrasolaire [ɛkstʀasɔlɛʀ] adj extrasolar.

extraterrestre [ɛkstʀatɛʀɛstʀ] adj & nmf extraterrestre.

extra-utérin, e [ɛkstʀayteʀɛ̃, in] adj ▸ **grossesse extra-utérine** embarazo extrauterino.

extravagance [ɛkstʀavagɑ̃s] nf extravagancia *f*.

extravagant, e [ɛkstʀavagɑ̃, ɑ̃t] adj **1.** [idée, propos] extravagante **2.** [prix, exigence] desorbitado(da).

extraverti, e [ɛkstʀavɛʀti] adj & nm, f extrovertido(da), extravertido(da).

extrême [ɛkstʀɛm] ❖ adj **1.** [gén] extremo(ma) ▸ **les sports extrêmes** los deportes extremos **2.** [solution, opinion] extremado(da). ❖ nm extremo *m* ▸ **d'un extrême à l'autre** de un extremo al otro.

extrêmement [ɛkstʀɛmmɑ̃] adv extremadamente.

extrême-onction [ɛkstʀɛmɔ̃ksjɔ̃] (*pl* **extrêmes-onctions**) nf extremaunción *f*.

Extrême-Orient [ɛkstʀɛmɔʀjɑ̃] npr m ▸ **l'Extrême-Orient** el Extremo Oriente.

extrémisme [ɛkstʀemism] nm extremismo *m*.

extrémiste [ɛkstʀemist] adj & nmf extremista.

extrémité [ɛkstʀemite] nf **1.** [bout] extremidad *f* **2.** [situation critique] extremo *m* ▸ **à la dernière extrémité** en las últimas. ◆ **extrémités** nfpl **1.** [pieds et mains] extremidades *fpl* **2.** [actes de violence] barbaridades *fpl*.

exubérance [ɛgzybeʀɑ̃s] nf [de la végétation, du style, d'une personne] exuberancia *f*.

exubérant, e [ɛgzybeʀɑ̃, ɑ̃t] adj exuberante.

exulter [3] [ɛgzylte] vi exultar.

exutoire [ɛgzytwaʀ] nm exutorio *m*.

ex-voto [ɛksvɔto] nm inv exvoto *m*.

eye-liner [ajlajnœʀ] (*pl* **eye-liners**) nm perfilador *m* de ojos.

F

f, F [ɛf] nm inv **1.** [lettre] f *f*, F *f* **2.** [appartement] *cuando va seguido de un número, éste indica el número de habitaciones que un piso tiene, sin contar la cocina ni el cuarto de baño* / *un F3* ≃ un piso de dos habitaciones. ◆ **F 1.** (*abr écrite de* **femme**) M **2.** (*abr écrite de* **féminin**) F **3.** (*abr écrite de* **Fahrenheit**) F **4.** (*abr écrite de* **franc**) F.

fa [fa] nm inv MUS fa *m*.

FAB [fab] (*abr de* **franco à bord**) FOB.

fable [fabl] nf fábula *f*.

fabricant, e [fabʀikɑ̃, ɑ̃t] nm, f fabricante *mf*.

fabrication [fabʀikasjɔ̃] nf fabricación *f* ▸ **fabrication artisanale** fabricación artesanal.

fabrique [fabʀik] nf fábrica *f*.

fabriquer [3] [fabʀike] vt **1.** [confectionner] fabricar ▸ **fabriqué en France** fabricado en Francia **2.** *fam* [faire] hacer **3.** [inventer] inventar.

fabulation [fabylasjɔ̃] nf fabulación *f*.

fabuleusement [fabyløzmɑ̃] adv [énormément] fabulosamente.

fabuleux, euse [fabylø, øz] adj fabuloso(sa).

fac [fak] nf *fam* facul *f*.

FAC (*abr de* **franc d'avarie commune**) adj franco de avería particular.

façade [fasad] nf fachada *f*.

face [fas] nf **1.** [de personne, d'objet] cara *f* **2.** [aspect] aspecto *m* **3.** EXPR **de face** de frente ▸ **d'en face** de enfrente ▸ **en face de qqn / de qqch** frente a alguien / a algo ▸ **dire qqch en face à qqn** decir algo a OU en la cara a alguien ▸ **face à face** cara a cara ▸ **faire face à qqch** a) [être devant] dar a algo b) [affronter] hacer frente a algo ▸ **face à qqch** *fig* ante algo ▸ **perdre la face** desprestigiarse ▸ **regarder qqch en face** [réalité, problème] mirar algo cara a cara ▸ **sauver la face** salvar las apariencias ▸ **se voiler la face** engañarse.

face-à-face [fasafas] nm inv debate *m* cara a cara.

facétie [fasesi] nf gracia *f (broma)*.

facétieux, euse [fasesjø, øz] adj & nm, f gracioso(sa).

facette [fasɛt] nf faceta *f*.

fâché, e [faʃe] adj **1.** [gén] enfadado(da) **2.** [contrarié] disgustado(da).

fâcher [3] [faʃe] vt enfadar. ◆ **se fâcher** vp enfadarse ▸ **se fâcher avec** OU **contre qqn** enfadarse con alguien.

fâcheusement [faʃøzmɑ̃] adv desagradablemente.

fâcheux, euse [faʃø, øz] adj enojoso(sa).

facho [faʃo] adj & nmf *fam* facha.

facial, e, aux [fasjal, o] adj facial.

faciès [fasjɛs] nm *péj* facciones *fpl* ▸ **délit de faciés** discriminación *f* por el color de la piel.

facile [fasil] adj fácil ▸ **facile à** fácil de / *facile à manier* fácil de manejar ▸ **facile à vivre** tratable ▸ **c'est plus facile à dire qu'à faire** es más fácil decirlo que hacerlo ▸ **être facile comme bonjour** *fam* ser pan comido.

facilement [fasilmɑ̃] adv **1.** [avec facilité] fácilmente **2.** [au moins] tranquilamente.

facilité [fasilite] nf facilidad *f* ▸ **avoir de la facilité pour qqch** tener facilidad para algo. ◆ **facilités** nfpl [de transport] servicio *m* ▸ **facilités de caisse** crédito *m* ▸ **facilités de paiement** facilidades *fpl* de pago.

faciliter [3] [fasilite] vt facilitar.

façon [fasɔ̃] nf **1.** [manière] manera *f*, forma *f* / *je n'aime pas la façon dont il me parle* no me gusta la forma que tiene de hablarme ▸ **de cette façon** así ▸ **c'est une façon de parler** es una manera de hablar ▸ **d'une certaine façon** en cierto modo / *d'une certaine façon c'est elle qui a raison* en cierto modo, tiene razón ▸ **d'une façon générale** en general ▸ **d'une façon ou d'une autre** de una manera u otra ▸ **de toute façon** de todos modos ▸ **sans façon(s)** [dans un refus] de verdad / *encore du fromage ? — non merci, sans façons !* ¿quieres más queso? — non, gracias, de verdad **2.** [imitation] : *façon soie* imitación seda. ◆ **de façon à** loc prép con el fin de. ◆ **de façon (à ce) que** loc conj con el fin de que. ◆ **façons** nfpl **1.** [comportement] maneras *fpl* **2.** [politesses] cumplidos *mpl* ▸ **faire des façons** andarse con cumplidos.

façonner [3] [fasɔne] vt **1.** [travailler] labrar **2.** [fabriquer] fabricar **3.** *fig* [former] formar.

fac-similé [faksimile] (*pl* **fac-similés**) nm facsímil *m*, facsímile *m*.

facteur, trice [faktœʀ, tʀis] nm, f cartero *m*, -ra *f*. ◆ **facteur** nm [gén] factor *m* ▸ **le facteur chance / temps** el factor suerte / tiempo ▸ **facteur Rhésus** factor Rh.

factice [faktis] adj facticio(cia).

faction [faksjɔ̃] nf **1.** [groupe] facción *f* **2.** MIL ▸ **être en** OU **de faction** estar de guardia.

factoriser [faktɔʀize] vt factorizar.

factotum [faktɔtɔm] nm factótum *m*.

factuel, elle [faktɥɛl] adj factual.

facturation [faktyʀasjɔ̃] nf facturación *f*.

facture [faktyʀ] nf factura *f*.

facturer [3] [faktyʀe] vt facturar.

facturette [faktyʀɛt] nf comprobante *m*.

facultatif, ive [fakyltatif, iv] adj facultativo(va).

facultativement [fakyltativmɑ̃] adv facultativamente.

faculté [fakylte] nf facultad *f* ▸ **faculté de droit / de lettres / de médecine** facultad de derecho / de letras / de medicina.

fada [fada] adj & nmf *fam* chiflado(da).

fadaises [fadɛz] nfpl sandeces *fpl*.

fadasse [fadas] adj *fam* [goût, personne] soso(sa) ; [beauté, couleur] apagado(da).

fade [fad] adj soso(sa).

fader [fade] ◆ **se fader** vp *fam* chuparse / *on s'est fadé trois heures de queue* nos chupamos tres horas de cola.

fagot [fago] nm gavilla *f* ▸ **de derrière les fagots** [vin, bouteille] muy bueno(na).

fagoté, e [fagɔte] adj mal vestido(da).

fagoter [3] [fagɔte] vt vestir mal. ◆ **se fagoter** vp vestirse mal.

Fahrenheit [faʀɛnajt] npr inv Fahrenheit.

faiblard, e [fɛblaʀ, aʀd] adj *fam* **1.** [personne] debilucho(cha) **2.** [argument] inconsistente ; [niveau] flojo(ja).

faible [fɛbl] ❖ adj **1.** [gén] débil **2.** [élève] flojo(ja) **3.** [quantité] pequeño(ña). ❖ nmf débil *mf* ▸ **faible d'esprit** simple *mf*. ❖ nm [préférence] debilidad *f* ▸ **avoir un faible pour qqn / pour qqch** tener debilidad por alguien / por algo.

faiblement [fɛbləmɑ̃] adv débilmente.

faiblesse [fɛblɛs] nf **1.** [gén] debilidad *f* **2.** [insignifiance] escasez *f*.

faiblir [32] [fɛbliʀ] vi **1.** [gén] debilitarse **2.** [vent] amainar.

faïence [fajɑ̃s] nf loza *f*.

faignant, e = **feignant**.

faille [faj] ❖ nf **1.** GÉOL falla *f* **2.** [défaut] fallo *m*. ❖ v ⟶ **falloir.**

faillir [46] [fajiʀ] vi **1.** [manquer] ▸ **faillir à qqch** faltar a algo **2.** [être sur le point de] estar a punto de / *j'ai failli tomber* casi me caigo.

faillite [fajit] nf **1.** FIN quiebra *f* ▸ **en faillite** en quiebra ▸ **faire faillite** quebrar **2.** [échec] fracaso *m*.

faim [fɛ̃] nf **1.** [besoin de manger] hambre *f* ▸ **avoir faim** tener hambre ▸ **manger à sa faim** tener suficiente que comer ▸ **mourir de faim** morirse de hambre ▸ **ne pas manger à sa faim** no tener bastante de comer ▸ **avoir une faim de loup** tener un hambre canina ▸ **rester sur sa faim a)** quedarse con hambre **b)** *fig* quedarse con las ganas **2.** [désir] ganas *fpl* ▸ **avoir faim de qqch** tener sed de algo.

fainéant, e [feneɑ̃, ɑ̃t] adj & nm, f holgazán(ana).

fainéanter [3] [feneɑ̃te] vi holgazanear.

faire [109] [fɛʀ]

❖ vt

1. [gén] hacer / *faire une maison* hacer una casa / *faire un gâteau / du café / un film* hacer un pastel / café / una película / *que fais-tu dimanche ?* ¿qué haces este domingo? / *qu'est-ce qu'il fait dans la vie ?* ¿a qué se dedica? / *qu'est-ce que je peux faire pour t'aider ?* ¿qué puedo hacer para ayudarte? ▸ **faire qqch de qqch** hacer algo de algo ▸ **faire qqch de qqn** *fig* hacer algo de alguien / *il veut en faire un avocat* quiere hacer de él un abogado ▸ **faire son droit / de l'anglais / des maths** hacer derecho / inglés / matemáticas ▸ **faire le ménage** hacer la limpieza ▸ **faire la lessive** hacer la colada ▸ **faire la cuisine** cocinar ▸ **ne faire que a)** [faire sans cesse] no parar de **b)** [faire juste] no hacer más que / *je ne faisais que jeter un coup d'œil* sólo estaba echando un vistazo

2. [pratiquer - sport] jugar ; [- musique] tocar

3. [occasionner] ▸ **faire de la peine** dar pena ▸ **faire du mal à qqn** hacer daño a alguien ▸ **faire mal** [suj : blessure] doler ▸ **faire du bruit** hacer ruido ▸ **faire plaisir** complacer ▸ **ça m'a fait quelque chose** me dio cosa ▸ **ça ne fait rien** no importa

4. [imiter] hacerse ▸ **faire le sourd / l'innocent / le malin** hacerse el sordo / el inocente / el listo

5. [calcul, mesure] *un et un font deux* uno y uno son dos / *ça fait combien de kilomètres jusqu'à la mer ?* ¿cuántos kilómetros hay hasta el mar? / *la table fait deux mètres de long* la mesa tiene dos metros de largo

6. [en tant que verbe substitutif] hacer / *je lui ai dit de prendre une échelle mais il ne l'a pas fait* le dije que cogiera una escalera pero no lo hizo

7. [dire] « *viens* », *fit-elle* "ven", dijo ella

❖ vi

[agir] *tu ferais bien d'aller voir ce qui se passe* más vale que vayas a ver qué pasa ▸ **faire comme chez soi** hacer como si estuviera en su casa ▸ **faire vite** darse prisa

❖ v att

[avoir l'air] hacer / *ça fait jeune / vulgaire* hace joven / vulgar

❖ v impers

1. [climat, temps] *il fait beau / froid* hace buen tiempo / frío / *il fait jour / nuit* es de día / de noche / *il fait 20 degrés* estamos a 20 grados / *il fait bon se reposer* qué bueno es descansar

2. [exprime la durée, la distance] *ça fait six mois que…* hace seis meses que… / *ça fait 30 kilomètres que…* hace 30 kilómetros que…

❖ v aux

hacer / *faire démarrer une voiture* arrancar un coche / *faire tomber qqch* caer algo / *faire travailler qqn* hacer trabajar a alguien / *faire réparer sa voiture* llevar el coche a arreglar / *faire nettoyer ses vitres* mandar a limpiar los cristales

◆ **se faire** vp **1.** [gén] hacerse ▸ **se faire couper les cheveux** cortarse el pelo ▸ **il se fait tard** se hace tarde ▸ **se faire vieux** hacerse viejo ▸ **se faire mal** hacerse daño ▸ **se faire des amis** hacerse amigos ▸ **se faire une idée sur qqch** hacerse una idea de algo **2.** [emploi réciproque] hacerse / *vous allez vous faire mal* vais a haceros daño **3.** [être réalisé] hacerse / *sans argent, le film ne se fera pas* sin dinero, la película no se hará **4.** [être à la mode] llevarse / *ça se fait beaucoup cette année* se lleva mucho este año **5.** [être convenable] : *ça ne se fait pas (de)* no está bien (hacer algo) / *ça ne se fait pas de demander son âge à une femme* no se hace eso de **ou** no está bien preguntar la edad a una mujer **6.** (+ *infinitif*) ▸ **il s'est fait écraser** lo han atropellado ▸ **elle s'est fait opérer** la han operado **7.** ▸ **se faire à** acostumbrarse a **8.** EXPR **comment se fait-il que… ?** ¿cómo es que…? ▸ **s'en faire** preocuparse.

◆ **s'en faire** vp preocuparse / *ne t'en fais pas !* ¡no te preocupes! / *je ne m'en fais pas pour lui* no me preocupo por él.

faire-part [fɛʀpaʀ] nm inv participación *f* ▸ **faire-part de naissance / mariage** participación de nacimiento/boda.

faire-valoir [fɛʀvalwaʀ] nm inv [personne] valedor *m*.

fair-play [fɛʀplɛ] adj inv **1.** [loyal] noble ▸ **se montrer fair-play** actuar con caballerosidad **2.** SPORT deportivo(va).

fais ⟶ **faire**.

faisabilité [fəzabilite] nf factibilidad *f*.

faisable [fəzabl] adj factible.

faisais ⟶ **faire**.

faisan, e [fəzɑ̃, an] nm, f faisán *m*.

faisandé, e [fəzɑ̃de] adj [viande] manido(da).

faisceau, x [fɛso] nm **1.** [fagot] manojo *m* **2.** [rayon] haz *m* ▸ **faisceau lumineux** haz luminoso **3.** MIL pabellón *m*.

faiseur, euse [fəzœʀ, øz] nm, f fabricante *mf* ▸ **faiseur d'embarras** buscapleitos *m inv*.

faisons [fəzɔ̃] ⟶ **faire**.

faisselle [fɛsɛl] nf **1.** [récipient] encella *f* **2.** [fromage] *queso fresco que se vende en una encella*.

fait, e [fɛ, fɛt] ⬥ adj hecho(cha) ▸ **bien / mal fait** bien/mal hecho ▸ **bien / pas assez fait** [fromage] bien/no muy hecho ▸ **être fait pour** estar hecho para ▸ **fait sur mesure** hecho a medida ▸ **ils sont faits l'un pour l'autre** están hechos el uno para el otro ▸ **c'en est fait de lui** *sout* está perdido. ⬥ pp ⟶ **faire.** ◆ **fait** nm hecho *m* ▸ **en fait de** de / *en fait de dîner, nous avons mangé une boîte de sardines* de cenar, comimos una lata de sardinas ▸ **être au fait de qqch** estar al corriente de algo ▸ **le fait de faire qqch** el hecho de hacer algo ▸ **le fait est que** el hecho es que ▸ **mettre qqn devant le fait accompli** poner a alguien ante un hecho consumado ▸ **prendre qqn sur le fait** coger a alguien in fraganti, coger a alguien con las manos en la masa ▸ **faits et gestes** hechos y milagros. ◆ **au fait** loc adv a propósito. ◆ **en fait** loc adv de hecho.

fait(-)divers (*pl* **faits(-)divers**) [fɛdivɛʀ] nm suceso *m* / *c'est un bien triste fait divers* es un triste suceso. ◆ **faits(-)divers** nmpl [rubrique] sucesos *mpl*.

faîte [fɛt] nm **1.** [de toit] techumbre *f* **2.** [d'arbre] copa *f* **3.** *fig* [sommet] cima *f*.

faites [fɛt] ⟶ **faire**.

fait-tout, faitout [fɛtu] nm inv olla *f*.

fakir [fakiʀ] nm faquir *m*, fakir *m*.

falaise [falɛz] nf acantilado *m*.

falbala [falbala] nm faralá *m*.

fallacieux, euse [falasjø, øz] adj falaz.

falloir [69] [falwaʀ] ⬥ v impers

1. [exprime une nécessité, une obligation] hacer falta, necesitar / *il me faut du temps* necesito tiempo / *il te faut un peu de repos* te hace falta un poco de descanso / *il faut que tu partes* tienes que irte / *il faut toujours qu'elle intervienne* siempre tiene que intervenir / *il faut agir* hay que actuar ▸ **s'il le faut** si no queda más remedio ▸ **il ne fallait pas !** ¡no tenía por qué!

2. [exprime une supposition] : *il n'est pas venu ? il faut qu'il soit malade !* ¿no ha venido? ¡debe de estar enfermo!

◆ **s'en falloir** v impers : *il s'en faut de peu pour qu'il puisse acheter cette maison* no puede comprarse la casa por poco / *il s'en faut de 20 centimètres pour que cette armoire tienne dans le coin* el armario no cabe en este rincón por 20 centímetros / *il s'en faut de beaucoup pour qu'il puisse passer son examen* le falta mucho para poder aprobar este examen / *peu s'en est fallu qu'il démissionne* ha estado a punto de dimitir ▸ **tant s'en faut** ni mucho menos.

fallu [faly] pp inv ⟶ **falloir**.

fallut [faly] ⟶ **falloir**.

falot, e [falo, ɔt] adj insulso(sa). ◆ **falot** nm farol *m*.

falsification [falsifikasjɔ̃] nf falsificación *f*.

falsifier [9] [falsifje] vt **1.** [document, comptes] falsificar **2.** [fait, pensée] falsear.

famé, e [fame] adj ▸ **mal famé** de mala fama.

famélique [famelik] adj famélico(ca).

fameusement [faməzmɑ̃] adv *fam* [très] estupendamente.

fameux, euse [famø, øz] adj **1.** [personne] famoso(sa) **2.** *fam* [bon] estupendo(da) ESP, padre AM **3.** *fam* [remarquable] bestial ▸ **pas fameux** [médiocre] no muy bueno (que digamos).

familial, e, aux [familjal, o] adj familiar.

◆ **familiale** nf [automobile] coche *m* familiar.

familiarisation [familjaʀizasjɔ̃] nf familiarización *f* / *ce logiciel propose une familiarisation à l'anglais* este software ofrece una familiarización con el inglés.

familiariser [3] [familjaʀize] vt ▸ **familiariser qqn avec qqch** familiarizar a alguien con algo.

◆ **se familiariser** vp ▸ **se familiariser avec qqch** familiarizarse con algo.

familiarité [familjaʀite] nf **1.** [intimité] intimidad *f* **2.** [désinvolture] familiaridad *f*. ◆ **familiarités** nfpl familiaridades *fpl*.

familier, ère [familje, ɛʀ] adj familiar. ◆ **familier** nm **1.** [intime] íntimo *m*, -ma *f* **2.** [habitué] parroquiano *m*.

familièrement [familjɛʀmɑ̃] adv familiarmente ▸ **parler familièrement à qqn** hablar a alguien con familiaridad.

famille [famij] nf familia *f* ▸ **de bonne famille** de buena familia ▸ **fonder une famille** fundar una familia ▸ **famille d'accueil** familia de acogida ▸ **famille monoparentale** familia monoparental ▸ **famille nombreuse** familia numerosa ▸ **famille recomposée** familia extensa.

famine [famin] nf hambruna *f* ▸ **crier famine** contar miserias.

fan [fan] nmf *fam* fan *mf*.

fanal, aux [fanal, o] nm **1.** [de phare] faro *m* **2.** [de train, lanterne] farol *m*.

fanatique [fanatik] adj & nmf fanático(ca).

fanatiser [3] [fanatize] vt fanatizar.

fanatisme [fanatism] nm fanatismo *m*.

fan-club, fans-clubs [fanklœb] nm club *m* de fans.

fane [fan] nf [de carottes] mata *f*.

faner [fane] vt **1.** [fleur] marchitar **2.** [couleur] ajar. ◆ **se faner** vp **1.** [gén] marchitarse **2.** [couleur] ajarse.

fanfare [fɑ̃faʀ] nf fanfarria *f* ▸ **en fanfare a)** [arrivée] a bombo y platillo **b)** [réveil] con gran estruendo.

fanfaron, onne [fɑ̃faʀɔ̃, ɔn] adj fanfarrón(ona).

fanfaronnade [fɑ̃faʀɔnad] nf fanfarronada *f*.

fanfreluche [fɑ̃fʀəlyʃ] nf perifollo *m*.

fange [fɑ̃ʒ] nf *sout* fango *m* ▸ **traîner qqn dans la fange** *fig* cubrir a alguien de fango.

fanion [fanjɔ̃] nm banderín *m*.

fanon [fanɔ̃] nm [de baleine] barba *f*.

fantaisie [fɑ̃tezi] nf **1.** [gén] fantasía *f* **2.** [extravagance] extravagancia *f* **3.** [gré] antojo *m*.

fantaisiste [fɑ̃tezist] adj & nmf fantasioso(sa).

fantasmagorique [fɑ̃tasmagɔʀik] adj fantasmagórico(ca).

fantasme, phantasme [fɑ̃tasm] nm fantasía *m*.

> ⚠ **Fantasma** est un faux ami, il ne signifie pas *fantasme*, mais « fantôme ».

fantasmer [3] [fɑ̃tasme] vi fantasear.

fantasque [fɑ̃task] adj **1.** [personne] lunático(ca) **2.** [humeur] caprichoso(sa).

fantassin [fɑ̃tasɛ̃] nm infante *m*, soldado *m* de infantería.

fantastique [fɑ̃tastik] ◆ adj fantástico(ca). ◆ nm ▸ **le fantastique** [genre artistique] el fantástico.

fantoche [fɑ̃tɔʃ] ◆ adj POL títere. ◆ nm fantoche *mf*.

fantomatique [fɑ̃tɔmatik] adj fantasmal.

fantôme [fɑ̃tom] adj & nm fantasma.

fanzine [fɑ̃zin] nm fanzine *m*.

FAO[1] (*abr de* **fabrication assistée par ordinateur**) nf FAO *f* ▸ **un logiciel de FAO** un programa de FAO.

FAO[2] (*abr de* **Food and Agricultural Organization**) nf FAO *f*.

faon [fɑ̃] nm [de cerf] cervatillo *m* ; [de daim] gamezno *m* ; [de chevreuil] corcino *m*.

FAP (*abr de* **franc d'avarie particulière**) adj franco de avería particular.

FAQ (*abr de* **Frequently Asked Questions** ou **foire aux questions**) nf INFORM PMF *(preguntas más frecuentes)*.

far [faʀ] ◆ **far breton** nm *pastel bretón con ciruelas pasas*.

faramineux, euse, pharamineux, euse [faʀaminø, øz] adj *fam* **1.** [prix] exagerado(da) **2.** [colossal] extraordinario(ria).

farandole [faʀɑ̃dɔl] nf **1.** [cortège dansant] trenecito *m* **2.** [danse] farandola *f*.

farce [faʀs] nf **1.** CULIN relleno *m* **2.** [blague] broma *f* ▸ **faire une farce à qqn** gastar una broma a alguien ▸ **farces et attrapes** artículos *mpl* de broma **3.** [genre littéraire] farsa *f*.

farceur, euse [faʀsœʀ, øz] nm, f bromista *mf*.

farci, e [faʀsi] adj **1.** CULIN relleno(na) **2.** *fig* [plein] atiborrado(da).

farcir [32] [faʀsiʀ] vt **1.** CULIN rellenar **2.** [remplir] ▸ **farcir qqch de** atiborrar algo de. ◆ **se farcir** vp *fam* **1.** [faire] ▸ **se farcir qqch** cargar con algo **2.** [supporter] ▸ **se farcir qqn** soportar a alguien **3.** [manger] zamparse.

fard [faʀ] nm maquillaje *m* ▸ **fard à joues** colorete *m* ▸ **fard à paupières** sombra *f* de ojos ▸ **piquer un fard** *fam* ponerse como un tomate.

fardeau, x [faʀdo] nm carga *f*.

farder [3] [faʀde] vt **1.** [visage] maquillar **2.** [vérité] disfrazar. ◆ **se farder** vp maquillarse.

farfadet [faʀfadɛ] nm trasgo *m*.

farfelu, e [faʀfəly] adj estrafalario(ria).

farfouiller [3] [faʀfuje] vi *fam* revolver.

farine [faʀin] nf harina *f* ▸ **farine animale** AGRIC harina animal ▸ **farine de froment** harina candeal ▸ **rouler qqn dans la farine** *fig* llevarse a alguien al huerto, tomar el pelo a alguien.

farineux, euse [faʀinø, øz] adj harinoso(sa). ◆ **farineux** nm farinácea *f*.

farniente [faʀnjɛnte] nm holgazanería *f*.

farouche [faʀuʃ] adj **1.** [animal] salvaje **2.** [personne] arisco(ca).

farouchement [faʀuʃmɑ̃] adv [fortement] ferozmente.

fart [faʀt] nm cera *f (para los esquíes)*.

farter [3] [faʀte] vt encerar *(los esquíes)*.

fascicule [fasikyl] nm fascículo *m*.

fascinant, e [fasinɑ̃, ɑ̃t] adj **1.** [regard, sourire] fascinador(ra) **2.** *fig* [personne, histoire] fascinante.

fascination [fasinasjɔ̃] nf fascinación *f*.

fasciner [3] [fasine] vt fascinar.

fascisant, e [faʃizɑ̃, ɑ̃t] adj fascistoide.

fascisme [faʃism] nm fascismo *m*.

fasciste [faʃist] adj & nmf fascista.

fashionista [faʃjɔnista] nmf fashionista *mf*.

fasse ⟶ **faire**.

faste [fast] ❖ nm fasto *m*, fastuosidad *f*. ❖ adj [jour] de suerte.

fast-food [fastfud] (*pl* **fast-foods**) nm fast-food *m*, restaurante *m* de comida rápida.

fastidieux, euse [fastidjø, øz] adj fastidioso(sa).

fastoche [fastɔʃ] adj *fam* chupado(da), tirado(da).

fastueux, euse [fastɥø, øz] adj fastuoso(sa).

fatal, e [fatal] adj **1.** [coup, erreur] fatal **2.** [inévitable] inevitable.

fatalement [fatalmɑ̃] adv fatalmente.

fataliste [fatalist] adj & nmf fatalista.

fatalité [fatalite] nf fatalidad *f*.

fatidique [fatidik] adj fatídico(ca).

fatigant, e [fatigɑ̃, ɑ̃t] adj **1.** [activité] cansado(da) **2.** [personne] cansino(na).

fatigue [fatig] nf cansancio *m*, fatiga *f* ▸ **être mort de fatigue, tomber de fatigue** estar muerto de cansancio.

fatigué, e [fatige] adj **1.** [personne] cansado(da) ESP, fané AM ▸ **être fatigué de qqch** estar cansado de algo **2.** [vue] cansado(da) **3.** *fam* [vêtement] gastado(da).

fatiguer [3] [fatige] ❖ vt cansar. ❖ vi **1.** [personne] cansarse **2.** [moteur] resentirse. ◆ **se fatiguer** vp cansarse ▸ **se fatiguer de qqch** cansarse de algo ▸ **se fatiguer à faire qqch** cansarse haciendo algo.

fatras [fatʀa] nm fárrago *m*.

fatuité [fatɥite] nf fatuidad *f*.

faubourg [fobuʀ] nm arrabal *m*.

fauché, e [foʃe] adj *fam* pelado(da).

faucher [3] [foʃe] vt **1.** [couper] segar **2.** *fam* [voler] ▸ **faucher qqch à qqn** birlar algo a alguien **3.** [renverser] arrollar **4.** [atteindre par balle] abatir.

faucille [fosij] nf hoz *f*.

faucon [fokɔ̃] nm halcón *m*.

faudra [fodʀa] ⟶ **falloir**.

faufil [fofil] nm hilván *m*.

faufiler [3] [fofile] vt hilvanar. ◆ **se faufiler** vp **1.** [entrer, passer discrètement] colarse **2.** [se frayer un chemin] ▸ **se faufiler entre** deslizarse entre.

faune [fon] ❖ nf *péj* fauna *f*. ❖ nm fauno *m*.

faussaire [fosɛʀ] nmf falsificador *m*, -ra *f*.

fausse ⟶ **faux**.

faussement [fosmɑ̃] adv **1.** [à tort, de façon erronée] erróneamente **2.** [de façon affectée] falsamente.

fausser [3] [fose] vt **1.** [objet] torcer **2.** [résultat, calcul] falsear. ◆ **se fausser** vp [voix, instrument] destemplarse.

fausset [fosɛ] ⟶ **voix**.

fausseté [foste] nf falsedad *f*.

faut [fo] ⟶ **falloir**.

faute [fot] nf **1.** [erreur] falta *f*, error *m* ▸ **faire une faute** cometer una falta ▸ **faute de frappe** error de máquina ▸ **faute de goût** falta de gusto ▸ **faute d'inattention** descuido *m* ▸ **faute d'orthographe** falta de ortografía **2.** [méfait, infraction] falta *f* ▸ **prendre en faute** coger in fraganti ▸ **faute grave** falta grave ▸ **faute professionnelle** falta profesional **3.** [responsabilité] culpa *f* ▸ **c'est de sa faute** es culpa suya ▸ **c'est la faute à pas de chance** *fam* nadie tiene la culpa ▸ **par la faute de qqn** por culpa de alguien ▸ **rejeter la faute sur qqn** echarle la culpa a alguien **4.** EXPR **faute de** por falta de / *faute d'argent, il n'a pas pu partir* no pudo marcharse por falta de dinero ▸ **faute de mieux** a falta de algo mejor ▸ **ce n'est pas faute de...** y no será por no... / *ce n'est pas faute de le lui avoir dit* y no será por que no se lo dije. ◆ **sans faute** ❖ loc adj : *elle a fait un parcours sans faute* *pr* & *fig* hizo un recorrido impecable. ❖ loc adv sin falta / *je serai là sans faute* estaré allí sin falta.

fauteuil [fotœj] nm **1.** [siège] sillón *m*, butaca *f* ▸ **fauteuil à bascule** mecedora *f* ▸ **fauteuil roulant** silla *f* de ruedas **2.** [de théâtre] butaca *f* ▸ **fauteuil d'orchestre** butaca de patio ou de platea **3.** [d'académicien] silla *f*.

fauteur [fotœʀ] ◆ **fauteur de troubles** nm provocador *m*.

fautif, ive [fotif, iv] ❖ adj **1.** [coupable] culpable **2.** [erroné] erróneo(a), equivocado(da). ❖ nm, f culpable *mf*.

fauve [fov] ❖ nm **1.** [animal] fiera *f* **2.** [couleur] leonado *m* **3.** ART [peintre] fauvista *mf*. ❖ adj **1.** [cheveux, couleur] leonado(da) **2.** ART fauvista.

fauvette [fovɛt] nf curruca *f*.

fauvisme [fovism] nm ART fauvismo *m*.

faux, fausse [fo, fos] adj **1.** [gén] falso(sa) **2.** [barbe, dent] postizo(za). ◆ **faux** ❖ adv ▸ **chanter faux** desafinar ▸ **jouer faux** desentonar ▸ **sonner faux a)** MUS desafinar **b)** *fig* sonar a falso. ❖ nm **1.** [ce qui est faux] falso *m* **2.** [contrefaçon, imitation] falsificación *f*. ❖ nf guadaña *f*.

faux-cul [foky] (*pl* **faux-culs**) *tfam* ❖ adj hipócrita. ❖ nmf falso *mf*, -sa *f*.

faux-filet [fofilɛ] (*pl* **faux-filets**) nm solomillo *m* bajo.

faux-fuyant [fofɥijɑ̃] (*pl* **faux-fuyants**) nm evasiva *f*.

faux-monnayeur [fomɔnɛjœʀ] (*pl* **faux-monnayeurs**) nm falsificador *m* (de dinero).

faux-semblant [fosɑ̃blɑ̃] (*pl* **faux-semblants**) nm falso pretexto *m*.

faux-sens [fosɑ̃s] nm inv error *m* de interpretación *(en un texto)*.

favela [favɛla] nf favela *f.*

faveur [favœʀ] nf favor *m* ▸ **avoir la faveur du public** gozar del favor del público ▸ **de faveur** [traitement, régime] de favor ▸ **en ma/sa faveur** a mi/su favor ▸ **faire une faveur à qqn** hacer un favor a alguien ▸ **intercéder en faveur de qqn** interceder por alguien. ◆ **à la faveur de** loc prép [grâce à] aprovechando.

favorable [favɔʀabl] adj **1.** [gén] favorable **2.** [personne] ▸ **être favorable (à)** estar a favor (de).

favorablement [favɔʀabləmɑ̃] adv favorablemente.

favori, ite [favɔʀi, it] adj & nm, f favorito(ta). ◆ **favori** nm HIST valido *m*, privado *m*. ◆ **favoris** nmpl [barbe] patillas *fpl.*

favoriser [favɔʀize] vt favorecer.

favorite ⟶ **favori**.

favoritisme [favɔʀitism] nm favoritismo *m.*

fax [faks] nm fax *m.*

faxer [3] [fakse] vt enviar por fax.

fayot, e [fajo, ɔt] nm, f *fam* [personne] pelota *mf.* ◆ **fayot** nm *fam* [haricot] judía *f*, alubia *f.*

fayotage [fajotaʒ] nm *fam* & *péj* [d'un élève] adulación *f*, peloteo *m* ESP, lambisconeo *m* MÉX.

fayoter [fajote] vi *fam* hacer la pelota.

FB (*abr écrite de* **franc belge**) FB.

FBI [ɛfbiaj] (*abr de* **Federal Bureau of Investigation**) nm FBI *m.*

FC (*abr de* **Football club**) nm CF.

FCFA (*abr écrite de* **franc CFA**) FCFA.

FCFP (*abr écrite de* **franc CFP**) FCFD.

fébrile [febʀil] adj febril.

fébrilement [febʀilmɑ̃] adv febrilmente.

fébrilité [febʀilite] nf febrilidad *f.*

fécale [fekal] ⟶ **matière**.

fécond, e [fekɔ̃, ɔ̃d] adj fecundo(da) ▸ **fécond en qqch** fecundo en algo.

fécondation [fekɔ̃dasjɔ̃] nf fecundación *f* ▸ **fécondation artificielle** fecundación artificial ▸ **fécondation in vitro** fecundación in vitro.

féconder [3] [fekɔ̃de] vt fecundar.

fécondité [fekɔ̃dite] nf fecundidad *f.*

fécule [fekyl] nf fécula *f.*

féculent, e [fekylɑ̃, ɑ̃t] adj feculento(ta). ◆ **féculent** nm alimento *m* feculento ▸ **les féculents** las féculas.

fédéral, e, aux [fedeʀal, o] adj federal.

fédéralisme [fedeʀalism] nm federalismo *m.*

fédérateur, trice [fedeʀatœʀ, tʀis] adj unificador(ra).

fédératif, ive [fedeʀatif, iv] adj federativo(va).

fédération [fedeʀasjɔ̃] nf federación *f.*

fée [fe] nf hada *f* ▸ **fée du logis** perfecta ama *f* de casa.

feed-back [fidbak] nm inv feedback *m*, retroalimentación *f.*

feeling [filiŋ] nm *fam* olfato *m* ▸ **y aller** OU **faire qqch au feeling** hacer lo que dicta el corazón.

féerie [fe(e)ʀi] nf **1.** THÉÂTRE comedia *f* fantástica **2.** [d'un lieu, d'un spectacle] magia *f.*

féerique [fe(e)ʀik] adj mágico(ca).

feignais ⟶ **feindre**.

feignant, e, faignant, e [fɛɲɑ̃, ɑ̃t] adj & nm, f *fam* gandul(la).

feindre [81] [fɛ̃dʀ] ◆ vt fingir. ◆ vi fingir ▸ **feindre de faire qqch** fingir hacer algo.

feins ⟶ **feindre**.

feint, e [fɛ̃, fɛ̃t] pp ⟶ **feindre**.

feinte [fɛ̃t] nf finta *f.*

feinter [3] [fɛ̃te] ◆ vt **1.** *fam* [duper] engañar **2.** SPORT : *feinter la passe* [au football, au rugby] amagar el pase / *feinter l'adversaire* [à la boxe, à l'escrime] fintar al adversario. ◆ vi SPORT [au football, à la boxe, à l'escrime] fintar.

fêlé, e [fele] ◆ adj **1.** [assiette] resquebrajado(da) **2.** *fam* [personne] chiflado(da). ◆ nm, f *fam* chiflado *m*, -da *f.*

fêler [4] [fele] vt resquebrajar. ◆ **se fêler** vp resquebrajarse.

félicitations [felisitasjɔ̃] nfpl felicidades *fpl* ▸ **avec les félicitations du jury** con matrícula de honor.

féliciter [3] [felisite] vt felicitar ▸ **féliciter qqn d'avoir fait qqch** felicitar a alguien por haber hecho algo. ◆ **se féliciter** vp ▸ **se féliciter de qqch/d'avoir fait qqch** alegrarse de algo/de haber hecho algo.

félin, e [felɛ̃, in] adj felino(na). ◆ **félin** nm felino *m.*

félon, onne [felɔ̃, ɔn] adj & nm, f *sout* felón(ona).

fêlure [felyʀ] nf raja *f.*

femelle [fəmɛl] ◆ adj **1.** [animal & TECHNOL] hembra *(en apposition)* **2.** BOT femenina. ◆ nf hembra *f.*

féminin, e [feminɛ̃, in] adj femenino(na). ◆ **féminin** nm GRAM femenino *m.*

féminiser [3] [feminize] vt feminizar. ◆ **se féminiser** vp **1.** [profession, milieu] feminizarse **2.** [personne, manières] afeminarse.

féminisme [feminism] nm feminismo *m.*

féministe [feminist] adj & nmf feminista.

féminité [feminite] nf feminidad *f.*

femme [fam] nf mujer *f* ▸ **de bonne femme** [remède] casero(ra) ▸ **prendre femme** *vieilli* & *hum* tomar esposa ▸ **femme d'affaires** mujer de negocios ▸ **femme de chambre** a) ayuda *f* de cámara b) [d'hôtel] camarera *f* ▸ **femme fatale** mujer fatal ▸ **femme au foyer** ama *f* de casa ▸ **femme de ménage** asistenta *f* ▸ **femme du monde** mujer de mundo ▸ **femme de tête** mujer cerebral ▸ **bonne femme** *péj* tía *f.*

femmelette [famlɛt] nf *péj* mujercita *f.*

fémur [femyʀ] nm fémur *m.*

fenaison [fənɛzɔ̃] nf siega *f* del heno.

fendiller [3] [fɑ̃dije] vt agrietar. ◆ **se fendiller** vp agrietarse.

fendis ⟶ **fendre**.

fendre [73] [fɑ̃dʀ] vt **1.** [bois] partir **2.** [crevasser] agrietar **3.** *fig* [traverser - foule] abrirse paso entre ; [- flots, air] surcar. ◆ **se fendre** vp [se fêler] agrietarse / ***il s'est fendu d'un sourire*** *fam* se ha dignado sonreír.

fends ⟶ **fendre**.

fendu, e [fɑ̃dy] pp ⟶ **fendre**.

fenêtre [fənɛtʀ] nf [gén & INFORM] ventana *f* ▸ **fenêtre borgne** claraboya *f* ▸ **fenêtre à guillotine** ventana de guillotina.

feng shui [fɛ̃gʃwi] nm inv feng shui *m*.

fenouil [fənuj] nm hinojo *m*.

fente [fɑ̃t] nf **1.** [fissure] grieta *f* **2.** [interstice] ranura *f* **3.** [de vêtement] abertura *f*.

féodal, e, aux [feɔdal, o] adj feudal. ◆ **féodal, aux** nm señor *m* feudal.

féodalité [feɔdalite] nf feudalismo *m*.

fer [fɛʀ] nm hierro *m* ▸ **en fer** de hierro ▸ **en fer à cheval** en forma de herradura ▸ **fer à cheval** herradura *f* ▸ **fer forgé** hierro forjado ▸ **fer de lance** punta de lanza ▸ **fer à repasser** plancha *f (para la ropa)* ▸ **fer à souder** soldador *m* ▸ **croire dur comme fer que** creer a pies juntillas que ▸ **il faut battre le fer quand il est chaud** al hierro candente batir de repente ▸ **marquer qqn au fer rouge** marcar a alguien a fuego ▸ **tomber les quatre fers en l'air** caer patas arriba.

ferai ⟶ **faire**.

fer-blanc [fɛʀblɑ̃] (*pl* **fers-blancs**) nm hojalata *f* ▸ **en fer-blanc** de hojalata.

ferblanterie [fɛʀblɑ̃tʀi] nf **1.** [ustensiles] objetos *mpl* de hojalata **2.** [commerce] hojalatería *f*.

férié, e [feʀje] adj festivo(va).

ferme[1] [fɛʀm] ◈ adj **1.** [gén] firme **2.** [consistant] duro(ra) **3.** [stable] seguro(ra) **4.** [achat, vente] en firme. ◈ adv **1.** [s'ennuyer] mucho **2.** [définitivement] en firme.

ferme[2] [fɛʀm] nf granja *f* ESP, chacra *f* AM.

fermé, e [fɛʀme] adj **1.** [récipient, passage, robinet] cerrado(da) / ***la porte est fermée à double tour*** la puerta está cerrada con dos vueltas / ***il dort la bouche fermée*** duerme con la boca cerrada **2.** [magasin, bureau, restaurant] cerrado(da) / ***'fermé le lundi'*** cerrado los lunes / ***vous êtes fermés pendant les fêtes ?*** ¿cierran durante las fiestas? **3.** [personne, groupe] cerrado(da) / ***c'est un cercle très fermé*** es un círculo muy cerrado **4.** [visage, expression] impenetrable.

fermement [fɛʀməmɑ̃] adv firmemente.

ferment [fɛʀmɑ̃] nm **1.** [levure] fermento *m* **2.** *fig* [germe] germen *m*.

fermentation [fɛʀmɑ̃tasjɔ̃] nf **1.** CHIM fermentación *f* **2.** *fig* [agitation] efervescencia *f*.

fermenter [3] [fɛʀmɑ̃te] vi fermentar.

fermer [3] [fɛʀme] ◈ vt **1.** [gén] cerrar ; [rideau] correr ▸ **fermer qqch à qqn** [carrière, possibilité] cerrar las puertas de algo a alguien ▸ **fermer les yeux sur qqch** cerrar los ojos ante algo ▸ **je n'ai pas fermé l'œil de la nuit** *fam* no he pegado ojo en toda la noche ▸ **la ferme !, ferme-la !** *fam* ¡cierra el pico! **2.** [vêtement] abrochar **3.** [télévision, radio] apagar. ◈ vi **1.** [gén] cerrar **2.** [vêtement] abrocharse. ◆ **se fermer** vp **1.** [gén] cerrarse ▸ **se fermer (à qqch)** *fig* cerrarse (en algo) **2.** [vêtement] abrocharse.

fermeté [fɛʀməte] nf **1.** [dureté] consistencia *f*, dureza *f* **2.** *fig* [force, autorité] firmeza *f*.

fermeture [fɛʀmətyʀ] nf cierre *m* ▸ **'fermeture annuelle'** 'cerrado por vacaciones' ▸ **fermeture automatique des portes** cierre automático de puertas ▸ **fermeture Éclair®** cremallera *f* ▸ **fermeture hebdomadaire** cierre semanal.

fermier, ère [fɛʀmje, ɛʀ] ◈ nm, f granjero *m*, -ra *f* ESP, chacarero *m*, -ra *f* AM. ◈ adj de granja.

fermoir [fɛʀmwaʀ] nm cierre *m*.

féroce [feʀɔs] adj **1.** [animal] feroz, fiero(ra) **2.** [personne, appétit, désir] feroz.

férocement [feʀɔsmɑ̃] adv ferozmente.

férocité [feʀɔsite] nf ferocidad *f*, fiereza *f*.

ferraille [fɛʀaj] nf **1.** [morceaux de fer] chatarra *f* ESP, grisalla *f* AM ▸ **bon à mettre à la ferraille**

Comment exprimer des félicitations

- **¡(Es) estupendo!** *C'est formidable !*
- **¡Bravo!** *Bravo !*
- **¡Bien hecho!** *Bien joué !*
- **¡La fiesta fue estupenda!** *C'était très réussie, ta soirée !*
- **¡Enhorabuena!** *(Toutes mes) félicitations !*
- **¡Enhorabuena por su ascenso!** *Félicitations pour votre promotion !*
- **Déjeme que le felicite.** *Permettez-moi de vous féliciter.*
- **Me alegro mucho por usted.** *Je suis très content pour vous.*
- **Me alegró muchísimo enterarme de que habías aprobado las oposiciones.** *Ça m'a fait très plaisir d'apprendre que tu avais réussi ton concours.*
- **Nos alegramos muchísimo al enterarnos de la buena noticia.** *Nous avons été ravis d'apprendre la bonne nouvelle.*
- **¡Eso sí que es una buena noticia!** *Ça, c'est une bonne nouvelle !*

servir sólo para chatarra **2.** *fam* [petite monnaie] calderilla *f* ESP, sencillo *m* AM.

ferré, e [fɛʀe] adj *fam* & *fig* [doué] ▸ **être ferré en qqch** estar (muy) puesto en algo.

ferrer [4] [fɛʀe] vt **1.** [cheval] herrar **2.** [poisson] enganchar.

ferreux, euse [fɛʀø, øz] adj ferroso(sa).

ferronnerie [fɛʀɔnʀi] nf **1.** [objet] objeto *m* de hierro forjado **2.** [métier] fabricación *f* de objetos de hierro forjado **3.** [atelier] fragua *f*.

ferroviaire [fɛʀɔvjɛʀ] adj ferroviario(ria).

ferrugineux, euse [fɛʀyʒinø, øz] adj ferruginoso(sa).

ferrure [fɛʀyʀ] nf herraje *m*.

ferry-boat [fɛʀibot] (*pl* **ferry-boats**), **ferry** [fɛʀi] (*pl* **ferrys** *ou* **ferries**) nm transbordador *m*, ferry *m*.

fertile [fɛʀtil] adj **1.** [gén] fértil **2.** *fig* [esprit, imagination] fecundo(da), fértil ▸ **fertile en** [rebondissements, etc.] rico(ca) en.

fertilisant, e [fɛʀtilizɑ̃, ɑ̃t] adj fertilizante.

fertilisation [fɛʀtilizasjɔ̃] nf fertilización *f*.

fertiliser [fɛʀtilize] vt fertilizar.

fertilité [fɛʀtilite] nf fertilidad *f*.

féru, e [feʀy] adj *sout* ▸ **être féru de qqch** ser un apasionado de algo.

férule [feʀyl] nf *sout* ▸ **sous la férule de qqn** bajo la férula de alguien.

fervent, e [fɛʀvɑ̃, ɑ̃t] ◆ adj ferviente. ◆ nm, f entusiasta *mf*.

ferveur [fɛʀvœʀ] nf fervor *m*.

fesse [fɛs] nf nalga *f* ▸ **les fesses** el culo.

fessée [fese] nf azotaina *f*, zurra *f*.

fessier, ère [fesje, ɛʀ] adj glúteo(a). ◆ **fessier** nm trasero *m* ESP, traste *m* AM.

festif, ive [fɛstif, iv] adj festivo(va).

festin [fɛstɛ̃] nm festín *m*.

festival [fɛstival] nm festival *m*.

festivalier, ère [fɛstivalje, ɛʀ] nm, f festivalero *m*, -ra *f*.

festivités [fɛstivite] nfpl fiestas *fpl*.

feston [fɛstɔ̃] nm festón *m*.

festoyer [13] [fɛstwaje] vi celebrar una fiesta.

feta [feta] nf feta *m*.

fêtard, e [fɛtaʀ, aʀd] nm, f juerguista *mf*.

fête [fɛt] nf **1.** [gén] fiesta *f* ▸ **en fête** de fiesta ▸ **les fêtes (de fin d'année)** las vacaciones de Navidad ▸ **fête de famille** fiesta familiar ▸ **fête légale** fiesta oficial ▸ **fête des mères / des pères** día *m* de la madre / del padre ▸ **fête nationale** fiesta nacional **2.** [kermesse] verbena *f*, fiesta *f* popular ▸ **fête foraine** feria *f* ▸ **la fête de l'Humanité** OU **de l'Huma** *fiesta popular organizada anualmente por el periódico comunista francés "l'Humanité"* ▸ **la Fête de la musique** *en Francia, fiesta anual en la que los músicos salen a la calle a tocar* **3.** [jour du saint] santo *m* **4.** EXPR **ça va être ta fête !** *fam* ¡te vas a enterar! ▸ **faire fête à qqn** hacerle fiestas a alguien ▸ **faire la fête** estar de juerga ▸ **souhaiter sa fête à qqn** felicitar a alguien por su santo.

> **Fête**
>
> Los franceses desean **bonne fête** a la persona cuyo nombre coincide con el del santo celebrado ese día. Para indicar que es Santa Clara, por ejemplo, se dice que es **la Sainte Claire** o **la fête des Claire** y para felicitar a las Claire que conozcamos, diremos **bonne fête, Claire !**.

> **La Fête de la musique**
>
> **La Fête de la musique** se creó en Francia a comienzos de los años 80 con el objetivo de poner la música al alcance de todo el mundo. El 21 de junio, coincidiendo con la noche más larga del año, las calles se llenan de músicos tanto profesionales como aficionados. Además, se organizan numerosos conciertos gratuitos al aire libre.

Fête-Dieu [fɛtdjø] (*pl* **Fêtes-Dieu**) nf Corpus *m* Christi.

fêter [4] [fete] vt **1.** [événement] celebrar **2.** [personne] festejar.

fétiche [fetiʃ] nm **1.** [objet de culte] fetiche *m* **2.** [mascotte] mascota *f*.

fétichisme [fetiʃism] nm fetichismo *m*.

fétide [fetid] adj fétido(da).

fétu [fety] nm ▸ **fétu (de paille)** brizna *f* de paja.

feu[1], e [fø] adj ▸ **feu M. X** el difunto señor X.

feu[2], x [fø] ◆ nm

1. [flammes, décharges] fuego *m* ESP, candela *f* AM ▸ **à feu doux / vif** a fuego lento / vivo ▸ **à petit feu** a fuego lento ▸ **au feu !** ¡fuego! ▸ **avez-vous du feu ?** ¿tiene fuego? ▸ **être en feu** estar en llamas ▸ **faire feu** abrir fuego ▸ **mettre le feu à qqch** prender fuego a algo ▸ **prendre feu** prenderse ▸ **feu de bois** fuego de leña ▸ **feu de camp** fuego de campamento ▸ **feu de cheminée** lumbre *f* ▸ **feu follet** fuego fatuo ▸ **feu de joie** fogata *f*

2. [signal lumineux] semáforo *m* ▸ **tous feux éteints** con las luces apagadas ▸ **brûler** OU **griller un feu** saltarse un semáforo en rojo ▸ **feu rouge / vert** semáforo en rojo / verde

3. AUTO luz *f* ▸ **feux de position / de croisement** luces *fpl* de posición / de cruce ▸ **feux de route / de détresse** luces *fpl* de carretera / de emergencia

4. CINÉ & THÉÂTRE candilejas *fpl*
5. EXPR **donner son** OU **le feu vert (à qqch)** dar luz verde (a algo) ▸ **être pris entre deux feux** estar entre dos fuegos ▸ **jouer avec le feu** jugar con fuego ▸ **le feu couve sous la cendre** aún quedan rescoldos ▸ **mettre à feu et à sang** asolar ▸ **ne pas faire long feu** no durar mucho
◆ **feu d'artifice** nm fuegos *mpl* artificiales.

feuillage [fœjaʒ] nm follaje *m*.

feuille [fœj] nf hoja *f* ▸ **feuille blanche** hoja en blanco ▸ **feuille morte** hoja seca ▸ **feuille de papier / de vigne** hoja de papel / de parra ▸ **feuille de soins** *impreso para solicitar a la Seguridad Social el reembolso de gastos médicos* ▸ **feuille volante** hoja suelta.

feuillet [fœjɛ] nm hoja *f*.

feuilleté, e [fœjte] adj **1.** [pâte] de hojaldre **2.** [roche] estratificado(da). ◆ **feuilleté** nm hojaldre *m*.

feuilleter [27] [fœjte] vt hojear.

feuilleton [fœjtɔ̃] nm **1.** RADIO serial *m* **2.** [dans un journal] folletín *m*. ◆ **feuilleton télévisé** nm telenovela *f*.

feuillu, e [fœjy] adj frondoso(sa). ◆ **feuillu** nm árbol *m* de fronda.

feutre [føtʀ] nm **1.** [crayon] rotulador *m* **2.** [étoffe] fieltro *m* **3.** [chapeau] sombrero *m* de fieltro.

feutré, e [føtʀe] adj **1.** [garni de feutre] cubierto(ta) con fieltro **2.** [abîmé] apelmazado(da) **3.** [bruit, pas] amortiguado(da), sordo(da).

feutrer [3] [føtʀe] ❖ vt **1.** [garnir de feutre] cubrir con fieltro **2.** [bruit] amortiguar. ❖ vi apelmazarse.
◆ **se feutrer** vp apelmazarse.

feutrine [føtʀin] nf fieltro *m* flexible.

fève [fɛv] nf haba *f*; [de la galette des Rois] sorpresa *f*.

février [fevʀije] nm febrero *m*. ***Voir aussi*** **septembre**.

FF (*abr écrite de* **franc français**) FF.

FFI (*abr de* **Forces françaises de l'intérieur**) nfpl *nombre que recibieron las formaciones militares de la Resistencia*.

FFR (*abr de* **Fédération française de rugby**) nf *federación francesa de rugby*.

fg *abr écrite de* **faubourg**.

fi [fi] interj *sout* ▸ **faire fi de** desdeñar.

fiabiliser [3] vt [fjabilize] fiabilizar.

fiabilité [fjabilite] nf fiabilidad *f*.

fiable [fjabl] adj fiable.

FIAC [fjak] (*abr de* **Foire internationale d'art contemporain**) nf *feria internacional de arte contemporáneo organizada cada año en París*; ≃ ARCO / *la 29e édition de la FIAC* la 29° edición de la FIAC.

fiacre [fjakʀ] nm simón *m*, coche *m* de punto.

fiançailles [fijɑ̃saj] nfpl [cérémonie] pedida *f*; [période] noviazgo *m*.

fiancé, e [fijɑ̃se] nm, f novio *m*, -via *f*.

fiancer [16] [fijɑ̃se] vt conceder la mano de.
◆ **se fiancer** vp prometerse.

fiasco [fjasko] nm fiasco *m* ▸ **faire fiasco** fracasar.

fibre [fibʀ] nf fibra *f* ▸ **fibre optique** fibra óptica ▸ **fibre de verre** fibra de vidrio ▸ **avoir la fibre maternelle** tener dotes maternales.

fibreux, euse [fibʀø, øz] adj fibroso(sa).

fibrome [fibʀom] nm fibroma *m*.

fibromyalgie [fibʀɔmialʒi] nf MÉD fibromialgia *f*.

fibroscopie [fibʀɔskɔpi] nf fibroscopia *f*.

ficelé, e [fisle] adj *fam* **1.** *péj* [habillé] arreglado(da) **2.** EXPR **bien / mal ficelé** a) [histoire, scénario] [histoire, scénario] bien / mal construido b) [travail, dossier] bien / mal hecho.

ficeler [24] [fisle] vt atar ▸ **être mal ficelé** a) *fam* [mal habillé] ir mal arreglado b) [mal conçu] estar mal estructurado.

ficelle [fisɛl] nf **1.** [fil] cordel *m* ▸ **tirer les ficelles** *fig* mover los hilos **2.** [pain] *barra de pan muy delgada de 125 gramos* **3.** *(gén pl)* [truc] truco *m*.

fiche [fiʃ] nf **1.** [carte] ficha *f* ▸ **fiche signalétique / technique** ficha antropométrica / técnica **2.** ÉLECTR enchufe *m*. ◆ **fiche de paie** nf nómina *f (documento)*.

ficher [3] [fiʃe] vt **1.** *(pp **fiché**)* [enfoncer] clavar **2.** *(pp **fiché**)* [inscrire] fichar **3.** *(pp **fichu**) fam* [faire] hacer ▸ **ne rien ficher** no dar golpe **4.** *(pp **fichu**) fam* [mettre] meter ▸ **ficher qqn par terre** tirar a alguien al suelo ▸ **ficher qqn dehors** OU **à la porte** echar a alguien a la calle, poner a alguien de patitas en la calle ▸ **ficher qqch par terre** *fig* echar algo por tierra **5.** *(pp **fichu**) fam* [donner] dar.
◆ **se ficher** vp **1.** *(pp **fiché**)* [s'enfoncer] clavarse **2.** *(pp **fichu**) fam* [se moquer] ▸ **se ficher de qqn** tomar el pelo a alguien **3.** *(pp **fichu**) fam* [ignorer] ▸ **se ficher de** pasar de **4.** EXPR **se ficher dedans** *fam* [se tromper] colarse.

fichier [fiʃje] nm fichero *m*; INFORM archivo *m*.

fichu, e [fiʃy] adj *fam* **1.** [cassé, détruit] escacharrado(da) **2.** *(avant le n)* [désagréable] puñetero(ra) **3.** EXPR **être mal fichu** a) [santé] estar pachucho b) [fabrication] estar mal hecho ▸ **ne pas être fichu de faire qqch** no ser capaz de hacer algo. ◆ **fichu** nm pañoleta *f*.

fictif, ive [fiktif, iv] adj ficticio(cia).

fiction [fiksjɔ̃] nf **1.** [en littérature] ficción *f* **2.** [monde imaginaire] mundo *m* de ficción.

ficus [fikys] nm ficus *m inv*.

fidèle [fidɛl] ❖ adj **1.** [gén] fiel ▸ **fidèle à qqch / à qqn** fiel a algo / a alguien **2.** [client] asiduo(dua). ❖ nmf **1.** RELIG fiel *mf* **2.** [adepte] incondicional *mf*.

fidèlement [fidɛlmɑ̃] adv fielmente.

fidélisation [fidelizasjɔ̃] nf [de la clientèle] fidelización *f*.

fidéliser [3] [fidelize] vt saber conservar.

fidélité [fidelite] nf fidelidad *f*.

Fidji [fidʒi] npr f pl ▸ **les Fidji** las Fidji, las Fiji.

fidjien, enne [fidʒjɛ̃, ɛn] adj fidjiano(na), fijiano(na).
◆ **Fidjien, enne** nm, f fidjiano *m*, -na *f*, fijiano *m*, -na *f*.

fief [fjɛf] nm feudo *m*.

fieffé, e [fjefe] adj redomado(da).

fiel [fjɛl] nm hiel *f*.

fiente [fjɑ̃t] nf excremento *m*.

fier [1], fière [fjɛʀ] adj **1.** [orgueilleux] orgulloso(sa) ▸ **fier de qqch / de qqn / de faire qqch** orgulloso de algo / de alguien / de hacer algo **2.** [allure, âme] noble.

> ⚠ Fiero est un faux ami, il ne signifie pas *fier*, mais « féroce ».

fier [2] [9] [fje] ◆ **se fier** vp ▸ **se fier à qqn / à qqch** fiarse de alguien / de algo.

fièrement [fjɛʀmɑ̃] adv con orgullo.

fierté [fjɛʀte] nf **1.** [dignité] dignidad *f* **2.** [arrogance] arrogancia *f* **3.** [satisfaction] orgullo *m*.

fiesta [fjɛsta] nf *fam* juerga *f*.

fièvre [fjɛvʀ] nf fiebre *f* ▸ **avoir de la fièvre** tener fiebre ▸ **avoir 40 de fièvre** tener 40 de fiebre ▸ **fièvre aphteuse** fiebre aftosa.

fiévreusement [fjevʀøzmɑ̃] adv febrilmente.

fiévreux, euse [fjevʀø, øz] adj febril.

FIFO [fifo] (*abr de* **First In First Out**) FIFO.

fig. (*abr écrite de* **figure**) fig.

figé, e [fiʒe] adj **1.** [société, etc.] estancado(da) ▸ **un sourire figé** una sonrisa forzada **2.** LING [expression, locution] hecho(cha).

figer [17] [fiʒe] vt [pétrifier] paralizar. ◆ **se figer** vp **1.** [s'immobiliser] helarse **2.** [se solidifier] cuajarse.

fignoler [3] [fiɲɔle] vt perfilar.

figue [fig] nf higo *m* ▸ **figue de Barbarie** higo chumbo.

figuier [figje] nm higuera *f*.

figurant, e [figyʀɑ̃, ɑ̃t] nm, f CINÉ extra *mf* ; THÉÂTRE figurante *mf*, comparsa *mf*.

figuratif, ive [figyʀatif, iv] adj figurativo(va).

figuration [figyʀasjɔ̃] nf **1.** ART figuración *f* **2.** CINÉ extras *mpl* ▸ **faire de la figuration** hacer de extra **3.** THÉÂTRE figurantes *mpl*, comparsa *f*.

figure [figyʀ] nf **1.** [gén] figura *f* **2.** [visage] cara *f* ▸ **faire figure de** pasar por ▸ **figure imposée / libre** SPORT figura obligatoria / libre ▸ **figure de proue a)** [de bateau] mascarón *m* de proa **b)** *fig* líder *m* ▸ **figure de rhétorique** figura retórica ▸ **figure de style** figura de construcción ▸ **faire bonne figure** hacer buen papel.

figuré, e [figyʀe] adj **1.** [sens] figurado(da) **2.** [art, plan] figurativo(va). ◆ **figuré** nm ▸ **au figuré** en sentido figurado.

figurer [3] [figyʀe] ◆ vt representar. ◆ vi ▸ **figurer dans** figurar en ▸ **figurer parmi** figurar entre. ◆ **se figurer** vp **1.** [croire] figurarse **2.** [imaginer] fijarse / *il est parti, figure-toi !* ¡se ha ido, fíjate!

figurine [figyʀin] nf figurilla *f*.

fil [fil] nm **1.** [textile, enchaînement] hilo *m* ▸ **fil conducteur** hilo conductor **2.** [métallique] ▸ **fil (de fer)** alambre *m* ▸ **fil de fer barbelé** alambre de espino ▸ **fil à plomb** plomada *f* ▸ **perdre le fil (de qqch)** perder el hilo (de algo) **3.** [cours] curso *m* ▸ **au fil de** a lo largo de **4.** EXPR **avoir qqn au bout du fil** tener a alguien al (otro lado del) teléfono ▸ **être cousu de fil blanc** no engañar a nadie ▸ **de fil en aiguille** poco a poco, gradualmente ▸ **donner du fil à retordre à qqn** dar mucha guerra a alguien ▸ **ne tenir qu'à un fil** estar pendiente de un hilo.

filament [filamɑ̃] nm **1.** [gén] filamento *m* **2.** [de bave, de colle] rebaba *f*.

filandreux, euse [filɑ̃dʀø, øz] adj [viande] fibroso(sa).

filante [filɑ̃t] ⟶ **étoile**.

filasse [filas] ◆ adj inv de estopa. ◆ nf estopa *f*.

filature [filatyʀ] nf **1.** [usine] hilandería *f*, hilatura *f* **2.** [fabrication] hilado *m* **3.** [poursuite] vigilancia *f (de la policía)* ▸ **prendre qqn en filature** seguir la pista a alguien.

file [fil] nf fila *f*, hilera *f* ▸ **à la file** en fila ▸ **(se garer) en double file** (aparcar) en doble fila ▸ **en file indienne** en fila india ▸ **se mettre en file** ponerse en fila ▸ **file d'attente** cola *f*.

filer [3] [file] ◆ vt **1.** [textile] hilar ; [métal] tirar ; [toile d'araignée] tejer **2.** [suivre] seguir la pista a **3.** *fam* [donner] ▸ **filer qqch à qqn** pasar algo a alguien. ◆ vi **1.** [bas] hacerse una carrera **2.** [aller vite] volar **3.** [temps] pasar volando **4.** *fam* [partir] salir pitando **5.** [sirop, miel] fluir **6.** EXPR **filer doux** estar suavísimo(ma).

filet [filɛ] nm **1.** [tissu à larges mailles] red *f* ▸ **filet à cheveux** redecilla *f* ▸ **filet à papillons** manga *f* de cazar mariposas ▸ **filet de pêche** red de pesca ▸ **filet à provisions** bolsa *f* de malla ▸ **travailler sans filet** *fig* trabajar sin red **2.** *fig* [piège] trampa *f* **3.** CULIN & TYPO filete *m* ▸ **filet de bœuf** solomillo *m* ▸ **filet de porc** solomillo *m*, filete de lomo ▸ **faux filet** solomillo *m* bajo **4.** [petite quantité - de liquide] chorrito *m* ; [- de lumière] rayito *m* **5.** [de vis] filete *m*, rosca *f* **6.** [nervure - de feuille] nervio *m* ; [- de langue] frenillo *m*.

filial, e, aux [filjal, o] adj filial. ◆ **filiale** nf filial *f*.

filiation [filjasjɔ̃] nf **1.** [lien de parenté] filiación *f* **2.** *fig* [enchaînement] ilación *f*.

filière [filjɛʀ] nf **1.** [procédure] trámites *mpl* ▸ **passer par la filière** seguir el escalafón **2.** [de trafiquants, etc.] red *f* **3.** SCOL carrera *f*.

filiforme [filifɔʀm] adj como un palillo.

filigrane [filigʀan] nm filigrana *f* ▸ **en filigrane** *fig* con un fondo de ▸ **lire en filigrane** *fig* leer entre líneas.

filin [filɛ̃] nm cabo *m*.

filipino [filipino] nm LING filipino *m*.

fille [fij] nf **1.** [enfant] hija *f* ▸ **fille adoptive** hija adoptiva **2.** [femme] chica *f* ▸ **fille de joie** mujer *f* de vida alegre ▸ **fille mère** madre *f* soltera ▸ **jeune fille** chica (joven), muchacha *f* ▸ **petite fille** niña *f* ▸ **vieille fille** solterona *f* ▸ **courir les filles** ir detrás de las chicas.

fillette [fijɛt] nf chiquilla *f* ESP, chamaca *f* AM.

filleul, e [fijœl] nm, f ahijado *m*, -da *f*.

film [film] nm **1.** [gén] película *f* ▸ **film d'action** película de acción ▸ **film d'animation** película de dibujos animados ▸ **film catastrophe** película de catástrofes ▸ **film culte** película de culto ▸ **film d'épouvante** película de terror ▸ **film noir** película de cine negro ▸ **film policier** película policíaca ▸ **film X** película X ▸ **se faire un film** *fam* montarse una película **2.** [pour aliments] ▸ **film alimentaire** film alimentario **3.** *fig* [déroulement] transcurso *m*.

filmer [3] [filme] vt filmar.

filmographie [filmɔgʀafi] nf filmografía *f*.

filon [filɔ̃] nm **1.** [de cuivre, d'argent] filón *m* **2.** *fam* [situation lucrative] chollo *m*.

filou [filu] nm [escroc] timador *m*.

filouterie [filutʀi] nf timo *m*.

fils [fis] nm hijo *m* ▸ **fils adoptif** hijo adoptivo ▸ **fils cadet** hijo menor ▸ **fils de famille** niño *m* bien ▸ **fils à papa** *péj* niño *m* ou hijo de papá ▸ **le fils prodigue** el hijo pródigo.

filtrage [filtʀaʒ] nm **1.** filtración *f* **2.** [contrôle] control *m* ▸ **filtrage d'appels** control de llamadas.

filtrant, e [filtʀɑ̃, ɑ̃t] adj filtrante.

filtre [filtʀ] nm filtro *m* ▸ **filtre à air / à café** filtro de aire / de café ▸ **filtre parental** INFORM filtro familiar.

filtrer [3] [filtʀe] ◆ vt filtrar. ◆ vi **1.** [gén] filtrarse **2.** [vérité] triunfar.

fîmes [fim] ⟶ **faire.**

fin, e [fɛ̃, fin] ◆ adj
1. [gén] fino(na) / *elle a des traits fins/la taille fine* tiene los rasgos finos/la cintura fina
2. [vin, épicerie] selecto(ta)
3. [esprit, personne] agudo(da)
4. *(avant le n)* [connaisseur] gran ; [gourmet] fino(na)
◆ **fin** ◆ adv [couper, moudre] finamente ▸ **être fin prêt** estar listo. ◆ nf **1.** [terme] fin *m*, final *m* ▸ **fin de citation** fin de la cita ▸ **jusqu'à la fin des temps** hasta el fin de los tiempos ▸ **mener à bonne fin** llevar a buen fin ▸ **mettre fin à qqch** poner fin a algo ▸ **mettre fin à ses jours** poner fin a sus días ▸ **prendre fin** acabar ▸ **tirer** ou **toucher à sa fin** tocar a su fin ▸ **fin de mois / de saison** fin de mes / de temporada ▸ **au fin fond de** en lo más recóndito de ▸ **c'est la fin des haricots** *fam* es el acabose **2.** [but] fin *m* ▸ **à toutes fins utiles** por si es de utilidad ▸ **arriver** ou **parvenir à ses fins** cumplir sus propósitos.
◆ **fin de non-recevoir** nf DR denegación *f* ou desestimación *f* de demanda.
◆ **fin de série** nf restos *mpl* de serie.
◆ **à la fin** loc adv al fin, por fin.
◆ **à la fin de** loc prép [gén] al final de ; [mois, année] a finales de.
◆ **en fin de** loc prép al final de.
◆ **sans fin** loc adj sin fin.

final, e [final] (*pl* **finals** *ou* **finaux** [fino]) adj final. ◆ **final** nm [d'opéra] final *m*. ◆ **finale** nf **1.** [dernière épreuve] final *f* **2.** [syllabe] sílaba *f* final.

finalement [finalmɑ̃] adv finalmente.

finaliser [3] [finalize] vt finalizar.

finaliste [finalist] nmf finalista *mf*.

finalité [finalite] nf finalidad *f*.

finance [finɑ̃s] nf finanzas *fpl* ▸ **la haute finance** las altas finanzas. ◆ **finances** nfpl **1.** [ressources pécuniaires] fondos *mpl* **2.** *fam* [situation financière] finanzas *fpl*. ◆ **Finances** nfpl ▸ **les Finances** la Hacienda Pública.

financement [finɑ̃smɑ̃] nm financiación *f*.

financer [16] [finɑ̃se] vt financiar.

financier, ère [finɑ̃sje, ɛʀ] adj financiero(ra). ◆ **financier** nm financiero *m* ESP, financista *m* AM.

financièrement [finɑ̃sjɛʀmɑ̃] adv económicamente, en materia de finanzas.

finasser [3] [finase] vi trapacear.

finaud, e [fino, od] adj ladino(na).

fine [fin] nf [eau-de-vie] aguardiente *m* de calidad.

finement [finmɑ̃] adv **1.** [délicatement] finamente **2.** [adroitement] hábilmente **3.** [subtilement] sutilmente.

finesse [finɛs] nf **1.** [délicatesse, minceur, légèreté] finura *f* **2.** [perspicacité] agudeza *f* **3.** *(gén pl)* [subtilité] sutileza *f*, sutilidad *f*.

fini, e [fini] adj **1.** [travail, personne] acabado(da) / *ce politicien est un homme fini* ese político está acabado **2.** *péj* [fieffé] rematado(da) ▸ **un menteur fini** un mentiroso consumado **3.** MATH finito(ta). ◆ **fini** nm **1.** [d'une œuvre] acabado *m* **2.** [ce qui est limité] finito *m*.

finir [32] [finiʀ] ◆ vt acabar / *finis de manger* acaba de comer / *nous avons fini la bouteille* nos hemos acabado la botella / *il a fini sa vie* ou *ses jours à Cannes* terminó sus días en Cannes. ◆ vi **1.** [gén] acabarse, acabar ▸ **mal finir** acabar mal ▸ **en finir (avec qqch)** acabar de una vez (con algo) ▸ **à n'en plus finir** interminable **2.** [arrêter] ▸ **finir de faire qqch** dejar de hacer algo **3.** [parvenir] ▸ **finir par faire qqch** acabar ou terminar por hacer algo.

finish [finiʃ] nm esprint *m* final ▸ **au finish** por KO.

finition [finisjɔ̃] nf **1.** [action] último toque *m* **2.** [résultat] acabado *m*.

finlandais, e [fɛ̃lɑ̃dɛ, ɛz] adj finlandés(esa).
◆ **finlandais** nm LING finlandés *m*.
◆ **Finlandais, e** nm, f finlandés *m*, -esa *f*.

Finlande [fɛ̃lɑ̃d] npr ▸ **la Finlande** Finlandia.

finnois, e [finwa, az] adj finlandés(esa), finés(esa).
◆ **finnois** nm LING finés *m*.
◆ **Finnois, e** nm, f finlandés *m*, -esa *f*.

FINUL, Finul [finyl] (*abr de* **Forces intérimaires des Nations unies au Liban**) nf FINUL *f*.

fiole [fjɔl] nf frasco *m*.

fioriture [fjɔʀityʀ] nf floritura *f*.

fioul [fjul] nm inv fuel-oil *m*.

firent [fiʀ] ⟶ **faire.**

firmament [fiʀmamɑ̃] nm *sout* firmamento *m*.

firme [fiʀm] nf firma *f (empresa)*.

fis ⟶ **faire**.

FIS [fis] (*abr de* **Front islamique de Salut**) nm : *le FIS* el FIS / *la branche armée du FIS* el brazo armado del FIS.

fisc [fisk] nm fisco *m*.

fiscal, e, aux [fiskal, o] adj fiscal.

fiscaliser [3] [fiskalize] vt fiscalizar.

fiscalité [fiskalite] nf fiscalidad *f*.

fission [fisjɔ̃] nf fisión *f*.

fissure [fisyʀ] nf fisura *f*.

fissurer [3] [fisyʀe] vt **1.** [fendre] agrietar **2.** *fig* [groupe] dividir. ◆ **se fissurer** vp agrietarse.

fiston [fistɔ̃] nm *fam* chaval *m*.

fit ⟶ **faire**.

fîtes [fit] ⟶ **faire**.

fitness [fitnɛs] nm fitness *m*.

FIV [fiv] (*abr de* **fécondation in vitro**) nf FIV *f* / *avoir recours à une FIV* recurrir a una FIV / *les enfants FIV* los niños probeta.

FIVETE, Fivete [fivɛt] (*abr de* **fécondation in vitro et transfert d'embryon**) nf *fecundación in vitro y transferencia embrionaria* / *une FIVETE* un niño probeta.

fixateur, trice [fiksatœʀ, tʀis] adj fijador(ra). ◆ **fixateur** nm PHOTO fijador *m*.

fixatif [fiksatif] nm fijador *m*.

fixation [fiksasjɔ̃] nf fijación *f*.

fixe [fiks] ❖ adj fijo(ja) ▸ **à heure fixe** a la misma hora. ❖ nm sueldo *m* fijo.

fixement [fiksəmɑ̃] adv fijamente ▸ **regarder fixement qqn / qqch** mirar fijamente a alguien / algo.

fixer [3] [fikse] vt **1.** [gén] fijar ; [tableau] colgar ▸ **fixer son choix sur qqch** decidirse por algo **2.** [regarder] ▸ **fixer qqn / qqch** mirar fijamente a alguien / algo **3.** [renseigner] ▸ **fixer qqn sur qqch** informar a alguien de algo ▸ **être fixé sur qqch** tener las ideas claras sobre algo. ◆ **se fixer** vp **1.** [s'arrêter] ▸ **se fixer sur qqn / sur qqch a)** [choix] decidirse por alguien / por algo **b)** [regard] detenerse en alguien / en algo **2.** [s'installer] establecerse.

fixité [fiksite] nf fijeza *f*.

fjord [fjɔʀd] nm fiordo *m*.

fl. *abr écrite de* **fleuve**.

FL (*abr écrite de* **florin**) FL.

flacon [flakɔ̃] nm frasco *m*.

flagada [flagada] adj inv *fam* aplatanado(da).

flageller [4] [flaʒɛle] vt flagelar.

flageoler [3] [flaʒɔle] vi flaquear.

flageolet [flaʒɔlɛ] nm **1.** [haricot] judía *f* blanca **2.** MUS flautín *m*.

flagornerie [flagɔʀnəʀi] nf adulación *f*.

flagrant, e [flagʀɑ̃, ɑ̃t] adj flagrante ; ⟶ **délit**.

flair [flɛʀ] nm olfato *m* ▸ **avoir du flair** *fig* tener olfato.

flairer [4] [flɛʀe] vt **1.** [odeur] oler **2.** *fig* [mensonge] olerse.

flamand, e [flamɑ̃, ɑ̃d] adj flamenco(ca). ◆ **flamand** nm LING flamenco *m*. ◆ **Flamand, e** nm, f flamenco *m*, -ca *f*.

flamant [flamɑ̃] nm flamenco *m* ▸ **flamant rose** flamenco rosa.

flambant, e [flɑ̃bɑ̃, ɑ̃t] adj ▸ **flambant neuf** flamante.

flambé, e [flɑ̃be] adj CULIN flameado(da).

flambeau, x [flɑ̃bo] nm antorcha *f* ▸ **passer le flambeau à qqn** *fig* pasar el testigo a alguien.

flambée [flɑ̃be] nf **1.** [feu] fogata *f* **2.** *fig* [de violence, de colère, etc.] oleada *f* ▸ **flambée des prix** alza *f* súbita de los precios.

flamber [3] [flɑ̃be] ❖ vi **1.** [brûler] arder **2.** *fam* [dépenser] pulirse. ❖ vt **1.** [crêpe] flamear **2.** [volaille] soflamar.

flamboyant, e [flɑ̃bwajɑ̃, ɑ̃t] adj **1.** [étincelant] brillante ESP , brilloso(sa) AM **2.** ARCHIT flamígero(ra).

flamboyer [13] [flɑ̃bwaje] vi **1.** [incendie] arder **2.** *fig* [regard] brillar.

flamingant, e [flamɛ̃gɑ̃, ɑ̃t] ❖ adj **1.** [de langue] de habla flamenca **2.** [nationaliste] flamenco(ca). ❖ nm, f **1.** [de langue] *persona de habla flamenca* **2.** [nationaliste] nacionalista *m* flamenco, nacionalista *f* flamenca.

flamme [flam] nf **1.** [de bougie] llama *f* **2.** *fig* [ardeur] ardor *m* **3.** *iron* & *vieilli* [amour] pasión *f*. ◆ **flammes** nfpl llamas *fpl*.

flan [flɑ̃] nm flan *m*.

flanc [flɑ̃] nm **1.** [de personne, d'animal] costado *m* ▸ **être sur le flanc** *fig* estar rendido(da) **2.** [de navire] flanco *m* **3.** [de montagne] ladera *f*, falda *f* ▸ **à flanc de coteau** en la pendiente de la ladera **4.** EXPR **tirer au flanc** *fam* hacer algo a remolque.

flancher [3] [flɑ̃ʃe] vi *fam* flaquear.

Flandre, Flandres [flɑ̃dʀ] npr Flandes *mpl*.

flanelle [flanɛl] nf franela *f*.

flâner [3] [flane] vi **1.** [se promener] pasear **2.** [perdre son temps] pasar el rato.

flânerie [flanʀi] nf paseo *m*.

flâneur, euse [flanœʀ, øz] nm, f paseante *mf*.

flanquer [3] [flɑ̃ke] vt **1.** *fam* [lancer, jeter] tirar ESP , botar AM ▸ **flanquer qqn dehors** largar a alguien **2.** *fam* [donner - gifle, coup] soltar, arrear ; [- peur] meter **3.** [accompagner] flanquear ▸ **être flanqué de qqn** ir flanqueado por alguien ▸ **être flanqué de qqch** estar flanqueado por algo. ◆ **se flanquer** vp *fam* ▸ **se flanquer par terre** pegarse un batacazo OU un porrazo.

flapi, e [flapi] adj *fam* reventado(da).

flaque [flak] nf charco *m* ▸ **flaque (d'eau)** charco (de agua).

flash [flaʃ] nm **1.** PHOTO flash *m* **2.** [publicité] cuña *f* ▸ **flash d'information** flash *m* informativo.

flash-back [flaʃbak] nm inv flash-back *m*.

flasher [3] [flaʃe] vi *fam* ▸ **flasher sur qqch / sur qqn** flipar con algo / con alguien ▸ **faire flasher qqn** alucinar a alguien.

flashy [flaʃi] adj inv llamativo(va).

flasque [flask] ◆ adj fláccido(da). ◆ nf petaca *f*.

flatter [3] [flate] vt **1.** [caresser] acariciar **2.** [complimenter, faire plaisir à] halagar **3.** *sout* [encourager] fomentar. ◆ **se flatter** vp vanagloriarse ▸ **se flatter de faire qqch** vanagloriarse de hacer algo.

flatterie [flatʀi] nf halago *m* ; [qualité] adulación *f*.

flatteur, euse [flatœʀ, øz] ◆ adj **1.** [compliment, comparaison] halagüeño(ña) **2.** [portrait] favorecedor(ra). ◆ nm, f adulador *m*, -ra *f*.

flatulence [flatylɑ̃s] nf flatulencia *f*.

FLE, fle [flø] (*abr de* **français langue étrangère**) nm *francés lengua extranjera*.

fléau, x [fleo] nm **1.** [calamité, personne] plaga *f* **2.** [de balance] astil *m* **3.** AGRIC mayal *m*.

flèche [flɛʃ] nf **1.** [arme, signe graphique] flecha *f* ▸ **monter en flèche** [prix] dispararse ▸ **partir comme une flèche** salir como una flecha ▸ **ne pas être une flèche** *fam* no ser un lince **2.** *fig* [critique] dardo *m* **3.** [d'église] aguja *f*.

flécher [18] [fleʃe] vt señalar mediante flechas.

fléchette [fleʃɛt] nf dardo *m*. ◆ **fléchettes** nfpl [jeu] dardos *mpl*.

fléchir [32] [fleʃiʀ] ◆ vt **1.** [membre, articulation] doblar **2.** *fig* [personne] ablandar. ◆ vi **1.** [branche, membre] doblarse **2.** *fig* [détermination] flaquear, aflojar **3.** [Bourse] bajar.

fléchissement [fleʃismɑ̃] nm **1.** [flexion] flexión *f* **2.** [faiblesse] aflojamiento *m* **3.** [baisse] baja *f*.

flegmatique [flɛgmatik] adj & nmf flemático(ca).

flegme [flɛgm] nm flema *f*.

flemmard, e [flɛmaʀ, aʀd] adj & nm, f *fam* vago(ga) ESP, atorrante AM.

flemmarder [3] [flɛmaʀde] vi *fam* vaguear.

flemmardise [flemaʀdiz] nf *fam* vagancia *f*, pereza *f*.

flemme [flɛm] nf *fam* vagancia *f*, pereza *f* ▸ **avoir la flemme de faire qqch** darle pereza a alguien hacer algo.

flétan [fletɑ̃] nm fletán *m*.

flétrir [32] [fletʀiʀ] vt **1.** [fleur] marchitar **2.** *fig* [personne, réputation] censurar. ◆ **se flétrir** vp **1.** [fleur] marchitarse **2.** *fig* [visage] ajarse.

fleur [flœʀ] nf flor *f* ▸ **à fleurs** de flores ▸ **en fleur(s)** en flor ▸ **fleur artificielle** flor artificial ▸ **fleur de lis** flor de lis ▸ **à fleur de peau** a flor de piel ▸ **comme une fleur** de rositas ▸ **dans la fleur de l'âge** en la flor de la vida ▸ **être fleur bleue** ser un (una) sentimental ▸ **faire une fleur à qqn** *fam* hacerle un favor a alguien *(tener un detalle)* ▸ **la fine fleur de qqch** la flor y nata de algo.

fleurer [5] [flœʀe] vt *sout* ▸ **fleurer bon** oler bien.

fleuret [flœʀɛ] nm florete *m*.

fleurette [flœʀɛt] nf ▸ **conter fleurette à qqn** *hum* echar un piropo a alguien.

fleuri, e [flœʀi] adj **1.** [jardin, pré, style] florido(da) ; [vase] con flores **2.** [tissu] floreado(da), de flores **3.** [table, appartement] adornado(da) con flores.

fleurir [32] [flœʀiʀ] ◆ vi **1.** [arbre] florecer **2.** *fig* [se multiplier] proliferar. ◆ vt adornar con flores.

fleuriste [flœʀist] nmf florista *mf* ▸ **chez le fleuriste** en la floristería.

fleuron [flœʀɔ̃] nm florón *m*.

fleuve [flœv] nm río *m*.

flexibilité [flɛksibilite] nf *pr* & *fig* [d'une matière, d'horaires, d'un caractère] flexibilidad *f* ▸ **flexibilité horaire / du (temps de) travail** flexibilidad horaria ou de horarios / en la jornada laboral.

flexible [flɛksibl] adj flexible.

flexion [flɛksjɔ̃] nf flexión *f*.

flibustier [flibystje] nm filibustero *m*.

flic [flik] nm *fam* poli *m* ▸ **les flics** la pasma, la poli.

flicage [flikaʒ] nm *fam* & *péj* vigilancia *f* / ***le flicage des réseaux*** la vigilancia de las redes.

flingue [flɛ̃g] nm *fam* pipa *f (pistola)*.

flinguer [3] [flɛ̃ge] vt *fam* freír a tiros. ◆ **se flinguer** vp *fam* pegarse un tiro.

flippant, e [flipɑ̃, ɑ̃t] adj *fam* **1.** [déprimant] deprimente **2.** [effrayant] flipante.

flipper[1] [flipœʀ] nm flipper *m*, máquina *f* del millón.

flipper[2] [3] [flipe] vi *fam* **1.** [déprimer] estar hecho(cha) polvo **2.** [avoir peur] acojonarse.

fliquer [flike] vt *fam* vigilar / ***son chef n'arrête pas de le fliquer*** su jefe no deja de vigilarla / ***on se sent fliqué en permanence avec toutes ces caméras de surveillance*** uno se siente permanentemente vigilado con todas esas cámaras de vigilancia.

flirt [flœʀt] nm **1.** [amourette] flirteo *m*, tonteo *m* **2.** [personne] ligue *m*.

flirter [3] [flœʀte] vi flirtear, tontear ▸ **flirter avec qqn** flirtear ou tontear con alguien ▸ **flirter avec qqch** *fig* coquetear con algo.

FLN (*abr de* **Front de libération nationale**) nm *partido nacionalista argelino fundado en 1954 para luchar por la independencia* / ***les terroristes du FLN*** los terroristas del FLN.

FLNC (*abr de* **Front de libération nationale corse**) nm FLNC *m* ▸ **un militant du FLNC** un militante del FLNC ▸ **un commando du FLNC** un comando del FLNC.

FLNKS (*abr de* **Front de libération nationale kanak et socialiste**) nm *movimiento independentista de los canacos en Nueva Caledonia*.

flocon [flɔkɔ̃] nm copo *m* ▸ **flocons de neige** copos de nieve ▸ **flocons d'avoine** copos de avena.

flonflons [flɔ̃flɔ̃] nmpl tachín tachín *m*.

flop [flɔp] nm *fam* fracaso *m*.

flopée [flɔpe] nf *fam* montón *m*.

floraison [flɔʀɛzɔ̃] nf **1.** [éclosion] floración *f* **2.** *fig* [prolifération] proliferación *f*.

floral, e, aux [flɔʀal, o] adj floral.

floralies [flɔʀali] nfpl exposición *f* floral.

flore [flɔʀ] nf flora *f* ▸ **flore intestinale** flora intestinal.

Florence [flɔʀɑ̃s] npr Florencia.

Floride [flɔʀid] nf ▸ **la Floride** Florida.

florilège [flɔʀilɛʒ] nm florilegio *m*.

florissant, e [flɔʀisɑ̃, ɑ̃t] adj **1.** [santé] espléndido(da) **2.** [économie] floreciente.

flot [flo] nm **1.** *(gén pl)* [vagues] oleaje *m* ▸ **être à flot** [flotter] estar a flote **2.** [afflux] raudal *m* ▸ **flot de gens** multitud *f* de gente ▸ **couler à flots** **a)** [eau, sang] salir a borbotones **b)** [argent] correr a raudales **3.** *sout* [mer] mar *f*.

flottage [flɔtaʒ] nm armadía *f*.

flottaison [flɔtɛzɔ̃] nf flotación *f*.

flottant, e [flɔtɑ̃, ɑ̃t] adj **1.** [objet, capitaux, dette] flotante **2.** [cheveux] ondeante **3.** [robe] con vuelo **4.** [indécis] fluctuante.

flotte [flɔt] nf **1.** AÉRON & NAUT flota *f* ▸ **flotte aérienne** flota aérea **2.** *fam* [eau] agua *f* **3.** *fam* [pluie] lluvia *f*.

flottement [flɔtmɑ̃] nm **1.** [de drapeau] ondeo *m* **2.** [relâchement] aflojamiento *m* **3.** [indécision] vacilación *f* **4.** ÉCON [de monnaie] fluctuación *f*.

flotter [3] [flɔte] vi **1.** [sur l'eau, dans l'air] flotar ▸ **flotter sur qqch** flotar en algo **2.** [drapeau] ondear **3.** [dans un vêtement] bailar **4.** *fam* [pleuvoir] llover.

flotteur [flɔtœʀ] nm **1.** [de canne à pêche] corcho *m* **2.** [d'hydravion] flotador *m* **3.** [de chasse d'eau] boya *f*.

flou, e [flu] adj **1.** [photo] borroso(sa), desenfocado(da) **2.** [pensée] confuso(sa), impreciso(sa). ◆ **flou** nm imprecisión *f* ▸ **flou artistique** PHOTO & CINÉ flou *m* ▸ **c'est le flou artistique** *fig* es la nebulosa azul.

flouer [3] [flue] vt timar.

fluctuant, e [flyktɥɑ̃, ɑ̃t] adj fluctuante.

fluctuation [flyktɥasjɔ̃] nf fluctuación *f*.

fluctuer [3] [flyktɥe] vi fluctuar.

fluet, ette [flyɛ, ɛt] adj **1.** [personne] endeble **2.** [voix] débil.

fluide [flɥid] ◆ adj **1.** [gén] fluido(da) **2.** [matière] terso(sa). ◆ nm fluido *m*.

fluidification [flɥidifikasjɔ̃] nf fluidificación *f*.

fluidifier [9] [flɥidifje] vt [trafic] dar fluidez a.

fluidité [flɥidite] nf fluidez *f*.

fluo [flyɔ] ◆ adj inv fosforito / *il porte un tee-shirt fluo* lleva una camiseta fosforito. ◆ nm [stylo] rotulador *m* fosforito / *j'ai surligné les passages les plus importants du document au fluo* he resaltado los pasajes más importantes del documento con fosforito.

fluor [flyɔʀ] nm flúor *m*.

fluoré, e [flyɔʀe] adj fluorado(da).

fluorescent, e [flyɔʀesɑ̃, ɑ̃t] adj fluorescente.

flûte [flyt] ◆ nf **1.** MUS flauta *f* ▸ **flûte à bec** flauta dulce ▸ **flûte traversière** flauta travesera **2.** [verre] copa *f* alta ▸ **flûte à champagne** copa de champán **3.** [pain] barra *f*. ◆ interj *fam* ¡jolín!

flûtiste [flytist] nmf flautista *mf*.

fluvial, e, aux [flyvjal, o] adj fluvial.

flux [fly] nm flujo *m* ▸ **flux migratoire** flujo migratorio ▸ **un flux de** una gran cantidad de ▸ **le flux et le reflux** [de la marée] el flujo y el reflujo.

fluxion [flyksjɔ̃] nf fluxión *f* ▸ **fluxion de poitrine** neumonía *f*.

FM (*abr de* **frequency modulation**) nf FM *f* ▸ **la fréquence / bande FM** la frecuencia/banda FM.

FMI (*abr de* **Fonds monétaire international**) nm FMI *m* / *le directeur général du FMI* el director general del FMI.

FN (*abr de* **Front national**) nm *partido francés a la extrema derecha del espectro político*.

FNAC, Fnac [fnak] (*abr de* **Fédération nationale des achats des cadres**) nf FNAC *f* ▸ **aller à la FNAC** ir a la FNAC.

FNEF, Fnef [fnɛf] (*abr de* **Fédération nationale des étudiants de France**) nf *sindicato de estudiantes francés*.

FNSEA (*abr de* **Fédération nationale des syndicats d'exploitants agricoles**) nf *principal agrupación sindical de agricultores en Francia*.

fo SMS *abr écrite de* **faut**.

FO (*abr de* **Force ouvrière**) nf *sindicato obrero francés* / *les revendications FO* las reivindicaciones de FO.

foc [fɔk] nm foque *m*.

focal, e, aux [fɔkal, o] adj focal.

focalisation [fɔkalizasjɔ̃] nf enfoque *m*.

focaliser [3] [fɔkalize] vt **1.** PHYS enfocar **2.** *fig* [attirer] concentrar. ◆ **se focaliser** vp [se concentrer] ▸ **se focaliser sur qqch** obsesionarse con algo.

fœtal, e, aux [fetal, o] adj fetal.

fœtus [fetys] nm feto *m*.

foi [fwa] nf fe *f* ▸ **avoir foi en qqn / en qqch** tener fe en alguien/en algo ▸ **ajouter foi à qqch** dar crédito a algo ▸ **être de bonne / mauvaise foi** ser de buena/mala fe ▸ **faire foi** dar fe ▸ **ma foi** por mí ▸ **sur la foi de qqch** basándose en algo.

foie [fwa] nm [gén] hígado *m* ▸ **foie gras** foie-gras *m inv* francés ▸ **foie de veau** hígado de ternera ▸ **foie de volaille** higadillos *mpl*.

foin [fwɛ̃] nm heno *m* ▸ **faire du foin** *fam & fig* armar jaleo.

foire [fwaʀ] nf **1.** [gén] feria *f* **2.** *fam* [agitation] guirigay *m* ▸ **foire d'empoigne** batalla *f* campal ▸ **faire la foire** estar de juerga.

foirer [fwaʀe] vi *tfam* [rater] cagarla.

foireux, euse [fwaʀø, øz] *fam* ◆ adj [raté ou qui va rater] chungo(ga). ◆ nm, f [lâche] cagado *m*, -da *f*.

fois [fwa] nf **1.** [marque la réitération] vez *f* ▸ **cette fois** esta vez ▸ **à chaque fois** cada vez ▸ **il était une fois** érase una vez ▸ **pour la énième fois** por enésima vez ▸ **pour une fois (que)** por una vez (que) ▸ **une autre fois** otra vez ▸ **une chose à la fois** cada cosa a su tiempo ▸ **une (bonne) fois pour toutes** de una vez por todas ▸ **une fois n'est pas coutume** una vez al año no hace daño **2.** [marque la multiplication] por / *deux fois trois* dos por tres / *deux fois moins / plus long* la mitad / el doble de largo. ◆ **à la fois** loc adv a la vez. ◆ **une fois que** loc conj una vez que.

foison [fwazɔ̃] ◆ **à foison** loc adv en abundancia.

foisonnement [fwazɔnmɑ̃] nm [abondance] abundancia *f*.

foisonner [3] [fwazɔne] vi abundar ▸ **foisonner en** ou **de** rebosar de.

fol ⟶ **fou**.

folâtre [fɔlatʀ] adj juguetón(ona).

folâtrer [3] [fɔlatʀe] vi juguetear.

folichon, onne [fɔliʃɔ̃, ɔn] adj ▸ **pas folichon** *fam* no muy divertido.

folie [fɔli] nf locura *f* ▸ **à la folie** con locura ▸ **avoir la folie des grandeurs** tener delirios de grandeza ▸ **c'est de la folie** es una locura ▸ **faire des folies** hacer locuras.

folio [fɔljo] nm folio *m*.

folk [fɔlk] adj inv & nm folk.

folklo [fɔlklo] adj inv *fam* [personne, endroit, soirée] estrambótico(ca).

folklore [fɔlklɔʀ] nm folclor *m*.

folklorique [fɔlklɔʀik] adj folclórico(ca).

folle ⟶ **fou**.

follement [fɔlmɑ̃] adv **1.** [de manière déraisonnable] locamente **2.** [extrêmement] tremendamente.

follet [fɔlɛ] ⟶ **feu²**

fomenter [3] [fɔmɑ̃te] vt *sout* fomentar.

foncé, e [fɔ̃se] adj oscuro(ra).

foncer [16] [fɔ̃se] ◈ vt oscurecer. ◈ vi **1.** [teinte] oscurecerse **2.** [se ruer] ▸ **foncer sur qqch / sur qqn** arremeter contra algo / contra alguien / *foncer dans un mur* chocar contra una pared **3.** *fam* [se dépêcher] darle caña.

fonceur, euse [fɔ̃sœʀ, øz] nm, f luchador *m*, -ra *f*.

foncier, ère [fɔ̃sje, ɛʀ] adj **1.** [impôt] territorial ; [crédit] hipotecario(ria) **2.** [fondamental] innato(ta).

foncièrement [fɔ̃sjɛʀmɑ̃] adv en el fondo.

fonction [fɔ̃ksjɔ̃] nf **1.** [rôle] función *f* ▸ **faire fonction de** hacer las veces de **2.** [profession] cargo *m* ▸ **entrer en fonction** tomar posesión de un cargo ▸ **se démettre de ses fonctions** dimitir de su cargo ▸ **fonction publique** función pública. ◆ **de fonction** loc adj de la empresa / *voiture de fonction* coche de la empresa. ◆ **en fonction de** loc prép con arreglo a.

fonctionnaire [fɔ̃ksjɔnɛʀ] nmf funcionario *m*, -ria *f* ▸ **haut fonctionnaire** alto funcionario.

fonctionnariat [fɔ̃ksjɔnaʀja] nm funcionariado *m*.

fonctionnariser [3] [fɔ̃ksjɔnaʀize] vt **1.** [employé] hacer funcionario(ria) a **2.** [service] burocratizar.

fonctionnel, elle [fɔ̃ksjɔnɛl] adj funcional.

fonctionnement [fɔ̃ksjɔnmɑ̃] nm funcionamiento *m*.

fonctionner [3] [fɔ̃ksjɔne] vi funcionar.

fond [fɔ̃] nm **1.** [gén] fondo *m* ▸ **fond sonore** ruido *m* de fondo ▸ **au fin fond de** en lo más recóndito de ▸ **de fond** [essentiel] de fondo ▸ **de fond en comble** de arriba abajo ▸ **aller au fond des choses** profundizar en las cosas **2.** [petite quantité] ▸ **un fond de qqch** un culín de algo. ◆ **à fond** loc adv a fondo. ◆ **au fond** loc adv en el fondo. ◆ **au fond de** loc prép en el fondo de. ◆ **dans le fond** loc adv en el fondo. ◆ **fond d'artichaut** nm corazón *m* de alcachofa. ◆ **fond de bouteille** nm culillo *m* (de botella). ◆ **fond d'écran** nm INFORM fondo *m* de (la) pantalla. ◆ **fond de teint** nm maquillaje *m*, crema *f* de base.

fondamental, e, aux [fɔ̃damɑ̃tal, o] adj fundamental.

fondamentalement [fɔ̃damɑ̃talmɑ̃] adv fundamentalmente.

fondamentalisme [fɔ̃damɑ̃talism] nm fundamentalismo *m*.

fondamentaliste [fɔ̃damɑ̃talist] adj & nmf fundamentalista.

fondant, e [fɔ̃dɑ̃, ɑ̃t] adj **1.** que se derrite ; [poire] que se deshace **2.** ⟶ **chocolat.** ◆ **fondant** nm [bonbon] caramelo *m* relleno.

fondateur, trice [fɔ̃datœʀ, tʀis] nm, f fundador *m*, -ra *f*.

fondation [fɔ̃dasjɔ̃] nf fundación *f*. ◆ **fondations** nfpl CONSTR cimientos *mpl*.

fondé, e [fɔ̃de] adj **1.** [justifié] fundado(da) ▸ **non fondé** infundado **2.** [autorisé] ▸ **être fondé à faire qqch** estar autorizado para hacer algo. ◆ **fondé de pouvoir** nm apoderado *m*.

fondement [fɔ̃dmɑ̃] nm **1.** [base] cimientos *mpl* **2.** [motif] fundamento *m* ▸ **sans fondement** sin fundamento.

fonder [3] [fɔ̃de] vt **1.** [créer] fundar **2.** [baser] basar, cimentar ▸ **fonder qqch sur qqch** basar algo en algo ▸ **fonder des espoirs sur qqn** fundar esperanzas en alguien. ◆ **se fonder** vp ▸ **se fonder sur qqch** basarse en algo.

fonderie [fɔ̃dʀi] nf [usine] fundición *f*.

fondis ⟶ **fondre**.

fondre [fɔ̃dʀ] ◈ vt **1.** [métaux] fundir ▸ **faire fondre** a) [neige, beurre] derretir b) [sucre, sel] disolver **2.** [couleurs] mezclar. ◈ vi **1.** [neige, beurre] derretirse ; [sucre, sel] disolverse **2.** [s'attendrir] derretirse **3.** [maigrir] adelgazar **4.** [argent] irse de las manos **5.** [se ruer] ▸ **fondre sur qqch** abatirse sobre algo. ◆ **se fondre** vp ▸ **se fondre dans qqch** mezclarse ou desaparecer entre algo.

fonds [fɔ̃] ◈ nm **1.** [bien immobilier] finca *f* ▸ **fonds de commerce** comercio *m* **2.** [capital placé, ressources] fondo *m* ▸ **fonds commun de placement** fondo común de inversión ▸ **fonds d'investissement** fondo de inversión ▸ **fonds de pension** fondo de pensión. ❖ nmpl fondos *mpl* ▸ **fonds publics / secrets** fondos públicos / reservados. ❖ v ⟶ **fondre.**

fondu, e [fɔ̃dy] pp ⟶ **fondre.** ◆ **fondu** nm **1.** [de couleurs] degradación *f* **2.** CINÉ fundido *m* ▸ **fondu enchaîné** fundido encadenado. ◆ **fondue** nf fondue *f* ▸ **fondue bourguignonne** *fondue de carne de ternera* ▸ **fondue savoyarde** *fondue de queso, vino blanco y kirsch.*

fongicide [fɔ̃ʒisid] adj & nm fungicida.

font [fɔ̃] ⟶ **faire.**

fontaine [fɔ̃tɛn] nf fuente *f.*

fontanelle [fɔ̃tanɛl] nf fontanela *f.*

fonte [fɔ̃t] nf **1.** [de neige] deshielo *m* ▸ **fonte des neiges** deshielo **2.** [de métal] fundición *f* **3.** [de statue] vaciado *m* **4.** [alliage] hierro *m* colado, fundición *f* ▸ **en fonte** de hierro colado.

fonts [fɔ̃] ◆ **fonts baptismaux** nmpl pila *f* bautismal.

foot [fut] nm *fam* fútbol *m.*

football [futbol] nm fútbol *m* ▸ **football américain** fútbol americano.

footballeur, euse [futbolœʀ, øz] nm, f futbolista *mf.*

footballistique [futbalistik] ❖ adj futbolístico(ca). ❖ nf ▸ **la footballistique** la futbolística.

footeux, euse [futø, øz] n *fam* forofo *m,* -fa *f* OU hincha *mf* del fútbol.

footing [futiŋ] nm footing *m* ▸ **faire du footing** hacer footing.

for [fɔʀ] nm ▸ **dans mon for intérieur** en mi fuero interno.

FOR (*abr écrite de* **forint**) F.

forage [fɔʀaʒ] nm perforación *f.*

forain, e [fɔʀɛ̃, ɛn] adj ⟶ **fête.** ◆ **forain** nm feriante *m.*

forban [fɔʀbɑ̃] nm **1.** [corsaire] pirata *m* **2.** [escroc] bandido *m.*

forçat [fɔʀsa] nm *presidiario condenado a trabajos forzados.*

force [fɔʀs] ❖ nf fuerza *f* ▸ **à bout de force** agotado(da) ▸ **avoir de la force** tener fuerza ▸ **avoir force de loi** tener fuerza de ley ▸ **de force** a la fuerza ▸ **de toutes mes forces** con todas mis fuerzas ▸ **en force a)** [passer] con violencia **b)** [arriver] en masa ▸ **être de force à** ser capaz de ▸ **par la force des choses** forzado(da) por las circunstancias ▸ **recouvrer ses forces** recuperarse ▸ **reprendre des forces** recuperar OU recobrar fuerzas ▸ **force de caractère** fuerza de carácter ▸ **force centrifuge** fuerza centrífuga ▸ **force de dissuasion** fuerza de disuasión OU disuasoria ▸ **force de frappe** fuerza de choque ▸ **force d'inertie** fuerza de inercia ▸ **force de vente** fuerza de venta ▸ **dans la force de l'âge** en la plenitud de la vida ▸ **être une force de la nature** tener la fuerza de un buey ❖ **forces** nfpl ▸ **les forces armées** las fuerzas armadas ▸ **les forces de l'ordre** las fuerzas del orden ▸ **les forces de police** las fuerzas de seguridad.
◆ **à force de** loc prép a fuerza de.

forcé, e [fɔʀse] adj **1.** [atterrissage] forzoso(sa) **2.** [sourire] forzado(da).

forcément [fɔʀsemɑ̃] adv forzosamente ; [bien sûr] lógicamente.

forcené, e [fɔʀsəne] ❖ adj **1.** [haine] enconado(da) **2.** [partisan] fanático(ca). ❖ nm, f loco *m,* -ca *f* (de atar) ▸ **comme un forcené** como un loco.

forceps [fɔʀsɛps] nm fórceps *m inv.*

forcer [16] [fɔʀse] ❖ vt **1.** [gén] forzar ▸ **forcer qqn à qqch / à faire qqch** forzar a alguien a algo / a hacer algo **2.** *fig* [admiration, respect] inspirar. ❖ vi **1.** [insister] forzarse **2.** *fam* [abuser] ▸ **forcer sur qqch** pasarse con algo. ◆ **se forcer** vp ▸ **se forcer à faire qqch** forzarse a hacer algo.

forcing [fɔʀsiŋ] nm SPORT presión *f* ▸ **faire le** OU **du forcing** *fig* hacer presión, presionar.

forcir [32] [fɔʀsiʀ] vi engordar.

forer [3] [fɔʀe] vt perforar.

forestier, ère [fɔʀɛstje, ɛʀ] adj forestal.
◆ **forestier** nm guarda *mf* forestal.

foret [fɔʀɛ] nm broca *f.*

forêt [fɔʀɛ] nf bosque *m* ▸ **la forêt amazonienne** la selva amazónica ▸ **forêt vierge** selva *f* virgen ▸ **une forêt de** *fig* un bosque de.

Forêt-Noire [fɔʀɛnwaʀ] npr EXPR **la Forêt-Noire** GÉOGR la Selva Negra. ◆ **forêt-noire** (*pl* **forêts-noires**) nf CULIN selva *f* negra.

foreuse [fɔʀøz] nf taladradora *f.*

forfait [fɔʀfɛ] nm **1.** [prix fixe] tanto *m* alzado **2.** *sout* [crime] crimen *m* atroz **3.** SPORT ▸ **déclarer forfait a)** abandonar **b)** *fig* [renoncer] decir basta.

forfaitaire [fɔʀfɛtɛʀ] adj [travail] a tanto alzado ▸ **tarif forfaitaire** tarifa fija.

forfanterie [fɔʀfɑ̃tʀi] nf *sout* bravuconada *f.*

forge [fɔʀʒ] nf fragua *f.*

forger [17] [fɔʀʒe] vt **1.** [métal, caractère] forjar **2.** [excuse] inventar. ◆ **se forger** vp [réputation, idéal] forjarse.

forgeron [fɔʀʒəʀɔ̃] nm herrero *m.*

formaliser [3] [fɔʀmalize] vt formalizar.
◆ **se formaliser** vp ▸ **se formaliser (de qqch)** molestarse (por algo).

formalisme [fɔʀmalism] nm formalismo *m.*

formaliste [fɔʀmalist] adj formalista.

formalité [fɔʀmalite] nf trámite *m,* formalidad *f* ▸ **les formalités d'usage** las formalidades de costumbre ▸ **ce n'est qu'une formalité** es puro trámite.

format [fɔʀma] nm formato *m* ▸ **grand / petit format** de tamaño grande / pequeño.

formatage [fɔʀmataʒ] nm formateo *m.*

formater [3] [fɔʀmate] vt formatear.

formateur, trice [fɔʀmatœʀ, tʀis] ◆◆ adj formativo(va). ◆◆ nm, f instructor *m*, -ra *f.*

formation [fɔʀmasjɔ̃] nf formación *f* ▸ **formation continue / professionnelle** formación continua / profesional ▸ **formation en alternance** formación en alternancia ▸ **formation politique** [groupe] formación política.

forme [fɔʀm] nf forma *f* ▸ **en (pleine) forme** en (plena) forma ▸ **en forme de** en forma de ▸ **prendre forme** tomar forma ▸ **sous forme de** en forma de ▸ **sous toutes ses formes** en todos sus aspectos ▸ **forme passive / pronominale** forma pasiva / pronominal ▸ **en bonne et due forme** en (su) debida forma ▸ **faire qqch dans les formes** hacer algo como Dios manda ▸ **pour la forme** para que no se diga ▸ **sans autre forme de procès** sin más ni más. ◆ **formes** nfpl **1.** [silhouette] formas *fpl* **2.** [manières] modales *mpl.*

formel, elle [fɔʀmɛl] adj **1.** [refus] categórico(ca) **2.** [amabilité, politesse] formal.

formellement [fɔʀmɛlmɑ̃] adv [refuser] categóricamente.

Formentera [fɔʀmɑ̃teʀa] npr f Formentera.

former [3] [fɔʀme] vt **1.** [fonder, composer, instruire] formar **2.** [plan, projet] concebir **3.** [goût, sensibilité] cultivar. ◆ **se former** vp formarse.

Formica® [fɔʀmika] nm formica® *f.*

formidable [fɔʀmidabl] adj **1.** [admirable] formidable, estupendo(da) ESP, chévere AM **2.** [invraisemblable] increíble.

formidablement [fɔʀmidabləmɑ̃] adv *fam* formidablemente / *je me sens formidablement bien* me siento formidablemente bien.

formol [fɔʀmɔl] nm formol *m.*

formosan, e [fɔʀmɔzɑ̃, an] adj formosano(na). ◆ **Formosan, e** nm, f formosano *m*, -na *f.*

Formose [fɔʀmoz] npr Formosa.

formulaire [fɔʀmylɛʀ] nm formulario *m* ESP, planilla *f* AM ▸ **remplir un formulaire** rellenar un formulario.

formulation [fɔʀmylasjɔ̃] nf formulación *f.*

formule [fɔʀmyl] nf fórmula *f* ▸ **formule chimique** fórmula química ▸ **formule de politesse** fórmula de cortesía. ◆ **formule 1** nf fórmula *f* uno.

formuler [3] [fɔʀmyle] vt formular.

forniquer [3] [fɔʀnike] vi fornicar.

forsythia [fɔʀsisja] nm forsythia *f.*

fort, e [fɔʀ, fɔʀt] adj **1.** [gén] fuerte ▸ **être fort de qqch** contar con algo ▸ **être fort en qqch** ser bueno en algo ▸ **c'est un peu fort !** *fam* ¡es muy fuerte! ▸ **c'est plus fort que moi** es superior a mis fuerzas **2.** [corpulent] grueso(sa) **3.** [quantité, somme] importante ▸ **il y a de fortes chances que...** es muy posible que.... ◆ **fort** ◆◆ nm **1.** [château] fuerte *m* **2.** [personne] forzudo *m* **3.** [spécialité] ▸ **ce n'est pas mon fort** no es mi fuerte. ◆◆ adv **1.** [parler, serrer, sentir] fuerte **2.** *sout* [conseiller] vivamente **3.** *sout* [espérer] ansiosamente ▸ **avoir fort à faire** tener mucho que hacer / *il aura fort à faire pour se mettre à jour* le va a costar mucho trabajo ponerse al día. ◆ **au plus fort de** loc prép en pleno / *au plus fort de l'hiver* en pleno invierno.

fortement [fɔʀtəmɑ̃] adv **1.** [avec force] con fuerza **2.** [conseiller] vivamente ; [espérer] ansiosamente.

forteresse [fɔʀtəʀɛs] nf fortaleza *f.*

fortiche [fɔʀtiʃ] adj *fam* ▸ **être fortiche en qqch** ser un hacha en algo.

fortifiant, e [fɔʀtifjɑ̃, ɑ̃t] adj reconstituyente. ◆ **fortifiant** nm reconstituyente *m.*

fortification [fɔʀtifikasjɔ̃] nf fortificación *f.*

fortifier [9] [fɔʀtifje] vt **1.** [physiquement] fortalecer **2.** [confirmer] ▸ **fortifier qqn dans qqch** reafirmar a alguien en algo **3.** [ville] fortificar.

fortiori [fɔʀsjɔʀi] ◆ **a fortiori** loc adv con más razón.

fortuit, e [fɔʀtɥi, it] adj fortuito(ta).

fortune [fɔʀtyn] nf fortuna *f* ▸ **faire fortune** hacer fortuna.

fortuné, e [fɔʀtyne] adj **1.** [riche] adinerado(da) **2.** [chanceux] afortunado(da).

forum [fɔʀɔm] nm foro *m* ▸ **forum de discussion** INFORM foro, chat *m.*

fosse [fos] nf fosa *f* ▸ **fosse commune** fosa común ▸ **fosse aux lions** foso *m* de los leones ▸ **fosse d'orchestre** foso *m* ▸ **fosse septique** fosa séptica.

fossé [fose] nm **1.** [ravin] cuneta *f* **2.** *fig* [écart] abismo *m.*

fossette [fosɛt] nf hoyuelo *m.*

fossile [fosil] adj & nm fósil.

fossiliser [fosilize] vt fosilizar. ◆ **se fossiliser** vp fosilizarse.

fossoyeur, euse [foswajœʀ, øz] nm, f sepulturero *m*, -ra *f.*

fou, folle [fu, fɔl] ◆◆ adj (*fol devant voyelle ou 'h' muet*) **1.** [gén] loco(ca) ▸ **être fou de qqn / de qqch** estar loco por alguien / por algo ▸ **être fou de joie** estar loco de alegría ▸ **être fou à lier** estar loco de atar **2.** [succès, charme] tremendo(da). ◆◆ nm, f loco *m*, -ca *f* ▸ **fou furieux** loco agresivo ▸ **faire le fou** hacer el loco.

foudre [fudʀ] nf rayo *m.* ◆ **foudres** nfpl ▸ **s'attirer les foudres de qqn** ganarse las iras de alguien.

foudroyant, e [fudʀwajɑ̃, ɑ̃t] adj fulminante.

foudroyer [13] [fudʀwaje] vt fulminar.

fouet [fwɛ] nm **1.** [en cuir] látigo *m* ▸ **de plein fouet** de frente **2.** CULIN batidor *m.*

fouetter [4] [fwete] vt **1.** [gén] azotar ; [cheval] fustigar **2.** *fig* [stimuler] estimular.

fougasse [fugas] nf hogaza *f.*

fougère [fuʒɛʀ] nf helecho *m.*

fougue [fug] nf fogosidad *f.*

fougueux, euse [fugø, øz] adj fogoso(sa).

fouille [fuj] nf **1.** [de personne] cacheo *m* ; [de maison] registro *m* **2.** [du sol] excavación *f* **3.** *fam* [poche] bolsillo *m*.

fouiller [3] [fuje] ◆ vt **1.** [maison, bagages] registrar ; [personne] cachear, registrar **2.** [sol, chantier archéologique] excavar, hacer excavaciones en **3.** *fig* [description] detallar. ◆ vi ▸ **fouiller dans qqch** hurgar en algo.

fouillis [fuji] nm batiborrillo *m*.

fouine [fwin] nf garduña *f*.

fouiner [3] [fwine] vi husmear.

foulard [fulaʀ] nm pañuelo *m*, fular *m*.

foule [ful] nf **1.** [de gens] muchedumbre *f*, multitud *f* ▸ **se fondre dans la foule** confundirse entre la multitud ▸ **en foule** en masa ▸ **attirer les foules** atraer a mucha gente **2.** *péj* [peuple] masa *f* **3.** *fig* [multitude] ▸ **une foule de** un montón de.

foulée [fule] nf [de coureur] zancada *f* ▸ **dans la foulée** *fig* de paso.

fouler [3] [fule] vt **1.** [raisin] prensar **2.** [sol] pisar. ◆ **se fouler** vp **1.** MÉD ▸ **se fouler qqch** torcerse algo **2.** *fam* [se fatiguer] ▸ **ne pas se fouler** no matarse.

foulure [fulyʀ] nf esguince *m*.

four [fuʀ] nm **1.** [de cuisson] horno *m* ▸ **cuit au four** hecho al horno ▸ **four crématoire** horno crematorio ▸ **four électrique / à micro-ondes** horno eléctrico / microondas ▸ **être au four et au moulin** estar en misa y repicando ▸ **noir comme dans un four** oscuro como la boca de un lobo **2.** [échec] fracaso *m* ▸ **faire un four** sufrir un fracaso.

fourbe [fuʀb] adj & nmf *sout* bribón(ona).

fourbi [fuʀbi] nm *fam* **1.** [attirail] bártulos *mpl* **2.** [fouillis] desbarajuste *m*.

fourbir [32] [fuʀbiʀ] vt **1.** [nettoyer] bruñir **2.** *fig* [préparer] preparar.

fourbu, e [fuʀby] adj rendido(da).

fourche [fuʀʃ] nf **1.** [outil, pièce de vélo] horquilla *f* **2.** [de route] bifurcación *f* **3.** [de cheveux] punta *f* abierta **4.** BELGIQUE SCOL [temps libre] hora *f* libre.

fourcher [3] [fuʀʃe] vi [langue] trabarse.

fourchette [fuʀʃɛt] nf **1.** [couvert] tenedor *m* **2.** *fig* [écart] horquilla *f* **3.** [de prix] gama *f*.

fourchu, e [fuʀʃy] adj **1.** [cheveux] con la punta abierta **2.** [chemin] bifurcado(da).

fourgon [fuʀgɔ̃] nm furgón *m* ▸ **fourgon mortuaire** coche *m* fúnebre.

fourgonnette [fuʀgɔnɛt] nf furgoneta *f* ESP, guayín *m* AM.

fourguer [3] [fuʀge] vt *fam* ▸ **fourguer qqch à qqn** endosarle algo a alguien.

fourmi [fuʀmi] nf hormiga *f* ▸ **avoir des fourmis** *fig* sentir hormigueo.

fourmilière [fuʀmiljɛʀ] nf *pr* & *fig* hormiguero *m*.

fourmillement [fuʀmijmɑ̃] nm hormigueo *m*.

fourmiller [3] [fuʀmije] vi **1.** [pulluler] pulular **2.** *fig* [être nombreux] abundar **3.** [être plein] ▸ **fourmiller de qqch** estar plagado(da) de algo.

fournaise [fuʀnɛz] nf **1.** [incendie] hoguera *f* **2.** *fig* [endroit] horno *m*.

fourneau, x [fuʀno] nm **1.** [cuisinière, de fonderie] horno *m* **2.** [de pipe] cazoleta *f*.

fournée [fuʀne] nf hornada *f*.

fourni, e [fuʀni] adj **1.** [barbe, chevelure] poblado(da) **2.** [magasin] surtido(da).

fournil [fuʀnil] nm amasadero *m*.

fournir [32] [fuʀniʀ] vt **1.** [procurer] ▸ **fournir qqch à qqn** proporcionar algo a alguien **2.** [effort] realizar **3.** [commerçant, magasin] proveer. ◆ **se fournir** vp proveerse ▸ **se fournir en** proveerse de.

fournisseur, euse [fuʀnisœʀ, øz] nm, f proveedor *m*, -ra *f*. ◆ **fournisseur d'accès** nm INFORM proveedor *m* de acceso.

fourniture [fuʀnityʀ] nf **1.** [approvisionnement] suministro *m* **2.** *(gén pl)* [matériel] material *m* ▸ **fournitures de bureau** material de oficina ▸ **fournitures scolaires** material escolar.

fourrage [fuʀaʒ] nm forraje *m*.

fourrager[1] [3] [fuʀaʒe] vi *fam* ▸ **fourrager dans qqch** hurgar en ou dentro de algo.

fourrager[2], **ère** [fuʀaʒe, ɛʀ] adj forrajero(ra).

fourré, e [fuʀe] adj **1.** CULIN relleno(na) **2.** [manteau, bottes] forrado(da). ◆ **fourré** nm espesura *f (de arbustos)*.

fourreau, x [fuʀo] nm **1.** [de parapluie] funda *f* ; [d'épée] vaina *f* **2.** [robe] vestido *m* tubo.

fourrer [3] [fuʀe] vt **1.** CULIN rellenar **2.** *fam* [mettre] meter. ◆ **se fourrer** vp *fam* meterse.

fourre-tout [fuʀtu] nm inv **1.** [pièce] trastero *m* **2.** [sac] bolso *m* **3.** *fig* & *péj* [d'idées] cajón *m* de sastre.

fourreur, euse [fuʀœʀ, øz] nm, f peletero *m*, -ra *f*.

fourrière [fuʀjɛʀ] nf **1.** [pour chiens] perrera *f* **2.** [pour voitures] depósito *m* ; [camion] grúa *f* ▸ **mettre à la fourrière** meter en el depósito.

fourrure [fuʀyʀ] nf piel *f* ▸ **fausse fourrure** piel sintética.

fourvoyer [13] [fuʀvwaje] ◆ **se fourvoyer** vp *sout* **1.** [s'égarer] ▸ **se fourvoyer dans qqch** extraviarse en algo **2.** [se tromper] equivocarse.

foutaise [futɛz] nf *fam* tontería *f* ESP, babosada *f* AM.

foutoir [futwaʀ] nm *fam* leonera *f*.

foutre [116] [futʀ] vt **1.** *tfam* [faire] ▸ **ne rien foutre** no pegar golpe **2.** *tfam* [mettre] meter, poner / *fous-le dans la valise* pónlo en la maleta **3.** *fam* [gifle] : *sa mère* *lui a foutu une claque* su madre le metió un guantazo **4.** EXPR **ça la fout mal** *tfam* queda fatal ▸ **n'en avoir rien à foutre de qqch** importar un carajo algo ▸ **qu'est-ce que tu veux que ça me foute ?** y a mí, ¿qué? ▸ **va te faire foutre !** *vulg* ¡vete a la mierda! ◆ **se foutre** vp *tfam* **1.** [se mettre] meterse **2.** [se moquer de] ▸ **se foutre de qqn / de qqch** cachondearse de alguien / de algo **3.** [ignorer] ▸ **se foutre de qqn / de qqch** pasar de alguien / de algo.

foutu, e [futy] adj *fam* **1.** *(avant le n)* [maudit] puñetero(ra) **2.** [conçu, fait] ▸ **bien foutu** bien hecho **3.** [perdu] acabado(da) ▸ **c'est foutu** se acabó **4.** [abîmé] escacharrado(da) **5.** [capable] ▸ **être foutu de faire qqch** ser capaz de hacer algo.

fox-terrier [fɔkstɛʀje] (*pl* **fox-terriers**) nm foxterrier *m*.

foyer [fwaje] nm **1.** [cheminée, maison] hogar *m* ▸ **fonder un foyer** fundar un hogar ▸ **rentrer au foyer** volver al hogar **2.** [d'étudiants, de travailleurs] residencia *f* **3.** [point central] foco *m*.

FPLP (*abr de* **Front populaire de libération de la Palestine**) nm FPLP *m* / *le chef du FPLP* el jefe del FPLP.

frac [fʀak] nm frac *m*.

fracas [fʀaka] nm estrépito *m*.

fracassant, e [fʀakasɑ̃, ɑ̃t] adj estrepitoso(sa).

fracasser [3] [fʀakase] vt estrellar. ◆ **se fracasser** vp ▸ **se fracasser contre / sur qqch** estrellarse contra algo.

> ⚠ Fracasar est un faux ami, il ne signifie pas *fracasser*, mais « échouer ».

fraction [fʀaksjɔ̃] nf fracción *f*.

fractionner [3] [fʀaksjɔne] vt fraccionar. ◆ **se fractionner** vp fraccionarse.

fracture [fʀaktyʀ] nf fractura *f* ▸ **fracture du crâne** fractura de cráneo ▸ **fracture sociale** fractura social.

fracturer [3] [fʀaktyʀe] vt **1.** MÉD fracturar **2.** [serrure] forzar. ◆ **se fracturer** vp MÉD fracturarse.

fragile [fʀaʒil] adj frágil.

fragiliser [3] [fʀaʒilize] vt debilitar.

fragilité [fʀaʒilite] nf fragilidad *f*.

fragment [fʀagmɑ̃] nm fragmento *m*.

fragmentaire [fʀagmɑ̃tɛʀ] adj fragmentario(ria).

fragmenter [3] [fʀagmɑ̃te] vt fragmentar. ◆ **se fragmenter** vp fragmentarse.

fraîche ⟶ **frais**.

fraîchement [fʀɛʃmɑ̃] adv **1.** [récemment] recién / *fraîchement arrivé* recién llegado **2.** [froidement] fríamente.

fraîcheur [fʀɛʃœʀ] nf **1.** [d'air] frescor *m* **2.** *fig* [d'accueil] frialdad *f* **3.** [de teint, d'aliment] frescura *f*.

fraîchir [32] [fʀɛʃiʀ] vi refrescar.

frais, fraîche [fʀɛ, fʀɛʃ] adj **1.** [gén] fresco(ca) ▸ **frais émoulu de** recién salido de ▸ **frais et dispos** puesto y dispuesto ▸ **'servir frais'** 'servir frío' **2.** *fig* [accueil] frío(a) **3.** [teint, couleur] vivo(va). ◆ **frais** ◇ nm ▸ **mettre qqch au frais** poner algo al fresco ▸ **prendre le frais** tomar el fresco. ◇ nmpl gastos *mpl* ▸ **faire des frais** tener muchos gastos ▸ **à grands frais** sin reparar en gastos ▸ **à peu de frais** sin gastar mucho ▸ **frais de déplacement** OU **de mission** gastos de desplazamiento ▸ **frais de dossier** gastos de tramitación ▸ **frais généraux** gastos generales ▸ **frais de gestion** gastos de gestión ▸ **frais d'inscription** gastos de inscripción ▸ **frais de justice** costas *fpl* ▸ **frais de représentation** gastos de representación ▸ **faux frais** imprevistos *m* ▸ **tous frais payés** con todos los gastos pagados ▸ **faire les frais de qqch** pagar los vidrios rotos por algo.

fraise [fʀɛz] nf **1.** [fruit] fresa *f* ESP, frutilla *f* AM ▸ **fraise des bois** fresa silvestre **2.** [outil - de dentiste] fresa *f*; [- de menuisier] lengüeta *f*.

fraiser [4] [fʀɛze] vt fresar.

fraiseuse [fʀɛzøz] nf fresadora *f*.

fraisier [fʀɛzje] nm **1.** [plante] fresa *f* **2.** [gâteau] *bizcocho de dos capas empapadas en kirsch y separadas por crema y fresas*.

framboise [fʀɑ̃bwaz] nf frambuesa *f*.

framboisier [fʀɑ̃bwazje] nm **1.** [plante] frambueso *m* **2.** [gâteau] *bizcocho de dos capas empapadas en kirsch y separadas por crema y frambuesas*.

franc, franche [fʀɑ̃, fʀɑ̃ʃ] adj franco(ca); [coupure] limpio(pia); [couleur] puro(ra). ◆ **franc** nm franco *m* ▸ **franc suisse** franco suizo ▸ **ancien / nouveau franc** franco antiguo / nuevo.

français, e [fʀɑ̃sɛ, ɛz] adj francés(esa). ◆ **français** nm LING francés *m*. ◆ **Français, e** nm, f francés *m*, -esa *f* ▸ **le Français moyen** el francés medio.

France [fʀɑ̃s] npr ▸ **la France** Francia.

franche ⟶ **franc**.

Franche-Comté [fʀɑ̃ʃkɔ̃te] npr ▸ **la Franche-Comté** el Franco Condado.

franchement [fʀɑ̃ʃmɑ̃] adv **1.** [gén] francamente ▸ **franchement !** ¡no veas! **2.** [carrément] con decisión.

franchir [32] [fʀɑ̃ʃiʀ] vt **1.** [gén] salvar **2.** [porte] atravesar.

franchise [fʀɑ̃ʃiz] nf **1.** [gén] franquicia *f* **2.** [sincérité] franqueza *f*.

franchisé, e [fʀɑ̃ʃize] vt franquiciado *m*, -da *f*.

franchiser [fʀɑ̃ʃize] vt franquiciar.

franchouillard, e [fʀɑ̃ʃujaʀ, aʀd] adj *fam característico del ciudadano francés medio conservador y sin amplitud de miras*.

francilien, enne [fʀɑ̃siljɛ̃, ɛn] adj de la región Île-de-France. ◆ **Francilien, enne** nm, f *persona que vive en la región Île-de-France*.

franciscain, e [fʀɑ̃siskɛ̃, ɛn] adj & nm, f franciscano(na).

franciser [3] [fʀɑ̃size] vt afrancesar.

franc-jeu [fʀɑ̃ʒø] nm ▸ **jouer franc-jeu** jugar limpio.

franc-maçon, onne [fʀɑ̃masɔ̃, ɔn] (*mpl* **francs-maçons**, *fpl* **franc-maçonnes**) nm, f masón *m*, -ona *f*.

franc-maçonnerie [fʀɑ̃masɔnʀi] (*pl* **franc-maçonneries**) nf **1.** [association] masonería *f*, francmasonería *f* **2.** *fig* [solidarité] compañerismo *m*.

franco [fʀɑ̃ko] adv **1.** *fam* [sans hésiter] ▸ **y aller franco** ir directamente al grano **2.** COMM franco ▸ **franco de port** franco de porte.

franco-français, e [fʀɑ̃kofʀɑ̃sɛ, ɛz] (*mpl* **franco-français**, *fpl* **franco-françaises**) adj *fam* & *péj que sólo atañe a los franceses*.

francophile [fʀɑ̃kɔfil] adj & nmf francófilo(la).

francophone [fʀɑ̃kɔfɔn] adj & nmf francófono(na).

francophonie [fʀɑ̃kɔfɔni] nf francofonía *f*.

La francophonie

La **francophonie** es un concepto cultural y político cuyo objetivo es promover la lengua y la cultura francesas. Este concepto designa asimismo el conjunto de países de habla francesa que utilizan la lengua francesa como lengua de cultura o de trabajo, sea o no el idioma ofical del país.

franc-parler [fʀɑ̃paʀle] (*pl* **francs-parlers**) nm ▸ **avoir son franc-parler** hablar sin rodeos.

franc-tireur [fʀɑ̃tiʀœʀ] (*pl* **francs-tireurs**) nm francotirador *m*.

frange [fʀɑ̃ʒ] nf **1.** [de cheveux] flequillo *m* ESP, cerquillo *m* AM **2.** [de vêtement] fleco *m* **3.** [bordure, limite] franja *f*.

frangin, e [fʀɑ̃ʒɛ̃, in] nm, f *fam* hermano *m*, -na *f*.

frangipane [fʀɑ̃ʒipan] nf crema *f* de almendras.

franglais [fʀɑ̃glɛ] nm *lengua francesa que incluye gran cantidad de palabras y construcciones de origen inglés*.

franquette [fʀɑ̃kɛt] ◆ **à la bonne franquette** loc adv sin ceremonia.

franquisme [fʀɑ̃kism] nm franquismo *m*.

franquiste [fʀɑ̃kist] adj & nmf franquista.

frappant, e [fʀapɑ̃, ɑ̃t] adj impresionante.

frappe [fʀap] nf **1.** [de monnaie] acuñación *f* **2.** [à la machine] tecleo *m* ; [à la minute] pulsación *f* **3.** SPORT [de boxeur] pegada *f* **4.** *péj* [voyou] golfo *m*, -fa *f*.

frappé, e [fʀape] adj **1.** [boisson] helado(da) **2.** *fam* [personne] tocado(da).

frapper [3] [fʀape] ◈ vt **1.** [cogner] golpear **2.** [concerner] afectar **3.** [impressionner] impresionar **4.** [boisson] enfriar **5.** [monnaie] acuñar. ◈ vi llamar / *'frapper avant d'entrer'* 'llamar antes de entrar'.

frasques [fʀask] nfpl locuras *fpl*.

fraternel, elle [fʀatɛʀnɛl] adj fraternal.

fraterniser [3] [fʀatɛʀnize] vi ▸ **fraterniser avec qqn** fraternizar con alguien.

fraternité [fʀatɛʀnite] nf fraternidad *f*.

fratricide [fʀatʀisid] adj & nmf fratricida.

fraude [fʀod] nf fraude *m* ▸ **passer qqch en fraude** pasar algo de manera fraudulenta ▸ **fraude électorale** fraude electoral ▸ **fraude fiscale** fraude fiscal ▸ **fraude informatique** fraude informático.

frauder [3] [fʀode] ◈ vt defraudar. ◈ vi cometer fraude.

fraudeur, euse [fʀodœʀ, øz] nm, f defraudador *m*, -ra *f*.

frauduleux, euse [fʀodylø, øz] adj fraudulento(ta).

frayer [11] [fʀeje] ◈ vt ▸ **frayer la voie à qqch / qqn** abrir camino a algo / a alguien. ◈ vi ▸ **frayer avec qqn** *sout* [le fréquenter] relacionarse con alguien.
◆ **se frayer** vp ▸ **se frayer un chemin (à travers)** abrirse camino (a través).

frayeur [fʀɛjœʀ] nf pavor *m*.

fredaines [fʀədɛn] nfpl locuras *fpl*.

fredonner [3] [fʀədɔne] ◈ vt tararear. ◈ vi canturrear.

free-lance (*pl* **free-lances**) [fʀilɑ̃s] ◈ adj inv free lance. ◈ nmf trabajador *m* autónomo, trabajadora *f* autónoma, free lance *mf*. ◈ nm **1.** [travail] colaboración *f* externa **2.** EXPR **travailler en free-lance** trabajar como autónomo ou free lance.

Freetown [fʀitawn] npr Freetown.

freezer [fʀizœʀ] nm congelador *m*.

frégate [fʀegat] nf fragata *f*.

frein [fʀɛ̃] nm freno *m* ▸ **sans frein** [passion, imagination] desenfrenado(da) ▸ **frein à main** freno de mano ▸ **frein moteur** freno de motor ▸ **mettre un frein à qqch** poner freno a algo ▸ **il ronge son frein** está que trina.

freinage [fʀɛnaʒ] nm frenado *m*.

freiner [4] [fʀene] vt & vi frenar.

frelaté, e [fʀəlate] adj **1.** [vin] adulterado(da) **2.** *fig* [corrompu] corrompido(da).

frêle [fʀɛl] adj **1.** [construction] frágil **2.** [personne] endeble **3.** *fig* [espoir, voix] débil.

frelon [fʀəlɔ̃] nm abejorro *m*.

freluquet [fʀəlykɛ] nm *péj* mequetrefe *m*.

frémir [32] [fʀemiʀ] vi **1.** [personne] estremecerse **2.** [eau] romper a hervir.

frémissement [fʀemismɑ̃] nm **1.** [de personne] estremecimiento *m* **2.** [des lèvres] temblor *m* **3.** [d'eau chaude] borboteo *m*.

frêne [fʀɛn] nm fresno *m*.

frénésie [fʀenezi] nf frenesí *m*.

frénétique [fʀenetik] adj frenético(ca).

frénétiquement [fʀenetikmɑ̃] adv **1.** [applaudir] frenéticamente **2.** [aimer] con frenesí.

fréquemment [fʀekamɑ̃] adv frecuentemente.

fréquence [fʀekɑ̃s] nf frecuencia *f*.

fréquent, e [fʀekɑ̃, ɑ̃t] adj frecuente.

fréquentable [fʀekɑ̃tabl] adj [personne, endroit] recomendable.

fréquentation [fʀekɑ̃tasjɔ̃] nf **1.** [d'endroit] frecuentación *f* **2.** [de personne] trato *m*. ◆ **fréquentations** nfpl relaciones *fpl* ▸ **avoir de mauvaises fréquentations** ir en malas compañías.

fréquenté, e [fʀekɑ̃te] adj frecuentado(da) ▸ **mal fréquenté** de mala fama ▸ **peu / très fréquenté** poco / muy concurrido.

fréquenter [3] [fʀekɑ̃te] vt frecuentar. ◆ **se fréquenter** vp verse.

frère [fʀɛʀ] ◈ nm hermano *m* ▸ **frère aîné** hermano mayor ▸ **frère cadet** hermano menor ▸ **frère jumeau** hermano gemelo ▸ **frère de lait** hermano de leche ▸ **frères siamois** hermanos siameses ▸ **faux frère** traidor *m* ▸ **grand frère** hermano mayor ▸ **petit frère** hermano pequeño ▸ **frères d'armes** compañeros *mpl* de arma ▸ **frères ennemis** cainitas *mpl*. ◈ adj [parti, peuple] hermano.

frérot [fʀeʀo] nm *fam* hermanito *m*.

fresque [fʀɛsk] nf fresco *m (pintura)*.

fret [fʀɛ(t)] nm flete *m* ▸ **fret aérien** flete aéreo.

frétiller [3] [fʀetije] vi **1.** [poisson] colear **2.** *fig* [personne] ▸ **frétiller de qqch** [joie, etc.] bullir de algo.

fretin [fʀətɛ̃] nm ▸ **le menu fretin** la morralla.

freudien, enne [fʀødjɛ̃, ɛn] adj freudiano(na).

friable [fʀijabl] adj desmenuzable.

friand, e [fʀijɑ̃, ɑ̃d] adj ▸ **être friand de qqch** ser un apasionado de algo. ◆ **friand** nm CULIN *empanada hecha con masa de hojaldre*.

friandise [fʀijɑ̃diz] nf golosina *f*.

fric [fʀik] nm *fam* pasta *f*, pelas *fpl*.

fricassée [fʀikase] nf CULIN fricasé *m*.

fric-frac [fʀikfʀak] nm inv *fam* robo *m* (con fractura).

friche [fʀiʃ] nf baldío *m* ▸ **en friche** a) [champ] baldío(a) b) *fig* [intelligence, capacités] sin cultivar.

fricoter [3] [fʀikɔte] *fam* ◈ vt **1.** [manigancer] maquinar **2.** *vieilli* [cuisiner] guisar. ◈ vi ▸ **fricoter avec qqn** tontear con alguien.

friction [fʀiksjɔ̃] nf **1.** [massage] friega *f* **2.** PHYS fricción *f* **3.** *fig* [désaccord] roce *m*, fricción *f*.

frictionner [3] [fʀiksjɔne] vt friccionar. ◆ **se frictionner** vp friccionarse.

Frigidaire® [fʀiʒidɛʀ] nm nevera *f*.

frigide [fʀiʒid] adj frígido(da).

frigidité [fʀiʒidite] nf frigidez *f*.

frigo [fʀigo] nm *fam* nevera *f*.

frigorifié, e [fʀigɔʀifje] adj *fam* helado(da).

frigorifique [fʀigɔʀifik] adj frigorífico(ca).

frileux, euse [fʀilø, øz] adj **1.** [craignant le froid] friolero(ra) ESP, friolento(ta) AM **2.** [prudent] timorato(ta).

frimas [fʀima] nm *sout* escarcha *f*.

frime [fʀim] nf *fam* chuleo *m*, fardada *f* ▸ **pour la frime** para fardar.

frimer [3] [fʀime] vi *fam* chulear, vacilar, fardar.

frimeur, euse [fʀimœʀ, øz] nm, f *fam* chulo *m*, -la *f*, vacilón *m*, -ona *f*.

frimousse [fʀimus] nf *fam* carita *f*.

fringale [fʀɛ̃gal] nf *fam* hambre *f* canina.

fringant, e [fʀɛ̃gɑ̃, ɑ̃t] adj **1.** [cheval] fogoso(sa) **2.** [personne] apuesto(ta).

fringuer [3] [fʀɛ̃ge] vt *fam* vestir. ◆ **se fringuer** vp *fam* vestirse.

fringues [fʀɛ̃g] nfpl *fam* trapos *mpl (vestidos)*.

friper [3] [fʀipe] vt **1.** [tissu] arrugar **2.** [visage] ajar. ◆ **se friper** vp **1.** [tissu] arrugarse **2.** [visage] ajarse.

friperie [fʀipʀi] nf ropavejería *f*.

fripes [fʀip] nfpl ropa *f* de segunda mano.

fripier, ère [fʀipje, ɛʀ] nm, f ropavejero *m*, -ra *f*.

fripon, onne [fʀipɔ̃, ɔn] ◈ nm, f *fam* bribón *m*, -ona *f*. ◈ adj pícaro(ra).

fripouille [fʀipuj] nf *péj* golfo *m*, -fa *f*.

friqué, e [fʀike] adj *fam* [personne, famille, quartier] rico(ca) ESP, platudo(da) AM.

frire [3] [fʀiʀ] ◈ vt freír. ◈ vi freírse ▸ **faire frire** freír.

fris ⟶ **frire**.

Frisbee® [fʀizbi] nm frisbee® *m*.

frise [fʀiz] nf ARCHIT friso *m*.

frisé, e [fʀize] adj **1.** [cheveux] rizado(da) **2.** [personne] de pelo rizado. ◆ **frisée** nf [salade] escarola *f*.

friser [3] [fʀize] ◈ vt **1.** [cheveux] rizar ESP, enchinar AM **2.** [frôler] rozar. ◈ vi rizarse.

frisette [fʀizɛt] nf ricito *m*.

frisotter [3] [fʀizɔte] ◈ vt rizar ESP, enchinar AM. ◈ vi rizarse.

frisquet, ette [fʀiskɛ, ɛt] adj *fam* fresquito(ta) / *le temps est plutôt frisquet ces jours-ci* estos días hace un tiempo fresquito. ◆ **frisquet** adv *fam* : *il fait frisquet aujourd'hui* hoy hace fresquito.

frisson [fʀisɔ̃] nm **1.** [gén] estremecimiento *m* **2.** [de fièvre] escalofrío *m*.

frissonner [3] [fʀisɔne] vi **1.** [gén] estremecerse **2.** [de fièvre] tener escalofríos **3.** [eau, feuillage] agitarse.

frit, e [fʀi, fʀit] pp ⟶ **frire**.

frite [fʀit] nf patata *f* frita.

friter [3] [fʀite] ◆ **se friter** vp *fam* [se disputer] enzarzarse.

friterie [fʀitʀi] nf freiduría *f*.

friteuse [fʀitøz] nf freidora *f*.

friture [fʀityʀ] nf **1.** CULIN [à l'huile] fritura f **2.** [poisson] pescado m frito **3.** [interférences] interferencia f.

frivole [fʀivɔl] adj frívolo(la).

frivolité [fʀivɔlite] nf frivolidad f.

froc [fʀɔk] nm **1.** RELIG hábito m **2.** fam [pantalon] pantalón m.

froid, e [fʀwa, fʀwad] adj frío(a) / *un vent froid* un viento frío / *c'est un homme froid* es un hombre frío / *il est resté froid devant le danger* se quedó frío ante el peligro. ◆ **froid** ❖ nm **1.** [température] frío m ▸ **avoir froid** tener frío ▸ **crever de froid** fam morirse de frío ▸ **prendre froid** coger frío ▸ **les grands froids** los grandes fríos ▸ **froid de canard** fam frío que pela ▸ **n'avoir pas froid aux yeux** tener agallas **2.** [dans les relations] distanciamiento m ▸ **être en froid (avec qqn)** distanciarse de alguien. ❖ adv frío. ◆ **à froid** loc adv en frío.

froidement [fʀwadmɑ̃] adv **1.** [gén] fríamente **2.** [sans émotion] a sangre fría.

froideur [fʀwadœʀ] nf frialdad f.

froissement [fʀwasmɑ̃] nm **1.** [bruit] roce m **2.** [de muscle] lesión f.

froisser [3] [fʀwase] vt **1.** [tissu] arrugar **2.** fig [personne] ofender, herir. ◆ **se froisser** vp **1.** [tissu] arrugarse **2.** [muscle] lesionarse **3.** fig [personne] ofenderse.

frôler [3] [fʀole] vt rozar.

fromage [fʀɔmaʒ] nm queso m ▸ **fromage à pâte molle / dure** queso de pasta blanda / dura ▸ **fromage blanc** ≃ requesón m ▸ **fromage de chèvre** queso de cabra ▸ **fromage frais** queso fresco. ◆ **fromage de tête** nm queso m de cerdo.

fromager, ère [fʀɔmaʒe, ɛʀ] adj & nm, f quesero(ra).

fromagerie [fʀɔmaʒʀi] nf **1.** [magasin] quesería f **2.** [industrie] industria f quesera.

froment [fʀɔmɑ̃] nm trigo m candeal.

fronce [fʀɔ̃s] nf frunce m ▸ **des fronces** un fruncido.

froncement [fʀɔ̃smɑ̃] nm fruncimiento m.

froncer [16] [fʀɔ̃se] vt fruncir ▸ **froncer les sourcils** fruncir el ceño.

frondaison [fʀɔ̃dɛzɔ̃] nf **1.** [période] foliación f **2.** [feuillage] frondosidad f.

fronde [fʀɔ̃d] nf **1.** [arme] honda f **2.** [jouet] tirachinas m inv, tirador m **3.** [révolte] revuelta f.

frondeur, euse [fʀɔ̃dœʀ, øz] adj & nm, f revoltoso(sa).

front [fʀɔ̃] nm **1.** [gén] frente m ▸ **faire front à qqch** hacer frente a algo ▸ **mener de front** llevar a la vez **2.** ANAT frente f **3.** fig [audace] cara f ▸ **avoir le front de faire qqch** tener la cara de hacer algo. ◆ **de front** loc adv de frente ; [marcher, rouler] al lado ▸ **heurter de front** chocar frontalmente.

frontal, e, aux [fʀɔ̃tal, o] adj frontal.

frontalier, ère [fʀɔ̃talje, ɛʀ] ❖ adj **1.** [zone] fronterizo(za) **2.** [travailleur] *que trabaja al otro lado de la frontera.* ❖ nm, f *persona que trabaja al otro lado de la frontera.*

frontière [fʀɔ̃tjɛʀ] ❖ adj fronterizo(za). ❖ nf frontera f.

frontispice [fʀɔ̃tispis] nm frontispicio m.

fronton [fʀɔ̃tɔ̃] nm frontón m.

frottement [fʀɔtmɑ̃] nm **1.** [contact] fricción f **2.** fig [conflit] roce m.

frotter [3] [fʀɔte] ❖ vt **1.** [mettre en contact] frotar **2.** [astiquer, enduire] restregar ▸ **frotter qqch de qqch** restregar algo con algo. ❖ vi rozar. ◆ **se frotter** vp **1.** [se blottir] ▸ **se frotter contre qqn / contre qqch** rozarse con alguien / algo **2.** [se frictionner] frotarse **3.** fam [provoquer] ▸ **se frotter à qqn** pinchar a alguien.

frottis [fʀɔti] nm **1.** MÉD citología f ▸ **frottis vaginal** citología vaginal **2.** ART pincelada f.

froufrou [fʀufʀu] nm frufrú m.

froussard, e [fʀusaʀ, aʀd] adj & nm, f fam cagueta.

frousse [fʀus] nf fam canguelo m ▸ **avoir la frousse** tener canguelo.

fructifier [9] [fʀyktifje] vi fructificar ▸ **faire fructifier** hacer fructificar.

fructose [fʀyktoz] nm fructosa f.

fructueux, euse [fʀyktɥø, øz] adj fructífero(ra).

frugal, e, aux [fʀygal, o] adj frugal.

fruit [fʀɥi] nm **1.** [d'arbre] fruta f ▸ **fruit confit** fruta confitada ou escarchada ▸ **fruit frais** fruta seca ▸ **fruit sec** fruto m seco ▸ **le fruit défendu** la fruta prohibida **2.** fig [résultat, profit] fruto m. ◆ **fruits de mer** nmpl marisco m.

fruité, e [fʀɥite] adj afrutado(da).

fruitier, ère [fʀɥitje, ɛʀ] ❖ adj [arbre] frutal. ❖ nm, f frutero m, -ra f. ◆ **fruitier** nm **1.** [local] frutería f **2.** SUISSE [fromager] quesero m, -ra f.

frusques [fʀysk] nfpl fam pingos mpl.

fruste [fʀyst] adj basto(ta).

frustrant, e [fʀystʀɑ̃, ɑ̃t] adj frustrante.

frustration [fʀystʀasjɔ̃] nf frustración f.

frustré, e [fʀystʀe] adj & nm, f frustrado(da).

frustrer [3] [fʀystʀe] vt **1.** [décevoir] frustrar **2.** [priver] ▸ **frustrer qqn de qqch** privar a alguien de algo.

FS (*abr écrite de* **franc suisse**) FS / *un billet de 20 FS* un billete de 20 FS.

FTP ❖ nmpl (*abr de* **Francs-tireurs et partisans**) *resistencia comunista francesa durante la 2ª Guerra Mundial.* ❖ nm (*abr de* **file transfer protocol**) FTP ▸ **un serveur FTP** un servidor FTP ▸ **un site FTP** un sitio FTP ▸ **le protocole FTP** el protocolo FTP.

fuchsia [fyʃja] nm fucsia f.

fuel [fjul] nm fuel m.

fugace [fygas] adj fugaz.

fugitif, ive [fyʒitif, iv] ❖ adj fugaz. ❖ nm, f fugitivo m, -va f.

fugue [fyg] nf fuga f ▸ **faire une fugue** fugarse.

fuguer [3] [fyge] vi fugarse.

fugueur, euse [fygœʀ, øz] ◈ adj *que tiene tendencia a fugarse.* ◈ nm, f *niño que tiene tendencia a fugarse.*

fui [fɥi] pp inv ⟶ **fuir**.

fuir [35] [fɥiʀ] ◈ vi **1.** [personne] huir **2.** [gaz, eau] escaparse **3.** *fig* [temps] irse. ◈ vt ▸ **fuir qqch** huir de algo ▸ **fuir qqn** rehuir a alguien.

fuis ⟶ **fuir**.

fuite [fɥit] nf **1.** [de personne] huida *f* ▸ **en fuite** fugado(da) ▸ **fuite en avant** huida hacia adelante ▸ **mettre qqn en fuite** poner a alguien en fuga ▸ **prendre la fuite** darse a la fuga **2.** [de gaz, d'eau] escape *m* **3.** *fig* [indiscrétion] filtración *f*.

fulgurant, e [fylgyʀɑ̃, ɑ̃t] adj fulgurante.

fulminant, e [fylminɑ̃, ɑ̃t] adj fulminante.

fulminer [3] [fylmine] ◈ vi estallar ▸ **fulminer contre qqn** montar en cólera contra alguien. ◈ vt *sout* espetar.

fumant, e [fymɑ̃, ɑ̃t] adj ▸ **un coup fumant** una mala pasada.

fumé, e [fyme] adj ahumado(da).

fumée [fyme] nf humo *m* ▸ **partir en fumée** esfumarse. ◆ **fumées** nfpl *sout* [d'alcool] vapores *mpl*.

fumer [3] [fyme] ◈ vi **1.** [cheminée, bouilloire, etc.] humear **2.** *fam* [personne] echar humo. ◈ vt **1.** [cigarette] fumar ▸ **fumer la moquette** *fam* : ***tu as refusé, non, mais tu as fumé la moquette ou quoi !*** ¿te has fumado o metido algo o qué? **2.** [saumon] ahumar.

fûmes [fym] ⟶ **être**.

fumet [fymɛ] nm **1.** [odeur] tufillo *m* **2.** CULIN caldo *m* concentrado.

fumette [fymɛt] nf *fam* : ***se faire une fumette*** fumarse un porro.

fumeur, euse [fymœʀ, øz] nm, f fumador *m*, -ra *f*.

fumeux, euse [fymø, øz] adj nebuloso(sa).

fumier [fymje] nm **1.** AGRIC estiércol *m* **2.** *tfam* [salaud] cabrón *m* ESP, concha *f* de su madre AM.

fumigation [fymigasjɔ̃] nf fumigación *f*.

fumiste [fymist] nmf *fam* gandul *m*, -la *f*.

fumisterie [fymistəʀi] nf *fam* camelo *m*.

fumoir [fymwaʀ] nm **1.** [pour poisson] ahumadero *m* **2.** [salon] fumadero *m*.

fun [fœn] ◈ adj inv *fam* [amusant] divertido(da). ◈ nm *fam* [plaisir] : ***on a fait ça pour le fun*** lo hicimos por diversión.

funambule [fynɑ̃byl] nmf funámbulo *m*, -la *f*.

funèbre [fynɛbʀ] adj fúnebre.

funérailles [fyneʀaj] nfpl funerales *mpl*.

funéraire [fyneʀɛʀ] adj funerario(ria).

funeste [fynɛst] adj funesto(ta).

funiculaire [fynikylɛʀ] nm funicular *m*.

FUNU, Funu [fyny] (*abr de* **Force d'urgence des Nations unies**) nf UNEF *f*.

fur [fyʀ] ◆ **au fur et à mesure** loc adv poco a poco. ◆ **au fur et à mesure que** loc conj a medida que, conforme.

furax [fyʀaks] adj inv *fam* hecho(cha) una fiera.

furent [fyʀ] ⟶ **être**.

furet [fyʀɛ] nm **1.** [animal] hurón *m* **2.** *péj* [personne] fisgón *m* **3.** [jeu] anillito *m*.

fureter [28] [fyʀte] vi **1.** [fouiller] fisgonear **2.** [chasser] huronear.

fureur [fyʀœʀ] nf furor *m* ▸ **faire fureur** hacer furor.

furibard, e [fyʀibaʀ, aʀd] adj *fam* ▸ **être furibard** estar hecho una furia.

furibond, e [fyʀibɔ̃, ɔ̃d] adj furibundo(da).

furie [fyʀi] nf **1.** [gén] furia *f* ▸ **mettre qqn en furie** enfurecer a alguien ▸ **en furie** enfurecido(da) **2.** *fig* [femme] harpía *f*.

furieusement [fyʀjøzmɑ̃] adv furiosamente.

furieux, euse [fyʀjø, øz] adj **1.** [personne, acte, air] furioso(sa) **2.** [haine, appétit] terrible.

furoncle [fyʀɔ̃kl] nm forúnculo *m*.

furtif, ive [fyʀtif, iv] adj furtivo(va).

furtivement [fyʀtivmɑ̃] adv furtivamente.

fus ⟶ **être**.

fusain [fyzɛ̃] nm **1.** [arbre] bonetero *m* **2.** [crayon] carboncillo *m* **3.** [dessin] dibujo *m* al carbón.

fuseau, x [fyzo] nm **1.** [outil] huso *m* **2.** [vêtement] pitillo *m* ; [de ski] fuseau *m*. ◆ **fuseau horaire** nm huso *m* horario.

fusée [fyze] nf **1.** [gén] cohete *m* **2.** [d'un essieu] mangueta *f*, manga *f*.

fuselage [fyzlaʒ] nm fuselaje *m*.

fuselé, e [fyzle] adj fino(na).

fuser [3] [fyze] vi [rires, applaudissements] llover.

fusible [fyzibl] nm fusible *m*.

fusil [fyzi] nm **1.** [arme - gén] fusil *m* ; [- de chasse] escopeta *f* ▸ **changer son fusil d'épaule** cambiar de chaqueta **2.** [tireur] tirador *m*, -ra *f* **3.** [outil] máquina *f* afiladora.

fusillade [fyzijad] nf **1.** [combat] tiroteo *m* ESP, balacera *f* AM **2.** [exécution] fusilamiento *m*.

fusiller [3] [fyzije] vt **1.** [exécuter] fusilar **2.** *fig* [du regard] fulminar **3.** *fam* [abîmer] cargarse.

fusil-mitrailleur [fyzimitʀajœʀ] (*pl* **fusils-mitrailleurs**) nm fusil *m* ametrallador.

fusion [fyzjɔ̃] nf **1.** [gén & ÉCON] fusión *f* ▸ **en fusion** [métal] fundido(da) **2.** [de races, de peuples] mezcla *f*.

fusionnel, elle [fyzjɔnɛl] adj fusional.

fusionner [3] [fyzjɔne] ◈ vt fusionar. ◈ vi ▸ **fusionner (avec qqch)** fusionarse (con algo).

fustiger [17] [fystiʒe] vt *sout* fustigar.

fût [fy] ◈ nm **1.** [d'arbre] tronco *m* **2.** [tonneau] tonel *m* **3.** [d'arme] caña *f* **4.** [de colonne] fuste *m*. ◈ v ⟶ **être**.

futaie [fytɛ] nf monte *m* alto.

futal, als [fytal], **fute** [fyt] nm *fam* pantalón *m*.

futé, e [fyte] adj & nm, f *fam* listo(ta).

fute-fute [fytfyt] adj *fam* : *il n'est pas très fute-fute* no tiene muchas luces.

fûtes [fyt] ⟶ **être**.

futile [fytil] adj **1.** [insignifiant] fútil **2.** [frivole] frívolo(la).

futilité [fytilite] nf futilidad *f*.

futon [fytɔ̃] nm futón *m*.

futur, e [fytyʀ] ◈ adj futuro(ra) ▸ **futurs mariés** futuros esposos. ◈ nm, f [fiancé] futuro *m*, -ra *f*. ◆ **futur** nm futuro *m* ▸ **futur antérieur** futuro perfecto.

futuriste [fytyʀist] adj & nmf futurista.

futurologue [fytyʀɔlɔg] nmf futurólogo *m*, -ga *f*.

fuyais ⟶ **fuir**.

fuyant, e [fɥijɑ̃, ɑ̃t] adj **1.** [perspective] lejano(na) ; [lignes] de fuga **2.** [front, menton] deprimido(da) **3.** [regard] huidizo(za).

fuyard, e [fɥijaʀ, aʀd] nm, f fugitivo *m*, -va *f*.

FV (*abr de* **fréquence vocale**) frecuencia *f* vocal.

G

g, G [ʒe] nm inv [lettre] g *f*, G *f*. ◆ **g 1.** (*abr écrite de* **gauche**) izda., izqda. **2.** (*abr écrite de* **gramme**) g. ◆ **G 1.** (*abr écrite de* **gauss**) G **2.** (*abr écrite de* **giga**) G.

G SMS *abr écrite de* **j'ai**.

G7 [ʒesɛt] nm G7 *m*.

G8 nm ▸ **le G8** el G8 ▸ **les (pays) membres du G8** los (países) miembros del G8 ▸ **un sommet du G8** una cumbre del G8 / *une manif(estation) anti-G8* una mani(festación) contra el G8.

G9 nm ▸ **le G9** el G9.

G20 nm ▸ **le G20** el G20.

gabardine [gabaʀdin] nf gabardina *f*.

gabarit [gabaʀi] nm **1.** [modèle] gálibo *m* **2.** *fam* [importance] calaña *f*; [carrure] cuerpo *m*.

gabegie [gabʒi] nf *péj* desbarajuste *m*.

Gabon [gabɔ̃] npr ▸ **le Gabon** Gabón.

gabonais, e [gabɔnɛ, ɛz] adj gabonés(esa). ◆ **Gabonais, e** nm, f gabonés *m*, -esa *f*.

gâche [gaʃ] nf **1.** [d'une serrure] gacheta *f* **2.** [outil] paleta *f*.

gâcher [3] [gaʃe] vt **1.** [gaspiller - argent, talent] malgastar ; [- vie] arruinar ; [- occasion] perder ; [- nourriture] echar a perder **2.** [plaisir] estropear **3.** [plâtre, mortier] amasar.

gâchette [gaʃɛt] nf gatillo *m* ▸ **appuyer sur la gâchette** apretar el gatillo.

gâchis [gaʃi] nm **1.** [gaspillage] derroche *m* **2.** [désordre] desastre *m* **3.** CONSTR mortero *m*.

gadget [gadʒɛt] nm chisme *m*.

gadgétiser [gadʒetize] vt personalizar con chismes, gadgetizar.

gadoue [gadu] nf *fam* barro *m*.

gaélique [gaelik] ◈ adj gaélico(ca). ◈ nm LING gaélico *m*.

gaffe [gaf] nf **1.** *fam* [maladresse] plancha *f*, metedura *f* de pata ▸ **faire une gaffe** meter la pata **2.** EXPR **faire gaffe** *fam* [faire attention] tener cuidado.

⚠ **Gafe** est un faux ami, il ne signifie pas *gaffe*, mais « oiseau de malheur ».

gaffer [3] [gafe] ◈ vt aferrar con el bichero. ◈ vi *fam* meter la pata.

gaffeur, euse [gafœʀ, øz] *fam* ◈ adj que mete la pata. ◈ nm, f metepatas *mf inv*.

gag [gag] nm CINÉ & THÉÂTRE gag *m* ; [plaisanterie] broma *f*.

gaga [gaga] adj *fam* chocho(cha).

gage [gaʒ] nm **1.** [dépôt] prenda *f* ▸ **mettre qqch en gage** empeñar algo **2.** [assurance, preuve] testimonio *m*, prueba *f* ▸ **en gage de** en prueba de **3.** [au jeu] prenda *f*.

gager [17] [gaʒe] vt ▸ **gager que** apostar que.

gageure [gaʒyʀ] nf *fam* apuesta *f*.

gagnant, e [gaɲɑ̃, ɑ̃t] adj & nm, f ganador(ra).

gagne-pain [gaɲpɛ̃] nm inv sustento *m*.

gagne-petit [gaɲpəti] nm inv trabajador *m* modesto.

gagner [3] [gaɲe] ◈ vt **1.** [gén] ganar / *il gagne largement de quoi vivre* gana de sobras para vivir / *qui a gagné la course ?* ¿quién ha ganado la carrera? **2.** [estime] ganarse. ◈ vi **1.** [s'améliorer] ▸ **gagner à** ganar al / *ce vin gagne à vieillir* este vino gana al envejecer ▸ **gagner en** ganar en ▸ **gagner à être connu** ganar con el trato **2.** [se propager] extenderse.

gagneur, euse [gaɲœʀ, øz] nm, f ganador *m*, -ra *f*.

gai, e [gɛ] adj alegre.

gaiement [gemɑ̃] adv alegremente.

gaieté [gete] nf alegría *f* ▸ **de gaieté de cœur** con gusto.

gaillard, e [gajaʀ, aʀd] ◈ adj **1.** [alerte] ágil **2.** [grivois] atrevido(da). ◈ nm, f buen mozo *m*, buena moza *f*. ◆ **gaillard** nm NAUT castillo *m*.

gain [gɛ̃] nm **1.** [gén] ganancia *f* ▸ **avoir** OU **obtenir gain de cause** DR ganar un pleito / *il a obtenu gain de cause* le han dado la razón **2.** [économie] ahorro *m*.

gaine [gɛn] nf **1.** [gén] funda *f* **2.** [sous-vêtement] faja *f*.

gaine-culotte [gɛnkylɔt] (*pl* **gaines-culottes**) nf faja-pantalón *f*.

gainer [4] [gene] vt enfundar.

gala [gala] nm gala *f* ▸ **de gala** de gala.

galamment [galamɑ̃] adv galantemente.

galant, e [galɑ̃, ɑ̃t] adj galante. ◆ **galant** nm *vieilli & hum* galán *m*.

galanterie [galɑ̃tʀi] nf galantería *f*.

galantine [galɑ̃tin] nf galantina *f*.

Galapagos [galapagɔs] npr f pl ▸ **les Galapagos** las Galápagos.

galaxie [galaksi] nf galaxia *f*.

galbe [galb] nm línea *f (perfil)*.

galbé, e [galbe] adj torneado(da).

gale [gal] nf sarna *f*.

galère [galɛʀ] nf **1.** NAUT galera *f* **2.** *fam* [situation désagréable] berenjenal *m* / ***quelle galère !*** ¡qué rollo!

galérer [18] [galeʀe] vi *fam* **1.** [matériellement] vérselas negras / ***il n'y avait pas de train, j'ai galéré pour venir jusqu'ici*** no había tren y me las he visto negro para llegar hasta aquí **2.** [financièrement] trampear / ***impossible de trouver du boulot, je galère depuis six mois*** es imposible encontrar curro, voy trampeando desde hace seis meses.

galerie [galʀi] nf **1.** [gén] galería *f* ▸ **galerie marchande** galería comercial ▸ **galerie de peinture** galería de pintura **2.** [porte-bagages] baca *f* **3.** EXPR **amuser la galerie** divertir al personal.

galeriste [galʀist] nmf galerista *mf*.

galet [galɛ] nm **1.** [caillou] canto *m* rodado, guijarro *m* **2.** TECHNOL ruedecilla *f*.

galette [galɛt] nf **1.** [gâteau] torta *f*; [crêpe] crepe *f* salada ▸ **galette des Rois** ≃ roscón *m* de Reyes **2.** *fam* [argent] pasta *f*, pelas *fpl*.

> ⚠ **Galleta** est un faux ami, il ne signifie pas *galette*, mais « biscuit ».

> **La galette des Rois**
>
> Es una torta rellena de crema de almendras que se come el 6 de enero, y en cuyo interior se esconde una figurita sorpresa, la **fève**. Para celebrar la Epifanía, es tradición **tirer les rois** y para ello, se corta la torta en porciones iguales y un joven comensal adjudica a ciegas cada porción. Aquél que encuentre la **fève** será coronado rey o reina con una corona de cartón y tendrá que elegir a su consorte.

galeux, euse [galø, øz] adj **1.** MÉD sarnoso(sa) **2.** ⟶ **brebis**.

Galice [galis] npr ▸ **la Galice** Galicia.

galicien, enne [galisjɛ̃, ɛn] adj gallego(ga). ◆ **Galicien, enne** nm, f gallego *m*, -ga *f*.

galimatias [galimatja] nm galimatías *m inv*.

galipette [galipɛt] nf *fam* voltereta *f* ▸ **faire des galipettes** dar volteretas.

Galles [gal] npr ⟶ **pays**.

gallicisme [galisism] nm galicismo *m*.

gallinacé [galinase] nm gallinácea *f*.

gallois, e [galwa, az] adj galés(esa). ◆ **gallois** nm LING galés *m*. ◆ **Gallois, e** nm, f galés *m*, -esa *f*.

gallo-romain, e [galoʀɔmɛ̃, ɛn] adj galorromano(na). ◆ **Gallo-romain, e** nm, f galorromano *m*, -na *f*.

galoche [galɔʃ] nf zueco *m*.

galon [galɔ̃] nm **1.** COUT pasamano *m* **2.** MIL galón *m* ▸ **prendre du galon** *fig* ascender de categoría.

galop [galo] nm galope *m* ▸ **au galop a)** [cheval] al galope **b)** *fig* rápido.

galopade [galɔpad] nf galopada *f*.

galopant, e [galɔpɑ̃, ɑ̃t] adj [inflation, maladie] galopante.

galoper [3] [galɔpe] vi **1.** [gén] galopar **2.** [personne] trotar.

galopin [galɔpɛ̃] nm *fam* galopín *m*, pilluelo *m*.

galvaniser [3] [galvanize] vt galvanizar.

galvauder [3] [galvode] vt **1.** [nom, gloire, réputation] manchar **2.** [talent, dons] prostituir. ◆ **se galvauder** vp [s'avilir] degradarse.

gambader [3] [gɑ̃bade] vi saltar.

gamberger [17] [gɑ̃bɛʀʒe] vi *fam* discurrir.

gambette [gɑ̃bɛt] nf *fam* pierna *f*.

Gambie [gɑ̃bi] npr ▸ **la Gambie** Gambia.

gambien, enne [gɑ̃bjɛ̃, ɛn] adj gambiano(na), gambiense. ◆ **Gambien, enne** nm, f gambiano *m*, -na *f*.

gamelle [gamɛl] nf **1.** [plat] escudilla *f* **2.** EXPR **se prendre une gamelle** *fam* pegarse un batacazo.

gamète [gamɛt] nm gameto *m* ▸ **gamète femelle** gameto hembra ▸ **gamète mâle** gameto macho.

gamin, e [gamɛ̃, in] ◆ adj **1.** [espiègle] travieso(sa) **2.** *péj* [infantile] crío(a). ◆ nm, f **1.** *fam* [enfant] crío *m*, -a *f* **2.** [des rues] pilluelo *m*, -la *f*.

gaminerie [gaminʀi] nf **1.** [espièglerie] travesura *f* **2.** [enfantillage] niñería *f*, chiquillada *f*.

gamme [gam] nf **1.** MUS escala *f*, gama *f* **2.** [série] gama *f* ▸ **gamme de produits** gama de artículos ▸ **haut / bas de gamme** de alta/baja gama.

Gand [gɑ̃] npr Gante.

gang [gɑ̃g] nm banda *f*.

Gange [gɑ̃ʒ] npr ▸ **le Gange** el Ganges.

ganglion [gɑ̃glijɔ̃] nm ganglio *m*.

gangrène [gɑ̃gʀɛn] nf gangrena *f*.

gangster [gɑ̃gstɛʀ] nm gángster *m*.

gangue [gɑ̃g] nf **1.** [de minerai] ganga *f* **2.** *fig* [carcan] tenaza *f*.

gant [gɑ̃] nm guante *m* ▸ **gant de boxe** guante de boxeo ▸ **gant de OU en caoutchouc** guante de goma ▸ **gant de crin** guante de crin ▸ **gant de toilette** guante de baño, manopla *f* ▸ **aller comme un gant à qqn** ir como un guante a alguien ▸ **prendre des gants (avec qqn)** tratar con guante blanco (a alguien).

gap [gap] nm ÉCON diferencial *m*.

garage [gaʀaʒ] nm **1.** [abri] garage *m* **2.** [atelier] taller *m* ESP, refaccionaria *f* AM.

garagiste [gaʀaʒist] nmf mecánico *m* ▸ **chez le garagiste** al taller.

garant, e [gaʀɑ̃, ɑ̃t] nm, f **1.** DR [responsable] garante *mf* ▸ **se porter garant de qqn / de qqch** responder de alguien/de algo **2.** ÉCON [de dette] avalador *m*, -ra *f* ▸ **se porter garant de qqn** avalar a alguien. ◆ **garant** nm garantía *f*.

garantie [gaʀɑ̃ti] nf garantía *f* ▸ **sous garantie** en garantía.

garantir [32] [gaʀɑ̃tiʀ] vt **1.** [gén] garantizar ▸ **garantir à qqn que** garantizar a alguien que **2.** [protéger] proteger ▸ **garantir qqn / qqch de qqch** proteger a alguien / algo de algo.

garce [gaʀs] nf *péj* zorra *f*.

garçon [gaʀsɔ̃] nm **1.** [jeune homme] chico *m*, muchacho *m* ▸ **vieux garçon** solterón *m* **2.** [assistant] dependiente *m* ▸ **garçon boucher** dependiente de carnicería **3.** [serveur] camarero *m* ESP, mozo *m* AM ▸ **garçon de café** camarero ▸ **garçon !** ¡camarero! ◆ **garçon manqué** nm marimacho *m*.

garçonne [gaʀsɔn] nf ▸ **à la garçonne** a lo chico.

garçonnet [gaʀsɔnɛ] nm niñito *m*.

garçonnière [gaʀsɔnjɛʀ] nf apartamento *m* de soltero.

garde [gaʀd] ❖ nf **1.** [gén] guardia *f* ▸ **de garde** [médecin, soldat] de guardia ▸ **monter la garde** montar guardia ▸ **garde de nuit** guardia nocturna ▸ **être** ou **se tenir sur ses gardes** estar sobre aviso ▸ **mettre qqn en garde contre qqch** poner a alguien en guardia contra algo ▸ **prendre garde à qqch / à ne pas faire qqch** tener cuidado con algo/de no hacer algo ▸ **prendre garde que** tener cuidado de que **2.** DR [charge] custodia *f* ▸ **avoir la garde d'un enfant** tener la custodia de un niño ▸ **garde alternée des enfants** custodia compartida de los hijos, custodia alternada ou en alternancia de los hijos. ❖ nm [gardien] guarda *mf* ▸ **garde du corps** guardaespaldas *mf* ▸ **garde forestier** guardabosques *mf*. ◆ **garde à vue** nf DR detención *f* preventiva. ◆ **Garde républicaine** nf ▸ **la Garde républicaine** la Guardia republicana. ◆ **Garde des Sceaux** nm ≃ Ministro *m* de Justicia.

garde-à-vous [gaʀdavu] nm inv posición *f* de firmes ▸ **se mettre au garde-à-vous** ponerse firme.

garde-barrière [gaʀdbaʀjɛʀ] (*pl* **gardes-barrière** *ou* **gardes-barrières**) nmf guardabarrera *mf*.

garde-boue [gaʀdəbu] nm inv guardabarros *m inv* ESP, salpicadera *f* AM.

garde-chasse [gaʀdəʃas] (*pl* **gardes-chasse** *ou* **gardes-chasses**) nm guarda *m* de caza.

garde-chiourme [gaʀdəʃjuʀm] (*pl* **gardes-chiourme**) nm carcelero *m*.

garde-côte(s) [gaʀdəkot] (*pl* **garde-côtes**) nm (*pl* **gardes-côtes**) [agent] guardacostas *mf*.

garde-fou [gaʀdəfu] (*pl* **garde-fous**) nm pretil *m*.

garde-malade [gaʀdmalad] (*pl* **gardes-malades**) nmf enfermero *m*, -ra *f*.

garde-manger [gaʀdmɑ̃ʒe] nm inv despensa *f*.

garde-meuble [gaʀdəmœbl] (*pl* **garde-meubles**) nm guardamuebles *m inv*.

gardénia [gaʀdenja] nm gardenia *f*.

garde-pêche [gaʀdəpɛʃ] (*pl* **gardes-pêche**) ❖ nm [personne] guarda *m* de pesca. ❖ nm inv [bateau] guardapesca *m*.

garder [3] [gaʀde] vt **1.** [secret, place] guardar ▸ **garder le silence** guardar silencio **2.** [entrée, porte] vigilar ; [enfant, malade] cuidar **3.** [prisonnier] detener **4.** [conserver - denrées] conservar ; [- paquet, vêtement] quedarse con ▸ **garder la ligne** guardar la linea. ◆ **se garder** vp **1.** [se conserver] conservarse **2.** [s'abstenir] ▸ **se garder de faire qqch** guardarse de hacer algo / *je me garderai de lui en parler* me abstendré de comentárselo **3.** [se méfier] ▸ **se garder de qqch / de qqn** guardarse de algo/de alguien.

garderie [gaʀdəʀi] nf guardería *f*.

garde-robe [gaʀdəʀɔb] (*pl* **garde-robes**) nf **1.** [armoire] ropero *m* **2.** [vêtements] guardarropa *m*, vestuario *m*.

gardien, enne [gaʀdjɛ̃, ɛn] nm, f [gén] guarda *mf*, vigilante *mf* ; [d'immeuble] portero *m*, -ra *f* ▸ **gardien de but** portero *m* ▸ **gardien de nuit** vigilante nocturno ▸ **gardien de la paix** guardia *m* urbano ▸ **gardien de prison** funcionario *m* de prisiones.

gardiennage [gaʀdjɛnaʒ] nm guardia *f*.

gardon [gaʀdɔ̃] nm [poisson] gobio *m* ▸ **frais comme un gardon** fresco como una lechuga.

gare¹ [gaʀ] nf estación *f* ▸ **gare maritime** estación marítima ▸ **gare routière** estación de autobuses ▸ **gare de triage** estación de clasificación.

gare² [gaʀ] interj **1.** [attention] ¡cuidado! ▸ **gare à** cuidado con ▸ **sans crier gare** sin avisar **2.** [exprime la menace] ¡ya verás! ▸ **gare à toi !** ¡pobre de ti!

garer [3] [gaʀe] vt aparcar ESP, parquear AM. ◆ **se garer** vp **1.** [automobiliste] aparcar **2.** [se ranger de côté] apartarse **3.** [éviter] ▸ **se garer (de qqch)** protegerse (de algo).

gargariser [3] [gaʀgaʀize] ◆ **se gargariser** vp **1.** [se rincer] hacer gárgaras **2.** *péj* [se délecter] ▸ **se gargariser de qqch** regodearse en algo.

gargarisme [gaʀgaʀism] nm gárgara *f*, gargarismo *m*.

gargote [gaʀgɔt] nf tasca *f*.

gargouille [gaʀguj] nf gárgola *f*.

gargouillement [gaʀgujmɑ̃] nm : *j'ai des gargouillements* me suena el estómago.

gargouiller [3] [gaʀguje] vi **1.** [eau] gorgotear **2.** [intestins] hacer ruido.

gargouillis [gaʀguji] = **gargouillement**.

gariguette [gaʀigɛt] nf *variedad de fresa precoz con forma alargada*.

garnement [gaʀnəmɑ̃] nm diablillo *m*.

Garnier [gaʀnje] npr ▸ **le palais Garnier** el Palacio Garnier.

garnir [32] [gaʀniʀ] vt **1.** [équiper] equipar **2.** [couvrir] ▸ **garnir qqch de** cubrir algo de **3.** [orner] ▸ **garnir qqch**

de guarnecer algo con **4.** [approvisionner, remplir] llenar. ◆ **se garnir** vp [s'emplir] llenarse.

garnison [garnizɔ̃] nf guarnición *f*.

garniture [garnityr] nf **1.** [de lit] juego *m* **2.** CULIN guarnición *f* / *garniture de légumes* guarnición de verduras **3.** AUTO accesorios *mpl* ▸ **garniture de freins** forro *m* de frenos ▸ **garniture intérieure** decoración *f* interior.

Garonne [garɔn] npr ▸ **la Garonne** el Garona.

garrigue [garig] nf garriga *f*.

garrot [garo] nm **1.** [de cheval] cruz *f* **2.** MÉD torniquete *m* **3.** [de torture] garrote *m*.

garrotter [3] [garɔte] vt **1.** [attacher] atar **2.** *fig* [réduire au silence] amordazar.

gars [ga] nm *fam* tipo *m*.

Gascogne [gaskɔɲ] npr ⟶ **golfe**.

gascon, onne [gaskɔ̃, ɔn] adj gascón(ona). ◆ **Gascon, onne** nm, f gascón *m*, -ona *f*.

gas-oil [gazɔjl *ou* gazwal], **gazole** [gazɔl] nm gasoil *m*.

gaspillage [gaspijaʒ] nm despilfarro *m*.

gaspiller [3] [gaspije] vt despilfarrar.

gastrique [gastrik] adj gástrico(ca).

gastrite [gastrit] nf gastritis *f inv*.

gastro [gastro] nf *fam* gastroenteritis *f*.

gastro-entérite [gastroɑ̃terit] (*pl* **gastro-entérites**) nf gastroenteritis *f inv*.

gastro-entérologue [gastroɑ̃terɔlɔg] (*pl* **gastro-entérologues**) nmf gastroenterólogo *m*, -ga *f*.

gastronome [gastrɔnɔm] nmf gastrónomo *m*, -ma *f*.

gastronomie [gastrɔnɔmi] nf gastronomía *f*.

gastronomique [gastrɔnɔmik] adj gastronómico(ca).

gâteau, x [gato] nm pastel *m* ▸ **gâteau d'anniversaire** tarta *f* ou pastel de cumpleaños ▸ **gâteau marbré** *pastel de aspecto jaspeado por el contraste entre el chocolate y el bizcocho* ▸ **gâteau sec** galleta *f* ▸ **c'est du gâteau** *fam* está tirado ▸ **c'est pas du gâteau** *fam* no es moco de pavo.

gâter [3] [gate] vt **1.** [avarier, gâcher] estropear **2.** [affaire] arruinar **3.** [enfant] mimar ESP, papachar AM **4.** *iron* [combler] ▸ **on est gâtés !** ¡lo que faltaba! ◆ **se gâter** vp **1.** [gén] estropearse **2.** [situation] ponerse feo(a).

gâterie [gatri] nf **1.** [plaisir] chuchería *f* **2.** [sucrerie] golosina *f*.

gâteux, euse [gatø, øz] ◆ adj chocho(cha). ◆ nm, f viejo chocho *m*, vieja chocha *f*.

gâtisme [gatism] nm chochez *f*.

GATT, Gatt [gat] (*abr de* **General Agreement on Tariffs and Trade**) nm GATT *m*.

gauche [goʃ] ◆ adj **1.** [côté] izquierdo(da) **2.** [personne] torpe. ◆ nm ou nf [en boxe] izquierda *f*. ◆ nf izquierda *f* / *à gauche (de)* a la izquierda (de) / *à ma gauche* a mi izquierda / *sur la gauche* por la izquierda ▸ **la gauche caviar** la gauche divine ▸ **de gauche a)** [livre, page] de la izquierda **b)** POL de izquierdas.

gauchement [goʃmɑ̃] adv torpemente.

gaucher, ère [goʃe, ɛr] adj & nm, f zurdo(da).

gauchir [32] [goʃir] ◆ vi torcerse. ◆ vt torcer.

gauchisant, e [goʃizɑ̃, ɑ̃t] adj rojillo(lla), izquierdoso(sa).

gauchisme [goʃism] nm izquierdismo *m*.

gauchiste [goʃist] adj & nmf izquierdista.

gaufre [gofr] nf gofre *m*.

gaufrer [3] [gofre] vt gofrar.

gaufrette [gofrɛt] nf barquillo *m*.

gaule [gol] nf **1.** [perche] vara *f* **2.** [canne à pêche] caña *f* (de pescar).

gauler [3] [gole] vt varear.

gaullisme [golism] nm gaullismo *m*.

gaulliste [golist] adj & nmf gaullista.

gaulois, e [golwa, az] adj **1.** [de Gaule] galo(la) **2.** [osé] picaresco(ca). ◆ **Gaulois, e** nm, f galo *m*, -la *f*.

gauloiserie [golwazri] nf chiste *m* verde.

gausser [3] [gose] ◆ **se gausser** vp *sout* ▸ **se gausser de qqn / de qqch** mofarse de alguien / de algo.

gaver [3] [gave] vt cebar. ◆ **se gaver** vp ▸ **se gaver de qqch** atiborrarse de algo.

gay [gɛ] adj & nmf gay.

gaz [gaz] nm inv gas *m* ▸ **à pleins gaz** *fam* a todo gas ▸ **gaz asphyxiant / hilarant / lacrymogène** gas asfixiante / hilarante / lacrymógeno ▸ **gaz carbonique / naturel** gas carbónico / natural ▸ **gaz d'échappement** gases de escape ▸ **gaz à effet de serre** gas con efecto invernadero ▸ **gaz naturel pour véhicules** gas natural para vehículos ▸ **gaz toxique** gas tóxico.

Gaza [gaza] npr Gaza ▸ **la bande de Gaza** la franja de Gaza.

gaze [gaz] nf gasa *f*.

gazelle [gazɛl] nf gacela *f*.

gazer [3] [gaze] vt gasear ▸ **ça gaze ?** *fam* ¿eso marcha?

gazette [gazɛt] nf gaceta *f*.

gazeux, euse [gazø, øz] adj **1.** CHIM gaseoso(sa) **2.** [boisson] con gas.

gazoduc [gazɔdyk] nm gasoducto *m*, gaseoducto *m*.

gazole = **gas-oil**.

gazomètre [gazɔmɛtr] nm gasómetro *m*.

gazon [gazɔ̃] nm césped *m* ▸ **sur gazon** SPORT sobre hierba.

gazouiller [3] [gazuje] vi **1.** [oiseau] trinar, gorjear **2.** [bébé] balbucear.

gazouillis [gazuji] nm **1.** [d'oiseau] trino *m*, gorjeo *m* **2.** [de bébé] balbuceo *m*.

GB, G-B (*abr écrite de* **Grande-Bretagne**) GB.

gd (*abr écrite de* **grand**) g.

geai [ʒɛ] nm arrendajo *m*.

géant, e [ʒeɑ̃, ɑ̃t] ◆ adj gigante, gigantesco(ca). ◆ nm, f gigante *m*, -ta *f*.

geek [gik] nmf friki *mf* de la tecnología, geek *mf*.

geignard, e [ʒɛɲaʀ, aʀd] adj *fam* **1.** [personne] quejica **2.** [ton, voix] quejoso(sa).

geignement [ʒɛɲəmɑ̃] nm gemido *m*.

geindre [81] [ʒɛ̃dʀ] vi gemir.

gel [ʒɛl] nm **1.** MÉTÉOR helada *f* **2.** [cosmétique] gel *m* **3.** *fig* [des salaires, activités] congelación *f*.

gélatine [ʒelatin] nf gelatina *f*.

gélatineux, euse [ʒelatinø, øz] adj gelatinoso(sa).

gelée [ʒəle] nf **1.** MÉTÉOR helada *f* ▸ **gelée blanche** escarcha *f* **2.** CULIN [de viandes] gelatina *f*; [de fruits] jalea *f*, gelatina *f* ▸ **en gelée** en gelatina ▸ **gelée royale** jalea real.

geler [25] [ʒəle] ◆ vt **1.** [gén] helar **2.** [salaires, activité] congelar. ◆ vi helarse. ◆ v impers helar ▸ **il gèle** hiela. ◆ **se geler** vp *fam* [avoir froid] helarse.

gélule [ʒelyl] nf cápsula *f (medicamento)*.

Gémeaux [ʒemo] nmpl Géminis *m inv* ▸ **être Gémeaux** ser Géminis.

gémir [32] [ʒemiʀ] vi gemir.

gémissement [ʒemismɑ̃] nm gemido *m*.

gemme [ʒɛm] nf gema *f*.

gênant, e [ʒenɑ̃, ɑ̃t] adj molesto(ta).

gencive [ʒɑ̃siv] nf encía *f*.

gendarme [ʒɑ̃daʀm] nm gendarme *m* ; ≃ guardia *m* civil.

gendarmerie [ʒɑ̃daʀməʀi] nf gendarmería *f* ; ≃ Guardia *f* Civil.

gendre [ʒɑ̃dʀ] nm yerno *m*.

gène [ʒɛn] nm gen *m*.

gêne [ʒɛn] nf **1.** [physique, psychologique] molestia *f* ▸ **éprouver de la gêne à faire qqch** costarle a uno hacer algo ▸ **mettre qqn dans la gêne** molestar a alguien ▸ **il est sans gêne** *fam* no se corta **2.** [financière] ▸ **être dans la gêne** pasar apuros económicos.

gêné, e [ʒene] adj **1.** [physiquement, psychologiquement] molesto(ta) ▸ **être gêné pour faire qqch** costarle a alguien hacer algo **2.** [financièrement] apurado(da).

généalogie [ʒenealɔʒi] nf genealogía *f*.

généalogique [ʒenealɔʒik] adj genealógico(ca).

gêner [4] [ʒene] vt **1.** [embarrasser, incommoder] molestar **2.** [encombrer, entraver] molestar, estorbar. ◆ **se gêner** vp ▸ **il ne se gêne pas !** *fam* no se corta un pelo ▸ **ne vous gênez pas** no se moleste.

général, e, aux [ʒeneʀal, o] adj general. ◆ **général** nm **1.** MIL general *m* **2.** [principe] ▸ **le général** lo general ▸ **en général** en general. ◆ **générale** nf **1.** THÉÂTRE ensayo *m* general **2.** MIL generala *f*.

généralement [ʒeneʀalmɑ̃] adv generalmente, por lo general.

généralisation [ʒeneʀalizasjɔ̃] nf generalización *f*.

généraliser [3] [ʒeneʀalize] vt generalizar. ◆ **se généraliser** vp generalizarse.

généraliste [ʒeneʀalist] ◆ adj de medicina general. ◆ nmf médico *m*, -ca *f* de medicina general.

généralité [ʒeneʀalite] nf generalidad *f*. ◆ **généralités** nfpl generalidades *fpl*.

générateur, trice [ʒeneʀatœʀ, tʀis] adj generador(ra). ◆ **générateur** nm generador *m*. ◆ **génératrice** nf generador *m*.

génération [ʒeneʀasjɔ̃] nf generación *f* ▸ **la nouvelle génération** la nueva generación ▸ **une nouvelle génération de** [produit] una nueva generación de ▸ **génération spontanée** generación espontánea.

générationnel, elle [ʒeneʀasjɔnɛl] adj generacional ▸ **marketing générationnel** marketing generacional ▸ **le dialogue générationnel** el diálogo generacional ▸ **le fossé générationnel** el abismo generacional.

générer [18] [ʒeneʀe] vt generar.

généreusement [ʒeneʀøzmɑ̃] adv generosamente.

généreux, euse [ʒeneʀø, øz] adj generoso(sa).

générique [ʒeneʀik] ◆ adj **1.** LING genérico(ca) **2.** MÉD ▸ **médicament générique** medicamento *m* genérico. ◆ nm títulos *mpl* de crédito.

générosité [ʒeneʀɔzite] nf generosidad *f*.

Gênes [ʒɛn] npr Génova.

genèse [ʒənɛz] nf génesis *f inv*. ◆ **Genèse** nf ▸ **la Genèse** el Génesis.

genêt [ʒənɛ] nm retama *f*.

généticien, enne [ʒenetisjɛ̃, ɛn] nm, f genetista *mf*.

génétique [ʒenetik] ◆ adj genético(ca). ◆ nf genética *f*.

génétiquement [ʒenetikmɑ̃] adv genéticamente / *génétiquement modifié* genéticamente modificado.

gêneur, euse [ʒenœʀ, øz] nm, f estorbo *m*.

Genève [ʒənɛv] npr Ginebra.

genevois, e [ʒənvwa, az] adj ginebrino(na), ginebrés(esa).

génial, e, aux [ʒenjal, o] adj genial.

génie [ʒeni] nm **1.** [gén] genio *m* ▸ **avoir du génie** ser un genio **2.** TECHNOL ingeniería *f* ▸ **génie civil** ingeniería civil **3.** MIL [corps] cuerpo *m* de ingenieros militares ▸ **génie maritime** cuerpo de ingenieros navales.

genièvre [ʒənjɛvʀ] nm enebro *m*.

génisse [ʒenis] nf becerra *f*.

génital, e, aux [ʒenital, o] adj genital.

géniteur, trice [ʒenitœʀ, tʀis] nm, f genitor *m*, -ra *f*.

génitif [ʒenitif] nm genitivo *m*.

génocide [ʒenɔsid] nm genocidio *m*.

génoise [ʒenwaz] nf bizcocho *m*.

génome [ʒenom] nm genoma *m*.

génotype [ʒenɔtip] nm genotipo *m*.

genou, x [ʒənu] nm rodilla *f* ▸ **à genoux** de rodillas ▸ **se mettre à genoux** arrodillarse ▸ **avoir** ou **tenir qqn sur ses genoux** tener a alguien en las rodillas ▸ **être à genoux devant qqn** *fig* estar a los pies de alguien ▸ **être sur les genoux** *fam & fig* estar hecho(cha) polvo, estar reventado(da).

genouillère [ʒənujɛʀ] nf rodillera *f*.

genre [ʒɑ̃ʀ] nm **1.** [gén] género *m* ▸ **en tous genres** de todo tipo ▸ **le genre humain** el género humano **2.** [style] estilo *m* ▸ **avoir mauvais genre** tener mala pinta.

gens [ʒɑ̃] nmpl gente *f*.

gentiane [ʒɑ̃sjan] nf genciana *f*.

gentil, ille [ʒɑ̃ti, ij] adj **1.** [sage] bueno(na) / ***un enfant très gentil*** un niño muy bueno **2.** [aimable] amable ▸ **être gentil avec qqn** ser amable con alguien.

gentilhomme [ʒɑ̃tijɔm] (*pl* **gentilshommes**) nm caballero *m*.

gentillesse [ʒɑ̃tijɛs] nf **1.** [qualité] amabilidad *f* ▸ **avoir la gentillesse de** tener la amabilidad de **2.** [geste] atención *f*.

gentillet, ette [ʒɑ̃tijɛ, ɛt] adj *péj* monín(ina).

gentiment [ʒɑ̃timɑ̃] adv **1.** [aimablement] amablemente **2.** SUISSE [tranquillement] tranquilamente.

gentleman [dʒɛntləman] (*pl* **gentlemans** ou **gentlemen** [dʒɛntləmɛn]) nm caballero *m*.

génuflexion [ʒenyflɛksjɔ̃] nf genuflexión *f*.

géo [ʒeo] nf *arg scol* geografía *f*.

géographe [ʒeɔgʀaf] nmf geógrafo *m*, -fa *f*.

géographie [ʒeɔgʀafi] nf geografía *f*.

géographique [ʒeɔgʀafik] adj geográfico(ca).

geôlier, ère [ʒolje, ɛʀ] nm, f *sout* carcelero *m*, -ra *f*.

géolocalisation [ʒeɔlɔkalizasjɔ̃] nf geolocalización *f*.

géologie [ʒeɔlɔʒi] nf geología *f*.

géologique [ʒeɔlɔʒik] adj geológico(ca).

géologue [ʒeɔlɔg] nmf geólogo *m*, -ga *f*.

géomètre [ʒeɔmɛtʀ] nmf **1.** [spécialiste de géométrie] geómetra *mf* **2.** [technicien] topógrafo *m*, -fa *f*.

géométrie [ʒeɔmetʀi] nf geometría *f*.

géométrique [ʒeɔmetʀik] adj **1.** [gén] geométrico(ca) **2.** *fig* [rigoureux] matemático(ca).

géophysique [ʒeɔfizik] ◆ adj geofísico(ca). ◆ nf geofísica *f*.

géopolitique [ʒeɔpɔlitik] ◆ adj geopolítico(ca). ◆ nf geopolítica *f*.

Géorgie [ʒeɔʀʒi] nf ▸ **la Géorgie** Georgia.

géorgien, enne [ʒeɔʀʒjɛ̃, ɛn] adj georgiano(na). ◆ **Géorgien, enne** nm, f georgiano *m*, -na *f*.

géosphère [ʒeɔsfɛʀ] nf geosfera *f*.

géostationnaire [ʒeostasjɔnɛʀ] adj geoestacionario(ria) ▸ **satellite géostationnaire** satélite geoestacionario.

gérable [ʒeʀabl] adj manejable / ***une situation difficilement gérable*** una situación difícil de manejar.

gérance [ʒeʀɑ̃s] nf gerencia *f*.

géranium [ʒeʀanjɔm] nm geranio *m*.

gérant, e [ʒeʀɑ̃, ɑ̃t] nm, f gerente *mf*.

gerbe [ʒɛʀb] nf **1.** [de fleurs] ramo *m* ; [de blé] gavilla *f*, haz *m* **2.** [d'étincelles] haz *m* **3.** [d'eau] chorro *m*.

gerber [3] [ʒɛʀbe] vi *fam* [vomir] echar las papas ▸ **ça me fait gerber** *fig* eso es vomitivo.

gerboise [ʒɛʀbwaz] nf jerbo *m*.

gercé, e [ʒɛʀse] adj cortado(da).

gercer [16] [ʒɛʀse] ◆ vt cortar, agrietar. ◆ vi cortarse, agrietarse. ◆ **se gercer** vp cortarse.

gerçure [ʒɛʀsyʀ] nf grieta *f*.

gérer [18] [ʒeʀe] vt **1.** [entreprise] dirigir **2.** [budget] administrar **3.** [problème, situation] controlar **4.** [temps] organizar.

gériatrie [ʒeʀjatʀi] nf geriatría *f*.

gériatrique [ʒeʀjatʀik] adj geriátrico(ca).

germain, e [ʒɛʀmɛ̃, ɛn] adj hermano(na) ▸ **cousin germain** primo hermano.

germanique [ʒɛʀmanik] adj germánico(ca).

germaniste [ʒɛʀmanist] nmf germanista *mf*.

germanophone [ʒɛʀmanɔfɔn] adj & nmf germanohablante.

germe [ʒɛʀm] nm germen *m* ▸ **germe de blé** germen de trigo ▸ **germes de soja** brotes *mpl* de soja.

germer [3] [ʒɛʀme] vi *pr & fig* germinar / ***le concept a germé dans l'esprit des urbanistes*** el concepto germinó en la mente de los urbanistas.

germination [ʒɛʀminasjɔ̃] nf germinación *f*.

gérondif [ʒeʀɔ̃dif] nm gerundio *m*.

gérontologie [ʒeʀɔ̃tɔlɔʒi] nf gerontología *f*.

gérontologue [ʒeʀɔ̃tɔlɔg] nmf gerontólogo *m*, -ga *f*.

gésier [ʒezje] nm molleja *f*.

gésir [49] [ʒeziʀ] vi *sout* yacer.

gestation [ʒɛstasjɔ̃] nf gestación *f* ▸ **en gestation** en (período de) gestación.

geste [ʒɛst] nm gesto *m* ▸ **faire un geste** *fig* tener un detalle.

gesticuler [3] [ʒɛstikyle] vi gesticular.

gestion [ʒɛstjɔ̃] nf administración *f*, gestión *f* ▸ **gestion d'entreprise** administración ou gestión de empresa ▸ **gestion de fichiers** gestión de ficheros ▸ **gestion des coûts** gestión de costes.

gestionnaire [ʒɛstjɔnɛʀ] adj & nmf gestor(ra) ▸ **gestionnaire de base de données** gestor de base de datos ▸ **gestionnaire de fichiers** gestor de ficheros.

gestuel, elle [ʒɛstɥɛl] adj gestual. ◆ **gestuelle** nf gestualidad *f*.

geyser [ʒezɛʀ] nm géiser *m*.

Ghana [gana] nm ▸ **le Ghana** Ghana.

ghanéen, enne [ganeɛ̃, ɛn] adj ghanés(esa). ◆ **Ghanéen, enne** nm, f ghanés *m*, -esa *f*.

ghetto [gɛto] nm gueto *m*.

ghettoïsation [gɛtɔizasjɔ̃] nf *confinamiento en guetos*.

ghettoïser [getɔize] vt transformar en guetos.

Ght SMS *abr écrite de* **j'ai acheté**.

gibecière [ʒibsjɛʀ] nf zurrón *m*.

gibelotte [ʒiblɔt] nf estofado *m* de conejo.

gibet [ʒibɛ] nm horca *f*.

gibier [ʒibje] nm caza *f* ▸ **gros gibier** caza mayor.

giboulée [ʒibule] nf chubasco *m*.

giboyeux, euse [ʒibwajø, øz] adj rico(ca) en caza.

Gibraltar [ʒibʀaltaʀ] npr Gibraltar.

GIC (*abr de* **Groupe interministériel de contrôle**) nm *grupo interministerial de control de escuchas telefónicas*.

giclée [ʒikle] nf chorro *m*.

gicler [3] [ʒikle] vi salpicar con fuerza.

gicleur [ʒiklœʀ] nm chicler *m*.

GIE (*abr de* **groupement d'intérêt économique**) nm agrupación *f* de interés económico ▸ **être membre d'un GIE** ser miembro de un GIE ▸ **créer un GIE** crear un GIE.

gifle [ʒifl] nf bofetada *f* ESP, cachetada *f* AM ▸ **donner une gifle à qqn** dar una bofetada a alguien.

gifler [3] [ʒifle] vt **1.** [suj : personne] dar una bofetada **2.** [suj : vent, pluie] golpear.

GIG (*abr de* **grand invalide de guerre**) nm gran inválido *m* de guerra.

gigantesque [ʒigɑ̃tɛsk] adj gigantesco(ca).

gigaoctet [ʒigaɔktɛ] nm gigabyte *m*.

GIGN (*abr de* **Groupe d'intervention de la gendarmerie nationale**) nm *cuerpo de élite de la gendarmería francesa* ; ≃ GEO *mpl* ▸ **les hommes / gendarmes du GIGN** ≃ los GEO.

gigogne [ʒigɔɲ] adj encajable ▸ **lits gigognes** camas nido.

gigolo [ʒigɔlo] nm gigoló *m*.

gigot [ʒigo] nm CULIN pierna *f* ▸ **gigot d'agneau** pierna de cordero.

gigoter [3] [ʒigɔte] vi patalear / ***arrête de gigoter !*** ¡estáte quieto!

gilet [ʒilɛ] nm **1.** [cardigan] chaqueta *f* de punto **2.** [sans manches] chaleco *m* ▸ **gilet pare-balles** chaleco antibalas ▸ **gilet de sauvetage** chaleco salvavidas.

gin [dʒin] nm ginebra *f*.

gingembre [ʒɛ̃ʒɑ̃bʀ] nm jengibre *m*.

gingivite [ʒɛ̃ʒivit] nf gingivitis *f inv*.

ginseng [ʒinsɛn] nm ginseng *m*.

girafe [ʒiʀaf] nf jirafa *f*.

giratoire [ʒiʀatwaʀ] adj giratorio(ria).

girofle [ʒiʀɔfl] nm ⟶ **clou**.

giroflée [ʒiʀɔfle] nf alhelí *m*.

girolle [ʒiʀɔl] nf mízcalo *m*.

giron [ʒiʀɔ̃] nm **1.** *vieilli* [partie du corps] regazo *m* **2.** *fig* [sein] seno *m* ▸ **le giron familial** el seno de la familia.

girouette [ʒiʀwɛt] nf veleta *f* / ***cet enfant est une girouette*** *fig* este niño es un veleta.

gisais ⟶ **gésir**.

gisant [ʒizɑ̃] nm estatua *f* yacente.

gisement [ʒizmɑ̃] nm yacimiento *m*.

gît [ʒi] ⟶ **gésir**.

gitan, e [ʒitɑ̃, an] adj gitano(na). ◆ **Gitan, e** nm, f gitano *m*, -na *f*.

gîte [ʒit] nm **1.** [logement] ▸ **gîte (rural)** *casa de campo acondicionada para recibir huéspedes* ; ≃ casa *f* rural ▸ **le gîte et le couvert** comida y cama **2.** [du lièvre] madriguera *f* **3.** CULIN redondo *m*.

gîter [3] [ʒite] vi NAUT dar bandazos.

givrant [ʒivʀɑ̃] ⟶ **brouillard**.

givre [ʒivʀ] nm escarcha *f*.

givré, e [ʒivʀe] adj **1.** [orange, citron] helado(da) **2.** *fam* [fou] chalado(da).

glabre [glabʀ] adj lampiño(ña).

glaçage [glasaʒ] nm glaseado *m*.

glaçant, e [glasɑ̃, ɑ̃t] adj glacial.

glace [glas] nf **1.** [eau congelée] hielo *m* ▸ **rester de glace** no inmutarse ▸ **rompre la glace** romper el hielo **2.** [crème glacée] helado *m* **3.** [plaque de verre] luna *f* **4.** [de voiture - avant et arrière] luneta *f* ; [- de côté] ventanilla *f* **5.** [miroir] espejo *m* ▸ **glace sans tain** cristal *m* sin azogar. ◆ **glaces** nfpl GÉOGR hielos *mpl*.

glacé, e [glase] adj **1.** [gén] helado(da) **2.** CULIN [au sucre] glaseado(da).

glacer [16] [glase] vt **1.** [gén] helar **2.** CULIN [au sucre] glasear. ◆ **se glacer** vp *fig* helarse.

glaciaire [glasjɛʀ] adj glaciar.

glacial, e, aux [glasjal, o] adj glacial.

glacier [glasje] nm **1.** GÉOGR glaciar *m* **2.** [marchand de glaces] vendedor *m* de helados.

glacière [glasjɛʀ] nf nevera *f*.

glaçon [glasɔ̃] nm **1.** [glace naturelle] témpano *m* (de hielo) **2.** [cube de glace] cubito *m* de hielo **3.** *fig* [personne] témpano *m*.

gladiateur [gladjatœʀ] nm gladiador *m*.

glaïeul [glajœl] nm gladiolo *m*.

glaire [glɛʀ] nf flema *f*.

glaise [glɛz] nf arcilla *f*.

glaive [glɛv] nm espada *f*.

glamour [glamuʀ] ❖ adj inv glamuroso(sa). ❖ nm glamur *m*, glamour *m*.

gland [glɑ̃] nm **1.** [fruit du chêne] bellota *f* **2.** ANAT glande *m*.

glande [glɑ̃d] nf glándula *f* ▸ **glande endocrine** glándula endocrina.

glander [3] [glɑ̃de], **glandouiller** [3] *tfam* ◆ vi vaguear, rascarse la barriga / *elle passe son temps à glander* está todo el día vagueando. ◆ vt : *alors, qu'est-ce que tu glandes ? tu viens ?* ¿qué narices estás haciendo? ¿vienes?

glandeur, euse [glɑ̃dœʀ, øz] nm, f *tfam* zángano *mf*, -na *f*.

glaner [3] [glane] vt espigar.

glapir [32] [glapiʀ] vi gañir.

glapissement [glapismɑ̃] nm gañido *m*.

glas [gla] nm doble *m* ▸ **sonner le glas** doblar las campanas, tocar a muerto ▸ **sonner le glas de qqch** anunciar el fin de algo.

glaucome [glokom] nm MÉD glaucoma *m*.

glauque [glok] adj **1.** [eau, yeux] glauco(ca) **2.** *fam* [ambiance] sórdido(da).

glissade [glisad] nf deslizamiento *m* ▸ **faire des glissades** deslizarse.

glissant, e [glisɑ̃, ɑ̃t] adj **1.** [route, chaussée] resbaladizo(za) **2.** [savon] escurridizo(za).

glisse [glis] nf deslizamiento *m* ▸ **les sports de glisse** los deportes de deslizamiento.

glissement [glismɑ̃] nm **1.** [action de glisser] deslizamiento *m* ▸ **glissement de terrain** corrimiento *m* de tierras **2.** *fig* [déplacement] desplazamiento *m*.

glisser [3] [glise] ◆ vi **1.** [patineur, skieur] deslizarse ▸ **glisser sur qqch** a) [se déplacer] deslizarse sobre algo b) [déraper] resbalar sobre algo c) *fig* [ne pas insister] tratar por encima ou superficialmente algo **2.** [surface] resbalar **3.** *fig* [progresser] desplazarse ▸ **glisser vers qqch** desplazarse hacia algo **4.** INFORM ▸ **faire glisser** arrastrar. ◆ vt **1.** [introduire] deslizar **2.** [donner] pasar ▸ **glisser qqch à qqn** pasar algo a alguien **3.** [regard] lanzar ; [mots] susurrar. ◆ **se glisser** vp [se faufiler] colarse ▸ **se glisser dans qqch** a) [personne] deslizarse en algo b) [erreur] colarse en algo.

glisser-déposer [3] [glisedepoze] vt INFORM arrastrar y soltar.

glissière [glisjɛʀ] nf corredera *f* ▸ **à glissière** corredero(ra) ▸ **glissière de sécurité** valla *f* de seguridad.

glissoire [gliswaʀ] nf patinadero *m*.

global, e, aux [glɔbal, o] adj global.

globalement [glɔbalmɑ̃] adv globalmente.

globalisation [glɔbalizasjɔ̃] nf [d'un marché] globalización *f*, internacionalización *f*.

globalité [glɔbalite] nf globalidad *f*.

globe [glɔb] nm globo *m* ▸ **globe terrestre** globo terrestre ou terráqueo.

globe-trotter [glɔbtʀɔtœʀ] (*pl* **globe-trotters**) nm trotamundos *mf inv*.

globule [glɔbyl] nm glóbulo *m* ▸ **globule blanc / rouge** glóbulo blanco / rojo.

globuleux [glɔbylø] ⟶ **œil**.

gloire [glwaʀ] nf **1.** [renommée] gloria *f* ▸ **à la gloire de qqn / de qqch** en honor de alguien / de algo **2.** [mérite] mérito *m* **3.** [fierté] orgullo *m*.

glorieux, euse [glɔʀjø, øz] adj glorioso(sa).

glorifier [9] [glɔʀifje] vt glorificar. ◆ **se glorifier** vp ▸ **se glorifier de qqch** vanagloriarse de algo.

gloriole [glɔʀjɔl] nf vanagloria *f*.

glose [gloz] nf glosa *f*.

gloser [3] [gloze] ◆ vi ▸ **gloser sur qqn / sur qqch** criticar a alguien / algo. ◆ vt glosar.

gloss [glɔs] nm gloss *m*.

glossaire [glɔsɛʀ] nm glosario *m*.

glotte [glɔt] nf glotis *f inv*.

glouglou [gluglu] nm *fam* gluglú *m*.

gloussement [glusmɑ̃] nm **1.** [de poule] cloqueo *m* **2.** *péj* [rire] risitas *fpl*.

glousser [3] [gluse] vi **1.** [poule] cloquear **2.** *péj* [rire] reír ahogadamente.

glouton, onne [glutɔ̃, ɔn] adj & nm, f glotón(ona).

gloutonnerie [glutɔnʀi] nf glotonería *f*, gula *f*.

glu [gly] nf liga *f (cola)*.

gluant, e [glyɑ̃, ɑ̃t] adj pegajoso(sa).

glucide [glysid] nm glúcido *m*.

glucose [glykoz] nm glucosa *f*.

gluten [glytɛn] nm gluten *m*.

glycémie [glisemi] nf glucemia *f*.

glycérine [gliseʀin] nf glicerina *f*.

glycine [glisin] nf glicina *f*.

GMT (*abr de* **Greenwich Mean Time**) GMT / *la France est à GMT +1 en hiver* Francia está en GMT +1 en invierno.

gnangnan [ɲɑ̃ɲɑ̃] adj inv *fam & péj* ñoño(ña).

GNL (*abr de* **gaz naturel liquéfié**) nm gas *m* natural licuado.

gnôle, gniole [ɲol] nf *fam* aguardiente *m*.

gnome [gnom] nm **1.** [lutin] gnomo *m* **2.** *péj* [nain] enano *m*.

gnon [ɲɔ̃] nm *fam* porrazo *m*, trastazo *m*.

G.N.V., gnv (*abr de* **gaz naturel (pour) véhicules**) nm GNV *(gas natural para vehículos)*.

go [go] ◆ **tout de go** loc adv directamente.

GO (*abr de* **grandes ondes**) nfpl OL *f*.

goal [gol] nm portero *m (en fútbol)*.

gobelet [gɔblɛ] nm [en métal, pour les dés] cubilete *m* ▸ **gobelet en plastique / carton** vaso *m* de plástico / papel.

gober [3] [gɔbe] vt **1.** [avaler] sorber **2.** *fam* [croire] tragarse.

godasse [gɔdas] nf *fam* zapato *m*.

godet [gɔdɛ] nm **1.** [récipient] cortadillo *m* **2.** COUT pliegue *m* ▸ **à godets** plegado(da).

godiller [3] [gɔdije] vi **1.** [embarcation] cinglar **2.** [skieur] hacer bédel.

goéland [gɔelɑ̃] nm gaviota *f.*

goélette [gɔelɛt] nf goleta *f.*

goémon [gɔemɔ̃] nm *fuco en Bretaña y Normandia.*

gogo [gogo] ◆ **à gogo** loc adv *fam* a gogó.

goguenard, e [gɔgnaʀ, aʀd] adj guasón(ona), burlón(ona).

goinfre [gwɛ̃fʀ] nmf *fam* tragón *m*, -ona *f*, tragaldabas *mf inv.*

goinfrer [3] [gwɛ̃fʀe] ◆ **se goinfrer** vp *fam* ▸ **se goinfrer de qqch** hincharse a ou de algo.

goitre [gwatʀ] nm bocio *m.*

golden [gɔldɛn] nf manzana *f* golden.

golf [gɔlf] nm golf *m.*

golfe [gɔlf] nm golfo *m.*

Golfes

le golfe du Bengale	el golfo de Bengala
le golfe de Gascogne	el golfo de Vizcaya
le golfe du Lion	el golfo de León
le golfe du Mexique	el golfo de México
le golfe du Morbihan	el golfo de Morbihan
le golfe Persique OU **Arabo-Persique**	el golfo Pérsico OU Arábigo-Pérsico

golfeur, euse [gɔlfœʀ, øz] nm, f jugador *m*, -ra *f* de golf, golfista *mf.*

gominer [3] [gɔmine] ◆ **se gominer** vp engominarse / *il se gomine les cheveux tous les matins* se engomina cada mañana.

gommage [gɔmaʒ] nm **1.** [de la peau] exfoliación *f* **2.** [d'une erreur] borradura *f* **3.** *fig* [de différences] atenuación *m.*

gomme [gɔm] nf **1.** [substance, pour effacer] goma *f* **2.** [bonbon] pastilla *f* de goma, gominola *f* **3.** EXPR **à la gomme** *fam* de tres al cuarto.

gommé, e [gɔme] adj engomado(da).

gommer [3] [gɔme] vt **1.** [gén] borrar **2.** *fig* [différences] atenuar.

gond [gɔ̃] nm gozne *m* ▸ **sortir de ses gonds** *fig* sacar de quicio.

gondole [gɔ̃dɔl] nf góndola *f.*

gondoler [3] [gɔ̃dɔle] vi combarse. ◆ **se gondoler** vp **1.** [se déformer] combarse **2.** *fam* [rire] desternillarse.

gonflable [gɔ̃flabl] adj hinchable, inflable.

gonflé, e [gɔ̃fle] adj **1.** [déformé] hinchado(da) **2.** *fam* [culotté] ▸ **être gonflé** tener morro.

gonflement [gɔ̃fləmɑ̃] nm **1.** [d'un ballon, d'un matelas] inflamiento *m*, hinchamiento *m* **2.** [enflure] hinchazón *f* / *cette maladie provoque un gonflement de l'estomac* esta enfermedad provoca una hinchazón del estómago.

gonfler [3] [gɔ̃fle] ❖ vt hinchar, inflar. ❖ vi hincharse. ◆ **se gonfler** vp **1.** [se distendre] hincharse **2.** *fig* [être envahi d'un sentiment] ▸ **se gonfler de qqch** henchirse de algo.

gonflette [gɔ̃flɛt] nf ▸ **faire de la gonflette** *fam* sacar bola.

gonfleur [gɔ̃flœʀ] nm bomba *f (para hinchar).*

gong [gɔ̃g] nm gong *m.*

gonzesse [gɔ̃zɛs] nf *tfam* & *péj* tía *f*, titi *f.*

gore [gɔʀ] ❖ adj (*pl inv*) gore, sangriento(ta). ❖ nm ▸ **le gore** el gore / *il aime le gore* le gusta el gore ou la sangre.

goret [gɔʀɛ] nm gorrino *m.*

Gore-Tex® [gɔʀtɛks] nm Gore-Tex® *m.*

gorge [gɔʀʒ] nf **1.** [gosier] garganta *f* ▸ **avoir la gorge serrée** tener un nudo en la garganta ▸ **s'éclaircir** ou **se racler la gorge** aclararse la garganta ▸ **faire des gorges chaudes de qqn / qqch** pitorrearse de alguien/ algo ▸ **rire à gorge déployée** reír a mandíbula batiente **2.** [cou] cuello *m* ▸ **prendre qqn à la gorge** *fig* poner a alguien en un compromiso **3.** *sout* [de femme] pecho *m* **4.** GÉOGR garganta *f.*

gorgée [gɔʀʒe] nf trago *m* ▸ **à petites gorgées** a sorbos.

gorger [17] [gɔʀʒe] vt ▸ **gorger qqn de qqch** [gaver] cebar a alguien con algo ▸ **gorger qqch de qqch** saturar algo de algo. ◆ **se gorger** vp **1.** [s'imbiber de] empaparse / *pendant la mousson, les rizières se gorgent d'eau* durante el monzón, los arrozales se empapan de agua **2.** [se gaver] ▸ **se gorger de qqch** atracarse de algo.

gorille [gɔʀij] nm gorila *m.*

gosier [gozje] nm gaznate *m.*

gosse [gɔs] nmf *fam* chaval *m*, -la *f* ESP, chamaco *m*, -ca *f* AM.

gothique [gɔtik] ❖ adj gótico(ca). ❖ nm [style] ▸ **le gothique** el gótico.

gouache [gwaʃ] nf guache *m*, aguada *f.*

gouaille [gwaj] nf guasa *f.*

goudron [gudʀɔ̃] nm alquitrán *m.*

goudronner [3] [gudʀɔne] vt alquitranar.

gouffre [gufʀ] nm **1.** [gén] abismo *m* ▸ **au bord du gouffre** *fig* al borde del abismo **2.** [ruine] pozo *m* sin fondo.

gougère [guʒɛʀ] nf CULIN pastelillo *m* de queso.

gouine [gwin] nf *tfam* & *péj* tortillera *f*, bollera *f* ESP, torta *f* RP.

goujat [guʒa] nm patán *m.*

goujaterie [guʒatʀi] nf patanería *f.*

goujon [guʒɔ̃] nm gobio *m*, cadoce *m* ▸ **taquiner le goujon** pescar.

goulet [gulɛ] nm bocana *f* ▸ **goulet d'étranglement** cuello *m* de botella, embudo *m.*

goulot [gulo] nm gollete *m* ▸ **boire au goulot** beber a morro.

goulu, e [guly] adj & nm, f tragón(ona).

goulûment [gulymɑ̃] adv ávidamente, vorazmente.

goupille [gupij] nf chaveta *f.*

goupiller [3] [gupije] vt *fam* [combiner] montarse. ◆ **se goupiller** vp *fam*: *ça s'est mal goupillé* la cosa no cuadró.

goupillon [gupijɔ̃] nm **1.** RELIG hisopo *m* **2.** [à bouteille] escobilla *f (para limpiar botellas).*

gourd, e [guʀ, guʀd] adj entumecido(da).

gourde [guʀd] ◆ adj *fam* zoquete. ◆ nf **1.** [bouteille] cantimplora *f* **2.** *fam* [personne] zoquete *mf.*

gourdin [guʀdɛ̃] nm porra *f.*

gourer [3] [guʀe] ◆ **se gourer** vp *fam* colarse *(equivocarse).*

gourmand, e [guʀmɑ̃, ɑ̃d] ◆ adj goloso(sa) ▸ **être gourmand de qqch** gustarle mucho algo. ◆ nm, f goloso *m*, -sa *f.*

gourmandise [guʀmɑ̃diz] nf **1.** [défaut] glotonería *f* **2.** [sucrerie] golosina *f.*

gourme [guʀm] nf **1.** MÉD impétigo *m* **2.** [maladie du cheval] muermo *m* **3.** EXPR **jeter sa gourme** *sout* hacer una calaverada.

gourmet [guʀmɛ] nm gourmet *m* ▸ **fin gourmet** fino gourmet.

gourmette [guʀmɛt] nf esclava *f.*

gourou [guʀu] nm gurú *m.*

gousse [gus] nf vaina *f* ▸ **gousse d'ail** diente *m* de ajo.

gousset [gusɛ] nm bolsillo *m.*

goût [gu] nm **1.** [sens, jugement esthétique] gusto *m* ▸ **avoir du goût** tener (buen) gusto ▸ **de bon goût** de buen gusto ▸ **chacun ses goûts** sobre gustos no hay nada escrito **2.** [saveur] gusto *m*, sabor *m* **3.** [style] estilo *m* ▸ **au goût du jour** a la moda **4.** [penchant] afición *f*, inclinación *f* ▸ **avoir le goût de qqch** [risque, aventure] ser amante de algo ▸ **n'avoir goût à rien** no tener ganas de nada ▸ **prendre goût à qqch** tomar el gustillo a algo.

goûter [3] [gute] ◆ vt **1.** [aliment, boisson] probar **2.** [musique, sensation] disfrutar de **3.** *sout* [auteur, plaisanterie] apreciar. ◆ vi **1.** [gén] probar ▸ **goûter à** OU **de qqch** probar algo **2.** [prendre une collation] merendar. ◆ nm merienda *f.*

goutte [gut] ◆ nf **1.** [gén] gota *f* ▸ **la goutte d'eau qui fait déborder le vase** la gota que colma el vaso ▸ **se ressembler comme deux gouttes d'eau** parecerse como dos gotas de agua ▸ **une goutte d'eau dans l'océan** una gota de agua en la inmensidad del océano **2.** *fam* [alcool] chupito *m.* ◆ adv *(de négation) sout* ▸ **ne… goutte** ni gota ▸ **n'y voir goutte** no ver ni gota. ◆ **gouttes** nfpl [médicament] gotas *fpl.*

goutte-à-goutte [gutagut] nm inv gota a gota *m.*

gouttelette [gutlɛt] nf gotita *f.*

goutter [3] [gute] vi [robinet, eau] gotear.

gouttière [gutjɛʀ] nf **1.** CONSTR canalón *m* **2.** MÉD entablillado *m.*

gouvernail [guvɛʀnaj] nm timón *m.*

gouvernant, e adj gobernante / *ils font partie de la classe gouvernante* pertenecen a la clase gobernante.

gouvernante [guvɛʀnɑ̃t] nf **1.** [d'enfants] aya *f* **2.** [dame de compagnie] ama *f* de llaves, gobernanta *f.*

gouverne [guvɛʀn] nf **1.** AÉRON gobierno *m* **2.** EXPR **pour ta gouverne** para tu gobierno.

gouvernement [guvɛʀnəmɑ̃] nm gobierno *m.*

gouvernemental, e, aux [guvɛʀnəmɑ̃tal, o] adj **1.** [politique, organisation] gubernamental **2.** [journal] progubernamental.

gouverner [3] [guvɛʀne] vt gobernar.

gouverneur [guvɛʀnœʀ] nm gobernador *m.*

goyave [gɔjav] nf guayaba *f.*

GPL (*abr de* **gaz de pétrole liquéfié**) nm GLP *m* ▸ **rouler au GPL** circular con GLP ▸ **une voiture au GPL** un coche (que funciona) con GLP / *un véhicule équipé au GPL* un vehículo equipado con GPL.

GPS (*abr de* **Global Positioning System**) nm GPS *m* / *le système (de localisation) GPS* el sistema (de localización) GPS.

gr (*abr écrite de* **grade**) gr.

GR (*abr de* **(sentier de) grande randonnée**) nm ruta *f* principal.

grabataire [gʀabatɛʀ] ◆ adj encamado(da). ◆ nmf enfermo encamado *m*, enferma encamada *f.*

grabuge [gʀabyʒ] nm *fam* gresca *f.*

grâce [gʀas] nf gracia *f* ▸ **rendre grâce à qqn** dar gracias a alguien ▸ **de bonne / mauvaise grâce** de buena / mala gana ▸ **être dans les bonnes grâces de qqn** gozar del favor de alguien ▸ **faire grâce de qqch à qqn** ahorrar algo a alguien. ◆ **grâce à** loc prép gracias a. ◆ **de grâce** interj *sout* ¡por el amor de Dios!

gracier [9] [gʀasje] vt indultar.

gracieusement [gʀasjøzmɑ̃] adv **1.** [avec grâce] con gracia **2.** [gratuitement] graciosamente.

gracieux, euse [gʀasjø, øz] adj [danseuse, bébé] lleno(na) de gracia, grácil.

gracile [gʀasil] adj grácil.

gradation [gʀadasjɔ̃] nf gradación *f.*

grade [gʀad] nm grado *m* ▸ **monter en grade** ascender ▸ **en prendre pour son grade** llevarse su merecido.

gradé, e [gʀade] adj & nm, f suboficial.

gradin [gʀadɛ̃] nm **1.** [d'amphithéâtre, de stade] grada *f* **2.** [de terrain] escalón *m* ▸ **en gradins** escalonado(da).

graduation [gʀadɥasjɔ̃] nf graduación *f.*

gradué, e [gʀadɥe] ◆ adj **1.** [verre, thermomètre] graduado(da) **2.** [progressif] gradual. ◆ nm, f BELGIQUE diplomado técnico *m*, diplomada técnica *f.*

graduel, elle [gʀadɥɛl] adj gradual.

graduellement [gʀadɥɛlmɑ̃] adv gradualmente.

graduer [7] [gʀadɥe] vt graduar.

graff [gʀaf] (*abr de* **graffiti**) nm pintada *f.*

graffiteur, euse [gʀafitœʀ, øz] nm, f grafitero *m*, -ra *f*.

graffiti [gʀafiti] nm pintada *f*, graffiti *m*.

grailler [3] [gʀaje] vi *tfam* [manger] papear.

graillon [gʀajɔ̃] nm *péj* fritanga *f* / *ça sent le graillon* huele a fritanga.

grain [gʀɛ̃] nm **1.** [gén] grano *m* ▸ **grain de raisin** grano de uva ▸ **grain de riz** grano de arroz ▸ **grain de sel** grano de sal **2.** *fig* [petite quantité] ▸ **un grain de qqch** una pizca de algo ▸ **un grain de folie** una vena de locura **3.** EXPR **avoir un grain** *fam* faltarle un tornillo ▸ **il n'a pas un grain de bon sens** no tiene dos dedos de frente ▸ **mettre son grain de sel** *péj* meter las narices ▸ **veiller au grain** andarse con pies de plomo. ◆ **grain de beauté** nm lunar *m*.

graine [gʀɛn] nf semilla *f*, simiente *f* ▸ **mauvaise graine** *fig* mala hierba *f* ▸ **être de la graine de qqch** *péj* ser simiente de algo ▸ **en prendre de la graine** *fam* tomar ejemplo ▸ **monter en graine** *pr* & *fig* espigarse.

grainetier, ère [gʀɛntje, ɛʀ] nm, f vendedor *m*, -ra *f* de grano.

graissage [gʀɛsaʒ] nm engrase *m*.

graisse [gʀɛs] nf **1.** [gén] grasa *f* ▸ **graisse animale** grasa animal ▸ **graisse végétale** grasa vegetal **2.** [pour cuisiner] manteca *f*.

graisser [4] [gʀese] vt **1.** [machine] engrasar **2.** [salir] manchar de grasa.

graisseux, euse [gʀɛsø, øz] adj **1.** [papier] grasiento(ta) **2.** [bourrelet] de grasa.

graminée [gʀamine], **graminacée** [gʀaminase] nf gramínea *f*.

grammaire [gʀamɛʀ] nf gramática *f*.

grammatical, e, aux [gʀamatikal, o] adj gramatical.

grammaticalement [gʀamatikalmɑ̃] adv gramaticalmente.

gramme [gʀam] nm **1.** [unité de poids] gramo *m* **2.** [petite quantité] ▸ **un gramme de qqch** *fig* una pizca de algo.

grand, e [gʀɑ̃, gʀɑ̃d] ◈ adj **1.** [gén] grande, gran ▸ **prendre de grands airs** darse aires de grandeza ▸ **grand âge** edad avanzada ▸ **grands mots** palabras mayores **2.** [en hauteur] alto(ta) **3.** [en âge] mayor. ◈ nm, f **1.** [adulte] persona *f* mayor **2.** [personnalité] gran figura *f* **3.** [terme d'affection] ▸ **mon grand** grandullón *m*, -ona *f*. ◆ **grand** adv ▸ **faire qqch en grand** hacer algo a lo grande ▸ **voir grand** tener grandes proyectos.

grand-angle [gʀɑ̃tɑ̃gl] (*pl* **grands-angles**), **grand-angulaire** [gʀɑ̃tɑ̃gylɛʀ] (*pl* **grands-angulaires**) nm gran angular *m*.

Grand Canyon [gʀɑ̃kaɲɔ̃] npr ▸ **le Grand Canyon** el Gran Cañon del Colorado.

grand-chose [gʀɑ̃ʃoz] pron indéf ▸ **ce n'est pas grand-chose** no es gran cosa, es poca cosa.

grand-duché [gʀɑ̃dyʃe] (*pl* **grands-duchés**) nm gran ducado *m*.

Grande-Bretagne [gʀɑ̃dbʀətaɲ] npr ▸ **la Grande-Bretagne** Gran Bretaña.

grandement [gʀɑ̃dmɑ̃] adv **1.** [beaucoup] mucho **2.** [amplement] de sobra.

grandeur [gʀɑ̃dœʀ] nf **1.** [dimension] tamaño *m* ▸ **grandeur nature** a tamaño natural **2.** [splendeur] grandeza *f* **3.** *fig* [morale] grandeza *f*, magnitud *f* ▸ **grandeur d'âme** grandeza de espíritu.

grand-guignolesque [gʀɑ̃giɲɔlɛsk] (*pl* **grand-guignolesques**) adj rocambolesco(ca).

grandiloquent, e [gʀɑ̃dilɔkɑ̃, ɑ̃t] adj grandilocuente.

grandiose [gʀɑ̃djoz] adj grandioso(sa).

grandir [32] [gʀɑ̃diʀ] ◈ vt **1.** [rehausser] hacer (parecer) más alto **2.** *fig* [moralement] engrandecer. ◈ vi crecer. ◆ **se grandir** vp *fig* [se valoriser] engrandecerse.

grandissant, e [gʀɑ̃disɑ̃, ɑ̃t] adj creciente.

grand-maman [gʀɑ̃mamɑ̃] (*pl* **grand-mamans** *ou* **grands-mamans**) nf abuelita *f*.

grand-mère [gʀɑ̃mɛʀ] (*pl* **grand-mères** *ou* **grands-mères**) nf abuela *f* ESP, mamá *f* grande AM ▸ **grand-mère maternelle / paternelle** abuela materna / paterna.

grand-messe [gʀɑ̃mɛs] (*pl* **grand-messes** *ou* **grands-messes**) nf misa *f* mayor.

grand-oncle [gʀɑ̃tɔ̃kl] (*pl* **grands-oncles**) nm tío *m* abuelo.

grand-papa [gʀɑ̃papa] (*pl* **grands-papas**) nm abuelito *m*.

grand-peine [gʀɑ̃pɛn] ◆ **à grand-peine** loc adv a duras penas.

grand-père [gʀɑ̃pɛʀ] (*pl* **grands-pères**) nm abuelo *m* ESP, papá *m* grande AM ▸ **grand-père maternel / paternel** abuelo materno / paterno.

grands-parents [gʀɑ̃paʀɑ̃] nmpl abuelos *mpl*.

grand-tante [gʀɑ̃tɑ̃t] (*pl* **grand-tantes** *ou* **grands-tantes**) nf tía *f* abuela.

grand-voile [gʀɑ̃vwal] (*pl* **grand-voiles** *ou* **grands-voiles**) nf vela *f* mayor.

grange [gʀɑ̃ʒ] nf granero *m*.

> ⚠ Granja est un faux ami, il ne signifie pas *grange*, mais « ferme ».

granit, granite [gʀanit] nm granito *m*.

granité, e [gʀanite] adj [papier] granuloso(sa). ◆ **granité** nm **1.** [tissu] paño *m* **2.** [glace] granizada *f*.

granule [gʀanyl] nm gránulo *m*.

granulé, e [gʀanyle] adj [surface] granulado(da). ◆ **granulé** nm granulado *m*.

granuleux, euse [gʀanylø, øz] adj granuloso(sa).

grape-fruit [gʀɛpfʀut] (*pl* **grape-fruits**) nm pomelo *m*.

graphe [gʀaf] nm grafo *m*.

graphie [gʀafi] nf grafía *f*.

graphique [grafik] ❖ adj gráfico(ca). ❖ nm gráfico *m*, gráfica *f*.

graphisme [grafism] nm grafismo *m*.

graphiste [grafist] nmf grafista *mf*.

graphologie [grafɔlɔʒi] nf grafología *f*.

graphologue [grafɔlɔg] nmf grafólogo *m*, -ga *f*.

grappe [grap] nf racimo *m* ▸ **grappe de raisin** racimo de uvas.

> ⚠ Grapa est un faux ami, il ne signifie pas *grappe*, mais « agrafe ».

grappiller [3] [grapije] ❖ vt **1.** [fruits] recoger **2.** *fig* [renseignements, argent] sacar. ❖ vi *fig* rebuscar.

grappin [grapɛ̃] nm rezón *m* ▸ **mettre le grappin sur qqn** *péj* echar el lazo a alguien.

gras, grasse [gra, gras] adj **1.** [gén] graso(sa) **2.** [personne, animal] gordo(da) **3.** [vulgaire - plaisanterie] grosero(ra) ; [- rire] cazalloso(sa) **4.** [crayon, toux] blando(da) **5.** [plante] carnoso(sa) **6.** [sol, terre] fértil. ◆ **gras** ❖ nm **1.** [du jambon] tocino *m* ▸ **discuter le bout de gras** *fam* estar de palique **2.** [de partie du corps] grasa *f* **3.** TYPO negrita *f*, negrilla *f*. ❖ adv ▸ **manger gras** comer mucha grasa ▸ **tousser gras** tener la tos blanda.

gras-double [gradubl] (*pl* **gras-doubles**) nm callos *mpl*.

grassement [grasmɑ̃] adv **1.** [vulgairement] ▸ **parler / rire grassement** hablar / reír con la voz aguardentosa **2.** [largement] generosamente / ***il a été grassement payé pour ce travail*** le han pagado generosamente por el trabajo.

grassouillet, ette [grasujɛ, ɛt] adj *fam* regordete(ta).

gratifiant, e [gratifjɑ̃, ɑ̃t] adj gratificante.

gratification [gratifikasjɔ̃] nf gratificación *f*.

gratifier [9] [gratifje] vt gratificar ▸ **gratifier qqn de qqch** a) [d'un sourire, d'une récompense] gratificar a alguien con algo b) *iron* obsequiar a alguien con algo.

gratin [gratɛ̃] nm **1.** [plat] gratén *m*, gratinado *m* ▸ **gratin dauphinois** *plato elaborado a base de patatas, leche y huevos al gratén* ▸ **au gratin** al gratén, gratinado(da) **2.** *fam* [haute société] flor y nata *f*.

gratiné, e [gratine] adj **1.** CULIN gratinado(da) **2.** *fam* [épreuve, examen] de aúpa ESP, de la gran siete AM **3.** *fam* [plaisanterie, histoire] fuerte. ◆ **gratinée** nf CULIN sopa *f* de cebolla gratinada.

gratiner [3] [gratine] vt CULIN gratinar ▸ **faire gratiner qqch** gratinar algo.

gratis [gratis] adv gratis.

gratitude [gratityd] nf gratitud *f*, agradecimiento *m* ▸ **gratitude envers qqn** gratitud ou agradecimiento hacia alguien.

gratos [gratos] adj *fam* gratuito(ta), gratis *(inv)*.

gratouiller [3] [gratuje] vt *fam* [démanger] ▸ **ça (me) gratouille** (me) pica.

grattage [grataʒ] nm [avec les ongles, avec un objet] rascadura *f* ▸ **gagner au grattage** [à la loterie] ganar al rasca y gana.

gratte-ciel [gratsjɛl] nm inv rascacielos *m inv*.

grattement [gratmɑ̃] nm rascadura *f*.

gratte-papier [gratpapje] nm inv *péj* chupatintas *m inv*.

gratter [3] [grate] ❖ vt **1.** [surface, tache, peinture] rascar **2.** [suj : vêtement] picar **3.** *fam* [concurrent] ganar **4.** *fam* [économiser] sacar. ❖ vi **1.** [frapper] ▸ **gratter à la porte** llamar suavemente a la puerta **2.** [démanger] picar **3.** *fam* [écrire] garrapatear **4.** *fam* [travailler] currar **5.** *fam* [jouer] ▸ **gratter d'un instrument** tocar mediocremente un instrumento. ◆ **se gratter** vp rascarse.

grattoir [gratwar] nm raspador *m*.

grattouiller [gratuje] vt *fam* picar / ***ça me grattouille*** me pica.

gratuit, e [gratɥi, it] adj gratuito(ta).

gratuité [gratɥite] nf gratuidad *f*.

gratuitement [gratɥitmɑ̃] adv **1.** [sans payer] gratis, gratuitamente **2.** [sans raison] gratuitamente.

gravats [grava] nmpl escombros *mpl*, cascotes *mpl*.

grave [grav] adj **1.** [blessure, maladie, faute, situation] grave / ***elle a eu une maladie grave*** tiene una enfermedad grave ▸ **ce n'est pas grave !** ¡no pasa nada! ▸ **l'heure est grave** es un momento crítico **2.** [personne, regard] serio(ria) / ***il a adopté une attitude grave*** adoptó una actitud grave **3.** *fam* [stupide] : ***il est grave ce mec*** ese tío es un caso.

graveleux, euse [gravlø, øz] adj **1.** [sol] lleno(na) de grava **2.** [fruit] granuloso(sa) **3.** [parole] escabroso(sa).

gravement [gravmɑ̃] adv **1.** [parler] con gravedad **2.** [blesser] de gravedad, gravemente.

graver [3] [grave] vt **1.** [gén & INFORM] grabar **2.** [papier] imprimir.

graveur, euse [gravœr, øz] nm, f grabador *m*, -ra *f*. ◆ **graveur** nm INFORM grabadora *f* ▸ **graveur de CD** grabadora de CD ▸ **graveur de DVD** grabadora de DVD.

gravier [gravje] nm grava *f* ESP, pedregullo *m* AM.

gravillon [gravijɔ̃] nm gravilla *f*.

gravir [32] [gravir] vt **1.** subir dificultosamente **2.** *fig* [franchir] escalar / ***il lui a fallu des années pour gravir les échelons*** tardó años en escalar puestos ou en ascender.

gravissime [gravisim] adj gravísimo(ma).

gravitation [gravitasjɔ̃] nf gravitación *f*.

gravité [gravite] nf gravedad *f* ▸ **sans gravité** sin gravedad.

graviter [3] [gravite] vi **1.** [astre] gravitar **2.** *fig* [évoluer] ▸ **graviter autour de qqn / de qqch** girar alrededor de alguien / de algo.

gravure [gravyr] nf grabado *m* ▸ **gravure sur bois** grabado sobre madera.

gré [gʀe] nm ▸ **à mon gré** para mi gusto ▸ **au gré de qqch** a merced de algo ▸ **au gré de qqn** según el capricho de alguien ▸ **bon gré mal gré** mal que le pese ▸ **contre mon gré** en contra de mi voluntad ▸ **de gré ou de force** por las buenas o por las malas ▸ **de mon plein gré** por voluntad propia ▸ **je vous saurais gré de bien vouloir...** *sout* le agradecería que....

grec, grecque [gʀɛk] adj griego(ga). ◆ **grec** nm LING griego *m* ▸ **grec ancien / moderne** griego clásico / moderno. ◆ **Grec, Grecque** nm, f griego *m*, -ga *f*. ◆ **grecque** nf **1.** [ornement] greca *f* **2.** CULIN ▸ **à la grecque** *cocinado en un escabeche aromatizado con aceite de oliva y limón y servido frío*.

Grèce [gʀɛs] npr ▸ **la Grèce** Grecia.

gredin, e [gʀədɛ̃, in] nm, f bribón *m*, -ona *f*.

gréement [gʀemɑ̃] nm NAUT aparejo *m*.

green [gʀin] nm SPORT green *m*.

Greenwich [gʀinwitʃ] npr Greenwich ▸ **le méridien de Greenwich** el meridiano de Greenwich.

gréer [15] [gʀee] vt NAUT aparejar.

greffe [gʀɛf] ◈ nf **1.** MÉD trasplante *m* ▸ **greffe du cœur** trasplante de corazón ▸ **greffe du rein** trasplante de riñón **2.** BOT injerto *m*. ◈ nm DR ≃ secretaría *f* del juzgado ▸ **greffe du tribunal** secretaría del tribunal.

greffer [4] [gʀefe] vt **1.** [organe] trasplantar ▸ **greffer qqch à qqn** trasplantar algo a alguien **2.** BOT injertar. ◆ **se greffer** vp ▸ **se greffer sur qqch** sumarse a algo.

greffier [gʀefje] nm DR ≃ secretario *m*, -ria *f* judicial.

grégaire [gʀegɛʀ] adj gregario(ria).

grège [gʀɛʒ] adj [beige] beige grisáceo(cea).

grégorien, enne [gʀegɔʀjɛ̃, ɛn] adj gregoriano(na).

grêle [gʀɛl] ◈ adj **1.** [jambe] delgaducho(cha) **2.** [son] agudo(da). ◈ nf **1.** [précipitation] granizo *m* **2.** *fig* [grande quantité] lluvia *f*.

grêlé, e [gʀele] adj picado(da) de viruela.

grêler [4] [gʀele] ◈ v impers granizar ▸ **il grêle** está granizando. ◈ vt dañar.

grêlon [gʀɛlɔ̃] nm granizo *m*.

grelot [gʀəlo] nm cascabel *m*.

grelotter [3] [gʀəlɔte] vi tiritar ▸ **grelotter de froid** tiritar de frío.

grenade [gʀənad] nf granada *f* ▸ **grenade lacrymogène** bomba *f* lacrimógena.

Grenade [gʀənad] ◈ npr [île] ▸ **la Grenade** la Granada. ◈ npr [ville d'Espagne] Granada.

grenadier [gʀənadje] nm **1.** [arbre] granado *m* **2.** MIL [soldat] granadero *m*.

grenadine [gʀənadin] nf granadina *f*.

grenat [gʀəna] adj & nm granate.

grenier [gʀənje] nm **1.** [de maison] desván *m* **2.** [à grain, région] granero *m*.

grenouille [gʀənuj] nf rana *f*. ◆ **grenouille de bénitier** nf rata *f* de sacristía.

grenouiller [3] [gʀənuje] vi *fam & péj* trapichear.

grenouillère [gʀənujɛʀ] nf [de bébé] pelele *m*.

grenu, e [gʀəny] adj [granuleux] granuloso(sa).

grès [gʀɛ] nm **1.** [roche] arenisca *f* **2.** [poterie] gres *m*.

grésil [gʀezil] nm granizo *m*.

grésillement [gʀezijmɑ̃] nm **1.** [bruit] chisporroteo *m* **2.** [du grillon] canto *m*.

grésiller [3] [gʀezije] vi chisporrotear ; [grillon] cantar.

GRETA, Greta [gʀeta] (*abr de* **groupement d'établissements pour la formation**) nm *organismo público de formación permanente*.

grève [gʀɛv] nf **1.** [protestation] huelga *f* ▸ **être en grève** estar en huelga ▸ **faire (la) grève** hacer huelga ▸ **grève de la faim** huelga de hambre ▸ **grève générale** huelga general ▸ **grève sauvage** huelga salvaje ▸ **grève sur le tas** huelga de brazos caídos ▸ **grève tournante** huelga por turnos ▸ **grève du zèle** huelga de celo **2.** [rivage] arenal *m*.

grever [19] [gʀəve] vt gravar ▸ **grever qqch de qqch** gravar algo con algo.

gréviste [gʀevist] adj & nmf huelguista.

GRH (*abr de* **gestion des ressources humaines**) nf gestión *f* de recursos humanos ▸ **le conseil en GRH** la asesoría en gestión de recursos humanos.

gribouillage [gʀibujaʒ] nm **1.** [écriture] garabato *m* **2.** [dessin] garabato *m*, pintarrajo *m*.

gribouiller [3] [gʀibuje] vt **1.** [écrire] garabatear **2.** [dessiner] garabatear, pintarrajear.

gribouillis [gʀibuji] nm garabato *m*.

grief [gʀijɛf] nm queja *f* ▸ **faire grief de qqch à qqn** echar en cara algo a alguien.

grièvement [gʀijɛvmɑ̃] adv gravemente ▸ **elle a été grièvement blessée dans l'accident** resultó gravemente herida ou herida de gravedad en el accidente.

griffe [gʀif] nf **1.** [de fauve, etc.] garra *f*, zarpa *f* ; [de chat] uña *f* ▸ **arracher qqn des griffes de qqn** liberar a alguien de garras de alguien ▸ **montrer les griffes** *fig* enseñar las uñas ▸ **tomber dans les griffes de qqn** *fig* caer en las garras de alguien **2.** [de créateur] sello *m*.

> ⚠ **Grifo** est un faux ami, il ne signifie pas *griffe*, mais « robinet ».

griffé, e [gʀife] adj [vêtement] de marca.

griffer [3] [gʀife] vt **1.** [suj : chat] arañar **2.** [suj : créateur] firmar.

griffonner [3] [gʀifɔne] vt & vi **1.** [écrire] garabatear **2.** [dessiner] pintarrajear.

griffure [gʀifyʀ] nf arañazo *m*.

grignotage [gʀiɲɔtaʒ] nm [entre les repas] picoteo *m*.

grignoter [3] [gʀiɲɔte] ◈ vt **1.** [du bout des dents] mordisquear ; [manger] picar, picotear **2.** [capital, fortune] pulirse. ◈ vi picar, picotear / ***il grignote entre les repas*** suele picar entre las comidas.

grigou [grigu] nm *fam* rácano *m*, -na *f*.

gri-gri (*pl* **gris-gris**), **grigri** [grigri] nm grisgrís *m*.

gril [gril] nm parrilla *f* ▸ **sur le gril** a la parrilla ▸ **être sur le gril** *fig* estar en ascuas.

grillade [grijad] nf parrillada *f*.

grillage [grijaʒ] nm **1.** [de porte, de fenêtre] rejilla *f* **2.** [clôture] alambrada *f*.

grillagé, e [grijaʒe] adj **1.** [fenêtre] enrejillado(da) **2.** [jardin] alambrado(da).

grillager [17] [grijaʒe] vt alambrar.

grille [grij] nf **1.** [portail] cancela *f* **2.** [de fenêtre, de ventilation] reja *f* **3.** [de guichet] rejilla *f* **4.** [de mots croisés, de loto] encasillado *m* **5.** [tableau] cuadro *m* ▸ **grille des programmes / des salaires** cuadro de programación / de salarios.

grille-pain [grijpɛ̃] nm inv tostadora *f*, tostador *m*.

griller [3] [grije] ❖ vt **1.** [viande, marron] asar **2.** [pain, café, amande] tostar **3.** [végétation, moteur] quemar **4.** [ampoule] fundir **5.** *fam* [cigarette] fumarse **6.** *fam* [feu rouge, étape] saltarse **7.** *fam* [concurrents] pasar delante de **8.** *fam* [compromettre] quemar ▸ **être grillé** estar quemado. ❖ vi **1.** [viande] asarse **2.** *fig* [avoir hâte] ▸ **griller de faire qqch** arder en deseos de hacer algo. ◆ **se griller** vp *fam* quemarse ▸ **se griller auprès de qqn** quemarse ante alguien.

grillon [grijɔ̃] nm grillo *m*.

grimaçant, e [grimasɑ̃, ɑ̃t] adj que hace muecas, gesticulante.

grimace [grimas] nf mueca *f* ▸ **faire des grimaces** hacer muecas ▸ **faire la grimace** *fig* poner mala cara.

grimacer [16] [grimase] vi hacer muecas.

grimer [3] [grime] vt caracterizar *(maquillar)*. ◆ **se grimer** vp caracterizarse *(maquillarse)*.

grimoire [grimwar] nm galimatías *m inv*.

grimpant, e [grɛ̃pɑ̃, ɑ̃t] adj trepador(ra).

grimper [3] [grɛ̃pe] ❖ vt trepar a. ❖ vi **1.** [personne, animal, plante] trepar ▸ **grimper sur qqch a)** [arbre] trepar a algo **b)** [échelle, table] subirse a algo **2.** [route] estar en cuesta **3.** *fig* [prix] subir.

grimpeur, euse [grɛ̃pœr, øz] adj & nm, f trepador(ra).

grinçant, e [grɛ̃sɑ̃, ɑ̃t] adj **1.** [charnière] chirriante **2.** *fig* [ironie] agrio(gria).

grincement [grɛ̃smɑ̃] nm chirrido *m*.

grincer [16] [grɛ̃se] vi rechinar, chirriar.

grincheux, euse [grɛ̃ʃø, øz] adj & nm, f gruñón(ona).

gringalet [grɛ̃galɛ] nm *péj* alfeñique *m*.

griotte [grijɔt] nf cereza *f* garrafal.

grip [grip] nm SPORT grip *m*.

grippal, e, aux [gripal, o] adj gripal.

grippe [grip] nf **1.** MÉD gripe *f* ESP, gripa *f* AM ▸ **avoir la grippe** tener gripe ▸ **grippe A H1N1** gripe A H1N1 ▸ **grippe aviaire** gripe aviaria ▸ **grippe intestinale** gripe intestinal **2.** [antipathie] ▸ **prendre qqn / qqch en grippe** coger tirria a alguien / a algo.

grippé, e [gripe] adj griposo(sa).

gripper [3] [gripe] vi atrancarse. ◆ **se gripper** vp **1.** [se bloquer] agarrotarse **2.** *fig* [mal fonctionner] bloquearse.

grippe-sou [gripsu] (*pl inv ou* **grippe-sous**) nm *fam* roñoso *m*, -sa *f*, roñica *mf*.

gris, e [gri, griz] adj **1.** [gén] gris **2.** [saoul] achispado(da). ◆ **gris** nm **1.** [couleur] gris *m* **2.** [tabac] *tabaco picado fuerte que se vende envuelto en un papel de color gris*.

grisaille [grizaj] nf **1.** [du ciel] tono *m* gris **2.** *fig* [de vie] monotonía *f*.

grisant, e [grizɑ̃, ɑ̃t] adj embriagador(ra).

grisâtre [grizatr] adj grisáceo(cea).

grisé, e [grize] adj **1.** [teinte] agrisado(da) **2.** [enivré] embriagado(da). ◆ **grisé** nm punteado *m* gris.

griser [3] [grize] vt embriagar. ◆ **se griser** vp ▸ **se griser de qqch** embriagarse de algo.

grisonnant, e [grizɔnɑ̃, ɑ̃t] adj entrecano(na).

grisonner [3] [grizɔne] vi encanecerse.

grisou [grizu] nm grisú *m*.

grive [griv] nf tordo *m*.

grivois, e [grivwa, az] adj verde *(picante)*.

Groenland [grɔɛnlɑ̃d] npr ▸ **le Groenland** Groenlandia.

grog [grɔg] nm grog *m*.

groggy [grɔgi] adj inv grogui.

grogne [grɔɲ] nf *fam* descontento *m*.

grognement [grɔɲmɑ̃] nm gruñido *m*.

grogner [3] [grɔɲe] vi gruñir.

grognon, onne [grɔɲɔ̃, ɔn] adj gruñón(ona).

groin [grwɛ̃] nm morro *m (del cerdo)*.

grole, grolle [grɔl] nf *fam* zapato *m*.

grommeler [24] [grɔmle] vt & vi mascullar.

grondement [grɔ̃dmɑ̃] nm **1.** [de tonnerre, de torrent] rugido *m* **2.** [d'animal] gruñido *m*.

gronder [3] [grɔ̃de] ❖ vi **1.** [canon, tonnerre] rugir **2.** [animal] gruñir. ❖ vt regañar.

groom [grum] nm [à l'hôtel] botones *m inv*.

gros, grosse [gro, gros] ❖ adj *(gén avant le nom)* **1.** [volumineux, important] gran, grande / *une grosse boîte* una caja grande **2.** *(avant ou après le nom)* [corpulent] gordo(da) **3.** [grossier] grueso(sa) **4.** [fort, sonore] fuerte. ❖ nm, f [personne corpulente] gordo *m*, -da *f*. ◆ **gros** ❖ adv [beaucoup] mucho ▸ **en avoir gros sur le cœur** tener una espina (clavada) en el corazón. ❖ nm **1.** [majeure partie] ▸ **le (plus) gros de qqch** el grueso de algo **2.** COMM ▸ **le gros** los negocios al por mayor ESP, el mayoreo AM. ◆ **grosse** nf [douze douzaines] gruesa *f*. ◆ **de gros** loc adj COMM al por mayor ESP, al mayoreo AM. ◆ **en gros** loc adv & loc adj **1.** COMM al por mayor ESP, al mayoreo AM **2.** [en grands caractères] en letras grandes **3.** [grosso modo] en dos palabras.

groseille [gʀozɛj] ◆ nf grosella *f* ▸ **groseille rouge / blanche / à maquereau** grosella roja / blanca / espinosa. ◆ adj inv [couleur] grosella *(en apposition)*.

groseillier [gʀozeje] nm grosellero *m*.

gros-grain [gʀogʀɛ̃] (*pl* **gros-grains**) nm otomán *m*.

gros-porteur [gʀopɔʀtœʀ] (*pl* **gros-porteurs**) nm jumbo *m*.

grosse ⟶ **gros**.

grossesse [gʀosɛs] nf embarazo *m* ▸ **grossesse extra-utérine / nerveuse** embarazo extrauterino / psicológico.

grosseur [gʀosœʀ] nf **1.** [grandeur, corpulence] tamaño *m* **2.** [épaisseur] grosor *m* **3.** MÉD bulto *m*.

grossier, ère [gʀosje, ɛʀ] adj **1.** [gén] grosero(ra) **2.** [matière] basto(ta) **3.** [approximatif] aproximado(da) ; [erreur] burdo(da).

grossièrement [gʀosjɛʀmɑ̃] adv groseramente.

grossièreté [gʀosjɛʀte] nf **1.** [gén] grosería *f* **2.** [manque de profondeur] tosquedad *f*.

grossir [32] [gʀosiʀ] ◆ vi **1.** [prendre du poids] engordar ▸ **faire grossir** engordar **2.** [augmenter, s'intensifier] crecer. ◆ vt **1.** [suj : microscope, verre] agrandar **2.** [suj : vêtement] hacer parecer más gordo(da) **3.** [importance, danger] exagerar **4.** [cours d'eau] hacer crecer.

grossissant, e [gʀosisɑ̃, ɑ̃t] adj [verre, lentille] de aumento.

grossissement [gʀosismɑ̃] nm **1.** [gén] aumento *m* **2.** [des faits] exageración *f*.

grossiste [gʀosist] nmf mayorista *mf*.

grosso modo [gʀosomɔdo] adv grosso modo.

grotesque [gʀɔtɛsk] ◆ adj grotesco(ca). ◆ nm [genre littéraire] ▸ **le grotesque** lo grotesco. ◆ **grotesques** nfpl ART grotescos *mpl*, grutescos *mpl*.

grotte [gʀɔt] nf gruta *f*.

grouillant, e [gʀujɑ̃, ɑ̃t] adj bullicioso(sa) ▸ **grouillant de qqch / de monde** rebosante de algo / de gente.

grouiller [3] [gʀuje] vi hormiguear ▸ **grouiller de** hervir de. ◆ **se grouiller** vp *fam* moverse *(darse prisa)*.

groupage [gʀupaʒ] nm [de marchandises] agrupación *f*.

groupe [gʀup] nm grupo *m* ▸ **de groupe** de grupo / *psychothérapie de groupe* psicoterapia de grupo ▸ **en groupe** en grupo ▸ **groupe armé** banda *f* armada ▸ **groupe financier** grupo financiero ▸ **groupe hospitalier / scolaire** complejo *m* hospitalario / escolar ▸ **groupe industriel** grupo industrial ▸ **groupe de presse** grupo de prensa ▸ **groupe de pression** grupo de presión ▸ **groupe de rock** grupo ou banda de rock ▸ **groupe de travail** grupo de trabajo. ◆ **groupe électrogène** nm grupo *m* electrógeno. ◆ **groupe sanguin** nm grupo *m* sanguíneo.

groupement [gʀupmɑ̃] nm agrupación *f*, agrupamiento *m* ▸ **groupement politique** grupo político, agrupación política ▸ **groupement d'intérêt économique** agrupación de interés económico.

grouper [3] [gʀupe] vt agrupar. ◆ **se grouper** vp agruparse.

groupie [gʀupi] nmf groupie *f (fan incondicional)*.

groupuscule [gʀupyskyl] nm grupúsculo *m*.

gruau, x [gʀyo] nm [farine] harina *f* en flor.

grue [gʀy] nf **1.** [appareil de levage] grúa *f* **2.** ZOOL grulla *f* **3.** *péj* [prostituée] zorra *f*.

gruger [17] [gʀyʒe] vt estafar.

grumeau, x [gʀymo] nm grumo *m*.

grumeleux, euse [gʀymlø, øz] adj **1.** [pâte] grumoso(sa) **2.** [fruit, peau] granuloso(sa).

grunge [gʀœnʒ] adj grunge.

gruyère [gʀyjɛʀ] nm (queso) gruyère *m*.

GSM (*abr de* **Global System for Mobile Communication**) nm GSM *m* ▸ **les réseaux GSM** las redes GSM ▸ **une antenne relais GSM** una antena GSM.

guacamole [gwakamol(e)] nm guacamole *m*.

Guadalquivir [gwadalkiviʀ] npr ▸ **le Guadalquivir** el Guadalquivir.

Guadeloupe [gwadlup] npr ▸ **la Guadeloupe** Guadalupe.

guadeloupéen, enne [gwadlupeɛ̃, ɛn] adj guadalupeño(ña). ◆ **Guadeloupéen, enne** nm, f guadalupeño *m*, -ña *f*.

Guatemala [gwatemala] ◆ npr ▸ **le Guatemala** Guatemala. ◆ npr [ville] Guatemala.

guatémaltèque [gwatemaltɛk] adj guatemalteco(ca). ◆ **Guatémaltèque** nmf guatemalteco *m*, -ca *f*.

gué [ge] nm vado *m* ▸ **passer à gué** vadear.

guéguerre [gegɛʀ] nf *fam* riña *f*.

guenille [gənij] nf andrajo *m*.

guenon [gənɔ̃] nf mona *f*.

guépard [gepaʀ] nm guepardo *m*.

guêpe [gɛp] nf avispa *f*.

guêpier [gepje] nm avispero *m* ▸ **aller se fourrer dans un guêpier** *fig* meterse en un avispero.

guère [gɛʀ] adv [peu] no mucho ▸ **ne… guère** no… mucho / *elle ne l'aime guère* no le gusta mucho / *elle n'est guère anxieuse* no está muy preocupada ▸ **ne… plus guère** ya no… mucho / *il n'écrit plus guère* ya (casi) no escribe / *il n'y a guère plus de six mois* hace poco más de seis meses ▸ **guère de** no mucho(cha) / *il n'a guère d'argent* no tiene mucho dinero / *je n'ai guère d'occasions* no tengo muchas oportunidades.

guéridon [geʀidɔ̃] nm velador *m*.

guérilla [geʀija] nf guerrilla *f*.

guérillero [geʀijeʀo] nm guerrillero *m*, -ra *f*.

guérir [32] [geʀiʀ] ◆ vt curar. ◆ vi curarse.

guérison [geʀizɔ̃] nf curación *f*.

guérissable [geʀisabl] adj curable.

guérisseur, euse [geʀisœʀ, øz] nm, f curandero *m*, -ra *f* ESP, yerbatero *m*, -ra *f* AM.

guérite [geʀit] nf garita *f*.

guerre [gɛʀ] nf guerra *f* ▸ **en guerre** en guerra ▸ **guerre atomique / nucléaire** guerra atómica / nuclear ▸ **guerre bactériologique / biologique / chimique** guerra bacteriológica / biológica / química ▸ **guerre civile / économique / froide** guerra civil / económica / fría ▸ **guerre des nerfs** guerra de nervios ▸ **guerre de religion** guerra de religión ▸ **guerre sainte** guerra santa ▸ **à la guerre comme à la guerre** al mal tiempo buena cara ▸ **de bonne guerre** de buena lid ▸ **de guerre lasse** por cansancio ▸ **faire la guerre à qqch** declarar la guerra a algo ▸ **faire la guerre à qqn** *fig* guerrear con alguien. ◆ **Guerre** nf ▸ **la Première / la Seconde Guerre mondiale** la Primera / la Segunda Guerra Mundial.

guerrier, ère [gɛʀje, ɛʀ] adj guerrero(ra). ◆ **guerrier** nm guerrero *m*.

guerroyer [13] [gɛʀwaje] vi guerrear.

guet [gɛ] nm ▸ **faire le guet** hacer guardia.

guet-apens [gɛtapɑ̃] (*pl* **guets-apens** [gɛtapɑ̃]) nm **1.** [embuscade] emboscada *f* ▸ **tomber dans un guet-apens** caer en una emboscada **2.** *fig* [machination] encerrona *f*.

guêtre [gɛtʀ] nf polaina *f* ▸ **traîner ses guêtres** *fam* pasar el rato.

guetter [4] [gete] vt acechar ESP, aguaitar AM.

gueulante [gœlɑ̃t] nf *fam* ▸ **pousser une gueulante** echar una bronca.

gueulard, e [gœlaʀ, aʀd] adj & nm, f *fam* gritón(ona).

gueule [gœl] nf **1.** [gén] boca *f* ▸ **se jeter dans la gueule du loup** meterse en la boca del lobo **2.** *tfam* [bouche] pico *m* ▸ **ta gueule !** ¡cierra el pico! ▸ **grande gueule** bocazas *mf inv* **3.** *fam* [visage] careto *m* **4.** EXPR ▸ **avoir la gueule de bois** tener resaca ▸ **casser la gueule à qqn** romper la cara a alguien ▸ **faire la gueule** poner morros ▸ **se casser la gueule** dar un batacazo.

gueule-de-loup [gœldəlu] (*pl* **gueules-de-loup**) nf BOT dragón *m*.

gueuler [5] [gœle] vt & vi *fam* berrear.

gueuleton [gœltɔ̃] nm *fam* comilona *f*.

gueux, gueuse [gø, gøz] nm, f *sout* [pauvre] pordiosero *m*, -ra *f*.

gui [gi] nm muérdago *m*.

guichet [giʃɛ] nm taquilla *f* ESP, boletería *f* AM ▸ **jouer à guichets fermés** actuar con el teatro lleno. ◆ **guichet automatique** nm cajero *m* automático.

guichetier, ère [giʃtje, ɛʀ] nm, f taquillero *m*, -ra *f*.

guide [gid] ❖ nm **1.** [personne] guía *mf* ▸ **guide de montagne** guía de montaña **2.** [livre] guía *f* ▸ **guide touristique** ou **de voyage** guía turística. ❖ nf [scoutisme] guía *f*. ◆ **guides** nfpl [rênes] riendas *fpl*.

guider [3] [gide] vt guiar.

guidon [gidɔ̃] nm manillar *m*.

guigne [giɲ] nf *fam* ▸ **avoir la guigne** tener la negra.

guigner [3] [giɲe] vt *fam* **1.** [regarder] guipar **2.** [convoiter] tener los ojos puestos en.

guignol [giɲɔl] nm **1.** [marionnette] títere *m* ▸ **faire le guignol** hacer el payaso ou el indio **2.** [théâtre] guiñol *m*.

guillemet [gijmɛ] nm comilla *f* ▸ **entre guillemets** entre comillas ▸ **ouvrir / fermer les guillemets** abrir / cerrar comillas.

guilleret, ette [gijʀɛ, ɛt] adj vivaracho(cha).

guillotine [gijɔtin] nf guillotina *f*.

guillotiner [3] [gijɔtine] vt guillotinar.

guimauve [gimov] nf **1.** BOT malvavisco *m* **2.** [pâte] ≃ nube *f* **3.** *fam* & *péj* [sentimentalité] ñoñería *f*.

guimbarde [gɛ̃baʀd] nf **1.** MUS [instrument] birimbao *m* **2.** *fam* [voiture] cacharro *m*.

guindé, e [gɛ̃de] adj **1.** [attitude, personne] estirado(da) **2.** [style] ampuloso(sa).

Guinée [gine] npr ▸ **la Guinée** Guinea ▸ **la Guinée-Bissau** Guinea-Bissau ▸ **la Guinée-Équatoriale** Guinea Ecuatorial.

guinéen, enne [gineɛ̃, ɛn] adj guineano(na). ◆ **Guinéen, enne** nm, f guineano *m*, -na *f*.

guingois [gɛ̃gwa] ◆ **de guingois** adv *fam* de través.

guinguette [gɛ̃gɛt] nf baile *m* al aire libre.

guirlande [giʀlɑ̃d] nf guirnalda *f*.

guise [giz] nf ▸ **à ma / sa guise** a mi / su manera ▸ **en guise de** a guisa de.

guitare [gitaʀ] nf guitarra *f* ▸ **guitare électrique** guitarra eléctrica ▸ **guitare espagnole** guitarra española ▸ **guitare sèche** guitarra clásica.

guitariste [gitaʀist] nmf guitarrista *mf*.

Gulf Stream [gœlfstʀim] npr ▸ **le Gulf Stream** la corriente del Golfo.

gustatif, ive [gystatif, iv] adj gustativo(va).

guttural, e, aux [gytyʀal, o] adj gutural.

Guyana [gɥijana] npr ▸ **la Guyana** (la) Guyana.

guyanais, e [gɥijanɛ, ɛz] adj guyanés(esa). ◆ **Guyanais, e** nm, f guyanés *m*, -esa *f*.

Guyane [gɥijan] npr ▸ **la Guyane** (la) Guayana.

gym [ʒim] nf gimnasia *f*.

gymkhana [ʒimkana] nm gincana *f*.

gymnase [ʒimnaz] nm gimnasio *m*.

gymnaste [ʒimnast] nmf gimnasta *mf*.

gymnastique [ʒimnastik] nf gimnasia *f* ▸ **faire de la gymnastique** hacer gimnasia ▸ **gymnastique corrective** gimnasia correctiva.

gynécée [ʒinese] nm gineceo *m*.

gynéco [ʒineko] ❖ nmf *fam* [gynécologue] ginecólogo *m*, -ga *f* ▸ **aller chez le gynéco** ir al ginecólogo. ❖ nf inv [gynécologie] ginecología *f* / ***le service de gynéco obstétrique*** el servicio de ginecología obstetricia.

gynécologie [ʒinekɔlɔʒi] nf ginecología *f*.

gynécologique [ʒinekɔlɔʒik] adj ginecológico(ca).

gynécologue [ʒinekɔlɔg] nmf ginecólogo *m*, -ga *f*.

gypse [ʒips] nm yeso *m (piedra)*.

gyrophare [ʒiʀɔfaʀ] nm sirena *f (de coche)*.

H

h, **H** [aʃ] nm inv [lettre] h *f*, H *f* ▸ **h aspiré / muet** h aspirada/muda. ◆ **h** **1.** (*abr écrite de* **heure**) h **2.** (*abr écrite de* **hecto**) h. ◆ **H** **1.** (*abr écrite de* **homme**) H **2.** (*abr écrite de* **hydrogène**) H.

ha (*abr écrite de* **hectare**) ha.

hab. (*abr écrite de* **habitant**) hab. / *une commune de moins de 100 000 hab.* un municipio de menos de 100.000 hab.

habile [abil] adj hábil.

habilement [abilmɑ̃] adv hábilmente.

habileté [abilte] nf habilidad *f*.

habiliter [3] [abilite] vt habilitar ▸ **être habilité à faire qqch** estar habilitado para hacer algo.

habillage [abijaʒ] nm **1.** [d'une personne] acción *f* de vestir **2.** [d'un livre, d'une bouteille] acción *f* de forrar.

habillé, e [abije] adj **1.** [tenue, robe] de vestir **2.** [soirée] de etiqueta.

habillement [abijmɑ̃] nm **1.** [gén] ropa *f* **2.** [secteur] confección *f*.

habiller [3] [abije] vt **1.** [gén] vestir ▸ **habiller qqn de qqch** vestir a alguien de algo **2.** [fauteuil] poner una funda a. ◆ **s'habiller** vp vestirse ▸ **s'habiller de qqch** vestirse de algo.

habilleur, euse [abijœʀ, øz] nm, f encargado *m*, -da *f* del vestuario.

habit [abi] nm **1.** [costume] traje *m* ▸ **habit de soirée** traje de etiqueta **2.** RELIG hábito *m*. ◆ **habits** nmpl ropa *f*.

habitable [abitabl] adj habitable.

habitacle [abitakl] nm **1.** [d'une voiture] habitáculo *m* **2.** [d'un avion] cabina *f*.

habitant, e [abitɑ̃, ɑ̃t] nm, f **1.** [gén] habitante *mf* ▸ **loger chez l'habitant** alojarse en casa de un particular **2.** QUÉBEC [paysan] campesino *m*, -na *f*.

habitat [abita] nm **1.** [logement] vivienda *f* / *le gouvernement a pris des mesures pour l'amélioration de l'habitat* el gobierno tomó medidas para reformar las viviendas **2.** [milieu] hábitat *m* ▸ **habitat rural** hábitat rural ▸ **habitat urbain** hábitat urbano.

habitation [abitasjɔ̃] nf vivienda *f*.

habité, e [abite] adj habitado(da).

habiter [3] [abite] ◆ vt **1.** [suj : personne] vivir en / *il habite Barcelone/une grande maison* vive en Barcelona/una casa grande **2.** [suj : sentiment] embargar. ◆ vi vivir / *où habites-tu ?* ¿dónde vives?

habitude [abityd] nf costumbre *f* ▸ **avoir l'habitude de qqch / de faire qqch** tener la costumbre de algo/de hacer algo ▸ **d'habitude** normalmente ▸ **comme d'habitude** como de costumbre ▸ **par habitude** por costumbre ▸ **perdre l'habitude de (faire) qqch** perder la costumbre de (hacer) algo ▸ **prendre l'habitude de faire qqch** acostumbrarse a hacer algo.

habitué, e [abitɥe] nm, f asiduo *m*, -dua *f*, habitual *mf*.

habituel, elle [abitɥɛl] adj habitual.

habituellement [abitɥɛlmɑ̃] adv habitualmente.

habituer [7] [abitɥe] vt ▸ **habituer qqn à qqch / à faire qqch** acostumbrar a alguien a algo/a hacer algo. ◆ **s'habituer** vp ▸ **s'habituer à qqch / à faire qqch** acostumbrarse a algo/a hacer algo.

hâbleur, euse ['ablœʀ, øz] adj & nm, f *sout* presuntuoso(sa).

hache ['aʃ] nf hacha *f* ▸ **enterrer la hache de guerre** *fig* enterrar el hacha de guerra.

haché, e ['aʃe] adj **1.** [viande] picado(da) **2.** *fig* [style, discours] entrecortado(da).

hacher [3] ['aʃe] vt **1.** [viande] picar **2.** *fig* [style, discours] entrecortar.

hachette ['aʃɛt] nf destral *m*.

hachis ['aʃi] nm CULIN picadillo *m* ▸ **hachis Parmentier** *pastel de carne de ternera picada cubierto de puré de patatas.*

hachisch, haschich, haschisch ['aʃiʃ] nm hachís *m*.

hachoir ['aʃwaʀ] nm **1.** [appareil] picadora *f* **2.** [couteau] tajadera *f* **3.** [planche] tabla *f* de picar.

hachure ['aʃyʀ] nf *(gén pl)* plumeado *m*.

hachurer [3] ['aʃyʀe] vt plumear.

hackeur, euse [akøʀ, øz], **hacker** [akøʀ] n *fam* hacker *m*.

haddock ['adɔk] nm abadejo *m* ahumado.

hagard, e ['agaʀ, aʀd] adj azorado(da).

haï, e ['ai] pp ⟶ **haïr**.

haie ['ɛ] nf **1.** [d'arbustes] seto *m* **2.** [de personnes] fila *f* ▸ **haie d'honneur** guardia *f* de honor **3.** SPORT [obstacle] obstáculo *m* ▸ **le 400 mètres haies** los 400 metros vallas.

haillons [ajɔ̃] nmpl harapos *mpl* ▸ **en haillons** cubierto de harapo, harapiento.

haine ['ɛn] nf odio *m*.

haineusement ['ɛnøzmɑ̃] adv con odio.

haineux, euse ['ɛnø, øz] adj rencoroso(sa).

haïr [33] ['aiʀ] vt odiar.

hais ⟶ **haïr**.

haïssable ['aisabl] adj odioso(sa).

Haïti [aiti] npr Haití.

haïtien, enne [aisjɛ̃, ɛn] adj haitiano(na). ◆ **Haïtien, enne** nm, f haitiano *m*, -na *f*.

haka [aka] nm haka *f*.

halal [alal] (*pl inv*) adj halal.

hâle ['al] nm tostado *m*.

hâlé, e ['ale] adj tostado(da).

haleine [alɛn] nf **1.** [souffle] aliento *m* ▸ **avoir l'haleine forte ou mauvaise haleine** tener el aliento fuerte ou mal aliento ▸ **courir à perdre haleine** correr hasta quedarse sin aliento ▸ **hors d'haleine** sin aliento ▸ **reprendre haleine** recobrar aliento **2.** EXPR **de longue haleine** de larga duración ▸ **tenir qqn en haleine** tener a alguien en vilo.

haler [3] ['ale] vt jalar.

haletant, e ['altɑ̃, ɑ̃t] adj jadeante.

halètement ['alɛtmɑ̃] nm jadeo *m*.

haleter [28] ['alte] vi jadear.

hall ['ol] nm vestíbulo *m*, hall *m* ▸ **hall d'arrivée / de départ** vestíbulo de llegada / de salida ▸ **hall de gare a)** *pr* vestíbulo de estación **b)** *fig* gallinero *m*.

halle ['al] nf mercado *m*. ◆ **halles** nfpl mercado *m* de abastos.

Halloween [alɔwin] npr Halloween.

hallucinant, e [alysinɑ̃, ɑ̃t] adj alucinante.

hallucination [alysinasjɔ̃] nf alucinación *f*.

halluciné, e [alysine] adj & nm, f alucinado(da).

halluciner [3] [alysine] vi *fam* alucinar / *non mais, j'hallucine !* ¡ostras, yo alucino (por un tubo)!

hallucinogène [alysinɔʒɛn] ◆ adj alucinógeno(na). ◆ nm alucinógeno *m*.

halo ['alo] nm halo *m*.

halogène [alɔʒɛn] ◆ adj halógeno(na). ◆ nm halógeno *m*.

halte ['alt] nf **1.** [pause] alto *m* ▸ **halte !** ¡alto! ▸ **faire une halte** hacer un alto **2.** [étape] meta *f*.

halte-garderie ['altəgaʀdəʀi] (*pl* **haltes-garderies**) nf guardería *f* infantil.

haltère [altɛʀ] nm pesa *f*.

haltérophile [alteʀɔfil] adj & nmf halterófilo(la).

haltérophilie [alteʀɔfili] nf halterofilia *f*.

halva [alva] nm halva *m*.

hamac ['amak] nm hamaca *f*.

hamburger ['ɑ̃bœʀgœʀ] nm hamburguesa *f*.

hameau, x ['amo] nm aldea *f*.

hameçon [amsɔ̃] nm anzuelo *m* ▸ **mordre à l'hameçon** *fam & fig* morder el anzuelo.

hammam ['amam] nm baño *m* turco.

hampe ['ɑ̃p] nf [de drapeau] asta *f*.

hamster ['amstɛʀ] nm hámster *m*.

hanche ['ɑ̃ʃ] nf cadera *f*.

hand [ɑ̃d] nm *fam* balonmano *m*.

handball ['ɑ̃dbal] nm balonmano *m*.

handballeur, euse [ɑ̃dbalœʀ, øz] nm, f jugador *m*, -ra *f* de balonmano, balonmanista *mf*.

handicap ['ɑ̃dikap] nm **1.** [infirmité] minusvalía *f* ; *fig* [désavantage] handicap *m* **2.** SPORT handicap *m*.

handicapé, e ['ɑ̃dikape] ◆ adj [physique] minusválido(da) ▸ **être handicapé par qqch** verse limitado por culpa de algo. ◆ nm, f minusválido *m*, -da *f* ▸ **handicapé moteur / mental / physiquel** disminuido físico / mental / físico.

handicaper [3] ['ɑ̃dikape] vt **1.** *fig* [désavantager] dificultar **2.** SPORT handicapar.

handisport ['ɑ̃dispɔʀ] ◆ adj inv paralímpico(ca). ◆ nm deporte *m* paralímpico.

hangar ['ɑ̃gaʀ] nm hangar *m*.

hanneton ['antɔ̃] nm abejorro *m*.

Hanoi [anɔj] npr Hanoi.

Hanoukka [anuka] nf Jánuca *m*.

hanté, e ['ɑ̃te] adj [maison, château] encantado(da).

hanter [3] ['ɑ̃te] vt **1.** [suj : fantôme] aparecerse en **2.** *fig* [obséder] acosar **3.** *fam* [bar, quartier] frecuentar.

hantise ['ɑ̃tiz] nf obsesión *f* ▸ **avoir la hantise de qqch / de faire qqch** estar obsesionado(da) con algo / por hacer algo.

happer [3] ['ape] vt **1.** [saisir] atrapar de un bocado **2.** [accrocher] arrollar.

hara-kiri ['aʀakiʀi] nm harakiri *m*.

harangue ['aʀɑ̃g] nf arenga *f*.

haranguer [3] ['aʀɑ̃ge] vt arengar.

haras ['aʀa] nm acaballadero *m*.

harassant, e ['aʀasɑ̃, ɑ̃t] adj agotador(ra).

harasser [3] ['aʀase] vt agotar.

harcèlement ['aʀsɛlmɑ̃] nm acoso *m* ▸ **harcèlement moral** acoso moral ▸ **harcèlement psychologique** acoso psicológico ▸ **harcèlement sexuel** acoso sexual.

harceler [25] ['aʀsəle] vt **1.** [gén] acosar **2.** *fig* [assaillir] ▸ **harceler qqn de** [questions] acribillar a alguien a.

hard ['aʀd] ◆ adj inv *fam* **1.** [dur] fuerte, chungo(ga) / *pour nous en ce moment, c'est vraiment hard* nosotros ahora lo tenemos muy chungo **2.** [pornographique] hardcore, de porno duro. ◆ nm inv **1.** MUS (*abr de* **hard-rock**) rock *m* duro, hard rock *m* **2.** CINÉ hardcore *m*, porno *m* duro.

hardes ['aʀd] nfpl harapos *mpl*.

hardi, e ['aʀdi] adj audaz.

hardiesse ['aʀdjɛs] nf audacia *f*.

hard-rock [aʀdʀɔk] nm inv rock *m* duro, hard rock *m*.

hardware ['aʀdwɛʀ] nm hardware *m*.

harem ['aʀɛm] nm harén *m*.

hareng ['arɑ̃] nm arenque *m* ▸ **hareng saur** arenque ahumado.

hargne ['arɲ] nf hosquedad *f*.

hargneux, euse ['arɲø, øz] adj hosco(ca).

haricot ['ariko] nm judía *f*, alubia *f* ▸ **haricots verts** judías verdes ESP, ejotes AM ▸ **haricots blancs / rouges** judías blancas/pintas ESP, frijoles blancos/rojos AM.

harmonica [armɔnika] nm armónica *f*.

harmonie [armɔni] nf **1.** [gén] armonía *f* ▸ **vivre en harmonie (avec qqn)** vivir en armonía (con alguien) **2.** MUS [fanfare] banda *f*.

harmonieusement [armɔnjøzmɑ̃] adv armoniosamente, con armonía.

harmonieux, euse [armɔnjø, øz] adj armonioso(sa).

harmonique [armɔnik] adj armónico(ca).

harmonisation [armɔnizasjɔ̃] nf armonización *f*.

harmoniser [3] [armɔnize] vt armonizar.

harmonium [armɔnjɔm] nm armonio *m*, harmonio *m*.

harnachement ['arnaʃmɑ̃] nm **1.** [de cheval] arneses *mpl*, arreos *mpl* **2.** [action de harnacher] enjaezamiento *m* **3.** *fig* [attirail] arneses *mpl*.

harnacher [3] ['arnaʃe] vt **1.** [cheval] enjaezar **2.** *fig* [encombrer] ▸ **être harnaché** ir cargado.

harnais ['arnɛ] nm **1.** [de cheval] arneses *mpl*, arreos *mpl* **2.** SPORT equipo *m* **3.** TECHNOL tren *m* de engranajes.

haro ['aro] nm *sout* ▸ **crier haro sur qqch / qqn** alzarse contra algo/contra alguien.

harpagon [arpagɔ̃] nm *péj* rácano *m*.

harpe ['arp] nf arpa *f*.

harpie ['arpi] nf arpía *f*.

harpiste [arpist] nmf arpista *mf*.

harpon ['arpɔ̃] nm arpón *m*.

harponner [3] ['arpɔne] vt **1.** [poisson] arponear **2.** *fam* [personne] pillar.

hasard ['azar] nm **1.** [événement imprévu] casualidad *f* / *c'est un hasard si nous nous sommes retrouvés* es una casualidad que nos hayamos vuelto a ver ▸ **par hasard** por casualidad ▸ **comme par hasard** *iron* como por casualidad ▸ **si par hasard** si por casualidad **2.** [cause imprévisible] azar *m* / *elle ne laisse rien au hasard* no deja nada al azar ▸ **à tout hasard** por si acaso ▸ **au hasard** al azar.

hasarder [3] ['azarde] vt **1.** [conseil] aventurar **2.** *sout* [vie, réputation] arriesgar. ◆ **se hasarder** vp ▸ **se hasarder à faire qqch** aventurarse a hacer algo.

hasardeux, euse ['azardø, øz] adj arriesgado(da).

haschich, haschisch = **hachisch**.

hâte ['at] nf prisa *f* ▸ **à la** ou **en hâte** a ou de prisa ▸ **avoir hâte de faire qqch** estar deseando hacer algo.

hâter [3] ['ate] vt **1.** [pas] apresurar **2.** [départ, mariage, etc.] adelantar. ◆ **se hâter** vp darse prisa ▸ **se hâter de faire qqch** darse prisa en hacer algo.

hâtif, ive ['atif, iv] adj precipitado(da).

hâtivement [ativmɑ̃] adv [trop vite] precipitadamente.

hauban ['obɑ̃] nm obenque *m*.

hausse ['os] nf alza *f* ▸ **à la hausse** al alza ▸ **en hausse** a) [prix] en alza b) [températures] en aumento ▸ **hausse des températures** subida *f* de las temperaturas.

haussement ['osmɑ̃] nm [de la voix] alzamiento *m* / *que veut dire ce haussement de ton ?* ¿a qué viene ese alzamiento de voz? ◆ **haussement d'épaules** nm encogimiento *m* de hombros.

hausser [3] ['ose] vt alzar ▸ **hausser les épaules** encogerse de hombros.

haussmannien, enne [osmanjɛ̃, ɛn] adj [immeuble, boulevard, période] hausmaniano(na).

haut, e ['o, 'ot] adj alto(ta) / *une tour haute de 300 m* una torre de 300 m de alto ▸ **les hauts fonctionnaires** los altos funcionarios ▸ **les hauts salaires** los altos salarios. ◆ **haut** ◈ adv alto / *parler haut* hablar alto ▸ **dire tout haut ce que l'on pense tout bas** decir bien alto lo que se piensa. ◈ nm **1.** [hauteur] alto *m* / *cette pièce fait deux mètres de haut* esta habitación tiene dos metros de alto **2.** [sommet] : *le haut de qqch* lo alto de algo **3.** [vêtement] top *m* **4.** EXPR **avoir** ou **connaître des hauts et des bas** pasar ou conocer altibajos. ◆ **de haut** loc adv [avec arrogance] ▸ **le prendre de haut** tomarlo con arrogancia ▸ **regarder qqn de haut** mirar a alguien por encima del hombro. ◆ **de haut en bas** loc adv de arriba abajo. ◆ **du haut de** loc prép desde lo alto de. ◆ **en haut de** loc prép en lo alto de. ◆ **haute** nf *fam* ▸ **la haute** la alta sociedad.

hautain, e ['otɛ̃, ɛn] adj altivo(va), altanero(ra).

hautbois ['obwa] nm oboe *m*.

haut-commissariat [okɔmisarja] (*pl* **hauts-commissariats**) nm alto comisionado *m*.

haut-de-forme ['odfɔrm] (*pl* **hauts-de-forme**) nm chistera *f*, sombrero *m* de copa.

haute-fidélité [otfidelite] (*pl* **hautes-fidélités**) nf alta fidelidad *f*.

hautement ['otmɑ̃] adv altamente.

hauteur ['otœr] nf **1.** [gén] altura *f* ▸ **ne pas être à la hauteur de qqch** no estar a la altura de algo **2.** [colline] alto *m*.

Haute-Volta [otvɔlta] npr ▸ **la Haute-Volta** el Alto Volta.

haut-fond ['ofɔ̃] (*pl* **hauts-fonds**) nm bajío *m*.

haut-fourneau ['ofurno] (*pl* **hauts-fourneaux**) nm alto horno *m*.

haut-le-cœur ['olkœr] nm inv arcada *f* ▸ **avoir des haut-le-cœur** tener arcadas.

haut-le-corps ['olkɔr] nm inv ▸ **avoir un haut-le-corps** tener un sobresalto.

haut-parleur ['oparlœr] (*pl* **haut-parleurs**) nm altavoz *m* ESP, altoparlante *m* AM.

havanais, e ['avanɛ, ɛz] adj habanero(ra). ◆ **Havanais, e** nm, f habanero *m*, -ra *f*.

havane ['avan] ◆ nm [tabac, cigarre] habano *m*. ◆ adj inv [couleur] de color tabaco.

hâve ['av] adj *sout* macilento(ta).

havre ['avʀ] nm *sout* remanso *m*.

hawaïen, enne [awajɛ̃, ɛn] = **hawaiien**.

Hawaii [awaj] npr Hawai.

hawaiien, enne [awajɛ̃, ɛn] adj hawaiano(na). ◆ **Hawaiien, enne** nm, f hawaiano *m*, -na *f*.

hayon ['ajɔ̃] nm puerta *f* del maletero.

HCR (*abr de* **Haut-commissariat des Nations unies pour les réfugiés**) nm ACNUR *m*.

hé ['e] interj ¡eh!

heavy metal [ɛvimetal] nm inv MUS heavy metal *m*.

hebdo [ɛbdo] nm *fam* semanario *m*, revista *f* semanal.

hebdomadaire [ɛbdɔmadɛʀ] ◆ adj semanal. ◆ nm semanario *m*, revista *f* semanal.

hébergement [ebɛʀʒəmɑ̃] nm alojamiento *m*.

héberger [17] [ebɛʀʒe] vt alojar, hospedar.

hébergeur [ebɛʀʒœʀ] nm INTERNET ▸ **hébergeur (Web)** hospedador *m* web.

hébété, e [ebete] adj alelado(da).

hébétement [ebɛtmɑ̃] nm alelamiento *m*.

hébétude [ebetyd] nf *sout* embotamiento *m*.

hébraïque [ebʀaik] adj hebraico(ca).

hébreu, x [ebʀø] adj m hebreo / *l'alphabet hébreu* el alfabeto hebraico. ◆ **hébreu** nm LING hebreo *m*. ◆ **Hébreu, x** nm ▸ **les Hébreux** los hebreos.

Hébrides [ebʀid] npr f pl ▸ **les Hébrides** las Hébridas.

HEC (*abr de* **(École des) hautes études commerciales**) npr *prestigioso centro de enseñanza de empresariales* ▸ **préparer / faireHEC** preparar / ir a HEC ▸ **préparer / passer / réussir / rater le concours d'entrée à HEC** preparar / presentarse a / aprobar / suspender las oposiciones de entrada a la HEC / *elle a fait HEC* ha estudiado en HEC.

hécatombe [ekatɔ̃b] nf **1.** [massacre] hecatombe *f* **2.** *fig* [à un examen] escabechina *f*.

hectare [ɛktaʀ] nm hectárea *f*.

hectogramme [ɛktɔgʀam] nm hectogramo *m*.

hectolitre [ɛktɔlitʀ] nm hectolitro *m*.

hédonisme [edɔnism] nm hedonismo *m*.

hédoniste [edɔnist] adj & nmf hedonista.

hégémonie [eʒemɔni] nf hegemonía *f*.

hégire [eʒiʀ] nf hégira *f*, égira *f*.

hein ['ɛ̃] interj *fam* **1.** [indiquant la surprise] ¿qué? **2.** [indiquant l'incompréhension] ¿eh?, ¿cómo? **3.** [pour susciter l'approbation] ¿eh?, ¿verdad?

hélas ['elas] interj *sout* desgraciadamente.

héler [18] ['ele] vt [taxi, personne] llamar.

hélice [elis] nf hélice *f*.

hélico [elikɔ] (*abr de* **hélicoptère**) nm *fam* helicóptero *m*.

hélicoïdal, e, aux [elikɔidal, o] adj helicoidal.

hélicoptère [elikɔptɛʀ] nm helicóptero *m*.

héliomarin, e [eljɔmaʀɛ̃, in] adj heliomarino(na).

héliport [elipɔʀ] nm helipuerto *m*.

héliporté, e [elipɔʀte] adj **1.** [troupes, colis] helitransportado(da) **2.** [opération] *hecho en helicóptero*.

hélitreuillage [elitʀœjaʒ] nm helitransporte *m*.

hélitreuiller [elitʀœje] vt *izar algo o a alguien a un helicóptero en el aire*.

hélium [eljɔm] nm helio *m*.

Helsinki ['ɛlsiŋki] npr Helsinki.

helvétique [ɛlvetik] adj helvético(ca).

helvétisme [ɛlvetism] nm LING *palabra o expresión propia del francés hablado en Suiza*.

hem ['ɛm] interj ¡hum!

hématologie [ematɔlɔʒi] nf hematología *f*.

hématome [ematom] nm hematoma *m*.

hémicycle [emisikl] nm hemiciclo *m* ▸ **l'hémicycle** POL el hemiciclo.

hémiplégie [emipleʒi] nf MÉD hemiplejía *f*, hemiplejia *f*.

hémiplégique [emipleʒik] adj & nmf hemipléjico(ca).

hémisphère [emisfɛʀ] nm hemisferio *m* ▸ **l'hémisphère Nord / Sud** el hemisferio norte / sur ▸ **hémisphère (cérébral)** hemisferio (cerebral).

hémisphérique [emisfeʀik] adj hemisférico(ca).

hémoglobine [emɔglɔbin] nf hemoglobina *f*.

hémophile [emɔfil] adj & nmf hemofílico(ca).

hémophilie [emɔfili] nf hemofilia *f*.

hémorragie [emɔʀaʒi] nf **1.** MÉD hemorragia *f* ▸ **hémorragie cérébrale / interne** hemorragia cerebral / interna **2.** *fig* [de capitaux] fuga *f*.

hémorroïdes [emɔʀɔid] nfpl almorrana *f*, hemorroides *fpl* / *il a des hémorroïdes* tiene hemorroides.

henné ['ene] nm [teinture] henna *f*.

hennir [32] ['eniʀ] vi relinchar.

hennissement ['enismɑ̃] nm relincho *m*.

hep ['ɛp] interj ¡eh!

hépatique [epatik] adj & nmf hepático(ca).

hépatite [epatit] nf hepatitis *f inv* ▸ **hépatite A / B / C** hepatitis A / B / C ▸ **hépatite virale** hepatitis viral.

heptagone [ɛptagɔn] nm heptágono *m*.

herbacé, e [ɛʀbase] adj herbáceo(cea).

herbage [ɛʀbaʒ] nm pastizal *m*.

herbe [ɛʀb] nf **1.** [gén] hierba *f* ▸ **ce gamin c'est de la mauvaise herbe** este chico es un golfo ▸ **les mauvaises herbes** malas hierbas ▸ **en herbe** [artiste, sportif, etc.] en ciernes ▸ **couper l'herbe sous le pied de qqn** tomar la delantera a alguien **2.** *fam* [drogue] hierba *f*. ◆ **herbes** nfpl ▸ **herbes aromatiques** hierbas aromáticas ▸ **herbes de Provence** hierbas de Provenza ▸ **fines herbes** finas hierbas.

herbeux, euse [ɛʀbø, øz] adj herboso(sa).

herbicide [ɛʀbisid] adj & nm herbicida.

herbier [ɛʀbje] nm herbario *m*.

herbivore [ɛʀbivɔʀ] adj & nm herbívoro(ra).

herboriste [ɛʀbɔʀist] nmf herbolario *m*, -ria *f*, herborista *mf*.

herboristerie [ɛʀbɔʀistəʀi] nf herboristería *f*, herbolario *m*.

herculéen, enne [ɛʀkyleɛ̃, ɛn] adj hercúleo(a).

hère ['ɛʀ] nm ▸ **un pauvre hère** *sout* un pobre diablo.

héréditaire [eʀeditɛʀ] adj hereditario(ria).

hérédité [eʀedite] nf herencia *f*.

hérésie [eʀezi] nf herejía *f*.

hérétique [eʀetik] ❖ nmf hereje *mf*. ❖ adj herético(ca).

hérissé, e ['eʀise] adj erizado(da) ▸ **hérissé de** erizado de.

hérisser [3] ['eʀise] vt **1.** [poil] erizar **2.** *fig* [personne] indignar.

hérisson ['eʀisɔ̃] nm erizo *m*.

héritage [eʀitaʒ] nm herencia *f* ▸ **faire un héritage** recibir una herencia ▸ **en héritage** en herencia.

hériter [3] [eʀite] ❖ vi heredar ▸ **hériter de qqch** heredar algo. ❖ vt ▸ **hériter qqch de qqn** heredar algo de alguien.

héritier, ère [eʀitje, ɛʀ] nm, f heredero *m*, -ra *f*.

hermaphrodite [ɛʀmafʀɔdit] adj & nmf hermafrodita.

hermétique [ɛʀmetik] adj hermético(ca).

hermétiquement [ɛʀmetikmɑ̃] adv herméticamente.

hermétisme [ɛʀmetism] nm hermetismo *m*.

hermine [ɛʀmin] nf armiño *m*.

hernie ['ɛʀni] nf hernia *f* ▸ **hernie discale** hernia discal.

héroïne [eʀɔin] nf heroína *f*.

héroïnomane [eʀɔinɔman] nmf heroinómano *m*, -na *f*.

héroïque [eʀɔik] adj heroico(ca).

héroïquement [eʀɔikmɑ̃] adv heroicamente.

héroïsme [eʀɔism] nm heroísmo *m*.

héron ['eʀɔ̃] nm garza *f*.

héros ['eʀo] nm héroe *m* ▸ **héros national** héroe nacional.

herpès [ɛʀpɛs] nm herpes *m inv*.

herse ['ɛʀs] nf **1.** AGRIC rastra *f* **2.** [grille] rastrillo *m*.

hertz ['ɛʀts] nm inv hertz *m*, hercio *m*.

hertzien, enne [ɛʀtsjɛ̃, ɛn] adj herciano(na), hertziano(na).

hésitant, e [ezitɑ̃, ɑ̃t] adj indeciso(sa).

hésitation [ezitasjɔ̃] nf indecisión *f* ▸ **avec hésitation** con indecisión ▸ **sans hésitation** sin vacilar.

hésiter [3] [ezite] vi vacilar, dudar ▸ **hésiter sur qqch / entre qqch et qqch** dudar sobre algo/entre algo y algo ▸ **hésiter à faire qqch** dudar si hacer algo.

hétéro [eteʀo] *fam* ❖ adj [hétérosexuel] hetero ▸ **un couple hétéro** una pareja hetero. ❖ nmf [hétérosexuel, elle] hetero / *les hétéros* los heteros.

hétéroclite [eteʀɔklit] adj heteróclito(ta).

hétérogène [eteʀɔʒɛn] adj heterogéneo(a).

hétérogénéité [eteʀɔʒeneite] nf heterogeneidad *f*.

hétérosexualité [eteʀɔsɛksɥalite] nf heterosexualidad *f*.

hétérosexuel, elle [eteʀɔsɛksɥɛl] adj & nm, f heterosexual.

hêtre ['ɛtʀ] nm haya *f*.

heu [œ] interj **1.** [exprime le doute] hum / *heu... tu en es sûr ?* ¡hum...!, ¿estás seguro? **2.** [exprime l'hésitation] pues / *heu, je ne sais pas* pues no lo sé.

heure [œʀ] ❖ nf
hora *f* ▸ **à heure fixe** a la misma hora ▸ **à l'heure actuelle** actualmente, en la actualidad ▸ **à l'heure qu'il est** a la hora que es, a estas horas ▸ **à la première heure** a primera hora ▸ **à toute heure** a cualquier hora ▸ **à une heure indue** a una hora intempestiva ▸ **avoir une heure de battement** tener una hora libre ▸ **c'est l'heure** es la hora ▸ **c'est l'heure de faire qqch** es (la) hora de hacer algo ▸ **de bonne heure** temprano ▸ **de la première heure** desde el primer momento ▸ **demander / donner l'heure à qqn** preguntar/decir la hora a alguien ▸ **être à l'heure** llegar a la hora ou puntual ▸ **faire des heures supplémentaires** hacer horas extraordinarias ▸ **il est une heure** es la una ▸ **il est deux heures** son las dos ▸ **mettre qqch à l'heure** poner algo en hora ▸ **quelle heure est-il ?** ¿qué hora es? ▸ **sur l'heure** *sout* al instante ▸ **tout à l'heure** luego ▸ **heure d'affluence** hora punta ▸ **heure creuse** hora baja ▸ **l'heure d'été / d'hiver** la hora de verano/ de invierno ▸ **passer à l'heure d'été / d'hiver** cambiar la hora ▸ **heure de fermeture** hora de cierre ▸ **heure d'ouverture** hora de apertura ▸ **heure de pointe** hora punta ▸ **heures de bureau** horas ou horario de oficina ▸ **heures supplémentaires** horas extraordinarias ▸ **à la bonne heure !** ¡magnífico!

heureusement [œʀøzmɑ̃] adv **1.** [par chance] afortunadamente **2.** [favorablement] felizmente.

heureux, euse [œʀø, øz] ❖ adj [gén] feliz ▸ **être heureux de faire qqch** estar contento de hacer algo ▸ **heureux de faire votre connaissance** encantado de conocerle ▸ **encore heureux (que)** *fam* menos mal (que). ❖ nm, f ▸ **faire des heureux** hacer afortunados.

heurt ['œʀ] nm **1.** [choc] choque *m*, golpe *m* **2.** *fig* [désaccord, friction] choque *m* ▸ **sans heurts** sin altercados.

heurté, e ['œʀte] adj entrecortado(da).

heurter [3] ['œʀte] ❖ vt **1.** [rentrer dans] tropezar con **2.** [sentiments, sensibilité] herir **3.** [bon sens] ofender ; [convenances] desafiar. ❖ vi ▸ **heurter contre qqch** chocar contra algo. ◆ **se heurter** vp **1.** [se cogner] ▸ **se heurter à qqch** chocar contra algo **2.** [se quereller] reñir **3.** *fig* [rencontrer] ▸ **se heurter à** [opposition, difficulté] enfrentarse a.

heurtoir ['œʀtwaʀ] nm aldaba *f*.

hévéa [evea] nm hevea *m*.

hexagonal, e, aux [ɛgzagɔnal, o] adj [français] francés(esa).

hexagone [ɛgzagɔn] nm hexágono *m*. ◆ **Hexagone** nm ▸ **l'Hexagone** Francia.

HF (*abr écrite de* **hautes fréquences**) AF.

hg (*abr écrite de* **hectogramme**) hg.

hiatus [jatys] nm LING hiato *m*.

hibernation [ibɛʀnasjɔ̃] nf hibernación *f*.

hiberner [3] [ibɛʀne] vi hibernar.

hibiscus [ibiskys] nm hibiscus *m inv*.

hibou, x ['ibu] nm búho *m* ESP, tecolote *m* AM.

hic ['ik] nm *fam* quid *m*.

hideux, euse ['idø, øz] adj repugnante.

hier [ijɛʀ] adv ayer ▸ **hier matin / soir** ayer por la mañana / por la tarde.

hiérarchie ['jeʀaʀʃi] nf jerarquía *f*.

hiérarchique ['jeʀaʀʃik] adj jerárquico(ca).

hiérarchiser ['jeʀaʀʃize] vt jerarquizar.

hiératique [jeʀatik] adj hierático(ca).

hiéroglyphe [jeʀɔglif] nm jeroglífico *m*.

hi-fi [ifi] (*abr de* **high fidelity**) nf inv alta fidelidad *f* / *il a ouvert un magasin de hi-fi* ha abierto una tienda de alta fidelidad ; *(comme adj)* : *il vient de s'acheter une chaîne hi-fi* se acaba de comprar una cadena de alta fidelidad.

hi-han [iɑ̃] interj ¡hiaaa, hiaaa!

hilarant, e [ilaʀɑ̃, ɑ̃t] adj hilarante.

hilare [ilaʀ] adj risueño(ña).

hilarité [ilaʀite] nf hilaridad *f* ▸ **provoquer l'hilarité générale** provocar la hilaridad general.

Himalaya [imalaja] npr m ▸ **l'Himalaya** el Himalaya.

hindi ['indi] nm hindi *m*.

hindou, e [ɛ̃du] adj & nm, f hindú.

hindouisme [ɛ̃dwism] nm hinduismo *m*.

hindouiste [ɛ̃duist] adj hinduista *mf*.

hip-hop [ipɔp] adj inv & nm inv hip-hop.

hippie, hippy ['ipi] (*pl* **hippies**) adj & nmf hippy.

hippique [ipik] adj hípico(ca).

hippisme [ipism] nm hípica *f*.

hippocampe [ipɔkɑ̃p] nm caballito *m* de mar.

hippodrome [ipɔdʀom] nm hipódromo *m*.

hippopotame [ipɔpɔtam] nm hipopótamo *m*.

hippy = **hippie**.

hirondelle [iʀɔ̃dɛl] nf golondrina *f*.

hirsute [iʀsyt] adj hirsuto(ta).

hispanique [ispanik] adj **1.** [gén] hispánico(ca) **2.** [aux États-Unis] hispano(na). ◆ **Hispanique** nmf [aux États-Unis] hispano *m*, -na *f*.

hispaniser [ispanize] vt hispanizar.

hispaniste [ispanist] nmf hispanista *mf*.

hispano-américain, e [ispanɔameʀikɛ̃, ɛn] (*mpl* **hispano-américains**, *fpl* **hispano-américaines**) adj hispanoamericano(na). ◆ **Hispano-Américain, e** nm, f hispanoamericano *m*, -na *f*.

hispanophone [ispanɔfɔn] adj & nmf hispanohablante.

hisser [3] ['ise] vt **1.** [drapeau, voile] izar **2.** [charge] subir. ◆ **se hisser** vp **1.** [grimper] ▸ **se hisser (sur qqch)** subirse (a algo) **2.** *fig* [s'élever] ▸ **se hisser à qqch** ascender a algo.

histogramme [istɔgʀam] nm histograma *m*.

histoire [istwaʀ] nf **1.** [gén] historia *f* ▸ **histoire ancienne / contemporaine** historia antigua / contemporánea ▸ **histoire de l'art** historia del arte ▸ **histoire économique** historia económica ▸ **histoire de France** historia de Francia ▸ **histoire moderne / sainte / sociale** historia moderna / sagrada / social ▸ **c'est une autre histoire** es otra historia **2.** [récit, mensonge] cuento *m* / *histoire sans fin* cuento de nunca acabar ▸ **raconter des histoires a)** [mensonges] decir mentiras **b)** [récits] contar chistes ▸ **histoire à dormir debout** cuento chino **3.** *(gén pl) fam* [ennuis] historias *fpl*, malos rollos *mpl* ▸ **faire des histoires** poner mala cara.

historicité [istɔʀisite] nf historicidad *f*.

historien, enne [istɔʀjɛ̃, ɛn] nm, f historiador *m*, -ra *f*.

historiographie [istɔʀjɔgʀafi] nf historiografía *f*.

historique [istɔʀik] adj histórico(ca).

historiquement [istɔʀikmɑ̃] adv históricamente.

hit-parade ['itpaʀad] (*pl* **hit-parades**) nm hit-parade *m*.

HIV [aʃive] (*abr de* **human immunodeficiency virus**) nm HIV *m* ▸ **le virus HIV** el virus HIV ▸ **un test HIV** una prueba ou test HIV / *être porteur du HIV* ser portador del HIV.

hiver [ivɛʀ] nm invierno *m* ▸ **en hiver** en invierno.

hivernal, e, aux [ivɛʀnal, o] adj hibernal, invernal.

hiverner [3] [ivɛʀne] vi [passer l'hiver] pasar el invierno, hibernar.

hl (*abr écrite de* **hectolitre**) hl.

HLM (*abr de* **habitation à loyer modéré**) nm ou nf ≃ vivienda *f* de protección oficial / *habiter dans un* ou *une HLM* ≃ vivir en una vivienda de protección oficial.

hm (*abr écrite de* **hectomètre**) hm.

ho ['o] interj ¡oh!

hobby ['ɔbi] (*pl* **hobbys** *ou* **hobbies**) nm hobby *m*.

hochement ['ɔʃmɑ̃] ◆ **hochement de tête** nm [de haut en bas] asentimiento *m* ; [de droite à gauche] negación *m*.

hocher [3] ['ɔʃe] vt ▸ **hocher la tête a)** [de haut en bas] asentar con la cabeza **b)** [de droite à gauche] negar con la cabeza.

hochet ['ɔʃɛ] nm sonajero *m*.

hockey ['ɔkɛ] nm hockey *m* ▸ **hockey sur glace / sur gazon** hockey sobre hielo / sobre hierba.

holà ['ɔla] ❖ interj **1.** [pour interpeller] ¡hola!, ¡oiga! **2.** [pour arrêter] ¡eh!, ¡tranquilo! ❖ nm ▸ **mettre le holà à qqch** *fam* poner fin en algo.

holding ['ɔldiŋ] nm ou nf holding *m*.

hold-up ['ɔldœp] nm inv atraco *m* a mano armada.

hollandais, e ['ɔlɑ̃dɛ, ɛz] adj holandés(esa). ◆ **Hollandais, e** nm, f holandés *m*, -esa *f*.

Hollande ['ɔlɑ̃d] npr ▸ **la Hollande** Holanda.

holocauste [ɔlokost] nm holocausto *m*.

hologramme [ɔlɔgʀam] nm holograma *m*.

homard ['ɔmaʀ] nm bogavante *m* ▸ **homard à l'armoricaine** ou **l'américaine** *bogavante salteado en aceite con vino blanco, ajo y tomates*.

home ['om] ◆ **home d'enfants** nm centro *m* de colonias.

homélie [ɔmeli] nf **1.** [sermon] homilía *f* **2.** *(gén pl) sout* & *péj* [discours] filípica *f*.

homéopathe [ɔmeɔpat] ❖ nmf homeópata *mf*. ❖ adj homeopático(ca).

homéopathie [ɔmeɔpati] nf homeopatía *f*.

homéopathique [ɔmeɔpatik] adj homeopático(ca).

homicide [ɔmisid] ❖ nm homicidio *m* ▸ **homicide volontaire / involontaire** homicidio voluntario / involuntario. ❖ adj homicida.

hommage [ɔmaʒ] nm homenaje *m* ▸ **rendre hommage à qqn / à qqch** rendir homenaje a alguien / a algo. ◆ **hommages** nmpl *sout* [salutations] respetos *mpl* ▸ **mes hommages** mis respetos ▸ **présenter ses hommages à qqn** presentar sus respetos a alguien.

hommasse [ɔmas] adj *péj* hombruno(na).

homme [ɔm] nm **1.** [gén] hombre *m* ▸ **homme d'affaires** hombre de negocios ▸ **homme d'État** hombre de Estado, estadista *m* ▸ **homme de main** secuaz *m* ▸ **homme du monde / de paille** hombre de mundo / de paja ▸ **homme de plume** hombre de letras ▸ **l'homme de la rue** el hombre de la calle ▸ **grand homme** gran hombre ▸ **comme un seul homme** como un solo hombre ▸ **d'homme à homme** de hombre a hombre **2.** EXPR **comme un seul homme** como un solo hombre, todos a una ▸ **un homme averti en vaut deux** hombre prevenido vale por dos.

homme-grenouille [ɔmgʀənuj] (*pl* **hommes-grenouilles**) nm hombre *m* rana.

homme-orchestre [ɔmɔʀkɛstʀ] (*pl* **hommes-orchestres**) nm hombre *m* orquesta.

homme-sandwich [ɔmsɑ̃dwitʃ] (*pl* **hommes-sandwichs**) nm hombre *m* anuncio.

homo [ɔmo] *fam* ❖ adj [homosexuel] homo ▸ **un couple homo** una pareja homo. ❖ nmf [homosexuel, elle] homo / **les homos** los homos.

homogène [ɔmɔʒɛn] adj homogéneo(a).

homogénéisation [ɔmɔʒeneizasjɔ̃] nf homogeneización *f*.

homogénéisé, e [ɔmɔʒeneize] adj homogeneizado(da).

homogénéiser [ɔmɔʒeneize] vt homogeneizar.

homogénéité [ɔmɔʒeneite] nf homogeneidad *f*.

homologue [ɔmɔlɔg] adj & nmf homólogo(ga).

homologuer [3] [ɔmɔlɔge] vt homologar.

homonyme [ɔmɔnim] nm homónimo *m*.

homoparental, e, aux [ɔmɔpaʀɑ̃tal, o] adj [famille] homoparental.

homophobe [ɔmɔfɔb] adj homófobo(ba).

homophobie [ɔmɔfɔbi] nf homofobia *f*.

homosexualité [ɔmɔsɛksɥalite] nf homosexualidad *f*.

homosexuel, elle [ɔmɔsɛksɥɛl] adj & nm, f homosexual.

Honduras ['ɔ̃dyʀas] npr ▸ **le Honduras** Honduras ▸ **le Honduras britannique** Honduras británica.

hondurien, enne ['ɔ̃dyʀjɛ̃, ɛn] adj hondureño(ña). ◆ **Hondurien, enne** nm, f hondureño *m*, -ña *f*.

Hongkong, Hong Kong ['ɔ̃gkɔ̃g] npr Hong Kong.

Hongrie ['ɔ̃gʀi] npr ▸ **la Hongrie** Hungría.

hongrois, e ['ɔ̃gʀwa, az] adj húngaro(ra). ◆ **hongrois** nm LING húngaro *m*. ◆ **Hongrois, e** nm, f húngaro *m*, -ra *f*.

honnête [ɔnɛt] adj **1.** [gén] honesto(ta) **2.** [satisfaisant] satisfactorio(ria).

honnêtement [ɔnɛtmɑ̃] adv **1.** [franchement] sinceramente **2.** [loyalement] honestamente **3.** [convenablement] satisfactoriamente.

honnêteté [ɔnɛtte] nf honestidad *f*.

honneur [ɔnœʀ] nm **1.** [gén] honor *m* ▸ **à qui ai-je l'honneur ?** *sout* ¿con quién tengo el honor? ▸ **en l'honneur de qqn / de qqch** en honor de alguien / de algo ▸ **être à l'honneur** honrar ▸ **j'ai l'honneur de...** tengo el honor de... **2.** [dignité, fierté] honor *m*, honra *f* ▸ **sauver l'honneur** salvar el honor ▸ **faire honneur à qqch / à qqn** hacer honor a algo / a alguien ▸ **faire honneur à un repas** hacer los honores a una comida. ◆ **honneurs** nmpl honores *mpl*.

Honolulu [ɔnɔlyly] npr Honolulú.

honorable [ɔnɔʀabl] adj **1.** [personne, profession] honorable **2.** [somme] razonable.

honorablement [ɔnɔʀabləmɑ̃] adv honradamente.

honoraire [ɔnɔʀɛʀ] adj honorario(ria). ◆ **honoraires** nmpl honorarios *mpl*.

honorer [3] [ɔnɔʀe] vt **1.** [gén] honrar ▸ **honorer qqn de qqch** honrar a alguien con algo **2.** [dette] liquidar ; [chèque, paiement] hacer efectivo. ◆ **s'honorer** vp ▸ **s'honorer de qqch** honrarse de algo.

honorifique [ɔnɔʀifik] adj honorífico(ca).

honte ['ɔ̃t] nf vergüenza *f* ESP, pena *f* AM ▸ **avoir honte de qqch / de faire qqch** tener vergüenza ou avergonzarse de algo / de hacer algo ▸ **avoir honte de qqn** avergonzarse de alguien ▸ **c'est une honte !** ¡es una vergüenza! ▸ **faire honte à qqn** dar vergüenza a alguien.

honteusement ['ɔ̃tøzmɑ̃] adv vergonzosamente.

honteux, euse ['ɔ̃tø, øz] adj **1.** [gêné] avergonzado(da) / *elle était honteuse de la conduite de son mari* estaba avergonzada de la conducta de su marido **2.** [scandaleux] vergonzoso(sa) / *des loyers aussi élevés, c'est honteux !* esconde un pasado vergonzoso.

hooligan, houligan ['uligan] nm ultra *m*, hooligan *m* *(hincha del fútbol británico)*.

hop ['ɔp] interj **1.** [pour faire sauter] ¡aúpa! **2.** [pour stimuler] ¡hala!, ¡vamos!

hôpital, aux [ɔpital, o] nm hospital *m* ▸ **hôpital militaire / psychiatrique** hospital militar / psiquiátrico ▸ **hôpital de jour** ≃ ambulatorio *m*.

hoquet ['ɔkɛ] nm hipo *m* ▸ **avoir le hoquet** tener hipo.

hoqueter ['ɔkte] vi tener hipo.

horaire [ɔʀɛʀ] ❖ nm horario *m* ▸ **horaire flexible** ou **à la carte** horario flexible. ❖ adj [tarif] por horas.

horde ['ɔʀd] nf horda *f*.

horions ['ɔʀjɔ̃] nmpl *sout* embates *mpl*.

horizon [ɔʀizɔ̃] nm horizonte *m* ▸ **à l'horizon** en el horizonte.

horizontal, e, aux [ɔʀizɔ̃tal, o] adj horizontal. ◆ **horizontale** nf MATH horizontal *f* ▸ **à l'horizontale** a) en horizontal b) *fig* tumbado(da).

horizontalement [ɔʀizɔ̃talmɑ̃] adv horizontalmente.

horloge [ɔʀlɔʒ] nf reloj *m* ▸ **horloge parlante** servicio *m* de información horaria.

horloger, ère [ɔʀlɔʒe, ɛʀ] adj & nm, f relojero(ra).

horlogerie [ɔʀlɔʒʀi] nf relojería *f*.

hormis ['ɔʀmi] prép *sout* menos, excepto.

hormonal, e, aux [ɔʀmɔnal, o] adj hormonal.

hormone [ɔʀmɔn] nf hormona *f*.

hormonothérapie [ɔʀmɔnɔteʀapi] nf MÉD hormonoterapia *f*.

Horn (cap) ['ɔʀn] npr ▸ **le cap Horn** el Cabo de Hornos.

horodateur [ɔʀɔdatœʀ] nm parquímetro *m*.

horoscope [ɔʀɔskɔp] nm horóscopo *m*.

horreur [ɔʀœʀ] nf horror *m* ▸ **avoir horreur de qqch / de qqn / de faire qqch** dar horror algo / alguien / hacer algo / *j'ai horreur de me lever tôt* odio levantarme temprano ▸ **faire horreur à qqn** horrorizar a alguien ▸ **quelle horreur !** ¡qué horror!

horrible [ɔʀibl] adj **1.** [laid] horrible **2.** *fig* [terrible] terrible.

horriblement [ɔʀibləmɑ̃] adv horriblemente.

horrifiant, e [ɔʀifjɑ̃, ɑ̃t] adj horroroso(sa).

horrifier [9] [ɔʀifje] vt horrorizar.

horripilant, e [ɔʀipilɑ̃, ɑ̃t] adj exasperante.

horripiler [3] [ɔʀipile] vt poner los nervios de punta.

hors ['ɔʀ] ◆ **hors pair** loc adj sin igual. ◆ **hors service** loc adj fuera de servicio. ◆ **hors de** loc prép fuera de ▸ **hors d'ici !** ¡fuera de aquí! ▸ **être hors de soi** estar fuera de sí.

hors-bord ['ɔʀbɔʀ] nm inv fueraborda *m*.

hors-d'œuvre ['ɔʀdœvʀ] nm inv entremés *m*.

hors-jeu ['ɔʀʒø] nm inv fuera de juego *m*.

hors-la-loi ['ɔʀlalwa] nm inv fuera de la ley *m*, forajido *m*.

hors-piste, hors-pistes ['ɔʀpist] nm inv esquí *m* fuera de pista.

hors-série [ɔʀseʀi] ❖ adj inv fuera de serie. ❖ nm especial *m*.

hortensia [ɔʀtɑ̃sja] nm hortensia *f*.

horticole [ɔʀtikɔl] adj hortícola.

horticulteur, trice [ɔʀtikyltœʀ, tʀis] nm, f horticultor *m*, -ra *f*.

horticulture [ɔʀtikyltyʀ] nf horticultura *f*.

hospice [ɔspis] nm hospicio *m*.

hospitalier, ère [ɔspitalje, ɛʀ] adj hospitalario(ria).

hospitalisation [ɔspitalizasjɔ̃] nf hospitalización *f*.

hospitaliser [3] [ɔspitalize] vt hospitalizar.

hospitalité [ɔspitalite] nf hospitalidad *f*.

hostie [ɔsti] nf hostia *f*.

hostile [ɔstil] adj hostil ▸ **hostile à qqn / à qqch** hostil a alguien / a algo.

hostilité [ɔstilite] nf hostilidad *f*. ◆ **hostilités** nfpl hostilidades *fpl*.

hosto [ɔsto] nm *fam* hospital *m*.

hot dog [ɔtdɔg] (*pl* **hot dogs**) nm hot dog *m*, perrito *m* caliente.

hôte, hôtesse [ot, otɛs] nm, f anfitrión *m*, -ona *f*. ◆ **hôte** nm [invité] huésped *mf*. ◆ **hôtesse** nf azafata *f* ▸ **hôtesse d'accueil** recepcionista *f* ▸ **hôtesse de l'air** azafata *(de avión)*.

hôtel [otɛl] nm **1.** [hébergement] hotel *m* ▸ **descendre à l'hôtel** alojarse en un hotel **2.** [demeure] ▸ **hôtel particulier** palacete *m*. ◆ **hôtel de ville** nm ayuntamiento *m*.

hôtelier, ère [otəlje, ɛʀ] adj & nm, f hotelero(ra).

hôtellerie [otɛlʀi] nf **1.** [métier] hostelería *f* **2.** [hôtel-restaurant] hotel *m*.

hot line ['ɔtlajn] (*pl* **hot lines**) nf hot line *f*.

hotte ['ɔt] nf **1.** [panier] cuévano *m* **2.** [d'aération] campana *f* ▸ **hotte aspirante** campana extractora, extractor *m*.

houblon ['ublɔ̃] nm lúpulo *m*.

houe ['u] nf azada *f*.

houille ['uj] nf hulla *f* ▸ **houille blanche** energía *f* hidroeléctrica.

houiller, ère ['uje, ɛʀ] adj hullero(ra). ◆ **houillère** nf yacimiento *m* de hulla.

houle ['ul] nf marejadilla *f*.

houlette ['ulɛt] nf *sout* ▸ **sous la houlette de qqn** bajo la dirección de alguien.

houleux, euse ['ulø, øz] adj **1.** [mer] encrespado(da) **2.** *fig* [assemblée, débat] tumultuoso(sa).

houligan = **hooligan**.

houliganisme [uliganism] = **hooliganisme**.

houmous [umus] nm CULIN humus *m*.

houppe ['up] nf **1.** [à poudre] borla *f (de maquillar)* **2.** [de cheveux] hopo *m*.

houppette ['upɛt] nf hopito *m*.

hourra, hurrah ['uʀa] ◆ nm hurra *m*. ◆ interj ¡hurra!

house [aws], **house music** [awsmjuzik] (*pl* **house musics**) nf música *f* house.

houspiller [3] ['uspije] vt reprender.

housse ['us] nf funda *f* ▸ **housse de couette** funda nórdica.

houx ['u] nm acebo *m*.

hovercraft [ɔvɛʀkʀaft] nm aerodeslizador *m*, hovercraft *m*.

HS [aʃɛs] (*abr de* **hors service**) *fam* kaput, fuera de servicio / *la télé est complètement HS* la tele está completamente kaput.

HT adj **1.** (*abr écrite de* **hors taxe**) IVA no incluido, sin IVA / *300 euros HT* 300 euros sin IVA **2.** (*abr écrite de* **haute tension**) AT / *une ligne HT* una línea de AT.

HTML (*abr de* **Hypertext Mark-up Language**) nm INFORM HTML *m* ▸ **une page (en) HTML** una página HTML.

hublot ['yblo] nm **1.** [de bateau] ojo *m* de buey ; [d'avion] ventanilla *f* **2.** [de four] puerta *f*.

huche ['yʃ] nf arca *f* ▸ **huche à pain** panera *f*.

hue ['y] interj ¡arre!

huées ['ɥe] nfpl abucheo *m*.

huer [7] ['ɥe] vt abuchear.

huile [ɥil] nf **1.** [gén] aceite *m* ▸ **huile d'arachide / d'olive** aceite de cacahuete / de oliva ▸ **huile d'argan** aceite de argano ▸ **huile de foie de morue** aceite de hígado de bacalao ▸ **huile de paraffine** parafina *f* ▸ **huile solaire** aceite solar ▸ **jeter de l'huile sur le feu** echar leña al fuego ▸ **mettre de l'huile de coude** *fam* hacer algo a brazo partido **2.** [peinture] óleo *m* **3.** *fam* [personnalité] pez *m* gordo.

huiler [3] [ɥile] vt engrasar.

huileux, euse [ɥilø, øz] adj **1.** [matière] aceitoso(sa), oleoso(sa) **2.** [surface] grasiento(ta).

huilier [ɥilje] nm vinagreras *fpl*.

huis [ɥi] nm ▸ **à huis clos** a puerta cerrada.

huissier [ɥisje] nm **1.** DR ≃ alguacil *m* judicial **2.** [appariteur] bedel *m*.

huit ['ɥit] ◆ adj num inv ocho. ◆ nm inv ocho *m* / *samedi en huit* [dans une semaine] el sábado de la semana que viene. *Voir aussi* **six**.

huitaine ['ɥitɛn] nf unos ocho días.

huitième ['ɥitjɛm] ◆ adj num & nmf octavo(va). ◆ nm octavo *m*, octava parte *f*. ◆ nf **1.** [championnat] ▸ **huitième de finale** octavos *mpl* de final **2.** [classe] ≃ cuarto *m* de EP. *Voir aussi* **sixième**.

huître [ɥitʀ] nf ostra *f*.

hum ['œm] interj **1.** [marquant le doute] ¡hum! **2.** [pour attirer l'attention] ¡ejem!

humain, e [ymɛ̃, ɛn] adj humano(na). ◆ **humain** nm humano *m*.

humainement [ymɛnmɑ̃] adv **1.** [matériellement] humanamente **2.** [avec bonté] con humanidad.

humaniser [3] [ymanize] vt humanizar. ◆ **s'humaniser** vp humanizarse.

humanisme [ymanism] nm humanismo *m*.

humaniste [ymanist] adj & nmf humanista.

humanitaire [ymanitɛʀ] ◆ adj humanitario(ria) ▸ **couloir humanitaire** pasillo *m* OU corredor *m* humanitario. ◆ nm ▸ **l'humanitaire** *las organizaciones humanitarias* / *travailler dans l'humanitaire* trabajar en la ayuda humanitaria.

humanité [ymanite] nf humanidad *f*.

humanoïde [ymanɔid] nmf humanoide *m*.

humble [œ̃bl] adj humilde.

humblement [œ̃bləmɑ̃] adv con humildad, humildemente.

humecter [4] [ymɛkte] vt humedecer. ◆ **s'humecter** vp humedecerse.

humer [3] ['yme] vt aspirar *(oler)*.

humérus [ymeʀys] nm húmero *m*.

humeur [ymœʀ] nf **1.** [caractère, disposition] humor *m* ▸ **être d'humeur à faire qqch** estar de humor para hacer algo ▸ **être de bonne / mauvaise humeur** estar de buen / malhumor ▸ **être d'une humeur massacrante** estar de un humor de perros **2.** [irritation] mal humor *m* ▸ **avec humeur** de mal humor.

humide [ymid] adj húmedo(da).

humidificateur [ymidifikatœʀ] nm humidificador *m*.

humidifier [9] [ymidifje] vt humedecer.

humidité [ymidite] nf humedad *f*.

humiliant, e [ymiljɑ̃, ɑ̃t] adj humillante.

humiliation [ymiljasjɔ̃] nf humillación *f*.

humilier [9] [ymilje] vt humillar. ◆ **s'humilier** vp ▸ **s'humilier devant qqn** humillarse ante alguien.

humilité [ymilite] nf humildad *f*.

humoriste [ymɔʀist] adj & nmf humorista.

humoristique [ymɔʀistik] adj humorístico(ca).

humour [ymuʀ] nm humor *m* ▸ **avoir de l'humour** tener sentido del humor ▸ **manquer d'humour** no tener sentido del humor ▸ **humour noir** humor negro.

humus [ymys] nm humus *m inv*, mantillo *m*.

huppé, e ['ype] adj de alto copete.

hurlant, e ['yʀlɑ̃, ɑ̃t] adj chillón(ona).

hurlement ['yʀləmɑ̃] nm alarido *m*, aullido *m*.

hurler [3] ['yʀle] vi aullar.

hurluberlu, e [yʀlybɛʀly] nm, f elemento *m*.

hurrah = **hourra**.

husky [œski] (*pl* **huskies**) nm husky *m*.

hussard ['ysaʀ] nm húsar *m*.

hussarde ['ysaʀd] nf ▸ **à la hussarde** sin miramientos.

hutte ['yt] nf choza *f* ESP, mediagua *f* AM.

hutu, e [utu] adj hutu. ◆ **Hutu, e** nm, f hutu *mf*.

hybride [ibʀid] adj & nmf híbrido(da).

hydratant, e [idʀatɑ̃, ɑ̃t] adj hidratante.

hydratation [idʀatasjɔ̃] nf hidratación *f*.

hydrate [idʀat] nm hidrato *m* ▸ **hydrate de carbone** hidrato de carbono.

hydrater [3] [idʀate] vt hidratar.

hydraulique [idʀolik] ❖ adj hidráulico(ca). ❖ nf [science] hidráulica *f*.

hydravion [idʀavjɔ̃] nm hidroavión *m*.

hydre [idʀ] nf hidra *f*.

hydrocarbure [idʀokaʀbyʀ] nm hidrocarburo *m*.

hydrocéphale [idʀɔsefal] adj & nmf hidrocéfalo(la).

hydrocution [idʀokysjɔ̃] nf hidrocución *f*.

hydroélectrique [idʀoelɛktʀik] adj hidroeléctrico(ca).

hydrogène [idʀoʒɛn] nm hidrógeno *m*.

hydrogéné, e [idʀɔʒene] adj hidrogenado(da).

hydroglisseur [idʀoglisœʀ] nm hidroplano *m*.

hydrographie [idʀɔgʀafi] nf hidrografía *f*.

hydrologie [idʀɔlɔʒi] nf hidrología *f*.

hydrophile [idʀofil] adj **1.** [absorbant] hidrófilo(la) **2.** ⟶ **coton**.

hyène [jɛn] nf hiena *f*.

hygiène [iʒjɛn] nf higiene *f* ▸ **hygiène dentaire / intime** higiene dental / íntima.

hygiénique [iʒjenik] adj higiénico(ca).

hymen [imɛn] nm **1.** ANAT himen *m* **2.** *sout* [mariage] himeneo *m*.

hymne [imn] nm himno *m* ▸ **hymne national** himno nacional.

hype [ajp] adj inv [quartier, créateur] fashion *(inv)*.

hyper [ipɛʀ] (*abr de* **hypermarché**) nm *fam* híper *m*.

hyperactif, ive [ipeʀaktif, iv] adj & nm, f hiperactivo(va).

hyperactivité [ipeʀaktivite] nf hiperactividad *f*.

hyperbole [ipɛʀbɔl] nf hipérbole *f*.

hyperglycémie [ipɛʀglisemi] nf hiperglucemia *f*.

hyperlien [ipɛʀljɛ̃] nm INFORM hipervínculo *m*.

hypermarché [ipɛʀmaʀʃe] nm hipermercado *m*.

hypermédia [ipɛʀmedja] nm INFORM hipermedia *f*.

hypermétrope [ipɛʀmetʀɔp] adj & nmf hipermétrope.

hypernerveux, euse [ipɛʀnɛʀvø, øz] adj & nm, f hipernervioso(sa).

hypersensibilité [ipɛʀsɑ̃sibilite] nf hipersensibilidad *f*.

hypersensible [ipɛʀsɑ̃sibl] adj & nmf hipersensible.

hypertendu, e [ipɛʀtɑ̃dy] adj & nm, f hipertenso(sa).

hypertension [ipɛʀtɑ̃sjɔ̃] nf hipertensión *f* ▸ **avoir** OU **faire de l'hypertension** tener la tensión alta.

hypertexte [ipɛʀtɛkst] ❖ adj ▸ **lien hypertexte** vínculo *m* hipertextual. ❖ nm hipertexto *m*.

hypertrophie [ipɛʀtʀɔfi] nf *fig* MÉD hipertrofia *f*.

hypertrophié, e [ipɛʀtʀɔfje] adj hipertrofiado(da).

hyperventilation [ipɛʀvɑ̃tilasjɔ̃] nf MÉD hiperventilación *f*.

hypnose [ipnoz] nf hipnosis *f inv*.

hypnotique [ipnɔtik] ❖ nm [médicament] hipnótico *m*. ❖ adj hipnótico(ca).

hypnotiser [3] [ipnɔtize] vt hipnotizar ▸ **être hypnotisé par qqch** estar hipnotizado por algo. ◆ **s'hypnotiser** vp obcecarse ▸ **s'hypnotiser sur qqch** obcecarse en algo.

hypoallergénique [ipɔalɛʀʒenik] adj hipoalergénico(ca).

hypocalorique [ipɔkalɔʀik] adj hipocalórico(ca).

hypocondriaque [ipɔkɔ̃dʀijak] adj & nmf hipocondríaco(ca).

hypocrisie [ipɔkʀizi] nf hipocresía *f*.

hypocrite [ipɔkʀit] adj & nmf hipócrita.

hypocritement [ipɔkʀitmɑ̃] adv hipócritamente.

hypodermique [ipɔdɛʀmik] adj hipodérmico(ca).

hypoglycémie [ipɔglisemi] nf hipoglucemia *f*.

hypokhâgne [ipɔkaɲ] nf *primer curso que prepara a la oposición para ingresar en la École normale supérieure*.

hypophyse [ipɔfiz] nf hipófisis *f inv*.

hypotension [ipɔtɑ̃sjɔ̃] nf hipotensión *f* ▸ **avoir** OU **faire de l'hypotension** tener la tensión baja.

hypoténuse [ipɔtenyz] nf hipotenusa *f*.

hypothécaire [ipɔtekɛʀ] adj hipotecario(ria).

hypothèque [ipɔtɛk] nf hipoteca *f* ▸ **grevé d'hypothèques** muy hipotecado.

hypothéquer [18] [ipɔteke] vt hipotecar.

hypothermie [ipɔtɛʀmi] nf hipotermia *f*.

hypothèse [ipɔtɛz] nf hipótesis *f inv* ▸ **dans l'hypothèse où** en caso de que.

hypothétique [ipɔtetik] adj hipotético(ca).

hystérectomie [isteʀɛktɔmi] nf histerectomía *f*.

hystérie [isteʀi] nf histeria *f* ▸ **hystérie collective** histeria colectiva.

hystérique [isteʀik] adj & nmf histérico(ca).

Hz (*abr écrite de* **hertz**) Hz / *une fréquence de 50 Hz* una frecuencia de 50 Hz.

I

i, I [i] nm inv [lettre] i *f*, I *f* ▸ **mettre les points sur les i** *fig* poner los puntos sobre las íes.

IA (***abr de*** **intelligence artificielle**) nf IA *f* ▸ **la recherche en IA** la investigación en IA.

IAC (***abr de*** **insémination artificielle entre conjoints**) nf *inseminación artificial intramarital.*

IAD (***abr de*** **insémination artificielle par donneur extérieur**) nf *inseminación artificial con intervención de donante exterior.*

ibère [ibɛʀ] adj íbero(ra). ◆ **Ibère** nmf íbero *m*, -ra *f*.

ibérique [ibeʀik] adj ibérico(ca). ◆ **Ibérique** nmf ibero *m*, -ra *f*, íbero *m*, -ra *f*.

ibid. (***abr écrite de*** **ibidem**) ibíd., ib.

Ibiza [ibisa, ibiza] nf Ibiza *f*.

iceberg [ajsbɛʀg] nm iceberg *m*.

ici [isi] adv **1.** [lieu, temps] aquí ▸ **ici même** aquí mismo ▸ **d'ici** [de cet endroit] de aquí ▸ **d'ici à** de aquí a ▸ **d'ici là** para entonces / *il sera revenu d'ici là* para entonces ya habrá vuelto ▸ **d'ici peu** dentro de poco, pronto ▸ **par ici** por aquí **2.** [au téléphone] ▸ **ici Charles** soy Charles.

ici-bas [isiba] adv [sur la terre] en este mundo.

icône [ikon] nf icono *m*.

iconique [ikɔnik] adj icónico(ca).

iconoclaste [ikɔnɔklast] adj & nmf iconoclasta.

iconographie [ikɔnɔgʀafi] nf iconografía *f*.

id. (***abr écrite de*** **idem**) id. / *J-P Sartre (Paris, 1905 - id., 1980)* J-P Sartre (París, 1905 - id., 1980).

idéal, e [ideal] (*pl* **idéals** *ou* **idéaux** [ideo]) adj ideal. ◆ **idéal** nm ideal *m* ▸ **l'idéal** lo ideal ▸ **dans l'idéal** en el mejor de los casos.

idéalement [idealmɑ̃] adv idealmente.

idéalisation [idealizasjɔ̃] nf idealización *f*.

idéaliser [3] [idealize] vt idealizar.

idéalisme [idealism] nm idealismo *m*.

idéaliste [idealist] adj & nmf idealista.

idée [ide] nf idea *f* / *j'ai une idée* tengo una idea / *il a des idées bien arrêtées sur ce point* tiene ideas muy categóricas acerca de este punto ▸ **bonne idée !** ¡buena idea! ▸ **idée fixe** idea fija ▸ **idée reçue** prejuicio *m*, tópico *m* ▸ **idées larges** amplitud *f* de miras ▸ **idées noires** ideas negras ▸ **avoir dans l'idée que** tener la impresión de que ▸ **il se fait des idées** son imaginaciones suyas ▸ **ne pas avoir la moindre idée de qqch** no tener ni la menor idea de algo ▸ **se faire une idée de qqch / de qqn** hacerse una idea de algo / de alguien ▸ **se rafraîchir les idées** refrescar la memoria.

idée-force [idefɔʀs] (*pl* **idées-forces**) nf idea *f* central.

idem [idɛm] adv ídem.

identifiant [idɑ̃tifjɑ̃] nm INFORM identificante *m*.

identification [idɑ̃tifikasjɔ̃] nf identificación *f* ▸ **identification à qqn / à qqch** identificación con alguien / con algo.

identifier [5] [idɑ̃tifje] vt identificar ▸ **identifier qqn à qqch / à qqn** identificar a alguien con algo / con alguien. ◆ **s'identifier** vp ▸ **s'identifier à qqn / à qqch** identificarse con alguien / con algo.

identique [idɑ̃tik] adj idéntico(ca) ▸ **identique à qqch / à qqn** idéntico(ca) a algo / a alguien.

identitaire [idɑ̃titɛʀ] adj identitario(ria) / *repli identitaire* repliegue identitario.

identité [idɑ̃tite] nf **1.** [gén] identidad *f* **2.** [similitude] ▸ **identité d'esprit / de goûts / d'idées** afinidad *f* de espíritu / de gustos / de ideas.

idéogramme [ideɔgʀam] nm LING ideograma *m*.

idéologie [ideɔlɔʒi] nf ideología *f*.

idéologique [ideɔlɔʒik] adj ideológico(ca).

IDH, idh (***abr de*** **indice de développement humain**) nm IDH *(Índice de Desarrollo Humano).*

idiomatique [idjɔmatik] adj idiomático(ca).

idiome [idjom] nm idioma *m (modo particular de hablar).*

idiot, e [idjo, ɔt] ◆ nm, f idiota *mf*, tonto *m*, -ta *f* ESP, sonso *m*, -sa *f* AM. ◆ adj **1.** [chose, histoire] tonto(ta) **2.** [personne] idiota, tonto(ta) ESP, sonso(sa) AM **3.** *vieilli* MÉD idiota.

idiotie [idjɔsi] nf **1.** [stupidité & MÉD] idiotez *f* **2.** [action, parole] idiotez *f*, tontería *f*.

idoine [idwan] adj *sout* idóneo(a).

idolâtrer [3] [idɔlatʀe] vt idolatrar.

idole [idɔl] nf ídolo *m*.

IDS (***abr de*** **initiative de défense stratégique**) nf IDE *f*.

idylle [idil] nf idilio *m*.

idyllique [idilik] adj idílico(ca).

IEP (***abr de*** **Institut d'études politiques**) nm *en Francia, centro de educación universitaria de ciencias políticas.*

if [if] nm tejo *m*.

IFOP, Ifop [ifɔp] (***abr de*** **Institut français d'opinion publique**) nm *instituto de sondeos a través del cual se introdujeron en Francia los sondeos de opinión* ▸ **un sondage IFOP** una encuesta del IFOP.

Ifremer [ifʀəmɛʀ] (*abr de* **Institut français de recherche pour l'exploitation de la mer**) nm *organismo francés que se ocupa de oceanografía*.

igloo, iglou [iglu] nm iglú *m*.

IGN (*abr de* **Institut géographique national**) nm *instituto geográfico nacional francés* ; ≃ IGN / *une carte IGN au 1:25 000* un mapa del IGN en 1:25.000.

ignare [iɲaʀ] adj & nmf ignorante.

ignifugation [ignifygasjɔ̃ *ou* iɲifygasjɔ̃] nf ignifugación *f*.

ignifuge [ignifyʒ] adj ignífugo(ga).

ignifugeant, e [ignifyʒɑ̃, ɑ̃t *ou* iɲifyʒɑ̃, ɑ̃t] adj = **ignifuge**.

ignoble [iɲɔbl] adj **1.** [abject] innoble **2.** [hideux] inmundo(da).

ignominie [iɲɔmini] nf **1.** [gén] ignominia *f* **2.** [chose ignoble] infamia *f*.

ignominieux, euse [iɲɔminjø, øz] adj *sout* ignominioso(sa).

ignorance [iɲɔʀɑ̃s] nf ignorancia *f* ▸ **dans l'ignorance de qqch** en la ignorancia de algo.

ignorant, e [iɲɔʀɑ̃, ɑ̃t] ✧ nm, f ignorante *mf*. ✧ adj **1.** [inculte] ignorante ▸ **ignorant en qqch** ignorante en algo **2.** [pas au courant] ▸ **ignorant de qqch** desconocedor de algo.

ignoré, e [iɲɔʀe] adj ignorado(da).

ignorer [3] [iɲɔʀe] vt ignorar ▸ **ignorer que** ignorar que. ◆ **s'ignorer** vp **1.** [se bouder] ignorarse **2.** [méconnaître ses possibilités] no conocer sus posibilidades.

IGPN (*abr de* **Inspection générale de la police nationale**) nf *organismo de la policía nacional francesa que controla la totalidad de los servicios policiales*.

IGS (*abr de* **Inspection générale des services**) nf *organismo policial francés*.

iguane [igwan] nm iguana *f*.

il [il] pron pers él *(n'est pas toujours exprimé)* / *il n'est jamais chez lui* nunca está en casa / *il voyage beaucoup* viaja mucho / *ton père est-il rentré ?* ¿ha vuelto tu padre? / *il fait beau* hace buen tiempo / *il pleut* llueve / *il fait beau* hace buen tiempo.

île [il] nf isla *f*.

Îles

les îles Anglo-Normandes	las islas Anglonormandas
les (îles) Baléares	las (islas) Baleares
les îles Britanniques	las islas Británicas
les (îles) Canaries ou îles Fortunées	las (islas) Canarias ou islas Afortunadas
(les îles du) Cap-Vert ou le Cap-Vert	las islas de Cabo Verde
l'île d'Elbe	la isla de Elba
les (îles) Fidji	las (islas) Fiji
les (îles) Galápagos	las (islas) Galápagos
(l'île de) la Gomera	la (isla de la) Gomera
(l'île de) Madère	(la isla de) Madeira
les (îles) Maldives	las (islas) Maldivas
les îles Marquises	las islas Marquesas
l'île Maurice	la isla Mauricio
l'île Ouessant	la isla Ouessant
l'île de Pâques	la isla de Pascua
(l'île de) La Réunion	la isla de la Reunión
l'île de Sein	la isla Sein
les îles Sous-le-Vent	las islas de Sotavento
l'île de la Tortue	la isla de la Tortuga
l'île de la Trinité	Trinidad
les îles du Vent	las islas de Barlovento
les îles Vierges	las islas Vírgenes
l'île d'Yeu	la isla de Yeu

Île-de-France [ildəfʀɑ̃s] nf ▸ **l'Île-de-France** Ile-de-France.

illégal, e, aux [ilegal, o] adj ilegal.

illégalement [ilegalmɑ̃] adv ilegalmente.

illégalité [ilegalite] nf ilegalidad *f* ▸ **dans l'illégalité** en la ilegalidad, ilegalmente.

illégitime [ileʒitim] adj **1.** [union, enfant] ilegítimo(ma) **2.** [crainte, prétention] infundado(da).

illettré, e [iletʀe] adj & nm, f iletrado(da).

illettrisme [iletʀism] nm analfabetismo *m*.

illicite [ilisit] adj ilícito(ta).

illico [iliko] adv *fam* en el acto.

illimité, e [ilimite] adj **1.** [sans limite] ilimitado(da) **2.** [indéterminé] indeterminado(da).

illisible [ilizibl] adj ilegible.

illogique [ilɔʒik] adj ilógico(ca).

illumination [ilyminasjɔ̃] nf **1.** [gén] iluminación *f* **2.** [idée] inspiración *f*. ◆ **illuminations** nfpl luces *fpl*.

illuminé, e [ilymine] ✧ nm, f iluminado *m*, -da *f*. ✧ adj **1.** [génial] brillante **2.** [mystique] iluminado(da).

illuminer [3] [ilymine] vt iluminar. ◆ **s'illuminer** vp ▸ **s'illuminer de qqch** iluminarse de algo.

illusion [ilyzjɔ̃] nf ilusión *f* ▸ **se faire des illusions** hacerse ilusiones ▸ **illusion d'optique** ilusión óptica ▸ **se bercer d'illusions** forjarse ilusiones.

illusionner [3] [ilyzjɔne] vt ilusionar, engañar. ◆ **s'illusionner** vp ilusionarse ▸ **s'illusionner sur qqch / sur qqn** ilusionarse con algo / con alguien.

illusionniste [ilyzjɔnist] nmf ilusionista *mf*.

illusoire [ilyzwaʀ] adj ilusorio(ria).

illustrateur, trice [ilystʀatœʀ, tʀis] nm, f ilustrador *m*, -ra *f*.

illustratif, ive [ilystʀatif, iv] adj ilustrativo(va).

illustration [ilystʀasjɔ̃] nf ilustración *f*.

illustre [ilystʀ] adj ilustre.

illustré, e [ilystʀe] adj ilustrado(da). ◆ **illustré** nm revista *f* ilustrada.

illustrer [3] [ilystʀe] vt ilustrar / *de nombreux exemples illustrent les définitions* numerosos ejemplos ilustran las definiciones. ◆ **s'illustrer** vp destacar.

îlot [ilo] nm **1.** [petite île] islote *m* **2.** [de maisons] manzana *f* ESP, cuadra *f* AM **3.** *fig* [de verdure, de calme] oasis *m inv* **4.** *fig* [groupe isolé] foco *m*.

îlotage [ilɔtaʒ] nm *sistema de vigilancia policial que consiste en situar un agente en cada manzana.*

IMA [ima] (*abr de* **Institut du monde arabe**) nm *centro de difusión de la cultura árabe, en París* / *aller voir une exposition à l'IMA* ir a ver una exposición al IMA.

image [imaʒ] nf **1.** [gén] imagen *f* ▸ **image de marque** imagen de marca **2.** [reproduction] estampa *f* ▸ **image d'Épinal** *fig* imagen estereotipada ▸ **sage comme une image** bueno(na) como un ángel **3.** [ressemblance] ▸ **être l'image de qqn** ser la viva estampa de alguien.

imagé, e [imaʒe] adj lleno(na) de imágenes.

imagerie [imaʒʀi] nf imágenes *fpl* ▸ **imagerie médicale** imágenes médicas.

imagier, ère [imaʒje, ɛʀ] nm, f [dessinateur] estampero *m*, -ra *f*. ◆ **imagier®** nm [livre] libro *m* ilustrado.

imaginable [imaʒinabl] adj imaginable.

imaginaire [imaʒinɛʀ] ◈ adj imaginario(ria). ◈ nm imaginario *m* ▸ **l'imaginaire collectif** PSYCHO el imaginario colectivo.

imaginatif, ive [imaʒinatif, iv] adj imaginativo(va).

imagination [imaʒinasjɔ̃] nf **1.** [gén] imaginación *f* **2.** *(gén pl) sout* [chimère] capricho *m*.

imaginer [3] [imaʒine] vt **1.** [gén] imaginar **2.** [trouver] idear. ◆ **s'imaginer** vp imaginarse.

imam [imam] nm imán *m*.

imbattable [ɛ̃batabl] adj **1.** [champion] invencible **2.** [record, prix] insuperable.

imbécile [ɛ̃besil] adj & nmf imbécil.

imbécillité [ɛ̃besilite] nf **1.** [gén] imbecilidad *f* **2.** [acte, parole] tontería *f*.

imberbe [ɛ̃bɛʀb] adj barbilampiño, imberbe.

imbiber [3] [ɛ̃bibe] vt ▸ **imbiber qqch de qqch** empapar algo en algo ▸ **être imbibé** *fam* estar como una cuba. ◆ **s'imbiber** vp ▸ **s'imbiber de qqch** empaparse de algo.

imbitable, imbittable [ɛ̃bitabl] adj *tfam* incomprensible.

imbriqué, e [ɛ̃bʀike] adj imbricado(da).

imbriquer [3] [ɛ̃bʀike] vt imbricar ▸ **imbriquer qqch dans qqch** encajar algo dentro de algo. ◆ **s'imbriquer** vp **1.** [se chevaucher] imbricarse **2.** *fig* [questions, problèmes] entremezclarse.

imbroglio [ɛ̃bʀɔglijo] nm embrollo *m*.

imbu, e [ɛ̃by] adj ▸ **être imbu de qqch a)** [de préjugés] estar lleno de algo **b)** [de sa supériorité] estar convencido de algo ▸ **être imbu de soi-même** tenérselo muy creído.

imbuvable [ɛ̃byvabl] adj **1.** [eau] imbebible ▸ **c'est imbuvable** no hay quien se lo beba **2.** *fam* [personne] insoportable.

IMC, imc (*abr de* **indice de masse corporelle**) nm IMC *(índice de masa corporal).*

imitateur, trice [imitatœʀ, tʀis] nm, f imitador *m*, -ra *f*.

imitation [imitasjɔ̃] nf imitación *f* ▸ **à l'imitation de** a imitación de ▸ **en imitation** de imitación ▸ **imitation cuir / bois / daim** imitación cuero / madera / ante.

imiter [3] [imite] vt **1.** [style, conduite] imitar **2.** [signature] falsificar.

immaculé, e [imakyle] adj inmaculado(da). ◆ **Immaculée Conception** nf ▸ **l'Immaculée Conception** la Inmaculada Concepción.

immanent, e [imanɑ̃, ɑ̃t] adj inmanente.

immangeable [ɛ̃mɑ̃ʒabl] adj incomible.

immanquable [ɛ̃mɑ̃kabl] adj infalible.

immanquablement [ɛ̃mɑ̃kabləmɑ̃] adv sin falta.

immatériel, elle [im(m)ateʀjɛl] adj **1.** PHILO & FIN inmaterial **2.** [qui semble irréel] etéreo(rea).

immatriculation [imatʀikylasjɔ̃] nf [de véhicule] matrícula *f*.

immatriculer [3] [imatʀikyle] vt **1.** [gén] matricular **2.** [personne] ▸ **se faire immatriculer à qqch** inscribirse en algo.

immature [imatyʀ] adj inmaduro(ra).

immaturité [imatyʀite] nf inmadurez *f*.

immédiat, e [imedja, at] adj **1.** [dans le temps] inmediato(ta) **2.** [dans l'espace] más cercano(na). ◆ **immédiat** nm ▸ **dans l'immédiat** por el momento o ahora.

immédiatement [imedjatmɑ̃] adv inmediatamente.

immémorial, e, aux [im(m)emɔʀjal, o] adj inmemorial.

immense [im(m)ɑ̃s] adj inmenso(sa).

immensément [im(m)ɑ̃semɑ̃] adv inmensamente.

immensité [im(m)ɑ̃site] nf **1.** [vaste étendue] inmensidad *f* **2.** [grandeur] enormidad *f*.

immerger [17] [imɛʀʒe] vt sumergir. ◆ **s'immerger** vp **1.** [dans l'eau] sumergirse **2.** *fig* [dans un milieu] hacer una inmersión / *elle fait un séjour à Madrid pour s'immerger dans la langue espagnole* está en Madrid para hacer una inmersión en la lengua española.

immérité, e [imeʀite] adj inmerecido(da).

immersion [imɛʀsjɔ̃] nf inmersión *f*.

immettable [ɛ̃metabl] adj [vêtement] imponible.

immeuble [imœbl] adj & nm inmueble.

immigrant, e [imigʀɑ̃, ɑ̃t] nm, f inmigrante *mf*.

immigration [imigʀasjɔ̃] nf inmigración *f* ▸ **immigration clandestine** inmigración clandestina.

immigré, e [imigʀe] adj & nm, f inmigrado(da).

immigrer [3] [imigʀe] vi inmigrar.

imminence [iminɑ̃s] nf [proximité] inminencia *f* ▸ **l'imminence du danger** el peligro inminente.

imminent, e [iminɑ̃, ɑ̃t] adj inminente.

immiscer [18] [imise] ◆ **s'immiscer** vp ▸ **s'immiscer dans qqch** inmiscuirse en algo.

immixtion [imiksjɔ̃] nf intromisión *f* ▸ **immixtion dans qqch** intromisión en algo.

immobile [im(m)ɔbil] adj **1.** [personne, mécanisme] inmóvil ; [visage] imperturbable **2.** *fig* [figé] arraigado(da).

immobilier, ère [imɔbilje, ɛʀ] adj **1.** DR [bien] inmueble **2.** [transaction, agent] inmobiliario(ria).
◆ **immobilier** nm ▸ **l'immobilier** el sector inmobiliario.

immobilisation [imɔbilizasjɔ̃] nf inmovilización *f*.
◆ **immobilisations** nfpl FIN inmovilizado *m*.

immobiliser [3] [imɔbilize] vt inmovilizar.
◆ **s'immobiliser** vp **1.** [personne] quedarse inmóvil **2.** [mécanisme] inmovilizarse.

immobilisme [imɔbilism] nm *péj* inmovilismo *m*.

immobilité [imɔbilite] nf **1.** [gén] inmovilidad *f* **2.** [d'un paysage] quietud *f*.

immodéré, e [imɔdeʀe] adj **1.** [dépense] desmesurado(da) **2.** [désir, goût] desmedido(da).

immoler [3] [imɔle] vt **1.** RELIG inmolar **2.** *sout* [sacrifier] ▸ **immoler qqch à qqn / à qqch** sacrificar algo por alguien / por algo ▸ **immoler qqn au nom de qqch** inmolar a alguien en aras de algo. ◆ **s'immoler** vp inmolarse.

immonde [im(m)ɔ̃d] adj inmundo(da).

immondices [imɔ̃dis] nfpl inmundicias *fpl*.

immoral, e, aux [im(m)ɔʀal, o] adj inmoral.

immoralité [im(m)ɔʀalite] nf inmoralidad *f*.

immortalisation [im(m)ɔʀtalizasjɔ̃] nf inmortalización *f*.

immortaliser [3] [imɔʀtalize] vt inmortalizar.
◆ **s'immortaliser** vp ▸ **s'immortaliser (par qqch)** alcanzar la inmortalidad (con algo).

immortalité [imɔʀtalite] nf inmortalidad *f*.

immortel, elle [imɔʀtɛl] adj inmortal.
◆ **immortelle** nf BOT siempreviva *f*.

immuable [imɥabl] adj **1.** [loi] inmutable **2.** [personne, attitude] inflexible.

immunisation [imynizasjɔ̃] nf inmunización *f*.

immuniser [3] [im(m)ynize] vt inmunizar ▸ **immuniser qqn contre qqch** inmunizar a alguien contra algo.

immunitaire [imynitɛʀ] adj inmunitario(ria).

immunité [im(m)ynite] nf inmunidad *f* ▸ **immunité diplomatique / parlementaire** inmunidad diplomática / parlamentaria.

immunodéficience [imynɔdefisjɑ̃s] nf inmunodeficiencia *f*.

immunodépresseur [imynɔdepʀesœʀ] adj m & nm inmunodepresor.

immunologie [imynɔlɔʒi] nf inmunología *f*.

immunologique [imynɔlɔʒik] adj inmunológico(ca).

immunostimulant, e [im(m)ynɔstimylɑ̃, ɑ̃t] adj [médicament] inmunoestimulante.
◆ **immunostimulant** nm [médicament] inmunoestimulante *m*.

impact [ɛ̃pakt] nm impacto *m* ▸ **avoir de l'impact sur qqch** tener (un) impacto sobre algo.

impair, e [ɛ̃pɛʀ] adj impar. ◆ **impair** nm **1.** [faux pas] ▸ **commettre un impair** cometer una torpeza **2.** [au jeu] ▸ **impair et passe** impar y pasa.

imparable [ɛ̃paʀabl] adj **1.** [coup] imparable **2.** [argument] irrefutable.

impardonnable [ɛ̃paʀdɔnabl] adj imperdonable.

imparfait, e [ɛ̃paʀfɛ, ɛt] adj imperfecto(ta).
◆ **imparfait** nm GRAM pretérito *m* imperfecto.

imparfaitement [ɛ̃paʀfɛtmɑ̃] adv insuficientemente.

impartial, e, aux [ɛ̃paʀsjal, o] adj imparcial.

impartialité [ɛ̃paʀsjalite] nf imparcialidad *f*.

impartir [32] [ɛ̃paʀtiʀ] vt conceder ▸ **impartir qqch à qqn** conceder algo a alguien.

impasse [ɛ̃pas] nf **1.** [rue, difficulté] callejón *m* sin salida ▸ **être dans une** ou **dans l' impasse** estar en un callejón sin salida **2.** SCOL & UNIV *temas que un alumno no ha estudiado de un temario* ▸ **faire l'impasse sur qqch** *arg* saltarse algo **3.** [aux cartes] impasse *m*. ◆ **impasse budgétaire** nf déficit *m* presupuestario.

impassibilité [ɛ̃pasibilite] nf impasibilidad *f*.

impassible [ɛ̃pasibl] adj impasible ▸ **rester impassible** quedarse impasible.

impatiemment [ɛ̃pasjamɑ̃] adv impacientemente.

impatience [ɛ̃pasjɑ̃s] nf impaciencia *f* ▸ **bouillir d'impatience** arder de impaciencia.

impatient, e [ɛ̃pasjɑ̃, ɑ̃t] ◇ adj impaciente ▸ **être impatient de faire qqch** estar impaciente por hacer algo. ◇ nm, f impaciente *mf*.

impatienter [3] [ɛ̃pasjɑ̃te] vt impacientar.
◆ **s'impatienter** vp impacientarse ▸ **s'impatienter contre qqn** perder la paciencia con alguien.

impayable [ɛ̃pɛjabl] adj *fam* graciosísimo(ma).

impayé, e [ɛ̃pɛje] adj impagado(da). ◆ **impayé** nm impagado *m*.

impec [ɛ̃pɛk] adj *fam* [net] impecable ▸ **impec !** [parfait] ¡genial!

impeccable [ɛ̃pekabl] adj impecable.

impeccablement [ɛ̃pɛkabləmɑ̃] adv impecablemente.

impénétrable [ɛ̃penetʀabl] adj impenetrable.

impénitent, e [ɛ̃penitɑ̃, ɑ̃t] adj impenitente.

impensable [ɛ̃pɑ̃sabl] adj impensable.

imper [ɛ̃pɛʀ] nm *fam* [imperméable] impermeable *m* / ***prends ton imper, il va pleuvoir*** coge el impermeable, que va a llover.

impératif, ive [ɛ̃peʀatif, iv] adj imperativo(va). ◆ **impératif** nm imperativo *m*.

impérativement [ɛ̃peʀativmɑ̃] adv obligatoriamente.

impératrice [ɛ̃peʀatʀis] nf emperatriz *f*.

imperceptible [ɛ̃pɛʀsɛptibl] adj imperceptible.

imperceptiblement [ɛ̃pɛʀsɛptibləmɑ̃] adv imperceptiblemente.

imperfection [ɛ̃pɛʀfɛksjɔ̃] nf imperfección *f*.

impérial, e, aux [ɛ̃peʀjal, o] adj **1.** [d'empire] imperial **2.** *fig* [majestueux] majestuoso(sa). ◆ **impériale** nf segundo piso *m (de autobús, tranvía, etc.)*.

impérialisme [ɛ̃peʀjalism] nm **1.** POL imperialismo *m* **2.** *fig* [domination] imperio *m*.

impérialiste [ɛ̃peʀjalist] adj & nmf imperialista.

impérieusement [ɛ̃peʀjøzmɑ̃] adv imperiosamente.

impérieux, euse [ɛ̃peʀjø, øz] adj imperioso(sa).

impérissable [ɛ̃peʀisabl] adj imperecedero(ra).

imperméabilisant, e [ɛ̃pɛʀmeabilizɑ̃, ɑ̃t] adj impermeabilizante. ◆ **imperméabilisant** nm impermeabilizante *m*.

imperméabilisation [ɛ̃pɛʀmeabilizasjɔ̃] nf impermeabilización *f*.

imperméabiliser [3] [ɛ̃pɛʀmeabilize] vt impermeabilizar.

imperméable [ɛ̃pɛʀmeabl] ◆ adj impermeable ▸ **être imperméable à qqch** *fig* [insensible] ser insensible a algo. ◆ nm impermeable *m*.

impersonnel, elle [ɛ̃pɛʀsɔnɛl] adj impersonal.

impertinence [ɛ̃pɛʀtinɑ̃s] nf impertinencia *f*.

impertinent, e [ɛ̃pɛʀtinɑ̃, ɑ̃t] adj & nm, f impertinente.

imperturbable [ɛ̃pɛʀtyʀbabl] adj imperturbable.

imperturbablement [ɛ̃pɛʀtyʀbabləmɑ̃] adv imperturbablemente.

impétigo [ɛ̃petigo] nm impétigo *m*.

impétueusement [ɛ̃petɥøzmɑ̃] adv impetuosamente.

impétueux, euse [ɛ̃petɥø, øz] adj impetuoso(sa).

impétuosité [ɛ̃petɥozite] nf ímpetu *m*, impetuosidad *f*.

impie [ɛ̃pi] adj & nmf *sout* & *vieilli* impío(a).

impiété [ɛ̃pjete] nf *sout* & *vieilli* impiedad *f*.

impitoyable [ɛ̃pitwajabl] adj despiadado(da).

impitoyablement [ɛ̃pitwajabləmɑ̃] adv despiadadamente.

implacable [ɛ̃plakabl] adj implacable.

implant [ɛ̃plɑ̃] nm implante *m*.

implantation [ɛ̃plɑ̃tasjɔ̃] nf implantación *f*.

implanter [3] [ɛ̃plɑ̃te] vt implantar. ◆ **s'implanter** vp [personne] establecerse ; [usine, entreprise] implantarse.

implication [ɛ̃plikasjɔ̃] nf implicación *f*.

implicite [ɛ̃plisit] adj implícito(ta).

implicitement [ɛ̃plisitmɑ̃] adv implícitamente.

impliquer [3] [ɛ̃plike] vt implicar ▸ **impliquer qqn dans qqch** implicar a alguien en algo. ◆ **s'impliquer** vp ▸ **s'impliquer dans qqch** implicarse en algo.

implorer [3] [ɛ̃plɔʀe] vt *sout* implorar.

imploser [3] [ɛ̃ploze] vi implosionar.

implosion [ɛ̃plozjɔ̃] nf implosión *f*.

impoli, e [ɛ̃pɔli] adj **1.** [personne] maleducado(da) **2.** [remarque, attitude] descortés.

impoliment [ɛ̃pɔlimɑ̃] adv de forma maleducada.

impolitesse [ɛ̃pɔlitɛs] nf **1.** [d'une personne] falta *f* de educación **2.** [d'une remarque, d'une attitude] descortesía *f*.

impondérable [ɛ̃pɔ̃deʀabl] adj imponderable. ◆ **impondérables** nmpl imponderables *mpl*.

impopulaire [ɛ̃pɔpylɛʀ] adj impopular.

impopularité [ɛ̃pɔpylaʀite] nf impopularidad *f*.

import [ɛ̃pɔʀ] nm **1.** COMM importación *f* **2.** BELGIQUE [montant] importe *m*.

importable [ɛ̃pɔʀtabl] adj [vêtement] : ***ce chemisier est si transparent qu'il est importable*** esa blusa no te la puedes poner porque se transparenta mucho.

importance [ɛ̃pɔʀtɑ̃s] nf importancia *f* ▸ **attacher de l'importance à qqch** dar importancia a algo ▸ **avoir de l'importance** tener importancia ▸ **c'est sans importance** no importa ▸ **sans importance** sin importancia ▸ **d'importance** [non négligeable] importante ▸ **se donner de l'importance** darse importancia.

Comment exprimer l'impatience

- **Estoy impaciente por volverlo a ver.** *Je suis impatiente de le revoir.*
- **No veo la hora de estar de vacaciones.** *Il me tarde d'être en vacances.*
- **Está muerta de impaciencia por conocer los resultados del examen.** *Elle boue d'impatience d'avoir ses résultats d'examen.*
- **Estoy impaciente por irme.** *J'attends de partir avec impatience.*
- **Salta de impaciencia sólo con la idea de ver a sus amigos.** *Il piaffe d'impatience à l'idée de retrouver ses amis.*
- **¡Apresurémonos, que se impacientan!** *Dépêchons-nous, ils s'impatientent !*
- **Se muere de ganas de conocer la continuación de la historia.** *Il meurt d'envie de connaître la suite de l'histoire.*
- **¡Es un impaciente, no se está quieto!** *C'est un impatient, il ne tient pas en place !*

important, e [ɛ̃pɔʀtɑ̃, ɑ̃t] ◆ adj importante ▸ **c'est important à savoir** es importante saberlo. ◆ nm, f ▸ **faire l'important** *péj* hacerse el importante.
◆ **important** nm ▸ **l'important** lo importante.

importateur, trice [ɛ̃pɔʀtatœʀ, tʀis] adj importador(ra). ◆ **importateur** nm importador *m*, -ra *f*.

importation [ɛ̃pɔʀtasjɔ̃] nf importación *f*.

importer [3] [ɛ̃pɔʀte] ◆ vt importar
◆ vi importar ▸ **il importe de...** es importante... / *il importe d'arriver à l'heure* es importante llegar a la hora ▸ **il importe que...** es importante que... / *il importe qu'il parle espagnol* es importante que hable español ▸ **importer à qqn** importar a alguien ▸ **n'importe comment** de cualquier modo, como sea ▸ **n'importe lequel** cualquiera ▸ **n'importe où** en cualquier sitio, donde sea ▸ **n'importe quand** en cualquier momento, cuando sea ▸ **n'importe qui** cualquiera, quien sea ▸ **n'importe quoi** cualquier cosa, lo que sea ▸ **peu importe !** ¡importa poco!, ¡da igual! ▸ **qu'importe !** ¡no importa!, ¡da igual! ▸ **qu'importe que** qué importa que, da igual que

import-export [ɛ̃pɔʀɛkspɔʀ] (*pl* **imports-exports**) nm importación y exportación *f*.

importun, e [ɛ̃pɔʀtœ̃, yn] adj inoportuno(na).
◆ **importun** nm *vieilli* importuno *m*, inoportuno *m*.

importuner [3] [ɛ̃pɔʀtyne] vt importunar.

imposable [ɛ̃pozabl] adj imponible ▸ **non imposable** no imponible, no sujeto(ta) a impuesto.

imposant, e [ɛ̃pozɑ̃, ɑ̃t] adj **1.** [gén] imponente **2.** [somme] considerable.

imposé, e [ɛ̃poze] ◆ adj **1.** [revenu] impuesto(ta) **2.** SPORT obligatorio(ria). ◆ nm, f [contribuable] contribuyente *mf*.

imposer [3] [ɛ̃poze] ◆ vt **1.** [gén] imponer ▸ **imposer qqch à qqn** imponer algo a alguien **2.** [taxer] gravar. ◆ vi ▸ **en imposer à qqn** [l'impressionner] imponer a alguien. ◆ **s'imposer** vp **1.** [gén] imponerse **2.** [avoir pour règle] ▸ **s'imposer de faire qqch** obligarse a hacer algo.

imposition [ɛ̃pozisjɔ̃] nf imposición *f*.

impossibilité [ɛ̃pɔsibilite] nf **1.** [incapacité] imposibilidad *f* ▸ **être dans l'impossibilité de** encontrarse en la imposibilidad de **2.** [chose impossible] imposible *m*.

impossible [ɛ̃pɔsibl] ◆ adj imposible. ◆ nm ▸ **l'impossible** lo imposible ▸ **tenter l'impossible** intentar lo imposible ▸ **si, par impossible** *sout* si por casualidad.

imposteur [ɛ̃pɔstœʀ] nm impostor *m*, -ra *f*.

imposture [ɛ̃pɔstyʀ] nf impostura *f*.

impôt [ɛ̃po] nm impuesto *m* ▸ **être assujetti à l'impôt** estar sujeto a impuestos ▸ **impôt direct / indirect** impuesto directo / indirecto ▸ **impôt foncier** impuesto territorial ▸ **impôt sur les grandes fortunes** *impuesto creado en 1982 por el gobierno socialista y que grava las grandes fortunas de Francia* ▸ **impôt sur le revenu** impuesto sobre la renta.

impotence [ɛ̃pɔtɑ̃s] nf invalidez *f*.

impotent, e [ɛpɔtɑ̃, ɑ̃t] adj impedido(da).

impraticable [ɛ̃pʀatikabl] adj impracticable.

imprécation [ɛ̃pʀekasjɔ̃] nf *sout* imprecación *f*.

imprécis, e [ɛ̃pʀesi, iz] adj impreciso(sa).

imprécision [ɛ̃pʀesizjɔ̃] nf imprecisión *f*.

imprégner [18] [ɛ̃pʀeɲe] vt impregnar ▸ **imprégner qqch / qqn de qqch** impregnar algo / a alguien de algo.
◆ **s'imprégner** vp ▸ **s'imprégner de qqch** impregnarse de algo.

imprenable [ɛ̃pʀənabl] adj [forteresse, vue] inexpugnable.

imprésario, impresario [ɛ̃pʀesaʀjo] nm agente *m* *(de un artista)*.

impression [ɛ̃pʀesjɔ̃] nf **1.** [gén] impresión *f* ▸ **avoir l'impression que** tener la impresión de que ▸ **faire impression** causar impresión ▸ **faire bonne / mauvaise impression** hacer buena / malaimpresión **2.** [de livre] impresión *f*; [d'étoffe] estampado *m*.

impressionnable [ɛ̃pʀesjɔnabl] adj impresionable.

impressionnant, e [ɛ̃pʀesjɔnɑ̃, ɑ̃t] adj impresionante.

impressionner [3] [ɛ̃pʀesjɔne] vt impresionar.

impressionnisme [ɛ̃pʀesjɔnism] nm impresionismo *m*.

Comment exprimer l'impossibilité

- **Es imposible. / No es posible.** *C'est impossible. / Ce n'est pas possible.*
- **Me resulta imposible irme ahora.** *Il m'est impossible de partir maintenant.*
- **No podrá asistir a la conferencia.** *Il / Elle ne pourra pas assister à la conférence.*
- **Se encuentra en la imposibilidad de reanudar el trabajo.** *Il / Elle est dans l'impossibilité de reprendre le travail.*
- **No puedo decirle nada.** *Je ne peux rien vous dire.*
- **No hay ninguna probabilidad de que apruebe el examen.** *Il n'y a aucune chance qu'il / elle réussisse son examen.*
- **No me es posible en absoluto estar libre el jueves.** *Je ne peux absolument pas me libérer jeudi.*
- **No consigue solucionar el problema.** *Il n'arrive pas à résoudre le problème.*
- **¡Que más quisiera yo!** *Je ne demanderais pas mieux !*

L'impressionnisme

Esta escuela pictórica francesa de finales del siglo XIX tomó su nombre de un cuadro de Claude Monet titulado casualmente "Impresión, amanecer" para una exposición de pintura en 1874. El movimiento pretendía romper con el academismo, las convenciones en el dibujo y la perspectiva, la pintura de estudio y otras tradiciones artísticas. El pintor impresionista buscaba plasmar las impresiones fugaces de la realidad, la movilidad de las cosas. Por ello, solía crear al aire libre, con la luz natural como su elemento básico. Los temas representados eran principalmente escenas de la vida diaria, interpretados con gran libertad, paisajes urbanos y la naturaleza en su estado cambiante. Entre sus integrantes destacan Claude Monet, Auguste Renoir, Paul Cézanne, Edgar Degas y Camille Pissarro. Se trata del movimiento pictórico más conocido y popular de Francia, como demuestra el gran éxito de sus exposiciones.

impressionniste [ɛ̃pʀesjɔnist] adj & nmf impresionista.

imprévisible [ɛ̃pʀevizibl] adj imprevisible.

imprévoyance [ɛ̃pʀevwajɑ̃s] nf imprevisión *f*.

imprévoyant, e [ɛ̃pʀevwajɑ̃, ɑ̃t] adj imprevisor(ra).

imprévu, e [ɛ̃pʀevy] adj imprevisto(ta). ◆ **imprévu** nm imprevisto *m* ▸ **sauf imprévu** salvo imprevistos.

imprimante [ɛ̃pʀimɑ̃t] nf impresora *f* ▸ **imprimante laser / à jet d'encre** impresora láser / por chorro de tinta.

imprimé, e [ɛ̃pʀime] adj impreso(sa), imprimido(da). ◆ **imprimé** nm **1.** [texte] impreso *m* **2.** [tissu] estampado *m*.

imprimer [3] [ɛ̃pʀime] vt **1.** [gén] imprimir **2.** [tissu] estampar **3.** *sout* [sentiment] infundir. ◆ **s'imprimer** vp imprimirse.

imprimerie [ɛ̃pʀimʀi] nf imprenta *f*.

imprimeur [ɛ̃pʀimœʀ] nm impresor *m*, -ra *f*.

impro [ɛ̃pʀo] (*abr de* **improvisation**) nf *fam* improvisación *f*.

improbable [ɛ̃pʀɔbabl] adj improbable.

improductif, ive [ɛ̃pʀɔdyktif, iv] adj & nm, f improductivo(va).

impromptu, e [ɛ̃pʀɔ̃pty] adj improvisado(da). ◆ **impromptu** ◇ adv *sout* improvisadamente. ◇ nm THÉÂTRE & MUS improvisación *f*.

imprononçable [ɛ̃pʀɔnɔ̃sabl] adj impronunciable.

impropre [ɛ̃pʀɔpʀ] adj **1.** GRAM [mot, tournure] impropio(pia) **2.** [inadapté] ▸ **impropre à qqch** no apto(ta) para algo.

improprement [ɛ̃pʀɔpʀəmɑ̃] adv impropiamente.

impropriété [ɛ̃pʀɔpʀijete] nf impropiedad *f*.

improvisation [ɛ̃pʀɔvizasjɔ̃] nf improvisación *f*.

improvisé, e [ɛ̃pʀɔvize] adj improvisado(da).

improviser [3] [ɛ̃pʀɔvize] vt improvisar. ◆ **s'improviser** vp **1.** [s'organiser] improvisarse **2.** [devenir] hacer las veces de.

improviste [ɛ̃pʀɔvist] ◆ **à l'improviste** loc adv de improviso.

imprudemment [ɛ̃pʀydamɑ̃] adv imprudentemente.

imprudence [ɛ̃pʀydɑ̃s] nf imprudencia *f*.

imprudent, e [ɛ̃pʀydɑ̃, ɑ̃t] adj & nm, f imprudente.

impubère [ɛ̃pybɛʀ] adj & nmf impúber.

impubliable [ɛ̃pyblijabl] adj impublicable.

impudence [ɛ̃pydɑ̃s] nf impudencia *f*.

impudent, e [ɛ̃pydɑ̃, ɑ̃t] adj & nm, f impudente.

impudeur [ɛ̃pydœʀ] nf impudor *m*.

Comment exprimer l'improbabilité

- **¿Aceptarán la invitación? Probablemente no.** *Accepteront-ils l'invitation ? Probablement pas.*
- **Es poco probable que pueda ayudarlo.** *Il est peu probable qu'il puisse l'aider.*
- **Probablemente este verano no podrá ir de vacaciones.** *Il / Elle ne pourra probablement pas partir en vacances cet été.*
- **Tiene pocas probabilidades de encontrar su cartera.** *Il y a peu de chances qu'il / elle retrouve son portefeuille.*
- **Dudo mucho que se acuerde todavía de mí.** *Je doute beaucoup qu'il se souvienne encore de moi.*
- **Con lo perezoso que es, ¿cómo a va a progresar?** *Il ne risque pas de progresser vu sa paresse.*
- **Su historia es completamente inverosímil.** *Son histoire est totalement invraisemblable.*
- **No es nada seguro que mañana podamos venir con vosotros.** *Ce n'est pas sûr du tout que nous puissions nous joindre à vous demain.*
- **No se puede dar por sentado que pase de curso.** *Il n'est pas acquis qu'il passe dans la classe supérieure.*

impudique [ɛ̃pydik] adj impúdico(ca).

impuissance [ɛ̃pɥisɑ̃s] nf **1.** [gén] impotencia *f* ▸ **impuissance à faire qqch** impotencia para hacer algo **2.** [inefficacité] ineficacia *f*.

impuissant, e [ɛ̃pɥisɑ̃, ɑ̃t] adj **1.** [gén] impotente **2.** [incapable] ▸ **impuissant à faire qqch** incapaz de hacer algo. ◆ **impuissant** nm impotente *m*.

impulsif, ive [ɛ̃pylsif, iv] adj & nm, f impulsivo(va).

impulsion [ɛ̃pylsjɔ̃] nf impulso *m* ▸ **sous l'impulsion de qqch / de qqn** bajo el impulso de algo / de alguien.

impulsivement [ɛ̃pylsivmɑ̃] adv impulsivamente.

impulsivité [ɛ̃pylsivite] nf impulsividad *f*.

impunément [ɛ̃pynemɑ̃] adv impunemente.

impuni, e [ɛ̃pyni] adj impune.

impunité [ɛ̃pynite] nf impunidad *f* ▸ **en toute impunité** con toda impunidad.

impur, e [ɛ̃pyʀ] adj impuro(ra).

impureté [ɛ̃pyʀte] nf impureza *f*.

imputable [ɛ̃pytabl] adj ▸ **imputable à** imputable a.

imputation [ɛ̃pytasjɔ̃] nf imputación *f*.

imputer [3] [ɛ̃pyte] vt ▸ **imputer qqch à qqn / qqch** imputar algo a alguien / a algo.

imputrescible [ɛ̃pytʀesibl] adj imputrescible.

in [in] adj inv *vieilli* in ▸ **être in** estar in.

INA [ina] (*abr de* **Institut national de l'audiovisuel**) nm *organismo público francés de archivos e investigación audiovisual* ▸ **les archives de l'INA** los archivos del INA.

inabordable [inabɔʀdabl] adj **1.** [prix] prohibitivo(va) **2.** [île, personne] inaccesible, inabordable.

inacceptable [inakseptabl] adj inaceptable.

inaccessible [inaksesibl] adj **1.** [gén] inaccesible **2.** [insensible] ▸ **inaccessible à qqch** insensible a algo.

inaccoutumé, e [inakutyme] adj inusual.

inachevé, e [inaʃve] adj inacabado(da).

inactif, ive [inaktif, iv] adj & nm, f inactivo(va).

inaction [inaksjɔ̃] nf inacción *f*.

inactivité [inaktivite] nf **1.** [oisiveté] inactividad *f* **2.** ADMIN [congé] excedencia *f*.

inadapté, e [inadapte] ◇ adj **1.** [inadéquat] ▸ **inadapté à qqch** inadecuado para algo **2.** [personne] inadaptado(da). ◇ nm, f inadaptado *m*, -da *f*.

inadéquat, e [inadekwa, at] adj inadecuado(da).

inadéquation [inadekwasjɔ̃] nf inadecuación *f*.

inadmissible [inadmisibl] adj inadmisible.

inadvertance [inadvɛʀtɑ̃s] nf *sout* inadvertencia *f* ▸ **par inadvertance** por inadvertencia.

inaliénable [inaljenabl] adj inalienable.

inaltérable [inalteʀabl] adj inalterable.

inamical, e, aux [inamikal, o] adj hostil.

inamovible [inamɔvibl] adj fijo(ja).

inanimé, e [inanime] adj inanimado(da) ; [sans vie] inánime.

inanité [inanite] nf inanidad *f*.

inanition [inanisjɔ̃] nf ▸ **tomber / mourir d'inanition** desfallecer / morirse de inanición.

inaperçu, e [inapɛʀsy] adj inadvertido(da) ▸ **passer inaperçu** pasar inadvertido ou desapercibido.

inapplicable [inaplikabl] adj inaplicable.

inappliqué, e [inaplike] adj **1.** [élève] desaplicado(da) **2.** [méthode] no aplicado(da).

inappréciable [inapʀesjabl] adj inapreciable.

inapprochable [inapʀoʃabl] adj inaccesible.

inapproprié, e [inapʀɔpʀije] adj inapropiado(da).

inapte [inapt] adj **1.** [incapable] ▸ **inapte à qqch / à faire qqch** inepto(ta) para algo / para hacer algo **2.** MIL no apto, inútil.

inaptitude [inaptityd] nf **1.** [incapacité] ▸ **inaptitude à qqch / à faire qqch** ineptitud para algo / para hacer algo **2.** MIL inutilidad.

inarticulé, e [inaʀtikyle] adj inarticulado(da).

inassouvi, e [inasuvi] adj insatisfecho(cha).

inattaquable [inatakabl] adj **1.** [forteresse] inatacable **2.** [réputation] irreprochable **3.** [argument, preuve] irrefutable.

inattendu, e [inatɑ̃dy] adj inesperado(da).

inattentif, ive [inatɑ̃tif, iv] adj distraído(da), desatento(ta) ▸ **être inattentif à qqch** no atender a algo.

inattention [inatɑ̃sjɔ̃] nf falta *f* de atención, desatención *f*.

inaudible [inodibl] adj inaudible.

inaugural, e, aux [inogyʀal, o] adj inaugural.

inauguration [inogyʀasjɔ̃] nf inauguración *f*.

inaugurer [3] [inogyʀe] vt inaugurar.

inavouable [inavwabl] adj inconfesable.

inavoué, e [inavwe] adj no confesado(da).

INC (*abr de* **Institut national de la consommation**) nm *organismo público francés que se ocupa del consumo* / *une étude de l'INC* un estudio del INC.

inca [ɛ̃ka] adj inca. ◆ **Inca** nmf inca *mf*.

incalculable [ɛ̃kalkylabl] adj incalculable.

incandescence [ɛ̃kɑ̃desɑ̃s] nf incandescencia *f*.

incandescent, e [ɛ̃kɑ̃desɑ̃, ɑ̃t] adj incandescente.

incantation [ɛ̃kɑ̃tasjɔ̃] nf encantamiento *m*.

incapable [ɛ̃kapabl] ◇ adj ▸ **incapable de faire qqch** incapaz de hacer algo. ◇ nmf incapaz *mf*.

incapacité [ɛ̃kapasite] nf incapacidad *f* ▸ **incapacité à faire qqch** incapacidad para hacer algo ▸ **être dans l'incapacité de** hallarse en la incapacidad de ▸ **incapacité de travail** incapacidad laboral.

incarcération [ɛ̃kaʀseʀasjɔ̃] nf encarcelamiento *m*.

incarcérer [18] [ɛ̃kaʀseʀe] vt encarcelar.

incarnation [ɛ̃kaʀnasjɔ̃] nf encarnación *f*.

incarné, e [ɛ̃kaʀne] adj **1.** [personnifié] en persona, personificado(da), encarnado(da) **2.** RELIG encarnado(da) **3.** [ongle] que está clavado en la carne.

incarner [18] [ɛ̃kaʀne] vt encarnar. ◆ **s'incarner** vp encarnarse.

incartade [ɛ̃kaʀtad] nf extravagancia *f*.

incassable [ɛ̃kasabl] adj irrompible.

incendiaire [ɛ̃sɑ̃djɛʀ] adj incendiario(ria).

incendie [ɛ̃sɑ̃di] nm incendio *m* ▸ **incendie de forêt** incendio forestal.

incendier [9] [ɛ̃sɑ̃dje] vt **1.** [mettre le feu à] incendiar **2.** *fam* [réprimander] echar una bronca **3.** *sout* [faire rougir] sonrojar.

incertain, e [ɛ̃sɛʀtɛ̃, ɛn] adj **1.** [pronostic, réussite, durée] incierto(ta) **2.** [personne] inseguro(ra) **3.** [temps] inestable **4.** [lumière, contour] borroso(sa). ◆ **incertain** nm FIN cotización *f* (de la moneda).

incertitude [ɛ̃sɛʀtityd] nf **1.** [gén] incertidumbre *f* ▸ **être dans l'incertitude** estar en la incertidumbre **2.** MATH & PHYS indeterminación *f*.

incessamment [ɛ̃sesamɑ̃] adv en breve.

incessant, e [ɛ̃sesɑ̃, ɑ̃t] adj incesante.

incessible [ɛ̃sesibl] adj intransmisible.

inceste [ɛ̃sɛst] nm incesto *m*.

incestueux, euse [ɛ̃sɛstɥø, øz] adj & nm, f incestuoso(sa).

inchangé, e [ɛ̃ʃɑ̃ʒe] adj igual *(sin cambiar)*.

inchangeable [ɛ̃ʃɑ̃ʒabl] adj inmutable.

incidemment [ɛ̃sidamɑ̃] adv incidentalmente.

incidence [ɛ̃sidɑ̃s] nf incidencia *f*.

incident, e [ɛ̃sidɑ̃, ɑ̃t] adj **1.** [gén] incidental **2.** PHYS incidente. ◆ **incident** nm incidente *m* ▸ **sans incident** sin incidentes ▸ **incident diplomatique** incidente diplomático ▸ **incident de parcours** contratiempo *m*.

incinérateur [ɛ̃sineʀatœʀ] nm incineradora *f*, incinerador *m*.

incinération [ɛ̃sineʀasjɔ̃] nf incineración *f*.

incinérer [18] [ɛ̃sineʀe] vt incinerar.

incise [ɛ̃siz] nf inciso *m*.

inciser [3] [ɛ̃size] vt hacer una incisión en.

incisif, ive [ɛ̃sizif, iv] adj incisivo(va). ◆ **incisive** nf [dent] incisivo *m*.

incision [ɛ̃sizjɔ̃] nf incisión *f*.

incitation [ɛ̃sitasjɔ̃] nf ▸ **incitation à qqch / à faire qqch** incitación a algo / a hacer algo.

inciter [3] [ɛ̃site] vt ▸ **inciter qqn à qqch / à faire qqch** incitar a alguien a algo / a hacer algo.

incivilité [ɛ̃sivilite] nf **1.** [manque de courtoisie] falta de civismo ou de educación **2.** [acte] incivilidad *f*.

inclassable [ɛ̃klasabl] adj inclasificable.

inclinable [ɛ̃klinabl] adj abatible.

inclinaison [ɛ̃klinɛzɔ̃] nf inclinación *f*.

inclination [ɛ̃klinasjɔ̃] nf inclinación *f* ▸ **inclination à qqch** [tendance] inclinación a ou haciaalgo ▸ **inclination pour qqch** [goût] inclinación por algo.

incliné, e [ɛ̃kline] adj [penché - mur, plan] inclinado(da) ; [- dossier, siège] reclinado(da).

incliner [3] [ɛ̃kline] ◈ vt [pencher] inclinar ▸ **incliner qqn à qqch / à faire qqch** [pousser] inclinar a alguien a algo / a hacer algo. ◈ vi [avoir tendance] ▸ **incliner à qqch / à faire qqch** inclinarse a algo / a hacer algo. ◆ **s'incliner** vp [se pencher] inclinarse ▸ **s'incliner devant qqch** [respecter, céder à] inclinarse ante algo ▸ **s'incliner devant qqn** [se soumettre] inclinarse ante alguien.

inclure [96] [ɛ̃klyʀ] vt incluir ▸ **inclure qqch dans qqch** incluir algo en algo.

inclus ⟶ **inclure**.

inclus, e [ɛ̃kly, yz] ◈ adj **1.** [compris] inclusive **2.** MATH [ensemble] inclusivo(va). ◈ pp ⟶ **inclure.**

inclusion [ɛ̃klyzjɔ̃] nf inclusión *f*.

inclusivement [ɛ̃klyzivmɑ̃] adv inclusive, inclusivamente.

incoercible [ɛ̃kɔɛʀsibl] adj *sout* incoercible.

incognito [ɛ̃kɔɲito] ◈ adv de incógnito. ◈ nm incógnito *m* ▸ **garder l'incognito** mantener el incógnito.

incohérence [ɛ̃kɔeʀɑ̃s] nf incoherencia *f*.

incohérent, e [ɛ̃kɔeʀɑ̃, ɑ̃t] adj incoherente.

incollable [ɛ̃kɔlabl] adj **1.** [riz] que no se pega **2.** *fam* [personne] ▸ **être incollable** ser un hacha / ***il est incollable en géographie*** es un hacha en geografía.

Comment exprimer l'incertitude

- **No estoy tan seguro de ello.** *Je n'en suis pas si sûr.*
- **Por el momento nada es seguro.** *Pour l'instant, rien n'est sûr.*
- **No es nada seguro.** *Rien n'est moins sûr.*
- **Todavía no tenemos ninguna certeza.** *Nous n'avons encore aucune certitude.*
- **Dudo que tenga éxito.** *Je doute qu'il/elle réussisse.*
- **Me extrañaría que funcionara.** *Ça m'étonnerait que ça marche.*
- **Aún no sé si ir o no.** *J'hésite encore à y aller.*
- **Quizás le llame.** *Il se peut qu'il/elle vous rappelle.*
- **No se sabe con certeza cuáles son las causas de su muerte.** *On ne connaît pas avec certitude les causes de sa mort.*
- **Ya veremos cómo reacciona.** *On verra bien comment il va réagir.*

incolore [ɛ̃kɔlɔʀ] adj incoloro(ra).

incomber [3] [ɛ̃kɔ̃be] vi ▸ **incomber à qqn** incumbir a alguien.

incombustible [ɛ̃kɔ̃bystibl] adj incombustible.

incommensurable [ɛ̃kɔmɑ̃syʀabl] adj inconmensurable.

incommodant, e [ɛ̃kɔmɔdɑ̃, ɑ̃t] adj incómodo(da).

incommode [ɛ̃kɔmɔd] adj incómodo(da).

incommoder [3] [ɛ̃kɔmɔde] vt *sout* incomodar.

incommodité [ɛ̃kɔmɔdite] nf incomodidad *f*.

incommunicable [ɛ̃kɔmynikabl] adj **1.** [émotion] inefable **2.** DR [biens] inalienable.

incomparable [ɛ̃kɔ̃paʀabl] adj **1.** [sans pareil] incomparable **2.** [différent] distinto(ta).

incomparablement [ɛ̃kɔ̃paʀabləmɑ̃] adv incomparablemente.

incompatibilité [ɛ̃kɔ̃patibilite] nf incompatibilidad *f* ▸ **incompatibilité d'humeur** incompatibilidad de caracteres.

incompatible [ɛ̃kɔ̃patibl] adj incompatible.

incompétence [ɛ̃kɔ̃petɑ̃s] nf incompetencia *f* ▸ **incompétence en qqch** incompetencia en algo.

incompétent, e [ɛ̃kɔ̃petɑ̃, ɑ̃t] adj incompetente ▸ **incompétent en qqch** incompetente en algo.

incomplet, ète [ɛ̃kɔ̃plɛ, ɛt] adj incompleto(ta).

incomplètement [ɛ̃kɔ̃plɛtmɑ̃] adv de manera incompleta.

incompréhensible [ɛ̃kɔ̃pʀeɑ̃sibl] adj incomprensible.

incompréhensif, ive [ɛ̃kɔ̃pʀeɑ̃sif, iv] adj poco comprensivo(va).

incompréhension [ɛ̃kɔ̃pʀeɑ̃sjɔ̃] nf incomprensión *f*.

incompressible [ɛ̃kɔ̃pʀesibl] adj **1.** [gaz] incomprensible **2.** [dépenses] irreducible **3.** ⟶ **peine**.

incompris, e [ɛ̃kɔ̃pʀi, iz] adj & nm, f incomprendido(da).

inconcevable [ɛ̃kɔ̃svabl] adj inconcebible.

inconciliable [ɛ̃kɔ̃siljabl] adj irreconciliable.

inconditionnel, elle [ɛ̃kɔ̃disjɔnɛl] adj & nm, f incondicional.

inconditionnellement [ɛ̃kɔ̃disjɔnɛlmɑ̃] adv incondicionalmente.

inconduite [ɛ̃kɔ̃dɥit] nf *sout* mala conducta *f*.

inconfort [ɛ̃kɔ̃fɔʀ] nm incomodidad *f*.

inconfortable [ɛ̃kɔ̃fɔʀtabl] adj incómodo(da).

incongru, e [ɛ̃kɔ̃gʀy] adj incongruente.

incongruité [ɛ̃kɔ̃gʀɥite] nf incongruencia *f*.

inconnu, e [ɛ̃kɔny] ❖ adj desconocido(da) ▸ **inconnu de qqn** desconocido para alguien. ❖ nm, f desconocido *m*, -da *f* ▸ **un illustre inconnu** *hum* un ilustre desconocido. ◆ **inconnue** nf *fig* MATH incógnita *f*.

inconsciemment [ɛ̃kɔ̃sjamɑ̃] adv inconscientemente.

inconscience [ɛ̃kɔ̃sjɑ̃s] nf inconsciencia *f*.

inconscient, e [ɛ̃kɔ̃sjɑ̃, ɑ̃t] adj & nm, f inconsciente. ◆ **inconscient** nm inconsciente *m*.

inconséquence [ɛ̃kɔ̃sekɑ̃s] nf inconsecuencia *f*.

inconséquent, e [ɛ̃kɔ̃sekɑ̃, ɑ̃t] adj inconsecuente.

inconsidéré, e [ɛ̃kɔ̃sideʀe] adj desconsiderado(da).

inconsistance [ɛ̃kɔ̃sistɑ̃s] nf **1.** [d'une pâte, d'une soupe] falta *f* de consistencia **2.** [d'une personne, d'une conduite, d'un roman] inconsistencia *f*.

inconsistant, e [ɛ̃kɔ̃sistɑ̃, ɑ̃t] adj inconsistente.

inconsolable [ɛ̃kɔ̃sɔlabl] adj inconsolable.

inconstance [ɛ̃kɔ̃stɑ̃s] nf inconstancia *f*.

inconstant, e [ɛ̃kɔ̃stɑ̃, ɑ̃t] ❖ adj **1.** [gén] inconstante **2.** [humeur] variable **3.** *sout* [mari, femme] infiel. ❖ nm, f inconstante *mf*.

inconstitutionnel, elle [ɛ̃kɔ̃stitysjɔnɛl] adj inconstitucional.

incontestable [ɛ̃kɔ̃tɛstabl] adj incontestable, indiscutible.

incontestablement [ɛ̃kɔ̃tɛstabləmɑ̃] adv indiscutiblemente.

incontesté, e [ɛ̃kɔ̃tɛste] adj indiscutible.

incontinence [ɛ̃kɔ̃tinɑ̃s] nf incontinencia *f*.

incontinent, e [ɛ̃kɔ̃tinɑ̃, ɑ̃t] adj & nm, f incontinente.

incontournable [ɛ̃kɔ̃tuʀnabl] adj ineludible / *ce livre est incontournable* este libro hay que leerlo.

incontrôlable [ɛ̃kɔ̃tʀolabl] adj incontrolable.

incontrôlé, e [ɛ̃kɔ̃tʀole] adj [éléments, bande] incontrolado(da).

inconvenance [ɛ̃kɔ̃vnɑ̃s] nf inconveniencia *f*.

inconvenant, e [ɛ̃kɔ̃vnɑ̃, ɑ̃t] adj inconveniente.

inconvénient [ɛ̃kɔ̃venjɑ̃] nm inconveniente *m* ▸ **si vous n'y voyez pas d'inconvénient** si no hay inconveniente.

inconvertible [ɛ̃kɔ̃vɛʀtibl] adj [monnaie] no convertible.

incorporation [ɛ̃kɔʀpɔʀasjɔ̃] nf incorporación *f*.

incorporé, e [ɛ̃kɔʀpɔʀe] adj incorporado(da).

incorporel, elle [ɛ̃kɔʀpɔʀɛl] adj **1.** [immatériel] incorpóreo(a), incorporal **2.** DR incorporal.

incorporer [3] [ɛ̃kɔʀpɔʀe] vt ▸ **incorporer qqch à qqch** [mêler] incorporar algo a algo ▸ **incorporer qqch dans qqch** [insérer] incorporar algo a algo. ◆ **s'incorporer** vp ▸ **s'incorporer à qqch** incorporarse a algo.

incorrect, e [ɛ̃kɔʀɛkt] adj incorrecto(ta).

incorrectement [ɛ̃kɔʀɛktəmɑ̃] adv incorrectamente.

incorrection [ɛ̃kɔʀɛksjɔ̃] nf incorrección *f*.

incorrigible [ɛ̃kɔʀiʒibl] adj incorregible.

incorruptible [ɛ̃kɔʀyptibl] adj incorruptible.

incrédule [ɛ̃kʀedyl] adj & nmf incrédulo(la).

incrédulité [ɛ̃kʀedylite] nf incredulidad *f*.

increvable [ɛ̃kʀəvabl] adj **1.** [ballon, pneu] que no se pincha **2.** *fam* [mécanisme] a prueba de bombas **3.** *fam* [personne] duro(ra) como una roca.

incriminer [3] [ɛ̃kʀimine] vt incriminar.

incroyable [ɛ̃kʀwajabl] adj increíble.

incroyablement [ɛ̃kʀwajabləmɑ̃] adv increíblemente.

incroyant, e [ɛ̃kʀwajɑ̃, ɑ̃t] adj & nm, f no creyente.

incrustation [ɛ̃kʀystasjɔ̃] nf incrustación *f*.

incruste [ɛ̃kʀyst] nf ▸ **taper l'incruste** *fam* pegarse como una lapa / *il faut toujours qu'elle tape l'incruste quand je suis avec mes amis* siempre se me pega como una lapa cuando estoy con mis amigos.

incruster [3] [ɛ̃kʀyste] vt ▸ **incruster qqch dans qqch** incrustar algo en algo. ◆ **s'incruster** vp **1.** [gén] ▸ **s'incruster dans qqch** incrustarse en algo **2.** *fam* & *péj* [s'inviter] colarse, apalancarse.

incubateur, trice [ɛ̃kybatœʀ, tʀis] adj de incubación. ◆ **incubateur** nm incubadora *f*.

incubation [ɛ̃kybasjɔ̃] nf incubación *f*.

incuber [3] [ɛ̃kybe] vt incubar.

inculpation [ɛ̃kylpasjɔ̃] nf inculpación *f* ▸ **sous l'inculpation de qqch** bajo acusación de algo.

inculpé, e [ɛ̃kylpe] nm, f inculpado *m*, -da *f*.

inculper [3] [ɛ̃kylpe] vt inculpar ▸ **inculper qqn de qqch** inculpar a alguien de algo.

inculquer [3] [ɛ̃kylke] vt ▸ **inculquer qqch à qqn** inculcar algo a alguien.

inculte [ɛ̃kylt] adj **1.** [terre, personne] inculto(ta) **2.** [barbe] descuidado(da).

incultivable [ɛ̃kyltivabl] adj incultivable.

inculture [ɛ̃kyltyʀ] nf incultura *f*.

incurable [ɛ̃kyʀabl] ❖ adj incurable ; *fig* irremediable. ❖ nmf desahuciado *m*, -da *f*.

incurie [ɛ̃kyʀi] nf incuria *f*.

incursion [ɛ̃kyʀsjɔ̃] nf incursión *f* ▸ **faire une incursion dans qqch** hacer una incursión en algo.

incurvé, e [ɛ̃kyʀve] adj curvado(da).

incurver [3] [ɛ̃kyʀve] vt curvar. ◆ **s'incurver** vp curvarse.

Inde [ɛ̃d] nf ▸ **l'Inde** (la) India.

indéboulonnable [ɛ̃debulonabl] adj : *il est indéboulonnable* de ahí no hay quien lo saque.

indécelable [ɛ̃deslabl] adj inapreciable.

indécence [ɛ̃desɑ̃s] nf indecencia *f*.

indécent, e [ɛ̃desɑ̃, ɑ̃t] adj indecente.

indéchiffrable [ɛ̃deʃifʀabl] adj indescifrable.

indéchirable [ɛ̃deʃiʀabl] adj irrompible.

indécis, e [ɛ̃desi, iz] ❖ adj **1.** [gén] indeciso(sa) **2.** [résultat] incierto(ta). ❖ nm, f indeciso *m*, -sa *f*. ◆ **indécis** nmpl [dans les sondages] indecisos *mpl*.

indécision [ɛ̃desizjɔ̃] nf indecisión *f*.

indécodable [ɛ̃dekɔdabl] adj [message] indescodificable ; [mystère] inextricable.

indécrochable [ɛ̃dekʀɔʃabl] adj *fam* [poste, diplôme] inasequible.

indécrottable [ɛ̃dekʀɔtabl] adj *fam* incorregible.

indéfectible [ɛ̃defɛktibl] adj indefectible.

indéfendable [ɛ̃defɑ̃dabl] adj indefendible.

indéfini, e [ɛ̃defini] adj indefinido(da). ◆ **indéfini** nm GRAM indefinido *m*.

indéfiniment [ɛ̃definimɑ̃] adv indefinidamente.

indéfinissable [ɛ̃definisabl] adj indefinible.

indéformable [ɛ̃defɔʀmabl] adj indeformable.

indélébile [ɛ̃delebil] adj indeleble.

indélicat, e [ɛ̃delika, at] adj poco delicado(da).

indélicatesse [ɛ̃delikatɛs] nf **1.** [manque de tact] falta *f* de delicadeza, indelicadeza *f* **2.** [malhonnêteté] deshonestidad *f* ▸ **commettre une indélicatesse** ser deshonesto, actuar con deshonestidad.

indémaillable [ɛ̃demajabl] adj indesmallable.

indemne [ɛ̃dɛmn] adj indemne ▸ **sortir indemne de qqch** salir indemne de algo.

indemnisation [ɛ̃dɛmnizasjɔ̃] nf indemnización *f*.

indemniser [3] [ɛ̃dɛmnize] vt ▸ **indemniser qqn de qqch** indemnizar a alguien por algo.

indemnité [ɛ̃dɛmnite] nf indemnización *f* ▸ **indemnité de chômage** prestación *f* por desempleo ▸ **indemnité journalière** baja *f (prestación económica)* ▸ **indemnité de licenciement** indemnización por despido ▸ **indemnité de logement** subsidio *m* de vivienda ▸ **indemnité parlementaire** dieta *f* parlamentaria.

indémodable [ɛ̃demɔdabl] adj que no pasa de moda / *c'est un style indémodable* es un estilo que nunca pasará de moda.

indémontrable [ɛ̃demɔ̃tʀabl] adj indemostrable.

indéniable [ɛ̃denjabl] adj innegable.

indéniablement [ɛ̃denjabləmɑ̃] adv innegablemente.

indépendamment [ɛ̃depɑ̃damɑ̃] adv ▸ **indépendamment de qqch** independientemente de algo.

indépendance [ɛ̃depɑ̃dɑ̃s] nf independencia *f* ▸ **accéder à l'indépendance** conseguir la independencia.

indépendant, e [ɛ̃depɑ̃dɑ̃, ɑ̃t] adj **1.** [gén] independiente ▸ **indépendant de qqch** [sans rapport avec] independiente de algo **2.** [travailleur] autónomo(ma).

indépendantisme [ɛ̃depɑ̃dɑ̃tism] nm POL independentismo *m*.

indépendantiste [ɛ̃depɑ̃dɑ̃tist] adj & nmf independentista.

indéracinable [ɛ̃deʀasinabl] adj que no se puede desarraigar.

indescriptible [ɛ̃dɛskʀiptibl] adj indescriptible.

indésirable [ɛ̃deziʀabl] ❖ adj [présence] no deseado(da) ; [personne] indeseable. ❖ nmf indeseable *mf*.

indestructible [ɛ̃dɛstʀyktibl] adj indestructible.

indétectable [ɛ̃detɛktabl] adj indetectable.

indéterminé, e [ɛ̃detɛʀmine] adj indeterminado(da).

indétrônable [ɛ̃detʀonabl] adj inamovible.

index [ɛ̃dɛks] nm índice *m* ▸ **mettre à l'index** *fig* poner en la lista negra.

indexation [ɛ̃dɛksasjɔ̃] nf ÉCON ajuste *m* ▸ **indexation de qqch sur qqch** ajuste de algo a algo.

indexer [4] [ɛ̃dɛkse] vt **1.** [livre] indexar, indizar **2.** ÉCON ▸ **indexer qqch sur qqch** ajustar algo a algo.

indic [ɛ̃dik] nm *fam* soplón *m*, -ona *f* ou chivato *m*, -ta *f* ESP de la policía.

indicateur, trice [ɛ̃dikatœʀ, tʀis] adj indicador(ra). ◆ **indicateur** nm **1.** [guide] guía *f* ▸ **indicateur des chemins de fer** guía de ferrocarriles **2.** [appareil] indicador *m* **3.** [chiffre] índice *m* **4.** [de police] confidente *mf*.

indicatif, ive [ɛ̃dikatif, iv] adj indicativo(va). ◆ **indicatif** nm **1.** RADIO & TV sintonía *f* **2.** [code] prefijo *m* **3.** GRAM indicativo *m*.

indication [ɛ̃dikasjɔ̃] nf indicación *f*.

indice [ɛ̃dis] nm **1.** [gén] índice *m* ▸ **indice des prix à la consommation** índice de precios al consumo **2.** [signe] indicio *m*.

indicible [ɛ̃disibl] adj *sout* indecible.

indien, enne [ɛ̃djɛ̃, ɛn] adj indio(dia). ◆ **Indien, enne** nm, f [d'Amérique] indio *m*, -dia *f*; [d'Inde] hindú *mf*.

indifféremment [ɛ̃difeʀamɑ̃] adv **1.** [avec froideur] con indiferencia **2.** [sans faire de différence] sin distinción.

indifférence [ɛ̃difeʀɑ̃s] nf indiferencia *f*.

indifférencié, e [ɛ̃difeʀɑ̃sje] adj indiferenciado(da).

indifférent, e [ɛ̃difeʀɑ̃, ɑ̃t] ◆ adj ▸ **indifférent à qqch** indiferente a algo. ◆ nm, f indiferente *mf*.

indifférer [18] [ɛ̃difeʀe] vt *sout* ▸ **cela m'indiffère** me es indiferente.

indigence [ɛ̃diʒɑ̃s] nf **1.** [pauvreté] indigencia *f* **2.** *fig* [intellectuelle, morale] pobreza *f*.

indigène [ɛ̃diʒɛn] adj & nmf indígena.

indigent, e [ɛ̃diʒɑ̃, ɑ̃t] ◆ adj **1.** [pauvre] indigente **2.** *fig* [intellectuellement] pobre. ◆ nm, f indigente *mf*.

indigeste [ɛ̃diʒɛst] adj indigesto(ta).

indigestion [ɛ̃diʒɛstjɔ̃] nf indigestión *f* ▸ **avoir une indigestion de qqch** *pr* & *fig* tener una indigestión de algo.

indignation [ɛ̃diɲasjɔ̃] nf indignación *f*.

indigne [ɛ̃diɲ] adj indigno(na) ▸ **indigne de qqch** indigno(na) de algo.

indigné, e [ɛ̃diɲe] adj indignado(da).

indigner [3] [ɛ̃diɲe] vt indignar. ◆ **s'indigner** vp ▸ **s'indigner de** ou **contre qqch** indignarse por algo / *il s'indigne qu'on le fasse tant travailler* le indigna que le hagan trabajar tanto.

indigo [ɛ̃digo] adj & nm índigo.

indiqué, e [ɛ̃dike] adj indicado(da) ▸ **n'être pas très indiqué** no ser muy indicado / *le chemin n'est pas très bien indiqué* el camino no está muy bien señalizado.

indiquer [3] [ɛ̃dike] vt **1.** [montrer] indicar, señalar ▸ **indiquer qqch / qqn du doigt** indicar ou señalar algo / a alguien con el dedo **2.** [conseiller] recomendar / *tu peux m'indiquer un bon coiffeur ?* ¿me puedes recomendar un buen peluquero?

indirect, e [ɛ̃diʀɛkt] adj indirecto(ta).

indirectement [ɛ̃diʀɛktəmɑ̃] adv indirectamente.

indiscipline [ɛ̃disiplin] nf indisciplina *f*.

indiscipliné, e [ɛ̃disipline] adj **1.** [écolier, soldat] indisciplinado(da) **2.** [cheveux] rebelde.

indiscret, ète [ɛ̃diskʀɛ, ɛt] adj & nm, f indiscreto(ta).

indiscrètement [ɛ̃diskʀɛtmɑ̃] adv indiscretamente.

indiscrétion [ɛ̃diskʀesjɔ̃] nf indiscreción *f* ▸ **sans indiscrétion…** disculpe la indiscreción….

indiscutable [ɛ̃diskytabl] adj indiscutible.

indiscutablement [ɛ̃diskytabləmɑ̃] adv indiscutiblemente.

indiscuté, e [ɛ̃diskyte] adj indiscutible.

indispensable [ɛ̃dispɑ̃sabl] ◆ adj indispensable, imprescindible ▸ **indispensable à qqch / à qqn** indispensable ou imprescindible para algo / para alguien ▸ **il est indispensable de faire…** es indispensable ou imprescindible hacer… ▸ **il est indispensable que** es indispensable ou imprescindible que / *il est indispensable que vous l'appeliez* es indispensable ou imprescindible que le llame. ◆ nm ▸ **l'indispensable** lo indispensable, lo imprescindible.

indisponibilité [ɛ̃dispɔnibilite] nf indisponibilidad *f*.

indisponible [ɛ̃dispɔnibl] adj : *il est indisponible* no está disponible.

Comment exprimer l'indifférence

- **Me da (realmente) igual ou lo mismo.** *Ça m'est (parfaitement) égal.*
- **Me es completamente indiferente uno ou otro.** *L'un ou l'autre, ça m'est complètement égal.*
- **De todos modos, no importa.** *De toute manière, cela n'a pas d'importance.*
- **No tiene importancia.** *Ça n'a pas d'importance.*
- **Qué más da, elige.** *Peu importe, choisis.*
- **Viene a ser lo mismo.** *Cela revient au même.*
- **No pasa nada porque no vaya hoy a la reunión.** *Ce n'est pas grave que je n'aille à la réunion aujourd'hui.*
- **Haz como quieras.** *Fais comme tu veux.*

indisposé, e [ɛ̃dispoze] adj [malade] indispuesto(ta) ▸ **être indisposée** [femme] estar mala.

indisposer [3] [ɛ̃dispoze] vt indisponer.

indisposition [ɛ̃dispozisjɔ̃] nf indisposición *f*.

indissociable [ɛ̃disɔsjabl] adj indisociable.

indissoluble [ɛ̃disɔlybl] adj indisoluble.

indistinct, e [ɛ̃distɛ̃, ɛ̃kt] adj confuso(sa).

indistinctement [ɛ̃distɛ̃ktəmɑ̃] adv indistintamente.

individu [ɛ̃dividy] nm individuo *m*.

individualiser [3] [ɛ̃dividɥalize] vt [différencier, adapter] individualizar.

individualisme [ɛ̃dividɥalism] nm individualismo *m*.

individualiste [ɛ̃dividɥalist] adj & nmf individualista.

individualité [ɛ̃dividɥalite] nf individualidad *f*.

individuel, elle [ɛ̃dividɥɛl] adj individual.

individuellement [ɛ̃dividɥɛlmɑ̃] adv individualmente.

indivis, e [ɛ̃divi, iz] adj indiviso(sa) ▸ **par indivis** pro indiviso.

indivisible [ɛ̃divizibl] adj indivisible.

Indochine [ɛ̃dɔʃin] nf ▸ **l'Indochine** Indochina ▸ **la guerre d'Indochine** la guerra de Indochina.

indo-européen, enne [ɛ̃dɔœʀɔpeɛ̃, ɛn] adj indoeuropeo(a).

indolence [ɛ̃dɔlɑ̃s] nf indolencia *f*.

indolent, e [ɛ̃dɔlɑ̃, ɑ̃t] adj indolente.

indolore [ɛ̃dɔlɔʀ] adj indoloro(ra).

indomptable [ɛ̃dɔ̃tabl] adj indomable.

Indonésie [ɛ̃dɔnezi] nf ▸ **l'Indonésie** Indonesia.

indonésien, enne [ɛ̃dɔnezjɛ̃, ɛn] adj indonesio(sia), indonésico(ca). ◆ **indonésien** nm LING indonesio *m*. ◆ **Indonésien, enne** nm, f indonesio *m*, -sia *f*, indonésico *m*, -ca *f*.

indu, e [ɛ̃dy] adj indebido(da).

indubitable [ɛ̃dybitabl] adj indudable ▸ **il est indubitable que** es indudable que.

indubitablement [ɛ̃dybitabləmɑ̃] adv indudablemente.

induction [ɛ̃dyksjɔ̃] nf inducción *f* ▸ **par induction** por inducción.

induire [98] [ɛ̃dɥiʀ] vt **1.** [gén] inducir ▸ **en induire que** inducir (de ello) que ▸ **induire en erreur** inducir a error **2.** [entraîner] comportar.

induis ⟶ **induire**.

induisais ⟶ **induire**.

induit, e [ɛ̃dɥi, it] ◆ adj inducido(da). ◆ pp ⟶ **induire**.

indulgence [ɛ̃dylʒɑ̃s] nf indulgencia *f* ▸ **avec indulgence** con indulgencia.

indulgent, e [ɛ̃dylʒɑ̃, ɑ̃t] adj indulgente ▸ **indulgent pour** ou **envers** indulgente con.

indûment [ɛ̃dymɑ̃] adv indebidamente.

industrialisation [ɛ̃dystʀijalizasjɔ̃] nf industrialización *f*.

industrialisé, e [ɛ̃dystʀijalize] adj industrializado(da) ▸ **pays industrialisé** país *m* industrializado.

industrialiser [3] [ɛ̃dystʀijalize] vt industrializar. ◆ **s'industrialiser** vp industrializarse.

industrie [ɛ̃dystʀi] nf industria *f* ▸ **industrie alimentaire** industria alimentaria ▸ **industrie automobile** industria del automóvil ▸ **industrie chimique** industria química ▸ **industrie lourde** industria pesada.

industriel, elle [ɛ̃dystʀijɛl] adj industrial. ◆ **industriel** nm industrial *m*.

industriellement [ɛ̃dystʀijɛlmɑ̃] adv industrialmente.

industrieux, euse [ɛ̃dystʀijø, øz] adj *sout* industrioso(sa).

inébranlable [inebʀɑ̃labl] adj inquebrantable.

INED, Ined [inɛd] (*abr de* **Institut national d'études démographiques**) nm *institución pública francesa dedicada a la realización de estudios demográficos* / ***il est directeur de recherche à l'INED*** es director de investigación en el INED.

inédit, e [inedi, it] adj inédito(ta). ◆ **inédit** nm texto *m* inédito.

ineffable [inefabl] adj inefable.

ineffaçable [inefasabl] adj imborrable.

inefficace [inefikas] adj ineficaz.

inefficacité [inefikasite] nf ineficacia *f*.

inégal, e, aux [inegal, o] adj **1.** [gén] desigual **2.** [surface, rythme] irregular.

inégalable [inegalabl] adj inigualable.

Comment exprimer l'indignation

- **¡Qué vergüenza** ou **escándalo!** *C'est une honte* ou *un scandale !*
- **¡No me lo puedo creer!** *On aura tout vu !, Ce n'est pas possible !*
- **¡Nunca había visto nada semejante!** *Je n'avais jamais vu une chose pareille !*
- **¡No, pero bueno!** *Non, mais !*
- **¡Yo alucino!** *fam Non mais je rêve !, J'hallucine !*
- **No, pero, ¿te das cuenta?** *Non mais, tu te rends compte ?*
- **Pero bueno, ¿usted quién se ha creído que es?** *Non mais, vous vous prenez pour qui ?*
- **¡Qué morro!** *fam Quel culot !*
- **¿Tú no estás bien de la cabeza o qué?** *fam Ça va pas, non ?, Ça va pas la tête ?*

inégalé, e [inegale] adj inigualado(da).

inégalement [inegalmɑ̃] adv desigualmente.

inégalitaire [inegalitɛʀ] adj no igualitario(ria).

inégalité [inegalite] nf **1.** [différence] desigualdad *f* ▸ **inégalités sociales** desigualdades sociales **2.** [de terrain, de rythme] irregularidad *f*.

inélégant, e [inelegɑ̃, ɑ̃t] adj poco elegante.

inéligible [ineliʒibl] adj inelegible.

inéluctable [inelyktabl] adj ineluctable.

inéluctablement [inelyktabləmɑ̃] adv ineluctablemente.

inemployable [inɑ̃plwajabl] adj [travailleur] : *il n'a aucune expérience, il est inemployable* no tiene nada de experiencia, por lo que no se le puede dar trabajo.

inemployé, e [inɑ̃plwaje] adj [objet, machine] sin utilizar, sin emplear ; [ressources, énergie] sin explotar.

inénarrable [inenaʀabl] adj inenarrable.

inepte [inɛpt] adj **1.** [personne] inepto(ta) **2.** [théorie] estúpido(da).

ineptie [inɛpsi] nf sandez *f* ▸ **dire des inepties** decir sandeces.

inépuisable [inepɥizabl] adj **1.** [gén] inagotable **2.** [personne] infatigable.

inerte [inɛʀt] adj inerte.

inertie [inɛʀsi] nf inercia *f*.

inespéré, e [inɛspeʀe] adj inesperado(da) ESP, sorpresivo(va) AM.

inesthétique [inɛstetik] adj antiestético(ca).

inestimable [inɛstimabl] adj **1.** [valeur] incalculable **2.** *fig* [soutien] inestimable.

inévitable [inevitabl] adj inevitable.

inévitablement [inevitabləmɑ̃] adv inevitablemente.

inexact, e [inɛgza(kt), akt] adj **1.** [faux, incomplet] inexacto(ta) **2.** [en retard] impuntual.

inexactitude [inɛgzaktityd] nf **1.** [erreur, imprécision] inexactitud *f* **2.** [retard] impuntualidad *f*.

inexcusable [inɛkskyzabl] adj inexcusable.

inexistant, e [inɛgzistɑ̃, ɑ̃t] adj inexistente.

inexistence [inɛgzistɑ̃s] nf inexistencia *f*.

inexorable [inɛgzɔʀabl] adj inexorable.

inexorablement [inɛgzɔʀabləmɑ̃] adv inexorablemente.

inexpérience [inɛkspeʀjɑ̃s] nf inexperiencia *f*.

inexpérimenté, e [inɛkspeʀimɑ̃te] adj **1.** [gén] inexperto(ta), inexperimentado(da) **2.** [non testé] sin experimentar.

inexplicable [inɛksplikabl] ◆ adj inexplicable. ◆ nm ▸ **l'inexplicable** lo inexplicable.

inexpliqué, e [inɛksplike] adj inexplicado(da).

inexploité, e [inɛksplwate] adj [mine, terres, ressources] sin explotar ; [idée, talent] desaprovechado(da).

inexploré, e [inɛksplɔʀe] adj inexplorado(da).

inexpressif, ive [inɛkspʀesif, iv] adj inexpresivo(va).

inexprimable [inɛkspʀimabl] ◆ adj inexpresable. ◆ nm ▸ **l'inexprimable** lo inefable.

inexprimé, e [inɛkspʀime] adj inexpresado(da).

inexpugnable [inɛkspygnabl] adj inexpugnable.

inextensible [inɛkstɑ̃sibl] adj inextensible.

in extenso [inɛkstɛ̃so] adv in extenso.

inextinguible [inɛkstɛ̃gibl] adj inextinguible.

in extremis [inɛkstʀemis] loc adv in extremis.

inextricable [inɛkstʀikabl] adj inextricable.

inextricablement [inɛkstʀikabləmɑ̃] adv inextricablemente.

infaillibilité [ɛ̃fajibilite] nf infalibilidad *f*.

infaillible [ɛ̃fajibl] adj infalible.

infailliblement [ɛ̃fajibləmɑ̃] adv infaliblemente.

infaisable [ɛ̃fəzabl] adj irrealizable / *c'est infaisable* no es factible.

infamant, e [ɛ̃famɑ̃, ɑ̃t] adj infamante.

infâme [ɛ̃fam] adj infame.

infamie [ɛ̃fami] nf *sout* infamia *f*.

infanterie [ɛ̃fɑ̃tʀi] nf infantería *f*.

infanticide [ɛ̃fɑ̃tisid] ◆ adj & nmf infanticida. ◆ nm infanticidio *m*.

infantile [ɛ̃fɑ̃til] adj infantil.

infantiliser [3] [ɛ̃fɑ̃tilize] vt infantilizar.

infarctus [ɛ̃faʀktys] nm infarto *m* ▸ **infarctus du myocarde** infarto de miocardio.

infatigable [ɛ̃fatigabl] adj infatigable, incansable.

infatué, e [ɛ̃fatɥe] adj *sout* & *péj* engreído(da).

infect, e [ɛ̃fɛkt] adj infecto(ta).

infecter [4] [ɛ̃fɛkte] vt infectar. ◆ **s'infecter** vp infectarse.

infectieux, euse [ɛ̃fɛksjø, øz] adj infeccioso(sa).

infection [ɛ̃fɛksjɔ̃] nf **1.** MÉD infección *f* **2.** *péj* [puanteur] peste *f*.

inféoder [3] [ɛ̃feɔde] vt [soumettre] ▸ **être inféodé à qqn / à qqch** estar sometido a alguien / a algo. ◆ **s'inféoder** vp adherirse.

inférer [18] [ɛ̃feʀe] vt *sout* ▸ **inférer qqch de qqch** inferir algo de algo.

inférieur, e [ɛ̃feʀjœʀ] ◆ adj inferior ▸ **inférieur à qqch** inferior a algo ▸ **inférieur ou égal à** MATH menor o igual a. ◆ nm, f inferior *mf*.

infériorité [ɛ̃feʀjɔʀite] nf inferioridad *f*.

infernal, e, aux [ɛ̃fɛʀnal, o] adj infernal.

infertile [ɛ̃fɛʀtil] adj infértil.

infester [3] [ɛ̃fɛste] vt infestar ▸ **être infesté de qqch** estar plagado de algo.

infichu, e [ɛ̃fiʃy] adj *fam* incapaz / *il est infichu de répondre à la moindre question* es incapaz de responder a la más mínima pregunta.

infidèle [ɛ̃fidɛl] ◆ adj infiel ▸ **infidèle à qqn** infiel a alguien. ◆ nmf RELIG infiel *mf*.

infidélité [ɛ̃fidelite] nf infidelidad *f* ▸ **faire des infidélités à qqn** ser infiel a alguien.

infiltration [ɛ̃filtʀasjɔ̃] nf infiltración *f*.

infiltrer [3] [ɛ̃filtʀe] vt infiltrar. ◆ **s'infiltrer** vp ▸ **s'infiltrer par / dans qqch** infiltrarse por / en algo.

infime [ɛ̃fim] adj ínfimo(ma).

infini, e [ɛ̃fini] adj infinito(ta). ◆ **infini** nm infinito *m*. ◆ **à l'infini** loc adv **1.** MATH al infinito **2.** [indéfiniment, à perte de vue] hasta el infinito.

infiniment [ɛ̃finimɑ̃] adv infinitamente.

infinité [ɛ̃finite] nf ▸ **une infinité de** una infinidad de.

infinitésimal, e, aux [ɛ̃finitezimal, o] adj infinitesimal.

infinitif, ive [ɛ̃finitif, iv] adj [GRAM - mode] infinitivo(va) ; [- construction] en infinitivo ; [- proposition] de infinitivo. ◆ **infinitif** nm GRAM infinitivo *m*.

infirme [ɛ̃fiʀm] ◆ adj impedido(da). ◆ nmf impedido *m*, -da *f* ▸ **infirme de guerre** inválido de guerra.

infirmer [3] [ɛ̃fiʀme] vt invalidar.

infirmerie [ɛ̃fiʀməʀi] nf enfermería *f*.

infirmier, ère [ɛ̃fiʀmje, ɛʀ] nm, f enfermero *m*, -ra *f*.

infirmité [ɛ̃fiʀmite] nf invalidez *f*.

inflammable [ɛ̃flamabl] adj inflamable.

inflammation [ɛ̃flamasjɔ̃] nf inflamación *f*.

inflation [ɛ̃flasjɔ̃] nf inflación *f*.

inflationniste [ɛ̃flasjɔnist] adj inflacionista.

infléchir [32] [ɛ̃fleʃiʀ] vt [politique] modificar. ◆ **s'infléchir** vp **1.** *fig* [politique] modificarse **2.** [branche] doblar.

inflexible [ɛ̃flɛksibl] adj inflexible.

inflexion [ɛ̃flɛksjɔ̃] nf inflexión *f*.

infliger [17] [ɛ̃fliʒe] vt ▸ **infliger qqch à qqn** a) [défaite, punition] infligir algo a alguien b) [présence] imponer algo a alguien.

influençable [ɛ̃flyɑ̃sabl] adj influenciable.

influence [ɛ̃flyɑ̃s] nf influencia *f* ▸ **agir sous l'influence de qqch** actuar bajo la influencia de algo ▸ **avoir de l'influence sur qqn** tener influencia sobre alguien ▸ **avoir une bonne / mauvaise influence sur qqn** tener (una) buena / mala influencia sobre alguien.

influencer [16] [ɛ̃flyɑ̃se] vt influir en, influenciar.

influent, e [ɛ̃flyɑ̃, ɑ̃t] adj influyente.

influer [3] [ɛ̃flye] vi ▸ **influer sur qqch** influir en algo.

influx [ɛ̃fly] nm EXPR **influx nerveux** influjo nervioso.

info [ɛ̃fo] (*abr de* **information**) nf *fam* **1.** [nouvelle] noticia *f* / *appelle-moi dès que tu as des infos* llámame en cuanto tengas noticias **2.** [information] información *f* / *tu as des infos sur le voyage ?* ¿tienes alguna información sobre el viaje? ◆ **infos** nfpl *fam* noticias *fpl* / *il est passé aux infos* ha salido en las noticias.

infobulle [ɛ̃fobyl] nf INFORM ventana *f* de información.

infographie [ɛ̃fogʀafi] nf infografía *f*.

infographiste [ɛ̃fɔgʀafist] nmf infografista *mf*.

infondé, e [ɛ̃fɔ̃de] adj infundado(da).

informateur, trice [ɛ̃fɔʀmatœʀ, tʀis] nm, f informador *m*, -ra *f*.

informaticien, enne [ɛ̃fɔʀmatisjɛ̃, ɛn] nm, f informático *m*, -ca *f*.

informatif, ive [ɛ̃fɔʀmatif, iv] adj informativo(va).

information [ɛ̃fɔʀmasjɔ̃] nf **1.** [gén] información *f* **2.** [nouvelle] noticia *f*. ◆ **informations** nfpl RADIO & TV informativo *m*.

informatique [ɛ̃fɔʀmatik] ◆ adj informático(ca). ◆ nf informática *f* ▸ **informatique de gestion** informática de gestión.

informatiquement [ɛ̃fɔʀmatikmɑ̃] adv informáticamente.

informatisation [ɛ̃fɔʀmatizasjɔ̃] nf informatización *f*.

informatiser [3] [ɛ̃fɔʀmatize] vt informatizar. ◆ **s'informatiser** vp informatizarse.

informe [ɛ̃fɔʀm] adj **1.** [sans forme] informe **2.** *fig* [projet] sin pies ni cabeza.

informé, e [ɛ̃fɔʀme] adj informado(da) ▸ **bien / mal informé** bien / mal informado. ◆ **informé** nm ▸ **jusqu'à plus ample informé** hasta tener más información.

informel, elle [ɛ̃fɔʀmɛl] adj informal.

informer [3] [ɛ̃fɔʀme] ◆ vt informar ▸ **informer qqn que** informar a alguien de que ▸ **informer qqn de / sur qqch** informar a alguien de / sobre algo. ◆ vi DR ▸ **informer sur / contre qqch** abrir una instrucción sobre / contra algo. ◆ **s'informer** vp informarse ▸ **s'informer de / sur qqch** informarse de / sobre algo.

inforoute [ɛ̃fɔʀut] nf autopista *f* de la información.

infortune [ɛ̃fɔʀtyn] nf infortunio *m*.

infortuné, e [ɛ̃fɔʀtyne] adj & nm, f *sout* infortunado(da), desgraciado(da).

infos [ɛ̃fo] nfpl *fam abr de* **informations**.

infoutu, e [ɛ̃futy] adj *fam* incapaz ▸ **être infoutu de faire qqch** ser incapaz de hacer algo / *il est infoutu d'être à l'heure* es incapaz de ser puntual.

infraction [ɛ̃fʀaksjɔ̃] nf ▸ **infraction à qqch** infracción de algo ▸ **être en infraction** cometer una infracción.

infranchissable [ɛ̃fʀɑ̃ʃisabl] adj infranqueable.

infrarouge [ɛ̃fʀaʀuʒ] ◆ adj infrarrojo(ja). ◆ nm infrarrojo *m*.

infrastructure [ɛ̃fʀastʀyktyʀ] nf infraestructura *f* ▸ **infrastructure hôtelière** infraestructura hotelera.

infréquentable [ɛ̃fʀekɑ̃tabl] adj **1.** [personne] intratable **2.** [lieu] que no se puede frecuentar.

infroissable [ɛ̃fʀwasabl] adj inarrugable.

infructueux, euse [ɛ̃fʀyktɥø, øz] adj infructuoso(sa).

infuse [ɛ̃fyz] → **science**.

infuser [3] [ɛ̃fyze] ◆ vt hacer una infusión de ▸ **infuser qqch à qqch / à qqn** *sout* infundir algo a algo / a alguien. ◆ vi ▸ **laisser infuser** dejar en infusión.

infusion [ɛ̃fyzjɔ̃] nf infusión *f*.

ingambe [ɛ̃gɑ̃b] adj ligero(ra) de piernas.

ingénier [9] [ɛ̃ʒenje] ◆ **s'ingénier** vp ▸ **s'ingénier à faire qqch** ingeniárselas para hacer algo.

ingénierie [ɛ̃ʒeniʀi] nf ingeniería *f*.

ingénieur [ɛ̃ʒenjœʀ] nm ingeniero *m*, -ra *f* ▸ **ingénieur agronome / chimiste** ingeniero agrónomo / químico ▸ **ingénieur électronicien** ingeniero electrónico ▸ **ingénieur des mines / des ponts et chaussées** ingeniero de minas / de caminos, canales y puertos ▸ **ingénieur du son** ingeniero de sonido ▸ **ingénieur des travaux publics** ingeniero civil.

ingénieusement [ɛ̃ʒenjøzmɑ̃] adv ingeniosamente.

ingénieux, euse [ɛ̃ʒenjø, øz] adj ingenioso(sa).

ingéniosité [ɛ̃ʒenjozite] nf ingeniosidad *f*.

ingénu, e [ɛ̃ʒeny] adj & nm, f ingenuo(nua).

ingénuité [ɛ̃ʒenɥite] nf ingenuidad *f*.

ingénument [ɛ̃ʒenymɑ̃] adv ingenuamente.

ingérable [ɛ̃ʒeʀabl] adj imposible de administrar.

ingérence [ɛ̃ʒeʀɑ̃s] nf ▸ **ingérence (dans qqch)** injerencia *f* (en algo).

ingérer [18] [ɛ̃ʒeʀe] vt ingerir. ◆ **s'ingérer** vp ▸ **s'ingérer dans qqch** ingerirse en algo.

ingestion [ɛ̃ʒɛstjɔ̃] nf ingestión *f*.

ingrat, e [ɛ̃gʀa, at] ◆ adj **1.** [personne] ingrato(ta), desagradecido(da) **2.** [métier, sol] ingrato(ta) **3.** [physique] ingrato(ta), poco agraciado(da). ◆ nm, f ingrato *m*, -ta *f*.

ingratitude [ɛ̃gʀatityd] nf ingratitud *f*.

ingrédient [ɛ̃gʀedjɑ̃] nm ingrediente *m*.

inguérissable [ɛ̃geʀisabl] adj incurable.

ingurgiter [3] [ɛ̃gyʀʒite] vt engullir.

inhabitable [inabitabl] adj inhabitable.

inhabité, e [inabite] adj deshabitado(da), inhabitado(da).

inhabituel, elle [inabitɥɛl] adj inusual.

inhalateur, trice [inalatœʀ, tʀis] adj inhalador(ra). ◆ **inhalateur** nm inhalador *m*.

inhalation [inalasjɔ̃] nf inhalación *f*.

inhaler [3] [inale] vt inhalar.

inhérent, e [ineʀɑ̃, ɑ̃t] adj ▸ **inhérent à qqch** inherente a algo.

inhibé, e [inibe] adj inhibido(da).

inhiber [3] [inibe] vt inhibir.

inhibition [inibisjɔ̃] nf inhibición *f*.

inhospitalier, ère [inɔspitalje, ɛʀ] adj **1.** [personne] poco hospitalario(ria) **2.** [lieu] inhóspito(ta).

inhumain, e [inymɛ̃, ɛn] adj inhumano(na).

inhumation [inymasjɔ̃] nf inhumación *f*.

inhumer [3] [inyme] vt inhumar.

inimaginable [inimaʒinabl] adj inimaginable.

inimitable [inimitabl] adj inimitable.

inimitié [inimitje] nf ▸ **inimitié contre** OU **à l'égard de qqn** enemistad hacia alguien.

ininflammable [inɛ̃flamabl] adj ininflamable.

inintelligent, e [inɛ̃teliʒɑ̃, ɑ̃t] adj estúpido(da).

inintelligible [inɛ̃teliʒibl] adj ininteligible.

inintéressant, e [inɛ̃teʀɛsɑ̃, ɑ̃t] adj sin interés.

ininterrompu, e [inɛ̃tɛʀɔ̃py] adj ininterrumpido(da).

inique [inik] adj *sout* inicuo(cua).

iniquité [inikite] nf *sout* iniquidad *f*.

initial, e, aux [inisjal, o] adj inicial. ◆ **initiale** nf inicial *f*.

initialement [inisjalmɑ̃] adv inicialmente.

initialisation [inisjalizasjɔ̃] nf INFORM inicialización *f*.

initialiser [3] [inisjalize] vt INFORM inicializar.

initiateur, trice [inisjatœʀ, tʀis] adj & nm, f iniciador(ra).

initiation [inisjasjɔ̃] nf iniciación *f* ▸ **initiation à qqch** iniciación a algo.

initiatique [inisjatik] adj iniciático(ca).

initiative [inisjativ] nf iniciativa *f* ▸ **prendre l'initiative de qqch / de faire qqch** tomar la iniciativa de algo / de hacer algo ▸ **de sa propre initiative** por propia iniciativa.

initié, e [inisje] adj & nm, f iniciado(da).

initier [9] [inisje] vt ▸ **initier qqn à qqch** iniciar a alguien en algo. ◆ **s'initier** vp ▸ **s'initier à qqch** iniciarse en algo.

injectable [ɛ̃ʒɛktabl] adj inyectable.

injecté, e [ɛ̃ʒɛkte] adj inyectado(da).

injecter [4] [ɛ̃ʒɛkte] vt inyectar. ◆ **s'injecter** vp inyectarse / ***ses yeux se sont injectés de sang*** ha tenido un derrame ocular.

injection [ɛ̃ʒɛksjɔ̃] nf inyección *f*.

injoignable [ɛ̃ʒwaɲabl] adj ilocalizable.

injonction [ɛ̃ʒɔ̃ksjɔ̃] nf conminación *f*.

injure [ɛ̃ʒyʀ] nf **1.** [mot] insulto *m* **2.** [affront] afrenta *f*.

injurier [9] [ɛ̃ʒyʀje] vt insultar.

injurieux, euse [ɛ̃ʒyʀjø, øz] adj insultante.

injuste [ɛ̃ʒyst] adj injusto(ta) ▸ **injuste envers qqn** injusto(ta) con alguien.

injustement [ɛ̃ʒystəmɑ̃] adv injustamente.

injustice [ɛ̃ʒystis] nf injusticia *f*.

injustifiable [ɛ̃ʒystifjabl] adj injustificable.

injustifié, e [ɛ̃ʒystifje] adj injustificado(da).

inlassable [ɛ̃lasabl] adj **1.** [personne] incansable **2.** [patience, énergie] infinito(ta).

inlassablement [ɛ̃lasabləmɑ̃] adv incansablemente.

inné, e [ine] adj innato(ta).

innocemment [inɔsamɑ̃] adv inocentemente.

innocence [inɔsɑ̃s] nf inocencia *f*.

innocent, e [inɔsɑ̃, ɑ̃t] ◆ adj inocente. ◆ nm, f **1.** [gén] inocente *mf* ▸ **faire l'innocent** *péj* hacerse el tonto **2.** *vieilli* [idiot] tonto *m*, -ta *f* ESP , sonso *m*, -sa *f* AM .

innocenter [3] [inɔsɑ̃te] vt **1.** DR [disculper] declarar inocente **2.** *fig* [excuser] justificar.

innocuité [inɔkɥite] nf inocuidad *f*.

innombrable [inɔ̃bʀabl] adj innumerable.

> ⚠ **Innombrable** est un faux ami, il ne signifie pas *innombrable*, mais « innommable ».

innommable [inɔmabl] adj *péj* [conduite, acte] infame, innombrable ; [nourriture, odeur] repugnante.

innovant, e [in(n)ɔvɑ̃, ɑ̃t] adj innovador(ra).

innovateur, trice [inɔvatœʀ, tʀis] adj & nm, f innovador(ra).

innovation [inɔvasjɔ̃] nf innovación *f*.

innover [3] [inɔve] vi innovar ▸ **innover en matière de** innovar en materia de.

inobservation [inɔpsɛʀvasjɔ̃] nf incumplimiento *m*.

inoccupé, e [inɔkype] adj desocupado(da).

inoculation [inɔkylasjɔ̃] nf inoculación *f*.

inoculer [3] [inɔkyle] vt inocular.

inodore [inɔdɔʀ] adj inodoro(ra).

inoffensif, ive [inɔfɑ̃sif, iv] adj inofensivo(va).

inondable [inɔ̃dabl] adj inundable.

inondation [inɔ̃dasjɔ̃] nf **1.** [gén] inundación *f* **2.** *fig* [afflux] invasión *f*.

inondé, e [inɔ̃de] adj [lieu] inundado(da) / ***visage inondé de larmes*** rostro inundado de **ou** bañado en lágrimas / ***inondé de lumière*** inundado de luz.

inonder [3] [inɔ̃de] vt *pr* & *fig* inundar. ◆ **s'inonder** vp [s'asperger] ▸ **s'inonder de qqch** rociarse de algo.

inopérable [inɔpeʀabl] adj inoperable.

inopérant, e [inɔpeʀɑ̃, ɑ̃t] adj **1.** [mesure, méthode] inoperante **2.** [médicament] ineficaz.

inopiné, e [inɔpine] adj inopinado(da).

inopinément [inɔpinemɑ̃] adv inopinadamente.

inopportun, e [inɔpɔʀtœ̃, yn] adj inoportuno(na).

inorganisé, e [inɔʀganize] ◆ adj **1.** [sans organisation] desorganizado(da) **2.** POL independiente. ◆ nm, f POL independiente *mf*.

inoubliable [inublijabl] adj inolvidable.

inouï, e [inwi] adj increíble.

Inox® [inɔks] nm inv acero *m* inoxidable.

inoxydable [inɔksidabl] ◆ adj inoxidable. ◆ nm acero *m* inoxidable.

inqualifiable [ɛ̃kalifjabl] adj incalificable.

inquiet, ète [ɛ̃kjɛ, ɛt] ◆ adj **1.** [préoccupé] preocupado(da) ▸ **inquiet pour qqn / pour qqch** preocupado por alguien / por algo **2.** [anxieux de nature] inquieto(ta). ◆ nm, f inquieto *m*, -ta *f*.

inquiétant, e [ɛ̃kjetɑ̃, ɑ̃t] adj inquietante, preocupante.

inquiéter [18] [ɛ̃kjete] vt **1.** [alarmer] inquietar, preocupar **2.** [harceler] acosar. ◆ **s'inquiéter** vp preocuparse ▸ **s'inquiéter de a)** [s'intéresser à] preocuparse por **b)** [se soucier de] preocuparse de.

inquiétude [ɛ̃kjetyd] nf inquietud *f*, preocupación *f*.

inquisiteur, trice [ɛ̃kizitœʀ, tʀis] adj inquisidor(ra) / ***elle m'a lancé un regard inquisiteur*** me lanzó una mirada inquisidora.

inquisition [ɛ̃kizisjɔ̃] nf interrogatorio *m* ; HIST ▸ **l'Inquisition** la (Santa) Inquisición.

INRA, Inra [inʀa] (*abr de* **Institut national de la recherche agronomique**) nm *institución pública francesa que se ocupa de investigaciones agrarias* / ***l'INRA est un centre de recherche public*** el INRA es un centro de investigación público.

inratable [ɛ̃ʀatabl] adj *fam* [recette] que no puede salir mal.

inrayable [ɛ̃ʀɛjabl] adj inrayable.

insaisissable [ɛ̃sezisabl] adj **1.** DR [biens] inembargable **2.** [nuance, différence] imperceptible **3.** [caractère] huidizo(za).

insalubre [ɛ̃salybʀ] adj insalubre.

insalubrité [ɛ̃salybʀite] nf insalubridad *f*.

insanité [ɛ̃sanite] nf locura *f* ▸ **dire ou proférer des insanités** decir **ou** proferir insensateces.

insatiable [ɛ̃sasjabl] adj insaciable.

insatisfaction [ɛ̃satisfaksjɔ̃] nf insatisfacción *f*.

insatisfait, e [ɛ̃satisfɛ, ɛt] adj & nm, f insatisfecho(cha).

insaturé, e [ɛ̃satyʀe] adj insaturado(da), no saturado(da).

inscription [ɛ̃skʀipsjɔ̃] nf **1.** [gén] inscripción *f* **2.** [à un cours] matriculación *f*.

inscrire [99] [ɛ̃skʀiʀ] vt **1.** [gén] inscribir **2.** [noter - renseignements] apuntar ; [- dépenses] asentar ▸ **inscrire qqn sur ou dans qqch** [sur une liste, dans un registre] inscribir a alguien en algo ▸ **inscrire qqn à qqch** [cours] matricular a alguien en algo. ◆ **s'inscrire** vp ▸ **s'inscrire à qqch** [cours] matricularse en algo ▸ **s'inscrire sur ou dans qqch** inscribirse en algo ▸ **s'inscrire en faux contre qqch** tachar algo de falso.

inscris ⟶ **inscrire**.

inscrit, e [ɛ̃skʀi, it] ◆ adj [sur une liste, à un jeu] inscrito(ta) ; [à un cours] matriculado(da). ◆ nm, f [étudiant] matriculado *m*, -da *f*. ◆ pp ⟶ **inscrire**.

inscrivais → **inscrire**.

INSEAD [insead] (*abr de* **Institut européen d'administration des affaires**) nm INSEAD *m* / *il est professeur de marketing à l'INSEAD* es profesor de marketing en el INSEAD.

insecte [ɛ̃sɛkt] nm insecto *m*.

insecticide [ɛ̃sɛktisid] adj & nm insecticida.

insectivore [ɛ̃sɛktivɔʀ] ◆ adj insectívoro(ra). ◆ nm insectívoro *m*.

insécurité [ɛ̃sekyʀite] nf inseguridad *f*.

INSEE, Insee [inse] (*abr de* **Institut national de la statistique et des études économiques**) nm *instituto nacional de estadística francés*; ≃ INE *m* ▸ **l'indice INSEE** el índice del INSEE / *selon les premières estimations publiées par l'INSEE* según las primeras estimaciones publicadas por el INSEE.

insémination [ɛ̃seminasjɔ̃] nf inseminación *f* ▸ **insémination artificielle** inseminación artificial.

insensé, e [ɛ̃sɑ̃se] adj **1.** [personne, propos] insensato(ta) **2.** [rêve, désir] imposible **3.** [incroyable, immense] increíble **4.** [architecture, décoration] delirante.

insensibiliser [3] [ɛ̃sɑ̃sibilize] vt insensibilizar ▸ **insensibiliser qqn à qqch** insensibilizar a alguien a ou contra algo.

insensibilité [ɛ̃sɑ̃sibilite] nf insensibilidad *f*.

insensible [ɛ̃sɑ̃sibl] adj **1.** [gén] insensible ▸ **insensible à qqch** insensible a algo **2.** [imperceptible] imperceptible.

insensiblement [ɛ̃sɑ̃sibləmɑ̃] adv poco a poco, insensiblemente.

inséparable [ɛ̃separabl] adj inseparable ▸ **inséparable de qqch / de qqn** inseparable de algo/de alguien. ◆ **inséparables** ◆ nmf pl [amis] inseparables *mf pl*. ◆ nmpl [perruches] inseparables *mpl*.

insérer [18] [ɛ̃seʀe] vt ▸ **insérer qqch dans qqch** insertar algo en algo. ◆ **s'insérer** vp ▸ **s'insérer dans qqch** [se situer dans] inscribirse dentro de algo.

INSERM, Inserm [insɛʀm] (*abr de* **Institut national de la santé et de la recherche médicale**) nm *organismo público francés para el fomento y la coordinación de la investigación médica* ▸ **les laboratoires de l'INSERM** los laboratorios del INSERM.

insertion [ɛ̃sɛʀsjɔ̃] nf inserción *f*.

insidieusement [ɛ̃sidjøzmɑ̃] adv insidiosamente.

insidieux, euse [ɛ̃sidjø, øz] adj insidioso(sa).

insigne [ɛ̃siɲ] ◆ adj insigne. ◆ nm insignia *f*.

insignifiant, e [ɛ̃siɲifjɑ̃, ɑ̃t] adj insignificante.

insinuant, e [ɛ̃sinɥɑ̃, ɑ̃t] adj insinuante.

insinuation [ɛ̃sinɥasjɔ̃] nf insinuación *f*.

insinuer [7] [ɛ̃sinɥe] vt insinuar. ◆ **s'insinuer** vp ▸ **s'insinuer dans qqch** a) [eau, humidité] penetrar en algo b) *fig* [personne] insinuarse con algo.

insipide [ɛ̃sipid] adj insípido(da).

insistance [ɛ̃sistɑ̃s] nf insistencia *f* ▸ **avec insistance** con insistencia.

insistant, e [ɛ̃sistɑ̃, ɑ̃t] adj insistente.

insister [3] [ɛ̃siste] vi insistir ▸ **insister sur qqch** insistir en ou sobre algo ▸ **insister pour faire qqch** insistir en hacer algo.

insolation [ɛ̃sɔlasjɔ̃] nf insolación *f*.

insolence [ɛ̃sɔlɑ̃s] nf insolencia *f*.

insolent, e [ɛ̃sɔlɑ̃, ɑ̃t] adj & nm, f insolente.

insolite [ɛ̃sɔlit] ◆ adj insólito(ta). ◆ nm ▸ **l'insolite** lo insólito.

insoluble [ɛ̃sɔlybl] adj insoluble.

insolvable [ɛ̃sɔlvabl] adj & nmf insolvente.

insomniaque [ɛ̃sɔmnjak] adj & nmf insomne.

insomnie [ɛ̃sɔmni] nf insomnio *m* ▸ **avoir des insomnies** padecer insomnio.

insondable [ɛ̃sɔ̃dabl] adj insondable.

insonore [ɛ̃sɔnɔʀ] adj insonoro(ra).

insonorisation [ɛ̃sɔnɔʀizasjɔ̃] nf insonorización *f*.

insonoriser [3] [ɛ̃sɔnɔʀize] vt insonorizar.

insouciance [ɛ̃susjɑ̃s] nf despreocupación *f*.

insouciant, e [ɛ̃susjɑ̃, ɑ̃t] adj despreocupado(da).

insoumis, e [ɛ̃sumi, iz] adj insumiso(sa). ◆ **insoumis** nm [soldat] insumiso *m*.

insoumission [ɛ̃sumisjɔ̃] nf **1.** [gén] insumisión *f* **2.** [d'un enfant] desobediencia *f*.

insoupçonnable [ɛ̃supsɔnabl] adj **1.** [personne] fuera de toda sospecha, digno(na) de toda confianza **2.** [retouche] indetectable, imperceptible.

insoupçonné, e [ɛ̃supsɔne] adj insospechado(da).

insoutenable [ɛ̃sutnabl] adj **1.** [gén] insostenible **2.** [douleur, violence] insufrible.

inspecter [4] [ɛ̃spɛkte] vt inspeccionar.

inspecteur, trice [ɛ̃spɛktœʀ, tʀis] nm, f inspector *m*, -ra *f* ▸ **inspecteur des Finances** ≃ inspector de Hacienda ▸ **inspecteur de police** inspector de policía.

inspection [ɛ̃spɛksjɔ̃] nf inspección *f* ▸ **faire l'inspection de qqch** inspeccionar algo ▸ **inspection générale des Finances** ≃ cuerpo *m* de inspectores de Hacienda.

inspiration [ɛ̃spiʀasjɔ̃] nf inspiración *f* ▸ **avoir de l'inspiration** tener inspiración ▸ **avoir une bonne / mauvaise inspiration** estar/no estar inspirado(da).

inspiré, e [ɛ̃spiʀe] adj inspirado(da) ▸ **être bien inspiré de faire qqch** estar inspirado al hacer algo.

inspirer [3] [ɛ̃spiʀe] vt **1.** [gén] inspirar ▸ **inspirer qqch à qqn** inspirar algo a alguien **2.** *hum* [plaire à] emocionar. ◆ **s'inspirer** vp ▸ **s'inspirer de qqch / de qqn** inspirarse en algo/en alguien.

instabilité [ɛ̃stabilite] nf inestabilidad *f*.

instable [ɛ̃stabl] adj & nmf inestable.

installateur, trice [ɛ̃stalatœʀ, tʀis] nm, f instalador *m*, -ra *f*.

installation [ɛ̃stalasjɔ̃] nf **1.** [gén] instalación *f* ▸ **installations sanitaires** instalación sanitaria **2.** [dans une fonction] toma *f* de posesión.

installé, e [ɛ̃stale] adj [aisé] acomodado(da).

installer [3] [ɛ̃stale] vt **1.** [gén & INFORM] instalar **2.** [fonctionnaire, magistrat] nombrar. ◆ **s'installer** vp **1.** [gén] instalarse ▸ **s'installer dans qqch** [maladie, routine] instalarse en algo **2.** [médecin, commerçant] establecerse.

instamment [ɛ̃stamɑ̃] adv encarecidamente.

instance [ɛ̃stɑ̃s] nf instancia *f* ▸ **sur les instances de** a instancias de. ◆ **en instance de** loc prép pendiente de ▸ **en instance de divorce** en trámites de divorcio.

instant [ɛ̃stɑ̃] nm instante *m* ▸ **à chaque instant** a cada instante ▸ **à l'instant** a) [il y a peu de temps] hace un momento b) [tout de suite] al instante ▸ **à l'instant où** en el momento en que, cuando ▸ **à tout instant** a) [en permanence] en todo momento b) [d'un moment à l'autre] en cualquier momento ▸ **dans un instant** ahora mismo ▸ **en un instant** en un instante ▸ **ne pas avoir un instant de répit** no tener un momento de respiro ▸ **pour l'instant** por el momento, de momento ▸ **un instant !** ¡un momento!

instantané, e [ɛ̃stɑ̃tane] adj instantáneo(a). ◆ **instantané** nm instantánea *f*.

instantanément [ɛ̃stɑ̃tanemɑ̃] adv instantáneamente.

instar [ɛ̃staʀ] ◆ **à l'instar de** loc prép a semejanza de.

instauration [ɛ̃stɔʀasjɔ̃] nf instauración *f*.

instaurer [3] [ɛ̃stɔʀe] vt instaurar.

instigateur, trice [ɛ̃stigatœʀ, tʀis] nm, f instigador *m*, -ra *f*.

instigation [ɛ̃stigasjɔ̃] nf instigación *f*. ◆ **à l'instigation de** loc prép a instigación de.

instiller [3] [ɛ̃stile] vt instilar.

instinct [ɛ̃stɛ̃] nm instinto *m* ▸ **d'instinct** instintivamente, por instinto ▸ **instinct de conservation** instinto de conservación ▸ **instinct grégaire** instinto gregario ▸ **instinct maternel** instinto maternal.

instinctif, ive [ɛ̃stɛ̃ktif, iv] adj & nm, f instintivo(va).

instinctivement [ɛ̃stɛ̃ktivmɑ̃] adv instintivamente.

instit [ɛ̃stit] nmf *fam* profe *mf*.

instituer [7] [ɛ̃stitɥe] vt instituir. ◆ **s'instituer** vp instituirse.

institut [ɛ̃stity] nm instituto *m* ▸ **institut médico-légal** instituto médico forense. ◆ **institut de beauté** nm instituto *m* de belleza. ◆ **Institut (de France)** nm ▸ **l'Institut (de France)** *reunión de las cinco Academias francesas.* ◆ **Institut Pasteur** nm ▸ **l'Institut Pasteur** el Institut Pasteur.

> **L'Institut de France**
>
> El **Institut de France**, también conocido como **L'Institut**, es un círculo intelectual que agrupa a las cinco **Académies: Française, Inscriptions et Belles-Lettres, Beaux-Arts, Sciences** y **Sciences Morales et Politiques**. Su sede se sitúa en el edificio del mismo nombre, que se encuentra a orillas del Sena, en París.

> **L'Institut Pasteur**
>
> Este famoso establecimiento científico está especializado en la investigación y la enseñanza de la microbiología y la bacteriología y es uno de los centros franceses más importantes en la producción de vacunas y sueros. Su sede está en París, pero tiene delegaciones en el mundo entero.

instituteur, trice [ɛ̃stitytœʀ, tʀis] nm, f ≃ profesor *m*, -ra *f* de EGB.

institution [ɛ̃stitysjɔ̃] nf institución *f*. ◆ **institutions** nfpl POL instituciones *fpl*.

institutionnaliser [3] [ɛ̃stitysjɔnalize] vt institucionalizar. ◆ **s'institutionnaliser** vp institucionalizarse.

institutionnel, elle [ɛ̃stitysjɔnɛl] adj [de l'État] institucional.

instructeur, trice [ɛ̃stʀyktœʀ, tʀis] adj & nm, f instructor(ra).

instructif, ive [ɛ̃stʀyktif, iv] adj instructivo(va).

instruction [ɛ̃stʀyksjɔ̃] nf **1.** [gén] instrucción *f* ▸ **avoir de l'instruction** ser instruido(da) ▸ **sans instruction** sin estudios **2.** [enseignement] enseñanza *f* ▸ **instruction civique** urbanidad *f* ▸ **instruction religieuse** enseñanza religiosa **3.** INFORM orden *f*. ◆ **instructions** nfpl instrucciones *fpl*.

instruire [98] [ɛ̃stʀɥiʀ] vt instruir. ◆ **s'instruire** vp instruirse ▸ **s'instruire de qqch auprès de qqn** *sout* [s'informer] instruirse de algo por alguien.

instruis ⟶ **instruire**.

instruisais ⟶ **instruire**.

instruit, e [ɛ̃stʀɥi, it] ◈ adj instruido(da). ◈ pp ⟶ **instruire**.

instrument [ɛ̃stʀymɑ̃] nm instrumento *m* ▸ **instrument à cordes** instrumento de cuerda ▸ **instrument de musique** instrumento musical ▸ **instrument à percussion / à vent** instrumento de percusión / de viento.

instrumental, e, aux [ɛ̃stʀymɑ̃tal, o] adj instrumental. ◆ **instrumental** nm LING instrumental *m*.

instrumentaliser [3] [ɛ̃stʀymɑ̃talize] vt instrumentalizar.

instrumentation [ɛ̃stʀymɑ̃tasjɔ̃] nf MUS instrumentación *f*.

instrumentiste [ɛ̃stʀymɑ̃tist] nmf MUS instrumentista *mf*.

insu [ɛ̃sy] ◆ **à l'insu de** loc prép a espaldas de ▸ **à mon / son insu** a mis/a sus espaldas.

insubmersible [ɛ̃sybmɛʀsibl] adj insumergible.

insubordination [ɛ̃sybɔʀdinasjɔ̃] nf insubordinación *f*.

insubordonné, e [ɛ̃sybɔʀdɔne] adj insubordinado(da).

insuccès [ɛ̃syksɛ] nm fracaso *m*.

insuffisamment [ɛ̃syfizamɑ̃] adv insuficientemente.

insuffisance [ɛ̃syfizɑ̃s] nf insuficiencia *f* ▸ **insuffisance cardiaque** insuficiencia cardíaca.

insuffisant, e [ɛ̃syfizɑ̃, ɑ̃t] adj insuficiente.

insuffler [3] [ɛ̃syfle] vt **1.** MÉD [air] insuflar **2.** *fig* [sentiment] ▸ **insuffler qqch à qqn** infundir algo a alguien.

insulaire [ɛ̃sylɛʀ] ◈ adj insular, isleño(ña). ◈ nmf isleño *m*, -ña *f*.

insularité [ɛ̃sylaʀite] nf insularidad *f*.

insuline [ɛ̃sylin] nf insulina *f*.

insultant, e [ɛ̃syltɑ̃, ɑ̃t] adj insultante.

insulte [ɛ̃sylt] nf insulto *m*.

insulter [3] [ɛ̃sylte] vt insultar.

insupportable [ɛ̃sypɔʀtabl] adj insoportable, inaguantable.

insupporter [3] [ɛ̃sypɔʀte] vt : *il m'insupporte !* ¡no lo soporto!

insurgé, e [ɛ̃syʀʒe] ◈ adj insurrecto(ta), insurgente. ◈ nm, f insurrecto *m*, -ta *f*.

insurger [17] [ɛ̃syʀʒe] ◆ **s'insurger** vp sublevarse ▸ **s'insurger contre qqn / contre qqch** sublevarse contra alguien/contra algo.

insurmontable [ɛ̃syʀmɔ̃tabl] adj **1.** [difficulté, obstacle] insalvable **2.** [peur, répulsion] invencible.

insurrection [ɛ̃syʀɛksjɔ̃] nf insurrección *f*.

insurrectionnel, elle [ɛ̃syʀɛksjɔnɛl] adj insurreccional.

intact, e [ɛ̃takt] adj **1.** [objet] intacto(ta) **2.** [réputation] intachable.

intangible [ɛ̃tɑ̃ʒibl] adj **1.** [impalpable] intangible **2.** [secret, principe] inviolable.

intarissable [ɛ̃taʀisabl] adj inagotable ; [bavard] incansable ▸ **il est intarissable sur...** es incansable cuando habla de....

intégral, e, aux [ɛ̃tegʀal, o] adj **1.** [paiement, texte] íntegro(gra) **2.** [calcul, bronzage] integral. ◆ **intégrale** nf **1.** MUS obra *f* completa **2.** MATH integral *f*.

intégralement [ɛ̃tegʀalmɑ̃] adv íntegramente.

intégralité [ɛ̃tegʀalite] nf integridad *f*, totalidad *f* ▸ **dans son intégralité** en su totalidad.

intégrant, e [ɛ̃tegʀɑ̃, ɑ̃t] adj EXPR **faire partie intégrante de qqch** formar parte integrante de algo / *la recherche scientifique fait partie intégrante de l'université* la investigación científica forma parte integrante de la universidad.

intégrante [ɛ̃tegʀɑ̃t] ⟶ **partie**.

intégration [ɛ̃tegʀasjɔ̃] nf integración *f*.

intègre [ɛ̃tɛgʀ] adj **1.** [personne] íntegro(gra) **2.** [vie] recto(ta).

intégré, e [ɛ̃tegʀe] adj integrado(da).

intégrer [18] [ɛ̃tegʀe] vt **1.** [incorporer & MATH] integrar ▸ **intégrer qqch à** OU **dans qqch** integrar algo en algo ▸ **intégrer qqn dans qqch** integrar a alguien en algo **2.** [grande école] ingresar en. ◆ **s'intégrer** vp integrarse ▸ **s'intégrer dans** OU **à qqch** integrarse en algo.

intégrisme [ɛ̃tegʀism] nm integrismo *m*.

intégriste [ɛ̃tegʀist] adj & nmf integrista.

intégrité [ɛ̃tegʀite] nf **1.** [honnêteté] integridad *f* **2.** [totalité] totalidad *f*.

intellect [ɛ̃telɛkt] nm intelecto *m*.

intellectualisme [ɛ̃telɛktɥalism] nm intelectualismo *m*.

intellectuel, elle [ɛ̃telɛktɥɛl] adj & nm, f intelectual.

intellectuellement [ɛ̃telɛktɥɛlmɑ̃] adv intelectualmente.

intelligemment [ɛ̃teliʒamɑ̃] adv inteligentemente.

intelligence [ɛ̃teliʒɑ̃s] nf **1.** [entendement] inteligencia *f* ▸ **intelligence artificielle** inteligencia artificial **2.** [personne] cerebro *m* **3.** [complicité, harmonie] armonía *f* ▸ **vivre en bonne intelligence** vivir en armonía ▸ **vivre en mauvaise intelligence** vivir en mala armonía ▸ **agir d'intelligence avec qqn** actuar de acuerdo con alguien. ◆ **intelligences** nfpl contactos *mpl*.

intelligent, e [ɛ̃teliʒɑ̃, ɑ̃t] adj inteligente.

intelligentsia [ɛ̃telidʒɛnsja] nf intelligentsia *f*.

intelligible [ɛ̃teliʒibl] adj inteligible.

intello [ɛ̃telo] adj & nmf *péj* cultureta.

intempérance [ɛ̃tɑ̃peʀɑ̃s] nf **1.** [abus] intemperancia *f*, descomedimiento *m* **2.** [excès] excesos *mpl*.

intempérie [ɛ̃tɑ̃peʀi] nf ▸ **les intempéries** las inclemencias climáticas.

intempestif, ive [ɛ̃tɑ̃pɛstif, iv] adj intempestivo(va).

intemporel, elle [ɛ̃tɑ̃pɔʀɛl] adj intemporal.

intenable [ɛ̃tnabl] adj **1.** [chaleur] insoportable **2.** [enfant] imposible **3.** MIL [position] insostenible.

intendance [ɛ̃tɑ̃dɑ̃s] nf intendencia *f*.

intendant, e [ɛ̃tɑ̃dɑ̃, ɑ̃t] nm, f administrador *m*, -ra *f*. ◆ **intendant** nm MIL intendente *m*.

intense [ɛ̃tɑ̃s] adj intenso(sa).

intensément [ɛ̃tɑ̃semɑ̃] adv intensamente.

intensif, ive [ɛ̃tɑ̃sif, iv] adj intensivo(va).

intensification [ɛ̃tɑ̃sifikasjɔ̃] nf intensificación *f*.

intensifier [9] [ɛ̃tɑ̃sifje] vt intensificar.
◆ **s'intensifier** vp intensificarse.

intensité [ɛ̃tɑ̃site] nf intensidad *f*.

intenter [3] [ɛ̃tɑ̃te] vt ▸ **intenter un procès contre ou à qqn** entablar un juicio contra alguien.

intention [ɛ̃tɑ̃sjɔ̃] nf intención *f* ▸ **avoir l'intention de faire qqch** tener la intención de hacer algo ▸ **à l'intention de** en honor a ▸ **intention d'achat** intención de compra ▸ **intention de vote** intención de voto.

intentionné, e [ɛ̃tɑ̃sjɔne] adj ▸ **être bien / mal intentionné** tener buena / mala intención.

intentionnel, elle [ɛ̃tɑ̃sjɔnɛl] adj intencional.

intentionnellement [ɛ̃tɑ̃sjɔnɛlmɑ̃] adv intencionadamente.

interactif, ive [ɛ̃tɛʀaktif, iv] adj interactivo(va).

interaction [ɛ̃tɛʀaksjɔ̃] nf interacción *f*.

interbancaire [ɛ̃tɛʀbɑ̃kɛʀ] adj interbancario(ria).

intercalaire [ɛ̃tɛʀkalɛʀ] ❖ adj **1.** [feuillet] separador(ra) **2.** [jour] intercalar. ❖ nm separador *m*.

intercaler [3] [ɛ̃tɛʀkale] vt ▸ **intercaler qqch dans qqch** intercalar algo en algo. ◆ **s'intercaler** vp ▸ **s'intercaler entre qqch et qqch** intercalarse entre algo y algo.

intercéder [18] [ɛ̃tɛʀsede] vi ▸ **intercéder pour ou en faveur de qqn** interceder por ou en favor de alguien.

intercepter [4] [ɛ̃tɛʀsɛpte] vt interceptar.

intercession [ɛ̃tɛʀsesjɔ̃] nf intercesión *f*.

interchangeable [ɛ̃tɛʀʃɑ̃ʒabl] adj intercambiable.

interclasse [ɛ̃tɛʀklas] nm descanso *m (entre dos clases)*.

intercommunal, e, aux [ɛ̃tɛʀkɔmynal, o] adj *relativo a varios municipios*.

intercommunautaire [ɛ̃tɛʀkɔmynotɛʀ] adj [entre les membres de la CE] intercomunitario(ria).

interconfessionnel, elle [ɛ̃tɛʀkɔ̃fɛsjɔnɛl] adj interconfesional.

interconnexion [ɛ̃tɛʀkɔnɛksjɔ̃] nf interconexión *f*.

intercontinental, e, aux [ɛ̃tɛʀkɔ̃tinɑ̃tal, o] adj intercontinental.

intercours [ɛ̃tɛʀkuʀ] nm = **interclasse**.

interculturel [ɛ̃tɛʀkyltyrel, el] adj intercultural.

interdépartemental, e, aux [ɛ̃tɛʀdepaʀtəmɑ̃tal, o] adj *relativo a varios departamentos*.

interdépendance [ɛ̃tɛʀdepɑ̃dɑ̃s] nf interdependencia *f*.

interdépendant, e [ɛ̃tɛʀdepɑ̃dɑ̃, ɑ̃t] adj interdependiente.

interdiction [ɛ̃tɛʀdiksjɔ̃] nf **1.** [défense] prohibición *f* ▸ **'interdiction de fumer'** 'prohibido fumar' ▸ **lever une interdiction** levantar una prohibición **2.** [de fonctionnaire, de prêtre] suspensión *f*.

interdire [103] [ɛ̃tɛʀdiʀ] vt **1.** [défendre, prohiber] prohibir ▸ **interdire qqch à qqn** prohibir algo a alguien ▸ **interdire à qqn de faire qqch** prohibir a alguien hacer algo **2.** [fonctionnaire, prêtre] suspender.
◆ **s'interdire** vp ▸ **s'interdire qqch / de faire qqch** prohibirse algo / hacer algo.

interdis ⟶ **interdire**.

interdisais ⟶ **interdire**.

interdisciplinaire [ɛ̃tɛʀdisiplinɛʀ] adj interdisciplinario(ria).

interdit, e [ɛ̃tɛʀdi, it] ❖ adj **1.** [défendu] prohibido(da) ▸ **être interdit bancaire** tener la cuenta bancaria bloqueada ▸ **'interdit aux moins de 18 ans'** 'no autorizado a menores de 18 años' **2.** [ébahi] ▸ **rester interdit** quedarse desconcertado. ❖ pp ⟶ **interdire.**
◆ **interdit** nm tabú *m* ▸ **interdit bancaire** bloqueo *m* de la cuenta bancaria.

intéressant, e [ɛ̃teʀɛsɑ̃, ɑ̃t] ❖ adj interesante. ❖ nm, f ▸ **faire l'intéressant** hacerse el interesante.
◆ **intéressant** nm ▸ **l'intéressant** lo interesante.

intéressé, e [ɛ̃teʀese] ❖ adj interesado(da) ▸ **être intéressé par qqch** tener interés por algo / ***il est intéressé par l'achat du tableau*** tiene interés en ou por comprar el cuadro. ❖ nm, f interesado *m*, -da *f* ▸ **le principal intéressé** el principal interesado.

intéressement [ɛ̃teʀɛsmɑ̃] nm participación *f (en los beneficios)*.

intéresser [4] [ɛ̃teʀese] vt interesar ▸ **intéresser qqn à qqch** interesar a alguien en ou por algo.
◆ **s'intéresser** vp ▸ **s'intéresser à qqn / à qqch** interesarse por alguien / por algo.

intérêt [ɛ̃teʀɛ] nm interés *m* ▸ **l'intérêt de** [avantage, originalité] lo interesante de ▸ **intérêt pour qqn / pour qqch** interés por alguien / por algo ▸ **avoir intérêt à faire qqch** interesar a alguien hacer algo / ***il a tout intérêt à l'acheter*** le interesa mucho comprarlo / ***tu as intérêt à***

Comment exprimer l'interdiction

- **Está prohibido fumar en las aulas.** *Il est interdit de fumer dans les salles de cours.*
- **No está permitido hacer fotos.** *Il est interdit de faire des photos.*
- **No tienes derecho a conducir, eres demasiado joven.** *Tu n'as pas le droit de conduire, tu es trop jeune.*
- **Te prohíbo hablar de ello a quien sea.** *Je te défends d'en parler à qui que ce soit.*
- **¡Que no se te ocurra volver a hacerlo!** *Et ne t'avise pas de recommencer !*
- **¡De lo de ir al concierto, ni hablar!** *Pas question que tu ailles à ce concert !*

te taire ! ¡más vale que te calles! ▸ **porter de l'intérêt à qqn** interesarse por alguien ▸ **dans l'intérêt général** en (el) interés general. ◆ **intérêts** nmpl FIN intereses *mpl* ▸ **intérêts moratoires** intereses moratorios.

interface [ɛ̃tɛʀfas] nf **1.** INFORM interfaz *f* ▸ **interface graphique** interfaz gráfica **2.** [intermédiaire] intermediario *m*, -ria *f*.

interférence [ɛ̃tɛʀfeʀɑ̃s] nf interferencia *f*.

interférer [18] [ɛ̃tɛʀfeʀe] vi interferir ▸ **interférer avec** interferir en.

intergalactique [ɛ̃tɛʀgalaktik] adj intergaláctico(ca).

intérieur, e [ɛ̃teʀjœʀ] adj interior. ◆ **intérieur** nm **1.** [gén] interior *m* ▸ **à l'intérieur** dentro ▸ **à l'intérieur de qqch** dentro de algo, en el interior de algo ▸ **d'intérieur** [veste, etc.] de estar por casa **2.** [foyer] hogar *m*.

intérieurement [ɛ̃teʀjœʀmɑ̃] adv interiormente.

intérim [ɛ̃teʀim] nm **1.** [période] ▸ **assurer l'intérim** asegurar la suplencia ▸ **par intérim** [ministre, directeur] en funciones, interino(na) **2.** [travail temporaire] trabajo *m* temporal, trabajo *m* eventual ▸ **faire de l'intérim, travailler en intérim** hacer trabajos temporales OU eventuales ▸ **société d'intérim** empresa *f* de subcontratación.

intérimaire [ɛ̃teʀimɛʀ] ❖ adj **1.** [employé] temporal **2.** [fonction] interino(na). ❖ nmf **1.** [ministre, directeur] interino *m*, -na *f* **2.** [employé] substituto *m*, -ta *f*.

intérioriser [3] [ɛ̃teʀjɔʀize] vt interiorizar.

interjection [ɛ̃tɛʀʒɛksjɔ̃] nf **1.** LING interjección *f* **2.** DR interposición *f* de un recurso de apelación.

interjeter [27] [ɛ̃tɛʀʒəte] vt DR ▸ **interjeter appel** interponer un recurso de apelación.

interlignage [ɛ̃tɛʀliɲaʒ] nm TYPO interlineado *m*.

interligne [ɛ̃tɛʀliɲ] nm interlineado *m* ▸ **double interligne** doble espacio ▸ **simple interligne** un espacio.

interlocuteur, trice [ɛ̃tɛʀlɔkytœʀ, tʀis] nm, f interlocutor *m*, -ra *f*.

interlope [ɛ̃tɛʀlɔp] adj **1.** [personnage, lieu] sospechoso(sa) **2.** [commerce, navire] intérlope.

interloquer [3] [ɛ̃tɛʀlɔke] vt desconcertar.

interlude [ɛ̃tɛʀlyd] nm **1.** MUS interludio *m* **2.** TV intermedio *m*.

intermède [ɛ̃tɛʀmɛd] nm **1.** THÉÂTRE entremés *m* **2.** [interruption] intermedio *m*.

intermédiaire [ɛ̃tɛʀmedjɛʀ] ❖ nmf [personne] intermediario *m*, -ria *f* ▸ **sans intermédiaire** sin intermediarios. ❖ adj intermedio(dia). ❖ nm [entremise] ▸ **par l'intermédiaire de qqch** a través de algo ▸ **par l'intermédiaire de qqn** por alguien, por mediación de alguien.

interminable [ɛ̃tɛʀminabl] adj interminable.

interministériel, elle [ɛ̃tɛʀministeʀjɛl] adj interministerial.

intermittence [ɛ̃tɛʀmitɑ̃s] nf intermitencia *f* ▸ **par intermittence** con intermitencias.

intermittent, e [ɛ̃tɛʀmitɑ̃, ɑ̃t] ❖ adj intermitente. ❖ nm, f ▸ **les intermittents du spectacle** *trabajadores temporales del espectáculo que disfrutan de un régimen especial dentro de la Seguridad Social.*

internat [ɛ̃tɛʀna] nm **1.** [établissement scolaire, système] internado *m* ▸ **en internat** en régimen de internado, interno *m*, -na *f* **2.** UNIV [concours] ≃ MIR *m* **3.** [période de stage & MÉD] internado *m*.

international, e, aux [ɛ̃tɛʀnasjɔnal, o] ❖ adj internacional. ❖ nm, f SPORT internacional *mf*. ◆ **Internationale** nf Internacional *f*.

internationalement [ɛ̃tɛʀnasjɔnalmɑ̃] adv internacionalmente ▸ **connu internationalement** internacionalmente conocido.

internationalisation [ɛ̃tɛʀnasjɔnalizasjɔ̃] nf internacionalización *f*.

internationaliser [ɛ̃tɛʀnasjɔnalize] vt internacionalizar.

internaute [ɛ̃tɛʀnot] nmf internauta *mf*.

interne [ɛ̃tɛʀn] ❖ adj interno(na). ❖ nmf interno *m*, -na *f* ▸ **interne des hôpitaux** médico *m* interno.

interné, e [ɛ̃tɛʀne] nm, f **1.** [prisonnier] recluso *m*, -sa *f* **2.** [en psychiatrie] internado *m*, -da *f*.

internement [ɛ̃tɛʀnəmɑ̃] nm **1.** [dans une prison, un camp] reclusión *f* **2.** [dans un hôpital psychiatrique] internamiento *m*.

interner [3] [ɛ̃tɛʀne] vt **1.** [dans une prison, un camp] recluir **2.** [dans un hôpital psychiatrique] internar.

Internet [ɛ̃tɛʀnɛt] nm Internet *f* / *je l'ai trouvé sur Internet* lo he encontrado en Internet.

interpellation [ɛ̃tɛʀpelasjɔ̃] nf [par la police] identificación *f*, control *m* de identidad.

interpeller [26] [ɛ̃tɛʀpəle] vt **1.** [apostropher, interroger] interpelar **2.** [susciter l'intérêt de] reclamar.

Interphone® [ɛ̃tɛʀfɔn] nm interfono *m*, telefonillo *m*.

interplanétaire [ɛ̃tɛʀplanetɛʀ] adj interplanetario(ria).

Interpol [ɛ̃tɛʀpɔl] (*abr de* **International Criminal Police Organization**) nf Interpol *f* / *être recherché par Interpol* ser buscado por la Interpol.

interpoler [3] [ɛ̃tɛʀpɔle] vt interpolar.

interposer [3] [ɛ̃tɛʀpoze] vt **1.** [placer entre] ▸ **interposer qqch entre qqch et qqch** interponer algo entre algo y algo **2.** *fig* [faire intervenir] interponer, hacer valer. ◆ **s'interposer** vp [intervenir] ▸ **s'interposer dans qqch** interponerse en algo ▸ **s'interposer entre qqn et qqn** interponerse entre alguien y alguien.

interprétariat [ɛ̃tɛʀpʀetaʀja] nm interpretación *f*.

interprétation [ɛ̃tɛʀpʀetasjɔ̃] nf interpretación *f* ▸ **interprétation simultanée** interpretación simultánea.

interprète [ɛ̃tɛʀpʀɛt] nmf **1.** [gén] intérprete *mf* **2.** [porte-parole] portavoz *mf*.

interpréter [18] [ɛ̃tɛʀpʀete] vt interpretar.

interprofessionnel, elle [ɛ̃tɛʀpʀɔfɛsjɔnɛl] adj interprofesional.

interro [ɛ̃tɛʀo] nf *fam* SCOL examen *m*.

interrogateur, trice [ɛ̃terɔgatœr, tris] ◆ adj interrogativo(va). ◆ nm, f SCOL & UNIV examinador *m*, -ra *f*.

interrogatif, ive [ɛ̃terɔgatif, iv] adj interrogativo(va). ◆ **interrogatif** nm GRAM forma *f* interrogativa.

interrogation [ɛ̃terɔgasjɔ̃] nf **1.** [question] interrogación *f* **2.** SCOL examen *m* **3.** GRAM oración *f* interrogativa ▸ **interrogation directe / indirecte** interrogativa *f* directa / indirecta **4.** INFORM consulta *f*.

interrogatoire [ɛ̃terɔgatwar] nm interrogatorio *m*.

interrogeable [ɛ̃terɔʒabl] ⟶ **répondeur**.

interroger [17] [ɛ̃terɔʒe] vt **1.** [témoin, candidat] interrogar ▸ **interroger qqn sur qqch** interrogar a alguien sobre algo **2.** INFORM [base de données] consultar **3.** [conscience, faits] examinar. ◆ **s'interroger** vp ▸ **s'interroger sur qqch** preguntarse sobre algo.

interrompis ⟶ **interrompre**.

interrompre [78] [ɛ̃terɔ̃pr] vt interrumpir ▸ **interrompre qqn dans qqch** interrumpir a alguien en algo. ◆ **s'interrompre** vp interrumpirse.

interromps ⟶ **interrompre**.

interrompu, e [ɛ̃terɔ̃py] pp ⟶ **interrompre**.

interrupteur [ɛ̃teryptœr] nm interruptor.

interruption [ɛ̃terypsjɔ̃] nf interrupción *f* ▸ **sans interruption** sin interrupción ▸ **interruption volontaire de grossesse** interrupción voluntaria del embarazo.

intersection [ɛ̃tersɛksjɔ̃] nf intersección *f*.

intersidéral, e, aux [ɛ̃tersideral, o] adj intersideral.

interstice [ɛ̃terstis] nm intersticio *m*.

intersyndical, e, aux [ɛ̃tersɛ̃dikal, o] adj intersindical.

intertitre [ɛ̃tertitr] nm subtítulo *m* ; CINÉ rótulo *m*.

interurbain, e [ɛ̃teryrbɛ̃, ɛn] adj interurbano(na). ◆ **interurbain** nm ▸ **l'interurbain** el teléfono interurbano.

intervalle [ɛ̃terval] nm intervalo *m* / *à deux jours d'intervalle* con dos días de intervalo ▸ **dans l'intervalle** entretanto, entre tanto.

intervenant, e [ɛ̃tervənɑ̃, ɑ̃t] nm, f **1.** [orateur] conferenciante *mf* **2.** DR parte *f* interesada.

intervenir [40] [ɛ̃tervənir] vi **1.** [gén] intervenir ▸ **intervenir dans qqch** intervenir en algo ▸ **intervenir auprès de qqn** interceder ante alguien ▸ **faire intervenir qqn** hacer intervenir a alguien **2.** [se produire] ocurrir.

intervention [ɛ̃tervɑ̃sjɔ̃] nf [gén] intervención *f* / *son intervention était très intéressante* su intervención era muy interesante ▸ **intervention chirurgicale** intervención (quirúrgica).

interventionnisme [ɛ̃tervɑ̃sjɔnism] nm intervencionismo *m*.

interventionniste [ɛ̃tervɑ̃sjɔnist] adj & nmf intervencionista.

intervenu, e [ɛ̃tervəny] pp ⟶ **intervenir**.

intervertir [32] [ɛ̃tervertir] vt invertir.

interviendrai ⟶ **intervenir**.

interviens ⟶ **intervenir**.

interview [ɛ̃tervju] nf entrevista *f* ▸ **accorder une interview à qqn** conceder una entrevista a alguien.

interviewer¹ [3] [ɛ̃tervjuve] vt entrevistar.

interviewer² [ɛ̃tervjuvœr] nm entrevistador *m*, -ra *f*.

intervieweur, euse [ɛ̃tervjuvœr, øz] nm, f entrevistador *m*, -ra *f*.

intestat [ɛ̃tɛsta] adj inv & nmf intestado(da).

intestin, e [ɛ̃tɛstɛ̃, in] adj *sout* intestino(na). ◆ **intestin** nm intestino *m* ▸ **intestin grêle** intestino delgado ▸ **gros intestin** intestino grueso.

intestinal, e, aux [ɛ̃tɛstinal, o] adj intestinal.

intifada [intifada] nf intifada *f*, Intifada *f*.

intime [ɛ̃tim] adj & nmf íntimo(ma).

intimement [ɛ̃timmɑ̃] adv íntimamente.

intimer [3] [ɛ̃time] vt **1.** [enjoindre] ▸ **intimer un ordre à qqn** intimar a alguien una orden **2.** DR citar.

intimidant, e [ɛ̃timidɑ̃, ɑ̃t] adj intimidatorio(ria).

intimidation [ɛ̃timidasjɔ̃] nf intimidación *f*.

intimider [3] [ɛ̃timide] vt intimidar.

intimiste [ɛ̃timist] adj intimista.

intimité [ɛ̃timite] nf intimidad *f* ▸ **dans l'intimité** en la intimidad.

intitulé [ɛ̃tityle] nm título *m*.

intituler [3] [ɛ̃tityle] vt titular. ◆ **s'intituler** vp titularse.

intolérable [ɛ̃tɔlerabl] adj intolerable.

intolérance [ɛ̃tɔlerɑ̃s] nf intolerancia *f* ▸ **intolérance à qqch** MÉD intolerancia a algo.

intolérant, e [ɛ̃tɔlerɑ̃, ɑ̃t] adj intolerante.

intonation [ɛ̃tɔnasjɔ̃] nf entonación *f*.

intouchable [ɛ̃tuʃabl] adj & nmf intocable.

intox [ɛ̃tɔks] (*abr de* **intoxication**) nf *fam* desinformación *f*, intoxicación *f* (informativa) / *tout ça, c'est de l'intox !* ¡todo eso es intoxicación informativa!

intoxication [ɛ̃tɔksikasjɔ̃] nf **1.** MÉD intoxicación *f* ▸ **intoxication alimentaire** intoxicación alimenticia **2.** *fig* [propagande] desinformación *f*, intoxicación *f* (informativa).

intoxiqué, e [ɛ̃tɔksike] adj & nm, f intoxicado(da).

intoxiquer [3] [ɛ̃tɔksike] vt intoxicar. ◆ **s'intoxiquer** vp intoxicarse.

intradermique [ɛ̃tradɛrmik] ◆ adj MÉD intradérmico(ca). ◆ nf MÉD inyección *f* intradérmica.

intraduisible [ɛ̃tradɥizibl] adj **1.** [texte] intraducible **2.** [sentiment] inexplicable.

intraitable [ɛ̃tretabl] adj inflexible ▸ **être intraitable sur qqch** ser inflexible en algo.

intra-muros [ɛ̃tramyros] ◆ adj inv : *Madrid / Paris intra-muros* la zona intramuros de Madrid / París. ◆ adv intramuros.

intramusculaire [ɛ̃tʀamyskylɛʀ] ❖ adj intramuscular. ❖ nf inyección *f* intramuscular.

intranet [ɛ̃tʀanɛt] nm INFORM intranet *f*.

intransigeance [ɛ̃tʀɑ̃ziʒɑ̃s] nf intransigencia *f*.

intransigeant, e [ɛ̃tʀɑ̃ziʒɑ̃, ɑ̃t] adj intransigente.

intransitif, ive [ɛ̃tʀɑ̃zitif, iv] adj intransitivo(va).

intransmissible [ɛ̃tʀɑ̃smisibl] adj **1.** BIOL no transmisible **2.** DR intransferible.

intransportable [ɛ̃tʀɑ̃spɔʀtabl] adj intransportable.

intra-utérin, ine [ɛ̃tʀayterɛ̃, in] adj intrauterino(na).

intraveineux, euse [ɛ̃tʀavɛnø, øz] adj intravenoso(sa). ◆ **intraveineuse** nf intravenosa *f*.

intrépide [ɛ̃tʀepid] adj intrépido(da).

intrépidité [ɛ̃tʀepidite] nf intrepidez *f*.

intrigant, e [ɛ̃tʀigɑ̃, ɑ̃t] adj & nm, f intrigante.

intrigue [ɛ̃tʀig] nf **1.** [gén] intriga *f* **2.** *sout* [liaison amoureuse] aventura *f*.

intriguer [3] [ɛ̃tʀige] vt & vi intrigar.

intrinsèque [ɛ̃tʀɛ̃sɛk] adj intrínseco(ca).

intro [ɛ̃tʀo] (*abr de* **introduction**) nf *fam* SCOL intro *f* / *l'intro de la dissert est trop longue* la intro de la disertación es demasiado larga.

introductif, ive [ɛ̃tʀɔdyktif, iv] adj introductorio(ria).

introduction [ɛ̃tʀɔdyksjɔ̃] nf introducción *f*.

introduire [58] [ɛ̃tʀɔdɥiʀ] vt introducir. ◆ **s'introduire** vp introducirse.

introduis ⟶ **introduire**.

introduisais ⟶ **introduire**.

introduit, e [ɛ̃tʀɔdɥi, it] pp ⟶ **introduire**.

intronisation [ɛ̃tʀɔnizasjɔ̃] nf entronización *f*.

introniser [3] [ɛ̃tʀɔnize] vt *pr* & *fig* [roi, évêque, doctrine, mode] entronizar.

introspection [ɛ̃tʀɔspɛksjɔ̃] nf introspección *f*.

introuvable [ɛ̃tʀuvabl] adj **1.** [personne, objet] : *il est introuvable* **a)** no hay quien lo encuentre **b)** [voleur] se halla en paradero desconocido **2.** [rare] imposible de encontrar.

introversion [ɛ̃tʀɔvɛʀsjɔ̃] nf introversión *f*.

introverti, e [ɛ̃tʀɔvɛʀti] adj & nm, f introvertido(da).

intrus, e [ɛ̃tʀy, yz] adj & nm, f intruso(sa).

intrusion [ɛ̃tʀyzjɔ̃] nf intrusión *f*.

INTS (*abr de* **Institut national de transfusion sanguine**) nm *centro nacional francés de transfusiones sanguíneas.*

intuitif, ive [ɛ̃tɥitif, iv] adj & nm, f intuitivo(va).

intuition [ɛ̃tɥisjɔ̃] nf intuición *f* ▸ **avoir de l'intuition** tener intuición ▸ **avoir l'intuition de qqch** tener la intuición de algo.

intuitivement [ɛ̃tɥitivmɑ̃] adv intuitivamente.

inuit, e adj inuit. ◆ **Inuits** nmpl inuits *mpl*.

inusable [inyzabl] adj [chaussures] resistente ; [pneus] duradero(ra).

inusité, e [inyzite] adj inusitado(da).

in utero [inyteʀɔ] loc adj & loc adv in utero, in útero.

inutile [inytil] adj inútil ▸ **inutile de te mettre à pleurer** es inútil que te pongas a llorar ▸ **inutile d'insister** es inútil insistir, es inútil que insistas.

inutilement [inytilmɑ̃] adv inútilmente.

inutilisable [inytilizabl] adj inservible.

inutilisé, e [inytilize] adj inutilizado(da), sin utilizar.

inutilité [inytilite] nf inutilidad *f*.

inv. (*abr écrite de* **invariable**) inv., invar.

invaincu, e [ɛ̃vɛ̃ky] adj **1.** SPORT invicto(ta) **2.** [peuple] imbatido(da).

invalidant, e [ɛ̃validɑ̃, ɑ̃t] adj invalidante.

invalidation [ɛ̃validasjɔ̃] nf DR invalidación *f*.

invalide [ɛ̃valid] ❖ adj inválido(da). ❖ nmf inválido *m*, -da *f* ▸ **invalide de guerre** inválido de guerra ▸ **invalide du travail** inválido por accidente laboral.

invalider [3] [ɛ̃valide] vt **1.** DR [annuler] invalidar **2.** POL [élection] declarar nulo(la).

invalidité [ɛ̃validite] nf **1.** MÉD invalidez *f* **2.** DR nulidad *f*.

invariable [ɛ̃vaʀjabl] adj invariable.

invariablement [ɛ̃vaʀjabləmɑ̃] adv invariablemente.

invasif, ive [ɛ̃vazif, iv] adj MÉD invasivo(va).

invasion [ɛ̃vazjɔ̃] nf invasión *f*.

invective [ɛ̃vɛktiv] nf invectiva *f*.

invectiver [3] [ɛ̃vɛktive] ❖ vt increpar. ❖ vi lanzar invectivas ▸ **invectiver contre qqn** lanzar invectivas contra alguien.

invendable [ɛ̃vɑ̃dabl] adj invendible.

invendu, e [ɛ̃vɑ̃dy] adj sin vender. ◆ **invendu** nm artículo *m* sin vender.

inventaire [ɛ̃vɑ̃tɛʀ] nm inventario *m* ▸ **faire l'inventaire de qqch** hacer inventario de algo.

inventer [3] [ɛ̃vɑ̃te] vt **1.** [histoire, mensonge] inventarse **2.** [machine, engin] inventar.

inventeur, trice [ɛ̃vɑ̃tœʀ, tʀis] nm, f **1.** [de machines] inventor *m*, -ra *f* **2.** [de trésor] descubridor *m*, -ra *f*.

inventif, ive [ɛ̃vɑ̃tif, iv] adj inventivo(va) / *il est très inventif* tiene mucha inventiva.

invention [ɛ̃vɑ̃sjɔ̃] nf **1.** [découverte, mensonge] invención *f* **2.** [imagination] inventiva *f*.

inventorier [9] [ɛ̃vɑ̃tɔʀje] vt inventariar.

invérifiable [ɛ̃veʀifjabl] adj : *c'est invérifiable* no es verificable.

inverse [ɛ̃vɛʀs] ❖ adj inverso(sa). ❖ nm ▸ **l'inverse** lo contrario ▸ **à l'inverse** al contrario ▸ **à l'inverse de qqn / de qqch** al revés de alguien/de algo ▸ **dans l'ordre inverse** en orden inverso ▸ **dans le** OU **en sens inverse**

en el sentido contrario ▸ **dans le sens inverse de** en sentido contrario a.

inversement [ɛ̃vɛʀsəmɑ̃] adv **1.** [gén] a la inversa **2.** MATH inversamente ▸ **inversement proportionnel à qqch** inversamente proporcional a algo.

inverser [3] [ɛ̃vɛʀse] vt invertir *(el orden)*.

inversion [ɛ̃vɛʀsjɔ̃] nf inversión f *(del orden)*.

invertébré, e [ɛ̃vɛʀtebʀe] adj invertebrado(da). ◆ **invertébré** nm invertebrado *m*.

investigateur, trice [ɛ̃vɛstigatœʀ, tʀis] adj & nm, f investigador *mf*, -ra *f*.

investigation [ɛ̃vɛstigasjɔ̃] nf investigación *f*.

investir [32] [ɛ̃vɛstiʀ] vt **1.** MIL sitiar **2.** [fonctionnaire, évêque] investir **3.** [argent, efforts] invertir ▸ **investir qqch dans qqch** invertir algo en algo. ◆ **s'investir** vp involucrarse ▸ **s'investir dans** involucrarse en.

investissement [ɛ̃vɛstismɑ̃] nm **1.** FIN inversión *f* **2.** MIL sitio *m*.

investisseur, euse [ɛ̃vɛstisœʀ, øz] ◇ adj inversor(ra). ◇ nm, f inversor *m*, -ra *f* ▸ **investisseur institutionnel** inversor *m* institucional.

investiture [ɛ̃vɛstityʀ] nf investidura *f*.

invétéré, e [ɛ̃veteʀe] adj empedernido(da).

invincible [ɛ̃vɛ̃sibl] adj invencible.

inviolabilité [ɛ̃vjɔlabilite] nf inviolabilidad *f*.

inviolable [ɛ̃vjɔlabl] adj **1.** [gén] inviolable **2.** [citadelle] inexpugnable.

invisibilité [ɛ̃vizibilite] nf invisibilidad *f*.

invisible [ɛ̃vizibl] adj **1.** [impossible à voir] invisible **2.** [caché] oculto(ta).

invitation [ɛ̃vitasjɔ̃] nf invitación *f* ▸ **invitation à qqch / à faire qqch** invitación a algo / a hacer algo ▸ **décliner une invitation** rechazar una invitación ▸ **sur invitation** con invitación ▸ **sur l'invitation de qqn** por invitación de alguien.

invite [ɛ̃vit] nf invitación *f*.

invité, e [ɛ̃vite] adj & nm, f invitado(da).

inviter [3] [ɛ̃vite] vt invitar ▸ **inviter qqn à qqch / à faire qqch** [inciter] invitar a alguien a algo / a hacer algo.

in vitro [invitʀo] ⟶ **fécondation**.

invivable [ɛ̃vivabl] adj **1.** [personne, situation] insoportable **2.** [lieu] inhabitable.

invocation [ɛ̃vɔkasjɔ̃] nf RELIG invocación *f*.

involontaire [ɛ̃vɔlɔ̃tɛʀ] adj involuntario(ria).

involontairement [ɛ̃vɔlɔ̃tɛʀmɑ̃] adv involuntariamente.

invoquer [3] [ɛ̃vɔke] vt **1.** [gén] invocar **2.** [excuse] alegar.

invraisemblable [ɛ̃vʀɛsɑ̃blabl] adj **1.** [événement, histoire] inverosímil ; [aplomb, mémoire] increíble **2.** [chapeau, tenue] extravagante.

invraisemblance [ɛ̃vʀɛsɑ̃blɑ̃s] nf inverosimilitud *f*.

invulnérabilité [ɛ̃vylneʀabilite] nf invulnerabilidad *f*.

invulnérable [ɛ̃vylneʀabl] adj invulnerable.

iode [jɔd] nm yodo *m*.

iodé, e [jɔde] adj yodado(da).

ion [jɔ̃] nm ion *m*.

iota [jɔta] nm inv ápice *m* ▸ **ne pas changer / bouger d'un iota** no cambiar / ceder (ni) un ápice.

IPC (*abr de* **indice des prix à la consommation**) nm IPC *m*.

ippon [ipɔn] nm [au judo] ippon *m*.

Ipsos [ipsos] npr *empresa francesa de sondeos de opinión*.

IR (*abr de* **infrarouge**) adj IR.

IRA [iʀa] (*abr de* **Irish Republican Army**) nf IRA *m* / *l'aile politique de l'IRA* el brazo político del IRA.

irai ⟶ **aller**.

Irak, Iraq [iʀak] nm ▸ **l'Irak** Irak, Iraq.

irakien, enne, iraquien, enne [iʀakjɛ̃, ɛn] adj iraquí. ◆ **irakien, iraquien** nm LING iraquí *m*. ◆ **Irakien, enne, Iraquien, enne** nm, f iraquí *mf*.

Iran [iʀɑ̃] nm ▸ **l'Iran** Irán.

iranien, enne [iʀanjɛ̃, ɛn] adj iraní. ◆ **iranien** nm LING iraniano *m*. ◆ **Iranien, enne** nm, f iraní *mf*.

Iraq = **Irak**.

iraquien = **irakien**.

irascible [iʀasibl] adj irascible.

iris [iʀis] nm **1.** BOT lirio *m* **2.** ANAT iris *m inv*.

irisé, e [iʀize] adj irisado(da).

Comment exprimer une invitation

- **Organizo una fiesta por mi cumpleaños el sábado 22. ¡Espero que vendrás!** *J'organise une fête pour mon anniversaire samedi 22. J'espère que tu viendras !*
- **¿Vienes a tomar algo después del trabajo?** *Tu viens boire un verre après le travail ?*
- **¿Hay un día de la semana que viene en que podamos almorzar juntos?** *Tu es libre à déjeuner un jour de la semaine prochaine ?*
- **Me preguntaba si a ti y a Alicia os apetecería venir a cenar un día de estos?** *Je me demandais si tu aimerais venir dîner un soir avec Alicia.*
- **¿Y por qué no vienes con nosotros a París?** *Pourquoi ne viendrais-tu pas avec nous à Paris ?*
- **¿Te tienta un partido de tenis?** *Une partie de tennis, ça te tente ?*

irish(-)coffee [ajRiʃkɔfi] (*pl* **irish coffees** *ou* **irish-coffees**) nm café *m* irlandés.

irlandais, e [iRlɑ̃dɛ, ɛz] adj irlandés(esa).
◆ **irlandais** nm LING irlandés *m*.
◆ **Irlandais, e** nm, f irlandés *m*, -esa *f*.

Irlande [iRlɑ̃d] nf ▸ **l'Irlande** Irlanda ▸ **l'Irlande du Nord** Irlanda del Norte ▸ **l'Irlande du Sud** República de Irlanda.

IRM [iɛRɛm] (*abr de* **Imagerie par Résonance Magnétique**) nf MÉD IRM *m o f* ▸ **passer une IRM** hacerse una IRM ▸ **une IRM du genou** una IRM de la rodilla.

ironie [iRɔni] nf ironía *f* ▸ **l'ironie du sort** la ironía del destino.

ironique [iRɔnik] adj irónico(ca).

ironiquement [iRɔnikmɑ̃] adv irónicamente.

ironiser [3] [iRɔnize] vi ▸ **ironiser sur qqch** ironizar sobre algo.

IRPP (*abr de* **impôt sur le revenu des personnes physiques**) nm IRPF *m*.

irracontable [iRakɔ̃tabl] adj = **inracontable**.

irradiation [iRadjasjɔ̃] nf **1.** [gén] irradiación *f*, radiación *f* **2.** MÉD radiación *f*.

irradier [9] [iRadje] ◆ vi **1.** [lumière, douleur] irradiar **2.** *fig* [sentiment] manifestarse. ◆ vt irradiar.

irraisonné, e [iRɛzɔne] adj [crainte] infundado(da) ; [geste] automático(ca).

irrationnel, elle [iRasjɔnɛl] adj irracional.

irrattrapable [iRatRapabl] adj [retard] irrecuperable ; [erreur] irreparable.

irréalisable [iRealizabl] adj irrealizable.

irréaliste [iRealist] adj irrealista, iluso(sa).

irréalité [iRealite] nf irrealidad *f*.

irrecevable [iRəsəvabl] adj inaceptable, inadmisible.

irréconciliable [iRekɔ̃siljabl] adj irreconciliable.

irrécupérable [iRekypeRabl] adj irrecuperable.

irrécusable [iRekyzabl] adj irrecusable.

irréductible [iRedyktibl] adj & nmf irreductible.

irréel, elle [iReɛl] adj irreal.

irréfléchi, e [iRefleʃi] adj irreflexivo(va).

irréfutable [iRefytabl] adj irrefutable.

irrégularité [iRegylaRite] nf irregularidad *f*.

irrégulier, ère [iRegylje, ɛR] adj irregular.

irrégulièrement [iRegyljɛRmɑ̃] adv de manera irregular, irregularmente.

irrémédiable [iRemedjabl] adj irremediable.

irrémédiablement [iRemedjabləmɑ̃] adv sin remedio, irremediablemente.

irremplaçable [iRɑ̃plasabl] adj irremplazable, insustituible.

irréparable [iRepaRabl] ◆ adj irreparable. ◆ nm ▸ **commettre l'irréparable** cometer lo irreparable.

irrépressible [iRepResibl] adj irreprimible.

irréprochable [iRepRɔʃabl] adj intachable, irreprochable.

irrésistible [iRezistibl] adj **1.** [gén] irresistible **2.** [amusant] desternillante.

irrésistiblement [iRezistibləmɑ̃] adv irresistiblemente.

irrésolu, e [iRezɔly] adj **1.** [personne] irresoluto(ta) **2.** [problème] sin resolver.

irrespectueux, euse [iRɛspɛktɥø, øz] adj ▸ **irrespectueux envers** irrespetuoso con.

irrespirable [iRɛspiRabl] adj irrespirable.

irresponsable [iRɛspɔ̃sabl] ◆ adj **1.** [gén] irresponsable **2.** DR no responsable ante la ley. ◆ nmf irresponsable *mf*.

irrévérencieux, euse [iReveRɑ̃sjø, øz] adj irreverente.

irréversible [iRevɛRsibl] adj irreversible.

irrévocabilité [iRevɔkabilite] nf irrevocabilidad *f*.

irrévocable [iRevɔkabl] adj irrevocable.

irrévocablement [iRevɔkabləmɑ̃] adv irrevocablemente.

irrigation [iRigasjɔ̃] nf irrigación *f*.

irriguer [3] [iRige] vt irrigar.

irritabilité [iRitabilite] nf irritabilidad *f*.

irritable [iRitabl] adj irritable.

irritant, e [iRitɑ̃, ɑ̃t] adj irritante.

irritation [iRitasjɔ̃] nf irritación *f*.

irriter [3] [iRite] vt irritar. ◆ **s'irriter** vp irritarse ▸ **s'irriter contre qqn** enfadarse con alguien ▸ **s'irriter de qqch** irritarse por algo.

irruption [iRypsjɔ̃] nf **1.** [invasion, entrée] irrupción *f* ▸ **faire irruption dans** hacer irrupción en, irrumpir en **2.** [débordement] desbordamiento *m* ▸ **irruption des eaux** desbordamiento de las aguas.

ISBN (*abr de* **International standard book number**) nm ISBN *m*.

ISF (*abr de* **impôt de solidarité sur la fortune**) nm *impuesto patrimonial francés* ▸ **être soumis à l'ISF** estar sometido al ISF ▸ **payer l'ISF** pagar el ISF.

islam [islam] nm RELIG islam *m*. ◆ **Islam** nm ▸ **l'Islam** el Islam.

Islamabad [islamabad] npr Islamabad.

islamique [islamik] adj islámico(ca).

islamisation [islamizasjɔ̃] nf islamización *f*.

islamiser [3] [islamize] vt islamizar.

islamisme [islamism] nm islamismo *m*.

islamiste [islamist] adj & nmf islamista.

islamophobie [islamɔfɔbi] nf islamofobia *f*.

islandais, e [islɑ̃dɛ, ɛz] adj islandés(esa).
◆ **islandais** nm LING islandés *m*.
◆ **Islandais, e** nm, f islandés *m*, -esa *f*.

Islande [islɑ̃d] npr f ▸ **l'Islande** Islandia.

ISO (*abr de* **International Standards Organization**) adj inv ISO ▸ **la norme ISO** la norma ISO ▸ **la certification ISO** la certificación ISO.

isocèle [izɔsɛl] adj isósceles *(inv)*.

isolant, e [izɔlɑ̃, ɑ̃t] adj aislante. ◆ **isolant** nm aislante *m*.

isolateur, trice [izɔlatœʀ, tʀis] adj aislador(ra). ◆ **isolateur** nm aislador *m*.

isolation [izɔlasjɔ̃] nf aislamiento *m* ▸ **isolation phonique / thermique** aislamiento acústico / térmico.

isolationnisme [izɔlasjɔnism] nm aislacionismo *m*.

isolationniste [izɔlasjɔnist] adj & nmf aislacionista.

isolé, e [izɔle] adj aislado(da).

isolement [izɔlmɑ̃] nm aislamiento *m*.

isolément [izɔlemɑ̃] adv aisladamente.

isoler [3] [izɔle] vt aislar. ◆ **s'isoler** vp aislarse ▸ **s'isoler de qqch** aislarse de algo.

isoloir [izɔlwaʀ] nm cabina *f* electoral.

isotherme [izɔtɛʀm] ◆ adj isotermo(ma). ◆ nf isoterma *f*.

Israël [isʀaɛl] npr Israel.

israélien, enne [isʀaeljɛ̃, ɛn] adj israelí. ◆ **Israélien, enne** nm, f israelí *mf*.

israélite [isʀaelit] adj israelita. ◆ **Israélite** nmf israelita *mf*.

issu, e [isy] adj ▸ **issu de qqch** a) [résultat] resultante de algo b) [descendant] descendiente de algo. ◆ **issue** nf **1.** [sortie] salida *f* ▸ **sans issue** sin salida ▸ **issue de secours** salida de emergencia **2.** [résultat] resultado *m* ▸ **issue fatale** desenlace *m* fatal ▸ **heureuse issue** desenlace *m* feliz **3.** [terme] final *m* ▸ **à l'issue de qqch** al final de algo.

Istanbul [istɑ̃bul] npr Estanbul.

isthme [ism] nm istmo *m*.

Italie [itali] npr f ▸ **l'Italie** Italia.

italien, enne [italjɛ̃, ɛn] adj italiano(na). ◆ **italien** nm LING italiano *m*. ◆ **Italien, enne** nm, f italiano *m*, -na *f*.

italique [italik] nm cursiva *f* ▸ **en italique** en cursiva.

itinéraire [itineʀɛʀ] nm itinerario *m* ▸ **itinéraire bis** itinerario alternativo.

itinérant, e [itineʀɑ̃, ɑ̃t] adj **1.** [spectacle, troupe] itinerante **2.** [ambassadeur] ambulante.

itou [itu] adv *fam* también / ***et moi itou*** y yo también.

ITP nm *abr de* **ingénieur des travaux publics**.

IUFM (*abr de* **institut universitaire de formation des maîtres**) nm *escuela de prácticas para la formación de profesores* / ***elle a fait l'IUFM*** ha estudiado en el IUFM.

IUP (*abr de* **institut universitaire professionnel**) nm *escuela universitaria de formación profesional a la cual se accede tras haber cursado un año universitario.*

IUT (*abr de* **institut universitaire de technologie**) nm *escuela técnica universitaria.*

IVG (*abr de* **interruption volontaire de grossesse**) IVE, interrupción voluntaria del embarazo / ***des commandos anti-IVG*** comandos antiabortistas / ***pratiquer une IVG*** practicar un aborto.

ivoire [ivwaʀ] nm **1.** [gén] marfil *m* **2.** [objet] objeto *m* de marfil.

ivoirien, enne [ivwaʀjɛ̃, ɛn] adj de Costa de Marfil. ◆ **Ivoirien, enne** nm, f marfilense.

ivre [ivʀ] adj borracho(cha) ▸ **ivre de** [joie, colère] borracho(cha) de ▸ **ivre mort** borracho perdido.

ivresse [ivʀɛs] nf **1.** [ébriété] embriaguez *f* **2.** *fig* [euphorie] borrachera *f*.

ivrogne [ivʀɔɲ] adj & nmf borracho(cha).

ivrognerie [ivʀɔɲʀi] nf hábito *m* de beber.

J

j, J [ʒi] nm inv [lettre] j *f*, J *f*. ◆ **J 1.** (*abr écrite de* **joule**) J **2.** (*abr écrite de* **jour**) D ▸ **le jour J** el día D / *demain, c'est le jour J, on part !* mañana es el día D, ¡nos vamos!

j' ⟶ **je**.

jabot [ʒabo] nm **1.** [d'oiseau] buche *m* **2.** [de chemise] chorrera *f*, pechera *f*.

jacassement [ʒakasmɑ̃] nm *péj* cotorreo *m*.

jacasser [3] [ʒakase] vi **1.** [pie] chirriar **2.** *péj* [personne] cotorrear.

jachère [ʒaʃɛʀ] nf ▸ **en jachère** en barbecho.

jacinthe [ʒasɛ̃t] nf jacinto *m*.

jackpot [dʒakpɔt] nm **1.** jackpot *m* **2.** EXPR **toucher** ou **décrocher le jackpot** *fig* ganar ou llevarse el jackpot.

jacobin, e [ʒakɔbɛ̃, in] adj jacobino(na). ◆ **Jacobin** nm HIST jacobino *m*.

jacquard [ʒakaʀ] nm [pull] jersey *m* de rombos ; [motif] jacquard *m*.

Jacuzzi® [ʒakuzi] nm jacuzzi *m*.

jade [ʒad] nm jade *m*.

jadis [ʒadis] adv antaño.

jaguar [ʒagwaʀ] nm jaguar *m*.

jaillir [32] [ʒajiʀ] vi ▸ **jaillir de a)** [gén] surgir de **b)** [liquide] brotar de.

jais [ʒɛ] nm azabache *m* ▸ **noir de jais** negro como el azabache.

Jakarta = **Djakarta**.

jalon [ʒalɔ̃] nm jalón *m* ▸ **poser les (premiers) jalons de** poner la primera piedra de.

jalonner [3] [ʒalɔne] vt [chemin, route] jalonar, amojonar ▸ **jalonné de** [bordé de] jalonado de.

jalouse ⟶ **jaloux**.

jalousement [ʒaluzmɑ̃] adv celosamente.

jalouser [3] [ʒaluze] vt envidiar.

jalousie [ʒaluzi] nf **1.** [envie] envidia *f* ▸ **être malade** ou **crever de jalousie** morirse de envidia **2.** [en amour] celos *mpl* **3.** [store] celosía *f*.

jaloux, ouse [ʒalu, uz] adj celoso(sa) ▸ **jaloux de a)** [envieux] envidioso de **b)** [en amour, attaché] celoso de.

jamaïquain, e, jamaïcain, e [ʒamaikɛ̃, ɛn] adj jamaicano(na). ◆ **Jamaïquain, e, Jamaïcain, e** nm, f jamaicano *m*, -na *f*.

Jamaïque [ʒamaik] nf ▸ **la Jamaïque** Jamaica.

jamais [ʒamɛ] ◆◆ adv

1. [sens négatif] nunca ▸ **ne… jamais** no… nunca / *je ne reviendrai jamais* no volveré nunca ▸ **jamais… ne** nunca… / *jamais je ne reviendrai* nunca volveré ▸ **ne… plus jamais** no… nunca más / *je ne reviendrai plus jamais* no volveré nunca más ▸ **jamais plus… ne** nunca más… / *jamais plus je ne viendrai* nunca más vendré ▸ **plus jamais !** ¡nunca más! ▸ **jamais de la vie !** ¡en la vida! ▸ **sans jamais** (+ *infinitif*) sin (+ *infinitif*) / *il travaille sans jamais s'arrêter* trabaja sin parar

2. [sens positif] alguna vez / *as-tu jamais rien vu de pareil ?* ¿has visto alguna vez una cosa igual? / *je doute de jamais y parvenir* dudo que lo consiga alguna vez ▸ **plus que jamais** más que nunca / *il l'aime plus que jamais* la quiere más que nunca ▸ **si jamais** si alguna vez / *si jamais tu le vois* si llegas a verlo

◆ **à jamais** loc adv *sout* para siempre.

◆ **pour jamais** loc adv *sout* para siempre.

jamais-vu [ʒamɛvy] nm inv : *c'est du jamais-vu à Marseille !* ¡es lo nunca visto en Marsella! / *c'est du jamais-vu sur Internet* ¡es lo nunca visto en internet!

jambage [ʒɑ̃baʒ] nm palo *m* (*de una letra*).

jambe [ʒɑ̃b] nf pierna *f* ESP, canilla *f* AM ▸ **ça me fait une belle jambe !** *fam* ¡y a mí qué! ▸ **courir à toutes jambes** correr que se las pela ▸ **s'enfuir à toutes jambes** salir por piernas ▸ **prendre ses jambes à son cou** poner pies en polvorosa ▸ **tenir la jambe à qqn** *fam* enrollarse con alguien.

jambières [ʒɑ̃bjɛʀ] nfpl espinilleras *fpl*.

jambon [ʒɑ̃bɔ̃] nm jamón *m* ▸ **jambon blanc** jamón (de) York ▸ **jambon cru** ou **de Bayonne** jamón serrano ▸ **jambon fumé** jamón ahumado ▸ **jambon de Parme** jamón de Parma (*jamón serrano*).

jambonneau, x [ʒɑ̃bɔno] nm codillo *m* de jamón, lacón *m*.

jante [ʒɑ̃t] nf llanta *f*.

janvier [ʒɑ̃vje] nm enero *m*. *Voir aussi* **septembre**.

Japon [ʒapɔ̃] npr : *le Japon* (el) Japón.

japonais, e [ʒapɔnɛ, ɛz] adj japonés(esa).

◆ **japonais** nm LING japonés *m*.

◆ **Japonais, e** nm, f japonés *m*, -esa *f*.

jappement [ʒapmɑ̃] nm ladrido *m*.

japper [3] [ʒape] vi ladrar.

jaquette [ʒakɛt] nf **1.** [vêtement - d'homme] chaqué *m* ; [- de femme] chaqueta *f* ESP, saco *m* AM ▸ **être de la jaquette** *fig* & *péj* tener un ramalazo **2.** [de livre] sobrecubierta *f*.

jardin [ʒaʀdɛ̃] nm jardín *m* ▸ **jardin d'agrément** jardín ▸ **jardin d'enfants** jardín de infancia ▸ **jardin potager** huerto *m* ▸ **jardin public** parque *m* público.

jardinage [ʒaʀdinaʒ] nm jardinería *f*.

jardiner [3] [ʒaʀdine] vi trabajar en el jardín.

jardinet [ʒaʀdinɛ] nm jardincillo *m*.

jardinier, ère [ʒaʀdinje, ɛʀ] nm, f jardinero *m*, -ra *f*. ◆ **jardinière** nf [bac à fleurs] jardinera *f*. ◆ **jardinière de légumes** nf ≃ menestra *f* de verduras.

jargon [ʒaʀgɔ̃] nm jerga *f*.

jarre [ʒaʀ] nf tinaja *f*.

jarret [ʒaʀɛ] nm **1.** ANAT corva *f* **2.** CULIN jarrete *m*.

jarretelle [ʒaʀtɛl] nf liga *f*.

jarretière [ʒaʀtjɛʀ] nf liga *f*.

jars [ʒaʀ] nm ganso *m*.

jaser [3] [ʒaze] vi **1.** [médire] cotillear **2.** [bavarder] charlar.

jasmin [ʒasmɛ̃] nm jazmín *m*.

jaspé, e [ʒaspe] adj jaspeado(da).

jatte [ʒat] nf cuenco *m*.

jauge [ʒoʒ] nf indicador *m* ▸ **jauge de niveau d'huile** varilla *f* de nivel de aceite.

jauger [17] [ʒoʒe] vt juzgar.

jaunâtre [ʒonatʀ] adj **1.** [papier, lumière] amarillento(ta) ESP, amarilloso(sa) AM **2.** [teint, figure] cetrino(na).

jaune [ʒon] ❖ adj amarillo(lla). ❖ nm **1.** [couleur] amarillo *m* ▸ **jaune canari** amarillo canario **2.** *péj* [briseur de grève] esquirol *m*. ❖ adv ▸ **rire jaune** reír de dientes para afuera. ◆ **jaune d'œuf** nm yema *f* de huevo.

jaunir [32] [ʒoniʀ] ❖ vi amarillear. ❖ vt poner amarillo.

jaunisse [ʒonis] nf MÉD ictericia *f* ▸ **en faire une jaunisse** a) *fam* [de jalousie] ponerse verde de envidia b) [de déception] estar negro(gra).

jaunissement [ʒonismɑ̃] nm amarilleo *m*.

java [ʒava] nf [danse] java *f* ▸ **faire la java** *fam* montarse una juerga.

Java [ʒava] npr Java.

javanais, e [ʒavanɛ, ɛz] adj javanés(esa). ◆ **javanais** nm LING javanés *m*. ◆ **Javanais, e** nm, f javanés *m*, -esa *f*.

Javel [ʒavɛl] nf ▸ **(eau de) Javel** lejía *f*.

javelliser [3] [ʒavelize] vt esterilizar con lejía.

javelot [ʒavlo] nm jabalina *f*.

jazz [dʒaz] nm jazz *m*.

jazzy [dʒazi] adj inv *fam* jazzy *(inv)*.

J-C (*abr écrite de* **Jésus-Christ**) J.C., JC.

je [ʒə] *(j' devant voyelle ou 'h' muet)* pron pers yo / *je viendrai demain* vendré mañana / *que dois-je faire ?* ¿qué debo hacer? ▸ **je soussigné / soussignée** el / la abajo firmante.

jean [dʒin], **jeans** [dʒins] nm vaqueros *mpl*, tejanos *mpl*.

Jeanne d'Arc [ʒandaʀk] npr f Juana de Arco.

Jeep® [dʒip] nf jeep® *m*.

je-m'en-foutisme [ʒmɑ̃futism] nm *fam* pasotismo *m*.

je-m'en-foutiste [ʒmɑ̃futist] (*pl* **je-m'en-foutistes**) ❖ adj *tfam* pasota / *elle est très je-m'en-foutiste* le da igual todo, pasa de todo. ❖ nmf pasota *mf*.

je-ne-sais-quoi [ʒənsɛkwa] nm inv : *un je-ne-sais-quoi* un no sé qué.

jérémiades [ʒeʀemjad] nfpl lloriqueos *mpl*, jeremiadas *fpl*.

jerrycan, jerrican [ʒeʀikan] nm bidón *m*.

jersey [ʒɛʀzɛ] nm punto *m (tela)*.

Jersey [ʒɛʀzɛ] npr Jersey.

Jérusalem [ʒeʀyzalɛm] npr Jerusalén.

jésuite [ʒezɥit] ❖ nm **1.** RELIG jesuita *m* **2.** *péj* [hypocrite] hipócrita *m*. ❖ adj RELIG jesuita.

Jésus-Christ [ʒezykʀi] npr Jesucristo.

jet¹ [ʒɛ] nm **1.** [jaillissement] chorro *m* ▸ **premier jet** *fig* primer bosquejo *m* ▸ **jet d'eau** surtidor *m* **2.** [de javelot] lanzamiento *m* **3.** EXPR **d'un seul jet** de un tirón.

jet² [dʒɛt] nm jet *m*.

jetable [ʒətabl] adj desechable.

jeté [ʒəte] ◆ **jeté de lit** nm colcha *f*. ◆ **jeté de table** nm tapete *m*.

jetée [ʒəte] nf espigón *m*.

jeter [27] [ʒəte] vt **1.** [gén] tirar ▸ **jeter qqch à qqn** tirar algo a alguien ▸ **jeter qqn dehors** echar a alguien (fuera) ▸ **jeter qqn en prison** meter a alguien en la cárcel ▸ **jeter l'argent par les fenêtres** tirar el dinero por la ventana **2.** [mettre rapidement] echarse / *jeter un manteau sur ses épaules* echarse un abrigo sobre los hombros **3.** EXPR **ça a jeté un froid** cayó como una bomba ▸ **en jeter** *fam* molar / *elle en jette ta moto !* ¡cómo mola tu moto! ◆ **se jeter** vp ▸ **se jeter dans** a) [suj : rivière] desembocar en b) [suj : personne] echarse en ▸ **se jeter à l'eau** a) tirarse al agua b) *fig* [se décider] liarse la manta a la cabeza ▸ **se jeter sur qqn / sur qqch** lanzarse sobre alguien / sobre algo.

je t'm (*abr écrite de* **je t'aime**) SMS tq, tk *(te quiero)*.

jeton [ʒətɔ̃] nm **1.** [de jeu, de téléphone] ficha *f* **2.** EXPR **avoir les jetons** *fam* estar cagado(da) (de miedo). ◆ **faux jeton** nm [personne] falsa moneda *f*, hipócrita *mf*. ◆ **jeton de présence** nm plus *m* de asistencia.

jet-set [dʒɛtsɛt] nf jet (set) *f*.

Jet-ski® [dʒɛtski] nm moto *f* acuática.

jette ⟶ **jeter**.

jetterai ⟶ **jeter**.

jeu, x [ʒø] nm **1.** [gén] juego *m* ▸ **jeu de cartes** a) [divertissement] juego de cartas ou de naipes b) [paquet] baraja *f* ▸ **jeu de hasard / de l'oie / de société** juego de azar / de la oca / de sociedad ▸ **jeu télévisé** concurso *m* televisivo ▸ **jeu vidéo** videojuego *m* ▸ **avoir beau jeu de faire qqch** ser fácil hacer algo (para alguien) ▸ **cacher son jeu** tenérselo bien guardado ▸ **c'est un jeu d'enfant** es un juego de niños ▸ **en/hors jeu** en/fuera de juego ▸ **entrer dans le jeu de qqn** seguir el juego a alguien ▸ **entrer en jeu** entrar en juego ▸ **être en jeu** estar en juego ▸ **être pris à son propre jeu** caer en su propia trampa ▸ **jouer le jeu** *fig* seguir el juego ▸ **par jeu** para divertirse ▸ **mettre qqch en jeu** [argent, carrière] poner algo en juego ▸ **se piquer** OU **se prendre au jeu** picar el anzuelo ▸ **voir clair dans le jeu de qqn** adivinar los intereses de alguien **2.** MUS ejecución *f*; THÉÂTRE actuación *f*, interpretación *f* **3.** EXPR **être vieux jeu** estar chapado a la antigua. ◆ **jeu d'échecs** nm ajedrez *m*. ◆ **jeu d'écriture** nm traspaso *m* de cuentas. ◆ **jeu de mots** nm juego *m* de palabras.

jeudi [ʒødi] nm jueves *m inv*. *Voir aussi* **samedi.** ◆ **Jeudi saint** nm Jueves *m* Santo.

jeun [ʒœ̃] ◆ **à jeun** loc adv en ayunas.

jeune [ʒœn] ❖ nmf joven *mf* ▸ **les jeunes** la juventud. ❖ adj joven ▸ **jeune homme** joven *m*, chico *m* ▸ **jeune diplômé** recién licenciado, recién graduado ▸ **jeune femme** joven *f*, chica *f* ▸ **jeune fille** muchacha *f* ▸ **jeunes gens** jóvenes *mpl*. ❖ adv ▸ **faire jeune** a) [personne] parecer joven b) [coiffure, etc.] quitar años ▸ **s'habiller jeune** vestirse juvenil.

jeûne [ʒøn] nm ayuno *m*.

jeûner [3] [ʒøne] vi ayunar.

jeunesse [ʒœnɛs] nf juventud *f* ▸ **la jeunesse dorée** la juventud dorada ▸ **avoir une seconde jeunesse** vivir una segunda juventud ▸ **il faut que jeunesse se passe** hay que aceptar lo propio de la juventud ▸ **n'être plus de la première jeunesse** no ser ya muy joven.

jeunot, otte [ʒœno, ɔt] *fam* ❖ adj jovencito(ta). ❖ nm, f jovencito *m*, -ta *f* / *un petit jeunot* un jovencito.

JF, jf (*abr écrite de* **jeune fille**) Srta.

JH *abr écrite de* **jeune homme**.

jingle [dʒingœl] nm RADIO & TV jingle *m*.

JO ❖ nm (*abr de* **Journal officiel**) ≃ BOE *m* ▸ **paraître au JO** ≃ ser publicado en el BOE. ❖ nmpl (*abr de* **jeux Olympiques**) JJOO *mpl* / *le Comité d'organisation des JO de 2008* el Comité Organizador de los JJOO de 2008.

joaillerie [ʒɔajʀi] nf joyería *f*.

joaillier, ère [ʒɔaje, ɛʀ] nm, f joyero *m*, -ra *f*.

job [dʒɔb] nm *fam* curro *m*.

jobard, e [ʒɔbaʀ, aʀd] adj *fam* pánfilo(la).

jockey [ʒɔkɛ] nm jockey *m*.

joggeur, euse [dʒɔgœʀ, øz] nm, f corredor *m*, -ra *f* de jogging OU footing.

jogging [dʒɔgiŋ] nm **1.** [sport] jogging *m*, footing *m* ▸ **faire du jogging** hacer footing **2.** [vêtement] chándal *m* ESP, buzo *m* AM.

Johannesbourg [ʒɔanɛsbuʀ] npr Johanesburgo.

joie [ʒwa] nf alegría *f* ▸ **avec joie** con gusto ▸ **joie de vivre** alegría de vivir ▸ **se faire une joie de faire qqch** alegrarse de hacer algo.

joignable [ʒwaɲabl] adj localizable.

joignais ⟶ **joindre**.

joindre [82] [ʒwɛ̃dʀ] vt **1.** [rapprocher] juntar **2.** [adjoindre & INFORM] adjuntar ▸ **joindre un fichier à un message électronique** adjuntar un archivo a un mensaje **3.** [par téléphone] localizar. ◆ **se joindre** vp ▸ **se joindre à qqn** unirse a alguien.

joins ⟶ **joindre**.

joint, e [ʒwɛ̃, ɛ̃t] ❖ adj junto(ta). ❖ pp ⟶ **joindre.** ❖ nm **1.** [d'étanchéité] junta *f* ▸ **joint de culasse** junta de culata **2.** *fam* [de drogue] porro *m*.

jointure [ʒwɛ̃tyʀ] nf [gén] juntura *f*, unión *f*; ANAT coyuntura *f*.

joint venture [dʒɔjntvɛntʃəʀ] nf empresa *f* conjunta.

jojo [ʒoʒo] *fam* ❖ adj inv : *ne pas être jojo* ser OU estar feo. ❖ nm ▸ **un affreux jojo** un niño tremendo.

joker [ʒɔkɛʀ] nm comodín *m*, jóker *m*.

joli, e [ʒɔli] adj **1.** [gén] bonito(ta) ESP, lindo(da) AM **2.** [situation, somme] bueno(na) **3.** EXPR **c'est bien joli, mais…** está muy bien, pero… ▸ **c'est du joli travail !** *iron* ¡menudo trabajo!

joliment [ʒɔlimɑ̃] adv **1.** [agréablement] muy bien **2.** *iron* [emploi expressif] : *elle les a joliment eus !* ¡qué bien los ha engañado! **3.** *fam* [beaucoup] maravillosamente.

jonc [ʒɔ̃] nm junco *m*.

joncher [3] [ʒɔ̃ʃe] vt cubrir ▸ **être jonché de** estar cubierto de.

jonction [ʒɔ̃ksjɔ̃] nf [de routes] confluencia *f*.

jongler [3] [ʒɔ̃gle] vi hacer malabarismos ▸ **jongler avec qqch** *fig* hacer malabarismos con algo.

jongleur, euse [ʒɔ̃glœʀ, øz] nm, f malabarista *mf*.

jonquille [ʒɔ̃kij] nf junquillo *m*.

Jordanie [ʒɔʀdani] npr ▸ **la Jordanie** Jordania.

jordanien, enne [ʒɔʀdanjɛ̃, ɛn] adj jordano(na). ◆ **Jordanien, enne** nm, f jordano *m*, -na *f*.

jouable [ʒwabl] adj **1.** [situation] viable **2.** SPORT [court] en buenas condiciones (para jugar).

joual [ʒwal] nm QUÉBEC *habla popular de los canadienses francófonos*.

joue [ʒu] nf mejilla *f* ESP, cachete *m* AM ▸ **tenir** OU **mettre qqn en joue** apuntar hacia alguien.

jouer [6] [ʒwe] ❖ vi **1.** [s'amuser] jugar ▸ **jouer à qqch** jugar a algo ▸ **jouer avec qqn/avec qqch** jugar con alguien/con algo ▸ **à quoi joues-tu ?** *fig* ¿a qué juegas? ▸ **jouer au plus fin** OU **plus malin avec qqn** hacerse el listillo con alguien **2.** CINÉ & THÉÂTRE actuar **3.** MUS tocar ▸ **jouer du piano/de la guitare** tocar el piano/la guitarra **4.** *fig* [feindre] ▸ **jouer à** dárselas de / *jouer au dur* dárselas de valiente **5.** [bois] hincharse **6.** [pièce] tener holgura. ◆ vt **1.** [carte] jugar **2.** [hasarder, risquer] ▸ **jouer qqch** [vie, réputation] jugarse algo **3.** [pièce, rôle] representar **4.** [film] dar, poner **5.** EXPR **(se) la jouer** *fam* dárselas de / *il se la joue modeste* se las da de modesto. ◆ **se jouer** vp **1.** [gén] jugarse ; [auteur, pièce] representarse ; [film] pasar ; *fig* [drame] tener lugar **2.** *sout* ▸ **se jouer de qqn** reírse de alguien ▸ **se jouer de qqch** pasar algo por alto.

jouet [ʒwɛ] nm juguete *m* ▸ **être le jouet de qqn** *fig* ser el juguete de alguien.

joueur, euse [ʒwœʀ, øz] nm, f jugador *m*, -ra *f* ▸ **être beau / mauvais joueur** ser buen / mal perdedor ▸ **joueur de tennis** tenista *m*.

joufflu, e [ʒufly] adj mofletudo(da).

joug [ʒu] nm yugo *m*.

jouir [32] [ʒwiʀ] vi **1.** [apprécier, bénéficier] ▸ **jouir de qqch** disfrutar de algo **2.** [sexuellement] gozar.

jouissance [ʒwisɑ̃s] nf **1.** DR [de bien] disfrute *m* **2.** [sexuelle] goce *m*.

jouissif, ive [ʒwisif, iv] adj *tfam* : *c'est jouissif !* ¡es una gozada!

joujou, x [ʒuʒu] nm juguete *m*.

> **jour** [ʒuʀ]
>
> ◆ nm
>
> día *m* ▸ **au petit jour** al amanecer ▸ **de jour** de día ▸ **de jour en jour** de día en día ▸ **de nos jours** hoy en día ▸ **du jour au lendemain** de la noche a la mañana ▸ **d'un jour à l'autre** de un día para otro ▸ **en plein jour** a plena luz del día ▸ **il fait jour** es de día ▸ **il fait jour à six heures** amanece a las seis ▸ **jour après jour** día tras día ▸ **jour et nuit** día y noche ▸ **jour pour jour** el mismo día *(de otro año, mes, etc.)* ▸ **l'autre jour** el otro día ▸ **le jour de l'an** el día de Año Nuevo ▸ **le jour J** el día D ▸ **le jour où** el día (en) que ▸ **un beau jour** un buen día ▸ **un de ces jours** un día de éstos ▸ **jour de congé** día de descanso ou libre ▸ **jour de fête** día de fiesta ▸ **jour férié** día festivo ▸ **jour ouvrable** día laborable ▸ **étaler au grand jour** sacar a plena luz ▸ **être à jour** estar al día ▸ **donner le jour à** dar a luz a ▸ **mettre qqch à jour** poner algo al día ▸ **percer qqn à jour** desenmascarar a alguien ▸ **se faire jour** salir a la luz ▸ **sous un jour nouveau** bajo otra luz.

journal, aux [ʒuʀnal, o] nm **1.** [publication] periódico *m* **2.** TV ▸ **journal (télévisé)** telediario *m* **3.** [carnet] diario *m* ▸ **journal de bord** diario de a bordo ▸ **journal intime** diario íntimo. ◆ **Journal officiel** nm ▸ **le Journal officiel de la République française** *el boletín oficial del Estado francés.*

> ⚠ **Jornal** est un faux ami, il ne signifie pas *journal*, mais « salaire journalier ».

> **Le Journal officiel**
>
> En este boletín, llamado a menudo **JO**, se hacen públicas las informaciones sobre las nuevas leyes, así como los resúmenes sobre los debates parlamentarios. También figuran en él todas las decisiones importantes que toma el Estado. Las empresas de nueva creación están obligadas a publicar un anuncio oficial en el **Journal officiel**.

journalier, ère [ʒuʀnalje, ɛʀ] adj diario(ria).

journalisme [ʒuʀnalism] nm periodismo *m*.

journaliste [ʒuʀnalist] nmf periodista *mf*.

journalistique [ʒuʀnalistik] adj periodístico(ca).

journée [ʒuʀne] nf día *m* ; [de travail] jornada *f* ▸ **faire la journée continue** hacer jornada continua ou intensiva.

journellement [ʒuʀnɛlmɑ̃] adv diariamente.

joute [ʒut] nf justa *f*.

jouxter [3] [ʒukste] vt lindar con.

jovial, e, aux [ʒɔvjal, o] adj jovial.

jovialité [ʒɔvjalite] nf jovialidad *f*.

joyau, x [ʒwajo] nm joya *f*.

joyeusement [ʒwajøzmɑ̃] adv alegremente.

joyeux, euse [ʒwajø, øz] adj alegre.

joystick [dʒɔjstik] nm joystick *m*.

JPEG [ʒipeg] nm INFORM JPEG *m*.

JT [ʒite] (*abr de* **journal télévisé**) nm telediario *m* ▸ **regarder le JT de 20 heures** ver el telediario de las ocho.

jubilation [ʒybilasjɔ̃] nf júbilo *m*.

jubilatoire [ʒybilatwaʀ] adj jubiloso(sa) / *film jubilatoire* película jubilosa.

jubilé [ʒybile] nm [anniversaire] cincuenta aniversario *m* ; RELIG jubileo *m*.

jubiler [3] [ʒybile] vi *fam* entusiasmarse.

> ⚠ **Jubilar** est un faux ami, il ne signifie pas *jubiler*, mais « mettre à la retraite ».

jucher [3] [ʒyʃe] vt ▸ **jucher qqn sur qqch** encaramar a alguien a algo. ◆ **se jucher** vp ▸ **se jucher sur qqch** encaramarse a ou sobre algo.

judaïque [ʒydaik] adj judaico(ca).

judaïsme [ʒydaism] nm judaísmo *m*.

judas [ʒyda] nm [de porte] mirilla *f*.

Judée [ʒyde] nf ▸ **la Judée** Judea.

judéo-chrétien, enne [ʒydeɔkʀetjɛ̃, ɛn] (*mpl* **judéo-chrétiens**, *fpl* **judéo-chrétiennes**) adj judeocristiano(na).

judiciaire [ʒydisjɛʀ] adj judicial.

judicieusement [ʒydisjøzmɑ̃] adv juiciosamente.

judicieux, euse [ʒydisjø, øz] adj juicioso(sa).

judo [ʒydo] nm judo *m*.

judoka [ʒydɔka] nmf SPORT judoka *mf*, yudoka *mf*.

juge [ʒyʒ] nm juez *m*, jueza *f* ▸ **juge d'enfants** juez de menores ▸ **juge d'instruction / de paix** juez de instrucción / de paz ▸ **juge de ligne** [au tennis] juez de línea ▸ **juge de touche** [au football] juez de línea.

jugé [ʒyʒe] ◆ **au jugé** loc adv a ojo de buen cubero.

jugement [ʒyʒmɑ̃] nm juicio *m* ▸ **jugement de valeur** juicio de valor. ◆ **Jugement dernier** nm ▸ **le Jugement dernier** el Juicio final.

jugeote [ʒyʒɔt] nf *fam* coco *m* ▸ **manquer de jugeote** no tener dos dedos de frente.

juger [17] [ʒyʒe] ❖ vt juzgar ▸ **juger que** estimar OU considerar que ▸ **juger qqch inutile / indispensable** juzgar algo inútil / indispensable ▸ **juger bon de faire qqch** juzgar oportuno hacer algo. ❖ vi ▸ **juger de qqch** apreciar algo ▸ **jugez de ma surprise** imagine mi sorpresa. ◆ **se juger** vp **1.** [personne] juzgarse **2.** [procès] tener lugar.

juguler [3] [ʒygyle] vt detener, cortar.

juif, juive [ʒɥif, ʒɥiv] adj judío(a). ◆ **Juif, Juive** nm, f judío *m*, -a *f*.

juillet [ʒɥijɛ] nm julio *m* ▸ **la fête du 14 Juillet** *fiestas del 14 de julio, día en que celebra la Toma de la Bastilla.* ***Voir aussi* septembre**.

La fête du 14 juillet

El 14 de julio se celebra la fiesta nacional francesa, conmemorando la Toma de la Bastilla por el pueblo durante la Revolución de 1789. En París, los festejos comienzan el 13 de julio con bailes al aire libre y continúan el día 14 con un desfile militar en los Campos Elíseos y un gran espectáculo de fuegos artificiales en la Torre Eiffel.

juilletiste [ʒɥijɛtist] nmf *veraneante que se toma las vacaciones en julio.*

juin [ʒɥɛ̃] nm junio *m*. ***Voir aussi* septembre**.

juive ⟶ **juif**.

juke-box [dʒukbɔks] nm inv juke-box *m*.

julienne [ʒyljɛn] nf picadillo *m*. ◆ **julienne de légumes** nf juliana *f*.

jumbo [dʒœmbo], **jumbo-jet** [dʒœmbodʒɛt] (*pl* **jumbo-jets**) nm jumbo *m*.

jumeau, elle, x [ʒymo, ɛl] ❖ adj gemelo(la). ❖ nm, f gemelo *m*, -la *f* ▸ **faux jumeaux** mellizos *mpl* ▸ **vrais jumeaux** gemelos. ◆ **jumelles** nfpl [en optique] gemelos *mpl*.

jumelage [ʒymlaʒ] nm hermanamiento *m*.

jumelé, e [ʒymle] adj **1.** [villes] hermanado(da) **2.** [roues] acoplado(da).

jumeler [24] [ʒymle] vt hermanar.

jumelle ⟶ **jumeau**.

jument [ʒymɑ̃] nf yegua *f*.

jungle [ʒœ̃gl] nf jungla *f*.

junior [ʒynjɔʀ] adj SPORT júnior.

junte [ʒœ̃t] nf junta *f (asamblea)*.

jupe [ʒyp] nf falda *f* ESP, pollera *f* AM.

jupe-culotte [ʒypkylɔt] (*pl* **jupes-culottes**) nf falda *f* pantalón.

jupette [ʒypɛt] nf minifalda *f*, pollerita *f* CSUR.

Jupiter [ʒypitɛʀ] npr Júpiter.

jupon [ʒypɔ̃] nm enagua *f*.

Jura [ʒyʀa] npr ▸ **le Jura** el Jura.

jurassien, enne [ʒyʀasjɛ̃, ɛn] adj **1.** [du Jura] del Jura **2.** [relief] jurásico(ca).

jurassique [ʒyʀasik] nm GÉOL ▸ **le jurassique** el jurásico.

juré[1] [ʒyʀe] nm miembro *m* del jurado.

juré[2]**, e** [ʒyʀe] adj [ennemi] jurado(da).

jurer [3] [ʒyʀe] ❖ vt jurar ▸ **jurer (à qqn) que...** jurar (a alguien) que... ▸ **jurer qqch à qqn** jurar algo a alguien ▸ **jurer de faire qqch** jurar hacer algo ▸ **je le jure** lo juro ▸ **je vous le jure !** ¡se lo juro! / *quel idiot, je te jure ! fam* ¡joder, qué tonto! ▸ **ne plus jurer que par qqn** hacer caso sólo de alguien ▸ **ne plus jurer que par qqch** sólo creer en algo. ❖ vi **1.** [blasphémer] jurar **2.** [couleurs] no pegar ▸ **jurer avec qqch** no pegar con algo.
◆ **se jurer** vp ▸ **se jurer qqch** jurarse algo.

juridiction [ʒyʀidiksjɔ̃] nf jurisdicción *f*.

juridictionnel, elle [ʒyʀidiksjɔnɛl] adj jurisdiccional.

juridique [ʒyʀidik] adj jurídico(ca).

juridiquement [ʒyʀidikmɑ̃] adv jurídicamente.

jurisprudence [ʒyʀispʀydɑ̃s] nf jurisprudencia *f* ▸ **faire jurisprudence** sentar jurisprudencia.

juriste [ʒyʀist] nmf jurista *mf*.

juron [ʒyʀɔ̃] nm juramento *m*.

jury [ʒyʀi] nm **1.** DR jurado *m (asamblea)* **2.** SCOL tribunal *m*.

jus [ʒy] nm **1.** [de fruits] zumo *m* ▸ **jus d'orange / de pomme** zumo de naranja / de manzana ▸ **jus de raisin** mosto *m* **2.** [de légumes] caldo *m* ; [de viande] salsa *f*.

jusqu'au-boutiste [ʒyskobutist] nmf extremista *mf*, radical *mf*.

jusque [ʒysk(ə)] (***jusqu'*** *devant voyelle ou 'h' muet*) ◆ **jusqu'à** loc prép **1.** [sens temporel] hasta ▸ **jusqu'à nouvel ordre** hasta nueva orden ▸ **jusqu'à présent** hasta ahora **2.** [sens spatial] hasta / *jusqu'au bout* hasta el final **3.** [même] hasta, incluso / *il est allé jusqu'à se faire passer pour son frère* ha llegado incluso a hacerse pasar por su hermano. ◆ **jusqu'à ce que** loc conj hasta que. ◆ **jusqu'en** loc prép hasta. ◆ **jusqu'ici** loc adv [sens spatial] hasta aquí ; [sens temporel] hasta ahora. ◆ **jusque-là** loc adv [sens spatial] hasta allí ; [sens temporel] hasta aquel momento.

justaucorps [ʒystokɔʀ] nm body *m*, mallas *fpl*.

juste [ʒyst] ◈ adj **1.** [gén] justo(ta) **2.** [exact] exacto(ta). ◈ adv **1.** [chanter, jouer] bien **2.** [exactement] justo / *juste assez d'argent* el dinero justo **3.** [seulement] sólo. ◆ **au juste** loc adv exactamente. ◆ **tout juste** loc adv **1.** [seulement] tan sólo / *il m'a tout juste dit son nom* tan sólo me ha dicho su nombre **2.** [à peine] justo / *j'ai tout juste de quoi payer* me queda justo para pagar / *je viens tout juste d'arriver* acabo de llegar.

justement [ʒystəmɑ̃] adv **1.** [gén] precisamente, justo **2.** [avec raison] con razón.

justesse [ʒystɛs] nf precisión *f*. ◆ **de justesse** loc adv por poco.

justice [ʒystis] nf justicia *f* ▸ **poursuivre qqn en justice** llevar a alguien ante la justicia ou a los tribunales ▸ **passer en justice** ir a juicio ▸ **rendre justice à qqn / à qqch** hacer justicia a alguien / a algo ▸ **rendre la justice** impartir justicia ▸ **se faire justice** [se suicider] quitarse la vida.

justiciable [ʒystisjabl] adj ▸ **être justiciable de a)** ser responsable de **b)** DR ser reo (rea) de.

justicier, ère [ʒystisje, ɛʀ] nm, f justiciero *m*, -ra *f*.

justifiable [ʒystifjabl] adj justificable.

justificatif, ive [ʒystifikatif, iv] adj justificativo(va), justificante. ◆ **justificatif** nm justificante *m*.

justification [ʒystifikasjɔ̃] nf justificación *f*.

justifier [9] [ʒystifje] vt justificar. ◆ **se justifier** vp justificarse.

jute [ʒyt] nm yute *m*.

juter [3] [ʒyte] vi dar jugo.

juteux, euse [ʒytø, øz] adj jugoso(sa).

juvénile [ʒyvenil] adj juvenil.

juxtaposé, e [ʒykstapoze] adj yuxtapuesto(ta).

juxtaposer [3] [ʒykstapoze] vt yuxtaponer.

juxtaposition [ʒykstapozisjɔ̃] nf yuxtaposición *f*.

K

k, K [ka] nm inv [lettre] k *f*, K *f*.

K7 [kasɛt] (*abr de* **cassette**) nf casete *f* ▸ **un radio-K7** un radiocasete ▸ **une K7 vidéo** una cinta de vídeo.

Kaboul [kabul] npr Kabul.

kabyle [kabil] adj & nm cabila. ◆ **Kabyle** nmf cabila *mf*.

Kabylie [kabili] npr ▸ **la Kabylie** la Cabilia.

kaki [kaki] adj inv & nm caqui, kaki.

kaléidoscope [kaleidɔskɔp] nm calidoscopio *m*.

kamikaze [kamikaz] nm kamikaze *m*.

Kampala [kɑ̃pala] npr Kampala.

Kampuchéa [kɑ̃putʃea] npr ▸ **le Kampuchéa** Kampuchea.

kanak = **canaque**.

kangourou [kɑ̃guʀu] nm canguro *m*.

kapok [kapɔk] nm miraguano *m*.

Karaoké [kaʀaɔke] nm karaoke *m*.

karaté [kaʀate] nm kárate *m*.

karatéka [kaʀateka] nmf karateca *mf*.

karité [kaʀite] nm karité *m*.

kart [kaʀt] nm kart *m*.

karting [kaʀtiŋ] nm karting *m*.

kasher, casher, cachère [kaʃɛʀ] adj inv *permitido por la religión judía (alimento)* ▸ **manger kasher** *comer alimentos permitidos por la religión judía*.

Katar = **Qatar**.

Katmandou, Katmandu [katmɑ̃du] npr Katmandú.

kayak [kajak] nm kayac *m*.

kazakh, e [kazak] adj kazako(ka). ◆ **kazakh** nm [langue] kazako *m*. ◆ **Kazakh, e** nm, f kazako *m*, -ka *f*.

Kazakhstan [kazakstɑ̃] npr ▸ **le Kazakhstan** Kazajistán.

KCS (*abr écrite de* **couronne tchèque**) KR.

kel1 (*abr écrite de* **quelqu'un**) SMS alguien.

Kenya [kenja] npr ▸ **le Kenya** Kenia.

kenyan, e [kenjɑ̃, an] adj keniano(na). ◆ **Kenyan, e** nm, f keniano *m*, -na *f*.

képi [kepi] nm quepis *m inv*.

kératine [keʀatin] nf queratina *f*.

kermesse [kɛʀmɛs] nf kermesse *f*.

kérosène [keʀɔzɛn] nm keroseno *m*.

ketchup [kɛtʃœp] nm ketchup *m*.

keuf [kœf] nm *fam* pasma *f*.

keum [kœm] nm *fam* pive *m*.

keynésianisme [kenezjanism] nm keynesismo *m*.

KF 1. *abr de* **kilofranc 2.** *fam abr écrite de* **café**.

Kfé SMS *abr écrite de* **café**.

kg (*abr écrite de* **kilogramme**) kg.

KGB (*abr de* **Komitet Gossoudarstvennoï Bezopasnosti**) nm KGB *m*.

khâgne [kaɲ] nf *segundo y último curso que prepara a la oposición para ingresar en la École normale supérieure*.

khâgneux, euse, cagneux, euse [kaɲø, øz] nm, f *arg scol en Francia, estudiante de la clase de preparación para la École normale supérieure*.

Khartoum [kaʀtum] npr Jartum.

khmer, ère [kmɛʀ] adj jemer. ◆ **khmer** nm LING jemer *m*. ◆ **Khmer, ère** nm, f jemer *mf*.

khôl [kol], **kohol** [kɔɔl] nm kohl *m*.

kibboutz [kibuts] nm kibutz *m inv*.

kidnapper [3] [kidnape] vt secuestrar ESP, plagiar AM.

kidnapping [kidnapiŋ] nm secuestro *m* ESP, plagio *m* AM.

Kiev [kiɛf] npr Kiev.

kiffer, kifer [kife] vt *fam* molar / *je kiffe ta bécane* me mola tu ordinata / *je te kiffe grave* me molas un montón.

kif-kif [kifkif] adj inv *fam* ▸ **c'est kif-kif** ídem de ídem.

Kigali [kigali] npr Kigali.

kilo [kilo] nm kilo *m*.

kilofranc [kilɔfʀɑ̃] nm *mil francos*.

kilogramme [kilɔgʀam] nm kilogramo *m*.

kilométrage [kilɔmetʀaʒ] nm kilometraje *m* ▸ **kilométrage illimité** kilometraje ilimitado.

kilomètre [kilɔmɛtʀ] nm kilómetro *m*.

kilométrique [kilɔmetʀik] adj kilométrico(ca).

kilo-octet [kilɔɔktɛ] nm kilobyte *m*.

kilowatt [kilowat] nm kilovatio *m*.

kilowattheure [kilowatœʀ] (*pl* **kilowattheures**) nm kilovatio-hora *m*.

kilt [kilt] nm kilt *m*, falda *f* escocesa.

kimono [kimɔno] ❖ nm kimono *m*. ❖ adj inv japonés(esa).

kiné [kine] *fam* ❖ nmf (*abr de* **kinésithérapeute**) fisio *mf* ▸ **aller chez le kiné** ir al fisio ▸ **avoir rendez-vous chez le kiné** tener hora en el fisio. ❖ nf (*abr de* **kinésithérapie**) quinesioterapia *f*, quinesiterapia *f*, kinesiterapia *f* ▸ **faire de la kiné** seguir una quinesioterapia ▸ **dix séances de kiné** diez sesiones de quinesioterapia ▸ **kiné respiratoire** quinesioterapia respiratoria.

kinésithérapeute [kineziteʀapøt] nmf fisioterapeuta *mf.*

kinésithérapie [kineziteʀapi] nf quinesioterapia *f*, quinesiterapia *f*, kinesiterapia *f.*

Kingston [kiŋstɔn] npr Kingston.

Kinshasa [kinʃasa] npr Kinshasa.

kiosque [kjɔsk] nm **1.** [gén] quiosco *m* ▸ **kiosque à journaux** quiosco de periódicos **2.** [de navire] caseta *f*, casetón *m.*

kippa [kipa] nf kipa *f*, kipá *f.*

kir [kiʀ] nm *bebida compuesta de licor de casis y vino blanco* ▸ **kir royal** *bebida compuesta de licor de casis y champán.*

kirghiz, e [kiʀgiz] adj kirguizio(zia). ◆ **Kirghiz, e** nm, f kirguizio *m*, -zia *f.* ◆ **kirghiz(e)** nm LING kirguizio *m.*

Kirghizistan [kiʀgizistɑ̃] npr Kirguizistán.

kirsch [kiʀʃ] nm kirsch *m.*

kit [kit] nm kit *m* ▸ **en kit** por piezas ▸ **kit mains libres** TÉLÉCOM kit (de) manos libres, dispositivo *m* (de) manos libres.

kitch [kitʃ] = **kitsch.**

kitchenette [kitʃənɛt] nf kitchenette *f.*

kitesurf [kajtsœʀf], **kite** [kajt] nm kitesurf *m.*

kitsch [kitʃ] adj inv kitsch.

kiwi [kiwi] nm kiwi *m.*

KKK (*abr de* **Ku-Klux-Klan**) nm KKK *m.*

Klaxon® [klaksɔn] nm claxon *m*, bocina *f.*

klaxonner [3] [klaksɔne] vi pitar, tocar el claxon.

Kleenex® [klinɛks] nm inv Kleenex® *m*, pañuelo *m* de papel.

kleptomane, cleptomane [klɛptɔman] adj & nmf cleptómano(na).

km (*abr écrite de* **kilomètre**) km.

km/h (*abr écrite de* **kilomètre/heure** OU **kilomètre par heure**) km/h. / *rouler à 60 km/h* conducir a 60 km/h.

Ko (*abr écrite de* **kilo-octet**) Kb.

K-O (*abr de* **knock-out**) nm inv & adj inv KO.

koala [kɔala] nm koala *m.*

kohol = **khôl.**

koi (*abr écrite de* **quoi**) SMS k *(que* OU *qué).*

koi29 SMS *abr écrite de* **quoi de neuf?**

kosovar, e [kɔsɔvaʀ] adj kosovar. ◆ **Kosovar** nmf Kosovar *mf*, -es.

Kosovo [kɔsɔvo] npr ▸ **le Kosovo** Kosovo.

kouglof [kuglɔf] nm *pastel tipo brioche de Alsacia.*

Koweït [kɔwɛjt] npr ▸ **le Koweït** Kuwait.

Koweït City [kɔwɛjtsiti] npr Kuwait.

koweïtien, enne [kɔwɛjtjɛ̃, ɛn] adj kuwaití. ◆ **Koweïtien, enne** nm, f kuwaití *mf.*

krach [kʀak] nm crac *m* ▸ **krach boursier** crac bursátil.

kraft [kʀaft] nm papel *m* de estraza.

KRD (*abr écrite de* **couronne danoise**) KRD.

Kremlin [kʀɛmlɛ̃] nm ▸ **le Kremlin** el Kremlin.

KRN (*abr écrite de* **couronne norvégienne**) KRN.

KRS (*abr écrite de* **couronne suédoise**) KRS.

Kuala Lumpur [kwalalumpuʀ] npr Kuala Lumpur.

kumquat [kumkwat] nm naranja *f* china.

kung-fu [kuŋfu] nm kung-fu *m.*

kurde [kyʀd] ◆ adj kurdo(da). ◆ nm LING kurdo *m.* ◆ **Kurde** nmf kurdo *m*, -da *f.*

Kurdistan [kyʀdistɑ̃] npr ▸ **le Kurdistan** (el) Kurdistán.

KW (*abr écrite de* **kilowatt**) kW, Kw / *une puissance de 50 KW* una potencia de 50 kW.

kwa (*abr écrite de* **quoi**) SMS k *(qué).*

K-way® [kawɛ] nm inv chubasquero *m.*

kWh (*abr écrite de* **kilowatt-heure**) kW/h, Kw/h / *une consommation mensuelle inférieure à 500 kWh* un consumo mensual inferior a 500 kW/h.

Kyoto [kjɔto] npr Kioto.

kyrielle [kiʀjɛl] nf sarta *f.*

kyste [kist] nm quiste *m.*

L

l, **L** [ɛl] nm inv [lettre] l *f*, L *f*. ◆ **l** (*abr écrite de* **litre**) l. ◆ **L** (*abr de* **littéraire**) SCOL *en el sistema escolar francés, los cursos correspondientes al bachillerato con una modalidad en literatura y humanidades.*

L SMS *abr écrite de* **elle**.

la[1] [la] art déf & pron ⟶ **le**.

la[2] [la] nm inv MUS la *m*.

là [la] adv **1.** [lieu] aquí, ahí / *à trois kilomètres de là* a tres kilómetros de aquí / *je suis là* aquí estoy / *c'est là que je travaille* ahí es donde trabajo / *passe par là* pasa por aquí / *là est le problème* ahí está el problema / *les faits sont là* estos son los hechos **2.** [temps] entonces / *là, il a allumé une cigarette* entonces encendió un cigarrillo / *à quelques jours de là* unos días después **3.** [avec une proposition relative] ▸ **là où** [lieu] (ahí) donde / *là où il est* ahí donde está **4.** EXPR **de là à dire qu'il est sympathique, il y a loin !** de ahí a decir que es simpático hay un buen trecho ▸ **nous en sommes arrivés là** hasta aquí hemos llegado ▸ **s'en tenir là** no seguir.

là-bas [laba] adv allí.

label [labɛl] nm [marque, maison de disques] sello *m* ▸ **label de qualité** sello de calidad.

labelliser, **labéliser** [labelize] vt [un produit] certificar.

labeur [labœʀ] nm *sout* labor *f*.

labial, **e**, **aux** [labjal, o] adj labial.

labo [labo] nm *fam* laboratorio *m*.

laborantin, **e** [labɔʀɑ̃tɛ̃, in] nm, f auxiliar *mf* de laboratorio.

laboratoire [labɔʀatwaʀ] nm laboratorio *m* ▸ **laboratoire d'analyses (médicales)** laboratorio de análisis clínicos ▸ **laboratoire de langues** laboratorio de idiomas ou lenguas ▸ **laboratoire pharmaceutique** laboratorio farmacéutico.

laborieusement [labɔʀjøzmɑ̃] adv laboriosamente.

laborieux, **euse** [labɔʀjø, øz] adj **1.** [travail] laborioso(sa) **2.** [travailleur] trabajador(ra).

labour [labuʀ] nm labranza *f*, labor *f*. ◆ **labours** nmpl tierra *f* labrada.

labourage [labuʀaʒ] nm labranza *f*.

labourer [3] [labuʀe] vt **1.** [terre - travailler] labrar, trabajar ; [- creuser] hacer surcos en **2.** [griffer] señalar.

laboureur [labuʀœʀ] nm labrador *m*.

labrador [labʀadɔʀ] nm **1.** [chien] labrador *m* **2.** [pierre] labradorita *f*, piedra *f* de la luna.

labyrinthe [labiʀɛ̃t] nm laberinto *m*.

lac [lak] nm lago *m*.

Lacs

le lac de Côme	el lago Como
le lac de Constance	el lago Constanza
le lac de Garde	el lago de Garda
le lac de Genève	el lago de Ginebra
le lac Léman	el lago Lemán
le lac Majeur	el lago Mayor
le lac Ontario	el lago Ontario
le lac de Tibériade	el lago Tiberíades
le lac Titicaca	el lago Titicaca
le lac Victoria	el lago Victoria
les Grands Lacs	los Grandes Lagos

lacer [16] [lase] vt atar.

lacérer [18] [laseʀe] vt **1.** [papier, vêtement] desgarrar **2.** [corps] rajar.

lacet [lasɛ] nm **1.** [cordon] cordón *m* **2.** [de route] zigzag *m* **3.** [piège] lazo *m*.

lâche [laʃ] ◆ adj **1.** [nœud] flojo(ja) **2.** [personne] cobarde **3.** [action] vil. ◆ nmf cobarde *mf*.

lâchement [laʃmɑ̃] adv **1.** [avec poltronnerie] cobardemente **2.** [honteusement] vilmente / *il nous a lâchement abandonnés* nos abandonó vilmente.

lâcher [3] [laʃe] ◆ vt **1.** [gén] soltar **2.** [desserrer] aflojar **3.** *fam* [abandonner] plantar. ◆ vi aflojarse. ◆ nm ▸ **un lâcher de** [ballons, pigeons] una suelta de.

lâcheté [laʃte] nf **1.** [couardise] cobardía *f* **2.** [acte indigne] vileza *f*.

lâcheur, **euse** [laʃœʀ, øz] nm, f *fam* malqueda *mf*.

lacis [lasi] nm **1.** ANAT plexo *m* **2.** *sout* [labyrinthe] laberinto *m*.

laconique [lakɔnik] adj lacónico(ca).

laconiquement [lakɔnikmɑ̃] adv lacónicamente.

La Corogne [lakɔʀɔɲ] npr La Coruña.

lacrymal, **e**, **aux** [lakʀimal, o] adj lacrimal.

lacrymogène [lakʀimɔʒɛn] adj lacrimógeno(na).

lactation [laktasjɔ̃] nf lactancia *f*.

lacté, **e** [lakte] adj **1.** [à base de lait - régime] lácteo(a) ; [- farine] lacteado(da) **2.** *sout* [pareil au lait] lechoso(sa).

lactique [laktik] adj láctico(ca).

lactose [laktoz] nm lactosa *f*.

lacunaire [lakynɛʀ] adj incompleto(ta).

lacune [lakyn] nf [manque] laguna *f* / *il a de grosses lacunes en histoire* tienen grandes lagunas en historia.

lacustre [lakystʀ] adj lacustre.

lad [lad] nm mozo *m* de cuadras.

là-dedans [ladədɑ̃] adv ahí dentro / *quel est son rôle là-dedans ?* ¿qué hace en todo esto?

là-dessous [ladsu] adv ahí abajo / *il y a quelque chose là-dessous* algo se esconde detrás de todo esto.

là-dessus [ladsy] adv **1.** [sur ce] en eso, después de eso / *là-dessus, il est parti* después de eso, se fue **2.** [à ce sujet] sobre esto / *je n'ai rien à dire là-dessus* no tengo nada que decir al respecto.

ladite ⟶ **ledit**.

lagon [lagɔ̃] nm lago *m*.

lagune [lagyn] nf laguna *f*.

là-haut [lao] adv allí arriba.

La Havane [laavan] npr La Habana.

La Haye [laɛ] npr La Haya.

laïc, laïque [laik] adj & nm, f laico(ca).

laïcisation [laisizasjɔ̃] nf laicización *f*.

laïciser [3] [laisize] vt laicizar.

laïcité [laisite] nf laicidad *f*.

La laïcité

El principio de laicidad, introducido en la legislación francesa en 1905, consagró la separación de Estado e Iglesia y puso fin al Concordato napoleónico de 1801, que hasta entonces regía las relaciones entre ambas instituciones. Si en su momento dio lugar a un enfrentamiento entre el poder republicano y la iglesia católica, actualmente choca en ocasiones con las reivindicaciones culturales y religiosas de algunos sectores de la población, básicamente en los centros escolares. Por ello se ha reafirmado la neutralidad confesional de la escuela pública con una ley del 15 de marzo de 2004 que establece que "el echo de llevar signos o vestidos por los cuales los alumnos manifesten ostensiblemente su pertenencia religiosa" está prohibido en las escuelas, colegios y institutos públicos de Francia.

laid, e [lɛ, lɛd] adj feo(a).

laideron [lɛdʀɔ̃] nm callo *m* *(mujer fea)*.

laideur [lɛdœʀ] nf fealdad *f*.

laie [lɛ] nf ZOOL jabalina *f*.

lainage [lɛnaʒ] nm [vêtement] prenda *f* de lana.

laine [lɛn] nf lana *f* ▸ **laine polaire** forro *m* polar ▸ **pure laine vierge** pura lana virgen. ◆ **laine de verre** nf lana *f* de vidrio.

laineux, euse [lɛnø, øz] adj **1.** [étoffe] lanudo(da) **2.** [cheveux, plante] lanoso(sa).

lainier, ère [lɛnje, ɛʀ] adj & nm, f lanero(ra).

laïque ⟶ **laïc**.

laisse [lɛs] nf correa *f* ▸ **tenir en laisse** [chien] llevar atado(da) ▸ **tenir qqn en laisse** *fig* atar corto a alguien.

laissé-pour-compte, laissée-pour-compte [lɛsepuʀkɔ̃t] *(mpl* **laissés-pour-compte**, *fpl* **laissées-pour-compte**) nm, f [personne] marginado *m*, -da *f*. ◆ **laissé-pour-compte** nm COMM mercancía *f* rechazada.

laisser [4] [lɛse] ◇ v aux (+ *infinitif*) dejar / *bon, je vous laisse !* bueno, ¡me voy! / *laisse, je m'en occupe* deja, ya me encargo yo ▸ **laisser faire (qqch)** dejar hacer (algo) ▸ **laisser faire qqn** dejar hacer a alguien ▸ **laisser tomber qqch** dejar caer algo ▸ **laisse tomber !** *fam* ¡déjalo! ▸ **laisser tomber qqn** *fam* plantar a alguien. ◇ vt dejar ▸ **laisser qqch à qqn** [confier, léguer] dejar algo a alguien ▸ **laisser qqn à qqn** dejar a alguien con alguien ▸ **laisser à désirer** dejar (mucho) que desear ▸ **laisser qqn tranquille** dejar tranquilo(la) a alguien ▸ **ne pas laisser de faire qqch** *sout* no dejar de hacer algo. ◆ **se laisser** vp ▸ **se laisser aller** [se relâcher] dejarse ir ▸ **se laisser faire** dejarse avasallar ▸ **se laisser décourager** dejarse desalentar ▸ **se laisser tenter par** dejarse tentar por.

laisser-aller [lɛseale] nm inv dejadez *f*.

laisser-faire, laissez-faire [lɛsefɛʀ] nm inv ÉCON laisser-faire *m*, laissez-faire *m*.

laissez-passer [lɛsepase] nm inv pase *m*, credencial *f*.

lait [lɛ] nm leche *f* ▸ **au lait** con leche / *riz au lait* arroz con leche ▸ **lait de chèvre / de vache** leche de cabra / de vaca ▸ **lait de soja** leche de soya ▸ **lait concentré** ou **condensé** leche concentrada ou condensada ▸ **lait entier / écrémé / maternel** leche entera / desnatada / materna ▸ **lait en poudre** leche en polvo.

laitage [lɛtaʒ] nm producto *m* lácteo.

laiterie [lɛtʀi] nf [usine] central *f* lechera ; [ferme] lechería *f*.

laiteux, euse [lɛtø, øz] adj lechoso(sa).

laitier, ère [lɛtje, ɛʀ] ◇ adj **1.** [produit, industrie] lácteo(a) **2.** [vache] lechero(ra). ◇ nm, f lechero *m*, -ra *f*.

laiton [lɛtɔ̃] nm latón *m*.

laitue [lety] nf lechuga *f*.

laïus [lajys] nm *fam* rollo *m* *(discurso)* ▸ **faire un laïus** soltar un rollo.

lama [lama] nm **1.** ZOOL llama *m* **2.** RELIG lama *m*.

lambda [lɑ̃bda] adj inv [moyen] medio(dia) / *le contribuable / citoyen lambda* el contribuyente / ciudadano medio.

lambeau, x [lɑ̃bo] nm **1.** [morceau] pedazo *m* **2.** *fig* [fragment] triza *f* ▸ **mettre qqch en lambeaux** hacer algo trizas.

lambiner [3] [lɑ̃bine] vi *fam* remolonear.

lambris [lɑ̃bʀi] nm friso *m*.

lambswool [lɑ̃bswul] nm lana *f* de cordero.

lame [lam] nf **1.** [d'épée, de couteau] hoja *f* ▸ **lame de rasoir** hoja OU cuchilla *f* de afeitar **2.** [de parquet] tabla *f* **3.** [vague] ola *f* ▸ **lame de fond** mar *m* de fondo.

lamé, e [lame] adj laminado(da). ◆ **lamé** nm lamé *m* ▸ **de** OU **en lamé** de lamé ▸ **lamé or / argent** lamé de oro / de plata.

La Mecque [lamɛk] npr La Meca.

lamelle [lamɛl] nf **1.** [de métal, de plastique, de champignon] lámina *f* ▸ **en lamelles** CULIN en lonchas **2.** [de microscope] cubreobjetos *m inv*.

lamentable [lamɑ̃tabl] adj lamentable.

lamentablement [lamɑ̃tabləmɑ̃] adv lamentablemente.

lamentation [lamɑ̃tasjɔ̃] nf lamentación *f*, lamento *m*.

lamenter [3] [lamɑ̃te] ◆ **se lamenter** vp lamentarse ▸ **se lamenter de qqch** lamentarse de algo ▸ **se lamenter sur qqch** lamentarse de algo.

laminage [laminaʒ] nm laminado *m*.

laminer [3] [lamine] vt **1.** [métal] laminar **2.** *fig* [santé, espoir, revenus] mermar.

laminoir [laminwaʀ] nm laminador *m*.

lampadaire [lɑ̃padɛʀ] nm **1.** [d'intérieur] lámpara *f* de pie **2.** [de rue] farola *f* ESP, foco *m* AM.

lampant, e [lɑ̃pɑ̃, ɑ̃t] adj lampante.

lampe [lɑ̃p] nf **1.** [d'éclairage] lámpara *f* ▸ **lampe à bronzer** lámpara de rayos UVA OU ultravioletas ▸ **lampe de chevet** lámpara de mesa ▸ **lampe halogène** lámpara halógena ▸ **lampe à incandescence** lámpara incandescente ▸ **lampe à pétrole** lámpara de petróleo ▸ **lampe de poche** linterna *f* ▸ **lampe témoin** piloto *m* **2.** [ampoule] bombilla *f* **3.** EXPR **s'en mettre plein la lampe** *fam* ponerse las botas. ◆ **lampe à souder** nf soplete *m*.

lampée [lɑ̃pe] nf *fam* lingotazo *m*.

lampion [lɑ̃pjɔ̃] nm farolillo *m*.

lampiste [lɑ̃pist] nm *fam* [subalterne] último mono *m*.

lance [lɑ̃s] nf **1.** [arme] lanza *f* **2.** [de tuyau] lanza *f* ▸ **lance à eau** manga *f* de riego ▸ **lance d'incendie** manga *f* de incendio.

lancée [lɑ̃se] nf ▸ **continuer sur sa lancée** continuar con su impulso.

lance-flammes [lɑ̃sflam] nm inv lanzallamas *m inv*.

lancement [lɑ̃smɑ̃] nm **1.** [gén & COMM] lanzamiento *m* **2.** [de navire] botadura *f*.

lance-pierres [lɑ̃spjɛʀ] nm inv tirachinas *m inv*.

lancer [16] [lɑ̃se] ◈ vt **1.** [gén] lanzar ▸ **lancer qqch à qqn** lanzar OU tirar algo a alguien ▸ **lancer un produit/ un artiste** lanzar un producto/a un artista **2.** [plaisanterie, cri] soltar **3.** [moteur] poner en marcha **4.** INFORM [programme] arrancar **5.** [navire] botar **6.** [faire connaître] ▸ **lancer qqn dans qqch** meter a alguien en algo **7.** [inciter à parler] ▸ **lancer qqn (sur qqch)** darle pie a alguien (para que hable de algo). ◈ nm **1.** [pêche] ▸ **au lancer** al lanzado **2.** SPORT lanzamiento *m*.
◆ **se lancer** vp **1.** [se jeter] lanzarse, tirarse / ***les enfants se lançaient des boules de neige*** los niños se tiraban bolas de nieve **2.** [se précipiter] lanzarse / ***il s'est lancé à la poursuite du voleur*** se lanzó a perseguir al ladrón **3.** *fig* [s'engager] meterse / ***ils se sont lancés dans un nouveau projet*** se han embarcado en un nuevo proyecto.

lance-roquettes [lɑ̃sʀɔkɛt] nm inv lanzacohetes *m*.

lanceur, euse [lɑ̃sœʀ, øz] nm, f SPORT lanzador *m*, -ra *f*. ◆ **lanceur** nm AÉRON lanzadera *f*.

lancinant, e [lɑ̃sinɑ̃, ɑ̃t] adj **1.** [douleur, souvenir] lancinante **2.** [refrain, musique] cargante.

lanciner [3] [lɑ̃sine] vi & vt lancinar.

landau [lɑ̃do] nm cochecito *m (de bebé)*.

lande [lɑ̃d] nf landa *f*.

langage [lɑ̃gaʒ] nm lenguaje *m* ▸ **langage machine** INFORM código *m* máquina.

lange [lɑ̃ʒ] nm mantilla *f*.

langer [17] [lɑ̃ʒe] vt envolver en una mantilla.

langoureusement [lɑ̃guʀøzmɑ̃] adv lánguidamente.

langoureux, euse [lɑ̃guʀø, øz] adj lánguido(da).

langouste [lɑ̃gust] nf langosta *f*.

langoustine [lɑ̃gustin] nf cigala *f*.

> ⚠ **Langostino** est un faux ami, il ne signifie pas *langoustine*, mais « bouquet » (grosse crevette).

langue [lɑ̃g] nf **1.** [gén] lengua *f* ▸ **de langue arabe / française** de lengua árabe / francesa ▸ **parler plusieurs langues** hablar varios idiomas ▸ **langue de bœuf** CULIN lengua de buey ▸ **langue de bois** jerga *f* política ▸ **langue maternelle / morte / vivante** lengua materna / muerta / viva ▸ **langue officielle** idioma *m* oficial ▸ **avoir la langue bien pendue** hablar por los codos ▸ **donner sa langue au chat** rendirse ▸ **mauvaise langue** [personne] lengua viperina ▸ **ne pas avoir sa langue dans sa poche** no tener pelos en la lengua ▸ **tenir sa langue** saber callarse ▸ **tirer la langue a)** [en signe de moquerie] sacar la lengua **b)** [être dans le besoin] estar a la cuarta pregunta **2.** [style] lenguaje *m*.

langue-de-chat [lɑ̃gdəʃa] (*pl* **langues-de-chat**) nf lengua *f* de gato.

languedocien, enne [lɑ̃gdɔsjɛ̃, ɛn] adj languedociano(na). ◆ **Languedocien, enne** nm, f languedociano *m*, -na *f*. ◆ **languedocien** nm [dialecte] languedociano *m*.

Languedoc-Roussillon [lɑ̃gdɔkʀusijɔ̃] npr ▸ **le Languedoc-Roussillon** Languedoc-Rosellón.

languette [lɑ̃gɛt] nf lengüeta *f*.

langueur [lɑ̃gœʀ] nf languidez *f*.

languir [32] [lɑ̃giʀ] vi **1.** *sout* [manquer d'énergie] languidecer **2.** [attendre] ▸ **faire languir qqn** tener a alguien en suspenso.

lanière [lanjɛʀ] nf correa *f*.

lanoline [lanɔlin] nf lanolina *f*.

La Nouvelle-Orléans [lanuvɛlɔʀleɑ̃] npr Nueva Orleans.

lanterne [lɑ̃tɛʀn] nf **1.** [d'éclairage] farolillo *m* **2.** [de voiture] faro *m* ESP, foco *m* AM **3.** [de projection & ARCHIT] linterna *f* **4.** EXPR **lanterne rouge** *fam* farolillo *m* rojo ▸ **éclairer la lanterne de qqn** poner a alguien al día.

lanterner [3] [lɑ̃tɛʀne] vi *fam* perder el tiempo ▸ **faire lanterner qqn** hacer esperar a alguien.

Laos [laos] npr ▸ **le Laos** Laos.

laotien, enne [laɔsjɛ̃, ɛn] adj laosiano(na).
◆ **laotien** nm LING laosiano *m*.
◆ **Laotien, enne** nm, f laosiano *m*, -na *f*.

lapalissade [lapalisad] nf perogrullada *f*.

La Paz [lapaz] npr La Paz.

laper [3] [lape] vt & vi beber a lengüetadas.

lapereau [lapʀo] nm gazapo *m*.

lapidaire [lapidɛʀ] ❖ adj lapidario(ria). ❖ nm marmolista *m*.

lapidation [lapidasjɔ̃] nf lapidación *f*.

lapider [3] [lapide] vt **1.** [gén] lapidar **2.** *fig* [critiquer] vapulear.

lapin, e [lapɛ̃, in] nm, f **1.** [animal] conejo *m*, -ja *f* ▸ **lapin de garenne** conejo de campo **ou** de monte **2.** *fam* [personne] ▸ **mon lapin !** ¡mi vida! ▸ **chaud lapin** cachondo *m* **3.** EXPR **poser un lapin à qqn** *fam* dar plantón a alguien.

lapis [lapis], **lapis-lazuli** [lapislazyli] nm inv lapislázuli *m*.

lapon, oneonne [lapɔ̃, ɔn] adj lapón(ona).
◆ **lapon** nm LING lapón *m*.
◆ **Lapon, oneonne** nm, f lapón *m*, -ona *f*.

Laponie [lapɔni] npr ▸ **la Laponie** Laponia.

laps [laps] nm ▸ **un laps de temps** un lapso de tiempo.

lapsus [lapsys] nm lapsus *m inv* ▸ **faire un lapsus** tener un lapsus.

laquais [lakɛ] nm lacayo *m*.

laque [lak] nf & nm laca *f*.

laqué, e [lake] adj **1.** [meuble] lacado(da) **2.** [cheveux] con laca.

laquelle ⟶ **lequel**.

laquer [3] [lake] vt **1.** [meuble] lacar, dar laca a **2.** [cheveux] poner laca en.

larbin [laʀbɛ̃] nm *fam* & *péj* **1.** [domestique] criado *m* **2.** [personne servile] esclavo *m*.

larcin [laʀsɛ̃] nm *sout* **1.** [vol] hurto *m* **2.** [butin] botín *m*.

lard [laʀ] nm **1.** [graisse de porc] tocino *m* **2.** [viande] panceta *f* **3.** *fam* [graisse de l'homme] ▸ **(se) faire du lard** echar barriga.

larder [3] [laʀde] vt **1.** CULIN mechar **2.** [piquer] ▸ **larder qqn de qqch** acribillar a alguien a algo **3.** *fig* [parsemer de] ▸ **larder qqch de qqch** atiborrar algo de algo.

lardon [laʀdɔ̃] nm **1.** CULIN taquito *m* de tocino **2.** *fam* [enfant] mocoso *m*.

large [laʀʒ] ❖ adj **1.** [de mensuration] ancho(cha) ▸ **large de 3 mètres** de 3 metros de ancho **2.** [vêtement] holgado(da) **3.** [étendu, important, non borné] amplio(plia) **4.** [généreux] espléndido(da). ❖ nm **1.** [largeur] ancho *m* **2.** [mer] ▸ **le large** alta mar *f* ▸ **au large de** a la altura de **3.** EXPR **prendre le large** largarse. ❖ adv [amplement] de sobra ▸ **voir large** calcular de sobra ▸ **ne pas en mener large** no llegarle a alguien la camisa al cuerpo.

> ⚠ **Largo** est un faux ami, il ne signifie pas *large*, mais « long ».

largement [laʀʒəmɑ̃] adv **1.** [gén] ampliamente ; [ouvrir] de par en par **2.** [généreusement] generosamente **3.** [au moins] con mucho **4.** [amplement] de sobra.

largesse [laʀʒɛs] nf generosidad *f*. ◆ **largesses** nfpl dones *mpl*.

largeur [laʀʒœʀ] nf **1.** [dimension] anchura *f* **2.** *fig* [de vues, d'esprit] amplitud *f*.

largué, e [laʀge] adj *fam* ▸ **être largué** estar perdido *(no comprender)*.

larguer [3] [laʀge] vt **1.** NAUT [amarres, voile] largar **2.** [bombe, parachutiste] tirar **3.** *fam* & *fig* [personne] plantar ▸ **il s'est fait larguer par sa femme** su mujer lo ha abandonado.

larme [laʀm] nf **1.** [pleur] lágrima *f* ▸ **être en larmes** llorar ▸ **fondre en larmes** romper a llorar ▸ **les larmes lui montèrent aux yeux** se le humedecieron los ojos ▸ **pleurer à chaudes larmes** llorar a lágrima viva ▸ **ravaler ses larmes** tragarse las lágrimas ▸ **rire aux larmes** llorar de risa ▸ **larmes de crocodile** *fig* lágrimas de cocodrilo **2.** *fig* [goutte] ▸ **une larme de** una gota de.

larmoyant, e [laʀmwajɑ̃, ɑ̃t] adj **1.** [personne] lloroso(sa) **2.** [ton, histoire] lacrimógeno(na).

larmoyer [13] [laʀmwaje] vi lloriquear.

larron [laʀɔ̃] nm **1.** *vieilli* [voleur] ladrón *m*, -ona *f* **2.** *fam* [compère] ▸ **le troisième larron** el tercero en discordia.

larve [laʀv] nf **1.** ZOOL larva *f* **2.** *péj* [être inférieur] desecho *m* **3.** *fam* [personne molle] muermo *m*.

larvé, e [laʀve] adj larvado(da).

laryngite [laʀɛ̃ʒit] nf laringitis *f inv*.

larynx [laʀɛ̃ks] nm laringe *f*.

las, lasse [la, las] adj *sout* **1.** [fatigué] fatigado(da) **2.** [dégoûté, ennuyé] hastiado(da) ▸ **las de qqch / de faire qqch** harto de algo / de hacer algo. ◆ **las** interj *vieilli* ¡ay!

lascar [laskaʀ] nm **1.** [homme rusé] zorro *m* **2.** *fam* [enfant] golfillo *m*.

lascif, ive [lasif, iv] adj lascivo(va).

lascivement [lasivmɑ̃] adv lascivamente.

laser [lazɛʀ] ❖ nm láser *m*. ❖ adj inv láser *(en apposition)*.

lassant, e [lasɑ̃, ɑ̃t] adj fastidioso(sa).

lasse ⟶ **las**.

lasser [3] [lase] vt *sout* **1.** [gén] fatigar **2.** [patience] colmar. ◆ **se lasser** vp *sout* fatigarse ▸ **se lasser de faire qqch** fatigarse ou hastiarse de hacer algo ▸ **ne pas se lasser de qqch / de faire qqch** no cansarse de algo / de hacer algo.

lassitude [lasityd] nf *sout* **1.** [fatigue] lasitud *f* **2.** [découragement] hastío *m*.

lasso [laso] nm lazo *m*.

lat. (*abr écrite de* **latitude**) lat. / *lat. 44.5° N* lat. 44.5° N.

latent, e [latɑ̃, ɑ̃t] adj latente.

latéral, e, aux [lateʀal, o] adj lateral.

latex [latɛks] nm inv látex *m inv*.

latin, e [latɛ̃, in] adj latino(na). ◆ **latin** nm LING latín *m* ▸ **y perdre son latin** no enterarse de nada. ◆ **Latin, e** nm, f latino *m*, -na *f*.

latiniste [latinist] nmf latinista *mf*.

latino [latino] ❖ adj **1.** [aux États-Unis] latino(na), hispano(na) **2.** *fam* [d'Amérique latine] latino(na), latinoamerica(na). ❖ nmf [aux États-Unis] latino *m*, -na *f*, hispano *m*, -na *f*.

latino-américain, e [latinoameʀikɛ̃, ɛn] adj latinoamericano(na). ◆ **Latino-Américain, e** nm, f latinoamericano *m*, -na *f*.

latitude [latityd] nf **1.** GÉOGR latitud *f* **2.** [liberté] libertad *f*.

latrines [latʀin] nfpl letrinas *fpl*.

latte [lat] nf listón *m*, lámina *f*.

lattis [lati] nm enlistonado *m*.

laudatif, ive [lodatif, iv] adj laudatorio(ria).

lauréat, e [lɔʀea, at] adj & nm, f galardonado(da).

laurier [lɔʀje] nm laurel *m*. ◆ **lauriers** nmpl laureles *mpl* ▸ **s'endormir** ou **se reposer sur ses lauriers** dormirse en los laureles.

laurier-rose [lɔʀjeʀoz] (*pl* **lauriers-roses**) nm adelfa *f*.

laurier-sauce [lɔʀjesos] (*pl* **lauriers-sauce**) nm laurel *m*.

Lausanne [lozan] npr Lausana.

lavable [lavabl] adj lavable.

lavabo [lavabo] nm lavabo *m*. ◆ **lavabos** nmpl lavabo *m*.

lavage [lavaʒ] nm [nettoyage - gén] lavado *m* ; [- des vitres] limpieza *f* ▸ **lavage à la main / en machine** lavado a mano / a máquina ▸ **lavage d'estomac** lavado de estómago. ◆ **lavage de cerveau** nm lavado *m* de cerebro.

La Valette [lavalɛt] npr La Valeta.

lavande [lavɑ̃d] ❖ nf lavanda *f*. ❖ adj inv lavanda *(en apposition)*.

lavasse [lavas] nf *fam* aguachirle *f*.

lave [lav] nf lava *f*.

lave-glace [lavglas] (*pl* **lave-glaces**) nm limpiaparabrisas *m inv*.

lave-linge [lavlɛ̃ʒ] nm inv lavadora *f*.

lavement [lavmɑ̃] nm lavativa *f*.

laver [3] [lave] ❖ vt **1.** [nettoyer - personne, linge] lavar ; [- vaisselle] fregar ; [- vitres] limpiar **2.** *fig* [disculper] ▸ **laver qqn d'une accusation** desagraviar a alguien. ❖ vi lavar. ◆ **se laver** vp lavarse ▸ **se laver les mains** lavarse las manos.

laverie [lavʀi] nf lavandería *f* ▸ **laverie automatique** lavandería automática.

lavette [lavɛt] nf **1.** [tissu-éponge] bayeta *f* **2.** *fam* [personne] pelele *m*.

laveur, euse [lavœʀ, øz] nm, f limpiador *m*, -ra *f* ▸ **laveur de carreaux** limpiacristales *m inv* ▸ **laveur de voitures** limpiacoches *m inv*.

lave-vaisselle [lavvesɛl] nm inv lavavajillas *m inv*, lavaplatos *m inv*.

lavis [lavi] nm aguada *f*.

lavoir [lavwaʀ] nm **1.** [lieu] lavadero *m* **2.** [bac] pilón *m*.

laxatif, ive [laksatif, iv] adj laxante. ◆ **laxatif** nm laxante *m*.

laxisme [laksism] nm laxismo *m*.

laxiste [laksist] adj & nmf laxista.

layette [lɛjɛt] nf canastilla *f (ropa de bebé)*.

LBO (*abr de* **leveraged buyout**) nm LBO *m*.

LCD (*abr de* **liquid cristal display**) nm LCD *m*.

le, la [lə, la] (*pl* **les** [lɛ]) (**l'** *devant voyelle ou 'h' muet*)

❖ art déf

1. [gén] el (la) / *le lac* el lago / *la fenêtre* la ventana / *l'amour* el amor / *les enfants* los niños / *les Martin* los Martin

2. [devant les noms géographiques] el (la) ▸ **la Seine** el Sena ▸ **la France** Francia

3. [temps] : *le 15 janvier 2013* **a)** [date] el 15 de enero de 2013 **b)** [dans une lettre] a 15 de enero de 2013 / *tout est fermé le dimanche* los domingos todo está cerrado

4. [distributif] el (la) / *2 euros le mètre* a 2 euros el metro

❖ pron pers

1. [personne, animal, chose] lo (la) / *je le / la / les connais bien* lo / la / los / las conozco bien / *tu dois avoir la clé, donne-la-moi* debes de tener la llave, dámela

2. [représente une proposition] lo / *je le sais bien* lo sé / *je te l'avais bien dit !* ¡te lo había dicho!

LEA (*abr de* **langues étrangères appliquées**) nfpl *carrera en la que se compagina el estudio de dos lenguas extranjeras con su aplicación en el campo comercial o de la traducción.*

leader [lidœʀ] nm líder *m.*

leadership [lidœʀʃip] nm liderazgo *m.*

Le Caire [ləkɛʀ] npr El Cairo.

Le Cap [ləkap] npr Ciudad del Cabo.

lèche [lɛʃ] nf *tfam* peloteo *m* ▸ **faire de la lèche à qqn** hacer la pelota a alguien.

léché, e [leʃe] adj *fam* [peaufiné] repulido(da).

lèche-bottes [lɛʃbɔt] nmf *fam* pelota *mf.*

lèche-cul [lɛʃky] adj inv & nmf inv *vulg* lameculos.

lèchefrite [lɛʃfʀit] nf grasera *f.*

lécher [18] [leʃe] vt **1.** [gén] lamer **2.** *fam* [peaufiner] repulir. ◆ **se lécher** vp *fam* ▸ **se lécher les doigts** chuparse los dedos.

lèche-vitrines [lɛʃvitʀin] nm inv ▸ **faire du lèche-vitrines** mirar los escaparates.

leçon [ləsɔ̃] nf **1.** [gén] lección *f* ▸ **faire la leçon à qqn** *fig* sermonear a alguien **2.** [cours] clase *f* ▸ **leçons particulières** clases particulares.

lecteur, trice [lɛktœʀ, tʀis] nm, f [de livres & UNIV] lector *m*, -ra *f.* ◆ **lecteur** nm lector *m* ▸ **lecteur de cassettes / de CD** lector de casetes / de CD ▸ **lecteur laser** lector láser.

lectorat [lɛktɔʀa] nm **1.** UNIV lectorado *m* **2.** [lecteurs] lectores *mpl.*

lecture [lɛktyʀ] nf lectura *f.*

LED (*abr de* **light emitting diode**) nf LED *m* ▸ **une LED rouge / verte / bleue / blanche** un LED rojo / verde / azul / blanco.

ledit, ladite [lədi, ladit] (*mpl* **lesdits** [ledi], *fpl* **lesdites** [ledit]) adj el susodicho (la susodicha).

légal, e, aux [legal, o] adj legal ; [monnaie] de curso legal.

légalement [legalmɑ̃] adv legalmente.

légalisation [legalizasjɔ̃] nf legalización *f.*

légaliser [3] [legalize] vt legalizar.

légalisme [legalism] nm legalismo *m.*

légalité [legalite] nf legalidad *f.*

légataire [legatɛʀ] nmf legatario *m*, -ria *f* ▸ **légataire universel** legatario universal.

légation [legasjɔ̃] nf legación *f.*

légendaire [leʒɑ̃dɛʀ] adj legendario(ria).

légende [leʒɑ̃d] nf **1.** [fable, d'illustration] leyenda *f* **2.** *péj* [invention] cuento *m.*

léger, ère [leʒe, ɛʀ] adj **1.** [gén] ligero(ra) ▸ **à la légère** a la ligera **2.** [tabac, alcool] suave **3.** [anecdote, histoire] picante.

légèrement [leʒɛʀmɑ̃] adv **1.** [peu, délicatement] ligeramente **2.** [avec agilité] con ligereza **3.** [inconsidérément] a la ligera **4.** [sans gravité] levemente.

légèreté [leʒɛʀte] nf **1.** [gén] ligereza *f* **2.** [de vin, de tabac] suavidad *f* **3.** [d'une blessure, d'un coup] levedad *f.*

légiférer [18] [leʒifeʀe] vi legislar.

légion [leʒjɔ̃] nf **1.** MIL legión *f* **2.** *sout* [grand nombre] batallón *m* ▸ **être légion** ser múltiples. ◆ **Légion** nf ▸ **la Légion (étrangère)** la Legión Extranjera ▸ **la Légion d'honneur** la Legión de Honor.

La Légion d'honneur

L'ordre national de la Légion d'honneur es la condecoración francesa de mayor prestigio. Instituida en 1802 por Napoleón Bonaparte, se concede a franceses o extranjeros como recompensa por los méritos excepcionales, militares o civiles en el servicio de la nación. Sus titulares reciben el nombre de **légionnaires**. Existen tres grados : **chevalier, officier** y **commandeur**. La condecoración, otorgada a menudo a ex ministros, así como a antiguos diputados, senadores, altos magistrados y miembros del cuerpo diplomático, también se concede a colectivos (ciudades, unidades militares, escuelas o empresas).

légionnaire [leʒjɔnɛʀ] nm legionario *m.*

légionnellose [leʒjɔnɛloz] nf MÉD legionelosis *f inv*, enfermedad *f* de los legionarios.

législateur, trice [leʒislatœʀ, tʀis] nm, f legislador *m*, -ra *f.*

législatif, ive [leʒislatif, iv] adj legislativo(va). ◆ **législatif** nm legislativo *m.* ◆ **législatives** nfpl ▸ **les législatives** las legislativas.

législation [leʒislasjɔ̃] nf legislación *f.*

législature [leʒislatyʀ] nf legislatura *f.*

légiste [leʒist] ❖ nm legista *m.* ❖ adj ⟶ **médecin**.

légitimation [leʒitimasjɔ̃] nf legitimación *f.*

légitime [leʒitim] adj legítimo(ma).

légitimement [leʒitimmɑ̃] adv legítimamente.

légitimer [3] [leʒitime] vt legitimar.

légitimité [leʒitimite] nf legitimidad *f.*

legs [lɛg] nm legado *m.*

léguer [18] [lege] vt ▸ **léguer qqch à qqn** legar algo a alguien.

légume [legym] ❖ nm verdura *f* ▸ **légume sec** legumbre *f* ▸ **légumes verts** verdura *f.* ❖ nf *fam* **1.** [personne] vegetal *m* **2.** [personnage important] ▸ **une grosse légume** un pez gordo.

leitmotiv [lajtmɔtif, lɛtmɔtiv] nm leitmotiv *m.*

Léman [lemɑ̃] ⟶ **lac**.

lendemain [lɑ̃dmɛ̃] nm **1.** [jour suivant] día *m* siguiente ▸ **le lendemain de** el día siguiente a ▸ **il ne faut pas remettre au lendemain ce qu'on peut faire le jour même** no dejes para mañana lo que puedas hacer hoy **2.** [avenir] futuro *m* ▸ **sans lendemain** sin futuro.

lénifiant, e [lenifjɑ̃, ɑ̃t] adj lenitivo(va).

léniniste [leninist] adj & nmf leninista.

lent, e [lɑ̃, ɑ̃t] adj lento(ta) ▸ **être lent à faire qqch** ser lento para ou en hacer algo. ◆ **lente** nf liendre *f*.

lentement [lɑ̃tmɑ̃] adv lentamente.

lenteur [lɑ̃tœʀ] nf lentitud *f*.

lentille [lɑ̃tij] nf **1.** BOT & CULIN lenteja *f* **2.** [d'optique] lentilla *f* ▸ **lentilles de contact** lentes *fpl* de contacto.

léonin, e [leɔnɛ̃, in] adj leonino(na).

léopard [leɔpaʀ] nm leopardo *m*.

LEP, Lep (*abr de* **lycée d'enseignement professionnel**) nm *antiguo nombre de los institutos de formación profesional*.

lèpre [lɛpʀ] nf **1.** MÉD lepra *f* **2.** *fig* [mal] plaga *f*.

lépreux, euse [lepʀø, øz] ❖ adj **1.** MÉD leproso(sa) **2.** *fig* [mur] desconchado(da). ❖ nm, f leproso *m*, -sa *f*.

lequel, laquelle [ləkɛl, lakɛl] (*mpl* **lesquels** [lekɛl], *fpl* **lesquelles** [lekɛl]) (*contraction de à + lequel =* ***auquel****, de + lequel =* ***duquel****, à + lesquels / lesquelles =* ***auxquels / auxquelles****, de + lesquels / lesquelles =* ***desquels / desquelles***) ❖ pron rel **1.** [complément] el cual (la cual) **2.** [sujet - personne] el cual (la cual), quien ; [- chose] el cual (la cual). ❖ pron interr cuál.

les ⟶ **le**.

lesbienne [lɛsbjɛn] nf lesbiana *f*.

lèse-majesté [lɛzmaʒɛste] nf inv lesa majestad *f*.

léser [18] [leze] vt lesionar.

lésiner [3] [lezine] vi escatimar ▸ **ne pas lésiner sur qqch** no escatimar algo.

lésion [lezjɔ̃] nf lesión *f*.

Lesotho [lezɔto] npr ▸ **le Lesotho** Lesoto.

lesquelles ⟶ **lequel**.

lesquels ⟶ **lequel**.

lessive [lesiv] nf **1.** [produit] detergente *m* **2.** [nettoyage] limpieza *f* **3.** [linge] colada *f* ▸ **faire la lessive** hacer la colada.

lessivé, e [lesive] adj *fam* hecho(cha) polvo.

lessiver [3] [lesive] vt **1.** [nettoyer] limpiar **2.** CHIM lavar **3.** *fam* [épuiser] hacer polvo.

lest [lɛst] nm lastre *m* ▸ **lâcher du lest** soltar (el) lastre.

leste [lɛst] adj **1.** [personne, mouvement] ligero(ra) **2.** [histoire, propos] picante.

lestement [lɛstəmɑ̃] adv **1.** [agilement] ágilmente **2.** [grivoisement] con picardía.

lester [3] [lɛste] vt **1.** [garnir de lest] lastrar **2.** [charger] atiborrar.

letchi = **litchi**.

léthargie [letaʀʒi] nf letargo *m* ▸ **tomber en léthargie** aletargarse.

léthargique [letaʀʒik] adj **1.** [état, sommeil] letárgico(ca) **2.** *fig* [personne] alelado(da).

letton, onneone [lɛtɔ̃, ɔn] adj letón(ona).
◆ **letton, lette** nm LING letón *m*.
◆ **Letton, onneone** nm, f letón *m*, -ona *f*.

Lettonie [lɛtɔni] npr ▸ **la Lettonie** Letonia.

lettre [lɛtʀ] nf **1.** [caractère] letra *f* ▸ **en toutes lettres** con todas las ou sus letras **2.** [courrier] carta *f* ▸ **lettre d'amour** carta de amor ▸ **lettre anonyme** carta anónima ▸ **lettre de motivation** carta de motivación ▸ **lettre ouverte** carta abierta ▸ **lettre de rappel** notificación *f* de apremio ▸ **lettre de recommandation** carta de recomendación ▸ **lettre recommandée (avec avis de réception)** carta certificada (con acuse de recibo) ▸ **à la lettre, au pied de la lettre** al pie de la letra ▸ **passer comme une lettre à la poste** *fam* ir como la seda ▸ **rester lettre morte** ser papel mojado ou letra muerta. ◆ **lettre de change** nf letra *f* de cambio. ◆ **lettres** nfpl **1.** [culture & UNIV] letras *fpl* ▸ **lettres classiques / modernes** letras clásicas / modernas **2.** [titre] ▸ **lettres de noblesse** carta *f* ejecutoria ou de hidalguía.

lettré, e [lɛtʀe] adj & nm, f letrado(da).

leucémie [løsemi] nf leucemia *f*.

leucocyte [løkɔsit] nm leucocito *m*.

leucorrhée [løkɔʀe] nf leucorrea *f*.

leur [lœʀ] ❖ pron pers inv les / *je leur ai donné la lettre* les he dado la carta / *je voudrais leur parler* desearía hablar con ellos. ❖ adj poss (*pl* **leurs**) su / *ils ont vendu leur maison* han vendido la casa / *ce sont leurs enfants* son sus hijos. ◆ **le leur, la leur** (*pl* **les leurs**) pron poss el suyo (la suya) / *c'est notre problème, pas le leur* es nuestro problema, no el suyo / *il faudra qu'ils y mettent du leur* tendrán que poner algo de su parte ▸ **c'est un des leurs** es uno de los suyos.

leurre [lœʀ] nm **1.** [tromperie] engañifa *f* **2.** [appât - de chasse] señuelo *m* ; [- de pêche] cebo *m* artificial.

leurrer [5] [lœʀe] vt engañar, embaucar. ◆ **se leurrer** vp engañarse.

leurs ⟶ **leur**.

levain [ləvɛ̃] nm levadura *f* (láctica).

levant [ləvɑ̃] ❖ nm levante *m*. ❖ adj ⟶ **soleil**.

levé, e [ləve] adj **1.** [gén] levantado(da) **2.** [tête, front] alto(ta). ◆ **levée** nf **1.** [des scellés, de séance] levantamiento *m* **2.** [collecte - des impôts] recaudación *f* ; [- du courrier] recogida *f* **3.** MIL leva *f* **4.** [aux cartes] baza *f*.
◆ **levée de boucliers** nf acto *m* de protesta.

lever [19] [ləve] ❖ vt **1.** [gén] levantar ESP, parar AM **2.** [tirer vers le haut - gén] subir ; [- ancre] levar **3.** [troupes, armée] reclutar **4.** [impôts, taxes] recaudar. ❖ vi [fermenter] subir. ❖ nm **1.** [d'astre] salida *f* ▸ **lever du jour** amanecer *m* ▸ **lever du soleil** salida del sol **2.** [de personne] ▸ **au lever** al levantarse **3.** THÉÂTRE ▸ **lever de rideau** subida *f* del telón. ◆ **se lever** vp **1.** [gén] levantarse ESP, pararse AM **2.** [astre] salir.

lève-tard [lɛvtaʀ] nmf dormilón *m*, -ona *f*.

lève-tôt [lɛvto] nmf madrugador *m*, -ra *f*.

levier [ləvje] nm palanca *f* ▸ **levier de vitesses** palanca de cambios.

lévitation [levitasjɔ̃] nf levitación *f*.

lèvre [lɛvʀ] nf labio *m* ▸ **du bout des lèvres** a penas ▸ **manger du bout des lèvres** comer como un pajarito ▸ **être suspendu aux lèvres de qqn** *fig* estar pendiente de las palabras de alguien.

lévrier, levrette [levʀije, ləvʀɛt] nm, f galgo *m*, -ga *f*.

levure [ləvyʀ] nf levadura *f* ▸ **levure de bière** levadura de cerveza ▸ **levure chimique** levadura química.

lexical, e, aux [lɛksikal, o] adj léxico(ca).

lexicographe [lɛksikɔgʀaf] nmf lexicógrafo *m*, -fa *f*.

lexicographie [lɛksikɔgʀafi] nf lexicografía *f*.

lexique [lɛksik] nm léxico *m*.

lézard [lezaʀ] nm lagarto *m*.

lézarde [lezaʀd] nf grieta *f*.

lézarder [3] [lezaʀde] ◇ vt [fissurer] agrietar. ◇ vi *fam* [paresser] gandulear. ◆ **se lézarder** vp agrietarse.

Lhassa [lasa] npr Lhassa.

liaison [ljɛzɔ̃] nf **1.** [jonction] conexión *f* **2.** LING *en la lengua francesa, acción de pronunciar la consonante final de una palabra unida a la vocal inicial de la palabra siguiente* **3.** [communication] contacto *m* ▸ **par liaison radio** por radio **4.** [relation] relación *f* ▸ **avoir une liaison (avec qqn)** tener una aventura (con alguien) ▸ **être / entrer en liaison avec qqn** estar en / establecer contacto con alguien **5.** [transport] enlace *m*.

liane [ljan] nf liana *f*, bejuco *m*.

liant, e [ljɑ̃, ɑ̃t] adj comunicativo(va). ◆ **liant** nm argamasa *f*.

liasse [ljas] nf [de papiers, de billets] fajo *m*.

Liban [libɑ̃] npr ▸ **le Liban** (el) Líbano.

libanais, e [libanɛ, ɛz] adj libanés(esa). ◆ **Libanais, e** nm, f libanés *m*, -esa *f*.

Libé [libe] (*abr de* **Libération**) *diario francés a la izquierda del espectro político*.

libelle [libɛl] nm libelo *m*.

libellé [libele] nm [d'une lettre] redacción *f* ; [d'une loi] texto *m*.

libeller [libele] vt **1.** [chèque] extender **2.** [lettre] redactar **3.** DR redactar, formular.

libellule [libelyl] nf libélula *f*.

libéral, e, aux [libeʀal, o] adj & nm, f liberal.

libéralement [libeʀalmɑ̃] adv **1.** [avec libéralité] liberalmente, con liberalidad **2.** [avec libéralisme] con tolerancia.

libéralisation [libeʀalizasjɔ̃] nf liberalización *f*.

libéraliser [3] [libeʀalize] vt liberalizar.

libéralisme [libeʀalism] nm liberalismo *m*.

libéralité [libeʀalite] nf liberalidad *f*.

libérateur, trice [libeʀatœʀ, tʀis] ◇ adj **1.** [qui délivre] liberador(ra), libertador(ra) **2.** [qui soulage] liberador(ra). ◇ nm, f liberador *m*, -ra *f*, libertador *m*, -ra *f*.

libération [libeʀasjɔ̃] nf **1.** [gén] liberación *f* **2.** [d'engagement] exención *f* **3.** [des prix] liberalización *f*. ◆ **Libération** nf ▸ **la Libération** HIST *liberación de los territorios franceses ocupados por los alemanes durante la Segunda Guerra Mundial*.

La Libération

El período comprendido entre el desembarco aliado en Normandía (6 de junio de 1944) y la capitulación de la Alemania nazi (8 de mayo de 1945) supuso la liberación progresiva de Francia por los Aliados con el apoyo de los franceses "libres" y la Resistencia. En una primera fase, los esfuerzos se concentraron en la liberación de París; a continuación, tras el desembarco en Provenza (agosto de 1944), se acometió la liberación del sur del país, y de septiembre de 1944 a marzo de 1945 se prosiguió por el este de Francia. La Liberación significó el final de cuatro años de restricciones, persecuciones y represalias por parte de los ocupantes alemanes y del régimen colaboracionista de Vichy. Junto a estos hechos, en la memoria colectiva de los franceses, están presentes otros aspectos, como las mujeres con la cabeza rapada por haber tenido relaciones con los ocupantes, la vuelta de los prisioneros de guerra y de los supervivientes de los campos de concentración o el prestigio de los movimientos de resistencia y sus grandes héroes.

libéré, e [libeʀe] adj **1.** [émancipé] liberado(da) / *c'est une femme libérée* es una mujer liberada **2.** EXPR **être libéré sous caution** ser puesto en libertad bajo fianza.

libérer [18] [libeʀe] vt **1.** [gén] liberar, libertar ▸ **libérer qqn de qqch** *fig* [d'un poids] liberar **ou** libertar a alguien de algo **2.** [passage] dejar libre. ◆ **se libérer** vp **1.** [se rendre disponible] escaparse **2.** [se dégager] ▸ **se libérer de** [obligation] librarse de **3.** [pays, ville] liberarse **4.** [prisonnier, gaz] escaparse.

Liberia [libeʀja] npr ▸ **le Liberia** Liberia.

libérien, enne [libeʀjɛ̃, ɛn] adj liberiano(na). ◆ **Libérien, enne** nm, f liberiano *m*, -na *f*.

libertaire [libɛʀtɛʀ] adj & nmf libertario(ria).

liberté [libɛʀte] nf [gén] libertad *f* ▸ **en liberté** en libertad ▸ **liberté conditionnelle** libertad condicional ▸ **liberté d'expression / d'opinion** libertad de expresión/de opinión ▸ **liberté de la presse** libertad de prensa ▸ **liberté provisoire/surveillée** libertad provisional/vigilada ▸ **avoir toute liberté pour faire qqch** gozar de OU tener total libertad para hacer algo ▸ **en toute liberté** con toda libertad ▸ **mettre qqn en liberté** poner a alguien en libertad ▸ **prendre la liberté de faire qqch** tomarse la libertad de hacer algo ▸ **se permettre des libertés avec** tomarse libertades con ▸ **Liberté, Égalité, Fraternité** Libertad, Igualdad, Fraternidad.

libertin, e [libɛʀtɛ̃, in] adj & nm, f libertino(na).

libertinage [libɛʀtinaʒ] nm libertinaje *m*.

libidineux, euse [libidinø, øz] adj libidinoso(sa).

libido [libido] nf libido *f*.

libraire [libʀɛʀ] nmf librero *m*, -ra *f*.

librairie [libʀɛʀi] nf librería *f*.

libre [libʀ] adj **1.** [gén] libre ▸ **être libre de qqch/de faire qqch** ser libre de algo/de hacer algo **2.** [école, secteur] privado(da).

libre-échange [libʀeʃɑ̃ʒ] (*pl* **libres-échanges**) nm librecambio *m*, libre cambio *m*.

librement [libʀəmɑ̃] adv libremente.

libre-penseur, euse [libʀəpɑ̃sœʀ, øz] (*mpl* **libres-penseurs**, *fpl* **libres-penseuses**) nm, f librepensador *m*, -ra *f*.

libre-service [libʀəsɛʀvis] (*pl* **libres-services**) nm autoservicio *m*.

Libreville [libʀəvil] npr Libreville.

Libye [libi] npr ▸ **la Libye** Libia.

libyen, enne [libjɛ̃, ɛn] adj libio(bia). ◆ **Libyen, enne** nm, f libio *m*, -bia *f*.

lice [lis] nf HIST liza *f* ▸ **entrer en lice** *fig* entrar en liza.

licence [lisɑ̃s] nf **1.** [gén] licencia *f* ▸ **licence poétique** licencia poética **2.** UNIV *diploma universitario que se concede a los alumnos que han aprobado los tres primeros cursos de una carrera universitaria* ▸ **licence de lettres/en droit** *diploma universitario que se concede a los alumnos de letras/de derecho que han superado los tres primeros años de la carrera* **3.** SPORT ficha *f*.

licence-master-doctorat [lisɑ̃smastɛʀdɔktɔʀa] (*pl* **licences-masters-doctorats**), **lmd** [ɛlɛmde] nm *sistema universitario consistente en 3 años de "licence" (llamados L1, L2 y L3) y en dos años de máster (M1 y M2), ya sean profesionales o académicos y el doctorado, que supone haber llevado a cabo 8 años de estudios superiores.*

licencié, e [lisɑ̃sje] ◈ adj **1.** UNIV *que ha superado los exámenes correspondientes al tercer curso de una carrera universitaria* **2.** SPORT federado(da). ◈ nm, f **1.** UNIV *persona que ha superado los exámenes correspondientes al tercer curso de una carrera universitaria* **2.** SPORT federado *m*, -da *f*.

licenciement [lisɑ̃simɑ̃] nm despido *m* ▸ **licenciement économique** despido por reducción de plantilla.

licencier [9] [lisɑ̃sje] vt [employé] despedir ESP, cesantear AM ▸ **se faire licencier** : *il s'est fait licencier* lo han despedido.

licencieux, euse [lisɑ̃sjø, øz] adj licencioso(sa).

lichen [likɛn] nm liquen *m*.

licite [lisit] adj lícito(ta).

licol [likɔl], **licou** [liku] nm cabestro *m*.

licorne [likɔʀn] nf unicornio *m*.

licou = **licol**.

LICRA, Licra (*abr de* **Ligue internationale contre le racisme et l'antisémitisme**) nf LICRA *f*.

lie [li] nf **1.** [de vin] hez *f*, heces *fpl* **2.** *fig* & *sout* [rebut] hez *f*.

lié, e [lje] adj unido(da).

Liechtenstein [liʃtɛnʃtajn] npr ▸ **le Liechtenstein** Liechtenstein.

liechtensteinois, e [liʃtɛnʃtanwa, az] adj de Liechtenstein. ◆ **Liechtensteinois, e** nm, f *natural o habitante de Liechtenstein*.

lie-de-vin [lidvɛ̃] adj inv [couleur] burdeos *(en aposition)*.

liège [ljɛʒ] nm corcho *m* ▸ **en** OU **de liège** de corcho.

liégeois [ljeʒwa] ⟶ **café**, **chocolat**.

lien [ljɛ̃] nm **1.** [sangle] atadura *f* **2.** [relation] lazo *m*, vínculo *m* ▸ **lien de parenté** lazo de parentesco **3.** [rapport] relación *f*.

lier [9] [lje] vt **1.** [attacher] atar ▸ **lier qqch/qqn à qqch** atar algo/a alguien a algo **2.** [joindre, unir] unir **3.** CULIN [sauce] ligar **4.** *fig* [relier] relacionar ▸ **lier qqch à qqch** relacionar algo con algo **5.** [commencer] ▸ **lier amitié/conversation** entablar amistad/conversación **6.** [astreindre - contrat] vincular ; [- mariage] unir. ◆ **se lier** vp **1.** [s'attacher] atarse **2.** [entrer en relation] ▸ **se lier avec qqn** relacionarse con alguien **3.** [s'astreindre] ligarse ▸ **se lier par qqch** ligarse por algo.

lierre [ljɛʀ] nm hiedra *f*, yedra *f*.

liesse [ljɛs] nf ▸ **en liesse** alborozado(da).

lieu, x [ljø] nm lugar *m*, sitio *m* ▸ **en lieu sûr** en lugar OU sitio seguro ▸ **lieu de naissance** lugar de nacimiento ▸ **lieu de perdition** antro *m* de perdición ▸ **lieu saint** lugar santo ▸ **en haut lieu** en las altas esferas ▸ **être le haut lieu de qqch** ser la plaza fuerte de algo ▸ **en premier/second/dernier lieu** en primer/segundo/último lugar ▸ **au lieu de qqch/de faire qqch** en lugar de algo/de hacer algo ▸ **avoir lieu** tener lugar ▸ **donner lieu à qqch** dar lugar a algo ▸ **il y a lieu de faire qqch** hay razones para hacer algo ▸ **tenir lieu de qqch** hacer las veces de algo. ◆ **lieux** nmpl lugar *m* ▸ **quitter les lieux** desalojar ▸ **sur les lieux de qqch** en lugar de algo. ◆ **lieu commun** nm lugar *m* común.

lieu-dit [ljødi] (*pl* **lieux-dits**) nm lugar *m*.

lieue [ljø] nf legua *f* ▸ **j'étais à cent lieues de penser cela** no se me ocurrió ni por lo más remoto.

lieutenant [ljøtnɑ̃] nm ≃ teniente *m*.

lieutenant-colonel [ljøtnɑ̃kɔlɔnɛl] (*pl* **lieutenants-colonels**) nm ≃ teniente *m* coronel.

lièvre [ljɛvʀ] nm **1.** ZOOL liebre *f* **2.** EXPR **courir deux lièvres à la fois** estar en misa y repicando (campanas) ▸ **lever un lièvre** levantar la liebre.

lifter [3] [lifte] vt **1.** [au tennis] cortar **2.** MÉD ▸ **se faire lifter** estirarse la piel, hacerse un lifting.

liftier, ère [liftje, ɛʀ] nm, f ascensorista *m*.

lifting [liftiŋ] nm **1.** [de la peau] lifting *m* **2.** [d'une institution, d'un bâtiment] renovación *f*.

ligament [ligamɑ̃] nm ligamento *m*.

ligature [ligatyʀ] nf MÉD ligadura *f* ▸ **ligature des trompes** ligadura de trompas.

ligaturer [3] [ligatyʀe] vt MÉD ligar.

light [lajt] adj light.

ligne [liɲ] nf **1.** [gén] línea *f* ▸ **à la ligne** punto y aparte ▸ **en ligne droite** en línea recta ▸ **ligne aérienne** línea aérea ▸ **ligne d'arrivée / de départ** línea de llegada / de salida ▸ **ligne blanche** AUTO línea continua ▸ **ligne de commande** INFORM línea de comando ▸ **ligne de conduite** línea de conducta ▸ **ligne de démarcation** línea de demarcación ▸ **ligne de flottaison** línea de flotación ▸ **ligne de mire** punto *m* de mira ▸ **lignes de la main** líneas de la mano ▸ **avoir la ligne** tener buen tipo ▸ **dans les grandes lignes** a grandes rasgos ▸ **entrer en ligne de compte** ser tenido(da) en cuenta ▸ **garder la ligne** guardar la línea ▸ **lire entre les lignes** leer entre líneas ▸ **surveiller sa ligne** vigilar la línea **2.** [de pêche] caña *f* ▸ **pêcher à la ligne** pescar con caña **3.** [file] fila *f*, hilera *f* ▸ **en ligne** en fila **4.** TÉLÉCOM & INFORM linea *f* / ***la ligne est occupée*** está comunicando ▸ **en ligne** en linea.

lignée [liɲe] nf linaje *m*.

lignite [liɲit] nm lignito *m*.

ligoter [3] [ligɔte] vt atar ▸ **ligoter qqn à qqch** atar a alguien a algo.

ligue [lig] nf liga *f* ▸ **ligue antialcoolique** liga antialcohólica.

liguer [3] [lige] vt aliar ▸ **être ligué avec qqn** estar aliado con alguien. ◆ **se liguer** vp aliarse ▸ **se liguer contre qqn** aliarse contra alguien.

lilas [lila] ◈ nm lila *f*. ◈ adj inv [couleur] lila *(en apposition)*.

Lima [lima] npr Lima.

limace [limas] nf babosa *f*.

limaille [limaj] nf limaduras *fpl*.

limande [limɑ̃d] nf gallo *m (pez)*.

limbes [lɛ̃b] nmpl RELIG limbo *m* ▸ **être dans les limbes** *fig* estar en el limbo.

lime [lim] nf lima *f* ▸ **lime à ongles** lima de uñas.

limer [3] [lime] vt limar.

limier [limje] nm sabueso *m* ▸ **fin limier** buen sabueso.

liminaire [liminɛʀ] adj preliminar, liminar.

limitatif, ive [limitatif, iv] adj limitativo(va).

limitation [limitasjɔ̃] nf limitación *f*, límite *m* ▸ **limitation de vitesse** limitación ou límite de velocidad.

limite [limit] ◈ nf **1.** [gén] límite *m* ▸ **à la limite** en el peor de los casos, en última instancia ▸ **dans la limite du possible** en la medida de lo posible ▸ **dans les limites de** dentro de (los límites de) ▸ **dépasser les limites** pasarse de la raya ▸ **il y a des limites (à tout)** todo tiene un límite ▸ **sans limites** sin límites ▸ **limite d'âge** límite de edad **2.** [physique, intellectuelle] limitación *f*. ◈ adj inv límite *(en apposition)*.

limité, e [limite] adj limitado(da).

limiter [3] [limite] vt limitar. ◆ **se limiter** vp **1.** [se restreindre] ▸ **se limiter à qqch / à faire qqch** limitarse a algo / a hacer algo **2.** [avoir pour limites] ▸ **se limiter à qqch / à qqn** limitarse a algo / a alguien.

limitrophe [limitʀɔf] adj **1.** [pays] limítrofe ▸ **être limitrophe de** ser limítrofe de ou con **2.** [situé à la frontière - maison, terre] colindante.

limogeage [limɔʒaʒ] nm destitución *f*.

limoger [17] [limɔʒe] vt destituir.

limon [limɔ̃] nm **1.** GÉOL limo *m* **2.** BOT & CONSTR limón *m*.

limonade [limɔnad] nf gaseosa *f*.

Limousin [limuzɛ̃] npr ▸ **le Limousin** Lemosín.

limousine [limuzin] nf [voiture] limusina *f*.

limpide [lɛ̃pid] adj **1.** [eau, ciel, regard] límpido(da) **2.** [explication, style] nítido(da).

limpidité [lɛ̃pidite] nf **1.** [de l'eau, d'un regard] limpidez *f* **2.** [d'une explication, d'un style] nitidez *f*.

lin [lɛ̃] nm lino *m*.

linceul [lɛ̃sœl] nm sudario *m*, mortaja *f*.

linéaire [lineɛʀ] adj lineal.

linge [lɛ̃ʒ] nm **1.** [de maison] ropa *f* blanca **2.** [sous-vêtements] lencería *f*, ropa *f* interior **3.** [lessive] colada *f* ▸ **linge sale** ropa *f* sucia ▸ **laver son linge sale en famille** lavar los trapos sucios en familia **4.** [morceau de tissu] trapo *m* ▸ **blanc ou pâle comme un linge** blanco ou pálido como el papel.

lingerie [lɛ̃ʒʀi] nf **1.** [local] lavandería *f* **2.** [sous-vêtements] lencería *f* ▸ **lingerie fine** lencería fina.

lingette [lɛ̃ʒɛt] nf toallita *f* ▸ **lingette antibactérienne** toallita antibacteriana ▸ **lingette démaquillante** toallita desmaquilladora.

lingot [lɛ̃go] nm lingote *m* ▸ **lingot d'or** lingote de oro.

linguiste [lɛ̃gɥist] nmf lingüista *mf*.

linguistique [lɛ̃gɥistik] ◈ adj lingüístico(ca). ◈ nf lingüística *f*.

lino [lino] nm *fam* linóleo *m*.

linoléum [linɔleɔm] nm linóleo *m*.

linotte [linɔt] nf ZOOL pardillo *m*.

linteau, x [lɛ̃to] nm dintel *m*.

lion, lionne [ljɔ̃, ljɔn] nm, f león *m*, -ona *f*. ◆ **Lion** nm ASTROL Leo ▸ **être Lion** ser Leo.

lionceau, x [ljɔ̃so] nm cachorro *m* de león.

lipide [lipid] nm lípido *m*.

liposuccion [lipɔsy(k)sjɔ̃] nf liposucción *f* ▸ **se faire faire une liposuccion** hacerse una liposucción.

lippu, e [lipy] adj bezudo(da), morrudo(da).

liquéfaction [likefaksjɔ̃] nf licuación *f*.

liquéfier [9] [likefje] vt licuar, licuefacer. ◆ **se liquéfier** vp **1.** [gaz] licuarse **2.** *fig* [personne] entrarle a alguien flojera.

liqueur [likœʀ] nf licor *m*.

liquidation [likidasjɔ̃] nf liquidación *f*.

liquide [likid] ◈ adj líquido(da). ◈ nm **1.** [substance] líquido *m* ▸ **liquide vaisselle** lavavajillas *m inv* **2.** [argent] dinero *m* en efectivo, efectivo *m* ▸ **en liquide** en efectivo ▸ **retirer du liquide** sacar dinero. ◈ nf LING líquida *f*.

liquider [3] [likide] vt **1.** [gén] liquidar **2.** *fam* [se débarrasser de] deshacerse de.

liquidité [likidite] nf liquidez *f*. ◆ **liquidités** nfpl FIN liquidez *f*.

liquoreux, euse [likɔʀø, øz] adj licoroso(sa).

lire[1] [liʀ] vt leer ▸ **'lu et approuvé'** 'visto bueno (y conforme)'.

lire[2] [liʀ] nf lira *f*.

lis, lys [lis] nm lirio *m* blanco, azucena *f*.

lis ⟶ **lire**.

lisais ⟶ **lire**.

lisbonnais, e [lizbɔnɛ, ɛz] adj lisboeta. ◆ **Lisbonnais, e** nm, f lisboeta *mf*.

Lisbonne [lizbɔn] npr Lisboa.

liseré [lizʀe], **liséré** [lizeʀe] nm ribete *m*.

liseron [lizʀɔ̃] nm correhuela *f*.

liseuse [lizøz] nf **1.** [vêtement] mañanita *f* **2.** [lampe] lámpara *f* de lectura.

lisibilité [lizibilite] nf [d'une écriture, d'un roman] legibilidad *f*.

lisible [lizibl] adj legible.

lisiblement [liziblәmɑ̃] adv de manera legible.

lisière [lizjɛʀ] nf **1.** [limite] linde *m*, lindero *m* **2.** COUT orilla *f*, orillo *m*.

lisse [lis] adj liso(sa).

lisser [3] [lise] vt alisar.

listage [listaʒ] nm listado *m*.

liste [list] nf lista *f* ▸ **liste électorale** lista electoral ▸ **liste de mariage** lista de boda ▸ **liste noire** lista negra ▸ **liste rouge** lista secreta ▸ **être sur liste d'attente** estar en (la) lista de espera.

lister [3] [liste] vt **1.** [faire une liste de] hacer una lista de **2.** INFORM listar.

listériose [listeʀjoz] nf MÉD listeriosis *f inv*.

listing [listiŋ] nm listado *m*.

lit [li] nm **1.** [meuble] cama *f* ▸ **faire son lit** hacerse la cama ▸ **garder le lit** guardar cama ▸ **se mettre au lit** meterse en la cama ▸ **lit à baldaquin** cama con dosel ou baldaquino ▸ **lit de camp** catre *m*, cama de tijera ▸ **lit d'enfant** cama de niño ▸ **lit gigogne** cama nido ▸ **lit nuptial** lecho *m* ou tálamo *m* nupcial ▸ **lits jumeaux** camas gemelas ▸ **lits superposés** literas *fpl* **2.** DR [mariage] matrimonio *m* ▸ **d'un premier lit** del primer matrimonio **3.** [de feuilles, de cours d'eau] lecho *m*.

LIT (*abr écrite de* **lire italienne**) LIT.

litanie [litani] nf letanía *f*.

litchi [litʃi], **lychee** [lɛtʃi] nm lichi *m*.

literie [litʀi] nf *somier, colchón y ropa de cama*.

lithium [litjɔm] nm CHIM litio *m*.

lithographie [litɔgʀafi] nf litografía *f*.

litière [litjɛʀ] nf **1.** [paille] jergón *m* **2.** [pour chat] lecho *m* **3.** HIST [palanquin] litera *f*.

litige [litiʒ] nm litigio *m*.

litigieux, euse [litiʒjø, øz] adj litigioso(sa).

litote [litɔt] nf lítote *f*.

litre [litʀ] nm **1.** [mesure] litro *m* **2.** [bouteille] botella *f* de litro.

litron [litʀɔ̃] nm *tfam* litro *m* de vino.

littéraire [liteʀɛʀ] ◈ adj literario(ria). ◈ nmf hombre de letras *m*, mujer de letras *f*.

littéral, e, aux [liteʀal, o] adj literal.

littéralement [liteʀalmɑ̃] adv literalmente.

littérature [liteʀatyʀ] nf literatura *f* ▸ **littérature comparée** literatura comparada.

littoral, e, aux [litɔʀal, o] adj litoral. ◆ **littoral** nm litoral *m*.

Lituanie [litɥani] npr ▸ **la Lituanie** Lituania.

lituanien, enne [litɥanjɛ̃, ɛn] adj lituano(na). ◆ **lituanien** nm LING lituano *m*. ◆ **Lituanien, enne** nm, f lituano *m*, -na *f*.

liturgie [lityʀʒi] nf liturgia *f*.

liturgique [lityʀʒik] adj litúrgico(ca).

livarot [livaʀo] nm *queso blando elaborado con leche de vaca en la región de Livarot, Normandía*.

live [lajv] ◈ adj inv en directo / *j'ai acheté l'enregistrement live de son spectacle* compré la grabación en directo de su espectáculo. ◈ nm inv **1.** directo *m* **2.** EXPR **en live** en directo / *je les ai vus en live au cours du festival* los vi en directo en el festival.

livide [livid] adj lívido(da).

livrable [livʀabl] adj a entregar.

livraison [livʀɛzɔ̃] nf entrega *f*, reparto *m* ▸ **livraison à domicile** entrega ou reparto a domicilio.

livre [livʀ] ◈ nm libro *m* ▸ **livre audio** audiolibro *m* ▸ **livre de bord** libro de a bordo ▸ **livre de cuisine** libro de cocina ▸ **livre électronique** libro electrónico ▸ **livre d'images** álbum *m* ▸ **livre de messe** misal *m* ▸ **livre d'or / de poche** libro de oro / de bolsillo ▸ **à livre ouvert** de corrido. ◈ nf libra *f* ▸ **livre sterling** libra esterlina.

livré, e [livʀe] adj ▸ **être livré à** estar entregado a ▸ **être livré à soi-même** verse abandonado a su suerte.

livre-cassette [livʀəkasɛt] nm libro *m* cassette.

livrée [livʀe] nf librea *f*.

livrer [3] [livʀe] vt **1.** [gén] entregar ▸ **livrer qqch à qqn** [donner, confier] entregar algo a alguien ▸ **livrer qqn à** [dénoncer] entregar alguien a **2.** [abandonner] ▸ **livrer qqch à qqch** librar algo a algo. ◆ **se livrer** vp ▸ **se livrer à qqn a)** [se rendre, se donner] entregarse a alguien **b)** [se confier] confiarse a alguien ▸ **se livrer à qqch** [se consacrer] entregarse a algo.

livresque [livʀɛsk] adj libresco(ca).

livret [livʀɛ] nm **1.** [carnet] libreta *f*, cartilla *f* ▸ **livret de caisse d'épargne** libreta ou cartilla de ahorros ▸ **livret de famille** libro *m* de familia ▸ **livret scolaire** libro *m* de escolaridad **2.** MUS libreto *m*.

livreur, euse [livʀœʀ, øz] nm, f repartidor *m*, -ra *f*.

Ljubljana [ljubljana] npr Ljubljana.

lm (*abr écrite de* **lumen**) lm.

LMD, lmd [ɛlɛmde] nm = **licence-master-doctorat**.

LO (*abr de* **Lutte ouvrière**) npr *partido político francés a la extrema izquierda del espectro político* ▸ **les militants de LO** los militantes de LO.

lob [lɔb] nm lob *m*, globo *m*.

lobby [lɔbi] (*pl* **lobbies**) nm lobby *m*, grupo *m* de presión.

lobbying [lɔbiiŋ] nm ▸ **faire du lobbying** ejercer presión, hacer lobby.

lobbyiste [lɔbiist] nmf lobista *mf*.

lobe [lɔb] nm lóbulo *m*.

lober [3] [lɔbe] vt hacer un lob ou un globo a.

lobotomie [lɔbɔtɔmi] nf MÉD lobotomía *f*.

local, e, aux [lɔkal, o] adj local. ◆ **local** nm local *m*. ◆ **locaux** nmpl [bureaux] locales *mpl*.

localement [lɔkalmɑ̃] adv localmente.

localisation [lɔkalizasjɔ̃] nf [gén & INFORM] localización *f*.

localiser [3] [lɔkalize] vt [gén & INFORM] localizar.

localité [lɔkalite] nf localidad *f*.

locataire [lɔkatɛʀ] nmf inquilino *m*, -na *f*.

locatif, ive [lɔkatif, iv] adj GRAM locativo(va).

location [lɔkasjɔ̃] nf **1.** [gén] alquiler *m* ▸ **location de voitures / de vélos** alquiler de coches / de bicicletas **2.** [maison] casa *f* de alquiler ; [appartement] piso *m* de alquiler **3.** [réservation] reserva *f*.

location-vente [lɔkasjɔ̃vɑ̃t] (*pl* **locations-ventes**) nf alquiler *m* con opción a compra.

locavore [lɔkavɔʀ] n & adj locávoro(ra).

loc. cit. (*abr écrite de* **loco citato**) loc. cit.

lock-out [lɔkaut] nm inv cierre *m* patronal, lock-out *m*.

locomoteur, trice [lɔkɔmɔtœʀ, tʀis] adj locomotor(triz).

locomotion [lɔkɔmɔsjɔ̃] nf locomoción *f*.

locomotive [lɔkɔmɔtiv] nf locomotora *f*.

locuteur, trice [lɔkytœʀ, tʀis] nm, f emisor *m*, -ra *f*.

locution [lɔkysjɔ̃] nf locución *f*.

loden [lɔdɛn] nm loden *m*.

loft [lɔft] nm loft *m* (*antiguo almacén o taller convertido en vivienda*).

logarithme [lɔgaʀitm] nm logaritmo *m*.

loge [lɔʒ] nf **1.** [de concierge] portería *f*, recepción *f* **2.** [d'acteur] camerino *m* **3.** [de spectacle] palco *m* ▸ **être aux premières loges** estar en primera línea **4.** [de francs-maçons & ARCHIT] logia *f*.

logement [lɔʒmɑ̃] nm vivienda *f* ▸ **logement de fonction** *vivienda proporcionada por la administración o por las grandes empresas a sus ejecutivos*.

loger [17] [lɔʒe] ◈ vi alojarse. ◈ vt **1.** [héberger - suj : personne] alojar ; [- suj : salle, hôtel] albergar **2.** [introduire] meter. ◆ **se loger** vp **1.** [trouver un logement] encontrar vivienda **2.** [balle, ballon] ir a parar.

loggia [lɔdʒja] nf logia *f*.

logiciel [lɔʒisjɛl] nm programa *m*, software *m* ▸ **logiciel d'application** programa de aplicación ▸ **logiciel d'exploitation** sistema *m* operativo ▸ **logiciel intégré** programa integrado ▸ **logiciel libre** programa libre ▸ **logiciel de navigation** explorador *m*.

logique [lɔʒik] ◈ adj lógico(ca). ◈ nf lógica *f*.

logiquement [lɔʒikmɑ̃] adv lógicamente.

logis [lɔʒi] nm vivienda *f*.

logistique [lɔʒistik] ◈ adj logístico(ca). ◈ nf logística *f*.

logo [logo] nm logo *m*.

logorrhée [lɔgɔʀe] nf verborrea *f*.

loi [lwa] nf ley *f* ▸ **faire la loi** dictar la ley ▸ **la loi du plus fort** la ley del más fuerte ▸ **nul n'est censé ignorer la loi** la ignorancia de la ley no excusa su cumplimiento ▸ **loi de l'offre et de la demande** ley de la oferta y la demanda ▸ **la loi du silence** la ley del silencio ▸ **la loi du talion** la ley del talión ▸ **la loi de 1901** *ley francesa que rige las asociaciones con fines no lucrativos* ▸ **loi martiale** ley marcial.

loin [lwɛ̃] adv [dans le temps, l'espace] lejos ▸ **aller trop loin** [exagérer] ir demasiado lejos. ◆ **au loin** loc adv a lo lejos. ◆ **de loin** loc adv **1.** [à distance] de lejos ▸ **de très / plus loin** de muy / más lejos **2.** [assez peu] poco / *je m'y intéresse de loin* no me interesa mucho **3.** [de beaucoup] con mucho. ◆ **de loin en loin** loc adv **1.** [dans l'espace] aquí y allá **2.** [dans le temps] de tarde en tarde. ◆ **loin de** loc prép **1.** [gén] lejos de ▸ **loin de là !** ¡ni mucho menos! ▸ **être loin du compte** estar muy lejos de la realidad **2.** [dans le temps] ▸ **il n'est pas loin de 9 h** no falta mucho para las 9 h.

lointain, e [lwɛ̃tɛ̃, ɛn] adj lejano(na). ◆ **lointain** nm ▸ **dans le lointain** a lo lejos.

loir [lwaʀ] nm lirón *m* ▸ **dormir comme un loir** dormir como un lirón.

Loire [lwaʀ] npr ▸ **la Loire** el Loira.

loisible [lwazibl] adj *sout* ▸ **il vous est loisible de...** tiene la posibilidad de....

loisir [lwaziʀ] nm ocio *m* ▸ **avoir le loisir de faire qqch** *sout* tener ocasión de hacer algo. ◆ **loisirs** nmpl distracciones *fpl*.

LOL (*abr écrite de* **laughing out loud**) SMS xD *(carcajada)*.

lolita [lɔlita] nf lolita *f*.

lombago = **lumbago**.

lombaire [lɔ̃bɛʀ] adj & nf lumbar.

Lomé [lɔme] npr Lomé.

londonien, enne [lɔ̃dɔnjɛ̃, ɛn] adj londinense. ◆ **Londonien, enne** nm, f londinense *mf*.

Londres [lɔ̃dʀ] npr Londres.

long, longue [lɔ̃, lɔ̃g] adj **1.** [gén] largo(ga) / *elle porte toujours des manches longues* siempre lleva mangas largas / *c'est un travail long et difficile* es un trabajo largo y difícil **2.** [lent] lento(ta) ▸ **être long à faire qqch** **a)** [personne] ser lento haciendo algo **b)** [chose] tardar en hacer algo / *il est long à se décider* es lento para decidirse. ◆ **long** ❖ nm **1.** [longueur] ▸ **de long** de largo ▸ **tomber de tout son long** caerse de plano ▸ **(tout) le long de qqch** **a)** [espace] a lo largo de algo **b)** [temps] durante todo algo **2.** [vêtements longs] ▸ **le long** los vestidos largos. ❖ adv [beaucoup] mucho ▸ **en dire long sur qqch** decir mucho de algo ▸ **en savoir long sur qqch** saber mucho sobre algo. ◆ **à la longue** loc adv a la larga. ◆ **de long en large** loc adv de un lado a otro. ◆ **en long, en large et en travers** loc adv con pelos y señales.

long. (*abr écrite de* **longitude**) long. / *long. 8.5° E* long. 8.5° E.

long-courrier [lɔ̃kuʀje] (*pl* **long-courriers**) ❖ nm [bateau] barco *m* de altura ; [avion] avión *m* de larga distancia. ❖ adj [bateau] de altura ; [avion] de larga distancia.

longe [lɔ̃ʒ] nf **1.** [courroie] cabestro *m* **2.** [viande] lomo *m*.

longer [17] [lɔ̃ʒe] vt bordear.

longévité [lɔ̃ʒevite] nf longevidad *f*.

longiligne [lɔ̃ʒiliɲ] adj longilíneo(a).

longitude [lɔ̃ʒityd] nf longitud *f*.

longitudinal, e, aux [lɔ̃ʒitydinal, o] adj longitudinal.

longtemps [lɔ̃tɑ̃] adv mucho tiempo ▸ **avant longtemps** hasta dentro de mucho tiempo ▸ **depuis longtemps** desde hace mucho (tiempo) ▸ **en avoir pour longtemps** tener para rato ▸ **il y a longtemps que** hace mucho (tiempo) que.

longue ⟶ **long**.

longuement [lɔ̃gmɑ̃] adv [parler] largo y tendido ; [expliquer] detenidamente / *nous y avons longuement réfléchi* nos lo hemos pensado mucho ▸ **plus longuement** **a)** [plus longtemps] con más tiempo **b)** [avec plus de détails] más detenidamente.

longuet, ette [lɔ̃gɛ, ɛt] adj un poco largo(ga).

longueur [lɔ̃gœʀ] nf **1.** [dimension] longitud *f*, largo *m* ▸ **saut en longueur** salto de longitud ▸ **en longueur** de largo ▸ **être sur la même longueur d'onde** estar en la misma onda **2.** [durée] duración *f* ▸ **à longueur de** durante todo(da) / *à longueur d'année* durante todo el año / *à longueur de temps* continuamente **3.** [à la piscine] largo *m*. ◆ **longueurs** nfpl *péj* lentitud *f*.

longue-vue [lɔ̃gvy] (*pl* **longues-vues**) nf catalejo *m*.

look [luk] nm look *m* ▸ **changer de look** cambiar de look.

looping [lupiŋ] nm looping *m*, rizo *m*.

lopin [lɔpɛ̃] nm pedazo *m* ▸ **lopin de terre** parcela *f*.

loquace [lɔkas] adj locuaz ▸ **peu loquace** poco locuaz.

loquacité [lɔkasite] nf locuacidad *f*.

loque [lɔk] nf andrajo *m* ▸ **en loques** andrajoso(sa) ▸ **loque humaine** *fig* pingajo *m*.

loquet [lɔkɛ] nm pestillo *m*.

lordose [lɔʀdoz] nf MÉD lordosis *f*.

lorgner [3] [lɔʀɲe] vt *fam* **1.** [observer] mirar de reojo **2.** [convoiter] echar el ojo a.

lorgnette [lɔʀɲɛt] nf anteojos *mpl*.

lorgnon [lɔʀɲɔ̃] nm quevedos *mpl*.

lorrain, e [lɔʀɛ̃, ɛn] adj lorenés(esa). ◆ **Lorrain, e** nm, f lorenés(esa).

Lorraine [lɔʀɛn] npr ▸ **la Lorraine** Lorena.

lors [lɔʀ] adv ▸ **lors de** durante ▸ **pour lors** de momento, por ahora ▸ **depuis lors** desde entonces.

lorsque [lɔʀskə] (**lorsqu'** [lɔʀsk] *devant voyelle ou 'h' muet*) conj cuando / *lorsque je chante* cuando canto / *lorsqu'il pleut* cuando llueve.

losange [lɔzɑ̃ʒ] nm rombo *m*.

Los Angeles [lɔsɑ̃dʒəlɛs] npr Los Angeles.

loser [luzœʀ] nm *fam* fracasado *m*, perdedor *m*.

lot [lo] nm **1.** [part, stock] lote *m* **2.** [prix] premio *m* ▸ **le gros lot** el gordo **3.** *fig* [destin] sino *m*.

loterie [lɔtʀi] nf lotería *f*. ◆ **Loterie nationale** nf Lotería *f* nacional.

loti, e [lɔti] adj ▸ **être bien / mal loti** verse favorecido / desfavorecido.

lotion [lɔsjɔ̃] nf loción *f* ▸ **lotion après rasage** loción para después del afeitado, after-shave *m*.

lotir [32] [lɔtiʀ] vt parcelar.

lotissement [lɔtismɑ̃] nm **1.** [terrain] urbanización *f* **2.** [partage] parcelación *f*.

loto [lɔto] nm **1.** [jeu de société] bingo *m* casero **2.** [loterie] ≃ (lotería) primitiva *f*.

lotte [lɔt] nf rape *m*.

lotus [lɔtys] nm loto *m*.

louable [lwabl] adj **1.** [méritoire] loable **2.** [location] alquilable.

louange [lwɑ̃ʒ] nf alabanza *f* ▸ **chanter les louanges de qqn** cantar las alabanzas de alguien.

loubard [lubaʀ] nm *fam* macarra *m*.

louche [luʃ] ❖ adj **1.** [acte] turbio(bia) **2.** [individu] sospechoso(sa). ❖ nf cazo *m*.

loucher [3] [luʃe] vi **1.** MÉD bizquear **2.** *fig* [lorgner] ▸ **loucher sur qqch / sur qqn** tener echado el ojo a algo / a alguien.

louer [6] [lwe] vt **1.** [maison, appartement] alquilar ESP, rentar AM ▸ **louer qqch à qqn** alquilar algo a alguien ▸ **'à louer'** 'se alquila' **2.** [place] reservar **3.** [glorifier] alabar ▸ **louer qqn de qqch** alabar a alguien por algo. ◆ **se louer** vp **1.** [maison, appartement] alquilarse **2.** *sout* [se féliciter] ▸ **se louer de qqch / de faire qqch** congratularse de algo / de hacer algo.

loueur, euse [lwœʀ, øz] nm, f arrendador *m*, -ra *f*.

loufoque [lufɔk] adj & nmf *fam* guillado(da).

Louis [lwi] npr ▸ **Louis XIV** Luis XIV.

Louis XIV

El "Rey Sol" ascendió al trono en 1643, con cinco años de edad, y hasta los trece (1651) vivió bajo la regencia del cardenal Mazarino, en cuyas manos dejó los asuntos de Estado hasta 1661. Su reinado, que acabó en 1715, fue el más largo de la historia de Francia. Expulsado de París por la Fronda parlamentaria y acosado por la Fronda de los príncipes hasta 1652, a partir de entonces reforzó su voluntad de someter a los parlamentos, controlar a la nobleza y fijar la residencia real fuera de París, en Versalles. En 1659 se casó con la infanta de España, María Teresa, y a la muerte de ésta se casó en segundas nupcias con Madame de Maintenon, en 1683. El absolutismo fue su doctrina política, fundamentada en el derecho divino de los reyes. Gobernante incansable, su pasión principal fue la búsqueda de la gloria y la grandeza de su reinado. Se trata del monarca más conocido, y posiblemente el preferido de los franceses, que asocian su reinado y sus construcciones a una época de gran esplendor.

Louisiane [lwizjan] nf ▸ **la Lousiane** Luisiana.

loukoum [lukum] nm delicias *fpl* turcas.

loup [lu] nm **1.** [mammifère] lobo *m* **2.** [poisson] lubina *f*, róbalo *m* **3.** [masque] antifaz *m*, máscara *f*. ◆ **vieux loup de mer** nm lobo *m* de mar.

loupe [lup] nf **1.** [optique] lupa *f* ▸ **regarder à la loupe** *fig* mirar con lupa **2.** MÉD lupia *f* **3.** BOT nudo *m*.

louper [3] [lupe] vt *fam* **1.** [travail] hacer mal ; [recette] salir mal ; [examen] catear **2.** [train, avion] perder.

loup-garou [lugaʀu] (*pl* **loups-garous**) nm hombre *m* lobo.

loupiot, e [lupjo, ɔt] nm, f *fam* crío *m*, -a *f*.

loupiote [lupjɔt] nf *fam* [lampe] lamparilla *f*.

lourd, e [luʀ, luʀd] adj **1.** [pesant, maladroit] pesado(da) / *ma valise est trop lourde* mi maleta es demasiado pesada / *j'ai un emploi du temps très lourd* tengo una agenda muy apretada **2.** [parfum] fuerte **3.** [faute] grave **4.** [temps] bochornoso(sa) **5.** *fig* [rempli] ▸ **lourd de** lleno de. ◆ **lourd** adv ▸ **peser lourd** pesar mucho ▸ **il n'en fait pas lourd** *fam* no pega ni sello.

lourdaud, e [luʀdo, od] adj & nm, f zopenco(ca).

lourdement [luʀdəmɑ̃] adv **1.** [maladroitement, de tout son poids] pesadamente **2.** [très] muy *(devant un adj)*, mucho *(devant un v)* / *lourdement chargé* muy cargado / *charger lourdement* cargar mucho.

lourder [3] [luʀde] vt *tfam* **1.** [licencier] dar la patada / *son patron l'a lourdé* su jefe le dio la patada **2.** [abandonner] dar el pasaporte a ▸ **se faire lourder** su novia le dio el pasaporte la semana pasada.

lourdeur [luʀdœʀ] nf pesadez *f*.

lourdingue [luʀdɛ̃g] adj *fam* [style] tosco(ca) ; [personne] bruto(ta) ; [plaisanterie] pesado(da).

loustic [lustik] nm *fam* tipo *m*.

loutre [lutʀ] nf nutria *f*.

louve [luv] nf loba *f*.

louveteau, x [luvto] nm **1.** ZOOL lobezno *m* **2.** [scout] lobato *m*.

louvoyer [13] [luvwaje] vi **1.** NAUT bordear **2.** *fig* [biaiser] andar con rodeos.

Louvre [luvʀ] npr ▸ **le Louvre** el Louvre.

Le Louvre

Este museo nacional alberga una de las colecciones de arte más ricas del mundo. Situado en el centro de la ciudad, el edificio tiene su origen en una antigua fortaleza del siglo XII que se convirtió en residencia real y fue ampliada y mejorada a lo largo de los siglos. En el centro de la **Cour Marly**, se erige, desde 1989, una gran pirámide de vidrio y acero por la que se accede al museo. El Louvre está dividido en varios departamentos (antigüedades orientales, antigüedades griegas, etruscas y romanas, pintura, escultura, etc.).

lover [3] [lɔve] vt NAUT adujar. ◆ **se lover** vp enroscarse.

low-cost [lokɔst] ◆ nm ou nf compañía *f* aérea de bajo coste. ◆ adj inv [compagnie] de bajo coste.

loyal, e, aux [lwajal, o] adj leal.

loyalement [lwajalmɑ̃] adv con lealtad, lealmente.

loyauté [lwajote] nf lealtad *f*.

loyer [lwaje] nm alquiler *m*.

LP (*abr de* **lycée professionnel**) ≃ instituto *m* de FP.

LSD (*abr de* **Lysergic acid diethylanide**) nm LSD *m* / *consommer du LSD* consumir LSD.

lu, e [ly] pp ⟶ **lire**.

Luanda [lwɑ̃da] npr Luanda.

lubie [lybi] nf antojo *m*.

lubricité [lybʀisite] nf lubricidad *f*.

lubrifiant, e [lybʀifjɑ̃, ɑ̃t] adj lubrificante, lubricante.
◆ **lubrifiant** nm lubrificante *m*, lubricante *m*.

lubrification [lybʀifikasjɔ̃] nf lubrificación *f*, lubricación *f*.

lubrifier [9] [lybʀifje] vt lubrificar, lubricar.

lubrique [lybʀik] adj lúbrico(ca).

lucarne [lykaʀn] nf **1.** [fenêtre] tragaluz *m* **2.** [au football] escuadra *f*.

lucide [lysid] adj lúcido(da).

lucidement [lysidmɑ̃] adv con lucidez, lúcidamente.

lucidité [lysidite] nf lucidez *f*.

luciole [lysjɔl] nf luciérnaga *f*.

lucratif, ive [lykʀatif, iv] adj lucrativo(va).

lucre [lykʀ] nm *péj* ▸ **avoir le goût du lucre** tener afán de lucro.

ludique [lydik] adj lúdico(ca).

ludo-éducatif, ive [lydoedykatif, iv] adj [logiciel, programme] ludo-educativo(va).

ludothèque [lydɔtɛk] nf ludoteca *f*.

luette [lɥɛt] nf úvula *f*, campanilla *f*.

lueur [lɥœʀ] nf **1.** [lumière] luz *f*, resplandor *m* ▸ **à la lueur de** a la luz de **2.** *fig* [éclat] chispa *f* ▸ **lueur d'espoir** rayo *m* de esperanza.

luge [lyʒ] nf **1.** [gén] trineo *m* ▸ **faire de la luge** montar en trineo **2.** SPORT luge *m*.

lugubre [lygybʀ] adj lúgubre.

lui[1] [lɥi] pron pers
1. [complément d'objet indirect] le / *je lui ai parlé* le he hablado / *il le lui a présenté* él se lo ha presentado / *qui le lui a dit ?* ¿quién se lo ha dicho? / *il lui a serré la main* le ha dado la mano
2. [sujet] él / *qui l'accompagnera ? lui* ¿quién lo acompañará? él / *lui, il sait de quoi je parle* él ya sabe de qué hablo
3. [complément d'objet direct] : *elle est plus jeune que lui* ella es más joven que él / *je n'ai vu que lui* sólo lo he visto a él / *je ne veux voir ni lui ni elle* no quiero verlos ni a él ni a ella
4. [après une préposition] él / *sans/avec lui* sin/con él / *chez lui* en su casa
5. [remplaçant soi en fonction de pronom réfléchi] sí mismo / *il est content de lui* está contento de sí mismo
◆ **lui-même** pron pers él mismo.

lui[2] [lɥi] pp inv ⟶ **luire**.

luire [97] [lɥiʀ] vi **1.** [soleil, espoir] brillar **2.** [objet] relucir.

luis ⟶ **luire**.

luisais ⟶ **luire**.

luisant, e [lɥizɑ̃, ɑ̃t] adj reluciente ; ⟶ **ver**.
◆ **luisant** nm brillo *m*.

lumbago [lœbago], **lombago** [lɔ̃bago] nm lumbago *m*.

lumière [lymjɛʀ] nf **1.** [éclairage, clarté] luz *f* ▸ **à la lumière de qqch** a la luz de algo ▸ **faire toute la lumière sur qqch** poner algo en claro ▸ **mettre qqch en lumière** destacar algo ▸ **lumière tamisée** luz tamizada **2.** *fig* [personne] lumbrera *f* ▸ **ce n'est pas une lumière** no es ninguna lumbrera.

Le siècle des Lumières

El movimiento reformista y racionalista del siglo XVIII iniciado por los **philosophes** y los **encyclopédistes** encontró su máxima expresión en la **Encyclopédie**, publicada por Diderot y d'Alembert entre 1751 y 1765. La Enciclopedia difundió los valores fundamentales de la Ilustración: la exaltación de las ciencias, el racionalismo filosófico, la tolerencia y la libertad política, la separación de los poderes y la igualdad social, con la intención de superar el oscurantismo anterior. Los **philosophes**, entre los cuales destacaron Montesquieu, Voltaire, Diderot y Rousseau, pusieron en tela de juicio los valores del Antiguo Régimen y sentaron las bases de las ideas democráticas e igualitarias del siglo posterior. La Revolución Francesa se inspiraría claramente en el ideario ilustrado.

luminaire [lyminɛʀ] nm luminaria *f*.

luminescent, e [lyminɛsɑ̃, ɑ̃t] adj luminescente.

lumineux, euse [lyminø, øz] adj **1.** [gén] luminoso(sa) **2.** [visage, regard] resplandeciente.

luminosité [lyminozite] nf luminosidad *f*.

luminothérapie [lyminoteʀapi] nf luminoterapia *f*.

lump [lœ̃p] nm lumpo *m*.

lunaire [lynɛʀ] adj **1.** [gén] lunar **2.** *fig* [visage] mofletudo(da).

lunatique [lynatik] adj & nmf lunático(ca).

lunch [lœ̃ʃ] nm lunch *m*.

lundi [lœ̃di] nm lunes *m inv* ▸ **lundi de Pâques / de Pentecôte** lunes de Pascua/de Pentecostés. *Voir aussi* **samedi**.

lune [lyn] nf luna *f* ▸ **lune de miel** luna de miel ▸ **nouvelle lune** luna nueva ▸ **pleine lune** luna llena ▸ **être**

dans la lune estar en la luna ▸ **décrocher la lune** conseguir la luna ▸ **promettre la lune à qqn** prometerle la luna a alguien. ◆ **Lune** nf ▸ **la Lune** la Luna.

luné, e [lyne] adj ▸ **être bien / malluné** estar de buen / de mal humor.

lunetier, ère [lyntje, ɛʀ] adj & nm, f óptico(ca).

lunette [lynɛt] nf **1.** [fenêtre] luneta *f*, ventanilla *f* ▸ **lunette arrière** luneta trasera **2.** ASTRON anteojo *m* **3.** [des toilettes] agujero *m*. ◆ **lunettes** nfpl gafas *fpl* ▸ **lunettes de vue** gafas graduadas ▸ **lunettes noires / de soleil** gafas oscuras / de sol.

lunule [lynyl] nf lúnula *f*.

lupanar [lypanaʀ] nm *sout* lupanar *m*.

lupin [lypɛ̃] nm altramuz *m*.

lurette [lyʀɛt] nf ▸ **il y a belle lurette que** hace un siglo que.

luron, onne [lyʀɔ̃, ɔn] nm, f *fam* ▸ **un joyeux luron** un vivalavirgen, un vivales.

lus ⟶ **lire**.

Lusaka [lyzaka] npr Lusaka.

lusophone [lyzɔfɔn] adj & nmf lusófono(na).

lustre [lystʀ] nm **1.** [luminaire] araña *f* ESP, candil *m* AM **2.** [éclat] lustre *m* **3.** [cinq ans] lustro *m* ▸ **ça fait des lustres que** *fig* hace siglos que.

lustrer [3] [lystʀe] vt **1.** [faire briller] dar brillo a **2.** [user] deslucir.

luth [lyt] nm laúd *m*.

luthérien, enne [lyteʀjɛ̃, ɛn] adj & nm, f luterano(na).

luthier [lytje] nm luthier *m (fabricante de instrumentos de cuerda pequeños)*.

lutin [lytɛ̃] nm duende *m*.

lutrin [lytʀɛ̃] nm atril *m*.

lutte [lyt] nf lucha *f* ▸ **de haute lutte** en reñida lucha ▸ **lutte des classes** lucha de clases ▸ **lutte d'influence** lucha de influencias.

lutter [3] [lyte] vi luchar ▸ **lutter contre qqch / qqn** luchar contra algo / alguien ▸ **lutter pour qqch / pour qqn** luchar por algo / por alguien.

lutteur, euse [lytœʀ, øz] nm, f luchador *m*, -ra *f*.

luxation [lyksasjɔ̃] nf luxación *f*.

luxe [lyks] nm lujo *m* ▸ **de luxe** de lujo ▸ **ce n'est pas un** OU **du luxe** no es ningún lujo ▸ **s'offrir** OU **se payer le luxe de** permitirse el lujo de.

Luxembourg [lyksɑ̃buʀ] npr **1.** [pays] ▸ **le Luxembourg** Luxemburgo **2.** [ville] Luxemburgo.

luxembourgeois, e [lyksɑ̃buʀʒwa, az] adj luxemburgués(esa). ◆ **Luxembourgeois, e** nm, f luxemburgués *m*, -esa *f*.

luxer [3] [lykse] ◆ **se luxer** vp ▸ **se luxer qqch** dislocarse algo.

luxueux, euse [lyksɥø, øz] adj lujoso(sa).

luxure [lyksyʀ] nf lujuria *f*.

luxuriant, e [lyksyʀjɑ̃, ɑ̃t] adj frondoso(sa).

luzerne [lyzɛʀn] nf alfalfa *f*.

lx (*abr écrite de* **lux**) lx.

lycée [lise] nm instituto *m* ▸ **lycée pilote** instituto piloto ▸ **lycée technique / professionnel** ≃ instituto de formación profesional.

Lycée

Establecimiento escolar de segundo ciclo de la enseñanza secundaria destinado a alumnos de entre 15 y 18 años. El **lycée** incluye los cursos de **seconde, première** y **terminale**. Al final de **terminale**, los alumnos pasan el examen llamado **baccalauréat**, necesario para acceder a la universidad o a otros estudios superiores.

lycéen, enne [liseɛ̃, ɛn] nm, f alumno *m*, -na *f (de instituto)*.

Lycra® [likʀa] nm lycra® *f*.

lymphatique [lɛ̃fatik] adj linfático(ca).

lymphe [lɛ̃f] nf linfa *f*.

lynchage [lɛ̃ʃaʒ] nm linchamiento *m*.

lyncher [3] [lɛ̃ʃe] vt linchar.

lynx [lɛ̃ks] nm lince *m*.

Lyon [ljɔ̃] npr Lyon.

lyonnais, e [ljɔnɛ, ɛz] adj lionés(esa). ◆ **Lyonnais** nm, f lionés *m*, -esa *f*.

lyophilisé, e [ljofilize] adj liofilizado(da).

lyre [liʀ] nf lira *f*.

lyrique [liʀik] adj **1.** [gén] lírico(ca) **2.** [enthousiaste] emocionado(da).

lyrisme [liʀism] nm **1.** [poésie] lirismo *m* **2.** [exaltation] pasión *f*.

lys = **lis**.

M

m, M [ɛm] nm inv [lettre] m *f*, M *f*. ◆ **m 1.** (*abr écrite de* **mètre**) m **2.** (*abr écrite de* **milli**) m. ◆ **M 1.** (*abr écrite de* **méga**) M **2.** (*abr écrite de* **Major**) M **3.** (*abr écrite de* **Monsieur**) Sr. **4.** (*abr écrite de* **masculin**) m **5.** (*abr écrite de* **maxwell**) Mx **6.** (*abr écrite de* **mille (marin)**) m **7.** (*abr écrite de* **million**) M.

m' ⟶ **me**.

m² (*abr écrite de* **mètre carré**) m^2.

m³ (*abr écrite de* **mètre cube**) m^3.

ma ⟶ **mon**.

MA nm *abr de* **maître auxiliaire**.

maboul, e [mabul] adj & nm, f *fam* chalado(da).

macabre [makabʀ] adj macabro(bra).

macadam [makadam] nm macadán *m*, macadam *m*.

Macao [makao] npr Macao.

macaque [makak] nm macaco *m*.

macaron [makaʀɔ̃] nm **1.** [pâtisserie] ≃ macarrón *m* **2.** [coiffure] rodete *m*.

macaroni [makaʀɔni] nmpl macarrones *mpl*.

macchabée [makabe] nm *fam* fiambre *m (cadáver)*.

macédoine [masedwan] nf macedonia *f* ▸ **macédoine de fruits** macedonia de frutas ▸ **macédoine de légumes** menestra *f* de verduras.

Macédoine [masedwan] npr ▸ **la Macédoine** Macedonia.

macération [maseʀasjɔ̃] nf CULIN maceración *f*.

macérer [18] [maseʀe] ❖ vt macerar. ❖ vi macerar ▸ **faire macérer** macerar.

mâche [maʃ] nf milamores *fpl*.

mâcher [3] [maʃe] vt masticar, mascar.

machette [maʃɛt] nf machete *m*.

machiavélique [makjavelik] adj maquiavélico(ca).

mâchicoulis [maʃikuli] nm matacán *m*.

machin [maʃɛ̃] nm [chose] chisme *m*, cacharro *m* ; [personne] ▸ **un vieux machin** *péj* un carroza.

Machin, e [maʃɛ̃, in] nm, f fulano *m*, -na *f*.

machinal, e, aux [maʃinal, o] adj mecánico(ca), maquinal.

machinalement [maʃinalmɑ̃] adv mecánicamente.

machination [maʃinasjɔ̃] nf maquinación *f*.

machine [maʃin] nf máquina *f* ▸ **machine à coudre / à écrire** máquina de coser / de escribir ▸ **machine à laver** lavadora *f* ▸ **machine à sous** tragaperras *f inv* ▸ **machine à tricoter** tricotosa *f* ▸ **faire machine arrière** *fig* dar marcha atrás.

machine-outil [maʃinuti] (*pl* **machines-outils**) nf máquina *f* herramienta.

machiner [3] [maʃine] vt maquinar.

machiniste [maʃinist] nmf **1.** THÉÂTRE tramoyista *mf* **2.** CINÉ & RAIL maquinista *mf*.

machisme [matʃism] nm *péj* machismo *m*.

macho [matʃo] adj & nm *péj* machista.

mâchoire [maʃwaʀ] nf **1.** ANAT mandíbula *f* ▸ **mâchoire supérieure / inférieure** mandíbula superior / inferior **2.** [d'étau] mordaza *f* ; [de pinces, de tenailles] boca *f*.

mâchonner [3] [maʃɔne] vt **1.** [mâcher lentement] mascar **2.** [mordiller] mordisquear **3.** *fig* [marmonner] mascullar.

mâchouiller [3] [maʃuje] vt [chewing-gum] mascar ; [crayon] mordisquear.

maçon [masɔ̃] nm **1.** [ouvrier] albañil *m* **2.** [franc-maçon] masón *m*.

maçonner [3] [masɔne] vt **1.** [construire] construir **2.** [revêtir] revestir **3.** [boucher] tabicar.

maçonnerie [masɔnʀi] nf **1.** [activité] albañilería *f* **2.** [construction] obra *f* **3.** [franc-maçonnerie] masonería *f*.

maçonnique [masɔnik] adj masónico(ca).

macramé [makʀame] nm macramé *m*.

macro [makʀo] nf INFORM macro *m o f*.

macrobiotique [makʀɔbjɔtik] ❖ adj macrobiótico(ca). ❖ nf macrobiótica *f*.

macroéconomie [makʀɔekɔnɔmi] nf macroeconomía *f*.

maculer [3] [makyle] vt manchar.

Madagascar [madagaskaʀ] npr Madagascar.

madame [madam] (*pl* **mesdames** [medam]) nf señora *f* / *bonjour madame* buenos días señora / *madame ou mademoiselle ?* ¿señora o señorita? / *Madame n'est pas là* la señora no está / *mesdames, mesdemoiselles, messieurs !* ¡señoras y señores! ▸ **Chère Madame** [dans une lettre] Estimada señora.

madeleine [madlɛn] nf magdalena *f*. ◆ **Madeleine** npr ▸ **pleurer comme une Madeleine** llorar como una Magdalena.

mademoiselle [madmwazɛl] (*pl* **mesdemoiselles** [medmwazɛl]) nf señorita *f* ; ⟶ **madame**.

madère [madɛʀ] nm madeira *m*.

Madère [madɛʀ] nf Madeira.

madone [madɔn] nf madona *f.*

madras [madʀas] nm [tissu] madrás *m.*

Madrid [madʀid] npr Madrid.

madrilène [madʀilɛn] adj madrileño(ña). ◆ **Madrilène** nmf madrileño *m*, -ña *f.*

maestria [maɛstʀija] nf maestría *f* ▸ **avec maestria** con maestría.

mafia, maffia [mafja] nf mafia *f.*

magasin [magazɛ̃] nm **1.** [boutique] tienda *f* ▸ **faire les magasins** ir de tiendas ▸ **magasin d'alimentation** tienda de alimentación ou de comestibles ▸ **grand magasin** gran almacén *m* **2.** [entrepôt] almacén *m* ▸ **en magasin** en almacén **3.** [compartiment - d'arme à feu] recámara *f* ; [- de machine] almacén *m* ; [- d'appareil photo] carga *f.*

magasinage [magazinaʒ] nm almacenaje *m.*

magasinier [magazinje] nm almacenero *m.*

magazine [magazin] nm **1.** [revue] revista *f* ▸ **magazine de mode** revista de moda **2.** TV & RADIO magazine *m.*

mage [maʒ] nm mago *m.*

Maghreb [magʀɛb] npr ▸ **le Maghreb** el Magreb.

maghrébin, e [magʀebɛ̃, in] adj magrebí. ◆ **Maghrébin, e** nm, f magrebí *mf.*

magicien, enne [maʒisjɛ̃, ɛn] nm, f mago *m*, -ga *f.*

magie [maʒi] nf magia *f* ▸ **comme par magie** como por arte de magia ▸ **magie noire** magia negra.

magique [maʒik] adj mágico(ca).

magistère [maʒistɛʀ] nm **1.** RELIG magisterio *m* **2.** MIL maestrazgo *m* **3.** UNIV *diploma obtenido tras tres años de estudios universitarios que combinan clases y prácticas.*

magistral, e, aux [maʒistʀal, o] adj magistral.

magistralement [maʒistʀalmɑ̃] adv magistralmente.

magistrat [maʒistʀa] nm magistrado *m.*

magistrature [maʒistʀatyʀ] nf magistratura *f* ▸ **magistrature assise** ≃ jueces y magistrados *mpl* ▸ **magistrature debout** ≃ fiscalía *f.*

magma [magma] nm magma *m.*

magnanerie [maɲanʀi] nf criadero *m* de gusanos de seda.

magnanime [maɲanim] adj *sout* magnánimo(ma).

magnanimité [maɲanimite] nf *sout* magnanimidad *f.*

magnat [maɲa] nm magnate *m.*

magner [3] [maɲe] ◆ **se magner** vp *fam* moverse *(darse prisa).*

magnésium [maɲezjɔm] nm magnesio *m.*

magnet [maɲɛt *ou* magnɛt] nm imán *m.*

magnétique [maɲetik] adj magnético(ca).

magnétiser [3] [maɲetize] vt magnetizar.

magnétisme [maɲetism] nm magnetismo *m.*

magnéto [maɲeto] nm *fam* casete *m.*

magnétocassette [maɲetɔkasɛt] nm casete *m (aparato).*

magnétophone [maɲetɔfɔn] nm magnetófono *m.*

magnétoscope [maɲetɔskɔp] nm vídeo *m.*

magnificence [maɲifisɑ̃s] nf magnificencia *f.*

magnifier [9] [maɲifje] vt magnificar.

magnifique [maɲifik] adj magnífico(ca).

magnifiquement [maɲifikmɑ̃] adv magníficamente.

magnitude [maɲityd] nf magnitud *f.*

magnolia [maɲɔlja] nm magnolia *f.*

magnum [magnɔm] nm magnum *m.*

magot [mago] nm *fam* pasta *f* ; [économies] hucha *f.*

magouille [maguj] nf *fam* chanchullo *m.*

magouiller [3] [maguje] vi *fam* andar en chanchullos.

magret [magʀɛ] ◆ **magret de canard** nm magret *m* de pato.

maharadjah [maaʀadʒa] nm maharajá *m.*

Mahomet [maome] npr Mahoma.

mai [mɛ] nm mayo *m* ▸ **le 1er mai** el uno de mayo ▸ **(les événements de) mai 1968** mayo del 68. *Voir aussi* **septembre**.

1er mai

El 1 de mayo se celebra el Día del Trabajo. Es un día festivo, durante el cual tienen lugar grandes manifestaciones sindicales y desfiles en los que también participan los políticos. Ese día es tradición regalar muguete para desear buena suerte.

Mai 1968

Mai 68 hace referencia al movimiento de protesta social y política que tuvo lugar en Francia entre mayo y junio de 1968. Los disturbios comenzaron con una revuelta estudiantil que logró trasmitir su descontento al mundo empresarial, lo que desembocó en una huelga general que paralizó la actividad económica del país. Mayo del 68 es recordado como un acontecimiento en la historia social de Francia, que marcó un cambio radical en la mentalidad francesa, poniendo en duda el modelo de la sociedad de consumo y el autoritarismo y el paternalismo tradicionales. También se asumieron nuevos valores, como la liberación sexual o el feminismo.

maigre [mɛgʀ] ◆ nmf flaco *m*, -ca *f.* ◆ adj **1.** [personne, animal] flaco(ca) **2.** [non gras - laitage] sin grasa ; [- viande] magro(gra) **3.** [peu important - repas, végétation] escaso(sa) ; [- salaire, récolte, consolation] pobre. ◆◆ adv ▸ **faire maigre** comer de vigilia **ou** de viernes.

maigrelet, ette [mɛgʀəlɛ, ɛt] adj flacucho(cha).

maigreur [mɛgʀœʀ] nf delgadez *f*.

maigrichon, onne [megʀiʃɔ̃, ɔn] adj flacucho(cha).

maigrir [32] [megʀiʀ] vi adelgazar.

mail [mel] nm INFORM mail *m*, correo *m* electrónico.

mailing [meliŋ] nm mailing *m*.

maille [maj] nf **1.** [de tricot] punto *m* ▸ **maille à l'endroit / à l'envers** punto del derecho / del revés **2.** [de filet] malla *f* **3.** EXPR **avoir maille à partir avec qqn** tener que entendérselas con alguien.

maillet [majɛ] nm mazo *m*.

maillon [majɔ̃] nm eslabón *m*.

maillot [majo] nm [de sport] maillot *m* ▸ **maillot de bain** bañador *m*, traje *m* de baño ▸ **maillot (de bain) une pièce / deux pièces** traje de baño de una pieza / de dos piezas ▸ **maillot de corps** camiseta *f (prenda interior)* ▸ **maillot jaune** [cyclisme] camiseta amarilla.

main [mɛ̃] ◆◆ nf mano *f* ▸ **à main armée** a mano armada ▸ **à la main** a mano ▸ **à pleines mains** a manos llenas ▸ **de la main à la main** de mano a mano ▸ **de main de maître** con mano maestra ▸ **donner la main à qqn** dar la mano a alguien ▸ **en sous-main** bajo mano ▸ **haut les mains !** ¡manos arriba! ▸ **la main dans la main** cogidos de la mano ▸ **avoir qqch / qqn sous la main** tener algo / a alguien a mano ▸ **avoir la main leste** tener las manos largas ▸ **avoir la main verte** tener buena mano para las plantas ▸ **demander la main de qqn** pedir la mano de alguien ▸ **en venir aux mains** llegar a las manos ▸ **faire main basse sur qqch** apoderarse de algo ▸ **forcer la main à qqn** forzar a alguien ▸ **haut la main** con brillantez ▸ **jouer à quatre mains** tocar a cuatro manos ▸ **mettre la dernière main à qqch** dar la última mano a algo ▸ **mettre la main à la pâte** poner(se) manos a la obra ▸ **ne pas y aller de main morte** no andarse con chiquitas ▸ **passer la main a)** [aux cartes] pasar la mano **b)** *fig* pasar el relevo ▸ **perdre / prendre la main** [aux cartes] perder / coger la mano ▸ **prendre qqch / qqn en main** coger entre manos algo / a alguien ▸ **prendre qqn la main dans le sac** coger a alguien con las manos en la masa ▸ **remettre qqch en main propre** entregar algo en propia mano ▸ **se frotter les mains** [se réjouir] frotarse las manos ▸ **se laver les mains de qqch** lavarse las manos de algo ▸ **tomber sous la main de qqn** *fig* ir a parar a manos de alguien

◆ **main courante** nf pasamanos *m inv*.

◆ **mains libres** adj [téléphone, kit] (de) manos libres.

main-d'œuvre [mɛ̃dœvʀ] (*pl* **mains-d'œuvre**) nf mano *f* de obra.

main-forte [mɛ̃fɔʀt] nf ▸ **prêter main-forte à qqn** prestar ayuda a alguien.

mainmise [mɛ̃miz] nf control *m*.

maint, e [mɛ̃, mɛ̃t] adj *sout* ▸ **maintes fois** repetidas veces.

maintenance [mɛ̃tnɑ̃s] nf mantenimiento *m*.

maintenant [mɛ̃tnɑ̃] adv ahora / *il y a maintenant cinq ans que ça dure* ya hace cinco años que dura / *les jeunes de maintenant* los jóvenes de ahora ▸ **c'est maintenant ou jamais** ahora o nunca.

◆ **maintenant que** loc conj ahora que.

maintenir [40] [mɛ̃tniʀ] vt mantener.

◆ **se maintenir** vp mantenerse.

maintenu, e [mɛ̃tny] pp ⟶ **maintenir**.

maintien [mɛ̃tjɛ̃] nm **1.** [conservation] mantenimiento *m* ▸ **le maintien de l'ordre** el mantenimiento del orden **2.** [tenue] porte *m*.

maintiendrai ⟶ **maintenir**.

maintiens ⟶ **maintenir**.

maire [mɛʀ] nm alcalde *m*, -sa *f* ESP, regente *m* AM.

mairie [meʀi] nf **1.** [bâtiment, administration] ayuntamiento *m* **2.** [poste] alcaldía *f*.

mais [mɛ]

◆◆ conj

1. [introduisant une opposition] sino / *ce n'est pas bleu, mais vert* no es azul sino verde / *finalement je n'en prendrai pas un mais deux* finalmente no me llevaré uno sino dos ▸ **non seulement… mais (aussi)** no sólo… sino (también) / *non seulement il arrive en retard, mais il ne prévient pas* no sólo llega tarde, sino que además no avisa

2. [introduisant une objection, une précision, une restriction] pero / *il est joli mais cher* es bonito pero caro / *vous êtes prêts ? — mais bien sûr !* ¿estáis listos? — ¡pues claro! ▸ **mais certainement** por supuesto ▸ **mais enfin** (pero) después de todo ▸ **mais non !** ¡pues claro que no! ▸ **non mais !** ¡pero bueno!

3. [introduisant une transition] pero / *mais revenons à notre sujet* pero volvamos a nuestro tema ▸ **mais alors** pero (bueno) / *mais alors, tu l'as vu ou non ?* pero (bueno) ¿lo has visto o no?

4. [servant à intensifier] *c'était d'un ennui, mais d'un ennui !* ¡era de un aburrido, pero de un aburrido! / *il a pleuré, mais pleuré !* lloró, ¡y de qué manera!

5. [exprimant la colère, l'indignation, la joie] *mais je vais me fâcher, moi !* ¡ya está bien! ¡me voy a enfadar! / *mais c'est génial !* ¡pero si es genial! / *mais tu saignes !* ¡pero si estás sangrando!

◆◆ nm

pero *m* / *il y a un mais* hay un pero

maïs [mais] nm maíz *m* ESP, choclo *m* AM.

maison [mɛzɔ̃] ◆◆ nf [gén] casa *f* ▸ **être à la maison** estar en casa ▸ **maison d'arrêt** cárcel *f* ▸ **maison de campagne** casa de campo ▸ **maison close** cas de sitas ▸ **maison de la culture** casa de la cultura ▸ **maison d'édition** editorial *f* ▸ **maison mère** casa central **ou** matriz ▸ **maison de redressement** reformatorio *m* ▸ **maison de retraite** residencia *f* (de ancianos) ▸ **maisons mitoyennes** casas adosadas. ◆◆ adj inv *(en apposition)* [artisanal] de la casa, casero(ra) / *confiture maison* mermelada casera.

Maison-Blanche [mɛzɔ̃blɑ̃ʃ] npr ▸ **la Maison-Blanche** la Casa Blanca.

maisonnée [mɛzɔne] nf habitantes *mpl* (de una casa).

maisonnette [mɛzɔnɛt] nf casita *f*.

maître, maîtresse [mɛtʀ, mɛtʀɛs] ◆ adj
1. [idée, qualité, poutre] principal ▸ **le maître mot** el lema ▸ **une maîtresse femme** una mujer de armas tomar ▸ **une œuvre maîtresse** una obra maestra
2. EXPR **être maître de** a) [son destin, une décision] ser dueño(ña) de b) [émotions, situation, véhicule] controlar, dominar ▸ **être maître de soi** ser dueño(ña) de sí mismo ▸ **se rendre maître de** tomar las riendas de ▸ **passer maître dans l'art de faire qqch** hacerse un maestro en el arte de hacer algo
◆ nm, f
1. SCOL maestro *m*, -tra *f*, profesor *m*, -ra *f* ▸ **maîtresse !** ¡señorita! ▸ **maître auxiliaire** profesor auxiliar ▸ **maître d'école** maestro de escuela, profesor de magisterio
2. [d'animal] dueño *m*, -ña *f*
3. [de maison] dueño y señor *m*, dueña y señora *f* ▸ **la maîtresse de maison** el ama de casa ▸ **maîtres et valets** señores y criados
◆ **maître** nm 1. [chef] dueño *m* ▸ **être (le) seul maître à bord** ser el único que manda ▸ **être son propre maître** mandar sobre sí mismo ▸ **maître d'hôtel** maître *m*, jefe *m* de comedor ▸ **maître d'œuvre** capataz *m* 2. [expert] genio *m* ▸ **les grands maîtres** los grandes maestros ▸ **coup de maître** toque *m* de maestría 3. [guide, professeur] ▸ **maître (à penser)** maestro *m* ▸ **maître nageur** profesor *m* de natación 4. [titre] *título que se da en Francia a los abogados, procuradores y notarios.*
◆ **maître chanteur** nm chantajista *mf*.
◆ **maîtresse** nf amante *f*.

maître-assistant, e [mɛtʀasistɑ̃, ɑ̃t] (*mpl* **maîtres-assistants**, *fpl* **maîtres-assistantes**) nm, f ≃ profesor *m* asociado profesora *f* asociada.

maître-autel [mɛtʀotɛl] (*pl* **maîtres-autels**) nm altar *m* mayor.

maître-nageur [mɛtʀənaʒœʀ] (*pl* **maîtres-nageurs**) nm [qui surveille] socorrista *mf*.

maîtresse ⟶ **maître**.

maîtrisable [metʀizabl] adj dominable.

maîtrise [metʀiz] nf 1. [contrôle, connaissance] dominio *m*, control *m* 2. [habileté] habilidad *f* 3. UNIV *antiguo diploma obtenido al final del segundo ciclo universitario después de cuatro años de estudio* 4. [catégorie professionnelle] capataces *mpl*.

maîtriser [3] [metʀize] vt dominar ; [dépenses] controlar. ◆ **se maîtriser** vp dominarse.

majesté [maʒɛste] nf 1. [dignité] majestad *f* 2. [splendeur] majestuosidad *f*. ◆ **Majesté** nf ▸ **Sa / Votre Majesté** Su/Vuestra Majestad.

majestueux, euse [maʒɛstɥø, øz] adj majestuoso(sa).

majeur, e [maʒœʀ] adj 1. [personne] mayor de edad 2. [principal & MUS] mayor 3. [important] importante.
◆ **majeur** nm dedo *m* medio, dedo *m* corazón.

Majeur [maʒœʀ] ⟶ **lac**.

major [maʒɔʀ] nm 1. MIL mayor *m* 2. SCOL primero *m*, -ra *f* de la clase ▸ **major (de promotion)** primero(ra) (de promoción).

majoration [maʒɔʀasjɔ̃] nf recargo *m*.

majordome [maʒɔʀdɔm] nm mayordomo *m*.

majorer [3] [maʒɔʀe] vt recargar.

majorette [maʒɔʀɛt] nf majorette *f*.

majoritaire [maʒɔʀitɛʀ] adj mayoritario(ria) ▸ **être majoritaire** estar en mayoría, ser mayoría.

majoritairement [maʒɔʀitɛʀmɑ̃] adv mayoritariamente / *un public majoritairement jeune* un público mayoritariamente joven.

majorité [maʒɔʀite] nf 1. [âge] mayoría *f* de edad ▸ **majorité civile / pénale** mayoría de edad civil/penal 2. [majeure partie & POL] mayoría *f* ▸ **en (grande) majorité** mayoritariamente ▸ **majorité absolue / relative** mayoría absoluta/relativa.

Majorque [maʒɔʀk] npr Mallorca.

majorquin, e [maʒɔʀkɛ̃, in] adj mallorquín(ina).
◆ **Majorquin, e** nm, f mallorquín *m*, -ina *f*.

majuscule [maʒyskyl] ◆ adj mayúsculo(la). ◆ nf mayúscula *f* ▸ **en majuscules** en mayúsculas.

making of [mɛkiŋɔf] nm inv cómo se hizo *m* / *un making of de son dernier film* un cómo se hizo de su última película.

mal, maux [mal, mo]
◆ nm
1. [physique] dolor *m* ▸ **avoir mal à la gorge** tener dolor de garganta ▸ **avoir mal à la tête** ou **des maux de tête** tener dolor de cabeza ▸ **avoir mal au cœur** tener náuseas, estar mareado ▸ **avoir le mal de mer** estar mareado(da) ▸ **avoir le mal des transports** marearse en los viajes ▸ **faire mal à qqn** hacerle daño a alguien ▸ **se faire mal** hacerse daño
2. [moral] mal *m* ▸ **avoir le mal du pays** tener morriña ▸ **dire du mal de qqn** hablar mal de alguien ▸ **être en mal de qqch** faltarle a alguien algo ▸ **faire du mal (à qqn)** hacer daño (a alguien) ▸ **un moindre mal** un mal menor
3. [difficulté] trabajo *m* ▸ **avoir du mal à faire qqch** costarle a uno hacer algo ▸ **se donner du mal (pour faire qqch)** esforzarse (por hacer algo)
◆ **mal** adv mal ▸ **mal à propos** inoportunamente ▸ **mal prendre qqch** tomar algo a mal ▸ **mal tourner** acabar mal ▸ **aller mal** ir mal ▸ **ça n'est pas mal** no está mal ▸ **ça n'est pas mal du tout** no está nada mal ▸ **de mal en pis** de mal en peor ▸ **être au plus mal** estar fatal ▸ **être mal reçu** ser mal recibido ▸ **pas mal de** bastante / *pas mal de choses* bastantes cosas ▸ **se sentir mal** encontrarse mal.
◆ **mal à l'aise** loc adj ▸ **être / se sentir mal à l'aise** no estar/no sentirse a gusto, no estar/no sentirse cómodo(da).

malabar [malabaʀ] nm *fam* forzudo *m*.

Malabo [malabo] npr Malabo.

malade [malad] ◆ adj enfermo(ma) ▸ **être malade de** a) [du cœur, des reins] estar enfermo(ma) de b) [de jalousie, de rage] estar loco(ca) de ▸ **tomber malade** ponerse enfermo(ma). ◆ nmf enfermo *m*, -ma *f* ▸ **un malade mental** un enfermo mental.

maladie [maladi] nf **1.** MÉD enfermedad *f* ▸ **maladie d'Alzheimer** enfermedad de Alzheimer ▸ **maladie chronique** enfermedad crónica ▸ **maladie contagieuse** enfermedad contagiosa ▸ **maladie de Creutzfeldt-Jakob** enfermedad de Creutzfeldt-Jakob ▸ **maladie héréditaire** enfermedad hereditaria ▸ **maladie de Parkinson** enfermedad de Parkinson ▸ **maladie professionnelle** enfermedad profesional ▸ **maladie sexuellement transmissible** enfermedad de transmisión sexual ▸ **maladie de la vache folle** enfermedad de las vacas locas ▸ **couver une maladie** incubar una enfermedad **2.** [passion, manie] obsesión *f* **3.** EXPR **en faire une maladie** hacer un drama.

maladif, ive [maladif, iv] adj enfermizo(za).

maladivement [maladivmɑ̃] adv de manera enfermiza / *il est maladivement susceptible* tiene una susceptibilidad enfermiza.

maladresse [maladʀɛs] nf torpeza *f*.

maladroit, e [maladʀwa, at] adj & nm, f torpe.

maladroitement [maladʀwatmɑ̃] adv torpemente.

mal-aimé, e [maleme] (*mpl* **mal-aimés**, *fpl* **mal-aimées**) nm, f rechazado *m*, -da *f*.

malais, e [malɛ, ɛz] adj malayo(ya) ▸ **la presqu'île Malaise** la península de Malaca. ◆ **malais** nm LING malayo *m*. ◆ **Malais, e** nm, f malayo *m*, -ya *f*.

malaise [malɛz] nm malestar *m* ▸ **avoir** OU **faire un malaise** marearse.

malaisé, e [maleze] adj difícil.

Malaisie [malɛzi] npr ▸ **la Malaisie** Malasia.

malaisien, enne [malɛzjɛ̃, ɛn] ◆ adj malasio(a). ◆ nm LING malasio *m*. ◆ **Malaisien, enne** nmf malasio(a).

malappris, e [malapʀi, iz] adj & nm, f maleducado(da).

malaria [malaʀja] nf malaria *f*.

malaudition [malodisjɔ̃] nf MÉD discapacidad *f* auditiva / *souffrir de malaudition* padecer una discapacidad auditiva / *la malaudition liée à l'âge* la discapacidad auditiva debida a la edad.

malavisé, e [malavize] adj desacertado(da).

Malawi [malawi] npr ▸ **le Malawi** Malaui.

malaxer [malakse] vt amasar.

malbouffe [malbuf] nf comida *f* basura.

malchance [malʃɑ̃s] nf mala suerte *f* ▸ **jouer de malchance** tener desgracia.

malchanceux, euse [malʃɑ̃sø, øz] adj & nm, f desafortunado(da).

malcommode [malkɔmɔd] adj incómodo(da).

Maldives [maldiv] npr f pl ▸ **les Maldives** las Maldivas.

maldonne [maldɔn] nf cartas *fpl* mal dadas ▸ **il y a maldonne** *fig* hay un malentendido.

mâle [mal] ◆ adj **1.** [masculin - enfant] varón ; [- fleur, animal] macho ; [- hormone] masculino(na) **2.** [voix, assurance] varonil, viril **3.** TECHNOL [prise] macho. ◆ nm [homme, enfant] varón *m* ; [animal, végétal] macho *m*.

malédiction [malediksjɔ̃] nf maldición *f*.

maléfice [malefis] nm *sout* maleficio *m*.

maléfique [malefik] adj *sout* maléfico(ca).

malencontreusement [malɑ̃kɔ̃tʀøzmɑ̃] adv desafortunadamente.

malencontreux, euse [malɑ̃kɔ̃tʀø, øz] adj poco afortunado(da), desafortunado(da).

mal-en-point, mal en point [malɑ̃pwɛ̃] adj inv fastidiado(da).

malentendant, e [malɑ̃tɑ̃dɑ̃, ɑ̃t] adj & nm, f sordo(da).

malentendu [malɑ̃tɑ̃dy] nm malentendido *m*.

malfaçon [malfasɔ̃] nf tara *f*.

malfaisant, e [malfəzɑ̃, ɑ̃t] adj [gén] dañino(na) ; [esprit] maléfico(ca).

malfaiteur, trice [malfɛtœʀ, tʀis] nm, f malhechor *m*, -ra *f*.

malfamé, e, mal famé, e [malfame] adj de mala fama.

malformation [malfɔʀmasjɔ̃] nf malformación *f*.

malfrat [malfʀa] nm maleante *m*.

malgache [malgaʃ] ◆ adj malgache. ◆ nm LING malgache *m*. ◆ **Malgache** nmf malgache *mf*.

malgré [malgʀe] prép a pesar de / *malgré moi / toi / lui* a pesar mío / tuyo / suyo ▸ **malgré tout** a pesar de todo.

malhabile [malabil] adj inhábil.

malheur [malœʀ] nm **1.** [événement, adversité] desgracia *f* ▸ **avoir des malheurs** tener desgracias ▸ **malheur à eux !** ¡ay de ellos! ▸ **faire un malheur** a) *fam* [faire un éclat] hacer una desgracia b) [remporter un grand succès] ser un gran éxito **2.** [malchance] ▸ **le malheur** la mala suerte ▸ **par malheur** por desgracia ▸ **porter malheur à qqn** traer mala suerte a alguien.

malheureusement [malœʀøzmɑ̃] adv desgraciadamente.

malheureux, euse [malœʀø, øz] ◆ adj **1.** [vie, amour, victime] desgraciado(da) **2.** [air, mine] desdichado(da) **3.** [rencontre, réaction, mot] desafortunado(da) ▸ **c'est bien malheureux !** ¡qué lástima! **4.** *(avant le n)* [sans valeur] mísero(ra). ◆ nm, f desgraciado *m*, -da *f*.

malhonnête [malɔnɛt] adj & nmf deshonesto(ta).

malhonnêteté [malɔnɛtte] nf deshonestidad *f*.

Mali [mali] npr ▸ **le Mali** Malí.

malice [malis] nf malicia *f* ▸ **sans malice** sin malicia.

malicieusement [malisjøzmɑ̃] adv maliciosamente.

malicieux, euse [malisjø, øz] adj & nm, f malicioso(sa).

malien, enne [maljɛ̃, ɛn] adj de Malí. ◆ **Malien, enne** nm, f *natural o habitante de Malí.*

malignité [maliɲite] nf malignidad *f.*

malin, igne [malɛ̃, iɲ] ◇ adj **1.** [personne] astuto(ta) ESP, abusado(da) AM ▸ **faire le malin** dárselas de listo ▸ **c'est malin !** ¡vaya por Dios! ▸ **ce n'est pas malin !** no es muy inteligente que digamos **2.** [regard, sourire] malicioso(sa) **3.** [plaisir] malévolo(la) **4.** [difficile] difícil ESP, embromado(da) AM ▸ **ça n'est pas bien malin** no es nada difícil **5.** MÉD [tumeur] maligno(na). ◇ nm, f astuto *m*, -ta *f.*

malingre [malɛ̃gʀ] adj enclenque.

malintentionné, e [malɛ̃tɑ̃sjɔne] adj **1.** malintencionado(da) **2.** EXPR **être malintentionné à l'égard de** OU **envers qqn** no tener buenas intenciones hacia alguien.

malle [mal] nf **1.** [caisse] baúl *m* ▸ **se faire la malle** *fam* liar el petate **2.** *vieilli* [de voiture] maletero *m* ESP, baúl *m* AM.

malléable [maleabl] adj maleable.

mallette [malɛt] nf maletín *m.*

> ⚠ **Maleta** est un faux ami, il ne signifie pas *mallette*, mais « valise ».

mal-logé, e [mallɔʒe] (*mpl* **mal-logés**, *fpl* **mal-logées**) nm, f *persona que ocupa un alojamiento precario.*

malmener [19] [malməne] vt **1.** [brutaliser] maltratar **2.** *fig* [adversaire] poner en apuros.

malnutrition [malnytʀisjɔ̃] nf desnutrición *f.*

malodorant, e [malɔdɔʀɑ̃, ɑ̃t] adj maloliente.

malotru, e [malɔtʀy] nm, f grosero *m*, -ra *f* ESP, guarango *m*, -ga *f* AM.

Malouines [malwin] npr f pl ▸ **les Malouines** las Malvinas.

malpoli, e [malpɔli] adj & nm, f maleducado(da).

malpropre [malpʀɔpʀ] adj **1.** [gén] sucio(cia) **2.** [inconvenant] indecente.

malpropreté [malpʀɔpʀəte] nf [saleté] suciedad *f.*

malsain, e [malsɛ̃, ɛn] adj malsano(na).

malséant, e [malseɑ̃, ɑ̃t] adj *sout* indecoroso(sa).

malt [malt] nm malta *f.*

maltais, e [maltɛ, ɛz] adj maltés(esa). ◆ **maltais** nm LING maltés *m.* ◆ **Maltais, e** nm, f maltés *m*, -esa *f.*

Malte [malt] npr Malta.

maltraitance [maltʀɛtɑ̃s] nf maltrato *m.*

maltraiter [4] [maltʀete] vt maltratar.

malus [malys] nm malus *m inv.*

malveillance [malvɛjɑ̃s] nf malevolencia *f.*

malveillant, e [malvɛjɑ̃, ɑ̃t] adj malévolo(la).

malvenu, e [malvəny] adj inconveniente, inoportuno(na) ▸ **être malvenu de faire qqch** no ser oportuno hacer algo.

malversation [malvɛʀsasjɔ̃] nf malversación *f.*

malvoyant, e [malvwajɑ̃, ɑ̃t] adj & nm, f invidente.

maman [mamɑ̃] nf mamá *f.*

mamelle [mamɛl] nf ZOOL ubre *f.*

mamelon [mamlɔ̃] nm **1.** [du sein] pezón *m* **2.** [colline] cerro *m.*

mamie, mamy [mami] nf abuelita *f* ESP, mamá grande *f* AM.

mammaire [mamɛʀ] adj mamario(ria).

mammifère [mamifɛʀ] nm mamífero *m.*

mammographie [mamɔgʀafi] nf mamografía *f.*

mammouth [mamut] nm mamut *m.*

mamours [mamuʀ] nmpl *fam* carantoñas *fpl* ▸ **se faire des mamours** hacerse carantoñas.

mamy = **mamie.**

management [manadʒmœnt] nm dirección y gestión de empresa, management *m.*

manager[1] [manadʒœʀ] nm **1.** [de chanteur] agente *mf*, mánager *mf* **2.** [d'entreprise] directivo *m*, -va *f*, mánager *mf.*

manager[2] [17] [manadʒe] vt gestionar.

Managua [managwa] npr Managua.

manche [mɑ̃ʃ] ◇ nf manga *f* ▸ **sans manches** sin mangas ▸ **manches courtes / longues** mangas cortas / largas ▸ **manches raglan** mangas raglán ▸ **faire la manche** mendigar, pasar la gorra OU el plato. ◇ nm **1.** [d'outil] mango *m* ▸ **manche à balai a)** palo *m* de escoba **b)** AÉRON timón *m* **2.** [d'instrument de musique] mástil *m.*

> ⚠ **Mancha** est un faux ami, il ne signifie pas *manche*, mais « tache ».

Manche [mɑ̃ʃ] npr **1.** [département normand, région d'Espagne] ▸ **la Manche** la Mancha **2.** [mer] ▸ **la Manche** el canal de la Mancha.

manchette [mɑ̃ʃɛt] nf **1.** [de chemise] puño *m* **2.** [de journal] titular *m* **3.** SPORT *golpe dado con el antebrazo.*

manchon [mɑ̃ʃɔ̃] nm manguito *m.*

manchot, e [mɑ̃ʃo, ɔt] adj & nm, f manco(ca). ◆ **manchot** nm ZOOL pájaro *m* bobo.

mandarin [mɑ̃daʀɛ̃] nm LING & HIST mandarín *m.*

mandarine [mɑ̃daʀin] nf mandarina *f.*

mandat [mɑ̃da] nm **1.** [procuration] poder *m*, procuración *f* **2.** POL mandato *m* **3.** DR orden *f* ▸ **mandat d'amener / d'arrêt / de perquisition** orden de comparecencia / de arresto / de registro **4.** [titre postal] giro *m* ▸ **mandat postal** giro postal.

mandataire [mɑ̃datɛʀ] nmf mandatario *m*, -ria *f.*

mandat-carte [mɑ̃dakaʀt] (*pl* **mandats-cartes**) nm *giro postal expedido en forma de tarjeta postal.*

mandater [mɑ̃date] vt **1.** [déléguer] delegar **2.** FIN librar una orden de pago.

mandat-lettre [mɑ̃dalɛtʀ] (*pl* **mandats-lettres**) nm *giro postal expedido en forma de carta.*

mander [3] [mɑ̃de] vt *sout* mandar.

mandibule [mɑ̃dibyl] nf mandíbula *f*.

mandoline [mɑ̃dɔlin] nf mandolina *f*.

mandrin [mɑ̃dʀɛ̃] nm **1.** [de serrage] mandril *m* **2.** [de perçage] broca *f*.

manège [manɛʒ] nm **1.** [attraction] tiovivo *m*, caballitos *mpl* ESP, calesitas *fpl* AM **2.** [de chevaux - exercices] doma *f* ; [- lieu] picadero *m* **3.** *fig* [manœuvre] tejemaneje *m*.

manette [manɛt] nf manecilla *f* ▸ **manette (de jeu)** INFORM palanca *f*.

manga [mɑ̃ga] nm manga *m o f*.

manganèse [mɑ̃ganɛz] nm manganeso *m*.

mangeable [mɑ̃ʒabl] adj comestible.

mangeaille [mɑ̃ʒai] nf papeo *m*.

mangeoire [mɑ̃ʒwaʀ] nf [pour oiseaux] comedero *m* ; [pour bétail] pesebre *m*.

manger [mɑ̃ʒe] ◆ vt **1.** [nourriture] comer **2.** [suj : mite, rouille] carcomer, comer **3.** [fortune] dilapidar. ◆ vi comer.

mange-tout, mangetout [mɑ̃ʒtu] nm inv [haricot] guisante *m* mollar ; [pois] chícharo *m*.

mangeur, euse [mɑ̃ʒœʀ, øz] nm, f comedor *m*, -ra *f* ▸ **gros mangeur** comilón *m*.

mangue [mɑ̃g] nf mango *m*.

maniable [manjabl] adj manejable.

maniaque [manjak] adj & nmf **1.** [méticuleux] maniático(ca) **2.** [fou] maníaco(ca).

maniaquerie [manjakʀi] nf comportamiento *m* maniático.

manichéisme [manikeism] nm maniqueísmo *m*.

manie [mani] nf manía *f* ▸ **avoir la manie de qqch / de faire qqch** tener la manía de algo/de hacer algo.

maniement [manimɑ̃] nm manejo *m*.

manier [9] [manje] vt manejar.

manière [manjɛʀ] nf manera *f* ▸ **la manière forte** (la) mano dura ▸ **à la manière de qqn** a la manera de alguien ▸ **de toute manière** OU **de toutes les manières** de todas maneras ▸ **d'une manière générale** en general. ◆ **manières** nfpl **1.** [attitude] modales *mpl* ▸ **les bonnes manières** los buenos modales **2.** EXPR **faire des manières** andarse con cumplidos. ◆ **de manière à** loc prép para. ◆ **de manière à ce que** loc conj de modo que. ◆ **de manière que** loc conj de modo que. ◆ **de telle manière que** loc conj de tal modo que, de modo que.

maniéré, e [manjeʀe] adj amanerado(da).

maniérisme [manjeʀism] nm manierismo *m*.

manif [manif] nf *fam* [manifestation] manifestación *f* / ***aller à la manif*** ir a la manifestación.

manifestant, e [manifɛstɑ̃, ɑ̃t] nm, f manifestante *mf*.

manifestation [manifɛstasjɔ̃] nf manifestación *f*.

manifeste [manifɛst] ◆ adj manifiesto(ta). ◆ nm manifiesto *m*.

manifestement [manifɛstəmɑ̃] adv manifiestamente.

manifester [3] [manifɛste] ◆ vt manifestar. ◆ vi manifestarse. ◆ **se manifester** vp manifestarse.

manigance [manigɑ̃s] nf *fam* artimaña *f*, maquinación *f*.

manigancer [16] [manigɑ̃se] vt *fam* maquinar.

Manille [manij] npr Manila.

manioc [manjɔk] nm mandioca *f*.

manip(e) (*abr de* **manipulation**) nf *fam* [manipulation - technique] apaño *m* / ***j'ai fait une petite manip et ça marche à nouveau*** hice un pequeño apaño y funciona otra vez ; [informatique] manejo *m* / ***j'ai tout effacé par une mauvaise manip*** borré todo por un fallo OU error de manejo.

manipulateur, trice [manipylatœʀ, tʀis] nm, f manipulador *m*, -ra *f*.

manipulation [manipylasjɔ̃] nf **1.** [maniement, manœuvre] manipulación *f* ▸ **manipulation génétique** manipulación genética **2.** [massage] masaje *m*.

manipuler [3] [manipyle] vt manipular.

manivelle [manivɛl] nf manivela *f*.

manne [man] nf **1.** RELIG maná *m* **2.** *fig* & *sout* [aubaine] agua *f* de mayo.

mannequin [mankɛ̃] nm **1.** [personne] modelo *mf* **2.** [de vitrine] maniquí *m*.

mannequinat [mankina] nm **1.** [profession] profesión *f* de modelo **2.** [milieu professionnel] mundo *m* de la moda.

manœuvre [manœvʀ] ◆ nf **1.** [d'appareil] manejo *m* ; [de véhicule] maniobra *f* ▸ **fausse manœuvre** a) [de véhicule] mala maniobra b) *fig* paso *m* en falso **2.** [excercice militaire, machination] maniobra *f* **3.** EXPR **la marge de manœuvre est faible** el margen de maniobra es escaso. ◆ nm peón *m*.

manœuvrer [5] [manœvʀe] ◆ vi maniobrar. ◆ vt manejar.

manoir [manwaʀ] nm casa *f* solariega.

manomètre [manɔmɛtʀ] nm manómetro *m*.

manouche [manuʃ] adj & nmf gitano *mf*, -na *f*.

manquant, e [mɑ̃kɑ̃, ɑ̃t] adj que falta.

manque [mɑ̃k] nm **1.** [absence] falta *f* ; [insuffisance] carencia *f* **2.** [du toxicomane] abstinencia *f* ▸ **en (état de) manque** con el síndrome de abstinencia **3.** [lacune] laguna *f*. ◆ **manque à gagner** nm lucro *m* cesante. ◆ **à la manque** loc adj *fam* [gén] de segunda fila ; [histoire] malo(la).

manqué, e [mɑ̃ke] adj **1.** [vocation] frustrado(da) / ***c'est le récit d'une vocation manquée*** es el relato de una vocación frustrada **2.** [acte, rendez-vous] fallido(da).

manquement [mɑ̃kmɑ̃] nm falta *f* ▸ **manquement à qqch** falta a algo.

manquer [3] [mɑ̃ke] ◆ vi **1.** [gén] faltar ▸ **manquer à qqch** [ne pas respecter] faltar a algo ▸ **manquer à qqn** a) [temps, outil, etc.] faltar a alguien b) [ami, famille] echar de menos a alguien ▸ **manquer de qqch** carecer de algo, faltarle a uno algo ▸ **manquer de faire qqch** faltarle (a alguien) poco para hacer algo ▸ **il ne manquait plus que ça !** ¡lo que faltaba! **2.** [rater] fallar. ◆ vt **1.** [rater] fallar **2.** [personne] no encontrar **3.** [train, avion] perder **4.** [occasion] perderse **5.** [cours, école] faltar a.

mansarde [mɑ̃saʀd] nf buhardilla *f*.

mansardé, e [mɑ̃saʀde] adj abuhardillado(da).

mansuétude [mɑ̃sɥetyd] nf *sout* mansedumbre *f*.

mante [mɑ̃t] nf **1.** ZOOL mantis *m inv* ▸ **mante religieuse** mantis religiosa, santateresa *f* **2.** [manteau de femme] manto *m*.

manteau, x [mɑ̃to] nm abrigo *m* ESP, tapado *m* AM ▸ **sous le manteau** *fig* en la manga.

manucure [manykyʀ] nmf manicuro *m*, -ra *f*.

manuel, elle [manɥɛl] ◆ adj manual. ◆ nm, f trabajador *m*, -ra *f* manual. ◆ **manuel** nm manual *m* ▸ **manuel scolaire** libro *m* de texto.

manuellement [manɥɛlmɑ̃] adv manualmente.

manufacture [manyfaktyʀ] nf manufactura *f*.

manufacturé, e [manyfaktyʀe] adj manufacturado(da).

manufacturer [manyfaktyʀe] vt manufacturar / *les produits manufacturés composent l'essentiel du commerce international* los productos manufacturados componen la mayor parte del comercio internacional.

manu militari [manymilitaʀi] adv manu militari.

manuscrit, e [manyskʀi, it] adj manuscrito(ta). ◆ **manuscrit** nm manuscrito *m*.

manutention [manytɑ̃sjɔ̃] nf logística *f (de almacenaje)*.

manutentionnaire [manytɑ̃sjɔnɛʀ] nmf encargado *m*, -da *f* de logística.

MAP nf *abr de* **mise au point**.

mappemonde [mapmɔ̃d] nf **1.** [carte] mapamundi *m* **2.** [sphère] globo *m* terráqueo.

Maputo [maputo] npr Maputo.

maquer [make] ◆ **se maquer** vp *tfam* arrejuntarse / *finalement, ils se sont maqués* al final se arrejuntaron ▸ **se maquer avec qqn** arrejuntarse con alguien.

maquereau, x [makʀo] nm **1.** ZOOL caballa *f* **2.** *fam* [proxénète] chulo *m*.

maquerelle [makʀɛl] nf *fam* madame *f*.

maquette [makɛt] nf maqueta *f*.

maquettiste [makɛtist] nmf maquetista *mf*.

maquignon [makiɲɔ̃] nm chalán *m*, -ana *f*.

maquillage [makijaʒ] nm maquillaje *m*.

maquiller [3] [makije] vt **1.** [personne] maquillar **2.** [voiture volée] maquillar, camuflar ; [passeport] falsificar ; [chiffres] falsear ; [vérité] disfrazar. ◆ **se maquiller** vp maquillarse.

maquilleur, euse [makijœʀ, øz] nm, f maquillador *m*, -ra *f*.

maquis [maki] nm **1.** [végétation] monte *m* bajo **2.** HIST maquis *m inv* ▸ **prendre le maquis** unirse al maquis.

maquisard [makizaʀ] nm maquis *mf inv*.

marabout [maʀabu] nm **1.** ZOOL marabú *m* **2.** [guérisseur] morabito *m*.

maracas [maʀakas] nfpl MUS maracas *fpl*.

maracuja, maracudja [maʀakudʒa] nm [fruit] maracuyá *f*, fruto *m* de la pasionaria.

maraîcher, ère [maʀɛʃe, ɛʀ] ◆ adj de la huerta. ◆ nm, f horticultor *m*, -ra *f*.

marais [maʀɛ] nm pantano *m* ▸ **marais salant** salina *f*.

Marais [maʀɛ] npr ▸ **le Marais** *barrio histórico del centro de París*.

marasme [maʀasm] nm *pr* & *fig* marasmo *m*.

marathon [maʀatɔ̃] nm maratón *m o f*.

marathonien, enne [maʀatɔnjɛ̃, ɛn] nm, f maratoniano *mf*, -na *f*.

marâtre [maʀatʀ] nf madrastra *f*.

marauder [3] [maʀode] vi **1.** [voler] merodear **2.** [taxi] buscar clientes.

marbre [maʀbʀ] nm mármol *m* ▸ **en** OU **de marbre** de mármol ▸ **rester de marbre** *fig* no inmutarse.

marbré, e [maʀbʀe] adj jaspeado(da).

marbrier [maʀbʀije] nm marmolista *mf*.

marbrure [maʀbʀyʀ] nf **1.** [imitation du marbre] jaspeado *m* **2.** [marque sur la peau] *mancha visible en la piel*.

marc [maʀ] nm ≃ orujo *m*. ◆ **marc de café** nm poso *m* de café.

marcassin [maʀkasɛ̃] nm jabato *m*.

marchand, e [maʀʃɑ̃, ɑ̃d] ◆ adj mercantil ; [marine] mercante ; [galerie, valeur] comercial. ◆ nm, f vendedor *m*, -ra *f* ▸ **marchand forain** feriante *m* ▸ **marchand de journaux** vendedor de periódicos ▸ **marchand des quatre-saisons** *vendedor ambulante de frutas y verduras*. ◆ **marchand de sable** nm ▸ **le marchand de sable** *personaje imaginario que, según creen los niños, es el responsable de que se duerman* ; ≃ coco *m*.

marchandage [maʀʃɑ̃daʒ] nm regateo *m* ▸ **faire du marchandage** regatear.

marchander [3] [maʀʃɑ̃de] vt & vi regatear.

marchandise [maʀʃɑ̃diz] nf mercancía *f*.

marche [maʀʃ] nf **1.** [gén] marcha *f* ▸ **à deux heures de marche (d'un lieu)** a dos horas andando (de un sitio) ▸ **en marche** a) [en mouvement] en marcha b) [en fonctionnement] encendido(da) ▸ **en (bon) état de marche** en buen funcionamiento ▸ **dans le sens de la marche** en el sentido del desplazamiento ▸ **ouvrir / fermer la marche** abrir/cerrar la marcha ▸ **mettre / remettre qqch en marche** poner/volver a poner algo en marcha ▸ **en marche arrière** marcha atrás ▸ **faire marche arrière** a) [voiture] dar marcha atrás b) [changer d'avis] echarse (para) atrás ▸ **se mettre en marche** ponerse en marcha

▸ **marche funèbre / nuptiale** marcha fúnebre / nupcial ▸ **marche à pied** marcha (a pie) ▸ **marche silencieuse** marcha silenciosa **2.** [d'astre] movimiento *m* ; [du temps] paso *m* **3.** [d'escalier] peldaño *m*, escalón *m* **4.** *fig* [procédé] ▸ **c'est la marche à suivre** éstos son los pasos que hay que seguir.

marché [marʃe] nm **1.** [gén] mercado *m* ▸ **faire son marché** ir a la compra ▸ **marché cible** mercado objetivo ▸ **marchés financiers** mercados financieros ▸ **marché noir** mercado negro ▸ **marché aux puces** rastrillo *m* ▸ **marché du travail** mercado laboral **2.** [contrat] trato *m* ▸ **être bon marché** ser barato(ta) ▸ **mettre qqch sur le marché** lanzar algo al mercado ▸ **meilleur marché** más barato(ta) ▸ **par-dessus le marché** *fam* encima, para colmo.

marchepied [marʃəpje] nm estribo *m*.

marcher [3] [marʃe] vi **1.** [aller à pied] andar **2.** [poser le pied] pisar ▸ **marcher sur qqch** pisar algo **3.** [se diriger] ▸ **marcher sur qqch / sur qqn** marchar sobre algo / hacia alguien **4.** [fonctionner, réussir] funcionar **5.** *fam* [être d'accord] conformarse **6.** EXPR **faire marcher qqn** *fam* tomar el pelo a alguien.

marcheur, euse [marʃœr, øz] nm, f andarín *m*, -ina *f*.

mardi [mardi] nm martes *m inv* ▸ **mardi gras** martes de carnaval. ***Voir aussi* samedi**.

mare [mar] nf charco *m*.

marécage [marekaʒ] nm pantano *m*.

marécageux, euse [marekaʒø, øz] adj **1.** [terrain] pantanoso(sa) **2.** [plante] palustre.

maréchal, aux [mareʃal, o] nm mariscal *m*.
◆ **maréchal des logis** (*pl* **maréchaux des logis**) nm ≃ sargento *m* de caballería.

maréchal-ferrant [mareʃalferɑ̃] (*pl* **maréchaux-ferrants** [mareʃoferɑ̃]) nm herrador *m*, -ra *f*.

maréchaussée [mareʃose] nf *vieilli* & *hum* cuartelillo *m*.

marée [mare] nf **1.** [gén] marea *f* ▸ **(à) marée basse / haute** (con) marea baja / alta **2.** [produits de la mer] *pescado y marisco fresco*. ◆ **marée noire** nf marea *f* negra.

marelle [marɛl] nf rayuela *f*.

marémoteur, trice [maremotœr, tris] adj mareomotor(triz).

mareyeur, euse [marɛjœr, øz] nm, f mayorista *mf* de pescado y marisco.

margarine [margarin] nf margarina *f*.

marge [marʒ] nf margen *m* ▸ **marge d'erreur / de sécurité** margen de error / de seguridad ▸ **marge bénéficiaire** margen *m* de beneficios ▸ **marge commerciale** margen *m* comercial ▸ **avoir de la marge** tener margen ▸ **vivre en marge de la société** vivir al margen de la sociedad.

margelle [marʒɛl] nf brocal *m*.

marginal, e, aux [marʒinal, o] ◆ adj marginal. ◆ nm, f marginado *m*, -da *f*.

marginalement [marʒinalmɑ̃] adv marginalmente / *cela n'affecte les ventes que marginalement* esto solamente afecta marginalmente a las ventas.

marginalisation [marʒinalizasjɔ̃] nf marginación *f*.

marginaliser [marʒinalize] vt marginar.

marginalité [marʒinalite] nf marginalidad *f*.

marguerite [margərit] nf margarita *f*.

mari [mari] nm marido *m*.

mariage [marjaʒ] nm **1.** [union, institution] matrimonio *m* ▸ **donner qqn en mariage** dar a alguien en matrimonio ▸ **mariage d'amour / de raison** matrimonio por amor / de conveniencia ▸ **mariage blanc / civil / religieux** matrimonio blanco / civil / religioso ▸ **mariage consanguin** matrimonio en consanguinidad **2.** [cérémonie] boda *f* **3.** *fig* [association de choses] combinación *f*.

Marianne [marjan] npr *personificación de la República Francesa*.

> **Marianne**
>
> **Marianne** es el apodo que recibe la República Francesa, representada por un busto de una mujer tocada con un gorro frigio. Esta imagen decora todos los ayuntamientos franceses y aparece en los sellos postales. Los bustos de **Marianne** suelen realizarse utilizando como modelo el rostro de artistas famosas, como por ejemplo Brigitte Bardot, Catherine Deneuve o Laetitia Casta.

marié, e [marje] ◆ adj casado(da). ◆ nm, f novio *m*, -via *f* ▸ **jeunes mariés** recién casados *mpl*.

marier [3] [marje] vt casar. ◆ **se marier** vp **1.** [personnes] casarse **2.** *fig* [couleurs] casar.

marihuana [marirwana], **marijuana** [mariʒɥana] nf marihuana *f*.

marimba [marimba] nm MUS marimba *f*.

marin, e [marɛ̃, in] adj **1.** [gén] marino(na) **2.** [carte] de navegación. ◆ **marin** nm marino *m* ▸ **marin pêcheur** pescador *m*. ◆ **marine** ◆ adj inv [bleu] marino(na). ◆ nf **1.** [art de la navigation] marina *f*, náutica *f* **2.** [ensemble de navires, peinture] marina *f* ▸ **marine marchande / nationale** marina mercante / nacional. ◆ nm **1.** MIL marine *m* **2.** [couleur] azul *m* marino.

marina [marina] nf puerto *m* deportivo.

marinade [marinad] nf escabeche *m*, marinada *f*.

mariner [3] [marine] vi **1.** [aliment] escabechar ▸ **faire mariner qqch** poner algo en escabeche **2.** *fam* [attendre] esperar ▸ **faire mariner qqn** dejar plantado(da).

marinier, ère [marinje, ɛr] adj marinero(ra).
◆ **marinier** nm marinero *m*. ◆ **marinière** nf blusa *f* marinera.

mariole [marjɔl] nm *fam* ▸ **faire le mariole** hacer el tonto.

marionnette [maʀjɔnɛt] nf marioneta *f*, títere *m*.

marionnettiste [maʀjɔnetist] nmf marionetista *m*, titiritero *m*, -ra *f*.

marital, e, aux [maʀital, o] adj marital.

maritalement [maʀitalmɑ̃] adv maritalmente ▸ **vivre maritalement** hacer vida marital.

maritime [maʀitim] adj marítimo(ma).

marivaudage [maʀivodaʒ] nm *sout* galantería *f*.

marjolaine [maʀʒɔlɛn] nf mejorana *f*.

mark [maʀk] nm [monnaie] marco *m*.

marketer [maʀkete] vt promocionar.

marketeur, euse [maʀketœʀ, øz] nm, f persona *f* encargada del marketing.

marketing [maʀkɛtiŋ] nm marketing *m* ▸ **marketing téléphonique** marketing telefónico.

marmaille [maʀmaj] nf *fam* chiquillería *f*.

marmelade [maʀməlad] nf mermelada *f* ▸ **en marmelade** [en bouillie] hecho(cha) puré OU papilla ▸ **marmelade d'orange** mermelada de naranja.

marmite [maʀmit] nf olla *f* ▸ **faire bouillir la marmite** *fig* traer el dinero a casa.

marmiton [maʀmitɔ̃] nm marmitón *m*.

marmonner [3] [maʀmɔne] vt & vi farfullar, mascullar.

marmot [maʀmo] nm renacuajo *m*, -ja *f* ESP, chamaco *m*, -ca *f* AM.

marmotte [maʀmɔt] nf marmota *f*.

marmotter [3] [maʀmɔte] vt farfullar, mascullar.

marner [3] [maʀne] vi *fam* currar.

Maroc [maʀɔk] npr ▸ **le Maroc** Marruecos.

marocain, e [maʀɔkɛ̃, ɛn] adj marroquí.
◆ **Marocain, e** nm, f marroquí *mf*.

maroquin [maʀɔkɛ̃] nm tafilete *m*, marroquí *m*.

maroquinerie [maʀɔkinʀi] nf marroquinería *f*.

maroquinier, ère [maʀɔkinje, ɛʀ] nm, f marroquinero *m*, -ra *f*.

marotte [maʀɔt] nf ▸ **avoir la marotte de qqch** ser maniático(ca) de algo ▸ **à chaque fou sa marotte** cada loco con su tema.

marquant, e [maʀkɑ̃, ɑ̃t] adj notable.

marque [maʀk] nf **1.** [gén] marca *f* ▸ **de marque** de marca ▸ **une grande marque** una gran marca OU firma ▸ **marque blanche** marca blanca ▸ **marque déposée / de fabrique** marca registrada / de fábrica ▸ **marque de distributeur** marca de distribuidor ▸ **marque dominante** marca dominante **2.** [témoignage] señal *f* ▸ **marque d'affection** señal de cariño **3.** EXPR **à vos marques, prêts, partez !** ¡preparados, listos, ya!

marqué, e [maʀke] adj marcado(da).

marque-page [maʀkpaʒ] (*pl* **marque-pages**) nm marcapáginas *m*.

marquer [maʀke] ❖ vt **1.** [gén] marcar, señalar ; [mécontentement, etc.] manifestar **2.** [noter] apuntar **3.** EXPR **marquer le coup a)** [accuser le coup] acusar el golpe **b)** [souligner un événement] hacer algo especial OU fuera de lo ordinario **c)** [fêter l'événement] celebrarlo.
❖ vi marcar / *c'est un fait qui marquera dans ma vie* es un hecho que marcará en mi vida.

marqueterie [maʀkɛtʀi] nf marquetería *f*.

marqueur [maʀkœʀ] nm **1.** [crayon] rotulador *m* (de punta gruesa) **2.** SPORT marcador *m*.

marquis, e [maʀki, iz] nm, f marqués *m*, -esa *f*.
◆ **marquise** nf **1.** [auvent] marquesina *f* **2.** CULIN marquesita *f*.

Marquises [maʀkiz] npr f pl ▸ **les Marquises** las Marquesas.

marraine [maʀɛn] nf madrina *f*.

marrant, e [maʀɑ̃, ɑ̃t] adj *fam* **1.** [drôle] divertido(da) **2.** [bizarre] gracioso(sa).

marre [maʀ] adv ▸ **en avoir marre (de qqch / de qqn)** *fam* estar harto(ta) (de algo / de alguien).

marrer [maʀe] ◆ **se marrer** vp *fam* [rire] desternillarse (de risa) ; [s'amuser] pasárselo bomba.

marron, onne [maʀɔ̃, ɔn] adj *péj* [avocat, médecin] clandestino(na). ◆ **marron** ❖ nm **1.** [fruit] castaña *f* ▸ **marron glacé** marrón *m* glacé ▸ **marron d'Inde** castaña de Indias **2.** [couleur] marrón *m* **3.** *fam* [coup de poing] castaña *f*. ❖ adj inv marrón ; [yeux] castaño(ña).

marronnier [maʀɔnje] nm castaño *m* de Indias.

mars [maʀs] nm marzo *m*. ***Voir aussi*** **septembre.**
◆ **Mars** npr ASTRON & MYTH Marte.

marseillais, e [maʀsɛjɛ, ɛz] adj marsellés(esa).
◆ **Marseillais, e** nm, f marsellés *m*, -esa *f*.
◆ **Marseillaise** nf ▸ **la Marseillaise** la Marsellesa.

La Marseillaise

El himno nacional francés fue compuesto por Claude Joseph Rouget de Lisle en abril de 1792 como canto patriótico tras la declaración de guerra contra la Francia revolucionaria. Originalmente se llamó "Canto de guerra para el ejército del Rin", pero, como fue un grupo de voluntarios marselleses quienes al llegar a París lo dieron a conocer, recibió el nombre de la "Marsellesa". En 1795 se convirtió en el himno nacional.

Marseille [maʀsɛj] npr Marsella.

marsouin [maʀswɛ̃] nm marsopa *f*.

marsupial, e, aux [maʀsypjal, o] adj marsupial.
◆ **marsupial** nm marsupial *m*.

marte = **martre**.

marteau, x [maʀto] ❖ nm **1.** [outil & SPORT] martillo *m* ▸ **marteau piqueur** OU **pneumatique** martillo picador OU neumático **2.** MUS macillo *m*, martinete *m* **3.** [heurtoir] aldabón *m*. ❖ adj *fam* chiflado(da).

marteau-pilon [maʀtopilɔ̃] (*pl* **marteaux-pilons**) nm martillo *m* pilón.

martel [maʀtɛl] nm ▸ **se mettre martel en tête** quemarse la sangre.

martèlement [maʀtɛlmɑ̃] nm martilleo *m*.

marteler [25] [maʀtəle] vt **1.** [avec un marteau] martillear, martillar **2.** [frapper] golpear **3.** [articuler] recalcar.

martial, e, aux [maʀsjal, o] adj marcial.

martien, enne [maʀsjɛ̃, ɛn] adj & nm, f marciano(na).

martinet [maʀtinɛ] nm **1.** ZOOL vencejo *m* **2.** [fouet] látigo *m* de varios ramales.

martingale [maʀtɛ̃gal] nf martingala *f*.

Martini® [maʀtini] nm martini® *m*.

martiniquais, e [maʀtinikɛ, ɛz] adj martiniqués(esa). ◆ **Martiniquais, e** nm, f martiniqués *m*, -esa *f*.

Martinique [maʀtinik] npr ▸ **la Martinique** la Martinica.

martin-pêcheur [maʀtɛ̃pɛʃœʀ] (*pl* **martins-pêcheurs**) nm martín *m* pescador.

martre [maʀtʀ], **marte** [maʀt] nf marta *f*.

martyr, e [maʀtiʀ] adj & nm, f mártir. ◆ **martyre** nm martirio *m* ▸ **souffrir le martyre** pasar un calvario.

martyriser [3] [maʀtiʀize] vt martirizar.

marxisme [maʀksism] nm marxismo *m*.

marxiste [maʀksist] adj & nmf marxista.

mas [ma] nm inv *masía típica de Provenza, en Francia*.

mascara [maskaʀa] nm máscara *f*.

mascarade [maskaʀad] nf mascarada *f*.

mascarpone [maskaʀpɔn] nm mascarpone *m*.

Mascate [maskat] npr Mascate.

mascotte [maskɔt] nf mascota *f*.

masculin, e [maskylɛ̃, in] adj masculino(na). ◆ **masculin** nm GRAM masculino *m*.

maso [mazo] adj & nmf *fam* [masochiste] masoca / *il est un peu maso* es un poco masoca.

masochisme [mazɔʃism] nm masoquismo *m*.

masochiste [mazɔʃist] adj & nmf masoquista.

masque [mask] nm **1.** [gén] máscara *f*; [de déguisement] careta *f* ▸ **masque à gaz** máscara antigás ▸ **masque de plongée** gafas *fpl* submarinas ▸ **lever** ou **tomber le masque** quitarse la máscara **2.** [crème] mascarilla *f* ▸ **masque de beauté** mascarilla de belleza.

masqué, e [maske] adj enmascarado(da).

masquer [3] [maske] vt **1.** [dissimuler] disfrazar **2.** [cacher à la vue] esconder, tapar.

> ⚠ **Mascar** est un faux ami, il ne signifie pas *masquer*, mais « mâcher ».

massacrante [masakʀɑ̃t] ⟶ **humeur**.

massacre [masakʀ] nm **1.** [tuerie] masacre *f* **2.** *fig* [gâchis] estropicio *m*.

massacrer [3] [masakʀe] vt **1.** [tuer] masacrar **2.** [abîmer, mal interpréter] destrozar.

massage [masaʒ] nm masaje *m* ▸ **faire un massage à qqn** dar un masaje a alguien.

masse [mas] nf **1.** [gén] masa *f* ▸ **la masse** [le commun des hommes] la masa ▸ **masse monétaire** masa monetaria ▸ **masse salariale** masa salarial **2.** [quantité] ▸ **une masse de** un montón de ▸ **de masse** [culture, tourisme] de masas ▸ **en masse** a) [en bloc] en masa b) [en grande quantité] a lo grande / *l'arrivée en masse de...* la llegada masiva de... **3.** [maillet] mazo *m* **4.** EXPR **être à la masse** *fam* : *il est complètement à la masse* se le ha ido la cabeza ▸ **pas des masses** *fam* : *ça t'a plu ? — pas des masses* ¿te gustó? — no mucho ▸ **tomber comme une masse** caer como si fuera de plomo.

massepain [maspɛ̃] nm mazapán *m*.

masser [3] [mase] vt **1.** [assembler] concentrar **2.** [frotter] masajear, dar masaje a. ◆ **se masser** vp **1.** [s'assembler] concentrarse **2.** [se frotter] masajearse.

masseur, euse [masœʀ, øz] nm, f masajista *mf*. ◆ **masseur** nm [appareil] aparato *m* de hacer masajes.

massicot [masiko] nm guillotina *f*.

massif, ive [masif, iv] adj **1.** [gén] macizo(za) **2.** [important] masivo(va). ◆ **massif** nm macizo *m*. ◆ **Massif central** nm ▸ **le Massif central** el Macizo Central.

massivement [masivmɑ̃] adv masivamente.

mass média (*pl* **mass médias**) [masmedja] nm medios *mpl* de comunicación (de masas), mass media *mpl*.

massue [masy] ◆ adj inv contundente. ◆ nf maza *f*.

master [mastɛʀ] nm UNIV máster *m*.

mastère [mastɛʀ] nm ÉDUC *en Francia, diploma otorgado con una finalidad profesional por ciertas "grandes écoles" y que ratifica un año de estudios*.

mastic [mastik] nm masilla *f*.

mastiquer [3] [mastike] vt **1.** [mâcher] masticar **2.** [coller avec du mastic] pegar con masilla.

mastoc [mastɔk] adj inv *fam* burdo(da).

mastodonte [mastɔdɔ̃t] nm mastodonte *m*.

masturbation [mastyʀbasjɔ̃] nf masturbación *f* ▸ **masturbation intellectuelle** *fig* & *péj* paja *f* mental.

masturber [3] [mastyʀbe] ◆ **se masturber** vp masturbarse.

m'as-tu-vu [matyvy] nmf fantasmón *m*, -ona *f*.

masure [mazyʀ] nf casa *f* en ruinas.

mat, e [mat] adj mate. ◆ **mat** adj inv [aux échecs] en posición de (jaque) mate.

mat' [mat] (*abr de* **matin**) nm *fam* : *trois heures du mat'* las tres de la madrugada / *faire la grasse mat'* levantarse a las tantas.

mât [ma] nm **1.** NAUT mástil *m*, palo *m* **2.** [poteau] poste *m* ▸ **mât de cocagne** cucaña *f*.

matamore [matamɔʀ] nm perdonavidas *m inv*.

match [matʃ] (*pl* **matches** *ou* **matchs**) nm partido *m* ▸ **match aller / retour** partido de ida / de vuelta ▸ **match nul** empate *m* ▸ **faire match nul** empatar.

matelas [matla] nm inv colchón *m* ▸ **matelas de crin / à ressorts** colchón de lana / de muelles ▸ **matelas pneumatique** colchoneta *f (de playa)*.

matelassé, e [matlase] adj acolchado(da).

matelot [matlo] nm marinero *m*.

mater [3] [mate] vt **1.** [dompter] domar **2.** [réprimer] reprimir **3.** *fam* [regarder] echar el ojo a.

> ⚠ **Matar** est un faux ami, il ne signifie pas *mater*, mais « tuer ».

matérialisation [materjalizasjɔ̃] nf materialización *f*.

matérialiser [3] [materjalize] vt materializar.
◆ **se matérialiser** vp materializarse.

matérialisme [materjalism] nm materialismo *m*.

matérialiste [materjalist] adj & nmf materialista.

matériau, x [materjo] nm material *m*.
◆ **matériaux** nmpl **1.** CONSTR materiales *mpl* ▸ **matériaux de construction** materiales de construcción **2.** *fig* [éléments] material *m*.

matériel, elle [materjɛl] adj **1.** [gén] material **2.** [prosaïque] materialista. ◆ **matériel** nm **1.** [équipement] material *m*, equipamiento *m*, equipo *m* ▸ **matériel de bureau** material de oficina ▸ **matériel pédagogique** material pedagógico ▸ **matériel d'exploitation** instalaciones *fpl* ▸ **matériel informatique** equipo informático **2.** INFORM hardware *m*.

matériellement [materjɛlmɑ̃] adv materialmente.

maternel, elle [matɛrnɛl] adj **1.** [lait, grand-mère, langue] materno(na) **2.** [amour, instinct] maternal.
◆ **maternelle** nf parvulario *m*.

materner [3] [matɛrne] vt mimar ESP, papachar AM.

maternité [matɛrnite] nf maternidad *f*.

mathématicien, enne [matematisjɛ̃, ɛn] nm, f matemático *m*, -ca *f*.

mathématique [matematik] adj matemático(ca).
◆ **mathématiques** nfpl matemáticas *fpl*.

mathématiquement [matematikmɑ̃] adv *pr* & *fig* matemáticamente.

matheux, euse [matø, øz] nm, f *fam* ▸ **c'est un matheux** se le dan bien las matemáticas.

maths [mat] nfpl *fam* mates *fpl*.

Mathusalem [matyzalɛm] npr Matusalén ▸ **ça date de** OU **ça remonte à Mathusalem** *fam* es del año catapún OU de la polca.

matière [matjɛr] nf **1.** [substance, produit, sujet] materia *f* ▸ **en matière de** en materia de ▸ **matière grasse** materia grasa ▸ **matière grise / plastique** materia gris / plástica ▸ **matières fécales** materias fecales ▸ **matières premières** materias primas **2.** [discipline] asignatura *f* **3.** [motif] pretexto *m*, motivo *m* ▸ **donner matière à qqch** dar motivos a algo.

MATIF, Matif [matif] (*abr de* **Marché à terme international de France**) nm *mercado a plazos internacional de Francia*.

matifiant, e [matifjɑ̃, ɑ̃t] adj antibrillos.

matifier [matifje] vt matificar.

Matignon [matiɲɔ̃] npr ▸ **(l'hôtel) Matignon** *residencia oficial del Primer Ministro francés*.

> **Matignon**
>
> El **hôtel Matignon**, situado en la rue de Varenne, en París, acoge las oficinas del Primer Ministro. A menudo, los franceses utilizan el término **Matignon** para hacer referencia al Primer Ministro y su equipo. De este modo, se podrá ver escrito, por ejemplo: "Matignon no parece estar de acuerdo con el Élysée".

matin [matɛ̃] nm mañana *f* ▸ **le matin** por la mañana ▸ **ce matin** esta mañana ▸ **du matin au soir** de la mañana a la noche ▸ **de bon** OU **de grand matin** de madrugada.

matinal, e, aux [matinal, o] adj **1.** [du matin] matinal, matutino(na) **2.** [personne] madrugador(ra).

mâtiné, e [matine] adj cruzado(da) ▸ **mâtiné de** *fig* [mélangé de] mezclado con.

matinée [matine] nf **1.** [partie de la journée] mañana *f* ▸ **faire la grasse matinée** levantarse a las tantas **2.** [spectacle] matiné *f*.

matines [matin] nfpl maitines *mpl*.

maton, onne [matɔ̃, ɔn] nm, f *arg* vigilante *mf*.

matos [matos] nm *fam* material *m*.

matou [matu] nm gato *m*.

matraquage [matrakaʒ] nm **1.** [bastonnade] aporreamiento *m* **2.** *fig* [intoxication] bombardeo *m* ▸ **matraquage publicitaire** bombardeo publicitario.

matraque [matrak] nf porra *f*.

matraquer [3] [matrake] vt **1.** [frapper] aporrear **2.** *fig* [slogan, chanson] bombardear.

matriarcal, e, aux [matrijarkal, o] adj matriarcal.

matriarcat [matrijarka] nm matriarcado *m*.

matrice [matris] nf matriz *f*.

matricule [matrikyl] ◇ nm número *m* (de registro).
◇ nf registro *m*.

matrimonial, e, aux [matrimɔnjal, o] adj matrimonial.

matrone [matrɔn] nf *péj* verdulera *f*.

maturation [matyrasjɔ̃] nf maduración *f*.

mature [matyr] adj maduro(ra).

maturité [matyrite] nf madurez *f*.

maudire [104] [modir] vt maldecir.

maudit, e [modi, it] ❖ adj & nm, f maldito(ta). ❖ pp ⟶ **maudire**.

maugréer [15] [mogʀee] ❖ vt mascullar. ❖ vi refunfuñar ▸ **maugréer contre qqn / contre qqch** echar pestes contra alguien/contra algo.

maure, more [mɔʀ] adj moro(ra). ◆ **Maure** nmf moro *m*, -ra *f*.

mauresque, moresque [mɔʀɛsk] adj morisco(ca), moruno(na). ◆ **Mauresque, Moresque** nmf morisco *m*, -ca *f*.

Maurice [mɔʀis] npr ⟶ **île**.

mauricien, enne [mɔʀisjɛ̃, ɛn] adj mauriciano(na). ◆ **Mauricien, enne** nm, f mauriciano *m*, -na *f*.

Mauritanie [mɔʀitani] npr ▸ **la Mauritanie** Mauritania.

mauritanien, enne [mɔʀitanjɛ̃, ɛn] adj mauritano(na). ◆ **Mauritanien, enne** nm, f mauritano *m*, -na *f*.

mausolée [mozɔle] nm mausoleo *m*.

maussade [mosad] adj **1.** [personne] alicaído(da) **2.** [temps] desapacible.

mauvais, e [mɔvɛ, ɛz] adj malo(la), mal *(devant un nm)*. ◆ **mauvais** adv ▸ **il fait mauvais** hace mal tiempo ▸ **sentir mauvais** oler mal.

mauve [mov] nm & adj malva.

mauviette [movjɛt] nf *fam* **1.** [personne faible] alfeñique *m* **2.** [poltron] gallina *mf*.

maux ⟶ **mal**.

max [maks] (*abr de* **maximum**) nm *fam* montón *m*, mogollón *m* ▸ **un max de** un montón de ▸ **un max de fric** una pasta gansa / *il en a rajouté un max* exageró un montón / *faire un max de blé* ganarse una pasta gansa / *s'éclater un max* divertirse (un) mogollón.

max. [maks] (*abr écrite de* **maximum**) nm inv máx. / *ce produit doit être conservé à 6°C max.* este producto debe conservarse a 6°C máx.

maxi [maksi] ❖ adj inv *fam* [maximum] máximo(ma). ❖ adv *fam* como mucho / *ça te coûtera vingt euros maxi* te costará veinte euros como mucho.

maxillaire [maksilɛʀ] nm maxilar *m*.

maximal, e, aux [maksimal, o] adj máximo(ma).

maximalisme [maksimalism] nm POL maximalismo *m*.

maxime [maksim] nf máxima *f*.

maximiser [maksimize], **maximaliser** [maksimalize] vt [rendement, profits] maximizar.

maximum [maksimɔm] (*pl* **maximums** *ou* **maxima** [maksima]) ❖ adj máximo(ma). ❖ nm ▸ **le maximum de qqch / de personnes** el máximo de algo/de personas ▸ **au maximum** como máximo.

maya [maja] ❖ adj maya. ❖ nm [langue] maya *m*. ◆ **Maya** nmf maya *mf* ▸ **les Mayas** los mayas.

mayonnaise [majɔnɛz] nf mayonesa *f*.

Mazarine [mazaʀin] npr ▸ **la bibliothèque Mazarine** *en París, biblioteca pública*.

mazout [mazut] nm fuel-oil *m*.

mazouté, e [mazute] adj [plage, oiseau] manchado(da) de fuel.

mazouter [mazute] vt manchar de fuel / *les oiseaux mazoutés sont presque tous morts* casi todas las aves manchadas de fuel murieron.

MDD nf *abr de* **marque de distributeur**.

me [mə] *(m' devant voyelle ou 'h' muet)* pron pers **1.** [gén] me **2.** [avec un présentatif] ▸ **me voilà** aquí estoy / *me voilà prêt* ya estoy listo.

Me (*abr de* **maître**) *partícula que precede el nombre de los abogados, procuradores y notarios* / *Me Dupont, avocat au barreau de Nancy* el abogado Dupont, del Colegio de Abogados de Nancy.

mea culpa [meakylpa] nm inv ▸ **faire son mea culpa** entonar el mea culpa.

méandre [meɑ̃dʀ] nm **1.** [d'une rivière] meandro *m* **2.** *fig* [d'un raisonnement] entresijos *mpl*.

mec [mɛk] nm *fam* tío *m*.

mécanicien, enne [mekanisjɛ̃, ɛn] ❖ adj mecánico(ca). ❖ nm, f **1.** [de garage] mecánico *mf* **2.** [conducteur de train] maquinista *mf*.

mécanique [mekanik] ❖ adj mecánico(ca). ❖ nf **1.** [gén] mecánica *f* **2.** [mécanisme] maquinaria *f*.

mécaniquement [mekanikmɑ̃] adv mecánicamente.

mécanisation [mekanizasjɔ̃] nf mecanización *f*.

mécaniser [3] [mekanize] vt mecanizar.

mécanisme [mekanism] nm mecanismo *m*.

mécano [mekano] nm *fam* mecánico *m*.

mécénat [mesena] nm mecenazgo *m*.

mécène [mesɛn] nm mecenas *m inv*.

méchamment [meʃamɑ̃] adv **1.** [cruellement] con mala intención **2.** *fam* [beaucoup, très] terriblemente.

méchanceté [meʃɑ̃ste] nf **1.** [attitude] maldad *f* **2.** [parole, actes] ▸ **se dire des méchancetés** decirse cosas desagradables.

méchant, e [meʃɑ̃, ɑ̃t] ❖ adj **1.** [malveillant, cruel - personne] malo(la) ; [- animal] peligroso(sa) ; [- attitude] malévolo(la) ▸ **'attention, chien méchant'** 'cuidado con el perro' **2.** [désobéissant] malo(la). ❖ nm, f malo *m*, -la *f* ▸ **les bons et les méchants** los buenos y los malos.

mèche [mɛʃ] nf **1.** [de bougie] mecha *f*, pábilo *m* **2.** [de cheveux] mechón *m* ▸ **mèche rebelle** mechón rebelde **3.** [d'arme à feu, de pétard] mecha *f* **4.** [de perceuse] broca *f* **5.** EXPR **être de mèche avec qqn** estar conchabado(da) con alguien ▸ **vendre la mèche** irse de la lengua.

méchoui [meʃwi] nm mechuí *m (cordero asado)*.

méconnaissable [mekɔnɛsabl] adj irreconocible.

méconnaissance [mekɔnɛsɑ̃s] nf desconocimiento *m*.

méconnaître [91] [mekɔnɛtʀ] vt *sout* **1.** [ignorer] desconocer **2.** [sous-estimer] quitar importancia a, infravalorar.

méconnu, e [mekɔny] adj desconocido(da).

mécontent, e [mekɔ̃tɑ̃, ɑ̃t] adj & nm, f descontento(ta).

mécontentement [mekɔ̃tɑ̃tmɑ̃] nm descontento *m*.

mécontenter [3] [mekɔ̃tɑ̃te] vt disgustar.

Mecque [mɛk] npr ▸ **La Mecque** La Meca.

mécréant, e [mekʀeɑ̃, ɑ̃t] nm, f [irreligieux] pagano *m*, -na *f*; [infidèle] infiel *mf*.

méd. (*abr écrite de* **médecin**) med.

médaille [medaj] nf medalla *f*.

médaillé, e [medaje] ◆ adj [gén] condecorado(da); [à un concours, une compétition] premiado(da). ◆ nm, f condecorado *m*, -da *f*; SPORT medalla *mf*.

médaillon [medajɔ̃] nm [bijou & CULIN] medallón *m*.

médecin [medsɛ̃] nm médico *m* ▸ **médecin de garde** médico de guardia ▸ **médecin légiste** médico forense ▸ **médecin traitant** ou **de famille** médico de cabecera ▸ **Médecins du monde** ≃ Médicos del Mundo ▸ **Médecins sans frontières** ≃ Médicos sin Fronteras.

médecine [medsin] nf medicina *f* / *il fait médecine* estudia medicina ▸ **médecine générale** medicina general ▸ **médecine homéopathique** medicina homeopática ▸ **médecine douce** ou **naturelle** medicina natural ▸ **médecine préventive** medicina preventiva ▸ **médecine du sport** medicina del deporte ▸ **médecine du travail** medicina laboral.

Medef [medɛf] (*abr de* **Mouvement des entreprises de France**) nm *asociación empresarial francesa* ; ≃ CEOE *f*.

média [medja] nm : *les médias* los medios de comunicación.

médian, e [medjɑ̃, an] adj mediano(na). ◆ **médiane** nf **1.** [ligne] mediana *f* **2.** [valeur statistique] media *f*.

médiateur, trice [medjatœʀ, tʀis] adj & nm, f mediador(ra). ◆ **médiateur** nm ADMIN ≃ defensor *m* del pueblo. ◆ **médiatrice** nf GÉOM mediatriz *f*.

médiathèque [medjatɛk] nf mediateca *f*.

médiation [medjasjɔ̃] nf mediación *f*.

médiatique [medjatik] adj **1.** [personnalité] muy presente en los medios de comunicación **2.** [événement] muy esperado(da) por los medios de comunicación **3.** [retentissement] en los medios de comunicación.

médiatisation [medjatizasjɔ̃] nf mediatización *f*.

médiatiser [3] [medjatize] vt mediatizar.

médical, e, aux [medikal, o] adj médico(ca).

médicalisation [medikalizasjɔ̃] nf [d'un pays] *dotación de infraestructura sanitaria*.

médicalisé, e [medikalize] adj medicalizado(da) ▸ **établissement médicalisé** establecimiento medicalizado ▸ **lit médicalisé** cama medicalizada ▸ **hélicoptère médicalisé** helicóptero medicalizado.

médicaliser [3] [medikalize] vt [région, pays, population] medicalizar.

médicament [medikamɑ̃] nm medicamento *m*.

médicamenteux, euse [medikamɑ̃tø, øz] adj medicamentoso(sa).

médication [medikasjɔ̃] nf medicación *f*.

médicinal, e, aux [medisinal, o] adj medicinal.

Médicis [medisis] npr ▸ **le prix Médicis** *premio literario francés*.

médico-légal, e, aux [medikɔlegal, o] adj médicolegal.

médico-social, e, aux [medikɔsɔsjal, o] adj médico social.

médiéval, e, aux [medjeval, o] adj medieval.

médiocre [medjɔkʀ] ◆ adj **1.** [personne, film, nourriture] mediocre **2.** [résultat] regular **3.** [ressources] escaso(sa). ◆ nmf mediocre *mf*.

médiocrement [medjɔkʀəmɑ̃] adv mediocremente.

médiocrité [medjɔkʀite] nf mediocridad *f*.

médire [103] [mediʀ] vi hablar mal ▸ **médire de qqn** hablar mal de alguien.

médis ⟶ **médire**.

médisais ⟶ **médire**.

médisance [medizɑ̃s] nf murmuración *f*, maledicencia *f*.

médisant, e [medizɑ̃, ɑ̃t] ◆ adj murmurador(ra). ◆ nm, f mala lengua *mf*.

médit [medi] pp inv ⟶ **médire**.

méditatif, ive [meditatif, iv] ◆ adj meditabundo(da). ◆ nm, f persona *f* reflexiva.

méditation [meditasjɔ̃] nf meditación *f*.

méditer [3] [medite] ◆ vt meditar ▸ **méditer qqch / de faire qqch** [projeter] meditar algo / hacer algo. ◆ vi meditar ▸ **méditer sur qqch** meditar sobre algo.

Méditerranée [mediteʀane] npr ▸ **la Méditerranée** el Mediterráneo.

méditerranéen, enne [mediteʀaneɛ̃, ɛn] adj mediterráneo(a). ◆ **Méditerranéen, enne** adj mediterráneo *m*, -a *f*.

médium¹ [medjɔm] nmf [personne] médium *mf*.

médium² [medjɔm] nm MUS registro *m* intermedio de la voz.

médius [medjys] nm dedo *m* corazón, dedo *m* medio.

méduse [medyz] nf medusa *f*.

méduser [3] [medyze] vt dejar pasmado(da).

meeting [mitiŋ] nm **1.** [politique] mitin *m* **2.** [sportif] encuentro *m* ▸ **meeting aérien** festival *m* de aviación.

méfait [mefɛ] nm **1.** [acte] mala acción *f* **2.** *fig* [du tabac] perjuicio *m*.

méfiance [mefjɑ̃s] nf recelo *m*.

méfiant, e [mefjɑ̃, ɑ̃t] adj receloso(sa).

méfier [9] [mefje] ◆ **se méfier** vp desconfiar ▸ **se méfier de qqn / de qqch** desconfiar de alguien / de algo ▸ **méfie-toi !** ¡ten cuidado!, ¡no te fíes!

méga [mega] nm INFORM mega *m*.

méga(-) [mega] préf super- ; *fam* [sens intensif] mega / ***une méga--exposition*** una megaexposición / ***un méga--concert*** un megaconcierto.

mégabit [megabit] nm INFORM megabit *m*.

mégalo [megalo] adj & nmf *fam* [mégalomane] megalómano(na) / ***il est complètement mégalo*** tiene delirios de grandeza.

mégalomane [megalɔman] adj & nmf megalómano *m*, -na *f*.

mégalomanie [megalɔmani] nf megalomanía *f*.

mégalopole [megalopɔl], **mégapole** [megapɔl] nf megápolis *f inv*.

mégaoctet [megaɔktɛ] nm megabyte *m*.

mégaphone [megafɔn] nm megáfono *m*.

mégarde [megaʀd] ◆ **par mégarde** loc adv por descuido.

mégère [meʒɛʀ] nf harpía *f*.

mégot [mego] nm *fam* colilla *f* ESP, pucho *m* AM.

mégoter [3] [megɔte] vi *fam* ▸ **mégoter sur qqch** cicatear con algo.

méhari [meaʀi] nm meharí *m*.

meilleur, e [mɛjœʀ] ❖ adj mejor. ❖ nm, f mejor *mf* ▸ **c'est la meilleure !** *iron* ¡ésta sí que es buena! ◆ **meilleur** nm ▸ **le meilleur** lo mejor ▸ **pour le meilleur et pour le pire** para lo bueno y para lo malo.

méjuger [17] [meʒyʒe] ❖ vt juzgar mal. ❖ vi ▸ **méjuger de qqn / de qqch** infravalorar a alguien / algo.

mél [mel] (*abr de* **courrier électronique**) nm INFORM mail *m*, correo *m* electrónico.

mélancolie [melɑ̃kɔli] nf melancolía *f*.

mélancolique [melɑ̃kɔlik] adj melancólico(ca).

Mélanésie [melanezi] npr ▸ **la Mélanésie** Melanesia.

mélanésien, enne [melanezjɛ̃, ɛn] adj melanesio(sia). ◆ **Mélanésien, enne** nm, f melanesio *m*, -sia *f*.

mélange [melɑ̃ʒ] nm mezcla *f*.

mélangé, e [melɑ̃ʒe] adj **1.** [public, assistance] variopinto(ta) **2.** [tissu] de mezclilla.

mélanger [17] [melɑ̃ʒe] vt mezclar ESP, entreverar AM. ◆ **se mélanger** vp mezclarse ESP, entreverarse AM.

mélangeur, euse [melɑ̃ʒœʀ, øz] nm, f mezclador *m*, -ra *f*.

mélanome [melanom] nm MÉD melanoma *m* ▸ **mélanome malin** melanoma maligno.

mélasse [melas] nf melaza *f* ▸ **être dans la mélasse** *fig* estar en un lío.

Melba [mɛlba] adj inv EXPR **pêche / fraises Melba** CULIN *melocotón o fresas con helado de vainilla, gelatina de frambuesa o grosella y nata.*

mêlée [mele] nf **1.** [combat] pelea *f* ▸ **dans la mêlée** en la pelea **2.** [au rugby] melé *f*.

mêler [4] [mele] vt **1.** [mélanger] mezclar ESP, entreverar AM **2.** [emmêler] enredar **3.** [impliquer] ▸ **mêler qqn à qqch** meter a alguien en algo **4.** [joindre] ▸ **mêler qqch à qqch** unir algo a algo. ◆ **se mêler** vp **1.** [se joindre] ▸ **se mêler à** a) [groupe] unirse a b) [foule] confundirse con **2.** [s'occuper] ▸ **se mêler de qqch** meterse en algo.

mélèze [melɛz] nm alerce *m*.

méli-mélo [melimelo] (*pl* **mélis-mélos**) nm batiburrillo *m*.

mélo [melo] nm *fam* dramón *m*.

mélodie [melɔdi] nf melodía *f*.

mélodieux, euse [melɔdjø, øz] adj melodioso(sa).

mélodique [melɔdik] adj melódico(ca).

mélodramatique [melɔdʀamatik] adj melodramático(ca).

mélodrame [melɔdʀam] nm melodrama *m*.

mélomane [melɔman] adj & nmf melómano(na).

melon [məlɔ̃] nm **1.** BOT melón *m* **2.** [chapeau] sombrero *m* hongo, bombín *m*.

melting-pot [mɛltiŋpɔt] (*pl* **melting-pots**) nm mezcla *f* de razas.

membrane [mɑ̃bʀan] nf membrana *f*.

membre [mɑ̃bʀ] nm **1.** ANAT miembro *m* ▸ **membres antérieurs / postérieurs** [des animaux] extremidades anteriores / posteriores ▸ **membres supérieurs / inférieurs** [de l'homme] extremidades superiores / inferiores **2.** [d'organisation] miembro *m* ▸ **membre fondateur** miembro fundador.

même [mɛm]

❖ adj indéf

1. [gén] mismo(ma) ▸ **c'est cela même** eso mismo

2. [sert à souligner] ***ce sont ses paroles mêmes*** son sus propias palabras / ***elle est la bonté même*** es la bondad personificada

❖ pron indéf

▸ **le / la même** el mismo / la misma / ***elle est toujours la même*** es la misma de siempre

❖ adv

1. [précisément] ▸ **aujourd'hui même** hoy mismo ▸ **ici même** aquí mismo

2. [positif] incluso / ***elle est même riche !*** ¡incluso es rica!

3. [négatif] ***même pas*** ni siquiera / ***il ne va même plus au cinéma*** ya ni siquiera va al cine

◆ **à même** loc prép : ***boire à même la bouteille*** beber directamente de la botella / ***s'asseoir à même le sol*** sentarse en el mismo suelo.

◆ **à même de** loc prép ▸ **être à même de** estar en condiciones de.

◆ **de même** loc adv del mismo modo / ***il en va de même pour lui*** lo mismo le ocurre a él.

◆ **de même que** loc conj igual que.

◆ **même quand** loc conj incluso cuando.

◆ **même si** loc conj aunque.

mémé [meme] nf **1.** [grand-mère] abuelita *f* ESP, mamá *f* grande AM **2.** *péj* [vieille femme] abuela *f*.

mémento [memɛ̃to] nm **1.** [agenda] agenda *f* **2.** [aide-mémoire] compendio *m*.

mémère [memɛʀ] nf *fam & péj* [femme] vejestorio *m*.

mémo [memo] (*abr de* **mémorandum**) nm [note diplomatique, de service] memorándum *m*, memorando *m*.

mémoire [memwaʀ] ◆ nf [gén & INFORM] memoria *f* ▸ **avoir une bonne / mauvaise mémoire** tener buena / mala memoria ▸ **avoir de la mémoire** tener (buena) memoria ▸ **avoir la mémoire des chiffres / des noms** tener memoria para los números / para los nombres ▸ **à la mémoire de** en memoria de ▸ **de mémoire** de memoria ▸ **de mémoire d'homme** desde tiempo inmemorial ▸ **perdre la mémoire** perder la memoria ▸ **pour mémoire** a título informativo ▸ **rafraîchir la mémoire à qqn** refrescar la memoria a alguien ▸ **mémoire tampon** INFORM búfer *m* ▸ **mémoire virtuelle** INFORM memoria virtual ▸ **mémoire visuelle / auditive** memoria visual / auditiva ▸ **mémoire vive** INFORM memoria viva OU RAM. ◆ nm **1.** [rapport] memoria *f* **2.** UNIV tesina *f*. ◆ **Mémoires** nmpl memorias *fpl*.

mémorable [memɔʀabl] adj memorable.

mémorandum [memɔʀɑ̃dɔm] nm memorándum *m*.

mémorial, aux [memɔʀjal, o] nm monumento *m* conmemorativo.

mémorisable [memɔʀizabl] adj memorizable.

mémorisation [memɔʀizasjɔ̃] nf memorización *f*.

mémoriser [3] [memɔʀize] vt **1.** [apprendre] memorizar **2.** INFORM almacenar (en memoria).

menaçant, e [mənasɑ̃, ɑ̃t] adj amenazador(ra).

menace [mənas] nf amenaza *f*.

menacé, e [mənase] adj [personne, espèce] amenazado(da), en peligro / *depuis quelque temps, il se sentait menacé* hacía algún tiempo que se sentía amenazado / *ses jours sont menacés* sus días están en peligro.

menacer [16] [mənase] ◆ vt amenazar ▸ **menacer qqn de qqch / de faire qqch** amenazar a alguien con algo / con hacer algo. ◆ vi ▸ **la pluie menace** amenaza lluvia.

ménage [menaʒ] nm **1.** [nettoyage] limpieza *f (de la casa)* ▸ **faire le ménage** hacer la limpieza ▸ **faire des ménages** trabajar de asistenta **2.** [couple] pareja *f* ▸ **se mettre en ménage** vivir juntos ▸ **ménage à trois** ménage *m* à trois ▸ **faire bon ménage** llevarse bien **3.** ÉCON unidad *f* familiar.

ménagement [menaʒmɑ̃] nm miramientos *mpl* ▸ **sans ménagement** sin miramientos.

ménager[1]**, ère** [menaʒe, ɛʀ] adj doméstico(ca). ◆ **ménagère** nf **1.** [femme] ama *f* de casa **2.** [couverts] cubertería *f* de plata.

ménager[2] [17] [menaʒe] vt **1.** [bien traiter - personne] tratar con consideración ; [- susceptibilité] no herir **2.** [utiliser avec modération - gén] emplear bien ; [- santé] cuidar de **3.** [surprise] preparar. ◆ **se ménager** vp cuidarse.

ménagerie [menaʒʀi] nf casa *f* de fieras.

mendiant, e [mɑ̃djɑ̃, ɑ̃t] nm, f mendigo *m*, -ga *f*.

mendicité [mɑ̃disite] nf mendicidad *f*.

mendier [9] [mɑ̃dje] vt mendigar.

menées [məne] nfpl manejos *mpl*, tejemanejes *mpl*.

mener [19] [məne] ◆ vt **1.** [emmener, conduire] llevar **2.** [diriger, être en tête de] dirigir. ◆ vi ir ganando.

meneur, euse [mənœʀ, øz] nm, f cabecilla *m* ▸ **meneur d'hommes** líder *mf* ▸ **meneur de jeu** animador *m*.

menhir [meniʀ] nm menhir *m*.

méninge [menɛ̃ʒ] nf meninge *f* ▸ **faire travailler ses méninges** *fam & fig* devanarse los sesos.

méningite [menɛ̃ʒit] nf meningitis *f inv*.

ménisque [menisk] nm menisco *m*.

ménopause [menɔpoz] nf menopausia *f*.

menotte [mənɔt] nf manita *f*. ◆ **menottes** nfpl esposas *fpl* ▸ **passer les menottes à qqn** poner las esposas a alguien.

menotter [mənɔte] vt esposar.

mens ⟶ **mentir**.

mensonge [mɑ̃sɔ̃ʒ] nm mentira *f* ▸ **un pieux mensonge** una mentira piadosa.

mensonger, ère [mɑ̃sɔ̃ʒe, ɛʀ] adj falso(sa).

menstruation [mɑ̃stʀyasjɔ̃] nf menstruación *f*.

menstruel, elle [mɑ̃stʀyɛl] adj menstrual.

mensualiser [3] [mɑ̃sɥalize] vt **1.** [salarié] pagar mensualmente **2.** [paiement] mensualizar.

mensualité [mɑ̃sɥalite] nf mensualidad *f*.

Comment exprimer une menace

- **¡Si no paran de armar jaleo, llamo a la policía!** *Si vous n'arrêtez pas ce vacarme, j'appelle la police !*
- **¡Salga de aquí o llamo a la policía!** *Sortez d'ici ou j'appelle la police !*
- **Te aviso, más vale que no le repitas lo que acabo de decirte.** *Je te préviens, tu n'as pas intérêt à lui répéter ce que je viens de te dire.*
- **Dame eso ahora mismo, si no...** *Donne-moi ça tout de suite, sinon...*
- **Luego no digas que no te he avisado...** *Je t'aurai prévenu...*
- **Estás acabando con mi paciencia...** *Ma patience a des limites...*
- **Si vuelves a hacerlo...** *Si jamais tu recommences...*
- **¿Quieres que te dé un bofetón?** *fam Tu veux une claque ?*
- **¡Para o te vas a meter en líos!** *fam Arrête ou il va t'arriver des bricoles !*

mensuel, elle [mɑ̃sɥɛl] adj mensual.
◆ **mensuel** nm publicación *f* mensual.

mensuellement [mɑ̃sɥɛlmɑ̃] adv mensualmente.

mensuration [mɑ̃syʀasjɔ̃] nf medida *f* / *elle a des mensurations parfaites* tiene medidas perfectas.

mental, e, aux [mɑ̃tal, o] adj mental.

mentalement [mɑ̃talmɑ̃] adv mentalmente.

mentalité [mɑ̃talite] nf mentalidad *f*.

menteur, euse [mɑ̃tœʀ, øz] adj & nm, f mentiroso(sa).

menthe [mɑ̃t] nf menta *f* ▸ **menthe à l'eau** *refresco a base de agua y jarabe de menta.*

mentholé, e [mɑ̃tɔle] adj mentolado(da).

menti [mɑ̃ti] pp inv ⟶ **mentir**.

mention [mɑ̃sjɔ̃] nf **1.** [citation] mención *f* ▸ **faire mention de qqch** hacer mención de algo **2.** [note] dato *m* **3.** SCOL & UNIV ▸ **avec mention** con nota ▸ **mention passable / bien / très bien** ≃ suficiente / notable / sobresaliente.

mentionner [3] [mɑ̃sjɔne] vt mencionar.

mentir [37] [mɑ̃tiʀ] vi mentir ▸ **mentir à qqn** mentirle a alguien ▸ **sans mentir** a decir verdad.

menton [mɑ̃tɔ̃] nm barbilla *f*, mentón *m* ▸ **menton en galoche** barbilla OU mentón prominente ▸ **double menton** papada *f*.

mentor [mɑ̃tɔʀ] nm mentor *m*.

menu, e [məny] adj menudo(da). ◆ **menu** adv ▸ **hacher menu** picar (en trozos pequeños). ◆ **menu** nm [gén & INFORM] menú *m* ▸ **menu déroulant** INFORM menú desplegable ▸ **menu gastronomique / touristique** menú gastronómico / turístico.

menuiserie [mənɥizʀi] nf carpintería *f*.

menuisier [mənɥizje] nm carpintero *m*.

méprenais ⟶ **méprendre**.

méprendre [79] [mepʀɑ̃dʀ] ◆ **se méprendre** vp *sout* ▸ **se méprendre sur qqch / sur qqn** confundirse respecto a algo / a alguien ▸ **à s'y méprendre** como dos gotas de agua.

méprends ⟶ **méprendre**.

mépris, e [mepʀi, iz] pp ⟶ **méprendre.**
◆ **mépris** nm **1.** [dédain] desprecio *m*, menosprecio *m* ▸ **mépris pour qqn / pour qqch** desprecio por alguien / por algo **2.** [indifférence] ▸ **mépris de qqch** desprecio de algo **3.** EXPR **au mépris de** sin tener en cuenta.

méprisable [mepʀizabl] adj despreciable.

méprisant, e [mepʀizɑ̃, ɑ̃t] adj despectivo(va).

méprise [mepʀiz] nf error *m*.

mépriser [3] [mepʀize] vt despreciar.

mer [mɛʀ] nf mar *m* o *f* ▸ **prendre la mer** hacerse a la mar ▸ **haute** OU **pleine mer** alta mar *f*, pleamar *f* ▸ **ce n'est pas la mer à boire** no es nada del otro mundo.

Mers

la mer Adriatique OU **l'Adriatique**	el (mar) Adriático
la mer des Antilles OU **des Caraïbes**	el mar de las Antillas, el mar de Caribe
la (mer) Baltique	el (mar) Báltico
la mer Caspienne	el mar Caspio
la mer de Chine	el mar de (la) China
la mer de Corail	el mar de(l) Coral
la mer Égée	el mar Egeo
la mer d'Irlande	el mar de Irlanda
la mer du Japon	el mar del Japón
la (mer) Méditerranée	el (mar) Mediterráneo
la mer Morte	el mar Muerto
la mer Noire	el mar Negro
la mer d'Oman OU **d'Arabie**	el mar de Arabia OU Arábigo OU de Omán
la mer Rouge	el mar Rojo

mercantile [mɛʀkɑ̃til] adj *péj* negociante.

mercato [mɛʀkato] nm FOOT mercado *m* de fichajes.

mercenaire [mɛʀsənɛʀ] adj & nmf mercenario(ria).

mercerie [mɛʀsəʀi] nf mercería *f*.

merci [mɛʀsi] ❖ interj gracias ▸ **merci beaucoup** muchas gracias. ❖ nm gracias *fpl* ▸ **dire merci à qqn** darle las gracias a alguien. ❖ nf ▸ **sans merci** sin piedad ▸ **être à la merci de qqn / de qqch** estar a la merced de alguien / de algo.

mercier, ère [mɛʀsje, ɛʀ] nm, f mercero *m*, -ra *f*.

mercredi [mɛʀkʀədi] nm miércoles *m inv* ▸ **mercredi des Cendres** miércoles de ceniza. *Voir aussi* **samedi**.

mercure [mɛʀkyʀ] nm mercurio *m*.

Mercure [mɛʀkyʀ] npr ASTRON & MYTH Mercurio.

merde [mɛʀd] *tfam* ❖ nf mierda *f*. ❖ interj ¡mierda!

merder [3] [mɛʀde] *tfam* ❖ vi irse a la mierda / *l'affaire a merdé* el asunto se fue a la mierda. ❖ vt cagarla en / *il a merdé son examen* la cagó en el examen.

merdier [mɛʀdje] nm *tfam* follón *m*.

merdique [mɛʀdik] adj *tfam* [mauvais] de mierda / *ta bagnole est merdique* tienes un buga de mierda.

mère [mɛʀ] nf madre *f* ▸ **mère abusive / adoptive / célibataire** madre posesiva / adoptiva / soltera ▸ **mère biologique** madre biológica ▸ **mère de famille** madre de familia ▸ **mère indigne** mala madre ▸ **mère porteuse** madre de alquiler, madre portadora ▸ **mère poule** madraza *f* ▸ **mère supérieure** madre superiora.

mérengué [meʀɛ̃ge] nm merengue *m*.

merguez [mɛʀgɛz] nf inv *salchicha picante que acompaña al cuscús.*

méridien, enne [meʀidjɛ̃, ɛn] adj meridiano(na). ◆ **méridien** nm meridiano *m*. ◆ **méridienne** nf tumbona *f* ESP, reposera *f* AM.

méridional, e, aux [meʀidjɔnal, o] adj **1.** [du sud] meridional **2.** [du sud de la France] del sur de Francia. ◆ **Méridional, e, aux** nm, f [habitant - des régions méditerranéennes] *natural o habitante de un país mediterráneo* ; [- du sud de la France] *natural o habitante del sur de Francia*.

meringue [məʀɛ̃g] nf merengue *m*.

mérinos [meʀinos] nm **1.** [mouton] oveja *f* merina **2.** [étoffe] merino *m*.

merisier [məʀizje] nm cerezo *m* silvestre.

méritant, e [meʀitɑ̃, ɑ̃t] adj meritorio(ria).

mérite [meʀit] nm mérito *m* ▸ **avoir du mérite (à faire qqch)** tener mérito (hacer algo).

mériter [3] [meʀite] vt merecer ESP, ameritar AM.

méritoire [meʀitwaʀ] adj meritorio(ria).

merlan [mɛʀlɑ̃] nm pescadilla *f*.

merle [mɛʀl] nm mirlo *m*.

merlu nm merluza *f*.

mérou [meʀu] nm mero *m*.

mérovingien, enne [meʀɔvɛ̃ʒjɛ̃, ɛn] adj merovingio(gia). ◆ **Mérovingiens** nmpl merovingios *mpl*.

merveille [mɛʀvɛj] nf maravilla *f* ▸ **à merveille** de maravilla ▸ **la huitième merveille du monde** *hum* la octava maravilla del mundo.

merveilleusement [mɛʀvɛjøzmɑ̃] adv maravillosamente.

merveilleux, euse [mɛʀvɛjø, øz] adj maravilloso(sa). ◆ **merveilleux** nm ▸ **le merveilleux** lo maravilloso.

mes ⟶ **mon**.

mésalliance [mezaljɑ̃s] nf mal casamiento *m*.

mésange [mezɑ̃ʒ] nf paro *m* ▸ **mésange bleue** alionín *m* ▸ **mésange charbonnière** paro carbonero.

mésaventure [mezavɑ̃tyʀ] nf desventura *f*.

mesdames ⟶ **madame**.

mesdemoiselles ⟶ **mademoiselle**.

mésentente [mezɑ̃tɑ̃t] nf desacuerdo *m*.

mésestimer [3] [mezɛstime] vt *sout* subestimar.

Mésopotamie [mezopotami] npr ▸ **la Mésopotamie** Mesopotamia.

mesquin, e [mɛskɛ̃, in] adj mezquino(na).

mesquinerie [mɛskinʀi] nf mezquindad *f*.

mess [mɛs] nm comedor *m* (de oficiales y suboficiales).

message [mesaʒ] nm mensaje *m* ▸ **laisser un message à qqn** dejarle un mensaje ou un recado a alguien ▸ **message publicitaire** anuncio *m*, mensaje publicitario.

messager, ère [mesaʒe, ɛʀ] nm, f mensajero *m*, -ra *f*.

messagerie [mesaʒʀi] nf **1.** [transport de marchandises] mensajería *f* **2.** TÉLÉCOM buzón *m* de voz ▸ **messagerie vocale** mensajería vocale **3.** INFORM ▸ **messagerie électronique** mensajería *f* electrónica.

messe [mɛs] nf **1.** RELIG & MUS misa *f* ▸ **aller à la messe** ir a misa ▸ **messe de minuit** misa del gallo **2.** EXPR ▸ **faire** ou **dire des messes basses** cuchichear.

messeigneurs ⟶ **monseigneur**.

messie [mesi] nm mesías *m inv*. ◆ **Messie** nm ▸ **le Messie** el Mesías.

messieurs ⟶ **monsieur**.

mesurable [məzyʀabl] adj mensurable.

mesure [məzyʀ] nf **1.** [gén] medida *f* ▸ **prendre des mesures** tomar medidas ▸ **prendre les mesures de qqch / de qqn** tomarle las medidas a algo / a alguien ▸ **mesure disciplinaire** medida disciplinaria ▸ **mesures d'austérité** medidas de austeridad ▸ **mesures de rétorsion** represalias *fpl* ▸ **mesures de sécurité** medidas de seguridad **2.** MUS compás *m* ▸ **battre la mesure** llevar el compás ▸ **mesure à deux temps** compás *m* de dos por cuatro **3.** [modération] mesura *f*, medida *f* **4.** EXPR ▸ **à la mesure de** a la medida de ▸ **dans la mesure du possible** en la medida de lo posible ▸ **dans une certaine mesure** en cierta medida ▸ **être en mesure de** estar en condiciones de ▸ **outre mesure** desmesuradamente ▸ **être sans commune mesure avec** no tener (punto de) comparación con ▸ **sur mesure** a medida. ◆ **à mesure que** loc conj a medida que.

mesuré, e [məzyʀe] adj [modéré] moderado(da).

mesurer [3] [məzyʀe] vt **1.** [gén] medir **2.** [limiter] escatimar **3.** [proportionner] ▸ **mesurer qqch à qqch** ajustar algo a algo. ◆ **se mesurer** vp ▸ **se mesurer avec** ou **à qqn** medirse con alguien.

métabolisme [metabɔlism] nm metabolismo *m*.

métairie [metɛʀi] nf finca *f* en aparcería.

métal, aux [metal, o] nm metal *m*.

métallique [metalik] adj metálico(ca).

métallisé, e [metalize] adj metalizado(da).

métallo [metalo] nm *fam* metalúrgico *m (obrero)*.

métallurgie [metalyʀʒi] nf metalurgia *f*.

métallurgique [metalyʀʒik] adj metalúrgico(ca).

métallurgiste [metalyʀʒist] nm metalúrgico *m (obrero)*.

métamorphose [metamɔʀfoz] nf metamorfosis *f inv*.

métamorphoser [3] [metamɔʀfoze] vt metamorfosear ▸ **métamorphoser qqch / qqn en qqch** convertir ou transformar algo / a alguien en algo. ◆ **se métamorphoser** vp ▸ **se métamorphoser en qqch** convertirse ou transformarse en algo.

métaphore [metafɔʀ] nf metáfora *f*.

métaphorique [metafɔʀik] adj metafórico(ca).

métaphysique [metafizik] ◈ adj metafísico(ca). ◈ nf metafísica *f*.

métastase [metastaz] nf metástasis *f inv*.

métayer, ère [meteje, ɛʀ] nm, f aparcero *m*, -ra *f*.

météo [meteo] nf *fam* ▸ **la météo** el tiempo ▸ **les prévisions météo** las previsiones meteorológicas.

météore [meteɔʀ] nm meteoro *m*.

météorite [meteɔʀit] nf meteorito *m*.

météorologie [meteɔʀɔlɔʒi] nf meteorología *f*.

météorologique [meteɔʀɔlɔʒik] adj meteorológico(ca).

météorologue [meteɔʀɔlɔg], **météorologiste** [meteɔʀɔlɔʒist] nmf meteorólogo *m*, -ga *f*, meteorologista *mf*.

métèque [metɛk] nm *péj* guiri *mf*.

méthane [metan] nm metano *m*.

méthode [metɔd] nf método *m*.

méthodique [metɔdik] adj metódico(ca).

méthodiquement [metɔdikmɑ̃] adv metódicamente.

méthodiste [metɔdist] adj & nmf metodista.

méthodologie [metɔdɔlɔʒi] nf metodología *f*.

méthodologique [metɔdɔlɔʒik] adj metodológico(ca).

méthylène [metilɛn] nm metileno *m*.

méticuleusement [metikyløzmɑ̃] adv meticulosamente.

méticuleux, euse [metikylø, øz] adj meticuloso(sa).

métier [metje] nm **1.** [profession] oficio *m* ▸ **avoir du métier** tener oficio ▸ **de son métier** de profesión ▸ **être du métier** ser del oficio ▸ **il n'y a pas de sot métier** no hay trabajo indigno **2.** [machine] bastidor *m* ▸ **métier à tisser** telar *m*.

métis, isse [metis] adj & nm, f mestizo(za). ◆ **métis** nm [tissu] mezcla *f*.

métissage [metisaʒ] nm mestizaje *m*.

métisser [3] [metise] vt mestizar.

métrage [metʀaʒ] nm **1.** [mesure] medición *f* **2.** COUT metros *mpl* / *quel métrage vous faut-il ?* ¿cuántos metros necesita? **3.** CINÉ ▸ **court métrage** cortometraje *m* ▸ **long métrage** largometraje *m* ▸ **moyen métrage** mediometraje *m*.

mètre [mɛtʀ] nm metro *m* ▸ **mètre carré / cube** metro cuadrado / cúbico.

métrer [18] [metʀe] vt medir *(en metros)*.

métreur, euse [metʀœʀ, øz] nm, f topógrafo *m*, -fa *f*.

métrique [metʀik] ❖ adj MATH métrico(ca). ❖ nf [de vers] métrica *f*.

métro [metʀo] nm metro *m*.

métronome [metʀɔnɔm] nm metrónomo *m*.

métropole [metʀɔpɔl] nf metrópoli *f* ▸ **en métropole** en la metrópoli.

métropolitain, e [metʀɔpɔlitɛ̃, ɛn] adj metropolitano(na).

métrosexuel [metʀɔsɛksyɛl] nm metrosexual *m*.

mets [mɛ] ❖ v ⟶ **mettre.** ❖ nm *sout* manjar *m*.

mettable [mɛtabl] adj [vêtement] llevable.

metteur [metœʀ] ◆ **metteur en scène** nm THÉÂTRE & CINÉ director *m*, -ra *f*.

mettre [84] [mɛtʀ]

❖ vt

1. [gén] poner / *elle a mis les assiettes sur la table* puso los platos en la mesa / *il ne parvenait pas à mettre la clé dans la serrure* no conseguía meter la llave en la cerradura / *tu as mis trop de sel dans la soupe* has puesto demasiada sal en la sopa / *mets la télé, il y a un match ce soir* pon la tele, hay un partido esta noche / *je mets de la crème hydratante sur le visage* me pongo crema hidratante en la cara / *mettez-moi un kilo de pommes* póngame un kilo de manzanas / *tu as réussi à me mettre en colère* has conseguido ponerme de mal humor / *on l'a mise au marketing* la pusieron en marketing / *faire mettre l'électricité* hacer instalar la electricidad

2. [vêtement, lunettes] ponerse

3. [temps, argent, énergie] emplear / *elle a mis beaucoup d'enthousiasme dans ce projet* echó ou puso muchas ganas en este proyecto ▸ **mettre longtemps à faire qqch** tardar mucho tiempo en hacer algo

4. [donner une note, une appréciation] poner / *le professeur m'a mis 14 à mon devoir* el profesor me puso 14 en el trabajo

5. [inscrire] meter / *ils ont mis leurs enfants en pension* metieron a sus hijos internos

6. EXPR **mettre au monde** traer al mundo ▸ **mettre bas** [animal] parir ▸ **mettre en bouteilles** embotellar ▸ **mettre en marche** poner en marcha ▸ **mettre en morceaux ou en pièces** hacer pedazos ou trizas ▸ **mettre les voiles ou les bouts** *fam* echar el vuelo ▸ **y mettre du sien** poner de su parte

◆ **se mettre** vp [se placer] ponerse ▸ **se mettre à faire qqch** [commencer à] ponerse a hacer algo ▸ **se mettre d'accord** ponerse de acuerdo ▸ **s'y mettre** ponerse a ello.

meuble [mœbl] ❖ nm mueble *m* ▸ **meubles de bureau / de jardin** muebles de oficina / de jardín ▸ **sauver les meubles** *fig* salir del paso. ❖ adj **1.** [terre] blando(da) **2.** DR mueble.

meublé, e [mœble] adj amueblado(da). ◆ **meublé** nm piso *m* amueblado.

meubler [5] [mœble] ❖ vt **1.** [gén] amueblar **2.** *fig* [occuper - temps, loisirs] llenar ; [- conversation] entretener. ❖ vi adornar, ser decorativo(va). ◆ **se meubler** vp amueblar la casa.

meuf [mœf] nf *fam* tía *f*, pivita *f*.

meugler [5] [møgle] vi mugir.

meule [møl] nf **1.** [à moudre, à aiguiser] muela *f* **2.** [de fromage] rueda *f* **3.** [de foin] almiar *m*.

meunier, ère [mønje, ɛʀ] adj & nm, f molinero(ra).

meurs ⟶ **mourir**.

meurtre [mœʀtʀ] nm asesinato *m*.

meurtrier, ère [mœʀtʀije, ɛʀ] ◆ adj mortal. ◆ nm, f asesino *m*, -na *f*. ◆ **meurtrière** nf ARCHIT tronera *f*.

meurtrir [32] [mœʀtʀiʀ] vt **1.** [physiquement] magullar **2.** *fig* [moralement] herir.

meurtrissure [mœʀtʀisyʀ] nf **1.** [physique] magulladura *f* **2.** *fig* [morale] golpe *m*, herida *f*.

meus ⟶ **mouvoir**.

meute [møt] nf jauría *f*.

mévente [mevɑ̃t] nf venta *f* con pérdidas.

mexicain, e [mɛksikɛ̃, ɛn] adj mejicano(na). ◆ **Mexicain, e** nm, f mejicano *m*, -na *f*.

Mexico [mɛksiko] npr México, Méjico.

Mexique [mɛksik] npr ▸ **le Mexique** México, Méjico.

mezzanine [mɛdzanin] nf **1.** THÉÂTRE principal *m (palco)* **2.** ARCHIT tragaluz *m*.

mezzo-soprano [mɛdzosɔpʀano] (*pl* **mezzo-sopranos**) nmf mezzo-soprano *f*.

MF[1] (*abr de* **modulation de fréquence**) nf FM *f*.

MF[2] **1.** (*abr écrite de* **mark finlandais**) FM **2.** (*abr écrite de* **million de francs**) millón de francos.

mg (*abr écrite de* **milligramme**) mg.

Mgr (*abr écrite de* **Monseigneur**) Mons.

mi [mi] nm MUS mi *m*.

mi- [mi] ◆ adj inv medio(dia) ▸ **à la mi--janvier** a mediados de enero. ◆ adv medio ▸ **mi--mort** medio muerto.

miam [mjam], **miam-miam** [mjammjam] interj *fam* ñam ñam.

miaou [mjau] nm miau *m*.

miasme [mjasm] nm miasma *m*.

miaulement [mjolmɑ̃] nm maullido *m*.

miauler [3] [mjole] vi maullar.

mi-bas [miba] nm inv ejecutivo *m*.

mica [mika] nm mica *f*.

mi-carême [mikaʀɛm] nf *tercer jueves de cuaresma que se celebra con fiestas*.

miche [miʃ] nf hogaza *f*. ◆ **miches** nfpl *tfam* [fesses] culo *m*.

mi-chemin [miʃmɛ̃] ◆ **à mi-chemin** loc adv a medio camino, a mitad de camino.

mi-clos, e [miklo, kloz] adj entornado(da).

micmac [mikmak] nm *fam* **1.** [manigance] tejemaneje *m* **2.** [imbroglio] lío *m*.

mi-côte [mikot] ◆ **à mi-côte** loc adv a media cuesta, en mitad de la cuesta.

micro [mikʀo] nm **1.** [microphone] micro *m* **2.** *fam* [micro-ordinateur] micro *m*.

microbe [mikʀɔb] nm microbio *m*.

microbien, enne [mikʀɔbjɛ̃, ɛn] adj microbiano(na).

microbiologie [mikʀɔbjɔlɔʒi] nf microbiología *f*.

microchirurgie [mikʀɔʃiʀyʀʒi] nf microcirugía *f*.

microclimat [mikʀɔklima] nm microclima *m*.

microcosme [mikʀɔkɔsm] nm microcosmos *m inv*.

microcrédit [mikʀokʀedi] nm FIN microcrédito *m*.

microéconomie [mikʀoekɔnɔmi] nf microeconomía *f*.

microédition [mikʀoedisjɔ̃] nf microedición *f*.

microélectronique [mikʀɔelɛktʀɔnik] ◆ adj microelectrónico(ca). ◆ nf microelectrónica *f*.

microfiche [mikʀɔfiʃ] nf microficha *f*.

microfilm [mikʀɔfilm] nm microfilm *m*.

micro-informatique [mikʀɔɛ̃fɔʀmatik] (*pl* **micro-informatiques**) nf microinformática *f*.

micron [mikʀɔ̃] nm micrón *m*.

Micronésie [micʀɔnezi] nf ▸ **la Micronésie** Micronesia.

micronésien, enne [mikʀonezjɛ̃, ɛn] adj micronesio(sia). ◆ **Micronésien, enne** nm, f micronesio *m*, -sia *f*.

micro-ondes [mikʀɔɔ̃d] nm inv microondas *m inv*.

micro-ordinateur [mikʀɔɔʀdinatœʀ] (*pl* **micro-ordinateurs**) nm microordenador *m*.

micro-organisme [mikʀɔɔʀganism] (*pl* **micro-organismes**) nm microorganismo *m*.

microphone [mikʀɔfɔn] nm micrófono *m*.

micropilule [mikʀopilyl] nf *píldora combinada de dosis baja*.

microprocesseur [mikʀɔpʀɔsesœʀ] nm microprocesador *m*.

microprogramme [mikʀɔpʀɔgʀam] nm INFORM microprograma *m*.

microscope [mikʀɔskɔp] nm microscopio *m* ▸ **microscope électronique** microscopio electrónico.

microscopique [mikʀɔskɔpik] adj microscópico(ca).

microsillon [mikʀɔsijɔ̃] nm microsurco *m*.

MIDEM, Midem [midɛm] (*abr de* **Marché international du disque et de l'édition musicale**) nm *feria internacional francesa del disco y de la edición musical*.

midi [midi] nm **1.** [période du déjeuner] mediodía *m* **2.** [heure] ▸ **il est midi** son las doce *(de la mañana)* ▸ **chercher midi à quatorze heures** *fig* buscar tres pies al gato ▸ **voir midi à sa porte** arrimar el ascua a su sardina **3.** [sud] sur *m*, mediodía *m*. ◆ **Midi** nm ▸ **le Midi** *el Sur de Francia*.

midinette [midinɛt] nf *péj* modistilla *f*.

mie [mi] nf miga *f*.

miel [mjɛl] nm miel *f*.

mielleux, euse [mjɛlø, øz] adj meloso(sa).

mien, mienne [mjɛ̃, mjɛn] adj poss mío, mía. ◆ **le mien, la mienne** (*mpl* **les miens**, *fpl* **les miennes**) pron poss el mío (la mía) ▸ **les miens** [ma famille] los míos ▸ **j'y mets du mien** yo hago (todo) lo que puedo.

miette [mjɛt] nf migaja *f* ▸ **faire des miettes** hacer migas ▸ **réduire qqch en miettes** *fig* hacer algo añicos.

mieux [mjø] ◆ adv
1. [comparatif] mejor / *elle pourrait mieux faire* podría hacerlo mejor / *il ferait mieux de travailler* sería mejor que trabajara, más le valdría trabajar / *il vaut mieux commencer* más vale empezar ▸ **bien mieux** mucho mejor
2. [superlatif] : *il est le mieux payé du service* es el mejor pagado del departamento / *le mieux qu'il peut* lo mejor que puede
◆ adj
mejor
◆ nm
1. *(sans déterminant)* algo mejor / *j'attendais mieux* esperaba algo mejor ▸ **faute de mieux** a falta de algo mejor ▸ **il y a mieux** los hay mejores
2. *(avec déterminant)* ▸ **il y a du** OU **un mieux** va mejor ▸ **il fait de son mieux** hace (todo) lo mejor que puede ▸ **le mieux** lo mejor
◆ **à qui mieux mieux** loc adv a cual más, a cual mejor.
◆ **au mieux** loc adv en el mejor de los casos.
◆ **de mieux en mieux** loc adv cada vez mejor.
◆ **des mieux** loc adv : *un appareil des mieux conçus* un aparato de los mejor diseñados.
◆ **on ne peut mieux** loc adv mejor imposible / *il va on ne peut mieux* mejor no podría ir.
◆ **pour le mieux** loc adv a pedir de boca.
◆ **tant mieux** loc adv tanto mejor.

mieux-être [mjøzɛtʀ] nm inv mayor bienestar *m*.

mièvre [mjɛvʀ] adj remilgado(da).

mièvrerie [mjɛvʀəʀi] nf remilgo *m*.

mignon, onne [miɲɔ̃, ɔn] ◆ adj **1.** [joli] mono(na) **2.** [gentil] bueno(na), amable. ◆ nm, f monada *f*.
◆ **mignon** nm HIST favorito *m*.

migraine [migʀɛn] nf jaqueca *f*, migraña *f*.

migrant, e [migʀɑ̃, ɑ̃t] adj & nm, f emigrante.

migrateur, trice [migʀatœʀ, tʀis] adj migratorio(ria).
◆ **migrateur** nm [oiseau] ave *f* migratoria.

migration [migʀasjɔ̃] nf migración *f*.

migratoire [migʀatwaʀ] adj migratorio(ria).

migrer [3] [migʀe] vi emigrar.

mijaurée [miʒɔʀe] nf cursi *f* ▸ **faire sa mijaurée** hacerse la melindrosa.

mijoter [3] [miʒɔte] ◆ vt **1.** CULIN guisar **2.** [tramer] tramar. ◆ vi cocer a fuego lento.

mi-journée [miʒuʀne] nf : *les informations de la mi-journée* las noticias de mediodía.

mikado [mikado] nm [jeu] mikado *m*.

mil[1] [mil] nm mijo *m*.

mil[2] = **mille**.

milan [milɑ̃] nm milano *m*.

mildiou [mildju] nm mildiu *m*, mildeu *m*.

milice [milis] nf milicia *f*.

milicien, enne [milisjɛ̃, ɛn] nm, f miliciano *m*, -na *f*.

milieu, x [miljø] nm **1.** [centre - spatial] medio *m*, centro *m* ; [- temporel] mitad *f* ▸ **au beau milieu de a)** [sens spatial] justo en medio de **b)** [sens temporel] justo en la mitad de ▸ **au milieu de a)** [sens spatial] en medio de **b)** [sens temporel] en mitad de **c)** [parmi] entre ▸ **en plein milieu de a)** [sens spatial] justo en medio de **b)** [sens temporel] en pleno(na) **2.** [intermédiaire] término *m* medio ▸ **le juste milieu** el término medio **3.** [environnement, groupe social] medio *m* / *il vient d'un milieu aisé* proviene de un medio acomodado ▸ **milieu familial/professionnel** medio familiar/profesional ▸ **dans les milieux autorisés** en los medios autorizados **4.** [pègre] ▸ **le milieu** el hampa.

militaire [militɛʀ] adj & nm militar.

militant, e [militɑ̃, ɑ̃t] adj & nm, f militante.

militantisme [militɑ̃tism] nm militancia *f*.

militarisation [militaʀizasjɔ̃] nf militarización *f*.

militariser [3] [militaʀize] vt [zone, pays] militarizar.

militariste [militaʀist] adj & nmf militarista.

militer [3] [milite] vi militar ▸ **militer pour / contre qqch** militar a favor / en contra de algo.

milk-shake [milkʃɛk] (*pl* **milk-shakes**) nm batido *m*.

mille, mil [mil] adj inv mil. ◆ **mille** ◆ nm inv **1.** [unité] millar *m* **2.** [de cible] blanco *m* ▸ **dans le mille** en el blanco. ◆ nm **1.** NAUT milla *f* ▸ **un mille marin** una milla marina **2.** QUÉBEC [unité de mesure] milla *f* **3.** EXPR **gagner des mille et des cents** *fam* ganar el oro y el moro.

mille-feuille [milfœj] (*pl* **mille-feuilles**) ◆ nm CULIN milhojas *m inv*. ◆ nf BOT milenrama *f*.

millénaire [milenɛʀ] ◆ adj milenario(ria). ◆ nm milenario *m*.

millenium [milenjɔm] nm milenio *m*.

mille-pattes [milpat] nm inv ciempiés *m inv*.

milleraies [milʀɛ] nm milrayas *m*.

millésime [milezim] nm **1.** [de vin] reserva *m* **2.** [de pièce] fecha *f* de acuñación.

millésimé, e [milezime] adj de reserva.

millet [mijɛ] nm mijo *m*.

milliard [miljaʀ] nm ▸ **un milliard de a)** [chiffre] mil millones de **b)** [beaucoup de] un millar de ▸ **des milliards** *fig* millones.

milliardaire [miljaʀdɛʀ] adj & nmf millonario(ria).

millième [miljɛm] ◆ adj & nmf milésimo(ma). ◆ nm milésima *f* ▸ **un millième de** una milésima de.

millier [milje] nm millar *m* ▸ **des milliers de** [beaucoup de] miles de ▸ **par milliers** a millares OU miles ▸ **un millier de** un millar de.

milligramme [miligʀam] nm miligramo *m*.

millilitre [mililitʀ] nm mililitro *m*.

millimètre [milimɛtʀ] nm milímetro *m*.

millimétré, e [milimetʀe] adj milimetrado(da).

millimétrique [milimetʀik] adj milimétrico(ca).

million [miljɔ̃] nm millón *m* ▸ **un million de** un millón de ▸ **des millions de** [beaucoup de] millones de.

millionième [miljɔnjɛm] ◆ adj & nmf millonésimo(ma). ◆ nm millonésima *f*.

millionnaire [miljɔnɛʀ] adj & nmf millonario(ria).

mi-long, mi-longue (*mpl* **mi-longs**, *fpl* **mi-longues**) [milɔ̃, milɔ̃g] adj : *elle a les cheveux mi-longs* lleva media melena.

mime [mim] ◆ nm [spectacle] mimo *m*. ◆ nmf [acteur] mimo *mf*.

mimer [3] [mime] vt **1.** [exprimer sans parler] expresar con mímica **2.** [imiter] imitar.

mimétisme [mimetism] nm mimetismo *m*.

mimique [mimik] nf **1.** [grimace] mueca *f* **2.** [expression] mímica *f*.

mimolette [mimɔlɛt] nf *queso francés parecido al edam*.

mimosa [mimɔza] nm mimosa *f*.

min (**abr écrite de minute**) min / *35 min* 35 min.

min. (**abr écrite de minimum**) mín. / *temp. min. : 12°C* temp. mín.: 12°C.

MIN (**abr de marché d'intérêt national**) nm *mercado de interés nacional, en Francia*.

minable [minabl] adj miserable, lamentable.

minaret [minaʀɛ] nm minarete *m*, alminar *m*.

minauder [3] [minode] vi hacer melindres.

mince [mɛ̃s] ◆ adj **1.** [gén] delgado(da) **2.** *fig* [preuve, revenu] insuficiente. ◆ interj *fam* ▸ **mince alors !** ¡vaya!

minceur [mɛ̃sœʀ] nf **1.** [gén] delgadez *f* **2.** *fig* [insuffisance] insuficiencia *f*.

mincir [32] [mɛ̃siʀ] vi adelgazar.

mine [min] nf **1.** [physionomie] cara *f* ▸ **avoir bonne / mauvaise mine** tener buena / mala cara ▸ **avoir une mine boudeuse** poner cara larga ▸ **avoir une mine de déterré** tener cara de muerto ▸ **faire grise mine** poner mala cara **2.** [apparence] aspecto *m* ▸ **faire mine de faire qqch** tener pinta de hacer algo ▸ **mine de rien** como quien no quiere la cosa ▸ **ne pas payer de mine** tener mala facha **3.** [de crayon & GÉOL] mina *f* ▸ **mine de charbon** mina de carbón ▸ **être une mine de** *fig* ser una mina de.

miner [3] [mine] vt minar. ◆ **se miner** vp reconcomerse.

minerai [minʀɛ] nm mineral *m*.

minéral, e, aux [mineʀal, o] adj mineral. ◆ **minéral** nm mineral *m*.

minéralisé, e [mineʀalize] adj mineralizado(da).

minéralogie [mineʀalɔʒi] nf mineralogía *f*.

minéralogique [mineʀalɔʒik] adj **1.** GÉOL mineralógico(ca) **2.** [numéro, plaque] de matrícula.

minerve [minɛʀv] nf MÉD collarín *m*.

minet, ette [minɛ, ɛt] nm, f **1.** [chat] minino *m*, -na *f* **2.** [personne] pichoncito *m*, -ta *f* ▸ **mon minet** pichoncito mío ▸ **un (petit) minet** un pijo.

mineur, e [minœʀ] adj & nm, f menor. ◆ **mineur** nm minero *m* ▸ **mineur de fond** minero de extracción.

mini [mini] (*abr écrite de* **minimum**) préf [sens diminutif] mini / *un mini-dictionnaire* un minidiccionario.

miniature [minjatyʀ] ◆ nf miniatura *f* ▸ **en miniature** en miniatura. ◆ adj miniatura *(en apposition)*.

miniaturiser [3] [minjatyʀize] vt miniaturizar.

minibar [minibaʀ] nm minibar *m*.

minibus [minibys] nm minibús *m*.

Minicassette® [minikasɛt] nf & nm minicasete *mf*.

minichaîne [miniʃɛn] nf minicadena *f*.

MiniDisc® [minidisk] nm MiniDisc® *m*.

minidisque [minidisk] nm minidisco *m*.

minier, ère [minje, ɛʀ] adj minero(ra).

minigolf [minigɔlf] nm minigolf *m*.

minijupe [miniʒyp] nf minifalda *f*.

minima [minima] ⟶ **minimum**.

minimal, e, aux [minimal, o] adj mínimo(ma).

minimaliste [minimalist] adj minimalista.

minime [minim] ◆ nmf SPORT infantil *mf*. ◆ adj mínimo(ma).

minimiser [3] [minimize] vt minimizar.

minimum [minimɔm] (*pl* **minimums** *ou* **minima** [minima]) ◆ adj mínimo(ma). ◆ nm mínimo *m* ▸ **au minimum** como mínimo ▸ **le minimum vital** lo mínimo para vivir ▸ **le strict minimum** lo mínimo.

mini-ordinateur [miniɔʀdinatœʀ] (*pl* **mini-ordinateurs**) nm miniordenador *m*.

minipilule [minipilyl] nf *píldora anticonceptiva de bajo contenido hormonal*.

minispace [minispas] nm AUTO minivolumen *m*.

ministère [ministɛʀ] nm ministerio *m*. ◆ **ministère public** nm ministerio *m* fiscal ou público.

ministériel, elle [ministeʀjɛl] adj ministerial.

ministre [ministʀ] nm ministro *m*, -tra *f* ▸ **ministre délégué à qqch** ministro delegado de algo ▸ **ministre des Affaires étrangères / sociales** ministro de Asuntos Exteriores / Sociales ▸ **ministre de l'Éducation nationale** ≃ ministro de Educación y Ciencia ▸ **ministre d'État** ≃ ministro sin cartera ▸ **ministre des Finances** ≃ ministro de Economía y Hacienda ▸ **ministre de l'Intérieur** ministro del Interior ▸ **Premier ministre** Primer ministro.

Minitel® [minitɛl] nm *terminal de consulta de bancos de datos conectado al teléfono*.

minitéliste [minitelist] nmf usuario *m*, -ria *f* del Minitel®.

minois [minwa] nm carita *f*.

minorer [3] [minɔʀe] vt aminorar.

minoritaire [minɔʀitɛʀ] adj & nmf minoritario(ria).

minorité [minɔʀite] nf minoría *f* ▸ **une / la minorité de qqch** una / la minoría de algo ▸ **en minorité** en minoría ▸ **minorité ethnique** minoría étnica.

Minorque [minɔʀk] npr Menorca.

minorquin, e [minɔʀkɛ̃, in] adj menorquín(ina). ◆ **Minorquin, e** nm, f menorquín *m*, -ina *f*.

minoterie [minɔtʀi] nf fábrica *f* de harina.

minou [minu] nm *fam* **1.** *langage enfantin* [chat] minino *m*, -na *f* **2.** [terme d'affection] cariño *m* / *ça va, mon minou ?* ¿te encuentras bien, cariño?

Minsk [minsk] npr Minsk.

minuit [minɥi] nm medianoche *f*.

minus [minys] nmf inv *fam* enano *m*, -na *f*.

minuscule [minyskyl] ❖ adj minúsculo(la). ❖ nf [lettre] minúscula *f* ▸ **en minuscules** en minúsculas.

minutage [minytaʒ] nm minutaje *m*.

minute [minyt] ❖ nf **1.** [gén] minuto *m* ▸ **à la minute** al minuto ▸ **dans une minute** dentro de un minuto ▸ **d'une minute à l'autre** de un momento a otro **2.** DR original *m*. ❖ interj *fam* ¡un minuto!

minuter [3] [minyte] vt minutar *(cronometrar)*.

minuterie [minytʀi] nf **1.** [d'horloge] minutero *m* **2.** [d'éclairage] temporizador *m*.

minuteur [minytœʀ] nm minutero *m*.

minutie [minysi] nf minuciosidad *f* ▸ **avec minutie** minuciosamente.

minutieusement [minysjøzmɑ̃] adv minuciosamente.

minutieux, euse [minysjø, øz] adj minucioso(sa).

mioche [mjɔʃ] nmf *fam* crío *m*, -a *f*.

mirabelle [miʀabɛl] nf [fruit] ciruela *f* mirabel.

miracle [miʀakl] nm milagro *m* ▸ **croire aux miracles** creer en milagros ▸ **par miracle** de milagro ▸ **tenir du miracle** ser milagroso.

miraculé, e [miʀakyle] ❖ nm, f ▸ **c'est un miraculé** a) RELIG se ha curado por milagro b) [accidenté] se ha salvado de milagro. ❖ adj curado(da) milagrosamente.

miraculeusement [miʀakyløzmɑ̃] adv milagrosamente.

miraculeux, euse [miʀakylø, øz] adj milagroso(sa).

mirador [miʀadɔʀ] nm MIL torre *f* de observación.

mirage [miʀaʒ] nm espejismo *m*.

mire [miʀ] nf TV carta *f* de ajuste.

mirer [3] [miʀe] ◆ **se mirer** vp *sout* **1.** [se regarder] contemplarse **2.** [se refléter] reflejarse.

mirifique [miʀifik] adj *hum* grandioso(sa).

miro [miʀo] adj & nmf *fam* cegato(ta).

mirobolant, e [miʀɔbɔlɑ̃, ɑ̃t] adj *hum* fantasioso(sa).

miroir [miʀwaʀ] nm espejo *m* ▸ **miroir aux alouettes** señuelo *m* ▸ **miroir de poche** espejo de bolsillo.

miroiter [3] [miʀwate] vi espejear ▸ **faire miroiter qqch à qqn** tentar a alguien con algo.

miroiterie [miʀwatʀi] nf **1.** [industrie] industria *f* de espejos **2.** [atelier] taller *m* de espejos.

mis, e [mi, miz] pp ⟶ **mettre**.

misaine [mizɛn] nf trinquete *m*.

misanthrope [mizɑ̃tʀɔp] adj & nmf misántropo(pa).

mise [miz] nf **1.** [action de mettre] puesta *f* ▸ **mise à jour** puesta al día ▸ **mise en demeure** requerimiento *m* ▸ **mise en liberté provisoire** puesta en libertad provisional ▸ **mise en page** compaginación *f* ▸ **mise en place** instalación *f* ▸ **mise en plis** marcado *m (peinado)* ▸ **mise au point** a) PHOTO enfoque *m* b) TECHNOL puesta a punto c) *fig* [rectification] aclaración *f* ▸ **mise en question** puesta en tela de juicio ▸ **mise en scène** a) CINÉ & THÉÂTRE dirección *f* b) *fig* [d'événement] escenificación *f* ▸ **mise en service** puesta en servicio ou funcionamiento **2.** [d'argent] apuesta *f* ▸ **mise de fonds** aportación *f* de fondos ▸ **sauver la mise à qqn** sacar de apuros a alguien **3.** *sout* [tenue] vestimenta *f*. ◆ **de mise** loc adj ▸ **être de mise** estar bien visto.

miser [3] [mize] vt **1.** [parier] apostar **2.** [compter] ▸ **miser sur qqch / sur qqn** contar con algo / con alguien.

misérabilisme [mizeʀabilism] nm *gusto por retratar la miseria humana*.

misérabiliste [mizeʀabilist] adj miserabilista.

misérable [mizeʀabl] adj & nmf miserable.

misérablement [mizeʀabləmɑ̃] adv miserablemente.

misère [mizɛʀ] nf miseria *f* ▸ **misère noire** absoluta miseria ▸ **coûter une misère** costar una miseria. ◆ **misères** nfpl miserias *fpl* / *elle a appris à supporter les misères de l'âge* ha aprendido a soportar los achaques de la edad ▸ **faire des misères à qqn** *fam* incordiar a alguien.

miséreux, euse [mizeʀø, øz] adj & nm, f miserable.

miséricorde [mizeʀikɔʀd] ❖ nf misericordia *f*. ❖ interj *vieilli* ¡piedad!

miséricordieux, euse [mizeʀikɔʀdjø, øz] adj misericordioso(sa).

misogyne [mizɔʒin] adj & nmf misógino(na).

misogynie [mizɔʒini] nf misoginia *f*.

miss [mis] nf *fam* guapa *f* / *ça va, la miss ?* ¿qué tal, guapa? ◆ **Miss** nf Miss *f* / *elle a été élue Miss France / Monde / Univers* fue elegida Miss Francia / Mundo / Universo.

missel [misɛl] nm misal *m*.

missile [misil] nm misil *m* ▸ **missile air-air / sol-sol** misil aire-aire / tierra-tierra ▸ **missile balistique** misil balístico.

mission [misjɔ̃] nf misión *f* ▸ **en mission** en misión.

missionnaire [misjɔnɛʀ] adj & nmf misionero(ra).

missionner [misjɔne] vt enviar / *un expert a été missionné pour évaluer les dégâts* han enviado a un experto para evaluar los daños.

missive [misiv] nf misiva *f*.

mistral [mistʀal] nm mistral *m*.

mitaine [mitɛn] nf mitón *m*.

mite [mit] nf polilla *f*.

mité, e [mite] adj apolillado(da).

mi-temps [mitɑ̃] ◆ nf inv [SPORT - période] tiempo *m* ; [- pause] descanso *m* ▸ **à la mi-temps** en el descanso ▸ **première / seconde mi-temps** primer/segundo tiempo. ◆ nm trabajo *m* a media jornada. ◆ **à mi-temps** ◆ loc adv a media jornada ▸ **travailler à mi-temps** trabajar a media jornada. ◆ loc adj ▸ **travail à mi-temps** trabajo de media jornada.

miteux, euse [mitø, øz] adj & nm, f *fam* miserable.

mitigé, e [mitiʒe] adj [tempéré, nuancé] moderado(da).

mitonner [3] [mitɔne] vt **1.** CULIN cocer a fuego lento **2.** *fig* [préparer] preparar.

mitoyen, enne [mitwajɛ̃, ɛn] adj medianero(ra) ; [maison] adosado(da).

mitrailler [3] [mitʀaje] vt **1.** MIL ametrallar **2.** *fam* [photographier] acribillar (con los flashes) **3.** *fig* [assaillir] acosar ▸ **mitrailler qqn de questions** acosar a alguien con preguntas.

mitraillette [mitʀajɛt] nf metralleta *f*.

mitrailleur, euse [mitʀajœʀ, øz] adj ametrallador(ra). ◆ **mitrailleuse** nf ametralladora *f*.

mitre [mitʀ] nf mitra *f*.

mi-voix [mivwa] ◆ **à mi-voix** loc adv a media voz.

mix [miks] nm inv **1.** [morceau de musique] mix *m* **2.** [mélange] mezcla *f* / *son dernier film est un mix d'action et de violence* su última palícula es una mezcla de acción y violencia.

mixage [miksaʒ] nm mezcla *f*.

mixer¹ [3] [mikse] vt **1.** [gén] mezclar **2.** CULIN triturar.

mixer², mixeur [miksœʀ] nm batidora *f*.

mixité [miksite] nf mezcolanza *f*.

mixte [mikst] adj mixto(ta) ▸ **mariage mixte** boda *f* mixta.

mixture [mikstyʀ] nf mixtura *f*.

MJC (*abr de* **maison des jeunes et de la culture**) nf *casa de la juventud y la cultura*.

ml (*abr écrite de* **millilitre**) ml.

MLF (*abr de* **Mouvement de libération de la femme**) nm *movimiento francés de liberación de la mujer* / *une militante du MLF* una militante del MLF.

Mlle (*abr écrite de* **mademoiselle**) Srta.

mm (*abr écrite de* **millimètre**) mm.

MM (*abr écrite de* **messieurs**) Sres., Srs.

Mme (*abr écrite de* **madame**) Sra.

mn (*abr écrite de* **minute**) min.

mnémotechnique [mnemotɛknik] adj mnemotécnico(ca).

MNS (*abr de* **maître nageur sauveteur**) nm socorrista *m*.

Mo (*abr écrite de* **mégaoctet**) MB / *ajouter 128 Mo de RAM* añadir 128 MB de RAM.

mobile [mɔbil] ◆ adj **1.** [gén] móvil **2.** [visage, regard] vivaz. ◆ nm móvil *m*.

mobilier, ère [mɔbilje, ɛʀ] adj mobiliario(ria). ◆ **mobilier** nm mobiliario *m*.

mobilisation [mɔbilizasjɔ̃] nf movilización *f* ▸ **mobilisation générale** movilización general.

mobiliser [3] [mɔbilize] vt movilizar. ◆ **se mobiliser** vp movilizarse.

mobilité [mɔbilite] nf **1.** [aptitude à se déplacer] movilidad *f* **2.** [vivacité] expresividad *f*.

Mobylette® [mɔbilɛt] nf mobylette® *f*.

mocassin [mɔkasɛ̃] nm mocasín *m*.

moche [mɔʃ] adj *fam* **1.** [laid] feo (fea) **2.** [méprisable] chungo(ga).

mocheté [mɔʃte] nf *fam* **1.** [laideur] fealdad *f* / *c'est d'une mocheté !* ¡es feísimo! **2.** [homme laid, femme laide, objet] birria *f*.

modalité [mɔdalite] nf **1.** [convention & DR] modalidad *f* ▸ **modalités de paiement** modalidades de pago **2.** GRAM modo *m*.

mode [mɔd] ◆ nf **1.** [gén] moda *f* ▸ **à la mode** de moda ▸ **lancer une mode** lanzar ou sacar una moda ▸ **passé de mode** pasado de moda **2.** [coutume] ▸ **à la mode de** a la manera de. ◆ nm **1.** [gén] modo *m* ▸ **mode indicatif / subjonctif** modo indicativo / sujuntivo ▸ **mode de paiement** modalidad *f* de pago ▸ **mode de vie** modo de vida ▸ **mode majeur / mineur** modo mayor/menor **2.** [méthode] método *m* ▸ **mode d'emploi** modo de empleo.

modelage [mɔdlaʒ] nm modelado *m*.

modèle [mɔdɛl] nm modelo *m* ▸ **sur le modèle de qqch / de qqn** según el modelo de algo/de alguien ▸ **modèle déposé** modelo registrado ▸ **modèle économique** modelo económico ▸ **modèle réduit** modelo reducido.

modelé [mɔdle] nm modelado *m*.

modeler [25] [mɔdle] vt modelar ▸ **modeler qqch sur qqch** *fig* amoldar algo a algo. ◆ **se modeler** vp modelarse ▸ **se modeler sur qqn** *fig* modelarse a imagen de alguien.

modélisme [mɔdelism] nm modelismo *m*.

modem [mɔdɛm] nm modem *m*.

modérateur, trice [mɔdeʀatœʀ, tʀis] adj moderador(ra). ◆ **modérateur** nm moderador *m*.

modération [mɔdeʀasjɔ̃] nf moderación *f* ▸ **à consommer avec modération** consumir con moderación.

modéré, e [mɔdeʀe] adj & nm, f moderado(da).

modérément [mɔdeʀemɑ̃] adv **1.** [sans excès] con moderación **2.** [moyennement] un poco.

modérer [18] [mɔdeʀe] vt moderar. ◆ **se modérer** vp moderarse.

moderne [mɔdɛʀn] ◆ adj moderno(na). ◆ nm ▸ **le moderne** lo moderno.

modernisation [mɔdɛʀnizasjɔ̃] nf modernización *f*.

moderniser [3] [mɔdɛʀnize] vt modernizar. ◆ **se moderniser** vp modernizarse.

modernisme [mɔdɛʀnism] nm modernismo *m*.

modernité [mɔdɛʀnite] nf modernidad *f*.

modeste [mɔdɛst] adj **1.** [gén] modesto(ta) ▸ **être modeste** ser modesto **2.** [simple] sencillo(lla).

modestement [mɔdɛstəmɑ̃] adv con modestia, modestamente.

modestie [mɔdɛsti] nf modestia *f* ▸ **fausse modestie** falsa modestia.

modeux, euse [mɔdø, øz] adj & n *fam* fashion.

modicité [mɔdisite] nf modicidad *f*.

modifiable [mɔdifjabl] adj modificable.

modification [mɔdifikasjɔ̃] nf modificación *f*.

modifier [mɔdifje] vt modificar. ◆ **se modifier** vp modificarse.

modique [mɔdik] adj módico(ca).

modiste [mɔdist] nf sombrerera *f*.

modulable [mɔdylabl] adj adaptable.

modulaire [mɔdylɛʀ] adj modular.

modulation [mɔdylasjɔ̃] nf modulación *f*.

module [mɔdyl] nm módulo *m*.

moduler [3] [mɔdyle] vt **1.** [chanter & RADIO] modular **2.** [adapter] adaptar.

modus vivendi [mɔdysvivɛ̃di] nm inv modus vivendi *m inv*.

moelle [mwal] nf médula *f* ▸ **moelle osseuse** médula ósea ▸ **moelle épinière** médula espinal ▸ **jusqu'à la moelle** *fig* hasta la médula.

moelleux, euse [mwalø, øz] adj **1.** [lit, canapé] blando(da), mullido(da) **2.** [fromage] blando(da) ; [voix] meloso(sa).

moellon [mwalɔ̃] nm morrillo *m*.

mœurs [mœʀ(s)] nfpl **1.** [usages, habitudes] costumbres *fpl* ▸ **de mœurs légères** de costumbres ligeras **2.** [morale] moralidad *f* **3.** ZOOL [mode de vie] comportamiento *m*.

Mogadiscio [mɔgadiʃjo] npr Mogadiscio.

mohair [mɔɛʀ] nm mohair *m*.

moi [mwa]

❖ pron pers

1. [avec impératif] me / *aide-moi* ayúdame / *donne-le-moi* dámelo

2. [sujet, pour renforcer, dans une comparaison] yo / *c'est moi !* ¡soy yo! / *moi aussi / non plus* yo también / tampoco / *moi, je n'ai rien dit !* ¡yo no he dicho nada!

3. [complément d'objet, après une préposition] mí / *avec moi* conmigo / *après moi* después de mí / *plus âgé que moi* mayor que yo / *pour moi* para mí / *il nous a invités, ma femme et moi* nos invitó a mi mujer y a mí / *il me l'a dit, à moi* me lo dijo a mí

4. [possessif] ▸ **à moi** mío (mía)

❖ nm

1. [en philosophie] ▸ **le moi** el yo

2. [en psychanalyse] ▸ **le moi, le surmoi et le ça** el yo, el superyó y el ello

◆ **moi-même** pron pers yo mismo.

moignon [mwaɲɔ̃] nm **1.** [de membre] muñón *m* **2.** [d'arbre] garrón *m*.

moindre [mwɛ̃dʀ] ❖ adj superl : *les moindres détails* los más mínimos detalles ▸ **c'est la moindre des choses !** ¡qué menos! ▸ **et non des moindres** no cualquiera / *c'est une pianiste, et non des moindres !* ¡no es una pianista cuaquiera! ❖ adj compar menor.

moine [mwan] nm monje *m*, fraile *m*.

moineau, x [mwano] nm gorrión *m*.

moins [mwɛ̃] ❖ adv

1. [quantité] menos / *moins dix degrés* diez grados bajo cero ▸ **moins de** menos (de) / *moins de 300 calories* menos de 300 calorías / *moins de dix* menos de diez / *moins de travail / de verres* menos trabajo / vasos

2. [comparatif] ▸ **moins que** menos que / *moins il mange, moins il travaille* cuanto menos come, menos trabaja

3. [superlatif] ▸ **le moins** el menos / *le restaurant le moins cher* el restaurante menos caro ▸ **le moins possible** lo menos posible ▸ **pas le moins du monde** en absoluto

❖ prép

menos

❖ nm

1. [signe] signo *m* menos

2. EXPR ▸ **le moins qu'on puisse dire, c'est que…** lo menos que se puede decir es que…

◆ **à moins de** loc prép a no ser que, a menos que.

◆ **à moins que** loc conj (+ *subjonctif*) a no ser que (+ *subjonctif*), a menos que (+ *subjonctif*).

◆ **au moins** loc adv por lo menos.

◆ **de moins en moins** loc adv cada vez menos.

◆ **du moins** loc adv por lo menos, al menos.

◆ **en moins** loc adv (de) menos.

◆ **en moins de** loc prép en menos de.

◆ **on ne peut moins** loc adv ▸ **être on ne peut moins …** no poder estar menos ….

◆ **pour le moins** loc adv por lo menos.

◆ **tout au moins** loc adv por lo menos, al menos.

moins-value [mwɛ̃valy] (*pl* **moins-values**) nf pérdida *f* de valor, depreciación *f*.

moire [mwaʀ] nf moaré *m*, muaré *m*.

moiré, e [mwaʀe] adj **1.** [tissu] de moaré, de muaré **2.** [aspect] tornasolado(da).

mois [mwa] nm **1.** [gén] mes *m* ▸ **le mois du blanc** el mes blanco **2.** [salaire] mensualidad *f* ▸ **le treizième mois** la paga extra **ou** extraordinaria.

moïse [mɔiz] nm moisés *m inv*.

moisi, e [mwazi] adj mohoso(sa), enmohecido(da). ◆ **moisi** nm moho *m*.

moisir [mwaziʀ] vi **1.** [fruit, bois] enmohecerse **2.** *fam* [personne] pudrirse **3.** *fam* [argent, fortune] cubrirse de moho.

moisissure [mwazisyʀ] nf moho *m*.

moisson [mwasɔ̃] nf **1.** [récolte] siega *f*; *fig* cosecha *f* **2.** [travail] ▸ **faire la moisson** ou **les moissons** segar.

moissonner [3] [mwasɔne] vt segar.

moissonneur, euse [mwasɔnœʀ, øz] nm, f segador *m*, -ra *f*. ◆ **moissonneuse** nf segadora *f*.

moissonneuse-batteuse [mwasɔnøzbatøz] (*pl* **moissonneuses-batteuses**) nf cosechadora *f*.

moite [mwat] adj húmedo(da).

moiteur [mwatœʀ] nf humedad *f*.

moitié [mwatje] nf **1.** [gén] mitad *f* / *à moitié fou* medio loco ▸ **de moitié**: *diminuier de moitié* disminuir a la mitad / *l'œdème a diminué de moitié* el edema a disminuido a la mitad ▸ **faire qqch à moitié** hacer algo a medias ▸ **moitié-moitié** mitad y mitad ▸ **faire moitié-moitié** compartir a medias **2.** *hum* [épouse, époux] ▸ **ma / sa moitié** mi/su media naranja.

moit-moit [mwatmwat] adv *fam*: *faire moit-moit* ir a medias.

moka [mɔka] nm **1.** [café] moka *m*, moca *m* **2.** [gâteau] pastel *m* de moka.

mol ⟶ **mou**.

molaire [mɔlɛʀ] nf molar *m*.

moldave [mɔldav] adj moldavo(va). ◆ **Moldave** nmf moldavo *m*, -va *f*.

Moldavie [mɔldavi] npr ▸ **la Moldavie** Moldavia.

mole [mɔl] nf mol *m*.

môle [mol] nm malecón *m*.

moléculaire [mɔlekylɛʀ] adj molecular.

molécule [mɔlekyl] nf molécula *f*.

moleskine [mɔlɛskin] nf molesquín *m*.

molester [3] [mɔlɛste] vt *sout* maltratar.

molette [mɔlɛt] nf **1.** [de réglage] rueda *f* de ajuste **2.** [outil] cuchilla *f* circular.

mollasse [mɔlas] adj *fam* **1.** [mou, flasque] blanducho(cha) **2.** *fig* [personne] apático(ca) ESP, valemadrista AM.

mollasson, onne [mɔlasɔ̃, ɔn] adj & nm, f *fam* vago(ga) ESP, atorrante AM.

molle ⟶ **mou**.

mollement [mɔlmɑ̃] adv **1.** [faiblement] débilmente **2.** [paresseusement] indolentemente.

mollesse [mɔlɛs] nf **1.** [d'une chose] blandura *f* **2.** *fig* [d'une personne] apatía *f*.

mollet [mɔlɛ] ◆ nm pantorrilla *f*. ◆ adj ⟶ **œuf**.

molleton [mɔltɔ̃] nm muletón *m*.

molletonné, e [mɔltɔne] adj [veste] forrado(da) de muletón.

mollir [32] [mɔliʀ] vi **1.** [gén] flojear **2.** [matière] reblandecerse **3.** [vent] amainar.

mollo [mɔlo] adv *fam* tranqui ▸ **y aller mollo** ir tranqui.

mollusque [mɔlysk] nm molusco *m*.

molosse [mɔlɔs] nm moloso *m*.

môme [mom] *fam* ◆ nmf crío *m*, -a *f*. ◆ nf [jeune fille] chavala *f*.

moment [mɔmɑ̃] nm **1.** [gén] momento *m* ▸ **à tout moment** en cualquier momento ▸ **au moment de / où** en el momento de/en que ▸ **à un moment donné** en un momento dado ▸ **c'est le moment ou jamais** ahora o nunca ▸ **ce n'est pas le moment (de faire qqch)** no es el momento (de hacer algo) ▸ **dans un moment** en ou dentro de un momento ▸ **d'un moment à l'autre** de un momento a otro ▸ **en ce moment** ahora mismo, en este momento ▸ **n'avoir pas un moment à soi** no tener ni un momento libre ▸ **par moments** de vez en cuando, a ratos ▸ **pour le moment** de momento, por el momento ▸ **sur le moment** en el momento **2.** [période] rato *m* ▸ **avoir de bons moments avec qqn** pasar buenos ratos con alguien ▸ **passer un mauvais moment** pasar un mal rato.

momentané, e [mɔmɑ̃tane] adj momentáneo(a).

momentanément [mɔmɑ̃tanemɑ̃] adv momentáneamente.

momie [mɔmi] nf momia *f*.

momifier [9] [mɔmifje] vt momificar.

mon, ma [mɔ̃, ma] (*pl* **mes** [me]) adj poss mi.

monacal, e, aux [mɔnakal, o] adj monacal.

Monaco [mɔnako] npr ▸ **(la principauté de) Monaco** (el principado de) Mónaco.

monarchie [mɔnaʀʃi] nf monarquía *f* ▸ **monarchie absolue / constitutionnelle** monarquía absoluta/constitucional.

monarchique [mɔnaʀʃik] adj monárquico(ca).

monarchiste [mɔnaʀʃist] adj & nmf monárquico(ca).

monarque [mɔnaʀk] nm monarca *m*.

monastère [mɔnastɛʀ] nm monasterio *m*.

monastique [mɔnastik] adj monástico(ca).

monceau, x [mɔ̃so] nm montón *m* ESP, ruma *f* AM.

mondain, e [mɔ̃dɛ̃, ɛn] ◆ adj mundano(na). ◆ nm, f hombre *m* de mundo, mujer *f* de mundo.

mondanités [mɔ̃danite] nfpl **1.** [événements] ecos *mpl* de sociedad **2.** [politesses] convencionalismos *mpl*.

monde [mɔ̃d] nm **1.** [gén] mundo *m* ▸ **l'autre monde** RELIG el otro mundo ▸ **le / la plus** (+ *adj*) **au** ou **du monde** el/la más (+ *adj*) del mundo ▸ **mettre un enfant au monde** traer al mundo un niño ▸ **pour rien au monde** por nada del mundo ▸ **venir au monde** venir al mundo ▸ **en ce bas monde** RELIG en este valle de lágrimas **2.** [gens] gente *f* ▸ **beaucoup / peu de monde** mucha/poca gente ▸ **tout le monde** todo el mundo, todos ▸ **noir de monde** abarrotado **3.** [milieu social] mundillo *m* **4.** EXPR **c'est un monde !** ¡es el colmo! ▸ **se faire un monde de qqch** hacer una montaña de algo ▸ **tu te moques du monde !** ¡te ríes de la peña! ▸ **tromper son monde** engañar mucho. ◆ **Monde** nm ▸ **le Nouveau Monde** el Nuevo Mundo.

mondial, e, aux [mɔ̃djal, o] adj mundial.

mondialement [mɔ̃djalmɑ̃] adv mundialmente.

mondialisation [mɔ̃djalizasjɔ̃] nf ÉCON globalización *f*, munidalización *f*.

mondialiste [mɔ̃djalist] adj globalizador(ra), globalista.

monégasque [mɔnegask] adj monegasco(ca). ◆ **Monégasque** nmf monegasco *m*, -ca *f*.

monétaire [mɔnetɛʀ] adj monetario(ria).

monétarisme [mɔnetaʀism] nm monetarismo *m*.

monétariste [mɔnetaʀist] adj & nmf monetarista.

Monétique® [mɔnetik] nf banca *f* electrónica.

mongol, e [mɔ̃gɔl] adj mongol(la). ◆ **mongol** nm LING mongol *m*. ◆ **Mongol, e** nm, f mongol *m*, -la *f*.

Mongolie [mɔ̃gɔli] npr ▸ **la Mongolie** Mongolia.

mongolien, enne [mɔ̃gɔljɛ̃, ɛn] adj & nm, f mongólico(ca).

mongolisme [mɔ̃gɔlism] nm mongolismo *m*.

moniteur, trice [mɔnitœʀ, tʀis] nm, f monitor *m*, -ra *f* ▸ **moniteur d'auto-école** profesor *m*, -ra *f* de auto-escuela ▸ **moniteur de ski** monitor de esquí. ◆ **moniteur** nm INFORM monitor *m*.

monitorat [mɔnitɔʀa] nm **1.** [formation] formación *f* de monitor **2.** [fonction] puesto *m* de monitor.

monnaie [mɔnɛ] nf **1.** [argent, devise] moneda *f* ▸ **monnaie d'échange** moneda de cambio ▸ **monnaie unique** moneda única ▸ **fausse monnaie** moneda falsa ▸ **c'est monnaie courante** es moneda corriente **2.** [ferraille] suelto *m* ESP, morralla *f* AM ▸ **avoir de la monnaie** tener suelto ▸ **menue monnaie** calderilla *f* **3.** [appoint, petite unité] cambio *m* ▸ **avoir la monnaie** tener cambio / *avoir la monnaie de 5 euros* tener cambio de 5 euros ▸ **faire (de) la monnaie** cambiar ▸ **rendre la monnaie à qqn** dar el cambio a alguien ▸ **rendre à qqn la monnaie de sa pièce** pagar a alguien con la misma moneda.

monnayable [mɔnɛjabl] adj **1.** [changeable en argent] canjeable **2.** *fig* [utilisable] explotable.

monnayer [11] [mɔnɛje] vt **1.** [changer en argent] canjear **2.** *fig* [vendre] sacar dinero de.

monocaméral, e, aux [mɔnɔkameʀal, o] adj unicameral.

monochrome [mɔnokʀom] adj monocromo(ma).

monocle [mɔnɔkl] nm monóculo *m*.

monocoque [mɔnɔkɔk] adj & nm monocasco.

monocorde [mɔnɔkɔʀd] adj monocorde.

monoculture [mɔnokyltyʀ] nf monocultivo *m*.

monogame [mɔnɔgam] adj monógamo(ma).

monogamie [mɔnɔgami] nf monogamia *f*.

monogramme [mɔnɔgʀam] nm monograma *m*.

monokini [mɔnɔkini] nm monokini *m*, topless *m*.

monolingue [mɔnɔlɛ̃g] adj & nmf monolingüe.

monolithique [mɔnɔlitik] adj monolítico(ca).

monologue [mɔnɔlɔg] nm monólogo *m* ▸ **monologue intérieur** monólogo interior.

monologuer [3] [mɔnɔlɔge] vi monologar.

monôme [mɔnom] nm monomio *m*.

mononucléose [mɔnɔnykleoz] nf mononucleosis *f inv* ▸ **mononucléose infectieuse** mononucleosis infecciosa.

monoparental, e, aux [mɔnopaʀɑ̃tal, o] adj monoparental.

monophasé, e [mɔnɔfaze] adj monofásico(ca). ◆ **monophasé** nm corriente *f* monofásica.

monoplace [mɔnoplas] adj, nm & nf monoplaza.

monopole [mɔnɔpɔl] nm monopolio *m*, monopolización *f* ▸ **avoir le monopole de qqch** tener el monopolio de algo ▸ **monopole d'État** monopolio del Estado.

monopoliser [3] [mɔnɔpɔlize] vt monopolizar.

monorail [mɔnɔʀaj] adj & nm monorraíl *m*.

monoski [mɔnoski] nm monoesquí *m*.

monospace [mɔnɔspas] nm monovolumen *m*.

monosyllabe [mɔnɔsilab] ◆ adj monosílabo(ba). ◆ nm monosílabo *m*.

monosyllabique [mɔnɔsilabik] adj monosilábico(ca).

monothéisme [mɔnɔteism] nm monoteísmo *m*.

monotone [mɔnɔtɔn] adj monótono(na).

monotonie [mɔnɔtɔni] nf monotonía *f* ▸ **rompre la monotonie** romper la monotonía.

monoxyde [mɔnɔksid] nm ▸ **monoxyde de carbone** monóxido *m* de carbono.

Monrovia [mɔ̃ʀɔvja] npr Monrovia.

monseigneur [mɔ̃sɛɲœʀ] (*pl* **messeigneurs** [mesɛɲœʀ]) nm monseñor *m*.

monsieur [məsjø] (*pl* **messieurs** [mesjø]) nm señor *m* / *Cher Monsieur* [dans une lettre] Muy señor mío, Estimado señor ▸ **monsieur Tout-le-Monde** el ciudadano de a pie / *asseyez-vous, messieurs* señores, siéntense.

monstre [mɔ̃stʀ] ◆ nm monstruo *m* ▸ **être un monstre de** *fig* [égoïsme, ingratitude] ser un monstruo de ▸ **monstre marin** monstruo *m* marino ▸ **monstre sacré** monstruo *m* sagrado. ◆ adj *fam* [énorme] bárbaro(ra).

monstrueusement [mɔ̃stʀyøzmɑ̃] adv monstruosamente.

monstrueux, euse [mɔ̃stʀyø, øz] adj monstruoso(sa).

monstruosité [mɔ̃stʀyozite] nf **1.** [sauvagerie] monstruosidad *f* **2.** [énormité] barbaridad *f*.

mont [mɔ̃] nm monte *m* ▸ **par monts et par vaux** de aquí para allá ▸ **promettre monts et merveilles à qqn** prometer el oro y el moro a alguien.

Monts

le mont Blanc	el Montblanc
les monts Cantabriques	la cordillera Cantábrica
le mont Capitolin	la colina Capitolina OU el monte Capitolino
le mont Cervin	el monte Cervino
l'Everest OU **le mont Everest**	el monte Everest
le mont des Oliviers	el monte de los Olivos

le mont Palatin	la colina Palatina ou el monte Palatino
le mont Quirinal	la colina del Quirinal

montage [mɔ̃taʒ] nm montaje *m*.

montagnard, e [mɔ̃taɲaʀ, aʀd] adj & nm, f montañés(esa).

montagne [mɔ̃taɲ] nf montaña *f* ▸ **en haute montagne** en alta montaña ▸ **faire de la haute montagne** hacer alta montaña ▸ **vivre à la montagne** vivir en la montaña ▸ **se faire une montagne de qqch** hacer una montaña de algo. ◆ **montagnes russes** nfpl montañas *fpl* rusas.

montagneux, euse [mɔ̃taɲø, øz] adj montañoso(sa).

montant, e [mɔ̃tɑ̃, ɑ̃t] adj **1.** [mouvement, marée] creciente ; *fig* [phase] creciente, ascendente **2.** [encolure] cerrado(da) ▸ **un col montant** un cuello alto. ◆ **montant** nm **1.** [d'échelle, de porte] montante *m* **2.** [somme] importe *m*.

mont-blanc [mɔ̃blɑ̃] (*pl* **monts-blancs**) nm CULIN *pastel de crema de castañas con nata*.

mont-de-piété [mɔ̃dpjete] (*pl* **monts-de-piété**) nm monte *m* de piedad.

monte-charge [mɔ̃tʃaʀʒ] nm inv montacargas *m inv*.

montée [mɔ̃te] nf **1.** [gén] subida *f* **2.** [intensification] aumento *m*.

Monténégro [mɔ̃tenegʀo] npr ▸ **le Monténégro** Montenegro.

monte-plats [mɔ̃tpla] nm inv montaplatos *m inv*.

monter [3] [mɔ̃te] ❖ vi *(gén aux être)* **1.** [gén] subir **/ *ça monte !*** ¡vaya cuesta! ▸ **monter à ou dans qqch** subir a algo ▸ **monter sur qqch** subirse a algo **2.** [chevaucher] montar ▸ **monter à cheval** montar a caballo ▸ **monter à cheval sur qqch** sentarse a horcajadas sobre algo **3.** *fam* [se déplacer] ir **4.** [augmenter en intensité] crecer. ❖ vt *(aux avoir)* **1.** [gén] montar ; [meuble] armar **2.** [gravir, élever, porter] subir **3.** EXPR **monter qqn contre qqn** poner a alguien en contra de alguien. ◆ **se monter** vp **1.** [s'assembler] montarse **2.** [atteindre] ▸ **se monter à** ascender a.

monteur, euse [mɔ̃tœʀ, øz] nm, f montador *m*, -ra *f*.

Montevideo [mɔ̃tevideo] npr Montevideo.

montgolfière [mɔ̃gɔlfjɛʀ] nf globo *m* aerostático.

monticule [mɔ̃tikyl] nm montículo *m*.

montre [mɔ̃tʀ] nf reloj *m* ▸ **montre à quartz** reloj de cuarzo ▸ **course contre la montre** carrera contra reloj, contrarreloj *f* ▸ **montre en main** reloj en mano.

Montréal [mɔ̃ʀeal] npr Montreal.

montre-bracelet [mɔ̃tʀəbʀaslɛ] (*pl* **montres-bracelets**) nf reloj *m* de pulsera.

montrer [3] [mɔ̃tʀe] vt **1.** [exhiber, expliquer] enseñar ▸ **montrer qqch à qqn** enseñar algo a alguien **2.** [démontrer, désigner] mostrar ▸ **montrer du doigt** señalar con el dedo **3.** [manifester] demostrar **4.** [dépeindre] reflejar. ◆ **se montrer** vp **1.** [se faire voir] dejarse ver **2.** [se présenter, se révéler] mostrarse.

montreur, euse [mɔ̃tʀœʀ, øz] nm, f domador *m*, -ra *f*. ◆ **montreur de marionnettes** nm titiritero *m*.

monture [mɔ̃tyʀ] nf **1.** [gén] montura *f* **2.** [de bijou] engaste *m*.

monument [mɔnymɑ̃] nm monumento *m* ▸ **monument à qqch / à qqn** monumento a algo/a alguien ▸ **monument aux morts** *monumento a los soldados muertos durante la Primera y Segunda Guerra Mundial* ▸ **monument historique** monumento histórico.

monumental, e, aux [mɔnymɑ̃tal, o] adj **1.** [gén] monumental **2.** *fig* [impressionnant] impresionante.

moquer [3] [mɔke] ◆ **se moquer** vp **1.** [plaisanter] burlarse ▸ **se moquer de qqch / de qqn** burlarse de algo / de alguien **2.** [ne pas se soucier] ▸ **se moquer de qqch** pasar de algo **/ *je m'en moque*** me da igual.

moquerie [mɔkʀi] nf **1.** [ironie] guasa *f* **2.** *sout* [raillerie] broma *f*, mofa *f*.

moquette [mɔkɛt] nf moqueta *f*.

moquetter [4] [mɔkete] vt enmoquetar.

moqueur, euse [mɔkœʀ, øz] adj burlón(ona).

moraine [mɔʀɛn] nf morena *f*, morrena *f*.

moral, e, aux [mɔʀal, o] adj **1.** [gén] moral **2.** [honnête] ético(ca). ◆ **moral** nm moral *f* ▸ **avoir bon / mauvais moral** tener la moral alta/baja ▸ **avoir / ne pas avoir le moral** tener/no tener ánimos ▸ **avoir le moral à zéro** tener la moral por los suelos ▸ **remonter le moral (à qqn)** levantar la moral ou el ánimo (a alguien). ◆ **morale** nf **1.** [gén] moral *f* **2.** [leçon] moraleja *f* ▸ **faire la morale à qqn** echar un sermón a alguien.

moralement [mɔʀalmɑ̃] adv moralmente.

moralisateur, trice [mɔʀalizatœʀ, tʀis] adj & nm, f moralizador(ra).

moralisme [mɔʀalism] nm moralismo *m*.

moraliste [mɔʀalist] adj & nmf moralista.

moralité [mɔʀalite] nf **1.** [gén] moralidad *f* **2.** [leçon] moraleja *f*.

moratoire [mɔʀatwaʀ] ❖ adj moratorio(ria). ❖ nm moratoria *f*.

morbide [mɔʀbid] adj morboso(sa).

morbidité [mɔʀbidite] nf morbidez *f*.

morbier [mɔʀbje] nm *queso de vaca que se fabrica en Franche-Comté*.

morceau, x [mɔʀso] nm **1.** [gén] trozo *m* ▸ **manger un morceau** *fam* picar algo, comer un bocado ▸ **mettre en morceaux** romper en pedazos, hacer pedazos ▸ **cracher le morceau** *fam* cantar *(confesar)* ▸ **emporter le morceau** *fam* llevarse el gato al agua ▸ **recoller les morceaux** *fig* arreglar las cosas ▸ **se casser ou se briser en mille morceaux** hacerse añicos ou trizas **2.** [de poème, de musique] fragmento *m*. ◆ **morceau de bravoure** nm proeza *f*, hazaña *f*.

morceler [24] [mɔʀsəle] vt parcelar. ◆ **se morceler** vp dividirse.

morcellement [mɔʀsɛlmɑ̃] nm **1.** [de terrain] parcelación *f* **2.** *fig* [de groupe, d'empire] desmembramiento *m*.

mordant, e [mɔʀdɑ̃, ɑ̃t] adj **1.** [froid] cortante **2.** *fig* [ironie] mordaz. ◆ **mordant** nm mordacidad *f*.

mordicus [mɔʀdikys] adv *fam* erre que erre.

mordiller [3] [mɔʀdije] vt mordisquear.

mordis ⟶ **mordre**.

mordoré, e [mɔʀdɔʀe] adj doradillo(lla).

mordre [78] [mɔʀdʀ] ❖ vt **1.** [suj : animal, personne] morder **2.** *fig* [empiéter sur] invadir. ❖ vi **1.** [croquer] ▸ **mordre dans qqch** dar un mordisco a algo **2.** [poisson] picar ▸ **mordre à l'hameçon** morder el anzuelo **3.** SPORT ▸ **mordre sur qqch** [ligne] pisar algo.

mords ⟶ **mordre**.

mordu, e [mɔʀdy] ❖ adj [amoureux] prendado(da). ❖ pp ⟶ **mordre.** ❖ nm, f [passionné] forofo *m*, -fa *f*.

more = **maure**.

moresque = **mauresque**.

morfal, e, als [mɔʀfal] nm, f *fam* glotón *m*, -ona *f*.

morfler [3] [mɔʀfle] vi *fam* sufrir / ***après son divorce, il a morflé !*** ¡tras el divorcio las pasó canutas!

morfondre [75] [mɔʀfɔ̃dʀ] ◆ **se morfondre** vp languidecer en la espera.

morgue [mɔʀg] nf **1.** [attitude] altivez *f* **2.** [lieu] morgue *f*, depósito *m* de cadáveres.

moribond, e [mɔʀibɔ̃, ɔ̃d] adj & nm, f moribundo(da).

morille [mɔʀij] nf morilla *f*, colmenilla *f*.

mormon, e [mɔʀmɔ̃, ɔn] adj & nm, f mormón(ona).

morne [mɔʀn] adj **1.** [personne] taciturno(na) **2.** [style, ville] apagado(da).

morose [mɔʀoz] adj melancólico(ca) ; *fig* moroso(sa).

> ⚠ **Moroso** est un faux ami, **ser moroso** ne signifie pas *être morose*, mais « être mauvais payeur ».

morosité [mɔʀozite] nf **1.** [de personne] melancolía *f* **2.** *fig* [économique] morosidad *f*.

morphine [mɔʀfin] nf morfina *f*.

morphinisme [mɔʀfinism] nm morfinismo *m*.

morphologie [mɔʀfɔlɔʒi] nf morfología *f*.

morphologique [mɔʀfɔlɔʒik] adj morfológico(ca).

morpion [mɔʀpjɔ̃] nm **1.** [parasite] ladilla *f* **2.** *fam* [enfant] mocoso *m*.

mors [mɔʀ] nm bocado *m* ▸ **prendre le mors aux dents** partirse el espinazo.

morse [mɔʀs] nm **1.** ZOOL morsa *f* **2.** [code] morse *m*.

morsure [mɔʀsyʀ] nf mordedura *f*.

mort, e [mɔʀ, mɔʀt] ❖ adj **1.** [gén] muerto(ta) ▸ **mort de peur / de fatigue** muerto de miedo / de cansancio ▸ **mort ou vif** vivo o muerto ▸ **raide mort** tieso ▸ **à moitié mort** medio muerto ▸ **laisser qqn pour mort** dar a alguien por muerto **2.** *fam* [appareil] hecho(cha) polvo. ❖ pp ⟶ **mourir.** ❖ nm, f muerto *m*, -ta *f*. ◆ **mort** ❖ nf muerte *f* ▸ **condamner qqn à mort** condenar a alguien a muerte ▸ **en vouloir à mort à qqn** odiar a alguien a muerte ▸ **être en danger de mort** estar ou hallarse ou encontrarse en peligro de muerte ▸ **jusqu'à ce que mort s'ensuive** hasta darle muerte ▸ **se donner la mort** acabar con su vida ▸ **mort naturelle / violente** muerte natural / violenta ▸ **la mort dans l'âme** con gran pesar ▸ **pâle comme la mort** más blanco ou pálido que un muerto. ❖ nm [aux cartes] muerto *m*.

mortadelle [mɔʀtadɛl] nf mortadela *f*.

mortalité [mɔʀtalite] nf mortalidad *f* ▸ **mortalité infantile** mortalidad infantil.

mort-aux-rats [mɔʀɔʀa] nf inv matarratas *m inv*.

mortel, elle [mɔʀtɛl] adj & nm, f mortal.

mortellement [mɔʀtɛlmɑ̃] adv mortalmente.

morte-saison [mɔʀtsɛzɔ̃] (*pl* **mortes-saisons**) nf temporada *f* baja.

mortier [mɔʀtje] nm mortero *m* ESP, molcajete *m* AM.

mortification [mɔʀtifikasjɔ̃] nf mortificación *f*.

mortifier [9] [mɔʀtifje] vt mortificar. ◆ **se mortifier** vp mortificarse.

mort-né, e [mɔʀne] (*mpl* **mort-nés**, *fpl* **mort-nées**) ❖ adj **1.** [enfant] nacido muerto (nacida muerta), mortinato(ta) **2.** *fig* [projet] abortado(da). ❖ nm, f mortinato *m*, -ta *f*.

mortuaire [mɔʀtɥɛʀ] adj mortuorio(ria).

mort-vivant, e [mɔʀvivɑ̃, ɑ̃t] nm, f ▸ **les morts-vivants** los muertos vivientes ▸ **c'est un mort-vivant** [mourant] es un muerto viviente.

morue [mɔʀy] nf **1.** ZOOL bacalao *m* **2.** *péj* [prostituée] zorra *f*.

morve [mɔʀv] nf moco *m*.

morveux, euse [mɔʀvø, øz] adj & nm, f mocoso(sa).

mosaïque [mɔzaik] nf mosaico *m*.

Moscou [mɔsku] npr Moscú.

moscovite [mɔskɔvit] adj moscovita. ◆ **Moscovite** nmf moscovita *mf*.

mosquée [mɔske] nf mezquita *f*.

> **mot** [mo]
>
> ❖ nm
>
> **1.** LING palabra *f* ▸ **gros mot** palabrota *f* ▸ **mots croisés** crucigrama *m* ▸ **faire du mot à mot** traducir literalmente
>
> **2.** [court énoncé] palabras *fpl* ▸ **mot d'esprit** gracia *f* (*agudeza*) ▸ **mot d'ordre** consigna *f* ▸ **mot de passe** INFORM clave *f* ou código *m* de acceso
>
> **3.** [message] líneas *fpl* / ***un mot pour vous dire que je suis bien arrivé*** unas líneas para deciros que he llegado bien
>
> **4.** EXPR **mot pour mot** palabra por palabra ▸ **au bas mot** tirando por lo bajo ▸ **à mots couverts** con medias

palabras ▸ **avoir des mots avec qqn** tener unas palabras con alguien ▸ **avoir deux mots à dire à qqn** *fam* decir cuatro frescas a alguien ▸ **avoir le dernier mot** tener la última palabra ▸ **avoir son mot à dire** tener algo que decir ▸ **avoir toujours le mot pour rire** ser muy ocurrente ▸ **dire un mot à qqn** decirle dos palabras a alguien ▸ **en toucher un mot à qqn** *fam* tocar un tema con alguien ▸ **en un mot** en una palabra ▸ **le fin mot de l'histoire** el intríngulis de la historia ▸ **ne pas mâcher ses mots** no tener pelos en la lengua ▸ **jouer sur les mots** jugar con las palabras ▸ **prendre qqn au mot** tomar la palabra a alguien

motard [mɔtaʀ] nm **1.** [motocycliste] motorista *mf* **2.** [policier] motorista *mf* (de la policía).

mot-clé (*pl* **mots-clés**), **mot-clef** (*pl* **mots-clefs**) [mokle] nm palabra *f* clave.

motel [mɔtɛl] nm motel *m*.

moteur, trice [mɔtœʀ, tʀis] adj motor(triz). ◆ **moteur** nm motor *m* ▸ **moteur électrique** motor eléctrico ▸ **moteur à explosion** motor de explosión ▸ **moteur à injection** motor de inyección ▸ **moteur à réaction** motor de reacción ▸ **moteur de recherche** INFORM buscador *m*. ◆ **motrice** nf locomotora *f*.

motif [mɔtif] nm motivo *m*.

motion [mɔsjɔ̃] nf moción *f* ▸ **motion de censure** moción de censura.

motivant, e [mɔtivɑ̃, ɑ̃t] adj motivador(ra).

motivation [mɔtivasjɔ̃] nf motivación *f*.

motivé, e [mɔtive] adj **1.** [personne] motivado(da) **2.** [refus, peur] justificado(da).

motiver [3] [mɔtive] vt motivar.

moto [mɔto] nf moto *f*.

motocross [mɔtɔkʀɔs] nm motocross *m*.

motocyclette [mɔtɔsiklɛt] nf motocicleta *f*.

motocyclisme [mɔtɔsiklism] nm motociclismo *m*.

motocycliste [mɔtɔsiklist] nmf motociclista *mf*.

motoneige [mɔtɔnɛʒ] nf moto *f* de nieve.

motorisé, e [mɔtɔʀize] adj motorizado(da) ▸ **être motorisé** *fam* ir motorizado.

moto-taxi [mototaksi] nf mototaxi *m*, taximoto *f*.

motrice ⟶ **moteur**.

motricité [mɔtʀisite] nf motricidad *f*.

mots-croisiste [mokʀwazist] (*pl* **mots-croisistes**) nmf crucigramista *mf*.

motte [mɔt] nf ▸ **motte (de terre)** terrón *m* ▸ **motte de beurre** pella *f* de mantequilla.

motus [mɔtys] interj mutis ▸ **motus et bouche cousue !** ¡chitón!

mou, molle [mu, mɔl] adj (*mol* [mɔl] *devant voyelle ou 'h' muet*) **1.** [pâte, beurre] blando(da) **2.** [chapeau, col] flexible **3.** [jambes, personne] flojo(ja) **4.** *fam* [sans caractère] blandengue. ◆ **mou** nm **1.** *fam* [personne] blandengue *m* **2.** [poumon de bétail] bofe *m*.

mouchard, e [muʃaʀ, aʀd] nm, f *fam* chivato *m*, -ta *f*. ◆ **mouchard** nm [appareil] chivato *m*.

moucharder [3] [muʃaʀde] vi *fam* chivarse.

mouche [muʃ] nf **1.** ZOOL mosca *f* ▸ **mouche tsé-tsé** mosca tsé-tsé ▸ **fine mouche** *fig* lagarto *m*, -ta *f* **2.** [accessoire féminin] lunar *m* postizo **3.** EXPR **faire mouche** dar en el blanco.

moucher [3] [muʃe] vt **1.** [nez, enfant] sonar **2.** [chandelle] despabilar, espabilar **3.** *fam* [réprimander] dar una lección a. ◆ **se moucher** vp sonarse.

moucheron [muʃʀɔ̃] nm mosquilla *f*.

moucheté, e [muʃte] adj moteado(da).

mouchoir [muʃwaʀ] nm pañuelo *m* ▸ **mouchoir en papier** pañuelo de papel ▸ **grand comme un mouchoir de poche** diminuto(ta).

mouclade [muklad] nf *plato a base de mejillones, vino blanco y nata.*

moudre [85] [mudʀ] vt moler.

mouds ⟶ **moudre**.

moue [mu] nf mohín *m* de disgusto ▸ **faire la moue** poner mala cara.

mouette [mwɛt] nf gaviota *f*.

moufle [mufl] nf manopla *f*.

mouflet, ette [muflɛ, ɛt] nm, f *fam* chiquillo *m*, -lla *f* ESP, chamaco *m*, -ca *f* AM.

mouflon [muflɔ̃] nm muflón *m*.

moufter [3] [mufte] vi *fam* rechistar.

mouillage [mujaʒ] nm [NAUT - emplacement] fondeadero *m* ; [- manœuvre] fondeo *m*.

mouiller [3] [muje] ◈ vt **1.** [humidifier] mojar ▸ **se faire mouiller** mojarse **2.** [vin, lait] aguar **3.** CULIN ▸ **mouiller qqch avec qqch** añadir algo a algo **4.** NAUT [ancre] echar **5.** LING palatalizar. ◈ vi NAUT fondear. ◆ **se mouiller** vp mojarse.

mouillette [mujɛt] nf sopa *f (pan)*.

mouise [mwiz] nf *fam* follón *m* ▸ **être dans la mouise** estar metido(da) en un follón.

moulage [mulaʒ] nm **1.** [action] moldeado *m* **2.** [objet] molde *m*.

moulais ⟶ **moudre**.

moulant, e [mulɑ̃, ɑ̃t] adj ceñido(da).

moule [mul] ◈ nm molde *m* ▸ **moule à gâteau / à gaufre / à tarte** molde para pastel / para gofre / para tartas. ◈ nf mejillón *m* ▸ **moules marinières** mejillones a la marinera.

mouler [3] [mule] vt moldear.

moulin [mulɛ̃] nm **1.** [appareil] molinillo *m* ▸ **moulin à café / à poivre** molinillo de café / de pimienta **2.** [bâtiment] molino *m* ▸ **moulin à eau / à vent** molino de agua / de viento.

mouliner [3] [muline] vt pasar por el pasapuré.

moulinet [mulinɛ] nm **1.** [de canne à pêche] carrete *m* **2.** [mouvement] ▸ **faire des moulinets** hacer molinetes.

Moulinette® [mulinɛt] nf minipimer® *m* ▸ **passer qqch à la Moulinette®** pasar algo por el minipimer® ▸ **passer qqn à la Moulinette®** *fam* poner verde a alguien.

moult [mult] adv *vieilli* muchos(chas).

moulu, e [muly] ◆ adj molido(da) ▸ **être moulu** [de fatigue] estar molido. ◆ pp ⟶ **moudre**.

moulure [mulyʀ] nf moldura *f*.

moulus ⟶ **moudre**.

mourant, e [muʀɑ̃, ɑ̃t] ◆ adj **1.** [personne] moribundo(da) **2.** *fig* [voix, lumière] languideciente. ◆ nm, f moribundo *m*, -da *f*.

mourir [42] [muʀiʀ] vi morir, morirse ▸ **mourir de qqch** morirse de algo ▸ **c'est à mourir de rire** es para morirse de risa.

mouroir [muʀwaʀ] nm *péj* cementerio *m*.

mouron [muʀɔ̃] nm BOT murajes *mpl* ▸ **se faire du mouron** *fam* hacerse mala sangre.

mourrai ⟶ **mourir**.

mourus ⟶ **mourir**.

mousquetaire [muskətɛʀ] nm mosquetero *m*.

moussaka [musaka] nf musaka *f*.

moussant, e [musɑ̃, ɑ̃t] adj espumoso(sa).

mousse [mus] ◆ nf **1.** BOT musgo *m* **2.** [de bière, de matelas] espuma *f* ▸ **mousse carbonique** espuma de gas carbónico ▸ **mousse coiffante** espuma para cabello ▸ **mousse à raser** espuma de afeitar **3.** CULIN mousse *f inv* ▸ **mousse au chocolat** mousse de chocolate. ◆ nm grumete *m*.

mousseline [muslin] nf muselina *f*.

mousser [3] [muse] vi hacer espuma ▸ **se faire mousser** *fam* darse bombo.

mousseux, euse [musø, øz] adj [vin, cidre] espumoso(sa). ◆ **mousseux** nm (vino) espumoso *m*.

mousson [musɔ̃] nf monzón *m*.

moussu, e [musy] adj musgoso(sa).

moustache [mustaʃ] nf bigote *m*.

moustachu, e [mustaʃy] adj bigotudo(da). ◆ **moustachu** nm bigotudo *m*.

moustiquaire [mustikɛʀ] nf mosquitera *f*.

moustique [mustik] nm mosquito *m* ESP, zancudo *m* AM.

moutard [mutaʀ] nm *fam* crío *m*, -a *f*.

moutarde [mutaʀd] ◆ nf mostaza *f* ▸ **la moutarde lui monte au nez** ya tiene la mosca detrás de la oreja. ◆ adj inv mostaza *(en apposition)*.

mouton [mutɔ̃] nm **1.** ZOOL carnero *m*, oveja *f* ▸ **mouton noir** *fig* oveja negra **2.** [viande] cordero *m* **3.** *fam* [personne] corderito *m* **4.** *fam* [de poussière] pelusa *f* **5.** [vague] cabrilla *f* **6.** EXPR **revenons à nos moutons** volvamos a lo nuestro ▸ **mouton de Panurge** borrego / *ils le suivent tous comme des moutons de Panurge* todos lo siguen como borregos.

mouture [mutyʀ] nf **1.** [de céréales, de café] molienda *f*, moltura *f* **2.** [de thème, d'œuvre] refrito *m*.

mouvance [muvɑ̃s] nf : *dans la mouvance du parti* en la esfera de influencia del partido.

mouvant, e [muvɑ̃, ɑ̃t] adj **1.** [sable] movedizo(za) **2.** [situation] inestable.

mouvement [muvmɑ̃] nm **1.** [gén] movimiento *m* ▸ **en mouvement** en movimiento ▸ **faux mouvement** movimiento en falso **2.** [de colère, de joie] arrebato *m* ▸ **mouvement d'humeur** cambio *m* de humor **3.** [d'horloge] mecanismo *m*.

mouvementé, e [muvmɑ̃te] adj agitado(da).

mouvoir [54] [muvwaʀ] vt mover. ◆ **se mouvoir** vp moverse.

moyen, enne [mwajɛ̃, ɛn] adj **1.** [gén] medio(dia) / *c'est un homme de taille moyenne* es un hombre de mediana estatura **2.** [médiocre] mediano(na) / *c'est un film moyen* es una película mediocre. ◆ **moyen** nm medio *m* ▸ **au moyen de** por medio de, mediante ▸ **par tous les moyens** por todos los medios ▸ **y a-t-il moyen de faire qqch ?** ¿hay algún medio ou modo de hacer algo? ▸ **moyen de communication /d'expression** medio de comunicación /de expresión ▸ **moyen de locomotion /de transport** medio de locomoción /de transporte ▸ **employer les grands moyens** tomar una postura drástica. ◆ **moyenne** nf media *f* ▸ **en moyenne** por término medio, un promedio de ▸ **la moyenne** SCOL ≃ un aprobado ▸ **la moyenne d'âge** la media de edad. ◆ **moyens** nmpl **1.** [ressources] medios *mpl* ▸ **moyens de fortune** recursos *mpl* ▸ **avoir les moyens de faire qqch** tener los medios para hacer algo ▸ **faire avec les moyens du bord** echar mano de lo que se pueda **2.** [capacités] fuerzas *fpl* ▸ **perdre tous ses moyens** bloquearse.

Moyen Âge [mwajɛnaʒ] nm ▸ **le Moyen Âge** la Edad Media.

moyenâgeux, euse [mwajɛnaʒø, øz] adj medieval.

moyen-courrier [mwajɛ̃kuʀje] (*pl* **moyen-courriers**) ◆ nm *avión de transporte de medias distancias*. ◆ adj de medias distancias.

moyennant [mwajɛnɑ̃] prép a cambio de ▸ **moyennant quoi** mediante lo cual.

moyenne ⟶ **moyen**.

moyennement [mwajɛnmɑ̃] adv medianamente.

Moyen-Orient [mwajɛnɔʀjɑ̃] npr ▸ **le Moyen-Orient** el Oriente medio.

moyen-oriental, e [mwajɛnɔʀjɑ̃tal] adj del Oriente medio.

moyeu, x [mwajø] nm cubo *m (de rueda)*.

mozambicain, e [mɔzɑ̃bikɛ̃, ɛn] adj mozambiqueño(ña). ◆ **Mozambicain, e** nm, f mozambiqueño *m*, -ña *f*.

Mozambique [mɔzɑ̃bik] npr ▸ **le Mozambique** Mozambique.

mozarabe [mɔzaʀab] adj & nmf mozárabe.

mozzarella [mɔdzaʀela], **mozzarelle** [mɔdzaʀɛl] nf mozzarella *f*.

MP3 (*abr de* **moving picture experts group audio layer 3**) nm inv INFORM MP3 *m* ▸ **lecteur (de) MP3** lector de MP3.

MP4 (*abr de* **moving picture experts group audio layer 4**) nm INFORM MP4 *m* ▸ **lecteur (de) MP4** lector de MP4.

MPEG [ɛmpɛg] (*abr de* **motion picture experts group**) nm MPEG *m*.

MRAP [mʀap] (*abr de* **Mouvement contre le racisme, l'antisémitisme et pour la paix**) nm *agrupación francesa de lucha contra el racismo y el antisemitismo*.

MRG (*abr de* **Mouvement des radicaux de gauche**) nm *partido político francés a la izquierda del espectro político*.

ms (*abr écrite de* **manuscrit**) m.s. / *une lettre ms* una carta m.s.

MSF (*abr de* **Médecins sans frontières**) nmpl MSF *mpl*.

MST nf **1.** (*abr de* **maladie sexuellement transmissible**) ETS *f* / *attraper une MST* coger una ETS / *la recrudescence des MST* la recrudescencia de las ETS **2.** (*abr de* **maîtrise de sciences et techniques**) *licenciatura de carreras universitarias técnicas y de ciencias*.

MT (*abr écrite de* **moyenne tension**) TM.

mû, **mue** [my] pp ⟶ **mouvoir**.

mucosité [mykozite] nf mucosidad *f*.

mucus [mykys] nm mucus *m inv*.

mudéjar, **e** [mydeʒaʀ *ou* mudexaʀ] adj & nm, f mudéjar.

mue [my] nf muda *f*.

muer [7] [mɥe] vi mudar. ◆ **se muer** vp *sout* ▸ **se muer en qqch** mudarse en algo.

muesli [mysli] nm muesli *m*.

muet, **ette** [mɥɛ, ɛt] ◈ adj mudo(da) ▸ **muet de** [étonnement, admiration] mudo de. ◈ nm, f mudo *m*, -da *f*. ◆ **muet** nm ▸ **le muet** CINÉ el cine mudo.

muezzin [mɥɛdzin] nm muecín *m*, almuecín *m*.

mufle [myfl] nm **1.** [d'animal] morro *m*, hocico *m* **2.** *fig* [goujat] zafio *m*.

muflerie [myfləʀi] nf zafiedad *f*.

mufti, **muphti** [myfti] nm muftí *m*.

mugir [32] [myʒiʀ] vi **1.** [bovidé] mugir **2.** [vent, sirène] bramar.

mugissement [myʒismɑ̃] nm **1.** [d'animal] mugido *m* **2.** [de vent, de sirène] bramido *m*.

muguet [mygɛ] nm muguete *m (flores que se ofrecen el día uno de mayo para dar buena suerte)*.

mulâtre, **esse** [mylatʀ, tʀɛs] nm, f mulato *m*, -ta *f*. ◆ **mulâtre** adj mulato(ta).

mule [myl] nf **1.** [animal] mula *f* **2.** [pantoufle] chinela *f*.

mulet [mylɛ] nm **1.** [âne] mulo *m* **2.** [poisson] mújol *m*.

muletier, **ère** [myltje, ɛʀ] ◈ adj [chemin, piste] de cabras. ◈ nm, f mulero *m*, -ra *f*.

mulot [mylo] nm ratón *m* de campo.

multicasting [myltikastiŋ] nm multidifusión *f*.

multicolore [myltikɔlɔʀ] adj multicolor.

multiconfessionnel, **elle** [myltikɔ̃fɛsjɔnɛl] adj multiconfesional.

multicoque [myltikɔk] adj & nm multicasco.

multiculturel, **elle** [myltikyltyʀɛl] adj multicultural.

multidisciplinaire [myltidisiplinɛʀ] adj multidisciplinario(ria), multidisciplinar.

multiethnique [myltiɛtnik] adj multiétnico(ca).

multifonction [myltifɔ̃ksjɔ̃] adj inv multifunción.

multifonctionnel, **elle** [myltifɔ̃ksjɔnɛl] adj [salle, centre, complexe] multifuncional.

multiforme [myltifɔʀm] adj multiforme.

multilatéral, **e**, **aux** [myltilateʀal, o] adj multilateral.

multilingue [myltilɛ̃g] adj multilingüe.

multilinguisme [myltilɛ̃gɥism] nm plurilingüismo *m*.

multimédia [myltimedja] adj multimedia *(inv)*.

multimilliardaire [myltimiljaʀdɛʀ] adj & nmf multibillonario *m*, -ria *f*.

multimillionnaire [myltimiljɔnɛʀ] adj & nmf multimillonario(ria).

multinational, **e**, **aux** [myltinasjɔnal, o] adj multinacional. ◆ **multinationale** nf multinacional *f*.

multiple [myltipl] ◈ nm múltiplo *m*. ◈ adj múltiple.

multiplexe [myltiplɛks] nm CINÉ multicine *m*, multisalas *m inv*.

multiplicateur, **trice** [myltiplikatœʀ, tʀis] adj multiplicador(ra). ◆ **multiplicateur** nm multiplicador.

multiplication [myltiplikasjɔ̃] nf multiplicación *f*.

multiplicité [myltiplisite] nf multiplicidad *f*.

multiplier [10] [myltiplije] vt multiplicar ▸ **X multiplié par Y égale Z** X multiplicado por Y igual a Z. ◆ **se multiplier** vp multiplicarse.

multipropriété [myltipʀɔpʀijete] nf multipropiedad *f*.

multiracial, **e**, **aux** [myltiʀasjal, o] adj multirracial.

multirésistant, **e** [myltiʀezistɑ̃, ɑ̃t] adj multirresistente.

multirisque [myltiʀisk] adj multirriesgo.

multitude [myltityd] nf multitud *f* ▸ **une multitude de** una multitud de.

multi-utilisateurs [myltiytilizatœʀ] adj inv INFORM multiusuario.

> **Muguet**
>
> En Francia, el Día del trabajo, que tiene lugar el 1 de mayo, se venden ramilletes de muguete en las calles, y se regalan para que den buena suerte.

municipal, e, aux [mynisipal, o] adj municipal. ◆ **municipales** nfpl : *les municipales* las elecciones municipales francesas.

municipalité [mynisipalite] nf municipio *m*.

munir [32] [myniʀ] vt ▸ **munir qqch de qqch** equipar algo con algo ▸ **munir qqn de qqch** proveer a alguien de algo. ◆ **se munir** vp ▸ **se munir de qqch** proveerse de algo.

munitions [mynisjɔ̃] nfpl municiones *fpl*.

munster [mœ̃stɛʀ] nm *queso de los Vosgos de fuerte olor y sabor*.

muphti = **mufti**.

muqueuse [mykøz] nf mucosa *f*.

mur [myʀ] nm **1.** [cloison] pared *f* ▸ **mur antibruit** muro *m* antirruidos ▸ **mur d'enceinte** muralla *f* ▸ **mur de soutènement** muro *m* de contención ▸ **mur mitoyen** pared medianera ▸ **faire le mur** *fig* escaparse ▸ **raser les murs** *fig* esconderse **2.** *fig* [obstacle] muro *m* ▸ **se heurter à un mur** chocar contra un muro. ◆ **mur du son** nm barrera *f* del sonido.

mûr, e [myʀ] adj maduro(ra). ◆ **mûre** nf mora *f*.

muraille [myʀaj] nf muralla *f*.

mural, e, aux [myʀal, o] adj mural.

muralisme [myʀalism] nm muralismo *m*.

muraliste [myʀalist] ❖ adj muralista. ❖ nmf muralista *mf*.

Murcie [myʀsi] npr Murcia.

mûre ⟶ **mûr**.

mûrement [myʀmɑ̃] adv detenidamente.

murène [myʀɛn] nf morena *f*.

murer [3] [myʀe] vt **1.** [porte, fenêtre] tapiar **2.** [personne] encerrar entre cuatro paredes. ◆ **se murer** vp [s'enfermer] encerrarse ▸ **se murer dans qqch** *fig* encerrarse en algo.

muret [myʀɛ] nm muro *m* bajo.

mûrier [myʀje] nm morera *f*.

mûrir [32] [myʀiʀ] vi madurar.

murmure [myʀmyʀ] nm murmullo *m*, susurro *m*.

murmurer [3] [myʀmyʀe] vt & vi murmurar, susurrar.

musaraigne [myzaʀɛɲ] nf musaraña *f*.

musarder [3] [myzaʀde] vi *fam* callejear.

musc [mysk] nm almizcle *m*.

muscade [myskad] nf nuez *f* moscada.

muscadet [myskadɛ] nm *vino blanco seco de la región de Nantes*.

muscat [myska] nm moscatel *m*.

muscle [myskl] nm músculo *m*.

musclé, e [myskle] adj **1.** [personne] musculoso(sa) **2.** *fig* [intervention, mesure] enérgico(ca).

muscler [3] [myskle] vt desarrollar los músculos de. ◆ **se muscler** vp desarrollar los músculos / *il se muscle les bras* desarrolla los músculos de los brazos.

muscu [mysky] (*abr de* **musculation**) nf *fam* (ejercicios *mpl* de) musculación *f* / *elle fait de la muscu trois fois par semaine* hace musculación tres veces por semana.

musculaire [myskylɛʀ] adj muscular.

musculation [myskylasjɔ̃] nf ▸ **faire de la musculation** hacer (ejercicios de) musculación.

musculature [myskylatyʀ] nf musculatura *f*.

muse [myz] nf musa *f*. ◆ **Muse** nf MYTH Musa *f*.

museau, x [myzo] nm morro *m*, hocico *m*.

musée [myze] nm museo *m*.

museler [14] [myzle] vt **1.** [animal] poner un bozal a **2.** *fig* [presse, personne] amordazar.

muselière [myzəljɛʀ] nf bozal *m*.

muséographe [myzeɔgʀaf] nmf museógrafo *m*, -fa *f*.

musette [myzɛt] ❖ nf morral *m*. ❖ nm ▸ **(bal) musette** *baile popular al son del acordeón*.

muséum [myzeɔm] nm museo *m* de ciencias naturales.

musical, e, aux [myzikal, o] adj musical.

musicalement [myzikalmɑ̃] adv musicalmente.

music-hall [myzikol] (*pl* **music-halls**) nm music-hall *m* ▸ **le music-hall** [genre] el music-hall.

musicien, enne [myzisjɛ̃, ɛn] adj & nm, f músico(ca).

musicographie [myzikɔgʀafi] nf musicografía *f*.

musicologue [myzikɔlɔg] nmf musicólogo *m*, -ga *f*.

musique [myzik] nf **1.** ART música *f* ▸ **musique de chambre / de film** música de cámara / de película ▸ **connaître la musique** *fam* saberse la canción **2.** *fig* [d'une phrase, d'une voix] musicalidad *f*.

musli [mysli] = **muesli**.

musqué, e [myske] adj almizclado(da).

must [mœst] nm *fam* ▸ **le must** : *ce film est un must* esta película hay que verla **ou** no hay que perdérsela.

musulman, e [myzylmɑ̃, an] adj & nm, f musulmán(ana).

mutant, e [mytɑ̃, ɑ̃t] adj & nm, f mutante.

mutation [mytasjɔ̃] nf **1.** BIOL mutación *f* **2.** *fig* [changement] transformación *f* ▸ **en pleine mutation** en plena transformación **3.** [d'un employé] traslado *m*.

muter [3] [myte] vt trasladar.

mutilation [mytilasjɔ̃] nf mutilación *f*.

mutilé, e [mytile] nm, f mutilado *m*, -da *f*.

mutiler [mytile] vt **1.** [membre, organe] amputar **2.** [statue, texte, vérité] mutilar.

mutin, e [mytɛ̃, in] adj *sout* travieso(sa). ◆ **mutin** nm amotinado *m*.

mutiner [3] [mytine] ◆ **se mutiner** vp amotinarse.

mutinerie [mytinʀi] nf motín *m*.

mutisme [mytism] nm mutismo *m*.

mutualiste [mytɥalist] ❖ adj [société] mutuo(tua). ❖ nmf mutualista.

mutualité [mytɥalite] nf mutualidad *f*.

mutuel, elle [mytɥɛl] adj mutuo(tua). ◆ **mutuelle** nf mutua *f*.

mutuellement [mytɥɛlmɑ̃] adv mutuamente.

mwa SMS *abr écrite de* **moi**.

Myanmar [mianmaʀ] npr ▸ **le Myanmar** Myanmar.

mycose [mikoz] nf micosis *f inv*.

mygale [migal] nf ZOOL migala *f*.

myocarde [mjɔkaʀd] nm miocardio *m*.

myopathie [mjɔpati] nf miopatía *f*.

myope [mjɔp] adj & nmf miope.

myopie [mjɔpi] nf miopía *f*.

myosotis [mjɔzɔtis] nm miosota *f*.

myriade [miʀjad] nf ▸ **une myriade de** una miríada de.

myrtille [miʀtij] nf arándano *m*.

mystère [mistɛʀ] nm misterio *m*. ◆ **Mystère**® nm CULIN *helado relleno de merengue y cubierto de praliné*.

mystérieusement [misteʀjøzmɑ̃] adv misteriosamente.

mystérieux, euse [misteʀjø, øz] adj misterioso(sa).

mysticisme [mistisism] nm misticismo *m*.

mystification [mistifikasjɔ̃] nf mistificación *f*.

mystifier [9] [mistifje] vt mistificar.

mystique [mistik] adj & nmf místico(ca).

mythe [mit] nm mito *m*.

mythifier [9] [mitifje] vt mitificar.

mythique [mitik] adj mítico(ca).

mytho [mito] adj *fam* mitómano(na).

mythologie [mitɔlɔʒi] nf mitología *f*.

mythologique [mitɔlɔʒik] adj mitológico(ca).

mythomane [mitɔman] adj & nmf mitómano(na).

N

n, **N** [ɛn] nm inv [lettre] n *f*, N *f*. ◆ **n** (*abr écrite de* **nano**) n. ◆ **N 1.** (*abr écrite de* **newton**) N **2.** (*abr écrite de* **nord**) N.

nº (*abr écrite de* **numéro**) nº.

n' ⟶ **ne**.

na interj *fam* ¡que no!, ¡pues sí! *(sirve para afirmar o negar y es de uso infantil)* / *je fais ce que je veux, na !* ¡que no, que hago lo que me da la gana!

nabot, **e** [nabo, ɔt] nm, f *péj* retaco *m*.

> ⚠ **Nabo** est un faux ami, il ne signifie pas *nabot*, mais « navet ».

nac [nak] (*abr de* **nouvel animal de compagnie**) nm *animal no doméstico que se toma como nuevo animal de compañía.*

nacelle [nasɛl] nf [de montgolfière] barquilla *f*.

nacre [nakʀ] nf nácar *m*.

nacré, **e** [nakʀe] adj nacarado(da).

nage [naʒ] nf [natation - action] natación *f*; [- façon] estilo *m* (de natación) ▸ **à la nage** a nado ▸ **être en nage** estar empapado(da) en sudor ▸ **nage libre** estilo libre ▸ **nage papillon** estilo mariposa.

nageoire [naʒwaʀ] nf aleta *f*.

nager [17] [naʒe] ❖ vi **1.** [se déplacer dans l'eau, flotter] nadar **2.** *fig* ▸ **nager dans qqch a)** [opulence] nadar en algo **b)** [joie] rebosar de algo **c)** *fam* [vêtements] nadar en algo ▸ **je nage** *fam* no me entero de nada. ❖ vt nadar.

nageur, **euse** [naʒœʀ, øz] nm, f nadador *m*, -ra *f*.

naguère [nagɛʀ] adv *sout* antes.

naïade [najad] nf náyade *f*.

naïf, **ïve** [naif, iv] ❖ adj **1.** [personne, air, remarque] ingenuo(nua) **2.** ART naif. ❖ nm, f **1.** [niais] ingenuo *m*, -nua *f* **2.** [peintre] pintor *m* naif, pintora *f* naif.

nain, **e** [nɛ̃, nɛn] adj & nm, f enano(na) ▸ **nain de jardin** enano de jardín.

Nairobi [nɛʀɔbi] npr Nairobi.

nais ⟶ **naître**.

naissais ⟶ **naître**.

naissance [nɛsɑ̃s] nf nacimiento *m* ▸ **de naissance** de nacimiento ▸ **donner naissance à a)** *pr* dar a luz (a) **b)** *fig* dar origen a ▸ **prendre naissance dans qqch** tener su origen en algo.

naissant, **e** [nɛsɑ̃, ɑ̃t] adj naciente.

naître [92] [nɛtʀ] vi **1.** [enfant] nacer **2.** [commencer] ▸ **faire naître qqch** engendrar algo ▸ **naître de qqch** nacer de algo.

naïve ⟶ **naïf**.

naïvement [naivmɑ̃] adv ingenuamente.

naïveté [naivte] nf ingenuidad *f*.

naja [naʒa] nm cobra *f*.

Namibie [namibi] npr ▸ **la Namibie** Namibia.

namibien, **enne** [namibjɛ̃, ɛn] adj de Namibia. ◆ **Namibien**, **enne** nm, f *natural o habitante de Namibia.*

nana [nana] nf *fam* tía *f*.

nanoparticule [nanopaʀtikyl] nf PHYS nanopartícula *f*.

nanti, **e** [nɑ̃ti] ❖ adj pudiente. ❖ nm, f pudiente *mf* ▸ **les nantis** la gente pudiente.

nantir [32] [nɑ̃tiʀ] vt *sout* ▸ **nantir qqn de qqch** proveer a alguien de algo. ◆ **se nantir** vp *sout* ▸ **se nantir de qqch** proveerse de algo.

NAP [nap] (*abr écrite de* **Neuilly Auteuil Passy**) ❖ adj *designa los barrios altos de Neuilly, Auteuil y Passy en el oeste de París* / *le triangle NAP* el triángulo NAP. ❖ nmf *nombre dado a los pijos de los barrios altos de Neuilly, Auteuil y Passy en el oeste de París.*

naphtaline [naftalin] nf naftalina *f*.

Naples [napl] npr Nápoles.

Napoléon [napɔleɔ̃] npr ▸ **Napoléon Bonaparte** Napoleón Bonaparte.

nappage [napaʒ] nm CULIN cobertura *f*, baño *m*.

nappe [nap] nf **1.** [de table] mantel *m* **2.** [étendue, couche] capa *f*, napa *f* ▸ **nappe de pétrole** capa de petróleo ▸ **nappe phréatique** capa freática.

napper [3] [nape] vt CULIN cubrir.

napperon [napʀɔ̃] nm tapete *m*.

naquis ⟶ **naître**.

narcisse [naʀsis] nm narciso *m*.

narcissique [naʀsisik] adj & nmf narcisista.

narcissisme [naʀsisism] nm narcisismo *m*.

narcodollars [naʀkodɔlaʀ] nmpl narcodólares *mpl*.

narcotique [naʀkɔtik] ❖ adj narcótico(ca). ❖ nm narcótico *m*.

narcotrafic [naʀkotʀafik] nm narcotráfico *m*.

narcotrafiquant, **e** [naʀkotʀafikɑ̃, ɑ̃t] nm, f narcotraficante *mf*.

narguer [3] [naʀge] vt burlarse de.

narine [naʀin] nf ventana *f* nasal.

narquois, e [narkwa, az] adj socarrón(ona) ▸ **un sourire narquois** una sonrisa socarrona.

narrateur, trice [naratœr, tris] nm, f narrador *m*, -ra *f*.

narratif, ive [naratif, iv] adj narrativo.

narration [narasjɔ̃] nf [récit] narración *f*.

narratrice ⟶ **narrateur**.

narrer [3] [nare] vt narrar.

NASA, Nasa [naza] (*abr de* **National Aeronautics and Space Administration**) nf NASA *f*.

nasal, e, aux [nazal, o] adj nasal.

nasale [nazal] nf PHON nasal *f*.

nasaliser [nazalize] vt nasalizar.

nase, naze adj *fam* **1.** [cassé] escacharrado(da) / *la télé est nase* la tele se ha escacharrado **2.** [fatigué] hecho(cha) / *je ne dors pas assez, je suis complètement nase* no duermo lo suficiente, estoy totalmente hecha polvo **3.** [nul] inútil / *tu es vraiment nase* eres realmente inútil.

naseau, x [nazo] nm ollar *m*, nariz *f*.

nasillard, e [nazijar, ard] adj nasal, gangoso(sa).

nasiller [3] [nazije] vi ganguear.

Nassau [naso] npr Nassau.

nasse [nas] nf nasa *f*.

natal, e [natal] adj natal.

natalité [natalite] nf natalidad *f*.

Napoléon 1er

El Primer Cónsul (1799-1804) y Emperador de los franceses (1804-1814/15) es posiblemente la figura más destacada y célebre de la Europa continental. Se convirtió en el general más joven del ejército francés y tras sus campañas en Italia (1796-1797) y Egipto (1798-1799), volvió a Francia para hacerse con el poder a raíz del golpe de Estado del 18 de brumario (9 de noviembre de 1799). El 2 de diciembre de 1804 se hizo coronar Emperador. Los primeros años de su reinado estuvieron marcados por sucesivas victorias como Austerlitz o Jena. Comenzó a sufrir reveses con la guerra en España (1808-1814) y la desastrosa retirada de Rusia (1812), que acabaron con su Imperio en 1814. Fue exiliado a la isla de Elba, de donde escapó para ponerse de nuevo al frente de sus ejércitos en 1815, hasta ser derrotado definitivamente en Waterloo. Apresado, los ingleses lo deportaron a la isla de Santa Elena, donde murió en 1821.

natation [natasjɔ̃] nf natación *f*.

natif, ive [natif, iv] ✧ adj **1.** [originaire] nativo(va), natural ▸ **natif de** natural de **2.** *sout* [inné] innato(ta). ✧ nm, f nativo *m*, -va *f*.

nation [nasjɔ̃] nf nación *f*.

national, e, aux [nasjɔnal, o] adj nacional.
◆ **nationale** nf nacional *f*.

nationalisation [nasjɔnalizasjɔ̃] nf nacionalización *f*.

nationaliser [3] [nasjɔnalize] vt nacionalizar.

nationalisme [nasjɔnalism] nm nacionalismo *m*.

nationaliste [nasjɔnalist] adj & nmf nacionalista.

nationalité [nasjɔnalite] nf nacionalidad *f* ▸ **de nationalité française / espagnole** de nacionalidad francesa / española ▸ **double nationalité** doble nacionalidad.

nativité [nativite] nf ART natividad *f*. ◆ **Nativité** nf ▸ **la Nativité** RELIG la Natividad.

natte [nat] nf **1.** [tresse] trenza *f* **2.** [tapis] estera *f*.

natter [3] [nate] vt trenzar.

naturalisation [natyralizasjɔ̃] nf **1.** DR naturalización *f* **2.** [d'animal] disecación *f*.

naturalisé, e [natyralize] ✧ adj **1.** [personne] naturalizado(da) **2.** [animal] disecado(da). ✧ nm, f naturalizado *m*, -da *f*.

naturaliser [3] [natyralize] vt **1.** DR naturalizar ▸ **se faire naturaliser** naturalizarse **2.** [animal] disecar.

naturalisme [natyralism] nm LITTÉR naturalismo *m*.

naturaliste [natyralist] ✧ adj naturalista. ✧ nmf **1.** [zoologiste, romancier] naturalista *mf* **2.** [empailleur] disecador *m*, -ra *f*.

nature [natyr] ✧ nf naturaleza *f* ▸ **de nature à** encaminado a ▸ **de cette nature** de este tipo ▸ **disparaître dans la nature** *fam* desvanecerse, esfumarse ▸ **être dans la nature des choses** formar parte de la naturaleza de las cosas ▸ **par nature** por naturaleza / *l est maladroit par nature* es torpe por naturaleza ▸ **payer en nature** *fam* pagar en especie. ✧ adj inv natural ; [café] solo(la) / *un yaourt nature* un yogur natural. ◆ **nature morte** nf bodegón *m*, naturaleza *f* muerta.

naturel, elle [natyrɛl] adj natural. ◆ **naturel** nm **1.** [tempérament] naturaleza *f*, natural *m* ▸ **être d'un** OU **avoir un naturel calme** ser de OU tener una naturaleza tranquila **2.** [aisance, simplicité] naturalidad *f* **3.** CULIN ▸ **au naturel** al natural.

naturellement [natyrɛlmɑ̃] adv **1.** [gén] naturalmente **2.** [de façon innée] por naturaleza.

naturisme [natyrism] nm naturismo *m*.

naturiste [natyrist] adj & nmf naturista.

naturopathe [natyrɔpat] nmf naturópata *mf*.

naturopathie [natyrɔpati] nf naturopatía *f*.

naufrage [nofraʒ] nm **1.** [de navire] naufragio *m* ▸ **faire naufrage** naufragar **2.** *fig* [d'entreprise] hundimiento *m*.

naufragé, e [nofraʒe] adj & nm, f náufrago(ga).

nauséabond, e [nozeabɔ̃, ɔ̃d] adj nauseabundo(da).

nausée [noze] nf náusea *f* ▸ **avoir la nausée** tener náuseas ▸ **donner la nausée** dar náuseas.

nauséeux, euse [nozeø, øz] adj : *se sentir nauséeux* tener náuseas.

nautique [notik] adj náutico(ca) ; [ski, sport] acuático(ca).

nautisme [notism] nm deportes *mpl* náuticos.

naval, e [naval] adj naval.

navarin [navaʀɛ̃] nm CULIN *guiso de cordero con patatas y verduras*.

Navarre [navaʀ] npr ▸ **la Navarre** Navarra.

navet [navɛ] nm **1.** BOT nabo *m* **2.** *péj* [œuvre] birria *f*, churro *m*.

navette [navɛt] nf lanzadera *f* ; [car] autobús *m* ▸ **navette spatiale** lanzadera espacial ▸ **faire la navette** ir y venir.

navigable [navigabl] adj navegable.

navigant, e [navigɑ̃, ɑ̃t] ◆ adj AÉRON [personnel] de vuelo. ◆ nm, f ▸ **les navigants** la tripulación.

navigateur, trice [navigatœʀ, tʀis] nm, f navegante *mf*. ◆ **navigateur** nm INFORM navegador *m*.

navigation [navigasjɔ̃] nf **1.** [transport & INFORM] navegación *f* **2.** [pilotage] náutica *f*, navegación *f*.

naviguer [3] [navige] vi **1.** [en bateau & INFORM] navegar **2.** [en avion] volar.

navire [naviʀ] nm buque *m*, navío *m* ▸ **navire de guerre** buque ou navío de guerra ▸ **navire marchand** barco *m* ou buque mercante.

navrant, e [navʀɑ̃, ɑ̃t] adj lamentable.

navré, e [navʀe] adj afligido(da), triste / *il me regarda d'un air navré* me miró con cara de tristeza.

navrer [3] [navʀe] vt afligir ▸ **être navré de qqch / de faire qqch** sentir mucho algo / hacer algo / *je suis navré de vous l'entendre dire* siento mucho oírle decir eso.

nazi, e [nazi] adj & nm, f nazi.

nazisme [nazism] nm nazismo *m*.

NB (*abr de* **nota bene**) NB.

NBC (*abr de* **nucléaire, bactériologique, chimique**) adj NBC ▸ **des armes NBC** armas NBC ▸ **une guerre NBC** una guerra NBC.

nbreuses *abr écrite de* **nombreuses**.

nbreux, nbrx *abr écrite de* **nombreux**.

n.c., nc **1.** (*abr écrite de* **non communiqué**) nc ▸ **date et lieu n.c.** fecha y lugar nc **2.** (*abr écrite de* **non connu**) nc.

n.d. **1.** (*abr écrite de* **non daté**) s.f. **2.** (*abr écrite de* **non disponible**) no disponible.

N-D (*abr écrite de* **Notre-Dame**) Nª Sª / *N-D de Chartres* NªSª de Chartres.

NDA (*abr écrite de* **note de l'auteur**) N. del A.

N'Djamena [ndʒamena] npr N'Djamena.

NDLR (*abr écrite de* **note de la rédaction**) N. de la R.

NDT (*abr écrite de* **note du traducteur**) N. del T.

ne [nə] (*n' devant voyelle ou 'h' muet*) adv **1.** [négation] no / *il ne veut pas* no quiere / *je n'ai que 20 euros* sólo tengo 20 euros **2.** [négation implicite] : *il se porte mieux que je ne (le) croyais* está mejor de lo que (yo) creía **3.** [avec verbes ou expressions marquant le doute, la crainte, etc.] : *je crains qu'il n'oublie* temo que se olvide / *j'ai peur qu'il n'en parle* temo que hable de ello.

né, e [ne] ◆ adj **1.** [venu au monde] nacido(da) / *né le 6 février* nacido el 6 de febrero ▸ **Mme X, née Y** la señora X, de soltera Y ▸ **ne pas être né d'hier** no haber nacido ayer **2.** *fig* [de naissance] nato(ta) / *un artiste-né* un artista nato. ◆ pp ⟶ **naître**.

néanmoins [neɑ̃mwɛ̃] adv sin embargo.

néant [neɑ̃] nm nada *f* ▸ **réduire qqch à néant** reducir algo a la nada.

nébuleux, euse [nebylø, øz] adj nebuloso(sa). ◆ **nébuleuse** nf nebulosa *f*.

nécessaire [nesesɛʀ] ◆ adj necesario(ria) ▸ **nécessaire à qqch** necesario para algo ▸ **il est nécessaire de faire qqch** es necesario hacer algo ▸ **il est nécessaire que** (+ *subjonctif*) es necesario que (+ *subjonctif*). ◆ nm **1.** [biens indispensables] ▸ **le nécessaire** lo necesario ▸ **faire le nécessaire** hacer lo necesario ▸ **le strict nécessaire** lo estrictamente necesario **2.** [trousse] ▸ **nécessaire (de toilette)** bolsa *f* de aseo, neceser *m* ▸ **nécessaire de couture** costurero *m*.

nécessairement [nesesɛʀmɑ̃] adv necesariamente.

nécessité [nesesite] nf necesidad *f* ▸ **de première nécessité** de primera necesidad ▸ **être dans la nécessité de faire qqch** verse en la necesidad de hacer algo ▸ **par nécessité** por necesidad. ◆ **nécessités** nfpl exigencias *fpl*.

nécessiter [3] [nesesite] vt exigir.

nécessiteux, euse [nesesitø, øz] ◆ adj necesitado(da). ◆ nm, f necesitado *m*, -da *f* / *les nécessiteux* los necesitados.

nec plus ultra [nɛkplysyltʀa] nm inv non plus ultra *m inv*.

nécrologie [nekʀɔlɔʒi] nf [notice] necrología *f*, necrológica *f* ; [liste] necrológicas *fpl*, necrología *f*.

nécrologique [nekʀɔlɔʒik] adj necrológico(ca).

nécromancien, enne [nekʀomɑ̃sjɛ̃, ɛn] nm, f nigromante *mf*.

nécropole [nekʀɔpɔl] nf necrópolis *f*.

nécrose [nekʀoz] nf necrosis *f inv*.

nectar [nɛktaʀ] nm néctar *m* ▸ **nectar d'abricot / de pêche** néctar de albaricoque / de melocotón.

nectarine [nɛktaʀin] nf nectarina *f*.

néerlandais, e [neɛʀlɑ̃dɛ, ɛz] adj neerlandés(esa). ◆ **néerlandais** nm LING neerlandés *m*. ◆ **Néerlandais, e** nm, f neerlandés *m*, -esa *f*.

nef [nɛf] nf [d'église] nave *f*.

néfaste [nefast] adj nefasto(ta).

nèfle [nɛfl] nf níspero *m* (*fruta*).

néflier [neflije] nm níspero *m* (*árbol*).

négatif, ive [negatif, iv] adj negativo(va). ◆ **négatif** nm PHOTO negativo *m*. ◆ **négative** nf negativa *f* ▸ **dans la négative** en caso negativo ▸ **répondre par la négative** responder negativamente.

négation [negasjɔ̃] nf negación *f*.

négationnisme [negasjɔnism] nm negacionismo *m*.

négationniste [negasjɔnist] adj negacionista *mf*.

négativement [negativmɑ̃] adv negativamente.

négligé, e [negliʒe] adj [tenue, personne, jardin] descuidado(da), desaliñado(da) / *il se donne un style négligé* se las da de desaliñado. ◆ **négligé** nm **1.** [laisser-aller] abandono *m* **2.** [déshabillé] negligé *m*.

négligeable [negliʒabl] adj insignificante / *une erreur négligeable* un error insignificante ▸ **non négligeable** nada despreciable.

négligemment [negliʒamɑ̃] adv **1.** [sans soin] descuidadamente **2.** [avec indifférence] con negligencia.

négligence [negliʒɑ̃s] nf negligencia *f* ▸ **par négligence** por negligencia.

négligent, e [negliʒɑ̃, ɑ̃t] adj & nm, f negligente.

négliger [negliʒe] vt **1.** [ignorer, délaisser] desatender **2.** [oublier] ▸ **négliger de faire qqch** olvidar hacer algo **3.** [jardin, tenue] descuidar. ◆ **se négliger** vp descuidarse, abandonarse.

négoce [negɔs] nm negocio *m*.

négociable [negɔsjabl] adj negociable.

négociant, e [negɔsjɑ̃, ɑ̃t] nm, f negociante *mf*.

négociateur, trice [negɔsjatœʀ, tʀis] nm, f negociador *m*, -ra *f*.

négociation [negɔsjasjɔ̃] nf negociación *f* ▸ **négociations de paix** negociaciones de paz ▸ **négociations au sommet** negociaciones en la cumbre.

négocier [9] [negɔsje] vt **1.** [gén] negociar **2.** [virage] tomar bien.

nègre, négresse [nɛgʀ, negʀɛs] adj & nm, f *péj* [noir] negro(gra). ◆ **nègre** nm *fam* [écrivain anonyme] negro *m*, -gra *f*.

négrier [negʀije] nm negrero *m*.

neige [nɛʒ] nf nieve *f* ▸ **aller à la neige** ir a esquiar ▸ **battre en neige** [œufs] batir a punto de nieve ▸ **blanc comme neige** a) [immaculé] más blanco que la nieve b) *fig* [innocent] limpio ▸ **neige carbonique** nieve carbónica ▸ **neige poudreuse** nieve polvo.

neiger [23] [neʒe] vi nevar ▸ **il neige** nieva, está nevando.

neigeux, euse [nɛʒø, øz] adj **1.** [lieu] nevado(da) **2.** [temps] nevoso(sa).

nem [nɛm] nm CULIN nem *m*.

nénette [nenɛt] nf *fam* **1.** [jeune fille] chiquilla *f* **2.** [petite amie] novia *f* **3.** [tête] ▸ **se casser la nénette** romperse la crisma.

nénuphar [nenyfaʀ] nm nenúfar *m*.

néo-calédonien, enne [neɔkaledɔnjɛ̃, ɛn] (*mpl* **néo-calédoniens**, *fpl* **néo-calédoniennes**) adj neocaledonio(nia). ◆ **Néo-Calédonien, enne** nm, f neocaledonio *m*, -nia *f*.

néoclassique [neoklasik] adj neoclásico(ca).

néocolonialisme [neokɔlɔnjalism] nm neocolonialismo *m*.

néo-colonialiste [neɔkɔlɔnjalist] (*pl* **néo-colonialistes**) adj & nmf neocolonialista.

néolithique [neolitik] nm GÉOL : *le néolithique* el neolítico.

néologisme [neɔlɔʒism] nm neologismo *m*.

néon [neɔ̃] nm [lumière & CHIM] neón *m* ; [tube] fluorescente *m*.

néonatal, e, als [neɔnatal] adj neonatal.

néonazi, e [neonazi] adj & nm, f neonazi.

néophyte [neɔfit] adj & nmf neófito(ta).

néo-zélandais, e [neɔzelɑ̃dɛ, ɛz] (*mpl inv*, *fpl* **néo-zélandaises**) adj neocelandés(esa). ◆ **Néo-Zélandais, e** nm, f neocelandés *m*, -esa *f*.

Népal [nepal] npr ▸ **le Népal** Nepal.

népalais, e [nepalɛ, ɛz] adj nepalés(esa), nepalí. ◆ **népalais** nm LING nepalés *m*, nepalí *m*. ◆ **Népalais, e** nm, f nepalés *m*, -esa *f*, nepalí *mf*.

néphrétique [nefʀetik] adj [colique] nefrítico(ca).

néphrite [nefʀit] nf nefritis *f inv*.

népotisme [nepɔtism] nm nepotismo *m*.

Neptune [nɛptyn] npr Neptuno.

nerd [nɛrd] nm *péj* nerd *mf*.

nerf [nɛʀ] nm nervio *m* ▸ **nerf optique / rachidien** nervio óptico / raquídeo. ◆ **nerfs** nmpl nervios *mpl* ▸ **avoir les nerfs solides** OU **des nerfs d'acier** tener nervios de acero ▸ **être à bout de nerfs** estar al borde de un ataque de nervios ▸ **être sur les nerfs** tener los nervios de punta ▸ **taper sur les nerfs de qqn** *fam* poner a alguien atacado(da) de los nervios.

nerveusement [nɛʀvøzmɑ̃] adv nerviosamente / *être très fragile nerveusement* estar delicado(da) de los nervios.

nerveux, euse [nɛʀvø, øz] ❖ adj **1.** [gén] nervioso(sa) **2.** [voiture] con nervio. ❖ nm, f nervioso *m*, -sa *f*.

nervosité [nɛʀvozite] nf nerviosismo *m*.

nervure [nɛʀvyʀ] nf nervadura *f*.

n'est-ce pas [nɛspa] loc adv ¿verdad? / *délicieux, n'est-ce pas ?* delicioso ¿verdad? / *n'est-ce pas que vous vous êtes bien amusés ?* ¿a que os habéis divertido?

net, nette [nɛt] adj **1.** [propre, rangé, pur] limpio(pia) **2.** COMM & FIN neto(ta) ▸ **net d'impôt** libre de impuestos **3.** [image, idée] nítido(da) **4.** [réponse, terme, différence] claro(ra). ◆ **net** adv **1.** [brutalement] ▸ **s'arrêter net** parar en seco **2.** [franchement] ▸ **casser net** romper de un golpe / *refuser net* negarse tajantemente.

Net [nɛt] nm ▸ **le Net** la Red.

netcam [nɛtkam] nf INFORM webcam *f*.

netéconomie [nɛtekɔnomi] nf economía *f* Internet.

netiquette [nɛtikɛt] nf INFORM netiqueta *f*.

nétiquette [netikɛt] nf INFORM netiqueta *f*.

nettement [nɛtmɑ̃] adv **1.** [clairement] netamente **2.** [incontestablement] mucho ▸ **c'est nettement mieux** es mucho mejor ▸ **nettement plus / moins** mucho más / menos.

netteté [nɛtte] nf **1.** [propreté] limpieza *f* **2.** [précision] nitidez *f*.

nettoie ⟶ **nettoyer**.

nettoierai ⟶ **nettoyer**.

nettoyage [netwajaʒ] nm limpieza *f* ESP, limpia *f* AM ▸ **nettoyage à sec** limpieza en seco.

nettoyant [netwajɑ̃] nm limpiador *m*.

nettoyer [13] [netwaje] vt limpiar.

neuf[1] [nœf] adj num inv & nm inv nueve. ***Voir aussi* six.**

neuf[2], **neuve** [nœf, nœv] adj nuevo(va) ▸ **flambant neuf** flamante. ◆ **neuf** nm ▸ **vêtu de neuf** con vestido nuevo ▸ **quoi de neuf ?** ¿qué hay de nuevo? ▸ **refaire à neuf** reformar ▸ **remettre à neuf** renovar ▸ **rien de neuf** nada nuevo.

neurasthénie [nøʀasteni] nf neurastenia *f*.

neurasthénique [nøʀastenik] adj & nmf neurasténico(ca).

neurochirurgie [nøʀoʃiʀyʀʒi] nf neurocirugía *f*.

neurochirurgien, enne [nøʀoʃiʀyʀʒjɛ̃, ɛn] nm, f neurocirujano *mf*, -na *f*.

neurodégénératif, ive [nøʀɔdeʒeneʀatif, iv] adj neurodegenerativo(va).

neuroleptique [nøʀɔlɛptik] ❖ adj neuroléptico(ca). ❖ nm neuroléptico *m*.

neurologie [nøʀɔlɔʒi] nf neurología *f*.

neurologique [nøʀɔlɔʒik] adj neurológico(ca).

neurologue [nøʀɔlɔg] nmf neurólogo *m*, -ga *f*.

neurone [nøʀon] nm neurona *m*.

neuropsychiatre [nøʀɔpsikjatʀ] nmf neuropsiquiatra *mf*.

neurovégétatif, ive [nøʀɔveʒetatif, iv] adj neurovegetativo(va).

neutralisation [nøtʀalizasjɔ̃] nf neutralización *f*.

neutraliser [3] [nøtʀalize] vt neutralizar.

neutralité [nøtʀalite] nf neutralidad *f*.

neutre [nøtʀ] ❖ adj **1.** [gén] neutro(tra) **2.** [pays] neutral. ❖ nm GRAM neutro *m*.

neutron [nøtʀɔ̃] nm neutrón *m*.

neuve ⟶ **neuf**.

neuvième [nœvjɛm] ❖ adj num & nmf noveno(na). ❖ nm noveno *m*, novena parte *f*. ❖ nf SCOL ≃ tercero *m* de EP. ***Voir aussi* sixième.**

névé [neve] nm nevero *m*, ventisquero *m*.

neveu [nəvø] nm sobrino *m*.

névralgie [nevʀalʒi] nf neuralgia *f*.

névralgique [nevʀalʒik] adj neurálgico(ca) ▸ **point névralgique** punto neurálgico.

névrite [nevʀit] nf neuritis *f inv*.

névrose [nevʀoz] nf neurosis *f inv*.

névrosé, e [nevʀoze] adj & nm, f neurótico(ca).

névrotique [nevʀɔtik] adj neurótico(ca).

new age [njuɛdʒ] nf MUS new age *f*.

New Delhi [njudeli] npr Nueva Delhi.

news [njuz] nmpl noticias *fpl* / ***voilà les dernières news*** estas son las últimas noticias / ***quelles sont les news ?*** ¿qué novedades hay?

new wave [njuwɛv] nf inv & adj inv new wave *f*.

New York [nujɔʀk] npr Nueva York.

new-yorkais, e [nujɔʀkɛ, ɛz] adj neoyorquino(na). ◆ **New-Yorkais, e** nm, f neoyorquino *m*, -na *f*.

nez [ne] nm **1.** ANAT nariz *f* ▸ **nez busqué / camus / retroussé** nariz aguileña / chata / respingona ▸ **saigner du nez** sangrar por la nariz **2.** [odorat] olfato *m* ▸ **avoir le nez fin** tener (buen) olfato **3.** [d'avion, de fusée] morro *m* **4.** EXPR **ça lui pend au nez que…** *fam* le falta el canto de un duro para que… ▸ **faire qqch au nez et à la barbe de qqn** hacer algo en las narices de alguien ▸ **mettre le nez dehors** poner un pie en la calle ▸ **nez à nez** cara a cara ▸ **raccrocher au nez de qqn** colgarle (el teléfono) a alguien ▸ **rire au nez de qqn** reírse de alguien en sus narices.

NF (*abr de* **Norme française**) *norma francesa* ▸ **le label NF** *etiqueta que acredita la conformidad de un producto con las normas francesas.*

ni [ni] conj ni / ***je ne peux ni ne veux venir*** no puedo ni quiero venir. ◆ **ni… ni** loc corrélative ni… ni ▸ **ni lui ni moi** ni él ni yo ▸ **ni l'un ni l'autre** ni el uno ni el otro ▸ **ni mieux ni pire** ni mejor ni peor ▸ **ni plus ni moins** ni más ni menos.

niable [njabl] adj negable.

Niagara [njagaʀa] ⟶ **chute**.

niais, e [njɛ, njɛz] adj & nm, f bobo(ba).

niaisement [njɛzmɑ̃] adv tontamente.

niaiserie [njɛzʀi] nf bobada *f*.

Niamey [njamɛ] npr Niamey.

niaque, gnaque [njak] nf **1.** *fam* nervio *m* / ***les joueurs ont manqué de niaque*** a los jugadores les faltó nervio **2.** EXPR **avoir la niaque** tener ganas de ganar / ***toute l'équipe a la niaque*** todo el equipo tiene ganas de ganar **ou** piensa dar guerra.

Nicaragua [nikaʀagwa] npr ▸ **le Nicaragua** Nicaragua.

nicaraguayen, enne [nikaʀagwɛjɛ̃, ɛn] adj nicaragüense. ◆ **Nicaraguayen, enne** nm, f nicaragüense *mf*.

Nice [nis] npr Niza.

niche [niʃ] nf **1.** [de chien] caseta *f* **2.** [de statue] hornacina *f*, nicho *m*.

nicher [3] [niʃe] vi **1.** [oiseau] anidar **2.** *fam* [personne] vivir. ◆ **se nicher** vp meterse.

nichon [niʃɔ̃] nm *fam* teta *f* ▸ **nichons** melones *mpl*, domingas *fpl*.

nickel [nikɛl] ✧ nm níquel *m*. ✧ adj inv *fam* impecable.

niçois, e [niswa, az] adj de Niza ▸ **salade niçoise** *ensalada a base de tomate, pimiento, cebolla, anchoas y aceitunas negras*. ◆ **Niçois, e** nm, f *natural o habitante de Niza*.

Nicosie [nikɔzi] npr Nicosia.

nicotine [nikɔtin] nf nicotina *f*.

nid [ni] nm nido *m* ▸ **nid à poussière** nido de polvo.

nid-d'abeilles [nidabɛj] nm nido *m* de abejas.

nid-de-poule [nidpul] (*pl* **nids-de-poule**) nm socavón *m*.

nièce [njɛs] nf sobrina *f*.

nième = **énième**.

nier [9] [nje] vt negar.

niet [njɛt] interj *fam* ¡ni hablar!

nigaud, e [nigo, od] adj & nm, f atontado(da), negado(da).

Niger [niʒɛʀ] npr **1.** [fleuve] ▸ **le Niger** el Níger **2.** [État] ▸ **le Niger** Níger.

Nigeria [niʒeʀja] npr ▸ **le Nigeria** Nigeria.

nigérian, e [niʒeʀjɑ̃, an] adj nigeriano(na). ◆ **Nigérian, e** nm, f nigeriano *m*, -na *f*.

nigérien, enne [niʒeʀjɛ̃, ɛn] adj nigerino(na). ◆ **Nigérien, enne** nm, f nigerino *m*, -na *f*.

night-club [najtklœb] (*pl* **night-clubs**) nm nightclub *m*.

nihilisme [niilism] nm nihilismo *m*.

Nil [nil] npr ▸ **le Nil** el Nilo ▸ **le Nil Blanc / Bleu** el Nilo Blanco / Azul.

Nîmes [nim] npr Nimes.

nippe [nip] nf *(gén pl) fam* trapo *m (vestido)*.

nippes [nip] nfpl harapos *mpl*.

nippon, one [nipɔ̃, ɔn] adj nipón(ona). ◆ **Nippon, one** nm, f nipón *m*, -ona *f*.

niquer [3] [nike] vt **1.** *vulg* [avoir des relations sexuelles avec] follar **2.** *tfam* [duper] engañar como a un chino.

nirvana [niʀvana] nm nirvana *m*.

nitrate [nitʀat] nm nitrato *m*.

nitrique [nitʀik] adj nítrico(ca).

nitroglycérine [nitʀɔgliseʀin] nf nitroglicerina *f*.

niveau [nivo] nm **1.** [gén] nivel *m* ▸ **de même niveau** del mismo nivel ▸ **être au top niveau** estar en la cima ▸ **au niveau de qqch** a) al nivel de algo b) [à côté de] a la altura de ▸ **le niveau de la mer** el nivel del mar ▸ **niveau scolaire / de vie** nivel académico / de vida **2.** [étage] piso *m*.

niveler [14] [nivle] vt nivelar ▸ **niveler par le bas** equiparar a la baja.

nivellement [nivɛlmɑ̃] nm nivelación *f*.

NN (*abr écrite de* **nouvelle norme**) *nueva norma de clasificación de hoteles*.

Nobel [nɔbɛl] npr EXPR ▸ **le (prix) Nobel** el (premio) Nobel / ***il a reçu le prix Nobel*** recibió el (premio) Nobel.

noble [nɔbl] adj & nmf noble.

noblement [nɔbləmɑ̃] adv noblemente.

noblesse [nɔblɛs] nf nobleza *f*.

noce [nɔs] nf **1.** [gén] boda *f* **2.** *fam* & *fig* [fête] parranda *f* ▸ **faire la noce** estar de parranda. ◆ **noces** nfpl bodas *fpl* ▸ **noces d'argent / d'or** bodas de plata / de oro ▸ **convoler en justes noces** *hum* pasar por la vicaría ▸ **épouser qqn en secondes noces** casarse con alguien en segundas nupcias.

nocif, ive [nɔsif, iv] adj nocivo(va).

nocivité [nɔsivite] nf nocividad *f*.

noctambule [nɔktɑ̃byl] adj & nmf noctámbulo(la).

nocturne [nɔktyʀn] ✧ adj nocturno(na). ✧ nm **1.** MUS nocturno *m* **2.** ZOOL [rapace] ave *f* nocturna. ✧ nf [de magasin] apertura *f* nocturna ▸ **être ouvert en nocturne** abrir por la noche / ***'nocturne le jeudi'*** 'abierto los jueves hasta tarde'.

nodule [nɔdyl] nm nódulo *m*.

Noël [nɔɛl] nm Navidad *f*.

nœud [nø] nm **1.** [gén] nudo *m* ▸ **filer à 20 nœuds** navegar a 20 nudos ▸ **nœud coulant** nudo corredizo ▸ **double nœud** doble nudo ▸ **nœud de cravate** nudo *m* de corbata **2.** [ornement] lazo *m* ▸ **nœud papillon** pajarita *f* **3.** ASTRON nodo *m*.

noie ⟶ **noyer**.

noierai ⟶ **noyer**.

noir, e [nwaʀ] adj **1.** [gén] negro(gra) ▸ **noir (de qqch)** [sale] negro (de algo) ▸ **noir de monde** abarrotado **2.** [intention, regard] pérfido(da) **3.** *fam* [ivre] ciego(ga). ◆ **noir** nm **1.** [gén] negro *m* ▸ **en noir et blanc** en blanco y negro ▸ **broyer du noir** tener ideas negras ▸ **payer au noir** pagar en dinero negro ▸ **travailler au noir** trabajar de ilegal ▸ **voir tout en noir** verlo todo negro ▸ **noir sur blanc** por escrito **2.** [obscurité] oscuridad *f*. ◆ **noire** nf MUS negra *f*. ◆ **Noir, e** nm, f negro *m*, -gra *f*.

noirâtre [nwaʀatʀ] adj negruzco(ca).

noiraud, e [nwaʀo, od] adj & nm, f moreno(na) ESP, morocho(cha) AM.

noirceur [nwaʀsœʀ] nf **1.** *sout* [couleur] negrura *f* **2.** *fig* [méchanceté] perfidia *f*.

noircir [32] [nwaʀsiʀ] ✧ vi ennegrecerse. ✧ vt **1.** [foncer] ennegrecer **2.** *sout* [réputation] manchar. ◆ **se noircir** vp [ciel] oscurecerse.

noise [nwaz] nf ▸ **chercher des noises à qqn** buscar las cosquillas a alguien.

noisetier [nwaztje] nm avellano *m*.

noisette [nwazɛt] ✧ nf **1.** [fruit] avellana *f* **2.** [petite quantité] nuez *f* ▸ **une noisette de beurre** una nuez de mantequilla. ✧ adj inv avellana *(en apposition)*.

noix [nwa] nf **1.** [fruit] nuez *f* ▸ **noix de cajou** anacardo *m* ▸ **noix de coco** nuez de coco ▸ **noix de**

muscade nuez moscada ▸ **à la noix** de tres al cuarto **2.** *fam* [imbécile] papanatas *mf.* ◆ **noix de veau** nf CULIN redondo *m* de ternera.

nom [nɔ̃] nm **1.** [gén] nombre *m* ▸ **nom propre / commun** nombre propio/común ▸ **appeler les choses par leur nom** llamar a las cosas por su nombre **2.** [patronyme] apellido *m* ▸ **au nom de** en nombre de ▸ **nom d'emprunt** nombre falso ▸ **nom de famille** apellido ▸ **nom de jeune fille** apellido de soltera **3.** EXPR **nom de Dieu !** *tfam* ¡(me) cago en diez! ▸ **nom d'un chien ou d'une pipe !** *fam* ¡caramba! ▸ **traiter qqn de tous les noms** poner a alguien de vuelta y media.

nomade [nɔmad] ❖ adj [peuple, matériel] nómada. ❖ nmf nómada *mf.*

nombre [nɔ̃bʀ] nm número *m* ▸ **au nombre de** : *ils étaient au nombre de 20* eran 20 ▸ **bon nombre de** un buen número de ▸ **un bon nombre d'entre eux / nous** un buen número de ellos/de nosotros ▸ **un certain nombre de** algunos ▸ **un grand nombre de** un gran número de, muchos ▸ **venir en nombre** ser numerosos(sas) ▸ **nombre décimal** número decimal ▸ **nombre pair / impair** número par/impar.

> ⚠ **Nombre** est un faux-ami, il ne signifie pas *nombre*, mais « nom » et aussi « prénom ».

nombreux, euse [nɔ̃bʀø, øz] adj numeroso(sa).

nombril [nɔ̃bʀil] nm ombligo *m.*

nombrilisme [nɔ̃bʀilism] nm *fam* & *péj* egocentrismo *m.*

nombriliste [nɔ̃bʀilist] adj egocéntrico(ca).

nomenclature [nɔmɑ̃klatyʀ] nf nomenclatura *f.*

nominal, e, aux [nɔminal, o] adj nominal.

nominalement [nɔminalmɑ̃] adv **1.** [par son nom] nominalmente **2.** GRAM como sustantivo.

nominatif, ive [nɔminatif, iv] adj nominativo(va). ◆ **nominatif** nm GRAM nominativo *m.*

nomination [nɔminasjɔ̃] nf nombramiento *m.*

nominativement [nɔminativmɑ̃] adv por el nombre.

nominé, e [nɔmine] nm, f nominado *m*, -da *f* / *voici les nominés au César du meilleur acteur* éstos son los nominados al César al mejor actor.

nommé, e [nɔme] ❖ adj **1.** [désigné par son nom] nombrado(da) **2.** [choisi] designado(da). ❖ nm, f mencionado *m*, -da *f.*

nommément [nɔmemɑ̃] adv por el nombre.

nommer [3] [nɔme] vt **1.** [appeler, qualifier] llamar **2.** [désigner, promouvoir] nombrar / *il a été nommé directeur commercial* lo han nombrado director comercial **3.** [dénoncer] dar el nombre de, decir el nombre de / *une personne que je ne nommerai pas* una persona de quien no diré el nombre. ◆ **se nommer** vp **1.** [s'appeler] llamarse **2.** [se désigner] decir su nombre.

non [nɔ̃] adv & nm inv no. ◆ **non moins** loc adv no menos. ◆ **non (pas)... mais** loc corrélative no... sino. ◆ **non (pas) que... mais** loc corrélative no es que... sino que. ◆ **non plus** loc adv tampoco. ◆ **non plus... mais** loc corrélative ya no... sino. ◆ **non sans** loc prép no sin ▸ **non sans mal** no sin dificultad ▸ **non sans peine** no sin esfuerzo.

nonagénaire [nɔnaʒenɛʀ] adj & nmf nonagenario(ria).

non-agression [nɔnagʀɛsjɔ̃] nf no agresión *f.*

non-alcoolisé, e [nɔnalkɔlize] adj sin alcohol.

non-aligné, e [nɔnaliɲe] adj no alineado(da).

nonante [nɔnɑ̃t] adj & nm inv BELGIQUE SUISSE noventa.

non-assistance [nɔnasistɑ̃s] nf ▸ **non-assistance à personne en danger** omisión *f* de socorro a persona en peligro.

nonchalamment [nɔ̃ʃalamɑ̃] adv indolentemente.

nonchalance [nɔ̃ʃalɑ̃s] nf indolencia *f.*

nonchalant, e [nɔ̃ʃalɑ̃, ɑ̃t] adj indolente.

non-combattant, e [nɔ̃kɔ̃batɑ̃, ɑ̃t] adj & nm, f no combatiente.

non-conformisme [nɔ̃kɔ̃fɔʀmism] nm inconformismo *m.*

non-conformiste [nɔ̃kɔ̃fɔʀmist] ❖ adj inconformista. ❖ nmf **1.** [original] inconformista *mf* **2.** HIST [non-anglican] no conformista *mf.*

non-conformité [nɔ̃kɔ̃fɔʀmite] nf disconformidad *f.*

non croyant, e [nɔ̃kʀwajɑ̃, ɑ̃t] adj no creyente.

non-croyant, e [nɔ̃kʀwajɑ̃, ɑ̃t] (*mpl* **non-croyants**, *fpl* **non-croyantes**) nm, f no creyente.

non-dit [nɔ̃di] nm ▸ **le non-dit** lo implícito.

non-fumeur, euse [nɔ̃fymœʀ, øz] nm, f no fumador *m*, -ra *f.*

non-ingérence [nɔnɛ̃ʒeʀɑ̃s] nf no ingerencia *f.*

non-initié, e [nɔninisje] nm, f : *les non-initiés* los no iniciados, los profanos.

non-inscrit, e [nɔnɛ̃skʀi, it] adj & nm, f independiente.

non-intervention [nɔnɛ̃tɛʀvɑ̃sjɔ̃] nf no intervención *f.*

non-interventionniste [nɔnɛ̃tɛʀvɑ̃sjɔnist] adj & nmf no intervencionista.

non-lieu [nɔ̃ljø] (*pl* **non-lieux**) nm sobreseimiento *m* ▸ **bénéficier d'un non-lieu** beneficiarse de un sobreseimiento ▸ **rendre un non-lieu** dictar un auto de sobreseimiento.

nonne [nɔn] nf monja *f.*

nonobstant [nɔnɔpstɑ̃] *sout* ❖ prép a pesar de. ❖ adv no obstante.

non-paiement [nɔ̃pɛmɑ̃] nm impago *m.*

non-polluant, e [nɔ̃pɔlyɑ̃, ɑ̃t] adj no contaminante.

non-prolifération [nɔ̃pʀɔlifeʀasjɔ̃] nf MIL no proliferación *f* / *les deux pays ont refusé de signer le traité de non-prolifération* los dos países se negaron a firmar el tratado de no proliferación.

non-remboursable [nɔ̃ʀɑ̃buʀsabl] adj a fondo perdido, sin posibilidad de reembolso.

non-résident, e [nɔ̃ʀezidɑ̃, ɑ̃t] nm, f no residente *mf*.

non-respect [nɔ̃ʀɛspɛ] nm inobservancia *f* / *le non-respect du règlement entraîne des sanctions* la inobservancia del reglamento comporta sanciones.

non-retour [nɔ̃ʀətuʀ] nm : *point de non-retour* punto sin retorno.

non-sens [nɔ̃sɑ̃s] nm inv **1.** [absurdité] disparate *m*, absurdo *m* **2.** [en traduction] frase *f* sin sentido.

non-stop [nɔnstɔp] adj inv de un tirón ; [vol] sin escala.

non-violence [nɔ̃vjɔlɑ̃s] nf no violencia *f*.

non-violent, e [nɔ̃vjɔlɑ̃, ɑ̃t] adj no violento(ta).

non-voyant, e [nɔ̃vwajɑ̃, ɑ̃t] nm, f invidente *mf*.

nord [nɔʀ] ◆ adj inv norte. ◆ nm inv norte *m* / *le nord de l'Europe* el norte de Europa ▸ **perdre le nord** *fig* perder el norte. ◆ **Nord** nm ▸ **le Nord** el Norte / *les gens du Nord* la gente del Norte ▸ **le grand Nord** los países del mar del Norte.

nord-africain, e [nɔʀafʀikɛ̃, ɛn] adj norteafricano(na). ◆ **Nord-Africain, e** nm, f norteafricano *m*, -na *f*.

nord-américain, e [nɔʀameʀikɛ̃, ɛn] adj norteamericano(na). ◆ **Nord-Américain, e** nm, f norteamericano *m*, -na *f*.

nord-coréen, enne [nɔʀkɔʀeɛ̃, ɛn] adj norcoreano(na). ◆ **Nord-Coréen, enne** nm, f norcoreano *m*, -na *f*.

nord-est [nɔʀɛst] adj inv & nm inv nordeste, noreste.

nordique [nɔʀdik] adj nórdico(ca). ◆ **Nordique** nmf **1.** [du Nord] nórdico *m*, -ca *f* **2.** QUÉBEC *del norte de Canadá*.

nordiste [nɔʀdist] adj & nmf HIST nordista.

nord-ouest [nɔʀwɛst] adj inv & nm inv noroeste.

normal, e, aux [nɔʀmal, o] adj normal. ◆ **normale** nf ▸ **la normale** lo normal / *on observe un retour à la normale* se observa una vuelta a la normalidad.

normalement [nɔʀmalmɑ̃] adv **1.** [habituellement] normalmente **2.** [selon les prévisions] en circunstancias normales.

normalien, enne [nɔʀmaljɛ̃, ɛn] nm, f *alumno de la École normale supérieure*.

normalisation [nɔʀmalizasjɔ̃] nf normalización *f*.

normalisé, e [nɔʀmalize] adj [situation, produit] normalizado(da).

normaliser [nɔʀmalize] vt normalizar. ◆ **se normaliser** vp normalizarse.

normalité [nɔʀmalite] nf normalidad *f*.

normand, e [nɔʀmɑ̃, ɑ̃d] adj normando(da). ◆ **Normand, e** nm, f normando *m*, -da *f*.

Normandie [nɔʀmɑ̃di] nf ▸ **la Normandie** Normandía.

normatif, ive [nɔʀmatif, iv] adj normativo(va).

norme [nɔʀm] nf norma *f* ▸ **être dans la norme** estar dentro de la norma ▸ **être hors normes** estar fuera de la norma.

Norvège [nɔʀvɛʒ] npr ▸ **la Norvège** Noruega.

norvégien, enne [nɔʀveʒjɛ̃, ɛn] adj noruego(ga). ◆ **norvégien** nm LING noruego *m*. ◆ **Norvégien, enne** nm, f noruego *m*, -ga *f*.

nos ⟶ **notre**.

nosocomial, e [nɔzɔkɔmjal] (*mpl* **aux**) adj nosocomial.

nostalgie [nɔstalʒi] nf **1.** [mélancolie] nostalgia *f* ▸ **avoir la nostalgie de qqch** sentir nostalgia por algo **2.** [mal du pays] morriña *f*.

nostalgique [nɔstalʒik] adj & nmf nostálgico(ca).

nota bene [nɔtabene] nm inv nota bene *f*.

notable [nɔtabl] adj & nm notable.

notablement [nɔtabləmɑ̃] adv notablemente.

notaire [nɔtɛʀ] nm notario *m*, -ria *f*.

notamment [nɔtamɑ̃] adv especialmente, particularmente.

notarial, e, aux [nɔtaʀjal, o] adj notarial.

notarié, e [nɔtaʀje] adj DR notariado(da) ; [acte] notarial.

notation [nɔtasjɔ̃] nf **1.** [symbole] notación *f* **2.** [remarque] anotación *f* **3.** SCOL calificación *f* **4.** ADMIN puntuación *f*.

note [nɔt] nf **1.** [gén] nota *f* ▸ **avoir une bonne / mauvaise note** tener una buena/mala nota ▸ **prendre des notes** tomar apuntes ▸ **prendre bonne note de qqch** tomar nota de algo ▸ **note de bas de page** nota a pie de página ▸ **note de frais** detalle *m* de los gastos ▸ **note de service** comunicado *m* ▸ **fausse note a)** MUS nota falsa **b)** *fig* nota discordante **2.** [facture] cuenta *f*, nota *f* ▸ **la note est salée** *fam* ¡vaya sablazo!

noté, e [nɔte] adj ▸ **être bien / mal noté a)** estar bien/mal considerado **b)** SCOL estar bien/mal puntuado.

noter [3] [nɔte] vt **1.** [marquer d'un signe] señalar **2.** [écrire] anotar, apuntar **3.** [constater] notar **4.** SCOL & UNIV calificar **5.** MUS escribir.

notice [nɔtis] nf reseña *f* ▸ **notice explicative** instrucciones *fpl*.

notification [nɔtifikasjɔ̃] nf notificación *f*.

notifier [9] [nɔtifje] vt ▸ **notifier qqch à qqn** notificar algo a alguien.

notion [nosjɔ̃] nf noción *f*.

notoire [nɔtwaʀ] adj [célèbre] notorio(ria) ; [manifeste] evidente, claro(ra) ; [quantité, etc.] considerable.

notoirement [nɔtwaʀmɑ̃] adv notoriamente.

notoriété [nɔtɔʀjete] nf notoriedad *f* ▸ **de notoriété publique** del dominio público ▸ **notoriété de la marque** COMM celebridad *f* de la marca.

notre [nɔtʀ] (*pl* **nos** [no]) adj poss nuestro(tra).

nôtre [notʀ] ◆ **le nôtre, la nôtre** (*pl* **les nôtres**) pron poss el nuestro, la nuestra ▸ **les nôtres** los nuestros ▸ **il faut y mettre du nôtre** hay que poner algo de nuestra parte ▸ **serez-vous des nôtres demain ?** ¿podemos contar con vosotros para mañana?

Notre-Dame de Paris [nɔtʀdamdəpaʀi] npr Nuestra Señora *f* de París.

Nouakchott [nwakʃɔt] npr Nouakchott.

nouba [nuba] nf ▸ **faire la nouba** *fam* estar de cachondeo.

nouer [6] [nwe] vt **1.** [corde, lacets] anudar ▸ **avoir la gorge nouée** tener un nudo en la garganta **2.** [bouquet, cheveux] atar **3.** *sout* [alliance, amitié, liens] trabar, entablar **4.** [intrigue] tramar, urdir. ◆ **se nouer** vp **1.** [gorge] hacerse un nudo **2.** [alliance, amitié] entablarse **3.** [intrigue] tramarse.

noueux, euse [nwø, øz] adj **1.** [bois] nudoso(sa) **2.** [main, doigt] huesudo(da).

nougat [nuga] nm ≃ turrón *m*.

nougatine [nugatin] nf guirlache *m*.

nouille [nuj] ❖ nf **1.** [pâte] pasta *f* **2.** *fam* [imbécile] lelo *m*, -la *f*. ❖ adj [niais] inútil.

Nouméa [numea] npr Nouméa.

nounou [nunu] nf ≃ tata *f*.

nounours [nunuʀs] nm *langage enfantin* osito *m* (de peluche).

nourri, e [nuʀi] adj **1.** [gén] alimentado(da) ▸ **nourri logé blanchi** comido, vestido y calzado **2.** [tir] graneado(da).

nourrice [nuʀis] nf **1.** [qui allaite] nodriza *f*, ama *f* de cría **2.** [garde d'enfant] niñera *f*.

nourricier, ère [nuʀisje, ɛʀ] adj *litt* [terre] nutridor(ra).

nourrir [32] [nuʀiʀ] vt **1.** [gén] alimentar **2.** [projet] acariciar **3.** [style, récit, esprit] enriquecer. ◆ **se nourrir** vp alimentarse ▸ **se nourrir de qqch** alimentarse de algo.

nourrissant, e [nuʀisɑ̃, ɑ̃t] adj nutritivo(va).

nourrisson [nuʀisɔ̃] nm niño *m* de pecho.

nourriture [nuʀityʀ] nf alimento *m* ; [régime alimentaire] alimentación *f*.

nous [nu] pron pers **1.** [gén] nosotros(tras) / ***nous avons faim*** tenemos hambre / ***nous, nous n'y sommes pas allées*** nosotras no fuimos **2.** [complément d'objet direct, de verbe pronominal] nos / ***dépêchons-nous !*** ¡démonos prisa! / ***il nous l'a donné*** nos lo ha dado / ***nous devons nous occuper de lui*** tenemos que ocuparnos de él **3.** [possessif] ▸ **c'est à nous** es nuestro(tra). ◆ **nous-mêmes** pron pers nosotros mismos, nosotras mismas.

nouveau, elle, x [nuvo, ɛl, o] ❖ adj (***nouvel*** [nuvɛl] *devant voyelle ou 'h' muet*) **1.** [gén] nuevo(va) / ***les nouvelles technologies*** las nuevas tecnologías **2.** [récent] recién / ***le nouveau venu*** el recién llegado. ❖ nm, f nuevo *m*, -va *f*. ◆ **nouveau** nm novedad *f*. ◆ **nouvelle** nf [court récit] relato *m*. ◆ **nouvelles** nfpl noticias *fpl* ▸ **aux dernières nouvelles** según las últimas noticias ▸ **donner de ses nouvelles** dar noticias ▸ **être sans nouvelles de qqch / de qqn** estar sin noticias de algo / de alguien ▸ **les nouvelles** [informations] el telediario, las noticias. ◆ **à nouveau** loc adv de nuevo. ◆ **de nouveau** loc adv de nuevo.

> ⚠ Novela est un faux ami, il ne signifie pas *nouvelle*, mais « roman ».

nouveau-né, e [nuvone] (*mpl* **nouveau-nés**, *fpl* **nouveau-nées**) adj & nm, f recién nacido(da).

nouveauté [nuvote] nf novedad *f*.

nouvel ⟶ **nouveau**.

nouvelle ⟶ **nouveau**.

Nouvelle-Calédonie [nuvɛlkaledɔni] npr ▸ **la Nouvelle-Calédonie** Nueva Caledonia.

Nouvelle-Guinée [nuvɛlgine] npr ▸ **la Nouvelle-Guinée** Nueva Guinea.

nouvellement [nuvɛlmɑ̃] adv recientemente / ***nouvellement inauguré*** recién inaugurado.

Nouvelle-Orléans [nuvɛlɔʀleɑ̃] npr ▸ **La Nouvelle-Orléans** Nueva Orleans.

Nouvelle-Zélande [nuvɛlzelɑ̃d] npr ▸ **la Nouvelle-Zélande** Nueva Zelanda.

novateur, trice [nɔvatœʀ, tʀis] adj & nm, f innovador(ra).

novembre [nɔvɑ̃bʀ] nm noviembre *m*. ***Voir aussi*** **septembre**.

novice [nɔvis] ❖ adj novato(ta). ❖ nmf **1.** [débutant] novato *m*, -ta *f* **2.** RELIG novicio *m*, -cia *f*.

noyade [nwajad] nf ahogamiento *m*.

noyau [nwajo] nm **1.** [gén] núcleo *m* **2.** [de fruit] hueso *m* ESP, carozo *m* AM. ◆ **noyau dur** nm ▸ **le noyau dur** los duros *(dentro de un grupo)*.

noyauter [3] [nwajote] vt infiltrar.

noyé, e [nwaje] ❖ adj **1.** [personne] ahogado(da) **2.** [inondé] anegado(da) ▸ **noyé de larmes** inundado de lágrimas. ❖ nm, f ahogado *m*, -da *f*.

noyer¹ [nwaje] nm nogal *m*.

noyer² [13] [nwaje] vt **1.** [personne, sentiment, moteur] ahogar **2.** [terrain] anegar **3.** [estomper, diluer] difuminar. ◆ **se noyer** vp **1.** [personne] ahogarse **2.** *fig* [être submergé, se perdre] perderse.

NPI (***abr de*** **nouveaux pays industrialisés**) nmpl PRI *m*, PIR *m*.

N/Réf (***abr écrite de*** **Notre référence**) N/Ref, N/Rfa.

NRV SMS ***abr écrite de*** **énervé**.

NTSC (***abr de*** **National Television Sytem Committee**) ▸ **système NTSC** sistema NTSC.

nu, e [ny] adj **1.** [gén] desnudo(da) **2.** [arbre, paysage, région] yermo(ma) **3.** [style] escueto(ta). ◆ **nu** nm desnudo *m*. ◆ **à nu** loc adv ▸ **mettre à nu** dejar al descubierto ▸ **se mettre à nu** *fig* mostrarse al desnudo.

nuage [nɥaʒ] nm **1.** [gén] nube *f* ▸ **être dans les nuages** estar en las nubes **2.** [de lait] gota *f*.

nuageux, euse [nɥaʒø, øz] adj **1.** [temps, ciel] nublado(da) **2.** *fig* [esprit] confuso(sa).

nuance [nɥɑ̃s] nf matiz *m* ▸ **tout en nuances** con toda sutileza.

nuancé, e [nɥɑ̃se] adj matizado(da).

nuancer [16] [nɥɑ̃se] vt matizar.

nubile [nybil] adj núbil.

nubuck [nybyk] nm nobuk *m* / *des chaussures en nubuck* zapatos de nobuk.

nucléaire [nykleɛʀ] ◆ adj nuclear. ◆ nm energía *f* nuclear.

nudisme [nydism] nm nudismo *m*.

nudiste [nydist] adj & nmf nudista *mf*.

nudité [nydite] nf desnudez *f*.

nue [ny] nf *(gén pl)* ▸ **tomber des nues** caérsele el alma al suelo a alguien.

nuée [nɥe] nf [multitude] ▸ **une nuée de** una nube de.

nui [nɥi] pp inv ⟶ **nuire**.

nuire [97] [nɥiʀ] vi ▸ **nuire à qqch / à qqn** perjudicar algo / a alguien. ◆ **se nuire** vp perjudicarse.

nuis ⟶ **nuire**.

nuisais ⟶ **nuire**.

nuisance [nɥizɑ̃s] nf molestia *f*.

nuisette [nɥizɛt] nf picardías *m*.

nuisible [nɥizibl] ◆ adj dañino(na) ▸ **nuisible à** perjudicial para. ◆ nm animal *m* dañino.

nuit [nɥi] nf noche *f* ▸ **bonne nuit !** ¡bonne nuit! ▸ **nuit blanche** noche en blanco ▸ **nuit noire** noche oscura ▸ **la nuit de Noël** Nochebuena ▸ **la nuit de la Saint-Sylvestre** Nochevieja ▸ **de nuit** de noche ▸ **de jour comme de nuit** tanto de día como de noche ▸ **en pleine nuit** en plena noche ▸ **la nuit des temps** la noche de los tiempos ▸ **la nuit porte conseil** conviene consultar con la almohada.

nuitamment [nɥitamɑ̃] adv *sout* en la nocturnidad.

nuitée [nɥite] nf noche *f (de hotel)*.

nul, nulle [nyl] ◆ adj indéf *(avant nom) sout* ninguno(na) ▸ **nulle part** a) en ninguna parte b) [aller, mener] a ninguna parte. ◆ adj *(après nom)* nulo(la) ▸ **nul et non avenu** nulo e inexistente ▸ **match nul** empate ▸ **c'est nul !** *fam* ¡qué porquería! ▸ **être nul en qqch** *fam* ser negado para algo. ◆ nm, f *péj* inútil *mf*, desastre *m*. ◆ pron indéf *sout* nadie.

nullement [nylmɑ̃] adv en absoluto.

nullité [nylite] nf nulidad *f*.

numéraire [nymeʀɛʀ] ◆ adj numerario(ria). ◆ nm numerario *m*.

numéral, e, aux [nymeʀal, o] adj numeral. ◆ **numéral, aux** nm numeral *m*.

numérateur [nymeʀatœʀ] nm numerador *m*.

numération [nymeʀasjɔ̃] nf **1.** MATH numeración *f* **2.** MÉD recuento *m*.

numérique [nymeʀik] adj **1.** [gén] numérico(ca) **2.** INFORM digital, numérico(ca).

numériquement [nymeʀikmɑ̃] adv numéricamente.

numérisé, e [nymeʀize] adj digitalizado(da).

numériser [3] [nymeʀize] vt digitalizar.

numéro [nymeʀo] nm **1.** [gén] número *m* ▸ **composer un numéro** marcar un número ▸ **faire son numéro** *fig* hacer el numerito ▸ **tirer le mauvais numéro** *fig* tener la negra ▸ **numéro de compte** número de cuenta ▸ **numéro d'immatriculation** número de matrícula ▸ **numéro de téléphone** número de teléfono ▸ **numéro de poste** número de puesto ▸ **numéro vert** *número de teléfono gratuito, en Francia* ; ≃ llamada *f* gratuita ▸ **faux numéro** número equivocado **2.** *fam* [personne] ▸ **c'est un sacré numéro !** ¡es una buena pieza!

numérologie [nymeʀɔlɔʒi] nf numerología *f*.

numérotation nf **1.** [attribution d'un numéro] numeración *f* / *il a dû changer la numérotation des pages* tuvo que cambiar la numeración de las páginas **2.** TÉLÉCOM marcación *f*.

numéroter [3] [nymeʀɔte] vt numerar.

numerus clausus [nymeʀysklozys] nm numerus clausus *m*.

numismatique [nymismatik] ◆ adj numismático(ca). ◆ nf numismática *f*.

nunuche [nynyʃ] *fam* ◆ adj bobalicón(ona). ◆ nf pava *f*.

nu-pieds [nypje] nm inv sandalia *f*.

nuptial, e, aux [nypsjal, o] adj nupcial.

nuque [nyk] nf nuca *f*.

nurse [nœʀs] nf nurse *f*.

nursery [nœʀsəʀi] (*pl* **nurserys** *ou* **nurseries**) nf [dans un aéroport, un centre commercial] sala *f* de lactancia.

nutrithérapie [nytʀiteʀapi] nf nutriterapia *f*.

nutritif, ive [nytʀitif, iv] adj nutritivo(va).

nutrition [nytʀisjɔ̃] nf MÉD & BOT nutrición *f*.

nutritionniste [nytʀisjɔnist] nmf nutricionista *mf* ESP, dietista *mf* AM.

Nylon® [nilɔ̃] nm nylon® *m*, nailon® *m*.

nymphe [nɛ̃f] nf ninfa *f*.

nymphomane [nɛ̃fɔman] ◆ adj ninfómano(na). ◆ nf ninfómana *f*.

O

o, O [o] nm inv [lettre] o *f*, O *f*. ◆ **O** **1.** (*abr écrite de* **Ouest**) O **2.** (*abr écrite de* **Oxygène**) O.

ô [o] interj *sout* ¡oh!

OACI (*abr de* **Organisation de l'aviation civile internationale**) nf ICAO *f*.

OAS (*abr de* **Organisation de l'armée secrète**) nf *movimiento clandestino francés opuesto a la independencia de Argelia*.

oasis [ɔazis] nf oasis *m inv*.

obédience [ɔbedjɑ̃s] nf obediencia *f* ▸ **d'obédience...** de convicción....

obéir [32] [ɔbeiʀ] vi ▸ **obéir à qqn / à qqch** obedecer a alguien / a algo.

obéissance [ɔbeisɑ̃s] nf obediencia *f* ▸ **devoir obéissance à qqn** deber obediencia a alguien.

obéissant, e [ɔbeisɑ̃, ɑ̃t] adj obediente.

obélisque [ɔbelisk] nm obelisco *m*.

obèse [ɔbɛz] adj & nmf obeso(sa).

obésité [ɔbezite] nf obesidad *f*.

objecter [4] [ɔbʒɛkte] vt **1.** [répliquer] ▸ **objecter qqch à qqn** objetar algo a alguien **2.** [prétexter] pretextar.

objecteur [ɔbʒɛktœʀ] nm objetor *m* ▸ **objecteur de conscience** objetor de conciencia.

objectif, ive [ɔbʒɛktif, iv] adj objetivo(va). ◆ **objectif** nm objetivo *m*.

objection [ɔbʒɛksjɔ̃] nf objeción *f* ▸ **faire objection à qqch / à qqn** poner objeciones a algo / a alguien ▸ **objection de conscience** objeción de conciencia ▸ **objection !** DR ¡protesto!

objectivement [ɔbʒɛktivmɑ̃] adv objetivamente.

objectivité [ɔbʒɛktivite] nf objetividad *f*.

objet [ɔbʒɛ] nm objeto *m* ▸ **avoir pour objet de faire qqch** tener por objeto hacer algo ▸ **être** OU **faire l'objet de qqch** ser (el) objeto de algo ▸ **sans objet** sin objeto ▸ **objet d'art** objeto de arte ▸ **objets trouvés** [bureau] objetos perdidos ▸ **objet volant non identifié** objeto volante no identificado.

objurgation [ɔbʒyʀgasjɔ̃] nf (*gén pl*) *sout* **1.** [remontrance] reprobación *f* **2.** [prière] súplica *f*.

obligation [ɔbligasjɔ̃] nf [gén & FIN] obligación *f* ▸ **avoir une obligation envers qqn** tener una obligación para con alguien ▸ **être dans l'obligation de faire qqch** estar en la obligación de hacer algo ▸ **sans obligation d'achat** sin obligación de compra. ◆ **obligations** nfpl obligaciones *fpl* ▸ **avoir des obligations** tener obligaciones ▸ **obligations familiales** obligaciones familiares ▸ **obligations militaires** obligaciones militares.

obligatoire [ɔbligatwaʀ] adj **1.** [imposé] obligatorio(ria) **2.** [inéluctable] inevitable.

obligatoirement [ɔbligatwaʀmɑ̃] adv **1.** [par nécessité] obligatoriamente / ***nous devons obligatoirement fermer les portes à 20 heures*** debemos cerrar las puertas obligatoriamente a las 8 **2.** [inévitablement] inevitablemente, obviamente / ***alors, obligatoirement, il a pensé qu'on lui cachait des choses*** entonces, inevitablemente, pensó que le ocultábamos algo.

obligé, e [ɔbliʒe] ❖ adj *sout* agradecido(da). ❖ nm, f servidor *m*, -ra *f*.

obligeance [ɔbliʒɑ̃s] nf *sout* bondad *f* ▸ **avoir l'obligeance de faire qqch** tener la bondad de hacer algo.

Comment exprimer l'obligation

- **¿Hay que pedir cita?** *Est-ce qu'il faut prendre rendez-vous ?*
- **¿Es necesario reservar?** *Faut-il faire une réservation ?*
- **¿Es realmente indispensable que vaya?** *Est-ce que je dois vraiment y aller ?*
- **Tienes que estar allí a las ocho.** *Il faut que tu y sois à 8 heures.*
- **Hay que ponerse el cinturón de seguridad.** *Il faut mettre sa ceinture de sécurité.*
- **Tiene que haber terminado sin falta de hoy en ocho.** *Vous devez absolument avoir fini sous huit jours.*
- **Debes pedirle disculpas.** *Tu dois t'excuser auprès de lui / elle.*
- **Las circunstancias nos obligaron a cambiar de planes.** *Les circonstances nous ont obligés à changer nos plans.*
- **¿Es preciso un visado?** *Est-ce qu'il faut un visa ?*
- **El seguro es obligatorio para todos los vehículos de alquiler.** *L'assurance est obligatoire pour tous les véhicules de location.*
- **Se ve obligado a ir.** *Il est obligé d'y aller.*

obligeant, e [ɔbliʒɑ̃, ɑ̃t] adj [personne] atento(ta) ; [offre, paroles] amable.

obliger [17] [ɔbliʒe] vt **1.** [forcer] ▸ **obliger qqn à qqch / à faire qqch** obligar a alguien a algo / a hacer algo ▸ **être obligé de faire qqch** tener que hacer algo **2.** DR [lier] obligar **3.** *sout* [rendre service] complacer. ◆ **s'obliger** vp ▸ **s'obliger à qqch / à faire qqch** obligarse a algo / a hacer algo.

oblique [ɔblik] ◈ adj [gén] oblicuo(cua) ; [regard] de soslayo ▸ **en oblique** en diagonal. ◈ nf GÉOM oblicua *f*.

obliquer [3] [ɔblike] vi torcer.

oblitérer [18] [ɔbliteʀe] vt **1.** [billet] picar ; [timbre] matar **2.** *sout* [effacer] borrar **3.** MÉD obliterar.

oblong, oblongue [ɔblɔ̃, ɔ̃g] adj *sout* oblongo(ga).

obnubiler [3] [ɔbnybile] vt obnubilar ▸ **être obnubilé par qqch / par qqn** estar obnubilado por algo / por alguien.

obole [ɔbɔl] nf óbolo *m*.

obscène [ɔpsɛn] adj obsceno(na).

obscénité [ɔpsenite] nf obscenidad *f*.

obscur, e [ɔpskyʀ] adj oscuro(ra), obscuro(ra).

obscurantisme [ɔpskyʀɑ̃tism] nm oscurantismo *m*, obscurantismo *m*.

obscurcir [32] [ɔpskyʀsiʀ] vt oscurecer, obscurecer. ◆ **s'obscurcir** vp oscurecerse, obscurecerse.

obscurément [ɔpskyʀemɑ̃] adv oscuramente ; [sans clarté] vagamente.

obscurité [ɔpskyʀite] nf oscuridad *f*, obscuridad *f* ▸ **plonger qqch dans l'obscurité** dejar algo a oscuras.

obsédant, e [ɔpsedɑ̃, ɑ̃t] adj obsesivo(va).

obsédé, e [ɔpsede] ◈ adj obsesionado(da). ◈ nm, f obseso *m*, -sa *f* ▸ **obsédé sexuel** obseso sexual.

obséder [18] [ɔpsede] vt obsesionar.

obsèques [ɔpsɛk] nfpl funerales *mpl*, exequias *fpl*.

> ⚠ **Obsequio** est un faux ami, il ne signifie pas *obsèques*, mais « cadeau ».

obséquieux, euse [ɔpsekjø, øz] adj servil.

obséquiosité [ɔpsekjozite] nf *sout* obsequiosidad *f*.

observance [ɔpsɛʀvɑ̃s] nf RELIG observancia *f*.

observateur, trice [ɔpsɛʀvatœʀ, tʀis] adj & nm, f observador(ra).

observation [ɔpsɛʀvasjɔ̃] nf **1.** [gén] observación *f* ▸ **être en observation** estar en observación **2.** [d'un règlement] observancia *f*.

observatoire [ɔpsɛʀvatwaʀ] nm observatorio *m*.

observer [3] [ɔpsɛʀve] vt **1.** [gén] observar ▸ **faire observer qqch à qqn** advertir algo a alguien **2.** [adopter] guardar. ◆ **s'observer** vp **1.** [se contrôler] dominarse **2.** [s'épier] observarse.

obsession [ɔpsesjɔ̃] nf obsesión *f*.

obsessionnel, elle [ɔpsesjɔnɛl] adj & nm, f obsesivo(va).

obsolète [ɔpsɔlɛt] adj obsoleto(ta).

obstacle [ɔpstakl] nm obstáculo *m* ▸ **faire obstacle à qqch / à qqn** obstaculizar algo / a alguien ▸ **rencontrer un obstacle** encontrar un obstáculo.

obstétricien, enne [ɔpstetʀisjɛ̃, ɛn] nm, f tocólogo *m*, -ga *f*, obstetra *mf*.

obstétrique [ɔpstetʀik] nf obstetricia *f*.

obstination [ɔpstinasjɔ̃] nf obstinación *f*.

obstiné, e [ɔpstine] adj & nm, f obstinado(da).

obstinément [ɔpstinemɑ̃] adv obstinadamente.

obstiner [3] [ɔpstine] ◆ **s'obstiner** vp obstinarse ▸ **s'obstiner à faire qqch** obstinarse en hacer algo ▸ **s'obstiner dans qqch** obstinarse en algo.

obstruction [ɔpstʀyksjɔ̃] nf obstrucción *f*.

obstructionniste [ɔpstʀyksjɔnist] adj & nmf obstruccionista.

obstruer [3] [ɔpstʀye] vt obstruir. ◆ **s'obstruer** vp obstruirse.

obtempérer [18] [ɔptɑ̃peʀe] vi ▸ **obtempérer à qqch** acatar algo.

obtenir [40] [ɔptəniʀ] vt obtener, conseguir ▸ **obtenir qqch de qqn** obtener ou conseguir algo de alguien ▸ **obtenir de faire qqch** conseguir hacer algo ▸ **obtenir qqch à ou pour qqn** conseguir algo a ou para alguien. ◆ **s'obtenir** vp obtenerse.

obtention [ɔptɑ̃sjɔ̃] nf obtención *f*, consecución *f*.

obtenu, e [ɔptəny] pp ⟶ **obtenir**.

obtiendrai ⟶ **obtenir**.

obtiens ⟶ **obtenir**.

obtins ⟶ **obtenir**.

obturateur, trice [ɔptyʀatœʀ, tʀis] adj obturador(ra). ◆ **obturateur** nm obturador *m*.

obturation [ɔptyʀasjɔ̃] nf obturación *f*.

obturer [3] [ɔptyʀe] vt obturar.

obtus, e [ɔpty, yz] adj obtuso(sa).

obus [ɔby] nm obús *m*.

OC (*abr écrite de* **ondes courtes**) OC.

occasion [ɔkazjɔ̃] nf **1.** [possibilité, chance] ocasión *f*, oportunidad *f* ▸ **à l'occasion** a) si llega el caso b) [un jour] un día de estos ▸ **rater une occasion de faire qqch** perder la ocasión de hacer algo ▸ **saisir l'occasion (de faire qqch)** aprovechar la ocasión (de hacer algo) **2.** [circonstance, motif] ocasión *f* ▸ **à la première occasion** en la primera ocasión ▸ **à l'occasion de qqch** con ocasión de algo ▸ **dans les grandes occasions** en las grandes ocasiones ▸ **être l'occasion de qqch / de faire qqch** ser la ocasión de algo / de hacer algo **3.** [seconde main] ganga *f* ▸ **d'occasion** de segunda mano, de ocasión.

occasionnel, elle [ɔkazjɔnɛl] adj ocasional.

occasionnellement [ɔkazjɔnɛlmɑ̃] adv ocasionalmente.

occasionner [3] [ɔkazjɔne] vt ocasionar.

occident [ɔksidɑ̃] nm occidente *m*. ◆ **Occident** nm ▸ **l'Occident** (el) Occidente.

occidental, e, aux [ɔksidɑ̃tal, o] adj occidental. ◆ **Occidental, e, aux** nm, f occidental *mf*.

occidentaliser [3] [ɔksidɑ̃talize] vt occidentalizar. ◆ **s'occidentaliser** vp occidentalizarse.

occiput [ɔksipyt] nm occipucio *m*.

occitan, e [ɔksitɑ̃, an] adj occitano(na). ◆ **occitan** nm LING occitano *m*. ◆ **Occitan, e** nm, f occitano *m*, -na *f*.

occlusion [ɔklyzjɔ̃] nf oclusión *f*.

occulte [ɔkylt] adj oculto(ta).

occulter [3] [ɔkylte] vt ocultar.

occupant, e [ɔkypɑ̃, ɑ̃t] adj & nm, f ocupante.

occupation [ɔkypasjɔ̃] nf ocupación *f* ▸ **vaquer à ses occupations** dedicarse a sus quehaceres. ◆ **Occupation** nf ▸ **l'Occupation** la Ocupación *(de Francia durante la Segunda Guerra Mundial)*.

occupé, e [ɔkype] adj ocupado(da) ▸ **être occupé à qqch** estar ocupado en algo ▸ **c'est occupé** [au téléphone] está comunicando, comunica.

occuper [3] [ɔkype] vt ocupar. ◆ **s'occuper** vp ocuparse ▸ **s'occuper à qqch / à faire qqch** ocuparse de algo / de hacer algo ▸ **s'occuper de qqch / de qqn** encargarse de algo / de alguien.

occurrence [ɔkyʀɑ̃s] nf **1.** [circonstance] caso *m* ▸ **en l'occurrence** en este caso **2.** LING ocurrencia *f*.

OCDE (*abr de* **Organisation de coopération et de développement économique**) nf OCDE *f* / *les pays membres de l'OCDE* los países miembros de la OCDE.

océan [ɔseɑ̃] nm océano *m* ▸ **un océan de** *fig* un mar de.

Océans

l'océan Antarctique ou l'océan Austral	el océano Antártico
l'(océan) Atlantique	el (océano) Atlántico
l'océan Arctique	el océano Ártico
l'océan Indien	el (océano) Índico
l'océan Pacifique ou le Pacifique	el (océano) Pacífico

Océanie [ɔseani] npr f ▸ **l'Océanie** Oceanía.

océanien, enne [ɔseanjɛ̃, ɛn] adj oceánico(ca). ◆ **Océanien, enne** nm, f oceánico *m*, -ca *f*.

océanique [ɔseanik] adj oceánico(ca).

océanographie [ɔseanɔgʀafi] nf oceanografía *f*.

ocelot [ɔslo] nm ocelote *m*.

ocre [ɔkʀ] adj inv & nf ocre.

octane [ɔktan] nm octano *m*.

octante [ɔktɑ̃t] adj & nm inv BELGIQUE SUISSE ochenta.

octave [ɔktav] nf **1.** MUS & RELIG octava *f* **2.** [à l'escrime] octava *f*, posición *f* octava.

octet [ɔktɛ] nm byte *m*, octeto *m*.

octobre [ɔktɔbʀ] nm octubre *m*. ***Voir aussi* septembre**.

octogénaire [ɔktɔʒenɛʀ] adj & nmf octogenario(ria).

octogonal, e, aux [ɔktɔgɔnal, o] adj GÉOM octogonal.

octogone [ɔktɔgɔn] nm octógono *m*.

octroie ⟶ **octroyer**.

octroierai ⟶ **octroyer**.

octroyer [13] [ɔktʀwaje] vt otorgar ▸ **octroyer qqch à qqn** otorgar algo a alguien. ◆ **s'octroyer** vp concederse.

oculaire [ɔkylɛʀ] adj & nm ocular.

oculiste [ɔkylist] nmf oculista *mf*.

ode [ɔd] nf oda *f*.

odeur [ɔdœʀ] nf olor *m* ▸ **bonne / mauvaise odeur** buen / malolor ▸ **ne pas être en odeur de sainteté auprès de qqn** no ser santo de la devoción de alguien.

odieusement [ɔdjøzmɑ̃] adv odiosamente.

odieux, euse [ɔdjø, øz] adj odioso(sa).

odorant, e [ɔdɔʀɑ̃, ɑ̃t] adj oloroso(sa).

odorat [ɔdɔʀa] nm olfato *m*.

odoriférant, e [ɔdɔʀifeʀɑ̃, ɑ̃t] adj aromático(ca).

odyssée [ɔdise] nf odisea *f*.

OEA (*abr de* **Organisation des États américains**) nf OEA *f*.

œcuménique [ekymenik] adj ecuménico(ca).

œdème [edɛm] nm edema *m*.

Œdipe [edip] npr MYTH Edipo / *le complexe d'Œdipe* el complejo de Edipo.

œil [œj] (*pl* **yeux** [jø]) ◆ nm

1. ANAT ojo *m* ▸ **yeux bridés / exorbités / globuleux** ojos rasgados / desorbitados / saltones ▸ **avoir les yeux cernés** tener ojeras ▸ **baisser / lever les yeux** bajar / alzar la vista ▸ **couver qqch / qqn des yeux** no quitar la vista de encima de algo / de alguien ▸ **dévorer qqch / qqn des yeux** comerse ou devorar algo / a alguien con los ojos ▸ **écarquiller les yeux** poner unos ojos como platos ▸ **sous mes / tes etc. yeux** en mis / tus etc. narices ▸ **du coin de l'œil** con el rabillo del ojo ▸ **à l'œil nu** a simple vista ▸ **avoir un œil au beurre noir** tener un ojo a la funerala ou morado

2. EXPR **à vue d'œil** a ojos vistas ▸ **avoir qqch à l'œil** [gratuitement] conseguir algo por su linda cara ▸ **avoir qqn à l'œil** no perder de vista a alguien ▸ **avoir des yeux de lynx** tener vista de lince ▸ **ça crève les yeux** *fam* salta a la vista ▸ **faire de l'œil à qqn** *fam* guiñar el ojo a alguien ▸ **faire les gros yeux à qqn** asustar a alguien con la mirada ▸ **fermer les yeux sur qqch** hacer la vista gorda en algo ▸ **n'avoir pas froid aux yeux** tener más valor que un torero ▸ **n'avoir pas les yeux dans la poche** no perder ripio ▸ **mon œil !** *fam* ¡y una porra! ▸ **ne pas en croire ses yeux** no dar crédito a sus ojos ▸ **ouvrir**

l'œil abrir los ojos ▸ **se rincer l'œil** *fam* recrearse la vista ▸ **sauter aux yeux** saltar a la vista ▸ **taper dans l'œil de qqn** *fig* caer en gracia a alguien ▸ **tourner de l'œil** *fam* caerse en redondo

œil-de-bœuf [œjdəbœf] (*pl* **œils-de-bœuf**) nm ojo *m* de buey *(ventana)*.

œillade [œjad] nf guiño *m* ▸ **lancer une œillade à qqn** guiñar el ojo a alguien.

œillère [œjɛʀ] nf **1.** [de cheval] anteojera *f* ▸ **avoir des œillères** *fig* llevar anteojeras **2.** MÉD lavaojos *m inv*.

œillet [œjɛ] nm **1.** BOT clavel *m* **2.** COUT ojete *m*.

œnologie [enɔlɔʒi] nf enología *f*.

œnologue [enɔlɔg] nmf enólogo *m*, -ga *f*.

œsophage [ezɔfaʒ] nm esófago *m*.

œstrogène [østʀɔʒɛn] nm estrógeno *m*.

œuf [œf] (*pl* **œufs** [ø]) nm huevo *m* ▸ **battre les œufs en neige** batir los huevos a punto de nieve ▸ **œuf à la coque** huevo pasado por agua *(3 minutos)* ▸ **œuf dur** huevo duro ▸ **œuf mollet** huevo pasado por agua *(4 minutos)* ▸ **œufs en** OU **à la neige** *claras de huevo a punto de nieve, hervidas en leche y servidas con crema inglesa* ▸ **œuf de Pâques** huevo de Pascua ▸ **œuf au** OU **sur le plat** huevo frito ▸ **œuf poché** huevo escalfado ▸ **œufs brouillés** huevos revueltos ▸ **dans l'œuf** *fig* de raíz.

œuvre [œvʀ] nf obra *f* ▸ **être l'œuvre de qqch / de qqn** ser obra de algo / de alguien ▸ **mettre tout en œuvre pour** poner todos los medios para ▸ **bonnes œuvres** obras de caridad ▸ **œuvre d'art** obra de arte. ◆ **gros œuvre** nm estructura *f* y cimientos *mpl*.

œuvrer [5] [œvʀe] vi *sout* laborar ▸ **œuvrer pour qqch** laborar por algo.

OFCE (*abr de* **Observatoire français des conjonctures économiques**) nm *organismo francés que analiza la coyuntura económica*.

off [ɔf] adj inv CINÉ en off.

offensant, e [ɔfɑ̃sɑ̃, ɑ̃t] adj ofensivo(va).

offense [ɔfɑ̃s] nf ofensa *f*.

offensé, e [ɔfɑ̃se] adj ofendido(da) / *il s'est levé d'un air offensé* se levantó con aire ofendido.

offenser [3] [ɔfɑ̃se] vt ofender. ◆ **s'offenser** vp ▸ **s'offenser de qqch** ofenderse por algo.

offenseur [ɔfɑ̃sœʀ] nm ofensor *m*.

offensif, ive [ɔfɑ̃sif, iv] adj ofensivo(va). ◆ **offensive** nf ofensiva *f* ▸ **passer à l'offensive** pasar a la ofensiva ▸ **prendre l'offensive** tomar la ofensiva ▸ **offensive de paix** ofensiva de paz.

offert, e [ɔfɛʀ, ɛʀt] pp ⟶ **offrir**.

offertoire [ɔfɛʀtwaʀ] nm ofertorio *m*.

office [ɔfis] nm **1.** [fonction] ▸ **faire office de qqch** hacer las veces de algo ▸ **remplir son office** cumplir su función **2.** [bureau] oficina *f* ▸ **office du tourisme** oficina de turismo **3.** RELIG oficio *m* **4.** EXPR **recourir aux bons offices de qqn** recurrir a los buenos oficios de alguien. ◆ **d'office** loc adv de entrada ; [autorité] de oficio ▸ **commis d'office** [avocat] de oficio.

officialiser [3] [ɔfisjalize] vt oficializar, dar carácter oficial a.

officiel, elle [ɔfisjɛl] adj oficial. ◆ **officiel** nm ▸ **les officiels** las autoridades.

officiellement [ɔfisjɛlmɑ̃] adv oficialmente.

officier¹ [9] [ɔfisje] vi oficiar.

officier² [ɔfisje] nm oficial *m* ▸ **officier d'ordonnance** ≃ ayudante *m* de campo *(de un general o jefe de Estado)*.

officieusement [ɔfisjøzmɑ̃] adv oficiosamente.

officieux, euse [ɔfisjø, øz] adj oficioso(sa).

officine [ɔfisin] nf [pharmacie] farmacia *f*.

offrande [ɔfʀɑ̃d] nf ofrenda *f*.

offrant [ɔfʀɑ̃] nm ▸ **vendre au plus offrant** vender al mejor postor.

offre [ɔfʀ] ❖ nf [gén & COMM] oferta *f* ▸ **la loi de l'offre et de la demande** la ley de la oferta y la demanda ▸ **offre d'emploi** oferta de empleo ▸ **offre d'essai** oferta de prueba ▸ **offre publique d'achat** oferta pública de adquisición. ❖ v ⟶ **offrir**.

offrir [34] [ɔfʀiʀ] vt **1.** [donner] ▸ **offrir qqch à qqn** regalar algo a alguien **2.** [proposer] ▸ **offrir à qqn de faire qqch** proponer a alguien que haga algo **3.** [possibilités, avantage] ofrecer. ◆ **s'offrir** vp **1.** [s'exposer] ▸ **s'offrir à qqch** exponerse a algo **2.** [se proposer] ofrecerse ▸ **s'offrir à faire qqch** ofrecerse para OU a hacer algo **3.** [se faire cadeau de] regalarse.

offset [ɔfsɛt] adj inv, nm inv & nf inv offset.

offshore [ɔfʃɔʀ] ❖ adj inv **1.** [exploitation] offshore **2.** SPORT : *un bateau offshore* una lancha motora. ❖ nm inv **1.** [exploitation] prospección *f* petrolífera offshore **2.** SPORT motonáutica *f*.

offusquer [3] [ɔfyske] vt ofender. ◆ **s'offusquer** vp ofenderse ▸ **s'offusquer de qqch** ofenderse por algo.

ogive [ɔʒiv] nf ojiva *f* ▸ **en ogive** ojival.

OGM (*abr de* **organisme génétiquement modifié**) nm OGM *m* ▸ **les anti-OGM** los anti-OMG.

ogre [ɔgʀ] nm ogro *m*.

oh [o] ❖ interj ¡oh! ▸ **oh là là !** a) [négatif] ¡caray! b) [admiratif] ¡vaya! ❖ nm inv ▸ **pousser des oh et des ah** maravillarse.

ohé [ɔe] interj ¡eh!

OHQ (*abr de* **ouvrier hautement qualifié**) nm obrero *m* altamente cualificado / *un électricien OHQ* un electricista altamente cualificado.

oie [wa] nf **1.** ZOOL oca *f* **2.** *fam* & *péj* [niais] gansa *f* ▸ **oie blanche** ingenua *f* ▸ **le jeu de l'oie** el juego de la oca.

oignon [ɔɲɔ̃] nm **1.** [plante, bulbe] cebolla *f* ▸ **aux petits oignons** *fam* de fábula ▸ **mêle-toi de tes oignons** *fam* ocúpate de tus asuntos **2.** MÉD juanete *m*.

oindre [82] [wɛ̃dʀ] vt *sout* **1.** [frotter d'huile] untar **2.** RELIG ungir.

oiseau, x [wazo] nm **1.** ZOOL ave *f*, pájaro *m* ▸ **oiseau migrateur** ave migratoria ▸ **oiseau de proie** ave de rapiña **2.** *fam* [individu] ▸ **un drôle d'oiseau** *péj* ¡un buen pájaro! ▸ **un oiseau rare** un bicho raro.

oiseau-mouche [wazomuʃ] (*pl* **oiseaux-mouches**) nm pájaro *m* mosca.

oiseleur [wazlœʀ] nm pajarero *m*.

oisellerie [wazɛlʀi] nf pajarería *f*.

oiseux, euse [wazø, øz] adj ocioso(sa).

oisif, ive [wazif, iv] adj & nm, f ocioso(sa).

oisillon [wazijɔ̃] nm pajarillo *m*.

oisiveté [wazivte] nf ociosidad *f*.

oison [wazɔ̃] nm ansarón *m*, ansarino *m*.

OIT (*abr de* **Organisation internationale du travail**) nf OIT *f* / *les conventions de l'OIT* los convenios de la OIT.

OJD (*abr de* **Office de justification de la diffusion des supports de publicité**) nf *asociación francesa cuyo objetivo es calcular la difusión real de la publicidad*.

OK [ɔke] interj *fam* ¡vale!

ola [ɔla] nf ola *f* ▸ **faire la ola** hacer la ola.

oléagineux, euse [ɔleaʒinø, øz] adj oleaginoso(sa). ◆ **oléagineux** nm planta *f* oleaginosa.

oléoduc [ɔleodyk] nm oleoducto *m*.

olé olé [ɔleɔle] adj inv *fam* [propos, spectacle] atrevido(da).

olfactif, ive [ɔlfaktif, iv] adj olfativo(va).

oligarchie [ɔligaʀʃi] nf oligarquía *f*.

oligo-élément [ɔligɔelemɑ̃] (*pl* **oligo-éléments**) nm oligoelemento *m*.

olivâtre [ɔlivatʀ] adj aceitunado(da).

olive [ɔliv] ❖ nf aceituna *f*, oliva *f*. ❖ adj inv de color verde oliva.

oliveraie [ɔlivʀɛ] nf olivar *m*.

olivier [ɔlivje] nm olivo *m*.

olmèque [ɔlmɛk] adj olmeca. ◆ **Olmèque** nmf olmeca *mf*.

OLP (*abr de* **Organisation de libération de la Palestine**) nf OLP *f* / *le chef de l'OLP* el jefe de la OLP.

olympiade [ɔlɛ̃pjad] nf *(gén pl)* olimpiada *f*.

olympien, enne [ɔlɛ̃pjɛ̃, ɛn] adj olímpico(ca).

olympique [ɔlɛ̃pik] adj olímpico(ca).

OM (*abr de* **Olympique de Marseille**) nm *club de fútbol de Marsella*.

Oman [ɔman] npr Omán.

ombilic [ɔ̃bilik] nm ombligo *m*.

ombilical, e, aux [ɔ̃bilikal, o] adj umbilical.

ombrage [ɔ̃bʀaʒ] nm enramada *f* ▸ **porter ombrage à qqn** hacer sombra a alguien ▸ **prendre ombrage de qqch** resentirse por algo.

ombragé, e [ɔ̃bʀaʒe] adj umbrío(a).

ombrageux, euse [ɔ̃bʀaʒø, øz] adj **1.** [caractère, esprit] desconfiado(da), receloso(sa) **2.** [cheval] espantadizo(za).

ombre [ɔ̃bʀ] nf sombra *f* ▸ **à l'ombre de a)** [arbre] a la sombra de **b)** *fig* [personne] al amparo de ▸ **ça ne fait pas l'ombre d'un doute** no hay ni sombra de duda ▸ **ombre à paupières** sombra de ojos ▸ **ombres chinoises** [spectacle] sombras chinescas ▸ **faire de l'ombre à qqn** *fig* hacer sombra a alguien ▸ **rester dans l'ombre de qqn** *fig* vivir a la sombra de alguien.

ombrelle [ɔ̃bʀɛl] nf sombrilla *f*.

ombrer [3] [ɔ̃bʀe] vt sombrear.

OMC (*abr de* **Organisation mondiale du commerce**) nf OMC *f* / *les négociations de l'OMC* las negociaciones de la OMC.

omelette [ɔmlɛt] nf tortilla *f* ▸ **omelette norvégienne** *tarta helada con una capa de merengue caliente encima*.

omerta [ɔmɛʀta] nf **1.** [loi] ley *f* del silencio **2.** [silence] silencio *m*.

omets ⟶ **omettre**.

omettre [84] [ɔmɛtʀ] vt omitir ▸ **omettre de faire qqch** olvidarse de hacer algo.

OMI ❖ nf (*abr de* **Organisation maritime internationale**) OMI *f*. ❖ nm (*abr de* **Office des migrations internationales**) *organismo francés de orientación para los socilitantes de empleo extranjeros*.

omis, e [ɔmi, iz] pp ⟶ **omettre**.

omission [ɔmisjɔ̃] nf **1.** [action] omisión *f* ▸ **par omission** por omisión **2.** [oubli] olvido *m*.

OMM (*abr de* **Organisation météorologique mondiale**) nf OMM *f*.

omnibus [ɔmnibys] nm ómnibus *m inv*.

omnipotent, e [ɔmnipɔtɑ̃, ɑ̃t] adj omnipotente.

omniprésence [ɔmnipʀezɑ̃s] nf omnipresencia *f*.

omniprésent, e [ɔmnipʀezɑ̃, ɑ̃t] adj omnipresente.

omniscient, e [ɔmnisjɑ̃, ɑ̃t] adj omnisciente.

omnisports [ɔmnispɔʀ] adj inv polideportivo(va).

omnivore [ɔmnivɔʀ] ❖ adj omnívoro(ra). ❖ nm omnívoro *m*.

omoplate [ɔmɔplat] nf omóplato *m*, omoplato *m*.

OMS (*abr de* **Organisation mondiale de la santé**) nf OMS *f*.

on [ɔ̃]

❖ pron indéf

1. [sujet indéterminé] se / *on n'a pas le droit de fumer ici* aquí no se puede fumar ▸ **on ne sait jamais** nunca se sabe

2. [les gens, l'espèce humaine, groupe de personnes] : *en Espagne, on se couche tard* en España la gente se acuesta tarde ▸ **on raconte** ou **dit que…** dicen que…

3. [quelqu'un] *on t'a téléphoné ce matin* te ha llamado alguien esta mañana, esta mañana te han llamado / *est-ce qu'on t'a vu ?* ¿te han visto?

4. *fam* [nous] nosotros, nosotras / *on s'en va* nos vamos / *on se voit demain* ¡nos vemos mañana!

5. *fam* [se substitue à d'autres pronoms personnels] :

alors, on ne répond plus au téléphone ? ¿es que no contestáis al teléfono?

onanisme [ɔnanism] nm onanismo *m*.

once [ɔ̃s] nf **1.** [mesure anglo-saxonne] onza *f* **2.** *fig* [petite quantité] pizca *f* ▸ **une once de qqch** dos dedos de algo.

oncle [ɔ̃kl] nm tío *m*.

onction [ɔ̃ksjɔ̃] nf unción *f*.

onctueux, euse [ɔ̃ktɥø, øz] adj untuoso(sa).

onctuosité [ɔ̃ktɥozite] nf untuosidad *f*.

onde [ɔ̃d] nf **1.** PHYS onda *f* **2.** *sout* [eau] agua *f*. ◆ **ondes** nfpl ▸ **les ondes** [la radio] las ondas.

ondée [ɔ̃de] nf chaparrón *m*, aguacero *m*.

on-dit [ɔ̃di] nm inv rumores *mpl*, habladurías *fpl*.

ondoyant, e [ɔ̃dwajɑ̃, ɑ̃t] adj **1.** [blés, démarche] ondulante **2.** *sout* [caractère, personne] voluble.

ondoyer [13] [ɔ̃dwaje] vi ondear.

ondulant, e [ɔ̃dylɑ̃, ɑ̃t] adj ondulante.

ondulation [ɔ̃dylasjɔ̃] nf **1.** [mouvement] ondulación *f* **2.** [de cheveux] ondulado *m*.

ondulé, e [ɔ̃dyle] adj ondulado(da).

onduler [3] [ɔ̃dyle] ❖ vi ondear. ❖ vt ondular.

one-man-show [wanmanʃo] (*pl* **one-man-shows**) nm *espectáculo centrado en un solo artista*.

onéreux, euse [ɔneʀø, øz] adj oneroso(sa).

ONF (*abr de* **Office national des forêts**) nm *organismo público francés que se ocupa de la política forestal*.

ONG (*abr de* **organisation non gouvernementale**) nf ONG *f* ▸ **travailler dans / pour une ONG** trabajar en / para una ONG.

ongle [ɔ̃gl] nm **1.** [de personne] uña *f* ▸ **jusqu'au bout des ongles** *fig* hasta la médula ▸ **se faire les ongles** arreglarse ou hacerselas uñas ▸ **se ronger les ongles** comerse las uñas **2.** [d'animal] garra *f*.

onglée [ɔ̃gle] nf ▸ **avoir l'onglée** tener los dedos helados.

onglet [ɔ̃glɛ] nm **1.** [de livre] uñero *m* **2.** CULIN *carne de ternera de primera categoría* ; ≃ solomillo *m* ▸ **onglet aux échalotes** *ternera guisada con chalotes*.

onguent [ɔ̃gɑ̃] nm *sout* ungüento *m*.

onirique [ɔniʀik] adj onírico(ca).

onomastique [ɔnɔmastik] ❖ adj onomástico(ca). ❖ nf onomástica *f*.

onomatopée [ɔnɔmatɔpe] nf onomatopeya *f*.

ont [ɔ̃] ⟶ **avoir**.

ONU, Onu [ɔny] (*abr de* **Organisation des Nations unies**) nf ONU *f* / *le Conseil de sécurité de l'ONU* el Consejo de Seguridad de la ONU.

ONUDI, Onudi [ɔnydi] (*abr de* **Organisation des Nations unies pour le développement industriel**) nf ONUDI *f*.

onusien, enne [ɔnyzjɛ̃, ɛn] adj de la ONU.

onyx [ɔniks] nm ónice *m*.

onze [ɔ̃z] adj num inv & nm inv once. ***Voir aussi* six**.

onzième [ɔ̃zjɛm] ❖ adj num & nmf undécimo(ma). ❖ nm onceavo *m*, onceava *f* parte. ❖ nf [classe] ≃ primero *m* de EP. ***Voir aussi* sixième**.

OP (*abr de* **ouvrier professionnel**) nm operario *m* diplomado ou titulado.

OPA (*abr de* **offre publique d'achat**) nf OPA *f* ▸ **une OPA hostile / amicale** una OPA hostil / amistosa ▸ **lancer une OPA** lanzar una OPA ▸ **une contre-OPA** una contra-OPA.

opacité [ɔpasite] nf opacidad *f*.

opale [ɔpal] ❖ adj inv opalino(na). ❖ nf ópalo *m*.

opaline [ɔpalin] nf opalina *f*.

opaque [ɔpak] adj opaco(ca) ; [brouillard, etc.] denso(sa).

op. cit. (*abr écrite de* **opere citato**) op. cit.

OPE (*abr de* **offre publique d'échange**) nf OPI *f* ▸ **lancer une OPE sur une entreprise** lanzar una OPI sobre una empresa.

open-source [ɔpɛnsuʀs] adj INFORM código *m* fuente abierto.

OPEP, Opep [ɔpɛp] (*abr de* **Organisation des pays exportateurs de pétrole**) nf OPEP *f* ▸ **les pays membres de l'OPEP** los países miembros de la OPEP.

opéra [ɔpeʀa] nm ópera *f* ▸ **l'Opéra Bastille** la Ópera de la Bastilla *(en París)*.

opérable [ɔpeʀabl] adj operable.

opéra-bouffe [ɔpeʀabuf] (*pl* **opéras-bouffes**) nm ópera *f* bufa.

opéra-comique [ɔpeʀakɔmik] (*pl* **opéras-comiques**) nm ópera *f* cómica.

opérateur, trice [ɔpeʀatœʀ, tʀis] nm, f operador *m*, -ra *f* ▸ **opérateur de saisie** teclista *m* de ordenadores.

opération [ɔpeʀasjɔ̃] nf [gén, MÉD & MATH] operación *f* ▸ **opération à cœur ouvert** operación a corazón abierto ▸ **opération coup de poing** [de la police] mazazo *m* ▸ **opération financière** operación financiera ▸ **opération promotionnelle** operación de promoción ▸ **opération de sauvetage** operación de rescate ▸ **par l'opération du Saint-Esprit** *hum* por obra y gracia del Espíritu Santo.

opérationnel, elle [ɔpeʀasjɔnɛl] adj **1.** [gén] operativo(va) **2.** MIL [base] operacional.

opératoire [ɔpeʀatwaʀ] adj operatorio(ria).

opérer [18] [ɔpeʀe] vt **1.** [gén] operar **2.** [choix] efectuar. ◆ **s'opérer** vp operarse.

opérette [ɔpeʀɛt] nf opereta *f*.

ophtalmique [ɔftalmik] adj oftálmico(ca) / *il souffre de migraines ophtalmiques* sufre de migrañas oftálmicas.

ophtalmo [ɔftalmo] (*abr de* **ophtalmologiste**) nm *fam* oftalmólogo *m*, -ga *f*.

ophtalmologie [ɔftalmɔlɔʒi] nf oftalmología *f*.

ophtalmologiste [ɔftalmɔlɔʒist], **ophtalmologue** [ɔftalmɔlɔg] nmf oftalmólogo *m*, -ga *f*.

Opinel® [ɔpinɛl] nm *navaja con empuñadura de madera.*

opiner [3] [ɔpine] vi ▸ **opiner de la tête** ou **du chef** asentir con la cabeza.

opiniâtre [ɔpinjatʀ] adj **1.** [persévérant - caractère, personne] pertinaz, tenaz ; [- travail] oneroso(sa) **2.** [fièvre, toux] rebelde.

opiniâtreté [ɔpinjatʀəte] nf tesón *m*, tenacidad *f*.

opinion [ɔpinjɔ̃] nf opinión *f* ▸ **avoir une bonne / mauvaise opinion de qqch / de qqn** tener (una) buena / mala opinión de algo / de alguien ▸ **conforter** ou **renforcer qqn dans son opinion** confirmar a alguien en su opinión ▸ **donner son opinion sur qqch / sur qqn** dar su opinión sobre algo / sobre alguien ▸ **l'opinion publique** la opinión pública ▸ **sans opinion** sin opinión.

opium [ɔpjɔm] nm opio *m*.

opossum [ɔpɔsɔm] nm zarigüeya *f*.

opportun, e [ɔpɔʀtœ̃, yn] adj oportuno(na).

opportunément [ɔpɔʀtynemɑ̃] adv oportunamente.

opportunisme [ɔpɔʀtynism] nm oportunismo *m*.

opportuniste [ɔpɔʀtynist] adj & nmf oportunista.

opportunité [ɔpɔʀtynite] nf oportunidad *f*.

opposant, e [ɔpozɑ̃, ɑ̃t] ❖ adj de la oposición, opositor(ra). ❖ nm, f opositor *m*, -ra *f*.

opposé, e [ɔpoze] adj **1.** [gén] opuesto(ta) **2.** [hostile] ▸ **opposé à qqch / à qqn** contrario a algo / a alguien. ◆ **opposé** nm [contraire] opuesto *m* ▸ **à l'opposé de a)** [du côté opposé à] en el lado opuesto a **b)** [contrairement à] al contrario de.

opposer [3] [ɔpoze] vt **1.** [objecter] objetar **2.** [diviser] separar **3.** [pression, résistance] oponer ; [comme obstacle, défense] interponer **4.** [confronter, comparer] contraponer **5.** [faire s'affronter] enfrentar. ◆ **s'opposer** vp **1.** [faire obstacle, être contraire] ▸ **s'opposer à qqch / à qqn** oponerse a algo / a alguien **2.** [se confronter] ▸ **s'opposer à qqn / à qqch** enfrentarse a alguien / a algo **3.** [contraster] contrastar.

opposition [ɔpozisjɔ̃] nf **1.** [gén] oposición *f* ▸ **en opposition avec qqn** en desacuerdo con alguien ▸ **faire opposition à qqch** oponerse a algo ▸ **faire opposition à un chèque** suspender el pago de un talón **2.** [conflit] enfrentamiento *m* **3.** [contraste] contraste *m* ▸ **par opposition à qqch** en contraste con algo.

oppressant, e [ɔpʀesɑ̃, ɑ̃t] adj asfixiante.

oppresser [4] [ɔpʀese] vt **1.** [suj : douleur, remords] oprimir **2.** [suj : chaleur] asfixiar.

oppresseur [ɔpʀesœʀ] nm opresor *m*.

oppressif, ive [ɔpʀesif, iv] adj opresivo(va).

oppression [ɔpʀesjɔ̃] nf **1.** [asservissement] opresión *f* **2.** [malaise] ahogo *m*.

opprimé, e [ɔpʀime] adj & nm, f oprimido(da).

opprimer [3] [ɔpʀime] vt **1.** [asservir] oprimir **2.** [censurer] reprimir.

opprobre [ɔpʀɔbʀ] nm *sout* oprobio *m* ▸ **jeter l'opprobre sur qqn** cubrir a alguien de oprobio.

opter [3] [ɔpte] vi ▸ **opter pour qqch / pour qqn** optar por algo / por alguien.

opticien, enne [ɔptisjɛ̃, ɛn] nm, f óptico(ca).

optimal, e, aux [ɔptimal, o] adj óptimo(ma).

optimaliser [3] [ɔptimalize], **optimiser** [ɔptimize] vt optimizar, optimar.

optimisation [ɔptimizasjɔ̃] nf optimización *f*, optimación *f*.

optimisme [ɔptimism] nm optimismo *m*.

optimiste [ɔptimist] adj & nmf optimista *m*.

optimum [ɔptimɔm] (*pl* **optimums** *ou* **optima** [-ma]) ❖ adj óptimo(ma). ❖ nm óptimo *m*.

option [ɔpsjɔ̃] nf **1.** [gén] opción *f* / *il y a plusieurs options possibles* hay varias opciones posibles ▸ **prendre une option sur qqch** FIN tomar una opción sobre algo ▸ **être en option** ser opcional **2.** UNIV optativa *f (asignatura)*.

Comment exprimer une opinion

Donner son avis

- **En mi opinión, miente.** *À mon avis, il ment.*
- **A mi juicio, eso no es normal.** *À mon avis, ce n'est pas normal.*
- **Personalmente, pienso que no es la solución acertada.** *Personnellement, je pense que ce n'est pas la bonne solution.*
- **Para mí que está mal escrito.** *Personnellement, je trouve que c'est mal écrit.*
- **Considero que es demasiado joven.** *J'estime qu'il / elle est trop jeune.*
- **Me parece que debemos intervenir ahora.** *Il me semble que nous devons intervenir maintenant.*
- **Yo considero que su reacción fue la correcta.** *Je considère qu'il a réagi comme il le fallait.*
- **Tengo la impresión de que no está muy contento.** *J'ai l'impression qu'il n'est pas très content.*
- **Me gustaría saber tu opinión.** *J'aimerais connaître ton avis.*

Ne pas donner son avis

- **Prefiero no decir nada.** *Je préfère ne rien dire.*
- **Es difícil de decir.** *C'est difficile à dire.*
- **No sabría decir.** *Je ne saurais dire.*
- **No estoy muy seguro de ello.** *Je n'en suis pas très sûr.*
- **¡Ni idea!** *Aucune idée !*
- **Depende.** *Ça dépend.*

optionnel, elle [ɔpsjɔnɛl] adj opcional ; [matière] optativo(va).

optique [ɔptik] ◆ adj óptico(ca). ◆ nf óptica *f* ▸ **dans l'optique de faire qqch** con vistas a hacer algo.

opulence [ɔpylɑ̃s] nf opulencia *f* ▸ **nager dans l'opulence** nadar en la abundancia ▸ **vivre dans l'opulence** vivir en la opulencia.

opulent, e [ɔpylɑ̃, ɑ̃t] adj opulento(ta).

OQ nm *abr de* **ouvrier qualifié**.

or[1] [ɔʀ] nm **1.** [métal, richesse] oro *m* ▸ **en or** de oro ▸ **or blanc / massif** oro blanco / macizo ▸ **or noir** [pétrole] oro negro ▸ **être en or** [personne] ser una joya ▸ **pour tout l'or du monde** por todo el oro del mundo ▸ **rouler sur l'or** estar forrado(da) **2.** [dorure] dorado *m*.

or[2] [ɔʀ] conj ahora bien.

oracle [ɔʀakl] nm oráculo *m*.

orage [ɔʀaʒ] nm **1.** [gén] tormenta *f* ▸ **il y a de l'orage dans l'air** a) MÉTÉOR se avecina una tormenta, amenaza tormenta b) *fig* hay tensión en el ambiente **2.** *fig* [de la vie, de l'amour] revés *m*.

orageux, euse [ɔʀaʒø, øz] adj [mouvementé] tormentoso(sa), tempestuoso(sa) ; [chaleur] bochornoso(sa).

oraison [ɔʀɛzɔ̃] nf oración *f* ▸ **oraison funèbre** oración fúnebre.

oral, e, aux [ɔʀal, o] adj oral. ◆ **oral** nm oral *m (examen)* ▸ **à l'oral** : ***il n'est pas très bon à l'oral*** no es muy bueno en el oral / ***nous avons été interrogés à l'oralpour cet examen*** ese examen nos lo hicieron oral ▸ **par oral** oralmente ▸ **oral de rattrapage** oral de repesca.

oralement [ɔʀalmɑ̃] adv oralmente.

orange [ɔʀɑ̃ʒ] ◆ adj inv naranja *(en apposition)*. ◆ nf naranja *f* ▸ **orange pressée** zumo *m* de naranja natural ▸ **orange sanguine** naranja sanguina. ◆ nm [couleur] naranja *m*.

orangé, e [ɔʀɑ̃ʒe] adj anaranjado(da). ◆ **orangé** nm [couleur] anaranjado *m*.

orangeade [ɔʀɑ̃ʒad] nf naranjada *f*.

oranger [ɔʀɑ̃ʒe] nm naranjo *m*.

orangeraie [ɔʀɑ̃ʒʀɛ] nf naranjal *m*.

orang-outan (*pl* **orangs-outans**), **orang-outang** (*pl* **orangs-outangs**) [ɔʀɑ̃utɑ̃] nm orangután *m*.

orateur, trice [ɔʀatœʀ, tʀis] nm, f orador *m*, -ra *f*.

oratoire [ɔʀatwaʀ] nm oratorio *m*.

orbital, e, aux [ɔʀbital, o] adj orbital.

orbite [ɔʀbit] nf órbita *f* ▸ **mettre sur orbite** poner en órbita.

Orcades [ɔʀkad] npr f pl ▸ **les Orcades** las Orcadas.

orchestral, e, aux [ɔʀkɛstʀal, o] adj orquestal.

orchestration [ɔʀkɛstʀasjɔ̃] nf orquestación *f*.

orchestre [ɔʀkɛstʀ] nm **1.** MUS orquesta *f* **2.** CINÉ & THÉÂTRE patio *m* de butacas.

orchestrer [3] [ɔʀkɛstʀe] vt orquestar.

orchidée [ɔʀkide] nf orquídea *f*.

ordi [ɔʀdi] (*abr de* **ordinateur**) nm *fam* ordenata *m*.

ordinaire [ɔʀdinɛʀ] ◆ adj ordinario(ria) ; [habituel] habitual. ◆ nm [moyenne] media *f* ▸ **comme à son ordinaire** como siempre ▸ **sortir de l'ordinaire** salirse de lo corriente. ◆ **d'ordinaire** loc adv generalmente, habitualmente.

ordinal, e, aux [ɔʀdinal, o] adj ordinal. ◆ **ordinal** nm MATH & GRAM ordinal *m*.

ordinateur [ɔʀdinatœʀ] nm ordenador *m* ▸ **ordinateur personnel** ordenador personal ▸ **ordinateur portable** ordenandor portatil ▸ **mettre qqch sur ordinateur** poner algo en el ordenador.

ordonnance [ɔʀdɔnɑ̃s] nf **1.** MÉD receta *f* **2.** [document - de gouvernement] ordenanza *f* ; [- de juge] mandato *m*, mandamiento *m*.

ordonné, e [ɔʀdɔne] adj ordenado(da).

ordonner [3] [ɔʀdɔne] vt **1.** [gén] ordenar ▸ **ordonner à qqn de faire qqch** ordenar a alguien que haga algo **2.** MÉD ▸ **ordonner qqch à qqn** recetar ou prescribir algo a alguien. ◆ **s'ordonner** vp ordenarse.

ordre [ɔʀdʀ] ◆ nm

1. [gén] orden *m* ▸ **à l'ordre du jour** a) [d'actualité] al orden del día b) [d'une assemblée] en el orden del día ▸ **en ordre** en orden ▸ **l'ordre établi** el orden establecido ▸ **mettre bon ordre à qqch** poner algo en orden ▸ **par ordre alphabétique** por orden alfabético ▸ **par ordre chronologique** por orden cronológico ▸ **par ordre d'entrée en scène** por orden de aparición ▸ **par ordre de grandeur** por orden de tamaño ▸ **par ordre de préférence** por orden de preferencia ▸ **procéder par ordre** proceder por orden ▸ **rappeler qqn à l'ordre** llamar a alguien al orden ▸ **rentrer dans l'ordre** volver a la nor-

Comment exprimer un ordre

- **¡Salga (de aquí)!** *Sortez (d'ici) !*
- **¡Un poco de silencio, por favor!** *Un peu de silence, s'il vous plaît !*
- **¡Deja eso ahora mismo, me oyes!** *Pose ça tout de suite, tu m'entends !*
- **No entres en la cocina, que el suelo está mojado.** *Ne rentre pas dans la cuisine, le sol est mouillé.*
- **Llámame tan pronto llegues, ¿vale?** *Tu m'appelles dès que tu arrives, d'accord ?*
- **Échese un poco atrás, por favor.** *Reculez un peu, s'il vous plaît.*
- **Gire a la izquierda en el semáforo.** *Tournez à gauche au feu rouge.*

malidad ▸ **rétablir l'ordre** restablecer el orden ▸ **troubler l'ordre public** alterar el orden público
2. [corporation] colegio *m*
3. [commandement] orden *f* ▸ **donner un ordre à qqn** dar una orden a alguien ▸ **donner à qqn l'ordre de faire qqch** dar a alguien la orden de hacer algo ▸ **être aux ordres de qqn** estar a las órdenes de alguien ▸ **jusqu'à nouvel ordre** hasta nueva orden ▸ **ordre de mission** orden de misión
4. RELIG orden *f* ▸ **entrer dans les ordres** tomar los hábitos

ordure [ɔʀdyʀ] nf **1.** [grossièreté] porquería *f* **2.** *péj* [personne] canalla *m*. ◆ **ordures** nfpl ▸ **ordures (ménagères)** basura *f*.

ordurier, ère [ɔʀdyʀje, ɛʀ] adj grosero(ra) ESP, guarango(ga) AM.

orée [ɔʀe] nf ▸ **à l'orée de qqch** en la linde de algo.

oreille [ɔʀɛj] nf **1.** ANAT oreja *f* ▸ **se boucher les oreilles** taparse los oídos **2.** [ouïe] oído *m* ▸ **avoir de l'oreille** tener oído ▸ **être dur d'oreille** ser duro de oído **3.** [de marmite, tasse] asa *f* **4.** EXPR **à l'oreille** OU **dans le creux de l'oreille** al oído ▸ **dormir sur ses deux oreilles** dormir a pierna suelta ▸ **écorcher les oreilles** lastimar el oído ▸ **écouter d'une oreille distraite** escuchar a medias ▸ **faire la sourde oreille** hacerse el sordo ▸ **n'écouter que d'une oreille** escuchar a medias ▸ **ne pas en croire ses oreilles** no dar crédito a sus oídos ▸ **ne pas l'entendre de cette oreille** no ver algo de la misma manera ▸ **prêter l'oreille (à qqch)** prestar oído (a algo) ▸ **rebattre les oreilles à qqn** *fam* machacar los oídos a alguien ▸ **se faire tirer l'oreille** hacerse de rogar ▸ **tendre l'oreille** aguzar el oído, prestar oídos.

oreiller [ɔʀɛje] nm almohada *f*.

oreillette [ɔʀɛjɛt] nf **1.** [du cœur] aurícula *f* **2.** [d'un baladeur, d'un téléphone] auricular *m* **3.** [de casquette] orejera *f*.

oreillons [ɔʀɛjɔ̃] nmpl paperas *fpl* ▸ **avoir les oreillons** tener paperas.

Orénoque [ɔʀenɔk] npr m ▸ **l'Orénoque** el Orinoco.

ores [ɔʀ] ◆ **d'ores et déjà** loc adv de aquí en adelante.

orfèvre [ɔʀfɛvʀ] nm orfebre *m* ▸ **être orfèvre en la matière** estar ducho(cha) en la materia.

orfèvrerie [ɔʀfɛvʀəʀi] nf orfebrería *f*.

orfraie [ɔʀfʀɛ] nf quebrantahuesos *m inv* ▸ **pousser des cris d'orfraie** gritar como un descosido (una descosida).

organdi [ɔʀgɑ̃di] nm organdí *m*.

organe [ɔʀgan] nm **1.** [gén] órgano *m* **2.** *sout* [voix] voz *f*.

organigramme [ɔʀganigʀam] nm organigrama *m*.

organique [ɔʀganik] adj orgánico(ca).

organisateur, trice [ɔʀganizatœʀ, tʀis] adj & nm, f organizador(ra).

organisation [ɔʀganizasjɔ̃] nf organización *f* ▸ **avoir le sens de l'organisation** ser organizado(da) ▸ **une organisation internationale** una organización internacional ▸ **l'Organisation mondiale du commerce** la Organización Mundial del Comercio.

organisé, e [ɔʀganize] adj organizado(da).

organiser [3] [ɔʀganize] vt organizar. ◆ **s'organiser** vp [soi-même, voyage, travail] organizarse.

organiseur [ɔʀganisœʀ] nm [agenda électronique] agenda *f* electrónica.

organisme [ɔʀganism] nm organismo *m* ▸ **organisme génétiquement modifié** organismo modificado genéticamente.

organiste [ɔʀganist] nmf organista *mf*.

orgasme [ɔʀgasm] nm orgasmo *m*.

orge [ɔʀʒ] nf cebada *f*.

orgeat [ɔʀʒa] nm horchata *f*.

orgelet [ɔʀʒəlɛ] nm orzuelo *m*.

orgie [ɔʀʒi] nf orgía *f* ▸ **une orgie de qqch** una orgía de algo.

orgue [ɔʀg] nm órgano *m*. ◆ **orgues** nfpl MUS órgano *m*.

orgueil [ɔʀgœj] nm orgullo *m* ▸ **c'est de l'orgueil mal placé** está pecando de orgulloso ▸ **être gonflé d'orgueil** estar lleno de orgullo.

orgueilleux, euse [ɔʀgœjø, øz] adj & nm, f orgulloso(sa).

orient [ɔʀjɑ̃] nm oriente *m*. ◆ **Orient** nm ▸ **l'Orient** (el) Oriente.

orientable [ɔʀjɑ̃tabl] adj orientable.

oriental, e, aux [ɔʀjɑ̃tal, o] adj oriental. ◆ **Oriental, e, aux** nm, f Oriental *mf*.

orientation [ɔʀjɑ̃tasjɔ̃] nf orientación *f* ▸ **orientation professionnelle** orientación profesional ▸ **avoir le sens de l'orientation** tener sentido de la orientación.

orienté, e [ɔʀjɑ̃te] adj **1.** [exposé] orientado(da) **2.** [tendancieux] tendencioso(sa) ▸ **orienté à droite / à gauche** de tendencia derechista / izquierdista.

orienter [3] [ɔʀjɑ̃te] vt orientar. ◆ **s'orienter** vp orientarse ▸ **s'orienter vers qqch** orientarse hacia algo.

orifice [ɔʀifis] nm orificio *m*.

oriflamme [ɔʀiflam] nf oriflama *f*.

origan [ɔʀigɑ̃] nm orégano *m*.

originaire [ɔʀiʒinɛʀ] adj ▸ **être originaire de** ser originario(ria) de, ser natural de.

original, e, aux [ɔʀiʒinal, o] adj & nm, f original. ◆ **original, aux** nm original *m*.

originalité [ɔʀiʒinalite] nf originalidad *f*.

origine [ɔʀiʒin] nf origen *m* ▸ **à l'origine** al principio ▸ **d'origine** de origen ▸ **être à l'origine de qqch** ser el origen de algo.

originel, elle [ɔʀiʒinɛl] adj original.

oripeaux [ɔʀipo] nmpl [vêtements] atavíos *mpl*.

ORL ◆ nmf (*abr de* **oto-rhino-laryngologiste**) otorrinolaringólogo *mf* / *consulter un ORL* consultar a un otorrinolaringólogo ▸ **un chirurgien ORL** un cirujano otorrinolaringólogo. ◆ nf (*abr de* **oto-rhino-laryngologie**) ORL *f* / *le service (d')ORL* el servicio de ORL.

orme [ɔʀm] nm olmo *m*.

ormeau, x [ɔʀmo] nm olmo *m* nuevo.

orné, e [ɔʀne] adj adornado(da) ▸ **orné de** adornado de.

ornement [ɔʀnəmɑ̃] nm ornamento *m*.

ornemental, e, aux [ɔʀnəmɑ̃tal, o] adj ornamental.

ornementation [ɔʀnəmɑ̃tasjɔ̃] nf ornamentación *f*.

ornementer [3] [ɔʀnəmɑ̃te] vt ornamentar.

orner [3] [ɔʀne] vt adornar ▸ **orner qqch de** adornar algo con ou de.

ornière [ɔʀnjɛʀ] nf rodada *f* ▸ **sortir de l'ornière** a) *fig* salir de la rutina b) [situation difficile] salir del atolladero.

ornithologie [ɔʀnitɔlɔʒi] nf ornitología *f*.

orphelin, e [ɔʀfəlɛ̃, in] ◆ adj huérfano(na) ▸ **orphelin de père / de mère** huérfano de padre / de madre. ◆ nm, f huérfano *m*, -na *f*.

orphelinat [ɔʀfəlina] nm orfanato *m*.

orque [ɔʀk] nf ZOOL orca *m*.

Orsay [ɔʀsɛ] npr ▸ **le musée d'Orsay** *museo de arte en París*.

Musée d'Orsay

Este museo, instalado en la antigua estación ferroviaria de Orsay, a orillas del Sena, contiene obras de arte de mediados del siglo XIX y principios del XX entre las cuales destacan pinturas de Courbet, Van Gogh, Gauguin, Cézanne o Monet.

ORSEC, Orsec [ɔʀsɛk] (*abr de* **Organisation des secours**) adj : *plan ORSEC plan de emergencia en caso de catástrofe natural*.

orteil [ɔʀtɛj] nm dedo *m* del pie ▸ **gros orteil** dedo gordo del pie.

orthodontiste [ɔʀtɔdɔ̃tist] nmf ortodontista *mf*.

orthodoxe [ɔʀtɔdɔks] adj & nmf ortodoxo *m*, -xa *f*.

orthodoxie [ɔʀtɔdɔksi] nf ortodoxia *f*.

orthogonal, e, aux [ɔʀtɔgɔnal, o] adj ortogonal.

orthographe [ɔʀtɔgʀaf] nf ortografía *f*.

orthographier [9] [ɔʀtɔgʀafje] vt ortografiar.

orthographique [ɔʀtɔgʀafik] adj ortográfico(ca).

orthopédie [ɔʀtɔpedi] nf MÉD ortopedia *f*.

orthopédique [ɔʀtɔpedik] adj ortopédico(ca).

orthopédiste [ɔʀtɔpedist] nmf ortopeda *mf*, ortopedista *mf*.

orthophoniste [ɔʀtɔfɔnist] nmf ortofonista *mf*.

ortie [ɔʀti] nf ortiga *f*.

os [ɔs] (*pl* **os** [o]) nm hueso *m* ▸ **os à moelle** hueso de espinazo ▸ **os de seiche** jibión *m* ▸ **ne pas faire de vieux os** *fam* no llegar a viejo ▸ **tomber sur un os** *fig* dar con un hueso.

OS nm *abr de* **ouvrier spécialisé**.

oscar [ɔskaʀ] nm **1.** CINÉ oscar *m*, óscar *m* / *la cérémonie de remise des Oscars a lieu la semaine prochaine* la semana que viene tiene lugar la ceremonia de entrega de los Oscars **2.** ZOOL óscar *m*.

oscarisé, e [ɔskaʀize] adj CINÉ oscarizado(da).

oscariser [3] [ɔskaʀize] vt oscarizar.

oscillation [ɔsilasjɔ̃] nf oscilación *f*.

oscillatoire [ɔsilatwaʀ] adj oscilatorio(ria).

osciller [3] [ɔsile] vi oscilar.

osé, e [oze] adj atrevido(da).

oseille [ozɛj] nf **1.** [plante] acedera *f* **2.** *fam* [argent] guita *f*.

oser [3] [oze] vt ▸ **oser qqch / faire qqch** atreverse a algo / a hacer algo ▸ **si j'ose dire** si puedo permitirme la expresión ▸ **si j'ose m'exprimer ainsi** (y) perdone la expresión.

osier [ozje] nm mimbre *m*.

Oslo [ɔslo] npr Oslo.

osmose [ɔsmoz] nf ósmosis *f inv* ▸ **par osmose** por ósmosis.

ossature [ɔsatyʀ] nf **1.** ANAT osamenta *f* **2.** *fig* [structure] armazón *f*.

osselet [ɔslɛ] nm **1.** ANAT huesecillo *m* **2.** [jeu] taba *f* ▸ **jouer aux osselets** jugar a la taba.

ossements [ɔsmɑ̃] nmpl osamenta *f*.

osseux, euse [ɔsø, øz] adj **1.** ANAT & MÉD óseo(a) **2.** [maigre] huesudo(da).

ossification [ɔsifikasjɔ̃] nf osificación *f*.

ossuaire [ɔsɥɛʀ] nm osario *m*.

ostensible [ɔstɑ̃sibl] adj ostensible.

ostensiblement [ɔstɑ̃sibləmɑ̃] adv ostensiblemente.

ostensoir [ɔstɑ̃swaʀ] nm custodia *f (vaso litúrgico)*.

ostentation [ɔstɑ̃tasjɔ̃] nf ostentación *f*.

ostentatoire [ɔstɑ̃tatwaʀ] adj ostentatorio(ria).

ostéodensitométrie [ɔsteɔdɑ̃sitɔmetʀi] nf osteodensitometria *f*.

ostéopathe [ɔsteɔpat] nmf osteópata *mf*.

ostéoporose [ɔsteɔpɔʀoz] nf MÉD osteoporosis *f*.

ostracisme [ɔstʀasism] nm ostracismo *m*.

ostréiculture [ɔstʀeikyltyʀ] nf ostricultura *f*.

otage [ɔtaʒ] nm rehén *mf* ▸ **prendre qqn en otage** tomar a alguien como rehén.

OTAN, Otan [ɔtɑ̃] (*abr de* **Organisation du traité de l'Atlantique Nord**) nf OTAN *f*.

otarie [ɔtaʀi] nf león *m* marino, otaria *f*.

ôter [3] [ote] vt **1.** [enlever] quitarse ▸ **ôter qqch à qqn** quitar algo a alguien **2.** [soustraire] : *6 ôté de 10 égale 4*

10 menos 6 igual a 4. ◆ **s'ôter** vp *fam* ▸ **ôtez-vous de là !** ¡quítese de ahí!

otite [ɔtit] nf otitis *f inv.*

oto-rhino [ɔtɔʀino] nmf *fam* otorrino *mf.*

oto-rhino-laryngologie [ɔtɔʀinɔlaʀɛ̃gɔlɔʒi] nf otorrinolaringología *f.*

oto-rhino-laryngologiste [ɔtɔʀinɔlaʀɛ̃gɔlɔʒist] nmf otorrinolaringólogo *mf.*

Ottawa [ɔtawa] npr Ottawa.

ottoman, e [ɔtɔmɑ̃, an] adj otomano(na).
◆ **Ottoman, e** nm, f otomano *m*, -na *f.*
◆ **ottoman** nm [tissu] otomán *m.*

ou [u] conj o, u *(devant un 'o')* / *c'est l'un ou l'autre* o uno u otro. ◆ **ou (bien)... ou (bien)** loc corrélative o... o / *ou (bien) c'est elle, ou (bien) c'est moi !* o ella o yo.

où [u]

◆ pron rel

1. [spatial - sans mouvement] donde ; [- avec mouvement] adonde / *là où j'habite* donde vivo / *où que vous soyez* allí donde estéis / *là où il allait* allí adonde iba / *où que vous alliez* vaya adonde vaya

2. [temporel] (en) que / *le jour où je suis venue* el día (en) que vine

◆ adv

1. [spatial - sans mouvement] donde ; [- avec mouvement] adonde / *reste là où tu es* quédate allí dónde estás / *je vais où je veux* voy adonde quiero

2. [temporel] donde / *où je ne vous suis plus, c'est...* donde no le sigo es...

◆ adv interr

[sans mouvement] dónde ; [avec mouvement] adónde / *où étais-tu ?* ¿dónde estabas? / *où vas-tu ?* ¿adónde vas?

◆ **d'où** loc adv [conséquence] de donde, de lo que / *d'où on conclut que...* de lo que ou de donde se deduce que... / *d'où ma surprise* de ahí mi sorpresa.

Ouagadougou [wagadugu] npr Ouagadougou.

ouah [wa] interj **1.** [aboiement] ¡guau! **2.** [exprime l'admiration] ¡guau!

ouailles [waj] nfpl *sout* & *hum* feligreses *mpl.*

ouais [wɛ] interj *fam* ya.

ouate [wat] nf guata *f.*

ouaté, e [wate] adj **1.** [garni d'ouate] enguatado(da) **2.** *fig* [ambiance] envolvente ; [pas, bruits] sordo(da).

oubli [ubli] nm **1.** [perte de mémoire, étourderie] olvido *m* ▸ **tomber dans l'oubli** caer en el olvido **2.** [négligence] descuido *m.* ◆ **oubli de soi** nm abnegación *f.*

oublier [10] [ublije] vt olvidar / *j'ai oublié mes clés* olvidé mis llaves / *n'oublie pas son anniversaire* no olvides su cumpleaños / *il a oublié de fermer la porte à clé* se olvidó de cerrar la puerta con llave. ◆ **s'oublier** vp **1.** [être oublié] olvidarse **2.** [perdre conscience de soi] olvidarse de uno mismo **3.** *fam* [faire ses besoins] hacer sus necesidades.

oubliette [ublijɛt] nf *(gén pl)* mazmorra *f* ▸ **tomber dans les oubliettes** *fig* caer en el olvido.

oublieux, euse [ublijø, øz] adj *sout* ▸ **oublieux de qqch** descuidando algo.

ouest [wɛst] ◆ adj inv oeste. ◆ nm oeste *m* / *l'ouest de l'Europe* el oeste de Europa. ◆ **Ouest** nm ▸ **l'Ouest** el Oeste.

ouest-allemand, e [wɛstalmɑ̃, ɑ̃d] adj germanooccidental.

ouf[1] [uf] interj ¡uf!

ouf[2] [uf] ◆ adj *fam* [fou en verlan] loco(ca) / *non, mais t'es ouf ou quoi ?* pero tú, ¿estás loco o qué? ◆ nm *fam* [fou en verlan] loco *m*, -ca *f* / *j'ai eu une semaine de ouf !* he tenido una semana de locos / *c'est un truc de ouf* una locura.

Ouganda [ugɑ̃da] npr m ▸ **l'Ouganda** Uganda.

ougandais, e [ugɑ̃dɛ, ɛz] adj ugandés(esa).
◆ **Ougandais, e** nm, f ugandés *m*, -esa *f.*

oui [wi] adv & nm inv sí.

ouï-dire [widiʀ] nm inv rumor *m* ESP, bola *f* AM ▸ **par ouï-dire** de oídas.

ouïe [wi] nf [sens] oído *m* ▸ **avoir l'ouïe fine** tener el oído fino. ◆ **ouïes** nfpl agallas *fpl.*

ouille [uj] interj ¡uy!

ouistiti [wistiti] nm ZOOL tití *m.*

Oulan-Bator [ulanbatɔʀ] npr Ulan Bator.

ouragan [uʀagɑ̃] nm **1.** MÉTÉOR huracán *m* **2.** *fig* [tumulte] tormenta *f* ▸ **arriver comme un ouragan** llegar en tromba.

Oural [uʀal] nm ▸ **l'Oural** el Ural.

ourdir [32] [uʀdiʀ] vt *sout* urdir.

ourler [3] [uʀle] vt **1.** COUT hacer el dobladillo de ou a **2.** *fig* [border] ribetear.

ourlet [uʀlɛ] nm COUT dobladillo *m* ▸ **faire un ourlet** hacer un dobladillo.

ours [uʀs] nm **1.** [peluche & ZOOL] oso *m* ▸ **ours blanc / brun** oso blanco / pardo ▸ **our en peluche** oso de peluche, osito *m* ▸ **c'est un ours mal léché** *fam* es un patá ou un troglodita ▸ **vendre la peau de l'ours avant de l'avoir tué** vender la piel del oso antes de cazarlo **2.** *péj* [misanthrope] hurón *m.*

ourse [uʀs] nf osa *f.* ◆ **Ourse** nf ▸ **la Grande / Petite Ourse** la Osa Mayor / Menor.

oursin [uʀsɛ̃] nm erizo *m* de mar.

ourson [uʀsɔ̃] nm osezno *m.*

oust, ouste [ust] interj ¡fuera!

outil [uti] nm **1.** [instrument] herramienta *f*, útil *m* ▸ **boîte** ou **caisse à outils** caja *f* de herramientas **2.** *fig* [aide] instrumento *m* ▸ **outil pédagogique** instrumento pedagógico, herramienta pedagógica.

outillage [utijaʒ] nm [équipement] utillaje *m.*

outrage [utʀaʒ] nm ultraje *m* ▸ **outrage aux bonnes mœurs** atentado *m* a la moral pública ▸ **outrage à magistrat** desacato *m* a un magistrado ▸ **faire subir les**

derniers outrages à une femme *sout* someter a una mujer a la peor de las vejaciones.

outrageant, e [utʀaʒɑ̃, ɑ̃t] adj ultrajante.

outrager [17] [utʀaʒe] vt [offenser] ultrajar.

outrageusement [utʀaʒøzmɑ̃] adv excesivamente.

outrance [utʀɑ̃s] nf exageración *f* ▸ **à outrance** a ultranza.

outrancier, ère [utʀɑ̃sje, ɛʀ] adj excesivo(va).

outre[1] [utʀ] nf odre *m*, pellejo *m*.

outre[2] [utʀ] ◈ prép además de ▸ **outre mesure** demasiado, en exceso. ◈ adv ▸ **passer outre** a) [aller plus loin] ir más allá b) *fig* pasar por alto. ◆ **en outre** loc adv además. ◆ **outre que** loc conj además de.

outré, e [utʀe] adj 1. [offusqué] indignado(da) 2. [exagéré] exagerado(da).

outre-Atlantique [utʀatlɑ̃tik] loc adv al otro lado del Atlántico.

outrecuidance [utʀəkɥidɑ̃s] nf *sout* 1. [fatuité] jactancia *f* 2. [effronterie] arrogancia *f*.

outrecuidant, e [utʀəkɥidɑ̃, ɑ̃t] adj *sout* 1. [présomptueux] jactancioso(sa) 2. [impertinent] arrogante.

outre-Manche [utʀəmɑ̃ʃ] loc adv más allá de la Mancha.

outremer [utʀəmɛʀ] ◈ adj inv [bleu] ultramar. ◈ nm [pierre] lapislázuli *m* ; [couleur] azul *m* ultramar.

outre-mer [utʀəmɛʀ] adv en ultramar.

outrepasser [3] [utʀəpase] vt extralimitarse en.

outrer [3] [utʀe] vt 1. [indigner] indignar 2. [exagérer] exagerar.

outre-Rhin [utʀəʀɛ̃] loc adv más allá del Rin.

outre-tombe [utʀətɔ̃b] ◆ **d'outre-tombe** loc adj inv de ultratumba ▸ **une voix d'outre-tombe lui répondit** le contestó una voz de ultratumba.

outsider [awtsajdœʀ] nm outsider *m*.

ouvert, e [uvɛʀ, ɛʀt] ◈ adj 1. [gén] abierto(ta) ▸ **grand ouvert** abierto de par en par ▸ **être ouvert à qqch** estar abierto a algo 2. [visage] franco(ca). ◈ pp ⟶ **ouvrir.**

ouvertement [uvɛʀtəmɑ̃] adv abiertamente.

ouverture [uvɛʀtyʀ] nf 1. [action & PHOTO] abertura *f* 2. [de local, de débat, de relations] apertura *f* ▸ **l'ouverture de la chasse** el levantamiento de la veda 3. [entrée] boca *f* 4. MUS obertura *f* 5. [dans un jeu - aux cartes] salida *f*; [- aux échecs] apertura *f* 6. SPORT [au rugby] apertura *f* 7. MIL [des hostilités] comienzo *m* 8. *fig* [sortie] puerta *f*. ◆ **ouverture d'esprit** nf amplitud *f* de miras. ◆ **ouvertures** nfpl POL propuestas *fpl*.

ouvrable [uvʀabl] adj laborable.

ouvrage [uvʀaʒ] nm 1. [gén] labor *f* 2. *sout* [travail] trabajo *m* ▸ **être l'ouvrage de qqch /de qqn** ser obra de algo/de alguien ▸ **se mettre à l'ouvrage** ponerse manos a la obra 3. [livre] obra *f* ▸ **ouvrage de référence** obra de referencia.

ouvragé, e [uvʀaʒe] adj [bois, métal] labrado(da).

ouvrant, e [uvʀɑ̃, ɑ̃t] adj [toit] corredizo(za).

ouvre ⟶ **ouvrir**.

ouvré, e [uvʀe] adj [jour] trabajado(da).

ouvre-boîtes [uvʀəbwat] nm inv abrelatas *m inv*.

ouvre-bouteilles [uvʀəbutɛj] nm inv abrebotellas *m inv*.

ouvreuse [uvʀøz] nf THÉÂTRE & CINÉ acomodadora *f*.

ouvrier, ère [uvʀije, ɛʀ] ◈ adj obrero(ra). ◈ nm, f obrero *m*, -ra *f* ESP, roto *m*, -ta *f* AM ▸ **ouvrier qualifié** obrero cualificado ▸ **ouvrier spécialisé** obrero especializado. ◆ **ouvrière** nf [abeille] obrera *f*.

ouvrir [34] [uvʀiʀ] ◈ vt 1. [gén] abrir / *ouvre la porte* abre la puerta / *il a ouvert les yeux* abrió los ojos ▸ **ouvrir qqch à qqn** abrir algo a alguien ▸ **ouvrir l'appétit** abrir el apetito ▸ **ouvrir l'esprit à qqn** ampliar las miras a alguien ▸ **ouvrir des opportunités** brindar oportunidades 2. *fam* [radio, télé] poner ; [électricité] dar. ◈ vi 1. [donner accès] ▸ **ouvrir sur qqch** abrirse a algo 2. [magasin] abrir 3. [commencer] ▸ **ouvrir par** empezar con 4. [aux cartes] ▸ **ouvrir à** abrir con. ◆ **s'ouvrir** vp abrirse ▸ **s'ouvrir à qqn** abrirse a ou con alguien ▸ **s'ouvrir à qqch** abrirse a algo.

ouzbek, e [uzbɛk] adj uzbeko(ka). ◆ **Ouzbek, e** nm, f uzbeko *m*, -ka *f*.

Ouzbékistan [uzbekistɑ̃] npr m ▸ **l'Ouzbékistan** Uzbekistán.

ovaire [ɔvɛʀ, ɑ̃] nm ovario *m*.

ovale [ɔval] ◈ adj oval, ovalado(da). ◈ nm óvalo *m*.

ovation [ɔvasjɔ̃] nf ovación *f* ▸ **faire une ovation à qqn** ovacionar a alguien.

ovationner [3] [ɔvasjɔne] vt ovacionar.

overbooking [ɔvœʀbukiŋ] nm overbooking *m*.

overdose [ɔvœʀdoz] nf sobredosis *f inv* ▸ **overdose de qqch** *fam* & *fig* sobredosis de algo.

ovin, e [ɔvɛ̃, in] adj ovino(na). ◆ **ovin** nm óvido *m*.

ovipare [ɔvipaʀ] adj & nmf ovíparo(ra).

OVNI, ovni [ɔvni] (*abr de* **objet volant non identifié**) nm OVNI *m*, ovni *m*.

ovoïde [ɔvɔid] adj ovoide.

ovulation [ɔvylasjɔ̃] nf ovulación *f*.

ovule [ɔvyl] nm BIOL, BOT & PHARM óvulo *m*.

ovuler [3] [ɔvyle] vi ovular.

oxydable [ɔksidabl] adj oxidable.

oxydant, e adj oxidante. ◆ **oxydant** nm oxidante *m*.

oxydation [ɔksidasjɔ̃] nf oxidación *f*.

oxyde [ɔksid] nm óxido *m* ▸ **oxyde de carbone** óxido de carbono.

oxyder [3] [ɔkside] vt oxidar. ◆ **s'oxyder** vp oxidarse.

oxygène [ɔksiʒɛn] nm oxígeno *m*.

oxygéné, e [ɔksiʒene] adj oxigenado(da).

oxygéner [18] [ɔksiʒene] vt oxigenar. ◆ **s'oxygéner** vp *fam* oxigenarse.

ozone [ɔzon] nm ozono *m*.

P

p, P [pe] nm inv [lettre] p *f*, P *f*. ◆ **p** 1. (*abr écrite de* **pico**) p 2. (*abr écrite de* **page**) p 3. (*abr écrite de* **passable**) S, Suf. 4. (*abr écrite de* **pièce**) h., hab.

Pa (*abr écrite de* **pascal**) Pa.

PA *abr écrite de* **petite annonce**.

PAC, Pac [pak] (*abr de* **politique agricole commune**) nf PAC *f*.

pacemaker [pɛsmekœʀ] nm marcapasos *m inv*.

pacha [paʃa] nm HIST [gouverneur] pachá *m* ▸ **mener une vie de pacha** *fam* vivir como un pachá.

pachyderme [paʃidɛʀm] nm paquidermo *m*.

pacificateur, trice [pasifikatœʀ, tʀis] adj & nm, f pacificador(ra).

pacification [pasifikasjɔ̃] nf pacificación *f*.

pacifier [9] [pasifje] vt 1. [pays, peuple] pacificar 2. *fig* [esprit] apaciguar.

pacifique [pasifik] adj pacífico(ca). ◆ **Pacifique** nm ▸ **le Pacifique** el Pacífico.

pacifiquement [pasifikmɑ̃] adv pacíficamente.

pacifiste [pasifist] adj & nmf pacifista.

pack [pak] nm 1. [de bouteilles] pack *m* 2. SPORT [au rugby] delantera *f*.

package [pakɛdʒ] nm paquete *m*.

packager, packageur [pakaʒœʀ] nm *subcontratista en el ámbito de la edición*.

packaging [pakadʒiŋ] nm embalaje *m*.

pacotille [pakɔtij] nf pacotilla *f* ▸ **de pacotille** de pacotilla.

PACS [paks] (*abr de* **Pacte civil de solidarité**) nm *pacto que pretende la igualdad de las parejas de hecho con las parejas casadas* ▸ **signer un PACS avec qqn** contraer un PACS con alguien.

pacsé, e [pakse] nmf *fam cada una de las personas que ha contraído un PACS*.

pacser [3] [pakse] ◆ **se pacser** vp *fam contraer un PACS*.

pacte [pakt] nm pacto *m* ▸ **pacte de non-agression** pacto de no agresión.

pactiser [3] [paktize] vi ▸ **pactiser avec qqch / avec qqn** pactar con algo / con alguien.

pactole [paktɔl] nm mina *f (de dinero)*.

paddock [padɔk] nm 1. [hippodrome] paddok *m* 2. *arg* [lit] catre *m*, sobre *m*.

paddy [padi] nm arroz *m* integral.

paella [paela] nf paella *f*.

paf [paf] ◈ interj ¡paf!, ¡pumba! ◈ adj inv *fam* trompa.

PAF [paf] ◈ nf 1. (*abr de* **Police de l'air et des frontières**) *organismo policial francés que controla el espacio aéreo y las fronteras* / *un policier de la PAF* un policía de la PAF 2. (*abr écrite de* **participation aux frais**) participación *f* en los gastos / *PAF : 10 euros* participación en los gastos: 10 euros. ◈ nm (*abr de* **paysage audiovisuel français**) *conjunto de las emisoras de radio y televisión en Francia* / *une chaîne du PAF* una cadena del PAF.

pagaie [pagɛ] nf zagual *m*.

pagaille [pagaj] nf *fam* follón *m* ▸ **en pagaille** [en quantité] a porrillo ▸ **être en pagaille** [lieu] estar manga por hombro.

paganisme [paganism] nm paganismo *m*.

pagaye = **pagaille**.

pagayer [11] [pagɛje] vi remar con zagual.

pagayeur, euse [pagɛjœʀ, øz] nm, f remador *m*, -ra *f (con zagual)*.

page [paʒ] ◈ nf página *f* ▸ **page d'accueil** INFORM página de inicio ▸ **page de garde** guarda *f* ▸ **page précédente** INFORM página anterior ▸ **page suivante** INFORM página siguiente ▸ **page Web** INFORM página web ▸ **première page** portada *f*, primera plana *f* ▸ **être à la page** estar al día ▸ **tourner la page** *fig* hacer borrón y cuenta nueva. ◈ nm paje *m*.

pagination [paʒinasjɔ̃] nf paginación *f*.

pagne [paɲ] nm taparrabos *m inv*.

pagode [pagɔd] nf pagoda *f*.

paie [pɛ], **paye** [pɛj] ◈ nf paga *f*. ◈ v ⟶ **payer**.

paiement, payement [pɛmɑ̃] nm pago *m* ▸ **paiement anticipé** pago anticipado.

païen, enne [pajɛ̃, ɛn] adj & nm, f pagano(na).

paierai ⟶ **payer**.

paillard, e [pajaʀ, aʀd] ◈ adj [chanson, histoire] verde *(obsceno)*. ◈ nm, f vividor *m*, -ra *f*.

paillasse [pajas] ◈ nf 1. [matelas] jergón *m* 2. [d'évier] escurridero *m*. ◈ nm payaso *m*.

paillasson [pajasɔ̃] nm 1. [gén] felpudo *m* 2. AGRIC pajote *m*.

paille [paj] nf paja *f* ▸ **être sur la paille** *fam* estar a dos velas. ◆ **paille de fer** nf estropajo *m* metálico.

pailleté, e [pajte] adj de lentejuelas.

paillette [pajɛt] nf **1.** [de vêtements] lentejuela *f* ; [poudre] purpurina *f* **2.** [d'or] chispa *f* **3.** [de lessive, de savon] escama *f*.

paillote [pajɔt] nf choza *f* de paja.

pain [pɛ̃] nm **1.** [aliment] pan *m* ▸ **pain au chocolat** napolitana *f* (de chocolate) ▸ **pain au lait** bollo *m* de leche ▸ **pain au son** pan de salvado ▸ **pain aux raisins** caracola *f* con pasas ▸ **pain azyme** pan ázimo ou ácimo ▸ **pain de campagne** pan artesano ▸ **pain complet** pan integral ▸ **pain d'épice** ≃ alajú *m* ▸ **pain de mie** pan de molde ▸ **pain perdu** torrija *f* ▸ **pain de seigle** pan de centeno ▸ **petit pain** panecillo *m* ▸ **avoir du pain sur la planche** *fam* tener trabajo para rato ▸ **ôter le pain de la bouche à qqn** quitar el pan de la boca a alguien **2.** [masse moulée - en pâtisserie] pudín *m* ; [- de poisson, de légumes] pastel *m* ; [- de cire] librillo *m* ; [- de savon] pastilla *f* **3.** *fam* [coup] puñetazo *m*. ◆ **Pain de Sucre** npr GÉOGR ▸ **le Pain de Sucre** el Pan de Azúcar.

pair, e [pɛʀ] adj par. ◆ **pair** nm igual *m*. ◆ **paire** nf **1.** [de choses] par *m* ▸ **c'est une autre paire de manches** *fig* es harina de otro costal **2.** [d'animaux - gén] pareja *f* ; [- de bœufs] yunta *f*. ◆ **au pair** loc adv FIN a la par ▸ **travailler au pair** trabajar de au pair. ◆ **de pair** loc adv ▸ **aller de pair avec** ir parejo(ja) con.

paisible [pezibl] adj apacible.

paisiblement [peziblәmɑ̃] adv apaciblemente.

paître [31] [pɛtʀ] ⬥ vt pacer, pastar. ⬥ vi ▸ **faire paître** apacentar.

paix [pɛ] nf paz *f* / *fiche-moi la paix fam* déjame en paz ▸ **laisser qqn en paix** dejar a alguien en paz ▸ **avoir la paix** estar tranquilo(la) ▸ **faire la paix avec qqn** hacer las paces con alguien ▸ **paix à son âme** descanse en paz.

Pakistan [pakistɑ̃] npr ▸ **le Pakistan** (el) Pakistán.

pakistanais, e [pakistanɛ, ɛz] adj paquistaní, pakistaní. ◆ **Pakistanais, e** nm, f paquistaní *mf*, pakistaní *mf*.

PAL, Pal [pal] (*abr de* **Phase Alternation Line**) adj PAL ▸ **un téléviseur / magnétoscope PAL / SECAM** un televisor/vídeo PAL/SECAM.

palabre [palabʀ] nm ou nf *(gén pl)* palabrería *f*.

palabrer [3] [palabʀe] vi discutir *(hablar)*.

palace [palas] nm hotel *m* de lujo.

> ⚠ **Palacio** est un faux ami, il ne signifie pas *palace*, mais « palais ».

palais [palɛ] nm **1.** [gén] palacio *m* ▸ **le palais Garnier** *palacio de la ópera de París* ▸ **le palais du Luxembourg** *sede del Senado francés en París* ▸ **le palais des Papes** *el palacio papal en Aviñon* ▸ **palais des expositions / de justice** palacio de exposiciones/de justicia ▸ **palais omnisports** palacio de deportes, polideportivo *m* **2.** ANAT paladar *m*.

pale [pal] nf **1.** [d'hélice] pala *f*, aspa *f* **2.** [de rame] pala *f*.

pâle [pal] adj pálido(da).

palefrenier [palfʀәnje] nm palafrenero *m*.

paléographie [paleɔgʀafi] nf paleografía *f*.

paléolithique [paleɔlitik] ⬥ adj paleolítico(ca). ⬥ nm paleolítico *m*.

paléontologie [paleɔ̃tɔlɔʒi] nf paleontología *f*.

Palerme [palɛʀm] npr Palermo.

Palestine [palɛstin] npr ▸ **la Palestine** Palestina.

palestinien, enne [palɛstinjɛ̃, ɛn] adj palestino(na). ◆ **Palestinien, enne** nm, f palestino *m*, -na *f*.

palet [palɛ] nm tejo *m*.

paletot [palto] nm gabán *m*.

palette [palɛt] nf **1.** [de peintre, de chargement] paleta *f* **2.** CULIN paletilla *f*.

palétuvier [paletyvje] nm mangle *m*.

pâleur [palœʀ] nf palidez *f*.

pâlichon, onne [paliʃɔ̃, ɔn] adj *fam* paliducho(cha).

palier [palje] nm **1.** [d'escalier] rellano *m* **2.** *fig* [étape] escalón *m* **3.** TECHNOL [de transmission] palier *m*.

pâlir [32] [paliʀ] ⬥ vt *sout* hacer palidecer. ⬥ vi palidecer ▸ **pâlir de colère** ponerse pálido(da) de cólera, palidecer de cólera.

palissade [palisad] nf empalizada *f*.

palissandre [palisɑ̃dʀ] nm palisandro *m*.

palliatif, ive [paljatif, iv] adj paliativo(va). ◆ **palliatif** nm paliativo *m*.

pallier [9] [palje] vt paliar.

Palma [palma] npr ▸ **Palma (de Majorque)** Palma (de Mallorca).

palmarès [palmaʀɛs] nm palmarés *m inv*.

palme [palm] nf **1.** [feuille, insigne] palma *f* ▸ **la Palme d'Or** *la Palma de Oro, otorgada por el festival de Cannes* ▸ **palmes académiques** *condecoración francesa al mérito académico* **2.** [de nageur] aleta *f*.

palmé, e [palme] adj palmeado(da).

palmeraie [palmәʀɛ] nf palmar *m*, palmeral *m*.

palmier [palmje] nm palmera *f*.

palmipède [palmipɛd] ⬥ adj palmípedo(da). ⬥ nm palmípedo *m*.

palombe [palɔ̃b] nf paloma *f* torcaz.

pâlot, otte [palo, ɔt] adj *fam* paliducho(cha).

palourde [paluʀd] nf almeja *f*.

palpable [palpabl] adj palpable.

palper [3] [palpe] vt **1.** [toucher] palpar **2.** *fam* [argent] embolsarse.

palpitant, e [palpitɑ̃, ɑ̃t] adj palpitante.

palpitation [palpitasjɔ̃] nf palpitación *f*.

palpiter [3] [palpite] vi **1.** [cœur] palpitar **2.** *sout* [flamme] chisporrotear **3.** *fig* [personne] ▸ **palpiter de qqch** estremecerse de algo.

palu [paly] nm *fam* paludismo *m*.

paludisme [palydism] nm paludismo *m*.

pâmer [3] [pame] ◆ **se pâmer** vp **1.** *sout* [s'évanouir] desfallecer **2.** *fig* ▸ **se pâmer de a)** [d'admiration] extasiarse de **b)** [de rire] desternillarse de.

pâmoison [pamwazɔ̃] nf *sout* ▸ **tomber en pâmoison** *fig* quedarse extasiado(da).

pampa [pɑ̃pa] nf pampa *f*.

Pampelune [pɑ̃plyn] npr Pamplona.

pamphlet [pɑ̃flɛ] nm panfleto *m*.

pamplemousse [pɑ̃pləmus] nm & nf pomelo *m*.

pan [pɑ̃] ❖ nm **1.** [de vêtement] faldón *m* **2.** [morceau] parte *f* ▸ **pan de mur** lienzo *m* de pared. ❖ interj ¡pum!

panacée [panase] nf panacea *f*.

panachage [panaʃaʒ] nm **1.** [mélange] mezcla *f* **2.** POL *inscripción en una misma papeleta de voto de candidatos pertenecientes a diferentes listas.*

panache [panaʃ] nm **1.** [de plumes] penacho *m* **2.** [de fumée] bocanada *f* **3.** [éclat] brillo *m* ▸ **avoir du panache** estar radiante.

panaché, e [panaʃe] adj **1.** [de couleurs différentes] abigarrado(da) **2.** [glace] combinado(da). ◆ **panaché** nm [bière] clara *f*.

panacher [3] [panaʃe] vt **1.** [mélanger] mezclar **2.** POL *inscribir en una misma papeleta de voto candidatos pertenecientes a diferentes listas.*

panade [panad] nf *fam* ▸ **être dans la panade** estar en un aprieto.

panafricanisme [panafʀikanism] nm panafricanismo *m*.

panais [panɛ] nm chirivía *f*, pastinaca *f*.

panama [panama] nm panamá *m*.

Panamá [panama] npr **1.** [ville] Panamá **2.** [État] ▸ **le Panamá** Panamá **3.** ⟶ **canal**.

panaméen, enne [panameɛ̃, ɛn], **panamien, enne** [panamjɛ̃, ɛn] adj panameño(ña). ◆ **Panaméen, enne, Panamien, enne** nm, f panameño *m*, -ña *f*.

panaméricain, e [panameʀikɛ̃, ɛn] adj panamericano(na).

panard [panaʀ] nm *tfam* [pied] queso *m*.

panaris [panaʀi] nm panadizo *m*, uñero *m*.

pancarte [pɑ̃kaʀt] nf **1.** [de manifestant] pancarta *f* **2.** [panneau de signalisation] letrero *m*.

pancréas [pɑ̃kʀeas] nm páncreas *m inv*.

panda [pɑ̃da] nm panda *m*.

pandémie [pɑ̃demi] nf pandemia *f*.

pané, e [pane] adj empanado(da).

panégyrique [paneʒiʀik] nm *sout* panegírico *m*.

panel [panɛl] nm panel *m (en encuestas)*.

paner [3] [pane] vt empanar.

paneuropéen, enne [panøʀɔpeɛ̃, ɛn] adj paneuropeo(a).

panier [panje] nm **1.** [gén] cesta *f* ▸ **le panier de la ménagère** ÉCON la cesta de la compra ▸ **panier à provisions** cesta de la compra ▸ **panier à salade a)** escurridor *m (de ensalada)* **b)** *fam* [fourgon de police] lechera *f* ▸ **panier de crabes** *fig* nido *m* de víboras ▸ **panier percé** *fig* manirroto *m*, -ta *f* ▸ **ajouter au panier** [sur Internet] añadir a la cesta **2.** EXPR **mettre au panier** tirar a la basura ▸ **mettre dans le même panier** meter en el mismo saco.

panier-repas [panjeʀəpa] (*pl* **paniers-repas**) nm canasto *m* de comida.

panini [panini] (*pl* **paninis**) nm panini *m*.

panique [panik] ❖ adj ▸ **être pris d'une peur panique** ser presa del pánico. ❖ nf pánico *m* ▸ **pas de panique !** ¡que no cunda el pánico ▸ **semer la panique** sembrar ou hacer cundir el pánico.

paniquer [3] [panike] ❖ vt aterrorizar. ❖ vi entrarle el pánico a alguien. ◆ **se paniquer** vp *fam* agobiarse.

panne [pan] nf avería *f* ESP, descompostura *f* AM ▸ **tomber en panne** tener una avería ▸ **tomber en panne d'essence** quedarse sin gasolina ▸ **panne de courant** ou **d'électricité** apagón *m* ▸ **panne de secteur** avería eléctrica localizada.

panneau, x [pano] nm [pancarte] cartel *m* ESP, afiche *m* AM ▸ **panneau d'affichage** tablón *m* de anuncios ▸ **panneau de commande** panel *m* de mandos ▸ **panneau indicateur** señal *f* indicadora ▸ **panneau publicitaire** valla *f* publicitaria ▸ **panneau de signalisation** AUTO señal *f* de tráfico, placa *f* de señalización ▸ **panneau solaire** placa solar.

panonceau, x [panɔ̃so] nm **1.** [plaque] placa *f* **2.** [enseigne] letrero *m*.

panoplie [panɔpli] nf **1.** [accessoires] equipo *m* **2.** [jouet] disfraz *m* (de niño) **3.** [d'armes] panoplia *f*.

panorama [panɔʀama] nm **1.** [vue] panorama *m* **2.** *fig* [rétrospective] panorámica *f*.

panoramique [panɔʀamik] ❖ adj panorámico(ca). ❖ nm CINÉ panorámica *f*.

panse [pɑ̃s] nf panza *f* ▸ **se remplir** ou **s'en mettre plein la panse** *fam* llenarse la panza.

pansement [pɑ̃smɑ̃] nm **1.** [compresse] venda *f* ▸ **pansement (adhésif)** tirita® *f* **2.** [dentaire] empaste *m* ESP, emplomadura *f* AM.

panser [3] [pɑ̃se] vt **1.** [plaie] vendar **2.** [cheval] almohazar.

pantacourt [pɑ̃takuʀ] nm *pantalones anchos que llegan por debajo de la rodilla.*

pantagruélique [pɑ̃tagʀyelik] adj pantagruélico(ca).

pantalon [pɑ̃talɔ̃] nm pantalón *m*, pantalones *mpl*.

pantelant, e [pɑ̃tlɑ̃, ɑ̃t] adj palpitante ; [haletant] jadeante.

panthéisme [pɑ̃teism] nm panteísmo *m*.

panthéiste [pɑ̃teist] adj & nmf panteísta.

Panthéon [pɑ̃teɔ̃] npr ▸ **le Panthéon** el Panteón *(templo donde están enterrados hombres ilustres en París).*

panthère [pɑ̃tɛʀ] nf pantera *f* ▸ **panthère noire** pantera negra.

pantin [pɑ̃tɛ̃] nm pelele *m*.

pantois, e [pɑ̃twa, az] adj patidifuso(sa) ▸ **rester pantois** quedarse patidifuso.

pantomime [pɑ̃tɔmim] nf pantomima *f*.

pantouflard, e [pɑ̃tuflaʀ, aʀd] *fam* ◆ adj casero(ra). ◆ nm, f ▸ **c'est un pantouflard** es muy casero.

pantoufle [pɑ̃tufl] nf zapatilla *f*, pantufla *f*.

panure [panyʀ] nf pan *m* rallado.

PAO (*abr de* **publication assistée par ordinateur**) nf PAO *f*, autoedición *f* ▸ **un logiciel de PAO** un programa de autoedición.

paon [pɑ̃] nm pavo *m* real ▸ **être fier comme un paon** hincharse como un pavo.

papa [papa] nm papá *m* ▸ **papa gâteau** ou **poule** *fam* padrazo *m*.

papal, e, aux [papal, o] adj papal.

paparazzi [papaʀadzi] (*pl* **paparazzis**) nm *péj* paparazzi *m*.

papauté [papote] nf papado *m*.

papaye [papaj] nf papaya *f*.

pape [pap] nm papa *m* ▸ **le pape** el Papa ▸ **sérieux comme un pape** más serio que un muerto.

Papeete [papɛt] npr Papeete.

papelard [paplaʀ] nm *fam* papelucho *m*.

paperasse [papʀas] nf **1.** [papier sans importance] papelote *m* **2.** *péj* [papiers administratifs] papeleo *m*.

paperasserie [papʀasʀi] nf *péj* papeleo *m*.

papeterie [papɛtʀi] nf **1.** [magasin] papelería *f* **2.** [fabrique] papelera *f*.

papetier, ère [paptje, ɛʀ] nm, f papelero *m*, -ra *f*.

papi, papy [papi] nm abuelito *m* ESP, papá *m* grande AM.

papier [papje] nm **1.** [gén] papel *m* ▸ **noircir du papier** emborronar papel ▸ **papier alu** *fam* ou **aluminium** papel de plata ou aluminio ▸ **papier crépon** papel pinocho ▸ **papier à en-tête** papel con membrete ▸ **papier glacé** papel glaseado ▸ **papier journal** papel de periódico ▸ **papier à lettres** papel de cartas ▸ **papier mâché** cartón *m* piedra ▸ **papier millimétré** papel milimetrado ▸ **papier peint** papel pintado ▸ **papier sulfurisé** papel vegetal ▸ **papier toilette** ou **hygiénique** papel higiénico ▸ **papier tue-mouches** papel matamoscas ▸ **papier de verre** papel de lija ▸ **être réglé comme du papier à musique** [chose, situation] estar todo previsto ▸ **sur le papier** *fig* en teoría **2.** [article de journal] artículo *m*.

papier-calque [papjekalk] (*pl* **papiers-calque**) nm papel *m* de calco.

papier-monnaie [papjemɔnɛ] (*pl* **papiers-monnaies**) nm papel *m* moneda.

papille [papij] nf papila *f* ▸ **papilles gustatives** papilas gustativas.

papillomavirus [papijɔmaviʀys] nm MÉD papilomavirus *m*.

papillon [papijɔ̃] ◆ adj inv mariposa *(en apposition)*. ◆ nm **1.** [insecte, écrou] mariposa *f* ▸ **papillon de nuit** falena *f*, mariposa nocturna **2.** *fam* [contravention] multa *f*.

papillonner [3] [papijɔne] vi mariposear.

papillote [papijɔt] nf **1.** [pour cheveux] papillote *f* **2.** CULIN ▸ **en papillote** a la papillote **3.** [bonbon] *bombón de Navidad envuelto en papel rizado*.

papilloter [3] [papijɔte] vi **1.** [personne, yeux] pestañear, parpadear **2.** [lumière] parpadear.

papivore [papivɔʀ] nmf *fam* devorador *m*, -ra *f* de libros.

papotage [papɔtaʒ] nm *fam* parloteo *m*.

papoter [3] [papɔte] vi *fam* parlotear.

papou, e [papu] adj papú. ◆ **Papou, e** nm, f papú *mf*.

Papouasie-Nouvelle-Guinée [papwazinuvɛlgine] npr ▸ **la Papouasie-Nouvelle-Guinée** Papúa Nueva Guinea.

paprika [papʀika] nm paprika *f*.

papy = **papi**.

papyrus [papiʀys] nm papiro *m*.

Pâque [pak] nf [fête juive] Pascua *f*.

paquebot [pakbo] nm paquebote *m*.

pâquerette [pakʀɛt] nf margarita *f*.

Pâques [pak] ◆ nm [fête chrétienne] Pascua *f*; [période] Semana *f* Santa ▸ **les vacances de Pâques** las vacaciones de Semana Santa. ◆ nfpl Pascuas *fpl*. ◆ npr ⟶ **île**.

> **Pâques**
>
> Las fiestas de Pascua se celebran mucho en Francia. Constituyen un acontecimiento familiar destinado sobre todo a los niños, a quienes se regalan conejos, huevos y campanas de chocolate. Según una leyenda, las campanas de las iglesias vuelan a Roma por estas fechas.

paquet [pakɛ] nm **1.** [colis] paquete *m* **2.** *fam* [quantité] mogollón *m* / *il y a un paquet d'erreurs dans son texte* hay mogollón de errores en su texto **3.** EXPR **mettre le paquet** *fam* echar toda la carne en el asador. ◆ **paquet-cadeau** nm paquete *m* regalo.

paquetage [paktaʒ] nm impedimenta *f*.

> **par** [paʀ]
>
> ◆ prép
>
> **1.** [spatial] por / *par ici/là* por aquí/allí
>
> **2.** [temporel] *par un beau jour d'été* en un bonito día de verano / *par le passé* en el pasado
>
> **3.** [moyen, manière] con / *par la douceur* con dulzura / *répondre par oui ou par non* responder con un sí o con un no / *prendre qqn par la main* coger a alguien de la mano
>
> **4.** [transport] en / *par avion/bateau* en avión/barco

5. [cause, origine] por / *par accident* por accidente / *par amitié* por amistad
6. [introduisant le complément d'agent] por ▸ **faire faire qqch par qqn** hacer hacer algo por alguien
7. [sens distributif] *deux par deux* de dos en dos / *une heure par jour* una hora al día
8. [avec un verbe] por / *il a fini par avouer* acabó por confesar
◆ **de par** loc prép [du fait de] por / *de par son éducation, il est à l'aise dans ce milieu* por su educación, se siente cómodo en ese medio.
◆ **par-ci par-là** loc adv por aquí por allá.

para [paʀa] (*abr de* **parachutiste**) nm *fam* SPORT & MIL paraca *mf*.

paraben [paʀabɛn] nm parabeno *m* ▸ **sans paraben** sin parabeno.

parabole [paʀabɔl] nf parábola *f*.

parabolique [paʀabɔlik] adj parabólico(ca).

paracétamol [paʀasetamɔl] nm PHARM paracetamol *m*.

parachever [19] [paʀaʃve] vt dar el último toque a.

parachutage [paʀaʃytaʒ] nm lanzamiento *m* en paracaídas.

parachute [paʀaʃyt] nm paracaídas *m inv* ▸ **faire du parachute ascensionnel** practicar paracaidismo ascensional.

parachuter [3] [paʀaʃyte] vt **1.** MIL & SPORT lanzar en paracaídas **2.** *fam* [nommer] nombrar de improviso.

parachutisme [paʀaʃytism] nm paracaidismo *m*.

parachutiste [paʀaʃytist] nmf paracaidista *mf*.

parade [paʀad] nf **1.** [gén] parada *f* **2.** [spectacle] desfile *m* **3.** [étalage] ostentación *f*.

parader [3] [paʀade] vi [se pavaner] pavonearse.

paradis [paʀadi] nm paraíso *m* ▸ **paradis fiscal** paraíso fiscal ▸ **le paradis terrestre** el paraíso terrenal.

paradisiaque [paʀadizjak] adj paradisíaco(ca).

paradoxal, e, aux [paʀadɔksal, o] adj paradójico(ca).

paradoxalement [paʀadɔksalmɑ̃] adv paradójicamente.

paradoxe [paʀadɔks] nm paradoja *f*.

parafe, paraphe [paʀaf] nm rúbrica *f*.

parafer, parapher [3] [paʀafe] vt rubricar.

paraffine [paʀafin] nf parafina *f*.

parages [paʀaʒ] nmpl NAUT aguas *fpl* ▸ **être ou se trouver dans les parages (de)** *fig* no estar muy lejos (de).

paragraphe [paʀagʀaf] nm párrafo *m* ESP, acápite *m* AM.

Paraguay [paʀagwɛ] npr ▸ **le Paraguay** Paraguay.

paraguayen, enne [paʀagwejɛ̃, ɛn] adj paraguayo(ya). ◆ **Paraguayen, enne** nm, f paraguayo *m*, -ya *f*.

parais ⟶ **paraître**.

paraissais ⟶ **paraître**.

paraître [91] [paʀɛtʀ] ❖ v att parecer / *il paraît fatigué* parece cansado. ❖ vi **1.** [apparaître, être publié] aparecer **2.** [se faire remarquer] aparentar **3.** [sentiment] manifestarse. ❖ v impers ▸ **il paraît ou paraîtrait que** parece ser que ▸ **paraît-il** según parece.

parallèle [paʀalɛl] ❖ adj paralelo(la). ❖ nm paralelo *m* ▸ **mettre en parallèle** [deux choses] comparar. ❖ nf MATH paralela *f*.

parallèlement [paʀalɛlmɑ̃] adv paralelamente.

parallélépipède [paʀalelepipɛd] nm paralelepípedo *m*.

parallélisme [paʀalelism] nm paralelismo *m*.

parallélogramme [paʀalelɔgʀam] nm paralelogramo *m*.

paralympique [paʀalɛ̃pik] adj paralímpico(ca).

paralysant, e [paʀalizɑ̃, ɑ̃t] adj paralizante.

paralysé, e [paʀalize] ❖ adj paralítico(ca) / *elle a le bras droit paralysé* está paralítica del brazo derecho. ❖ nm, f paralítico *m*, -ca *f*.

paralyser [3] [paʀalize] vt *pr* & *fig* paralizar.

paralysie [paʀalizi] nf parálisis *f inv*.

paralytique [paʀalitik] adj & nmf paralítico(ca).

paramédical, e, aux [paʀamedikal, o] adj paramédico(ca).

paramétrage [paʀametʀaʒ] nm INFORM configuración *f*.

paramètre [paʀamɛtʀ] nm parámetro *m*.

paramétrer [18] [paʀametʀe] vt INFORM parametrizar.

paramilitaire [paʀamilitɛʀ] adj paramilitar.

parangon [paʀɑ̃gɔ̃] nm *sout* parangón *m*.

parano [paʀano] adj *fam* paranoico(ca).

paranoïa [paʀanɔja] nf paranoia *f*.

paranoïaque [paʀanɔjak] adj & nmf paranoico(ca).

paranormal, e, aux [paʀanɔʀmal, o] adj paranormal.

parapente [paʀapɑ̃t] nm parapente *m* ▸ **faire du parapente** hacer parapente.

parapet [paʀapɛ] nm parapeto *m*.

parapharmacie [paʀafaʀmasi] nf parafarmacia *f*.

paraphe = **parafe**.

parapher = **parafer**.

paraphrase [paʀafʀaz] nf paráfrasis *f inv*.

paraphraser [3] [paʀafʀaze] vt parafrasear.

paraplégique [paʀapleʒik] adj & nmf parapléjico(ca).

parapluie [paʀaplɥi] nm paraguas *m inv* ▸ **parapluie atomique ou nucléaire** paraguas atómico ou nuclear.

parapsychologie [paʀapsikɔlɔʒi] nf parapsicología *f*.

parapublic, ique [paʀapyblik] adj parapúblico(ca). ◆ **parapublic** nm ▸ **le parapublic** el sector parapúblico.

parascolaire [paʀaskɔlɛʀ] adj extraescolar.

parasite [paʀazit] ❖ adj parásito(ta). ❖ nm parásito *m*. ◆ **parasites** nmpl RADIO interferencias *fpl*.

parasiter [3] [paʀazite] vt **1.** *péj* BIOL ser parásito de **2.** RADIO perturbar.

parasol [paʀasɔl] nm sombrilla *f*, parasol *m*.

paratonnerre [paʀatɔnɛʀ] nm pararrayos *m inv*.

paravent [paʀavɑ̃] nm biombo *m*.

parbleu [paʀblø] interj *vieilli* ¡pardiez!

parc [paʀk] nm **1.** [gén] parque *m* ▸ **parc aquatique** parque acuático ▸ **parc d'attraction** parque de atracciones ▸ **parc automobile** a) [national] parque automovilístico b) [privé] parque móvil ▸ **parc de loisirs** parque ▸ **parc national** parque nacional ▸ **parc à thème** parque temático **2.** [enclos] redil *m* ▸ **parc à huîtres** criadero *m* de ostras ▸ **parc de stationnement** aparcamiento *m* ESP, parqueadero *m* AM.

parcelle [paʀsɛl] nf **1.** [terrain] parcela *f* **2.** [petite partie] ápice *f*.

parce que [paʀskə] loc conj porque.

parchemin [paʀʃəmɛ̃] nm pergamino *m*.

parcheminé, e [paʀʃəmine] adj apergaminado(da).

parcimonie [paʀsimɔni] nf parsimonia *f* ▸ **avec parcimonie** con parsimonia.

parcimonieusement [paʀsimɔnjøzmɑ̃] adv parsimoniosamente.

parcimonieux, euse [paʀsimɔnjø, øz] adj parsimonioso(sa).

parcmètre [paʀkmɛtʀ] nm parquímetro *m*.

parcourir [45] [paʀkuʀiʀ] vt **1.** [région, ville] recorrer **2.** [journal] hojear.

parcourrai ⟶ **parcourir**.

parcours [paʀkuʀ] ◈ nm **1.** [itinéraire & SPORT] recorrido *m* ▸ **un parcours semé d'embûches** un camino lleno de obstáculos ▸ **parcours du combattant** campo *m* de pruebas **2.** *fig* [trajectoire individuelle] trayectoria *f*. ◈ v ⟶ **parcourir.**

parcouru, e [paʀkuʀy] pp ⟶ **parcourir**.

parcourus ⟶ **parcourir**.

par-delà [paʀdəla] loc prép *sout* allende, más allá de.

par-derrière [paʀdɛʀjɛʀ] adv **1.** [par l'arrière] por detrás **2.** *fig* [en cachette] a espaldas de uno.

par-dessous [paʀdəsu] ◈ adv por debajo. ◈ prép por debajo de.

pardessus [paʀdəsy] nm sobretodo *m*.

par-dessus [paʀdəsy] ◈ adv por encima. ◈ prép por encima de.

par-devant [paʀdəvɑ̃] ◈ adv por delante. ◈ prép por delante de.

pardi [paʀdi] interj *fam* ¡pues claro!

pardon [paʀdɔ̃] ◈ nm perdón *m* ▸ **demander pardon à qqn** pedir perdón a alguien. ◈ interj ¡perdón!

pardonnable [paʀdɔnabl] adj perdonable.

pardonner [3] [paʀdɔne] vt perdonar ▸ **pardonner qqch à qqn** perdonar algo a alguien ▸ **pardonner à qqn** perdonar a alguien.

pare-balles [paʀbal] ◈ adj inv antibalas. ◈ nm inv chaleco *m* antibalas.

pare-boue [paʀbu] nm inv guardabarros *m inv*.

pare-brise [paʀbʀiz] nm inv parabrisas *m inv*.

pare-chocs [paʀʃɔk] nm inv parachoques *m inv*.

pare-feu [paʀfø] nm inv cortafuego *m*.

pareil, eille [paʀɛj] ◈ adj **1.** [semblable] : *ces pièces sont uniques, il n'y en a pas deux pareilles* son piezas únicas, no hay dos iguales ▸ **pareil à qqch** igual a algo **2.** [tel] semejante / *je n'ai jamais vu une insolence pareille* nunca he visto semejante insolencia **ou** insolencia igual **3.** EXPR **à nul autre pareil** *sout* sin par. ◈ nm, f ▸ **ne pas avoir son pareil** no tener igual ▸ **sans pareil** [sans égal] sin igual ▸ **c'est du pareil au même** da lo mismo (que lo mismo da) ▸ **rendre la pareille à qqn** pagar con la misma moneda a alguien. ◆ **pareil** adv *fam* igual / *essaie de faire pareil* trata de hacer igual **ou** lo mismo.

pareillement [paʀɛjmɑ̃] adv **1.** [de la même manière] de la misma manera **2.** [aussi] igualmente.

parement [paʀmɑ̃] nm **1.** CONSTR paramento *m* **2.** [COUT - des manches] vuelta *f* ; [- du col] solapa *f*.

parent, e [paʀɑ̃, ɑ̃t] ◈ adj pariente(ta). ◈ nm, f pariente *mf* ▸ **parent éloigné** pariente lejano. ◆ **parents** nmpl **1.** [père et mère] padres *mpl* ▸ **parents adoptifs** padres adoptivos ▸ **parents biologiques** padres biológicos **2.** *sout* [ancêtres] antepasados *mpl*.

parental, e, aux [paʀɑ̃tal, o] adj [autorité] paterno(na) ; [congé] por paternidad.

parenté [paʀɑ̃te] nf **1.** [lien familial, ressemblance] parentesco *m* **2.** [ensemble de la famille] parentela *f*.

parenthèse [paʀɑ̃tɛz] nf paréntesis *m inv* ▸ **entre parenthèses** entre paréntesis ▸ **mettre entre parenthèses** poner entre paréntesis ▸ **ouvrir / fermer la parenthèse** abrir / cerrar el paréntesis.

paréo [paʀeo] nm pareo *m*.

parer [3] [paʀe] ◈ vt **1.** *sout* [orner] engalanar **2.** [vêtir] ▸ **parer qqn de qqch** a) ataviar a alguien con algo b) *fig* [qualité, vertu] atribuir a alguien algo **3.** [coup] parar **4.** NAUT aparejar. ◈ vi [faire face] ▸ **parer à qqch** precaverse contra algo ▸ **parer au plus pressé** solucionar lo más urgente. ◆ **se parer** vp [se vêtir] ataviarse ▸ **se parer de qqch** ataviarse con algo.

pare-soleil [paʀsɔlɛj] nm inv parasol *m*.

paresse [paʀɛs] nf pereza *f*.

paresser [4] [paʀese] vi holgazanear.

paresseusement [paʀɛsøzmɑ̃] adv perezosamente.

paresseux, euse [paʀɛsø, øz] adj & nm, f perezoso(sa). ◆ **paresseux** nm ZOOL perezoso *m*.

parfaire [109] [paʀfɛʀ] vt perfeccionar.

parfait, e [paʀfɛ, ɛt] adj **1.** [gén] perfecto(ta) **2.** [calme] absoluto(ta). ◆ **parfait** nm **1.** CULIN helado *m* ▸ **parfait au café** *helado de café en forma de cono* **2.** GRAM pretérito *m* perfecto.

parfaitement [paʀfɛtmɑ̃] adv **1.** [admirablement] perfectamente **2.** [totalement] completamente / *vous avez parfaitement le droit* tiene todo el derecho **3.** [certainement] seguro.

parfois [paʀfwa] adv a veces.

parfum [paʀfœ̃] nm **1.** [gén] perfume *m* **2.** [goût] sabor *m* **3.** EXPR **être au parfum** estar en el ajo ▸ **mettre qqn au parfum** poner a alguien al tanto de algo.

parfumé, e [paʀfyme] adj **1.** [gén] perfumado(da) **2.** [aromatisé] ▸ **parfumé à** con sabor a.

parfumer [3] [paʀfyme] vt **1.** [gén] perfumar **2.** CULIN aromatizar. ◆ **se parfumer** vp perfumarse.

parfumerie [paʀfymʀi] nf perfumería *f*.

parfumeur, euse [paʀfymœʀ, øz] nm, f perfumista *mf*.

pari [paʀi] nm apuesta *f* ▸ **faire un pari** hacer una apuesta ▸ **gagner / perdre son pari** ganar/perder la apuesta.

paria [paʀja] nm paria *m*.

parier [9] [paʀje] vt apostar ▸ **parier sur** apostar a ▸ **je l'aurais parié !** ¡lo habría jurado!

> ⚠ Parir est un faux ami, il ne signifie pas *parier*, mais « acoucher ».

parieur, euse [paʀjœʀ, øz] nm, f apostante *mf*.

parigot, e [paʀigo, ɔt] adj *fam* parisino(na). ◆ **Parigot, e** nm, f *fam* parisino *m*, -na *f*.

Paris [paʀi] npr París.

> **Paris**
>
> El nombre **Paris** seguido de un número romano designa las universidades parisinas: **Paris VII** (facultad de ciencias de Jussieu), **Paris IV** (la Sorbona), **Paris X** (universidad de Nanterre), etc. Cuando el nombre va seguido de un ordinal, entonces hace referencia al distrito postal: **Paris quinzième, Paris quatrième**, etc.

paris-brest [paʀibʀɛst] nm inv *pastel en forma de rosca relleno de praliné y cubierto con almendras.*

parisianisme [paʀizjanism] nm *particularidad en el modo de hablar o en costumbres propias de los parisinos.*

parisien, enne [paʀizjɛ̃, ɛn] adj parisino(na). ◆ **Parisien, enne** nm, f parisino *m*, -na *f*.

paritaire [paʀitɛʀ] adj ▸ **commission paritaire** comité paritario.

parité [paʀite] nf **1.** [des salaires, des prix] igualdad *f* **2.** POL paridad *f* ▸ **la parité hommes-femmes** la paridad entre hombres y mujeres.

parjure [paʀʒyʀ] ❖ adj & nmf perjuro(ra). ❖ nm [action] perjurio *m*.

parjurer [3] [paʀʒyʀe] ◆ **se parjurer** vp perjurar.

parka [paʀka] nm & nf parka *f*.

parking [paʀkiŋ] nm parking *m*.

parlant, e [paʀlɑ̃, ɑ̃t] adj **1.** [qui parle - horloge] parlante ; [- cinéma] sonoro(ra) **2.** *fig* [chiffres, données] elocuente **3.** [portrait] vívido(da).

parlé, e [paʀle] adj hablado(da).

parlement [paʀləmɑ̃] nm parlamento *m*. ◆ **Parlement** nm ▸ **le Parlement européen** el Parlamento Europeo.

parlementaire [paʀləmɑ̃tɛʀ] adj & nmf parlamentario(ria).

parlementarisme [paʀləmɑ̃taʀism] nm parlamentarismo *m*.

parlementer [3] [paʀləmɑ̃te] vi parlamentar.

> **parler** [3] [paʀle]
>
> ❖ vi
>
> **1.** [s'exprimer] hablar / *parle plus fort* habla más alto ▸ **parler à** OU **avec qqn** hablar con alguien OU a alguien ▸ **parler de faire qqch** hablar de hacer algo ▸ **parler de qqch / qqn (à qqn)** hablar de algo/de alguien (a alguien) ▸ **parler tout seul** hablar solo ▸ **parler pour qqn** [en son nom] hablar por alguien ▸ **c'est une façon** OU **une manière de parler** es un decir ▸ **sans parler de** sin hablar de, amén de ▸ **n'en parlons plus !** ¡no se hable más! ▸ **parler pour ne rien dire** hablar por hablar, hablar por no estar callado(da) ▸ **tu parles !** *fam* ¡qué va! **2.** [avouer] confesar / *ses complices ont parlé* sus cómplices han confesado.
>
> ❖ vt
>
> [langue] hablar / *elle parle bien l'espagnol* habla bien español
>
> ❖ nm
>
> **1.** [manière de parler] manera *f* de hablar
>
> **2.** LING [patois] habla *m*
>
> ◆ **à proprement parler** loc adv propiamente dicho.
>
> ◆ **se parler** vp ▸ **ne pas se parler** no hablarse.

parleur [paʀlœʀ] ◆ **beau parleur** nm *péj* pico *m* de oro.

parloir [paʀlwaʀ] nm locutorio *m*.

parlote, parlotte [paʀlɔt] nf cháchara *f*.

parme [paʀm] ❖ adj inv de color malva. ❖ nm color *m* malva.

parmesan [paʀməzɑ̃] nm parmesano *m*.

parmi [paʀmi] prép entre ▸ **parmi d'autres** entre otros (entre otras).

parodie [paʀɔdi] nf parodia *f*.

parodier [9] [paʀɔdje] vt parodiar.

paroi [paʀwa] nf pared *f* ▸ **paroi rocheuse** pared rocosa.

paroisse [paʀwas] nf parroquia *f*.

paroissial, e, aux [paʀwasjal, o] adj parroquial.

paroissien, enne [parwasjɛ̃, ɛn] nm, f parroquiano *m*, -na *f*, feligrés *m*, -esa *f*.

parole [parɔl] nf **1.** [faculté de parler] habla *m* **2.** [propos, discours] palabra *f* ▸ **parole d'honneur** palabra de honor ▸ **belles paroles** buenas palabras ▸ **adresser la parole à qqn** dirigir la palabra a alguien ▸ **avoir la parole** [aux cartes] empezar ▸ **couper la parole à qqn** cortar a alguien ▸ **donner** ou **passer la parole à qqn** dar la palabra a alguien ▸ **prendre la parole** tomar la palabra, hacer uso de la palabra ▸ **croire qqn sur parole** creer en la palabra de alguien ▸ **donner sa parole (d'honneur)** dar su palabra (de honor) ▸ **libérer qqn sur parole** liberar a alguien bajo palabra ▸ **sur ces bonnes paroles** dichas ou con estas palabras. ◆ **paroles** nfpl [de chanson] letra *f*.

parolier, ère [parɔlje, ɛr] nm, f letrista *mf*.

paroxysme [parɔksism] nm paroxismo *m*.

parpaing [parpɛ̃] nm perpiaño *m*.

parquer [3] [parke] vt **1.** [animal] encerrar *(en un redil)* **2.** [prisonniers] hacinar **3.** [voiture] aparcar ESP, parquear AM.

parquet [parkɛ] nm **1.** [plancher] parquet *m*, parqué *m* **2.** DR ≃ ministerio *m* fiscal.

parqueter [27] [parkəte] vt poner parquet a.

parrain [parɛ̃] nm padrino *m*.

parrainage [parɛnaʒ] nm [d'un projet, d'un candidat] patrocinio *m*.

parrainer [4] [parɛne] vt [un projet] patrocinar.

parricide [parisid] ◆ adj parricida. ◆ nm [meurtre] parricidio *m*. ◆ nmf [assassin] parricida *mf*.

pars ⟶ **partir**.

parsemer [19] [parsəme] vt **1.** [recouvrir] sembrar ▸ **parsemer qqch de** sembrar algo de **2.** *sout* [consteller - ciel] constelar ; [- texte] salpicar.

part [par] ◆ nf
parte ▸ **réclamer sa part** reclamar su parte ▸ **à part entière** a) [membre] de pleno derecho b) [artiste] de pies a cabeza ▸ **faire la part des choses** tener todo en cuenta ▸ **faire part à qqn de qqch** hacer partícipe a alguien de algo ▸ **pour ma part** por mi parte ▸ **pour une bonne part** en gran medida ▸ **prendre part à qqch** a) tomar parte en algo b) [douleur] compartir algo ▸ **se tailler la part du lion** llevarse la mejor parte

◆ **part de marché** nf cuota *f* de mercado.

◆ **à part** loc adv aparte.

◆ **à part que** loc conj sólo que.

◆ **autre part** loc adv [sans mouvement] en otra parte ; [avec mouvement] a otra parte.

◆ **d'autre part** loc adv por otra parte.

◆ **de la part de** loc prép **1.** [au nom de] de parte de / *je vous appelle de la part de...* le llamo de parte de... ▸ **c'est de la part de qui ?** ¿de parte de quién? **2.** [venant de] por parte de / *de ta part, cela me surprend beaucoup* me sorprende mucho por tu parte.

◆ **de part en part** loc adv de parte a parte.

◆ **de part et d'autre** loc adv de una y otra parte.

◆ **d'une part..., d'autre part** loc corrélative por una parte..., por otra.

◆ **nulle part** loc adv [sans mouvement] en ninguna parte ; [avec mouvement] a ninguna parte.

◆ **quelque part** loc adv [sans mouvement] en alguna parte ; [avec mouvement] a alguna parte.

part. (*abr écrite de* **particulier**) part.

partage [partaʒ] nm **1.** [d'une fortune, d'un domaine] partición *m* **2.** [de tâches, de responsabilités] reparto *m* **3.** INFORM ▸ **partage de fichiers** uso compartido de archivos **4.** EXPR **sans partage** *sout* [sentiment] incondicional.

partagé, e [partaʒe] adj [opinions, torts] compartido(da) ; [tendresse] correspondido(da) ; [ambivalent] dividido(da) ▸ **être partagé sur** estar dividido acerca de.

partager [17] [partaʒe] vt **1.** [héritage] partir **2.** *fig* [désunir] dividir ; [temps] repartir **3.** [pouvoir, joie, repas] ▸ **partager qqch avec qqn** compartir algo con alguien.

◆ **se partager** vp **1.** [gén] repartirse **2.** [personne, groupe] dividirse.

partageur, euse [partaʒœr, øz] adj : *il n'est pas très partageur* es un poco egoísta.

partance [partɑ̃s] nf ▸ **en partance pour** con destino a.

partant, e [partɑ̃, ɑ̃t] adj ▸ **être partant pour** estar dispuesto a ou para. ◆ **partant** nm SPORT participante *mf*.

partenaire [partənɛr] nmf **1.** [gén] pareja *f* **2.** COMM [pays] país *m* socio ; [entreprise] empresa *f* asociada.

◆ **partenaires sociaux** nmpl agentes *mpl* sociales.

partenariat [partənarja] nm cooperación *f* ▸ **en partenariat avec** en cooperación con.

parterre [partɛr] nm **1.** [de fleurs] parterre *m* **2.** THÉÂTRE patio *m* de butacas **3.** *fig* [assistance] público.

parti, e [parti]
◆ adj *fam* [ivre] piripi
◆ pp ⟶ **partir**.

◆ **parti** nm **1.** [gén & POL] partido *m* ▸ **prendre parti (pour qqn)** tomar partido (por ou a favor de alguien) ▸ **tirer parti** sacar partido ▸ **un beau parti** un buen partido ▸ **parti d'opposition** partido de la oposición ▸ **parti politique** partido político **2.** [choix] decisión *f* ▸ **parti pris** prejuicio *m* ▸ **prendre le parti de qqch / faire qqch** decidir algo/hacer algo ▸ **j'en prends mon parti** habrá que resignarse ▸ **prendre le parti de qqn** ponerse a favor de alguien.

◆ **partie** nf **1.** [élément, portion & DR] parte *f* ▸ **en grande / majeure partie** en gran/en su mayor parte ▸ **faire partie (intégrante) de qqch** formar parte de algo ▸ **la partie adverse** la parte contraria **2.** [domaine d'activité] especialidad *f* **3.** SPORT partido *m* **4.** [au jeu] partida *f* **5.** EXPR **être partie prenante dans qqch** ser parte interesada en algo ▸ **n'être que partie remise** : *je ne peux pas demain — ce n'est que partie remise* mañana no puedo — pues lo dejamos para otra ocasión ▸ **prendre qqn à partie** tomarla con alguien ▸ **quitter** ou **abandonner la partie** *pr & fig* abandonar la partida.

◆ **parties** nfpl *fam* partes *fpl*.

◆ **en partie** loc adv en parte.

partial, e, aux [paʀsjal, o] adj parcial.

partialement [paʀsjalmɑ̃] adv con parcialidad, parcialmente.

partialité [paʀsjalite] nf parcialidad *f*.

participant, e [paʀtisipɑ̃, ɑ̃t] ◆ adj participante. ◆ nm, f **1.** SPORT [concurrent] participante *mf* **2.** [adhérent] miembro *m*.

participatif, ive [paʀtisipatif, iv] adj participativo(va) ▸ **encyclopédie participative** enciclopedia participativa.

participation [paʀtisipasjɔ̃] nf participación *f* ▸ **participation majoritaire / minoritaire** participación mayoritaria / minoritaria.

participe [paʀtisip] nm LING participio *m* ▸ **participe passé / présent** participio pasado / presente.

participer [3] [paʀtisipe] vi **1.** [prendre part] ▸ **participer à qqch a)** [réunion, fête] asistir a algo **b)** [bénéfices] participar en algo **c)** [frais] compartir algo **2.** *sout* [relever] ▸ **participer de qqch** participar de algo.

particularisme [paʀtikylaʀism] nm particularismo *m*.

particularité [paʀtikylaʀite] nf particularidad *f*.

particule [paʀtikyl] nf **1.** [poussière] partícula *f* **2.** [dans un nom] *preposición "de" que se antepone a algunos apellidos de familias nobles o que separa el nombre de pila del nombre patronímico* **3.** GRAM & PHYS partícula *f* ▸ **particule élémentaire** partícula elemental.

particulier, ère [paʀtikylje, ɛʀ] adj **1.** [gén] particular ▸ **particulier à qqn** característico de alguien **2.** [remarquable] excepcional **3.** [soin] especial.
◆ **particulier** nm **1.** [personne privée] ▸ **un particulier** un particular **2.** PHILO ▸ **le particulier** el individuo.
◆ **en particulier** loc adv **1.** [gén] en particular **2.** [seul à seul] a solas.

particulièrement [paʀtikyljɛʀmɑ̃] adv **1.** [surtout] en particular **2.** [spécialement] particularmente ▸ **tout particulièrement** muy particularmente.

partie ⟶ **parti**.

partiel, elle [paʀsjɛl] adj parcial. ◆ **partiel** nm UNIV parcial *m*.

partiellement [paʀsjɛlmɑ̃] adv parcialmente.

partir [43] [paʀtiʀ] vi **1.** [personne, tache] marcharse **2.** [se mettre en marche - voiture] arrancar ; [- train, avion] salir **3.** [commencer] partir ▸ **c'est bien / mal parti** empezamos bien / mal **4.** [bouchon] saltar **5.** [coup de feu, éclat de rire] estallar **6.** [prendre son point de départ] ▸ **partir de** partir de. ◆ **à partir de** loc prép a partir de.

partisan, e [paʀtizɑ̃, an] adj partidista. ◆ **partisan** ◆ nm **1.** POL partidario *m*, -ria *f* **2.** [combattant] guerrillero *m*. ◆ adj ▸ **partisan de** partidario(ria) de.

partitif, ive [paʀtitif, iv] adj GRAM partitivo(va).
◆ **partitif** nm partitivo *m*.

partition [paʀtisjɔ̃] nf **1.** [séparation] división *f* **2.** MUS partitura *f*.

partout [paʀtu] adv en todas partes ▸ **partout ailleurs** en cualquier otra parte / *partout où il allait* por dondequiera que iba.

paru, e [paʀy] pp ⟶ **paraître**.

parure [paʀyʀ] nf **1.** [de bijoux] juego *m* **2.** [de lit] juego *m* de cama.

parus ⟶ **paraître**.

parution [paʀysjɔ̃] nf publicación *f*.

parvenir [40] [paʀvəniʀ] vi **1.** [atteindre] ▸ **parvenir à** llegar a **2.** [réussir] ▸ **parvenir à qqch / à faire qqch** conseguir algo / hacer algo.

parvenu, e [paʀvəny] ◆ pp ⟶ **parvenir.** ◆ nm, f *péj* nuevo rico *m*, nueva rica *f*.

parviendrai ⟶ **parvenir**.

parviens ⟶ **parvenir**.

parvins ⟶ **parvenir**.

parvis [paʀvi] nm atrio *m*, plaza *f (delante de una iglesia o catedral)*.

pas¹ [pa] ◆ nm
1. [gén] paso *m* ▸ **allonger le pas** alargar la zancada ▸ **à pas de loup** ou **feutrés** con paso sigiloso ▸ **au pas cadencé** marcando el paso ▸ **au pas de charge** a paso de carga ▸ **au pas de course** a la carrera ▸ **avancer d'un pas** avanzar un paso ▸ **c'est à deux pas (d'ici)** está a dos pasos (de aquí) ▸ **emboîter le pas à qqn** ir tras los pasos de alguien ▸ **faire un pas en avant** dar un paso adelante ▸ **faire le premier pas** dar el primer paso ▸ **faire les cent pas** pasear arriba y abajo ▸ **faire un faux pas** dar un paso en falso ▸ **pas à pas** paso a paso ▸ **revenir sur ses pas** volver sobre sus pasos ▸ **rouler au pas** circular lentamente ▸ **sauter le pas** dar el paso
2. EXPR **tirer qqn d'un mauvais pas** sacar a alguien de un apuro
◆ **pas de la porte** nm umbral *m*.
◆ **pas de vis** nm paso *m* de rosca.

pas² [pa]
◆ adv
no ▸ **ne... pas** no... / *il ne mange pas* no come ▸ **ou pas** o no / *sincère ou pas* sincero o no ▸ **pas du tout** en absoluto ▸ **absolument / vraiment pas** en absoluto ▸ **pas assez** *(+ adj)* no lo suficientemente *(+ adj)*, no lo bastante *(+ adj)* ▸ **pas encore** todavía no ▸ **pas mal** *fam* : *l'album n'est pas mal* el álbum no está mal / *je ne m'en suis pas mal tiré* no salí nada mal parado ▸ **pas mal de** bastante / *il dit pas mal de bêtises* dice bastantes tontería ▸ **pas un** ni uno ▸ **pas un de** ninguno de ▸ **pas** *(+ adj)* nada *(+ adj)* / *ce n'est pas drôle* no es nada divertido

pascal, e, als, aux [paskal, o] adj pascual, de Pascua.
◆ **pascal, als** nm PHYS pascal *m*.

pas-de-porte [padpɔʀt] nm inv traspaso *m*.

pashmina [paʃmina] nm pashmina *f*.

passable [pasabl] adj pasable, aceptable ; SCOL suficiente.

passablement [pasabləmɑ̃] adv **1.** [assez bien] medianamente **2.** [beaucoup] bastante.

passage [pasaʒ] nm **1.** [gén] paso *m* ▸ **passage de qqch à qqch** [d'un état à un autre] paso de algo a algo ▸ **attraper qqch au passage** coger algo al vuelo ▸ **céder le passage à qqn / qqch** dejar pasar a alguien / algo ▸ **'cédez le passage'** 'ceda el paso' ▸ **de passage** de paso ▸ **se frayer un passage à travers** OU **dans** abrirse paso a través OU en ▸ **passage pour piétons** paso de cebra OU de peatones ▸ **passage à niveau** paso a nivel ▸ **passage obligé** paso oligado ▸ **passage protégé** cruce *m* con prioridad ▸ **passage souterrain** paso subterráneo ▸ **passage à vide** momento *m* crítico ▸ **au passage** [en passant] de paso **2.** [de texte, de musique] pasaje *m*.

passager, ère [pasaʒe, ɛʀ] ◈ adj pasajero(ra). ◈ nm, f pasajero *m*, -ra *f* ▸ **passager clandestin** polizón *m*.

passant, e [pasɑ̃, ɑ̃t] ◈ adj concurrido(da). ◈ nm, f transeúnte *mf*. ◆ **passant** nm [de ceinture] presilla *f*.

passation [pasasjɔ̃] nf DR otorgamiento *m* ; POL ▸ **passation de pouvoirs** transmisión *f* de poderes.

passe [pas] nf **1.** [col de montagne] paso *m* **2.** SPORT pase *m* **3.** NAUT [chenal] pasaje *m* **4.** [d'escrime] pase *m*, finta *f* **5.** *fam* [de prostituée] cita *f (con prostituta)* **6.** EXPR **être en passe de faire qqch** estar a punto de hacer algo ▸ **être dans une mauvaise passe** pasar una mala racha.

passé, e [pase] adj pasado(da). ◆ **passé** ◈ nm pasado *m* ▸ **passé antérieur / composé / simple** pretérito anterior / perfecto / indefinido. ◈ prép pasado(da).

passe-droit [pasdʀwa] (*pl* **passe-droits**) nm favor *m* ilícito.

passementerie [pasmɑ̃tʀi] nf pasamanería *f*.

passe-montagne [pasmɔ̃taɲ] (*pl* **passe-montagnes**) nm pasamontañas *m inv*.

passe-partout [paspaʀtu] nm inv **1.** [clé] llave *f* maestra **2.** *(en apposition)* [phrase, mot, réponse] comodín *m*.

passe-passe [paspas] ⟶ **tour**.

passe-plat [paspla] (*pl* **passe-plats**) nm ventanilla *f (entre la cocina y la sala de un restaurante)*.

passeport [paspɔʀ] nm pasaporte *m*.

passer [pase]

◈ vi

1. [gén] pasar / *le temps passe vite* el tiempo pasa deprisa / *il est passé au rouge* pasó en rojo / *il y a de l'air qui passe sous la porte* pasa aire por debajo de la puerta ▸ **passer de qqch à qqch** a) [changer d'activité] cambiar de algo a algo b) [changer d'état] pasar de algo a algo ▸ **passer sur qqch** [se taire] pasar algo por alto ▸ **ne faire que passer** estar sólo de paso ▸ **passe encore** todavía pase ▸ **passer inaperçu** pasar desapercibido ▸ **passer pour** pasar por ▸ **se faire passer pour qqn** hacerse pasar por alguien

2. [aller] ▸ **passer chez** pasar por / *je dois passer chez moi* tengo que pasar por mi casa

3. [être acceptable] ▸ **passer bien / mal** caer bien / mal ▸ **passer difficilement** ser difícil de aceptar ▸ **passons...** dejémoslo...

4. [perdre son éclat] irse

5. TV & CINÉ dar, poner / *qu'est-ce qui passe, ce soir ?* ¿qué dan OU ponen esta noche?

6. EXPR **ça passe ou ça casse** de perdidos al río ▸ **en passant** de paso ▸ **passer à table** sentarse a la mesa ▸ **y passer** a) *fam* [mourir] palmarla, pasar a mejor vida b) [temps, argent] irse en ello

◈ vt

1. [obstacle, moment, objet] pasar ▸ **passer qqch à qqn** pasar algo a alguien / *passe-moi le sel* pásame la sal / *il m'a passé son rhume* me pegó su catarro

2. [caprice] ▸ **passer qqch à qqn** consentir algo a alguien

3. [couche de peinture] dar

4. [café] colar

5. [mettre - film, disque] poner ; [- vêtement] ponerse

6. [vitesses] poner, meter

7. [contrat] otorgar

8. [examen] hacer / *je dois passer une visite médicale* tengo que hacerme una revisión médica

◆ **se passer** vp **1.** [gén] pasar ▸ **se passer de qqch / de faire qqch** pasar sin algo / sin hacer algo ▸ **ça ne se passera pas comme ça !** esto no se va a quedar así **2.** [scène] transcurrir **3.** [se mettre] ponerse.

◆ **en passant** loc adv **1.** [au passage] al pasar **2.** *fig* [par la même occasion] de paso.

passereau [pasʀo] nm ave *f* paseriforme.

passerelle [pasʀɛl] nf **1.** [gén] pasarela *f* **2.** [de bateau] puente *m* de mando **3.** *fig* [passage] puente *m* / *il faut établir des passerelles entre les formations* hay que tender puentes entre las formaciones.

passe-temps [pastɑ̃] nm inv pasatiempo *m*.

passe-thé [paste] nm inv colador *m* de té.

passeur, euse [pasœʀ, øz] nm, f [de marchandises, de personnes] contrabandista *mf*.

passible [pasibl] adj ▸ **passible de qqch** susceptible de.

passif, ive [pasif, iv] adj pasivo(va). ◆ **passif** nm **1.** GRAM pasiva *f*, voz *f* pasiva **2.** FIN pasivo *m*.

passion [pasjɔ̃] nf pasión *f* ▸ **avoir la passion de qqch** tener pasión por algo ▸ **avoir une passion pour qqch** sentir pasión por algo. ◆ **Passion** nf ▸ **la Passion** RELIG la Pasión.

passionnant, e [pasjɔnɑ̃, ɑ̃t] adj apasionante.

passionné, e [pasjɔne] ◈ adj apasionado(da). ◈ nm, f **1.** [de caractère] pasional *mf* **2.** [fanatique] ▸ **un passionné de qqch** un apasionado de OU por algo.

passionnel, elle [pasjɔnɛl] adj pasional.

passionnément [pasjɔnemɑ̃] adv apasionadamente.

passionner [3] [pasjɔne] vt **1.** [personne] apasionar **2.** [débat] animar, dar un tono apasionado a. ◆ **se passionner** vp ▸ **se passionner pour qqch** apasionarse por algo.

passivement [pasivmɑ̃] adv pasivamente.

passivité [pasivite] nf pasividad *f*.

passoire [paswaʀ] nf colador *m*.

pastel [pastɛl] ❖ nm [crayon] pastel *m*. ❖ adj inv pastel *(en apposition)*.

pastèque [pastɛk] nf sandía *f*.

pasteur [pastœʀ] nm pastor *m*.

pasteurisation [pastœʀizasjɔ̃] nf pasteurización *f*.

pasteurisé, e [pastœʀize] adj pasterizado(da), pasteurizado(da).

pasteuriser [3] [pastœʀize] vt pasteurizar.

pastiche [pastiʃ] nm pastiche *m*.

pastille [pastij] nf **1.** [médicament] pastilla *f* **2.** [bonbon] caramelo *m* **3.** [motif] lunar *m*.

pastis [pastis] nm anís *m (bebida)*.

pastoral, e, aux [pastɔʀal, o] adj *sout* pastoral, pastoril. ◆ **pastorale** nf ART pastoral *f*.

Patagonie [patagɔni] npr ▸ **la Patagonie** la Patagonia.

patapouf [patapuf] nm *fam* gordinflón *m*.

patate [patat] nf *fam* **1.** [pomme de terre] patata *f* ESP, papa *f* AM **2.** [imbécile] burro *m*, -rra *f*. ◆ **patate douce** nf boniato *m*, batata *f*.

patati [patati] interj ▸ **et patati et patata** *fam* que si patatín, que si patatán.

patatras [patatʀa] interj ¡cataplum!

pataud, e [pato, od] adj & nm, f patán.

pataugeoire [patoʒwaʀ] nf piscina *f* infantil.

patauger [17] [patoʒe] vi **1.** [barboter] chapotear **2.** *fam* & *fig* [s'embrouiller] hacerse un taco.

patch [patʃ] nm MÉD parche *m*.

patchouli [patʃuli] nm pachulí *m*.

patchwork [patʃwœʀk] nm **1.** [tissu] patchwork *m* **2.** *fig* [mélange] batiburrillo *m*.

pâte [pat] nf **1.** [CULINépaisse] masa *f* ▸ **pâte d'amandes** mazapán *m* ▸ **pâte brisée** masa quebrada ▸ **pâte de coings** carne *f* de membrillo ▸ **pâte feuilletée** masa de hojaldre ▸ **pâte de fruits** dulce *m* de frutas ▸ **pâte à pain / à tarte** masa de pan / de tarta ; [liquide] pasta *f* ▸ **pâte à choux / à crêpes** pasta brisa / para crepes ▸ **pâte à frire** pasta para rebozar **2.** [substance] pasta *f* ▸ **pâte à modeler** plastilina *f* ▸ **pâte dentifrice** pasta dentífrica ou de dientes ▸ **être bonne pâte** *fig* ser de buena pasta ▸ **mettre la main à la pâte** ponerse manos a la obra. ◆ **pâtes** nfpl pasta *f* / *les pâtes sont trop cuites* la pasta está demasiado hecha.

pâté [pate] nm **1.** CULIN paté *m* ▸ **pâté de campagne** paté de campagne ▸ **pâté en croûte** *paté envuelto en hojaldre* ▸ **pâté de foie** paté de hígado ; ≃ foie-gras *m inv* ▸ **pâté impérial** rollo *m* de primavera **2.** [tache] borrón *m*.

pâtée [pate] nf comida *f (para cerdos o perros)*.

patelin [patlɛ̃] nm *fam* pueblucho *m*.

patène [patɛn] nf patena *f*.

patente [patɑ̃t] nf patente *f*.

patenté, e [patɑ̃te] adj **1.** [commerçant] que paga la patente **2.** *fam* [attesté] acreditado(da).

patère [patɛʀ] nf colgador *m*.

paternalisme [patɛʀnalism] nm paternalismo *m*.

paternaliste [patɛʀnalist] adj & nmf paternalista.

paternel, elle [patɛʀnɛl] adj **1.** [gén] paternal **2.** [autorité] paterno(na). ◆ **paternel** nm *fam* viejo *m*.

paternité [patɛʀnite] nf paternidad *f*.

pâteux, euse [patø, øz] adj [aliment] pastoso(sa) ▸ **avoirla bouche pâteuse** tener la boca pastosa.

pathétique [patetik] ❖ adj patético(ca). ❖ nm patético *m*.

pathogène [patɔʒɛn] adj patógeno(na).

pathologie [patɔlɔʒi] nf patología *f*.

pathologique [patɔlɔʒik] adj patológico(ca).

pathos [patos] nm *sout* & *péj* grandilocuencia *f*.

patibulaire [patibylɛʀ] adj *péj* patibulario(ria) ▸ **avoir une mine patibulaire** tener un aspecto patibulario.

patiemment [pasjamɑ̃] adv pacientemente, con paciencia.

patience [pasjɑ̃s] nf **1.** [gén] paciencia *f* ▸ **s'armer de patience** armarse de paciencia ▸ **perdre patience** perder la paciencia ▸ **prendre son mal en patience** tomarse las cosas con paciencia **2.** [jeu de cartes] solitario *m*.

patient, e [pasjɑ̃, ɑ̃t] adj & nm, f paciente.

patienter [3] [pasjɑ̃te] vi esperar (pacientemente) ▸ **veuillez patienter** espere, por favor.

patin [patɛ̃] nm patín *m* ▸ **patin à glace** patín de cuchilla ▸ **patin à roulettes** patín de ruedas.

patinage [patinaʒ] nm SPORT patinaje *m* ▸ **patinage artistique / de vitesse** patinaje artístico / de velocidad.

patine [patin] nf pátina *f*.

patiner [3] [patine] ❖ vi patinar. ❖ vt dar pátina a. ◆ **se patiner** vp cubrirse de pátina.

patineur, euse [patinœʀ, øz] nm, f patinador *m*, -ra *f*.

patinoire [patinwaʀ] nf pista *f* de patinaje.

patio [patjo, pasjo] nm patio *m*.

pâtir [32] [patiʀ] vi ▸ **pâtir de qqch** sufrir las consecuencias de algo.

pâtisserie [patisʀi] nf **1.** [gâteau] pastel *m* **2.** [art, métier, industrie] pastelería *f*, repostería *f* **3.** [commerce] pastelería *f*.

pâtissier, ère [patisje, ɛʀ] adj & nm, f pastelero(ra).

patois [patwa] nm dialecto *m*.

patraque [patʀak] adj *fam* pachucho(cha).

patriarcal, e, aux [patʀijaʀkal, o] adj patriarcal.

patriarcat [patʀijaʀka] nm patriarcado *m*.

patriarche [patʀijaʀʃ] nm patriarca *m*.

patrie [patʀi] nf patria *f* ▸ **patrie d'adoption** patria de adopción ▸ **la mère patrie** la madre patria.

patrimoine [patʀimwan] nm patrimonio *m* ▸ **patrimoine culturel** patrimonio cultural ▸ **patrimoine génétique** ou **héréditaire** patrimonio genético ou hereditario.

patriote [patʀijɔt] adj & nmf patriota.

patriotique [patʀijɔtik] adj patriótico(ca).

patriotisme [patʀijɔtism] nm patriotismo *m*.

patron, onne [patʀɔ̃, ɔn] nm, f **1.** [chef d'entreprise] patrón *m*, -ona *f* **2.** [chef] jefe *m* **3.** RELIG patrón *m*, -ona *f*. ◆ **patron** nm COUT patrón *m*.

patronage [patʀɔnaʒ] nm **1.** [gén] patronato *m* **2.** COMM patrocinio *m*.

patronal, e, aux [patʀɔnal, o] adj patronal.

patronat [patʀɔna] nm patronal *f*.

patronnesse [patʀɔnɛs] adj f ▸ **dame patronnesse** protectora.

patronyme [patʀɔnim] nm *sout* patronímico *m*.

patronymique [patʀɔnimik] adj patronímico(ca).

patrouille [patʀuj] nf patrulla *f*.

patrouiller [3] [patʀuje] vi patrullar.

patte [pat] nf **1.** [d'animal] pata *f* ▸ **à quatre pattes** a cuatro patas, a gatas ▸ **ça na casse pas trois pattes à un canard** *fam* no es nada del otro mundo ▸ **montrer patte blanche** *fig* dar la contraseña ▸ **retomber sur ses pattes** *fig* salir a flote ▸ **se mettre à quatre pattes devant qqn** *fig* doblegarse ante alguien **2.** *fam* [d'homme - jambe, pied] pata *f* ; [- main] mano *f* ▸ **graisser la patte à qqn** *fig* untar la mano a alguien **3.** COUT [languette d'étoffe, attache] lengüeta *f* **4.** [favori] patilla *f*.

patte-d'oie [patdwa] (*pl* **pattes-d'oie**) nf **1.** [carrefour] encrucijada *f* **2.** [rides] pata *f* de gallo.

pattemouille [patmuj] nf paño *m* de planchar.

pâturage [patyʀaʒ] nm pasto *m*.

pâture [patyʀ] nf pasto *m* ▸ **donner qqch / qqn en pâture à** *fig* echar algo/a alguien como pasto para.

paume [pom] nf [de la main] palma *f*.

paumé, e [pome] *fam* ◆ adj perdido(da) *(desorientado)*. ◆ nm, f colgado *m*, -da *f*.

paumer [pome] vt *fam* perder. ◆ **se paumer** vp *fam* perderse.

paupérisation [popeʀizasjɔ̃] nf pauperización *f*.

paupière [popjɛʀ] nf párpado *m*.

paupiette [popjɛt] nf *rollito de carne relleno de carne picada*.

pause [poz] nf pausa *f* ▸ **pause de midi** pausa para el almuerzo ▸ **faire une pause** hacer una pausa.

pause-café [pozkafe] nf pausa *f* para el café.

pauvre [povʀ] ◆ adj pobre ▸ **pauvre en qqch** pobre en algo ▸ **pauvre femme / homme** pobre mujer/hombre ▸ **pauvre mec !** *fam* ¡pobre tío! ◆ nmf pobre *mf* ▸ **le / la pauvre !** ¡pobre!

pauvrement [povʀəmɑ̃] adv **1.** [misérablement] pobremente **2.** [médiocrement] insuficientemente.

pauvreté [povʀəte] nf pobreza *f*.

pavage [pavaʒ] nm [revêtement] pavimento *m*.

pavaner [3] [pavane] ◆ **se pavaner** vp pavonearse.

pavé, e [pave] adj pavimentado(da). ◆ **pavé** nm **1.** [bloc de pierre] adoquín *m* **2.** [chaussée] adoquinado *m* **3.** *fam* [gros livre] tocho *m* **4.** CULIN entrecot *m* **5.** PRESSE recuadro *m* **6.** INFORM ▸ **pavé numérique** teclado *m* numérico **7.** EXPR ▸ **battre le pavé** callejear ▸ **être sur le pavé** estar en la calle ▸ **jeter un pavé dans la mare** meter el lobo en el redil.

paver [3] [pave] vt pavimentar.

pavillon [pavijɔ̃] nm **1.** [gén] pabellón *m* ▸ **pavillon de banlieue** chalet *m* ▸ **pavillon de chasse** pabellón de caza **2.** [drapeau] bandera *f*.

pavoiser [3] [pavwaze] ◆ vt engalanar con banderas. ◆ vi *fam* echar las campanas al vuelo.

pavot [pavo] nm adormidera *f*.

payable [pɛjabl] adj pagadero(ra).

payant, e [pɛjɑ̃, ɑ̃t] adj **1.** [hôte, spectacle] de pago **2.** *fam* [effort] provechoso(sa).

paye = **paie**.

payement = **paiement**.

payer [11] [peje] ◆ vt pagar ▸ **faire payer** cobrar ▸ **payer qqch à qqn** pagar algo a alguien ▸ **payer qqn de retour** corresponder a alguien ▸ **payer pour qqch / pour qqn** pagar por algo/por alguien ▸ **payer par chèque / en liquide** pagar con cheque/en metálico ▸ **il me le paiera !** ¡me las pagará! ◆ vi compensar ; [métier] estar bien pagado(da). ◆ **se payer** vp **1.** *fam* [s'offrir] regalarse **2.** *fam* [se charger de] chuparse / *c'est lui qui se paie tout le boulot* es él el que se chupa todo el curro.

payeur, euse [pɛjœʀ, øz] ◆ adj pagador(ra). ◆ nm, f pagador *m*, -ra *f* ▸ **mauvais payeur** mal pagador.

pays [pei] nm **1.** [gén] país *m* ▸ **les pays de l'Est** los países del Este ▸ **pays d'adoption** país de adopción ▸ **pays natal** país natal ▸ **comme en pays conquis** como Pedro por su casa ▸ **voir du pays** ver mundo **2.** [région, province] región *f* ▸ **être du pays** ser del país ▸ **pays de cocagne** Jauja *f* **3.** [terre natale] tierra *f* ▸ **rentrer au pays** volver a su tierra **4.** [village] pueblo *m*. ◆ **pays Baltes** npr m pl ▸ **les pays Baltes** los países Bálticos. ◆ **pays de Galles** npr ▸ **le pays de Galles** (País de) Gales.

paysage [peizaʒ] nm **1.** [environnement] paisaje *m* **2.** [situation] panorama *m* **3.** INFORM ▸ **format paysage** formato paisaje.

paysager, ère [peizaʒe, ɛʀ] adj [jardin] *que está destinado a producir un efecto de paisaje natural* ; [bureau] abierto(ta).

paysagiste [peizaʒist] adj & nmf paisajista.

paysan, anne [peizɑ̃, an] adj & nm, f campesino(na).
Voir encadré p. 402.

⚠ Paisano est un faux ami, il ne signifie pas *paysan*, mais « compatriote ».

paysannerie [peizanʀi] nf campesinado *m*.

Pays-Bas [peiba] npr m pl ▸ **les Pays-Bas** los Países Bajos.

Pays basque [peibask] npr ▸ **le Pays basque** el País Vasco.

PC nm **1.** (*abr de* **Parti communiste**) PC *m* / *être membre du PC* ser miembro del PC **2.** INFORM (*abr de* **personal computer**) PC *m* / *acheter du matériel PC* comprar material para PC **3.** (*abr de* **poste de commandement**) PM *m* / *un PC de crise* un PM de crisis.

pcc (*abr écrite de* **pour copie conforme**) *compulsa*.

PCF (*abr de* **Parti communiste français**) nm PCF *m* ▸ **un congrès du PCF** un congreso del PCF.

PCI (*abr de* **Parti communiste italien**) nm PCI *m*.

pck (*abr écrite de* **parce que**) SMS pk *(porque)*.

PCV (*abr de* **à percevoir**) *a cobro revertido* ▸ **un appel en PCV** ≃ una llamada a cobro revertido.

PDF (*abr de* **à Portable Document Format**) INFORM PDF *m* ▸ **un fichier PDF** un archivo PDF.

P-DG, P.-D.G. (*abr de* **président-directeur général**) presidente *m* ▸ **le P-DG du groupe** el presidente del grupo.

p.-ê. *abr écrite de* **peut-être**.

PEA (*abr de* **plan d'épargne en actions**) nm PAA *m* ▸ **ouvrir un PEA** abrir un PAA.

péage [peaʒ] nm peaje *m*.

peau [po] nf **1.** [gén] piel *f* ▸ **peau de banane** piel de plátano ▸ **peau de chamois** gamuza *f* ▸ **peau d'orange** MÉD piel de naranja ▸ **peau de vache** *fam* hueso *m (persona dura)* ▸ **coûter la peau du cul** *tfam* costar un huevo ▸ **être bien / mal dans sa peau** *fig* estar bien/mal consigo mismo ▸ **n'avoir que la peau sur les os** estar en los huesos ▸ **risquer / sauver sa peau** jugarse/salvarel pellejo ▸ **se mettre dans la peau de qqn** meterse en el pellejo de alguien ▸ **y laisser sa peau** *fam* dejarse la piel **2.** [de lait] nata *f*.

peaufiner [3] [pofine] vt pulir.

pécan [pekɑ̃] nm [arbre, fruit] pacana *f*.

pécari [pekaʀi] nm pécari *m*, pecarí *m*, pecari *m*.

peccadille [pekadij] nf *sout* pequeñez *m*.

pêche [pɛʃ] nf **1.** [fruit] melocotón *m* ESP, durazno *m* AM ▸ **pêche Melba** Melba *f* **2.** [activité, poissons pêchés] pesca *f* ▸ **pêche à la ligne / sous-marine** pesca con caña/submarina **3.** EXPR **avoir la pêche** *fam* estar a tope ▸ **filer la pêche à qqn** *fam* dar buen rollo a alguien.

péché [peʃe] nm pecado *m* ▸ **le péché originel** el pecado original ▸ **c'est son péché mignon** es su debilidad.

pécher [18] [peʃe] vi pecar ▸ **pécher contre qqch** faltar a algo ▸ **pécher par qqch** pecar de algo.

pêcher¹ [4] [peʃe] vt pescar.

pêcher² [peʃe] nm melocotonero *m*.

pêcherie [pɛʃʀi] nf pesquería *f (lugar)*.

pécheur, eresse [peʃœʀ, peʃʀɛs] adj & nm, f pecador(ra).

pêcheur, euse [pɛʃœʀ, øz] nm, f pescador *m*, -ra *f*.

pêchu, e [pɛʃy] adj *fam* ▸ **être pêchu** ser dinámico / *c'est quelqu'un de pêchu* es alguien dinámico.

pecnot = **péquenot**.

pectine [pɛktin] nf pectina *f*.

pectoral, e, aux [pɛktɔʀal, o] adj pectoral.

pectoraux [pɛktɔʀo] nmpl pectorales *mpl*.

pécule [pekyl] nm peculio *m*.

pécuniaire [pekynjɛʀ] adj pecuniario(ria).

PED, P.E.D. (*abr de* **pays en développement**) nm PED *(país en desarrollo)*.

pédagogie [pedagɔʒi] nf pedagogía *f*.

pédagogique [pedagɔʒik] adj pedagógico(ca).

pédagogue [pedagɔg] adj & nmf pedagogo(ga).

pédale [pedal] nf **1.** [gén] pedal *m* ▸ **perdre les pédales** *fam* tener los cables cruzados **2.** *vulg* & *péj* [homosexuel] marica *m* ESP, joto *m* AM.

pédaler [3] [pedale] vi **1.** [à bicyclette] pedalear **2.** EXPR **pédaler dans la choucroute** *fam* no entender ni papa.

pédalier [pedalje] nm **1.** [de vélo] pedalero *m* **2.** [d'orgue] pedales *mpl*.

pédalo [pedalo] nm patín *m (de pedales)*.

pédant, e [pedɑ̃, ɑ̃t] adj & nm, f pedante.

pédé [pede] nm *vulg* & *péj* maricón *m* ESP, joto *m* AM.

pédégère [pedeʒɛʀ] nf *fam* presidenta *f*.

pédéraste [pedeʀast] nm pederasta *m*.

pédérastie [pedeʀasti] nf pederastia *f*.

pédestre [pedɛstʀ] adj pedestre.

pédiatre [pedjatʀ] nmf pediatra *mf*.

pédiatrie [pedjatʀi] nf pediatría *f*.

pédicule [pedikyl] nm BOT pedículo *m*, pedúnculo *m*.

pédicure [pedikyʀ] nmf pedicuro *m*, -ra *f*, callista *mf*.

pedigree [pedigʀe] nm pedigrí *m*.

pédophile [pedɔfil] adj & nmf pedófilo *m*, -la *f*.

pédophilie [pedɔfili] nf pedofilia *f* / *il est accusé de pédophilie* está acusado de pedofilia.

pédopsychiatre [pedɔpsikjatʀ] nmf pedopsiquiatra *mf*.

peeling [piliŋ] nm peeling *m*.

peer to peer, peer-to-peer [piʀtupiʀ] ◆ nm ▸ **le peer to peer** *sistema en que todos los usuarios poseen igual importancia y no existen usuarios con privilegios.* ◆ adj entre iguales, de igual a igual.

pègre [pɛgʀ] nf hampa *f*.

peignais ⟶ **peindre**.

peigne [pɛɲ] nm **1.** [de cheveux - pour démêler] peine *m* ; [- barrette] peineta *f* ▸ **se donner un coup de peigne** pasarse el peine ▸ **passer qqch au peigne fin** examinar algo a fondo ▸ **sale comme un peigne** más sucio que el palo de un gallinero **2.** [de tissage] carda *f*, rastrillo *m*.

peigner [4] [peɲe] vt **1.** [cheveux] peinar **2.** [fibres] cardar. ◆ **se peigner** vp peinarse.

peignoir [pɛɲwaʀ] nm **1.** [sortie de bain] ▸ **peignoir (de bain)** albornoz *m* (de baño) **2.** [déshabillé] bata *f* **3.** [de coiffeur] peinador *m*.

peinard, e [pɛnaʀ, aʀd] adj *fam* pancho(cha) ▸ **être peinard** estar tan pancho.

peindre [81] [pɛ̃dʀ] vt pintar. ◆ **se peindre** vp dibujarse / *la joie se peint sur son visage* la felicidad se dibuja en su rostro.

peine [pɛn] nf **1.** [châtiment, tristesse] pena *f* ▸ **avoir de la peine** estar triste ▸ **faire de la peine à qqn** entristecer a alguien ▸ **sous peine de qqch** bajo pena de algo ▸ **peine capitale** ou **de mort** pena capital ou de muerte ▸ **peine incompressible** *condena sin reducción de pena* **2.** [effort] esfuerzo *m* ▸ **se donner de la peine** esforzarse ▸ **sans peine** sin esfuerzo ▸ **c'est peine perdue** no vale la pena ▸ **prendre la peine de faire qqch** tomarse la molestia de hacer algo ▸ **valoir la peine** valer la pena **3.** [difficulté] trabajo *m* ▸ **à grand-peine** a duras penas. ◆ **à peine** loc adv apenas.

peiner [4] [pene] ❖ vt apenar. ❖ vi **1.** [se donner du mal] penar / *j'ai peiné pour arriver jusqu'ici* me ha costado mucho llegar hasta aquí **2.** [fatiguer] sufrir.

peins ⟶ **peindre**.

peint, e [pɛ̃, pɛ̃t] pp ⟶ **peindre**.

peintre [pɛ̃tʀ] nm pintor *m*, -ra *f* ▸ **peintre en bâtiment** pintor de brocha gorda.

peinture [pɛ̃tyʀ] nf pintura *f* ▸ **peinture à l'huile** pintura al óleo ▸ **peinture abstraite** pintura abstracta ▸ **peinture figurative** pintura figurativa ▸ **peinture laquée** pintura lacada ▸ **peinture murale** mural *m* ▸ **ne pas pouvoir voir qqn en peinture** no poder ver a alguien en pintura.

peinturlurer [3] [pɛ̃tyʀlyʀe] vt *péj* pintarrajear. ◆ **se peinturlurer** vp *péj* pintarrajearse.

péjoratif, ive [peʒɔʀatif, iv] adj peyorativo(va).

Pékin [pekɛ̃] npr Pekín.

pékinois, e [pekinwa, az] adj pequinés(esa). ◆ **Pékinois, e** nm, f pequinés *m*, -esa *f*. ◆ **pékinois** nm [chien] pequinés *m*.

PEL, Pel (*abr de* **plan d'épargne logement**) nm *plan francés de ahorro para la adquisición de una vivienda* ▸ **ouvrir un PEL** abrir un PEL.

pelage [pəlaʒ] nm pelaje *m*.

pelé, e [pəle] adj pelado(da).

pêle-mêle [pɛlmɛl] adv en desorden.

peler [25] [pəle] vt & vi pelar.

pèlerin [pɛlʀɛ̃] nm peregrino *m*, -na *f*.

pèlerinage [pɛlʀinaʒ] nm peregrinación *f*, peregrinaje *m* ▸ **en pèlerinage** en peregrinación ▸ **faire un pèlerinage à** *pr* & *fig* ir en peregrinación a.

pèlerine [pɛlʀin] nf [manteau] capa *f*.

pélican [pelikɑ̃] nm pelícano *m*.

pelisse [pəlis] nf pelliza *f*.

pelle [pɛl] nf pala *f* ▸ **pelle à tarte** paleta *f* (de tarta) ▸ **à la pelle** *fam* & *fig* a montones.

pelletée [pɛlte] nf paletada *f*.

pelleter [27] [pɛlte] vt remover con la pala.

pelleteuse [pɛltøz] nf excavadora *f*.

pellicule [pelikyl] nf película *f*. ◆ **pellicules** nfpl caspa *f*.

pelote [pəlɔt] nf **1.** [de fils] ovillo *m* ▸ **pelote de laine** ovillo de lana **2.** COUT [à épingles] alfiletero *m*, acerico *m*. ◆ **pelote basque** nf pelota *f* vasca.

peloter [3] [plɔte] vt *fam* sobar *(acariciar)*.

peloton [plɔtɔ̃] nm **1.** [de soldats, de concurrents] pelotón *m* ▸ **peloton d'exécution** MIL pelotón de ejecución ▸ **le peloton de tête** *pr* & *fig* el pelotón de cabeza **2.** [de ficelle] ovillejo *m*.

pelotonner [3] [pəlɔtɔne] ◆ **se pelotonner** vp acurrucarse ▸ **se pelotonner contre qqch / contre qqn** acurrucarse contra algo/contra alguien.

pelouse [pəluz] nf **1.** [gén] césped *m* **2.** [de champ de courses] entrada *f*.

peluche [pəlyʃ] nf **1.** [gén] peluche *m* **2.** *(gén pl)* [d'étoffe] bola *f*.

pelucheux, euse [pəlyʃø, øz] adj [pull] al que salen pelotas.

pelure [pəlyʀ] nf **1.** [de fruit, de légume] monda *f*, peladura *f* ; [d'oignon] capa *f* **2.** *fam* [vêtement] abrigo *m* ESP, tapado *m* AM.

pénal, e, aux [penal, o] adj penal. ◆ **pénal** nm penal *m*.

pénalisation [penalizasjɔ̃] nf penalización *f*.

pénaliser [3] [penalize] vt penalizar.

pénalité [penalite] nf **1.** [peine] penalidad *f* **2.** SPORT penalización *f*.

penalty [penalti] (*pl* **penaltys** *ou* **penalties**) nm penalty *m*.

pénates [penat] nmpl ▸ **regagner ses pénates** *fam* volver a casita.

penaud, e [pəno, od] adj avergonzado(da) ESP, apenado(da) AM.

penchant [pɑ̃ʃɑ̃] nm inclinación *f* ▸ **avoir un penchant pour qqch / pour qqn** tener inclinación por algo/por alguien.

penché, e [pɑ̃ʃe] adj inclinado(da).

pencher [3] [pɑ̃ʃe] ❖ vi **1.** [être incliné] estar inclinado(da) **2.** [préférer] ▸ **pencher pour** inclinarse por. ❖ vt inclinar. ◆ **se pencher** vp ▸ **se pencher sur** ou **vers**

qqn / qqch inclinarse hacia alguien/algo ▸ **se pencher sur qqch** *fig* volcarse en algo.

pendable [pɑ̃dabl] ⟶ **tour**.

pendaison [pɑ̃dɛzɔ̃] nf ahorcamiento *m* ▸ **pendaison de crémaillère** fiesta *f* de inauguración *(de una casa)*.

pendant, e [pɑ̃dɑ̃, ɑ̃t] adj **1.** [bras] colgando ; [langue] fuera **2.** DR [question] pendiente. ◆ **pendant** nm **1.** [bijou] pendiente *m* **2.** [équivalent] equivalente *mf* ▸ **il est le pendant de sa sœur** él y su hermana son tal para cual.

pendant [pɑ̃dɑ̃] prép durante / *j'y ai habité pendant un an* viví allí durante un año. ◆ **pendant que** loc conj mientras que / *on t'a appelé pendant que tu étais absent* te han llamado mientras estabas ausente ▸ **pendant que j'y suis,...** ya que estoy aquí,....

pendeloque [pɑ̃dlɔk] nf colgante *m*.

pendentif [pɑ̃dɑ̃tif] nm colgante *m*.

penderie [pɑ̃dʀi] nf ropero *m*.

pendis ⟶ **pendre**.

pendouiller [3] [pɑ̃duje] vi *fam* colgar.

pendre [73] [pɑ̃dʀ] ❖ vi colgar. ❖ vt **1.** [rideau, tableau] colgar **2.** [personne] ahorcar, colgar. ◆ **se pendre** vp **1.** [s'accrocher] ▸ **se pendre à qqch** colgarse de algo **2.** [se suicider] ahorcarse, colgarse.

pends ⟶ **pendre**.

pendu, e [pɑ̃dy] ❖ adj [accroché] colgado(da) ▸ **pendu à qqch / à qqn** *fig* colgado de algo/de alguien. ❖ nm, f colgado *m*, -da *f*, ahorcado *m*, -da *f* ▸ **faire un pendu** jugar al ahorcado. ❖ pp ⟶ **pendre**.

pendule [pɑ̃dyl] ❖ nf reloj *m* de péndulo. ❖ nm péndulo *m*.

pendulette [pɑ̃dylɛt] nf reloj *m* pequeño.

pêne [pɛn] nm pestillo *m*.

pénétrant, e [penetʀɑ̃, ɑ̃t] adj penetrante.

pénétration [penetʀasjɔ̃] nf penetración *f*.

pénétré, e [penetʀe] adj convencido(da) ▸ **être pénétré de qqch** estar convencido de algo.

pénétrer [18] [penetʀe] ❖ vi **1.** [personne] entrar **2.** [chose] penetrar / *faire pénétrer la crème en massant* masajear hasta que se absorba la crema. ❖ vt **1.** [suj : pluie] calar ; [suj : vent] penetrar **2.** [un marché] introducirse en **3.** [mystère, intentions, secret] descubrir **4.** [cœur, âme] llegar a. ◆ **se pénétrer** vp ▸ **se pénétrer de qqch** convencerse de algo.

pénible [penibl] adj **1.** [gén] penoso(sa) **2.** *fam* [personne] pesado(da).

péniblement [penibləmɑ̃] adv a duras penas.

péniche [peniʃ] nf chalana *f*.

pénicilline [penisilin] nf penicilina *f*.

péninsule [penɛ̃syl] nf península *f* ▸ **la péninsule d'Arabie** la península de Arabia ▸ **la péninsule Ibérique** la península Ibérica.

pénis [penis] nm pene *m*.

pénitence [penitɑ̃s] nf penitencia *f*.

pénitencier [penitɑ̃sje] nm penitenciaría *f*.

pénitent, e [penitɑ̃, ɑ̃t] adj & nm, f penitente.

pénitentiaire [penitɑ̃sjɛʀ] adj penitenciario(ria).

pénombre [penɔ̃bʀ] nf penumbra *f*.

pensable [pɑ̃sabl] adj ▸ **ce n'est pas pensable** es inconcebible.

pensant, e [pɑ̃sɑ̃, ɑ̃t] adj pensante.

pense-bête [pɑ̃sbɛt] (*pl* **pense-bêtes**) nm señal *f* *(recordatorio)*.

pensée [pɑ̃se] nf **1.** [gén] pensamiento *m* ▸ **avoir une pensée pour qqn** pensar en alguien ▸ **en** OU **par la pensée** con el pensamiento **2.** [opinion] parecer *m* **3.** [idée] idea *f* ▸ **à la (seule) pensée de qqch / de qqn** sólo (de) pensar en algo/en alguien ▸ **la (seule) pensée que** sólo (de) pensar en que.

penser [3] [pɑ̃se] ❖ vi pensar / *je ne pense pas* no creo ▸ **faire penser à qqch / à qqn** hacer pensar en algo/en alguien / *ça me fait penser à l'Espagne* me hace pensar en España / *fais-moi penser à fermer la fenêtre* recuérdame que cierre la ventana ▸ **penser à qqch / à qqn / à faire qqch** pensar en algo/en alguien/en hacer algo ▸ **sans penser à mal** sin mala intención ▸ **donner** OU **laisser à penser** dar que pensar ▸ **n'y pensons plus !** ¡olvidemos eso! ❖ vt pensar / *qu'en pensez-vous ?* ¿qué piensa usted? ▸ **penser faire qqch** pensar hacer algo ▸ **il n'en pense pas moins** en realidad lo piensa ▸ **là où je pense** *fam & euph* ya sabes donde ! / *son contrat, il peut se le mettre là où je pense !* ¡su contrato puede metérselo ya sabes donde! ▸ **pensez-vous !** ¡qué va!

penseur [pɑ̃sœʀ] nm pensador *m*.

pensif, ive [pɑ̃sif, iv] adj pensativo(va).

pension [pɑ̃sjɔ̃] nf **1.** [allocation, hébergement] pensión *f* ▸ **en demi-pension** a media pensión ▸ **en pension complète** a pensión completa ▸ **pension alimentaire** pensión alimenticia ▸ **pension de famille** casa *f* de huéspedes **2.** [internat] internado *m*.

pensionnaire [pɑ̃sjɔnɛʀ] nmf **1.** [élève] interno *m*, -na *f* **2.** [hôte payant] pensionista *mf*.

pensionnat [pɑ̃sjɔna] nm internado *m*.

pensivement [pɑ̃sivmɑ̃] adv pensativamente.

pensum [pɛ̃sɔm] nm *hum* castigo *m*.

pentagone [pɛ̃tagɔn] nm pentágono *m*.
◆ **Pentagone** npr ▸ **le Pentagone** el Pentágono.

pentathlon [pɛ̃tatlɔ̃] nm pentatlón *m*.

pente [pɑ̃t] nf pendiente *f* ▸ **en pente** en pendiente ▸ **être sur une mauvaise pente** *fig* andar por mal camino ▸ **remonter la pente** *fig* remontar la pendiente.

Pentecôte [pɑ̃tkot] nf Pentecostés *m*.

pentu, e [pɑ̃ty] adj [toit] inclinado(da) ; [chemin] empinado(da).

pénurie [penyʀi] nf penuria *f*.

people [pipœl] adj jet (set).

PEP, Pep [pεp] (*abr de* **plan d'épargne populaire**) nm *plan francés de ahorro popular* ▸ **ouvrir un PEP** abrir un PEP.

pépé [pepe] nm *fam* **1.** [grand-père] abuelito *m* ESP, papá *m* grande AM **2.** *péj* [homme âgé] abuelo *m*.

pépère [pepεʀ] *fam* ❖ nm ▸ **un gros pépère** un gordinflón. ❖ adj [tranquille] tranquilo ▸ **être pépère** estar tranquilo.

pépier [9] [pepje] vi piar.

pépin [pepɛ̃] nm **1.** [graine] pepita *f* **2.** *fam* [ennui] contratiempo *m* **3.** *fam* [parapluie] paraguas *m inv*.

⚠ Pepino est un faux ami, il ne signifie pas *pépin*, mais « concombre ».

pépinière [pepinjεʀ] nf vivero *m*.

pépiniériste [pepinjeʀist] adj & nmf hortelano(na), encargado(da) de un vivero.

pépite [pepit] nf pepita *f*.

pepperoni [pepeʀɔni] nm pepperoni *m*.

péquenaud, e [pekno, od] nm, f *fam* & *péj* paleto *m*, -ta *f*.

péquenot, pecnot [pekno] nm = **péquenaud**.

PER, Per (*abr de* **plan d'épargne retraite**) nm *plan francés de ahorro para la jubilación*.

percale [pεʀkal] nf percal *m*.

perçant, e [pεʀsɑ̃, ɑ̃t] adj **1.** [vue, regard, froid] penetrante **2.** [son] taladrante.

percée [pεʀse] nf **1.** [trouée - dans une forêt] claro *m* ; [- dans un mur] boquete *m* **2.** MIL brecha *f* **3.** SPORT penetración *f* **4.** [progrès] innovación *f*.

percement [pεʀsəmɑ̃] nm abertura *f*.

perce-neige [pεʀsənεʒ] nm & nf inv narciso *m* de las nieves.

perce-oreille [pεʀsɔʀεj] (*pl* **perce-oreilles**) nm tijereta *f*, cortapicos *m inv*.

percepteur [pεʀsεptœʀ] nm inspector *m*, -ra *f* de Hacienda.

perceptible [pεʀsεptibl] adj perceptible.

perception [pεʀsεpsjɔ̃] nf **1.** [action, emploi, bureau] inspección *f* **2.** [sensation] percepción *f*.

percer [18] [pεʀse] ❖ vt **1.** [mur, planche] taladrar ; [trou] hacer **2.** [fenêtre, tunnel, rue] abrir **3.** [traverser - vêtement] calar ; [- foule, armée ennemie] atravesar **4.** [secret, complot] descubrir. ❖ vi **1.** [soleil, abcès] aparecer ; [dent] salir **2.** [secret, conversation] filtrarse **3.** [réussir] calar.

perceuse [pεʀsøz] nf taladradora *f*.

percevoir [52] [pεʀsəvwaʀ] vt **1.** [intention, nuance, argent] percibir **2.** [impôts] recaudar.

perche [pεʀʃ] nf **1.** [poisson] perca *f* **2.** [bâton] pértiga *f* ▸ **tendre la perche à qqn** *fig* echar un cable a alguien.

percher [3] [pεʀʃe] ❖ vi **1.** [oiseau] posarse **2.** *fam* [personne] vivir. ❖ vt [mettre] encaramar.
◆ **se percher** vp posarse.

percheron [pεʀʃəʀɔ̃] nm percherón *m*.

perchiste [pεʀʃist] nmf **1.** SPORT saltador *m*, -ra *f* de pértiga **2.** CINÉ & TV perchista *mf*.

perchoir [pεʀʃwaʀ] nm **1.** [d'oiseau] palo *m* **2.** *fam* [lieu surélevé] pedestal *m* **3.** [du président de l'Assemblée] *sillón del presidente de la Asamblea Nacional francesa*.

perclus, e [pεʀkly, yz] adj ▸ **perclus de** [rhumatismes, douleurs] baldado de.

perçois ⟶ **percevoir**.

percolateur [pεʀkɔlatœʀ] nm percolador *m*.

perçu, e [pεʀsy] pp ⟶ **percevoir**.

perçus ⟶ **percevoir**.

percussion [pεʀkysjɔ̃] nf percusión *f*.

percussionniste [pεʀkysjɔnist] nmf percusionista *mf*.

percutant, e [pεʀkytɑ̃, ɑ̃t] adj **1.** [obus] percutiente **2.** *fig* [argument] contundente.

percuter [3] [pεʀkyte] ❖ vt chocar contra. ❖ vi ▸ **percuter contre qqch** chocar contra algo.

perdant, e [pεʀdɑ̃, ɑ̃t] adj & nm, f perdedor(ra).

perdis ⟶ **perdre**.

perdition [pεʀdisjɔ̃] nf **1.** [ruine morale] perdición *f* ▸ **lieu de perdition** antro *m* de perdición **2.** [détresse] ▸ **en perdition** en peligro.

perdre [77] [pεʀdʀ] vt & vi perder ▸ **ne rien perdre** no perderse nada / *vous n'avez rien perdu en ne venant pas à la soirée* no os habéis perdido nada por no haber venido a la fiesta ▸ **vous ne perdez rien pour attendre !** ¡os vais a enterar! ◆ **se perdre** vp [gén] perderse.

perdreau, x [pεʀdʀo] nm perdigón *m*.

perdrix [pεʀdʀi] nf perdiz *f*.

perds ⟶ **perdre**.

perdu, e [pεʀdy] ❖ adj **1.** [gén] perdido(da) **2.** [malade] desahuciado(da) **3.** [moments] libre. ❖ pp ⟶ **perdre.**

perdurer [3] [pεʀdyʀe] vi *sout* perdurar.

père [pεʀ] nm **1.** [gén] padre *m* ▸ **de père en fils** de padre a hijo ▸ **père adoptif** padre adoptivo ▸ **père biologique** padre biológico ▸ **père de famille** padre de familia **2.** *fam* [homme mûr] : *le père Martin* el abuelo Martin. ◆ **pères** nmpl *sout* [ancêtres] padres *mpl*. ◆ **père Noël** nm Papá Noel *m* ▸ **croire au père Noël** creer en Papá Noel.

pérégrination [peʀegʀinasjɔ̃] nf *(gén pl)* peregrinación *f*.

péremption [peʀɑ̃psjɔ̃] nf caducidad *f* ▸ **date de péremption** fecha *f* de caducidad.

péremptoire [peʀɑ̃ptwaʀ] adj perentorio(ria).

pérenniser [peʀenize] vt perennizar.

pérennité [peʀenite] nf perennidad *f*.

péréquation [peʀekwasjɔ̃] nf perecuación *f*.

perfectible [pɛʀfɛktibl] adj perfectible.

perfection [pɛʀfɛksjɔ̃] nf perfección *f* ▸ **à la perfection** a la perfección.

perfectionné, e [pɛʀfɛksjɔne] adj perfeccionado(da).

perfectionnement [pɛʀfɛksjɔnmɑ̃] nm perfeccionamiento *m*.

perfectionner [3] [pɛʀfɛksjɔne] vt perfeccionar. ◆ **se perfectionner** vp perfeccionarse.

perfectionnisme [pɛʀfɛksjɔnism] nm perfeccionismo *m*.

perfectionniste [pɛʀfɛksjɔnist] adj & nmf perfeccionista.

perfide [pɛʀfid] adj pérfido(da).

perfidement [pɛʀfidmɑ̃] adv *sout* pérfidamente.

perfidie [pɛʀfidi] nf *sout* **1.** [caractère] perfidia *f* **2.** [action, propos] maldad *f*.

perforateur, trice [pɛʀfɔʀatœʀ, tʀis] adj perforador(ra). ◆ **perforateur** nm perforador *m*. ◆ **perforatrice** nf perforadora *f*.

perforation [pɛʀfɔʀasjɔ̃] nf perforación *f*.

perforer [3] [pɛʀfɔʀe] vt perforar.

perforeuse [pɛʀfɔʀøz] nf perforadora *f*.

performance [pɛʀfɔʀmɑ̃s] nf **1.** [résultat] resultado *m* **2.** [exploit] hazaña *f* **3.** *(gén pl)* [d'une machine] prestación *f*.

performant, e [pɛʀfɔʀmɑ̃, ɑ̃t] adj **1.** [personne] competitivo(va) **2.** [machine] con buenas prestaciones.

perfusion [pɛʀfyzjɔ̃] nf perfusión *f* ▸ **être sous perfusion** tener puesto el gotero.

pergola [pɛʀgɔla] nf pérgola *f*.

péricliter [3] [peʀiklite] vi decaer, periclitar.

péridural, e, aux [peʀidyʀal, o] adj peridural. ◆ **péridurale** nf peridural *f*.

péril [peʀil] nm *sout* peligro *m* ▸ **au péril de ma vie** arriesgando la vida.

périlleux, euse [peʀijø, øz] adj peligroso(sa).

périmé, e [peʀime] adj **1.** [passeport] caducado(da) **2.** *fig* [idée] caduco(ca).

périmètre [peʀimɛtʀ] nm perímetro *m*.

périnatal, e, als, aux [peʀinatal, o] adj perinatal.

périnée [peʀine] nm perineo *m*.

période [peʀjɔd] nf período *m*, periodo *m*.

périodique [peʀjɔdik] ❖ adj periódico(ca). ❖ nm periódico *m*.

périodiquement [peʀjɔdikmɑ̃] adv periódicamente.

péripatéticienne [peʀipatetisjɛn] nf *hum* meretriz *f*.

péripétie [peʀipesi] nf *(gén pl)* peripecia *f*.

périph [peʀif] nm *fam* [périphérique] *ronda de circunvalación parisina*.

périphérie [peʀifeʀi] nf periferia *f* ▸ **à la périphérie de** en la periferia de.

périphérique [peʀifeʀik] ❖ adj [gén] periférico(ca) ; [boulevard] de circunvalación. ❖ nm **1.** [boulevard] ronda *f* de circunvalación, carretera *f* de circunvalación **2.** INFORM periférico *m*.

périphrase [peʀifʀaz] nf perífrasis *f inv*.

périple [peʀipl] nm periplo *m*.

périr [32] [peʀiʀ] vi *sout* **1.** [mourir] perecer **2.** *fig* [disparaître] desaparecer.

périscolaire [peʀiskɔlɛʀ] adj extraescolar.

périscope [peʀiskɔp] nm periscopio *m*.

périssable [peʀisabl] adj perecedero(ra) ▸ **denrées périssables** mercancías *fpl* perecedoras.

péristyle [peʀistil] nm peristilo *m*.

péritonite [peʀitɔnit] nf peritonitis *f inv*.

perle [pɛʀl] nf **1.** [bille de nacre, goutte] perla *f* **2.** [de bois, de verre] cuenta *f* **3.** [personne parfaite] perla *f*, joya *f* **4.** *fam* [erreur] gazapo *m*.

perlé, e [pɛʀle] adj **1.** [tissu] adornado(da) con perlas **2.** *fig* ÉCON ▸ **une grève perlée** una huelga intermitente.

perler [3] [pɛʀle] vi perlar.

perlimpinpin [pɛʀlɛ̃pɛ̃pɛ̃] ⟶ **poudre**.

permanence [pɛʀmanɑ̃s] nf permanencia *f* ▸ **en permanence** permanentemente ▸ **assurer la permanence** estar de guardia.

permanent, e [pɛʀmanɑ̃, ɑ̃t] ❖ adj [gén] permanente ; [cinéma] de sesión continua. ❖ nm, f miembro *m* permanente. ◆ **permanente** nf [coiffure] permanente *f*.

perméable [pɛʀmeabl] adj permeable ▸ **perméable à qqch** permeable a algo.

permets ⟶ **permettre**.

permettre [84] [pɛʀmɛtʀ] vt permitir ▸ **permettre à qqn de faire qqch** permitir a alguien que haga algo OU hacer algo ▸ **vous permettez ?** si me permite, con su permiso. ◆ **se permettre** vp permitirse ▸ **se permettre de faire qqch** permitirse hacer algo.

permis, e [pɛʀmi, iz] pp ⟶ **permettre.** ◆ **permis** nm permiso *m* ▸ **avoir son permis** *fam* sacarse el carné (de conducir) ▸ **permis de conduire** carné *m* OU permiso de conducir ▸ **permis à points** carné (de conducir) por puntos ▸ **permis de séjour** permiso de residencia.

permissif, ive [pɛʀmisif, iv] adj permisivo(va).

permission [pɛʀmisjɔ̃] nf permiso *m* ▸ **avoir la permission de faire qqch** tener permiso para hacer algo.

permutable [pɛʀmytabl] adj permutable.

permutation [pɛʀmytasjɔ̃] nf permutación *f*.

permuter [3] [pɛʀmyte] ❖ vt cambiar el orden de. ❖ vi hacer un cambio.

pernicieux, euse [pɛʀnisjø, øz] adj pernicioso(sa).

péroné [peʀɔne] nm peroné *m*.

péroraison [peʀɔʀɛzɔ̃] nf *péj* perorata *f*.

pérorer [3] [peʀɔʀe] vi *péj* perorar.

Pérou [peʀu] npr ▸ **le Pérou** (el) Perú ▸ **c'est pas le Pérou** *fam* no es nada del otro mundo.

perpendiculaire [pɛʀpɑ̃dikylɛʀ] ◈ adj perpendicular ▸ **perpendiculaire à qqch** perpendicular a algo. ◈ nf perpendicular *f*.

perpendiculairement [pɛʀpɑ̃dikylɛʀmɑ̃] adv perpendicularmente ▸ **perpendiculairement à qqch** perpendicularmente a algo.

perpète, perpette [pɛʀpɛt] ◆ **à perpète** loc adv *fam* [loin] en el quinto pino ; [pour toujours] de por vida.

perpétrer [18] [pɛʀpetʀe] vt perpetrar.

perpette = **perpète**.

perpétuel, elle [pɛʀpetɥɛl] adj perpetuo(tua).

perpétuellement [pɛʀpetɥɛlmɑ̃] adv perpetuamente.

perpétuer [7] [pɛʀpetɥe] vt perpetuar. ◆ **se perpétuer** vp perpetuarse.

perpétuité [pɛʀpetɥite] nf *sout* perpetuidad *f* ▸ **à perpétuité** a) [pour toujours] a perpetuidad b) [condamner] a cadena perpetua.

perplexe [pɛʀplɛks] adj perplejo(ja).

perplexité [pɛʀplɛksite] nf perplejidad *f*.

perquisition [pɛʀkizisjɔ̃] nf registro *m*.

perquisitionner [3] [pɛʀkizisjɔne] vi & vt registrar.

perron [pɛʀɔ̃] nm escalinata *f*.

perroquet [pɛʀɔkɛ] nm [animal] loro *m*, papagayo *m* ▸ **répéter qqch comme un perroquet** repetir algo como un loro.

perruche [peʀyʃ] nf cotorra *f*.

perruque [peʀyk] nf peluca *f*.

pers, e [pɛʀ, pɛʀs] adj garzo(za).

persan, e [pɛʀsɑ̃, an] adj persa. ◆ **Persan, e** nm, f persa *mf*. ◆ **persan** nm **1.** LING persa *m* **2.** [chat] gato *m*, -ta *f* persa.

perse [pɛʀs] adj persa. ◆ **Perse** nmf persa *mf*. ◆ **perse** nm [langue] persa *m*.

persécuter [3] [pɛʀsekyte] vt perseguir *(maltratar)*.

persécuteur, trice [pɛʀsekytœʀ, tʀis] adj & nm, f perseguidor(ra), persecutor(ra).

persécution [pɛʀsekysjɔ̃] nf persecución *f*.

persévérance [pɛʀseveʀɑ̃s] nf perseverancia *f* ▸ **avec persévérance** con perseverancia.

persévérant, e [pɛʀseveʀɑ̃, ɑ̃t] adj perseverante.

persévérer [18] [pɛʀseveʀe] vi perseverar ▸ **persévérer dans qqch** perseverar en algo.

persienne [pɛʀsjɛn] nf persiana *f (postigo)*.

persiflage [pɛʀsiflaʒ] nm mofa *f*.

persifler [3] [pɛʀsifle] vt *sout* mofarse.

persifleur, euse [pɛʀsiflœʀ, øz] ◈ adj de mofa. ◈ nm, f guasón *m*, -ona *f*.

persil [pɛʀsi] nm perejil *m*.

persillé, e [pɛʀsije] adj **1.** [accompagné de persil] con perejil **2.** [viande] entreverado(da) **3.** [fromage] azul.

Persique [pɛʀsik] ⟶ **golfe**.

persistance [pɛʀsistɑ̃s] nf persistencia *f*.

persistant, e [pɛʀsistɑ̃, ɑ̃t] adj **1.** [fièvre, odeur] persistente **2.** BOT perenne.

persister [3] [pɛʀsiste] vi persistir ▸ **je persiste à croire que** sigo pensando que ▸ **persister à faire qqch** persistir en hacer algo ▸ **persister dans qqch** persistir en algo ▸ **persister et signer** *fig* reafirmarse / *je persiste et signe* me reafirmo.

perso [pɛʀso] adj *fam* [personnel] personal.

personnage [pɛʀsɔnaʒ] nm **1.** [gén] personaje *m* ▸ **personnage historique** personaje histórico ▸ **personnage principal** personaje principal, protagonista *mf* **2.** [personnalité] figura *f*.

personnalisation [pɛʀsɔnalizasjɔ̃] nf personalización *f*.

personnalisé, e [pɛʀsɔnalize] adj [papier à lettres, voiture, crédit] personalizado(da).

personnaliser [3] [pɛʀsɔnalize] vt personalizar.

personnalité [pɛʀsɔnalite] nf personalidad *f*.

personne [pɛʀsɔn] ◈ nf persona *f* ▸ **en personne** a) [en chair et en os] en persona b) [incarné] personificado(da) ▸ **par personne interposée** a través de un intermediario ▸ **personne âgée** persona mayor, mayor *m* ▸ **personne morale / physique** persona jurídica/física ▸ **payer de sa personne** poner de su parte. ◈ pron indéf **1.** [quelqu'un] alguien / *je doute que personne s'en soit aperçu* dudo que alguien se diese cuenta de ello **2.** [aucune personne] nadie / *personne n'est venu* no ha venido nadie / *personne ne le sait* nadie lo sabe ▸ **personne d'autre** nadie más / *personne d'autre que moi peut le faire* nadie más que yo puede hacerlo.

Comment demander la permission

- **¿Puedo utilizar el ordenador?** *Est-ce que je peux me servir de l'ordinateur ?*
- **¿Me puedo sentar?** *Est-ce que je peux m'asseoir ?*
- **Te tomo el coche prestado, ¿vale?** *J'emprunte ta voiture, d'accord ?*
- **¿Te molesta si fumo?** *Ça te dérange si je fume ?*
- **¿Puedo coger esta silla?** *Je peux prendre cette chaise ?*
- **¿Me permite que abra la ventana ?** *Vous permettez que j'ouvre la fenêtre ?*

personnel, elle [pɛʀsɔnɛl] adj **1.** [gén] personal **2.** *péj* [égoïste] suyo(ya). ◆ **personnel** nm personal *m* ; [domestiques] servidumbre *f* ▸ **personnel navigant** tripulación *f*.

personnellement [pɛʀsɔnɛlmɑ̃] adv personalmente.

personnification [pɛʀsɔnifikasjɔ̃] nf personificación *f*.

personnifier [9] [pɛʀsɔnifje] vt personificar.

perspective [pɛʀspɛktiv] nf perspectiva *f* ▸ **en perspective** en perspectiva.

perspicace [pɛʀspikas] adj perspicaz.

perspicacité [pɛʀspikasite] nf perspicacia *f*.

persuader [3] [pɛʀsɥade] vt ▸ **persuader qqn de qqch / de faire qqch** persuadir a alguien de algo/de que haga algo. ◆ **se persuader** vp ▸ **se persuader de qqch** persuadirse de algo ▸ **se persuader que** persuadirse de que.

persuasif, ive [pɛʀsɥazif, iv] adj persuasivo(va).

persuasion [pɛʀsɥazjɔ̃] nf persuasión *f*.

perte [pɛʀt] nf **1.** [gén & COMM] pérdida *f* ▸ **agir en pure perte** hacer algo inútilmente ▸ **à perte** [vendre] con pérdidas ▸ **à perte de vue** hasta el horizonte, hasta donde alcanza la vista ▸ **perte de poids** pérdida de peso **2.** [ruine, déchéance] ruina *f* ▸ **courir** OU **aller à sa perte** buscarse su ruina. ◆ **pertes** nfpl **1.** MIL bajas *fpl* **2.** ÉCON ▸ **pertes et profits** pérdidas y gancias **3.** MÉD ▸ **pertes blanches** flujo *m* blanco.

pertinemment [pɛʀtinamɑ̃] adv **1.** [savoir] perfectamente **2.** [répondre] pertinentemente.

pertinence [pɛʀtinɑ̃s] nf pertinencia *f*.

pertinent, e [pɛʀtinɑ̃, ɑ̃t] adj pertinente.

perturbant, e [pɛʀtyʀbɑ̃, ɑ̃t] adj perturbador(ra).

perturbateur, trice [pɛʀtyʀbatœʀ, tʀis] adj & nm, f perturbador(ra).

perturbation [pɛʀtyʀbasjɔ̃] nf perturbación *f*.

perturber [3] [pɛʀtyʀbe] vt perturbar.

péruvien, enne [peʀyvjɛ̃, ɛn] adj peruano(na). ◆ **Péruvien, enne** nm, f peruano *m*, -na *f*.

pervenche [pɛʀvɑ̃ʃ] ❖ adj inv [bleu] malva *(en apposition)*. ❖ nf **1.** BOT vincapervinca *f* **2.** *fam* [contractuelle] ≃ policía *f* municipal.

pervers, e [pɛʀvɛʀ, ɛʀs] ❖ adj **1.** [acte, goût] perverso(sa) **2.** [effet] negativo(va). ❖ nm, f perverso *m*, -sa *f*.

perversion [pɛʀvɛʀsjɔ̃] nf perversión *f*.

perversité [pɛʀvɛʀsite] nf perversidad *f*.

pervertir [32] [pɛʀvɛʀtiʀ] vt pervertir. ◆ **se pervertir** vp pervertirse.

pesage [pəzaʒ] nm **1.** [pesée] peso *m* **2.** [de jockeys] pesaje *m*.

pesamment [pəzamɑ̃] adv [lourdement] pesadamente ; [gauchement] torpemente.

pesant, e [pəzɑ̃, ɑ̃t] adj pesado(da). ◆ **pesant** nm ▸ **valoir son pesant d'or** valer su peso en oro.

pesanteur [pəzɑ̃tœʀ] nf **1.** PHYS gravedad *f* **2.** [lenteur, lourdeur] lentitud *f*.

pèse-bébé [pɛzbebe] (*pl inv ou* **pèse-bébés**) nm pesabebés *m inv*.

pesée [pəze] nf **1.** [pesage] pesaje *m* **2.** [pression] presión *f*.

pèse-lettre [pɛzlɛtʀ] (*pl inv ou* **pèse-lettres**) nm pesacartas *m inv*.

pèse-personne [pɛzpɛʀsɔn] (*pl inv ou* **pèse-personnes**) nm báscula *f* de baño.

peser [19] [pəze] ❖ vt **1.** [mesurer le poids de] pesar **2.** [considérer, examiner] sopesar ▸ **tout bien pesé** tras sopesar los pros y los contras. ❖ vi **1.** [avoir un certain poids] pesar ▸ **peser à qqn** [ennuyer] pesar a alguien / *sa mort lui pèse sur la conscience* su muerte le pesa sobre la conciencia **2.** [appuyer] ▸ **peser sur qqch** hacer fuerza sobre algo. ◆ **se peser** vp pesarse.

peseta [pezeta] nf peseta *f*.

pessimisme [pesimism] nm pesimismo *m*.

pessimiste [pesimist] adj & nmf pesimista.

peste [pɛst] nf peste *f* ▸ **petite peste** [enfant] demonio *m* ▸ **se méfier de qqn comme de la peste** temer a alguien como la peste ▸ **fuir qqch / qqn comme la peste** huir de algo/de alguien como de la peste.

Comment exprimer la persuasion

Persuader quelqu'un de faire quelque chose

- **Por favor, haz un esfuerzo, háblale.** *S'il te plaît, fais un effort, parle-lui.*
- **¡Vamos, llámalo!** *Vas-y, appelle-le !*
- **Vamos, ven, ¿(estás) seguro que no quieres venir?** *Allez, viens, tu es sûr que tu ne veux pas venir ?*
- **Le aseguro que no se arrepentirá.** *Je vous assure, vous ne le regretterez pas.*
- **Vamos, enróllate y préstame el coche.** *fam Allez, sois cool, prête-moi ta voiture.*

Persuader quelqu'un de ne pas faire quelque chose

- **¿Te lo has pensado bien? ¿(Estás) seguro de que quieres ir?** *Tu as bien réfléchi ? Tu es sûr de vouloir y aller ?*
- **Yo que tú no iría.** *Si j'étais toi, je n'irais pas.*
- **No vayas, no te va a gustar.** *N'y va pas, ça ne va pas te plaire.*
- **En tu lugar, me lo pensaría dos veces antes de aceptar.** *À ta place, j'y réfléchirais à deux fois avant d'accepter.*

pester [3] [pɛste] vi echar pestes ▸ **pester contre qqch / contre qqn** echar pestes contra algo/contra alguien.

pesticide [pɛstisid] adj & nm pesticida.

pestiféré, e [pɛstifeʀe] adj & nm, f apestado(da) ▸ **être un pestiféré** *iron* tener la peste.

pestilentiel, elle [pɛstilɑ̃sjɛl] adj *sout* pestilente.

pesto [pɛsto] nm pesto *m* / ***pâtes au pesto*** pastas al pesto.

pet [pɛ] nm *fam* pedo *m*.

pétage [petaʒ] nm *fam* ▸ **pétage de plombs** OU **de câble** cruce de cables.

pétale [petal] nm pétalo *m* ▸ **pétales de maïs** copos de maíz.

pétanque [petɑ̃k] nf petanca *f*.

pétant, e [petɑ̃, ɑ̃t] adj *fam* en punto / ***il est arrivé à 3 heures pétantes*** llégó a las 3 en punto.

pétarader [3] [petaʀade] vi pedorrear.

pétard [petaʀ] nm **1.** [petit explosif] petardo *m* **2.** *fam* [cigarette de haschich] petardo *m* **3.** *fam* [revolver] pipa *f* **4.** *fam* [postérieur] trasero *m* **5.** EXPR **en pétard a)** [en colère] cabreado **b)** [cheveux] despelujado.

pétasse [petas] nf *tfam* & *péj* puta *f*.

pet-de-nonne [pɛdnɔn] (*pl* **pets-de-nonne**) nm buñuelo *m* de viento.

pété, e [pete] adj **1.** *fam* [cassé] escacharrado(da) / ***ma montre est pétée*** mi reloj está escacharrado **2.** *tfam* [ivre] pedo *(inv)* / ***il rentre pété tous les soirs*** todas las noches vuelve a casa pedo.

péter [18] [pete] ❖ vi *tfam* **1.** [faire un pet] tirarse un pedo **2.** [exploser] estallar **3.** [se rompre brusquement] reventar. ❖ vt *fam* [casser] cargarse ▸ **péter les plombs** OU **un câble** *fam* cruzársele a uno los cables.

pète-sec [pɛtsɛk] *fam* ❖ adj inv mandón(ona). ❖ nmf sargento *mf*.

pétillant, e [petijɑ̃, ɑ̃t] adj **1.** [liquide] burbujeante **2.** [yeux, esprit] vivo(va).

pétiller [3] [petije] vi **1.** [feu] chisporrotear **2.** [liquide] burbujear **3.** [yeux] chispear, brillar.

petiot, e [pətjo, ɔt] adj & nm, f *fam* pequeñín(ina), chiquitín(ina).

petit, e [pəti, it] ❖ adj **1.** [jeune, réduit, peu important] pequeño(ña) / ***une petite maison*** una casita, una casa pequeña **2.** [médiocre - esprit] pobre ; [- artiste] de segunda fila **3.** [gens] modesto(ta) **4.** *péj* [exprime le mépris] ▸ **mon petit monsieur** mi querido señor ▸ **petit crétin !** ¡cretino! ▸ **se faire tout petit (devant qqn)** apocarse (ante alguien). ❖ nm, f pequeño *m*, -ña *f*. ◆ **petit** ❖ nm **1.** [gén] pequeño *m* **2.** [jeune animal] cachorro *m*. ❖ adv ▸ **en petit** en pequeño. ◆ **petit à petit** loc adv poco a poco.

petit-beurre [p(ə)tibœʀ] (*pl* **petits-beurre**) nm galletita *f* de mantequilla.

petit-bourgeois, petite-bourgeoise [p(ə)tibuʀʒwa, p(ə)titbuʀʒwaz] (*mpl* **petits-bourgeois**, *fpl* **petites-bourgeoises**) adj & nm, f pequeñoburgués(esa).

petit-déj' [pətidɛʒ] nm *fam* desayuno *m*.

petit déjeuner [p(ə)tideʒœne] (*pl* **petits déjeuners**) nm desayuno *m*.

petite-fille [p(ə)titfij] (*pl* **petites-filles**) nf nieta *f*.

petitement [p(ə)titmɑ̃] adv **1.** [à l'étroit] ▸ **être petitement logé** vivir apretados **2.** [modestement] con estrecheces **3.** [mesquinement] con mezquindad, mezquinamente.

petitesse [p(ə)titɛs] nf **1.** [taille] pequeñez *f* **2.** [modicité] escasez *f* **3.** [mesquinerie] ▸ **petitesse d'esprit** estrechez *f* de miras.

petit-fils [p(ə)tifis] (*pl* **petits-fils**) nm nieto *m*.

petit-four [p(ə)tifuʀ] nm [salé] canapé *m* ; [sucré] pastelito *m*.

pétition [petisjɔ̃] nf petición *f*.

pétitionner [3] [petisjɔne] vi solicitar.

petit-lait [p(ə)tilɛ] (*pl* **petits-laits**) nm suero *m* de la leche ▸ **boire du petit-lait** *fig* relamerse.

petit-nègre [p(ə)tinɛgʀ] nm inv *fam* & *péj* ▸ **parler petit-nègre** hablar un francés macarrónico.

petit pois [pətipwa] (*pl* **petits pois**) nm guisante *m* ▸ **il a un petit pois à la place du cerveau** *fam* tiene pocas luces.

petits-enfants [p(ə)tizɑ̃fɑ̃] nmpl nietos *mpl*.

petit-suisse [p(ə)tisɥis] (*pl* **petits-suisses**) nm petit suisse *m*.

pétoche [petɔʃ] nf *fam* canguelo *m* ▸ **avoir la pétoche** tener canguelo.

peton [pətɔ̃] nm *fam* piececito *m*.

pétri, e [petʀi] adj ▸ **pétri de qqch** [orgueil, admiration] lleno de algo.

pétrifier [9] [petʀifje] vt **1.** [changer en pierre] petrificar **2.** *fig* [méduser] dejar petrificado(da) ▸ **être pétrifié de terreur** estar petrificado de miedo. ◆ **se pétrifier** vp petrificarse.

pétrin [petʀɛ̃] nm **1.** [du boulanger] artesa *f* **2.** *fam* [situation difficile] berenjenal *m* ▸ **se fourrer / être dans le pétrin** meterse/estar en un berenjenal.

pétrir [32] [petʀiʀ] vt **1.** [pâte] amasar ; [muscle] masajear **2.** *fig* & *sout* [façonner] moldear ▸ **pétrir de qqch** [angoisse, orgueil] llenar de algo.

pétrochimie [petʀɔʃimi] nf petroquímica *f*.

pétrochimique [petʀɔʃimik] adj petroquímico(ca).

pétrodollar [petʀɔdɔlaʀ] nm petrodólar *m*.

pétrole [petʀɔl] nm petróleo *m*.

pétrolier, ère [petʀɔlje, ɛʀ] adj petrolero(ra). ◆ **pétrolier** nm petrolero *m*.

pétrolifère [petʀɔlifɛʀ] adj petrolífero(ra).

pétulant, e [petylɑ̃, ɑ̃t] adj impetuoso(sa).

pétunia [petynja] nm petunia *f*.

peu [pø]

❖ adv

poco ▸ **peu de** poco(ca) / *peu de travail* poco trabajo / *peu d'élèves* pocos alumnos ▸ **peu souvent** de tarde en tarde ▸ **c'est peu dire** es decir poco

❖ nm

▸ **le peu de** los pocos (las pocas) / *le peu de connaissances que j'ai* los pocos conocimientos que tengo ▸ **le peu que** lo poco que / *il dépense le peu qu'il gagne* gasta lo poco que gana ▸ **un peu** un poco ▸ **un (tout) petit peu** un poquito

◆ **avant peu** loc adv dentro de poco.

◆ **de peu** loc adv por poco.

◆ **depuis peu** loc adv desde hace poco.

◆ **peu à peu** loc adv poco a poco.

◆ **pour peu que** loc conj (+ *subjonctif*) a poco que (+ *subjonctif*) / *pour peu qu'il le veuille, il réussira* por poco que quiera, lo conseguirá.

◆ **pour un peu** loc adv casi.

◆ **sous peu** loc adv dentro de poco.

peuplade [pœplad] nf comunidad *f*.

peuple [pœpl] nm **1.** [gén] pueblo *m* **2.** *fam* [multitude] mogollón *m* de gente.

peuplé, e [pœple] adj poblado(da).

peuplement [pœpləmɑ̃] nm población *f*.

peupler [5] [pœple] vt poblar ▸ **peupler qqch de qqch** poblar algo de algo. ◆ **se peupler** vp llenarse de gente.

peuplier [pøplije] nm álamo *m*.

peur [pœʀ] nf miedo *m* ▸ **avoir peur de faire qqch / de qqch / de qqn** tener miedo de hacer algo / de algo / de alguien ▸ **avoir peur que** (+ *subjonctif*) tener miedo de que (+ *subjonctif*) / *j'ai peur qu'il (ne) pleuve* tengo miedo de que llueva ▸ **avoir plus de peur que de mal** ser más el miedo que otra cosa ▸ **avoir une peur bleue de qqch / de qqn** tener un miedo espantoso a algo / a alguien ▸ **de ou par peur de qqch** por miedo a ou dealgo ▸ **de ou par peur que** (+ *subjonctif*) por miedo a que (+ *subjonctif*) / *de ou par peur qu'on (ne) le punisse* por miedo a que le castiguen ▸ **ne pas avoir peur du ridicule** no tener sentido del ridículo ▸ **faire peur à qqn** asustar a alguien ▸ **à faire peur** que asusta / *il est laid à faire peur* es de un feo que asusta ▸ **j'en ai bien peur** eso me temo ▸ **mourir de peur** *fig* morirse de miedo ▸ **prendre peur** asustarse ▸ **peur panique** pánico *m*.

peureux, euse [pœʀø, øz] adj & nm, f miedoso(sa).

peut-être [pøtɛtʀ] adv **1.** [gén] quizás, quizá ▸ **peut-être que** quizás, quizá / *peut-être qu'elle ne viendra pas, elle ne viendra peut-être pas* quizás no venga ▸ **peut-être pas** quizás no **2.** [alors] acaso / *et moi, je ne sais pas conduire, peut-être ?* ¿y yo? ¿acaso no sé conducir?

peux ⟶ **pouvoir**.

p. ex. (*abr écrite de* **par exemple**) p. ej.

pH (*abr de* **potentiel hydrogène**) nm pH *m* / *mesurer le pH* medir el pH / *un savon à pH neutre* un jabón con pH neutro.

phagocyter [3] [fagɔsite] vt *pr* & *fig* fagocitar.

phalange [falɑ̃ʒ] nf falange *f*.

phalangiste [falɑ̃ʒist] adj & nmf [en Espagne] falangista.

phallique [falik] adj fálico(ca).

phallocrate [falɔkʀat] adj & nmf falócrata.

phallus [falys] nm falo *m*.

phantasme = **fantasme**.

pharaon [faʀaɔ̃] nm faraón *m*.

pharaonique [faʀaɔnik] adj *pr* & *fig* [gigantesque] faraónico(ca).

phare [faʀ] ❖ nm faro *m* ▸ **phare antibrouillard** faro antiniebla. ❖ adj emblemático(ca) / *c'est le produit phare de notre société* es el producto estrella de nuestra empresa / *une industrie phare* una industria puntera.

pharmaceutique [faʀmasøtik] adj farmacéutico(ca).

pharmacie [faʀmasi] nf **1.** [science, magasin] farmacia *f* ▸ **pharmacie de garde** farmacia de guardia **2.** [armoire, trousse] botiquín *m*.

pharmacien, enne [faʀmasjɛ̃, ɛn] nm, f farmacéutico *m*, -ca *f*.

pharmacologie [faʀmakɔlɔʒi] nf farmacología *f*.

pharyngite [faʀɛ̃ʒit] nf faringitis *f inv*.

pharynx [faʀɛ̃ks] nm faringe *f*.

phase [faz] nf fase *f* ▸ **phase terminale** MÉD fase terminal ▸ **être en phase avec qqn** estar en la misma onda con alguien.

phénix [feniks] nm fénix *m inv*.

phénoménal, e, aux [fenɔmenal, o] adj fenomenal.

phénomène [fenɔmɛn] nm fenómeno *m*.

philanthrope [filɑ̃tʀɔp] nmf filántropo *m*, -pa *f*.

philanthropie [filɑ̃tʀɔpi] nf filantropía *f*.

philanthropique [filɑ̃tʀɔpik] adj filantrópico(ca).

philatélie [filateli] nf filatelia *f*.

philatéliste [filatelist] nmf filatélico *m*, -ca *f*, filatelista *mf*.

philharmonique [filaʀmɔnik] adj filarmónico(ca).

philippin, e [filipɛ̃, in] adj filipino(na).
◆ **Philippin, e** nm, f filipino *m*, -na *f*.

Philippines [filipin] npr f pl ▸ **les Philippines** (las) Filipinas.

philistin [filistɛ̃] adj *sout* filisteo.

philo [filo] (*abr de* **philosophie**) nf *fam* filosofía *f* / *il fait des études de philo* estudia filosofía.

philodendron [filɔdɛ̃dʀɔ̃] nm filodendro *m*.

philologie [filɔlɔʒi] nf filología *f*.

philologique [filɔlɔʒik] adj filológico(ca).

philosophe [filɔzɔf] adj & nmf filósofo *m*, -fa *f*.

philosopher [filɔzɔfe] vi filosofar.

philosophie [filɔzɔfi] nf filosofía *f*.

philosophique [filɔzɔfik] adj filosófico(ca).

philosophiquement [filɔzɔfikmɑ̃] adv filosóficamente.

philtre [filtʀ] nm filtro *m*.

phlébite [flebit] nf flebitis *f inv*.

Phnom Penh [pnɔmpɛn] npr Phnom Penh.

phobie [fɔbi] nf fobia *f*.

phobique [fɔbik] adj & nmf fóbico(ca).

phonème [fɔnɛm] nm fonema *m*.

phonétique [fɔnetik] ❖ adj fonético(ca). ❖ nf fonética *f*.

phonétiquement [fɔnetikmɑ̃] adv fonéticamente.

phonographe [fɔnɔgʀaf] nm fonógrafo *m*.

phoque [fɔk] nm foca *f*.

phosphate [fɔsfat] nm fosfato *m*.

phosphaté, e [fɔsfate] adj fosfatado(da).

phosphore [fɔsfɔʀ] nm fósforo *m*.

phosphorescent, e [fɔsfɔʀesɑ̃, ɑ̃t] adj fosforescente.

photo [fɔto] ❖ adj inv fotográfico(ca). ❖ nf **1.** [technique] fotografía *f* **2.** [image] foto *f* ▸ **photo couleur / noir et blanc** foto en color / en blanco y negro ▸ **photo de famille** foto de familia ▸ **photo d'identité** foto (de tamaño) carné ▸ **y'a pas photo** *fam* no hay color.

photocomposition [fɔtɔkɔ̃pozisjɔ̃] nf fotocomposición *f*.

photocopie [fɔtɔkɔpi] nf fotocopia *f*.

photocopier [9] [fɔtɔkɔpje] vt fotocopiar.

photocopieur [fɔtɔkɔpjœʀ] nm fotocopiadora *f*.

photocopieuse [fɔtɔkɔpjøz] nf fotocopiadora *f*.

photoélectrique [fɔtɔelɛktʀik] adj fotoeléctrico(ca).

photogénique [fɔtɔʒenik] adj fotogénico(ca).

photographe [fɔtɔgʀaf] nmf fotógrafo *m*, -fa *f*.

photographie [fɔtɔgʀafi] nf fotografía *f*.

photographier [9] [fɔtɔgʀafje] vt fotografiar.

photographique [fɔtɔgʀafik] adj fotográfico(ca).

Photomaton® [fɔtɔmatɔ̃] nm fotomatón *m*.

photomontage [fɔtɔmɔ̃taʒ] nm fotomontaje *m*.

photoreportage [fɔtɔʀəpɔʀtaʒ] nm reportaje *m* fotográfico.

photosensible [fɔtɔsɑ̃sibl] adj fotosensible.

photosynthèse [fotosɛ̃tɛz] nf BIOL fotosíntesis *f*.

photothèque [fɔtɔtɛk] nf **1.** [collection] archivo *m* fotográfico, fototeca *f* **2.** [lieu] fototeca *f*.

phrase [fʀaz] nf frase *f*.

phraséologie [fʀazeɔlɔʒi] nf fraseología *f*.

phraseur, euse [fʀazœʀ, øz] nm, f *péj* charlatán *m*, -ana *f*.

phréatique [fʀeatik] ⟶ **nappe**.

phrygien, enne [fʀiʒjɛ̃, ɛn] adj frigio(gia). ◆ **Phrygien, enne** nm, f frigio *m*, -gia *f*.

phtisie [ftizi] nf *vieilli* tisis *f inv*.

phylloxéra, phylloxera [filɔkseʀa] nm filoxera *f*.

physicien, enne [fizisjɛ̃, ɛn] nm, f físico *m*, -ca *f*.

physiologie [fizjɔlɔʒi] nf fisiología *f*.

physiologique [fizjɔlɔʒik] adj fisiológico(ca).

physiologiquement [fizjɔlɔʒikmɑ̃] adv fisiológicamente.

physionomie [fizjɔnɔmi] nf fisonomía *f*.

physionomiste [fizjɔnɔmist] adj & nmf fisonomista.

physiothérapie [fizjɔteʀapi] nf fisioterapia *f*.

physique [fizik] ❖ adj físico(ca). ❖ nf [science] física *f*. ❖ nm [constitution] físico *m* ▸ **avoir le physique de l'emploi** tener toda la pinta.

physiquement [fizikmɑ̃] adv físicamente.

phytothérapie [fitɔteʀapi] nf fitoterapia *f*.

p.i. *abr écrite de* **par intérim**.

piaf [pjaf] nm *fam* gorrión *m*.

piaffer [3] [pjafe] vi **1.** [cheval] piafar **2.** *fig* [personne] saltar.

piaillement [pjajmɑ̃] nm **1.** [d'oiseau] piada *f* **2.** [d'enfant] chillido *m*.

piailler [3] [pjaje] vi **1.** [oiseau] piar **2.** [enfant] chillar.

pianiste [pjanist] nmf pianista *mf*.

piano [pjano] ❖ nm piano *m* ▸ **piano demi-queue / droit / à queue** piano de media cola / vertical / de cola ▸ **piano mécanique** pianola *f* ▸ **piano à bretelles** *fam* acordeón *m*. ❖ adv piano.

pianoter [3] [pjanɔte] vi **1.** [jouer du piano] aporrear el piano **2.** [tapoter] tamborilear.

piaule [pjol] nf *fam* cuartucho *m*.

piauler [3] [pjole] vi [oiseau] piar ; [enfant] chillar.

PIB (*abr de* **produit intérieur brut**) nm PIB *m* / *hausse / recul / croissance du PIB* alza / retroceso / crecimiento del PIB.

pic [pik] nm **1.** [oiseau] pájaro *m* carpintero **2.** [outil, montagne] pico *m* **3.** *fig* [maximum] pico *m* ▸ **pic d'audience** pico de audiencia ▸ **pic de pollution** pico de polución. ◆ **à pic** loc adv **1.** [verticalement] en picado ▸ **couler à pic** irse a pique **2.** *fam* & *fig* [à point nommé] ▸ **arriver à pic** llegar en el momento justo ▸ **tomber à pic** venir de perilla.

picard, e [pikaʀ, aʀd] adj picardo(da). ◆ **picard** nm LING picardo *m*. ◆ **Picard, e** nm, f picardo *m*, -da *f*.

Picardie [pikaʀdi] npr f pl ▸ **la Picardie** Picardía.

pichenette [piʃnɛt] nf *fam* palpi *m*.

pichet [piʃɛ] nm jarra *f*.

pickpocket [pikpɔkɛt] nm carterista *mf*.

pick-up [pikœp] nm inv **1.** [camionnette] camioneta *f* descubierta **2.** *vieilli* [tourne-disque] pick-up *m*.

picoler [3] [pikɔle] vi *fam* empinar el codo, darle a la botella.

picorer [3] [pikɔʀe] vt & vi picotear, picar.

picotement [pikɔtmɑ̃] nm picor *m*.

picoter [3] [pikɔte] vt **1.** [irriter] picar **2.** [becqueter] picotear.

pictogramme [piktɔgʀam] nm pictograma *m*.

pictural, e, aux [piktyʀal, o] adj pictórico(ca).

pic-vert = **pivert**.

pie [pi] ❖ adj inv [cheval] pío(a). ❖ nf **1.** [oiseau] urraca *f* **2.** *péj* [bavard] loro *m*, cotorra *f* ▸ **être bavard comme une pie** ser una cotorra, hablar por los codos.

pièce [pjɛs] nf **1.** [élément] pieza *f* ▸ **en pièces détachées** desarmado(da) ▸ **pièce détachée** pieza de recambio ▸ **pièce de musée** pieza de museo ▸ **pièce de rechange** pieza de recambio ▸ **créer** ou **inventer qqch de toutes pièces** inventar algo de cabo a rabo ▸ **mettre en pièces** hacer pedazos **2.** [unité] unidad *f* ▸ **acheter / vendre qqch à la pièce** comprar / vender algo por unidades ▸ **deux euros pièce** dos euros la pieza **3.** [document] documento *m* ▸ **pièce à conviction** prueba *f* ▸ **pièce d'identité** documento de identidad ▸ **pièce jointe** documento adjunto ▸ **juger sur pièces** juzgar prueba en mano **4.** [œuvre littéraire ou musicale] obra *f* ▸ **pièce de musique** obra *f* musical ▸ **pièce de théâtre** obra de teatro **5.** [argent] moneda *f* ▸ **pièce de monnaie** moneda **6.** COUT remiendo *m*, pieza *f*. ◆ **pièce d'eau** nf estanque *m*. ◆ **pièce montée** nf ≃ pastel *m* de pisos.

piécette [pjesɛt] nf monedita *f*.

pied [pje] ❖ nm

1. [gén] pie *m* ▸ **avoir pied** hacer pie ▸ **être / marcher pieds nus** ou **nu-pieds** ir / andar descalzo(za) ▸ **faire du pied à qqn** hacer piececitos con alguien ▸ **mettre pied à terre** poner los pies en el suelo ▸ **à pied** a pie ▸ **à pieds joints** a pies juntillas ▸ **sur pied** en pie

2. [de mouton, de veau] pata *f* ▸ **pied de porc** manos *fpl* de cerdo

3. EXPR **au pied de la lettre** al pie de la letra ▸ **casser les pieds à qqn** *fam* fastidiar a alguien / ***il me casse les pieds*** *fam* me tiene hasta la coronilla ▸ **ça te fera les pieds** *fam* así aprenderás ▸ **c'est le pied** *fam* es la pera ▸ **comme un pied** *fam* fatal ▸ **être sur pieds** [rétabli] recuperarse ▸ **faire le pied de grue** estar de plantón ▸ **faire des pieds et des mains** mover Roma con Santiago ▸ **fouler qqch aux pieds** pisotear algo ▸ **je l'attends de pied ferme** aquí le espero ▸ **mettre les pieds dans le plat** *fam* meter la pata ▸ **mettre qqch sur pied** poner algo en pie ▸ **mettre qqn au pied du mur** poner a alguien entre la espada y la pared ▸ **ne pas savoir sur quel pied danser** no saber con qué carta quedarse ▸ **ne pas se laisser marcher sur les pieds** no dejarse apabullar ▸ **de pied en cap** de pies a cabeza ▸ **prendre son pied a)** *fam* [sexuellement] correrse **b)** [s'amuser] pasárselo pipa ▸ **retomber sur ses pieds** salir a flote ▸ **se lever du bon pied / du pied gauche** levantarse con buen pie / con el pie izquierdo

pied-à-terre [pjetatɛʀ] nm inv apeadero *m* (*alojamiento de paso*).

pied-bot [pjebo] nm patizambo *m*, -ba *f*.

pied-de-biche [pjedbiʃ] (*pl* **pieds-de-biche**) nm **1.** [outil] palanca *f* **2.** COUT prensatelas *f inv*.

pied-de-poule [pjedpul] ❖ adj inv [tissu] de pata de gallo. ❖ nm (*pl* **pieds-de-poule**) [tissu] pata *f* de gallo.

piédestal, aux [pjedɛstal, o] nm pedestal *m* ▸ **mettre qqn sur un piédestal** *fig* poner a alguien en un pedestal.

piedmont = **piémont**.

pied-noir, e [pjenwaʀ] (*mpl* **pieds-noirs**, *fpl* **pieds-noires**) nm, f *francés que vivía en Argelia antes de su independencia*.

piège [pjɛʒ] nm trampa *f* ▸ **être pris au piège** caer en la trampa ▸ **se laisser prendre à son propre piège** caer en su propia trampa ▸ **tendre un piège** tender ou poner una trampa ▸ **tomber dans le piège** caer en la trampa.

piéger [22] [pjeʒe] vt **1.** [animal, personne] pillar ou coger en la trampa ▸ **se trouver piégé** estar metido en un atolladero **2.** [voiture, valise] poner un explosivo en ▸ **une voiture piègée** un coche bomba.

piercing [piʀsiŋ] nm piercing *m*.

pierraille [pjɛʀaj] nf grava *f* ESP, pedregullo *m* AM.

pierre [pjɛʀ] nf piedra *f* ▸ **pierre d'achoppement** *fig* escollo *m* ▸ **pierre ponce** piedra pómez ▸ **pierre précieuse** piedra preciosa ▸ **faire d'une pierre deux coups** matar dos pájaros de un tiro.

pierreries [pjɛʀʀi] nfpl pedrería *f*.

piété [pjete] nf **1.** RELIG piedad *f* **2.** *vieilli* [filiale] amor *m*.

piétiner [3] [pjetine] ❖ vi **1.** [trépigner] ▸ **piétiner de qqch** saltar de algo, dar saltos de algo **2.** [ne pas avancer] estancarse. ❖ vt pisotear.

piéton, onne [pjetɔ̃, ɔn] ❖ adj peatonal. ❖ nm, f peatón *m*, -ona *f*.

piétonnier, ère [pjetɔnje, ɛʀ] adj peatonal.

piètre [pjɛtʀ] adj (*avant le n*) pobre.

pieu, x [pjø] nm **1.** [poteau] estaca *f* **2.** *fam* [lit] sobre *m*.

pieusement [pjøzmɑ̃] adv **1.** [religieusement] piadosamente **2.** *fig* [soigneusement] devotamente.

pieuter [3] [pjøte] ◆ **se pieuter** vp *fam* meterse en el sobre, irse al catre.

pieuvre [pjœvʀ] nf pulpo *m*.

pieux, euse [pjø, øz] adj **1.** [personne, livre] piadoso(sa) **2.** [soins] devoto(ta) **3.** [voeu] vano(na).

pif [pif] nm *fam* napia *f*, napias *fpl* ▸ **au pif** a ojímetro.

pifer [3], **piffer** [3] [pife] vt *fam* : ***je ne peux pas le pifer*** no lo trago.

pifomètre [pifɔmɛtʀ] ◆ **au pifomètre** loc adv *fam* a ojo ou ojímetro / ***au pifomètre, je dirais 20 mètres*** así a ojo diría que 20 metros / ***j'ai calculé les quantités au pifomètre*** calculé las cantidades a ojímetro.

pige [piʒ] nf **1.** [d'un journaliste, d'un typographe] *cantidad de trabajo efectuado en un tiempo dado y que sirve de base a la remuneración* ▸ **travailler à la pige** trabajar por líneas **2.** *fam* [an] taco *m* / ***il a vingt piges*** tiene veinte tacos.

pigeon [piʒɔ̃] nm **1.** [oiseau] paloma *f* ▸ **pigeon voyageur** paloma mensajera **2.** *fam* & *péj* [dupe] primo *m*.

pigeonnant, e [piʒɔnɑ̃, ɑ̃t] adj **1.** [soutien-gorge] de copas **2.** [poitrine] realzado(da).

pigeonner [3] [piʒɔne] vt *fam* [duper] embaucar.

pigeonnier [piʒɔnje] nm **1.** [pour les pigeons] palomar *m* **2.** *fig* & *vieilli* [petit logement] nido *m*.

piger [17] [piʒe] vt & vi *fam* pillar.

pigiste [piʒist] nmf [journaliste] periodista *mf* independiente.

pigment [pigmɑ̃] nm pigmento *m*.

pigmentation [pigmɑ̃tasjɔ̃] nf pigmentación *f*.

pignon [piɲɔ̃] nm **1.** [d'engrenage, de pomme de pin] piñón *m* **2.** [de mur] aguilón *m* ▸ **avoir pignon sur rue** gozar de una buena situación.

pilaf [pilaf] ⟶ **riz**.

pile [pil] ◈ nf **1.** [gén] montón *m*, pila *f* ESP, ruma *f* AM **2.** [électrique] pila *f* **3.** [côté d'une pièce] cruz *f* ▸ **pile ou face** cara o cruz. ◈ adv *fam* [heure] en punto / ***il est 7 h pile*** son las 7 en punto ▸ **tomber** ou **arriver pile a)** [personne] llegar al pelo **b)** [chose] venir al pelo.

pile-poil [pilpwal] adv *fam* justo / ***je suis arrivé pile-poil à l'heure*** llegué puntual ou a la hora exacta.

piler [3] [pile] ◈ vt **1.** [amandes] machacar **2.** *fam* & *fig* [battre] machacar. ◈ vi *fam* frenar en seco.

pileux, euse [pilø, øz] adj piloso(sa).

pilier [pilje] nm **1.** [gén] pilar *m* **2.** *fig* [habitué] habitual *mf*, asiduo *m*, -dua *f* ▸ **pilier de bar** *péj* barero *m*, -ra *f* **3.** *fig* [soutien] pilar *m* / ***c'est un des piliers de l'entreprise*** es uno de los pilares de la empresa.

pillage [pijaʒ] nm saqueo *m*, pillaje *m*.

pillard, e [pijaʀ, aʀd] adj & nm, f saqueador(ra).

piller [3] [pije] vt **1.** [ville, magasin] saquear **2.** *fig* [ouvrage, auteur] plagiar.

> ⚠ **Pillar** est un faux ami, il ne signifie pas *piller*, mais « attraper » et aussi « renverser ».

pilon [pilɔ̃] nm **1.** [de mortier] maja *f* ▸ **mettre au pilon** destruir **2.** [de poulet] pata *f* **3.** [jambe de bois] pata *f* de palo.

pilonner [3] [pilɔne] vt **1.** [écraser] machacar **2.** [livre] destruir la edición de **3.** MIL bombardear.

pilori [pilɔʀi] nm picota *f* ▸ **clouer** ou **mettre qqn au pilori** *fig* poner a alguien en la picota.

pilosité [pilozite] nf ANAT pilosidad *f*.

pilotage [pilɔtaʒ] nm pilotaje *m* ▸ **pilotage automatique** piloto automático.

pilote [pilɔt] ◈ nm **1.** [conducteur] piloto *m* ▸ **pilote de chasse / de course / d'essai** piloto de caza/de carreras/de pruebas ▸ **pilote de ligne** piloto civil **2.** [poisson] pez *m* piloto. ◈ adj piloto *(en apposition)*.

piloter [3] [pilɔte] vt **1.** [véhicule, avion] pilotar **2.** [personne] guiar.

pilotis [pilɔti] nm pilote *m* ▸ **sur pilotis** sobre pilotes.

pilule [pilyl] nf píldora *f* ▸ **pilule du lendemain** píldora del día después ▸ **prendre la pilule** tomar la píldora ▸ **avaler la pilule** *fam* & *fig* tragar ▸ **dorer la pilule à qqn** dorar la píldora a alguien ▸ **faire passer la pilule** *fam* hacer apechugar.

pimbêche [pɛ̃bɛʃ] adj & nf *péj* marisabidilla.

piment [pimɑ̃] nm **1.** [plante] pimiento *m* ESP, ají *m* AM ▸ **piment rouge** guindilla *f* **2.** *fig* [piquant] sabor *m* ▸ **mettre du piment dans qqch** dar sal a algo.

pimenté, e [pimɑ̃te] adj **1.** [relevé] picante **2.** *fig* [corsé] picante.

pimenter [3] [pimɑ̃te] vt **1.** [plat] sazonar con guindilla **2.** *fig* [récit] dar sal a.

pimpant, e [pɛ̃pɑ̃, ɑ̃t] adj peripuesto(ta).

pin [pɛ̃] nm pino *m* ▸ **pin parasol** pino piñonero.

pinacle [pinakl] nm ARCHIT pináculo *m* ▸ **porter qqn au pinacle** *fig* poner a alguien por las nubes.

pinaillage [pinajaʒ] nm *fam* quisquillosidad *f*.

pinailler [3] [pinaje] vi *fam* pararse en minucias ▸ **pinailler sur qqch** ser muy quisquilloso(sa) con algo.

pinailleur, euse [pinajœʀ, øz] adj & nm, f *fam* quisquilloso *mf*, -sa *f*.

pinard [pinaʀ] nm *fam* vino *m*.

pince [pɛ̃s] nf **1.** [instrument] pinzas *fpl* ▸ **pince à cheveux** horquilla *f* ▸ **pince à épiler** pinzas de depilar ▸ **pince à linge** pinza (de la ropa) **2.** [de crabe & COUT] pinza *f* **3.** *fam* [main] zarpa *f* **4.** *fam* [jambe] ▸ **à pinces** a pata.

pincé, e [pɛ̃se] adj **1.** [air, sourire] estirado(da) **2.** [lèvres] afilado(da).

pinceau [pɛ̃so] nm **1.** [pour peindre] pincel *m* **2.** *fam* [jambe, pied] pata *f*.

pincée [pɛ̃se] nf pellizco *m* ▸ **une pincée de sel** un pellizco de sal.

pincement [pɛ̃smɑ̃] nm [serrement] ▸ **avoir un pincement au cœur** *fig* encogérsele a uno el corazón.

pince-monseigneur [pɛ̃smɔ̃sɛɲœʀ] (*pl* **pinces-monseigneur**) nf palanqueta *f*.

pince-nez [pɛ̃sne] nm inv quevedos *mpl*.

pincer [16] [pɛ̃se] ◈ vt **1.** [entre les doigts - gén] pellizcar ; [- cordes d'instrument] puntear **2.** [lèvres] fruncir **3.** *fam* & *fig* [arrêter] pillar ▸ **il s'est fait pincer** lo han pillado **4.** [suj : froid] azotar. ◈ vi *fam* **1.** [faire froid] ▸ **ça pince drôlement aujourd'hui** hoy hace un frío que pela **2.** EXPR **en pincer pour qqn** estar colado(da) por alguien. ◆ **se pincer** vp **1.** [doigt] pillarse **2.** [nez] taparse.

pince-sans-rire [pɛ̃ssɑ̃ʀiʀ] nmf *persona que dice cosas graciosas sin perder la seriedad*.

pincette [pɛ̃sɛt] nf [petite pince] pinza *f* pequeña. ◆ **pincettes** nfpl ▸ **ne pas être à prendre avec des pincettes** : *aujourd'hui, il n'est pas à prendre avec des pincettes, tu lui parleras demain* hoy está que trina, ya hablarás mañana con él.

pinçon [pɛ̃sɔ̃] nm cardenal *m*.

pinède [pinɛd], **pineraie** [pinʀɛ], **pinière** [pinjɛʀ] nf pinar *m*.

pingouin [pɛ̃gwɛ̃] nm pingüino *m*.

ping-pong [piŋpɔ̃g] (*pl* **ping-pongs**) nm ping pong *m*.

pingre [pɛ̃gʀ] adj & nmf rácano(na).

pingrerie [pɛ̃gʀəʀi] nf racanería *f*.

pinière = **pinède**.

pinson [pɛ̃sɔ̃] nm pinzón *m* ▸ **gai comme un pinson** más alegre que unas castañuelas.

pintade [pɛ̃tad] nf pintada *f*.

pintadeau, x [pɛ̃tado] nm pintada *f* joven.

pinte [pɛ̃t] nf **1.** [mesure] pinta *f* **2.** SUISSE [débit de boissons] bodega *f*.

pinter [3] [pɛ̃te] ◆ **se pinter** vp *fam* agarrarse una curda ESP RP, ponerse una peda MÉX ▸ **se pinter la gueule** agarrarse una curda ESP RP, ponerse una peda MÉX.

pin-up [pinœp] nf inv pin-up *f*.

pioche [pjɔʃ] nf pico *m*.

piocher [3] [pjɔʃe] ◆ vt **1.** [terre] cavar **2.** [au jeu] robar **3.** [prendre au hasard] coger al azar. ◆ vi **1.** [creuser] cavar **2.** [au jeu] robar **3.** [choisir] ▸ **piocher dans qqch** rebuscar en algo.

piolet [pjɔlɛ] nm piolet *m*.

pion, pionne [pjɔ̃, pjɔn] nm, f *arg persona joven, generalmente estudiante, encargada de la disciplina en un colegio.* ◆ **pion** nm **1.** [aux échecs] peón *m* ▸ **damer le pion à qqn** sacar ventaja a alguien **2.** *péj* [personne] títere *m* ▸ **n'être qu'un pion sur l'échiquier** ser un títere.

pioncer [16] [pjɔ̃se] vi *fam* sobar.

pionnier, ère [pjɔnje, ɛʀ] nm, f pionero *m*, -ra *f*.

pipe [pip] nf pipa *f* (*para fumar*).

pipeau [pipo] nm caramillo *m* ▸ **c'est du pipeau** *fam* : *il dit qu'il s'est fait mal mais c'est du pipeau* dice que se ha hecho daño pero no se lo cree ni él.

pipelette [piplɛt] nf cotorra *f* / *ma tante est une vraie pipelette* mi tía es una auténtica cotorra.

pipeline, pipe-line (*pl* **pipe-lines**) [pajplajn, piplin] nm [de pétrole] oleoducto *m* ; [de gaz] gasoducto *m*.

piper [3] [pipe] vt **1.** [cartes] hacer trampas en ; [dés] trucar **2.** EXPR **ne pas piper (mot)** no decir ni pío.

piperade [pipeʀad] nf CULIN *pimientos morrones y tomates con huevos revueltos.*

pipette [pipɛt] nf pipeta *f*.

pipi [pipi] nm *fam* pipí *m*, pis *m* ▸ **faire pipi** hacer pipí, hacer pis ▸ **c'est du pipi de chat** [sans intérêt] es una chorrada.

pipole [pipɔl] nmf *fam* famoso *mf*, -sa *f* / *les pipoles* los famosos.

piquant, e [pikɑ̃, ɑ̃t] adj **1.** [sauce] picante **2.** [barbe] rasposo(sa) **3.** [froid] penetrante **4.** *fig* [détail] gracioso(sa). ◆ **piquant** nm **1.** [d'animal] pincho *m* ; [de végétal] pincho *m*, espina *f* **2.** *fig* [d'une histoire] gracia *f*.

pique [pik] ◆ nf **1.** [arme] pica *f* **2.** *fig* [mot blessant] puya *f* ▸ **lancer des piques à qqn** soltar puyas a alguien. ◆ nm [aux cartes] picas *fpl*.

piqué, e [pike] adj **1.** [gén] picado(da) **2.** *fam* [personne] tocado(da) del ala. ◆ **piqué** nm **1.** [tissu] piqué *m* **2.** [pas de danse & MIL] picado *m* ▸ **en piqué** en picado.

pique-assiette [pikasjɛt] (*pl* **pique-assiettes**) nmf *péj* gorrón *m*, -ona *f*, gorrero *m*, -ra *f*.

pique-nique [piknik] (*pl* **pique-niques**) nm picnic *m*.

pique-niquer [3] [piknike] vi ir de picnic.

piquer [3] [pike] ◆ vt **1.** [suj : animal, froid, fumée] picar ; [suj : barbe, tissu] rascar, picar / *ça pique* pica **2.** [suj : aiguille, épine] pinchar ▸ **se faire piquer contre qqch** *fam* [se faire vacciner] vacunarse contra algo **3.** [épingler] prender **4.** COUT coser **5.** *fam* [voler] birlar, levantar **6.** [curiosité] picar **7.** *fam* [attraper] pillar ▸ **il s'est fait piquer par la police** la policía lo ha pillado **8.** EXPR **piquer une crise** agarrar un cabreo ▸ **piquer une tête dans l'eau** darse un chapuzón ▸ **piquer un fard** ponerse como un tomate. ◆ vi **1.** [plante] pinchar **2.** [animal, aliment pimenté] picar **3.** *fam* [voler] levantar **4.** [avion] bajar en picado. ◆ **se piquer** vp **1.** [avec épingle, cactus, orties] pincharse **2.** *fam* [se droguer] picarse, pincharse **3.** *sout* [prétendre connaître] ▸ **se piquer de qqch / de faire qqch** jactarse de algo / de hacer algo **4.** *sout* [se vexer] sentirse ofendido(da).

piquet [pikɛ] nm **1.** [petit pieu] estaca *f* **2.** [jeu de cartes] ≃ chinchón *m*.

piqueter [27] [pikte] vt [moucheter] puntear.

piquette [pikɛt] nf *fam* [vin] vino *m* peleón ; [au jeu] palizón *m* / *quelle piquette il a prise !* ¡qué palizón le han dado!

piqûre [pikyʀ] nf **1.** [d'insecte, de plante] picadura *f* **2.** MÉD inyección *f* ▸ **faire une piqûre de qqch à qqn** poner una inyección de algo a alguien **3.** COUT pespunte *m*.

piranha [piʀana], **piraya** [piʀaja] nm piraña *f*.

piratage [piʀataʒ] nm **1.** [gén] piratería *f* **2.** INFORM pirateo *m*.

pirate [piʀat] ◆ adj pirata. ◆ nm pirata *m* ▸ **pirate de l'air** pirata del aire ▸ **pirate informatique** pirata informático.

pirater [3] [piʀate] vt piratear.

piraterie [piʀatʀi] nf piratería *f*.

piraya = **piranha**.

pire [piʀ] ◆ adj peor / *c'est pire que jamais* es peor que nunca. ◆ nm ▸ **le pire** lo peor ▸ **s'attendre au pire** esperarse lo peor ▸ **craindre le pire** temerse lo peor ▸ **dans le pire des cas** en el peor de los casos.

pirogue [piʀɔg] nf piragua *f*.

pirouette [piʀwɛt] nf **1.** [gén] pirueta *f* **2.** *fig* [faux-fuyant] ▸ **répondre** OU **s'en tirer par une pirouette** salirse por peteneras.

pis[1] [pi] ❖ adj peor. ❖ adv peor ▸ **de mal en pis** de mal en peor.

pis[2] [pi] nm ZOOL ubre *f*.

pis-aller [pizale] nm inv mal *m* menor.

pisciculture [pisikyltyʀ] nf piscicultura *f*.

piscine [pisin] nf piscina *f* ESP, alberca *f* AM ▸ **piscine couverte / découverte / olympique** piscina cubierta / descubierta / olímpica.

Pise [piz] npr Pisa ▸ **la tour de Pise** la torre de Pisa.

pisse [pis] nf *tfam* meada *f*.

pisse-froid [pisfʀwa] nm inv *fam* aguafiestas *m inv*.

pissenlit [pisɑ̃li] nm diente *m* de león ▸ **manger les pissenlits par la racine** *fam* criar malvas.

pisser [3] [pise] *tfam* ❖ vt **1.** [suj : personne] mear **2.** [suj : plaie] ▸ **pisser le sang** sangrar (abundantemente). ❖ vi mear.

pisseux, euse [pisø, øz] adj *fam* [couleur] amarillento(ta).

pissotière [pisɔtjɛʀ] nf *fam* meadero *m*.

pistache [pistaʃ] ❖ adj inv [couleur] pistacho *(en apposition)*. ❖ nf [fruit] pistacho *m*.

piste [pist] nf pista *f* ▸ **piste d'atterrissage** pista de aterrizaje ▸ **piste cyclable** circuito *m* para bicicletas ▸ **jeu de piste** juego de pistas ▸ **brouiller les pistes** despistar ▸ **être sur la bonne piste** seguir la pista correcta ▸ **perdre / suivre une piste** perder / seguir una pista.

pister [3] [piste] vt seguir la pista de.

pisteur [pistœʀ] nm encargado *m*, -da *f* de las pistas de esquí.

pistil [pistil] nm pistilo *m*.

pistolet [pistɔlɛ] nm **1.** [gén] pistola *f* ▸ **pistolet à eau** pistola de agua **2.** *fam* [urinal] orinal *m* ESP, bacinica *f* AM.

pistolet-mitrailleur [pistɔlɛmitʀajœʀ] (*pl* **pistolets-mitrailleurs**) nm pistola *f* ametralladora.

piston [pistɔ̃] nm **1.** [de moteur, d'instrument] pistón *m* **2.** *fam* [appui] enchufe *m* ESP, cuña *f* AM ▸ **avoir du piston** tener enchufe.

pistonner [3] [pistɔne] vt *fam* enchufar ▸ **se faire pistonner** conseguir por enchufe.

pistou [pistu] nm CULIN ▸ **soupe au pistou** *sopa de verduras con una picada de albahaca y ajo*.

pita [pita] nf CULIN pan *m* de pita.

pitance [pitɑ̃s] nf *vieilli* & *péj* pitanza *f*.

pitbull, pit-bull (*pl* **pit-bulls**) [pitbul] nm pitbull *m*.

pitch [pitʃ] nm [d'un film, d'un livre] argumento *m*.

piteux, euse [pitø, øz] adj penoso(sa).

pitié [pitje] nf lástima *f*, piedad *f* ▸ **avoir pitié de qqn** sentir lástima por alguien ▸ **sans pitié** sin piedad ▸ **par pitié !** ¡por el amor de Dios!

piton [pitɔ̃] nm [de montagne] pico *m* ▸ **piton rocheux** pico rocoso.

pitoyable [pitwajabl] adj [triste] penoso(sa) ; [mauvais] lamentable.

pitre [pitʀ] nm payaso *m*, indio *m* ▸ **faire le pitre** hacer el payaso OU el indio.

pitrerie [pitʀəʀi] nf *(gén pl)* payasada *f*.

pittoresque [pitɔʀɛsk] ❖ nm ▸ **le pittoresque** lo pintoresco. ❖ adj pintoresco(ca).

pivert, pic-vert (*pl* **pics-verts**) [pivɛʀ] nm pájaro *m* carpintero.

pivoine [pivwan] nf peonía *f*.

pivot [pivo] nm **1.** [gén] pivote *m* **2.** SPORT [au basket] pívot *mf* **3.** *fig* [élément principal] eje *m*.

pivotant, e [pivɔtɑ̃, ɑ̃t] adj pivotante ; [fauteuil] giratorio(ria).

pivoter [3] [pivɔte] vi girar ; TECHNOL pivotar ▸ **faire pivoter qqch** hacer pivotar algo.

pixel [piksɛl] nm pixel *m*.

pixélisé, e [pikselize] adj INFORM pixelado(da).

pixellisation [pikselizasjɔ̃] nf pixelización *f*.

pizza [pidza] nf pizza *f*.

pizzeria [pidzeʀja] nf pizzería *f*.

PJ nf **1.** (*abr écrite de* **pièce(s) jointe(s)**) adjunto ▸ **envoyer un fichier en PJ** enviar un archivo adjunto **2.** (*abr de* **police judiciaire**) policía *f* judicial ▸ **un officier / inspecteur de la PJ** un oficial / inspector de la policía judicial.

Pk SMS *abr écrite de* **pourquoi**.

PL *abr écrite de* **poids lourd**.

Pl., pl. (*abr écrite de* **place**) Pl., Pza.

placage [plakaʒ] nm chapeado *m*, chapado *m*.

placard [plakaʀ] nm **1.** [armoire] armario *m* empotrado ▸ **mettre au placard** *fig* jubilar **2.** [affiche] cartel *m* ESP, afiche *m* AM.

placarder [3] [plakaʀde] vt fijar (carteles).

placardiser [plakaʀdize] vt arrinconar ▸ **se faire placardiser** ser arrinconado(da).

place [plas]

❖ nf

1. [espace] sitio *m* ▸ **prendre de la place** coger OU ocupar sitio ▸ **faire place à qqch** dar paso a algo

2. [emplacement, position] lugar *m*, sitio *m* ▸ **à la place de qqn** en lugar de alguien ▸ **à ta place** en tu lugar ▸ **changer qqch de place** cambiar algo de sitio ▸ **les places sont chères** *fig* las plazas están muy solicitadas ▸ **ne pas tenir** OU **rester en place** no estarse quieto(ta) ▸ **prendre la place de qqn** coger el sitio de alguien ▸ **se faire une place** hacerse un sitio ▸ **se mettre à la place de qqn** *fig* ponerse en el lugar de alguien ▸ **remettre qqn à sa place** *fig* poner a alguien en su sitio

3. [siège] [gén] asiento *m* ; [au théâtre] localidad *f* ; [au cinéma] entrada *f* ; [dans les transports] billete *m* ▸ **céder sa place à qqn** ceder su sitio a alguien ▸ **prendre place**

tomar asiento, sentarse / *une voiture à cinq places* un coche de cinco plazas ▸ **place assise** plaza *f* sentada **4.** [dans un classement] lugar *m*, posición *f* **5.** [de ville, MIL & COMM] plaza *f* ▸ **place boursière** plaza bursátil ▸ **place forte** plaza fuerte ▸ **la place Rouge** la Plaza Roja **6.** [emploi] empleo *m*, plaza *f (de funcionario)* ▸ **perdre sa place** perder su empleo
◆ **sur place** loc adv in situ.

placé, e [plase] adj **1.** [gén] situado(da) ▸ **être bien / mal placé** estar bien/mal situado ▸ **être haut placé** *fig* estar bien situado **2.** [pour savoir, juger, obtenir, etc.] ▸ **être bien / mal placé pour faire qqch** ser el más/el menos indicado para hacer algo / *il est mal placé pour critiquer* es el menos indicado para criticar / *il est bien placé pour ce poste* es el más indicado para este puesto **3.** [fondé] : *c'est de l'orgueil mal placé* no tiene por qué estar orgulloso(sa).

placebo [plasebo] nm placebo *m*.

placement [plasmɑ̃] nm **1.** [d'argent] inversión *f* **2.** [d'employé] colocación *f* **3.** [de malade] internamiento *m*.

placenta [plasɛ̃ta] nm placenta *f*.

placer [16] [plase] vt **1.** [gén] colocar, poner / *placer les petits devant* colocar a los niños delante / *placer qqn comme secrétaire* colocar a alguien de secretaria / *placer sous la protection de / la responsabilité de* poner bajo la protección de/la responsabilidad de ▸ **placer sa confiance en** poner su confianza en ▸ **placer ses espoirs dans** poner sus esperanzas en **2.** [mot, plaisanterie] soltar / *je ne peux pas en placer une* no puedo abrir la boca **3.** [argent - investir] invertir ; [- mettre en dépôt] meter.
◆ **se placer** vp situarse, colocarse / *ça dépend de quel point de vue on se place* depende del punto de vista del que lo mires.

placide [plasid] adj plácido(da).

placidité [plasidite] nf placidez *f*.

plafond [plafɔ̃] nm techo *m* ▸ **faux plafond** falso techo.

plafonnement [plafɔnmɑ̃] nm limitación *f* ▸ **plafonnement des salaires** limitación de sueldos ▸ **plafonnement des émissions** ÉCOL limitación de emisiones.

plafonner [3] [plafɔne] ◈ vt techar. ◈ vi [prix, salaire] tocar techo.

plafonnier [plafɔnje] nm plafón *m (lámpara)* ; AUTO luz *f* interna.

plage [plaʒ] nf **1.** [de sable] playa *f* **2.** [d'ombre] zona *f* ; [de prix] gama *f* **3.** [de disque] surco *m*.
◆ **plage arrière** nf bandeja *f*.
◆ **plage horaire** nf intervalo *m* horario.

plagiaire [plaʒjɛʀ] nmf plagiario *m*, -ria *f*.

plagiat [plaʒja] nm plagio *m*.

plagier [9] [plaʒje] vt plagiar.

plagiste [plaʒist] nm señor *m* de las hamacas.

plaid [plɛd] nm manta *f* de viaje.

plaider [4] [plede] ◈ vt DR pleitear ▸ **plaider une affaire** pleitear un caso ▸ **plaider coupable** declararse culpable. ◈ vi defender ▸ **plaider contre qqn** pleitear ou litigar contra alguien ▸ **plaider en faveur de** *fig* decir mucho en favor de ▸ **plaider pour qqn a)** DR defender a alguien **b)** *fig* disculpar a alguien.

plaideur, euse [plɛdœʀ, øz] nm, f pleiteante *mf*, litigante *mf*.

plaidoirie [plɛdwaʀi] nf **1.** DR informe *m* **2.** *fig* [art de plaider] alegato *m*.

plaidoyer [plɛdwaje] nm **1.** DR informe *m* **2.** *fig* [défense] alegato *m*.

plaie [plɛ] nf **1.** [blessure] herida *f* **2.** *fig* [morale] llaga *f* **3.** *fam* [calamité] murga *f* / *quelle plaie, cette pluie !* ¡esta lluvia es una lata!

plaignais ⟶ **plaindre**.

plaignant, e [plɛɲɑ̃, ɑ̃t] adj & nm, f demandante.

Comment exprimer une plainte

- **Vengo a presentar una reclamación en relación con el ordenador que compré aquí.** *J'ai une réclamation à faire au sujet de l'ordinateur acheté chez vous.*
- **No estoy muy contento / contento en absoluto del servicio recibido.** *Je ne suis pas très content / pas content du tout du service qui nous a été fourni.*
- **No estoy satisfecho de la manera como el trabajo ha sido realizado.** *Je ne suis pas satisfait de la façon dont le travail a été fait.*
- **Hay un problema con la calefacción, ha dejado de funcionar.** *Il y a un problème avec le chauffage, il ne marche plus du tout.*
- **La manera como nos trataron es inaceptable.** *Nous avons été traités de façon inadmissible.*
- **Pienso que deberían devolverme el dinero o, al menos, cambiármelo.** *Je pense que vous devriez me rembourser ou au moins me le remplacer.*
- **Considero tener derecho a recibir una compensación.** *Je pense être en droit d'attendre un dédommagement.*
- **Quiero ver al director, por favor.** *Je voudrais voir le directeur, s'il vous plaît.*
- **Me gustaría que este problema estuviera solucionado lo antes posible.** *J'aimerais que ce problème soit résolu le plus vite possible.*
- **Cuento con usted para solucionar este problema.** *Je compte sur vous pour régler ce problème.*

plaindre [80] [plɛ̃dʀ] vt compadecer ▸ **ne pas être à plaindre** no tener de qué quejarse. ◆ **se plaindre** vp quejarse ▸ **se plaindre de qqch / de qqn** quejarse de algo / de alguien.

plaine [plɛn] nf llanura *f*, planicie *f* ▸ **haute plaine** altiplanicie *f*.

plain-pied [plɛ̃pje] ◆ **de plain-pied** loc adv **1.** [pièce] a la misma altura **2.** *fig* [au même niveau] al mismo nivel.

plains ⟶ **plaindre**.

plaint, e [plɛ̃, plɛ̃t] pp ⟶ **plaindre**.

plainte [plɛ̃t] nf **1.** [gémissement] quejido *m* **2.** [grief] queja *f* **3.** DR denuncia *f* ▸ **porter plainte** denunciar ▸ **retirer sa plainte** retirar la denuncia ▸ **plainte contre X** denuncia contra persona(s) desconocida(s).

plaintif, ive [plɛ̃tif, iv] adj quejumbroso(sa).

plaire [110] [plɛʀ] vi ▸ **plaire à qqn** gustarle a alguien ▸ **ça te plairait d'y aller ?** ¿te gustaría ir? ▸ **il me plaît** me gusta ▸ **il plaît beaucoup** gusta mucho ▸ **s'il vous / te plaît** por favor. ◆ **se plaire** vp **1.** [deux personnes, soi-même] gustarse **2.** [prendre plaisir] estar a gusto ▸ **se plaire à faire qqch** disfrutar haciendo algo / *cette plante se plaît à l'ombre* a esta planta le va bien la sombra.

plaisance [plɛzɑ̃s] ◆ **de plaisance** loc adj [bateau, navigation, port] deportivo(va).

plaisancier, ère [plɛzɑ̃sje, ɛʀ] nm, f aficionado *m*, -da *f* a la navegación.

plaisant, e [plɛzɑ̃, ɑ̃t] adj agradable.

plaisanter [3] [plɛzɑ̃te] ❖ vi bromear ▸ **tu plaisantes ?** ¿estás de broma?, ¿bromeas? ▸ **plaisanter avec** OU **sur qqch** jugar con algo ▸ **ne pas plaisanter avec qqch** no tomarse algo a broma / *il ne plaisante pas avec la discipline* no se toma la disciplina a broma. ❖ vt tomar el pelo a.

plaisanterie [plɛzɑ̃tʀi] nf broma *f* ▸ **faire une plaisanterie à qqn** gastar una broma a alguien ▸ **c'était une plaisanterie** *fig* era muy fácil ▸ **mauvaise plaisanterie** broma pesada OU de mal gusto ▸ **les plaisanteries les plus courtes sont toujours les meilleures** hay que saber cortar las bromas mientras aún tienen gracia.

plaisantin [plɛzɑ̃tɛ̃] nm bromista *mf*.

plaisir [pleziʀ] nm **1.** [joie] placer *m*, gusto *m* ▸ **avoir** OU **prendre plaisir à faire qqch** hacer algo con gusto ▸ **faire plaisir à qqn** complacer a alguien ▸ **avec plaisir** con (mucho) gusto ▸ **j'ai le plaisir de vous annoncer qqch / que…** tengo el placer de anunciaros algo / que… ▸ **pour le** OU **son plaisir** por gusto ▸ **prendre un malin plaisir à faire qqch** disfrutar haciendo algo ▸ **se faire un plaisir de faire qqch** darse el gusto de hacer algo **2.** [de la chair] placer *m* **3.** *(gén pl)* [distractions] placeres *mpl*.

plan, e [plɑ̃, plan] adj plano(na). ◆ **plan** nm **1.** [dessin & CINÉ] plano *m* ▸ **au premier / second plan** en primer / segundo plano OU término ▸ **gros plan** primer plano **2.** [projet] plan *m* ▸ **faire des plans** hacer planes ▸ **avoir un plan** tener un plan **3.** [domaine, aspect] aspecto *m* ▸ **sur le plan de** desde el punto de vista de / *sur le plan professionnel* en el terreno profesional ▸ **sur tous les plans** en todos los aspectos **4.** [niveau] ▸ **sur le même plan** al mismo nivel **5.** ÉCON ▸ **plan d'épargne** plan de ahorro. ◆ **plan d'eau** nm estanque *m*. ◆ **plan social** nm plan *m* social. ◆ **plan de travail** nm encimera *f*. ◆ **plan vigipirate** nm *plan puesto en marcha en Francia para vigilar todos los lugares frecuentados que sean susceptibles de un ataque terrorista*. ◆ **de tout premier plan** loc adj excepcional. ◆ **en plan** loc adv ▸ **laisser en plan** dejar colgado(da).

planant, e [planɑ̃, ɑ̃t] adj *fam* alucinante.

planche [plɑ̃ʃ] nf **1.** [en bois] tabla *f* ▸ **planche à découper** tabla de cocina ▸ **planche à dessin** tablero *m* de dibujo ▸ **planche à pain** tabla ▸ **planche à repasser** tabla de planchar ▸ **planche de salut** tabla de salvación ▸ **planche à voile a)** [objet] (tabla de) windsurf *m* **b)** SPORT windsurfing *m* ▸ **faire la planche** hacer el muerto *(en el agua)* **2.** [d'illustration] lámina *f*. ◆ **planches** nfpl **1.** [théâtre] tablas *fpl* ▸ **monter sur les planches** pisar las tablas **2.** [skis] esquís *mpl*.

> ⚠ **Plancha** est un faux ami, il ne signifie pas *planche*, mais « fer à repasser » et aussi « gril ».

plancher[1] [plɑ̃ʃe] nm **1.** [de maison, de voiture] suelo *m* ▸ **débarrasser le plancher** *fam* ahuecar el ala **2.** *fig* [limite] nivel *m* mínimo.

plancher[2] [3] [plɑ̃ʃe] vi ▸ **plancher sur qqch** *fam* currarse algo.

planchiste [plɑ̃ʃist] nmf windsurfista *mf*.

plancton [plɑ̃ktɔ̃] nm plancton *m*.

planer [3] [plane] vi **1.** [voler - avion, oiseau] planear ; [- feuille] volar **2.** [fumée, vapeur] flotar **3.** *fig* [danger, mystère] rondar **4.** *fam* [être dans la lune] estar en las nubes **5.** [être détaché de] ▸ **planer au-dessus de qqch** estar por encima de algo.

planétaire [planetɛʀ] adj planetario(ria).

planétarium [planetaʀjɔm] nm planetario *m*, planetarium *m*.

planète [planɛt] nf planeta *m*.

planeur [planœʀ] nm planeador *m*.

planificateur, trice [planifikatœʀ, tʀis] ❖ adj [mesure] de planificación. ❖ nm, f planificador *m*, -ra *f*.

planification [planifikasjɔ̃] nf planificación *f*.

planifier [9] [planifje] vt planificar.

planisphère [planisfɛʀ] nm planisferio *m*.

planning [planiŋ] nm planning *m*, plan *m* de trabajo ▸ **planning familial** planificación *f* familiar.

plan-plan [plɑ̃plɑ̃] adj inv *fam & péj* [personne] comodón(ona) ; [film, vie] insulso(sa).

planque [plɑ̃k] nf *fam* **1.** [cachette] escondrijo *m*, escondite *m* **2.** [situation privilégiée] chollo *m*.

planquer [3] [plɑ̃ke] vt *fam* esconder. ◆ **se planquer** vp *fam* esconderse.

plant [plɑ̃] nm **1.** [jeune plante] plantón *m* **2.** [culture] plantación *f*, plantío *m*.

plantage [plɑ̃taʒ] nm *fam* **1.** [erreur] error *m*, confusión *f* / *il y a eu un plantage dans les calculs* ha habido una confusión en los cálculos **2.** [échec total] fracaso *m* / *elle a subi un gros plantage aux législatives* ha tenido un enorme fracaso en las elecciones legislativas **3.** *fam* INFORM cuelgue *m*, bloqueo *m*.

plantain [plɑ̃tɛ̃] nm llantén *m*, plantaina *f*.

plantaire [plɑ̃tɛʀ] adj plantar.

plantation [plɑ̃tasjɔ̃] nf plantación *f*.

plante [plɑ̃t] nf planta *f* ▸ **plante d'appartement** OU **d'intérieur** OU **verte** planta de interior OU verde ▸ **plante potagère** hortaliza *f* ▸ **plantes médicinales** plantas medicinales.

planter [3] [plɑ̃te] ◆ vt **1.** [arbre, tente] plantar ▸ **planter qqch de qqch** plantar algo de algo ▸ **rester planté (quelque part)** quedarse plantado (en alguna parte) ▸ **tout planter là** [tout abandonner] dejar todo colgado **2.** [clou, couteau, regard] clavar **3.** *fig* [décor] situar **4.** *fig* [chapeau] plantarse. ◆ vi *fam* INFORM colgarse. ◆ **se planter** vp **1.** [se camper] plantarse **2.** *fam* [avoir un accident] pegársela **3.** *fam* [se tromper] meter la pata.

planteur [plɑ̃tœʀ] nm **1.** [exploitant] plantador *m* **2.** [cocktail] ≃ ponche *m*.

planton [plɑ̃tɔ̃] nm ordenanza *m*.

plantureux, euse [plɑ̃tyʀø, øz] adj [repas] copioso(sa) ; [femme, poitrine] generoso(sa).

plaque [plak] nf placa *f* ▸ **plaque chauffante** OU **de cuisson** placa eléctrica ▸ **plaque d'immatriculation** OU **minéralogique** matrícula *f* ▸ **être à côté de la plaque** *fam* no enterarse (de nada). ◆ **plaque tournante** nf placa *f* giratoria ; [ferroviaire] plataforma *f* giratoria ; *fig* centro *m*.

plaqué, e [plake] adj **1.** [bijou] chapado(da) ▸ **plaqué argent / or** chapado en plata / en oro **2.** [bois] contrachapado(da) **3.** MUS [accord] placado(da). ◆ **plaqué** nm **1.** [métal] ▸ **du plaqué or / argent** chapado *m* en oro / en plata **2.** [bois] contrachapado *m*.

plaquer [3] [plake] vt **1.** [bijou] chapar **2.** [meuble] contrachapar **3.** [cheveux] alisar **4.** [coller] ▸ **plaquer qqch / qqn contre qqch** aplastar algo / a alguien contra algo **5.** [au rugby] hacer un placaje a **6.** MUS [accord] *tocar simultáneamente* **7.** *fam* [abandonner] dejar colgado(da). ◆ **se plaquer** vp **1.** [se coller] ▸ **se plaquer contre qqch** [mur] pegarse a algo / *se plaquer au sol* echar cuerpo a tierra **2.** [cheveux] alisarse.

plaquette [plakɛt] nf **1.** [petite plaque] placa *f* **2.** [de beurre] pastilla *f* ; [de chocolat] tableta *f* **3.** [de comprimés] blister *m* **4.** *(gén pl)* MÉD ▸ **plaquettes sanguines** plaquetas *fpl* sanguíneas **5.** [petit livre] folleto *m*.

plasma [plasma] nm plasma *m*.

plastic [plastik] nm plástico *m*.

plasticage [plastikaʒ] nm plastificado *m*.

plastifié, e [plastifje] adj plastificado(da).

plastifier [9] [plastifje] vt plastificar.

plastique [plastik] ◆ adj plástico(ca). ◆ nf **1.** [en sculpture] plástica *f* **2.** [beauté] belleza *f*. ◆ nm plástico *m*.

plastiquer [3] [plastike] vt volar *(con explosivo plástico)*.

plastron [plastʀɔ̃] nm [de chemise] pechera *f*.

plastronner [3] [plastʀɔne] vi fanfarronear.

plat, e [pla, plat] adj **1.** [relief, terrain, toit] plano(na) **2.** [assiette] llano(na) **3.** *fig* [style] soso(sa). ◆ **plat** nm **1.** [récipient] fuente *f* **2.** [mets] plato *m* ▸ **plat cuisiné** plato precocinado ▸ **plat du jour** plato del día ▸ **plat de résistance** plato fuerte **3.** [de la main] palma *f* **4.** [plongeon] panzada *f* **5.** EXPR **en faire tout un plat** hacer una montaña de un grano de arena ▸ **mettre les petits plats dans les grands** emplearse a fondo ▸ **mettre les pieds dans le plat** meter la pata. ◆ **à plat** ◆ loc adj **1.** [pneu, roue] desinflado(da) **2.** *fam* [personne] reventado(da). ◆ loc adv [horizontalement] plano.

platane [platan] nm plátano *m (árbol)*.

plateau, x [plato] nm **1.** [de cuisine] bandeja *f* ESP, charola *f* AM ▸ **plateau de fromages** tabla *f* de quesos **2.** [de balance] platillo *m* **3.** GÉOGR meseta *f* **4.** [de théâtre] escenario *m* ; [de télévision] plató *m* **5.** [de vélo] plato *m*.

plateau-repas [platoʀəpa] *(pl* **plateaux-repas***)* nm bandeja *f* de comida preparada.

plate-bande [platbɑ̃d] *(pl* **plates-bandes***)* nf arriate *m* ▸ **marcher sur les plates-bandes de qqn** *fig* meterse en el terreno de alguien.

platée [plate] nf **1.** [contenu d'un plat] plato *m* **2.** *fam* [grosse portion] platazo *m*.

plate-forme [platfɔʀm] *(pl* **plates-formes***)* nf plataforma *f* ▸ **plate-forme de forage** plataforma de perforación ▸ **plate-forme pétrolière** plataforma petrolífera.

platement [platmɑ̃] adv **1.** [sans imagination] de manera poco brillante **2.** [servilement] servilmente.

platine [platin] ◆ adj inv [couleur] platino *(en aposición)*. ◆ nm [métal] platino *m*. ◆ nf [électrophone] platina *f* ▸ **platine cassette** platina de cassette ▸ **platine disque** plato *m* ▸ **platine laser** reproductor *m* de disco compacto, platina láser.

platiné, e [platine] adj [couleur] platino *(en aposición)*.

platitude [platityd] nf **1.** [médiocrité] mediocridad *f* **2.** *(gén pl)* [propos sans intérêt] trivialidad *f* ▸ **débiter des platitudes** decir trivialidades.

platonique [platɔnik] adj **1.** [amour, relation] platónico(ca) **2.** *sout* [protestation, lutte] inútil.

plâtre [platʀ] nm **1.** [de construction] yeso *m* ▸ **essuyer les plâtres** *fig* pagar la novatada **2.** [de sculpture, de chirurgie] escayola *f*.

plâtrer [3] [platʀe] vt **1.** [mur] enyesar **2.** MÉD escayolar.

plâtreux, euse [platʀø, øz] adj [fromage] terroso(sa).

plâtrier [platʀije] ◆ adj m [ouvrier] yesero(ra). ◆ nm enyesador *m*, yesero *m*.

plausible [plozibl] adj plausible.

play-back [plɛbak] nm inv play-back *m*.

play-boy [plɛbɔj] (*pl* **play-boys**) nm play-boy *m*.

plèbe [plɛb] nf *vieilli* plebe *f*.

plébéien, enne [plebejɛ̃, ɛn] adj plebeyo(ya).

plébiscite [plebisit] nm plebiscito *m*.

plébisciter [3] [plebisite] vt **1.** [gén] plebiscitar **2.** [approuver] elegir, dar el visto bueno.

pléiade [plejad] nf *sout* pléyade *f*.

plein, e [plɛ̃, plɛn] adj **1.** [rempli - gén] lleno(na) / ***ma valise est pleine*** mi maleta está llena / ***la salle est pleine*** la sala está llena ; [- journée] apretado(da) ▸ **plein de qqch** lleno de algo ▸ **plein à craquer** de bote en bote **2.** [confiance] total **3.** [femelle] preñada **4.** [non creux] macizo(za), relleno(na) **5.** *fam* [ivre] cargado(da) **6.** [en intensif] pleno(na) ▸ **en plein…** [au milieu de] en pleno… / ***en plein air*** al aire libre / ***en plein jour*** en pleno día / ***en plein soleil*** a pleno sol / ***en pleine rue*** en medio de la calle / ***en plein milieu*** en medio / ***en pleine mer*** en altamar. ◆ **plein** ❖ nm **1.** [d'essence] lleno *m* ▸ **le plein, s'il vous plaît** lleno, por favor ▸ **faire le plein** THÉÂTRE llenar, llenarse **2.** EXPR **battre son plein** estar en su apogeo. ❖ adv *fam* : ***elle a de l'encre plein les doigts*** tiene los dedos llenos de tinta. ◆ **plein de** loc prép mucho(cha) / ***plein de bises*** muchos besos. ◆ **en plein dans** loc adv de lleno en, de pleno en. ◆ **en plein sur** loc adv de lleno sobre, de pleno sobre.

plein-air [plɛnɛʀ] nm inv aire *m* libre. ◆ **de plein-air** loc adj al aire libre.

pleinement [plɛnmɑ̃] adv plenamente.

plein-temps [plɛ̃tɑ̃] nm jornada *f* completa. ◆ **à plein-temps** ❖ loc adj [poste, emploi, employé] a jornada completa. ❖ loc adv ▸ **travailler à plein-temps** trabajar a jornada completa.

plénier, ère [plenje, ɛʀ] adj plenario(ria).

plénipotentiaire [plenipɔtɑ̃sjɛʀ] adj & nmf plenipotenciario(ria).

plénitude [plenityd] nf *sout* plenitud *f*.

pléonasme [pleɔnasm] nm pleonasmo *m*.

pléthore [pletɔʀ] nf ▸ **pléthore de** plétora de.

pléthorique [pletɔʀik] adj *sout* excesivo(va).

pleur [plœʀ] nm *(gén pl) sout* llanto *m* ▸ **être en pleurs** estar llorando.

pleurer [5] [plœʀe] ❖ vi llorar ▸ **pleurer de qqch** llorar de algo ▸ **pleurer après qqch / après qqn** *péj* [réclamer] llorarle por algo / a alguien ▸ **pleurer sur qqch / sur qqn** llorar por algo / por alguien. ❖ vt llorar.

pleurésie [plœʀezi] nf pleuresía *f*.

pleureur, euse [plœʀœʀ, øz] adj llorón(ona). ◆ **pleureuse** nf plañidera *f*.

pleurnichard, e [plœʀniʃaʀ, aʀd] = **pleurnicheur**.

pleurnicher [3] [plœʀniʃe] vi *péj* lloriquear.

pleurnicheur, euse [plœʀniʃœʀ, øz] adj & nm, f *péj* llorón(ona).

pleurote [plœʀɔt] nm seta *m* ESP, hongo *m* de cardo MÉX CSUR.

pleut ⟶ **pleuvoir**.

pleutre [pløtʀ] adj & nm *péj & sout* cobarde.

pleuvoir [68] [pløvwaʀ] ❖ v impers llover ▸ **il pleut** llueve. ❖ vi [coups, insultes, invitations] llover.

Plexiglas® [plɛksiglas] nm plexiglás *m*.

plexus [plɛksys] nm plexo *m* ▸ **plexus solaire** plexo solar.

pli [pli] nm **1.** COUT [de tissu] pliegue *m* ; [de jupe] tabla *f*, pliegue *m* ; [de pantalon] raya *f* ▸ **faux pli** arruga *f* **2.** [marque, ride] arruga *f* **3.** *fig* [habitude] costumbre *f* ▸ **prendre le pli** coger la costumbre **4.** [lettre] carta *f* **5.** [aux cartes] baza *f*.

pliable [plijabl] adj flexible.

pliant, e [plijɑ̃, ɑ̃t] adj plegable. ◆ **pliant** nm [siège] silla *f* plegable.

plier [10] [plije] ❖ vt **1.** [papier, tissu, vêtement] doblar **2.** [chaise, lit, tente] plegar **3.** *fig* [faire céder] ▸ **plier qqn à qqch** doblegar a alguien a algo. ❖ vi **1.** [se courber] doblarse **2.** *fig* [personne] doblegarse. ◆ **se plier** vp **1.** [lit, table] plegarse **2.** [personne] ▸ **se plier à qqch** doblegarse a algo.

plinthe [plɛ̃t] nf zócalo *m*.

plissé, e [plise] adj **1.** [jupe] plisado(da), de tablas **2.** [peau] arrugado(da) **3.** [terrain] plegado(da). ◆ **plissé** nm COUT plisado *m*, tableado *m*.

plissement [plismɑ̃] nm **1.** [du front, des yeux] frunce *m* **2.** GÉOL plegamiento *m*.

plisser [3] [plise] ❖ vt **1.** COUT [jupe] plisar, tablear **2.** [front, yeux, lèvres] fruncir. ❖ vi [étoffe] arrugar. ◆ **se plisser** vp **1.** [étoffe] arrugarse **2.** [front, yeux] fruncirse.

pliure [plijyʀ] nf pliegue *m*.

plomb [plɔ̃] nm **1.** [métal] plomo *m* **2.** [de chasse] perdigón *m* **3.** *(gén pl)* ÉLECTR ▸ **les plombs** los plomos **4.** [de pêche] escandallo *m* **5.** ART [de vitrail] emplomado *m* **6.** EXPR **ne pas avoir de plomb dans la tête** tener cabeza de chorlito ▸ **avoir du plomb dans l'aile** estar tocado(da) ▸ **péter les plombs** cruzarsele a uno los cables.

plombage [plɔ̃baʒ] nm **1.** [scellement] precinto *m* **2.** [de dent] empaste *m*.

plombe [plɔ̃b] nf *fam* hora *f* / ***ça met une plombe à s'afficher (sur l'écran)*** tarda mogollón ou un montón en visualizarse / ***je n'ai pas envie d'y passer des plombes*** no tengo ganas de pasarme horas y horas en ello.

plombé, e [plɔ̃be] adj **1.** [gris] plomizo(za) **2.** [garni de plomb] emplomado(da) ; [scellé] precintado(da) **3.** [dent] empastado(da).

plomber [3] [plɔ̃be] vt **1.** [ligne] emplomar **2.** [sceller] precintar **3.** [dent] empastar ESP, emplomar AM. ◆ **se plomber** vp [ciel] volverse plomizo(za).

plomberie [plɔ̃bʀi] nf fontanería *f* ESP, plomería *f* AM.

plombier [plɔ̃bje] nm fontanero *m* ESP, plomero *m* AM.

plonge [plɔ̃ʒ] nf ▸ **faire la plonge** fregar los platos *(en un restaurante)*.

plongeant, e [plɔ̃ʒɑ̃, ɑ̃t] adj **1.** [vue] de pájaro **2.** [décolleté] escotado(da).

plongée [plɔ̃ʒe] nf **1.** [immersion] zambullida *f* **2.** [sans bouteilles] buceo *m* ▸ **plongée sous-marine** submarinismo *m* **3.** PHOTO & CINÉ picado *m*.

plongeoir [plɔ̃ʒwaʀ] nm trampolín *m (de piscina)*.

plongeon [plɔ̃ʒɔ̃] nm **1.** [dans l'eau] zambullida *f* **2.** [chute] caída *f* **3.** SPORT [au football] palomita *f*.

plonger [17] [plɔ̃ʒe] ❖ vt **1.** [immerger] sumergir **2.** [enfoncer] hundir **3.** [regard] fijar **4.** *fig* [précipiter] ▸ **plonger qqn dans qqch** [embarras, tristesse, etc.] sumir a alguien en algo. ❖ vi **1.** [dans l'eau] zambullirse ; SPORT hacer submarinismo **2.** SPORT [gardien de but] lanzarse **3.** [foncer sur] ▸ **plonger sur qqch** caer sobre algo **4.** [s'enfoncer] ▸ **plonger dans qqch** [pensées, méditations, etc.] sumirse en algo. ◆ **se plonger** vp **1.** [s'immerger] sumergirse **2.** *fig* [s'adonner à] ▸ **se plonger dans qqch** sumirse en algo.

plongeur, euse [plɔ̃ʒœʀ, øz] nm, f **1.** SPORT buceador *m*, -ra *f* ▸ **plongeur (sous-marin)** submarinista *m* **2.** [dans un restaurant] lavaplatos *mf*.

plot [plo] nm ÉLECTR contacto *m*.

plouc [pluk] adj & nmf *péj* paleto(ta), palurdo(da).

plouf [pluf] interj ¡pluf!

ployer [13] [plwaje] *sout* ❖ vt doblar. ❖ vi **1.** [plier] doblarse **2.** *fig* [céder] doblegarse.

plu [ply] pp inv **1.** ⟶ **plaire 2.** ⟶ **pleuvoir**.

PLU (*abr de* **plan local d'urbanisme**) nm *plan de urbanismo por municipios*.

pluie [plɥi] nf lluvia *f* ▸ **en pluie** en forma de lluvia ▸ **une pluie battante** una lluvia recia ▸ **des pluies diluviennes** lluvias torrenciales ▸ **pluies acides** lluvia ácida ▸ **faire la pluie et le beau temps** ser el que corta el bacalao ▸ **ne pas être né de la dernière pluie** no haber nacido ayer.

plumage [plymaʒ] nm plumaje *m*.

plumard [plymaʀ] nm *fam* [lit] piltra *f*.

plume [plym] ❖ nf pluma *f* ▸ **y laisser** ou **perdre des plumes** *fig* salir trasquilado(da). ❖ nm *fam* piltra *f*.

plumeau [plymo] nm plumero *m*.

plumer [3] [plyme] vt desplumar.

plumier [plymje] nm plumier *m*, estuche *f* de lápices.

plupart [plypaʀ] nf ▸ **pour la plupart** en su mayoría ▸ **la plupart des gens** la mayoría de la gente ▸ **la plupart du temps** la mayoría de las veces.

pluralisme [plyʀalism] nm pluralismo *m*.

pluralité [plyʀalite] nf pluralidad *f*.

pluriculturel, elle [plyʀikyltyʀɛl] adj pluricultural.

pluridimensionnel, elle [plyʀidimɑ̃sjɔnɛl] adj pluridimensional.

pluridisciplinaire [plyʀidisiplinɛʀ] adj pluridisciplinar.

pluriel, elle [plyʀjɛl] adj **1.** LING plural **2.** [société] pluralista. ◆ **pluriel** nm LING plural *m*.

plurilinguisme [plyʀilɛ̃gɥism] nm plurilingüismo *m*.

plus [ply(s)]

❖ adv

1. [quantité] más / *je ne peux pas vous en dire plus* no puedo desciros más / *il a plus de travail cette année* este año tiene más trabajo / *il en veut plus* quiere más ▸ **beaucoup / un peu plus** mucho/un poco más / *il y a (un peu) plus de 15 ans* hace (poco) más de 15 años / *plus j'y pense, plus je me dis que...* cuanto más lo pienso, más creo que...

2. [comparatif] más / *c'est plus court par là* es más corto por allí / *viens plus souvent* ven más a menudo ▸ **plus... que** más... que / *il est plus jeune que moi* es más joven que yo / *c'est plus simple qu'on (ne) le croit* es más sencillo de lo que se piensa

3. [superlatif] ▸ **le plus** el más / *c'est lui qui travaille le plus* el que más trabaja es él / *un de ses tableaux les plus connus* uno de sus cuadros más conocidos / *le plus souvent possible* lo más a menudo posible / *le plus loin possible* lo más lejos posible

4. [négation] no más / *plus un mot !* ¡ni una palabra más! ▸ **ne... plus** ya no / *il n'y a plus personne* ya no hay nadie / *il n'a plus d'amis* ya no tiene amigos

❖ nm

1. [signe] más *m*

2. *fig* [atout] punto *m* (a favor)

❖ prép

más / *trois plus trois font six* tres más tres igual a seis

◆ **au plus** loc adv como mucho ▸ **tout au plus** como máximo.

◆ **de plus** loc adv **1.** [en supplément, en trop] de más / *elle a cinq ans de plus que moi* tiene cinco años más que yo **2.** [en outre] además.

◆ **de plus en plus** loc adv cada vez más.

◆ **en plus** loc adv **1.** [en supplément] de más **2.** [d'ailleurs] además, encima.

◆ **en plus de** loc prép además de.

◆ **ni plus ni moins** loc adv ni más ni menos.

◆ **on ne peut plus** loc adv a más no poder / *il est on ne peut plus bête* es tonto a más no poder.

◆ **plus ou moins** loc adv más o menos.

plusieurs [plyzjœʀ] adj indéf pl & pron indéf pl varios(rias).

plus-que-parfait [plyskəpaʀfɛ] nm pluscuamperfecto *m*.

plus-value [plyvaly] nf **1.** [gén] plusvalía *f* **2.** FIN [excédent] superávit *m*.

plut 1. ⟶ **plaire 2.** ⟶ **pleuvoir**.

Pluton [plytɔ̃] npr Plutón.

plutonium [plytɔnjɔm] nm plutonio *m*.

plutôt [plyto] adv **1.** [de préférence, plus exactement] más bien ▸ **plutôt** *(+ infinitif)* antes *(+ infinitif)* / *plutôt mourir que (de) céder* antes morir que ceder ▸ **ou plutôt**

o mejor dicho **2.** [au lieu de] ▸ **plutôt que de** en vez de **3.** [assez] bastante.

pluvial, e, aux [plyvjal, o] adj pluvial.

pluvieux, euse [plyvjø, øz] adj lluvioso(sa).

pluviométrie [plyvjɔmetʀi] nf pluviometría *f*.

pluviosité [plyvjozite] nf pluviosidad *f*.

p.m. *abr écrite de* **pour mémoire**.

PM (*abr de* **police militaire**) nf PM *f*.

PMA ❖ nf (*abr de* **procréation médicalement assistée**) PMA *f*. ❖ nmpl (*abr de* **pays les moins avancés**) PMA *mpl*.

PME (*abr de* **petites et moyennes entreprises**) nf PYME *fpl* / *les patrons de PME* los empresarios de las PYMEs.

PMI nf **1.** (*abr de* **petites et moyennes industries**) PMI *f* ▸ **les PME-PMI** las PYME-PMI **2.** (*abr de* **protection maternelle et infantile**) *servicio de protección a la infancia*.

PMU® (*abr de* **Pari Mutuel Urbain**®) nm **1.** [jeu] ≃ quiniela *f* hípica ▸ **jouer au PMU** ≃ jugar a la quiniela hípica **2.** [bar] *lugar en el que se rellenan y validan los boletos de las quinielas hípicas, en general situado en el interior de un bar*.

PNB (*abr de* **produit national brut**) nm PNB *m* ▸ **le PNB par habitant** el PNB por habitante.

pneu [pnø] nm **1.** [de véhicule] neumático *m* ▸ **pneu avant / arrière** rueda *f* delantera/trasera ▸ **pneu clouté** neumático de clavos **2.** *vieilli* [message] *misiva enviada a través de un tubo de aire comprimido*.

pneumatique [pnømatik] ❖ adj neumático(ca). ❖ nm [de véhicule] neumático *m*.

pneumonie [pnømɔni] nf neumonía *f*, pulmonía *f*.

PNUD, Pnud (*abr de* **Programme des Nations unies pour le développement**) nm PNUD *m*.

PNUE, Pnue (*abr de* **Programme des Nations unies pour l'environnement**) nm PNUMA *m*.

p.o. (*abr écrite de* **par ordre**) P.O.

PO (*abr écrite de* **petites ondes**) OM.

poche [pɔʃ] nf **1.** [de vêtement, de sac] bolsillo *m* ▸ **poche revolver** bolsillo interior ▸ **c'est dans la poche !** *fam* ¡está tirado! *(fácil)* ▸ **connaître qqn comme sa poche** *fam* conocer a alguien como la palma de la mano ▸ **en poche** [diplôme] en el bolsillo ▸ **faire les poches de qqn** vaciar los bolsillos de alguien ▸ **payer de sa poche** pagar de su bolsillo ▸ **se remplir les poches** ou **s'en mettre plein les poches** llenarse los bolsillos, ponerse las botas **2.** [sac, cavité, déformation] bolsa *f*. ◆ **de poche** loc adj [livre, miroir] de bolsillo.

poché, e [pɔʃe] adj **1.** CULIN escalfado(da) **2.** [œil] a la funerala.

pocher [3] [pɔʃe] vt **1.** CULIN escalfar **2.** [œil] hinchar.

pochette [pɔʃɛt] nf **1.** [d'allumettes] caja *f* **2.** [de disque] funda *f* **3.** [mouchoir] pañuelo *m (para adornar un traje)*.

pochette-surprise [pɔʃɛtsyʀpʀiz] (*pl* **pochettes surprises**) nf sorpresa *f (juguete)*.

pochoir [pɔʃwaʀ] nm plantilla *f* de estarcir.

Podcast® [pɔdkast] nm Podcast® *m*.

podcasting [pɔdkastiŋ] nm podcasting *m*.

podium [pɔdjɔm] nm podio *m*.

podologue [pɔdɔlɔg] nmf podólogo *m*, -ga *f*.

poêle [pwal] ❖ nf sartén *f* ESP, paila *f* AM ▸ **poêle à frire** sartén. ❖ nm [chauffage] estufa *f*.

poêlée [pwale] nf sartenada *f*.

poêlon [pwalɔ̃] nm cazuela *f*.

poème [pɔɛm] nm poema *m*.

poésie [pɔezi] nf poesía *f*.

poète [pɔɛt] adj & nm poeta.

poétesse [pɔetɛs] nf poetisa *f*.

poétique [pɔetik] adj poético(ca).

poétiquement [pɔetikmɑ̃] adv poéticamente.

pognon [pɔɲɔ̃] nm *tfam* pasta *f*.

pogrom, pogrome [pɔgʀɔm] nm pogrom *m*, pogromo *m*.

poids [pwa] nm **1.** [gén] peso *m* ▸ **perdre / prendre du poids** perder/ganar peso ▸ **poids lourd a)** [boxeur] peso pesado **b)** [camion] vehículo *m* pesado ▸ **poids plume** SPORT peso pluma ▸ **avoir du poids** [être important] tener peso ▸ **de poids** [important] de peso ▸ **il ne fait pas le poids** no da la talla **2.** [de balance] pesa *f*.

poignant, e [pwaɲɑ̃, ɑ̃t] adj desgarrador(ra).

poignard [pwaɲaʀ] nm puñal *m*.

poignarder [3] [pwaɲaʀde] vt apuñalar.

poigne [pwaɲ] nf **1.** [force du poignet] fuerza *f* del puño **2.** *fig* [autorité] mano *f* dura ▸ **poigne de fer** mano *f* de hierro ▸ **avoir de la poigne** tener autoridad.

poignée [pwaɲe] nf **1.** [contenu de la main, petit nombre] puñado *m* **2.** [manche - d'épée, de sabre] puño *m* ; [- de valise, de couvercle, de tiroir] asa *f* ; [- de porte, de fenêtre] picaporte *m*. ◆ **poignée de main** nf apretón *m* de manos.

poignet [pwaɲɛ] nm puño *m*.

poil [pwal] nm pelo *m* ▸ **à poil a)** [animal] de pelo **b)** *fam* [tout nu] en pelotas ▸ **de tout poil** de toda calaña ▸ **être de bon / mauvais poil** *fam* estar de buenas/malas ▸ **reprendre du poil de la bête** recuperar (las) fuerzas.

poilant, e [pwalɑ̃, ɑ̃t] adj *fam* para mondarse ou troncharse de risa, tronchante.

poil-de-carotte [pwaldəkaʀɔt] adj inv *fam* pelirrojo(ja).

poiler [3] [pwale] ◆ **se poiler** vp *fam* mondarse de risa.

poilu, e [pwaly] adj peludo(da). ◆ **poilu** nm *fam* HIST *soldado francés de la Primera Guerra Mundial*.

poinçon [pwɛ̃sɔ̃] nm **1.** [outil] punzón *m* **2.** [marque] contraste *m*.

poinçonner [3] [pwɛ̃sɔne] vt **1.** [bijou] contrastar **2.** [billet] picar **3.** [tôle] perforar.

poinçonneuse [pwɛ̃sɔnøz] nf taladradora *f*; [de billets] perforadora *f*.

poindre [82] [pwɛ̃dʀ] vi *sout* **1.** [apparaître - jour] despuntar; [- sentiment] asomar **2.** [plante] brotar.

poing [pwɛ̃] nm puño *m* ▸ **dormir à poings fermés** dormir a pierna suelta.

point [pwɛ̃] ✧ nm
1. [gén] punto *m* ▸ **à point** [cuit] a punto ▸ **à point (nommé)** a punto ▸ **au point mort** AUTO en punto muerto ▸ **être sur le point de faire qqch** estar a punto de hacer algo ▸ **faire le point** *fig* hacer balance ▸ **marquer un point** SPORT marcar un tanto ▸ **mettre qqch au point** poner algo a punto ▸ **point d'appui** punto de apoyo ▸ **point chaud** *fig* zona *f* peligrosa ▸ **point de chute** sitio *m* donde parar ▸ **point de côté** punzada *f* (en el costado) ▸ **point culminant** a) [de montagne] cumbre *f* b) *fig* punto culminante ▸ **point d'eau** pozo *m* de agua ▸ **point d'exclamation / d'interrogation** signo *m* de exclamación / de interrogación ▸ **point faible** punto débil ▸ **point final** punto final ▸ **point de mire** *fig* punto de mira ▸ **point névralgique** *fig* centro *m* neurálgico ▸ **point noir** a) [sur la peau] espinilla *f*, punto negro b) *fig* punto negro ▸ **point de non-retour** punto sin retorno ▸ **point de ralliement** punto de reunión ▸ **point de repère** punto de referencia ▸ **point de vente** punto de venta ▸ **points de suspension** puntos suspensivos ▸ **points de suture** puntos de sutura
2. EXPR **à ce point** *(+ adj)* hasta tal punto / *il se sent à ce point honteux qu'il ne m'appelle plus* se siente avergonzado hasta tal punto que ya no me llama ▸ **au point de faire qqch** hasta el punto de hacer algo ▸ **au point du jour** *sout* al despuntar el alba ▸ **avoir un point commun avec qqn** tener algo en común con alguien ▸ **marquer un point** marcarse un tanto ▸ **mettre les points sur les i (à qqn)** poner los puntos sobre las íes (a alguien)
✧ adv
vieilli [pas] : *il n'a point d'argent* no tiene dinero / *ne vous en faites point* no se preocupe
◆ **à tel point que** loc conj hasta tal punto que.
◆ **points cardinaux** nmpl puntos *mpl* cardinales.

pointage [pwɛ̃taʒ] nm **1.** [d'une liste] recuento *m*, verificación *f* **2.** [au travail] control *m* (de entrada y salida) **3.** [d'une arme] puntería *f*.

point de vue (*pl* **points de vue**) nm **1.** [panorama] vista *f* / *là-haut, le point de vue est magnifique* desde arriba la vista es magnífica **2.** [opinion] punto *m* de vista / *d'un* OU *du point de vue éthique, c'est inacceptable* desde un punto de vista ético es inaceptable / *de ce point de vue, il n'a pas tort* desde ese punto de vista, no está equivocado.

pointe [pwɛ̃t] nf **1.** [gén] punta *f* ▸ **en pointe** en punta ▸ **faire des pointes** bailar de puntas ▸ **se hausser sur la pointe des pieds** ponerse de puntillas ▸ **pointe d'asperge** punta OU cabeza *f* de espárrago ▸ **une pointe d'ironie** un punto de ironía **2.** [sommet] pico *m* ▸ **à la pointe de** [technique, recherche] a la vanguardia de ▸ **faire une pointe de vitesse** pegar un acelerón. ◆ **de pointe** loc adj punta *(en apposition)*.

pointer [3] [pwɛ̃te] ✧ vt **1.** [gén] apuntar **2.** [employés] hacer recuento de **3.** [diriger] ▸ **pointer qqch sur / vers** [arme] apuntar algo a / hacia / *pointer son doigt vers qqn / qqch* señalar a alguien / a algo. ✧ vi **1.** [au travail] fichar **2.** [être en pointe] ser puntiagudo(da) **3.** [apparaître - jour] despuntar; [- sentiment] asomarse **4.** [à la pétanque] tirar. ◆ **se pointer** vp *fam* presentarse.

pointillé [pwɛ̃tije] nm **1.** [trait discontinu] punteado *m* ▸ **en pointillé** a) [ligne] de puntos b) [par sous-entendus] de manera velada **2.** [perforations] línea *f* de puntos.

pointilleux, euse [pwɛ̃tijø, øz] adj puntilloso(sa) ▸ **être pointilleux sur** ser puntilloso con.

pointu, e [pwɛ̃ty] adj **1.** [chose] puntiagudo(da); [nez] afilado(da) **2.** [voix, ton] agudo(da) **3.** [approfondi - analyse] detallado(da); [- formation] muy especializado(da).

pointure [pwɛ̃tyʀ] nf número *m*.

point-virgule [pwɛ̃viʀgyl] (*pl* **points-virgules**) nm punto y coma *m*.

poire [pwaʀ] nf **1.** [fruit] pera *f* ▸ **poire Belle-Hélène** *pera entera pelada rodeada de helado de vainilla y cubierta de chocolate caliente* ▸ **couper la poire en deux** *fig* partir la diferencia **2.** *fam* [tête] jeta *f* **3.** *fam* [naïf] primo *m*, -ma *f*.

poireau, x [pwaʀo] nm puerro *m* ▸ **poireaux vinaigrette** puerros a la vinagreta.

poireauter, poiroter [3] [pwaʀote] vi *fam* estar de plantón.

poirier [pwaʀje] nm **1.** [arbre] peral *m* **2.** [figure de gymnastique] ▸ **faire le poirier** hacer el pino.

poiroter = **poireauter**.

pois [pwa] nm **1.** [gén] guisante *m* ESP, arveja *f* AM ▸ **petit pois** guisante ▸ **pois chiche** garbanzo *m* **2.** [motif] lunar *m* ▸ **à pois** de lunares.

poison [pwazɔ̃] nm veneno *m*; *fig* peste *f*.

poisse [pwas] nf *fam* mala pata *f* ▸ **porter la poisse** gafar, ser gafe.

poisseux, euse [pwasø, øz] adj pegajoso(sa).

poisson [pwasɔ̃] nm [animal] pez *m*; [mets] pescado *m* ▸ **poisson d'avril** a) *fig* [poisson en papier] *figura de papel que representa un pez*; ≃ monigote *m* b) [calembour] *broma tradicional francesa que se hace el 1 de abril*; ≃ inocentada *f* ▸ **poisson d'avril !** ≃ ¡inocente! ▸ **poisson rouge** ciprino *m* ▸ **noyer le poisson** *fig* echar tierra al asunto. ◆ **Poissons** nmpl ASTROL Piscis *m inv* ▸ **être Poissons** ser Piscis.

poisson-chat [pwasɔ̃ʃa] nm siluro *m*.

poisson-clown [pwasɔ̃klun] (*pl* **poissons-clowns**) nm pez *m* payaso.

poisson-globe [pwasɔ̃glɔb] (*pl* **poissons-globes**) nm ZOOL pez *m* globo.

poissonnerie [pwasɔnʀi] nf **1.** [boutique] pescadería *f* **2.** [métier] pesca *f*.

poissonneux, euse [pwasɔnø, øz] adj abundante en peces.

poissonnier, ère [pwasɔnje, ɛʀ] nm, f pescadero *m*, -ra *f*.

poisson-perroquet [pwasɔ̃pɛʀɔkɛ] (*pl* **poissons-perroquets**) nm pez *m* loro.

poitevin, e [pwatvɛ̃, in] adj [du Poitou] del Poitou ; [de Poitiers] de Poitiers. ◆ **Poitevin, e** nm, f *natural del Poitou o de Poitiers.*

Poitou [pwatu] npr ▸ **le Poitou** Poitou.

poitrail [pwatʀaj] nm pecho *m*.

poitrinaire [pwatʀinɛʀ] adj & nmf *vieilli* tísico(ca).

poitrine [pwatʀin] nf **1.** [gén] pecho *m* **2.** [viande] panceta *f (de cerdo)*.

poivre [pwavʀ] nm pimienta *f* ▸ **poivre blanc / gris / noir** pimienta blanca / gris / negra ▸ **poivre et sel** entrecano(na).

poivré, e [pwavʀe] adj **1.** [aliment] sazonado(da) con pimienta / ***ce plat est trop poivré*** este plato tiene demasiada pimienta **2.** [goût] que sabe a pimienta / ***la cardamome a un goût poivré*** el cardamomo sabe a pimienta.

poivrer [3] [pwavʀe] vt sazonar con pimienta. ◆ **se poivrer** vp *fam* coger una trompa.

poivrier [pwavʀije] nm [ustensile] pimentero *m*.

poivrière [pwavʀijɛʀ] nf pimentero *m*.

poivron [pwavʀɔ̃] nm pimiento *m* (morrón) ESP, ají *m* AM ▸ **poivron rouge / vert** pimiento rojo / verde.

poivrot, e [pwavʀo, ɔt] nm, f *fam* borrachín *m*, -ina *f*.

poix [pwa] nf pez *f*.

poker [pɔkɛʀ] nm póker *m*, póquer *m*.

polaire [pɔlɛʀ] ❖ adj polar. ❖ nf [textile] [vêtement] forro *m* polar, polar *m*.

polar [pɔlaʀ] nm *fam* novela *f* policíaca.

⚠ **Polar** est un faux ami, il ne signifie pas *polar*, mais « polaire ».

polariser [3] [pɔlaʀize] vt polarizar. ◆ **se polariser** vp ▸ **se polariser sur qqch** polarizarse respecto a algo.

Polaroid® [pɔlaʀɔid] nm polaroid® *f*.

polder [pɔldɛʀ] nm pólder *m*.

Poisson d'avril

El 1 de abril es tradición gastar bromas a familiares y amigos. Una de las más frecuentes es pegar un pez de papel en la espalda de alguien sin que se dé cuenta. Este día, incluso los medios de comunicación dan informaciones falsas, que rectifican el día después.

pôle [pol] nm polo *m* ▸ **le pôle Nord** el polo Norte ▸ **le pôle Sud** el polo Sur ▸ **le Pôle emploi** *organismo público francés para el empleo* ; ≃ SPE *m (Servicio Público de Empleo)*.

polémique [pɔlemik] ❖ adj polémico(ca). ❖ nf polémica *f*.

polémiquer [3] [pɔlemike] vi polemizar.

polenta [pɔlɛnta] nf polenta *f*.

pole position [polpozisjɔ̃] (*pl* **pole positions**) nf SPORT pole position *f*.

poli, e [pɔli] adj **1.** [personne] educado(da) **2.** [surface, marbre] pulido(da). ◆ **poli** nm [aspect] pulimento *m*.

police [pɔlis] nf **1.** [force publique] policía *f* ▸ **être de ou dans la police** estar en la policía ▸ **police judiciaire / secrète** policía judicial / secreta ▸ **police secours** *policía encargada de socorrer a los accidentados y enfermos de gravedad* **2.** [assurance] ▸ **police (d'assurance)** póliza *f* (de seguros) **3.** [de caractères] ▸ **police (de caractères)** fuente *f* (de caracteres).

policé, e [pɔlise] adj *sout* refinado(da).

polichinelle [pɔliʃinɛl] nm polichinela *m*.

policier, ère [pɔlisje, ɛʀ] ❖ adj **1.** [régime, mesure] policial **2.** [roman, film] policíaco(ca), policiaco(ca). ❖ nm, f policía *mf*.

policlinique [pɔliklinik] nf ambulatorio *m*.

poliment [pɔlimɑ̃] adv educadamente, con educación.

polio [pɔljo] nf polio *f*.

poliomyélite [pɔljɔmjelit] nf poliomielitis *f inv*.

polir [32] [pɔliʀ] vt pulir.

polissage [pɔlisaʒ] nm pulido *m*.

polisson, onne [pɔlisɔ̃, ɔn] ❖ adj pícaro(ra). ❖ nm, f pillo *m*, -lla *f*.

politesse [pɔlitɛs] nf **1.** [qualité] cortesía *f* **2.** [acte] cumplido *m* ▸ **se faire des politesses** hacerse cumplidos.

politicard, e [pɔlitikaʀ, aʀd] adj & nm, f *péj* politicastro(tra).

politicien, enne [pɔlitisjɛ̃, ɛn] ❖ adj ▸ **la politique politicienne** el politiqueo. ❖ nm, f político *m*, -ca *f*.

politique [pɔlitik] ❖ adj político(ca) ▸ **un homme / une femme politique** un político / una (mujer) política. ❖ nf política *f* ▸ **politique étrangère / intérieure** política exterior / interior ▸ **pratiquer la politique de l'autruche** practicar la política de avestruz. ❖ nm ▸ **le politique** lo político.

politiquement [pɔlitikmɑ̃] adv políticamente ▸ **politiquement correct** políticamente correcto.

politisation [pɔlitizasjɔ̃] nf politización *f*.

politiser [3] [pɔlitize] vt politizar.

politologue [pɔlitɔlɔg] nmf politólogo *m*, -ga *f*.

polka [pɔlka] nf polca *f*.

pollen [pɔlɛn] nm polen *m*.

polluant [pɔlɥɑ̃] nm contaminante *m*.

pollué, e [pɔlɥe] adj [site, air] contaminado(da).

polluer [7] [pɔlɥe] vt contaminar.

pollution [pɔlysjɔ̃] nf contaminación *f*, polución *f*.

polo [pɔlo] nm [vêtement & SPORT] polo *m*.

polochon [pɔlɔʃɔ̃] nm *fam* travesaño *m (almohada)*.

Pologne [pɔlɔɲ] npr ▸ **la Pologne** Polonia.

polonais, e [pɔlɔnɛ, ɛz] adj polaco(ca). ◆ **polonais** nm LING polaco *m*. ◆ **Polonais, e** nm, f polaco *m*, -ca *f*.

polonaise [pɔlɔnɛz] nf **1.** [danse] polonesa *f* **2.** [gâteau] *bizcocho empapado en ron, relleno de frutas confitadas y crema pastelera, y recubierto de merengue y almendras ralladas*.

poltron, onne [pɔltʀɔ̃, ɔn] adj & nm, f cobarde.

poly [pɔli] (*abr de* **polycopié**) nm *fam* apuntes *mpl* a multicopista / *le prof nous a distribué un poly de maths* el profe nos distribuyó unos apuntes de matemáticas multicopiados.

polyamide [pɔliamid] nm poliamida *f*.

polychrome [pɔlikʀom] adj polícromo(ma), policromo(ma).

polyclinique [pɔliklinik] nf policlínica *f*.

polycopie [pɔlikɔpi] nf policopia *f*, multicopia *f*.

polycopié, e [pɔlikɔpje] adj policopiado(da), multicopiado(da). ◆ **polycopié** nm policopia *f*, multicopia *f*.

polycopier [9] [pɔlikɔpje] vt policopiar, multicopiar.

polyculture [pɔlikyltyʀ] nf policultivo *m*.

polyester [pɔliɛstɛʀ] nm poliéster *m*.

polygame [pɔligam] adj & nmf polígamo(ma).

polygamie [pɔligami] nf poligamia *f*.

polyglotte [pɔlyglɔt] adj & nmf políglota, poliglota.

polygone [pɔligɔn] nm polígono *m*.

polymère [pɔlimɛʀ] ❖ adj polímero(ra). ❖ nm polímero *m*.

polymorphe [pɔlimɔʀf] adj polimorfo(fa).

Polynésie [pɔlinezi] npr ▸ **la Polynésie** Polinesia ▸ **la Polynésie française** la Polinesia francesa.

polynésien, enne [pɔlinezjɛ̃, ɛn] adj polinesio(sia). ◆ **polynésien** nm LING polinesio *m*. ◆ **Polynésien, enne** nm, f polinesio *m*, -sia *f*.

polype [pɔlip] nm pólipo *m*.

polyphonie [pɔlifɔni] nf polifonía *f*.

polysémique [pɔlisemik] adj polisémico(ca).

polystyrène [pɔlistiʀɛn] nm poliestireno *m*.

polytechnicien, enne [pɔlitɛknisjɛ̃, ɛn] nm, f *alumno de la Escuela Politécnica de París*.

Polytechnique [pɔlitɛknik] npr ▸ **l'école Polytechnique** *prestigiosa escuela parisina de ingeniería*.

polythéisme [pɔliteism] nm politeísmo *m*.

polythéiste [pɔliteist] adj & nmf politeísta.

polyvalent, e [pɔlivalɑ̃, ɑ̃t] adj polivalente.

pomelo [pɔmelo] nm pomelo *m*.

pommade [pɔmad] nf pomada *f*.

pommader [3] [pɔmade] vt untar pomada a.

pomme [pɔm] nf **1.** [fruit] manzana *f* ▸ **pomme de discorde** manzana de la discordia ▸ **pomme de pin** piña *f* (piñonera) ▸ **tomber dans les pommes** *fam* caerse en redondo *(desmayarse)* **2.** [pomme de terre] ▸ **pommes allumettes / vapeur** patatas *fpl* paja / al vapor **3.** *fam* [tête] ▸ **ma / ta pomme** mi / tu menda. ◆ **pomme d'Adam** nf nuez *f* de Adán.

pommeau, x [pɔmo] nm **1.** [de canne] pomo *m* **2.** [de sabre, d'épée] empuñadura *f* **3.** [de parapluie] mango *m*.

pomme de terre [pɔmdətɛʀ] (*pl* **pommes de terre**) nf patata *f* ESP, papa *f* AM ▸ **pomme de terres de terre à l'eau / au four** patatas hervidas / al horno OU asadas ▸ **pomme de terres de terre frites** patatas fritas ▸ **pomme de terres de terre en robe des champs** patatas cocidas con su piel ▸ **pomme de terres de terre sautées** patatas salteadas.

pommelé, e [pɔmle] adj **1.** [ciel] aborregado(da) **2.** [cheval] tordo(da).

pommette [pɔmɛt] nf pómulo *m*.

pommier [pɔmje] nm manzano *m*.

pompe [pɔ̃p] nf **1.** [appareil] bomba *f* ▸ **pompe à essence** surtidor *m* de gasolina ▸ **pompe à incendie** bomba de incendios **2.** [magnificence] pompa *f* ▸ **en grande pompe** con gran pompa **3.** *fam* [chaussure] zapato *m* ▸ **être à côté de ses pompes** *fig* no dar una.

Pompéi [pɔ̃pei] npr Pompeya.

pomper [3] [pɔ̃pe] vt **1.** [air, eau] bombear **2.** [avec éponge, buvard] chupar **3.** *fam* [copier] ▸ **pomper (qqch sur qqn)** copiar (algo a alguien) **4.** *fam* [fatiguer] baldar.

pompette [pɔ̃pɛt] adj *fam* piripi.

pompeusement [pɔ̃pøzmɑ̃] adv pomposamente.

pompeux, euse [pɔ̃pø, øz] adj pomposo(sa).

pompier, ère [pɔ̃pje, ɛʀ] adj **1.** [style] grandilocuente **2.** ART *del arte academicista francés de fines del siglo XIX*. ◆ **pompier** nm bombero *m*.

pompiste [pɔ̃pist] nmf dependiente *mf* de una gasolinera.

pompon [pɔ̃pɔ̃] nm pompón *m* ▸ **c'est le pompon !** *fam* ¡es el colmo! ▸ **tenir** OU **avoir le pompon** *fam* & *iron* llevarse la palma.

pomponner [3] [pɔ̃pɔne] vt adornar con pompones. ◆ **se pomponner** vp emperifollarse.

Polytechnique

Esta prestigiosa escuela, situada en Palaiseau, cerca de París, mantiene estrechos lazos con el Ministerio de Defensa y forma a ingenieros para todos los altos cargos civiles y militares. Se le llama igualmente **la X**, debido a su insigna formada por dos cañones cruzados.

poncer [16] [pɔ̃se] vt lijar.

ponceuse [pɔ̃søz] nf lijadora *f*.

poncif [pɔ̃sif] nm tópico *m*.

ponction [pɔ̃ksjɔ̃] nf **1.** MÉD punción *f* **2.** *fig* [prélèvement] sangría *f*.

ponctionner [3] [pɔ̃ksjɔne] vt **1.** MÉD puncionar **2.** *fig* [prélever] sangrar.

ponctualité [pɔ̃ktɥalite] nf puntualidad *f*.

ponctuation [pɔ̃ktɥasjɔ̃] nf puntuación *f*.

ponctuel, elle [pɔ̃ktɥɛl] adj puntual.

ponctuellement [pɔ̃ktɥɛlmɑ̃] adv puntualmente.

ponctuer [7] [pɔ̃ktɥe] vt **1.** [texte] puntuar **2.** [paroles] ▸ **ponctuer qqch de** salpicar algo de.

pondéral, e, aux [pɔ̃deʀal, o] adj ponderal.

pondération [pɔ̃deʀasjɔ̃] nf ponderación *f*.

pondéré, e [pɔ̃deʀe] adj ponderado(da).

pondérer [18] [pɔ̃deʀe] vt ponderar.

Pondichéry [pɔ̃diʃeʀi] npr Pondicherry.

pondis ⟶ **pondre**.

pondre [75] [pɔ̃dʀ] vt **1.** [œuf] poner **2.** *fam* [projet, texte] gestar.

ponds ⟶ **pondre**.

pondu, e [pɔ̃dy] pp ⟶ **pondre**.

ponette [pɔnɛt] nf póney *m* OU poni *m* hembra.

poney [pɔnɛ] nm poney *m*.

pongiste [pɔ̃ʒist] nmf jugador *m*, -ra *f* de ping pong.

pont [pɔ̃] nm puente *m* ▸ **pont aérien** puente aéreo ▸ **ponts et chaussées** ADMIN ≃ MOPU *m* ▸ **couper les ponts avec qqn** *fig* romper con alguien ▸ **faire le pont** [être en congé] hacer puente.

pontage [pɔ̃taʒ] nm MÉD derivación *m* ▸ **pontage coronarien** derivación coronaria, bypass coronario ▸ **il a subi un triple pontage** le han hecho una derivación coronaria triple OU un triple bypass coronario.

ponte [pɔ̃t] ◆ nf puesta *f (de huevos)*. ◆ nm **1.** [au jeu] punto *m (contra la banca)* **2.** *fam* [autorité] eminencia *f*; [de la mafia, du crime] capo *m*.

pontife [pɔ̃tif] nm RELIG pontífice *m* ▸ **le souverain pontife** el sumo pontífice.

pontifical, e, aux [pɔ̃tifikal, o] adj pontifical.

pontificat [pɔ̃tifika] nm pontificado *m*.

pontifier [9] [pɔ̃tifje] vi *fam* pontificar.

pont-levis [pɔ̃ləvi] nm puente *m* levadizo.

ponton [pɔ̃tɔ̃] nm pontón *m*.

pool [pul] nm **1.** [de dactylos] pool *m* **2.** ÉCON consorcio *m*.

pop [pɔp] adj inv, nm & nf pop.

pop-corn [pɔpkɔʀn] nm inv palomita *f* (de maíz).

pope [pɔp] nm pope *m*.

popeline [pɔplin] nf popelina *f*.

popote [pɔpɔt] *fam* ◆ adj inv casero(ra). ◆ nf ▸ **faire** OU **préparer la popote** hacer OU preparar la comida.

populace [pɔpylas] nf *péj* populacho *m*.

populaire [pɔpylɛʀ] adj popular.

popularisation [pɔpylaʀizasjɔ̃] nf popularización *f*.

populariser [3] [pɔpylaʀize] vt popularizar.

popularité [pɔpylaʀite] nf popularidad *f*.

population [pɔpylasjɔ̃] nf población *f* ▸ **population active** población activa.

populiste [pɔpylist] ◆ adj popularista. ◆ nmf populista *mf*.

populo [pɔpylo] nm *fam* **1.** [peuple] populacho *m* **2.** [foule] gentuza *f*.

pop-up [pɔpœp] (*pl* **pop-ups**) nm inv & nm pop-up *m*.

porc [pɔʀ] nm **1.** [animal, viande] cerdo *m* ESP, chancho *m* AM **2.** [peau] piel *f* de cerdo **3.** *péj* [personne] cochino *m*.

porcelaine [pɔʀsəlɛn] nf **1.** [matière, objet] porcelana *f* **2.** [mollusque] margarita *f*.

porcelet [pɔʀsəlɛ] nm lechón *m*, cochinillo *m*.

porc-épic [pɔʀkepik] nm puerco *m* espín.

porche [pɔʀʃ] nm porche *m*.

porcherie [pɔʀʃəʀi] nf pocilga *f*.

porcin, e [pɔʀsɛ̃, in] adj **1.** [élevage, race] porcino(na) **2.** [regard, yeux] de cerdo degollado. ◆ **porcin** nm porcino *m*.

pore [pɔʀ] nm poro *m*.

poreux, euse [pɔʀø, øz] adj poroso(sa).

porno [pɔʀno] adj & nm porno.

pornographie [pɔʀnɔgʀafi] nf pornografía *f*.

pornographique [pɔʀnɔgʀafik] adj pornográfico(ca).

porridge [pɔʀidʒ] nm gachas *fpl* de avena.

port [pɔʀ] nm **1.** [lieu] puerto *m* ▸ **port d'attache** puerto de amarre ▸ **port de commerce / de pêche** puerto comercial / pesquero ▸ **port de plaisance** puerto deportivo ▸ **arriver à bon port** llegar a buen puerto **2.** [transport, allure] porte *m* ▸ **port d'armes** tenencia *f* de armas.

portable [pɔʀtabl] ◆ adj **1.** [vêtement] llevable **2.** [machine à écrire, ordinateur] portátil. ◆ nm **1.** INFORM portátil *m* **2.** [téléphone] móbil *m*.

portail [pɔʀtaj] nm [gén & INFORM] portal *m*.

portant, e [pɔʀtɑ̃, ɑ̃t] adj ▸ **être bien / mal portant** estar en buen / en mal estado de salud. ◆ **portant** nm [au théâtre] bastidor *m*.

portatif, ive [pɔʀtatif, iv] adj portátil.

Port-au-Prince [pɔʀopʀɛ̃s] npr Puerto Príncipe.

porte [pɔʀt] nf puerta *f* ▸ **claquer la porte** *fig* dar un portazo ▸ **claquer** OU **fermer la porte au nez de qqn** dar a alguien con la puerta en las narices ▸ **écouter aux portes** escuchar detrás de las puertas ▸ **être à la porte** quedarse en la calle ▸ **frapper à la porte** llamar a la puerta ▸ **frapper à la bonne porte** acudir a la persona indicada

▸ **frapper à toutes les portes** *fig* llamar a todas las puertas ▸ **ficher** ou **foutre qqn à la porte** *fam* echar a alguien a la calle ▸ **mettre qqn à la porte** poner a alguien de patitas en la calle ▸ **porte cochère** puerta cochera ▸ **porte de communication** puerta comunicante ▸ **porte d'entrée / de secours** puerta de entrada/de emergencia ▸ **porte de sortie** a) *pr* puerta de salida b) *fig* salida ▸ **porte vitrée** puerta acristalada ▸ **la porte de Versailles** *importante parque de exposiciones de París.*

porté, e [pɔʀte] adj ▸ **être porté sur qqch** darle a / *il est porté sur la boisson* le da a la bebida.

porte-à-faux [pɔʀtafo] nm inv ▸ **en porte-à-faux** a) CONSTR en falso b) *fig* en una situación incómoda.

porte-à-porte [pɔʀtapɔʀt] nm inv puerta a puerta *m* ▸ **faire du porte-à-porte** hacer el puerta a puerta.

porte-avions [pɔʀtavjɔ̃] nm inv portaviones *m inv*, portaaviones *m inv*.

porte-bagages [pɔʀtbagaʒ] nm inv portaequipajes *m inv*.

porte-bébé [pɔʀtbebe] (*pl* **porte-bébés**) nm mochila *f* portabebés.

porte-bonheur [pɔʀtbɔnœʀ] nm inv amuleto *m*.

porte-bouteilles [pɔʀtbutɛj] nm inv botellero *m*.

porte-carte, porte-cartes (*pl* **porte-cartes**) [pɔʀtəkaʀt] nm [pour cartes de visite] tarjetero *m*.

porte-clés, porte-clefs [pɔʀtəkle] nm inv llavero *m*.

porte-couteau [pɔʀtkuto] (*pl* **porte-couteaux**) nm salvamantel *m* para cuchillos.

porte-documents [pɔʀtdɔkymɑ̃] nm inv portafolios *m inv*.

porte-drapeau [pɔʀtdʀapo] (*pl* **porte-drapeaux**) nm abanderado *m*.

portée [pɔʀte] nf **1.** [distance, importance] alcance *m* ▸ **à portée de qqch** al alcance de algo ▸ **à la portée de qqn** al alcance de alguien ▸ **hors de (la) portée de qqn** a) [physiquement] fuera del alcance de alguien b) [intellectuellement] por encima de las posibilidades de alguien **2.** MUS pentagrama *m* **3.** [de chiots, chatons] camada *f*.

porte-fenêtre [pɔʀtfənɛtʀ] (*pl* **portes-fenêtres**) nf puerta *f* vidriera.

portefeuille [pɔʀtəfœj] nm **1.** [étui] cartera *f* **2.** FIN cartera *f* de valores.

porte-jarretelles [pɔʀtʒaʀtɛl] nm inv liguero *m*.

porte-malheur [pɔʀtmalœʀ] nm inv ave *f* de mal agüero, gafe *mf*.

portemanteau, x [pɔʀtmɑ̃to] nm perchero *m*.

portemine [pɔʀtəmin] nm portaminas *f inv*.

porte-monnaie [pɔʀtmɔnɛ] nm inv monedero *m*.

porte-parapluies [pɔʀtpaʀaplɥi] nm inv paragüero *m*.

porte-parole [pɔʀtpaʀɔl] nm inv portavoz *mf* ▸ **porte-parole officiel du gouvernement** portavoz oficial del gobierno.

porte-plume [pɔʀtəplym] nm inv portaplumas *m inv*.

porter [3] [pɔʀte] ◆ vt **1.** [gén] llevar / *aide-moi à porter ce meuble* ayúdame a llevar este mueble / *elle porte une robe rouge* lleva un vestido rojo **2.** [soutenir] sostener, aguantar / *les poutres portent la toiture* las vigas sostienen el tejado **3.** [inciter] ▸ **porter qqn à qqch** empujar a alguien a algo ▸ **porter qqn à faire qqch** llevar a alguien a hacer algo **4.** [inscrire] asentar ▸ **porté disparu** dado por desaparecido **5.** [présenter] llevar, presentar / *le film porte la marque de son réalisateur* la película lleva el sello de su director **6.** [diriger] llevar / *il porta la main à sa poche* se llevó la mano al bolsillo. ◆ vi **1.** [s'appuyer] ▸ **porter sur qqch** apoyarse en algo **2.** [traiter] ▸ **porter sur qqch / sur qqn** tratar de algo/de alguien **3.** [avoir un effet] surtir efecto **4.** [voix, tir] alcanzar. ◆ **se porter** vp **1.** [personne] encontrarse / *il se porte bien / mal* se encuentra bien/mal **2.** [vêtement] llevarse **3.** [choix, regard, soupçons] ▸ **se porter sur qqch / sur qqn** dirigirse hacia algo/hacia alguien **4.** [se livrer] ▸ **se porter à** dejarse ir hacia **5.** [se présenter] presentarse ▸ **se porter volontaire** presentarse voluntario(ria).

porte-savon [pɔʀtsavɔ̃] (*pl inv ou* **porte-savons**) nm jabonera *f*.

porte-serviettes [pɔʀtsɛʀvjɛt] nm inv toallero *m*.

porteur, euse [pɔʀtœʀ, øz] ◆ adj **1.** [gén] portador(ra) **2.** [marché, créneau] con salida. ◆ nm, f **1.** [de maladie] portador *m*, -ra *f* **2.** FIN [d'actions] tenedor *m*, -ra *f* ▸ **au porteur** [chèque] al portador. ◆ **porteur** nm [de bagages] mozo *m* de equipajes.

porte-voix [pɔʀtəvwa] nm inv megáfono *m*.

portier, ère [pɔʀtje, ɛʀ] nm, f portero *m*, -ra *f*.

portière [pɔʀtjɛʀ] nf [de voiture] portezuela *f*; [de train] puerta *f*.

portillon [pɔʀtijɔ̃] nm [de métro] puerta *f*.

portion [pɔʀsjɔ̃] nf **1.** [partie] porción *f* **2.** [ration] ración *f* ▸ **être réduit à la portion congrue** *fig* quedarse a dos velas.

portique [pɔʀtik] nm pórtico *m*.

Port-Louis [pɔʀlwi] npr Port-Louis.

porto [pɔʀto] nm oporto *m*.

Porto-Novo [pɔʀtonovo] npr Porto Novo.

portoricain, e [pɔʀtɔʀikɛ̃, ɛn] adj puertorriqueño(ña), portorriqueño(ña). ◆ **Portoricain, e** nm, f puertorriqueño *m*, -ña *f*, portorriqueño(ña).

Porto Rico [pɔʀtoʀiko], **Puerto Rico** [pwɛʀtoʀiko] npr ▸ **le Porto Rico** Puerto Rico.

portrait [pɔʀtʀɛ] nm retrato *m* ▸ **être tout le portrait de qqn** ser el vivo retrato de alguien.

portraitiste [pɔʀtʀetist] nmf retratista *mf*.

portrait-robot [pɔʀtʀɛʀɔbo] nm retrato *m* robot.

portuaire [pɔʀtɥɛʀ] adj portuario(ria).

portugais, e [pɔʀtygɛ, ɛz] adj portugués(esa). ◆ **portugais** nm LING portugués *m*. ◆ **Portugais, e** nm, f portugués *m*, -esa *f*.

Portugal [pɔʀtygal] npr ▸ **le Portugal** Portugal.

POS, Pos [pɔs] (*abr de* **plan d'occupation des sols**) nm *programa francés de urbanización*.

pose [poz] nf **1.** [mise en place] colocación *f* **2.** [attitude] pose *f* ▸ **prendre la pose** posar **3.** PHOTO exposición *f*.

posé, e [poze] adj pausado(da).

posément [pozemɑ̃] adv pausadamente.

poser [3] [poze] ❖ vt **1.** [objet] poner **2.** [question] hacer, plantear **3.** [principe, hypothèse, problème] plantear. ❖ vi **1.** [modèle] posar **2.** [avoir une attitude affectée] presumir. ◆ **se poser** vp **1.** [oiseau, avion] posarse ▸ **se poser sur qqch** posarse en algo **2.** [objet, main] colocarse **3.** [personne] ▸ **se poser en** erigirse en **4.** [se présenter - problème] plantearse ; [- question] hacerse.

poseur, euse [pozœʀ, øz] adj & nm, f engreído(da).

positif, ive [pozitif, iv] adj positivo(va). ◆ **positif** nm positivo *m*.

position [pozisjɔ̃] nf **1.** [gén] posición *f* ▸ **prendre position** tomar partido **2.** [du corps] postura *f*.

positionnement [pozisjɔnmɑ̃] nm posicionamiento *m*.

positionner [3] [pozisjɔne] vt **1.** [gén] colocar **2.** [localiser] situar. ◆ **se positionner** vp colocarse.

positivement [pozitivmɑ̃] adv **1.** [de façon positive & ÉLECTR] positivamente **2.** [vraiment] francamente.

positiver [pɔzitive] ❖ vt positivizar. ❖ vi ser positivo(va).

posologie [pozɔlɔʒi] nf posología *f*.

possédant, e [pɔsedɑ̃, ɑ̃t] adj & nm, f poseedor(ra).

possédé, e [pɔsede] adj & nm, f poseído(da).

posséder [18] [pɔsede] vt **1.** [gén] poseer **2.** [langue, art] dominar **3.** *fam* [duper] ▸ **il s'est fait posséder** le han dado gato por liebre.

possesseur [pɔsesœʀ] nm poseedor *m*, -ra *f*.

possessif, ive [pɔsesif, iv] adj posesivo(va). ◆ **possessif** nm GRAM posesivo *m*.

possession [pɔsesjɔ̃] nf **1.** [gén] posesión *f* ▸ **être en possession de qqch** estar en posesión de algo ▸ **en ma / ta etc. possession** en mi/tu etc. posesión ▸ **prendre possession de qqch** tomar posesión de algo **2.** [de soi, d'une langue] dominio *m*.

possibilité [pɔsibilite] nf posibilidad *f*. ◆ **possibilités** nfpl [capacités] posibilidades *fpl*.

possible [pɔsibl] ❖ adj **1.** [gén] posible ▸ **c'est / ce n'est pas possible a)** [réalisable] es/no es posible **b)** [probable] puede/no puede ser **2.** *fam* [supportable] soportable ▸ **ce n'est plus possible** es insoportable. ❖ nm posible *m*. ◆ **au possible** loc adv a más no poder.

postal, e, aux [pɔstal, o] adj postal.

postcommunisme [pɔstkɔmynism] nm poscomunismo *m*.

postcommuniste [pɔstkɔmynist] adj poscomunista.

postdater [3] [pɔstdate] vt posfechar.

poste [pɔst] ❖ nf correos *m inv* ▸ **envoyer / recevoir par la poste** enviar/recibir por correo ▸ **poste aérienne** correo *m* aéreo ▸ **poste restante** lista *f* de correos. ❖ nm **1.** [emplacement, emploi] puesto *m* ▸ **poste de police / de secours** puesto de policía/de socorro ▸ **être fidèle au poste** *fig* estar siempre al pie del cañón **2.** [appareil] aparato *m* ▸ **poste émetteur** emisora *f* ▸ **poste de radio / de télévision** aparato de radio/de televisión.

> ⚠ **Poste** est un faux ami, il ne signifie pas *poste*, mais « poteau ».

poster [3] [pɔste] vt **1.** [lettre] echar al correo **2.** [sentinelle] apostar. ◆ **se poster** vp apostarse.

postérieur, e [pɔsteʀjœʀ] adj posterior. ◆ **postérieur** nm *fam* trasero *m*.

postérieurement [pɔsteʀjœʀmɑ̃] adv posteriormente.

posteriori [pɔsteʀjɔʀi] ◆ **a posteriori** loc adv a posteriori.

postériorité [pɔsteʀjɔʀite] nf posterioridad *f*.

postérité [pɔsteʀite] nf posteridad *f*.

postface [pɔstfas] nf apéndice *m*.

posthume [pɔstym] adj póstumo(ma).

postiche [pɔstiʃ] ❖ adj [cheveux, mèche] postizo(za). ❖ nm postizo *m*.

postier, ère [pɔstje, ɛʀ] nm, f empleado *m*, -da *f* de correos.

postillon [pɔstijɔ̃] nm [salive] perdigón *m*.

Comment exprimer la possibilité

- **Es posible que yo no venga.** *Il est possible qu'il ne vienne pas.*
- **Es (perfectamente) posible.** *C'est (tout à fait) possible.*
- **Quizás haya ido a Barcelona.** *Peut-être est-il parti à Barcelone.*
- **Tal vez no lo hayas entendido bien.** *Peut-être que tu n'as pas bien compris.*
- **Puede que nos veamos obligados a cancelar.** *Il se peut que nous soyons obligés d'annuler.*
- **Igual ganamos a la lotería.** *Peut-être que nous allons gagner au loto.*
- **Hay el riesgo de que se niegue a hacerlo.** *Il / Elle risque de refuser de le faire.*
- **Coge un paraguas por si acaso.** *Prends un parapluie au cas où.*
- **Podrías ganar, ¡nunca se sabe!** *Tu pourrais gagner, on ne sait jamais !*

postillonner [3] [pɔstijɔne] vi echar perdigones.

postindustriel, elle [pɔstɛ̃dystʀijɛl] adj postindustrial.

Post-it® [pɔstit] nm inv Post-it® *m.*

postmoderne [pɔstmɔdɛʀn] adj posmoderno(na).

post mortem [pɔstmɔʀtɛm] loc adj inv & loc adv post mórtem *(inv).*

postnatal, e, als, aux [pɔstnatal, o] adj posnatal.

postopératoire [pɔstɔpeʀatwaʀ] adj postoperatorio(ria).

postproduction [pɔstpʀɔdyksjɔ̃] nf CINÉ & TV posproducción *f.*

post-scriptum [pɔstskʀiptɔm] nm inv post scriptum *m*, posdata *f.*

postsynchronisation [pɔstsɛ̃kʀɔnizasjɔ̃] nf postsincronización *f.*

post-traumatique [pɔstʀomatik] (*pl* **post-traumatiques**) adj MÉD postraumático(ca).

postulant, e [pɔstylɑ̃, ɑ̃t] nm, f [candidat] solicitante *mf* ; RELIG postulante *mf.*

postulat [pɔstyla] nm postulado *m.*

postuler [3] [pɔstyle] ❖ vi ▸ **postuler à qqch** solicitar algo. ❖ vt postular.

posture [pɔstyʀ] nf postura *f* ▸ **être** ou **se trouver en mauvaise posture** *fig* estar ou hallarse en una mala situación.

pot [po] nm **1.** [récipient] bote *m* ▸ **pot de chambre** orinal *m* ▸ **pot de fleurs** maceta *f* ▸ **découvrir le pot aux roses** descubrir el pastel ▸ **tourner autour du pot** *fam* andarse por las ramas **2.** *fam* [boisson] copa *f* ▸ **boire** ou **prendre un pot** tomar una copa ▸ **faire un pot** dar una copa **3.** *fam* [chance] potra *f* ▸ **avoir du pot** tener chorra **4.** EXPR **payer plein pot** *fam* pagar tarifa completa. ◆ **pot catalytique** nm catalizador *m.* ◆ **pot d'échappement** nm tubo *m* de escape.

potable [pɔtabl] adj potable.

potache [pɔtaʃ] nm *fam* colegial *m.*

potage [pɔtaʒ] nm sopa *f* ▸ **potage aux légumes** sopa de verduras.

potager, ère [pɔtaʒe, ɛʀ] adj ⟶ **jardin.** ◆ **potager** nm huerta *f*, huerto *m.*

potasse [pɔtas] nf potasa *f.*

potasser [3] [pɔtase] vt *fam* empollar.

potassium [pɔtasjɔm] nm potasio *m.*

pot-au-feu [pɔtofø] nm inv **1.** [plat] ≃ cocido *m* ESP ; ≃ ajiaco *m* AM **2.** [viande] carne *f* del cocido.

pot-de-vin [podvɛ̃] (*pl* **pots-de-vin**) nm unto *m*, soborno *m* ESP, mordida *f* AM.

pote [pɔt] nm *fam* colega *m (amigo).*

poteau, x [pɔto] nm poste *m* ▸ **poteau indicateur** poste indicador ▸ **coiffer qqn au poteau** ganar a alguien por los pelos.

potée [pɔte] nf sopa *f* de coles ; ≃ caldo *m* gallego.

potelé, e [pɔtle] adj regordete(ta).

potence [pɔtɑ̃s] nf **1.** CONSTR jabalcón *m* **2.** [gibet] horca *f.*

potentat [pɔtɑ̃ta] nm potentado *m.*

potentiel, elle [pɔtɑ̃sjɛl] adj potencial. ◆ **potentiel** nm potencial *m.*

potentiellement [pɔtɑ̃sjɛlmɑ̃] adv potencialmente.

poterie [pɔtʀi] nf **1.** [art] alfarería *f*, cerámica *f* **2.** [objet] cerámica *f*, objeto *m* de alfarería.

potiche [pɔtiʃ] nf **1.** [vase] jarrón *m* de porcelana **2.** *fam* [personne] ▸ **être une potiche** estar de adorno.

potier, ère [pɔtje, ɛʀ] nm, f alfarero *m*, -ra *f.*

potimarron [pɔtimaʀɔ̃] nm BOT *variedad de calabaza originaria de China.*

potin [pɔtɛ̃] nm *fam* **1.** [bruit] jaleo *m*, alboroto *m* ESP, mitote *m* AM ▸ **faire du potin** armar jaleo **2.** *(gén pl)* [ragot] chisme *m*, cotilleo *m.*

potion [posjɔ̃] nf poción *f*, pócima *f.*

potiron [pɔtiʀɔ̃] nm calabaza *f* ESP, guacal *m* AM.

pot-pourri [popuʀi] nm **1.** MUS popurrí *m* **2.** [mélange odorant] saquito *m* de olor.

pou, x [pu] nm piojo *m.*

pouah [pwa] interj ¡puaj!

poubelle [pubɛl] nf **1.** [gén] cubo *m* de la basura ▸ **mettre qqch à la poubelle** tirar algo a la basura **2.** INFORM papelera *f.*

pouce [pus] ❖ nm **1.** [doigt] pulgar *m* ▸ **sucer son pouce** chuparse el dedo ▸ **manger sur le pouce** *fig* comer de pie y deprisa **2.** [mesure] pulgada *f* ▸ **ne pas bouger d'un pouce** no mover (ni) un dedo ▸ **ne pas avancer / reculer d'un pouce** no avanzar / retroceder ni un ápice. ❖ interj ▸ **pouce !** ≃ ¡stop!

poudre [pudʀ] nf **1.** [substance] polvo *m* ▸ **poudre de perlimpinpin** polvos de la madre Celestina **2.** [explosif] pólvora *f* **3.** [fard] polvos *mpl* **4.** EXPR **prendre la poudre d'escampette** tomar las de Villadiego.

poudreux, euse [pudʀø, øz] adj en polvo. ◆ **poudreuse** nf nieve *f* en polvo.

poudrier [pudʀije] nm **1.** [boîte] polvera *f* **2.** [fabricant d'explosifs] fabricante *mf* de pólvora.

poudrière [pudʀijɛʀ] nf polvorín *m.*

poudroyer [13] [pudʀwaje] vi *sout* **1.** [sable, poussière] levantar polvo **2.** [scintiller] centellear.

pouf [puf] ❖ nm puf *m.* ❖ interj ¡paf!

pouffer [3] [pufe] vi ▸ **pouffer de rire a)** [une fois] reventar de risa **b)** [continuellement] tener la risa tonta.

pouffiasse [pufjas] nf *vulg* & *péj* fulana *f.*

pouilleux, euse [pujø, øz] ❖ adj **1.** [qui a des poux] piojoso(sa) **2.** [habitation, vêtement] asqueroso(sa). ❖ nm, f piojoso *m*, -sa *f.*

poujadiste [puʒadist] ❖ adj poujadista. ❖ nmf poujadista *mf.*

poulailler [pulaje] nm gallinero *m.*

poulain [pulɛ̃] nm **1.** ZOOL potro *m* **2.** *fig* [débutant] pupilo *m*.

poularde [pulaʀd] nf polla *f* cebada.

poule [pul] nf **1.** ZOOL gallina *f* ▸ **poule mouillée** gallina *m* ▸ **la poule aux œufs d'or** la gallina de los huevos de oro **2.** *fam & péj* [femme] fulana *f* **3.** SPORT liga *f*.

poulet [pulɛ] nm **1.** [animal, viande] pollo *m* ESP, ave *f* AM ▸ **poulet de grain** pollo tomatero ▸ **poulet rôti** pollo asado **2.** *fam* [policier] madero *m*.

poulette [pulɛt] nf **1.** ZOOL pollita *f* **2.** *fam* [femme] nena *f*, muñeca *f*.

pouliche [puliʃ] nf potranca *f*.

poulie [puli] nf polea *f*.

poulpe [pulp] nm pulpo *m*.

pouls [pu] nm pulso *m* ▸ **tâter le pouls de qqn** tomar el pulso a alguien.

poumon [pumɔ̃] nm pulmón *m* ▸ **à pleins poumons** [respirer] a pleno pulmón.

poupe [pup] nf popa *f* ▸ **avoir le vent en poupe** *fig* ir viento en popa.

poupée [pupe] nf **1.** [jouet] muñeca *f* **2.** *fam* [pansement] dedil *m*.

poupin, e [pupɛ̃, in] adj rubicundo(da).

poupon [pupɔ̃] nm **1.** [jouet] pepona *f* **2.** [bébé] bebé *m*.

pouponner [pupɔne] vi cuidar a un bebé.

pouponnière [pupɔnjɛʀ] nf guardería *f*.

pour [puʀ]

❖ prép

1. [indique le but, la durée, un rapport] para / *acheter un cadeau pour qqn* comprar un regalo para alguien / *partir pour dix jours* irse para diez días / *il faudra finir ce travail pour lundi* habrá que terminar este trabajo para el lunes / *pour moi, il n'y a pas à hésiter* para mí, no hay duda ▸ **pour ce qui est de** en lo que se refiere a

2. [indique l'intention] ▸ **pour** *(+ infinitif)* para *(+ infinitif)* / *j'ai pris le métro pour aller plus vite* he cogido el metro para ir más deprisa

3. [indique la cause, l'équivalence] por / *il est tombé malade pour avoir mangé trop d'huîtres* se puso enfermo por haber comido demasiadas ostras / *pour 500 euros* por 500 euros / *voyager pour son plaisir* viajar por placer

4. [à l'égard de] por, hacia / *son amour pour lui* su amor hacia él

❖ adv

a favor / *je suis pour* estoy a favor ▸ **n'être ni pour ni contre** no estar ni a favor ni en contra

❖ nm

▸ **le pour et le contre** los pros y los contras

◆ **pour que** loc conj *(+ subjonctif)* para que *(+ subjonctif)*.

pourboire [puʀbwaʀ] nm propina *f*.

pourceau, x [puʀso] nm *sout* puerco *m*.

pourcentage [puʀsɑ̃taʒ] nm porcentaje *m*.

pourchasser [3] [puʀʃase] vt perseguir.

pourfendeur, euse [puʀfɑ̃dœʀ, øz] nm, f *sout* matachín *m*, -ina *f*.

Pourim [puʀim] Purim *m*.

pourlécher [18] [puʀleʃe] ◆ **se pourlécher** vp relamerse.

pourparlers [puʀpaʀle] nmpl conversaciones *fpl*, negociaciones *fpl*.

pourpre [puʀpʀ] adj, nm & nf púrpura.

pourquoi [puʀkwa] ❖ adv por qué / *pourquoi es-tu venu ?* ¿por qué has venido? ▸ **pourquoi pas ?** ¿por qué no? / *je ne comprends pas pourquoi il est venu* no entiendo por qué ha venido ▸ **c'est pourquoi…** por eso…. ❖ nm inv **1.** [raison] ▸ **le pourquoi (de)** el porqué (de) **2.** [question] ▸ **les pourquoi** las preguntas.

pourrai ⟶ **pouvoir**.

pourri, e [puʀi] adj **1.** [fruit, personne, milieu] podrido(da) **2.** [enfant] mimado(da). ◆ **pourri** nm **1.** [de fruit] podrido *m* **2.** *fam & péj* [personne] canalla *m*.

pourriel [puʀjɛl] nm INFORM correo *m* basura.

pourrir [32] [puʀiʀ] ❖ vt **1.** [matière, aliment] pudrir **2.** [enfant] mimar. ❖ vi pudrirse.

pourrissement [puʀismɑ̃] nm podredumbre *f*.

pourriture [puʀityʀ] nf **1.** [gén] podredumbre *f* **2.** *péj* [personne] canalla *m*.

poursuis ⟶ **poursuivre**.

poursuite [puʀsɥit] nf **1.** [recherche - d'une personne] persecución *f*; [d'argent, de la vérité] afán *m* ▸ **se lancer à la poursuite de** lanzarse en persecución de **2.** [continuation] ▸ **la poursuite de qqch** la continuación de algo, la prosecución de algo. ◆ **poursuites** nfpl DR diligencias *fpl* ▸ **engager des poursuites judiciaires** entablar diligencias judiciales.

poursuivant, e [puʀsɥivɑ̃, ɑ̃t] nm, f perseguidor *m*, -ra *f*.

poursuivi, e [puʀsɥivi] pp ⟶ **poursuivre**.

poursuivis ⟶ **poursuivre**.

poursuivre [89] [puʀsɥivʀ] vt **1.** [gén] perseguir ▸ **poursuivre qqn de** [menaces, assiduités] acosar a uno con **2.** [enquête, travail] proseguir ▸ **poursuivez, je vous écoute** prosiga, le escucho.

pourtant [puʀtɑ̃] adv sin embargo.

pourtour [puʀtuʀ] nm perímetro *m*.

pourvoi [puʀvwa] nm recurso *m* ▸ **pourvoi en cassation** recurso de casación.

pourvoir [64] [puʀvwaʀ] ❖ vt ▸ **pourvoir qqch / qqn de qqch** dotar algo / a alguien de algo. ❖ vi ▸ **pourvoir aux besoins de qqn** satisfacer las necesidades de alguien. ◆ **se pourvoir** vp **1.** [se munir] ▸ **se pourvoir de** proveerse de **2.** DR recurrir.

pourvois ⟶ pourvoir.

pourvoyais ⟶ pourvoir.

pourvoyeur, euse [purvwajœr, øz] nm, f proveedor *m*, -ra *f*.

pourvu, e [purvy] pp ⟶ **pourvoir.** ◆ **pourvu que** loc conj *(+ subjonctif)* **1.** [à condition que] siempre que, con tal que **2.** [espérons que] ojalá.

pourvus ⟶ pourvoir.

pousse [pus] nf **1.** [croissance] crecimiento *m* **2.** [bourgeon] brote *m* ▸ **pousses de bambou** brotes de bambú.

pousse-café [puskafe] nm inv *fam* copa *f (después del café)*.

poussée [puse] nf **1.** [pression] empuje *m* **2.** [de fièvre, de maladie] acceso *m* **3.** [progression] subida *f*, ascenso *m* ▸ **poussée démographique** ola *f* demográfica.

pousse-pousse [puspus] nm inv **1.** [voiture] culí *m* **2.** SUISSE [poussette] cochecito *m* de niño.

pousser [3] [puse] ❖ vt **1.** [personne, objet] empujar ▸ **pousser qqn à faire qqch / à qqch** empujar a alguien a hacer algo / a algo ▸ **pousser qqn à bout** sacar a alguien de sus casillas **2.** [moteur, voiture] forzar **3.** [recherche, étude] proseguir **4.** [cri, soupir] dar, lanzar. ❖ vi **1.** [cheveux, plante, enfant] crecer **2.** [poursuivre son chemin] ▸ **pousser jusqu'à...** seguir hasta... **3.** *fam* [exagérer] pasarse. ◆ **se pousser** vp **1.** [laisser la place] echarse a un lado, apartarse **2.** [se donner des coups] empujarse.

poussette [puset] nf cochecito *m* de niño.

poussière [pusjɛr] nf polvo *m* ▸ **avoir une poussière dans l'œil** tener una mota en el ojo ▸ **et des poussières** *fam* y pico ▸ **mordre la poussière** *fig* morder el polvo ▸ **réduire en poussière** [détruire] reducir a polvo.

poussiéreux, euse [pusjerø, øz] adj polvoriento(ta).

poussif, ive [pusif, iv] adj **1.** [personne] que se ahoga con facilidad **2.** [moteur] que se ahoga.

poussin [pusɛ̃] nm **1.** ZOOL polluelo *m* **2.** SPORT alevín *m*.

poussoir [puswar] nm pulsador *m*.

poutre [putr] nf **1.** CONSTR viga *f* **2.** SPORT potro *m*.

poutrelle [putrɛl] nf vigueta *f*.

> **pouvoir[1]** [58] [puvwar]
>
> ❖ vt
>
> poder ▸ **pouvez-vous / peux-tu faire quelque chose ?** ¿puede/puedes hacer algo? / *peux-tu ouvrir la fenêtre ?* ¿puedes abrir la ventana? / *vous pouvez partir* se puede ir ▸ **je n'en peux plus** no puedo más ▸ **je n'y peux rien** no es culpa mía / *le malade peut rechuter* el enfermo puede recaer / *il pourrait neiger dans la journée* puede nevar a lo largo del día ▸ **elle est on ne peut plus gentille** no se puede ser más amable ▸ **il est on ne peut plus sûr de lui** no puede estar más seguro de sí mismo
>
> ◆ **se pouvoir** v impers ▸ **il se peut que** puede que / *il se peut qu'il arrive en retard* puede que llegue tarde ▸ **cela se peut** ou **pourrait (bien)** puede ser, podría ser.

pouvoir[2] [puvwar] ❖ nm poder *m* ▸ **pouvoir absolu** poder absoluto ▸ **pouvoir d'achat** poder adquisitivo ▸ **les pouvoirs publics** los poderes públicos ▸ **pleins pouvoirs** plenos poderes.

pp (*abr écrite de* **pages**) págs.

p.p. (*abr écrite de* **par procuration**) p.p.

PQ[1] (*abr de* **papier-cul**) nm *tfam* papel *m* de wáter / *un rouleau de PQ* un rollo de papel de wáter / *acheter du PQ* comprar papel de wáter.

PQ[2] **1.** (*abr écrite de* **province du Québec**) provincia *f* de Quebec **2.** (*abr écrite de* **premier quartier (de lune)**) cuarto *m* creciente.

Pr (*abr écrite de* **professeur**) Prof., Profa. / *Pr Jacques Dupont* Prof. Jacques Dupont.

PR[1] (*abr de* **Parti républicain**) nm *antiguo partido político francés a la derecha del espectro político.*

PR[2] *abr écrite de* **poste restante**.

pragmatique [pragmatik] adj pragmático(ca).

pragois, e, praguois, e [pragwa, az] adj de Praga. ◆ **Pragois, e, Praguois, e** nm, f *natural o habitante de Praga.*

Prague [prag] npr Praga.

praguois, e = **pragois**.

praire [prɛr] nf verigüeto *m*.

prairie [preri] nf prado *m*, pradera *f*.

praline [pralin] nf **1.** [amande] almendra *f* garrapiñada **2.** BELGIQUE [chocolat] bombón *m*.

praliné [praline] nm praliné *m*.

praticable [pratikabl] ❖ adj practicable. ❖ nm **1.** THÉÂTRE practicable *m* **2.** CINÉ grúa *f* móvil.

praticien, enne [pratisjɛ̃, ɛn] nm, f médico *mf*.

pratiquant, e [pratikɑ̃, ɑ̃t] adj & nm, f practicante.

pratique [pratik] ❖ adj práctico(ca). ❖ nf práctica *f* ▸ **mettre qqch en pratique** poner algo en práctica.

pratiquement [pratikmɑ̃] adv **1.** [en fait] en la práctica **2.** [quasiment] prácticamente.

pratiquer [3] [pratike] vt practicar. ◆ **se pratiquer** vp practicarse ; [prix] aplicarse.

pré [pre] nm prado *m*.

préado [preado] nmf *fam* preadolescente *mf*.

préadolescent, e [preadɔlesɑ̃, ɑ̃t] nm, f preadolescente *mf*.

préalable [prealabl] ❖ adj previo(via) ▸ **préalable à** previo(via) a. ❖ nm condición *f* previa. ◆ **au préalable** loc adv previamente.

préalablement [prealabləmɑ̃] adv previamente.

préambule [preɑ̃byl] nm **1.** [introduction, propos] preámbulo *m* **2.** *fig* [prélude] preludio *m*.

préau, x [preo] nm patio *m*.

préavis [preavi] nm preaviso *m*.

précaire [prekɛr] adj precario(ria).

précancéreux, euse [prekɑ̃serø, øz] adj precanceroso(sa).

précarisation [pʀekaʀizasjɔ̃] nf precarización *f.*

précariser [3] [pʀekaʀize] vt precarizar.

précarité [pʀekaʀite] nf precariedad *f.*

précaution [pʀekosjɔ̃] nf precaución *f.*

précautionneux, euse [pʀekosjɔnø, øz] adj precavido(da).

précédemment [pʀesedamɑ̃] adv anteriormente.

précédent, e [pʀesedɑ̃, ɑ̃t] adj precedente, anterior. ◆ **précédent** nm DR precedente *m* ▸ **sans précédent** sin precedentes.

précéder [18] [pʀesede] vt **1.** [gén] preceder **2.** [arriver avant] adelantarse a.

précepte [pʀesɛpt] nm precepto *m.*

précepteur, trice [pʀesɛptœʀ, tʀis] nm, f preceptor *m*, -ra *f.*

préchauffer [3] [pʀeʃofe] vt precalentar.

prêche [pʀɛʃ] nm prédica *f.*

prêcher [4] [pʀeʃe] vt & vi predicar.

prêcheur, euse [pʀɛʃœʀ, øz] ◆ adj predicador(ra). ◆ nm, f **1.** [prédicateur] predicador *m*, -ra *f* **2.** *fig* [moralisateur] sermoneador *m*, -ra *f.*

prêchi-prêcha [pʀeʃipʀeʃa] nm inv sermoneo *m.*

précieusement [pʀesjøzmɑ̃] adv **1.** [avec grand soin] preciosamente **2.** [avec préciosité] con afectación.

précieux, euse [pʀesjø, øz] adj **1.** [objet, pierre, métal] precioso(sa) **2.** [collaborateur] preciado(da) **3.** [style] afectado(da) **4.** LITTÉR preciosista. ◆ **précieuse** nf LITTÉR preciosa *f.*

préciosité [pʀesjozite] nf **1.** [affectation] afectación *f*, amaneramiento *m* **2.** LITTÉR preciosismo *m.*

précipice [pʀesipis] nm precipicio *m.*

précipitamment [pʀesipitamɑ̃] adv precipitadamente.

précipitation [pʀesipitasjɔ̃] nf precipitación *f.* ◆ **précipitations** nfpl MÉTÉOR precipitaciones *fpl.*

précipité [pʀesipite] nm precipitado *m.*

précipiter [3] [pʀesipite] vt precipitar ▸ **précipiter qqch / qqn du haut de** precipitar algo / a alguien desde lo alto de. ◆ **se précipiter** vp **1.** [gén] precipitarse **2.** [s'élancer] ▸ **se précipiter vers qqn** abalanzarse hacia alguien.

précis, e [pʀesi, iz] adj **1.** [rapport, mesure] preciso(sa) **2.** [heure] fijo(ja) ▸ **à 6 heures précises** a las seis en punto. ◆ **précis** nm compendio *m.*

précisément [pʀesizemɑ̃] adv **1.** [avec précision] con precisión **2.** [exactement] exactamente **3.** [justement] precisamente.

préciser [3] [pʀesize] vt precisar. ◆ **se préciser** vp precisarse, concretarse.

précision [pʀesizjɔ̃] nf **1.** [exactitude] precisión *f* **2.** [détail] detalle *m* ▸ **apporter** OU **donner des précisions** aportar OU dar detalles.

précité, e [pʀesite] adj citado(da) anteriormente.

précoce [pʀekɔs] adj **1.** [plante, fruit] precoz, temprano(na) **2.** [enfant] precoz.

précocité [pʀekɔsite] nf precocidad *f.*

précolombien, enne [pʀekɔlɔ̃bjɛ̃, ɛn] adj precolombino(na).

préconçu, e [pʀekɔ̃sy] adj preconcebido(da).

préconiser [3] [pʀekɔnize] vt preconizar ▸ **préconiser que** aconsejar que / ***il préconise que vous pratiquiez un sport*** le aconseja que practique un deporte.

précuit, e [pʀekɥi, it] adj precocinado(da).

précurseur [pʀekyʀsœʀ] ◆ adj m precursor(ra). ◆ nm precursor *m.*

prédateur, trice [pʀedatœʀ, tʀis] adj depredador(ra), predador(ra). ◆ **prédateur** nm depredador *m.*

prédécesseur [pʀedesesœʀ] nm predecesor *m*, antecesor *m.*

prédécoupé, e [pʀedekupe] adj precortado(da).

prédestination [3] [pʀedɛstinasjɔ̃] nf predestinación *f.*

prédestiner [3] [pʀedɛstine] vt predestinar ▸ **être prédestiné à faire qqch / à qqch** estar predestinado a hacer algo / a algo.

prédéterminer [3] [pʀedetɛʀmine] vt predeterminar.

prédicat [pʀedika] nm predicado *m.*

prédicateur, trice [pʀedikatœʀ, tʀis] nm, f predicador *m*, -ra *f.*

prédication [pʀedikasjɔ̃] nf predicación *f.*

prédiction [pʀediksjɔ̃] nf predicción *f.*

prédilection [pʀedilɛksjɔ̃] nf predilección *f* ▸ **avoir une prédilection pour qqch / pour qqn** tener predilección por algo / por alguien ▸ **de prédilection** predilecto(ta).

prédire [103] [pʀediʀ] vt predecir.

prédis → **prédire**.

prédisais → **prédire**.

prédisposer [3] [pʀedispoze] vt ▸ **prédisposer qqn à qqch** predisponer a alguien a algo.

prédisposition [pʀedispozisjɔ̃] nf ▸ **prédisposition à qqch** predisposición a algo.

prédit, e [pʀedi, it] pp → **prédire**.

prédominance [pʀedɔminɑ̃s] nf predominio *m.*

prédominant, e [pʀedɔminɑ̃, ɑ̃t] adj predominante.

prédominer [3] [pʀedɔmine] vi predominar.

préélectoral, e, aux [pʀeelɛktɔʀal, o] adj preelectoral.

préemballé, e [pʀeɑ̃bale] adj envasado(da) *(alimentos frescos).*

prééminence [pʀeeminɑ̃s] nf preeminencia *f.*

préempter [pʀeɑ̃pte] vt hacer uso del derecho de retracto.

préemption [pʀeɑ̃psjɔ̃] nf tanteo *m.*

préencollé, e [preɑ̃kɔle] adj engomado(da).

préétabli, e [preetabli] adj preestablecido(da).

préexistant, e [preɛgzistɑ̃, ɑ̃t] adj preexistente.

préfabriqué, e [prefabrike] adj **1.** [maison, immeuble] prefabricado(da) **2.** [accusation] amañado(da). ◆ **préfabriqué** nm construcción *f* prefabricada.

préface [prefas] nf prólogo *m*, prefacio *m*.

préfacer [16] [prefase] vt prologar.

préfectoral, e, aux [prefɛktɔral, o] adj de la prefectura.

préfecture [prefɛktyr] nf prefectura *f*; ≃ gobierno *m* civil ▸ **préfecture de police** jefatura *f* de policía.

préférable [preferabl] adj preferible.

préféré, e [prefere] adj & nm, f preferido(da).

préférence [preferɑ̃s] nf **1.** [prédilection] preferencia *f* ▸ **de préférence** preferentemente, de preferencia **2.** [choix] elección *f* / ***quelle est ta préférence ?*** ¿cuál prefieres?

préférentiel, elle [preferɑ̃sjɛl] adj preferente.

préférer [18] [prefere] vt preferir ▸ **préférer faire qqch** preferir hacer algo ▸ **préférer qqch / qqn (à qqch / à qqn)** preferir algo / a alguien (a algo / a alguien) ▸ **je préfère ça !** ¡eso está mejor! ◆ **se préférer** vp *fam* gustarse más.

préfet [prefɛ] nm prefecto *m*.

préfigurer [3] [prefigyre] vt prefigurar.

préfixe [prefiks] nm prefijo *m*.

préhispanique [preispanik] adj [culture, civilisation] prehispánico(ca), percolombino(na).

préhistoire [preistwar] nf prehistoria *f*.

préhistorique [preistɔrik] adj prehistórico(ca).

préinscription [preɛ̃skripsjɔ̃] nf preinscripción *f*.

préjudice [preʒydis] nm perjuicio *m* ▸ **porter préjudice à qqn** perjudicar a alguien.

préjudiciable [preʒydisjabl] adj perjudicial ▸ **préjudiciable à qqch / à qqn** perjudicial para algo / para alguien.

préjugé [preʒyʒe] nm prejuicio *m* ▸ **avoir un préjugé contre qqch / qqn** tener un prejuicio contra algo / alguien.

préjuger [17] [preʒyʒe] vt ▸ **préjuger de qqch** *sout* prejuzgar algo.

prélasser [3] [prelase] ◆ **se prélasser** vp repantigarse.

prélat [prela] nm prelado *m*.

prélavage [prelavaʒ] nm prelavado *m*.

prélèvement [prelɛvmɑ̃] nm **1.** MÉD extracción *f* **2.** FIN retención *f* ▸ **prélèvement à la source** retención en la fuente ▸ **prélèvement mensuel / automatique** transferencia *f* mensual / automática. ◆ **prélèvements obligatoires** nmpl *retención obligatoria de impuestos y cotizaciones sociales*.

prélever [19] [prelve] vt **1.** MÉD extraer **2.** FIN retener ▸ **prélever qqch sur qqch** retener algo de algo.

préliminaire [preliminɛr] adj preliminar. ◆ **préliminaires** nmpl preliminares *mpl*.

prélude [prelyd] nm preludio *m* ▸ **prélude à qqch** preludio de algo.

préluder [3] [prelyde] vi **1.** [préparer] ▸ **préluder à qqch** preludiar algo **2.** MUS preludiar.

prématuré, e [prematyre] adj & nm, f prematuro(ra).

prématurément [prematyremɑ̃] adv prematuramente.

préméditation [premeditasjɔ̃] nf premeditación *f* ▸ **avec préméditation** con premeditación.

préméditer [3] [premedite] vt ▸ **préméditer qqch** premeditar algo.

prémenstruel, elle [premɑ̃strɥɛl] adj premenstrual.

prémices [premis] nfpl *sout* primicias *fpl*.

premier, ère [prəmje, ɛr] ⟡ adj primero(ra), primer *(devant un nm)*. ⟡ nm, f ▸ **le premier** el primero ▸ **être ou sortir premier** ser ou salir el primero ▸ **jeune premier** THÉÂTRE & CINÉ galán *m* joven. ◆ **premier** nm primero *m*. ◆ **première** nf **1.** THÉÂTRE estreno *m* **2.** [exploit] innovación *f* **3.** [classe, vitesse] primera *f* **4.** SCOL ≃ primero *m* de Bachillerato. ◆ **en premier** loc adv en primer lugar.

premièrement [prəmjɛrmɑ̃] adv primero.

premier-né, première-née [prəmjene, prəmjɛrne] (*mpl* **premiers-nés**, *fpl* **premières-nées**) nm primogénito *m*, -ta *f*.

prémisse [premis] nf premisa *f*.

prémolaire [premɔlɛr] nf premolar *m*.

prémonition [premɔnisjɔ̃] nf premonición *f*.

prémonitoire [premɔnitwar] adj premonitorio(ria).

prémunir [32] [premynir] vt ▸ **prémunir qqn contre qqch** prevenir a alguien de ou contra algo. ◆ **se prémunir** vp prevenirse ▸ **se prémunir contre qqch** prevenirse contra algo.

prenais ⟶ **prendre**.

prenant, e [prənɑ̃, ɑ̃t] adj **1.** [activité] absorbente **2.** [film, histoire, livre] cautivador(ra) **3.** DR beneficiario(ria).

Comment exprimer une préférence

- **Prefiero con mucho el cine a la televisión.** *Je préfère de loin le cinéma à la télévision.*
- **Preferiría que fueras en mi lugar.** *Je préférerais que tu y ailles à ma place.*
- **Prefiero que no lo hagas a que lo hagas mal.** *Je préfère que tu ne le fasses pas plutôt que tu le fasses mal.*
- **Es mejor no hablar del tema.** *Il vaut mieux ne pas aborder le sujet.*
- **El sábado me iría mejor.** *Samedi me conviendrait mieux.*

prénatal, e [pʀenatal] (*pl* **prénatals** *ou* **prénataux** [pʀenato]) adj prenatal.

prendre [79] [pʀɑ̃dʀ]

◆ vt

1. [gén] coger ESP, agarrar AM / *prends ton manteau, il fait froid* coge el abrigo que hace frío / *il a pris de l'argent dans la caisse* cogió dinero de la caja ▸ **il s'est fait prendre** lo han cogido

2. [aliment, décision, mesure] tomar / *vous prendrez quelque chose ?* ¿tomará algo? / *ma décision est prise* he tomado mi decisión

3. [juger] ▸ **prendre qqn pour** tomar a alguien por / *je l'ai pris pour son frère* lo tomé por su hermano

4. [temps] llevar / *ce travail nous a pris une semaine* este trabajo nos ha llevado una semana / *prends ton temps* tómate el tiempo que sea necesario

5. [aller chercher] recoger

6. [responsabilité] asumir

7. *fam* [se faire réprimander] *qu'est-ce que j'ai pris quand...* la que me ha caído encima cuando...

8. [aborder - personne] ▸ **prendre qqn par qqch** ganarse a alguien con algo / *prendre qqn par les sentiments* tocar la fibra sensible a alguien ; [- problème, question] plantear

9. [interpréter] tomarse ▸ **prendre qqch bien / mal** tomarse algo (a) bien / (a) mal

10. EXPR **à tout prendre** bien mirado ▸ **c'est à prendre ou à laisser** lo tomas o lo dejas ▸ **on ne m'y prendra plus** no lo volveré a hacer ▸ **qu'est-ce que lui prend ?** ¿qué le pasa?

◆ vi

1. [sauce, gelée] espesarse ; [colle] pegar

2. [feu] prender

3. [se diriger] *prendre à droite / à gauche* coger a la derecha / a la izquierda

4. EXPR **prendre sur soi** dominarse ▸ **prendre sur soi de faire qqch** asumir la responsabilidad de hacer algo ▸ **ça ne prendra pas avec elle** eso no se lo va a tragar

◆ **se prendre** vp [s'accrocher] engancharse ▸ **s'en prendre à qqch / à qqn** tomarla con algo / con alguien ▸ **se prendre pour** dárselas de ▸ **je sais comment m'y prendre** sé cómo hacerlo.

prends ⟶ **prendre**.

preneur, euse [pʀənœʀ, øz] nm, f comprador *m*, -ra *f*.

prenne ⟶ **prendre**.

prénom [pʀenɔ̃] nm nombre *m*.

prénommé, e [pʀenɔme] adj : *un garçon prénommé Julien* un chico llamado Julien.

prénommer [3] [pʀenɔme] vt llamar.
◆ **se prénommer** vp llamarse.

prénuptial, e, aux [pʀenypsjal, o] adj prenupcial.

préoccupant, e [pʀeɔkypɑ̃, ɑ̃t] adj preocupante.

préoccupation [pʀeɔkypasjɔ̃] nf preocupación *f*.

préoccupé, e [pʀeɔkype] adj preocupado(da).

préoccuper [3] [pʀeɔkype] vt preocupar. ◆ **se préoccuper** vp ▸ **se préoccuper de qqch / de qqn** preocuparse por algo / por alguien.

prépa [pʀepa] nf SCOL [préparation] *curso de uno o dos años durante el cual se prepara el examen de ingreso a las "Grandes écoles" francesas.*

préparateur, trice [pʀepaʀatœʀ, tʀis] nm, f auxiliar *m* ▸ **préparateur en pharmacie** auxiliar de farmacia.

préparatifs [pʀepaʀatif] nmpl preparativos *mpl*.

préparation [pʀepaʀasjɔ̃] nf **1.** [gén] preparación *f* **2.** CHIM preparado *m* **3.** [préparatifs] preparativos *mpl*.

préparatoire [pʀepaʀatwaʀ] adj preparatorio(ria).

préparer [3] [pʀepaʀe] vt preparar ▸ **préparer qqn à qqch** preparar a alguien para algo. ◆ **se préparer** vp prepararse ▸ **se préparer à faire qqch / à qqch** prepararse para hacer algo / para algo.

prépayé, e [pʀepeje] adj de prepago, prepagado(da).

prépayer [pʀepeje] vt pagar previamente / *'port prépayé'* 'franqueo prepago'.

prépondérance [pʀepɔ̃deʀɑ̃s] nf preponderancia *f* ▸ **prépondérance de qqch / qqn sur qqch / qqn** preponderancia de algo / alguien sobre algo / alguien.

prépondérant, e [pʀepɔ̃deʀɑ̃, ɑ̃t] adj preponderante.

préposé, e [pʀepoze] nm, f encargado *m*, -da *f*.

préposer [3] [pʀepoze] vt encargar ▸ **être préposé à qqch** estar encargado de algo.

préposition [pʀepozisjɔ̃] nf preposición *f*.

prépresse [pʀepʀɛs] nm [en imprimerie] preimpresión *f*.

préprogrammé, e [pʀepʀɔgʀame] adj preprogramado(da).

prépuce [pʀepys] nm prepucio *m*.

préréglé, e [pʀeʀegle] adj preajustado(da) ; [radio, etc.] presintonizado(da).

prérentrée [pʀeʀɑ̃tʀe] nf SCOL *reincorporación del personal docente y administrativo de los centros escolares previa al inicio del curso académico.*

préretraite [pʀeʀətʀɛt] nf jubilación *f* anticipada.

prérogative [pʀeʀɔgativ] nf prerrogativa *f*.

près [pʀɛ] ◆ adv
cerca / *il habite près de chez moi* vive cerca de mi casa ▸ **tout près** al lado
◆ **de près** loc adv de cerca / *regarder qqch de près* **a)** [à petite distance] mirar algo de cerca **b)** [avec attention] mirar algo detenidamente ▸ **de plus / de très près a)** [regarder] de más / de muy cerca **b)** [connaître] mejor / muy bien.
◆ **près de** loc prép **1.** [dans l'espace, dans le temps] cerca de / *être près de qqn* estar junto a alguien ▸ **l'un près de l'autre** uno junto al otro **2.** [sur le point de] a punto de **3.** [presque] casi / *il y a près d'une heure* hace casi una hora.
◆ **à peu près** loc adv aproximadamente, poco más o menos.
◆ **à peu de chose près** loc adv aproximadamente, poco más o menos.

◆ **à ceci près que, à cela près que** loc conj excepto por (el hecho que).

◆ **à... près** loc adv : *à une voix près* por un voto ▸ **il n'en est pas à ça près** para él, esto no es nada / *je ne suis pas à 100 euros près* cien euros no me va a sacar de pobre / *rembourser au centime près* reembolsar hasta el último céntimo.

présage [pʀezaʒ] nm presagio *m*.

présager [17] [pʀezaʒe] vt presagiar.

pré-salé [pʀesale] (*pl* **prés-salés**) nm CULIN *carne de cordero criado en pastos cercanos al mar.*

presbyte [pʀɛsbit] adj & nmf présbita, présbite.

presbytère [pʀɛsbitɛʀ] nm casa *f* parroquial, rectoral *m*.

presbytérien, enne [pʀɛsbiteʀjɛ̃, ɛn] adj & nm, f presbiteriano(na).

presbytie [pʀɛsbisi] nf presbicia *f*.

prescience [pʀesjɑ̃s] nf *sout* presciencia *f*.

préscolaire [pʀeskɔlɛʀ] adj preescolar.

prescription [pʀɛskʀipsjɔ̃] nf prescripción *f* ▸ **il y a prescription** prescribe.

prescrire [95] [pʀɛskʀiʀ] vt **1.** [mesures, conditions] prescribir **2.** MÉD recetar, prescribir. ◆ **se prescrire** vp prescribirse, recetarse.

prescris ⟶ **prescrire**.

prescrit, e [pʀɛskʀi, it] pp ⟶ **prescrire**.

prescrivais ⟶ **prescrire**.

préséance [pʀeseɑ̃s] nf prelación *f*.

présélection [pʀeselɛksjɔ̃] nf preselección *f*.

préselectionner [3] [pʀeselɛksjɔne] vt preseleccionar.

présélectionner [3] [pʀeseleksjione] vt [heure, programme] preseleccionar.

présence [pʀezɑ̃s] nf **1.** [gén] presencia *f* ▸ **en présence** presente ▸ **en sa présence** en su presencia ▸ **en présence de qqn** en presencia de alguien ▸ **se trouver en présence de qqch** encontrarse ante OU con algo ▸ **honorer qqn de sa présence** honrar a alguien con su presencia **2.** [à un cours] asistencia *f*. ◆ **présence d'esprit** nf presencia *f* de ánimo.

présent, e [pʀezɑ̃, ɑ̃t] adj presente ▸ **par la présente (lettre)** por la presente ▸ **présent !** [à l'appel] ¡presente! ◆ **présent** nm [gén & GRAM] presente *m* ▸ **faire présent de qqch à qqn** ofrecer algo como presente a alguien ▸ **à présent (que)** ahora (que) ▸ **dès à présent** desde ahora ▸ **jusqu'à présent** hasta ahora, hasta el momento.

présentable [pʀezɑ̃tabl] adj presentable.

présentateur, trice [pʀezɑ̃tatœʀ, tʀis] nm, f presentador *m*, -ra *f*.

présentation [pʀezɑ̃tasjɔ̃] nf **1.** [gén] presentación *f* ▸ **faire les présentations** hacer las presentaciones ▸ **sur présentation de qqch** [document, facture] al presentar algo **2.** [aspect extérieur] presencia *f* ▸ **avoir une bonne / mauvaise présentation** tener (una) buena/mala presencia.

présentement [pʀezɑ̃tmɑ̃] adv actualmente.

présenter [3] [pʀezɑ̃te] ◆◆ vt **1.** [gén] presentar ▸ **présenter qqch à qqn** [soumettre] presentar algo a alguien **2.** [félicitations, condoléances] ▸ **présenter qqch à qqn** dar algo a alguien. ◆◆ vi ▸ **présenter bien / mal** tener buena/mala presencia. ◆ **se présenter** vp presentarse ▸ **se présenter à qqn** presentarse a alguien ▸ **se présenter à qqch** presentarse a algo ▸ **se présenter bien / mal** presentarse bien/mal.

présentoir [pʀezɑ̃twaʀ] nm expositor *m (objeto)*.

préservatif [pʀezɛʀvatif] nm preservativo *m*.

préservation [pʀezɛʀvasjɔ̃] nf preservación *f*.

préserver [3] [pʀezɛʀve] vt preservar. ◆ **se préserver** vp ▸ **se préserver de qqch** preservarse de algo.

présidence [pʀezidɑ̃s] nf presidencia *f*.

président, e [pʀezidɑ̃, ɑ̃t] nm, f presidente *m*, -ta *f* ▸ **Madame le président** la presidenta ▸ **Monsieur le président** el presidente ▸ **président de la République** Presidente de la República ▸ **président du conseil d'administration** presidente del consejo de administración. ◆ **président-directeur général** nm director *m* general.

Comment se présenter

Se présenter

- **Déjeme presentarme, me llamo Miguel.** *Je me présente, je m'appelle Miguel.*
- **Buenos días, yo soy Miguel.** *Bonjour, moi c'est Miguel.*
- **¿No nos conocemos?** *Nous nous connaissons, n'est-ce pas ?*
- **Me presento, soy Juan.** *Je me présente, Juan.*
- **Hola. Te llamas María, ¿verdad?** *Bonjour. Tu t'appelles María, n'est-ce pas ?*
- **Hola. ¿Eres Ana, no?** *Bonjour. Tu es Ana, n'est-ce pas ?*

Présenter d'autres personnes

- **Permítanme hacer las presentaciones.** *Je vais faire les présentations.*
- **Me gustaría presentarle a un viejo amigo mío, Joaquín Guerrero.** *J'aimerais vous présenter un vieil ami, Joaquín Guerrero.*
- **Lola, te presento al señor Guerrero.** *Lola, je te présente M. Guerrero.*
- **¿Todo el mundo se conoce?** *Tout le monde se connaît ?*
- **Alejandro, (esta es) Marisa; Marisa, (este es) Alejandro.** *Alejandro, (voici) Marisa ; Marisa, (voici) Alejandro.*

présidentiable [prezidɑ̃sjabl] adj presidenciable.

présidentiel, elle [prezidɑ̃sjɛl] adj presidencial. ◆ **présidentielle** nf (elecciones) presidenciales *fpl* / *il a annoncé sa candidature aux présidentielles* anunció su candidatura a las presidenciales.

présider [3] [prezide] ❖ vt presidir. ❖ vi ▸ **présider à qqch a)** [diriger] dirigir algo **b)** *fig* [régner sur] presidir algo.

présomptif, ive [prezɔ̃ptif, iv] adj presunto(ta).

présomption [prezɔ̃psjɔ̃] nf presunción *f* ▸ **présomption d'innocence** DR presunción de inocencia.

présomptueux, euse [prezɔ̃ptɥø, øz] adj & nm, f presuntuoso(sa).

presque [prɛsk] adv casi.

presqu'île [prɛskil] nf península *f*.

pressant, e [prɛsɑ̃, ɑ̃t] adj apremiante.

press-book [prɛsbuk] (*pl* **press-books**) nm book *m*.

presse [prɛs] nf prensa *f* ▸ **avoir bonne/mauvaise presse** tener buena/mala prensa.

pressé, e [prese] adj **1.** [travail] urgente ▸ **aller** ou **parer au plus pressé** ocuparse de lo más urgente **2.** [personne] ▸ **être pressé** tener prisa ▸ **être pressé de faire qqch** tener prisa por hacer algo **3.** [fruit] ▸ **un citron pressé** un zumo de limón natural.

presse-agrumes [prɛsagrym] nm inv exprimidor *m*, exprimelimones *m*.

presse-ail [prɛsaj] nm inv triturador *m* de ajos, prensaajos *m*.

presse-citron [prɛssitrɔ̃] nm inv [manuel] exprimelimones *m inv*; [électrique] exprimidor *m*.

pressentiment [prɛsɑ̃timɑ̃] nm presentimiento *m*, corazonada *f*.

pressentir [37] [prɛsɑ̃tir] vt **1.** [événement] presentir **2.** [personne] sondear.

presse-papiers [prɛspapje] nm inv pisapapeles *m inv*.

presse-purée [prɛspyre] nm inv pasapuré *m*, pasapurés *m inv*.

presser [4] [prese] vt **1.** [écraser - agrumes] exprimir ; [- olives, raisin, etc.] prensar **2.** [dans ses bras] apretar **3.** [bouton] apretar, pulsar **4.** [harceler] presionar ▸ **presser qqn de qqch** acribillar a alguien a algo **5.** [accélérer - opération] apresurar ; [- pas] apretar. ◆ **se presser** vp **1.** [se dépêcher] darse prisa, apresurarse ▸ **sans se presser** sin prisas ▸ **pressons !** ¡deprisa! **2.** [s'agglutiner, se serrer] apretujarse.

pressing [prɛsiŋ] nm tintorería *f*.

pression [prɛsjɔ̃] nf **1.** [gén] presión *f* ▸ **exercer une pression sur qqch** ejercer una presión sobre algo ▸ **exercer une pression sur qqn** *fig* ejercer una presión sobre alguien ▸ **faire pression sur qqn** presionar a alguien ▸ **sous pression** bajo presión ▸ **pression atmosphérique** presión atmosférica **2.** [bouton] automático *m* **3.** [bière] cerveza *f* de barril, cerveza *f* a presión.

pressoir [prɛswar] nm lagar *m*.

pressurer [4] [presyre] vt **1.** [presser] prensar **2.** *fig* [contribuable] ahogar.

pressurisation [presyrizasjɔ̃] nf presurización *f*.

pressurisé, e [presyrize] adj presurizado(da).

pressuriser [3] [presyrize] vt presurizar.

prestance [prɛstɑ̃s] nf prestancia *f* ▸ **avoir de la prestance** tener prestancia.

prestataire [prɛstatɛr] nmf suministrador *m*, -ra *f* ▸ **prestataire de services** suministrador de servicios.

prestation [prɛstasjɔ̃] nf **1.** [gén] prestación *f* ▸ **prestation de service** prestación de servicios ▸ **prestations sociales** prestaciones sociales **2.** (*gén pl*) [d'appartement] equipamiento *m*. ◆ **prestation de serment** nf juramento *m*, jura *f*.

preste [prɛst] adj *sout* presto(ta), pronto(ta).

prestement [prɛstəmɑ̃] adv prontamente, prestamente.

prestidigitateur, trice [prɛstidiʒitatœr, tris] nm, f prestidigitador *m*, -ra *f*.

prestidigitation [prɛstidiʒitasjɔ̃] nf prestidigitación *f*.

prestige [prɛstiʒ] nm prestigio *m*.

prestigieux, euse [prɛstiʒjø, øz] adj prestigioso(sa).

présumé, e [prezyme] adj presunto(ta) / *coupable ou présumé tel* culpable o presunto culpable.

présumer [3] [prezyme] ❖ vt suponer ▸ **présumer que** suponer que, presumir que ▸ **être présumé coupable / innocent** ser presunto culpable/inocente. ❖ vi ▸ **présumer de qqch** presumir de algo.

> ⚠ **Presumido** est un faux ami, il ne signifie pas *présumé*, mais « prétentieux ».

présupposé [presypoze] nm presupuesto *m*, supuesto *m*.

présupposer [3] [presypoze] vt presuponer.

présure [prezyr] nf cuajo *m*.

prêt, e [prɛ, prɛt] adj listo(ta), preparado(da) ▸ **prêt à faire qqch** dispuesto a hacer algo, preparado para hacer algo ▸ **être prêt** estar listo ▸ **prêt à tout** dispuesto a todo ▸ **prêts ? partez !** ¿listos? ¡ya! ◆ **prêt** nm préstamo *m* ▸ **accorder un prêt** conceder un préstamo ▸ **prêt bancaire** préstamo bancario.

prêt-à-porter [prɛtapɔrte] (*pl* **prêts-à-porter**) nm prêt-à-porter *m inv*.

prétendant, e [pretɑ̃dɑ̃, ɑ̃t] nm, f [au trône] pretendiente *m*, -ta *f*. ◆ **prétendant** nm *hum* [soupirant] pretendiente *m*.

prétendis ⟶ **prétendre**.

prétendre [73] [pretɑ̃dr] ❖ vt **1.** [faire semblant de] pretender / *toi qui prétends tout connaître* tú que pretendes saberlo todo **2.** [affirmer] ▸ **prétendre que** asegurar que **3.** [exiger de] ▸ **prétendre faire qqch** querer hacer algo. ❖ vi ▸ **prétendre à qqch** [aspirer à] pretender algo. ◆ **se prétendre** vp creerse.

prétends ⟶ **prétendre**.

prétendu, e [pʀetɑ̃dy] ◆ adj *(avant le n)* supuesto(ta). ◆ pp ⟶ **prétendre.**

prétendument [pʀetɑ̃dymɑ̃] adv supuestamente.

prête-nom [pʀɛtnɔ̃] (*pl* **prête-noms**) nm testaferro *m*.

prétentieux, euse [pʀetɑ̃sjø, øz] adj & nm, f pretencioso(sa).

prétention [pʀetɑ̃sjɔ̃] nf pretensión *f* ▸ **avoir la prétention de faire qqch** tener la pretensión de hacer algo.

prêter [4] [pʀete] ◆ vt ▸ **prêter qqch à qqn a)** [gén] prestar algo a alguien **b)** [attribuer] atribuir algo a alguien. ◆ vi ▸ **prêter à** [donner lieu à] prestarse a. ◆ **se prêter** vp ▸ **se prêter à qqch** prestarse a algo.

prétérit [pʀeteʀit] nm pretérito *m*.

prêteur, euse [pʀɛtœʀ, øz] adj generoso(sa). ◆ **prêteur sur gages** nm prestamista *mf*.

prétexte [pʀetɛkst] nm pretexto *m* ▸ **sous prétexte de faire qqch / que** con el OU so pretexto de hacer algo / de que ▸ **sous aucun prétexte** bajo ningún pretexto.

prétexter [4] [pʀetɛkste] vt pretextar.

prétimbré, e [pʀetɛ̃bʀe] adj pretimbrado(da).

Pretoria [pʀetɔʀja] npr Pretoria.

prêtre [pʀɛtʀ] nm sacerdote *m*.

prêtresse [pʀɛtʀɛs] nf sacerdotisa *f*.

preuve [pʀœv] nf prueba *f* ▸ **faire preuve de qqch** dar prueba de algo.

preux [pʀø] adj m & nm valeroso.

prévaloir [61] [pʀevalwaʀ] vi *sout* prevalecer ▸ **prévaloir sur qqch** prevalecer sobre algo. ◆ **se prévaloir** vp ▸ **se prévaloir de** valerse de.

prévalu [pʀevaly] pp inv ⟶ **prévaloir**.

prévarication [pʀevaʀikasjɔ̃] nf *sout* prevaricación *f*.

prévaudrai ⟶ **prévaloir**.

prévaut ⟶ **prévaloir**.

prévenance [pʀevnɑ̃s] nf **1.** [attitude] atención *f (amabilidad)* **2.** [acte] deferencia *f*.

prévenant, e [pʀevnɑ̃, ɑ̃t] adj atento(ta).

prévenir [40] [pʀevniʀ] vt **1.** [personne] prevenir, advertir ▸ **prévenir qqn de qqch** prevenir OU advertir a alguien de algo **2.** [police] avisar **3.** [danger, maladie] prevenir **4.** [désirs] adelantarse a.

préventif, ive [pʀevɑ̃tif, iv] adj preventivo(va).

prévention [pʀevɑ̃sjɔ̃] nf **1.** [protection] prevención *f* **2.** DR [emprisonnement] prisión *f* preventiva.

prévenu, e [pʀevny] ◆ nm, f acusado *m*, -da *f*. ◆ pp ⟶ **prévenir.**

préviendrai ⟶ **prévenir**.

préviens ⟶ **prévenir**.

prévins ⟶ **prévenir**.

prévisible [pʀevizibl] adj previsible.

prévision [pʀevizjɔ̃] nf [gén & FIN] previsión *f* ▸ **les prévisions météorologiques** las previsiones meteorológicas. ◆ **en prévision de** loc prép en previsión de.

prévisionnel, elle [pʀevizjɔnɛl] adj [budget] previsto(ta).

prévoir [63] [pʀevwaʀ] vt prever ▸ **comme prévu** (tal) como estaba previsto / *ça n'était pas prévu* no estaba previsto.

prévois ⟶ **prévoir**.

prévoyais ⟶ **prévoir**.

prévoyance [pʀevwajɑ̃s] nf previsión *f*.

prévoyant, e [pʀevwajɑ̃, ɑ̃t] adj previsor(ra).

prévu, e [pʀevy] pp ⟶ **prévoir**.

prie-Dieu [pʀidjø] nm inv reclinatorio *m*.

prier [10] [pʀije] ◆ vt **1.** RELIG [Dieu] rezar a ; [ciel] rogar a **2.** [implorer, demander] rogar ▸ **prier (instamment) qqn de faire qqch** *sout* rogar (encarecidamente) a alguien que haga algo ▸ **je vous en prie a)** [s'il vous plaît] se lo ruego **b)** [de rien] no hay de qué ▸ **(ne pas) se faire prier (pour faire qqch)** (no) hacerse de rogar (para hacer algo) ▸ **vous êtes priés de ne pas fumer** se ruega no fumar. ◆ vi rezar, orar.

prière [pʀijɛʀ] nf **1.** RELIG [recueillement, formule] oración *f* **2.** [demande] ruego *m* ▸ **prière de ne pas fumer** se ruega no fumar.

prieuré [pʀijœʀe] nm priorato *m*, priorazgo *m*.

primaire [pʀimɛʀ] adj **1.** [gén] primario(ria) **2.** SCOL [école] ≃ primaria.

primate [pʀimat] nm **1.** ZOOL primate *m* **2.** *fam* [brute] gorila *m*.

primauté [pʀimote] nf [prééminence] primacía *f*.

prime [pʀim] ◆ nf prima *f* ▸ **en prime a)** de regalo **b)** *fig* encima ▸ **prime d'intéressement** prima de participación en los beneficios ▸ **prime d'objectif** prima incentivo. ◆ adj **1.** MATH primo(ma) **2.** [premier] ▸ **la prime jeunesse** la tierna juventud ▸ **de prime abord** a primera vista.

primer [3] [pʀime] ◆ vi primar ▸ **primer sur qqch** primar sobre algo. ◆ vt **1.** [dominer] primar **2.** [récompenser] premiar.

primerose [pʀimʀoz] nf altea *f*, malvavisco *m*.

primesautier, ère [pʀimsotje, ɛʀ] adj *sout* espontáneo(nea).

prime time [pʀajmtajm] (*pl* **prime times**) nm TV hora *f* de mayor audiencia / *une émission diffusée en prime time* un programa emitido a la hora de mayor audiencia.

primeur [pʀimœʀ] nf ▸ **avoir la primeur de qqch** tener la primicia de algo. ◆ **primeurs** nfpl hortalizas *fpl* y frutas tempranas.

primevère [pʀimvɛʀ] nf primavera *f*, prímula *f*.

primitif, ive [pʀimitif, iv] ◆ adj primitivo(va). ◆ nm, f hombre primitivo *m*, mujer primitiva *f*. ◆ **primitif** nm [peintre, sculpteur] primitivo *m*.

primo [pʀimo] adv primero.

primordial, e, aux [pʀimɔʀdjal, o] adj primordial.

prince [pʀɛ̃s] nm príncipe *m* ▸ **prince consort** príncipe consorte.

prince-de-galles [pʀɛ̃sdəgal] ◆ adj inv de príncipe de gales. ◆ nm inv príncipe de gales *m*.

princesse [pʀɛ̃sɛs] nf princesa *f*.

princier, ère [pʀɛ̃sje, ɛʀ] adj principesco(ca).

principal, e, aux [pʀɛ̃sipal, o] ◆ adj principal. ◆ nm, f SCOL director *m*, -ra *f*. ◆ **principal** nm ▸ **le principal** [l'important] lo principal.

principalement [pʀɛ̃sipalmɑ̃] adv principalmente.

principauté [pʀɛ̃sipote] nf principado *m*.

principe [pʀɛ̃sip] nm principio *m* ▸ **par principe** por principio. ◆ **en principe** loc adv en principio.

printanier, ère [pʀɛ̃tanje, ɛʀ] adj primaveral.

printemps [pʀɛ̃tɑ̃] nm primavera *f*.

prion [pʀijɔ̃] nm BIOL & MÉD prión *m*.

priori [pʀijɔʀi] ◆ **a priori** ◆ loc adv & loc adj inv a priori. ◆ nm inv prejuicio *m*.

prioritaire [pʀijɔʀitɛʀ] adj prioritario(ria).

priorité [pʀijɔʀite] nf prioridad *f*, preferencia *f* ▸ **priorité à droite** prioridad a la derecha. ◆ **en priorité** loc adv en primer lugar ▸ **venir en priorité** tener prioridad.

pris, e [pʀi, pʀiz] ◆ adj **1.** [personne, place] ocupado(da) **2.** [envahi] ▸ **pris de qqch** [doute, pitié] preso de algo **3.** [nez] tapado(da) ; [gorge] tomado(da). ◆ pp ⟶ **prendre.** ◆ **prise** nf **1.** [saisie] agarre *m* ▸ **lâcher prise** a) soltar b) *fig* ceder ▸ **être aux prises avec qqn** enfrentarse con alguien ▸ **être aux prises avec qqch** pelearse con algo **2.** [de médicament, de ville] toma *f* **3.** SPORT llave *f* ▸ **faire une prise à qqn** hacer una llave a alguien **4.** [ce qui permet de saisir] asidero *m* ▸ **avoir prise sur qqch** agarrarse a algo ▸ **avoir prise sur qqn** *fig* tener ascendiente sobre alguien **5.** [pêche] presa *f* **6.** ÉLECTR enchufe *m* ▸ **prise (de courant)** toma *f* (de corriente) ▸ **prise mâle / femelle** enchufe macho / hembra ▸ **prise multiple** ladrón *m* ▸ **prise Péritel** euroconector *m* ▸ **prise de terre** toma *f* de tierra. ◆ **prise de bec** nf altercado *m*. ◆ **prise de conscience** nf toma *f* de conciencia. ◆ **prise d'otages** nf toma *f* de rehenes. ◆ **prise de sang** nf extracción *f* de sangre. ◆ **prise de son** nf toma *f* de sonido. ◆ **prise de vues** nf toma *f* de vistas.

prisé, e [pʀize] adj preciado(da).

priser [3] [pʀize] vt **1.** *sout* [apprécier] apreciar **2.** [tabac] aspirar.

prisme [pʀism] nm prisma *m*.

prison [pʀizɔ̃] nf cárcel *f*, prisión *f*.

prisonnier, ère [pʀizɔnje, ɛʀ] ◆ adj prisionero(ra) ▸ **prisonnier de qqch** prisionero de algo. ◆ nm, f **1.** [détenu] ▸ **faire qqn prisonnier** detener a alguien **2.** *fig* [captif] prisionero *m*, -ra *f*.

privatif, ive [pʀivatif, iv] adj **1.** [DR - peine] privativo(va) ; [- droit] privado(da) **2.** [jardin] particular **3.** GRAM privativo(va).

privation [pʀivasjɔ̃] nf DR privación *f*. ◆ **privations** nfpl privaciones *fpl*.

privatisation [pʀivatizasjɔ̃] nf privatización *f*.

privatiser [3] [pʀivatize] vt privatizar.

privé, e [pʀive] adj privado(da). ◆ **privé** nm **1.** ÉCON sector *m* privado ▸ **dans le privé** en el sector privado, en la privada **2.** [détective] detective *m* privado. ◆ **en privé** loc adv en privado.

Le privé et le public

Las expresiones **le privé** y **le public** están cargadas de connotaciones en Francia. Esta oposición se aprecia en el campo laboral pero sobre todo en la escuela pública frente a la privada. Se trata de una división significativa en el sistema educativo, ya que existen dos tipos de centros de enseñanza: unos tienen su origen en una enseñanza de pago y de tipo confesional, mientras que los centros públicos se iniciaron con la instauración de la escuela laica, gratuita y obligatoria. El debate sobre cuál de las dos opciones ofrece una calidad superior de enseñanza es constante.

priver [3] [pʀive] vt ▸ **priver qqn de qqch** a) [démunir, déposséder de] privar a alguien de algo b) [interdire de] castigar a alguien sin algo. ◆ **se priver** vp **1.** [s'abstenir] ▸ **se priver de qqch** privarse de algo ▸ **ne pas se priver de faire qqch** no privarse de hacer algo **2.** [économiser] privarse de todo.

privilège [pʀivilɛʒ] nm privilegio *m*.

privilégié, e [pʀivileʒje] adj & nm, f **1.** [gén] privilegiado(da) **2.** [avantagé] favorecido(da).

privilégier [9] [pʀivileʒje] vt privilegiar.

prix [pʀi] nm **1.** [coût] precio *m* ▸ **à moitié prix** a mitad de precio ▸ **à ou au prix coûtant** a precio de coste ▸ **au prix fort** al precio normal ▸ **hors de prix** muy caro (muy cara) ▸ **prix d'achat** precio de compra ▸ **prix d'ami** precio de amigo ▸ **prix de gros** precio al por mayor ▸ **prix libre** precio libre ▸ **prix net** precio neto ▸ **prix de revient** precio de coste ▸ **à aucun prix** a ningún precio ▸ **à tout prix** a cualquier precio ▸ **acheter / payer qqch à prix d'or** comprar / pagar algo a precio de oro ▸ **mettre la tête de qqn à prix** poner precio a la cabeza de alguien **2.** [importance] valor *m* ▸ **au prix de** a costa de **3.** [récompense, championnat, lauréat] premio *m* ▸ **prix de consolation** premio de consolación ▸ **le prix Goncourt** el premio Goncourt ▸ **le prix Nobel** el premio Nobel. *Voir encadré p. 438.*

pro [pʀo] adj & nmf *fam* profesional.

probabilité [pʀɔbabilite] nf probabilidad *f*.

Le prix Goncourt

El Premio Goncourt es el premio literario más prestigioso de Francia y supone la consagración del novelista galardonado. Gracias al escritor Edmond Huot de Goncourt, se fundó en 1903 la **Académie des Goncourt**, compuesta de diez miembros. Cada año, tras la tradicional cena en el restaurante parisino Drouant, los miembros de la academia hacen entrega del premio. Han sido galardonados con el Goncourt, entre otros, André Malraux (1933), Simone de Beauvoir (1954), Marguerite Duras (1984), Amin Maalouf (1993) o Atiq Rahimi (2008).

probable [pʀɔbabl] adj probable ▸ **il est probable que** es probable que.

probablement [pʀɔbabləmɑ̃] adv probablemente.

probant, e [pʀɔbɑ̃, ɑ̃t] adj concluyente, convincente.

probatoire [pʀɔbatwaʀ] adj de prueba.

probité [pʀɔbite] nf probidad *f*.

problématique [pʀɔblematik] ◆ adj problemático(ca). ◆ nf problemática *f*.

problème [pʀɔblɛm] nm problema *m* ▸ **il n'y a pas de problème** no hay ningún problema ▸ **poser un problème** plantear un problema / *est-ce que cela pose un problème si je passe chez toi vers 10 heures ?* ¿hay algún problema si paso por tu casa hacia las 10? ▸ **faux problème** falso problema.

procédé [pʀɔsede] nm **1.** [méthode] proceso *m* **2.** [agissement] modo *m*.

procéder [18] [pʀɔsede] vi proceder ▸ **procéder à qqch** proceder a algo ▸ **procéder de qqch** *sout* proceder de algo.

procédure [pʀɔsedyʀ] nf procedimiento *m*.

procédurier, ère [pʀɔsedyʀje, ɛʀ] adj & nm, f picapleitos.

procès [pʀɔsɛ] nm proceso *m* ▸ **intenter un procès à qqn** emprender un proceso contra alguien ▸ **faire le procès de qqn** *fig* sentar a alguien en el banquillo ▸ **faire le procès de qqch** *fig* juzgar algo.

processeur [pʀɔsesœʀ] nm procesador *m*.

procession [pʀɔsesjɔ̃] nf procesión *f* ▸ **en procession** en procesión.

processus [pʀɔsesys] nm proceso *m*.

procès-verbal [pʀɔsɛvɛʀbal] (*pl* **procès-verbaux** [pʀɔsɛvɛʀbo]) nm **1.** [contravention] multa *f* **2.** [compte rendu] acta *f*.

prochain, e [pʀɔʃɛ̃, ɛn] adj **1.** [imminent] próximo(ma), cercano(na) **2.** [suivant] próximo(ma), que viene. ◆ **prochain** nm *sout* prójimo *m*. ◆ **prochaine** nf ▸ **à la prochaine !** *fam* ¡hasta otra!, ¡hasta la próxima!

prochainement [pʀɔʃɛnmɑ̃] adv próximamente.

proche [pʀɔʃ] adj **1.** [gén] próximo(ma), cercano(na) **2.** [intime] unido(da) **3.** [semblable] parecido(da). ◆ **proches** nmpl ▸ **les proches** [famille] los familiares. ◆ **de proche en proche** loc adv *sout* poco a poco.

Proche-Orient [pʀɔʃɔʀjɑ̃] npr ▸ **le Proche-Orient** el Oriente Próximo.

proclamation [pʀɔklamasjɔ̃] nf **1.** [action] proclamación *f* **2.** [discours] proclama *f*.

proclamer [3] [pʀɔklame] vt proclamar.

procréation [pʀɔkʀeasjɔ̃] nf procreación *f* ▸ **procréation artificielle** reproducción *f* artificial ▸ **procréation médicalement assistée** procreación asistida.

procréer [15] [pʀɔkʀee] vt procrear.

procuration [pʀɔkyʀasjɔ̃] nf procuración *f*, poder *m* ▸ **par procuration** por poderes **ou** procuración.

procurer [3] [pʀɔkyʀe] vt ▸ **procurer qqch à qqn** proporcionar algo a alguien. ◆ **se procurer** vp procurarse.

procureur, e [pʀɔkyʀœʀ] nm, f fiscal *mf*. ◆ **procureur général** nm ≃ fiscal *mf* del Tribunal Supremo. ◆ **procureur de la République** nm ≃ fiscal *mf*.

prodigalité [pʀɔdigalite] nf prodigalidad *f*. ◆ **prodigalités** nfpl [dépenses] prodigalidades *fpl*.

Comment exprimer la probabilité

- **Probablemente la vea la semana que viene.** *Je la verrai probablement la semaine prochaine.*
- **Es probable que no esté diciendo la verdad.** *Il est probable qu'il/elle ne dise pas la vérité.*
- **Vistas las nubes, sin duda alguna va a llover por la tarde.** *Vu les nuages, il va sans doute pleuvoir dans l'après-midi.*
- **Debió de olvidar apuntar la dirección.** *Il/Elle a dû oublier de noter l'adresse.*
- **Es probable que se vaya a vivir al extranjero.** *Il se pourrait qu'il/elle parte vivre à l'étranger.*
- **Puede que la boda se celebre el año que viene.** *Le mariage pourrait avoir lieu l'année prochaine.*
- **En principio llegaré hacia las seis de la tarde.** *En principe, je devrais arriver vers 18h.*
- **Lo más seguro es que no se dé cuenta de nada.** *Le plus probable c'est qu'il ne s'aperçoive de rien.*

prodige [pʀɔdiʒ] nm prodigio *m* ▸ **un prodige de qqch** un prodigio de algo.

prodigieusement [pʀɔdiʒjøzmɑ̃] adv prodigiosamente.

prodigieux, euse [pʀɔdiʒjø, øz] adj prodigioso(sa).

prodigue [pʀɔdig] adj pródigo(ga) ▸ **prodigue de qqch** pródigo(ga) en algo.

prodiguer [3] [pʀɔdige] vt prodigar ▸ **prodiguer qqch à qqn** prodigar algo a alguien.

producteur, trice [pʀɔdyktœʀ, tʀis] adj & nm, f productor(ra).

productif, ive [pʀɔdyktif, iv] adj productivo(va).

production [pʀɔdyksjɔ̃] nf **1.** [gén] producción *f* ▸ **biens de production** bienes *mpl* de producción ▸ **coût de production** coste *m* de producción **2.** [d'un document] presentación *f*.

productivisme [pʀɔdyktivism] nm ÉCON productivismo *m*.

productiviste [pʀɔdyktivist] adj productivista *mf*.

productivité [pʀɔdyktivite] nf productividad *f*.

produire [98] [pʀɔdɥiʀ] vt **1.** [gén] producir **2.** [montrer] presentar. ◆ **se produire** vp **1.** [événement] producirse **2.** [artiste] actuar.

produis ⟶ **produire**.

produisais ⟶ **produire**.

produisis ⟶ **produire**.

produit, e [pʀɔdɥi, it] pp ⟶ **produire.** ◆ **produit** nm producto *m* ▸ **produit de beauté** producto de belleza ▸ **produit cartésien** producto cartesiano ▸ **produit de consommation** producto de consumo ▸ **produit de grande consommation** producto de gran consumo ▸ **produit financier** producto financiero ▸ **produit industriel** producto industrial ▸ **produits chimiques** productos químicos ▸ **produits d'entretien** productos de limpieza.

proéminent, e [pʀɔeminɑ̃, ɑ̃t] adj prominente.

prof [pʀɔf] nmf *fam* profe *mf*.

profanation [pʀɔfanasjɔ̃] nf profanación *f*.

profane [pʀɔfan] ◈ adj **1.** [laïc] profano(na) **2.** [ignorant] profano(na), lego(ga). ◈ nmf profano *m*, -na *f*.

profaner [3] [pʀɔfane] vt profanar.

proférer [18] [pʀɔfeʀe] vt proferir.

professer [4] [pʀɔfese] vt profesar.

professeur, e [pʀɔfɛsœʀ] nm, f profesor *m*, -ra *f*.

profession [pʀɔfɛsjɔ̃] nf profesión *f* ▸ **profession libérale** profesión liberal ▸ **de profession** de profesión. ◆ **profession de foi** nf profesión *f* de fe.

professionnalisme [pʀɔfɛsjɔnalism] nm profesionalidad *f*.

professionnel, elle [pʀɔfɛsjɔnɛl] ◈ adj **1.** [gén] profesional **2.** [lycée] de formación profesional. ◈ nm, f profesional *mf* ESP, profesionista *mf* AM.

professionnellement [pʀɔfɛsjɔnɛlmɑ̃] adv profesionalmente.

professoral, e, aux [pʀɔfɛsɔʀal, o] adj [doctoral] profesoral.

professorat [pʀɔfɛsɔʀa] nm profesorado *m*.

profil [pʀɔfil] nm perfil *m* ▸ **profil utilisateur** INFORM perfil (del) usuario. ◆ **de profil** loc adv de perfil.

profiler [3] [pʀɔfile] vt perfilar. ◆ **se profiler** vp perfilarse.

profit [pʀɔfi] nm **1.** [avantage] provecho *m* ▸ **au profit de qqch** en beneficio de algo ▸ **tirer profit de qqch** sacar provecho de algo **2.** ÉCON beneficio *m*.

profitable [pʀɔfitabl] adj provechoso(sa) ▸ **être profitable à qqn** ser provechoso(sa) para alguien.

profiter [3] [pʀɔfite] vi ▸ **profiter à qqn** ser útil a alguien ▸ **profiter de qqch** aprovechar algo ▸ **profiter de qqn** aprovecharse de alguien ▸ **profiter de qqch pour faire qqch** aprovechar algo para hacer algo ▸ **en profiter** sacar partido ▸ **en profiter pour faire qqch** aprovechar para hacer algo.

profiteroles [pʀɔfitʀɔl] nfpl ▸ **profiteroles au chocolat** profiteroles *mpl* con chocolate.

profiteur, euse [pʀɔfitœʀ, øz] nm, f *péj* aprovechado *m*, -da *f*.

profond, e [pʀɔfɔ̃, ɔ̃d] adj profundo(da). ◆ **profond** ◈ nm ▸ **au plus profond de** en lo más profundo de. ◈ adv hondo.

profondément [pʀɔfɔ̃demɑ̃] adv profundamente.

profondeur [pʀɔfɔ̃dœʀ] nf profundidad *f* ▸ **en profondeur** en profundidad. ◆ **profondeur de champ** nf profundidad *f* de campo. ◆ **profondeurs** nfpl profundidades *fpl*.

profusion [pʀɔfyzjɔ̃] nf ▸ **une profusion de qqch** una gran profusión de algo ▸ **avoir qqch à profusion** tener (gran) profusión de algo.

progéniture [pʀɔʒenityʀ] nf prole *f*.

progiciel [pʀɔʒisjɛl] nm INFORM paquete *m* de programas.

programmable [pʀɔgʀamabl] adj programable.

programmateur, trice [pʀɔgʀamatœʀ, tʀis] nm, f [organisateur] programador *m*, -ra *f*. ◆ **programmateur** nm TECHNOL programador *m*.

programmation [pʀɔgʀamasjɔ̃] nf TV & INFORM programación *f* ▸ **faire de la programmation** programar ▸ **programmation linéaire** programación lineal.

programme [pʀɔgʀam] nm TV & INFORM programa *m* ▸ **le programme des réjouissances** *hum* el programa de festejos ▸ **c'est tout un programme !** ¡menudo plan!

programmé, e [pʀɔgʀame] adj programado(da).

programmer [3] [pʀɔgʀame] vt & vi TV & INFORM programar.

programmeur, euse [pʀɔgʀamœʀ, øz] nm, f INFORM programador *m*, -ra *f*.

progrès [pʀɔgʀɛ] nm progreso *m* ▸ **être en progrès** progresar ▸ **faire des progrès** hacer progresos, progresar.

progresser [4] [pʀɔgʀese] vi **1.** [avancer] avanzar **2.** [se développer, s'améliorer] progresar.

progressif, ive [pʀɔgʀesif, iv] adj progresivo(va).

progression [pʀɔgʀesjɔ̃] nf **1.** [gén] progresión *f* **2.** [avancée & MIL] avance *m*.

progressiste [pʀɔgʀesist] adj & nmf progresista.

progressivement [pʀɔgʀesivmɑ̃] adv progresivamente.

prohiber [3] [pʀɔibe] vt prohibir.

prohibitif, ive [pʀɔibitif, iv] adj prohibitivo(va).

prohibition [pʀɔibisjɔ̃] nf prohibición *f*.
◆ **Prohibition** nf ▸ **la Prohibition** HIST la Ley Seca.

proie [pʀwa] nf presa *f* ▸ **être la proie de qqn** ser presa de alguien ▸ **être la proie de qqch** [des flammes] ser pasto de algo ▸ **être en proie à qqch** ser presa de algo.

projecteur [pʀɔʒɛktœʀ] nm proyector *m*.

projectile [pʀɔʒɛktil] nm proyectil *m*.

projection [pʀɔʒɛksjɔ̃] nf proyección *f*.

projectionniste [pʀɔʒɛksjɔnist] nmf proyeccionista *mf*.

projet [pʀɔʒɛ] nm proyecto *m* ▸ **projet de loi** proyecto de ley.

projeter [27] [pʀɔʃte] vt proyectar ▸ **projeter qqch /de faire qqch** proyectar OU planear algo/hacer algo. ◆ **se projeter** vp **1.** [se lancer] lanzarse **2.** [ombre] proyectarse.

prolétaire [pʀɔletɛʀ] adj & nmf proletario(ria).

prolétariat [pʀɔletaʀja] nm proletariado *m*.

prolétarien, enne [pʀɔletaʀjɛ̃, ɛn] adj proletario(ria).

prolétariser [3] [pʀɔletaʀize] vt proletarizar. ◆ **se prolétariser** vp [quartier, population] proletarizarse.

prolifération [pʀɔliferasjɔ̃] nf proliferación *f*.

proliférer [18] [pʀɔlifeʀe] vi proliferar.

prolifique [pʀɔlifik] adj prolífico(ca).

prolixe [pʀɔliks] adj *sout* prolijo(ja).

prolo [pʀɔlo] nmf *fam* proletario *m*, -ria *f*.

prologue [pʀɔlɔg] nm prólogo *m*.

prolongation [pʀɔlɔ̃gasjɔ̃] nf **1.** [continuation] prolongación *f* **2.** SPORT prórroga *f* ▸ **jouer les prolongations** jugar la prórroga.

prolongement [pʀɔlɔ̃ʒmɑ̃] nm **1.** [allongement] prolongación *f* ▸ **dans le prolongement de qqch** en la prolongación de algo **2.** *(gén pl)* [conséquence] repercusión *f*.

prolonger [17] [pʀɔlɔ̃ʒe] vt prolongar / ***prolonger ses vacances d'une semaine*** prolongar sus vacaciones una semana / ***prolonger un chemin de 10 km*** prolongar un camino 10 km. ◆ **se prolonger** vp prolongarse.

promenade [pʀɔmnad] nf paseo *m* ▸ **faire une promenade** dar un paseo.

promener [19] [pʀɔmne] vt pasear. ◆ **se promener** vp pasear, pasearse.

promeneur, euse [pʀɔmnœʀ, øz] nm, f paseante *mf*.

promesse [pʀɔmɛs] nf **1.** [gén] promesa *f* ▸ **faire une promesse** hacer una promesa ▸ **manquer à sa promesse** faltar a su promesa ▸ **tenir sa promesse** cumplir su promesa ▸ **promesses en l'air** falsas promesas **2.** [engagement] compromiso *m* ▸ **promesse d'achat /de vente** compromiso de compra/de venta.

promets ⟶ **promettre**.

prometteur, euse [pʀɔmɛtœʀ, øz] adj prometedor(ra).

promettre [84] [pʀɔmɛtʀ] vt prometer ▸ **promettre qqch à qqn** prometer algo a alguien ▸ **promettre à qqn de faire qqch** prometer a alguien hacer algo ▸ **promettre à qqn que** prometer a alguien que ▸ **ça promet !** *iron* ¡empezamos bien! ◆ **se promettre** vp ▸ **se promettre de faire qqch** estar (firmemente) decidido(da) a hacer algo.

promeus ⟶ **promouvoir**.

promeuve ⟶ **promouvoir**.

promis, e [pʀɔmi, iz] ◈ adj prometido(da) ▸ **être promis à qqch** estar destinado a algo. ◈ nm, f *hum* prometido *m*, -da *f*. ◈ pp ⟶ **promettre.**

promiscuité [pʀɔmiskɥite] nf promiscuidad *f*.

promo [pʀɔmo] (*abr de* **promotion**) nf *fam* **1.** [d'une grande école] promoción *f* / ***nous sommes tous de la même promo*** todos somos de la misma promoción **2.** [sur un produit] promoción *f* / ***en ce moment, il y a une promo sur les sacs de voyage*** ahora tenemos una promoción de bolsas de viaje ▸ **en promo** en oferta.

promontoire [pʀɔmɔ̃twaʀ] nm promontorio *m*.

promoteur, trice [pʀɔmɔtœʀ, tʀis] nm, f promotor *m*, -ra *f*.

promotion [pʀɔmɔsjɔ̃] nf **1.** [d'une grande école] promoción *f* **2.** [sur un produit] promoción *f* ▸ **en promotion** en oferta.

promotionnel, elle [pʀɔmɔsjɔnɛl] adj promocional.

promouvoir [56] [pʀɔmuvwaʀ] vt promover.

prompt, e [pʀɔ̃, pʀɔ̃t] adj rápido(da) ▸ **prompt à faire qqch** rápido en hacer algo.

promptement [pʀɔ̃tmɑ̃ *ou* pʀɔ̃ptəmɑ̃] adv *litt* prontamente.

promptitude [pʀɔ̃tityd] nf *sout* prontitud *f*.

promu, e [pʀɔmy] pp ⟶ **promouvoir**.

promulgation [pʀɔmylgasjɔ̃] nf promulgación *f*.

promulguer [3] [pʀɔmylge] vt promulgar.

promus ⟶ **promouvoir**.

prôner [3] [pʀone] vt *sout* preconizar.

pronom [pʀɔnɔ̃] nm pronombre *m* ▸ **pronom personnel / possessif /relatif** pronombre personal/posesivo/relativo.

pronominal, e, aux [pʀɔnɔminal, o] adj pronominal.

prononcé, e [pʀɔnɔ̃se] adj marcado(da).
◆ **prononcé** nm DR lectura *f*.

prononcer [16] [pʀɔnɔ̃se] vt pronunciar.
◆ **se prononcer** vp [gén, MÉD & DR] pronunciarse ▸ **comme ça se prononce** como se pronuncia.

prononciation [pʀɔnɔ̃sjasjɔ̃] nf **1.** LING pronunciación *f* **2.** DR lectura *f*.

pronostic [pʀɔnɔstik] nm pronóstico *m*.

pronostiquer [3] [pʀɔnɔstike] vt pronosticar.

pronostiqueur, euse [pʀɔnɔstikœʀ, øz] nm, f pronosticador *m*, -ra *f (persona que hace pronósticos sobre resultados deportivos).*

propagande [pʀɔpagɑ̃d] nf propaganda *f.*

propagation [pʀɔpagasjɔ̃] nf propagación *f.*

propager [17] [pʀɔpaʒe] vt propagar. ◆ **se propager** vp propagarse.

propane [pʀɔpan] nm propano *m.*

propension [pʀɔpɑ̃sjɔ̃] nf ▸ **propension à qqch /à faire qqch** propensión a algo/a hacer algo ▸ **avoir une propension à** ser propenso(sa) a.

prophète, prophétesse [pʀɔfɛt, pʀɔfetɛs] nm, f profeta *m*, profetisa *f.* ◆ **Prophète** nm RELIG ▸ **le Prophète** el Profeta.

prophétie [pʀɔfesi] nf profecía *f.*

prophétique [pʀɔfetik] adj profético(ca).

prophétiser [3] [pʀɔfetize] vt profetizar.

prophylactique [pʀɔfilaktik] adj profiláctico(ca).

prophylaxie [pʀɔfilaksi] nf profilaxis *f inv.*

propice [pʀɔpis] adj propicio(cia) ▸ **propice à qqch** propicio(cia) a algo.

proportion [pʀɔpɔʀsjɔ̃] nf proporción *f* ▸ **en proportion de** en proporción a. ◆ **proportions** nfpl proporciones *fpl* ▸ **toutes proportions gardées** salvando las distancias.

proportionné, e [pʀɔpɔʀsjɔne] adj proporcionado(da) ▸ **bien /mal proportionné** bien /mal proporcionado ▸ **proportionné à** proporcionado a.

proportionnel, elle [pʀɔpɔʀsjɔnɛl] adj proporcional ▸ **proportionnel à qqch** proporcional a algo. ◆ **proportionnelle** nf ▸ **la proportionnelle** POL el sistema de representación proporcional.

proportionnellement [pʀɔpɔʀsjɔnɛlmɑ̃] adv proporcionalmente.

propos [pʀɔpo] nm **1.** *(gén pl)* [parole] palabra *f* **2.** [but] propósito *m* ▸ **c'est à quel propos ?** ¿de qué se trata? ▸ **de propos délibéré** deliberadamente ▸ **hors de propos** fuera de lugar. ◆ **à propos** loc adv [opportunément] oportunamente ; [au fait] por cierto. ◆ **à propos de** loc prép a propósito de, con respecto a.

proposer [3] [pʀɔpoze] vt **1.** [gén] proponer ▸ **proposer qqch à qqn** proponer algo a alguien ▸ **proposer à qqn de faire qqch** proponer a alguien hacer algo **2.** [offrir] ofrecer. ◆ **se proposer** vp **1.** [offrir ses services] ofrecerse **2.** [avoir l'intention] ▸ **se proposer de faire qqch** proponerse hacer algo.

proposition [pʀɔpozisjɔ̃] nf **1.** [offre, suggestion] propuesta *f*, proposición *f* ▸ **proposition de loi** propuesta de ley ▸ **proposition malhonnête** proposición deshonesta ▸ **faire des propositions à qqn** hacer proposiciones a alguien **2.** GRAM proposición *f.*

propre [pʀɔpʀ] ◆◆ adj **1.** [gén] limpio(pia) ▸ **nous voilà propres !** *fig & hum* ¡estamos listos! **2.** [personnel] propio(pia) ▸ **propre à qqn** propio(pia) de alguien **3.** [mot] apropiado(da) ▸ **propre à qqch** apropiado(da) para algo. ◆◆ nm **1.** [propreté] limpieza *f* ▸ **au propre** [recopier] a limpio **2.** [sens] sentido *m* literal **3.** [propriété] ▸ **en propre** en propiedad **4.** [qualité particulière] ▸ **le propre de qqn / de qqch** lo propio de alguien /de algo.

propre-à-rien [pʀɔpʀaʀjɛ̃] *(pl* **propres-à-rien***)* nmf inútil *mf.*

proprement [pʀɔpʀəmɑ̃] adv **1.** [soigneusement] limpiamente **2.** [convenablement] decentemente **3.** [véritablement] verdaderamente ▸ **à proprement parler** propiamente dicho ▸ **proprement dit** propiamente dicho **4.** [spécifiquement] propiamente.

propret, ette [pʀɔpʀɛ, ɛt] adj limpito(ta).

propreté [pʀɔpʀəte] nf limpieza *f.*

propriétaire [pʀɔpʀijetɛʀ] nmf propietario *m*, -ria *f*, dueño *m*, -ña *f* ▸ **propriétaire foncier** OU **terrien** terrateniente *m.*

propriété [pʀɔpʀijete] nf **1.** [gén] propiedad *f* ▸ **propriété foncière /industrielle** propiedad rústica /industrial ▸ **propriété privée** propiedad privada **2.** [domaine, exploitation] finca *f* ESP, campito *m* AM.

proprio [pʀɔpʀijo] nmf *fam* casero *m*, -ra *f*, dueño *m*, -ña *f.*

Comment exprimer une proposition

- **Tengo una propuesta que hacerle.** *J'ai une proposition à vous faire.*
- **¿Puedo ayudarle?** *Je peux vous aider ?*
- **¿Quieres que vaya a buscar a los niños?** *Tu veux que j'aille chercher les enfants ?*
- **¿Y si paso a recogerle?** *Et si je passais vous prendre ?*
- **¿Vamos a ver una exposición?** *On va voir une exposition ?*
- **¿Abro otra botella de vino?** *Est-ce que j'ouvre une autre bouteille de vin ?*
- **¿Os apetece echar una partida de cartas?** *Ça vous dirait de faire une partie de cartes ?*
- **¿Te apetece ir a dar un paseo?** *Une petite balade, ça te dirait ?*
- **¿Quieres que vayamos al cine?** *Tu veux qu'on aille au cinéma ?*
- **Déjame que lo haga yo.** *Laisse-moi faire.*
- **Podéis venir a mi casa cuando vengáis a París.** *Vous pouvez loger chez moi quand vous viendrez à Paris.*
- **¿Por qué no se lo comentas?** *Pourquoi tu ne lui en touches pas un mot ?*
- **Si quiere, haremos las comprobaciones juntos.** *Si vous voulez, nous ferons les vérifications ensemble.*
- **Propongo que volvamos a hablar de ello mañana.** *Je propose que nous en reparlions demain.*

propulser [3] [pʀɔpylse] vt **1.** [gén] propulsar **2.** *fig* [jeter] lanzar. ◆ **se propulser** vp propulsarse.

propulsion [pʀɔpylsjɔ̃] nf propulsión *f*.

prorata [pʀɔʀata] ◆ **au prorata de** loc prép a prorrata de.

prorogation [pʀɔʀɔgasjɔ̃] nf **1.** [prolongation] prórroga *f* **2.** POL aplazamiento *m*.

proroger [17] [pʀɔʀɔʒe] vt **1.** [prolonger] prorrogar **2.** POL aplazar.

prosaïque [pʀozaik] adj prosaico(ca).

proscription [pʀɔskʀipsjɔ̃] nf [interdiction] proscripción *f*.

proscrire [99] [pʀɔskʀiʀ] vt proscribir ▸ **proscrire qqn / qqch de qqch** *sout* proscribir a alguien/algo de algo.

proscris ⟶ **proscrire**.

proscrit, e [pʀɔskʀi, it] adj & nm, f proscrito(ta).

proscrivais ⟶ **proscrire**.

prose [pʀoz] nf prosa *f* ▸ **en prose** en prosa.

prosélyte [pʀɔzelit] nmf prosélito *m*, -ta *f*.

prosélytisme [pʀɔzelitism] nm proselitismo *m*.

prospecter [4] [pʀɔspɛkte] vt prospectar.

prospecteur, trice [pʀɔspɛktœʀ, tʀis] nm, f COMM representante *mf* comercial ; [de terrain] prospector *m*.

prospectif, ive [pʀɔspɛktif, iv] adj prospectivo(va). ◆ **prospective** nf prospectiva *f*.

prospection [pʀɔspɛksjɔ̃] nf prospección *f*.

prospectus [pʀɔspɛktys] nm prospecto *m*, folleto *m*.

prospère [pʀɔspɛʀ] adj próspero(ra).

prospérer [18] [pʀɔspeʀe] vi prosperar.

prospérité [pʀɔspeʀite] nf prosperidad *f*.

prostate [pʀɔstat] nf próstata *f*.

prosterner [3] [pʀɔstɛʀne] ◆ **se prosterner** vp prosternarse ▸ **se prosterner devant qqch /devant qqn** prosternarse ante algo/ante alguien.

prostituée [pʀɔstitɥe] nf prostituta *f*.

prostituer [7] [pʀɔstitɥe] vt prostituir. ◆ **se prostituer** vp prostituirse.

prostitution [pʀɔstitysjɔ̃] nf prostitución *f*.

prostration [pʀɔstʀasjɔ̃] nf postración *f*.

prostré, e [pʀɔstʀe] adj postrado(da).

protagoniste [pʀɔtagɔnist] nmf protagonista *mf*.

protecteur, trice [pʀɔtɛktœʀ, tʀis] ❖ adj **1.** [gén] protector(ra) **2.** ÉCON proteccionista. ❖ nm, f protector *m*, -ra *f*. ◆ **Protecteur du citoyen** nm QUÉBEC ≃ Defensor *m* del Pueblo.

protection [pʀɔtɛksjɔ̃] nf protección *f* ▸ **de protection** [écran, système] protector(ra) ▸ **protection contre qqch /contre qqn** protección contra algo/contra alguien ▸ **prendre qqn sous sa protection** tomar a alguien bajo su protección ▸ **se mettre sous la protection de qqn** ponerse bajo la protección de alguien.

protectionnisme [pʀɔtɛksjɔnism] nm proteccionismo *m*.

protectionniste [pʀɔtɛksjɔnist] adj & nmf proteccionista.

protectorat [pʀɔtɛktɔʀa] nm protectorado *m*.

protégé, e [pʀɔteʒe] adj & nm, f protegido(da).

protège-cahier [pʀɔtɛʒkaje] (*pl* **protège-cahiers**) nm forro *m*.

protège-poignets [pʀɔtɛʒpwanjɛ] nm inv muñequera *f*.

protéger [22] [pʀɔteʒe] vt proteger. ◆ **se protéger** vp protegerse.

protège-slip [pʀɔtɛʒslip] (*pl* **protège-slips**) nm salva slip *m*.

protéine [pʀɔtein] nf proteína *f*.

protestant, e [pʀɔtɛstɑ̃, ɑ̃t] adj & nm, f protestante.

protestantisme [pʀɔtɛstɑ̃tism] nm protestantismo *m*.

protestataire [pʀɔtɛstatɛʀ] ❖ adj [personne] protestatario(ria) ; [cri, vote, écrit] de protesta. ❖ nmf protestatario *m*, -ria *f*.

protestation [pʀɔtɛstasjɔ̃] nf protesta *f*.

protester [3] [pʀɔtɛste] vi protestar ▸ **protester contre qqch** protestar contra algo ▸ **protester de qqch** *sout* protestar de algo.

prothèse [pʀɔtɛz] nf prótesis *f inv* ▸ **prothèse dentaire** prótesis dental.

protide [pʀɔtid] nm prótido *m*.

protocolaire [pʀɔtɔkɔlɛʀ] adj protocolario(ria).

protocole [pʀɔtɔkɔl] nm protocolo *m*.

proton [pʀɔtɔ̃] nm protón *m*.

prototype [pʀɔtɔtip] nm prototipo *m*.

protubérance [pʀɔtybeʀɑ̃s] nf protuberancia *f*.

protubérant, e [pʀɔtybeʀɑ̃, ɑ̃t] adj protuberante.

proue [pʀu] nf proa *f*.

prouesse [pʀuɛs] nf proeza *f*.

prout [pʀut] nm *fam* [pet] pedo *m* / *faire un prout* tirarse un pedo.

prouver [3] [pʀuve] vt **1.** [établir] demostrar, probar **2.** [témoigner de] demostrar. ◆ **se prouver** vp demostrarse.

provenance [pʀɔvnɑ̃s] nf procedencia *f* ▸ **en provenance de** procedente de.

provençal, e, aux [pʀɔvɑ̃sal, o] adj **1.** [de Provence] provenzal **2.** CULIN *con aceite de oliva y ajo*. ◆ **provençal** nm LING provenzal *m*. ◆ **Provençal, e, aux** nm, f provenzal *mf*. ◆ **à la provençale** loc adv CULIN *con aceite de oliva y ajo*.

Provence [pʀɔvɑ̃s] npr ▸ **la Provence** (la) Provenza ▸ **herbes de Provence** hierbas de Provenza.

provenir [40] [pʀɔvniʀ] vi ▸ **provenir de** proceder de.

provenu, e [pʀɔvny] pp ⟶ **provenir**.

proverbe [pʀɔvɛʀb] nm proverbio *m*, refrán *m*.

proverbial, e, aux [pʀɔvɛʀbjal, o] adj proverbial.

providence [pʀɔvidɑ̃s] nf providencia *f*.
◆ **Providence** nf RELIG ▸ **la Providence** la Providencia.

providentiel, elle [pʀɔvidɑ̃sjɛl] adj providencial.

proviendrai ⟶ **provenir**.

proviens ⟶ **provenir**.

province [pʀɔvɛ̃s] nf **1.** [gén] provincia *f*; ≃ región *f* **2.** *péj* [campagne] pueblo *m* **3.** QUÉBEC *estado federado dotado de un gobierno propio* **4.** BELGIQUE *unidad territorial dirigida por un gobernador nombrado por el rey*.

provincial, e, aux [pʀɔvɛ̃sjal, o] ◈ adj **1.** [de province - personne, vie] de provincias; [- administration] provincial **2.** *péj* [de la campagne] provinciano(na). ◈ nm, f provinciano *m*, -na *f*.

provins ⟶ **provenir**.

proviseur, e [pʀɔvizœʀ] nm, f director *m*, -ra *f (de un instituto)*.

provision [pʀɔvizjɔ̃] nf **1.** [réserve] provisión *f* ▸ **faire provision de qqch** hacer provisión de algo **2.** FIN ▸ **sans provision** sin fondos. ◆ **provisions** nfpl provisiones *fpl* ▸ **faire ses provisions** [achats] hacer la compra.

provisionnel, elle [pʀɔvizjɔnɛl] adj provisional; ⟶ **acompte**, **tiers**.

provisoire [pʀɔvizwaʀ] ◈ adj provisional. ◈ nm ▸ **le provisoire** lo provisional ▸ **vivre dans le provisoire** vivir provisionalmente ▸ **c'est du provisoire** es provisional.

provisoirement [pʀɔvizwaʀmɑ̃] adv provisionalmente.

provoc [pʀɔvɔk] nf *fam* provocación *f*.

provocant, e [pʀɔvɔkɑ̃, ɑ̃t] adj provocador(ra).

provocateur, trice [pʀɔvɔkatœʀ, tʀis] adj & nm, f provocador(ra).

provocation [pʀɔvɔkasjɔ̃] nf provocación *f*.

provoquer [3] [pʀɔvɔke] vt provocar. ◆ **se provoquer** vp provocarse.

proxénète [pʀɔksenɛt] nmf proxeneta *mf*.

proxénétisme [pʀɔksenetism] nm proxenetismo *m*.

proximité [pʀɔksimite] nf proximidad *f*.
◆ **à proximité de** loc prép cerca de.
◆ **de proximité** loc adj de proximidad.

pr tjr (*abr écrite de* **pour toujours**) SMS pr smpre *(para siempre)*.

prude [pʀyd] adj mojigato(ta).

prudemment [pʀydamɑ̃] adv con prudencia.

prudence [pʀydɑ̃s] nf prudencia *f*.

prudent, e [pʀydɑ̃, ɑ̃t] adj prudente / *ce n'est pas prudent* no es sensato ▸ **sois prudent !** ¡sé prudente!

prud'homme [pʀydɔm] nm ≃ magistrado *m* de lo social ▸ **conseil de prud'hommes** ≃ Juzgado *m* de lo social.

prune [pʀyn] ◈ adj inv [couleur] ciruela *(en apposition)*. ◈ nf **1.** [fruit] ciruela *f* ▸ **compter pour des prunes a)** *fam* [personne] ser pan y manteca **b)** [chose] no valer **2.** *fam* [contravention] multa *f*.

pruneau, x [pʀyno] nm **1.** [fruit] ciruela *f* pasa **2.** *arg* [balle] bala *f*.

prunelle [pʀynɛl] nf ANAT pupila *f*, niña *f* ▸ **tenir à qqch comme à la prunelle de ses yeux** querer algo como a la niña de sus ojos.

prunier [pʀynje] nm ciruelo *m* ▸ **secouer qqn comme un prunier** *fam* sacudir a alguien como a una estera.

prurit [pʀyʀit] nm prurito *m*.

Prusse [pʀys] npr ▸ **la Prusse** Prusia.

prussien, enne [pʀysjɛ̃, ɛn] adj prusiano *m*, -na *f*.
◆ **Prussien, enne** nm, f prusiano *m*, -na *f*.

PS[1] (*abr de* **Parti socialiste**) nm *partido socialista francés* / *le secrétaire du PS* el secretario del PS.

PS[2], **P-S** (*abr de* **post-scriptum**) nm PD *f*, PS *m*.

psalmodie [psalmɔdi] nf salmodia *f*.

psalmodier [9] [psalmɔdje] vt & vi salmodiar.

psaume [psom] nm salmo *m*.

pseudonyme [psødɔnim] nm seudónimo *m*, pseudónimo *m*.

PS-G, PSG (*abr de* **Paris-St-Germain**) nm *club de fútbol de París* / *2-0 pour le PS-G* 2-0 a favor del PSG.

PSIG (*abr de* **Peloton de surveillance et d'intervention de la gendarmerie**) nm *cuerpo de vigilancia e intervención de la gendarmería francesa* ▸ **les gendarmes du PSIG** los gendarmes del PSIG ▸ **une patrouille du PSIG** una patrulla del PSIG.

PSU (*abr de* **Parti socialiste unifié**) nm *antiguo partido socialista francés* / *des militants du PSU* militantes del PSU.

psy [psi] ◈ nmf *fam* **1.** [psychiatre] psiquiatra *mf*, siquiatra *mf* ▸ **aller voir un /une psy** ir a ver a un/una psiquiatra ▸ **des séances chez le /la psy** sesiones en el/la psiquiatra **2.** [psychanalyste] psicoanalista *mf*, sicoanalista *mf* **3.** [psychologue] psicólogo(ga), sicólogo(ga) **4.** [psychothérapeute] psicoterapeuta *mf*, sicoterapeuta *mf*. ◈ adj [psychologique] psicológico(ca), sicológico(ca) / *un problème psy* un problema psicológico.

psychanalyse [psikanaliz] nf psicoanálisis *m inv*.

psychanalyser [3] [psikanalize] vt psicoanalizar.

psychanalyste [psikanalist] nmf psicoanalista *mf*.

psychanalytique [psikanalitik] adj psicoanalítico(ca).

psyché [psiʃe] nf [miroir] espejo *m* de pie.

psychédélique [psikedelik] adj psicodélico(ca).

psychiatre [psikjatʀ] nmf psiquiatra *mf*.

psychiatrie [psikjatʀi] nf psiquiatría *f*.

psychiatrique [psikjatʀik] adj psiquiátrico(ca).

psychique [psiʃik] adj psíquico(ca).

psychisme [psiʃism] nm psiquismo *m*.

psychodrame [psikɔdʀam] nm psicodrama *m*.

psychologie [psikɔlɔʒi] nf psicología *f*.

psychologique [psikɔlɔʒik] adj psicológico(ca).

psychologiquement [psikɔlɔʒikmɑ̃] adv psicológicamente.

psychologue [psikɔlɔg] adj & nmf psicólogo(ga).

psychomoteur, trice [psikɔmɔtœʀ, tʀis] adj psicomotor(triz).

psychopathe [psikɔpat] nmf psicópata *mf.*

psychose [psikoz] nf psicosis *f inv.*

psychosomatique [psikosɔmatik] adj psicosomático(ca).

psychothérapeute [psikɔteʀapøt] nmf psicoterapeuta *mf.*

psychothérapie [psikoteʀapi] nf psicoterapia *f.*

Pta (*abr écrite de* **peseta**) Pta.

PTDR *fam* SMS *abr écrite de* **pété de rire**.

Pte 1. (*abr écrite de* **porte**) pta. **2.** *abr écrite de* **pointe**.

pu [py] pp inv ⟶ **pouvoir**.

puant, e [pɥɑ̃, ɑ̃t] adj **1.** [odeur] fétido(da) **2.** *fam & fig* [personne] fantasma.

puanteur [pɥɑ̃tœʀ] nf peste *f.*

pub¹ [pyb] nf *fam* anuncio *m* ▸ **la pub** los anuncios.

pub² [pœb] nm [bar] pub *m (británico).*

pubère [pybɛʀ] adj púber.

puberté [pybɛʀte] nf pubertad *f.*

pubis [pybis] nm pubis *m inv.*

publiable [pyblijabl] adj publicable.

public, ique [pyblik] adj público(ca). ◆ **public** nm público *m* ▸ **en public** en público ▸ **être bon public** ser (un) buen público. ◆ **grand public** loc adj para el gran público / *un film grand public* una película para el gran público.

publication [pyblikasjɔ̃] nf publicación *f* ▸ **publication des bans** amonestaciones *fpl* (matrimoniales).

publiciste [pyblisist] nmf publicista *mf.*

publicitaire [pyblisitɛʀ] adj & nmf publicitario(ria).

publicité [pyblisite] nf **1.** [gén] publicidad *f* ▸ **publicité comparative** publicidad comparativa ▸ **publicité institutionnelle** publicidad institucional ▸ **publicité mensongère** publicidad engañosa ▸ **publicité sur le lieu de vente** publicidad en (el) punto de venta **2.** [annonce, spot] anuncio *m.*

publier [10] [pyblije] vt publicar.

publipostage [pyblipɔstaʒ] nm INFORM mailing *m.*

publique ⟶ **public**.

publiquement [pyblikmɑ̃] adv públicamente.

publireportage [pybliʀəpɔʀtaʒ] nm publirreportaje *m.*

puce [pys] nf **1.** [animal] pulga *f* ▸ **mettre la puce à l'oreille à qqn** poner a alguien la mosca detrás de la oreja ▸ **secouer les puces à qqn** *fam* echar un rapapolvo a alguien **2.** INFORM chip *m* **3.** [terme affectueux] ▸ **ma puce** cariño *m.* ◆ **puces** nfpl ▸ **les puces** [marché] el rastro.

puceau, x [pyso] adj m & nm *fam* virgen.

pucelle [pysɛl] adj f & nf *fam* virgen.

puceron [pysʀɔ̃] nm pulgón *m.*

pudding [pudiŋ] nm pudin *m.*

pudeur [pydœʀ] nf pudor *m.*

pudibond, e [pydibɔ̃, ɔ̃d] adj *sout* pudibundo(da).

pudibonderie [pydibɔ̃dʀi] nf *sout* pudibundez *f.*

pudique [pydik] adj púdico(ca).

pudiquement [pydikmɑ̃] adv púdicamente.

puer [7] [pɥe] ◈ vi apestar / *ça pue ! fam* ¡huele que apesta! ◈ vt apestar a.

puéricultrice [pɥeʀikyltʀis] nf puericultora *f.*

puériculture [pɥeʀikyltyʀ] nf puericultura *f.*

puéril, e [pɥeʀil] adj pueril.

puérilité [pɥeʀilite] nf puerilidad *f.*

Puerto Rico = **Porto Rico**.

pugilat [pyʒila] nm pugilato *m.*

pugnace [pygnas] adj *sout* tenaz.

pugnacité [pygnasite] nf *sout* tenacidad *f.*

puis¹ [pɥi] ⟶ **pouvoir**.

puis² [pɥi] adv después ▸ **et puis quoi** OU **après ?** *fam* ¿y qué?, ¿bueno y qué? ▸ **et puis** y además.

puisard [pɥizaʀ] nm sumidero *m.*

puisatier [pɥizatje] nm pocero *m.*

puiser [3] [pɥize] vt **1.** [liquide] sacar **2.** *fig* [extraire] ▸ **puiser qqch dans qqch a)** [référence, citation] sacar algo de algo **b)** [se servir] coger algo de algo.

puisque [pɥiskə] (**puisqu'** [pɥisk] *devant voyelle ou 'h' muet)* conj **1.** [gén] ya que **2.** [renforce une affirmation] : *mais puisque je te dis que je ne veux pas !* ¡ya te he dicho que no quiero! / *tu vas vraiment y aller ? puisque je te le dis !* ¿de veras vas a ir? ¡no te lo estoy diciendo!

puissamment [pɥisamɑ̃] adv **1.** [avec force] con fuerza **2.** [considérablement] mucho.

puissance [pɥisɑ̃s] nf **1.** [gén] potencia *f* ▸ **les grandes puissances** las grandes potencias **2.** [pouvoir] poder *m.* ◆ **en puissance** loc adj en potencia.

puissant, e [pɥisɑ̃, ɑ̃t] adj **1.** [gén] poderoso(sa) **2.** [machine, ordinateur] potente. ◆ **puissant** nm ▸ **les puissants** los poderosos.

puisse ⟶ **pouvoir**.

puits [pɥi] nm pozo *m* ▸ **puits de mine / de pétrole** pozo de mina / de petróleo. ◆ **puits de science** nm pozo *m* de sabiduría.

pull [pyl], **pull-over** [pylɔvɛʀ] (*pl* **pull-overs**) nm jersey *m.*

pulluler [3] [pylyle] vi **1.** [proliférer] pulular **2.** *péj* [grouiller] ▸ **pulluler de** estar plagado(da) de.

pulmonaire [pylmɔnɛʀ] adj pulmonar.

pulpe [pylp] nf pulpa *f.*

pulpeux, euse [pylpø, øz] adj **1.** [fruit] pulposo(sa), carnoso(sa) **2.** *fig* [femme] con curvas.

pulsation [pylsasjɔ̃] nf pulsación *f.*

pulsion [pylsjɔ̃] nf pulsión *f.*

pulvérisateur [pylveʀizatœʀ] nm pulverizador *m.*

pulvérisation [pylveʀizasjɔ̃] nf pulverización *f.*

pulvériser [3] [pylvеʀize] vt pulverizar.

puma [pyma] nm puma *m*.

punaise [pynɛz] ◆ nf **1.** [insecte] chinche *m* **2.** [clou] chincheta *f*. ◆ interj ¡ostras!

punch¹ [pɔ̃ʃ] nm [boisson] ponche *m*.

punch² [pœnʃ] nm inv *fam* [énergie] marcha *f*.

punching-ball [pœnʃiŋbol] (*pl* **punching-balls**) nm punching-ball *m*.

puni, e [pyni] adj castigado(da).

punir [32] [pyniʀ] vt [crime, personne] castigar ▸ **punir qqn de qqch** [criminel] condenar a alguien a algo.

punitif, ive [pynitif, iv] adj punitivo(va).

punition [pynisjɔ̃] nf castigo *m*.

punk [pœŋk] adj inv & nmf punk.

pupille [pypij] ◆ nf ANAT pupila *f*. ◆ nmf pupilo *m*, -la *f* ▸ **pupille de l'État** hospiciano *m*, -na *f* ▸ **pupille de la nation** huérfano *m*, -na *f* de guerra.

pupitre [pypitʀ] nm **1.** [d'orateur, de musicien] atril *m* **2.** TECHNOL [de machine] consola *f* **3.** SCOL [bureau] pupitre *m*.

pur, e [pyʀ] adj puro(ra) ▸ **pur coton** puro algodón ▸ **pure laine** pura lana ▸ **pur et simple** puro y duro.

purée [pyʀe] nf puré *m* ▸ **purée de pommes de terre** puré de patatas. ◆ **purée de pois** nf *fig* niebla *f* espesa.

purement [pyʀmɑ̃] adv puramente ▸ **purement et simplement** pura y simplemente.

pureté [pyʀte] nf pureza *f*.

purgatif, ive [pyʀgatif, iv] adj purgante.
◆ **purgatif** nm purgante *m*, purga *f*.

purgatoire [pyʀgatwaʀ] nm RELIG purgatorio *m* ; *fig* infierno *m*.

purge [pyʀʒ] nf purga *f*.

purger [17] [pyʀʒe] vt purgar. ◆ **se purger** vp purgarse.

purifiant, e [pyʀifjɑ̃, ɑ̃t] adj purificante.

purificateur, trice [pyʀifikatœʀ, tʀis] adj purificador(ra). ◆ **purificateur** nm purificador *m*.

purification [pyʀifikasjɔ̃] nf purificación *f* ▸ **purification ethnique** limpieza *f* étnica.

purifier [9] [pyʀifje] vt purificar. ◆ **se purifier** vp purificarse.

purin [pyʀɛ̃] nm estiércol *m*.

puriste [pyʀist] adj & nmf purista.

puritain, e [pyʀitɛ̃, ɛn] adj & nm, f puritano(na).

puritanisme [pyʀitanism] nm puritanismo *m*.

pur-sang [pyʀsɑ̃] nm inv pura sangre *m inv*.

purulent, e [pyʀylɑ̃, ɑ̃t] adj purulento(ta).

pus¹ ⟶ **pouvoir**.

pus² [py] nm pus *m*.

pusillanime [pyzilanim] adj *sout* pusilánime.

pusillanimité [pyzilanimite] nf *sout* pusilanimidad *f*.

pustule [pystyl] nf pústula *f*.

putain [pytɛ̃] *vulg* ◆ nf puta *f* ▸ **ce putain de... !** ¡este puto...! ◆ interj ¡hostia!

pute [pyt] nf *vulg* puta *f*.

putois [pytwa] nm turón *m* ▸ **crier comme un putois** gritar como un verdulero.

putréfaction [pytʀefaksjɔ̃] nf putrefacción *f* ▸ **en putréfaction** en putrefacción.

putréfier [9] [pytʀefje] ◆ **se putréfier** vp pudrirse.

putrescent, e [pytʀesɑ̃, ɑ̃t] adj putrefacto(ta).

putride [pytʀid] adj **1.** [putréfié] podrido(da) **2.** [odeur, miasme] pútrido(da).

putsch [putʃ] nm golpe *m* de estado.

putschiste [putʃist] adj & nmf golpista.

puzzle [pœzl] nm **1.** [jeu] puzzle *m* **2.** *fig* [problème] rompecabezas *m inv*.

P-V (*abr de* **procès-verbal**) nm **1.** [amende] multa *f* ▸ **dresser un P-V** poner una multa ▸ **se prendre un P-V** *fam* : *je me suis pris un P-V* me han puesto una multa **2.** [compte-rendu] acta *f* ▸ **l'approbation du P-V de la réunion** la aprobación del acta de la reunión / *le P-V est adopté à l'unanimité* el acta fue adoptada por unanimidad.

PVC (*abr de* **polyvinylchloride**) nm PVC *m* ▸ **en PVC** de PVC / *un tube en PVC* un tubo de PVC.

PVD (*abr de* **pays en voie de développement**) nm PVD *m*.

px (*abr écrite de* **prix**) precio *m* / *px à déb.* precio negociable.

pygmée [pigme] adj pigmeo(a). ◆ **Pygmée** nmf pigmeo *m*, -a *f*.

pyjama [piʒama] nm pijama *m*.

pylône [pilon] nm poste *m*.

Pyongyang [pjɔ̃gjɑ̃g] npr Pyongyang.

pyramidal, e, aux [piʀamidal, o] adj piramidal.

pyramide [piʀamid] nf **1.** GÉOM & ARCHIT pirámide *f* ▸ **la Pyramide du Louvre** laPirámide del Louvre **2.** [tas] pila *f*, montón *m* ESP, ruma *f* AM.

pyrénéen, enne [piʀeneɛ̃, ɛn] adj pirenaico(ca).
◆ **Pyrénéen, enne** nm, f pirenaico *m*, -ca *f*.

Pyrénées [piʀene] npr f pl ▸ **les Pyrénées** los Pirineos.

Pyrex® [piʀɛks] nm pírex® *m*.

pyrogravure [piʀɔgʀavyʀ] nf pirograbado *m*.

pyrolyse [piʀɔliz] nf pirólisis *f* ▸ **four à pyrolyse** horno pirolítico.

pyromane [piʀɔman] nmf pirómano *m*, -na *f*.

pyromanie [piʀɔmani] nf piromanía *f*.

pyrotechnique [piʀɔtɛknik] adj pirotécnico(ca).

python [pitɔ̃] nm pitón *m*.

Q

q, Q [ky] nm inv [lettre] q *f*, Q *f*. ◆ **q** (*abr écrite de* **quintal**) q.

Qatar, Katar [kataʀ] npr ▸ **le Qatar** Qatar.

qatari [kataʀi] adj qatarí. ◆ **Qatari** nm, f qatarí *mf*.

qch SMS *abr écrite de* **quelque chose**.

QCM (*abr de* **questionnaire à choix multiple**) nm cuestionario *m* con preguntas de selección múltiple / *répondre à un QCM* responder a un cuestionario con preguntas de selección múltiple.

qd SMS *abr écrite de* **quand**.

QG (*abr de* **quartier général**) nm CG *m* ▸ **QG de campagne** CG de campaña / *installer son QG dans de nouveaux locaux* instalar el CG en nuevos locales.

QHS (*abr de* **quartier de haute sécurité**) nm *departamento de alta seguridad, en las prisiones francesas*.

QI (*abr de* **quotient intellectuel**) nm CI *m* ▸ **un test (de) QI** un test de CI / *avoir un QI de 135* tener un CI de 135.

qqch *abr écrite de* **quelque chose**.

qqe *abr écrite de* **quelque**.

qqes *abr écrite de* **quelques**.

qqf *abr écrite de* **quelquefois**.

qqn *abr écrite de* **quelqu'un**.

quad [kwad] nm **1.** [moto] quad *m* **2.** [rollers] patín *m* quad.

quadra [kwadʀa] (*abr de* **quadragénaire**) nmf *fam* cuarentón(ona).

quadragénaire [kwadʀaʒenɛʀ] adj & nmf cuadragenario(ria).

quadrangulaire [kwadʀɑ̃gylɛʀ] adj cuadrangular.

quadrature [kwadʀatyʀ] nf cuadratura *f* ▸ **c'est la quadrature du cercle** *fig* es la cuadratura del círculo.

quadri [kadʀi] (*abr de* **quadrichromie**) nf *fam* cuatricromía *f* / *en quadri* en cuatricromía.

quadriceps [kwadʀisɛps] nm cuádriceps *m*.

quadrichromie [kwadʀikʀɔmi] nf cuatricromía *f*.

quadrilatère [kwadʀilatɛʀ] nm cuadrilátero *m*.

quadrillage [kadʀijaʒ] nm **1.** [de papier, de tissu] cuadriculado *m* **2.** [policier] peinado *m*.

quadrille [kadʀij] nm [danseurs] cuadrilla *f*.

quadriller [3] [kadʀije] vt **1.** [papier] cuadricular **2.** [ville] peinar.

quadrimoteur [kwadʀimɔtœʀ] adj & nm cuatrimotor, tetramotor.

quadriphonie [kwadʀifɔni] nf cuadrafonía *f*.

quadrupède [k(w)adʀypɛd] ❖ adj cuadrúpedo(da). ❖ nm cuadrúpedo *m*.

quadruple [k(w)adʀypl] adj & nm cuádruple, cuádruplo.

quadrupler [3] [k(w)adʀyple] vt & vi cuadruplicar.

quadruplés, ées [k(w)adʀyple] nmf pl cuatrillizos *mpl*, -zas *f*.

quai [kɛ] nm **1.** [de port, de rivière] muelle *m* ▸ **être à quai** estar atracado(da) **2.** [de gare] andén *m*.

> **Quai**
>
> Los nombres **Quai d'Orsay** y **Quai des Orfèvres** se utilizan a menudo para hacer referencia a las instituciones situadas en las calles del mismo nombre: el Ministerio de Asuntos Exteriores y la Policía Judicial, respectivamente. Por su parte, el **Quai de Conti** designa la **Académie française**, academia de la lengua francesa.

qualifiable [kalifjabl] adj calificable.

qualificatif, ive [kalifikatif, iv] adj **1.** GRAM calificativo(va) **2.** SPORT [épreuve] puntuable. ◆ **qualificatif** nm calificativo *m*.

qualification [kalifikasjɔ̃] nf **1.** [titre, GRAM & SPORT] calificación *f* **2.** [compétence] cualificación *f*.

qualifié, e [kalifje] adj **1.** [formé, compétent] cualificado(da) / *il n'est pas très qualifié pour faire ce travail* no está muy cualificado para hacer este trabajo **2.** SPORT clasificado(da) / *les joueurs qualifiés seront remboursés de leur droit d'inscription* a los jugadores clasificados se les reembolsarán los gastos de inscripción.

qualifier [9] [kalifje] vt **1.** [caractériser] calificar ▸ **qualifier qqch / qqn de qqch** calificar algo / a alguien de algo **2.** [donner des compétences] ▸ **être qualifié pour faire qqch / pour qqch** estar cualificado(da) para hacer algo / para algo. ◆ **se qualifier** vp SPORT calificarse.

qualitatif, ive [kalitatif, iv] adj cualitativo(va).

qualitativement [kalitativmɑ̃] adv cualitativamente.

qualité [kalite] nf **1.** [gén] calidad *f* ▸ **en qualité de** en calidad de ▸ **de bonne / mauvaise qualité** de buena / malacalidad ▸ **qualité de la vie** calidad de vida **2.** [caractéristique, vertu] cualidad *f*.

quand [kɑ̃] ❖ conj **1.** [lorsque, alors que] cuando / *quand tu le verras, demande-lui de me téléphoner* cuando lo veas, dile que me llame / *pourquoi rester ici quand on pourrait partir en week-end ?* ¿por qué quedarse aquí cuando podríamos irnos de fin de semana? **2.** *sout* [introduit une hypothèse] aun cuando. ◆ adv interr cuándo. ◆ **quand même** ◆ loc adv a pesar de todo / *c'était quand même bien* a pesar de todo estuvo bien / *tu pourrais faire attention quand même !* ¡podrías tener más cuidado! (¿no?). ◆ interj [ça suffit] ¡por favor! / *quand même, à son âge !* ¡a su edad! ◆ **quand bien même** loc conj *sout* aun cuando. ◆ **n'importe quand** loc adv : *tu peux venir n'importe quand* puedes venir cuando quieras.

quant [kɑ̃] ◆ **quant à** loc prép en cuanto a, por lo que se refiere a ▸ **quant à moi / toi** en cuanto a mí / ti se refiere.

quant-à-soi [kɑ̃taswa] nm inv reserva *f* ▸ **rester sur son quant-à-soi** guardar las distancias.

quantième [kɑ̃tjɛm] nm día *m* (del mes).

quantifiable [kɑ̃tifjabl] adj cuantificable.

quantifier [9] [kɑ̃tifje] vt cuantificar.

quantitatif, ive [kɑ̃titatif, iv] adj cuantitativo(va).

quantitativement [kɑ̃titativmɑ̃] adv cuantitativamente.

quantité [kɑ̃tite] nf **1.** [mesure & LING] cantidad *f* **2.** [abondance] ▸ **(une) quantité de** (una) gran cantidad de ▸ **en quantité** en cantidad.

quarantaine [karɑ̃tɛn] nf **1.** [nombre] unos cuarenta ▸ **une quarantaine de personnes** unas cuarenta personas **2.** [âge] ▸ **avoir la quarantaine** estar en los cuarenta **3.** [isolement] cuarentena *f* ▸ **être / mettre qqn en quarantaine** *fig* estar / poner a alguien en cuarentena.

quarante [karɑ̃t] adj num inv & nm inv cuarenta. ***Voir aussi* six**.

quarantième [karɑ̃tjɛm] ◆ adj num & nmf cuadragésimo(ma). ◆ nm cuadragésimo *m*, cuadragésima parte *f*. ***Voir aussi* sixième**.

quart [kar] ◆ adj num cuarto(ta). ◆ nm **1.** [fraction] cuarto *m*, cuarta parte *f* ▸ **un quart de qqch** un cuarto de algo ▸ **un quart d'heure** un cuarto de hora ▸ **moins le quart** menos cuarto ▸ **quart de soupir** MUS silencio *m* de semicorchea ▸ **démarrer au quart de tour a)** [moteur] arrancar a la primera **b)** *fig* saltar ▸ **passer un mauvais quart d'heure** pasar un mal rato **2.** NAUT [veille] cuarto *m* **3.** [gobelet] tanque *m*.

Quarté® [karte] nm *quiniela hípica donde hay que acertar los cuatro primeros caballos.*

quartette [kwartɛt] nm cuarteto *m*.

quartier [kartje] nm **1.** [de ville] barrio *m* ESP, colonia *f* AM ▸ **les beaux quartiers** los barrios altos ▸ **quartier résidentiel** zona *f* residencial / *le Quartier Latin* el Barrio Latino **2.** [de viande] trozo *m* ; [de fruit] gajo *m* **3.** ASTRON cuarto *m* **4.** [héraldique & MIL] cuartel *m* ▸ **avoir quartier libre a)** tener tiempo libre **b)** MIL tener un permiso **5.** BELGIQUE estudio *m*.

Quartier Latin

El **Quartier Latin** es un barrio de París situado en la orilla izquierda del Sena. Desde la creación de la Sorbona en la Edad Media, este barrio está considerado como el barrio de los estudiantes. Además de **lycées** prestigiosos y bibliotecas, se pueden encontrar allí numerosas librerías, cines y cafeterías, y es una zona con mucha animación nocturna.

quartier-maître [kartjemɛtr] (*pl* **quartiers-maîtres**) nm NAUT ≃ cabo *m* de la marina.

quart-monde [karmɔ̃d] (*pl* **quarts-mondes**) nm cuarto mundo *m*.

quartz [kwarts] nm cuarzo *m* ▸ **à quartz** de cuarzo.

quasi [kazi] ◆ adv cuasi. ◆ nm [de veau] trozo *m* de pierna.

quasiment [kazimɑ̃] adv *fam* casi.

quaternaire [kwatɛrnɛr] ◆ adj cuaternario(ria). ◆ nm ▸ **le quaternaire** el cuaternario.

quatorze [katɔrz] adj num inv & nm inv catorce. ***Voir aussi* six**.

quatorzième [katɔrzjɛm] ◆ adj num & nmf decimocuarto(ta). ◆ nm catorceavo *m*, catorceava parte *f*. ***Voir aussi* sixième**.

quatrain [katrɛ̃] nm [strophe] ≃ cuarteto *m*.

quatre [katr] ◆ adj num inv cuatro ▸ **être plié en quatre** *fam* [de rire] partirse de risa ▸ **quatre à quatre** de cuatro en cuatro ▸ **se mettre en quatre pour qqn** *fig* desvivirse por alguien. ◆ nm inv cuatro *m*. ***Voir aussi* six**.

quatre-heures, quatre heures [katrœr] nm inv *fam* merienda *f*.

quatre-quarts [katkar] nm inv *bizcocho compuesto de cuatro ingredientes, mantequilla, harina, azúcar y huevos, a partes iguales.*

quatre-quatre [katkatr] (*on écrit aussi 4 X 4*) nm ou nf inv cuatro por cuatro *m inv* / *ils ont fait un safari en 4 x 4* se fueron de safari en cuatro por cuatro.

quatre-vingt = **quatre-vingts**.

quatre-vingt-dix [katrəvɛ̃dis] adj num inv & nm inv noventa. ***Voir aussi* six**.

quatre-vingt-dixième [katrəvɛ̃dizjɛm] ◆ adj num [dans un ordre] nonagésimo(ma) / *il est quatre-vingt-dixième au classement général* es nonagésimo en la clasificación general. ◆ nmf nonagésimo *m*, -ma *f*.

quatre-vingtième [katrəvɛ̃tjɛm] ◆ adj num & nmf octogésimo(ma). ◆ nm octogésimo *m*, octogésima parte *f*. ***Voir aussi* sixième**.

quatre-vingts, quatre-vingt [katrəvɛ̃] adj num & nm inv ochenta / *quatre-vingts jours* ochenta días

/ *quatre-vingt quatre euros* ochenta y cuatro euros. *Voir aussi* **six**.

quatrième [katʀijɛm] ❖ adj num & nmf cuarto(ta). ❖ nf **1.** SCOL ≃ segundo *m* de la ESO **2.** [danse] cuarta *f.* ❖ nm cuarto *m*, cuarta parte *f.* *Voir aussi* **sixième**.

quatrièmement [katʀijɛmmɑ̃] adv en cuarto lugar.

quatuor [kwatɥɔʀ] nm cuarteto *m*.

que [kə]

❖ conj

1. [introduit une subordonnée] que / *je sais que...* sé que... / *j'ai la certitude que...* tengo la certeza de que... / *je ne tiens pas à ce que tout le monde le sache* no quiero que todo el mundo se entere

2. [introduisant une hypothèse] tanto si / *que vous le vouliez ou non* tanto si quieres como si no

3. [reprend une autre conjonction] *s'il fait beau et que nous avons le temps* si hace bueno y tenemos tiempo

4. [indique un ordre, un souhait] que / *qu'il entre* ¡que entre!

5. [avec un présentatif] *voilà* OU *voici que ça recommence !* ¡ya empieza otra vez!

❖ pron rel

1. [chose, animal] que / *le livre qu'elle m'a prêté* el libro que me ha prestado

2. [personne] al que, a la que / *la femme que j'aime* la mujer a la que quiero ▸ **ce que** lo que / *lui avez-vous dit ce que vous savez ?* ¿le habéis dicho lo que sabéis?

❖ pron interr

qué / *que veux-tu ?* ¿qué quieres?

❖ adv excl

qué / *que c'est beau !* ¡qué bonito! ▸ **que de** cuánto(ta) / *que de monde !* ¡cuánta gente!

◆ **c'est que** loc conj es que / *si je vais me coucher, c'est que j'ai sommeil* si me acuesto es que tengo sueño.

◆ **qu'est-ce que** pron interr qué / *qu'est-ce que tu veux ?* ¿qué quieres?

◆ **qu'est-ce qui** pron interr qué / *qu'est-ce qui se passe ?* ¿qué pasa?

Québec [kebɛk] npr **1.** [province] ▸ **le Québec** (el) Quebec ▸ **la province de** OU **du Québec** la provincia de OU del Quebec **2.** [ville] Quebec.

québécisme [kebesism] nm voz *f* del Quebec.

québécois, e [kebekwa, az] adj quebequés(esa). ◆ **québécois** nm LING quebequés *m*. ◆ **Québécois, e** nm, f quebequés *m*, -esa *f*.

quechua [ketʃua] nm LING quechua *m*.

quel, quelle [kɛl] (*mpl* **quels**, *fpl* **quelles**) ❖ adj interr qué / *quelle heure est-il ?* ¿qué hora es? / *quel homme ?* ¿qué hombre? ❖ adj excl qué / *quel dommage !* ¡qué pena! / *quel idiot !* ¡qué imbécil!, ¡vaya imbécil! ❖ adj indéf : *il se baigne, quel que soit le temps* se baña haga el tiempo que haga / *il refuse de voir les nouveaux arrivants, quels qu'ils soient* se niega a ver a los recién llegados, sean quienes sean. ❖ pron interr [chose] cuál ; [personne] quién / *quel est le plus jeune ?* ¿quién es el más joven? / *quelle était votre question ?* ¿cuál era su pregunta?

quelconque [kɛlkɔ̃k] ❖ adj indéf **1.** *(après le n)* cualquiera **2.** *(avant le n)* ▸ **un / une quelconque ...** algún(una) .... ❖ adj *(après le n) péj* [ordinaire] del montón.

quelque [kɛlk(ə)]

❖ adj indéf

sout [un certain, un peu de] algún(una) / *elle est bizarre depuis quelque temps* está rara desde hace algún tiempo / *à quelque distance de là* a poca distancia de allí / *il est allé voir quelque ami du club* ha ido a ver a algún amigo del club / *quelque chemin que je prenne* tome el camino que tome ▸ **quelque peu** algo de

◆ **quelque... que** loc adv *sout* [concessif] por muy *(+ adj)* que, por mucho(cha) *(+ n)* que / *quelque amitié qu'il eût* por mucha amistad que hubiera / *quelque solide que fût notre amitié* por muy sólida que fuera nuestra amistad.

◆ **quelques** adj indéf pl unos cuantos (unas cuantas) / *j'ai quelques lettres à écrire* tengo que escribir unas cuantas OU algunas cartas / *tu n'as pas quelques photos à me montrer ?* ¿no tienes fotos que enseñarme?, ¿no tienes ninguna foto que enseñarme? ▸ **les quelques fois que** las pocas veces que ▸ **et quelques** y pico / *il est midi et quelques* son las doce y pico.

quelque chose [kɛlkəʃoz] pron indéf algo / *quelque chose me dit que...* algo me dice que... / *ça m'a fait quelque chose de le revoir* sentí algo al verle de nuevo / *je vous dois quelque chose ?* ¿le debo algo?

quelquefois [kɛlkəfwa] adv a veces.

quelques-uns, quelques-unes [kɛlkəzœ̃, yn] pron indéf algunos(nas) / *j'en connais quelques-uns* conozco algunos ▸ **quelques-uns de** algunos de / *quelques-uns de ces spectateurs* algunos de estos espectadores.

quelqu'un [kɛlkœ̃] pron indéf m alguien / *c'est quelqu'un d'intelligent* es una persona inteligente.

quémander [3] [kemɑ̃de] vt mendigar.

qu'en-dira-t-on [kɑ̃diʀatɔ̃] nm inv *fam* ▸ **se moquer / se soucier / avoir peur du qu'en-dira-t-on** burlarse / preocuparse / tener miedo del qué dirán.

quenelle [kənɛl] nf *especie de croqueta grande de ternera o lucio.*

quenotte [kənɔt] nf *fam* dientecillo *m*.

quéquette [kekɛt] nf *fam* pito *m*.

querelle [kəʀɛl] nf pelea *f* ▸ **chercher querelle à qqn** buscar pelea con alguien.

quereller [4] [kəʀele] vt reñir. ◆ **se quereller** vp pelearse ▸ **se quereller avec qqn** pelearse con alguien.

querelleur, euse [kəʀɛlœʀ, øz] adj & nm, f pendenciero(ra).

quérir [kerir] vt *(seulement à l'infinitif) sout* ▸ **envoyer quérir qqn** mandar a buscar a alguien.

questeur [kɛstœr] nm **1.** ADMIN *administrador de una asamblea legislativa* **2.** HIST cuestor *m*.

question [kɛstjɔ̃] nf **1.** [interrogation] pregunta *f* ▸ **poser une question à qqn** hacer una pregunta a alguien ▸ **y a-t-il des questions ?** ¿hay preguntas? ▸ **question subsidiaire** pregunta de desempate **2.** [sujet de discussion] cuestión *f* ▸ **il est question de faire qqch** es cuestión de hacer algo ▸ **il n'en est pas question** OU **c'est hors de question !** ¡ni hablar! ▸ **mettre qqch / qqn en question** poner algo / a alguien en duda **3.** HIST [torture] tormento *m*.

questionnaire [kɛstjɔnɛr] nm cuestionario *m*.

questionnement [kɛstjɔnmɑ̃] nm [mise en question] cuestionamiento *m* / *l'auteur nous livre son questionnement de la morale à notre époque* el autor nos ofrece su cuestionamiento de la moral en nuestra época.

questionner [3] [kɛstjɔne] vt interrogar.

> ⚠ **Cuestionar** est un faux ami, il ne signifie pas *questionner*, mais « remettre en question ».

quête [kɛt] nf **1.** *sout* [recherche] búsqueda *f* ▸ **se mettre en quête de qqch / de qqn** ir en busca de algo / de alguien **2.** [d'aumône] colecta *f*.

quêter [4] [kete] ◆ vi colectar. ◆ vt *fig* [solliciter] mendigar.

quetsche [kwɛtʃ] nf **1.** [fruit] ciruela *f* damascena **2.** [eau-de-vie] aguardiente *m* de damascenas.

quetzal [kɛtzal] nm [oiseau, monnaie] quetzal *m*.

queue [kø] nf **1.** [d'animal] cola *f*; [des quadrupèdes] rabo *m* ▸ **faire une queue de poisson à qqn** encerrar a alguien ▸ **sans queue ni tête** *fig* sin pies ni cabeza **2.** [de fruit] rabillo *m* **3.** [d'objet] mango *m* **4.** [de groupe] cola *f* ▸ **à la queue leu leu** en fila india ▸ **faire la queue** hacer cola **5.** *vulg* [sexe] rabo *m*.

queue-de-cheval [køʃəval] (*pl* **queues-de-cheval**) nf cola *f* de caballo.

queue-de-pie [kødpi] (*pl* **queues-de-pie**) nf chaqué *m*.

> **qui** [ki]
>
> ◆ pron rel
>
> **1.** [sujet] que / *la maison qui est là* la casa que está allí / *je l'ai vu qui passait* lo vi pasar ▸ **qui plus est** lo que es más ▸ **qui mieux est** lo que es mejor
>
> **2.** [complément d'object direct] quien / *invite qui tu veux* invita a quien quieras / *je ne sais pas ce qui est arrivé* no sé lo que pasó
>
> **3.** [avec une préposition] ▸ **à qui** a quien ▸ **avec qui** con quien
>
> **4.** [indéfini] quienquiera ▸ **qui que ce soit** quienquiera que sea
>
> ◆ pron interr
>
> **1.** [sujet] quién / *qui es-tu ?* ¿quién eres? / *je ne sais pas qui tu es* no sé quién eres
>
> **2.** [complément d'object direct] *qui préfères-tu ?* ¿a quién prefieres? / *qui demandez-vous ?* ¿por quién pregunta? / *à qui est ce livre ?* ¿de quién es ese libro? / *à qui le tour ?* ¿a quién le toca? / *à qui parles-tu ?* ¿con quién hablas? / *à qui penses-tu ?* ¿en quién piensas? ▸ **avec qui ?** ¿con quién?
>
> ◆ **qui est-ce qui** pron interr quién / *qui est-ce qui parle ?* ¿quién habla?
>
> ◆ **qui est-ce que** pron interr a quién / *qui est-ce que tu vois ?* ¿a quién ves?
>
> ◆ **n'importe qui** pron indéf cualquiera / *ce n'est pas n'importe qui !* ¡no es un cualquiera!

quiche [kiʃ] nf quiche *f* ▸ **quiche lorraine** quiche lorraine.

quiconque [kikɔ̃k] ◆ pron indéf cualquiera ▸ **sans en avertir quiconque** sin avisar a nadie. ◆ pron rel quienquiera que ▸ **pour quiconque** para cualquiera / *pour quiconque a l'habitude de lire* para cualquiera que tenga costumbre de leer.

Quid [kwid] nm ▸ **le Quid** *enciclopedia francesa que recoge acontecimientos y cifras.*

quidam [kidam] nm *fam* quídam *m*.

quiétude [kjetyd] nf *sout* quietud *f*.

quignon [kiɲɔ̃] nm mendrugo *m*.

quille [kij] nf **1.** [de bateau] quilla *f* **2.** [de jeu] bolo *m* **3.** *arg* MIL ▸ **la quille** la blanca. ◆ **quilles** nfpl *fam* [jambes] patas *fpl*.

quincaillerie [kɛ̃kajri] nf **1.** [ustensiles] quincalla *f* **2.** [industrie, commerce, magasin] ferretería *f* **3.** *fam* [bijoux] quincalla *f*.

quincaillier, ère [kɛ̃kaje, ɛr] nm, f ferretero *m*, -ra *f*.

quinconce [kɛ̃kɔ̃s] ◆ **en quinconce** loc adj & loc adv al trebolillo.

quinine [kinin] nf quinina *f*.

quinoa [kinɔa] nm quínoa *f*.

quinqua [kɛ̃ka] (*abr de* **quinquagénaire**) nmf *fam* cincuentón(ona).

quinquagénaire [kɛ̃kaʒenɛr] adj & nmf quincuagenario(ria).

quinquennal, e, aux [kɛ̃kenal, o] adj quinquenal.

quinquennat [kɛ̃kena] nm quinquenato *m*. *Voir encadré p. 450.*

quinquina [kɛ̃kina] nm **1.** [arbre] quino *m* **2.** [boisson] vino *m* quinado.

quintal, aux [kɛ̃tal, o] nm quintal *m*.

quinte [kɛ̃t] nf **1.** MUS quinta *f* **2.** [au poker] escalera *f* ▸ **quinte flush** escalera de color. ◆ **quinte de toux** nf ataque *m* de tos.

Quinté® [kɛ̃te] nm *en Francia, apuesta múltiple en la que se determina el orden de llegada de los cinco primeros caballos de una carrera.*

Le quinquennat

El "quinquenato" es el mandato por cinco años del Presidente electo de la República Francesa que está vigente en la práctica desde la elección presidencial de 2002. Antes, desde la Tercera República, dicho periodo duraba siete años. Con el "quinquenato", el mandato presidencial se renueva con más frecuencia y coincide con la legislatura de los diputados (también de cinco años), disminuyendo así los riesgos de **cohabitation**.

quintessence [kɛ̃tesɑ̃s] nf *sout* quintaesencia *f.*

quintette [kɛ̃tɛt] nm quinteto *m.*

quintuple [kɛ̃typl] ◆ adj quíntuplo(pla). ◆ nm quíntuplo *m.*

quintupler [3] [kɛ̃typle] vt & vi quintuplicar.

quintuplés, ées [kɛ̃typle] nmf pl quintillizos *mpl*, -zas *f.*

quinzaine [kɛ̃zɛn] nf **1.** [nombre] quincena *f* ▸ **une quinzaine de** unos quince **2.** [deux semaines] dos semanas *fpl* ▸ **quinzaine commerciale / publicitaire** quincena comercial / publicitaria.

quinze [kɛ̃z] ◆ adj num inv quince / *dans quinze jours* dentro de quince días ou dos semanas. ◆ nm inv **1.** [chiffre] quince *m* **2.** SPORT ▸ **le quinze de France** *el equipo nacional de rugby francés.* ***Voir aussi*** **six**.

quinzième [kɛ̃zjɛm] ◆ adj num & nmf decimoquinto(ta). ◆ nm decimoquinto *m*, decimoquinta parte *f.* ***Voir aussi*** **sixième**.

quiproquo [kipʀɔko] nm quid pro quo *m.*

Quito [kito] npr Quito.

quittance [kitɑ̃s] nf recibo *m* ▸ **quittance d'électricité / de loyer** recibo de la luz / del alquiler.

quitte [kit] adj ▸ **être quitte (envers qqn)** estar en paz (con alguien) ▸ **en être quitte pour faire qqch / pour qqch** librarse con hacer algo / con algo / *il en a été quitte pour une bonne peur* no ha sido más que el susto ▸ **être quitte de qqch** estar libre de algo ▸ **quitte à faire qqch** aunque tenga que hacer algo / *quitte à dormir sur place je préfère rester* aunque tenga que dormir aquí mismo prefiero quedarme ▸ **quitte ou double** a) doble o nada b) *fig* a todo o nada.

quitter [3] [kite] vt **1.** [renoncer à, abandonner] dejar, abandonar / *sa femme l'a quitté* su mujer lo ha dejado / *elle a quitté l'enseignement* ha dejado la docencia / *il quitte ses fonctions aujourd'hui* hoy concluye sus funciones ▸ **ne quittez pas !** [au téléphone] no cuelgue **2.** [partir de] irse de, marcharse de / *ils ont quitté Madrid il y a un an* se fueron de Madrid hace un año **3.** [vêtement] quitarse **4.** INFORM salir. ◆ **se quitter** vp separarse.

⚠ **Quitar** est un faux ami, il ne signifie pas *quitter*, mais « enlever ».

quitus [kitys] nm DR quito *m.*

qui-vive [kiviv] nm inv ▸ **être sur le qui-vive** estar en vilo.

quiz [kwiz] nm concurso *m* de preguntas y respuestas.

quoi [kwa] ◆ pron rel

(après une prép) : *ce à quoi je me suis intéressée* aquello por lo que me interesé / *c'est en quoi tu as tort* ahí es donde te equivocas / *après quoi* después de lo cual / *avoir de quoi vivre* tener de qué vivir / *avez-vous de quoi écrire ?* ¿tiene con qué escribir? / *merci — il n'y a pas de quoi* gracias — no hay de qué ou de nada

◆ pron interr

qué / *à quoi bon ?* ¿para qué? / *à quoi penses-tu ?* ¿en qué piensas? / *je ne sais pas quoi dire* no sé qué decir / *quoi de neuf ?* ¿qué hay de nuevo? / *quoi de plus ?* ¿qué más? ▸ **quoi ?** *fam* [comment ?] ¿qué? ▸ **... ou quoi ?** *fam* ¿... o no?, ¿... o qué? / *tu viens ou quoi ? fam* ¿vienes o no? / *décide-toi, quoi ! fam* ¿te decides o qué?, ¿te decides o no?

◆ **quoi que** loc conj *(+ subjonctif)* : *quoi qu'il arrive* pase lo que pase / *quoi qu'il dise* diga lo que diga ▸ **quoi qu'il en soit** sea como sea.

◆ **n'importe quoi** pron indéf cualquier cosa, lo que sea.

quoique [kwakə] conj aunque.

quolibet [kɔlibɛ] nm *sout* pulla *f.*

quorum [k(w)ɔʀɔm] nm quórum *m* ▸ **atteindre le quorum** tener quórum.

quota [k(w)ɔta] nm [gén] cuota *f*; [d'importation] cupo *m.*

quote-part [kɔtpaʀ] (*pl* **quotes-parts**) nf parte *f* proporcional, cuota *f.*

quotidien, enne [kɔtidjɛ̃, ɛn] adj diario(ria).

◆ **quotidien** nm **1.** [vie quotidienne] cotidiano *m* ▸ **au quotidien** día a día **2.** [journal] diario *m.*

quotidiennement [kɔtidjɛnmɑ̃] adv a diario.

quotient [kɔsjɑ̃] nm cociente *m* ▸ **quotient intellectuel** coeficiente intelectual ou de inteligencia.

R

r, R [ɛʀ] nm inv [lettre] r *f*, R *f*. ◆ **r** (*abr écrite de* **rue**) C/.

r1 (*abr écrite de* **rien**) SMS nada *(nada)*.

rab [ʀab] nm *fam* [à table] ▸ **en rab** de sobra / *j'ai peut-être un ticket en rab* quizá tenga una entrada de sobra / *il y a des patates en rab* han sobrado papas ▸ **il y a du rab** hay más comida / *qui veut du rab ?* ¿quién quiere más?

rabâchage [ʀabaʃaʒ] nm *fam* machaqueo *m*.

rabâcher [3] [ʀabaʃe] *fam* ❖ vi machacar ▸ **tu rabâches !** ¡no seas machacón! ❖ vt machacar.

rabais [ʀabɛ] nm descuento *m*, rebaja *f*. ◆ **au rabais** ❖ loc adj de pacotilla. ❖ loc adv por poco dinero.

rabaisser [4] [ʀabɛse] vt rebajar. ◆ **se rabaisser** vp rebajarse ▸ **se rabaisser à faire qqch** rebajarse a hacer algo.

rabat [ʀaba] nm **1.** [partie rabattue] carterilla *f* **2.** [col - de magistrat] golilla *f* ; [- d'ecclésiastique] alzacuello *m*.

Rabat [ʀaba] npr Rabat.

rabat-joie [ʀabaʒwa] adj inv & nmf aguafiestas.

rabats ⟶ **rabattre**.

rabattable [ʀabatabl] adj [siège, dossier] abatible.

rabatteur, euse [ʀabatœʀ, øz] nm, f **1.** [de gibier] ojeador *m*, -ra *f* **2.** *fig* & *péj* [de clientèle] gancho *m*.

rabattis ⟶ **rabattre**.

rabattre [83] [ʀabatʀ] ❖ vt **1.** [abaisser - gén] abatir ; [- col] doblar ; [- couvercle] cerrar **2.** [somme] rebajar **3.** [gibier] ojear **4.** [client] captar. ❖ vi ▸ **en rabattre** moderarse. ◆ **se rabattre** vp **1.** [siège] abatirse **2.** [voiture] cerrarse **3.** [se contenter de] ▸ **se rabattre sur qqch / sur qqn** conformarse con algo/con alguien.

rabattu, e [ʀabaty] pp ⟶ **rabattre**.

rabbin [ʀabɛ̃] nm rabino *m*.

rabibocher [3] [ʀabibɔʃe] vt **1.** [réconcilier] reconciliar **2.** [réparer] apañar. ◆ **se rabibocher** vp *fam* hacer las paces.

rabiot [ʀabjo] nm *fam* ▸ **du rabiot** los restos / *veux-tu du rabiot ?* ¿quieres un poco más?

râble [ʀabl] nm CULIN rabadilla *f*.

râblé, e [ʀable] adj fornido(da).

rabot [ʀabo] nm cepillo *m (de carpintería)*.

raboter [3] [ʀabɔte] vt cepillar.

raboteux, euse [ʀabɔtø, øz] adj [sol] desigual ; [chemin] escabroso(sa). ◆ **raboteuse** nf [machine-outil] cepilladora *f*.

rabougri, e [ʀabugʀi] adj **1.** [plante] desmedrado(da) **2.** [personne] canijo(ja).

rabrouer [3] [ʀabʀue] vt desairar.

racaille [ʀakaj] nf *péj* chusma *f*.

raccommodage [ʀakɔmɔdaʒ] nm zurcido *m*.

raccommoder [3] [ʀakɔmɔde] vt **1.** [vêtement] zurcir **2.** *fam* [personnes] ▸ **raccommoder qqn avec qqn** hacer que alguien haga las paces con alguien. ◆ **se raccommoder** vp *fam* hacer las paces.

raccompagner [3] [ʀakɔ̃paɲe] vt acompañar.

raccord [ʀakɔʀ] nm **1.** [liaison] retoque *m* **2.** CINÉ ajuste *m* **3.** [pièce] empalme *m*.

raccordement [ʀakɔʀdəmɑ̃] nm empalme *m*.

raccorder [3] [ʀakɔʀde] vt empalmar ▸ **raccorder qqch à qqch** empalmar algo a algo. ◆ **se raccorder** vp ▸ **se raccorder à qqch** conectar(se) con algo ▸ **se raccorder par qqch** comunicarse a través de algo.

raccourci [ʀakuʀsi] nm atajo *m* ▸ **prendre un raccourci** coger un atajo ▸ **en raccourci** *fig* en síntesis. ◆ **raccourci clavier** nm INFORM tecla *f* de acceso directo.

raccourcir [32] [ʀakuʀsiʀ] ❖ vt [gén] acortar ; [texte] abreviar. ❖ vi [jour] menguar.

raccourcissement [ʀakuʀsismɑ̃] nm [des jours] acortamiento *m* ; [des délais] reducción *f*.

raccroc [ʀakʀo] ◆ **par raccroc** loc adv de chiripa.

raccrocher [3] [ʀakʀɔʃe] ❖ vt volver a colgar. ❖ vi **1.** [au téléphone] colgar **2.** *fam* [abandonner] colgar la toalla. ◆ **se raccrocher** vp ▸ **se raccrocher à qqch / à qqn** *fig* aferrarse a algo/a alguien.

race [ʀas] nf **1.** [humaine, animale] raza *f* ▸ **de race** de raza **2.** *fig* [catégorie] raza *f*, casta *f*.

racé, e [ʀase] adj **1.** [animal] de raza **2.** [voiture] con clase.

rachat [ʀaʃa] nm **1.** [de biens] nueva compra *f* **2.** *fig* [de péchés] redención *f* **3.** [de prisonniers] rescate *m*.

racheter [28] [ʀaʃte] vt **1.** [acheter à nouveau] volver a comprar **2.** [acheter d'occasion] comprar **3.** [péché, faute] redimir ; [défaut, lapsus] compensar **4.** [prisonnier, candidat] rescatar. ◆ **se racheter** vp hacer méritos.

rachitique [ʀaʃitik] adj raquítico(ca).

rachitisme [ʀaʃitism] nm raquitismo *m*.

racial, e, aux [ʀasjal, o] adj racial.

racine [ʀasin] nf [gén & INFORM] raíz *f* ▸ **prendre racine** echar raíces.

racisme [Rasism] nm racismo *m*.

raciste [Rasist] adj & nmf racista.

racket [Rakɛt] nm extorsión *f*, chantaje *m*.

racketter [4] [Rakete] vt extorsionar, chantajear.

racketteur [RakɛtœR] nm extorsionador *m*, chantajista *m*.

raclée [Rakle] nf tunda *f*, paliza *f* ESP, golpiza *f* AM.

raclement [Rakləmɑ̃] nm carraspeo *m*.

racler [3] [Rakle] vt rascar. ◆ **se racler** vp ▸ **se racler la gorge** rascarse la garganta.

raclette [Raklɛt] nf **1.** CULIN *plato suizo a base de queso fundido y patatas* **2.** [outil] rasqueta *f*, rascador *m*.

racloir [RaklwaR] nm rascador *m*, rasqueta *f*.

racolage [Rakɔlaʒ] nm captación *f* de clientes.

racoler [3] [Rakɔle] vt *péj* enganchar *(prostituta)*.

racoleur, euse [RakɔlœR, øz] adj *péj* [publicité] facilón(ona) ; [sourire] baboso(sa). ◆ **racoleur** nm *fam* [de clients] gancho *m*. ◆ **racoleuse** nf *fam* & *péj* buscona *f*.

racontar [Rakɔ̃taR] nm *(gén pl)* chisme *m*, habladuría *f*.

raconter [3] [Rakɔ̃te] vt contar ▸ **raconter qqch à qqn** contar algo a alguien.

racorni, e [RakɔRni] adj [gén] reseco(ca) ; [papier] acartonado(da).

racornir [32] [RakɔRniR] vt acartonar. ◆ **se racornir** vp acartonarse.

radar [RadaR] nm radar *m* ▸ **marcher au radar** *fam* ir como un zombi ou zombie.

rade [Rad] nf rada *f* ▸ **rester en rade** *fam* quedarse colgado(da).

radeau, x [Rado] nm **1.** [embarcation] balsa *f* **2.** [train de bois] armadía *f*.

radial, e, aux [Radjal, o] adj radial.

radiateur [RadjatœR] nm radiador *m* ▸ **radiateur électrique / à gaz** radiador eléctrico / de gas.

radiation [Radjasjɔ̃] nf **1.** [rayonnement] radiación *f* **2.** [élimination] expulsión *f*.

radical, e, aux [Radikal, o] adj radical. ◆ **radical** nm radical *m*.

radicalement [Radikalmɑ̃] adv radicalmente.

radicaliser [3] [Radikalize] vt radicalizar. ◆ **se radicaliser** vp radicalizarse.

radier [9] [Radje] vt [exclure] excluir ; [d'une profession] expulsar.

radiesthésiste [Radjɛstezist] nmf radiestesista *mf*.

radieux, euse [Radjø, øz] adj radiante.

radin, e [Radɛ̃, in] adj & nm, f *fam* & *péj* rácano(na).

radiner [3] [Radine] ◆ **se radiner** vp *fam* aparecer / *tu te radines ?* ¿te vienes?

radio [Radjo] ❖ nf **1.** [diffusion, transistor, station] radio *f* ▸ **allumer / éteindre / mettre la radio** encender / apagar / poner la radio ▸ **radio locale / privée / libre** radio local / privada / libre ▸ **radio pirate** radio pirata **2.** [rayons X] ▸ **passer une radio** hacerse una radiografía. ❖ nm radio *m*.

radioactif, ive [Radjɔaktif, iv] adj radiactivo(va), radioactivo(va).

radioactivité [Radjɔaktivite] nf radiactividad *f*, radioactividad *f*.

radioamateur [RadjɔamatœR] nm radioaficionado *m*, -da *f*.

radiocassette [Radjɔkasɛt] nm radiocasete *m*.

radiochirurgie [RadjɔʃiRyRʒi] nf radiocirujía *f*.

radiodiffuser [3] [Radjɔdifyze] vt radiar.

radiodiffusion [Radjɔdifyzjɔ̃] nf radiodifusión *f*.

radioélectrique [RadjɔelɛktRik] adj radioeléctrico(ca).

radiographie [RadjɔgRafi] nf radiografía *f*.

radiographier [9] [RadjɔgRafje] vt radiografiar.

radiologie [Radjɔlɔʒi] nf radiología *f*.

radiologue [Radjɔlɔg], **radiologiste** [Radjɔlɔʒist] nmf radiólogo *m*, -ga *f*.

radiomessagerie [RadjomɛsaʒRi] nf radiomensajería *f*.

radiophonique [Radjɔfɔnik] adj radiofónico(ca).

radioréveil (*pl* **radioréveils**), **radio-réveil** (*pl* **radios-réveils**) [RadjɔRevɛj] nm radiodespertador *m*.

radioscopie [Radjɔskɔpi] nf radioscopia *f*.

radio-taxi [Radjɔtaksi] (*pl* **radio-taxis**) nm radiotaxi *m*.

radiotéléphone [Radjɔtelefɔn] nm radioteléfono *m*.

radiotélévisé, e [Radjɔtelevize] adj radiotelevisado(da).

radiothérapie [RadjɔteRapi] nf radioterapia *f*.

radis [Radi] nm rábano *m* ▸ **n'avoir plus un radis** *fam* estar sin blanca.

radium [Radjɔm] nm radio *m (elemento radiactivo)*.

radius [Radjys] nm radio *m (hueso)*.

radotage [Radɔtaʒ] nm chochez *f*.

radoter [3] [Radɔte] vi chochear.

radouber [3] [Radube] vt NAUT carenar.

radoucir [32] [RadusiR] vt suavizar, templar. ◆ **se radoucir** vp suavizarse, templarse.

radoucissement [Radusismɑ̃] nm mejoramiento *m (del tiempo, la temperatura)*.

raf SMS *abr écrite de* **rien à faire**.

rafale [Rafal] nf **1.** [de vent] ráfaga *f*, racha *f* ▸ **souffler en rafale** rachear **2.** [de coups de feu] ráfaga *f* **3.** *fig* [d'applaudissements] salva *f*.

raffermir [32] [RafɛRmiR] vt **1.** [muscle] tonificar **2.** *fig* [pouvoir] consolidar, afianzar. ◆ **se raffermir** vp **1.** [muscle] tonificarse ; *fig* [santé] fortalecerse **2.** [prix, autorité] consolidarse.

raffermissant, e [RafɛRmisɑ̃, ɑ̃t] adj [crème] reafirmante.

raffermissement [rafɛrmismɑ̃] nm **1.** [des muscles, de la peau] reafirmación *f* **2.** [de l'autorité, du pouvoir] reforzamiento *m*, refuerzo *m*.

raffinage [rafinaʒ] nm refinado *m*.

raffiné, e [rafine] adj refinado(da).

raffinement [rafinmɑ̃] nm refinamiento *m* / *un raffinement de cruauté* un grado extremo de crueldad.

raffiner [3] [rafine] ❖ vt refinar. ❖ vi ▸ **raffiner sur qqch** cuidar algo.

raffinerie [rafinri] nf refinería *f*.

raffoler [3] [rafɔle] vi ▸ **raffoler de qqch / de qqn** volverse loco(ca) por algo / por alguien / *il raffole des glaces* le chiflan los helados.

raffut [rafy] nm *fam* jaleo *m* ESP, despiole *m* AM ▸ **faire du raffut** armar jaleo.

rafiot, rafiau [rafjo] nm *fam* & *péj* barcucho *m*.

rafistolage [rafistɔlaʒ] nm *fam* remiendo *m* ; *fig* parche *m*.

rafistoler [3] [rafistɔle] vt *fam* remendar.

rafle [rafl] nf **1.** [vol] robo *m* **2.** [de police] redada *f*.

rafler [3] [rafle] vt *fam* **1.** [s'emparer de] arramblar con **2.** [piller, voler] birlar.

rafraîchir [32] [rafrɛʃir] ❖ vt **1.** [nourriture, vin] enfriar **2.** [vêtement, appartement] reformar ; [tableau] restaurar ; [cheveux] igualar **3.** *fig* [mémoire] refrescar **4.** INFORM actualizar, refrescar. ❖ vi enfriar. ◆ **se rafraîchir** vp **1.** [temps] refrescar **2.** [personne] refrescarse.

rafraîchissant, e [rafrɛʃisɑ̃, ɑ̃t] adj refrescante.

rafraîchissement [rafrɛʃismɑ̃] nm **1.** [de climat] enfriamiento *m* **2.** [boisson] refresco *m* ▸ **prendre un rafraîchissement** tomar un refresco **3.** [de vêtement, d'appartement] reforma *f* ; [de tableau] restauración *f* ; [de coupe de cheveux] cambio *m*.

raft [raft], **rafting** [raftiŋ] nm rafting *m*.

ragaillardir [32] [ragajardir] vt *fam* entonar.

rage [raʒ] nf **1.** [fureur, maladie] rabia *f* ▸ **être ivre** OU **fou de rage** estar ciego de ira ▸ **la rage au ventre** OU **au cœur** echando chispas **2.** [manie, passion] pasión *f* ▸ **la rage de faire qqch** pasión por hacer algo **3.** EXPR **faire rage** [tempête] causar estragos. ◆ **rage de dents** nf dolor *m* de muelas.

rageant, e [raʒɑ̃, ɑ̃t] adj *fam* ▸ **c'est rageant !** ¡qué rabia!

rager [17] [raʒe] vi *fam* ▸ **rager contre qqch / contre qqn** echar pestes contra algo / contra alguien ▸ **ça me fait rager** me da mucha rabia.

rageur, euse [raʒœr, øz] adj **1.** *fam* [enfant] con malas pulgas **2.** [ton] rabioso(sa).

rageusement [raʒøzmɑ̃] adv con rabia.

raglan [raglɑ̃] ❖ nm prenda *f* con mangas raglán. ❖ adj inv raglán.

ragnagnas [raɲaɲa] nmpl *fam* regla *f* / *elle a ses ragnagnas* tiene la regla.

ragot [rago] nm *fam* cotilleo *m*.

ragoût [ragu] nm ragú *m*, guiso *m*.

ragoûtant, e [ragutɑ̃, ɑ̃t] adj ▸ **peu** OU **pas très ragoûtant** poco OU no muy apetitoso.

rai [rɛ] nm *sout* rayo *m*.

raid [rɛd] nm **1.** MIL & SPORT raid *m* **2.** AÉRON incursión *f*, raid *m* ▸ **raid aérien** incursión aérea, raid aéreo **3.** FIN adquisición *f* hostil.

raide [rɛd] ❖ adj **1.** [cheveux] lacio(cia) **2.** [membre] rígido(da), tieso(sa) **3.** [pente, escalier] empinado(da) **4.** [attitude] envarado(da) **5.** *fam* [incroyable] ▸ **elle est raide !** ¡eso pasa de castaño oscuro! **6.** *fam* [chanson, propos] verde **7.** *fam* [pauvre] ▸ **être raide** estar pelado(da). ❖ adv **1.** [abruptement] ▸ **grimper raide** ser empinado(da) **2.** EXPR **tomber raide mort** quedarse en el sitio.

raideur [rɛdœr] nf **1.** [physique] rigidez *f* **2.** [morale] rigidez *f*, inflexibilidad *f*.

raidillon [rɛdijɔ̃] nm repecho *m*.

raidir [32] [rɛdir] vt estibar. ◆ **se raidir** vp [de froid] quedarse tieso(sa).

raie [rɛ] nf **1.** [gén] raya *f* **2.** [des fesses] raja *f*.

raifort [rɛfɔr] nm rábano *m* blanco.

rail [raj] nm **1.** [de voie ferrée] riel *m*, raíl *m* ▸ **remettre qqch / qqn sur les rails** *fig* encarrilar algo / a alguien **2.** [moyen de transport] ferrocarril *m*.

railler [3] [raje] vt *sout* burlarse de. ◆ **se railler** vp *sout* ▸ **se railler de qqch / de qqn** burlarse de algo / de alguien.

raillerie [rajri] nf *sout* burla *f*.

railleur, euse [rajœr, øz] adj & nm, f *sout* burlón(ona).

rainette [rɛnɛt] nf ZOOL ranita *f* de San Antonio.

rainure [rɛnyr] nf ranura *f*.

raisin [rɛzɛ̃] nm uva *f* ▸ **raisin blanc / noir** uva blanca / negra ▸ **raisins secs** pasas *fpl*.

raison [rɛzɔ̃] ❖ nf

1. [faculté de raisonner, sagesse] razón *f* ▸ **ramener qqn à la raison** hacer entrar a alguien en razones

2. [justesse] ▸ **avoir raison** tener razón ▸ **avoir raison de faire qqch** hacer bien en hacer algo ▸ **avoir raison de qqch / de qqn** poder más que algo / que alguien / *le froid a eu raison de lui* el frío pudo más que él ▸ **donner raison à qqn** dar la razón a alguien

3. [santé mentale] juicio *m* ▸ **perdre la raison** perder el juicio OU la razón ▸ **recouvrer la raison** recobrar el juicio

4. [rationalité] raciocinio *m* ▸ **se faire une raison** resignarse

5. [motif, excuse] razón *f*, motivo *m* ▸ **à plus forte raison quand** con mayor motivo cuando, máxime cuando ▸ **en raison de qqch** debido a algo ▸ **raison de plus** razón de más ▸ **raison de vivre** razón de vivir

◆ **à raison de** loc prép a razón de.

◆ **raison d'État** nf razón *f* de Estado.
◆ **raison sociale** nf razón *f* social.

raisonnable [ʀɛzɔnabl] adj **1.** [décision, prix] razonable **2.** [rationnel] racional.

raisonnablement [ʀɛzɔnabləmɑ̃] adv **1.** [sagement] razonablemente **2.** [modérément] moderadamente.

raisonné, e [ʀɛzɔne] adj razonado(da).

raisonnement [ʀɛzɔnmɑ̃] nm **1.** [faculté] raciocinio *m* **2.** [argumentation] razonamiento *m*.

raisonner [3] [ʀɛzɔne] ◇ vi **1.** [penser] pensar ▸ **raisonner par** razonar por **2.** [discuter] razonar. ◇ vt hacer entrar en razón a. ◆ **se raisonner** vp atender a razones.

raisonneur, euse [ʀɛzɔnœʀ, øz] adj & nm, f [qui aime raisonner] razonador(ra) ; [qui aime répliquer] respondón(ona).

rajeunir [32] [ʀaʒœniʀ] ◇ vt **1.** [suj : couleur, vêtement, coiffure] rejuvenecer, hacer más joven **2.** [suj : personne] echar menos años / *rajeunir qqn de trois ans* echar a alguien tres años menos **3.** [décoration, canapé] remozar **4.** [population, profession] rebajar la media de edad de. ◇ vi rejuvenecer, rejuvenecerse.
◆ **se rajeunir** vp : *se rajeunir de cinq ans* quitarse cinco años.

rajeunissement [ʀaʒœnismɑ̃] nm [de personne] rejuvenecimiento *m* ; [de population] disminución *f* de la media de edad.

rajout [ʀaʒu] nm añadido *m*, añadidura *f*.

rajouter [3] [ʀaʒute] vt volver a añadir ▸ **en rajouter** *fam* [exagérer] cargar las tintas.

rajuster [ʀaʒyste], **réajuster** [3] [ʀeaʒyste] vt **1.** [salaire, prix, tir] reajustar **2.** [cravate] retocar.
◆ **se rajuster** vp retocarse.

râlant, e [ʀalɑ̃, ɑ̃t] adj *fam* exasperante / *c'est râlant de payer plus cher* es exasperante tener que pagar más.

râle [ʀal] nm estertor *m*.

ralenti, e [ʀalɑ̃ti] adj ralentizado(da). ◆ **ralenti** nm ralentí *m* ▸ **au ralenti** *fig* al ralentí.

ralentir [32] [ʀalɑ̃tiʀ] ◇ vt [allure, expansion, rythme] reducir ; [pas] aminorar. ◇ vi reducir la velocidad.
◆ **se ralentir** vp aminorar.

ralentissement [ʀalɑ̃tismɑ̃] nm **1.** [freinage] disminución *f* de la velocidad **2.** [embouteillage] retención *f* **3.** [diminution] disminución *f*.

râler [3] [ʀale] vi **1.** [malade] tener estertores **2.** *fam* [grogner] refunfuñar.

râleur, euse [ʀalœʀ, øz] adj & nm, f *fam* refunfuñón(ona).

ralliement [ʀalimɑ̃] nm **1.** MIL concentración *f* **2.** [adhésion] adhesión *f*.

rallier [9] [ʀalje] vt **1.** [hommes] concentrar **2.** [troupe] incorporarse a ; [parti] adscribirse a ; [majorité] sumarse a **3.** [suffrages] agrupar. ◆ **se rallier** vp **1.** [troupes, hommes] concentrarse **2.** [souscrire] ▸ **se rallier à qqch** **a)** [parti] adscribirse a algo **b)** [avis, cause] sumarse a algo.

rallonge [ʀalɔ̃ʒ] nf **1.** [de table] larguero *m* **2.** [électrique] prolongador *m*, alargo *m* **3.** *fam* [de crédit] plus *m* ▸ **demander / obtenir une rallonge** *fam* pedir / obtener un plus.

rallonger [17] [ʀalɔ̃ʒe] ◇ vt alargar. ◇ vi alargarse.

rallumer [3] [ʀalyme] vt **1.** [feu, lampe, cigarette] volver a encender **2.** *fig* [querelle] reavivar. ◆ **se rallumer** vp **1.** [feu, lumière] encenderse de nuevo **2.** *fig* [querelle] reavivarse.

rallye [ʀali] nm rallye *m*.

RAM, Ram [ʀam] (*abr de* **random access memory**) nf RAM *f* / *ajouter de la (mémoire) RAM* añadir (memoria) RAM.

ramadan [ʀamadɑ̃] nm ramadán *m*.

ramage [ʀamaʒ] nm *sout* [d'oiseau] gorjeo *m*, trino *m*.
◆ **ramages** nmpl [dessins] ▸ **à ramages** rameado(da).

ramassage [ʀamasaʒ] nm recogida *f* ▸ **ramassage scolaire** transporte *m* escolar.

ramasse [ʀamas] nf *fam* ▸ **être à la ramasse** [fatigué] estar hecho(cha) polvo / *après la compétition, il était complètement à la ramasse* después de la competición estaba totalmente hecho polvo / *l'entreprise est à la ramasse face à ses concurrents* la empresa se ha quedado atrás en relación con sus competidores.

ramasse-miettes [ʀamasmjɛt] nm inv recogemigas *m inv*.

ramasser [3] [ʀamase] vt **1.** [gén] recoger **2.** [forces] reunir, aunar **3.** [champignons, fleurs, etc.] coger **4.** [personne] levantar del suelo **5.** *fig* [pensée] condensar, resumir **6.** *fam* [voleur, criminel] echar el guante a **7.** *fam* [claque] llevarse. ◆ **se ramasser** vp **1.** [se replier] encogerse **2.** *fam* [tomber] medir el suelo **3.** *fam* [échouer] catear.

Comment exprimer que l'on donne raison à quelqu'un

- **Tengo que admitir que tiene usted razón.** *Je dois reconnaître* ou *admettre que vous avez raison.*
- **Efectivamente, es una manera de ver las cosas.** *Effectivement, c'est une manière de voir les choses.*
- **Probablemente tenga razón.** *Il / Elle a probablement raison.*
- **Sí, es posible.** *C'est possible, oui.*
- **No vas desencaminado.** *Tu n'as pas tort.*
- **Es muy caro, estoy de acuerdo.** *C'est très cher, je vous l'accorde.*
- **Eso es.** *C'est ça.*

ramassis [ramasi] nm *péj* ▸ **un ramassis de** [personnes] un atajo de.

rambarde [rɑ̃baʀd] nf barandilla *f*.

ramboutan [rɑ̃butɑ̃] nm rambután *m*.

rame [ʀam] nf **1.** [d'embarcation] remo *m* **2.** [de train] tren *m* ▸ **rame de métro** metro *m* **3.** [de papier] resma *f* **4.** [de haricots, de pois] rodrigón *m*.

rameau, x [ʀamo] nm **1.** [d'arbre, de végétal] ramo *m* **2.** [d'un ensemble] rama *f*. ◆ **Rameaux** nmpl RELIG ▸ **les Rameaux** el domingo de Ramos.

ramener [15] [ʀamne] vt **1.** [reconduire] acompañar **2.** [amener de nouveau] volver a llevar **3.** [rapporter] traer **4.** [faire revenir] volver a traer, hacer volver ▸ **ramener qqn à qqch** hacer volver a alguien a algo **5.** [faire réapparaître - paix, ordre] restablecer ; [- inquiétudes, gaieté] hacer renacer **6.** [réduire] ▸ **ramener qqch à qqch** reducir algo a algo ▸ **ramener tout à soi** pensar sólo en sí mismo **7.** EXPR ▸ **la ramener** *fam* fanfarronear. ◆ **se ramener** vp **1.** [se réduire] ▸ **se ramener à qqch** reducirse a algo **2.** *fam* [venir] ▸ **ramène-toi !** ¡te vienes!

ramequin [ʀamkɛ̃] nm **1.** [récipient] cuenco *m* **2.** [tartelette] pastelillo *m* de queso.

ramer [3] [ʀame] vi **1.** [rameur] remar **2.** *fam* & *fig* [peiner] bregar.

ramette [ʀamɛt] nf [de papier] resmilla *f*.

rameur, euse [ʀamœʀ, øz] nm, f remero *m*, -ra *f*.

rameuter [3] [ʀamøte] vt movilizar.

ramier [ʀamje] ◈ adj m torcaz. ◈ nm paloma *f* torcaz.

ramification [ʀamifikasjɔ̃] nf [d'une plante, d'une famille, d'une science] ramificación *f*.

ramifications [ʀamifikasjɔ̃] nfpl ramificaciones *fpl*.

ramifier [9] [ʀamifje] ◆ **se ramifier** vp ramificarse.

ramolli, e [ʀamɔli] ◈ adj **1.** [beurre] reblandecido(da) **2.** *fam* & *fig* [cerveau] seco(ca). ◈ nm, f *fam* flojucho *m*, -cha *f*.

ramollir [32] [ʀamɔliʀ] ◈ vt **1.** [matière] reblandecer, ablandar **2.** *fam* & *fig* [personne] acabar con. ◈ vi reblandecerse, ablandarse. ◆ **se ramollir** vp **1.** [matière] reblandecerse, ablandarse **2.** *fam* & *fig* [personne] : *il s'est ramolli* se le ha secado el cerebro.

ramollissement [ʀamɔlismɑ̃] nm reblandecimiento *m*.

ramonage [ʀamɔnaʒ] nm deshollinamiento *m*.

ramoner [3] [ʀamɔne] vt deshollinar.

ramoneur [ʀamɔnœʀ] nm deshollinador *m*.

rampant, e [ʀɑ̃pɑ̃, ɑ̃t] adj **1.** [animal, plante] rastrero(ra) **2.** *fig* [attitude, caractère] servil. ◆ **rampant** nm *fam* ▸ **les rampants** AÉRON el personal de tierra.

rampe [ʀɑ̃p] nf **1.** [d'escalier] baranda *f*, barandilla *f* ▸ **lâcher la rampe** *fam* & *fig* estirar la pata **2.** [d'accès] rampa *f* ▸ **rampe d'accès** rampa de acceso ▸ **rampe de lancement** rampa ou plataforma *f* de lanzamiento **3.** THÉÂTRE candilejas *fpl*.

ramper [3] [ʀɑ̃pe] vi **1.** [animal, personne] reptar **2.** [plante] trepar **3.** *fig* [s'abaisser] ▸ **ramper devant qqn** arrastrarse ante alguien.

rancard, rencard [ʀɑ̃kaʀ] nm *fam* cita *f*.

rancarder [3] [ʀɑ̃kaʀde] vt *fam* quedar con *f*. ◆ **se rancarder** vp *fam* : *on s'est rancardé à Odéon* hemos quedado en Odéon.

rancart [ʀɑ̃kaʀ] nm *fam* ▸ **mettre au rancart** jubilar.

rance [ʀɑ̃s] ◈ adj rancio(cia). ◈ nm rancio *m* ▸ **ça sent le rance** huele a rancio.

ranch [ʀɑ̃tʃ] nm rancho *m*.

ranci [ʀɑ̃si] nm : *ça sent le ranci* huele a rancio.

rancir [32] [ʀɑ̃siʀ] vi volverse rancio(cia), enranciarse.

rancœur [ʀɑ̃kœʀ] nf rencor *m*.

rançon [ʀɑ̃sɔ̃] nf **1.** [somme d'argent] rescate *m* **2.** *fig* [compensation, contrepartie] tributo *m* ▸ **(c'est) la rançon de la gloire** (es) el precio de la gloria.

rançonner [3] [ʀɑ̃sɔne] vt extorsionar, chantajear.

rancune [ʀɑ̃kyn] nf rencor *m* ▸ **garder** ou **tenir rancune à qqn de qqch** guardar rencor a alguien por algo ▸ **sans rancune !** ¡sin rencores!

rancunier, ère [ʀɑ̃kynje, ɛʀ] adj & nm, f rencoroso(sa).

rando [ʀɑ̃dɔ] nf *fam* [randonnée] senderismo *m*, marcha *f*.

randonnée [ʀɑ̃dɔne] nf **1.** [à pied] senderismo *m*, marcha *f* ▸ **faire de la randonnée (pédestre)** hacer senderismo **2.** [à bicyclette] paseo *m*, excursión *f*.

randonneur, euse [ʀɑ̃dɔnœʀ, øz] nm, f excursionista *mf*.

rang [ʀɑ̃] nm **1.** [d'objets, de personnes & MIL] fila *f* ▸ **se mettre en rang par deux** ponerse en fila de a dos ▸ **en rang d'oignons** *fam* en hilera ▸ **grossir les rangs de** engrosar las filas de ▸ **se mettre sur les rangs** *fig* presentar su candidatura **2.** [de perles, de tricot] vuelta *f* **3.** [ordre] puesto *m* **4.** [hiérarchie, classe sociale] rango *m* ▸ **de haut rang** de alto rango **5.** QUÉBEC [peuplement rural] *población rural dispersa con explotaciones agrícolas* **6.** QUÉBEC [chemin] *camino que comunica las explotaciones agrícolas de una población rural dispersa*.

rangé, e [ʀɑ̃ʒe] adj [personne] formal ; [vie] ordenado(da).

rangée [ʀɑ̃ʒe] nf ▸ **une rangée de qqch** una hilera de algo.

rangement [ʀɑ̃ʒmɑ̃] nm **1.** [gén] orden *m* ▸ **faire du rangement** poner orden **2.** [placard] alacena *f*.

ranger [17] [ʀɑ̃ʒe] vt **1.** [chambre, objets] ordenar **2.** [élèves, soldats] poner en fila **3.** *fig* [livre, auteur] ▸ **ranger parmi** colocar entre. ◆ **se ranger** vp **1.** [élèves, soldats] ponerse en fila ▸ **se ranger par deux** ponerse en fila de a dos **2.** [voiture] echarse a un lado **3.** [piéton] apartarse, dejar paso **4.** [devenir sage] sentar la cabeza **5.** *fig* [se placer] ▸ **se ranger parmi** situarse entre **6.** [se soumettre, se rallier] ▸ **se ranger à** plegarse a.

Rangoon [ʀɑ̃gun] npr Rangún.

ranimer [3] [ʀanime] vt **1.** [personne] reanimar **2.** [feu] avivar **3.** *fig* [sentiment] despertar. ◆ **se ranimer** vp **1.** [personne] reanimarse **2.** [volcan] reactivarse.

rap [ʀap] nm rap *m*.

rapace [ʀapas] ❖ adj codicioso(sa). ❖ nm rapaz *m*, ave *f* rapaz.

rapacité [ʀapasite] nf [d'animal] rapacidad *f*; [de personne] codicia *f*.

rapatrié, e [ʀapatʀije] adj & nm, f repatriado(da).

rapatriement [ʀapatʀimɑ̃] nm repatriación *f*.

rapatrier [10] [ʀapatʀije] vt repatriar.

râpe [ʀap] nf **1.** [de cuisine] rallador *m* ▸ **râpe à fromage** rallador de queso **2.** [de menuisier] escofina *f* **3.** SUISSE *fam* [avare] rácano *m*, -na *f*.

râpé, e [ʀape] adj **1.** CULIN rallado(da) **2.** [vêtement] raído(da) **3.** *fam* [raté] ▸ **c'est râpé !** ¡se acabó!, ¡olvídate! ◆ **râpé** nm queso *m* rallado.

râper [3] [ʀape] vt **1.** CULIN rallar **2.** [bois, métal] limar **3.** *fig* [gorge] raspar.

rapetasser [3] [ʀaptase] vt *fam* remendar.

rapetisser [ʀaptise] ❖ vt **1.** [rendre plus petit] reducir **2.** [faire paraître plus petit] empequeñecer / *la distance rapetisse les objets* la distancia empequeñece los objetos. ❖ vi **1.** [rétrécir] encoger / *ce pantalon a rapetissé au lavage* este pantalón ha encogido al lavarlo **2.** [devenir plus petit] empequeñecerse / *la piste rapetissait à vue d'œil* la pista se empequeñecía a ojos vista.

râpeux, euse [ʀapø, øz] adj **1.** [tissu] rasposo(sa), áspero(ra) **2.** [vin] áspero(ra).

raphia [ʀafja] nm rafia *f*.

rapiat, e [ʀapja, at] adj & nm, f *fam* [avare] roñica.

rapide [ʀapid] ❖ adj **1.** [gén] rápido(da) **2.** [intelligence] ágil. ❖ nm rápido *m*.

rapidement [ʀapidmɑ̃] adv rápidamente.

rapidité [ʀapidite] nf [de processus] rapidez *f*; [de véhicule] velocidad *f*.

rapido [ʀapido], **rapidos** [ʀapidos] adv *fam* rápidamente.

rapiécer [20] [ʀapjese] vt remendar.

rapière [ʀapjɛʀ] nf espada *f (de hoja fina)*.

raplapla [ʀaplapla] adj *fam* **1.** [fatigué] aplatanado(da) / *je suis complètement raplapla aujourd'hui* hoy estoy completamente aplatanado **2.** [aplati] desinflado(da) / *il est raplapla, ton ballon !* ¡tu balón está desinflado!

rappel [ʀapɛl] nm **1.** [souvenir, vaccin] recuerdo *m* ▸ **rappel à l'ordre** llamada *f* al orden **2.** [de paiement] advertencia *f* **3.** [au spectacle] llamada *f* a escena **4.** [de réserviste] retirada *f* **5.** SPORT rápel *m*, rappel *m* **6.** TÉLÉCOM ▸ **rappel automatique** rellamada *f* automática, retrollamada *f*.

rappeler [24] [ʀaple] vt **1.** [appeler de nouveau] volver a llamar **2.** [faire penser à] recordar ▸ **rappeler qqch à qqn** recordar algo a alguien / *je te rappelle que tu dois te lever tôt* te recuerdo que tienes que madrugar **3.** [ressembler à] recordar a / *il me rappelle un ami à moi* me recuerda a un amigo mío **4.** [acteurs] llamar a escena **5.** [réservistes] movilizar **6.** [ambassadeur] llamar **7.** EXPR ▸ **rappeler qqn à la vie** hacer volver a alguien en sí. ◆ **se rappeler** vp recordar, acordarse de / *je me rappelle mes premières vacances* recuerdo mis primeras vacaciones.

rappelle ⟶ **rappeler**.

rappellerai ⟶ **rappeler**.

rappeur, euse [ʀapœʀ, øz] nm, f rapero *m*, -ra *f*.

rappliquer [3] [ʀaplike] vi *fam* volver ESP, regresarse AM.

rapport [ʀapɔʀ] nm **1.** [corrélation] relación *f* ESP, atingencia *f* AM ▸ **je ne vois pas le rapport** no veo la relación ▸ **rapport de causalité** principio *m* de causalidad ▸ **rapport qualité-prix** relación calidad-precio **2.** *(gén pl)* [relation] relación *f* ▸ **avoir des rapports (sexuels) avec qqn** tener relaciones (sexuales) con alguien **3.** [contact] ▸ **se mettre en rapport avec qqn** ponerse en contacto con alguien **4.** [compte rendu] informe *m* **5.** [profit] rendimiento *m* **6.** [ratio] razón *f*. ◆ **par rapport à** loc prép en relación a, con respecto a.

rapporter [3] [ʀapɔʀte] ❖ vt **1.** [apporter avec soi] traer ▸ **rapporter qqch à qqn** traer algo a alguien **2.** [apporter de nouveau] volver a traer **3.** [rendre] devolver **4.** [argent, profit] reportar **5.** [fait] relatar, contar. ❖ vi **1.** [être rentable] rendir **2.** [enfant] chivarse. ◆ **se rapporter** vp ▸ **se rapporter à** referirse a.

rapporteur, euse [ʀapɔʀtœʀ, øz] adj & nm, f chivato(ta). ◆ **rapporteur** nm **1.** [de commission] ponente *m* **2.** GÉOM transportador *m*.

rapproché, e [ʀapʀɔʃe] adj **1.** [dans l'espace] cercano(na) **2.** [dans le temps] seguido(da).

rapprochement [ʀapʀɔʃmɑ̃] nm **1.** [gén] acercamiento *m* **2.** [comparaison] relación *f*.

rapprocher [3] [ʀapʀɔʃe] vt **1.** [mettre plus près] ▸ **rapprocher qqch / qqn de qqch** acercar algo / a alguien a algo **2.** *fig* [unir] unir **3.** [comparer] cotejar. ◆ **se rapprocher** vp **1.** [gén] ▸ **se rapprocher de qqch / de qqn** acercarse a algo / a alguien **2.** [se ressembler] parecerse.

rapt [ʀapt] nm rapto *m*.

raquer [3] [ʀake] *tfam* ❖ vt aflojar, apoquinar ESP, garpar RP. ❖ vi aflojar la mosca.

raquette [ʀakɛt] nf raqueta *f*.

rare [ʀaʀ] adj **1.** [surprenant] raro(ra) **2.** [peu fréquent] contado(da) **3.** [peu nombreux] contado(da), escaso(sa) **4.** [peu dense] ralo(la).

raréfaction [ʀaʀefaksjɔ̃] nf enrarecimiento *m*, rarefacción *f*.

raréfier [9] [ʀaʀefje] vt enrarecer. ◆ **se raréfier** vp enrarecerse.

rarement [ʀaʀmɑ̃] adv raramente.

rareté [ʀaʀte] nf **1.** [gén] rareza *f* **2.** [pénurie] escasez *f*.

rarissime [ʀaʀisim] adj muy raro(ra).

ras, e [ʀa, ʀaz] adj **1.** [herbe, poil, barbe] corto(ta) **2.** [cheveux] al rape **3.** [mesure] raso(sa). ◆ **ras** adv al rape. ◆ **à ras** loc adv al rape. ◆ **à ras de, au ras de** loc prép a ras de. ◆ **ras du cou** loc adj con cuello de caja.

RAS [ʀas] (*abr de* **rien à signaler**) sin novedad.

rasade [ʀazad] nf vaso *m* lleno, copa *f* llena.

rasage [ʀazaʒ] nm afeitado *m*.

rasant, e [ʀazɑ̃, ɑ̃t] adj **1.** [tir, lumière] rasante **2.** *fam* [ennuyeux] latoso(sa).

rascasse [ʀaskas] nf rascacio *m*, escorpina *f*.

rasé, e [ʀaze] adj [crâne] rapado(da) ; [barbe] afeitado(da) ▸ **être rasé de près** tener un afeitado apurado.

rase-mottes [ʀazmɔt] nm inv ▸ **en rase-mottes** a ras de tierra.

raser [3] [ʀaze] vt **1.** [barbe] afeitar ; [cheveux] rapar **2.** [mur, sol] pasar rozando **3.** [village] arrasar **4.** *fam* [ennuyer] ser un rollo para. ◆ **se raser** vp **1.** [barbe] afeitarse **2.** *fam* [s'ennuyer] aburrirse.

raseur, euse [ʀazœʀ, øz] nm, f *fam* peñazo *mf* / *quel raseur !* ¡qué tío más peñazo!

ras-le-bol [ʀalbɔl] nm inv *fam* ▸ **en avoir ras-le-bol** estar hasta las narices OU hasta el moño ▸ **ras-le-bol !** ¡ya está bien!

rasoir [ʀazwaʀ] ◆ nm navaja *f* de afeitar ▸ **rasoir électrique / mécanique** maquinilla *f* eléctrica / mecánica. ◆ adj inv *fam* [ennuyeux] rollo *m* ▸ **qu'est-ce qu'il est rasoir, ce film !** ¡qué rollo de película!

rassasier [9] [ʀasazje] vt hartar, saciar. ◆ **se rassasier** vp ▸ **se rassasier de qqch** cansarse de algo.

rassemblement [ʀasɑ̃bləmɑ̃] nm **1.** [d'objets] recolección *f* **2.** [de personnes] concentración *f*, aglomeración *f* **3.** [union, parti] agrupación *f* **4.** MIL formación *f*.

rassembler [3] [ʀasɑ̃ble] vt **1.** [gén] reunir **2.** [idées] poner en orden **3.** [courage] hacer acopio de. ◆ **se rassembler** vp **1.** [manifestants] concentrarse **2.** [famille] reunirse.

rasseoir [65] [ʀaswaʀ] ◆ **se rasseoir** vp volver a sentarse.

rasséréner [18] [ʀaseʀene] vt *sout* serenar. ◆ **se rasséréner** vp *sout* serenarse.

rassis, e [ʀasi, iz] adj **1.** [pain] duro(ra) **2.** *sout* [esprit] sereno(na).

rassurant, e [ʀasyʀɑ̃, ɑ̃t] adj tranquilizador(ra).

rassuré, e [ʀasyʀe] adj tranquilo(la) ▸ **ne pas être rassuré** no estar tranquilo.

rassurer [3] [ʀasyʀe] vt tranquilizar. ◆ **se rassurer** vp tranquilizarse.

rasta [ʀasta], **rastafari** [ʀastafaʀi] adj & nmf rasta, rastafari.

rat [ʀa] ◆ nm rata *f* ▸ **petit rat** [danseuse] *joven bailarina de la escuela de danza de la Ópera de París* ▸ **être fait comme un rat** estar acorralado(da). ◆ adj *fam* rata.

ratage [ʀataʒ] nm fracaso *m*.

ratatiné, e [ʀatatine] adj **1.** [fruit, personne] arrugado(da) **2.** *fam* [vélo, voiture] hecho polvo, hecha polvo.

ratatiner [3] [ʀatatine] vt **1.** [fruit, personne] arrugar **2.** *fam* [vélo, voiture] hacer polvo. ◆ **se ratatiner** vp encogerse.

ratatouille [ʀatatuj] nf CULIN pisto *m*.

rate [ʀat] nf **1.** [animal] rata *f* **2.** [organe] bazo *m*.

raté, e [ʀate] adj & nm, f fracasado(da). ◆ **raté** nm **1.** *(gén pl)* AUTO sacudida *f* **2.** [difficulté] tropiezo *m*.

râteau, x [ʀato] nm rastrillo *m*.

râtelier [ʀatəlje] nm **1.** [à fourrage] pesebre *m* ▸ **manger à tous les râteliers** *fig* sacar tajada de todas partes **2.** [de rangement] soporte *m* **3.** *fam* [dentier] dentadura *f* postiza.

rater [3] [ʀate] ◆ vt **1.** [manquer - train, occasion] perder ; [- cible] errar ; [- gibier] dejar escapar **2.** [ne pas réussir - vie] malograr ; [- examen] suspender ; [- plat] / *j'ai raté le gâteau* me ha salido mal el pastel **3.** EXPR **ne pas en rater une** *fam* no dar una ▸ **ne pas rater qqn** [le remettre à sa place] poner a alguien en su sitio ▸ **rater son coup** fallar / *je croyais lui faire une surprise mais j'ai raté mon coup* pensaba que le iba a dar una sorpresa pero no lo he conseguido. ◆ vi fracasar ▸ **ça ne rate pas** OU **ça n'a pas raté** : *j'étais sûr qu'il oublierait et ça n'a pas raté* estaba seguro de que lo olvidaría y no me he equivocado.

ratiboiser [3] [ʀatibwaze] vt *fam* **1.** [ruiner] desplumar / *on s'est fait ratiboiser au casino* nos han desplumado en el casino **2.** [cheveux] rapar / *se faire ratiboiser* raparse.

ratification [ʀatifikasjɔ̃] nf ratificación *f*.

ratifier [9] [ʀatifje] vt ratificar.

ration [ʀasjɔ̃] nf ración *f* ▸ **ration alimentaire** ración alimenticia.

rationalisation [ʀasjɔnalizasjɔ̃] nf racionalización *f*.

rationaliser [3] [ʀasjɔnalize] vt racionalizar.

rationnel, elle [ʀasjɔnɛl] adj racional. ◆ **rationnels** nmpl MATH racionales *mpl*.

rationnellement [ʀasjɔnɛlmɑ̃] adv de forma racional, racionalmente.

rationnement [ʀasjɔnmɑ̃] nm racionamiento *m*.

rationner [3] [ʀasjɔne] vt **1.** [aliment] racionar **2.** [personne] racionar la comida de, racionarle la comida a.

ratissage [ʀatisaʒ] nm **1.** [de jardin] rastrillado *m* **2.** [de zone, de quartier] rastreo *m*.

ratisser [3] [ʀatise] vt **1.** [jardin] rastrillar **2.** [zone, quartier] peinar ▸ **ratisser large** *fig* abrirse por todos los flancos **3.** *fam* [ruiner] dejar limpio(pia).

raton [ʀatɔ̃] nm ratita *f* ▸ **raton laveur** mapache *m*.

ratonnade [ʀatɔnad] nf *brutalidad ejercida contra magrebíes*.

RATP (*abr de* **Régie autonome des transports parisiens**) nf *empresa pública autónoma de transportes públicos parisinos* ; ≃ EMT *f*.

rattachement [rataʃmɑ̃] nm incorporación *f*.

rattacher [3] [rataʃe] vt **1.** [attacher de nouveau] volver a atar **2.** [relier] ▸ **rattacher qqch à qqch a)** incorporar algo a algo **b)** *fig* relacionar algo con algo **3.** [unir] ▸ **rattacher qqn à qqch** unir a alguien a algo. ◆ **se rattacher** vp ▸ **se rattacher à qqch** relacionarse con algo.

ratte [rat] nf BOT & CULIN patata *f* ratte.

rattrapage [ratrapaʒ] nm **1.** SCOL recuperación *f* **2.** [de salaires, de prix] reajuste *m*.

rattraper [3] [ratrape] vt **1.** [animal, prisonnier] coger **2.** [temps perdu] recuperar **3.** [bus] alcanzar **4.** [personne qui tombe] agarrar **5.** [erreur, malfaçon] reparar. ◆ **se rattraper** vp **1.** [se retenir] ▸ **se rattraper à qqch / à qqn** agarrarse a algo / a alguien **2.** [compenser une insuffisance] ponerse al nivel **3.** [réparer une erreur] corregirse.

rature [ratyr] nf tachadura *f*.

raturer [3] [ratyre] vt tachar.

rauque [rok] adj ronco(ca).

ravage [ravaʒ] nm estrago *m* ▸ **faire des ravages** *fig* hacer estragos.

ravagé, e [ravaʒe] adj **1.** [gén] desfigurado(da) **2.** *fam* [fou] ▸ **être ravagé** estar chalado.

ravager [17] [ravaʒe] vt asolar.

ravageur, euse [ravaʒœr, øz] adj **1.** [destructeur] devastador(ra) **2.** *fig* [sourire] cautivador(ra) ; [humour] desternillante.

ravalement [ravalmɑ̃] nm revoque *m*.

ravaler [3] [ravale] vt **1.** [façade, immeuble] revocar **2.** [salive] tragar **3.** *fig* [larmes, colère] tragarse **4.** [avilir] rebajar. ◆ **se ravaler** vp [s'avilir] rebajarse.

ravaudage [ravodaʒ] nm [raccommodage] remiendo *m* ; [reprise] zurcido *m*.

ravauder [3] [ravode] vt remendar, zurcir.

rave[1] [rav] nf naba *f*.

rave[2] [rɛv], **rave-party** [rɛvparti] nf fiesta *f* rave.

ravi, e [ravi] adj [personne] encantado(da) ; [air] radiante ▸ **ravi de vous connaître** encantado de conocerle.

ravier [ravje] nm fuente *f (para entremeses)*.

ravigotant, e [ravigɔtɑ̃, ɑ̃t] adj *fam* que entona.

ravigote [ravigɔt] nf CULIN *salsa vinagreta con finas hierbas*.

ravigoter [3] [ravigɔte] vt *fam* entonar.

ravin [ravɛ̃] nm barranco *m*.

raviner [3] [ravine] vt **1.** [terrain] formar barrancos **2.** *fig* [visage] surcar de arrugas.

ravioli [ravjɔli] nm ravioli *m*.

ravir [32] [ravir] vt **1.** [charmer] encantar ▸ **être ravi de qqch / de faire qqch / que** estar encantado con algo / de hacer algo / de que ▸ **ravi de vous connaître** encantado de conocerle / *être ravi de partir* estar encantado de marcharse / *je suis ravie que tu puisses venir* estoy encantada de que puedas venir ▸ **à ravir** [admirablement] a las mil maravillas, que ni pintado(da) **2.** *sout* [arracher] ▸ **ravir qqch à qqn** arrebatar algo a alguien.

raviser [3] [ravize] ◆ **se raviser** vp echarse atrás.

ravissant, e [ravisɑ̃, ɑ̃t] adj encantador(ra).

ravissement [ravismɑ̃] nm **1.** [enchantement] maravilla *f* **2.** *sout* [rapt] rapto *m*.

ravisseur, euse [ravisœr, øz] nm, f secuestrador *m*, -ra *f*.

ravitaillement [ravitajmɑ̃] nm abastecimiento *m*.

ravitailler [3] [ravitaje] vt **1.** [en denrées] abastecer **2.** [en carburant] repostar. ◆ **se ravitailler** vp **1.** [personne] abastecerse **2.** [avion] repostar.

raviver [3] [ravive] vt reavivar.

ravoir [ravwar] vt recuperar.

rayé, e [rɛje] adj **1.** [tissu] a rayas **2.** [disque, vitre] rayado(da) **3.** [canon] estriado(da).

rayer [11] [rɛje] vt **1.** [disque, vitre] rayar **2.** [nom, mot] tachar ▸ **rayer qqn de qqch** tachar a alguien de algo / *être rayé de la carte* desaparecer del mapa.

rayon [rɛjɔ̃] nm **1.** [de lumière, radiation] rayo *m* ▸ **rayon laser** rayo láser ▸ **rayons X** rayos X **2.** *fig* [d'espoir] viso *m*, resquicio *m* **3.** [de roue, de cercle] radio *m* ▸ **dans un rayon de** en un radio de ▸ **rayon d'action** radio de acción ▸ **rayon de braquage** radio de giro **4.** [de ruche] panal *m* **5.** [étagère] estante *m* **6.** [dans un magasin] sección *f*.

rayonnage [rɛjɔnaʒ] nm estantería *f*.

rayonnant, e [rɛjɔnɑ̃, ɑ̃t] adj radiante ▸ **rayonnant de qqch** radiante de algo.

rayonne [rɛjɔn] nf rayón *m*.

rayonnement [rɛjɔnmɑ̃] nm **1.** [gén] radiación *f* **2.** *fig* [éclat] resplandor *m* **3.** *fig* [de bonheur] brillo *m*.

rayonner [3] [rɛjɔne] vi **1.** [chaleur] irradiar ; [soleil] brillar **2.** [culture, visage] resplandecer **3.** [avenues, rues] tener una estructura radial.

rayure [rɛjyr] nf **1.** [sur étoffe] raya *f* **2.** [sur disque, sur meuble] rayadura *f* **3.** [de fusil] estría *f*.

raz [ra] ◆ **raz de marée** nm **1.** [vague] maremoto *m* **2.** *fig* [phénomène massif] epidemia *f*, plaga *f*.

razzia [razja] nf razia *f* ▸ **faire une razzia sur qqch** *fam* arramblar con algo.

razzier [9] [razje] vt saquear.

RBE (*abr de* **revenu brut d'exploitation**) nm RBE *m* / *une augmentation / diminution du RBE* un aumento / una disminución del RBE.

RBL *abr écrite de* **rouble**.

R-C = **RdC**.

r.d., RD (*abr écrite de* **rive droite**) orilla *f* norte / *l'Indre est un affluent de la Loire (r.d.)* el Indre es un afluente del Loira (orilla norte).

R-D (*abr de* **recherche-développement**) nf I+D *m* / *les dépenses de R-D* los gastos de I+D / *les programmes de R-D* los programas de I+D.

RDA (*abr de* **République démocratique allemande**) nf RDA *f* / *en (ex-)RDA* en (la antigua) RDA.

RDB (*abr de* **revenu disponible brut**) nm RDB *f* / *le RDB des ménages* la RDB de las familias.

RdC, R-C (*abr écrite de* **rez-de-chaussée**) B.

RDV, R-V (*abr écrite de* **rendez-vous**) cita *f* / *prendre RDV* pedir hora / *téléphoner pour prendre RDV* llamar para pedir cita / *visite sur RDV* visita con precia.

ré [ʀe] nm inv MUS re *m*.

réa [ʀea] (*abr de* **réanimation**) nf *fam* [à l'hôpital] reanimación *f*.

réabonnement [ʀeabɔnmɑ̃] nm renovación *f* de suscripción.

réabonner [3] [ʀeabɔne] vt abonar ou suscribir de nuevo. ◆ **se réabonner** vp ▸ **se réabonner à qqch** abonarse ou suscribirse de nuevo a algo.

réac [ʀeak] adj & nmf *fam* & *péj* carca / *être réac* ser un carca / *passer pour un réac* ser tomado por un carca.

réaccoutumer [3] [ʀeakutyme] vt readaptar, volver a acostumbrar ▸ **réaccoutumer qqn à qqch** volver a acostumbrar a alguien a algo. ◆ **se réaccoutumer** vp ▸ **se réaccoutumer à qqch / à qqn** volverse a acostumbrar a algo / a alguien.

réacheminer [3] [ʀeaʃmine] vt reencaminar, redirigir.

réacteur [ʀeaktœʀ] nm reactor *m* ▸ **réacteur nucléaire** reactor nuclear.

réactif, ive [ʀeaktif, iv] adj reactivo(va). ◆ **réactif** nm CHIM reactivo *m*.

réaction [ʀeaksjɔ̃] nf reacción *f* ▸ **en réaction contre** como reacción contra ▸ **réaction en chaîne** reacción en cadena.

réactionnaire [ʀeaksjɔnɛʀ] adj & nmf *péj* reaccionario(ria).

réactiver [3] [ʀeaktive] vt reactivar.

réactivité [ʀeaktivite] nf [d'un collaborateur] reactividad *f*.

réactualisation [ʀeaktɥalizasjɔ̃] nf reactualización *f*.

réactualiser [3] [ʀeaktɥalize] vt reactualizar.

réadaptation [ʀeadaptasjɔ̃] nf readaptación *f*.

réadapter [3] [ʀeadapte] vt **1.** [adapter de nouveau] readaptar **2.** [rééduquer] reeducar. ◆ **se réadapter** vp ▸ **se réadapter à qqch** readaptarse a algo.

réaffirmer [3] [ʀeafiʀme] vt ratificar, reafirmar.

réagir [32] [ʀeaʒiʀ] vi reaccionar ▸ **réagir à qqch a)** [à un médicament] reaccionar a algo **b)** *fig* [à la critique] reaccionar en contra de algo ▸ **réagir contre qqch** reaccionar contra algo ▸ **réagir sur qqch** repercutir en algo.

réajustement [ʀeaʒystəmɑ̃] nm reajuste *m*.

réajuster = **rajuster**.

réalisable [ʀealizabl] adj realizable.

réalisateur, trice [ʀealizatœʀ, tʀis] nm, f realizador *m*, -ra *f*.

réalisation [ʀealizasjɔ̃] nf realización *f*.

réaliser [3] [ʀealize] vt **1.** [effectuer, TV & CINÉ] realizar **2.** [rêve] cumplir **3.** [se rendre compte de] darse cuenta de. ◆ **se réaliser** vp realizarse.

réalisme [ʀealism] nm realismo *m*.

réaliste [ʀealist] adj & nmf realista.

réalité [ʀealite] nf realidad *f* ▸ **réalité virtuelle** INFORM realidad virtual. ◆ **en réalité** loc adv en realidad.

reality-show, reality show [ʀealitiʃo] (*pl* **reality(-)shows**) nm reality-show *m*, reality show *m*.

réaménagement [ʀeamenaʒmɑ̃] nm **1.** [projet] ▸ **réaménagement du territoire** reordenación *f* territorial **2.** [de taux d'intérêt] reajuste *m*.

réaménager [17] [ʀeamenaʒe] vt **1.** [local] reacondicionar **2.** [emploi du temps] reorganizar.

réamorcer [16] [ʀeamɔʀse] vt reactivar.

réanimation [ʀeanimasjɔ̃] nf reanimación *f* ▸ **être en réanimation** estar en cuidados intensivos.

réanimer [3] [ʀeanime] vt reanimar.

réapparaître [91] [ʀeapaʀɛtʀ] vi reaparecer.

réapparition [ʀeapaʀisjɔ̃] nf reaparición *f*.

réapprendre [79] [ʀeapʀɑ̃dʀ] vt aprender de nuevo.

réapprovisionnement [ʀeapʀɔvizjɔnmɑ̃] nm reabastecimiento *m*.

réapprovisionner [3] [ʀeapʀɔvizjɔne] vt reabastecer / *mon supermarché n'a pas encore été réapprovisionné (en café)* aún no han reabastecido mi supermercado (de café). ◆ **se réapprovisionner** vp reabastecerse / *il s'est réapprovisionné auprès d'un autre fournisseur* se ha reabastecido con otro proveedor.

réarmement [ʀeaʀməmɑ̃] nm rearme *m*.

réarmer [3] [ʀeaʀme] ❖ vt **1.** MIL & POL rearmar a **2.** [arme] volver a armar. ❖ vi [pays] rearmarse.

réassort [ʀeasɔʀ] nm **1.** [action] renovación *f* de existencias **2.** [marchandises] mercancía *f* repuesta.

réassortiment [ʀeasɔʀtimɑ̃] nm COMM renovación *f* de existencias.

réassortir [32] [ʀeasɔʀtiʀ] vt [magasin] reabastecer.

réassurance [ʀeasyʀɑ̃s] nf reaseguro *m*.

rebaptiser [3] [ʀəbatize] vt [rue] rebautizar.

rébarbatif, ive [ʀebaʀbatif, iv] adj **1.** [aspect, personne] adusto(ta) **2.** [travail] ingrato(ta) **3.** [style] árido(da).

rebâtir [32] [ʀəbatiʀ] vt reedificar.

rebats ⟶ **rebattre**.

rebattis ⟶ **rebattre**.

rebattre [83] [ʀəbatʀ] vt **1.** [cartes] barajar de nuevo **2.** ⟶ **oreilles**.

rebattu, e [ʀəbaty] adj trillado(da).

rebelle [rəbɛl] adj rebelde ▸ **rebelle à qqch** rebelde a algo.

rebeller [4] [rəbɛle] ◆ **se rebeller** vp rebelarse ▸ **se rebeller contre qqn** rebelarse contra alguien.

rébellion [rebɛljɔ̃] nf rebelión *f*.

rebelote [rəbəlɔt] interj **1.** *pr* [à la belote] ≃ las veinte ou cuarenta **2.** *fam* & *fig* [indique la répétition d'une situation] ¡y dale! / ***et rebelote, deuxième grève en un mois !*** ¡y dale!, ¡la segunda huelga en un mes!

rebiffer [3] [rəbife] ◆ **se rebiffer** vp resistirse.

rebiquer [3] [rəbike] vi *fam* **1.** [col de chemise] respingar **2.** [cheveux] levantarse.

reblochon [rəblɔʃɔ̃] nm *queso de leche de vaca fabricado en la Alta Saboya*.

reboisement [rəbwazmɑ̃] nm reforestación *f*.

reboiser [3] [rəbwaze] vt repoblar *(con árboles)*.

rebond [rəbɔ̃] nm rebote *m*.

rebondi, e [rəbɔ̃di] adj rollizo(za).

rebondir [32] [rəbɔ̃dir] vi **1.** [objet] rebotar **2.** *fig* [affaire] volver a cobrar actualidad.

rebondissement [rəbɔ̃dismɑ̃] nm [de crise, d'affaire] resurgimiento *m*.

rebord [rəbɔr] nm reborde *m*.

reboucher [3] [rəbuʃe] vt volver a tapar.

rebours [rəbur] ◆ **à rebours** ❖ loc adj [brossage, caresse] a contrapelo ; [compte] atrás. ❖ loc adv a contracorriente.

rebouteux, euse [rəbutø, øz], **rebouteur, euse** [rəbutœr, øz] nm, f curandero *m*, -ra *f* ESP, yerbatero *m*, -ra *f* AM.

reboutonner [3] [rəbutɔne] vt volver a abrochar.

rebrousse-poil [rəbruspwal] ◆ **à rebrousse-poil** loc adv a contrapelo.

rebrousser [3] [rəbruse] vt cepillar a contrapelo.

rebuffade [rəbyfad] nf desaire *m* ▸ **essuyer une rebuffade** recibir un desaire.

rébus [rebys] nm jeroglífico *m (juego)*.

rebut [rəby] nm desecho *m* ▸ **mettre qqch au rebut** deshacerse de algo.

rebutant, e [rəbytɑ̃, ɑ̃t] adj [travail] engorroso(sa) ; [personne] repelente.

rebuter [3] [rəbyte] vt repeler.

recadrer [3] [rəkadre] vt *fig* [action, projet] reenfocar.

récalcitrant, e [rekalsitrɑ̃, ɑ̃t] adj & nm, f recalcitrante.

recalé, e [rəkale] *fam* ❖ adj cateado(da) / ***les élèves recalés repasseront l'examen en septembre*** los alumnos cateados volverán a hacer el examen en septiembre. ❖ nm, f cateado *m*, -da *f* / ***il fait partie des recalés*** está entre los cateados.

recaler [3] [rəkale] vt *fam* catear.

récapitulatif, ive [rekapitylatif, iv] adj recapitulativo(va). ◆ **récapitulatif** nm recapitulativo *m*.

récapitulation [rekapitylasjɔ̃] nf recapitulación *f*.

récapituler [3] [rekapityle] vt recapitular.

recaser [3] [rəkaze] ◆ **se recaser** vp *fam* **1.** [retrouver un emploi] recolocarse **2.** [se remarier] volver a casarse.

recel [rəsɛl] nm [d'objet volé] receptación *f* ; [de personne] encubrimiento *m*.

receler [25] [rəsəle] vt **1.** [objet volé] receptar ; [personne] encubrir **2.** [renfermer] contener.

receleur, euse [rəsəlœr, øz] nm, f [d'objet volé] receptador *m*, -ra *f* ; [de personne] encubridor *m*, -ra *f*.

récemment [resamɑ̃] adv recientemente.

recensement [rəsɑ̃smɑ̃] nm **1.** [de population] censo *m* **2.** [de biens] inventario *m*.

recenser [3] [rəsɑ̃se] vt **1.** [population] censar **2.** [biens] inventariar.

récent, e [resɑ̃, ɑ̃t] adj reciente.

recentrer [3] [rəsɑ̃tre] vt volver a centrar.

récépissé [resepise] nm resguardo *m*, recibo *m*.

réceptacle [resɛptakl] nm [lieu] punto *m* de encuentro ; [contenant] receptáculo *m*.

récepteur, trice [resɛptœr, tris] adj receptor(ra). ◆ **récepteur** nm receptor *m*.

réceptif, ive [resɛptif, iv] adj receptivo(va).

réception [resɛpsjɔ̃] nf recepción *f* ▸ **donner une réception** dar una recepción.

réceptionnaire [resɛpsjɔnɛr] nmf **1.** [de marchandises] verificador *m*, -ra *f* **2.** [dans un hôtel] recepcionista *mf*.

réceptionner [3] [resɛpsjɔne] vt **1.** [marchandises] verificar **2.** SPORT recibir.

réceptionniste [resɛpsjɔnist] nmf recepcionista *mf*.

récessif, ive [resesif, iv] adj recesivo(va).

récession [resesjɔ̃] nf recesión *f*.

recette [rəsɛt] nf **1.** ÉCON ingresos *mpl* ▸ **recette principale** ingresos principales **2.** [méthode & CULIN] receta *f* **3.** CINÉ & THÉÂTRE taquilla *f* ESP, boletería *f* AM ▸ **faire recette** ser un éxito de taquilla, ser taquillero(ra).

recevable [rəsəvabl] adj **1.** [offre, excuse] admisible **2.** DR [plainte] admisible, válido(da).

receveur, euse [rəsəvœr, øz] nm, f **1.** ADMIN inspector *m*, -ra *f* ▸ **receveur des impôts** ≃ inspector de Hacienda ▸ **receveur des postes** jefe *m* de correos **2.** [des transports] cobrador *m*, -ra *f* **3.** MÉD [de greffe, de sang] receptor *m*, -ra *f* ▸ **receveur universel** receptor universal.

recevoir [52] [rəsəvwar] vt **1.** [gén] recibir ▸ **recevoir qqn à dîner** tener a alguien a cenar **2.** [à un examen] ▸ **être reçu à qqch** aprobar algo. ◆ **se recevoir** vp [après un saut, une chute] caer.

rechange [rəʃɑ̃ʒ] ◆ **de rechange** loc adj de recambio, de repuesto.

rechaper [3] [ʀəʃape] vt [pneu] recauchutar.

réchapper [3] [ʀeʃape] vi ▸ **réchapper à** ou **de qqch** escapar a ou de algo.

recharge [ʀəʃaʀʒ] nf recarga *f*.

rechargeable [ʀəʃaʀʒabl] adj recargable.

rechargement [ʀəʃaʀʒəmɑ̃] nm [d'une arme, d'un appareil photo] carga *f*; [d'une batterie, d'un téléphone portable, d'un ordinateur] recarga *f*; [d'un briquet, d'un stylo] recambio *m*.

recharger [17] [ʀəʃaʀʒe] vt **1.** [gén] recargar **2.** PHOTO (volver a) cargar.

réchaud [ʀeʃo] nm hornillo *m*, infiernillo *m*.

réchauffé, e [ʀeʃofe] adj recalentado(da). ◆ **réchauffé** nm refrito *m* ▸ **c'est du réchauffé** esto está más visto que el tebeo.

réchauffement [ʀeʃofmɑ̃] nm recalentamiento *m* ▸ **réchauffement de la planète** recalentamiento del planeta.

réchauffer [3] [ʀeʃofe] vt **1.** [nourriture] recalentar **2.** [personne] hacer entrar en calor. ◆ **se réchauffer** vp **1.** [personne] entrar en calor **2.** [climat, terre] recalentarse.

rêche [ʀɛʃ] adj áspero(ra).

recherche [ʀəʃɛʀʃ] nf **1.** [quête] búsqueda *f* ▸ **être à la recherche de qqch / de qqn** estar buscando algo/a alguien ▸ **partir à la recherche de qqch / de qqn** ir en busca de algo/de alguien ▸ **se mettre à la recherche de qqch / de qqn** ponerse a buscar algo/a alguien **2.** [de police] investigación *f* ▸ **faire** ou **effectuer des recherches** hacer ou efectuar investigaciones ▸ **faire de la recherche** dedicarse a la investigación ▸ **recherche fondamentale** investigación básica **3.** [raffinement] refinamiento *m*.

recherché, e [ʀəʃɛʀʃe] adj [rare] codiciado(da); [style] rebuscado(da).

rechercher [3] [ʀəʃɛʀʃe] vt buscar.

rechigner [3] [ʀəʃiɲe] vi ▸ **rechigner à faire qqch** hacer algo a regañadientes.

rechute [ʀəʃyt] nf recaída *f*.

rechuter [3] [ʀəʃyte] vi recaer.

récidive [ʀesidiv] nf **1.** DR reincidencia *f* **2.** MÉD recaída *f*.

récidiver [3] [ʀesidive] vi **1.** DR reincidir **2.** MÉD reaparecer.

récidiviste [ʀesidivist] nmf reincidente *mf*.

récif [ʀesif] nm arrecife *m* ▸ **récif de corail** arrecife de coral.

récipient [ʀesipjɑ̃] nm recipiente *m*.

réciproque [ʀesipʀɔk] ❖ adj recíproco(ca). ❖ nf ▸ **la réciproque** lo contrario ▸ **rendre la réciproque** pagar con la misma moneda.

réciproquement [ʀesipʀɔkmɑ̃] adv recíprocamente ▸ **et réciproquement** y viceversa.

récit [ʀesi] nm relato *m*.

récital, als [ʀesital] nm recital *m*.

récitatif [ʀesitatif] nm recitativo *m*.

récitation [ʀesitasjɔ̃] nf poesía *f*.

réciter [3] [ʀesite] vt recitar.

réclamation [ʀeklamasjɔ̃] nf reclamación *f* ▸ **faire une réclamation** hacer una reclamación.

réclame [ʀeklam] nf propaganda *f* ▸ **faire de la réclame pour qqch** hacer propaganda de algo ▸ **être en réclame** estar de oferta.

réclamer [3] [ʀeklame] vt **1.** [gén] reclamar ▸ **réclamer qqch à qqn** reclamar algo a alguien **2.** [nécessiter] exigir, requerir. ◆ **se réclamer** vp ▸ **se réclamer de qqch / de qqn** encomendarse a algo/a alguien.

reclasser [3] [ʀəklase] vt **1.** [dossiers, fiches] volver a clasificar **2.** [chômeur] reciclar **3.** [fonctionnaire] recalificar.

reclus, e [ʀəkly, yz] ❖ adj recluido(da). ❖ nm, f recluso *m*, -sa *f*.

réclusion [ʀeklyzjɔ̃] nf reclusión *f* ▸ **réclusion à perpétuité** reclusión a perpetuidad.

recoiffer [3] [ʀəkwafe] vt repeinar. ◆ **se recoiffer** vp repeinarse.

recoin [ʀəkwɛ̃] nm rincón *m*.

reçois ⟶ **recevoir**.

reçoive ⟶ **recevoir**.

recoller [3] [ʀəkɔle] vt volver a pegar.

récolte [ʀekɔlt] nf cosecha *f*.

récolter [3] [ʀekɔlte] vt **1.** AGRIC cosechar **2.** *fam* & *fig* [recueillir - renseignement, gain, ennuis] cosechar; [- punition, gifle] ganarse.

recommandable [ʀəkɔmɑ̃dabl] adj recomendable ▸ **peu recommandable** poco recomendable.

recommandation [ʀəkɔmɑ̃dasjɔ̃] nf recomendación *f*.

recommandé, e [ʀəkɔmɑ̃de] adj **1.** [envoi] certificado(da) ▸ **envoyer qqch en recommandé** enviar algo certificado **2.** [conseillé] aconsejado(da) ▸ **ce n'est pas très recommandé** no es muy recomendable.

recommander [3] [ʀəkɔmɑ̃de] vt recomendar ▸ **recommander à qqn de faire qqch** recomendar a alguien que haga algo ▸ **recommander qqn à qqn** recomendar alguien a alguien. ◆ **se recommander** vp **1.** [se réclamer] ▸ **se recommander de qqn** valerse de la recomendación de alguien **2.** [s'en remettre] ▸ **se recommander à Dieu** encomendarse a Dios **3.** SUISSE [insister] insistir.

recommencement [ʀəkɔmɑ̃smɑ̃] nm vuelta *f* a empezar, comienzo *m*.

recommencer [16] [ʀəkɔmɑ̃se] ❖ vt **1.** [refaire] volver a empezar **2.** [reprendre] retomar, remprender ▸ **recommencer à faire qqch** volver a hacer algo **3.** [répéter] repetir. ❖ vi **1.** [récidiver] volver a hacerlo **2.** [se produire de nouveau] empezar de nuevo.

récompense [rekɔ̃pɑ̃s] nf recompensa *f* ▸ **en récompense de qqch** como recompensa a OU por algo.

récompenser [3] [rekɔ̃pɑ̃se] vt recompensar.

recomposé, e [rəkɔ̃poze] adj [famille] reestructurado(da), recompuesto(ta).

recomposer [3] [rəkɔ̃poze] vt **1.** [reconstituer] recomponer / *son esprit recomposait peu à peu la scène* su mente recomponía poco a poco la escena / *recomposer une famille* recomponer una familia **2.** TÉLÉCOM : *recomposer un numéro* volver a marcar.

recompter [3] [rəkɔ̃te] vt volver a contar.

réconciliation [rekɔ̃siljasjɔ̃] nf reconciliación *f*.

réconcilier [9] [rekɔ̃silje] vt reconciliar.
◆ **se réconcilier** vp reconciliarse ▸ **se réconcilier avec qqn** reconciliarse con alguien.

reconductible [rəkɔ̃dyktibl] adj renovable ; [mandat] prorrogable.

reconduction [rəkɔ̃dyksjɔ̃] nf **1.** [continuation] renovación *f* **2.** DR prórroga *f*.

reconduire [98] [rəkɔ̃dɥir] vt **1.** [personne] acompañar **2.** [budget, politique] seguir con **3.** DR reconducir.

reconduis ⟶ **reconduire**.

reconduisais ⟶ **reconduire**.

reconduit, e [rəkɔ̃dɥi, it] pp ⟶ **reconduire**.

reconfigurer [3] [rəkɔ̃figyre] vt INFORM reconfigurar.

réconfort [rekɔ̃fɔr] nm consuelo *m* ▸ **chercher réconfort dans qqch** buscar consuelo en algo.

réconfortant, e [rekɔ̃fɔrtɑ̃, ɑ̃t] adj reconfortante ESP , papachador(ra) AM .

réconforter [3] [rekɔ̃fɔrte] vt reconfortar.

reconnais ⟶ **reconnaître**.

reconnaissable [rəkɔnɛsabl] adj reconocible.

reconnaissais ⟶ **reconnaître**.

reconnaissance [rəkɔnɛsɑ̃s] nf **1.** [gén] reconocimiento *m* ▸ **aller** OU **partir en reconnaissance** ir a reconocer el terreno ▸ **reconnaissance de dette** reconocimiento de deuda ▸ **reconnaissance vocale** INFORM reconocimiento de voz **2.** [gratitude] agradecimiento *m* ▸ **exprimer sa reconnaissance à qqn** expresar su agradecimiento a alguien.

reconnaissant, e [rəkɔnɛsɑ̃, ɑ̃t] adj agradecido(da) ▸ **je vous en suis très reconnaissant** le estoy muy agradecido ▸ **je vous serais reconnaissant de répondre rapidement** le agradecería que me respondiese rápidamente.

reconnaître [91] [rəkɔnɛtr] vt reconocer ▸ **reconnaître que** reconocer que ▸ **reconnaître qqn / qqch à** [identifier] reconocer OU conocer a alguien / algo por.
◆ **se reconnaître** vp reconocerse ▸ **se reconnaître dans** OU **en qqn** reconocerse en alguien ▸ **se reconnaître coupable** reconocer su culpabilidad.

reconnecter [4] [rəkɔnɛkte] ◆ **se reconnecter** vp INFORM volver a conectar.

reconnu, e [rəkɔny] ❖ adj reconocido(da) / *son diplôme n'est pas reconnu à l'étranger* su título no está reconocido en el extranjero / *c'est une artiste reconnue* es una reconocida artista. ❖ pp ⟶ **reconnaître.**

reconnus ⟶ **reconnaître**.

reconquérir [39] [rəkɔ̃kerir] vt reconquistar.

reconquerrai ⟶ **reconquérir**.

reconquête [rəkɔ̃kɛt] nf reconquista *f*.

reconquiers ⟶ **reconquérir**.

reconquis, e [rəkɔ̃ki, iz] pp ⟶ **reconquérir**.

reconsidérer [18] [rəkɔ̃sidere] vt reconsiderar.

reconstituant, e [rəkɔ̃stitɥɑ̃, ɑ̃t] adj reconstituyente.
◆ **reconstituant** nm reconstituyente *m*.

reconstituer [7] [rəkɔ̃stitɥe] vt reconstruir.

reconstitution [rəkɔ̃stitysjɔ̃] nf reconstitución *f* ; [de crime, de faits] reconstrucción *f* ▸ **reconstitution historique** reconstrucción histórica.

reconstruction [rəkɔ̃stryksjɔ̃] nf reconstrucción *f*.

reconstruire [98] [rəkɔ̃strɥir] vt [gén] reconstruir ; [fortune] rehacer.

reconstruis ⟶ **reconstruire**.

reconstruisais ⟶ **reconstruire**.

reconstruit, e [rəkɔ̃strɥi, it] pp ⟶ **reconstruire**.

reconversion [rəkɔ̃vɛrsjɔ̃] nf reconversión *f* ▸ **opérer une reconversion** efectuar una reconversión ▸ **reconversion économique / technique** reconversión económica / técnica.

reconvertir [32] [rəkɔ̃vɛrtir] vt [économie] reconvertir ; [employé] reciclar. ◆ **se reconvertir** vp reciclarse.

recopier [9] [rəkɔpje] vt [texte] copiar ; [brouillon] pasar a limpio.

record [rəkɔr] ❖ adj inv récord *(en apposition)*.
❖ nm récord *m* ▸ **battre / détenir un record** batir / detentar un récord.

recordman [rəkɔrdman] (*pl* **recordmans** *ou* **recordmen** [-mɛn]) nm plusmarquista *m*, recordman *m*.

recoucher [3] [rəkuʃe] vt volver a acostar.
◆ **se recoucher** vp volver a acostarse.

recoudre [86] [rəkudr] vt recoser.

recoupement [rəkupmɑ̃] nm cotejo *m* ▸ **par recoupement** atando cabos.

recouper [31] [rəkupe] ❖ vt **1.** [couper de nouveau] volver a cortar **2.** [coïncider avec] coincidir con. ❖ vi [aux cartes] cortar. ◆ **se recouper** vp **1.** [ligne, cercle] recortarse **2.** [coïncider] coincidir.

recourber [3] [rəkurbe] vt encorvar, doblar.

recourir [45] [rəkurir] vi ▸ **recourir à qqch / à qqn** recurrir a algo / a alguien.

recourrai ⟶ **recourir**.

recours¹ ⟶ **recourir**.

recours² [rəkur] nm recurso *m* ▸ **avoir recours à qqch / à qqn** recurrir a algo / a alguien ▸ **en dernier re-**

cours como último recurso ▸ **sans recours** irrevocable ▸ **recours en justice** recurso.

recouru [Rəkury] pp inv ⟶ **recourir**.

recourus ⟶ **recourir**.

recouvert, e [Rekuvɛr, ɛrt] pp ⟶ **recouvrir**.

recouvrable [Rəkuvrabl] adj recuperable.

recouvre ⟶ **recouvrir**.

recouvrement [Rəkuvrəmɑ̃] nm **1.** [de surface] recubrimiento *m* **2.** [perception - gén] cobro *m* ; [- d'impôt] recaudación *f*.

recouvrer [3] [Rəkuvre] vt **1.** [retrouver] recuperar **2.** [percevoir - gén] cobrar ; [- impôt] recaudar.

recouvrir [34] [Rəkuvrir] vt **1.** [couvrir à nouveau] recubrir ▸ **recouvrir de qqch** recubrir de algo **2.** [surface] tapar, cubrir **3.** [siège] tapizar ; [livre] forrar **4.** *fig* [masquer] esconder **5.** [thème, sens] abarcar. ◆ **se recouvrir** vp **1.** [surface] recubrirse, cubrirse **2.** [tuiles] superponerse.

recracher [3] [RəkRaʃe] vt escupir.

récréatif, ive [RekReatif, iv] adj recreativo(va).

récréation [RekReasjɔ̃] nf **1.** [à l'école] recreo *m* **2.** [détente] recreación *f*.

recréer [15] [RəkRee] vt recrear.

récrier [10] [RekRije] ◆ **se récrier** vp *sout* [s'exclamer] extasiarse ; [protester] indignarse.

récrimination [RekRiminasjɔ̃] nf recriminación *f*.

récriminer [3] [RekRimine] vi recriminar.

récrire [RekRiR], **réécrire** [99] [ReekRiR] vt reescribir.

recroquevillé, e [RəkRɔkvije] adj [personne] acurrucado(da) ; [plante, feuille] retorcido(da).

recroqueviller [3] [RəkRɔkvije] ◆ **se recroqueviller** vp **1.** [se replier] acurrucarse ; *fig* encerrarse en sí mismo **2.** [plante, papier] retorcerse.

recru, e [RəkRy] adj *sout* ▸ **recru de fatigue** extenuado de cansancio. ◆ **recrue** nf **1.** MIL recluta *m* **2.** [de groupe, de société] neófito *m*, -ta *f* ▸ **faire une nouvelle recrue** reclutar a un nuevo miembro.

recrudescence [RəkRydesɑ̃s] nf recrudecimiento *m*.

recrue [RəkRy] nf [à l'armée] recluta *mf* ; [d'un parti, d'un club] nuevo miembro *m* ▸ **faire une nouvelle recrue** reclutar un nuevo miembro.

recrutement [RəkRytmɑ̃] nm **1.** MIL reclutamiento *m* **2.** [de personnel] contratación *f*.

recruter [3] [RəkRyte] vt **1.** MIL reclutar **2.** [personnel] contratar.

recruteur, euse [RəkRytœR, øz] nm, f **1.** [de personnel] reclutador *mf*, -ra *f* **2.** [d'adhérents] captador *mf*, -ra *f* de afiliados **3.** [de clients] captador *mf*, -ra *f* de clientes.

rectal, e, aux [Rɛktal, o] adj rectal.

rectangle [Rɛktɑ̃gl] nm rectángulo *m*.

rectangulaire [Rɛktɑ̃gylɛR] adj rectangular.

recteur [Rɛktœr] nm rector *m* *(de un distrito universitario)*.

rectificatif, ive [Rɛktifikatif, iv] adj rectificativo(va). ◆ **rectificatif** nm rectificativo *m*.

rectification [Rɛktifikasjɔ̃] nf rectificación *f*.

rectifier [9] [Rɛktifje] vt rectificar.

rectiligne [Rɛktiliɲ] adj rectilíneo(a).

recto [Rɛkto] nm cara *f* *(de un folio)*, recto *m* ▸ **recto verso** por las dos caras.

rectorat [Rɛktɔra] nm rectorado *m*.

rectum [Rɛktɔm] nm recto *m*.

reçu, e [Rəsy] pp ⟶ **recevoir.** ◆ **reçu** nm recibo *m*.

recueil [Rəkœj] nm selección *f*.

recueillement [Rəkœjmɑ̃] nm recogimiento *m*.

recueilli, e [Rəkœji] ◇ adj recogido(da). ◇ pp ⟶ **recueillir.**

recueillir [41] [RəkœjiR] vt **1.** [dons, fonds, enfant] recoger **2.** [suffrages] obtener. ◆ **se recueillir** vp recogerse.

recuire [98] [RəkɥiR] vt & vi recocer.

recul [Rəkyl] nm **1.** [gén] retroceso *m* **2.** *fig* [distance] distancia *f* ▸ **prendre du recul** tomar distancia.

reculade [Rəkylad] nf retirada *f*.

reculé, e [Rəkyle] adj **1.** [endroit] recóndito(ta) **2.** [époque, temps] remoto(ta).

reculer [3] [Rəkyle] ◇ vt **1.** [véhicule] mover hacia atrás **2.** [date] retrasar. ◇ vi retroceder ▸ **ne reculer devant rien** no retroceder ante nada.

reculons [Rəkylɔ̃] ◆ **à reculons** loc adv andando hacia atrás.

récup [Rekyp] nf *fam* reciclaje *m*, recuperación *f*.

récupérable [RekypeRabl] adj **1.** [déchets] reciclable **2.** [personne] redimible **3.** [temps, heures] recuperable.

récupération [RekypeRasjɔ̃] nf recuperación *f*.

récupérer [18] [RekypeRe] ◇ vt recuperar. ◇ vi recuperarse.

récurer [3] [RekyRe] vt restregar.

récurrent, e [RekyRɑ̃, ɑ̃t] adj recurrente.

reçus ⟶ **recevoir**.

récuser [3] [Rekyze] vt recusar. ◆ **se récuser** vp declarar incompetente.

recyclable [Rəsiklabl] adj reciclable.

recyclage [Rəsiklaʒ] nm reciclaje *m*.

recycler [3] [Rəsikle] vt reciclar. ◆ **se recycler** vp reciclarse.

rédacteur, trice [RedaktœR, tRis] nm, f redactor *m*, -ra *f* ▸ **rédacteur en chef** redactor jefe.

rédaction [Redaksjɔ̃] nf redacción *f*.

rédactionnel, elle [Redaksjɔnɛl] adj de redacción.

reddition [Redisjɔ̃] nf rendición *f*.

redécouvrir [34] [RədekuvRiR] vt redescubrir.

redéfinir [32] [ʀədefiniʀ] vt redefinir.

redéfinition [ʀədefinisjɔ̃] nf redefinición *f*.

redemander [3] [ʀədəmɑ̃de] vt volver a pedir.

redémarrage [ʀədemaʀaʒ] nm **1.** [de l'économie, des ventes] reactivación *f* **2.** INFORM reinicialización *f*.

redémarrer [3] [ʀədemaʀe] vi **1.** [gén] volver a arrancar **2.** INFORM reiniciar.

rédempteur, trice [ʀedɑ̃ptœʀ, tʀis] adj & nm, f redentor(ra).

rédemption [ʀedɑ̃psjɔ̃] nf redención *f*.

redéploiement [ʀədeplwamɑ̃] nm **1.** ÉCON reorganización *f* **2.** MIL nuevo despliegue *m*.

redescendre [73] [ʀədesɑ̃dʀ] vt & vi volver a bajar.

redevable [ʀədəvabl] adj ▸ **être redevable de qqch à qqn** deber algo a alguien.

redevance [ʀədəvɑ̃s] nf **1.** [taxe] canon *m* ; [de télévision] *impuesto anual que se paga por tener una televisión* **2.** [rente] renta *f*.

redevenir [40] [ʀədəvniʀ] vi volver a / *ils sont redevenus amis* han vuelto a ser amigos ▸ **redevenir normal** volver a la normalidad.

rédhibitoire [ʀedibitwaʀ] adj [prix] prohibitivo(va).

rediffuser [3] [ʀədifyze] vt TV reponer, hacer una reposición.

rediffusion [ʀədifyzjɔ̃] nf TV reposición *f*.

rédiger [17] [ʀediʒe] vt redactar.

redimensionner [3] [ʀadimɑ̃sjɔne] vt INFORM redimensionar.

redingote [ʀədɛ̃gɔt] nf **1.** HIST [veste d'homme] levita *f* **2.** [manteau de femme] redingote *m*.

redire [102] [ʀədiʀ] vt repetir ▸ **avoir** OU **trouver à redire à qqch** tener algo que decir sobre algo.

rediriger [ʀədiʀiʒe] vt **1.** [passager, client, vol, somme d'argent] redirigir **2.** INFORM redireccionar.

redis ⟶ **redire**.

redisais ⟶ **redire**.

redistribuer [7] [ʀədistʀibɥe] vt redistribuir.

redistribution [ʀədistʀibysjɔ̃] nf redistribución *f*.

redit, e [ʀədi, it] pp ⟶ **redire**. ◆ **redite** nf repetición *f*.

redondance [ʀədɔ̃dɑ̃s] nf redundancia *f*.

redondant, e [ʀədɔ̃dɑ̃, ɑ̃t] adj [terme, style] redundante.

redonner [3] [ʀədɔne] vt **1.** [donner de nouveau] volver a dar **2.** [rendre] devolver.

redorer [3] [ʀədɔʀe] vt ▸ **redorer son blason** devolver su gloria pasada.

redoublant, e [ʀədublɑ̃, ɑ̃t] nm, f repetidor *m*, -ra *f* *(alumno)*.

redoublé, e [ʀəduble] adj repetido(da) ▸ **frapper à coups redoublés a)** [avec violence] aporrear **b)** [rapidement] golpetear.

redoublement [ʀədubləmɑ̃] nm **1.** [de douleur, de joie] aumento *m* ; [de prudence] redoblamiento *m* **2.** [d'une syllabe, d'un mot] repetición *f* **3.** SCOL repetición *f* de curso.

redoubler [3] [ʀəduble] ❖ vt **1.** [répéter & SCOL] repetir **2.** [efforts] redoblar. ❖ vi **1.** [augmenter - gén] aumentar ; [- tempête] arreciar **2.** [montrer plus de] ▸ **redoubler de qqch** redoblar algo / *redoubler de prudence* redoblar la prudencia.

redoutable [ʀədutabl] adj temible.

redouter [3] [ʀədute] vt temer.

redoux [ʀədu] nm templanza *f*.

redressement [ʀədʀɛsmɑ̃] nm **1.** [gén] recuperación *f* **2.** ⟶ **maison.** ◆ **redressement fiscal** nm rectificación *f* fiscal.

redresser [4] [ʀədʀɛse] vt **1.** [gén] enderezar **2.** [pays, économie] recuperar, enderezar. ◆ **se redresser** vp **1.** [personne] enderezarse ; [dans son lit] incorporarse **2.** [pays, économie] recuperarse.

redresseur [ʀədʀɛsœʀ] ◆ **redresseur de torts** nm desfacedor *m* de entuertos.

réducteur, trice [ʀedyktœʀ, tʀis] adj **1.** [limitatif] simplista **2.** CHIM reductor(ra). ◆ **réducteur** nm reductor *m*.

réduction [ʀedyksjɔ̃] nf **1.** [gén & MÉD] reducción *f* **2.** [rabais] reducción *f*, rebaja *f* ▸ **bénéficier d'une réduction** tener una reducción OU rebaja.

réduire [98] [ʀedɥiʀ] ❖ vt **1.** [gén, CULIN & INFORM] reducir ▸ **réduire qqn à qqch / à faire qqch** reducir a alguien a algo / a hacer algo ▸ **être réduit à faire qqch** no tener más remedio que hacer algo **2.** SUISSE [ranger] colocar. ❖ vi CULIN reducirse. ◆ **se réduire** vp **1.** [se restreindre] reducir gastos **2.** [se ramener à] ▸ **se réduire à qqch** reducirse a algo.

réduis ⟶ **réduire**.

réduisais ⟶ **réduire**.

réduit, e [ʀedɥi, it] ❖ adj reducido(da). ❖ pp ⟶ **réduire.** ◆ **réduit** nm **1.** [local exigu] cuchitril *m* **2.** [renfoncement] rincón *m*.

rééchelonnement [ʀeeʃəlɔnmɑ̃] nm [d'une dette] reprogramación *f* del pago.

rééchelonner [3] [ʀeeʃlɔne] vt [dette] reprogramar el pago de.

réécrire = **récrire**.

réécriture [ʀeekʀityʀ] nf reescritura *f*.

rééditer [3] [ʀeedite] vt **1.** [œuvre, auteur] reeditar **2.** *fam* [recommencer] repetir.

réédition [ʀeedisjɔ̃] nf reedición *f*.

rééducation [ʀeedykasjɔ̃] nf rehabilitación *f*.

rééduquer [3] [ʀeedyke] vt rehabilitar.

réel, elle [ReɛI] adj real / *le héros de son film est un personnage réel* el protagonista de su película es un personaje real / *on observe une réelle amélioration* se observa una verdadera mejora. ◆ **réel** nm ▸ **le réel** lo real.

réélection [Reelɛksjɔ̃] nf reelección *f*.

réélire [106] [ReeliR] vt reelegir.

réellement [Reɛlmɑ̃] adv realmente.

réembaucher [3] [Reɑ̃boʃe] vt reincorporar.

réemploi = **remploi**.

réemployer = **remployer**.

réenregistrer [Reɑ̃Rəʒistʀe] vt volver a registrar.

rééquilibrage [Reekilibʀaʒ] nm **1.** [de pneus] equilibrado *m* **2.** [du budget] reequilibrado *m*.

rééquilibrer [3] [Reekilibʀe] vt reequilibrar.

réescompte [Reɛskɔ̃t] nm redescuento *m*.

réessayer [11] [Reesɛje] vt **1.** [vêtement, produit, méthode] volver a probar / *réessaie la veste rouge* vuelve a probarte la chaqueta roja **2.** [action] ▸ **réessayer de faire quelque chose** intentar volver a hacer algo / *réessaie de l'appeler mais laisse sonner plus longtemps* intenta volver a llamarle, pero espera más tiempo.

réévaluer [7] [Reevalɥe] vt revaluar.

réexamen [Reɛgzamɛ̃] nm [d'une situation, d'une politique, d'un dossier] reexamen *m* ; [d'une décision, d'une candidature] reconsideración *f*.

réexaminer [3] [Reɛgzamine] vt reexaminar.

réexpédier [9] [Reɛkspedje] vt reexpedir.

réexpédition [Reɛkspedisjɔ̃] nf **1.** [à une autre adresse] reexpedición *f* **2.** [à l'expéditeur] devolución *f*.

réexporter [3] [Reɛkspɔʀte] vt reexportar.

réf. (*abr écrite de* **référence**) ref.

refaire [109] [Rəfɛʀ] vt rehacer. ◆ **se refaire** vp **1.** [se rétablir] ▸ **se refaire une santé** recuperarse, recuperar la salud **2.** [se réhabituer] ▸ **se refaire à qqch** volver a habituarse a algo **3.** *fam* [au jeu] recuperarse.

refais ⟶ **refaire**.

refaisais ⟶ **refaire**.

refait, e [Rəfɛ, ɛt] pp ⟶ **refaire**.

refaites ⟶ **refaire**.

refasse ⟶ **refaire**.

réfection [Refɛksjɔ̃] nf reparación *f* ESP, refacción *f* AM.

réfectoire [Refɛktwaʀ] nm refectorio *m*.

referai ⟶ **refaire**.

référé [Refeʀe] nm procedimiento *m* de urgencia.

référence [Refeʀɑ̃s] nf referencia *f* ▸ **faire référence à qqch / à qqn** hacer referencia a algo / a alguien. ◆ **références** nfpl referencias *fpl*.

référencement [Refeʀɑ̃smɑ̃] nm INTERNET sistema *m* de referencia.

référencer [16] [Refeʀɑ̃se] vt INTERNET referenciar.

référendum [Refeʀɛ̃dɔm] nm referéndum *m*.

référer [18] [Refeʀe] vi ▸ **en référer à qqn** consultarlo con alguien. ◆ **se référer** vp ▸ **se référer à qqch / à qqn** a) [consulter] ver algo / a alguien b) [recourir à] encomendarse a algo / a alguien.

refermer [3] [Rəfɛʀme] vt volver a cerrar.

refiler [3] [Rəfile] vt *fam* ▸ **refiler qqch à qqn** a) [maladie] pegar algo a alguien b) [objet, faux, etc.] colocar algo a alguien.

refis ⟶ **refaire**.

réfléchi, e [Refleʃi] adj [gén] reflexivo(va) ; [action] pensado(da) ▸ **c'est tout réfléchi** está decidido.

réfléchir [32] [RefleʃiR] ◇ vt reflejar. ◇ vi reflexionar ▸ **réfléchir à qqch** pensar en algo ▸ **réfléchir sur qqch** reflexionar sobre algo. ◆ **se réfléchir** vp reflejarse.

réfléchissant, e [Refleʃisɑ̃, ɑ̃t] adj reflectante.

réflecteur [Reflɛktœʀ] nm reflector *m*.

reflet [Rəflɛ] nm reflejo *m*.

refléter [18] [Rəflete] vt reflejar. ◆ **se refléter** vp reflejarse.

refleurir [32] [RəflœʀiR] vi volver a florecer.

reflex [Reflɛks] ◇ adj réflex *(en apposition)*. ◇ nm inv réflex *f*.

réflexe [Reflɛks] ◇ adj reflejo(ja). ◇ nm reflejo *m*.

réflexion [Reflɛksjɔ̃] nf **1.** [gén] reflexión *f* ▸ **à la réflexion, réflexion faite** pensándolo bien ▸ **après mûre réflexion** después de una larga reflexión **2.** [remarque] observación *f* ESP, atingencia *f* AM.

refluer [3] [Rəflye] vi **1.** [liquide] refluir **2.** [foule] retroceder.

reflux [Rəfly] nm reflujo *m*.

refonder [Rəfɔ̃de] vt **1.** [parti] refundar **2.** [famille] volver a fundar.

refondre [75] [Rəfɔ̃dʀ] vt refundir.

refonte [Rəfɔ̃t] nf refundición *f*.

reforestation [Rəfɔʀɛstasjɔ̃] nf repoblación *f* forestal.

reformater [3] [Rəfɔʀmate] vt INFORM volver a formatear.

réformateur, trice [Refɔʀmatœʀ, tʀis] adj & nm, f reformador(ra).

réforme [Refɔʀm] nf reforma *f*.

réformé, e [Refɔʀme] ◇ adj **1.** RELIG reformado(da) **2.** MIL exento. ◇ nm, f RELIG reformado *m*, -da *f*. ◆ **réformé** nm MIL persona *f* exenta.

reformer [3] [Rəfɔʀme] vt volver a crear ▸ **reformer les rangs** MIL reorganizar las filas.

réformer [Refɔʀme] vt **1.** [améliorer, corriger] reformar **2.** MIL declarar exento.

réformisme [refɔʀmism] nm reformismo *m*.

réformiste [refɔʀmist] adj & nmf reformista.

reformuler [3] [ʀəfɔʀmyle] vt reformular.

refoulé, e [ʀəfule] adj & nm, f reprimido(da).

refoulement [ʀəfulmɑ̃] nm **1.** [de personnes] rechazo *m* **2.** PSYCHO represión *f*.

refouler [3] [ʀəfule] vt **1.** [envahisseur] rechazar **2.** [sentiment] reprimir.

réfractaire [ʀefʀaktɛʀ] adj refractario(ria) ▸ **réfractaire à qqch** [rebelle] refractario a algo.

réfraction [ʀefʀaksjɔ̃] nf PHYS refracción *f*.

refrain [ʀəfʀɛ̃] nm **1.** MUS estribillo *m* **2.** *fig* [rengaine] canción *f*.

> ⚠ **Refrán** est un faux ami, il ne signifie pas *refrain*, mais « proverbe ».

refréner [18] [ʀəfʀene] vt refrenar. ◆ **se refréner** vp refrenarse.

réfrigérant, e [ʀefʀiʒeʀɑ̃, ɑ̃t] adj **1.** [liquide, fluide] refrigerante **2.** *fig* [accueil] poco caluroso(sa) ; [attitude] frío(a).

réfrigérateur [ʀefʀiʒeʀatœʀ] nm frigorífico *m*.

réfrigération [ʀefʀiʒeʀasjɔ̃] nf refrigeración *f*.

réfrigéré, e [ʀefʀiʒeʀe] adj [wagon, vitrine, transport] refrigerado(da).

réfrigérer [18] [ʀefʀiʒeʀe] vt [aliment, boisson] enfriar.

réfringent, e [ʀefʀɛ̃ʒɑ̃, ɑ̃t] adj refringente.

refroidir [32] [ʀəfʀwadiʀ] ❖ vt **1.** [rendre froid, décourager] enfriar **2.** *arg* [tuer] cargarse. ❖ vi enfriar. ◆ **se refroidir** vp enfriarse.

refroidissement [ʀəfʀwadismɑ̃] nm enfriamiento *m*.

refuge [ʀəfyʒ] nm refugio *m* ▸ **chercher refuge auprès de qqn** buscar refugio en alguien.

réfugié, e [ʀefyʒje] adj & nm, f refugiado(da).

réfugier [9] [ʀefyʒje] ◆ **se réfugier** vp refugiarse ▸ **se réfugier dans qqch** *fig* refugiarse en algo.

refus [ʀəfy] nm inv rechazo *m* ▸ **essuyer un refus** recibir una negativa.

refuser [3] [ʀəfyze] vt **1.** [repousser] rechazar **2.** [contester] ▸ **refuser qqch à qqn** negar algo a alguien **3.** [client, spectateur] dejar fuera **4.** [dire non] decir que no ▸ **refuser de faire qqch** negarse a hacer algo **5.** [candidat] ▸ **être refusé** suspender. ◆ **se refuser** vp ▸ **se refuser à qqch / à faire qqch** negarse a algo / a hacer algo ▸ **ne rien se refuser** no privarse de nada.

réfutation [ʀefytasjɔ̃] nf refutación *f*.

réfuter [3] [ʀefyte] vt refutar.

regagner [3] [ʀəgaɲe] vt **1.** [reprendre] recuperar, recobrar **2.** [revenir à] volver a ESP, regresarse a AM.

regain [ʀəgɛ̃] nm **1.** [retour] recuperación *f* / *regain d'énergie* recuperación de energía **2.** [herbe] hierba *f* de segunda siega.

régal, als [ʀegal] nm **1.** [mets] delicia *f* **2.** [plaisir] regalo *m*.

régalade [ʀegalad] ◆ **à la régalade** adv ▸ **boire à la régalade** beber a chorro.

régaler [3] [ʀegale] vt obsequiar con *(una comida)* ▸ **c'est moi qui régale !** ¡invito yo! ◆ **se régaler** vp [manger, s'amuser] : *nous nous sommes régalés* nos ha encantado.

> ⚠ **Regalar** est un faux ami, il ne signifie pas *régaler*, mais « offrir ».

regard [ʀəgaʀ] nm mirada *f* ▸ **soutenir le regard de qqn** sostener la mirada a alguien ▸ **fusiller** ou **foudroyer qqn du regard** fulminar a alguien con la mirada. ◆ **au regard de** loc prép respecto a. ◆ **en regard** loc adv al lado ▸ **mettre deux choses en regard** comparar dos cosas.

regardant, e [ʀəgaʀdɑ̃, ɑ̃t] adj mirado(da) con el dinero ▸ **être très / peu regardant sur qqch** ser muy / poco mirado con algo.

regarder [ʀəgaʀde] ❖ vt **1.** [gén] mirar / *regarde, c'est lui !* ¡mira, es él! / *regarde s'il arrive* mira a ver si viene ▸ **regarder qqch / qqn faire qqch** mirar algo / a alguien hacer algo **2.** [concerner] : *ça ne te regarde pas* eso no es cosa tuya. ❖ vi [faire attention] ▸ **regarder à qqch** mirar algo ▸ **ne pas regarder à qqch** no reparar en algo ▸ **y regarder à deux fois** pensárselo dos veces. ◆ **se regarder** vp mirarse.

regarnir [ʀəgaʀniʀ] vt [coussin] rellenar.

régate [ʀegat] nf regata *f*.

régence [ʀeʒɑ̃s] nf HIST regencia *f*. ◆ **Régence** ❖ adj [style] Regencia *(en apposition)*. ❖ nf HIST ▸ **la Régence** la Regencia de Felipe de Orleáns.

régénérant, e [ʀeʒeneʀɑ̃, ɑ̃t] adj regenerativo(va).

Comment exprimer le refus

- **¡De ninguna manera!** *Certainement pas !*
- **¡Ni hablar!** *(Il n'en est) pas question !*
- **No, lo siento.** *Je regrette, non.*
- **No puedo aceptar sus condiciones.** *Je ne peux pas accepter vos conditions.*
- **¡No iré y punto!** *Je n'irai pas, un point c'est tout* ou *point final !*
- **Me opongo totalmente.** *Je m'y oppose catégoriquement.*
- **¡Ni soñarlo!** ou **¡Ni lo sueñes!** *fam Alors là, tu peux toujours courir !*
- **No me da la gana de hacerlo.** *fam Je ne le ferai pas.*
- **¡Ni hablar del peluquín!** *fam C'est hors de question !*

régénération [reʒeneRasjɔ̃] nf **1.** [d'une cellule, de la peau] regeneración *f* **2.** INFORM [de l'écran] regeneración.

régénérer [reʒeneRe] vt regenerar. ◆ **se régénérer** vp regenerarse.

régent, e [Reʒɑ̃, ɑ̃t] nm, f regente *mf*.

régenter [3] [Reʒɑ̃te] vt *péj* dirigir.

reggae [Rege] adj inv & nm reggae.

régie [Reʒi] nf **1.** [gestion] concesión *f* administrativa ; [entreprise] empresa *f* estatal ▸ **régie des tabacs** compañía *f* arrendataria de tabacos **2.** [de spectacle, de radio, de télévision] servicio *m* de producción ; [local] sala *f* de control.

regimber [3] [Rəʒɛ̃be] vi **1.** [cheval] respingar **2.** *fig* [personne] ▸ **regimber contre** rezongar contra.

régime [Reʒim] nm **1.** [gén] régimen *m* ▸ **régime carcéral** régimen carcelario ▸ **régime de Sécurité sociale** régimen de la Seguridad Social **2.** [alimentaire] régimen *m*, dieta *f* ▸ **se mettre au régime** ponerse a régimen ou dieta ▸ **suivre un régime** seguir un régimen ou una dieta ▸ **régime amincissant** régimen de adelgazamiento **3.** [de bananes, de dattes] racimo *m*. ◆ **Régime** nm ▸ **l'Ancien Régime** el Antiguo Régimen.

régiment [Reʒimɑ̃] nm regimiento *m* ▸ **un régiment de qqch** *fam* & *fig* un regimiento de algo.

région [Reʒjɔ̃] nf **1.** [gén] región *f* ▸ **région parisienne** región parisina **2.** [division administrative] ≃ provincia *f*.

> **Région**
>
> Francia se divide administrativamente en veinteséis regiones, de las cuales veintidós están en la metrópoli. Cada **région** está dividida a su vez en **départements** y gobernada por un **conseil régional** elegido por sufragio universal cada seis años y regido por un presidente.

régional, e, aux [Reʒjɔnal, o] adj regional. ◆ **régionales** nfpl POL *elecciones para nombrar a los miembros de los consejos regionales de Francia*.

régionalisation [Reʒjɔnalizasjɔ̃] nf regionalización *f*.

régionalisme [Reʒjɔnalism] nm regionalismo *m*.

régionaliste [Reʒjɔnalist] adj & nmf regionalista.

régir [32] [ReʒiR] vt regir.

régisseur [ReʒisœR] nm regidor *m*, -ra *f*.

registre [RəʒistR] nm registro *m* ▸ **registre du commerce** registro mercantil ▸ **registres publics d'état civil** ≃ registro civil.

réglable [Reglabl] adj **1.** [adaptable] regulable **2.** [payable] abonable.

réglage [Reglaʒ] nm regulación *f*.

règle [Rɛgl] nf regla *f* ▸ **être de règle** ser obligado(da) ▸ **être / se mettre en règle** estar / ponerse en regla ▸ **règle graduée** regla graduada ▸ **c'est la règle du jeu** son las reglas del juego ▸ **dans les règles de l'art** con todas las de la ley. ◆ **en règle générale** loc adv por regla general. ◆ **règles** nfpl [menstruations] regla *f*.

réglé, e [Regle] adj **1.** [vie] ordenado(da) **2.** [papier] pautado(da). ◆ **réglée** adj f ▸ **être bien réglée** tener un periodo regular.

règlement [Rɛgləmɑ̃] nm **1.** [d'affaire, de conflit] arreglo *m* ▸ **règlement de comptes** ajuste *m* de cuentas ▸ **règlement judiciaire** mandamiento *m* judicial *(actuación judicial que hasta 1985 se aplicaba a los comercios y las empresas en situación de suspensión de pagos)* **2.** [règle] reglamento *m* ▸ **observer le règlement** observar ou respetar el reglamento **3.** [paiement] pago *m*.

réglementaire [Rɛgləmɑ̃tɛR] adj reglamentario(ria).

réglementation [Rɛgləmɑ̃tasjɔ̃] nf reglamentación *f* ▸ **réglementation du commerce / du travail** reglamentación del comercio / del trabajo.

réglementer [3] [Rɛgləmɑ̃te] vt regular.

régler [18] [Regle] vt **1.** [détails, question, problème] arreglar **2.** [mécanisme, machine] regular **3.** [note, commerçant] pagar. ◆ **se régler** vp **1.** [suivre] ▸ **se régler sur qqn** seguir el ejemplo de alguien **2.** [affaire, conflit] arreglarse.

réglette [Reglɛt] nf [petite règle] regla *f* pequeña.

réglisse [Reglis] nf regaliz *m*.

réglo [Reglo] adj inv *fam* legal.

régnant, e [Reɲɑ̃, ɑ̃t] adj reinante.

règne [Rɛɲ] nm reinado *m* ▸ **sous le règne de** bajo el reinado de.

régner [18] [Reɲe] vi reinar.

regonfler [3] [Rəgɔ̃fle] vt **1.** [ballon, pneu] volver a hinchar **2.** *fam* [personne] levantar el ánimo a.

regorger [17] [RəgɔRʒe] vi ▸ **regorger de qqch** rebosar (de) algo.

régresser [4] [RegRese] vi experimentar una regresión.

> ⚠ **Regresar** est un faux ami, il ne signifie pas *régresser*, mais « retourner », « rentrer ».

régressif, ive [RegResif, iv] adj regresivo(va).

régression [RegResjɔ̃] nf regresión *f*.

regret [RəgRɛ] nm **1.** [nostalgie] añoranza *f* ▸ **à regret** a disgusto ▸ **sans regrets** sin (ningún) pesar **2.** [repentir] arrepentimiento *m* ▸ **tous mes regrets** sintiéndolo mucho **3.** [chagrin] pena *f*, tristeza *f* ▸ **nous avons le** ou **nous sommes au regret de vous annoncer** ou **informer que** lamentamos ou sentimos comunicarles / informarles que. *Voir encadré p. 468.*

regrettable [RəgRɛtabl] adj **1.** [incident] lamentable **2.** [dommage] ▸ **c'est regrettable que...** es una pena que....

regretter [4] [RəgRete] vt **1.** [passé] añorar **2.** [se repentir de] arrepentirse de **3.** [déplorer] sentir, lamentar

▸ **regretter que** sentir ou lamentar que / *il regrette que vous n'ayez pas pu vous rencontrer* siente mucho que no os hayáis podido conocer ▸ **regretter de faire qqch** sentir ou lamentar hacer algo.

regroupement [Rəgʀupmɑ̃] nm **1.** [résultat] reagrupación *f* **2.** [action] reagrupamiento *m*.

regrouper [3] [Rəgʀupe] vt agrupar.
◆ **se regrouper** vp agruparse.

régularisation [Regylaʀizasjɔ̃] nf [d'une situation] regularización *f*.

régulariser [3] [Regylaʀize] vt **1.** [situation, documents] regularizar **2.** [circulation, fonctionnement] regular.

régularité [Regylaʀite] nf **1.** [gén] regularidad *f* **2.** [harmonie] proporción *f*.

régulateur, trice [RegylatœR, tʀis] adj regulador(ra).
◆ **régulateur** nm regulador *m*.

régulation [Regylasjɔ̃] nf regulación *f*.

réguler [3] [Regyle] vt regular.

régulier, ère [Regylje, ɛR] adj **1.** [gén] regular **2.** [visage, traits] bien proporcionado(da) **3.** *fam* [honnête] decente.

régulièrement [RegyljɛRmɑ̃] adv **1.** [uniformément, souvent] con regularidad **2.** [légalement] de forma regular.

régurgitation [RegyRʒitasjɔ̃] nf [chez l'homme et l'oiseau] regurgitación *f*.

régurgiter [3] [RegyRʒite] vt **1.** [nourriture] regurgitar **2.** *fig* [leçon, ce qu'on a entendu] vomitar, repetir como un loro.

réhabilitation [Reabilitasjɔ̃] nf rehabilitación *f (de una acusación)*.

réhabiliter [3] [Reabilite] vt rehabilitar.
◆ **se réhabiliter** vp rehabilitarse.

réhabituer [7] [Reabitɥe] vt volver a habituar.
◆ **se réhabituer** vp volver a habituarse.

rehausser [3] [Rəose] vt **1.** [gén] levantar **2.** [mettre en valeur] realzar.

rehausseur [RəosœR] nm elevador *m*.

réhydrater [3] [Reidʀate] vt rehidratar.
◆ **se réhydrater** vp rehidratarse / *pensez à vous réhydrater pendant la course* no olvide rehidratarse durante la carrera.

réimplanter [3] [Reɛ̃plɑ̃te] vt reimplantar.
◆ **se réimplanter** vp reimplantarse.

réimporter [3] [Reɛ̃pɔʀte] vt reimportar.

réimposer [3] [Reɛ̃poze] vt volver a imponer.

réimpression [Reɛ̃pʀɛsjɔ̃] nf reimpresión *f*.

réimprimer [3] [Reɛ̃pʀime] vt reimprimir.

rein [Rɛ̃] nm riñón *m* ▸ **rein artificiel** riñón artificial.
◆ **reins** nmpl riñones *mpl* ▸ **avoir les reins solides** *fam* & *fig* tener el riñón bien cubierto.

réincarnation [Reɛ̃kaʀnasjɔ̃] nf reencarnación *f*.

réincarner [Reɛ̃kaʀne] ◆ **se réincarner** vp reencarnarse.

reine [Rɛn] nf reina *f*.

reine-claude [Rɛnklod] (*pl* **reines-claudes**) nf ciruela *f* claudia.

reinette [Rənɛt] nf reineta *f (manzana)*.

réinitialisation [Reinisjalizasjɔ̃] nf INFORM reinicialización *f*.

réinitialiser [3] [Reinisjalize] vt INFORM reiniciar.

réinscrire [99] [Reɛ̃skʀiʀ] vt ▸ **réinscrire qqn à qqch** a) volver a inscribir a alguien en algo b) [à l'université, à une école] volver a matricular a alguien en algo. ◆ **se réinscrire** vp ▸ **se réinscrire à qqch** a) volver a inscribirse en algo b) [à l'université, à une école] volver a matricularse en algo.

réinsérer [18] [Reɛ̃seʀe] vt reinsertar. ◆ **se réinsérer** vp reinsertarse.

réinsertion [Reɛ̃sɛʀsjɔ̃] nf reinserción *f*.

réinstallation [Reɛ̃stalasjɔ̃] nf reinstalación *f*.

réinstaller [3] [Reɛ̃stale] vt INFORM reinstalar.

réintégration [Reɛ̃tegʀasjɔ̃] nf reintegración *f*.

réintégrer [18] [Reɛ̃tegʀe] vt **1.** [rejoindre] volver a ESP, regresarse a AM **2.** DR reintegrar.

réintroduire [98] [Reɛ̃tʀɔdɥiʀ] vt reintroducir.

réinventer [3] [Reɛ̃vɑ̃te] vt reinventar.

réitérer [18] [Reiteʀe] vt reiterar.

rejaillir [32] [Rəʒajiʀ] vi salpicar ▸ **rejaillir sur qqn** *fig* salpicar a alguien.

rejet [Rəʒɛ] nm **1.** [refus & MÉD] rechazo *m* **2.** BOT retoño *m*.

Comment exprimer des regrets

- **Desgraciadamente, no pudimos llegar a tiempo.** *Malheureusement nous n'avons pas pu arriver à temps.*
- **Lamento mucho que no haya podido venir.** *Je regrette vraiment que vous n'ayez pas pu venir.*
- **Siento mucho no haber podido acompañarte.** *Je suis vraiment désolé(e) de n'avoir pas pu t'accompagner.*
- **Me arrepiento de haber dicho lo que dije.** *Je regrette d'avoir dit ce que j'ai dit.*
- **¡Ojalá le hubiera hablado de ello antes!** *Si seulement je lui en avais parlé plus tôt !*
- **¡(Qué) lástima que no lo haya conocido antes!** *(Quel) dommage que je ne l'aie pas rencontré plus tôt !*
- **¡Y pensar que probablemente no lo volveré a ver nunca más!** *Dire que je ne le reverrai probablement jamais !*

rejeter [27] [ʀəʒte] vt **1.** [balle] volver a lanzar **2.** MÉD [vomir] echar ; [greffe] rechazar **3.** *fig* [faire retomber] ▸ **rejeter qqch sur qqn** hacer recaer algo sobre alguien **4.** [offre, personne] rechazar. ◆ **se rejeter** vp ▸ **se rejeter en arrière** a) echarse hacia atrás b) [dans un fauteuil] echarse.

rejeton [ʀəʒtɔ̃] nm retoño *m*.

rejette ⟶ **rejeter**.

rejoignais ⟶ **rejoindre**.

rejoindre [82] [ʀəʒwɛ̃dʀ] vt **1.** [retrouver] reunirse con **2.** [regagner] volver a, regresar a ESP, regresarse a AM **3.** [s'unir à] unirse a **4.** [concorder avec] confirmar **5.** [rattraper - personne] alcanzar ; [- route, sentier] llegar a. ◆ **se rejoindre** vp **1.** [personnes] reunirse, encontrarse **2.** [routes, chemins] encontrarse **3.** [opinions] coincidir.

rejoint, e [ʀəʒwɛ̃, ɛ̃t] pp ⟶ **rejoindre**.

rejouer [6] [ʀəʒwe] ◆ vt **1.** [match, point] volver a jugar **2.** [pièce de théâtre] volver a representar ; [morceau de musique] volver a tocar / ***il leur a fait rejouer la scène au moins 50 fois*** les ha hecho repetir la escena al menos 50 veces **3.** [carte] volver a tirar. ◆ vi [aux cartes, en sport] volver a jugar, jugar de nuevo ; [dans un jeu d'argent] volver a apostar, apostar de nuevo.

réjoui, e [ʀeʒwi] adj alegre.

réjouir [32] [ʀeʒwiʀ] vt *sout* alegrar. ◆ **se réjouir** vp alegrarse ▸ **se réjouir de qqch** alegrarse de algo.

réjouissance [ʀeʒwisɑ̃s] nf alegría *f*, regocijo *m*. ◆ **réjouissances** nfpl festejos *mpl*, celebraciones *fpl*.

réjouissant, e [ʀeʒwisɑ̃, ɑ̃t] adj [qui fait plaisir] alentador(ra) ; [divertissant] divertido(da).

relâche [ʀəlaʃ] nf descanso *m* ▸ **faire relâche** descansar ▸ **sans relâche** sin descanso.

relâché, e [ʀəlaʃe] adj relajado(da) ; [négligé] descuidado(da).

relâchement [ʀəlaʃmɑ̃] nm relajación *f*, descuido *m*.

relâcher [3] [ʀəlaʃe] vt **1.** [étreinte, attention, efforts] relajar, descuidar ; [muscle] aflojar **2.** [prisonnier, animal] soltar. ◆ **se relâcher** vp **1.** [corde, muscle] aflojarse **2.** [discipline, personne] relajarse, descuidarse.

relaie ⟶ **relayer**.

relais [ʀəlɛ] nm **1.** [auberge] albergue *m* **2.** SPORT relevo *m* ▸ **prendre / passer le relais** *fig* tomar / pasar el testigo **3.** TV repetidor *m* ▸ **par relais satellite** vía satélite.

relance [ʀəlɑ̃s] nf **1.** ÉCON recuperación *f*, reactivación *f* **2.** [au jeu] envite *m*.

relancer [15] [ʀəlɑ̃se] vt **1.** [balle] volver a lanzar **2.** [économie, projet] reactivar **3.** [personne] acosar **4.** [au jeu] hacer un envite a **5.** INFORM reiniciar.

relater [3] [ʀəlate] vt *sout* relatar.

relatif, ive [ʀəlatif, iv] adj relativo(va) ▸ **relatif à qqch** relativo a algo ▸ **tout est relatif** todo es relativo. ◆ **relative** nf GRAM relativa *f*.

relation [ʀəlasjɔ̃] nf relación *f* ▸ **mettre qqn en relation avec qqn** poner en contacto a alguien con alguien. ◆ **relations** nfpl relaciones *fpl* ▸ **avoir des relations** tener relaciones ▸ **relations publiques / internationales / sexuelles** relaciones públicas / internacionales / sexuales.

relationnel, elle [ʀəlasjɔnɛl] adj relacional.

relativement [ʀəlativmɑ̃] adv **1.** [par comparaison] ▸ **relativement à** en relación con **2.** [de façon relative] relativamente.

relativiser [3] [ʀəlativize] vt relativizar.

relativité [ʀəlativite] nf relatividad *f*.

relax, relaxe [ʀəlaks] adj *fam* tranqui.

relaxant, e [ʀəlaksɑ̃, ɑ̃t] adj relajante.

relaxation [ʀəlaksasjɔ̃] nf relajación *f*.

relaxe = **relax**.

relaxer [3] [ʀəlakse] vt **1.** [gén] relajar **2.** [prévenu] poner en libertad. ◆ **se relaxer** vp relajarse.

relayer [11] [ʀəlɛje] vt relevar. ◆ **se relayer** vp turnarse.

relecture [ʀəlɛktyʀ] nf relectura *f*.

reléguer [18] [ʀəlege] vt relegar.

relent [ʀəlɑ̃] nm tufo *m*.

relève [ʀəlɛv] nf relevo *m* ▸ **prendre la relève** coger ou tomar el relevo.

relevé, e [ʀəlve] adj [sauce] picante ESP, picoso(sa) AM. ◆ **relevé** nm [de compteur] lectura *f* ▸ **relevé de compte** extracto *m* de cuenta ▸ **relevé d'identité bancaire** *certificado del banco donde se especifica el número de cuenta, código de sucursal, etc., del cliente.*

relèvement [ʀəlɛvmɑ̃] nm **1.** [de pays] renacimiento *m* **2.** [des impôts] aumento *m* **3.** [d'un mur] elevación *f*.

relever [19] [ʀəlve] ◆ vt **1.** [gén] levantar **2.** [remettre debout] poner de pie **3.** [store, prix, salaire] subir **4.** [cahiers, copies] recoger **5.** CULIN [mettre en valeur] realzar ; [pimenter] sazonar **6.** [adresse, recette] anotar, apuntar ; [erreur] señalar **7.** [compteur] leer **8.** [sentinelle, vigile] relevar ▸ **relever qqn de** [fonctions] relevar a alguien de. ◆ vi **1.** [se rétablir] ▸ **relever de qqch** restablecerse ou recuperarse de algo **2.** [être du domaine] ▸ **relever de qqch** atañer ou concernir a algo. ◆ **se relever** vp **1.** [gén] levantarse ; [après une chute] ponerse de pie ESP, pararse AM **2.** [se rétablir] ▸ **se relever de qqch** restablecerse ou recuperarse de algo.

relief [ʀəljɛf] nm relieve *m* ▸ **mettre qqch en relief** poner algo de relieve. ◆ **reliefs** nmpl *sout* [de repas] sobras *fpl*.

relier [9] [ʀəlje] vt **1.** [livre] encuadernar **2.** [attacher, joindre] unir ▸ **relier qqch à qqch** unir algo a algo **3.** *fig* [associer] relacionar.

relieur, euse [ʀəljœʀ, øz] nm, f encuadernador *m*, -ra *f*.

religieusement [ʀəliʒjøzmɑ̃] adv religiosamente.

religieux, euse [ʀəliʒjø, øz] adj & nm, f religioso(sa). ◆ **religieuse** nf **1.** RELIG religiosa *f* **2.** CULIN ▸ **religieuse au café / au chocolat** pastelillo *m* relleno de crema de café / de chocolate.

religion [Rəliʒjɔ̃] nf religión *f* ▸ **entrer en religion** profesar.

reliquaire [Rəlikɛr] nm relicario *m*.

reliquat [Rəlika] nm saldo *m (de una cuenta)*.

relique [Rəlik] nf *(gén pl)* reliquia *f*.

relire [106] [RəliR] vt releer. ◆ **se relire** vp releer *(lo que uno ha escrito)*.

relis ⟶ **relire**.

relisais ⟶ **relire**.

reliure [RəljyR] nf encuadernación *f*.

relogement [Rəlɔʒmɑ̃] nm alojamiento *m*.

reloger [17] [Rəlɔʒe] vt alojar.

relookage [Rəlukaʒ] nm cambio *m* de look / ***ils ont fait un relookage de leur site*** han hecho un cambio de look a su sitio.

relooker [Rəluke] vt *fam* cambiar el look de.

relou [Rəlu] adj *fam* [idiot] pesado(da) / ***elle est relou, ta blague*** ¡menuda broma pesada! / ***tu deviens relou avec tes questions*** [agaçant] te estás poniendo pesado con tus preguntas.

relu, e [Rəly] pp ⟶ **relire**.

reluire [97] [RəlɥiR] vi relucir ▸ **faire reluire qqch** sacar brillo a algo.

reluisant, e [Rəlɥizɑ̃, ɑ̃t] adj reluciente ▸ **peu** OU **pas très reluisant** *fig* [avenir, acte] poco OU no muy brillante.

reluquer [3] [Rəlyke] vt *fam* echar el ojo a.

relus ⟶ **relire**.

remâcher [3] [Rəmaʃe] vt *fig* [ressasser] rumiar.

remailler [3] [Rəmaje] vt coger los puntos de.

remake [Rimɛk] nm CINÉ nueva versión *f*.

rémanent, e [Remanɑ̃, ɑ̃t] adj remanente.

remaniement [Rəmanimɑ̃] nm remodelación *f* ▸ **remaniement ministériel** reajuste *m* ministerial.

remanier [9] [Rəmanje] vt remodelar.

remarcher [3] [RəmaRʃe] vi **1.** [accidenté, handicapé] volver a caminar OU andar ESP, caminar OU andar ESP de nuevo **2.** [mécanisme, méthode] volver a funcionar, funcionar de nuevo.

remarier [9] [RəmaRje] ◆ **se remarier** vp volver a casarse.

remarquable [RəmaRkabl] adj notable.

remarquablement [RəmaRkabləmɑ̃] adv notablemente.

remarque [RəmaRk] nf observación *f*, comentario *m* ESP, atingencia *f* AM ▸ **faire une remarque à qqn** hacer una observación a alguien.

remarquer [3] [RəmaRke] vt **1.** [noter] notar ▸ **remarquer que** notar que ▸ **se faire remarquer** *péj* hacerse notar **2.** [signaler] señalar. ◆ **se remarquer** vp notarse.

remballer [3] [Rɑ̃bale] vt **1.** [marchandise] volver a embalar **2.** *fam* [personne] despachar.

rembarquer [3] [Rɑ̃baRke] vt reembarcar. ◆ **se rembarquer** vp reembarcarse.

rembarrer [3] [Rɑ̃baRe] vt *fam* cortar.

remblai [Rɑ̃blɛ] nm **1.** [action] terraplenado *m* **2.** [masse de terre] terraplén *m*.

remblayer [3] [Rɑ̃bleje] vt terraplenar.

rembobiner [3] [Rɑ̃bɔbine] vt rebobinar.

rembourrage [Rɑ̃buRaʒ] nm relleno *m*.

rembourré, e [Rɑ̃buRe] adj [siège, vêtement] relleno(na).

rembourrer [3] [Rɑ̃buRe] vt rellenar.

remboursable [Rɑ̃buRsabl] adj reembolsable.

remboursement [Rɑ̃buRsəmɑ̃] nm reembolso *m*.

rembourser [3] [Rɑ̃buRse] vt **1.** [dette] pagar ; [montant] reembolsar **2.** [personne] pagar a, devolver el dinero a ▸ **rembourser qqn de qqch** reembolsar algo a alguien ▸ **se faire rembourser** : ***je me suis fait rembourser mes frais de voyage*** me han reembolsado los gastos de viaje.

rembrunir [32] [Rɑ̃bRyniR] ◆ **se rembrunir** vp ensombrecerse *(entristecerse)*.

remède [Rəmɛd] nm remedio *m*.

remédier [9] [Rəmedje] vi ▸ **remédier à qqch** remediar algo.

remembrement [Rəmɑ̃bRəmɑ̃] nm concentración *f* parcelaria.

remémorer [3] [RəmemɔRe] ◆ **se remémorer** vp *sout* recordar.

remerciement [RəmɛRsimɑ̃] nm agradecimiento *m* ▸ **avec tous mes remerciements** con todo mi agradecimiento.

remercier [9] [RəmɛRsje] vt **1.** [exprimer sa gratitude à] dar las gracias a, agradecer ▸ **remercier qqn de** OU **pour qqch** agradecer a alguien algo, dar las gracias a alguien por algo ▸ **non, je vous remercie** no, gracias **2.** [employé] despedir ESP, cesantear AM.

remets ⟶ **remettre**.

remettre [84] [RəmɛtR] vt **1.** [replacer] volver a poner **2.** [vêtement, accessoire] volver a ponerse **3.** [ordre] restablecer ; [lumière] volver a encender **4.** [donner] ▸ **remettre qqch à qqn** entregar algo a alguien **5.** [réunion, rendez-vous] ▸ **remettre qqch (à plus tard)** aplazar algo (hasta más tarde) **6.** *fam* [reconnaître] situar. ◆ **se remettre** vp **1.** [recommencer] ▸ **se remettre à qqch / à faire qqch** volver a algo / a hacer algo **2.** [se rétablir] ▸ **se remettre (de qqch)** reponerse (de algo) **3.** [faire confiance] / ***je m'en remets à toi*** cuento contigo.

rémige [Remiʒ] nf remera *f*.

réminiscence [Reminisɑ̃s] nf *sout* reminiscencia *f*.

remis, e [Rəmi, iz] pp ⟶ **remettre**.

remise [Rəmiz] nf **1.** [réduction] rebaja *f* ▸ **remise de peine** remisión *f* de condena **2.** [de lettre, de colis] entrega *f* **3.** [action de remettre] ▸ **remise en état** revisión *f* ▸ **remise en jeu** saque *m* ▸ **remise en question** OU **cause**

replanteamiento *m* **4.** [hangar] cobertizo *m* ESP, galpón *m* AM.

remiser [3] [Rəmize] vt guardar.

rémission [Remisjɔ̃] nf remisión *f* ▸ **sans rémission a)** [condamner] irrevocablemente **b)** [pleuvoir, etc.] sin cesar.

remix [Rəmiks] nm MUS remix *m*, remezcla *f*.

remixé [Rəmikse] adj [morceau, version] remix, remezclado(a).

remixer [Rəmikse] vt remezclar.

remmener [19] [Rɑ̃mne] vt volver a llevar.

remodeler [25] [Rəmɔdle] vt remodelar.

rémois, e [Remwa, az] adj remense.
◆ **Rémois, e** nm, f remense *mf*.

remontant, e [Rəmɔ̃tɑ̃, ɑ̃t] adj [boisson, climat] estimulante. ◆ **remontant** nm estimulante *m*.

remontée [Rəmɔ̃te] nf **1.** [gén] subida *f* **2.** SPORT ascenso *m* ▸ **remontées mécaniques** remontes *mpl* (mecánicos).

remonte-pente [Rəmɔ̃tpɑ̃t] (*pl* **remonte-pentes**) nm telearrastre *m*.

remonter [3] [Rəmɔ̃te] ◈ vt **1.** [escalier, étage, objet] volver a subir **2.** [meuble, machine] volver a montar **3.** [relever - vitre, store] subir ; [- col, chaussettes] subirse **4.** [refaire - groupe, équipe] rehacer ; [- garde-robe, ménage] renovar **5.** [horloge, montre] dar cuerda a **6.** [malade, déprimé] reanimar. ◈ vi **1.** [gén] subir **2.** [dater] remontarse ▸ **remonter à** remontarse a.

remontoir [Rəmɔ̃twaR] nm cuerda *f*.

remontrance [Rəmɔ̃tRɑ̃s] nf reprimenda *f*.

remontrer [3] [Rəmɔ̃tRe] vt volver a mostrar, volver a enseñar.

remords [RəmɔR] nm inv remordimiento *m* / ***il est bourrelé de remords*** lo atormentan los remordimientos.

remorque [RəmɔRk] nf remolque *m*.

remorquer [3] [RəmɔRke] vt remolcar.

remorqueur [RəmɔRkœR] nm remolcador *m*.

rémoulade [Remulad] nf CULIN *salsa mayonesa mezclada con mostaza, pepinillos, alcaparras y finas hierbas*.

rémouleur [RemulœR] nm afilador *m*.

remous [Rəmu] nm **1.** [tourbillon] remolino *m* **2.** *fig* [bouleversement] agitación *f*.

rempailler [3] [Rɑ̃paje] vt remozar la paja de.

rempart [Rɑ̃paR] nm (*gén pl*) muralla *f*.

rempiler [3] [Rɑ̃pile] ◈ vt volver a apilar.
◈ vi *fam* reengancharse.

remplaçable [Rɑ̃plasabl] adj remplazable, reemplazable.

remplaçant, e [Rɑ̃plasɑ̃, ɑ̃t] nm, f sustituto *m*, -ta *f*.

remplacement [Rɑ̃plasmɑ̃] nm sustitución *f* ▸ **faire un remplacement / des remplacements** hacer una sustitución / sustituciones.

remplacer [16] [Rɑ̃plase] vt **1.** [gén] sustituir ▸ **remplacer qqch / qqn (par)** sustituir algo / a alguien (por) **2.** [renouveler] reemplazar, remplazar.

rempli, e [Rɑ̃pli] adj [journée] ocupado(da) ▸ **rempli de** lleno de.

remplir [32] [Rɑ̃pliR] vt **1.** [gén] llenar ▸ **remplir qqch de qqch** llenar algo de algo ▸ **remplir qqn de qqch** [joie, colère, etc.] llenar a alguien de algo **2.** [questionnaire] rellenar, completar **3.** [fonction, promesse, condition] cumplir (con). ◆ **se remplir** vp llenarse.

remplissage [Rɑ̃plisaʒ] nm **1.** [d'un récipient] llenado *m* **2.** *fig & péj* [d'un texte] ▸ **faire du remplissage** meter paja.

remploi [Rɑ̃plwa], **réemploi** [Reɑ̃plwa] nm reutilización *f* ; [de fonds] reinversión *f* ; [de personnel] nueva contratación *f*.

remployer [13] [Rɑ̃plwaje], **réemployer** [Reɑ̃plwaje] vt reutilizar ; [fonds] reinvertir ; [personnel] contratar de nuevo.

remplumer [3] [Rɑ̃plyme] ◆ **se remplumer** vp *fam* [grossir] volver a echar carnes ; [financièrement] recuperarse.

rempocher [3] [Rɑ̃pɔʃe] vt volver a embolsar.

remporter [3] [Rɑ̃pɔRte] vt [prix, coupe] ganar, llevarse ; [succès, victoire] conseguir.

rempoter [3] [Rɑ̃pɔte] vt trasplantar a otra maceta.

remuant, e [Rəmɥɑ̃, ɑ̃t] adj inquieto(ta).

remue-ménage [Rəmymenaʒ] nm inv trajín *m*.

Comment exprimer des remerciements

Dire merci

- **(Muchas) gracias.** *Merci (beaucoup).*
- **Mil gracias.** *Merci mille fois* ou *infiniment.*
- **Gracias, es muy amable de su parte.** *Merci, c'est très gentil à vous.*
- **No sé cómo agradecerles.** *Je ne sais comment vous remercier.*
- **Le agradezco por su ayuda.** *Je vous remercie pour votre aide.*
- **Quiero agradecerle por haberme dado ánimos.** *Je voulais vous remercier de m'avoir encouragé.*

Répondre à des remerciements

- **De nada.** *De rien.* ou *Je t'en prie /Je vous en prie.*
- **No hay de que.** *Il n'y a pas de quoi.*
- **El gusto es mío.** *Tout le plaisir est pour moi.*
- **De nada, ya sabe…** *Oh de rien, n'hésitez pas…*

remue-méninges [ʀəmymenɛ̃ʒ] nm inv tormenta *f* ou lluvia *f* de ideas *f*.

remuer [7] [ʀəmɥe] vt **1.** [meuble, bras, jambes] mover **2.** [terre, café, salade] remover **3.** [émouvoir] afectar. vi **1.** [gesticuler] moverse **2.** [bouger] mover. ◆ **se remuer** vp moverse.

rémunérateur, trice [ʀemyneʀatœʀ, tʀis] adj remunerador(ra).

rémunération [ʀemyneʀasjɔ̃] nf remuneración *f*.

rémunérer [18] [ʀemyneʀe] vt remunerar.

renâcler [3] [ʀənakle] vi refunfuñar ▸ **renâcler devant ou à qqch** refunfuñar ante ou por algo.

renaissance [ʀənɛsɑ̃s] nf renacimiento *m*. ◆ **Renaissance** nf ▸ **la Renaissance** HIST el Renacimiento.

renaître [92] [ʀənɛtʀ] vi renacer ▸ **renaître à qqch** *sout* renacer a algo.

rénal, e, aux [ʀenal, o] adj renal.

renard, e [ʀənaʀ, aʀd] nm, f zorro *m*, -rra *f*.

renardeau [ʀənaʀdo] nm cría *f* de zorra.

rencard = **rancard**.

renchérir [32] [ʀɑ̃ʃeʀiʀ] vi **1.** [surenchérir] ▸ **renchérir sur qqch** encarecer algo **2.** *sout* [prix] encarecerse.

renchérissement [ʀɑ̃ʃeʀismɑ̃] nm encarecimiento *m*.

rencontre [ʀɑ̃kɔ̃tʀ] nf encuentro *m* ▸ **aller / marcher / venir à la rencontre de qqn** ir / andar / venir al encuentro de alguien.

rencontrer [3] [ʀɑ̃kɔ̃tʀe] vt **1.** [par hasard] encontrarse con, encontrar **2.** [avoir rendez-vous avec] reunirse con **3.** [faire la connaissance de] conocer **4.** [heurter] dar contra ; *fig* [obstacle, opposition] tropezar con. ◆ **se rencontrer** vp **1.** [par hasard] encontrarse **2.** [se réunir] reunirse **3.** [faire connaissance] conocerse **4.** [regards, opinions] coincidir.

rendement [ʀɑ̃dmɑ̃] nm rendimiento *m*.

rendez-vous [ʀɑ̃devu] nm inv **1.** [rencontre - entre amis, amoureux] cita *f* ; [- chez le coiffeur, le médecin] hora *f* / *j'ai rendez-vous chez le dentiste* tengo hora con el dentista ▸ **prendre rendez-vous** pedir hora **2.** [lieu] lugar *m* de encuentro ▸ **se donner rendez-vous** : *on s'est donné rendez-vous devant le cinéma* hemos quedado delante del cine.

rendormir [36] [ʀɑ̃dɔʀmiʀ] vt volver a dormir. ◆ **se rendormir** vp volver a dormirse.

rendosser [ʀɑ̃dose] vt [un vêtement] volver a ponerse.

rendre [73] [ʀɑ̃dʀ] vt **1.** [restituer, donner en retour] ▸ **rendre qqch à qqn** a) devolver algo a alguien b) [honneurs, hommage] rendir algo a alguien / *il la méprise mais elle le lui rend bien* él no la soporta pero ella tampoco se queda corta **2.** DR pronunciar **3.** *(+ adj)* [faire devenir] volver / *rendre heureux* hacer feliz / *il me rendra folle* va a volverme loca **4.** [exprimer, reproduire] reflejar **5.** [produire] aportar **6.** [vomir] devolver **7.** MIL [céder] rendir. vi **1.** [produire] rendir **2.** [vomir] devolver. ◆ **se rendre** vp **1.** [obéir, capituler] rendirse **2.** [aller] ▸ **se rendre à** a) acudir a b) [à l'étranger] irse a **3.** *(+ adj)* [se faire tel] hacerse ▸ **se rendre malade** ponerse enfermo(ma) ▸ **se rendre utile** hacer algo útil **4.** EXPR **se rendre compte de/que** darse cuenta de/de que.

rêne [ʀɛn] nf *(gén pl)* rienda *f*.

renégat, e [ʀənega, at] nm, f *sout* renegado *m*, -da *f*.

renégociation [ʀənegɔsjasjɔ̃] nf [d'un contrat, d'une dette] renegociación *f*.

renégocier [9] [ʀənegɔsje] vt renegociar.

reneiger [23] [ʀəneʒe] vi volver a nevar.

renfermé, e [ʀɑ̃fɛʀme] adj cerrado(da). ◆ **renfermé** nm ▸ **ça sent le renfermé** huele a cerrado.

renfermer [3] [ʀɑ̃fɛʀme] vt **1.** [contenir] encerrar **2.** [secret] esconder. ◆ **se renfermer** vp [s'isoler] encerrarse.

renfiler [3] [ʀɑ̃file] vt **1.** [perles] volver a ensartar **2.** [aiguille] volver a enhebrar **3.** [vêtement] volver a ponerse.

renflé, e [ʀɑ̃fle] adj hinchado(da).

renflement [ʀɑ̃fləmɑ̃] nm hinchazón *f* ; [de colonne] éntasis *f inv*.

renflouer [ʀɑ̃flue] vt **1.** [bateau] desencallar **2.** *fig* [entreprise, personne] sacar a flote. ◆ **se renflouer** vp *fam* llenar las arcas.

renfoncement [ʀɑ̃fɔ̃smɑ̃] nm hueco *m*.

renfoncer [16] [ʀɑ̃fɔ̃se] vt apretar ; [clou] rematar.

renforcement [ʀɑ̃fɔʀsəmɑ̃] nm [d'une poutre, d'une équipe, de la sécurité] refuerzo *m*.

Comment fixer un rendez-vous

- **¿Y si quedamos la semana que viene?** *On pourrait se voir la semaine prochaine ?*
- **¿Estás libre mañana al mediodía para almorzar juntos?** *Tu es libre demain midi pour que nous déjeunions ensemble ?*
- **Tenemos cita con el agente inmobiliario delante del edificio.** *Nous avons rendez-vous avec l'agent immobilier devant l'immeuble.*
- **Quedamos a la entrada del parque, ¿vale?** *On se retrouve à l'entrée du parc, d'accord ?*
- **¿Le va bien el martes a las diez y media?** *Mardi 10h30, ça vous va ?*
- **Digamos mañana a las ocho y media delante del cine.** *Disons demain 20h30 devant le cinéma.*
- **Pasaré a recogerte a tu casa a las ocho.** *Je passerai te prendre chez toi à 8 heures.*

renforcer [16] [ʀɑ̃fɔʀse] vt **1.** [mur, équipe, armée] reforzar **2.** [paix, soupçon] fortalecer **3.** [couleur, expression, politique] intensificar.

renfort [ʀɑ̃fɔʀ] nm MIL & TECHNOL refuerzo *m* ▸ **en renfort** de refuerzo ▸ **à grand renfort de qqch** *fig* con gran cantidad de algo.

renfrogné, e [ʀɑ̃fʀɔɲe] adj enfurruñado(da).

renfrogner [3] [ʀɑ̃fʀɔɲe] ◆ **se renfrogner** vp enfurruñarse.

rengager [17] [ʀɑ̃gaʒe], **réengager** [ʀeɑ̃gaʒe] ◈ vt **1.** MIL reenganchar **2.** [réembaucher] volver a contratar. ◈ vi MIL reengancharse. ◆ **se rengager** vp MIL reengancharse.

rengaine [ʀɑ̃gɛn] nf **1.** [formule répétée] ▸ **toujours la même rengaine !** ¡siempre la misma canción! **2.** [refrain populaire] cancioncilla *f*.

rengainer [4] [ʀɑ̃gɛne] vt **1.** [arme] (volver a) enfundar **2.** *fam* & *fig* [paroles] tragarse.

rengorger [17] [ʀɑ̃gɔʀʒe] ◆ **se rengorger** vp pavonearse.

reniement [ʀənimɑ̃] nm negación *f*.

renier [9] [ʀənje] vt renegar de.

reniflement [ʀənifləmɑ̃] nm : *entre deux reniflements* [répondre, raconter, demander] sorbiéndose los mocos.

renifler [3] [ʀənifle] ◈ vi sorberse los mocos. ◈ vt olfatear.

renne [ʀɛn] nm reno *m*.

renom [ʀənɔ̃] nm renombre *m* ▸ **de grand renom** de gran renombre.

renommé, e [ʀənɔme] adj reputado(da) ▸ **renommé pour qqch** reputado por algo. ◆ **renommée** nf renombre *m*.

renommer [3] [ʀənɔme] vt INFORM cambiar el nombre a.

renoncement [ʀənɔ̃smɑ̃] nm renuncia *f* ▸ **renoncement à qqch** renuncia a algo.

renoncer [16] [ʀənɔ̃se] ◈ vt renunciar ▸ **renoncer à qqch / à faire qqch** renunciar a algo/a hacer algo. ◈ vi renunciar.

renonciation [ʀənɔ̃sjasjɔ̃] nf renuncia *f*.

renoncule [ʀənɔ̃kyl] nf ranúnculo *m*.

renouer [6] [ʀənwe] ◈ vt **1.** [cravate, lacet] volver a anudar **2.** [conversation, liaison] reanudar. ◈ vi ▸ **renouer avec qqch** restablecer algo ▸ **renouer avec qqn** reconciliarse con alguien.

renouveau, x [ʀənuvo] nm **1.** [transformation] renovación *f* **2.** [regain] rebrote *m*.

renouvelable [ʀənuvlabl] adj renovable.

renouveler [24] [ʀənuvle] vt **1.** [gén] renovar **2.** [demande] reiterar. ◆ **se renouveler** vp **1.** [gén] renovarse **2.** [recommencer] repetirse.

renouvelle ⟶ **renouveler**.

renouvellement [ʀənuvɛlmɑ̃] nm renovación *f*.

rénovateur, trice [ʀenɔvatœʀ, tʀis] adj & nm, f renovador *m*, -ra *f*.

rénovation [ʀenɔvasjɔ̃] nf **1.** [remise à neuf - d'un immeuble, d'un quartier] rehabilitación *f*; [- d'un appartement, d'une salle de bains] reforma *f* **2.** [d'une doctrine, de méthodes, d'une institution] renovación *f*.

rénové, e [ʀenɔve] adj [quartier, bâtiment] rehabilitado(da).

rénover [3] [ʀenɔve] vt **1.** [remettre à neuf - quartier, bâtiment] rehabilitar / *la façade a été rénovée* la fachada ha sido rehabilitada ; [appartement, salle de bains] reformar **2.** [doctrine, institution] reformar.

renseignement [ʀɑ̃sɛɲəmɑ̃] nm información *f* ▸ **demander un renseignement** informarse.
◆ **renseignements** nmpl **1.** [service d'information] información *f* ▸ **appeler les renseignements** llamar a información **2.** [espionnage] servicios *mpl* secretos ▸ **les Renseignements généraux** *servicios secretos de la policía francesa*.

renseigner [4] [ʀɑ̃seɲe] vt informar ▸ **renseigner qqn sur qqch** informar a alguien sobre algo. ◆ **se renseigner** vp informarse ▸ **se renseigner sur qqch / sur qqn** informarse sobre algo/sobre alguien.

rentabiliser [3] [ʀɑ̃tabilize] vt rentabilizar.

rentabilité [ʀɑ̃tabilite] nf rentabilidad *f* ▸ **seuil de rentabilité** punto *m* de equilibrio.

rentable [ʀɑ̃tabl] adj **1.** ÉCON rentable **2.** *fam* [payant] productivo(va).

rente [ʀɑ̃t] nf **1.** [gén] renta *f* ▸ **vivre de ses rentes** vivir de renta ▸ **rente viagère** pensión *f* vitalicia **2.** [emprunt d'État] renta *f* de la deuda pública.

rentier, ère [ʀɑ̃tje, ɛʀ] nm, f rentista *mf*.

rentre-dedans [ʀɑ̃tʀədədɑ̃] nm inv ▸ **faire du rentre-dedans à qqn** *fam* tirar los tejos a alguien.

rentrée [ʀɑ̃tʀe] nf **1.** [reprise des activités] reanudación *f* ▸ **la rentrée des classes** la vuelta al colegio ▸ **la rentrée parlementaire** la reanudación de las tareas parlamentarias **2.** [retour à la scène] reaparición *f* ▸ **faire sa rentrée** *fig* hacer su reaparición **3.** [mise à l'abri] recogida *f* **4.** COMM [recette] entrada *f*.

La rentrée

En Francia, la primera semana de septiembre, cuando los niños regresan a la escuela, tiene un significado cultural considerable. Se trata del momento en que las actividades políticas y comerciales retoman su curso tras la larga interrupción estival, **les grandes vacances**.

rentrer [3] [rɑ̃tʀe] ◆ vi **1.** [entrer, pénétrer, être perçu] entrar ▸ **rentrer dans qqch** a) [s'emboîter dans] entrar dentro de algo b) [être compris dans] entrar en algo **2.** [revenir] ▸ **rentrer (à / de)** volver (a/de) ▸ **rentrer (chez soi)** volver (a su casa) **3.** [élève] reanudar las clases ; [employé] volver a trabajar ; [tribunal] reanudar las sesiones **4.** [voiture] ▸ **rentrer dans qqch / dans qqn** estrellarse contra algo/contra alguien ▸ **je vais lui rentrer dedans** *fam* voy a echarle una bronca. ◆ vt **1.** [mettre à l'abri] entrar ; [foins] recoger **2.** [griffes] meter **3.** [larmes, colère] tragarse.

renverrai ⟶ **renvoyer**.

renversant, e [rɑ̃vɛʀsɑ̃, ɑ̃t] adj asombroso(sa).

renverse [rɑ̃vɛʀs] ◆ **à la renverse** loc adv de espaldas.

renversé, e [rɑ̃vɛʀse] adj **1.** [à l'envers, tombé] volcado(da) **2.** [incliné en arrière] hacia atrás **3.** [stupéfait] asombrado(da).

renversement [rɑ̃vɛʀsəmɑ̃] nm **1.** [action de mettre à l'envers, changement complet] inversión *f* **2.** [de régime] derrocamiento *m*.

renverser [3] [rɑ̃vɛʀse] vt **1.** [mettre à l'envers, inverser] invertir **2.** [faire tomber - objet] volcar ESP, voltear AM ; [- piéton] atropellar ▸ **se faire renverser** ser atropellado(da) / *il s'est fait renverser par un motard* le ha atropellado un motorista ; [liquide] derramar **3.** [éliminer - ordre établi] derribar ESP, voltear AM ; [- personne] destituir ; [- régime] derrocar **4.** [tête] echar hacia atrás **5.** [étonner] asombrar. ◆ **se renverser** vp **1.** [se pencher en arrière] echarse hacia atrás **2.** [objet] volcar ESP, voltearse AM **3.** [liquide] derramarse.

renvoi [rɑ̃vwa] nm **1.** [licenciement] despido *m* ▸ **notifier à qqn son renvoi** notificar a alguien su despido **2.** [à l'expéditeur] devolución *f* **3.** [ajournement] aplazamiento *m* **4.** [référence] llamada *f* **5.** [éructation] ▸ **il a eu des renvois** se le ha repetido.

renvoie ⟶ **renvoyer**.

renvoyer [30] [rɑ̃vwaje] vt **1.** [faire retourner] hacer volver **2.** [employé] despedir ESP, cesantear AM **3.** [paquet, balle] devolver **4.** [lumière] reflejar **5.** [procès] aplazar **6.** [référer] ▸ **renvoyer à qqch / à qqn** remitir a algo/a alguien.

réorganisation [ʀeɔʀganizasjɔ̃] nf reorganización *f*.

réorganiser [3] [ʀeɔʀganize] vt reorganizar. ◆ **se réorganiser** vp reorganizarse.

réorienter [3] [ʀeɔʀjɑ̃te] vt reorientar. ◆ **se réorienter** vp reorientarse.

réouverture [ʀeuvɛʀtyʀ] nf reapertura *f*.

repaginer [3] [ʀəpaʒine] vt INFORM repaginar.

repaire [ʀəpɛʀ] nm guarida *f*.

repaître [91] [ʀəpɛtʀ] vt *sout* ▸ **repaître ses yeux de qqch** deleitar sus ojos con algo. ◆ **se repaître** vp *sout* ▸ **se repaître de qqch** saciarse de algo.

répandis ⟶ **répandre**.

répandre [74] [ʀepɑ̃dʀ] vt **1.** [liquide, larmes] derramar ; [graines, substance] esparcir **2.** [odeur, chaleur] despedir ; [bienfaits] prodigar **3.** [panique, effroi, terreur] sembrar **4.** [mode, doctrine, nouvelle] difundir. ◆ **se répandre** vp **1.** [liquide] derramarse **2.** [se diffuser - odeur, graines] esparcirse ; [- chaleur] difundirse ; [- mode, bruit, maladie] propagarse **3.** [personne] ▸ **se répandre en** [excuses, compliments] llenar de.

répands ⟶ **répandre**.

répandu, e [ʀepɑ̃dy] ◆ adj extendido(da) / *c'est un point de vue très répandu* es una opinión muy extendida. ◆ pp ⟶ **répandre**.

réparable [ʀepaʀabl] adj reparable.

reparais ⟶ **reparaître**.

reparaissais ⟶ **reparaître**.

reparaître [91] [ʀəpaʀɛtʀ] vi reaparecer.

réparateur, trice [ʀepaʀatœʀ, tʀis] adj & nm, f reparador(ra).

réparation [ʀepaʀasjɔ̃] nf **1.** [gén] reparación *f* **2.** SPORT [au football] ▸ **surface de réparation** área *f* (de castigo).

réparer [3] [ʀepaʀe] vt arreglar, reparar ESP, refaccionar AM.

reparler [3] [ʀəpaʀle] vi **1.** [d'un sujet] ▸ **reparler de qqch / de qqn** volver a hablar de algo/de alguien **2.** [reprendre contact] ▸ **reparler à qqn** volver a hablar a alguien. ◆ **se reparler** vp volver a hablarse.

repartie [ʀəpaʀti, ʀepaʀti] nf réplica *f* ▸ **avoir de la repartie** tener respuesta para todo.

repartir [43] [ʀəpaʀtiʀ] vi **1.** [retourner] volver ESP, regresarse AM ; [partir de nouveau] volver a salir ; *fig* [recommencer] volver a empezar **2.** *sout* [répliquer] replicar.

répartir [32] [ʀepaʀtiʀ] vt **1.** [gén] repartir, distribuir **2.** [somme] repartir. ◆ **se répartir** vp repartirse.

répartition [ʀepaʀtisjɔ̃] nf **1.** [partage] reparto *m* **2.** [dans un espace] distribución *f*.

reparu, e [ʀəpaʀy] pp ⟶ **reparaître**.

reparus ⟶ **reparaître**.

repas [ʀəpa] nm comida *f* ▸ **prendre son repas** comer ▸ **repas d'affaires** comida de negocios.

repassage [ʀəpasaʒ] nm planchado *m*.

repasser [3] [ʀəpase] ◆ vi **1.** [passer à nouveau] volver a pasar **2.** [film] volver a emitirse. ◆ vt **1.** [linge] planchar **2.** [leçon] repasar **3.** [examen] volver a pasar.

> ⚠ **Repasar** est un faux ami, il ne signifie pas *repasser*, mais « réviser », « revoir ».

repasseuse [ʀəpasøz] nf **1.** [ouvrière] planchadora *f* **2.** [machine] máquina *f* de planchar.

repayer [ʀəpeje] vt volver a pagar.

repêchage [ʀəpeʃaʒ] nm **1.** [hors de l'eau] rescate *m* **2.** *fig* [rattrapage] repesca *f*.

repêcher [4] [Rəpeʃe] vt **1.** [retirer de l'eau] rescatar **2.** *fig* [élève, candidat] repescar.

repeignais ⟶ **repeindre**.

repeindre [81] [Rəpɛ̃dR] vt repintar.

repeins ⟶ **repeindre**.

repeint, e [Rəpɛ̃, ɛ̃t] pp ⟶ **repeindre**.

repenser [3] [Rəpɑ̃se] vt replantearse.

repentir [37] [Rəpɑ̃tiR] nm arrepentimiento *m*. ◆ **se repentir** vp arrepentirse ▸ **se repentir de qqch / d'avoir fait qqch** arrepentirse de algo / de haber hecho algo.

repérable [RəpeRabl] adj localizable.

repérage [RəpeRaʒ] nm localización *f*.

répercussion [RepɛRkysjɔ̃] nf repercusión *f* ▸ **répercussion de qqch sur qqch** repercusión de algo en algo.

répercuter [3] [RepɛRkyte] vt **1.** [son, taxe] repercutir ▸ **répercuter qqch sur qqch** FIN repercutir algo en algo **2.** [ordre] transmitir. ◆ **se répercuter** vp repercutir ▸ **se répercuter sur qqch** repercutir en algo.

reperdre [77] [RəpɛRdR] vt volver a perder, perder de nuevo.

repère [RəpɛR] nm referencia *f*.

repérer [18] [RəpeRe] vt **1.** [situer] señalar **2.** [sous-marin, bateau] localizar **3.** *fam* [apercevoir, remarquer] localizar ▸ **on va se faire repérer** nos van a calar. ◆ **se repérer** vp *fam* [trouver son chemin] orientarse.

répertoire [RepɛRtwaR] nm **1.** [gén] repertorio *m* **2.** [agenda] agenda *f* **3.** INFORM directorio *m*.

répertorier [9] [RepɛRtɔRje] vt inscribir en un repertorio.

répéter [18] [Repete] vt **1.** [gén] repetir ▸ **répéter que** repetir que / *je ne te le répéterai pas deux fois* no pienso repetirlo (dos veces) **2.** THÉÂTRE ensayar. ◆ **se répéter** vp repetirse.

répétitif, ive [Repetitif, iv] adj repetitivo(va).

répétition [Repetisjɔ̃] nf **1.** [gén] repetición *f* **2.** THÉÂTRE ensayo *m* ▸ **répétition générale** ensayo general.

repeuplement [Rəpœpləmɑ̃] nm [d'un pays, d'un étang] repoblación *f*; [d'une forêt] repoblación *f*, reforestación *f*.

repeupler [5] [Rəpœple] vt **1.** [gén] repoblar **2.** [forêt] reforestar.

repiquage [Rəpikaʒ] nm **1.** [plantation] trasplante *m* **2.** [enregistrement] nueva grabación *f*.

repiquer [3] [Rəpike] vt **1.** [replanter] trasplantar **2.** [copier] volver a grabar **3.** *fam* [recommencer] ▸ **repiquer à qqch** volver a algo **4.** *arg* SCOL [redoubler] repetir.

répit [Repi] nm respiro *m* ▸ **sans répit** sin parar.

replacer [16] [Rəplase] vt **1.** [situer] situar **2.** [remettre en place] volver a colocar. ◆ **se replacer** vp [se resituer] situarse ; [se remettre en place] volver a su posición.

replanter [3] [Rəplɑ̃te] vt replantar.

replat [Rəpla] nm rellano *m*.

replâtrer [3] [RəplatRe] vt **1.** [mur, fissure] parchear, revocar **2.** *fam* [couple, amitié] poner parches a.

replet, ète [Rəplɛ, ɛt] adj rechoncho(cha).

repli [Rəpli] nm **1.** [gén] repliegue *m* **2.** *(gén pl) sout* [partie dissimulée] recoveco *m*.

replier [10] [Rəplije] vt **1.** [plier de nouveau] volver a doblar **2.** [ailes & MIL] replegar. ◆ **se replier** vp **1.** [se plier] doblarse **2.** *fig* [se renfermer & MIL] replegarse.

réplique [Replik] nf **1.** [gén] réplica *f* ▸ **sans réplique** sin rechistar **2.** THÉÂTRE entrada *f* ▸ **donner la réplique à qqn** dar la entrada a alguien.

répliquer [3] [Replike] ❖ vt replicar ▸ **répliquer qqch à qqn** replicar algo a alguien. ❖ vi replicar ▸ **répliquer à qqch** replicar a algo.

replonger [17] [Rəplɔ̃ʒe] ❖ vt ▸ **replonger qqch / qqn dans qqch** a) volver a sumergir algo / a alguien en algo b) *fig* volver a sumir algo / a alguien en algo. ❖ vi volver a sumergirse. ◆ **se replonger** vp ▸ **se replonger dans qqch** *fig* [dans un livre, etc.] volver a sumirse en algo.

répondant, e [Repɔ̃dɑ̃, ɑ̃t] nm, f fiador *m*, -ra *f*. ◆ **répondant** nm *fam* ▸ **avoir du répondant** tener con qué responder.

répondeur [Repɔ̃dœR] nm contestador *m* ▸ **répondeur automatique** OU **téléphonique** contestador automático ▸ **répondeur interrogeable à distance** contestador interrogable a distancia.

répondeur-enregistreur [Repɔ̃dœRɑ̃Rəʒistrœr] (*pl* **répondeurs-enregistreurs**) nm contestador *m* automático.

répondis ⟶ **répondre**.

répondre [75] [Repɔ̃dR] ❖ vi contestar, responder ▸ **répondre à qqch** [faire écho, correspondre] responder a algo ▸ **répondre à qqch / à qqn** contestar OU responder (a) algo / a alguien ▸ **répondre à qqch (par qqch)** responder a algo (con algo) ▸ **répondre de qqch / de qqn** responder de OU por algo / de OU por alguien. ❖ vt contestar, responder ▸ **répondre qqch à qqch** contestar OU respondercon algo a algo ▸ **répondre qqch à qqn** contestar OU responder algo a alguien ▸ **répondre à qqn que / de faire qqch** contestar OU responder a alguien que / que haga algo.

réponds ⟶ **répondre**.

répondu, e [Repɔ̃dy] pp ⟶ **répondre**.

réponse [Repɔ̃s] nf **1.** [action de répondre] respuesta *f*, contestación *f* ▸ **en réponse à votre lettre...** en respuesta a su carta... **2.** [solution, réaction] respuesta *f* **3.** [réfutation, riposte] réplica *f*.

report [RəpɔR] nm **1.** [d'un rendez-vous, d'une réunion] aplazamiento *m* **2.** [d'écritures] transcripción *f*.

reportage [RəpɔRtaʒ] nm reportaje *m* ESP, reporte *m* AM.

reporter[1] [RəpɔRtɛR] nm reportero *m*, -ra *f* ▸ **grand reporter** gran reportero(ra).

reporter² [3] [RəpɔRte] vt **1.** [rapporter] volver a llevar **2.** [réunion, céremonie] aplazar ▸ **reporter qqch à** aplazar algo hasta **3.** [recopier, transférer] ▸ **reporter qqch sur qqch / sur qqn** trasladar algo a algo/a alguien. ◆ **se reporter** vp ▸ **se reporter à qqch** remitirse a algo.

repos [Rəpo] nm **1.** [gén] descanso *m* ▸ **repos !** MIL ¡descansen! **2.** [immobilité, sommeil] reposo *m* ▸ **ne pas être de tout repos** no ser cosa fácil.

reposant, e [Rəpozɑ̃, ɑ̃t] adj reposado(da), relajante.

reposé, e [Rəpoze] adj descansado(da) ▸ **à tête reposée** con calma.

reposer [3] [Rəpoze] ❖ vt **1.** [poser à nouveau] volver a poner **2.** [remettre en place] volver a colocar **3.** [question] volver a plantear **4.** [appuyer] ▸ **reposer qqch sur qqch** apoyar algo sobre algo **5.** [délasser] descansar. ❖ vi **1.** [gén] descansar ▸ **ici repose...** aquí descansa... ▸ **reposer sur qqch a)** [être appuyé sur] descansar sobre algo **b)** *fig* [être fondé sur] apoyarse sobre algo **2.** CULIN reposar. ◆ **se reposer** vp **1.** [se délasser] descansar **2.** [compter] ▸ **se reposer sur qqn** contar con alguien.

repositionnable [Rapɔzisjɔnabl] adj reposicionable.

repositionnement [Rəpozisjɔnmɑ̃] nm [d'un produit, d'une marque, d'une entreprise] reposicionamiento *m*.

repositionner [3] [Rəpozisjɔne] vt reposicionar. ◆ **se repositionner** vp *fig* reposicionarse.

repoussant, e [Rəpusɑ̃, ɑ̃t] adj repulsivo(va).

repoussé, e [Rəpuse] adj repujado(da).

repousser [3] [Rəpuse] ❖ vi [barbe, poil] volver a crecer ; [végétal] volver a brotar. ❖ vt **1.** [déplacer] empujar **2.** [dégoûter] repeler **3.** [personne, offre, ennemi] rechazar **4.** [date] aplazar. ◆ **se repousser** vp repelerse.

repoussoir [RəpuswaR] nm [faire-valoir] contrapunto *m*.

répréhensible [RepReɑ̃sibl] adj reprensible.

reprenais ⟶ **reprendre**.

reprendre [79] [RəpRɑ̃dR] ❖ vt **1.** [chose] volver a coger ; [ce qu'on avait donné] volver a llevarse **2.** [revenir chercher] recoger **3.** COMM [marchandise] devolver ▸ **'ni repris ni échangé'** 'no se aceptan cambios ni devoluciones' **4.** [se resservir, répéter] repetir ▸ **reprendre de qqch** repetir algo ▸ **on ne l'y reprendra plus** no lo volverá a hacer **5.** [travail, route, lutte] retomar **6.** [vêtement] arreglar **7.** [corriger] reprender **8.** [haleine, courage, souffle] recobrar. ❖ vi **1.** [retrouver la vie, la vigueur] recuperarse **2.** [recommencer] reanudarse. ◆ **se reprendre** vp **1.** [se maîtriser, se ressaisir] rehacerse **2.** [recommencer] ▸ **se reprendre à** volver a / *elle se reprend parfois à penser à eux* a veces vuelve a pensar en ellos ▸ **s'y reprendre à deux fois pour faire qqch** intentarlo dos veces para conseguir hacer algo.

reprends ⟶ **reprendre**.

repreneur [RəpRənœR] nm ÉCON comprador *m* ; [qui sauve une entreprise] *persona que se hace cargo de una empresa que presenta dificultades.*

représailles [RəpRezaj] nfpl represalias *fpl*.

représentant, e [RəpRezɑ̃tɑ̃, ɑ̃t] nm, f representante *mf*.

représentatif, ive [RəpRezɑ̃tatif, iv] adj representativo(va) ▸ **représentatif de qqch** representativo de algo.

représentation [RəpRezɑ̃tasjɔ̃] nf representación *f* ▸ **donner une représentation** dar una representación.

représentativité [RəpRezɑ̃tativite] nf representatividad *f*.

représenter [3] [RəpRezɑ̃te] vt representar. ◆ **se représenter** vp **1.** [s'imaginer] imaginarse **2.** [occasion] volver a presentarse **3.** [aux élections] ▸ **se représenter à qqch** volver a presentarse a algo.

répressif, ive [RepResif, iv] adj represivo(va).

répression [RepResjɔ̃] nf represión *f*.

réprimande [RepRimɑ̃d] nf reprimenda *f*.

réprimander [3] [RepRimɑ̃de] vt reprender.

réprimer [3] [RepRime] vt reprimir.

repris, e [RəpRi, iz] pp ⟶ **reprendre.** ◆ **repris de justice** nm reincidente *mf*.

reprisage [RəpRizaʒ] nm zurcido *m*.

reprise [RəpRiz] nf **1.** [recommencement] reanudación *f* **2.** [de marchandises] recogida *f* **3.** SPORT asalto *m* **4.** [accélération] reprís *m* **5.** COUT zurcido *m* **6.** [entre locataires] traspaso *m*. ◆ **à plusieurs reprises** loc adv repetidas veces.

repriser [3] [RəpRize] vt zurcir.

réprobateur, trice [RepRɔbatœR, tRis] adj reprobador(ra).

réprobation [RepRɔbasjɔ̃] nf reprobación *f*.

reproche [RəpRɔʃ] nm reproche *m*.

reprocher [3] [RəpRɔʃe] vt ▸ **reprocher qqch à qqn** reprochar algo a alguien. ◆ **se reprocher** vp ▸ **se reprocher qqch** reprocharse algo ▸ **ne rien avoir à se reprocher** no tener nada que reprocharse.

reproducteur, trice [RəpRɔdyktœR, tRis] adj reproductor(ra).

reproduction [RəpRɔdyksjɔ̃] nf reproducción *f* ▸ **'reproduction interdite'** 'prohibida la reproducción'.

reproduire [98] [RəpRɔdɥiR] vt [dessin, attitude, réalité] reproducir. ◆ **se reproduire** vp reproducirse / *que cela ne se reproduise plus !* ¡y que no se vuelva a repetir!

reproduis ⟶ **reproduire**.

reproduit, e [RəpRɔdɥi, it] pp ⟶ **reproduire**.

reprogrammer [3] [RəpRɔgRame] vt INFORM reprogramar.

reprographie [RəpRɔgRafi] nf reprografía *f*.

réprouvé, e [RepRuve] ❖ adj reprobado(da). ❖ nm, f réprobo *m*, -ba *f*.

réprouver [3] [ʀepʀuve] vt reprobar.

reptation [ʀɛptasjɔ̃] nf reptación *f*.

reptile [ʀɛptil] nm reptil *m*.

repu, e [ʀəpy] adj harto(ta).

républicain, e [ʀepyblikɛ̃, ɛn] adj & nm, f republicano(na).

république [ʀepyblik] nf república *f*.

La République

Desde la Revolución y a lo largo del siglo XIX, el régimen político de Francia alternó varias veces la república con el imperio y la monarquía, pero a partir de 1945 quedó firmemente asentado el sistema republicano. La actual república, la Ve **République**, desde 1958, ha sido presidida sucesivamente por Charles de Gaulle, Georges Pompidou, Valéry Giscard d'Estaing, François Mitterrand Jacques Chirac y Nicolas Sarkozy. La república sigue siendo un valor fuerte y reconocido unánimamente, con sus ideales de justicia, igualidad, libertad y progreso. De hecho, son frecuentes expresiones como la de "tener una actitud republicana". **Marianne** es uno de los símbolos más relevantes de la república.

République centrafricaine [ʀepybliksɑ̃tʀafʀikɛn] npr : ***la République centrafricaine*** la República Centroafricana.

République dominicaine [ʀepyblikdɔminikɛn] npr : ***la République dominicaine*** la República Dominicana.

République française [ʀepyblikfʀɑ̃sɛz] npr : ***la République française*** la República francesa.

République tchèque [ʀepybliktʃɛk] npr : ***la République tchèque*** la República Checa.

répudiation [ʀepydjasjɔ̃] nf repudio *m*.

répudier [9] [ʀepydje] vt repudiar.

répugnance [ʀepyɲɑ̃s] nf **1.** [répulsion, horreur] repugnancia *f* **2.** [réticence] desgana *f*.

répugnant, e [ʀepyɲɑ̃, ɑ̃t] adj repugnante.

répugner [3] [ʀepyɲe] vi ▸ **répugner à qqn** repugnarle a alguien ▸ **répugner à qqch / à faire qqch** odiar algo / hacer algo.

répulsion [ʀepylsjɔ̃] nf repulsión *f*.

réputation [ʀepytasjɔ̃] nf reputación *f* ▸ **avoir une réputation de** tener reputación de ▸ **avoir bonne / mauvaise réputation** tener buena / mala reputación ▸ **connaître qqch / qqn de réputation** conocer algo / a alguien por su reputación.

réputé, e [ʀepyte] adj reputado(da) ▸ **réputé pour** reputado por.

requérir [39] [ʀəkeʀiʀ] vt **1.** [gén] requerir **2.** DR [peine] solicitar.

requerrai ⟶ **requérir**.

requête [ʀəkɛt] nf **1.** *sout* [prière] petición *f* ▸ **à la** OU **sur la requête de qqn** a petición de alguien **2.** DR requerimiento *m*.

requiem [ʀekɥijɛm] nm inv réquiem *m*.

requiers ⟶ **requérir**.

requin [ʀəkɛ̃] nm tiburón *m*.

requinquer [3] [ʀəkɛ̃ke] vt *fam* dejar como nuevo. ◆ **se requinquer** vp *fam* reponerse.

requis, e [ʀəki, iz] ◇ adj requerido(da). ◇ pp ⟶ **requérir**. ◆ **requis** nm ADMIN *civil movilizado por la administración para ejercer un trabajo concreto en tiempo de guerra*.

réquisition [ʀekizisjɔ̃] nf [de personnes] movilización *f* ; [de biens] requisa *f*.

réquisitionner [3] [ʀekizisjɔne] vt **1.** [personnes] movilizar ; [biens] requisar **2.** *fam* [embaucher] reclutar.

réquisitoire [ʀekizitwaʀ] nm requisitoria *f*.

RER (*abr de* **réseau express régional**) nm **1.** [réseau] *red de trenes de cercanías en París* **2.** [train] : ***prendre le RER B*** tomar el RER B / ***une gare (de) RER*** una estación de RER.

rescapé, e [ʀɛskape] adj & nm, f superviviente.

rescousse [ʀɛskus] ◆ **à la rescousse** loc adv en ayuda de ▸ **appeler qqn à la rescousse** pedir socorro a alguien.

réseau, x [ʀezo] nm red *f* ▸ **réseau ferroviaire** red ferroviaria ▸ **réseau routier** red de carreteras.

réseautage [ʀezotaʒ] nm *fam* : ***j'ai fait du réseautage*** he establecido contactos.

réseauter [ʀezote] vi *fam* establecer contactos.

réséda [ʀezeda] nm reseda *f*.

réservation [ʀezɛʀvasjɔ̃] nf reserva *f*.

réserve [ʀezɛʀv] nf **1.** [gén] reserva *f* ▸ **en réserve** en reserva ▸ **se tenir sur la réserve** estar sobre aviso ▸ **sans réserve** sin reserva ▸ **sous réserve de qqch** reservándose el derecho de algo ▸ **sous toute réserve, sous toutes réserves** con reservas ▸ **réserve indienne** reserva india ▸ **réserve naturelle** reserva natural **2.** [local] depósito *m* ; [garde-manger] despensa *f*.

réservé, e [ʀezɛʀve] adj reservado(da) ▸ **réservé à qqch / à qqn** reservado a algo / a alguien.

réserver [3] [ʀezɛʀve] vt reservar ▸ **réserver qqch à qqn a)** [affecter, destiner] reservar algo a alguien **b)** [marchandise] apartar algo para alguien. ◆ **se réserver** vp reservarse ▸ **se réserver de faire qqch** reservarse hacer algo ▸ **se réserver le droit de faire qqch** reservarse el derecho a hacer algo.

réserviste [ʀezɛʀvist] nm reservista *m*.

réservoir [ʀezɛʀvwaʀ] nm **1.** [d'eau] reserva *f* ; [d'essence] depósito *m* **2.** *fig* [réceptacle] cantera *f*.

résidant, e [ʀezidɑ̃, ɑ̃t] adj residente.

résidence [ʀezidɑ̃s] nf **1.** [habitation] residencia *f* ▸ **résidence principale** vivienda *f* habitual ▸ **résidence secondaire** segunda residencia **2.** [groupe d'habitations] conjunto *m* residencial.

résident, e [ʀezidɑ̃, ɑ̃t] nm, f residente *mf*.

résidentiel, elle [ʀezidɑ̃sjɛl] adj residencial.

résider [3] [ʀezide] vi residir ▸ **résider en** OU **dans qqch** *fig* [consister en] residir en algo.

résidu [ʀezidy] nm residuo *m*. ◆ **résidus** nmpl [déchets] residuos *mpl*.

résiduel, elle [ʀezidɥɛl] adj residual.

résignation [ʀeziɲasjɔ̃] nf resignación *f*.

résigné, e [ʀeziɲe] adj & nm, f resignado(da).

résigner [3] [ʀeziɲe] vt *sout* renunciar a. ◆ **se résigner** vp resignarse ▸ **se résigner à qqch / à faire qqch** resignarse a algo / a hacer algo.

résiliable [ʀeziljabl] adj [bail, contrat, marché] rescindible.

résiliation [ʀeziljasjɔ̃] nf rescisión *f*.

résilier [9] [ʀezilje] vt rescindir.

résille [ʀezij] nf [pour les cheveux] redecilla *f* ▸ **bas résille** medias de rejilla ▸ **collant résille** panties de rejilla.

résine [ʀezin] nf resina *f*.

résiné, e [ʀezine] adj resinoso(sa). ◆ **résiné** nm [vin] vino *m* resinoso.

résineux, euse [ʀezinø, øz] adj resinoso(sa). ◆ **résineux** nm resinífero *m*.

résistance [ʀezistɑ̃s] nf resistencia *f* ▸ **opposer une résistance à qqch / à qqn** oponer resistencia a algo / a alguien ▸ **résistance passive** resistencia pasiva. ◆ **Résistance** nf ▸ **la Résistance** HIST la Resistencia *(francesa durante la Segunda Guerra Mundial)*.

résistant, e [ʀezistɑ̃, ɑ̃t] adj & nm, f resistente.

résister [3] [ʀeziste] vi resistir ▸ **résister à qqch** **a)** [supporter] resistir algo **b)** [lutter contre, s'opposer à] resistirse a algo.

résolu, e [ʀezɔly] ❖ adj resuelto(ta) ▸ **être bien résolu à faire qqch** estar resuelto a hacer algo. ❖ pp ⟶ **résoudre.**

résolument [ʀezɔlymɑ̃] adv decididamente.

résolus ⟶ **résoudre**.

résolution [ʀezɔlysjɔ̃] nf resolución *f* ▸ **prendre de bonnes résolutions** tener buenos propósitos ▸ **prendre la résolution de faire qqch** tomar la resolución de hacer algo ▸ **haute résolution** INFORM alta resolución.

résolvais ⟶ **résoudre**.

résonance [ʀezɔnɑ̃s] nf resonancia *f* ▸ **résonance magnétique** resonancia magnética.

résonner [3] [ʀezɔne] vi resonar ▸ **résonner de qqch** resonar con algo.

résorber [3] [ʀezɔʀbe] vt **1.** [déficit, chômage] reabsorber **2.** MÉD [épanchement, abcès] resorber. ◆ **se résorber** vp **1.** [déficit, chômage] desaparecer **2.** MÉD [épanchement, abcès] resorberse.

résorption [ʀezɔʀpsjɔ̃] nf [d'un surplus, d'un déficit, du chômage] reabsorción *f*.

résoudre [88] [ʀezudʀ] ❖ vt **1.** [solutionner] resolver **2.** [décider] ▸ **résoudre qqn à faire qqch** convencer a alguien para que haga algo **3.** *sout* [transformer] ▸ **résoudre qqch en qqch** reducir algo a algo. ❖ vi ▸ **résoudre de faire qqch** decidir hacer algo. ◆ **se résoudre** vp ▸ **se résoudre à faire qqch** decidirse a hacer algo.

résous ⟶ **résoudre**.

respect [ʀɛspɛ] nm respeto *m* ▸ **respect de qqch** respeto de algo ▸ **avoir du respect pour qqch / pour qqn** tener respeto por algo / por alguien ▸ **manquer de respect à qqn** faltarle el respeto a alguien ▸ **avec tout le respect que je vous dois** con todo el respeto que le debo ▸ **sauf votre respect** con perdón ▸ **tenir qqn en respect** mantener a alguien a raya. ◆ **respects** nmpl respetos *mpl* ▸ **mes respects** mis respetos.

respectabilité [ʀɛspɛktabilite] nf respetabilidad *f*.

respectable [ʀɛspɛktabl] adj respetable.

respecter [4] [ʀɛspɛkte] vt respetar. ◆ **se respecter** vp respetarse, preciarse.

respectif, ive [ʀɛspɛktif, iv] adj respectivo(va).

respectivement [ʀɛspɛktivmɑ̃] adv respectivamente.

respectueusement [ʀɛspɛktɥøzmɑ̃] adv respetuosamente.

La Résistance

Este movimiento clandestino contra la ocupación alemana de Francia durante la Segunda Guerra Mundial se creó después de la solicitud de armisticio el 17 de junio de 1940 y el llamamiento realizado por radio por el general De Gaulle al día sigiente. Ganó el apoyo activo del Partido Comunista Francés poco después, tras la invasión de la URSS por las tropas alemanas. Deseoso de unificar el movimiento e imponerse como su líder, De Gaulle integró los principales grupos clandestinos en el **Conseil national de la Résistance** con la ayuda de los miembros que estaban en el terreno como Jean Moulin. La Resistencia contribuyó poderosamente a la liberación del país y sus miembros tuvieron una gran influencia en la vida política de la posguerra.

respectueux, euse [Rɛspɛktɥø, øz] adj respetuoso(sa) ▸ **respectueux de qqch** respetuoso con algo.

respirable [Rɛspirabl] adj respirable / *l'atmosphère n'est pas respirable fig* el ambiente es irrespirable.

respiration [Rɛspirasjɔ̃] nf respiración *f* ▸ **respiration artificielle** respiración artificial.

respiratoire [Rɛspiratwar] adj respiratorio(ria).

respirer [3] [Rɛspire] vt & vi respirar.

resplendir [32] [Rɛsplɑ̃dir] vi *sout* resplandecer ▸ **resplendir de qqch** resplandecer de algo.

resplendissant, e [Rɛsplɑ̃disɑ̃, ɑ̃t] adj resplandeciente ▸ **resplendissant de qqch** resplandeciente de algo.

responsabilisation [Rɛspɔ̃sabilizasjɔ̃] nf responsabilización *f*.

responsabiliser [3] [Rɛspɔ̃sabilize] vt responsabilizar.

responsabilité [Rɛspɔ̃sabilite] nf responsabilidad *f* ▸ **assumer toute la responsabilité de qqch** asumir toda la responsabilidad de algo ▸ **avoir la responsabilité de qqch / de faire qqch** tener la responsabilidad de algo / de hacer algo ▸ **décliner toute responsabilité (en cas de…)** declinar toda responsabilidad (en caso de…) ▸ **rejeter la responsabilité sur qqn** achacar la responsabilidad a alguien.

responsable [Rɛspɔ̃sabl] ◆ adj responsable ▸ **responsable de qqch** responsable de algo. ◆ nmf responsable *mf*.

resquillage [Rɛskijaʒ] nm = **resquille**.

resquille [Rɛskij] nf *fam acción de colarse*.

resquiller [3] [Rɛskije] vi *fam* colarse.

resquilleur, euse [RɛskijœR, øz] nm, f *fam* colón *m*, -ona *f (que se cuela)*.

ressac [Rəsak] nm resaca *f*.

ressaisir [32] [RəsɛziR] ◆ **se ressaisir** vp [se maîtriser] dominarse ; [élève, concurrent] recuperarse.

ressasser [3] [Rəsase] vt **1.** [répéter] machacar **2.** [penser sans cesse à] dar vueltas a.

ressemblance [Rəsɑ̃blɑ̃s] nf parecido *m*.

ressemblant, e [Rəsɑ̃blɑ̃, ɑ̃t] adj parecido(da).

ressembler [3] [Rəsɑ̃ble] vi ▸ **ressembler à qqch / à qqn** parecerse a algo / a alguien ▸ **cela ne lui ressemble pas** eso no es normal en él. ◆ **se ressembler** vp parecerse.

ressemeler [24] [Rəsəmle] vt poner suelas nuevas a.

ressentiment [Rəsɑ̃timɑ̃] nm resentimiento *m*.

ressentir [37] [Rəsɑ̃tiR] vt sentir, experimentar. ◆ **se ressentir** vp ▸ **se ressentir de qqch** resentirse de algo.

resserre [RəsɛR] nf cuarto *m* trastero.

resserrement [RəsɛRmɑ̃] nm **1.** [d'une vallée, d'une route] estrechamiento *m* **2.** *fig* [des liens] estrechamiento *m*.

resserrer [4] [RəseRe] vt **1.** [ceinture, nœud] apretar **2.** *fig* [liens] estrechar. ◆ **se resserrer** vp **1.** [route, chemin, liens] estrecharse **2.** [nœud, étreinte] apretarse.

resservir [38] [RəsɛRviR] ◆ vt **1.** [plat] volver a servir **2.** *fig* [histoire] sacar a colación. ◆ vi volver a servir. ◆ **se resservir** vp ▸ **se resservir de a)** [ustensile] volver a usar OU utilizar **b)** [plat] servirse más / *se resservir de la viande / des légumes* servirse más carne / más verdura.

ressort [RəsɔR] nm **1.** [mécanisme] resorte *m*, muelle *m* **2.** [énergie] energía *f* **3.** *(gén pl) sout* [cause] resorte *m* **4.** [compétence] incumbencia *f* ▸ **être du ressort de qqn** ser de la competencia de algien **5.** EXPR **en dernier ressort** en última instancia.

ressortir [43] [RəsɔRtiR] ◆ vi **1.** [sortir à nouveau] volver a salir **2.** [après être entré] salir **3.** *fig* [se détacher] resaltar, destacar. ◆ vt volver a sacar. ◆ v impers : *il ressort que…* se desprende que….

ressortissant, e [RəsɔRtisɑ̃, ɑ̃t] nm, f residente *mf (extranjero)*.

ressouder [3] [Rəsude] vt **1.** [tuyau] volver a soldar **2.** *fig* [amitié, relation] fortalecer.

ressource [RəsuRs] nf [recours] recurso *m* ▸ **avoir de la ressource** *fig* tener recursos. ◆ **ressources** nfpl recursos *mpl* ▸ **être sans ressources** estar sin recursos ▸ **ressources naturelles** recursos naturales.

ressourcer [16] [RəsuRse] ◆ **se ressourcer** vp **1.** [retrouver ses racines] volver a las raíces **2.** [retrouver de l'énergie] reponer fuerzas.

ressouvenir [40] [RəsuvniR] ◆ **se ressouvenir** vp *sout* ▸ **se ressouvenir de qqch / de qqn** recordar algo / a alguien.

ressurgir = **resurgir**.

ressusciter [3] [Resysite] vt & vi resucitar.

restant, e [Rɛstɑ̃, ɑ̃t] adj restante ; ⟶ **poste.** ◆ **restant** nm ▸ **le restant** el resto.

restau [Rɛsto] = **resto**.

restaurant [RɛstɔRɑ̃] nm restaurante *m* ▸ **restaurant trois étoiles** restaurante de tres tenedores ▸ **restaurant d'entreprise** comedor *m* de empresa ▸ **restaurant universitaire** restaurante universitario.

restaurateur, trice [RɛstɔRatœR, tRis] nm, f restaurador *m*, -ra *f*.

restauration [RɛstɔRasjɔ̃] nf restauración *f* ▸ **restauration rapide** comida *f* rápida. ◆ **Restauration** nf ▸ **la Restauration** HIST la Restauración.

restaurer [3] [RɛstɔRe] vt ART & POL restaurar ; [quartier] remodelar. ◆ **se restaurer** vp comer.

reste [Rɛst] nm **1.** [de lait, de temps] resto *m* **2.** MATH resta *f* **3.** EXPR **au OU du reste** por lo demás ▸ **ne pas être en reste avec qqn** no deber nada a nadie. ◆ **restes** nmpl **1.** [de repas] sobras *fpl* **2.** [d'un mort] restos *mpl* mortales.

rester [3] [Rɛste] vi **1.** [dans un lieu] quedarse ▸ **en rester à qqch** [s'arrêter] quedarse en algo ▸ **en rester là** dejarlo / *rester sur sa faim* quedarse con la miel en los labios ▸ **y rester** *fam* [mourir] quedarse en el sitio **2.** [dans un état] permanecer **3.** [durer, subsister] quedar ▸ **rester à** quedar por / *il reste beaucoup à faire* queda mucho por hacer ▸ **reste à savoir si…** queda por saber si… **4.** EXPR **il n'en reste pas moins que…** eso no impide que.

⚠ Restar est un faux ami, il ne signifie pas *rester*, mais « soustraire ».

restituer [7] [ʀɛstitɥe] vt restituir.

restitution [ʀɛstitysjɔ̃] nf **1.** [d'argent, d'objet volé] restitución *f*, devolución *f* **2.** [d'un son, d'une couleur] restitución *f*.

resto, restau [ʀɛsto] nm *fam* restaurante *m* ▸ **les Restos du cœur** *centro de distribución de comida para los necesitados.*

resto-U [ʀɛstoy], **RU** [ʀy] (*abr de* **restaurant universitaire**) nm *fam* restaurante *m* universitario ▸ **manger au resto-U** comer en el restaurante universitario ▸ **aller au resto-U** ir al restaurante universitario.

restreignais ⟶ **restreindre**.

restreindre [81] [ʀɛstʀɛ̃dʀ] vt restringir. ◆ **se restreindre** vp restringirse ▸ **se restreindre dans qqch** [dépenses] restringir algo.

restreins ⟶ **restreindre**.

restreint, e [ʀɛstʀɛ̃, ɛ̃t] pp ⟶ **restreindre**.

restrictif, ive [ʀɛstʀiktif, iv] adj restrictivo(va).

restriction [ʀɛstʀiksjɔ̃] nf **1.** [limitation] restricción *f* **2.** [condition] condición *f* ▸ **sans restriction** sin condiciones. ◆ **restrictions** nfpl restricciones *fpl*.

restructuration [ʀəstʀyktyʀasjɔ̃] nf reestructuración *f*.

restructurer [3] [ʀəstʀyktyʀe] vt reestructurar.

résultant, e [ʀezyltɑ̃, ɑ̃t] adj resultante. ◆ **résultante** nf **1.** [science] resultante *f* **2.** [conséquence] resultados *m*.

résultat [ʀezylta] nm resultado *m*. ◆ **résultats** nmpl resultado *m* ▸ **obtenir des résultats** obtener resultados.

résulter [3] [ʀezylte] vi ▸ **résulter de qqch** deducir algo ▸ **il en résulte que** se deduce que.

résumé [ʀezyme] nm resumen *m* ▸ **en résumé** en resumen, resumiendo.

résumer [3] [ʀezyme] vt resumir. ◆ **se résumer** vp **1.** [récapituler] resumir **2.** [se réduire] ▸ **se résumer à (faire) qqch** reducirse a (hacer) algo.

résurgence [ʀezyʀʒɑ̃s] nf **1.** GÉOL resurgencia *f* **2.** *fig* [réapparition] resurgimiento *m*.

resurgir, ressurgir [32] [ʀəsyʀʒiʀ] vi resurgir.

résurrection [ʀezyʀɛksjɔ̃] nf resurrección *f*.

rétablir [32] [ʀetabliʀ] vt [gén] restablecer ; [texte] restituir ▸ **rétablir qqch / qqn dans qqch** [réintégrer] restablecer algo / a alguien en algo. ◆ **se rétablir** vp **1.** [gén] restablecerse **2.** [gymnaste] recuperar el equilibrio.

rétablissement [ʀetablismɑ̃] nm restablecimiento *m*.

rétamer [3] [ʀetame] vt *fam* [fatiguer] moler / ***après une journée passée à faire les soldes, elle est rentrée complètement rétamée*** tras todo un día de rebajas, volvió a casa completamente molida. ◆ **se rétamer** vp *fam* **1.** [tomber] pegarse una torta / ***je me suis drôlement rétamé au ski*** me pegué una buena torta esquiando **2.** [échouer] : ***je me suis rétamée à l'oral*** me cargaron en el oral.

retaper [3] [ʀətape] vt **1.** [lettre] volver a escribir *(a máquina)* **2.** *fam* [maison, canapé] arreglar **3.** *fam* [personne] reponer. ◆ **se retaper** vp *fam* [personne] reponerse.

retard [ʀətaʀ] nm **1.** [gén] retraso *m* ▸ **être en retard** a) [sur un horaire] llegar tarde b) *fig* [sur une échéance] llevar retraso ▸ **prendre du retard** atrasarse ▸ **rattraper son retard** recuperar el retraso ▸ **se mettre en retard** retrasarse **2.** [retardement] demora *f* ▸ **sans retard** sin demora.

retardataire [ʀətaʀdatɛʀ] ❖ adj que llega tarde. ❖ nmf tardón *m*, -ona *f*.

retardement [ʀətaʀdəmɑ̃] nm ▸ **à retardement** de efectos retardados ▸ **comprendre à retardement** ser de efectos retardados.

retarder [3] [ʀətaʀde] ❖ vt **1.** [gén] retrasar ▸ **retarder qqn dans qqch** retrasar a alguien en algo **2.** [montre] atrasar. ❖ vi **1.** [horloge, montre] atrasar, atrasarse **2.** *fam* [ne pas être au courant] no estar al loro **3.** [être en décalage] ▸ **retarder sur qqch** no vivir con algo. ◆ **se retarder** vp llegar tarde, retrasarse.

retendre [73] [ʀətɑ̃dʀ] vt volver a tender.

retenir [40] [ʀətəniʀ] vt **1.** [gén] retener **2.** [objet] sujetar **3.** [montant, impôt] deducir, retener **4.** [chambre, table] reservar **5.** [projet, idée] aceptar **6.** MATH llevar, llevarse **7.** [cri, souffle, larmes] contener, reprimir **8.** [attention, regard, chaleur] mantener **9.** [personne] detener ▸ **retenir qqn à dîner** obligar a alguien a quedar-

Comment résumer

- **Se puede decir que finalmente hemos salido bien parados.** *Finalement, on peut dire qu'on s'en est bien sorti.*
- **Después de todo, no es problema mío.** *Après tout, ce n'est pas mon problème.*
- **En resumidas cuentas, es buena gente.** *Tout compte fait, c'est quelqu'un de bien.*
- **A fin de cuentas, me lo pasé bien.** *En fin de compte, je me suis bien amusé(e).*
- **En una palabra, no.** *En un mot, c'est non.*
- **Resumiendo, tienen la intención de interponer una denuncia.** *Pour résumer, ils ont l'intention de porter plainte.*

se a cenar ▸ **retenir qqn de faire qqch** impedir a alguien que haga algo. ◆ **se retenir** vp **1.** [s'accrocher] ▸ **se retenir à qqch / à qqn** agarrarse a algo / a alguien **2.** [se contenir] aguantarse, contenerse ▸ **se retenir de faire qqch** contenerse de hacer algo.

rétention [Retɑ̃sjɔ̃] nf MÉD retención *f*.

retentir [32] [Rətɑ̃tiR] vi **1.** [son] resonar **2.** [pièce, rue] ▸ **retentir de** retumbar de **3.** [fatigue, blessure] ▸ **retentir sur** repercutir en.

retentissant, e [Rətɑ̃tisɑ̃, ɑ̃t] adj **1.** [sonore] sonoro(ra) **2.** [déclaration, succès] rotundo(da) ; [échec] estrepitoso(sa).

retentissement [Rətɑ̃tismɑ̃] nm **1.** [de mesures] repercusión *f* **2.** [de spectacle] resonancia *f*.

retenu, e [Rətny] pp ⟶ **retenir**.

retenue [Rətny] nf **1.** [prélèvement] deducción *f* ▸ **retenue à la source** retención *f* a cuenta **2.** MATH cantidad *f* que se lleva / ***j'ai oublié la retenue*** he olvidado la que me llevo **3.** SCOL [punition] castigo *m (sin salir)* **4.** *fig* [réserve] discreción *f*, reserva *f* ▸ **sans retenue** sin reservas.

réticence [Retisɑ̃s] nf reticencia *f* ▸ **avec / sans réticence** con / sin reticencias.

réticent, e [Retisɑ̃, ɑ̃t] adj reticente.

retiendrai ⟶ **retenir**.

retiens ⟶ **retenir**.

rétif, ive [Retif, iv] adj **1.** [cheval] repropio(pia) **2.** *fig* [personne] rebelde.

rétine [Retin] nf retina *f*.

retins ⟶ **retenir**.

retiré, e [RətiRe] adj retirado(da).

retirer [3] [RətiRe] vt **1.** [gén] sacar ▸ **retirer qqch / qqn (de qqch)** sacar algo / a alguien (de algo) **2.** [argent] sacar ▸ **retirer qqch (de qqch)** quitar algo (de algo) **3.** [vêtement] quitarse **4.** [permis, candidature, parole] retirar ▸ **retirer qqch à qqn** retirar algo a alguien. ◆ **se retirer** vp retirarse ▸ **se retirer de qqch** retirarse de algo.

retombées [Rətɔ̃be] nfpl consecuencias *fpl* ▸ **retombées radioactives** lluvia *f* radioactiva.

retomber [3] [Rətɔ̃be] vi **1.** [tomber de nouveau] volver a caer ▸ **retomber sur qqch / qqn** *fig* recaer sobre algo / alguien **2.** *fig* [rechuter] recaer ▸ **retomber dans qqch** volver a caer en **3.** [redescendre, pendre] caer **4.** *fig* [colère] aplacarse.

retordre [76] [RətɔRdR] vt retorcer.

rétorquer [3] [RetɔRke] vt replicar ▸ **rétorquer à qqn que** replicar OU contestar a alguien que.

retors, e [RətɔR, ɔRs] adj retorcido(da).

rétorsion [RetɔRsjɔ̃] nf represalia *f*.

retouche [Rətuʃ] nf retoque *m*.

retoucher [3] [Rətuʃe] vt retocar.

retour [RətuR] nm **1.** [gén] vuelta *f* ▸ **retour à qqch** [état habituel, antérieur] vuelta a algo ▸ **à mon retour** a mi regreso ▸ **au retour de qqch** a la vuelta de algo ▸ **être de retour (de)** estar de vuelta (de) ▸ **retour en arrière** *fig* mirada *f* retrospectiva **2.** [mouvement inverse] retorno *m* ▸ **retour de flamme** retorno de llama ▸ **il y aura un retour de manivelle** OU **de bâton** *fam* saldrá el tiro por la culata **3.** [trajet] viaje *m* de vuelta **4.** [réexpédition] devolución *f* ▸ **retour à l'expéditeur** OU **à l'envoyeur** devuélvase al remitente **5.** FIN ▸ **retour sur investissement** rendimiento *m* del capital invertido **6.** EXPR **en retour** a cambio ▸ **(être) sur le retour** (estar) en la cuesta abajo.

retournement [RətuRnəmɑ̃] nm viraje *m* ▸ **retournement de situation** viraje de la situación.

retourner [3] [RətuRne] ❖ vt **1.** [matelas, carte] dar la vuelta a **2.** [terre] remover **3.** [poche, pull] volver del revés **4.** [compliment, objet prêté, lettre] devolver **5.** *fig* [émouvoir] trastornar ▸ **en être tout retourné** estar muy conmovido. ❖ vi volver ▸ **retourner à** [lieu, état antérieur] volver a ▸ **retourner faire qqch** volver para hacer algo ▸ **retourner à qqn** [être restitué] volver a alguien. ◆ **se retourner** vp **1.** [voiture] volcar ESP, voltear AM **2.** [personne] volverse ▸ **s'en retourner** [rentrer] volverse **3.** *fig* [s'opposer] ▸ **se retourner contre qqch / qqn** volverse contra algo / contra alguien **4.** *fam* [s'adapter] acomodarse.

retracer [16] [RətRase] vt **1.** [ligne] volver a trazar **2.** [événement] reconstituir.

rétracter [3] [RetRakte] vt **1.** [contracter] retraer **2.** *sout* [nier] ▸ **rétracter qqch** retractarse de algo. ◆ **se rétracter** vp **1.** [se contracter] retraerse **2.** [se dédire] retractarse.

retraduire [98] [RətRadɥiR] vt volver a traducir.

retrait [RətRɛ] nm [gén] retirada *f* ; [d'argent] reintegro *m* ▸ **faire un retrait** sacar dinero / ***j'ai fait un retrait de 500 euros*** he sacado 500 euros ; [de bagages] recuperación *f*. ◆ **en retrait** ❖ loc adv [en arrière] hacia atrás ▸ **rester en retrait** *fig* quedarse en la retaguardia. ❖ loc adj [en arrière] retranqueado(da).

retraite [RətRɛt] nf **1.** [cessation d'activité] jubilación *f*, retiro *m* ▸ **être à la retraite** estar jubilado(da) OU retirado(da) ▸ **prendre sa retraite** jubilarse, retirarse ▸ **retraite anticipée** jubilación anticipada **2.** [revenu] pensión *f* ▸ **retraite complémentaire** pensión complementaria (de jubilación) **3.** [fuite] retirada *f* ▸ **battre en retraite** batirse en retirada **4.** RELIG retiro *m*.

retraité, e [RətRɛte] ❖ adj **1.** [personne] jubilado(da), retirado(da) **2.** TECHNOL [déchets] reciclado(da). ❖ nm, f jubilado *m*, -da *f*, retirado *m*, -da *f*.

retraitement [RətRɛtmɑ̃] nm TECHNOL recuperación *f*.

retraiter [4] [RətRete] vt [déchets nucléaires] reprocesar.

retranchement [RətRɑ̃ʃmɑ̃] nm atrincheramiento *m* ▸ **attaquer** OU **pousser qqn dans ses derniers retranchements** acorralar a alguien.

retrancher [3] [RətRɑ̃ʃe] vt [enlever - gén] suprimir ; [- d'un montant] restar. ◆ **se retrancher** vp atrincherarse ▸ **se retrancher dans qqch** *fig* encerrarse en algo ▸ **se retrancher derrière qqch / derrière qqn** *fig* parapetarse tras algo / tras alguien.

retranscription [RətRɑ̃skRipsjɔ̃] nf transcripción *f*.

retranscrire [99] [RətRɑ̃skRiR] vt transcribir.

retransmets ⟶ **retransmettre**.

retransmettre [84] [RətRɑ̃smɛtR] vt retransmitir.

retransmis, e [RətRɑ̃smi, iz] pp ⟶ **retransmettre**.

retransmission [RətRɑ̃smisjɔ̃] nf retransmisión *f*.

retravailler [3] [RətRavaje] vt & vi volver a trabajar.

rétrécir [32] [RetResiR] ❖ vt estrechar. ❖ vi encoger. ◆ **se rétrécir** vp estrecharse.

rétrécissement [RetResismɑ̃] nm **1.** [de chaussée] estrechamiento *m* **2.** [de vêtement] encogimiento *m* **3.** MÉD constricción *f*.

retremper [3] [Rətrɑ̃pe] vt **1.** [linge] remojar **2.** [acier] dar un nuevo temple a. ◆ **se retremper** vp *fig* [se replonger] volver a meterse, volverse a meter.

rétribuer [7] [RetRibɥe] vt retribuir.

rétribution [RetRibysjɔ̃] nf retribución *f*.

rétro [RetRo] ❖ adj inv retro. ❖ nm **1.** [style] estilo *m* retro **2.** *fam* [rétroviseur] retrovisor *m*.

rétroactif, ive [RetRɔaktif, iv] adj retroactivo(va).

rétroactivement [RetRɔaktivmɑ̃] adv con efectos retroactivos.

rétrocéder [18] [RetRɔsede] vt retroceder *(devolver)*.

rétrocession [RetRɔsesjɔ̃] nf retrocesión *f*.

rétrograde [RetRɔgRad] adj *péj* retrógrado(da).

rétrograder [3] [RetRɔgRade] ❖ vt degradar. ❖ vi **1.** [gén] retroceder **2.** AUTO reducir la marcha / ***rétrograder de troisième en seconde*** reducir de tercera a segunda.

rétroprojecteur [RetRɔpRɔʒɛktœR] nm retroproyector *m*.

rétrospectif, ive [RetRɔspɛktif, iv] adj retrospectivo(va). ◆ **rétrospective** nf [d'un artiste, d'une époque, de films] retrospectiva *f*.

rétrospective [RetRɔspɛktiv] nf retrospectiva *f*.

rétrospectivement [RetRɔspɛktivmɑ̃] adv a posteriori.

retroussé, e [RətRuse] adj [nez] respingón(ona).

retrousser [3] [RətRuse] vt arremangar, remangar.

retrouvailles [RətRuvaj] nfpl reencuentro *m*.

retrouver [3] [RətRuve] vt **1.** [récupérer - gén] encontrar ; [- appétit] recobrar **2.** [reconnaître] reconocer **3.** [rencontrer] ▸ **retrouver qqn** encontrarse con alguien. ◆ **se retrouver** vp **1.** [se rencontrer de nouveau] reencontrarse **2.** [être de nouveau] volver a encontrarse **3.** [se rejoindre] encontrarse **4.** [s'orienter] orientarse **5.** [financièrement] ▸ **s'y retrouver** *fam* recuperarse.

rétroviral, e [RetRoviRal] adj MÉD retroviral.

rétrovirus [RetRoviRys] nm retrovirus *m*.

rétroviseur [RetRɔvizœR] nm retrovisor *m*.

réunification [Reynifikasjɔ̃] nf reunificación *f*.

réunifier [9] [Reynifje] vt reunificar.

réunion [Reynjɔ̃] nf **1.** [gén] reunión *f* **2.** [jonction] unión *f*.

Réunion [Reynjɔ̃] npr ▸ **la Réunion** La Reunión.

réunionnais, e [Reynjɔnɛ, ɛz] adj de La Reunión. ◆ **Réunionnais, e** nm, f *natural o habitante de La Reunión*.

réunir [32] [ReyniR] vt **1.** [gén] reunir **2.** [joindre] unir. ◆ **se réunir** vp **1.** [gén] reunirse **2.** [se joindre] juntarse.

réussi, e [Reysi] adj logrado(da) ESP, exitoso(sa) AM ▸ **c'est réussi !** *iron* ¡vaya éxito!

réussir [32] [ReysiR] ❖ vi **1.** [affaire] salir bien **2.** [personne] salir adelante ▸ **réussir à faire qqch** conseguir hacer algo ▸ **réussir à qqch** [examen, test] aprobar algo **3.** [climat] ▸ **réussir à qqn** sentar bien a alguien. ❖ vt **1.** [portrait, plat] ▸ **réussir qqch** salirle bien a uno algo **2.** [examen] aprobar.

réussite [Reysit] nf **1.** [succès] éxito *m* **2.** [jeu de cartes] solitario *m*.

réutilisation [Reytilizasjɔ̃] nf reutilización *f*.

réutiliser [3] [Reytilize] vt reutilizar.

revaloir [60] [RəvalwaR] vt **1.** [avec reconnaissance] ▸ **revaloir qqch à qqn** devolver algo a alguien **2.** [avec hostilité] ▸ **je te le revaudrai !** ¡ya me las pagarás!

revalorisation [RəvalɔRizasjɔ̃] nf revalorización *f*.

revaloriser [3] [RəvalɔRize] vt **1.** [monnaie, salaires] revaluar **2.** *fig* [idée, doctrine] revalorizar.

revanchard, e [Rəvɑ̃ʃaR, aRd] adj & nm, f *fam* revanchista, vengativo(va).

revanche [Rəvɑ̃ʃ] nf revancha *f*, venganza *f* ▸ **prendre sa revanche** tomarse la revancha. ◆ **en revanche** loc adv en cambio.

rêvasser [3] [Rɛvase] vi soñar despierto(ta).

rêve [Rɛv] nm sueño *m* ▸ **de rêve** de ensueño ▸ **faire un rêve** tener un sueño.

rêvé, e [Rɛve] adj ideal.

revêche [Rəvɛʃ] adj arisco(ca).

réveil [Revɛj] nm **1.** [de personne, d'animal, de volcan] despertar *m* ▸ **au réveil** al despertar **2.** [pendule] despertador *m* **3.** *fig* [retour à la réalité] vuelta *f* a la realidad.

réveiller [4] [Reveje] vt **1.** [gén] despertar **2.** [sentiment, qualité] estimular. ◆ **se réveiller** vp despertarse.

réveillon [Revɛjɔ̃] nm **1.** [de Noël] cena *f* de Nochebuena **2.** [de la Saint-Sylvestre] cena *f* de Nochevieja **3.** [fête] cotillón *m*, revellón *m*.

réveillonner [3] [Revɛjɔne] vi *cenar el día de Nochebuena o Nochevieja*.

révélateur, trice [RevelatœR, tRis] adj revelador(ra). ◆ **révélateur** nm **1.** PHOTO revelador *m* **2.** *fig* [ce qui révèle] dato *m* revelador.

révélation [Revelasjɔ̃] nf **1.** [gén] revelación *f* **2.** [prise de conscience] conciencia *f*.

révéler [18] [revele] vt **1.** [gén] revelar **2.** [artiste] dar a conocer. ◆ **se révéler** vp **1.** [apparaître] revelarse **2.** [s'avérer] resultar.

revenant, e [rəvnɑ̃, ɑ̃t] nm, f **1.** [fantôme] aparecido *m*, -da *f* **2.** *fam* [personne] resucitado *m*, -da *f*.

revendeur, euse [rəvɑ̃dœr, øz] nm, f revendedor *m*, -ra *f*.

revendicatif, ive [rəvɑ̃dikatif, iv] adj reivindicativo(va).

revendication [rəvɑ̃dikasjɔ̃] nf reivindicación *f*.

revendiquer [3] [rəvɑ̃dike] vt [gén] reivindicar ; [responsabilité] asumir.

revendis → **revendre**.

revendre [73] [rəvɑ̃dr] vt revender ▸ **avoir qqch à revendre** *fig* tener algo para dar y tomar.

revends → **revendre**.

revendu, e [rəvɑ̃dy] pp → **revendre**.

revenir [40] [rəvnir] ❖ vi

1. [gén] volver / *tu reviens demain ?* ¿vuelves mañana? / *je suis revenue de Barcelone* he vuelto de Barcelona ▸ **revenir à qqch** volver a algo ▸ **revenir à qqn** volver con alguien ▸ **revenir sur qqch** volver sobre algo ▸ **revenir à soi** volver en sí

2. [à l'esprit] ▸ **ça ne me revient pas** no me acuerdo

3. [être rapporté] ▸ **revenir à qqn / aux oreilles de qqn** llegar a alguien / a oídos de alguien

4. [coûter] ▸ **revenir à** salir por / *le voyage nous est revenu à 800 euros* el viaje nos salió por 800 euros

5. [être équivalent] ▸ **cela revient au même** eso viene a ser lo mismo

6. [honneur, tâche] ▸ **revenir à qqn (de faire qqch)** corresponder a alguien (hacer algo)

7. *fam* [plaire] ▸ **ne pas revenir à qqn** no caer bien a alguien / *sa tête ne me revient pas* me cae gordo

8. [se dédire] ▸ **revenir sur qqch** volverse atrás sobre algo

9. [être désillusionné] ▸ **revenir de qqch** estar de vuelta de algo

10. CULIN ▸ **faire revenir qqch** rehogar **ou** sofreír algo

11. EXPR **ne pas en revenir** *fam* no salir de su asombro ▸ **revenir de loin** escapar de la muerte

revente [rəvɑ̃t] nf reventa *f*.

revenu [rəvny] nm renta *f*. ◆ **revenus** nmpl ingresos *mpl*.

rêver [4] [rɛve] ❖ vi **1.** [gén] soñar ▸ **rêver de qqn** soñar con alguien ▸ **rêver de qqch / de faire qqch** soñar con algo / con hacer algo ▸ **rêver que** soñar que **2.** [rêvasser] soñar despierto(ta) ▸ **rêver à qqch** soñar con algo. ❖ vt soñar.

réverbération [revɛrberasjɔ̃] nf reverberación *f*.

réverbère [revɛrbɛr] nm farola *f*.

réverbérer [18] [revɛrbere] vt reverberar.

reverdir [32] [rəvɛrdir] vi reverdecer.

révérence [reverɑ̃s] nf reverencia *f*.

révérencieux, euse [reverɑ̃sjø, øz] adj reverente.

révérend, e [reverɑ̃, ɑ̃d] adj reverendo(da). ◆ **révérend** nm reverendo *m*.

révérer [18] [revere] vt *sout* reverenciar.

rêverie [rɛvri] nf fantasía *f*, ensueño *m*.

revers [rəvɛr] nm **1.** [de main] dorso *m* ▸ **à revers** por detrás **2.** [de pièce] reverso *m* ▸ **le revers de la médaille** *fig* el reverso de la medalla **3.** [de vêtement] solapa *f* **4.** [de fortune, au tennis] revés *m*.

reverser [3] [rəvɛrse] vt **1.** [liquide] volver a verter **2.** FIN transferir.

réversible [revɛrsibl] adj reversible.

revêtement [rəvɛtmɑ̃] nm [de paroi, sol] revestimiento *m* ; [de route] firme *m*.

revêtir [44] [rəvɛtir] vt **1.** [vêtement] vestir **2.** [mur, surface, caractère] revestir ▸ **revêtir qqch de qqch** revestir algo con algo **3.** *sout* [de dignité, de pouvoirs] ▸ **revêtir qqn de qqch** investir a alguien de algo.

revêts → **revêtir**.

revêtu, e [rəvɛty] pp → **revêtir**.

rêveur, euse [rɛvœr, øz] adj & nm, f soñador(ra).

reviendrai → **revenir**.

reviens → **revenir**.

revient [rəvjɛ̃] nm → **prix**.

revigorant, e [rəvigɔrɑ̃, ɑ̃t] adj [vent, bain] tonificante ; [boisson] reconfortante.

revigorer [3] [rəvigɔre] vt tonificar.

revins → **revenir**.

revirement [rəvirmɑ̃] nm viraje *m*.

révisable [revizabl] adj revisable.

réviser [3] [revize] vt **1.** [gén] revisar **2.** SCOL & UNIV repasar.

révision [revizjɔ̃] nf **1.** [gén] revisión *f* **2.** SCOL & UNIV repaso *m*.

révisionnisme [revizjɔnism] nm revisionismo *m*.

révisionniste [revizjɔnist] adj & nmf revisionista.

revisiter [3] [rəvizite] vt [voir sous un jour nouveau] revisitar.

revisser [3] [rəvise] vt volver a atornillar.

revitalisant, e [rəvitalizɑ̃, ɑ̃t] adj revitalizante.

revitaliser [3] [rəvitalize] vt revitalizar.

revivre [90] [rəvivr] ❖ vi revivir ▸ **faire revivre qqch à qqn** hacer revivir algo a alguien. ❖ vt volver a vivir.

révocable [revɔkabl] adj [fonctionnaire] destituible ; [testament] revocable.

révocation [revɔkasjɔ̃] nf revocación *f*.

revoici [rəvwasi] prép ▸ **me revoici !** ¡aquí estoy otra vez!

revoilà [rəvwala] prép : *les revoilà !* ¡ahí están de nuevo!!

revoir [62] [ʀəvwaʀ] vt **1.** [voir à nouveau] volver a ver **2.** [réviser] repasar. ◆ **se revoir** vp volver a verse. ◆ **au revoir** interj ¡adiós!

révoltant, e [ʀevɔltɑ̃, ɑ̃t] adj indignante.

révolte [ʀevɔlt] nf revuelta *f* ▸ **inciter** ou **pousser qqn à la révolte** incitar ou empujar a alguien a la revuelta.

révolté, e [ʀevɔlte] ◆ adj **1.** [rebelle] rebelde / *c'est un jeune révolté qui a quitté sa famille* es un joven rebelde que abandonó a su familia **2.** [indigné] indignado(da) / *révoltée, elle lui tourna le dos* indignada, le volvió la espalda. ◆ nm, f [rebelle] rebelde *mf*.

révolter [3] [ʀevɔlte] vt sublevar. ◆ **se révolter** vp **1.** [se soulever] rebelarse, sublevarse ▸ **se révolter contre qqch / contre qqn** rebelarse ou sublevarse contra algo / contra alguien **2.** [s'indigner] sublevarse.

révolu, e [ʀevɔly] adj **1.** [époque] pasado(da) **2.** [ans] cumplido(da).

révolution [ʀevɔlysjɔ̃] nf revolución *f* ▸ **en révolution** revolucionado(da) ▸ **la révolution culturelle** la revolución cultural ▸ **la Révolution (française)** la Revolución francesa.

Révolution Française

El acontecimiento más importante en la historia de Francia desembocó en la constitución del régimen republicano y puso en marcha un cambio radical en el sistema social y político, primero en Francia, y luego en todo el mundo occidental. Provocada por las injusticias sociales, la crítica ilustrada a la sociedad estamental, la proclamación de los principios de libertad e igualidad, fue un periodo turbulento que se inició con la reunión de los Estados Generales y la toma de la Bastilla en 1789, y acabó en el año VIII de la Revolución (1799) con el golpe de Estado del 18 de brumario por parte de Napoleón. La década revolucionaria supuso la abolición de las instituciones feudales y la instauración de un orden social y político garante de la igualdad ante la ley; acabó así con el Antiguo Régimen y supuso el paso de la Edad Moderna a la Contemporánea.

révolutionnaire [ʀevɔlysjɔnɛʀ] adj & nmf revolucionario(ria).

révolutionner [3] [ʀevɔlysjɔne] vt revolucionar.

revolver [ʀevɔlvɛʀ] nm revólver *m*.

révoquer [3] [ʀevɔke] vt revocar.

revue [ʀəvy] nf **1.** [gén] revista *f* ▸ **passer qqch en revue** pasar revista a algo ▸ **revue de presse** revista de prensa **2.** [défilé] desfile *m*.

révulsé, e [ʀevylse] adj [yeux] en blanco.

révulser [3] [ʀevylse] vt escandalizar. ◆ **se révulser** vp : *ses yeux se révulsèrent* se le pusieron los ojos en blanco.

rewriting [ʀiʀajtiŋ] nm corrección *f* de estilo.

Reykjavik [ʀɛkjavik] npr Reykjavik.

rez-de-chaussée [ʀedʃose] nm inv planta *f* baja.

rez-de-jardin [ʀedʒaʀdɛ̃] nm inv planta *f* baja con jardín.

RF *abr de* **République française**.

RFA (*abr de* **République fédérale d'Allemagne**) nf RFA *f* / *en (ex-)RFA* en la (antigua) RFA.

RFI (*abr de* **Radio France Internationale**) nf *radio internacional francesa que emite programas para el mundo francófono* ▸ **écouter / capter RFI** escuchar/captar la RFI ▸ **la fréquence de RFI** la frecuencia de RFI.

RFO (*abr de* **Réseau France Outre-mer**) nm *radiotelevisión francesa de ultramar*.

r.g., RG (*abr écrite de* **rive gauche**) orilla *f* sur / *le Loiret est un affluent de la Loire (r.g.)* el Loiret es un afluente del Loira (orilla sur).

RG (*abr de* **Renseignements généraux**) nmpl *servicios secretos de la policía francesa* ▸ **être fiché aux RG** estar fichado en los RG.

Rh (*abr écrite de* **Rhésus**) Rh ▸ **Rh positif / négatif** Rh positivo/negativo.

rhabiller [3] [ʀabije] vt vestir de nuevo. ◆ **se rhabiller** vp vestirse de nuevo ▸ **va te rhabiller !** *fam* ¡vete a casa!

rhapsodie, rapsodie [ʀapsɔdi] nf rapsodia *f*.

rhénan, e [ʀenɑ̃, an] adj renano(na).

rhéostat [ʀeɔsta] nm reóstato *m*, reostato *m*.

rhésus [ʀezys] nm MÉD Rh *m* ▸ **rhésus positif / négatif** Rh positivo/negativo.

rhétorique [ʀetɔʀik] nf retórica *f*.

Rhin [ʀɛ̃] npr ▸ **le Rhin** el Rin.

rhinite [ʀinit] nf rinitis *f*.

Comment dire au revoir

- **¡Adiós, Gregorio!** *Au revoir, Gregorio !*
- **¡Adiós, y gracias de nuevo!** *Au revoir, et merci encore !*
- **¡Buenas noches!** *Bonsoir !*
- **¡Hasta pronto!** *À bientôt !*
- **¡Hasta luego!** *À tout à l'heure !*
- **¡Hasta la próxima!** *À la prochaine !*
- **¡Hasta mañana!** *À demain !*
- **¡Hasta la vista!** *À la prochaine !*
- **¡Adiós!** *Salut !*

rhinocéros [ʀinɔseʀɔs] nm rinoceronte *m*.

rhino-pharyngite [ʀinɔfaʀɛ̃ʒit] (*pl* **rhino-pharyngites**) nf rinofaringitis *f inv*.

Rhodes [ʀɔd] npr Rodas ▸ **le colosse de Rhodes** el coloso de Rodas.

rhododendron [ʀɔdɔdɛ̃dʀɔ̃] nm rododendro *m*.

Rhône [ʀon] npr ▸ **le Rhône** el Ródano.

rhubarbe [ʀybaʀb] nf ruibarbo *m*.

rhum [ʀɔm] nm ron *m*.

rhumatisant, e [ʀymatizɑ̃, ɑ̃t] adj & nm, f reumático(ca).

rhumatismal, e, aux [ʀymatismal, o] adj reumático(ca).

rhumatisme [ʀymatism] nm reumatismo *m*.

rhumatologue [ʀymatɔlɔg] nmf reumatólogo *m*, -ga *f*.

rhume [ʀym] nm catarro *m*, resfriado *m* ESP, resfrío *m* AM ▸ **attraper un rhume** coger un catarro OU resfriado ▸ **rhume des foins** fiebre *f* del heno.

ri [ʀi] pp inv ⟶ **rire**.

RI ❖ nm (*abr de* **régiment d'infanterie**) regimiento *m* de infantería. ❖ nmpl (*abr de* **Républicains indépendants**) *partido político francés a la derecha del espectro político*.

Riad = **Riyad**.

riant, e [ʀijɑ̃, ɑ̃t] adj risueño(ña).

RIB, Rib [ʀib] (*abr de* **relevé d'identité bancaire**) nm *certificado de identificación bancaria que incluye el número de cuenta, la sucursal, etc.* ▸ **joindre un RIB** adjuntar un certificado de identificación bancaria.

ribambelle [ribɑ̃bɛl] nf ▸ **une ribambelle de qqch** una retahíla de algo.

ribonucléique [ʀibonykleik] adj ribonucléico(ca) ▸ **acide ribonucléique** ácido ribonucléico.

ricanement [ʀikanmɑ̃] nm [avec méchanceté] risita *f* sarcástica ; [bête] risa *f* tonta.

ricaner [3] [ʀikane] vi [avec méchanceté] reír sarcásticamente ; [bêtement] tener la risa tonta.

RICE, Rice [ʀis] (*abr de* **relevé d'identité de caisse d'épargne**) nm *certificado de identificación correspondiente a las cajas de ahorro que incluye el número de cuenta, la sucursal, etc.*

richard, e [ʀiʃaʀ, aʀd] nm, f *fam* & *péj* ricachón *m*, -ona *f* ESP, catrín *m*, -ina *f* AM.

riche [ʀiʃ] ❖ adj rico(ca) / *riche d'enseignements* rico en enseñanzas / *riche en vitamines* rico en vitaminas. ❖ nmf rico *m*, -ca *f* ▸ **nouveau riche** nuevo rico.

richement [ʀiʃmɑ̃] adv ricamente.

richesse [ʀiʃɛs] nf riqueza *f* ▸ **richesse en qqch** riqueza en algo. ◆ **richesses** nfpl **1.** [de personne] riquezas *fpl* **2.** [de pays] riqueza *f*.

richissime [ʀiʃisim] adj riquísimo(ma).

ricin [ʀisɛ̃] nm ricino *m*.

ricocher [3] [ʀikɔʃe] vi rebotar.

ricochet [ʀikɔʃɛ] nm rebote *m* ▸ **faire des ricochets** tirar piedras ▸ **par ricochet** *fig* de carambola.

rictus [ʀiktys] nm rictus *m inv*.

ride [ʀid] nf **1.** [sur la peau] arruga *f* **2.** [sur l'eau] onda *f*.

ridé, e [ʀide] adj arrugado(da).

rideau, x [ʀido] nm **1.** [gén] cortina *f* **2.** THÉÂTRE telón *m*. ◆ **rideau de fer** nm **1.** [de magasin] persiana *f* metálica **2.** [frontière] telón *m* de acero.

rider [3] [ʀide] vt **1.** [peau] arrugar **2.** [surface de l'eau] rizar. ◆ **se rider** vp arrugarse.

ridicule [ʀidikyl] ❖ adj ridículo(la). ❖ nm ▸ **le ridicule** el ridículo ▸ **se couvrir de ridicule** hacer el ridículo ▸ **tourner qqch / qqn en ridicule** poner algo / a alguien en ridículo.

ridiculement [ʀidikylmɑ̃] adv ridículamente.

ridiculiser [3] [ʀidikylize] vt ridiculizar. ◆ **se ridiculiser** vp hacer el ridículo.

ridule [ʀidyl] nf pequeña arruga *f*.

rien [ʀjɛ̃] ❖ pron indéf

nada / *je ne lui ai rien dit* no le he dicho nada ▸ **ne… rien** no… nada / *il n'y a rien* no hay nada / *je n'en sais rien* no sé nada / *ça ne sert à rien* no sirve para nada ▸ **c'est ça ou rien !** o eso o nada ▸ **de rien !** ¡de nada! ▸ **rien à dire !** ¡no hay nada que decir! ▸ **rien à faire !** ¡no hay nada que hacer! ▸ **rien à signaler** sin novedad ▸ **rien d'autre** nada más ▸ **rien de nouveau** nada nuevo, sin novedad ▸ **sans rien dire** sin decir nada ▸ **tout ou rien** todo o nada ▸ **plus rien** nada más ▸ **pour rien** para nada / *pour rien au monde* por nada del mundo

❖ nm

▸ **pour un rien** [se fâcher, pleurer] por nada, por una tontería ▸ **en un rien de temps** en un santiamén

◆ **rien que** loc adv sólo / *rien que l'idée des vacances le rend heureux* sólo con pensar en las vacaciones ya es feliz ▸ **la verité, rien que la verité** la verdad y nada más que la verdad.

◆ **un rien** loc adv un poquito / *sa robe est un rien trop étroite* su vestido es un poquito estrecho.

rieur, euse [ʀijœʀ, øz] adj risueño(ña).

riff [ʀif] nm MUS riff *m* ▸ **riffs de guitare** riffs de guitarra.

Riga [ʀiga] npr Riga.

rigide [ʀiʒid] adj rígido(da).

rigidité [ʀiʒidite] nf rigidez *f*.

rigolade [ʀigɔlad] nf *fam* **1.** [gén] cachondeo *m* ▸ **prendre qqch à la rigolade** tomarse algo a cachondeo **2.** [chose facile] ▸ **c'est de la rigolade** está chupado.

rigolard, e [ʀigɔlaʀ, aʀd] adj *fam* guasón(ona).

rigole [ʀigɔl] nf acequia *f*.

rigoler [3] [ʀigɔle] vi *fam* **1.** [rire] reírse ▸ **rigoler de qqch** reírse de algo **2.** [plaisanter] bromear.

rigolo, ote [ʀigɔlo, ɔt] *fam* ❖ adj **1.** [drôle] cachondo(da) **2.** [curieux] rarillo(lla). ❖ nm, f cachondo *m*, -da *f* (*guasón*).

rigoriste [rigɔrist] adj & nmf rigorista.

rigoureusement [rigurøzmɑ̃] adv **1.** [durement] con rigor, rigurosamente **2.** [absolument] rigurosamente.

rigoureux, euse [rigurø, øz] adj riguroso(sa).

rigueur [rigœr] nf rigor *m* ▸ **être de rigueur** ser de rigor ▸ **tenir rigueur à qqn de qqch** tener en cuenta algo a alguien. ◆ **à la rigueur** loc adv en última instancia.

rillettes [rijɛt] nfpl *paté de carne de cerdo o ganso deshebrada*.

rime [rim] nf rima *f* ▸ **sans rime ni raison** *fig* sin ton ni son.

rimer [3] [rime] vi rimar ▸ **rimer avec qqch** rimar con algo ▸ **ça ne rime à rien** esto no nos lleva a ningún sitio.

Rimmel® [rimɛl] nm rímel *m*.

rinçage [rɛ̃saʒ] nm [de vaisselle] enjuague *m* ; [de linge, de cheveux] aclarado *m*.

rince-doigts [rɛ̃sdwa] nm inv lavamanos *m*.

rincer [16] [rɛ̃se] vt [vaisselle] enjuagar ; [cheveux, linge] aclarar. ◆ **se rincer** vp [se laver] enjuagarse, aclararse.

ring [riŋ] nm **1.** [de boxe] ring *m* **2.** BELGIQUE [rocade] circunvalación *f*.

ringard, e [rɛ̃gar, ard] adj *péj* hortera.

ringardise [rɛ̃gardiz] nf *fam* : ***la déco était d'une ringardise !*** ¡la decoración era súper rancia!

Rio de Janeiro [riodʒanɛro] npr Río de Janeiro.

RIP [rip *ou* ɛripe] (*abr de* **relevé d'identité postale**) nm *certificado del banco donde se especifica el número de cuenta y código de sucursal del cliente*.

ripaille [ripaj] nf *vieilli* ▸ **faire ripaille** estar de francachela.

riposte [ripɔst] nf **1.** [réponse] réplica *f* **2.** [contre-attaque] respuesta *f*.

riposter [3] [ripɔste] ❖ vt [répondre] ▸ **riposter que** replicar que. ❖ vi **1.** [répondre] replicar ▸ **riposter à qqch / à qqn** replicar a algo / a alguien **2.** [contre-attaquer] responder.

ripou [ripu] (*pl* **ripoux** *ou* **ripous**) (*verlan de* ***pourri***) *fam* ❖ adj [corrompu] corrupto(ta). ❖ nmf [policier] policía *m* corrupto.

riquiqui [rikiki] adj inv *fam* [tout petit - appartement, tableau, voiture] enano;(na) ; [- maillot de bain] minúsculo(la).

rire [95] [rir] ❖ nm risa *f* ▸ **éclater de rire** echarse a reír ▸ **c'est à mourir de rire** es para morirse de risa ▸ **elle a eu un fou rire** le dio un ataque de risa. ❖ vi **1.** [s'esclaffer] reír ▸ **rire de qqch / de qqn** [se moquer] reírse de algo / de alguien **2.** [plaisanter] ▸ **tu veux rire ?** ¿bromeas? ▸ **pour rire** *fam* en broma. ◆ **se rire** vp *sout* ▸ **se rire de qqch / de qqn** reírse de algo / de alguien.

ris¹ ⟶ **rire**.

ris² [ri] nm **1.** (*souvent au pl*) CULIN molleja *f* ▸ **ris de veau** mollejas *fpl* **2.** NAUT rizo *m*.

risée [rize] nf ▸ **être la risée de** ser el hazmerreír de.

risette [rizɛt] nf ▸ **faire (une) risette à qqn** echar una sonrisita a alguien.

risible [rizibl] adj risible.

risotto [rizɔto] nm risotto *m*.

risque [risk] nm riesgo *m* ▸ **à tes risques et périls** por tu cuenta y riesgo ▸ **courir un risque** correr un riesgo ▸ **prendre des risques** arriesgarse.

risqué, e [riske] adj **1.** [entreprise, expédition] arriesgado(da) **2.** [plaisanterie] atrevido(da).

risquer [3] [riske] vt **1.** [gén] arriesgar ▸ **risquer qqch** arriesgarse a algo ▸ **risquer de faire qqch** correr el riesgo de hacer algo ▸ **risquer que** arriesgarse a que / ***tu risques qu'elle l'apprenne*** te arriesgas a que se entere **2.** [tenter] aventurar ▸ **risquer gros** jugarse mucho ▸ **risquer le tout pour le tout** arriesgar el todo por el todo. ◆ **se risquer** vp arriesgarse ▸ **se risquer à (faire) qqch** arriesgarse a (hacer) algo.

risque-tout [riskətu] nmf temerario *m*, -ria *f*.

rissoler [3] [risɔle] ❖ vt dorar. ❖ vi dorar ▸ **faire rissoler** dorar.

ristourne [risturn] nf descuento *m* ▸ **faire une ristourne à qqn** hacer un descuento a alguien.

rital, e, als [rital] nm, f *fam* & *péj término despectivo para referirse a personas de origen italiano*.

rite [rit] nm rito *m*.

ritournelle [riturnɛl] nf ▸ **c'est toujours la même ritournelle** siempre (es) la misma canción.

rituel, elle [ritɥɛl] adj ritual. ◆ **rituel** nm ritual.

rituellement [ritɥɛlmɑ̃] adv ritualmente.

rivage [rivaʒ] nm orilla *f*, ribera *f*.

rival, e, aux [rival, o] adj & nm, f rival.

rivaliser [3] [rivalize] vi ▸ **rivaliser avec qqch / avec qqn** rivalizar ou competir con algo / con alguien ▸ **rivaliser de qqch** rivalizar en algo.

rivalité [rivalite] nf rivalidad *f*.

rive [riv] nf orilla *f*, ribera *f* ▸ **la Rive droite / gauche** *la orilla norte / sur del Sena en París*.

river [3] [rive] vt **1.** [rivet] remachar **2.** [fixer] ▸ **river qqch à qqch** fijar algo a algo ▸ **être rivé à qqch** *fig* estar pegado a algo.

riverain, e [rivrɛ̃, ɛn] adj & nm, f [de rivière] ribereño(ña) ; [de rue, de route] vecino(na).

rivet [rivɛ] nm remache *m*.

rivière [rivjɛr] nf río *m*. ◆ **rivière de diamants** nf collar *m* de diamantes.

rixe [riks] nf riña *f*.

Riyad, Riad [rijad] npr Riyad.

riz [ri] nm arroz *m* ▸ **riz au lait** arroz con leche ▸ **riz pilaf** arroz pilaf.

riziculture [rizikyltyr] nf cultivo *m* del arroz.

rizière [rizjɛr] nf arrozal *m*.

RMC (*abr de* **Radio Monte-Carlo**) nf *radio independiente francesa* ▸ **écouter / capter RMC** escuchar / captar

RMC ▸ **sur RMC** en RMC ▸ **la fréquence de RMC** la frecuencia de RMC.

RN (*abr de* **route nationale**) nf N / *prendre la RN 19* tomar la RN 19.

RNIS (*abr de* **réseau numérique à intégration de services**) nm RDSI *f* ▸ **la technologie RNIS** la tecnología RDSI.

ro *abr écrite de* **recto**.

robe [ʀɔb] nf **1.** [de femme] vestido *m* ▸ **robe de grossesse** vestido premamá ▸ **robe de mariée** vestido de novia **2.** [de magistrat] toga *f* **3.** [de cheval] pelaje *m* **4.** [de vin] color *m*. ◆ **robe de chambre** nf bata *f*.

robinet [ʀɔbinɛ] nm **1.** [d'évier] grifo *m* ESP, canilla *f* AM ▸ **robinet mélangeur** grifo monobloc **2.** [vanne d'eau, de gaz] llave *f*.

robinetterie [ʀɔbinɛtʀi] nf grifería *f*.

roboratif, ive [ʀɔbɔʀatif, iv] adj *sout* roborativo(va).

robot [ʀɔbo] nm robot *m*.

robotique [ʀɔbɔtik] nf robótica *f*.

robotisation [ʀɔbɔtizasjɔ̃] nf robotización *f*.

robotiser [3] [ʀɔbɔtize] vt robotizar.

robuste [ʀɔbyst] adj robusto(ta).

robustesse [ʀɔbystɛs] nf robustez *f*.

roc [ʀɔk] nm roca *f*.

rocade [ʀɔkad] nf desvío *m*.

rocaille [ʀɔkaj] nf **1.** [cailloux] guijarros *mpl* ; [terrain] pedregal *m* **2.** [dans un jardin] rocalla *f* **3.** [style] *estilo Luis XV*.

rocailleux, euse [ʀɔkajø, øz] adj **1.** [terrain] pedregoso(sa) **2.** *fig* [voix] ronco(ca).

rocambolesque [ʀɔkɑ̃bɔlɛsk] adj rocambolesco(ca).

roche [ʀɔʃ] nf roca *f*.

rocher [ʀɔʃe] nm **1.** [bloc] peñasco *m* ▸ **le rocher de Gibraltar** el peñón de Gibraltar **2.** *fig* [confiserie] ▸ **rocher au chocolat** *bombón con forma de roca*.

Rocheuses [ʀɔʃøz] npr f pl ▸ **les Rocheuses** las Rocosas.

rocheux, euse [ʀɔʃø, øz] adj rocoso(sa).

rock [ʀɔk] adj inv & nm rock.

rocker, euse [ʀɔkœʀ, øz] nm, f rockero *m*, -ra *f*.

rockeur, euse [ʀɔkœʀ, øz] nm, f [musicien, fan] rockero *m*, -ra *f*, roquero *m*, -ra *f*.

rocking-chair [ʀɔkiŋʃɛʀ] (*pl* **rocking-chairs**) nm mecedora *f*.

rococo [ʀokoko] ❖ adj inv **1.** [meuble, style] rococó **2.** [démodé] anticuado(a). ❖ nm rococó *m*.

rodage [ʀɔdaʒ] nm rodaje *m* ▸ **en rodage** en rodaje.

rodé, e [ʀɔde] adj rodado(da) ; [personne] puesto(ta).

rodéo [ʀɔdeo] nm **1.** [sport] rodeo *m* **2.** *fig* & *hum* [chose difficile] odisea *f*.

roder [3] [ʀɔde] vt rodar.

rôder [3] [ʀode] vi merodear, rondar.

rôdeur, euse [ʀodœʀ, øz] nm, f merodeador *m*, -ra *f*.

rodomontade [ʀɔdɔmɔ̃tad] nf *sout* baladronada *f*.

rogations [ʀɔgasjɔ̃] nfpl rogativas *fpl*.

rogatoire [ʀɔgatwaʀ] ⟶ **commission**.

rogne [ʀɔɲ] nf *fam* cabreo *m* ▸ **être en rogne** estar cabreado(da) ▸ **se mettre en rogne** cabrearse.

rogner [3] [ʀɔɲe] vt **1.** [livre, ongles] cortar **2.** [montant] recortar ▸ **rogner sur qqch** recortar algo.

rognon [ʀɔɲɔ̃] nm riñón *m*.

rognure [ʀɔɲyʀ] nf *(gén pl)* recorte *m*.

rogue [ʀɔg] adj *sout* altanero(ra).

roi [ʀwa] nm rey *m* ▸ **tirer les rois** *comer el roscón de reyes dentro del cual una figurita designa "rey" al que le toca* ▸ **être plus royaliste que le roi** ser más papista que el Papa. ◆ **Rois mages** nmpl ▸ **les Rois mages** los Reyes Magos.

roitelet [ʀwatlɛ] nm reyezuelo *m*.

Roland-Garros [ʀɔlɑ̃gaʀos] npr : *(le tournoi de) Roland-Garros* (el torneo de) Roland-Garros *m*.

Roland-Garros

En este estadio situado al noroeste de París tiene lugar el célebre torneo internacional de tenis en tierra batida, que lleva el mismo nombre. Se celebra todos los años en el mes de junio y forma parte del Gran Slam, es decir, es reconocido como uno de los cuatro torneos más importantes del mundo. Curiosamente, su nombre proviene de un aviador de Madagascar que nunca jugó al tenis, pero que fue el primer piloto en atravesar el mar Mediterráneo, así como el primer piloto de guerra del mundo.

rôle [ʀol] nm papel *m (personaje, función)* ▸ **jouer un rôle** representar un papel ▸ **avoir le beau rôle** tener el mejor papel ▸ **jeu de rôles** juego de rol.

rôle-titre [ʀoltitʀ] nm papel *m* protagonista.

roller [ʀɔlœʀ] nm roller *m inv* ▸ **faire du roller** hacer rolling.

rollmops [ʀɔlmɔps] nm *arenque escabechado envuelto alrededor de un pepinillo*.

ROM, Rom [ʀɔm] (*abr de* **read only memory**) nf ROM *f* ▸ **un CD-ROM** un CD-ROM.

romain, e [ʀɔmɛ̃, ɛn] adj romano(na). ◆ **Romain, e** nm, f [habitant de Rome] romano *m*, -na *f*. ◆ **romain** nm [caractères] redonda *f*. ◆ **romaine** nf [salade] (lechuga) romana *f*.

roman, e [ʀɔmɑ̃, an] adj románico(ca). ◆ **roman** nm **1.** [gén] novela *f* ▸ **roman d'action** novela de acción ▸ **roman d'anticipation** novela de ciencia ficción

▸ **roman noir** novela negra ▸ **roman policier** novela policíaca **2.** ARCHIT ▸ **le roman** el románico.

romance [Rɔmɑ̃s] nf romanza *f*.

romancer [16] [Rɔmɑ̃se] vt novelar.

romanche [Rɔmɑ̃ʃ] adj & nm romanche.

romancier, ère [Rɔmɑ̃sje, ɛR] nm, f novelista *mf*.

romand, e [Rɔmɑ̃, ɑ̃d] adj francófono(na) *(suizo)*. ◆ **Romand, e** nm, f suizo *m* francófono, suiza *f* francófona.

romanesque [Rɔmanɛsk] adj novelesco(ca).

roman-feuilleton [Rɔmɑ̃fœjtɔ̃] (*pl* **romans-feuilletons**) nm folletín *m*.

roman-fleuve [Rɔmɑ̃flœv] (*pl* **romans-fleuves**) nm culebrón *m*.

romanichel, elle [Rɔmaniʃɛl] nm, f gitano *m*, -na *f*.

romaniste [Rɔmanist] nmf LING romanista *mf*.

roman-photo [Rɔmɑ̃fɔto] (*pl* **romans-photos**) nm fotonovela *f*.

romantique [Rɔmɑ̃tik] adj & nmf romántico(ca).

romantisme [Rɔmɑ̃tism] nm romanticismo *m*.

romarin [RɔmaRɛ̃] nm romero *m*.

rombière [Rɔ̃bjɛR] nf *fam* & *péj* señorona *f*.

Rome [Rɔm] npr Roma.

rompis ⟶ **rompre**.

rompre [78] [Rɔ̃pR] ❖ vt **1.** *sout* [gén] romper ; [pain] partir ▸ **applaudir à tout rompre** aplaudir a rabiar **2.** *sout* [exercer] ▸ **rompre qqn à qqch** avezar a alguien en algo. ❖ vi **1.** [casser] romperse **2.** *fig* [se séparer] ▸ **rompre avec qqn** romper con alguien **3.** *fig* [abandonner] ▸ **rompre avec qqch** romper con algo. ◆ **se rompre** vp romperse ▸ **se rompre qqch** romperse algo.

romps ⟶ **rompre**.

rompu, e [Rɔ̃py] ❖ pp ⟶ **rompre.** ❖ adj **1.** [exténué] extenuado(da) ▸ **rompu de qqch** extenuado de algo **2.** [expérimenté] ducho(cha), experto(ta).

romsteck = **rumsteck**.

ronce [Rɔ̃s] nf **1.** [arbuste] zarza *f* **2.** [en ébénisterie] veta *f*.

ronchon, onne [Rɔ̃ʃɔ̃, ɔn] adj & nm, f *fam* gruñón(ona).

ronchonner [3] [Rɔ̃ʃɔne] vi *fam* gruñir ▸ **ronchonner après qqch / après qqn** gruñir por algo / a alguien.

rond, e [Rɔ̃, Rɔ̃d] adj **1.** [gén] redondo(da) **2.** *fam* [ivre] trompa. ◆ **rond** ❖ nm **1.** [cercle] círculo *m* **2.** [anneau] aro *m* ▸ **rond de serviette** servilletero *m* **3.** *fam* [argent] ▸ **ne pas avoir un rond** no tener un duro. ❖ adv [correctement] ▸ **ça ne tourne pas rond** esto no marcha.

rond-de-cuir [Rɔ̃dkɥiR] (*pl* **ronds-de-cuir**) nm *vieilli* & *péj* chupatintas *m inv*.

ronde [Rɔ̃d] nf **1.** [de surveillance] ronda *f* **2.** [danse] corro *m* **3.** MUS [note] redonda *f*. ◆ **à la ronde** loc adv a la redonda.

rondelet, ette [Rɔ̃dlɛ, ɛt] adj **1.** [grassouillet] regordete(ta) **2.** *fig* [somme] ▸ **une somme rondelette** una buena cantidad.

rondelle [Rɔ̃dɛl] nf **1.** [de saucisson] rodaja *f* **2.** [de métal] arandela *f*.

rondement [Rɔ̃dmɑ̃] adv eficazmente.

rondeur [Rɔ̃dœR] nf **1.** [forme] redondez *f* **2.** [partie charnue] curva *f* **3.** [de caractère] franqueza *f*.

rondin [Rɔ̃dɛ̃] nm leño *m*.

rondouillard, e [Rɔ̃dujaR, aRd] adj *fam* rechoncho(cha).

rond-point [Rɔ̃pwɛ̃] (*pl* **ronds-points**) nm glorieta *f*.

ronflant, e [Rɔ̃flɑ̃, ɑ̃t] adj *péj* rimbombante.

ronflement [Rɔ̃fləmɑ̃] nm **1.** [de dormeur] ronquido *m* **2.** [de poêle, d'un moteur] zumbido *m*.

ronfler [3] [Rɔ̃fle] vi **1.** [personne] roncar **2.** [poêle, moteur] zumbar.

ronger [17] [Rɔ̃ʒe] vt **1.** [os] roer ; [bois] carcomer **2.** [détruire peu à peu, miner] corroer. ◆ **se ronger** vp ▸ **se ronger les ongles** morderse las uñas.

rongeur, euse [Rɔ̃ʒœR, øz] adj roedor(ra). ◆ **rongeur** nm roedor *m*.

ronron [Rɔ̃Rɔ̃] nm **1.** [du chat] ronroneo *m* **2.** [d'un moteur] zumbido *m* **3.** *péj* & *fig* [routine] rutina *f*.

ronronnement [Rɔ̃Rɔnmɑ̃] nm **1.** [d'un chat] ronroneo *m* **2.** [d'un moteur] zumbido *m*.

ronronner [3] [Rɔ̃Rɔne] vi **1.** [chat] ronronear **2.** [moteur] zumbar.

roquefort [RɔkfɔR] nm roquefort *m*.

roquer [3] [Rɔke] vi enrocar.

roquet [Rɔkɛ] nm *péj* **1.** [chien] gozque *m*, gozquejo *m* **2.** *fig* [personne] machito *m*.

roquette [Rɔkɛt] nf MIL cohete *m (misil)*.

ROR [ɛRoɛR, RɔR] (***abr de* rougeole oreillons rubéole**) nm ▸ **vaccin ROR** vacuna SPR.

rosace [Rozas] nf rosetón *m*.

rosaire [RozɛR] nm rosario *m*.

rosâtre [RozatR] adj rosáceo(a).

rosbif [Rɔzbif] nm **1.** [viande] rosbif *m* **2.** *péj* [Anglais] inglés *m*, -esa *f*.

rose [Roz] ❖ nf [fleur] rosa *f* ▸ **rose trémière** malvarrosa *f* ▸ **envoyer qqn sur les roses** *fam* & *fig* mandar a alguien a paseo. ❖ nm [couleur] rosa *m*. ❖ adj rosa ▸ **rose bonbon** rosa fuerte. ◆ **rose des vents** nf rosa *f* de los vientos.

rosé, e [Roze] adj rosado(da). ◆ **rosé** nm [vin] rosado *m*. ◆ **rosée** nf rocío *m*.

roseau, x [Rozo] nm caña *f (planta)*.

roseraie [RozRɛ] nf rosaleda *f*.

rosette [Rozɛt] nf **1.** [nœud] lazada *f* **2.** [insigne] botón *m (de condecoración)*. ◆ **rosette de Lyon** nf CULIN *salchichón seco de Lyon*.

rosier [Rozje] nm rosal *m*.

rosir [32] [ROZIR] ◆ vt sonrosar. ◆ vi sonrosarse.

rosse [ROS] ◆ adj **1.** [critique] mordaz **2.** [personne] muy severo(ra). ◆ nf *péj* **1.** *vieilli* [cheval] rocín *m* **2.** *fig* [personne] hueso *m*.

rosser [3] [ROSe] vt vapulear.

rosserie [ROSRi] nf *vieilli* faena *f*.

rossignol [ROsiɲɔl] nm **1.** [oiseau] ruiseñor *m* **2.** [passe-partout] ganzúa *f*.

rot [RO] nm eructo *m*.

rotatif, ive [Rɔtatif, iv] adj rotativo(va). ◆ **rotative** nf [presse] rotativar *f*.

rotation [Rɔtasjɔ̃] nf rotación *f*.

roter [3] [Rɔte] vi *fam* eructar.

rôti, e [Roti] adj asado(da). ◆ **rôti** nm asado *m* ▸ **rôti de porc / de veau** asado de cerdo / de ternera.

rotin [Rɔtɛ̃] nm mimbre *m*.

rôtir [32] [RɔtiR] ◆ vt asar. ◆ vi asarse ▸ **faire rôtir** asar. ◆ **se rôtir** vp [au soleil] tostarse.

rôtisserie [RɔtisRi] nf asador *m* *(establecimiento)*.

rôtissoire [RɔtiswaR] nf asador *m* *(utensilio, aparato eléctrico)*.

rotonde [Rɔtɔ̃d] nf rotonda *f*.

rotor [RɔtɔR] nm rotor *m*.

rotule [Rɔtyl] nf rótula *f*.

roturier, ère [RɔtyRje, ɛR] adj & nm, f plebeyo(ya).

rouage [Rwaʒ] nm rueda *f*. ◆ **rouages** nmpl engranajes *mpl*.

roublard, e [RublaR, aRd] adj & nm, f *fam* marrullero(ra).

roublardise [RublaRdiz] nf marrullería *f*.

rouble [Rubl] nm rublo *m*.

roucoulement [Rukulmɑ̃] nm arrullo *m*.

roucouler [3] [Rukule] ◆ vt tararear. ◆ vi arrullarse.

roue [Ru] nf **1.** [gén] rueda *f* ▸ **en roue libre** sin pisar el freno ▸ **roue arrière / avant** rueda trasera / delantera ▸ **roue dentée** rueda dentada ▸ **roue de secours** rueda de repuesto **2.** [de loterie] ruleta *f*. ◆ **grande roue** nf noria *f*.

rouer [6] [Rwe] vt ▸ **rouer qqn de coups** moler a alguien a golpes.

rouerie [RuRi] nf artería *f*.

rouet [Ruɛ] nm rueca *f*.

rouge [Ruʒ] ◆ adj rojo(ja) ▸ **rouge de qqch** rojo(ja) de algo. ◆ nm **1.** [couleur] rojo *m* **2.** [émotion] : ***le rouge lui monta aux joues*** se puso colorado(da) **3.** *fam* [vin] tinto *m* ▸ **gros rouge** tintorro *m* **4.** [fard] colorete *m* ▸ **rouge à joues** colorete ▸ **rouge à lèvres** barra *f* ou lápiz *m* de labios. ◆ nmf *péj* [communiste] rojo *m*, -ja *f*. ◆ adv ▸ **voir rouge** ponerse rojo(ja) de ira.

rougeâtre [RuʒatR] adj rojizo(za).

rougeaud, e [Ruʒo, od] adj colorado(da).

rouge-gorge [Ruʒgɔrʒ] (*pl* **rouges-gorges**) nm petirrojo *m*.

rougeoiement [Ruʒwamɑ̃] nm resplandor *m* rojo.

rougeole [Ruʒɔl] nf sarampión *m*.

rougeoyer [13] [Ruʒwaje] vi enrojecer.

rouget [Ruʒɛ] nm salmonete *m*.

rougeur [RuʒœR] nf [gén] rojez *f* ; [de honte] rubor *m*.

rougir [3] [RuʒiR] ◆ vt enrojecer. ◆ vi **1.** [arbre, feuille, ciel] enrojecer **2.** [personne] ▸ **rougir de qqch** ruborizarse por algo.

rougissant, e [Ruʒisɑ̃, ɑ̃t] adj [gén] enrojecido(da) ; [de honte] ruborizado(da).

rouille [Ruj] ◆ nf **1.** [oxyde] herrumbre *f*, óxido *m* **2.** CULIN *salsa roja a base de guindillas que acompaña la sopa de pescado y la bullabesa*. ◆ adj inv [couleur] rojizo(za).

rouillé, e [Ruje] adj [métal, corps, esprit] oxidado(da) / ***la serrure est complètement rouillée*** la cerradura está completamente oxidada / ***je suis rouillé, je n'ai pas fait de sport depuis des mois*** estoy oxidado, no he hecho deporte desde hace meses.

rouiller [3] [Ruje] ◆ vt oxidar. ◆ vi oxidarse. ◆ **se rouiller** vp oxidarse.

roulade [Rulad] nf **1.** [galipette] voltereta *f* **2.** CULIN rollo *m* de carne.

roulant, e [Rulɑ̃, ɑ̃t] adj **1.** [meuble] con ruedas **2.** [escalier] mecánico(ca) **3.** [personnel] de trenes.

roulé, e [Rule] adj **1.** [col] vuelto(ta) **2.** LING vibrante **3.** EXPR **bien roulé** *fam* bien plantado. ◆ **roulé** nm CULIN ≃ brazo *m* de gitano.

rouleau, x [Rulo] nm **1.** [cylindre] rollo *m* ; [de monnaie] cartucho *m* **2.** [de peintre, de pâtissier] rodillo *m* **3.** [bigoudi] rulo *m* **4.** [vague] rompiente *f*. ◆ **rouleau compresseur** nm apisonadora *f*. ◆ **rouleau encreur** nm rodillo *m* *(de tinta)*. ◆ **rouleau de printemps** nm CULIN rollito *m* de primavera.

roulé-boulé [Rulebule] (*pl* **roulés-boulés**) nm voltereta *f*.

roulement [Rulmɑ̃] nm **1.** [gén] rodamiento *m* ▸ **roulement à billes** rodamiento ou cojinete *m* de bolas **2.** [de personnel, de hanches] rotación *f* **3.** [de tambour] redoble *m* **4.** FIN [circulation] circulación *f*. ◆ **roulement de tonnerre** nm trueno *m*.

rouler [3] [Rule] ◆ vt **1.** [tonneau] rodar **2.** [tapis] enrollar ; [cigarette] liar **3.** LING hacer vibrar **4.** *fig* [projets, pensées] darle vueltas a **5.** *fam* [duper] timar. ◆ vi **1.** [ballon] rodar **2.** [véhicule, argent] circular **3.** [automobiliste] conducir ESP, manejar AM **4.** [bateau] balancearse **5.** [tonnerre] resonar **6.** [conversation] ▸ **rouler sur qqch / sur qqn** girar sobre algo / sobre alguien **7.** EXPR **ça roule !** *fam* [c'est entendu] ¡vale colega! ◆ **se rouler** vp revolcarse.

roulette [Rulɛt] nf **1.** [petite roue] ruedecilla *f* ▸ **comme sur des roulettes** *fam* sobre ruedas **2.** [de dentiste] torno *m* **3.** [jeu] ruleta *f* ▸ **roulette russe** ruleta rusa.

roulis [Ruli] nm balanceo *m*.

roulotte [rulɔt] nf **1.** [de gitans] caravana *f* **2.** [de tourisme] roulotte *f*, caravana *f*.

roulure [rulyR] nf *fam* & *péj* furcia *f*.

roumain, e [rumɛ̃, ɛn] adj rumano(na). ◆ **roumain** nm LING rumano *m*. ◆ **Roumain, e** nm, f rumano *m*, -na *f*.

Roumanie [rumani] npr ▸ **la Roumanie** Rumanía.

round [rawnd] nm asalto *m*, round *m*.

roupiller [3] [rupije] vi *fam* sobar *(dormir)*.

roupillon [rupijɔ̃] nm *fam* ▸ **piquer un roupillon** echar una cabezadita.

rouquin, e [rukɛ̃, in] adj & nm, f *fam* pelirrojo(ja).

rouspéter [18] [ruspete] vi *fam* refunfuñar.

rouspéteur, euse [ruspetœR, øz] adj & nm, f *fam* gruñón(ona).

rousseur [rusœR] nf rubicundez *f (del pelo)*.

roussi [rusi] nm chamusquina *f* ▸ **ça sent le roussi** *fam* & *fig* esto me huele a chamusquina.

roussir [32] [rusiR] ❖ vt **1.** [rendre roux] enrojecer **2.** [brûler légèrement] chamuscar. ❖ vi **1.** [devenir roux] enrojecer **2.** CULIN dorarse.

routage [rutaʒ] nm [de journaux] envío *m*, expedición *f*.

routard, e [rutaR, aRd] nm, f *fam* trotamundos *mf inv*.

route [rut] nf **1.** [gén] carretera ESP, carretero *m* AM ▸ **faire de la route** hacer carretera ou kilómetros ▸ **route départementale** ≃ carretera comarcal ▸ **route à grande circulation** ≃ carretera general ▸ **route nationale** carretera nacional **2.** [des épices, de la soie] ruta *f* **3.** [itinéraire] camino *m* ▸ **montrer la route à qqn** enseñar el camino a alguien ▸ **en route !** ¡en marcha! ▸ **en cours de route** a mitad de camino ▸ **faire fausse route** *fig* equivocarse de camino ▸ **mettre en route** poner en marcha ▸ **tenir la route** a) AUTO adherirse a la carretera b) *fig* tenerse en pie.

routier, ère [rutje, ɛR] adj [carte, relais] de carreteras ; [circulation] por carretera, viario(a). ◆ **routier** nm **1.** [chauffeur] camionero *m*, -ra *f* **2.** [restaurant] restaurante *m* de camioneros.

routine [rutin] nf rutina *f*.

routinier, ère [rutinje, ɛR] adj rutinario(ria).

rouvert, e [ruvɛR, ɛRt] pp ⟶ **rouvrir**.

rouvrir [34] [ruvRiR] vt [porte] volver a abrir ; [débat] reabrir. ◆ **se rouvrir** vp volverse a abrir.

roux, rousse [ru, rus] ❖ adj **1.** [cheveux] pelirrojo(ja) **2.** [feuille] rojizo(za) **3.** [sucre] moreno(na). ❖ nm, f [personne] pelirrojo *m*, -ja *f*. ◆ **roux** nm **1.** [couleur] rojizo *m* **2.** CULIN salsa *f* dorada ou tostada.

royal, e, aux [rwajal, o] adj **1.** [de roi] real **2.** [magnifique] regio(gia).

royalement [rwajalmɑ̃] adv **1.** [comme un roi] regiamente **2.** *fig* [énormément] solemnemente ; *iron* magnánimamente / *il s'en fout royalement fam* pasa olímpicamente.

royaliste [rwajalist] adj & nmf monárquico(ca).

royalties [rwajalti] nfpl regalías *fpl*, royalties *mpl*.

royaume [rwajom] nm **1.** [gén] reino *m* **2.** *fig* [domaine] reino *m* personal.

Royaume-Uni [rwajomyni] npr ▸ **le Royaume-Uni** el Reino Unido.

royauté [rwajote] nf **1.** [fonction] realeza *f* **2.** [régime] monarquía *f*.

RP ❖ nfpl (*abr de* **relations publiques**) RRPP. ❖ nf **1.** (*abr de* **région parisienne**) región *f* parisina / *Paris + RP* París y la región parisina **2.** *abr de* **recette principale**.

R.P. (*abr écrite de* **Révérend Père**) Rvdo. P.

RPR (*abr de* **Rassemblement pour la République**) nm *partido político francés a la derecha del espectro político desaparecido en 2002 para dar nacimiento al UMP* / *le président du RPR* el presidente del RPR / *la liste RPR* la lista RPR.

RSVP (*abr de* **répondez s'il vous plaît**) SRC.

RTB (*abr de* **Radio-télévision belge**) nf *radiotelevisión belga*.

rte (*abr écrite de* **route**) C, ctra.

RTL (*abr de* **Radio-Télé-Luxembourg**) nf *radiotelevisión de Luxemburgo* ▸ **écouter / capter RTL** escuchar / captar RTL ▸ **sur RTL** en RTL ▸ **la fréquence de RTL** la frecuencia de RTL.

RTT [ɛRtete] (*abr de* **réduction du temps de travail**) ❖ nf *reducción del tiempo de trabajo en el marco de la ley francesa sobre las 35 horas semanales*. ❖ nm día *m* de RTT *(tomado en el marco de la reducción del tiempo de trabajo)* / *poser / prendre un (jour de) RTT* pedir / tomar un día de RTT / *des journées (de) RTT* días de RTT.

RTVE (*abr de* **Radio-télévision espagnole**) nf RTVE *f*.

RU nm = **restau U**.

ruade [ryad] nf coz *f*.

Ruanda, Rwanda [rwɑ̃nda] npr ▸ **le Ruanda** Ruanda.

ruandais, e [rwɑ̃dɛ, ɛz] adj ruandés(esa). ◆ **ruandais** nm LING ruanda *m*. ◆ **Ruandais, e** nm, f ruandés *m*, -esa *f*.

ruban [rybɑ̃] nm **1.** [gén] cinta *f* ▸ **ruban adhésif** cinta adhesiva **2.** [décoration] condecoración *f*.

rubéole [rybeɔl] nf rubéola *f*.

rubicond, e [rybikɔ̃, ɔ̃d] adj rubicundo(da).

rubis [rybi] ❖ adj inv [couleur] rubí *(en apposition)*. ❖ nm rubí *m* ▸ **payer rubis sur l'ongle** *fig* pagar a tocateja.

rubrique [rybRik] nf **1.** [chronique] sección *f* **2.** [chapitre] rúbrica *f*.

ruche [ryʃ] nf **1.** [d'abeilles] colmena *f* **2.** *fig* [endroit animé] hormiguero *m*.

rucher [ryʃe] nm colmenar *m*.

rude [ryd] adj **1.** [étoffe, surface] rudo(da), basto(ta) **2.** [voix, son] bronco(ca) **3.** [personne, mot, manières] brusco(ca) **4.** [épreuve, traits] duro(ra) ; [climat] riguroso(sa) **5.** *fam* [appétit] imponente.

rudement [Rydmɑ̃] adv **1.** [brutalement] rudamente, bruscamente **2.** *fam* [très] : *il chante rudement bien* canta cantidad de bien.

rudesse [Rydɛs] nf rudeza *f*.

rudimentaire [Rydimɑ̃tɛR] adj rudimentario(ria).

rudiments [Rydimɑ̃] nmpl rudimentos *mpl*.

rudoie ⟶ **rudoyer**.

rudoierai ⟶ **rudoyer**.

rudoyer [13] [Rydwaje] vt tratar rudamente.

rue [Ry] nf calle *f* ▸ **rue piétonne** ou **piétonnière** calle peatonal ▸ **descendre dans la rue** *fig* salir ou echarse a la calle ▸ **être / mettre à la rue** estar / poner (de patitas) en la calle ▸ **ne pas courir les rues** no haber a montones.

ruée [Rɥe] nf estampida *f (carrera)*.

ruelle [Rɥɛl] nf callejón *m*, callejuela *f*.

ruer [7] [Rɥe] vi cocear. ◆ **se ruer** vp ▸ **se ruer sur qqch / sur qqn** abalanzarse sobre algo / sobre alguien.

rugby [Rygbi] nm rugby *m* ▸ **rugby à treize / à quinze** rugby de trece / de quince.

rugbyman [Rygbiman] (*pl* **rugbymans** *ou* **rugbymen** [mɛn]) nm jugador *m* de rugby.

rugir [32] [RyʒiR] ❖ vi rugir. ❖ vt [menaces, injures] proferir.

rugissement [Ryʒismɑ̃] nm rugido *m*.

rugosité [Rygozite] nf rugosidad *f*.

rugueux, euse [Rygø, øz] adj rugoso(sa).

ruine [Rɥin] nf ruina *f* ▸ **tomber en ruine** caerse a pedazos.

ruiner [3] [Rɥine] vt arruinar. ◆ **se ruiner** vp arruinarse.

ruineux, euse [Rɥinø, øz] adj ruinoso(sa).

ruisseau, x [Rɥiso] nm **1.** [cours d'eau] arroyo *m* ESP, quebrada *f* AM **2.** *sout* [de larmes] río *m*.

ruisselant, e [Rɥislɑ̃, ɑ̃t] adj : *il est tout ruisselant (d'eau)* [parapluie, mur, personne] está chorreando (agua) / *son visage était ruisselant de sueur* su cara estaba chorreando sudor / *elle avait les joues ruisselantes de larmes* tenía las mejillas llenas de lágrimas.

ruisseler [24] [Rɥisle] vi chorrear ▸ **ruisseler de qqch** [sueur] estar chorreando de algo.

ruissellement [Rɥisɛlmɑ̃] nm [de pluie, de sueur] chorreo *m* ; [de lumière, de cheveux] cascada *f*.

rumba [Rumba] nf rumba *f*.

rumeur [RymœR] nf rumor *m* ESP, bola *f* AM ▸ **rumeur publique** rumor general.

ruminant, e [Ryminɑ̃, ɑ̃t] adj rumiante. ◆ **ruminant** nm rumiante *m*.

ruminer [3] [Rymine] vt **1.** [suj : animal] rumiar **2.** [projet, souvenirs] dar vueltas a.

rumsteck, romsteck [Rɔmstɛk] nm filetón *m* de lomo.

rupestre [RypɛstR] adj rupestre.

rupin, e [Rypɛ̃, in] *fam* ❖ adj de ricachones. ❖ nm, f ricachón *m*, -ona *f*.

rupture [RyptyR] nf **1.** [cassure, panne] rotura *f* **2.** *fig* [changement, annulation, brouille] ruptura *f* ▸ **être en rupture de ban** estar de vuelta de todo. ◆ **rupture de stock** nf ruptura *f* de stock.

rural, e, aux [RyRal, o] ❖ adj rural. ❖ nm, f campesino *m*, -na *f*.

ruse [Ryz] nf **1.** [habileté sournoise] astucia *f* **2.** [subterfuge] ardid *m*.

rusé, e [Ryze] adj & nm, f astuto(ta) ESP, abusado(da) AM.

ruser [3] [Ryze] vi actuar ou obrar con astucia.

rush [Rœʃ] (*pl* **rushs** *ou* **rushes**) nm [ruée] avalancha *f*. ◆ **rushes** nmpl CINÉ pruebas *fpl (para un rodaje)*.

russe [Rys] ❖ adj ruso(sa). ❖ nm LING ruso *m*. ◆ **Russe** nmf ruso *m*, -sa *f* ▸ **russe blanc** HIST ruso blanco.

Russie [Rysi] npr ▸ **la Russie** Rusia.

Rustine® [Rystin] nf parche *m (para cámara de aire de bicicleta)*.

rustique [Rystik] ❖ adj rústico(ca). ❖ nm estilo *m* rústico.

rustre [RystR] adj & nmf *péj* patán(ana).

rut [Ryt] nm celo *m* ▸ **être en rut** estar en celo.

rutabaga [Rytabaga] nm colinabo *m*, nabo *m* sueco.

rutilant, e [Rytilɑ̃, ɑ̃t] adj rutilante.

rutiler [3] [Rytile] vi rutilar.

R-V = **RDV**.

Rwanda = **Ruanda**.

rwandais, e adj ruandés(esa). ◆ **Rwandais, e** nm, f ruandés *m*, -esa *f*.

ryad [Riad] nm riad *m*.

rythme [Ritm] nm ritmo *m* ▸ **au rythme de 2 ou 3 fois par semaine** a un ritmo de 2 o 3 veces por semana ▸ **en rythme** con ritmo ▸ **rythme cardiaque** ritmo cardiaco ou cardíaco.

rythmer [3] [Ritme] vt ritmar.

rythmique [Ritmik] adj rítmico(ca).

S

s, S [ɛs] nm [lettre] s *f*, S *f* ▸ **en S** en forma de S. ◆ **s** (*abr écrite de* **seconde**) s. ◆ **S 1.** (*abr écrite de* **sud**) S **2.** SCOL (*abr de* **scientifique**) *en el sistema escolar francés, los cursos correspondientes al bachillerato con una modalidad en ciencias* ▸ **être en S** *hacer el bachillerato de ciencias* ▸ **faire un bac S** *hacer un bachillerato de ciencias.*

s' ⟶ **se.**

SA (*abr de* **société anonyme**) nf SA *f* / *la création d'une SA* la creación de una SA ▸ **une SA à directoire** una SA con directorio.

S.A. (*abr écrite de* **Son Altesse**) SA.

sabayon [sabajɔ̃] nm CULIN sabayón *m.*

sabbat [saba] nm **1.** RELIG sabbat *m* **2.** [de sorciers] aquelarre *m.*

sabbatique [sabatik] adj sabático(ca).

sable [sabl] ❖ nm arena *f* ▸ **sables mouvants** arenas movedizas. ❖ adj inv [couleur] arena *(en apposition).*

> ⚠ Sable est un faux ami, il ne signifie pas *sable*, mais « sabre ».

sablé, e [sable] adj **1.** [route] enarenado(da), arenado(da) **2.** CULIN granulento(ta). ◆ **sablé** nm CULIN ≃ polvorón *m.*

sabler [3] [sable] vt **1.** [route] enarenar, arenar **2.** [façade] arenar.

sableux, euse [sablø, øz] adj arenoso(sa). ◆ **sableuse** nf [machine] arenadora *f.*

sablier [sablije] nm reloj *m* de arena.

sablière [sablijɛʀ] nf **1.** [carrière] arenal *m* **2.** CONSTR [de charpente] solera *f.*

sablon [sablɔ̃] nm TECHNOL sablón *m.*

sablonneux, euse [sablɔnø, øz] adj arenoso(sa).

saborder [3] [sabɔʀde] vt barrenar. ◆ **se saborder** vp hundirse (voluntariamente).

sabot [sabo] nm **1.** [chaussure] zueco *m* **2.** [d'animal - gén] pezuña *f*; [- de cheval] casco *m* **3.** AUTO ▸ **sabot (de Denver)** cepo *m.*

sabotage [sabɔtaʒ] nm **1.** [destruction] sabotaje *m* **2.** *fig* [bâclage] chapuza *f.*

saboter [3] [sabɔte] vt **1.** [faire échouer] sabotear **2.** *fig* [bâcler] chapucear.

saboteur, euse [sabɔtœʀ, øz] nm, f **1.** MIL saboteador *m*, -ra *f* **2.** *fig* [bâcleur] chapucero *m*, -ra *f.*

sabre [sabʀ] nm sable *m.*

sabrer [3] [sabʀe] vt **1.** [biffer] tachar **2.** [supprimer] eliminar **3.** [critiquer] hundir **4.** [bâcler] frangollar **5.** *vieilli* [avec un sabre] dar sablazos a.

sac [sak] nm **1.** [en toile] saco *m*; [en papier, en plastique] bolsa *f*; [à main] bolso *m* ▸ **sac à dos** mochila *f* ▸ **sac à main** bolso *m* (de mano) ▸ **sac (en) plastique** bolsa de plástico ▸ **sac poubelle** bolsa de basura ▸ **sac de voyage** bolsa de viaje ▸ **vider son sac** *fig* desembuchar **2.** *fam* [dix francs] diez francos *mpl* **3.** *sout* [pillage] saqueo *m* ▸ **mettre à sac** saquear. ◆ **sac de couchage** nm saco *m* de dormir ESP, bolsa *f* AM.

saccade [sakad] nf tirón *m.*

saccadé, e [sakade] adj [respiration, bruit] entrecortado(da) ; [geste] brusco(ca).

saccage [sakaʒ] nm saqueo *m.*

saccager [3] [sakaʒe] vt **1.** [piller] saquear **2.** [abîmer] destrozar.

saccharine [sakaʀin] nf sacarina *f.*

saccharose [sakaʀoz] nm sacarosa *f.*

SACEM, Sacem [sasɛm] (*abr de* **Société des auteurs, compositeurs et éditeurs de musique**) nf *sociedad general de autores francesa* ; ≃ SGAE *f* ▸ **payer les droits de la SACEM** pagar los derechos de la SACEM.

sacerdoce [sasɛʀdɔs] nm sacerdocio *m.*

sacerdotal, e, aux [sasɛʀdɔtal, o] adj sacerdotal.

sache ⟶ **savoir.**

sachet [saʃɛ] nm [de bonbons, de thé] bolsita *f*; [de lavande] saquito *m* ▸ **soupe en sachet** sopa de sobre.

sacoche [sakɔʃ] nf **1.** [d'écolier] cartera *f*; [de médecin] maletín *m* **2.** [de cycliste] serón *m.*

sac-poubelle [sakpubɛl] (*pl* **sacs-poubelle**) nm bolsa *f* de basura.

sacquer, saquer [3] [sake] vt *fam* **1.** [renvoyer] echar ESP, botar AM **2.** [sanctionner] catear **3.** EXPR ▸ **ne pas pouvoir sacquer qqn** no poder tragar a alguien.

sacraliser [3] [sakʀalize] vt sacralizar.

sacre [sakʀ] nm **1.** [de roi, d'empereur] coronación *f* **2.** [d'évêque] consagración *f.*

sacré, e [sakʀe] adj **1.** [gén] sagrado(da) **2.** RELIG [art] sacro(cra) **3.** *fam* [maudit] dichoso(sa), maldito(ta) **4.** *fam* [considérable] ▸ **un sacré menteur** un mentiroso de mucho cuidado / *un sacré acteur* un pedazo de actor.

sacrement [sakʀəmɑ̃] nm sacramento *m* ▸ **les derniers sacrements** los últimos sacramentos.

sacrément [sakʀemɑ̃] adv *fam* de lo más / *c'est sacrément difficile* es de lo más difícil.

sacrer [3] [sakʀe] vt **1.** [roi] coronar **2.** [évêque] consagrar **3.** *fig* [déclarer] proclamar.

sacrifice [sakʀifis] nm sacrificio *m* ▸ **faire un sacrifice / des sacrifices** hacer un sacrificio / sacrificios.

sacrifié, e [sakʀifje] adj sacrificado(da) ; [prix] por los suelos.

sacrifier [9] [sakʀifje] ❖ vt sacrificar ▸ **sacrifier qqch pour qqch / pour qqn** sacrificar algo por algo / por alguien ▸ **sacrifier qqch pour faire qqch** sacrificar algo para hacer algo ▸ **sacrifier qqch / qqn à qqch / à qqn** sacrificar algo / a alguien a algo / a alguien. ❖ vi *sout* [se conformer] ▸ **sacrifier à qqch** avenirse a algo / *sacrifier à la mode* seguir la moda. ◆ **se sacrifier** vp ▸ **se sacrifier à** OU **pour qqch** sacrificarse por algo ▸ **se sacrifier pour qqn** sacrificarse por alguien.

sacrilège [sakʀilɛʒ] ❖ adj & nmf sacrílego(ga). ❖ nm sacrilegio *m*.

sacristain [sakʀistɛ̃] nm sacristán *m*.

sacristie [sakʀisti] nf sacristía *f*.

sacro-saint, e [sakʀosɛ̃, ɛ̃t] adj *hum* sacrosanto(ta).

sadique [sadik] adj & nmf sádico(ca).

sadisme [sadism] nm sadismo *m*.

sadomaso [sadɔmazo] adj *fam* [sadomasochiste] sadomaso *mf* ▸ **être sadomaso** ser sadomaso.

sadomasochisme [sadɔmazɔʃism] nm sadomasoquismo *m*.

sadomasochiste [sadɔmazɔʃist] adj & nmf sadomasoquista.

safari [safaʀi] (*pl* **safaris-photos**) nm safari *m*.

safari-photo [safaʀifɔto] nm safari *m* fotográfico.

SAFER, Safer [safɛʀ] (*abr de* **Société d'aménagement foncier et d'établissement régional**) nf *sociedad mixta francesa de mejora de las estructuras agrarias* ▸ **le droit de préemption de la SAFER** el derecho de tanteo de la SAFER.

safran [safʀɑ̃] ❖ nm azafrán *m*. ❖ adj inv [couleur] azafrán *(en apposition)*.

saga [saga] nf saga *f*.

sagace [sagas] adj sagaz.

sagacité [sagasite] nf sagacidad *f*.

sagaie [sagɛ] nf azagaya *f*.

sage [saʒ] ❖ adj **1.** [avisé] prudente, sensato(ta) **2.** [docile] tranquilo(la) ▸ **sois sage !** ¡pórtate bien! **3.** [chaste] decente **4.** [discret] sensato(ta). ❖ nm sabio *m*, -bia *f*.

sage-femme [saʒfam] (*pl* **sages-femmes**) nf comadrona *f*.

sagement [saʒmɑ̃] adv **1.** [avec bon sens] sabiamente **2.** [docilement] tranquilamente.

sagesse [saʒɛs] nf **1.** [bon sens] sensatez *f* **2.** [docilité] tranquilidad *f* **3.** [connaissance] sabiduría *f*.

Sagittaire [saʒitɛʀ] nm ASTROL Sagitario *m* ▸ **être Sagittaire** ser Sagitario.

sagouin, e [sagwɛ̃, in] nm, f *fam* & *péj* marrano *m*, -na *f*. ◆ **sagouin** nm [singe] zagüí *m*.

Sahara [saaʀa] npr ▸ **le Sahara** el Sáhara ▸ **le Sahara occidental** el Sáhara Occidental.

saharien, enne [saaʀjɛ̃, ɛn] adj sahariano(na). ◆ **Saharien, enne** nm, f sahariano *m*, -na *f*. ◆ **saharienne** nf [veste] sahariana *f*.

Sahel [saɛl] npr ▸ **le Sahel** el Sahel.

saignant, e [sɛɲɑ̃, ɑ̃t] adj **1.** [blessure] sanguinolento(ta) **2.** CULIN [viande] poco hecho(cha) **3.** *fam* & *fig* [critique, discussion] sangriento(ta).

saignée [seɲe] nf **1.** *fig* MÉD sangría *f* **2.** ANAT [du bras] sangría *f*, sangradura *f* **3.** [sillon] reguero *m*.

saignement [sɛɲmɑ̃] nm hemorragia *f*.

saigner [4] [seɲe] ❖ vt **1.** [financièrement & MÉD] sangrar **2.** [animal] degollar. ❖ vi sangrar.

saillant, e [sajɑ̃, ɑ̃t] adj **1.** [pommettes, corniche] saliente ; [muscle] prominente ; [yeux] saltón(ona) **2.** *fig* [événement] destacado(da).

saillie [saji] nf **1.** [avancée] voladizo *m* ▸ **en saillie** saliente **2.** ZOOL [accouplement] cubrición *f* **3.** [trait d'esprit] agudeza *f*.

saillir [50] [sajiʀ] ❖ vi **1.** [avancer] resaltar, sobresalir **2.** *sout* [jaillir] brotar. ❖ vt ZOOL cubrir.

sain, e [sɛ̃, sɛn] adj sano(na) ▸ **sain et sauf** sano y salvo.

saindoux [sɛ̃du] nm manteca *f* de cerdo.

sainement [sɛnmɑ̃] adv **1.** [vivre] sanamente **2.** [raisonner] con cordura.

saint, e [sɛ̃, sɛ̃t] ❖ adj **1.** [gén] santo(ta) **2.** [extrême] imponente, fabuloso(sa). ❖ nm, f santo *m*, -ta *f* ▸ **le saint des saints** el sanctasanctórum. ◆ **Sainte Famille** nf ▸ **la Sainte Famille** la Sagrada Familia. ◆ **Sainte Vierge** nf ▸ **la Sainte Vierge** la Santísima Virgen.

saint-bernard [sɛ̃bɛʀnaʀ] nm inv **1.** [chien] San Bernardo *m* **2.** *fig* [personne] buen samaritano *m*, buena samaritana *f*.

Saint-Domingue [sɛ̃dɔmɛ̃g] npr Santo Domingo.

saintement [sɛ̃tmɑ̃] adv santamente.

saint-émilion [sɛ̃temiljɔ̃] nm inv *vino tinto de Burdeos elaborado en la región de Saint-Émilion*.

sainte-nitouche [sɛ̃tnituʃ] (*pl* **saintes-nitouches**) nf *péj* mosquita *f* muerta.

Saint-Esprit [sɛ̃tɛspʀi] nm ▸ **le Saint-Esprit** el Espíritu Santo.

sainteté [sɛ̃tte] nf santidad *f*. ◆ **Sainteté** nf ▸ **Sa Sainteté** Su Santidad.

Saint-Germain-des-Prés [sɛ̃ʒɛʀmɛ̃depʀe] npr *barrio literario de París, famoso por sus librerías, editoriales y por las tertulias literarias que se celebraban en algunos de sus bares.* *Voir encadré p. 494.*

Saint-Germain-des-Prés

Este antiguo barrio de París situado en la orilla norte del Sena (distrito VI), ha sido, ya desde el siglo XVIII, la zona literaria por excelencia de la ciudad, amén de librerías, editoriales, bares literarios y locales nocturnos. Vivió un período de esplendor tras la Segunda Guerra Mundial, cuando se instalaron en él escritores, pintores y fotógrafos, y cafés como **Le Flore** o **Les Deux Magots**, a los que acudían Jean-Paul Sartre, Simone de Beauvoir, Boris Vian y la juventud "existencialista", se convirtieron en verdaderas instituciones. En la actualidad, pese al cierre de muchas de sus librerías, el barrio conserva un gran atractivo para los intelectuales y mantiene un vínculo especial con la vida literaria y artística.

saint-glinglin [sɛ̃glɛ̃glɛ̃] ◆ **à la saint-glinglin** loc adv *fam* cuando las ranas críen pelo.

saint-honoré [sɛ̃tɔnɔʀe] nm inv *tarta bordeada con bocaditos de nata con crema en el centro.*

Saint-Jacques-de-Compostelle [sɛ̃ʒakdəkɔ̃pɔstɛl] npr Santiago de Compostela.

Saint-Marin [sɛ̃maʀɛ̃] npr San Marino.

saint-marinais, e [sɛ̃maʀinɛ, ɛz] adj sanmarinense. ◆ **Saint-Marinais, e** nm, f sanmarinense *mf.*

Saint-Père [sɛ̃pɛʀ] nm ▸ **le Saint-Père** el Santo Padre.

Saint-Pétersbourg [sɛ̃petɛʀsbuʀ] npr San Petersburgo.

saint-pierre [sɛ̃pjɛʀ] nm inv pez *m* de San Pedro.

Saint-Sébastien [sɛ̃sebastjɛ̃] npr San Sebastián.

Saint-Siège [sɛ̃sjɛʒ] nm ▸ **le Saint-Siège** la Santa Sede.

Saint-Sylvestre [sɛ̃silvɛstʀ] nf ▸ **la Saint-Sylvestre** la Nochevieja.

sais ⟶ **savoir**.

saisie [sezi] nf **1.** DR embargo *m* **2.** INFORM introducción *f* de datos, picado *m* ▸ **une erreur de saisie** un error de picado.

saisir [32] [seziʀ] vt **1.** [attraper] coger **2.** *fig* [occasion, prétexte] agarrarse a **3.** DR embargar **4.** INFORM picar, introducir **5.** [comprendre] captar **6.** *sout* [suj : sensation, émotion] invadir **7.** [surprendre] sorprender **8.** CULIN cocinar a fuego vivo. ◆ **se saisir** vp ▸ **se saisir de qqch / de qqn** coger algo / a alguien.

saisissant, e [sezisɑ̃, ɑ̃t] adj **1.** [spectacle, ressemblance] sobrecogedor(ra) **2.** [froid] penetrante.

saisissement [sezismɑ̃] nm **1.** [émotion] sorpresa *f* **2.** [froid] sobrecogimiento *m.*

saison [sɛzɔ̃] nf **1.** [division de l'année] estación *f* ▸ **la belle saison** el buen tiempo **2.** [époque] temporada *f* ▸ **c'est la bonne / mauvaise saison pour qqch / pour faire qqch** es buena / mala época para algo / para hacer algo ▸ **hors saison** fuera de temporada ▸ **la basse** OU **morte saison** la temporada baja OU de calma ▸ **la haute saison** la temporada alta ▸ **la saison des amours** la época de celo.

saisonnalité [sɛzɔnalite] nf carácter *m* estacional.

saisonnier, ère [sɛzɔnje, ɛʀ] ◆ adj de temporada. ◆ nm, f temporero *m*, -ra *f.*

saké [sake] nm sake *m.*

salace [salas] adj *sout* salaz.

salade [salad] nf **1.** [plante] lechuga *f* **2.** [plat] ensalada *f* ▸ **salade composée** ensalada mixta ▸ **salade de fruits** ensalada de frutas ▸ **salade niçoise** *ensalada de arroz, tomates, anchoas y aceitunas negras* **3.** *fam* [affaire confuse] follón *m* **4.** *fam* [mensonge] bola *f* ▸ **raconter des salades** contar bolas ▸ **vendre sa salade** vender la moto.

saladerie [saladʀi] nf enaladería *f.*

saladier [saladje] nm ensaladera *f.*

salaire [salɛʀ] nm **1.** [rémunération] sueldo *m*, salario *m* ▸ **salaire de base** sueldo OU salario base ▸ **salaire brut / net** salario bruto / neto **2.** [récompense] recompensa *f*, premio *m.*

salaison [salɛzɔ̃] nf salazón *f.*

salamalecs [salamalɛk] nmpl *fam* & *péj* zalamas *fpl*, zalamerías *fpl.*

salamandre [salamɑ̃dʀ] nf [animal] salamandra *f.*

Salamanque [salamɑ̃k] npr Salamanca.

salami [salami] nm salami *m.*

salant [salɑ̃] ⟶ **marais**.

salarial, e, aux [salaʀjal, o] adj salarial.

salariat [salaʀja] nm **1.** [condition] asalariado *m* **2.** [salariés] trabajadores *mpl.*

salarié, e [salaʀje] ◆ adj **1.** [personne] asalariado(da) **2.** [travail] remunerado(da). ◆ nm, f asalariado *m*, -da *f.*

salaud [salo] *vulg* ◆ nm *péj* cabrón *m* ESP, concha de su madre *m* AM. ◆ adj m ▸ **c'est salaud de faire ça** eso es hacer una putada.

sale [sal] adj **1.** [gén] sucio(cia) / ***mettre une chemise au sale*** echar una camisa al cesto de la ropa sucia / **2.** *fam* [déplaisant] desagradable / ***avoir une sale gueule*** tener cara de malas pulgas / **3.** *péj* [maladie, situation] dicho-so(sa), maldito(ta) ESP, pinche AM **4.** *fam* [détestable] : ***un sale boulot*** una mierda de trabajo / ***un sale coup*** una jugarreta / ***un sale type*** un cerdo.

salé, e [sale] adj **1.** [gén] salado(da) **2.** [histoire] picante **3.** *fam* [addition, note] hinchado(da). ◆ **salé** nm **1.** [aliments salés] ▸ **le salé** lo salado **2.** [porc] salazón *f* de cerdo ▸ **petit salé aux lentilles** *plato a base de lentejas y carne de cerdo.*

salement [salmɑ̃] adv **1.** [malproprement] de una manera sucia **2.** *fam* [très] de aúpa.

saler [3] [sale] vt **1.** [aliment, plat] salar **2.** [route] echar sal a **3.** *fam* [addition, note] cargar la mano en.

saleté [salte] nf **1.** [gén] porquería *f* ▸ **faire des saletés** dejarlo todo hecho una porquería **2.** [malpropreté] suciedad *f* **3.** [méchanceté] perrería *f* ▸ **faire une saleté à qqn** hacer una perrería a alguien **4.** *fam* & *péj* [personne] puerco *m*, -ca *f*.

salière [saljɛʀ] nf [pour le sel] salero *m*.

salin, e [salɛ̃, in] adj salino(na).

salir [32] [saliʀ] vt **1.** [souiller] ensuciar ESP, enchastrar AM **2.** *fig* [réputation, honneur, personne] ensuciar, manchar. ◆ **se salir** vp ensuciarse, mancharse.

> ⚠ Salir est un faux ami, il ne signifie pas *salir*, mais « sortir ».

salissant, e [salisɑ̃, ɑ̃t] adj sucio(cia).

salissure [salisyʀ] nf suciedad *f*.

salivaire [salivɛʀ] adj salival / *les glandes salivaires* las glándulas salivares.

salive [saliv] nf saliva *f* ▸ **dépenser sa salive** *fig* hablar por los codos ▸ **perdre sa salive** *fig* gastar saliva.

saliver [3] [salive] vi salivar / *il salive d'avance* se le hace la boca agua.

salle [sal] nf sala *f* ▸ **salle d'attente** sala de espera ▸ **salle de bains** ou **d'eau** cuarto *m* de baño ou de aseo ▸ **salle de cinéma** sala de cine ▸ **salle d'embarquement** sala de embarque ▸ **salle des machines** sala de máquinas ▸ **salle à manger** comedor *m* ▸ **salle non-fumeurs** sala para no fumadores ▸ **salle d'opération** quirófano *m*, sala de operaciones ▸ **salle de séjour** cuarto *m* de estar.

salmigondis [salmigɔ̃di] nm *fig* revoltijo *m*.

salmis [salmi] nm *guiso a base de caza menor*.

salmonellose [salmɔneloz] nf salmonelosis *f inv*.

salon [salɔ̃] nm salón *m* ▸ **salon de coiffure** peluquería *f* ▸ **salon de thé** salón de té.

salopard [salɔpaʀ] nm *tfam* & *péj* cabrón *m*.

salope [salɔp] nf *vulg* & *péj* puta *f*.

saloper [3] [salɔpe] vt *fam* [vêtement] enguarrar ; [travail] chapucear.

saloperie [salɔpʀi] nf *tfam* guarrada *f*.

salopette [salɔpɛt] nf [vêtement] (pantalón *m* de) peto *m* ; [de travail] mono *m*.

salpêtre [salpɛtʀ] nm salitre *m*.

salsa [salsa] nf salsa *f (baile)*.

salsifis [salsifi] nm salsifí *m*.

SALT [salt] (*abr de* **Strategic Arms Limitation Talks**) adj SALT *f* ▸ **les accords SALT-1 / 2** los tratados SALT-1 / 2.

saltimbanque [saltɛ̃bɑ̃k] nmf saltimbanqui *mf*.

salto [salto] nm SPORT salto *m* mortal ▸ **salto avant / arrière** salto mortal hacia adelante / atrás.

salubre [salybʀ] adj salubre.

salubrité [salybʀite] nf salubridad *f* ▸ **la salubrité publique** la salud pública.

saluer [7] [salɥe] vt saludar. ◆ **se saluer** vp saludarse.

salut [saly] ❖ nm **1.** [geste, révérence] saludo *m* **2.** [sauvegarde & RELIG] salvación *f*. ❖ interj *fam* [bonjour] ¡hola! ; [au revoir] ¡adiós!

salutaire [salytɛʀ] adj saludable.

salutation [salytasjɔ̃] nf RELIG saludo *m*. ◆ **salutations** nfpl ▸ **veuillez agréer mes salutations distinguées** le saluda atentamente ▸ **avec mes sincères salutations** le saluda atentamente.

salutiste [salytist] ❖ adj del Ejército de Salvación. ❖ nmf miembro *m* del Ejército de Salvación.

Salvador [salvadɔʀ] npr ▸ **le Salvador** El Salvador.

salvadorien, enne [salvadɔʀjɛ̃, ɛn] adj salvadoreño(ña). ◆ **Salvadorien, enne** nm, f salvadoreño *m*, -ña *f*.

salve [salv] nf salva *f*.

Salzbourg [salzbuʀ] npr Salzburgo.

samaritain, e [samaʀitɛ̃, ɛn] adj samaritano(na). ◆ **samaritain** nm SUISSE [secouriste] socorrista *mf*. ◆ **Samaritain** nm ▸ **le bon Samaritain** el buen samaritano.

samba [sɑ̃mba] nf samba *f*.

samedi [samdi] nm sábado *m* ▸ **le samedi** [tous les samedis] los sábados ▸ **le samedi d'avant** el sábado anterior ▸ **samedi dernier** el sábado pasado ▸ **samedi prochain** el sábado que viene, el próximo sábado ▸ **samedi en huit** el sábado que viene ▸ **samedi en quinze** dentro de dos sábados ▸ **le samedi matin / midi / après-midi / soir** el sábado por la mañana / a mediodía / por la tarde / por la

Les salutations

- **¡Hola!** *Salut !*
- **¡Buenos días!** *Bonjour !*
- **¡Buenas tardes!** *Bonsoir !*
- **¡Buenas noches!** *Bonsoir !*
- **¡Buenas!** *Bonjour !* ou *Bonsoir !*
- **¿Qué hay?** *Ça va ?*
- **¿Cómo está usted** *Comment allez-vous ?*
- **¿Qué te cuentas?** *Comment vas-tu ?*
- **¿Qué hay de nuevo?** *Quoi de neuf ?*
- **¿Qué es de tu vida?** *Qu'est-ce que tu deviens ?*
- **(Muy) bien, gracias, ¿y tú?** *(Très) bien, merci, et toi ?*
- **Estupendamente.** *Très bien !*
- **Regular.** *Comme-ci, comme-ça.*
- **Vamos tirando.** *On fait aller.*
- **No me quejo.** *Ça va plutôt bien / ça va pas mal.*

noche ▸ **nous sommes** ou **c'est samedi** estamos a sábado ▸ **tous les samedis** todos los sábados ▸ **un samedi sur deux** un sábado sí y otro no.

Samoa [samɔa] npr Samoa.

samoan, e [samɔɑ̃, an] adj samoano(na). ◆ **Samoan, e** nm, f samoano *m*, -na *f*.

samouraï, samurai [samuʀaj] nm samurai *m*.

samovar [samɔvaʀ] nm samovar *m*.

SAMU, Samu [samy] (*abr de* **Service d'aide médicale d'urgence**) nm *servicio móvil de urgencias médicas* ; ≃ SAMUR / *les interventions du SAMU* ≃ las intervenciones del SAMUR. ◆ **SAMU social, Samu social** nm *servicio móvil de urgencia destinado a la acogida de personas sin techo*.

Sana'a [sanaa] npr Sana.

sanatorium [sanatɔʀjɔm] nm sanatorio *m* antituberculoso.

sanctifier [9] [sɑ̃ktifje] vt santificar.

sanction [sɑ̃ksjɔ̃] nf **1.** [gén] sanción *f* ▸ **prendre des sanctions contre qqn** sancionar a alguien **2.** *fig* [conséquence] castigo *m*.

sanctionner [3] [sɑ̃ksjɔne] vt sancionar.

sanctuaire [sɑ̃ktɥɛʀ] nm santuario *m*.

sanctuariser [sɑ̃ktɥaʀize] vt santuarizar.

sandale [sɑ̃dal] nf sandalia *f*.

sandalette [sɑ̃dalɛt] nf sandalia *f*.

Sandow® [sɑ̃do] nm **1.** [attache] goma *f* tensora **2.** AÉRON cable *m* elástico.

sandwich [sɑ̃dwitʃ] (*pl* **sandwiches** *ou* **sandwichs**) nm [gén] bocadillo *m* ; [de pain de mie] sandwich *m*.

sandwicherie [sɑ̃dwitʃ(ə)ʀi] nf bocadillería *f*.

sang [sɑ̃] nm [gén] sangre *f* ▸ **en sang** ensangrentado(da) ▸ **avoir qqch dans le sang** llevar algo en la sangre ▸ **se faire du mauvais sang** ou **un sang d'encre** quemarse la sangre de inquietud ▸ **suer sang et eau** sudar sangre.

sang-froid [sɑ̃fʀwa] nm inv sangre *f* fría ▸ **de sang-froid** a sangre fría ▸ **conserver** ou **garder son sang-froid** conservar la calma ▸ **perdre son sang-froid** perder los estribos ou la calma.

sanglant, e [sɑ̃glɑ̃, ɑ̃t] adj **1.** [épée, surface] ensangrentado(da) **2.** [combat, affront] sangriento(ta).

sangle [sɑ̃gl] nf [de selle] cincha *f* ; [de parachutiste, de siège, de lit] correa *f*.

sangler [3] [sɑ̃gle] vt **1.** [cheval] cinchar **2.** [attacher] atar.

sanglier [sɑ̃glije] nm jabalí *m*.

sanglot [sɑ̃glo] nm sollozo *m* ▸ **éclater en sanglots** romper ou prorrumpir en sollozos.

sangloter [3] [sɑ̃glɔte] vi sollozar.

sangria [sɑ̃gʀija] nf sangría *f (bebida)*.

sangsue [sɑ̃sy] nf **1.** ZOOL sanguijuela *f* **2.** *fam* & *fig* [personne] lapa *f*.

sanguin, e [sɑ̃gɛ̃, in] adj **1.** [tempérament & ANAT] sanguíneo(a) **2.** [visage] colorado(da) **3.** [orange] sanguino(na). ◆ **sanguine** nf **1.** GÉOL sanguinaria *f* **2.** [dessin, crayon, fruit] sanguina *f*.

sanguinaire [sɑ̃ginɛʀ] adj sanguinario(ria).

sanguinolent, e [sɑ̃ginɔlɑ̃, ɑ̃t] adj sanguinolento(ta).

Sanisette® [sanizɛt] nf *aseos públicos automáticos*.

sanitaire [sanitɛʀ] adj sanitario(ria). ◆ **sanitaires** nmpl sanitarios *mpl*.

San José [sɑ̃ʒoze] npr San José.

San Juan [sanʀwan] npr San Juan.

sans [sɑ̃] ◈ prép sin / *sans faire d'effort* sin hacer ningún esfuerzo ▸ **être sans…** no tener ningún (ninguna) … / *elle est sans charme* no tiene ningún encanto. ◈ adv : *passe-moi mon manteau, je ne peux pas sortir sans* dame mi abrigo, no puedo salir sin él. ◆ **sans plus** loc adv sin más / *le livre est bien, sans plus* el libro está bien, sin más. ◆ **sans quoi** loc adv : *prête-moi de l'argent, sans quoi je ne pourrai pas payer* préstame dinero, si no no podré pagar. ◆ **sans que** loc conj : *sans que tu le saches* sin que lo sepas.

sans-abri [sɑ̃zabʀi] nmf ▸ **les sans-abri** los sin techo ou sin hogar.

San Salvador [sɑ̃salvadɔʀ] npr San Salvador.

sanscrit [sɑ̃skʀi] nm LING sánscrito *m*.

sans-emploi [sɑ̃zɑ̃plwa] nmf desempleado *m*, -da *f*.

sans-faute [sɑ̃fot] nm inv [dans un concours hippique] ronda *f* sin penalizaciones; ▸ **faire un sans-faute a)** [cheval] hacer una ronda sin penalizaciones; **b)** *fig* [personne] no cometer ningún error.

sans-fil [sɑ̃fil] nm inv [téléphone] inalámbrico *m*.

sans-gêne [sɑ̃ʒɛn] ◈ adj inv & nmf descarado(da). ◈ nm inv descaro *m inv* ▸ **il est d'un sans-gêne !** ¡tiene una cara!

sans-le-sou [sɑ̃lsu] nmf *fam* pobretón *m*, -ona *f*.

sans-logis [sɑ̃lɔʒi] nmf ▸ **les sans-logis** los sin techo ou sin hogar.

sansonnet [sɑ̃sɔnɛ] nm estornino *m*.

sans-papiers [sɑ̃papje] nmf ▸ **les sans-papiers** los sin papeles.

sans-plomb [sɑ̃plɔ̃] nm inv sin plomo *f inv*.

sans-travail [sɑ̃tʀavaj] nm parado *m*.

santal [sɑ̃tal] nm sándalo *m*.

santé [sɑ̃te] nf **1.** [gén] salud *f* ▸ **être en bonne santé** estar bien de salud ▸ **recouvrer la santé** recobrar la salud ▸ **santé de fer** salud de hierro ▸ **à ta santé !** ¡a tu salud! ▸ **boire à la santé de qqn** beber a la salud de alguien **2.** ADMIN ▸ **santé publique** sanidad *f* pública.

santiag [sɑ̃tjag] nf campera *f*.

Santiago [santjago] npr Santiago.

santon [sɑ̃tɔ̃] nm figurita *f* del belén.

Santorin [sɑ̃tɔʀɛ̃] npr Santorini.

São Paulo [saopolo] npr [ville] Sao Paulo / *l'État de São Paulo* el Estado de Sao Paulo.

São Tomé et Príncipe [saotɔmeeprɛ̃sip] npr Santo Tomé y Príncipe.

saoudien, enne [saudjɛ̃, ɛn] adj saudita, saudí. ◆ **Saoudien, enne** nm, f saudita *mf*, saudí *mf*.

saoul = **soûl**.

saouler [3] = **soûler**.

saper [3] [sape] vt minar. ◆ **se saper** vp *fam* [s'habiller] ▸ **être bien sapé** ir bien vestido.

sapeur [sapœʀ] nm MIL zapador *m*.

sapeur-pompier [sapœʀpɔ̃pje] (*pl* **sapeurs-pompiers**) nm bombero *m*.

saphir [safiʀ] nm **1.** [pierre] zafiro *m* **2.** [de tourne-disque] aguja *f*.

sapin [sapɛ̃] nm **1.** [arbre] abeto *m* ▸ **sapin de Noël** árbol *m* de Navidad **2.** [bois] pino *m*.

sapinière [sapinjɛʀ] nf abetal *m*.

sapristi [sapʀisti] interj *vieilli* ¡cáspita!

S.A.R. (*abr écrite de* **Son Altesse Royale**) SAR.

sarabande [saʀabɑ̃d] nf **1.** [danse & MUS] zarabanda *f* **2.** *fam* [vacarme] estrépito *m*.

Saragosse [saʀagɔs] npr Zaragoza.

Sarajevo [saʀajevo] npr Sarajevo.

sarbacane [saʀbakan] nf cerbatana *f*.

sarcasme [saʀkasm] nm sarcasmo *m*.

sarcastique [saʀkastik] adj sarcástico(ca).

sarcler [3] [saʀkle] vt escardar, sachar.

sarcloir [saʀklwaʀ] nm escardillo *m*.

sarcophage [saʀkɔfaʒ] nm sarcófago *m*.

Sardaigne [saʀdɛɲ] npr ▸ **la Sardaigne** Cerdeña.

sardane [saʀdan] nf [danse & MUS] sardana *f*.

sarde [saʀd] adj sardo(da). ◆ **Sarde** nmf sardo *m*, -da *f*.

sardine [saʀdin] nf sardina *f* ▸ **sardines à l'huile** sardinas en aceite ▸ **être serrés comme des sardines** *fam* ir apretados como sardinas (en lata).

sardinerie [saʀdinʀi] nf sardinera *f*.

sardonique [saʀdɔnik] adj sardónico(ca).

sari [saʀi] nm sari *m*.

SARL, Sarl (*abr de* **société à responsabilité limitée**) nf SL *f* / *Leduc, SARL* Leduc, SL.

sarment [saʀmɑ̃] nm **1.** [de vigne] sarmiento *m* **2.** [tige] zarcillo *m*.

saroual, als [saʀwal], **sarouel** [saʀwɛl] nm *pantalón ancho típico del norte de África*.

sarrasin, e [saʀazɛ̃, in] adj sarraceno(na). ◆ **Sarrasin, e** nm, f sarraceno *m*, -na *f*. ◆ **sarrasin** nm BOT trigo *m* sarraceno.

sarrau [saʀo] nm babi *m*.

sarriette [saʀjɛt] nf ajedrea *f*.

sas [sas] nm **1.** NAUT & AÉRON cámara *f* estanca **2.** [d'écluse] cámara *f* **3.** [tamis] cedazo *m*, tamiz *m*.

S.A.S. (*abr écrite de* **Son Altesse Sérénissime**) SAS.

sashimi [saʃimi] nm CULIN sashimi *m*.

satané, e [satane] adj *fam* maldito(ta).

satanique [satanik] adj satánico(ca).

satellisation [satelizasjɔ̃] nf satelización *f*.

satelliser [3] [satelize] vt satelizar.

satellite [satelit] nm satélite *m* ▸ **par satellite** vía satélite ▸ **satellite artificiel** satélite artificial ▸ **satellite météorologique** satélite meteorológico ▸ **satellite de télécommunications** satélite de telecomunicaciones.

satellite-relais [satelitʀəlɛ] (*pl* **satellites-relais**) nm satélite *m* de comunicaciones.

satiété [sasjete] nf ▸ **à satiété** hasta la saciedad.

satin [satɛ̃] nm satén *m*, raso *m*.

satiné, e [satine] adj [tissu] satinado(da), de raso ; [peau] terso(sa). ◆ **satiné** nm tersura *f*.

satinette [satinɛt] nf **1.** [coton et soie] rasete *m* **2.** [coton seul] raso *m* de algodón.

satire [satiʀ] nf sátira *f*.

satirique [satiʀik] adj satírico(ca).

satisfaction [satisfaksjɔ̃] nf satisfacción *f*.

satisfaire [109] [satisfɛʀ] ❖ vt satisfacer. ❖ vi ▸ **satisfaire à qqch** cumplir con algo. ◆ **se satisfaire** vp ▸ **se satisfaire de qqch** contentarse con algo.

satisfais ⟶ **satisfaire**.

satisfaisais ⟶ **satisfaire**.

satisfaisant, e [satisfəzɑ̃, ɑ̃t] adj satisfactorio(ria).

satisfait, e [satisfɛ, ɛt] adj satisfecho(cha) ▸ **être satisfait de qqch** estar satisfecho de algo ▸ **'satisfait ou remboursé'** 'si no queda satisfecho le devolvemos su dinero'.

saturation [satyʀasjɔ̃] nf saturación *f*.

saturé, e [satyʀe] adj saturado(da).

saturer [3] [satyʀe] vt saturar.

Saturne [satyʀn] npr Saturno.

saturnisme [satyʀnism] nm saturnismo *m*.

satyre [satiʀ] nm sátiro *m*.

sauce [sos] nf salsa *f* ▸ **en sauce** con salsa, en salsa ▸ **sauce blanche / béchamel / tartare** salsa blanca / bechamel / tártara ▸ **sauce tomate** salsa de tomate, tomate *m* frito ▸ **mettre à toutes les sauces** *fam* usar para todo.

saucée [sose] nf *fam* chaparrón *m* / *on a pris* ou *reçu une saucée* nos pusimos como una sopa.

saucer [16] [sose] vt [assiette] rebañar ▸ **se faire saucer** *fig* ponerse como una sopa.

saucière [sosjɛʀ] nf salsera *f*.

saucisse [sosis] nf salchicha *f* ▸ **saucisse de Francfort** salchicha de Frankfurt ▸ **saucisse sèche** longaniza *f*.

saucisson [sosisɔ̃] nm salchichón *m*.

saucissonner [3] [sosisɔne] *fam* ❖ vi [pique-niquer] picar algo. ❖ vt **1.** [découper] cortar en trocitos **2.** [ficeler] atar como un salchichón **3.** [boudiner] ▸ **être saucissonné dans** estar embutido en.

sauf[1], **sauve** [sof, sov] adj **1.** [personne] ileso(sa) ▸ **avoir la vie sauve** salir ileso(sa) ▸ **laisser la vie sauve à qqn** perdonar la vida a alguien **2.** *fig* [honneur] intacto(ta).

sauf[2] [sof] prép **1.** [à l'exclusion de] salvo, excepto **2.** [sous réserve] salvo ▸ **sauf que** *fam* salvo OU excepto que.

sauf-conduit [sofkɔ̃dɥi] (*pl* **sauf-conduits**) nm salvoconducto *m*.

sauge [soʒ] nf **1.** CULIN salvia *f* **2.** BOT [plante ornementale] salvia *f* de jardín.

saugrenu, e [sogRəny] adj descabellado(da).

saule [sol] nm sauce *m* ▸ **saule pleureur** sauce llorón.

saumâtre [somatR] adj salobre ▸ **je l'ai trouvée saumâtre** *fig* no me ha hecho ni pizca de gracia.

saumon [somɔ̃] ◈ nm ZOOL salmón *m* ▸ **saumon fumé** salmón ahumado. ◈ adj inv [couleur] salmón *(en apposition)*.

saumoné, e [somɔne] adj asalmonado(da), salmonado(da).

saumure [somyR] nf CULIN salmuera *f*.

sauna [sona] nm sauna *f*.

saupoudrer [3] [sopudRe] vt ▸ **saupoudrer qqch de qqch** a) CULIN espolvorear algo con algo b) *fig* [discours] salpicar algo con algo.

saupoudreuse [sopudRøz] nf espolvoreador *m*.

saur [sɔR] ⟶ **hareng**.

saurai ⟶ **savoir**.

saurien [sɔRjɛ̃] nm saurio *m*.

saut [so] nm salto *m* ▸ **saut à l'élastique** goming *m* ▸ **faire du saut à l'élastique** hacer goming ▸ **saut de page** INFORM salto de página.

saute [sot] nf [gén] cambio *m* brusco ; [de vent] cambio *m*.

sauté, e [sote] adj CULIN salteado(da). ◆ **sauté** nm CULIN sofrito *m* ▸ **sauté de veau** sofrito de ternera.

saute-mouton [sotmutɔ̃] nm inv ▸ **jouer à saute-mouton** jugar al salto de pídola.

sauter [3] [sote] ◈ vi **1.** [personne, plombs, bouchon] saltar **2.** [se précipiter - au cou] tirarse ; [- dans les bras] echarse **3.** [exploser] saltar, estallar **4.** [chaîne de vélo] salirse **5.** *fam* [employé] saltar **6.** [être annulé] suspenderse **7.** CULIN ▸ **faire sauter qqch** saltear OU sofreír algo **8.** EXPR **et que ça saute !** *fam* ¡marchando que es gerundio! ◈ vt **1.** [fossé, obstacle] saltar **2.** [page, repas, classe] saltarse **3.** *vulg* [avoir des rapports sexuels avec] ▸ **sauter qqn** tirarse a alguien.

sauterelle [sotRɛl] nf [grande] langosta *f* ESP, chapulín *m* AM ; [petite] saltamontes *m inv* ESP, chapulín *m* AM.

sauterie [sotRi] nf *hum* guateque *m*.

sauternes [sotɛRn] nm *vino blanco bordelés muy dulce y perfumado*.

sauteur, euse [sotœR, øz] ◈ adj [insecte] saltador(ra). ◈ nm, f [athlète] saltador *m*, -ra *f* ESP, clavadista *mf* AM. ◆ **sauteur** nm [cheval] caballo *m* de saltos. ◆ **sauteuse** nf CULIN sartén *f* ESP, paila *f* AM.

sautiller [3] [sotije] vi dar saltitos.

sautoir [sotwaR] nm **1.** [bijou] collar *m* muy largo ▸ **en sautoir** en el pecho **2.** SPORT zona *f* de salto.

sauvage [sovaʒ] ◈ adj **1.** [gén] salvaje ; [plante, fleur, fruit] silvestre **2.** [personne] huraño(ña) ; [concurrence] bestial. ◈ nmf salvaje *mf*.

sauvagement [sovaʒmɑ̃] adv salvajemente.

sauvageon, onne [sovaʒɔ̃, ɔn] nm, f salvaje *mf (niño, niña)*.

sauvagerie [sovaʒRi] nf **1.** [férocité] salvajismo *m* **2.** [insociabilité] hurañía *f* **3.** [acte] salvajada *f*.

sauve ⟶ **sauf**.

sauvegarde [sovgaRd] nf **1.** [protection] salvaguardia *f*, salvaguarda *f* **2.** INFORM copia *f* de seguridad.

sauvegarder [3] [sovgaRde] vt **1.** [protéger] salvaguardar **2.** INFORM grabar, (salva)guardar.

sauve-qui-peut [sovkipø] nm inv desbandada *f*.

sauver [3] [sove] vt **1.** [gén] salvar ▸ **sauver qqch / qqn de qqch** salvar algo / a alguien de algo **2.** [racheter] compensar. ◆ **se sauver** vp [fuir] escaparse ▸ **se sauver de qqch** [s'échapper de] escaparse de algo.

sauvetage [sovtaʒ] nm rescate *m*, salvamento *m* ▸ **de sauvetage** salvavidas.

sauveteur [sovtœR] nm salvador *m*.

sauvette [sovɛt] ◆ **à la sauvette** ◈ loc adv deprisa y corriendo. ◈ loc adj [vente] callejero(ra).

sauveur [sovœR] nm salvador *m*.

SAV (*abr de* **service après-vente**) nm servicio *m* posventa ▸ **déposer / porter un appareil au SAV** llevar un aparato al servicio posventa ▸ **le SAV du magasin** el servicio posventa de la tienda.

sava SMS ***abr écrite de* ça va**.

savamment [savamɑ̃] adv **1.** [avec érudition] sabiamente **2.** [avec habileté] hábilmente.

savane [savan] nf sabana *f*.

savant, e [savɑ̃, ɑ̃t] adj **1.** [personne] erudito(ta), sabio(bia) ; [livre] erudito(ta) **2.** [manœuvre] hábil **3.** [animal] amaestrado(da). ◆ **savant** nm científico *m*.

savarin [savaRɛ̃] nm ≃ saboyana *f*.

savate [savat] nf **1.** [vieille pantoufle] zapatilla *f* vieja **2.** SPORT ≃ boxeo *m* francés.

saveur [savœR] nf sabor.

Savoie [savwa] npr ▸ **la Savoie** Saboya.

savoir [savwaR] ◈ vt **1.** [gén] saber / ***je sais tout*** lo sé todo ▸ **en savoir long sur qqn / sur qqch** saber un rato de alguien / de algo ▸ **faire savoir qqch à qqn** hacer saber algo a alguien ▸ **savoir faire qqch** *(+ infinitif)* saber hacer algo ▸ **savoir** [avoir le don, la force de] saber *(+ infinitif)* / ***elle sait se faire respecter*** sabe hacerse respetar ▸ **tu sais ?** [renforçant une affirmation] ¿sabes? ▸ **si j'avais su** si lo hubiera sabido, de haberlo sabido ▸ **pas que je sache** que yo sepa no ▸ **(ne pas) savoir de quoi**

il retourne (no) saber de qué va **2.** [avoir en mémoire] saberse. ❖ nm saber *m*. ◆ **à savoir** loc adv a saber.

savoir-faire [savwaʀfɛʀ] nm inv destreza *f*, habilidad *f*, savoir-faire *m*.

savoir-vivre [savwaʀvivʀ] nm inv modales *mpl*.

savon [savɔ̃] nm **1.** [matière] jabón *m* ▸ **savon de Marseille** jabón de Marsella **2.** [pain] pastilla *f* de jabón **3.** *fam* [réprimande] rapapolvo *m* ▸ **passer un savon à qqn** echar un rapapolvo a alguien.

savonner [3] [savɔne] vt **1.** [nettoyer] enjabonar **2.** *fam* [réprimander] echar un rapapolvo a. ◆ **se savonner** vp enjabonarse.

savonnette [savɔnɛt] nf pastilla *f* de jabón.

savonneux, euse [savɔnø, øz] adj jabonoso(sa).

savourer [3] [savuʀe] vt saborear.

savoureux, euse [savuʀø, øz] adj sabroso(sa).

savoyard, e [savwajaʀ, aʀd] adj saboyano(na). ◆ **Savoyard, e** nm, f saboyano *m*, -na *f*.

saxo [sakso] *fam* ❖ nm (***abr de* saxophone**) saxofón *m*. ❖ nmf (***abr de* saxophoniste**) saxofonista *mf*.

saxophone [saksofɔn] nm saxofón *m*.

saxophoniste [saksofɔnist] nmf saxofonista *mf*.

saynète [sɛnɛt] nf sainete *m*.

SBB (***abr de* Schweizerische Bundesbahn**) nf *compañía de ferrocarriles suizos*.

sbire [sbiʀ] nm *péj* esbirro *m*.

sc. (***abr écrite de* scène**) esc. / *acte III, sc. 5* acto III, esc. 5.

s/c (***abr écrite de* sous couvert de**) a/c.

scabreux, euse [skabʀø, øz] adj escabroso(sa).

scalp [skalp] nm cabellera *f*.

scalpel [skalpɛl] nm escalpelo *m*.

scalper [3] [skalpe] vt escalpar.

scampi [skɑ̃pi] nm CULIN ≃ gambas *fpl* fritas.

scandale [skɑ̃dal] nm escándalo *m* ▸ **faire du scandale** armar (un) escándalo.

scandaleusement [skɑ̃daløzmɑ̃] adv escandalosamente.

scandaleux, euse [skɑ̃dalø, øz] adj escandaloso(sa).

scandaliser [3] [skɑ̃dalize] vt escandalizar. ◆ **se scandaliser** vp escandalizarse.

scander [3] [skɑ̃de] vt [vers] escandir ; [slogan] gritar.

scandinave [skɑ̃dinav] adj escandinavo(va). ◆ **Scandinave** nmf escandinavo *m*, -va *f*.

Scandinavie [skɑ̃dinavi] npr ▸ **la Scandinavie** Escandinavia.

scanner¹ [skanɛʀ] nm escáner *m*.

scanner² [skane] vt **1.** MÉD hacer un escáner a **2.** INFORM escanear.

scaphandre [skafɑ̃dʀ] nm escafandra *f*.

scaphandrier [skafɑ̃dʀije] nm escafandrista *m*.

scarabée [skaʀabe] nm escarabajo *m*.

scarification [skaʀifikasjɔ̃] nf [automutilation] escarificación *f*.

scarlatine [skaʀlatin] nf escarlatina *f*.

scarole [skaʀɔl] nf escarola *f*.

scatologique [skatɔlɔʒik] adj escatológico(ca).

sceau, x [so] nm sello *m* ▸ **sous le sceau du secret** bajo secreto.

scélérat, e [seleʀa, at] ❖ adj *sout* canallesco(ca). ❖ nm, f canalla *mf*.

sceller [4] [sele] vt **1.** CONSTR empotrar **2.** [acte, promesse] sellar **3.** [maison] precintar **4.** [lettre] lacrar.

scellés [sele] nmpl DR precinto *m* ▸ **sous scellés** precintado(da).

scénario [senaʀjo] nm **1.** CINÉ, THÉÂTRE & LITTÉR argumento *m* **2.** CINÉ [script] guión *m* ESP, libreto *m* AM **3.** *fig* [déroulement prévu] plan *m*.

> ⚠ **Escenario** est un faux ami, il ne signifie pas *scénario*, mais « scène ».

scénariste [senaʀist] nmf guionista *mf*.

scène [sɛn] nf **1.** [gén] escena *f* ▸ **scène de ménage** riña *f* conyugal **2.** [estrade, décor de théâtre] escenario *m*.

scénique [senik] adj escénico(ca).

scénographie [senɔgʀafi] nf escenografía *f*.

scepticisme [sɛptisism] nm escepticismo *m*.

sceptique [sɛptik] adj & nmf escéptico(ca).

sceptre [sɛptʀ] nm cetro *m*.

SCH (***abr écrite de* schilling**) SCH.

schéma [ʃema] nm esquema *m*.

schématique [ʃematik] adj esquemático(ca).

schématiquement [ʃematikmɑ̃] adv **1.** [par un dessin] mediante esquemas **2.** [en résumé] esquemáticamente.

schématisation [ʃematizasjɔ̃] nf esquematización *f*.

schématiser [3] [ʃematize] vt **1.** [faire un dessin de] hacer un esquema de **2.** [simplifier] esquematizar.

schisme [ʃism] nm cisma *m*.

schiste [ʃist] nm esquisto *m*.

schizo [skizo] (***abr de* schizophrène**) adj *fam* esquizofrénico(ca) / *il est complètement schizo !* ¡está totalmente esquizofrénico!

schizoïde [skizɔid] adj esquizoide.

schizophrène [skizɔfʀɛn] adj & nmf esquizofrénico(ca).

schizophrénie [skizɔfʀeni] nf esquizofrenia *f*.

schizophrénique [skizɔfʀenik] adj esquizofrénico(ca).

schlinguer, chlinguer [3] [ʃlɛ̃ge] vi *vulg* apestar.

schmilblik [ʃmilblik] nm *fam* : *d'accord, mais tout ça, ça ne fait pas avancer le schmilblik* sí, ou vale ESP, muy bien, ¿y qué?

schnock, chnoque [ʃnɔk] nm *tfam* ▸ **un vieux schnock** un viejo chocho.

schuss [ʃus] ◆ nm schuss *m*. ◆ adv en schuss.

sciatique [sjatik] ◆ adj ciático(ca). ◆ nf ciática *f*.

scie [si] nf **1.** [outil] sierra *f* ▸ **scie à métaux** sierra para metales ▸ **scie sauteuse** sierra de vaivén **2.** [rengaine] cantinela *f*.

sciemment [sjamɑ̃] adv a sabiendas, conscientemente.

science [sjɑ̃s] nf ciencia *f* ▸ **sciences humaines / sociales** ciencias humanas/sociales ▸ **sciences naturelles** ciencias naturales ▸ **avoir la science infuse** tener la ciencia infusa.

science-fiction [sjɑ̃sfiksjɔ̃] (*pl* **sciences-fictions**) nf ciencia *f* ficción.

sciences-po [sjɑ̃spo] nfpl UNIV ciencias *fpl* políticas. ◆ **Sciences Po** (*abr de* **Institut des Sciences Politiques**) nf *denominación familiar del instituto de ciencias políticas de París*.

scientifique [sjɑ̃tifik] adj & nmf científico(ca).

scientifiquement [sjɑ̃tifikmɑ̃] adv científicamente.

scientisme [sjɑ̃tism] nm cientificismo *m*.

scientologie [sjɑ̃tɔlɔʒi] nf cienciología *f*.

scier [9] [sje] vt **1.** [couper] aserrar, serrar **2.** *fam* [stupéfier] dejar de una pieza.

scierie [siri] nf aserradero *m*, serrería *f*.

scinder [3] [sɛ̃de] vt dividir ▸ **scinder en** [groupe] escindir en. ◆ **se scinder** vp escindirse ▸ **se scinder en** escindirse en.

scintillant, e [sɛ̃tijɑ̃, ɑ̃t] adj centelleante.

scintillement [sɛ̃tijmɑ̃] nm centelleo *m*.

scintiller [3] [sɛ̃tije] vi centellear.

scission [sisjɔ̃] nf escisión *f*.

sciure [sjyr] nf serrín *m*.

sclérose [skleroz] nf esclerosis *f inv* ▸ **sclérose en plaques** esclerosis múltiple ou en placas.

sclérosé, e [skleroze] adj **1.** MÉD esclerótico(ca) **2.** *fig* [paralyser] estancado(da).

scléroser [3] [skleroze] ◆ **se scléroser** vp **1.** MÉD esclerosarse **2.** *fig* [se figer] anquilosarse.

scolaire [skɔlɛr] adj escolar.

scolarisable [skɔlarizabl] adj en edad escolar.

scolarisation [skɔlarizasjɔ̃] nf escolarización *f*.

scolariser [3] [skɔlarize] vt escolarizar.

scolarité [skɔlarite] nf escolaridad *f*.

scolastique [skɔlastik] ◆ adj escolástico(ca). ◆ nf escolástica *f*.

scoliose [skɔljoz] nf escoliosis *f inv*.

scoop [skup] nm exclusiva *f*.

scooter [skutœr] nm scooter *m* ESP, motoneta *f* AM ▸ **scooter des mers** moto *f* acuática ▸ **scooter des neiges** motonieve *f*.

scorbut [skɔrbyt] nm escorbuto *m*.

score [skɔr] nm resultado *m*.

scorie [skɔri] nf (*gén pl*) escoria *f*.

scorpion [skɔrpjɔ̃] nm escorpión *m*, alacrán *m*. ◆ **Scorpion** nm ASTROL Escorpio *m* ▸ **être Scorpion** ser Escorpio.

Scotch® [skɔtʃ] nm celo *m*.

scotch [skɔtʃ] nm whisky *m* escocés.

scotché, e [skɔtʃe] adj *fam* & *fig* : *être scotché devant la télévision* estar pegado(da) al televisor.

scotcher [3] [skɔtʃe] vt pegar con celo.

scout, e [skut] adj scout. ◆ **scout** nm scout *m*.

scoutisme [skutism] nm escultismo *m*.

Scrabble® [skrabl] nm Scrabble® *m*.

scratch [skratʃ] nm velcro *m*.

scratcher [3] [skratʃe] ◆ **se scratcher** vp *fam* estamparse.

scribe [skrib] nm **1.** HIST escriba *m* **2.** *péj* [employé] chupatintas *m inv*.

scribouillard, e [skribujar, ard] nm, f *péj* chupatintas *m inv*.

script [skript] nm **1.** CINÉ [scénario] guión *m* ESP, libreto *m* AM **2.** [écriture] letra *f* de imprenta.

scripte [skript] nmf script *mf*.

scriptural, e, aux [skriptyral, o] adj escriturario(ria) ; [monnaie] en depósito.

scrotum [skrɔtɔm] nm escroto *m*.

scrupule [skrypyl] nm **1.** [cas de conscience] escrúpulo *m* ▸ **sans scrupules** sin escrúpulos **2.** [délicatesse] escrupulosidad *f*.

scrupuleusement [skrypyløzmɑ̃] adv escrupulosamente.

scrupuleux, euse [skrypylø, øz] adj escrupuloso(sa).

scrutateur, trice [skrytatœr, tris] adj & nm, f escrutador(ra).

scruter [3] [skryte] vt **1.** [horizon, pénombre] escrutar **2.** [motif, intention] indagar.

scrutin [skrytɛ̃] nm **1.** [vote] escrutinio *m* ▸ **dépouiller un scrutin** realizar el escrutinio **2.** [opérations] votación *f* **3.** [système] sistema *m* de votación ▸ **scrutin majoritaire / proportionnel** sistema mayoritario/(de representación) proporcional.

sculpter [3] [skylte] vt esculpir.

sculpteur [skyltœr] nm escultor *m*.

sculptural, e, aux [skyltyral, o] adj **1.** ART escultórico(ca) **2.** *fig* [personne] escultural.

sculpture [skyltyr] nf escultura *f*.

sdb *abr écrite de* **salle de bains**.

SDF (*abr de* **sans domicile fixe**) nmf & adj : *les SDF* los sin techo.

SDN (*abr de* **Société des Nations**) nf SDN *f.*

se [sə] *(s' devant voyelle ou 'h' muet)* pron pers *(réfléchi)* se / *se couper* cortarse / *s'aimer* quererse.

S.E. (*abr écrite de* **Son Excellence**) SE.

séance [seɑ̃s] nf **1.** [gén] sesión *f* ▸ **lever la séance** levantar la sesión ▸ **séance extraordinaire** sesión extraordinaria **2.** *fam* [scène] escena *f* **3.** EXPR **séance tenante** en el acto.

séant, e [seɑ̃, ɑ̃t] adj *sout* conveniente. ◆ **séant** nm ▸ **se dresser** ou **se mettre sur son séant** incorporarse.

seau, x [so] nm cubo *m* Esp, tacho *m* Am ▸ **seau à champagne** champañera *f* ▸ **seau à glace** cubitera *f.*

sébile [sebil] nf platillo *m.*

sébum [sebɔm] nm sebo *m.*

sec, sèche [sɛk, sɛʃ] adj **1.** [gén] seco(ca) ▸ **vol sec** sólo vuelo *m* **2.** [raisin, figue] paso(sa) **3.** [maigre] enjuto(ta) **4.** EXPR **être** ou **rester sec** [sur un sujet] estar ou quedarse en blanco *(sobre un tema).* ◆ **sec** adv **1.** [brutalement] bruscamente ▸ **aussi sec** *fam* a renglón seguido **2.** [beaucoup] mucho. ◆ **sec** nm ▸ **tenir au sec** guardar en un sitio seco ▸ **être à sec a)** [sans eau] estar seco(ca) **b)** *fam* [sans argent] estar pelado(da).

sécable [sekabl] adj divisible.

SECAM, Secam [sekam] (*abr de* **système séquentiel couleur à mémoire**) adj SECAM *m* / *le système SECAM* el sistema SECAM ▸ **un téléviseur PAL/SECAM** un televisor PAL/SECAM.

sécateur [sekatœʀ] nm tijeras *fpl* de podar, podadera *f.*

sécession [sesesjɔ̃] nf secesión *f* ▸ **faire sécession** separarse.

séchage [seʃaʒ] nm secado *m.*

sèche [sɛʃ] ❖ adj ⟶ **sec.** ❖ nf *fam* pitillo *m.*

sèche-cheveux [sɛʃʃəvø] nm inv secador *m* (de pelo).

sèche-linge [sɛʃlɛ̃ʒ] nm inv secadora *f.*

sèche-mains [sɛʃmɛ̃] nm inv secamanos *m inv* automático.

sèchement [sɛʃmɑ̃] adv secamente.

sécher [18] [seʃe] ❖ vt **1.** [gén] secar **2.** SCOL [cours] fumarse. ❖ vi **1.** [gén] secarse **2.** SCOL [ne pas savoir répondre] estar pez.

sécheresse [seʃʀɛs] nf **1.** [gén] sequedad *f* **2.** [absence de pluie] sequía *f.*

séchoir [seʃwaʀ] nm **1.** [local] secadero *m* **2.** [appareil - à tringles] tendedero *m* ; [- électrique] secadora *f* ▸ **séchoir à cheveux** secador *m* (de pelo).

second, e [səgɔ̃, ɔ̃d] adj num & nm, f segundo(da). ◆ **second** nm [assistant] segundo *m.* ◆ **seconde** nf **1.** [unité de temps] segundo *m* ▸ **une seconde !** ¡un segundo! **2.** SCOL ≃ cuarto *m* de la ESO **3.** [classe de transport, vitesse] segunda *f.*

secondaire [səgɔ̃dɛʀ] ❖ adj secundario(ria). ❖ nm ▸ **le secondaire a)** GÉOL & ÉCON el secundario **b)** SCOL la (enseñanza) secundaria.

seconder [3] [səgɔ̃de] vt secundar.

secouer [6] [səkwe] vt [gén] sacudir Esp, remecer Am ; [flacon, bouteille] agitar ; [suj : malheur] afectar. ◆ **se secouer** vp *fam* [réagir] ▸ **secoue-toi !** ¡espavila!, ¡muévete!

secourable [səkuʀabl] adj caritativo(va).

secourir [45] [səkuʀiʀ] vt socorrer.

secourisme [səkuʀism] nm socorrismo *m.*

secouriste [səkuʀist] nmf socorrista *mf.*

secourrai ⟶ **secourir.**

secours [səkuʀ] ❖ nm **1.** [aide] socorro *m*, auxilio *m* ▸ **appeler au secours** pedir socorro ou auxilio ▸ **au secours !** ¡socorro!, ¡auxilio! ▸ **être d'un grand secours** ser de gran ayuda ▸ **porter secours à qqn** socorrer ou auxiliar a alguien ▸ **voler au secours de qqn** precipitarse a socorrer ou auxiliar a alguien **2.** [dons, renforts, soins] socorro *m* ▸ **les premiers secours** los primeros auxilios. ◆ **de secours** loc adj **1.** [poste] de socorro **2.** [issue, sortie, porte] de emergencia **3.** [roue] de recambio. ❖ v ⟶ **secourir.**

secouru, e [səkuʀy] pp ⟶ **secourir.**

secourus ⟶ **secourir.**

secousse [səkus] nf sacudida *f.*

secret, ète [səkʀɛ, ɛt] adj secreto(ta). ◆ **secret** nm **1.** [gén] secreto *m* ▸ **dont il a le secret** cuyo secreto sólo él conoce ▸ **être / mettre qqn dans le secret (de)** estar/poner a alguien al corriente (de) ▸ **dans le plus grand secret** con el más absoluto secreto ▸ **secret d'alcôve** secreto de alcoba ▸ **secret d'État** secreto de Estado ▸ **secret de Polichinelle** secreto a voces ▸ **secret professionnel** secreto profesional **2.** [carcéral] ▸ **mettre au secret** incomunicar.

secrétaire [səkʀetɛʀ] ❖ nmf secretario *m*, -ria *f* ▸ **secrétaire de direction / de rédaction / d'État** secretario de dirección/de redacción/de Estado ▸ **secrétaire général** secretario general ▸ **secrétaire général adjoint** secretario general adjunto. ❖ nm [meuble] escritorio *m*, secreter *m.*

secrétariat [səkʀetaʀja] nm **1.** [fonction] secretariado *m*, secretaría *f* **2.** [bureau, personnel] secretaría *f* **3.** [métier] secretariado *m.*

secrètement [səkʀɛtmɑ̃] adv **1.** [en cachette] en secreto **2.** [intimement] secretamente.

sécréter [18] [sekʀete] vt **1.** [substance] secretar, segregar **2.** *fig* [ennui] rezumar.

sécrétion [sekʀesjɔ̃] nf secreción *f.*

sectaire [sɛktɛʀ] adj & nmf sectario(ria).

sectarisme [sɛktaʀism] nm sectarismo *m.*

secte [sɛkt] nf secta *f.*

secteur [sɛktœʀ] nm **1.** [gén] sector *m* ▸ **sur secteur** ÉLECTR conectado(da) a la red ▸ **secteur privé / public** sector privado/público ▸ **secteur primaire / secondaire /**

tertiaire sector primario/secundario/terciario **2.** *fam* [endroit] zona *f* **3.** ADMIN distrito *m*.

section [sɛksjɔ̃] nf **1.** [gén] sección *f* **2.** [électorale] distrito *m*.

sectionnement [sɛksjɔnmɑ̃] nm **1.** [coupure] seccionamiento *m* **2.** *fig* [division] división *f*.

sectionner [3] [sɛksjɔne] vt **1.** [trancher] seccionar **2.** *fig* [diviser] dividir. ◆ **se sectionner** vp seccionarse.

sectoriel, elle [sɛktɔʀjɛl] adj sectorial.

sectorisation [sɛktɔʀizasjɔ̃] nf división *f* en sectores.

sectoriser [3] [sɛktɔʀize] vt dividir en sectores.

Sécu [seky] nf *fam* ≃ Seguridad *f* Social.

séculaire [sekylɛʀ] adj secular.

séculariser [3] [sekylaʀize] vt secularizar.

séculier, ère [sekylje, ɛʀ] adj **1.** [autorité] seglar, secular **2.** [prêtre] secular.

secundo [səgɔ̃do] adv en segundo lugar.

sécurisant, e [sekyʀizɑ̃, ɑ̃t] adj tranquilizador(ra).

sécurisé, e [sekyʀize] adj INFORM [transaction, paiement] protegido(da).

sécuriser [3] [sekyʀize] vt tranquilizar.

sécuritaire [sekyʀitɛʀ] adj [politique, idéologie, mesures] relativo(va) a la seguridad pública.

sécurité [sekyʀite] nf seguridad *f* ▸ **en sécurité** seguro(ra) ▸ **en toute sécurité** con toda tranquilidad ▸ **la sécurité routière** la seguridad vial. ◆ **Sécurité sociale** nf ≃ Seguridad *f* Social.

La Sécurité sociale

1945 marcó el inicio de una serie de importantes cambios sociales en Francia con la creación de un régimen de protección social común a toda la población. La Seguridad Social francesa, o **Sécu**, está financiada por las cotizaciones obligatorias pagadas en parte por las empresas y en parte por los empleados. Cada persona tiene que escoger a un médico de cabecera a quien acudir en caso de enfermedad y la Seguridad Social cubre una parte importante de los gastos. El resto de los gastos suele estar cubierto por una **mutuelle**, una mutua, que es un seguro social complementario. En ocasiones, las empresas pagan también una parte de la cotización de la mutua.

sédatif, ive [sedatif, iv] adj sedante, sedativo(va). ◆ **sédatif** nm sedante *m*.

sédentaire [sedɑ̃tɛʀ] adj & nmf sedentario(ria).

sédentarisation [sedɑ̃taʀizasjɔ̃] nf sedentarización *f*.

sédentariser [3] [sedɑ̃taʀize] ◆ **se sédentariser** vp volverse sedentario(ria).

sédentarité [sedɑ̃taʀite] nf sedentarismo *m*.

sédiment [sedimɑ̃] nm sedimento *m*.

sédimentaire [sedimɑ̃tɛʀ] adj sedimentario(ria).

sédimentation [sedimɑ̃tasjɔ̃] nf sedimentación *f*.

séditieux, euse [sedisjø, øz] adj & nm, f *sout* sedicioso(sa).

sédition [sedisjɔ̃] nf *sout* sedición *f*.

séducteur, trice [sedyktœʀ, tʀis] adj & nm, f seductor(ra).

séduction [sedyksjɔ̃] nf seducción *f*.

séduire [98] [sedɥiʀ] vt seducir.

séduis ⟶ **séduire**.

séduisais ⟶ **séduire**.

séduisant, e [sedɥizɑ̃, ɑ̃t] adj seductor(ra).

séduit, e [sedɥi, it] pp ⟶ **séduire**.

séfarade [sefaʀad] adj & nmf sefardí, sefardita.

segment [sɛgmɑ̃] nm segmento *m* ▸ **segment de marché** segmento de mercado.

segmentation [sɛgmɑ̃tasjɔ̃] nf segmentación *f*.

segmenter [3] [sɛgmɑ̃te] vt segmentar.

Ségovie [segovi] npr Segovia.

ségrégation [segʀegasjɔ̃] nf segregación *f*.

ségrégationniste [segʀegasjɔnist] adj & nmf segregacionista.

seiche [sɛʃ] nf sepia *f*.

seigle [sɛgl] nm centeno *m*.

seigneur [sɛɲœʀ] nm HIST señor *m* ▸ **faire le grand seigneur** *fig* dárselas de gran señor ▸ **vivre en grand seigneur** *fig* vivir como un gran señor. ◆ **Seigneur** nm ▸ **le Seigneur** el Señor.

seigneurial, e, aux [sɛɲœʀjal, o] adj señorial.

sein [sɛ̃] nm **1.** [mamelle] seno *m*, pecho *m* ▸ **donner le sein** dar el pecho **2.** [poitrine, milieu] seno *m*. ◆ **au sein de** loc prép en el seno de.

Seine [sɛn] npr ▸ **la Seine** el Sena.

séisme [seism] nm seísmo *m*.

séismique [seismik] adj = **sismique**.

seize [sɛz] adj num inv & nm inv dieciséis. ***Voir aussi* six**.

seizième [sɛzjɛm] ✣ adj num decimosexto(ta) / *le seizième siècle* el siglo dieciséis. ✣ nmf decimosexto *m*, -ta *f*. ✣ nm dieciseisavo *m*, dieciseisava parte *f* ▸ **le 16ᵉ** *barrio lujoso del oeste de París*.

séjour [seʒuʀ] nm **1.** [durée] estancia *f* ▸ **être interdit de séjour** tener prohibida la entrada al país ▸ **séjour linguistique** estancia lingüística **2.** [pièce] sala *f* de estar.

séjourner [3] [seʒuʀne] vi pasar una temporada.

sel [sɛl] nm sal *f* ▸ **gros sel** sal gorda ou gruesa. ◆ **sels** nmpl [à respirer] sales *fpl*. ◆ **sels de bain** nmpl sales *fpl* de baño.

sélect, e [selɛkt] adj *fam* selecto(ta).

sélecteur [selɛktœʀ] nm selector *m* ▸ **sélecteur de température** selector de temperatura.

sélectif, ive [selɛktif, iv] adj selectivo(va).

sélection [selɛksjɔ̃] nf selección *f*.

sélectionné, e [selɛksjɔne] adj seleccionado(da).

sélectionner [3] [selɛksjɔne] vt [gén & INFORM] seleccionar.

sélectionneur, euse [selɛksjɔnœʀ, øz] nm, f SPORT seleccionador *m*, -ra *f*.

sélectivement [selɛktivmɑ̃] adv selectivamente, por selección.

self [sɛlf] nm *fam* selfservice *m*, autoservicio *m*.

self-control [sɛlfkɔ̃tʀol] nm inv autocontrol *m*.

self-made-man [sɛlfmɛdman] (*pl* **self-made-men** [-mɛn]) nm self-made-man *m*.

self-service [sɛlfsɛʀvis] (*pl* **self-services**) nm selfservice *m*, autoservicio *m*.

selle [sɛl] nf **1.** [de cheval] silla *f* ▸ **en selle !** ¡monten! **2.** [de bicyclette] sillín *m* **3.** MÉD ▸ **aller à la selle** hacer de vientre **4.** CULIN rabadilla *f*. ◆ **selles** nfpl MÉD heces *fpl* (fecales).

seller [4] [sele] vt ensillar.

sellerie [sɛlʀi] nf **1.** [commerce] guarnicionería *f* **2.** [lieu] guadarnés *m*, guarnés *m*.

sellette [sɛlɛt] nf banquillo *m* ▸ **être mis / mettre qqn sur la sellette** *fig* sentarse/sentar a alguien en el banquillo.

sellier [selje] nm guarnicionero *m*, -ra *f*.

selon [səlɔ̃] prép [gén] según ▸ **c'est selon** *fam* depende. ◆ **selon que** loc conj según, depende de si.

S.Em. *abr écrite de* Son Éminence.

semailles [səmaj] nfpl siembra *f*.

semaine [səmɛn] nf [période] semana *f* ▸ **à la semaine** semanalmente ▸ **à la petite semaine** día a día ▸ **en semaine** entre semana ▸ **la semaine sainte** la Semana Santa.

semainier, ère [səmenje, ɛʀ] nm, f semanero *m*, -ra *f*. ◆ **semainier** nm **1.** [bijou] semanario *m* **2.** [meuble] *cómoda con siete cajones* **3.** [calendrier] agenda *f* semanal.

sémantique [semɑ̃tik] ◇ adj semántico(ca). ◇ nf semántica *f*.

sémaphore [semafɔʀ] nm semáforo *m (para barcos o trenes)*.

semblable [sɑ̃blabl] ◇ adj **1.** [analogue] semejante, parecido(da) / *une voiture semblable à une autre* un coche parecido a otro **2.** [tel] semejante / *de semblables mensonges* semejantes mentiras. ◇ nm **1.** [de même caractère] igual *m* **2.** [prochain] semejante *m*.

semblant [sɑ̃blɑ̃] nm ▸ **un semblant de qqch** una apariencia de algo ▸ **faire semblant de faire qqch** fingir OU simular hacer algo.

sembler [3] [sɑ̃ble] ◇ vi parecer. ◇ v impers ▸ **il (me / te) semble que** (me / te) parece que.

semelle [səmɛl] nf **1.** [sous la chaussure] suela *f* ▸ **semelles compensées** plataformas *fpl* **2.** [à l'intérieur de la chaussure] plantilla *f* **3.** CONSTR solera *f* **4.** EXPR **battre la semelle a)** dar taconazos *(contra el frío)* **b)** *fig* dar vueltas durante horas ▸ **ne pas quitter qqn d'une semelle** no dejar a alguien ni a sol ni a sombra.

semence [səmɑ̃s] nf **1.** [graine] semilla *f* **2.** [sperme] semen *m*.

semer [19] [səme] vt **1.** [gén] sembrar **2.** [répandre] esparcir **3.** *fam* [se débarrasser de, perdre] dar esquinazo a.

semestre [səmɛstʀ] nm semestre *m*.

semestriel, elle [səmɛstʀijɛl] adj semestral.

semeur, euse [səmœʀ, øz] nm, f sembrador *m*, -ra *f*.

semi-automatique [səmiotɔmatik] adj semiautomático(ca).

semi-fini, e [səmifini] adj : *un produit semi-fini* un producto semiacabado.

semi-liberté [səmilibɛʀte] (*pl* **semi-libertés**) nf ▸ **en semi-liberté** ≃ en régimen abierto.

sémillant, e [semijɑ̃, ɑ̃t] adj vivaracho(cha).

séminaire [seminɛʀ] nm seminario *m*.

séminal, e, aux [seminal, o] adj seminal.

séminariste [seminaʀist] nm seminarista *m*.

sémiologie [semjɔlɔʒi] nf semiología *f*.

semi-précieux, euse [səmipʀesjø, øz] (*mpl* **semi-précieux**, *fpl* **semi-précieuses**) adj semiprecioso(sa).

semi-public, ique [səmipyblik] adj semipúblico(ca).

semi-remorque [səmiʀ(ə)mɔʀk] (*pl* **semi-remorques**) nm camión *m* articulado.

semis [səmi] nm **1.** [plant] semillero *m* **2.** [méthode] siembra *f* **3.** [terrain] sembrado *m*.

sémite [semit] adj semita. ◆ **Sémite** nmf semita *mf*.

sémitique [semitik] adj semítico(ca).

semoir [səmwaʀ] nm **1.** [machine] sembradora *f* **2.** [sac] sementero *m*.

semonce [səmɔ̃s] nf NAUT disparo *m* de advertencia.

semoule [səmul] nf sémola *f* ▸ **semoule de blé** sémola de trigo.

sempiternel, elle [sɑ̃pitɛʀnɛl] adj perpetuo(tua).

sénat [sena] nm senado *m*. ◆ **Sénat** nm **1.** [en France] Senado *m* (francés) **2.** [aux USA] Senado *m* (de los Estados Unidos) **3.** HIST [à Rome] Senado *m* (de Roma). *Voir encadré p. 504.*

sénateur, trice [senatœʀ, tʀis] nm senador *m*, -ra *f*.

sénatorial, e, aux [senatɔʀjal, o] adj senatorial.

Sénégal [senegal] npr ▸ **le Sénégal** Senegal.

sénégalais, e [senegalɛ, ɛz] adj senegalés(esa). ◆ **Sénégalais, e** nm, f senegalés *m*, -esa *f*.

sénile [senil] adj **1.** MÉD senil **2.** *péj* [gâteux] chocho(cha).

sénilité [senilite] nf senilidad *f*.

senior [senjɔʀ] adj & nmf [gén & SPORT] sénior *mf*.

Le Sénat

El Senado francés representa la cámara más alta del Parlamento. Sus 346 miembros son elegidos cada nueve años por los diputados de la **Assemblée nationale** y por ciertas personalidades del gobierno. Si el Presidente de la República se viera en la imposibilidad de ejercer sus funciones, sería el Presidente del Senado el que desempeñaría este cargo. Los poderes del **Sénat** son prácticamente los mismos que los de la **Assemblée nationale** aunque, en caso de desacuerdo entre las dos cámaras, la **Assemblée nationale** puede no tomar en cuenta las decisiones del **Sénat**.

sens[1] [sɑ̃s] ◆ nm
1. [gén] sentido *m* ▸ **à double sens** con doble sentido ▸ **au sens strict du terme** en el sentido estricto de la palabra ▸ **avoir le sens de l'humour / de l'orientation** tener sentido del humor/de la orientación ▸ **avoir un sixième sens** tener un sexto sentido ▸ **dans le sens de la marche** en el sentido de la marcha ▸ **en sens inverse** en sentido contrario ▸ **sens dessus dessous** patas arriba ▸ **vide de sens** sin sentido ▸ **sens figuré / propre** sentido figurado/propio ▸ **sens giratoire** sentido giratorio ▸ **sens interdit / unique** dirección *f* prohibida/única ▸ **rue à sens unique** calle de sentido único ▸ **bon sens** sentido común ▸ **tomber sous le sens** caer por su propio peso **2.** [avis] : ***j'abonde dans ton sens*** abundo en tu opinión ▸ **à mon sens** a mi modo de ver
◆ **en ce sens que** loc conj en el sentido de que.

sens[2] ⟶ **sentir**.

sensass [sɑ̃sas] adj inv *fam* guay.

sensation [sɑ̃sasjɔ̃] nf sensación *f* ▸ **à sensation** a) [presse, journal] sensacionalista b) [film] efectista ▸ **faire sensation** causar sensación.

sensationnel, elle [sɑ̃sasjɔnɛl] adj sensacional. ◆ **sensationnel** nm ▸ **le sensationnel** las sensaciones fuertes.

sensé, e [sɑ̃se] adj sensato(ta).

sensément [sɑ̃semɑ̃] adv *sout* con sensatez.

sensibilisation [sɑ̃sibilizasjɔ̃] nf sensibilización *f*.

sensibiliser [3] [sɑ̃sibilize] vt sensibilizar.

sensibilité [sɑ̃sibilite] nf sensibilidad *f*.

sensible [sɑ̃sibl] adj **1.** [gén] sensible ▸ **sensible à qqch** sensible a algo **2.** [perceptible] perceptible.

sensiblement [sɑ̃sibləmɑ̃] adv **1.** [approximativement] casi **2.** [notablement] sensiblemente.

sensiblerie [sɑ̃sibləʀi] nf *péj* sensiblería *f*.

sensoriel, elle [sɑ̃sɔʀjɛl] adj sensorial.

sensualité [sɑ̃sɥalite] nf sensualidad *f*.

sensuel, elle [sɑ̃sɥɛl] adj sensual.

sentence [sɑ̃tɑ̃s] nf sentencia *f*.

sentencieux, euse [sɑ̃tɑ̃sjø, øz] adj *péj* sentencioso(sa).

senteur [sɑ̃tœʀ] nf *sout* fragancia *f*.

sentier [sɑ̃tje] nm sendero *m*, senda *f* ▸ **sentier de grande randonnée** *sendero especialmente hecho para excursionistas* ▸ **sortir des sentiers battus** *fig* salirse de la regla.

sentiment [sɑ̃timɑ̃] nm **1.** [affection, penchant] sentimiento *m* ▸ **plein de bons sentiments** lleno de buenos sentimientos **2.** [opinion] sentir *m* **3.** [impression] impresión *f* **4.** [dans les formules de politesse] ▸ **veuillez agréer l'expression de mes sentiments distingués ou cordiaux ou les meilleurs** le saluda atentamente ou cordialmente ou respetuosamente.

sentimental, e, aux [sɑ̃timɑ̃tal, o] adj & nm, f sentimental.

sentimentalisme [sɑ̃timɑ̃talism] nm sentimentalismo *m*.

sentinelle [sɑ̃tinɛl] nf centinela *m*.

sentir [37] [sɑ̃tiʀ] ◆ vt **1.** [par l'odorat] oler ; [par le goût, par le toucher] notar **2.** [exhaler] oler a **3.** [pressentir] sentir ▸ **faire sentir qqch à qqn** dar a entender algo a alguien **4.** EXPR **ne pas pouvoir sentir qqn** *fam* no poder tragar a alguien ▸ **je l'ai sentie passer** *fam* [douleur] ¡me ha dolido! ◆ vi oler ▸ **sentir bon / mauvais** oler bien/mal. ◆ **se sentir** ◆ vp **1.** [être perceptible] notarse ▸ **se faire sentir** notarse, hacerse sentir ▸ **ça se sent !** ¡se nota! **2.** EXPR **ne pas pouvoir se sentir** *fam* no poder tragarse. ◆ v att sentirse / ***se sentir fatigué / malade / mal*** sentirse cansado/enfermo/mal / ***se sentir la force / le courage de*** sentirse con fuerzas/con ánimos para.

seoir [67] [swaʀ] ◆ vi *sout* sentar bien. ◆ v impers ▸ **comme il sied** como es debido.

Séoul [seul] npr Seúl.

séparable [sepaʀabl] adj separable.

séparation [sepaʀasjɔ̃] nf separación *f*.

séparatisme [sepaʀatism] nm separatismo *m*.

séparatiste [sepaʀatist] nmf separatista *mf*.

séparé, e [sepaʀe] adj **1.** [distinct] distinto(ta) / ***des intérêts séparés*** distintos intereses **2.** [couple] separado(da).

séparément [sepaʀemɑ̃] adv por separado.

séparer [3] [sepaʀe] vt **1.** [gén] separar ▸ **séparer qqch de qqch** separar algo de algo ▸ **séparer qqn de qqn** separar a alguien de alguien **2.** [espace, lieu] dividir. ◆ **se séparer** vp **1.** [gén] ▸ **se séparer de qqch / de qqn** separarse de algo/de alguien **2.** [route, fleuve] dividirse.

sépia [sepja] ◆ adj inv [couleur] sepia *(en apposition)*. ◆ nf **1.** [matière] sepia *f* **2.** [dessin] dibujo *m* a la sepia.

sept [sɛt] adj num inv & nm inv siete. ***Voir aussi*** **six**.

septante [sɛptɑ̃t] adj num inv SUISSE BELGIQUE setenta.

septembre [sɛptɑ̃bʀ] nm septiembre *m*, setiembre *m* ▸ **au début du mois de septembre, début septembre**

a principios del mes de septiembre, a principios de septiembre ▸ **au mois de** OU **en septembre** en (el mes de) septiembre ▸ **à la fin du mois de septembre, fin septembre** a finales del mes de septiembre, a finales de septiembre ▸ **d'ici septembre** de aquí a septiembre ▸ **(à la) mi-septembre** a mediados de septiembre ▸ **le premier / deux / dix septembre** el uno/dos/diez de septiembre.

septennat [sɛptena] nm *periodo de siete años que correspondía al mandato del presidente de la República en Francia hasta 2002.*

septentrional, e, aux [sɛptɑ̃tʀijɔnal, o] adj septentrional.

septentrionnal, e, aux [sɛptɑ̃tʀijɔnal, o] adj septentrional.

septicémie [sɛptisemi] nf septicemia *f*.

septième [sɛtjɛm] ❖ adj num séptimo(ma) / *le septième siècle* el siglo siete. ❖ nf SCOL ≃ quinto *m* de EP. ❖ nm séptimo *m*, séptima parte *f*. ***Voir aussi* sixième**.

septièmement [sɛtjɛmmɑ̃] adv en séptimo lugar.

septique [sɛptik] adj séptico(ca).

septuagénaire [sɛptɥaʒenɛʀ] adj & nmf septuagenario(ria).

sépulcral, e, aux [sepylkʀal, o] adj sepulcral.

sépulcre [sepylkʀ] nm *sout* sepulcro *m*.

sépulture [sepyltyʀ] nf sepultura *f*.

séquelle [sekɛl] nf *(gén pl)* secuela *f*.

séquence [sekɑ̃s] nf **1.** CINÉ & TV secuencia *f* **2.** [série de cartes] escalera *f*.

séquentiel, elle [sekɑ̃sjɛl] adj secuencial.

séquestration [sekɛstʀasjɔ̃] nf secuestro *m* ESP, plagio *m* AM.

séquestre [sekɛstʀ] nm depósito *m* (judicial) ▸ **mettre** OU **placer sous séquestre** poner OU retener en depósito.

séquestrer [3] [sekɛstʀe] vt **1.** [personne] secuestrar ESP, plagiar AM **2.** DR [bien] depositar.

séquoia [sekɔja] nm secuoya *f*, secoya *f*.

serai ⟶ **être**.

sérail [seʀaj] nm **1.** [palais] palacio *m (de un sultán)* **2.** [harem] serrallo *m*.

serbe [sɛʀb] adj serbio(bia). ◆ **Serbe** nmf serbio *m*, -bia *f*.

Serbie [sɛʀbi] npr ▸ **la Serbie** Serbia.

serbo-croate [sɛʀbɔkʀɔat] (*pl* **serbo-croates**) adj & nm serbocroata.

serein, e [səʀɛ̃, ɛn] adj sereno(na).

sereinement [səʀɛnmɑ̃] adv serenamente, con serenidad.

sérénade [seʀenad] nf serenata *f*.

sérénité [seʀenite] nf serenidad *f*.

serf, serve [sɛʀ(f), sɛʀv] ❖ adj de servidumbre. ❖ nm, f siervo *m*, -va *f*.

serge [sɛʀʒ] nf sarga *f*.

sergent [sɛʀʒɑ̃] nm sargento *m*.

sergent-chef [sɛʀʒɑ̃ʃɛf] (*pl* **sergents-chefs**) nm ≃ sargento *m* primero.

sériciculture [seʀisikyltyʀ] nf sericicultura *f*.

série [seʀi] nf **1.** [gén] serie *f* ▸ **de série** de serie ▸ **hors série** fuera de serie ▸ **série B** TV & CINÉ serie B ▸ **série noire** a) *fig* mala racha *f* b) [en littérature] serie negra / *c'est un vrai personnage de série noire* parece salido de una novela policíaca **2.** SPORT categoría *f*. ◆ **en série** loc adv & loc adj en serie.

sérier [3] [seʀje] vt seriar.

sérieusement [seʀjøzmɑ̃] adv **1.** [sans plaisanter, avec application] seriamente, en serio **2.** [grièvement] seriamente.

sérieux, euse [seʀjø, øz] adj serio(ria). ◆ **sérieux** nm seriedad *f* ▸ **garder son sérieux** mantener la seriedad ▸ **prendre qqch / qqn au sérieux** tomarse algo/a alguien en serio ▸ **se prendre au sérieux** creerse importante.

sérigraphie [seʀigʀafi] nf serigrafía *f*.

sérigraphier [seʀigʀafje] vt serigrafiar.

serin, e [səʀɛ̃, in] nm, f **1.** [oiseau] canario *m* **2.** *fam* [niais] merluzo *m*, -za *f*.

seriner [3] [səʀine] vt *fam* ▸ **seriner qqch à qqn** machacar algo a alguien.

seringue [səʀɛ̃g] nf jeringuilla *f*.

serment [sɛʀmɑ̃] nm juramento *m* ▸ **faire le serment de** jurar que ▸ **prêter serment** prestar juramento ▸ **sous serment** bajo juramento ▸ **serment d'Hippocrate** juramento de Hipócrates.

sermon [sɛʀmɔ̃] nm *pr* & *fig* sermón *m*.

sermonner [3] [sɛʀmɔne] vt sermonear.

SERNAM, Sernam [sɛʀnam] (*abr de* **Service national de messageries**) nm *empresa especializada en el transporte de paquetes por carretera o ferrocarril; antes pertenecía a la SNCF.*

séronégatif, ive [seʀonegatif, iv] adj seronegativo(va).

séropositif, ive [seʀopozitif, iv] adj seropositivo(va).

séropositivité [seʀopozitivite] nf seropositividad *f*.

serpe [sɛʀp] nf podadera *f*.

serpent [sɛʀpɑ̃] nm serpiente *f* ▸ **serpent à sonnette** serpiente (de) cascabel. ◆ **serpent monétaire** nm serpiente *f* monetaria.

serpenter [3] [sɛʀpɑ̃te] vi serpentear.

serpentin [sɛʀpɑ̃tɛ̃] nm [cotillon] serpentina *f*.

serpillière [sɛʀpijɛʀ] nf trapo *m*, bayeta *f*.

serpolet [sɛʀpɔlɛ] nm serpol *m*.

serre [sɛʀ] nf invernadero *m*. ◆ **serres** nfpl ZOOL garras *fpl*.

serré, e [seʀe] ❖ adj **1.** [nœud, poing] apretado(da) **2.** [masse, tissu, forêt] tupido(da) **3.** [style] conciso(sa) **4.** [vêtement, chaussures] ceñido(da) **5.** [discussion, match] reñido(da) **6.** [café] cargado(da). ❖ adv ▸ **jouer serré** *fig* jugar sobre seguro.

serre-livres [sɛʀlivʀ] nm inv sujetalibros *m inv*.

serrement [sɛʀmɑ̃] nm **1.** [de mains] apretón *m* **2.** [de gorge] nudo *m*. ◆ **serrement de cœur** nm : *avoir un serrement de cœur* tener el corazón encogido.

serrer [4] [seʀe] ❖ vt **1.** [poing, lèvres, vis] apretar ; *fig* [cœur] encoger **2.** [suj : vêtement] apretar **3.** [personne, main, rangs] estrechar **4.** [se tenir près de] pegarse a. ❖ vi AUTO ▸ **serrer à droite / à gauche** pegarse a la derecha / a la izquierda. ◆ **se serrer** vp **1.** [gén] ▸ **se serrer contre qqch / contre qqn** apretarse contra algo / contra alguien ▸ **se serrer autour de qqch** apiñarse alrededor de algo **2.** [cœur] encogerse.

serre-tête [sɛʀtɛt] nm inv diadema *f*.

serrure [seʀyʀ] nf cerradura *f* ESP, chapa *f* AM.

serrurerie [seʀyʀʀi] nf cerrajería *f* ▸ **serrurerie d'art** forja *f*.

serrurier [seʀyʀje] nm cerrajero *m*.

sers ⟶ **servir**.

sertir [32] [sɛʀtiʀ] vt engastar.

sérum [seʀɔm] nm suero *m* ▸ **sérum physiologique** suero fisiológico.

servage [sɛʀvaʒ] nm servidumbre *f*.

servante [sɛʀvɑ̃t] nf sirvienta *f*.

serve ⟶ **serf**.

serveur, euse [sɛʀvœʀ, øz] nm, f **1.** [employé] camarero *m*, -ra *f* ESP, mozo *m*, -za *f* AM **2.** [aux cartes] jugador *m*, -ra *f* que reparte las cartas **3.** SPORT servidor *m*, -ra *f*. ◆ **serveur** nm INFORM servidor *m*.

servi, e [sɛʀvi] pp ⟶ **servir**.

serviable [sɛʀvjabl] adj servicial.

service [sɛʀvis] ❖ nm

1. [gén] servicio *m* ▸ **être au service (militaire)** *fam* estar en la mili ▸ **être en service** estar en servicio ▸ **être hors service** estar fuera de servicio ▸ **mettre qqch en service** poner algo en marcha ▸ **service compris** servicio incluido ▸ **service après vente** servicio posventa ▸ **service militaire / public** servicio militar / público

2. [département] departamento *m* ▸ **service de réanimation** unidad *f* de reanimación ▸ **service de renseignements** departamento de información

3. [aide] favor *m* ▸ **que puis-je faire pour votre service ?** ¿puedo ayudarle en algo? ▸ **rendre un service à qqn** hacer un favor a alguien

4. [à café, de porcelaine] juego *m*

5. RELIG oficio *m*

◆ **services** nmpl [travail rémunéré] servicios *mpl* ▸ **les services** ÉCON el sector servicios.

serviette [sɛʀvjɛt] nf **1.** [de table] servilleta *f* **2.** [de toilette] toalla *f* ▸ **serviette de bain** toalla de baño **3.** [porte-documents] cartera *f*. ◆ **serviette hygiénique** nf compresa *f*.

> ⚠ **Servilleta** est un faux ami, il ne signifie que *serviette de table* et non *serviette de bain*.

serviette-éponge [sɛʀvjɛtepɔ̃ʒ] (*pl* **serviettes-éponges**) nf toalla *f* de felpa.

servile [sɛʀvil] adj servil.

servir [38] [sɛʀviʀ] ❖ vt **1.** [gén] servir ; [client] atender ▸ **servir qqch à qqn** servir algo a alguien ▸ **qu'est-ce que je vous sers ?** ¿qué le pongo? **2.** [aider, travailler pour] servir a ; [suj : circonstances] favorecer. ❖ vi servir ▸ **servir à faire qqch** servir para hacer algo ▸ **servir de** servir de ▸ **ça peut toujours** OU **encore servir** aún puede servir ▸ **cela ne sert à rien** no sirve de OU para nada. ◆ **se servir** vp servirse ▸ **se servir de qqch / de qqn** servirse de algo / de alguien / *se servir de la viande* servirse carne ▸ **servez-vous !** ¡sírvase (usted mismo)!

serviteur [sɛʀvitœʀ] nm servidor *m*, -ra *f*.

servitude [sɛʀvityd] nf servidumbre *f*.

ses ⟶ **son**.

sésame [sezam] nm **1.** BOT sésamo *m* **2.** [formule] llave *f* maestra.

session [sesjɔ̃] nf **1.** [assemblée] sesión *f* **2.** UNIV [examen] convocatoria *f*.

set [sɛt] nm **1.** SPORT set *m* **2.** [napperon] mantel *m* individual ▸ **sets de table** juego *m* de manteles individuales.

setter [setɛʀ] nm setter *m*.

seuil [sœj] nm umbral *m* ▸ **seuil de pauvreté** umbral de pobreza.

seul, e [sœl] ❖ adj **1.** [isolé] solo(la) ▸ **seul à seul** a solas **2.** [unique] ▸ **le seul / la seule** el único / la única ▸ **un seul / une seule** un solo / una sola **3.** [simple] ▸ **le seul / la seule** el simple / la simple, el mero / la mera / *le seul fait de…* el mero hecho de… **4.** [sans compagnie] solo(la) **5.** [sans aide] ▸ **(tout) seul** por sí solo / *je le ferai tout seul* lo haré yo solo. ❖ nm, f ▸ **le seul / la seule** el único / la única ▸ **un seul / une seule** uno solo / una sola.

seulement [sœlmɑ̃] adv **1.** [pas davantage, exclusivement] solamente, sólo / *non seulement… mais (encore)* no sólo… sino (también) **2.** [toutefois] sólo que **3.** [pas plus tôt que] : *elle est arrivée seulement hier* no llegó hasta ayer / *il vient seulement d'arriver* acaba de llegar ahora **4.** [même] ni siquiera.

sève [sɛv] nf savia *f*.

sévère [sevɛʀ] adj **1.** [gén] severo(ra) **2.** [décor, tenue] sobrio(bria).

sévèrement [sevɛʀmɑ̃] adv **1.** [durement] severamente, con severidad **2.** [gravement] severamente.

sévérité [seveʀite] nf severidad *f*.

sévices [sevis] nmpl malos tratos *mpl*.

sévillan, e [sevijɑ̃, an] adj sevillano(na). ◆ **Sévillan, e** nmf sevillano *m*, -na *f*.

Séville [sevij] npr Sevilla.

sévir [32] [seviʀ] vi **1.** [punir] castigar duramente ▸ **sévir contre qqn** castigar duramente a alguien **2.** [faire des ravages] hacer estragos.

sevrage [səvʀaʒ] nm **1.** [d'un enfant, d'un animal] destete *m* **2.** [d'un toxicomane] privación *f*.

sevrer [19] [səvʀe] vt **1.** [enfant, animal] destetar **2.** *fig* [priver de] ▸ **sevrer qqn de qqch** privar a alguien de algo.

sexagénaire [sɛksaʒenɛʀ] adj & nmf sexagenario(ria).

sex-appeal [sɛksapil] nm sex-appeal *m*.

S.Exc. (*abr écrite de* **Son Excellence**) SE.

sexe [sɛks] nm sexo *m* ▸ **le sexe faible / fort** *fam* el sexo débil / fuerte.

sexisme [sɛksism] nm sexismo *m*.

sexiste [sɛksist] adj & nmf sexista.

sexologie [sɛksɔlɔʒi] nf sexología *f*.

sexologue [sɛksɔlɔg] nmf sexólogo(ga).

sex-shop [sɛksʃɔp] (*pl* **sex-shops**) nm sex-shop *m*.

sex-symbol [sɛkssɛ̃bɔl] (*pl* **sex-symbols**) nm símbolo *m* sexual, sex-symbol *mf*.

sextant [sɛkstɑ̃] nm sextante *m*.

sextuple [sɛkstypl] ❖ adj séxtuplo(pla). ❖ nm séxtuplo *m*.

sextuplé, e [sɛkstyple] nm, f sextillizo *m*, -za *f*.

sexualité [sɛksɥalite] nf sexualidad *f*.

sexué, e [sɛksɥe] adj sexuado(da).

sexuel, elle [sɛksɥɛl] adj sexual.

sexuellement [sɛksɥɛlmɑ̃] adv sexualmente.

sexy [sɛksi] adj inv *fam* sexy.

seyait ⟶ **seoir**.

seyant, e [sɛjɑ̃, ɑ̃t] adj favorecedor(ra).

Seychelles [sɛʃɛl] npr f pl ▸ **les Seychelles** las Seychelles.

SF (*abr de* **science-fiction**) nf ciencia ficción *f* ▸ **film de SF** película de ciencia ficción.

SFIO (*abr de* **Section française de l'Internationale ouvrière**) nf *denominación del partido socialista francés hasta 1971*.

SG nm *abr de* **secrétaire général**.

SGA nm *abr de* **secrétaire général adjoint**.

SGEN (*abr de* **Syndicat général de l'Éducation nationale**) nm *sindicato francés de la educación nacional*.

shabbat [ʃabat] nm = **sabbat**.

shah [ʃa] nm sha *m*.

shaker [ʃɛkœʀ] nm coctelera *f*.

shampooing, shampoing [ʃɑ̃pwɛ̃] nm **1.** [savon] champú *m* **2.** [lavage] ▸ **faire un shampooing à qqn** lavarle la cabeza a alguien.

shampouiner [ʃɑ̃pwine] vt lavar la cabeza.

shampouineur, euse [ʃɑ̃pwinœʀ, øz] nm, f *ayudante de peluquería que se ocupa de lavar el pelo* ; ≃ aprendiz *mf* de peluquería.

Shanghai [ʃɑ̃gaj] npr Shangai.

shérif [ʃeʀif] nm shérif *m*.

sherry [ʃeʀi] nm jerez *m*.

shetland [ʃɛtlɑ̃d] nm **1.** [pull] jersey *m* de lana de Shetland **2.** [poney] poney *m* de Shetland.

Shetland [ʃɛtlɑ̃d] npr f pl ▸ **les Shetland** las Shetland.

shiatsu [ʃiatsu] nm shiatsu *m*.

shit [ʃit] nm *fam* costo *m*, chocolate *m*.

shooter [ʃute] vi **1.** SPORT chutar **2.** *fam* [donner un coup de pied] ▸ **shooter dans qqch** dar una patada a algo. ◆ **se shooter** vp *fam* chutarse.

shopping [ʃɔpiŋ] nm ▸ **faire du shopping** ir de tiendas ou de compras.

short [ʃɔʀt] nm pantalón *m* corto, short *m*.

show [ʃo] nm show *m*, espectáculo *m*.

show-biz [ʃobiz] nm inv *fam* mundo *m* de la farándula.

show-business [ʃobiznɛs] nm inv show business *m*.

si [si] ❖ adv

1. [gén] tan / *elle est si belle* es tan guapa / *il roulait si vite qu'il a eu un accident* conducía tan rápido que tuvo un accidente / *ce n'est pas si facile que ça* no es tan fácil (como parece)

2. [oui] sí / *tu n'aimes pas sa maison ? — si* ¿no te gusta su casa? — sí ▸ **mais si !** ¡que sí!

❖ conj

si / *si tu veux, on y va* si quieres, vamos / *je ne sais pas s'il est parti* no sé si se ha ido ▸ **si seulement** si al menos, si por lo menos ▸ **il y a toujours des si et des mais** siempre hay peros

❖ nm inv

MUS si *m*

◆ **si bien que** loc conj de modo que.

◆ **si ce n'est** loc prép **1.** [sinon] sino **2.** [sauf] excepto.

◆ **si ce n'est que** loc conj excepto que.

◆ **si peu que** loc conj por poco que, a poco que.

◆ **si tant est que** loc conj si es que.

SI nm **1.** *abr de* **syndicat d'initiative** **2.** (*abr de* **système international**) SI *m* / *les unités SI* las unidades del SI.

siamois, e [sjamwa, az] adj siamés(esa).

Sibérie [sibeʀi] npr ▸ **la Sibérie** Siberia.

sibérien, enne [sibeʀjɛ̃, ɛn] adj siberiano(na).
◆ **Sibérien, enne** nm, f siberiano *m*, -na *f*.

sibyllin, e [sibilɛ̃, in] adj sibilino(na).

sic [sik] adv sic.

SICAV, Sicav [sikav] (*abr de* **société d'investissement à capital variable**) nf **1.** [société] *sociedad gestora de fondos de inversión* **2.** [action] fondo *m* de inversión ▸ **des SICAV monétaires** fondos de inversión monetarios ▸ **investir dans des SICAV** invertir en fondos de inversión.

Sicile [sisil] npr ▸ **la Sicile** Sicilia.

sicilien, enne [sisiljɛ̃, ɛn] adj siciliano(na).
◆ **Sicilien, enne** nm, f siciliano *m*, -na *f*.

SIDA, sida [sida] (*abr de* **syndrome d'immunodéficience acquise**) nm sida *m* / *la lutte contre le SIDA* la lucha contra el sida ▸ **le virus du SIDA** el virus del sida.

side-car [sidkaʀ] (*pl* **side-cars**) nm sidecar *m*.

sidéen, enne [sideɛ̃, ɛn] nm, f sidático *m*, -ca *f*.

sidéral, e, aux [sideʀal, o] adj sideral.

sidérant, e [sideʀɑ̃, ɑ̃t] adj pasmoso(sa).

sidéré, e [sideʀe] adj pasmado(da).

sidérer [18] [sideʀe] vt dejar pasmado(da).

sidérurgie [sideʀyʀʒi] nf siderurgia *f*.

sidérurgique [sideʀyʀʒik] adj siderúrgico(ca).

sidérurgiste [sideʀyʀʒist] nmf obrero *m*, -ra *f* de la siderurgia.

siècle [sjɛkl] nm siglo *m* / *la découverte du siècle* el descubrimiento del siglo ▸ **le siècle des Lumières** el siglo de las luces ▸ **ça fait des siècles que...** hace siglos que....

sied, siéent [sje] ⟶ **seoir**.

siège [sjɛʒ] nm **1.** [meuble] asiento *m* ▸ **siège arrière / avant / éjectable** asiento trasero / delantero / eyectable **2.** [d'élu] escaño *m* **3.** MIL sitio *m* ▸ **lever le siège** levantar el sitio **4.** [résidence] sede *f* ▸ **siège social** domicilio *m* social **5.** [centre] foco *m* **6.** ANAT nalgas *fpl* ▸ **se présenter par le siège** [bébé] venir de nalgas.

siéger [22] [sjeʒe] vi **1.** [faire partie d'une assemblée] ocupar un escaño **2.** [tenir séance] reunirse **3.** [se situer] tener la sede **4.** *fig* [résider] residir.

sien, sienne [sjɛ̃, sjɛn] adj poss suyo (suya). ◆ **le sien, la sienne** (*mpl* **les siens**, *fpl* **les siennes**) pron poss el suyo (la suya) ▸ **les siens** [sa famille] los suyos ▸ **faire des siennes** hacer de las suyas.

siéra ⟶ **seoir**.

sierra [sjeʀa] nf sierra *f*.

Sierra Leone [sjeʀaleɔn] npr ▸ **(la) Sierra Leone** (la) Sierra Leona.

sieste [sjɛst] nf siesta *f* ▸ **faire la sieste** dormir OU echarse la siesta.

sifflant, e [siflɑ̃, ɑ̃t] adj sibilante.

sifflement [sifləmɑ̃] nm **1.** [gén] silbido *m* ESP, chiflido *m* AM **2.** [d'oiseau] canto *m*.

siffler [3] [sifle] ◈ vi **1.** [gén] silbar ESP, chiflar AM ; [avec un instrument] pitar **2.** [oiseau] cantar. ◈ vt **1.** [air, chanson] silbar ESP, chiflar AM **2.** [chien] llamar con un silbido **3.** *fam* [verre] soplarse.

sifflet [siflɛ] nm **1.** [instrument] silbato *m* ; [jouet] pito *m* **2.** [son] silbido *m*, pitido *m* ESP, chiflido *m* AM. ◆ **sifflets** nmpl silbidos *mpl*, abucheos *mpl*.

sifflotement [siflɔtmɑ̃] nm silbido *m* ESP, chiflido *m* AM.

siffloter [3] [siflɔte] vt & vi silbar ESP, chiflar AM.

sigle [sigl] nm sigla *f*.

signal, aux [siɲal, o] nm **1.** [gén] señal *f* ▸ **donner le signal (de qqch)** dar la señal (de algo) ▸ **signal d'alarme** señal de alarma ▸ **signal de détresse** petición *f* de socorro **2.** [geste] seña *f*.

signalement [siɲalmɑ̃] nm descripción *f*.

signaler [3] [siɲale] vt **1.** [gén] señalar ▸ **rien à signaler** nada que señalar **2.** [à la police] denunciar. ◆ **se signaler** vp **1.** [se faire remarquer] distinguirse / *se signaler à l'attention de qqn* llamar la atención de alguien **2.** [se présenter] presentarse.

signalétique [siɲaletik] adj ⟶ **fiche**.

signalisation [siɲalizasjɔ̃] nf señalización *f*.

signaliser [3] [siɲalize] vt señalizar / *cette route est bien / mal signalisée* esta carretera está bien / mal señalizada.

signataire [siɲatɛʀ] nmf firmante *mf*, signatario *m*, -ria *f*.

signature [siɲatyʀ] nf firma *f*.

signe [siɲ] nm **1.** [indice] señal *f* ▸ **signes extérieurs de richesse** signos *mpl* exteriores de riqueza ▸ **c'est bon / mauvais signe** es buena / mala señal ▸ **ne pas donner signe de vie** *fig* no dar señales de vida **2.** [geste, trait, signal] seña *f* ▸ **en signe de** en señal de ▸ **faire un signe à qqn** hacer señas a alguien ▸ **signe distinctif** señal *f* distintiva ▸ **signe de ralliement** contraseña *f* ▸ **signe de reconnaissance** marca *f* identificativa ▸ **signes particuliers** señas particulares **3.** ASTROL signo *m* ▸ **sous le signe de** *pr* & *fig* bajo el signo de.

signer [3] [siɲe] vt firmar. ◆ **se signer** vp persignarse.

signet [siɲɛ] nm marcador *m*.

significatif, ive [siɲifikatif, iv] adj significativo(va).

signification [siɲifikasjɔ̃] nf **1.** [sens] significado *m* **2.** DR notificación *f*.

significativement [siɲifikativmɑ̃] adv significativamente / *la récession affecte significativement la consommation* la recesión afecta significativamente al consumo.

signifier [9] [siɲifje] vt **1.** [avoir le sens de] significar **2.** [faire connaître & DR] notificar.

silence [silɑ̃s] nm silencio *m* ▸ **silence glacial / de mort** silencio glacial / mortal ▸ **garder le silence (sur qqch)** guardar silencio (sobre algo) ▸ **passer qqch sous silence** silenciar algo ▸ **réduire qqn au silence** imponer silencio a alguien ▸ **silence radio** *fam* silencio total.

silencieusement [silɑ̃sjøzmɑ̃] adv silenciosamente.

silencieux, euse [silɑ̃sjø, øz] adj silencioso(sa). ◆ **silencieux** nm silenciador *m*.

silex [silɛks] nm inv sílex *m inv*.

silhouette [silwɛt] nf silueta *f*.

silice [silis] nf sílice *f*.

siliceux, euse [silisø, øz] adj silíceo(a).

silicium [silisjɔm] nm silicio *m*.

silicone [silikon] nf silicona *f*.

sillage [sijaʒ] nm estela *f* ▸ **laisser qqch dans son sillage** *fig* dejar tras de sí una estela de algo.

sillon [sijɔ̃] nm surco *m*.

> ⚠ **Sillón** est un faux ami, il ne signifie pas *sillon*, mais « fauteuil ».

sillonner [3] [sijɔne] vt surcar.

silo [silo] nm silo *m*.

SIM [sim] (*abr de* **subscriber identity module**) nm TÉLÉCOM ▸ **carte SIM** tarjeta SIM.

simagrées [simagʀe] nfpl *péj* melindres *mpl*.

simiesque [simjɛsk] adj simiesco(ca).

similaire [similɛʀ] adj similar.

similarité [similaʀite] nf similitud *f*.

simili [simili] ❖ nm **1.** *fam* [imitation] imitación *f* ▸ **en simili** de imitación **2.** [de photogravure] cliché *m* obtenido por similigrabado. ❖ nf similigrabado *m*.

similicuir [similikɥiʀ] nm polipiel *f*.

similitude [similityd] nf **1.** [analogie] similitud *f* **2.** GÉOM semejanza *f*.

simple [sɛ̃pl] ❖ adj **1.** [gén] sencillo(lla), simple ▸ **c'est simple comme bonjour** es coser y cantar **2.** CHIM simple. ❖ nm [personne] simple *m* ; [au tennis] individuales *mpl* ▸ **simple d'esprit** simple de espíritu. ◆ **simples** nmpl BOT simples *fpl*.

simplement [sɛ̃pləmɑ̃] adv **1.** [facilement] fácilmente **2.** [modestement] sencillamente **3.** [seulement] sencillamente, simplemente.

simplet, ette [sɛ̃plɛ, ɛt] adj simplón(ona).

simplicité [sɛ̃plisite] nf **1.** [facilité] sencillez *f*, simplicidad *f* ▸ **d'une simplicité enfantine** de una simplicidad infantil **2.** *fig* [modestie, sobriété] sencillez *f* **3.** [naïveté] simplicidad *f*.

simplificateur, trice [sɛ̃plifikatœʀ, tʀis] adj & nm, f simplificador(ra).

simplification [sɛ̃plifikasjɔ̃] nf simplificación *f*.

simplifier [9] [sɛ̃plifje] vt simplificar.

simplisme [sɛ̃plism] nm *péj* simplismo *m*.

simpliste [sɛ̃plist] adj & nmf *péj* simplista.

simulacre [simylakʀ] nm simulacro *m*.

simulateur, trice [simylatœʀ, tʀis] nm, f farsante *mf*. ◆ **simulateur** nm TECHNOL simulador *m*.

simulation [simylasjɔ̃] nf simulación *f*.

simulé, e [simyle] adj **1.** [sentiment, maladie, combat] simulado(da), fingido(da) **2.** [vol, phénomène] simulado(da).

simuler [3] [simyle] vt **1.** [feindre] simular, fingir **2.** TECHNOL simular.

simultané, e [simyltane] adj simultáneo(nea).

simultanéité [simyltaneite] nf simultaneidad *f*.

simultanément [simyltanemɑ̃] adv simultáneamente.

Sinaï [sinaj] npr ▸ **le Sinaï** el Sinaí.

sincère [sɛ̃sɛʀ] adj sincero(ra).

sincèrement [sɛ̃sɛʀmɑ̃] adv sinceramente ; [franchement] francamente ▸ **sincèrement vôtre** sinceramente suyo.

sincérité [sɛ̃seʀite] nf sinceridad *f* ▸ **en toute sincérité** con toda sinceridad.

sinécure [sinekyʀ] nf sinecura *f* ▸ **ce n'est pas une sinécure** *fam* no es moco de pavo.

sine qua non [sinekwanɔn] loc adj inv sine qua non.

Singapour [sɛ̃gapuʀ] npr Singapur.

singe [sɛ̃ʒ] nm mono *m*, -na *f*.

singe-araignée [sɛ̃ʒaʀɛɲe] (*pl* **singes-araignées**) nm ZOOL mono *m* araña.

singer [17] [sɛ̃ʒe] vt **1.** [imiter] remedar **2.** [feindre] fingir, simular.

singerie [sɛ̃ʒʀi] nf (*gén pl*) [grimace] mueca *f*, mojiganga *f*.

singulariser [3] [sɛ̃gylaʀize] vt singularizar. ◆ **se singulariser** vp singularizarse.

singularité [sɛ̃gylaʀite] nf singularidad *f*.

singulier, ère [sɛ̃gylje, ɛʀ] adj singular. ◆ **singulier** nm GRAM singular *m*.

singulièrement [sɛ̃gyljɛʀmɑ̃] adv **1.** [bizarrement] de forma singular **2.** [beaucoup] extraordinariamente **3.** [notamment] especialmente.

sinisant, e [sinizɑ̃, ɑ̃t] nm, f **1.** [sinologue] sinólogo *m*, -ga *f* **2.** [qui parle chinois] sinoparlante *mf*.

sinistre [sinistʀ] ❖ adj **1.** [gén] siniestro(tra) **2.** *péj* [stupide] pobre. ❖ nm **1.** [catastrophe] siniestro *m* **2.** DR daño *m*.

sinistré, e [sinistʀe] adj & nm, f siniestrado(da).

sinistrose [sinistʀoz] nf pesimismo *m*.

sinologue [sinɔlɔg] nmf sinólogo *m*, -ga *f*.

sinon [sinɔ̃] conj **1.** [autrement] si no / ***obéis, sinon je me fâche*** obedece, si no me enfado **2.** [sauf] sino / ***je ne sens rien, sinon une légère courbature*** no siento sino unas ligeras agujetas.

sinueux, euse [sinɥø, øz] adj sinuoso(sa).

sinuosité [sinɥozite] nf sinuosidad *f*.

sinus [sinys] nm ANAT & MATH seno *m*.

sinusite [sinyzit] nf sinusitis *f inv*.

sionisme [sjɔnism] nm sionismo *m*.

sioniste [sjɔnist] adj & nmf sionista.

sioux [sju] adj siux. ◆ **Sioux** nmf siux *mf*.

siphon [sifɔ̃] nm sifón *m*.

siphonné, e [sifɔne] adj *fam* [fou] tocado(da) del ala.

siphonner [3] [sifɔne] vt trasegar con un sifón.

sire [siʀ] nm **1.** HIST [seigneur] señor *m* ▸ **un triste sire** *fam* & *fig* un vil señor **2.** [titre] sire *m*.

sirène [siʀɛn] nf sirena *f*.

sirocco, siroco [siʀɔko] nm siroco *m*.

sirop [siʀo] nm jarabe *m* ▸ **au sirop** en almíbar ▸ **sirop contre la toux** jarabe para la tos ▸ **sirop d'érable** jarabe de arce ▸ **sirop de grenadine** granadina *f* ▸ **sirop de menthe** jarabe de menta ▸ **sirop d'orgeat** ≃ horchata *f* de almendras.

siroter [3] [siʀɔte] vt *fam* beber a sorbitos.

SIRPA, Sirpa [siʀpa] (*abr de* **Service d'information et de renseignement du public de l'armée**) nm *servicio de información del ejército francés.*

sirupeux, euse [siʀypø, øz] adj pegajoso(sa).

sismique [sismik] adj sísmico(ca).

sismographe [sismɔgʀaf] nm sismógrafo *m*.

sismologie [sismɔlɔʒi] nf sismología *f*.

sitcom [sitkɔm] nf & nm telecomedia *f*.

site [sit] nm **1.** [emplacement] emplazamiento *m* ▸ **site archéologique / historique** emplazamiento arqueológico / histórico **2.** [paysage pittoresque] paraje *m* ▸ **site naturel** paraje natural **3.** INFORM ▸ **site Web** sitio *m* Web.

sitôt [sito] adv tan pronto como, en cuanto ▸ **sitôt dit, sitôt fait** dicho y hecho ▸ **sitôt après** inmediatamente después ▸ **il ne reviendra pas de sitôt** tardará en volver. ◆ **sitôt que** loc conj tan pronto como, en cuanto / ***je le lui dirai sitôt qu'il reviendra*** se lo diré tan pronto como **ou** en cuanto vuelva.

situation [sitɥasjɔ̃] nf **1.** [gén] situación *f* ▸ **situation de famille** estado *m* civil **2.** [emploi] puesto *m*.

situé, e [sitɥe] adj situado(da) ▸ **bien / mal situé** bien / mal situado.

situer [7] [sitɥe] vt situar. ◆ **se situer** vp situarse.

SIVOM, Sivom [sivɔm] (*abr de* **Syndicat intercommunal à vocation multiple**) nm *organismo público francés que gestiona los servicios municipales* ▸ **les communes du SIVOM** los municipios del SIVOM.

SIVP (*abr de* **stage d'initiation à la vie professionnelle**) nm *prácticas de formación profesional destinadas a jóvenes de 18 a 25 años que tiene por objetivo hacerles descubrir la vida de la empresa y elaborar un proyecto profesional.*

six ([sis] *en fin de phrase,* [si] *devant consonne ou 'h' aspiré,* [siz] *devant voyelle ou 'h' muet)* ❖ adj **1.** [gén] seis / ***il a six ans*** tiene seis años / ***il est six heures*** son las seis / ***le six janvier*** el seis de enero **2.** [roi, pape] sexto(ta). ❖ nm inv seis *m* / ***elle habite (au) six rue de Valois*** vive en la calle Valois número seis. ❖ pron seis ▸ **six par six** de seis en seis ▸ **six d'entre eux / elles / nous / vous** seis de ellos / ellas / nosotros / vosotros ▸ **un sur six** uno de cada seis ▸ **venir à six** venir seis.

sixième [sizjɛm] ❖ adj sexto(ta) / ***le sixième siècle*** el siglo sexto ▸ **arriver / se classer sixième** llegar / clasificarse en sexto lugar **ou** el sexto. ❖ nmf sexto *m*, -ta *f*. ❖ nf SCOL ≃ sexto *m* de EP ▸ **entrer en sixième** ≃ pasar a sexto de EP ▸ **être en sixième** ≃ estar en sexto de EP. ❖ nm **1.** [part] ▸ **le ou un sixième de qqch** el **ou** un sexto de algo, la **ou** una sexta parte de algo **2.** [arrondissement] distrito *m* sexto, sexto distrito *m* **3.** [étage] sexto *m*.

sixièmement [sizjɛmmɑ̃] adv en sexto lugar.

six-quatre-deux [siskatdø] ◆ **à la six-quatre-deux** loc adv *fam* a tontas y a locas.

Skaï® [skaj] nm inv Skay® *m*.

skateboard [skɛtbɔʀd], **skate** [skɛt] nm monopatín *m*, skateboard *m*.

skateur, euse [skɛtœʀ, øz], **skateboarder, euse** [skɛtbɔʀdœʀ, øz] nm, f patinador *m*, -ra *f (en monopatín).*

sketch [skɛtʃ] (*pl* **sketchs** *ou* **sketches**) nm esquech *m*, sketch *m*.

ski [ski] nm esquí *m* ▸ **ski acrobatique / alpin / nautique** esquí acrobático / alpino / náutico ▸ **ski de fond** esquí de fondo.

skiable [skjabl] adj esquiable / ***la station a un grand domaine skiable*** la estación posee un gran dominio esquiable.

Skicross [skikʀɔs] nm esquicross *m*.

skier [10] [skje] vi esquiar.

skieur, euse [skjœʀ, øz] nm, f esquiador *m*, -ra *f*.

skinhead [skinɛd] nmf cabeza *mf* rapada, skin head *mf*.

skipper [skipœʀ] nm **1.** [de yacht] patrón *m*, capitán *m* **2.** [barreur] timonel *m*.

sky-surfing [skajsœʀfiŋ] (*pl* **sky-surfings**), **sky-surf** (*pl* **sky-surfs**) nm SPORT surf *m* aéreo.

slalom [slalɔm] nm **1.** [de ski] eslálom *m* ▸ **slalom géant / spécial** eslálom gigante / especial **2.** [zigzags] zigzag *m*.

slalomer [3] [slalɔme] vi **1.** [à ski] hacer un eslálom **2.** [zigzaguer] zigzaguear.

slalomeur, euse [slalɔmœʀ, øz] nm, f esquiador *m*, -ra *f* de eslalon **ou** eslálom.

slam [slam] nm [poésie] eslam *m*, slam *m*.

slameur, euse [slamœʀ, øz] nm, f eslamero *m*, -ra *f*, slamero *m*, -ra *f*.

slave [slav] ❖ adj eslavo(va). ❖ nm LING eslavo *m*. ◆ **Slave** nmf eslavo *m*, -va *f*.

slim [slim] nm [pantalon] slim *mpl*.

slip [slip] nm [d'homme] eslip *m* ; [de femme] bragas *fpl* ESP, calzones *mpl* AM ▸ **slip de bain** bañador *m (para hombre).*

s.l.n.d. (*abr écrite de* **sans lieu ni date**) *fecha y origen desconocidos.*

slogan [slɔgɑ̃] nm eslogan *m*.

slovaque [slɔvak] ❖ adj eslovaco(ca). ❖ nm LING eslovaco *m*. ◆ **Slovaque** nmf eslovaco *m*, -ca *f*.

Slovaquie [slɔvaki] npr ▸ **la Slovaquie** Eslovaquia.

slovène [slɔvɛn] ❖ adj esloveno(na). ❖ nm LING esloveno *m*. ◆ **Slovène** nmf esloveno *m*, -na *f*.

Slovénie [slɔveni] npr ▸ **la Slovénie** Eslovenia.

slow [slo] nm balada *f (canción)*, lenta *f*.

slt SMS *abr écrite de* **salut**.

S.M. (*abr écrite de* **Sa Majesté**) SM.

SMAG, Smag [smag] (*abr de* **salaire minimum agricole garanti**) nm *salario mínimo agrícola francés* ▸ **gagner le SMAG** ganar el SMAG.

smala, smalah [smala] nf *fam* [famille nombreuse] tropa *f*.

smartphone® [smaʀtfon] nm smartphone®.

smash [smaʃ] (*pl* **smashs** *ou* **smashes**) nm SPORT mate *m*, smash *m*.

smasher [3] [smaʃe] vi dar un mate.

SME (*abr de* **Système monétaire européen**) nm SME *m*.

SMI (*abr de* **Système monétaire international**) nm ÉCON SMI *m (Sistema Monetario Internacional)*.

SMIC, smic [smik] (*abr de* **salaire minimum interprofessionnel de croissance**) nm *salario mínimo interprofesional en Francia* ; ≃ SMI *m* / *être payé au SMIC* ≃ cobrar el SMI / *la hausse du SMIC* ≃ el aumento del SMI.

smicard, e [smikaʀ, aʀd] nm, f *fam persona que gana el salario mínimo interprofesional*.

smiley [smajli] nm cara *f* sonriente.

smocks [smɔk] nmpl pliegues *mpl* bordados.

smoking [smɔkiŋ] nm esmoquin *m*, smoking *m*.

SMS ◆ nm (*abr de* **Short Message System**) SMS *m* ▸ **envoyer un SMS** mandar un SMS / *souhaiter un joyeux anniversaire par SMS* felicitar el cumpleaños por SMS. ◆ adj SCOL (*abr de* **sciences médico-sociales**) *en el sistema escolar francés, los cursos correspondientes al bachillerato con la modalidad de ciencias médicas y sociales*.

SMUR, Smur [smyʀ] (*abr de* **Service médical d'urgence et de réanimation**) nm *servicio médico francés de urgencias y reanimación* ▸ **un ambulancier SMUR** un conductor de ambulancia del SMUR ▸ **un médecin SMUR** un médico del SMUR.

snack-bar [snakbaʀ] (*pl* **snack-bars**), **snack** [snak] nm bar *m*, cafetería *f*.

SNC (*abr de* **service non compris**) *servicio no incluido*.

SNCB (*abr de* **Société nationale des chemins de fer belges**) nf *compañía nacional de ferrocarriles belgas*.

SNCF (*abr de* **Société nationale des chemins de fer français**) nf *compañía nacional de ferrocarriles franceses* ; ≃ RENFE *f* / *le réseau SNCF* la red de la SNCF / *les usagers de la SNCF* los usuarios de la SNCF.

SNES, Snes [snɛs] (*abr de* **Syndicat national de l'enseignement secondaire**) nm *sindicato francés de enseñanza media*.

SNESUP, Snesup (*abr de* **Syndicat national de l'enseignement supérieur**) nm *sindicato francés de la enseñanza universitaria*.

SNI (*abr de* **Syndicat national des instituteurs**) nm *sindicato francés de maestros*.

sniffer, snifer [3] [snife] vt *tfam* esnifar / *ils sniffent de la colle* esnifan cola.

SNJ (*abr de* **Syndicat national des journalistes**) nm *sindicato francés de periodistas*.

snob [snɔb] adj & nmf esnob.

snober [3] [snɔbe] vt mirar por encima del hombro.

snobinard, e [snɔbinaʀ, aʀd] adj & nm, f *fam* esnob.

snobisme [snɔbism] nm esnobismo *m*.

snowboard [snobɔʀd] nm [planche, sport] snowboard *m*.

SNSM (*abr de* **Société nationale de sauvetage en mer**) nf *sociedad nacional francesa de salvamento en el mar*.

soap opera [sopɔpeʀa] (*pl* **soap operas**) nm serial *m*.

sobre [sɔbʀ] adj sobrio(bria).

sobrement [sɔbʀəmɑ̃] adv sobriamente.

sobriété [sɔbʀijete] nf sobriedad *f*.

sobriquet [sɔbʀikɛ] nm apodo *m*.

soc [sɔk] nm reja *f (del arado)*.

sociabilité [sɔsjabilite] nf sociabilidad *f*.

sociable [sɔsjabl] adj sociable.

social, e, aux [sɔsjal, o] ◆ adj social. ◆ nm ▸ **le social** el ámbito social.

social-démocrate [sɔsjaldemɔkʀat] (*pl* **sociaux-démocrates**) adj & nmf socialdemócrata.

socialement [sɔsjalmɑ̃] adv socialmente.

socialisation [sɔsjalizasjɔ̃] nf socialización *f*.

socialiser [3] [sɔsjalize] vt socializar.

socialisme [sɔsjalism] nm socialismo *m*.

socialiste [sɔsjalist] adj & nmf socialista.

sociétaire [sɔsjetɛʀ] ◆ adj asociado(da). ◆ nmf socio *m*, -cia *f*.

société [sɔsjete] nf sociedad *f* ▸ **en société** en sociedad ▸ **la haute société** la alta sociedad ▸ **société anonyme** sociedad anónima ▸ **société de bourse** sociedad de valores ▸ **société holding** holding *m* ▸ **société mère** empresa *f* madre ▸ **société nationale** sociedad estatal ▸ **société en participation** sociedad (de cuentas) en participación ▸ **société de personnes** sociedad personalista ▸ **société à responsabilité limitée** sociedad (de responsabilidad) limitada ▸ **société secrète** sociedad secreta.

socioculturel, elle [sɔsjɔkyltyʀɛl] adj sociocultural.

socio-économique [sɔsjɔekɔnɔmik] (*pl* **socio-économiques**) adj socioeconómico(ca).

socio-éducatif, ive [sɔsjɔedykatif, iv] (*mpl* **socio-éducatifs**, *fpl* **ives**) adj socioeducativo(va).

sociologie [sɔsjɔlɔʒi] nf sociología *f*.

sociologique [sɔsjɔlɔʒik] adj sociológico(ca).

sociologiquement [sɔsjɔlɔʒikmɑ̃] adv sociológicamente.

sociologue [sɔsjɔlɔg] nmf sociólogo *m*, -ga *f*.

sociopolitique [sɔsjopɔlitik] adj sociopolítico(ca).

socioprofessionnel, elle [sɔsjɔpʀɔfɛsjɔnɛl] adj socioprofesional.

socle [sɔkl] nm zócalo *m*.

socquette [sɔkɛt] nf calcetín *m* corto.

soda [sɔda] nm soda *f*.

sodium [sɔdjɔm] nm sodio *m*.

sodomie [sɔdɔmi] nf sodomía *f*.

sodomiser [3] [sɔdɔmize] vt sodomizar.

sœur [sœʀ] nf hermana *f* ▸ **sœur de lait** hermana de leche ▸ **sœurs siamoises** hermanas siamesas ▸ **grande / petite sœur** hermana mayor/pequeña.

sofa [sɔfa] nm sofá *m*.

Sofia [sɔfja] npr Sofía.

SOFRES, Sofres [sɔfʀɛs] (*abr de* **Société française d'enquêtes par sondages**) nf *sociedad francesa de sondeos de opinión* ▸ **un sondage (de la) SOFRES** un sondeo de la SOFRES.

soft [sɔft] adj inv *fam* [édulcoré] light *(inv)* / *je suis resté soft, je ne voulais pas le vexer* fui light, no quería ofenderlo.

software [sɔftwɛʀ] nm software *m*.

soi [swa] pron pers sí mismo, sí misma, uno mismo, una misma / *parler de soi* hablar de sí mismo / *être content de soi* estar contento con uno mismo / *revenir à soi* volver en sí ▸ **cela va de soi (que)** ni que decir tiene (que). ◆ **chez soi** loc adv **1.** [sans mouvement] en casa / *se sentir chez soi* sentirse como en casa **2.** [avec mouvement] a casa / *rentrer chez soi* volver a casa. ◆ **en soi** loc adj en sí mismo(ma). ◆ **soi-même** pron pers uno mismo (una misma).

soi-disant [swadizɑ̃] ❖ adj inv supuesto(ta). ❖ adv *fam* se supone que / *il était soi-disant malade* se supone que estaba enfermo.

soie [swa] nf **1.** [textile] seda *f* ▸ **en soie** de seda ▸ **soie grège / sauvage** seda cruda/salvaje **2.** [poil] cerda *f*.

soierie [swaʀi] nf **1.** *(gén pl)* [textile] sedas *fpl* **2.** [industrie] sedería *f*.

soif [swaf] nf sed *f* ▸ **avoir soif** tener sed ▸ **étancher sa soif** aplacar ou saciar la sed ▸ **jusqu'à plus soif** a) hasta hartarse b) *fig* hasta más no poder más.

soignant, e [swaɲɑ̃, ɑ̃t] adj sanitario(ria) / *le personnel soignant est en grève* el personal sanitario está en huelga.

soigné, e [swaɲe] adj **1.** [gén] cuidado(da) **2.** *fam* [cuite, raclée] de cuidado.

soigner [3] [swaɲe] vt **1.** [blessure, malade] curar ▸ **va te faire soigner !** *fam* ¡vete a que te miren el coco! **2.** [travail, jardin] cuidar. ◆ **se soigner** vp [malade] curarse ▸ **ça se soigne !** *fam* & *fig* ¡estás para que te encierren!

soigneur [swaɲœʀ] nm SPORT cuidador *m*.

soigneusement [swaɲøzmɑ̃] adv cuidadosamente.

soigneux, euse [swaɲø, øz] adj cuidadoso(sa) ▸ **soigneux de** cuidadoso con.

soin [swɛ̃] nm **1.** [application] esmero *m* ▸ **avoir** ou **prendre soin de** cuidar de ▸ **faire qqch avec soin** hacer algo con cuidado ou cuidadosamente ▸ **faire qqch sans soin** hacer algo de cualquier manera **2.** [sollicitude] cuidado *m* ▸ **aux bons soins de** [sur une lettre] a la atención de ▸ **prendre soin de qqch / de qqn** cuidar de algo/de alguien. ◆ **soins** nmpl asistencia *f* médica ▸ **être aux petits soins pour qqn** colmar de atenciones a alguien.

soir [swaʀ] nm [déclin du jour] tarde *f*; [nuit] noche *f* ▸ **le soir** a) [au déclin du jour] por la tarde b) [la nuit] por la noche.

soirée [swaʀe] nf **1.** [soir] noche *f*; [avec des amis] velada *f* **2.** [réception] recepción *f* ▸ **de soirée** [tenue, robe] de noche **3.** [spectacle] función *f* de noche ▸ **soirée de gala** función de gala ▸ **en soirée** por la noche.

sois ⟶ **être**.

soit[1] [swa] conj **1.** [c'est-à-dire] o sea, es decir / *cela fait trois fois 15 euros, soit 45 euros* son 15 euros multiplicados por tres, o sea 45 euros **2.** MATH [étant donné] dado(da) / *soit une droite AB* dada una recta AB **3.** EXPR **soit dit en passant** dicho sea de paso. ◆ **soit..., soit** loc corrélative o... o / *soit toi, soit moi* o tú o yo. ◆ **soit que..., soit que** loc corrélative *(+ subjonctif)* tanto si... como si *(+ indicatif)* / *soit que tu viennes chez moi, soit que j'aille chez toi...* tanto si tu vienes a mi casa como si yo voy a la tuya....

soit[2] [swat] adv *sout* de acuerdo.

soixantaine [swasɑ̃tɛn] nf **1.** [nombre] ▸ **une soixantaine** unos (unas) sesenta **2.** [âge] ▸ **approcher la soixantaine** estar cerca de los sesenta.

soixante [swasɑ̃t] adj num inv & nm inv sesenta. *Voir aussi* **six**.

soixante-dix [swasɑ̃tdis] adj num inv & nm inv setenta. *Voir aussi* **six**.

soixante-dixième [swasɑ̃tdizjɛm] ❖ adj & nmf septuagésimo(ma). ❖ nm setentavo *m*, setentava parte *f*.

soixante-huitard, e [swasɑ̃tɥitaʀ, aʀd] (*mpl* **soixante-huitards**, *fpl* **soixante-huitardes**) *fam* ❖ adj del mayo de 1968. ❖ nm, f *persona que participó en el mayo de 1968* ; ≃ progre *mf*.

soixantième [swasɑ̃tjɛm] ❖ adj num & nmf sexagésimo(ma). ❖ nm sesentavo *m*, sesentava parte *f*.

soja [sɔʒa] nm soja *f*.

sol [sɔl] ❖ nm suelo *m* ▸ **au sol** de suelo. ❖ nm inv MUS sol *m*.

> ⚠ **Sol** est un faux ami, il ne signifie pas *sol*, mais « soleil ».

solaire [sɔlɛʀ] adj solar ; [cadran] de sol.

solarium [sɔlaʀjɔm] nm solárium *m*.

soldat [sɔlda] nm **1.** [militaire] soldado *m* ▸ **le Soldat inconnu** el soldado desconocido ▸ **simple soldat** soldado raso **2.** [jouet] soldadito *m* ▸ **soldat de plomb** soldadito de plomo.

solde [sɔld] ❖ nm **1.** [d'un compte, d'une facture] saldo *m* ▸ **solde créditeur / débiteur** saldo acreedor/deudor **2.** COMM ▸ **être en solde** estar rebajado(da). ❖ nf MIL sueldo *m* ▸ **à la solde de qqn** a sueldo de alguien. ◆ **soldes** nmpl COMM rebajas *fpl*.

solder [sɔlde] vt [compte - régler] saldar ; [- fermer] liquidar ; [article] rebajar, saldar. ◆ **se solder** vp ▸ **se solder par qqch** a) FIN saldarse con algo b) *fig* [aboutir à] acabar en algo.

> ⚠ **Soldar** est un faux ami, il ne signifie pas *solder*, mais « souder ».

soldeur, euse [sɔldœʀ, øz] nm saldista *m*.

sole [sɔl] nf lenguado *m* ▸ **sole meunière** lenguado meunière.

solécisme [sɔlesism] nm solecismo *m*.

soleil [sɔlɛj] nm **1.** [gén] sol *m* ▸ **au soleil** al sol ▸ **en plein soleil** a pleno sol / *il y a du soleil* hace sol ▸ **soleil couchant /levant** sol poniente /naciente ▸ **sous un soleil de plomb** bajo un sol de justicia **2.** [tournesol] girasol *m* **3.** SPORT giro *m* de apoyo libre.

solennel, elle [sɔlanɛl] adj solemne.

solennellement [sɔlanɛlmɑ̃] adv solemnemente.

solennité [sɔlanite] nf solemnidad *f*.

Solex® [sɔlɛks] nm *ciclomotor de marca Solex*.

solfège [sɔlfɛʒ] nm solfeo *m*.

solfier [9] [sɔlfje] vt solfear.

solidaire [solidɛʀ] adj solidario(ria) ▸ **être solidaire de qqn** ser solidario(ria) con alguien.

solidairement [sɔlidɛʀmɑ̃] adv solidariamente.

solidariser [3] [sɔlidaʀize] ◆ **se solidariser** vp DR solidarizarse ▸ **se solidariser avec qqn** solidarizarse con alguien.

solidarité [sɔlidaʀite] nf solidaridad *f* ▸ **par solidarité avec** en solidaridad con.

solide [sɔlid] ◇ adj **1.** [gén] sólido(da) **2.** [personne] robusto(ta) ▸ **ne pas être solide sur ses jambes** no tenerse en pie **3.** [couple, relation] estable, sólido(da). ◇ nm **1.** PHYS sólido *m* **2.** *fig* [concret] ▸ **c'est du solide** es algo tangible.

solidement [sɔlidmɑ̃] adv sólidamente.

solidifier [9] [sɔlidifje] vt **1.** [eau, ciment] solidificar **2.** [structure] reforzar. ◆ **se solidifier** vp solidificarse.

solidité [sɔlidite] nf solidez *f*.

soliloque [sɔlilɔk] nm *sout* soliloquio *m*.

soliste [sɔlist] nmf solista *mf*.

solitaire [sɔlitɛʀ] ◇ adj & nmf solitario(ria). ◇ nm solitario *m*.

solitude [sɔlityd] nf soledad *f*.

solive [sɔliv] nf vigueta *f*.

sollicitation [sɔlisitasjɔ̃] nf *(gén pl)* [requête] petición *f*; [impulsion] señal *f*.

solliciter [sɔlisite] vt **1.** [réclamer] solicitar ▸ **solliciter qqch de qqn** **a)** [audience, entretien] solicitar algo de alguien **b)** [curiosité, intérêt, attention] reclamar algo de alguien **2.** [faire appel à] ▸ **solliciter qqn pour faire qqch** reclamar a alguien para hacer algo.

sollicitude [sɔlisityd] nf solicitud *f (atención, amabilidad)*.

solo [sɔlo] nm MUS solo *m* ▸ **en solo** *fig* en solitario.

solstice [sɔlstis] nm solsticio *m*.

solubilité [sɔlybilite] nf solubilidad *f*.

soluble [sɔlybl] adj **1.** [matière] soluble **2.** [problème] ▸ **être soluble** poder resolverse.

soluté [sɔlyte] nm solución *f*, disolución *f*.

solution [sɔlysjɔ̃] nf solución *f* ▸ **chercher /trouver la solution** buscar /encontrar la solución ▸ **solution de facilité** solución fácil ▸ **sans solution de continuité** sin solución de continuidad.

solutionner [3] [sɔlysjɔne] vt solucionar.

solvabilité [sɔlvabilite] nf solvencia *f*.

solvable [sɔlvabl] adj solvente.

solvant [sɔlvɑ̃] nm disolvente *m*.

Somalie [sɔmali] npr ▸ **la Somalie** Somalia.

somalien, enne [sɔmaljɛ̃, ɛn], **somali, e** [sɔmali] adj somalí. ◆ **Somalien, enne, Somali, e** nm, f somalí *mf*.

somatiser [3] [sɔmatize] vt PSYCHO somatizar.

sombre [sɔ̃bʀ] adj **1.** [gén] oscuro(ra) **2.** [avenir, air, pensées] sombrío(a) / *une sombre brute* un pedazo de bruto.

sombrer [3] [sɔ̃bʀe] vi **1.** [bateau] zozobrar **2.** *fig* [personne] ▸ **sombrer dans qqch** **a)** [folie, oubli, alcoolisme] hundirse en algo **b)** [sommeil] sumergirse en algo.

sommaire [sɔmɛʀ] ◇ adj **1.** [explication] somero(ra) **2.** [exécution] sumario(ria) **3.** [installation] sencillo(lla). ◇ nm índice *m*.

sommairement [sɔmɛʀmɑ̃] adv **1.** [en gros, superficiellement] someramente **2.** [peu] con lo justo / *sommairement vêtu* vestido con lo justo.

sommation [sɔmasjɔ̃] nf **1.** DR intimación *f*, requerimiento *m* **2.** [ordre] orden *f* ▸ **rendez-vous, dernière sommation !** ¡ríndanse!, ¡último aviso!

somme [sɔm] ◇ nf suma *f* ▸ **faire la somme de plusieurs choses** hacer la suma de varias cosas. ◇ nm siesta *f* ▸ **faire un petit somme** echar una cabezada. ◆ **en somme** loc adv en suma. ◆ **somme toute** loc adv después de todo.

sommeil [sɔmɛj] nm sueño *m* ▸ **avoir sommeil** tener sueño ▸ **tomber de sommeil** caerse de sueño ▸ **dormir d'un sommeil de plomb** dormir a pierna suelta.

sommeiller [4] [sɔmɛje] vi **1.** *sout* [personne] dormitar **2.** *fig* [sentiment, qualité] latir, estar latente.

sommelier, ère [sɔməlje, ɛʀ] nm, f sumiller *mf*, sommelier *mf*.

sommer [3] [sɔme] vt *sout* ▸ **sommer qqn de faire qqch** ordenar a alguien hacer algo.

sommes [sɔm] ⟶ **être**.

sommet [sɔmɛ] nm **1.** [gén] cumbre *f* ▸ **au sommet de** en la cumbre de ▸ **conférence au sommet** cumbre **2.** GÉOM vértice *m*.

sommier [sɔmje] nm somier *m*.

sommité [sɔmite] nf eminencia *f*.

somnambule [sɔmnɑ̃byl] adj & nmf sonámbulo(la).

somnambulisme [sɔmnɑ̃bylism] nm sonambulismo *m*.

somnifère [sɔmnifɛʀ] nm somnífero *m*.

somnolence [sɔmnɔlɑ̃s] nf somnolencia *f*.

somnolent, e [sɔmnɔlɑ̃, ɑ̃t] adj **1.** [personne] soñoliento(ta), somnoliento(ta) **2.** *fig* [économie] aletargado(da).

somnoler [3] [sɔmnɔle] vi dormitar.

somptueusement [sɔ̃ptɥøzmɑ̃] adv suntuosamente.

somptueux, euse [sɔ̃ptɥø, øz] adj suntuoso(sa).

somptuosité [sɔ̃ptɥozite] nf suntuosidad *f*.

son¹, sa [sɔ̃, sa] (*pl* **ses** [se]) adj poss su.

son² [sɔ̃] nm sonido *m* ▸ **au son de** al son de ▸ **son et lumière** luz y sonido.

son³ [sɔ̃] nm salvado *m*.

sonar [sɔnaʀ] nm sonar *m*.

sonate [sɔnat] nf sonata *f*.

sondage [sɔ̃daʒ] nm sondeo *m* ▸ **sondage d'opinion** sondeo de opinión.

sonde [sɔ̃d] nf sonda *f*.

sondé, e [sɔ̃de] nm, f encuestado *m*, -da *f*.

sonder [3] [sɔ̃de] vt **1.** [gén] sondear **2.** MÉD sondar.

sondeur, euse [sɔ̃dœʀ, øz] nm, f encuestador *m*, -ra *f*. ◆ **sondeur** nm TECHNOL sonda *f*.

songe [sɔ̃ʒ] nm *sout* sueño *m* ▸ **en songe** en sueños.

songer [17] [sɔ̃ʒe] ❖ vt ▸ **songer que** pensar que. ❖ vi ▸ **songer à qqch** pensar en algo ▸ **songer à faire qqch** pensar en hacer algo.

songeur, euse [sɔ̃ʒœʀ, øz] adj pensativo(va).

sonnant, e [sɔnɑ̃, ɑ̃t] adj [heure] en punto.

sonné, e [sɔne] adj **1.** [heure] pasado(da) **2.** *fam* [ans] cumplido(da) **3.** [étourdi] atontado(da) ESP, ahuevado(da) AM **4.** *fam* [fou] sonado(da).

sonner [3] [sɔne] ❖ vt **1.** [cloche, retraite, angélus] tocar **2.** [alarme] dar **3.** [domestique, infirmière] llamar **4.** *fam* [appeler] ▸ **je ne t'ai pas sonné** ¡a ti nadie te ha dicho nada! ❖ vi **1.** [cloche, réveil, téléphone] sonar ▸ **sonner faux a)** [piano] sonar desafinado **b)** *fig* [explication] sonar a falso **2.** [appeler] llamar **3.** MUS ▸ **sonner du cor** tocar la trompa.

sonnerie [sɔnʀi] nf **1.** [de téléphone, de réveil] timbre *m* **2.** [de cloche] repique *m* **3.** [de clairon] toque *m*.

sonnet [sɔnɛ] nm soneto *m*.

sonnette [sɔnɛt] nf **1.** [électrique] timbre *m* ▸ **appuyer sur la sonnette** pulsar el timbre **2.** [clochette] campanilla *f*.

sono [sɔno] nf *fam* sonorización *f*.

sonore [sɔnɔʀ] adj sonoro(ra).

sonorisation [sɔnɔʀizasjɔ̃] nf sonorización *f*.

sonoriser [3] [sɔnɔʀize] vt sonorizar.

sonorité [sɔnɔʀite] nf sonoridad *f*.

sont [sɔ̃] ⟶ **être**.

Sopalin® [sɔpalɛ̃] nm papel *m* de cocina.

sophisme [sɔfism] nm sofisma *m*.

sophistication [sɔfistikasjɔ̃] nf sofisticación *f*.

sophistiqué, e [sɔfistike] adj sofisticado(da).

sophrologie [sɔfʀɔlɔʒi] nf sofrología *f*.

soporifique [sɔpɔʀifik] ❖ adj soporífero(ra), soporífico(ca). ❖ nm soporífero *m*.

soprane [sɔpʀan] nf soprano *f*.

soprano [sɔpʀano] nm & nmf soprano.

sorbet [sɔʀbɛ] nm sorbete *m* ▸ **sorbet à la fraise /au citron** sorbete de fresa /de limón.

sorbetière [sɔʀbətjɛʀ] nf heladera *f*.

sorbier [sɔʀbje] nm serbal *m*.

Sorbonne [sɔʀbɔn] npr ▸ **la Sorbonne** *prestigiosa universidad de París*, la Sorbona.

La Sorbonne

La Sorbona es la universidad más antigua de París. Agrupa a varias facultades que conservan el nombre de **Sorbonne** como la facultad de letras (**La Sorbonne** o **Paris IV**) y la de derecho (el **Panthéon-Sorbonne** o **Paris I**). La **Sorbonne nouvelle** es el nombre de la facultad de letras situada en la calle Censier, más conocida como **Paris III**. El edifico historico de la Sobonne se encuentra en el distrito V de París, en pleno Barrio Latino. En mayo de 1968 fue el punto de partida de las manifestaciones estudiantiles y del movimiento revolucionario que convulsionaron Francia. Es célebre su gran anfiteatro y las pinturas de Puvis de Chavannes que lo decoran.

sorcellerie [sɔʀsɛlʀi] nf brujería *f*, hechicería *f*.

sorcier, ère [sɔʀsje, ɛʀ] nm, f brujo *m*, -ja *f*, hechicero *m*, -ra *f* ▸ **ce n'est pas sorcier** no es nada del otro mundo. ◆ **sorcier** nm [guérisseur] brujo *m*. ◆ **sorcière** nf *fam* & *fig* bruja *f*.

sordide [sɔʀdid] adj sórdido(da).

sornettes [sɔʀnɛt] nfpl sandeces *fpl*.

sors ⟶ **sortir**.

sort [sɔʀ] nm **1.** [maléfice] maldición *f* ▸ **jeter un sort à qqn** echar una maldición sobre alguien **2.** [destinée] destino *m* ▸ **faire un sort à qqch** *fam* dar buena cuenta de algo **3.** [hasard] suerte *f* ▸ **tirer au sort** echar a suertes.

sortable [sɔʀtabl] adj presentable.

sortant, e [sɔʀtɑ̃, ɑ̃t] adj **1.** [numéro] premiado(da) **2.** POL saliente.

sorte [sɔʀt] nf clase *f* ▸ **de la sorte** de este modo ▸ **faire en sorte que** procurar que ▸ **toutes sortes de** toda clase de ▸ **une sorte de** una especie de. ◆ **de telle sorte que** loc conj de manera que, de modo que. ◆ **en quelque sorte** loc conj en cierto modo.

sortie [sɔʀti] nf **1.** [gén] salida *f* ▸ **à la sortie** a la salida ▸ **être de OU faire une sortie** salir ▸ **sortie de secours** salida de emergencia **2.** [de livre] publicación *f*; [de film] estreno *m* **3.** INFORM [impression] impresión *f* ▸ **sortie papier OU imprimante** salida *f* de papel OU de impresora.

sortie-de-bain [sɔʀtidbɛ̃] (*pl* **sorties-de-bain**) nf albornoz *m*.

sortilège [sɔʀtilɛʒ] nm sortilegio *m*.

sortir [43] [sɔʀtiʀ] ◆◆ vi **1.** [gén] salir ▸ **sortir de a)** [d'un endroit] salir de **b)** [table] levantarse de **c)** [famille, milieu social] venir de **d)** [de la tête] irse de **e)** [de l'ordinaire, de la norme, du commun] salirse de, estar fuera de ▸ **sortez !** ¡marchaos! ▸ **sorti de** *fam* fuera de / *sorti du football il ne connaît rien* fuera del fútbol no sabe nada **2.** [livre] publicarse ; [film] estrenarse ; [disque] aparecer. ◆◆ vt **1.** [gén] sacar **2.** [livre] publicar ; [film] estrenar ; [disque] editar **3.** *fam* [jeter dehors] echar (fuera) **4.** *fam* [dire] soltar. ◆ **se sortir** vp [se tirer] salir ▸ **s'en sortir** salir del paso ▸ **ne pas s'en sortir** no dar abasto.

SOS (*abr de* **save our souls**) nm SOS *m* ▸ **lancer un SOS** lanzar un SOS. ◆ **SOS-médecins** npr ≃ SOS Urgencias. ◆ **SOS-Racisme** npr ≃ SOS Racismo.

sosie [sɔzi] nm sosia *m*, doble *mf*.

sot, sotte [so, sɔt] adj & nm, f tonto(ta) ESP, sonso(sa) AM.

sottement [sɔtmɑ̃] adv tontamente, como un tonto (una tonta).

sottise [sɔtiz] nf tontería *f* ESP, babosada *f* AM.

sottisier [sɔtizje] nm repertorio *m* de disparates.

sou [su] nm *fam* perra *f (dinero)* ▸ **être sans le sou** estar sin una perra OU un céntimo ▸ **n'avoir pas le premier sou pour** no tener ni una perra OU un céntimo para. ◆ **sous** nmpl *fam* perras *fpl (dinero)* ▸ **être près de ses sous** ser un agarrado (una agarrada) ▸ **parler gros sous** hablar de negocios.

soubassement [subasmɑ̃] nm CONSTR cimientos *mpl* ; [de colonne] basamento *m*.

soubresaut [subʀəso] nm **1.** [saccade] sacudida *f* **2.** [tressaillement] sobresalto *m*.

soubrette [subʀɛt] nf doncella *f*.

souche [suʃ] nf **1.** [d'arbre] tocón *m* ▸ **dormir comme une souche** dormir como un tronco **2.** [de famille, langue, mot] tronco *m* ▸ **de vieille souche** de rancio abolengo **3.** [talon] matriz *f*.

souci [susi] nm **1.** [tracas, préoccupation] preocupación *f* ▸ **se faire du souci** preocuparse ▸ **c'est le dernier** OU **le cadet de mes soucis** es la menor de mis preocupaciones, es lo que menos me preocupa **2.** [problème] problema *m* / *il y a un petit souci avec le vin /l'ordinateur* hay un problemilla con el vino/el ordenador **3.** BOT caléndula *f*, maravilla *f*.

soucier [9] [susje] ◆ **se soucier** vp ▸ **se soucier de qqch /de qqn** preocuparse por algo/por alguien ▸ **se soucier que** *sout* preocuparse de que.

soucieux, euse [susjø, øz] adj preocupado(da) ▸ **être soucieux de qqch /de faire qqch** preocuparse por algo/ por hacer algo ▸ **peu soucieux de** poco cuidadoso de.

soucoupe [sukup] nf platillo *m*. ◆ **soucoupe volante** nf platillo *m* volante.

soudain, e [sudɛ̃, ɛn] adj repentino(na). ◆ **soudain** adv de repente.

soudainement [sudɛnmɑ̃] adj repentinamente.

Soudan [sudɑ̃] npr ▸ **le Soudan** (el) Sudán.

soudanais, e [sudanɛ, ɛz] adj sudanés(esa). ◆ **Soudanais, e** nm, f sudanés *m*, -esa *f*.

soude [sud] nf sosa *f* ▸ **soude caustique** sosa cáustica.

souder [3] [sude] vt **1.** TECHNOL & MÉD soldar **2.** *fig* [personnes] unir.

soudeur, euse [sudœʀ, øz] nm, f soldador *m*, -ra *f*. ◆ **soudeuse** nf [machine] soldador *m*.

soudoyer [13] [sudwaje] vt sobornar.

soudure [sudyʀ] nf soldadura *f* ▸ **faire la soudure entre qqch et qqch** *fig* empalmar algo con algo.

souffert, e [sufɛʀ, ɛʀt] pp ⟶ **souffrir**.

souffle [sufl] nm **1.** [respiration] respiración *f* ▸ **avoir du souffle** tener fondo ▸ **avoir le souffle coupé** quedarse sin aliento ▸ **couper le souffle à qqn** dejar a alguien sin respiración ▸ **retenir son souffle** *fig* contener la respiración ▸ **second souffle** fuerzas *fpl* **2.** [expiration] soplido *m*, soplo *m* **3.** [de vent & MÉD] soplo *m* **4.** [d'une explosion] onda *f* expansiva.

soufflé, e [sufle] adj **1.** CULIN de viento **2.** *fam* [étonné] helado(da) / *rester soufflé* quedarse de piedra. ◆ **soufflé** nm CULIN soufflé *m* ▸ **soufflé au fromage** soufflé de queso.

soufflement [sufləmɑ̃] nm soplido *m*.

souffler [3] [sufle] ◆◆ vt **1.** [bougie, verre] soplar **2.** [vitre, fenêtre] pulverizar **3.** [dire] ▸ **souffler qqch à qqn a)** [chuchoter] susurrar algo a alguien **b)** SCOL soplar algo a alguien **c)** THÉÂTRE apuntar algo a alguien **4.** [au jeu de dames] comer. ◆◆ vi **1.** [gén] soplar **2.** [respirer] respirar.

soufflerie [sufləʀi] nf **1.** [d'orgue, de four] fuelle *m* **2.** AÉRON túnel *m*.

soufflet [suflɛ] nm **1.** [gén] fuelle *m* **2.** *sout* [claque] sopapo *m* ESP, cachetada *f* AM.

souffleur, euse [suflœʀ, øz] nm, f THÉÂTRE apuntador *m*, -ra *f*. ◆ **souffleur** nm [de verre] soplador *m*.

souffrance [sufʀɑ̃s] nf sufrimiento *m*.

souffrant, e [sufʀɑ̃, ɑ̃t] adj indispuesto(ta).

souffre ⟶ **souffrir**.

souffre-douleur [sufʀədulœʀ] nm inv cabeza *mf* de turco.

souffreteux, euse [sufʀətø, øz] adj endeble.

souffrir [34] [sufʀiʀ] ◆◆ vi sufrir ▸ **souffrir de qqch a)** [physiquement] sufrir OU padecer (de) algo **b)** [psychologiquement] sufrir por algo. ◆◆ vt **1.** [ressentir, supporter] sufrir **2.** *fam* & *fig* [personne] aguantar, sufrir **3.** *sout* [tolérer] ▸ **souffrir que** permitir que. ◆ **se souffrir** vp sufrirse.

soufi, e [sufi] adj & nm, f sufí.

soufisme [sufism] nm sufismo *m*.

soufre [sufʀ] nm azufre *m* ▸ **sentir le soufre** *fig* ser poco católico(ca).

souhait [swɛ] nm deseo *m* ▸ **à tes /vos souhaits !** ¡Jesús!, ¡salud! ▸ **tous nos souhaits de** nuestros mejores deseos de. ◆ **à souhait** loc adv a pedir de boca.

souhaitable [swɛtabl] adj deseable ▸ **être souhaitable que** ser deseable que.

souhaiter [4] [swete] ◆ vt desear ▸ **souhaiter qqch / faire qqch** desear algo /hacer algo ▸ **souhaiter qqch à qqn** desear algo a alguien ▸ **souhaiter un joyeux anniversaire /un joyeux Noël** felicitar el cumpleaños/ las Navidades. ◆ vi ▸ **souhaiter à qqn de faire qqch** desear a alguien que haga algo ▸ **souhaiter (à qqn) que** desearle (a alguien) que.

souiller [3] [suje] vt **1.** *sout* [salir] manchar **2.** *fig* [mémoire] mancillar.

souillon [sujɔ̃] nf *péj* fregona *f*; *fig* guarra *f*.

souillure [sujyʀ] nf **1.** [impureté] desecho *m* **2.** *sout* & *fig* [morale] mancha *f*.

souk [suk] nm **1.** [marché] zoco *m* **2.** *fam* & *fig* [désordre] ▸ **quel souk !** **a)** ¡qué follón! **b)** [dans une chambre] ¡vaya leonera!

soul [sɔl] nf ▸ **soul (music)** soul *m*.

soûl, e, saoul, e [su, sul] adj borracho(cha) ▸ **être soûl de qqch** *fig* estar borracho de algo. ◆ **soûl** nm ▸ **tout mon /son soûl** *fig* hasta más no poder.

soulagement [sulaʒmɑ̃] nm alivio *m*.

soulager [sulaʒe] vt **1.** [gén] aliviar **2.** *hum* & *fig* [voler] sustraer. ◆ **se soulager** vp **1.** [se libérer] aliviarse **2.** *fam* & *fig* [satisfaire un besoin naturel] hacer sus necesidades.

soûlant, e [sulɑ̃, ɑ̃t] adj *fam* pesado(da), machacón(ona) ESP.

soûlard, e [sulaʀ, aʀd], **soûlaud, e** [sulo, od] nm, f *fam* borrachín *mf*, -ina *f*.

soûler, saouler [3] [sule] vt *fam* **1.** [gén] emborrachar ▸ **soûler qqn de qqch** *fig* emborrachar a alguien con algo **2.** *fig* [ennuyer] tener harto(ta). ◆ **se soûler** vp *fam* emborracharse ▸ **se soûler de qqch** *fig* emborracharse con algo.

soûlerie [sulʀi] nf *fam* trompa *f (borrachera)*.

soulèvement [sulɛvmɑ̃] nm levantamiento *m*.

soulever [9] [sulve] vt **1.** [gén] levantar **2.** [question, problème] plantear **3.** [foule] ▸ **soulever qqn contre qqch /contre qqn** sublevar ou levantar a alguien contra algo /contra alguien **4.** [exalter] animar. ◆ **se soulever** vp **1.** [s'élever] levantarse **2.** [se révolter] sublevarse, levantarse.

soulier [sulje] nm zapato *m* ▸ **être dans ses petits souliers** *fig* sentirse incómodo(da).

souligner [3] [suliɲe] vt **1.** [par un trait] subrayar **2.** [mettre l'accent sur] subrayar, recalcar **3.** [mettre en valeur] realzar.

soumets ⟶ **soumettre**.

soumettre [84] [sumɛtʀ] vt someter ▸ **soumettre qqch / qqn à qqch /à qqn** someter algo /a alguien a algo /a alguien. ◆ **se soumettre** vp someterse ▸ **se soumettre à qqch** someterse a algo.

soumis, e [sumi, iz] ◆ adj sumiso(sa). ◆ pp ⟶ **soumettre.**

soumission [sumisjɔ̃] nf sumisión *f*.

soupape [supap] nf válvula *f* ▸ **soupape de sûreté** ou **de sécurité** *pr* & *fig* válvula de seguridad.

soupçon [supsɔ̃] nm **1.** [gén] sospecha *f* ▸ **être au-dessus /à l'abri de tout soupçon** estar por encima /a cubierto de toda sospecha **2.** [petite quantité] ▸ **un soupçon de qqch** una pizca de algo.

soupçonner [3] [supsɔne] vt sospechar ▸ **soupçonner qqn de qqch** sospechar algo de alguien ▸ **soupçonner qqn de faire qqch** sospechar de alguien que haya hecho algo ▸ **soupçonner que** sospechar que.

soupçonneux, euse [supsɔnø, øz] adj suspicaz.

soupe [sup] nf **1.** CULIN sopa *f* ▸ **soupe à l'oignon** sopa de cebolla ▸ **être soupe au lait** *fig* tener prontos **2.** *fam* [neige fondue] caldo *m*. ◆ **soupe populaire** nf comedor *m* de beneficencia.

soupente [supɑ̃t] nf buhardilla *f*.

souper [3] [supe] ◆ nm cena *f*. ◆ vi cenar ▸ **en avoir soupé de qqch /de faire qqch** *fam* & *fig* estar harto(ta) de algo /de hacer algo.

soupeser [19] [supəze] vt sopesar.

soupière [supjɛʀ] nf sopera *f*.

soupir [supiʀ] nm suspiro *m* ▸ **pousser un soupir** lanzar ou dar un suspiro ▸ **rendre le dernier soupir** exhalar el último suspiro.

soupirail, aux [supiʀaj, o] nm tragaluz *m*, respiradero *m*.

soupirant [supiʀɑ̃] nm pretendiente *m*.

Comment exprimer des souhaits

- **Espero que no haya demasiada gente.** *J'espère qu'il n'y aura pas trop de monde.*
- **Es de esperar que no surja ningún contratiempo.** *Il faut espérer qu'il n'y aura aucun contretemps.*
- **¡Me gustaría tanto que vinierais con nosotros!** *J'aimerais tellement que vous veniez avec nous !*
- **Me encantaría viajar a México.** *J'aimerais beaucoup aller au Mexique.*
- **Sería realmente estupendo si aceptara quedarse.** *Ça serait vraiment bien qu'il /elle accepte de rester.*
- **¡Ojalá hubieras sido más discreto!** *Si seulement tu avais été plus discret !*
- **¡Ojalá diga que sí!** *Pourvu qu'il /elle dise oui !*
- **Daría cualquier cosa por estar de vacaciones.** *Je donnerais n'importe quoi pour être en vacances.*

soupirer [supiʀe] ◆ vi suspirar ▸ **soupirer après qqch** suspirar por algo. ◆ vt replicar suspirando.

souple [supl] adj **1.** [gén] flexible ; [cheveux] con volumen **2.** [pas, démarche] ligero(ra) **3.** [consistance, emballage] blando(da).

souplesse [suplɛs] nf **1.** [agilité, flexibilité] flexibilidad *f* ▸ **faire qqch tout en souplesse** hacer algo con mucha soltura **2.** *fig* [habileté] tacto *m*.

sourate = **surate**.

source [suʀs] nf **1.** [gén] fuente *f* ▸ **savoir de source sûre** saber de buena tinta **2.** [d'eau] fuente *f*, manantial *m* ESP, vertiente *f* AM ▸ **prendre sa source à** nacer en ▸ **ça coule de source** *fig* cae por su propio peso.

sourcer [suʀse] vt [citation, information] indicar la fuente de.

sourcier, ère [suʀsje, ɛʀ] nm, f zahorí *mf*.

sourcil [suʀsi] nm ceja *f* ▸ **froncer les sourcils** fruncir el ceño.

sourcilière [suʀsiljɛʀ] ⟶ **arcade**.

sourciller [3] [suʀsije] vi pestañear ▸ **sans sourciller** sin pestañear.

sourcilleux, euse [suʀsijø, øz] adj puntilloso(sa).

sourd, e [suʀ, suʀd] ◆ adj sordo(da) ▸ **être /rester sourd à qqch** *sout* & *fig* ser /permanecer sordo a algo. ◆ nm, f sordo *m*, -da *f*.

sourdement [suʀdəmɑ̃] adv **1.** [avec un bruit sourd] sordamente **2.** *fig* [secrètement] secretamente.

sourdine [suʀdin] nf sordina *f* ▸ **en sourdine** en sordina.

sourdingue [suʀdɛ̃g] adj & nmf *fam* sordo(da).

sourd-muet, sourde-muette [suʀmɥɛ, suʀdmɥɛt] (*mpl* **sourds-muets**, *fpl* **sourdes-muettes**) adj & nm, f sordomudo(da).

sourdre [73] [suʀdʀ] vi *sout* **1.** [eau] manar, brotar **2.** *fig* [haine] brotar.

souriant, e [suʀjɑ̃, ɑ̃t] adj sonriente.

souriceau [suʀiso] nm ratoncillo *m*.

souricière [suʀisjɛʀ] nf ratonera *f*.

sourire [95] [suʀiʀ] ◆ vi sonreír ▸ **sourire à qqn a)** [personne, futur] sonreír a alguien **b)** *fig* [plaire] ilusionar a alguien. ◆ nm sonrisa *f* ▸ **garder le sourire** no perder la sonrisa.

souris [suʀi] nf **1.** [animal & INFORM] ratón *m* ▸ **souris blanche /grise** ratón blanco /gris **2.** [viande] *parte más exquisita de la pierna de cordero* **3.** *fam* [fille] chavala *f*.

sournois, e [suʀnwa, az] ◆ adj **1.** [personne] solapado(da) **2.** *fig* [maladie, catastrophe] imprevisible. ◆ nm, f hipócrita *mf*.

sournoisement [suʀnwazmɑ̃] adv solapadamente.

sous [su] prép **1.** [gén] bajo / *nager sous l'eau* nadar bajo el agua / *sous la pluie* bajo la lluvia / *sous la responsabilité /les ordres de* bajo la responsabilidad /las órdenes de / *sous Louis XV* bajo Luis XV **2.** [dans un délai de] dentro de / *sous huit jours* dentro de ocho días **3.** [marque la manière] : *sous cet aspect* ou *angle* desde este punto de vista.

sous-activité [suzaktivite] nf subactividad *f*.

sous-alimentation [suzalimɑ̃tasjɔ̃] nf desnutrición *f*.

sous-alimenté, e [suzalimɑ̃te] adj subalimentado(da).

sous-bois [subwa] nm monte *m* bajo.

sous-chef [suʃɛf] (*pl* **sous-chefs**) nm subjefe *m*.

sous-continent [sukɔ̃tinɑ̃] (*pl* **sous-continents**) nm subcontinente *m* ▸ **le sous-continent indien** el subcontinente indio.

souscripteur, trice [suskʀiptœʀ, tʀis] nm, f subscriptor *m*, -ra *f*, suscriptor *m*, -ra *f*.

souscription [suskʀipsjɔ̃] nf subscripción *f*, suscripción *f*.

souscrire [99] [suskʀiʀ] ◆ vt subscribir, suscribir. ◆ vi ▸ **souscrire à** subscribirse a, suscribirse a.

sous-cutané, e [sukytane] adj subcutáneo(a).

sous-développé, e [sudevlɔpe] adj subdesarrollado(da).

sous-développement [sudevlɔpmɑ̃] nm subdesarrollo *m*.

sous-directeur, trice [sudiʀɛktœʀ, tʀis] (*mpl* **sous-directeurs**, *fpl* **sous-directrices**) nm, f subdirector *m*, -ra *f*.

sous-division [sudivizjɔ̃] (*pl* **sous-divisions**) nf subdivisión *f*.

sous-effectif [suzefɛktif] (*pl* **sous-effectifs**) nm : *nous ne pouvons plus travailler en sous-effectif* no podemos seguir trabajando sin los suficientes efectivos.

sous-emploi [suzɑ̃plwa] nm subempleo *m*.

sous-employé, e [suzɑ̃plwaje] (*mpl* **sous-employés**, *fpl* **sous-employées**) adj [travailleur] subempleado(da), infrautilizado(da) ; [appareil] infrautilizado(da).

sous-employer [13] [suzɑ̃plwaje] vt subemplear / *ce travailleur est sous-employé* este trabajador está subempleado.

sous-ensemble [suzɑ̃sɑ̃bl] (*pl* **sous-ensembles**) nm subconjunto *m*.

sous-entendre [73] [suzɑ̃tɑ̃dʀ] vt sobreentender, sobrentender.

sous-entendu [suzɑ̃tɑ̃dy] (*pl* **sous-entendus**) nm sobreentendido *m*, sobrentendido *m*.

sous-équipé, e [suzekipe] adj mal equipado(da).

sous-estimer [3] [suzɛstime] vt subestimar. ◆ **se sous-estimer** vp subestimarse.

sous-évaluer [7] [suzevalɥe] vt infravalorar.

sous-exploiter [3] [suzɛksplwate] vt subexplotar.

sous-exposé, e [suzɛkspoze] adj subexpuesto(ta).

sous-fifre [sufifʀ] (*pl* **sous-fifres**) nm *péj* empleaducho *m*.

sous-jacent, e [suʒasɑ̃, ɑ̃t] adj subyacente.

sous-lieutenant [suljøtnɑ̃] (*pl* **sous-lieutenants**) nm subteniente *m*.

sous-location [sulɔkasjɔ̃] (*pl* **sous-locations**) nf realquiler *m*, subarrendamiento *m*.

sous-louer [6] [sulwe] vt realquilar, subarrendar.

sous-main [sumɛ̃] nm inv bandeja *f* ▸ **en sous-main** bajo mano.

sous-marin, e [sumaʀɛ̃, in] adj submarino(na). ◆ **sous-marin** (*pl* **sous-marins**) nm submarino *m*.

sous-marque [sumaʀk] (*pl* **sous-marques**) nf submarca *f*.

sous-œuvre [suzœvʀ] ◆ **en sous-œuvre** loc adv **1.** CONSTR de recalce **2.** *fig* desde el principio.

sous-officier [suzɔfisje] (*pl* **sous-officiers**) nm suboficial *m*.

sous-ordre [suzɔʀdʀ] (*pl* **sous-ordres**) nm **1.** ZOOL [espèce] suborden *m* **2.** [personne] subalterno *m*.

sous-payé, e [supeje] adj mal pagado(da).

sous-payer [11] [supeje] vt pagar mal.

sous-peuplé, e [supœple] adj subpoblado(da).

sous-préfecture [supʀefɛktyʀ] (*pl* **sous-préfectures**) nf subprefectura *f (subdivisión administrativa del gobierno civil francés)*.

sous-préfet [supʀefɛ] (*pl* **sous-préfets**) nm subprefecto *m*.

sous-produit [supʀɔdɥi] (*pl* **sous-produits**) nm subproducto *m*.

sous-pull [supyl] (*pl* **sous-pulls**) nm *jersey fino de cuello de cisne que se lleva debajo de otro*.

sous-répertoire [suʀepɛʀtwaʀ] (*pl* **sous-répertoires**) nm INFORM subdirectorio *m*.

sous-secrétaire [susəkʀetɛʀ] (*pl* **sous-secrétaires**) ◆ **sous-secrétaire d'État** nm subsecretario *m* de Estado.

soussigné, e [susiɲe] ◇ adj ▸ **je, soussigné** yo, el abajo firmante ▸ **nous, soussignés** nosotros, los abajo firmantes. ◇ nm, f ▸ **le soussigné** el abajo firmante.

sous-sol [susɔl] (*pl* **sous-sols**) nm **1.** [naturel] subsuelo *m* **2.** [de bâtiment] sótano *m*.

sous-tasse [sutas] (*pl* **sous-tasses**) nf platillo *m*.

sous-tendre [73] [sutɑ̃dʀ] vt **1.** GÉOM subtender **2.** *fig* [théorie] sostener.

sous-titrage [sutitʀaʒ] (*pl* **sous-titrages**) nm CINÉ subtitulación *f*.

sous-titre [sutitʀ] (*pl* **sous-titres**) nm subtítulo *m*.

sous-titré, e [sutitʀe] (*mpl* **sous-titrés**, *fpl* **sous-titrées**) adj subtitulado(da).

sous-titrer [3] [sutitʀe] vt subtitular.

sous-total [sutɔtal] (*pl* **sous-totaux**) nm subtotal *m*.

soustraction [sustʀaksjɔ̃] nf substracción *f*, sustracción *f*.

soustraire [112] [sustʀɛʀ] vt **1.** [gén] substraer, sustraer **2.** MATH restar ▸ **soustraire qqch de qqch /à qqn** substraer OU sustraer algo de algo/a alguien **3.** [pour protéger] ▸ **soustraire qqch /qqn à qqch /à qqn** substraer OU sustraer algo/a alguien de algo/de alguien. ◆ **se soustraire** vp ▸ **se soustraire à** substraerse OU sustraerse de OU a.

soustrais ⟶ **soustraire**.

soustrait, e [sustʀɛ, ɛt] pp ⟶ **soustraire**.

sous-traitance [sutʀɛtɑ̃s] (*pl* **sous-traitances**) nf subcontratación *f*.

sous-traitant, e [sutʀɛtɑ̃, ɑ̃t] adj subcontratante. ◆ **sous-traitant** (*pl* **sous-traitants**) nm subcontratista *mf*.

sous-traiter [4] [sutʀete] vt subcontratar.

soustrayais ⟶ **soustraire**.

sous-vêtement [suvɛtmɑ̃] (*pl* **sous-vêtements**) nm prenda *f* interior ▸ **les sous-vêtements** la ropa interior.

soutane [sutan] nf sotana *f*.

soute [sut] nf **1.** [d'avion] ▸ **soute (à bagages)** bodega *f* **2.** [de bateau] pañol *m*.

soutenable [sutnabl] adj **1.** [défendable] sostenible **2.** [supportable] soportable.

soutenance [sutnɑ̃s] nf UNIV defensa *f (de una tesis)*.

soutènement [sutɛnmɑ̃] ⟶ **mur**.

souteneur [sutnœʀ] nm chulo *m*.

soutenir [40] [sutniʀ] vt **1.** [immeuble, poutre, infirme] sostener ▸ **soutenir que** [affirmer que] sostener que **2.** *fig* [personne & POL] apoyar **3.** [effort, intérêt, opinion] mantener **4.** UNIV [thèse] defender **5.** [regard, assaut] aguantar. ◆ **se soutenir** vp sostenerse.

soutenu, e [sutny] ◇ pp ⟶ **soutenir.** ◇ adj **1.** [style, langage] culto(ta) **2.** [attention, rythme] sostenido(da) **3.** [couleur] subido(da).

souterrain, e [sutɛʀɛ̃, ɛn] adj **1.** [sous terre] subterráneo(nea) **2.** *fig* [organisation] secreto(ta). ◆ **souterrain** nm subterráneo *m*.

soutien [sutjɛ̃] nm **1.** [appui, aide] apoyo *m* ▸ **apporter son soutien à qqch /à qqn** apoyar OU dar apoyo a algo/a alguien **2.** [support] sostén *m* ▸ **soutien de famille** cabeza *m* de la familia.

soutien-gorge [sutjɛ̃gɔʀʒ] (*pl* **soutiens-gorge**) nm sujetador *m*, sostén *m* ESP, brasiers *mpl* AM.

soutif [sutif] nm *fam* sujetador *m*.

soutirer [3] [sutiʀe] vt **1.** [argent, information] ▸ **soutirer qqch à qqn** sonsacar algo a alguien **2.** [liquide] trasegar.

souvenance [suvnɑ̃s] nf *sout* ▸ **avoir souvenance de qqch** tener remembranza de algo.

souvenir[1] [suvniʀ] nm recuerdo *m* ▸ **avec mes meilleurs souvenirs** muchos recuerdos ▸ **en souvenir de** como recuerdo de ▸ **en souvenir de moi /de toi etc.** como recuerdo mío/tuyo etc. ▸ **perdre le souvenir de qqch** olvidar algo ▸ **rappeler qqn au bon souvenir de qqn** dar a alguien recuerdos de alguien.

souvenir[2] [suvniʀ] ◆ **se souvenir** [40] vp ▸ **se souvenir de qqch /de qqn** acordarse de algo/de alguien ▸ **se souvenir que** acordarse que / ***je me souviens que c'était en été*** me acuerdo que era en verano ▸ **je m'en souviendrai !** ¡no se me olvidará!

souvent [suvɑ̃] adv a menudo, con frecuencia ▸ **le plus souvent** la mayoría de las veces.

souvenu, e [suvny] pp ⟶ **souvenir**.

souverain, e [suvʀɛ̃, ɛn] adj & nm, f soberano(na).

souverainement [suvʀɛnmɑ̃] adv soberanamente.

souveraineté [suvʀɛnte] nf soberanía *f*.

souviendrai ⟶ **souvenir**.

souviens ⟶ **souvenir**.

souvins ⟶ **souvenir**.

soviet [sɔvjɛt] nm soviet *m*. ◆ **Soviet suprême** npr ▸ **le Soviet suprême** el Soviet supremo.

soviétique [sɔvjetik] adj soviético(ca). ◆ **Soviétique** nmf soviético *m*, -ca *f*.

soviétologue [sɔvjetɔlɔg] nmf sovietólogo(ga).

soyeux, euse [swajø, øz] adj sedoso(sa).

SPA (*abr de* **Société protectrice des animaux**) nf sociedad *f* protectora de animales.

spacieux, euse [spasjø, øz] adj espacioso(sa).

spaghetti [spagɛti] nm espagueti *m* ▸ **spaghettis à la carbonara / à la bolognaise** espaguetis a la carbonara / a la boloñesa.

spam [spam] nm INTERNET espam *m*, correo *m* no deseado, correo *m* basura.

sparadrap [spaʀadʀa] nm esparadrapo *m*.

spartiate [spaʀsjat] adj [éducation] espartano(na). ◆ **spartiates** nfpl [sandales] sandalias *fpl* de romano.

spasme [spasm] nm espasmo *m*.

spasmodique [spasmɔdik] adj espasmódico(ca).

spasmophilie [spasmɔfili] nf espasmofilia *f*.

spatial, e, aux [spasjal, o] adj espacial.

spatio-temporel, elle [spasjɔtɑ̃pɔʀɛl] adj espacio-temporal.

spatule [spatyl] nf **1.** [gén et de ski] espátula *f* **2.** CULIN paleta *f*.

speaker, speakerine [spikœʀ, spikʀin] nm, f locutor *m*, -ra *f*.

spécial, e, aux [spesjal, o] adj especial.

spécialement [spesjalmɑ̃] adv especialmente ▸ **pas spécialement** no especialmente.

spécialisation [spesjalizasjɔ̃] nf especialización *f*.

spécialisé, e [spesjalize] adj especializado(da).

spécialiser [3] [spesjalize] vt especializar. ◆ **se spécialiser** vp especializarse ▸ **se spécialiser dans qqch** especializarse en algo.

spécialiste [spesjalist] nmf especialista *mf*.

spécialité [spesjalite] nf especialidad *f*.

spécieux, euse [spesjø, øz] adj *sout* especioso(sa).

spécification [spesifikasjɔ̃] nf especificación *f*.

spécificité [spesifisite] nf especificidad *f*.

spécifier [9] [spesifje] vt especificar.

spécifique [spesifik] adj específico(ca).

spécifiquement [spesifikmɑ̃] adv específicamente.

spécimen [spesimɛn] nm espécimen *m*.

spectacle [spɛktakl] nm espectáculo *m* ▸ **se donner en spectacle** *fig* dar el espectáculo.

spectaculaire [spɛktakylɛʀ] adj espectacular.

spectateur, trice [spɛktatœʀ, tʀis] nm, f espectador *m*, -ra *f*.

spectre [spɛktʀ] nm espectro *m* ▸ **le spectre de qqch** *fig* [menace] el espectro de algo.

spéculateur, trice [spekylatœʀ, tʀis] nm, f especulador *m*, -ra *f*.

spéculatif, ive [spekylatif, iv] adj especulativo(va).

spéculation [spekylasjɔ̃] nf especulación *f*.

spéculer [3] [spekyle] vi ▸ **spéculer sur qqch** a) especular con algo b) *fig* [miser sur] especular sobre algo.

spéculoos [spekylos] nm *galleta a base de azúcar candi y canela*.

speech [spitʃ] (*pl* **speechs** *ou* **speeches**) nm discurso *m*.

speed [spid] adj *fam* como una moto.

speeder [3] [spide] vi *fam* espabilar.

spéléologie [speleɔlɔʒi] nf espeleología *f*.

spéléologue [speleɔlɔg] nmf espeleólogo *m*, -ga *f*.

spencer [spɛnsɛʀ] nm spencer *m*.

spermatozoïde [spɛʀmatozɔid] nm espermatozoide *m*.

sperme [spɛʀm] nm esperma *m*.

spermicide [spɛʀmisid] adj & nm espermicida *m*.

sphère [sfɛʀ] nf esfera *f* ▸ **les hautes sphères de qqch** las altas esferas de algo ▸ **sphère d'influence** esfera de influencia.

sphérique [sfeʀik] adj esférico(ca).

sphincter [sfɛ̃ktɛʀ] nm esfínter *m*.

sphinx [sfɛ̃ks] nm inv esfinge *f*.

spirale [spiʀal] nf espiral *f* ▸ **en spirale** en espiral.

spiritisme [spiʀitism] nm espiritismo *m*.

spiritualité [spiʀitɥalite] nf espiritualidad *f*.

spirituel, elle [spiʀitɥɛl] adj **1.** [vie, pouvoir] espiritual **2.** [personne] ingenioso(sa).

spirituellement [spiʀitɥɛlmɑ̃] adv **1.** [avec humour] ingeniosamente **2.** [moralement] espiritualmente.

spiritueux [spiʀitɥø, øz] nm espirituoso *m*.

spleen [splin] nm *sout* esplín *m* ▸ **avoir le spleen** tener morriña.

splendeur [splɑ̃dœʀ] nf **1.** [gén] esplendor *m* **2.** [merveille] ▸ **c'est une splendeur** es una maravilla.

splendide [splɑ̃did] adj espléndido(da).

spolier [9] [spɔlje] vt expoliar, espoliar.

spongieux, euse [spɔ̃ʒjø, øz] adj esponjoso(sa).

sponsor [spɔ̃nsɔʀ] nm esponsor *m*, patrocinador *m*.

sponsoring [spɔ̃sɔʀiŋ] nm patrocinio *m*.

sponsorisation [spɔ̃sɔʀizasjɔ̃] nf patrocinio *m*.

sponsoriser [3] [spɔ̃sɔʀize] vt patrocinar.

spontané, e [spɔ̃tane] adj espontáneo(a).

spontanéité [spɔ̃taneite] nf espontaneidad *f.*

spontanément [spɔ̃tanemɑ̃] adv espontáneamente.

sporadique [spɔʀadik] adj esporádico(ca).

sporadiquement [spɔʀadikmɑ̃] adv esporádicamente.

sport [spɔʀ] ❖ nm deporte *m* ▸ **de sport** [veste, chaussures] de deporte ▸ **sport de combat / d'équipe** deporte de combate / de equipo ▸ **sports extrêmes** deportes extremos ▸ **sports d'hiver** deportes de invierno ▸ **aller aux sports d'hiver** ir a esquiar. ❖ adj inv **1.** [vêtement] de sport **2.** [fair-play] ▸ **être sport** ser deportivo(va).

sportif, ive [spɔʀtif, iv] ❖ adj **1.** [gén] deportivo(va) **2.** [personne] deportista. ❖ nm, f deportista *mf.*

sportswear [spɔʀtswɛʀ] nm sportswear *m*, ropa *f* de sport.

spot [spɔt] nm **1.** [lampe] foco *m* **2.** TV spot *m*, anuncio *m* ▸ **spot publicitaire** spot publicitario.

SPOT, Spot [spɔt] (*abr de* **satellite pour l'observation de la Terre**) *satélite civil francés de observación de la Tierra lanzado en 1986* ▸ **le satellite SPOT 4** el satélite SPOT-4 ▸ **des images SPOT** imágenes (de satélite) SPOT.

spray [spʀɛ] nm spray *m* / ***elle utilise un déodorant (en) spray*** utiliza un desodorante en spray.

sprint [spʀint] nm esprint *m* ▸ **piquer un sprint** *fam* dar un sprint.

sprinter[1] [3] [spʀinte] vi esprintar.

sprinter[2] [spʀintœʀ] nm esprínter *mf.*

sprinteur, euse [spʀintœʀ, øz] nm, f = **sprinter**.

squale [skwal] nm escualo *m.*

square [skwaʀ] nm parque *m.*

squash [skwaʃ] nm squash *m.*

squat [skwat] nm **1.** [habitation] local *m* de okupas **2.** [action] ocupación *f.*

squatter[1] [3] [skwate] vt ocupar *(un local vacío).*

squatter[2] [skwatœʀ] nm okupa *mf.*

squelette [skəlɛt] nm esqueleto *m.*

squelettique [skəletik] adj **1.** [corps] esquelético(ca) **2.** [schématique] escueto(ta).

sras (*abr écrite de* **syndrome respiratoire aigu sévère**) nm MÉD SRAG *m (Síndrome Respiratorio Agudo y Grave).*

Sri Lanka [sʀilɑ̃ka] npr ▸ **le Sri Lanka** Sri Lanka.

sri lankais, e [sʀilɑ̃kɛ, ɛz] adj de Sri Lanka.
◆ **Sri Lankais, e** nm, f *natural o habitante de Sri Lanka.*

SRPJ (*abr de* **Service régional de la police judiciaire**) nm *departamento regional de la Policía Judicial francesa.*

SS nf **1.** (*abr écrite de* **Sécurité sociale**) SS *f* / ***nom, prénom du patient, numéro SS*** apellido, nombre del paciente, núm. SS **2.** (*abr de* **SchutzStaffel**) SS *f* ▸ **un membre de la SS** un miembro de la SS / ***un (ancien) SS*** un (ex-) SS.

S.S. (*abr écrite de* **Sa Sainteté**) SS.

SSII (*abr de* **société de services et d'ingénierie en informatique**) nf *sociedad de servicios informáticos.*

SSR (*abr de* **Société suisse de radiodiffusion et télévision**) nf *compañía de radiotelevisión suiza.*

St (*abr écrite de* **saint**) S., Sto. ▸ **St Jérôme** S. Jerónimo.

stabilisateur, trice [stabilizatœʀ, tʀis] adj estabilizador(ra).

stabilisation [stabilizasjɔ̃] nf estabilización *f.*

stabiliser [3] [stabilize] vt estabilizar. ◆ **se stabiliser** vp estabilizarse.

stabilité [stabilite] nf estabilidad *f.*

stable [stabl] adj estable.

stade [stad] nm **1.** [terrain] estadio *m* **2.** [étape] fase *f* ▸ **en être au stade où** llegar a un punto en el que ▸ **stade anal / oral** fase anal / oral.

staff [staf] nm staff *m.*

staffeur, euse [stafœʀ, øz] nm, f estucador *m*, -ra *f.*

stage [staʒ] nm **1.** [profesionnel] período *m* de prácticas ▸ **être en stage** [en entreprise] estar haciendo unas prácticas ▸ **faire un stage de tennis** tomar clases de tenis.

stagiaire [staʒjɛʀ] ❖ nmf **1.** [en classe pratique, en entreprise] estudiante *mf* en prácticas **2.** [en formation intensive] cursillista *mf.* ❖ adj **1.** [en classe pratique, en entreprise] en prácticas **2.** [en formation intensive] cursillista.

stagnant, e [stagnɑ̃, ɑ̃t] adj estancado(da).

stagnation [stagnasjɔ̃] nf estancamiento *m.*

stagner [3] [stagne] vi estancarse.

stakhanovisme [stakanɔvism] nm HIST stajanovismo *m.*

stakhanoviste [stakanɔvist] adj & nmf stajanovista.

stalactite [stalaktit] nf estalactita *f.*

stalagmite [stalagmit] nf estalagmita *f.*

stalinien, enne [stalinjɛ̃, ɛn] adj & nm, f estalinista.

stalle [stal] nf **1.** [d'écurie] box *m* **2.** [d'église] silla *f* de coro.

stand [stɑ̃d] nm **1.** [d'exposition] estand *m* **2.** [de foire] caseta *f* ▸ **stand de tir** caseta de tiro.

standard [stɑ̃daʀ] ❖ adj inv estándar.
❖ nm **1.** [téléphonique] centralita *f* ESP, conmutador *m* AM **2.** [norme] ▸ **le standard** el estándar.

standardisation [stɑ̃daʀdizasjɔ̃] nf estandarización *f*, estandardización *f.*

standardiser [3] [stɑ̃daʀdize] vt estandarizar, estandardizar.

standardiste [stɑ̃daʀdist] nmf telefonista *mf.*

standing [stɑ̃diŋ] nm estanding *m* ▸ **de grand standing** de alto estanding.

staphylocoque [stafilɔkɔk] nm estafilococo *m.*

star [staʀ] nf estrella *f* de cine, star *f.*

starlette [staʀlɛt] nf joven estrella *f.*

starter [staʀtɛʀ] nm estárter *m*, stárter *m.*

starting-block [staʀtiŋblɔk] (*pl* **starting-blocks**) nm taco *m* de salida.

start-up [staʀtɔp] nf inv start-up *f*, start-ups.

station [stasjɔ̃] nf **1.** [gén] estación *f* ; [d'autobus, de taxi] parada *f* ESP, paradero *m* AM ▸ **station balnéaire** ciudad *f* costera ▸ **station d'épuration** estación de depuración ▸ **station de ski** ou **de sports d'hiver** estación de esquí ou de deportes de invierno ▸ **station spatiale** estación espacial ▸ **station thermale** balneario *m* **2.** [position] ▸ **station debout** posición *f* vertical **3.** [halte] parada *f*, alto *m*.

stationnaire [stasjɔnɛʀ] adj estacionario(ria).

stationnement [stasjɔnmɑ̃] nm estacionamiento *m* ▸ **'stationnement interdit'** 'prohibido aparcar' ▸ **stationnement en épi** estacionamiento en batería.

stationner [3] [stasjɔne] vi **1.** [voiture] estacionar **2.** [troupe] permanecer.

station-service [stasjɔ̃sɛʀvis] (*pl* **stations-service**) nf estación *f* de servicio.

statique [statik] adj estático(ca).

statisticien, enne [statistisjɛ̃, ɛn] nm, f estadista *mf*.

statistique [statistik] ◆ adj estadístico(ca). ◆ nf estadística *f*.

statistiquement [statistikmɑ̃] adv estadísticamente.

stats [stat] (*abr de* **statistiques**) nfpl *fam* estadísticas *fpl* ▸ **faire des stats** hacer estadísticas.

statuaire [statɥɛʀ] nf estatuaria *f*.

statue [staty] nf estatua *f*.

statuer [7] [statɥe] vi ▸ **statuer sur qqch** decidir sobre algo.

statuette [statɥɛt] nf estatuilla *f*.

statu quo [statykwo] nm inv statu quo *m inv*.

stature [statyʀ] nf **1.** [taille] estatura *f* **2.** *fig* [valeur] talla *f*.

statut [staty] nm **1.** [position] estatus *m inv* **2.** DR estatuto *m*. ◆ **statuts** nmpl estatutos *mpl*.

statutaire [statytɛʀ] adj estatutario(ria).

Ste (*abr écrite de* **sainte**) Sta. ▸ **Ste Geneviève** Sta. Genoveva.

Sté (*abr écrite de* **société**) Sdad.

steak [stɛk] nm bistec *m* ▸ **steak frites** filete *m* con patatas ▸ **steak haché** bistec de carne picada ▸ **steak tartare** bistec tártaro.

stégosaure [stegɔzɔʀ] nm estegosaurio *m*.

stèle [stɛl] nf estela *f*.

stellaire [stelɛʀ] adj estelar.

stencil [stɛnsil] nm sténcil *m*, cliché *m (de multicopista)*.

sténo [steno] *fam* ◆ nf [sténographie] taquigrafía *f*, estenografía *f*. ◆ nmf [sténographe] taquígrafo *m*, -fa *f*, estenógrafo *m*, -fa *f*.

sténodactylo [stenɔdaktilo] nmf taquimecanógrafo *m*, -fa *f*.

sténodactylographie [stenɔdaktilɔgʀafi] nf taquimecanografía *f*.

sténographe [stenɔgʀaf] nmf taquígrafo *m*, -fa *f*, estenógrafo *m*, -fa *f*.

sténographie [stenɔgʀafi] nf taquigrafía *f*, estenografía *f* ▸ **en sténographie** en taquigrafía.

sténographier [9] [stenɔgʀafje] vt taquigrafiar, estenografiar.

sténographique [stenɔgʀafik] adj taquigráfico(ca), estenográfico(ca).

sténotypiste [stenɔtipist] nmf estenotipista *mf*.

stentor [stɑ̃tɔʀ] ⟶ **voix**.

step [stɛp] nm step *m*, escalón *m*.

steppe [stɛp] nf estepa *f*.

stéréo [stereo] ◆ adj inv estéreo. ◆ nf estereofonía *f* ▸ **en stéréo** en estéreo.

stéréophonie [stereɔfɔni] nf estereofonía *f*.

stéréophonique [stereɔfɔnik] adj estereofónico(ca).

stéréotype [stereɔtip] nm estereotipo *m*.

stéréotypé, e [stereɔtipe] adj estereotipado(da).

stérile [steril] adj estéril.

stérilet [sterilɛ] nm DIU *m*, dispositivo *m* intrauterino.

stérilisateur [sterilizatœʀ] nm esterilizador *m*.

stérilisation [sterilizasjɔ̃] nf esterilización *f*.

stérilisé, e [sterilize] adj [lait] esterilizado(da).

stériliser [3] [sterilize] vt esterilizar.

stérilité [sterilite] nf esterilidad *f*.

sternum [stɛʀnɔm] nm esternón *m*.

stéthoscope [stetɔskɔp] nm estetoscopio *m*.

steward [stiwaʀt] nm [d'avion] auxiliar *m* de vuelo ; [de bateau] camarero *m*.

STI (*abr de* **sciences et technologies industrielles**) adj SCOL *en el sistema escolar francés, cursos correspondientes al bachillerato con la modalidad de ciencias y tecnologías industriales*.

stick [stik] nm [tube] barra *f* ▸ **en stick** en barra, en stick.

sticker [stikœʀ] nm etiqueta *f* adhesiva, pegatina *f*.

stigmate [stigmat] nm *pr* & *fig* estigma *f*. ◆ **stigmates** nmpl RELIG estigmas *mpl*.

stigmatiser [3] [stigmatize] vt estigmatizar.

stimulant, e [stimylɑ̃, ɑ̃t] adj estimulante. ◆ **stimulant** nm **1.** [remontant] estimulante *m* **2.** [motivation] estímulo *m*.

stimulateur [stimylatœʀ] nm ▸ **stimulateur cardiaque** marcapasos *m*, estimulador *m* cardíaco.

stimulation [stimylasjɔ̃] nf **1.** [encouragement] estímulo *m* **2.** BIOL [excitation] estimulación *f*.

stimuler [3] [stimyle] vt estimular.

stipuler [3] [stipyle] vt ▸ **stipuler qqch /que** estipular algo /que.

stock [stɔk] nm **1.** COMM [de marchandises] stock *m*, existencias *fpl* ; [d'une entreprise] stock *m* ▸ **en stock** en stock, en depósito **2.** *fig* [réserve] reserva *f*.

stockage [stɔkaʒ] nm almacenamiento *m*.

stock-car [stɔkkaʀ] (*pl* **stock-cars**) nm **1.** [voiture] coche *m* de serie modificado **2.** [course] carrera *f* de coches de serie modificados.

stocker [3] [stɔke] vt almacenar.

Stockholm [stɔkɔlm] npr Estocolmo.

stock-option [stɔkɔpsjɔ̃] (*pl* **stock-options**) nf stock-option *f*, opción *f* de compra de acciones.

stoïcisme [stɔisism] nm estoicismo *m*.

stoïque [stɔik] adj & nmf estoico(ca).

stoïquement [stɔikmɑ̃] adv estoicamente.

stomacal, e, aux [stɔmakal, o] adj estomacal.

stomatologie [stɔmatɔlɔʒi] nf estomatología *f*.

stomatologiste [stɔmatɔlɔʒist], **stomatologue** [stɔmatɔlɔg] nmf estomatólogo *m*, -ga *f*.

stop [stɔp] ❖ interj [arrêtez-vous] ¡alto! ; [j'en ai assez] ¡basta! ❖ nm **1.** [feux] luz *f* de freno **2.** [panneau, signe télégraphique] estop *m* **3.** [auto-stop] autoestop *m* / *j'y suis allé en stop* me fui a dedo ▸ **faire du stop** hacer dedo ▸ **prendre qqn en stop** recoger a un autoestopista.

stopper [3] [stɔpe] ❖ vt detener ; COUT coser. ❖ vi detenerse.

store [stɔʀ] nm **1.** [de fenêtre] persiana *f* **2.** [de magasin] toldo *m*.

STP (*abr écrite de* **s'il te plaît**) PFV.

strabisme [stʀabism] nm estrabismo *m*.

strangulation [stʀɑ̃gylasjɔ̃] nf estrangulación *f*.

strapontin [stʀapɔ̃tɛ̃] nm [siège] asiento *m* plegable.

Strasbourg [stʀasbuʀ] npr Estrasburgo.

strass [stʀas] nm estrás *m*.

stratagème [stʀataʒɛm] nm estratagema *f*.

strate [stʀat] nf *fig* [niveau] estrato *m*.

stratège [stʀatɛʒ] nm estratega *m*.

stratégie [stʀateʒi] nf estrategia *f* ▸ **stratégie de communication** estrategia de comunicación.

stratégique [stʀateʒik] adj estratégico(ca).

stratifié, e [stʀatifje] adj **1.** GÉOL estratificado(da) **2.** [matériau] laminado(da).

stratosphère [stʀatɔsfɛʀ] nf estratosfera *f*.

stress [stʀɛs] nm estrés *m*.

stressant, e [stʀɛsɑ̃, ɑ̃t] adj estresante.

stressé, e [stʀɛse] adj estresado(da).

stresser [4] [stʀɛse] ❖ vt estresar. ❖ vi estar estresado(da).

Stretch® [stʀɛtʃ] nm inv stretch® *m*.

stretching [stʀɛtʃiŋ] nm stretching *m*.

strict, e [stʀikt] adj estricto(ta).

strictement [stʀiktəmɑ̃] adv estrictamente ; [interdit] terminantemente.

strident, e [stʀidɑ̃, ɑ̃t] adj estridente.

stridulation [stʀidylasjɔ̃] nf chirrido *m*.

strie [stʀi] nf *(gén pl)* **1.** [en relief] estría *f* **2.** [raie] raya *f*.

strié, e [stʀije] adj **1.** [rayé] rayado(da) **2.** GÉOL estriado(da).

strier [10] [stʀije] vt dibujar rayas en.

string [stʀiŋ] nm tanga *m*.

strip-poker [stʀippɔkɛʀ] (*pl* **strip-pokers**) nm strip póquer *m*.

strip-tease [stʀiptiz] (*pl* **strip-teases**) nm strip-tease *m*.

strip-teaseuse [stʀiptizøz] (*pl* **strip-teaseuses**) nf *mujer que hace striptease*.

striure [stʀijyʀ] nf raya *f*.

strophe [stʀɔf] nf estrofa *f*.

structural, e, aux [stʀyktyʀal, o] adj estructural.

structuralisme [stʀyktyʀalism] nm estructuralismo *m*.

structure [stʀyktyʀ] nf estructura *f* ▸ **structures d'accueil** estructuras de acogida.

structuré, e [stʀyktyʀe] adj estructurado(da).

structurel, elle [stʀyktyʀɛl] adj estructural.

structurer [3] [stʀyktyʀe] vt estructurar.
◆ **se structurer** vp estructurarse.

strychnine [stʀiknin] nf estricnina *f*.

STT (*abr de* **sciences et technologies tertiaires**) adj SCOL *en el sistema escolar francés, cursos correspondientes al bachillerato con la modalidad de ciencias y tecnologías del sector terciario* ▸ **faire STT** hacer STT ▸ **la filière STT** rama de ciencias y tecnologías del sector terciario.

stuc [styk] nm estuco *m*.

studieusement [stydjøzmɑ̃] adv con aplicación.

studieux, euse [stydjø, øz] adj **1.** [personne] estudioso(sa) **2.** [vacances] dedicado(da) a estudiar.

studio [stydjo] nm estudio *m*.

stupéfaction [stypefaksjɔ̃] nf estupefacción *f*.

stupéfait, e [stypefɛ, ɛt] adj estupefacto(ta), asombrado(da).

stupéfiant, e [stypefjɑ̃, ɑ̃t] adj asombroso(sa).
◆ **stupéfiant** nm estupefaciente *m*.

stupéfier [9] [stypefje] vt asombrar.

stupeur [stypœʀ] nf estupor *m*, asombro *m*.

stupide [stypid] adj estúpido(da).

stupidement [stypidmɑ̃] adv estúpidamente.

stupidité [stypidite] nf estupidez *f*.

stups [styp] (*abr de* **brigade des stupéfiants**) nmpl *fam* antivicio *f* / *il s'est fait arrêter par les stups* fue detenido por la antivicio.

style [stil] nm estilo *m* ▸ **style direct / indirect** estilo directo / indirecto ▸ **style Louis XIII / Empire** estilo Luis XIII / Imperio ▸ **style de vie** estilo de vida.

stylé, e [stile] adj con clase, con estilo.

styliser [3] [stilize] vt estilizar.

stylisme [stilism] nm estilismo *m*.

styliste [stilist] nmf estilista *mf*.

stylistique [stilistik] ❖ adj estilístico(ca). ❖ nf estilística *f*.

stylo [stilo] nm boli *m* ▸ **stylo (à) bille** bolígrafo *m* ▸ **stylo (à) plume** pluma *f*.

stylo-feutre [stiloføtʀ] nm rotulador *m*.

su, e [sy] pp ⟶ **savoir.** ◆ **au su et au vu de** loc prép a la vista de.

suave [sɥav] adj suave.

suavité [sɥavite] nf suavidad *f*.

subalpin, e [sybalpɛ̃, in] adj subalpino(na).

subalterne [sybaltɛʀn] adj & nmf subalterno(na).

subaquatique [sybakwatik] adj subacuático(ca).

subconscient [sybkɔ̃sjɑ̃] nm subconsciente *m*.

subdiviser [3] [sybdivize] vt subdividir. ◆ **se subdiviser** vp subdividirse.

subdivision [sybdivizjɔ̃] nf subdivisión *f*.

subir [32] [sybiʀ] vt **1.** [gén] sufrir **2.** [examen] pasar **3.** *péj* [personne] soportar.

> ⚠ **Subir** est un faux ami, il ne signifie pas *subir*, mais « monter ».

subit, e [sybi, it] adj súbito(ta).

subitement [sybitmɑ̃] adv súbitamente.

subjectif, ive [sybʒɛktif, iv] adj subjetivo(va).

subjectivité [sybʒɛktivite] nf subjetividad *f*.

subjonctif [sybʒɔ̃ktif, iv] nm subjuntivo *m*.

subjuguer [3] [sybʒyge] vt subyugar.

sublimation [syblimasjɔ̃] nf sublimación *f*.

sublime [syblim] ❖ adj sublime. ❖ nm ▸ **le sublime** lo sublime.

sublimement [syblimmɑ̃] adv sublimemente.

sublimer [3] [syblime] vt & vi CHIM & PSYCHO sublimar.

subliminal, e, aux [sybliminal, o] adj subliminal.

submergé, e [sybmɛʀʒe] adj ▸ **submergé de** *fig* agobiado de.

submerger [17] [sybmɛʀʒe] vt **1.** [inonder] sumergir **2.** [déborder] agobiar **3.** [envahir] invadir.

submersible [sybmɛʀsibl] adj & nm sumergible.

subodorer [3] [sybɔdɔʀe] vt *fam* olerse, barruntar.

subordination [sybɔʀdinasjɔ̃] nf subordinación *f*.

subordonné, e [sybɔʀdɔne] ❖ adj GRAM subordinado(da). ❖ nm, f subordinado *m*, -da *f*. ◆ **subordonnée** nf GRAM subordinada *f*.

subordonner [3] [sybɔʀdɔne] vt **1.** [personne] ▸ **subordonner qqn à qqn** subordinar alguien a alguien **2.** [chose] ▸ **subordonner qqch à qqch** subordinar OU supeditar algo a algo.

subornation [sybɔʀnasjɔ̃] nf soborno *m*.

suborner [3] [sybɔʀne] vt **1.** DR [témoin] sobornar **2.** *sout* [séduire] seducir.

subreptice [sybʀɛptis] adj *sout* subrepticio(cia).

subrepticement [sybʀɛptismɑ̃] adv subrepticiamente.

subroger [17] [sybʀɔʒe] vt subrogar.

subsaharien, enne [sybsaaʀjɛ̃, ɛn] adj subsahariano(na).

subséquent, e [sypsekɑ̃, ɑ̃t] adj *sout* subsiguiente, subsecuente.

subside [sypsid] nm *(gén pl)* subsidio *m*.

subsidiaire [sybzidjɛʀ] adj subsidiario(ria).

subsistance [sybzistɑ̃s] nf subsistencia *f*.

subsister [3] [sybziste] vt subsistir.

subsonique [sypsɔnik] adj subsónico(ca).

substance [sypstɑ̃s] nf sustancia *f*, substancia *f* ▸ **en substance** en sustancia.

substantiel, elle [sypstɑ̃sjɛl] adj **1.** [repas] sustancioso(sa) **2.** [avantage] sustancioso(sa), sustancial **3.** [essentiel] sustancial.

substantif, ive [sypstɑ̃tif, iv] adj sustantivo(va). ◆ **substantif** nm sustantivo *m*.

substituable [sypstitɥabl] adj sustituible.

substituer [7] [sypstitɥe] vt ▸ **substituer A à B** substituir B por A. ◆ **se substituer** vp ▸ **se substituer à qqch /à qqn** substituir algo/a alguien.

substitut [sypstity] nm **1.** [gén] sustituto *m* **2.** DR ≃ teniente *mf* fiscal.

substitution [sypstitysjɔ̃] nf sustitución *f*, substitución *f*.

substrat [sypstʀa] nm sustrato *m*, substrato *m*.

subterfuge [syptɛʀfyʒ] nm subterfugio *m*.

subtil, e [syptil] adj sutil.

subtilement [syptilmɑ̃] adv sutilmente.

subtiliser [3] [syptilize] vt sustraer.

subtilité [syptilite] nf sutileza *f*, sutilidad *f*.

subtropical, e, aux [syptʀɔpikal, o] adj subtropical.

suburbain, e [sybyʀbɛ̃, ɛn] adj suburbano(na).

subvenir [40] [sybvəniʀ] vi ▸ **subvenir aux besoins de qqn** satisfacer las necesidades de alguien.

subvention [sybvɑ̃sjɔ̃] nf subvención *f*.

subventionner [3] [sybvɑ̃sjɔne] vt subvencionar.

subvenu [sybvəny] pp ⟶ **subvenir**.

subversif, ive [sybvɛʀsif, iv] adj subversivo(va).

subversion [sybvɛʀsjɔ̃] nf subversión *f*.

subviendrai ⟶ **subvenir**.

subviens ⟶ **subvenir**.

subvins ⟶ **subvenir**.

suc [syk] nm **1.** [de viande] jugo *m* ; [de végétaux] zumo *m* **2.** *sout* [quintessence] néctar *m*. ◆ **suc gastrique** nm jugo *m* gástrico.

succédané [syksedane] nm sucedáneo *m*.

succéder [18] [syksede] vi ▸ **succéder à qqch** suceder a algo ▸ **succéder à qqn à qqch** suceder a alguien en algo. ◆ **se succéder** vp sucederse.

succès [syksɛ] nm **1.** [réussite, triomphe] éxito *m* ▸ **à succès** de éxito ▸ **avec /sans succès** con /sin éxito ▸ **avoir du succès** tener éxito ▸ **un succès fou** un exitazo ▸ **se tailler un franc succès** obtener un gran éxito **2.** [conquête] conquista *f*.

> ⚠ Suceso est un faux ami, il ne signifie pas *succès*, mais « événement ».

successeur [syksesœʀ] nm sucesor *m*.

successif, ive [syksesif, iv] adj sucesivo(va).

succession [syksesjɔ̃] nf sucesión *f* ▸ **prendre la succession (de)** suceder (a).

successivement [syksesivmɑ̃] adv sucesivamente.

succinct, e [syksɛ̃, ɛ̃t] adj **1.** [résumé] sucinto(ta) **2.** [repas] poco abundante.

succinctement [syksɛ̃tmɑ̃] adv sucintamente.

succion [sysjɔ̃, syksjɔ̃] nf succión *f*.

succomber [3] [sykɔ̃be] vi sucumbir ▸ **succomber à qqch** sucumbir a algo.

succulent, e [sykylɑ̃, ɑ̃t] adj [repas] suculento(ta).

succursale [sykyʀsal] nf sucursal *f*.

sucer [16] [syse] vt chupar ▸ **sucer son pouce** chuparse el dedo.

sucette [sysɛt] nf pirulí *m*, piruleta *f*; [de bébé] chupete *m* ▸ **sucette au caramel** pirulí con sabor a caramelo.

suçon [sysɔ̃] nm chupetón *m*.

sucre [sykʀ] nm azúcar *m o f*; [morceau] azucarillo *m* ▸ **sucre cristallisé /glace** azúcar cristalizado /glas ▸ **sucre en morceaux** azúcar en terrones ▸ **sucre d'orge** bastón *m* de caramelo ▸ **sucre en poudre** OU **semoule** azúcar en polvo ▸ **sucre roux** OU **brun** azúcar moreno ▸ **casser du sucre sur le dos de qqn** *fam* & *fig* rajar de alguien.

sucré, e [sykʀe] adj [aliment, boisson] azucarado(da) / *je préfère les yaourts non sucrés* prefiero los yogures no azucarados. ◆ **sucré** ❖ nm ▸ **le sucré** el dulce / *je préfère le salé au sucré* prefiero el salado al dulce. ❖ adv dulce / *tu manges trop sucré* comes demasiado dulce.

sucrer [3] [sykʀe] vt **1.** [café, thé] azucarar, echar azúcar en **2.** *fam* [supprimer] cargarse. ◆ **se sucrer** vp *fam* **1.** [se servir en sucre] ponerse azúcar **2.** [s'octroyer une part] hacer su agosto.

sucrerie [sykʀəʀi] nf **1.** [friandise] dulce *m*, golosina *f* **2.** [usine] azucarera *f*.

sucrette [sykʀɛt] nf pastilla *f* de sacarina.

sucrier, ère [sykʀije, ɛʀ] adj azucarero(ra). ◆ **sucrier** nm azucarero *m*.

sud [syd] adj inv & nm inv sur. ◆ **Sud** nm Sur *m*.

sud-africain, e [sydafʀikɛ̃, ɛn] adj sudafricano(na). ◆ **Sud-Africain, e** nm, f sudafricano *m*, -na *f*.

sud-américain, e [sydameʀikɛ̃, ɛn] adj sudamericano(na). ◆ **Sud-Américain, e** nm, f sudamericano *m*, -na *f*.

sudation [sydasjɔ̃] nf sudación *f*.

sud-coréen, enne [sydkɔʀeɛ̃, ɛn] adj surcoreano(na). ◆ **Sud-Coréen, enne** nm, f surcoreano *m*, -na *f*.

sud-est [sydɛst] adj inv & nm inv sudeste, sureste. ◆ **Sud-Est** nm sudeste *m*, sureste *m*.

sudoku [sydɔku] nm sudoku *m*.

sud-ouest [sydwɛst] adj inv & nm inv sudoeste, suroeste. ◆ **Sud-Ouest** nm sudoeste *m*, suroeste *m*.

sud-vietnamien, enne [sydvjɛtnamjɛ̃, ɛn] (*mpl* **sud-vietnamiens**, *fpl* **sud-vietnamiennes**) ❖ adj survietnamita. ❖ nm, f survietnamita *mf*.

Suède [sɥɛd] npr ▸ **la Suède** Suecia.

suédois, e [sɥedwa, az] adj sueco(ca). ◆ **suédois** nm LING sueco *m*. ◆ **Suédois, e** nm, f sueco *m*, -ca *f*.

suée [sɥe] nf *fam* ▸ **prendre une suée** empaparse en sudor.

suer [7] [sɥe] ❖ vi **1.** [transpirer] sudar **2.** EXPR **faire suer** *fam* jorobar ▸ **se faire suer** *fam* aburrirse como una ostra. ❖ vt *sout* rezumar, destilar.

sueur [sɥœʀ] nf sudor *m* ▸ **être en sueur** estar bañado(da) en sudor ▸ **avoir des sueurs froides** *fig* tener sudores fríos.

Suez [sɥɛz] npr ▸ **le canal de Suez** el canal de Suez.

suffi [syfi] pp inv ⟶ **suffire**.

suffire [100] [syfiʀ] vi bastar / *il lui suffit de chanter pour être heureux* le basta con cantar para ser feliz ▸ **il suffit que** basta con que ▸ **suffire à qqch /à qqn** [satisfaire] bastar a algo /a alguien ▸ **suffire pour qqch /pour faire qqch** [être assez] bastar para algo /para hacer algo. ◆ **se suffire** vp ▸ **se suffire à soi-même** bastarse a sí mismo(ma).

suffis ⟶ **suffire**.

suffisais ⟶ **suffire**.

suffisamment [syfizamɑ̃] adv suficientemente ▸ **avoir suffisamment pour** tener (lo) suficiente para ▸ **suffisamment de livres** suficientes libros.

suffisance [syfizɑ̃s] nf suficiencia *f*.

suffisant, e [syfizɑ̃, ɑ̃t] adj **1.** [quantité, somme] suficiente **2.** *péj* [air, ton] de suficiencia.

suffixe [syfiks] nm sufijo *m*.

suffocant, e [syfɔkɑ̃, ɑ̃t] adj **1.** [chaleur] sofocante ; [fumée] asfixiante **2.** *fig* [nouvelle, révélation] impactante.

suffocation [syfɔkasjɔ̃] nf sofocación *f*, sofoco *m* ▸ **avoir des suffocations** tener sofocos.

suffoquer [3] [syfɔke] ❖ vt **1.** [suj : chaleur] sofocar **2.** [suj : colère] dejar sin respiración **3.** [stupéfier] dejar impresionado(da). ❖ vi **1.** MÉD asfixiarse **2.** *fig* [de colère, d'indignation] ▸ **suffoquer de** encenderse de.

suffrage [syfʀaʒ] nm **1.** [élection] sufragio *m* ▸ **au suffrage indirect /universel** por sufragio indirecto /universal **2.** [voix] voto *m* ▸ **rallier tous les suffrages** aglutinar todos los votos ▸ **recueillir des suffrages** obtener votos.

suffragette [syfʀaʒɛt] nf sufragista *f*.

suggérer [18] [sygʒeʀe] vt sugerir ▸ **suggérer de** sugerir que / *je te suggère d'agir rapidement* te sugiero que actúes con rapidez ▸ **suggérer qqch à qqn** sugerir algo a alguien.

suggestif, ive [sygʒɛstif, iv] adj sugestivo(va), sugerente.

suggestion [sygʒɛstjɔ̃] nf **1.** [conseil] sugerencia *f* **2.** PSYCHO sugestión *f*.

suicidaire [sɥisidɛʀ] adj suicida.

suicide [sɥisid] nm suicidio *m* ; *(en apposition)* suicida.

suicidé, e [sɥiside] adj & nm, f suicida.

suicider [3] [sɥiside] ◆ **se suicider** vp suicidarse.

suie [sɥi] nf hollín *m*.

suif [sɥif] nm sebo *m*.

suintant, e [sɥɛ̃tɑ̃, ɑ̃t] adj [gén] que rezuma ; [plaie] supurante.

suintement [sɥɛ̃tmɑ̃] nm [gén] rezumadero *m* ; [de plaie] supuración *f*.

suinter [3] [sɥɛ̃te] vi [gén] rezumar ; [plaie] supurar.

suis¹ [sɥi] ⟶ **être**.

suis² ⟶ **suivre**.

suisse [sɥis] adj suizo(za). ◆ **Suisse** ❖ npr ▸ **la suisse** Suiza. ❖ nmf suizo *m*, -za *f*.

Suissesse [sɥisɛs] nf suiza *f*.

suite [sɥit] nf **1.** [ce qui vient après] continuación *f* ▸ **à la suite de** después de / *à la suite de ce qui s'est passé...* después de lo que ha pasado... ▸ **prendre la suite de qqn** [succéder à] suceder a alguien ▸ **suite à a)** [gén] como consecuencia de **b)** [lettre] en contestación a **2.** [série] serie *f*, sucesión *f* / *une suite de caractères* una sucesión de caracteres **3.** [escorte] séquito *m* **4.** [appartement & MUS] suite *f*. ◆ **suites** nfpl consecuencias *fpl*. ◆ **par suite de** loc prép a consecuencia de / *par suite des chutes de neige* a consecuencia de las precipitaciones de nieve.

suivais ⟶ **suivre**.

suivant, e [sɥivɑ̃, ɑ̃t] ❖ adj siguiente. ❖ nm, f siguiente *mf* ▸ **au suivant !** ¡(el) siguiente! ◆ **suivant** prép según ▸ **suivant que** según.

suiveur, euse [sɥivœʀ, øz] adj SPORT perseguidor *m*, -ra *f*. ◆ **suiveur** nm **1.** SPORT seguidor *m* **2.** [imitateur] imitador *m*.

suivi, e [sɥivi] ❖ adj **1.** [travail, qualité, relation] constante **2.** [raisonnement] estructurado(da). ❖ pp ⟶ **suivre.** ◆ **suivi** nm seguimiento *m*.

suivis ⟶ **suivre**.

suivre [89] [sɥivʀ] ❖ vt **1.** [gén] seguir ▸ **faire suivre** [lettre] remítase al destinatario **2.** [succéder à] suceder a ▸ **'à suivre'** [dans un feuilleton] 'continuará' **3.** [longer] bordear **4.** [malade] atender, llevar **5.** [discours, conversation] escuchar ; [match] mirar. ❖ vi seguir. ◆ **se suivre** vp [se succéder - logiquement] seguirse ; [- dans le temps] sucederse.

sujet, ette [syʒɛ, ɛt] ❖ adj ▸ **être sujet à qqch** ser propenso a algo. ❖ nm, f súbdito *m*, -ta *f*. ◆ **sujet** nm **1.** [question, thème] tema *m* ▸ **à ce sujet** al respecto ▸ **au sujet de** a propósito de ▸ **c'est à quel sujet ?** ¿de qué se trata? ▸ **sujet de conversation** tema de conversación ▸ **être sujet à caution** estar en entredicho **2.** [motif] ▸ **être un sujet de** [plainte, inquiétude] ser motivo de algo **3.** [cobaye & GRAM] sujeto *m*.

sulfate [sylfat] nm sulfato *m*.

sulfure [sylfyʀ] nm sulfuro *m*.

sulfureux, euse [sylfyʀø, øz] adj **1.** CHIM sulfuroso(sa) **2.** *fig* [discours] incendiario(ria).

sulfurique [sylfyʀik] adj sulfúrico(ca).

sulfurisé [sylfyʀize] ⟶ **papier**.

sultan [syltɑ̃] nm sultán *m*.

sultanat [syltana] nm sultanato *m*.

Sumatra [symatʀa] npr Sumatra.

summum [sɔmɔm] nm súmmun *m*.

sumo [symo] nm sumo *m*.

sunnite [synit] adj & nmf suní, sunita.

Sup de Co [sypdəko] (*abr de* **École Supérieure de Commerce**) nf *prestigiosa escuela situada en París en la que se cursan estudios de empresariales y a la que se accede tras un estricto proceso de selección*.

super [sypɛʀ] ❖ adj inv *fam* tope guay. ❖ nm súper *f*.

superbe [sypɛʀb] ❖ adj **1.** [femme] despampanante **2.** [temps, situation, position] magnífico(ca). ❖ nf *sout* soberbia *f*.

superbement [sypɛʀbəmɑ̃] adv magníficamente.

supercarburant [sypɛʀkaʀbyʀɑ̃] nm supercarburante *m*.

supercherie [sypɛʀʃəʀi] nf superchería *f*.

supérette [sypeʀɛt] nf supermercado *m (entre 200 y 400 metros cuadrados)*.

superfétatoire [sypɛʀfetatwaʀ] adj *sout* superfluo(flua).

superficie [sypɛʀfisi] nf superficie *f*.

superficiel, elle [sypɛʀfisjɛl] adj superficial.

superficiellement [sypɛʀfisjɛlmɑ̃] adv superficialmente.

superflu, e [sypɛʀfly] adj superfluo(flua). ◆ **superflu** nm ▸ **le superflu** lo superfluo.

superforme [sypɛʀfɔʀm] nf *fam* forma *m* estupenda.

super-huit [sypɛʀɥit] adj inv & nm inv super 8.

supérieur, e [sypeʀjœʀ] ❖ adj **1.** [gén] superior **2.** *péj* [air] de superioridad. ❖ nm, f superior *m*, -ra *f*.

supériorité [sypeʀjɔʀite] nf superioridad *f*.

superlatif [sypɛʀlatif] nm superlativo *m*.

supermarché [sypɛʀmaʀʃe] nm supermercado *m*.

superposable [sypɛʀpozabl] adj superponible.

superposé, e [sypɛʀpoze] adj superpuesto(ta), sobrepuesto(ta).

superposer [3] [sypɛʀpoze] vt superponer. ◆ **se superposer** vp superponerse.

superposition [sypɛʀpozisjɔ̃] nf superposición *f.*

superproduction [sypɛʀpʀɔdyksjɔ̃] nf superproducción *f.*

superpuissance [sypɛʀpɥisɑ̃s] nf superpotencia *f.*

supersonique [sypɛʀsɔnik] adj supersónico(ca).

superstar [sypɛʀstaʀ] nf *fam* superestrella *f.*

superstitieux, euse [sypɛʀstisjø, øz] adj & nm, f supersticioso(sa).

superstition [sypɛʀstisjɔ̃] nf superstición *f.*

superviser [3] [sypɛʀvize] vt supervisar.

supervision [sypɛʀvizjɔ̃] nf supervisión *f.*

supplanter [3] [syplɑ̃te] vt **1.** [personne] ▸ **supplanter qqn** suplantar a alguien **2.** [chose] ▸ **supplanter qqch** substituir a algo.

suppléance [sypleɑ̃s] nf suplencia *f.*

suppléant, e [sypleɑ̃, ɑ̃t] adj & nm, f suplente.

suppléer [15] [syplee] ◆ vt ▸ **suppléer qqch /qqn** suplir algo /a alguien. ◆ vi ▸ **suppléer à qqch par qqch** suplir algo con algo.

supplément [syplemɑ̃] nm suplemento *m.*

supplémentaire [syplemɑ̃tɛʀ] adj [gén] suplementario(ria) ; [train] especial ; [heure] extraordinario(ria).

suppliant, e [syplijɑ̃, ɑ̃t] adj suplicante / *elle m'a regardée d'un air suppliant* me miró con aire suplicante.

supplication [syplikasjɔ̃] nf súplica *f.*

supplice [syplis] nm suplicio *m* ▸ **être au supplice** estar atormentado(da) ▸ **mettre au supplice** atormentar ▸ **supplice de Tantale** suplicio de Tántalo.

supplicié, e [syplisje] nm, f ajusticiado *m,* -da *f.*

supplier [10] [syplije] vt ▸ **supplier qqn de faire qqch** suplicar a alguien que haga algo ▸ **je t'en /vous en supplie** te lo /se lo suplico.

supplique [syplik] nf súplica *f.*

support [sypɔʀ] nm soporte *m* ▸ **support publicitaire** soporte publicitario ▸ **supports audiovisuels** soportes audiovisuales.

supportable [sypɔʀtabl] adj soportable.

supporter[1] [3] [sypɔʀte] vt **1.** [gén] soportar ▸ **supporter que** [tolérer que] soportar OU aguantar que **2.** [soutenir] sostener, soportar que **3.** [encourager] apoyar. ◆ **se supporter** vp soportarse.

supporter[2] [sypɔʀtɛʀ] nm SPORT hincha *mf.*

supposé, e [sypoze] adj supuesto(ta).

supposer [3] [sypoze] vt suponer ▸ **supposer qqch /que** suponer algo /que ▸ **en supposant que** suponiendo que ▸ **à supposer que** en el supuesto de que.

supposition [sypozisjɔ̃] nf suposición *f.*

suppositoire [sypozitwaʀ] nm supositorio *m.*

suppôt [sypo] nm *sout* secuaz *m* ▸ **suppôt de Satan** malvado *m.*

suppression [sypʀesjɔ̃] nf supresión *f.*

supprimer [3] [sypʀime] vt **1.** [gén] suprimir **2.** [douleur] eliminar **3.** [permis] ▸ **supprimer qqch à qqn** retirar algo a alguien **4.** INFORM borrar.

suppurer [3] [sypyʀe] vi supurar.

supputation [sypytasjɔ̃] nf evaluación *f.*

supputer [3] [sypyte] vt *sout* **1.** [montant] evaluar **2.** *fig* [chance] calcular.

supranational, e, aux [sypʀanasjɔnal, o] adj supranacional.

suprématie [sypʀemasi] nf supremacía *f.*

suprême [sypʀɛm] ◆ adj supremo(ma). ◆ nm CULIN suprema *f.*

suprêmement [sypʀɛmmɑ̃] adv extraordinariamente.

sur [syʀ]

◆ prép

1. [position] en ; [au-dessus de] encima de, sobre / *il est assis sur une chaise* está sentado en una silla / *sur la table* en OU encima de la mesa

2. [dans la direction de] a, hacia / *sur la droite /gauche* a la derecha /izquierda

3. [sur une distance de] en / *sur 10 kilomètres* en 10 kilómetros / *sur toute la longueur* en toda su extensión

4. [temps] : *c'est un contrat sur trois ans* es un contrato de tres años ▸ **sur le tard** bastante tarde

5. [d'après] por / *juger qqn sur les apparences* juzgar a alguien por las apariencias

6. [grâce à] de / *il vit sur les revenus de ses parents* vive del dinero de sus padres

7. [au sujet de] sobre / *un débat sur la drogue* un debate sobre la droga

Comment exprimer la supposition

- **Supongamos que él tenga razón y que ella dimita.** *Supposons qu'il ait raison et qu'elle démissionne.*
- **Aun admitiendo que empecemos mañana, ¿cumpliremos los plazos?** *En admettant qu'on commence demain, est-ce que nous tiendrons les délais ?*
- **¿Y si el propietario finalmente decidiera no vender?** *Et si le propriétaire décidait de ne plus vendre ?*
- **¿Y suponiendo que no pueda estar?** *Et à supposer qu'il ne puisse pas être présent?*
- **Me imagino que ha tenido un contratiempo.** *J'imagine qu'il a eu un empêchement.*

8. [proportion] *sur douze invités, six sont venus* de doce invitados han venido seis / *un jour sur deux* un día sí y otro no / *un mètre sur deux* un metro por dos / *une fois sur deux* una de cada dos veces
◆ **sur ce** loc adv en esto.

sûr, e [syʀ] adj **1.** [gén] seguro(ra) ; [goût, instinct] bueno(na) ▸ **être sûr de qqch /que** estar seguro de algo /que ▸ **être sûr et certain de qqch** estar convencido de algo ▸ **sûr et certain !** ¡segurísimo! **2.** [personne] de confianza.

surabondance [syʀabɔ̃dɑ̃s] nf superabundancia *f.*

surabondant, e [syʀabɔ̃dɑ̃, ɑ̃t] adj [gén] superabundante ; [superflu] superfluo(flua).

surabonder [3] [syʀabɔ̃de] vi *sout* superabundar.

suractivé, e [syʀaktive] adj [produit, crème] superactivo(va).

suractivité [syʀaktivite] nf superactividad *f.*

suraigu, ë [syʀegy] adj [gén] muy agudo(da) ; MUS sobreagudo(da).

surajouter [3] [syʀaʒute] vt sobreañadir.
◆ **se surajouter** vp sobreañadirse.

suralimenter [3] [syʀalimɑ̃te] vt sobrealimentar.

suranné, e [syʀane] adj anticuado(da).

surate [syʀat], **sourate** [suʀat] nf sura *f.*

surbooké, e [syʀbuke] adj con sobreventa OU sobrerreserva de plazas.

surbooking [syʀbukiŋ] nm overbooking *m.*

surbrillance [syʀbʀijɑ̃s] nf ▸ **mettre qqch en surbrillance** INFORM resaltar algo.

surcharge [syʀʃaʀʒ] nf **1.** [excès de poids - d'un véhicule] sobrecarga *f* ; [- de bagages] exceso *m*, sobrepeso *m* **2.** [de travail, de décoration] exceso *m* **3.** [rature] enmienda *f.*

surcharger [17] [syʀʃaʀʒe] vt **1.** [véhicule] sobrecargar **2.** [d'impôts, de travail] abrumar **3.** [texte] enmendar.

surchauffe [syʀʃof] nf recalentamiento *m*, sobrecalentamiento *m.*

surchauffé, e [syʀʃofe] adj con la calefacción muy alta ; *fig* excitado(da).

surchauffer [3] [syʀʃofe] vt poner la calefacción muy alta en.

surchemise [syʀʃəmiz] nf sobrecamisa *f.*

surclasser [3] [syʀklase] vt **1.** [gén] superar **2.** SPORT [concurrent] derrotar.

surconsommation [syʀkɔ̃sɔmasjɔ̃] nf consumo *m* excesivo.

surcroît [syʀkʀwa] nm aumento *m* ▸ **de OU par surcroît** *sout* por añadidura.

surdimensionné, e [syʀdimɑ̃sjɔne] adj desmesurado(da).

surdi-mutité [syʀdimytite] nf sordomudez *f.*

surdiplômé, e [syʀdiplome] adj sobrecualificado(da).

surdité [syʀdite] nf sordera *f.*

surdose [syʀdoz] nf sobredosis *f inv.*

surdoué, e [syʀdwe] adj superdotado(da).

sureau [syʀo] nm saúco *m.*

sureffectif [19] [syʀefɛktif] nm exceso *m* de efectivos.

surélevé, e [syʀelve] adj **1.** [voie ferrée] elevado(da) **2.** [arche, rez-de-chaussée] sobreelevado(da), sobrealzado(da).

surélever [19] [syʀɛlve] vt sobrealzar.

sûrement [syʀmɑ̃] adv **1.** [certainement, sans doute] seguramente ▸ **sûrement pas !** *fam* ¡ni hablar! **2.** [en sûreté] con seguridad.

surenchère [syʀɑ̃ʃɛʀ] nf **1.** DR sobrepuja *f* **2.** *fig* [exagération] demagogia *f* ▸ **faire de la surenchère a)** poner el listón cada vez más alto **b)** [électorale] hacer demagogia.

surenchérir [32] [syʀɑ̃ʃeʀiʀ] vi **1.** DR sobrepujar **2.** *fig* [renchérir] prometer más que nadie.

surendetté, e [syʀɑ̃dɛte] adj sobreendeudado(da).

surendettement [suʀɑ̃dɛtmɑ̃] nm sobreendeudamiento *m.*

surestimer [3] [syʀɛstime] vt sobreestimar.
◆ **se surestimer** vp sobreestimarse.

sûreté [syʀte] nf **1.** [gén] seguridad *f* ▸ **de sûreté** de seguridad ▸ **en sûreté** a salvo **2.** [d'une amitié, de renseignements] fiabilidad *f.* ◆ **Sûreté** nf ▸ **la Sûreté** la Policía.

surévaluer [7] [syʀevalɥe] vt **1.** [bien, dépense] sobrestimar, sobrevalorar **2.** [événement, personne] sobrevalorar.
◆ **se surévaluer** vp sobrevalorarse.

surexcitation [syʀɛksitasjɔ̃] nf sobreexcitación *f.*

surexciter [3] [syʀɛksite] vt sobreexcitar.

surexposé, e [syʀɛkspoze] adj sobreexpuesto(ta).

surexposer [3] [syʀɛkspoze] vt sobreexponer.

surf [sœʀf] nm surf *m* ▸ **surf des neiges** surf de nieve.

surface [syʀfas] nf superficie *f* ▸ **faire surface** salir a la superficie ▸ **grande surface** hipermercado *m*, gran superficie ▸ **refaire surface a)** *fig* [réapparaître] reaparecer **b)** [se remettre] salir a flote.

surfait, e [syʀfɛ, ɛt] adj sobreestimado(da).

surfer [3] [sœʀfe] vi **1.** SPORT hacer surf **2.** INFORM navegar.

surfeur, euse [sœʀfœʀ, øz] nm, f surfista *mf.*

surfiler [3] [syʀfile] vt sobrehilar.

surfin, e [syʀfɛ̃, in] adj superfino(na).

surfréquentation [syʀfʀekɑ̃tasjɔ̃] nf : *la surfréquentation du site* el exceso de frecuentación del sitio.

surgelé, e [syʀʒəle] adj [produit] ultracongelado(da) ; [frites, haricots] congelado(da). ◆ **surgelé** nm congelado *m* ▸ **les surgelés** los ultracongelados.

surgeler [25] [syʀʒəle] vt congelar *(alimento).*

surgir [32] [syʀʒiʀ] vi surgir.

surhomme [syʀɔm] nm superhombre *m.*

surhumain, e [syʀymɛ̃, ɛn] adj sobrehumano(na).

surimi [syʀimi] nm surimi *m.*

surimposer [3] [syʀɛ̃poze] vt gravar en exceso.

surimpression [syʀɛ̃pʀesjɔ̃] nf sobreimpresión *f*.

Surinam, Suriname [syʀinam] npr ▸ **le Surinam** Surinam.

surinfection [syʀɛ̃fɛksjɔ̃] nf sobreinfección *f*.

surinformation [syʀɛ̃fɔʀmasjɔ̃] nf sobreinformación *f*, exceso *m* de información.

surinformé, e [syʀɛ̃fɔʀme] adj sobreinformado(da).

surinformer [syʀɛ̃fɔʀme] vt sobreinformar, dar un exceso de información / *le public a tendance à être constamment surinformé* el público tiene tendencia a tener un exceso de información.

surjet [syʀʒɛ] nm punto *m* de unión.

surjouer [syʀʒwe] vt & vi sobreactuar.

sur-le-champ [syʀləʃɑ̃] loc adv en el acto.

surlendemain [syʀlɑ̃dmɛ̃] nm ▸ **le surlendemain** a los dos días.

surligner [3] [syʀliɲe] vt marcar con rotulador fluorescente.

surligneur [syʀliɲœʀ] nm marcador *m*, subrayador *m*.

surmédiatisation [syʀmedjatizasjɔ̃] nf mediatización *f* excesiva.

surmédicaliser [3] [syʀmedikalize] vt *hacer uso excesivo de técnicas médicas.*

surmenage [syʀmənaʒ] nm agotamiento *m*, surmenaje *m*.

surmené, e [syʀməne] adj agotado(da).

surmener [19] [syʀməne] vt agotar. ◆ **se surmener** vp agotarse.

sur-mesure [syʀməzyʀ] nm inv : *c'est du sur-mesure* está hecho a medida.

surmontable [syʀmɔ̃tabl] adj superable.

surmonter [3] [syʀmɔ̃te] vt **1.** [être placé au-dessus de] coronar **2.** [obstacle, peur, colère] superar.

surnager [17] [syʀnaʒe] vi **1.** [flotter] sobrenadar **2.** *fig* [subsister] perdurar, pervivir.

surnaturel, elle [syʀnatyʀɛl] adj **1.** [phénomène, pouvoir, vie] sobrenatural **2.** [talent] prodigioso(sa). ◆ **surnaturel** nm ▸ **le surnaturel** lo sobrenatural.

surnom [syʀnɔ̃] nm sobrenombre *m*, apodo *m*.

surnombre [syʀnɔ̃bʀ] ◆ **en surnombre** loc adv de más.

surnommer [3] [syʀnɔme] vt apodar.

surpasser [3] [syʀpase] vt superar. ◆ **se surpasser** vp superarse.

surpayer [11] [syʀpeje] vt ▸ **surpayer qqch / qqn** pagar más de lo debido por algo / a alguien.

surpêche [syʀpɛʃ] nf sobrepesca *f*.

surpeuplé, e [syʀpœple] adj superpoblado(da).

surpeuplement [syʀpœpləmɑ̃] nm superpoblación *f*.

surplace [syʀplas] nm ▸ **faire du surplace** [en voiture] estar parado(da).

surplis [syʀpli] nm sobrepelliz *m*.

surplomb [syʀplɔ̃] nm desplome *m* ▸ **en surplomb** voladizo(za), salidizo(za).

surplomber [3] [syʀplɔ̃be] ◇ vt dominar. ◇ vi desaplomarse.

surplus [syʀply] nm **1.** [excédent] excedente *m* **2.** [magasin] *tienda de ropa militar americana de segunda mano.* ◆ **au surplus** loc adv por lo demás.

surpoids [syʀpwa] nm MÉD sobrepeso *m*.

surpopulation [syʀpɔpylasjɔ̃] nf superpoblación *f*.

surprenais ⟶ **surprendre**.

surprenant, e [syʀpʀənɑ̃, ɑ̃t] adj sorprendente.

surprendre [79] [syʀpʀɑ̃dʀ] vt **1.** [gén] sorprender **2.** [secret] descubrir. ◆ **se surprendre** vp ▸ **se surprendre à faire qqch** sorprenderse haciendo algo.

surprends ⟶ **surprendre**.

surpris, e [syʀpʀi, iz] pp ⟶ **surprendre**.

surprise [syʀpʀiz] nf sorpresa *f* ▸ **faire une surprise à qqn** dar una sorpresa a alguien ▸ **par surprise** por sorpresa.

surproduction [syʀpʀɔdyksjɔ̃] nf superproducción *f*.

surprotéger [22] [syʀpʀɔteʒe] vt superproteger.

surqualifié, e [syʀkalifje] adj sobrecualificado(da).

surréalisme [syʀʀealism] nm surrealismo *m*.

surréaliste [syʀʀealist] nmf surrealista *mf*.

surréel, elle [syʀʀeɛl] adj *sout* surreal.

Comment exprimer la surprise

- **¡Menuda sorpresa!** *Eh bien pour une surprise, c'est une surprise !*
- **¡Qué agradable sorpresa!** *Quelle bonne surprise !*
- **¡No puede ser!** *Ce n'est pas possible !ou Ça alors !*
- **¡No doy crédito a mis ojos!** *Je n'en crois pas mes yeux !*
- **¡(Es) increíble!** *(C'est) incroyable !*
- **¡Nunca adivinarás lo que me han dicho!** *Tu ne devineras jamais ce qu'on m'a dit !*
- **Hay que verlo para creerlo.** *Il faut le voir pour le croire.*
- **Todavía me cuesta creerlo.** *Je n'en reviens toujours pas.*
- **¡Me dejó boquiabierto!** *Je suis resté bouche bée !*
- **¡Esta sí que es buena!** *fam Alors ça, c'est la meilleure !*
- **¡Menudo choque!** *fam Ça m'a fait un de ces chocs !*
- **¡Si hubieras visto el careto que puso!** *fam Tu aurais vu sa tête !*

surreprésenté, e [syʀʀəpʀezɑ̃te] adj con exceso de representación.

sursaut [syʀso] nm **1.** [mouvement brusque] sobresalto *m* ▸ **en sursaut** de un sobresalto **2.** [d'énergie] arranque *m*.

sursauter [3] [syʀsote] vi sobresaltarse.

surseoir [66] [syʀswaʀ] vi ▸ **surseoir à qqch** DR aplazar algo.

sursis [syʀsi] nm **1.** [délai] aplazamiento *m* **2.** DR ≃ condena *f* condicional ▸ **6 mois avec sursis** pena *f* de 6 meses con remisión condicional ▸ **en sursis** en remisión condicional.

sursitaire [syʀsitɛʀ] nm *beneficiario de una prórroga*.

surtaxe [syʀtaks] nf sobretasa *f*.

surtitrer [syʀtitʀe] vt [au théâtre, à l'opéra] sobretitular / *la pièce est surtitrée en français* la obra está sobretitulada en francés.

surtout [syʀtu] adv sobre todo ▸ **surtout pas** ni se te ocurra / *n'y touche surtout pas* no se te ocurra tocar esto. ◆ **surtout que** loc conj *fam* sobre todo porque.

survécu, e [syʀveky] pp ⟶ **survivre**.

survécus ⟶ **survivre**.

surveillance [syʀvɛjɑ̃s] nf vigilancia *f* ▸ **être sous surveillance** estar bajo vigilancia ▸ **surveillance médicale** observación *f* médica.

surveillant, e [syʀvɛjɑ̃, ɑ̃t] nm, f **1.** [gardien] vigilante *m* ESP, guachimán *m* AM **2.** SCOL *persona, generalmente un estudiante, encargada de la disciplina en un colegio*.

surveiller [4] [syʀvɛje] vt **1.** [enfant, santé, suspect] vigilar **2.** [études, travaux] supervisar **3.** [langage, ligne] cuidar. ◆ **se surveiller** vp cuidarse.

survenir [40] [syʀvəniʀ] vi sobrevenir.

survenu, e [syʀvəny] pp ⟶ **survenir**.

survêt [syʀvɛt] (*abr de* **survêtement**) nm *fam* chándal *m*.

survêtement [syʀvɛtmɑ̃] nm chandal *m*.

survie [syʀvi] nf **1.** [de malade] vida *f* **2.** [de l'âme] supervivencia *f*.

surviendrai ⟶ **survenir**.

surviens ⟶ **survenir**.

survins ⟶ **survenir**.

survis ⟶ **survivre**.

survivant, e [syʀvivɑ̃, ɑ̃t] adj & nm, f superviviente.

survivre [90] [syʀvivʀ] vi [continuer à vivre] sobrevivir ▸ **survivre à qqch /à qqn** sobrevivir a algo/a alguien.

survol [syʀvɔl] nm **1.** [de territoire] vuelo *m* sobre **2.** [de texte] ▸ **faire un survol de qqch** echar un vistazo a algo.

survoler [3] [syʀvɔle] vt **1.** [territoire] sobrevolar **2.** [texte] echar un vistazo a.

survolté, e [syʀvɔlte] adj sobreexcitado(da).

survolter vt *fig* [exciter] electrizar, sobreexcitar, sobrexcitar / *l'auditoire était survolté* el auditorio estaba sobreexcitado.

sus¹ ⟶ **savoir**.

sus² [sy(s)] adv ▸ **sus à l'ennemi !** *sout* ¡a por el enemigo! ▸ **en sus (de)** además (de).

susceptibilité [sysɛptibilite] nf susceptibilidad *f*.

susceptible [sysɛptibl] adj susceptible ▸ **susceptible de qqch /de faire qqch** susceptible de algo/de hacer algo.

susciter [3] [sysite] vt suscitar.

susdit, e [sysdi, it] adj & nm, f susodicho(cha).

sushi [suʃi] nm sushi *m*.

susnommé, e [sysnɔme] adj & nm, f susodicho(cha).

suspect, e [syspɛ, ɛkt] ◇ adj **1.** [personne] sospechoso(sa) ▸ **suspect de qqch** sospechoso de algo **2.** [douteux] dudoso(sa). ◇ nm, f sospechoso *m*, -sa *f*.

suspecter [4] [syspɛkte] vt sospechar ▸ **suspecter qqn de qqch** sospechar algo de alguien ▸ **suspecter qqn de faire qqch** sospechar que alguien hace algo.

suspendis ⟶ **suspendre**.

suspendre [73] [syspɑ̃dʀ] vt **1.** [gén] suspender **2.** [accrocher] colgar. ◆ **se suspendre** vp ▸ **se suspendre à** colgarse de.

suspends ⟶ **suspendre**.

suspendu, e [syspɑ̃dy] ◇ pp ⟶ **suspendre.** ◇ adj [tableau, lampe] suspendido(da) ▸ **bien /mal suspendu** [véhicule] con buena/mala suspensión.

suspens [syspɑ̃] ◆ **en suspens** loc adv pendiente.

suspense [syspɛns] nm suspense *m*.

suspension [syspɑ̃sjɔ̃] nf **1.** [gén] suspensión *f* ▸ **en suspension** en suspensión **2.** [lustre] lámpara *f* de techo.

suspicieux, euse [syspisjø, øz] adj suspicaz.

suspicion [syspisjɔ̃] nf suspicacia *f*.

sustentation [systɑ̃tasjɔ̃] nf sustentación *f*.

sustenter [3] [systɑ̃te] ◆ **se sustenter** vp *sout* sustentarse.

susurrer [3] [sysyʀe] vt & vi susurrar.

suture [sytyʀ] nf sutura *f*.

suturer [3] [sytyʀe] vt MÉD suturar.

SUV (*abr de* **sport utility vehicle**) nm VUD *m (vehículo utilitario deportivo)*.

suzeraineté [syzʀɛnte] nf señorío *m* feudal.

svastika [svastika], **swastika** [swastika] nm esvástica *f*.

svelte [zvɛlt] adj esbelto(ta).

sveltesse [zvɛltɛs] nf esbeltez *f*.

SVP (*abr écrite de* **s'il vous plaît**) PFV.

SVT (*abr de* **sciences de la vie et de la terre**) nfpl CTM *(Ciencias de la Tierra y medioambientales)*.

Swaziland [swazilɑ̃d] npr ▸ **le Swaziland** Swazilandia.

sweat [swit] nm suéter *m*.

sweat-shirt [switʃœʀt] (*pl* **sweat-shirts**) nm sudadera *f*.

Sydney [sidnɛ] npr Sidney.

syllabe [silab] nf sílaba *f*.

syllabique [silabik] adj silábico(ca).

sylphide [silfid] nf *sout* sílfide *f*.

sylviculture [silvikyltyʀ] nf silvicultura *f*.

symbiose [sɛ̃bjoz] nf simbiosis *f inv*.

symbole [sɛ̃bɔl] nm **1.** [représentation & CHIM] símbolo *m* **2.** [personnification] ▸ **être le symbole de qqch** ser estandarte de algo.

symbolique [sɛ̃bɔlik] ◈ adj simbólico(ca). ◈ nf simbología *f*.

symboliquement [sɛ̃bɔlikmɑ̃] adv simbólicamente.

symboliser [3] [sɛ̃bɔlize] vt simbolizar.

symbolisme [sɛ̃bɔlism] nm simbolismo *m*.

symétrie [simetʀi] nf simetría *f*.

symétrique [simetʀik] adj simétrico(ca).

symétriquement [simetʀikmɑ̃] adv simétricamente.

sympa [sɛ̃pa] adj *fam* majo(ja).

sympathie [sɛ̃pati] nf **1.** [entente, amitié] simpatía *f* ▸ **avoir de la sympathie pour qqn** tenerle simpatía a alguien **2.** [compassion] ▸ **témoigner sa sympathie à qqn** expresar su simpatía a alguien.

sympathique [sɛ̃patik] adj [agréable - personne] simpático(ca) ; [- soirée, moment] agradable ; [- maison, lieu] acogedor(ra).

sympathisant, e [sɛ̃patizɑ̃, ɑ̃t] adj & nm, f simpatizante.

sympathiser [3] [sɛ̃patize] vi simpatizar ▸ **sympathiser avec qqn** simpatizar con alguien.

symphonie [sɛ̃fɔni] nf sinfonía *f*.

symphonique [sɛ̃fɔnik] adj sinfónico(ca).

symposium [sɛ̃pozjɔm] nm simposio *m*.

symptomatique [sɛ̃ptɔmatik] adj sintomático(ca).

symptôme [sɛ̃ptom] nm síntoma *m*.

synagogue [sinagɔg] nf sinagoga *f*.

synchrone [sɛ̃kʀɔn] adj síncrono(na).

synchronique [sɛ̃kʀɔnik] adj sincrónico(ca).

synchronisation [sɛ̃kʀɔnizasjɔ̃] nf sincronización *f*.

synchroniser [3] [sɛ̃kʀɔnize] vt sincronizar.

syncope [sɛ̃kɔp] nf **1.** [évanouissement] síncope *m* ▸ **elle est tombée en syncope** le dio un síncope **2.** MUS síncopa *f*.

syncopé, e [sɛ̃kɔpe] adj sincopado(da).

syndic [sɛ̃dik] nm ≃ presidente *mf* de la comunidad de propietarios.

syndical, e, aux [sɛ̃dikal, o] adj sindical.

syndicaliser [sɛ̃dikalize] = **syndiquer**.

syndicalisme [sɛ̃dikalism] nm sindicalismo *m*.

syndicaliste [sɛ̃dikalist] adj & nmf sindicalista.

syndicat [sɛ̃dika] nm sindicato *m*. ◆ **syndicat de communes** nm ≃ mancomunidad *f* de municipios. ◆ **syndicat de copropriétaires** nm ≃ comunidad *f* de propietarios. ◆ **syndicat d'initiative** nm ≃ oficina *f* de turismo.

syndiqué, e [sɛ̃dike] adj & nm, f sindicado(da).

syndiquer [3] [sɛ̃dike] vt sindicar. ◆ **se syndiquer** vp sindicarse.

syndrome [sɛ̃dʀom] nm síndrome *m* ▸ **syndrome d'immunodéficience acquise** OU **immunodéficitaire acquis** síndrome de inmunodeficiencia adquirida.

synergie [sinɛʀʒi] nf sinergia *f*.

synode [sinɔd] nm sínodo *m*.

synonyme [sinɔnim] ◈ adj sinónimo(ma). ◈ nm sinónimo *m*.

synopsis [sinɔpsis] nm CINÉ sinopsis *f*.

synoptique [sinɔptik] adj sinóptico(ca).

synovie [sinɔvi] nf sinovia *f*.

syntagme [sɛ̃tagm] nm sintagma *m*.

syntaxe [sɛ̃taks] nf sintaxis *f inv*.

synthé [sɛ̃te] nm *fam* sintetizador *m*.

synthèse [sɛ̃tɛz] nf síntesis *f inv*.

synthétique [sɛ̃tetik] adj sintético(ca).

synthétiser [3] [sɛ̃tetize] vt sintetizar.

synthétiseur [sɛ̃tetizœʀ] nm sintetizador *m*.

syphilis [sifilis] nf sífilis *f inv*.

Syrie [siʀi] npr ▸ **la Syrie** Siria.

syrien, enne [siʀjɛ̃, ɛn] adj sirio(ria). ◆ **Syrien, enne** nm, f sirio *m*, -ria *f*.

systématique [sistematik] adj sistemático(ca).

systématiquement [sistematikmɑ̃] adv sistemáticamente, por sistema.

systématiser [3] [sistematize] ◈ vt sistematizar. ◈ vi generalizar. ◆ **se systématiser** vp sistematizarse, volverse sistemático.

système [sistɛm] nm [gén & INFORM] sistema *m* ▸ **système bureautique** ofimática *f* ▸ **système clé en main** sistema llave en mano ▸ **système de conception et de fabrication** sistema de diseño y fabricación ▸ **système expert** sistema experto ▸ **système d'exploitation** sistema operativo ▸ **système intégré** sistema integrado ▸ **système intégré de gestion** sistema integrado de gestión ▸ **système nerveux** sistema nervioso ▸ **système neurovégétatif** sistema neurovegetativo ▸ **système de traitement transactionnel** sistema de transacciones. ◆ **système D** nm receta *f* casera. ◆ **système monétaire européen** nm sistema *m* monetario europeo.

T

t, **T** [te] nm inv [lettre] t *f*, T *f*. ◆ **t** (*abr de* **tonne**) t.

ta ⟶ **ton**.

TAA (*abr de* **trains autos accompagnées**) nm *tren con servicio de transporte de coches*.

tabac [taba] nm **1.** [plante] tabaco *m* ▸ **tabac blond / brun** tabaco rubio / negro ▸ **tabac à priser** rapé *m* **2.** [magasin] estanco *m* **3.** EXPR **faire un tabac** *fam* tener mucho éxito ▸ **passer à tabac** *fam* moler a palos.

tabagie [tabaʒi] nf **1.** [endroit enfumé] lugar *m* lleno de humo (de tabaco) **2.** QUÉBEC [bureau de tabac] estanco *m*.

tabagisme [tabaʒism] nm tabaquismo *m*.

tabasser [3] [tabase] vt *fam* dar una paliza.

tabatière [tabatjɛʀ] nf tabaquera *f*, petaca *f*.

tabernacle [tabɛʀnakl] nm tabernáculo *m*.

table [tabl] nf **1.** [meuble] mesa *f* ▸ **à table !** ¡a comer! ▸ **débarrasser / mettre la table** quitar / poner la mesa ▸ **se mettre à table** sentarse a la mesa ▸ **table basse** mesa baja ▸ **table de chevet** OU **de nuit** mesilla *f* de noche ▸ **table de cuisson** placa *f* de cocina ▸ **table de jeu** mesa de juego ▸ **table d'opération / de travail** mesa de operaciones / de trabajo ▸ **table roulante** carrito *m*, camarera *f* **2.** [nourriture] ▸ **les plaisirs de la table** los placeres de la buena mesa. ◆ **table d'écoutes** nf puesto *m* de escucha. ◆ **table des matières** nf índice *m*. ◆ **table de multiplication** nf tabla *f* de multiplicar. ◆ **table ronde** nf *pr* & *fig* mesa *f* redonda.

> ⚠ **Tabla** est un faux ami, il ne signifie pas *table*, mais « planche ».

tableau [tablo] nm **1.** [gén] cuadro *m* ▸ **tableau de chasse** *fig* lista *f* de trofeos ▸ **tableau de maître** obra *f* maestra ▸ **noircir le tableau** *fig* pintarlo todo negro **2.** [d'école] pizarra *f*, encerado *m* ▸ **tableau noir** pizarra *f* **3.** [panneau] tablón *m*, tablero *m* ▸ **tableau d'affichage a)** [gén] tablón de anuncios **b)** SPORT marcador *m*. ◆ **tableau de bord** nm **1.** [de voiture] salpicadero *m* **2.** [d'avion] cuadro *m* de mandos **3.** INFORM tablero *m* de control. ◆ **tableau d'honneur** nm SCOL cuadro *m* de honor.

tablée [table] nf mesa *f (conjunto de comensales)*.

tabler [3] [table] vi ▸ **tabler sur qqch** contar con algo.

tablette [tablɛt] nf **1.** [étagère] tabla *f*; [de cheminée, de radiateur, de salle de bains] repisa *f* **2.** [de chewing-gum, de chocolat] tableta *f*. ◆ **tablette de lecture** nf tableta *f* digital.

tableur [tablœʀ] nm hoja *f* de cálculo.

tablier [tablije] nm **1.** [de cuisinière] delantal *m* **2.** [d'écolier] bata *f* ▸ **rendre son tablier** *fig* cortarse la coleta **3.** [de cheminée] pantalla *f*; [de magasin] persiana *f* (metálica) **4.** [de pont] piso *m*.

tabloïde [tablɔid] nm tabloide *m*.

tabou, e [tabu] adj tabú. ◆ **tabou** nm tabú *m*.

taboulé [tabule] nm *plato libanés elaborado con sémola de trigo, cebolla y tomate picado*.

tabouret [tabuʀɛ] nm taburete *m* ▸ **tabouret de bar / de cuisine / de piano** taburete de bar / de cocina / de piano.

tabulateur [tabylatœʀ] nm tabulador *m*.

tabulation [tabylasjɔ̃] nf tabulación *f*.

tac [tak] nm ▸ **répondre** OU **riposter du tac au tac** devolver la pelota.

TAC (*abr de* **train auto-couchettes**) nm *expreso con servicio de transporte de coches*.

tache [taʃ] nf **1.** [gén] mancha *f* ▸ **taches de rousseur** pecas *fpl* ▸ **faire tache d'huile** *fig* extenderse como la pólvora **2.** *sout* [souillure morale] tacha *f*.

tâche [taʃ] nf tarea *f*, labor *f* ▸ **à la tâche** [travail] a destajo ▸ **faciliter la tâche à qqn** ponérselo fácil a alguien ▸ **se tuer à la tâche** *fig* matarse trabajando.

tacher [3] [taʃe] vt manchar. ◆ **se tacher** vp mancharse.

tâcher [3] [taʃe] ❖ vi ▸ **tâcher de faire qqch** procurar hacer algo. ❖ vt ▸ **tâcher que** procurar que / ***tâche que ça ne se reproduise plus*** procura que no vuelva a ocurrir.

> ⚠ **Tachar** est un faux ami, il ne signifie pas *tacher*, mais « barrer ».

tâcheron [taʃʀɔ̃] nm *péj* machaca *m*.

tacheté, e [taʃte] adj ▸ **tacheté de** moteado de.

tacheter [27] [taʃte] vt motear.

tachycardie [takikaʀdi] nf taquicardia *f*.

tacite [tasit] adj tácito(ta).

tacitement [tasitmɑ̃] adv tácitamente.

taciturne [tasityʀn] adj taciturno(na).

tacle [takl] nm FOOT tacle *m*.

tacot [tako] nm *fam* cacharro *m*.

tact [takt] nm tacto *m* ▸ **avoir du / manquer de tact** tener / no tener tacto ▸ **c'est manquer de tact** es una falta de tacto.

tacticien, enne [taktisjɛ̃, ɛn] nm, f táctico(ca).

tactile [taktil] ⟶ **écran**.

tactique [taktik] ◆ adj táctico(ca). ◆ nf táctica *f*.

tadjik [tadʒik] adj tayik. ◆ **Tadjik** nmf tayik *mf*.

Tadjikistan [tadʒikistɑ̃] npr ▸ **le Tadjikistan** Tayikistán.

taekwondo [tekwɔ̃do] nm SPORT taekwondo *m*.

taf, **TAF** [taf] (*abr de* **travail à faire**) nm *fam* curro *m* ▸ **avoir du taf** tener curro.

taffe [taf] nf *fam* [de cigarette] calada *f*.

taffetas [tafta] nm tafetán *m*.

tag [tag] nm pintada *f*, graffiti *m*.

Tage [taʒ] npr ▸ **le Tage** el Tajo.

tagine = **tajine**.

tagliatelles [taljatɛl] nfpl tallarines *mpl*.

taguer [3] [tage] vt hacer pintadas ou graffitis en.

tagueur, **euse** [tagœʀ, øz] nm, f autor *m*, -ra *f* de pintadas, graffitero *m*, -ra *f*.

Tahiti [taiti] npr Tahití.

tahitien, **enne** [taisjɛ̃, ɛn] adj tahitiano(na). ◆ **tahitien** nm LING tahitiano *m*. ◆ **Tahitien**, **enne** nm, f tahitiano *m*, -na *f*.

taïaut, **tayaut** [tajo] interj *vieilli* ¡hala!

Taibei [tajbɛ], **T'ai-pei** [tajpɛ] npr Taibei.

tai-chi(-chuan) [tajʃi(ʃwan)] nm inv tai-chi *m*.

taie [tɛ] nf **1.** [enveloppe] funda *f* ▸ **taie d'oreiller** funda de almohada **2.** MÉD nube *f* (*en la córnea*).

taïga [tajga] nf taiga *f*.

taillader [3] [tajade] vt cortar. ◆ **se taillader** vp cortarse.

taille [taj] nf **1.** [coupe - de pierre, de bois] talla *f*; [- d'arbres] tala *f* **2.** [de personne] estatura *f* ▸ **quelle est ta taille ?** ¿cuánto mides? ▸ **être de taille (à faire qqch)** dar la talla (para hacer algo) **3.** [de vêtement] talla *f* ▸ **à ma taille** de mi talla **4.** [d'objet] tamaño *m* ▸ **de taille** [erreur] de bulto **5.** ANAT talle *m*, cintura *f* ▸ **taille de guêpe** *fig* talle de avispa.

taillé, **e** [taje] adj **1.** [coupé] cortado(da) **2.** *fig* [fait] ▸ **être taillé pour** estar hecho para.

taille-crayon [tajkʀɛjɔ̃] (*pl* **taille-crayons**) nm sacapuntas *m inv*.

tailler [3] [taje] vt **1.** [pierre, bois] tallar ; [arbres] talar ; [crayon] sacar punta a **2.** [vêtement] cortar. ◆ **se tailler** vp **1.** [succès] lograr **2.** *fam* [se sauver] largarse.

tailleur [tajœʀ] nm **1.** [couturier] sastre *m* **2.** [vêtement] traje *m* (sastre ou de chaqueta) **3.** [ouvrier] cantero *m* ; [de diamants, de bois] tallista *m* **4.** EXPR **s'asseoir en tailleur** sentarse con las piernas cruzadas.

tailleur-pantalon [tajœʀpɑ̃talɔ̃] nm traje *m* pantalón.

taillis [taji] nm monte *m* bajo, bosquecillo *m*.

tain [tɛ̃] nm azogue *m*.

taire [111] [tɛʀ] vt callar. ◆ **se taire** vp **1.** [ne pas parler] callarse ▸ **tais-toi !** ¡cállate! **2.** [bruit, son] dejar de oírse, cesar ; [orchestre] dejar de tocar.

tais ⟶ **taire**.

taisais ⟶ **taire**.

Taïwan [tajwan] npr Taiwan.

taïwanais, **e** [tajwanɛ, ɛz] adj taiwanés(esa). ◆ **Taïwanais**, **e** nm, f taiwanés *m*, -esa *f*.

tajine, **tagine** [taʒin] nm *estofado de carne o de verduras servido en un cuenco con tapa cónica típica del Norte de África*.

talc [talk] nm talco *m*.

talent [talɑ̃] nm talento *m* ▸ **avoir du talent** tener talento.

talentueux, **euse** [talɑ̃tɥø, øz] adj talentoso(sa) ▸ **être très talentueux** tener mucho talento.

taliban [talibɑ̃] nm talibán *m*.

talion [taljɔ̃] nm talión *m*.

talisman [talismɑ̃] nm talismán *m*.

talkie-walkie [tɔkiwɔki] nm walkie-talkie *m*.

Talmud [talmyd] nm : *le Talmud* el Talmud.

taloche [talɔʃ] nf **1.** *fam* [gifle] torta *f*, tortazo *m* **2.** [outil] llama *f*, esparavel *m*.

talon [talɔ̃] nm **1.** [du pied, de chaussette] talón *m* ▸ **talon d'Achille** *fig* talón de Aquiles ▸ **être ou marcher sur les talons de qqn** pisar los talones a alguien ▸ **tourner les talons** dar media vuelta **2.** [de chaussure] tacón *m* ESP , taco *m* AM ▸ **talons hauts / plats / aiguilles** tacones altos / planos / de aguja **3.** [de jambon, de fromage] punta *f* **4.** [de chèque] matriz *f* **5.** [de jeu de cartes] montón *m*.

talonner [3] [talɔne] vt **1.** [suivre de près] pisar los talones a **2.** *fig* [harceler] acosar.

talonnette [talɔnɛt] nf talonera *f*.

talquer [3] [talke] vt espolvorear con talco.

talus [taly] nm talud *m*.

tamarin [tamaʀɛ̃] nm **1.** BOT tamarindo *m* **2.** ZOOL ≃ tití *m*.

tamarinier [tamaʀinje] nm tamarindo *m*.

tambouille [tɑ̃buj] nf *fam* guisote *m* ▸ **faire la tambouille** hacer el papeo.

tambour [tɑ̃buʀ] nm **1.** [de machine à laver & MUS] tambor *m* ▸ **battre le tambour** tocar el tambor ▸ **sans tambour ni trompette** sin bombo ni platillo ▸ **tambour battant** a golpe de tambor **2.** COUT tambor *m*, bastidor *m*.

tambourin [tɑ̃buʀɛ̃] nm **1.** [cerceau à grelots] pandereta *f* **2.** [tambour] tamboril *m*.

tambouriner [3] [tɑ̃buʀine] ◆ vt MUS ▸ **tambouriner qqch** tocar algo con el tambor. ◆ vi ▸ **tambouriner sur ou contre qqch** a) golpetear en ou sobre algo b) [pluie] repiquetear en ou sobre algo.

tambour-major [tɑ̃buʀmaʒɔʀ] (*pl* **tambours-majors**) nm tambor *m* mayor.

tamis [tami] nm **1.** [crible] tamiz *m* ▸ **passer au tamis** pasar por el tamiz **2.** [de raquette de tennis] cordaje *m*.

Tamise [tamiz] npr ▸ **la Tamise** el Támesis.

tamisé, e [tamize] adj [lumière] tamizado(da).

tamiser [3] [tamize] vt tamizar.

tampon [tɑ̃pɔ̃] nm **1.** [masse de tissu] bayeta *f*, paño *m* ▸ **tampon hygiénique** OU **périodique** tampón *m* (higiénico) ▸ **tampon à récurer** estropajo *m* **2.** [cachet] sello *m*, tampón *m* ▸ **tampon encreur** almohadilla *f*, tampón *m* **3.** [bouchon] tapón *m* ESP, tapa *f* AM **4.** [de locomotive] tope *m* **5.** *fig* [médiateur] ▸ **servir de tampon** servir de colchón.

tamponner [3] [tɑ̃pɔne] vt **1.** [surface] frotar con un paño **2.** [plaie] limpiar **3.** [document] sellar **4.** [heurter] topar con. ◆ **se tamponner** vp chocar.

tamponneuse [tɑ̃pɔnøz] ⟶ **auto**.

tam-tam [tamtam] (*pl* **tam-tams**) nm tam-tam *m*.

tancer [16] [tɑ̃se] vt *sout* reprender.

tanche [tɑ̃ʃ] nf tenca *f*.

tandem [tɑ̃dɛm] nm tándem *m* ▸ **en tandem** a dúo.

tandis [tɑ̃di] ◆ **tandis que** loc conj mientras que.

tangage [tɑ̃gaʒ] nm cabeceo *m*.

tangent, e [tɑ̃ʒɑ̃, ɑ̃t] adj **1.** MATH tangente **2.** *fam* [juste] ▸ **c'était tangent** (fue) por los pelos.
◆ **tangente** nf MATH tangente *f*.

tangible [tɑ̃ʒibl] adj tangible.

tango [tɑ̃go] nm tango *m*.

tanguer [3] [tɑ̃ge] vi cabecear.

tanière [tanjɛʀ] nf **1.** [d'animal] guarida *f*, cubil *m* **2.** *fig* [de personne] guarida *f*.

tanin, tannin [tanɛ̃] nm tanino *m*.

tank [tɑ̃k] nm tanque *m*.

tannage [tanaʒ] nm curtido *m*.

tannant, e [tanɑ̃, ɑ̃t] adj *fam* [lassant] cargante.

tanner [3] [tane] vt **1.** [peau] curtir **2.** *fam* [personne] dar la tabarra.

tannerie [tanʀi] nf curtiduría *f*, tenería *f*.

tanneur [tanœʀ, øz] nm curtidor *m*.

tannin = **tanin**.

tant [tɑ̃]

◆ adv

1. [quantité] ▸ **tant de** tanto(ta) / *tant de travail* tanto trabajo / *tant d'élèves* tantos alumnos / *et tant d'autres* y otros muchos (otras muchas) ▸ **tant que ça ?** ¿tanto?

2. [tellement] tanto / *il l'aime tant* la quiere tanto / *il a crié tant il souffrait* le dolía tanto que gritó

3. [quantité indéfinie] ▸ **tant de** tanto(ta) / *tant de grammes* tantos gramos

4. [valeur indéfinie] tanto / *ça coûte tant* esto cuesta tanto

5. [jour indéfini] ▸ **le tant** tal día

6. [comparatif] ▸ **tant… que** tanto… como / *tant les premiers que les seconds* tanto los primeros como los segundos

7. [valeur temporelle] *tant que* mientras / *amuse-toi tant que tu peux* disfruta mientras puedas / *tant que tu y es…* ya que te pones…

◆ **en tant que** loc conj como ▸ **en tant que tel** como tal.

◆ **tant bien que mal** loc adv a trancas y barrancas, mal que bien.

◆ **tant et si bien que** loc adv tanto y tan bien que.

◆ **tant pis** loc adv qué se le va a hacer ▸ **tant pis pour lui** peor para él.

◆ **tant et plus** loc adv el ciento y la madre.

◆ **tant qu'à** loc conj si, ya que ▸ **tant qu'à faire…** ya que estamos….

◆ **(un) tant soit peu** loc adv : *si elle avait (un) tant soit peu d'énergie, elle s'en sortirait* por poca energía que tuviera, lo conseguiría / *s'il est (un) tant soit peut malin, il gagnera* a poco que sea listo, ganará.

Tantale [tɑ̃tal] ⟶ **supplice**.

tante [tɑ̃t] nf **1.** [parente] tía *f* **2.** *tfam* & *péj* [homosexuel] maricón *m*.

tantinet [tɑ̃tinɛ] nm ▸ **un tantinet radin** un poquito tacaño / *un tantinet trop long* un pelín largo.

tantôt [tɑ̃to] adv **1.** [notion d'alternance] ▸ **tantôt… tantôt** unas veces… otras / *tantôt il me déteste, tantôt il m'adore* unas veces me odia, otras me adora **2.** *vieilli* [après-midi] por la tarde.

Tanzanie [tɑ̃zani] npr ▸ **la Tanzanie** Tanzania.

tanzanien, enne [tɑ̃zanjɛ̃, ɛn] adj tanzano(na).
◆ **Tanzanien, enne** nm, f tanzano *m*, -na *f*.

TAO (*abr de* **traduction assistée par ordinateur**) nf TAO *f* ▸ **un logiciel de TAO** un programa de TAO.

taoïsme [taɔism] nm taoísmo *m*.

taon [tɑ̃] nm tábano *m*.

tapage [tapaʒ] nm **1.** [bruit] escándalo *m*, alboroto *m* ▸ **tapage nocturne** escándalo nocturno **2.** *fig* [battage] ▸ **faire du tapage** dar que hablar.

tapageur, euse [tapaʒœʀ, øz] adj **1.** [hôte, enfant] escandaloso(sa), alborotador(ra) **2.** [luxe, liaison, publicité] escandaloso(sa).

tapant, e [tapɑ̃, ɑ̃t] adj ▸ **à neuf heures tapantes** a las nueve en punto.

tape [tap] nf cachete *m*.

tapé, e [tape] adj *fam* [fou] chiflado(da).

tape-à-l'œil [tapalœj] ◆ adj inv llamativo(va).
◆ nm inv fachada *f (apariencia)* / *ce n'est que du tape-à-l'œil* es todo pura fachada.

tapenade [tapənad] nf *condimento a base de aceitunas negras, alcaparras, anchoas molidas con zumo de limón y aceite de oliva*.

taper [3] [tape] ◆ vt **1.** [donner un coup à] golpear ; [à la porte] llamar **2.** [texte] pasar a máquina **3.** *fam* [demander de l'argent à] ▸ **taper qqn de qqch** sablearle algo a alguien. ◆ vi **1.** [donner un coup] golpear **2.** [à la machine] escribir a máquina **3.** *fam* [soleil] pegar ; [vin]

subir **4.** *fig* [dire du mal] ▸ **taper sur qqn** poner como un trapo a alguien **5.** *fam* [puiser] ▸ **taper dans qqch** echar mano a algo. ◆ **se taper** vp *fam* **1.** [manger] zamparse ; [boire] trincarse **2.** [corvée] chuparse / ***je me suis tapé toute la vaisselle*** me he chupado todo el fregado.

> ⚠ Tapar est un faux ami, il ne signifie pas *taper*, mais « couvrir ».

tapette [tapɛt] nf **1.** [pour tapis] sacudidor *m* **2.** [contre les mouches] matamoscas *m inv* **3.** *tfam* & *péj* [homosexuel] mariquita *m*.

tapinois [tapinwa] ◆ **en tapinois** loc adv a la chita callando.

tapioca [tapjɔka] nm tapioca *f*.

tapir¹ [tapiʀ] nm tapir *m*.

tapir² [32] [tapiʀ] ◆ **se tapir** vp **1.** [se blottir] agazaparse **2.** *fig* [se retirer] encerrarse.

tapis [tapi] nm **1.** [pour le sol] alfombra *f* ▸ **tapis de bain** alfombra de baño ▸ **tapis de sol** a) [de gymnastique] colchoneta *f* b) [de camping] suelo *m* impermeable ▸ **tapis de souris** INFORM alfombrilla *f* de ratón ▸ **dérouler le tapis rouge** *fig* recibir con todos los honores **2.** [de mur] tapiz *m* **3.** [de meuble] tapete *m* ▸ **tapis vert** tapete verde ▸ **mettre qqch sur le tapis** poner algo sobre el tapete. ◆ **tapis roulant** nm [de marchandises] cinta *f* transportadora ; [de voyageurs] tapiz *m* deslizante.

tapis-brosse [tapibʀɔs] (*pl* **tapis-brosses**) nm felpudo *m*.

tapisser [3] [tapise] vt **1.** [couvrir - meuble] tapizar ; [- mur] empapelar **2.** *fig* [recouvrir] cubrir.

tapisserie [tapisʀi] nf **1.** [tenture] colgadura *f* **2.** [papier peint] empapelado *m* **3.** ART [ouvrage] tapiz *m* **4.** EXPR **faire tapisserie** estar de adorno.

tapissier, ère [tapisje, ɛʀ] nm, f **1.** [artiste, commerçant] tapicero *m*, -ra *f* **2.** [ouvrier] empapelador *m*, -ra *f*.

tapotement [tapɔtmɑ̃] nm [petite tape] golpeteo *m*.

tapoter [3] [tapɔte] ❖ vt dar golpecitos en. ❖ vi ▸ **tapoter sur qqch** a) dar golpecitos en algo b) [pianoter sur] aporrear algo.

taquet [takɛ] nm **1.** [butée] tope *m* **2.** [loquet] pestillo *m*.

taquin, e [takɛ̃, in] adj & nm, f guasón(ona).

taquiner [takine] vt pinchar. ◆ **se taquiner** vp fastidiarse, jorobarse AM.

taquinerie [takinʀi] nf **1.** [trait de caractère] guasa *f* **2.** [action] guasa *f*, broma *f*.

tarabiscoté, e [taʀabiskɔte] adj **1.** [meuble] rococó **2.** [histoire] rocambolesco(ca).

tarabuster [3] [taʀabyste] vt **1.** [suj : personne] dar la tabarra **2.** [suj : idée] rondar.

tarama [taʀama] nm *entremés de huevas de pescado trituradas*.

tarauder [taʀode] vt **1.** [planche] aterrajar **2.** *fig* [personne] mortificar.

tard [taʀ] adv tarde ▸ **au plus tard** a más tardar ▸ **plus tard** más tarde ▸ **sur le tard** a) [en fin de journée] al anochecer b) [vers la fin de la vie] muy tarde.

tarder [3] [taʀde] vi ▸ **(ne pas) tarder à faire qqch** (no) tardar en hacer algo ▸ **il me tarde de** (+ *infinitif*), **il me tarde que** (+ *subjonctif*) estoy impaciente por (+ *infinitif*) / ***il me tarde de te revoir*** estoy impaciente por verte.

tardif, ive [taʀdif, iv] adj tardío(a).

tardivement [taʀdivmɑ̃] adv tarde.

tare [taʀ] nf tara *f*.

taré, e [taʀe] ❖ adj **1.** [personne] tarado(da) **2.** *fig* [société, politicien, institution] corrompido(da) **3.** [marchandise] con tara. ❖ nm, f tarado *m*, -da *f*.

tarentule [taʀɑ̃tyl] nf tarántula *f*.

targette [taʀʒɛt] nf pestillo *m*.

targuer [3] [taʀge] ◆ **se targuer** vp *sout* ▸ **se targuer de qqch / de faire qqch** jactarse de algo / de hacer algo.

tarif [taʀif] nm **1.** [prix, tableau des prix] tarifa *f* ▸ **à tarif réduit** a precio reducido ▸ **plein tarif** tarifa completa ▸ **tarif dégressif / préférentiel** tarifa decreciente / preferente ▸ **tarif syndical** *tarifa fijada por un sindicato* **2.** [douanier] arancel *m*.

tarifaire [taʀifɛʀ] adj [accord, barrière] arancelario(ria).

tarifer [3] [taʀife] vt tarifar.

tarification [taʀifikasjɔ̃] nf fijación *f* de tarifas.

tarir [32] [taʀiʀ] ❖ vt **1.** [source, ressource] agotar **2.** *fig* [larmes] enjugar. ❖ vi **1.** [source, ressources] agotarse **2.** *fig* [larmes] enjugarse **3.** *fig* [personne] ▸ **ne pas tarir sur qqch / sur qqn** no parar de hablar de algo / de alguien ▸ **ne pas tarir d'éloges sur qqch / sur qqn** hacerse lenguas de algo / de alguien.
◆ **se tarir** vp agotarse.

tarissement [taʀismɑ̃] nm agotamiento *m*.

tarot [taʀo] nm tarot *m*. ◆ **tarots** nmpl ▸ **tirer les tarots** echar las cartas ou el tarot.

tartare [taʀtaʀ] adj tártaro(ra). ◆ **Tartare** nmf HIST tártaro *m*, -ra *f*.

tarte [taʀt] ❖ nf **1.** [gâteau] tarta *f* ▸ **tarte aux pommes** tarta de manzana ▸ **tarte Tatin** *tarta de manzana con caramelo por encima* ▸ **c'est pas de la tarte !** *fam* & *fig* ¡tiene tela! **2.** *fam* [gifle] torta *f*. ❖ adj *fam* estúpido(da). ◆ **tarte à la crème** nf *fig* [cliché] tópico *m*.

tartelette [taʀtəlɛt] nf tartaleta *f*.

Tartempion [taʀtɑ̃pjɔ̃] nm *fam* & *péj* Fulano *m* / ***c'est toujours de la faute de Tartempion, jamais de la tienne !*** ¡siempre es culpa de Fulano, nunca tuya!

tartiflette [taʀtiflɛt] nf *plato típico de Saboya a base de patatas con reblochon (queso blando) y tocino al gratén*.

tartignole [taʀtiɲɔl] adj *fam* sin gracia.

tartine [taʀtin] nf **1.** [de pain] rebanada *f* de pan con mantequilla ▸ **tartine de confiture** rebanada de pan con mermelada ▸ **tartine grillée** tostada *f* **2.** *fam* [laïus] rollo *m* ▸ **en mettre des tartines** meter rollos.

tartiner [3] [taʀtine] vt **1.** [du pain] untar ▸ **à tartiner** para untar **2.** *fam* & *fig* [pages] llenar.

tartre [taʀtʀ] nm [de chaudière, des canalisations] cal *f* ; [du vin] tártaro *m* ; [des dents] sarro *m*.

tartufe, tartuffe [taʀtyf] nm [hypocrite] tartufo *m*.

tas [ta] nm montón *m* ESP, ruma *f* AM ▸ **un tas de** un montón de ▸ **apprendre sur le tas** aprender trabajando.

Taser [tazɛr] nm taser.

Tasmanie [tasmani] npr ▸ **(la) Tasmanie** Tasmania.

tasse [tas] nf taza *f* ▸ **tasse à café / à thé** [vaisselle] taza de café / de té ▸ **tasse de café / de thé** [à boire] taza de café / de té ▸ **boire la tasse** *fig* tragar agua *(bañándose)*.

tassé, e [tase] adj ▸ **bien tassé** a) [fort] bien cargado b) [âge, ans] bien puesto.

tasseau, x [taso] nm codal *m*.

tassement [tasmɑ̃] nm **1.** [affaissement - de sol, de terre] apisonado *m*, apisonamiento *m* ; [- de construction] asiento *m* ; [- des vertèbres] hundimiento *m* **2.** *fig* [diminution] baja *f*.

tasser [3] [tase] vt **1.** [neige, terre] apisonar **2.** [choses, personnes] apretujar. ◆ **se tasser** vp **1.** [mur, terrain] hundirse **2.** [vieillard] achaparrarse **3.** [se serrer] apiñarse, apretujarse **4.** *fig* [se calmer] arreglarse / *les choses se tassent* las cosas se van arreglando.

taste-vin [tastəvɛ̃], **tâte-vin** [tatvɛ̃] nm inv catavinos *m inv*.

tata [tata] nf [langage enfantin] tita *f*.

tatami [tatami] nm tatami *m*.

tâter [3] [tate] ❖ vt **1.** [toucher] tentar **2.** *fig* [sonder] tantear. ❖ vi ▸ **tâter de qqch** [faire l'expérience de] probar algo. ◆ **se tâter** vp *fam* [hésiter] pensarlo.

tâte-vin = **taste-vin**.

tatillon, onne [tatijɔ̃, ɔn] adj & nm, f puntilloso(sa).

tâtonnement [tatɔnmɑ̃] nm **1.** [action] marcha *f* a tientas **2.** *(gén pl)* [tentative] tanteo *m*.

tâtonner [3] [tatɔne] vi **1.** [pour se diriger] tantear **2.** *fig* [chercher] dar palos de ciego.

tâtons [tatɔ̃] ◆ **à tâtons** loc adv a tientas.

tatou [tatu] nm tatú *m*.

tatouage [tatwaʒ] nm tatuaje *m*.

tatouer [6] [tatwe] vt tatuar.

taudis [todi] nm **1.** [logement misérable] tugurio *m*, cuchitril *m* **2.** *fig* & *péj* [maison ou pièce mal tenue] leonera *f*.

taulard, e, tôlard, e [tolaʀ, aʀd] nm, f *arg* enchironado *m*, -da *f*.

taule, tôle [tol] nf *arg* chirona *f*.

taulier, ère, tôlier, ère [tolje, ɛʀ] nm, f *fam* patrón *m*, -ona *f*.

taupe [top] nf [animal, espion] topo *m* ▸ **être myope comme une taupe** no ver tres en un burro.

taupinière [topinjɛʀ] nf topera *f*, topinera *f*.

taureau, x [tɔʀo] nm toro *m* ▸ **prendre le taureau par les cornes** *fig* coger el toro por los cuernos. ◆ **Taureau** nm ASTROL Tauro *m* ▸ **être Taureau** ser Tauro.

tauromachie [tɔʀɔmaʃi] nf tauromaquia *f*.

tautologique [totɔlɔʒik] adj tautológico(ca).

taux [to] nm **1.** [cours] tasa *f*, tipo *m* ▸ **taux de change / d'escompte** tipo de cambio / de descuento ▸ **taux d'inflation** tasa de inflación ▸ **taux d'intérêt** tipo de interés **2.** [de cholestérol, d'alcool, etc.] índice *m* ▸ **taux de natalité / de mortalité** índice de natalidad / de mortalidad.

taverne [tavɛʀn] nf **1.** [auberge, bar à bière] taberna *f* **2.** [restaurant rustique] hostería *f* **3.** QUÉBEC [café] *café reservado a los hombres*.

taxation [taksasjɔ̃] nf tasación *f*.

taxe [taks] nf impuesto *m*, contribución *f* ▸ **hors taxe** a) [prix] sin IVA b) [boutique] libre de impuestos ▸ **taxe d'habitation** *impuesto municipal sobre la vivienda* ; ≃ contribución urbana.

taxer [3] [takse] vt **1.** [produit] tasar **2.** [importations] gravar **3.** [traiter, accuser] tachar **4.** *fam* [emprunter] ▸ **taxer qqch à qqn** sablear a alguien algo.

taxi [taksi] nm **1.** [voiture] taxi *m* **2.** [chauffeur] taxista *mf* ESP, ruletero *m* AM.

taxidermiste [taksidɛʀmist] nm taxidermista *mf*.

taximètre [taksimɛtʀ] nm taxímetro *m*.

taxinomie [taksinɔmi] nf taxonomía *f*.

Taxiphone® [taksifɔn] nm *teléfono público*.

TB, tb (*abr écrite de* **très bien**) ≃ Sob. ▸ **mention TB** *mención especial* / *obtenir son bac avec mention TB* *aprobar el bac con una mención especial*.

TBE, tbe (*abr écrite de* **très bon état**) *en muy buenas condiciones* / *AV étagère TBE* se vende estantería en muy buenas condiciones.

Tbilissi [tbilisi] npr Tibilisi.

TCA (*abr de* **taxe sur le chiffre d'affaires**) nf ITE *m*.

TCF (*abr de* **Touring Club de France**) nm *asociación francesa de defensa y fomento del turismo*.

Tchad [tʃad] npr ▸ **le Tchad** (el) Chad.

tchadien, enne [tʃadjɛ̃, ɛn] adj chadiano(na). ◆ **tchadien** nm LING chadiano *m*. ◆ **Tchadien, enne** nm, f chadiano *m*, -na *f*.

tchador [tʃadɔʀ] nm chador *m*.

tchao, ciao [tʃao] interj *fam* chao.

tchat nm = **chat**.

tchatche [tʃaʃ] nf *fam* ▸ **avoir la tchatche** tener la lengua floja.

tchatcher [tʃaʃe] vi *fam* estar de cháchara.

tchatcheur, euse [tʃatʃœʀ, øz] nm, f *fam* pico *m* de oro.

tchécoslovaque [tʃekɔslɔvak] adj checoslovaco(ca). ◆ **Tchécoslovaque** nmf checoslovaco *m*, -ca *f*.

Tchécoslovaquie [tʃekɔslɔvaki] npr : *la Tchécoslovaquie* Checoslovaquia *f*.

tchèque [tʃɛk] ◆ adj checo(ca). ◆ nm LING checo *m*. ◆ **Tchèque** nmf checo *m*, -ca *f*.

tchétchène [tʃetʃɛn] adj checheno(na), chechén(ena). ◆ **Tchétchène** nmf checheno *m*, -na *f*, chechén *m*, -ena *f*.

Tchétchénie [tʃetʃeni] npr : *la Tchétchénie* Chechenia.

tchin(-tchin) [tʃintʃin] interj *fam* chinchín.

TCS (*abr de* **Touring Club de Suisse**) nm *asociación suiza de defensa y fomento del turismo*.

TD (*abr de* **travaux dirigés**) nm (clases) prácticas *fpl* / *un TD de chimie* (clases) prácticas de química.

TdF (*abr de* **Télévision de France**) nf *sociedad de difusión y de transmisión de las emisoras de la televisión pública francesa*.

te [tə] (**t'** *devant voyelle ou 'h' muet*) pron pers **1.** [gén] te **2.** [avec un présentatif] ▸ **te voilà** aquí estás ▸ **te voici prêt** ya estás listo.

té [te] nm [règle] regla *f* en forma de te.

teasing [tiziŋ] nm [en marketing] teasing *m*, campaña *f* de intriga.

technicien, enne [tɛknisjɛ̃, ɛn] nm, f **1.** [professionnel] técnico *mf* **2.** [spécialiste] especialista *mf*.

technicité [tɛknisite] nf tecnicidad *f*.

technico-commercial, e [tɛknikokɔmɛʀsjal] (*mpl* **technico-commerciaux**, *fpl* **technico-commerciales**) adj & nm, f técnico comercial.

Technicolor® [tɛknikɔlɔʀ] nm Tecnicolor® *m*.

technique [tɛknik] ◆ adj técnico(ca). ◆ nf técnica *f*.

techniquement [tɛknikmɑ̃] adv técnicamente.

techno [tɛkno] ◆ adj tecno. ◆ nf tecno *m*.

technocrate [tɛknɔkʀat] nm *péj* tecnócrata *mf*.

technocratie [tɛknɔkʀasi] nf tecnocracia *f*.

technologie [tɛknɔlɔʒi] nf tecnología *f* ▸ **de haute technologie** de tecnología avanzada.

technologique [tɛknɔlɔʒik] adj tecnológico(ca).

technologue [tɛknɔlɔg], **technologiste** [tɛknɔlɔʒist] nmf tecnólogo *m*, -ga *f*.

technopole [tɛknɔpɔl] nf parque *m* tecnológico.

technopôle [tɛknɔpol] nm parque *m* tecnológico.

teck, tek [tɛk] nm teca *f*.

teckel [tekɛl] nm teckel *m*.

tectonique [tɛktɔnik] ◆ adj tectónico(ca). ◆ nf tectónica *f* ▸ **la tectonique des plaques** la tectónica de placas.

teen-ager [tinedʒœʀ] (*pl* **teen-agers**) nmf adolescente *mf*.

tee-shirt (*pl* **tee-shirts**), **T-shirt** (*pl* **T-shirts**) [tiʃœʀt] nm camiseta *f* ESP, remera *f* AM.

Teflon® [teflɔ̃] nm teflón *m*.

TEG (*abr de* **taux effectif garanti**) nm TAE *f*.

Tegucigalpa [tegysigalpa] npr Tegucigalpa.

Téhéran [teeʀɑ̃] npr Teherán.

teignais ⟶ **teindre**.

teigne [tɛɲ] nf **1.** [mite] polilla *f* **2.** MÉD tiña *f* **3.** *fam* [personne] (mal) bicho *m*.

teigneux, euse [tɛɲø, øz] adj & nm, f *fig* & *péj* [hargneux] tiñoso(sa).

teindre [81] [tɛ̃dʀ] vt teñir. ◆ **se teindre** vp teñirse.

teins ⟶ **teindre**.

teint, e [tɛ̃, tɛ̃t] ◆ adj [cheveux] teñido(da). ◆ pp ⟶ **teindre.** ◆ **teint** nm tez *f*. ◆ **teinte** nf **1.** [couleur] color *m* **2.** *fig* [touche] ▸ **une teinte de qqch** un toque de algo.

teinté, e [tɛ̃te] adj tintado(da) ; [verre] ahumado(da) ▸ **teinté de** *fig* teñido de.

teinter [3] [tɛ̃te] vt teñir. ◆ **se teinter** vp teñirse.

teinture [tɛ̃tyʀ] nf **1.** [action de teindre & BIOL] tintura *f* ▸ **teinture d'iode** tintura de yodo **2.** [colorant] tinte *m*.

teinturerie [tɛ̃tyʀʀi] nf tintorería *f*, tinte *m*.

teinturier, ère [tɛ̃tyʀje, ɛʀ] nm, f tintorero *m*, -ra *f* ▸ **chez le teinturier** al tinte.

tek = **teck**.

tel, telle [tɛl] (*mpl* **tels**, *fpl* **telles**)

◆ adj

1. [valeur indéterminée] tal / *tel jour à telle heure* tal día a tal hora ▸ **tel ou tel** tal o cual

2. [semblable] semejante / *de telles personnes* semejantes personas / *je n'ai rien dit de tel* no he dicho nada semejante / *un tel homme* un hombre semejante / *une telle occasion* una oportunidad semejante ▸ **rien de tel pour faire qqch** no hay nada mejor para hacer algo ▸ **tel père, tel fils** de tal palo, tal astilla

3. [reprend ce qui a été énoncé] éste, ésta / *telle fut l'histoire qu'il nous raconta* ésta fue la historia que nos contó

4. [valeur emphatique ou intensive] tal / *un tel bonheur* una felicidad tal

5. [introduit un exemple ou une énumération] ▸ **tel (que)** como / *des métaux tels que le cuivre* metales como el cobre

6. [introduit une comparaison] cual / *il grondait tel un lion* rugía como un león ▸ **tel que** tal (y) como / *il est tel que je l'avais toujours rêvé* es tal (y) como siempre lo soñé ▸ **tel quel** tal cual / *tout est resté tel quel depuis son départ* todo ha permanecido tal cual desde que se marchó

◆ pron indéf

1. [personnes ou choses indéterminées] ▸ **tel… tel autre** uno… otro / *tel veut travailler et tel autre veut dormir* uno quiere trabajar y otro dormir

2. [une personne] ▸ **un tel…** un tal…

tél. (*abr écrite de* **téléphone**) tel., tfno.

télé [tele] nf *fam* tele *f*.

téléachat [teleaʃa] nm telecompra *f.*

télébenne [telebɛn], **télécabine** [telekabin] nf telecabina *m o f.*

téléboutique [telebutik] nf teletienda *f.*

Télécarte® [telekaʀt] nf tarjeta *f* telefónica.

téléchargeable [teleʃaʀʒabl] adj INFORM descargable.

téléchargement [teleʃaʀʒəmɑ̃] nm INFORM descarga *f.*

télécharger [teleʃaʀʒe] vt INFORM descargar, bajar(se).

télécommande [telekɔmɑ̃d] nf mando *m* a distancia, telemando *m.*

télécommander [3] [telekɔmɑ̃de] vt teledirigir.

télécommunication [telekɔmynikasjɔ̃] nf telecomunicación *f.*

téléconférence [telekɔ̃feʀɑ̃s] nf teleconferencia *f.*

téléconseiller, ère [telekɔ̃seje, ɛʀ] nm, f consejero *m,* -ra *f* a distancia.

télécopie [telekɔpi] nf fax *m (documento).*

télécopieur [telekɔpjœʀ] nm fax *m (aparato).*

télédétection [teledetɛksjɔ̃] nf teledetección *f.*

télédiffuser [3] [teledifyze] vt emitir por televisión.

télédiffusion [teledifyzjɔ̃] nf teledifusión *f.*

télédistribution [teledistʀibysjɔ̃] nf teledistribución *f.*

télé-enseignement [teleɑ̃sɛɲmɑ̃] (*pl* **télé-enseignements**) nm enseñanza *f* a distancia.

téléfilm [telefilm] nm telefilm *m,* telefilme *m.*

télégramme [telegʀam] nm telegrama *m.*

télégraphe [telegʀaf] nm telégrafo *m.*

télégraphie [telegʀafi] nf telegrafía *f.*

télégraphier [9] [telegʀafje] vt telegrafiar.

télégraphique [telegʀafik] adj telegráfico(ca).

télégraphiste [telegʀafist] nmf telegrafista *mf.*

téléguidage [telegidaʒ] nm control *m* remoto.

téléguider [3] [telegide] vt teledirigir.

téléinformatique [teleɛ̃fɔʀmatik] nf teleinformática *f.*

télématique [telematik] ◆ adj telemático(ca). ◆ nf telemática *f.*

téléobjectif [teleɔbʒɛktif] nm teleobjetivo *m.*

télépaiement [telepemɑ̃] nm telepago *m* / *le télépaiement des impôts est désormais possible* ya es posible el telepago de los impuestos.

télépathie [telepati] nf telepatía *f.*

télépathique [telepatik] adj telepático(ca).

téléphérique [telefeʀik] nm teleférico *m.*

téléphone [telefɔn] nm teléfono *m* ▸ **téléphone arabe** radio *f* macuto ▸ **téléphone à carte** teléfono de tarjeta ▸ **téléphone cellulaire** teléfono celular ▸ **téléphone sans fil** teléfono inalámbrico ▸ **téléphone portable** móvil *m* ▸ **téléphone de voiture** teléfono de coche.

téléphoner [3] [telefɔne] ◆ vt decir por teléfono. ◆ vi llamar (por teléfono) ▸ **téléphoner à qqn** llamar (por teléfono) a alguien. ◆ **se téléphoner** vp llamarse (por teléfono).

téléphonie [telefɔni] nf telefonía *f* ▸ **téléphonie mobile / sans fil** telefonía móvil / sin hilos.

téléphonique [telefɔnik] adj telefónico(ca).

téléphoniste [telefɔnist] nmf telefonista *mf.*

téléréalité [teleʀealite] nf telerrealidad *f* / *une émission de téléréalité* un programa de telerrealidad.

télescopage [telɛskɔpaʒ] nm choque *m* frontal ESP, estrellón *m* AM.

télescope [telɛskɔp] nm telescopio *m.*

télescoper [3] [telɛskɔpe] vt [véhicule] chocar de frente con. ◆ **se télescoper** vp **1.** [véhicules] chocar de frente **2.** *fig* [idées] chocar.

télescopique [telɛskɔpik] adj telescópico(ca).

téléscripteur [teleskʀiptœʀ] nm teletipo *m.*

télésiège [telesjɛʒ] nm telesilla *m.*

téléski [teleski] nm telesquí *m.*

téléspectateur, trice [telespɛktatœʀ, tʀis] nm, f telespectador *m,* -ra *f.*

télésurveillance [telesyʀvɛjɑ̃s] nf televigilancia *f.*

Télétex® [teletɛks] nm teletexto *m.*

télétraitement [teletʀɛtmɑ̃] nm teleproceso *m.*

télétransmission [teletʀɑ̃smisjɔ̃] nf teletransmisión *f.*

télétravail, aux [teletʀavaj, o] nm teletrabajo *m.*

Télétype® [teletip] nm teletipo *m.*

télévangéliste [televɑ̃ʒelist] nmf televangelista *mf.*

télévendeur, euse [televɑ̃dœʀ, øz] nm, f televendedor *m,* -ra *f.*

télévente [televɑ̃t] nf televenta *f.*

télévérité [televeʀite] nf telerralidad *f.*

télévisé, e [televize] adj televisado(da).

téléviser [3] [televize] vt televisar.

téléviseur [televizœʀ] nm televisor *m.*

télévision [televizjɔ̃] nf televisión *f* ▸ **télévision par câble / satellite** televisión por cable / satélite ▸ **télévision numérique** televisión digital.

télévisuel, elle [televizɥɛl] adj televisivo(va).

télex [telɛks] nm télex *m inv.*

tellement [tɛlmɑ̃]

◆ adv

1. [si] tan / *elle est tellement gentille !* ¡es tan simpática! ▸ **tellement mieux** mucho mejor

2. [tant] tanto / *elle a tellement changé !* ¡ha cambiado tanto! / *je ne comprends rien tellement il parle vite* habla tan de prisa que no entiendo nada ▸ **tellement… que** tanto… que ▸ **tellement de** tanto(ta) / *j'ai tellement de choses à faire !* ¡tengo tantas cosas que hacer!

/ *veux-tu un biscuit ? — non, j'en ai mangé tellement !* ¿quieres una galleta? — no, ¡ya he comido tantas!
3. [avec négation] ▸ **ne... plus tellement** no... tan, no... tanto / *ce modèle ne se fait plus tellement* este modelo ya no se hace tanto / *il n'est plus tellement jeune* ya no es tan joven ▸ **pas tellement** no mucho, no muy / *il ne me plaît pas tellement* no me gusta mucho / *il n'est pas tellement drôle* no es muy divertido

tellurique [telyʀik] adj GÉOL & CHIM telúrico(ca).

téloche [telɔʃ] nf *fam* tele *f*.

téméraire [temeʀɛʀ] adj & nmf temerario(ria).

témérité [temeʀite] nf temeridad *f*.

témoignage [temwaɲaʒ] nm **1.** [récit & DR] testimonio *m* **2.** [gage] muestra *f*, prueba *f* ▸ **en témoignage de** como muestra ou prueba de.

témoigner [3] [temwaɲe] ◆ vt **1.** [sentiment] mostrar, manifestar **2.** [révéler] demostrar ▸ **témoigner que** demostrar que **3.** [attester] ▸ **témoigner que** declarar que. ◆ vi **1.** DR declarar, testificar ▸ **témoigner en faveur de / contre qqn** declarar a favor/en contra de alguien **2.** [être un signe] ▸ **témoigner de qqch** demostrar algo.

témoin [temwɛ̃] ◆ nm **1.** [gén] testigo *mf* ▸ **être témoin de qqch** ser testigo de algo ▸ **prendre qqn à témoin (de qqch)** tomar a alguien por testigo (de algo) ▸ **témoin à charge / à décharge** testigo de cargo/de descargo **2.** INFORM indicador *m*. ◆ adj [appartement, lampe] piloto.

tempe [tɑ̃p] nf sien *f*.

tempérament [tɑ̃peʀamɑ̃] nm temperamento *m*.

tempérance [tɑ̃peʀɑ̃s] nf templanza *f*, temperancia *f*.

tempérant, e [tɑ̃peʀɑ̃, ɑ̃t] adj temperado(da).

température [tɑ̃peʀatyʀ] nf **1.** [gén] temperatura *f* **2.** [fièvre] fiebre *f* ▸ **avoir de la température** tener fiebre ▸ **prendre sa température** tomarse la temperatura.

tempéré, e [tɑ̃peʀe] adj **1.** [climat] templado(da) **2.** [caractère, personne] temperado(da).

tempérer [18] [tɑ̃peʀe] vt temperar.

tempête [tɑ̃pɛt] nf **1.** MÉTÉOR tormenta *f* ▸ **tempête de neige / de sable** tormenta de nieve/de arena **2.** *fig* [agitation, déchaînement] tempestad *f* ▸ **une tempête de** [applaudissements, rires] una lluvia de.

tempêter [4] [tɑ̃pete] vi vociferar.

tempétueux, euse [tɑ̃petɥø, øz] adj tempestuoso(sa).

temple [tɑ̃pl] nm templo *m*.

tempo [tɛmpo] nm tempo *m*.

temporaire [tɑ̃pɔʀɛʀ] adj temporal.

temporairement [tɑ̃pɔʀɛʀmɑ̃] adv temporalmente.

temporel, elle [tɑ̃pɔʀɛl] adj temporal.

temporisateur, trice [tɑ̃pɔʀizatœʀ, tʀis] adj dilatorio(ria). ◆ **temporisateur** nm [appareil] temporizador *m*.

temporiser [3] [tɑ̃pɔʀize] vi ganar tiempo.

temps [tɑ̃]
◆ nm
1. [durée] tiempo *m* / *combien de temps as-tu mis pour le faire ?* ¿cuánto tiempo has tardado en hacerlo? ▸ **avoir le temps de faire qqch** tener tiempo de hacer algo ▸ **avoir tout son temps** tener todo el tiempo del mundo ▸ **ces temps-ci** ou **ces derniers temps** últimamente ▸ **chaque chose en son temps** cada cosa a su tiempo ▸ **faire qqch en un temps record** hacer algo en un tiempo récord ▸ **gagner du temps** ganar tiempo ▸ **les premiers temps** los primeros tiempos ▸ **ne pas laisser à qqn le temps de se retourner** no dejar a alguien tiempo para respirar ▸ **par les temps qui courent** con los tiempos que corren ▸ **passer le temps** pasar el tiempo ▸ **perdre son temps** perder el tiempo ▸ **rattraper le temps perdu** recuperar el tiempo perdido ▸ **travailler à plein temps** trabajar a jornada completa ▸ **tuer le temps** matar el tiempo ▸ **un certain temps** cierto tiempo ▸ **un temps partiel** un tiempo parcial, media jornada *f* ▸ **temps libre** tiempo libre ▸ **temps mort** tiempo muerto
2. MÉTÉOR tiempo *m* / *quel temps fait-il à Madrid ?* ¿qué tiempo hace en Madrid? ▸ **beau / mauvais temps** buen/mal tiempo / *le temps est à la pluie* parece que va a llover ▸ **par beau temps** cuando hace bueno / *par temps de pluie* cuando llueve ▸ **gros temps** [tempête] temporal *m*
3. [de l'année, de l'histoire] época *f* / *le temps des vendanges* la época de la vendimia / *au temps des Romains* en la época de los romanos / *les temps glorieux de...* los días gloriosos de... ▸ **de mon temps** en mis tiempos ou mi época ▸ **au** ou **du temps où** en el tiempo en el que
4. [moment] momento *m* ▸ **en temps utile** a su debido tiempo ▸ **il est (grand) temps de / que** es hora de/de que ▸ **il était temps !** ¡ya era hora!
◆ **à temps** loc adv a tiempo / *nous sommes arrivés juste à temps* llegamos justo a tiempo.
◆ **de temps à autre** loc adv de vez en cuando.
◆ **de temps en temps** loc adv de vez en cuando.
◆ **en même temps** loc adv al mismo tiempo.
◆ **tout le temps** loc adv todo el tiempo, todo el rato.

tenable [tənabl] adj ▸ **ce n'est pas tenable** es insoportable ▸ **ce n'est plus tenable** ya es insoportable.

tenace [tənas] adj tenaz.

ténacité [tenasite] nf tenacidad *f*.

tenailler [3] [tənaje] vt atenazar.

tenailles [tənaj] nfpl tenazas *fpl*.

tenancier, ère [tənɑ̃sje, ɛʀ] nm, f encargado *m*, -da *f*.

tenant, e [tənɑ̃, ɑ̃t] nm, f [d'un titre, d'un record] poseedor *m*. ◆ **tenant** nm **1.** *(gén pl)* [défenseur] paladín *m* **2.** EXPR **d'un seul tenant** de una sola pieza ▸ **connaître les tenants et les aboutissants de qqch** conocer los pormenores de algo.

tendance [tɑ̃dɑ̃s] nf tendencia *f* ▸ **avoir tendance à qqch / à faire qqch** tener tendencia a algo / a hacer algo.

tendancieusement [tɑ̃dɑ̃sjøzmɑ̃] adv tendenciosamente.

tendancieux, euse [tɑ̃dɑ̃sjø, øz] adj tendencioso(sa).

tendeur [tɑ̃dœʀ] nm **1.** [courroie] pulpo *m* **2.** [appareil] tensor *m* **3.** [de tente] viento *m*.

tendinite [tɑ̃dinit] nf tendinitis *f inv*.

tendis ⟶ **tendre**.

tendon [tɑ̃dɔ̃] nm tendón *m* ▸ **tendon d'Achille** tendón de Aquiles.

tendre[1] [tɑ̃dʀ] ❖ adj **1.** [aliment, personne] tierno(na) **2.** [bois] blando(da) **3.** [couleur] suave **4.** [parole] cariñoso(sa). ❖ nmf persona *f* tierna.

tendre[2] [73] [tɑ̃dʀ] ❖ vt **1.** [corde] tensar **2.** [étendre] tender ▸ **tendre qqch à qqn** [donner] tender algo a alguien. ❖ vi ▸ **tendre à / vers qqch** tender a / hacia algo. ◆ **se tendre** vp tensarse.

tendrement [tɑ̃dʀəmɑ̃] adv tiernamente, cariñosamente.

tendresse [tɑ̃dʀɛs] nf **1.** [sentiment] ternura *f*, cariño *m* **2.** *(gén pl)* [expression] caricia *f* ESP, apapacho *m* AM **3.** [indulgence] simpatía *f*.

tendron [tɑ̃dʀɔ̃] nm [viande] ternilla *f*.

tends ⟶ **tendre**.

tendu, e [tɑ̃dy] ❖ adj **1.** [fil, corde] tenso(sa), tirante **2.** [pièce] ▸ **tendu de a)** [de tissu] tapizado de **b)** [de papier] empapelado con **3.** [personne, atmosphère, rapports] tenso(sa) **4.** [main] tendido(da). ❖ pp ⟶ **tendre.**

ténèbres [tenɛbʀ] nfpl tinieblas *fpl*.

ténébreux, euse [tenebʀø, øz] adj tenebroso(sa).

Tenerife, Ténériffe [teneʀif] npr Tenerife.

teneur [tənœʀ] nf **1.** [d'une lettre, d'un article] contenido *m* **2.** [pourcentage] proporción *f*, cantidad *f* ▸ **teneur en** proporción ou cantidad de.

ténia, tænia [tenja] nm tenia *f*, solitaria *f*.

tenir [40] [təniʀ]

❖ vt

1. [gén] tener / *tenir qqch dans ses mains* tener algo en las manos / *je te tiens !* ¡te tengo! ▸ **tenir qqn par la main / le bras** llevar a alguien de la mano / del brazo

2. [maintenir] sujetar / *tiens-moi ça !* ¡sujétame esto! ▸ **tenir fermement qqch** sujetar algo firmemente / *tenir son cheval* sujetar su caballo / *tenir ses élèves* controlar a sus alumnos

3. [conserver] mantener / *tenir la porte ouverte* mantener la puerta abierta

4. [occuper] ocupar ▸ **tenir de la place** ocupar sitio

5. [résister] aguantar ▸ **tenir le coup** aguantar (la prueba)

6. [promesse, engagement] cumplir

7. [hôtel, commerce, restaurant] llevar

8. [considérer] considerar ▸ **tenir qqn pour responsable de** hacer a alguien responsable de

9. [apprendre] ▸ **tenir qqch de qqn** saber algo ou enterarse de algo por alguien

❖ vi

1. [être solide] aguantar, resistir / *tenir jusqu'au bout* aguantar hasta el final

2. [durer - gén] durar ; [- neige] cuajar ; [- colle] agarrarse ; [- couleur] ser sólido(da)

3. [rentrer] caber

4. [être attaché] ▸ **tenir à qqn** apreciar a alguien ▸ **tenir à sa réputation** mirar por su reputación ▸ **tenir à qqch comme à la prunelle de ses yeux** ser algo la niña de sus ojos

5. [vouloir] querer / *il tient à venir* tiene interés en venir / *il tient à vous parler* insiste en hablarle

6. [avoir pour cause] ▸ **tenir à** deberse a / *son départ tient à plusieurs raisons* su marcha se debe a varias razones

7. [ressembler à] ▸ **tenir de** salir a / *il tient de son père* sale a su padre ▸ **avoir de qui tenir** tener a quien parecerse

8. [relever de] ▸ **tenir de** parecer ▸ **tenir du miracle** parecer milagro

9. EXPR **ça ne tient pas debout** eso no se lo cree nadie ▸ **ça tient toujours pour… ?** ¿sigue en pie lo de…? ▸ **il ne tient qu'à lui de…** depende de él que… ▸ **je n'y tiens pas** no me apetece ▸ **qu'à cela ne tienne** da igual ▸ **tenir bon** aguantar, resistir ▸ **tiens ! a)** [prends] ¡toma! **b)** [justement] ¡anda! **c)** [pour attirer l'attention] ¡mira!

◆ **se tenir** vp **1.** [se trouver] estar ; [avoir lieu] tener lugar, celebrarse **2.** [se mettre] ponerse / *tiens-toi droit !* ¡ponte derecho! **3.** [se prendre] cogerse / *se tenir par la main* ir de la mano **4.** [être cohérent] concordar **5.** [se conduire] portarse, comportarse / *tiens-toi bien !* ¡pórtate bien! / *tiens-toi tranquille !* ¡estate quieto! **6.** [s'agripper] agarrarse **7.** [se considérer] ▸ **se tenir pour** darse por / *je me tiens pour satisfait* me doy por satisfecho **8.** [se borner] ▸ **s'en tenir à qqch** atenerse a algo ▸ **je m'en tiendrai là** lo dejamos ahí.

tennis [tenis] ❖ nm [sport] tenis *m inv* ▸ **tennis de table** tenis de mesa. ❖ nm ou nf pl zapatillas *fpl* de deporte.

tennisman [tenisman] *(pl* **tennismen***)* nm tenista *m*.

ténor [tenɔʀ] ❖ adj [instrument] tenor. ❖ nm **1.** [chanteur] tenor *m* **2.** *fig* [vedette] figura *f*.

tensioactif, ive [tɑ̃sjɔaktif, iv] adj tensioactivo(va).

tension [tɑ̃sjɔ̃] nf **1.** [contraction, MÉD & ÉLECTR] tensión *f* ▸ **avoir de la tension** tener la tensión alta ▸ **basse / haute tension** baja / alta tensión ▸ **tension artérielle** tensión arterial **2.** [concentration] concentración *f* **3.** [désaccord] tensión *f*, tirantez *f*.

tentaculaire [tɑ̃takylɛʀ] adj **1.** ZOOL tentacular **2.** *fig* [ville, firme] en expansión.

tentacule [tɑ̃takyl] nm tentáculo *m*.

tentant, e [tɑ̃tɑ̃, ɑ̃t] adj tentador(ra).

tentateur, trice [tɑ̃tatœʀ, tʀis] adj & nm, f tentador(ra).

tentation [tɑ̃tasjɔ̃] nf tentación *f* ▸ **céder** OU **succomber à la tentation** ceder OU sucumbir a la tentación ▸ **résister à la tentation** resistir la tentación.

tentative [tɑ̃tativ] nf intento *m*, tentativa *f* ▸ **tentative d'homicide** tentativa de homicidio ▸ **tentative de suicide** intento de suicidio.

tente [tɑ̃t] nf [de camping] tienda *f* de campaña ; [de cirque] carpa *f*. ◆ **tente à oxygène** nf cámara *f* de oxígeno.

tenter [3] [tɑ̃te] vt [attirer] tentar ▸ **être tenté de faire qqch** estar tentado de hacer algo ▸ **être tenté par qqch / par qqn** estar tentado por OU a algo / por alguien.

tenture [tɑ̃tyʀ] nf colgadura *f*.

tenu, e [təny] adj **1.** [obligé] ▸ **être tenu à qqch / de faire qqch** estar obligado a algo / a hacer algo **2.** [en ordre] ▸ **bien / mal tenu** bien / mal atendido.

ténu, e [teny] adj tenue.

tenue [təny] nf **1.** [entretien - d'école, d'établissement] dirección *f* ; [- de maison] cuidado *m* ; [- de comptabilité] teneduría *f* **2.** [manières] modales *mpl* ▸ **un peu de tenue !** ¡compórtate! **3.** [maintien du corps] postura *f* **4.** [séance] sesión *f* **5.** [habillement] ropa *f* ; MIL uniforme *m* ▸ **tenue réglementaire** traje *m* reglamentario ▸ **tenue de soirée** traje *m* de noche. ◆ **tenue de route** nf adherencia *f* (a la carretera).

tequila [tekila] nf tequila *m*.

ter [tɛʀ] ❖ adj ter. ❖ adv MUS tres veces.

TER (*abr de* **Train Express Régional**) nm ≃ tren de cercanías ▸ **prendre le TER** tomar el TER.

térébenthine [teʀebɑ̃tin] nf trementina *f*.

Tergal® [tɛʀgal] nm tergal® *m*.

tergiversation [tɛʀʒivɛʀsasjɔ̃] nf vacilación *f*.

tergiverser [3] [tɛʀʒivɛʀse] vi vacilar ▸ **sans tergiverser** sin vacilar.

terme [tɛʀm] nm **1.** [fin, mot, élément] término *m* ▸ **mettre un terme à qqch** poner término a algo **2.** [de grossesse] ▸ **arriver à terme** salir de cuentas ▸ **avant terme** antes de tiempo, prematuramente **3.** [délai] plazo *m* ; COMM vencimiento *m* ▸ **à terme** a plazos ▸ **à court / moyen / long terme** a corto / medio / largo plazo **4.** [de loyer] ▸ **à terme échu** a plazo vencido. ◆ **termes** nmpl **1.** [expression, formule] términos *mpl* ▸ **en d'autres termes** en otros términos **2.** [relations] ▸ **être en bons / mauvais termes avec qqn** mantener buenas / malas relaciones con alguien.

terminaison [tɛʀminɛzɔ̃] nf GRAM terminación *f*. ◆ **terminaison nerveuse** nf terminación *f* nerviosa.

terminal, e, aux [tɛʀminal, o] adj terminal. ◆ **terminal, aux** nm **1.** INFORM terminal *m* **2.** [dock, aérogare] terminal *f*. ◆ **terminale** nf SCOL ≃ segundo *m* de Bachillerato.

terminer [3] [tɛʀmine] vt terminar, acabar ▸ **terminer qqch par qqch** terminar algo con algo. ◆ **se terminer** vp terminarse, acabarse ▸ **se terminer en / par qqch** terminarse OU acabarse en / con algo.

terminologie [tɛʀminɔlɔʒi] nf terminología *f*.

terminus [tɛʀminys] nm término *m*, final *m* (de línea).

termite [tɛʀmit] nm termita *f*.

termitière [tɛʀmitjɛʀ] nf termitero *m*.

ternaire [tɛʀnɛʀ] adj ternario(ria).

terne [tɛʀn] adj **1.** [couleur, regard] apagado(da) **2.** [vie, journée, conversation] monótono(na) **3.** [personne] insignificante.

ternir [32] [tɛʀniʀ] vt [couleurs] desteñir ; *fig* [réputation] empañar. ◆ **se ternir** vp [couleurs] desteñirse ; [réputation] empañarse.

terrain [tɛʀɛ̃] nm **1.** [gén] terreno *m* ▸ **tout terrain** AUTO todo terreno ▸ **terrain à bâtir** solar *m* ▸ **terrain vague** descampado *m* ▸ **céder du terrain à qqn** *fig* ceder terreno a alguien ▸ **déblayer le terrain** *fig* allanar el terreno ▸ **en terrain glissant** *fig* en terreno resbaladizo ▸ **être sur son terrain** *fig* estar en su (propio) terreno ▸ **gagner du terrain (sur qqn)** *fig* ganar terreno (a alguien) ▸ **sur le terrain** *fig* sobre el terreno **2.** [de foot, d'aviation] campo *m* ; [de camping] terreno *m* **3.** MIL campo *m* de batalla.

terrasse [tɛʀas] nf **1.** [gén] terraza *f* **2.** [toit] terraza *f*, azotea *f*.

terrassement [tɛʀasmɑ̃] nm excavación *f*.

terrasser [3] [tɛʀase] vt **1.** [adversaire] derribar **2.** [suj : maladie] abatir.

terrassier [tɛʀasje] nm terraplenador *m*, -ra *f*.

terre [tɛʀ] nf **1.** [gén] tierra *f* ▸ **sur la terre ferme** en tierra firme ▸ **terre battue** tierra batida ▸ **terre cuite** barro *m* cocido, terracota *f* ▸ **terre glaise** greda *f* ▸ **terre natale** tierra natal ▸ **avoir les pieds sur terre** *fig* tener los pies en el suelo **2.** [sol] tierra *f*, suelo *m* ▸ **par terre** **a)** [sans mouvement] en el suelo **b)** [avec mouvement] al suelo ▸ **sous terre** bajo tierra. ◆ **Terre** nf ▸ **la Terre** la Tierra ▸ **la Terre promise / sainte** la Tierra prometida / Santa.

terre à terre [tɛʀatɛʀ] loc adj inv [personne, esprit, préoccupation] prosaico(ca).

terreau [tɛʀo] nm mantillo *m*.

Terre de Feu [tɛʀdəfø] npr ▸ **(la) Terre de Feu** Tierra del Fuego.

terre-neuve [tɛʀnœv] nm inv terranova *f*.

Terre-Neuve [tɛʀnœv] npr Terranova.

terre-plein [tɛʀplɛ̃] (*pl* **terre-pleins**) nm terraplén *m*.

terrer [4] [tɛʀe] ◆ **se terrer** vp encerrarse.

terrestre [tɛʀɛstʀ] adj **1.** [gén] terrestre ; [globe] terráqueo(a) **2.** [plaisir, paradis] terrenal.

terreur [tɛʀœʀ] nf terror *m*.

terreux, euse [tɛʀø, øz] adj terroso(sa).

terri = **terril**.

terrible [teʀibl] adj **1.** [gén] terrible **2.** [appétit, travail] tremendo(da) **3.** *fam* [étonnant, excellent] bestial / *le film n'était pas terrible* la película estuvo regular.

terriblement [teʀibləmɑ̃] adv terriblemente / *il a terriblement grandi* ha crecido muchísimo.

terrien, enne [teʀjɛ̃, ɛn] ❖ adj rural. ❖ nm, f **1.** [qui vit à l'intérieur des terres] persona *f* de tierra adentro **2.** [habitant de la Terre] terrícola *mf*.

terrier [teʀje] nm **1.** [de lapin] madriguera *f* **2.** [chien] terrier *m*.

terrifiant, e [teʀifjɑ̃, ɑ̃t] adj [effrayant] terrorífico(ca), aterrador(ra) ; [extraordianaire] terrorífico(ca) / *il a un appétit terrifiant fam* tiene un apetito terrorífico.

terrifier [9] [teʀifje] vt aterrorizar.

terril [teʀil], **terri** [teʀi] nm escorial *m (de mina)*.

terrine [teʀin] nf terrina *f*.

territoire [teʀitwaʀ] nm territorio *m*.

territorial, e, aux [teʀitɔʀjal, o] adj **1.** [intégrité] territorial ; [eaux] jurisdiccional **2.** MIL [armée] de reserva.

terroir [teʀwaʀ] nm región *m* ▸ **du terroir** de la región, regional.

terroriser [3] [teʀɔʀize] vt aterrorizar.

terrorisme [teʀɔʀism] nm terrorismo *m*.

terroriste [teʀɔʀist] adj & nmf terrorista.

tertiaire [teʀsjeʀ] ❖ adj terciario(ria). ❖ nm sector *m* terciario.

tertio [teʀsjo] adv tercero.

tes ⟶ **ton**.

tesson [tesɔ̃] nm casco *m* ▸ **tesson de bouteille** casco de botella.

test [test] nm test *m* ▸ **test de dépistage** prueba *f* de detección ▸ **test de grossesse** test ou prueba *f* de embarazo.

testament [testamɑ̃] nm testamento *m*.
◆ **Testament** nm ▸ **Ancien / Nouveau Testament** Antiguo / Nuevo Testamento.

testamentaire [testamɑ̃teʀ] adj testamentario(ria).

tester [3] [teste] ❖ vt someter a un test. ❖ vi DR testar.

testeur, euse [testœʀ, øz] nm, f [personne] verificador *m*, -ra *f*, comprobador *m*, -ra *f*. ◆ **testeur** nm [machine] tester *m*.

testicule [testikyl] nm testículo *m*.

testostérone [testɔsteʀɔn] nf testosterona *f*.

tétanie [tetani] nf tetania *f*.

tétaniser [3] [tetanize] vt **1.** [muscle] tetanizar **2.** *fig* [personne] paralizar.

tétanos [tetanos] nm tétanos *m inv*.

têtard [tetaʀ] nm renacuajo *m*.

tête [tɛt]

❖ nf

1. [gén] cabeza *f* ; [d'arbre] copa *f* ; [de phrase, de liste] principio *m* ▸ **de la tête aux pieds** de la cabeza a los pies ▸ **la tête en bas** cabeza abajo ▸ **la tête la première** de cabeza ▸ **avoir la grosse tête** *fam* tenérselo muy creído ▸ **avoir la tête sur les épaules** tener la cabeza sobre los hombros ▸ **être tête en l'air** ser despistado(da) ▸ **forte tête** carácter fuerte ▸ **garder la tête froide** mantener la sangre fría ▸ **perdre la tête** perder la cabeza ▸ **piquer une tête** *fam* [se baigner] zambullirse ▸ **se casser la tête** *fam* romperse la cabeza ▸ **se payer la tête de qqn** *fam* tomarle el pelo a alguien ▸ **tête de linotte** cabeza de chorlito ▸ **tête d'écriture / de lecture** cabezal *m* de escritura / de lectura ▸ **tête de lit** cabecera *f* ▸ **tête de mort** calavera *f* ▸ **tête de Turc** cabeza de turco ▸ **de tête** mentalmente ▸ **par tête** por cabeza

2. [visage] cara *f* / *il a une bonne tête* tiene una cara simpática

3. [chef] cabecilla *f* ▸ **être à la tête de qqch** estar al frente ou a la cabeza de algo ▸ **tête de liste** cabeza *mf* de lista

4. SPORT [football] cabezazo *m* ▸ **tête de série** [tennis] cabeza de serie

tête-à-queue [tɛtakø] nm inv trompo *m*.

tête-à-tête [tɛtatɛt] nm inv [entrevue] mano a mano *m* ▸ **en tête-à-tête** a solas.

tête-bêche [tɛtbɛʃ] loc adv pies contra cabeza.

tête-de-nègre [tɛtdənɛgʀ] adj inv castaño oscuro.

tétée [tete] nf pecho *m* / *prendre six tétées par jour* tomar el pecho seis veces al día.

téter [tete] vt mamar ▸ **donner à téter** dar de mamar.

tétine [tetin] nf **1.** [de biberon] tetina *f* **2.** [sucette] chupete *m* **3.** [mamelle] teta *f*.

téton [tetɔ̃] nm **1.** *fam* [sein] teta *f* **2.** TECHNOL [saillie] espiga *f*.

Tetra Brik® [tetʀabʀik] nm tetrabrick®.

tétraèdre [tetʀaɛdʀ] ❖ adj tetraédrico(ca). ❖ nm tetraedro *m*.

tétralogie [tetʀalɔʒi] nf tetralogía *f*.

tétraplégique [tetʀapleʒik] adj & nmf tetrapléjico(ca).

têtu, e [tety] adj testarudo(da).

teuf [tœf] nf *fam* fiesta *f*.

teufeur, euse [tœfœʀ, øz] nm, f *fam* juerguista *mf*.

teuf-teuf [tœftœf] (*pl* **teufs-teufs**) nm *fam* cafetera *f*.

teuton, onne [tøtɔ̃, ɔn] adj & nm, f *péj* teutón(ona).

Texas [tɛksas] npr m Texas, Tejas.

tex mex [tɛksmɛks] adj & nm tex mex.

texte [tɛkst] nm texto *m* ▸ **dans le texte** en versión original ▸ **texte intégral** texto íntegro.

textile [tɛkstil] ❖ adj textil. ❖ nm **1.** [matière] tejido *m* **2.** [industrie] textil *m*.

texto [tɛksto] ◆ adv *fam* [textuellement] literalmente / *elle a dit ça texto ?* ¿dijo eso literalmente? ◆ nm TÉLÉCOM mensaje *m* de texto, SMS *m* ▸ **envoyer un texto** mandar un mensaje de texto.

textuel, elle [tɛkstɥɛl] adj textual.

textuellement [tɛkstɥɛlmɑ̃] adv textualmente.

texture [tɛkstyʀ] nf textura *f*.

TF1 (*abr de* **Télévision française 1**) nf *antigua cadena de televisión pública francesa, actualmente cadena privada*.

TG nf *abr de* **Trésorerie générale**.

TGI nm *abr de* **tribunal de grande instance**.

TGV (*abr de* **train à grande vitesse**) nm *tren de alta velocidad francés* ; ≃ AVE *m*.

thaï, e [taj] adj thai. ◆ **thaï** nm LING thai *m*.

thaïlandais, e [tajlɑ̃dɛ, ɛz] adj tailandés(esa). ◆ **Thaïlandais, e** nm, f tailandés *m*, -esa *f*.

Thaïlande [tajlɑ̃d] npr m ▸ **la Thaïlande** Tailandia.

thalasso [talaso] (*abr de* **thalassothérapie**) nf talasoterapia *f*.

thalassothérapie [talasɔteʀapi] nf talasoterapia *f*.

thaumaturge [tomatyʀʒ] nm taumaturgo *m*.

thé [te] nm té *m* ▸ **thé au citron / au lait** té con limón / con leche ▸ **thé nature** té solo.

théâtral, e, aux [teatʀal, o] adj teatral.

théâtralement [teatʀalmɑ̃] adv teatralmente.

théâtraliser [teatʀalize] vt teatralizar.

théâtre [teatʀ] nm teatro *m* ▸ **le théâtre de qqch** *fig* el escenario de algo.

théière [tejɛʀ] nf tetera *f*.

théine [tein] nf teína *f*.

thématique [tematik] ◆ adj temático(ca) ▸ **chaîne thématique** canal *m* temático. ◆ nf temática *f*.

thème [tɛm] nm **1.** [sujet & MUS] tema *m* **2.** [traduction] traducción *f* inversa / *thème grec* traducción inversa al griego. ◆ **thème astral** nm carta *f* astral.

théocratie [teɔkʀasi] nf teocracia *f*.

théologie [teɔlɔʒi] nf teología *f*.

théologien, enne [teɔlɔʒjɛ̃, ɛn] nm, f teólogo(ga).

théologique [teɔlɔʒik] adj teológico(ca).

théorème [teɔʀɛm] nm teorema *m*.

théoricien, enne [teɔʀisjɛ̃, ɛn] nm, f teórico *m*, -ca *f*.

théorie [teɔʀi] nf teoría *f* ▸ **en théorie** en teoría, teóricamente.

théorique [teɔʀik] adj teórico(ca).

théoriquement [teɔʀikmɑ̃] adv teóricamente.

théoriser [3] [teɔʀize] vt & vi teorizar.

thérapeute [teʀapøt] nmf terapeuta *mf*.

thérapeutique [teʀapøtik] ◆ adj terapéutico(ca). ◆ nf terapéutica *f*.

thérapie [teʀapi] nf terapia *f* ▸ **thérapie génique** terapia génica.

thermal, e, aux [tɛʀmal, o] adj termal ; ⟶ **station**.

thermalisme [tɛʀmalism] nm termalismo *m*.

thermes [tɛʀm] nmpl termas *fpl*.

thermique [tɛʀmik] adj térmico(ca).

thermodynamique [tɛʀmɔdinamik] ◆ adj termodinámico(ca). ◆ nf termodinámica *f*.

thermomètre [tɛʀmɔmɛtʀ] nm termómetro *m*.

thermonucléaire [tɛʀmɔnykleɛʀ] adj termonuclear.

Thermos® [tɛʀmos] nf termo *m*.

thermostat [tɛʀmɔsta] nm termostato *m*.

thésard, e [tezaʀ, aʀd] nm, f *fam* doctorando *m*, -da *f*.

thésauriser [3] [tezɔʀize] ◆ vt atesorar. ◆ vi atesorar dinero.

thésaurus, thesaurus [tezɔʀys] nm inv tesauro *m*.

thèse [tɛz] nf tesis *f inv* ▸ **à thèse** [roman] de tesis ▸ **thèse de doctorat** tesis doctoral.

thon [tɔ̃] nm atún *m*.

thoracique [tɔʀasik] adj torácico(ca).

thorax [tɔʀaks] nm tórax *m inv*.

thriller [sʀilœʀ, tʀilœʀ] nm thriller *m*.

thrombose [tʀɔ̃boz] nf trombosis *f inv*.

thune, tune [tyn] nf *fam* guita *f inv*, pasta *f inv*.

thuya [tyja] nm tuya *f*.

thym [tɛ̃] nm tomillo *m*.

thyroïde [tiʀɔid] nf tiroides *m inv*.

TI (*abr de* **tribunal d'instance**) nm ≃ juzgado *m* municipal / *saisir le TI* recurrir ante el TI.

Tibet [tibɛ] npr ▸ **le Tibet** el Tíbet.

tibétain, e [tibetɛ̃, ɛn] adj tibetano(na). ◆ **Tibétain, e** nm, f tibetano *m*, -na *f*.

tibia [tibja] nm tibia *f*.

tic [tik] nm **1.** [nerveux] tic *m* **2.** [de langage] muletilla *f*.

TIC [tik] (*abr de* **technologies de l'information et de la communication**) nfpl TIC *fpl (Tecnologías de Información y Comunicación)*.

ticket [tikɛ] nm billete *m* ▸ **ticket de caisse** tíquet *m* de compra ▸ **ticket modérateur** *porcentaje que corresponde pagar al asegurado social* ▸ **ticket de rationnement** cupón *m* de racionamiento ▸ **tu as un ticket** *fam & fig* le has hecho tilín.

ticket-repas [tikɛʀəpa] nm tiquet *m* restaurante.

tic-tac [tiktak] nm inv tictac *m inv*.

tie-break [tajbʀɛk] nm TENNIS muerte *f* súbita, tie-break *m*.

tiédasse [tjedas] adj *péj* calentorro(rra).

tiède [tjɛd] ◆ adj **1.** [boisson, eau] templado(da), tibio(bia) **2.** [vent] templado(da) **3.** *fig* [amour, militant] tibio(bia). ◆ adv ▸ **boire tiède** beber cosas templadas o tibias.

tièdement [tjɛdmɑ̃] adv sin gran entusiasmo.

tiédeur [tjedœʀ] nf **1.** [gén] tibieza *f* **2.** *fig* [du foyer, d'un sentiment] calor *m*.

tiédir [32] [tjediʀ] ◆ vt templar, entibiar. ◆ vi templar ▸ **faire tiédir qqch** templar algo.

tien, tienne [tjɛ̃, tjɛn] adj poss tuyo, tuya. ◆ **le tien, la tienne** (*mpl* **les tiens**, *fpl* **les tiennes**) pron poss el tuyo, la tuya ▸ **les tiens** [ta famille] los tuyos / *mets-y du tien !* ¡pon de tu parte! ▸ **à la tienne !** ¡(a tu) salud! ▸ **tu as encore fait des tiennes !** ¡has vuelto a hacer de las tuyas!

tiendrai ⟶ **tenir**.

tienne[1] ⟶ **tien**.

tienne[2] ⟶ **tenir**.

tiens ⟶ **tenir**.

tierce [tjɛʀs] ◆ nf **1.** [à l'escrime & MUS] tercera *f* **2.** [aux cartes] escalerilla *f* **3.** TYPO última prueba *f*. ◆ adj ⟶ **tiers**.

Tiercé® [tjɛʀse] nm *apuesta a los tres caballos ganadores de una carrera.*

tiers, tierce [tjɛʀ, tjɛʀs] adj ▸ **une tierce personne** una tercera persona, un tercero. ◆ **tiers** nm **1.** [personne] tercero *m* **2.** [portion] tercio *m*, tercera parte *f* ▸ **le tiers de** un tercio OU una tercera parte de ▸ **le tiers provisionnel** ≃ el pago fraccionado.

tiers-monde [tjɛʀmɔ̃d] nm tercer mundo *m*.

tiers-mondisation [tjɛʀmɔ̃dizasjɔ̃] nf tercermundización *f*.

tiers-mondiste [tjɛʀmɔ̃dist] (*pl* **tiers-mondistes**) adj & nmf tercermundista.

tifs [tif] nmpl *fam* greñas *fpl*.

TIG (*abr de* **travail d'intérêt général**) nm *periodo de trabajo no remunerado impuesto a un delincuente*, trabajo de interés general.

tige [tiʒ] nf **1.** [de plante] tallo *m* **2.** [de métal, de bois] varilla *f*.

tignasse [tiɲas] nf *fam* pelambrera *f*.

tigre, esse [tigʀ, ɛs] nm, f ZOOL tigre *m*, -esa *f* ▸ **jaloux comme un tigre** muy celoso. ◆ **tigresse** nf [femme jalouse] fiera *f*.

Tigre [tigʀ] npr ▸ **le Tigre** el Tigris.

tigré, e [tigʀe] adj atigrado(da).

tilleul [tijœl] nm [arbre] tilo *m* ; [infusion] tila *f*.

tilt [tilt] nm tilt *m* ▸ **faire tilt** *fam & fig* encender la bombilla.

tilter [tilte] vi *fam* caer / *j'ai entendu un bruit en démarrant mais j'ai pas tout de suite tilté* oí un ruido al arrancar, pero no caí enseguida.

timbale [tɛ̃bal] nf **1.** [gobelet] cubilete *m* ▸ **décrocher la timbale** *fig* llevarse la palma **2.** CULIN timbal *m*.

timbrage [tɛ̃bʀaʒ] nm sellado *m*.

timbre[1] [tɛ̃bʀ] nm **1.** [d'instrument, de voix, de bicyclette] timbre *m* **2.** [sceau, tampon] sello *m*, timbre *m* ▸ **timbre fiscal** timbre fiscal **3.** [vignette] pegatina *f*.

timbre[2] [tɛ̃bʀ], **timbre-poste** [tɛ̃bʀpɔst] nm sello *m* (de correos) / *il collectionne les timbres* hace colección de sellos.

timbré, e [tɛ̃bʀe] adj **1.** [lettre] sellado(da) **2.** *fam* [personne] chalado(da) **3.** [papier, voix] timbrado(da).

timbrer [3] [tɛ̃bʀe] vt **1.** [tamponner] timbrar, sellar **2.** [lettre] sellar.

timide [timid] adj & nmf tímido(da).

timidement [timidmɑ̃] adv tímidamente.

timidité [timidite] nf timidez *f*.

timing [tajmiŋ] nm programa *m*, timing *m*.

timonier [timɔnje] nm timonel *m*.

timoré, e [timɔʀe] adj timorato(ta).

Timor-Oriental [timɔʀɔʀjɑ̃tal] npr Timor Oriental.

tins ⟶ **tenir**.

tintamarre [tɛ̃tamaʀ] nm *fam* guirigay *m*.

tintement [tɛ̃tmɑ̃] nm **1.** [de cloche] tañido *m* ; [de clochette] campanilleo *m* **2.** [de métal] tintineo *m* **3.** MÉD [d'oreilles] zumbido *m*.

tinter [3] [tɛ̃te] vi **1.** [cloche] tañer ; [horloge, sonnette] sonar **2.** [métal] tintinear.

tintin [tɛ̃tɛ̃] interj *fam* ¡ni hablar!, ¡nanay!

tintouin [tɛ̃twɛ̃] nm [vacarme] bulla *f*.

TIP [tip] (*abr de* **titre interbancaire de paiement**) nm *orden de pago interbancaria* ▸ **un paiement par TIP** un pago por TIP.

tipi [tipi] nm tipi *m*.

Tipp-Ex® [tipɛks] nm Tipp-Ex® *m*.

tique [tik] nf garrapata *f*.

tiquer [3] [tike] vi *fam* hacer un mohín ▸ **ne pas tiquer (sur qqch)** no decir esta boca es mía (sobre algo).

tir [tiʀ] nm **1.** [gén] tiro *m* ▸ **tir à l'arc** tiro con arco ▸ **tir au but** lanzamiento *m* de penalty ▸ **tir au pigeon** [stand] tiro de pichón **2.** [salve] disparo *m* ▸ **tir de roquette** disparo de un cohete anticarro.

TIR (*abr de* **transports internationaux routiers**) TIR *m*.

tirade [tiʀad] nf **1.** THÉÂTRE parlamento *m* **2.** *péj* [discours] perorata *f*.

tirage [tiʀaʒ] nm **1.** [d'un journal, d'un livre] tirada *f* ▸ **à grand tirage** de gran tirada ▸ **tirage limité** edición *f* limitada **2.** PHOTO positivado *m* **3.** [du loto] sorteo *m* ▸ **tirage au sort** sorteo **4.** [d'une cheminée] tiro *m* **5.** INFORM impresión *f*.

tiraillement [tiʀajmɑ̃] nm **1.** [sensation] retortijón *m* **2.** *fig* [conflit] tirantez *f*.

tirailler [3] [tiʀaje] ◆ vt [tirer] tirar de ▸ **être tiraillé entre...** debatirse entre.... ◆ vi [faire feu] tirotear.

tirailleur [tiʀajœʀ] nm tirador *m*.

tiramisu [tiʀamisu] nm CULIN tiramisú *m*.

Tirana [tiʀana] npr Tirana.

tire [tiʀ] nf *fam* [voiture] carro *m*. ◆ **à la tire** loc adj ▸ **un voleur à la tire** un carterista.

tiré, e [tiʀe] adj [traits] cansado(da).

tire-au-flanc [tiʀoflɑ̃] nm inv *fam* gandul *m*, -la *f*.

tire-botte [tiʀbɔt] (*pl* **tire-bottes**) nm tirabotas *m inv*.

tire-bouchon [tiʀbuʃɔ̃] (*pl* **tire-bouchons**) nm sacacorchos *m inv.* ◆ **en tire-bouchon** loc adj rizado(da).

tire-bouchonner [3] [tiʀbuʃɔne] ❖ vt retorcer. ❖ vi [chaussettes] bajarse.

tire-d'aile [tiʀdɛl] ◆ **à tire-d'aile** loc adv volando.

tire-fesses [tiʀfɛs] nm inv *fam* percha *f*.

tire-lait [tiʀlɛ] nm inv sacaleches *m inv*.

tire-larigot [tiʀlaʀigo] ◆ **à tire-larigot** loc adv *fam* por los codos.

tirelire [tiʀliʀ] nf hucha *f*.

tirer [3] [tiʀe] ❖ vt

1. [charrette, remorque] tirar de ; [porte, tiroir] abrir ; [courroie] estirar ; [rideaux] correr / *ne tire pas, tu vas le déchirer* no tires, que lo vas a romper / *il lui a tiré les cheveux* le tiró del pelo

2. [plan, trait] trazar / *elle a tiré un trait sur son passé* puso cruz y raya en su pasado

3. [revue, livre] editar / *son livre a été tiré à 5 000 exemplaires* su libro ha sido editado en 5.000 ejemplares

4. [avec une arme, cartes] tirar

5. [faire sortir - langue, de la poche] sacar ; [- numéro] sacar, extraer

6. [obtenir - argent, avantage] obtener ; [- profit, conclusion] sacar ; [- leçon] aprender / *il a réussi à lui tirer un sourire* logró arrancarle una sonrisa / *il n'y a rien à en tirer* no hay ningún provecho que sacar

7. [chèque] hacer

8. EXPR **tirer qqch au clair** sacar algo en claro

❖ vi

1. [gén] ▸ **tirer sur qqch a)** [corde] tirar de algo **b)** [couleur] tirar a algo

2. [cheminée] tirar

3. [avec une arme] disparar

◆ **se tirer** vp **1.** [se sortir] ▸ **se tirer de qqch** salir (bien) de algo / *il s'en est bien tiré* **a)** [réussir] lo ha hecho bastante bien ▸ **s'en tirer avec** *fam* salir adelante **2.** *fam* [s'en aller] abrirse **3.** *fam* [prendre fin] ▸ **ça se tire !** ¡esto se acaba!

tiret [tiʀɛ] nm guión *m*.

tirette [tiʀɛt] nf **1.** [tablette] ▸ **à tirette** extensible **2.** [mécanisme] manecilla *f* **3.** BELGIQUE [fermeture à glissière] cremallera *f*.

tireur, euse [tiʀœʀ, øz] nm, f tirador *m*, -ra *f* ▸ **tireur d'élite** tirador de élite. ◆ **tireur** nm [de chèque] librador *m*. ◆ **tireuse de cartes** nf [cartomancienne] echadora *f* de cartas.

tiroir [tiʀwaʀ] nm cajón *m*.

tiroir-caisse [tiʀwaʀkɛs] nm caja *f* registradora.

tisane [tizan] nf infusión *f*, tisana *f*.

tison [tizɔ̃] nm tizón *m*.

tisonnier [tizɔnje] nm atizador *m*.

tissage [tisaʒ] nm tejido *m (acción)*.

tisser [3] [tise] vt tejer.

tisserand, e [tisʀɑ̃, ɑ̃d] nm, f tejedor *m*, -ra *f*.

tissu [tisy] nm [étoffe & BIOL] tejido *m* ; *fig* [de mensonges] sarta *f* ▸ **tissu adipeux / conjonctif** tejido adiposo / conjuntivo.

tissu-éponge [tisyepɔ̃ʒ] (*pl* **tissus-éponges**) nm felpa *f*.

titan [titɑ̃] nm titán *m* ▸ **de titan** titánico(ca).

titiller [3] [titije] vt cosquillear.

titrage [titʀaʒ] nm titulación *f*.

titre [titʀ] nm **1.** [gén] título *m* ▸ **à aucun titre** de ningún modo ▸ **à juste titre** con razón ▸ **au même titre que** al igual que ▸ **à titre gracieux** OU **gratuit** gratuitamente ▸ **à titre indicatif** a título indicativo **2.** [de presse] titular *m* ▸ **gros titre** gran titular **3.** [de métal précieux] ley *f*. ◆ **à titre de** loc prép a título de. ◆ **en titre** loc adj **1.** [professeur] titular **2.** [amant] oficial. ◆ **titre de transport** nm título *m* de transporte.

titrer [3] [titʀe] vt **1.** [gén] titular **2.** [suj : vin] tener una graduación de.

tituber [3] [titybe] vi tambalearse.

titulaire [titylɛʀ] adj & nmf titular ▸ **être titulaire de** ser titular de.

titularisation [titylaʀizasjɔ̃] nf titularización *f*.

titulariser [3] [titylaʀize] vt titularizar.

tjr, tjrs (*abr écrite de* **toujours**) SMS smpr *(siempre)*.

TNP (*abr de* **traité de non-prolifération**) nm TNP *m*.

TNT (*abr de* **trinitrotoluène**) nm TNT *m* / *une bombe de 10 kilos de TNT* una bomba de 10 kilos de TNT.

toast [tost] nm **1.** [pain grillé] tostada *f* **2.** [discours] brindis *m* ▸ **porter un toast à qqch / à qqn** brindar por algo / por alguien.

toasteur [tɔstœʀ] nm tostadora *f*.

toboggan [tɔbɔgɑ̃] nm tobogán *m*.

toc [tɔk] ❖ interj : *et toc !* ¡punto! ❖ nm *fam* bisutería *f* ▸ **en toc** de bisutería.

TOC [tɔk] (*abr de* **troubles obsessionnels compulsifs**) nmpl MÉD TOC *m*.

tocsin [tɔksɛ̃] nm rebato *m* ▸ **sonner le tocsin** tocar a rebato.

tofu [tɔfu] nm CULIN tofu *m*.

Togo [tɔgo] npr ▸ **le Togo** Togo.

togolais, e [tɔgɔlɛ, ɛz] adj togolés(esa). ◆ **Togolais, e** nm, f togolés *m*, -esa *f*.

tohu-bohu [tɔybɔy] nm barullo *m*.

toi [twa] pron pers **1.** [avec impératif] te / *réveille-toi !* ¡despiértate! **2.** [sujet, pour renforcer, dans un comparatif] tú / *c'est toi ?* ¿eres tú? / *toi aussi / non plus* tú también / tampoco / *tu t'amuses bien, toi !* ¡tú sí que te diviertes! / *plus âgé que toi* mayor que tú **3.** [complément d'objet, après une préposition] ti / *avec toi* contigo / *après toi* después de ti / *pour toi* para ti / *il vous a invités, Pierre et toi* os invitó a Pierre y a ti / *qui te l'a dit, à toi ?* ¿quién te lo ha dicho a ti? **4.** [possessif] : *à toi* tuyo(ya). ◆ **toi-même** pron pers tú mismo, tú misma.

toile [twal] nf **1.** [étoffe] tela *f* ; [de lin] hilo *m* ; [de bâche] lona *f* ▸ **toile cirée** hule *m* **2.** [tableau] lienzo *m* **3.** NAUT [voilure] lonas *fpl* **4.** *fam* [film] peli *f*. ◆ **toile d'araignée** nf telaraña *f*. ◆ **toile de fond** nf THÉÂTRE telón *m* de fondo ou de foro ; *fig* telón *m* de fondo. ◆ **Toile** nf ▸ **la Toile** INFORM la Web.

toilettage [twalɛtaʒ] nm peluquería *f* canina.

toilette [twalɛt] nf **1.** [soins de propreté] aseo *m* ▸ **faire sa toilette** lavarse **2.** [parure, vêtements] vestuario *m* **3.** [de monument] restauración *f* **4.** [meuble] tocador *m*. ◆ **toilettes** nfpl servicios *mpl*.

toise [twaz] nf talla *f*, marca *f*.

toiser [3] [twaze] vt mirar de arriba abajo. ◆ **se toiser** vp mirarse de arriba abajo.

toison [twazɔ̃] nf **1.** [pelage] vellón *m* **2.** [chevelure] melena *f*.

toit [twa] nm **1.** [toiture] tejado *m* **2.** *fig* [maison] techo *m* ▸ **dormir sous un toit** dormir bajo techo. ◆ **toit ouvrant** nm techo *m* corredizo.

toiture [twatyʀ] nf techumbre *f*, techado *m*.

TOK? SMS *abr écrite de* **tu es d'accord?**

Tokyo [tɔkjo] npr Tokio.

tôlard, e = **taulard**.

tôle [tol] nf **1.** [de métal] chapa *f* ▸ **tôle ondulée** chapa ondulada **2.** = **taule**.

Tolède [tɔlɛd] npr Toledo.

tolérable [tɔleʀabl] adj tolerable.

tolérance [tɔleʀɑ̃s] nf tolerancia *f* ▸ **tolérance à qqch** MÉD tolerancia a algo.

tolérant, e [tɔleʀɑ̃, ɑ̃t] adj tolerante.

tolérer [18] [tɔleʀe] vt tolerar ▸ **tolérer que** tolerar que. ◆ **se tolérer** vp tolerarse.

tôlier, ère = **taulier**.

tollé [tɔle] nm protesta *f* airada ▸ **soulever un tollé général** provocar la ira popular.

toltèque [tɔltɛk] adj tolteca. ◆ **Toltèque** nmf tolteca *mf*.

TOM (*abr de* **territoire d'outre-mer**) nm *territorios franceses de ultramar*.

tomate [tɔmat] nf [fruit] tomate *m* ; [plante] tomatera *f*.

tombal, e, als, aux [tɔ̃bal, o] adj [inscription, pierre] sepulcral, tumbal.

tombant, e [tɔ̃bɑ̃, ɑ̃t] adj [moustaches, épaules] caído(da).

tombe [tɔ̃b] nf tumba *f*.

tombeau, x [tɔ̃bo] nm tumba *f* ▸ **rouler à tombeau ouvert** conducir como un loco.

tombée [tɔ̃be] nf ▸ **à la tombée du jour** al atardecer ▸ **à la tombée de la nuit** a la caída de la noche, al anochecer.

tomber [tɔ̃be] ❖ vi **1.** [gén] caer / *attention, tu vas tomber !* ¡cuidado, que te vas a caer! ▸ **tomber sur qqn** [attaquer] caer encima de alguien ▸ **tomber bien** [vêtement] sentar bien ▸ **tomber juste** [addition] cuadrar ▸ **tomber bien / mal** a) [événement] venir bien / mal b) [personne] caer bien / mal **2.** [choir] caer, caerse ▸ **faire tomber qqn** hacer caer ou tirar a alguien ▸ **tomber de** [sommeil, fatigue] caerse de ▸ **tomber en qqch** a) [état] caer en algo b) [syncope] dar algo c) [poussière] convertirse en algo ▸ **tomber de haut** *fig* quedarse de piedra **3.** [décliner - colère, enthousiasme] decaer ; [- vent] amainar ; [- fièvre] bajar **4.** [rencontrer] ▸ **tomber sur qqch / sur qqn** encontrarse con algo / con alguien **5.** [devenir] ▸ **tomber amoureux** enamorarse ▸ **tomber malade** ponerse enfermo(ma). ❖ vt *fam* **1.** [femme] conquistar **2.** [veste] quitarse.

tombeur [tɔ̃bœʀ] nm *fam* ligón *m*, castigador *m*.

tombola [tɔ̃bɔla] nf tómbola *f*.

tome [tɔm] nm tomo *m*.

tomme [tɔm] nf *queso de Saboya*.

tommette [tɔmɛt] nf baldosín *m*.

ton¹ [tɔ̃] nm tono *m*.

ton², ta [tɔ̃, ta] (*pl* **tes** [te]) adj poss tu.

tonalité [tɔnalite] nf **1.** tonalidad *f* **2.** [au téléphone] línea *f*, señal *f* sonora.

tondeuse [tɔ̃døz] nf **1.** [pour gazon] cortacéspedes *m inv* **2.** [pour cheveux] maquinilla *f* **3.** [pour animaux] esquiladora *f*.

tondre [75] [tɔ̃dʀ] vt **1.** [gazon] cortar **2.** [cheveux] rapar **3.** [animal] esquilar **4.** *fig* [dépouiller] ▸ **se faire tondre par qqn** dejarse desplumar ou pelar por alguien.

tondu, e [tɔ̃dy] adj **1.** [gazon] cortado(da) **2.** [animal] esquilado(da) **3.** [cheveux] rapado(da).

toner [tɔnrɛ] nm tóner *m*.

tong [tɔ̃g] nf chancla *f*, chancleta *f*.

tonicité [tɔnisite] nf tonicidad *f*.

tonifiant, e [tɔnifjɑ̃, ɑ̃t] adj tonificante.

tonifier [9] [tɔnifje] vt tonificar.

tonique [tɔnik] ❖ adj tónico(ca). ❖ nm MÉD tónico *m*. ❖ nf MUS tónica *f*.

tonitruant, e [tɔnitʀyɑ̃, ɑ̃t] adj atronador(ra), estruendoso(sa).

tonnage [tɔnaʒ] nm tonelaje *m*, arqueo *m*.

tonnant, e [tɔnɑ̃, ɑ̃t] adj [voix] de trueno.

tonne [tɔn] nf **1.** [gén] tonelada *f* ▸ **des tonnes de qqch** *fig* toneladas de algo **2.** [tonneau] cuba *f*.

tonneau, x [tɔno] nm **1.** [de vin, acrobatie] tonel *m* **2.** [accident] vuelta *f* de campana.

tonnelet [tɔnlɛ] nm barrilete *m*.

tonnelle [tɔnɛl] nf cenador *m*.

tonner [3] [tɔne] vi **1.** [orage] tronar **2.** [canon] retumbar **3.** [personne] ▸ **tonner contre qqn** tronar contra alguien.

tonnerre [tɔnɛʀ] nm trueno *m* ▸ **du tonnerre** *fam* macanudo(da).

tonsure [tɔ̃syʀ] nf tonsura *f*.

tonte [tɔ̃t] nf [d'animal] esquileo *m* ; [des cheveux] rapadura *f* ; [du gazon] corte *m*.

tonton [tɔ̃tɔ̃] nm tito *m*.

tonus [tɔnys] nm tono *m* / *avoir du tonus* estar entonado(da).

top [tɔp] nm señal *f*. ◆ **top secret** loc adj top secret, alto secreto.

topaze [tɔpaz] nf topacio *m*.

topinambour [tɔpinɑ̃buʀ] nm aguaturma *f*.

topique [tɔpik] ❖ adj *sout* tópico(ca). ❖ nm MÉD tópico *m*. ❖ nf PHILO tópica *f*.

topless [tɔplɛs] nm ▸ **faire du topless** hacer topless.

top model, top modèle [tɔpmɔdɛl] nm top model *mf*.

topo [tɔpo] nm *fam* [exposé] charla *f* ▸ **c'est toujours le même topo** *fig* es siempre la misma historia.

topographie [tɔpɔgʀafi] nf topografía *f*.

topographique [tɔpɔgʀafik] adj topográfico(ca).

toponymie [tɔpɔnimi] nf toponimia *f*.

toquade [tɔkad] nf capricho *m*, chifladura *f*.

toque [tɔk] nf [coiffure, chapeau] gorro *m* ; [de magistrat] birrete *m*, bonete *m*.

toqué, e [tɔke] *fam* ❖ adj chiflado(da), guillado(da) ▸ **être toqué de qqn** estar chiflado por alguien. ❖ nm, f *péj* chiflado *m*, -da *f*, guillado *m*, -da *f*.

Torah [tɔʀa] nf ▸ **la Torah** la tora.

torche [tɔʀʃ] nf antorcha *f*, tea *f* ▸ **torche électrique** linterna *f*.

torcher [3] [tɔʀʃe] vt *fam* **1.** [essuyer - avec un linge, un papier] limpiar ; [- assiette] rebañar **2.** [travail] chapucear **3.** [bouteille] apurar. ◆ **se torcher** vp *vulg* limpiarse el culo.

torchis [tɔʀʃi] nm adobe *m*.

torchon [tɔʀʃɔ̃] nm **1.** [serviette] trapo *m* ; [de cuisine] paño *m* **2.** *péj* [texte] churro *m* **3.** *péj* [journal] periodicucho *m*.

tordant, e [tɔʀdɑ̃, ɑ̃t] adj *fam* tronchante, desternillante.

tord-boyaux [tɔʀbwajo] nm inv *fam* matarratas *m inv*.

tordis ⟶ **tordre**.

tordre [76] [tɔʀdʀ] vt **1.** [gén] retorcer **2.** [barre de fer] torcer **3.** [visage] desfigurar **4.** [le linge] escurrir. ◆ **se tordre** vp **1.** [membre] torcerse **2.** [de douleur] retorcerse ; [de rire] troncharse, desternillarse.

tords ⟶ **tordre**.

tordu, e [tɔʀdy] ❖ adj *fam* [esprit, idée] retorcido(da). ❖ nm, f *péj* chalado *m*, -da *f*. ❖ pp ⟶ **tordre.**

toréador [tɔʀeadɔʀ] nm torero *m*.

torero [tɔʀeʀo] nm torero *m*.

torgnole [tɔʀɲɔl] nf *tfam* tortazo *m*.

tornade [tɔʀnad] nf tornado *m*.

torpeur [tɔʀpœʀ] nf torpeza *f*.

torpille [tɔʀpij] nf torpedo *m*.

torpiller [3] [tɔʀpije] vt torpedear.

torpilleur [tɔʀpijœʀ] nm torpedero *m*, -ra *f*.

torréfaction [tɔʀefaksjɔ̃] nf torrefacción *f*.

torréfier [9] [tɔʀefje] vt torrefactar.

torrent [tɔʀɑ̃] nm torrente *m* ▸ **des torrents de a)** [de lumière] chorros de **b)** [de larmes] ríos de **c)** [d'injures] una lluvia de ▸ **pleuvoir à torrents** llover a cántaros.

torrentiel, elle [tɔʀɑ̃sjɛl] adj torrencial.

torride [tɔʀid] adj tórrido(da).

tors, e [tɔʀ, tɔʀs] adj **1.** [jambes] torcido(da) **2.** ARCHIT [colonne] salomónico(ca).

torsade [tɔʀsad] nf **1.** [de cheveux] trenzado *m* **2.** ARCHIT ▸ **à torsades** [colonne] salomónico(ca).

torsader [3] [tɔʀsade] vt retorcer.

torse [tɔʀs] nm torso *m* ▸ **bomber le torse** sacar pecho.

torsion [tɔʀsjɔ̃] nf [action] torsión *f* ; [résultat] retorcimiento *m*.

tort [tɔʀ] nm **1.** [erreur] fallo *m* ▸ **avoir tort** no tener razón ▸ **avoir tort de faire qqch** equivocarse al hacer algo ▸ **à tort** sin razón ▸ **à tort et à travers** a tontas y a locas ▸ **à tort ou à raison** con razón o sin ella ▸ **être dans son tort** OU **en tort** tener la culpa ▸ **reconnaître ses torts** reconocer sus errores **2.** [préjudice] perjuicio *m*, daño *m* ▸ **causer** OU **faire du tort à qqn** perjudicar a alguien.

torticolis [tɔʀtikɔli] nm tortícolis *m inv*.

tortillard [tɔʀtijaʀ] nm *fam* borreguero *m*.

tortillement [tɔʀtijmɑ̃] nm retorcimiento *m* ▸ **tortillement des hanches** contoneo *m*.

tortiller [3] [tɔʀtije] ❖ vt retorcer. ❖ vi ▸ **il n'y a pas à tortiller** *fam* no hay más vuelta de hoja. ◆ **se tortiller** vp retorcerse.

Comment exprimer que l'on donne tort à quelqu'un

- **Lo que dices no es verdad.** *Ce que tu dis est faux.*
- **No es verdad.** *Ce n'est pas vrai.*
- **No estoy para nada de acuerdo contigo.** *Je ne suis pas du tout d'accord avec toi.*
- **No comparto su opinión.** *Je ne partage pas son avis.*
- **Pienso que te equivocas (actuando así).** *Je pense que tu as tort (d'agir ainsi).*
- **Se equivoca usted si piensa que está resentido con usted.** *Vous avez tort de penser qu'il vous en veut.*
- **No deberías reaccionar como haces.** *Tu ne devrais pas réagir comme tu le fais.*

tortionnaire [tɔʀsjɔnɛʀ] adj & nmf torturador(ra).

tortue [tɔʀty] nf tortuga *f*.

tortueux, euse [tɔʀtɥø, øz] adj tortuoso(sa).

torture [tɔʀtyʀ] nf tortura *f*, tormento *m* ▸ **sous la torture** bajo tortura.

torturer [3] [tɔʀtyʀe] vt torturar, atormentar. ◆ **se torturer** vp [se faire du souci] torturarse, atormentarse.

torve [tɔʀv] adj torvo(va).

tôt [to] adv **1.** [de bonne heure] temprano **2.** [vite] pronto, temprano ▸ **ce n'est pas trop tôt !** *fam* ¡a buenas horas! ▸ **tôt ou tard** tarde o temprano. ◆ **au plus tôt** loc adv como muy pronto ; [dans les plus brefs délais] cuanto antes.

total, e, aux [tɔtal, o] adj total. ◆ **total, aux** nm total *m* ▸ **au total a)** [tout compte fait] en resumen, en resumidas cuentas **b)** [résultat] en total.

totalement [tɔtalmɑ̃] adv totalmente.

totaliser [3] [tɔtalize] vt totalizar.

totalitaire [tɔtalitɛʀ] adj totalitario(ria).

totalitarisme [tɔtalitaʀism] nm totalitarismo *m*.

totalité [tɔtalite] nf totalidad *f* ▸ **en totalité** en total ▸ **la totalité de qqch** la totalidad de algo.

totem [tɔtɛm] nm tótem *m*.

touareg, ègue [twaʀɛg] adj tuareg. ◆ **touareg** nm LING tuareg *m*. ◆ **Touareg, ègue** nm, f tuareg *mf*.

toubib [tubib] nmf *fam* matasanos *mf*.

toucan [tukɑ̃] nm tucán *m*.

touchant, e [tuʃɑ̃, ɑ̃t] adj conmovedor(ra).

touche [tuʃ] nf **1.** [de clavier] tecla *f* ▸ **touche alphanumérique** tecla alfanumérica ▸ **touche de fonction** tecla de función **2.** [de peinture] pincelada *f* **3.** *fig* [note] ▸ **une touche de qqch** un toque de algo **4.** *fam* [allure] pinta *f*, facha *f* **5.** [à la pêche] picada *f* **6.** [au football] banda *f* ; [à l'escrime] toque *m* **7.** EXPR **faire une touche** *fam* hacer tilín ▸ **rester sur la touche** quedarse al margen.

touche-à-tout [tuʃatu] nmf *fig* metomentodo *mf*.

toucher [3] [tuʃe] ◇ vt **1.** [gén] tocar **2.** [cible, but] dar en **3.** [chèque, argent] cobrar **4.** [gros lot, tiercé] ganar **5.** [suj : crise, catastrophe] afectar **6.** [concerner] atañer **7.** [émouvoir] emocionar **8.** [contacter] contactar con. ◇ vi **1.** [être contigu à] ▸ **toucher à** lindar con **2.** [être relatif à] ▸ **toucher à** rozar. ◇ nm ▸ **le toucher** el tacto. ◆ **se toucher** vp [être contigu] tocarse.

touffe [tuf] nf **1.** [d'herbe] mata *f* **2.** [de cheveux] mechón *m*.

touffu, e [tufy] adj **1.** [barbe, forêt] tupido(da) ; [arbre] frondoso(sa) **2.** *fig* [roman, discours] denso(sa).

touiller [3] [tuje] vt *fam* remover.

touillette [tujɛt] nf *fam* agitador *m* de café.

toujours [tuʒuʀ]

◇ adv

1. [exprime la continuité, la répétition] siempre / *ils s'aimeront toujours* se querrán siempre / *elle est toujours malade* siempre está enferma ▸ **comme toujours** como siempre ▸ **toujours moins / plus** cada vez menos / más

2. [encore] todavía / *il n'est toujours pas arrivé* todavía no ha llegado / *elle est toujours malade ?* ¿sigue enferma?

3. [de toute façon] siempre / *tu peux toujours lui écrire* siempre puedes escribirle

◆ **de toujours** loc adj de siempre.

◆ **pour toujours** loc adv para siempre.

◆ **toujours est-il que** loc conj pero la verdad es que.

Toulouse [tuluz] npr Tolosa.

toundra [tundʀa] nf tundra *f*.

toupet [tupɛ] nm **1.** [de cheveux] tupé *m* **2.** *fam* [aplomb] caradura *f* ESP, patas *fpl* AM ▸ **avoir du** ou **ne pas manquer de toupet** tener cara.

toupie [tupi] nf peonza *f*, trompo *m*.

tour [tuʀ] ◇ nm

1. [périmètre] contorno *m* / *tour de poitrine / taille / tête* contorno de pecho / cintura / cabeza ▸ **faire le tour de qqch a)** [lieu] dar la vuelta a algo **b)** [question, problème] ver algo en profundidad ▸ **tour d'horizon** vista *f* de conjunto

2. [promenade] paseo *m* ▸ **faire un tour** dar una vuelta

3. [rotation, POL & SPORT] vuelta *f* ▸ **fermer qqch à double tour** cerrar algo con doble vuelta ou con dos vueltas ▸ **tour de scrutin** vuelta de escrutinio ▸ **tour du monde** vuelta al mundo ▸ **à tour de bras** con todas las fuerzas ▸ **en un tour de main** en un santiamén

4. [attraction, plaisanterie] número *m* ▸ **tour de force** hazaña *f*, proeza *f* ▸ **tour de passe-passe** juego *m* de manos ▸ **avoir plus d'un tour dans son sac** tener un as en la manga ▸ **jouer un bon / mauvais tour à qqn** hacer una broma / una jugarreta a alguien ▸ **jouer un tour pendable à qqn** jugar una mala pasada a alguien

5. [succession, rang] turno *m*, vez *f* ▸ **plus souvent qu'à mon / ton tour** más veces de las que me / te correspondían ▸ **tour à tour** por turno ▸ **à tour de rôle** por turno

6. [des événements] giro *m*, cariz *m*

7. [machine-outil] torno *m*

8. AUTO revolución *f*

◇ nf

torre *f* ▸ **tour de contrôle** torre de control ▸ **tour de guet** atalaya *f*

◆ **Tour de France** nm : *le tour* el Tour de Francia. *Voir encadré p. 548.*

tourbe [tuʀb] nf turba *f*. **tourbière** [tuʀbjɛʀ] nf turbera *f*.

tourbillon [tuʀbijɔ̃] nm **1.** [gén] torbellino *m* ▸ **tourbillon de poussière** polvareda *f* **2.** [d'eau] remolino *m*.

Tour de France

El **Tour de France** es una de las vueltas ciclistas con más renombre internacional. Tiene lugar durante el mes de julio y, si bien comienza cada año en una ciudad distinta, siempre finaliza en París con su célebre recta final en los Campos Elíseos. La emoción general suscitada por esta carrera y la imagen heroica de numerosos corredores ciclistas reflejan el interés de los franceses por el ciclismo en general.

Tour Eiffel

Construida en acero en el **Champ de Mars** para la Exposición Universal de 1889, la Torre Eiffel mide 324 metros de altura y fue durante medio siglo la construcción más alta del mundo. Fue diseñada y levantada por la empresa de Gustave Eiffel, ingeniero especializado en construcciones metálicas, que ya había realizado la estructura de la Estatua de la Libertad en Nueva York. Al principio era una construcción provisional para la Exposición y dio lugar a bastantes protestas; pero su éxito popular fue tal que se decidió mantenerla como estructura permanente y acabó por convertirse en el símbolo de la ciudad de París

tourbillonnant, e [turbijɔnɑ̃, ɑ̃t] adj turbulento(ta).

tourbillonner [3] [turbijɔne] vi arremolinarse.

tourelle [turɛl] nf [gén] torrecilla *f*; [de char] torreta *f*; [de bateau de guerre] torre *f*.

tourisme [turism] nm turismo *m* ▸ **faire du tourisme** hacer turismo.

tourista [turista] = **turista**.

touriste [turist] nmf turista *mf* ▸ **en touriste** de turista.

touristique [turistik] adj turístico(ca).

tourment [turmɑ̃] nm *sout* tormento *m*.

tourmente [turmɑ̃t] nf tormenta *f*.

tourmenté, e [turmɑ̃te] adj **1.** [personne] angustiado(da), atormentado(da) **2.** [mer, période] agitado(da) **3.** [paysage] escabroso(sa).

tourmenter [3] [turmɑ̃te] vt atormentar.
◆ **se tourmenter** vp atormentarse.

tournage [turnaʒ] nm CINÉ rodaje *m*.

tournailler [3] [turnaje] vi *fam* dar vueltas ▸ **tournailler autour de qqch / de qqn** dar vueltas alrededor de algo / de alguien.

tournant, e [turnɑ̃, ɑ̃t] adj **1.** [porte, fauteuil] giratorio(ria) **2.** [mouvement & MIL] envolvente. ◆ **tournant** nm **1.** [virage] curva *f* **2.** *fig* [moment décisif] momento *m* crucial ▸ **un tournant dans sa vie** un giro en su vida ▸ **attendre qqn au tournant** *fam* esperar a alguien en la esquina. ◆ **tournante** nf *fam* [viol collectif] pasada *f*.

tourné, e [turne] adj [lait, crème, yaourt] cortado(da); [vin] avinagrado(da) ▸ **bien / mal tourné** [lettre, phrase] bien / mal construido ▸ **avoir l'esprit mal tourné** ser mal pensado.

tournebroche [turnəbrɔʃ] nm asador *m*.

tourne-disque [turnədisk] (*pl* **tourne-disques**) nm tocadiscos *m inv*.

tournedos [turnədo] nm turnedó *m*.

tournée [turne] nf **1.** [d'inspecteur] viaje *m* de inspección; [de représentant] viaje *m* de negocios; [de facteur] ronda *f*; [d'artiste] gira *f* **2.** *fam* [au café] ronda *f*.

tournemain [turnəmɛ̃] ◆ **en un tournemain** loc adv en un santiamén.

tourner [3] [turne] ❖ vt
1. [clé, manivelle, poignée] girar, dar vueltas a; [pages d'un livre] pasar / *tourne la clé dans la serrure* haz girar la llave en la cerradura ▸ **'tournez, s'il vous plaît'** 'véase al dorso'
2. [dos, tête] volver ESP, voltear AM
3. [pas, pensées] dirigir / *j'ai tourné le problème dans tous les sens* di mil veces la vuelta al problema
4. [transformer] ▸ **tourner qqch en** convertir algo en ▸ **tourner en ridicule** ridiculizar
5. [obstacle] rodear; *fig* [loi] eludir
6. CINÉ rodar
7. [pièce de bois, ivoire] tornear
8. *fig* [phrases, discours] ▸ **bien tourner qqch** construir bien algo
❖ vi
1. [terre, roue] girar, dar vueltas; [heure] avanzar ▸ **tourner autour de qqch** girar alrededor de algo ▸ **tourner autour de qqn** *fig* rondar a alguien
2. [chemin, route] torcer, doblar; [vent, chance] cambiar
3. [lait, crème] cortarse; [vin] avinagrarse
4. [moteur, compteur] estar andando
5. *fam* [entreprise] marchar / *son affaire tourne bien* su negocio marcha bien
◆ **se tourner** vp ▸ **se tourner vers** *pr* volverse hacia; *fig* recurrir a.

tournesol [turnəsɔl] nm girasol *m*.

tourneur, euse [turnœr, øz] nm, f tornero *m*, -ra *f*.

tournevis [turnəvis] nm destornillador *m* ESP, desarmador *m* AM.

tournicoter [3] [turnikɔte] vi *fam* dar vueltas.

tourniquet [turnikɛ] nm torniquete *m*; [du métro] molinete *m*.

tournis [tuʀni] nm **1.** *fam* [vertige] ▸ **avoir le tournis** tener vértigo ▸ **donner le tournis à qqn** marear a alguien **2.** [maladie] modorra *f*.

tournoi [tuʀnwa] nm torneo *m*.

tournoiement [tuʀnwamɑ̃] nm remolino *m*.

tournoyer [13] [tuʀnwaje] vi arremolinarse.

tournure [tuʀnyʀ] nf **1.** [apparence] cariz *m*, sesgo *m* ▸ **prendre mauvaise tournure** tomar mal cariz ▸ **prendre tournure** coger ou tomar forma **2.** [formulation] giro *m*.

tour-opérateur [tuʀɔpeʀatœʀ] (*pl* **tour-opérateurs**) nm [voyagiste] touroperador *m*.

tourte [tuʀt] nf empanada *f* redonda.

tourteau, x [tuʀto] nm **1.** [crabe] buey *m* de mar **2.** [pour bétail] torta *f* de orujo.

tourtereaux [tuʀtəʀo] nmpl *hum* [amoureux] tortolitos *mpl*.

tourterelle [tuʀtəʀɛl] nf tórtola *f*.

tourtière [tuʀtjɛʀ] nf [moule] tortera *f*.

tous ⟶ **tout**.

Toussaint [tusɛ̃] nf ▸ **la Toussaint** el día de Todos los Santos.

La Toussaint

El 1 de noviembre, día de Todos los Santos, es un día festivo en Francia. Es tradición depositar crisantemos en las tumbas de los familiares y amigos difuntos. La Toussaint designa asimismo el primer período de vacaciones escolares del curso, de aproximadamente diez días.

tousser [3] [tuse] vi toser.

toussotement [tusɔtmɑ̃] nm tosiguera *f*.

toussoter [3] [tusɔte] vi toser.

tout, toute [tu, tut] (*mpl* **tous** [tus], *fpl* **toutes** [tut])

❖ adj

1. [avec substantif singulier] todo(da) / *toute la journée* todo el día / *tout le temps* todo el tiempo

2. [avec pronom démonstratif] ▸ **tout ceci / cela** todo esto / eso ▸ **tout ce que** todo lo que

❖ adj indéf

1. [exprime la totalité] todos(das) / *tous les hommes* todos los hombres / *tous les trois* los tres

2. [chaque] cada / *tous les jours* cada día, todos los días / *tous les deux / trois ans* cada dos / tres años

3. [n'importe quel] cualquier ▸ **à toute heure** a cualquier hora ▸ **tout autre** cualquier otro ▸ **tout autre que lui** cualquier otro en su lugar

❖ pron indéf

[gén] todo ; [personnes] todos(das) / *je t'ai tout dit* te lo he dicho todo / *ils voulaient tous la voir* todos querían verla ▸ **c'est tout** (esto) es todo ▸ **tout est là** todo está ahí

❖ adv

1. [entièrement, tout à fait] muy / *tout jeune / petit / triste* muy joven / pequeño / triste / *tout nu* (completamente) desnudo / *tout seuls* (completamente) solos / *tout au début* al principio / *tout en haut* arriba del todo / *tout à coté de moi* muy cerca de mí / *tout près* muy cerca / *tout contre* contra

2. [avec un gérondif] *ils parlaient tout en marchant* hablaban mientras andaban

◆ **tout** nm ▸ **un tout** un todo ▸ **le tout est de…** lo importante es… ▸ **risquer le tout pour le tout** jugarse el todo por el todo.

◆ **du tout au tout** loc adv completamente, de cabo a rabo.

◆ **pas du tout** loc adv en absoluto / *je n'ai pas du tout peur* no tengo ningún miedo / *il ne fait pas du tout froid* no hace nada de frío.

◆ **tout à fait** loc adv **1.** [complètement] completamente, totalmente **2.** [exactement] exactamente.

◆ **tout à l'heure** loc adv **1.** [dans le futur] ahora mismo, dentro de un momento ▸ **à tout à l'heure !** ¡hasta luego! **2.** [dans le passé] ahora mismo, hace un momento.

◆ **tout de même** loc adv [quand même] desde luego ; [cependant] no obstante.

◆ **tout de suite** loc adv enseguida, inmediatamente.

tout-à-l'égout [tutalegu] nm inv sumidero *m*.

toutefois [tutfwa] adv sin embargo, no obstante ▸ **si toutefois** si (es que) / *si toutefois tu changeais d'avis* si (es que) cambias de idea.

toute-puissance [tutpɥisɑ̃s] nf omnipotencia *f*.

toutou [tutu] nm *fam* guagua *m*.

tout-petit [tup(ə)ti] (*pl* **tout-petits**) nm ▸ **les tout-petits** los pequeñines.

tout-puissant, toute-puissante [tupɥisɑ̃, tutpɥisɑ̃t] adj todopoderoso(sa). ◆ **Tout-Puissant** nm RELIG ▸ **le Tout-Puissant** el Todopoderoso.

tout-terrain [tutɛʀɛ̃] ❖ adj inv **1.** [véhicule] todoterreno **2.** [vélo] de montaña. ❖ nm [voiture] todoterreno *m*.

tout-va [tuva] ◆ **à tout-va** adv a patadas / *le gouvernement privatise à tout-va* el gobierno está privatizando empresas a patadas.

tout-venant [tuvnɑ̃] nm inv : *il a pris le tout-venant* ha cogido lo primero que ha visto.

toux [tu] nf tos *f*.

toxicité [tɔksisite] nf toxicidad *f*.

toxico [tɔksiko] nmf *fam* drogadicto *m*, -ta *f*.

toxicologie [tɔksikɔlɔʒi] nf toxicología *f*.

toxicomane [tɔksikɔman] nmf toxicómano *m*, -na *f*.

toxicomanie [tɔksikɔmani] nf toxicomanía *f*.

toxine [tɔksin] nf toxina *f*.

toxique [tɔksik] adj tóxico(ca).

TP ❖ nmpl **1.** *abr de* **travaux publics** **2.** (*abr de* **travaux pratiques**) (clases) prácticas *fpl* ▸ **avoir (un) TP de bio / physique / chimie** tener (clases) prácticas de biología/física/química. ❖ nm *abr de* **Trésor public**.

TPG (*abr de* **trésorier payeur général**) nm Tesoro *m* General.

TPI (*abr écrite de* **Tribunal pénal international**) nm TPI *m*.

tps (*abr écrite de* **temps**) t.

trac [tʀak] nm nerviosismo *m (antes de examinarse o salir a escena)* ▸ **avoir le trac** estar nervioso(sa).

traçabilité [tʀasabilite] nf trazabilidad *f*.

tracas [tʀaka] nm preocupación *f*.

tracasser [3] [tʀakase] vt preocupar ; [suj : police] molestar. ◆ **se tracasser** vp preocuparse.

tracasserie [tʀakasʀi] nf molestia *f* ESP, vaina *f* AM.

tracassier, ère [tʀakasje, ɛʀ] adj enredador(ra), lioso(sa).

trace [tʀas] nf **1.** [empreinte] huella *f*, rastro *m* ▸ **marcher sur les traces de qqn** *fig* seguir las huellas de alguien **2.** [marque] huella *f* **3.** *(gén pl)* [vestige] huella *f* **4.** [très petite quantité] huella *f*, traza *f*.

tracé [tʀase] nm trazado *m*.

tracer [16] [tʀase] ❖ vt trazar. ❖ vi *fam* ir a todo gas.

traceur [tʀasœʀ] nm INFORM plotter *m*.

trachée [tʀaʃe] nf tráquea *f*.

trachéite [tʀakeit] nf traqueítis *f inv*.

tract [tʀakt] nm octavilla *f* ; [de propagande politique] panfleto *m*.

tractation [tʀaktasjɔ̃] nf *(gén pl)* trato *m*.

tracter [3] [tʀakte] vt remolcar.

tracteur [tʀaktœʀ] nm tractor *m*.

traction [tʀaksjɔ̃] nf tracción *f* ▸ **traction avant / arrière** tracción delantera/trasera.

trad. 1. (*abr écrite de* **traduit**) trad. / *trad. en français* trad. al francés / *trad. de l'anglais* trad. del inglés **2.** (*abr écrite de* **traduction**) trad.

trader [tʀedœʀ] nm trader *mf*, agente *mf* comercial.

tradition [tʀadisjɔ̃] nf tradición *f* ▸ **renouer avec la tradition** recuperar la tradición.

traditionaliste [tʀadisjɔnalist] adj & nmf tradicionalista.

traditionnel, elle [tʀadisjɔnɛl] adj tradicional.

traditionnellement [tʀadisjɔnɛlmɑ̃] adv tradicionalmente.

traducteur, trice [tʀadyktœʀ, tʀis] nm, f traductor *m*, -ra *f*. ◆ **traducteur** nm INFORM traductor *m*.

traduction [tʀadyksjɔ̃] nf traducción *f*.

traduire [98] [tʀadɥiʀ] vt **1.** [gén] traducir ▸ **traduire en** traducir al **2.** DR ▸ **traduire qqn en justice** llevar a alguien a los tribunales. ◆ **se traduire** vp [terme] traducirse ; *fig* [se manifester] ▸ **se traduire par qqch** traducirse en algo.

traduisible [tʀadɥizibl] adj traducible.

trafic [tʀafik] nm tráfico *m*. ◆ **trafic d'influence** nm tráfico *m* de influencias.

traficoter [3] [tʀafikɔte] *fam* ❖ vi traficar. ❖ vt [manigancer] : *je me demande ce qu'il traficote* me pregunto qué estará tramando.

trafiquant, e [tʀafikɑ̃, ɑ̃t] nm, f traficante *mf*.

trafiquer [3] [tʀafike] ❖ vt **1.** [falsifier] falsear ; [moteur] trucar **2.** *fam* [manigancer] tramar. ❖ vi traficar.

tragédie [tʀaʒedi] nf tragedia *f*.

tragédien, enne [tʀaʒedjɛ̃, ɛn] nm, f actor *m* trágico, actriz *f* trágica.

tragi-comédie [tʀaʒikɔmedi] (*pl* **tragi-comédies**) nf tragicomedia *f*.

tragi-comique [tʀaʒikɔmik] adj tragicómico(ca).

tragique [tʀaʒik] ❖ adj trágico(ca). ❖ nm **1.** [auteur tragique] trágico *m*, -ca *f* **2.** [caractère tragique] ▸ **le tragique** lo trágico ▸ **prendre qqch au tragique** tomarse algo a la tremenda ▸ **tourner au tragique** volverse OU ponerse trágico(ca).

tragiquement [tʀaʒikmɑ̃] adv trágicamente.

trahir [32] [tʀaiʀ] vt traicionar. ◆ **se trahir** vp traicionarse.

trahison [tʀaizɔ̃] nf traición *f*.

train [tʀɛ̃] nm **1.** [chemin de fer & TECHNOL] tren *m* ▸ **train d'atterrissage** tren de aterrizaje ▸ **train autocouchettes** *tren con literas y transporte de coches* ▸ **train avant / arrière** tren delantero/trasero ▸ **train Corail** *modelo de tren expreso en circulación en Francia desde 1975* **2.** [allure] marcha *f*, paso *m* **3.** ADMIN [série] ▸ **un train de qqch** un paquete de algo **4.** *fam* [postérieur] trasero *m* ESP, traste *m* AM **5.** EXPR **aller bon train** ir a buen paso ▸ **être en train** [être en forme] estar en forma ▸ **mettre qqch en train** poner algo en marcha. ◆ **train de vie** nm tren *m* de vida. ◆ **en train de** loc prép ▸ **être en train de faire qqch** estar haciendo algo / *je suis en train de lire* estoy leyendo.

traînailler [3] [tʀɛnaje], **traînasser** [tʀɛnase] vi **1.** *fam* [être inoccupé] vagar ; [être lent] ir lento(ta) **2.** [accent] arrastrar.

traînant, e [tʀɛnɑ̃, ɑ̃t] adj **1.** [robe] que arrastra **2.** [voix] cansino(na), lánguido(da).

traînard, e [tʀɛnaʀ, aʀd] nm, f *fam* rezagado *m*, -da *f*.

traîne [tʀɛn] nf **1.** [de robe] cola *f* **2.** [de pêche] traína *f* **3.** EXPR **être à la traîne** ir rezagado(da).

traîneau, x [tʀɛno] nm trineo *m*.

traînée [tʀɛne] nf **1.** [trace] reguero *m* ; [de comète] estela *f* ▸ **se répandre comme une traînée de poudre** propagarse como un reguero de pólvora **2.** *tfam & péj* [prostituée] zorra *f*.

traîner [4] [tʀɛne] ◆ vt **1.** [gén] arrastrar **2.** [forcer à aller] llevar a rastras. ◆ vi **1.** [s'attarder] rezagarse **2.** [errer] callejear, vagabundear **3.** [maladie, affaire] ir para largo / *faire traîner qqch* dar largas a algo ▸ **ça n'a pas traîné !** ¡no ha tardado mucho! **4.** [pendre] colgar **5.** [ne pas être rangé] estar tirado(da). ◆ **se traîner** vp **1.** [marcher avec peine] arrastrarse **2.** [durer] hacerse largo(ga).

training [tʀɛniŋ] nm SPORT [entraînement] entrenamiento *m* ; [vêtement] chándal *m*.

train-train [tʀɛ̃tʀɛ̃] nm *fam* rutina *f*.

traire [112] [tʀɛʀ] vt ordeñar.

trait [tʀɛ] nm **1.** [ligne] trazo *m* ▸ **à grands traits** a grandes rasgos **2.** [caractéristique] rasgo *m* ▸ **trait de caractère** rasgo de carácter ▸ **trait d'esprit** agudeza *f* ▸ **trait de génie** rasgo de ingenio **3.** [flèche] saeta *f* **4.** EXPR **avoir trait à qqch / à qqn** referirse a algo / a alguien, tener relación con algo / con alguien ▸ **boire (qqch) d'un trait** beber (algo) de un trago ▸ **partir comme un trait** salir como una flecha ▸ **ressembler à qqn trait pour trait** ser clavado(da) a alguien ▸ **tirer un trait sur qqch** hacer una cruz sobre algo. ◆ **traits** nmpl [du visage] rasgos *mpl*, facciones *fpl* / *avoir les traits tirés* tener cara de cansado(da).

traitant, e [tʀɛtɑ̃, ɑ̃t] adj **1.** [shampooing, crème] tratante **2.** [médecin] de cabecera.

trait d'union [tʀɛdynjɔ̃] (*pl* **traits d'union**) nm [tiret] guion *m*, guión *m*.

traite [tʀɛt] nf **1.** [de vache] ordeño *m* **2.** COMM letra *f* de cambio **3.** [d'esclaves] trata *f*. ◆ **d'une seule traite** loc adv de un tirón, de una tirada.

traité [tʀete] nm tratado *m* ▸ **traité de non-prolifération** tratado de no proliferación.

traitement [tʀɛtmɑ̃] nm **1.** [gén] tratamiento *m* ▸ **traitement de l'information** procesamiento *m* de la información ▸ **traitement des données** proceso *m* de datos ▸ **traitement antireflet** tratamiento antireflejos ▸ **traitement antirouille** tratamiento antióxido ▸ **traitement de texte** tratamiento de textos **2.** [envers quelqu'un] trato *m* ▸ **mauvais traitements** malos tratos ▸ **traitement de faveur** trato de favor **3.** [rémunération] paga *f*.

traiter [4] [tʀete] ◆ vt **1.** [gén] tratar ▸ **se faire traiter** [se faire soigner] ponerse en tratamiento ▸ **traiter qqn de** tratar a alguien de ▸ **bien / mal traiter qqn** tratar bien / mal a alguien **2.** INFORM [données] procesar. ◆ vi **1.** [négocier] tratar **2.** [livre] ▸ **traiter de** tratar de.

traiteur [tʀɛtœʀ] nm *tienda que vende comidas y platos preparados individuales o para banquetes*.

traître, esse [tʀɛtʀ, ɛs] ◆ adj traidor(ra). ◆ nm, f traidor *m*, -ra *f* ▸ **en traître** a traición.

traîtreusement [tʀɛtʀøzmɑ̃] adv traidoramente.

traîtrise [tʀɛtʀiz] nf *sout* traición *f*.

trajectoire [tʀaʒɛktwaʀ] nf trayectoria *f*.

trajet [tʀaʒɛ] nm trayecto *m*.

tralala [tʀalala] nm *péj* parafernalia *f*.

tram [tʀam] nm *fam* tranvía *m*.

trame [tʀam] nf trama *f*.

tramer [3] [tʀame] vt *sout* tramar. ◆ **se tramer** vp tramarse.

tramontane [tʀamɔ̃tan] nf tramontana *f*.

trampoline [tʀɑ̃pɔlin] nm cama *f* elástica.

tramway [tʀamwɛ] nm tranvía *m*.

tranchant, e [tʀɑ̃ʃɑ̃, ɑ̃t] adj **1.** [instrument] cortante, afilado(da) ESP, filoso(sa) AM **2.** [personne] cortante **3.** [ton] tajante. ◆ **tranchant** nm filo *m* ▸ **à double tranchant** *fig* de doble filo.

tranche [tʀɑ̃ʃ] nf **1.** [de pain] rebanada *f* ; [de jambon] loncha *f*, lonja *f* ; [de saucisson] rodaja *f* **2.** [de livre, de pièce] canto *m* **3.** [de loterie] sorteo *m* **4.** [période] intervalo *m* ▸ **tranche horaire** franja *f* horaria ▸ **tranche de vie** periodo *m* de la vida real **5.** [partie] serie *f*.

tranché, e [tʀɑ̃ʃe] adj [opinion] categórico(ca).

tranchée [tʀɑ̃ʃe] nf [excavation] zanja *f* ; MIL trinchera *f*.

trancher [3] [tʀɑ̃ʃe] ◆ vt **1.** [gén] cortar **2.** [pain] rebanar **3.** *fig* [question, difficulté] zanjar. ◆ vi **1.** *fig* [décider] decidirse **2.** [contraster] ▸ **trancher sur** resaltar sobre ▸ **trancher avec** contrastar con.

tranchoir [tʀɑ̃ʃwaʀ] nm **1.** [couteau] cuchillo *m* de carnicero **2.** [planche] tajo *m*.

tranquille [tʀɑ̃kil] adj tranquilo(la) ▸ **laisser qqch / qqn tranquille** dejar algo / a alguien tranquilo OU en paz ▸ **rester** OU **se tenir tranquille** quedarse OU estarse quieto(ta).

tranquillement [tʀɑ̃kilmɑ̃] adv tranquilamente.

tranquillisant, e [tʀɑ̃kilizɑ̃, ɑ̃t] adj **1.** [nouvelle] tranquilizador(ra) **2.** [médicament] tranquilizante. ◆ **tranquillisant** nm tranquilizante *m*.

tranquilliser [3] [tʀɑ̃kilize] vt tranquilizar. ◆ **se tranquilliser** vp tranquilizarse.

tranquillité [tʀɑ̃kilite] nf tranquilidad *f* ▸ **en toute tranquillité** con toda tranquilidad ▸ **tranquillité d'esprit** tranquilidad de espíritu.

transaction [tʀɑ̃zaksjɔ̃] nf transacción *f*.

transactionnel, elle [tʀɑ̃zaksjɔnɛl] adj transaccional.

transalpin, e [tʀɑ̃zalpɛ̃, in] adj transalpino(na).

transat [tʀɑ̃zat] ◆ nm tumbona *f* ESP, reposera *f* AM. ◆ nf regata *f* transatlántica.

transatlantique [tʀɑ̃zatlɑ̃tik] ◆ adj transatlántico(ca). ◆ nm transatlántico *m*. ◆ nf regata *f* transatlántica.

transbahuter [3] [tʀɑ̃sbayte] vt *fam* trasladar, cambiar de sitio.

transbordement [tʀɑ̃sbɔʀdəmɑ̃] nm transbordo *m*.

transcendant, e [tʀɑ̃sɑ̃dɑ̃, ɑ̃t] adj transcendente, transcendental.

transcendantal, e, aux [tʀɑ̃sɑ̃dɑ̃tal, o] adj trascendental, transcendental.

transcender [3] [trɑ̃sɑ̃de] vt transcender. ◆ **se transcender** vp superarse.

transcoder [3] [trɑ̃skɔde] vt transcodificar.

transcription [trɑ̃skripsjɔ̃] nf transcripción *f*.

transcrire [99] [trɑ̃skrir] vt transcribir.

transcris ⟶ **transcrire**.

transcrit, e [trɑ̃skri, it] pp ⟶ **transcrire**.

transcrivais ⟶ **transcrire**.

transcutané, e [trɑ̃skytane] adj MÉD transcutáneo(a).

transdermique [trɑ̃sdɛrmik] adj transdermico(ca) ▸ **timbre transdermique** parche transdermico.

transe [trɑ̃s] nf *sout* ansia *f* ▸ **être en transe** a) estar en trance b) *fig* estar fuera de sí.

transept [trɑ̃sɛpt] nm crucero *m*.

transférer [18] [trɑ̃sfere] vt **1.** [bureaux] transferir **2.** [prisonnier, inculpé] trasladar.

transfert [trɑ̃sfɛr] nm **1.** [de fonds, de marchandises & PSYCHO] transferencia *f* **2.** [de prisonnier, de population] traslado *m* **3.** DR [de biens immobiliers] transmisión *f*.

transfigurer [3] [trɑ̃sfigyre] vt transfigurar.

transformable [trɑ̃sfɔrmabl] adj **1.** [canapé] convertible **2.** SPORT [essai] transformable.

transformateur, trice [trɑ̃sfɔrmatœr, tris] adj transformador(ra). ◆ **transformateur** nm transformador *m*.

transformation [trɑ̃sfɔrmasjɔ̃] nf **1.** [changement, conversion] transformación *f* **2.** SPORT [d'essai] transformación *f* (de ensayo).

transformer [3] [trɑ̃sfɔrme] vt ▸ **transformer qqch en qqch** transformar algo en algo. ◆ **se transformer** vp ▸ **se transformer en** transformarse en.

transfuge [trɑ̃sfyʒ] nmf tránsfuga *mf*.

transfusé, e [trɑ̃sfyze] nm, f [personne] que ha recibido una transfusión de sangre.

transfuser [3] [trɑ̃sfyze] vt [du sang] hacer una transfusión a.

transfusion [trɑ̃sfyzjɔ̃] nf transfusión *f* ▸ **transfusion sanguine** transfusión de sangre ou sanguínea.

transgénérationnel, elle [trɑ̃sʒenerasjɔnɛl] adj transgeneracional.

transgénique [trɑ̃sʒenik] adj transgénico(ca).

transgresser [4] [trɑ̃sgrese] vt transgredir, quebrantar.

transgression [trɑ̃sgrɛsjɔ̃] nf transgresión *f*.

transhumance [trɑ̃zymɑ̃s] nf trashumancia *f*.

transi, e [trɑ̃zi] adj ▸ **être transi de** a) [froid] estar aterido de b) [peur] estar transido de.

transiger [17] [trɑ̃ziʒe] vi ▸ **ne pas transiger sur qqch** no transigir en algo.

transistor [trɑ̃zistɔr] nm transistor *m*.

transit [trɑ̃zit] nm tránsito *m* ▸ **en transit** en tránsito. ◆ **transit intestinal** nm tránsito *m* intestinal.

transitaire [trɑ̃zitɛr] ❖ adj de tránsito. ❖ nm agente *mf* de importación y exportación.

transiter [3] [trɑ̃zite] ❖ vt llevar en tránsito. ❖ vi transitar, estar en tránsito ▸ **transiter par** [voyageur] pasar por.

transitif, ive [trɑ̃zitif, iv] adj transitivo(va).

transition [trɑ̃zisjɔ̃] nf transición *f* ▸ **sans transition** sin transición.

transitivité [trɑ̃zitivite] nf transitividad *f*.

transitoire [trɑ̃zitwar] adj transitorio(ria).

translation [trɑ̃slasjɔ̃] nf MATH & PHYS traslación *f*.

translucide [trɑ̃slysid] adj translúcido(da).

transmets ⟶ **transmettre**.

transmettre [84] [trɑ̃smɛtr] vt ▸ **transmettre qqch à qqn** transmitir algo a alguien. ◆ **se transmettre** vp transmitirse.

transmis, e [trɑ̃smi, iz] pp ⟶ **transmettre**.

transmissible [trɑ̃smisibl] adj transmisible.

transmission [trɑ̃smisjɔ̃] nf transmisión *f*.

transocéanique [trɑ̃sɔseanik] adj transoceánico(ca).

transparaître [91] [trɑ̃sparɛtr] vi transparentarse.

transparence [trɑ̃sparɑ̃s] nf transparencia *f* ▸ **par transparence** por transparencia.

transparent, e [trɑ̃sparɑ̃, ɑ̃t] adj transparente. ◆ **transparent** nm transparencia *f*.

transpercer [16] [trɑ̃spɛrse] vt traspasar.

transpiration [trɑ̃spirasjɔ̃] nf transpiración *f*, sudor *m*.

transpirer [3] [trɑ̃spire] vi transpirar, sudar.

transplant [trɑ̃splɑ̃] nm trasplante *m*.

transplantation [trɑ̃splɑ̃tasjɔ̃] nf **1.** [d'arbre & MÉD] trasplante *m* **2.** *fig* [de population, d'usine] traslado *m*.

transplanter [3] [trɑ̃splɑ̃te] vt **1.** [arbre, organe] trasplantar **2.** *fig* [population, usine] trasladar.

transport [trɑ̃spɔr] nm **1.** [gén] transporte *m* ; [de personnes] traslado *m* ▸ **transport aérien / ferroviaire / maritime** transporte aéreo/ferroviario/marítimo ▸ **transports en commun** transportes públicos **2.** [accès] arrebato *m*.

transportable [trɑ̃spɔrtabl] adj **1.** [marchandise] transportable **2.** [blessé] trasladable.

transporter [3] [trɑ̃spɔrte] vt **1.** [gén] llevar ; [voyageurs, marchandises] transportar ▸ **transporter qqn de** [joie, bonheur] colmar a alguien de **2.** [personne] trasladar. ◆ **se transporter** vp trasladarse.

transporteur [trɑ̃spɔrtœr] nm **1.** [personne] transportista *mf* ▸ **transporteur routier** transportista *(camionero)* **2.** [machine] transportador *m*.

transposer [3] [tʀɑ̃spoze] vt **1.** [mots] transponer **2.** [situation, intrigue] trasladar **3.** [à l'écran] llevar **4.** MUS transportar.

transposition [tʀɑ̃spozisjɔ̃] nf **1.** [de mots] transposición *f* **2.** [de situation, d'intrigue] traslado *m* **3.** MUS transporte *m*.

transsexuel, elle [tʀɑ̃ssɛksɥɛl] adj & nm, f transexual.

transvaser [3] [tʀɑ̃svaze] vt transvasar, trasegar.

transversal, e, aux [tʀɑ̃svɛʀsal, o] adj transversal.

trapèze [tʀapɛz] nm trapecio *m*.

trapéziste [tʀapezist] nmf trapecista *mf*.

trappe [tʀap] nf **1.** [ouverture] trampa *f*, trampilla *f* **2.** [piège] trampa *f*.

trappeur [tʀapœʀ] nm trampero *m*.

trapu, e [tʀapy] adj **1.** [personne] achaparrado(da) **2.** [édifice] macizo(za).

traquenard [tʀaknaʀ] nm trampa *f*.

traquer [3] [tʀake] vt **1.** [animal] acorralar **2.** [personne] acosar **3.** *fig* [rechercher, être à l'affût de] ir a la busca y captura de.

trash [tʀaʃ] ❖ adj inv cutre / *un film trash* una película cutre. ❖ nm lo cutre / *elle fait dans le trash* le va lo cutre.

traumatisant, e [tʀomatizɑ̃, ɑ̃t] adj traumatizante.

traumatiser [3] [tʀomatize] vt traumatizar.

traumatisme [tʀomatism] nm **1.** [psychique] trauma *m* **2.** [physique] traumatismo *m* ▸ **traumatisme crânien** traumatismo craneal.

traumatologie [tʀomatɔlɔʒi] nf traumatología *f*.

travail [tʀavaj] nm **1.** [gén] trabajo *m* ▸ **demander du travail** [suj : projet] dar trabajo ▸ **se mettre au travail** ponerse a trabajar ▸ **travail intellectuel** trabajo intelectual ▸ **travail intérimaire** trabajo interino ▸ **travail à la chaîne** producción *f* en cadena ▸ **travail au noir** trabajo clandestino ▸ **abattre du travail** trabajar a destajo ▸ **mâcher le travail à qqn** darle todo hecho a alguien **2.** [de la mémoire, du souvenir] mecanismo *m* **3.** [du temps, de la fermentation, etc.] obra *f*. ◆ **travaux** nmpl **1.** [gén] trabajos *mpl* ▸ **travaux des champs** faenas *fpl* del campo ▸ **travaux dirigés** clases *fpl* prácticas ▸ **travaux manuels** trabajos manuales ▸ **travaux pratiques** prácticas *fpl* **2.** [d'aménagement] obras *fpl*, reformas *fpl* ▸ **travaux publics** obras públicas / *une entreprise de travaux publics* una empresa de obras públicas. ◆ **travaux d'approche** nmpl maniobras *fpl* de acercamiento.

travaillé, e [tʀavaje] adj **1.** [matériau, style] trabajado(da) **2.** [tourmenté] ▸ **être travaillé par** estar minado por.

travailler [3] [tʀavaje] ❖ vi **1.** [gén] trabajar ; SCOL estudiar ▸ **travailler chez / dans** trabajar en ▸ **travailler sur ou à qqch** trabajar en algo ▸ **travailler à qqch** [contribuer à] contribuir a ▸ **travailler à temps partiel** trabajar a tiempo parcial **2.** [métal, bois] alabearse **3.** [vin] fermentar. ❖ vt **1.** [gén] trabajar ▸ **travailler son piano** ejercitarse en el piano **2.** [tracasser] atormentar.

travailleur, euse [tʀavajœʀ, øz] ❖ adj trabajador(ra). ❖ nm, f trabajador *m*, -ra *f* ▸ **travailleur à domicile** *asalariado que trabaja en su casa* ▸ **travailleur émigré / indépendant** trabajador emigrante / autónomo.

travailliste [tʀavajist] adj & nmf laborista.

travée [tʀave] nf **1.** [de bancs, de tables] fila *f* **2.** [de pont] tramo *m*.

traveller [tʀavlœʀ] nm inv cheque *m* de viaje.

travelling [tʀavliŋ] nm travelling *m*.

travelo [tʀavlo] nm *fam* travesti *m*.

travers [tʀavɛʀ] nm defecto *m*. ◆ **à travers** ❖ loc adv a través. ❖ loc prép ▸ **à travers qqch** a través de algo. ◆ **au travers** loc adv a través. ◆ **au travers de** loc prép a través de. ◆ **de travers** loc adv **1.** [marcher] de través **2.** [placer] torcido(da) ▸ **avaler de travers** atragantarse **3.** [se garer] atravesado(da) **4.** [comprendre] al revés **5.** EXPR ▸ **aller de travers** ir al revés ▸ **faire tout de travers** no hacer nada a derechas ▸ **prendre qqch de travers** tomar algo mal ▸ **regarder qqn de travers** mirar a alguien con malos ojos. ◆ **en travers** loc adv de través. ◆ **en travers de** loc prép ▸ **être en travers de** estar atravesado(da) en.

traverse [tʀavɛʀs] nf **1.** [chemin] atajo *m* **2.** [de chemin de fer] traviesa *f*.

traversée [tʀavɛʀse] nf travesía *f*.

traverser [3] [tʀavɛʀse] vt [gén] atravesar ; [rue] cruzar.

traversin [tʀavɛʀsɛ̃] nm travesaño *m (almohada)*.

travesti, e [tʀavɛsti] adj travesitido(da). ◆ **travesti** nm travestí *m*, travesti *m*.

travestir [32] [tʀavɛstiʀ] vt disfrazar. ◆ **se travestir** vp **1.** [pour un bal] disfrazarse **2.** [en femme] travestirse.

travestissement [tʀavɛstismɑ̃] nm disfraz *m*.

traviole [tʀavjɔl] ◆ **de traviole** loc adv *fam* **1.** [en biais] torcido / *tu as mis ton chapeau de traviole* te has puesto el sombrero torcido **2.** [mal] al revés / *il fait / comprend tout de traviole* todo lo hace / entiende al revés.

trayeuse [tʀɛjøz] nf ordeñadora *f*.

trébucher [3] [tʀebyʃe] vi **1.** [tomber] tropezar, dar un traspié ▸ **trébucher sur ou contre qqch** tropezar con ou contra algo **2.** *fig* [buter] ▸ **trébucher sur qqch** tropezar con algo.

trèfle [tʀɛfl] nm trébol *m* ▸ **trèfle à quatre feuilles** trébol de cuatro hojas.

tréfonds [tʀefɔ̃] nm *sout* ▸ **le tréfonds de** lo más recóndito de.

treillage [tʀɛjaʒ] nm enrejado *m*, reja *f*.

treille [tʀɛj] nf **1.** [de vigne] parra *f* **2.** [tonnelle] emparrado *m*.

treillis [tʀɛji] nm **1.** [clôture] enrejado *m* **2.** [toile] arpillera *f* **3.** MIL traje *m* de faena.

treize [tʀɛz] adj num inv & nm inv trece. *Voir aussi* **six**.

treizième [tʀɛzjɛm] ❖ adj num & nmf decimotercero(ra). ❖ nm [fraction] trezavo *m*, trezava parte *f* ▸ **treizième mois** ≃ paga *f* de Navidad. ***Voir aussi* sixième.**

trek [tʀɛk] nm = **trekking.**

trekkeur, euse [tʀɛkœʀ, øz] nm, f aficionado *m*, -da *f* al trekking **ou** senderismo.

trekking [tʀɛkiŋ], **trek** nm trekking *m*, senderismo *m*.

tréma [tʀema] nm diéresis *f inv*.

tremblant, e [tʀɑ̃blɑ̃, ɑ̃t] adj tembloroso(sa) ▸ **être tout tremblant** estar tembloroso.

tremblante [tʀɑ̃blɑ̃t] nf ▸ **tremblante du mouton** tembladera de los ovinos.

tremble [tʀɑ̃bl] nm tiemblo *m*, álamo *m* temblón.

tremblement [tʀɑ̃bləmɑ̃] nm temblor *m* ▸ **tremblement de terre** terremoto *m* ▸ **et tout le tremblement** *fam* y toda la pesca.

trembler [3] [tʀɑ̃ble] vi **1.** [gén] temblar **2.** *fig* [avoir peur] ▸ **trembler pour qqch / pour qqn** temblar por algo / por alguien ▸ **trembler que** *sout* temer que ▸ **trembler de faire qqch** *sout* temer hacer algo.

tremblotant, e [tʀɑ̃blɔtɑ̃, ɑ̃t] adj tembloroso(sa).

tremblote [tʀɑ̃blɔt] nf EXPR **avoir la tremblote** *fam* **a)** tener mieditis **ou** canguelo **b)** [de froid] tener una tiritona.

trembloter [3] [tʀɑ̃blɔte] vi **1.** [personne] temblequear **2.** [voix, lumière] temblar.

trémière [tʀemjɛʀ] adj f ⟶ **rose.**

trémolo [tʀemɔlo] nm **1.** MUS trémolo *m* **2.** [tremblement] temblor *m* ▸ **avoir des trémolos dans la voix** tener la voz trémula.

trémousser [3] [tʀemuse] ◆ **se trémousser** vp menearse.

trempe [tʀɑ̃p] nf **1.** [caractère] temple *m* ▸ **de cette / sa trempe** de esta / su temple **2.** *fam* [coups] paliza *f* ESP, golpiza *f* AM.

trempé, e [tʀɑ̃pe] adj [mouillé] calado(da) ▸ **trempé jusqu'aux os** calado hasta los huesos.

tremper [3] [tʀɑ̃pe] ❖ vt **1.** [mouiller] mojar **2.** [plonger] ▸ **tremper qqch dans** empapar algo en **3.** [métal] templar. ❖ vi **1.** [linge] estar en remojo, remojarse ▸ **faire tremper** poner en remojo **2.** [se compromettre] ▸ **tremper dans qqch** pringar en algo. ◆ **se tremper** vp **1.** [se mouiller] empaparse **2.** [se plonger] zambullirse.

trempette [tʀɑ̃pɛt] nf ▸ **faire trempette** *fam* darse un chapuzón.

tremplin [tʀɑ̃plɛ̃] nm trampolín *m*.

trench-coat [tʀɛnʃkot] (*pl* **trench-coats**) nm trinchera *f*.

trentaine [tʀɑ̃tɛn] nf **1.** [nombre] ▸ **une trentaine de** una treintena de **2.** [âge] ▸ **avoir la trentaine** tener los treinta.

trente [tʀɑ̃t] ❖ adj num inv treinta. ❖ nm inv treinta *m inv* ▸ **être / se mettre sur son trente et un** estar / ponerse de punta en blanco. ***Voir aussi* six.**

trentenaire [tʀɑ̃tnɛʀ] ❖ adj treintañal, que dura treinta años. ❖ nmf treintañero *m*, -ra *f*.

trente-six *(en fin de phrase* [tʀɑ̃tsis], *devant consonne ou 'h' aspiré* [tʀɑ̃tsi], *devant voyelle ou 'h' muet* [tʀɑ̃tsiz]*)* ❖ adj num **1.** [pour indiquer le nombre] treinta y seis **2.** *fam* [beaucoup] cincuenta / ***il n'y a pas trente-six solutions !*** ¡no hay cincuenta soluciones! ❖ nm inv **1.** treinta y seis *m* **2.** EXPR **tous les trente-six du mois** **a)** *fam* [jamais] cuando la(s) rana(s) críe(n) pelos **b)** [rarement] de higos a brevas.

trente-trois-tours [tʀɑ̃ttʀwatuʀ] nm inv elepé *m*, long-play *m*.

trentième [tʀɑ̃tjɛm] ❖ adj num & nmf trigésimo(ma). ❖ nm treintavo *m*, treintava parte *f*. ***Voir aussi* sixième.**

trépaner [3] [tʀepane] vt trepanar.

trépas [tʀepa] nm *sout* tránsito *m*.

trépasser [3] [tʀepase] vi *sout* fallecer.

trépidant, e [tʀepidɑ̃, ɑ̃t] adj trepidante.

trépidation [tʀepidasjɔ̃] nf trepidación *f*.

trépied [tʀepje] nm trípode *m*.

trépignement [tʀepiɲmɑ̃] nm pataleo *m*.

trépigner [3] [tʀepiɲe] vi patalear.

très [tʀɛ]

❖ adv

mucho(cha) *(devant un n)*, muy *(devant un adj, un adv)* / ***très malade*** muy enfermo / ***très bien*** muy bien / ***très à l'aise*** muy a gusto / ***arriver très en retard*** llegar muy tarde **ou** con mucho retraso / ***avoir très envie de*** tener muchas ganas de / ***avoir très peur / très faim*** tener mucho miedo / mucha hambre / ***tu es fatigué ? — oui, très*** ¿estás cansado? — sí, mucho

trésor [tʀezɔʀ] nm tesoro *m* ▸ **des trésors d'ingéniosité** ingeniosidad *f* a raudales ▸ **mon trésor** [terme d'affection] tesoro (mío). ◆ **Trésor** nm ▸ **le Trésor public** el Tesoro Público.

trésorerie [tʀezɔʀʀi] nf tesorería *f*. ◆ **Trésorerie générale** nf *oficina de hacienda departamental o regional en Francia*.

trésorier, ère [tʀezɔʀje, ɛʀ] nm, f tesorero *m*, -ra *f*.

tressaillement [tʀesajmɑ̃] nm estremecimiento *m*.

tressaillir [47] [tʀesajiʀ] vi estremecerse.

tressauter [3] [tʀesote] vi bambolearse ▸ **faire tressauter** hacer bambolearse.

tresse [tʀɛs] nf trenza *f*.

tresser [4] [tʀese] vt trenzar.

tréteau, x [tʀeto] nm caballete *m*.

treuil [tʀœj] nm torno *m* elevador.

trêve [tʀɛv] nf tregua *f* ▸ **trêve de plaisanteries / de sottises** basta de bromas / de tonterías. ◆ **sans trêve** loc adv sin tregua.

tri [tʀi] nm [de lettres] clasificación *f*; [de candidats] selección *f* ▸ **faire le tri dans qqch** poner orden en algo ▸ **tri sélectif (des ordures ménagères)** separación *f* selectiva (de basuras).

triage [tʀijaʒ] nm [de lettres] clasificación *f*.

triangle [tʀijɑ̃gl] nm triángulo *m* ▸ **triangle isocèle / rectangle** triángulo isósceles / rectángulo.

triangulaire [tʀijɑ̃gylɛʀ] adj triangular.

triathlète [tʀijatlɛt] nmf triatleta *mf*.

triathlon [tʀijatlɔ̃] nm triatlón *m*.

tribal, e, aux [tʀibal, o] adj tribal.

tribord [tʀibɔʀ] nm estribor *m* ▸ **à tribord** a estribor.

tribu [tʀiby] nf tribu *f*.

tribulations [tʀibylasjɔ̃] nfpl tribulaciones *fpl*.

tribun [tʀibœ̃] nm tribuno *m*.

tribunal, aux [tʀibynal, o] nm tribunal *m* ▸ **tribunal correctionnel** ≃ sala *f* de lo penal ▸ **tribunal pour enfants** ≃ tribunal tutelar de menores ▸ **tribunal d'exception** ≃ tribunal especial ▸ **tribunal d'instance** ≃ juzgado *m* municipal ▸ **tribunal de grande instance** ≃ audiencia *f* provincial o regional ▸ **tribunal de police** ≃ juzgado de primera instancia.

tribune [tʀibyn] nf tribuna *f* ▸ **tribune libre** tribuna libre.

tribut [tʀiby] nm *sout* tributo *m*.

tributaire [tʀibytɛʀ] adj tributario(ria) ▸ **être tributaire de qqch / de qqn** depender de algo / de alguien.

tricentenaire [tʀisɑ̃tnɛʀ] ◆ adj tricentenario(ria). ◆ nm tricentenario *m*.

triceps [tʀisɛps] nm tríceps *m*.

tricératops [tʀiseʀatɔps] nm triceratops *m*.

triche [tʀiʃ] nf *fam* ▸ **c'est de la triche** es (una) trampa.

tricher [3] [tʀiʃe] vi **1.** [au jeu] hacer trampas **2.** [à un examen] copiar **3.** [mentir] ▸ **tricher sur qqch** engañar sobre algo.

tricherie [tʀiʃʀi] nf **1.** [gén] trampa *f* **2.** [tromperie] engaño *m*.

tricheur, euse [tʀiʃœʀ, øz] nm, f **1.** [au jeu] tramposo *m*, -sa *f* **2.** [à un examen] copión *m*, -ona *f*.

tricolore [tʀikɔlɔʀ] adj tricolor.

tricot [tʀiko] nm **1.** [étoffe] punto *m* ▸ **faire du tricot** hacer punto **2.** [vêtement] jersey *m* ▸ **tricot de corps** camiseta *f*.

tricoter [3] [tʀikɔte] ◆ vt ▸ **tricoter qqch** hacer algo de punto, tejer algo. ◆ vi hacer punto, tejer.

tricycle [tʀisikl] nm triciclo *m*.

trident [tʀidɑ̃] nm **1.** [de pêche] tridente *m*, fisga *f* **2.** [fourche] tridente *m*.

tridimensionnel, elle [tʀidimɑ̃sjɔnɛl] adj tridimensional.

triennal, e, aux [tʀijɛnal, o] adj trienal.

trier [10] [tʀije] vt **1.** [classer] clasificar **2.** [sélectionner] seleccionar.

trifouiller [3] [tʀifuje] vi *fam* hurgar.

trigonométrie [tʀigɔnɔmetʀi] nf trigonometría *f*.

trilingue [tʀilɛ̃g] adj & nmf trilingüe.

trille [tʀij] nm trino *m*.

trilogie [tʀilɔʒi] nf trilogía *f*.

trim. 1. (*abr écrite de* **trimestre**) trim. **2.** *abr écrite de* **trimestriel**.

trimaran [tʀimaʀɑ̃] nm trimarán *m*.

trimbal(l)er [3] [tʀɛ̃bale] vt **1.** *fam* [porter] cargar con / *j'ai trimbalé ma valise toute la journée* he cargado con la maleta todo el día **2.** [emmener] llevar / *je n'aime pas trimbaler les enfants dans les magasins* no me gusta llevar a los niños en las tiendas. ◆ **se trimbal(l)er** vp **1.** [porter] ▸ **se trimbaler avec qqch** ir con algo a cuestas **2.** [se déplacer] pasearse / *elle se trimbale toujours en petite tenue* siempre se pasea en paños menores.

trimer [3] [tʀime] vi *fam* currar.

trimestre [tʀimɛstʀ] nm trimestre *m*.

trimestriel, elle [tʀimɛstʀijɛl] adj trimestral.

trimoteur [tʀimɔtœʀ] adj & nm trimotor.

tringle [tʀɛ̃gl] nf varilla *f* ▸ **tringle à rideaux** riel *m*.

Trinité [tʀinite] npr f Trinidad *f*.

Trinité-et-Tobago [tʀiniteetɔbago] npr Trinidad y Tobago.

trinôme [tʀinom] nm MATH trinomio *m*.

trinquer [3] [tʀɛ̃ke] vi **1.** [boire] brindar ▸ **trinquer à** [à la santé de] beber a **2.** *fam* [subir un dommage] pagar el pato.

trio [tʀijo] nm trío *m*.

triomphal, e, aux [tʀijɔ̃fal, o] adj triunfal.

triomphalement [tʀijɔ̃falmɑ̃] adv triunfalmente.

triomphalisme [tʀijɔ̃falism] nm triunfalismo *m*.

triomphant, e [tʀijɔ̃fɑ̃, ɑ̃t] adj triunfante.

triomphateur, trice [tʀijɔ̃fatœʀ, tʀis] adj & nm, f triunfador(ra).

triomphe [tʀijɔ̃f] nm triunfo *m* ▸ **porter qqn en triomphe** llevar a alguien a hombros.

triompher [3] [tʀijɔ̃fe] vi **1.** [gén] triunfar ▸ **faire triompher qqch** hacer triunfar algo ▸ **triompher de qqch / de qqn** triunfar sobre algo / sobre alguien **2.** [jubiler] cantar victoria.

trip [tʀip] nm *arg* viaje *m*.

triparti, e [tʀipaʀti], **tripartite** [tʀipaʀtit] adj tripartito(ta).

tripatouiller [3] [tʀipatuje] vt *fam* **1.** [manipuler] manosear **2.** *fig* [texte, compte] manipular.

triperie [tʀipʀi] nf casquería *f*.

tripes [tRip] nfpl **1.** [d'animal] tripas *fpl* ; CULIN [plat] callos *mpl* **2.** *fam* [de personne] agallas *fpl* ▸ **prendre qqn aux tripes** *fig* hacérsele un nudo en la garganta a alguien ▸ **rendre tripes et boyaux** echar las tripas.

triphasé, e [tRifaze] adj ÉLECTR trifásico(ca).

tripier, ère [tRipje, ɛR] nm, f casquero *m*, -ra *f*.

triple [tRipl] adj & nm triple.

triplé [tRiple] nm **1.** [au turf] *combinación de los tres caballos ganadores* **2.** SPORT triplete *m*. ◆ **triplés, ées** nmf pl trillizos *mpl*, -zas *f* ESP, triates *mpl* AM.

triplement [tRipləmɑ̃] ❖ adv triplemente. ❖ nm triplicación *f*.

tripler [3] [tRiple] ❖ vt triplicar. ❖ vi triplicarse.

Tripoli [tRipɔli] npr Trípoli.

triporteur [tRipɔRtœR] nm motocarro *m*.

tripot [tRipo] nm *péj* timba *f*.

tripotage [tRipɔtaʒ] nm *fam* [manigances] chanchullo *m*.

tripotée [tRipɔte] nf *fam* **1.** [raclée] paliza *f* **2.** [grand nombre] ▸ **une tripotée de** (un) montón de, un mogollón de ESP.

tripoter [3] [tRipɔte] *fam* ❖ vt [stylo, montre] manosear. ❖ vi ▸ **tripoter dans qqch a)** [fouiller dans] meter mano en algo **b)** *fig* [trafiquer dans] hacer chanchullos ou trapichear en algo.

triptyque [tRiptik] nm tríptico *m*.

trique [tRik] nf garrote *m*, estaca *f*.

trisomie [tRizɔmi] nf trisomía *f* ▸ **trisomie 21** síndrome de Down, trisomía 21.

trisomique [tRizɔmik] ❖ adj **1.** con síndrome de Down **2.** EXPR **être trisomique** tener síndrome de Down. ❖ nmf persona *f* con síndrome de Down.

triste [tRist] adj triste ▸ **être triste de faire qqch** estar triste por hacer algo ▸ **c'est pas triste !** ¡qué follón!

tristement [tRistəmɑ̃] adv tristemente.

tristesse [tRistɛs] nf tristeza *f*.

tristounet, ette [tRistunɛ, ɛt] adj *fam* tristón(ona).

trithérapie [tRiteRapi] nf triterapia *f*.

triton [tRitɔ̃] nm tritón *m*.

triturer [3] [tRityRe] vt triturar.

trivial, e, aux [tRivjal, o] adj **1.** [banal] trivial **2.** *péj* [vulgaire] grosero(ra) ESP, guarango(ga) AM.

trivialité [tRivjalite] nf **1.** [banalité] trivialidad *f* **2.** *péj* [vulgarité] grosería *f* ESP, guarangada *f* AM.

tr /mn, tr /min (*abr écrite de* **tour par minute**) r.p.m. / *33 tr/mn* 33 r.p.m.

troc [tRɔk] nm trueque *m*.

troène [tRɔɛn] nm alheña *f*.

troglodyte [tRɔglɔdit] nm [des grottes] troglodita *mf*.

trogne [tRɔɲ] nf *fam* careto *m*.

trognon [tRɔɲɔ̃] ❖ adj *fam* mono(na). ❖ nm [de fruit] corazón *m* ; [de salade] troncho *m*.

troïka [tRɔika] nf troica *f*.

trois [tRwa] ❖ adj num tres ▸ **faire les trois-huit** trabajar día y noche *(tres turnos de ocho horas)* ▸ **trois fois rien** nada en absoluto. ❖ nm tres *m inv*. ***Voir aussi* six**.

trois-étoiles [tRwazetwal] ❖ adj inv [hôtel] de tres estrellas ; [restaurant] de tres tenedores. ❖ nm [hôtel] tres estrellas *m* ; [restaurant] tres tenedores *m*.

troisième [tRwazjɛm] ❖ adj & nmf tercero(ra). ❖ nm tercero *m*, tercera parte *f*. ❖ nf **1.** SCOL *cuarto año de educación secundaria en Francia* ; ≃ tercero *m* de ESO **2.** [vitesse] tercera *f*. ***Voir aussi* sixième**.

troisièmement [tRwazjɛmmɑ̃] adv en tercer lugar.

trois-mâts [tRwama] nm buque *m* de tres mástiles.

trois-quarts [tRwakaR] nm tres cuartos *m*.

trolley [tRɔlɛ] nm trole *m*.

trolleybus [tRɔlɛbys] nm trolebús *m*.

trombe [tRɔ̃b] nf tromba *f* ▸ **en trombe** en tromba ▸ **des trombes d'eau** trombas de agua.

trombone [tRɔ̃bɔn] nm **1.** [agrafe] clip *m* **2.** MUS trombón *m* ▸ **trombone à coulisse** trombón de varas.

trompe [tRɔ̃p] nf trompa *f*.

trompe-l'œil [tRɔ̃plœj] nm inv **1.** [peinture] trampantojo *m* ▸ **en trompe-l'œil** de trampantojo **2.** *fig* [apparence] engañifa *f*.

tromper [3] [tRɔ̃pe] vt **1.** [gén] engañar **2.** [vigilance] burlar **3.** *sout* [espoir] frustrar. ◆ **se tromper** vp equivocarse ▸ **se tromper de** equivocarse de.

tromperie [tRɔ̃pRi] nf engaño *m*, engañifa *f*.

trompette [tRɔ̃pɛt] nf trompeta *f*.

trompettiste [tRɔ̃petist] nmf trompetista *mf*.

trompeur, euse [tRɔ̃pœR, øz] ❖ adj **1.** [personne] embustero(ra) **2.** [chose] engañoso(sa) / *c'est trompeur* eso engaña. ❖ nm, f embustero *m*, -ra *f*.

trompeusement [tRɔ̃pøzmɑ̃] adv engañosamente.

tronc [tRɔ̃] nm **1.** [gén] tronco *m* **2.** [d'église] cepillo *m*. ◆ **tronc commun** nm tronco *m* común.

tronche [tRɔ̃ʃ] nf *fam* & *péj* pinta *f*.

tronçon [tRɔ̃sɔ̃] nm **1.** [morceau] trozo *m* **2.** [de route, de chemin de fer] tramo *m*.

tronçonner [3] [tRɔ̃sɔne] vt [gén] trocear ; [bois] tronzar.

tronçonneuse [tRɔ̃sɔnøz] nf sierra *f* eléctrica.

trône [tRon] nm trono *m* ▸ **monter sur le trône** subir al trono.

trôner [3] [tRone] vi **1.** [gén] reinar **2.** *hum* [faire l'important] pavonearse.

tronquer [3] [tRɔ̃ke] vt truncar.

trop [tRo]

❖ adv

1. *(avec adjectif, adverbe et verbe)* demasiado / *il mange trop* come demasiado / *trop loin / vieux* demasiado lejos/viejo / *il est trop mignon ce bébé !* ¡este bebé es muy mono! ▸ **trop peu** demasiado poco(ca) ▸ **c'en est trop !** ¡ya basta!

2. *(devant un nom)* demasiado(da) / ***avoir trop chaud*** tener demasiado calor / ***avoir trop faim*** tener demasiada hambre

3. *(avec complément)* ▸ **trop de** demasiado(da) / ***trop d'argent*** demasiado dinero / ***trop de tristesse*** demasiada tristeza

4. *(dans une négation)* ▸ **pas trop** no mucho, no demasiado / ***je n'aime pas trop le poisson*** no me gusta mucho el pescado / ***on ne se voit plus trop*** ya casi no se ve / ***sans trop savoir pourquoi*** sin saber muy bien por qué

◆ **de trop, en trop** loc adv de más ▸ **être de trop** estar de más.

◆ **par trop** loc adv *sout* en demasía, demasiado.

trophée [tʀɔfe] nm trofeo *m*.

tropical, e, aux [tʀɔpikal, o] adj tropical.

tropique [tʀɔpik] nm trópico *m* ▸ **tropique du Cancer / du Capricorne** trópico de Cáncer / de Capricornio. ◆ **tropiques** nmpl trópicos *mpl*.

trop-perçu [tʀɔpɛʀsy] (*pl* **trop-perçus**) nm cobro *m* indebido.

trop-plein [tʀɔplɛ̃] (*pl* **trop-pleins**) nm **1.** [de récipient] sobrante *m* **2.** [de barrage] rebosadero *m* **3.** [d'énergie] exceso *m*.

troquer [3] [tʀɔke] vt ▸ **troquer qqch contre qqch** trocar algo por algo.

troquet [tʀɔkɛ] nm *fam* bareto *m*.

trot [tʀo] nm trote *m* ▸ **au trot** al trote.

trotskiste, trotskyste [tʀɔtskist] adj & nmf trotskista.

trotte [tʀɔt] nf *fam* tirada *f*, trecho *m* / ***ça fait une trotte du camping au centre-ville*** hay una buena tirada ou un buen trecho del camping al centro (de la ciudad).

trotter [3] [tʀɔte] vi trotar.

trotteur, euse [tʀɔtœʀ, øz] nm, f trotón *m*, -ona *f*. ◆ **trotteuse** nf segundero *m*.

trottiner [3] [tʀɔtine] vi trotar.

trottinette [tʀɔtinɛt] nf patinete *m*.

trottoir [tʀɔtwaʀ] nm acera *f* ESP, vereda *f* AM ▸ **faire le trottoir** *fam & fig* hacer la carrera.

trou [tʀu] nm **1.** [gén] agujero *m* ; [dans le sol] hoyo *m* ▸ **trou d'air** bolsa *f* de aire ▸ **trou de mémoire** laguna *f* ▸ **trou de la serrure** ojo *m* de la cerradura ▸ **boire comme un trou** beber como una esponja **2.** [temps libre] hueco *m* **3.** *fam* [prison] trullo *m*.

troubadour [tʀubaduʀ] nm trovador *m*.

troublant, e [tʀublɑ̃, ɑ̃t] adj **1.** [ressemblance, coïncidence] inquietante **2.** [sourire, femme] turbador(ra), perturbador(ra).

trouble [tʀubl] ◇ adj turbio(bia). ◇ nm **1.** [désordre] confusión *f* **2.** [émotion] turbación *m*, confusión *f* **3.** [dérèglement] trastorno *m* ▸ **troubles moteurs / respiratoires** trastornos motores / respiratorios. ◆ **troubles** nmpl disturbios *mpl*.

trouble-fête [tʀubləfɛt] nmf aguafiestas *mf inv*.

troubler [3] [tʀuble] vt **1.** [gén] turbar, perturbar **2.** [eau] enturbiar **3.** [vue] nublar. ◆ **se troubler** vp **1.** [eau] enturbiarse **2.** [personne] turbarse.

trouée [tʀue] nf **1.** [ouverture] boquete *m* **2.** MIL & GÉOGR brecha *f*.

trouer [3] [tʀue] vt [percer] agujerear.

troufion [tʀufjɔ̃] nm *fam* soldado *m* raso.

trouillard, e [tʀujaʀ, aʀd] adj & nm, f *fam* cagueta.

trouille [tʀuj] nf *fam* mieditis *f*, cague *m*.

troupe [tʀup] nf **1.** MIL tropa *f* **2.** [d'amis] pandilla *f* **3.** THÉÂTRE compañía *f*, troupe *f*.

troupeau, x [tʀupo] nm **1.** [d'animaux domestiques] rebaño *m*, manada *f* ; [de porcs] piara *f* **2.** [d'animaux sauvages] manada *f* **3.** *péj* [groupe de personnes] manada *f* ESP, titipuchal *m* AM.

trousse [tʀus] nf estuche *m* ▸ **trousse de secours** botiquín *m* de primeros auxilios ▸ **trousse de toilette** bolsa *f* de aseo. ◆ **trousses** nfpl ▸ **avoir qqn à ses trousses** tener a alguien en los talones ▸ **être aux trousses de qqn** pisar los talones a alguien.

trousseau, x [tʀuso] nm **1.** [de mariée] ajuar *m* **2.** [de clefs] manojo *m*.

trousser [3] [tʀuse] vt **1.** [retrousser] recoger **2.** CULIN [volaille] atar **3.** *fig* [affaire] despachar.

trouvaille [tʀuvaj] nf hallazgo *m*.

trouvé, e [tʀuve] adj ▸ **bien trouvé** acertado ▸ **tout trouvé** fácil.

trouver [3] [tʀuve] vt encontrar ▸ **trouver bon / mauvais que** encontrar mal / bien que / ***il trouve toujours quelque chose à dire*** siempre encuentra algo que decir ▸ **trouver qqch à qqn** encontrarle algo a alguien ▸ **trouver que** creer que ▸ **aller trouver qqn** ir a ver a alguien. ◆ **se trouver** ◇ vp encontrarse ▸ **se trouver mal** [s'évanouir] desmayarse. ◇ v impers ▸ **il se trouve que** resulta que.

truand [tʀyɑ̃] nm mafioso *m* ; *fam* timador *m*.

truander [3] [tʀyɑ̃de] vt *fam* estafar, timar.

trublion [tʀyblijɔ̃] nm agitador *m*.

truc [tʀyk] nm *fam* **1.** [combine] truco *m* **2.** [chose] chisme *m* ESP, coso *m* AM / ***le théâtre c'est mon truc*** lo mío es el teatro.

trucage = **truquage**.

truchement [tʀyʃmɑ̃] nm ▸ **par le truchement de qqn** por mediación ou intermedio de alguien.

trucider [3] [tʀyside] vt *fam* cargarse a.

Trucmuche [tʀykmyʃ] nm *fam* [personne] fulano *m*, -na *f*.

truculence [tʀykylɑ̃s] nf truculencia *f*.

truculent, e [tʀykylɑ̃, ɑ̃t] adj truculento(ta).

truelle [tʀyɛl] nf llana *f*.

truffe [tʀyf] nf **1.** [champignon] trufa *f* ▸ **truffe au** OU **en chocolat** trufa de chocolate **2.** [museau] morro *m*.

truffer [3] [tʀyfe] vt trufar ▸ **truffé de** repleto de.

truie [tʀɥi] nf cerda *f*, marrana *f*.

truite [tʀɥit] nf trucha *f* ▸ **truite meunière** trucha meunière.

truquage, **trucage** [tʀykaʒ] nm [de dés & CINÉ] trucaje *m* ; [d'élections] amaño *m*.

truquer [3] [tʀyke] vt [dés & CINÉ] trucar ; [élections] amañar.

trust [tʀœst] nm trust *m*.

ts *abr de* **tous**.

tsar, **tzar** [tsaʀ] nm zar *m*.

tsé-tsé [tsetse] nf inv ⟶ **mouche**.

tsigane = **tzigane**.

tsunami [tsynami] nm tsunami *m*.

TSVP (*abr de* **tournez s'il vous plaît**) véase al dorso.

tt *abr écrite de* **tout**.

TTC (*abr de* **toutes charges comprises**) ≃ IVA incluido ▸ **prix TTC** ≃ precio (con) IVA incluido / *50 euros TTC* ≃ 50 euros IVA incluido.

ttes *abr écrite de* **toutes**.

TTX (*abr écrite de* **traitement de texte**) tratamiento *m* de texto.

tu¹, **e** [ty] pp ⟶ **taire**.

tu² [ty] pron pers tú ▸ **dire tu à qqn** tratar de tú a alguien, tutear a alguien.

TU (*abr de* **temps universel**) nm TU *m*.

tuant, **e** [tɥɑ̃, ɑ̃t] adj matador(ra).

tuba [tyba] nm **1.** MUS tuba *f* **2.** [de plongée] tubo *m*.

tube [tyb] nm **1.** [gén] tubo *m* ▸ **tube à essai** tubo de ensayo ▸ **tube cathodique** tubo catódico ▸ **à pleins tubes** *fam* [à toute vitesse, à plein volume] a toda máquina **2.** *fam* [chanson] éxito *m*. ◆ **tube digestif** nm tubo *m* digestivo.

tubercule [tybɛʀkyl] nm tubérculo *m*.

tuberculeux, **euse** [tybɛʀkylø, øz] adj & nm, f tuberculoso(sa).

tuberculose [tybɛʀkyloz] nf tuberculosis *f inv*.

tubulaire [tybylɛʀ] adj tubular.

TUC, **Tuc** [tyk] (*abr de* **travail d'utilité collective**) nm *programa francés de creación de empleos en el sector no mercantil para fomentar la inserción, la creación de actividad y el desarrollo de nuevos servicios de interés colectivo* ▸ **les TUC** los TUC.

tuciste [tysist] nmf *persona que realiza un trabajo de utilidad pública*.

tué, **e** [tɥe] nm, f víctima *f* (mortal) / *il y a eu deux tués dans l'attentat* ha habido dos víctimas (mortales) en el atentado.

tue-mouches [tymuʃ] adj inv matamoscas.

tuer [3] [tɥe] vt matar. ◆ **se tuer** vp matarse ▸ **se tuer à faire qqch** matarse haciendo algo ▸ **se tuer à la tâche** matarse trabajando.

tuerie [tyʀi] nf matanza *f*.

tue-tête [tytɛt] ◆ **à tue-tête** loc adv [chanter] a voz en grito ; [crier] hasta desgañitarse.

tueur, **euse** [tɥœʀ, øz] nm, f **1.** [meurtrier] asesino *m*, -na *f* ▸ **tueur à gages** asesino a sueldo ▸ **tueur en série** asesino en serie **2.** [dans un abattoir] matarife *m*.

tufékoi SMS *abr écrite de* **tu fais quoi?**

tuile [tɥil] nf **1.** [sur un toit] teja *f* **2.** *fam* [désagrément] marrón *m*.

tulipe [tylip] nf **1.** BOT tulipán *m* **2.** [abat-jour] tulipa *f*.

tulle [tyl] nm tul *m*.

tuméfié, **e** [tymefje] adj tumefacto(ta).

tuméfier [9] [tymefje] vt causar tumefacción en.

tumeur [tymœʀ] nf tumor *m*.

tumoral, **e**, **aux** [tymɔʀal, o] adj tumoral.

tumulte [tymylt] nm tumulto *m*.

tumultueux, **euse** [tymyltɥø, øz] adj tumultuoso(sa).

tune = **thune**.

tuner [tynɛʀ] nm túner *m*.

tungstène [tœ̃kstɛn] nm tungsteno *m*.

tuning [tyniŋ] nm AUTO puesta *f* a punto, tuning *m*.

tunique [tynik] nf túnica *f*.

Tunis [tynis] npr Túnez.

Tunisie [tynizi] nf ▸ **la Tunisie** Túnez.

tunisien, **enne** [tynizjɛ̃, ɛn] adj tunecino(na). ◆ **Tunisien**, **enne** nm, f tunecino *m*, -na *f*.

tunnel [tynɛl] nm túnel *m*.

TUP (*abr de* **titre universel de paiement**) nm orden *f* de pago universal.

turban [tyʀbɑ̃] nm turbante *m*.

turbin [tuʀbɛ̃] nm ▸ **aller au turbin** *fam* ir al tajo.

turbine [tyʀbin] nf turbina *f*.

turbiner [3] [tyʀbine] vi *fam* [travailler] trabajar, currar ESP, chambear MÉX, laburar RP.

turbo [tyʀbo] nm turbo *m*.

turboréacteur [tyʀbɔʀeaktœʀ] nm turborreactor *m*.

turbot [tyʀbo] nm rodaballo *m*.

turbotrain [tyʀbɔtʀɛ̃] nm turbotrén *m*.

turbulence [tyʀbylɑ̃s] nf turbulencia *f*.

turbulent, **e** [tyʀbylɑ̃, ɑ̃t] adj turbulento(ta) ; [enfant] revoltoso(sa).

turc, **turque** [tyʀk] adj turco(ca). ◆ **turc** nm LING turco *m*. ◆ **Turc**, **Turque** nm, f turco *m*, -ca *f* ▸ **fort comme un Turc** fuerte como un toro.

turfiste [tœʀfist] nmf apostante *mf* de carreras de caballos.

turista, **tourista** nf *fam* diarrea *f* del viajero.

turkmène [tyʀkmɛn] ◆ adj turcomano(na). ◆ nm LING turcomano *m*. ◆ **Turkmène** nmf turcomano *m*, -na *f*.

Turkménistan [tyʀkmenistɑ̃] npr : *le Turkménistan* Turkmenistán.

turlupiner [3] [tyʀlypine] vt *fam* martirizar *(obsesionar)*.

turnover [tœʀnɔvœʀ] nm rotación *f* de la mano de obra.

turpitude [tyʀpityd] nf *sout* infamia *f*.

turque ⟶ **turc**.

Turquie [tyʀki] npr ▸ **la Turquie** Turquía.

turquoise [tyʀkwaz] ◆ nf [pierre] turquesa *f*. ◆ adj inv [couleur] turquesa *(en apposition)*.

tus ⟶ **taire**.

tutelle [tytɛl] nf tutela *f*.

tuteur, trice [tytœʀ, tʀis] nm, f tutor *m*, -ra *f*. ◆ **tuteur** nm tutor *m*, rodrigón *m*.

tutoiement [tytwamɑ̃] nm tuteo *m*.

tutoyer [13] [tytwaje] vt tutear. ◆ **se tutoyer** vp tutearse.

tutu [tyty] nm tutú *m*.

tuyau, x [tɥijo] nm **1.** [conduit - gén] tubo *m* ; [- de plume, de cheminée, d'orgue] cañón *m* ▸ **tuyau d'arrosage** manga *f* ou manguera *f* de riego ▸ **tuyau d'échappement** tubo de escape **2.** *fam* [renseignement] soplo *m*.

tuyauter [3] [tɥijote] vt *fam* dar un soplo a.

tuyauterie [tɥijotʀi] nf tubería *f*, cañería *f*.

TV (*abr de* **télévision**) nf TV *f* ▸ **un programme TV** un programa de televisión ▸ **un plateau TV** *bandeja con comida para comer mirando la televisión* ▸ **la redevance TV** *impuesto anual que se paga por tener un televisor* ▸ **une série TV** una serie TV, una serie televisiva.

TVA (*abr de* **taxe sur la valeur ajoutée**) nf IVA *m* ▸ **le taux de TVA** la tasa del IVA / ***réclamer une baisse de la TVA*** reclamar una bajada del IVA.

TVHD (*abr de* **télévision haute définition**) nf televisión *f* de alta definición.

twa SMS ***abr écrite de*** **toi**.

tweed [twid] nm tweed *m*.

twin-set [twinsɛt] (*pl* **twin-sets**) nm *conjunto de jersey y chaqueta de punto*.

tympan [tɛ̃pɑ̃] nm ANAT & ARCHIT tímpano *m*.

type [tip] nm tipo *m* ▸ **un chic / sale type** un tipo estupendo / asqueroso / ***avoir le type nordique*** tener rasgos típicamente nórdicos.

typé, e [tipe] adj ▸ **être très typé** tener un físico muy característico.

typhoïde [tifɔid] nf tifoidea *f*.

typhon [tifɔ̃] nm tifón *m*.

typhus [tifys] nm tifus *m inv*.

typique [tipik] adj típico(ca).

typiquement [tipikmɑ̃] adv típicamente.

typographe [tipɔgʀaf] nmf tipógrafo *m*, -fa *f*.

typographie [tipɔgʀafi] nf tipografía *f*.

typographique [tipɔgʀafik] adj tipográfico(ca).

typologie [tipɔlɔʒi] nf tipología *f*.

tyran [tiʀɑ̃] nm tirano *m*, -na *f*.

tyrannie [tiʀani] nf tiranía *f*.

tyrannique [tiʀanik] adj tiránico(ca).

tyranniser [3] [tiʀanize] vt tiranizar.

tyrannosaure [tiʀanozɔʀ] nm tiranosaurio *m*.

tyrolien, enne [tiʀɔljɛ̃, ɛn] adj tirolés(esa). ◆ **Tyrolien, enne** nm, f tirolés *m*, -esa *f*. ◆ **tyrolienne** nf tirolesa *f*.

tzar = **tsar**.

tzatziki [tzatziki] nm CULIN tzatziki *m*.

tzigane, tsigane [tsigan] adj cíngaro(ra), zíngaro(ra). ◆ **Tzigane, Tsigane** nmf cíngaro *m*, -ra *f*.

U

u, U [y] nm inv [lettre] u *f*, U *f*.

UA (*abr de* **Union africaine**) nf UA *f*.

ubiquité [ybikɥite] nf ubicuidad *f*.

UDF (*abr de* **Union pour la démocratie française**) nf *partido político francés al centro-derecha del espectro político* / *le président de l'UDF* el presidente de la UDF.

UE (*abr de* **Union européenne**) nf UE *f* / *les pays membres de l'UE* los países miembros de la UE / *les pays hors UE* los países fuera de la UE ▸ **adhérer à l'UEUE** adherirse a la UE / *l'élargissement de l'UE* la ampliación de la UE.

UEFA (*abr de* **Union of European Football Associations**) nf UEFA *f*.

UEO (*abr de* **Union de l'Europe occidentale**) nf UEO *f*.

UFC (*abr de* **Union fédérale des consommateurs**) nf *federación francesa de diversas asociaciones de consumidores*.

UFR (*abr de* **unité de formation et de recherche**) nf *departamento universitario francés* ▸ **l'UFR d'anglais** el departamento de filología inglesa.

UHF (*abr de* **ultra-haute fréquence**) nf UHF *f*.

UHT (*abr de* **ultra-haute température**) nf UHT *f* ▸ **lait UHT** leche UHT.

Ukraine [ykʀɛn] npr f ▸ **l'Ukraine** Ucrania.

ukrainien, enne [ykʀɛnjɛ̃, ɛn] adj ucraniano(na).
◆ **ukrainien** nm LING ucraniano *m*.
◆ **Ukrainien, enne** nm, f ucraniano *m*, -na *f*.

ulcère [ylsɛʀ] nm úlcera *f*.

ulcérer [18] [ylseʀe] vt **1.** MÉD ulcerar **2.** [indigner] afectar, indignar. ◆ **s'ulcérer** vp ulcerarse.

ulcéreux, euse [ylseʀø, øz] adj ulceroso(sa).

ULM (*abr de* **ultraléger motorisé**) nm ultraligero *m* / *voler en ULM* volar en ultraligero / *un brevet de pilote ULM* un certificado de piloto de ultraligero.

Ulster [ylstɛʀ] npr m ▸ **l'Ulster** el Ulster.

ultérieur, e [ylteʀjœʀ] adj ulterior.

ultérieurement [ylteʀjœʀmɑ̃] adv posteriormente.

ultimatum [yltimatɔm] nm ultimátum *m*.

ultime [yltim] adj último(ma).

ultralibéral, e [yltʀaliberal] ◈ adj ultraliberal. ◈ nm, f ultraliberal *mf*.

ultramoderne [yltʀamɔdɛʀn] adj ultramoderno(na).

ultrarésistant, e [yltʀʀezistɑ̃a, ɑ̃t] adj [matériau] ultrarresistente ; [virus] multirresistente.

ultrasensible [yltʀasɑ̃sibl] adj ultrasensible.

ultrason [yltʀasɔ̃] nm ultrasonido *m*.

ultraviolet, ette [yltʀavjɔlɛ, ɛt] adj ultravioleta.
◆ **ultraviolet** nm ultravioleta *m*.

ululement [ylylmɑ̃] nm ululación *f*.

ululer, hululer [3] [ylyle] vi ulular.

UMP [yɛmpe] (*abr de* **Union pour un mouvement populaire**) nf *partido político francés a la derecha del espectro político creado en 2002, fruto de la unión del RPR, del DL y de algunos miembros de la UDF* ▸ **un parlementaire UMP** un parlamentario de la UMP.

un, une [œ̃, yn] ◈ art indéf un, una / *c'est une erreur* es un error / *il est d'une bêtise !* ¡mira que es burro! ◈ pron indéf ▸ **un de, l'un de** uno de / *l'un de mes amis* uno de mis amigos ▸ **l'un l'autre** el uno al otro ▸ **l'un… l'autre** (el) uno… (el) otro ▸ **l'un après l'autre** uno detrás de otro ▸ **l'un et / ou l'autre** uno y/u otro ▸ **l'un contre l'autre** (el) uno contra (el) otro ▸ **ni l'un ni l'autre** ni (el) uno ni (el) otro, ninguno de los dos. ◈ adj num un, una. ◆ **un** nm inv uno *m*. *Voir aussi* **six.** ◆ **une** nf ▸ **être à la** OU **faire la une** aparecer en primera plana ▸ **ne faire ni une ni deux** no pensárselo dos veces.

unanime [ynanim] adj unánime.

unanimement [ynanimmɑ̃] adv unánimemente.

unanimité [ynanimite] nf unanimidad *f* ▸ **à l'unanimité** por unanimidad.

underground [œndœʀgʀawnd] adj inv & nm underground.

UNEF, Unef [ynɛf] (*abr de* **Union nationale des étudiants de France**) nf *sindicato francés de estudiantes*.

UNESCO, Unesco [ynɛsko] (*abr de* **United Nations Educational, Scientific and Cultural Organization**) nf UNESCO *f* / *site classé au patrimoine mondial de l'UNESCO* sitio declarado patrimonio mundial de la UNESCO.

unetelle ⟶ **untel**.

uni, e [yni] adj **1.** [personnes, famille, couple] unido(da) **2.** [surface, mer, route] llano(na) **3.** [de couleur] liso(sa) **4.** *sout* [vie] monótono(na).

UNICEF, Unicef [ynisɛf] (*abr de* **United Nations International Children's Emergency Fund**) nf UNICEF *f*.

unicellulaire [yniselylɛʀ] adj unicelular.

unicité [ynisite] nf unicidad *f*.

unidose [ynidoz] adj monodosis / *ce produit se présente sous forme d'un flacon unidose* este producto se presenta en formato de frasco monodosis.

unificateur, trice [ynifikatœʀ, tʀis] adj unificador(ra).

unification [ynifikasjɔ̃] nf unificación *f*.

unifier [9] [ynifje] vt unificar. ◆ **s'unifier** vp unificarse.

unifolié [ynifɔlje] nm ▸ **l'unifolié** nombre con el que se conoce la bandera canadiense con la hoja de arce.

uniforme [ynifɔʀm] adj & nm uniforme.

uniformément [ynifɔʀmemɑ̃] adv uniformemente.

uniformisation [ynifɔʀmizasjɔ̃] nf uniformización *f*.

uniformiser [3] [ynifɔʀmize] vt uniformar.

uniformité [ynifɔʀmite] nf uniformidad *f*.

unijambiste [ynizɑ̃bist] adj & nmf cojo(ja).

unilatéral, e, aux [ynilateʀal, o] adj unilateral.

unilatéralement [ynilateʀalmɑ̃] adv unilateralmente.

union [ynjɔ̃] nf unión *f* ▸ **l'union fait la force** la unión hace la fuerza ▸ **union conjugale / libre** unión conyugal / libre ▸ **union douanière** unión aduanera. ◆ **Union européenne** nf Unión *f* Europea. ◆ **Union soviétique** nf Unión *f* Soviética.

unique [ynik] adj único(ca).

uniquement [ynikmɑ̃] adv **1.** [exclusivement] únicamente **2.** [seulement] sólo.

unir [32] [yniʀ] vt unir ▸ **unir qqch à qqch** unir algo a algo. ◆ **s'unir** vp unirse.

unisexe [ynisɛks] adj unisex.

unisson [ynisɔ̃] nm unísono *m* ▸ **à l'unisson** al unísono.

unitaire [ynitɛʀ] adj unitario(ria).

unité [ynite] nf unidad *f* ▸ **à l'unité** por unidad. ◆ **unité centrale** nf INFORM unidad *f* central. ◆ **unité de valeur** nf UNIV ≃ asignatura *f*.

univers [ynivɛʀ] nm **1.** [gén] universo *m* **2.** *fig* [milieu] mundo *m*, universo *m*.

universaliser [3] [ynivɛʀsalize] vt universalizar. ◆ **s'universaliser** vp universalizarse.

universalité [ynivɛʀsalite] nf universalidad *f*.

universel, elle [ynivɛʀsɛl] adj universal.

universellement [ynivɛʀsɛlmɑ̃] adv universalmente.

universitaire [ynivɛʀsitɛʀ] ❖ adj universitario(ria). ❖ nmf profesor *m*, -ra *f* de universidad.

université [ynivɛʀsite] nf universidad *f*.

univoque [ynivɔk] adj unívoco(ca).

untel, unetelle, Untel, Unetelle [œ̃tɛl, yntɛl] nm, f fulano *m*, -na *f*.

upériser [ypeʀize] vt uperizar ▸ **lait upérisé** leche uperizada.

uppercut [ypɛʀkyt] nm uppercut *m*.

UPU (*abr de* **Union postale universelle**) nf UPU *f*.

uranium [yʀanjɔm] nm uranio *m*.

Uranus [yʀanys] npr Urano.

urbain, e [yʀbɛ̃, ɛn] adj **1.** [de la ville] urbano(na) **2.** *sout* [poli] cortés.

urbanisation [yʀbanizasjɔ̃] nf urbanización *f* ESP, fraccionamiento *m* AM.

urbaniser [3] [yʀbanize] vt urbanizar. ◆ **s'urbaniser** vp urbanizarse.

urbanisme [yʀbanism] nm urbanismo *m*.

urbaniste [yʀbanist] nmf urbanista *mf*.

urbanité [yʀbanite] nf *sout* urbanidad *f*.

urbi et orbi [yʀbiɛtɔʀbi] loc adj & loc adv RELIG urbi et orbi ▸ **clamer qqch urbi et orbi** *fig* clamar algo urbi et orbi.

urée [yʀe] nf urea *f*.

urémie [yʀemi] nf uremia *f*.

urgemment [yʀʒamɑ̃] adv urgentemente / ***il faut intervenir urgemment car il est en danger de mort*** hay que intervenir urgentemente, porque está en peligro de muerte.

urgence [yʀʒɑ̃s] nf urgencia *f* ▸ **en cas d'urgence** en caso de emergencia ▸ **les urgences** [d'un hôpital] urgencias. ◆ **d'urgence** loc adv urgentemente.

urgent, e [yʀʒɑ̃, ɑ̃t] adj urgente.

urgentissime [yʀʒɑ̃tisim] adj *fam* urgentísimo(ma) / ***elle a un travail urgentissime à finir*** tiene un trabajo urgentísimo que terminar.

urgentiste [yʀʒɑ̃tist] nmf MÉD médico(ca) de urgencias.

urger v impers *fam* : ***ça urge*** corre prisa.

urinaire [yʀinɛʀ] adj urinario(ria).

urine [yʀin] nf orina *f*.

uriner [3] [yʀine] vi orinar.

urinoir [yʀinwaʀ] nm urinario *m*.

URL (*abr de* **uniform resource locator**) nf URL *m*.

urne [yʀn] nf urna *f*.

urologie [yʀɔlɔʒi] nf urología *f*.

urologue [yʀɔlɔg] nmf urólogo *m*, -ga *f*.

URSS (*abr de* **Union des républiques socialistes soviétiques**) nf URSS *f* / *l'(ex-)URSS* la (antigua) URSS ▸ **en URSS** en la URSS.

URSSAF, Urssaf [yʀsaf] (*abr de* **Union de recouvrement des cotisations de sécurité sociale et d'allocations familiales**) nf *organismo encargado de la recaudación de las cotizaciones a la Seguridad Social y los subsidios familiares.*

urticaire [yʀtikɛʀ] nf urticaria *f*.

Uruguay [yʀygwɛ] npr m ▸ **l'Uruguay** Uruguay.

uruguayen, enne [yʀygwejɛ̃, ɛn] adj uruguayo(ya). ◆ **Uruguayen, enne** nm, f uruguayo *m*, -ya *f*.

us [ys] nmpl ▸ **les us et coutumes** los usos y costumbres.

USA (*abr de* **United States of America**) nmpl ▸ **les USA** EE.UU. *mpl*.

usage [yzaʒ] nm **1.** [emploi] uso *m* ▸ **'à usage externe'** 'uso tópico' ▸ **'à usage interne'** 'vía oral, rectal o parenteral' ▸ **à l'usage** con el uso ▸ **à l'usage de qqn** para uso de alguien ▸ **en usage** en uso ▸ **faire usage de qqch**

hacer uso de algo ▸ **hors d'usage** inservible **2.** [coutume] costumbre *f* ▸ **il est d'usage de...** es costumbre....

usagé, e [yzaʒe] adj usado(da).

usager [yzaʒe] nm usuario *m*, -ria *f* ▸ **les usagers de la route** los usuarios de la carretera.

usant, e adj *fam* pesado(da) / *c'est usant de devoir tout lui répéter* es pesado tener que estar repitiéndoselo todo.

USB (*abr de* **universal serial bus**) nm INFORM USB ▸ **clé USB** memoria USB, pendrive ▸ **port USB** puerto USB.

usé, e [yze] adj **1.** [vêtement] gastado(da) **2.** [eaux] residual **3.** [personne] estropeado(da) **4.** [plaisanterie] manido(da).

user [3] [yze] ◆ vt **1.** [vêtement, santé, force] gastar **2.** [personne] estropear. ◆ vi ▸ **user de qqch** hacer uso de. ◆ **s'user** vp **1.** [chaussures, vêtement] gastarse, desgastarse **2.** [personne] agotarse **3.** [sentiment] debilitarse.

usinage [yzinaʒ] nm mecanizado *m*.

usine [yzin] nf fábrica *f*.

usiner [3] [yzine] vt **1.** [façonner] mecanizar **2.** [fabriquer] fabricar.

usité, e [yzite] adj usado(da) ▸ **très / peu usité** muy / poco usado.

USP [yɛspe] (*abr de* **unité de soins palliatifs**) nf MÉD UCP *f*.

ustensile [ystɑ̃sil] nm utensilio *m* ▸ **ustensiles de cuisine** utensilios de cocina.

usuel, elle [yzɥɛl] adj **1.** [procédé] usual **2.** [mot] común.

usuellement [yzɥɛlmɑ̃] adv habitualmente.

usufruit [yzyfʀɥi] nm usufructo *m*.

usuraire [yzyʀɛʀ] adj usurario(ria).

usure [yzyʀ] nf **1.** [détérioration, affaiblissement] desgaste *m* **2.** [intérêt de prêt] usura *f*.

usurier, ère [yzyʀje, ɛʀ] nm, f usurero *m*, -ra *f*.

usurpateur, trice [yzyʀpatœʀ, tʀis] adj & nm, f usurpador(ra).

usurpation [yzyʀpasjɔ̃] nf usurpación *f*.

usurper [3] [yzyʀpe] vt usurpar.

ut [yt] nm inv ut *m*.

utérin, e [yteʀɛ̃, in] adj uterino(na).

utérus [yteʀys] nm útero *m*.

utile [ytil] adj útil ▸ **être utile à qqch / à qqn** ser útil para algo / a alguien.

utilement [ytilmɑ̃] adv útilmente.

utilisable [ytilizabl] adj utilizable.

utilisateur, trice [ytilizatœʀ, tʀis] nm, f usuario *m*, -ria *f*.

utilisation [ytilizasjɔ̃] nf utilización *f*.

utiliser [3] [ytilize] vt **1.** [employer] utilizar **2.** [tirer parti de] aprovechar.

utilitaire [ytilitɛʀ] ◆ adj utilitario(ria). ◆ nm INFORM programa *m* de utilidad.

utilité [ytilite] nf **1.** [usage] utilidad *f* **2.** [intérêt] interés *m* ▸ **d'utilité publique** de interés público, de utilidad pública.

utopie [ytɔpi] nf utopía *f*.

utopique [ytɔpik] adj utópico(ca).

utopiste [ytɔpist] nmf utópico *m*, -ca *f*, utopista *mf*.

UV nm (*abr de* **ultraviolet**) rayo *m* UVA ▸ **des rayons UV** rayos UVA ▸ **faire des UV** tomar rayos UVA.

UVA (*abr de* **ultraviolet A**) nm rayo *m* UVA.

V

v, V [ve] nm inv [lettre] v *f*, V *f* ▸ **en v** [moteur] en V ▸ **col en V** cuello de pico.

v.[1] **1.** LITTÉR (*abr écrite de* **vers**) v **2.** (*abr écrite de* **verset**) v.

v.[2], **V.** (*abr écrite de* **voir**) V, v.

V1 SMS *abr écrite de* **viens**.

va[1] [va] ⟶ **aller**.

va[2] [va] interj ¡venga! ESP, ¡ándele! AM ▸ **va pour cette fois** por esta vez pase.

VA (*abr écrite de* **voltampère**) VA.

vacance [vakɑ̃s] nf **1.** [de poste] vacante *f* **2.** [du pouvoir] vacío *m*. ◆ **vacances** nfpl vacaciones *fpl* / *j'ai passé mes vacances en Espagne* he pasado las vacaciones en España ▸ **bonnes vacances !** ¡que pases unas buenas vacaciones! ▸ **être en vacances** estar de vacaciones ▸ **les grandes vacances** las vacaciones de verano.

vacancier, ère [vakɑ̃sje, ɛʀ] ❖ adj vacacional, de vacaciones. ❖ nm, f persona *f* de vacaciones ; [d'été] veraneante *mf*.

vacant, e [vakɑ̃, ɑ̃t] adj **1.** [poste, emploi] vacante **2.** [logement] desocupado(da), vacío(a).

vacarme [vakaʀm] nm jaleo *m*, estrépito *m* ESP, despidole *m* AM.

vacataire [vakatɛʀ] adj & nmf substituto(ta).

vacation [vakasjɔ̃] nf **1.** [période] diligencia *f* **2.** [rémunération] dietas *fpl*.

vaccin [vaksɛ̃] nm vacuna *f* ▸ **vaccin antirabique** vacuna antirrábica.

vaccination [vaksinasjɔ̃] nf vacunación *f*.

vacciner [3] [vaksine] vt vacunar.

vache [vaʃ] ❖ nf **1.** ZOOL vaca *f* ▸ **manger de la vache enragée** *fig* pasar las de Caín ▸ **vaches grasses / maigres** *fig* vacas gordas / flacas **2.** *fam* [personne méchante] hueso *m* ▸ **la vache !** *fam* ¡caray! ❖ adj *fam* **1.** [sévère] ▸ **être vache** ser un hueso **2.** [pénible] duro(ra). ◆ **vache à eau** nf bolsa *f* de agua.

vachement [vaʃmɑ̃] adv *fam* tope / *c'est vachement bien* es tope guay / *il y a vachement de monde* hay mogollón de gente.

vacherie [vaʃʀi] nf *fam* **1.** [action, parole méchante] cochinada *f*, faena *f* **2.** [méchanceté] mala leche *f*.

vacherin [vaʃʀɛ̃] nm **1.** [gâteau] *tarta helada con merengue y nata* **2.** [fromage] *queso de vaca suizo muy cremoso*.

vachette [vaʃɛt] nf **1.** [jeune vache] vaquilla *f* **2.** [cuir] vaqueta *f*.

vacillant, e [vasijɑ̃, ɑ̃t] adj vacilante.

vaciller [3] [vasije] vi vacilar.

vacuité [vakɥite] nf *sout* [absence de valeur] vacuidad *f*.

vade-mecum [vademekɔm] nm inv *sout* vademécum *m*.

vadrouille [vadʀuj] nf *fam* correría *f* ▸ **être / partir en vadrouille** estar / salir de picos pardos.

vadrouiller [3] [vadʀuje] vi *fam* vagar.

va-et-vient [vaevjɛ̃] nm inv **1.** [gén] vaivén *m* **2.** [charnière] muelle *m*.

vagabond, e [vagabɔ̃, ɔ̃d] ❖ adj **1.** [chien, personne] vagabundo(da) ; [vie] errante **2.** [humeur, imagination] errabundo(da). ❖ nm, f vagabundo *m*, -da *f*.

vagabondage [vagabɔ̃daʒ] nm vagabundeo *m*.

vagabonder [3] [vagabɔ̃de] vi **1.** [personne, chien] vagabundear **2.** [imagination] vagar.

vagal, e, aux [vagal, o] adj ANAT vagal ▸ **malaise vagal** lipotimia.

vagin [vaʒɛ̃] nm vagina *f*.

vaginal, e, aux [vaʒinal, o] adj vaginal.

vaginite [vaʒinit] nf vaginitis *f inv*.

vagir [32] [vaʒiʀ] vi **1.** [nouveau-né] dar vagidos **2.** [animal] chillar.

vagissement [vaʒismɑ̃] nm **1.** [de nouveau-né] vagido *m* **2.** [d'animal] chillido *m*.

vague[1] [vag] ❖ adj **1.** [idée, promesse] vago(ga) **2.** [vêtement] amplio(plia) **3.** *(avant le n)* [cousin] lejano(na). ❖ nm ▸ **rester dans le vague** decir vaguedades ▸ **avoir du vague à l'âme** estar melancólico(ca).

vague[2] [vag] nf ola *f* ▸ **la nouvelle vague** la nueva ola ▸ **une vague de** [froid, gens] una ola de ▸ **vague déferlante** ola rompiente.

vaguelette [vaglɛt] nf olita *f*.

vaguement [vagmɑ̃] adv vagamente.

vahiné [vaine] nf tahitiana *f*.

vaillamment [vajamɑ̃] adv valientemente.

vaillance [vajɑ̃s] nf *sout* valentía *f*, coraje *m*.

vaillant, e [vajɑ̃, ɑ̃t] adj **1.** [vigoureux] fuerte **2.** *sout* [courageux] valeroso(sa), valiente.

vaille ⟶ **valoir**.

vain, e [vɛ̃, vɛn] adj vano(na) ▸ **en vain** en vano.

vaincre [114] [vɛ̃kʀ] vt vencer.

vaincs ⟶ **vaincre**.

vaincu, e [vɛ̃ky] ◆ adj vencido(da) ▸ **s'avouer vaincu** darse por vencido. ◆ nm, f vencido *m*, -da *f*. ◆ pp ⟶ **vaincre.**

vainement [vɛnmɑ̃] adv vanamente.

vainquais ⟶ **vaincre**.

vainqueur [vɛ̃kœʀ] ◆ nm vencedor *m*, -ra *f*. ◆ adj m [air] triunfante.

vairon [vɛʀɔ̃] adj m ▸ **avoir les yeux vairons** tener los ojos de colores diferentes.

vais [vɛ] ⟶ **aller**.

vaisseau, x [vɛso] nm **1.** NAUT & ARCHIT nave *f* ▸ **vaisseau spatial** nave espacial ▸ **brûler ses vaisseaux** *fig & sout* quemar sus naves **2.** ANAT vaso *m*.

vaisselier [vɛsəlje] nm vasar *m*.

vaisselle [vɛsɛl] nf vajilla *f* ▸ **faire la vaisselle** fregar los platos.

val [val] (*pl* **vals** *ou* **vaux** [vo]) nm valle *m*.

valable [valabl] adj **1.** [carte, excuse, raison] válido(da) **2.** [œuvre] de valor.

Valence [valɑ̃s] npr Valencia.

valériane [valeʀjan] nf valeriana *f*.

valet [valɛ] nm **1.** [serviteur] sirviente *m* ▸ **valet de chambre** camarero *m (en un hotel)* ▸ **valet d'écurie** mozo *m* de cuadra ▸ **valet de ferme** gañán *m* ▸ **valet de pied** lacayo *m* **2.** *fig & péj* [homme servile] lacayo *m* **3.** [aux cartes] ≃ sota *f*. ◆ **valet de nuit** nm galán *m* de noche.

valeur [valœʀ] nf valor *m* ▸ **de (grande) valeur** de (gran) valor, (muy) valioso(sa) ▸ **mettre en valeur** poner de relieve ▸ **perdre de la valeur** perder valor ▸ **prendre de la valeur** aumentar de valor ▸ **valeur absolue** valor absoluto ▸ **valeur ajoutée** valor añadido ▸ **date de valeur** fecha valor.

valeureusement [valœʀøzmɑ̃] adv valerosamente.

valeureux, euse [valœʀø, øz] adj valeroso(sa).

validation [validasjɔ̃] nf validación *f*.

valide [valid] adj válido(da) ; [personne] sano(na).

valider [3] [valide] vt validar.

validité [validite] nf validez *f*.

valise [valiz] nf maleta *f* ESP, petaca *f* AM ▸ **faire ses valises** hacer las maletas ▸ **valise diplomatique** valija *f* diplomática.

vallée [vale] nf valle *m*.

vallon [valɔ̃] nm pequeño valle *m*.

vallonné, e [valɔne] adj ondulado(da).

valoche [valɔʃ] nf *fam* maleta *f*, petaca *f* MÉX, valija *f* RP.

valoir [60] [valwaʀ] ◆ vi **1.** [gén] valer / *cette montre vaut 300 euros* este reloj vale 300 euros ▸ **valoir pour** valer para ▸ **à valoir sur** COMM a cuenta de ▸ **faire valoir a)** [faire ressortir] hacer resaltar **b)** [faire produire] beneficiar **c)** [faire état de] hacer valer ▸ **ne rien valoir** no valer nada **2.** [équivaloir à] equivaler a. ◆ vt [procurer] : *cette erreur lui a valu des reproches* ese error le ha costado reproches ▸ **valoir la peine** valer la pena. ◆ v impers ▸ **ça vaut mieux** *fam* más vale ▸ **il vaut mieux** *(+ infinitif)* más vale *(+ infinitif)* ▸ **il vaut mieux que** *(+ subjonctif)* más vale que *(+ subjonctif)* ▸ **il vaudrait mieux que** *(+ subjonctif)* más valdría que *(+ subjonctif)*. ◆ **se valoir** vp ser tal para cual.

valorisant, e [valɔʀizɑ̃, ɑ̃t] adj valorizante, gratificante.

valorisation [valɔʀizasjɔ̃] nf valorización *f*.

valoriser [3] [valɔʀize] vt valorizar.

valse [vals] nf **1.** [danse & MUS] vals *m* **2.** *fam* [de personnel] baile *m*.

valse-hésitation [valsezitasjɔ̃] (*pl* **valses-hésitations**) nf *fam* duda *f*, vacilación *f*.

valser [3] [valse] vi **1.** [danser] valsear **2.** *fam* [être projeté] ir a parar.

valseur, euse [valsœʀ, øz] nm, f bailarín *m*, -ina *f* de vals.

valu [valy] pp inv ⟶ **valoir**.

valus ⟶ **valoir**.

valve [valv] nf **1.** [gén] válvula *f* **2.** [de mollusque] valva *f*.

vamp [vɑ̃p] nf vampiresa *f*.

vamper [3] [vɑ̃pe] vt seducir.

vampire [vɑ̃piʀ] nm vampiro *m*.

vampiriser [3] [vɑ̃piʀize] vt vampirizar.

van [vɑ̃] nm [fourgon] furgón *m (para transportar caballos de carrera)*.

vandale [vɑ̃dal] nmf vándalo *m*, -la *f*.

vandaliser [3] [vɑ̃dalize] vt vandalizar, destrozar.

vandalisme [vɑ̃dalism] nm vandalismo *m*.

vanille [vanij] nf vainilla *f*.

vanillé, e [vanije] adj aromatizado(da) con vainilla.

vanité [vanite] nf vanidad *f*.

vaniteux, euse [vanitø, øz] adj & nm, f vanidoso(sa).

vanity-case [vanitikɛz] nm neceser *m (de material rígido)*.

vanne [van] nf **1.** [d'écluse] compuerta *f* **2.** *fam* [remarque] pulla *f*.

vanné, e [vane] adj *fam* reventado(da).

vanner [3] [vane] vt **1.** [blé] cribar, ahechar **2.** *fam* [fatiguer] reventar **3.** *fam* [se moquer de] lanzar pullas a.

vannerie [vanʀi] nf cestería *f*.

vannier [vanje] nm cestero *m*, -ra *f*.

vantail, aux [vɑ̃taj, o] nm hoja *f (de ventana, armario)*.

vantard, e [vɑ̃taʀ, aʀd] adj & nm, f jactancioso(sa).

vantardise [vɑ̃taʀdiz] nf jactancia *f*.

vanter [3] [vɑ̃te] vt alabar. ◆ **se vanter** vp jactarse ESP, compadrear AM ▸ **se vanter de qqch / de faire qqch** jactarse de algo / de hacer algo.

Vanuatu [vanwatu] npr m Vanuatu.

va-nu-pieds [vanypje] nmf descamisado *m*, -da *f*.

vapes [vap] nfpl *fam* ▸ **tomber dans les vapes** [s'évanouir] caer redondo(da) ▸ **être dans les vapes** [être distrait] estar en las nubes.

vapeur [vapœʀ] ❖ nf vapor *m* ▸ **à la vapeur** CULIN al vapor ▸ **renverser la vapeur** NAUT cambiar de dirección ▸ **à toute vapeur** *fig* a toda máquina. ❖ nm [bateau] vapor *m*. ◆ **vapeurs** nfpl **1.** [malaise] ▸ **avoir des vapeurs** tener sofocos **2.** [émanations] vapores *mpl*.

vapocuiseur [vapokɥizœʀ] nm olla *f* a presión.

vaporeux, euse [vapɔʀø, øz] adj **1.** [tissu] vaporoso(sa) **2.** *sout* [ciel, lumière] nebuloso(sa).

vaporisateur [vapɔʀizatœʀ] nm vaporizador *m*.

vaporisation [vapɔʀizasjɔ̃] nf vaporización *f*.

vaporiser [3] [vapɔʀize] vt vaporizar. ◆ **se vaporiser** vp vaporizarse.

vaquer [3] [vake] vi ▸ **vaquer à qqch** ocuparse de algo.

varappe [vaʀap] nf escalada *f*.

varappeur, euse [vaʀapœʀ, øz] nm, f escalador *m*, -ra *f*.

varech [vaʀɛk] nm varec *m*.

vareuse [vaʀøz] nf **1.** [veste] chaquetón *m* **2.** [de marin] marinera *f* **3.** [d'uniforme] guerrera *f*.

variable [vaʀjabl] adj & nf variable.

variante [vaʀjɑ̃t] nf variante *f*.

variateur [vaʀjatœʀ] nm variador *m*.

variation [vaʀjasjɔ̃] nf variación *f* ▸ **variation saisonnière** variación estacional.

varice [vaʀis] nf variz *f*.

varicelle [vaʀisɛl] nf varicela *f*.

varié, e [vaʀje] adj variado(da).

varier [9] [vaʀje] vt & vi variar.

variété [vaʀjete] nf variedad *f*. ◆ **variétés** nfpl variedades *fpl*.

variole [vaʀjɔl] nf viruela *f*, viruelas *fpl*.

variqueux, euse [vaʀikø, øz] adj varicoso(sa).

Varsovie [vaʀsɔvi] npr Varsovia ▸ **le pacte de Varsovie** el pacto de Varsovia.

vasculaire [vaskylɛʀ] adj vascular.

vase [vaz] ❖ nm florero *m*, jarrón *m* ▸ **en vase clos** *fig* en una burbuja. ❖ nf cieno *m*. ◆ **vases communicants** nmpl vasos *mpl* comunicantes.

> ⚠ Vaso est un faux ami, il ne signifie pas *vase*, mais « verre ».

vaseline [vazlin] nf vaselina *f*.

vaseux, euse [vazø, øz] adj **1.** [boueux] cenagoso(sa) **2.** *fam* [personne] grogui **3.** *fam* [explication, article] farragoso(sa).

vasistas [vazistas] nm tragaluz *m*.

vasoconstricteur, trice [vazɔkɔ̃stʀiktœʀ, tʀis] adj vasoconstrictor(ra). ◆ **vasoconstricteur** nm vasoconstrictor *m*.

vasodilatateur, trice [vazɔdilatatœʀ, tʀis] adj vasodilatador(ra). ◆ **vasodilatateur** nm vasodilatador *m*.

vasouillard, e [vazujaʀ, aʀd] adj *fam* ▸ **être** ou **se sentir vasouillard** [vaseux] estar ou sentirse confuso(sa).

vasque [vask] nf **1.** [de fontaine] pilón *m* **2.** [coupe décorative] centro *m* de mesa.

vassal, e, aux [vasal, o] nm, f vasallo *m*, -lla *f*.

vaste [vast] adj vasto(ta), amplio(plia).

Vatican [vatikɑ̃] npr ▸ **le Vatican** el Vaticano ▸ **l'État de la cité du Vatican** la ciudad del Vaticano ▸ **le premier / deuxième concile du Vatican** el Concilio Vaticano I/II.

va-tout [vatu] nm inv [au jeu] resto *m* ▸ **jouer son va-tout** *fig* echar el resto.

vaudeville [vodvil] nm vodevil *m*.

vaudevillesque [vodvilɛsk] adj vodevilesco(ca).

vaudou [vodu] nm vudú *m*.

vaudrai ⟶ **valoir**.

vau-l'eau [volo] ◆ **à vau-l'eau** loc adv río abajo ▸ **aller à vau-l'eau** *fig* irse a pique.

vaurien, enne [voʀjɛ̃, ɛn] nm, f golfo *m*, -fa *f*.

vaut [vo] ⟶ **valoir**.

vautour [votuʀ] nm buitre *m*.

vautrer [3] [votʀe] ◆ **se vautrer** vp **1.** [dans la boue, dans la débauche] revolcarse **2.** [dans un fauteuil, sur un lit] repantigarse.

vaux[1] [vo] ⟶ **valoir**.

vaux[2] ⟶ **val**.

va-vite [vavit] ◆ **à la va-vite** loc adv *fam* de prisa y corriendo.

vd (*abr écrite de* **vend**) se vende(n) / *vd TV TBE* se vende TV en buen estado.

VDQS (*abr de* **vin délimité de qualité supérieure**) nm *clasificación secundaria que recoge aquellos vinos franceses que no entran dentro de los vinos con denominación de origen* / *l'appellation VDQS* la denominación VDQS.

vds (*abr écrite de* **vends**) se vende(n) / *vds TV TBE* se vende TV en buen estado.

veau, x [vo] nm **1.** [animal] ternero *m*, becerro *m* ▸ **le veau d'or** el becerro de oro ▸ **tuer le veau gras** *fig* tirar la casa por la ventana **2.** [viande] ternera *f* **3.** [peau] becerro *m* **4.** *fam* & *péj* [personne] zángano *m* ; [voiture] cacharro *m*.

vecteur [vɛktœʀ] nm vector *m*.

vectoriser [vɛktɔʀize] vt [image] vectorizar.

vécu, e [veky] ❖ adj vivido(da). ❖ pp ⟶ **vivre**.

vécus ⟶ **vivre**.

vedettariat [vədɛtaʀja] nm **1.** [système] star-system *m* **2.** [fait d'être une vedette] estrellato *m*.

vedette [vədɛt] nf **1.** NAUT lancha *f* motora **2.** [star] estrella *f*, vedette *f* ; [personnalité] figura *f* ▸ **en vedette**

américaine de telonero ▸ **mettre en vedette** [en avant] situar en primer plano.

végétal, e, aux [veʒetal, o] adj vegetal.

végétalien, enne [veʒetaljɛ̃, ɛn] adj & nm, f vegano(na), vegetalista / *je suis un régime végétalien* sigo un régimen végano.

végétarien, enne [veʒetaʀjɛ̃, ɛn] adj & nm, f vegetariano(na).

végétarisme [veʒetaʀism] nm vegetarianismo *m*.

végétatif, ive [veʒetatif, iv] adj vegetativo(va).

végétation [veʒetasjɔ̃] nf vegetación *f*. ◆ **végétations** nfpl MÉD vegetaciones *fpl*.

végéter [18] [veʒete] vi *péj* & *fig* vegetar.

véhémence [veemɑ̃s] nf vehemencia *f*.

véhément, e [veemɑ̃, ɑ̃t] adj vehemente.

véhicule [veikyl] nm vehículo *m* ▸ **véhicule banalisé** coche *m* de policía camuflado.

véhiculer [3] [veikyle] vt **1.** [transporter] transportar en vehículo **2.** *fig* [transmettre] vehicular.

veille [vɛj] nf **1.** [jour précédent] día *m* anterior, víspera *f* ▸ **à la veille de** en vísperas de ▸ **la veille au soir** la noche anterior **2.** [éveil, privation de sommeil] vigilia *f*, velo *f* **3.** MIL [garde de nuit] imaginaria *f*.

veillée [veje] nf **1.** [soirée] velada *f* **2.** [d'un mort] velatorio *m*.

veiller [4] [veje] ◈ vi **1.** [rester éveillé] velar **2.** [être de garde] estar de guardia **3.** [rester vigilant] ▸ **veiller à qqch** cuidar de algo ▸ **veiller à faire qqch** asegurarse de hacer algo ▸ **veiller sur qqch / sur qqn** cuidar de algo / de alguien. ◈ vt ▸ **veiller qqn** velar a alguien.

veilleur [vejœʀ] nm vigilante *m* nocturno ESP, nochero *m* AM.

veilleuse [vejøz] nf **1.** [lampe] lamparilla *f*, mariposa *f* **2.** [d'allumage] piloto *m*. ◆ **veilleuses** nfpl AUTO luces *fpl* de posición.

veinard, e [vɛnaʀ, aʀd] ◈ nm, f *fam* ▸ **quel veinard !** ¡qué potra! ◈ adj ▸ **il est vraiment veinard !** ¡tiene una potra increíble!

veine [vɛn] nf **1.** [inspiration & ANAT] vena *f* ▸ **s'ouvrir les veines** cortarse las venas ▸ **en veine de** [disposé à] en vena de ▸ **se saigner aux quatre veines** *fig* dar la sangre de sus venas **2.** [marque - du bois] vena *f*; [- de la pierre] vena *f*, veta *f* **3.** *fam* [chance] potra *f* ▸ **avoir de la veine** tener potra ▸ **avoir une veine de cocu** *tfam* tener mucha potra.

veiné, e [vene] adj [bois, marbre] veteado(da).

veineux, euse [venø, øz] adj **1.** ANAT venoso(sa) **2.** [bois] veteado(da).

veinule [venyl] nf **1.** ANAT vénula *f*, venilla *f* **2.** BOT nervio *m*.

Velcro® [vɛlkʀo] nm velcro® *m*.

vêler [4] [vele] vi parir *(la vaca)*.

vélin [velɛ̃] nm vitela *f*.

véliplanchiste [veliplɑ̃ʃist] nmf windsurfista *mf*.

velléitaire [veleitɛʀ] adj & nmf veleidoso(sa).

velléité [veleite] nf veleidad *f* ▸ **avoir des velléités** tener veleidades.

vélo [velo] nm *fam* bici *f*.

véloce [velɔs] adj veloz.

vélociraptor [velɔsiʀaptɔʀ] nm velocirráptor *m*.

vélocité [velɔsite] nf velocidad *f*.

vélodrome [velɔdʀom] nm velódromo *m*.

vélomoteur [velɔmɔtœʀ] nm velomotor *m*.

velours [vəluʀ] nm terciopelo *m* ▸ **velours côtelé** pana *f*.

velouté, e [vəlute] adj [papier, peau, lumière] aterciopelado(da) ; [vin] suave ; [crème] untuoso(sa). ◆ **velouté** nm **1.** [douceur] terciopelo *m* **2.** [potage] crema *f* ▸ **velouté d'asperges / de tomates** crema de espárragos / de tomate.

velu, e [vəly] adj velludo(da).

venaison [vənɛzɔ̃] nf caza *f* mayor.

vénal, e, aux [venal, o] adj venal.

vénalité [venalite] nf venalidad *f*.

venant [vənɑ̃] ◆ **à tout venant** loc adv al primero que llega.

vendange [vɑ̃dɑ̃ʒ] nf vendimia *f*.

vendanger [17] [vɑ̃dɑ̃ʒe] vt & vi vendimiar.

vendangeur, euse [vɑ̃dɑ̃ʒœʀ, øz] nm, f vendimiador *m*, -ra *f*.

vendéen, enne [vɑ̃deɛ̃, ɛn] adj vandeano(na). ◆ **Vendéen, enne** nm, f vandeano *m*, -na *f*.

vendetta [vɑ̃deta] nf vendetta *f*.

vendeur, euse [vɑ̃dœʀ, øz] nm, f [gén] vendedor *m*, -ra *f* ; [employé de magasin] dependiente *m*, -ta *f*.

vendis ⟶ **vendre**.

vendre [73] [vɑ̃dʀ] vt vender ▸ **'à vendre'** 'se vende'. ◆ **se vendre** vp venderse.

vendredi [vɑ̃dʀədi] nm viernes *m inv*. ***Voir aussi* samedi.** ◆ **Vendredi saint** nm Viernes *m* Santo.

vends ⟶ **vendre**.

vendu, e [vɑ̃dy] ◈ adj & nm, f vendido(da). ◈ pp ⟶ **vendre.**

venelle [vənɛl] nf callejuela *f*.

vénéneux, euse [venenø, øz] adj venenoso(sa).

vénérable [veneʀabl] adj venerable.

vénération [veneʀasjɔ̃] nf veneración *f*.

vénérer [18] [veneʀe] vt venerar.

vénerie [vɛnʀi] nf montería *f*.

vénérien, enne [veneʀjɛ̃, ɛn] adj venéreo(a).

Venezuela [venezɥela] npr ▸ **le Venezuela** Venezuela.

vénézuélien, enne [venezɥeljɛ̃, ɛn] adj venezolano(na). ◆ **Vénézuélien, enne** nm, f venezolano *m*, -na *f*.

vengeance [vɑ̃ʒɑ̃s] nf venganza *f* ▸ **crier vengeance** clamar venganza.

venger [17] [vɑ̃ʒe] vt vengar. ◆ **se venger** vp vengarse ▸ **se venger de qqch / de qqn** vengarse de algo / de alguien.

vengeur, eresse [vɑ̃ʒœʀ, vɑ̃ʒʀɛs] adj & nm, f vengador(ra).

véniel, elle [venjɛl] adj venial.

venimeux, euse [vənimø, øz] adj venenoso(sa).

venin [vənɛ̃] nm veneno *m*.

venir [40] [vəniʀ] vi **1.** [gén] venir ; [arriver] llegar / *il va venir plus tard* vendrá más tarde / *venez nombreux !* ¡venid todos! / *elle est venue s'excuser* vino a pedir disculpas / *l'heure est venue de...* ha llegado la hora de... ▸ **à venir** venidero(ra) ▸ **en venir à** [aux insultes, aux mains] llegar a ▸ **venir à** llegar a / *si elle venait à mourir...* si ella llegara a morir... ▸ **venir de** [tenir son origine de] venir de ▸ **venir de faire qqch** acabar de hacer algo / *elle vient d'arriver* acaba de llegar ▸ **où veux-tu en venir ?** ¿dónde quieres ir a parar? **2.** [plante, arbre] crecer, desarrollarse **3.** *fig* [idée] : *venir à qqn* ocurrírsele a alguien.

Venise [vəniz] npr Venecia.

vénitien, enne [venisjɛ̃, ɛn] adj veneciano(na). ◆ **Vénitien, enne** nm, f veneciano *m*, -na *f*.

vent [vɑ̃] nm **1.** [air] viento *m* ▸ **vent contraire** NAUT viento en contra / *j'ai eu vent de la nouvelle* la noticia ha llegado a mis oídos ▸ **bon vent !** ¡buen viaje! ▸ **contre vents et marées** contra viento y marea ▸ **dans le vent** *fig* en la onda ▸ **quel bon vent vous amène ?** ¿qué le trae por aquí? **2.** [gaz intestinal] ventosidad *f*, gas *m*.

vente [vɑ̃t] nf venta *f* ▸ **en vente libre** [médicament] sin receta médica ▸ **vente de charité** venta benéfica ▸ **vente par correspondance** venta por correspondencia OU por correo ▸ **vente à la criée** subasta *f* pública ▸ **vente directe** venta directa ▸ **vente aux enchères** subasta *f* ▸ **vente en gros / au détail** venta al por mayor / al detalle OU al por menor / por correo ▸ **vente en ligne** venta en línea ▸ **vente par téléphone** venta por teléfono.

venter [3] [vɑ̃te] v impers hacer viento / *il finira la course qu'il pleuve ou qu'il vente* acabará la carrera llueva o haga viento.

venteux, euse [vɑ̃tø, øz] adj ventoso(sa).

ventilateur [vɑ̃tilatœʀ] nm ventilador *m*.

ventilation [vɑ̃tilasjɔ̃] nf **1.** [de pièce] ventilación *f* **2.** FIN desglose *m*.

ventiler [3] [vɑ̃tile] vt **1.** [pièce] ventilar **2.** FIN desglosar.

ventouse [vɑ̃tuz] nf ventosa *f*.

ventral, e, aux [vɑ̃tʀal, o] adj ventral.

ventre [vɑ̃tʀ] nm **1.** [abdomen] barriga *f*, estómago *m* ; ANAT vientre *m* ▸ **à plat ventre** boca *f* abajo ▸ **avoir / prendre du ventre** tener / echar barriga ▸ **avoir mal au ventre** tener dolor de estómago ▸ **avoir le ventre ballonné** tener el estómago hinchado ▸ **avoir qqch dans le ventre** *fig* [avoir du courage] tener agallas ▸ **ventre à terre** *fig* a galope tendido **2.** [de bouteille, de cruche] panza *f*.

ventricule [vɑ̃tʀikyl] nm ventrículo *m*.

ventriloque [vɑ̃tʀilɔk] adj & nmf ventrílocuo(cua).

ventripotent, e [vɑ̃tʀipɔtɑ̃, ɑ̃t] adj *fam* barrigón(ona).

ventru, e [vɑ̃tʀy] adj **1.** *fam* [personne] barrigón(ona) **2.** [cruche, commode] abombado(da).

venu, e [vəny] ❖ adj ▸ **bien venu** oportuno ▸ **mal venu** inoportuno, poco oportuno. ❖ nm, f ▸ **le nouveau venu** el recién llegado. ❖ pp ⟶ **venir.** ◆ **venue** nf [arrivée] llegada *f*.

Vénus [venys] npr ASTRON & MYTH Venus.

vépéciste [vepesist] nm *empresa de venta por correspondencia*.

vêpres [vɛpʀ] nfpl vísperas *fpl*.

ver [vɛʀ] nm gusano *m* ▸ **ver luisant** luciérnaga *f* ▸ **ver à soie** gusano de seda ▸ **ver solitaire** solitaria *f* ▸ **ver de terre** lombriz *f* (de tierra) ▸ **vers intestinaux** lombrices *fpl* intestinales ▸ **nu comme un ver** en cueros ▸ **tirer les vers du nez à qqn** tirar a alguien de la lengua.

véracité [veʀasite] nf veracidad *f*.

véranda [veʀɑ̃da] nf marquesina *f*.

verbal, e, aux [vɛʀbal, o] adj verbal.

verbalement [vɛʀbalmɑ̃] adv verbalmente.

verbaliser [3] [vɛʀbalize] ❖ vt verbalizar. ❖ vi multar.

verbe [vɛʀb] nm verbo *m* ▸ **verbe défectif / impersonnel** verbo defectivo / impersonal.

verbeux, euse [vɛʀbø, øz] adj verboso(sa).

verbiage [vɛʀbjaʒ] nm verborrea *f*.

verdâtre [vɛʀdatʀ] adj verdoso(sa).

verdeur [vɛʀdœʀ] nf **1.** [de fruit, de bois] verdor *m* **2.** [vigueur] vigor *m* **3.** [crudité] ▸ **la verdeur** la rudeza **4.** [du vin] verdor *m*.

verdict [vɛʀdikt] nm **1.** DR sentencia *f* **2.** *fig* [jugement] veredicto *m*.

verdir [32] [vɛʀdiʀ] ❖ vt pintar de verde. ❖ vi verdear.

verdoyant, e [vɛʀdwajɑ̃, ɑ̃t] adj que verdece.

verdoyer [13] [vɛʀdwaje] vi verdear.

verdure [vɛʀdyʀ] nf **1.** [végétation, couleur] verdor *m* **2.** [plantes potagères] verdura *f*.

véreux, euse [veʀø, øz] adj **1.** [fruit] agusanado(da) **2.** *fig* [affaire] sospechoso(sa) **3.** *fig* [personne] podrido(da).

verge [vɛʀʒ] nf **1.** ANAT verga *f* **2.** *sout* [baguette] fusta *f*.

verger [vɛʀʒe] nm vergel *m*.

vergetures [vɛʀʒətyʀ] nfpl estrías *fpl*.

verglacé, e [vɛʀglase] adj helado(da).

verglas [vɛʀgla] nm hielo *m (en la calzada)*.

vergogne [vɛʀgɔɲ] ◆ **sans vergogne** loc adv sin vergüenza.

vergue [vɛʀg] nf verga *f.*

véridique [veʀidik] adj **1.** [témoignage, récit] verídico(ca) **2.** *sout* [personne] veraz.

vérifiable [veʀifjabl] adj comprobable.

vérificateur, trice [veʀifikatœʀ, tʀis] adj & nm, f verificador(ra) ▸ **vérificateur d'orthographe** corrector *m* ortográfico.

vérification [veʀifikasjɔ̃] nf comprobación *f*, verificación *f.*

vérifier [9] [veʀifje] vt comprobar, verificar. ◆ **se vérifier** vp comprobarse, verificarse.

vérin [veʀɛ̃] nm gato *m (para levantar pesos).*

véritable [veʀitabl] adj **1.** [gén] verdadero(ra) **2.** [or, perle] auténtico(ca) ▸ **du cuir véritable** cuero legítimo.

véritablement [veʀitabləmɑ̃] adv verdaderamente.

vérité [veʀite] nf **1.** [gén] verdad *f* ▸ **dire ses quatre vérités à qqn** *fam* decir cuatro verdades a alguien **2.** [ressemblance - d'une reproduction] parecido *m* ; [- d'un personnage] credibilidad *f* **3.** EXPR **en vérité** la verdad ▸ **il n'y a que la vérité qui blesse** la verdad ofende ▸ **la vérité sort de la bouche des enfants** los borrachos y los niños siempre dicen la verdad. ◆ **en vérité** loc adv en realidad.

verlan [vɛʀlɑ̃] nm *jerga que consiste en hablar invirtiendo las sílabas de las palabras.*

Verlan

El **verlan** es un argot que consiste en invertir el orden de las sílabas de las palabras. Es utilizado normalmente por los jóvenes franceses si bien algunos términos han pasado a formar parte del lenguaje familiar. Como ejemplos, podemos citar **meuf**, que corresponde a **femme** (mujer) o **laisse béton**, que corresponde a **laisse tomber** (déjalo, olvídalo). El propio término **verlan** viene de la expresión **à l'envers** (al revés). En ocasiones, un término en verlan puede invertirse de nuevo, como es el caso de **beur**, que corresponde a **arabe** y que se ha modificado a su vez como **rebeu**.

vermeil, eille [vɛʀmɛj] adj bermejo(ja). ◆ **vermeil** nm corladura *f.*

vermicelle [vɛʀmisɛl] nm fideo *m* / *soupe au vermicelle* sopa de fideos.

vermifuge [vɛʀmifyʒ] ◆ adj vermífugo(ga), vermicida. ◆ nm vermífugo *m*, vermicida *m.*

vermillon [vɛʀmijɔ̃] ◆ nm bermellón *m.* ◆ adj inv bermellón *(en apposition).*

vermine [vɛʀmin] nf **1.** [parasites] miseria *f* **2.** *fig* [canaille] chusma *f.*

vermisseau [vɛʀmiso] nm **1.** [animal] gusanillo *m* **2.** *fig* [être chétif] alfeñique *m.*

vermoulu, e [vɛʀmuly] adj carcomido(da).

vermouth [vɛʀmut] nm vermut *m.*

vernaculaire [vɛʀnakylɛʀ] adj vernáculo(la).

verni, e [vɛʀni] adj [chaussures] de charol ▸ **être verni** *fam* tener chiripa.

vernir [32] [vɛʀniʀ] vt barnizar.

vernis [vɛʀni] nm [gén] barniz *m* ; [pour cuir] charol *m* ▸ **vernis à ongles** esmalte *m* de uñas.

vernissage [vɛʀnisaʒ] nm **1.** [action de vernir] barnizado *m* **2.** [d'exposition] vernissage *m.*

vérole [veʀɔl] nf sífilis *f inv* ▸ **petite vérole** viruela.

verrai ⟶ **voir**.

verre [vɛʀ] nm **1.** [matière] vidrio *m* ▸ **verre dépoli** vidrio esmerilado **2.** [récipient, dose] vaso *m*, copa *f* ▸ **verre ballon** copa de vino ▸ **verre à dents** vaso (del cepillo de dientes) ▸ **verre à moutarde** tarro *m* de mostaza ▸ **verre à pied** copa ▸ **verre à vin** vaso de vino **3.** [de vue] cristal *m* ▸ **verre antireflet** cristal antirreflejos ▸ **verres de contact** lentes *fpl* de contacto ▸ **verres grossissants** cristales *mpl* de aumento ▸ **verres progressifs** lentes *fpl* progresivas **4.** [boisson alcoolisée] copa *f* ▸ **boire** ou **prendre un verre** tomar una copa.

verrerie [vɛʀʀi] nf **1.** [fabrication] vidriería *f* **2.** [usine] cristalería *f*, vidriería *f* **3.** [magasin, objets] cristalería *f.*

verrier [vɛʀje] nm vidriero *m*, cristalero *m.*

verrière [vɛʀjɛʀ] nf **1.** [baie vitrée & ARCHIT] vidriera *f* **2.** AÉRON cristalera *f.*

verrine [vɛʀin] nf vaso *m.*

verroterie [vɛʀɔtʀi] nf abalorios *mpl.*

verrou [vɛʀu] nm cerrojo *m* ▸ **être sous les verrous** estar en la cárcel ▸ **mettre qqn sous les verrous** encerrar a alguien (en la cárcel).

verrouillage [vɛʀujaʒ] nm cierre *m* (automático).

verrouiller [3] [vɛʀuje] vt **1.** [porte] cerrar con cerrojo **2.** [prisonnier] encerrar. ◆ **se verrouiller** vp encerrarse.

verrue [vɛʀy] nf verruga *f.*

vers[1] [vɛʀ] nm verso *m.*

vers[2] [vɛʀ] prép **1.** [en direction de] a, hacia **2.** [aux environs de - temporel] hacia, sobre ; [- spatial] hacia.

Versailles [vɛʀsaj] npr Versalles ▸ **le château de Versailles** el palacio de Versalles.

versant [vɛʀsɑ̃] nm vertiente *f.*

versatile [vɛʀsatil] adj versátil.

verse [vɛʀs] ◆ **à verse** loc adv ▸ **pleuvoir à verse** llover a cántaros.

versé, e [vɛʀse] adj ▸ **être versé dans** ser versado en.

Verseau [vɛʀso] nm ASTROL Acuario *m* ▸ **être Verseau** ser Acuario.

versement [vɛʀsəmɑ̃] nm pago *m* ; [sur un compte] abono *m*, ingreso *m* ▸ **versements échelonnés** pago a plazos ou fraccionado.

verser [3] [vɛʀse] ◆ vt **1.** [eau, sang, larmes] derramar **2.** [vin] echar **3.** [payer] pagar / *verser de l'argent sur son compte* ingresar dinero en su cuenta. ◆ vi **1.** [se renverser] volcar ESP, voltearse AM **2.** *fig* [tomber] ▸ **verser dans qqch** caer en algo.

verset [vɛʀsɛ] nm versículo *m*.

verseur [vɛʀsœʀ] adj m vertedor.

verseuse [vɛʀsøz] nf cafetera *f*.

versification [vɛʀsifikasjɔ̃] nf versificación *f*.

version [vɛʀsjɔ̃] nf **1.** [traduction] traducción *f* directa **2.** [interprétation, variante] versión *f* ▸ **version française / originale** versión francesa / original.

verso [vɛʀso] nm dorso *m*.

versus [vɛʀsys] prép versus.

vert, e [vɛʀ, vɛʀt] adj **1.** [gén] verde ; [vin] agraz, verde **2.** [vieillard] lozano(na) **3.** *(avant le n)* [réprimande] severo(ra) ▸ **(en entendre) des vertes et des pas mûres** *fam* (oír) cosas de todos los colores. ◆ **vert** nm **1.** [couleur] verde *m* ▸ **vert bouteille / d'eau** verde botella / mar ▸ **vert bronze** verdín *m* ▸ **vert émeraude** verde esmeralda ▸ **vert pomme / tendre** verde manzana / pastel **2.** EXPR **se mettre au vert** irse al campo a descansar. ◆ **Verts** nmpl ▸ **les Verts a)** [équipe] *el equipo de fútbol de Saint-Étienne* **b)** [parti] *los Verdes*.

vert-de-gris [vɛʀdəgʀi] ◆ adj inv de color verdín. ◆ nm verdín *m*.

vertébral, e, aux [vɛʀtebʀal, o] adj vertebral.

vertèbre [vɛʀtɛbʀ] nf vértebra *f*.

vertébré, e [vɛʀtebʀe] adj vertebrado(da).

vertement [vɛʀtəmɑ̃] adv severamente.

vertical, e, aux [vɛʀtikal, o] adj vertical. ◆ **verticale** nf vertical *f* ▸ **à la verticale** en vertical.

verticalement [vɛʀtikalmɑ̃] adv verticalmente.

vertige [vɛʀtiʒ] nm vértigo *m* ▸ **avoir des vertiges** tener mareos ▸ **donner le vertige** dar vértigo.

vertigineux, euse [vɛʀtiʒinø, øz] adj vertiginoso(sa).

vertu [vɛʀty] nf virtud *f* ▸ **de petite vertu** *vieilli* & *hum* de costumbres ligeras. ◆ **en vertu de** loc prép en virtud de.

vertueusement [vɛʀtɥøzmɑ̃] adv virtuosamente.

vertueux, euse [vɛʀtɥø, øz] adj virtuoso(sa).

verve [vɛʀv] nf elocuencia *f* ▸ **être en verve** estar inspirado(da).

verveine [vɛʀvɛn] nf hierba *f* luisa.

vésicule [vezikyl] nf vesícula *f* ▸ **vésicule biliaire** vesícula biliar.

Vespa® [vɛspa] nf vespa® *f*.

vespasienne [vɛspazjɛn] nf urinario *m* público.

vespéral, e, aux [vɛspeʀal, o] adj *sout* vespertino(na).

vessie [vesi] nf vejiga *f* ▸ **prendre des vessies pour des lanternes** confundir Roma con Santiago.

veste [vɛst] nf chaqueta *f* ESP, saco *m* AM ▸ **veste croisée / droite** chaqueta cruzada / recta ▸ **se ramasser** ou **se prendre une veste** *fam* llevarse un chasco ▸ **retourner sa veste** *fam* cambiar de chaqueta.

vestiaire [vɛstjɛʀ] nm **1.** [gén] guardarropa *m* **2.** *(gén pl)* [de sportifs] vestuario *m*.

vestibule [vɛstibyl] nm vestíbulo *m*.

vestige [vɛstiʒ] nm *(gén pl)* vestigio *m*.

vestimentaire [vɛstimɑ̃tɛʀ] adj indumentario(ria).

veston [vɛstɔ̃] nm chaqueta *f (de hombre)* ESP, saco *m* AM.

Vésuve [vezuv] npr m Vesubio *m*.

vêtement [vɛtmɑ̃] nm prenda *f*, vestido *m* / *les vêtements* la ropa.

vétéran [veteʀɑ̃] nm veterano *m*.

vétérinaire [veteʀinɛʀ] adj & nmf veterinario(ria).

vététiste [vetetist] nmf *persona que practica bicicleta todo terreno BTT*.

vétille [vetij] nf fruslería *f*.

vêtir [44] [vetiʀ] vt vestir. ◆ **se vêtir** vp vestirse.

vétiver [vetivɛʀ] nm [parfum] vetiver *m*.

veto [veto] nm veto *m* ▸ **mettre son veto à qqch** vetar algo.

vêts → **vêtir**.

vêtu, e [vɛty] ◆ adj vestido(da) ▸ **chaudement vêtu** bien abrigado. ◆ pp → **vêtir**.

vétuste [vetyst] adj vetusto(ta).

vétusté [vetyste] nf vetustez *f*.

veuf, veuve [vœf, vœv] adj & nm, f viudo(da).

veuille → **vouloir**.

veule [vøl] adj apático(ca).

veulerie [vølʀi] nf apatía *f*.

veut [vø] → **vouloir**.

veuvage [vœvaʒ] nm viudez *f* ▸ **pension de veuvage** pensión *f* de viudedad.

veuve → **veuf**.

veux [vø] → **vouloir**.

vexant, e [vɛksɑ̃, ɑ̃t] adj **1.** [blessant] hiriente, molesto(ta) **2.** [contrariant] ▸ **c'est vexant !** ¡qué contrariedad!

vexation [vɛksasjɔ̃] nf vejación *f*.

vexatoire [vɛksatwaʀ] adj vejatorio(ria).

vexer [4] [vɛkse] vt ofender. ◆ **se vexer** vp ofenderse, molestarse.

VF (***abr de* version française**) nf versión *f* francesa / *regarder un film en VF* mirar una película en versión francesa.

VHF (***abr de* very high frequency**) nf VHF *f* ▸ **un relais VHF** una antena (de) VHF.

VHS (***abr de* Video Home System**) nm VHS *m* ▸ **un magnétoscope VHS** un vídeo VHS.

via [vja] prép vía.

viabiliser [3] [vjabilize] vt [entreprise] hacer viable ; [terrain] acondicionar.

viabilité [vjabilite] nf **1.** [de route] buen estado *m* ; [de terrain] acondicionamiento *m* **2.** [d'organisme, d'entreprise] viabilidad *f*.

viable [vjabl] adj viable.

viaduc [vjadyk] nm viaducto *m*.

viager, ère [vjaʒe, ɛʀ] adj vitalicio(cia). ◆ **viager** nm vitalicio *m* ▸ **vendre qqch en viager** ≃ constituir un censo vitalicio.

Viagra® [vjagʀa] nm Viagra® *m o f*.

viande [vjɑ̃d] nf carne *f* ▸ **viande blanche / rouge** carne blanca / roja ▸ **viande froide** fiambre *m*.

viander [3] [vjɑ̃de] ◆ **se viander** vp *tfam* pegarse una buena hostia ESP, romperse el alma AM.

viatique [vjatik] nm viático *m*.

vibrant, e [vibʀɑ̃, ɑ̃t] adj vibrante. ◆ **vibrante** nf LING vibrante *f*.

vibraphone [vibʀafɔn] nm vibráfono *m*.

vibration [vibʀasjɔ̃] nf vibración *f*.

vibratoire [vibʀatwaʀ] adj vibratorio(ria).

vibrer [3] [vibʀe] vi vibrar.

vibreur [vibʀœʀ] nm TÉLÉCOM vibrador *m*.

vibromasseur [vibʀomasœʀ] nm vibrador *m*.

vicaire [vikɛʀ] nm vicario *m*.

vice [vis] nm vicio *m* ▸ **vice caché** vicio oculto ▸ **vice de forme** vicio de forma.

vice-consul [viskɔ̃syl] (*pl* **vice-consuls**) nm vicecónsul *m*.

vice-présidence [vispʀezidɑ̃s] (*pl* **vice-présidences**) nf vicepresidencia *f*.

vice-président, e [vispʀezidɑ̃, ɑ̃t] (*mpl* **vice-présidents**, *fpl* **vice-présidentes**) nm, f vicepresidente *m*, -ta *f*.

vice-roi [visʀwa] (*pl* **vice-rois**) nm virrey *m*.

vice versa [visvɛʀsa] loc adv viceversa.

vichy [viʃi] nm **1.** [étoffe] vichy *m* **2.** [eau] agua *f* de Vichy.

vicié, e [visje] adj viciado(da).

vicier [9] [visje] vt viciar.

vicieux, euse [visjø, øz] adj **1.** [personne, conduite, regard] vicioso(sa) **2.** [animal] resabiado(da) **3.** [attaque] traicionero(ra).

vicinal, e, aux [visinal, o] adj vecinal.

vicissitude [visisityd] nf (*gén pl*) *sout* vicisitud *f*.

vicomte, vicomtesse [vikɔ̃t, vikɔ̃tɛs] nm, f vizconde *m*, -desa *f*.

victime [viktim] nf víctima *f* ▸ **être victime de** ser víctima de.

victimisation [viktimizasjɔ̃] nf victimización *f*.

victimiser [viktimize] vt victimizar.

victoire [viktwaʀ] nf victoria *f* ▸ **chanter** OU **crier victoire** cantar victoria.

victorieux, euse [viktɔʀjø, øz] adj **1.** [gén] victorioso(sa) **2.** [mine, air] triunfante.

victuailles [viktɥaj] nfpl vituallas *fpl*.

vidange [vidɑ̃ʒ] nf **1.** TECHNOL vaciado *m* **2.** AUTO cambio *m* de aceite **3.** [mécanisme] desagüe *m*.

vidanger [17] [vidɑ̃ʒe] vt vaciar.

vidangeur [vidɑ̃ʒœʀ] nm pocero *m*.

vide [vid] ◆ adj vacío(a) ▸ **vide de qqch** desprovisto(ta) de. ◆ nm vacío *m* ▸ **vide juridique** vacío jurídico ▸ **à vide a)** [sans contenu] de vacío **b)** [sans effet] en vacío ▸ **sous vide** al vacío ▸ **faire le vide a)** [se détendre] desconectar **b)** [ranger] hacer limpieza ▸ **parler dans le vide a)** [sans objet] hablar por hablar **b)** [sans auditeur] hablar para las paredes ▸ **regarder dans le vide** mirar al vacío.

vidé, e [vide] adj reventado(da).

vide-greniers [vidgʀənje] nm inv *en Francia, mercadillo en que personas particulares venden sus viejos objetos*.

vidéo [video] ◆ nf vídeo *m*. ◆ adj inv de vídeo.

vidéocassette [videɔkasɛt] nf cinta *f* de vídeo, videocasete *m*.

vidéoclip [videoklip] nm videoclip *m*.

vidéoclub [videɔklœb] nm videoclub *m*.

vidéoconférence [videokɔ̃feʀɑ̃s] = **visioconférence**.

vidéodisque [videɔdisk] nm videodisco *m*.

vidéoprojecteur [videɔpʀɔʒɛktœʀ] nm videoproyector *m*.

vide-ordures [vidɔʀdyʀ] nm inv conducto *m* de basuras ESP, tiradero *m* AM.

vidéosphère [videɔsfɛʀ] nf videoesfera *f*.

vidéosurveillance [videɔsyʀvɛjɑ̃s] nf vigilancia *f* por vídeo.

vidéothèque [videɔtɛk] nf videoteca *f*.

vidéotransmission [videɔtʀɑ̃smisjɔ̃] nf videotransmisión *f*.

vide-poches [vidpɔʃ] nm inv **1.** [corbeille] bandeja *f* *(para depositar objetos menudos)* **2.** [de voiture] guantera *f*.

vide-pomme [vidpɔm] nm inv *utensilio para vaciar las manzanas*.

vider [3] [vide] vt **1.** [sac, poche, verre] vaciar **2.** [lieu] abandonar **3.** [salle, maison] desalojar **4.** CULIN [poulet, poisson] limpiar **5.** *fam* [personne - épuiser] agotar ; [- expulser] echar ESP, botar AM. ◆ **se vider** vp **1.** [gén] vaciarse **2.** [eaux] evacuarse.

videur [vidœʀ] nm segura *m*.

vie [vi]

◆ nf

vida *f* / ***elle a changé de vie*** ha cambiado de vida / ***il a réussi sa vie*** ha tenido éxito en la vida ▸ **attenter à la**

vie de qqn atentar contra la vida de alguien ▸ **avoir la vie sauve** salir ileso(sa) ▸ **coûter la vie à qqn** costarle la vida a alguien ▸ **être entre la vie et la mort** estar entre la vida y la muerte ▸ **en vie** con vida ▸ **être en vie** estar vivo(va) ▸ **sa vie durant** durante toda su vida ▸ **gagner sa vie** ganarse la vida ▸ **avoir la vie dure** [être résistant] tener más vidas que un gato ▸ **enterrer sa vie de garçon** hacer la despedida de soltero ▸ **mener la vie dure à qqn** hacerle la vida imposible a alguien ▸ **prendre la vie du bon côté** coger la vida por el lado bueno ▸ **une vie de chien** *fam* una vida de perros ▸ **voir la vie en rose** verlo todo de color de rosa

vieil → **vieux**.

vieillard [vjɛjaʀ] nm anciano *m*.

vieille → **vieux**.

vieillerie [vjɛjʀi] nf antigualla *f*.

vieillesse [vjejɛs] nf **1.** [période de la vie] vejez *f* **2.** [personnes âgées] tercera edad *f*.

vieilli, e [vjeji] adj **1.** [personne] envejecido(da) **2.** [mode, attitude] anticuado(da).

vieillir [32] [vjejiʀ] ◆ vi **1.** [personne] envejecer **2.** [s'affiner - vin] envejecer ; [- fromage] curarse **3.** [tradition, idée, mot] quedarse anticuado(da). ◆ vt envejecer. ◆ **se vieillir** vp envejecerse.

vieillissant, e [vjejisɑ̃, ɑ̃t] adj [personne] que envejece ; [institution] que se queda anticuado(da) ; [style] que pasa de moda.

vieillissement [vjejismɑ̃] nm **1.** [de personne] envejecimiento *m* **2.** [de vin] envejecimiento *m* ; [de fromage] curación *f* **3.** [de mot, d'idée, de tradition] caída *f* en desuso.

vieillot, otte [vjejo, ɔt] adj anticuado(da).

vielle [vjɛl] nf zanfonía *f*.

viendrai → **venir**.

vienne → **venir**.

Vienne [vjɛn] npr Viena.

viennois, e [vjenwa, az] adj vienés(esa) ▸ **pain viennois** pan de viena. ◆ **Viennois, e** nm, f vienés *m*, -esa *f*.

viennoiserie [vjenwazʀi] nf bollería *f*.

viens → **venir**.

vierge [vjɛʀʒ] ◆ nf virgen *f*. ◆ adj virgen ; [page] en blanco ; [casier judiciaire] limpio(pia) ▸ **vierge de qqch** sin algo. ◆ **Vierge** nf **1.** ASTROL Virgo *m* ▸ **être Vierge** ser Virgo **2.** RELIG ▸ **la (Sainte) Vierge** la (Santa) Virgen.

Viêt Nam [vjɛtnam] npr ▸ **le Viêt Nam** Vietnam.

vietnamien, enne [vjɛtnamjɛ̃, ɛn] adj vietnamita. ◆ **vietnamien** nm LING vietnamita *m*. ◆ **Vietnamien, enne** nm, f vietnamita *mf*.

vieux, vieille [vjø, vjɛj] ◆ adj *(au masculin **vieil** [vjɛj] devant une voyelle ou 'h' muet)* **1.** [gén] viejo(ja) **2.** [vin] añejo(ja) ▸ **se faire vieux** hacerse viejo **3.** [client, connaissance] de toda la vida **4.** [meuble, maison, histoire] antiguo(gua). ◆ nm, f **1.** [personne âgée] viejo *m*, -ja *f* ▸ **un petit vieux** un viejecito **2.** *fam* [ami] ▸ **ma vieille** tía ▸ **mon vieux** tío **3.** *tfam* [parents] viejo *m*, -ja *f*. ◆ **vieux** nm [ancien] ▸ **le vieux** lo antiguo.

vif, vive [vif, viv] adj **1.** [gén] vivo(va) **2.** [froid] intenso(sa) **3.** [reproche, discussion] violento(ta) **4.** [sensation, émotion] fuerte. ◆ **vif** nm **1.** DR vivo *m* **2.** [de pêche] cebo *m* vivo **3.** EXPR **à vif** **a)** [blessure] en carne viva **b)** *fig* [nerfs] a flor de piel ▸ **entrer dans le vif du sujet** entrar en el meollo de la cuestión ▸ **piquer au vif** dar en la llaga ▸ **sur le vif** [portrait] al natural ▸ **trancher dans le vif** cortar por lo sano.

vif-argent [vifaʀʒɑ̃] nm inv azogue *m*.

vigie [viʒi] nf **1.** NAUT [personne] vigía *m* ; [poste] atalaya *f* **2.** [de chemin de fer] garita *f*.

vigilance [viʒilɑ̃s] nf vigilancia *f*.

vigilant, e [viʒilɑ̃, ɑ̃t] adj vigilante.

vigile [viʒil] nm [veilleur] vigilante *m* ; [policier privé] guardia *m* jurado.

Vigipirate [viʒipiʀat] npr ▸ **le plan Vigipirate** *dispositivo de seguridad francés ante amenazas o atentados terroristas.*

vigne [viɲ] nf **1.** [plante] vid *f* **2.** [vignoble] viña *f* ▸ **être dans les vignes du Seigneur** estar borracho(cha) como una cuba. ◆ **vigne vierge** nf viña *f* virgen.

vigneron, onne [viɲʀɔ̃, ɔn] nm, f viñador *m*, -ra *f*.

vignette [viɲɛt] nf **1.** ART [motif] viñeta *f* **2.** [de médicament] etiqueta *f* **3.** [d'automobile] *adhesivo que hasta 2001 se colocaba en el parabrisas para probar que se había pagado el impuesto de circulación.*

vignoble [viɲɔbl] nm viñedo *m*.

vigoureusement [viguʀøzmɑ̃] adv vigorosamente.

vigoureux, euse [viguʀø, øz] adj vigoroso(sa).

vigueur [vigœʀ] nf vigor *m*. ◆ **en vigueur** loc adj en vigor ▸ **être en vigueur** estar en vigor, estar vigente.

VIH (*abr de* **Virus de l'immunodéficience humaine**) nm VIH *m* ▸ **être infecté / contaminé par le VIH** estar infectado / contaminado por el VIH ▸ **l'infection / la contamination par le VIH** la infección / contaminación por el VIH.

vil, e [vil] adj *sout* [personne, action, etc.] vil ; [prix] bajo(ja).

vilain, e [vilɛ̃, ɛn] adj **1.** [mauvais, grossier] malo(la) **2.** [laid, grave] feo(a). ◆ **vilain** nm **1.** HIST [paysan] villano *m* **2.** *fam* [scandale] ▸ **il va y avoir du vilain !** ¡se va a armar la gorda!

vilebrequin [vilbʀəkɛ̃] nm **1.** [outil] berbiquí *m* **2.** AUTO cigüeñal *m*.

vilenie [vileni] nf *sout* villanía *f*.

vilipender [3] [vilipɑ̃de] vt *sout* vilipendiar.

villa [vila] nf chalé *m*, villa *f*.

village [vilaʒ] nm pueblo *m* ▸ **village de vacances** *lugar vacacional para familias.*

villageois, e [vilaʒwa, az] adj & nm, f aldeano(na), lugareño(ña).

ville [vil] nf ciudad *f* ▸ **à la ville** en la ciudad ▸ **aller en ville** ir a la ciudad ▸ **ville champignon** ciudad hongo ▸ **ville dortoir** ciudad dormitorio.

ville-dortoir [vildɔʀtwaʀ] (*pl* **villes-dortoirs**) nf ciudad *f* dormitorio.

villégiature [vileʒjatyʀ] nf veraneo *m* ▸ **aller en villégiature** ir de veraneo.

Villette [vilɛt] npr ▸ **(le parc de) la Villette** *complejo cultural en el norte de París.*

Vilnius [vilnjus] npr Vilnus.

vin [vɛ̃] nm **1.** [de raisin] vino *m* ▸ **vin blanc / rosé / rouge** vino blanco / rosado / tinto ▸ **vin champagnisé / résiné** vino achampañado / resinoso ▸ **vin de table** vino de mesa ▸ **cuver son vin** dormir la mona ▸ **être entre deux vins** estar achispado(da) **2.** [liqueur] licor *m.* ◆ **vin d'honneur** nm vino *m* de honor.

vinaigre [vinɛgʀ] nm vinagre *m* ▸ **vinaigre balsamique** vinagre balsámico ▸ **vinaigre de framboise / de vin** vinagre de frambuesa / de vino ▸ **tourner au vinaigre** *fig* ponerse feo (fea).

vinaigrer [4] [vinegʀe] vt echar vinagre a.

vinaigrette [vinɛgʀɛt] nf vinagreta *f* ▸ **à la** OU **en vinaigrette** a la OU en vinagreta.

vinasse [vinas] nf *péj* vinazo *m*, vino *m* peleón.

vindicatif, ive [vɛ̃dikatif, iv] adj vindicativo(va).

vindicte [vɛ̃dikt] nf ▸ **vindicte publique** vindicta *f* pública.

vingt [vɛ̃] adj num inv & nm inv veinte. ***Voir aussi*** **six**.

vingtaine [vɛ̃tɛn] nf veintena *f*.

vingtième [vɛ̃tjɛm] ◆ adj num & nmf vigésimo(ma). ◆ nm vigésimo *m*, veinteava parte *f*. ***Voir aussi*** **sixième**.

vinicole [vinikɔl] adj vinícola.

vinification [vinifikasjɔ̃] nf vinificación *f*.

vintage [vɛ̃taʒ *ou* vintɛdʒ] ◆ adj inv vintage. ◆ nm : ***le vintage est très tendance aujourd'hui*** el vintage está muy de moda hoy en día.

vinyle [vinil] nm vinilo *m*.

viol [vjɔl] nm violación *f*.

violacé, e [vjɔlase] adj violáceo(a).

violation [vjɔlasjɔ̃] nf violación *f* ▸ **violation de domicile** violación de domicilio.

viole [vjɔl] nf viola *f*.

violemment [vjɔlamɑ̃] adv violentamente.

violence [vjɔlɑ̃s] nf violencia *f* ▸ **violence routière** violencia vial ▸ **se faire violence** contenerse.

violent, e [vjɔlɑ̃, ɑ̃t] adj violento(ta).

violenter [3] [vjɔlɑ̃te] vt violentar.

violer [3] [vjɔle] vt violar.

violet, ette [vjɔlɛ, ɛt] adj violeta. ◆ **violet** nm [couleur] violeta *m*.

violette [vjɔlɛt] nf violeta *f*.

violeur [vjɔlœʀ] nm violador *m*.

violon [vjɔlɔ̃] nm **1.** MUS violín *m* ▸ **accorder ses violons** *fig* ponerse de acuerdo **2.** *arg crime* [prison] talego *m*. ◆ **violon d'Ingres** nm pasatiempo *m* favorito.

violoncelle [vjɔlɔ̃sɛl] nm violoncelo *m*, violonchelo *m*.

violoncelliste [vjɔlɔ̃selist] nmf violoncelista *mf*, violonchelista *mf*.

violoneux [vjɔlɔnø] nm *péj* rascatripas *m inv*.

violoniste [vjɔlɔnist] nmf violinista *mf*.

VIP [veipe] (***abr de* very important person**) nm *fam* VIP *mf* ▸ **un salon VIP** un salón VIP ▸ **une soirée (réservée aux) VIP** una fiesta (exclusiva para los) VIP.

vipère [vipɛʀ] nf víbora *f*.

virage [viʀaʒ] nm **1.** [sur la route] curva *f* ▸ **négocier** OU **prendre un virage** coger una curva ▸ **rater un virage** darse un trompazo (con el coche) ▸ **'virage dangereux'** 'curva peligrosa' ▸ **virage en épingle à cheveux** curva muy cerrada **2.** *fig* [changement de direction] viraje *m* **3.** MÉD reacción *f* positiva.

viral, e, aux [viʀal, o] adj viral.

virée [viʀe] nf *fam* vuelta *f* ▸ **faire une virée** dar una vuelta.

virement [viʀmɑ̃] nm **1.** FIN transferencia *f* ▸ **virement automatique** giro *m* automático ▸ **virement bancaire** transferencia bancaria ▸ **virement postal** giro *m* postal **2.** NAUT virada *f*.

virer [3] [viʀe] ◆ vi **1.** [véhicule] ▸ **virer à droite / à gauche** girar a la derecha / a la izquierda ▸ **virer de bord** NAUT virar de bordo **2.** [étoffe] cambiar de color ▸ **virer à** [couleur] tirar a **3.** PHOTO virar. ◆ vt **1.** FIN transferir **2.** *fam* [renvoyer] echar ESP, botar AM.

virevolte [viʀvɔlt] nf **1.** [de danseur] pirueta *f*; [de cheval] escarceo *m* **2.** *fig* [volte-face] media vuelta *f*.

virevolter [3] [viʀvɔlte] vi **1.** [danseur] hacer piruetas ; [cheval] hacer escarceos **2.** [voleter] revolotear.

virginal, e, aux [viʀʒinal, o] adj virginal.

virginité [viʀʒinite] nf virginidad *f*.

virgule [viʀgyl] nf coma *f*.

viril, e [viʀil] adj viril, varonil.

virilité [viʀilite] nf virilidad *f*.

virologie [viʀɔlɔʒi] nf virología *f*.

virtualité [viʀtɥalite] nf virtualidad *f*.

virtuel, elle [viʀtɥɛl] adj virtual ▸ **animal virtuel** animal *m* virtual.

virtuellement [viʀtɥɛlmɑ̃] adv **1.** [potentiellement] virtualmente **2.** [pratiquement] prácticamente.

virtuose [viʀtɥoz] nmf virtuoso *m*, -sa *f*.

virtuosité [viʀtɥozite] nf virtuosismo *m*.

virulence [viʀylɑ̃s] nf virulencia *f*.

virulent, e [viʀylɑ̃, ɑ̃t] adj virulento(ta).

virus [viʀys] nm INFORM & MÉD virus *m inv*.

vis[1] → **vivre**.

vis² [vis] nf tornillo *m* ▸ **vis sans fin** tornillo sin fin ▸ **vis platinées** platinos *mpl* ▸ **serrer la vis à qqn** apretarle las clavijas a alguien.

visa [viza] nm [cachet] visado *m* ; *fig* [approbation] visto *m* bueno.

visage [vizaʒ] nm rostro *m* ▸ **à visage découvert** a cara descubierta.

visagiste [vizaʒist] nmf estilista *mf*.

vis-à-vis [vizavi] nm **1.** [personne] vecino *m*, -na *f* de enfrente **2.** [immeuble] edificio *m* de enfrente ▸ **sans vis-à-vis** sin nada enfrente. ◆ **vis-à-vis de** loc prép **1.** [en face de] enfrente de **2.** [en comparaison de] en comparación con **3.** [à l'égard de] con respecto a.

viscéral, e, aux [viseʀal, o] adj visceral.

viscéralement [viseʀalmɑ̃] adv visceralmente / *il déteste viscéralement la politique* odia visceralmente la política.

viscère [visɛʀ] nm *(gén pl)* víscera *f*.

viscose [viskoz] nf viscosa *f*.

viscosité [viskozite] nf viscosidad *f*.

visé, e [vize] adj **1.** [concerné] aludido(da) **2.** [convoité] pretendido(da).

visée [vize] nf **1.** [avec une arme] puntería *f* **2.** *(gén pl)* [intention, dessein] intención *f*.

viser [3] [vize] ◈ vt **1.** [cible] apuntar a **2.** *fig* [poste] aspirar a ; [personne] concernir **3.** *fam* [fille, voiture] echar el ojo a **4.** [document] visar. ◈ vi **1.** [pour tirer] apuntar ▸ **viser à a)** [arme] apuntar a **b)** [avoir pour but] pretender ▸ **ne pas viser juste** no tener puntería **2.** [avoir des ambitions] ▸ **viser haut** apuntar alto.

viseur [vizœʀ] nm PHOTO visor *m* ; [d'arme] mira *f*.

visibilité [vizibilite] nf visibilidad *f*.

visible [vizibl] adj **1.** [gén] visible **2.** [évident] patente.

visiblement [viziblәmɑ̃] adv visiblemente.

visière [vizjɛʀ] nf visera *f*.

visioconférence [vizjokɔ̃feʀɑ̃s], **vidéoconférence** [videokɔ̃feʀɑ̃s] nf videoconferencia *f*, visioconferencia *f*.

vision [vizjɔ̃] nf visión *f*.

visionnaire [vizjɔnɛʀ] adj & nmf visionario(ria).

visionner [3] [vizjɔne] vt visionar.

visionneuse [vizjɔnøz] nf visionadora *f*.

visiophone [vizjɔfɔn], **vidéophone** [videɔfɔn] nm [téléphone] videoteléfono *m*.

visite [vizit] nf **1.** [gén] visita *f* ▸ **avoir de la visite** OU **une visite** tener (una) visita ▸ **faire une** OU **rendre visite à qqn** visitar a alguien ▸ **visite de politesse** visita de cumplido **2.** [d'expert, de douane] inspección *f*. ◆ **visite médicale** nf revisión *f* médica.

visiter [3] [vizite] vt visitar.

visiteur, euse [vizitœʀ, øz] nm, f [touriste] visitante *mf* ▸ **avoir un visiteur** [chez soi] tener visita.

vison [vizɔ̃] nm visón *m*.

visqueux, euse [viskø, øz] adj **1.** [liquide, surface] viscoso(sa) **2.** *péj* [personne, manières] repulsivo(va).

visser [3] [vise] vt **1.** [avec des vis] atornillar **2.** [couvercle] apretar **3.** *fam* [enfant] apretar los tornillos a.

visualisation [vizɥalizasjɔ̃] nf visualización *f*.

visualiser [3] [vizɥalize] vt visualizar.

visuel, elle [vizɥɛl] adj visual.

visuellement [vizɥɛlmɑ̃] adv visualmente.

vital, e, aux [vital, o] adj vital.

vitalité [vitalite] nf vitalidad *f*.

vitamine [vitamin] nf vitamina *f*.

vitaminé, e [vitamine] adj vitaminado(da).

vite [vit] adv **1.** [rapidement] de prisa, deprisa ▸ **faire vite** apresurarse ▸ **vite !** ¡deprisa! **2.** [tôt] pronto ▸ **avoir vite fait de** no tardar en.

vitesse [vitɛs] nf **1.** [gén] velocidad *f* ▸ **à toute vitesse** a toda velocidad ▸ **être en perte de vitesse** perder velocidad ▸ **vitesse de croisière** velocidad de crucero ▸ **vitesse de pointe** velocidad punta **2.** [hâte] rapidez *f* ▸ **prendre qqn de vitesse** adelantar a alguien **3.** AUTO ▸ **changer de vitesse** cambiar de marcha ▸ **en quatrième vitesse** *fam* & *fig* volando.

viticole [vitikɔl] adj vitícola.

viticulteur, trice [vitikyltœʀ, tʀis] nm, f viticultor *m*, -ra *f*.

viticulture [vitikyltyʀ] nf viticultura *f*.

vitivinicole [vitivinikɔl] adj vitivinicola.

vitiviniculture [vitivinikyltyʀ] nf vitivinicultura *f*.

vitrage [vitʀaʒ] nm **1.** [vitres] cristales *mpl* **2.** [verrière] vidriera *f*.

vitrail, aux [vitʀaj, o] nm vidriera *f (de iglesia)*.

vitre [vitʀ] nf **1.** [carreau] cristal *m* **2.** [glace - de voiture] luna *f* ; [- de train] ventanilla *f*.

vitré, e [vitʀe] adj [porte, baie] acristalado(da).

vitrée [vitʀe] ⟶ **porte**.

vitrer [vitʀe] vt acristalar.

vitreux, euse [vitʀø, øz] adj **1.** [qui contient du verre] vítreo(a) **2.** *fig* [œil, regard] vidrioso(sa).

vitrier [vitʀije] nm vidriero *m*.

vitrification [vitʀifikasjɔ̃] nf vitrificación *f*.

vitrifier [9] [vitʀifje] vt vitrificar.

vitrine [vitʀin] nf **1.** [de boutique] escaparate *m* **2.** [meuble] vitrina *f*.

vitriol [vitʀijɔl] nm vitriolo *m*.

vitrocéramique [vitʀoseʀamik] nf vitrocerámica *f*.

vitupération [vitypeʀasjɔ̃] nf *sout* vituperación *f*.

vitupérer [18] [vitypeʀe] vi *sout* ▸ **vitupérer contre qqn** vituperar contra alguien ▸ **vitupérer contre qqch** lanzar vituperios contra algo.

vivable [vivabl] adj [appartement] habitable ; [situation] soportable.

vivace [vivas] adj vivaz.

vivacité [vivasite] nf **1.** [d'esprit, d'enfant] vivacidad *f* **2.** [de coloris, de teint] viveza *f* **3.** [de propos] violencia *f*.

vivant, e [vivɑ̃, ɑ̃t] adj **1.** [gén] vivo(va) **2.** [ville, quartier, rue] animado(da). ◆ **vivant** nm **1.** [vie] ▸ **du vivant de qqn** en vida de alguien **2.** [personne] vivo *m* ▸ **un bon vivant** un vividor.

vivarium [vivaʀjɔm] nm vivero *m*.

vivats [viva] nmpl vivas *mpl*, vítores *mpl*.

vive[1] [viv] nf peje *m* araña.

vive[2] [viv] interj ▸ **vive… !** ¡viva…!

vive-eau [vivo] (*pl* **vives-eaux** [vivzo]) nf ▸ **(marée de) vive-eau** la marea viva.

vivement [vivmɑ̃] ◈ adv **1.** [agir] con presteza **2.** [répondre, affecter] vivamente. ◈ interj ▸ **vivement les vacances !** ¡que lleguen pronto las vacaciones! ▸ **vivement que** (+ *subjonctif*) *fam* que (+ *subjonctif*) ya / *vivement qu'il s'en aille !* ¡que se vaya ya!

vivier [vivje] nm vivero *m*.

vivifiant, e [vivifjɑ̃, ɑ̃t] adj vivificante.

vivifier [9] [vivifje] vt vivificar.

vivipare [vivipaʀ] adj vivíparo(ra).

vivisection [vivisɛksjɔ̃] nf vivisección *f*.

vivoter [3] [vivɔte] vi ir tirando.

vivre [90] [vivʀ] ◈ vi vivir ▸ **vivre pour qqch / qqn** vivir para algo/alguien ▸ **vivre bien / mal** vivir bien/mal ▸ **qui vivra verra** vivir para ver. ◈ vt [faire l'expérience de] vivir. ◈ nm ▸ **avoir le vivre et le couvert** tener casa y comida. ◆ **vivres** nmpl víveres *mpl* ▸ **couper les vivres à qqn** dejar a alguien sin recursos.

vivrier, ère [vivʀije, ɛʀ] adj [culture] de subsistencia, alimenticio(cia).

vizir [viziʀ] nm visir *m*.

VL (*abr de* **véhicule lourd**) nm vehículo *m* pesado ▸ **être titulaire du permis VL** tener el carné de conducir para vehículos pesados.

vlan [vlɑ̃] interj ¡zas!

vo (*abr écrite de* **verso**) dorso.

VO (*abr de* **version originale**) nf VO *f* ▸ **un film en VO** una película en VO.

vocable [vɔkabl] nm **1.** LING vocablo *m* **2.** RELIG advocación *f*.

vocabulaire [vɔkabylɛʀ] nm vocabulario *m*.

vocal, e, aux [vɔkal, o] adj **1.** [corde, organe, musique] vocal **2.** TÉLÉCOM [messagerie, serveur] de voz.

vocale [vɔkal] ⟶ **corde**.

vocalise [vɔkaliz] nf ▸ **faire des vocalises** hacer vocalizaciones.

vocaliser [3] [vɔkalize] vi vocalizar.

vocatif [vɔkatif] nm GRAM vocativo *m*.

vocation [vɔkasjɔ̃] nf vocación *f* ▸ **avoir la vocation** tener vocación ▸ **avoir pour vocation de faire qqch** tener como finalidad hacer algo.

vociférations [vɔsifeʀasjɔ̃] nfpl vociferaciones *fpl*.

vociférer [18] [vɔsifeʀe] ◈ vi vociferar ▸ **vociférer contre qqn** vociferar contra alguien. ◈ vt vociferar.

vod [veode] nf vod *m*.

vodcast [vɔdkast] nm INFORM vodcast *m*.

vodka [vɔtka] nf vodka *m*.

vœu, x [vø] nm **1.** [promesse & RELIG] voto *m* **2.** [souhait] deseo *m* ▸ **former des vœux pour** hacer votos por **3.** [requête] petición *f*. ◆ **vœux** nmpl felicidades *fpl* ▸ **meilleurs vœux** muchas felicidades ▸ **tous nos vœux de bonheur** nuestros mejores deseos.

vogue [vɔg] nf fama *f* ▸ **en vogue** en boga.

voguer [3] [vɔge] vi *sout* bogar.

voici [vwasi] prép **1.** [pour désigner] : *le voici* aquí está / *voici mon père* éste es mi padre / *le voici qui arrive* míralo, ahora OU aquí llega / *vous cherchiez des allumettes ? en voici* ¿buscabais cerillas? aquí hay / *vous vouliez les clefs, les voici* queríais las llaves, aquí están ▸ **que voici** este, esta / *l'homme que voici* este hombre **2.** [introduit ce dont on va parler] he aquí, esto es / *voici ce qui s'est passé* he aquí lo que pasó, esto es lo que pasó **3.** [il y a] hace / *voici trois mois / quelques années* hace tres meses/varios años.

voie [vwa] ◈ nf
1. [gén] vía *f* ▸ **par voie buccale / rectale** por vía oral/rectal ▸ **voie d'eau** vía de agua ▸ **voie ferrée** vía férrea ▸ **voie de garage** vía muerta ▸ **voie maritime / navigable** vía marítima/navegable ▸ **voies de fait** vías de hecho ▸ **voies respiratoires** vías respiratorias
2. [route] carril *m* ▸ **à plusieurs voies** de varios carriles ▸ **la voie publique** la vía pública
3. *fig* [chemin] camino *m* ▸ **mettre qqn sur la voie** encaminar a alguien ▸ **ouvrir la voie** abrir camino ▸ **être en bonne voie** ir por buen camino ▸ **être sur la bonne /**

Comment exprimer des vœux

- **¡Feliz cumpleaños!** *Joyeux anniversaire !*
- **¡Feliz Navidad!** *Joyeux Noël !*
- **¡Felices Pascuas!** *Joyeuses Pâques !*
- **¡Feliz Año Nuevo!** *Bonne année !*
- **¡Muchas felicidades!** *Meilleurs vœux !*
- **¡Mi enhorabuena!** *Toutes mes félicitations !*
- **¡Salud!** *À la tienne / À la vôtre !*
- **¡Que aproveche!** *Bon appétit !*
- **¡Buen viaje!** *Bon voyage !*
- **¡Que (te) lo pases bien!** *Amuse-toi bien !*
- **¡Cuidate!** *Prends-soin de toi !*
- **Te deseo mucha suerte en tu nuevo trabajo.** *Je te souhaite bonne chance dans ton nouveau travail.*

mauvaise voie ir por buen/mal camino ▸ **la voie royale** el mejor camino ▸ **trouver sa voie** encontrar su camino **4.** [filière, moyen] medio *m* ▸ **par la voie hiérarchique** por el conducto reglamentario

◆ **en voie de** loc prép en vías de ▸ **en voie de développement** en vías de desarrollo.

◆ **Voie lactée** nf Vía *f* Láctea.

voilà [vwala] ❖ prép

1. [pour désigner] : *le voilà* ahí está / *le voilà qui arrive* ahí llega / *vous cherchiez de l'encre ? en voilà* ¿buscabais tinta? ahí hay / *vous vouliez les clefs, les voilà* queríais las llaves, ahí están ▸ **que voilà** ese, esa / *la maison que voilà* esa casa

2. [temporel] ya / *le voilà endormi* ya se ha dormido / *nous voilà arrivés* ya hemos llegado

3. [reprend ce dont on a parlé] esto es ; [introduit ce dont on va parler] he ahí, esto es / *voilà ce qui s'est passé* esto es lo que pasó / *voilà où je voulais en venir* ahí es donde quería llegar ▸ **voilà tout** eso es todo ▸ **et voilà !** ¡y ya está!

4. [il y a] hace / *voilà trois mois/quelques années* hace tres meses/varios años

voilage [vwalaʒ] nm **1.** [de fenêtre] visillo *m* **2.** [de chapeau] velo *m*.

voile [vwal] ❖ nf **1.** [de bateau] vela *f* ▸ **mettre à la voile** hacerse a la vela ▸ **toutes voiles dehors** a toda vela ▸ **mettre les voiles** *fam* ahuecar el ala **2.** SPORT [de planeur] aleta *f*. ❖ nm **1.** [tissu, coiffure] velo *m* ▸ **jeter un voile sur** correr un tupido velo sobre ▸ **lever le voile** *fig* correr el velo ▸ **prendre le voile** RELIG tomar el velo **2.** [brume] capa *f* **3.** PHOTO veladura *f* **4.** MÉD [au poumon] mancha *f*. ◆ **voile du palais** nm ANAT velo *m* del paladar.

voilé, e [vwale] adj **1.** [femme, statue] con velo **2.** [allusion, regard, photo] velado(da) **3.** [ciel] brumoso(sa) **4.** [métal, roue] torcido(da) ; [bois] alabeado(da) **5.** [son, voix] tomado(da).

voiler [3] [vwale] vt **1.** [avec un voile] tapar con un velo **2.** [vérité, regard, photo] velar **3.** [métal, roue] torcer ; [bois] alabear. ◆ **se voiler** vp **1.** [femme] ponerse un velo **2.** [yeux, voix, astre] velarse **3.** [métal, roue] torcerse ; [bois] alabearse.

voilette [vwalɛt] nf velo *m (de sombrero)*.

voilier [vwalje] nm velero *m*.

voilure [vwalyʀ] nf **1.** [de bateau] velamen *m* **2.** [d'avion] planos *mpl* de sustentación **3.** [de parachute] tela *f* **4.** [de métal] torcedura *f* ; [de bois] alabeo *m*.

voir [62] [vwaʀ] ❖ vt ver / *personne n'a vu l'accident* nadie ha visto el accidente ▸ **aller voir qqn** ir a ver a alguien ▸ **faire voir (qqch à qqn)** mostrar ou enseñar (algo a alguien) ▸ **voir qqn en** [imaginer] ver a alguien como / *je ne la vois pas en secrétaire* no la veo como secretaria ▸ **voir qqn faire qqch** ver a alguien hacer algo ▸ **laisser voir qqch** dejar ver algo / *voir page…* véase página… ▸ **avoir assez vu qqn** *fam* haber visto bastante a alguien. ❖ vi ver ▸ **(ne rien) avoir à voir avec qqch/avec qqn** (no) tener (nada) que ver con algo/con alguien ▸ **ni vu ni connu** ni visto ni oído ▸ **pour voir** [pour essayer] para ver ou probar. ◆ **se voir** vp verse / *la cicatrice ne se voit presque plus* la cicatriz ya casi no se ve / *on se voit toutes les semaines* nos vemos cada semana / *elle se voit déjà championne* ya se ve campeona.

voire [vwaʀ] adv (e) incluso.

voirie [vwaʀi] nf **1.** ADMIN ≃ ministerio *m* de transportes **2.** [décharge] servicios *mpl* municipales de limpieza.

vois ⟶ **voir**.

voisin, e [vwazɛ̃, in] ❖ adj **1.** [pays, ville, maison] vecino(na) **2.** [idées] parecido(da). ❖ nm, f vecino *m*, -na *f*.

voisinage [vwazinaʒ] nm **1.** [entourage] vecindario *m* **2.** [voisins] vecindad *f* **3.** [environs] cercanía *f*.

voisiner [3] [vwazine] vi ▸ **voisiner avec qqch/avec qqn** codearse con algo/con alguien.

voiture [vwatyʀ] nf coche *m* ESP, carro *m* AM ▸ **voiture banalisée** coche camuflado ▸ **voiture de fonction** coche de servicio ▸ **voiture de location/d'occasion** coche de alquiler/de segunda mano ▸ **voiture de sport** coche deportivo. ◆ **voiture d'enfant** nf cochecito *m* (de niño).

voiture-balai [vwatyʀbalɛ] (*pl* **voitures-balais**) nf coche *m* escoba.

voix [vwa] nf **1.** [gén & GRAM] voz *f* ▸ **à mi-voix** a media voz ▸ **à voix basse/haute** en voz baja/alta ▸ **de vive voix** de viva voz ▸ **voix de fausset** voz de falsete ▸ **voix de stentor** voz estentórea ▸ **voix de ténor** voz de tenor ▸ **voix off** CINÉ voz en off ▸ **avoir voix au chapitre** *fig* tener voz y voto **2.** [suffrage] voto *m* ▸ **mettre aux voix** poner a votación ▸ **recueillir des voix** ganar votos.

Vojvodine [vɔjvɔdin] npr ▸ **la Vojvodine** Voivodina.

vol [vɔl] nm **1.** [d'oiseau, d'avion] vuelo *m* ▸ **vol charter** vuelo chárter ▸ **au vol** al vuelo ▸ **attraper qqch au vol** atrapar algo al vuelo ▸ **à vol d'oiseau** en línea recta ▸ **en plein vol** en pleno vuelo ▸ **vol à voile** vuelo sin motor **2.** [groupe d'oiseaux] bandada *f* **3.** [délit] robo *m* ▸ **vol à main armée/avec effraction** robo a mano armada/con efracción ▸ **vol à la tire** tirón *m*.

vol. (*abr écrite de* **volume**) vol.

volage [vɔlaʒ] adj *sout* voluble, veleidoso(sa).

volaille [vɔlaj] nf **1.** [collectif] aves *fpl* (de corral) **2.** [volatile] ave *f* (de corral).

volant, e [vɔlɑ̃, ɑ̃t] adj **1.** [animal, machine] volador(ra) **2.** [brigade, pont, escalier] volante **3.** [page] suelto(ta). ◆ **volant** nm volante *m* ESP, timón *m* AM.

volatil, e [vɔlatil] adj volátil. ◆ **volatile** nm volátil *m*.

volatiliser [3] [vɔlatilize] vt volatilizar. ◆ **se volatiliser** vp volatilizarse.

vol-au-vent [vɔlovɑ̃] nm inv volován *m*.

volcan [vɔlkɑ̃] nm volcán *m* ▸ **être assis sur un volcan** *fig* estar sobre un volcán, estar en la boca del lobo.

volcanique [vɔlkanik] adj volcánico(ca).

volcanologue = **vulcanologue**.

volée [vɔle] nf **1.** [d'oiseau] vuelo *m* ▸ **de haute volée** de altos vuelos **2.** [de flèches] ráfaga *f* **3.** SPORT volea *f* ▸ **à la**

volée de volea **4.** [de coups] paliza *f* ESP, golpiza *f* AM *fam* **5.** [de cloches] campanada *f* ▸ **sonner à la volée** repicar (campanas) **6.** [de marches] tramo *m* **7.** AGRIC ▸ **semer à la volée** sembrar a voleo.

voler [3] [vɔle] ✧ vi volar. ✧ vt robar.

volet [vɔlɛ] nm **1.** [de maison] postigo *m* **2.** [de dépliant] hoja *f*; [d'émission] episodio *m* **3.** [d'avion] flap *m* **4.** INFORM pestaña *f* de seguridad **5.** EXPR **trier sur le volet** seleccionar cuidadosamente.

voleter [27] [vɔlte] vi revolotear.

voleur, euse [vɔlœʀ, øz] ✧ adj ladrón(ona). ✧ nm, f ladrón *m*, -ona *f* ▸ **au voleur !** ¡al ladrón! ▸ **voleur de grand chemin** salteador *m* de caminos ▸ **voleur à la tire** carterista *m*.

volière [vɔljɛʀ] nf pajarera *f*.

volley-ball [vɔlɛbol] (*pl* **volley-balls**) nm balonvolea *m*.

volleyeur, euse [vɔlɛjœʀ, øz] nm, f jugador *m*, -ra *f* de balonvolea.

volontaire [vɔlɔ̃tɛʀ] ✧ nmf voluntario *m*, -ria *f*. ✧ adj **1.** [activité, omission] voluntario(ria) **2.** [caractère] voluntarioso(sa).

volontairement [vɔlɔ̃tɛʀmɑ̃] adv voluntariamente.

volontariat [vɔlɔ̃taʀja] nm voluntariado *m*.

volontarisme [vɔlɔ̃taʀism] nm voluntarismo *m*.

volontariste [vɔlɔ̃taʀist] adj & nmf voluntarista.

volonté [vɔlɔ̃te] nf voluntad *f* ▸ **à volonté** a voluntad ▸ **les dernières volontés de qqn** las últimas voluntades de alguien ▸ **bonne / mauvaise volonté** buena/mala voluntad ▸ **faire les quatre volontés de qqn** hacer la santa voluntad de alguien.

volontiers [vɔlɔ̃tje] adv **1.** [avec plaisir] con mucho gusto **2.** [naturellement, ordinairement] fácilmente.

volt [vɔlt] nm voltio *m*.

voltage [vɔltaʒ] nm voltaje *m*.

volte [vɔlt] nf **1.** [de cheval] vuelta *f* **2.** *sout* [pirouette] media vuelta *f*.

volte-face [vɔltəfas] nf inv **1.** [demi-tour] media vuelta *f* ▸ **faire volte-face** dar media vuelta **2.** *fig* [revirement] giro *m*.

voltige [vɔltiʒ] nf **1.** [au trapèze] acrobacia *f* ▸ **haute voltige** a) acrobacia b) *fam* & *fig* malabarismo *m* **2.** [à cheval] volteo *m* **3.** [en avion] acrobacia *f* aérea.

voltiger [17] [vɔltiʒe] vi **1.** [acrobate] hacer acrobacias **2.** [insectes, oiseaux] revolotear **3.** [flotter] flotar.

voltigeur [vɔltiʒœʀ] nm **1.** [acrobate] volatinero *m*, -ra *f* **2.** MIL tirador *m*.

volubile [vɔlybil] adj [bavard] locuaz.

volubilis [vɔlybilis] nm enredadera *f* de campanillas.

volubilité [vɔlybilite] nf locuacidad *f*.

volume [vɔlym] nm volumen *m*.

volumineux, euse [vɔlyminø, øz] adj voluminoso(sa).

volupté [vɔlypte] nf voluptuosidad *f*.

voluptueusement [vɔlyptɥøzmɑ̃] adv voluptuosamente.

voluptueux, euse [vɔlyptɥø, øz] adj & nm, f voluptuoso(sa).

volute [vɔlyt] nf voluta *f*.

vomi [vɔmi] nm *fam* vomitona *f*.

vomir [32] [vɔmiʀ] vi & vt vomitar.

vomissement [vɔmismɑ̃] nm vómito *m*.

vomitif, ive [vɔmitif, iv] adj vomitivo(va). ◆ **vomitif** nm vomitivo *m*.

vorace [vɔʀas] adj voraz.

voracement [vɔʀasmɑ̃] adv vorazmente.

voracité [vɔʀasite] nf **1.** [gloutonnerie] voracidad *f* **2.** *fig* [avidité] codicia *f*.

vos ⟶ **votre**.

Vosges [voʒ] npr ▸ **les Vosges** [massif, département] los Vosgos.

V.O.S.T, VOST (*abr écrite de* **version originale sous-titrée**) ≃ VOSE ▸ **un film (en) V.O.S.T** una película en versión original subtitulada.

votant, e [vɔtɑ̃, ɑ̃t] nm, f votante *mf*.

vote [vɔt] nm **1.** [suffrage, voix] voto *m* ▸ **vote par correspondance / par procuration** voto por correo/por poder **2.** [élection] votación *f* ▸ **vote à bulletin secret, vote secret** votación secreta ▸ **vote à main levée** votación a mano alzada.

voter [3] [vɔte] vi & vt votar.

votre [vɔtʀ] (*pl* **vos** [vo]) adj poss vuestro(tra).

vôtre [votʀ] ◆ **le vôtre, la vôtre** (*pl* **les vôtres**) pron poss el vuestro (la vuestra) ▸ **les vôtres** los vuestros / *je suis des vôtres* soy de los vuestros / *vous devriez y mettre du vôtre* debería poner algo de su parte ▸ **à la vôtre !** ¡(a su) salud!

voudrai ⟶ **vouloir**.

vouer [6] [vwe] vt **1.** [promettre, jurer] ▸ **vouer qqch à qqn** profesar algo a alguien **2.** [employer, consacrer] ▸ **vouer qqch à qqch** consagrar algo a algo **3.** [condamner] ▸ **être voué à** estar condenado a. ◆ **se vouer** vp ▸ **se vouer à qqch** consagrarse a algo.

vouloir [vulwaʀ]

✧ vt

1. [gén] querer / *je veux partir* quiero irme ▸ **vouloir bien qqch / faire qqch** querer algo/hacer algo / *je veux bien un café* me apetece un café / *je veux bien y aller à ta place* no me importa ir en tu lugar ▸ **vouloir qqch (de qqch / de qqn)** querer algo (de algo/de alguien) / *il veut une réponse de ta part* quiere una respuesta por tu parte ▸ **vouloir que** (*+ subjonctif*) querer que (*+ subjonctif*) / *je veux qu'il parte maintenant* quiero que se vaya ahora ▸ **comme tu veux !** ¡como quieras! ▸ **faire qqch sans le vouloir** hacer algo sin querer ▸ **je veux bien** por supuesto ▸ **Dieu le veuille !** ¡Dios lo quiera! ▸ **qu'on le veuille ou non** queramos o no ▸ **tu**

l'auras voulu ! ¡tú lo habrás querido! ▸ **vouloir dire** querer decir
2. [souhaiter] ▸ **vouloir qqch à qqn** desearle algo a alguien
3. [marque la résignation] ▸ **que voulez-vous !** ¡qué le vamos a hacer! ▸ **si on veut** si tú lo dices
4. EXPR **comme le veut la tradition** como manda la tradición ▸ **en vouloir** ser obstinado(da) ▸ **en vouloir à qqn** estar resentido(da) contra alguien
◆ vi
▸ **ne pas vouloir de qqch / de qqn** no querer algo / a alguien
◆ **en vouloir** vi ▸ **en vouloir à qqn** estar resentido(da) con alguien
◆ **s'en vouloir** vp ▸ **s'en vouloir de qqch / de faire qqch** arrepentirse de algo / hacer algo / *elle s'en est voulue de s'être emportée* se arrepintió de haberse dejado llevar por la ira.
◆ **bon vouloir** nm buena voluntad *f*.

voulu, e [vuly] ◆ adj **1.** [requis] debido(da) **2.** [délibéré] deseado(da). ◆ pp ⟶ **vouloir.**

voulus ⟶ **vouloir**.

vous [vu] pron pers **1.** [plusieurs personnes - gén] vosotros(tras) ; [- complément d'objet direct, de verbe pronominal] os / *dépêchez-vous !* ¡daos prisa! / *il vous l'a donné* os lo ha dado / *je vous aime* os quiero / *vous devez vous occuper de lui* debéis ocuparos de él ▸ **à vous** [possessif] vuestro(tra) **2.** [une seule personne - gén] usted ; [- complément d'objet direct] le (la) ; [- de verbe pronominal] se / *dépêchez-vous !* ¡dese prisa! / *il vous l'a donné* se lo ha dado / *je vous aime* la quiero, la amo / *vous devez vous occuper de lui* debe ocuparse de él ▸ **à vous** [possessif] suyo(ya). ◆ **vous-même** pron pers usted mismo (usted misma). ◆ **vous-mêmes** pron pers vosotros mismos (vosotras mismas).

voûte [vut] nf bóveda *f* ▸ **voûte céleste** bóveda celeste ▸ **voûte plantaire** bóveda plantar.

voûté, e [vute] adj **1.** [personne, dos] encorvado(da) / *il marche voûté* camina encorvado **2.** [cave, galerie] abovedado(da).

voûter [3] [vute] vt abovedar. ◆ **se voûter** vp encorvarse.

vouvoiement [vuvwamɑ̃] nm tratamiento *m* de usted.

vouvoyer [13] [vuvwaje] vt tratar de usted.
◆ **se vouvoyer** vp tratarse de usted.

voyage [vwajaʒ] nm viaje *m* / *je pars en voyage demain* mañana me voy de viaje ▸ **bon voyage !** ¡buen viaje! ▸ **voyage d'affaires / organisé / de noces** viaje de negocios / organizado / de novios.

voyager [17] [vwajaʒe] vi **1.** [gén] viajar **2.** [marchandise] ▸ **voyager bien / mal** viajar bien / mal.

voyageur, euse [vwajaʒœʀ, øz] nm, f viajero *m*, -ra *f* ▸ **voyageur de commerce** viajante *mf* (de comercio).

voyagiste [vwajaʒist] nmf tour operador *m*, tour operadora *f*.

voyais ⟶ **voir**.

voyance [vwajɑ̃s] nf videncia *f*.

voyant, e [vwajɑ̃, ɑ̃t] ◆ adj vistoso(sa). ◆ nm, f vidente *mf* ▸ **voyante extralucide** vidente *f*.
◆ **voyant** nm piloto *m*, indicador *m* luminoso ▸ **voyant d'essence / d'huile** indicador de nivel de gasolina / de aceite.

voyelle [vwajɛl] nf vocal *f*.

voyeur, euse [vwajœʀ, øz] nm, f mirón *m*, -ona *f*, voyeur *mf*.

voyeurisme [vwajœʀism] nm voyeurismo *m*.

voyou [vwaju] nm golfo *m*.

VPC (*abr de* **vente par correspondance**) nf venta *f* por correo ou correspondencia ▸ **un catalogue VPC** un catálogo de venta por correo ou correspondencia.

vrac [vʀak] ◆ **en vrac** loc adv **1.** [sans emballage, au poids] a granel **2.** [en désordre] en desorden.

vrai, e [vʀɛ] adj **1.** [gén] verdadero(ra) ▸ **c'est** ou **il est vrai que** es verdad ou cierto que ▸ **c'est pas vrai !** a) [exprime incrédulité] ¡no me lo puedo creer! b) [dénégation] ¡no es verdad! **2.** [réel] auténtico(ca) **3.** [naturel] natural.
◆ **vrai** nm ▸ **le vrai** lo verdadero ▸ **être dans le vrai** estar en lo cierto ▸ **à vrai dire, à dire vrai** a decir verdad.

vraiment [vʀɛmɑ̃] adv **1.** [véritablement] verdaderamente **2.** [franchement] realmente.

vraisemblable [vʀɛsɑ̃blabl] adj [plausible] verosímil ; [probable] probable.

vraisemblablement [vʀɛsɑ̃blabləmɑ̃] adv probablemente, aparentemente.

vraisemblance [vʀɛsɑ̃blɑ̃s] nf verosimilitud *f* ▸ **selon toute vraisemblance** según todas las apariencias.

V /Réf (*abr écrite de* **Votre référence**) S/Ref., S/Refa.

vrille [vʀij] nf **1.** BOT tijereta *f*, zarcillo *m* **2.** [outil & AÉRON] barrena *f* **3.** [spirale] caracol *m*.

vriller [3] [vʀije] ◆ vi **1.** [avion] entrar en barrena **2.** [parachute] enroscarse. ◆ vt barrenar.

vrombir [32] [vʀɔ̃biʀ] vi zumbar.

Vouvoiement

Generalmente, los franceses utilizan el **vous** cuando se dirigen a una persona por primera vez (excepto a los niños) y con frecuencia cuando se trata de una persona mayor o un superior. Se considera una fórmula de respeto, pero también se emplea para mantener una cierta distancia entre los interlocutores. El paso al tuteo se produce normalmente cuando comenzamos a conocer a la otra persona o la vemos a menudo. Sin embargo, es prudente preguntar antes de tutear a alguien.

vrombissement [vʀɔ̃bismɑ̃] nm zumbido *m*.

VRP (*abr de* **voyageur représentant placier**) nm viajante *m* ▸ **être VRP** ser viajante / *les VRP* los viajantes.

vs (*abr écrite de* **versus**) prép ctr *(contra)*.

VTT (*abr de* **vélo tout terrain**) nm BTT *f* ▸ **faire du VTT** hacer BTT / *le championnat du monde de VTT* el campeonato mundial de BTT / *une randonnée en VTT* una excursión en BTT.

vu, e [vy] ❖ adj **1.** [gén] visto(ta) **2.** [compris] ▸ **(c'est bien) vu ?** ¿lo has captado? ❖ pp ⟶ **voir.** ◆ **vu** prép en vista de. ◆ **vue** nf **1.** [sens] vista *f* ▸ **à vue** a la vista ▸ **de vue** de vista ▸ **vue imprenable** vistas *fpl* ▸ **vue panoramique** vista panorámica ▸ **à première vue** a primera vista ▸ **à vue de nez** a ojo de buen cubero ▸ **à vue d'œil** a ojos vistas ▸ **en mettre plein la vue à qqn** *fam* dar en las narices a alguien **2.** ⟶ **prise 3.** [idée] visión *f* ▸ **vue d'ensemble** visión de conjunto **4.** [intention] ▸ **avoir qqch / qqn en vue** tener algo/a alguien en vista. ◆ **vues** nfpl [projets] miras *fpl* ▸ **avoir des vues sur qqch / sur qqn** poner las miras en algo/en alguien. ◆ **vu que** loc conj dado que. ◆ **en vue de** loc prép con vistas a.

vulcaniser [3] [vylkanize] vt vulcanizar.

vulcanologue [vylkanɔlɔg], **volcanologue** [vɔlkanɔlɔg] nmf vulcanólogo *m*, -ga *f*.

vulgaire [vylgɛʀ] adj vulgar.

vulgairement [vylgɛʀmɑ̃] adv vulgarmente.

vulgarisation [vylgaʀizasjɔ̃] nf vulgarización *f*; [des connaissances] divulgación *f*.

vulgariser [3] [vylgaʀize] vt vulgarizar ; [connaissances] divulgar.

vulgarité [vylgaʀite] nf vulgaridad *f*.

vulnérabilité [vylneʀabilite] nf vulnerabilidad *f*.

vulnérable [vylneʀabl] adj vulnerable.

vulve [vylv] nf vulva *f*.

VVF (*abr de* **village vacances famille**) nm *asociación francesa de promoción del turismo familiar en campamentos* / *un village VVF* *campamento o poblado que forma parte de esta asociación*.

vx *abr écrite de* **vieux**.

W X

w, W [dubləve] nm inv [lettre] w *f*, W *f*.

wagon [vagɔ̃] nm vagón *m* ▸ **wagon fumeurs / non-fumeurs** vagón de fumadores / de no fumadores ▸ **wagon de marchandises** vagón de mercancías ▸ **wagon de première / de seconde classe** vagón de primera / de segunda clase.

wagon-citerne [vagɔ̃sitɛʀn] nm vagón *m* cisterna.

wagon-lit [vagɔ̃li] nm coche *m* cama ESP, carro *m* dormitorio AM.

wagonnet [vagɔnɛ] nm vagoneta *f*.

wagon-restaurant [vagɔ̃ʀɛstɔʀɑ̃] nm vagón *m* restaurante.

Wah Wah [wawa] nf MUS ▸ **pédale Wah Wah** pedal de wah-wah.

Walkman® [wɔkman] nm walkman *m*.

wallon, onne [walɔ̃, ɔn] adj valón(ona). ◆ **wallon** nm LING valón *m*. ◆ **Wallon, onne** nm, f valón *m*, -ona *f*.

Wallonie [walɔni] nf ▸ **la Wallonie** Valonia.

WAP [wap] (*abr de* **Wireless Application Protocol**) nm TÉLÉCOM WAP *m* ▸ **téléphone WAP** teléfono WAP.

warning [waʀniŋ] nm AUTO luces *fpl* de emergencia, warning *m*.

wasabi [wazabi] nm wasabi *m*.

Washington [waʃiŋtɔn] npr Washington.

water-polo [watɛʀpɔlo] nm waterpolo *m*.

waterproof [watɛʀpʀuf] adj inv **1.** [étanche] acuático(ca) **2.** [résistant à l'eau - gén] resistente al agua ; [- mascara] waterproof.

watt [wat] nm vatio *m*.

Wb (*abr écrite de* **weber**) Wb.

W-C [vese] (*abr de* **water closet**) nmpl WC *m* / *aller aux W-C* ir al servicio.

Web [wɛb] nm ▸ **le Web** la Web.

webcam [wɛbkam] nf webcam *f*.

webcast [wɛbkast] nm INFORM webcast *m*.

webcasting [wɛbkastiŋ] nm INFORM webcasting *m*.

webmail [wɛbmɛl] nm webmail *m*.

webmaster [wɛbmastœʀ], **webmestre** [wɛbmɛstʀ] nmf INFORM webmaster *mf*, administrador *m*, -ra *f* de sitio web.

webradio [wɛbʀadjo] nf webradio *f*.

webtélé [wɛbtele] nf télévisión *f* vía internet.

webzine [wɛbzin] nm INFORM revista *f* electrónica.

week-end [wikɛnd] (*pl* **week-ends**) nm fin *m* de semana ▸ **bon week-end !** ¡buen fin de semana! ▸ **partir en week-end** irse de fin de semana.

Wellington [weliŋtɔn] npr Wellington.

western [wɛstɛʀn] nm western *m*, película *f* de vaqueros ou del Oeste.

Wh (*abr écrite de* **wattheure**) Wh / *500 Wh* 500 Wh.

whisky [wiski] (*pl* **whiskys** *ou* **whiskies**) nm whisky *m* ▸ **whisky sec** whisky solo.

whist [wist] nm whist *m*.

white-spirit [wajtspiʀit] (*pl* **white-spirits**) nm aguarrás *m*.

Wi-Fi, wi-fi [wifi] (*abr de* **Wireless Fidelity**) nm inv wi-fi *m inv*.

Windsurf® nm SPORT windsurf *m*.

wok [wɔk] nm wok *m*.

WWF (*abr de* **World Wildlife Fund**) WWF.

WWW (*abr de* **World Wide Web**) nm WWW *f*.

WYSIWYG [wiziwig] (*abr de* **what you see is what you get**) WYSIWYG.

x, X [iks] nm inv [lettre] x *f*, X *f*. ◆ **X** nf ▸ **l'X** [École polytechnique] *la Escuela Politécnica de París*.

xénophobe [gzenɔfɔb] adj & nmf xenófobo(ba).

xénophobie [gzenɔfɔbi] nf xenofobia *f*.

xérès [gzeʀɛs, kseʀɛs] nm jerez *m*.

XML (*abr de* **Extensible Markup Language**) nm XML *m*.

XXL (*abr de* **extra extra large**) adj XXL / *un tee-shirt XXL* una camiseta XXL.

xylophone [ksilɔfɔn] nm xilófono *m*.

Y

y¹, Y [igʀɛk] nm inv [lettre] y *f*, Y *f*.

y² [i] ❖ adv : ***j'y vais demain*** iré mañana / ***mets-y du sel*** échale OU ponle sal / ***va voir sur la table si les clefs y sont*** ve a ver si las llaves están encima de la mesa / ***on ne peut pas couper cet arbre, des oiseaux y font leur nid*** no podemos talar este árbol porque algunos pájaros anidan en él / ***ils ont ramené des vases anciens et y ont fait pousser des fleurs exotiques*** trajeron vasijas antiguas y plantaron flores exóticas (en ellas). ❖ pron *(la traduction varie selon la préposition utilisée avec le verbe)* : ***pensez-y*** piénseselo, piense en ello / ***n'y compte pas*** no cuentes con ello / ***j'y suis !*** [j'ai compris] ¡ya veo!

ya SMS *abr écrite de* **il y a**.

yacht [jɔt] nm yate *m*.

yacht-club [jɔtklœb] (*pl* **yacht-clubs**) nm club *m* náutico.

yankee [jɑ̃ki] adj yanqui. ◆ **Yankee** nm, f yanqui.

Yaoundé [jaunde] npr Yaoundé.

yaourt [jauʀt], **yogourt**, **yoghourt** [jɔguʀt] nm yogurt *m* ▸ **yaourt aux fruits / nature** yogurt de frutas / natural.

yaourtière [jauʀtjɛʀ] nf yogurtera *f*.

yard [jaʀd] nm yarda *f*.

Yémen [jemɛn] npr ▸ **le Yémen** Yemen ▸ **le Yémen du Nord** el Yemen del Norte ▸ **le Yémen du Sud** el Yemen del Sur.

yéménite [jemenit] adj yemení, yemenita. ◆ **Yéménite** nmf yemení *mf*, yemenita *mf*.

yen [jɛn] nm yen *m*.

yeux ⟶ **œil**.

yé-yé [jeje] adj inv & nmf *vieilli* yeyé.

yiddish [jidiʃ] ❖ adj inv judeoalemán(ana). ❖ nm inv yiddish *m*.

yin [jin] nm yin *m* ▸ **le yin et le yang** el yin y el yang.

yoga [jɔga] nm yoga *m* ▸ **yoga bikram** yoga bikram.

yogi [jɔgi] nm yogui *m*.

yogourt, **yoghourt** = **yaourt**.

Yom Kippour [jɔmkipuʀ] nm inv RELIG Yom Kippur *m*.

yougoslave [jugɔslav] adj yugoslavo(va). ◆ **Yougoslave** nmf yugoslavo *m*, -va *f*.

Yougoslavie [jugɔslavi] npr ▸ **la Yougoslavie** Yugoslavia ▸ **l'ex-Yougoslavie** la ex Yugoslavia.

youpi [jupi] interj ¡yupi!

youyou [juju] nm gabarra *f*.

Yo-Yo® [jojo] nm inv [jouet] yoyó *m*.

yoyo [jojo] nm MÉD tubito *m*.

yuan [jɥan] nm [monnaie] yuan *m*.

yucca [juka] nm yuca *f*.

Z

z, Z [zɛd] nm inv [lettre] z *f*, Z *f*.

ZAC, Zac [zak] (*abr de* **zone d'aménagement concerté**) nf *zona de ordenación territorial concertada* ; ≃ ZOE ▸ **créer une ZAC** crear una ZAC.

ZAD, Zad [zad] (*abr de* **zone d'aménagement différé**) nf *zona de ordenación territorial ulterior*.

Zagreb [zagʀɛb] npr Zagreb.

Zaïre [zaiʀ] npr ▸ **le Zaïre** (el) Zaire.

zaïrois, e [zaiʀwa, az] adj zaireño(ña). ◆ **Zaïrois, e** nm, f zaireño *m*, -ña *f*.

zakouski [zakuski] nmpl entremeses *mpl* rusos.

Zambie [zɑ̃bi] npr ▸ **la Zambie** Zambia.

zambien, enne [zɑ̃bjɛ̃, ɛn] adj zambiano(na). ◆ **Zambien, enne** nm, f zambiano *m*, -na *f*.

zapotèque [zapɔtɛk] adj zapoteca. ◆ **Zapotèque** nmf zapoteca *mf*.

zapper [3] [zape] vi hacer zapping.

zapping [zapiŋ] nm zapping *m*.

zèbre [zɛbʀ] nm **1.** [animal] cebra *f* **2.** *fam* [individu] elemento *m*.

zébré, e [zebʀe] adj rayado(da).

zébrer [18] [zebʀe] vt rayar.

zébrure [zebʀyʀ] nf **1.** [de pelage] rayado *m* **2.** [marque] varazo *m*.

zébu [zeby] nm cebú *m*.

zélateur, trice [zelatœʀ, tʀis] nm, f *sout* celador *m*, -ra *f*.

zèle [zɛl] nm celo *m* ▸ **faire du zèle** *péj* pasarse.

zélé, e [zele] adj celoso(sa) *(trabajador)*.

zen [zɛn] adj & nm zen ▸ **rester zen** mantener la calma.

zénith [zenit] nm cenit *m* ▸ **être au zénith de** *fig* estar en el cenit de.

ZEP, Zep [zɛp] (*abr de* **zone d'éducation prioritaire**) nf *zona francesa de educación prioritaria* ▸ **enseigner en ZEP** dar clases en una ZEP ▸ **une école de / en ZEP** una escuela de / en ZEP ▸ **un collège / lycée de / en ZEP** un colegio / instituto de / en ZEP / ***un établissement (scolaire) classé en ZEP*** un establecimiento (escolar) clasificado en ZEP.

zéro [zeRo] ◆ nm **1.** [gén] cero *m* ▸ **au-dessus / au-dessous de zéro** sobre / bajo cero ▸ **deux buts à zéro** dos goles a cero ▸ **à zéro** [moral] por los suelos ▸ **repartir à ou de zéro** volver a empezar desde cero **2.** *fam* [personne] cero *m* a la izquierda. ◆ adj cero *(en aposición).*

zeste [zɛst] nm corteza *f*, cáscara *f (de cítricos)* ▸ **zeste de citron** corteza de limón.

zézaiement [zezɛmɑ̃] nm ceceo *m*.

zézayer [11] [zezeje] vi cecear.

ZI (*abr de* **zone industrielle**) nf ZI *f* / *ZI Nord / Sud* ZI Norte / Sur / *dans la ZI de Bel Air* en la ZI de Bel Air.

zibeline [ziblin] nf marta *f* cibelina.

zieuter, zyeuter [3] [zjøte] vt *fam* guipar.

ZIF [zif] (*abr de* **zone d'intervention foncière**) nf *zona de intervención territorial que los municipios franceses pueden crear* / *dans la ZIF* en la ZIF.

zigoto [zigɔto] nm *fam* payaso *m*.

zigouiller [3] [ziguje] vt *fam* cargarse, apiolar.

zigzag [zigzag] nm zigzag *m* ▸ **en zigzag** en zigzag.

zigzaguer [3] [zigzage] vi zigzaguear.

Zimbabwe [zimbabwe] npr ▸ **le Zimbabwe** Zimbabwe.

zimbabwéen, enne [zimbabweɛ̃, ɛn] adj zimbabuense. ◆ **Zimbabwéen, enne** nm, f zimbabuo *m*, -bua *f*.

zinc [zɛ̃g] nm **1.** [matière] cinc *m*, zinc *m* **2.** *fam* [comptoir] barra *f* **3.** *fam* & *vieilli* [avion] cacharro *m*.

zinzin [zɛ̃zɛ̃] adj *fam* majara.

Zip® [zip] nm cremallera *f* ESP, zíper *m* AM.

zipper [3] [zipe] vt INFORM zipear, comprimir.

zizanie [zizani] nf ▸ **semer la zizanie** sembrar cizaña.

zizi [zizi] nm *fam* pajarito *m*.

zodiacal, e, aux [zɔdjakal, o] adj zodiacal.

zodiaque [zɔdjak] nm zodíaco *m*.

zombie [zɔ̃bi] nm *fam* zombi *m*.

zona [zona] nm zona *f*.

zone [zon] nf **1.** [région] zona *f* ▸ **zone bleue** ≃ zona azul ▸ **zone érogène** zona erógena ▸ **zone franche / industrielle** zona franca / industrial **2.** *fam* & *péj* [faubourg] barriada *f* ▸ **c'est la zone !** ¡es un barrio chungo!

zoo [zo(o)] nm zoo *m*.

zoologie [zɔ(ɔ)lɔʒi] nf zoología *f*.

zoologique [zɔɔlɔʒik] adj zoológico(ca).

zoologiste [zɔɔlɔʒist] nmf zoólogo *mf*.

zoom [zum] nm zoom *m*.

zoomer [3] [zume] vt hacer zoom sobre / *zoome sur l'oiseau qui est sur la branche, là-bas !* ¡haz zoom sobre aquel pájaro que está sobre la rama!

zoophile [zɔ(ɔ)fil] adj & nmf zoófilo(la).

zouave [zwav] nm EXPR **faire le zouave** *fam* hacer el payaso.

zoulou, e [zulu] adj zulú. ◆ **Zoulou, e** nm, f ▸ **les Zoulous** los zulúes.

zozo [zozo] nm *fam* bobo *m*, -ba *f*.

zozoter [3] [zɔzɔte] vi cecear.

ZUP, Zup [zyp] (*abr de* **zone à urbaniser par priorité**) nf ≃ ZAU ▸ **habiter dans une ZUP** ≃ vivir en una ZAU.

Zurich [zyRik] npr Zurich.

zut [zyt] interj *fam* ¡jolín!

zyeuter = **zieuter**.

zygomatique [zigɔmatik] adj zigomático(ca).

Cahier pratique

Grammaire de l'espagnol

Sommaire

Grammaire
de l'espagnol

Accentuation

L'accent tonique

Tous les mots espagnols de plus d'une syllabe ont une syllabe tonique, c'est-à-dire plus fortement accentuée que les autres (c'est la syllabe sur laquelle la voix insiste, en allongeant la voyelle). On appelle accent tonique l'appui que la voix marque sur la voyelle de la syllabe accentuée. L'accent tonique peut ou non être signalé graphiquement.

- Les mots qui se terminent par une voyelle, par -n ou par -s sont régulièrement accentués sur l'avant-dernière syllabe : **una silla, una dosis, un crimen.**
- Les mots qui se terminent par une consonne (-y compris) sauf -n ou -s, sont régulièrement accentués sur la dernière syllabe : **regular, estoy**.
- Si l'accent tonique ne concerne aucun des cas indiqués ci-dessus, l'irrégularité est signalée par un accent aigu : **París, el mármol, el jabalí, la razón, el espectáculo**.

Remarque
La place de l'accent ne change pas, même lorsque le mot est au pluriel.
Exceptions :
carácter → **caracteres**
régimen → **regímenes,**
espécimen → **especímenes**

L'accent grammatical

- Il est obligatoire sur tous les mots interrogatifs ou exclamatifs : **¿Quién?, ¡Cómo!**
- Il sert à distinguer deux homonymes (article, adjectif, adverbe, pronom) :

el (le), **él** (il)

solo (seul), **sólo** (seulement)

tu (ton, ta), **tú** (toi, tu)

C'est généralement le pronom qui porte l'accent écrit (l'accent marque la différence entre adjectifs et pronoms)

este libro ce livre

éste celui-ci

Alphabet

a (a)	**f** (efe)	**l** (ele)	**p** (pe)	**v** (uve)
b (be)	**g** (ge)	**ll** (elle)	**q** (cu)	**w** (uve doble)
c (ce)	**h** (ache)	**m** (eme)	**r** (erre)	**x** (equis)
ch (che)	**i** (i)	**n** (ene)	**s** (ese)	**y** (i griega)
d (de)	**j** (jota)	**ñ** (eñe)	**t** (te)	**z** (zeta)
e (e)	**k** (ka)	**o** (o)	**u** (u)	

L'alphabet espagnol comporte 29 lettres, qui sont toutes du genre féminin :

las vocales (les voyelles) : **la a, la e, la i...**

las consonantes (les consonnes) : **la b, la c...**

Trois lettres espagnoles n'existent pas dans l'alphabet français : **ch**, **ll**, **ñ**. Dans les dictionnaires :

ch (la che) est classé avec **c (la ce)**

ll (la elle) est classé avec **l (la ele)**

ñ (la eñe) est considéré comme une lettre à part entière

Article

	Articles définis		Articles indéfinis	
	MASCULIN	FÉMININ	MASCULIN	FÉMININ
singulier	**el**	**la**	**un**	**una**
pluriel	**los**	**las**	**unos**	**unas**

- Articles contractés :

  a + el = al → **Voy al colegio.**

  de + el = del → **Vuelven del restaurante.**
- L'article indéfini pluriel « des » ne se traduit pas nécessairement en espagnol :

  Lee libros interesantes. Il lit des livres intéressants.
- L'article partitif « du », « de » n'existe pas en espagnol :

  Quiero pan. Je veux du pain.

  Dame agua. Donne-moi de l'eau.
- En espagnol, il n'y pas d'article devant les noms de pays (à quelques exceptions près) :

  España l'Espagne

  Los Estados Unidos les États-Unis

  Francia la France

« Lo » : article neutre

Il n'est jamais employé devant un nom.

Lo + adjectif ou participe passé = « ce qui est », « ce qu'il y a de » :

Lo interesante... Ce qui est intéressant...

Lo penoso es subir la cuesta. Ce qu'il y a de pénible, c'est de monter la côte.

Lo que = « ce qui », « ce que » :

Lo que me gusta... Ce qui me plaît...

Lo + adjectif + **que** = « combien », « comme » :

¡No te das cuenta lo guapo que es! Tu ne te rends pas compte comme il est beau !

Adjectifs

Formation du féminin : voir Genre
Formation du pluriel : voir Nombre

Adverbes en « -mente »

Formation :

Féminin singulier de l'adjectif + **-mente** → **lentamente, ferozmente.**
Lorsque l'adjectif porte un accent écrit, l'adverbe le conserve sur la même voyelle : **fácilmente.**

Omission de « mente » :

Lorsque deux ou plusieurs adverbes se suivent, seul le dernier prend la forme en **-mente**. Les autres se présentent comme des adjectifs au féminin singulier :

Lee lenta y distintamente. Il lit lentement et distinctement.

Apocope

On appelle apocope la perte de la voyelle finale ou de la dernière syllabe de certains adjectifs et adverbes lorsqu'ils sont placés devant un nom :

- **bueno**, **malo**, **primero**, **tercero**, **alguno**, **ninguno** perdent le **o** devant un nom masculin singulier : **un libro bueno** → **un buen libro.**
- **cualquiera** perd le **a** devant un nom singulier : **cualquier niño.**
- **grande** perd la syllabe **de** devant un nom singulier (masculin ou féminin) : **una casa grande** → **una gran casa.**

Attention au changement de sens de ces adjectifs, comme en français, selon leur place :
Napoleón era un gran hombre, pero no era un hombre grande.
Napoléon était un grand homme, mais ce n'était pas un homme grand.

C'est... qui / c'est... que

- Pour insister sur l'objet : « quoi ? ».
  Je préfère le piano. = Je préfère quoi ? Le piano.
  Forme emphatique : C'est le piano que je préfère.

« Qui » et « que » se traduisent par **el que**, **la que**, **lo que**, **los que**, **las que**, éventuellement précédés d'une préposition :

Es el piano que prefiero. C'est le piano que je préfère.

- Pour insister sur la circonstance : « quand ? », « où ? », « comment ? ».

  « Qui » et « que » se traduisent par **cuando**, **donde** ou **como**, éventuellement précédés de la préposition qui convient.

  – **cuando** (insistance sur le temps) :

  Entonces fue cuando descubrí las playas más hermosas de América.
  C'est alors que j'ai découvert les plus belles plages d'Amérique.

  – **donde** (insistance sur le lieu) :

  En México será donde veranearemos. C'est au Mexique que nous irons passer l'été.

  Por aquí fue por donde pasó el ladrón. C'est par ici que le voleur est passé.

  – **como** (insistance sur la manière) :

  Así es como se debe hablarme. C'est ainsi qu'il faut s'adresser à moi.

- Pour insister sur la personne : « qui ? ».

  Tu me l'as dit. = Qui me l'a dit ?

  Toi. Forme emphatique : C'est toi qui me l'as dit.

  « Qui » et « que » se traduisent par **quien**, **quienes**, éventuellement précédés de la préposition qui convient :

  Fuiste tú quien me lo dijo. C'est toi qui me l'as dit.

  A mí será a quien lo dirá primero. C'est à moi qu'elle le dira en premier.

- Dans ces formes d'insistance, « être » se traduit toujours par **ser**, conjugué au même temps que le verbe de la subordonnée et à la même personne que celle sur laquelle porte l'insistance.
- « Qui » ou « que » se traduisent en fonction du sens (on cherche d'abord à savoir à quelle question répond la phrase).

Comparaison

- Comparatif d'égalité : **tan… como…**

  Somos tan viejos como ellos. Nous sommes aussi âgés qu'eux.

- Comparatif de supériorité : **más… que…**

  Eres más alto que yo. Tu es plus grand que moi.

- Comparatif d'infériorité : **menos… que…**

  Soy menos rico que usted. Je suis moins riche que vous.

- Comparatifs irréguliers :

  bueno → mejor
  malo → peor
  grande → mayor
  pequeño, joven → menor

Concordance des temps

Elle s'applique avec beaucoup de rigueur en espagnol, notamment lorsque le verbe de la subordonnée doit être au subjonctif.

- Verbe de la principale au présent ou au futur de l'indicatif, à l'impératif, au passé composé → Verbe de la subordonnée au présent du subjonctif :

  Le diré que venga a casa. Je lui dirai de venir à la maison.

- Verbe de la principale à un temps du passé (imparfait, prétérit, plus-que-parfait) ou au conditionnel → Verbe de la subordonnée à l'imparfait du subjonctif :

  Le dije que viniera a casa. Je lui ai dit de venir à la maison.

- **Como si** est toujours suivi de l'imparfait du subjonctif :

  Habla como si lo supiera todo. Il parle comme s'il savait tout.

Conditionnel

Formation des verbes réguliers :

Infinitif du verbe + les terminaisons de **haber** à l'imparfait de l'indicatif : **-ía**, **-ías**, **-ía**, **-íamos**, **-íais**, **-ían**.

amaría, volvería

Démonstratifs

Comme en français, les pronoms et adjectifs démonstratifs s'accordent en genre et en nombre avec le nom qu'ils déterminent.

Ils permettent d'indiquer un éloignement progressif dans l'espace ou dans le temps par rapport au locuteur :

Este año vamos de vacaciones a Italia. Cette année, nous partons en vacances en Italie.

Aquel año fuimos de vacaciones a Italia. Cette année-là, (il y a un an, deux ans...), nous sommes allés en vacances en Italie.

Adjectifs démonstratifs

masc. sing. : **este** / **ese** / **aquel**
masc. plur. : **estos** / **esos** / **aquellos**
fém. sing. : **esta** / **esa** / **aquella**
fém. plur. : **estas** / **esas** / **aquellas**

Pronoms démonstratifs

Ils se différencient des adjectifs par un accent écrit sur la syllabe accentuée :

masc. sing. : **éste** / **ése** / **aquél**
masc. plur. : **éstos** / **ésos** / **aquéllos**
fém. sing. : **ésta** / **ésa** / **aquélla**
fém. plur. : **éstas** / **ésas** / **aquéllas**

Les pronoms démonstratifs ont une forme neutre : **esto** / **eso** / **aquello**. Cette forme neutre représente un objet dont on ne précise ni la nature ni le genre; elle peut aussi représenter une phrase entière.

No me digas eso. Ne me dis pas ça.

Enclise

On appelle enclise le fait que le pronom personnel complément ou réfléchi se soude au verbe :

- à l'impératif :

  Dilo. Dis-le.
- à l'infinitif :

  Tengo que irme. Je dois m'en aller.
- au gérondif :

  Está lavándose. Il est en train de se laver.

Quand il y a plusieurs pronoms compléments, le pronom complément d'objet indirect (COI) est toujours placé avant le pronom complément d'objet direct (COD) :

Explícamelo. Explique-le-moi.

> **Remarques**
>
> L'enclise est obligatoire à l'impératif et à l'infinitif, mais simplement préférable au gérondif.
>
> La plupart du temps, la présence de l'enclise entraîne l'ajout d'un accent écrit :
>
> **levántate** lève-toi
>
> **diciéndolo** en le disant

Être

« Être » peut se traduire par **ser**, **estar** ou par des semi-auxiliaires qui les remplacent.

On emploie toujours « ser »

- devant un nom ou un pronom attribut :

  Eres mi mejor amigo. Tu es mon meilleur ami.

  Nuestro coche es éste. Notre voiture c'est celle-ci.
- suivi de la préposition **de** pour indiquer l'appartenance :

  El coche es de mi padre. La voiture est à mon père.
- devant un nombre ou un indéfini :

  Somos tres. Nous sommes trois.

  Son muchos. Ils sont nombreux.
- pour dire l'heure :

  Es la una. Il est une heure.

  Son las dos. Il est deux heures.
- devant un adjectif, pour définir ou exprimer une caractéristique essentielle (identité, genre, nationalité, origine, profession…) :

  Elena es española, es de Madrid, es profesora, es guapa.
  Elena est espagnole, elle est de Madrid, elle est professeur, elle est belle.

- pour indiquer la couleur, la matière :

  El cielo es azul. Le ciel est bleu.

  La mesa es de madera. La table est en bois.
- devant un participe passé, pour former la voix passive :

  La pared fue pintada por Miguel. Le mur a été peint par Miguel.

On emploie toujours « estar »

- pour situer dans l'espace ou dans le temps :

  Estoy en casa. Je suis chez moi.

  Estamos en invierno. Nous sommes en hiver.
- avec le gérondif, pour indiquer que l'action est en train de se dérouler (présent progressif) :

  ¿Qué estás haciendo? Que fais-tu ?
- devant ou derrière un adjectif, pour traduire un état dépendant des circonstances (une transformation, un résultat, une situation accidentelle...) :

  ¡Me voy mañana! ¡Qué contento estoy! Je pars demain ! Comme je suis content !

  Esta anciana está muy sola. Cette vieille dame est très seule.

  ¡Qué guapa estás con este peinado! Comme tu es belle avec ta nouvelle coiffure !
- devant un participe passé, pour exprimer le résultat d'une action :

  La pared está pintada de blanco. Le mur est peint en blanc.

  Cuando llegué, la puerta estaba cerrada. Quand je suis arrivé, la porte était fermée.

Certains adjectifs changent de sens selon qu'ils sont employés avec **ser** ou **estar**.
Quelques exemples :

Ser bueno. Être bon (bonté).

Ser malo. Être mauvais (méchant).

Estar bueno. Être en bonne santé; être bon (goût).

Estar malo. Être malade; être mauvais (goût).

Ser listo. Être intelligent.

Estar listo. Être prêt.

Ser orgulloso. Être orgueilleux.

Estar orgulloso. Être fier.

Ser vivo. Être malin, futé.

Estar vivo. Être vivant.

Les semi-auxiliaires qui remplacent « ser » ou « estar »

Ils les remplacent en ajoutant une nuance particulière :

resultar (idée de conséquence, d'aboutissement)

andar, **ir**, **venir** (idée de progression)

hallarse, **quedar**, **permanecer** (idée de permanence)

Siempre anda metido en líos. Il est toujours impliqué dans des histoires compliquées.

Exclamation

- Si l'exclamation porte sur un nom ou un adjectif. **¡Qué** + nom (ou adj)**!**

  ¡Qué elegancia! Quelle élégance !

  ¡Qué guapa estás! Comme tu es belle !

- Si l'exclamation porte sur un nom accompagné d'un adjectif. **¡Qué** + nom + **más** ou **tan** + adj**!**

  ¡Qué chica más ou **tan linda!** Que cette fille est belle !

- Si l'exclamation porte sur un verbe. **¡Cuánto / Cómo** + verbe**!**

  ¡Cuánto / Cómo me gusta España! Comme j'aime l'Espagne !

- Si l'exclamation porte sur une quantité, un nombre. **¡Cuánto, -a, -os, -as…!**

  ¡Cuántos coches en la autopista! Que de voitures sur l'autoroute !

Quelques exclamations

¡Hola! ¡Qué tal! Salut ! Ça va ?

¡Cuidado! ¡Ojo! Attention !

¡Anda! Allez !

¡Vaya piscina! En voilà une piscine !

¡Dichosa excursión! Maudite excursion !

¡Adelante! Entrez !

¡Fuera! Dehors !

¡Hombre! Tiens !

¡Basta! Ça suffit !

¡Vale! D'accord !

Toute phrase exclamative commence par un point d'exclamation inversé et se termine par un point d'exclamation à l'endroit. Les mots exclamatifs portent un accent écrit sur la syllabe accentuée.

¡Qué!, ¡Cómo!, ¡Cuánto!

Futur

Formation (verbes réguliers) :

Infinitif du verbe + les terminaisons de **haber** au présent de l'indicatif : **-é**, **-ás**, **-á**, **-emos**, **-éis**, **-án**.

cantar → cantaré

Cette règle ne s'applique pas aux verbes irréguliers qui ont au futur les mêmes terminaisons mais avec un changement de radical à la première personne.

poner → pondré

Emploi :

Il peut servir à exprimer une hypothèse :

Dolerá mucho. Cela doit faire très mal.

¿Quién será? Qui cela peut-il bien être ?

Futur proche

Il se forme avec **ir** conjugué au présent de l'indicatif + **a** + infinitif :

Vamos a comer. Nous allons manger.

Genre

Attention : Le **-o** n'est pas nécessairement la marque du masculin, de même que le **-a** n'est pas forcément la marque du féminin.

Exemples : **la mano, la moto, la radio, el artista, el problema, el día, el mapa.**

- Les noms des rivières, fleuves et mers sont masculins :

  el Sena la Seine

- Les noms, les adjectifs et les participes qui se terminent en **-o** au masculin ont leur féminin en **-a** :

  el hermano → la hermana

  amarillo → amarilla

  cansado → cansada

- Les noms terminés en **-or** sont masculins et ont leur féminin en **-ora**. Les exceptions sont : **la flor, la coliflor, la labor, la sor** :

  el profesor → la profesora

  Exception : **el actor → la actriz**

- Les noms et adjectifs de nationalité ont leur féminin en **-a** :

  inglés → inglesa

- Les adjectifs en **-án**, **-ín**, **-ón**, **-or** font leur féminin en **-a** :

  bonachón → bonachona

  Exceptions : **mayor, menor, peor**... qui ne s'accordent pas en genre.

- Les autres adjectifs et participes sont identiques au masculin et au féminin :

  un vestido verde, una falda verde

  un chico original, una chica original

Gérondif

Il correspond au participe présent français :

hablando... en parlant...

Formation :

Pour les verbes en **-ar** : radical du verbe + **-ando**.

andar → andando

Pour les verbes en **-er** et en **-ir** : radical du verbe + **-iendo**.

correr → corriendo

Pour les gérondifs irréguliers, voir les tableaux de conjugaison p. 633.

Emplois :

Le gérondif est invariable.

- Employé seul
  - il exprime la simultanéité d'une action avec celle du verbe principal (« en même temps que ») :

    Come mirando la tele. Il mange en regardant la télé.
  - c'est un complément de manière (il permet de répondre à la question **¿Cómo?**) :

    Marta le contestó burlándose de él... Marta lui a répondu en se moquant de lui...
- Employé avec un auxiliaire
  - il permet d'exprimer les différents moments de l'action :

estar + gérondif indique que l'action est en train de se faire (« être en train de »). C'est le présent progressif.

Estábamos comiendo cuando alguien llamó a la puerta. Nous étions en train de manger quand quelqu'un a sonné à la porte.

ir, **venir**, **andar** + gérondif indique que l'action se fait peu à peu :

Los alumnos van entrando en clase. Les élèves entrent en salle de cours (les uns après les autres).

seguir, **continuar** + gérondif indique que l'action se poursuit (« continuer à ») :

Él seguía hablando aunque estaba solo. Bien que seul, il continuait à parler.

llevar + complément de temps + gérondif indique la durée de l'action (« cela fait... », « il y a... ») :

Llevo tres horas esperándote. Cela fait trois heures que je t'attends.

L'enclise est fréquente au gérondif. Il faut penser à vérifier l'accentuation si elle est présente.

« Gustar »

Gustar se traduit par aimer.

Mais il se construit comme « plaire » en français : il se conjugue à la troisième personne, est précédé d'un pronom COI (voir tableau ci-dessous) et s'accorde avec le nom placé avant lui.

Me gustan los caramelos. J'aime les bonbons.

[**caramelos** est le sujet du verbe **gustar** : « les bonbons me plaisent »]

Nos gusta la música. Nous aimons la musique.

[**la música** est le sujet du verbe **gustar** : « la musique me plaît »]

A ustedes les gusta viajar. Vous aimez voyager.

[**viajar** est le sujet du verbe **gustar** : « voyager vous plaît à vous »]

(A mí)	**me**	**gusta leer**	**gustan las flores.**
(A ti)	**te**	**gusta bailar**	**gustan los animales.**
(A él/ella/usted)	**le**	**gusta la ópera**	**gustan las flores.**
(A nosotros/as)	**nos**	**gusta la música**	**gustan los deportes.**
(A vosotros/as)	**os**	**gusta la montaña**	**gustan las flores.**
(A ellos/ellas/ustedes)	**les**	**gusta viajar**	**gustan los viajes.**

D'autres verbes se construisent comme **gustar** (ce sont les tournures affectives) : **doler**, **encantar**, **ilusionar**, **fascinar**, **entusiasmar**, **apetecer**...

Habitude

Soler (conjugué) + verbe à l'infinitif exprime l'habitude, la généralité :

En verano solemos ir a la playa. En été, nous avons l'habitude d'aller à la plage.

Suele tomar el autobús para ir al cole. Généralement, il prend le bus pour aller à l'école.

Hypothèse

Elle peut être formulée de plusieurs façons :
A lo mejor + indicatif (comme en français « peut-être » + indicatif) :

A lo mejor nos vemos el martes. Nous nous voyons peut-être mardi.

Es posible que + subjonctif (comme en français) :

Es posible que trabaje. Il est possible qu'il travaille.

Quizá / quizás / puede ser que + subjonctif :

Quizá pueda salir mañana. Je pourrai peut être sortir demain.

Puede ser que salga mañana. Je sortirai peut être demain.

Le futur simple :

¿Cuántos años tendrá este niño? Quel âge peut bien avoir cet enfant ?

	SUBORDONNÉE	PRINCIPALE
a) condition réalisable	si + présent de l'indicatif **Si tengo bastante dinero,** Si j'ai assez d'argent, (un jour ! et c'est possible !)	futur de l'indicatif **compraré una casa.** j'achèterai une maison.
b) condition non réalisée (irréalisable dans le présent)	si + subjonctif imparfait **Si tuviera bastante dinero,** Si j'avais assez d'argent, (mais ce n'est pas le cas)	conditionnel **compraría una casa.** j'achèterais une maison.
c) condition irréalisée dans le passé	si + subjonctif plus que parfait **Si hubiera tenido bastante dinero,** Si j'avais eu assez d'argent, (mais je n'en n'avais pas assez)	conditionnel passé **habría** ou **hubiera comprado una casa.** j'aurais acheté une maison.

Négation

La négation **no**, (« ne… pas ») se place avant le groupe verbal :

¿No entiendes? Tu ne comprends pas ?

No me gusta el campo. Je n'aime pas la campagne.

Dans une phrase négative, « mais » se traduit par **sino** :

No quiero carne sino pescado. Je ne veux pas de viande mais du poisson.

Ya no… = « Ne… plus… » :

Ya no hay nadie. Il n'y a plus personne.

No… sino… ou **No… más que…** = « Ne… que… » :

No bebo sino agua. ou **No bebo más que agua.** Je ne bois que de l'eau.

Quand la négation porte sur deux verbes juxtaposés ou coordonnés, on remplace **no** par **ni** :

Ni bebía ni comía. Il ne mangeait ni ne buvait.

Mots exprimant la négation

nada (≠ **algo**) rien

nadie (≠ **alguién**) personne

nunca, **jamás** (≠ **siempre**) jamais

ninguno (≠ **alguno**) personne

tampoco (≠ **también**) non plus

Ils admettent une double construction :

- mot négatif + verbe :

  Nadie fue a la reunión. Personne n'est allé à la réunion.

- **No** + verbe + mot négatif :

  No fue nadie a la reunión. Personne n'est allé à la réunion.

Nombre

Les noms et adjectifs terminés par une voyelle non accentuée prennent un **-s** au pluriel :

el vestido rojo → los vestidos rojos

la chica holgazana → las chicas holgazanas

Les noms et adjectifs terminés par une consonne, une voyelle accentuée ou un **-y** forment leur pluriel par l'ajout de **-es** :

cortés → corteses

la capital → las capitales

marroquí → marroquíes

el rey → los reyes

el joven → los jóvenes.

Les noms terminés par **-z** forment leur pluriel en **-ces** :

la luz → las luces

Numération

Les nombres cardinaux

Uno devient **un** devant un nom masculin (apocope) :

un solo niño, veintiún alumnos.

Ciento devient **cien** devant un nom (apocope) et un numéral qu'il multiplie :

cien personas, cien mil.

La conjonction **y** se place entre les dizaines et les unités :

140 = **ciento cuarenta,** 145 = **ciento cuarenta y cinco.**

Les centaines s'accordent avec le nom qui suit :

Trescientas personas.

Mil est invariable comme en français :

Dos mil deux mille.

Millar est un faux-ami : **un millar** = un millier, et non un milliard.

Les adjectifs ordinaux

primero, a, os, as	**segundo, a, os, as**
tercero, a, os, as	**cuarto, a, os, as**
quinto, a, os, as	**sexto, a, os, as**
séptimo, a, os, as	**octavo, a, os, as**
noveno, a, os, as	**décimo, a, os, as**

Primero et **tercero** s'apocopent : **la primera vez, el primer momento** ; à partir de onze, il est d'usage d'employer l'adjectif cardinal : **el piso catorce, Alfonso XII (doce).**

Obligation

Obligation personnelle

Elle s'adresse à quelqu'un ou à quelque chose en particulier.

Tener (conjugué) **que** + infinitif (c'est la tournure la plus employée) :

Mañana tengo que madrugar. Demain, il faut que je me lève tôt.

Deber (conjugué) + infinitif (pour exprimer une obligation plus morale) :

Debemos ayudar a nuestros padres. Nous devons aider nos parents.

Obligation impersonnelle

Elle est générale et ne s'adresse à personne en particulier.

Hay que + infinitif (c'est la structure la plus employée) :

Hay que comer para vivir. Il faut manger pour vivre.

Se debe + infinitif (pour une obligation plus morale) :

Se debe socorrer a los heridos. On doit secourir les personnes blessées.

L'obligation impersonnelle peut être introduite par un verbe unipersonnel : **es preciso** / **es necesario** / **es menester** / **hace falta** + infinitif.

Es necesario presentar el pasaporte para pasar la frontera.
Il est nécessaire de présenter son passeport pour passer la frontière.

On

Il y a plusieurs façons de traduire le pronom personnel indéfini « on » en espagnol :

- **Se** + 3e personne du singulier ou du pluriel : « on » a dans ce cas le sens de « normalement », « généralement » (la personne qui parle peut faire partie de ce groupe indéfini).

  ¿Cómo se dice eso en español? Comment on dit ça en espagnol ?

  Aquí no se puede aparcar. On ne peut pas se garer ici.

Il faut faire l'accord au pluriel :
Se ven bonitas ciudades en Castilla. On voit de jolies villes en Castille.
[**ciudades** devient le sujet du verbe.]

- La troisième personne du pluriel :
  - quand « on » représente « les gens », « quelqu'un » (la personne qui parle ne fait alors pas partie de ce « on ») :

  Dicen que es un libro muy divertido. On dit que c'est un livre très drôle.
  - avec les verbes pronominaux :

  Se comenta que... On dit que...
- **Uno**, **una** + 3e personne du singulier : Quand le locuteur parle de lui-même, « on » équivaut alors à « je » :

  Cuando uno lee el texto. Quand on lit le texte / Quand je lis le texte.

Ordre

- Le mode utilisé pour exprimer un ordre est l'impératif. Il y a cinq personnes :
  Deux pour le tutoiement : **tú** / **vosotros**
  Deux pour le vouvoiement : **usted** / **ustedes**
  La première personne du pluriel : **nosotros** / **nosotras**
- Formation (pour les trois groupes) :
  Deuxième personne du singulier (**tú**) → 3e personne du présent de l'indicatif : **habla**
  Deuxième personne du pluriel (**vosotros**) → infinitif sans **-r** + **-d** : **hablad**
  Pour les autres personnes (**usted**, **nosotros**, **ustedes**) → on utilise le présent du subjonctif :
  hable usted, cantemos, vengan por favor

> **Remarque**
> À l'impératif, l'enclise est obligatoire. Il faut penser à vérifier l'accentuation.
> **Cállate.** Tais-toi.

Il existe huit verbes irréguliers à la deuxième personne du singulier :

poner → pon **venir → ven** **decir → di** **ser → sé**
tener → ten **salir → sal** **hacer → haz** **ir → ve**

Le cas des verbes pronominaux :

– à la première personne du pluriel (**nosotros**), le **-s** disparaît :

¡Levantémonos! Levons-nous !

– à la deuxième personne du pluriel (**vosotros**), le **-d** disparaît :

¡Levantaos! Levez-vous !

L'infinitif peut également avoir une valeur injonctive :

¡Cruzar la calle despacio! Traversez la rue doucement !

¡Callaros! Taisez-vous !

L'interdiction

C'est un ordre négatif. On l'exprime avec **no** + le subjonctif présent à toutes les personnes.

¡No me llames esta noche! Ne m'appelle pas ce soir !

¡No salgáis solos! Ne sortez pas tout seuls !

Attention, on ne fait pas l'enclise :

¡No te pierdas! Ne te perds pas !

Le pronom complément se déplace, comme en français (prends-le ! → ne le prends pas !).

Construction des verbes exprimant l'ordre (« pedir », « mandar », « decir »)

Les verbes français exprimant l'ordre sont suivis de l'infinitif. En espagnol, ils se construisent avec **que** + subjonctif (attention, il faut respecter la concordance des temps !).

Te pido que te calles. Je te demande de te taire.

Te dije que vinieras. Je t'ai dit de venir.

> **Remarque**
> Les verbes **mandar** et **impedir** admettent deux constructions : avec **que** + subjonctif ou avec l'infinitif :
>
> **El profesor me mandó callar. / El profesor me mandó que me callara.**
> Le professeur m'a ordonné de me taire.

Participe passé

voir Temps composés

Passé (de l'indicatif)

L'imparfait (« pretérito imperfecto »)

- **Formation :**
  radical + **-aba**, **-abas**, **-aba**, **-ábamos**, **-abais**, **-aban**, pour les verbes en **-ar** ;
  radical + **-ía**, **-ías**, **-ía**, **-íamos**, **-íais**, **-ían**, pour les verbes en **-er** et en **-ir**.

Il existe trois verbes irréguliers à l'imparfait : **ir**, **ser** et **ver** (voir les tableaux de conjugaison p. 633).

- **Emploi :**

  Comme son nom l'indique, il exprime que l'action n'est pas parfaite, qu'elle n'est pas terminée ; on insiste sur le déroulement de l'action plutôt que sur son terme. On peut comparer l'imparfait à un présent dans le passé. Comme en français, il exprime souvent une action habituelle qui se répète dans le passé :

  Cuando era niño, vivía en Madrid. Quand il était petit, il habitait à Madrid.

Le passé simple (« pretérito indefinido »)

- **Formation** (verbes réguliers) :

  pour les verbes en **-ar**, radical + **-é**, **-aste**, **-ó**, **-amos**, **-astéis**, **-aron**

  pour les verbes en **-er** et en **-ir**, radical + **-í**, **-iste**, **-ió**, **-imos**, **-isteis**, **-ieron**.

- **Emploi :**

  Il est beaucoup plus employé en espagnol qu'en français et est souvent traduit par le passé composé français. Il exprime une action passée achevée, sans rapport avec le présent et située dans une période de temps révolue pour celui qui parle (hier, l'année dernière,...) :

  Ayer llovió. Hier, il a plu.

Le passé composé

- **Formation :**

  auxiliaire **haber** au présent de l'indicatif + participe passé (voir Temps composés).

- **Emploi :**

  Il est beaucoup moins utilisé en espagnol qu'en français. Si l'action passée est achevée, mais dans une période de temps non encore révolue (aujourd'hui, ce matin, cette année,...), on emploie le passé composé :

  Ha llovido toda la mañana. Il a plu toute la matinée.

  On l'emploie également pour exprimer une action achevée, dont les conséquences sur le présent sont encore manifestes :

  Ha descubierto que lo adoptaron. Il a découvert qu'il a été adopté.

> **Remarque**
>
> Les temps composés se forment toujours avec l'auxiliaire **haber**. Le participe passé ne peut pas être séparé de l'auxiliaire **haber** et est invariable (dans les temps composés).

Possessifs

Adjectifs possessifs

Il existe deux types d'adjectif possessif :

- placé devant le nom, **mi hermano,** c'est la forme atone ;
- placé après le nom, **un hermano mío,** c'est la forme accentuée.

DEVANT LE NOM	APRÈS LE NOM
mi(s)	**mío(s), mía(s)**
tu(s)	**tuyo(s), tuya(s)**
su(s)	**suyo(s), suya(s), de usted**
nuestro(s), nuestra(s)	**nuestro(s), nuestra(s)**
vuestro(s), vuestra(s)	**vuestro(s), vuestra(s)**
su(s)	**suyo(s), suya(s), de ustedes**

Pronoms possessifs

Les pronoms possessifs n'ont pas de forme propre. Ils s'obtiennent en mettant l'article défini devant la forme accentuée (c'est-à-dire l'adjectif situé après le substantif) :

Son los míos. Ce sont les miens.

Pronoms personnels

Les pronoms sujets

Le pronom personnel sujet n'est généralement pas utilisé en espagnol, les terminaisons du verbe suffisant à indiquer la personne. On ne l'emploie que pour insister ou lever une ambiguïté :

Soy francés. Je suis français.

Quédate, yo me voy. Reste, moi je m'en vais.

FRANÇAIS	ESPAGNOL
je	**yo**
tu	**tú**
il / lui/ elle	**él / ella**
vous (politesse, singulier)	**usted**
nous	**nosotros / nosotras**
vous	**vosotros / vosotras**
ils / eux / elles	**ellos / ellas**
vous (politesse, pluriel)	**ustedes**

Les pronoms compléments introduits par une préposition

FRANÇAIS	ESPAGNOL + PRÉPOSITIONS	ESPAGNOL + PRÉPOSITION « CON »
... moi	**para mí**	**conmigo**
... toi	**a ti**	**contigo**
... lui, elle	**sin él, ella**	**con él/ella**
... vous (politesse)	**de usted**	**con usted**
... (soi)	**(sí)**	**(consigo)**
... nous	**hacia nostros/as**	**con nosotros/as**
... vous	**por vosotros/as**	**con vosotros/as**
... eux, elles	**para ellos/ellas**	**con ellos/ellas**
... vous (politesse)	**a ustedes**	**con ustedes**
... (soi)	**(sí)**	**(consigo)**

Podéis empezar sin mí. Vous pouvez commencer sans moi.

Esto es para usted. Ceci est pour vous.

Se dirigió hacia ellos. Il s'est dirigé vers eux.

Lo hice por ti. Je l'ai fait pour toi.

Les pronoms compléments sans préposition

direct		indirect		réfléchi	
FRANÇAIS	ESPAGNOL	FRANÇAIS	ESPAGNOL	FRANÇAIS	ESPAGNOL
me	**me**	me	**me**	me	**me**
te	**te**	te	**te**	te	**te**
le	**lo (le), la**	lui	**le**	se	**se**
nous	**nos**	nous	**nos**	nous	**nos**
vous	**os**	vous	**os**	vous	**os**
les	**los (les), las**	leur	**les**	se	**se**

Te lo doy. Je te le donne.

Nos escribimos. Nous nous écrivons.

Place des pronoms

Le pronom personnel complément sans préposition se place avant le verbe, sauf à l'infinitif, à l'impératif et au gérondif : **No la veo.** Je ne la vois pas.

Le pronom complément d'objet indirect est toujours placé avant le pronom complément d'objet direct : **No me lo digas.** Ne me le dis pas.

Lorsque deux pronoms de la 3e personne se suivent, le premier prend la forme du réfléchi :

Se lo dije ayer. Je le lui ai dit hier.

Dans les cas d'enclise, on respecte les règles précédentes. Pensez à vérifier l'accentuation :

No quiero decírselo. Je ne veux pas le lui dire.

Voir aussi Enclise.

Pronoms relatifs

Le pronom relatif sujet

Il se traduit par **que**, que l'antécédent soit une personne ou une chose :

El chico que telefoneó. Le garçon qui a téléphoné.

Il se traduit par **quien**, **quienes**, lorsque l'antécédent n'est pas exprimé, mais qu'il sous-entend une personne :

Quien va a Sevilla pierde su silla. Qui va à la chasse perd sa place.

Dans une proposition explicative, il peut se traduire par :

- **el cual**, **la cual**, **los cuales**, **las cuales**, quand il a pour antécédent une personne ou une chose :

  El ladrón amenazó al anciano y a Amelia, la cual temblaba de miedo. Le voleur menaça le vieil homme et Amelia, laquelle tremblait de peur.
- **quien** et **quienes**, qui ne peuvent être employés que pour une personne
- **lo que**, qui est utilisé pour un antécédent neutre ou quand l'antécédent est toute la proposition :

  Perdió toda la tarde esperándolo, lo que le puso de mal humor.
  Il a passé tout l'après-midi à l'attendre, ce qui l'a mis de mauvaise humeur.

Le pronom relatif complément

Le pronom relatif complément est **que** si l'antécédent est une chose :

La novela que hemos leído. Le roman que nous avons lu.

Si l'antécédent est une personne : **a quien(es)**, **al que**, **a la que**, **a los que**, **a las que** :

Las personas a quienes invitamos. Les personnes que nous invitons.

> **Remarque**
> En espagnol, **que** est le pronom relatif le plus employé. Il peut avoir comme antécédent des personnes ou des choses, être sujet ou complément.

Quantité

Adjectifs

mucho, a, os, as = beaucoup.

Hay muchos niños en la playa. Il y a beaucoup d'enfants sur la plage.

poco, a, os, as = peu.

Lo dijo con pocas palabras. Il l'a dit en peu de mots.

bastante, es = assez.

No tienes bastantes naranjas. Tu n'as pas assez d'oranges.

demasiado, a, os, as = trop, trop de.

Hay demasiadas personas aquí. Il y a trop de personnes ici.

Adverbes

Ils sont invariables.

mucho = beaucoup

Te quiero mucho. Je t'aime beaucoup.

poco = peu

Son poco interesantes. Ils sont peu intéressants.

bastante = assez

No sois bastante fuertes. Vous n'êtes pas assez forts.

demasiado = trop

Las calles son demasiado estrechas. Les rues sont trop étroites.

muy = très

Son muy cultos. Ils sont très cultivés.

Réitération

Volver a + infinitif :

Volví a llamarla anoche. Je l'ai rappelée hier soir.

Verbe + **de nuevo** / **otra vez** :

La llamé otra vez anoche. Je l'ai rappelée hier soir.

Le verbe précédé du préfixe **re-** rend également l'idée de répétition, mais cette particularité est beaucoup moins fréquente qu'en français :

renacer renaître

revivir revivre

rehacer refaire

Subjonctif

Formation du subjonctif présent :

Pour les verbes en **-ar** : radical + **-e**, **-es**, **-e**, **-emos**, **-éis**, **-en**.

Pour les verbes en **-er** et en **-ir** : radical + **-a**, **-as**, **-a**, **-amos**, **-áis**, **-an**.

La diphtongue fonctionne comme à l'indicatif.

Si la première personne du singulier du présent de l'indicatif est irrégulière, le subjonctif présent est irrégulier à toutes les personnes :

salir : salgo → salga, salgas,...

Attention aux modifications orthographiques qui peuvent être entraînées par le changement de voyelle de la terminaison :

llegar → llegue

coger → **coja**

Voir les tableaux de conjugaison p. 633 pour les verbes irréguliers.

Formation du subjonctif imparfait :

Le subjonctif imparfait a deux formes en espagnol :

la forme en **-ra** et la forme en **-se**, qui se constituent à partir de la troisième personne du pluriel du prétérit, pour les verbes réguliers et irréguliers. La terminaison **-aron** / **-ieron**, est remplacée par **-ara** / **-iera** ou **-ase** / **-iese**.

Emplois :

Le subjonctif se trouve le plus souvent dans une subordonnée. C'est le mode de la subjectivité, de l'irréalité, de l'éventualité.

1. Dans une proposition subordonnée.

On emploie le subjonctif dans une proposition subordonnée chaque fois que l'action est envisagée comme improbable ou irréalisée.

- Dans une subordonnée complétive, après un verbe d'opinion ou de sentiment à la forme négative (puisque l'action sur laquelle porte l'opinion négative n'a pas de réalité) : **no parece que, no me gusta que, no pensaba que, es lástima que, es una pena que, es correcto que, es natural que, es seguro que.**
- Dans une subordonnée finale, après **para que**, **con objeto de que**, **a fin de que**.

Te dejo para que hagas tus deberes. Je te laisse pour que tu fasses tes devoirs.

– L'espagnol emploie le subjonctif après un verbe exprimant une volonté, un désir, une crainte :

querer vouloir

temer craindre

desear désirer

Quiero que vengas. Je veux que tu viennes.

Teme que la envenenen. Elle a peur qu'on l'empoisonne.

– L'espagnol emploie le subjonctif à la place de l'infinitif français après les verbes exprimant un ordre, une prière, un conseil ou une recommandation :

decir dire

rogar prier

suplicar supplier

pedir demander

aconsejar conseiller

mandar ordonner, commander

prohibir interdire

– L'espagnol emploie également le subjonctif pour traduire l'aspect d'éventualité présenté par le futur français

- dans une proposition subordonnée temporelle, après **cuando**, **hasta que**, **siempre que** :

Cuando vengan... Quand ils viendront...

- dans une proposition relative et comparative :

Los que puedan... Ceux qui le pourront...

Como quieras. Comme tu voudras.

On emploie l'imparfait du subjonctif :

- après **como si** dans la phrase conditionnelle, pour exprimer une condition irréalisable ou irréalisée dans le passé (voir Hypothèse);
- lorsque la proposition principale est au passé. C'est la Concordance des temps .

- Quand la subordonnée temporelle exprime une action postérieure à la principale, on utilise le subjonctif : en effet, **antes que** est suivi du subjonctif.
- Dans une subordonnée concessive (pour traduire « même si »), on emploie le subjonctif après **aunque**, **aun cuando**. Les locutions **por más... que**, **por mucho... que**, **por muy... que** sont suivies :
  - du subjonctif, si le locuteur considère l'action comme éventuelle
  - de l'indicatif, s'il la considère comme réalisée.

2. Dans une proposition principale.

On emploie le subjonctif dans une proposition principale pour renforcer la valeur dubitative après :

Es posible que... Il est possible que... → **Es posible que vaya.** Il est possible que j'y aille.

Ojalá... Pourvu que... → **Ojalá apruebe.** Pourvu qu'il réussisse.

Quizá(s) / Tal vez / Acaso... Peut-être... → **Tal vez** llame. Il appelera peut-être.

3. Dans une proposition indépendante.

On emploie également le subjonctif dans une proposition indépendante :

- pour exprimer la défense : **no** + subjonctif présent (voir Ordre)
- pour donner un ordre aux troisièmes personnes du singulier et du pluriel et à la première personne du pluriel : **usted**, **ustedes**, **nosotros** (voir Ordre)
- pour exprimer le regret : **¡Qué lastima que...!**, **¡Qué pena que...!** → **¡Qué pena que se vaya!** C'est dommage qu'il parte.
- pour exprimer l'obligation personnelle, après **es preciso que...**, **es necesario que...** (voir Obligation) → **Es preciso que se lo digas.** Tu dois le lui dire.

Suffixes

Les diminutifs

- On ajoute **-ito, -ita** ou **-illo, -illa** aux mots qui se terminent par **-a** ou **-o** (ces voyelles s'élident) ou par une consonne (sauf **-n** et **-r**). **-ito, a** est le diminutif le plus courant. Il peut avoir une valeur affective. Appliqué à un adjectif, il en renforce le sens :

  solo seul → **solito** tout seul

  una casita une petite maison

  mi abuelita ma chère grand-mère ou ma grand-mère chérie

  -illo, -illa indique que l'objet est petit :

  una cuchara une cuillère → **una cucharilla** une petite cuillère
- On ajoute **-cito, -cita** aux mots terminés par **-e**, **-n**, ou **-r** :

  pobre → pobrecito

  joven → jovencito
- On ajoute **-ecito, -ecita** aux monosyllabes terminés par une consonne et aux mots à diphtongue de deux syllabes (leur voyelle finale s'élidant) :

  una vieja → una viejecita

  un pez → un pececito

Les augmentatifs

Ils expriment la démesure et sont souvent péjoratifs, mais c'est toujours le contexte qui éclaire sur leur sens :

- **-ón, -ona** :

  un hombre → **un hombrón** un gaillard

  una mujer → **una mujerona** une grande femme

  Il peut aussi marquer un excès :

  un dormilón un dormeur

  burlón moqueur

- **-azo** :

  un coche → **un cochazo** une grosse voiture

- **-ote, -ota** :

  una palabra → **una palabrota** un gros mot

  un grandote un échalas

Les suffixes collectifs

Ils désignent les végétaux ou les arbres plantés à grande échelle.

-al et **-ar** :

el trigo le blé → **el trigal** le champ de blé

el olivo l'olivier → **un olivar** une oliveraie

Les suffixes qui expriment les coups

-azo, a :

un golpe de hacha → **un hachazo** un coup de hache

un codazo un coup de coude

un vistazo un coup d'œil

Superlatifs

Superlatif absolu : **muy** + adj ou suffixe → **-ísimo**.

Una chica muy guapa. → **Una chica guapísima.** Une fille très belle ou extrêmement belle.

Superlatif relatif : **el más** / **el menos** + adj.

Es el más joven de la familia; es también el menos simpático. C'est le plus jeune de la famille; c'est aussi le moins sympathique.

On ne répète pas l'article si le superlatif suit un nom déterminé :

Es el alumno más listo de la clase. C'est l'élève le plus intelligent de la classe.

Temps composés

Formation :

Auxiliaire **haber** conjugué au temps souhaité + participe passé.

Haber est le seul auxiliaire employé pour la formation des temps composés.

L'auxiliaire **haber** :

- Présent de l'indicatif (pour la formation du passé composé) : **he**, **has**, **ha**, **hemos**, **habéis**, **han**.
- Imparfait de l'indicatif (pour la formation du plus-que-parfait) : **había**, **habías**, **había**, **habíamos**, **habíais**, **habían**.

Le participe passé :

- radical + **-ado**, pour les verbes en **-ar**
- radical + **-ido**, pour les verbes en **-er**, et en **-ir**.

Pour les participes passés irréguliers, voir les tableaux de conjugaison p. 633.

Contrairement au français, auxiliaire et participe sont inséparables et le participe passé est invariable :

He comido demasiado. J'ai trop mangé.

La sangría que has bebido. La sangria que tu as bue.

Vouvoiement

En espagnol vouvoyer quelqu'un revient à lui parler à la troisième personne, en utilisant les pronoms et adjectifs possessifs correspondants :

¿Quiere que le lleve sus maletas? Monsieur veut-il que je lui porte ses bagages ?

Le pronom personnel sujet correspondant au « vous de politesse » est **usted** si l'on s'adresse à une personne et **ustedes** si l'on s'adresse à plusieurs personnes.

¿Dónde está usted, (señor/señora)? Où êtes-vous (Monsieur/Madame) ?

Tous les accords se font à la troisième personne, y compris ceux des adjectifs et pronoms possessifs.

Señor, su coche está mal aparcado. Monsieur, votre voiture est mal garée.

¿Alguien le atiende? On s'occupe de vous ?

Pour éviter toute confusion sur la personne représentée par le pronom complément, on peut préciser : **a usted**, **a ustedes** :

No le hablo a usted. Ce n'est pas à vous que je parle.

Conjugaisons françaises

	1 avoir	2 être	3 chanter
Indicatif présent	j'ai tu as il, elle a nous avons vous avez ils, elles ont	je suis tu es il, elle est nous sommes vous êtes ils, elles sont	je chante tu chantes il, elle chante nous chantons vous chantez ils, elles chantent
Indicatif imparfait	il, elle avait	il, elle était	il, elle chantait
Indicatif passé simple	il, elle eut ils, elles eurent	il, elle fut ils, elles furent	il, elle chanta ils, elles chantèrent
Indicatif futur	j'aurai il, elle aura	je serai il, elle sera	je chanterai il, elle chantera
Conditionnel présent	j'aurais il, elle aurait	je serais il, elle serait	je chanterais il, elle chanterait
Subjonctif présent	que j'aie qu'il, elle ait que nous ayons qu'ils, elles aient	que je sois qu'il, elle soit que nous soyons qu'ils, elles soient	que je chante qu'il, elle chante que nous chantions qu'ils, elles chantent
Subjonctif imparfait	qu'il, elle eût qu'ils, elles eussent	qu'il, elle fût qu'ils, elles fussent	qu'il, elle chantât qu'ils, elles chantassent
Impératif	aie ayons, ayez	sois soyons, soyez	chante chantons, chantez
Participe présent	ayant	étant	chantant
Participe passé	eu, eue	été	chanté, e

	4 baisser	5 pleurer	6 jouer
Indicatif présent	je baisse tu baisses il, elle baisse nous baissons vous baissez ils, elles baissent	je pleure tu pleures il, elle pleure nous pleurons vous pleurez ils, elles pleurent	je joue tu joues il, elle joue nous jouons vous jouez ils, elles jouent
Indicatif imparfait	il, elle baissait	il, elle pleurait	il, elle jouait
Indicatif passé simple	il, elle baissa ils, elles baissèrent	il, elle pleura ils, elles pleurèrent	il, elle joua ils, elles jouèrent
Indicatif futur	je baisserai il, elle baissera	je pleurerai il, elle pleurera	je jouerai il, elle jouera
Conditionnel présent	je baisserais il, elle baisserait	je pleurerais il, elle pleurerait	je jouerais il, elle jouerait
Subjonctif présent	que je baisse qu'il, elle baisse que nous baissions qu'ils, elles baissent	que je pleure qu'il, elle pleure que nous pleurions qu'ils, elles pleurent	que je joue qu'il, elle joue que nous jouions qu'ils, elles jouent
Subjonctif imparfait	qu'il, elle baissât qu'ils, elles baissassent	qu'il, elle pleurât qu'ils, elles pleurassent	qu'il, elle jouât qu'ils, elles jouassent
Impératif	baisse baissons, baissez	pleure pleurons, pleurez	joue jouons, jouez
Participe présent	baissant	pleurant	jouant
Participe passé	baissé, e	pleuré, e	joué, e

	7 saluer	8 arguer	9 copier
Indicatif présent	je salue tu salues il, elle salue nous saluons vous saluez ils, elles saluent	j'argue, arguë tu argues, arguës il, elle argue, arguë nous arguons vous arguez ils, elles arguent, arguënt	je copie tu copies il, elle copie nous copions vous copiez ils, elles copient
Indicatif imparfait	il, elle saluait	il, elle arguait	il, elle copiait
Indicatif passé simple	il, elle salua ils, elles saluèrent	il, elle argua ils, elles arguèrent	il, elle copia ils, elles copièrent
Indicatif futur	je saluerai il, elle saluera	j'arguerai, arguërai il, elle arguera, arguëra	je copierai il, elle copiera
Conditionnel présent	je saluerais il, elle saluerait	j'arguerais, arguërais il, elle arguerait, arguërait	je copierais il, elle copierait
Subjonctif présent	que je salue qu'il, elle salue que nous saluions qu'ils, elles saluent	que j'argue, arguë qu'il, elle argue, arguë que nous arguions qu'ils, elles arguent, arguënt	que je copie qu'il, elle copie que nous copiions qu'ils, elles copient
Subjonctif imparfait	qu'il, elle saluât qu'ils, elles saluassent	qu'il, elle arguât qu'ils, elles arguassent	qu'il, elle copiât qu'ils, elles copiassent
Impératif	salue saluons, saluez	argue, arguë arguons, arguez	copie copions, copiez
Participe présent	saluant	arguant	copiant
Participe passé	salué, e	argué, e	copié, e

	10 prier	11 payer	12 grasseyer
Indicatif présent	je prie tu pries il, elle prie nous prions vous priez ils, elles prient	je paie, paye tu paies, payes il, elle paie, paye nous payons vous payez ils, elles paient, payent	je grasseye tu grasseyes il, elle grasseye nous grasseyons vous grasseyez ils, elles grasseyent
Indicatif imparfait	il, elle priait	il, elle payait	il, elle grasseyait
Indicatif passé simple	il, elle pria ils, elles prièrent	il, elle paya ils, elles payèrent	il, elle grasseya ils, elles grasseyèrent
Indicatif futur	je prierai il, elle priera	je paierai, payerai il, elle paiera, payera	je grasseyerai il, elle grasseyera
Conditionnel présent	je prierais il, elle prierait	je paierais, payerais il, elle paierait, payerait	je grasseyerais il, elle grasseyerait
Subjonctif présent	que je prie qu'il, elle prie que nous priions qu'ils, elles prient	que je paie, paye qu'il, elle paie, paye que nous payions qu'ils, elles paient, payent	que je grasseye qu'il, elle grasseye que nous grasseyions qu'ils, elles grasseyent
Subjonctif imparfait	qu'il, elle priât qu'ils, elles priassent	qu'il, elle payât qu'ils, elles payassent	qu'il, elle grasseyât qu'ils, elles grasseyassent
Impératif	prie prions, priez	paie, paye payons, payez	grasseye grasseyons, grasseyez
Participe présent	priant	payant	grasseyant
Participe passé	prié, e	payé, e	grasseyé, e

	13 ployer	14 essuyer	15 créer
Indicatif présent	je ploie tu ploies il, elle ploie nous ployons vous ployez ils, elles ploient	j'essuie tu essuies il, elle essuie nous essuyons vous essuyez ils, elles essuient	je crée tu crées il, elle crée nous créons vous créez ils, elles créent
Indicatif imparfait	il, elle ployait	il, elle essuyait	il, elle créait
Indicatif passé simple	il, elle ploya ils, elles ployèrent	il, elle essuya ils, elles essuyèrent	il, elle créa ils, elles créèrent
Indicatif futur	je ploierai il, elle ploiera	j'essuierai il, elle essuiera	je créerai il, elle créera
Conditionnel présent	je ploierais il, elle ploierait	j'essuierais il, elle essuierait	je créerais il, elle créerait
Subjonctif présent	que je ploie qu'il, elle ploie que nous ployions qu'ils, elles ploient	que j'essuie qu'il, elle essuie que nous essuyions qu'ils, elles essuient	que je crée qu'il, elle crée que nous créions qu'ils, elles créent
Subjonctif imparfait	qu'il, elle ployât qu'ils, elles ployassent	qu'il, elle essuyât qu'ils, elles essuyassent	qu'il, elle créât qu'ils, elles créassent
Impératif	ploie ployons, ployez	essuie essuyons, essuyez	crée créons, créez
Participe présent	ployant	essuyant	créant
Participe passé	ployé, e	essuyé, e	créé, e

	16 avancer	17 manger	18 céder
Indicatif présent	j'avance tu avances il, elle avance nous avançons vous avancez ils, elles avancent	je mange tu manges il, elle mange nous mangeons vous mangez ils, elles mangent	je cède tu cèdes il, elle cède nous cédons vous cédez ils, elles cèdent
Indicatif imparfait	il, elle avançait	il, elle mangeait	il, elle cédait
Indicatif passé simple	il, elle avança ils, elles avancèrent	il, elle mangea ils, elles mangèrent	il, elle céda ils, elles cédèrent
Indicatif futur	j'avancerai il, elle avancera	je mangerai il, elle mangera	je céderai, cèderai il, elle cédera, cèdera
Conditionnel présent	j'avancerais il, elle avancerait	je mangerais il, elle mangerait	je céderais, cèderais il, elle céderait, cèderait
Subjonctif présent	que j'avance qu'il, elle avance que nous avancions qu'ils, elles avancent	que je mange qu'il, elle mange que nous mangions qu'ils, elles mangent	que je cède qu'il, elle cède que nous cédions qu'ils, elles cèdent
Subjonctif imparfait	qu'il, elle avançât qu'ils, elles avançassent	qu'il, elle mangeât qu'ils, elles mangeassent	qu'il, elle cédât qu'ils, elles cédassent
Impératif	avance avançons, avancez	mange mangeons, mangez	cède cédons, cédez
Participe présent	avançant	mangeant	cédant
Participe passé	avancé, e	mangé, e	cédé, e

	19 semer*	20 rapiécer	21 acquiescer
Indicatif présent	je sème tu sèmes il, elle sème nous semons vous semez ils, elles sèment	je rapièce tu rapièces il, elle rapièce nous rapiéçons vous rapiécez ils, elles rapiècent	j'acquiesce tu acquiesces il, elle acquiesce nous acquiesçons vous acquiescez ils, elles acquiescent
Indicatif imparfait	il, elle semait	il, elle rapiéçait	il, elle acquiesçait
Indicatif passé simple	il, elle sema ils, elles semèrent	il, elle rapiéça ils, elles rapiécèrent	il, elle acquiesça ils, elles acquiescèrent
Indicatif futur	je sèmerai il, elle sèmera	je rapiécerai, rapiècerai il, elle rapiécera, rapiècera	j'acquiescerai il, elle acquiescera
Conditionnel présent	je sèmerais il, elle sèmerait	je rapiécerais, rapiècerais il, elle rapiécerait, rapiècerait	j'acquiescerais il, elle acquiescerait
Subjonctif présent	que je sème qu'il, elle sème que nous semions qu'ils, elles sèment	que je rapièce qu'il, elle rapièce que nous rapiécions qu'ils, elles rapiècent	que j'acquiesce qu'il, elle acquiesce que nous acquiescions qu'ils, elles acquiescent
Subjonctif imparfait	qu'il, elle semât qu'ils, elles semassent	qu'il, elle rapiéçât qu'ils, elles rapiéçassent	qu'il, elle acquiesçât qu'ils, elles acquiesçassent
Impératif	sème semons, semez	rapièce rapiéçons, rapiécez	acquiesce acquiesçons, acquiescez
Participe présent	semant	rapiéçant	acquiesçant
Participe passé	semé, e	rapiécé, e	acquiescé

*En nouvelle orthographe, un certain nombre de verbes, tels qu'amonceler peuvent se conjuguer comme semer. Voir p 14

	22 siéger	23 déneiger	24 appeler
Indicatif présent	je siège tu sièges il, elle siège nous siégeons vous siégez ils, elles siègent	je déneige tu déneiges il, elle déneige nous déneigeons vous déneigez ils, elles déneigent	j'appelle tu appelles il, elle appelle nous appelons vous appelez ils, elles appellent
Indicatif imparfait	il, elle siégeait	il, elle déneigeait	il, elle appelait
Indicatif passé simple	il, elle siégea ils, elles siégèrent	il, elle déneigea ils, elles déneigèrent	il, elle appela ils, elles appelèrent
Indicatif futur	je siégerai, siègerai il, elle siégera, siègera	je déneigerai il, elle déneigera	j'appellerai il, elle appellera
Conditionnel présent	je siégerais, siègerais il, elle siégerait, siègerait	je déneigerais il, elle déneigerait	j'appellerais il, elle appellerait
Subjonctif présent	que je siège qu'il, elle siège que nous siégions qu'ils, elles siègent	que je déneige qu'il, elle déneige que nous déneigions qu'ils, elles déneigent	que j'appelle qu'il, elle appelle que nous appelions qu'ils, elles appellent
Subjonctif imparfait	qu'il, elle siégeât qu'ils, elles siégeassent	qu'il, elle déneigeât qu'ils, elles déneigeassent	qu'il, elle appelât qu'ils, elles appelassent
Impératif	siège siégeons, siégez	déneige déneigeons, déneigez	appelle appelons, appelez
Participe présent	siégeant	déneigeant	appelant
Participe passé	siégé	déneigé, e	appelé, e

	25 peler*	26 interpeller	27 jeter
Indicatif présent	je pèle tu pèles il, elle pèle nous pelons vous pelez ils, elles pèlent	j'interpelle tu interpelles il, elle interpelle nous interpellons vous interpellez ils, elles interpellent	je jette tu jettes il, elle jette nous jetons vous jetez ils, elles jettent
Indicatif imparfait	il, elle pelait	il, elle interpellait	il, elle jetait
Indicatif passé simple	il, elle pela ils, elles pelèrent	il, elle interpella ils, elles interpellèrent	il, elle jeta ils, elles jetèrent
Indicatif futur	je pèlerai il, elle pèlera	j'interpellerai il, elle interpellera	je jetterai il, elle jettera
Conditionnel présent	je pèlerais il, elle pèlerait	j'interpellerais il, elle interpellerait	je jetterais il, elle jetterait
Subjonctif présent	que je pèle qu'il, elle pèle que nous pelions qu'ils, elles pèlent	que j'interpelle qu'il, elle interpelle que nous interpellions qu'ils, elles interpellent	que je jette qu'il, elle jette que nous jetions qu'ils, elles jettent
Subjonctif imparfait	qu'il, elle pelât qu'ils, elles pelassent	qu'il, elle interpellât qu'ils, elles interpellassent	qu'il, elle jetât qu'ils, elles jetassent
Impératif	pèle pelons, pelez	interpelle interpellons, interpellez	jette jetons, jetez
Participe présent	pelant	interpellant	jetant
Participe passé	pelé, e	interpellé, e	jeté, e

*En nouvelle orthographe, un certain nombre de verbes, tels qu'amonceler peuvent se conjuguer comme peler.
Voir p 14

	28 acheter*	29 dépecer	30 envoyer
Indicatif présent	j'achète tu achètes il, elle achète nous achetons vous achetez ils, elles achètent	je dépèce tu dépèces il, elle dépèce nous dépeçons vous dépecez ils, elles dépècent	j'envoie tu envoies il, elle envoie nous envoyons vous envoyez ils, elles envoient
Indicatif imparfait	il, elle achetait	il, elle dépeçait	il, elle envoyait
Indicatif passé simple	il, elle acheta ils, elles achetèrent	il, elle dépeça ils, elles dépecèrent	il, elle envoya ils, elles envoyèrent
Indicatif futur	j'achèterai il, elle achètera	je dépècerai il, elle dépècera	j'enverrai il, elle enverra
Conditionnel présent	j'achèterais il, elle achèterait	je dépècerais il, elle dépècerait	j'enverrais il, elle enverrait
Subjonctif présent	que j'achète qu'il, elle achète que nous achetions qu'ils, elles achètent	que je dépèce qu'il, elle dépèce que nous dépecions qu'ils, elles dépècent	que j'envoie qu'il, elle envoie que nous envoyions qu'ils, elles envoient
Subjonctif imparfait	qu'il, elle achetât qu'ils, elles achetassent	qu'il, elle dépeçât qu'ils, elles dépeçassent	qu'il, elle envoyât qu'ils, elles envoyassent
Impératif	achète achetons, achetez	dépèce dépeçons, dépecez	envoie envoyons, envoyez
Participe présent	achetant	depeçant	envoyant
Participe passé	acheté, e	dépecé, e	envoyé, e

*En nouvelle orthographe, un certain nombre de verbes, tels qu'amonceler peuvent se conjuguer comme acheter.
Voir p 14

	31 aller	32 finir	33 haïr
Indicatif présent	je vais tu vas il, elle va nous allons vous allez ils, elles vont	je finis tu finis il, elle finit nous finissons vous finissez ils, elles finissent	je hais tu hais il, elle hait nous haïssons vous haïssez ils, elles haïssent
Indicatif imparfait	il, elle allait	il, elle finissait	il, elle haïssait
Indicatif passé simple	il, elle alla ils, elles allèrent	il, elle finit ils, elles finirent	il, elle haït ils, elles haïrent
Indicatif futur	j'irai il, elle ira	je finirai il, elle finira	je haïrai il, elle haïra
Conditionnel présent	j'irais il, elle irait	je finirais il, elle finirait	je haïrais il, elle haïrait
Subjonctif présent	que j'aille qu'il, elle aille que nous allions qu'ils, elles aillent	que je finisse qu'il, elle finisse que nous finissions qu'ils, elles finissent	que je haïsse qu'il, elle haïsse que nous haïssions qu'ils, elles haïssent
Subjonctif imparfait	qu'il, elle allât qu'ils, elles allassent	qu'il, elle finît qu'ils, elles finissent	qu'il, elle haït qu'ils, elles haïssent
Impératif	va allons, allez	finis finissons, finissez	hais haïssons, haïssez
Participe présent	allant	finissant	haïssant
Participe passé	allé, e	fini, e	haï, e

	34 ouvrir	35 fuir	36 dormir
Indicatif présent	j'ouvre tu ouvres il, elle ouvre nous ouvrons vous ouvrez ils, elles ouvrent	je fuis tu fuis il, elle fuit nous fuyons vous fuyez ils, elles fuient	je dors tu dors il, elle dort nous dormons vous dormez ils, elles dorment
Indicatif imparfait	il, elle ouvrait	il, elle fuyait	il, elle dormait
Indicatif passé simple	il, elle ouvrit ils, elles ouvrirent	il, elle fuit ils, elles fuirent	il, elle dormit ils, elles dormirent
Indicatif futur	j'ouvrirai il, elle ouvrira	je fuirai il, elle fuira	je dormirai il, elle dormira
Conditionnel présent	j'ouvrirais il, elle ouvrirait	je fuirais il, elle fuirait	je dormirais il, elle dormirait
Subjonctif présent	que j'ouvre qu'il, elle ouvre que nous ouvrions qu'ils, elles ouvrent	que je fuie qu'il, elle fuie que nous fuyions qu'ils, elles fuient	que je dorme qu'il, elle dorme que nous dormions qu'ils, elles dorment
Subjonctif imparfait	qu'il, elle ouvrît qu'ils, elles ouvrissent	qu'il, elle fuît qu'ils, elles fuissent	qu'il, elle dormît qu'ils, elles dormissent
Impératif	ouvre ouvrons, ouvrez	fuis fuyons, fuyez	dors dormons, dormez
Participe présent	ouvrant	fuyant	dormant
Participe passé	ouvert, e	fui, e	dormi

	37 mentir	38 servir	39 acquérir
Indicatif présent	je mens tu mens il, elle ment nous mentons vous mentez ils, elles mentent	je sers tu sers il, elle sert nous servons vous servez ils, elles servent	j'acquiers tu acquiers il, elle acquiert nous acquérons vous acquérez ils, elles acquièrent
Indicatif imparfait	il, elle mentait	il, elle servait	il, elle acquérait
Indicatif passé simple	il, elle mentit ils, elles mentirent	il, elle servit ils, elles servirent	il, elle acquit ils, elles acquirent
Indicatif futur	je mentirai il, elle mentira	je servirai il, elle servira	j'acquerrai il, elle acquerra
Conditionnel présent	je mentirais il, elle mentirait	je servirais il, elle servirait	j'acquerrais il, elle acquerrait
Subjonctif présent	que je mente qu'il, elle mente que nous mentions qu'ils, elles mentent	que je serve qu'il, elle serve que nous servions qu'ils, elles servent	que j'acquière qu'il, elle acquière que nous acquérions qu'ils, elles acquièrent
Subjonctif imparfait	qu'il, elle mentît qu'ils, elles mentissent	qu'il, elle servît qu'ils, elles servissent	qu'il, elle acquît qu'ils, elles acquissent
Impératif	mens mentons, mentez	sers servons, servez	acquiers acquérons, acquérez
Participe présent	mentant	servant	acquérant
Participe passé	menti	servi, e	acquis, e

	40 venir	41 cueillir	42 mourir
Indicatif présent	je viens tu viens il, elle vient nous venons vous venez ils, elles viennent	je cueille tu cueilles il, elle cueille nous cueillons vous cueillez ils, elles cueillent	je meurs tu meurs il, elle meurt nous mourons vous mourez ils, elles meurent
Indicatif imparfait	il, elle venait	il, elle cueillait	il, elle mourait
Indicatif passé simple	il, elle vint ils, elles vinrent	il, elle cueillit ils, elles cueillirent	il, elle mourut ils, elles moururent
Indicatif futur	je viendrai il, elle viendra	je cueillerai il, elle cueillera	je mourrai il, elle mourra
Conditionnel présent	je viendrais il, elle viendrait	je cueillerais il, elle cueillerait	je mourrais il, elle mourrait
Subjonctif présent	que je vienne qu'il, elle vienne que nous venions qu'ils, elles viennent	que je cueille qu'il, elle cueille que nous cueillions qu'ils, elles cueillent	que je meure qu'il, elle meure que nous mourions qu'ils, elles meurent
Subjonctif imparfait	qu'il, elle vînt qu'ils, elles vinssent	qu'il, elle cueillît qu'ils, elles cueillissent	qu'il, elle mourût qu'ils, elles mourussent
Impératif	viens venons, venez	cueille cueillons, cueillez	meurs mourons, mourez
Participe présent	venant	cueillant	mourant
Participe passé	venu, e	cueilli, e	mort, e

	43 partir	44 revêtir	45 courir
Indicatif présent	je pars tu pars il, elle part nous partons vous partez ils, elles partent	je revêts tu revêts il, elle revêt nous revêtons vous revêtez ils, elles revêtent	je cours tu cours il, elle court nous courons vous courez ils, elles courent
Indicatif imparfait	il, elle partait	il, elle revêtait	il, elle courait
Indicatif passé simple	il, elle partit ils, elles partirent	il, elle revêtit ils, elles revêtirent	il, elle courut ils, elles coururent
Indicatif futur	je partirai il, elle partira	je revêtirai il, elle revêtira	je courrai il, elle courra
Conditionnel présent	je partirais il, elle partirait	je revêtirais il, elle revêtirait	je courrais il, elle courrait
Subjonctif présent	que je parte qu'il, elle parte que nous partions qu'ils, elles partent	que je revête qu'il, elle revête que nous revêtions qu'ils, elles revêtent	que je coure qu'il, elle coure que nous courions qu'ils, elles courent
Subjonctif imparfait	qu'il, elle partît qu'ils, elles partissent	qu'il, elle revêtît qu'ils, elles revêtissent	qu'il, elle courût qu'ils, elles courussent
Impératif	pars partons, partez	revêts revêtons, revêtez	cours courons, courez
Participe présent	partant	revêtant	courant
Participe passé	parti, e	revêtu, e	couru, e

	46 faillir	47 défaillir	48 bouillir
Indicatif présent	je faillis, faux tu faillis, faux il, elle faillit, faut nous faillissons, faillons vous faillissez, faillez ils, elles faillissent, faillent	je défaille tu défailles il, elle défaille nous défaillons vous défaillez ils, elles défaillent	je bous tu bous il, elle bout nous bouillons vous bouillez ils, elles bouillent
Indicatif imparfait	il, elle faillissait, faillait	il, elle défaillait	il, elle bouillait
Indicatif passé simple	il, elle faillit ils, elles faillirent	il, elle défaillit ils, elles défaillirent	il, elle bouillit ils, elles bouillirent
Indicatif futur	je faillirai, faudrai il, elle faillira, faudra	je défaillirai, défaillerai il, elle défaillira, défaillera	je bouillirai il, elle bouillira
Conditionnel présent	je faillirais, faudrais il, elle faillirait, faudrait	je défaillirais, défaillerais il, elle défaillirait, défaillerait	je bouillirais il, elle bouillirait
Subjonctif présent	que je faillisse, faille qu'il, elle faillisse, faille que nous faillissions, faillions qu'ils, elles faillissent, faillent	que je défaille qu'il, elle défaille que nous défaillions qu'ils, elles défaillent	que je bouille qu'il, elle bouille que nous bouillions qu'ils, elles bouillent
Subjonctif imparfait	qu'il, elle faillît qu'ils, elles faillissent	qu'il, elle défaillît qu'ils, elles défaillissent	qu'il, elle bouillît qu'ils, elles bouillissent
Impératif	faillis, faux ; faillissons, faillons ; faillissez, faillez	défaille défaillons, défaillez	bous bouillons, bouillez
Participe présent	faillissant, faillant	défaillant	bouillant
Participe passé	failli	défailli	bouilli, e

	49 gésir *	50 saillir	51 ouïr
Indicatif présent	je gis tu gis il, elle gît nous gisons vous gisez ils, elles gisent	– – il, elle saille – – ils, elles saillent	j'ouïs, ois tu ouïs, ois il, elle ouït, oit nous ouïssons, oyons vous ouïssez, oyez ils, elles ouïssent, oient
Indicatif imparfait	il, elle gisait	il, elle saillait	il, elle ouïssait, oyait
Indicatif passé simple	–	il, elle saillit ils, elles saillirent	il, elle ouït ils, elles ouïrent
Indicatif futur	–	– il, elle saillera	j'ouïrai, orrais il, elle ouïra, orra
Conditionnel présent	–	– il, elle saillerait	j'ouïrais il, elle ouïrait, orrait
Subjonctif présent	–	– qu'il, elle saille – qu'ils, elles saillent	que j'ouïsse, oie qu'il, elle ouïsse, oie que nous ouïssions, oyions qu'ils, elles ouïssent, oient
Subjonctif imparfait	–	qu'il, elle saillît qu'ils, elles saillissent	qu'il, elle ouït qu'ils, elles ouïssent
Impératif	–	–	ouïs, ois ; ouïssons, oyons ; ouïssez, oyez
Participe présent	gisant	saillant	oyant
Participe passé	–	sailli, e	ouï, e

* Gésir est défectif aux autres temps et modes.

	52 recevoir	53 devoir	54 mouvoir
Indicatif présent	je reçois tu reçois il, elle reçoit nous recevons vous recevez ils, elles reçoivent	je dois tu dois il, elle doit nous devons vous devez ils, elles doivent	je meus tu meus il, elle meut nous mouvons vous mouvez ils, elles meuvent
Indicatif imparfait	il, elle recevait	il, elle devait	il, elle mouvait
Indicatif passé simple	il, elle reçut ils, elles reçurent	il, elle dut ils, elles durent	il, elle mut ils, elles murent
Indicatif futur	je recevrai il, elle recevra	je devrai il, elle devra	je mouvrai il, elle mouvra
Conditionnel présent	je recevrais il, elle recevrait	je devrais il, elle devrait	je mouvrais il, elle mouvrait
Subjonctif présent	que je reçoive qu'il, elle reçoive que nous recevions qu'ils, elles reçoivent	que je doive qu'il, elle doive que nous devions qu'ils, elles doivent	que je meuve qu'il, elle meuve que nous mouvions qu'ils, elles meuvent
Subjonctif imparfait	qu'il, elle reçût qu'ils, elles reçussent	qu'il, elle dût qu'ils, elles dussent	qu'il, elle mût qu'ils, elles mussent
Impératif	reçois recevons, recevez	dois devons, devez	meus mouvons, mouvez
Participe présent	recevant	devant	mouvant
Participe passé	reçu, e	dû, due, dus, dues	mû, mue, mus, mues

	55 émouvoir	56 promouvoir	57 vouloir
Indicatif présent	j'émeus tu émeus il, elle émeut nous émouvons vous émouvez ils, elles émeuvent	je promeus tu promeus il, elle promeut nous promouvons vous promouvez ils, elles promeuvent	je veux tu veux il, elle veut nous voulons vous voulez ils, elles veulent
Indicatif imparfait	il, elle émouvait	il, elle promouvait	il, elle voulait
Indicatif passé simple	il, elle émut ils, elles émurent	il, elle promut ils, elles promurent	il, elle voulut ils, elles voulurent
Indicatif futur	j'émouvrai il, elle émouvra	je promouvrai il, elle promouvra	je voudrai il, elle voudra
Conditionnel présent	j'émouvrais il, elle émouvrait	je promouvrais il, elle promouvrait	je voudrais il, elle voudrait
Subjonctif présent	que j'émeuve qu'il, elle émeuve que nous émeuvions qu'ils, elles émeuvent	que je promeuve qu'il, elle promeuve que nous promouvions qu'ils, elles promeuvent	que je veuille qu'il, elle veuille que nous voulions qu'ils, elles veuillent
Subjonctif imparfait	qu'il, elle émût qu'ils, elles émussent	qu'il, elle promût qu'ils, elles promussent	qu'il, elle voulût qu'ils, elles voulussent
Impératif	émeus émouvons, émouvez	promeus promouvons, promouvez	veux, veuille ; voulons, veuillons ; voulez, veuillez
Participe présent	émouvant	promouvant	voulant
Participe passé	ému, e	promu, e	voulu, e

	58 pouvoir	59 savoir	60 valoir
Indicatif présent	je peux, puis tu peux il peut nous pouvons vous pouvez ils, elles peuvent	je sais tu sais il, elle sait nous savons vous savez ils, elles savent	je vaux tu vaux il, elle vaut nous valons vous valez ils, elles valent
Indicatif imparfait	il, elle pouvait	il, elle savait	il, elle valait
Indicatif passé simple	il, elle put ils, elles purent	il, elle sut ils, elles surent	il, elle valut ils, elles valurent
Indicatif futur	je pourrai il, elle pourra	je saurai il, elle saura	je vaudrai il, elle vaudra
Conditionnel présent	je pourrais il, elle pourrait	je saurais il, elle saurait	je vaudrais il, elle vaudrait
Subjonctif présent	que je puisse qu'il, elle puisse que nous puissions qu'ils, elles puissent	que je sache qu'il, elle sache que nous sachions qu'ils, elles sachent	que je vaille qu'il, elle vaille que nous valions qu'ils, elles vaillent
Subjonctif imparfait	qu'il, elle pût qu'ils, elles pussent	qu'il, elle sût qu'ils, elles sussent	qu'il, elle valût qu'ils, elles valussent
Impératif	–	sache sachons, sachez	vaux valons, valez
Participe présent	pouvant	sachant	valant
Participe passé	pu	su, e	valu, e

	61 prévaloir	62 voir	63 prévoir
Indicatif présent	je prévaux tu prévaux il, elle prévaut nous prévalons vous prévalez ils, elles prévalent	je vois tu vois il, elle voit nous voyons vous voyez ils, elles voient	je prévois tu prévois il, elle prévoit nous prévoyons vous prévoyez ils, elles prévoient
Indicatif imparfait	il, elle prévalait	il, elle voyait	il, elle prévoyait
Indicatif passé simple	il, elle prévalut ils, elles prévalurent	il, elle vit ils, elles virent	il, elle prévit ils, elles prévirent
Indicatif futur	je prévaudrai il, elle prévaudra	je verrai il, elle verra	je prévoirai il, elle prévoira
Conditionnel présent	je prévaudrais il, elle prévaudrait	je verrais il, elle verrait	je prévoirais il, elle prévoirait
Subjonctif présent	que je prévale qu'il, elle prévale que nous prévalions qu'ils, elles prévalent	que je voie qu'il, elle voie que nous voyions qu'ils, elles voient	que je prévoie qu'il, elle prévoie que nous prévoyions qu'ils, elles prévoient
Subjonctif imparfait	qu'il, elle prévalût qu'ils, elles prévalussent	qu'il, elle vît qu'ils, elles vissent	qu'il, elle prévît qu'ils, elles prévissent
Impératif	prévaux prévalons, prévalez	vois voyons, voyez	prévois prévoyons, prévoyez
Participe présent	prévalant	voyant	prévoyant
Participe passé	prévalu, e	vu, e	prévu, e

	64 pourvoir	65 asseoir	66 surseoir*
Indicatif présent	je pourvois tu pourvois il, elle pourvoit nous pourvoyons vous pourvoyez ils, elles pourvoient	j'assieds, j'assois tu assieds, assois il, elle assied, assoit nous asseyons, assoyons vous asseyez, assoyez ils, elles asseyent, assoient	je sursois tu sursois il, elle sursoit nous sursoyons vous sursoyez ils, elles sursoient
Indicatif imparfait	il, elle pourvoyait	il, elle asseyait, assoyait	il, elle sursoyait
Indicatif passé simple	il, elle pourvut ils, elles pourvurent	il, elle assit ils, elles assirent	il, elle sursit ils, elles sursirent
Indicatif futur	je pourvoirai il, elle pourvoira	j'assiérai, j'assoirai il, elle assiéra, assoira	je surseoirai il, elle surseoira
Conditionnel présent	je pourvoirais il, elle pourvoirait	j'assiérais, j'assoirais il, elle assiérait, assoirait	je surseoirais il, elle surseoirait
Subjonctif présent	que je pourvoie qu'il, elle pourvoie que nous pourvoyions qu'ils, elles pourvoient	que j'asseye, j'assoie qu'il, elle asseye, assoie que nous asseyions, assoyions qu'ils, elles asseyent, assoient	que je sursoie qu'il, elle sursoie que nous sursoyions qu'ils, elles sursoient
Subjonctif imparfait	qu'il, elle pourvût qu'ils, elles pourvussent	qu'il, elle assît qu'ils, elles assissent	qu'il, elle sursît qu'ils, elles sursissent
Impératif	pourvois pourvoyons, pourvoyez	assieds, assois ; asseyons, assoyons ; asseyez, assoyez	sursois sursoyons, sursoyez
Participe présent	pourvoyant	asseyant, assoyant	sursoyant
Participe passé	pourvu, e	assis, e	sursis

*En nouvelle orthographe, surseoir devient sursoir ; les formes du futur et du conditionnel deviennent je sursoirai et je sursoirais. Voir p 14

	67 seoir	68 pleuvoir	69 falloir
Indicatif présent	– – il, elle sied – – ils, elles siéent	– – il pleut – – –	– – il faut – – –
Indicatif imparfait	il, elle seyait	il pleuvait	il fallait
Indicatif passé simple	–	il plut –	il fallut –
Indicatif futur	– il, elle siéra	– il pleuvra	– il faudra
Conditionnel présent	– il, elle siérait	– il pleuvrait	– il faudrait
Subjonctif présent	– qu'il, elle siée – qu'ils, elles siéent	– qu'il pleuve – –	– qu'il faille – –
Subjonctif imparfait	–	qu'il plût –	qu'il fallût –
Impératif	–	–	–
Participe présent	seyant	pleuvant	–
Participe passé	–	plu	fallu

	70 échoir	71 déchoir	72 choir
Indicatif présent	– – il, elle échoit – – ils, elles échoient	je déchois tu déchois il, elle déchoit nous déchoyons vous déchoyez ils, elles déchoient	je chois tu chois il, elle choit – – ils, elles choient
Indicatif imparfait	il, elle échoyait	–	–
Indicatif passé simple	il, elle échut ils, elles échurent	il, elle déchut ils, elles déchurent	il, elle chut ils, elles churent
Indicatif futur	– il, elle échoira, écherra	je déchoirai il, elle déchoira	je choirai, cherrai il, elle choira, cherra
Conditionnel présent	– il, elle échoirait, écherrait	je déchoirais il, elle déchoirait	je choirais, cherrais il, elle choirait, cherrait
Subjonctif présent	– qu'il, elle échoie – qu'ils, elles échoient	que je déchoie qu'il, elle déchoie que nous déchoyions qu'ils, elles déchoient	–
Subjonctif imparfait	qu'il, elle échût qu'ils, elles échussent	qu'il, elle déchût qu'ils, elles déchussent	qu'il, elle chût –
Impératif	–	–	–
Participe présent	échéant	–	–
Participe passé	échu, e	déchu, e	chu, e

	73 vendre	74 répandre	75 répondre
Indicatif présent	je vends tu vends il, elle vend nous vendons vous vendez ils, elles vendent	je répands tu répands il, elle répand nous répandons vous répandez ils, elles répandent	je réponds tu réponds il, elle répond nous répondons vous répondez ils, elles répondent
Indicatif imparfait	il, elle vendait	il, elle répandait	il, elle répondait
Indicatif passé simple	il, elle vendit ils, elles vendirent	il, elle répandit ils, elles répandirent	il, elle répondit ils, elles répondirent
Indicatif futur	je vendrai il, elle vendra	je répandrai il, elle répandra	je répondrai il, elle répondra
Conditionnel présent	je vendrais il, elle vendrait	je répandrais il, elle répandrait	je répondrais il, elle répondrait
Subjonctif présent	que je vende qu'il, elle vende que nous vendions qu'ils, elles vendent	que je répande qu'il, elle répande que nous répandions qu'ils, elles répandent	que je réponde qu'il, elle réponde que nous répondions qu'ils, elles répondent
Subjonctif imparfait	qu'il, elle vendît qu'ils, elles vendissent	qu'il, elle répandît qu'ils, elles répandissent	qu'il, elle répondît qu'ils, elles répondissent
Impératif	vends vendons, vendez	répands répandons, répandez	réponds répondons, répondez
Participe présent	vendant	répandant	répondant
Participe passé	vendu, e	répandu, e	répondu, e

	76 mordre	77 perdre	78 rompre
Indicatif présent	je mords tu mords il, elle mord nous mordons vous mordez ils, elles mordent	je perds tu perds il, elle perd nous perdons vous perdez ils, elles perdent	je romps tu romps il, elle rompt nous rompons vous rompez ils, elles rompent
Indicatif imparfait	il, elle mordait	il, elle perdait	il, elle rompait
Indicatif passé simple	il, elle mordit ils, elles mordirent	il, elle perdit ils, elles perdirent	il, elle rompit ils, elles rompirent
Indicatif futur	je mordrai il, elle mordra	je perdrai il, elle perdra	je romprai il, elle rompra
Conditionnel présent	je mordrais il, elle mordrait	je perdrais il, elle perdrait	je romprais il, elle romprait
Subjonctif présent	que je morde qu'il, elle morde que nous mordions qu'ils, elles mordent	que je perde qu'il, elle perde que nous perdions qu'ils, elles perdent	que je rompe qu'il, elle rompe que nous rompions qu'ils, elles rompent
Subjonctif imparfait	qu'il, elle mordît qu'ils, elles mordissent	qu'il, elle perdît qu'ils, elles perdissent	qu'il, elle rompît qu'ils, elles rompissent
Impératif	mords mordons, mordez	perds perdons, perdez	romps rompons, rompez
Participe présent	mordant	perdant	rompant
Participe passé	mordu, e	perdu, e	rompu, e

	79 prendre	80 craindre	81 peindre
Indicatif présent	je prends tu prends il, elle prend nous prenons vous prenez ils, elles prennent	je crains tu crains il, elle craint nous craignons vous craignez ils, elles craignent	je peins tu peins il, elle peint nous peignons vous peignez ils, elles peignent
Indicatif imparfait	il, elle prenait	il, elle craignait	il, elle peignait
Indicatif passé simple	il, elle prit ils, elles prirent	il, elle craignit ils, elles craignirent	il, elle peignit ils, elles peignirent
Indicatif futur	je prendrai il, elle prendra	je craindrai il, elle craindra	je peindrai il, elle peindra
Conditionnel présent	je prendrais il, elle prendrait	je craindrais il, elle craindrait	je peindrais il, elle peindrait
Subjonctif présent	que je prenne qu'il, elle prenne que nous prenions qu'ils, elles prennent	que je craigne qu'il, elle craigne que nous craignions qu'ils, elles craignent	que je peigne qu'il, elle peigne que nous peignions qu'ils, elles peignent
Subjonctif imparfait	qu'il, elle prît qu'ils, elles prissent	qu'il, elle craignît qu'ils, elles craignissent	qu'il, elle peignît qu'ils, elles peignissent
Impératif	prends prenons, prenez	crains craignons, craignez	peins peignons, peignez
Participe présent	prenant	craignant	peignant
Participe passé	pris, e	craint, e	peint, e

	82 joindre	83 battre	84 mettre
Indicatif présent	je joins tu joins il, elle joint nous joignons vous joignez ils, elles joignent	je bats tu bats il, elle bat nous battons vous battez ils, elles battent	je mets tu mets il, elle met nous mettons vous mettez ils, elles mettent
Indicatif imparfait	il, elle joignait	il, elle battait	il, elle mettait
Indicatif passé simple	il, elle joignit ils, elles joignirent	il, elle battit ils, elles battirent	il, elle mit ils, elles mirent
Indicatif futur	je joindrai il, elle joindra	je battrai il, elle battra	je mettrai il, elle mettra
Conditionnel présent	je joindrais il, elle joindrait	je battrais il, elle battrait	je mettrais il, elle mettrait
Subjonctif présent	que je joigne qu'il, elle joigne que nous joignions qu'ils, elles joignent	que je batte qu'il, elle batte que nous battions qu'ils, elles battent	que je mette qu'il, elle mette que nous mettions qu'ils, elles mettent
Subjonctif imparfait	qu'il, elle joignît qu'ils, elles joignissent	qu'il, elle battît qu'ils, elles battissent	qu'il, elle mît qu'ils, elles missent
Impératif	joins joignons, joignez	bats battons, battez	mets mettons, mettez
Participe présent	joignant	battant	mettant
Participe passé	joint, e	battu, e	mis, e

	85 moudre	86 coudre	87 absoudre
Indicatif présent	je mouds tu mouds il, elle moud nous moulons vous moulez ils, elles moulent	je couds tu couds il, elle coud nous cousons vous cousez ils, elles cousent	j'absous tu absous il, elle absout nous absolvons vous absolvez ils, elles absolvent
Indicatif imparfait	il, elle moulait	il, elle cousait	il, elle absolvait
Indicatif passé simple	il, elle moulut ils, elles moulurent	il, elle cousit ils, elles cousirent	il, elle absolut ils, elles absolurent
Indicatif futur	je moudrai il, elle moudra	je coudrai il, elle coudra	j'absoudrai il, elle absoudra
Conditionnel présent	je moudrais il, elle moudrait	je coudrais il, elle coudrait	j'absoudrais il, elle absoudrait
Subjonctif présent	que je moule qu'il, elle moule que nous moulions qu'ils, elles moulent	que je couse qu'il, elle couse que nous cousions qu'ils, elles cousent	que j'absolve qu'il, elle absolve que nous absolvions qu'ils, elles absolvent
Subjonctif imparfait	qu'il, elle moulût qu'ils, elles moulussent	qu'il, elle cousît qu'ils, elles cousissent	qu'il, elle absolût qu'ils, elles absolussent
Impératif	mouds moulons, moulez	couds cousons, cousez	absous absolvons, absolvez
Participe présent	moulant	cousant	absolvant
Participe passé	moulu, e	cousu, e	absous, oute

	88 résoudre	89 suivre	90 vivre
Indicatif présent	je résous tu résous il, elle résout nous résolvons vous résolvez ils, elles résolvent	je suis tu suis il, elle suit nous suivons vous suivez ils, elles suivent	je vis tu vis il, elle vit nous vivons vous vivez ils, elles vivent
Indicatif imparfait	il, elle résolvait	il, elle suivait	il, elle vivait
Indicatif passé simple	il, elle résolut ils, elles résolurent	il, elle suivit ils, elles suivirent	il, elle vécut ils, elles vécurent
Indicatif futur	je résoudrai il, elle résoudra	je suivrai il, elle suivra	je vivrai il, elle vivra
Conditionnel présent	je résoudrais il, elle résoudrait	je suivrais il, elle suivrait	je vivrais il, elle vivrait
Subjonctif présent	que je résolve qu'il, elle résolve que nous résolvions qu'ils, elles résolvent	que je suive qu'il, elle suive que nous suivions qu'ils, elles suivent	que je vive qu'il, elle vive que nous vivions qu'ils, elles vivent
Subjonctif imparfait	qu'il, elle résolût qu'ils, elles résolussent	qu'il, elle suivît qu'ils, elles suivissent	qu'il, elle vécût qu'ils, elles vécussent
Impératif	résous résolvons, résolvez	suis suivons, suivez	vis vivons, vivez
Participe présent	résolvant	suivant	vivant
Participe passé	résolu, e	suivi, e	vécu, e

	91 paraître	92 naître	93 croître
Indicatif présent	je parais tu parais il, elle paraît nous paraissons vous paraissez ils, elles paraissent	je nais tu nais il, elle naît nous naissons vous naissez ils, elles naissent	je croîs tu croîs il, elle croît nous croissons vous croissez ils, elles croissent
Indicatif imparfait	il, elle paraissait	il, elle naissait	il, elle croissait
Indicatif passé simple	il, elle parut ils, elles parurent	il, elle naquit ils, elles naquirent	il, elle crût ils, elles crûrent
Indicatif futur	je paraîtrai il, elle paraîtra	je naîtrai il, elle naîtra	je croîtrai il, elle croîtra
Conditionnel présent	je paraîtrais il, elle paraîtrait	je naîtrais il, elle naîtrait	je croîtrais il, elle croîtrait
Subjonctif présent	que je paraisse qu'il, elle paraisse que nous paraissions qu'ils, elles paraissent	que je naisse qu'il, elle naisse que nous naissions qu'ils, elles naissent	que je croisse qu'il, elle croisse que nous croissions qu'ils, elles croissent
Subjonctif imparfait	qu'il, elle parût qu'ils, elles parussent	qu'il, elle naquît qu'ils, elles naquissent	qu'il, elle crût qu'ils, elles crûssent
Impératif	parais paraissons, paraissez	nais naissons, naissez	croîs croissons, croissez
Participe présent	paraissant	naissant	croissant
Participe passé	paru, e	né, e	crû, crue, crus, crues

	94 accroître	95 rire	96 conclure
Indicatif présent	j'accrois tu accrois il, elle accroît nous accroissons vous accroissez ils, elles accroissent	je ris tu ris il, elle rit nous rions vous riez ils, elles rient	je conclus tu conclus il, elle conclut nous concluons vous concluez ils, elles concluent
Indicatif imparfait	il, elle accroissait	il, elle riait	il, elle concluait
Indicatif passé simple	il, elle accrut ils, elles accrurent	il, elle rit ils, elles rirent	il, elle conclut ils, elles conclurent
Indicatif futur	j'accroîtrai il, elle accroîtra	je rirai il, elle rira	je conclurai il, elle conclura
Conditionnel présent	j'accroîtrais il, elle accroîtrait	je rirais il, elle rirait	je conclurais il, elle conclurait
Subjonctif présent	que j'accroisse qu'il, elle accroisse que nous accroissions qu'ils, elles accroissent	que je rie qu'il, elle rie que nous riions qu'ils, elles rient	que je conclue qu'il, elle conclue que nous concluions qu'ils, elles concluent
Subjonctif imparfait	qu'il, elle accrût qu'ils, elles accrussent	qu'il, elle rît qu'ils, elles rissent	qu'il, elle conclût qu'ils, elles conclussent
Impératif	accrois accroissons, accroissez	ris rions, riez	conclus concluons, concluez
Participe présent	accroissant	riant	concluant
Participe passé	accru, e	ri	conclu, e

	97 nuire	98 conduire	99 écrire
Indicatif présent	je nuis tu nuis il, elle nuit nous nuisons vous nuisez ils, elles nuisent	je conduis tu conduis il, elle conduit nous conduisons vous conduisez ils, elles conduisent	j'écris tu écris il, elle écrit nous écrivons vous écrivez ils, elles écrivent
Indicatif imparfait	il, elle nuisait	il, elle conduisait	il, elle écrivait
Indicatif passé simple	il, elle nuisit ils, elles nuisirent	il, elle conduisit ils, elles conduisirent	il, elle écrivit ils, elles écrivirent
Indicatif futur	je nuirai il, elle nuira	je conduirai il, elle conduira	j'écrirai il, elle écrira
Conditionnel présent	je nuirais il, elle nuirait	je conduirais il, elle conduirait	j'écrirais il, elle écrirait
Subjonctif présent	que je nuise qu'il, elle nuise que nous nuisions qu'ils, elles nuisent	que je conduise qu'il, elle conduise que nous conduisions qu'ils, elles conduisent	que j'écrive qu'il, elle écrive que nous écrivions qu'ils, elles écrivent
Subjonctif imparfait	qu'il, elle nuisît qu'ils, elles nuisissent	qu'il, elle conduisît qu'ils, elles conduisissent	qu'il, elle écrivît qu'ils, elles écrivissent
Impératif	nuis nuisons, nuisez	conduis conduisons, conduisez	écris écrivons, écrivez
Participe présent	nuisant	conduisant	écrivant
Participe passé	nui	conduit, e	écrit, e

	100 suffire	101 confire	102 dire
Indicatif présent	je suffis tu suffis il, elle suffit nous suffisons vous suffisez ils, elles suffisent	je confis tu confis il, elle confit nous confisons vous confisez ils, elles confisent	je dis tu dis il, elle dit nous disons vous dites ils, elles disent
Indicatif imparfait	il, elle suffisait	il, elle confisait	il, elle disait
Indicatif passé simple	il, elle suffit ils, elles suffirent	il, elle confit ils, elles confirent	il, elle dit ils, elles dirent
Indicatif futur	je suffirai il, elle suffira	je confirai il, elle confira	je dirai il, elle dira
Conditionnel présent	je suffirais il, elle suffirait	je confirais il, elle confirait	je dirais il, elle dirait
Subjonctif présent	que je suffise qu'il, elle suffise que nous suffisions qu'ils, elles suffisent	que je confise qu'il, elle confise que nous confisions qu'ils, elles confisent	que je dise qu'il, elle dise que nous disions qu'ils, elles disent
Subjonctif imparfait	qu'il, elle suffît qu'ils, elles suffissent	qu'il, elle confît qu'ils, elles confissent	qu'il, elle dît qu'ils, elles dissent
Impératif	suffis suffisons, suffisez	confis confisons, confisez	dis disons, dites
Participe présent	suffisant	confisant	disant
Participe passé	suffi	confit, e	dit, e

	103 contredire	104 maudire	105 bruire
Indicatif présent	je contredis tu contredis il, elle contredit nous contredisons vous contredisez ils, elles contredisent	je maudis tu maudis il, elle maudit nous maudissons vous maudissez ils, elles maudissent	je bruis tu bruis il, elle bruit - - -
Indicatif imparfait	il, elle contredisait	il, elle maudissait	il, elle bruyait
Indicatif passé simple	il, elle contredit ils, elles contredirent	il, elle maudit ils, elles maudirent	-
Indicatif futur	je contredirai il, elle contredira	je maudirai il, elle maudira	je bruirai il, elle bruira
Conditionnel présent	je contredirais il, elle contredirait	je maudirais il, elle maudirait	je bruirais il, elle bruirait
Subjonctif présent	que je contredise qu'il, elle contredise que nous contredisions qu'ils, elles contredisent	que je maudisse qu'il, elle maudisse que nous maudissions qu'ils, elles maudissent	-
Subjonctif imparfait	qu'il, elle contredît qu'ils, elles contredissent	qu'il, elle maudît qu'ils, elles maudissent	-
Impératif	contredis contredisons, contredisez	maudis maudissons, maudissez	-
Participe présent	contredisant	maudissant	-
Participe passé	contredit, e	maudit, e	bruit

	106 lire	107 croire	108 boire
Indicatif présent	je lis tu lis il, elle lit nous lisons vous lisez ils, elles lisent	je crois tu crois il, elle croit nous croyons vous croyez ils, elles croient	je bois tu bois il, elle boit nous buvons vous buvez ils, elles boivent
Indicatif imparfait	il, elle lisait	il, elle croyait	il, elle buvait
Indicatif passé simple	il, elle lut ils, elles lurent	il, elle crut ils, elles crurent	il, elle but ils, elles burent
Indicatif futur	je lirai il, elle lira	je croirai il, elle croira	je boirai il, elle boira
Conditionnel présent	je lirais il, elle lirait	je croirais il, elle croirait	je boirais il, elle boirait
Subjonctif présent	que je lise qu'il, elle lise que nous lisions qu'ils, elles lisent	que je croie qu'il, elle croie que nous croyions qu'ils, elles croient	que je boive qu'il, elle boive que nous buvions qu'ils, elles boivent
Subjonctif imparfait	qu'il, elle lût qu'ils, elles lussent	qu'il, elle crût qu'ils, elles crussent	qu'il, elle bût qu'ils, elles bussent
Impératif	lis lisons, lisez	crois croyons, croyez	bois buvons, buvez
Participe présent	lisant	croyant	buvant
Participe passé	lu, e	cru, e	bu, e

	109 faire	110 plaire	111 taire
Indicatif présent	je fais tu fais il, elle fait nous faisons vous faites ils, elles font	je plais tu plais il, elle plaît nous plaisons vous plaisez ils, elles plaisent	je tais tu tais il, elle tait nous taisons vous taisez ils, elles taisent
Indicatif imparfait	il, elle faisait	il, elle plaisait	il, elle taisait
Indicatif passé simple	il, elle fit ils, elles firent	il, elle plut ils, elles plurent	il, elle tut ils, elles turent
Indicatif futur	je ferai il, elle fera	je plairai il, elle plaira	je tairai il, elle taira
Conditionnel présent	je ferais il, elle ferait	je plairais il, elle plairait	je tairais il, elle tairait
Subjonctif présent	que je fasse qu'il, elle fasse que nous fassions qu'ils, elles fassent	que je plaise qu'il, elle plaise que nous plaisions qu'ils, elles plaisent	que je taise qu'il, elle taise que nous taisions qu'ils, elles taisent
Subjonctif imparfait	qu'il, elle fît qu'ils, elles fissent	qu'il, elle plût qu'ils, elles plussent	qu'il, elle tût qu'ils, elles tussent
Impératif	fais faisons, faites	plais plaisons, plaisez	tais taisons, taisez
Participe présent	faisant	plaisant	taisant
Participe passé	fait, e	plu	tu, e

	112 extraire	113 clore	114 vaincre
Indicatif présent	j'extrais tu extrais il, elle extrait nous extrayons vous extrayez ils, elles extraient	je clos tu clos il, elle clôt nous closons vous closez ils, elles closent	je vaincs tu vaincs il, elle vainc nous vainquons vous vainquez ils, elles vainquent
Indicatif imparfait	il, elle extrayait	–	il, elle vainquait
Indicatif passé simple	–	–	il, elle vainquit ils, elles vainquirent
Indicatif futur	j'extrairai il, elle extraira	je clorai il, elle clora	je vaincrai il, elle vaincra
Conditionnel présent	j'extrairais il, elle extrairait	je clorais il, elle clorait	je vaincrais il, elle vaincrait
Subjonctif présent	que j'extraie qu'il, elle extraie que nous extrayions qu'ils, elles extraient	que je close qu'il, elle close que nous closions qu'ils, elles closent	que je vainque qu'il, elle vainque que nous vainquions qu'ils, elles vainquent
Subjonctif imparfait	–	–	qu'il, elle vainquît qu'ils, elles vainquissent
Impératif	extrais extrayons, extrayez	clos –	vaincs vainquons, vainquez
Participe présent	extrayant	closant	vainquant
Participe passé	extrait, e	clos, e	vaincu, e

	115 frire	116 foutre
Indicatif présent	je fris tu fris il, elle frit – – –	je fous tu fous il, elle fout nous foutons vous foutez ils, elles foutent
Indicatif imparfait	–	il, elle foutait
Indicatif passé simple	–	–
Indicatif futur	je frirai il, elle frira	je foutrai il, elle foutra
Conditionnel présent	je frirais il, elle frirait	je foutrais il, elle foutrait
Subjonctif présent	–	que je foute qu'il, elle foute que nous foutions qu'ils, elles foutent
Subjonctif imparfait	–	–
Impératif	fris –	fous foutons, foutez
Participe présent	–	foutant
Participe passé	frit, e	foutu, e

Conjugaisons espagnoles

	1 amar	2 temer	3 partir
pres. de indicativo	amo ama amamos	temo teme tememos	parto parte partimos
pret. imperfecto	amaba amábamos	temía temíamos	partía partíamos
pret. indefinido	amé amó amamos amaron	temí temió temimos temieron	partí partió partimos partieron
fut. de ind.	amaré amará amaremos	temeré temerá temeremos	partiré partirá partiremos
condicional	amaría amaríamos	temería temeríamos	partiría partiríamos
pres. de subj.	ame amemos	tema temamos	parta partamos
imperfecto de subj.	amara, amase amáramos, amásemos	temiera, temiese temiéramos, temiésemos	partiera, partiese partiéramos, partiésemos
imperativo	ama (tú), ame (él, ella, usted) amemos (nosotros) amad (vosotros) amen (ellos, ellas, ustedes)	teme (tú) tema (él, ella, usted) temamos (nosotros) temed (vosotros) teman (ellos, ellas, ustedes)	parte (tú) parta (él, ella, usted) partamos (nosotros) partid (vosotros) partan (ellos, ellas, ustedes)
gerundio, participio	amando, amado	temiendo, temido	partiendo, partido

	4 haber	5 ser
presente de indicativo	he ha hemos	soy es somos
pretérito imperfecto	había habíamos	era éramos
pretérito indefinido	hube hubo hubimos hubieron	fui fue fuimos fueron
futur de indicativo	habré habrá habremos	seré será seremos
condicional	habría habríamos	sería seríamos
presente de subjuntivo	haya hayamos	sea seamos
imperfecto de subjuntivo	hubiera, hubiese hubiéramos, hubiésemos	fuera, fuese fuéramos, fuésemos
imperativo	he (tú) haya (él, ella, usted) hayamos (nosotros) habed (vosotros) hayan (ellos, ellas, ustedes)	sé (tú) sea (él, ella, usted) seamos (nosotros) sed (vosotros) sean (ellos, ellas, ustedes)
gerundio, participio	habiendo, habido	siendo, sido

	6 actuar	7 adecuar
presente de indicativo	actúo actúa actuamos	adecuo adecua adecuamos
pretérito imperfecto	actuaba actuábamos	adecuaba adecuábamos
pretérito indefinido	actué actuó actuamos actuaron	adecué adecuó adecuamos adecuaron
futuro de indicativo	actuaré actuará actuaremos	adecuaré adecuará adecuaremos
condicional	actuaría actuaríamos	adecuaría adecuaríamos
presente de subjuntivo	actúe actuemos	adecue adecuemos
imperfecto de subjuntivo	actuara, actuase actuáramos, actuásemos	adecuara, adecuase adecuáramos, adecuásemos
imperativo	actúa (tú) actúe (él, ella, usted) actuemos (nosotros) actuad (vosotros) actúen (ellos, ellas, ustedes)	adecua (tú) adecue (él, ella, usted) adecuemos (nosotros) adecuad (vosotros) adecuen (ellos, ellas, ustedes)
gerundio, participio	actuando, actuado	adecuando, adecuado

	8 cambiar	9 guiar
presente de indicativo	cambio cambia cambiamos	guío guía guiamos
pretérito imperfecto	cambiaba cambiábamos	guiaba guiábamos
pretérito indefinido	cambié cambió cambiamos cambiaron	guié guió guiamos guiaron
futuro de indicativo	cambiaré cambiará cambiaremos	guiaré guiará guiaremos
condicional	cambiaría cambiaríamos	guiaría guiaríamos
presente de subjuntivo	cambie cambiemos	guíe guiemos
imperfecto de subjuntivo	cambiara, cambiase cambiáramos, cambiásemos	guiara, guiase guiáramos, guiásemos
imperativo	cambia (tú) cambie (él, ella, usted) cambiemos (nosotros) cambiad (vosotros) cambien (ellos, ellas, ustedes)	guía (tú) guíe (él, ella, usted) guiemos (nosotros) guiad (vosotros) guíen (ellos, ellas, ustedes)
gerundio, participio	cambiando, cambiado	guiando, guiado

	10 sacar	11 mecer
presente de indicativo	saco saca sacamos	mezo mece mecemos
pretérito imperfecto	sacaba sacábamos	mecía mecíamos
pretérito indefinido	saqué sacó sacamos sacaron	mecí meció mecimos mecieron
futuro de indicativo	sacaré sacará sacaremos	meceré mecerá meceremos
condicional	sacaría sacaríamos	mecería meceríamos
presente de subjuntivo	saque saquemos	meza mezamos
imperfecto de subjuntivo	sacara, sacase sacáramos, sacásemos	meciera, meciese meciéramos, meciésemos
imperativo	saca (tú) saque (él, ella, usted) saquemos (nosotros) sacad (vosotros) saquen (ellos, ellas, ustedes)	mece (tú) meza (él, ella, usted) mezamos (nosotros) meced (vosotros) mezan (ellos, ellas, ustedes)
gerundio, participio	sacando, sacado	meciendo, mecido

	12 zurcir	13 cazar
presente de indicativo	zurzo zurce zurcimos	cazo caza cazamos
pretérito imperfecto	zurcía zurcíamos	cazaba cazábamos
pretérito indefinido	zurcí zurció zurcimos zurcieron	cacé cazó cazamos cazaron
futuro de indicativo	zurciré zurcirá zurciremos	cazaré cazará cazaremos
condicional	zurciría zurciríamos	cazaría cazaríamos
presente de subjuntivo	zurza zurzamos	cace cacemos
imperfecto de subjuntivo	zurciera, zurciese zurciéramos, zurciésemos	cazara, cazase cazáramos, cazásemos
imperativo	zurce (tú) zurza (él, ella, usted) zurzamos (nosotros) zurcid (vosotros) zurzan (ellos, ellas, ustedes)	caza (tú) cace (él, ella, usted) cacemos (nosotros) cazad (vosotros) cacen (ellos, ellas, ustedes)
gerundio, participio	zurciendo, zurcido	cazando, cazado

	14 proteger	15 dirigir
presente de indicativo	protejo protege protegemos	dirijo dirige dirigimos
pretérito imperfecto	protegía protegíamos	dirigía dirigíamos
pretérito indefinido	protegí protegió protegimos protegieron	dirigí dirigió dirigimos dirigieron
futuro de indicativo	protegeré protegerá protegeremos	dirigiré dirigirá dirigiremos
condicional	protegería protegeríamos	dirigiría dirigiríamos
presente de subjuntivo	proteja protejamos	dirija dirijamos
imperfecto de subjuntivo	protegiera, protegiese protegiéramos, protegiésemos	dirigiera, dirigiese dirigiéramos, dirigiésemos
imperativo	protege (tú) proteja (él, ella, usted) protejamos (nosotros) proteged (vosotros) protejan (ellos, ellas, ustedes)	dirige (tú) dirija (él, ella, usted) dirijamos (nosotros) dirigid (vosotros) dirijan (ellos, ellas, ustedes)
gerundio, participio	protegiendo, protegido	dirigiendo, dirigido

	16 llegar	17 distinguir
presente de indicativo	llego llega llegamos	distingo distingue distinguimos
pretérito imperfecto	llegaba llegábamos	distinguía distinguíamos
pretérito indefinido	llegué llegó llegamos llegaron	distinguí distinguió distinguimos distinguieron
futuro de indicativo	llegaré llegará llegaremos	distinguiré distinguirá distinguiremos
condicional	llegaría llegaríamos	distinguiría distinguiríamos
presente de subjuntivo	llegue lleguemos	distinga distingamos
imperfecto de subjuntivo	llegara, llegase llegáramos, llegásemos	distinguiera, distinguiese distinguiéramos, distinguiésemos
imperativo	llega (tú) llegue (él, ella, usted) lleguemos (nosotros) llegad (vosotros) lleguen (ellos, ellas, ustedes)	distingue (tú) distinga (él, ella, usted) distingamos (nosotros) distinguid (vosotros) distingan (ellos, ellas, ustedes)
gerundio, participio	llegando, llegado	distinguiendo, distinguido

	18 delinquir	19 acertar
presente de indicativo	delinco delinque delinquimos	acierto acierta acertamos
pretérito imperfecto	delinquía delinquíamos	acertaba acertábamos
pretérito indefinido	delinquí delinquió delinquimos delinquieron	acerté acertó acertamos acertaron
futuro de indicativo	delinquiré delinquirá delinquiremos	acertaré acertará acertaremos
condicional	delinquiría delinquiríamos	acertaría acertaríamos
presente de subjuntivo	delinca delincamos	acierte acertemos
imperfecto de subjuntivo	delinquiera, delinquiese delinquiéramos, delinquiésemos	acertara, acertase acertáramos, acertásemos
imperativo	delinque (tú) delinca (él, ella, usted) delincamos (nosotros) delinquid (vosotros) delincan (ellos, ellas, ustedes)	acierta (tú) acierte (él, ella, usted) acertemos (nosotros) acertad (vosotros) acierten (ellos, ellas, ustedes)
gerundio, participio	delinquiendo, delinquido	acertando, acertado

	20 tender	21 discernir
presente de indicativo	tiendo tiende tendemos	discierno discierne discernimos
pretérito imperfecto	tendía tendíamos	discernía discerníamos
pretérito indefinido	tendí tendió tendimos tendieron	discerní discernió discernimos discernieron
futuro de indicativo	tenderé tenderá tenderemos	discerniré discernirá discerniremos
condicional	tendería tenderíamos	discerniría discerniríamos
presente de subjuntivo	tienda tendamos	discierna discernamos
imperfecto de subjuntivo	tendiera, tendiese tendiéramos, tendiésemos	discerniera, discerniese discerniéramos, discerniésemos
imperativo	tiende (tú) tienda (él, ella, usted) tendamos (nosotros) tended (vosotros) tiendan (ellos, ellas, ustedes)	discierne (tú) discierna (él, ella, usted) discernamos (nosotros) discernid (vosotros) disciernan (ellos, ellas, ustedes)
gerundio, participio	tendiendo, tendido	discerniendo, discernido

	22 adquirir	23 sonar
presente de indicativo	adquiero adquiere adquirimos	sueno suena sonamos
pretérito imperfecto	adquiría adquiríamos	sonaba sonábamos
pretérito indefinido	adquirí adquirió adquirimos adquirieron	soné sonó sonamos sonaron
futuro de indicativo	adquiriré adquirirá adquiriremos	sonaré sonará sonaremos
condicional	adquiriría adquiriríamos	sonaría sonaríamos
presente de subjuntivo	adquiera adquiramos	suene sonemos
imperfecto de subjuntivo	adquiriera, adquiriese adquiriéramos, adquiriésemos	sonara, sonase sonáramos, sonásemos
imperativo	adquiere (tú) adquiera (él, ella, usted) adquiramos (nosotros) adquirid (vosotros) adquieran (ellos, ellas, ustedes)	suena (tú) suene (él, ella, usted) sonemos (nosotros) sonad (vosotros) suenen (ellos, ellas, ustedes)
gerundio, participio	adquiriendo, adquirido	sonando, sonado

	24 mover	25 dormir
presente de indicativo	muevo mueve movemos	duermo duerme dormimos
pretérito imperfecto	movía movíamos	dormía dormíamos
pretérito indefinido	moví movió movimos movieron	dormí durmió dormimos durmieron
futuro de indicativo	moveré moverá moveremos	dormiré dormirá dormiremos
condicional	movería moveríamos	dormiría dormiríamos
presente de subjuntivo	mueva movamos	duerma durmamos
imperfecto de subjuntivo	moviera, moviese moviéramos, moviésemos	durmiera, durmiese durmiéramos, durmiésemos
imperativo	mueve (tú) mueva (él, ella, usted) movamos (nosotros) moved (vosotros) muevan (ellos, ellas, ustedes)	duerme (tú) duerma (él, ella, usted) durmamos (nosotros) dormid (vosotros) duerman (ellos, ellas, ustedes)
gerundio, participio	moviendo, movido	durmiendo, dormido

	26 pedir	27 sentir
presente de indicativo	pido pide pedimos	siento siente sentimos
pretérito imperfecto	pedía pedíamos	sentía sentíamos
pretérito indefinido	pedí pidió pedimos pidieron	sentí sintió sentimos sintieron
futuro de indicativo	pediré pedirá pediremos	sentiré sentirá sentiremos
condicional	pediría pediríamos	sentiría sentiríamos
presente de subjuntivo	pida pidamos	sienta sintamos
imperfecto de subjuntivo	pidiera, pidiese pidiéramos, pidiésemos	sintiera, sintiese sintiéramos, sintiésemos
imperativo	pide (tú) pida (él, ella, usted) pidamos (nosotros) pedid (vosotros) pidan (ellos, ellas, ustedes)	siente (tú) sienta (él, ella, usted) sintamos (nosotros) sentid (vosotros) sientan (ellos, ellas, ustedes)
gerundio, participio	pidiendo, pedido	sintiendo, sentido

	28 reír	29 nacer
presente de indicativo	río ríe reímos	nazco nace nacemos
pretérito imperfecto	reía reíamos	nacía nacíamos
pretérito indefinido	reí rió reímos rieron	nací nació nacimos nacieron
futuro de indicativo	reiré reirá reiremos	naceré nacerá naceremos
condicional	reiría reiríamos	nacería naceríamos
presente de subjuntivo	ría riamos	nazca nazcamos
imperfecto de subjuntivo	riera, riese riéramos, riésemos	naciera, naciese naciéramos, naciésemos
imperativo	ríe (tú) ría (él, ella, usted) riamos (nosotros) reíd (vosotros) rían (ellos, ellas, ustedes)	nace (tú) nazca (él, ella, usted) nazcamos (nosotros) naced (vosotros) nazcan (ellos, ellas, ustedes)
gerundio, participio	riendo, reído	naciendo, nacido

	30 parecer	31 conocer
presente de indicativo	parezco parece parecemos	conozco conoce conocemos
pretérito imperfecto	parecía parecíamos	conocía conocíamos
pretérito indefinido	parecí pareció parecimos parecieron	conocí conoció conocimos conocieron
futuro de indicativo	pareceré parecerá pareceremos	conoceré conocerá conoceremos
condicional	parecería pareceríamos	conocería conoceríamos
presente de subjuntivo	parezca parezcamos	conozca conozcamos
imperfecto de subjuntivo	pareciera, pareciese pareciéramos, pareciésemos	conociera, conociese conociéramos, conociésemos
imperativo	parece (tú) parezca (él, ella, usted) parezcamos (nosotros) pareced (vosotros) parezcan (ellos, ellas, ustedes)	conoce (tú) conozca (él, ella, usted) conozcamos (nosotros) conoced (vosotros) conozcan (ellos, ellas, ustedes)
gerundio, participio	pareciendo, parecido	conociendo, conocido

	32 lucir	33 conducir
presente de indicativo	luzco luce lucimos	conduzco conduce conducimos
pretérito imperfecto	lucía lucíamos	conducía conducíamos
pretérito indefinido	lucí lució lucimos lucieron	conduje condujo condujimos condujeron
futuro de indicativo	luciré lucirá luciremos	conduciré conducirá conduciremos
condicional	luciría luciríamos	conduciría conduciríamos
presente de subjuntivo	luzca luzcamos	conduzca conduzcamos
imperfecto de subjuntivo	luciera, luciese luciéramos, luciésemos	condujera, condujese condujéramos, condujésemos
imperativo	luce (tú) luzca (él, ella, usted) luzcamos (nosotros) lucid (vosotros) luzcan (ellos, ellas, ustedes)	conduce (tú) conduzca (él, ella, usted) conduzcamos (nosotros) conducid (vosotros) conduzcan (ellos, ellas, ustedes)
gerundio, participio	luciendo, lucido	conduciendo, conducido

	34 comenzar	35 negar
presente de indicativo	comienzo comienza comenzamos	niego niega negamos
pretérito imperfecto	comenzaba comenzábamos	negaba negábamos
pretérito indefinido	comencé comenzó comenzamos comenzaron	negué negó negamos negaron
futuro de indicativo	comenzaré comenzará comenzaremos	negaré negará negaremos
condicional	comenzaría comenzaríamos	negaría negaríamos
presente de subjuntivo	comience comencemos	niegue neguemos
imperfecto de subjuntivo	comenzara, comenzase comenzáramos, comenzásemos	negara, negase negáramos, negásemos
imperativo	comienza (tú) comience (él, ella, usted) comencemos (nosotros) comenzad (vosotros) comiencen (ellos, ellas, ustedes)	niega (tú) niegue (él, ella, usted) neguemos (nosotros) negad (vosotros) nieguen (ellos, ellas, ustedes)
gerundio, participio	comenzando, comenzado	negando, negado

	36 trocar	37 forzar
presente de indicativo	trueco trueca trocamos	fuerzo fuerza forzamos
pretérito imperfecto	trocaba trocábamos	forzaba forzábamos
pretérito indefinido	troqué trocó trocamos trocaron	forcé forzó forzamos forzaron
futuro de indicativo	trocaré trocará trocaremos	forzaré forzará forzaremos
condicional	trocaría trocaríamos	forzaría forzaríamos
presente de subjuntivo	trueque troquemos	fuerce forcemos
imperfecto de subjuntivo	trocara, trocase trocáramos, trocásemos	forzara, forzase forzáramos, forzásemos
imperativo	trueca (tú) trueque (él, ella, usted) troquemos (nosotros) trocad (vosotros) truequen (ellos, ellas, ustedes)	fuerza (tú) fuerce (él, ella, usted) forcemos (nosotros) forzad (vosotros) fuercen (ellos, ellas, ustedes)
gerundio, participio	trocando, trocado	forzando, forzado

	38 avergonzar	39 colgar
presente de indicativo	avergüenzo avergüenza avergonzamos	cuelgo cuelga colgamos
pretérito imperfecto	avergonzaba avergonzábamos	colgaba colgábamos
pretérito indefinido	avergoncé avergonzó avergonzamos avergonzaron	colgué colgó colgamos colgaron
futuro de indicativo	avergonzaré avergonzará avergonzaremos	colgaré colgará colgaremos
condicional	avergonzaría avergonzaríamos	colgaría colgaríamos
presente de subjuntivo	avergüence avergoncemos	cuelgue colguemos
imperfecto de subjuntivo	avergonzara, avergonzase avergonzáramos, avergonzásemos	colgara, colgase colgáramos, colgásemos
imperativo	avergüenza (tú) avergüence (él, ella, usted) avergoncemos (nosotros) avergonzad (vosotros) avergüencen (ellos, ellas, ustedes)	cuelga (tú) cuelgue (él, ella, usted) colguemos (nosotros) colgad (vosotros) cuelguen (ellos, ellas, ustedes)
gerundio, participio	avergonzando, avergonzado	colgando, colgado

	40 jugar	41 cocer
presente de indicativo	juego juega jugamos	cuezo cuece cocemos
pretérito imperfecto	jugaba jugábamos	cocía cocíamos
pretérito indefinido	jugué jugó jugamos jugaron	cocí coció cocimos cocieron
futuro de indicativo	jugaré jugará jugaremos	coceré cocerá coceremos
condicional	jugaría jugaríamos	cocería coceríamos
presente de subjuntivo	juegue juguemos	cueza cozamos
imperfecto de subjuntivo	jugara, jugase jugáramos, jugásemos	cociera, cociese cociéramos, cociésemos
imperativo	juega (tú) juegue (él, ella, usted) juguemos (nosotros) jugad (vosotros) jueguen (ellos, ellas, ustedes)	cuece (tú) cueza (él, ella, usted) cozamos (nosotros) coced (vosotros) cuezan (ellos, ellas, ustedes)
gerundio, participio	jugando, jugado	cociendo, cocido

	42 regir	43 seguir
presente de indicativo	rijo rige regimos	sigo sigue seguimos
pretérito imperfecto	regía regíamos	seguía seguíamos
pretérito indefinido	regí rigió regimos rigieron	seguí siguió seguimos siguieron
futuro de indicativo	regiré regirá regiremos	seguiré seguirá seguiremos
condicional	regiría regiríamos	seguiría seguiríamos
presente de subjuntivo	rija rijamos	siga sigamos
imperfecto de subjuntivo	rigiera, rigiese rigiéramos, rigiésemos	siguiera, siguiese siguiéramos, siguiésemos
imperativo	rige (tú) rija (él, ella, usted) rijamos (nosotros) regid (vosotros) rijan (ellos, ellas, ustedes)	sigue (tú) siga (él, ella, usted) sigamos (nosotros) seguid (vosotros) sigan (ellos, ellas, ustedes)
gerundio, participio	rigiendo, regido	siguiendo, seguido

	44 argüir	45 averiguar
presente de indicativo	arguyo arguye argüimos	averiguo averigua averiguamos
pretérito imperfecto	argüía argüíamos	averiguaba averiguábamos
pretérito indefinido	argüí arguyó argüimos arguyeron	averigüé averiguó averiguamos averiguaron
futuro de indicativo	argüiré argüirá argüiremos	averiguaré averiguará averiguaremos
condicional	argüiría argüiríamos	averiguaría averiguaríamos
presente de subjuntivo	arguya arguyamos	averigüe averigüemos
imperfecto de subjuntivo	arguyera, arguyese arguyéramos, arguyésemos	averiguara, averiguase averiguáramos, averiguásemos
imperativo	arguye (tú) arguya (él, ella, usted) arguyamos (nosotros) argüid (vosotros) arguyan (ellos, usted, ustedes)	averigua (tú) averigüe (él, ella, usted) averigüemos (nosotros) averiguad (vosotros) averigüen (ellos, ellas, ustedes)
gerundio, participio	arguyendo, argüido	averiguando, averiguado

	46 agorar	47 errar
presente de indicativo	agüero agüera agoramos	yerro yerra erramos
pretérito imperfecto	agoraba agorábamos	erraba errábamos
pretérito indefinido	agoré agoró agoramos agoraron	erré erró erramos erraron
futuro de indicativo	agoraré agorará agoraremos	erraré errará erraremos
condicional	agoraría agoraríamos	erraría erraríamos
presente de subjuntivo	agüere agoremos	yerre erremos
imperfecto de subjuntivo	agorara, agorase agoráramos, agorásemos	errara, errase erráramos, errásemos
imperativo	agüera (tú) agüere (él, ella, usted) agoremos (nosotros) agorad (vosotros) agüeren (ellos, ellas, ustedes)	yerra (tú) yerre (él, ella, usted) erremos (nosotros) errad (vosotros) yerren (ellos, ellas, ustedes)
gerundio, participio	agorando, agorado	errando, errado

	48 desosar	49 oler
presente de indicativo	deshueso deshuesa desosamos	huelo huele olemos
pretérito imperfecto	desosaba desosábamos	olía olíamos
pretérito indefinido	desosé desosó desosamos desosaron	olí olió olimos olieron
futuro de indicativo	desosaré desosará desosaremos	oleré olerá oleremos
condicional	desosaría desosaríamos	olería oleríamos
presente de subjuntivo	deshuese desosemos	huela olamos
imperfecto de subjuntivo	desosara, desosase desosáramos, desosásemos	oliera, oliese oliéramos, oliésemos
imperativo	deshuesa (tú) deshuese (él, ella, usted) desosemos (nosotros) desosad (vosotros) deshuesen (ellos, ellas, ustedes)	huele (tú) huela (él, ella, usted) olamos (nosotros) oled (vosotros) huelan (ellos, ellas, ustedes)
gerundio, participio	desosando, desosado	oliendo, olido

	50 leer	51 huir
presente de indicativo	leo lee leemos	huyo huye huimos
pretérito imperfecto	leía leíamos	huía huíamos
pretérito indefinido	leí leyó leímos leyeron	huí huyó huimos huyeron
futuro de indicativo	leeré leerá leeremos	huiré huirá huiremos
condicional	leería leeríamos	huiría huiríamos
presente de subjuntivo	lea leamos	huya huyamos
imperfecto de subjuntivo	leyera, leyese leyéramos, leyésemos	huyera, huyese huyéramos, huyésemos
imperativo	lee (tú) lea (él, ella, usted) leamos (nosotros) leed (vosotros) lean (ellos, ellas, ustedes)	huye (tú) huya (él, ella, usted) huyamos (nosotros) huid (vosotros) huyan (ellos, ellas, ustedes)
gerundio, participio	leyendo, leído	huyendo, huido

	52 andar	53 asir
presente de indicativo	ando anda andamos	asgo ase asimos
pretérito imperfecto	andaba andábamos	asía asíamos
pretérito indefinido	anduve anduvo anduvimos anduvieron	así asió asimos asieron
futuro de indicativo	andaré andará andaremos	asiré asirá asiremos
condicional	andaría andaríamos	asiría asiríamos
presente de subjuntivo	ande andemos	asga asgamos
imperfecto de subjuntivo	anduviera, anduviese anduviéramos, anduviésemos	asiera, asiese asiéramos, asiésemos
imperativo	anda (tú) ande (él, ella, usted) andemos (nosotros) andad (vosotros) anden (ellos, ellas, ustedes)	ase (tú) asga (él, ella, usted) asgamos (nosotros) asid (vosotros) asgan (ellos, ellas, ustedes)
gerundio, participio	andando, andado	asiendo, asido

	54 caber	55 caer
presente de indicativo	quepo cabe cabemos	caigo cae caemos
pretérito imperfecto	cabía cabíamos	caía caíamos
pretérito indefinido	cupe cupo cupimos cupieron	caí cayó caímos cayeron
futuro de indicativo	cabré cabrá cabremos	caeré caerá caeremos
condicional	cabría cabríamos	caería caeríamos
presente de subjuntivo	quepa quepamos	caiga caigamos
imperfecto de subjuntivo	cupiera, cupiese cupiéramos, cupiésemos	cayera, cayese cayéramos, cayésemos
imperativo	cabe (tú) quepa (él, ella, usted) quepamos (nosotros) cabed (vosotros) quepan (ellos, ellas, ustedes)	cae (tú) caiga (él, ella, usted) caigamos (nosotros) caed (vosotros) caigan (ellos, ellas, ustedes)
gerundio, participio	cabiendo, cabido	cayendo, caído

	56 dar	57 decir
presente de indicativo	doy da damos	digo dice decimos
pretérito imperfecto	daba dábamos	decía decíamos
pretérito indefinido	di dio dimos dieron	dije dijo dijimos dijeron
futuro de indicativo	daré dará daremos	diré dirá diremos
condicional	daría daríamos	diría diríamos
presente de subjuntivo	dé demos	diga digamos
imperfecto de subjuntivo	diera, diese diéramos, diésemos	dijera, dijese dijéramos, dijésemos
imperativo	da (tú) dé (él, ella, usted) demos (nosotros) dad (vosotros) den (ellos, ellas, ustedes)	di (tú) diga (él, ella, usted) digamos (nosotros) decid (vosotros) digan (ellos, ellas, ustedes)
gerundio, participio	dando, dado	diciendo, dicho

	58 erguir	59 estar
presente de indicativo	irgo, yergo irgue, yergue erguimos	estoy está estamos
pretérito imperfecto	erguía erguíamos	estaba estábamos
pretérito indefinido	erguí irguió erguimos irguieron	estuve estuvo estuvimos estuvieron
futuro de indicativo	erguiré erguirá erguiremos	estaré estará estaremos
condicional	erguiría erguiríamos	estaría estaríamos
presente de subjuntivo	irga, yerga irgamos	esté estemos
imperfecto de subjuntivo	irguiera, irguiese irguiéramos, irguiésemos	estuviera, estuviese estuviéramos, estuviésemos
imperativo	irgue, yergue (tú) irga, yerga (él, ella) irgamos (nosotros) erguid (vosotros) irgan, yergan (ellos, ellas, ustedes)	está (tú) esté (él, ella, usted) estemos (nosotros) estad (vosotros) estén (ellos, ellas, ustedes)
gerundio, participio	irguiendo, erguido	estando, estado

	60 hacer	61 ir
presente de indicativo	hago hace hacemos	voy va vamos
pretérito imperfecto	hacía hacíamos	iba íbamos
pretérito indefinido	hice hizo hicimos hicieron	fui fue fuimos fueron
futuro de indicativo	haré hará haremos	iré irá iremos
condicional	haría haríamos	iría iríamos
presente de subjuntivo	haga hagamos	vaya vayamos
imperfecto de subjuntivo	hiciera, hiciese hiciéramos, hiciésemos	fuera, fuese fuéramos, fuésemos
imperativo	haz (tú) haga (él, ella, usted) hagamos (nosotros) haced (vosotros) hagan (ellos, ellas, ustedes)	ve (tú) vaya (él, ella, usted) vayamos (nosotros) id (vosotros) vayan (ellos, ellas, ustedes)
gerundio, participio	haciendo, hecho	yendo, ido

	62 oír	63 placer
presente de indicativo	oigo oye oímos	plazco place placemos
pretérito imperfecto	oía oíamos	placía placíamos
pretérito indefinido	oí oyó oímos oyeron	plací plació, plugo placimos placieron, pluguieron
futuro de indicativo	oiré oirá oiremos	placeré placerá placeremos
condicional	oiría oiríamos	placería placeríamos
presente de subjuntivo	oiga oigamos	plazca plazcamos
imperfecto de subjuntivo	oyera, oyese oyéramos, oyésemos	placiera, placiese placiéramos, placiésemos
imperativo	oye (tú) oiga (él, ella, usted) oigamos (nosotros) oíd (vosotros) oigan (ellos, ellas, ustedes)	place (tú) plazca (él, ella, usted) plazcamos (nosotros) placed (vosotros) plazcan (ellos, ellas, ustedes)
gerundio, participio	oyendo, oído	placiendo, placido

	64 poder	65 poner
presente de indicativo	puedo puede podemos	pongo pone ponemos
pretérito imperfecto	podía podíamos	ponía poníamos
pretérito indefinido	pude pudo pudimos pudieron	puse puso pusimos pusieron
futuro de indicativo	podré podrá podremos	pondré pondrá pondremos
condicional	podría podríamos	pondría pondríamos
presente de subjuntivo	pueda podamos	ponga pongamos
imperfecto de subjuntivo	pudiera, pudiese pudiéramos, pudiésemos	pusiera, pusiese pusiéramos, pusiésemos
imperativo	puede (tú) pueda (él, ella, usted) podamos (nosotros) poded (vosotros) puedan (ellos, ellas, ustedes)	pon (tú) ponga (él, ella, usted) pongamos (nosotros) poned (vosotros) pongan (ellos, ellas, ustedes)
gerundio, participio	pudiendo, podido	poniendo, puesto

	66 predecir	67 querer
presente de indicativo	predigo predice predecimos	quiero quiere queremos
pretérito imperfecto	predecía predecíamos	quería queríamos
pretérito indefinido	predije predijo predijimos predijeron	quise quiso quisimos quisieron
futuro de indicativo	prediré predirá prediremos	querré querrá querremos
condicional	prediría prediríamos	querría querríamos
presente de subjuntivo	prediga predigamos	quiera queramos
imperfecto de subjuntivo	predijera, predijese predijéramos, predijésemos	quisiera, quisiese quisiéramos, quisiésemos
imperativo	predice (tú) prediga (él, ella, usted) predigamos (nosotros) predecid (vosotros) predigan (ellos, ellas, ustedes)	quiere (tú) quiera (él, ella, usted) queramos (nosotros) quered (vosotros) quieran (ellos, ellas, ustedes)
gerundio, participio	prediciendo, predicho	queriendo, querido

	68 raer	69 roer
presente de indicativo	rao, raigo, rayo rae raemos	roo, roigo, royo roe roemos
pretérito imperfecto	raía raíamos	roía roíamos
pretérito indefinido	raí rayó raímos rayeron	roí royó roímos royeron
futuro de indicativo	raeré raerá raeremos	roeré roerá roeremos
condicional	raería raeríamos	roería roeríamos
presente de subjuntivo	raiga, raya raigamos, rayamos	roa, roiga, roya roamos, roigamos, royamos
imperfecto de subjuntivo	rayera, rayese rayéramos, rayésemos	royera, royese royéramos, royésemos
imperativo	rae (tú) raiga, raya (él, ella, usted) raigamos, rayamos (nosotros) raed (vosotros) raigan, rayan (ellos, ellas, ustedes)	roe (tú) roa, roiga, roya (él, ella, usted) roamos, roigamos, royamos (nosotros) roed (vosotros) roan, roigan, royan (ellos, ellas, ustedes)
gerundio, participio	rayendo, raído	royendo, roído

	70 saber	71 salir
presente de indicativo	sé sabe sabemos	salgo sale salimos
pretérito imperfecto	sabía sabíamos	salía salíamos
pretérito indefinido	supe supo supimos supieron	salí salió salimos salieron
futuro de indicativo	sabré sabrá sabremos	saldré sadrá saldremos
condicional	sabría sabríamos	saldría saldríamos
presente de subjuntivo	sepa sepamos	salga salgamos
imperfecto de subjuntivo	supiera, supiese supiéramos, supiésemos	saliera, saliese saliéramos, saliésemos
imperativo	sabe (tú) sepa (él, ella, usted) sepamos (nosotros) sabed (vosotros) sepan (ellos, ellas, ustedes)	sal (tú) salga (él, ella, usted) salgamos (nosotros) salid (vosotros) salgan (ellos, ellas, ustedes)
gerundio, participio	sabiendo, sabido	saliendo, salido

	72 tener	73 traer
presente de indicativo	tengo tiene tenemos	traigo trae traemos
pretérito imperfecto	tenía teníamos	traía traíamos
pretérito indefinido	tuve tuvo tuvimos tuvieron	traje trajo trajimos trajeron
futuro de indicativo	tendré tendrá tendremos	traeré traerá traeremos
condicional	tendría tendríamos	traería traeríamos
presente de subjuntivo	tenga tengamos	traiga traigamos
imperfecto de subjuntivo	tuviera, tuviese tuviéramos, tuviésemos	trajera, trajese trajéramos, trajésemos
imperativo	ten (tú) tenga (él, ella, usted) tengamos (nosotros) tened (vosotros) tengan (ellos, ellas, ustedes)	trae (tú) traiga (él, ella, usted) traigamos (nosotros) traed (vosotros) traigan (ellos, ellas, ustedes)
gerundio, participio	teniendo, tenido	trayendo, traído

	74 valer	75 venir
presente de indicativo	valgo vale valemos	vengo viene venimos
pretérito imperfecto	valía valíamos	venía veníamos
pretérito indefinido	valí valió valimos valieron	vine vino vinimos vinieron
futuro de indicativo	valdré valdrá valdremos	vendré vendrá vendremos
condicional	valdría valdríamos	vendría vendríamos
presente de subjuntivo	valga valgamos	venga vengamos
imperfecto de subjuntivo	valiera, valiese valiéramos, valiésemos	viniera, viniese viniéramos, viniésemos
imperativo	vale (tú) valga (él, ella, usted) valgamos (nosotros) valed (vosotros) valgan (ellos, ellas, ustedes)	ven (tú) venga (él, ella, usted) vengamos (nosotros) venid (vosotros) vengan (ellos, ellas, ustedes)
gerundio, participio	valiendo, valido	viniendo, venido

	76 ver	77 yacer
presente de indicativo	veo ve vemos	yazco, yazgo, yago yace yacemos
pretérito imperfecto	veía veíamos	yacía yacíamos
pretérito indefinido	vi vio vimos vieron	yací yació yacimos yacieron
futuro de indicativo	veré verá veremos	yaceré yacerá yaceremos
condicional	vería veríamos	yacería yaceríamos
presente de subjuntivo	vea veamos	yazca, yazga, yaga yazcamos, yazgamos, yagamos
imperfecto de subjuntivo	viera, viese viéramos, viésemos	yaciera, yaciese yaciéramos, yaciésemos
imperativo	ve (tú) vea (él, ella, usted) veamos (nosotros) ved (vosotros) vean (ellos, ellas, ustedes)	yace, yaz (tú) yazca, yazga, yaga (él, ella, usted) yazcamos, yazgamos, yagamos (nos.) yaced (vosotros) yazcan, yazgan, yagan (ellos…)
gerundio, participio	viendo, visto	yaciendo, yacido

Verbos defectivos

	78 abolir	79 balbucir
	Unicamente se conjugan las formas cuya desinencia empieza por -i.	Las formas que no se conjugan se substituyen por las correspondientes del verbo balbucear.
presente de indicativo	no se conjuga - - abolimos abolís -	no se conjuga balbuces balbuce balbucimos balbucís balbucen
pretérito imperfecto	abolía abolías abolía abolíamos abolíais abolían	balbucía balbucías balbucía balbucíamos balbucíais balbucían
pretérito indefinido	abolí aboliste abolió abolimos abolisteis abolieron	balbucí balbuciste balbució balbucimos balbucisteis balbucieron
futuro de indicativo	aboliré abolirás abolirá aboliremos aboliréis abolirán	balbuciré balbucirás balbucirá balbuciremos balbuciréis balbucirán
condicional	aboliría abolirías aboliría aboliríamos aboliríais abolirían	balbuciría balbucirías balbuciría balbuciríamos balbuciríais balbucirían
presente de subjuntivo	no se conjuga	no se conjuga
imperfecto de subjuntivo	aboliera, aboliese abolieras, abolieses aboliera, aboliese aboliéramos, aboliésemos abolierais, abolieseis abolieran, aboliesen	balbuciera, balbuciese balbucieras, balbucieses balbuciera, balbuciese balbuciéramos, balbuciésemos balbucierais, balbucieseis balbucieran, balbuciesen
imperativo	no se conjuga - abolid (vosotros) no se conjuga -	balbuce (tú) no se conjuga balbucid (vosotros) no se conjuga -
gerundio, participio	aboliendo, abolido	balbuciendo, balbucido

	80 desolar	81 soler
	Se usa sobre todo en infinitivo y como participio: desolado.	
presente de indicativo		suelo sueles suele solemos soléis suelen
pretérito imperfecto		solía solías solía solíamos solíais solían
pretérito indefinido		solí soliste solió solimos solisteis solieron
futuro de indicativo		no se conjuga en ninguna de sus personas
condicional		no se conjuga en ninguna de sus personas
presente de subjuntivo		suela suelas suela solamos soláis suelan
imperfecto de subjuntivo		soliera, soliese solieras, solieses soliera, soliese soliéramos, soliésemos solierais, solieseis solieran, soliesen
imperativo		no se conjuga en ninguna de sus personas
gerundio, participio		soliendo, solido

Guide d'expression

À l'office du tourisme

¿Tiene un plano de la ciudad?
Avez-vous un plan de la ville ?

Quisiera un plano de los transportes públicos con los horarios.
Je voudrais un plan des transports en commun avec les horaires.

¿Hay algún autobús nocturno?
Est-ce qu'il y a un bus de nuit ?

¿Tiene una lista de los albergues juveniles / de los campings de la región?
Avez-vous une liste des auberges de jeunessse / des campings de la région ?

¿Tiene una guía de restaurantes de la ciudad?
Avez-vous un guide des restaurants de la ville ?

¿Tienen un programa de espectáculos?
Auriez-vous un programme des spectacles ?

Busco un hotel no demasiado caro.
Je cherche un hôtel pas trop cher.

¿Me puede recomendar un hotel cerca del centro?
Pouvez-vous me recommander un hôtel près du centre ?

¿Cuáles son los horarios de apertura de los museos?
Quels sont les horaires d'ouverture des musées ?

¿Hay visitas guiadas?
Y a-t-il des visites guidées ?

¿Dónde alquilan coches?
Où peut-on louer une voiture ?

L'hébergement

À l'hôtel

¿Le quedan habitaciones para esta noche?
Vous reste-t-il des chambres pour la nuit ?

¿Ofrecen media pensión / pensión completa?
Proposez-vous la demi-pension / la pension complète ?

¿Cuánto cuesta por noche?
Quel est le prix d'une nuit ?

Querríamos una habitación doble / dos habitaciones individuales para esta noche.
Nous voudrions une chambre double / deux chambres simples pour la nuit.

Querría una habitación con ducha / con baño.
Je voudrais une chambre avec douche / avec une baignoire.

Querría una habitación tranquila / con vistas al mar.
J'aimerais une chambre calme / avec vue sur la mer.

Pensamos quedarnos tres noches.
Nous pensons rester trois nuits.

Querríamos quedarnos una noche más.
Nous aimerions rester une nuit de plus.

Reservé por teléfono / por internet una habitación a nombre de Pignon.
J'ai réservé une chambre au nom de Pignon par téléphone / par Internet.

Hemos reservado una habitación para dos noches.
Nous avons réservé une chambre pour deux nuits.

¿Hay ascensor?
Est-ce qu'il y a un ascenseur ?

¿Alguien puede subirme el equipaje?
Est-ce que vous pourriez faire monter mes bagages ?

¿Tienen caja fuerte para guardar los objetos de valor?
Avez-vous un coffre pour déposer les objets de valeur ?

¿Hay wifi en el hotel?
Y-a-t-il la Wi-Fi dans l'hôtel ?

¿Hay un parking privado para los clientes del hotel?
Y a-t-il un parking réservé aux clients de l'hôtel ?

¿Me puede despertar a las siete?
Pourriez-vous me réveiller à sept heures ?

¿A qué hora se sirve el desayuno?
À quelle heure le petit déjeuner est-il servi ?

¿Me pueden servir el desayuno en la habitación?
Pouvez-vous me servir le petit-déjeuner dans la chambre ?

La llave de la habitación 121, por favor.
La clé de la chambre 121, s'il vous plaît.

¿Tiene algún recado para mí?
Est-ce qu'il y a des messages pour moi ?

El aire acondicionado / La televisión no funciona.
L'air conditionné / La télévision ne marche pas.

No hay luz en el cuarto de baño.
Il n'y a pas de lumière dans la salle de bains.

¿Me pueden traer otra manta?
Est-il possible d'avoir une couverture supplémentaire ?

Me voy mañana. ¿Me puede preparar la cuenta, por favor?
Je pars demain. Pouvez-vous préparer ma note, s'il vous plaît ?

À l'auberge de jeunesse

Aquí tiene mi carné de alberguista.
Voici ma carte d'adhérent des auberges de jeunesse.

¿Tienen habitaciones dobles / para cuatro personas?
Avez-vous des chambres doubles / pour quatre personnes ?

¿Sólo tienen dormitorios comunes?
Vous n'avez que des dortoirs ?

¿Las habitaciones son mixtas?
Les chambres sont-elles mixtes ?

¿Cuánto cuesta por noche en dormitorio común?
Quel est le prix d'une nuit en dortoir ?

¿El desayuno está incluido?
Le petit déjeuner est-il compris ?

¿Hay cocina equipada para preparar las comidas?
Y a-t-il une cuisine équipée pour préparer les repas ?

¿Hay consigna automática?
Y a-t-il une consigne automatique ?

¿Hay lavandería automática?
Y a-t-il une laverie automatique ?

¿Hay toque de queda?
Est-ce qu'il y a un couvre-feu ?

¿A qué hora hay que dejar las habitaciones libres?
À quelle heure faut-il libérer les chambres ?

¿Dan toallas?
Fournissez-vous les serviettes de toilette ?

Au camping

¿Les quedan plazas libres?
Vous reste-il des emplacements libres ?

¿Cuánto cuesta una plaza para una tienda y dos personas?
Combien coûte un emplacement pour une tente et deux personnes ?

Querríamos una plaza para dos tiendas y un coche.
Nous voudrions un emplacement pour deux tentes et une voiture.

¿Alquilan tiendas de campaña?
Est-il possible de louer une tente ?

¿Alquilan sacos de dormir?
Est-ce que vous louez des sacs de couchage ?

¿Dónde se encuentran las instalaciones sanitarias?
Où se trouvent les sanitaires ?

¿El camping propone actividades?
Le camping propose-t-il des activités ?

¿En el camping hay discoteca?
Est-ce qu'il y a une discothèque dans le camping ?

Se renseigner en ville

¿Puede ayudarme? Creo que me he perdido.
Pourriez-vous m'aider ? Je crois que je me suis perdu.

¿Podría indicarme en el plano dónde estamos?
Pourriez-vous m'indiquer où nous sommes sur le plan ?

¿Me puede indicar cómo ir a la estación, por favor?
Pouvez-vous m'indiquer la direction de la gare, s'il vous plaît ?

¿Cómo se llega a la autopista?
Comment rejoint-on l'autoroute ?

¿Voy bien para la estación?
Est-ce bien la direction de la gare ?

Perdone, estoy buscando la comisaría.
Excusez-moi, je cherche le commissariat.

Perdone, estoy buscando el museo de arte moderno.
Excusez-moi, je cherche le musée d'art moderne.

¿Queda lejos? ¿Se puede ir andando?
C'est loin ? Peut-on y aller à pied ?

¿Queda lejos en coche?
Est-ce que c'est loin en voiture ?

¿Hay que coger el autobús / el metro?
Faut-il prendre le bus / le métro ?

¿Hay una parada de autobuses por aquí cerca?
Y a-t-il un arrêt de bus à proximité ?

¿Dónde está la estación de metro / la parada de taxis más cercana?
Où est la station de métro / la station de taxis la plus proche ?

¿Dónde se encuentra el hospital más cercano?
Où se trouve l'hôpital le plus proche ?

• Vous entendrez

Para ir a la estación, gire la primera a la derecha.
Pour aller à la gare, prenez la première à droite.

Siga siempre todo recto.
C'est toujours tout droit.

No va en la buena dirección. Tiene que dar media vuelta.
Vous avez pris la mauvaise direction. Vous devez faire demi-tour.

Andando queda un poco lejos, le aconsejo que vaya en autobús.
C'est un peu loin à pied, je vous conseille d'y aller en bus.

Hay que tomar el metro, la línea B, y bajar en la última estación.
Il faut prendre le métro, ligne B, et aller jusqu'au terminus.

Les transports

Prendre le bus

¿Dónde se compran los billetes?
Où peut-on acheter les tickets ?

¿Los billetes se pueden comprar en el autobús, directamente al conductor?
Peut-on acheter les tickets au chauffeur dans le bus ?

Dos billetes para la estación, por favor.
Deux tickets pour la gare, s'il vous plaît.

¿Qué autobús hay que tomar para ir al aeropuerto?
Quel bus faut-il prendre pour aller à l'aéroport ?

Perdone, ¿dónde se encuentra la parada del 20?
Excusez-moi, où se trouve l'arrêt du 20 ?

¿Dentro de cuánto tiempo pasa el 48?
Dans combien de temps passe le 48 ?

¿Este autobús lleva al museo arqueológico?
Est-ce que ce bus va au musée archéologique ?

¿En que estación tengo que bajar para ir a la Gran Vía?
À quel arrêt dois-je descendre pour aller à la Gran Vía ?

¿Me puede avisar cuando tenga que bajarme?
Pourrez-vous me prévenir quand je devrai descendre ?

¿Hemos llegado al final de la línea?
Nous sommes arrivés au terminus ?

Prendre le métro

¿Tiene un plano del metro, por favor?
Auriez-vous un plan de métro, s'il vous plaît ?

¿Dónde tengo que hacer transbordo para tomar la línea A?
Où dois-je changer pour prendre la ligne A ?

Un billete / Un bono, por favor.
Je voudrais un ticket / un carnet de tickets, s'il vous plaît.

Un bono diario / semanal, por favor.
Je voudrais un ticket pour la journée / un forfait hebdomadaire, s'il vous plaît.

¿Tengo que picar el billete?
Faut-il que je composte mon billet ?

Prendre le train

¿A qué hora sale el próximo tren para Bilbao?
À quelle heure est le prochain train pour Bilbao ?

¿Hay algún tren más temprano / tarde?
Y a-t-il un train plus tôt / tard ?

¿El billete se puede comprar directamente en el tren?
Est-ce que je peux acheter le billet dans le train ?

Un billete de sólo ida para Málaga, por favor.
Un aller simple pour Malaga, s'il vous plaît.

Un billete de ida y vuelta para Salamanca, por favor.
Un aller-retour pour Salamanque, s'il vous plaît.

¿Hay que hacer transbordo?
Est-ce qu'il y a un changement ?

¿Hay precios reducidos para los jóvenes / los grupos?
Est-ce qu'il y a une réduction pour les jeunes / les groupes ?

¿Hay consigna de equipaje?
Y a-t-il une consigne pour les bagages ?

Querría reservar dos asientos en primera / segunda clase para Sevilla.
Je voudrais réserver deux places en première / seconde classe pour Séville.

Querría viajar en tren hotel.
Je voudrais voyager en train couchettes.

¿Dónde se pica el billete?
Où puis-je composter mon billet ?

¿De qué vías salen los trenes de cercanías?
De quels quais partent les trains de banlieue ?

Disculpe, ¿este asiento está libre?
Excusez-moi, est-ce que cette place est libre ?

Perdone, creo que está usted sentado en mi asiento.
Excusez-moi, je crois que vous êtes assis à ma place.

¿Me podrá avisar cuando hayamos llegado a Zaragoza?
Pourriez-vous me prévenir lorsque nous serons arrivés à Saragosse ?

¿Hay bar / vagón restaurante en el tren?
Y a-t-il une voiture-bar / une voiture-restaurant dans le train ?

He perdido el enlace.
J'ai raté ma correspondance.

¿Hay un enlace para Madrid ?
Y a-t-il une correspondance pour Madrid ?

Prendre l'avion

¿Dónde está el mostrador de Air France, por favor?
Où est le guichet Air France, s'il vous plaît ?

¿A qué hora es el próximo vuelo para Perpiñán?
À quelle heure est le prochain vol pour Perpignan ?

¿Cuánto cuesta un billete de ida y vuelta para Estrasburgo?
Combien coûte un billet aller-retour pour Strasbourg ?

Querría reservar un billete de sólo ida para Niza.
Je voudrais réserver un aller simple pour Nice.

Póngame en la lista de espera, por favor.

Mettez-moi en liste d'attente, s'il vous plaît.

Tengo una reserva en el vuelo de las 9 para París.

J'ai une réservation sur le vol de 9 heures pour Paris.

Querría un asiento de pasillo / de ventana.

Je voudrais une place côté couloir / côté hublot.

¿Sirven comidas en el avión?

Un repas est-il servi dans l'avion ?

¿Dónde se factura el equipaje?

Où devons-nous enregistrer nos bagages ?

¿Me puede decir dónde se encuentra la puerta 2?

Pouvez-vous me dire où se trouve la porte 2?

He perdido la conexión del vuelo para Valencia.

J'ai raté ma correspondance pour Valence.

Mis maletas no han llegado.

Mes bagages ne sont pas arrivés.

Perdone, estoy buscando un carrito para llevar el equipaje.

Excusez-moi, je cherche un chariot pour mes bagages.

¿Dónde se encuentran los autobuses / trenes para ir al centro ciudad/a la estación central?

Où se trouvent les bus / trains pour se rendre au centre-ville / à la gare centrale ?

Prendre un taxi

¿Podría pedirme un taxi?

Pourriez-vous m'appeler un taxi ?

Querría reservar un taxi para las 8.

Je voudrais réserver un taxi pour 8h.

¿Cuánto cuesta un taxi de aquí al centro ciudad?

Combien coûte un taxi d'ici au centre-ville ?

¿Hay que pagar suplemento por el equipaje?

Doit-on payer un supplément pour les bagages ?

¿Cuánto tiempo se tarda para ir al aeropuerto?

Combien de temps met-on pour aller à l'aéroport?

¿Puedo sentarme delante?

Je peux monter devant ?

Lléveme a esta dirección, por favor.

Conduisez-moi à cette adresse, s'il vous plaît.

A la estación central / Al aeropuerto, por favor.

À la gare centrale / À l'aéroport, s'il vous plaît.

Pare aquí / en el semáforo / en la esquina.

Arrêtez-vous ici / au feu / au coin de la rue.

¿Cuánto le debo?
Combien je vous dois ?

Quédese con la vuelta.
Vous pouvez garder la monnaie.

En voiture

Louer un véhicule

Querría alquilar un coche para una semana.
Je voudrais louer une voiture pour une semaine.

¿Cuáles son las tarifas diarias de alquiler?
Quel est le tarif pour une journée ?

¿Cuánto cuesta el seguro a todo riesgo?
Combien coûte l'assurance tous risques ?

¿El kilometraje es ilimitado?
Le kilométrage est-il illimité ?

¿Puedo devolver el coche en el aeropuerto?
Est-ce que je peux rendre la voiture à l'aéroport ?

¿Puedo coger el vehículo en Madrid y devolverlo en Barcelona?
Puis-je prendre le véhicule à Madrid et le rendre à Barcelone?

¿El depósito está lleno?
Est-ce que le réservoir est plein ?

¿Es preciso llenar el depósito antes de devolver el coche?
Dois-je faire le plein avant de rendre la voiture ?

Circuler en voiture

¿Hay algún aparcamiento por aquí cerca?
Y a-t-il un parking près d'ici ?

¿Puedo estacionar aquí?
Est-ce que je peux stationner ici ?

Me he quedado sin gasolina.
Je suis en panne d'essence.

Estoy buscando una estación de servicio.
Je cherche une station-service.

He tenido un pinchazo.
J'ai crevé.

¿Dónde se encuentra el taller (de reparaciones) más cercano?
Où se trouve le garage le plus proche ?

¿Me puede venir a buscar la grúa?
Pouvez-vous m'envoyer une dépanneuse ?

¿Me puede remolcar hasta un taller (de reparaciones)?
Pourriez-vous me remorquer jusqu'à un garage ?

- **Vous entendrez**

Aquí está prohibido aparcar.
Il est interdit de stationner ici.
En esta calle hay estacionamiento de pago.
Dans cette rue, le stationnement est payant.
La documentación del coche, por favor.
Les papiers du véhicule, s'il vous plaît.

Dans une station-service

Lleno, por favor.
Le plein, s'il vous plaît.
¿A cuánto está la gasolina?
Quel est le prix de l'essence ?
Querría comprobar la presión de los neumáticos.
Je voudrais vérifier la pression des pneus.

Chez le garagiste

La batería está descargada.
La batterie est à plat.
El motor calienta / hace un ruido extraño.
Le moteur chauffe / fait un drôle de bruit.
Tengo la escúter averiada.
Mon scooter est en panne.
Se me ha caído el tubo de escape.
J'ai perdu le pot d'échappement.
El motor pierde aceite.
Il y a une fuite d'huile dans le moteur.
He tenido un accidente, la escúter ha quedado inmovilizada.
J'ai eu un accident, le scooter est immobilisé.
¿Puede comprobar los frenos?
Pourriez-vous vérifier les freins ?
¿Cuánto me van a costar las reparaciones?
Combien vont coûter les réparations ?

Se restaurer

Au café

¿Esta mesa está libre?
Cette table est-elle libre ?

¡(Camarero,) por favor!
S'il vous plaît !

¿Nos podría traer la lista de precios?
Pourriez-vous nous apporter la carte, s'il vous plaît ?

¿De qué tienen bocadillos?
Qu'avez-vous comme sandwichs ?

¿Qué bebidas calientes / frías tienen?
Qu'avez-vous comme boissons chaudes / fraîches ?

Un café, un zumo de naranja y un cruasán, por favor.
Un café, un jus d'orange et un croissant, s'il vous plaît.

Un café americano, un café con leche y un capuchino, por favor.
Un café allongé, un grand crème et un cappuccino, s'il vous plaît.

Una caña, por favor.
Une bière pression, s'il vous plaît.

Me traerá una gaseosa, por favor.
Je voudrais une limonade, s'il vous plaît.

¿Me pone otro vaso de tinto, por favor?
Puis-je avoir un autre verre de vin rouge, s'il vous plaît ?

¿Me trae hielo?
Pourrais-je avoir des glaçons ?

¡La cuenta, por favor!
L'addition, s'il vous plaît !

Quédese con la vuelta.
Gardez la monnaie.

Au restaurant

Somos cuatro.
Nous sommes quatre.

Querría reservar una mesa para esta noche.
Je voudrais réserver une table pour ce soir.

Hemos hecho una reserva a nombre de Legrand.
Nous avons réservé au nom de Legrand.

¿Nos puede traer el menú / la carta de bebidas, por favor?
Pourriez-vous nous apporter le menu / la carte des boissons, s'il vous plaît ?

¿Cuáles son las especialidades regionales?
Quels sont les spécialités de la région ?

¿Cuál es el plato del día?
Quel est le plat du jour ?

Soy vegetariano.
Je suis végétarien.

Para beber, una botella de agua mineral, por favor.
Comme boisson, une bouteille d'eau minérale, s'il vous plaît.

¿Nos puede recomendar un buen vino?
Est-ce que vous pouvez nous recommander un bon vin ?

¡Poco hecho / En su punto / Muy hecho, por favor!
Saignant / À point / Bien cuit, s'il vous plaît !

Mire, finalmente voy a tomar pescado en lugar de carne.
J'ai changé d'avis, je vais prendre le poisson à la place de la viande.

¿Me puede traer un vaso de agua / pan, por favor?
Est-ce que je pourrais avoir un verre d'eau / du pain, s'il vous plaît ?

Esto no es lo que había pedido.
Ce n'est pas ce que j'avais commandé.

¡La cuenta, por favor!
L'addition, s'il vous plaît !

Cada uno paga lo suyo, ¿vale?
Chacun paie sa part, d'accord ?

¿Aceptan las tarjetas de crédito?
Vous acceptez les cartes de crédit ?

¿Dónde están los servicios, por favor?
Où sont les toilettes, s'il vous plaît ?

Dans les magasins

No, gracias, sólo estaba mirando.
Non, merci, je ne fais que regarder.

Ya me atienden, gracias.
On s'occupe de moi, merci.

¿Me lo(la) puedo probar?
Est-ce que je peux l'essayer ?

¿Dónde están los probadores?
Où se trouvent les cabines d'essayage ?

¿Tiene una talla más grande / pequeña?
Avez-vous la taille au-dessus / en-dessous ?

¿Lo(la) tiene de otro color?
Est-ce que vous l'avez dans une autre couleur ?

Y éste, ¿qué precio tiene?
Et celui-ci, combien coûte-t-il ?

Me voy a quedar con éste, gracias.
Je vais prendre celui-ci, merci.

Si no me / le va bien, ¿lo puedo cambiar?
Si ça ne va pas, est-ce que je peux le changer ?

Eso es todo, gracias.
Ce sera tout, merci.

¿Me lo(la) puede envolver para regalo?
Pouvez-vous me faire un paquet-cadeau ?

À la pharmacie

Tengo una receta de mi médico francés.
J'ai une ordonnance de mon médecin français.

Querría un remedio para el dolor de cabeza / el dolor de garganta.
Je voudrais un médicament contre les maux de tête / le mal de gorge.

¿Me puede recomendar algo para la tos / la diarrea?
Pouvez-vous me recommander quelque chose contre la toux / la diarrhée ?

¿Tiene un repelente de mosquitos?
Auriez-vous une lotion antimoustiques ?

Me ha picado una abeja.
Je me suis fait piquer par une guêpe.

Soy alérgico a la aspirina.
Je suis allergique à l'aspirine.

Estoy tomando antibióticos.
Je suis sous antibiotiques.

Tengo la tensión alta. ¿Puedo a pesar de ello tomar este medicamento?
J'ai de la tension. Puis-je quand même prendre ce médicament ?

¿Tienen medicamentos homeopáticos?
Avez-vous des médicaments homéopathiques ?

¿Tengo que tomar los comprimidos antes o después de las comidas?
Dois-je prendre ces comprimés avant ou après les repas ?

¿Durante cuánto tiempo tengo que tomar este medicamento?
Pendant combien de temps dois-je prendre ce médicament ?

¿Este medicamento puede provocar somnolencia?
Y a-t-il des risques de somnolence avec ce médicament ?

¿Me podría recomendar un médico / dentista?
Pourriez-vous me recommander un médecin / dentiste ?

Chez le médecin – À l'hôpital

Querría pedir hora con un médico generalista.
Je voudrais prendre un rendez-vous avec un médecin généraliste.

¿Este médico recibe sin haber pedido de hora?
Ce médecin consulte-t-il sans rendez-vous ?

Me duele mucho la barriga y esta mañana tenía 39 de fiebre.
J'ai très mal au ventre et ce matin j'avais 39°C de fièvre.

Creo que tengo la gripe.
Je crois que j'ai la grippe.

Tengo náuseas y me mareo.
J'ai mal au cœur et j'ai des vertiges.

He pasado la noche vomitando.
J'ai vomi toute la nuit.

Me he caído y me duele mucho el brazo / la pierna.
Je suis tombé et mon bras / ma jambe me fait très mal.

Me he torcido el tobillo.
Je me suis foulé la cheville.

Tengo una insolación.
J'ai attrapé un coup de soleil.

Estoy embarazada.
Je suis enceinte.

Soy diabético / epiléptico .
Je suis diabétique / épileptique.

Soy del grupo cero positivo.
Mon groupe sanguin est 0+.

¿Es contagioso?
C'est une maladie contagieuse ?

¿Cuándo cree que podré volver a viajar?
Quand pensez-vous que je serai en état de voyager ?

Preferiría que me repatriaran a Francia.
Je préférerais me faire rapatrier en France.

¿Me puede rellenar estos formularios para el seguro?
Pourriez-vous remplir ces formulaires pour mon assurance ?

¿Cuánto le debo, doctor?
Combien vous dois-je, Docteur ?

- **Vous entendrez**

Dígame qué le pasa.
Dites-moi ce qui ne va pas.

¡Inspire..., expire..., tosa!
Inspirez..., expirez..., toussez !

Tome un comprimido tres veces al día en el momento de las comidas.
Prenez un comprimé trois fois par jour au moment des repas.

Evite salir durante 48 horas
Evitez de sortir pendant 48 heures.

Le voy a tomar la temperatura / tensión.
Je vais prendre votre température / tension.

Voy a ponerle una inyección.
Je vais vous faire une piqûre.

Hay que hacer un análisis de sangre / de orina.
Il faut faire une analyse de sang / d'urine.

Habrá que hacer una radiografía.
Nous allons devoir faire une radio.
Habrá que hospitalizarlo(la).
Il va falloir vous hospitaliser.

Chez le dentiste

Se me ha roto un diente.
J'ai une dent cassée.
Tengo dolor de muelas.
J'ai une rage de dents.
Me duelen las muelas del juicio.
Mes dents de sagesse me font mal.
Seguro que tengo una caries.
J'ai certainement une carie.
Se me ha caído un empaste.
J'ai perdu un plombage.
Se me ha roto el aparato corrector.
J'ai cassé mon appareil dentaire.
¿Me podría poner anestesia local?
Pourriez-vous me faire une anesthésie locale ?

Au commissariat

Nos han agredido.
Nous avons été agressés.
Me han robado el bolso con toda la documentación.
On m'a volé mon sac avec tous mes papiers.
Me han robado el coche / la escúter.
On m'a volé ma voiture / mon scooter.
Ha habido un accidente.
Il y a eu un accident.
He perdido el carné de identidad.
J'ai perdu ma carte d'identité.

À la banque

¿Puedo cambiar aquí mis cheques de viaje?
Est-ce que je peux changer mes chèques de voyage ici ?
¿Dónde hay un cajero automático?
Où y a-t-il un distributeur automatique ?
El cajero automático se me ha tragado la tarjeta de crédito.
Le distributeur automatique a avalé ma carte de crédit.

Quisiera sacar dinero.

Je voudrais retirer de l'argent.

Estoy esperando un giro de Francia a nombre de Jean Dupont. ¿Ha llegado ya?

J'attends un virement de France au nom de Jean Dupont. Est-il arrivé ?

Querría billetes de 10 euros.

Je voudrais des billets de 10 euros.

Quiero cambiar 100 euros en pesos / dólares.

Je voudrais changer 100 euros en pesos / dollars.

À la poste

Quiero diez sellos para Francia.

Je voudrais dix timbres pour la France.

Quiero enviar esta carta / este paquete por certificado.

Je voudrais envoyer cette lettre / ce paquet en recommandé.

¿Dónde debo indicar la dirección del destinatario y dónde la del remitente?

Où dois-je indiquer l'adresse du destinataire et celle de l'expéditeur ?

¿Cuánto tiempo tarda en llegar a Francia?

Ça met combien de temps pour arriver en France ?

¿Cuánto cuesta el envío de un paquete en correo urgente?

Combien coûte l'envoi d'un paquet par Chronopost ?

¿Tienen correo a nombre de Daniel Lejeune?

Y a-t-il du courrier au nom de Daniel Lejeune ?

Estoy esperando un giro a nombre de Chabrier.

J'attends un mandat au nom de Chabrier.

Guide de communication

Présentation d'une lettre

• *La date*

Elle figure sous le destinataire, souvent accompagnée de «*a*» après la virgule qui sépare le lieu de la date (écrite intégralement), le mois et l'année étant précédés de «*de*».
Barcelona, a 4 de mayo de 2011 Barcelone, le 4 mai 2011

Il est possible de choisir des formulations plus simples :
Segovia, 14/03/12 Ségovie, le 14/03/12

• *L'expéditeur*

On indique l'expéditeur en haut à gauche ou au centre de la page avec l'adresse complète. Si l'on s'adresse à des proches, l'expéditeur est omis.

• *Le destinataire*

Le nom du destinataire est indiqué sous l'en-tête avec le titre correspondant abrégé et, le cas échéant, la fonction de la personne :
(A la atención del) Sr. Pérez (Director de Ventas)
À l'attention de M. Pérez (Directeur des Ventes).

La formule de politesse *don/doña (D. / Dª.)*, suit le titre de la personne, dont, contrairement au français, le prénom est également indiqué :
Atn.: Sra. Dª. Adelaida Molina Att. Mme Molina.

L'adresse apparait sous le nom du destinataire : nom de la rue, numéro, étage et porte séparés par des virgules. Le mot indiquant la voie peut être abrégé :
C/ (calle), Avda. (avenida), Ctra. (carretera), Pza. (plaza)

Le nom de la rue précède le numéro de l'immeuble et l'adresse comporte l'indication de l'étage et de la porte, le code postal et le lieu figurent sur la dernière ligne :
C/ Ramón y Cajal, 20, 2º-3ª
29600 Marbella - MÁLAGA

• *Formules d'introduction*

- Lorsque le nom du destinataire n'est pas précisé :
  Distinguido/Apreciado Sr.: Monsieur,
- Si l'on connait le destinataire mais que ce n'est pas un intime :
  Apreciada Sra. Olmedillo: Madame Olmedillo,
- Dans le cas de proches ou d'amis :
  Querido Javier: Cher Javier,

• *Formules pour conclure une lettre*

En espagnol, une lettre formelle peut s'achever par les formules :

- *Reciba un cordial saludo,* Salutations cordiales ou *Le saluda atentamente,* Salutations respectueuses,
- *Cordialmente*, Cordialement / Sincères salutations.
- *Atentamente,* Meilleures salutations / Veuillez agréer nos salutations distinguées.

Dans un courrier adressé à un ami, les salutations sont plus familières :
Un abrazo, Je t'embrasse
Besos, Bises

Structure du texte

EGIC
13 rue Laurent Pichat
75116 Paris
Tél. : 33 148 132 655
Fax: 33 148 132 656
e-mail: mlegrand@egic.com

Atn.: Sr. D. Agustín Rodríguez
CAJA DE INDUSTRIALES
Romero, 257
19025 Guadalajara

París, a 2 de diciembre de 2011

Apreciado Sr. Rodríguez:
Nos es grato poner en su conocimiento que a partir de primeros de septiembre nos trasladaremos a nuestras nuevas oficinas, cuya dirección es la que figura en el membrete de la presente.
Le rogamos que a partir de dicha fecha se sirva dirigirnos toda la correspondencia a la referida dirección.
Agradeciendo de antemano su colaboración, le saluda atentamente.

Marie Legrand
Dpto. Administración

Présentation de l'enveloppe

L'adresse du destinataire se situe dans la partie droite de l'enveloppe, sous la ligne médiane.

Le code postal comporte obligatoirement 5 chiffres et il est d'usage de le placer devant le nom du lieu. Les deux premiers chiffres indiquent le département ou *provincia* et correspondent à l'ordre alphabétique de classement des *provincias* espagnoles, de A à Z. De même qu'en France, les derniers chiffres indiquent l'arrondissement ou la municipalité.

Dans la correspondance personnelle, l'expéditeur peut indiquer son nom et son adresse au dos de l'enveloppe dans la partie supérieure de celle-ci.

Michel Truchet
56, avenue des Feuillantines
59000 Lille

Demande de stage

Pour une demande de stage, votre lettre doit être dactylographiée en format A4. Seule votre signature doit être manuscrite. À la fin de votre lettre, précisez que vous êtes disponible pour un entretien.

Audrey Bernard
6, rue du Béarn
75003 Paris

HISPAMEDIA
Atn.: Sr. Ángel Toledo Cortés
Director de Recursos Humanos
Gran Vía 48 8° 2ª 28013 Madrid
España

Lyon, a 3 de febrero de 2011

Estimado señor Toledo:
Soy estudiante de primero de empresariales en la EM-Lyon y tengo que llevar a cabo unas prácticas de 6 meses en una empresa.
Me interesa en particular la suya por su dimensión internacional y su estatuto de líder en el sector de los medios de comunicación. Me gustaría sobre todo observar y aprender los aspectos relacionados con el control de gestión, las finanzas y el marketing.
Me gusta trabajar en equipo e implicarme en los proyectos que me confían. Por otro lado, como estudié español como primera lengua en el instituto y en las clases preparatorias para la universidad, poseo un nivel que debería permitirme integrarme fácilmente en un equipo y ser rápidamente operativa.
¿Sería posible llevar a cabo mis prácticas en su empresa por un período de seis meses a partir del 1 de septiembre próximo?
Quedo a la espera de una respuesta de su parte, y espero tener pronto la oportunidad de poder ampliar detalles sobre aquellos aspectos que sobre mi currículum vítae deseen en una entrevista personal.
Le saluda cordialmente,

Audrey Bernard

Monsieur,
Je suis étudiante en première année d'études de commerce à l'EM-Lyon et je dois effectuer un stage en entreprise de 6 mois.
Votre entreprise m'intéresse tout particulièrement par sa dimension internationale et son statut de leader dans le domaine des médias. Les fonctions que je souhaiterais notamment observer sont le contrôle de gestion, la finance et le marketing. J'aime travailler en équipe et m'impliquer dans les projets qui me sont confiés. Par ailleurs, ayant étudié l'espagnol en première langue au lycée et en classes préparatoires, mon niveau me permettra de m'intégrer facilement dans une équipe et d'être opérationnelle rapidement.
Pourriez-vous m'indiquer si votre entreprise pourrait m'accueillir pour une durée de six mois à compter du 1er septembre prochain ?
Je reste à votre disposition pour un entretien à votre convenance et serais ravie de vous donner de plus amples renseignements concernant mon CV.
Dans l'attente d'une réponse de votre part, je vous prie d'agréer, Monsieur, l'expression de mes salutations distinguées.
Audrey Bernard

Le CV

Les informations sont données par ordre chronologique, en commençant par l'expérience et le diplôme les plus récents. En ce qui concerne la présentation générale, vous pouvez faire figurer en premier lieu, selon ce qui vous semble le plus pertinent, vos études ou votre expérience professionnelle.

Ainsi, en espagnol, votre CV se présentera par exemple comme suit :

Dominique PETIT
Nacionalidad : Francesa
32 años
Soltero
Permiso de conducir B

25, bd Saint Denis
69008 Lyon
Tel.: (00 33) 4 66 54 11 98
Móvil: (00 33) 6 22 48 51 12
E-mail: dpetit@ltv.fr

FORMACIÓN

2000 – 2003 Diploma de la Escuela Superior de Intérpretes y Traductores (ESIT) – Universidad Sorbonne Nouvelle – París III

1997 – 2000 Licenciatura en Filología Hispánica – Universidad Toulouse II – Le Mirail

EXPERIENCIA PROFESIONAL

Desde septiembre de 2007 Responsable del servicio de traducción del Banco de Francia, en París

2005 – 2007 Jefe de proyecto en la Agencia de traducción Lexus, en París

2003 – 2005 Traductor en la empresa Leval, en Toulouse

INFORMÁTICA

Buen conocimiento de Word, Excel, Access, PowerPoint

IDIOMAS

Inglés: nivel alto
Chino: principiante

La lettre de motivation

L'envoi d'un CV en réponse à une offre d'emploi ou de stage s'accompagne normalement d'une lettre d'introduction mentionnant le lieu, la date de parution et la référence de l'annonce ainsi que le poste concerné.
La lettre de motivation doit être présentée et rédigée avec soin.

Chloé Bernard
33 rue d'Alésia
75014 Paris

TECHNO-MEDIA
Gomis, 28
08023 Barcelona

16 de septiembre de 2011

Apreciados Sres.:
En documento adjunto, les envío mi CV actualizado en respuesta a su anuncio aparecido en la edición de El Diario del domingo 12/09/11, por el que solicitan titulados universitarios.
Como podrán observar, poseo una formación académica centrada en las Ciencias Sociales y una experiencia de dos años en relaciones con los clientes, además de haber seguido algunos cursos en el ámbito de la prospección de nuevos mercados. Por lo tanto, he ido desarrollando ininterrumpidamente la capacidad de aprendizaje que solicitan. Acostumbrada a trabajar en equipo, me considero una persona dinámica, con iniciativa y capacidad de organización y gestión.
Quedo a su disposición para cualquier aclaración o comentario en los teléfonos y dirección que figuran en el currículum.
Les saluda atentamente,

Chloé Bernard

Messieurs,
En réponse à votre annonce parue dans El Diario du 12/09/11, sollicitant des diplômés de l'université, je vous adresse ci-joint mon CV.
Comme vous le constaterez, je possède une formation universitaire en sciences sociales et une expérience de deux ans en relations clients. De plus, j'ai suivi des cours dans le domaine de la prospection de nouveaux marchés. Aussi ai-je développé de manière constante la capacité d'apprentissage requise. Habituée à travailler en équipe, je me considère comme une personne dynamique, dotée d'un sens de l'initiative et d'aptitudes pour l'organisation et la gestion.
Je reste à votre disposition pour tout renseignement complémentaires aux numéros de téléphone et adresse indiqués sur mon CV.
Je vous prie de croire, Messieurs, à l'expression de mes sincères salutations,

Chloé Bernard

Candidature spontanée

Pour un acte de candidature spontanée, il convient de recueillir le plus d'informations possible sur l'entreprise et le nom de la personne à contacter, d'adapter sa lettre au type de poste recherché et de se montrer convaincant.

Manuel Perec
12 rue de la Croix Blanche
33000 Bordeaux

Dª. Amelia Ávalos Sánchez
Dtora. RR.HH.
McKencie & Jones, S.A.
Ctra. Ávila, km. 10,5
45006 Toledo

Burdeos, 15 de diciembre de 2011

Muy Sra. mía:
Acabo de regresar de Londres, donde he realizado un periodo de prácticas de seis meses, en el marco del Programa Leonardo, en el Departamento de Desarrollo y Formación de Directivos de la empresa Landon & Bro. Co. Dado mi interés por las cuestiones de formación y reciclaje en ámbitos profesionales, he sabido que Vdes. cuentan con un departamento de formación muy dinámico e innovador, y es por ello que quisiera presentarles mi candidatura como asistente junior en el departamento que Vd. coordina.
Como podrá comprobar en mi currículum vítae adjunto, soy licenciado en Psicología y poseo experiencia en Calidad Total. Además, tengo un nivel alto de español y poseo un alto grado de competencia como usuario de herramientas informáticas.
Me gustaría tener la oportunidad de explicárselo personalmente en una entrevista, para lo cual quedo a su completa disposición.
Atentamente le saluda,

Manuel Perec

Madame,

Intéressé par les questions de formation et de recyclage professionnels et ayant effectué un stage de six mois à Londres au Service de Développement et Formation de Cadres supérieurs de l'entreprise Landon & Bro. Co., dans le cadre du programme Leonardo, je me permets de présenter ma candidature comme assistant junior dans le service que vous dirigez et qui se caractérise par son dynamisme et son souci d'innovation.

Comme vous le constaterez dans mon curriculum vitae ci-joint, j'ai une Licence de Psychologie et je possède une expérience en Qualité Totale. De plus, je maîtrise parfaitement l'espagnol et j'ai acquis d'excellentes compétences dans l'utilisation de l'outil informatique.

Je souhaiterais pouvoir vous exposer tout ceci en détail au cours d'un entretien personnel pour lequel je reste à votre disposition.

Veuillez croire, Madame, à l'expression de mes sentiments respectueux.

Manuel Perec

Demander une lettre de recommandation

Dans une lettre de candidature, il est recommandé de fournir le nom et les coordonnées de deux personnes, un ancien professeur, un directeur de stage ou un précédent employeur, pouvant témoigner des compétences du candidat.

Marine Serre
126 rue Parmentier
75011 Paris

D. Ildefonso García-Prieto
Director de Comunicación
y Relaciones Externas
Centro de Estudios para el Desarrollo
del Medio Rural
C/ Nicolás Salmerón, 52
39009 Santander

París, 5 de octubre de 2012

Apreciado Sr. García-Prieto:
Durante el primer semestre del presente año tuve la oportunidad de realizar en su departamento unas prácticas como estudiante de la Facultad de Comunicación y Relaciones Públicas de la universitad Paris 8 con la que su institución tiene acuerdo de colaboración. Habiendo finalizado mis estudios en junio, estoy a la búsqueda de empleo.
El motivo de mi carta es preguntarle si podría dar su nombre como superior responsable del trabajo que desempeñé para la Fundación, para dar referencias mías en las entrevistas de trabajo que estoy realizando. Espero que no vea ningún inconveniente en ello.
Agradeciendo el tiempo que me ha dedicado, aprovecho la ocasión para darle una vez más las gracias por la buena acogida que me dispensaron y lo mucho que aprendí y disfruté en esos seis meses.
Reciba mi más cordial saludo,

Marine Serre

Monsieur,
Étudiante à la Faculté de Communication et Relations Publiques de l'Université Paris VIII, avec laquelle votre institution a un accord de collaboration, j'ai effectué un stage dans votre service au cours du premier semestre de cette année. Ayant terminé mes études en juin, je suis actuellement à la recherche d'un emploi.

Je m'adresse à vous qui avez été mon supérieur lors de ce stage afin de savoir si je pourrais vous citer comme référence dans mes lettres de candidature et lors des entretiens professionnels auxquels je me présente. J'espère que vous ne verrez aucun inconvénient à rédiger une lettre de recommandation le cas échéant.

Je profite de cette lettre pour vous remercier à nouveau de l'excellent accueil que vous m'avez réservé, pour tout ce que j'ai appris et pour le plaisir que j'ai eu à effectuer ce stage.

Je vous prie d'agréer, Monsieur, l'expression de mes salutations respectueuses.

Marine Serre

Lettre à une famille d'accueil

Votre lettre doit être courtoise et rédigée de façon à susciter l'intérêt de la famille d'accueil. Donnez le plus de renseignements possible sur vous, la formation que vous suivrez, la durée de votre séjour, etc.

Richard Gauthier
24 bis, rue de l'Ours
13008 Marseille

Sres. de López Arriba
Sánchez Barbero, 11
37002 Salamanca

Apreciados señores:

Mi academia de idiomas en Francia me ha dado sus señas.

Tengo previsto venir a Salamanca el mes de julio que viene para seguir un cursillo intensivo de perfeccionamiento de español, y quisiera saber si sería posible que ustedes me acogieran en su casa.

Tengo 17 años, soy de Marsella, y el año que viene voy a la universidad. Poseo buenas nociones de español, pero necesito mejorarlo y sobre todo practicar. Creo que estar en una familia puede ayudarme mucho a conocer mejor la cultura española.

Quedo a la espera de su respuesta.
Reciban un cordial saludo,

Richard Gauthier

Madame, Monsieur,

Vos coordonnées m'ont été communiquées par mon école de langue. J'ai l'intention d'aller à Salamanque au mois de juillet prochain afin d'y suivre un cours intensif de perfectionnement en espagnol et je souhaiterais savoir si vous pourriez m'accueillir chez vous.

J'habite Marseille, j'ai 17 ans et j'entre à l'université l'année prochaine. Mon niveau d'espagnol est correct, mais je voudrais le perfectionner et surtout pratiquer. Je crois que le fait d'être dans une famillle peut considérablement m'aider à mieux connaître la culture espagnole.

Dans l'attente d'une réponse de votre part, je vous prie d'agréer, Madame, Monsieur, l'expression de mes salutations distinguées.

Richard Gauthier

Lettre de remerciement

Il convient de remercier les personnes qui vous ont hébergé par exemple lors de votre séjour linguistique. Dans la mesure où vous connaissez ces personnes, votre lettre peut être moins formelle et plus simple. Montrez-vous naturel et enthousiaste et n'oubliez pas de retourner l'invitation.

Estimados amigos:

Muchísimas gracias por vuestra estupenda acogida y hospitalidad.

Nunca hubiera podido imaginar que durante mi estancia me iba a sentir tan a gusto, como en mi propia casa.

Gracias por todo el tiempo que me habéis dedicado, y por todo lo que me habéis permitido descubrir, y no me refiero sólo los maravillosos lugares a los que me habéis llevado sino a lo que he aprendido sobre la comida, las costumbres y el modo de vida español.

Ha sido un verdadero placer haberos conocido.

Me voy con un muy grato recuerdo y con ganas de volver muy pronto, aunque ahora os toca a vosotros venir a verme a Francia.

Mantenemos el contacto, ¿vale?

Un fuerte abrazo a todos,

Julien

PS: Os envío algunas fotos de la fiesta de despedida.

Chers amis,

Je tiens à vous remercier pour l'excellent accueil que vous m'avez réservé et pour votre hospitalité. Je n'aurais jamais pensé que je me sentirais si bien et si à l'aise lors de mon séjour chez vous.

Merci pour le temps que vous m'avez consacré et pour tout ce que vous m'avez fait découvrir : les endroits merveilleux, mais aussi tout ce que j'ai appris concernant la cuisine, la culture et le mode de vie espagnols.

Cela a été un plaisir pour moi de faire votre connaissance. Je garde un très bon souvenir de mon séjour et j'ai très envie de retourner en Espagne, mais c'est à votre tour de venir me voir en France à présent.

Restons en contact, d'accord?

Bises,

Julien

PS je vous envoie quelques photos de la fête que vous avez organisée pour mon départ.

– Le message

• *L'expéditeur*
L'adresse de l'expéditeur figure après *De:* De (la part de) :

• *Le destinataire*
L'adresse du destinataire figure après : *Para:* ou *A*: Pour : ou À (l'attention de) :

Si le courrier est envoyé à plusieurs destinataires, l'indication est la suivante :
CC: (Con Copia) C : (Copie à)
ou *CCO: (Con Copia Oculta)* CC : (Copie cachée à).

• *Le sujet*
La référence du message figure après : *Asunto:* Sujet :

• *Les documents joints*
Pour envoyer des documents joints au message, on clique sur :
Adjuntar archivo: Joindre un fichier.

• *Formules d'introduction*
On utilise des formules simples telles que :
Hola Pablo: Bonjour/Salut Pablo,
¿Qué tal, Isabel? Salut Isabel,

Dans des messages plus formels, on dit :
Querido Sr. Hernández: M. Hernández/Cher M. Hernández
Sra. Martín: Mme Martín,

• *Formules pour conclure*
Les salutations pour conclure le message sont très brèves :
Cordialmente Cordialement, *Saludos* Salutations, *Un abrazo* Je t'embrasse, *Besos* Bises, *Nos vemos* À bientôt, *Hasta pronto* À bientôt.

– Message à des amis

He pensado que podríamos ir al cine esta tarde. Respóndeme antes de irte a comer y quedamos.

J'ai pensé qu'on pourrait aller au cinéma ce soir. Réponds-moi avant le déjeuner pour qu'on fixe un rendez-vous.

Hola Manolo. No puedo abrir el archivo que me has adjuntado. ¿Me lo puedes volver a enviar?

Salut Manolo. Je n'arrive pas à ouvrir le dossier joint. Tu peux me le renvoyer ?

– Message professionnel

Buenos días,
Os informo que la próxima reunión con nuestros clientes de Estambul tendrá lugar el jueves que viene a las 9:00 en la sala de reuniones.
Un saludo,
Eduardo

Bonjour,
Je vous informe que la prochaine réunion avec nos clients d'Istanbul aura lieu jeudi prochain à 9h dans la salle de réunion.
Cordialement,
Eduardo

– Message pour faire une réservation

Asunto : Reserva de plaza en su albergue de juventud
Buenos días,
Quisiera reservar para dos personas del 14 al 21 de julio de este año, si fuera posible en un dormitorio no compartido.
Les agradezco que me confirmen cuanto antes si disponen de plazas en el albergue juvenil para estas fechas.
Reciban un cordial saludo,
Christelle Berthier

Objet : Réservation de chambre dans votre auberge de jeunesse
Bonjour,
Je voudrais faire une réservation pour deux personnes, du 14 au 21 juillet 2011, de préférence en chambre individuelle.
Merci de me confirmer dès que possible que vous disposez d'une chambre individuelle pour ces dates.
Bien cordialement,
Christelle Berthier

• *Formules d'abréviation usuelles*

bso = *beso* bise
d = *de* de
k = *qué* que
mñn = *mañana* demain
n = *en* en
pq = *porque* parce que
q = *que* que
t = *te* te
tb = *también* aussi
x = *por* par
xa = *para* pour

Sta trd no voy a ir a la piscina pq estoy muy cansado.

Cet AM je ne vais pas à la piscine pq je suis très fatigué.

Me a dicho q vendrá + trd.

Il m'a dit qu'il viendrait + tard.

¿Qué tal estás?
Comment vas-tu ?

qtl sts?

¿Qué te pasa?
Qu'est-ce qu'il y a ?

qtepsa?

¿A qué hora quedamos?
On se donne rendez-vous à quelle heure ?

a q hra qdmos?

Yo también te quiero. Un besito
Moi aussi je t'aime. Bisou

tb tq 1bst

Te echo de menos
Tu me manques

t exo de -

¡Feliz cumpleaños!
Joyeux anniversaire !

fliz qmple!

No tengo ganas de salir esta noche
Je n'ai pas envie de sortir ce soir

no tngo gns de slir sta nxe

No salgo, es que estoy enfermo
Je ne sors pas, je suis malade

no slgo, sk stoy nfrmo

Mañana tenemos examen de mates
Demain, on a contrôle de maths

mñn tnmos exam mates

¿Qué has sacado en historia?
Tu as eu combien en histoire ?

q as skdo en hstria?

No hay clase, el profesor está enfermo
Il n'y a pas cours, le professeur est malade

no ay cls, profe nfrmo

No tengo bastante crédito para llamarte
Je n'ai pas assez de crédit pour t'appeler

no tngo bte crdto xa llmrt

Guía de comunicación

• *El sobre*

La dirección del destinatario se escribe en el anverso del sobre, en la mitad inferior.

En la correspondencia privada, la dirección del remitente se escribe en el reverso del sobre, en una o más líneas.

Monsieur Arnaud Moulin
17, rue de la Liberté
75011 PARIS

El código postal incluye obligatoriamente cinco cifras y suele colocarse delante del nombre del lugar. Las dos primeras cifras indican el departamento y las dos últimas el distrito o la municipalidad.

Cómo presentar una carta

• *La fecha*

En la correspondencia oficial, el lugar y la fecha, que se escribe íntegramente, se separan con una coma y van en la parte superior derecha de la carta:
Paris, le 16 mars 2012 París, a 16 de marzo de 2012

Es posible separar el día, el mes y el año con el signo «/».
Lyon, le 22/03/12 Lyon, 22/03/12

• *El remitente*

Se indica el nombre del remitente en la parte superior izquierda de la página, acompañado de la dirección completa. En las cartas dirigidas a familiares y amigos no es necesario indicar el remitente.

• *El destinatario*

En la correspondencia formal, el destinatario se indica en la parte superior derecha de la página. Debe incluir el nombre precedido de *M.*, *Mme* o *Mlle*, según corresponda, o su función.
À l'attention de M. Sellier A la atención del Sr. Sellier
À l'attention du Directeur des ventes A la atención del Director de Ventas

Bajo el nombre del destinatario aparece la dirección completa, con el número y el nombre de la calle. Pueden usarse fórmulas abreviadas como: *Av.* (avenue); *Pl.* (place); y *bd* (boulevard).

A diferencia de la dirección española, el número precede al nombre de la calle y no se indican el piso ni la puerta. Bajo la dirección se escribe el código postal y el municipio
6, Av. du Maine
75014 PARIS

• *Fórmulas de encabezamiento*

Cuando no se conoce el nombre del destinatario, la fórmula es:
Madame, Monsieur, Distinguida/Apreciada Sra.:, Distinguido/Apreciado Sr.:

Si se conoce al destinario, pero no se tiene ninguna relación particular con él:
Madame Dubois, Apreciada Sra. Dubois:
Chers clients, Estimados clientes:

• *Fórmulas de despedida*

Una carta formal se termina con:

- *Je vous prie d'/ Veuillez agréer l'expression de mes sentiments les meilleurs/respectueux* Le saluda atentamente.
- *Veuillez agréer mes salutations distinguées/nos meilleures salutations* Atentamente.
- *(Bien) cordialement* Cordialmente.

O expresiones menos formales:
Meilleures/Sincères salutations Atentamente.

En cartas dirigidas a amigos, se utiliza fórmulas más familiares:
Affectueusement, Afectuosos saludos,
Je t'embrasse, Un abrazo,
Bises, Besos,

Estructura de una carta

M. Sébastien Galet
6, rue du Château
33000 BORDEAUX

Bordeaux, le 5 mai 2008

Monsieur,

Membre fondateur du Club des Amis du Cyclisme de Bordeaux, j'ai l'honneur de vous inviter au buffet froid qui se tiendra au siège du club, à l'occasion de la commémoration du 34ème anniversaire de sa fondation, le 15 décembre prochain.

Un hommage sera ensuite rendu aux membres qui ont hissé le nom du club à la haute compétition et il leur sera remis un insigne honorifique. En espérant que vous honorerez de votre présence cette émouvante cérémonie, je vous prie d'agréer, Monsieur, l'expression de mes sentiments les meilleurs.

Eric Fournier
Président

Club des Amis du
Cyclisme de Bordeaux

Búsqueda de prácticas o de empleo

Las cartas que se escriben para solicitar unas prácticas deben ir escritas a máquina, en A4. La firma será el único elemento manuscrito de la carta. Al final de la carta, debe precisarse la disponibilidad para fijar una cita en el futuro.

Ana Cortés
Avenida de León, 40, 8º
47003 Valladolid
España

Cabinet d'architecture Alpha
22, cours de l'Intendance
33 000 Bordeaux

Valladolid, 17 de septiembre de 2011

Madame, Monsieur,
Étudiante en master d'architecture à l'Université de Valladolid, je dois effectuer dans le cadre de mes études un stage en entreprise d'une durée de deux mois, entre les mois de janvier et de juin 2012. Ce stage est destiné à compléter l'enseignement reçu à l'université, d'une part en mettant l'étudiant en situation réelle et d'autre part en lui permettant de se perfectionner dans une langue étrangère.
Intéressée par l'architecture urbaine et attirée par la réputation de votre cabinet, je souhaite mettre mes compétences et mon savoir-faire au service de votre entreprise.
Je reste à votre disposition pour tout renseignement complémentaire ou pour un entretien à votre convenance.
Dans l'espoir que ma candidature retiendra votre attention, je vous prie d'agréer, Madame, Monsieur, l'expression de mes salutations distinguées.

Ana Cortés

Estimados señores:
Soy estudiante de arquitectura y actualmente estoy haciendo el máster en la Universidad de Valladolid. En el marco de mis estudios, tengo que efectuar unas prácticas en empresa de una duración de dos meses, entre enero y junio de 2012. Estas prácticas tienen un doble objetivo: por un lado, completar la enseñanza recibida en la universidad con experiencia laboral y, por otro lado, perfeccionar mis conocimientos en español.
Como me interesa la arquitectura urbana y dada la excelente reputación de su estudio, me gustaría poner mis competencias y saber hacer a su servicio.
Quedo a su disposición para ampliar cuanta información estimen necesaria, así como para concertar una entrevista personal.
Esperando que mi candidatura llame su atención, les saluda atentamente,

Ana Cortés

El CV

CURRÍCULUM VÍTAE

Arancha Sánchez Murero
Nacida el 3 de mayo de 1978
Estado civil: Soltera
Permiso de conducir B

C/ Daroca 358, 1° izda.
50009 Zaragoza
España
Tel.: 976 00 11 22
móvil: 662 12 34 56
e-mail: arancha@zgz.net

FORMACIÓN

1999-2001 Master en Logística, Universidad Complutense de Madrid.
1995-1998 Diplomatura en Empresariales, Universidad de Zaragoza.

EXPERIENCIA PROFESIONAL

Desde septiembre de 2005 Responsable de logística internacional en la empresa farmacéutica "Salud", en Madrid.

2003-2005 Responsable de logística en la empresa "Quesalia", en Burgos.

2001-2003 Ayudante del responsable de logística de Supermercados "Quinto", en Zaragoza.

INFORMÁTICA

Conocimientos avanzados de Word, Excel, Access, Power Point.

IDIOMAS

Francés: nivel avanzado.
1995-1998 Diploma de francés de la Escuela Oficial de Idiomas de Zaragoza.

Inglés: nivel medio.
Actualmente: 3° de la Escuela Oficial de Idiomas de Madrid.

Carta de presentación

La respuesta a una oferta de empleo debe incluir un currículum vítae y una carta de presentación en la que se mencione la fecha y el lugar de aparición del anuncio, así como el puesto que se ofrece y la referencia del anuncio. Esta carta debe presentarse y redactarse con mucho esmero.

Sabrina del Valle
C/ Travesía Alta, 211
48015 Bilbao

Déca Presse
255–257, avenue de Lille
92300 Levallois

Bilbao, le 16 avril 2011

Objet : poste de secrétaire de rédaction (réf. SRBA99)

Madame, Monsieur,

Votre annonce parue dans Le Monde cette semaine a retenu toute mon attention. Je pense en effet être à même d'apporter à votre société les qualités acquises aux différents postes de secrétaire de rédaction bilingue que j'ai occupés en Espagne : sens du détail, correction de l'expression, rapidité, esprit d'équipe et maîtrise de l'outil informatique.
Comme vous le verrez sur mon CV, je possède une formation en langues appliquées aux médias (français-espagnol).
Je vous remercie par avance de l'attention que vous voudrez bien prêter à ma candidature, et me tiens à votre disposition pour tout renseignement complémentaire et pour un entretien éventuel.
Veuillez agréer, Madame, Monsieur, l'expression de mes sentiments distingués.

Sabrina del Valle

Candidatura espontánea

Para realizar una candidatura espontánea, se debe conseguir toda la información posible sobre la empresa, así como el nombre de la persona de contacto. Es conveniente también adaptar la carta al tipo de puesto solicitado y mostrarse convincente.

Miguel Martínez
C/ Sicilia, 312
08013 Barcelona

Mme Catherine Roussel
Directrice des Ressources Humaines
Dynamisme S.A.
126, avenue de la Liberté
75012 PARIS

Barcelone, le 21 mai 2011

Madame,

Je suis actuellement étudiant en dernière année d'études commerciales. J'aimerais savoir si vous recherchez, dans votre service international, des stagiaires pour une durée de trois mois, durant la période de juillet à septembre.
Au cours de mes études, je me suis particulièrement intéressé aux marchés étrangers ainsi qu'à l'import-export. C'est pourquoi je pense pouvoir vous être utile pour la réalisation de tâches simples, ce qui me permettrait par la même occasion de mieux connaître les activités de votre entreprise.
Je suis fiable et ponctuel, et j'attends beaucoup d'une première expérience dans le monde du travail.
N'hésitez pas à me contacter si vous désirez de plus amples informations. Je suis disponible pour un entretien les mercredis et vendredis après-midi.
Dans l'attente d'une réponse de votre part, je vous prie d'accepter, Madame, l'expression de mes salutations distinguées.

Miguel Martínez

Estimada señora:

Le escribo la presente porque, al encontrarme en mi último año de estudios de la licenciatura en Económicas, estoy buscando prácticas de tres meses entre julio y septiembre.
Durante mis estudios me he interesado principalmente por los mercados extranjeros y las importaciones y exportaciones. Por todo ello, considero que puedo serle útil en su empresa, lo que me permitiría además adquirir experiencia y conocer mejor las actividades de una organización como la suya.
Soy una persona de confianza y puntual y estoy deseando tener mi primera experiencia en el mundo laboral para poner a prueba mis capacidades.
Quedo a su disposición para facilitarle cualquier información suplementaria que pueda necesitar. Estoy disponible para una entrevista los miércoles y los viernes por la tarde.
Atentamente,

Miguel Martínez

Pedir una carta de recomendación

Cuando se presenta una candidatura a un trabajo o a un puesto en prácticas, es aconsejable incluir el nombre y la información de contacto de al menos dos personas, ya sea un antiguo profesor, un antiguo director de prácticas o un jefe anterior, que puedan confirmar las cualidades del candidato.

Marina Cassel
2, allée des Peupliers
95300 PONTOISE

M. Alphonse Bonnet
52, rue Vavin
75006 PARIS

Pontoise, le 5 juin 2012

Monsieur Bonnet,

Lorsque j'ai obtenu mon diplôme en juin l'année dernière, vous m'aviez gentiment suggéré de donner votre nom si je me présentais à un emploi.
J'ai l'intention de me présenter à un poste de traducteur technique chez Astra Oil et aimerais vous faire figurer parmi les personnes pouvant me recommander.
La société vous contactera peut-être et j'espère que vous accepterez de donner une appréciation positive à mon sujet.
Il s'agit d'un travail extrêmement intéressant avec des possibilités d'évolution de carrière.
Je voudrais saisir l'occasion pour vous remercier de l'aide et des conseils dont vous m'avez fait profiter au cours de ma dernière année à Paris IV.

Avec mes meilleures salutations.

Marina Cassel

Apreciado Sr. Bonnet:
Le escribo la presente ya que el pasado mes de junio tuvo usted la amabilidad de ofrecerme su ayuda en mis futuras búsquedas de empleo. Por ello, quisiera solicitarle que me autorizara a incluirle en mi lista de referencias para un puesto de traductor técnico en la empresa Astra Oil.
Llegado el caso, la empresa contactaría con usted para solicitarle información sobre mi persona, y le agradecería que tuviera a bien hablar en mi favor. Huelga decir que se trata de un puesto muy interesante para el desarrollo de mi carrera profesional, con interesantes posibilidades de evolución personal y profesional.
Quiero aprovechar igualmente la ocasión para agradecerle de antemano tanto su ayuda como los valiosos consejos que me dio en mi último año de estudios en París IV.
Reciba un cordial saludo,

Marina Cassel

Carta a una familia de acogida

Su carta tiene que ser cordial y redactada de modo que despierte el interés de la familia de acogida. Dé el máximo de información posible sobre usted mismo, así como la formación que está llevando a cabo, el tiempo que va a quedarse, etc.

Inés Lozano
Av. De América, 39, 3º
28009 Madrid
Espagne
Tél: 00 34 91 345 67 85
e-mail : ilozano@telespaña.es

Monsieur et Madame Guérin
12, bd de Reuilly
75012 Paris

Madrid, le 2 juin 2011

Madame, Monsieur,

Vos coordonnées m'ont été communiquées par mon école de langue en Espagne. J'envisage d'aller à Paris au mois de juillet prochain, du 3 au 30 juillet, afin d'y suivre un cours intensif de perfectionnement en français à l'Alliance française et je souhaiterais savoir si vous pourriez m'accueillir chez vous.
J'habite Madrid, j'ai 18 ans et j'entre à l'université l'année prochaine pour faire des études de sciences politiques. J'ai un niveau intermédiaire en français et je voudrais le perfectionner et surtout pratiquer dans un environnement exclusivement francophone. Par ailleurs, je crois que le fait de partager la vie d'une famillle française peut considérablement m'aider à mieux connaître la culture du pays.
Dans l'attente d'une réponse de votre part, je vous prie d'agréer, Madame, Monsieur, l'expression de mes salutations distinguées.

Inés Lozano

Estimados señores:
La academia de idiomas en la que estudio en España me ha comunicado sus señas. Pienso ir a París el próximo mes de julio, del 3 al 30, para hacer un cursillo intensivo de perfeccionamiento en la Alianza Francesa, y quisiera saber si les sería posible alojarme en su casa.
Vivo en Madrid, tengo 18 años y el año que viene voy a ir a la universidad para estudiar Ciencias Políticas. Tengo un nivel intermedio de francés y me gustaría perfeccionarlo y, sobre todo, practicar en un ambiente exclusivamente francófono. Por otra parte, estoy convencida de que el hecho de compartir la vida de una familia francesa puede ayudarme mucho a conocer mejor la cultura del país.
Quedo a la espera de una respuesta de su parte.
Reciban un cordial saludo,
Inés Lozano

Carta de agradecimiento

Es conveniente dar las gracias, por ejemplo, a las personas que le han alojado durante su estancia lingüística. Como conoce a estas personas, su carta puede ser menos formal, más sencilla. Sea natural, muestre entusiasmo y no olvide devolver la invitación.

Chers amis,

Séville, le 10 août

Je tiens à vous remercier pour l'excellent accueil que vous m'avez réservé lors de mon séjour à Strasbourg ainsi que pour votre hospitalité. Vous avez en effet tout fait pour que je me sente à l'aise et j'ai beaucoup apprécié de partager la vie de votre famille pendant ces quelques semaines.

Merci également pour le temps que vous m'avez consacré et pour tout ce que vous m'avez fait découvrir, non seulement l'Alsace, mais aussi d'autres endroits très beaux en France. En un mois, j'ai appris énormément de choses concernant la cuisine, la culture et le mode de vie français.

Cela a été un véritable plaisir pour moi de faire votre connaissance. Je garde un très bon souvenir de mon séjour et j'ai déjà envie de retourner en France, mais c'est à votre tour de venir me voir à Séville à présent.

J'espère avoir de vos nouvelles bientôt.

Bises,

Pablo

Queridos amigos:

Quisiera agradeceros la estupenda acogida que me habéis brindado en el curso de mi estancia en Estrasburgo, así como vuestra hospitalidad. Habéis logrado que me sintiera completamente a gusto y me ha encantado compartir la vida de vuestra familia durante estas semanas.

Gracias también por todo el tiempo que me habéis dedicado y por todo lo que me habéis hecho descubrir, no sólo Alsacia, sino también otros muy bonitos lugares de Francia. En un mes he aprendido muchas cosas con relación a la cocina, la cultura y el modo de vida franceses.

Ha sido un verdadero placer para mí haberos conocido. Guardo un muy grato recuerdo de mi estancia y ya tengo ganas de volver a Francia, aunque ahora os toca a vosotros venir a verme a Sevilla.

Espero tener pronto noticias vuestras.

Besos,

Pablo

– El mensaje

• *El remitente*
La dirección del remitente figura después de *De (la part de) :* De:

• *El destinatario*
La dirección del destinatario figura después de *Pour :* Para: o *A (l'attention de):* A:

Si el correo se envía a varios destinatarios, se indica:
C : (Copie à) CC: (Con Copia) o *CC : (Copie Cachée à)* CCO: (Con Copia Oculta).

• *El asunto*
La referencia del mensaje se escribe después de *Sujet :* Asunto:

• *Los archivos adjuntos*
Para enviar documentos adjuntos al mensaje, se hace clic en:
Joindre un fichier Adjuntar archivo.

• *Fórmulas de encabezamiento*
Las fórmulas de encabezamiento suelen ser muy simples:
Bonjour / Salut, Olivier Hola, Olivier.

En el caso de mensajes más convencionales se dice:
M. Dupont / Cher M. Dupont, Querido Sr. Dupont:
Mme Martinet, Sra. Martinet:

• *Fórmulas de despedida*
Las fórmulas de despedida son siempre muy breves:

Cordialement Cordialmente, *Salutations / Salut* Saludos, *Je t'embrasse* Abrazos, *Bisous* Besos, *À bientôt* Hasta pronto / Nos vemos.

– Mensaje entre amigos

On pourrait aller à la piscine demain ? Réponds-moi avant ce soir pour qu'on se donne rendez-vous.

¿Vamos mañana a la piscina? Respóndeme antes de esta noche para que quedemos.

Salut Juliette. Je n'arrive pas à ouvrir la pièce jointe. Tu peux me la renvoyer ?

Hola Juliette. No consigo abrir el archivo adjunto. ¿Me lo puedes volver a enviar?

– Mensaje profesional

Bonjour Nadine,
En pièce jointe, le devis destiné à nos clients de Prétoria. Merci de le vérifier, de le faire signer par Marc et de l'envoyer par email à Prétoria.
Cordialement,
Christian

Buenos días, Nadine:
Te adjunto el presupuesto para nuestros clientes de Pretoria. Compruébalo, házselo firmar a Marc y envíalo por correo electrónico a Pretoria.
Cordialmente,
Christian

– Mensaje para hacer una reserva

Objet : Réservation de chambre dans votre auberge de jeunesse
Bonjour,
Je voudrais faire une réservation pour une personne, du 21 au 28 juillet 2011, de préférence en chambre individuelle.
Merci de me confirmer dès que possible que vous disposez d'une chambre individuelle pour ces dates.
Bien cordialement,
Ana Moreno

Asunto: Reserva de plaza en su albergue de juventud
Buenos días,
Quisiera reservar para una persona del 21 al 28 de julio de este año, si fuera posible en un dormitorio no compartido.
Les agradezco que me confirmen cuanto antes si disponen de plazas en el albergue juvenil para estas fechas.
Reciban un cordial saludo,
Ana Moreno

• *Abreviaturas habituales*

avc = *avec* con
biz = *bise* beso
cbien = *combien* cuánto
pk = *pourquoi* por qué
pq = *parce que* porque
pr = *pour* para
qd = *quand* cuando

Ce soir je ne vais pas au ciné pq je suis très fatiguée.

sta noxe no voy al cine pq toy muy cansada.

Qd est-ce que tu viens ?

¿knd vienes?

Ejemplos de mensajes de texto

salut, tu fais quoi ? hola, ¿qué haces?	**slt tu fé koi ?**
comment ça va ? ¿qué tal?	**komen sava ?**
quoi de neuf ? ¿qué tal?	**koi 2 9 ?**
bipe-moi quand t'arrives hazme una pedida cuando llegues	**bip moi kan tariv**
joyeux anniversaire ! ¡feliz cumpleaños!	**joyeu aniv !**
il n'y a pas cours demain mañana no hay clase	**ya pa cour 2m1**
tu as eu combien en maths ? ¿cuánto has sacado en mates?	**ta u cbi1 en mat ?**

je n'ai plus de crédit pour t'appeler
no me queda crédito para llamarte

g plu 2 credi pr tapl

tu me manques beaucoup
te echo mucho de menos

tu m mk bcp

t'es le plus beau, je t'aime
eres el más guapo, te quiero

t le + bo jtm

bisou à demain
un beso y hasta mañana

biz a 2m1

désolé je travaille
perdón, estoy trabajando

dsl j'taf

A

a¹ (*pl* **aes**), **A** (*pl* **Aes**) [a] sf [letra] a *m inv*, A *m inv*.

a² ❖ prep *(a + el = al)*

1. [gen] à / ***voy a Sevilla / África / Japón*** je vais à Séville / en Afrique / au Japon / ***llegó a Barcelona / la fiesta*** il est arrivé à Barcelone / la fête / ***a la salida del cine*** à la sortie du cinéma / ***está a más de cien kilómetros*** c'est à plus de cent kilomètres / ***está a la derecha / izquierda*** c'est à droite / gauche / ***a las siete / los once años*** à sept heures / onze ans / ***dáselo a Juan*** donne-le à Juan / ***¿a cuánto están las peras?*** à combien sont les poires ? / ***vende las peras a un euro*** elle vend les poires à un euro / ***ganaron por tres a cero*** ils ont gagné trois à zéro / ***escribir a máquina / mano*** écrire à la machine / la main / ***sueldo a convenir*** salaire à négocier

2. [cuando] : ***al oír la noticia se desmayó*** en apprenant la nouvelle il s'est évanoui

3. [período de tiempo] : ***a las pocas semanas*** quelques semaines après / ***al mes de casados*** au bout d'un mois de mariage

4. [frecuencia, cantidad] par / ***cuarenta horas a la semana*** quarante heures par semaine / ***a cientos / miles*** par centaines / milliers

5. [con complemento directo] : ***quiere a su hijo / gato*** il aime son fils / chat

6. [modo] à, en / ***a la antigua*** à l'ancienne / ***a lo grande*** en grande pompe / ***a escondidas*** en cachette

7. *(detrás de v y antes de infin)* [finalidad] : ***entró a pagar*** il entra pour payer / ***aprender a nadar*** apprendre à nager / ***vino a buscar un libro*** il est venu chercher un livre

8. *(delante de infin)* [condición] : ***a no ser por mí, hubieses fracasado*** si je n'avais pas été là, tu aurais échoué

9. [en oraciones imperativas] : ***¡a comer!*** à table ! / ***¡niños, a callar!*** les enfants, taisez-vous !

10. *(delante de 'por')* [en busca de] : ***ir a por pan*** aller chercher du pain

11. [indica desafío] ▸ **a que** je parie que / ***¿a que no lo haces?*** je parie que tu ne le fais pas / ***¡a que te caes!*** tu vas tomber !

A2 (*abr escrita de* **adiós**) SMS A+ *(à plus)*.

AA, A.A. (*abr escrita de* **Alcohólicos Anónimos**) smpl AA *mpl* / ***asistir a una reunión de AA*** assister à une réunion des AA.

AA EE, AA.EE. (*abr escrita de* **Asuntos Exteriores**) smpl ≃ Affaires étrangères ▸ **el ministro de AA EE** le ministre des Affaires étrangères espagnol.

ábaco sm **1.** [para contar] boulier *m* **2.** ARQUIT abaque *m*.

abad, desa sm, f abbé *m*, abbesse *f*.

abadía sf abbaye *f*.

abajo ❖ adv **1.** [posición] dessous / ***vive abajo*** il habite en dessous ▸ **abajo del todo** tout en bas ▸ **más abajo** plus bas **2.** [dirección] en bas, vers le bas ▸ **mirar hacia abajo** regarder en bas ▸ **ir para abajo** descendre ▸ **correr escaleras abajo** dévaler l'escalier ▸ **calle abajo** en descendant la rue ▸ **río abajo** en aval **3.** [en un texto] ci-dessous. ❖ interj ▸ **¡abajo la dictadura!** à bas la dictature ! ◆ **abajo de** loc prep AM **1.** [debajo de] sous / ***el perro se escondió abajo de la mesa*** le chien s'est caché sous la table **2.** [por menos de] à moins de / ***la farra no te saldrá abajo de mil pesos*** la fête ne te reviendra pas à moins de mille pesos. ◆ **de abajo** loc adj : ***el piso de abajo*** l'étage en dessous / ***la vecina de abajo*** la voisine du dessous / ***el estante de abajo*** l'étagère du bas / ***la tienda de abajo*** le magasin d'en bas.

abalanzarse [13] vprnl **1.** [lanzarse] se ruer **2.** ARG URUG [el caballo] se cabrer.

abalear vt AM tirer sur.

abalorio sm [cuenta] perle *f* de verre ; [bisutería] verroterie *f*.

abanderado sm *pr* & *fig* porte-drapeau *m*.

abanderar vt **1.** NÁUT mettre sous pavillon national **2.** [defender] être le porte-drapeau de.

abandonado, da adj **1.** [desierto, desamparado] abandonné(e) **2.** [descuidado - persona] négligé(e) ; [- jardín, casa] laissé(e) à l'abandon, mal entretenu(e).

abandonar vt **1.** [gen] abandonner ; [lugar, profesión, cónyuge] quitter **2.** [obligaciones, estudios] négliger. ◆ **abandonarse** vprnl **1.** [de aspecto] se négliger, se laisser aller **2.** ▸ **abandonarse a a)** [desesperación, dolor] s'abandonner à, succomber à **b)** [vicio] sombrer dans.

abandono sm **1.** [acción] abandon *m* **2.** [estado] laisser-aller *m inv*.

abanicar [10] vt éventer. ◆ **abanicarse** vprnl s'éventer.

abanico sm *pr* & *fig* éventail *m*.

abaratar vt baisser le prix de. ◆ **abaratarse** vprnl [precio] baisser ; [producto] coûter moins cher.

abarca sf *(gen pl)* sandale *f (typique de Minorque)*.

abarcar [10] vt **1.** [gen] embrasser ▸ **quien mucho abarca poco aprieta** qui trop embrasse mal étreint ; [espacio] comprendre ; [temas] recouvrir **2.** [con los brazos] encercler **3.** [con la vista] embrasser du regard.

abaritonado, da adj : ***una voz abaritonada*** une voix de baryton.

abarque ⟶ **abarcar**.

abarquillar vt gondoler. ◆ **abarquillarse** vprnl se gondoler.

abarrotado, da adj plein(e) à craquer, bondé(e) ; [sala] comble ▸ **abarrotado (de)** [desván, baúl] bourré(e) (de).

abarrotar vt ▸ **abarrotar algo (de o con)** a) remplir qqch (de) b) [desván, baúl] bourrer qqch (de).

abarrote sm AM épicerie *f*.

abarrotería sf AM épicerie *f*.

abarrotero, ra sm, f AM épicier *m*, -ère *f*.

abastecedor, ra sm, f [proveedor] fournisseur *m*, -euse *f*, ravitailleur *m*, -euse *f*.

abastecer [30] vt approvisionner, ravitailler. ◆ **abastecerse** vprnl ▸ **abastecerse (de)** s'approvisionner (en).

abastecimiento sm **1.** [de víveres] ravitaillement *m* **2.** [de agua, combustible, etc.] approvisionnement *m*.

abasto sm ▸ **no dar abasto** *fig* ne pas s'en sortir, être débordé(e).

abate sm abbé *m*.

abatible adj [asiento] inclinable ; [mesa] à abattants.

abatido, da adj abattu(e).

abatimiento sm [desánimo] abattement *m*, accablement *m*, découragement *m*.

abatir vt abattre. ◆ **abatirse** vprnl ▸ **abatirse (sobre)** s'abattre (sur).

abdicación sf abdication *f*.

abdicar [10] ◈ vt ▸ **abdicar el trono (en alguien)** abdiquer la couronne (en faveur de qqn). ◈ vi abdiquer ▸ **abdicar de algo** *fig* renoncer à qqch.

abdomen sm abdomen *m*.

abdominal adj abdominal(e). ◆ **abdominales** smpl abdominaux *mpl* ▸ **hacer abdominales** faire des abdominaux.

abducir [33] vt séquestrer.

abductor sm ANAT abducteur *m*.

abecé sm **1.** [abecedario] alphabet *m* **2.** *fig* [primeras nociones] b.a.-ba *m inv*.

abecedario sm **1.** [alfabeto] alphabet *m* **2.** [libro] abécédaire *m*.

abedul sm bouleau *m*.

abeja sf abeille *f* ▸ **abeja obrera** ouvrière *f* ▸ **abeja reina** reine *f*.

abejorro sm ZOOL bourdon *m*.

aberración sf aberration *f*.

aberrante adj aberrant(e).

abertura sf ouverture *f*.

abertzale [aβer'tsale] adj & smf ESP nationaliste basque ; *de l'« abertzalismo » ou qui en est partisan*.

abeto sm sapin *m*.

Abidjan npr Abidjan.

abiertamente adv [declarar, criticar, apoyar] ouvertement ; [sonreír] franchement.

abierto, ta adj **1.** [gen] ouvert(e) ▸ **estar abierto a** être ouvert à ▸ **abierto de par en par** grand ouvert **2.** *fig* [liberal] à l'esprit ouvert. ◆ **abierto** pp ⟶ **abrir.** ◆ **en abierto** loc adv ESP en clair / ***el partido de fútbol se emitirá en abierto*** le match de football sera diffusé en clair.

abigarrado, da adj *pr* & *fig* bigarré(e).

abigarrar vt barioler.

abisal adj abyssal(e).

abismal adj abyssal(e).

abismar vt **1.** [hundir] engloutir **2.** [abatir] ▸ **abismar a alguien en algo** plonger qqn dans qqch. ◆ **abismarse** vprnl ▸ **abismarse en** a) [lectura] se plonger dans b) [dolor] être accablé(e) par.

abismo sm abîme *m* ▸ **puesta en abismo** mise *f* en abyme ▸ **estar al borde del abismo** *fig* être au bord du gouffre.

abjurar ◈ vt abjurer. ◈ vi ▸ **abjurar de algo** abjurer qqch.

ablación sf MED ablation *f* ▸ **ablación del clítoris** excision *f*.

ablandamiento sm [de material] ramollissement *m*.

ablandar vt **1.** [material] ramollir **2.** *fig* [persona] attendrir ; [carácter] adoucir ; [rigor] assouplir ; [ira] apaiser. ◆ **ablandarse** vprnl **1.** [material] se ramollir **2.** *fig* [persona] s'attendrir ; [carácter] s'adoucir ; [rigor] s'assouplir ; [ira] s'apaiser.

ablativo sm GRAM ablatif *m* ▸ **ablativo absoluto** ablatif absolu.

ablución sf *(gen pl)* ▸ **hacer las abluciones** faire ses ablutions.

ablusado, da adj [prenda] blousant(e) / ***una manga ablusada*** une manche bouffante.

abnegación sf dévouement *m*.

abnegado, da adj dévoué(e).

abnegarse [35] vprnl se dévouer, se sacrifier.

abobado, da adj [atontado] abruti(e) ; [pasmado] ahuri(e).

abocado, da adj acculé(e) ▸ **abocado a** voué à.

abocar vi [entrar] arriver à ▸ **abocar a** *fig* [conducir] mener à, conduire à, aboutir à. ◆ **abocarse** vprnl ▸ **abocarse a** [dirigirse a] s'acheminer vers, se diriger vers.

abochornado, da adj [avergonzado] embarrassé(e).

abochornar vt faire honte à, embarasser. ◆ **abochornarse** vprnl rougir de honte.

abocinado, da adj évasé(e) ; [labios] gros (grosse).

abofetear vt gifler.

abogacía sf barreau *m*.

abogado, da sm, f avocat *m*, -e *f* ▸ **abogado defensor** défenseur *m* ▸ **abogado del estado** avocat représentant les intérêts de l'État ▸ **abogado de oficio** avocat commis d'office ▸ **abogado laboralista** avocat spécialisé en droit du travail ▸ **hacer de abogado del diablo** se faire l'avocat du diable.

abogar [16] vi **1.** DER plaider **2.** [interceder] ▸ **abogar por algo / alguien** plaider pour qqch / qqn.

abolengo sm ascendance *f* ▸ **de (rancio) abolengo** de vieille souche.

abolición sf abolition *f*.

abolicionismo sm abolitionnisme *m*.

abolicionista adj & smf abolitionniste.

abolir [78] vt abolir.

abolladura sf bosse *f*.

abollar vt bosseler, cabosser. ◆ **abollarse** vprnl se bosseler, se cabosser.

abolsarse vprnl former une poche ; [pared] se cloquer.

abombado, da adj bombé(e).

abombar vt bomber, rendre convexe. ◆ **abombarse** vprnl [curvarse] bomber, devenir convexe.

abominable adj abominable.

abominación sf abomination *f* / *es una abominación* c'est une horreur.

abominar ❖ vt **1.** [condenar] condamner **2.** [aborrecer] avoir en horreur. ❖ vi ▸ **abominar de alguien / de algo a)** [condenar] maudire qqn / qqch **b)** [aborrecer] détester qqn / qqch.

abonable adj payable.

abonado, da sm, f abonné *m*, -e *f*.

abonar vt **1.** [factura, deuda] régler ▸ **abonar en cuenta** créditer un compte / *abonar algo en la cuenta de alguien* verser qqch sur le compte de qqn **2.** [tierra] amender **3.** [subscribir] abonner. ◆ **abonarse** vprnl ▸ **abonarse (a) a)** [revista] s'abonner (à) **b)** [piscina, teatro] prendre un abonnement (à).

abonero, ra sm, f AM colporteur *m*, -euse *f*.

abono sm **1.** [pase] abonnement *m*, carte *f* d'abonnement **2.** [fertilizante] engrais *m* **3.** [pago] règlement *m* **4.** COM crédit *m* **5.** AM [plazo] crédit *m* ▸ **pagar en abonos** payer par versements échelonnés.

abordable adj abordable.

abordaje sm abordage *m* ▸ **¡al abordaje!** à l'abordage !

abordar vt aborder.

aborigen adj aborigène. ◆ **aborígenes** sm, f pl aborigènes *mf pl*.

aborrecer [30] vt avoir en horreur, détester.

aborrecible adj détestable.

aborrecimiento sm **1.** [odio] haine *f*, aversion *f* **2.** [repugnancia] répugnance *f*, dégoût *m*.

aborregado, da adj **1.** [cielo, nube, roca] moutonné(e) **2.** [persona] moutonnier(ère).

abortar ❖ vi **1.** [intencionadamente] avorter, se faire avorter ; [espontáneamente] faire une fausse couche **2.** *fig* [fracasar] échouer. ❖ vt *fig* [hacer fracasar] faire avorter.

abortista ❖ adj en faveur de l'avortement. ❖ smf partisan *m* de l'avortement.

abortivo, va adj abortif(ive). ◆ **abortivo** sm abortif *m*.

aborto sm **1.** [intencionado] avortement *m* ; [espontáneo] fausse couche *f* **2.** *fam* & *despec* [persona fea] avorton *m* **3.** *fam* [cosa mal hecha] : *te ha salido hecho un aborto* tu l'as complètement raté.

abotargado, da, abotagado, da adj **1.** [hinchado] gonflé(e), boursouflé(e) **2.** [alelado] abruti(e) ; [mente] embrumé(e).

abotargarse [16] vprnl se boursoufler.

abotonar vt boutonner. ◆ **abotonarse** vprnl se boutonner.

abovedado, da adj ARQUIT voûté(e).

abr., abr (*abr escrita de* **abril**) avr. / *23 abr. 2011* 23 avr. 2011.

abracadabra sm abracadabra.

abrace ⟶ **abrazar**.

abrasador, ra adj **1.** [gen] brûlant(e) **2.** *fig* [amor, pasión] dévorant(e) / *un calor abrasador* une chaleur accablante.

abrasar ❖ vt **1.** [gen] brûler **2.** *fig* [suj: calor, pasión] embraser ; [suj: sed, deseo] torturer ; [suj: odio, celos] ronger. ❖ vi [café, etc.] être brûlant(e). ◆ **abrasarse** vprnl brûler ; [persona] se brûler ; [plantas] griller.

> ⚠ **Embrasser** es un falso amigo, no significa *abrasar*, sino "dar un beso".

abrasión sf [por fricción, roce] abrasion *f*.

abrasivo, va adj abrasif(ive). ◆ **abrasivo** sm abrasif *m*.

abrazadera sf anneau *m*.

abrazar [13] vt **1.** [con los brazos] serrer dans ses bras **2.** *fig* [doctrina] épouser ; [profesión] entrer dans.

abrazo sm accolade *f* ▸ **dar un abrazo a alguien** embrasser qqn ▸ **un (fuerte) abrazo** [en cartas] (très) affectueusement.

abreboca sm AM *apéritif servi avec des amuse-gueule*.

abrebotellas sm inv ouvre-bouteille *m*.

abrecartas sm inv coupe-papier *m*.

abrefácil adj inv d'ouverture facile.

abrelatas sm inv ouvre-boîte *m*.

abrev. (*abr escrita de* **abreviación**) abrév. / *k abrev. de kilo* kg abrév. de kilo.

abrevadero sm [construido] abreuvoir *m* ; [natural] point *m* d'eau.

abrevar vt abreuver.

abreviación sf [de texto] réduction *f*.

abreviado, da adj abrégé(e).

abreviar [8] ❖ vt abréger ; [texto] réduire ; [viaje, estancia] écourter ; [trámites] accélérer. ❖ vi [acelerar] se presser ▸ **para abreviar a)** [en resumen] en bref **b)** [para tardar menos] pour aller plus vite.

abreviatura sf abréviation *f*.

abriboca adj inv AM *fam* bouche bée.

abridor sm **1.** [abrebotellas] décapsuleur *m* **2.** [abrelatas] ouvre-boîte *m*.

abrigado, da adj [persona] bien couvert(e).

abrigador, ra ◆ adj ANDES MÉX qui tient chaud. ◆ sm, f MÉX [encubridor] complice *mf*.

abrigar [16] vt **1.** [arropar - suj: persona] couvrir ; [- suj: ropa] tenir chaud **2.** *fig* [albergar] nourrir. ◆ **abrigarse** vprnl **1.** [arroparse] se couvrir **2.** [resguardarse] ▸ **abrigarse de a)** [lluvia, viento] s'abriter de **b)** [frío] se protéger de.

abrigo sm **1.** [prenda] manteau *m* **2.** [refugio] abri *m* ▸ **al abrigo de** à l'abri de.

abrigue ⟶ **abrigar**.

abril sm avril *m*. *Ver también* **septiembre.** ◆ **abriles** smpl [años] : *tiene 14 abriles* elle a 14 printemps.

abrillantador sm produit *m* qui fait briller.

abrillantar vt faire briller.

abrir ◆ vt **1.** [gen] ouvrir ; [alas] déployer ; [melón] découper **2.** [luz] allumer **3.** [agujero, camino, túnel] percer ; [canal] creuser ; [surco] tracer **4.** [piernas] écarter. ◆ vi [establecimiento] ouvrir. ◆ **abrirse** vprnl **1.** [sincerarse] ▸ **abrirse a alguien** s'ouvrir o se confierà qqn **2.** [comunicarse] ▸ **abrirse (con alguien)** être ouvert(e) (avec qqn) **3.** [posibilidades] s'offrir **4.** [cielo] se dégager **5.** *mfam* [irse] se casser.

abrochadora sf RP agrafeuse *f*.

abrochar vt fermer ; [cinturón, cordones] attacher. ◆ **abrocharse** vprnl [ropa] se fermer ; [cinturón] s'attacher / *abróchense los cinturones* attachez vos ceintures.

abrogar [16] vt DER abroger.

abroncar [10] vt *fam* **1.** [reprender] passer un savon à **2.** [abuchear] huer.

abrumado, da adj accablé(e).

abrumador, ra adj accablant(e) ; [trabajo] épuisant(e).

abrumar vt **1.** [agobiar] accabler / *el trabajo me abruma* je suis accablé de travail **2.** [fastidiar] épuiser.

abrupto, ta adj abrupt(e).

ABS (*abr de* **anti-lock braking system**) sm ABS *m* (*système antiblocage des roues au freinage*) / *frenos ABS* freins ABS.

absceso sm MED abcès *m*.

abscisa sf abscisse *f*.

absenta sf absinthe *f*.

absentismo sm absentéisme *m* ▸ **absentismo laboral** absentéisme.

ábside sm o sf abside *f*.

absolución sf **1.** DER acquittement *m* **2.** RELIG absolution *f*.

absolutamente adv absolument.

absolutismo sm absolutisme *m*.

absolutista adj & smf absolutiste.

absoluto, ta adj absolu(e). ◆ **en absoluto** loc adv [en negativas] certainement pas ; [tras pregunta] ▸ **¿te gusta? — en absoluto** ça te plaît ? — pas du tout ▸ **nada en absoluto** rien du tout.

absolutorio, ria adj [sentencia, veredicto] d'acquittement.

absolver [24] vt **1.** DER acquitter / *absolvieron al acusado del delito* ils ont acquitté l'accusé **2.** RELIG ▸ **absolver (a alguien de algo)** absoudre (qqn de qqch).

absorbente adj **1.** [material] absorbant(e) **2.** [persona, carácter] accaparant(e) **3.** [actividad] prenant(e).

absorber vt absorber / *el trabajo lo absorbe* il est accaparé par son travail.

absorción sf absorption *f*.

absorto, ta adj absorbé(e) ▸ **absorto en** plongé dans.

abstemio, mia adj : *es abstemio* il ne boit pas d'alcool.

abstención sf abstention *f*.

abstencionismo sm abstentionnisme *m*.

abstenerse [72] vprnl ▸ **abstenerse (de algo / de hacer algo)** s'abstenir (de qqch / de faire qqch).

abstinencia sf abstinence *f*.

abstracción sf abstraction *f*.

abstracto, ta adj abstrait(e) ▸ **en abstracto** dans l'abstrait.

abstraer [73] vt abstraire ▸ **abstraer conceptos** conceptualiser. ◆ **abstraerse** vprnl s'isoler ▸ **abstraerse de** faire abstraction de.

abstraído, da adj absorbé(e).

absuelto, ta pp ⟶ **absolver**.

absuelva ⟶ **absolver**.

absurdo, da adj absurde. ◆ **absurdo** sm absurde *m*.

abubilla sf ZOOL huppe *f*.

abuchear vt huer.

abucheo sm huées *fpl*.

Abu Dhabi npr Abu Dhabi.

abuelo, la sm, f grand-père *m*, grand-mère *f* ; [en lenguaje infantil] papy *m*, mamie *f* ▸ **no necesitar abuela** *fam* s'envoyer des fleurs ▸ **¡cuéntaselo a tu abuela!** *fam* à d'autres !

abuhardillado, da adj mansardé(e).

abulense ◆ adj d'Ávila. ◆ smf *natif ou habitant d'Ávila*.

abulia sf veulerie *f*.

abúlico, ca adj veule.

abultado, da adj volumineux(euse).

abultamiento sm [bulto] grosseur *f*, proéminence *f*.

abultar ◆ vt **1.** [hinchar - mejillas] gonfler ; [- suj: hinchazón] faire enfler **2.** [aumentar, exagerar] grossir. ◆ vi **1.** [ser difícil de manejar] prendre de la place **2.** [tener forma de bulto] faire une bosse.

abundancia sf abondance *f* ▸ **en abundancia** en abondance ▸ **nadar o vivir en la abundancia** nager o vivre dans l'opulence.

abundante adj abondant(e).

abundar vi **1.** [haber mucho] abonder / *abundaban los niños* il y avait des quantités d'enfants / *la región abunda en riquezas* la région regorge de richesses **2.** [estar de acuerdo] ▸ **abundar en algo con alguien** aller dans le sens de qqn sur qqch.

aburguesado, da adj embourgeoisé(e).

aburguesamiento sm embourgeoisement *m*.

aburguesarse vprnl s'embourgeoiser.

aburrido, da ◆ adj **1.** [harto, fastidiado] ▸ **estar aburrido** s'ennuyer ▸ **estar aburrido de hacer algo** en avoir assez de faire qqch **2.** [que aburre] ennuyeux(euse). ◆ sm, f ▸ **es un aburrido** il est ennuyeux, il n'est pas drôle.

aburrimiento sm ennui *m*.

aburrir vt ennuyer. ◆ **aburrirse** vprnl s'ennuyer.

abusado, da adj AM rusé(e).

abusar vi abuser ▸ **abusar de algo / de alguien** abuser de qqch / de qqn.

abusivo, va adj **1.** [gen] abusif(ive) **2.** AM [abusón] égoïste ; [descarado] effronté(e).

abuso sm [mal uso] ▸ **abuso (de)** abus *m* (de).

abusón, ona adj & sm, f égoïste.

abyección sf *culto* abjection *f* ▸ **ser una abyección** être abject(e).

abyecto, ta adj *culto* abject(e).

a. C. (*abr escrita de* **antes de Cristo**) av. J.-C. / *en el siglo VIII a. C.* au VIIIe siècle av. J.-C.

a / c (*abr escrita de* **a cuenta**) au numéro du compte… / *ingresar a / c nº 528-456* déposer sur le compte nº 528-456.

acá adv **1.** [lugar] ici ▸ **¡ven acá!** viens ici ! ▸ **de acá para allá** ici et là ▸ **más acá** plus près **2.** [tiempo] ▸ **de una semana acá** depuis une semaine ▸ **de un tiempo acá** depuis quelque temps **3.** AM [aquí] ici.

acabado, da adj **1.** [completo] poussé(e), approfondi(e) ; [perfecto] parfait(e) **2.** [fracasado] fini(e). ◆ **acabado** sm finition *f*.

acabar

◆ vt

finir ; [provisiones] épuiser

◆ vi

1. [gen] finir ▸ **acabar bien / mal** finir bien / mal ▸ **acabar por hacer** o **haciendo algo** finir par faire qqch ▸ **acabar con** a) [violencia, crimen] venir à bout de, en finir avec b) [salud] détruire, ruiner c) [juguete, máquina] casser / *acabar con la paciencia de alguien* faire perdre patience à qqn, pousser qqn à bout ▸ **acabar con alguien** a) en finir avec o se débarrasser de qqn b) *fig* achever qqn ▸ **acabar en** finir en / *las palabras que acaban en n* les mots qui finissent en n ▸ **de nunca acabar** [cuento, historia] à n'en plus finir, sans fin

2. [haber hecho recientemente] ▸ **acabar de hacer algo** venir de faire qqch / *acabo de llegar ahora mismo* je viens juste d'arriver

3. [volverse] devenir / *acabar loco* devenir fou

4. *(en frase negativa antes de infin)* ***no acabo de entender su reacción*** je n'arrive pas à comprendre sa réaction

◆ **acabarse** vprnl **1.** [agotarse] : *se nos ha acabado la gasolina* nous n'avons plus d'essence / *se ha acabado la comida* il ne reste plus rien à manger / *las vacaciones se han acabado* les vacances sont finies **2.** [comida, bebida] : *acábate la sopa* finis ta soupe **3.** [morirse] se consumer **4.** EXPR **¡se acabó!** a) [¡basta ya!, se terminó] c'est fini ! b) [no hay más] c'est tout !, un point c'est tout !

acabose sm *fam* ▸ **¡es el acabose!** c'est le pompon !

acacia sf acacia *m*.

academia sf **1.** [gen] école *f* **2.** [sociedad] académie *f*. ◆ **Academia** sf ▸ **Real Academia Española** *académie de la langue espagnole* ; ≃ Académie *f* française.

Real Academia Española

Cette institution officielle est chargée de fixer les usages lexicaux et syntaxiques de la langue espagnole dans l'ensemble des pays hispanophones. À cet effet, elle publie une grammaire ainsi que des bulletins présentant les nouveaux mots admis dans la langue. En collaboration avec les académies des pays hispanophones d'Amérique et des Philippines, la Real Academia publie surtout un dictionnaire, le **diccionario de la Real Academia (DRAE)**, ouvrage de référence dans tout le monde hispanique.

academicismo sm académisme *m*.

académico, ca ◆ adj **1.** [año, diploma - escolar] scolaire ; [- universitario] universitaire **2.** [estilo] académique. ◆ sm, f académicien *m*, -enne *f*.

acaecer v impers *culto* avoir lieu.

acallar vt **1.** [persona, ruido] apaiser, faire taire, calmer **2.** *fig* [críticas, protestas, rumores] faire taire, apaiser.

acaloradamente adv avec ardeur, passionnément.

acalorado, da adj **1.** [con calor] ▸ **estar acalorado** avoir chaud **2.** [apasionado - persona] emporté(e) ; [- defensor] ardent(e) ; [- debate] passionné(e) ; [- tema] brûlant(e) **3.** [excitado] échauffé(e).

acalorar vt **1.** [dar calor] donner chaud **2.** [excitar] échauffer. ◆ **acalorarse** vprnl **1.** [coger calor] avoir chaud **2.** [excitarse] s'échauffer.

acampada sf camping *m* ▸ **hacer acampada libre** faire du camping sauvage.

acampanado, da adj [falda] cloche ; [pantalones] pattes d'éléphant.

acampar vi camper.

acanalado, da adj **1.** [agua, fluido] canalisé(e) **2.** [columna] cannelé(e) **3.** [jersey, etc.] à côtes.

acanalar vt **1.** [terreno] sillonner **2.** [madera, metal] canneler.

acantilado sm falaise *f*.

acanto sm acanthe *f*.

acantonar vt MIL cantonner.

acantonarse vprnl MIL prendre ses quartiers.

acaparador, ra ◆ adj ▸ **ser acaparador** être envahissant. ◆ sm, f accapareur *m*, -euse *f*.

acaparamiento sm monopolisation *f*.

acaparar vt *pr* & *fig* accaparer, monopoliser.

acápite sm AM paragraphe *m*.

acaramelado, da adj **1.** [con caramelo] caramélisé(e) **2.** *fig* [afectado] tout sucre tout miel **3.** [novios] ▸ **estar acaramelados** *fig* roucouler.

acaramelar vt caraméliser *(tarte, gâteau)*. ◆ **acaramelarse** vprnl fondre / *cuando lo veo, ¡me acaramelo!* quand je le vois, je fonds.

acariciar [8] vt caresser. ◆ **acariciarse** vprnl se caresser.

acárido sm acarien *m*.

ácaro sm acarien *m*.

acarrear vt **1.** [transportar] emporter ; [suj: agua] charrier **2.** *fig* [ocasionar] entraîner ; [disgustos] amener ; [problemas] poser.

acartonado, da adj **1.** [papel, tejido] cartonné(e) **2.** *fam* [piel] parcheminé(e).

acartonar vt durcir *(comme du carton)*. ◆ **acartonarse** vprnl se dessécher, se parcheminer.

acaso adv peut-être / *acaso venga* peut-être viendra-t-il / *vendrá acaso* il viendra peut-être / *¿acaso no lo sabías?* comme si tu ne le savais pas ▸ **por si acaso** au cas où. ◆ **si acaso** ◆ loc adv [en todo caso] à la rigueur / *hoy no puedo, si acaso mañana* aujourd'hui je ne peux pas, demain à la rigueur. ◆ loc conj [en caso de que] si jamais / *si acaso llama* si jamais il appelle.

acatamiento sm observation *f*, respect *m* ; RELIG observance *f*.

acatar vt observer, respecter.

acatarrado, da adj enrhumé(e).

acatarrarse vprnl s'enrhumer.

acaudalado, da adj fortuné(e).

acaudillar vt **1.** [capitanear] commander, diriger **2.** *fig* [liderar] prendre la tête de.

acceder vi **1.** [consentir] ▸ **acceder (a algo / a hacer algo)** consentir (à qqch / à faire qqch) **2.** [tener acceso, alcanzar] ▸ **acceder a** accéder à.

accesible adj accessible.

accésit *(pl inv o* **accésits***)* sm accessit *m*.

acceso sm **1.** [entrada, paso] ▸ **acceso (a)** accès (à) **2.** [trato] abord *m* **3.** *fig* [ataque - de fiebre] accès *m* ; [- de tos] quinte *f*.

accesorio, ria adj accessoire, secondaire. ◆ **accesorio** sm *(gen pl)* [del automóvil, de vestir] accessoire *m* ▸ **accesorios de cocina** ustensiles *mpl* de cuisine.

accidentado, da ◆ adj **1.** [vida, viaje] mouvementé(e) **2.** [terreno, camino] accidenté(e). ◆ sm, f accidenté *m*, -e *f*.

accidental adj **1.** [asunto] secondaire, accessoire **2.** [muerte, choque] accidentel(elle) ; [encuentro] fortuit(e).

accidentalmente adv accidentellement.

accidentarse vprnl avoir un accident.

accidente sm **1.** [gen & GEOGR] accident *m* ▸ **accidente laboral / de tráfico** accident du travail / de la route ▸ **accidente del terreno** accident de terrain **2.** GRAM flexion *f*.

acción sf **1.** [gen] action *f* ▸ **poner en acción** mettre en route ▸ **acción de gracias** action de grâces **2.** [hecho] acte ▸ **unir la acción a la palabra** joindre le geste à la parole.

accionamiento sm actionnement *m*.

accionar vt actionner.

accionariado sm actionnariat *m* ▸ **el accionariado** les actionnaires *mpl*.

accionista smf actionnaire *mf*.

Accra npr Accra.

ace [eis] sm TENIS ace *m*.

acebo sm houx *m*.

acechanza sf guet *m*.

acechar vt guetter.

acecho sm guet *m* ▸ **escapar al acecho de** échapper au regard de ▸ **estar al acecho (de)** *pr* & *fig* être à l'affût (de).

acedera sf oseille *f*.

acéfalo, la adj acéphale.

aceitar vt [comida, sartén] huiler ; [motor] lubrifier.

aceite sm huile *f*.

aceitero, ra adj huilier(ère) / *una región aceitera* une région productrice d'huile. ◆ **aceitera** sf burette *f* d'huile. ◆ **aceiteras** sfpl huilier *m*.

aceitoso, sa adj huileux(euse), gras (grasse).

aceituna sf olive *f* ▸ **aceituna rellena** olive farcie.

aceitunado, da adj olivâtre.

aceitunero, ra sm, f [recogedor] cueilleur *m*, -euse *f* d'olives ; [vendedor] marchand *m*, -e *f* d'olives.

aceituno sm olivier *m*.

aceleración sf accélération *f*.

acelerado, da adj accéléré(e). ◆ **acelerada** sf MÉX [acelerón] accélération *f*.

acelerador, ra adj d'accélération. ◆ **acelerador** sm accélérateur *m* ▸ **pisar el acelerador** *fig* accélérer.

acelerar vt & vi accélérer. ◆ **acelerarse** vprnl [persona] s'activer ; [motor] s'emballer ▸ **¡no te aceleres!** *fam* & *fig* du calme !

acelerómetro sm accéléromètre *m*.

acelerón sm coup *m* d'accélérateur.

acelga sf bette *f*.

acendrado, da adj pur(e) *(sentiment, vertu)*.

acendrar vt **1.** [metal] affiner **2.** *fig* [cualidad, sentimiento] rendre plus pur(e).

acento sm accent *m* ▸ **acento agudo / circunflejo / grave** accent aigu / circonflexe / grave ▸ **acento ortográfico** accent (écrit).

acentuación sf accentuation *f*.

acentuado, da adj accentué(e) / *un sabor acentuado a...* un fort goût de....

acentuar [6] vt *pr* & *fig* accentuer. ◆ **acentuarse** vprnl *pr* & *fig* s'accentuer.

acepción sf acception *f*.

aceptable adj acceptable.

aceptación sf **1.** [aprobación] acceptation *f* **2.** [éxito] succès *m* ▸ **tener buena aceptación** être bien reçu(e).

aceptar vt accepter.

acequia sf canal *m* d'irrigation.

acera sf **1.** [de la calle] trottoir *m* **2.** [lado] côté *m* de la rue **3.** EXPR **de la otra acera, de la acera de enfrente** *fam* & *despec* de la jaquette.

acerado, da adj **1.** [cortante, mordaz] acéré(e) **2.** [con acero] aciéré(e) **3.** *fig* [fuerte, resistente] d'acier, dur(e) comme l'acier.

acerar vt aciérer.

acerbo, ba adj *culto* acerbe.

acerca ◆ **acerca de** loc prep au sujet de.

acercamiento sm rapprochement *m*.

acercar [10] vt rapprocher / *¡acércame el pan!* passe-moi le pain. ◆ **acercarse** vprnl **1.** [aproximarse] se rapprocher, s'approcher **2.** [ir, venir] passer **3.** [avecinarse] approcher.

acería sf aciérie *f*.

acero sm [aleación] acier *m* ▸ **acero inoxidable** acier inoxydable.

acerque ⟶ **acercar**.

acérrimo, ma adj [defensor] acharné(e) ; [enemigo] juré(e).

acertado, da adj [respuesta, idea] bon (bonne) ; [disparo] dans le mille ; [observación] judicieux(euse).

acertante adj & smf gagnant(e) *(à la loterie)*.

acertar [19] ❖ vt **1.** [dar en el blanco] mettre dans le mille **2.** [adivinar] deviner **3.** [elegir bien] bien choisir. ❖ vi **1.** [atinar] bien faire / *acertaste al decírselo* tu as bien fait de le lui dire **2.** [conseguir] ▸ **acertar a hacer algo** arriver à faire qqch **3.** [hallar] ▸ **acertar con** trouver.

acertijo sm [enigma] devinette *f*.

acervo sm [patrimonio] patrimoine *m*.

acetato sm **1.** QUÍM acétate *m* **2.** MÉX [disco] vinyle *m*.

acético, ca adj acétique.

acetilcolina sf QUÍM acétylcholine *m*.

acetileno sm QUÍM acétylène *m*.

acetona sf acétone *f*.

achacable adj imputable.

achacar [10] vt ▸ **achacar algo a alguien** [responsabilidad, error] faire retomber qqch sur qqn.

achacoso, sa adj patraque, mal en point.

achampañado, da adj champagnisé(e).

achantar vt *fam* [acobardar] flanquer la trouille à. ◆ **achantarse** vprnl *fam* [acobardarse] se dégonfler.

achaparrado, da adj [persona] trapu(e) ; [viejo] tassé(e) ; [planta] rabougri(e).

achaque ❖ sm problème *m* de santé. ❖ v ⟶ **achacar**.

achatado, da adj écrasé(e).

achatar vt aplatir, écraser. ◆ **achatarse** vprnl s'aplatir, s'écraser.

achicar [10] vt **1.** [tamaño] rétrécir **2.** [agua - de barco] écoper ; [- de terreno] drainer **3.** *fig* [acobardar] intimider. ◆ **achicarse** vprnl [acobardarse] se laisser intimider ▸ **achicarse ante alguien** s'aplatir devant qqn.

achicharrado, da adj **1.** [quemado] brûlé(e) **2.** [acalorado] : *estar achicharrado* avoir très chaud.

achicharrante adj torride.

achicharrar ❖ vt **1.** [chamuscar] griller, faire brûler **2.** *fig* [molestar] ▸ **achicharrar (a)** harceler o accabler (de) **3.** ANDES [aplastar] écraser. ❖ vi [sol] être de plomb ; [calor] être torride. ◆ **achicharrarse** vprnl **1.** *fig* [de calor] cuire **2.** [chamuscarse] griller, brûler.

achichincle, achichinque sm **1.** MÉX [obrero] ouvrier *m* d'une mine **2.** CAM MÉX [servidor, acólito] flatteur *m*.

achicoria sf chicorée *f*.

achinado, da adj **1.** [ojos] bridé(e) **2.** [persona] oriental(e) **3.** AM [persona] d'origine indienne.

achique ⟶ **achicar**.

achiquitar vt AM *fam* rapetisser. ◆ **achiquitarse** vprnl prendre peur, se faire tout petit(e).

achispado, da adj *fam* pompette, éméché(e).

achispar vt griser, émoustiller. ◆ **achisparse** vprnl se griser.

acholado, da adj ANDES *despec* [mestizo] au teint cuivré, à la peau cuivrée.

acholar vt ANDES [avergonzar] faire honte à, faire rougir. ◆ **acholarse** vprnl ANDES **1.** *despec* [acriollarse] *prendre les habitudes du pays* **2.** [acobardarse] avoir la trouille.

achuchado, da adj *fam* **1.** [difícil] dur(e) **2.** [escaso] juste.

achuchar vt *fam* **1.** [abrazar] serrer très fort dans ses bras **2.** [estrujar] écraser **3.** *fig* [presionar] tanner, casser les pieds à.

achuchón sm *fam* **1.** [abrazo] gros câlin *m* **2.** [indisposición] malaise *m* / *le dio un achuchón* il s'est senti mal.

achucutar, achucuyar vt CAm Col Cuba Ecuad **1.** [abatir] démoraliser **2.** [humillar] faire honte à.

achunchar vt Am ▸ **achunchar a alguien** faire honte à qqn. ◆ **achuncharse** vprnl Am avoir honte.

achuras smpl Am abats *mpl*.

aciago, ga adj *culto* funeste.

acicalado, da adj : *ir muy acicalado* être très élégant.

acicalar vt pomponner. ◆ **acicalarse** vprnl se faire beau (belle) ; [mujer] se pomponner.

acicate sm *fig* [incentivo] stimulant *m*.

acidez sf **1.** [cualidad] acidité *f* **2.** MED ▸ **acidez (de estómago)** aigreurs *fpl* (d'estomac).

acid house [ˌasiðˈxaus] sm acid house *m*.

acidificante ❖ adj acidifiant(e). ❖ sm acidifiant *m*.

ácido, da adj acide.
◆ **ácido** sm **1.** QUÍM acide *m* ▸ **ácido clorhídrico / sulfúrico** acide chlorhydrique/sulfurique ▸ **ácido desoxirribonucleico / ribonucleico** acide désoxyribonucléique/ribonucléique **2.** *fam* [droga] acide *m*.

acierta ⟶ **acertar**.

acierto sm **1.** [a pregunta] bonne réponse *f* ; [en quinielas] combinaison *f* gagnante **2.** [habilidad, tino] discernement *m* ▸ **tuviste mucho acierto** tu as vu juste **3.** [éxito] succès *m*, réussite *f*.

ácimo, ázimo adj azyme.

acimut (*pl* **acimutes**), **azimut** (*pl* **azimutes**) sm ASTRON azimut *m*.

aclamación sf acclamation *f* ▸ **por aclamación** *fig* par acclamation.

aclamar vt **1.** [ovacionar] acclamer **2.** [elegir] proclamer.

aclaración sf éclaircissement *m*.

aclarado sm Esp rinçage *m*.

aclarar ❖ vt **1.** [gen] éclaircir ; [cabello] désépaissir ; [salsa] allonger ▸ **aclarar la voz** s'éclaircir la voix **2.** [ropa, pelo, vajilla] rincer. ❖ v impers **1.** [amanecer, escampar] : *está aclarando* a) [día] le jour se lève b) [tiempo] ça se lève **2.** [despejarse] s'éclaircir. ◆ **aclararse** vprnl *fam* **1.** [explicarse] être clair(e) **2.** [entender] : *ya me aclaro* je vois / *no me aclaro* je n'y comprends rien **3.** [organizarse] s'y retrouver.

aclaratorio, ria adj explicatif(ive).

aclimatación sf acclimatation *f*.

aclimatar vt **1.** [gen] acclimater **2.** *fig* [a ambiente] habituer. ◆ **aclimatarse** vprnl **1.** [al clima] ▸ **aclimatarse (a)** s'acclimater (à) **2.** [a ambiente] ▸ **aclimatarse (a)** s'adapter (à).

acné sm o sf acné *f*.

ACNUR (*abr escrita de* **Alto Comisariado de las Naciones Unidas para los Refugiados**) sm HCR *m*.

acobardar vt faire peur à.
◆ **acobardarse** vprnl avoir peur ▸ **acobardarse ante** se laisser impressionner par.

acodado, da adj **1.** [apoyado] accoudé(e) **2.** [doblado] coudé(e).

acodar vt couder.
◆ **acodarse** vprnl ▸ **acodarse (en)** s'accouder (à).

acogedor, ra adj accueillant(e).

acoger [14] vt accueillir, recevoir.
◆ **acogerse** vprnl ▸ **acogerse a** [ley, protección institucional] se retrancher derrière, recourir à.

acogido, da adj accueilli(e).
◆ **acogida** sf accueil *m* ▸ **tener gran acogida** [idea, novela, etc.] être très bien accueilli(e).

acoja ⟶ **acoger**.

acojonado, da adj Esp *vulg* **1.** [asustado] flippé(e) ▸ **estar acojonado** avoir la trouille o les jetons **2.** [impresionado] bluffé(e), épaté(e).

acojonante adj Esp *vulg* **1.** [que asusta] flippant(e) **2.** [impresionante] hallucinant(e), d'enfer.

acojonar *vulg* ❖ vt Esp **1.** [asustar] foutre la trouille o les jetons à **2.** [impresionar] faire flipper, scier. ❖ vi **1.** [asustar] foutre la trouille o les jetons **2.** [impresionar] être flippant(e). ◆ **acojonarse** vprnl avoir la trouille o les jetons.

acojone, acojono sm Esp *mfam* **1.** [miedo] trouille *f* / *me entró un acojone terrible* ça m'a foutu une de ces trouilles **2.** [impresión] : *¡qué acojone de película!* c'est un sacré film !

acolchado, da adj [ropa] matelassé(e) ; [pared] capitonné(e).

acolchar vt [ropa] matelasser ; [pared] capitonner.

acólito sm **1.** [ministro de la Iglesia, secuaz] acolyte *m* **2.** [monaguillo] enfant *m* de chœur.

acollarar vt Chile RP [animales] attacher ensemble.
◆ **acollararse** vprnl CSur *fam* [personas] se marier, se mettre ensemble.

acomedido, da adj Andes CAm Méx serviable.

acometer ❖ vt **1.** [atacar] attaquer **2.** [emprender] se lancer dans **3.** [sobrevenir] être pris(e) de / *le acometió el sueño* l'envie de dormir lui a pris. ❖ vi [embestir] ▸ **acometer contra** foncer dans o sur.

acometida sf **1.** [ataque] assaut *m* **2.** [enlace de tuberías] raccordement *m*.

acomodadizo, za adj [complaciente] accommodant(e).

acomodado, da adj **1.** [rico] aisé(e) **2.** [instalado] calé(e).

acomodador, ra sm, f ouvreur *m*, -euse *f*.

acomodar vt **1.** [colocar, instalar] placer, faire asseoir **2.** [disponer] arranger. ◆ **acomodarse** vprnl **1.** [instalarse] se mettre à l'aise ▸ **acomodarse en** s'installer dans **2.** [conformarse] ▸ **acomodarse a** a) [las circunstancias] s'adapter à b) [un reglamento] se soumettre à.

acomodaticio, cia adj [complaciente] accommodant(e), arrangeant(e).

acomodo sm [alojamiento] ▸ **encontrar acomodo** trouver à se loger.

acompañado, da adj accompagné(e) ▸ **mejor solo que mal acompañado** mieux vaut être seul que mal accompagné.

acompañamiento sm **1.** [comitiva - en entierro] cortège *m* ; [- de rey] escorte *f* **2.** MÚS accompagnement *m* **3.** CULIN garniture *f*.

acompañante smf compagnon *m*, compagne *f* / *no tengo acompañante para la fiesta* je n'ai personne pour m'accompagner à la fête.

acompañar ❖ vt **1.** [gen] accompagner ▸ **acompañar a alguien a)** [ir con] accompagner qqn **b)** [a casa] raccompagner qqn **2.** ▸ **acompañar a alguien** [estar con] tenir compagnie à qqn **3.** [compartir emociones con] ▸ **acompañar en algo a alguien** partager qqch avec qqn ▸ **acompañar en el sentimiento** présenter ses condoléances **4.** [adjuntar] joindre. ❖ vi [hacer compañía] tenir compagnie / *la desgracia le acompaña* la malchance le poursuit. ◆ **acompañarse** vprnl [con instrumento musical] ▸ **acompañarse con** s'accompagner à.

acompasado, da adj [paso, movimiento] cadencé(e).

acompasar vt rythmer ▸ **acompasar algo (a)** régler qqch (sur).

acomplejado, da ❖ adj complexé(e). ❖ sm, f ▸ **ser un acomplejado** être plein de complexes.

acomplejar vt ▸ **acomplejar a alguien** donner des complexes à qqn. ◆ **acomplejarse** vprnl avoir des complexes.

Aconcagua sm ▸ **el Aconcagua** l'Aconcagua *m*.

aconcharse vprnl **1.** CHILE PERÚ [sedimento] se déposer **2.** CHILE PERÚ [situación] se calmer **3.** CHILE [atemorizarse] avoir peur.

acondicionado, da adj aménagé(e) ; [con material] équipé(e).

acondicionador sm **1.** [cosmético] après-shampoing *m* **2.** [aparato] climatiseur *m*.

acondicionamiento sm [de local] aménagement *m*.

acondicionar vt aménager ; [con material] équiper.

aconfesional adj laïque.

acongojado, da adj [preocupado] angoissé(e) ; [apenado] affligé(e).

acongojar vt [angustiar] angoisser. ◆ **acongojarse** vprnl [angustiarse] s'affoler ; [atemorizarse] être terrorisé(e).

aconsejable adj conseillé(e).

aconsejar vt conseiller ▸ **aconsejar a alguien que haga algo** conseiller à qqn de faire qqch.

aconstitucional adj anticonstitutionnel(elle).

acontecer v impers arriver.

acontecimiento sm événement *m* ▸ **adelantarse o anticiparse a los acontecimientos** devancer les événements.

acopio sm surabondance *f* ▸ **hacer acopio de a)** [comestibles] faire provision de **b)** [valor, paciencia] s'armer de.

acoplable adj ▸ **acoplable (a)** adaptable (à).

acoplado sm CSUR remorque *f*.

acoplamiento sm **1.** [de animales] accouplement *m* **2.** [ajuste] raccord *m*.

acoplar vt **1.** [encajar] ajuster, raccorder **2.** *fig* [adaptar] adapter ; [horario] aménager. ◆ **acoplarse** vprnl **1.** [adaptarse] s'entendre ▸ **acoplarse a** s'adapter à **2.** [encajar] s'ajuster ▸ **acoplarse a** [al pie] chausser.

acoquinado, da adj *fam* ▸ **estar acoquinado** avoir la frousse.

acoquinar vt *fam* flanquer la frousse. ◆ **acoquinarse** vprnl *fam* avoir la frousse.

acorazado, da adj blindé(e). ◆ **acorazado** sm cuirassé *m*.

acorazar [13] vt blinder.

acordar [23] vt ▸ **acordar algo** décider qqch, convenir de qqch, se mettre d'accord sur qqch ▸ **acordar hacer algo** décider o convenir de faire qqch, se mettre d'accord pour faire qqch ▸ **según lo acordado** comme convenu. ◆ **acordarse** vprnl ▸ **acordarse de algo** se souvenir de qqch, se rappeler qqch ▸ **acordarse de hacer algo** penser à faire qqch.

> ⚠ **S'accorder** es un falso amigo, no significa *acordarse*, sino "ponerse de acuerdo".

acorde ❖ adj ▸ **acorde (con)** en accord (avec). ❖ sm MÚS accord *m*.

acordeón sm accordéon *m*.

acordeonista smf accordéoniste *mf*.

acordonado, da adj encerclé(e).

acordonamiento sm [de área] bouclage *m*.

acordonar vt **1.** [atar] lacer **2.** [cercar] encercler.

acornear = **cornear**.

acorralamiento sm poursuite *f*.

acorralar vt [perseguir] traquer ; *fig* [en una discusión] acculer.

acortar vt **1.** [longitud] raccourcir **2.** [tiempo] écourter. ◆ **acortarse** vprnl [días] raccourcir ; [reunión] être écourté(e).

acosador, ra adj [insistant] pressant(e).

acosamiento sm harcèlement *m*.

acosar vt **1.** [perseguir] traquer **2.** [importunar] harceler.

acoso sm **1.** [persecución] poursuite *f* **2.** [hostigamiento] harcèlement *m* ▸ **acoso moral** harcèlement moral ▸ **acoso psicológico** harcèlement psychologique ▸ **acoso sexual** harcèlement sexuel.

acostado, da adj [tumbado] allongé(e) ; [en la cama] couché(e).

acostar[1] [23] vt [en la cama] coucher. ◆ **acostarse** vprnl **1.** [irse a la cama, tumbarse] se coucher **2.** *fam* [copular] ▸ **acostarse con alguien** coucher avec qqn. *Ver cuadro p. 710.*

acostar[2] vt NÁUT accoster.

⚠ **Accoster** es un falso amigo, no significa *acostar*, sino "abordar" y también "atracar".

acostumbrado, da adj **1.** [habitual] habituel(elle) **2.** [habituado] ▸ **estar acostumbrado (a)** être habitué (à).

acostumbrar ◆ vt [habituar] habituer ▸ **acostumbrar a alguien a algo / a hacer algo** habituer qqn à qqch / à faire qqch. ◆ vi [soler] ▸ **acostumbrar a hacer algo** avoir l'habitude de faire qqch.
◆ **acostumbrarse** vprnl **1.** [habituarse] ▸ **acostumbrarse a algo / a hacer algo** s'habituer à qqch / à faire qqch **2.** [adquirir hábito] ▸ **acostumbrarse a hacer algo** prendre l'habitude de faire qqch.

acotación sf **1.** [nota] annotation *f* **2.** TEATRO indication *f* scénique.

acotado, da adj [campo, terreno] délimité(e).

acotamiento sm AM bas-côté *m*.

acotar vt **1.** [terreno, campo] délimiter **2.** [texto] annoter.

acotejar vt AM *fam* arranger.

ácrata adj & smf anarchiste.

acre ◆ adj **1.** [sabor, olor] âcre **2.** *fig* [brusco, desagradable] aigre ; [humor, tono] acrimonieux(euse). ◆ sm acre *f*.

acrecentar [19] vt accroître.
◆ **acrecentarse** vprnl s'accroître.

acreditación sf [identificación] laissez-passer *m inv*.

acreditado, da adj **1.** [médico, abogado, etc.] reconnu(e) ; [marca] réputé(e) **2.** [embajador, enviado] accrédité(e).

acreditar vt **1.** [certificar] certifier ; [autorizar] autoriser **2.** [confirmar] attester **3.** [dar fama] rendre célèbre **4.** [embajador, enviado] accréditer.

acreedor, ra ◆ adj ▸ **hacerse acreedor de** se montrer digne de. ◆ sm, f créancier *m*, -ère *f*.

acribillar vt **1.** [agujerear, herir] cribler / ***me han acribillado los mosquitos*** je me suis fait dévorer par les moustiques **2.** *fam* & *fig* [molestar] ▸ **acribillar a alguien a preguntas** bombarder qqn de questions.

acrílico, ca adj acrylique.

acrimonia = **acritud**.

acriollado, da adj AM *qui a pris les habitudes du pays.*

acriollarse vprnl AM *prendre les habitudes du pays.*

acrisolado, da adj parfait(e).

acristalado, da adj [ventana, terraza, galería] vitré(e).
◆ **acristalado** sm vitrage *m*.

acristalar vt vitrer.

acritud, acrimonia sf **1.** [de olor, sabor] âcreté *f* **2.** *fig* [mordacidad] aigreur *f*.

acrobacia sf acrobatie *f*.

acróbata smf acrobate *mf*.

acrobático, ca adj acrobatique.

acromático, ca adj achromatique.

acrónimo sm acronyme *m*.

acrópolis sf inv acropole *f*.

acróstico, ca adj acrostiche.
◆ **acróstico** sm acrostiche *m*.

acta sf *(el)* **1.** [de junta, reunión] procès-verbal *m* ▸ **constar en acta** figurer au procès-verbal ▸ **levantar acta** dresser un procès-verbal **2.** [de defunción, etc.] acte *m* **3.** ▸ **acta (de nombramiento)** arrêté *m* de nomination.
◆ **actas** sfpl actes *mpl*.

actitud sf attitude *f*.

activación sf **1.** [gen & QUÍM] activation *f* / ***el objetivo es la activación de las negociaciones*** le but est de faire avancer les négociations **2.** [de mecanismo] déclenchement *m*.

activar vt **1.** [gen & QUÍM] activer **2.** [explosivo, mecanismo] déclencher.

actividad sf activité *f* ▸ **en actividad** en activité ▸ **desplegar una gran actividad** déployer une grande activité ▸ **actividad extraescolar** activité extrascolaire.

activismo sm POLÍT action *f* directe.

activista smf activiste *mf*.

activo, va adj actif(ive) ▸ **volcán activo** volcan en activité ▸ **en activo** [en funciones] en activité.
◆ **activo** sm ECON actif *m* ▸ **activo fijo** actif immobilisé ▸ **activo líquido** actif disponible ▸ **activo financiero** actifs *mpl* financiers.

acto sm **1.** [acción & TEATRO] acte *m* ▸ **hacer acto de presencia** faire acte de présence ▸ **acto reflejo** acte réflexe ▸ **acto sexual** acte sexuel **2.** [ceremonia] cérémonie *f*. ◆ **acto seguido** loc adv aussitôt après.
◆ **en el acto** loc adv sur-le-champ ▸ **fotos de carné en el acto** photos d'identité minute.

actor, triz sm, f acteur *m*, -trice *f* ▸ **actor de doblaje** doublure ▸ **actor principal** o **primer actor** acteur *m* principale ▸ **actor secundario** o **de reparto** second rôle *m*.

actuación sf **1.** [proceder] conduite *f*, façon *f* d'agir **2.** [papel] rôle *m* ; [de la policía, etc.] intervention *f* **3.** [interpretación] jeu *m* **4.** DER ▸ **las actuaciones del juez** la procédure.

actual adj actuel(elle).

actualidad sf actualité *f* ▸ **de actualidad** d'actualité ▸ **en la actualidad** actuellement, à l'heure actuelle ▸ **ser actualidad** faire la une de l'actualité.

actualización sf actualisation *f* ; [de datos] mise *f* à jour.

actualizar [13] vt actualiser ; [datos] mettre à jour ; [repertorio] renouveler.

actualmente adv actuellement.

actuar [6] vi **1.** [gen] agir ▸ **actuar de** [ejercer función] remplir la fonction de **2.** [representar] jouer **3.** DER instruire un procès.

actuario, ria sm, f DER greffier *m*, -ère *f* ▸ **actuario de seguros** actuaire *m*.

acuarela sf aquarelle *f*.
◆ **acuarelas** sfpl aquarelles *fpl*.

acuarelista smf aquarelliste *mf*.

acuario sm aquarium *m*.

Acuario ❖ adj inv [zodiaco] Verseau *(inv)* ▸ **ser Acuario** être Verseau / ***mis hermanos son Acuario*** mes frères sont Verseaux. ❖ sm [signo] Verseau *m*. ❖ smf inv [persona] Verseau *m inv* / ***los Acuario suelen ser un poco caprichosos*** les Verseaux sont souvent un peu capricieux.

acuartelamiento sm casernement *m*.

acuartelar vt MIL [alojar] caserner ; [retener] consigner.

acuático, ca adj aquatique.

acuchillar vt **1.** [apuñalar] poignarder **2.** [mueble, parqué] poncer.

acuciante adj *culto* pressant(e).

acuciar [8] vt *culto* presser ▸ **acuciar con preguntas** presser de questions.

acuclillarse vprnl s'accroupir.

acudir vi **1.** [ir] ▸ **acudir a a)** [cita] se rendre à **b)** [escuela, iglesia] aller à **2.** [venir] arriver ▸ **acudir en auxilio de** venir en aide à **3.** [recurrir] ▸ **acudir a** faire appel à **4.** *fig* ▸ **acudir a la memoria** revenir à la mémoire.

acueducto sm **1.** [para agua] aqueduc *m* **2.** ESP [días de fiesta] *pont de plusieurs jours* / ***en diciembre hay un acueducto de cinco días*** en décembre, il y a un pont de cinq jours.

acuerda ⟶ **acordar**.

acuerdo sm accord *m* ▸ **de acuerdo** d'accord ▸ **de acuerdo con** [conforme a] en accord avec ▸ **estar de acuerdo** être d'accord ▸ **llegar a un acuerdo** parvenir à un accord ▸ **ponerse de acuerdo** se mettre d'accord ▸ **por común acuerdo** d'un commun accord ▸ **acuerdo marco** accord-cadre *m*.

acuesta ⟶ **acostar**.

acuicultivo sm aquaculture *f*.

acuicultor, ra sm, f aquaculteur *m*, -trice *f*, aquiculteur *m*, -trice *f*.

acuicultura sf aquaculture *f*.

acuífero, ra adj aquifère. ◆ **acuífero** sm aquifère *m*.

acumulación sf accumulation *f*.

acumulador sm ELECTR accumulateur *m*.

acumular vt accumuler.
◆ **acumularse** vprnl s'accumuler.

acumulativo, va adj cumulatif(ive).

acunar vt bercer.

acuñar vt **1.** [monedas, medallas] frapper ▸ **acuñar moneda** battre monnaie **2.** [palabras] forger.

acuoso, sa adj aqueux(euse) ; [jugoso] juteux(euse).

acupuntor, ra sm, f acupuncteur *m*, -trice *f*.

acupuntura sf acupuncture *f*.

acurrucarse [10] vprnl se blottir.

acusación sf **1.** [inculpación] accusation *f* **2.** [fiscal] ▸ **la acusación** l'accusation *f*.

acusado, da adj & sm, f accusé(e).

acusador, ra adj accusateur(trice).

acusar vt accuser ▸ **acusar (a alguien de algo)** accuser (qqn de qqch) / ***acuso recibo de su carta*** j'ai bien reçu votre lettre. ◆ **acusarse** vprnl s'accuser.

acusativo sm GRAM accusatif *m*.

acusatorio, ria adj DER accusatoire.

acuse de recibo sm accusé *m* de réception.

acusica adj & smf *fam* rapporteur(euse).

acústico, ca adj acoustique.
◆ **acústica** sf acoustique *f*.

ADA (*abr de* **Asociación de Ayuda al Automovilista**) sf *association privée espagnole de défense des automobilistes*.

adagio sm **1.** [sentencia breve] adage *m* **2.** MÚS adagio *m*.

adalid sm [defensor] champion *m*.

adán sm ▸ **ir hecho un adán** être débraillé.

adaptable adj adaptable.

adaptación sf ▸ **adaptación (a)** adaptation (à).

adaptado, da adj ▸ **adaptado (a)** adapté(e) (à).

adaptador, ra sm, f adaptateur *m*, -trice *f*.
◆ **adaptador** sm adaptateur *m*.

adaptar vt adapter. ◆ **adaptarse** vprnl ▸ **adaptarse (a)** s'adapter (à).

adecentar vt mettre en ordre.
◆ **adecentarse** vprnl s'arranger.

adecuación sf [ajuste] adéquation *f*, ajustement *m*.

adecuado, da adj adéquat(e) ▸ **adecuado para niños** qui convient parfaitement aux enfants.

adecuar [7] vt adapter.
◆ **adecuarse** vprnl ▸ **adecuarse a** s'adapter à.

adefesio sm *fam* horreur *f* ▸ **estar** o **ir hecho un adefesio** être fringué comme l'as de pique.

Cómo expresar el acuerdo

- **Absolument !** *¡Por supuesto!*
- **Vous avez (absolument) raison.** *Tiene (toda la) razón.*
- **Je suis entièrement de votre avis.** *Comparto plenamente su opinión.*
- **Je suis tout à fait d'accord.** *Estoy totalmente de acuerdo.*
- **C'est exactement ce que je pensais.** *Es exactamente lo que pensaba.*
- **Je suis assez d'accord (avec toi).** *Estoy bastante de acuerdo (contigo).*
- **C'est aussi mon avis.** *Yo también pienso lo mismo.*
- **Tu as fait le bon choix.** *Has tomado la decisión acertada.*
- **Pas de problème.** *No hay ningún problema.*

a. de JC., a. JC. (*abr escrita de* **antes de Jesucristo**) av. J.-C. / *en el año 785 a. de JC.* en l'an 785 av. J.-C.

adelantado, da adj avancé(e), en avance ▸ **por adelantado** d'avance.

adelantamiento sm AUTO dépassement *m*.

adelantar ◈ vt **1.** [gen] avancer ▸ **adelantar con** [conseguir] : *¿qué adelantas con eso?* à quoi ça t'avance ? **2.** [dejar atrás] dépasser ; [coche] doubler. ◈ vi **1.** [progresar] faire des progrès **2.** [reloj] avancer. ◆ **adelantarse** vprnl **1.** [en el tiempo] être en avance ▸ **adelantarse para hacer algo** s'y prendre à l'avance pour faire qqch ▸ **adelantársele a alguien** devancer qqn **2.** [reloj] avancer **3.** [en el espacio] s'avancer, avancer.

adelante ◈ adv en avant ▸ **de ahora en adelante** dorénavant, à l'avenir ▸ **más adelante** a) [en el tiempo] plus tard b) [en el espacio] plus loin c) [en un texto] plus bas ▸ **ir adelante** *fig* aller de l'avant ▸ **salir adelante** a) *fig* [personne] s'en sortir b) [proyecto] aboutir, se réaliser ▸ **seguir adelante** suivre son cours. ◈ interj ▸ **¡adelante!** a) [¡siga!] en avant ! b) [¡pase!] entrez !

adelanto sm **1.** [anticipo] avance *f* **2.** [progreso] progrès *m*.

adelfa sf laurier-rose *m*.

adelgazamiento sm amaigrissement *m* / *un régimen de adelgazamiento* un régime amaigrissant.

adelgazante adj amaigrissant(e).

adelgazar [13] ◈ vi maigrir. ◈ vt [kilos] perdre.

ademán sm [gesto] geste *m* ▸ **hacer ademán de** faire mine de. ◆ **ademanes** smpl [modales] manières *fpl*.

además adv en plus, de plus, en outre ▸ **además de** non seulement, outre que ▸ **además de ser caro es malo** non seulement c'est cher, mais en plus c'est mauvais.

adenovirus sm BIOL adénovirus *m*.

adentrarse vprnl ▸ **adentrarse en** a) [selva, etc.] s'enfoncer dans b) [tema, etc.] pénétrer plus avant dans.

adentro adv à l'intérieur, dedans ▸ **tierra adentro** à l'intérieur des terres ▸ **mar adentro** au large.

adentros smpl ▸ **para mis / tus etc. adentros** dans mon / ton etc. for intérieur, en moi-même / toi-même etc.

adepto, ta ◈ adj [partidario] adepte ▸ **ser adepto a** a) [doctrina, religión] être un adepte de b) [partido, política] être partisan de. ◈ sm, f ▸ **adepto (a)** a) [doctrina, religión] adepte *mf* (de) b) [partido, política] partisan *m* (de).

aderezar [13] vt **1.** [sazonar] assaisonner **2.** [adornar] parer.

aderezo sm **1.** [aliño] assaisonnement *m* **2.** [adorno] parure *f*.

adeudar vt **1.** [deber dinero] devoir **2.** COM débiter.

adeudo sm FIN débit *m*.

ADEVIDA (*abr de* **Asociación en Defensa de la Vida Humana**) sf *association espagnole de lutte contre l'avortement*.

adherencia sf **1.** [acción] adhérence *f* ▸ **tener buena / mala adherencia** [pegatina, sello] bien / mal coller **2.** [parte añadida] protubérance *f*.

adherente adj [que pega] adhésif(ive).

adherir [27] vt coller. ◆ **adherirse** vprnl **1.** [pegarse] coller **2.** [aprobar, afiliarse] ▸ **adherirse a** adhérer à.

adhesión sf adhésion *f*.

adhesivo, va adj adhésif(ive). ◆ **adhesivo** sm **1.** [pegatina] autocollant *m* **2.** [sustancia] adhésif *m*.

adhiera ⟶ **adherir**.

adhiriera ⟶ **adherir**.

adicción sf ▸ **adicción (a)** dépendance *f* (par rapport à).

adición sf **1.** [añadidura] ajout *m* **2.** [suma] addition *f*.

adicional adj supplémentaire ; [cláusula, etc.] additionnel(elle).

adicionalmente adv en plus.

adicionar vt additionner.

adictivo, va adj addictif(ive).

adicto, ta ◈ adj ▸ **adicto (a)** dépendant (de). ◈ sm, f fidèle *mf* / *un adicto al alcohol / al tabaco* un alcoolique / fumeur.

adiestrador, ra adj & sm, f dresseur(euse).

adiestramiento sm [de animal] dressage *m* ; [de persona] entraînement *m*.

adiestrar vt [animal] dresser ; [persona] entraîner ; [soldado] exercer ▸ **adiestrar a alguien en algo / para hacer algo** entraîner qqn à qqch / à faire qqch.

adinerado, da adj nanti(e).

adiós ◈ sm adieu *m*. ◈ interj ▸ **¡adiós!** au revoir !

adiposidad sf **1.** [calidad] adiposité *f* **2.** [gordura] obésité *f*.

adiposo, sa adj adipeux(euse).

aditamento sm complément *m*.

aditivo sm additif *m*.

adivinación sf divination *f* / *tiene el don de adivinación del pensamiento* il a le don de deviner la pensée des gens.

adivinador, ra sm, f devin *m*, devineresse *f*.

adivinanza sf devinette *f*.

adivinar vt deviner. ◆ **adivinarse** vprnl se deviner.

adivinatorio, ria adj divinatoire ▸ **las artes adivinatorias** les arts divinatoires.

adivino, na sm, f devin *m*, devineresse *f*.

adjetivar vt **1.** GRAM adjectiver **2.** [calificar] ▸ **adjetivar a alguien de** traiter qqn de.

adjetivo, va adj adjectival(e). ◆ **adjetivo** sm adjectif *m* ▸ **adjetivo calificativo / demostrativo / indefinido / posesivo** adjectif qualificatif / démonstratif / indéfini / possessif ▸ **adjetivo numeral** adjectif numéral.

adjudicación sf **1.** [de premio, etc.] attribution *f* **2.** DER adjudication *f*.

adjudicar [10] vt **1.** [gen] attribuer ; [premio] décerner ; [pensión] allouer **2.** DER adjuger.
◆ **adjudicarse** vprnl [apropiarse] s'attribuer.

adjudicatario, ria sm, f adjudicataire *mf*.

adjuntar vt joindre.

adjunto, ta ◇ adj **1.** [unido] ci-joint(e) / *adjunto le remito...* veuillez trouver ci-joint... **2.** [auxiliar] adjoint(e). ◇ sm, f [auxiliar] adjoint *m*, -e *f* ▸ **adjunto a una cátedra** maître *m* de conférences.
◆ **adjunto** sm INFORM pièce *f* jointe.

adm. = admón.

adminículo sm accessoire *m (épingle, punaise, etc.)*.

administración sf administration *f* ▸ **administración de loterías** ESP *bureau de vente de billets de loterie.*
◆ **Administración** sf [gobierno] Administration *f* ▸ **Administración Pública** service *m* public.

administrador, ra adj & sm, f administrateur(trice), gestionnaire.

administrar vt **1.** [gen] administrer ; [empresa, paga, etc.] gérer **2.** [justicia] rendre **3.** [racionar - fuerzas] économiser ; [- alimentos] rationner. ◆ **administrarse** vprnl [emplear dinero] gérer son budget.

administrativo, va ◇ adj administratif(ive). ◇ sm, f employé *m*, -e *f* de bureau.

admirable adj admirable.

admiración sf **1.** [valoración] admiration *f* **2.** [sorpresa] étonnement *m* **3.** [signo ortográfico] point *m* d'exclamation.

admirador, ra sm, f admirateur *m*, -trice *f*.

admirar vt **1.** [gen] admirer ▸ **ser de admirar** être digne d'admiration **2.** [sorprender] étonner.
◆ **admirarse** vprnl ▸ **admirarse (de) a)** [sorprenderse] s'étonner (de) **b)** [maravillarse] être en admiration (devant).

admisibilidad sf admissibilité *f*.

admisible adj acceptable.

admisión sf **1.** [de persona] admission *f* **2.** [de solicitudes, etc.] acceptation *f*.

admitir vt **1.** [gen] admettre ▸ **admitir a alguien en** admettre qqn à **o** dans **2.** [aceptar] accepter.

admón., adm. (*abr escrita de* **administración**) adm.

admonición sf avertissement *m*.

admonitorio, ria adj d'avertissement.

ADN (*abr de* **ácido desoxirribonucleico**) sm ADN *m* ▸ **una prueba de ADN** un test ADN ▸ **un chip de ADN** INFORM une puce ADN.

adobado, da adj **1.** [alimentos] mariné(e) **2.** [pieles] apprêté(e). ◆ **adobado** sm [salsa] marinade *f*.

adobar vt faire mariner.

adobe sm **1.** [para construir] adobe *m* **2.** AM [pie] grand pied *m*.

adobo sm **1.** [acción] marinage *m* **2.** [salsa] marinade *f*.

adocenado, da adj de bas étage.

adocenarse vprnl vivre dans la médiocrité.

adoctrinamiento sm endoctrinement *m*.

adoctrinar vt endoctriner.

adolecer [30] ◆ **adolecer de** vi **1.** [enfermedad] souffrir de **2.** [defecto] pécher par.

adolescencia sf adolescence *f*.

adolescente adj & smf adolescent(e).

adonde adv où / *la ciudad adonde vamos* la ville où nous allons.

adónde adv où / *¿adónde vas?* où vas-tu ?

adondequiera adv n'importe où / *adondequiera que vaya* où que j'aille.

adonis sm inv *fig* adonis *m*.

adopción sf adoption *f*.

adoptar vt adopter.

adoptivo, va adj adoptif(ive).

adoquín sm **1.** [piedra] pavé *m* **2.** *fam* [zoquete] cruche *f*.

adoquinado, da adj pavé(e). ◆ **adoquinado** sm **1.** [suelo] pavé *m* **2.** [acción] pavage *m*.

adoquinar vt paver.

adorable adj [persona] adorable ; [ambiente, etc.] merveilleux(euse), délicieux(euse).

adoración sf adoration *f*.

adorar vt adorer.

adormecer [30] vt **1.** [producir sueño] assoupir, endormir **2.** *fig* [aplacar] calmer **3.** [entumecer - miembros] engourdir ; [- encía] insensibiliser.
◆ **adormecerse** vprnl s'assoupir, s'endormir.

adormecido, da adj **1.** [soñoliento] assoupi(e), endormi(e) **2.** [entumecido] engourdi(e).

adormecimiento sm **1.** [sueño] assoupissement *m*, endormissement *m* **2.** [entumecimiento] engourdissement *m*.

adormidera sf pavot *m*.

adormilado, da adj assoupi(e), somnolent(e).

adormilarse vprnl s'assoupir.

adornar ◇ vt [habitación, tienda, etc.] décorer ; [vestido, etc.] orner. ◇ vi être décoratif(ive).

adorno sm ornement *m*, décoration *f* ▸ **de adorno a)** [árbol, figura] décoratif(ive), pour décorer **b)** [persona] inutile.

adosado, da adj [casa, chalet] jumeau(elle) ; [pared] mitoyen(enne) / *un garage adosado a la casa* un garage attenant à la maison. ◆ **adosado** sm maison *f* jumelle.

adosar vt adosser.

adquirir [22] vt acquérir ; [éxito] remporter ; [enfermedad, vicio] contracter.

adquisición sf acquisition *f* ▸ **ser algo una buena / mala adquisición** être une bonne/mauvaise affaire.

adquisitivo, va adj : *el poder adquisitivo* le pouvoir d'achat.

adrede adv exprès / *lo hizo adrede* il l'a fait exprès.

adrenalina sf adrénaline *f*.

Adriático npr ▸ **el Adriático** l'Adriatique *f*.

adscribir vt **1.** [asignar] attribuer ; [horario] fixer **2.** [destinar] rattacher. ◆ **adscribirse** vprnl ▸ **adscribirse (a)** **a)** [grupo, partido] adhérer (à) **b)** [ideología] souscrire (à).

adscrito, ta, adscripto, ta adj **1.** [atribuido] assigné(e), attribué(e) **2.** [destinado] affecté(e). ◆ **adscrito** pp ⟶ **adscribir**.

ADSL (*abr de* **asymmetric digital subscriber line**) sm INFORM & TELECOM ADSL *m*.

adsorción sf adsorption *f*.

aduana sf douane *f*.

aduanero, ra adj & sm, f douanier(ère).

aducir [33] vt alléguer.

adueñarse vprnl ▸ **adueñarse de algo** **a)** [apoderarse] s'approprier qqch **b)** *fig* [invadir] s'emparer de qqch.

adujera ⟶ **aducir**.

adulación sf flatterie *f*.

adulador, ra adj & sm, f flatteur(euse).

adular vt flatter.

adulón, ona sm, f flagorneur *m*, -euse *f*.

adulteración sf falsification *f* ; [del vino, etc.] frelatage *m*.

adulterar vt [alimento, hechos] dénaturer, falsifier ; [vino] frelater ; [verdad] déformer.

adulterio sm adultère *m*.

adúltero, ra adj & sm, f adultère.

adulto, ta adj & sm, f adulte.

adusto, ta adj austère.

aduzca ⟶ **aducir**.

advenedizo, za adj & sm, f [a un lugar] étranger(ère) ; [a una posición, etc.] parvenu(e).

advenimiento sm avènement *m*.

adventista adj & smf adventiste.

adverbial adj adverbial(e).

adverbio sm adverbe *m* ▸ **adverbio de cantidad / lugar / modo / tiempo** adverbe de quantité / lieu / manière / temps.

adversario, ria sm, f adversaire *mf*.

adversativo, va adj adversatif(ive).

adversidad sf adversité *f*.

adverso, sa adj adverse ; [circunstancias] défavorable ; [destino, viento] contraire.

advertencia sf avertissement *m* ▸ **servir de advertencia** servir de leçon.

advertido, da adj **1.** [avisado] averti(e), prévenu(e) / *¡estás advertido!* tu es **o** te voilà prévenu ! **2.** [prudente, listo] avisé(e).

advertir [27] vt **1.** [notar] remarquer **2.** [prevenir] signaler, faire remarquer **3.** [avisar] avertir, prévenir.

adviento sm Avent *m*.

advierta ⟶ **advertir**.

advirtiera ⟶ **advertir**.

adyacente adj adjacent(e).

adyuvante ◈ adj adjuvant(e). ◈ sm adjuvant *m*.

AEE (*abr de* **Agencia Espacial Europea**) sf ASE *f*.

AEMET (*abr de* **Agencia Espacial de Meteorología**) sf *institut national espagnol de la météorologie*.

Aenor (*abr de* **Asociación Española para la Normalización y Racionalización**) sf *agence espagnole de normalisation* ; ≃ AFNOR *f* ▸ **el certificado (de calidad de) Aenor** ≃ la certification AFNOR ▸ **la norma Aenor** ≃ la norme AFNOR.

aeración sf aération *f*.

aéreo, a adj aérien(enne).

aerobic [ae'roβik] sm aérobic *m*.

aerobio, bia adj aérobie.

aerocarril sm ARG PRICO URUG téléphérique *m*.

aeroclub (*pl* **aeroclubes** *o* **aeroclubs**) sm aéro-club *m*.

aerodeslizador sm aéroglisseur *m*.

aerodinámico, ca adj aérodynamique. ◆ **aerodinámica** sf aérodynamique *f*.

aeródromo sm aérodrome *m*.

aeroespacial adj aérospatial(e).

aerofagia sf aérophagie *f*.

aerofaro sm balise *f* lumineuse *(d'aéroport)*.

aerogenerador sm aérogénérateur *m*, éolienne *f*.

aerógrafo sm Aérographe® *m*.

aerolínea sf ligne *f* aérienne.

aerolito sm aérolithe *m*.

aeromodelismo sm aéromodélisme *m*.

aeromozo, za sm, f AM steward *m*, hôtesse *f* de l'air.

aeronauta smf aéronaute *mf*.

aeronáutico, ca adj aéronautique. ◆ **aeronáutica** sf aéronautique *f*.

aeronaval adj aéronaval(e).

aeronave sf aéronef *m*.

aeroplano sm aéroplane *m*.

aeropuerto sm aéroport *m*.

aerosol sm aérosol *m*.

aerostático, ca adj aérostatique. ◆ **aerostática** sf aérostatique *f*.

aeróstato sm aérostat *m*.

aerotaxi sm avion-taxi *m*.

aerotransportado, da adj aéroporté(e).

aerotransportar vt aéroporter.

aerotrén sm Aérotrain® *m*.

AES (*abr de* **acuerdo económico y social**) sm *accord économique et social entre le patronat, les syndicats et le gouvernement espagnols*.

afabilidad sf affabilité *f*.

afable adj affable, avenant(e).

afamado, da adj renommé(e).

⚠ **Affamé** es un falso amigo, no significa *afamado*, sino "hambriento".

afán sm **1.** [en el trabajo] ardeur *f* **2.** [de aventuras] soif *f* ; [por aprender] désir *m* / *le costó tantos afanes* cela lui a coûté tant d'efforts.

afanador, ra sm, f **1.** MÉX [empleado] *agent de service dans un établissement public* **2.** MÉX RP [ladrón] voleur(euse).

afanar vt *fam* [robar] piquer.
◆ **afanarse** vprnl [esforzarse] ▸ **afanarse (por hacer algo)** s'efforcer (de faire qqch).

Afanías (*abr de* **Asociación Pro Personas con Discapacidad Intelectual**) sf *association espagnole d'aide aux handicapés mentaux*.

afanosamente adv avec ardeur.

afanoso, sa adj **1.** [penoso] laborieux(euse) **2.** [deseoso] ▸ **afanoso por** avide de.

afarolarse vprnl ANDES CUBA CHILE PERÚ *fam* **1.** [exaltarse] se troubler **2.** [enojarse] monter sur ses grands chevaux, se fâcher.

afasia sf aphasie *f*.

afear vt enlaidir.

afección sf affection *f*.

afectación sf affectation *f*.

afectado, da ◇ adj **1.** [gen] affecté(e) ▸ **afectado por** affecté par **2.** [por enfermedad] atteint(e) ▸ **afectado de** atteint de. ◇ sm, f [de accidente] victime *f* ; [de siniestro] sinistré *m*, -e *f* ; [de enfermedad] malade *mf*.

afectar vt **1.** [afligir, fingir] affecter **2.** [atañer, perjudicar] toucher ; [suj: enfermedad, desastre] frapper ; [suj: decisión, discusión] porter tort à.

afectísimo, ma adj [en cartas] ▸ **suyo afectísimo** bien à vous.

afectividad sf affectivité *f*.

afectivo, va adj **1.** [emocional] affectif(ive) **2.** [sensible] sensible.

afecto sm affection *f* ▸ **sentir afecto por alguien, tenerle afecto a alguien** avoir de l'affection pour qqn.

afectuosamente adv affectueusement.

afectuoso, sa adj affectueux(euse).

afeitado sm **1.** [del pelo] rasage *m* **2.** TAUROM épointage *m*. ◆ **afeitada** sf AM rasage *m*.

afeitar vt **1.** [pelo] raser **2.** TAUROM ▸ **afeitar el toro** épointer les cornes du taureau.
◆ **afeitarse** vprnl se raser.

afeite sm **1.** [acicalamiento] toilette *f* **2.** [cosmético] produit *m* de maquillage.

afelpado, da adj : *un tejido afelpado* un tissu peluché.
◆ **afelpado** sm paillasson *m*.

afeminado, da adj efféminé(e).
◆ **afeminado** sm efféminé *m*.

afeminarse vprnl être efféminé.

aferrar vt [agarrar] saisir.
◆ **aferrarse** vprnl ▸ **aferrarse a** a) [idea, sentimiento] s'obstiner à, ne pas démordre de b) *fig* [persona] s'accrocher à.

affaire [a'fer] sm [negocio] affaire *f*.

Afganistán npr Afghanistan *m*.

afgano, na ◇ adj afghan(e). ◇ sm, f Afghan *m*, -e *f*.

AFI (*abr de* **alfabeto fonético internacional**) sm API *m* ▸ **un signo (fonético) del AFI** un signe (phonétique) de l'API.

afianzamiento sm [de cosa] consolidation *f* / *el ayuntamiento ha subvencionado el afianzamiento de los balcones* la mairie a subventionné la consolidation des balcons.

afianzar [13] vt **1.** [idea] cautionner ; [teoría] étayer ; [pedido] appuyer ; [sospechas] renforcer **2.** [pared, etc.] consolider, renforcer. ◆ **afianzarse** vprnl se cramponner ▸ **afianzarse con** se raccrocher à ▸ **afianzarse en** [una opinión] être conforté(e) dans.

afiche sm AM affiche *f*.

afición sf **1.** [inclinación] penchant *m* ▸ **por afición** par goût, pour le plaisir ▸ **tener afición a algo** aimer bien qqch **2.** [conjunto de aficionados] fans *mpl* ; [al fútbol] supporters *mpl* ; [al arte] amateurs *mpl*.

aficionado, da ◇ adj ▸ **ser aficionado a algo** être un grand amateur de qqch. ◇ sm, f amateur *mf* / *para ser un aficionado pinta bien* pour un amateur, il ne peint pas mal ▸ **aficionado al cine** cinéphile *mf*.

aficionar vt ▸ **aficionar a alguien a algo** faire aimer qqch à qqn. ◆ **aficionarse** vprnl ▸ **aficionarse a algo** prendre goût à qqch, se passionner pour qqch.

afiebrarse vprnl AM avoir de la fièvre.

afijo, ja adj GRAM affixal(e). ◆ **afijo** sm GRAM affixe *m*.

afilado, da adj **1.** [fino] effilé(e) ; [cuchillo] aiguisé(e) ; [lápiz] taillé(e) **2.** *fig* [mordaz] incisif(ive).
◆ **afilado** sm affûtage *m*.

afilador, ra ◇ adj à aiguiser. ◇ sm, f rémouleur *m*.
◆ **afiladora** sf affûteuse *f*.

afilalápices sm inv taille-crayon *m*.

afilar vt [cuchillo, tijeras] aiguiser ; [lápiz] tailler.
◆ **afilarse** vprnl *fig* [cara, nariz] s'affiner.

afiliación sf affiliation *f*.

afiliado, da sm, f affilié *m*, -e *f* ; [a un partido, un club] adhérent *m*, -e *f*.

afiliar vt affilier ▸ **afiliar a alguien a** [partido, club] affilier qqn à, faire adhérer qqn à. ◆ **afiliarse** vprnl s'affilier ▸ **afiliarse a** [partido, club] s'affilier à, adhérer à.

afín adj voisin(e) ; [gustos] commun(e) ; [materias] similaire.

afinador, ra ◇ adj MÚS affineur(euse). ◇ sm, f MÚS accordeur *m*, -euse *f*. ◆ **afinador** sm MÚS accordoir *m*.

afinar vt **1.** MÚS [instrumento] accorder ; [voz] poser **2.** [trabajo] peaufiner ; [tiro] ajuster **3.** [metal] affiner.

afincar [10] vi acheter une propriété. ◆ **afincarse** vprnl : *afincarse en el campo* s'établir à la campagne.

afinidad sf affinité *f* ▸ **por afinidad** [parentesco] par alliance.

afinque ⟶ **afincar**.

afirmación sf affirmation *f*.

afirmar vt **1.** [decir] affirmer **2.** [afianzar] conforter **3.** CONSTR renforcer. ◆ **afirmarse** vprnl **1.** [asegurarse] se confirmer **2.** [ratificarse] ▸ **afirmarse en lo dicho** maintenir ce que l'on a dit.

afirmativo, va adj affirmatif(ive) ▸ **en caso afirmativo** dans l'affirmative. ◆ **afirmativa** sf ▸ **contestar con una afirmativo** répondre par l'affirmative.

aflautado, da adj [tono, voz] flûté(e).

aflicción sf peine *f* profonde.

afligido, da adj affligé(e), attristé(e).

afligir [15] vt affliger. ◆ **afligirse** vprnl être affligé(e).

aflojar ❖ vt **1.** [cinturón, nudo] desserrer ; [cuerda] donner du mou **2.** ESP *fam* [dinero] lâcher / *afloja lo que me debes* file-moi ce que tu me dois. ❖ vi **1.** [fiebre] baisser ; [viento] tomber ; [tormenta] se calmer **2.** *fig* [ceder] lâcher du lest.

aflorar vi *pr* & *fig* affleurer.

afluencia sf affluence *f*, flot *m*.

afluente sm affluent *m*.

afluir [51] vi **1.** [gente, fluido] ▸ **afluir a** affluer à **2.** [río] ▸ **afluir a** se jeter dans.

aflujo sm MED afflux *m*.

afluya ⟶ **afluir**.

afluyera ⟶ **afluir**.

afonía sf extinction *f* de voix.

afónico, ca adj aphone.

aforar vt **1.** [mercancías] évaluer **2.** [río] jauger.

aforismo sm aphorisme *m*.

aforo sm capacité *f (d'accueil)* / *el teatro tiene un aforo de 1.000 plazas* le théâtre a 1 000 places ▸ **'aforo completo'** TEATRO 'complet'.

afortunadamente adv heureusement.

afortunado, da ❖ adj **1.** [agraciado] chanceux(euse) ▸ **es muy afortunado** il a beaucoup de chance **2.** [feliz] heureux(euse). ❖ sm, f [en lotería] gagnant *m*, -e *f*.

> ⚠ **Fortuné** es un falso amigo, no significa *afortunado*, sino "adinerado".

afrancesado, da ❖ adj très français(e) / *tiene un estilo afrancesado* il a un style très français. ❖ sm, f HIST *partisan de Napoléon pendant la guerre d'Espagne*.

afrenta sf **1.** [vergüenza] déshonneur *m* **2.** [agravio] affront *m*.

afrentar vt **1.** [deshonrar, avergonzar] humilier, offenser **2.** [agraviar, ofender] faire affront à, outrager.

África npr Afrique *f* ▸ **África austral** l'Afrique australe ▸ **África del Norte** l'Afrique du Nord ▸ **África negra** l'Afrique noire.

africado, da adj affriqué(e). ◆ **africada** sf affriquée *f*.

africanismo sm [en sciences humaines] africanisme *m*.

africano, na ❖ adj africain(e). ❖ sm, f Africain *m*, -e *f*.

afrikáner ❖ adj afrikaner, afrikander. ❖ smf Afrikaner *mf*, Afrikander *mf*.

afro adj inv [peinado] afro *(inv)* ; [música] africain(e).

afroamericano, na adj afro-américain(e).

afrodisíaco, ca, afrodisiaco, ca adj aphrodisiaque. ◆ **afrodisíaco, afrodisiaco** sm aphrodisiaque *m*.

afrontar vt **1.** [hacer frente] affronter **2.** [carear] confronter.

afrutado, da adj fruité(e).

afta sf aphte *m*.

afterhours, after hours [ˌafte'rawers] sm after *m*.

aftershave, after shave sm après-rasage *m*, aftershave *m inv*.

aftersun [after'san] adj inv après-soleil *(inv)*.

afuera adv dehors, à l'extérieur. ◆ **afueras** sfpl ▸ **las afueras** la banlieue, les environs *mpl*.

afuerita adv AM *fam* dehors.

afusilar vt AM *fam* fusiller.

agachar vt baisser *(la tête, etc.)*. ◆ **agacharse** vprnl se baisser.

agalla sf *(gen pl)* ZOOL ouïe *f*. ◆ **agallas** sfpl *fig* cran *m* ▸ **tener agallas** avoir du cran.

ágape sm *culto* festin *m*.

agarrada sf ⟶ **agarrado**.

agarradera sf **1.** AM [mango] poignée *f* **2.** BOL COL MÉX PRICO [abrazadera] crochet *m*.

agarradero sm **1.** [asa] prise *f* **2.** *fam* & *fig* [pretexto] mauvaise excuse *f*.

agarrado, da adj **1.** [asido] accroché(e) ▸ **agarrado de** accroché à ▸ **agarrados del brazo** bras dessus bras dessous ▸ **agarrados de la mano** main dans la main **2.** *fam* [tacaño] radin(e). ◆ **agarrado** sm slow *m*. ◆ **agarrada** sf *fam* prise *f* de bec.

agarrar ❖ vt **1.** [asir] saisir **2.** [ladrón, enfermedad] attraper ▸ **agarrarla** *fam* prendre une cuite **3.** AM [coger] prendre / *agarrar a alguien por el brazo* prendre qqn par le bras / *agarrar un taxi* prendre un taxi. ❖ vi [planta] prendre. ◆ **agarrarse** vprnl **1.** [sujetarse] s'accrocher ▸ **agarrarse de o a algo** se raccrocher à qqch ▸ **agarrarse fuerte** se cramponner **2.** CULIN [pegarse] attacher **3.** *fam* & *fig* [pelearse] s'accrocher **4.** [poner pretexto] ▸ **agarrarse a algo** prendre qqch pour excuse.

agarrón sm **1.** [tirón] ▸ **dar un agarrón a alguien** empoigner qqn **2.** [altercado] empoignade *f.*

agarrotado, da adj **1.** [rígido] engourdi(e) **2.** [mecanismo] enrayé(e) ; [motor] grippé(e).

agarrotamiento sm **1.** [rigidez] rigidité *f*, dureté *f* **2.** [de parte del cuerpo] raideur *f*, raidissement *m.*

agarrotar vt [apretar - cuello] serrer ; [- garganta] comprimer. ◆ **agarrotarse** vprnl **1.** [entumecerse] s'engourdir **2.** [atascarse] s'enrayer.

agasajar vt traiter comme un roi (une reine) ▸ **agasajar a alguien con algo** offrir qqch à qqn.

agasajo sm traitement *m* de faveur.

ágata sf *(el)* agate *f.*

agave sf agave *m.*

agazapado, da adj tapi(e).

agazaparse vprnl [para acechar, atacar] se tapir *(avant d'attaquer).*

agencia sf **1.** [empresa, organismo administrativo] agence *f* ▸ **agencia de aduanas** bureau *m* de douane ▸ **agencia de noticias** o **prensa** agence de presse ▸ **agencia de viajes / de publicidad** agence de voyages / de publicité ▸ **agencia inmobiliaria / matrimonial** agence immobilière / matrimoniale ▸ **agencia tributaria** ≃ perception *f* **2.** ECON succursale *f* **3.** CHILE [casa de empeño] mont-de-piété *m.*

agenciar [8] vt procurer. ◆ **agenciarse** vprnl ▸ **agenciarse algo** se procurer qqch.

agenda sf **1.** [gen] agenda *m* ▸ **agenda de direcciones** carnet *m* d'adresses ▸ **agenda de teléfonos** répertoire *m* téléphonique ▸ **agenda electrónica** agenda électronique **2.** [de trabajo] programme *m.*

agente ◈ smf agent *m* ▸ **agente comercial** commercial *m*, -e *f* ▸ **agente de aduanas** douanier *m* ▸ **agente de cambio (y bolsa)** agent de change ▸ **agente de policía** o **de la autoridad** agent (de police) ▸ **agente secreto** agent secret ▸ **agentes económicos** agents économiques ▸ **agentes sociales** partenaires *mpl* sociaux. ◈ sm **1.** [causa activa] agent *m* **2.** GRAM ⟶ **complemento**.

agigantado, da adj [muy grande] gigantesque ▸ **a pasos agigantados** à pas de géant.

agigantar vt [image, fait] grossir.

ágil adj **1.** [movimiento, persona] agile **2.** [estilo] enlevé(e) ; [mente] alerte.

agilidad sf agilité *f.*

agilipollado, da adj ESP *mfam* abruti(e).

agilización sf activation *f.*

agilizar [13] vt faciliter.

agio sm agio *m.*

agiotaje sm agiotage *m.*

agitación sf agitation *f.*

agitado, da adj **1.** [alterado - persona, voz] agité(e), troublé(e) ; [- respiración] agité(e), haletant(e) **2.** [lleno de movimiento - mar] agité(e) ; [- multitud] agité(e), en effervescence *f* ; [- vida, días] agité(e), mouvementé(e).

agitador, ra ◈ adj violent(e). ◈ sm, f agitateur *m*, -trice *f.*

agitanado, da adj de gitan(e).

agitar vt **1.** [mover - botella, etc.] secouer ; [- líquido] remuer ; [- brazos] agiter **2.** [inquietar] agiter **3.** [alterar, perturbar] agiter, semer le trouble dans.

aglomeración sf agglomération *f* ; [de gente] attroupement *m.*

aglomerado sm **1.** [agregación] agglomérat *m* **2.** [tipo de madera, combustible] aggloméré *m.*

aglomerar vt agglomérer ; [datos, pruebas] accumuler. ◆ **aglomerarse** vprnl s'amasser.

aglutinante adj agglutinant(e).

aglutinar vt **1.** [pegar] agglutiner **2.** *fig* [reunir] regrouper ; [esfuerzos] conjuguer ; [ideas] rassembler **3.** MED : *aglutinar los labios de una herida* rapprocher les lèvres d'une plaie.

agnosticismo sm agnosticisme *m.*

agnóstico, ca adj & sm, f agnostique.

ago., ago (*abr escrita de* **agosto**) août / *15 ago. 2012* 15 août 2012.

agobiado, da adj [angustiado, preocupado] angoissé(e) / *estaba agobiado de trabajo* il était accablé de travail.

agobiante adj [calor, trabajo] accablant(e) ; [persona] épuisant(e).

agobiar [8] vt accabler, submerger / *estoy agobiado* **a)** [por el trabajo, etc.] je suis débordé **b)** [deprimido] je n'en peux plus. ◆ **agobiarse** vprnl s'angoisser / *no te agobies* ne t'angoisse pas, ne t'en fais pas.

agobio sm [físico] étouffement *m* ; [psíquico] angoisse *f*, accablement *m* ▸ **¡qué agobio!** quelle angoisse !

agolparse vprnl **1.** [gente] s'attrouper ; [sangre] affluer **2.** *fig* [problemas] s'accumuler.

agonía sf **1.** [gen] agonie *f* **2.** *fig* [angustia] angoisse *f.*

agónico, ca adj **1.** [de la agonía] de l'agonie **2.** [moribundo] moribond(e), à l'agonie / *está agónico* il est moribond.

agonizante adj agonisant(e).

agonizar [13] vi **1.** [expirar, extinguirse] agoniser, être à l'agonie **2.** *fig* [sufrir] souffrir le martyre.

ágora sf agora *f.*

agorafobia sf agoraphobie *f.*

agorar [46] vt prédire.

agorero, ra sm, f *culto* prophète *m* de malheur.

agosto sm **1.** [mes] août *m* **2.** *fig* [cosecha] temps *m* des moissons **3.** EXPR **hacer su agosto** faire son beurre. *Ver también* **septiembre**.

agotado, da adj épuisé(e) ▸ **agotado de trabajar** épuisé par le travail.

agotador, ra adj épuisant(e).

agotamiento sm épuisement *m.*

agotar vt épuiser.

agraciado, da ◆ adj **1.** [atractivo] ravissant(e) **2.** [afortunado] ▸ **agraciado con algo** qui a la chance de gagner qqch. ◆ sm, f [afortunado] heureux gagnant *m*, heureuse gagnante *f*.

agraciar [8] vt **1.** [embellecer] embellir **2.** [conceder] accorder **3.** *culto* [premiar] ▸ **agraciar con** gratifier de.

agradable adj agréable.

agradar vi être agréable.

agradecer [30] vt **1.** [suj: persona] ▸ **agradecer algo a alguien** a) [dar las gracias] remercier qqn de qqch b) [estar agradecido] être reconnaissant(e) à qqn de qqch **2.** [suj: cosas] apprécier.

agradecido, da adj reconnaissant(e).

agradecimiento sm reconnaissance *f*.

agrado sm **1.** [gusto] plaisir *m* **2.** [afabilidad] complaisance *f*.

agrandar vt agrandir.

agrario, ria adj [reforma] agraire ; [explotación, política] agricole.

agravación sf aggravation *f*.

agravamiento sm aggravation *f*.

agravante ◆ adj aggravant(e). ◆ sm circonstance *f* aggravante.

agravar vt **1.** [empeorar] aggraver **2.** [aumentar] augmenter (le poids de). ◆ **agravarse** vprnl s'aggraver.

agraviar [8] vt offenser.

agravio sm **1.** [ofensa] offense *f* **2.** [perjuicio] injustice *f* ▸ **agravio comparativo** injustice / *no puedo pagarte más a ti que a los demás porque sería un agravio comparativo* je ne peux pas te payer plus que les autres, ce serait avoir deux poids, deux mesures.

agraz sm **1.** [uva] raisin *m* vert **2.** [zumo] verjus *m* **3.** *fam* & *fig* [amargura] ▸ **sentir agraz** avoir la rage **4.** EXPR **en agraz** à l'état d'ébauche.

agredido, da ◆ adj agressé(e). ◆ sm, f victime *f* *(d'une agression)*.

agredir [78] vt agresser.

agregación sf ajout *m*.

agregado, da ◆ adj [añadido] ajouté(e). ◆ sm, f **1.** EDUC maître *m* auxiliaire **2.** [de embajada] attaché *m*, -e *f* ▸ **agregado cultural** attaché culturel. ◆ **agregado** sm **1.** [añadido] ajout *m* **2.** ECON agrégat *m*.

agregar [16] vt ▸ **agregar (algo a algo)** ajouter (qqch à qqch). ◆ **agregarse** vprnl ▸ **agregarse (a algo)** rejoindre (qqch).

agresión sf [ataque] agression *f*.

agresividad sf agressivité *f*.

agresivo, va adj **1.** [ofensivo, provocativo] agressif(ive) **2.** *fig* [emprendedor] dynamique.

agresor, ra sm, f agresseur *m*.

agreste adj **1.** [rural] agreste ; [paisaje] champêtre **2.** [animal, vegetación] sauvage **3.** *fig* [basto, rudo] fruste.

agriar [9] vt **1.** [alimento] rendre aigre **2.** *fig* [carácter] aigrir. ◆ **agriarse** vprnl **1.** [leche] tourner ; [vino] devenir aigre **2.** *fig* [carácter] s'aigrir.

agrícola adj agricole.

agricultor, ra sm, f agriculteur *m*, -trice *f*.

agricultura sf agriculture *f* ▸ **agricultura extensiva / intensiva** agriculture extensive / intensive.

agridulce adj aigre-doux (aigre-douce).

agrietado, da adj [muro] lézardé(e) ; [tierra] crevassé(e), craquelé(e) ; [labios, manos] gercé(e).

agrietar vt [muro] lézarder ; [tierra] crevasser, craqueler ; [labios, manos] gercer.
◆ **agrietarse** vprnl [labios, manos] se gercer.

agrimensor, ra sm, f géomètre *mf*.

agringarse [16] vprnl AM *despec* s'américaniser.

agrio, gria adj **1.** [ácido] aigre **2.** *fig* [desagradable] âpre. ◆ **agrios** smpl agrumes *mpl*.

agriparse vprnl AM attraper la grippe.

agro sm terres *fpl* cultivées / *los problemas del agro* les problèmes de la terre.

agroalimentario, ria adj agroalimentaire.

agrocarburante sm agrocarburant *m*.

agroindustrial adj agro-industriel(elle).

agronomía sf agronomie *f*.

agrónomo, ma sm, f agronome *mf*.

agropecuario, ria adj agricole.

agroturismo sm tourisme *m* vert.

agrupación sf **1.** [asociación] groupe *m* **2.** [agrupamiento] regroupement *m*.

agrupamiento sm [concentración] regroupement *m*.

agrupar vt grouper, regrouper.

agua sf *(el)* eau *f* ▸ **agua bendita / destilada / dulce / potable** eau bénite / distillée / douce / potable ▸ **agua de la llave** CHILE COL MÉX eau du robinet ▸ **agua mineral** eau minérale ▸ **agua (mineral) con gas / sin gas** eau gazeuse / plate ▸ **claro como el agua** clair comme de l'eau de roche ▸ **estar como agua para chocolate** MÉX *fam* être fou furieux ▸ **estar con el agua al cuello** avoir des problèmes jusqu'au cou ▸ **hacer agua** a) NÁUT faire eau b) *fig* couler ▸ **hacerse algo agua en la boca** fondre dans la bouche ▸ **quedar algo en agua de borrajas** s'en aller en eau de boudin ▸ **venir como agua de mayo** ESP arriver inévitablement, arriver comme mars en carême. ◆ **aguas** sfpl **1.** [manantial, de río, mar] eaux *fpl* ▸ **aguas termales** eaux thermales ▸ **aguas territoriales o jurisdiccionales** eaux territoriales **2.** [de tejado] pente *f* ▸ **cubrir aguas** poser la toiture **3.** [de diamante] eau *f* **4.** EXPR **nadar entre dos aguas** nager entre deux eaux ▸ **romper aguas** perdre les eaux ▸ **tomar las aguas** ESP prendre les eaux. ◆ **agua de Colonia** sf eau *f* de Cologne. ◆ **agua oxigenada** sf eau *f* oxygénée. ◆ **aguas menores** sfpl urine *f*. ◆ **aguas residuales** sfpl eaux *fpl* usées.

aguacate sm **1.** [fruto] avocat *m* **2.** [árbol] avocatier *m*.

aguacero sm averse *f*.

aguachar vt CHILE **1.** [amansar] apprivoiser, domestiquer **2.** [separar de la madre] séparer de sa mère. ◆ **aguacharse** vprnl CHILE [encariñarse] s'attacher ▸ **aguacharse con** s'attacher à.

aguachirle sm [café] lavasse *f*.

aguadilla sf ▸ **hacer una aguadilla a alguién** couler qqn *(pour s'amuser)*.

aguado, da adj **1.** [vino, etc.] coupé(e) ; [sopa] trop liquide **2.** *fig* [estropeado] gâché(e) **3.** MÉX RP VEN [insípido] sans goût. ◆ **aguada** sf ARTE gouache *f*.

aguafiestas sm, f inv rabat-joie *mf inv*.

aguafuerte sm o sf eau-forte *f*.

aguaitada sf AM *fam* ▸ **echar una aguaitada** jeter un coup d'œil.

aguaitar vt AM *fam* **1.** [mirar] regarder ; [espiar] épier **2.** [esperar] attendre.

aguaite sm AM *fam* ▸ **al aguaite** sur le qui-vive.

aguaje sm **1.** CAM [regañina] semonce *f*, réprimande *f* **2.** ANDES CAM [aguacero] averse *f* violente **3.** CARIB *fam* [fanfarronería] vantardise *f* **4.** VEN *fam* [aburrimiento] ennui *m*.

aguamarina sf aigue-marine *f*.

aguamiel sf AM CULIN *eau mélangée avec du sucre de canne*.

aguanieve sf neige *f* fondue.

aguantar ✧ vt **1.** [gen] tenir **2.** [resistir, tolerar] supporter **3.** [contener] retenir. ✧ vi résister. ◆ **aguantarse** vprnl **1.** [contenerse] se retenir **2.** [resignarse] faire avec.

aguante sm **1.** [paciencia] patience *f* **2.** [resistencia] résistance *f* ▸ **tener aguante** être résistant(e).

aguar [45] vt **1.** [mezclar con agua] couper *(avec de l'eau)* **2.** *fig* [estropear] gâcher. ◆ **aguarse** vprnl être gâché(e).

aguardar vt être dans l'attente de.

aguardiente sm eau-de-vie *f*.

aguarrás sm white-spirit *m*.

aguatero sm AM porteur *m* d'eau.

aguce ⟶ **aguzar**.

agudeza sf **1.** [delgadez] finesse *f* **2.** *fig* [de los sentidos, del ingenio] acuité *f* **3.** [dicho ingenioso] mot *m* d'esprit.

agudización sf [de problema, crisis] aggravation *f*.

agudizar [13] vt **1.** [afilar] aiguiser **2.** *fig* [acentuar] accentuer. ◆ **agudizarse** vprnl **1.** [crisis] devenir plus aigu(uë) **2.** [ingenio] devenir plus subtil(e).

agudo, da adj **1.** [gen] pointu(e) ; [crisis, voz, nota] aigu(uë) ; [problema, enfermedad] grave ; [olor, sabor] fort(e) **2.** *fig* [perspicaz - mente] vif (vive) ; [- oído] fin(e) ; [- vista] perçant(e) **3.** *fig* [ingenioso] spirituel(elle) **4.** GRAM ▸ **palabra aguda** mot accentué sur la dernière syllabe. ◆ **aguda** sf GRAM [palabra] *mot dont l'accent tonique tombe sur la dernière syllabe*.

agüe ⟶ **aguar**.

agüero sm ▸ **de buen /mal agüero** de bon /mauvais augure.

aguerrido, da adj **1.** *culto* [valiente] aguerri(e) **2.** *fig* [experimentado] chevronné(e).

aguijar vt **1.** [espolear - buey] aiguillonner ; [- caballo] éperonner **2.** *fig* [estimular] harceler.

aguijón sm **1.** [de insecto] dard *m* **2.** [de planta] épine *f* **3.** *fig* [estímulo] motivation *f* **4.** *fig* [llamada] : *sintió el aguijón del arte* il s'est senti une vocation d'artiste.

aguijonear vt **1.** [espolear - buey] aiguillonner ; [- caballo] éperonner **2.** *fig* [estimular] titiller.

águila sf *(el)* **1.** [ave] aigle *m* **2.** *fig* [persona] lumière *f*.

aguileño, ña adj aquilin / *una nariz aguileña* un nez aquilin.

aguilucho sm aiglon *m*.

aguinaldo sm étrennes *fpl*.

agüitado, da adj MÉX [triste, desanimado] abattu(e), découragé(e).

aguja sf aiguille *f* ▸ **buscar una aguja en un pajar** *fig* chercher une aiguille dans une botte de foin ▸ **aguja hipodérmica** seringue *f* hypodermique. ◆ **agujas** sfpl **1.** [de res] aiguillettes *fpl* **2.** [de ferrocarril] aiguillage *m*.

agujerear vt percer un trou dans. ◆ **agujerearse** vprnl trouer ▸ **agujerearse los calcetines** trouer ses chaussettes.

agujero sm trou *m* ▸ **agujero negro** ASTRON trou noir ▸ **agujero de ozono** trou d'ozone.

agujetas sfpl **1.** ESP [en los músculos] courbatures *fpl* **2.** MÉX [cordones] lacet *mpl* (de chaussures).

agustino, na sm, f augustin *m*, -e *f*.

aguzar [13] vt **1.** [cuchillo, apetito] aiguiser **2.** *fig* [sentido] stimuler.

ah interj ▸ **¡ah!** ah !

ahí adv là / *la solución está ahí* c'est là qu'est la solution / *ahí está* AM le voilà ▸ **¡ahí muere!** MÉX laisse tomber ! ▸ **ahí no más** AM ici même ▸ **ahí nomás** ANDES CARIB RP MÉX bof ▸ **ahí se va** MÉX aucune importance ▸ **¡ahí tienes!** voilà ! ▸ **está por ahí** a) [en un lugar indefinido] il est quelque part par là b) [fuera] il est sorti ▸ **de ahí que** [por eso] d'où le fait que ▸ **por ahí, por ahí** à peu près ▸ **por ahí va la cosa** c'est à peu près ça.

ahijado, da sm, f **1.** [de padrinos] filleul *m*, -e *f* **2.** *fig* [protegido] protégé *m*, -e *f*.

ahijar vt adopter.

ahínco sm acharnement *m*.

ahíto, ta adj *culto* **1.** [saciado] repu(e) **2.** [lleno, repleto] rempli(e) **3.** *fig* [fastidiado] ▸ **estar ahíto de** être las de.

AHN (*abr de* **Archivo Histórico Nacional**) sm *Archives nationales espagnoles*.

ahogadilla sf ▸ **darle o hacerle una ahogadilla a alguien** ESP faire boire la tasse à qqn.

ahogado, da ◆ adj **1.** [respiración] difficile **2.** [espacio] exigu(ë) **3.** *fig* [agobiado] ▸ **ahogado en** accablé de. ◆ sm, f noyé *m*, -e *f*.

ahogar [16] vt **1.** [asfixiar - en el agua] noyer ; [- cubriendo boca y nariz] étouffer **2.** [estrangular] étrangler **3.** [extinguir, dominar] étouffer. ◆ **ahogarse** vprnl **1.** [en el agua] se noyer **2.** [asfixiarse] s'étouffer **3.** *fig* [sofocarse] étouffer.

ahogo sm **1.** [asfixia] étouffement *m* **2.** *fig* [angustia] oppression *f*.

ahogue ⟶ **ahogar**.

ahondar vi ▸ **ahondar (en algo)** a) [penetrar] s'enfoncer (dans qqch) b) *fig* [profundizar] approfondir (qqch).

ahora ◆ adv maintenant / *ahora vive en México* maintenant il vit au Mexique / *ahora nos vemos* on se voit tout à l'heure ▸ **ahora mismo** a) [enseguida] tout de suite b) [hace poco] à l'instant / *ha salido ahora mismo* il vient juste de sortir, il est sorti à l'instant / *ven ahora mismo* viens tout de suite ▸ **por ahora** pour le moment. ◆ conj **1.** [ya... ya] : *ahora haga frío, ahora calor siempre viste igual* qu'il fasse froid ou qu'il fasse chaud, il s'habille toujours de la même façon **2.** [pero] mais / *dámelo, ahora no me hago responsable* donne-le-moi, mais je n'en prends pas la responsabilité ▸ **ahora bien** cela dit.

ahorcado, da sm, f pendu *m*, -e *f*.

ahorcamiento sm pendaison *f*.

ahorcar [10] vt pendre. ◆ **ahorcarse** vprnl se pendre.

ahorita, ahoritita adv AM *fam* [en el momento presente] tout de suite / *ahorita llego* j'arrive tout de suite.

ahorque ⟶ **ahorcar**.

ahorrador, ra ◆ adj économe. ◆ sm, f épargnant *m*, -e *f*.

ahorrar vt économiser ; [en el banco] épargner. ◆ **ahorrarse** vprnl [esfuerzos] s'épargner ; [problemas] s'éviter.

ahorrativo, va adj [acción, actitud] d'épargne / *su esfuerzo ahorrativo le permitió pagarse las vacaciones* ses efforts pour épargner lui ont permis de se payer des vacances.

ahorro sm **1.** [gen] épargne *f* **2.** *(gen pl)* [cantidad ahorrada] économies *fpl* **3.** *fig* [de tiempo] gain *m*.

ahuecar [10] ◆ vt **1.** [poner hueco] creuser ; [tronco] évider ▸ **ahuecar las manos** tendre le creux de la main **2.** [mullir - almohada] retaper ; [- vestido] faire bouffer ; [- tierra] ameublir. ◆ vi *fam* [irse] mettre les voiles. ◆ **ahuecarse** vprnl *fam* & *fig* boire du petit-lait.

ahuevado, da adj AM *fam* abruti(e).

ahumado, da adj fumé(e).
◆ **ahumado** sm fumage *m*.

ahumar vt **1.** [secar al humo] fumer **2.** [llenar de humo] enfumer. ◆ **ahumarse** vprnl **1.** [saber a humo] prendre un goût de fumée **2.** [ennegrecerse de humo] noircir.

ahuyentar vt **1.** [espantar, asustar] faire fuir **2.** *fig* [apartar] chasser.

AI (*abr escrita de* **Amnistía Internacional**) Amnesty International.

aikido sm aïkido *m*.

aimara, aimará ◆ adj aymara. ◆ smf Aymara *mf*. ◆ sm aymara *m*.

airado, da adj irrité(e).

airar vt exaspérer.

airbag sm coussin *m* gonflable, airbag *m*.

aire sm **1.** [gen] air *m* ▸ **aire acondicionado** air conditionné ▸ **al aire** [al descubierto] à l'air ▸ **al aire libre** [en el exterior] en plein air ▸ **cambiar de aires** changer d'air ▸ **dejar algo en el aire** laisser qqch en suspens ▸ **estar algo en el aire** a) [idea] être dans l'air b) [proyecto] être encore vague c) [rumor] circuler ▸ **tomar el aire** prendre l'air ▸ **volar** o **saltar por los aires** exploser **2.** [garbo] allure *f* ; [bailarina] grâce *f* **3.** EXPR **a mi / tu etc. aire** à ma / ta etc. guise. ◆ **aires** smpl [vanidad] airs *mpl* ▸ **darse aires** *fig* se donner de grands airs.

aireación sf aération *f*.

aireado, da adj [ventilado] aéré(e).

airear vt **1.** [ventilar] aérer **2.** *fig* [contar] ébruiter.
◆ **airearse** vprnl s'aérer.

airoso, sa adj **1.** [garboso] gracieux(euse) **2.** [triunfante] ▸ **salir airoso de algo** s'en tirer brillamment.

aislacionismo sm isolationnisme *m*.

aislacionista adj & smf POLÍT isolationniste.

aislado, da adj isolé(e).

aislamiento sm isolement *m*.

aislante adj isolant(e).

aislar vt isoler.

aizkolari sm DEP *bûcheron participant à des compétitions sportives au Pays basque*.

ajá interj ▸ **¡ajá!** a) [sorpresa] ha ! b) *fam* [aprobación] voilà !

ajado, da adj [persona] vieilli(e).

ajar vt [flores] faner ; [piel] flétrir ; [colores] pâlir ; [ropa] défraîchir.
◆ **ajarse** vprnl [flores] se faner ; [piel] se flétrir.

ajardinado, da adj aménagé(e) en espaces verts.

a. JC. = **a. de JC.**

ajedrecista smf joueur *m*, -euse *f* d'échecs.

ajedrez sm échecs *mpl*.

ajenjo sm absinthe *f*.

ajeno, na adj **1.** [de otro] d'autrui **2.** [extraño] ▸ **ajeno a** a) [negocio] étranger(ère) à b) [carácter] contraire à c) [voluntad] indépendant(e) de **3.** *fig* [libre] ▸ **ajeno de** libre de.

ajete sm ESP [ajo tierno] ail *m* frais.

ajetreado, da adj **1.** [persona] occupé(e), affairé(e) **2.** [vida, día, ritmo] mouvementé(e), agité(e).

ajetreo sm **1.** [tarea] agitation *f* **2.** [animación] effervescence *f*.

ají sm AM **1.** [pimiento] piment *m* rouge, chili *m* ▸ **ponerse como un ají** *fam* & *fig* piquer un fard **2.** [salsa] sauce *f* au piment.

ajiaceite, ajoaceite sm CULIN aïoli *m*.

ajiaco sm AM CULIN *ragoût aux piments*.

ajillo ◆ **al ajillo** loc adj CULIN *avec une sauce à base d'huile, d'ail et de piment*.

ajo sm ail *m* ▸ **ajo blanco** CULIN *soupe froide à l'ail et aux amandes* ▸ **ajo tierno** ail frais ▸ **andar** o **estar en el ajo** *fig* être dans le coup.

ajoaceite = **ajiaceite**.

ajonjolí (*pl* **ajonjolíes**) sm sésame *m*.

ajuar sm trousseau *m (de mariée)*.

ajuntarse vprnl *fam* se mettre ensemble.

ajustable adj ajustable.

ajustado, da adj **1.** [ceñido - ropa] moulant(e) ; [- tuerca, resultado] serré(e) **2.** [justo] correct(e) ; [precio] raisonnable. ◆ **ajustado** sm ajustage *m*.

ajustador, ra ❖ adj : *la pieza ajustadora* la pièce manquante. ❖ sm, f typographe *mf*. ◆ **ajustadores** smpl COL CUBA [ropa] soutien-gorge *m*.

ajustar vt **1.** [arreglar, encajar] ajuster ; [conducta] adapter ; [horario] aménager **2.** [apretar] serrer **3.** [piezas] façonner ; [ventana] calfeutrer **4.** [pactar - matrimonio] arranger ; [- precio, paz] négocier ; [- pleito] conclure. ◆ **ajustarse** vprnl ▸ **ajustarse a** a) [adaptarse a] s'adapter à b) [conformarse con] cadrer avec.

ajuste sm ajustage *m* ; [de piezas] façonnage *m* ; [de mecanismo] réglage *m* ; [de salario] ajustement *m* ▸ **ajuste de cuentas** *fig* règlement *m* de comptes.

ajusticiar vt exécuter.

al 1. ⟶ **a 2.** ⟶ **el**.

ala sf *(el)* **1.** [gen] aile *f* ; [de tejado] pente *f* ; [de sombrero] bord *m* ; [de mesa] abattant *m* **2.** DEP ailier *m* **3.** EXPR **ahuecar el ala** *fam* mettre les voiles ▸ **cortar las alas a alguien para hacer algo** empêcher qqn de faire qqch ▸ **dar alas a alguien** donner des ailes à qqn ▸ **del ala** ESP *fam* : *son veinte del ala* ça fait vingt euros. ◆ **ala delta** sf DEP deltaplane *m*.

Alá npr Allah.

alabanza sf louange *f*.

alabar vt vanter ▸ **alabar algo** faire les louanges de qqch.

alabarda sf hallebarde *f*.

alabardero sm **1.** [soldado] hallebardier *m* **2.** TEATRO ▸ **los alabarderos** la claque.

alabastro sm albâtre *m*.

alabear vt gauchir.

alacena sf placard *m* à provisions.

alacrán sm ZOOL scorpion *m*.

alado, da adj **1.** [con alas] ailé(e) **2.** *fig* [rápido] vif (vive).

alambicado, da adj alambiqué(e).

alambicar [10] vt **1.** [sustancias] distiller **2.** *fig* [ideas, conceptos] embrouiller.

alambique sm alambic *m*.

alambrada sf grillage *m*.

alambrar vt [terreno] clôturer avec des fils de fer o des barbelés.

alambre sm **1.** [hilo] fil *m* de fer **2.** AM CULIN brochette *f*.

alameda sf **1.** [sitio con álamos] peupleraie *f* **2.** [paseo] promenade *f (bordée d'arbres)*.

álamo sm peuplier *m*.

alano sm [perro] dogue *m*.

alar sm avant-toit *m*.

alarde sm ▸ **alarde (de)** déploiement *m* (de) ▸ **hacer alarde de** faire étalage de.

alardear vi ▸ **alardear de** se targuer de.

alargadera sf [de compás, instrumento] rallonge *f*.

alargado, da adj allongé(e).

alargador, ra adj : *un cable alargador* un prolongateur. ◆ **alargador** sm ELECTR rallonge *f*.

alargamiento sm allongement *m*.

alargar [16] vt **1.** [mangas, falda, etc.] rallonger **2.** [viaje, plazo, conversación] prolonger **3.** [pasar] ▸ **alargar algo a alguien** passer qqch à qqn **4.** *fig* [ampliar - ración] augmenter ; [- territorio] étendre. ◆ **alargarse** vprnl **1.** [hacerse más largo - días] rallonger ; [- reunión] se prolonger **2.** *fig* [en comentarios] se répandre.

alarido sm hurlement *m*.

alarma sf **1.** [aviso] alarme *f* ▸ **señal de alarma** signal *m* d'alarme ▸ **dar la alarma** sonner l'alarme **2.** *fig* [inquietud] inquiétude *f* ▸ **alarma social** climat *m* d'inquiétude **3.** MIL alerte *f*.

alarmante adj alarmant(e).

alarmar vt **1.** [dar la alarma] alerter **2.** *fig* [asustar] alarmer. ◆ **alarmarse** vprnl [asustarse] s'alarmer.

alarmismo sm alarmisme *m*.

alarmista adj & smf alarmiste.

Alaska npr Alaska *m*.

alauí, alauita adj alaouite, alawite.

Álava npr Álava, Alava.

alavés, esa ❖ adj d'Álava. ❖ sm, f *natif ou habitant d'Álava*.

alazán, ana adj alezan(e).

alba sf *(el)* aube *f* ▸ **al romper** o **rayar el alba** au point du jour.

albacea sm, f exécuteur *m*, -trice *f* testamentaire.

Albacete npr Albacete.

albacetense, albaceteño, ña ❖ adj d'Albacete. ❖ smf *natif ou habitant d'Albacete*.

albahaca sf basilic *m*.

albaicín sm *quartier d'une ville construit à flanc de colline, en particulier à Grenade (el Albaicín)*.

albanés, esa ◆ adj albanais(e). ◆ sm, f Albanais *m*, -e *f*. ◆ **albanés** sm [lengua] albanais *m*.

Albania npr Albanie *f*.

albañil sm maçon *m*.

albañilería sf maçonnerie *f*.

albarán sm ESP [nota de entrega] bon *m* de livraison.

albarda sf selle *f*.

albaricoque ◆ adj inv ESP [color] abricot *(inv)* / ***una casa con paredes albaricoque*** une maison aux murs abricot. ◆ sm ESP **1.** [fruto] abricot *m* **2.** [árbol] abricotier *m* **3.** [color] abricot *m*.

albaricoquero sm ESP abricotier *m*.

albariño sm *vin blanc de Galice*.

albatros sm inv albatros *m*.

albedrío sm [antojo, elección] guise *f* ▸ **libre albedrío** libre arbitre *m*.

alberca sf **1.** [gen] bassin *m* ; [artificial] réservoir *m* d'eau **2.** AM [piscina] piscine *f*.

albergar [16] vt **1.** [personas] héberger **2.** [sentimientos] nourrir ; [esperanzas] caresser. ◆ **albergarse** vprnl loger.

albergue sm hébergement *m* ; [de montaña] refuge *m* ▸ **albergue de juventud** o **juvenil** auberge *f* de jeunesse.

alberguista smf ajiste *mf*.

albigense smf [cátaro] albigeois *m*, -e *f*.

albino, na adj & sm, f albinos.

albis ◆ **in albis** loc adv ▸ **estar / quedarse in albis** a) [ignorancia] ne rien entendre b) [distracción] avoir la tête ailleurs.

albóndiga sf boulette *f* (de viande).

albor sm **1.** [blancura] blancheur *f* **2.** [luz del alba] lueur *f* du jour **3.** *(gen pl) fig* [principio] aube *f*.

alborada sf **1.** [amanecer] petit matin *m* **2.** LITER & MÚS aubade *f*.

alborear v impers poindre *(le jour)*.

albornoz sm peignoir *m* (de bain).

alborotado, da adj [nervioso, excitado] agité(e) ; [pelo] ébouriffé(e).

alborotador, ra ◆ adj chahuteur(euse). ◆ sm, f fauteur *m*, -euse *f* de troubles.

alborotar ◆ vi chahuter. ◆ vt **1.** [perturbar] mettre en émoi **2.** [amotinar] ameuter **3.** [desordenar] mettre sens dessus dessous.
◆ **alborotarse** vprnl [perturbarse] s'affoler.

alboroto sm **1.** [ruido] tapage *m*, vacarme *m* **2.** [jaleo] agitation *f* **3.** [desorden] bazar *m*.

alborozado, da adj réjoui(e), joyeux(euse).

alborozar [13] vt transporter de joie.

alborozo sm débordement *m* de joie.

albricias interj ▸ **¡albricias!** magnifique !

albufera sf ESP lagune *f*, étang *m* naturel.

álbum *(pl* **álbumes)** sm album *m*.

albúmina sf albumine *f*.

albuminoide adj albuminoïde.

albur sm [casualidad, azar] hasard *m*, coup *m* de hasard ▸ **los albures de la vida** les hasards de la vie.

alburear vi MÉX faire des calembours.

ALCA ['alka] *(abr de* **Área de Libre Comercio de las Américas)** sf ZLEA *f*.

alcachofa sf **1.** BOT artichaut *m* **2.** ESP [de ducha, regadera] pomme *f* **3.** ESP [de micrófono] tête *f* **4.** [de tubo] crépine *f*.

alcahuete, ta sm, f **1.** [mediador] entremetteur *m*, -euse *f* **2.** [chismoso] commère *f*.

alcaide sm directeur *m* de prison.

alcaldada sf abus *m* de pouvoir.

alcalde, esa sm, f maire *m* / ***la alcaldesa*** a) [mujer alcalde] Madame le maire b) [mujer del alcalde] la femme du maire.

alcaldía sf **1.** [cargo, lugar] mairie *f* **2.** [jurisdicción] commune *f*.

álcali sm alcali *m*.

alcalino, na adj alcalin(e).

alcaloide sm alcaloïde *m*.

alcance sm portée *f* ▸ **al alcance de** à portée de ▸ **al alcance de la mano** à la portée de la main ▸ **a mi / a tu etc. alcance** à ma / à ta etc. portée ▸ **dar alcance a alguien** rattraper qqn ▸ **de corto / largo alcance** [arma] à faible / longue portée ▸ **de gran alcance** [discurso, reforma, etc.] d'une grande portée ▸ **de pocos alcances** [persona] limité(e) intellectuellement ▸ **fuera de alcance** hors d'atteinte, hors de portée.

alcancía sf tirelire *f*.

alcanfor sm camphre *m*.

alcantarilla sf égout *m*.

alcantarillado sm ▸ **el alcantarillado** les égouts *mpl*.

alcanzar [13] ◆ vt **1.** [llegar a, dar en] atteindre **2.** [igualarse con] rattraper **3.** [coger, agarrar] attraper **4.** [entregar] passer **5.** [lograr] obtenir **6.** [afectar] toucher, frapper. ◆ vi **1.** [ser suficiente] ▸ **alcanzar para algo / hacer algo** suffire pour qqch / faire qqch **2.** [poder] ▸ **alcanzar a hacer algo** arriver à faire qqch.

alcaparra sf câpre *f*.

alcaraván sm [oiseau] butor *m*.

alcatraz sm pélican *m (américain)*.

alcaucil sm RP artichaut *m*.

alcayata sf [clavo] piton *m*.

alcazaba sf forteresse *f* ; [árabe] casbah *f*.

alcázar sm alcazar *m*.

alce ◆ v → **alzar.** ◆ sm ZOOL élan *m*.

alcista adj FIN haussier(ère) / ***una tendencia alcista*** une tendance à la hausse.

alcoba sf chambre *f* à coucher.

alcohol sm alcool *m* ▸ **alcohol de quemar** alcool à brûler.

alcoholemia sf taux *m* d'alcool dans le sang, alcoolémie *f*.

alcohólico, ca ❖ adj **1.** [bebida] alcoolisé(e) **2.** [persona] alcoolique. ❖ sm, f alcoolique *mf*.

alcoholímetro, alcohómetro sm **1.** [para bebida] alcoomètre *m* **2.** [para la sangre] Alcootest® *m*.

alcoholismo sm alcoolisme *m*.

alcoholización sf alcoolisation *f*.

alcoholizado, da ❖ adj alcoolisé(e).
❖ sm, f alcoolique *mf*.

alcoholizar [13] vt alcooliser.
◆ **alcoholizarse** vprnl devenir alcoolique.

alcohómetro = **alcoholímetro**.

alcohotest (*pl* **alcohotests**) sm Alcootest® *m*.

alcornoque sm **1.** [árbol, madera] chêne-liège *m* **2.** *fig* [persona] empoté(e).

alcurnia sf ▸ **de alcurnia** de haute lignée.

aldaba sf **1.** [llamador] marteau *m* **2.** [pestillo] loquet *m*.

aldabilla sf gâche *f (de serrure)*.

aldabonazo sm **1.** [golpe] coup *m* de heurtoir **2.** [llamada de atención] avertissement *m* / *la tragedia fue un aldabonazo en la conciencia de los ciudadanos* le drame a réveillé la conscience des citoyens.

aldea sf petit village *m*, hameau *m*.

aldeano, na sm, f villageois *m*, -e *f*.

ale interj ▸ **¡ale!** allez !

aleación sf alliage *m*.

alear vt [métaux] allier.

aleatorio, ria adj aléatoire.

alebrestarse vprnl AM **1.** [ponerse nervioso] s'énerver **2.** [enojarse] se mettre en colère.

aleccionador, ra adj [ejemplar] qui sert de leçon, exemplaire / *un castigo aleccionador* une punition exemplaire.

aleccionar vt **1.** [enseñar] ▸ **aleccionar algo a alguien** apprendre qqch à qqn **2.** [corregir] ▸ **aleccionar a alguien** faire la leçon à qqn.

aledaño, ña adj avoisinant(e). ◆ **aledaños** smpl abords *mpl*.

alegación sf argument *m*.

alegar [16] ❖ vt [motivos] alléguer, prétexter ; [pruebas, argumentos] avancer. ❖ vi AM [quejarse] se plaindre.

alegato sm plaidoyer *m*.

alegoría sf allégorie *f*.

alegórico, ca adj allégorique.

alegrar vt **1.** [persona] ▸ **alegrar a alguien** faire plaisir à qqn **2.** *fig* [habitación, etc.] égayer **3.** *fig* [achispar] griser.
◆ **alegrarse** vprnl **1.** [sentir alegría] se réjouir, être content(e) **2.** *fig* [achisparse] être un peu gai(e).

alegre adj **1.** [gen] gai(e), joyeux(euse) ; [cara] réjoui(e) ; [noticia] heureux(euse) **2.** [que da alegría] réjouissant(e) **3.** *fig* [irreflexivo] insouciant(e) **4.** *fam* [achispado] éméché(e) **5.** *fig* [deshonesto - vida] dissolu(e) ; [- moral] léger(ère) ; [- mujer] facile.

alegremente adv **1.** [con alegría] gaiement **2.** [irreflexivamente] à la légère, allègrement.

alegría sf **1.** [sentimiento] joie *f* / *me da mucha alegría verte* ça me fait très plaisir de te voir **2.** [calidad] gaieté *f* **3.** *fig* [irresponsabilidad] légèreté *f*, insouciance *f*.

alegro, allegro adv & sm MÚS allegro.

alegrón, ona adj AM *fam* [enamoradizo] : *es alegrón* c'est un cœur d'artichaut. ◆ **alegrón** sm grande o immense joie *f* ▸ **darle un alegrón a alguien** faire très plaisir à qqn, sa visite m'a fait un plaisir immense.

alegue ⟶ **alegar**.

alejado, da adj éloigné(e).

alejamiento sm éloignement *m*.

Alejandría npr Alexandrie.

alejandrino, na adj **1.** [de Alejandría] alexandrin(e) **2.** [de Alejandro Magno] d'Alexandre **3.** LITER ▸ **un verso alejandrino** un alexandrin. ◆ **alejandrino** sm LITER *alexandrin espagnol de quatorze pieds*.

alejar vt **1.** [poner más lejos] éloigner, écarter **2.** *fig* [ahuyentar] chasser. ◆ **alejarse** vprnl s'éloigner, s'écarter.

alelado, da adj ahuri(e).

alelar vt hébéter. ◆ **alelarse** vprnl rester bouche bée.

aleluya ❖ sm o sf alléluia *m*. ❖ interj ▸ **¡aleluya!** alléluia !

alemán, ana ❖ adj allemand(e). ❖ sm, f [persona] Allemand *m*, -e *f*. ◆ **alemán** sm [lengua] allemand *m*.

Alemania npr Allemagne *f* ▸ **Alemania Occidental** o **del Oeste** Allemagne de l'Ouest ▸ **Alemania Oriental** o **del Este** Allemagne de l'Est.

alentador, ra adj encourageant(e).

alentar [19] vt [animar] encourager. ◆ **alentarse** vprnl ANDES MÉX VEN [reponerse] guérir, se rétablir.

alergeno, na, alérgeno, na adj allergène.
◆ **alergeno, alérgeno** sm allergène *m*.

alergia sf *pr* & *fig* allergie *f* ▸ **tener alergia a algo** être allergique à qqch / *él me da alergia* *fam* il me donne des boutons.

alérgico, ca adj *pr* & *fig* ▸ **alérgico (a)** allergique (à).

alergista smf allergologue *mf*, allergologiste *mf*.

alergólogo, ga sm, f allergologue *mf*, allergologiste *mf*.

alero sm **1.** [del tejado] auvent *m* **2.** DEP ailier *m* **3.** EXPR **estar en el alero** être en suspens.

alerón sm AERON aileron *m*.

alerta ❖ adv ▸ **estar alerta** être sur ses gardes, être sur le qui-vive. ❖ sf alerte *f* ▸ **dar la voz de alerta** donner l'alerte ▸ **alerta roja** alerte rouge.
❖ interj ▸ **¡alerta!** alerte !

alertar vt alerter.

aleta sf **1.** [de pez] nageoire *f* **2.** [de buzo] palme *f* **3.** [de nariz, coche] aile *f*.

aletargado, da adj léthargique.

aletargamiento sm léthargie *f*.

aletargar [16] vt engourdir, donner envie de dormir à. ◆ **aletargarse** vprnl [animal] hiberner ; [persona] être léthargique.

aletear vi **1.** [ave] battre des ailes **2.** [pez] agiter les nageoires.

aleteo sm **1.** [de ave] battement *m* d'ailes **2.** [de pez] battement *m* de nageoires.

alevín sm **1.** [cría de pez] alevin *m* **2.** *fig* [en una profesión] débutant *m*, -e *f* ; DEP poussin *m*, -e *f*.

alevosía sf **1.** ⟶ **premeditación 2.** [traición] traîtrise *f*.

alevoso, sa adj **1.** DER prémédité(e) **2.** [traidor] traître(esse).

alfa sf *(el)* [letra] alpha *m* ▸ **el alfa y omega** *fig* l'alpha et l'oméga.

alfabéticamente adv alphabétiquement.

alfabético, ca adj alphabétique.

alfabetización sf alphabétisation *f*.

alfabetizar [13] vt alphabétiser.

alfabeto sm alphabet *m* ▸ **alfabeto Braille** braille *m* ▸ **alfabeto Morse** morse *m*.

alfajor sm RP *sorte de biscuit fourré à la confiture de lait*.

alfalfa sf luzerne *f*.

alfanumérico, ca adj INFORM alphanumérique.

alfaque sm banc *f (de sable)*.

alfarería sf poterie *f*.

alfarero, ra sm, f potier *m*, -ère *f*.

alféizar sm rebord *m (de fenêtre)*.

alfeñique sm **1.** [dulce] sucre *m* d'orge **2.** *fam & fig* [persona débil] gringalet *m*.

alférez sm ≃ sous-lieutenant *m*.

alfil sm fou *m (aux échecs)*.

alfiler sm épingle *f* ▸ **alfiler de corbata** épingle de cravate ▸ **alfiler de gancho** AM épingle de nourrice ▸ **no caber ni un alfiler** *fig* être plein(e) à craquer ▸ **prendido con alfileres** *fig* superficiellement.

alfiletero sm aiguillier *m*.

alfombra sf **1.** [pieza individual] tapis *m* **2.** CAM ANDES CARIB MÉX [moqueta] moquette *f*.

alfombrar vt tapisser *(le sol)*.

alfombrilla sf **1.** ESP [para puertas] paillasson *m* **2.** [alfombra pequeña] carpette *f* **3.** [del baño] tapis *m* de bain **4.** INFORM ▸ **alfombrilla de** o **para ratón** tapis *m* de souris.

alfonsino, na adj *des rois Alphonse d'Espagne*.

alforja sf *(gen pl)* [de persona] besace *f* ; [de caballo] sacoche *f* (de selle).

alga sf *(el)* algue *f*.

algarabía sf **1.** [habla confusa] charabia *m* **2.** [alboroto] vacarme *m*.

algarada sf [alboroto] charivari *m*.

algarroba sf **1.** [planta] vesce *f* **2.** [fruto] caroube *f*.

algarrobo sm caroubier *m*.

algazara sf ▸ **con gran algazara** à grand bruit.

álgebra sf *(el)* algèbre *f*.

algebraico, ca adj algébrique.

álgido, da adj [punto] culminant(e) ; [momento] critique, fort(e).

algo ❖ pron quelque chose / *¿tienes algo que decir?* as-tu quelque chose à dire ? / *ha pasado algo terrible* il est arrivé quelque chose de terrible ▸ **por algo lo habrá dicho** ce n'est pas pour rien qu'il l'a dit ▸ **por algo será** il y a certainement une raison ▸ **algo de** un peu de / *algo de dinero* un peu d'argent ▸ **algo es algo** c'est mieux que rien, c'est toujours ça. ❖ adv un peu, légèrement / *es algo presumida* elle est un peu prétentieuse.

algodón sm coton *m* ▸ **algodón (hidrófilo)** coton (hydrophile) ▸ **criado entre algodones** *fig* élevé dans du coton.

algodonero, ra adj cotonnier(ère).

algodonoso, sa adj cotonneux(euse).

algoritmo sm INFORM algorithme *m*.

alguacil sm huissier *m*.

alguacilillo sm TAUROM *cavalier précédant la « cuadrilla »*.

alguien pron quelqu'un / *¿alguien conoce la respuesta?* est-ce que quelqu'un connaît la réponse ? / *he visto a alguien en el jardín* j'ai vu quelqu'un dans le jardin / *¿hay alguien en casa?* il y a quelqu'un ? ▸ **llegará a ser alguien** il deviendra quelqu'un.

alguno, na

❖ adj *(delante de sm sing: **algún**)*

1. [indeterminado] un, une, quelque ▸ **algún día** un jour ▸ **algún tiempo** quelque temps ▸ **alguna que otra vez** de temps à autre ▸ **algunas veces** quelquefois ▸ **en algún sitio** quelque part ▸ **en algunos casos** dans certains cas ▸ **alguno que otro** quelques-uns

2. *(detrás de sust)* [ninguno] aucun(e) / *no hay mejora alguna* il n'y a aucune amélioration

❖ pron

[alguien] quelqu'un ; [cosa] : *¿te gustó alguno?* est-ce qu'il y en a un qui t'a plu ? ▸ **algunos de, algunos (de) entre** certains(es) de, quelques-uns (quelques-unes) de / *algunos de sus amigos no vinieron* certains de ses amis ne sont pas venus / *algunos de entre ellos se fueron a esquiar* quelques-uns d'entre eux sont allés faire du ski

alhaja sf **1.** [joya] bijou *m* **2.** [objeto de valor] joyau *m* **3.** *fig* [persona] perle *f*.

alhajero sm AM boîte *f* à bijoux.

Alhambra npr ▸ **la Alhambra** l'Alhambra.

alhelí (*pl* **alhelíes**) sm giroflée *f*.

aliado, da adj allié(e).
◆ **Aliados** smpl ▸ **los Aliados** les Alliés *mpl*.

alianza sf alliance *f*.

aliar [9] vt allier. ◆ **aliarse** vprnl s'allier.

alias ◆ adv alias. ◆ sm inv surnom *m* ; [de escritor] pseudonyme *m*.

alicaído, da adj **1.** [triste] abattu(e) **2.** *fig* [débil] affaibli(e).

Alicante npr Alicante.

alicantino, na ◆ adj d'Alicante. ◆ sm, f *natif ou habitant d'Alicante*.

alicatado, da adj ESP [cocina, baño] carrelé(e). ◆ **alicatado** sm ESP [de cocina, baño] carrelage *m*.

alicatar vt ESP [cocina, baño] carreler.

alicates smpl pince *f*.

aliciente sm **1.** [incentivo] encouragement *m* **2.** [atractivo] attrait *m*.

alícuota adj **1.** [proporcional] ▸ **alícuota (de algo)** proportionnel(elle) (à qqch) **2.** MAT : *una parte alícuota* un diviseur.

alienación sf aliénation *f*.

alienado, da adj & sm, f aliéné(e).

alienante adj aliénant(e).

alienar vt **1.** [enajenar] rendre fou (folle) **2.** FILOS aliéner. ◆ **alienarse** vprnl devenir fou (folle).

alienígena smf **1.** [de otro lugar] étranger *m*, -ère *f* **2.** [de otro planeta] extraterrestre *mf*.

alienta ⟶ **alentar**.

aliento sm **1.** [respiración, hálito] haleine *f* ▸ **cobrar aliento** reprendre haleine o son souffle ▸ **quedarse sin aliento a)** [cortarse la respiración] être hors d'haleine, être à bout de souffle **b)** [sorprenderse, admirarse] avoir le souffle coupé **2.** *fig* [ánimo] courage *m*.

aligerar vt **1.** [peso] alléger **2.** [ritmo] accélérer ; [paso] hâter **3.** *fig* [dolor] soulager.

alijo sm marchandise *f* de contrebande / *se capturó un importante alijo de hachís* d'importantes quantités de haschisch ont été saisies.

alimaña sf animal *m* nuisible.

alimentación sf alimentation *f* ▸ **alimentación de papel** INFORM bac *m* d'alimentation papier.

alimentador, ra adj TECNOL d'alimentation / *un dispositivo alimentador* un dispositif d'alimentation. ◆ **alimentador** sm TECNOL chargeur *m* ▸ **alimentador de papel** INFORM bac *m* d'alimentation papier.

alimentar ◆ vt [persona, animal, sentimiento] nourrir ; [fuego, relación, etc.] entretenir ; [máquina, etc.] alimenter. ◆ vi [nutrir] être nourrissant(e). ◆ **alimentarse** vprnl [comer] se nourrir, s'alimenter.

alimentario, ria adj alimentaire / *la industria alimentaria* l'industrie alimentaire.

alimenticio, cia adj alimentaire ; [nutritivo] nourrissant(e) / *un producto alimenticio* un produit alimentaire.

alimento sm **1.** [gen] aliment *m* **2.** [comida, fomento] nourriture *f*.

alimón ◆ **al alimón** loc adv ESP ensemble / *hicieron el trabajo al alimón* ils ont fait le travail ensemble.

alineación sf **1.** [en el espacio] alignement *m* **2.** DEP composition *f (d'une équipe)*.

alineado, da adj **1.** [en el espacio] aligné(e) **2.** DEP sélectionné(e). ◆ **no alineado, da** adj POLÍT non aligné(e).

alineamiento sm alignement *m*.
◆ **no alineamiento** sm POLÍT non-alignement *m*.

alinear vt **1.** [gen] aligner ; [niños] faire mettre en rang **2.** DEP sélectionner. ◆ **alinearse** vprnl POLÍT s'aligner.

aliñar vt assaisonner.

> ⚠ **Aligner** es un falso amigo, no significa *aliñar*, sino "alinear".

aliño sm assaisonnement *m*.

alioli sm aïoli *m*.

alirón interj ▸ **¡alirón!, ¡alirón!** hip, hip, hip, hourra !

alisar vt [el pelo] lisser ; [papel] défroisser.
◆ **alisarse** vprnl : *alisarse el pelo* se lisser les cheveux.

alisio sm alizé *m*.

aliso sm aulne *m*.

alistamiento sm MIL engagement *m*.

alistarse vprnl MIL s'engager.

aliteración sf allitération *f*.

alivianado, da adj MÉX facile, accommodant(e).

alivianar vt **1.** AM [ayudar] aider **2.** MÉX [reconfortar] réconforter ▸ **alivianar con** [ayudar] aider.
◆ **alivianarse** vprnl AM [descansar] se reposer.

aliviar [8] vt **1.** [calmar - dolor, etc.] calmer, atténuer ; [- ánimo] apaiser **2.** [aligerar - persona] soulager ; [- carga] alléger.

alivio sm soulagement *m*. ◆ **de alivio** loc adj *fam* terrible.

aljibe sm **1.** [de agua] citerne *f* **2.** NÁUT bateau-citerne *m*.

allá adv **1.** [espacio] là-bas ▸ **allá abajo** là en bas ▸ **allá arriba** là-haut ▸ **más allá** plus loin ▸ **más allá de** au-delà de **2.** [tiempo] : *allá por los años veinte* autrefois, dans les années vingt / *allá para Navidad* aux environs de Noël **3.** EXPR **allá él / ella etc.** libre à lui / elle etc. ▸ **muy allá** ESP : *el restaurante no es muy allá* le restaurant n'est pas formidable / *hoy no estoy muy allá* aujourd'hui, je ne me sens pas très bien.
◆ **el más allá** sm l'au-delà *m*.

allanamiento sm ▸ **proceder al allanamiento** entrer par la force ▸ **allanamiento de morada** violation *f* de domicile.

allanar vt **1.** [terreno] aplanir **2.** *fig* [dificultad] surmonter, vaincre **3.** [morada] pénétrer par effraction dans, violer. ◆ **allanarse** vprnl [conformarse] ▸ **allanarse (ante algo)** se plier (à qqch).

allegado, da ◆ adj proche. ◆ sm, f **1.** [familiar] proche parent *m*, -e *f* ▸ **los allegados** les proches *mpl* **2.** [amigo] proche *m*.

allegar [16] vt **1.** [recoger] réunir **2.** [arrimar] rapprocher ▸ **allegar el oído a la puerta** coller l'oreille à la porte. ◆ **allegarse** vprnl ▸ **allegarse (a)** [dictamen, etc.] se rallier (à).

allegro = **alegro**.

allende adv : *allende los mares* au-delà des mers.

allí adv **1.** [gen] là, là-bas / *allí es donde comeremos* c'est là que nous mangerons / *allí nació* c'est là-bas qu'elle est née ▸ **allí mismo** à cet endroit-là / *está por allí* il est quelque part par là / *voy hacia allí* j'y vais **2.** [entonces] ▸ **hasta allí** jusqu'alors, jusque-là.

alma sf *(el)* **1.** [gen] âme *f* ▸ **caérsele a alguien el alma a los pies a)** [desilusionarse] s'effondrer **b)** [sorprenderse] ne pas en revenir ▸ **ir con el alma en pena, ser como un alma en pena** être comme une âme en peine ▸ **llegar al alma** toucher profondément, aller droit au cœur ▸ **partir el alma a alguien** briser le cœur de o à qqn ▸ **sentirlo en o con el alma** regretter du fond du cœur ▸ **ser un alma de cántaro** être sans cœur **2.** [núcleo] cœur *m*.

almacén sm magasin *m*. ◆ **(grandes) almacenes** smpl grand magasin *m*.

almacenaje sm stockage *m*.

almacenamiento sm [gen & INFORM] stockage *m*.

almacenar vt **1.** [guardar] stocker **2.** [reunir] collectionner.

almacenero, ra sm, f ANDES RP épicier *m*, -ère *f*.

almacenista smf ANDES RP épicier *m*, -ère *f*.

almanaque sm almanach *m*.

almazara sf moulin *m* à huile.

almeja sf [molusco] palourde *f*.

almena sf créneau *m (de rempart)*.

almendra sf amande *f*.

almendrado, da adj en amande. ◆ **almendrado** sm ESP **1.** [dulce] pâte *f* d'amande **2.** [helado] glace *f* pralinée.

almendro sm amandier *m*.

Almería npr Almería.

almeriense ◆ adj d'Almería. ◆ smf *natif ou habitant d'Almería*.

almíbar sm sirop *m* ▸ **en almíbar** au sirop.

almibarado, da adj **1.** CULIN nappé(e) de sirop **2.** *fig* [afectado] mielleux(euse).

almibarar vt CULIN napper de sirop.

almidón sm **1.** [hidrato de carbono] amidon *m* **2.** MÉX VEN [pegamento] colle *f*.

almidonado, da adj empesé(e). ◆ **almidonado** sm empesage *m*.

almidonar vt amidonner, empeser.

alminar sm minaret *m*.

almirantazgo sm amirauté *f*.

almirante sm amiral *m*.

almirez sm mortier *m*.

almizcle sm musc *m*.

almizclero sm porte-musc *m*.

almogávar sm *au Moyen Âge, mercenaire au service de la couronne catalano-aragonaise*.

almohada sf oreiller *m* ▸ **hay que consultar con la almohada** *fig* la nuit porte conseil.

almohadilla sf petit coussin *m*, coussinet *m*.

almohadillado, da adj capitonné(e).

almohadón sm [cojín] coussin *m*.

almoneda sf **1.** [venta] braderie *f* **2.** [subasta] ▸ **poner en almoneda** mettre à l'encan.

almorávide ◆ adj des Almoravides. ◆ smf ▸ **los almorávides** les Almoravides.

almorrana sf *(gen pl)* hémorroïde *f*.

almorzar [37] ◆ vt **1.** [al mediodía] manger au déjeuner **2.** [a media mañana] : *almorzar un bocadillo* prendre un sandwich. ◆ vi **1.** [al mediodía] déjeuner **2.** [a media mañana] prendre un en-cas.

almuerzo sm **1.** [al mediodía] déjeuner *m* **2.** [a media mañana] *en-cas pris entre le petit déjeuner et le déjeuner*.

aló interj AM [al teléfono] ▸ **¿aló?** allô ?

alocado, da sm, f inconséquent *m*, -e *f*.

alocución sf allocution *f*.

áloe, áloe sm aloès *m*.

alojado, da sm, f ANDES MÉX hôte *m*, hôtesse *f*.

alojamiento sm logement *m* ▸ **dar alojamiento** offrir l'hospitalité.

alojar vt [gen] loger ; [hospedar] héberger. ◆ **alojarse** vprnl **1.** [hospedarse] loger / *alojarse en el hotel* descendre à l'hôtel, passer la nuit à l'hôtel **2.** [introducirse] se loger.

alón sm CULIN *aile de volaille déplumée*.

alondra sf alouette *f*.

alopatía sf allopathie *f*.

alopecia sf alopécie *f*.

alopécico, ca adj MED alopécique.

alpaca sf **1.** [animal, tejido] alpaga *m* **2.** [metal] maillechort *m*.

alpargata sf *(gen pl)* espadrille *f*.

alpargatería sf **1.** [tienda] magasin *m* d'espadrilles **2.** [taller] fabrique *f* d'espadrilles.

Alpes smpl ▸ **los Alpes** les Alpes *fpl*.

alpinismo sm alpinisme *m*.

alpinista smf alpiniste *mf*.

alpino, na adj alpin(e).

alpiste sm **1.** [planta] alpiste *m* **2.** [semilla para aves] millet *m* long.

Al Qaeda npr al-Qaida.

alquería sf ESP **1.** [granja] ferme *f*, métairie *f* **2.** [aldea] hameau *m*.

alquilar vt louer. ◆ **alquilarse** vprnl se louer ; [casa, oficina] être à louer ▸ **'se alquila'** 'à louer'.

alquiler sm **1.** [acción] location *f* ▸ **de alquiler** de location / *tenemos pisos de alquiler* nous avons des appartements à louer **2.** [precio - de casa, oficina] loyer *m* ; [- de televisión, coche] location *f*.

alquimia sf alchimie *f*.

alquimista smf alchimiste *m*.

alquitrán sm goudron *m*.

alquitranar vt goudronner.

alrededor adv **1.** [en torno] ▸ **alrededor (de)** autour (de) ▸ **a tu alrededor** autour de toi ▸ **de alrededor** environnant(e) **2.** [aproximadamente] ▸ **alrededor de** environ, aux alentours de. ◆ **alrededores** smpl environs *mpl*, alentours *mpl*.

Alsacia npr Alsace.

alsaciano, na ◇ adj alsacien(enne). ◇ sm, f Alsacien *m*, -enne *f*. ◆ **alsaciano** sm [idioma] alsacien *m*.

alta sf → **alto**.

altamente adv extrêmement / *altamente satisfechos* extrêmement satisfaits.

altanería sf morgue *f*, suffisance *f*.

altanero, ra adj hautain(e).

altar sm autel *m* ▸ **altar mayor** maître-autel *m* ▸ **conducir o llevar al altar** *fig* mettre la bague au doigt.

altavoz sm haut-parleur *m*.

alteración sf **1.** [cambio] modification *f* **2.** [excitación] agitation *f* **3.** [alboroto] trouble *m*.

alterado, da adj [inquieto, excitado] troublé(e), agité(e) / *los niños están muy alterados con la llegada de los Reyes Magos* les enfants sont très agités à l'approche de la fête des Rois.

alterar vt **1.** [cambiar] modifier **2.** [perturbar - orden] troubler ; [- persona] perturber **3.** [estropear] altérer, détériorer ; [alimentos] gâter.
◆ **alterarse** vprnl **1.** [perturbarse] se troubler **2.** [estropearse] se détériorer ; [alimentos] se gâter.

altercado sm altercation *f*.

altermundialismo sm altermondialisme *m*.

altermundialista smf altermondialiste *mf*.

alternador sm alternateur *m*.

alternancia sf alternance *f*.

alternar ◇ vt faire alterner. ◇ vi **1.** [relacionarse] nouer des relations ▸ **alternar con alguien** fréquenter qqn **2.** [sucederse] ▸ **alternar con** alterner avec **3.** [una mujer] travailler comme entraîneuse. ◆ **alternarse** vprnl **1.** [en el tiempo] se relayer **2.** [en el espacio] alterner.

alternativamente adv **1.** [con alternancia] tour à tour **2.** [como segunda opción] autrement.

alternativo, va adj alternatif(ive).
◆ **alternativa** sf [gen & TAUROM] alternative *f* ▸ **tomar la alternativa** TAUROM être investi torero ▸ **alternativa de poder** POLÍT alternance *f*.

alterne sm : *un bar de alterne* un bar à entraîneuses.

alterno, na adj **1.** [corriente] alternatif(ive) **2.** [espacio de tiempo] : *días alternos* un jour sur deux **3.** GEOM alterne.

alteza sf *fig* [de sentimientos] grandeur *f* d'âme.
◆ **Alteza** sf [tratamiento] Altesse *f* ▸ **Su Alteza Real** Son Altesse Royale.

altibajos smpl **1.** [del terreno] irrégularités *fpl* **2.** *fig* [cambios] ▸ **tener altibajos** avoir o connaître des hauts et des bas.

altillo sm **1.** ESP [armario] placard *m* supérieur **2.** [cerro] mamelon *m*.

altímetro sm altimètre *m*.

altiplanicie sf haut plateau *m*.

altiplano sm haut plateau *m*.

altísimo, ma adj très haut(e).
◆ **Altísimo** sm ▸ **el Altísimo** le Très-Haut.

altisonante adj pompeux(euse).

altitud sf altitude *f*.

altivez sf morgue *f*, suffisance *f*.

altivo, va adj hautain(e).

alto, ta adj **1.** [gen] haut(e) ; [persona, árbol] grand(e) ; [precio] élevé(e) ; [calidad] supérieur(e) **2.** [música, voz] fort(e) **3.** [hora] avancé(e). ◆ **alto** ◇ sm **1.** [altura, lugar elevado] hauteur *f* ▸ **en lo alto de** en haut de **2.** [interrupción] halte *f* **3.** MÚS alto *m* **4.** EXPR ▸ **pasar por alto** passer sous silence ▸ **por todo lo alto** en grand. ◇ adv **1.** [arriba] haut **2.** [en voz fuerte] fort. ◇ interj ▸ **¡alto!** halte ! ◆ **alta** sf *(el)* **1.** [de enfermedad] *fin de l'arrêt maladie* ▸ **dar de alta o el alta** *donner l'autorisation de reprendre le travail* **2.** [documento] autorisation *f* de sortie **3.** [en organismo] inscription *f* ▸ **darse de alta** s'inscrire *(au chômage, à la Sécurité sociale, etc.)*.

altoaragonés, esa ◇ adj du haut Aragon. ◇ sm, f *natif ou habitant du haut Aragon*.

altoparlante sm AM [altavoz] haut-parleur *m*.

altozano sm **1.** [cerro] tertre *m* **2.** AM [de iglesia] parvis *m*.

altramuz sm lupin *m*.

altruismo sm altruisme *m*.

altruista adj & smf altruiste.

altura sf **1.** [gen] hauteur *f* / *tener dos metros de altura* **a)** avoir deux mètres de haut **b)** [persona] mesurer deux mètres ▸ **altura de espíritu** grandeur *f* d'âme **2.** [en el mar] haute mer *f* ; [altitud] altitude *f* **3.** [nivel, valor] niveau *m* ▸ **a la altura de** au niveau de. ◆ **alturas** sfpl [el cielo] cieux *mpl* ▸ **a estas alturas** *fig* à ce stade, maintenant / *¿a estas alturas lo dices?* *fam* et c'est maintenant que tu le dis ? / *a estas alturas ya no hay nada que hacer* à ce stade, il n'y a plus rien à faire.

alubia sf haricot *m* blanc.

alucinación sf hallucination *f*.

alucinado, da adj **1.** [que tiene alucinaciones] halluciné(e) **2.** *fam* & *fig* [sorprendido] épaté(e) / *estoy alucinado* je n'en reviens pas.

alucinante adj *pr* & *fig* hallucinant(e).

alucinar ◇ vi **1.** [desvariar] avoir des hallucinations, délirer **2.** *fam* [equivocarse] rêver, halluciner. ◇ vt *fam* & *fig* [seducir] épater.

alucine sm *fam* [asombro] ▸ **de alucine** hallucinant(e) ▸ **ser un alucine** être hallucinant.

alucinógeno, na adj hallucinogène. ◆ **alucinógeno** sm hallucinogène *m*.

alud sm *pr* & *fig* avalanche *f*.

aludido, da sm, f personne *f* visée ▸ **darse por aludido** se sentir visé.

aludir vi ▸ **aludir a** a) [sin mencionar] faire allusion à b) [mencionar] évoquer.

alumbrado sm éclairage *m* ▸ **alumbrado eléctrico** éclairage électrique.

alumbramiento sm **1.** [mediante luz] éclairage *m* **2.** [parto] mise *f* au monde.

alumbrar ❖ vt **1.** [iluminar, instruir] éclairer **2.** [dar a luz] mettre au monde. ❖ vi [iluminar] éclairer.

aluminar vt aluminer.

aluminio sm aluminium *m*.

aluminosis sf inv CONSTR *maladie du ciment alumineux, qui provoque l'écroulement des bâtiments*.

alumnado sm effectif *m* scolaire.

alumno, na sm, f élève *mf*.

alunado, da adj [persona, animal] lunatique.

alunizaje sm alunissage *m*.

alunizar [13] vi atterrir sur la Lune, alunir.

alusión sf allusion *f* ▸ **hacer alusión a** faire allusion à.

alusivo, va adj allusif(ive) ▸ **alusivo a** faisant allusion à.

aluvial adj alluvial(e).

aluvión sm **1.** [inundación] crue *f* **2.** [depósito] alluvion *f* **3.** *fig* [gran cantidad] flot *m*.

alveolar adj alvéolaire.

alvéolo, alveolo sm alvéole *m ou f*.

alverja sf AM [guisante] petit pois *m*.

Al-Yasira npr Al-Jazirah.

alza sf *(el)* hausse *f* ▸ **en alza** en hausse ▸ **jugar al alza** FIN jouer à la hausse.

alzacuello sm rabat *m (d'homme d'Église)*.

alzado, da adj **1.** [cuello, etc.] relevé(e) **2.** ESP GUAT MÉX [fijo] fixe / *precio alzado* prix fixe ▸ **trabajar por un tanto alzado** travailler au forfait **3.** AM *fam* [salvaje] sauvage. ◆ **alzada** sf [de caballo] hauteur *f* au garrot. ◆ **alzado** sm ARQUIT élévation *f*.

alzamiento sm soulèvement *m*.

alzar [13] vt **1.** [levantar] lever ; [voz] élever ; [tono] hausser **2.** [aumentar, enderezar] relever ; [edificio] élever **3.** [sublevar] soulever. ◆ **alzarse** vprnl **1.** [levantarse] se lever **2.** [sublevarse] se soulever **3.** [conseguir] ▸ **alzarse con algo** remporter qqch.

Alzheimer [alθeimer] sm [enfermedad] maladie *f* d'Alzheimer.

AM (*abr de* **amplitude modulation**) AM.

ama sf ⟶ **amo**.

amabilidad sf amabilité *f*.

amabilísimo, ma superl = **amable**.

amable adj aimable.

amado, da sm, f bien-aimé *m*, -e *f*.

amadrinar vt ANDES RP [caballos] atteler ensemble.

amaestrado, da adj dressé(e).

amaestrar vt dresser.

amagar [16] ❖ vt **1.** [dar indicios de] annoncer **2.** [mostrar intención] esquisser. ❖ vi [ser inminente] menacer.

amago sm **1.** [indicio] signe *m* avant-coureur **2.** [amenaza] menace *f*.

amague ⟶ **amagar**.

amainar ❖ vt NÁUT amener. ❖ vi **1.** [temporal] se calmer ; [viento] faiblir **2.** *fig* [enfado] passer.

amalgama sf amalgame *m*.

amalgamar vt amalgamer.

amamantar vt allaiter.

amancebamiento sm union *f* libre.

amancebarse vprnl se mettre en ménage.

amanecer [30] ❖ sm lever *m* du jour. ❖ v impers commencer à faire jour. ❖ vi **1.** [despertarse] se réveiller / *¿y cómo amaneciste hoy?* AM as-tu bien dormi ? **2.** [en un lugar] arriver au lever du jour. ◆ **amanecerse** vprnl ANDES CARIB MÉX **1.** [pasar la noche en vela] veiller / *se amanecieron oyendo música* ils ont veillé toute la nuit en écoutant de la musique **2.** [despertar] se réveiller / *nos amanecimos con una buena noticia* au réveil, nous avons appris une bonne nouvelle.

amanerado, da adj **1.** [afeminado] efféminé(e) **2.** [afectado] maniéré(e).

amaneramiento sm **1.** [afeminamiento] air *m* efféminé **2.** [falta de naturalidad] affectation *f* / *el amaneramiento de mi hermana* les manières de ma sœur.

amanerarse vprnl **1.** [afeminarse] prendre un air efféminé **2.** [volverse afectado] devenir maniéré(e).

amanita sf amanite *f*.

amansar vt **1.** [animal, pasiones] dompter **2.** *fig* [persona] calmer. ◆ **amansarse** vprnl se calmer.

amante smf **1.** [querido] amant *m*, maîtresse *f* **2.** *fig* [aficionado] ▸ **ser (un) amante de algo** être un amoureux de qqch, avoir le goût de qqch.

amanuense smf copiste *mf*.

amañar vt [falsear] truquer ; [resultado] fausser ; [documento] falsifier. ◆ **amañarse** vprnl se débrouiller ▸ **amañárselas** se débrouiller.

amaño sm *(gen pl)* [treta] ruse *f*.

amapola sf **1.** [flor] coquelicot *m* **2.** [semilla] pavot *m*.

amar [1] vt aimer.

amaraje sm amerrisage *m*.

amaranto sm amarante *f*.

amarar vi amerrir.

amargado, da adj & sm, f aigri(e).

amargar [16] vt **1.** [alimento] donner un goût amer à **2.** *fig* [comida, día] gâcher ▸ **amargar la vida** gâcher la vie. ◆ **amargarse** vprnl **1.** [alimento] devenir aigre **2.** *fig* [persona] s'aigrir.

amargo, ga adj *pr* & *fig* amer(ère).

amargor sm [sabor] amertume *f*.

amargoso, sa adj AM amer(ère).

amargue ⟶ **amargar**.
amargura sf [sentimiento] amertume *f*.
amariconado, da adj *fam* & *despec* efféminé(e).
amarillear vi jaunir.
amarillento, ta adj jaunâtre.
amarillo, lla adj **1.** [color] jaune **2.** PRENSA à sensation. ◆ **amarillo** sm [color] jaune *m*.
amarilloso, sa adj AM jaunâtre.
amariposado, da adj *fam* efféminé(e).
amarra sf amarre *f* ▸ **largar o soltar amarras** larguer les amarres. ◆ **amarras** sfpl *fig* appuis *mpl*, relations *fpl*.
amarradero sm NÁUT [sitio] poste *m* d'amarrage.
amarrado, da adj COL CUBA MÉX *fam* [tacaño] radin(e).
amarrar vt **1.** NÁUT amarrer **2.** [sujetar] ▸ **amarrar algo / a alguien (a algo)** attacher qqch / qqn (à qqch).
amarre sm amarrage *m*.
amarrete adj AM *fam* & *despec* rapiat(e).
amartillar vt [arma] armer.
amasandería sf CHILE petite boulangerie *f*.
amasar vt **1.** [masa] pétrir **2.** *fam* & *fig* [riquezas] amasser.
amasia sf AM [amante] maîtresse *f*.
amasiato sm AM concubinage *m*.
amasijo sm **1.** [masa] tas *m* **2.** *fam* & *fig* [mezcla] ramassis *m*.
amasio, sia sm, f CAM MÉX concubin *m*, -e *f*.
amateur [ama'ter] (*pl* **amateurs**) adj inv & smf amateur.
amateurismo [amate'rismo] sm amateurisme *m*.
amatista sf améthyste *f*.
amazacotado, da adj **1.** [comida] bourratif(ive) **2.** [obra] grossier(ère).
amazona sf **1.** MITOL amazone *f* **2.** *fig* [jinete] cavalière *f*.
Amazonas npr ▸ **el Amazonas** l'Amazone.
Amazonia npr Amazonie *f*.
amazónico, ca ❖ adj amazonien(enne). ❖ sm, f Amazonien *m*, -enne *f*.
ambages ◆ **sin ambages** loc adv sans ambages.
ámbar sm ambre *m*.
Amberes npr Anvers.
ambición sf ambition *f*.
ambicionar vt avoir l'ambition de, désirer.
ambicioso, sa adj & sm, f ambitieux(euse).
ambidextro, tra adj & sm, f ambidextre.
ambient adj & sm MÚS ambient.
ambientación sf **1.** [de una obra] atmosphère *f* **2.** [preparación] décoration *f* **3.** [adaptación] adaptation *f* **4.** RADIO, CINE & TEATRO bruitage *m*.
ambientador sm désodorisant *m*.
ambiental adj **1.** [música] d'ambiance ; [físico, atmosférico] ambiant(e) **2.** [ecológico] de l'environnement, environnemental(e).
ambientalista smf environnementaliste *mf*.
ambientar vt **1.** LITER & CINE situer **2.** [fiesta, etc.] animer. ◆ **ambientarse** vprnl s'habituer.
ambiente ❖ adj ambiant(e). ❖ sm **1.** [aire] air *m*, atmosphère *f* **2.** [circunstancias] environnement *m* **3.** [ámbito] milieu *m* **4.** [animación] ambiance *f* **5.** AM [habitación] pièce *f* *(d'appartement)*.
ambigüedad sf ambiguïté *f*.
ambiguo, gua adj **1.** ambigu(uë) **2.** GRAM *du genre masculin ou féminin*.
ámbito sm **1.** [espacio, límites] enceinte *f* ; [de una ley] portée *f* **2.** [ambiente] milieu *m*.
ambivalencia sf ambivalence *f*.
ambivalente adj ambivalent(e).
ambos, bas ❖ pron pl tous les deux (toutes les deux). ❖ adj pl les deux.
ambrosía sf MITOL ambroisie *f*.
ambulancia sf ambulance *f*.
ambulante adj ambulant(e).
ambulatorio sm ESP dispensaire *m* ; [hospital] hôpital *m* de jour.
ameba, amiba sf amibe *f*.
amedrentar vt ▸ **amedrentar a** effrayer, faire peur à. ◆ **amedrentarse** vprnl s'effrayer, avoir peur.
amén adv [en plegaria] amen ▸ **decir amén a** *fig* acquiescer à ▸ **en un decir amén** *fig* en moins de temps qu'il n'en faut pour le dire. ◆ **amén de** loc prep **1.** *desus* [además de] outre **2.** [excepto] excepté.
amenaza sf **1.** [peligro] menace *f* ▸ **proferir amenazas** proférer des menaces ▸ **amenaza de muerte** menace de mort **2.** [aviso] alerte *f* ▸ **amenaza de bomba** alerte à la bombe.

Cómo expresar una amenaza

- **Je te préviens, tu n'as pas intérêt à lui répéter ce que je viens de te dire.** *Te aviso, más vale que no le repitas lo que acabo de decirte.*
- **Si vous n'arrêtez pas ce vacarme, j'appelle la police !** *¡Si no paran de armar jaleo, llamo a la policía!*
- **Sortez d'ici ou j'appelle la police !** *¡Salga de aquí o llamo a la policía!*
- **Donne-moi ça tout de suite, sinon...** *Dame esto ahora mismo, si no...*
- **Je t'aurai prévenu...** *Luego no digas que no te he avisado...*
- **Ma patience a des limites...** *Estás acabando con mi paciencia...*
- **Si jamais tu recommences...** *Si vuelves a hacerlo...*
- **Tu veux une claque ?** *fam ¿Quieres que te dé un bofetón?*
- **Arrête ou il va t'arriver des bricoles !** *fam ¡Para o te vas a meter en líos!*

amenazador, ra adj menaçant(e).

amenazante adj menaçant(e).

amenazar [13] vt menacer / *amenaza lluvia* la pluie menace ▸ **amenazar a alguien con algo / con hacer algo** menacer qqn de qqch / de faire qqch ▸ **amenazar a alguien de algo** menacer qqn de qqch.

amenidad sf [entretenimiento] entrain *m* ; [agrado] agrément *m*, charme *m*.

amenizar [13] vt *fig* égayer.

ameno, na adj agréable.

amenorrea sf aménorrhée *f*.

América npr Amérique *f* ▸ **América Central / del Norte / del Sur** Amérique centrale / du Nord / du Sud ▸ **Latina** Amérique latine.

americana sf ⟶ **americano**.

americanada sf *fam & despec* [película] mauvais film *m* américain.

americanismo sm américanisme *m*.

americanizar [13] vt américaniser.
◆ **americanizarse** vprnl s'américaniser.

americano, na ❖ adj américain(e). ❖ sm, f Américain *m*, -e *f*. ◆ **americana** sf ESP [chaqueta] veste *f*.

amerindio, dia ❖ adj amérindien(enne).
❖ sm, f Amérindien *m*, -enne *f*.

ameritar vt AM **1.** [merecer] mériter **2.** [esforzarse] travailler dur.

amerizaje sm amerrissage *m*.

amerizar [13] vi amerrir.

ametralladora sf mitrailleuse *f*.

ametrallar vt mitrailler.

amianto sm amiante *m*.

amiba = **ameba**.

amigable adj [comida, tono, etc.] convivial(e) ; [contrato, arreglo] à l'amiable.

amígdala sf amygdale *f*.

amigdalitis sf inv amygdalite *f*.

amigo, ga ❖ adj **1.** [gen] ami(e) ▸ **hacerse amigo de** devenir ami avec ▸ **hacerse amigos** devenir amis **2.** [aficionado] ▸ **ser amigo de algo** être amateur de qqch. ❖ sm, f **1.** [gen] ami *m*, -e *f* ▸ **amigo invisible** *tradition qui consiste à offrir un cadeau à une personne que l'on connaît bien sans que celle-ci sache de qui il provient* **2.** *fam* [novio] petit ami *m*, petite amie *f*.

amigote, amiguete sm *fam* copain *m*, pote *m*.

amiguismo sm copinage *m*.

amilanamiento sm [miedo] peur *f*.

amilanar vt [asustar] démonter.
◆ **amilanarse** vprnl [desanimarse] se laisser abattre ; [achicarse] se laisser intimider.

amina sf amine *f*.

aminoácido sm acide *m* aminé.

aminorar ❖ vt réduire ; [paso, etc.] ralentir.
❖ vi diminuer.

amistad sf *pr & fig* amitié *f* ▸ **hacer** o **trabar amistad (con)** lier amitié (avec), se lier d'amitié (avec).
◆ **amistades** sfpl amis *mpl*, relations *fpl*.

amistoso, sa adj amical(e) / *consejo amistoso* conseil d'ami.

Ammán npr Amman.

amnesia sf amnésie *f*.

amnésico, ca adj & sm, f amnésique.

amniocentesis sf MED amniocentèse *f*.

amniótico, ca adj amniotique.

amnistía sf amnistie *f* ▸ **amnistía fiscal** amnistie fiscale.

amnistiar [9] vt amnistier.

amo, ama sm, f **1.** [dueño] maître *m*, maîtresse *f* **2.** [propietario] propriétaire *mf* **3.** [jefe] patron *m*, -onne *f* ▸ **ser el amo del cotarro** *fam* faire la pluie et le beau temps. ◆ **ama de casa** sf maîtresse *f* de maison. ◆ **ama de cría** sf nourrice *f*. ◆ **ama de llaves** sf gouvernante *f*.

amodorrado, da adj assoupi(e).

amodorrar vt assoupir.

amodorrarse vprnl s'assoupir.

amolar vt [afilar] aiguiser ▸ **piedra de amolar** pierre à aiguiser. ◆ **amolarse** vprnl AM [enfadarse] se fâcher.

amoldable adj [persona] conciliant(e) ▸ **amoldable a** a) adaptable à b) [persona] qui sait s'adapter à.

amoldar vt ▸ **amoldar algo (a)** adapter o ajuster qqch (à). ◆ **amoldarse** vprnl [adaptarse] ▸ **amoldarse a** s'adapter à.

amonal sm ammonal *m*.

amonestación sf **1.** [reprimenda] réprimande *f* **2.** DEP avertissement *m*.
◆ **amonestaciones** sfpl [de boda] bans *mpl*.

amonestar vt **1.** [reprender] réprimander **2.** DEP donner un avertissement à **3.** [anunciar boda] publier les bans de.

amoníaco, amoniaco sm **1.** [gas] ammoniac *m* **2.** [disolución] ammoniaque *f*.

amontonar vt **1.** [apilar] entasser **2.** [reunir - pruebas, recuerdos] accumuler ; [- riqueza] amasser.
◆ **amontonarse** vprnl **1.** [personas] se masser **2.** [problemas, trabajo] s'accumuler ; [ideas, solicitudes] se bousculer.

amor sm amour *m* ▸ **amor libre** union *f* libre ▸ **amor platónico** amour platonique ▸ **de / con mil amores** de bon cœur ▸ **hacer el amor** faire l'amour ▸ **por amor al arte** pour l'amour de l'art ▸ **¡por el amor de Dios!** pour l'amour de Dieu ! ◆ **amor propio** sm amour-propre *m*.

amoral adj amoral(e).

amoralidad sf amoralité *f*.

amoratado, da adj violacé(e).

amoratar vt [suj: el frío] rendre violacé(e) ; [suj: persona] contusionner. ◆ **amoratarse** vprnl [por el frío] violacer ; [por golpes] bleuir.

amordazar [13] vt [persona] bâillonner ; [animal] museler.

amorfo, fa adj *pr* & *fig* amorphe.

amorío sm *fam* [romance] flirt *m* / ***los amoríos de su juventud*** ses amours de jeunesse.

amoroso, sa adj [persona] aimant(e), affectueux(euse) ; [ademán, relación] amoureux(euse) ; [carta] d'amour *(detrás de sust)*.

amortajar vt [difunto] ensevelir.

amortiguación sf amortissement *m (d'un bruit, d'un choc, etc.)*.

amortiguador, ra adj qui amortit. ◆ **amortiguador** sm AUTO amortisseur *m*.

amortiguar [45] vt [ruido, golpe] amortir ; [luz, colores] atténuer. ◆ **amortiguarse** vprnl [ruido, golpe] être amorti(e) ; [luz, colores] s'atténuer.

amortizable adj ECON amortissable.

amortización sf ECON amortissement *m*.

amortizar [13] vt ECON amortir.

amoscarse [10] vprnl *fam* se mettre en pétard.

amostazarse [13] vprnl ANDES CAM [avergonzarse] rougir, être embarrassé / ***se amostazó con tanta pregunta*** il était embarrassé par toutes ces questions.

amotinado, da ❖ adj **1.** [pueblo] révolté(e) **2.** [preso, soldado] mutiné(e). ❖ sm, f mutin *m*.

amotinamiento sm **1.** [del pueblo] révolte *f* **2.** [de presos, soldados] mutinerie *f*.

amotinar vt soulever ; [muchedumbre] ameuter. ◆ **amotinarse** vprnl [pueblo] se soulever ; [presos, soldados] se mutiner.

amovible adj amovible.

amparar vt protéger. ◆ **ampararse** vprnl **1.** *fig* [apoyarse] ▸ **ampararse en** a) [ley] s'abriter derrière b) [excusas] se retrancher derrière **2.** [cobijarse] ▸ **ampararse de o contra** se protéger de o contre.

amparo sm **1.** [protección] protection *f* **2.** [refugio] abri *m* ▸ **al amparo de** a) [persona, ley] sous la protection de b) [caridad, fortuna] à l'aide de c) [lluvia, desastre] à l'abri de.

amperaje sm ampérage *m*.

amperímetro sm ampèremètre *m*.

amperio sm ampère *m*.

ampli (*abr de* **amplificador**) sm *fam* ampli *m*.

ampliable adj : ***para que la foto sea ampliable*** pour que l'on puisse agrandir la photo.

ampliación sf **1.** [de foto, local] agrandissement *m* ; [de carretera] élargissement *m* ; [de plazo] prolongation *f* ; [de negocio] développement *m* **2.** [de número] augmentation *f* ▸ **ampliación de capital** ECON augmentation de capital.

ampliadora sf FOTO agrandisseur *m*.

ampliamente adv **1.** [de manera amplia] amplement **2.** [mucho] complètement.

ampliar [9] vt **1.** [foto, local] agrandir ; [poderes, carretera] élargir ; [plazo] prolonger ; [negocio] développer **2.** [capital] augmenter **3.** [estudios] poursuivre.

amplificación sf amplification *f*.

amplificador, ra adj amplificateur(trice). ◆ **amplificador** sm amplificateur *m*.

amplificar [10] vt amplifier.

amplio, plia adj **1.** [sala, casa] grand(e) ; [mundo] vaste **2.** [mayoría, ropa, etc.] large **3.** [poderes, conocimientos] étendu(e) ; [exposición, estudio] approfondi(e).

amplitud sf **1.** [gen] largeur *f* ; [de sala, casa] grandeur *f* ▸ **amplitud de miras** largeur *f* d'esprit **2.** *fig* [extensión - de conocimientos] étendue *f* ; [- de catástrofe] ampleur *f* **3.** FÍS amplitude *f*.

ampolla sf [en la piel, medicamento] ampoule *f*.

ampolleta sf CHILE ampoule *f*.

ampulosidad sf emphase *f*.

ampuloso, sa adj ampoulé(e).

amputación sf amputation *f*.

amputar vt amputer.

Amsterdam npr Amsterdam.

amucharse vprnl ANDES RP *fam* [juntarse, amontonarse] se serrer.

amueblado, da adj [piso, apartamento] meublé(e). ◆ **amueblado** sm mobilier *m*.

amueblar vt meubler.

amuermar vt *fam* **1.** [atontar] assommer, abrutir **2.** ESP [aburrir] ennuyer. ◆ **amuermarse** vprnl *fam* **1.** [atontarse] s'abrutir **2.** ESP [aburrirse] s'ennuyer.

amuleto sm amulette *f*.

amurallado, da adj entouré(e) de murailles.

amurallar vt entourer de murailles.

anabolizante ❖ adj anabolisant(e). ❖ sm anabolisant *m*.

anacardo sm **1.** [árbol] anacardier *m* **2.** [fruto] noix *f* de cajou.

anaconda sf ZOOL anaconda *m*.

anacoreta smf anachorète *m*.

anacrónico, ca adj anachronique.

anacronismo sm anachronisme *m*.

ánade sm *culto* canard *m*.

anaerobio, bia adj anaérobie.

anáfora sf anaphore *f*.

anagrama sm anagramme *f*.

anal adj ANAT anal(e). ◆ **anales** smpl *pr* & *fig* annales *fpl*.

analfabetismo sm analphabétisme *m*, illettrisme *m*.

analfabeto, ta adj & sm, f analphabète, illettré(e).

analgesia sf analgésie *f*.

analgésico, ca adj analgésique. ◆ **analgésico** sm analgésique *m*.

análisis sm inv analyse *f* ▸ **análisis clínico** analyse médicale ▸ **análisis de orina /de sangre** analyse d'urine/de sang ▸ **análisis gramatical** analyse grammaticale.

analista smf **1.** [de tema] annaliste *mf* **2.** MED, INFORM & FIN analyste *mf* ▸ **analista de sistemas** analyste système ▸ **analista financiero** analyste financier ▸ **analista programador** analyste-programmeur *m*.

analítico, ca adj analytique. ◆ **analítica** sf MED analyse *f* médicale.

analizar [13] vt analyser.

analogía sf analogie *f* ▸ **por analogía** par analogie ▸ **presentar analogías** présenter des similitudes.

analógico, ca adj **1.** [análogo] analogue **2.** INFORM & TECNOL analogique.

análogo, ga adj analogue ▸ **análogo a** semblable à.

ananás sm inv AM ananas *m*.

anaquel sm étagère *f*.

anaranjado, da adj orangé(e).

anarco adj & smf *fam* anar.

anarcosindicalismo sm anarcho-syndicalisme *m*.

anarcosindicalista adj & smf anarcho-syndicaliste.

anarquía sf *pr* & *fig* anarchie *f*.

anárquico, ca adj *pr* & *fig* anarchique.

anarquismo sm anarchisme *m*.

anarquista adj & smf anarchiste.

anatema sm [maldición] anathème *m* ▸ **lanzar un anatema sobre** jeter l'anathème sur.

anatemizar vt anathématiser.

anatomía sf anatomie *f*.

anatómico, ca adj anatomique.

anca sf *(el)* [de caballo] croupe *f* ▸ **ancas de rana** cuisses *fpl* de grenouille.

ANCABA (*abr de* **Asociación Nacional de Catedráticos de Instituto**) sf *association privée espagnole des enseignants du second degré*.

ancestral adj ancestral(e).

ancestro sm ▸ **nuestros ancestros** nos ancêtres *mpl*.

ancho, cha adj large ▸ **a mis /tus /sus etc. anchas** *fig* à mon/ton/son etc. aise ▸ **quedarse tan ancho** ESP ne pas être gêné pour autant / *lo dijo delante de todos y se quedó tan ancho* il ne s'est pas gêné pour le dire devant tout le monde. ◆ **ancho** sm largeur *f* / *cinco metros de ancho* cinq mètres de large ▸ **a lo ancho (de)** sur (toute) la largeur (de). ◆ **ancho de tela** sm lé *m*.

anchoa sf anchois *m*.

anchura sf largeur *f*.

anciano, na ❖ adj âgé(e). ❖ sm, f personne *f* âgée, vieux monsieur *m*, vieille dame *f*.

> ⚠ **Ancien** es un falso amigo, no significa *anciano*, sino "antiguo".

ancla sf *(el)* ancre *f* ▸ **echar /levar anclas** jeter/lever l'ancre.

anclado, da adj **1.** [barco, pieza, máquina] ancré(e) **2.** *fig* [inmovilizado] ancré(e), enraciné(e) / *una tradición anclada en el tiempo* une tradition bien ancrée o enracinée / *vive anclado en el pasado* il vit dans le passé. ◆ **anclado** sm ancrage *m*.

anclaje sm **1.** [NÁUT - acción] ancrage *m* ; [- fondeadero] ancrage *m*, mouillage *m* **2.** TECNOL ancrage *m*.

anclar vi jeter l'ancre.

ancón sm COL MÉX coin *m*.

áncora sf *(el)* ancre *f* ▸ **ser el áncora de salvación** *fig* être une planche de salut.

andadas sfpl ▸ **volver a las andadas** *fam* & *fig* rechuter.

andaderas sfpl [para niños] trotteur *m*.

andador, ra, andarín, ina, andariego, ga adj ▸ **ser muy andador** être un bon marcheur. ◆ **andador** sm déambulateur *m*.

andadura sf marche *f*.

ándale, ándele interj AM *fam* [para estimular] ▸ **¡ándale!** allez ! / *¡ándale! que estamos tarde* allez, nous sommes déjà en retard !

Andalucía npr Andalousie *f*.

andalucismo sm **1.** [doctrina] *doctrine défendant les valeurs politiques, économiques et culturelles de l'Andalousie* **2.** LING *mot ou expression propre aux Andalous*.

Ándalus npr ▸ **al Ándalus** HIST al-Andalus.

andalusí ❖ adj d'al-Andalus. ❖ smf *natif ou habitant d'al-Andalus*.

andaluz, za ❖ adj andalou(se). ❖ sm, f Andalou *m*, -se *f*.

andamiaje sm échafaudage *m (ensemble)*.

andamio sm échafaudage *m*.

andanada sf **1.** *fig* [reprensión] coup *m* de semonce ▸ **andanada de injurias** bordée *f* d'injures **2.** [en plaza de toros] gradins *mpl* couverts.

andando interj ▸ **¡andando!** en route !

andante ❖ adj [caballero, etc.] errant(e) ; [cadáver] ambulant(e). ❖ adv MÚS andante.

andanza sf *(gen pl)* [aventura] aventure *f (gen pl)* ▸ **mala andanza** mauvaise fortune *f*.

andar¹ [52]

❖ vi

1. [caminar, funcionar] marcher / *hemos venido andando* nous sommes venus à pied

2. [estar] être / *andar preocupado* être inquiet / *andar mal de dinero* être à court d'argent / *las cosas andan mal* les choses vont mal / *ando con dolor de cabeza* j'ai mal à la tête / *anda sin trabajo* il n'a pas de travail

/ *creo que anda por ahí* je crois qu'il est quelque part par là ▸ **andar haciendo algo** être en train de faire qqch ▸ **andar tras algo / alguien** a) [buscar] être à la recherche de qqch / qqn b) [perseguir] courir après qqch / qqn ▸ **andar en** a) [papeleos, negocios] être dans b) [asuntos, líos] être mêlé(e) à c) [pleitos] être en
3. [hurgar] ▸ **andar en** fouiller dans
4. *(delante de 'a' + sust pl)* [expresa acción] *andaban a puñetazos* ils se battaient à coups de poing / *andaban a gritos* ils se criaient dessus
5. [alcanzar, rondar] *andará por los sesenta años* il doit avoir dans les soixante ans / *andamos por los mil números vendidos* nous avons vendu dans les mille numéros
6. *fam* [enredar] ▸ **andar con fuego** jouer avec le feu
7. EXPR **andá a saber** RP va savoir, qui sait ▸ **quien mal anda mal acaba** on récolte ce que l'on a semé
◆ vt
parcourir / *anduvieron tres kilómetros* ils ont fait trois kilomètres (à pied)
◆ **andarse** vprnl **1.** [obrar] : *andarse con cuidado / misterios* faire attention / des mystères **2.** AM *fam* [marcharse] se casser, se tirer / *¡ándate ya!* tire-toi maintenant !
◆ **anda** interj ▸ **¡anda!** a) [¡vamos!, ¡por favor!] allez ! b) [sorpresa, desilusión] non !, sans blague ! ▸ **¡anda ya!** [incredulidad] c'est pas vrai !

andar² sm démarche *f*, allure *f*.
◆ **andares** smpl démarche *f* ▸ **tener andares de** avoir une démarche de, marcher comme.

andariego, ga = **andador**.

andarín, ina = **andador**.

andas sfpl brancard *m* ▸ **llevar a alguien en andas** *fig* être aux petits soins pour qqn.

ándele = **ándale**.

andén sm **1.** FERROC quai *m (de gare)* **2.** AM [acera] trottoir *m* **3.** AM [bancal de tierra] terrasse *f*.

Andes smpl ▸ **los Andes** les Andes *fpl*.

andinismo sm AM alpinisme *m (dans les Andes)*.

andinista smf AM alpiniste *mf (dans les Andes)*.

andino, na ◆ adj andin(e) ; [cordillera] des Andes.
◆ sm, f Andin *m*, -e *f*.

Andorra npr ▸ **(el principado de) Andorra** (la principauté d')Andorre *f*.

andorrano, na ◆ adj andorran(e).
◆ sm, f Andorran *m*, -e *f*.

andrajo sm *pr* & *fig* loque *f*.

andrajoso, sa ◆ adj déguenillé(e).
◆ sm, f gueux *m*, gueuse *f*.

andrógeno sm androgène *m*.

andrógino, na adj androgyne.
◆ **andrógino** sm androgyne *m*.

androide sm [autómata] androïde *m*.

andurriales smpl coin *m* perdu.

anduviera ⟶ **andar**.

ANE (*abr de* **Asociación Numismática Española**) sf *association numismatique espagnole*.

anécdota sf anecdote *f*.

anecdotario sm recueil *m* d'anecdotes.

anecdótico, ca adj anecdotique.

ANEF (*abr de* **Asociación Nacional de Entrenadores de Fútbol**) sf *association nationale espagnole des entraîneurs de football*.

anegar [16] vt **1.** [inundar] inonder **2.** [ahogar] noyer.
◆ **anegarse** vprnl **1.** [inundarse] s'inonder / *sus ojos se anegaron en lágrimas* ses yeux se sont baignés de larmes **2.** [ahogarse] se noyer.

anejo, ja adj **1.** [lugar, escrito] annexe **2.** [inherente] inhérent(e). ◆ **anejo** sm annexe *f*.

El Al Ándalus

Al Ándalus constitua l'un des centres les plus brillants de la civilisation musulmane dans la péninsule Ibérique du VIIIe siècle — pénétration par des groupes berbères et arabes venus d'Afrique du Nord — jusqu'à la fin XVe siècle. Abd al-Rahman Ier constitua un émirat indépendant de Damas, avec Cordoue pour capitale. Puis Abd al-Rahman III érigea ce territoire en califat et favorisa la fusion des populations berbère, arabe, wisigothique et juive, ainsi que le développement des échanges culturels et commerciaux. En l'an 1000, Cordoue était la cité la plus peuplée du monde. Mais le territoire se fractionna ensuite en royaumes dits de **taifas** (factions). Le royaume de Grenade, dernier bastion musulman, capitula en 1492 devant les Rois Catholiques, marquant la fin de la **Reconquista**. Le legs d'**Al Ándalus** est considérable, qu'il s'agisse d'architecture religieuse (mosquée de Cordoue), palatiale (Alhambra de Grenade) ou militaire (fort de Málaga). Il est marquant en poésie, en science ou en philosophie avec Averroès. Son influence est encore perceptible dans les arts décoratifs et dans la langue (ainsi 17 % des mots espagnols proviennent de l'arabe).

anélidos smpl annélides *fpl*.

anemia sf anémie *f*.

anémico, ca adj & sm, f anémique.

anemómetro sm FÍS anémomètre *m*.

anémona sf anémone *f*.

anestesia sf anesthésie *f* ▸ **anestesia general / local** anesthésie générale / locale.

anestesiar [8] vt anesthésier.

anestésico, ca adj anesthésique, anesthésiant(e). ◆ **anestésico** sm anesthésique *m*, anesthésiant *m*.

anestesista smf anesthésiste *mf*.

Aneto sm ▸ **el Aneto** le pic d'Aneto.

aneurisma sm anévrysme *m*.

anexar vt [documento] joindre.

anexión sf annexion *f*.

anexionar vt [tierras] annexer.

anexionismo sm annexionnisme *m*.

anexionista adj & smf annexionniste.

anexo, xa adj [edificio] annexe ; [documento] joint(e). ◆ **anexo** sm annexe *f*.

anfeta sf *fam* amphète *f*.

anfetamina sf amphétamine *f*.

anfibio, bia adj *pr* & *fig* amphibie. ◆ **anfibios** smpl amphibiens *mpl*.

anfiteatro sm amphithéâtre *m*.

anfitrión, ona ◈ adj d'accueil *(detrás de sust)*. ◈ sm, f hôte *m*, hôtesse *f*.

ánfora sf *(el)* **1.** [recipiente] amphore *f* **2.** MÉX PERÚ [en elecciones] urne *f*.

ángel sm *pr* & *fig* ange *m* ▸ **ángel custodio** o **de la guarda** ange gardien ▸ **tener ángel** avoir du charme.

angelical adj angélique.

angelote sm **1.** [figura] statue *f* d'ange, angelot *m* **2.** [niño] poupon *m*.

ángelus sm inv RELIG angélus *m*.

angina sf *(gen pl)* angine *f* ▸ **tener anginas** avoir une angine. ◆ **angina de pecho** sf angine *f* de poitrine.

angioma sm angiome *m*.

anglicanismo sm anglicanisme *m*.

anglicano, na adj & sm, f anglican(e).

anglicismo sm anglicisme *m*.

angloamericano, na ◈ adj anglo-américain(e). ◈ sm, f Anglo-Américain *m*, -e *f*.

anglófilo, la adj & sm, f anglophile.

anglófobo, ba adj & sm, f anglophobe.

anglófono, na adj & sm, f anglophone.

angloparlante adj & smf anglophone.

anglosajón, ona ◈ adj anglo-saxon(onne). ◈ sm, f Anglo-Saxon *m*, -onne *f*.

Angola npr Angola *m*.

angolano, na, angoleño, ña ◈ adj angolais(e). ◈ sm, f Angolais *m*, -e *f*.

angora sf angora *m* ▸ **de angora** a) [de gato, conejo] en angora b) [de cabra] en mohair.

angosto, ta adj *culto* étroit(e).

angostura sf **1.** [de lugar] étroitesse *f* **2.** [alcohol] angustura *f*.

angström sm angström *m*.

anguila sf anguille *f* ▸ **anguila de mar** anguille de mer.

angula sf alevin *m* d'anguille.

angular adj angulaire. ◆ **gran angular** sm FOTO objectif *m* grand-angle, grand-angle *m*.

ángulo sm angle *m* ▸ **ángulo agudo / obtuso / recto** angle aigu / obtus / droit ▸ **ángulo de mira / de tiro** angle de mire / de tir ▸ **ángulo facial** angle facial.

anguloso, sa adj anguleux(euse).

angurria sf AM **1.** *fam* [glotonería] gloutonnerie *f*, voracité *f* **2.** *fig* [avaricia] avarice *f*.

angustia sf angoisse *f*.

angustiado, da adj **1.** [con sufrimiento] angoissé(e) **2.** [triste] peiné(e).

angustiar [8] vt angoisser. ◆ **angustiarse** vprnl s'angoisser.

angustioso, sa adj angoissant(e).

anhelante adj ▸ **anhelante (por algo / por hacer algo)** désireux(euse) (de qqch / de faire qqch).

anhelar vt [dignidades] briguer ; [gloria] aspirer à ▸ **anhelar hacer algo** rêver de faire qqch.

anhelo sm aspiration *f*, désir *m*.

anhídrido sm anhydride *m* ▸ **anhídrido carbónico** dioxyde *m* de carbone.

anidar vi **1.** [pájaro] faire son nid, nicher **2.** *fig* [sentimiento] ▸ **anidar en** habiter.

anilla sf anneau *m*. ◆ **anillas** sfpl DEP anneaux *mpl*.

anillo sm **1.** [gen & ASTRON] anneau *m* **2.** [sortija] bague *f* ▸ **anillo de boda** alliance *f* ▸ **ir** o **venir** o **sentar como anillo al dedo** *fam* & *fig* tomber à pic ▸ **no se le van a caer los anillos** *fam* & *fig* ça ne va pas le tuer.

ánima sf *(el)* [alma] âme *f* ▸ **ánima bendita** âme du Purgatoire.

animación sf animation *f*.

animadamente adv avec animation.

animado, da adj **1.** [gen] animé(e) **2.** [persona - con buen ánimo] en pleine forme ; [- divertida] drôle.

animador, ra sm, f animateur *m*, -trice *f*.

animadversión sf antipathie *f*.

animal ◈ adj **1.** [especie] animal(e) **2.** *fam* & *fig* [persona - ignorante] bête ; [- basta] ▸ **ser animal** être une brute. ◈ sm, f *fam* & *fig* [persona] brute *f*. ◈ sm animal *m* ▸ **animal doméstico** o **de compañía** animal domestique o de compagnie.

animalada sf *fam* & *fig* ânerie *f*.

animalista adj animalier(ère).

animalucho sm *fig* & *despec* sale bête *f*.

animar vt **1.** [estimular] encourager ▸ **animar a alguien a o para hacer algo** encourager qqn à faire qqch **2.** [alegrar] ▸ **animar a alguien** remonter le moral à qqn **3.** [avivar - diálogo, fiesta] animer ; [- fuego] activer. ◆ **animarse** vprnl **1.** [alegrarse - fiesta, reunión] s'animer ; [- persona] se réjouir **2.** [atreverse] ▸ **animarse (a hacer algo)** se décider (à faire qqch).

anímicamente adv sur le plan émotionnel.

anímico, ca adj : *el estado anímico* l'humeur.

ánimo ❖ sm **1.** [energía, valor] courage *m* **2.** [aliento] encouragement *m* ▸ **dar ánimos a alguien** encourager qqn **3.** [intención] ▸ **con ánimo de** avec l'intention de ▸ **sin ánimo de** sans intention de **4.** [talante] humeur *f* ▸ **tener el ánimo dispuesto para** être d'humeur à. ❖ interj [para alentar] ▸ **¡ánimo!** courage !

animosidad sf animosité *f*.

animoso, sa adj [valiente] courageux(euse) ; [decidido] résolu(e).

aniñado, da adj [comportamiento] enfantin(e) ; [voz, rostro] d'enfant.

aniquilación sf anéantissement *m*.

aniquilar vt anéantir, exterminer.

anís (*pl* **anises**) sm **1.** BOT anis *m* **2.** [licor] ≃ pastis *m*.

anisete sm [licor] anisette *f*.

aniversario sm anniversaire *m*.

Ankara npr Ankara.

Annapurna sm ▸ **el Annapurna** l'Annapurna.

ano sm anus *m*.

anoche adv hier soir, la nuit dernière ▸ **antes de anoche** avant-hier soir.

anochecer [30] ❖ sm ▸ **al anochecer** à la tombée de la nuit. ❖ v impers faire nuit / *ya empieza a anochecer* la nuit commence à tomber. ❖ vi arriver quelque part de nuit.

anodino, na adj **1.** [sin gracia] quelconque, insipide **2.** [insubstancial] inconsistant(e).

ánodo sm anode *f*.

anomalía sf anomalie *f*.

anómalo, la adj anormal(e).

anón sm AM pomme *f* cannelle.

anonadado, da adj **1.** [sorprendido] abasourdi(e) **2.** [abatido] anéanti(e).

anonadamiento sm stupéfaction *f*, consternation *f*.

anonadar vt **1.** [sorprender] abasourdir **2.** [desconcertar] confondre. ◆ **anonadarse** vprnl **1.** [sorprenderse, impresionarse] être abasourdi(e) **2.** [desconcertarse] être confondu(e).

anonimato sm anonymat *m* ▸ **vivir en el anonimato** vivre dans l'anonymat.

anónimo, ma adj anonyme.
◆ **anónimo** sm lettre *f* anonyme.

anorak (*pl* **anoraks**), **anorac** (*pl* **anoracs**) sm anorak *m*.

anorexia sf anorexie *f*.

anoréxico, ca adj & sm, f MED anorexique.

anorgasmia sf MED anorgasmie *f*.

anormal adj & smf anormal(e).

anormalidad sf anormalité *f* ; [de tráfico, situación, etc.] perturbation *f*.

anotación sf note *f*, annotation *f* ▸ **anotación contable** écriture *f* (comptable).

anotador, ra sm, f DEP : *el máximo anotador* le meilleur marqueur *m*.
◆ **anotador** sm RP [bloc] bloc-notes *m*.

anotar vt [apuntar] noter ; [un libro] annoter.
◆ **anotarse** vprnl RP [a curso] s'inscrire / *se anotó en todas las materias* elle s'est inscrite à tous les cours.

anovulatorio, ria adj anovulatoire.
◆ **anovulatorio** sm contraceptif *m* oral.

ANPE (*abr de* **Asociación Nacional del Profesorado Estatal**) sf *association nationale espagnole des enseignants des écoles publiques*.

anquilosamiento sm **1.** [estancamiento - de la economía, etc.] stagnation *f* ; [- de un partido, etc.] sclérose *f* **2.** MED ankylose *f*.

anquilosarse vprnl **1.** [estancarse - economía, etc.] stagner ; [- ideas, etc.] se scléroser **2.** MED s'ankyloser.

ánsar sm oie *f*.

ansia sf (*el*) **1.** [afán] ▸ **ansia de** soif *f* de ▸ **hacer algo con ansia** faire qqch avec avidité **2.** [ansiedad] anxiété *f* ; [angustia] angoisse *f*. ◆ **ansias** sfpl [náuseas] nausée *f*.

ansiar [9] vt ▸ **ansiar hacer algo** mourir d'envie de faire qqch / *ansio llegar a casa* il me tarde d'arriver à la maison.

ansiedad sf anxiété *f*.

Cómo dar ánimos

- **Je trouve tout cela très positif.** *Encuentro todo eso muy positivo.*
- **Tout ça m'a l'air très bien.** *Todo eso me parece muy bien.*
- **Vous tenez le bon bout.** *Va por el buen camino.*
- **Encore un effort, vous y êtes presque.** *Vamos, todavía un esfuerzo, casi lo ha conseguido.*
- **Tu ne vas pas laisser tomber maintenant !** *¡No vas a dejarlo estar así ahora!*
- **Vas-y, demande-lui !** *¡Vamos, pídeselo!*
- **Allez, tu sais bien que ça va te plaire.** *Vamos, sabes perfectamente que te va a gustar.*
- **Continuez à bien travailler.** *Seguid estudiando mucho.*
- **Je suis sûr que tu es capable de réussir cet examen.** *Estoy seguro de que eres capaz de aprobar este examen.*

ansiolítico, ca adj anxiolytique.
◆ **ansiolítico** sm anxiolytique *m*.

ansioso, sa adj **1.** [impaciente] impatient(e) ▸ **estar ansioso por** o **de hacer algo** mourir d'impatience de faire qqch **2.** [angustiado] anxieux(euse).

antagónico, ca adj antagonique ; [opiniones] opposé(e).

antagonismo sm antagonisme *m* / *el antagonismo de opiniones* la différence d'opinion.

antagonista smf ▸ **antagonista de** opposant *m*, -e *f* à.

Antananarivo npr Antananarivo.

antaño adv autrefois, jadis.

antártico, ca adj antarctique.
◆ **Antártico** npr ▸ **el Antártico** l'Antarctique *m* *(océan)*.

Antártida npr ▸ **la Antártida** l'Antarctique *m* *(continent)*.

ante[1] sm **1.** [piel curtida] daim *m* **2.** [animal] élan *m*.

ante[2] prep **1.** [gen] devant ▸ **ante las circunstancias** vu les circonstances ▸ **ante el juez** par-devant le juge ▸ **ante notario** par-devant notaire ▸ **ante los ojos** sous les yeux **2.** [respecto de] : *su opinión prevaleció ante la mía* son opinion a prévalu sur la mienne.
◆ **ante todo** loc adv avant tout.

anteanoche adv avant-hier soir.

anteayer adv avant-hier.

antebrazo sm avant-bras *m*.

antecámara sf antichambre *f*.

antecedente ❖ adj précédent(e).
❖ sm **1.** [precedente] précédent *m* **2.** GRAM & MAT antécédent *m* **3.** *(gen pl)* [de persona - pasado] antécédents *mpl* ; [- experiencia] bagage *m* ; [de asunto] précédents *mpl* ▸ **poner en antecedentes** [informar] aviser ▸ **antecedentes penales** casier *m* judiciaire.

anteceder vt précéder.

antecesor, ra sm, f [predecesor] prédécesseur *m*.
◆ **antecesores** smpl [antepasados] aïeux *mpl*.

antedatar vt antidater.

antedicho, cha adj [cosa] susdit(e), susmentionné(e) ; [persona] susnommé(e).

antediluviano, na adj *pr* & *fig* antédiluvien(enne).

antefirma sf **1.** [fórmula] *formule de politesse en fin de lettre* **2.** [cargo] *titre du signataire en fin de lettre*.

antelación sf ▸ **con antelación** à l'avance ▸ **con una hora de antelación** avec une heure d'avance.

antelar vt CHILE prévoir.

antemano ◆ **de antemano** loc adv d'avance.

antemeridiano, na adj du matin.

antena sf RADIO, TV & ZOOL antenne *f* ▸ **estar / salir en antena** être/passer à l'antenne ▸ **antena colectiva / parabólica** antenne collective/parabolique.

anteojera sf œillère *f*.

anteojo sm ▸ **anteojo de estrella** télescope ▸ **anteojo de larga vista** longue-vue. ◆ **anteojos** smpl **1.** [prismáticos] jumelles *fpl* **2.** AM lunettes *fpl*.

antepasado, da sm, f ancêtre *mf*.

antepecho sm [de puente] parapet *m* ; [de ventana] rebord *m*.

antepenúltimo, ma adj & sm, f antépénultième, avant avant-dernier(ère).

anteponer [65] vt **1.** [poner delante] ▸ **anteponer algo a algo** mettre qqch devant qqch **2.** [dar preferencia] faire passer avant.
◆ **anteponerse** vprnl ▸ **anteponerse a** passer avant.

anteproyecto sm avant-projet *m*.

antepuesto, ta pp ⟶ **anteponer**.

anterior adj **1.** [previo] d'avant, précédent(e) / *la parada anterior* l'arrêt d'avant / *la noche anterior* la nuit précédente ▸ **anterior a** antérieur à **2.** [delantero - miembro, fachada] antérieur(e) ; [- fila, etc.] de devant.

anterioridad sf ▸ **con anterioridad** à l'avance ▸ **con anterioridad a** avant.

anteriormente adv précédemment, auparavant.

antes

❖ adv

1. [gen] avant / *puede inscribirse si lo desea pero antes deberá rellenar el cuestionario* vous pouvez vous inscrire si vous le désirez mais auparavant vous devrez remplir ce questionnaire ▸ **mucho / poco antes** longtemps/peu de temps avant ▸ **lo antes posible** dès que possible

2. [expresa preferencia] ▸ **antes... que** plutôt... que / *prefiero el mar antes que la sierra* je préfère de beaucoup la mer à la montagne / *iría a la cárcel antes que mentir* j'irais en prison plutôt que de mentir

❖ adj

[anterior] d'avant *(detrás de sust)*, précédent(e) / *el mes antes* le mois d'avant o précédent

◆ **antes de** loc prep ▸ **antes de hacer algo** avant de faire qqch.

◆ **antes (de) que** loc conj avant que / *antes (de) que llegarais* avant que vous n'arriviez.

antesala sf hall *m* ▸ **hacer antesala** [esperar] faire antichambre ▸ **estar en la antesala de** *fig* être au seuil de.

antevíspera sf avant-veille *f*.

antiabortista ❖ adj contre l'avortement / *una asociación antiabortista* une association de lutte contre l'avortement. ❖ smf opposant *m*, -e *f* à l'avortement.

antiácido, da adj antiacide *(inv)*, alcalin(e).
◆ **antiácido** sm antiacide *m*, alcalin *m*.

antiadherente adj antiadhésif(ive).

antiaéreo, a adj antiaérien(enne).

antialérgico, ca adj & sm antiallergique.

antiamericanismo sm antiaméricanisme *m*.

antiamericano, na adj antiaméricain(e).

antiarrugas adj inv antirides.

antibala, antibalas adj inv pare-balles.

antibiótico, ca adj antibiotique.
◆ **antibiótico** sm antibiotique *m*.

antibloqueo adj inv AUTO antiblocage *(inv)*.

antibrillos adj inv [crema, maquillaje] matifiant(e).

anticalcáreo, rea adj anticalcaire.
◆ **anticalcáreo** sm anticalcaire *m*.

anticancerígeno, na adj anticancéreux(euse).
◆ **anticancerígeno** sm anticancéreux *m*.

anticarro adj inv MIL antichar.

anticaspa adj antipelliculaire.

anticatarral sm MED médicament *m* contre le rhume.

anticelulítico, ca adj anticellulitique.

antichoc, antichoque adj [resistente a golpes] antichoc.

anticiclón sm anticyclone *m*.

anticiclónico, ca adj anticyclonique.

anticipación sf avance *f* ▸ **con anticipación a** avant ▸ **con anticipación** à l'avance ▸ **con un mes de anticipación** avec un mois d'avance.

anticipadamente adv à l'avance, d'avance / *jubilarse anticipadamente* prendre sa retraite anticipée / *pagar anticipadamente* payer d'avance.

anticipado, da adj anticipé(e) ▸ **por anticipado** par anticipation, d'avance.

anticipar vt **1.** [adelantar] avancer **2.** [prever] anticiper **3.** [información] : *no te puedo anticipar nada* je ne peux encore rien te dire.
◆ **anticiparse** vprnl **1.** [suceder antes - estación] être en avance ; [- fecha] être avancé(e) ▸ **anticiparse a su tiempo** être en avance sur son temps **2.** [adelantarse] ▸ **anticiparse a alguien** précéder qqn, devancer qqn ▸ **anticiparse a hacer algo** faire qqch plus tôt que prévu.

anticipo sm **1.** [de dinero] avance *f*, acompte *m* **2.** [presagio] signe *m*.

anticlerical adj anticlérical(e).

anticlericalismo sm anticléricalisme *m*.

anticlímax sm anticlimax *m*.

anticoagulante ◈ adj anticoagulant(e).
◈ sm anticoagulant *m*.

anticomunismo sm anticommunisme *m*.

anticomunista adj & smf anticommuniste.

anticoncepción sf contraception *f*.

anticonceptivo, va adj [pastilla, etc.] contraceptif(ive) ; [métodos] de contraception.
◆ **anticonceptivo** sm contraceptif *m*.

anticonformismo sm anticonformisme *m*.

anticongelante ◈ adj antigivrant(e).
◈ sm AUTO antigel *m*.

anticonstitucional adj anticonstitutionnel(elle).

anticonstitucionalidad sf inconstitutionnalité *f*.

anticorrosivo, va adj anticorrosion *(inv)*.
◆ **anticorrosivo** sm antirouille *m*.

anticorrupción adj inv anticorruption *f inv*.

anticrisis adj inv anticrise.

anticristo sm antéchrist *m*.

anticuado, da adj [objetos, música] démodé(e) ; [palabras] vieilli(e) ; [persona] vieux jeu ; [ideas] vieillot(otte).

anticuario, ria sm, f antiquaire *mf* ▸ **en un anticuario** chez un antiquaire.

anticuerpo sm anticorps *m*.

antidemocrático, ca adj antidémocratique.

antideportivo, va adj : *es antideportivo* il est mauvais joueur.

antidepresivo, va adj antidépresseur.
◆ **antidepresivo** sm antidépresseur *m*.

antideslizante adj antidérapant(e).

antideslumbrante adj antiaveuglant(e).

antidisturbios adj inv ⟶ **brigada**.

antidolor ◈ adj inv antidouleur *(inv)*.
◈ sm antidouleur *m*.

antidopaje sm contrôle *m* o lutte *f* antidopage.

antidoping [anti'ðopin] adj antidopage, antidoping *(inv)*.

antídoto sm antidote *m*.

antidroga adj inv antidrogue *(inv)*.

antidumping adj inv ECON antidumping *(inv)*.

antiecológico, ca adj antiécologique.

antier adv AM *fam* l'autre jour.

antiespasmódico, ca adj antispasmodique.
◆ **antiespasmódico** sm antispasmodique *m*.

antiestético, ca adj inesthétique.

antiestrés adj inv antistress *(inv)*.

antieuropeísta, antieuropeo, pea adj antieuropéen(enne).

antifascista adj & smf antifasciste.

antifaz sm [de cara] masque *m* ; [de ojos] loup *m*.

antigás adj inv à gaz / *una careta antigás* un masque à gaz.

antígeno sm antigène *m*.

antiglobalización sf antimondialisation *f*.

antigrasa adj [producto] dégraissant(e) / *un champú antigrasa* un shampooing pour cheveux gras.

antigripal ◈ adj antigrippe, contre la grippe.
◈ sm médicament *m* antigrippe.

antigualla sf *despec* [cosa] vieillerie *f* ; [persona] vieux fossile *m*.

antiguamente adv autrefois, anciennement.

Antigua y Barbuda npr Antigua-et-Barbuda.

antigubernamental adj contre le o opposé(e) au gouvernement.

antigüedad sf **1.** [pasado] antiquité *f* **2.** [vejez, veteranía] ancienneté *f*. ◆ **antigüedades** sfpl [objetos] antiquités *fpl*.

antiguo, gua adj **1.** [gen] ancien(enne) ; [viejo] vieux (vieille) **2.** [pasado de moda] dépassé(e) ▸ **a la antigua** à l'ancienne. ◆ **antiguos** smpl HIST Anciens *mpl*.

antihemorrágico, ca adj MED antihémorragique. ◆ **antihemorrágico** sm MED antihémorragique *m*.

antihemorroidal adj contre les hémorroïdes.

antihéroe sm antihéros *m*.

antihigiénico, ca adj antihygiénique.

antihistamínico, ca adj antihistaminique. ◆ **antihistamínico** sm antihistaminique *m*.

antiincendios adj anti-incendie.

antiinfeccioso, sa adj MED anti-infectieux(euse). ◆ **antiinfeccioso** sm anti-infectieux *m*.

antiinflacionista adj anti-inflationniste.

antiinflamatorio, ria adj anti-inflammatoire. ◆ **antiinflamatorio** sm anti-inflammatoire *m*.

antijuego sm DEP antijeu *m*.

antillano, na ❖ adj antillais(e). ❖ sm, f Antillais *m*, -e *f*.

Antillas npr ▸ **las Antillas** les Antilles *fpl*.

antílope sm [animal] antilope *f*.

antimanchas adj inv antitache *(inv)*.

antimateria sf antimatière *f*.

antimicótico, ca adj antimycosique. ◆ **antimicótico** sm antimycosique *m*.

antimilitarismo sm antimilitarisme *m*.

antimilitarista adj & smf antimilitariste.

antimisil, antimísil sm arme *f* antimissile.

antimonárquico, ca adj antimonarchique, antimonarchiste.

antimonio sm antimoine *m*.

antimonopolio adj antitrust.

antinatural adj contre nature.

antiniebla adj inv AUTO antibrouillard *(inv)*.

antinuclear adj [gen] antinucléaire ; [refugio] antiatomique.

antioxidante adj & sm antirouille.

antipapa sm antipape *m*.

antipapista adj & smf antipapiste.

antiparasitario, ria adj **1.** [loción, champú] antiparasite, antipoux ; [collar] antipuces **2.** TELECOM antiparasite. ◆ **antiparasitario** sm **1.** [de animales] collier *m* antipuces **2.** TELECOM antiparasite *m*.

antiparras sfpl **1.** *fam* binocles *mpl* **2.** CSur [de protección] lunettes *fpl* de protection / ***antiparras para soldar*** lunettes de soudeur.

antipatía sf [por una persona] antipathie *f* ; [por una cosa] répugnance *f* ▸ **tener antipatía a alguien** avoir de l'antipathie pour qqn.

antipático, ca ❖ adj antipathique. ❖ sm, f personne *f* désagréable.

antipersonal, antipersonas adj antipersonnel *(inv)* / ***mina antipersonal*** mine antipersonnel.

antipirético, ca adj antipyrétique. ◆ **antipirético** sm antipyrétique *m*.

antípodas sfpl ▸ **las antípodas** les antipodes *mpl*.

antiquísimo, ma adj très ancien(enne).

antirracista adj & smf antiraciste.

antirradiación adj inv antiradiation *(inv)* ▸ **escudo antirradiación** bouclier *m* antiradiation ▸ **carcasa antirradiación** [para móvil] étui *m* antiradiation.

antirreflectante adj antireflet *(inv)*.

antirreglamentario, ria adj antiréglementaire.

antirretroviral ❖ adj antirétroviral(e). ❖ sm antirétrovirus.

antirrobo ❖ adj inv antivol *(inv)*. ❖ sm [en coche] antivol *m*.

antirruido adj antibruit *(inv)*.

antisemita adj & smf antisémite.

antisemitismo sm antisémitisme *m*.

antiséptico, ca adj antiseptique. ◆ **antiséptico** sm antiseptique *m*.

antisida adj antisida, anti-sida.

antisistema adj antisystème.

antisocial adj antisocial(e).

antisudoral ❖ adj antiperspirant(e). ❖ sm antiperspirant *m*.

antitabaco adj antitabac.

antitanque adj antichar.

antitérmico, ca adj antithermique. ◆ **antitérmico** sm antithermique *m*.

antiterrorismo sm lutte *f* antiterroriste.

antiterrorista adj antiterroriste.

antítesis sf inv antithèse *f*.

antitetánico, ca adj [vacuna] antitétanique. ◆ **antitetánica** sf vaccin *m* antitétanique.

antitético, ca adj *culto* antithétique.

antitranspirante ❖ adj antiperspirant(e). ❖ sm antiperspirant *m*.

antivicio sf *fam* stups *mpl (brigade des stupéfiants)* / ***la antivicio lo detuvo*** il s'est fait arrêter par les stups.

antivirus sm inv **1.** MED antiviral *m* **2.** INFORM antivirus *m*.

antojadizo, za adj capricieux(euse).

antojarse v impers **1.** [capricho] ▸ **antojársele a alguien algo / hacer algo** avoir envie de qqch / de faire qqch **2.** [posibilidad] : ***se me antoja que...*** j'ai le sentiment que....

antojitos smpl AM amuse-gueule *mpl*.

antojo sm envie *f* ▸ **a mi / tu etc. antojo** à ma / ta etc. guise ▸ **tener un antojo** avoir une envie.

antología sf anthologie *f* ▸ **de antología** mémorable.

antológico, ca adj **1.** [de colección] : *un libro antológico* une anthologie **2.** [relevante] mémorable.

antonimia sf antonymie *f*.

antónimo sm antonyme *m*.

antonomasia sf ▸ **por antonomasia** par excellence.

antorcha sf torche *f* ▸ **antorcha olímpica** flambeau *m* olympique.

antracita sf anthracite *m*.

ántrax sm inv anthrax *m*.

antro sm *despec* boui-boui *m*.

antropocéntrico, ca adj anthropocentrique.

antropocentrismo sm anthropocentrisme *m*.

antropofagia sf anthropophagie *f*.

antropófago, ga adj & sm, f anthropophage.

antropología sf anthropologie *f*.

antropológico, ca adj anthropologique.

antropólogo, ga sm, f anthropologue *mf*.

antropomórfico, ca adj anthropomorphique.

antropomorfo, fa adj [de forma humana] anthropomorphe.
◆ **antropomorfo** sm ZOOL anthropomorphe *m*.

anual adj annuel(elle).

anualidad sf annuité *f*.

anualizar vt annualiser.

anualmente adv annuellement.

anuario sm annuaire *m*.

anudar vt *pr* & *fig* nouer. ◆ **anudarse** vprnl *pr* & *fig* se nouer / *se le anudó la voz* sa gorge se noua.

anulación sf [gen] annulation *f* ; [de ley] abrogation *f*.

anular[1] ❖ adj [en forma de anillo] annulaire.
❖ sm ⟶ **dedo**.

anular[2] vt **1.** [cancelar] annuler ; [compromiso] décommander ; [ley] abroger **2.** [reprimir - personalidad] étouffer. ◆ **anularse** vprnl [cancelarse] être annulé(e).

anunciación sf annonce *f*.
◆ **Anunciación** sf RELIG Annonciation *f*.

anunciante ❖ adj : *la empresa anunciante* l'annonceur *m*. ❖ sm, f annonceur *m*, -euse *f*.

anunciar [8] vt **1.** [notificar, presagiar] annoncer **2.** [hacer publicidad de] ▸ **anunciar algo** faire de la publicité pour qqch. ◆ **anunciarse** vprnl ▸ **anunciarse en** a) [solicitud] passer une annonce dans b) [publicidad] faire de la publicité dans.

anuncio sm **1.** [gen] annonce *f* **2.** [publicidad] publicité *f* ▸ **anuncio (publicitario)** a) message *m* publicitaire b) [en televisión] spot *m* publicitaire c) [en revista] encart *m* publicitaire d) [cartel] affiche *f* (publicitaire) ▸ **anuncio por palabras** petites annonces.

anverso sm [de moneda] face *f* ; [de hoja] recto *m*.

añadido, da adj ▸ **añadido (a)** ajouté (à).
◆ **añadido** sm ajout *m*.

añadidura sf complément *m* ▸ **por añadidura** en plus, qui plus est.

añadir vt ajouter.

añares smpl RP [mucho tiempo] années *fpl* ▸ **hace añares** cela fait des années o des lustres.

añejo, ja adj **1.** [vino, licor] vieux (vieille) **2.** [costumbre] ancien(enne).

añicos smpl ▸ **hacer añicos** a) [cosa] mettre en pièces b) [persona] démolir.

añil sm [color] indigo *m*.

año sm **1.** [gen] année *f*, an *m* / *en el año 1939* en 1939 / *los años 30* les années 30 / *desde hace tres años* depuis trois ans ▸ **año académico** o **escolar** année scolaire ▸ **año bisiesto** année bissextile ▸ **año calendario** AM année civile ▸ **año luz** FÍS année-lumière / *estar a años luz de fig* être à des années-lumière de ▸ **año nuevo** nouvel an ▸ **año sabático** année sabbatique ▸ **año solar** année solaire ▸ **celebrar el año viejo** enterrer l'année ▸ **¡Feliz año nuevo!** Bonne année ! ▸ **del año del ñaupa** RP *fam* de Mathusalem ▸ **desde el año de la nana** *fam* depuis des siècles **2.** ECON ▸ **año (fiscal)** exercice *m* (fiscal). ◆ **años** smpl [edad] âge *m* / *¿cuántos años tienes? — tengo 17 (años)* quel âge as-tu ? — j'ai 17 ans ▸ **cumplir años** fêter son anniversaire ▸ **entrado** o **metido en años** d'un âge avancé ▸ **quitarse años** rajeunir.

añoranza sf [del pasado] nostalgie *f* ; [de una persona] regret *m* ; [de un país] mal *m* du pays.

añorar vt [pasado] avoir la nostalgie de / *añora su país natal* il a le mal du pays / *añoro a mi hermana* ma sœur me manque.

anzuelo sm **1.** [para pescar] hameçon *m* **2.** *fam* [señuelo] appât *m* ▸ **picar** o **morder el anzuelo** mordre à l'hameçon.

aorta sf ANAT aorte *f*.

aovado, da adj ové(e).

aovar vi pondre ; [peces] frayer.

APA (*abr de* **asociación de padres de alumnos**) sf *association espagnole de parents d'élèves*.

apabullante adj *fam* sidérant(e).

apabullar vt troubler. ◆ **apabullarse** vprnl se laisser dépasser par les événements.

apacentar [19] vt [suj: pastor] faire paître.
◆ **apacentarse** vprnl paître.

apache ❖ adj apache. ❖ sm, f Apache *mf*.

apachurrado, da adj MÉX *fam* abattu(e), découragé(e).

apacible adj **1.** [agradable] paisible **2.** [pacífico] doux (douce).

apacienta ⟶ **apacentar**.

apaciguador, ra adj pacificateur(trice).

apaciguamiento sm apaisement *m*.

apaciguar [45] vt apaiser, calmer.
◆ **apaciguarse** vprnl s'apaiser, se calmer.

apadrinar vt **1.** [niño] être le parrain de **2.** [artista, etc.] parrainer.

apagado, da adj **1.** [luz, fuego] éteint(e) **2.** [persona, color] terne **3.** [sonido] étouffé(e) ; [voz] faible, petit(e).

apagar [16] vt **1.** [extinguir, desconectar] éteindre **2.** [aplacar - dolor, etc.] calmer ; [- sed] étancher ; [- ilusiones] faire perdre **3.** [rebajar - color] atténuer ; [- sonido] étouffer **4.** EXPR **apaga y vámonos** *fig* n'en parlons plus.
◆ **apagarse** vprnl [gen] s'éteindre ; [ilusiones] s'envoler.

apagón sm coupure *f* o panne *f* de courant.

apague ⟶ **apagar**.

apaisado, da adj oblong(ongue).

apalabrar vt convenir verbalement de / *apalabrar un precio* convenir d'un prix.

Apalaches npr ▸ **los (montes) Apalaches** les (monts) Appalaches.

apalancamiento sm *fam* flemmardise *f*.

apalancar [10] vt [para abrir] forcer *(avec un pied-de-biche)* ; [para mover] soulever *(avec un levier)*.
◆ **apalancarse** vprnl ESP *fam* [apoltronarse] s'installer / *se apalancó en el sofá y no se movió de allí* il s'est installé dans le canapé et n'en a plus bougé.

apalear vt rouer de coups.

apanar vt ANDES CAM RP [proteger] paner.

apantallar vt **1.** MÉX [sorprender] impressionner **2.** RP [abanicar] éventer.

apañado, da adj *fam* [hábil, mañoso] débrouillard(e) / *¡estamos apañados! fig* nous voilà bien !

apañar vt *fam* **1.** [reparar] retaper, rafistoler, raccommoder **2.** [amañar] goupiller.
◆ **apañarse** vprnl **1.** *fam* [arreglárselas] se débrouiller ▸ **apañárselas (para hacer algo)** *fig* se débrouiller (pour faire qqch) **2.** ▸ **apañarse con** MÉX [robar] s'emparer de.

apaño sm *fam* **1.** [reparación] rafistolage *m* ; [de ropa] reprise *f* **2.** [chanchullo] magouille *f*.

apapachado, da adj MÉX *fam* [mimado] cajolé(e), câliné(e).

apapachador, ra adj MÉX *fam* câlin(e).

apapachar vt MÉX *fam* [mimar] cajoler, câliner.

apapachos smpl MÉX *fam* câlins *mpl*.

aparador sm **1.** [mueble] buffet *m* **2.** [escaparate] vitrine *f*.

aparato sm **1.** [gen] appareil *m* ; [de radio, televisión] poste *m* / *¿quién está al aparato?* qui est à l'appareil ? **2.** [ostentación] apparat *m*, pompe *f*.

aparatoso, sa adj **1.** [ostentoso] tape-à-l'œil **2.** [espectacular] spectaculaire.

aparcacoches smf inv voiturier *m*.

aparcamiento sm **1.** [acción] créneau *m* ; [resultado] stationnement *m* **2.** [parking] parking *m* ; [hueco] place *f* (de parking).

aparcar [10] ❖ vt **1.** [estacionar] garer **2.** [posponer] suspendre. ❖ vi [estacionar] se garer ▸ **'prohibido aparcar'** 'défense de stationner'.

aparcero, ra sm, f métayer *m*, -ère *f*.

apareamiento sm accouplement *m*.

aparear vt **1.** [animales] accoupler **2.** [de dos en dos] rassembler par paires ; [niños] mettre deux par deux.
◆ **aparearse** vprnl [animales] s'accoupler.

aparecer [30] vi **1.** [gen] apparaître ; [en una lista] figurer **2.** [acudir] arriver ▸ **aparecer por** venir **3.** [encontrarse] être retrouvé(e) **4.** [publicarse] paraître **5.** MÉX [presentar, mostrar] sortir, présenter / *Juan apareció los papeles* Juan présenta les papiers.
◆ **aparecerse** vprnl **1.** [Virgen, etc.] apparaître **2.** AM *fam* [presentarse] se pointer.

aparecido, da sm, f **1.** fantôme *m* **2.** ANDES *fam* & *despec* [advenedizo] arriviste *mf*.

aparejado, da adj ▸ **ir algo aparejado a algo** aller de pair avec qqch ▸ **traer algo aparejado** entraîner qqch.

aparejador, ra sm, f [de arquitecto] métreur *m*, -euse *f*.

aparejar vt **1.** [arreglar] préparer **2.** [caballerías] harnacher **3.** NÁUT gréer.

aparejo sm **1.** [de caballerías] harnais *m* **2.** TECNOL palan *m* **3.** NÁUT gréement *m* **4.** ARQUIT appareil *m*.
◆ **aparejos** smpl matériel *m*.

aparentar ❖ vt **1.** [fingir] ▸ **aparentar algo** feindre o simuler qqch ▸ **aparentar hacer algo** faire semblantde faire qqch **2.** [edad] faire / *no aparenta los años que tiene* il ne fait pas son âge. ❖ vi [presumir] se faire remarquer.

aparente adj **1.** [gen] apparent(e) **2.** [llamativo] voyant(e).

aparentemente adv apparemment, à première vue.

aparición sf **1.** [gen] apparition *f* **2.** [publicación] parution *f*.

apariencia sf **1.** [aspecto exterior] apparence *f* ▸ **en apariencia** en apparence, apparemment ▸ **guardar las apariencias** sauver les apparences ▸ **las apariencias engañan** les apparences sont trompeuses **2.** [falsedad] frime *f*.

aparque ⟶ **aparcar**.

apartado, da adj **1.** [separado] écarté(e) **2.** [alejado] retiré(e). ◆ **apartado** sm **1.** [de texto] alinéa *m* **2.** [de oficina] section *f*. ◆ **apartado de correos** sm boîte *f* postale.

apartamento sm appartement *m*.

apartar vt **1.** [quitar, alejar] écarter ▸ **apartar la vista** détourner les yeux ▸ **no apartar la vista de algo / alguien** ne pas quitter qqch/qqn des yeux **2.** [separar] séparer **3.** [escoger] mettre de côté. ◆ **apartarse** vprnl se pousser ▸ **apartarse de** a) [la gente] s'éloigner de b) [un tema, camino] s'écarter de c) [el mundo] se retirer de.

aparte ❖ adv **1.** [gen] à part **2.** [con omisión de] ▸ **aparte de** mis à part **3.** [además de] ▸ **aparte de** en plus de / *aparte de fea...* non seulement elle est laide....

◆ adj inv à part. ◆ sm **1.** [párrafo] alinéa *m* **2.** TEATRO aparté *m* ▸ **decir algo en un aparte** dire qqch en aparté.

apartheid [apar'teid] sm apartheid *m*.

apartotel, aparthotel sm résidence *f* hôtelière.

apasionado, da adj & sm, f passionné(e).

apasionamiento sm passion *f*.

apasionante adj passionnant(e).

apasionar vt [entusiasmar] passionner. ◆ **apasionarse** vprnl [entusiasmarse] s'enthousiasmer ; [ponerse nervioso] s'emporter ▸ **apasionarse por** o **con** se passionner pour, être passionné(e) de.

apatía sf apathie *f*.

apático, ca ◆ adj apathique. ◆ sm, f mou *m*, molle *f*.

apátrida adj & smf apatride.

apdo. (*abr escrita de* **apartado**) BP, B.P. / *escribir al Apdo. (nº) 463 37080 Salamanca* écrire à BP nº 463 37080 Salamanca.

apeadero sm [de tren] halte *f*.

apear vt **1.** [bajar] faire descendre **2.** *fam* [disuadir] ▸ **apear a alguien de algo** faire démordre qqn de qqch / *no conseguimos apearle de sus ideas* nous n'avons pas réussi à le faire démordre de ses idées. ◆ **apearse** vprnl **1.** [bajarse] ▸ **apearse (de)** descendre (de) **2.** *fam* [disuadirse] : *no se apea de sus ideas* il n'en démord pas.

apechugar [16] vi *fam* ▸ **apechugar con** a) [trabajo] se coltiner, s'appuyer b) [consecuencias] subir.

apedazar [13] vt rapiécer.

apedreamiento sm lapidation *f*.

apedrear ◆ vt lapider. ◆ v impers grêler.

apegarse [16] vprnl ▸ **apegarsese (a)** s'attacher (à).

apego sm [afecto] attachement *m* ▸ **tener apego a** être attaché(e) à ▸ **tomar apego a** se prendre d'affection pour.

apelación sf DER appel *m*.

apelar vi **1.** DER faire appel ▸ **apelar ante / contra** se pourvoir en / contre **2.** [recurrir] ▸ **apelar a** a) [persona, violencia, etc.] avoir recours à b) [sentido común, bondad] en appeler à.

apelativo, va adj GRAM appellatif(ive). ◆ **apelativo** sm surnom *m*.

apellidar vt [dar por nombre] baptiser, surnommer. ◆ **apellidarse** vprnl se nommer, s'appeler.

apellido sm nom *m* (de famille).

apelmazado, da adj [jersey] feutré(e) ; [comida] lourd(e).

apelmazar [13] vt [jersey] feutrer ; [arroz] faire coller ; [bizcocho] alourdir. ◆ **apelmazarse** vprnl [jersey] se feutrer ; [arroz] coller ; [bizcocho] être lourd(e).

apelotonar vt [ropa] mettre en boule ; [lana] mettre en pelote. ◆ **apelotonarse** vprnl s'agglutiner.

apenado, da adj AM [avergonzado] gêné(e).

apenar vt faire de la peine. ◆ **apenarse** vprnl **1.** avoir de la peine **2.** AM [avergonzarse] être o se sentir gêné(e).

apenas adv **1.** [casi no] à peine / *apenas me puedo mover* je peux à peine bouger ▸ **apenas si** c'est à peine si **2.** [escasamente] à peine, tout juste / *hace apenas dos minutos* ça fait à peine o tout juste deux minutes **3.** [tan pronto como] à peine, dès que / *apenas llegó, le dieron la mala noticia* il était à peine arrivé qu'on lui annonça la mauvaise nouvelle / *apenas se fueron, me acosté* je me suis couché dès qu'ils sont partis **4.** MÉX [solamente] seulement / *apenas recibiré el paquete dentro de un mes* je ne recevrai le paquet que dans un mois.

apencar [10] vi *fam* ▸ **apencar con algo** [trabajo] se coltiner qqch ▸ **apencar con las consecuencias** (en) supporter les conséquences.

apéndice sm **1.** [gen & ANAT] appendice *m* **2.** [de documento] annexe *f*.

apendicitis sf inv appendicite *f*.

apenque ⟶ **apencar**.

apercibir vt **1.** [amonestar] mettre en garde **2.** [avisar] prévenir **3.** DER sommer. ◆ **apercibirse** vprnl ▸ **apercibirse de algo** remarquer qqch.

apergaminado, da adj [papel, cuero, piel] parcheminé(e).

apergaminarse vprnl *fam* se ratatiner.

aperitivo sm [bebida] apéritif *m* ; [comida] amuse-gueule *m*.

apero sm *(gen pl)* **1.** [instrumento] outil *m* **2.** ANDES RP [de caballo] harnachement *m*.

aperrearse vprnl *fam* ▸ **aperrearse en hacer algo** s'acharner à faire qqch.

apertura sf **1.** [gen] ouverture *f* ; [de calle, etc.] percement *m* ; [de exposición] vernissage *m* **2.** DEP [en rugby] coup *m* d'envoi **3.** [en ajedrez] entrée *f* de jeu **4.** POLÍT *politique d'ouverture*.

Apellido

En Espagne, on porte, outre son prénom, deux noms de famille dont le premier correspond à celui du père et le second à celui de la mère. Depuis novembre 1999 toutefois, on peut choisir l'ordre des noms de famille, et faire apparaître celui de la mère en premier. On n'utilise en général que le premier nom de famille, celui du père, mais il est obligatoire de faire figurer les deux noms sur tout document officiel. Une autre particularité distingue l'Espagne de ses voisins européens : les concepts de nom de jeune fille et de nom d'épouse n'existent pas, les hommes comme les femmes conservant leurs deux noms de famille durant toute leur vie indépendamment de leur situation familiale.

aperturismo sm politique *f* d'ouverture.

aperturista ◇ adj [política] d'ouverture ; [tendencia] à l'ouverture. ◇ smf partisan *m* de l'ouverture.

apesadumbrado, da adj accablé(e), attristé(e), affligé(e).

apesadumbrar vt accabler.
◆ **apesadumbrarse** vprnl être accablé(e).

apestado, da ◇ adj **1.** [por peste] pestiféré(e) **2.** [repleto] infesté(e) **3.** MÉX *fam* [con mala suerte] qui porte la poisse. ◇ sm, f pestiféré *m*, -e *f*.

apestar ◇ vi [oler mal] ▸ **apestar (a algo)** puer (qqch) / *este cuarto apesta a tabaco* cette chambre pue le tabac. ◇ vt **1.** [hacer que huela mal] empester **2.** [contagiar peste] transmettre la peste.

apestoso, sa adj puant(e) ; [olor] fétide.

apetecer [30] ◇ vi ESP : *¿te apetece un café?* tu as envie d'un café ? / *me apetece salir* j'ai envie de sortir / *hoy no me apetece salir* je n'ai pas envie de sortir aujourd'hui. ◇ vt : *tenían todo cuanto apetecían* ils avaient tout ce dont ils avaient envie.

apetecible adj [comida] appétissant(e) ; [vacaciones, etc.] tentant(e).

apetito sm appétit *m* ▸ **abrir el apetito** ouvrir l'appétit ▸ **tener apetito** avoir faim.

apetitoso, sa adj **1.** [sabroso] délicieux(euse) **2.** [deseable - comida] appétissant(e) ; [- empleo, propuesta] alléchant(e).

API (*abr de* **agente de la propiedad inmobiliaria**) sm agent *m* immobilier.

apiadar vt apitoyer.
◆ **apiadarse** vprnl ▸ **apiadarse (de)** s'apitoyer (sur).

ápice sm **1.** [pizca] iota *m* ▸ **no ceder ni un ápice** ne pas céder d'un pouce / *no tiene ni un ápice de sentido del humor* il n'a pas un brin d'humour **2.** [vértice - de montaña] sommet *m* ; [- de edificio, hoja] haut *m* ; [- de la lengua] bout *m* **3.** *fig* sommet *m*.

apícola adj apicole.

apicultor, ra sm, f apiculteur *m*, -trice *f*.

apicultura sf apiculture *f*.

apilable adj empilable, superposable.

apilar vt empiler. ◆ **apilarse** vprnl s'empiler.

apiñado, da adj entassé(e), serré(e) / *colocar algo apiñado* tasser qqch.

apiñar vt entasser. ◆ **apiñarse** vprnl s'entasser, se serrer les uns contre les autres.

apio sm céleri *m*.

apisonadora sf rouleau *m* compresseur.

apisonar vt damer, cylindrer.

aplacar [10] vt calmer. ◆ **aplacarse** vprnl se calmer.

aplace ⟶ **aplazar**.

aplanadora sf AM CONSTR rouleau *m* compresseur.

aplanar vt **1.** [superficie] aplanir **2.** [suelo] niveler.
◆ **aplanarse** vprnl **1.** [superficie] s'aplanir **2.** [persona] dépérir.

aplaque ⟶ **aplacar**.

aplastamiento sm **1.** [por peso, golpe, presión] aplatissement *m* **2.** [derrota, humillación] écrasement *m*.

aplastante adj [mayoría, etc.] écrasant(e) ; [lógica] implacable.

aplastar vt écraser.
◆ **aplastarse** vprnl AM *fam* [en sillón] s'affaler.

aplatanado, da adj ESP MÉX *fam* ramolli(e), avachi(e) / *este calor me deja aplatanado* avec cette chaleur, je suis tout ramolli / *todos están como aplatanados* ils ont tous l'air avachis.

aplatanar vt *fam* [calor] abrutir ; [gripe] sonner.
◆ **aplatanarse** vprnl *fam* se ramollir.

aplaudir vt *pr* & *fig* applaudir.

aplauso sm **1.** [con manos] applaudissement *m* **2.** *fig* [alabanza] éloge *m*.

aplazamiento sm report *m*.

aplazar [13] vt **1.** [retrasar, diefrir] reporter **2.** AM [en examen] : *el profesor aplazó a la mitad de sus alumnos* le professeur a recalé la moitié de ses élèves.

aplicable adj applicable.

aplicación sf application *f*.

aplicado, da adj appliqué(e).

aplicador sm applicateur *m*.

aplicar [10] vt appliquer.
◆ **aplicarse** vprnl **1.** [esmerarse] ▸ **aplicarse en (hacer) algo** s'appliquer à (faire) qqch **2.** [concernir] ▸ **aplicarse a alguien / a algo** s'appliquer à qqn / à qqch.

aplique sm **1.** [lámpara] applique *f* **2.** RP [de pelo] postiche *m*.

aplomo sm aplomb *m* ▸ **perder el aplomo** perdre son aplomb.

apnea sf apnée *f*.

apocado, da adj timide.

apocalipsis sm o sf inv apocalypse *f*.
◆ **Apocalipsis** sm o sf inv Apocalypse *f*.

apocalíptico, ca adj apocalyptique.

apocamiento sm timidité *f*.

apocar vt **1.** [intimidar] intimider, faire peur à **2.** [disminuir] amoindrir, diminuer.

apocarse [10] vprnl **1.** [intimidarse] se laisser intimider, s'effrayer **2.** [rebajarse] se rabaisser.

apocopar vt faire une apocope à.

apócope sf apocope *f*.

apócrifo, fa adj apocryphe.

apodar vt surnommer.
◆ **apodarse** vprnl être surnommé(e).

apoderado, da sm, f **1.** [representante] fondé *m*, -e *f* de pouvoir **2.** TAUROM manager *m*, fondé *m* de pouvoir.

apoderar vt [dar poderes] déléguer ses pouvoirs à. ◆ **apoderarse** vprnl ▸ **apoderarse de** s'emparer de.

apodo sm surnom *m*.

apogeo sm apogée *m* ▸ **estar en (pleno) apogeo** être à l'apogée.

apolillado, da adj mité(e).

apolillar ❖ vt [polillas] faire des trous. ❖ vi RP *mfam* [dormir] roupiller, pioncer / *llegó tarde a trabajar porque se quedó apolillando* il est arrivé en retard au boulot, parce qu'il a eu une panne de réveil. ◆ **apolillarse** vprnl être mité(e), se miter.

apolíneo, a adj apollinien(enne) / *belleza apolínea* beauté apollinienne.

apolítico, ca adj apolitique.

apologeta smf **1.** *culto* [apologista] apologiste *mf*, chantre *m* **2.** RELIG apologiste *mf*.

apología sf apologie *f* ▸ **apología del delito / del terrorismo** apologie du crime / du terrorisme.

apoltronarse vprnl **1.** [apalancarse] se laisser vivre ▸ **apoltronarse en** s'encroûter dans **2.** [acomodarse] ▸ **apoltronarse en** se caler dans.

apoplejía sf apoplexie *f*.

apopléjico, ca adj & sm, f apoplectique.

apoquinar vt & vi casquer.

aporreado sm CUBA MÉX *ragoût en sauce tomate*.

aporrear vt [golpear] taper.

aportación sf apport *m* ▸ **hacer una aportación a una causa** contribuer à une cause.

aportar vt [gen] apporter ; [datos, pruebas] fournir ; [dinero] faire un apport de.

aporte sm [aportación] apport *m* ▸ **aporte vitamínico** apport en vitamines.

aposentar vt loger. ◆ **aposentarse** vprnl se loger.

aposento sm **1.** [habitación] chambre *f* ▸ **retirarse a sus aposentos** se retirer dans ses appartements **2.** [alojamiento] ▸ **dar aposento, tomar aposento** loger.

aposición sf apposition *f*.

apósito sm pansement *m*.

aposta adv ESP exprès.

apostante sm, f parieur *m*, -euse *f*.

apostar[1] [23] ❖ vt [jugarse] parier. ❖ vi [en juego] ▸ **apostar a que** parier que ▸ **apostar (por)** parier o miser (sur). ◆ **apostarse** vprnl [jugarse] ▸ **apostarse algo con alguien** parier qqch avec qqn ▸ **apostarse algo a que** parier qqch que.

apostar[2] [1] vt [emplazar] poster. ◆ **apostarse** vprnl [colocarse] se poster.

apostasía sf apostasie *f*.

apóstata smf apostat *m*, -e *f*.

apostatar vi apostasier.

apostilla sf annotation *f*.

apostillar vt annoter.

apóstol sm *pr* & *fig* apôtre *m*.

apostolado sm apostolat *m*.

apostólico, ca adj apostolique.

apostolizar [13] vt évangéliser.

apostrofar vt apostropher.

apóstrofe sm o sf apostrophe *f (interpellation)*.

apóstrofo sm GRAM apostrophe *f*.

apostura sf **1.** [cualidad] prestance *f* **2.** [posición] posture *f*.

apoteósico, ca adj triomphal(e).

apoteosis sf inv apothéose *f*.

apoyabrazos sm inv appuie-bras *m*, accoudoir *m*.

apoyacabezas sm inv appui-tête *m*.

apoyamuñecas sm inv repose-poignets.

apoyar vt **1.** [gen] appuyer **2.** *fig* [defender] soutenir. ◆ **apoyarse** vprnl **1.** [sostenerse] ▸ **apoyarse en** s'appuyer sur **2.** *fig* [basarse] ▸ **apoyarse en** reposer sur **3.** [respaldarse] se soutenir.

apoyo sm **1.** [físico] support *m*, appui *m* **2.** *fig* [moral] soutien *m*.

apreciable adj **1.** [perceptible] sensible **2.** *fig* [estimable] remarquable.

apreciación sf appréciation *f*.

apreciado, da adj **1.** [querido] cher (chère) **2.** [valorado] apprécié(e) ▸ **apreciado por** apprécié(e) de.

apreciar [8] vt **1.** [gen] apprécier **2.** [percibir] distinguer **3.** [opinar] estimer ▸ **apreciar que es necesario hacer algo** juger nécessaire de faire qqch.

aprecio sm estime *f* ▸ **sentir aprecio por alguien** avoir de l'estime pour qqn.

aprehender vt [coger - persona] appréhender ; [- mercancía, sentido] saisir.

aprehensión sf [de persona] capture *f* ; [de mercancía] saisie *f*.

apremiante adj pressant(e), urgent(e).

apremiar [8] ❖ vt **1.** [meter prisa] presser, bousculer **2.** [obligar] ▸ **apremiar a alguien a hacer algo** contraindre qqn à faire qqch. ❖ vi [ser urgente] presser.

apremio sm **1.** [urgencia] urgence *f* **2.** DER contrainte *f* ▸ **por vía de apremio** par contrainte.

aprender vt **1.** [gen] apprendre **2.** [memorizar] retenir / *para que aprenda* ça lui apprendra. ◆ **aprenderse** vprnl apprendre.

aprendiz, za sm, f **1.** [principiante] apprenti *m*, -e *f* **2.** [novato] débutant *m*, -e *f*.

aprendizaje sm apprentissage *m* ▸ **aprendizaje virtual** e-learning *m*.

aprensión sf ▸ **aprensión (por) a)** [miedo] appréhension *f* (de) **b)** [escrúpulo] dégoût *m* (pour).

aprensivo, va adj **1.** [miedoso] craintif(ive) **2.** [escrupuloso] délicat(e) **3.** [hipocondríaco] alarmiste.

apresar vt **1.** [suj: animal] saisir **2.** [suj: persona] capturer.

aprestar vt apprêter. ◆ **aprestarse** vprnl ▸ **aprestarse a** s'apprêter à.

apresto sm apprêt *m*.

apresuradamente adv **1.** [con rapidez] précipitamment, en toute hâte **2.** [con precipitación] précipitamment, à la hâte.

apresurado, da adj pressé(e) ; [huida, partida] précipité(e).

apresuramiento sm hâte *f*.

apresurar vt [trámites, etc.] activer ; [persona] presser. ◆ **apresurarse** vprnl se dépêcher.

apretado, da adj **1.** [comprimido] serré(e) **2.** *fig* [apurado] critique **3.** *fig* [programa] chargé(e).

apretar [19] ❖ vt **1.** [gen] serrer / *estos zapatos me aprietan* ces chaussures me serrent **2.** [gatillo, botón] appuyer sur **3.** *fig* [paso, marcha] presser **4.** [ropa, objetos] tasser **5.** [labios] pincer **6.** *fig* [presionar] ▸ **apretar a alguien** harceler qqn, faire pression sur qqn. ❖ vi [lluvia, tormenta] redoubler ▸ **apretar a correr** *fig* partir en courant. ◆ **apretarse** vprnl se serrer ▸ **apretarse el cinturón** se serrer la ceinture.

apretón sm bousculade *f* ▸ **apretón de manos** poignée *f* de main.

apretujar vt [objetos] tasser ; [persona] écraser. ◆ **apretujarse** vprnl [gen] se masser ; [por frío, miedo] se blottir, se pelotonner.

apretujón sm *fam* : *dar un apretujón a alguien* **a)** [abrazo] serrer qqn très fort **b)** [empujón] bousculer qqn.

aprieta ⟶ **apretar**.

aprieto sm *fig* situation *f* difficile ▸ **poner en un aprieto a alguien** mettre qqn dans l'embarras ▸ **verse en un aprieto** être très ennuyé(e).

aprisa adv vite.

aprisco sm bergerie *f*, bercail *m*.

aprisionar vt **1.** [gen] emprisonner **2.** [atar] immobiliser.

aprobación sf approbation *f*.

aprobado, da adj approuvé(e) ; [candidato] reçu(e). ◆ **aprobado** sm mention *f* passable.

aprobar [23] vt **1.** [gen] approuver ; [ley] adopter **2.** [examen, asignatura] réussir.

aprobatorio, ria adj d'approbation, approbatif(ive) / *gesto aprobatorio* geste d'approbation.

aprontarse vprnl RP [prepararse] se préparer / *si quieres venir, apróntate* si tu veux venir, prépare-toi.

apropiación sf appropriation *f*.

apropiado, da adj approprié(e).

apropiar [8] vt ▸ **apropiar (a)** adapter (à). ◆ **apropiarse** vprnl ▸ **apropiarse de algo** s'approprier qqch.

aprovechable adj [objeto] utilisable ; [prenda] mettable.

aprovechado, da ❖ adj **1.** [persona] : *es muy aprovechado* c'est un profiteur **2.** [tiempo] bien employé(e) ; [espacio] bien conçu(e) / *un día bien aprovechado* une journée bien remplie **3.** [alumno] appliqué(e). ❖ sm, f [sinvergüenza] profiteur *m*, -euse *f*.

aprovechamiento sm **1.** [buen uso] utilisation *f*, exploitation *f* **2.** [en el estudio] assimilation *f*.

aprovechar ❖ vt **1.** [gen] ▸ **aprovechar algo** profiter de qqch **2.** [lo inservible] récupérer, se servir de. ❖ vi [ser provechoso] profiter, être profitable ; [mejorar] progresser, faire des progrès ▸ **¡que aproveche!** bon appétit ! ◆ **aprovecharse** vprnl ▸ **aprovecharse (de)** profiter (de), tirer parti (de).

aprovisionamiento sm approvisionnement *m*.

aprovisionar vt approvisionner.

aprox. (*abr escrita de* **aproximadamente**) approx. / *metro a 2 minutos aprox.* métro à 2 mn d'ici approx.

aproximación sf **1.** [gen] rapprochement *m* **2.** [mediante cálculo] approximation *f* ▸ **con aproximación** approximativement **3.** [en lotería] lot *m* de consolation.

aproximadamente adv approximativement.

aproximado, da adj approximatif(ive).

aproximar vt approcher, rapprocher. ◆ **aproximarse** vprnl **1.** [fecha] approcher **2.** [persona] s'approcher.

aproximativo, va adj approximatif(ive).

aprueba ⟶ **aprobar**.

aptitud sf aptitude *f* ▸ **tener aptitud para algo** être doué(e) pour qqch.

apto, ta adj **1.** [capaz] ▸ **apto (para)** apte (à) **2.** [adecuado] bon (bonne) **3.** CINE ▸ **película no apta para menores** film interdit aux moins de dix-huit ans.

apuesta ❖ sf pari *m*. ❖ v ⟶ **apostar.**

apuesto, ta adj fringant(e).

apunarse vprnl AM avoir le mal des montagnes.

apuntador, ra sm, f TEATRO souffleur *m*, -euse *f*.

apuntalamiento sm **1.** CONSTR étayage *m* **2.** *fig* ▸ **ser el apuntalamiento de algo** [teoría, etc.] étayer qqch.

apuntalar vt *pr* & *fig* étayer.

apuntar ❖ vt **1.** [anotar] noter ▸ **apuntar a alguien** [en lista] inscrire qqn / *apúntamelo (en la cuenta)* mets-le sur mon compte **2.** [dirigir - arma, dedo] pointer ▸ **apuntar a alguien (con el dedo)** montrer qqn du doigt ▸ **apuntar a alguien (con un arma)** viser qqn **3.** TEATRO souffler **4.** *fig* [sugerir] évoquer **5.** *fig* [indicar] signaler ; [importancia] souligner. ❖ vi **1.** [empezar a salir] poindre **2.** *fig* [indicar] : *todo apunta a pensar que…* tout porte à croire que…. ◆ **apuntarse** vprnl **1.** ESP [en lista, curso] s'inscrire / *se ha apuntado al paro* il s'est inscrit au chômage **2.** [participar] être partant(e) ▸ **apuntarse (a hacer algo)** se joindre à qqn (pour faire qqch) / *yo me apunto* je viens avec vous.

apunte sm **1.** [nota escrita] note *f* **2.** [boceto] esquisse *f* **3.** COM écriture *f* (comptable). ◆ **apuntes** smpl EDUC notes *fpl*, cours *mpl* ▸ **tomar apuntes** prendre des notes.

apuñalamiento sm coup *m* de poignard.

apuñalar vt poignarder.

apurado, da adj **1.** [necesitado] dans le besoin ▸ **apurado de** à court de **2.** [avergonzado] gêné(e) **3.** [difícil] délicat(e). ◆ **apuradas** sfpl ▸ **a las apuradas** AM très vite.

apurar ❖ vt **1.** [botella, cigarrillo] finir ; [existencias] épuiser **2.** [meter prisa] bousculer **3.** [preocupar] inquiéter **4.** [avergonzar] gêner. ❖ vi ANDES [apresurarse] se presser. ◆ **apurarse** vprnl **1.** ESP MÉX [preocuparse, agobiarse] s'inquiéter, s'en faire **2.** [darse prisa] se dépêcher.

apuro sm **1.** [dificultad] gros ennui *m* ▸ **estar en apuros** avoir des problèmes ▸ **pasar apuros para** avoir beaucoup de mal à ▸ **sacar de un apuro a alguien** tirer qqn d'affaire **2.** [escasez] manque *m* (d'argent) **3.** [vergüenza] gêne *f* / *me da apuro decírtelo* ça me gêne o ça m'ennuie de te le dire.

aquaplanning [akwa'planin] sm aquaplaning *m*.

aquejado, da adj ▸ **aquejado de** atteint de.

aquejar vt frapper, atteindre.

aquel, aquella (*mpl* **aquellos**, *fpl* **aquellas**) adj demos ce, cette / *dame aquellos libros* donne-moi les livres qui sont là-bas / *aquel edificio que se ve a lo lejos es nuevo* le bâtiment qu'on voit là-bas, au loin, est neuf / *en aquella época* à cette époque-là. ◆ **aquel** sm [gracia] charme *m*, chien *m* / *no le encuentro el aquel* je ne lui trouve aucun charme ▸ **tener alguien un o su aquel** avoir son charme, avoir un petit qqch.

aquél, aquélla (*mpl* **aquéllos**, *fpl* **aquéllas**) pron demos celui-là, celle-là / *este cuadro me gusta pero aquél del fondo no* ce tableau(-ci) me plaît mais pas celui du fond / *aquél fue mi último día en Londres* ce fut mon dernier jour à Londres / *tengo un hijo y una hija, ésta es rubia y aquél moreno* j'ai un fils et une fille, le premier est brun et la seconde est blonde / *aquéllos que quieran hablar que levanten la mano* que ceux qui veulent parler lèvent la main.

aquelarre sm [de brujas] sabbat *m*.

aquella ⟶ **aquel**.

aquélla ⟶ **aquél**.

aquello pron demos neutro cela / *aquello que se ve al fondo es el mar* c'est la mer que l'on voit dans le fond / *no sé si aquello lo dijo en serio* je ne sais pas s'il a dit cela sérieusement.

aquellos, aquellas ⟶ **aquel**.

aquéllos, aquéllas ⟶ **aquél**.

aquí adv **1.** [gen] ici ▸ **aquí arriba / abajo** en haut / bas ▸ **aquí cerca** près d'ici ▸ **aquí dentro** dedans ▸ **aquí fuera** dehors ▸ **aquí mismo** ici même ▸ **aquí y allá** çà et là ▸ **de aquí para allá** [de un lado a otro] de long en large ▸ **por aquí** par ici / *de aquí a mañana* d'ici demain **2.** [en tiempo pasado] : *aquí empezaron los problemas* c'est là que les problèmes ont commencé. ◆ **de aquí que** loc conj [por eso] d'où / *era espantoso, de aquí que tuviera miedo* c'était épouvantable, d'où sa peur.

aquiescencia sf *culto* assentiment *m*.

aquietar vt apaiser. ◆ **aquietarse** vprnl s'apaiser.

aquilatar vt **1.** [metales] essayer **2.** *fig* [examinar] éprouver.

aquilino, na adj aquilin(e) / *nariz aquilina* nez aquilin.

ara sf (*el*) *culto* **1.** [piedra] pierre *f* d'autel **2.** [altar] autel *m*. ◆ **en aras de** loc prep au nom de.

árabe ❖ adj arabe. ❖ smf Arabe *mf*. ❖ sm [lengua] arabe *m*.

arabesco sm arabesque *f*.

Arabia Saudita, Arabia Saudí npr Arabie saoudite *f*.

arábigo, ga adj **1.** [de Arabia] arabique **2.** [numeración] arabe.

arabista smf arabisant *m*, -e *f*.

arácnido sm ZOOL arachnide *m*. ◆ **arácnidos** smpl arachnides *mpl*.

arado sm charrue *f*.

Aragón npr Aragon *m*.

aragonés, esa ❖ adj aragonais(e). ❖ sm, f Aragonais *m*, -e *f*.

arameo, a ❖ adj araméen(enne). ❖ sm, f Araméen *m*, -enne *f*. ◆ **arameo** sm [lengua] araméen *m*.

arancel sm **1.** [tarifa] tarif *m* douanier **2.** [tasa] droit *m* de douane, taxe *f*.

arancelario, ria adj [reforma, etc.] douanier(ère) ; [tasa, derechos] de douane.

arándano sm **1.** [fruto rojo] airelle *f* **2.** [fruto azul] myrtille *f*.

arandela sf TECNOL rondelle *f*.

araña sf **1.** [animal] araignée *f* ▸ **araña de mar** araignée de mer **2.** [lámpara] lustre *m*.

arañar vt **1.** [con las uñas] griffer **2.** [raspar] égratigner, érafler **3.** *fig* [reunir] grappiller.

arañazo sm égratignure *f*, éraflure *f*.

arar vt labourer.

araucano, na ❖ adj araucanien(enne). ❖ sm, f Araucan *m*, -e *f*, Araucanien *m*, -enne *f*. ◆ **araucano** sm [idioma] araucanien *m*.

arbitraje sm arbitrage *m*.

arbitral adj arbitral(e).

arbitrar vt **1.** DEP & DER arbitrer **2.** [disponer - medidas] prendre ; [- recursos] employer.

arbitrariedad sf **1.** [cualidad] arbitraire *m* **2.** [acción] acte *m* arbitraire ▸ **con arbitrariedad** de façon arbitraire.

arbitrario, ria adj arbitraire.

arbitrio sm volonté *f* ▸ **dejar algo al arbitrio de alguien** laisser qqch à la discrétion de qqn ▸ **libre arbitrio** libre arbitre *m*. ◆ **arbitrios** smpl ≃ impôts *mpl* locaux.

árbitro sm DEP & DER arbitre *m*.

árbol sm **1.** [gen] arbre *m* ▸ **árbol de Navidad** sapin *m* de Noël **2.** NÁUT [palos] mât *m*. ◆ **árbol genealógico** sm arbre *m* généalogique.

arbolado, da adj **1.** [región] boisé(e) ; [terreno] planté(e) d'arbres ; [calle] bordé(e) d'arbres **2.** [mar]

démonté(e). ◆ **arbolado** sm [conjunto de árboles] arbres *mpl*.

arboladura sf NÁUT mâture *f*.

arbolar vt **1.** [barco] mâter **2.** [bandera] arborer / *arbolar la bandera* hisser le pavillon **3.** [mar] déchaîner. ◆ **arbolarse** vprnl [mar] se déchaîner.

arboleda sf bois *m*.

arbotante sm arc-boutant *m*.

arbusto sm arbuste *m*.

arca sf *(el)* coffre *m* ▸ **arca de Noé** arche *f* de Noé. ◆ **arcas** sfpl caisses *fpl* ▸ **arcas públicas** caisses de l'État.

arcabuz sm arquebuse *f*.

arcada sf **1.** *(gen pl)* [de estómago] haut-le-cœur *m inv* **2.** ARQUIT [arco] arcade *f* **3.** [de puente] arche *f*.

arcaico, ca adj archaïque.

arcaísmo sm archaïsme *m*.

arcaizante adj archaïsant(e).

arcángel sm archange *m*.

arcano, na adj secret(e). ◆ **arcano** sm arcane *m* / *los arcanos de la política* les arcanes de la politique.

arce sm érable *m*.

arcén sm ESP bas-côté *m*.

archiconocido, da adj *fam* archiconnu(e).

archidiócesis sf inv RELIG archevêché *m*.

archiduque, esa sm, f archiduc *m*, archiduchesse *f*.

archimillonario, ria adj archimilliardaire.

archipiélago sm archipel *m*.

archisabido, da adj bien connu(e) / *es archisabido que…* tout le monde sait bien que….

archivador, ra sm, f archiviste *mf*. ◆ **archivador** sm classeur *m*.

archivar vt **1.** [cosas] classer **2.** *fig* [pensamientos] enfouir **3.** INFORM [fichero] archiver.

archivo sm **1.** [gen] archives *fpl* **2.** INFORM fichier *m* ▸ **archivo batch** fichier batch o de commandes ▸ **uso compartido de archivos** partage *m* de fichiers.

arcilla sf argile *f*.

arcilloso, sa adj argileux(euse).

arcipreste sm RELIG archiprêtre *m*.

arco sm **1.** [gen & GEOM] arc *m* **2.** ARQUIT arche *f* ▸ **arco de herradura** arc *m* en fer à cheval ▸ **arco triunfal** o **de triunfo** arc *m* de triomphe **3.** MÚS archet *m* **4.** AM DEP [portería] buts *mpl*. ◆ **arco iris** sm inv arc-en-ciel *m*.

arcón sm grand coffre *m*.

arder vi *pr* & *fig* brûler ▸ **está que arde a)** [lugar o reunión] ça chauffe, ça barde **b)** [persona] il bout de colère.

ardid sm ruse *f*.

ardiente adj brûlant(e) ; [deseo, defensor, brasa] ardent(e) ; [admirador] fervent(e).

ardientemente adv ardemment.

ardilla sf écureuil *m*.

ardite sm ▸ **no valer un ardite** *fam* & *fig* ne pas valoir un clou.

ardor sm **1.** *pr* & *fig* ardeur *f* **2.** [quemazón] brûlure *f*.

ardoroso, sa adj ardent(e).

arduo, dua adj ardu(e).

área sf *(el)* **1.** [gen] zone *f* ▸ **área de libre cambio** zone de libre-échange ▸ **área de servicio** aire *f* de service ▸ **el área metropolitana de París** la région parisienne **2.** GEOM surface *f* **3.** [medida] are *m* **4.** DEP ▸ **área (de castigo o penalti)** surface *f* (de réparation).

arena sf **1.** [partícula] sable *m* ▸ **arenas movedizas** sables mouvants **2.** HIST & TAUROM arène *f*.

arenal sm grève *f (rivage)*.

arenga sf harangue *f*.

arengar [16] vt haranguer.

arenilla sf sable *m* fin ; [en el ojo] poussière *f*. ◆ **arenillas** sfpl MED petits calculs *mpl*.

arenisca sf grès *m*.

arenoso, sa adj sablonneux(euse) ; [playa] de sable.

arenque sm hareng *m*.

arepa sf CARIB COL VEN galette *f* de maïs.

arequipe sm COL [dulce] *crème à base de lait sucré cuit*.

arete sm ANDES MÉX [pendiente] boucle *f* d'oreille.

argamasa sf CONSTR mortier *m*.

argan sm argan *m* ▸ **aceite de argan** huile *f* d'argan.

Argel npr Alger.

Argelia npr Algérie *f*.

argelino, na ◈ adj algérien(enne). ◈ sm, f Algérien *m*, -enne *f*.

Argentina npr ▸ **(la) Argentina** (l')Argentine *f*.

argentinismo sm argentinisme *m*.

argentino, na ◈ adj argentin(e). ◈ sm, f Argentin *m*, -e *f*.

argolla sf **1.** [gen] anneau *m* **2.** AM [anillo] alliance *f*.

argón sm QUÍM argon *m*.

argonauta sm ▸ **los argonautas** les Argonautes *mpl*.

argot (*pl* **argots**) sm **1.** [jerga popular] argot *m* **2.** [jerga técnica] jargon *m*.

argucia sf sophisme *m*.

argüir [44] ◈ vt *culto* **1.** [deducir] arguer **2.** [demostrar] prouver **3.** [argumentar] ▸ **argüir a favor / en contra de algo** apporter des arguments à l'appui de / contre qqch. ◈ vi argumenter.

argumentación sf argumentation *f*.

argumental adj ▸ **síntesis argumental** synopsis *f* ▸ **hilo o trama argumental** trame *f*.

argumentar vt **1.** [teoría, opinión] argumenter **2.** [razones, excusas] invoquer.

argumento sm **1.** [razonamiento, resumen] argument *m* **2.** [trama] thème *m*.

arguya ⟶ **argüir**.

arguyera ⟶ **argüir**.

aria sf *(el)* MÚS aria *f*.

aridez sf *pr & fig* aridité *f*.

árido, da adj [gen] aride ; [aburrido] rébarbatif(ive). ◆ **áridos** smpl *céréales et légumes secs*.

Aries ❖ sm inv [zodiaco] Bélier *m* ▸ **ser Aries** être bélier. ❖ sm, f inv [persona] Bélier *m inv*.

ariete sm **1.** HIST & MIL bélier *m* **2.** DEP avant-centre *m*.

ario, ria ❖ adj aryen(enne). ❖ sm, f Aryen *m*, -enne *f*.

arisco, ca adj [huidizo] farouche ; [insociable] bourru(e), revêche.

arista sf ARQUIT arête *f*.

aristocracia sf aristocratie *f*.

aristócrata smf aristocrate *mf*.

aristocrático, ca adj aristocratique.

aristotélico, ca adj & sm, f aristotélicien(enne).

aritmético, ca adj arithmétique. ◆ **aritmética** sf arithmétique *f*.

arizónica sf cyprès *m* de l'Arizona.

arlequín sm arlequin *m*.

arma sf *(el)* arme *f* ▸ **arma blanca / de fuego** arme blanche / à feu ▸ **arma biológica / química** arme biologique / chimique ▸ **arma homicida** arme du crime ▸ **arma nuclear** arme nucléaire ▸ **alzarse en armas** se soulever *(se révolter)* ▸ **arma de dos filos** o **doble filo** arme à double tranchant ▸ **ser de armas tomar** ne pas s'en laisser conter, être redoutable ▸ **una mujer de armas tomar** une maîtresse femme. ◆ **armas** sfpl MIL armes *fpl* ▸ **armas ligeras** armes *fpl* légères ▸ **presentar armas** présenter les armes ▸ **rendir armas** rendre les armes.

armada sf ⟶ **armado**.

armadillo sm tatou *m*.

armado, da adj armé(e). ◆ **armada** sf [marina] marine *f* ; [escuadra] flotte *f*.

armador, ra sm, f armateur *m*.

armadura sf **1.** [de gafas] monture *f* ; [de tejado] charpente *f* ; [de barco] carcasse *f* **2.** [de guerrero] armure *f*.

armamentista adj de l'armement ; ⟶ **carrera**.

armamentístico, ca adj relatif(ive) à l'armement / *industria armamentística* industrie de l'armement / *carrera armamentística* course aux armements.

armamento sm armement *m*.

armañac sm armagnac *m*.

armar vt **1.** [arma, personas] armer **2.** [mueble, tienda de campaña] monter **3.** *fam & fig* [provocar] faire ▸ **armar un escándalo** faire un scandale ▸ **armarla** faire des histoires **4.** AM [tabaco] rouler **5.** ▸ **armarla** MÉX *fam* [entender de algo] : *¿sabes algo de electrónica? — armarla no, no la armo* tu t'y connais en électronique ? — non, ce n'est pas mon rayon. ◆ **armarse** vprnl [con armas] s'armer ▸ **armarse de** [de paciencia, etc.] s'armer de ▸ **se armó la gorda** o **la de San Quintín** o **la de Dios es Cristo** *fam* ça a bardé.

armario sm armoire *f* ▸ **armario (empotrado)** placard *m*.

armatoste sm [mueble] mastodonte *m* ; [máquina] engin *m*.

armazón sm o sf armature *f* ; ARQUIT ossature *f*.

Armenia npr Arménie *f*.

armenio, nia ❖ adj arménien(enne). ❖ sm, f Arménien *m*, -enne *f*. ◆ **armenio** sm [lengua] arménien *m*.

armería sf **1.** [depósito] arsenal *m* **2.** [museo] musée *m* de l'armée **3.** [tienda, arte] armurerie *f*.

armero sm armurier *m*.

armiño sm hermine *f*.

armisticio sm armistice *m*.

armonía, harmonía sf harmonie *f*.

armónico, ca, harmónico, ca adj **1.** [colores, formas, relación, convivencia] harmonieux(euse) **2.** MÚS harmonique. ◆ **armónica, harmónica** sf MÚS harmonica *m*. ◆ **armónico, harmónico** sm **1.** MÚS harmonique *m* **2.** FÍS harmonique *m*.

armonio, harmonio sm MÚS harmonium *m*.

armonioso, sa, harmonioso, sa adj **1.** MÚS harmonieux(euse) **2.** [colores, formas, relación, convivencia] harmonieux(euse).

armonización, harmonización sf harmonisation *f*.

armonizar, harmonizar [13] ❖ vt [gen & MÚS] harmoniser. ❖ vi aller bien ensemble / *ese edificio no armoniza con los alrededores* ce bâtiment n'est pas en harmonie avec les alentours.

ARN (*abr de* **ácido ribonucleico**) sm ARN *m*.

arnés sm armure *f*. ◆ **arneses** smpl **1.** [de animal] harnais *m* **2.** [instrumentos] matériel *m*.

árnica sf arnica *m ou f*.

aro sm **1.** [círculo] cercle *m* ▸ **los aros olímpicos** les anneaux olympiques **2.** [servilletero] rond *m* de serviette **3.** AM [pendiente] boucle *f* d'oreille **4.** EXPR **entrar** o **pasar por el aro** céder, s'incliner.

aroma sm arôme *m*.

aromaterapia sf aromathérapie *f*.

aromático, ca adj aromatique.

aromatizador sm désodorisant *m*.

aromatizante ❖ adj aromatisant(e). ❖ sm aromatisant *m*.

aromatizar [13] vt aromatiser.

arpa, harpa sf *(el)* MÚS harpe *f*.

arpegio sm arpège *m*.

arpía, harpía sf **1.** [mujer mala] harpie *f*, mégère *f* **2.** MITOL harpie *f*.

arpillera sf toile *f* à sac, toile *f* de jute.

arpón sm harpon *m*.

arponear vt harponner.

arquear vt **1.** [cuerpo, brazos, piernas] arquer ; [cejas] hausser ; [espalda] courber ▸ **arquear el lomo** [un gato] faire le gros dos **2.** AM COM faire les comptes. ◆ **arquearse** vprnl [por el peso] ployer.

arqueo sm **1.** [curvamiento] courbure *f* **2.** COM caisse *f* ▸ **arqueo de caja** contrôle *m* o vérification *f* de caisse.

arqueología sf archéologie *f*.

arqueológico, ca adj arquéologique.

arqueólogo, ga sm, f archéologue *mf*.

arquero sm **1.** DEP & MIL archer *m* **2.** DEP [portero] gardien *m* de but.

arqueta sf [cofre pequeño] coffret *m*.

arquetípico, ca adj archétypique, archétypal(e).

arquetipo sm archétype *m*.

arquitecto, ta sm, f architecte *mf*.

arquitectónico, ca adj architectural(e).

arquitectura sf architecture *f*.

arquitrabe sm architrave *f*.

arquivolta sf archivolte *f*.

arrabal sm ▸ **los arrabales** les faubourgs, les quartiers populaires.

arrabalero, ra ❖ adj **1.** [del arrabal] des faubourgs, des quartiers populaires **2.** ESP [grosero, mal educado] vulgaire ; [barriobajero] populaire *despec* ; [lenguaje] de charretier. ❖ sm, f ESP **1.** [grosero, mal educado] personne *f* vulgaire **2.** [barriobajero] zonard *m*, -e *f*.

arracimarse vprnl [fruta] former des grappes ; *fig* [personas] s'agglutiner.

arraigado, da adj [costumbre, idea, persona] enraciné(e).

arraigar [16] ❖ vt enraciner. ❖ vi **1.** [en un lugar] prendre racine, pousser **2.** *fig* [en un tiempo] s'enraciner. ◆ **arraigarse** vprnl [establecerse] se fixer ▸ **arraigarse a** s'attacher à.

arraigo sm enracinement *m* ▸ **tener mucho arraigo** [una tradición, etc.] être bien ancré(e).

arramblar vt [robar, coger] embarquer, emporter ▸ **arramblar con** [robar, coger] embarquer, emporter.

arrancada sf AUTO démarrage *m*.

arrancar [10] ❖ vt **1.** [gen] arracher ; [árbol] déraciner **2.** [coche] faire démarrer ; [máquina] mettre en marche **3.** INFORM [programa] lancer. ❖ vi **1.** [coche, máquina] démarrer **2.** [provenir] ▸ **arrancar de** remonter à **3.** [partir] partir. ◆ **arrancarse** vprnl ▸ **arrancarse a hacer algo** se mettre à faire qqch.

arranchar vt ANDES CAM prendre, s'emparer de.

arranque sm **1.** [comienzo] point *m* de départ, début *m* **2.** AUTO démarreur *m* **3.** *fig* [arrebato] accès *m* / ***en un arranque de generosidad*** dans un élan de générosité.

arras sfpl **1.** [fianza] arrhes *fpl* **2.** [en boda] *les treize pièces de monnaie ou autre cadeau que le jeune marié offre à sa femme pendant la cérémonie du mariage.*

arrasador, ra adj **1.** [ciclón, terremoto, incendio] dévastateur(trice) **2.** [éxito] triomphal(e) / ***el equipo estuvo arrasador en el primer tiempo*** l'équipe a pulvérisé le score pendant la première mi-temps / ***tuvo un éxito arrasador con esa canción*** il a connu un succès triomphal avec cette chanson.

arrasar vt ravager, dévaster.

arrastrado, da ❖ adj [vida] misérable. ❖ sm, f MÉX RP [persona servil] personne *f* servile o obséquieuse.

arrastrar ❖ vt **1.** [gen] traîner ; [carro, vagón] remorquer ; [suj: corriente, aire] emporter **2.** *fig* [convencer] rallier **3.** *fig* [producir] entraîner ▸ **arrastrar a alguien a algo / a hacer algo** [impulsar a] pousser qqn à qqch / à faire qqch. ❖ vi traîner (par terre). ◆ **arrastrarse** vprnl **1.** [por el suelo] se traîner ; [reptil] ramper **2.** *fig* [humillarse] ramper.

arrastre sm **1.** [acarreo] déplacement *m* **2.** [pesca] ▸ **pesca de arrastre** pêche *f* au chalut o à la traîne **3.** EXPR **estar para el arrastre** *fam* être au bout du rouleau.

arrayán sm myrte *m*.

arre interj ▸ **¡arre!** hue !

arrear vt **1.** [azuzar - animal] stimuler ; [- persona] presser **2.** *fam* [un golpe, etc.] flanquer **3.** [poner arreos] harnacher.

arrebatado, da adj **1.** [impetuoso] emporté(e) **2.** [ruborizado] tout rouge (toute rouge) **3.** [iracundo] furieux(euse).

arrebatador, ra adj fascinant(e).

arrebatar vt **1.** [arrancar] arracher **2.** *fig* [cautivar] fasciner. ◆ **arrebatarse** vprnl s'emporter.

arrebato sm [arranque] emportement *m* ; [de pasión] extase *f* ▸ **arrebato de amor** transport *m* amoureux ▸ **arrebato de ira** accès *m* de colère.

arrebol sm **1.** [color] rouge *m* **2.** [rubor] rougeur *f*.

arrebujar vt **1.** [sin orden] mettre en vrac **2.** [arropar] emmitoufler. ◆ **arrebujarse** vprnl [arroparse] s'emmitoufler.

arrecharse vprnl CAM COL MÉX VEN *fam* [encolerizarse] se mettre en rogne.

arrecho, cha adj AM *fam* **1.** [enfadado] énervé(e) **2.** [cachondo] excité(e) **3.** [con furia] furibard(e) / ***se puso muy arrecho*** il a piqué une colère.

arrechucho sm *fam* misère *f*.

arreciar [8] vi *pr* & *fig* redoubler.

arrecife sm récif *m*.

arredrar vt faire reculer / ***las dificultades no lo arredraban*** les difficultés ne l'arrêtaient pas. ◆ **arredrarse** vprnl reculer ▸ **arredrarse por** o **ante** reculer face à.

arreglado, da adj **1.** [reparado] réparé(e) ; [ropa] retouché(e) **2.** [ordenado] rangé(e) **3.** [persona] arrangé(e), soigné(e) **4.** *fig* [solucionado] réglé(e) **5.** *fig* [precio] raisonnable **6.** EXPR **¡estamos arreglados!** nous voilà bien !

arreglar ❖ vt **1.** [gen & MÚS] arranger ; [curar] remettre d'aplomb **2.** [ordenar] ranger **3.** [solucionar] régler **4.** [acicalar] préparer ; [mujer] pomponner **5.** *fam* [como amenaza] : *¡ya te arreglaré!* tu vas voir ! ❖ vi AM [quedar] : *arreglé de ir al cine con Juan el sábado* on s'est mis d'accord pour aller au cinéma samedi avec Juan / *¿cómo vas a la fiesta? — ya arreglé con Silvia* comment vas-tu aller à la soirée ? — je me suis déjà arrangé avec Silvia. ◆ **arreglarse** vprnl **1.** [apañarse] s'arranger ▸ **saber arreglárselas** savoir s'y prendre **2.** [acicalarse] se préparer ; [una mujer] se pomponner.

arreglista smf MÚS arrangeur *m*, -euse *f*.

arreglo sm arrangement *m* ; [de ropa] retouche *f* / *no tiene arreglo* cela ne peut pas s'arranger, il n'y a pas de solution ▸ **con arreglo a** conformément à.

arrejuntar vt *fam* **1.** [acercar] rapprocher **2.** AM [poner junto] mettre ensemble **3.** AM [reunir] réunir. ◆ **arrejuntarse** vprnl *fam* [amantes] se mettre ensemble.

arrellanarse vprnl se caler, s'asseoir confortablement.

arremangado, da adj *fam* ▸ **ir arremangado** avoir les manches retroussées.

arremangar [16] = **remangar**.

arremeter vi ▸ **arremeter contra** a) se jeter sur b) *fig* s'en prendre à.

arremetida sf bourrade *f*.

arremolinarse vprnl **1.** *fig* [personas] se bousculer **2.** [cosas] tourbillonner.

arrendador, ra sm, f loueur *m*, -euse *f*.

arrendamiento, arriendo sm **1.** [acción] location *f* **2.** [precio] loyer *m*.

arrendar [19] vt louer ▸ **'se arrienda'** AM 'à louer'.

arrendatario, ria ❖ adj de location.
❖ sm, f locataire *mf* ; [agrícola] exploitant *m*, -e *f*.

arreo sm **1.** *(gen pl)* [adorno] parure *f*, ornement *m* **2.** AM [recua] troupeau *m*. ◆ **arreos** smpl **1.** [para caballos] harnais *m* / *ponle los arreos a la yegua* mets le harnais à la jument **2.** [de oficio, actividad] attirail *m* / *el fontanero llegó a casa con todos sus arreos* le plombier est arrivé à la maison avec tout son attirail.

arrepanchigarse [16] vprnl *fam* se vautrer.

arrepentido, da ❖ adj repenti(e), repentant(e) ▸ **estar arrepentido de algo** regretter qqch.
❖ sm, f repenti *m*, -e *f*.

arrepentimiento sm repentir *m*.

arrepentirse [27] vprnl ▸ **arrepentirse (de algo)** se repentir (de qqch), regretter (qqch).

arrestado, da adj & sm, f détenu(e).

arrestar vt arrêter.

arresto sm arrestation *f* ▸ **arresto domiciliario** assignation *f* à domicile o à résidence.
◆ **arrestos** smpl courage *m*.

arriar [9] vt [velas] amener ; [bandera] baisser.

arriate sm plate-bande *f*.

arriba ❖ adv **1.** [posición] au-dessus / *vive (en el piso de) arriba* il habite au-dessus ▸ **arriba del todo** tout en haut ▸ **más arriba** plus haut, au-dessus **2.** [dirección] en haut ▸ **de arriba abajo** a) [cosa] du début à la fin b) [persona] de la tête aux pieds ▸ **mirar a alguien de arriba abajo** [con desdén] regarder qqn de haut en bas ▸ **mirar hacia arriba** regarder en l'air ▸ **ir para arriba** monter ▸ **calle arriba** en remontant la rue ▸ **río arriba** en amont **3.** [en un texto] ci-dessus. ❖ interj ▸ **¡arriba!** courage ! / *¡arriba la República!* vive la République ! ▸ **¡ arriba las manos!** haut les mains ! ◆ **arriba de** loc prep AM [encima, sobre] sur / *¿dónde has dejado el libro? — creo que arriba de la mesa* où as-tu mis le livre ? — je crois qu'il est sur la table. ◆ **de arriba** loc adj : *la vecina de arriba* la voisine du dessus / *el estante de arriba* l'étagère du haut.

arribar vi [por tierra] parvenir ; [por mar] toucher au port.

arribeño, ña sm, f AM *fam* habitant *m*, -e *f* des hauts plateaux.

arribista adj & smf arriviste.

arrienda ⟶ **arrendar**.

arriendo = **arrendamiento**.

arriero, ra sm, f muletier *m*, -ère *f*.

arriesgado, da adj **1.** [peligroso] risqué(e) **2.** [temerario] audacieux(euse).

arriesgar [16] vt risquer. ◆ **arriesgarse** vprnl s'exposer, prendre des risques ▸ **arriesgarse a** se risquer à.

arrimar vt **1.** [acercar] approcher, rapprocher **2.** *fig* [arrinconar] mettre dans un coin.
◆ **arrimarse** vprnl **1.** [en el espacio] s'approcher, se rapprocher ▸ **arrimarse a algo** s'appuyer sur **2.** *fig* [ampararse] ▸ **arrimarse a alguien** s'en remettre à qqn.

arrinconado, da adj **1.** [apartado] laissé(e) dans un coin **2.** [fuera de uso] mis(e) au rebut.

Cómo expresar el arrepentimiento

- **Malheureusement, nous n'avons pas pu arriver à temps.** *Desgraciadamente, no pudimos llegar a tiempo.*
- **Je regrette vraiment que vous n'ayez pas pu venir.** *Lamento mucho que no haya podido venir.*
- **Je regrette ce que j'ai dit.** *Me arrepiento de haber dicho lo que dije.*
- **Si seulement je lui en avais parlé plus tôt !** *¡Ojalá le hubiera hablado de ello antes!*
- **(Quel) dommage que je ne l'aie pas rencontré avant !** *¡(Qué) lástima que no lo haya conocido antes!*
- **Dire que je ne le reverrai probablement jamais !** *¡Y pensar que probablemente no lo volveré a ver nunca más!*
- **Je ne regrette rien.** *No me arrepiento de nada.*

arrinconar vt **1.** [apartar, abandonar] mettre dans un coin **2.** *fig* [persona - acorralar] mettre au pied du mur ; [- dejar de lado] délaisser, mettre à l'écart.

arritmia sf arythmie *f*.

arrítmico, ca adj arythmique.

arroba sf **1.** [peso] arrobe *f* **2.** *fig* [gran cantidad] ▸ **por arrobas** à foison **3.** INFORM arobas(e) *f*, arrobas(e) *f*.

arrobamiento sm ravissement *m*.

arrobar vt ravir. ◆ **arrobarse** vprnl ▸ **arrobarse (con)** s'extasier (devant).

arrocería sf *restaurant spécialisé dans les plats à base de riz*.

arrocero, ra ❖ adj rizicole. ❖ sm, f riziculteur *m*, -trice *f*.

arrodillarse vprnl **1.** [ponerse de rodillas] s'agenouiller **2.** *fig* [humillarse] se mettre à genoux.

arrogancia sf arrogance *f*.

arrogante adj arrogant(e).

arrogarse [16] vprnl ▸ **arrogarse algo** s'arroger qqch.

arrojadizo, za adj : *un arma arrojadiza* une arme de jet.

arrojado, da adj courageux(euse), intrépide.

arrojar vt **1.** [lanzar] jeter **2.** [despedir - humo, lava] cracher ; [- olor] dégager **3.** [echar] chasser **4.** [resultado] faire apparaître, mettre en évidence **5.** [vomitar] rendre. ◆ **arrojarse** vprnl se jeter.

arrojo sm courage *m*.

arrollador, ra adj [fuerza] irrésistible ; [éxito] retentissant(e) ; [belleza] éblouissant(e).

arrollar vt **1.** [enrollar] enrouler **2.** [atropellar] renverser **3.** [suj: agua, viento] emporter **4.** [vencer] mettre en déroute.

arropar vt **1.** [con ropa] couvrir **2.** *fig* [con protección] protéger. ◆ **arroparse** vprnl se couvrir.

arrorró sm ANDES RP *fam* [canción de cuna] berceuse *f*.

arrostrar vt [consecuencias] faire face à ; [peligro] affronter.

arroyo sm **1.** [riachuelo] ruisseau *m* **2.** [de la calle] caniveau *m* ▸ **poner a alguien en el arroyo** jeter qqn à la rue ▸ **sacar a alguien del arroyo** tirer qqn du ruisseau.

arroz sm riz *m* ▸ **arroz blanco** riz nature ▸ **arroz cantonés** riz cantonais ▸ **arroz con leche** riz au lait ▸ **arroz integral** riz complet.

arrozal sm rizière *f*.

arruga sf **1.** [de ropa] pli *m* **2.** [de piel] ride *f*.

arrugar vt **1.** [ropa, papel] chiffonner, froisser **2.** [piel] rider **3.** [ceño, entrecejo] froncer ▸ **arrugar el ceño** froncer les sourcils **4.** [frente] plisser. ◆ **arrugarse** vprnl **1.** [ropa, papel] se chiffonner, se froisser **2.** [piel] se rider.

arruinado, da adj [persona] ruiné(e).

arruinar vt *pr* & *fig* ruiner. ◆ **arruinarse** vprnl se ruiner.

arrullar vt chanter une berceuse à, bercer. ◆ **arrullarse** vprnl *pr* & *fig* roucouler.

arrullo sm **1.** [de palomas] roucoulement *m* **2.** [nana] berceuse *f* **3.** *fig* [susurro] murmure *m*.

arrumaco sm *fam* ▸ **hacer arrumacos** faire des mamours.

arrumar vt AM empiler.

arrumbar vt mettre au rancart ; [muebles] remiser.

arrume sm AM pile *f*.

arsenal sm **1.** [de barcos, armas] arsenal *m* **2.** [de cosas] stock *m* **3.** *fig* [de conocimientos] mine *f*.

arsénico sm arsenic *m*.

art. (*abr escrita de* **artículo**) art. / *conforme al art. 14* conformément à l'art. 14.

arte sm o sf **1.** [gen] art *m* ▸ **arte abstracto / figurativo** art abstrait / figuratif ▸ **arte joven** modern style *m inv* **2.** [astucia] ruse *f* ▸ **por arte de birlibirloque** o **de encantamiento** o **de magia** comme par enchantement o magie ▸ **por** o **con malas artes** par des moyens pas très catholiques **3.** EXPR **no tener arte ni parte** n'y être pour rien. ◆ **artes** sfpl arts *mpl* ▸ **artes gráficas / plásticas** arts graphiques / plastiques ▸ **artes liberales** arts libéraux ▸ **artes marciales** arts martiaux ▸ **artes y oficios** arts et métiers ▸ **bellas artes** beaux-arts *mpl*.

artefacto sm engin *m*.

arteria sf artère *f*.

arterial adj artériel(elle).

arterioesclerosis, arteriosclerosis sf inv artériosclérose *f*.

artesa sf [de panadero] pétrin *m* ; [de albañil] auge *f*.

artesanado sm [arte, oficio, colectivo] artisanat *m*.

artesanal adj artisanal(e).

artesanalmente adv : *fabricado artesanalmente* de fabrication artisanale, produit artisanalement.

artesanía sf artisanat *m*.

artesano, na sm, f artisan *m*, -e *f*.

artesonado, da adj à caissons. ◆ **artesonado** sm plafond *m* à caissons.

Ártico npr ▸ **el Ártico** l'Arctique *m*.

articulación sf **1.** [gen & ANAT] articulation *f* **2.** [estructuración] organisation *f*.

articulado, da adj articulé(e). ◆ **articulados** smpl articulés *mpl*.

articular vt **1.** [gen] articuler **2.** [plan, proyecto] élaborer.

articulista smf journaliste *mf*.

artículo sm [gen] article *m* ▸ **artículo definido** o **determinado** article défini ▸ **artículo indefinido** o **indeterminado** article indéfini ▸ **artículo de fondo** PRENSA article de fond ▸ **artículo de importación** article o produit d'importation ▸ **artículo de primera necesidad** o **básico** produit de première nécessité o de base ▸ **artículo líder** produit leader ▸ **hacer el artículo (de)** faire l'article (de).

◆ **artículo de fe** sm **1.** RELIG article *m* de foi **2.** *fig* [verdad] parole *f* d'évangile.

artífice smf artisan *m*, -e *f*.

artificial adj *pr* & *fig* artificiel(elle).

artificiero sm artificier *m*.

artificio sm **1.** [aparato] engin *m* **2.** *fig* [artimaña] artifice *m*.

artificioso, sa adj *fig* [engañoso] trompeur(euse).

artillería sf artillerie *f*.

artillero sm artilleur *m*.

artilugio sm **1.** [mecanismo] engin *m* **2.** *fig* [maña] stratagème *m*.

artimaña sf *(gen pl)* ruse *f*, subterfuge *m*, artifice *m*.

artista smf *pr* & *fig* artiste *mf*.

artístico, ca adj artistique.

artrítico, ca adj & sm, f MED arthritique.

artritis sf inv arthrite *f*.

artrópodo sm ZOOL arthropode *m*.

artroscopia sf MED arthroscopie *f*.

artrosis sf inv arthrose *f*.

arveja sf RP petit pois *m*.

arz. *abr escrita de* **arzobispo**.

arzobispado sm [dignidad, autoridad, territorio] archevêché *m*.

arzobispal adj archiépiscopal(e).

arzobispo sm archevêque *m*.

as sm as *m* ▸ **ser un as (de)** être un as (de).

asa sf *(el)* anse *f (poignée)*.

asado sm rôti *m*.

asador sm **1.** [aparato] rôtissoire *f* **2.** [varilla] broche *f* **3.** [restaurante] grill *m*.

asaduras sfpl abats *mpl*.

asalariado, da sm, f salarié *m*, -e *f*.

asalariar [8] vt salarier.

asalmonado, da adj [color] saumon *(inv)*.

asaltacunas smf inv *fam* ▸ **ser un asaltacunas** les prendre au berceau.

asaltante smf assaillant *m*, -e *f*.

asaltar vt **1.** [gen] assaillir ; [castillo, ciudad] prendre d'assaut **2.** [banco, persona, tren] attaquer ▸ **asaltar con** *fig* assaillir de **3.** *fig* [suj: duda] assaillir ; [suj: idea] venir à.

asalto sm **1.** [de castillo, ciudad] assaut *m* ; [de banco] hold-up *m* ; [de persona] attaque *f*, agression *f* **2.** DEP round *m*.

asamblea sf [reunión] assemblée *f*.

asambleario, ria ❖ adj : *reunión asamblearia* réunion de l'assemblée / *decisión asamblearia* décision de l'assemblée. ❖ sm, f **1.** [miembro de reunión] membre *m* d'une assemblée **2.** [miembro de cuerpo político] parlementaire *mf*.

asar vt **1.** [al horno] rôtir ; [a la parrilla] faire griller **2.** *fig* [importunar] ▸ **asar a alguien a preguntas** harceler qqn de questions. ◆ **asarse** vprnl *fig* cuire, étouffer.

asbesto sm amiante *m*.

ascendencia sf **1.** [linaje] ascendance *f* **2.** [origen, clase social] : *es de baja / alta ascendencia* il est de basse/haute extraction **3.** *fig* [influencia] ascendant *m*.

ascendente ❖ adj ascendant(e). ❖ sm ASTROL ascendant *m*.

ascender [20] ❖ vi **1.** [subir] monter **2.** [incrementarse] augmenter **3.** [progresar - en empleo] être promu(e) ; [- en deportes] monter dans le classement / *ascender a primera división* monter en première division **4.** [factura, cuenta] ▸ **ascender a** s'élever à. ❖ vt ▸ **ascender a alguien (a algo)** promouvoir qqn (à qqch).

ascendiente ❖ smf [antepasado] ancêtre *mf*. ❖ sm [influencia] ascendant *m*.

ascensión sf ascension *f*.
◆ **Ascensión** sf RELIG Ascension *f*.

ascenso sm **1.** [en empleo] avancement *m*, promotion *f* ; [en deportes] : *el equipo lucha por el ascenso a primera* l'équipe fait tout pour monter en première division **2.** [a un monte] ascension *f*.

ascensor sm ascenseur *m*.

ascensorista smf liftier *m*, -ère *f*.

asceta smf ascète *mf*.

ascético, ca adj ascétique.

ascetismo sm ascétisme *m*.

ASCII (*abr de* **American standard code for information interchange**) sm ASCII *m* ▸ **el código ASCII** le code ASCII.

asco sm [sensación] dégoût *m* ▸ **dar asco** dégoûter ▸ **estar hecho un asco** *fam* être vraiment dégoûtant(e) ▸ **hacer ascos a algo** faire la fine bouche devant qqch ▸ **¡qué asco de tiempo!** quel sale temps !, quel temps pourri ! ▸ **¡qué asco!** c'est dégoûtant o répugnant ! ▸ **ser un asco a)** *fam* [cosa mala] être nul (nulle) **b)** [cosa fea] être une horreur **c)** [cosa sucia] être vraiment dégoûtant(e) ▸ **tiene asco a la carne** la viande le dégoûte.

ascua sf *(el)* charbon *m* ardent ▸ **arrimar el ascua a su sardina** tirer la couverture à soi ▸ **estar en o sobre ascuas** être sur des charbons ardents.

aseado, da adj **1.** [limpio - persona] net (nette) ; [- animal] propre **2.** [arreglado] soigné(e).

asear vt nettoyer. ◆ **asearse** vprnl **1.** [lavarse] faire sa toilette **2.** [arreglarse] se préparer.

asechanza sf coup *m* bas.

asediar [8] vt assiéger ; *fig* harceler.

asedio sm siège *m* ; *fig* harcèlement *m*.

asegurado, da sm, f assuré *m*, -e *f*.

asegurador, ra ❖ adj d'assurance. ❖ sm, f assureur *m*.

asegurar vt **1.** [fijar] assujettir ; [tuerca] resserrer **2.** [garantizar] assurer. ◆ **asegurarse** vprnl **1.** [cerciorarse]

▸ **asegurarse de que** s'assurer que / *asegúrate de cerrar la puerta* n'oublie pas de fermer la porte **2.** [hacer un seguro] ▸ **asegurarse (contra)** s'assurer (contre).

asemejar vt faire ressembler à / *este peinado la asemeja a su hermana* cette coiffure la fait ressembler à sa sœur. ◆ **asemejarse** vprnl se ressembler ▸ **asemejarse a** ressembler à.

asentado, da adj *fig* [establecido] installé(e) ; [emplazado] placé(e), situé(e).

asentamiento sm **1.** [de edificio] assise *f* **2.** [de personas] colonie *f*.

asentar [19] vt **1.** [instalar - empresa] implanter ; [- campamento, pueblo] installer **2.** [asegurar - cimientos] asseoir ; [- conocimientos] parfaire. ◆ **asentarse** vprnl **1.** [instalarse] s'établir, se fixer **2.** [posarse] se déposer.

asentimiento sm assentiment *m*.

asentir [27] vi **1.** [estar conforme] ▸ **asentir (a algo)** admettre (qqch) **2.** [afirmar con la cabeza] acquiescer.

aseo sm **1.** [acción] toilette *f* ; [cualidad] propreté *f* **2.** ESP [habitación] cabinet *m* de toilette.
◆ **aseos** smpl toilettes *fpl*.

asepsia sf **1.** MED asepsie *f* **2.** *fig* [frialdad, indiferencia] indifférence *f* ▸ **con una asepsia total** avec une indifférence totale.

aséptico, ca adj **1.** MED aseptique **2.** *fig* [discurso] aseptisé(e).

asequible adj accessible.

aserción sf assertion *f*.

aserradero sm scierie *f*.

aserrar [19] vt scier.

aserto sm affirmation *f*.

asesinar vt assassiner.

asesinato sm assassinat *m*.

asesino, na ❖ adj [mano, mirada] assassin(e) ; [arma, tendencias] meurtrier(ère). ❖ sm, f assassin *m*, meurtrier *m*, -ère *f* ▸ **asesino en serie** tueur *m*, -euse *f* en série ▸ **asesino a sueldo** o **profesional** tueur *m* à gages.

asesor, ra sm, f **1.** [gen] conseiller *m*, -ère *f* ; DER assesseur *m* ▸ **asesor de imagen** conseiller en communication ▸ **asesor fiscal** conseiller fiscal **2.** ECON consultant *m*, -e *f*.

asesoramiento sm conseil *m*.

asesorar vt conseiller. ◆ **asesorarse** vprnl ▸ **asesorarse (en algo)** se faire conseiller (sur qqch) ▸ **asesorarse de** o **con alguien** prendre conseil auprès de qqn.

asesoría sf **1.** [oficio] conseil *m* **2.** [oficina] cabinet-conseil *m* ▸ **asesoría jurídica** cabinet juridique.

asestar vt [golpe, puñalada] asséner ; [tiro] tirer.

aseveración sf affirmation *f*.

aseverar vt affirmer.

asexuado, da adj asexué(e).

asexual adj asexué(e).

asfaltado sm [acción] goudronnage *m*, asphaltage *m* ; [asfalto] chaussée *f*.

asfaltadora sf goudronneuse *f*.

asfaltar vt goudronner, asphalter.

asfáltico, ca adj bitumineux(euse).

asfalto sm asphalte *m*.

asfixia sf asphyxie *f*.

asfixiante adj [gas] asphyxiant(e) ; [calor] étouffant(e).

asfixiar [8] vt **1.** [ahogar] asphyxier **2.** *fig* [agobiar] étouffer, oppresser.
◆ **asfixiarse** vprnl **1.** [ahogarse] s'asphyxier **2.** *fam* [de calor] crever de chaleur **3.** *fig* [agobiarse] étouffer.

asga ⟶ **asir**.

así ❖ adv ainsi ; [de este modo] comme ceci ; [de ese modo] comme cela / *era así de largo* il était long comme ça ▸ **así es / era / fue como** voilà comment, c'est ainsi que ▸ **así, así** comme ci comme ça, couci couça ▸ **algo así** qqch comme ça ▸ **algo así como** une sorte de ▸ **así como** a) [igual que] de même que, ainsi que b) [del mismo modo] comme ▸ **así es** c'est ça ▸ **y así todos los días** et c'est comme ça tous les jours ▸ **y así sucesivamente** et ainsi de suite. ❖ conj **1.** [de modo que] ainsi ▸ **así (es) que** alors / *estoy enferma así que no voy* je suis malade, alors je n'y vais pas **2.** AM [aunque] même si / *te encontraré, así tenga que buscar bajo las piedras* je finirai par te trouver, même si je dois remuer ciel et terre. ❖ adj inv [como éste] pareil(eille). ◆ **así no más** o **nomás** loc adv AM *fam* **1.** [regular] comme ci comme ça **2.** [de repente] sans prévenir. ◆ **así pues** loc adv donc, par conséquent. ◆ **así y todo** loc adv malgré tout.

Asia npr Asie *f* ▸ **Asia Central** Asie centrale ▸ **Asia Menor** Asie Mineure.

asiático, ca ❖ adj asiatique. ❖ sm, f Asiatique *mf*.

asidero sm **1.** [agarradero] manche *m* **2.** *fig* [apoyo] soutien *m*.

asiduidad sf assiduité *f*.

asiduo, dua ❖ adj assidu(e). ❖ sm, f habitué *m*, -e *f*.

asienta ⟶ **asentar**.

asiento sm **1.** [mueble] siège *m* ▸ **tomar asiento** prendre place ▸ **asiento abatible** siège inclinable **2.** [localidad] place *f* **3.** [base] assise *f* **4.** [emplazamiento] site *m* **5.** COM écriture *f* ▸ **asiento contable** écriture comptable.

asierra ⟶ **aserrar**.

asignable adj attribuable.

asignación sf **1.** [a una persona] attribution *f* ; [a un grupo] répartition *f* ; [de fondos, vacante] affectation *f* **2.** [sueldo] appointements *mpl* ; [de funcionario] traitement *m*.

asignar vt **1.** [atribuir] ▸ **asignar algo a alguien** assigner o attribuer qqch à qqn **2.** [destinar] ▸ **asignar a alguien a** affecter qqn à.

asignatura sf EDUC matière *f* / *es mi asignatura pendiente* a) EDUC j'ai une matière à repasser b) *fig* c'est quelque chose que je voudrais réaliser.

asilado, da sm, f réfugié *m*, -e *f* ▸ **asilado político** réfugié politique.

asilar vt [huérfano, anciano] héberger ; [refugiado político] donner asile à.

asilo sm *pr* & *fig* asile *m* ▸ **asilo político** asile politique.

asilvestrado, da adj [animal, planta] retourné(e) à l'état sauvage.

asimetría sf asymétrie *f*.

asimétrico, ca adj asymétrique / ***figura asimétrica*** figure asymétrique.

asimilación sf **1.** [gen & LING] assimilation *f* **2.** [comparación] confrontation *f*.

asimilar vt **1.** [gen] assimiler **2.** [comparar] confronter. ◆ **asimilarse** vprnl s'assimiler.

asimismo adv aussi, de même / ***es asimismo necesario que...*** de même, il est nécessaire que....

asíncrono, na adj **1.** [motor, latidos] asynchrone **2.** INFORM asynchrone.

asintiera ⟶ **asentir**.

asir [53] vt saisir. ◆ **asirse** vprnl ▸ **asirse a** *pr* & *fig* se raccrocher à.

asisito adv AM *fam* comme ci, comme ça.

asistencia sf **1.** [presencia] présence *f* **2.** [ayuda, público] assistance *f* ▸ **asistencia letrada** o **jurídica** assistance judiciaire ▸ **asistencia médica** soins *mpl* ▸ **asistencia pública** aide *f* sociale ▸ **asistencia social** assistance sociale ▸ **asistencia técnica** assistance technique **3.** [afluencia] fréquentation *f* **4.** DEP passe *f*.

asistencial adj de l'assistance sociale.

asistenta sf ESP [sirvienta] femme *f* de ménage.

asistente smf **1.** [ayudante] assistant *m*, -e *f* ▸ **una asistente social** une assistante sociale **2.** [presentes] ▸ **los asistentes** les personnes présentes.

asistido, da adj AUTO & INFORM assisté(e).

asistir ✧ vt **1.** [acompañar] assister **2.** [ayudar - a heridos, necesitados] secourir ; [- a enfermos] soigner. ✧ vi [presenciar] ▸ **asistir a** assister à.

askenazí = **asquenazí**.

asma sf *(el)* asthme *m*.

asmático, ca adj & sm, f asthmatique.

asno sm *pr* & *fig* âne *m*.

asociación sf association *f* ▸ **asociación de consumidores** association de (défense des) consommateurs ▸ **asociación de ideas** association d'idées.

asociacionismo sm associationnisme *m*.

asociado, da ✧ adj associé(e). ✧ sm, f **1.** [miembro] associé *m*, -e *f* **2.** EDUC maître *m* de conférences.

asocial adj asocial(e).

asociar [8] vt associer. ◆ **asociarse** vprnl s'associer.

asociativo, va adj associatif(ive).

asolar [23] vt dévaster.

asomar ✧ vi [gen] apparaître ; [pañuelo, camisa, etc.] sortir, dépasser ; [sol] poindre. ✧ vt passer ▸ **asomar la cabeza por la ventana** passer la tête par la fenêtre. ◆ **asomarse** vprnl ▸ **asomarse a** se pencher à.

> ⚠ **Assommer** es un falso amigo, no significa *asomar*, sino "dejar inconsciente".

asombrar vt [causar admiración] stupéfier ; [causar sorpresa] étonner. ◆ **asombrarse** vprnl ▸ **asombrarse (de)** [sentir sorpresa] s'étonner (de).

> ⚠ **Assombrir** es un falso amigo, no significa *asombrar*, sino "oscurecer".

asombro sm [admiración] stupéfaction *f* ; [sorpresa] étonnement *m*.

asombroso, sa adj [sensacional] stupéfiant(e), ahurissant(e) ; [sorprendente] étonnant(e).

asomo sm [gen] pointe *f* ; [de duda] ombre *f* ; [de esperanza] lueur *f* ▸ **ni por asomo** pas le moins du monde ▸ **no creer algo ni por asomo** ne pas croire une seconde à qqch.

asonancia sf assonance *f*.

asonante adj assonant(e).

asorocharse vprnl ANDES **1.** [por altitud] avoir le mal de l'altitude o des montagnes **2.** [por vergüenza] rougir.

aspa sf *(el)* [de molino] aile *f* ; [de hélice] pale *f*.

aspaviento sm *(gen pl)* simagrée *f* ▸ **hacer aspavientos** faire des simagrées.

aspecto sm [gen] aspect *m*, apparence *f* ; [de persona - presencia, pinta] allure *f* ; [- cara, estado físico] mine *f* ▸ **tener buen / mal aspecto** avoir bonne / mauvaise mine ▸ **bajo este aspecto** sous cet angle ▸ **en todos los aspectos** à tous points de vue.

aspereza sf **1.** [de piel, etc.] rugosité *f* ; [de terreno] aspérité *f* ; [de sabor] âpreté *f* **2.** *fig* [de carácter] rudesse *f* ▸ **limar asperezas** arrondir les angles.

áspero, ra adj **1.** [al tacto - piel] rugueux(euse) ; [- tejido] rêche **2.** [al gusto] âpre **3.** [terreno] raboteux(euse) **4.** *fig* [carácter] revêche.

aspersión sf aspersion *f*.

aspersor sm [para jardín] asperseur *m* ; [para cultivos] pulvérisateur *m*.

aspiración sf aspiration *f*.

aspirador sm aspirateur *m*.

aspiradora sf aspirateur *m*.

aspirante ✧ adj aspirant(e). ✧ smf candidat *m*, -e *f*.

aspirar ✧ vt aspirer. ✧ vi ▸ **aspirar a algo** [ansiar] aspirer à qqch.

aspirina® sf aspirine *f*.

asqueado, da adj dégoûté(e) ▸ **estar asqueado de (hacer) algo** en avoir assez de (faire) qqch.

asquear vt dégoûter.

asquenazí, askenazí ◈ adj ashkénaze. ◈ smf Ashkénaze *mf*.

asquerosidad sf [cosa mala] nullité *f* ; [cosa fea] horreur *f* ; [cosa sucia] : *es una asquerosidad* c'est vraiment répugnant.

asqueroso, sa adj répugnant(e).

asta sf *(el)* **1.** [de bandera, lanza] hampe *f* ▸ **a media asta** en berne **2.** [de pincel] manche *m* **3.** [de toro] corne *f*.

astado sm TAUROM taureau *m*.

asterisco sm astérisque *m*.

asteroide sm astéroïde *m*.

astigmatismo sm astigmatisme *m*.

astil sm [de herramienta] manche *m*.

astilla sf [de piedra, madera] éclat *m* ; [en el dedo] écharde *f* ▸ **hacer astillas** *fig* faire voler en éclats.

astillar vt casser. ◆ **astillarse** vprnl se fendre.

astillero sm chantier *m* naval.

astracán sm astrakan *m*.

astracanada sf farce *f*.

astral adj astral(e).

astringente adj astringent(e).

astro sm **1.** [cuerpo celeste] astre *m* **2.** *fig* [persona] vedette *f*, star *f*.

astrofísica sf astrophysique *f*.

astrolabio sm ASTRON astrolabe *m*.

astrología sf astrologie *f*.

astrólogo, ga sm, f astrologue *mf*.

astronauta smf astronaute *mf*.

astronáutica sf astronautique *f*.

astronave sf astronef *m*.

astronomía sf astronomie *f*.

astronómico, ca adj astronomique / *unos precios astronómicos fam* des prix astronomiques.

astrónomo, ma sm, f astronome *mf*.

astucia sf **1.** [picardía] astuce *f* **2.** *(gen pl)* [treta] ruse *f*.

asturiano, na ◈ adj asturien(enne). ◈ sm, f Asturien *m*, -enne *f*.

Asturias npr Asturies *fpl*.

astuto, ta adj [listo, sagaz] astucieux(euse) ; [taimado] rusé(e).

asuela ⟶ **asolar**.

asueto sm congé *m (d'une journée ou d'une demi-journée)* / *tomarse un día de asueto* prendre sa journée.

asumir vt assumer.

asunceno, na ◈ adj d'Asunción. ◈ sm, f habitant *m*, -e *f* d'Asunción.

asunción sf prise *f* en charge ; [al poder, etc.] accession *f*. ◆ **Asunción** sf ▸ **la Asunción** RELIG l'Assomption *f*.

Asunción npr GEOGR Asunción.

asuntar vi RDOM prêter attention à.

asunto sm **1.** [gen] sujet *m* **2.** [negocio] affaire *f* **3.** *fam* [romance] liaison *f*. ◆ **Asuntos Exteriores** smpl Affaires *fpl* étrangères.

asustadizo, za adj craintif(ive).

asustado, da adj effrayé(e).

asustar vt effrayer, faire peur à. ◆ **asustarse** vprnl ▸ **asustarse (de)** avoir peur (de) / *no se asusta de* o *por nada* il n'a peur de rien.

atacante ◈ adj attaquant(e). ◈ smf assaillant *m*, -e *f*. ◈ sm DEP [delantero] attaquant *m*.

atacar [10] vt **1.** [gen] attaquer ▸ **me ataca los nervios** *fig* il me tape sur les nerfs **2.** [sobrevenir] être surpris(e) par / *me atacó el sueño* j'ai été surpris par le sommeil / *le atacó la fiebre* il a eu une poussée de fièvre / *me atacó la risa* j'ai été pris d'un fou rire **3.** *fig* [combatir - idea] critiquer, s'en prendre à ; [- suj: medicamento] combattre.

atado sm paquet *m*.

atadura sf **1.** [ligadura] attache *f* ; [sentimental] lien *m* **2.** *fig* [obligación] astreinte *f* ; [económica] contrainte *f*.

atajar ◈ vi [acortar] couper, prendre un raccourci. ◈ vt **1.** *fig* [interrumpir] ▸ **atajar a alguien** couper la parole à qqn **2.** [contener - hemorragia, ofensiva] stopper ; [- incendio] maîtriser ; [- proceso, epidemia] enrayer.

atajo sm **1.** [camino, medio] raccourci *m* **2.** ESP *despec* [de personas] bande *f*, ramassis *m* / *¡atajo de cobardes!* bande de lâches ! **3.** INFORM ▸ **atajo de teclado** raccourci clavier.

atalaya sf **1.** [torre] tour *f* de guet **2.** [mirador] hauteur *f*.

atañer vi concerner ; [asunto] regarder ▸ **en lo que atañe a** en ce qui concerne.

ataque ◈ v ⟶ **atacar.** ◈ sm **1.** [gen & DEP] attaque *f* **2.** *fig* [de nervios, llanto] crise *f* ▸ **ataque cardíaco o al corazón** crise cardiaque ▸ **ataque de tos** quinte *f* de toux ▸ **ataque de risa** fou rire *m*.

atar vt **1.** [unir] attacher **2.** *fig* [relacionar] relier **3.** *fig* [constreñir] astreindre ▸ **atar corto a alguien** *fam* serrer la vis à qqn. ◆ **atarse** vprnl **1.** [anudar] : *atarse los cordones* nouer ses lacets **2.** [comprometerse] prendre des engagements **3.** [ceñirse] ▸ **atarse a** s'en tenir à.

atarazana sf chantier *m* naval.

atardecer [30] ◈ sm tombée *f* du jour. ◈ v impers : *atardece* le jour tombe.

atareado, da adj occupé(e), pris(e).

atarjea sf PERÚ réservoir *m* d'eau.

atascado, da adj [tubería] bouché(e) ; [calle] embouteillé(e) ; [mecanismo] coincé(e).

atascar [10] vt boucher. ◆ **atascarse** vprnl **1.** [obstruirse] se boucher **2.** *fig* [detenerse] s'embourber, s'enliser ; [al hablar] bafouiller **3.** ▸ **atascarse de** MÉX *fam* [comida] s'empiffrer de.

atasco sm **1.** [obstrucción] engorgement *m* **2.** AUTO embouteillage *m* **3.** [impedimento] entrave *f*.

atasque ⟶ **atascar**.

ataúd sm cercueil *m*.

ataviar [9] vt parer.
◆ **ataviarse** vprnl ▸ **ataviarse (con)** se parer (de).

atávico, ca adj atavique ; *fig* archaïque.

atavío sm [adorno, indumentaria] parure *f* ; [de mujer] toilette *f*.

ate sm MÉX pâte *f* de fruit.

ateísmo sm athéisme *m*.

atemorizado, da adj effrayé(e), apeuré(e) ▸ **tener atemorizado a alguien** terroriser qqn.

atemorizar [13] vt effrayer.
◆ **atemorizarse** vprnl s'effrayer, prendre peur.

atemporal adj intemporel(elle).

Atenas npr Athènes.

atenazar [13] vt **1.** [sujetar] empoigner **2.** *fig* [atormentar] tenailler.

atención ❖ sf **1.** [interés] attention *f* ▸ **a la atención de** à l'attention de ▸ **llamar la atención a)** [atraer] attirer l'attention **b)** [amonestar] rappeler à l'ordre ▸ **poner o prestar atención** prêter attention **2.** [cortesía] prévenance *f*, égard *m* ▸ **en atención a** en considération de / ***en atención a tu visita*** en l'honneur de ta venue.
❖ interj ▸ **¡atención!** votre attention s'il vous plaît !
◆ **atenciones** sfpl attentions *fpl*.

atender [20] ❖ vt **1.** [aceptar - petición, ruego] répondre à, accéder à ; [- consejo, instrucciones] faire cas de **2.** [cuidar de] s'occuper de ; [enfermo] soigner ; [cliente] servir ▸ **¿le atienden?** on s'occupe de vous ?
❖ vi **1.** [estar atento] être attentif(ive) ▸ **atender (a algo)** écouter (qqch) ▸ **atendiendo a** compte tenu de **2.** [responder] répondre ▸ **atender por** répondre au nom de. ◆ **atenderse** vprnl AM [paciente] se faire suivre / ***por ahora se atiende solamente con un médico general*** pour l'instant, il ne se fait suivre que par un généraliste.

> ⚠ **Attendre** es un falso amigo, no significa *atender*, sino "esperar".

ateneo sm [asociación] cercle *m*.

atenerse [72] vprnl ▸ **atenerse a a)** [orden, instrucciones] s'en tenir à **b)** [ley] observer / ***atente a las consecuencias*** tu l'auras voulu.

ateniense ❖ adj athénien(enne). ❖ sm, f Athénien *m*, -enne *f*.

atentado sm attentat *m* ▸ **atentado terrorista** attentat terroriste.

atentamente adv **1.** [con atención] attentivement **2.** [con cortesía] poliment **3.** [en cartas] ▸ **le saluda muy atentamente** veuillez agréer, Madame/Monsieur, mes salutations distinguées.

atentar vi ▸ **atentar contra** attenter à.

atento, ta adj **1.** [pendiente] attentif(ive) ▸ **atento a** attentif à **2.** [cortés] attentionné(e).

atenuación sf **1.** [disminución] atténuation *f* **2.** LITER litote *f*.

atenuante sm DER circonstance *f* atténuante.

atenuar [6] vt atténuer.

ateo, a adj & sm, f athée.

aterciopelado, da adj velouté(e).

aterido, da adj transi(e) *(de froid)*.

aterirse vprnl être transi(e) *(de froid)*.

aterrado, da adj terrifié(e), terrorisé(e).

aterrador, ra adj terrifiant(e).

aterrar vt terrifier.

aterrizaje sm atterrissage *m* ▸ **aterrizaje forzoso** atterrissage forcé.

aterrizar [13] vi **1.** [avión] atterrir **2.** *fig* [persona] débarquer.

aterrorizar [13] vt terroriser.
◆ **aterrorizarse** vprnl paniquer.

atesorar vt **1.** [riquezas] amasser **2.** *fig* [conocimientos] accumuler ; [virtudes] réunir.

atestado sm constat *m*.

atestar vt **1.** [llenar por completo] remplir, bourrer **2.** DER attester.

atestiguar [45] vt ▸ **atestiguar algo** témoigner de qqch.

atezado, da adj hâlé(e).

atiborrar vt bourrer. ◆ **atiborrarse** vprnl *fam* & *fig* ▸ **atiborrarse (de)** s'empiffrer (de).

atice ⟶ **atizar**.

ático sm **1.** [piso] *appartement situé au dernier étage d'un immeuble* **2.** ARQUIT attique *m*.

atienda ⟶ **atender**.

atigrado, da adj tigré(e).

atildado, da adj [persona] soigné(e).

atildar vt : ***los atildó para la boda*** elle leur a mis leurs plus beaux habits pour le mariage.
◆ **atildarse** vprnl se faire beau (belle).

atinado, da adj **1.** [respuesta] opportun(e), adéquat(e) **2.** [comentario] judicieux(euse).

atinar vi **1.** [adivinar] voir juste ▸ **atinar con** [respuesta, camino] trouver **2.** [dar en el blanco] viser juste **3.** [acertar] : ***atinar a hacer algo*** réussir à faire qqch.

atingencia sf AM **1.** [relación] rapport *m* **2.** [observación] remarque *f*.

atípico, ca adj atypique.

atiplado, da adj perçant(e).

atisbar vt entrevoir.

atisbo sm *(gen pl)* soupçon *m* ; [de esperanza] lueur *f*.

atiza interj fichtre !

atizador sm pique-feu *m*.

atizar [13] vt **1.** [fuego, sentimientos] attiser ; [sospechas] éveiller **2.** ESP *fam* [golpe] flanquer, donner / ***me atizaron un puntapié*** on m'a donné un coup de pied.
◆ **atizarse** vprnl ESP *fam* [comida, bebida] s'envoyer.

atlante sm atlante *m*.

atlántico, ca adj atlantique.
◆ **Atlántico** sm ▸ **el Atlántico** l'Atlantique *m*.

Atlántida sf ▸ **la Atlántida** l'Atlantide.

atlantismo sm atlantisme *m*.

atlas sm inv atlas *m*. ◆ **Atlas** npr ▸ **el Atlas** l'Atlas *m*.

atleta smf *pr* & *fig* athlète *mf*.

atlético, ca adj athlétique.

atletismo sm athlétisme *m*.

atmósfera, atmosfera sf **1.** [capa gaseosa] atmosphère *f* **2.** [de lugar cerrado] air *m* **3.** [ambiente] climat *m* / *una atmósfera de desconfianza* un climat de méfiance.

atmosférico, ca adj atmosphérique.

atole sm CAM MÉX [bebida] *boisson à base de maïs*.

atolladero sm *fig* [apuro] pétrin *m*, impasse *f* ▸ **sacar del atolladero** tirer d'affaire.

atolón sm atoll *m*.

atolondrado, da adj & sm, f étourdi(e).

atolondramiento sm étourderie *f*.

atómico, ca adj atomique.

atomización sf **1.** [de sustancia] atomisation *f* **2.** [de líquido] pulvérisation *f*, vaporisation *f*.

atomizador sm atomiseur *m*.

atomizar [13] vt **1.** [fragmentar] atomiser ; [agua] pulvériser **2.** *fig* [problema, cuestión] analyser point par point.

átomo sm *pr* & *fig* atome *m* ▸ **átomo gramo** atome-gramme *m*.

atonal adj MÚS atonal(e).

atonalidad sf MÚS atonalité *f*.

atonía sf atonie *f*.

atónito, ta adj sans voix ▸ **mirar con ojos atónitos** regarder avec des yeux ronds.

átono, na adj GRAM atone.

atontado, da adj **1.** [aturdido] étourdi(e) **2.** [tonto] abruti(e).

atontamiento sm **1.** [alelamiento] abrutissement *m*, abêtissement *m* **2.** [por ruido, golpe] étourdissement *m*, abrutissement *m*.

atontar vt **1.** [aturdir] étourdir **2.** [alelar] abrutir.

atorado, da adj AM **1.** [atascado] bouché(e) **2.** *fig* [agitado] nerveux(euse).

atorar vt AM [atascar] boucher ; [detener] bloquer.
◆ **atorarse** vprnl AM **1.** [atascarse] se boucher **2.** [atragantarse] s'étrangler.

atormentado, da adj tourmenté(e).

atormentar vt *pr* & *fig* torturer.

atornillar vt visser.

atorón sm AM embouteillage *m*.

atorrante RP *fam* ❖ adj **1.** [perezoso] fainéant(e) **2.** [mal vestido] : *ella iba atorrante* elle était habillée comme une pauvresse. ❖ smf [vagabundo] clochard *m*, -e *f*.

atosigamiento sm [presión] harcèlement *m*.

atosigar [16] vt *fig* harceler.

atracadero sm débarcadère *m*.

atracador, ra sm, f voleur *m*, -euse *f (à main armée)*.

atracar [10] ❖ vi NÁUT ▸ **atracar (en)** accoster (à). ❖ vt [banco] attaquer ; [persona] agresser.
◆ **atracarse** vprnl ANDES RP [trabarse] s'empêtrer.
◆ **atracarse de** vprnl + prep *fam* se gaver de.

atracción sf **1.** [gen] attraction *f* **2.** *fig* [atractivo] attrait *m* ; [de persona] charme *m* ▸ **sentir atracción por** être attiré(e) par.

atraco sm hold-up *m inv* ▸ **atraco a mano armada** vol *m* à main armée.

atracón sm *fam* ▸ **darse un atracón (de)** se goinfrer (de).

atractivo, va adj attirant(e).
◆ **atractivo** sm **1.** attrait *m* ; [de persona] charme *m* **2.** [de un país, de una profesión] attractivité *f*.

atraer [73] vt *fig* FÍS attirer.

atragantarse vprnl ▸ **atragantarse (con)** s'étrangler (avec) / *se me ha atragantado fig* je ne peux plus le voir en peinture.

atraiga ⟶ **atraer**.

atrajera ⟶ **atraer**.

atrancar [10] vt **1.** [puerta] barricader ; [cerradura] bloquer **2.** [obturar] boucher. ◆ **atrancarse** vprnl **1.** [encerrarse] s'enfermer à double tour **2.** [atascarse] se boucher **3.** *fig* [al hablar] bafouiller.

atrapar vt **1.** [coger, alcanzar] attraper **2.** *fam* [conseguir] décrocher **3.** *fam* [engañar] rouler.

atraque ⟶ **atracar**.

atrás ❖ adv **1.** [detrás - posición] derrière, à l'arrière / *los niños suben atrás* les enfants montent derrière o à l'arrière ; [movimiento] arrière, en arrière / *hacer marcha atrás* faire marche arrière / *dar un paso atrás* faire un pas en arrière ▸ **echarse para atrás** se jeter en arrière **2.** [antes] plus tôt, avant / *(pocos) días atrás* quelques jours plus tôt, il y a quelques jours. ❖ interj ▸ **¡ atrás!** arrière ! ◆ **atrás de** loc prep AM [detrás de] derrière / *el perchero está atrás de la puerta* le portemanteau est derrière la porte / *una atrás de otra* l'une derrière l'autre.

atrasado, da adj [gen] en retard ; [pago] arriéré(e) / *mi reloj está atrasado* ma montre retarde.

atrasar ❖ vt [reloj] retarder ; [acontecimiento] reporter / *atrasar el reloj una hora* retarder sa montre d'une heure. ❖ vi retarder / *mi reloj atrasa* ma montre retarde. ◆ **atrasarse** vprnl **1.** [reloj] retarder **2.** [quedarse atrás] prendre du retard.

atraso sm retard *m*. ◆ **atrasos** smpl arriérés *mpl*.

atravesado, da adj **1.** [cruzado] : *había un árbol atravesado en la carretera* il y avait un arbre en travers de la route **2.** EXPR **tener a alguien atravesado** ne pas pouvoir sentir qqn.

atravesar [19] vt **1.** [cruzar, vivir] traverser **2.** [interponer] mettre en travers **3.** [traspasar - agua] traverser, passer à travers ; [- bala, clavo] transpercer. ◆ **atravesarse** vprnl [interponerse] se mettre en travers / *se me ha atravesado fig* je ne peux plus le voir.

atrayente adj attrayant(e), séduisant(e).

atrechar vi AM *fam* couper à travers champs.

atreverse vprnl ▸ **atreverse (a algo / hacer algo)** oser (qqch / faire qqch) ▸ **atreverse con alguien** oser s'attaquer o s'en prendre à qqn ▸ **atreverse con algo** ne pas reculer devant qqch.

atrevido, da ◈ adj **1.** [descarado] effronté(e) ; [valiente] intrépide **2.** [hecho, dicho] osé(e).
◈ sm, f effronté *m*, -e *f*.

atrevimiento sm **1.** [osadía] hardiesse *f* **2.** [insolencia] écart *m*.

atrezo sm TEATRO & CINE accessoires *mpl*.

atribución sf attribution *f*.

atribuir [51] vt [imputar] ▸ **atribuir algo a** attribuer qqch à. ◆ **atribuirse** vprnl s'attribuer.

atribular vt *culto* affliger.
◆ **atribularse** vprnl *culto* se ronger.

atributivo, va adj GRAM attributif(ive) / *verbo atributivo* verbe attributif / *adjetivo atributivo* adjectif attributif.

atributo sm [gen & INFORM] attribut *m*.

atril sm [para libros] lutrin *m* ; MÚS pupitre *m*.

atrincherar vt **1.** [lugar] retrancher, fortifier **2.** [persona] faire se retrancher. ◆ **atrincherarse** vprnl *pr* & *fig* ▸ **atrincherarse (en)** se retrancher (dans o derrière).

atrio sm **1.** [de iglesia] parvis *m* **2.** [de casa] cour *f* intérieure.

atrocidad sf **1.** [crueldad] atrocité *f* **2.** *fig* [necedad] énormité *f*.

atrofia sf atrophie *f*.

atrofiar [8] vt atrophier.
◆ **atrofiarse** vprnl s'atrophier.

atronador, ra adj assourdissant(e) / *una voz atronadora* une voix tonitruante.

atropellado, da adj précipité(e).

atropellar vt **1.** [suj: vehículo] renverser **2.** *fig* [suj: persona] piétiner, marcher sur. ◆ **atropellarse** vprnl **1.** [al hacer algo] se presser **2.** [al hablar] bredouiller.

atropello sm **1.** [por vehículo] accident *m* / *fue víctima de un atropello* il a été renversé par une voiture **2.** *fig* [moral] violation *f*.

atroz adj [gen] atroce ; [comida] infâme.

ATS (*abr de* **ayudante técnico sanitario**) sm, f ESP infirmier *m*, -ère *f*.

atte. *abr escrita de* **atentamente**.

atuendo sm toilette *f*, tenue *f*.

atufar ◈ vi empester. ◈ vt asphyxier.

atún sm thon *m*.

aturdido, da adj abasourdi(e).

aturdimiento sm **1.** [desconcierto] confusion *f* **2.** [irreflexión] étourderie *f*.

aturdir vt **1.** [suj: hecho físico] étourdir **2.** *fig* [suj: hecho moral] abasourdir.
◆ **aturdirse** vprnl **1.** [por un hecho físico] être étourdi(e) **2.** *fig* [por un hecho moral] être abasourdi(e).

aturullar, aturrullar vt *fam* embobiner.
◆ **aturullarse, aturrullarse** vprnl *fam* perdre ses moyens.

atusar vt **1.** [pelo] lisser **2.** [animal] égaliser le poil de.
◆ **atusarse** vprnl [pelo] se lisser.

audacia sf audace *f*.

audaz adj audacieux(euse).

audible adj audible.

audición sf audition *f*.

audiencia sf **1.** [acto de recibir] audience *f* ▸ **conceder una audiencia** accorder un entretien ▸ **dar audiencia** donner audience **2.** [en conferencia, etc.] auditoire *m* **3.** [en radio, TV] audience *f* ▸ **de máxima audiencia** à très forte audience, à très fort indice d'écoute ▸ **record d'audience** récord de audiencia ▸ **taux d'audience** índice de audiencia **4.** [tribunal] cour *f* ; [edificio] palais *m* de justice ▸ **audiencia provincial** ≃ tribunal *m* de grande instance ▸ **audiencia pública** audience *f* publique.

audífono sm audiophone *m*, appareil *m* acoustique.
◆ **audífonos** smpl AM [auriculares] écouteurs *mpl*.

audio ◈ adj inv [material, archivo, libro] audio *(inv)*.
◈ sm son *m*.

audioblog sm audioblog *m*.

audiocasete sf cassette *f* audio.

audiolibro sm livre *m* audio.

audiometría sf audiométrie *f*.

audiómetro sm audiomètre *m*.

audiovisual adj audiovisuel(elle) / *las técnicas audiovisuales* les techniques audiovisuelles.

auditar vt FIN auditer.

auditivo, va adj auditif(ive).

auditor, ra sm, f **1.** [oyente] auditeur *m*, -trice *f* **2.** FIN audit *m*.

auditoría sf **1.** [profesión, balance] audit *m* ▸ **auditoría externa / interna** audit externe / interne **2.** [despacho] cabinet *m* d'audit.

auditorio sm **1.** [público] auditoire *m* **2.** [lugar] auditorium *m*.

auge sm essor *m* ▸ **en pleno auge** en plein essor.

augurar vt [suj: persona] prédire ; [suj: suceso] présager.

augurio sm augure *m*.

augusto, ta adj vénérable.

aula sf *(el)* [de escuela] salle *f* de classe ; [de universidad] salle *f* de cours ▸ **aula magna** grand amphithéâtre.

aullar vi hurler.

aullido sm hurlement *m*.

aumentar ◆ vt **1.** [gen] augmenter ▸ **aumentar de peso** prendre du poids **2.** [en óptica] grossir **3.** [sonido] monter. ◆ vi augmenter.

aumentativo, va adj augmentatif(ive). ◆ **aumentativo** sm GRAM augmentatif *m*.

aumento sm **1.** [de sueldo, tarifas] augmentation *f* ▸ **ir en aumento** a) augmenter b) [tensión] monter ▸ **aumento lineal** augmentation générale des salaires **2.** [en óptica] grossissement *m* ▸ **de aumento** grossissant(e).

aun ◆ adv [hasta, incluso] même / *aun en pleno invierno...* même en plein hiver.... ◆ conj [aunque] bien que / *aun estando malo, vendrá* il viendra, bien qu'il soit malade / *ni aun puesto de puntillas logra ver* même sur la pointe des pieds, il ne voit pas. ◆ **aun cuando** loc conj [aunque] quand bien même, même si / *no mentiría aun cuando le fuera en ello la vida* elle ne mentirait pas même si elle devait en mourir.

aún adv [todavía] encore / *aún no ha llamado* il n'a pas encore appelé.

aunar vt [ideas, voluntades] rassembler ; [esfuerzos] conjuguer, unir. ◆ **aunarse** vprnl [aliarse] s'unir.

aunque conj **1.** [a pesar de que] bien que *(+ subj)* / *aunque está enfermo, sigue viniendo* bien qu'il soit malade, il continue à venir **2.** [incluso si] même si *(+ indic)* / *aunque esté enfermo seguirá viniendo* même s'il est malade il continuera à venir.

aúpa interj ESP *fam* **1.** [¡levántate!] debout **2.** [¡viva!] ▸ **¡aúpa el Atlético!** allez l'Atlético ! ◆ **de aúpa** loc adj *fam* [tremendo] du tonnerre ▸ **un miedo de aúpa** une peur bleue ▸ **un frío de aúpa** un froid de canard / *se dio un golpe de aúpa* il s'est donné un sacré coup.

au pair [o'per] (*pl* **au pairs**) smf inv garçon *m* o jeune homme *m* au pair, jeune fille *f* au pair / *se fue de au pair a Londres* il est parti à Londres au pair.

aupar vt **1.** [persona] hisser ▸ **aupar a alguien** faire la courte échelle à qqn **2.** *fig* [animar] encourager. ◆ **auparse** vprnl [ascender] ▸ **auparse en** s'élever à.

aura sf *(el)* **1.** [irradiación] aura *f* **2.** *culto* [viento] brise *f*.

áureo, rea adj doré(e).

aureola sf *pr* & *fig* auréole *f*.

aurícula sf **1.** [de corazón] oreillette *f* **2.** [de oído] pavillon *m*.

auricular ◆ adj auriculaire. ◆ sm [de teléfono] écouteur *m*. ◆ **auriculares** smpl [de equipo de música] casque *m*.

aurífero, ra adj aurifère / *yacimiento aurífero* gisement aurifère.

aurora sf aurore *f* ▸ **al despuntar** o **romper la aurora** à l'aurore ▸ **aurora austral / boreal / polar** aurore australe / boréale / polaire.

auscultación sf MED auscultation *f*.

auscultar vt ausculter.

ausencia sf [gen] absence ; [de glucosa, etc.] carence *f* ; [de aire] manque *m* ▸ **brillar por su ausencia** briller par son absence ▸ **tener ausencias** avoir des absences.

ausentarse vprnl s'absenter.

ausente adj & smf absent(e).

ausentismo sm absentéisme *m*.

auspiciar [8] vt protéger.

auspicio sm [protección] protection *f* ▸ **bajo los auspicios de** sous les auspices de. ◆ **auspicios** smpl [señales] ▸ **con buenos auspicios** sous d'heureux auspices.

austeridad sf austérité *f*.

austero, ra adj austère ▸ **ser austero en la comida** manger avec modération.

austral adj austral(e).

Australia npr Australie *f*.

australiano, na ◆ adj australien(enne). ◆ sm, f Australien *m*, -enne *f*.

australopiteco sm australopithèque *m*.

Austria npr Autriche *f*.

austríaco, ca, austriaco, ca ◆ adj autrichien(enne). ◆ sm, f Autrichien *m*, -enne *f*.

Austrias npr ▸ **los Austrias** [dinastía] les Habsbourg.

autarquía sf autarcie *f*.

autárquico, ca adj autarcique.

autenticación sf [gen & INFORM] authentification *f*.

autenticar vt **1.** DER authentifier, légaliser **2.** INFORM authentifier.

autenticidad sf authenticité *f*.

auténtico, ca adj **1.** [veraz] authentique **2.** [no falsificado, verdadero] vrai(e) ; [piel] véritable / *son brillantes auténticos* ce sont de vrais diamants / *es un auténtico cretino* c'est un vrai crétin.

autentificación sf authentification *f*.

autentificar [10] vt authentifier.

autismo sm autisme *m*.

autista adj & smf autiste.

auto sm **1.** *fam* [coche] auto *f* **2.** DER ordonnance *f*, arrêt *m* ▸ **auto de procesamiento** arrêt de mise en accusation **3.** LITER ≃ mystère *m* *(drame religieux des XVIe et XVIIe siècles espagnols)*. ◆ **autos** smpl DER actes *mpl* de procédure ▸ **constar en autos** figurer dans les actes de procédure. ◆ **auto de fe** sm autodafé *m*.

autoabastecerse vprnl se suffire à soi-même, être autosuffisant(e) ▸ **autoabastecerse de** être autosuffisant(e) en.

autoabastecimiento sm autosuffisance *f*.

autoadhesivo, va adj autocollant(e).

autoafirmación sf affirmation *f* de soi.

autoalimentación sf alimentation *f* automatique.

autoaprendizaje sm autoapprentissage *m*.

autoayuda sf autodéveloppement *m*.

autobiografía sf autobiographie *f*.

autobiográfico, ca adj autobiographique.

autobombo sm *fam* ▸ **darse autobombo** s'envoyer des fleurs.

autobronceador, ra adj [crema, producto] autobronzant(e). ◆ **autobronceador** sm autobronzant *m*.

autobús sm autobus *m*.

autobusero, ra sm, f *fam* chauffeur *m*, -euse *f* de bus.

autocar sm autocar *m*, car *m* ▸ **autocar de línea** ESP autocar de ligne.

autocaravana sf camping-car *m*.

autocarril sm BOL CHILE NIC [automotor] *sorte d'autorail à carrosserie d'autobus ou de voiture*.

autocartera sf ECON actions *fpl* rachetées par la société.

autocensura sf autocensure *f*.

autocine sm drive-in *m inv*.

autoclave sm o sf autoclave *m*.

autocomplacencia sf autosatisfaction *f*.

autocomplaciente adj autosatisfait(e).

autocontrol sm self-control *m*.

autocorrección sf INFORM correction *f* automatique.

autocracia sf autocratie *f*.

autócrata smf autocrate *mf*.

autocrático, ca adj autocratique.

autocrítico, ca adj autocritique. ◆ **autocrítica** sf autocritique *f*.

autóctono, na adj & sm, f autochtone.

autodefensa sf autodéfense *f* ; DEP self-défense *f*.

autodefinido sm mots *mpl* fléchés.

autodenominado, da adj : *el grupo autodenominado PKC* le groupe qui se fait appeler PKC.

autodestrucción sf autodestruction *f*.

autodestruirse vprnl s'autodétruire.

autodeterminación sf autodétermination *f*.

autodidacta adj & smf autodidacte.

autodirigido, da adj autoguidé(e).

autodisciplina sf autodiscipline *f*.

autodominio sm maîtrise *f* de soi.

autódromo sm autrodrome *m*.

autoedición sf INFORM publication *f* assistée par ordinateur, PAO *f*.

autoempleo sm autoemploi *f*.

autoempresario, ria sm, f autoentrepreneur *m*, -euse *f*.

autoencendido sm autoallumage *m*.

autoescuela sf auto-école *f*.

autoestima sf amour-propre *m*.

autoestop, autostop sm auto-stop *m* ▸ **hacer autoestop** faire de l'auto-stop.

autoestopista, autostopista sm, f autostoppeur *m*, -euse *f*.

autoevaluación sf autoévaluation *f* / *pruebas de autoevaluación* tests d'autoévaluation.

autofinanciación sf autofinancement *m*.

autogestión sf autogestion *f*.

autogestionar vt autogérer, gérer soi-même. ◆ **autogestionarse** vprnl [empresa, cooperativa] s'autogérer.

autogobernarse vprnl s'autogouverner.

autogobierno sm autonomie *f*.

autógrafo sm autographe *m*.

autoinculparse vprnl s'accuser.

autoinmune adj MED auto-immun(e).

autolesionarse vprnl s'automutiler.

autoliquidación sf ECON autoliquidation *f*.

autómata sm *pr* & *fig* automate *m*.

automáticamente adv automatiquement.

automático, ca adj automatique ; [gesto] mécanique.

automatismo sm automatisme *m*.

automatización sf automatisation *f*.

automatizar [13] vt automatiser.

automedicación sf automédication *f*.

automedicarse [10] vprnl *prendre des médicaments sans avis médical*.

automoción sf **1.** [facultad, condición] locomotion *f* ▸ **medio de automoción** moyen de locomotion **2.** [industria] automobile *f*.

automotor, triz adj automoteur(trice).

automóvil sm automobile *f* ▸ **automóvil de carreras / eléctrico** voiture de course / électrique.

automovilismo sm automobilisme *m*.

automovilista smf automobiliste *mf*.

automovilístico, ca adj automobile.

automutilación sf automutilation *f*.

autonomía sf **1.** [gen] autonomie *f* ▸ **autonomía de vuelo** autonomie de vol **2.** POLÍT Communauté *f* autonome.

autonómico, ca adj **1.** [gen] autonome **2.** POLÍT d'une Communauté autonome.

autonomismo sm autonomisme *m*.

autonomista adj & smf autonomiste.

autonomizar vt autonomiser. ◆ **autonomizarse** vprnl s'autonomiser.

autónomo, ma ❖ adj **1.** [gen] autonome **2.** [trabajador] indépendant(e), à son compte. ❖ sm, f travailleur *m* indépendant.

autopista sf autoroute *f* ▸ **autopista de peaje** autoroute à péage ▸ **autopista de la información** *fig* INFORM autoroute de l'information, inforoute *f*.

autoproclamarse vprnl s'autoproclamer.

autopropulsado, da adj autopropulsé(e).

autopropulsión sf autopropulsion *f*.

autopsia sf autopsie *f*.

autor, ra sm, f auteur *m* ▸ **autor material del hecho** DER auteur matériel.

autoría sf **1.** [de obra] paternité *f* littéraire **2.** [de crimen] perpétration *f*.

autoridad sf **1.** [gen] autorité *f* ▸ **imponer su autoridad** s'imposer ▸ **ser una autoridad en** faire autorité en matière de ▸ **autoridad paterna** autorité paternelle **2.** [ley] ▸ **la autoridad** les autorités *fpl*.

autoritario, ria adj & sm, f autoritaire.

autoritarismo sm autoritarisme *m*.

autorización sf autorisation *f* ▸ **autorización de los padres** [para viajar un niño] autorisation parentale ▸ **dar autorización a alguien (para hacer algo)** donner l'autorisation à qqn (de faire qqch).

autorizado, da adj autorisé(e).

autorizar [13] vt autoriser.

autorradio sf autoradio *m*.

autorregulación sf autoréglage *m*, autorégulation *f*.

autorretrato sm autoportrait *m*.

autoservicio sm **1.** [tienda] libre-service *m* ▸ **ser autoservicio** être en libre service **2.** [restaurante] self-service *m*.

autostop = **autoestop**.

autostopista = **autoestopista**.

autosuficiencia sf autosuffisance *f*.

autosuficiente adj autosuffisant(e).

autosugestión sf autosuggestion *f*.

autosugestionarse vprnl pratiquer l'autosuggestion.

autovacuna sf autovaccin *m*.

autovía sf route *f* à quatre voies, quatre-voies *f*.

aux. (*abr escrita de* **auxiliar**) auxiliaire *mf* / ***aux. de Justicia*** auxiliaire de justice.

auxiliar[1] ◆ adj [gen & GRAM] auxiliaire ; [mueble] d'appoint. ◆ smf [ayudante] assistant *m*, -e *f* ▸ **auxiliar administrativo** employé *m* de bureau ▸ **auxiliar de vuelo** steward *m*, hôtesse *f* de l'air ▸ **auxiliar técnico sanitario** infirmier *m*, -ère *f*. ◆ sm GRAM auxiliaire *m*.

auxiliar[2] vt assister, aider.

auxilio sm **1.** [ayuda] aide *f*, secours *m*, assistance *f* ▸ **pedir auxilio** demander de l'aide, appeler au secours ▸ **prestar auxilio** porter secours ▸ **primeros auxilios** premiers secours **2.** RP [vehículo] dépanneuse *f*.

auyama sf CARIB COL [calabaza] citrouille *f*.

av., avda. (*abr escrita de* **avenida**) av.

aval sm **1.** [persona] caution *f*, garant *m* **2.** [banca] aval *m* ▸ **aval bancario** garantie *f* bancaire.

avalancha sf *pr* & *fig* avalanche *f*.

avalar vt **1.** [garantizar] avaliser, donner son aval à **2.** [responder de] se porter garant de.

> ⚠ Avaler es un falso amigo, no significa *avalar*, sino "tragar" y también "tomar".

avalista smf caution *f*, garant *m*, -e *f*.

avance ◆ sm **1.** [de dinero] avance *f* ; [de tropas] avancée *f* **2.** [de la ciencia, etc.] progrès *m* **3.** RADIO & TV présentation *f* des programmes ▸ **avance informativo** flash *m* d'informations ▸ **avance meteorológico** prévisions *fpl* météo. ◆ v ⟶ **avanzar.**

avanzada sf ⟶ **avanzado**.

avanzadilla sf MIL avant-garde *f*.

avanzado, da ◆ adj avancé(e) ; [alumno] en avance ▸ **ser avanzado para su edad** être en avance pour son âge. ◆ sm, f pionnier *m*, précurseur *m* ▸ **ser un avanzado para su época** être en avance sur son temps. ◆ **avanzada** sf **1.** MIL avant-garde *f* **2.** EXPR **de avanzada** AM à la pointe / ***tecnología de avanzada*** technologie de pointe.

avanzar [13] ◆ vi avancer. ◆ vt **1.** [adelantar] avancer **2.** [anticipar] annoncer.

avaricia sf avarice *f* ▸ **la avaricia rompe el saco** *fig* l'avarice perd tout en voulant tout gagner ▸ **es feo / tonto con avaricia** *fig* il est on ne peut plus laid / bête.

avaricioso, sa adj & sm, f intéressé(e).

avariento, ta adj & sm, f avare.

avaro, ra adj & sm, f avare.

avasallador, ra ◆ adj écrasant(e). ◆ sm, f ▸ **ser un avasallador** être tyrannique.

avasallamiento sm tyrannie *f*.

avasallar vt **1.** [arrollar] écraser / ***no te dejes avasallar*** ne te laisse pas faire **2.** [someter] asservir.

avatar sm **1.** RELIG & INFORM avatar *m* **2.** [vicisitud] aléa *m* ▸ **los avatares de la vida** les aléas de la vie.

avda. = **av.**

ave sf *(el)* **1.** [gen] oiseau *m* ▸ **ave del paraíso** paradisier *m*, oiseau de paradis ▸ **ave de rapiña** oiseau de proie ▸ **ave rapaz** rapace *m* ▸ **ser un ave de paso o pasajera** *fig* être un courant d'air **2.** AM [pollo] poulet *m* ▸ **sopa de ave** bouillon de poule.

AVE (*abr de* **alta velocidad española**) sm *train à grande vitesse espagnol* ; ≃ TGV *m*.

avecinarse vprnl [acercarse] approcher, être proche.

avefría sf *(el)* vanneau *m*.

avejentado, da adj vieilli(e).

avejentar vt *culto* vieillir / ***este peinado te avejenta*** cette coiffure te vieillit. ◆ **avejentarse** vprnl *culto* vieillir.

avellana sf noisette *f*.

avellano sm noisetier *m*.

avemaría sf *(el)* [oración] Ave Maria *m inv*, Ave *m inv*.

avena sf avoine *f* ▸ **copos de avena** flocons d'avoine.

avenencia sf [acuerdo] entente *f*.

avenida sf avenue *f*.

avenido, da adj ▸ **bien / mal avenidos** en bons / mauvais termes.

avenir [75] vt mettre d'accord, accorder. ◆ **avenirse** vprnl [ponerse de acuerdo] se mettre d'accord, s'accorder ▸ **avenirse a** [acceder] accepter de.

aventajado, da adj [adelantado] remarquable.

aventajar vt [superar] dépasser, devancer ▸ **aventajar a alguien en algo** surpasser qqn en qqch, l'emporter sur qqn en qqch.

aventar [19] vt **1.** [cenizas, papeles, etc.] disperser **2.** [trigo] vanner **3.** AM [tirar] jeter **4.** AM *fam* [empujar] pousser / *aventar la puerta* pousser la porte **5.** AM *fam* [despedir] mettre à la porte, mettre dehors. ◆ **aventarse** vprnl MÉX **1.** [arrojarse] se lancer, se jeter **2.** [osar] oser.

aventón sm AM **1.** [empujón] coup *m*, poussée *f* **2.** EXPR **dar un aventón a alguien** déposer qqn *(en voiture)*.

aventura sf aventure *f*.

aventurado, da adj risqué(e) ; [proyecto, afirmación] hasardeux(euse).

aventurar vt [idea, opinión, conjetura] hasarder, risquer. ◆ **aventurarse** vprnl s'aventurer ▸ **aventurarsese (a algo / a hacer algo)** se risquer (dans qqch / à faire qqch).

aventurero, ra ◈ adj **1.** [persona, espíritu] d'aventure **2.** CUBA [maíz, arroz] hors-saison. ◈ sm, f aventurier *m*, -ère *f*.

avergonzado, da adj honteux(euse).

avergonzar [38] vt faire honte à. ◆ **avergonzarse** vprnl ▸ **avergonzarse (de algo / de alguien)** avoir honte (de qqch / de qqn).

avería sf [gen] panne *f* ; [de barco] avarie *f*.

averiado, da adj en panne.

averiar [9] vt endommager. ◆ **averiarse** vprnl tomber en panne.

> ⚠ **S'avarier** es un falso amigo, no significa *averiarse*, sino "estropearse".

averiguación sf recherche *f*, enquête *f* ▸ **hacer averiguaciones** mener une enquête.

averiguar [45] vt **1.** [indagar] rechercher, chercher à savoir **2.** [enterarse] arriver à savoir, découvrir **3.** CAM MÉX [discutir] se disputer.

aversión sf aversion *f*.

avestruz sm autruche *f*.

avezado, da adj [experto] expérimenté(e).

aviación sf aviation *f*.

aviador, ra sm, f aviateur *m*, -trice *f*.

aviar [9] vt **1.** [maleta] faire ; [habitación] mettre en ordre **2.** [comida] préparer.

avícola adj avicole.

avicultor, ra sm, f aviculteur *m*, -trice *f*.

avicultura sf aviculture *f*.

avidez sf avidité *f*.

ávido, da adj ▸ **ávido (de)** avide (de).

avienta ⟶ **aventar**.

avieso, sa adj **1.** [torcido] torve **2.** *fig* [malo] ▸ **tener aviesas intenciones** avoir de mauvaises intentions.

Ávila npr Avila.

avinagrado, da adj **1.** [sabor, vino] aigre **2.** *fig* [persona, carácter] aigri(e) ; [expresión] renfrogné(e).

avinagrarse vprnl **1.** [vino] tourner au vinaigre **2.** *fig* [persona] s'aigrir.

avío sm **1.** [preparativo] ▸ **el avío** les préparatifs *mpl* **2.** [víveres] ▸ **el avío** les provisions *fpl*. ◆ **avíos** smpl *fam* attirail *m* ▸ **avíos de coser** nécessaire *m* de couture.

avión sm avion *m* ▸ **avión a reacción** avion à réaction ▸ **avión nodriza** ravitailleur *m* ▸ **en avión** en avion ▸ **írsele el avión a alguien** MÉX *fam* : *se le fue el avión* il n'a pas fait attention, il était distrait ▸ **por avión** par avion.

avioneta sf avion *m* de tourisme.

avisar vt **1.** [informar, advertir] prévenir **2.** [llamar] appeler.

aviso sm **1.** [gen] avertissement *m* ▸ **poner sobre aviso a alguien** mettre qqn sur ses gardes ▸ **sin previo aviso** sans préavis ▸ **andar / estar sobre aviso** se tenir / être sur ses gardes **2.** [notificación] avis *m* ; [en aeropuertos] appel *m* ▸ **aviso de vencimiento** COM rappel *m* d'échéance ▸ **hasta nuevo aviso** jusqu'à nouvel ordre.

avispa sf guêpe *f*.

avispado, da adj *fam* & *fig* futé(e).

avispero sm guêpier *m* ; *fig* [muchedumbre] fourmilière *f* ; [enredo] sac *m* de nœuds ▸ **meterse en un avispero** *fig* se fourrer dans un guêpier.

avistar vt apercevoir.

avitaminosis sf inv avitaminose *f*.

avituallamiento sm ravitaillement *m*.

avituallar vt ravitailler.

avivar vt raviver.

avutarda sf outarde *f*.

A.VV (*pl* **AA.VV**) (*abr escrita de* **Asociación de Vecinos**) association *f* de voisins o de voisinage.

axial adj axial(e).

axila sf aisselle *f*.

axioma sm axiome *m*.

axiomático, ca adj axiomatique.

ay ◈ sm (*pl* **ayes**) plainte *f*. ◈ interj ▸ **¡ay!** **a)** [dolor físico] aïe ! **b)** [sorpresa, pena] oh ! / *¡ay de ti!* gare à toi !

ayatolá sm ayatollah *m*.

ayer ◈ adv *pr* & *fig* hier ▸ **ayer noche** hier soir ▸ **ayer por la mañana** hier matin. ◈ sm *fig* ▸ **del ayer** d'antan, du temps jadis.

aymara ◈ adj aymara. ◈ smf Aymara *mf*. ◆ **aymara** sm [lengua] aymara *m*.

ayo, ya sm, f [preceptor] précepteur *m*, -trice *f* ; [educadora] gouvernante *f*.

ayuda sf aide *f* ▸ **acudir en ayuda de alguien** venir en aide à qqn.

ayudante adj & smf assistant(e).

ayudar vt aider. ◆ **ayudarse** vprnl ▸ **ayudarse (de o con)** s'aider (de) ▸ **hacer algo ayudándose de alguien** faire qqch avec l'aide de qqn.

ayunar vi jeûner.

ayunas sfpl ▸ **en ayunas** [para análisis] à jeun ▸ **estar en ayunas** a) [sin comer] jeûner b) *fig* [sin enterarse] ne rien savoir de qqch.

ayuno sm jeûne *m* ▸ **hacer ayuno** faire maigre.

ayuntamiento sm 1. [corporación] municipalité *f* 2. [edificio] mairie *f*.

azabache sm jais *m*.

azada sf AGRIC houe *f*.

azadón sm AGRIC houe *f*.

azafata sf hôtesse *f* ▸ **azafata de exposiciones y congresos** hôtesse d'accueil ▸ **azafata de tierra** hôtesse au sol ▸ **azafata de vuelo** hôtesse de l'air.

azafate sm AM [bandeja] plateau *m*.

azafrán sm safran *m*.

azahar sm fleur *f* d'oranger.

azalea sf azalée *f*.

azar sm hasard *m* ▸ **al azar** au hasard ▸ **por (puro) azar** par (pur) hasard.

azarar vt 1. [producir vergüenza] faire rougir, faire honte à 2. [producir confusión] troubler.
◆ **azararse** vprnl [turbarse] se troubler, être gêné(e).

azaroso, sa adj hasardeux(euse) ; [vida] aventureux(euse).

Azerbaiyán npr Azerbaïdjan *m*.

azerbaiyano, na ❖ adj azerbaïdjanais(e).
❖ sm, f Azerbaïdjanais *m*, -e *f*.

azerí ❖ adj azéri(e). ❖ sm [lengua] azéri *m*.

ázimo = **ácimo**.

azimut = **acimut**.

azogue sm mercure *m*.

azor sm autour *m*.

azoramiento sm trouble *m* *(émotion)*.

azorar vt gêner *(intimider)*.
◆ **azorarse** vprnl être gêné(e).

Azores npr ▸ **las Azores** les Açores *fpl*.

azotaina sf *fam* raclée *f* ; [en el trasero] fessée *f*.

azotar vt 1. [suj: persona] frapper ; [con látigo] fouetter ; [en el trasero] ▸ **azotar a alguien** donner une fessée à qqn 2. *fig* [suj: calamidad] s'abattre sur. ◆ **azotarse** vprnl BOL [lanzarse] se précipiter, se jeter.

azote sm 1. [golpe] coup *m* ; [con la mano] gifle *f* ; [en el trasero] fessée *f* ; [con látigo] coup *m* de fouet 2. *fig* [calamidad] fléau *m*.

azotea sf 1. [de edificio] terrasse *f* *(sur le toit)* 2. *fam* & *fig* [de persona] ciboulot *m* ▸ **estar mal de la azotea** avoir une araignée dans le plafond 3. AM [vivienda] maison *f* à toit plat.

azteca ❖ adj & sm aztèque. ❖ smf Aztèque *mf*.

Los aztecas

Les Aztèques, ou Mexicas, qui à l'origine étaient des nomades précolombiens, succédèrent aux Toltèques. Leur langue était le **nahuatl**. Puissant et très évolué sur le plan artistique, l'empire que fondèrent les Aztèques en 1325 s'étendait sur toute la région centrale du Mexique, autour de **Tenochtitlan** (actuel Mexico). Les Aztèques croyaient en de nombreux dieux liés aux phénomènes naturels. Ils possédaient un système d'écriture hiéroglyphique et deux calendriers : divinatoire et solaire. La société aztèque était très hiérarchisée et l'empire était organisé en provinces aux techniques agricoles très perfectionnées. L'Empire aztèque s'écroula en 1521 avec la prise de Tenochtitlan par Hernán Cortés. Les descendants des Aztèques demeurent le plus grand peuple autochtone du Mexique actuel. Ils parlent toujours le **nahuatl**. Leur religion mêle le catholicisme à la tradition aztèque.

azúcar sm o sf sucre *m* ▸ **azúcar blanquilla** sucre raffiné ▸ **azúcar cande o candi** sucre candi ▸ **azúcar glas o de lustre** sucre glace ▸ **azúcar moreno** sucre roux.

azucarado, da adj sucré(e).

azucarar vt 1. [bebida] sucrer 2. *fig* [palabra, expresión] édulcorer, adoucir. ◆ **azucararse** vprnl AM 1. [almíbar] se cristalliser 2. [persona] devenir tout sucre tout miel.

azucarero, ra adj sucrier(ère). ◆ **azucarera** sf sucrerie *f* *(usine)*. ◆ **azucarero** sm sucrier *m*.

azucarillo sm 1. CULIN *mélange sucré que l'on dissout dans l'eau* 2. [terrón] morceau *m* de sucre.

azuce ⟶ **azuzar**.

azucena sf lis *m*, lys *m*.

azufre sm soufre *m*.

azul ❖ adj bleu(e). ❖ sm bleu *m* ▸ **azul celeste / eléctrico** bleu ciel / roi ▸ **azul marino / turquesa** bleu marine / turquoise.

azulado, da adj bleuté(e).

azulejo sm azulejo *m*, carreau *m* de faïence.

azulete sm [para lavar] bleu *m*.

azulgrana adj inv du football-club de Barcelone.

azuloso, sa adj AM bleuté(e).

azuzar [13] vt 1. [animal] exciter ▸ **azuzar los perros a alguien** lâcher les chiens (sur qqn) 2. *fig* [persona] ▸ **azuzar a alguien contra alguien** dresser qqn contre qqn.

B

b, B [be] sf [letra] b *m inv*, B *m inv*.

baba sf **1.** [saliva] bave *f* ▸ **caérsele a uno la baba con alguien** *fam* baver d'admiration devant qqn ▸ **tener mala baba a)** *fam* [mal carácter] avoir un caractère de cochon **b)** [mala intención] être une peau de vache **2.** Am [animal] *espèce de caïman* **3.** EXPR **estar en la baba** Méx *fam* pédaler dans la semoule o la choucroute.

babear vi baver.

babel sm o sf *fam* & *fig* capharnaüm *m*.

babero sm bavoir *m*.

babi sm tablier *m (d'écolier)*.

Babia sf ▸ **estar o quedarse en Babia** bayer aux corneilles.

babieca smf *fam* [tonto] crétin *m*, -e *f*.

Babilonia npr Babylone *f*.

babilónico, ca adj **1.** HIST babylonien(enne) **2.** [fastuoso] somptueux(euse).

bable sm *dialecte asturien*.

babor sm bâbord *m* ▸ **a babor** à bâbord.

babosada sf Am *fam* **1.** [bobada] bêtise *f*, broutille *f* **2.** [grosería] grossièreté *f*, cochonnerie *f*.

babosear ◆ vt baver sur. ◆ vi *fam* faire le joli cœur, minauder.

baboso, sa ◆ adj **1.** [gen] baveux(euse) **2.** Am *fam* [tonto] crétin(e). ◆ sm, f Am *fam* [tonto] crétin *m*, -e *f*.
◆ **babosa** sf ZOOL limace *f*.

babucha sf **1.** babouche *f* **2.** EXPR **a babucha** Arg Urug sur le dos.

baca sf galerie *f (de voiture)*.

bacaladero, ra adj morutier(ère).
◆ **bacaladero** sm morutier *m*.

bacalao sm morue *f* ▸ **bacalao a la vizcaína** *spécialité basque de morue salée à l'oignon et à la tomate* ▸ **bacalao al pil-pil** *spécialité basque de morue salée à l'huile et à l'ail* ▸ **partir o cortar el bacalao** *fam* & *fig* mener la barque.

bacán ◆ sm **1.** Col [persona desinteresada] personne *f* généreuse **2.** Cuba *mfam* [hombre mantenido] *homme entretenu par sa femme ou sa maîtresse* **3.** EXPR **vivir como un bacán** Arg Urug *mfam* mener une vie de pacha. ◆ adj m **1.** Arg Urug [persona acomodada] riche, nanti **2.** Arg Urug [acomodado] cossu(e), aisé(e) **3.** Col [generoso] généreux(euse).

bacanal sf orgie *f*.

bacarrá, bacará sm baccara *m*.

bachata sm Cuba PRico fête *f* ▸ **estar de bachata** faire la fête.

bache sm **1.** [en carretera] cassis *m* ; [socavón] nid-de-poule *m* **2.** *fig* [para los negocios, las personas] mauvaise passe *f*, moment *m* difficile **3.** [en un vuelo] trou *m* d'air.

bachiller smf bachelier *m*, -ère *f*.

bachillerato sm *ancien cycle d'études secondaires en Espagne*.

bacilo sm bacille *m* ▸ **bacilo de Koch** bacille de Koch.

bacín sm pot *m* de chambre.

bacinica sf Am pot *m* de chambre.

backgammon sm inv backgammon *m*.

backup [ba'kap] (*pl* **backups**) sm INFORM sauvegarde *f*.

bacon ['beikon] sm inv bacon *m*.

bacteria sf bactérie *f*.

bacteriano, na adj bactérien(enne).

bactericida adj & sm bactéricide.

bacteriología sf bactériologie *f*.

bacteriológico, ca adj bactériologique.

bacteriólogo, ga sm, f bactériologiste *mf*.

báculo sm **1.** [de obispo] crosse *f* **2.** *fig* [apoyo] soutien *m* ▸ **báculo de vejez** bâton *m* de vieillesse.

badajo sm battant *m (de cloche)*.

badajocense ◆ adj de Badajoz.
◆ smf *natif ou habitant de Badajoz*.

Badajoz npr Badajoz.

badén sm **1.** [en carretera] cassis *m* **2.** [cauce] rigole *f*.

bádminton sm inv badminton *m*.

bafle, baffle sm baffle *m*.

bagaje sm [cultural, etc.] bagage *m*.

bagatela sf bagatelle *f*.

Bagdad npr Bagdad.

bagdadí ◆ adj bagdadi(e), bagdadien(enne).
◆ sm, f Bagdadien *m*, -enne *f*.

baggy ['baɣi] smpl baggy *m*.

bagre sm **1.** [pez] poisson-chat *m* **2.** Am *eufem* [mujer fea] laideron *m*.

baguette [ba'ɣet] sf baguette *f*.

Bahamas npr ▸ **las Bahamas** les Bahamas *fpl*.

bahía sf baie *f*.

Bahrein, Bahrain npr Bahreïn *m*.

bailable adj **1.** [que invita a bailar] dansant(e) / ***música bailable*** musique dansante **2.** [que se puede bailar] dansable.

bailaor, ra sm, f danseur *m*, -euse *f* de flamenco.

bailar ❖ vt danser ▸ **que me quiten lo bailado** *fam* c'est toujours ça de pris. ❖ vi **1.** [danzar] danser **2.** *fig* [no encajar] jouer ▸ **bailarle a alguien algo** [ropa] être trop grand(e) / *los pies me bailan en los zapatos* je nage dans mes chaussures **3.** EXPR **es otro que tal** o **bien baila** *fam* il n'y en a pas un pour rattraper l'autre.

bailarín, ina sm, f danseur *m*, -euse *f*.

baile sm **1.** [gen] danse *f* **2.** [fiesta] bal *m* **3.** EXPR **baile de cifras** COM erreur *f* d'inversion ▸ **baile de San Vito** danse de Saint-Guy ▸ **dar un baile** ARG URUG *fam* **a)** [trabajar duro] trimer **b)** [superar a rival] gagner haut la main ▸ **estar / meterse en el baile** ARG URUG *fam* être / se mettre dans le pétrin.

bailongo sm *fam* bal *m* populaire.

bailotear vi *fam* se trémousser.

bailoteo sm *fam* : *le gusta el bailoteo* il aime se trémousser.

baja sf ⟶ **bajo**.

bajada sf **1.** [descenso] descente *f* **2.** [pendiente] pente *f* **3.** ARG URUG [de mar] marée *f* basse **4.** [de aguas, precios, etc.] baisse *f* **5.** [en taxi] ▸ **bajada de bandera** prise en charge.

bajamar sf marée *f* basse.

bajante sm o sf **1.** [de desagüe] tuyau *m* de descente **2.** [tuberías] colonne *f* montante.

bajar ❖ vt **1.** [gen] baisser / *bajar los precios / el telón / el volumen* baisser les prix / le rideau / le son / *bajar la cabeza* baisser la tête **2.** [descender, poner abajo] descendre / *bajar las escaleras* descendre l'escalier / *bajar las maletas del armario* descendre les valises de l'armoire **3.** INFORM [fichero] télécharger **4.** MÉX *mfam* [robar] chourer, tirer **5.** ARG URUG *mfam* [matar] descendre. ❖ vi **1.** [disminuir - fiebre, precio, etc.] baisser ; [- hinchazón] dégonfler **2.** [descender] descendre. ◆ **bajarse** vprnl **1.** [inclinarse] se baisser **2.** [apearse] ▸ **bajarse (de)** descendre (de) / *se bajó a la calle para comprar pan* il est descendu acheter du pain.

bajativo sm AM digestif *m*.

bajel sm *culto* vaisseau *m (bateau)*.

bajero, ra adj de dessous / *una sábana bajera* un drap de dessous.

bajeza sf bassesse *f*.

bajial sm PERÚ plaine *f* d'inondation.

bajini(s) ◆ **por lo bajini(s)** loc adv *fam* **1.** [con disimulo] en cachette, en catimini **2.** [en voz baja] tout bas.

bajío sm **1.** [en el mar] banc *m* de sable **2.** AM [terreno bajo] terre *f* basse.

bajista ❖ adj FIN à la baisse / *una tendencia bajista* une tendance à la baisse. ❖ smf MÚS bassiste *mf*.

bajo, ja adj **1.** [gen] bas (basse) ; [persona, estatura] petit(e) **2.** [sonido - grave] grave ; [- flojo] faible ▸ **en voz baja** à voix basse **3.** [calidad, inclinación] mauvais(e) ; [instintos] primaire ; [dichos] ignoble **4.** [lenguaje] vulgaire. ◆ **bajo** ❖ sm **1.** *(gen pl)* [dobladillo] ourlet *m* **2.** [piso] rez-de-chaussée *m inv* **3.** MÚS [instrumento, cantante] basse *f* ; [instrumentista] bassiste *mf*. ❖ adv bas ▸ **hablar bajo** parler tout bas. ❖ prep **1.** [gen] sous / *bajo el sol / el puente* sous le soleil / le pont / *bajo los Austrias* sous les Habsbourg ▸ **bajo pena de** sous peine de ▸ **bajo palabra** sur parole **2.** [con temperaturas] : *estamos a dos grados bajo cero* il fait moins deux. ◆ **baja** sf **1.** [descenso] baisse *f* ▸ **jugar a la baja** FIN jouer à la baisse **2.** [cese] ▸ **dar de baja a alguien** **a)** [en una empresa] licencier qqn **b)** [en un club, sindicato] exclure qqn ▸ **darse de baja (de)** **a)** [dimitir] quitter, donner sa démission (de) **b)** [salirse] se retirer (de) **3.** [por enfermedad - permiso] congé *m* maladie ; [- documento] arrêt *m* maladie ▸ **estar de baja** être arrêté(e) o en congé maladie **4.** MIL perte *f*, mort *m*. ◆ **bajos** smpl [de una casa] rez-de-chaussée *m inv*.

bajón sm chute *f* ▸ **dar un bajón** **a)** [temperaturas, etc.] chuter **b)** [salud] se dégrader.

bajonear vt RP *fam* [abatir, deprimir] ▸ **bajonear a alguien** décourager qqn.
◆ **bajonearse** vprnl RP *fam* descendre.

bajorrelieve sm bas-relief *m*.

bajura sf ⟶ **pesca**.

bakalao sm *fam* bakalao *m*.

Bakú npr Bakou.

bala sf **1.** [proyectil, fardo] balle *f* **2.** AM [bola deportiva] poids *m* **3.** EXPR **bala perdida** *fam* bon à rien ▸ **ni a bala** AM en aucune façon.

balacear vt AM [tirotear] blesser par balle.

balacera sf AM fusillade *f*.

balada sf **1.** LITER & MÚS ballade *f* **2.** [canción lenta] slow *m*.

baladí (*pl* **baladíes**) adj mineur(e) / *un recuerdo baladí* un petit souvenir.

baladrón, ona sm, f fanfaron *m*, -onne *f*.

baladronada sf forfanterie *f*.

balance sm **1.** [gen & COM] bilan *m* ; [de discusión, reunión] résultat *m* ▸ **balance consolidado** bilan consolidé ▸ **balance ecológico** écobilan *m* ▸ **hacer el balance (de)** faire le point (de) **2.** AM [negocio] affaire *f* **3.** CUBA [silla] rocking-chair *m*, fauteuil *m* à bascule.

balancear vt balancer.
◆ **balancearse** vprnl se balancer ; [un barco] rouler.

balanceo sm balancement *m* ; [de barco] roulis *m* ; [del péndulo] oscillation *f*.

balancín sm **1.** [mecedora] fauteuil *m* à bascule, rocking-chair *m* ; [en el jardín] balancelle *f* **2.** [columpio] bascule *f* **3.** AUTO culbuteur *m*.

balandro sm dériveur *m*.

balanza sf [gen & COM] balance *f* ▸ **balanza de cocina / de precisión** balance de cuisine / de précision ▸ **balanza comercial / de pagos** balance commerciale / des paiements / *se inclinó la balanza a nuestro favor* la balance a penché de notre côté.

balar vi bêler.

balarrasa sm *fam* bon *m* à rien.

balaustrada sf balustrade *f*.

balay (*pl* **balays** *o* **balayes**) sm AM [cesta] corbeille *f* de jonc.

balazo sm [disparo] balle *f* ; [herida] blessure *f* par balle.

balboa sm balboa *m*.

balbucear = **balbucir**.

balbuceo sm balbutiement *m*.

balbucir, **balbucear** vt & vi balbutier.

Balcanes smpl ▸ **los Balcanes** les Balkans *mpl*.

balcánico, ca adj des Balkans, balkanique.

balcanización sf balkanisation *f*.

balcón sm **1.** [terraza] balcon *m* **2.** [mirador] belvédère *m*.

balda sf étagère *f (planche)*.

baldado, da adj [tullido] impotent(e) ; [exhausto] éreinté(e).

baldar vt **1.** [agotar] exténuer, épuiser **2.** [lisiar] estropier. ◆ **baldarse** vprnl s'éreinter.

balde sm seau *m*. ◆ **a baldes** loc adv ARG MÉX URUG *fam* à seaux, comme vache qui pisse. ◆ **de balde** loc adv : *el viaje me ha salido de balde* le voyage ne m'a rien coûté ▸ **estoy de balde** *fig* je suis de trop. ◆ **en balde** loc adv en vain.

baldear vt **1.** [echar agua] laver à grande eau **2.** [extraer agua] écoper, vider l'eau de.

baldeo sm lavage *m* à grande eau.

baldío, a adj **1.** [terreno] inculte **2.** [ruegos, esfuerzos] vain(e) / *el trabajo resultó baldío* ce travail n'a servi à rien. ◆ **baldío** sm RP COL GUAT MÉX [solar] terrain *m* vague.

baldón sm [ultraje] affront *m*.

baldosa sf [en casa] carreau *m* ; [en acera] dalle *f*.

baldosín sm petit carreau *m*.

balear[1] adj des Baléares.

balear[2] vt AM blesser par balle.

Baleares sfpl ▸ **(las) Baleares** les Baléares *fpl*.

baleárico, ca adj des Baléares.

baleo sm AM coup *m* de feu.

balero sm **1.** MÉX RP [juguete] bilboquet *m* **2.** MÉX [articulación] palier *m* **3.** EXPR **ser un balero** ARG URUG *fam* être une tête o un crack.

Bali npr Bali.

balice ⟶ **balizar**.

balido sm bêlement *m*.

balín sm balle *f* de petit calibre.

balístico, ca adj balistique. ◆ **balística** sf balistique *f*.

baliza sf **1.** [para barcos, aviones] balise *f* **2.** RP [señal] triangle *m* de signalisation.

balizado, **balizamiento** sm balisage *m*.

balizamiento = **balizado**.

balizar [13] vt baliser.

ballena sf baleine *f*.

ballenato sm baleineau *m*.

ballenero, ra adj baleinier(ère) / *la pesca ballenera* la pêche à la baleine. ◆ **ballenero** sm baleinier *m*.

ballesta sf **1.** [arma antigua] arbalète *f* **2.** AUTO ressort *m* de suspension.

ballet [ba'le] (*pl* **ballets**) sm ballet *m*.

balneario sm **1.** [de baños medicinales] station *f* thermale, ville *f* d'eaux **2.** ARG [establecimiento recreativo] base *f* de loisirs.

balompié sm football *m*.

balón sm **1.** [pelota, recipiente] ballon *m* ▸ **balón de oxígeno** *pr* & *fig* ballon d'oxygène **2.** [en tebeos] bulle *f* **3.** CHILE COL PERÚ [bombona] bouteille *f* de gaz **4.** EXPR **echar balones fuera** ESP détourner la conversation.

balonazo sm coup *m* de ballon.

baloncestista smf basketteur *m*, -euse *f*.

baloncesto sm basket-ball *m*.

balonmano sm hand-ball *m*.

balonvolea sm volley-ball *m*.

balotaje sm **1.** [ausencia de ganador] ballottage *m* **2.** PERÚ [escrutinio] scrutin *m*.

balsa sf **1.** [embarcación] radeau *m* **2.** [estanque] étang *m* ▸ **ser una balsa de aceite** *fig* être d'un calme plat.

balsámico, ca adj **1.** [tranquilizante] apaisant(e) / *una pastilla balsámica* une pastille qui adoucit la gorge **2.** [de bálsamo] balsamique ▸ **vinagre balsámico** vinaigre balsamique.

bálsamo sm *pr* & *fig* baume *m*.

balsero, ra sm, f *Cubain tentant d'émigrer clandestinement aux États-Unis à bord d'un radeau.*

Báltico npr ▸ **el Báltico** la Baltique.

Bálticos adj ⟶ **países Bálticos**.

baluarte sm *pr* & *fig* bastion *m*.

baluma, **balumba** sf COL ECUAD [alboroto] tapage *m*.

bamba sf [baile] bamba *f*. ◆ **bambas** sfpl [calzado] tennis *mpl*.

bambalina sf TEATRO frise *f* ▸ **entre bambalinas** *fig* sur les planches.

bambolear vt secouer ; [suj: viento] agiter. ◆ **bambolearse** vprnl [persona] vaciller, chanceler ; [en un coche] être ballotté(e) ; [llama] osciller.

bamboleo sm balancement *m*, oscillation *f*.

bambú (*pl* **bambúes** *o* **bambús**) sm bambou *m*.

banal adj banal(e).

banalidad sf banalité *f*.

banalizar [13] vt banaliser.

banana sf banane *f*.

bananero, ra adj bananier(ère). ◆ **bananero** sm [árbol] bananier *m*.

banano sm bananier *m*.

banca sf **1.** [gen] banque *f*, secteur *m* bancaire ▸ **banca electrónica** banque électronique ▸ **banca privada** banques *fpl* privées ▸ **banca telefónica** télébanque *f* ▸ **hacer saltar la banca** [en juegos] faire sauter la banque **2.** [asiento] banc *m* **3.** AM [casa de juego] casino *m* **4.** EXPR **tener banca** RP avoir le bras long, avoir de l'influence.

bancal sm [en montaña] terrasse *f*, gradin *m* / *campo de bancales* champ en terrasses.

bancar [10] vt RP *fam* **1.** [aguantar, soportar] supporter **2.** [pagar] payer. ◆ **bancarse** vprnl RP *fam* [aguantar, soportar] supporter / *no me banco más este trabajo* je ne supporte plus ce travail.

bancario, ria adj bancaire.

bancarrota sf faillite *f* ▸ **en bancarrota** en faillite ▸ **ir a la bancarrota** faire faillite.

banco sm **1.** [asiento, concentración] banc *m* ▸ **banco de peces** banc de poissons ▸ **banco de arena** banc de sable **2.** FIN, INFORM & MED banque *f* ▸ **banco central / emisor** banque centrale / d'émission ▸ **banco comercial** banque commerciale ▸ **banco de datos** banque de données ▸ **banco de negocios** banque d'affaires ▸ **banco de sangre** banque du sang **3.** [de carpintero] établi *m* **4.** ARG COL MÉX URUG [asiento individual] tabouret *m* **5.** COL [terreno llano] plaine *f*. ◆ **banco azul** sm POLÍT *banc des ministres au Parlement espagnol*. ◆ **banco de pruebas** sm *pr* & *fig* banc *m* d'essai. ◆ **Banco Mundial** sm Banque *f* mondiale.

banda sf **1.** [gen, RADIO & TV] bande *f* ▸ **banda armada** bande armée ▸ **banda de frecuencias** bande de fréquence ▸ **banda magnética** bande magnétique **2.** MÚS fanfare *f* **3.** [faja] écharpe *f* **4.** [cinta] ruban *m* **5.** DEP [en fútbol] ligne *f* de touche **6.** CINE ▸ **banda sonora** bande-son *f*, bande *f* originale **7.** AM [cinturón] ceinture *f*, gaine *f* **8.** CUBA RDOM PRICO [cabestrillo] écharpe *f* **9.** EXPR **dejar** o **largar en banda** ARG URUG *mfam* laisser tomber, larguer ▸ **estar en banda** ARG *mfam* être seul / *se cerró en banda* il n'a rien voulu savoir.

bandada sf [de aves] volée *f* ; [de peces] banc *m* ; [de niños] groupe *m*.

bandarra smf *fam* voyou *m*.

bandazo sm embardée *f* ▸ **dar bandazos** a) [barco] gîter b) [borracho] tituber c) *fig* [persona] être une vraie girouette ▸ **dar un bandazo** [en coche] donner un coup de volant.

bandear vt **1.** [mover] faire osciller **2.** AM [de un tiro] transpercer **3.** AM [perseguir] harceler.
◆ **bandearse** vprnl **1.** [ante las dificultades] se tirer d'affaire, s'en sortir / *gana poco dinero pero se bandea bien* il ne gagne pas beaucoup d'argent mais il s'en sort bien **2.** AM POLÍT retourner sa veste.

bandeja sf plateau *m* ▸ **servir** o **dar algo a alguien en bandeja** *fig* amener qqch à qqn sur un plateau.

bandera ❖ sf drapeau *m* ▸ **jurar bandera** prêter serment au drapeau ▸ **bandera blanca** drapeau blanc. ❖ adj & smf VEN nerveux(euse), émotif(ive). ◆ **de bandera** loc adj *fam* du tonnerre.

banderazo sm **1.** DEP [señal] coup *m* d'envoi **2.** MÉX VEN [en taxi] prise *f* en charge.

banderilla sf **1.** TAUROM banderille *f* **2.** [aperitivo] mini-brochette *f (amuse-gueule)*.

banderillero sm TAUROM banderillero *m*.

banderín sm **1.** [bandera] fanion *m* **2.** MIL porte-drapeau *m*.

banderola sf **1.** [bandera] banderole *f* **2.** RP [ventana] vasistas *m*.

bandido, da sm, f **1.** [delincuente] bandit *m* **2.** [granuja] coquin *m*, -e *f*.

bando sm **1.** [facción] camp *m* **2.** [de alcalde] arrêté *m (municipal)*.

bandolerismo sm banditisme *m*.

bandolero, ra sm, f brigand *m*. ◆ **bandolera** sf [correa] bandoulière *f* ▸ **en bandolera** en bandoulière.

bandurria sf mandoline *f* espagnole.

Bangkok npr Bangkok.

Bangladesh [baŋgla'deʃ] npr Bangladesh *m*.

banjo ['bandʝo] sm banjo *m*.

banner ['baner] sm INFORM bandeau *m*, bannière *f* publicitaire.

banquero, ra sm, f banquier *m*, -ère *f*.

banqueta sf **1.** [gen] banquette *f* **2.** AM [acera] trottoir *m*.

banquete sm banquet *m* ▸ **banquete de boda** repas *m* de noce ▸ **banquete eucarístico** RELIG communion *f* ▸ **darse un banquete** *fig* faire un festin.

banquillo sm **1.** [asiento] petit banc *m* **2.** DEP banc *m* **3.** DER ▸ **banquillo (de los acusados)** banc *m* des accusés ▸ **sentarse en el banquillo** *fig* être sur la sellette.

banquina sf AM bas-côté *m*.

bantú (*pl* **bantúes**) ❖ adj bantou(e). ❖ smf [persona] Bantou *m*, -e *f*. ❖ sm [lengua] bantou *m*.

bañadera sf **1.** AM [bañera] baignoire *f* **2.** RP [autobús] bus *m* scolaire.

bañado, da adj ▸ **bañado en** : *un reloj bañado en oro* une montre plaquée or ▸ **bañado en sangre** couvert de sang ▸ **bañado en sudor** ruisselant de sueur, en nage. ◆ **bañado** sm AM **1.** [pantano] marais *m* **2.** [terreno cenagoso] marécage *m*.

bañador sm ESP maillot *m* de bain.

bañar vt **1.** [gen] baigner **2.** [cubrir] ▸ **bañar con** o **de** a) CULIN enrober de b) [con oro] recouvrir de **3.** [mojar] ▸ **bañar en** tremper dans. ◆ **bañarse** vprnl **1.** [gen] se baigner **2.** AM [ducharse] prendre une douche **3.** EXPR **ir a bañarse** CSUR *mfam* dégager, foutre le camp / *¡andá a bañarte!* dégage !

bañera sf baignoire *f*.

bañista smf baigneur *m*, -euse *f*.

baño sm **1.** [gen] bain *m* ; [en el mar] baignade *f* ▸ **darse un baño** prendre un bain ▸ **baño de asiento** bain de siège ▸ **baño de sol** bain de soleil **2.** [pila] baignoire *f* **3.** [cuarto de aseo] salle *f* de bains **4.** [capa] couche *f*

5. AM [ducha] douche *f* **6.** EXPR **dar un baño a alguien** *fam* enfoncer qqn. ◆ **baños** smpl eaux *fpl*, bains *mpl*. ◆ **baño María** sm bain-marie *m*.

baobab (*pl* **baobabs**) sm baobab *m*.

baptismo sm baptisme *m*.

baptista adj & smf baptiste.

baptisterio sm [pila] fonts *mpl* baptismaux ; [lugar] baptistère *m*.

baquelita sf Bakélite® *f*.

baquetas sfpl [palillos de tambor] baguettes *fpl*.

baquetear vi cahoter.

bar sm bar *m* ▸ **bar musical** *bar avec une ambiance de discothèque*.

barahúnda sf [ruido] foire *f* ; [desorden] chantier *m*.

baraja sf jeu *m* de cartes ▸ **baraja española** *jeu de cartes espagnoles* ▸ **jugar con dos barajas** *fig* jouer double jeu.

Baraja española

Le jeu de cartes français est utilisé dans quelques jeux en Espagne, mais la plupart des jeux, tels que le **mus**, le **tute** et la **brisca**, se jouent avec des cartes espagnoles. Le jeu de cartes espagnol compte 48 cartes au lieu de 52 qui vont de l'as au neuf, pour ce qui est des chiffres, le huit et le neuf n'étant généralement pas utilisés. Suivent la **sota**, le **caballo** et le **rey**, figures qui correspondent aux « têtes » du jeu de cartes français. Les quatre couleurs du jeu de cartes espagnol sont : **oros** (représentée par des pièces d'or), **copas** (coupes), **bastos** (gourdins) et **espadas** (épées).

barajar vt **1.** [mezclar cartas] battre (les cartes) **2.** [considerar] brasser ; [ideas] mettre en avant ; [posibilidades] envisager. ◆ **barajarse** vprnl [nombres, posibilidades] être envisagé(e) ; [datos, cifras] être examiné(e).

baranda, **barandilla** sf [de escalera] rampe *f* ; [de balcón] balustrade *f*.

baratero, **ra** sm, f AM *commerçant vendant des produits à bas prix*.

baratija sf babiole *f*.

baratillo sm brocanteur *m*.

barato, **ta** adj bon marché *inv*, pas cher(ère). ◆ **barato** adv (à) bon marché ▸ **comprar barato** acheter à bas prix ▸ **de barato** à l'œil ▸ **salir barato** ne pas revenir cher. ◆ **barata** sf MÉX [saldo] liquidation *f*, vente *f* au rabais.

barba sf **1.** barbe *f* ▸ **apurarse la barba** se raser de près ▸ **dejarse barba** se laisser pousser la barbe **2.** EXPR **en las barbas de alguien, en sus propias barbas** sous le nez de qqn ▸ **hacer la barba** MÉX *fam* [adular] faire de la lèche ▸ **por barba** ESP *fam* par tête de pipe.

barbacoa sf **1.** [parrilla] barbecue *m* **2.** AM [camastro] lit *m* rustique **3.** AM [cabaña] *hutte bâtie sur pilotis ou sur un arbre* **4.** AM [granero] grenier *m*.

Barbados npr Barbade *f*.

barbaridad sf **1.** [cualidad] atrocité *f* ▸ **¡qué barbaridad!** quelle horreur ! **2.** [disparate] ineptie *f* **3.** [montón] ▸ **una barbaridad (de)** des tonnes (de) / ***comer una barbaridad*** manger comme quatre / ***gastar una barbaridad*** dépenser une fortune.

barbarie sf barbarie *f* ▸ **vivir en la barbarie** vivre comme des sauvages.

barbarismo sm barbarisme *m*.

bárbaro, **ra** ◇ adj **1.** [gen & HIST] barbare ▸ **¡qué bárbaro!** [arrojado] quelle brute !, quel sauvage ! **2.** [basto] grossier(ère) **3.** *fam* [extraordinario] super. ◇ sm, f HIST Barbare *mf*. ◆ **bárbaro** adv *fam* ▸ **pasarlo bárbaro** [magníficamente] s'éclater.

barbear vt CAM MÉX *fam* [adular] faire de la lèche à.

barbechar vt AGRIC mettre en jachère.

barbecho sm jachère *f*.

barbería sf coiffeur *m* (pour hommes) *(salon)*.

barbero sm coiffeur *m* (pour hommes).

barbilampiño ◇ adj m imberbe. ◇ sm jeunot *m*.

barbilla sf menton *m*.

barbitúrico sm barbiturique *m*.

barbo sm barbeau *m*.

barbotar vt & vi marmonner.

barbudo, **da** adj & sm, f barbu(e).

barbullar vi bredouiller.

barca sf barque *f*.

Barça sm DEP Barça *m (nom catalan du football-club de Barcelone)*.

barcaza sf [fluvial] péniche *f* ▸ **barcaza de desembarque** allège *f*.

Barcelona npr Barcelone.

barcelonés, **esa** ◇ adj barcelonais(e). ◇ sm, f Barcelonais *m*, -e *f*.

barcelonista adj DEP du football-club de Barcelone.

barchilón, **ona** sm, f PERÚ ECUAD infirmier *m*, -ère *f*.

barco sm bateau *m* ▸ **barco de vela / de motor** bateau à voile / à moteur ▸ **barco mercante** cargo *m*.

bardo sm barde *m*.

baremar vt soumettre à un barème.

baremo sm [escala] barème *m*.

bareto sm *fam* bistrot *m*, boui-boui *m*.

baricentro sm barycentre *m*.

bario sm baryum *m*.

barítono sm baryton *m*.

barlovento sm ▸ **a barlovento** au vent.

barman (*pl* **barmans**) sm barman *m*.

Barna *abr de* Barcelona.

barniz sm vernis *m* ▸ **barniz para las uñas** vernis à ongles.

barnizado sm vernissage *m*.

barnizador, ra ❖ adj qui vernit. ❖ sm, f vernisseur *m*, -euse *f*.

barnizar [13] vt vernir.

barómetro sm baromètre *m*.

barón, onesa sm, f baron *m*, -onne *f*.

barquero, ra sm, f passeur *m*, -euse *f*.

barquilla sf [de dirigeable] nacelle *f*.

barquillo sm gaufrette *f*.

barra sf **1.** [gen] barre *f* ; [de oro] lingot *m* ; [de hielo] pain *m* ; [para cortinas] tringle *f* ▸ **barra de labios** rouge à lèvres ▸ **barra de pan** ≃ baguette *f* **2.** [de bar] comptoir *m*, bar *m* ▸ **barra americana** bar à hôtesses ▸ **barra libre** *boisson à volonté* **3.** INFORM barre *f* ▸ **barra de desplazamiento** ascenseur ▸ **barra espaciadora** barre d'espacement ▸ **barra de herramientas** barre d'outils ▸ **barra de menús** barre de menu **4.** ANDES RP [público] public *m* **5.** RP [pandilla] bande *f*, groupe *m* **6.** EXPR **hacer algo sin pararse** o **reparar en barras** faire qqch sans s'embarrasser des détails.

barrabasada sf *fam* **1.** [tontería] belle bêtise *f* **2.** [jugarreta] vacherie *f*.

barraca sf **1.** [chabola] baraque *f* **2.** [caseta de feria] stand *m* **3.** [en Valencia y Murcia] chaumière *f* **4.** RP [depósito] hangar *m*, dépôt *m*.

barracón sm baraquement *m*.

barranco sm **1.** [precipicio] précipice *m* **2.** [cauce] ravin *m*.

barranquismo sm canyoning *m*.

barraquismo sm ▸ **el barraquismo** la prolifération des bidonvilles.

barrena sf mèche *f* ▸ **barrena de mano** vrille ▸ **entrar en barrena** AERON se mettre en vrille.

barrenar vt **1.** [taladrar] forer, perforer **2.** [frustrar - leyes] enfreindre ; [- principios] manquer à ; [- esfuerzos] saboter.

barrendero, ra sm, f balayeur *m*, -euse *f*.

barreno sm **1.** [instrumento] foret *m* **2.** [agujero] trou *m* de mine.

barreño sm ESP bassine *f*.

barrer ❖ vt balayer ; *fam* [derrotar] battre à plate couture. ❖ vi ▸ **al barrer** AM au hasard ▸ **barrer con algo** [llevarse] faire une razzia sur qqch ▸ **barrer hacia** o **para adentro** tirer la couverture à soi.

> ⚠ **Barrer** es un falso amigo, no significa *barrer*, sino "tachar" y también "cortar".

barrera sf **1.** [gen] barrière *f* ▸ **barreras arancelarias** barrières douanières **2.** DEP [de jugadores] mur *m*. ◆ **barrera del sonido** sf mur *m* du son.

barriada sf **1.** [barrio popular] quartier *m* **2.** AM [suburbio] bidonville *m*.

barrica sf barrique *f*.

barricada sf barricade *f*.

barrida sf **1.** [con escoba] coup *m* de balai **2.** RP [de policía] rafle *f*, coup *m* de filet.

barrido sm [gen & TECNOL] balayage *m* ▸ **dar un barrido** donner un coup de balai ▸ **servir** o **valer tanto para un barrido como para un fregado** être bon (bonne) à tout faire.

barriga sf ventre *m* ▸ **echar barriga** prendre du ventre ▸ **rascarse** o **tocarse la barriga** *fig* se tourner les pouces.

barrigazo sm *fam* ▸ **darse un barrigazo** tomber à plat ventre.

barrigón, ona adj [hombre] bedonnant ; [mujer] qui a du ventre. ◆ **barrigón** sm [vientre] (gros) ventre *m* ; [persona] gros père *m*.

barrigudo, da adj [hombre] bedonnant ; [mujer] qui a du ventre.

barril sm baril *m* ; [de madera] tonneau *m* ▸ **de barril** [cerveza] (à la) pression.

barrila sf *fam* ▸ **dar la barrila (a alguien)** tanner quelqu'un / *los niños no paraban de darme la barrila para que los llevara al zoo* les enfants n'ont pas arrêté de me tanner pour que je les emmène au zoo.

barrilete sm **1.** [de revólver] barillet *m* **2.** AM [cometa] cerf-volant *m* **3.** MÉX [de abogado] avocat *m* stagiaire.

barrio sm **1.** [vecindario] quartier *m* ▸ **barrio chino** quartier chaud ▸ **barrio comercial** quartier commerçant ▸ **barrio ecológico** écoquartier ▸ **barrio periférico** quartier périphérique ▸ **irse al otro barrio** ESP *fam* passer l'arme à gauche, partir les pieds devant ▸ **mandar a alguien al otro barrio** ESP *fam* envoyer o expédier qqn dans l'autre monde **2.** AM [arrabal] bidonvilles *mpl*.

barriobajero, ra *despec* ❖ adj peuple. ❖ sm, f zonard *m*, -e *f*.

barrizal sm bourbier *m*.

barro sm **1.** [del campo] boue *f* ▸ **arrastrarse por el barro** *fig* se couvrir de boue **2.** [de alfarero] argile *f* **3.** [de la piel] acné *f*.

barroco, ca adj **1.** ARTE baroque **2.** *fig* [lenguaje, estilo] ampoulé(e) ; [persona, peinado, etc.] extravagant(e). ◆ **barroco** sm ARTE baroque *m*.

barroquismo sm style *m* baroque.

barrote sm barreau *m*.

barruntar vt **1.** [antever] sentir, flairer **2.** [ser indicio de] annoncer.

barrunto sm [sospecha] pressentiment *m* ; [indicio] signe *m* ▸ **tener barruntos de que...** avoir le pressentiment que....

bartola ◆ **a la bartola** loc adv *fam* ▸ **tumbarse a la bartola** flemmarder ▸ **tomar algo a la bartola** prendre qqch à la rigolade.

bártulos smpl affaires *fpl* ▸ **liar los bártulos** *fam* & *fig* prendre ses cliques et ses claques.

barullento, ta adj RP [ruidoso] bruyant(e).

barullo sm *fam* **1.** [ruido] boucan *m* ▸ **armar barullo** faire du boucan **2.** [desorden] bazar *m*.

basa sf ARQUIT base *f*.

basal adj MED basal(e).

basalto sm basalte *m*.

basamento sm soubassement *m*.

basar vt [fundamentar] baser. ◆ **basarse** vprnl ▸ **basarse en** se baser sur.

basca sf **1.** *fam* [de amigos] potes *mpl* **2.** [náusea] mal *m* au cœur.

báscula sf bascule *f* ▸ **báscula de precisión** balance *f* de précision. ◆ **báscula de baño** sf pèse-personne *m*.

basculador sm tombereau *m*.

bascular vi basculer.

base sf base *f* ▸ **base aérea / espacial** base aérienne / spatiale ▸ **base de lanzamiento** base de lancement ▸ **base de operaciones** base d'opérations ▸ **a base de** a) [alimento] à base de b) [medicamento] à coup de ▸ **a base de hacer algo** à force de faire qqch ▸ **a base de bien** ESP *fam* drôlement bien / *comimos a base de bien* on a drôlement bien mangé / *nos pegaron a base de bien* on nous a roués de coups ▸ **sentar las bases** poser les jalons. ◆ **base de datos** sf INFORM base *f* de données ▸ **base de datos documental** base documentaire ▸ **base de datos relacional** base de données relationnelle. ◆ **base imponible** sf revenu *m* imposable.

baseball ['beisβol] sm inv base-ball *m*.

básicamente adv essentiellement.

básico, ca adj **1.** [fundamental] de base, essentiel(elle), basique / *principios / conocimientos básicos* des principes / des connaissances de base / *el oxígeno es básico para la vida* l'oxygène est essentiel à la vie ▸ **el francés básico** le français basique **2.** QUÍM basique.

basílica sf basilique *f*.

basilisco sm ▸ **ponerse hecho un basilisco** *fam & fig* se mettre en rogne.

basket ['basket], **basketball, básquetbol** AM ['basketbol] sm inv basket *m*, basket-ball *m*.

basquetbolista smf AM [jugador] joueur *m*, -euse *f* de basket, basketteur *m*, -euse *f*.

basta interj ▸ **¡basta!** ça suffit ! / *¡basta de caprichos!* finis les caprices ! / *¡basta de bromas!* trêve de plaisanteries !

bastante ⟡ adv assez / *no come bastante* il ne mange pas assez / *es lo bastante lista para...* elle est assez futée pour... / *gana bastante* il gagne bien sa vie. ⟡ adj assez / *no tengo bastante dinero* je n'ai pas assez d'argent / *tengo bastante frío* j'ai plutôt froid / *éramos bastantes* nous étions assez nombreux / *gana bastante dinero* il gagne pas mal d'argent.

bastar vi suffire / *basta con decirlo* il suffit de le dire / *basta con que se lo digas* il suffit que tu le lui dises. ◆ **bastarse** vprnl se débrouiller tout seul (toute seule) / *él solo se basta y sobra para llevar la empresa* il est tout à fait capable de gérer l'entreprise tout seul.

bastardía sf bâtardise *f*.

bastardilla sf ⟶ **letra**.

bastardo, da ⟡ adj **1.** [gen] bâtard(e) **2.** *despec* [innoble] infâme. ⟡ sm, f [descendiente] bâtard *m*, -e *f*.

bastidor sm **1.** ESP [armazón & AUTO] châssis *m* **2.** NÁUT cadre *m* de l'hélice. ◆ **bastidores** smpl TEATRO coulisses *fpl* ▸ **entre bastidores** *fig* dans les coulisses.

bastión sm bastion *m*.

basto, ta adj **1.** [tosco, grosero] grossier(ère) **2.** [áspero] rugueux(euse). ◆ **bastos** smpl *l'une des quatre couleurs du jeu de cartes espagnol.*

bastón sm [para andar] canne *f* ; [para esquiar] bâton *m* ▸ **empuñar el bastón** *fig* prendre les choses en main. ◆ **bastón de mando** sm MIL bâton *m* de commandement.

bastonazo sm coup *m* de bâton.

bastoncillo sm [para oídos] Coton-Tige® *m*.

basura sf **1.** [desperdicios] ordures *fpl* **2.** *fig* [de mala calidad] saleté *f*.

basurero sm **1.** [persona] éboueur *m* **2.** [vertedero] décharge *f* **3.** RP VEN [recipiente] poubelle *f*.

bata sf **1.** [de casa] robe *f* de chambre ▸ **bata de baño** AM peignoir *m* **2.** [de trabajo] blouse *f* **3.** EXPR **volar la bata** RP : *Pedro perdió el examen y está que le vuela la bata* Pedro, recalé à son examen, a perdu la tête. ◆ **batas** sfpl RP [ropa] vêtement *m*.

batacazo sm [caída] ▸ **darse** o **pegarse un batacazo** se casser la figure.

batalla sf **1.** [entre ejércitos] bataille *f* ▸ **batalla campal** a) MIL bataille rangée b) *fig* foire *f* d'empoigne ▸ **batalla de almohadas** *fig* bataille de polochons **2.** *fig* [lucha interior] lutte *f* **3.** EXPR **de batalla** [de uso diario] de tous les jours.

batallador, ra adj batailleur(euse).

batallar vi *pr & fig* batailler.

batallita sf anecdote *f* ▸ **contar batallitas** raconter des anecdotes.

batallón, ona adj **1.** [peleón] bagarreur(euse) **2.** [revoltoso] turbulent(e) **3.** *fam* [peliagudo] épineux(euse). ◆ **batallón** sm *fig* MIL bataillon *m*.

batata sf **1.** ARG COL ESP VEN [planta] patate *f* douce **2.** RP [timidez] timidité *f*, trac *m*.

bate sm DEP batte *f*.

batea sf AM cuvette *f*.

bateador, ra sm, f DEP batteur *m*, -euse *f*.

batear ⟡ vt DEP frapper. ⟡ vi DEP être à la batte.

batería ⟡ sf **1.** [gen, MÚS & MIL] batterie *f* ▸ **batería de cocina** batterie de cuisine ▸ **batería solar** pile *f* solaire **2.** TEATRO rampe *f* **3.** EXPR **aparcar en batería** se garer en épi. ⟡ smf MÚS batteur *m*, -euse *f*.

baterista smf batteur *m*, -euse *f*.

batiborrillo, batiburrillo sm fatras *m*.

batido, da adj **1.** [nata] fouetté(e) **2.** [claras, camino] battu(e). ◆ **batido** sm **1.** [acción] battage *m* **2.** [bebida] milk-shake *m*. ◆ **batida** sf **1.** [de caza] battue *f* **2.** [de policía] ▸ **dar una batida** ratisser.

batidor sm **1.** CULIN fouet *m* **2.** [en la caza] rabatteur *m* **3.** MIL éclaireur *m*.

batidora sf CULIN ▸ **batidora (eléctrica) a)** [para batir] batteur *m* **b)** [para triturar] mixer *m*.

batiente ❖ adj battant(e). ❖ sm **1.** [de puerta, ventana] battant *m* **2.** [de puerto] brise-lames *m* ; [natural] brisant *m*.

batín sm veste *f* d'intérieur.

batir ❖ vt **1.** [gen] battre ; [nata] fouetter **2.** [zona - suj: policía] ratisser **3.** RP *fam* [delatar] dénoncer. ❖ vi [lluvia] battre. ◆ **batirse** vprnl [luchar] se battre.

⚠ Bâtir es un falso amigo, no significa *batir*, sino "construir".

batiscafo sm bathyscaphe *m*.

batista sf batiste *f*.

batracios smpl batraciens *mpl*.

baturro, rra ❖ adj aragonais(e). ❖ sm, f **1.** [campesino aragonés] paysan *m* aragonais, paysanne *f* aragonaise **2.** [terco] : *es un baturro* il est buté.

batuta sf MÚS baguette *f* de chef d'orchestre ▸ **llevar uno la batuta** *fig* faire la loi.

baudio sm baud *m*.

baúl sm **1.** [gen] malle *f* **2.** AM [maletero] coffre *m* *(de voiture)*.

bautismal adj baptismal(e) ; [rito, ceremonia] du baptême.

bautismo sm baptême *m (sacrement)*.

bautizar [13] vt *pr* & *fig* baptiser.

bautizo sm baptême *m (cérémonie)*.

bauxita sf bauxite *f*.

Baviera npr Bavière *f*.

baya sf BOT baie *f*.

bayeta sf **1.** [tejido] flanelle *f* **2.** [para fregar] lavette *f* *(carré de tissu-éponge)* ▸ **bayeta de gamuza** peau *f* de chamois.

bayo, ya adj isabelle *(couleur d'un cheval)*.

bayoneta sf MIL baïonnette *f*.

baza sf **1.** [en naipes] pli *m* **2.** [ventaja] atout *m* **3.** EXPR **meter baza en** mettre son nez dans.

bazar sm bazar *m*.

bazo, za adj bis(e). ◆ **bazo** sm ANAT rate *f*.

bazofia sf *pr* & *fig* cochonnerie *f*.

bazuca, bazooka sm bazooka *m*.

bboo = **bss**.

BBS (*abr de* **Bulletin Board System**) INFORM BBS / *servidor BBS* serveur BBS.

BBVA (*abr escrita de* **Banco Bilbao Vizcaya Argentaria**) sm *établissement bancaire espagnol*.

BCE (*abr de* **Banco Central Europeo**) sm BCE *f*.

Bco. (*abr escrita de* **banco**) banque *f*.

be sf ▸ **be larga o grande** AM b *m inv*, lettre *f* b.

bearnesa sf ⟶ **salsa**.

beatería sf bigoterie *f*.

beatificación sf béatification *f*.

beatificar [10] vt **1.** RELIG béatifier **2.** *fig* [hacer venerable] ennoblir.

beatitud sf **1.** RELIG béatitude *f* **2.** *fam* [tranquilidad] ▸ **dormir con beatitud** dormir comme un bienheureux.

beato, ta adj & sm, f **1.** [beatificado] bienheureux(euse) **2.** [piadoso] dévot(e) **3.** *fig* [santurrón] bigot(e).

beba sf AM *fam* bébé *m*, petite fille *f*.

bebe sm ANDES RP *fam* bébé *m*, petit garçon *m*, petite fille *f*.

bebé sm bébé *m* ▸ **bebé probeta** bébé-éprouvette.

bebedero sm **1.** [de jaula] auget *m* **2.** [abrevadero] abreuvoir *m* **3.** MÉX RP [fuente] fontaine *f (d'eau potable)*.

bebedizo sm **1.** MED potion *f* **2.** [envenenado] breuvage *m* empoisonné **3.** [mágico] philtre *m*.

bebedor, ra sm, f buveur *m*, -euse *f*.

beber ❖ vt **1.** [gen] boire **2.** *fig* [conocimientos] puiser. ❖ vi boire ▸ **beber a o por** [brindar] boire à.

bebercio sm *fam* boisson *f*.

bebida sf boisson *f* ▸ **darse o entregarse a la bebida** s'adonner à la boisson.

bebido, da adj gris(e) *(ivre)*.

bebito, ta sm, f AM (petit) bébé *m*.

beca sf [subvención] bourse *f* ▸ **beca de investigación** bourse de recherche.

becado, da adj & sm, f boursier(ère).

becar [10] vt ▸ **becar a alguien** attribuer une bourse à qqn.

becario, ria sm, f boursier *m*, -ère *f*.

becerrada sf *course de jeunes taureaux*.

becerro, rra sm, f veau *m*, génisse *f*.

bechamel [betʃa'mel] = **besamel**.

bedel sm appariteur *m*.

beduino, na ❖ adj bédouin(e). ❖ sm, f Bédouin *m*, -e *f*.

befa sf plaisanterie *f* (de mauvais goût) ▸ **hacer befa de** se moquer de.

begonia sf bégonia *m*.

beicon sm bacon *m (lard)*.

beige ['beis], **beis** adj & sm inv beige.

Beirut npr Beyrouth.

beis = **beige**.

béisbol sm base-ball *m*.

beisbolista smf joueur *m*, -euse *f* de base-ball.

bejuco sm AM liane *f*.

bel canto sm inv bel canto *m*.

beldad sf *culto* beauté *f*.

belén sm **1.** [de Navidad] crèche *f* **2.** *fam* [desorden] foutoir *m* **3.** *(gen pl) fig* [embrollo] histoire *f*.

belfo, fa adj lippu(e). ◆ **belfo** sm lèvre *f (du cheval)*.

belga ❖ adj belge. ❖ smf Belge *mf*.

Bélgica npr Belgique *f*.

Belgrado npr Belgrade.

Belice npr Belize *m*.

belicismo sm bellicisme *m*.

belicista adj & smf belliciste.

bélico, ca adj de guerre ; [actitud] guerrier(ère).

belicosidad sf caractère *m* belliqueux, agressivité *f*.

belicoso, sa adj belliqueux(euse).

beligerancia sf belligérance *f*.

beligerante adj & smf belligérant(e).

bellaco, ca sm, f scélérat *m*, -e *f*.

belladona sf belladone *f*.

bellaquería sf méchanceté *f*.

belleza sf beauté *f*.

bello, lla adj beau (belle).

bellota sf gland *m*.

bemol ❖ adj bémol. ❖ sm MÚS bémol *m* ▸ **doble bemol** double bémol / *tiene (muchos) bemoles* **a)** [es difícil] ce n'est pas de la tarte **b)** [tiene valor] il en a dans le ventre **c)** [es un abuso] c'est un peu fort.

benceno sm benzène *m*.

bencina sf **1.** QUÍM benzine *f* **2.** CHILE [gasolina] essence *f*.

bendecir [66] vt bénir ; [capilla] consacrer.

bendición sf bénédiction *f*. ◆ **bendiciones** sfpl : *ya nos echaron las bendiciones* nous nous sommes mariés.

bendiga ⟶ **bendecir**.

bendijera ⟶ **bendecir**.

bendito, ta ❖ adj **1.** [santo] bénit(e) **2.** [dichoso] bienheureux(euse) **3.** [para enfatizar] sacré(e). ❖ sm, f simple *m* d'esprit ▸ **dormir como un bendito** *fig* dormir comme un loir.

benedictino, na adj & sm, f bénédictin(e).

benefactor, ra ❖ adj bienfaisant(e). ❖ sm, f bienfaiteur *m*, -trice *f*.

beneficencia sf bienfaisance *f*.

beneficiar [8] vt [favorecer] profiter à / *esta actitud no te beneficia* cette attitude te fait du tort. ◆ **beneficiarse** vprnl gagner / *no se beneficia nadie* personne n'y gagne ▸ **beneficiarse de algo** profiter de qqch.

beneficiario, ria sm, f bénéficiaire *mf*.

beneficio sm **1.** [bien] bienfait *m* ▸ **a beneficio de** [gala, concierto] au profit de ▸ **en beneficio de todos** dans l'intérêt de tous ▸ **en beneficio propio** dans son propre intérêt **2.** [ganancia] bénéfice *m* ▸ **beneficio bruto / neto** bénéfice brut/net **3.** AM [hacienda] exploitation *f* rurale **4.** CARIB CHILE [de res] abattage *m*. ◆ **beneficio de inventario** sm ▸ **a beneficio de inventario** sous bénéfice d'inventaire.

beneficioso, sa adj bienfaisant(e).

benéfico, ca adj **1.** [favorable] bienfaisant(e) **2.** [función, institución] de bienfaisance.

Benelux npr ▸ **el Benelux** le Benelux.

benemérito, ta adj vénérable. ◆ **benemérito** sm AM ▸ **benemérito de la patria** *distinction honorifique décernée à un citoyen pour services rendus à la patrie.* ◆ **Benemérita** sf ▸ **la Benemérita** ESP la Garde civile *(gendarmerie espagnole)*.

beneplácito sm consentement *m*.

benevolencia sf bienveillance *f*.

benévolo, la, benevolente adj bienveillant(e).

bengala sf **1.** [para pedir ayuda] fusée *f* de détresse **2.** [para fiestas] feu *m* de Bengale.

bengalí ❖ adj bengali. ❖ smf Bengali *mf*. ❖ sm **1.** [idioma] bengali *m* **2.** [pájaro] bengali *m*.

benignidad sf **1.** [de enfermedad] bénignité *f* **2.** [de clima] douceur *f*.

benigno, na adj **1.** MED bénin(igne) **2.** [clima, temperatura] doux (douce).

Benín npr Bénin.

benjamín, ina sm, f benjamin *m*, -e *f*.

benzol sm benzol *m*.

beodo, da ❖ adj ivre. ❖ sm, f ivrogne *mf*.

beque ⟶ **becar**.

berberecho sm coque *f (coquillage)*.

berbiquí sm vilebrequin *m*.

beréber, bereber, berebere ❖ adj berbère. ❖ smf Berbère *mf*. ❖ sm [lengua] berbère *m*.

berenjena sf aubergine *f*.

berenjenal sm **1.** [terreno] champ *m* d'aubergines **2.** *fam* [caos] pagaille *f* ▸ **meterse en un berenjenal** se mettre dans de beaux draps.

bergamota sf bergamote *f*.

bergantín sm NÁUT brigantin *m*.

beriberi sm béribéri *m*.

berilio sm béryllium *m*.

Berlín npr Berlin ▸ **el muro de Berlín** le mur de Berlin.

berlina sf berline *f*.

berlinés, esa ❖ adj berlinois(e). ❖ sm, f Berlinois *m*, -e *f*.

bermejo, ja adj vermeil(eille).

bermellón adj inv & sm vermillon.

bermudas sfpl bermuda *m*. ◆ **Bermudas** npr ▸ **las Bermudas** les Bermudes *fpl* ▸ **el triángulo de las Bermudas** le triangle des Bermudes.

Berna npr Berne.

berrear vi beugler ; [niño] brailler.

berreta adj RP *fam* [de mala calidad] : *esa tela es muy berreta* ce tissu, c'est de la camelote.

berrido sm beuglement *m* ; [de niño] braillement *m*.

berrinche sm ▸ **coger un berrinche** ESP *fam* piquer une colère ▸ **hacer un berrinche** AM piquer une colère.

berro sm cresson *m*.

bertsolari sm *personne qui improvise des poèmes lors de concours littéraires au Pays basque*.

berza sf chou *m*. ◆ **berzas** smf ESP *fam* [persona] andouille *f*.

berzotas sm, f inv *fam* ▸ **ser un berzotas** être bouché(e).

besamanos sm inv baisemain *m*.

besamel, bechamel sf béchamel *f*.

besar vt embrasser. ◆ **besarse** vprnl s'embrasser.

beso sm baiser *m* ▸ **beso de Judas** baiser de Judas ▸ **beso de tornillo** ESP *fam* patin, pelle ▸ **comer a besos** couvrir de baisers.

bestia ◇ adj *fig* ▸ **es muy bestia** c'est une vraie brute. ◇ smf *fig* [persona] brute *f*. ◇ sf [animal] bête *f* ▸ **bestia de carga** bête de somme.

bestiada sf *fam* ▸ **una bestiada de** [gran cantidad] une masse de, énormément de.

bestial adj **1.** [brutal] bestial(e) **2.** *fam* [tremendo] terrible **3.** *fam* [formidable] super.

bestialidad sf **1.** [brutalidad] brutalité *f* **2.** *fam* [tontería] énormité *f* **3.** *fam* [montón] ▸ **una bestialidad de** des tonnes de.

bestiario sm LITER bestiaire *m*.

best seller [bes'seler] (*pl* **best sellers**) sm best-seller *m*.

besucón, ona ◇ adj : *es muy besucón* il a la manie d'embrasser. ◇ sm, f : *es un besucón* il a la manie d'embrasser.

besugo sm **1.** [pescado] daurade *f* **2.** ESP *fam* [persona] andouille *f*.

besuquear vt *fam* bécoter. ◆ **besuquearse** vprnl *fam* se bécoter.

besuqueo sm *fam* bécotage *m*.

beta sf bêta *m inv*.

betabel sm MÉX betterave *f*.

betabloqueador, ra, betabloqueante adj MED bêtabloquant(e). ◆ **betabloqueador, betabloqueante** sm bêtabloquant *m*.

betarraga, beterraga sf ANDES betterave *f*.

beterraga = **betarraga**.

bético, ca adj **1.** [andaluz] de la Bétique *(ancien nom de l'Andalousie)* **2.** DEP *du football-club Real Betis*.

betún sm **1.** [para el calzado] cirage *m* **2.** QUÍM bitume *m* ▸ **betún de Judea** asphalte *m*.

Bhután npr Bhoutan *m*.

bianual adj **1.** [cada dos años] bisannuel(elle) **2.** [dos veces al año] semestriel(elle).

biberón sm biberon *m*.

biblia sf bible *f*. ◆ **Biblia** sf ▸ **la Biblia** la Bible ▸ **parecer a Biblia en verso** *fig* [discurso, etc.] être une litanie sans fin.

bíblico, ca adj biblique.

bibliobús sm ESP bibliobus *m*.

bibliófilo, la sm, f bibliophile *mf*.

bibliografía sf bibliographie *f*.

bibliográfico, ca adj bibliographique.

bibliógrafo, fa sm, f bibliographe *mf*.

bibliorato sm RP classeur *m*.

biblioteca sf bibliothèque *f* ▸ **biblioteca pública** bibliothèque publique.

bibliotecario, ria sm, f bibliothécaire *mf*.

biblioteconomía sf bibliothéconomie *f*.

bicameral adj bicaméral(e).

bicameralismo sm bicamérisme *m*.

bicampeón, ona sm, f double champion *m*, double championne *f* / *la bicampeona de Roland Garros* la double championne de Roland Garros.

bicarbonato sm **1.** QUÍM bicarbonate *m* **2.** [medicamento] bicarbonate *m* (de soude).

bicéfalo, la adj bicéphale.

bicentenario sm bicentenaire *m*.

bíceps sm inv biceps *m*.

bicha sf *fam* ZOOL couleuvre *f*.

bicharraco sm *fam* **1.** [animal] bestiole *f* **2.** [persona] sale type *m*.

bicho sm **1.** [animal] bête *f* ; [insecto] bestiole *f* ▸ **bicho de luz** RP ver luisant *mf*, luciole *f* **2.** [persona mala] ▸ **(mal) bicho** teigne *f* ▸ **todo bicho viviente** tout le monde ▸ **bicho raro** drôle d'oiseau *m* **3.** [pillo] peste *f*.

bici sf *fam* vélo *m*.

bicicleta sf bicyclette *f*.

biciclo sm bicycle *m*.

bicicross [,biθi'kros] sm bicross *m*.

bicitaxi sm vélo-taxi *m*.

bicoca sf *fam* ▸ **ser algo una bicoca** être une bonne affaire ▸ **una bicoca de trabajo** une bonne planque.

bicolor adj bicolore.

BID [bið] (*abr de* **Banco Interamericano de Desarrollo**) sm BID *f*.

Bidasoa npr ▸ **el Bidasoa** la Bidassoa.

bidé sm bidet *m*.

bidimensional adj en deux dimensions.

bidón sm bidon *m*.

biela sf bielle *f*.

Bielorrusia npr Biélorussie *f*.

bielorruso, sa ❖ adj biélorusse. ❖ sm, f Biélorusse *mf*.

biempensante adj & smf bien-pensant(e) / *la sociedad biempensante* la société bien-pensante / *los biempensantes* les bien-pensants.

bien

❖ adv

1. [gen] bien / *has hecho bien* tu as bien fait / *habla bien el inglés* il parle bien l'anglais / *quiero un vaso de agua bien fría* je veux un verre d'eau bien froide / *bien que vendría pero no puede* il viendrait bien o volontiers mais il ne peut pas ▸ **encontrarse bien** se sentir bien ▸ **estar bien** **a)** [de salud] aller bien, se porter bien **b)** [de aspecto, de calidad, de comodidad] être bien **c)** [ser suficiente] suffire / *está bien que te vayas pero antes despídete de todos* tu peux t'en aller mais avant dis au revoir à tout le monde ▸ **pasarlo bien** bien s'amuser / *lo pasamos muy bien* nous nous sommes très bien amusés ▸ **¡bien por el campeón!** bravo pour le champion ! ▸ **como bien le parezca** comme bon vous semble ▸ **estar a bien con** être en bons termes avec ▸ **¡muy bien!** très bien ! ▸ **¡pues (sí que) estamos bien!** nous voilà bien ! ▸ **tener a bien hacer algo** *culto* bien vouloir faire qqch / *le ruego tenga a bien mantenerme al corriente* je vous prie de bien vouloir me tenir au courant ▸ **¡ya está bien!** ça suffit !

2. [de manera agradable] bon ▸ **oler bien** sentir bon

3. [de acuerdo] d'accord / *¿nos vamos? — bien* on y va ? — d'accord ▸ **¡está bien!** d'accord !

❖ adj inv

bien

❖ sm

1. [gen] bien *m* / *sus vacaciones le han hecho mucho bien* ses vacances lui ont fait beaucoup de bien / *el bien y el mal* le bien et le mal / *es por tu bien* c'est pour ton bien ▸ **hacer el bien** faire le bien

2. EDUC ≃ mention *f* assez bien

❖ conj

▸ **(o) bien… (o) bien** soit… soit / *puede pagar (o) bien al contado (o) bien en cuotas* vous pouvez payer soit au comptant soit par versements échelonnés

◆ **bienes** smpl biens *mpl* ▸ **bienes de consumo / de equipo** biens de consommation / d'équipement ▸ **bienes gananciales** DER acquêts *mpl* ▸ **bienes inmuebles** biens immobiliers ▸ **bienes muebles** biens mobiliers ▸ **bienes raíces** *biens fonciers et immobiliers*.

◆ **más bien** loc adv plutôt.

◆ **no bien** loc adv à peine / *no bien me había marchado cuando empezaron a…* j'étais à peine parti qu'ils commencèrent à….

◆ **si bien** loc conj bien que / *si bien no me lo dijo, me lo imagino* bien qu'il ne me l'ait pas dit, je m'en doute.

bienal ❖ adj biennal(e), bisannuel(elle). ❖ sf biennale *f*.

bienaventurado, da sm, f bienheureux *m*, -euse *f*.

bienaventuranza sf **1.** RELIG béatitude *f* **2.** [felicidad] bonheur *m*.
◆ **bienaventuranzas** sfpl RELIG béatitudes *fpl*.

bienestar sm **1.** [placidez] bien-être *m* **2.** [confort económico] confort *m* **3.** COL [servicio público] ▸ **Bienestar Familiar** *service d'aide sociale*.

bienhablado, da adj **1.** [con educación] poli(e), bien élevé(e) **2.** [con corrección] qui parle bien, qui s'exprime correctement.

bienhechor, ra sm, f bienfaiteur *m*, -trice *f*.

bienintencionado, da adj bien intentionné(e).

bienio sm **1.** [período] *espace de deux ans* **2.** [aumento de sueldo] *prime d'ancienneté accordée au bout de deux ans d'activité*.

bienvenido, da adj bienvenu(e) ▸ **¡bienvenido!** soyez le bienvenu ! ◆ **bienvenida** sf bienvenue *f* ▸ **dar la bienvenida** souhaiter la bienvenue.

bies sm inv biais *m* ▸ **al bies** **a)** [costura] en biais **b)** [sombrero, etc.] de biais.

bifásico, ca adj biphasé(e).

bife sm ANDES RP **1.** [bistec] bifteck *m* ▸ **bife ancho** entrecôte **2.** [golpe] calotte *f*, claque *f*.

bífido, da adj bifide.

bífidus sm inv bifidus *m*.

bifocal adj [gafas] à double foyer.

bifurcación sf bifurcation *f*.

bifurcarse [10] vprnl bifurquer ; [tronco, rama] se diviser en deux.

bigamia sf bigamie *f*.

bígamo, ma adj & sm, f bigame.

bígaro sm bigorneau *m*.

big bang sm big-bang *m*.

bigote sm moustache *f* ▸ **de bigotes** *fam* & *fig* [muy bien] du tonnerre.

Bigote es un falso amigo, no significa *bigote*, sino "beata".

bigotudo, da adj moustachu(e).

bigudí (*pl* **bigudíes** o **bigudís**) sm bigoudi *m*.

bikini = **biquini**.

bilabial sf bilabiale *f*.

bilateral adj bilatéral(e).

bilbaíno, na adj & sm, f de Bilbao.

Bilbao npr Bilbao.

biliar adj biliaire.

bilingüe adj bilingue.

bilingüismo sm bilinguisme *m*.

bilioso, sa adj **1.** [de la bilis] biliaire **2.** *fig* [irritable] irascible.

bilirrubina sf bilirubine *f*.

bilis sf inv bile *f* ▸ **tragar bilis** avaler des couleuvres.

billar sm billard *m* ▸ **billar americano** billard américain ▸ **billar automático** flipper *m*.

billete sm **1.** [de metro, tranvía] ticket *m* ▸ **billete de andén** ticket *m* de quai **2.** [de banco, tren, lotería] billet *m* ▸ **sacar un billete** prendre un billet ▸ **billete chico** AM petites coupures ▸ **billete de ida y vuelta** bilelt aller-retour *m* ▸ **billete kilométrico** bon *m* kilométrique ▸ **billete sencillo** aller *m* simple **3.** ESP CUBA [de espectáculo] billet *m*, entrée *f* ▸ **'no hay billetes'** TEATRO 'complet' **4.** ANDES MÉX [dinero] argent *m* / *sólo piensa en el billete* il ne pense qu'à l'argent.

billetero, ra sm, f CARIB MÉX [vendedor] marchand *m*, -e *f* de billets de loterie. ◆ **billetera** sf portefeuille *m*. ◆ **billetero** sm portefeuille *m*.

billón sm billion *m*.

bimensual adj bimensuel(elle).

bimestral adj bimestriel(elle).

bimestre sm bimestre *m*.

bimotor adj m & sm bimoteur.

binacional adj & smf binational(e).

binario, ria adj INFORM binaire.

bingo sm **1.** [juego, premio] bingo *m* **2.** [sala] salle *f* de bingo.

binocular adj binoculaire.
◆ **binoculares** smpl jumelles *fpl*.

binóculo sm binocle *m*.

binomio sm **1.** MAT binôme *m* **2.** *fig* [de personas] : *un binomio de amigos* deux amis.

biocarburante sm biocarburant *m*.

biocenosis sf ECOL biocénose *f*, biocœnose *f*.

biochip sm biopuce *f*.

biocombustible sm biocombustible *m*.

biodegradable adj biodégradable.

biodinámica sf biodynamique *f*.

biodiversidad sf biodiversité *f*.

bioético, ca adj bioéthique.
◆ **bioética** sf bioéthique *f*.

biofeedback sm inv biofeedback *m*.

biofísico, ca adj biophysique.
◆ **biofísica** sf biophysique *f*.

biogás sm biogaz *m*.

biogénesis sf inv biogenèse *f*.

biogenética sf biogénétique *f*.

biografía sf biographie *f*.

biografiar [9] vt écrire la biographie de.

biográfico, ca adj biographique.

biógrafo, fa sm, f biographe *mf*.

bioindustria sf bio-industrie *f*.

bioinformática sf bio-informatique *f*.

bioingeniería sf bioingénierie *f*.

biología sf biologie *f*.

biológico, ca adj biologique.

biólogo, ga sm, f biologiste *mf*.

biomasa sf biomasse *f*.

biombo sm paravent *m*.

biometría sf biométrie *f*.

biométrico, ca adj biométrique ▸ **pasaporte biométrico** passeport biométrique.

biónico, ca adj bionique.

biopic [bio'pik] sm o sf biopic *m*.

biopiratería sf biopiraterie *f*.

biopsia sf biopsie *f*.

bioquímico, ca ◆ adj biochimique. ◆ sm, f biochimiste *mf*. ◆ **bioquímica** sf biochimie *f*.

biorritmo sm biorythme *m*.

biosfera sf biosphère *f*.

biosíntesis sf inv biosynthèse *f*.

biotecnología sf biotechnologie *f*, biotechnique *f*.

bioterapia sf biothérapie *f*.

bioterrorismo sm bioterrorisme *m*.

bioterrorista adj & smf bioterroriste.

biotipo sm biotype *m*.

bióxido sm bioxyde *m*.

bipartidismo sm bipartisme *m*.

bipartidista adj bipartite.

bipartito, ta adj bipartite, biparti(e).

bípedo, da adj bipède. ◆ **bípedo** sm bipède *m*.

biplano, na adj : *un avión biplano* un biplan.
◆ **biplano** sm biplan *m*.

biplaza adj m & sm biplace.

bipolar adj bipolaire.

bipolarización sf bipolarisation *f*.

biquini, bikini sm **1.** [bañador] bikini *m*, deux-pièces *m* **2.** ESP [sándwich] croque-monsieur *m inv*.

birlar vt *fam* [robar] faucher.

birlibirloque ⟶ **arte**.

Birmania npr Birmanie *f*.

birmano, na ◆ adj birman(e). ◆ sm, f Birman *m*, -e *f*. ◆ **birmano** sm [lengua] birman *m*.

birome sf RP [bolígrafo] stylo *m* à bille.

birra sf *mfam* [cerveza] mousse *f*.

birreactor, ra adj : *un avión birreactor* un biréacteur.
◆ **birreactor** sm biréacteur *m*.

birrete sm **1.** [de clérigo] barrette *f* **2.** [de catedrático, abogado] bonnet *m* ; [de juez] toque *f*.

birria sf **1.** *fam* [cosa, persona fea] horreur *f* ; [cuadro] croûte *f* **2.** *fam* [cosa sin valor] camelote *f* **3.** MÉX CULIN *viande de chevreau cuite à l'étouffée dans un trou creusé dans le sol* **4.** EXPR **de birria** COL [muy mal] comme un pied.

birrioso, sa adj *fam* minable.

biruji sm *fam* ▸ **¡que biruji hace!** qu'est-ce qu'il fait frisquet !

bis ◆ adj inv bis / *viven en el 15 bis* ils habitent au 15 bis. ◆ sm bis *m* ▸ **pedir un bis** bisser. ◆ adv MÚS [para repetir] bis.

bisabuelo, la sm, f arrière-grand-père *m*, arrière-grand-mère *f*.

bisagra sf charnière *f*.

bisbisar, bisbisear vt *fam* murmurer.

bisbiseo sm murmure *m*.

biscote sm ESP [pan tostado] biscotte *f*.

biscuit sm biscuit *m (porcelaine)*.

bisección sf bissection *f*.

bisector, triz adj bissecteur(trice). ◆ **bisectriz** sf bissectrice *f*.

bisel sm biseau *m*.

biselado sm taille *f* en biseau.

biselar vt biseauter.

bisemanal adj bihebdomadaire.

bisexual adj & smf bisexuel(elle).

bisexualidad sf bisexualité *f*.

bisiesto adj ⟶ **año**.

bisilábico, ca, bisílabo, ba adj de deux syllabes.

bismuto sm bismuth *m*.

bisnieto, ta, biznieto, ta sm, f arrière-petit-fils *m*, arrière-petite-fille *f*.

bisonte sm bison *m*.

bisoñé sm faux toupet *m (moumoute)*.

bisoño, ña ◆ adj novice. ◆ sm, f [principiante] débutant *m*, -e *f*; MIL jeune recrue *f*.

bisté = **bistec**.

bistec (*pl* **bistecs**), **bisté** sm steak *m*, bifteck *m* / *un bistec con patatas fritas* un steak frites / *un bistec poco hecho* un steak saignant / *un bistec muy hecho* un steak bien cuit ▸ **bistec a la rusa** *viande hachée revenue avec du jambon et des oignons.*

bisturí (*pl* **bisturíes** o **bisturís**) sm bistouri *m*.

bisutería sf bijoux *mpl* fantaisie.

bit (*pl* **bits**) sm INFORM bit *m*.

bitácora sf NÁUT habitacle *m*.

bitensión sf bitension *f*.

bíter, bitter sm bitter *m*.

bizantino, na ◆ adj byzantin(e). ◆ sm, f Byzantin *m*, -e *f*.

bizarría sf **1.** [valor] bravoure *f* **2.** [prodigalidad] générosité *f*.

bizarro, rra adj **1.** [valiente] brave **2.** [pródigo] généreux(euse).

bizco, ca ◆ adj : *es bizco* il louche ▸ **dejar bizco a alguien** *fam* & *fig* sidérer qqn ▸ **quedarse bizco** être sidéré. ◆ sm, f loucheur *m*, -euse *f*.

bizcocho sm **1.** [postre] gâteau *m* **2.** [pan ácimo] biscuit *m*.

biznieto, ta = **bisnieto**.

bizquear vi **1.** [quedarse bizco] loucher **2.** *fam* & *fig* [asombrarse] être épaté(e).

bizquera sf strabisme *m*.

blablablá sm *fam* bla-bla *m*.

blanco, ca ◆ adj blanc (blanche). ◆ sm, f Blanc *m*, Blanche *f*. ◆ **blanco** sm **1.** [color, espacio] blanc *m* **2.** [de disparo] cible *f* ▸ **dar en el blanco** mettre dans le mille / *fue el blanco de todas las miradas* tous les regards se sont portés sur lui **3.** *fig* [objetivo] but *m*. ◆ **blanca** sf MÚS blanche *f* ▸ **estar** o **quedarse sin blanca** *fig* ne pas avoir un sou. ◆ **blanco del ojo** sm blanc *m* de l'œil. ◆ **en blanco** loc adv **1.** [vacío] ▸ **dejar su hoja en blanco** rendre copie blanche **2.** [sin saber] ▸ **quedarse con la mente en blanco** avoir un trou de mémoire **3.** [sin dormir] ▸ **pasar la noche en blanco** passer une nuit blanche.

blancor sm blancheur *f*.

blancura sf blancheur *f*.

blancuzco, ca adj blanchâtre.

blandengue ◆ adj *pr* & *fig* mollasse. ◆ smf lavette *f*.

blandir [78] vt brandir.

blando, da adj **1.** [gen] mou (molle); [carne] tendre **2.** *fig* [de carácter] faible / *es demasiado blando con los alumnos* il n'est pas assez sévère avec les élèves.

blandura sf **1.** [gen] mollesse *f* **2.** *fig* [de carácter] faiblesse *f*.

blanqueado sm blanchiment *m (d'un mur)*.

blanqueador, ra ◆ adj blanchissant(e). ◆ sm, f : *trabaja de blanqueador* il s'occupe du chaulage des murs.

blanquear vt [dinero] blanchir.

blanquecino, na adj blanchâtre ; [tez, luz] blafard(e).

blanqueo sm **1.** [de ropa] blanchissage *m* **2.** [de pared, dinero] blanchiment *m*.

blanquiazul adj *du football-club Real Madrid*.

blanquillo sm **1.** CAM MÉX [huevo] œuf *m* **2.** ANDES [fruto] pêche *f* blanche.

blanquiverde adj *du football-club Real Betis*.

blasfemar vi **1.** RELIG blasphémer **2.** [maldecir] jurer.

blasfemia sf **1.** [contra Dios] blasphème *m* **2.** [palabrota] juron *m* **3.** *fig* [injuria] sacrilège *m*.

blasfemo, ma ◆ adj blasphématoire ; [persona] blasphémateur(trice). ◆ sm, f blasphémateur *m*, -trice *f*.

blasón sm **1.** [gen] blason *m* **2.** *fig* [orgullo] honneur *m* / *para él es un blasón haber triunfado* il se fait un point d'honneur d'avoir réussi.

blaugrana adj & sm, f DEP *terme catalan qualifiant et désignant l'équipe de football de Barcelone par la couleur de son maillot*.

blazer ['bleiser] (*pl* **blazers**) sm blazer *m*.

bledo sm : *me importa un bledo* *fam* je m'en fiche comme de l'an quarante.

blenorragia sf MED blennorragie *f*.

blenorrea sf MED blennorrhée *f*.

blindado, da adj blindé(e).

blindaje sm blindage *m*.

blindar vt blinder.

blíster sm TECNOL blister *m* ▸ **en blíster** en blister.

bloc (*pl* **blocs**) sm bloc-notes *m*.

blocaje sm DEP blocage *m*.

blocar [10] vt DEP bloquer.

blog sm blog *m*.

blogalaxia sf blogosphère *f*.

blogisfera = **blogosfera**.

blogosfera, blogisfera sf blogosphère *f*.

blogrollo sm INTERNET blogroll *m*.

bloguero, ra sm, f *fam* blogueur *m*, -euse *f*.

blonda sf dentelle *f* (de soie).

bloomer ['blumer] (*pl* **bloomers**) sm CUBA culotte *f*, slip *m*.

bloque ❖ v ⟶ **blocar.** ❖ sm **1.** [gen & INFORM] bloc *m* ▸ **en bloque** en bloc **2.** [edificio] immeuble *m*. ◆ **bloque del motor** sm bloc-moteur *m*.

bloquear vt **1.** [gen] bloquer **2.** [bienes] saisir ; [cheque] faire opposition à ; [cuenta, créditos] geler. ◆ **bloquearse** vprnl [gen] se bloquer ; [persona] faire un blocage.

bloqueo sm **1.** [gen] blocage *m* **2.** [de país, ciudad] blocus *m* ; [de mercancías] embargo *m* ▸ **bloqueo económico** embargo économique **3.** [de bienes] saisie *f* ; [de cuenta, créditos] gel *m*.

blues ['blus] sm inv MÚS blues *m*.

bluetooth® [blo'tuθ] sm bluetooth® *m*.

bluff ['bluf] (*pl* **bluffs**) sm bluff *m* ▸ **es un bluff** c'est du bluff.

blúmer sm CAM CARIB [braga] culotte *f*.

Blu-ray® [blu'rei] sm Blu-ray® *m*.

blusa sf chemisier *m*.

blusón sm chemise *f* ample.

bluyín sm jean *m*.

bluyines smpl AM = **bluyín**.

BNG (*abr de* **Bloque Nacionalista Gallego**) sm *parti autonomiste galicien*.

boa ❖ sf [animal] boa *m* ▸ **boa constrictor** boa constricteur. ❖ sm [prenda] boa *m*.

boato sm faste *m*.

bobada sf *fam* bêtise *f* ▸ **decir / hacer bobadas** dire / faire des bêtises.

bobalicón, ona ❖ adj *fam* bébête. ❖ sm, f nigaud *m*, -e *f*.

bobería sf *fam* bêtise *f*.

bóbilis ◆ **de bóbilis bóbilis** loc adv ESP *fam* **1.** [sin esfuerzo] sans se fouler, les doigts dans le nez **2.** [sin coste alguno, gratuitamente] à l'œil, aux frais de la princesse.

bobina sf bobine *f*.

bobinar vt embobiner.

bobo, ba adj & sm, f **1.** [tonto] idiot(e) **2.** [ingenuo] niais(e).

bobsleigh [boβs'leix] (*pl* **bobsleighs**) sm bobsleigh *m*.

boca sf bouche *f* ▸ **mantener seis bocas** avoir six bouches à nourrir ▸ **boca a oreja** bouche-à-oreille *m inv* / *encontramos la casa por el* o *gracias al boca a oreja* on a trouvé notre maison par le o grâce au bouche-à-oreille ▸ **boca del estómago** creux *m* de l'estomac ▸ **boca de expendio** RP point de vente ▸ **boca de metro** bouche de métro ▸ **boca de riego** arrivée *f* d'eau ▸ **boca de subte** ARG bouche de métro ▸ **abrir** o **hacer boca** mettre en appétit ▸ **se me hace la boca agua** j'en ai l'eau à la bouche ▸ **andar** o **correr** o **ir de boca en boca** être sur toutes les lèvres ▸ **cerrar** o **tapar la boca a alguien** clouer le bec à qqn ▸ **írsele a alguien la boca, irse alguien de la boca** ne pas savoir tenir sa langue ▸ **meterse en la boca del lobo** se jeter dans la gueule du loup ▸ **no decir esta boca es mía** ne pas souffler mot ▸ **por la boca muere el pez** trop parler nuit ▸ **quedarse con la boca abierta** rester bouche bée ▸ **quitar de la boca** ôter de la bouche ▸ **todo a pedir** o **a querer de boca** tout va pour le mieux. ◆ **boca arriba** loc adv sur le dos. ◆ **boca abajo** loc adv sur le ventre, à plat ventre. ◆ **a boca de jarro** loc adv **1.** [decir] à brûle-pourpoint **2.** [disparar] à bout portant. ◆ **boca a boca** sm bouche-à-bouche *m inv*.

bocacalle sf rue *f* / *gire a la izquierda en la tercera bocacalle* prenez la troisième rue à gauche.

bocadillería sf sandwicherie *f*.

bocadillo sm **1.** ESP [para comer] sandwich *m* **2.** [en cómic] bulle *f*.

bocadito sm RP [canapé] canapé *m* ▸ **bocadito de nata** profiterole *f*, petit chou *m* à la crème.

bocado sm **1.** [gen] bouchée *f* ; [un poco] morceau *m* ▸ **no probar bocado** ne rien avaler **2.** [mordisco] ▸ **dar un bocado** mordre. ◆ **bocado de Adán** sm pomme *f* d'Adam.

bocajarro ◆ **a bocajarro** loc adv **1.** [decir] à brûle-pourpoint **2.** [disparar] à bout portant.

bocamanga sf poignet *m (de chemise)*.

bocanada sf [de líquido] gorgée *f* ; [de humo, aire] bouffée *f*.

bocata sm ESP *fam* sandwich *m*.

bocazas sm, f inv *fam* & *despec* grande gueule *f*.

boceto sm ébauche *f*, esquisse *f*.

bocha sf **1.** [bola] boule *f (de jeu)* **2.** RP *mfam* [cabeza] caboche *f*. ◆ **bochas** sfpl boules *fpl (jeu)*.

bochar vt RP *fam* & *fig* [rechazar] : *lo bocharon por la edad* il a été refoulé à cause de son âge / *siempre bocha mis propuestas* elle me rembarre toujours quand je propose quelque chose.

bochinche sm AM *fam* [alboroto] foin *m* ▸ **armarse un bochinche** y avoir du raffut o du chahut ▸ **armar un bochinche** faire du tapage.

bochinchero, ra adj & sm, f AM [alborotador] tapageur(euse), chahuteur(euse).

bochorno sm **1.** [calor] chaleur *f* étouffante **2.** [vergüenza] ▸ **pasó un bochorno** il est devenu tout rouge.

bochornoso, sa adj **1.** [tiempo] étouffant(e) **2.** [vergonzoso] honteux(euse).

bocina sf **1.** [de coche] Klaxon® *m* **2.** [megáfono] porte-voix *m* **3.** AM [del teléfono] combiné *m*.

bocinazo sm coup *m* de Klaxon.

bocio sm goitre *m*.

bock (*pl* **bocks**) sm bock *m*.

boda sf mariage *m* ▸ **bodas de diamantes / oro / plata** noces *fpl* de diamants / d'or / d'argent.

bodega sf **1.** [gen] cave *f* à vin ; [bar] bar *m* à vin **2.** [en buque] cale *f* ; [en avión] soute *f* à bagages **3.** AM [comercio pequeño] épicerie *f* **4.** AM [almacén] magasin *m* **5.** AM [de comestibles] réserve *f*.

bodegón sm **1.** ARTE nature *f* morte **2.** [taberna] taverne *f*.

bodeguero, ra sm, f [dueño] caviste *mf* ; [encargado] sommelier *m*, -ère *f*.

bodrio sm *fam & despec* : ***es un bodrio*** **a)** [película, cosa, etc.] ça ne vaut rien **b)** [comida] c'est infâme.

body (*pl* **bodies** o **bodys**) sm body *m*.

bodyboard [boði'βorð] sm DEP bodyboard *m*.

BOE (***abr de*** **Boletín Oficial del Estado**) sm *Journal officiel espagnol* ; ≃ JO ▸ **publicado en el BOE** publié au BOE.

BOE

Le **Boletín Oficial del Estado** est le journal officiel de l'État espagnol dans lequel paraissent les lois, les décrets, les résultats de concours, les octrois de bourses et toute autre publication obligatoire. Les arrêts rendus par la Cour Constitutionnelle espagnole sont également publiés dans le bulletin officiel sous forme de fascicules indépendants. Tout texte paru au BOE a valeur d'acte officiel et authentique.

BoeNet sm *version en ligne du journal officiel espagnol*.

bofe ◆ sm *(gen pl) fam* [pulmón] mou *m sing* ▸ **echar el bofe** o **los bofes** **a)** [jadear] être à bout de souffle **b)** [trabajar] travailler dur. ◆ adj AM [desagradable] désagréable, lourd(e).

bofetada sf gifle *f* ▸ **darse de bofetadas con** **a)** ESP *fig* [no tener armonía, no pegar] jurer avec / ***este bolso se da de bofetadas con los zapatos*** ce sac jure avec les chaussures.

bofetón sm claque *f*.

bofia sf ESP *fam* ▸ **la bofia** les poulets *mpl*, les flics *mpl*.

boga sf [remo] nage *f* ▸ **estar en boga** être en vogue.

bogar [16] vi **1.** [remar] ramer **2.** [navegar] voguer.

bogavante sm homard *m*.

boggie, bogie ['boɣi] sm bogie *m*.

Bogotá, Santa Fe de Bogotá npr Bogotá, Santa Fe de Bogotá.

bogotano, na ◆ adj de Bogota. ◆ sm, f habitant *m*, -e *f* de Bogota.

bogue ⟶ **bogar**.

Bohemia npr Bohême *f*.

bohemio, mia ◆ adj **1.** [artista] bohème ; [vida] de bohème **2.** [de Bohemia] bohémien(enne). ◆ sm, f **1.** [artista] bohème *m* **2.** [de Bohemia] Bohémien *m*, -enne *f*. ◆ **bohemia** sf ▸ **la bohemia** la bohème.

bohío sm CARIB [vivienda] hutte *f*.

boicot (*pl* **boicots**), **boycot** (*pl* **boycots**) sm boycott *m*.

boicotear, boycotear vt boycotter.

boicoteo, boycoteo sm boycott *m*, boycottage *m*.

boina sf béret *m*.

boite ['bwat] (*pl* **boites**) sf boîte *f (discothèque)*.

boj (*pl* **bojes**) sm buis *m*.

bol sm bol *m*.

bola sf **1.** [gen] boule *f* ▸ **bola de cristal** boule de cristal ▸ **bola de nieve** boule de neige **2.** [canica] bille *f* **3.** *fam* [mentira] ▸ **contar bolas** raconter des bobards **4.** AM *fam* [rumor] racontar *m* **5.** AM *fam* [lío] ▸ **hacerse bolas** s'emmêler les pinceaux **6.** AM [betún] cirage *m* **7.** MÉX [reunión] foire *f* **8.** MÉX [riña] tumulte *m* **9.** CHILE [cometa] cerf-volant *m* rond **10.** EXPR› **andar como bola sin manija** BOL RP *fam* [desorientado] : ***terminó sus cursos y ahora anda como bola sin manija*** à présent que ses cours sont finis, il ne sait pas quoi faire ▸ **dar bola** RP *fam* faire attention ▸ **dar en bola** AM réussir, taper dans le mille ▸ **estar hecho bola** RP *mfam* être claqué o crevé ▸ **estar** o **meterse en bola** MÉX participer ▸ **ir a mi / tu / su bola** ESP *fam* : ***en el instituto él siempre iba a su bola*** au lycée il ne faisait que ce que bon lui semblait ▸ **no rascar** o **tocar bola** ESP *fam* ne rien ficher ▸ **parar bola** ANDES VEN *fam* faire attention. ◆ **bolas** sfpl ▸ **en bolas** *fam* à poil ▸ **tener bolas** RP *mfam* [coraje] avoir des couilles.

bolada sf AM *fam* occase *f*.

bolardo sm plot *m (empêchant le stationnement sur les trottoirs)*.

bolchevique adj & smf bolchevique.

bolchevismo sm bolchevisme *m*.

bolea sf DEP volée *f*.

boleador sm MÉX [persona] cireur *m* de chaussures.

boleadoras sfpl [instrumento] *arme de jet constituée de deux ou trois longues courroies terminées par des boules de pierre*.

bolear vt **1.** MÉX [calzado] cirer **2.** RP [arrojar] lancer *(les « boleadoras »)* **3.** RP *fig* [enredar] embrouiller. ◆ **bolearse** vprnl RP **1.** [equivocarse] se tromper **2.** [enredarse] s'embrouiller.

bolera sf bowling *m*.

bolería sf AM cireur *m* de chaussures *(boutique)*.

bolero sm **1.** MÚS boléro *m* **2.** AM cireur *m* de chaussures.

boleta sf **1.** [entrada] billet *m* d'entrée **2.** [vale] reçu *m* **3.** CUBA MÉX RP [en votación] bulletin *m* de vote **4.** CAM CSUR [multa] contravention *f*.

boletería sf AM [taquilla] guichet *m*.

boletero, ra sm, f AM **1.** [taquillero] guichetier *m*, -ère *f* **2.** [mentiroso] menteur *m*, -euse *f*.

boletín sm bulletin *m* ▸ **boletín de noticias** o **informativo** bulletin d'informations ▸ **boletín de prensa** communiqué *m* de presse ▸ **boletín de subscripción** bulletin d'abonnement ▸ **boletín meteorológico** bulletin météorologique.

boleto sm **1.** [de lotería, rifa] billet *m* ; [de quinielas] bulletin *m* ▸ **boleto de apuestas** bulletin de pari **2.** AM [de ferrocarril, avión] billet *m* ▸ **boleto de ida y vuelta** AM billet aller-retour ▸ **boleto redondo** MÉX billet aller-retour **3.** COL MÉX [de espectáculo] billet *m* **4.** RP DER ▸ **boleto de venta** contrat de vente **5.** EXPR **de boleto** MÉX *fam* [rápido] : *¡trae el pan, de boleto!* apporte le pain, et que ça saute ! ▸ **ser un boleto** RP *mfam* [ser fácil] être fastoche.

boli sm ESP *fam* stylo *m* à bille, Bic® *m*.

boliche sm **1.** [en la petanca] cochonnet *m* **2.** [bolera] boulodrome *m* **3.** CSUR [tienda] épicerie-buvette *f*, échoppe *f* **4.** CSUR [bar] bar *m*, bistrot *m* **5.** CAM [tabaco] mauvais tabac *m*.

bólido sm bolide *m* ▸ **ir como un bólido** *fam* & *fig* être à la bourre.

bolígrafo sm stylo-bille *m*.

bolillo sm **1.** [palo] fuseau *m* **2.** AM [panecillo] petit pain *m*.

bolinga ESP *fam* ❖ adj inv [borracho] beurré(e), bourré(e). ❖ sf [borrachera] cuite *f* ▸ **agarrar** o **pillar una bolinga** prendre une cuite.

bolita sf CSUR bille *f* ▸ **jugar a la bolita** jouer aux billes. ◆ **bolitas** sfpl AM billes *fpl*.

bolívar sm [moneda] bolivar *m*.

Bolivia npr Bolivie *f*.

boliviano, na ❖ adj bolivien(enne). ❖ sm, f Bolivien *m*, -enne *f*.

bollera sf *fam* & *despec* gouine *f*.

bollería sf **1.** [tienda] pâtisserie *f* **2.** [productos] viennoiserie *f*.

bollo sm **1.** [de pan] pain *m* au lait ; [dulce] ▸ **los bollos** la viennoiserie **2.** [abolladura] bosse *f* **3.** EXPR **ser un bollo** RP *fam* [fácil] être fastoche.

bolo sm **1.** [de juego] quille *f* **2.** AM *fam* [borracho] poivrot *m*. ◆ **bolos** smpl [juego] quilles *fpl*.

boloñesa sf sauce *f* bolonaise.

bolsa sf **1.** [gen] sac *m* ▸ **bolsa de basura** sac-poubelle *m* ▸ **bolsa de viaje** sac de voyage **2.** FIN Bourse *f* ▸ **bolsa de valores** Bourse des valeurs / *la bolsa baja / sube* la Bourse est en baisse / en hausse ▸ **jugar en bolsa** jouer en Bourse **3.** [cavidad] poche *f* ▸ **bolsa de petróleo** nappe *f* de pétrole **4.** AM [bolsillo] poche *f* ▸ **bolsa de dormir** sac *m* de couchage **5.** EXPR **una bolsa de gatos** AM un tohu-bohu ▸ **la bolsa negra** CHILE CUBA le marché noir ▸ **dejar bolsa** RP *fam* & *fig* écœurer ▸ **hacer bolsa** RP *fam* [romper] casser en mille morceaux. ◆ **bolsa de agua caliente** sf bouillotte *f*. ◆ **bolsa de trabajo** sf bourse *f* du travail.

bolsillo sm poche *f* ▸ **de bolsillo** [libro, etc.] de poche ▸ **meterse a alguien en el bolsillo** mettre qqn dans sa poche ▸ **rascarse el bolsillo** mettre la main au porte-monnaie.

bolsista smf **1.** COM courtier *m*, -ère *f* en Bourse **2.** CAM MÉX [ladrón] voleur *m*, -euse *f* à la tire.

bolsístico, ca adj FIN boursier(ère).

bolso sm ESP [de mujer] sac *m* (à main).

bolsón sm **1.** ANDES [de colegial] cartable *m* **2.** RP [de viaje] sac *m* de voyage **3.** ARG MÉX [valle] dépression *f*.

boludear vi RP *mfam* **1.** [bobear] faire des conneries **2.** [no hacer nada] glander.

boludez sf RP **1.** *vulg* [tontería] connerie *f* **2.** *mfam* [pereza] flemme *f*.

boludo, da sm, f RP **1.** *vulg* [tonto] con (conne), connard(asse) ▸ **hacerse el boludo** *mfam* faire le con **2.** *mfam* [perezoso] glandeur(euse).

bomba sf **1.** [explosivo] bombe *f* ▸ **bomba atómica** bombe atomique ▸ **bomba de cobalto** bombe au cobalt ▸ **bomba de mano** grenade *f* ▸ **bomba de neutrones** bombe à neutrons ▸ **bomba de relojería** bombe à retardement ▸ **bomba H** o **de hidrógeno** bombe H o à hydrogène ▸ **bomba lacrimógena** bombe o grenade lacrymogène ▸ **caer como una bomba** *fig* faire l'effet d'une bombe **2.** [máquina] pompe *f* ▸ **bomba hidráulica** pompe hydraulique **3.** AM [surtidor de gasolina] pompe *f* à essence **4.** AM [cometa] cerf-volant *m* rond **5.** ANDES *fam* [borrachera] cuite *f* **6.** RP [helado] bombe *f* glacée **7.** COL HOND RDOM [de jabón] bulle *f* **8.** EXPR **pasarlo bomba** ESP *fam* s'éclater.

bombacha sf RP **1.** [pantalón] pantalon *m* bouffant **2.** [bragas] culotte *f*.

bombachos smpl culotte *f* bouffante.

bombardear vt *pr* & *fig* bombarder.

bombardeo sm bombardement *m* ▸ **bombardeo aéreo / atómico** bombardement aérien / atomique.

bombardero, ra adj de bombardement. ◆ **bombardero** sm bombardier *m*.

Bombay npr Bombay.

bombazo sm **1.** [bomba] bombardement *m* **2.** *fig* [noticia] ▸ **ser un bombazo** faire l'effet d'une bombe.

bombear vt pomper.

bombeo sm **1.** [de líquido] pompage *m* **2.** [curvatura] bombement *m*.

bombero, ra sm, f pompier *m*.

bombilla sf ampoule *f* (électrique).

bombillo sm AM ampoule *f* (électrique).

bombín sm chapeau *m* melon.

bombita sf RP [de lámpara] ampoule *f*.

bombo sm **1.** [tambor] grosse caisse *f* **2.** EXPR **con mucho bombo, a bombo y platillo** en fanfare **› dar mucho bombo a** a) [algo] faire beaucoup de bruit autour de b) [alguien] ne pas tarir d'éloges sur **› estar con bombo** *fam* être enceinte jusqu'aux dents **› irse al bombo** RP [fracasar] échouer.

bombón sm **1.** [golosina] chocolat *m (bonbon)* **2.** [helado] Esquimau® *m* **3.** *fam* & *fig* [mujer] **› ser un bombón** être jolie comme un cœur.

> ⚠ **Bonbon** es un falso amigo, no significa *bombón*, sino "caramelo".

bombona sf **1.** [metálica] bonbonne *f* **› bombona de butano** bouteille *f* de gaz **2.** VEN [de vidrio, loza] bouteille *f*.

bombonera sf [caja] bonbonnière *f*.

bombonería sf confiserie *f*.

bonachón, ona *fam* ◆ adj bonhomme. ◆ sm, f brave homme *m*, brave femme *f*.

bonaerense ◆ adj de Buenos Aires. ◆ sm, f habitant *m*, -e *f* de Buenos Aires.

bonancible adj METEOR calme.

bonanza sf **1.** [de tiempo, mar] calme *m* plat **2.** [prosperidad] prospérité *f*.

bonapartismo sm bonapartisme *m*.

bondad sf bonté *f* **› tener la bondad de hacer algo** avoir la bonté de faire qqch.

bondadoso, sa adj bon (bonne) / *es bondadoso* il respire la bonté.

bonete sm [de eclesiástico] barrette *f*.

bongo, bongó sm bongo *m*.

boniato sm [tubérculo] patate *f* douce.

bonificación sf **1.** COM rabais *m* **2.** [del suelo] bonification *f*.

bonificar [10] vt **1.** COM faire un rabais de **2.** [el suelo] bonifier.

bonito, ta adj joli(e) ; [bueno] gentil(ille) **› niño bonito** chouchou *m*. ◆ **bonito** ◆ sm [pez] thon *m*. ◆ adv AM **1.** [bien] bien / *baila muy bonito* elle danse très bien **2.** [mucho] beaucoup / *ha crecido bonito* il a beaucoup grandi.

bono sm **1.** [vale] bon *m* d'achat **2.** COM [título] obligation *f* ; [del Tesoro] bon *m* **› bono basura** junk bond **› bono de caja** bon de caisse **› bono del Estado** obligation *f* d'État.

bonobús sm *coupon d'autobus valable pour dix trajets.*

bonoloto sf ≃ loto *m*.

bonometro sm *titre de transport valable pour dix trajets en métro ou en bus.*

bonotrén sm (carte *f* d')abonnement *m* de train.

bonsái sm BOT bonsaï *m*.

bonus (*pl* **bonus**) sm bonus *m*.

boñiga sf bouse *f*.

bonzo sm bonze *m*.

boogie-woogie [buɣi'βuɣi] (*pl* **boogie-woogies**) sm boogie-woogie *m*.

book ['buk] (*pl* **books**) sm [de artista, modelo] book *m*.

booleano, na adj MAT & INFORM booléen(enne).

boom sm boom *m*.

boomerang = **bumerán**.

boqueada sf dernier soupir *m* **› dar las últimas boqueadas** a) [persona, animal] agoniser b) [proceso, período] toucher à sa fin.

boquerón sm anchois *m (frais)*.

boquete sm [rotura] brèche *f*.

boquiabierto, ta adj **› estar boquiabierto** avoir la bouche ouverte **› quedarse boquiabierto** *fig* rester bouche bée.

boquilla sf **1.** [para fumar] fume-cigarette *m inv* **2.** [de pipa, aparato] tuyau *m* **3.** [de flauta] bec *m*. ◆ **de boquilla** loc adj *fam* [promesas, etc.] en l'air.

Borbón npr Bourbon **› los Borbones** les Bourbons.

borbónico, ca adj : *la dinastía borbónica* la dynastie des Bourbons.

borbotear, borbotar vi bouillonner.

borbotón sm **1.** bouillonnement *m* **2.** EXPR **a borbotones** a) [borbotando] à gros bouillons b) [en gran cantidad] à flots c) [de forma atropellada] avec précipitation / *hablaba a borbotones* elle parlait avec précipitation.

borda sf NÁUT **› por la borda** par-dessus bord **› tirar** o **echar por la borda** *fig* laisser tomber. ◆ **fuera borda** sm hors-bord *m*.

bordado, da adj **1.** brodé(e) **2.** EXPR **salir bordado** ESP être très réussi o parfait / *el discurso le salió bordado* son discours a été très réussi. ◆ **bordado** sm broderie *f*.

bordadura sf broderie *f*.

bordar vt **1.** [gen] broder **2.** [hacer bien] fignoler.

borde ◆ adj ESP *mfam* [antipático] con (conne) / *no seas borde y déjame ir* fais pas chier, laisse-moi y aller. ◆ smf *mfam* [antipático] conn *m*, conne *f*. ◆ sm bord *m* **› al borde de** *fig* au bord de.

bordear vt **1.** [estar alrededor de] border ; [moverse alrededor de] longer **2.** *fig* [rozar - años] friser ; [- éxito] frôler.

bordelés, esa ◆ adj bordelais(e). ◆ sm, f Bordelais *m*, -e *f*.

bordillo sm bord *m* ; [de acera, andén] bordure *f*.

bordo sm **1.** NÁUT bord *m* **› a bordo** à bord **2.** GUAT MÉX [muro] levée *f* de terre.

boreal adj boréal(e).

borgoña sm bourgogne *m*.

Borgoña npr Bourgogne *f*.

borgoñón, ona ❖ adj bourguignon(onne). ❖ sm, f Bourguignon *m*, -onne *f*.

bórico adj borique.

borla sf **1.** [adorno] pompon *m* **2.** [de licenciado] *pompon du bonnet des diplômés universitaires dont la couleur varie suivant la faculté*.

borne sm ELECTR pôle *m*.

boro sm bore *m*.

borra sf **1.** [lana basta] bourre *f* **2.** [pelusa] moutons *mpl*.

borrachera sf **1.** [embriaguez] ▸ **coger una borrachera** se soûler **2.** *fig* [emoción] ivresse *f*.

borrachín, ina sm, f *fam* poivrot *m*, -e *f*.

borracho, cha ❖ adj **1.** [ebrio] soûl(e) **2.** *fig* [emocionado] ▸ **borracho de** ivre de. ❖ sm, f [persona] ivrogne *mf*. ◆ **borracho** sm [bizcocho] baba *m* au rhum.

borrado sm INFORM suppression *f*.

borrador sm **1.** [escrito] brouillon *m* **2.** [de lápiz] gomme *f* ; [en pizarra] tampon *m* **3.** [cuaderno] cahier *m* de brouillon.

borraja sf bourrache *f*.

borrar vt **1.** [gen] effacer ; [con goma] gommer **2.** [tachar] rayer **3.** MÉX RP *fam* [no hacer caso a] ignorer. ◆ **borrarse** vprnl **1.** [desaparecer] s'effacer **2.** [olvidarse] : ***se me ha borrado su cara*** je ne me souviens plus de son visage.

borrasca sf tempête *f*.

borrascoso, sa adj orageux(euse).

borrego, ga sm, f **1.** [animal] agneau *m*, agnelle *f* **2.** *fam* & *despec* [persona] plouc *mf*.

borrico, ca sm, f *fam*, *pr* & *fig* âne *m*.

borriquero adj ⟶ **cardo**.

borriqueta sf tréteau *m*.

borrón sm [mancha] pâté *m* ▸ **hacer borrón y cuenta nueva** *fig* tourner la page, passer l'éponge.

borroso, sa adj [visión, fotografía] flou(e) ; [escritura, texto] à moitié effacé(e).

boscoso, sa adj boisé(e).

Bosnia npr Bosnie *f*.

Bosnia-Herzegovina npr Bosnie-Herzégovine *f*.

bosnio, nia ❖ adj bosniaque. ❖ sm, f Bosniaque *mf*.

bosque sm [pequeño] bois *m* ; [grande] forêt *f*.

bosquejar vt ébaucher, esquisser.

bosquejo sm **1.** [esbozo] ébauche *f*, esquisse *f* **2.** *fig* [de tema, situación] ▸ **hacer un bosquejo de algo** peindre qqch à grands traits.

bossa nova, bossa-nova ['bosa 'noβa] sf bossa-nova *f*.

bostezar [13] vi bâiller.

bostezo sm bâillement *m*.

bota sf **1.** [calzado] botte *f* ▸ **bota campera** camarguaise *f* ▸ **bota de agua o de goma o de lluvia** botte en caoutchouc ▸ **bota de montar** botte d'équitation **2.** [de vino] outre *f* **3.** EXPR **morir con las botas puestas** *fam* mourir en héros ▸ **ponerse las botas** *fam* **a)** [de comida] s'en mettre plein la lampe **b)** [en negocio] s'en mettre plein les poches.

botadura sf NÁUT lancement *m*.

botafumeiro sm encensoir *m*.

> **Botafumeiro**
>
> Le **botafumeiro** est l'encensoir de la cathédrale de Saint-Jacques-de-Compostelle, célèbre pour sa taille (1,80 m de haut environ). Il n'est actuellement utilisé que lors des festivités de la Saint-Jacques, mais il était autrefois destiné à purifier l'atmosphère raréfiée de la cathédrale, où se pressait la foule des pèlerins. L'encensoir d'origine était en argent, mais il disparut au XVe siècle durant la Reconquête et fut remplacé par un récipient de fer utilisé jusqu'en 1851, date à laquelle l'encensoir actuel fit son apparition.

botana sf AM amuse-gueule *m*.

botánico, ca ❖ adj botanique. ❖ sm, f botaniste *mf*. ◆ **botánica** sf botanique *f*.

botanista sm, f botaniste *mf*.

botar ❖ vt **1.** NÁUT lancer **2.** *fam* [despedir] virer **3.** [pelota] faire rebondir **4.** DEP : ***botar el córner*** tirer un corner **5.** AM [tirar] jeter. ❖ vi **1.** ESP [persona] sauter, bondir / ***botaba de alegría*** elle sautait de joie **2.** [pelota] rebondir **3.** EXPR **estar alguien que bota** *fam* être en rogne. ◆ **botarse** vprnl AM [tirarse] se jeter / ***botarse al río*** se jeter dans la rivière.

botarate sm **1.** *fam* & *despec* écervelé *m* **2.** AM [derrochador] gaspilleur *m*, -euse *f*.

botavara sf bôme *f*.

bote sm **1.** [recipiente - de lata] boîte *f* / ***¿estos guisantes son naturales o de bote?*** ce sont des petits pois frais ou en boîte ? ; [de plástico] flacon *m* / ***un bote de champú*** un flacon de shampooing ; [de porcelana, cerámica] pot *m* **2.** [barca] canot *m* ▸ **bote salvavidas** canot de sauvetage **3.** [propina] pourboire *m* **4.** [salto] bond *m* ▸ **dar botes de alegría** sauter de joie **5.** [de pelota] rebond *m* ▸ **dar botes** rebondir **6.** EXPR **chupar del bote** ESP *fam* être un profiteur, abuser ▸ **tener en el bote a alguien** avoir qqn dans la poche. ◆ **a bote pronto** loc adv au rebond ; *fig* [responder] du tac au tac. ◆ **de bote en bote** loc adv plein(e) à craquer.

⚠ Botte es un falso amigo, no significa *bote*, sino "bota".

botella sf bouteille *f* ▸ **botella de oxígeno a)** MED bouteille d'oxygène **b)** [de submarinista] bouteille de plongée.

botellazo sm coup *m* de bouteille.

botellero sm casier *m* à bouteilles.

botellín sm canette *f*.

botellón sm ESP *fam rassemblement de jeunes qui viennent se rencontrer dans la rue pour boire de l'alcool.*

botica sf *desus* ▸ **en la botica** chez l'apothicaire.

boticario, ria sm, f *desus* apothicaire *m*.

botijo sm cruche *f*.

botillería sf CHILE débit *m* de boissons, buvette *f*.

botín sm **1.** [de guerra, atraco] butin *m* **2.** [calzado] bottine *f*.

botiquín sm [mueble] armoire *f* à pharmacie ; [maletín] trousse *f* à pharmacie.

botón sm bouton *m (de fleur, vêtement).* ◆ **botones** sm inv [de hotel] groom *m* ; [de oficinas] garçon *m* de courses. ◆ **botón de muestra** sm exemple *m* ▸ **como botón de muestra** à titre d'exemple.

botonadura sf ▸ **la botonadura** les boutons *(d'un vêtement).*

Botsuana npr Bostwana *m*.

botsuanés, esa, botsuano, na ❖ adj bostwanais(e). ❖ sm, f Bostwanais *m*, -e *f*.

botulismo sm botulisme *m*.

bouillabaisse = **bullabesa**.

boulder sm DEP escalade *f* libre.

bouquet = **buqué**.

bourbon ['burbon] sm bourbon *m (alcool).*

boutique [bu'tik] sf boutique *f (de vêtements).*

bóveda sf voûte *f*. ◆ **bóveda celeste** sf voûte *f* céleste. ◆ **bóveda craneal** sf boîte *f* crânienne.

bóvidos smpl bovidés *mpl*.

bovino, na adj bovin(e). ◆ **bovinos** smpl bovins *mpl*.

bowling ['boulin] sm bowling *m*.

box (*pl* **boxes**) sm **1.** [de caballo] box *m* **2.** [de circuito automovilístico] stand *m* **3.** AM DEP boxe *f*.

boxeador, ra sm, f DEP boxeur *m*, -euse *f*.

boxear vi boxer.

boxeo sm boxe *f*.

boxer sm boxer *m*.

bóxer (*pl* **boxers**) sm [perro] boxer *m*.

boya sf **1.** [en el mar] bouée *f* **2.** [de red] flotteur *m*.

boyante adj [gen] heureux(euse) ; [negocio, economía] prospère, florissant(e) ; [situación, posición] brillant(e).

boycot = **boicot**.

boycotear = **boicotear**.

boycoteo = **boicoteo**.

boy scout ['bojes'kaut] (*pl* **boy scouts**) sm boy-scout *m*.

bozal sm **1.** [de perro] muselière *f* **2.** AM [de caballo] licol *m*.

bps (*abr de* **bits por segundo**) INFORM bps.

bracear vi **1.** [mover los brazos] remuer o agiter les bras **2.** [nadar] nager la brasse.

bracero sm **1.** [trabajador] manœuvre *m* **2.** AM [inmigrante] *émigré mexicain clandestin aux États-Unis.*

braga sf *(gen pl)* ESP **1.** [de mujer] culotte *f*, slip *m* **2.** [de bebé] couche *f*, couche-culotte *f* **3.** EXPR **estar hecho una braga** *fam* être crevé ▸ **pillar** o **coger en bragas** *fam* prendre par surprise / ***el profesor me pilló en bragas: no me sabía la lección*** le professeur m'a pris par surprise : je ne savais pas ma leçon.

bragazas *fam & despec* ❖ adj mollasse. ❖ sm chiffe *f* molle.

braguero sm bandage *m* herniaire.

bragueta sf braguette *f*.

braguetazo sm *fam* ▸ **dar el braguetazo** épouser une femme pour son argent.

brahmán sm brahmane *m*.

brahmanismo sm brahmanisme *m*.

braille ['braile] sm braille *m*.

brainstorming ['breins'tormin] sm brainstorming *m*.

bramante sm ficelle *f*.

bramar vi **1.** [animal, viento] mugir **2.** [persona - de dolor] hurler ; [- de ira] rugir.

bramido sm **1.** [de animal] mugissement *m* **2.** [de dolor] hurlement *m* ; [de ira] rugissement *m*.

brandy, brandi sm brandy *m*.

branquia sf *(gen pl)* branchie *f*.

brasa sf **1.** braise *f* ▸ **a la brasa** CULIN sur la braise **2.** EXPR **dar la brasa a alguien** ESP *fam* casser les pieds à qqn, gonfler qqn.

brasear vt cuire sur la braise.

brasero sm brasero *m*.

brasier, brassier sm AM soutien-gorge *m*.

Brasil npr ▸ **(el) Brasil** (le) Brésil.

brasileño, ña ❖ adj brésilien(enne). ❖ sm, f Brésilien *m*, -enne *f*.

brasilero, ra ❖ adj AM brésilien(enne). ❖ sm, f Brésilien *m*, -enne *f*.

Brasilia npr Brasilia.

Bratislava npr Bratislava.

bravata sf *(gen pl)* **1.** [amenaza] tentative *f* d'intimidation **2.** [fanfarronería] bravade *f*.

braveza sf bravoure *f*.

bravío, a adj [animal] sauvage ; [persona] indomptable.

bravo, va adj **1.** [persona] brave **2.** [animal] sauvage **3.** [mar] démonté(e) **4.** EXPR **a la brava** MÉX à la va-vite, n'importe comment / ***hizo la tarea a la brava*** il a fait ses devoirs n'importe comment ▸ **ponerse**

bravo CAm ANDES CARIB MÉX se mettre en colère / *Pedro se pone bravo muy rápido* Pedro se met très vite en colère ▸ **por las bravas** ESP de force.
◆ **bravo** ❖ sm [aplauso] bravo *m*.
❖ interj ▸ **¡bravo!** bravo !

bravucón, ona adj & sm, f bravache, fanfaron(onne).

bravuconada sf *despec* fanfaronnade *f*.

bravuconear vi *despec* fanfaronner.

bravuconería sf *despec* bravade *f*.

bravura sf **1.** [de persona] bravoure *f* **2.** [de animal] férocité *f*.

braza sf [medida & DEP] brasse *f*.

brazada sf brassée *f*, brasse *f*.

brazalete sm **1.** [en la muñeca] bracelet *m* **2.** [en el brazo] brassard *m*.

brazo sm **1.** [gen] bras *m* ▸ **a brazo partido** **a)** à bras raccourcis **b)** [con empeño] d'arrache-pied ▸ **cogidos del brazo** bras dessus bras dessous ▸ **con los brazos abiertos** à bras ouverts ▸ **llevar en brazos** porter dans ses bras ▸ **no dar su brazo a torcer** ne pas lâcher prise ▸ **quedarse** o **estarse con los brazos cruzados** rester les bras croisés ▸ **ser el brazo derecho de alguien** être le bras droit de qqn **2.** [de animal] patte *f* avant ; [de caballo] jambe *f*. ◆ **brazo de gitano** sm CULIN ≃ gâteau *m* roulé ; [para Navidad] ≃ bûche *f* de Noël glacée. ◆ **brazo de mar** sm bras *m* de mer.

brea sf brai *m*.

break ['brek] (*pl* **breaks**) sm [gen, DEP & MÚS] break *m* ▸ **hacer un break** DEP faire le break.

breakdance ['breikdans] sm breakdance *f*.

brear vt *fam* & *fig* ▸ **brear a palos** rouer de coups ▸ **brear a preguntas** bombarder de questions.

brebaje sm breuvage *m*.

brecha sf **1.** [abertura] brèche *f* ▸ **estar siempre en la brecha** *fig* être toujours sur la brèche **2.** *fig* [impresión] ▸ **hacer brecha en alguien** ébranler qqn.

brécol sm brocoli *m*.

brega sf [lucha] lutte *f*.

bregar [16] vi **1.** [reñir] se battre **2.** [trabajar] trimer **3.** *fig* [luchar] se démener.

Bretaña npr Bretagne *f*.

brete sm **1.** [apuro, dificultad] embarras *m* ▸ **estar / poner en un brete** *fig* être/mettre dans l'embarras **2.** RP [para ganado] enclos *m*.

bretón, ona ❖ adj breton(onne). ❖ sm, f Breton *m*, -onne *f*.

breva sf **1.** [fruta] figue *f* **2.** [cigarro] cigare *m* aplati **3.** [suerte] veine *f* ▸ **¡no caerá esa breva!** ESP *fam* ce serait trop beau !

breve ❖ adj bref (brève) ▸ **en breve** [pronto] d'ici peu. ❖ sf MÚS brève *f*.

brevedad sf brièveté *f* ▸ **a** o **con la mayor brevedad** dans les plus brefs délais.

brevemente adv brièvement.

breviario sm **1.** RELIG bréviaire *m* **2.** [compendio] abrégé *m*.

brezal sm [terreno] bruyère *f*.

brezo sm [plante] bruyère *f*.

bribón, ona sm, f vaurien *m*, -enne *f*.

bribonada sf mauvais tour *m*.

bricolaje, bricolage sm bricolage *m*.

bricolajear vt *fam* [aparato, programa] bidouiller / *desde que anduvo bricolajeando, ya no se ve la tele* depuis qu'il a bidouillé la télé, on n'a plus d'image.

bricolajedor, ra sm, f *fam* bidouilleur *m*, -euse *f*.

bricolar vi bricoler.

brida sf bride *f*.

bridge sm bridge *m (jeu)*.

briefing ['brifin] sm briefing *m*.

brigada ❖ sm MIL ≃ adjudant *m*.
❖ sf brigade *f* ▸ **brigada antidisturbios** ≃ CRS *mpl* ▸ **brigada antidroga** brigade des stupéfiants ▸ **brigada de limpieza** équipe *f* de nettoyage.

brigadier sm brigadier *m*.

brik (*pl* **briks**) sm tetrabrik *m* / *un brik de leche* une brique de lait.

brillante ❖ adj **1.** [gen] brillant(e) **2.** [sonrisa] radieux(euse). ❖ sm brillant *m (diamant)*.

brillantez sf *fig* splendeur *f*.

brillantina sf brillantine *f*.

brillar vi *pr* & *fig* briller.

brillo sm éclat *m* ▸ **sacar brillo** astiquer.

brilloso, sa adj AM brillant(e).

brincar [10] vi sauter ▸ **brincar de alegría** sauter de joie ▸ **estar alguien que brinca** ESP **a)** [de cólera] être remonté **b)** [de alegría] ne plus se tenir de joie.

brinco sm **1.** [salto] bond *m* **2.** EXPR **en un brinco** *fig* en vitesse ▸ **ponerse al brinco** MÉX *fam* rouspéter.

brindar ❖ vi trinquer ▸ **brindar por algo / alguien** porter un toast à qqch/qqn ▸ **brindar a la salud de alguien** boire à la santé de qqn. ❖ vt offrir. ◆ **brindarse** vprnl ▸ **brindarse a hacer algo** offrir de faire qqch.

brindis sm inv toast *m*.

brinque ⟶ **brincar**.

brío sm [al andar] allant *m* ; [al trabajar] entrain *m*.

brioche [brioʃ] sm brioche *f*.

brioso, sa adj [persona] élégant(e) ; [caballo] fringant(e).

brisa sf brise *f*.

británico, ca ❖ adj britannique.
❖ sm, f Britannique *mf*.

brizna sf [gen] brin *m* ; [de aire] souffle *m*.

broca sf mèche *f (outil)*.

brocado, da adj broché(e).
◆ **brocado** sm broché *m* ; [de seda] brocart *m*.

brocal sm margelle *f*.

brocha sf brosse *f (de peintre)* ▸ **brocha de afeitar** blaireau *m*.

brochazo sm coup *m* de pinceau.

broche sm **1.** [cierre - de ropa] agrafe *f* ; [- de joya] fermoir *m* **2.** [joya] broche *f* ▸ **broche de oro a)** *fig* [de carrera, etc.] couronnement *m* **b)** [de espectáculo, etc.] bouquet *m* final **3.** ARG MÉX URUG [para el cabello] barrette *f*.

brocheta sf brochette *f*.

brócoli, bróculi sm brocoli *m*.

broker ['broker] (*pl* **brokers**) sm FIN agent *m* de change.

broma sf [ocurrencia, chiste] plaisanterie *f* ; [jugarreta] farce *f* ▸ **en broma** pour rire ▸ **gastar una broma a alguien** faire une farce à qqn ▸ **tomar algo a broma** rire de qqch ▸ **broma de mal gusto** plaisanterie de mauvais goût ▸ **broma pesada** mauvaise plaisanterie ▸ **ni en broma** *fig* jamais de la vie.

bromazo sm grosse plaisanterie *f*.

bromear vi plaisanter.

bromista adj & smf farceur(euse).

bromo sm QUÍM brome *m*.

bromuro sm bromure *m*.

bronca sf ⟶ **bronco**.

bronce sm bronze *m*.

bronceado, da adj bronzé(e).
◆ **bronceado** sm bronzage *m*.

bronceador, ra adj bronzant(e).
◆ **bronceador** sm crème *f* solaire.

broncear vt bronzer. ◆ **broncearse** vprnl se faire bronzer.

bronco, ca adj **1.** [material] grossier(ère) **2.** [voz, sonido, tos] rauque **3.** *fig* [persona, modales] rustre. ◆ **bronca** sf **1.** [riña] bagarre *f* ▸ **buscar bronca** chercher la bagarre / *se armó (una) bronca* il y a eu de la bagarre **2.** ESP *fam* [reprimenda] savon *m* ▸ **echar una bronca a alguien** passer un savon à qqn / *¡vaya bronca por llegar tarde!* quel savon pour un simple retard ! **3.** [abucheo] huées *fpl* **4.** AM *fam* ▸ **me da bronco** ça me rend dingue. ◆ **broncas** sm, f ▸ **ser un broncas** ESP *fam* être une brute / *ten cuidado con él, que es un broncas* fais attention à lui, c'est une brute.

bronquial adj bronchique / *una enfermedad bronquial* une maladie des bronches.

bronquio sm bronche *f*.

bronquitis sf inv bronchite *f*.

broquel sm *pr* & *fig* bouclier *m*.

brotar vi **1.** [planta] pousser **2.** [líquido] jaillir **3.** *fig* [sentimiento] naître **4.** [granos, etc.] sortir.

brote sm **1.** [yema] bourgeon *m* **2.** *fig* [inicios] premiers signes *mpl*.

broza sf **1.** [maleza] broussailles *fpl*, feuilles *fpl* mortes **2.** [desperdicios] saletés *fpl* **3.** *fig* [relleno] remplissage *m*.

bruces ◆ **de bruces** loc adv à plat ventre ▸ **caerse de bruces** s'étaler de tout son long ▸ **darse de bruces con alguien / algo** tomber sur qqn / qqch.

bruja sf ⟶ **brujo**.

Brujas npr Bruges.

brujería sf sorcellerie *f*.

brujo, ja ❖ adj ensorceleur(euse). ❖ sm, f sorcier *m*, -ère *f*. ◆ **bruja** ❖ sf **1.** [mujer fea] laideron *m* ▸ **estar hecha una bruja** être épouvantable **2.** [mujer mala] mégère *f*. ❖ adj inv AM *fam* à sec *(sans argent)*.

brújula sf boussole *f* ▸ **perder la brújula** *fig* perdre le nord.

brulote sm AM **1.** [dicho] propos *m* blessant, injure *f* **2.** [en prensa] libelle *m*, brûlot *m*.

bruma sf [niebla] brume *f*.

brumoso, sa adj brumeux(euse).

brunch [brantʃ] sm brunch *m* ▸ **comer el brunch** bruncher.

Brunei npr Brunei.

bruñido sm brunissage *m*.

bruñir vt [metal] brunir ; [madera] polir.

brusco, ca adj brusque.

Bruselas npr Bruxelles.

bruselense ❖ adj bruxellois(e).
❖ sm, f Bruxellois *m*, -e *f*.

brusquedad sf **1.** [imprevisión] soudaineté *f* **2.** [grosería] brusquerie *f* ▸ **con brusquedad** brusquement.

brut adj inv [champán] brut.

brutal adj **1.** [violento] brutal(e) **2.** *fam* [extraordinario] super.

brutalidad sf **1.** [brusquedad] brutalité *f* ▸ **es una brutalidad** c'est inhumain **2.** [estupidez] ânerie *f*.

brutalizar [13] vt brutaliser.

bruto, ta ❖ adj **1.** [torpe, bestia] lourdaud(e) ; [mal educado] rustre **2.** [petróleo, sueldo, etc.] brut(e) ▸ **en bruto** brut. ❖ sm, f [torpe, bestia] brute *f*.

Bs.As. (*abr de* **Buenos Aires**) npr Buenos Aires.

BSO (*abr escrita de* **banda sonora original**) sf BO *f* *(bande originale)*.

bss, bboo (*abr escrita de* **besos**) SMS biz *(bises)*.

bucal adj buccal(e).

bucanero sm boucanier *m*.

Bucarest npr Bucarest.

buceador, ra sm, f plongeur *m*, -euse *f*.

bucear vi faire de la plongée sous-marine ▸ **bucear en a)** *fig* [asunto, cuestión] se plonger dans **b)** [pasado] fouiller dans.

buceo sm plongée *f* (sous-marine).

buche sm **1.** [gen] jabot *m* **2.** *fam* [de persona] panse *f*.

bucle sm **1.** [gen & INFORM] boucle *f* **2.** [de carretera] virage *m* en épingle à cheveux.

bucodental adj buccodentaire.

bucólico, ca adj **1.** [campestre] champêtre **2.** LITER bucolique.

Buda npr Bouddha.

Budapest npr Budapest.
budín sm pudding *m*.
budismo sm bouddhisme *m*.
budista adj & smf bouddhiste.
buen ⟶ **bueno**.
buenamente adv : *haz lo que buenamente puedas* fais tout ton possible.
buenaventura sf **1.** [adivinación] bonne aventure *f* **2.** [suerte] destin *m*.

bueno, na

(***mejor*** *es el compar y el superl de* ***bueno***; ***óptimo*** *es el superl irregular)*

❖ adj *(delante de sm sing:* ***buen****)*

1. [gen] bon (bonne) / *un hombre bueno* un homme bon / *un buen cuchillo* un bon couteau / *una buena siesta* une bonne sieste ▸ **ser bueno con alguien** être gentil avec qqn
2. [tranquilo] sage ▸ **un niño bueno** un enfant sage
3. [curado, sano] ▸ **estar bueno** être en bonne santé
4. [tiempo, clima] ▸ **hace buen día o tiempo** il fait beau
5. *fam* [atractivo] *está bueno* il est canon
6. [uso enfático] *ese buen hombre* ce brave homme ▸ **un buen día** un beau jour
7. EXPR **a o por las buenas** de bon gré ▸ **de buenas a primeras** a) [de repente] tout à coup b) [a primera vista] de prime abord ▸ **estar de buenas** être de bonne humeur ▸ **estaría bueno que…** il ne manquerait plus que… ▸ **librarse de una buena** l'échapper belle ▸ **lo bueno es que…** la meilleure c'est que… ▸ **poner bueno a alguien** *fam & irón* ne pas épargner qqn ▸ **¡qué bueno!** AM formidable ! / *¡qué bueno que terminaste las clases!* c'est formidable que tes cours soient terminés ! ▸ **ser de buen ver** être bien de sa personne
◆ **buena** sf ▸ **estar en la buena** AM *fam* être veinard.
◆ **buenas** interj ▸ **¡buenas!** bonjour !
◆ **bueno** ❖ adv bon. ❖ interj AM ▸ **¿bueno?** [al teléfono] allô ?

Buenos Aires npr Buenos Aires.
buey sm **1.** [mamífero] bœuf *m* **2.** MÉX *fam* [hombre] vieux *m*, vieille *f* / *¿vamos, buey?* on y va, mon vieux ? **3.** EXPR **hablar de bueyes perdidos** RP parler pour ne rien dire ▸ **saber con qué bueyes se ara** RP savoir avec qui l'on traite.
bueyada sf AM troupeau *m* de bœufs.
búfalo sm buffle *m*.
bufanda sf écharpe *f*.
bufar vi **1.** [toro] souffler ; [caballo] s'ébrouer **2.** *fig* [persona] fulminer.
bufé, buffet (*pl* **buffets**) sm buffet *m (de réception)*.
bufete sm cabinet *m* (d'avocats).
buffer ['bafer] (*pl* **buffers**) sm INFORM mémoire *f* tampon.
buffet = **bufé**.
bufido sm **1.** [de animal] soufflement *m* **2.** *fam* [de persona] gueulante *f* ▸ **lanzar un bufido** pousser une gueulante.
bufo, fa adj **1.** [gracioso] cocasse **2.** MÚS bouffe.
◆ **bufo** sm MÚS [à l'opéra] personnage *m* comique.
bufón, ona adj bouffon(onne).
◆ **bufón** sm bouffon *m*.
bufonada sf bouffonnerie *f*.
bug ['buk] (*pl* **bugs**) sm bug *m*.
buga sm *fam* caisse *f*.
buganvilla sf bougainvillée *f*.
bugui bugui sm boogie-woogie *m*.
buhardilla sf **1.** [desván] mansarde *f* **2.** [ventana] lucarne *f*.
búho sm hibou *m*.
buhonero, ra sm, f colporteur *m*, -euse *f*.
buitre sm **1.** [ave] vautour *m* **2.** *fig* [persona] requin *m*.
bujía sf AUTO bougie *f*.
bula sf RELIG bulle *f*.
bulbo sm BOT & ANAT bulbe *m* ▸ **bulbo raquídeo** bulbe rachidien.
buldog (*pl* **buldogs**), **bulldog** (*pl* **bulldogs**) [bul'doɣ] sm bouledogue *m*.
buldozer (*pl* **buldozers**), **bulldozer** (*pl* **bulldozers**) [bul'doθer] sm bulldozer *m*.
bulerías sfpl *chant et danse populaires d'Andalousie*.
bulevar (*pl* **bulevares**) sm boulevard *m*.
Bulgaria npr Bulgarie *f*.
búlgaro, ra ❖ adj bulgare. ❖ sm, f Bulgare *mf*.
◆ **búlgaro** sm [lengua] bulgare *m*.
bulimia sf boulimie *f*.
bulímico, ca ❖ adj boulimique / *trastorno bulímico* trouble boulimique. ❖ sm, f boulimique *mf*.
bulín sm AM garçonnière *f*.
bulla sf [jaleo] raffut *m* ▸ **armar bulla** faire du raffut.
bullabesa, bouillabaisse [buja'βes] sf bouillabaisse *f*.
bulldog = **buldog**.
bulldozer = **buldozer**.
bullicio sm [ruido] brouhaha *m* ; [multitud] agitation *f*.
bullicioso, sa ❖ adj **1.** [ruidoso, agitado] animé(e) **2.** [inquieto] turbulent(e). ❖ sm, f nerveux *m*, -euse *f*.
bullir vi **1.** [hervir] bouillir ; [burbujear] bouillonner **2.** *fig* [multitud] grouiller, fourmiller.
bulo sm bruit *m* / *corren bulos sobre…* des bruits courent sur….
bulto sm **1.** [gen] bosse *f* ▸ **a bulto** en gros ▸ **de bulto** [error, etc.] monumental(e) / *es de bulto que…* il est évident que… ▸ **hacer mucho bulto** prendre beaucoup de place **2.** [forma imprecisa] masse *f* ; [de persona] silhouette *f* **3.** [equipaje] paquet *m* ▸ **bulto de mano** ba-

gage *m* à main **4.** EXPR **escurrir el bulto a)** [trabajo] se dérober **b)** [cuestión] éluder la question.

bumerán (*pl* **bumerans**), **boomerang** [bume'ran] (*pl* **boomerangs**) sm boomerang *m*.

bungaló = **bungalow**.

bungalow [buŋga'lo] (*pl* **bungalows**), **bungaló** sm bungalow *m*.

búnquer (*pl* **búnquers**), **bunker** (*pl* **bunkers**) sm **1.** [refugio] bunker *m* **2.** *fig* POLÍT *faction conservatrice d'un parti*.

buñuelo sm **1.** CULIN beignet *m* ▸ **buñuelo de bacalao / de seso** beignet de morue/de cervelle d'agneau ▸ **buñuelo de viento** pet-de-nonne *m* **2.** *fig* [cosa mal hecha] horreur *f*.

buque sm **1.** navire *m* ▸ **buque de carga** cargo *m* ▸ **buque de guerra** navire *m* de guerre ▸ **buque de pasajeros** paquebot *m* **2.** EXPR **tomarse el buque** RP *fam* faire l'école buissonnière.

buqué, **bouquet** [bu'ke] (*pl* **bouquets**) sm bouquet *m (du vin)*.

burbuja sf bulle *f* ▸ **burbuja inmobiliaria** ECON bulle immobilière.

burbujear vi faire des bulles, pétiller.

burbujeo sm bouillonnement *m*.

burdel sm bordel *m*.

burdeos adj inv & sm inv bordeaux.

Burdeos npr Bordeaux.

burdo, da adj grossier(ère).

burgalés, esa ◆ adj de Burgos. ◆ sm, f *natif ou habitant de Burgos*.

burger ['burger] (*pl* **burgers**), **búrguer** (*pl* **burguers**) sm *fam* fast-food *m*.

burgo sm bourg *m*.

Burgos npr Burgos.

burgués, esa adj & sm, f bourgeois(e).

burguesía sf bourgeoisie *f* ▸ **alta burguesía** haute bourgeoisie.

burka sm burqa *f*.

Burkina Faso npr Burkina *m*.

burla sf **1.** [mofa] moquerie *f* ▸ **hacer burla de algo / alguien** se moquer de qqch/qqn **2.** [broma] plaisanterie *f* **3.** [engaño] escroquerie *f*.

burladero sm TAUROM *panneau de bois derrière lequel le torero peut se réfugier*.

burlador sm don Juan *m*.

burlar vt **1.** [engañar] tromper **2.** [esquivar - vigilancia] déjouer ; [- ley] contourner ▸ **burla burlando** *fig* mine de rien. ◆ **burlarse** vprnl ▸ **burlarse de** se moquer de.

burlesco, ca adj LITER burlesque ; [tono] moqueur(euse).

burlete sm bourrelet *m (de porte, de fenêtre)*.

burlón, ona adj moqueur(euse).

buró sm **1.** [escritorio & POLÍT] bureau *m* **2.** AM [mesilla de noche] table *f* de nuit.

burocracia sf bureaucratie *f*.

burócrata smf bureaucrate *mf*.

burocrático, ca adj bureaucratique.

burocratización sf bureaucratisation *f*.

burocratizar [13] vt bureaucratiser.

burofax® sm *service de télécopie disponible dans les bureaux de poste*.

burrada sf **1.** [dicho, hecho] ânerie *f* **2.** ESP *fam* [cantidad] : ***hay una burrada de gente*** il y a vachement de monde / ***cobran una burrada*** ils touchent un fric monstre.

burrito sm **1.** [animal] ânon *m*, bourricot *m* **2.** MÉX CULIN burrito *m*.

burro, rra ◆ adj [necio] bête. ◆ sm, f **1.** [animal] âne *m*, ânesse *f* ▸ **no quiere apearse** o **bajarse del burro** *fam* il ne veut pas en démordre ▸ **no ver tres en un burro** *fam* être myope comme une taupe ▸ **vender la burra a alguien** *fam* vendre sa salade à qqn **2.** [necio] âne *m* **3.** *fig* [trabajador] ▸ **ser un burro para el trabajo** travailler comme une bête ▸ **burro de carga a)** bête *f* de somme **b)** *fig* bourreau *m* de travail **4.** AM [persona que transporta drogas] fourmi *f*.
◆ **burro** sm MÉX [para planchar] planche *f* à repasser.

bursátil adj boursier(ère).

burundés, esa ◆ adj burundais(e).
◆ sm, f Burundais *m*, -e *f*.

Burundi npr Burundi *m*.

bus sm AUTO & INFORM bus *m*.

busca ◆ sf recherche *f* ▸ **en busca de a)** [algo] en quête de **b)** [alguien] à la recherche de ▸ **andar a la busca** *fig* se débrouiller. ◆ sm inv = **buscapersonas**.

buscador, ra sm, f chercheur *m*, -euse *f* ▸ **un buscador de oro** un chercheur d'or.
◆ **buscador** sm [en Internet] moteur *m* de recherche.

buscapersonas, **busca** sm inv bip *m*.

buscapiés sm inv serpenteau *m (pièce d'artifice)*.

buscapleitos sm, f inv MÉX *fam* chamailleur *m*, -euse *f*.

buscar [10] ◆ vt **1.** [gen] chercher ▸ **buscarle la vuelta a algo** RP chercher la façon de faire quelque chose **2.** INFORM rechercher. ◆ vi ▸ **ir / venir / pasar a buscar a alguien / algo** aller/venir/passer chercher qqn/qqch.

buscavidas smf inv *fam* **1.** [ambicioso] débrouillard *m*, -e *f* **2.** [entrometido] fouinard *m*, -e *f*.

buscón, ona sm, f ▸ **es un buscón** il vit d'expédients.
◆ **buscona** sf *fam* fille *f* de joie.

buseta sf COL CRICA ECUAD VEN [transporte] minibus *m*.

busque ⟶ **buscar**.

búsqueda sf recherche *f*.

busto sm buste *m*.

butaca sf **1.** [mueble] fauteuil *m* **2.** [localidad] place *f* ▸ **butaca (de patio)** fauteuil *m* d'orchestre.

butacón sm grand fauteuil *m*.

butanero sm *fam* livreur *m* de gaz à domicile.

butano sm **1.** [gas] gaz *m* (butane) **2.** ESP [color] orange *m* / ***lo pintaron en butano y negro*** ils l'ont peint en orange et noir.

buten ◆ **de buten** loc adj *mfam* délirant(e).

butifarra sf saucisse *f* ▸ **butifarra catalana** *saucisse catalane.*

butrón sm *fam ouverture pratiquée dans un mur dans le but de commettre un vol.*

buzo sm **1.** [buceador] plongeur *m* **2.** [ropa] bleu *m* de travail.

buzón sm **1.** boîte *f* aux lettres ▸ **buzón electrónico** boîte aux lettres électronique ▸ **buzón de voz** boîte vocale **2.** EXPR **comprar un buzón** RP *fam* gober n'importe quoi / ***no entiende nada del tema, es capaz de comprar un buzón*** il n'y comprend rien, il goberait n'importe quoi ▸ **vender un buzón** RP *fam* faire gober / ***no entiende nada del tema, igual le venden un buzón y no se da cuenta*** il n'y connaît rien, on lui fait gober n'importe quoi, il ne s'en rend même pas compte.

buzonear vi *distribuer de la publicité dans les boîtes aux lettres.*

buzoneo sm *dépôt de matériel publicitaire dans les boîtes aux lettres.*

buzz [baz] sm buzz *m* ▸ **buzz marketing** buzz marketing ▸ **generar un buzz** buzzer / ***un clip que ha generado un buzz en la Red*** un clip qui fait buzzer la Toile.

bypass [bai'pas] sm MED prothèse *f* artérielle.

byte ['bait] sm INFORM octet *m*.

C

c, **C** [θe] sf [letra] c *m inv*, C *m inv*.

c., **c /** (*abr escrita de* **calle**) r.

c / *abr escrita de* **cuenta**.

cabal adj **1.** [persona] accompli(e) **2.** [cantidad] exact(e) ; [tiempo] juste. ◆ **cabales** smpl ▸ **no estar en sus cabales** *fig* ne pas avoir toute sa tête.

cábala sf **1.** [doctrina] cabale *f* **2.** *(gen pl)* [conjeturas] conjecture *f* ▸ **hacer cábalas** se perdre en conjectures.

cabalgadura sf monture *f (bête)*.

cabalgar [16] vi chevaucher.

cabalgata sf **1.** [desfile] chevauchée *f* **2.** AM [paseo] promenade *f* / *iremos de cabalgata todo el día* nous partons en promenade toute la journée. ◆ **cabalgata de los Reyes Magos** sf ESP *défilé de chars ayant lieu le 5 janvier, avec des personnes déguisées en Rois mages.*

cabalista adj & smf kabbaliste, cabaliste.

cabalístico, ca adj **1.** RELIG kabbalistique **2.** [oculto] cabalistique. ◆ **cabalística** sf **1.** RELIG kabbale *f* **2.** [ciencia oculta] cabale *f*.

caballa sf ZOOL maquereau *m*.

caballada sf AM *fam* ânerie *f*, bêtise *f*.

caballar adj chevalin(e) / *una cría caballar* un élevage de chevaux.

caballeresco, ca adj [persona, modales] chevaleresque ; [torneo] de chevaliers ; [literatura] de chevalerie.

caballería sf **1.** [animal] monture *f* **2.** MIL cavalerie *f* **3.** [nobleza] chevalerie *f*.

caballeriza sf écurie *f*.

caballerizo sm garçon *m* d'écurie ▸ **el caballerizo del rey** le grand écuyer.

caballero ◈ adj [cortés] galant(e). ◈ sm **1.** [hombre cortés] gentleman *m* ▸ **ser todo un caballero** être un vrai gentleman **2.** [señor] monsieur *m* ▸ **'caballeros'** [en aseos] 'messieurs' ▸ **de caballero** [ropa] pour homme **3.** [noble] chevalier *m* ▸ **caballero andante** chevalier errant.

caballerosidad sf galanterie *f*.

caballeroso, sa adj [persona] galant(e) ; [modales] courtois(e).

caballete sm **1.** [de mesa] tréteau *m* **2.** [de lienzo] chevalet *m* **3.** [de nariz] arête *f* **4.** [de tejado] faîte *m*.

caballito sm petit cheval *m* ▸ **caballito de totora** AM *pirogue en jonc d'origine précolombienne.* ◆ **caballitos** smpl manège *m* (de chevaux de bois). ◆ **caballito de mar** sm hippocampe *m*.

caballo sm **1.** [animal] cheval *m* ▸ **a caballo regalado no le mires los dientes** o **el dentado** *prov* à cheval donné on ne regarde pas la bride ▸ **montar a caballo** faire du cheval ▸ **caballo de raza** cheval de race ▸ **caballo pura sangre** pur-sang *m inv* **2.** [de ajedrez] cavalier *m* **3.** [naipe] *l'une des cartes du jeu espagnol* ; ≃ dame *f* ; [tarot] cavalier *m* **4.** *mfam* [heroína] héro *f* **5.** EXPR **estar a caballo entre** être à cheval sur. ◆ **caballo de vapor** sm cheval-vapeur *m*. ◆ **caballo marino** sm hippocampe *m*.

cabaña sf **1.** [choza] cabane *f* **2.** [ganado] cheptel *m*.

cabaré (*pl* **cabarés**), **cabaret** (*pl* **cabarets**) sm cabaret *m*.

cabaretera sf danseuse *f* de cabaret.

cabecear vi **1.** [con la cabeza] hocher la tête **2.** [dormir] dodeliner de la tête **3.** [en fútbol] faire une tête **4.** [vehículo] bringuebaler ; [barco] tanguer.

cabeceo sm **1.** [de cabeza] hochement *m* de tête **2.** [de vehículo] cahots *mpl* ; [de barco] tangage *m*.

cabecera sf **1.** [de cama] chevet *m* **2.** [lugar de preferencia] place *f* d'honneur **3.** [de escrito, texto] en-tête *m* ; [de periódico] manchette *f* **4.** [de río] source *f*.

cabecilla smf meneur *m*, -euse *f*.

cabellera sf chevelure *f*.

cabello sm **1.** [pelo] cheveu *m* **2.** [cabellera] cheveux *mpl*. ◆ **cabello de ángel** sm [dulce] *confiture de citrouille utilisée en pâtisserie* ; [fideo] cheveu *m* d'ange.

cabelludo, da adj chevelu(e).

caber [54] vi **1.** [gen] rentrer, tenir / *la maleta no cabe en el armario* la valise ne rentre pas dans l'armoire / *detrás caben tres* on tient à trois derrière / *no cabe nadie más* il n'y a plus de place ▸ **no caber en sí de** [alegría, etc.] déborder de **2.** [ser bastante ancho] aller / *no me caben los pantalones* ce pantalon est trop petit pour moi **3.** [ser posible] ▸ **cabe la posibilidad de que…** il est possible que… / *cabe preguntarse si…* on peut se demander si… ▸ **dentro de lo que cabe** a) [dentro de lo posible] autant que possible b) [después de todo] l'un dans l'autre **4.** MAT : *diez entre dos caben a cinco* dix divisé par deux égale cinq.

cabestrante = **cabrestante**.

cabestrillo ◆ **en cabestrillo** loc adj en écharpe.

cabestro sm **1.** [cuerda] licou *m* **2.** [animal] sonnailler *m*.

cabeza sf **1.** [gen] tête *f* ▸ **actuar con cabeza** agir avec discernement ▸ **a la** o **en cabeza** à la o en tête ▸ **alzar** o **levantar cabeza** s'en sortir ▸ **andar** o **estar mal de la cabeza** ne pas tourner rond ▸ **bajar** o **doblar alguien la**

cabeza baisser o courber la tête ▸ **cabeza arriba/abajo** la tête en haut/en bas ▸ **cabeza lectora** tête de lecture ▸ **darle a alguien por la cabeza** RP *fam* traiter qqn de tous les noms ▸ **de cabeza** la tête la première ▸ **estar de la cabeza** RP *fam* être cinglé ▸ **ir o andar de cabeza** ESP *fam* ne pas savoir où donner de la tête / *anda de cabeza por ganar dinero* il ne sait plus quoi faire pour gagner de l'argent ▸ **ir de cabeza a** *fig* courir vers ▸ **jugarse la cabeza** RP *fam* donner sa tête à couper ▸ **llevar de cabeza a alguien** ESP *fam* donner beaucoup de souci à qqn ▸ **más vale ser cabeza de ratón que cola de león** mieux vaut être le premier dans son village que le second à Rome ▸ **meterle algo en la cabeza a alguien** mettre qqch dans la tête de qqn / *se le ha metido en la cabeza que...* il s'est mis dans la tête que... / *no se le pasó por la cabeza que...* ça ne lui est pas venu à l'esprit que... ▸ **perder la cabeza** perdre la tête ▸ **quebrarse la cabeza** MÉX se casser la tête, se creuser la tête o la cervelle ▸ **romperse la cabeza** se casser la tête ▸ **sentar la cabeza** se ranger / *se le subió a la cabeza* ça lui est monté à la tête ▸ **tener mucha cabeza** avoir la tête sur les épaules ▸ **tirarse de cabeza (a)** plonger (dans) ▸ **traer a alguien de cabeza** ESP rendre qqn fou (folle) **2.** [jefe] chef *m* ▸ **cabeza de familia** chef de famille **3.** [ciudad] ville *f* principale ; [de distrito] chef-lieu *m* ▸ **cabeza de partido** ≃ chef-lieu d'arrondissement. ◆ **cabeza de ajo** sf tête *f* d'ail. ◆ **cabeza de chorlito** sm tête *f* de linotte. ◆ **cabeza de lista** sm POLÍT tête *f* de liste. ◆ **cabeza de turco** sf tête *f* de Turc.

cabezada sf **1.** [de sueño] dodelinement *m* ▸ **dar cabezadas** dodeliner de la tête ▸ **echar o dar una cabezada** faire un petit somme **2.** [de cortesía] signe *m* de (la) tête **3.** [golpe] coup *m* de tête.

cabezal sm **1.** [de aparato] tête *f* de lecture **2.** [almohada] traversin *m*.

cabezazo sm **1.** [golpe] coup *m* sur la tête ▸ **darse un cabezazo** se cogner la tête **2.** DEP ▸ **dar un cabezazo** faire une tête.

cabezón, ona ◇ adj **1.** [de cabeza grande] qui a une grosse tête **2.** [terco] têtu(e). ◇ sm, f [terco] entêté *m*, -e *f*.

cabezonada sf *fam* coup *m* de tête.

cabezonería sf *fam* entêtement *m*.

cabezota *fam* ◇ adj têtu(e) comme une mule. ◇ smf tête *f* de mule.

cabezudo, da adj & sm, f cabochard(e). ◆ **cabezudo** sm *déguisement de carnaval en forme de tête géante.*

cabida sf [de depósito] contenance *f* ; [de lugar, etc.] capacité *f* ▸ **dar cabida** accueillir.

cabildo sm *culto* **1.** [ayuntamiento] conseil *m* municipal **2.** [de eclesiásticos] chapitre *m*.

cabina sf cabine *f* ; [en piscina] cabine *f* de bain ▸ **cabina de proyección** cabine de projection ▸ **cabina telefónica** cabine téléphonique.

cabinera sf AM hôtesse *f* de l'air.

cabizbajo, ja adj tête basse / *miraba el suelo, cabizbajo* il regardait par terre, la tête basse.

cable sm câble *m* ▸ **echar un cable** *fam* filer un coup de main.

cableado, da adj câblé(e). ◆ **cableado** sm câblage *m*.

cablegrafiar [9] vt câbler.

cablegrama sm câble *m (message)*.

cableoperador sm câblo-opérateur *m*.

cablevisión sf télévision *f* par câble.

cabo sm **1.** GEOGR cap *m* **2.** NÁUT cordage *m* **3.** MIL ≃ brigadier *m* ; [de escuadra] ≃ caporal *m* ▸ **cabo primero** caporal-chef *m* **4.** [trozo, punta] bout *m* ; [de lápiz] pointe *f* **5.** EXPR **atar cabos** faire des recoupements ▸ **dar cabo a algo** parachever qqch ▸ **estar al cabo de la calle** être au courant ▸ **llevar algo a cabo** mener qqch à bien, réaliser qqch. ◆ **al cabo de** loc prep au bout de. ◆ **de cabo a rabo** loc adv d'un bout à l'autre. ◆ **cabo suelto** sm [laguna] point *m* d'interrogation ▸ **no dejar ningún cabo suelto** ne rien laisser au hasard.

Cabos

el cabo de Buena Esperanza	le cap de Bonne-Espérance
el cabo Cañaveral	le cap Canaveral
el cabo de Hornos	le cap Horn
el cabo de Nao	le cap de la Nao
el cabo Norte	le cap Nord
el cabo de Palos	le cap de Palos
el cabo de Roca	le cabo da Roca
el cabo de San Vicente	le cap Saint-Vincent

cabotaje sm NÁUT cabotage *m*.

Cabo Verde npr le Cap-Vert.

caboverdiano, na ◇ adj capverdien(enne). ◇ sm, f Capverdien *m*, -enne *f*.

cabra sf **1.** [mamífero] chèvre *f* ▸ **cabra montés** bouquetin *m* **2.** CARIB COL [dados] dé *m* pipé **3.** CARIB COL [en juegos] *fait de tricher au jeu de dés ou aux dominos* **4.** EXPR **está como una cabra** a) *fam* [chiflado] il est complètement taré b) [nervioso] il est excité comme une puce ▸ **la cabra siempre tira al monte** chassez le naturel, il revient au galop.

cabrales sm inv *fromage bleu des Asturies au goût très fort.*

cabré → **caber**.

cabreado, da adj *fam* en rogne ▸ **cabreado con** en rogne contre.

cabrear vt *mfam* emmerder. ◆ **cabrearse** vprnl *mfam* se foutre en rogne ▸ **cabrearse con alguien** se foutre en rogne contre qqn.

cabreo sm *mfam* rogne *f* ▸ **cogerse o coger un cabreo** se foutre en rogne.

cabrero, ra sm, f chevrier *m*, -ère *f*.

cabrestante, cabestrante sm cabestan *m*.

cabría ⟶ **caber**.

cabrío adj ⟶ **macho**.

cabriola sf **1.** [de caballo] ▸ **lanzar una cabriola** caracoler **2.** [de niño] cabriole *f*.

cabriolé sm cabriolet *m*.

cabrita sf [cabra pequeña] chevrette *f*. ◆ **cabritas** sfpl CHILE [palomitas de maíz] pop-corn *m sing*.

cabritilla sf chevreau *m (peau)*.

cabrito sm **1.** [animal] chevreau *m* **2.** *mfam* [cabrón] petite ordure *f*.

cabro, bra sm, f CHILE *fam* gamin *m*, -e *f*.

cabrón, ona ❖ adj **1.** *vulg* [para insultar] enfoiré(e) **2.** MÉX *fam* [difícil] vachement dur(e) / *el examen estuvo muy cabrón* l'examen était vachement dur. ❖ sm, f *vulg* enfoiré(e). ◆ **cabrón** sm **1.** [animal] bouc *m* **2.** *vulg* [cornudo] cocu *m* **3.** MÉX *mfam* [individuo] mec *m*, nana *f* **4.** MÉX *fam* [genio] as *m*, champion *m* / *es muy cabrón para conseguir lo que quiere* il est un champion pour parvenir à ses fins **5.** EXPR **a lo cabrón** MÉX *fam* en force.

cabronada sf *vulg* vacherie *f* / *menuda cabronada tener que...* ça fait chier de devoir....

cabronazo, za sm, f *vulg* [persona] salaud *m*. ◆ **cabronazo** sm MÉX *fam* [golpe] gnon *m*, châtaigne *f*.

cabuya sf AM corde *f*.

caca sf *fam* **1.** [excremento] crotte *f* ; [lenguaje infantil] caca *m* ▸ **hacer caca** faire caca ▸ **tener caca** faire dans sa culotte **2.** [cosa sucia] ▸ **es caca** c'est crade **3.** *fig* [cosa mala] ▸ **es una caca** c'est de la cochonnerie.

cacahuate sm AM cacahouète *f*.

cacahuete sm **1.** [fruto] cacahouète *f* **2.** [planta] arachide *f*.

cacao sm **1.** [gen] cacao *m* **2.** [árbol] cacaoyer *m* **3.** ESP [para labios] baume *m* à lèvres **4.** *fam* [follón] pagaille *f* ▸ **tener un cacao mental** s'emmêler les pinceaux.

cacarear ❖ vt *fam* [pregonar] crier sur les toits. ❖ vi [gallina] caqueter, glousser.

cacareo sm [de gallina, gallo] caquetage *m*, caquet *m*.

cacatúa sf **1.** [ave] cacatoès *m* **2.** *fam* [mujer vieja] vieille sorcière *f*.

cacereño, ña ❖ adj de Cáceres. ❖ sm, f *natif ou habitant de Cáceres*.

Cáceres npr Cáceres.

cacería sf partie *f* de chasse.

cacerola sf fait-tout *m inv*.

cacerolear vi RP [protestar] *manifester en tapant sur des casseroles*.

cacha sf **1.** *fam* [muslo] cuisse *f* **2.** [mango - de navaja] manche *m* ; [- de pistola] crosse *f*. ◆ **cachas** adj inv & sm inv ESP *fam* [persona fuerte] baraqué(e), costaud(e).

cachaco, ca adj COL [de Bogotá] *natif ou habitant de Bogotá*.

cachada sf **1.** AM TAUROM coup *m* de corne **2.** RP [broma] blague *f*.

cachalote sm cachalot *m*.

cachar vt **1.** CAM ECUAD RP [burlarse de] ridiculiser, railler **2.** AM [cornear] encorner **3.** NIC RP *fam* [agarrar] prendre, saisir **4.** AM *fam* [sorprender] surprendre **5.** CAM *fam* [robar] piquer, faucher **6.** RP *fam* & *eufem* : *¡me cacho!* mercredi ! **7.** CSUR *fam* [entender] comprendre, piger **8.** AM *fam* [atrapar] rattraper.

cacharrazo sm grand coup *m* ▸ **dar cacharrazos** taper comme une brute.

cacharrería sf magasin *m* de poterie.

cacharrero, ra sm, f marchand *m*, -e *f* de poterie.

cacharro sm **1.** [recipiente] pot *m* ; [de cocina] ustensile *m* ▸ **fregar los cacharros** faire la vaisselle **2.** *fam* [trasto] truc *m* **3.** [coche] guimbarde *f*.

cachaza sf ▸ **tener cachaza** *fam* être cool.

caché ❖ sm **1.** [de artista] cachet *m* **2.** [distinción, elegancia] cachet *m*. ❖ adj INFORM cache / *memoria caché* mémoire cache / *archivo caché* dossier cache.

cachear vt fouiller *(une personne)*.

cachemir sm cachemire *m*.

cachemira sf cachemire *m*.

cacheo sm fouille *f*.

cachetada sf AM *fam* baffe *f*.

cachete sm **1.** [moflete] joue *f* **2.** [bofetada] gifle *f* ▸ **dar un cachete** donner une gifle.

> ⚠ **Cachette** es un falso amigo, no significa *cachete*, sino "escondite".

cachetear vt gifler.

cachiporra sf massue *f* ; [de policía] matraque *f*.

cachiporrazo sm coup *m* de matraque ; [golpe fuerte] grand coup *m*.

cachirulo sm **1.** *fam* [chisme] bidule *m* **2.** [de licor, etc.] flacon *m* **3.** [pañuelo] *foulard du costume traditionnel aragonais que les hommes se mettent sur la tête*.

cachivache sm *fam* truc *m*.

cacho sm **1.** *fam* [pedazo] bout *m* ▸ **un cacho de pan** un bout de pain **2.** ESP [como intensificador] : *¡cacho tonto!* quel grand bêta ! / *¡vaya cacho bocadillo!* quel énorme sandwich ! **3.** ANDES GUAT VEN [burla] blague *f* **4.** ANDES VEN [cuerno] corne *f* **5.** ANDES GUAT VEN [historias] histoires *fpl* / *contar cachos* raconter d'histoires.

cachondearse vprnl ESP *mfam* [tomar a broma] prendre à la rigolade / *no te cachondees, que esto va en serio* ne prends pas ça à la rigolade, c'est du sérieux ▸ **cachondearse de algo** [tomar a broma] prendre qqch à la rigolade.

cachondeo sm ESP *mfam* **1.** [diversión, juerga] rigolade *f*, foire *f* / *ya está bien de cachondeo* bon, finie la rigolade ▸ **estar de cachondeo** faire la bringue o la nouba ▸ **tomar(se) a cachondeo a alguien / algo** prendre qqn / qqch à la rigolade **2.** [broma] blague *f* / *¿es verdad* *esto que dices o es cachondeo?* c'est vrai ce que tu dis ou c'est une blague ? / *lo dijo de cachondeo* elle a dit ça pour rigoler ▸ **estar de cachondeo** blaguer ▸ **ser un cachondeo** être une vaste blague o une fumisterie **3.** [burla] moquerie *f* / *empieza a ofenderme ya tanto cachondeo* ça commence à me gonfler qu'on se paye ma tête à ce point.

cachondo, da *fam* ◆ adj **1.** ESP [divertido, gracioso] marrant(e), rigolo(ote) / *es un tío muy cachondo, nos divertimos mucho con él* c'est un type très rigolo, on se marre bien avec lui **2.** ESP MÉX [excitado sexualmente] excité(e) ▸ **estar cachondo** être excité / *las escenas de desnudo lo ponen cachondo* les scènes de nu l'excitent. ◆ sm, f **1.** [gracioso] rigolo *m*, -ote *f* / *es un cachondo mental* il n'arrête pas de faire le guignol **2.** [excitado] chaud lapin *m*.

cachorro, rra sm, f **1.** [de perro] chiot *m* **2.** [de mamífero] petit *m*.

cacique sm **1.** [de partido político] éléphant *m* **2.** *fig* & *despec* [déspota] tyran *m* **3.** [jefe indio] cacique *m*.

caciquil adj tyrannique.

caciquismo sm caciquisme *m*.

caco sm *fam* voleur *m*.

cacofonía sf cacophonie *f*.

cacofónico, ca adj cacophonique.

cacto = **cactus**.

cactus, cacto sm inv cactus *m*.

cacumen sm *fam* **1.** [ingenio] ▸ **sacar algo del cacumen** pondre qqch **2.** [cabeza] : *me duele el cacumen* j'ai mal au crâne.

CAD (*abr de* **computer aided design**) sm CAO *f*.

cada adj inv **1.** [gen] chaque ▸ **a cada rato** à chaque instant ▸ **cada cosa a su tiempo** chaque chose en son temps ▸ **cada cual** chacun ▸ **cada uno (de)** chacun (de) / *una de cada diez personas* une personne sur dix **2.** [con regularidad] tous les, toutes les / *cada dos días* tous les deux jours **3.** [valor progresivo] ▸ **cada vez o día más** de plus en plus / *cada vez más largo* de plus en plus long **4.** [valor enfático] : *¡se pone cada sombrero!* elle met de ces chapeaux !

cadalso sm échafaud *m*.

cadáver sm cadavre *m* ▸ **antes pasarán por encima de mi cadáver** *fig* il faudra d'abord me passer sur le corps.

cadavérico, ca adj cadavérique.

caddie = **cadi**.

cadena sf **1.** [gen] chaîne *f* ▸ **en cadena a)** en chaîne **b)** [trabajo] à la chaîne ▸ **cadena alimenticia** chaîne alimentaire ▸ **cadena de hoteles** chaîne hôtelière ▸ **cadena de montaje** chaîne de montage ▸ **cadena de tiendas** chaîne de magasins ▸ **romper sus cadenas** briser ses chaînes **2.** [de inodoro] chasse *f* (d'eau) ▸ **tirar de la cadena** tirer la chasse **3.** [emisora de radio] station *f* **4.** [sucesión] enchaînement *m*. ◆ **cadena perpetua** sf ▸ **a cadena perpetua** à perpétuité.
◆ **cadenas** sfpl AUTO chaînes *fpl*.

> ⚠ **Cadenas** es un falso amigo, no significa *cadena*, sino "candado".

cadencia sf cadence *f*.

cadencioso, sa adj cadencé(e).

cadeneta sf chaînette *f*.

cadera sf hanche *f*.

cadete sm MIL cadet *m*.

cadi, caddie sm DEP caddie *m*.

Cádiz npr Cadix.

cadmio sm cadmium *m*.

caducado, da adj périmé(e).

caducar [10] vi **1.** [carnet, pasaporte, ley] expirer **2.** [alimento, medicamento] être périmé(e).

caducidad sf **1.** [de carnet, pasaporte, ley] expiration *f* **2.** [de alimento, medicamento] ⟶ **fecha**.

caduco, ca adj **1.** [gen] périmé(e) ; [persona] décati(e) **2.** [fama, belleza] éphémère **3.** [ley & BOT] caduc (caduque).

caduque ⟶ **caducar**.

caer [55] ◆ vi

1. [gen] tomber / *caer en domingo* tomber un dimanche / *caer en la desesperación* tomber dans le désespoir ▸ **caer en desuso** tomber en désuétude ▸ **caer de a)** [procedencia] tomber de **b)** [manera] tomber sur / *caer del árbol* tomber de l'arbre / *caer de lado* tomber sur le côté

2. [entender] saisir / *¿no caes?* tu ne vois pas ?

3. *fig* [recordar] ▸ **caer en algo** se rappeler qqch ▸ **no caigo** ça ne me revient pas ▸ **¡ya caigo!** j'y suis !

4. *fig* [aparecer] ▸ **dejarse caer por casa de alguien** passer chez qqn

5. *fig* [abalanzarse] ▸ **caer sobre** se ruer sur

6. *fig* [sentar] : *su cumplido me cayó bien* son compliment m'a fait plaisir / *el comentario le cayó mal* la remarque ne lui a pas plu ▸ **me cae bien** je l'aime bien ▸ **me cae mal, no me cae bien** je ne l'aime pas, il ne me revient pas

7. *fig* [estar situado] se trouver / *cae cerca de aquí* c'est près d'ici / *caer lejos* être loin / *eso cae fuera de mis competencias* ça n'entre pas dans mes compétences

8. AM [hacer una visita] passer / *caemos a eso de las 3* nous passons vers 3 heures

9. EXPR **caer bajo** tomber bien bas ▸ **caer de suyo o de su peso** tomber sous le sens ▸ **caer parado** RP *fam* être agaçant o casse-pieds ▸ **estar al caer a)** [persona] être sur le point d'arriver **b)** [noche] être sur le point de tomber ▸ **(no) caer en la cuenta** (ne pas) se rendre compte
◆ **caerse** vprnl tomber ▸ **caerse de a)** [procedencia] tomber de **b)** [manera] tomber sur / *caerse del árbol* tomber de l'arbre / *caerse de lado* tomber sur le côté ▸ **caerse de espaldas** tomber à la renverse ▸ **caerse de tonto / listo** *fig* être particulièrement bête/intelligent.

café ◆ sm **1.** [fruto, bebida] café *m* ▸ **café americano** café long ▸ **café con leche** café au lait ▸ **café descafei-**

nado café décaféiné ▸ **café expreso** express *m* ▸ **café instantáneo** o **soluble** café instantané o soluble ▸ **café irlandés** irish-coffee *m* ▸ **café molido** café moulu ▸ **café solo** café noir **2.** [establecimiento] café *m* ▸ **café teatro** café-théâtre *m* **3.** [planta] caféier *m*. ◆ adj inv [color] couleur café.

> **Café**
>
> En Espagne, le café se boit généralement noir et très serré. Servi dans de petites tasses, on l'appelle **solo**. Allongé, il devient **americano**. Coupé d'un nuage de lait, c'est un **cortado** alors que le **café con leche** est servi dans une grande tasse avec beaucoup de lait, comme le café au lait en France. Enfin, le café est additionné d'un peu d'alcool, en général du cognac, du rhum ou de l'anisette, il s'agit alors d'un **carajillo**.

cafeína sf caféine *f*.

cafetal sm caféière *f*.

cafetera sf ⟶ **cafetero**.

cafetería sf snack-bar *m*.

cafetero, ra ◆ adj **1.** [país] producteur(trice) de café **2.** [aficionado] amateur de café. ◆ sm, f **1.** [que cultiva] planteur *m* de café ; [que vende] marchand *m*, -e *f* de café **2.** [dueño] patron *m*, -onne *f* de café. ◆ **cafetera** sf **1.** [aparato] cafetière *f* **2.** *fam* [aparato viejo] vieux machin *m* ; [coche] guimbarde *f*.

cafeto sm caféier *m*.

cafetucho sm *fam* bistrot *m*.

cafiche sm ANDES *fam* [proxeneta] maquereau *m*.

cafre ◆ adj grossier(ère). ◆ smf grossier personnage *m*.

cagada sf ⟶ **cagado**.

cagadero sm *vulg* chiottes *fpl*.

cagado, da sm, f *vulg* [cobarde] trouillard *m*, -e *f*. ◆ **cagada** sf *vulg* **1.** [equivocación] connerie *f* **2.** [excremento] merde *f* ; [de mosca] chiure *f*.

cagalera sf *vulg* **1.** [diarrea] chiasse *f* ▸ **tener cagalera** avoir la chiasse **2.** [miedo] frousse *f*, pétoche *f* ▸ **tener cagalera** avoir la pétoche.

cagar [16] *vulg* ◆ vi **1.** [defecar] chier **2.** RP [fastidiarse] : *si mañana llueve, cagamos* si demain il pleut, c'est foutu. ◆ vt **1.** [estropear] foutre en l'air ▸ **la has cagado** *fig* tu t'es foutu dedans **2.** RP [traicionar] avoir / *esperaba más de ellos pero me cagaron* je m'attendais à mieux de leur part mais ils m'ont eu. ◆ **cagarse** vprnl *vulg* **1.** [defecar] chier dans sa culotte **2.** *fig* [insultar] : *¡me cago en tu madre!* putain de ta mère ! **3.** [acobardarse] chier dans son froc.

cagatintas sm, f inv *vulg* gratte-papier *m*.

cagón, ona sm, f *vulg* ▸ **ser un cagón** a) [niño] faire dans sa culotte b) [cobarde] faire dans son froc.

cague[1] ⟶ **cagar**.

cague[2] sm *mfam* [miedo] trouille *f* ▸ **dar cague a alguien** flanquer la trouille à quelqu'un / *las películas de terror me dan mucho cague* les films d'horreur me flanquent vraiment la trouille ▸ **entrarle cague a alguien** avoir la trouille / *¡menudo cague nos entró!* quelle trouille on a eu.

cagueta smf *vulg* ▸ **ser un cagueta** chier dans son froc *(avoir peur)*.

caído, da adj *fig* [decaído - persona] abattu(e) ; [moral] bas (basse). ◆ **caído** sm *(gen pl)* ▸ **los caídos** les morts *(pour la patrie)*. ◆ **caída** sf **1.** [gen] chute *f* **2.** [de precios, paro, etc.] baisse *f* **3.** [de la noche] tombée *f* ▸ **a la caída del sol** au coucher du soleil ▸ **a la caída de la tarde** à la tombée du jour **4.** [de terreno] pente *f* **5.** EXPR **ser la caída de la estantería** RP venir d'une autre planète. ◆ **caída de ojos** sf regard *m* en coulisse.

caiga ⟶ **caer**.

caimán sm **1.** [animal] caïman *m* **2.** *fig* [persona] vieux renard *m*.

Caín npr **1.** RELIG Caïn **2.** EXPR **pasar las de Caín** *fam* en voir de toutes les couleurs.

cairel sm [de pasamanería] frange *f*.

caja sf **1.** [gen] boîte *f* ▸ **caja de herramientas** boîte à outils **2.** [para transporte, de dinero] caisse *f* ▸ **caja de ahorros** caisse d'épargne ▸ **caja registradora** caisse enregistreuse **3.** [de mecanismos] boîtier *m* ▸ **caja de cambios** boîte *f* de vitesses **4.** [de muerto] cercueil *m* **5.** [de dinero] coffre *m* ▸ **caja fuerte** o **de caudales** coffre-fort *m* **6.** [hueco - de escalera, ascensor] cage *f* ; [- de chimenea] conduit *m* ▸ **caja torácica** cage thoracique **7.** MÚS caisse *f* de résonance. ◆ **caja de música** sf boîte *f* à musique. ◆ **caja de reclutamiento** sf MIL bureau *m* de recrutement. ◆ **caja negra** sf boîte *f* noire.

cajero, ra sm, f caissier *m*, -ère *f*. ◆ **cajero** sm ▸ **cajero (automático)** distributeur *m* (automatique de billets).

cajetilla sf **1.** [de cerillas] boîte *f* **2.** [de cigarrillos] paquet *m* **3.** RP *fam* & *despec* [pretencioso] gommeux *m*.

cajón sm **1.** [compartimento] tiroir *m* **2.** [recipiente] caisse *f* **3.** AM [ataúd] cercueil *m* **4.** MÉX [para aparcar] place *f* de parking **5.** RP [de botellas] casier *m* **6.** CHILE [entre montañas] gorge *f*, défilé *m* **7.** EXPR **es de cajón** ESP *fam* ça va de soi. ◆ **cajón de sastre** sm fourre-tout *m inv*.

cajonera sf **1.** [mueble] commode *f* **2.** [en pupitre] tiroir *m*.

cajuela sf AM AUTO coffre *m*.

cal sf chaux *f* ▸ **cal viva** chaux vive ▸ **cerrar a cal y canto** fermer à double tour ▸ **siempre me da una de cal y otra de arena** avec lui un jour c'est noir, un jour c'est blanc.

cal. (*abr escrita de* **calorías**) cal.

cala sf **1.** [bahía pequeña] crique *f* **2.** [del barco] cale *f* **3.** [de fruta] morceau *m* *(pour goûter)* **4.** [planta, flor] arum *m* **5.** *fam* [dinero] ▸ **no tener una cala** ne pas avoir un rond.

calabacín sm courgette *f*.

calabaza sf courge *f*; [grande] potiron *m*, citrouille *f*; [planta, recipiente] calebasse *f* ▸ **dar calabazas a alguien** a) *fam* & *fig* [pretendiente] envoyer promener qqn b) [en un examen] recaler qqn ▸ **recibir calabazas** a) *fam* & *fig* [en un examen] se faire recaler b) [pretendiente] se faire jeter.

calabobos sm inv crachin *m*.

calabozo sm cachot *m*; [en comisaría] dépôt *m*.

calada sf ⟶ **calado**.

caladero sm lieu *m* de pêche.

calado, da adj trempé(e). ◆ **calado** sm 1. NÁUT [de barco] tirant *m* d'eau; [de puerto] profondeur *f* 2. AUTO ▸ **tener problemas de calado** caler fréquemment 3. [bordado] broderie *f* ajourée. ◆ **calada** sf 1. [inmersión] trempage *m* 2. [de cigarrillo] bouffée *f*, taffe *f* ▸ **dar una calada** ESP tirer une bouffée.

calafatear vt calfater.

calamar sm calmar *m*, calamar *m*.

calambre sm 1. [descarga eléctrica] décharge *f* électrique 2. [contracción muscular] crampe *f*.

calamidad sf [desgracia] calamité *f* ▸ **pasar calamidades** connaître bien des malheurs ▸ **es una calamidad** c'est une catastrophe. ◆ **calamidades** sfpl malheurs *mpl*.

calamitoso, sa adj désastreux(euse).

calandria sf 1. [pájaro, satinadora] calandre *f (alouette)* 2. [torno] treuil *m*.

calaña sf *despec* ▸ **de esa calaña** de cet acabit.

calar ◈ vt 1. [empapar] transpercer, passer au travers de 2. *fig* [persona] percer à jour 3. [tela] ajourer 4. [gorro, sombrero] enfoncer 5. [fruta] entamer 6. [pared, tabla] percer, perforer. ◈ vi 1. NÁUT avoir un tirant d'eau 2. *fig* [ideas, palabras, moda] prendre ▸ **calar en** avoir un impact sur 3. *fig* [en el conocimiento] ▸ **calar en lo más hondo** aller au fond des choses. ◆ **calarse** vprnl 1. [persona, etc.] se faire tremper 2. [motor] caler.

calato, ta adj AM nu(e).

calavera ◈ sf tête *f* de mort. ◈ sm *fig* tête *f* brûlée.

calaveras sfpl MÉX AUTO feux *mpl* arrière.

calcado, da adj calqué(e) ▸ **ser calcado a alguien** être tout le portrait de qqn.

calcáneo sm calcanéum *m*.

calcañal sm ANAT talon *m*.

calcar [10] vt 1. [dibujo] décalquer; [original] calquer 2. *fig* [imitar - movimientos] reproduire; [- escena] reprendre.

calcáreo, a adj calcaire.

calce ◈ sm 1. [gen] cale *f* 2. AM [de documento] bas *m* de page. ◈ v ⟶ **calzar.**

calceta sf bas *m* (de laine) ▸ **hacer calceta** tricoter.

calcetín sm chaussette *f* / *calcetines rojos* des chaussettes rouges.

cálcico, ca adj calcique.

calcificarse [10] vprnl se calcifier.

calcinación sf calcination *f*.

calcinar vt calciner.

calcio sm calcium *m*.

calco sm *pr* & *fig* calque *m* ▸ **ser un calco de** être calqué(e) sur.

calcografía sf chalcographie *f*.

calcomanía sf décalcomanie *f*.

calculador, ra adj *pr* & *fig* calculateur(trice). ◆ **calculadora** sf calculatrice *f* ▸ **calculadora de bolsillo** calculatrice de poche, calculette *f*.

calcular vt 1. [cantidades] calculer 2. [suponer] croire / *calculo que estaremos de vuelta temprano* je crois que nous serons rentrés tôt / *le calculo sesenta años* je lui donne soixante ans.

cálculo sm MAT & MED calcul *m* ▸ **cálculo de probabilidades** calcul des probabilités ▸ **cálculo diferencial / infinitesimal / integral** calcul différentiel / infinitésimal / intégral ▸ **cálculo mental** calcul mental.

Calcuta npr Calcutta.

caldas sfpl eaux *fpl* thermales.

caldear vt chauffer; [ánimos] échauffer.

caldera sf 1. [recipiente] fait-tout *m inv* 2. [máquina] chaudière *f* ▸ **caldera de vapor** chaudière à vapeur.

calderería sf chaudronnerie *f*.

calderero, ra sm, f chaudronnier *m*, -ère *f*.

caldereta sf [de carne] *soupe paysanne à base de viande de mouton*; [de pescado] ≃ bouillabaisse *f*.

calderilla sf petite monnaie *f*.

caldero sm chaudron *m*.

calderón sm MÚS point *m* d'orgue.

caldillo sm sauce *f (de ragoût)*.

caldo sm 1. [sopa] bouillon *m* 2. *(gen pl)* [vino, aceite] cru *m* 3. EXPR **poner a alguien a caldo** ESP *fam* a) [reprender] passer un savon à qqn b) [criticar] démolir qqn. ◆ **caldo de cultivo** sm *pr* & *fig* bouillon *m* de culture.

caldoso, sa adj : *lentejas caldosas des lentilles avec beaucoup de bouillon*.

calé ◈ adj kalé *(inv)*. ◈ smf Kalé *mf inv*.

calefacción sf chauffage *m* ▸ **calefacción central** chauffage central.

calefaccionar vt CSUR chauffer.

calefactor sm radiateur *m*.

calefón sm CSUR [calentador] chauffe-eau *m*.

caleidoscopio, calidoscopio sm kaléidoscope *m*.

calendario sm calendrier *m* ▸ **calendario de trabajo** planning *m* ▸ **calendario escolar** calendrier scolaire ▸ **calendario laboral** année *f* de travail.

calentador, ra adj chauffant(e). ◆ **calentador** sm [de agua] chauffe-eau *m inv*; [media] guêtre *f*.

calentamiento sm 1. [subida de temperatura] ▸ **por calentamiento** sous l'effet de la chaleur ▸ **calentamiento**

global ECOL réchauffement *m* de la planète o global **2.** [entrenamiento] échauffement *m*.

calentar [19] vt **1.** [comida] faire chauffer / *calentar agua* faire chauffer de l'eau **2.** *fig* [público, etc.] chauffer **3.** *fig* [pegar] frapper. ◆ **calentarse** vprnl **1.** [suj: persona] se réchauffer ; [suj: comida] chauffer **2.** [suj: ánimos, deportista] s'échauffer **3.** *mfam & fig* [sexualmente] bander.

calentón, ona sm, f **1.** *mfam* [lujurioso] chaud lapin *m* ▸ **una calentona** une allumeuse **2.** RP [irritable] soupe au lait *(inv)*.

calentura sf **1.** [fiebre] température *f* ▸ **tener calentura** avoir de la fièvre **2.** [pústula] bouton *m* de fièvre.

calenturiento, ta adj **1.** [con fiebre] fiévreux(euse) **2.** *fig* [febril] ▸ **una mente calenturienta** une âme exaltée ▸ **una imaginación calenturienta** une imagination débridée.

calesa sf calèche *f*.

calesita sf RP [carrusel] manège *m*.

caletre sm *fam* jugeote *f*.

calibración sf calibrage *m*.

calibrado sm calibrage *m*.

calibrador sm calibre *m (appareil)*.

calibrar vt **1.** [medir, dar calibre] calibrer **2.** *fig* [juzgar] mesurer.

calibre sm **1.** [diámetro, instrumento] calibre *m* ; [de alambre] jauge *f* **2.** *fig* [tamaño, importancia] taille *f*, importance *f* ▸ **de mucho calibre** de taille.

calidad sf qualité *f* ▸ **la calidad humana** les qualités humaines ▸ **de calidad** de qualité ▸ **en calidad de** en qualité de, en tant que ▸ **calidad de vida** qualité de la vie.

cálido, da adj **1.** [temperatura, colores] chaud(e) **2.** [afectuoso] chaleureux(euse).

calidoscopio = **caleidoscopio**.

calienta ⟶ **calentar**.

calientabraguetas sf inv *vulg & despec* allumeuse *f*.

calientapiés sm inv chaufferette *f*.

calientaplatos sm inv chauffe-plat *m*.

calientapollas sf inv *vulg & despec* allumeuse *f*.

caliente adj **1.** [gen] chaud(e) ▸ **en caliente** *fig* à chaud **2.** *fig* [acalorado] passionné(e) **3.** *mfam* [excitado] ▸ **ponerse caliente** bander **4.** RP *fam* [enfadado] furax, en rogne.

califa sm calife *m*.

califato sm califat *m*.

calificación sf **1.** [atributo] qualification *f* **2.** EDUC note *f*.

calificado, da adj **1.** [importante] éminent(e) **2.** [apto] qualifié(e).

calificar [10] vt **1.** [gen] qualifier ▸ **calificar a alguien de** o **como** qualifier qqn de **2.** EDUC noter.

calificativo, va adj qualificatif(ive). ◆ **calificativo** sm : *no encuentro calificativos para describir su generosidad* je ne trouve pas de mots pour décrire sa générosité / *le aplicamos el calificativo de imbécil* on le qualifie d'imbécile.

California npr Californie *f*.

caligrafía sf **1.** [arte] calligraphie *f* **2.** [rasgos] écriture *f* ▸ **tener buena / mala caligrafía** avoir / ne pas avoir une belle écriture.

caligrafiar [9] vt calligraphier.

caligráfico, ca adj calligraphique ▸ **un estudio caligráfico** une analyse graphologique.

calígrafo, fa sm, f calligraphe *mf*.

calimocho sm ESP calimocho *m (boisson à base de vin rouge et de Cola-Cola)*.

calina sf brume *f* de chaleur.

calipso sm calypso *m*.

cáliz sm calice *m*.

calizo, za adj calcaire. ◆ **caliza** sf calcaire *m*.

callado, da adj **1.** [que no habla] réservé(e) **2.** [en silencio] silencieux(euse).

callampa sf **1.** CHILE [hongo] champignon *m* **2.** ECUAD [sombrero] feutre *m*.

callandito adv *fam* mine de rien.

callar ❖ vi se taire ▸ **quien calla otorga** qui ne dit mot consent. ❖ vt [ocultar] taire, passer sous silence ; [secreto] garder. ◆ **callarse** vprnl se taire.

calle sf **1.** [gen] rue *f* ▸ **calle peatonal** rue piétonnière o piétonne ▸ **calle de una mano** RP sens unique ▸ **dejar a alguien en la calle** o **echar a alguien a la calle** mettre qqn sur le pavé, mettre qqn à la porte ▸ **echar por la calle del medio** ne pas y aller par quatre chemins ▸ **echarse a la calle** descendre dans la rue ▸ **hacer la calle** faire le trottoir ▸ **tener calle** RP être futé o dégourdi ▸ **traer** o **llevar a alguien por la calle de la amargura** en faire voir de toutes les couleurs à qqn **2.** ESP DEP [en pista de atletismo] couloir *m* ; [en piscina] couloir *m* **3.** EXPR **llevarse a alguien de calle** se mettre qqn dans la poche.

calleja sf ruelle *f*.

callejear vi flâner.

callejero, ra adj **1.** [escena, etc.] de la rue ; [venta] ambulant(e) / *un perro callejero* un chien errant **2.** [persona] : *es muy callejera* elle est tout le temps dehors. ◆ **callejero** sm [guía] répertoire *m* des rues.

callejón sm ruelle *f* ▸ **callejón sin salida** *pr & fig* impasse *f*.

callejuela sf ruelle *f*.

callista smf pédicure *mf*.

callo sm **1.** [dureza] durillon *m* ; [en el pie] cor *m* **2.** *fam & fig* [persona fea] : *es un callo* il est laid comme un pou **3.** EXPR **dar el callo** *fam* trimer. ◆ **callos** smpl CULIN tripes *fpl* ▸ **callos a la madrileña** *tripes au jambon, au chorizo et aux oignons*.

callosidad sf callosité *f*.

calloso, sa adj calleux(euse).

calma sf calme *m* ▸ **estar en calma** être calme ▸ **no perder / perder la calma** garder / perdre son calme ▸ **calma chicha** calme plat.

calmado, da adj [persona, gesto, actitud] calme.

calmante ◈ adj calmant(e). ◈ sm calmant *m*.

calmar vt calmer. ◆ **calmarse** vprnl se calmer.

calmoso, sa adj [tranquilo] calme.

caló sm *parler gitan repris dans la langue familière*.

calor sm chaleur *f* ▸ **al calor de** couvé(e) par / *ha estado siempre al calor de su madre* il a toujours été couvé par sa mère ▸ **entrar en calor** a) [persona] se réchauffer b) [deportista] s'échauffer ▸ **hace calor** il fait chaud ▸ **tener calor** avoir chaud ▸ **calor animal** chaleur animale ▸ **calor específico** chaleur massique o spécifique.

caloría sf calorie *f*.

calórico, ca adj calorique.

calorífero, ra adj calorifère.

calorífico, ca adj calorifique.

calorímetro sm calorimètre *m*.

calostro sm colostrum *m*.

calote sm AM escroquerie *f*.

calque ⟶ **calcar**.

calumnia sf calomnie *f*.

calumniar vt calomnier.

calumnioso, sa adj calomnieux(euse).

calurosamente adv **1.** [con afecto] chaleureusement **2.** [con entusiasmo] chaudement.

caluroso, sa adj **1.** [con calor] chaud(e) **2.** *fig* [afectuoso] chaleureux(euse).

calva sf ⟶ **calvo**.

calvados sm inv calvados *m*.

calvario sm **1.** [vía crucis] chemin *m* de croix **2.** *fig* [sufrimiento] calvaire *m*.

calvicie sf calvitie *f*.

calvinismo sm calvinisme *m*.

calvinista smf calviniste *mf*.

calvo, va adj & sm, f chauve ▸ **ni tanto ni tan calvo** *fig* ni trop ni pas assez. ◆ **calva** sf **1.** [en la cabeza] crâne *m* dégarni **2.** [en tejido, piel] : *mi abrigo tiene calvas en las mangas* mon manteau est râpé aux manches.

calza sf **1.** [cuña] cale *f* **2.** AM [empaste] plombage *m*. ◆ **calzas** sfpl RP [pantalones] fuseau *m*.

calzada sf chaussée *f*.

calzado, da adj **1.** [con zapatos] chaussé(e) **2.** [ave] pattu(e) **3.** [cuadrúpedo] balzan(e). ◆ **calzado** sm chaussure *f*.

calzador sm chausse-pied *m inv*.

calzar [13] vt **1.** [gen] chausser ; [guantes] mettre **2.** [llevar un calzado] porter / *¿qué número calza?* quelle est votre pointure ? **3.** [poner cuña a] caler **4.** AM [empastar] plomber *(une dent)* **5.** AM *fam* [colocarse] se caser / *calzó en el ministerio* il s'est casé au ministère.

◆ **calzarse** vprnl se chausser / *calzarse unas sandalias* mettre des sandales.

calzo sm [cuña] cale *f*.

calzón sm *(gen pl)* **1.** *desus* [pantalón] culotte *f* **2.** AM [calzoncillos] slip *m*.

calzonazos sm *fam* ▸ **es un calzonazos** c'est sa femme qui porte la culotte.

calzoncillos smpl [slip] slip *m* ; [short] caleçon *m*.

CAM (*abr de* **computer aided manufacturing**) sf FAO *f*.

cama sf lit *m* ▸ **estar en o guardar cama** rester au lit, garder le lit ▸ **estar o quedar de cama** AM *fam* être crevé ▸ **hacer la cama** faire son lit ▸ **cama de agua** matelas *m* à eau ▸ **cama de matrimonio** lit à deux places ▸ **cama nido** lit gigogne ▸ **cama individual** lit à une place ▸ **cama turca** divan *m* ▸ **hacerle o ponerle la cama a alguien** *fig* agir dans le dos de qqn.

camada sf [crías] portée *f*.

camafeo sm camée *m*.

camaleón sm *pr* & *fig* caméléon *m*.

camaleónico, ca adj *fig* ▸ **es camaleónico** c'est un caméléon.

cámara ◈ sf **1.** [gen & TECNOL] chambre *f* ▸ **cámara de aire** chambre à air ▸ **cámara de compensación** chambre de compensation ▸ **cámara de gas** chambre à gaz ▸ **cámara frigorífica** chambre froide ▸ **cámara mortuoria** chambre mortuaire ▸ **cámara oscura** chambre noire **2.** CINE & TV caméra *f* ▸ **a cámara lenta** au ralenti **3.** FOTO ▸ **cámara (fotográfica)** appareil *m* photo **4.** [de barco] carré *m* (des officiers) **5.** [de balón, neumático] chambre *f* à air. ◈ smf [persona] cameraman *m*. ◆ **Cámara de Comercio** sf chambre de commerce. ◆ **de cámara** loc adj MÚS de chambre.

camarada smf camarade *mf*.

camaradería sf camaraderie *f*.

camarero, ra sm, f **1.** [de bar, restaurante] serveur *m*, -euse *f*, garçon *m* ; [de hotel] garçon d'étage *m*, femme de chambre *f* **2.** [de rey, etc.] chambellan *m*, dame *f* d'honneur. ◆ **camarera** sf AM hôtesse *f* de l'air.

camarilla sf bande *f (groupe)*.

camarín sm RELIG niche *f*.

camarista smf **1.** ARG DER juge *m* de la cour d'appel **2.** MÉX [en hotel] femme *f* de chambre.

camarón sm **1.** [crustáceo] crevette *f* **2.** CAM COL [propina] pourboire *m*.

camarote sm cabine *f*.

camarotero sm AM steward *m (à bord des paquebots)*.

camastro sm grabat *m (vieux lit défoncé)*.

cambalache sm **1.** *fam* [trueque] troc *m* **2.** RP [tienda] bric-à-brac *m*, boutique *f* de brocanteur.

cambiador sm table *f* à langer.

cambiante adj changeant(e). ◆ **cambiantes** smpl chatoiement *m*.

cambiar [8] ❖ vt changer ▸ **cambiar algo (por)** échanger qqch (contre). ❖ vi **1.** [gen] ▸ **cambiar (de)** changer (de) ▸ **cambiar de parecer** changer d'avis **2.** AUTO ▸ **cambiar (de velocidades)** changer de vitesse / *cambiar a segunda* passer en seconde **3.** EXPR ▸ **mandarse cambiar** AM *fam* ficher le camp, se tirer. ◆ **cambiarse** vprnl [de ropa] se changer / *cambiarse de zapatos* changer de chaussures ▸ **cambiarse de casa** déménager.

cambiazo sm *fam* **1.** [cambio grande] gros changement *m* / *¡qué cambiazo ha dado tu casa!* ça a drôlement changé chez toi ! **2.** [sustitución] : *me han dado el cambiazo fig* je me suis fait rouler.

cambio sm **1.** [variación] changement *m* ▸ **cambio climático** changement climatique ▸ **a las primeras de cambio** *fig* tout d'un coup **2.** [trueque] échange *m* ▸ **a cambio** en échange **3.** [suelto, dinero devuelto] monnaie *f* **4.** [de acciones, divisas] change *m* ▸ **cambio base** taux de change interbancaire **5.** AUTO ▸ **cambio (de marchas o velocidades)** changement *m* de vitesse ▸ **cambio automático** changement de vitesse automatique. ◆ **en cambio** loc adv **1.** [por otra parte] *culto* en revanche ; *fam* par contre **2.** [en su lugar] à la place, en échange. ◆ **cambio de rasante** sm sommet *m* de côte. ◆ **libre cambio** sm libre-échange *m*.

cambista smf cambiste *mf*.

Camboya npr Cambodge *m*.

camboyano, na ❖ adj cambodgien(enne). ❖ sm, f Cambodgien *m*, -enne *f*.

cámbrico, ca adj GEOL cambrien(enne). ◆ **cámbrico** sm GEOL ▸ **el cámbrico** le cambrien.

cambujo, ja adj AM métis(isse) *(d'Indien et de Noir)*.

cambur sm AM [plátano] banane *f*.

camelar vt *fam* embobiner.

camelia sf camélia *m*.

camélidos smpl camélidés *mpl*.

camelista *fam* ❖ adj [de pacotilla] à la noix, à la gomme. ❖ smf **1.** [embaucador] baratineur *m*, -euse *f* **2.** [timador] escroc *m*, filou *m*.

camellear vi *fam* dealer.

camellero, ra sm, f chamelier *m*.

camello, lla sm, f [animal] chameau *m*, chamelle *f*. ◆ **camello** sm *mfam* [traficante] dealer *m*.

camellón sm AM terre-plein *m* central.

camelo sm *fam* baratin *m*.

camembert [kamem'ber] sm camembert *m*.

cameo sm guest star *f* ▸ **hacer un cameo en una película** jouer dans un film en guest star.

camerino sm TEATRO loge *f*.

Camerún npr Cameroun *m*.

camerunés, esa ❖ adj camerounais(e). ❖ sm, f Camerounais *m*, -e *f*.

camilla ❖ sf **1.** [de ambulancia, etc.] brancard *m* **2.** [de psiquiatra] divan *m* ; [de dentista] fauteuil *m*. ❖ adj ⟶ **mesa**.

camillero, ra sm, f brancardier *m*.

caminante smf marcheur *m*, -euse *f*.

caminar ❖ vi **1.** [gen] marcher **2.** *fig* [ir] ▸ **caminar (hacia)** aller (au-devant de) ▸ **caminar hacia su ruina** courir à sa perte. ❖ vt [una distancia] parcourir.

caminata sf trotte *f* ▸ **caminata nórdica** DEP marche *f* nordique.

caminero, ra adj : *un peón caminero* un cantonnier.

camino sm **1.** [gen] chemin *m* ▸ **de camino** en chemin / *nos pilla de camino* c'est sur le chemin ▸ **camino de herradura** chemin muletier ▸ **camino de ronda** chemin de ronde ▸ **abrirse alguien camino** *fig* faire son chemin ▸ **andar por mal camino** *fig* être sur la mauvaise pente ▸ **ir cada cual por su camino** *fig* faire chacun à sa manière ▸ **quedarse alguien a medio camino** *fig* s'arrêter en chemin ▸ **salirse del camino trillado** *fig* sortir des sentiers battus **2.** [viaje] route *f* ▸ **ponerse en camino** se mettre en route. ◆ **camino de Santiago** sm **1.** ASTRON Voie *f* lactée **2.** RELIG route *f* de Saint-Jacques.

Camino de Santiago

Dès le Moyen Âge, de nombreux pèlerins empruntèrent le « chemin de Saint Jacques » pour se rendre sur le site du tombeau de l'apôtre. Les pèlerins venus de diverses régions d'Europe entraient en Espagne par le Col du Somport ou de Roncevaux et faisaient étape dans les monastères, églises et hôpitaux construits à cet effet. La tradition du pèlerinage, quasiment disparue autour du XVIIe siècle, a repris depuis les années 60 grâce aux efforts de l'Église Catholique. Le chemin est de nouveau très fréquenté, notamment les années de jubilée, appelées **años santos**, quand la Saint Jacques (25 août) tombe un dimanche.

camión sm **1.** [gen] camion *m* ▸ **camión cisterna** camion-citerne *m* **2.** CAM MÉX [autobús] autocar *m*.

camionero, ra sm, f **1.** [de camión] camionneur *m*, routier *m* **2.** CAM MÉX [de autobús] conducteur *m*, -trice *f* de bus o d'autobus.

camioneta sf camionnette *f*.

camisa sf **1.** [prenda] chemise *f* ▸ **dejar sin camisa** mettre sur la paille ▸ **jugarse hasta la camisa** jouer jusqu'à sa dernière chemise ▸ **se mete en camisa de once varas** il se mêle de ce qui ne le regarde pas ▸ **mudar o cambiar de camisa** retourner sa veste ▸ **no llegarle a alguien la camisa al cuerpo** ne pas en mener large **2.** TECNOL manchon *m* **3.** ZOOL mue *f* **4.** BOT peau *f*. ◆ **camisa azul** smf HIST chemise *f* bleue *(membre de la Falange)*. ◆ **camisa de fuerza** sf camisole *f* de force.

camisería sf chemiserie *f*.

camisero, ra ◆ adj : *un vestido camisero* une robe-chemisier. ◆ sm, f [persona] chemisier *m*, -ère *f*.

camiseta sf **1.** [de verano] tee-shirt *m* **2.** [de deporte] maillot *m* **3.** [ropa interior] tricot *m* de corps **4.** EXPR **ponerse la camiseta de algo** RP porter les couleurs de qqch.

camisola sf **1.** [camisón] nuisette *f* **2.** AM [prenda femenina] chemise *f*; [camisón] chemise *f* de nuit.

camisón sm **1.** [para la noche] chemise *f* de nuit **2.** ANDES CARIB [para el día] chemisier *m*.

camomila sf BOT camomille *f*.

camorra sf **1.** bagarre *f* ▸ **buscar camorra** chercher la bagarre **2.** [organización criminal] Camorra *f*.

camorrista ◆ adj bagarreur(euse). ◆ smf fauteur *m* de troubles.

camote sm **1.** CAM ANDES MÉX [planta, tubérculo] patate *f* douce **2.** ANDES *fam* [enamoramiento] béguin *m* ▸ **estar camote por o de alguien** ANDES être fou de qqn **3.** EXPR **estar camotes** MÉX *fam* être bourré ▸ **hacerse camote** MÉX *fam* & *fig* s'embrouiller ▸ **meterse en un camote** MÉX *fam* se fourrer dans de beaux draps.

camp adj inv *fam* ringard(e).

campal adj ⟶ **batalla**.

campamento sm **1.** [lugar] campement *m* **2.** [personas] troupe *f*.

campana sf cloche *f* ▸ **doblar las campanas** a) sonner les cloches b) [en entierro] sonner le glas ▸ **campana de buzo o de salvamento** cloche à plongeur ▸ **echó las campanas al vuelo** *fam* il l'a crié sur tous les toits ▸ **oír campanas y no saber dónde** ne comprendre qu'à moitié ; [de chimenea] hotte *f* ▸ **campana extractora de humos** hotte *f* aspirante.

campanada sf **1.** [de campana, reloj] sonnerie *f* **2.** *fig* [suceso] ▸ **la campanada del siglo** l'événement *m* du siècle ▸ **ser la campanada** faire sensation.

campanario sm clocher *m*.

campanilla sf **1.** [instrumento, flor] clochette *f*; [de puerta] sonnette *f* **2.** ANAT luette *f*.

campanilleo sm tintement *m*.

campante adj **1.** *fam* [tranquilo] cool ▸ **estar o quedarse tan campante** *fig* ne pas broncher **2.** [contento] fier (fière) / *venía tan campante con su vestido nuevo* elle était toute pimpante dans sa nouvelle robe.

campaña sf campagne *f (électorale, publicitaire)* ▸ **hacer campaña de / contra algo** faire campagne pour / contre qqch.

campar vi [acampar] camper.

campechanía sf simplicité *f*.

campechano, na adj [sin complicaciones] simple / *es un hombre campechano* [bondadoso] c'est un chic type.

campeón, ona sm, f champion *m*, -onne *f*.

campeonato sm championnat *m* ▸ **de campeonato** *fam* & *fig* d'enfer.

campero, ra adj de campagne ▸ **bota campera** ≃ santiag *f*. ◆ **campera** sf **1.** ESP [bota] ≃ santiag *f* **2.** RP [prenda de abrigo] blouson *m*. ◆ **campero** sm ANDES [coche] Jeep® *f*.

campesinado sm paysannerie *f*.

campesino, na adj & sm, f paysan(anne).

campestre adj champêtre.

camping ['kampin] sm camping *m* ▸ **ir de camping** faire du camping.

campiña sf campagne *f*.

campista smf campeur *m*, -euse *f*.

campo sm **1.** [gen] champ *m* ▸ **a campo traviesa** à travers champs ▸ **a campo abierto** à découvert ▸ **campo de batalla / de tiro** champ de bataille / de tir ▸ **campo eléctrico** champ électrique ▸ **dejar el campo libre** *fig* laisser le champ libre **2.** [campiña] campagne *f* **3.** DEP [de fútbol, hockey, golf] terrain *m* ; [de tenis] court *m* ▸ **jugar en campo propio** jouer sur son propre terrain o à domicile ▸ **jugar en campo contrario** jouer à l'extérieur **4.** *fig* [ámbito] domaine *m* **5.** RP [finca] ferme *f* **6.** EXPR **hacer campo** ANDES faire de la place, écarter la foule. ◆ **campo de concentración** sm camp *m* de concentration. ◆ **campo de trabajo** sm [para prisioneros] camp *m* de travail. ◆ **campo visual** sm champ *m* visuel.

camposanto sm cimetière *m*.

campus sm inv campus *m*.

camuflaje sm camouflage *m*.

camuflar vt camoufler.

can sm chien *m*.

cana sf ⟶ **cano**.

Canadá npr ▸ **(el) Canadá** (le) Canada.

canadiense ◆ adj canadien(enne). ◆ smf Canadien *m*, -enne *f*.

canal ◆ sm **1.** [gen, GEOGR & ANAT] canal *m* ▸ **canal de comercialización** ECON canal *m* de distribution **2.** [res] carcasse *f* ▸ **abrir en canal** a) [animal] éventrer b) *fig* étriper **3.** RADIO & TV chaîne *f* ▸ **canal temático** chaîne thématique **4.** [de agua, gas] conduite *f*. ◆ sm o sf [de tejado] gouttière *f*.

Canales

el canal de Panamá	le canal de Panamá
el canal de Suez	le canal de Suez

canalé sm côtes *fpl (d'un tricot)*.

canaleta sf BOL CSUR gouttière *f*.

canalización sf canalisation *f*.

canalizar [13] vt *pr* & *fig* canaliser.

canalla smf canaille *f*.

canallada sf ▸ **hacer una canallada** jouer un mauvais tour.

canallesco, ca adj **1.** [acción, intención] vil(e), abject(e) **2.** [expresión] canaille.

canalón sm **1.** [de tejado] gouttière *f* **2.** CULIN = **canelón**.

canapé sm CULIN [sofá] canapé *m*.

Canarias npr ▸ **(las) Canarias** (les) Canaries *fpl*.

canario, ria ◆ adj canarien(enne). ◆ sm, f Canarien *m*, -enne *f*. ◆ **canario** sm [pájaro] canari *m*.

canasta sf **1.** [de mimbre] corbeille *f* ▸ **canasta familiar** RP panier de la ménagère **2.** [juego de naipes] canasta *f* **3.** DEP panier *m*.

canastero, ra sm, f **1.** [fabricante] vannier *m*, -ère *f* **2.** CHILE [vendedor] marchand *m*, -e *f* ambulant(e).

canastilla sf **1.** [de costura, pan] corbeille *f* **2.** [de bebé] layette *f*.

canasto sm grande corbeille *f*.
◆ **canastos** interj ▸ **¡canastos!** mince alors !

Canberra npr Canberra.

cancán sm french cancan *m*.
◆ **cancanes** smpl RP [leotardos] collant *m*.

cancela sf grille *f*.

cancelación sf annulation *f*.

cancelar vt **1.** [gen] annuler ; [contrato, suscripción] résilier **2.** [deuda] solder ; [hipoteca] lever.

cáncer sm *pr* & *fig* cancer *m*.
◆ **Cáncer** ◆ sm inv [zodiaco] Cancer *m inv* ▸ **ser Cáncer** être Cancer. ◆ smf inv [persona] Cancer *m inv*.

cancerbero sm **1.** [portero] cerbère *m* **2.** DEP gardien *m* de but.

cancerígeno, na adj cancérigène.

cancerología sf cancérologie *f*.

cancerológico, ca adj cancérologique.

cancerólogo, ga sm, f cancérologue *mf*.

canceroso, sa adj & sm, f cancéreux(euse).

cancha sf **1.** DEP [de fútbol, golf] terrain *m* ; [de tenis] court *m* ▸ **cancha de césped** AM court *(en gazon)* ; AM [de golf] parcours *m* ; AM [de polo] terrain *m* ; CSUR [de esquí] piste *f* ; AM [de equitación] ▸ **cancha de carreras** hippodrome **2.** AM [descampado] rase campagne *f* **3.** [para aviones] ▸ **cancha de aterrizaje** CHILE piste d'atterrissage **4.** AM [en un río] passage *m* dégagé **5.** EXPR **abrir cancha** RP faire un passage, ouvrir un chemin ▸ **estar en su cancha** RP être dans son élément ▸ **tener cancha** RP *fam* être dégourdi.

canchero, ra RP *fam* ◆ adj **1.** [desenvuelto] débrouillard(e) **2.** [moderno] branché(e). ◆ sm, f [experto] expert *m*, -e *f*.

canciller sm **1.** [de gobierno, embajada] chancelier *m* **2.** [de asuntos exteriores] ministre *m* des Affaires étrangères.

cancillería sf chancellerie *f*.

canción sf chanson *f* ▸ **canción de cuna** berceuse *f* ▸ **siempre está con la misma canción** *fig* c'est toujours la même chanson.

cancionero sm [de canciones] recueil *m* de chansons ; [de poesías] recueil *m* de poésies.

candado sm cadenas *m*.

cande adj [azúcar] candi.

candeal ◆ adj : ***harina candeal*** farine de froment. ◆ sm CSUR lait *m* de poule *(boisson à base de lait, d'œuf et de cognac)*.

candela sf **1.** [vela] chandelle *f* **2.** EXPR **dar candela** ESP COL *fam* **a)** [lumbre] donner du feu **b)** [pegar] rosser.

candelabro sm candélabre *m*.

candelero sm chandelier *m* ▸ **estar en el candelero** *fig* être très en vue.

candente adj **1.** [incandescente] incandescent(e) **2.** *fig* [tema] brûlant(e).

candidato, ta sm, f candidat *m*, -e *f*.

candidatura sf **1.** [para un cargo] candidature *f* ▸ **presentar una candidatura** présenter une candidature **2.** [lista] liste *f (de candidats)*.

candidez sf candeur *f*.

candidiasis sf inv MED candidose *f*.

cándido, da adj candide.

candil sm **1.** [gen] lampe *f* à huile **2.** AM [araña] lustre *m*.

candilejas sfpl feux *mpl* de la rampe ; *fig* théâtre *m* ▸ **entre candilejas** *fig* sous les feux de la rampe.

candor sm candeur *f*.

candoroso, sa adj candide.

canear vt *fam* : ***¡a mí no me hables así, que te caneo!*** ne me parle pas comme ça ou je t'en colle une !

caneca sf AM poubelle *f*.

canelo, la adj cannelle *(inv)*. ◆ **canela** sf cannelle *f* ▸ **ser algo canela fina** *fig* être une petite merveille.

canelón, canalón sm CULIN cannelloni *m*.

canesú (*pl* **canesúes** *o* **canesús**) sm **1.** [de vestido] empiècement *m* **2.** [de blusa] corsage *m*.

cangrejo sm crabe *m* ▸ **cangrejo de río** écrevisse *f*.

canguelo sm *fam* trouille *f*.

canguis sm inv *fam* trouille *f* ▸ **dar canguis a alguien** flanquer la trouille à quelqu'un / ***viajar en avión me da canguis*** j'ai la trouille de prendre l'avion ▸ **entrarle canguis a alguien** avoir la trouille / ***¡menudo canguis nos entró!*** quelle trouille on a eu !

canguro ◆ sm [animal] kangourou *m*. ◆ smf *fam* [persona] baby-sitter *mf* ▸ **hacer de canguro** faire du baby-sitting.

caníbal adj & smf cannibale.

canibalismo sm cannibalisme *m*.

canibalizar vt ECON cannibaliser.

canica sf [pieza] bille *f*. ◆ **canicas** sfpl [juego] billes *fpl*.

caniche sm caniche *m*.

canícula sf canicule *f*.

canijo, ja ◆ adj *despec* rachitique. ◆ sm, f nabot *m*, -e *f*.

canilla sf **1.** ANAT tibia *m* **2.** [bobina] cannette *f* **3.** AM [grifo] robinet *m* **4.** AM *fam* [pierna] canne *f.*

canillita sm RP *fam* crieur *m* de journaux.

canino, na adj canin(e). ◆ **canino** sm [diente] canine *f.*

canje sm échange *m.*

canjeable adj échangeable.

canjear vt échanger.

cannabis sm inv cannabis *m.*

cano, na adj **1.** [pelo, barba] blanc (blanche) **2.** ANDES CUBA RP *fam* [cárcel] taule *f* ▸ **estar en cana** ANDES CUBA RP *fam* être à l'ombre o sous les verrous. ◆ **cana** sf **1.** [pelo] cheveu *m* blanc ▸ **echar una cana al aire** *fam* prendre du bon temps ▸ **hacer** o **salir** o **sacar canas verdes** RP *fam* & *hum* rendre fou **2.** RP *fam* [policía] flic *m.*

canoa sf canot *m* ; [de deporte] canoë *m.*

canódromo sm cynodrome *m.*

canon sm **1.** [norma & MÚS] canon *m* **2.** [modelo] idéal *m* **3.** [impuesto] redevance *f.* ◆ **cánones** smpl DER droit *m* canon.

canónico, ca adj canonique ; ⟶ **derecho**.

canónigo sm chanoine *m.*

canonización sf canonisation *f.*

canonizar [13] vt RELIG canoniser.

canoso, sa adj grisonnant(e).

cansado, da adj **1.** [gen] fatigué(e) ▸ **estar cansado de algo** *fig* être fatigué de qqch **2.** [pesado, cargante] fatigant(e).

cansador, ra adj ANDES RP **1.** [que cansa] fatigant(e) **2.** [que aburre] ennuyeux(euse).

cansancio sm fatigue *f.*

cansar vt & vi fatiguer. ◆ **cansarse** vprnl **1.** [agotarse] ▸ **cansarse (de)** se fatiguer (de) **2.** *fig* [hartarse] ▸ **cansarse (de algo / de hacer algo)** se lasser de qqch / de faire qqch.

cansino, na adj traînant(e).

Cantabria npr Cantabrique.

cantábrico, ca adj de Cantabrique. ◆ **Cantábrico** sm ▸ **el Cantábrico** le golfe de Gascogne.

cántabro, bra ◈ adj cantabre. ◈ sm, f Cantabre *mf.*

cantado, da adj *fam* [casi seguro] : *el resultado está cantado* le résultat est couru d'avance. ◆ **cantada** sf *fam* bourde *f*, gaffe *f.*

cantaleta sf AM **1.** [estribillo] rengaine *f* ▸ **siempre con la misma cantaleta** toujours la même rengaine o chanson **2.** *fig* [regaño] sermon *m* **3.** [repetición] rengaine *f* **4.** [reprimenda] sermon *m.*

cantamañanas sm, f inv baratineur *m*, -euse *f.*

cantante adj & smf chanteur(euse) ▸ **cantante melódico** crooneur *m.*

cantaor, ra sm, f chanteur *m*, -euse *f* de flamenco.

cantar ◈ vt **1.** [canción] chanter **2.** [bingo, el gordo] annoncer ; [horas] sonner. ◈ vi **1.** [gen] chanter ▸ **cantar al amor / al valor etc.** *fig* chanter l'amour / le courage etc. **2.** *fam* & *fig* [confesar] ▸ **cantar (de plano)** passer aux aveux **3.** ESP *fam* & *fig* [apestar] puer / *te cantan los pies* tu pues des pieds **4.** ESP *fam* [llamar la atención] être voyant(e) / *ese traje rojo canta mucho* ce costume rouge est très voyant. ◈ sm *culto* chanson *f* ▸ **es otro cantar** *fig* c'est une autre histoire.

cántara sf cruche *f.*

cantarín, ina adj ▸ **un ave cantarín** un oiseau qui chante ▸ **una voz cantarina** une voix chantante.

cántaro sm cruche *f* ▸ **llover a cántaros** pleuvoir à verse.

cantata sf cantate *f.*

cantautor, ra sm, f auteur-compositeur-interprète *m.*

cante sm ESP *fam* **1.** [error] bourde *f* ▸ **dar el cante** a) [llamar la atención] se faire remarquer b) [desentonar, discordar] jurer c) [avisar, informar] avertir **2.** [peste] puanteur *f* / *¡vaya cante!* ça pue ! ◆ **cante jondo** sm *âme du chant flamenco.*

cantegril sm URUG bidonville *m.*

cantera sf **1.** [de piedra] carrière *f* **2.** *fig* [de profesionales] vivier *m.*

canterano, na sm, f DEP *joueur ou joueuse issu du vivier d'une équipe.*

cantero sm AM [de flores] parterre *m.*

cántico sm cantique *m.*

cantidad ◈ sf **1.** [número, medida] quantité *f* **2.** [abundancia] ▸ **cantidad de** beaucoup de / *hay cantidad de gente* il y a beaucoup de monde **3.** [de dinero] somme *f.* ◈ adv ESP *fam* vachement / *le gusta cantidad* ça lui plaît vachement / *cantidad de bien* vachement bien.

cantiga, cántiga sf chantefable *f.*

cantilena, cantinela sf rengaine *f*, couplet *m.*

cantimplora sf gourde *f.*

cantina sf [de cuartel] popote *f* ; [de estación] buffet *m* de la gare ; [de escuela] cafétéria *f* ; [de fábrica] cantine *f.*

cantinela = **cantilena**.

cantinero, ra sm, f cantinier *m*, -ère *f.*

canto sm **1.** [gen] chant *m* ▸ **canto del cisne** *fig* chant du cygne **2.** [borde - de mesa, etc.] arête *f* ; [- de moneda, libro] tranche *f* ▸ **de canto** a) sur le côté b) [libro] sur la tranche **3.** [de cuchillo] dos *m* **4.** [piedra] caillou *m* ▸ **canto rodado** galet *m* **5.** EXPR **darse con un canto en los dientes** s'estimer heureux / *viene siempre con el mismo canto de sirena* c'est toujours le même son de cloche ▸ **faltó el canto de un duro** il s'en est fallu d'un cheveu.

cantón sm canton *m.*

Cantón npr Canton.

cantonal adj cantonal(e).

cantonera sf **1.** [mueble] étagère *f* d'angle **2.** [para proteger] coin *m.*

cantor, ra adj & sm, f chanteur(euse).

cantoral sm livre *m* de chœur.

canturrear, canturriar vt & vi chantonner.

canturreo sm chantonnement *m*, fredonnement *m*.

cánula sf canule *f*.

canutas sfpl ESP *fam* ▸ **pasarlas canutas** en baver, en voir de toutes les couleurs.

canutillo sm ▸ **canutillo (de hilo)** canette *f*.

canuto sm **1.** [tubo] tube *m* **2.** *fam* [porro] pétard *m*.

caña sf **1.** [de planta, bota] tige *f* ▸ **caña de azúcar** canne *f* à sucre **2.** [de río, estanque] roseau *m* **3.** [de cerveza] demi *m* **4.** [de brazo, pierna] os *m* **5.** ANDES CUBA RP [aguardiente] eau-de-vie *f (de canne à sucre)* **6.** EXPR **darle o meterle caña a algo** *fam* se défoncer pour qqch. ◆ **caña (de pescar)** sf canne *f* à pêche ▸ **pescar con caña** pêcher à la ligne.

cañada sf GEOGR gorge *f*.

cañadón sm RP ravin *m*.

cáñamo sm chanvre *m*.

cañamón sm chènevis *m*.

cañaveral sm **1.** [de río] roselière *f* **2.** AM [plantación] plantation *f* de canne à sucre.

cañería sf canalisation *f*.

cañero, ra ❖ adj **1.** [de caña de azúcar] de la canne à sucre **2.** ESP *fam* [ruidoso, fuerte, violento] qui décoiffe / ***música cañera*** musique qui décoiffe. ❖ sm, f AM **1.** [cultivador] *planteur de canne à sucre* **2.** [propietario] *propriétaire d'une exploitation de canne à sucre*.

cañí (*pl* **cañís**) adj gitan(e).

cañizo sm claie *f*.

caño sm **1.** [gen] tuyau *m* **2.** AM [grifo] robinet *m* **3.** AUTO ▸ **caño de escape** RP pot d'échappement **4.** EXPR **dar con un caño a alguien** RP *fam* & *fig* passer un savon à qqn.

cañón sm **1.** [gen] canon *m* ; [de chimenea] conduit *m* ; [de órgano] tuyau *m* **2.** GEOGR cañon *m*, canyon *m* **3.** MÉX [paso estrecho] gorge *f* **4.** RP [dulce] millefeuille *m* **5.** EXPR **ni a cañón** CSUR *fam* en aucune façon.

cañonazo sm **1.** [disparo de cañón] coup *m* de canon **2.** [en fútbol] boulet *m* de canon.

cañonear vt canonner.

cañonera sf canonnière *f*.

caoba sf **1.** [madera] acajou *m* **2.** CAM CHILE [tubería] gouttière *f*.

caos sm inv chaos *m*.

caótico, ca adj chaotique.

cap. (*abr escrita de* **capítulo**) chap. / ***consultar el cap.*** 5 consulter le chap. 5.

CAP 1. (*abr de* **Certificado de Aptitud Pedagógica**) certificat *m* d'aptitude pédagogique **2.** (*abr de* **Centro de Asistencia Primaria**) *centre de Sécurité sociale en Espagne*.

capa sf **1.** [manto & TAUROM] cape *f* **2.** [baño, estrato, grupo social] couche *f* ▸ **capa atmosférica** couche atmosphérique ▸ **capa de ozono** couche d'ozone ▸ **capa terrestre** croûte *f* terrestre **3.** EXPR **andar de capa caída a)** [negocio] battre de l'aile **b)** [persona] être dans une mauvaise passe ▸ **defender a capa y espada** défendre bec et ongles ▸ **hacer de su capa un sayo** n'en faire qu'à sa tête.

capacho sm **1.** [cesta] cabas *m* **2.** [cuna] nacelle *f*.

capacidad sf capacité *f* ▸ **capacidad de producción** capacité de production. ◆ **capacidad adquisitiva** sf pouvoir *m* d'achat.

capacitación sf formation *f*.

capacitador, ra adj & sm, f AM [entrenador] formateur(trice).

capacitar vt **1.** [formar] ▸ **capacitar a alguien para algo** former qqn à qqch **2.** [habilitar] ▸ **capacitar a alguien para hacer algo** habiliter qqn à faire qqch.

capar vt châtrer.

caparazón sm **1.** [concha] carapace *f* **2.** *fig* [coraza] ▸ **meterse en su caparazón** rentrer dans sa coquille.

capataz sm **1.** [de finca] chef *m* d'exploitation **2.** [de obra] chef *m* de chantier.

capaz ❖ adj **1.** ▸ **capaz (de algo / de hacer algo)** [hábil] capable (de qqch / de faire qqch) **2.** ▸ **(es) capaz que...** RP il se peut que.... ❖ adv ANDES RP *fam* [quizás] peut-être / ***¿vienes / venís al cine con nosotros? — capaz*** tu viens au cinéma avec nous ? — peut-être.

capazo sm cabas *m*.

capcioso, sa adj captieux(euse) / ***pregunta capciosa*** question piège.

capea sf TAUROM *course de jeunes taureaux réalisée par des amateurs appelés « aficionados »*.

capear vt *fig* **1.** [eludir - dificultades] contourner ; [- compromisos] se dérober à ; [- trabajo] fuir **2.** TAUROM *faire des passes avec la cape*.

capellán sm aumônier *m*.

caperuza sf capuchon *m*.

capicúa ❖ adj inv palindrome. ❖ sm inv nombre *m* palindrome.

capilar adj & sm capillaire.

capilaridad sf capillarité *f*.

capilla sf chapelle *f* ▸ **capilla ardiente** chapelle ardente ▸ **estar en capilla a)** *fig* [condenado a muerte] être dans l'attente de son exécution **b)** *fam* [en ascuas] être sur le gril.

capirotada sf MÉX [postre] *dessert à base de pain, de miel, de fromage, de raisins secs, de cacahuètes et d'autres fruits secs*.

capirotazo sm chiquenaude *f*.

capirote sm **1.** [gorro] cagoule *f* **2.** ⟶ **tonto**.

cápita ◆ **per cápita** loc adj par personne ; [renta] par habitant.

capital ❖ adj capital(e) ▸ **lo capital es...** l'essentiel, c'est.... ❖ sm ECON capital *m* ▸ **capital circulante** fonds de roulement ▸ **capital fijo** capital fixe ▸ **capital de riesgo** capital-risque *m* ▸ **capital social** capital social. ❖ sf [ciudad] capitale *f.*

capitalidad sf ▸ **ostentar la capitalidad de** être la capitale de / *la capitalidad de Valencia* le fait que Valence soit une capitale.

capitalismo sm capitalisme *m.*

capitalista adj & smf capitaliste.

capitalizable adj capitalisable.

capitalización sf capitalisation *f.*

capitalizar [13] vt **1.** ECON capitaliser **2.** *fig* [sacar provecho] ▸ **capitalizar algo** tirer profit de qqch ▸ **capitalizar la atención** monopoliser l'attention.

capitán, ana sm, f **1.** DEP, MIL & NÁUT capitaine *m* ▸ **capitán general** gouverneur *m* militaire d'une région **2.** AM [en restaurante] maître *m* d'hôtel.
◆ **capitana** sf [buque principal] vaisseau *m* amiral.

capitanear vt **1.** MIL commander **2.** [dirigir] mener **3.** [equipo deportivo] être le capitaine de.

capitanía sf état-major *m* ▸ **capitanía general a)** [empleo] état-major d'une région militaire **b)** [territorio] ≃ région *f* militaire.

capitel sm ARQUIT chapiteau *m.*

capitolio sm **1.** [edificio] capitole *m* **2.** [acrópolis] acropole *f.*

capitoste smf *despec* caïd *m.*

capitulación sf capitulation *f.* ◆ **capitulaciones matrimoniales** sfpl contrat *m* de mariage.

capitular vi capituler.

capítulo sm chapitre *m* ▸ **es capítulo aparte** c'est une autre histoire.

capo, pa sm, f **1.** [de la mafia] parrain *m*, chef *m* mafieux / *un capo de la droga* un parrain de la drogue **2.** *fam* [superior] patron *m*, -onne *f* / *ella es la verdadera capa de la empresa* c'est elle la vraie patronne de l'entreprise **3.** *fam* [as] champion *m*, -onne *f*, as *m* / *es un capo del volante* c'est un as du volant.

capó, capot [ka'po] (*pl* **capots**) sm capot *m.*

capoeira sf capoeira *f.*

capón sm **1.** [animal] chapon *m* **2.** [golpe] pichenette *f.*

caporal sm caporal *m.*

capot = **capó**.

capota sf AUTO capote *f.*

capotazo sm TAUROM passe *f* de cape.

capote sm **1.** [militar, etc.] capote *f* **2.** TAUROM cape *f* ▸ **echar un capote a alguien** *fam* & *fig* donner un coup de main à qqn **3.** EXPR **de capote** MÉX en cachette, sous cape ▸ **hacer capote** RP *fam* avoir du succès.

capotear vt **1.** [toro] faire des passes avec la cape **2.** *fam* [dificultades] esquiver.

capricho sm caprice *m* ▸ **darse un capricho** se faire un petit plaisir ▸ **por puro capricho** par pur caprice.

caprichoso, sa adj capricieux(euse).

Capricornio ❖ sm inv [zodiaco] Capricorne *m inv* ▸ **ser Capricornio** être Capricorne. ❖ smf inv [persona] Capricorne *m inv.*

cápsula sf **1.** [gen] capsule *f* **2.** [pastilla] gélule *f.*

captación sf **1.** [de adeptos, clientes, socios] recrutement *m* **2.** [de señal, imagen, sonido, agua] captage *m.*

captar vt **1.** [atraer - simpatía] gagner ; [- atención] capter ; [- clientes] gagner ; [- fondos] recueillir **2.** [entender] saisir **3.** [sintonizar] capter.
◆ **captarse** vprnl [atraer] gagner.

captura sf capture *f.*

capturar vt capturer.

capucha sf [de impermeable, etc.] capuche *f* ; [de bolígrafo] capuchon *m.*

capuchino, na sm, f capucin *m*, -e *f.* ◆ **capuchino** sm **1.** RELIG cappuccino *m* **2.** [café] cappuccino *m.*

capuchón sm capuchon *m.*

capullo, lla adj & sm, f *vulg* con (conne).
◆ **capullo** sm **1.** [de flor] bouton *m* **2.** [de gusano] cocon *m* **3.** *fam* [prepucio] gland *m.*

caqui, kaki ❖ adj inv [color] kaki *(inv).* ❖ sm **1.** [planta] plaqueminier *m* **2.** [fruto, color] kaki *m.*

cara sf **1.** [rostro] visage *m*, figure *f* ▸ **a cara descubierta** à visage découvert ▸ **cara a** face à ▸ **cara a cara** face à face ▸ **de cara** [sol] dans les yeux **2.** [aspecto] tête *f* ▸ **caérsele a alguien la cara de vergüenza** *fam* être mort(e) de honte ▸ **cara de acelga** ESP mine de papier mâché ▸ **cruzar la cara a alguien** gifler qqn ▸ **dar alguien la cara por otro** prendre la défense de qqn ▸ **de cara** ESP **a)** [por delante] en pleine figure **b)** [desde delante] en face / *me daba el sol de cara* j'avais le soleil en pleine figure / *tenían el viento de cara* ils avaient le vent de face ▸ **de cara a** en vue de / *de cara al futuro* face à l'avenir ▸ **decir algo a alguien a la** o **en cara** dire qqch en face à qqn ▸ **echar en cara** jeter à la figure ▸ **hacer cara a** tenir tête à ▸ **plantarle cara a alguien** ESP tenir tête à qqn ▸ **poner la cara** ANDES RP faire face ▸ **por la cara** ESP **a)** [sin pagar] en resquillant ▸ **por su linda cara, por su cara bonita** pour ses beaux yeux ▸ **romper** o **partir la cara a alguien** casser la figure à qqn ▸ **tener buena / mala cara** avoir bonne / mauvaise mine ▸ **tener cara de enfado / sueño** avoir l'air fâché(e) / fatigué(e) / *tiene cara de ponerse a llover* on dirait qu'il va pleuvoir / *poner cara de asco* prendre un air dégoûté ▸ **tener dos caras** jouer double jeu ▸ **verse las caras con alguien** : *nos veremos las caras* on se retrouvera ▸ **voltear la cara a alguien** ANDES détourner les yeux o le regard de qqn **3.** [lado, superficie, anverso de moneda] face *f* ▸ **a cara o cruz** à pile ou face ▸ **cara o ceca** RP pile ou face **4.** *fam* [osadía] culot *m* ▸ **tener más cara que espalda** ESP avoir les nerfs solides ▸ **tener (mucha) cara, tener la cara muy dura** avoir un sacré culot **5.** [de edificio] façade *f.*

carabela sf caravelle *f.*

carabina sf **1.** [arma] carabine *f* **2.** *fam* & *fig* [mujer] chaperon *m.*

carabinero sm **1.** [soldado, policía] carabinier *f* **2.** [crustáceo] gamba *f* rouge.

Caracas npr Caracas.

caracol sm **1.** ZOOL escargot *m* ▸ **caracol de mar** bigorneau *m* **2.** [concha] coquillage *m* **3.** ANAT limaçon *m* **4.** [rizo] accroche-cœur *m.* ◆ **caracoles** interj ▸ **¡caracoles!** *fam* & *desus* sapristi !

caracola sf conque *f.*

caracolada sf CULIN escargots *mpl.*

caracolear vi caracoler *(cheval).*

carácter (*pl* **caracteres**) sm caractère *m* ▸ **(tener) buen / mal carácter** (avoir) bon / mauvais caractère.

característico, ca adj caractéristique.
◆ **característica** sf caractéristique *f.*

caracterización sf **1.** [gen] caractérisation *f* **2.** [maquillaje] grimage *m.*

caracterizar [13] vt **1.** [definir] caractériser **2.** [representar] incarner **3.** [maquillar] grimer.
◆ **caracterizarse** vprnl ▸ **caracterizarse por** se caractériser par.

caradura adj & smf *fam* gonflé(e) / *es un caradura* il est gonflé.

carajillo sm *café arrosé de rhum ou de cognac.*

carajo sm *mfam* ▸ **¡qué carajo!** bordel ! / *me importa un carajo* j'en ai rien à foutre ▸ **irse al carajo a)** aller se faire voir **b)** *fig* se casser la gueule.

caramba interj ▸ **¡caramba! a)** [sorpresa] ça alors ! **b)** [enfado] zut alors !

carámbano sm glaçon *m.*

carambola sf [en billar] carambolage *m* ▸ **por carambola** *fam* sur un coup de bol.
◆ **carambolas** interj AM *fam* ▸ **¡carambolas!** zut !

caramelizar [13] vt caraméliser.

caramelo sm **1.** [golosina] bonbon *m* **2.** [azúcar fundido] caramel *m* ▸ **de caramelo** *fig* à croquer.

caramillo sm [flauta] chalumeau *m.*

carantoñas sfpl ▸ **hacer carantoñas a)** faire des mamours **b)** *fig* faire patte de velours.

caraota sf VEN [judía] haricot *m.*

caraqueño, ña ✧ adj de Caracas.
✧ sm, f habitant *m,* -e *f* de Caracas.

carátula sf **1.** [de libro] couverture *f*; [de disco] pochette *f* **2.** [careta] masque *m.*

caravana sf **1.** [gen] caravane *f*; [de bohemios] roulotte *f* **2.** [de coches] bouchon *m.*
◆ **caravanas** sfpl AM [pendientes] pendants *mpl* d'oreilles ; [cortesía afectada] courbettes *fpl.*

caravaning [kara'βanin] sm caravaning *m.*

caray interj ▸ **¡caray!** mince !

carbohidrato sm hydrate *m* de carbone.

carbón sm **1.** [para quemar] charbon *m* ▸ **estar negro como el carbón** être tout noir (toute noire) ▸ **carbón animal** o **negro** charbon animal ▸ **carbón de leña** o **vegetal** charbon de bois o végétal ▸ **carbón mineral** o **de piedra** charbon minéral **2.** [para dibujar] fusain *m.*

carbonara sf CULIN [salsa] carbonara ▸ **espaguetis a la carbonara** spaguettis à la carbonara.

carbonatado, da adj carbonaté(e).

carbonato sm carbonate *m.*

carboncillo sm fusain *m.*

carbonero, ra adj & sm, f charbonnier(ère).
◆ **carbonera** sf **1.** [de carbón] cave *f* à charbon **2.** [de leña] pile *f* de bois.

carbónico, ca adj carbonique.

carbonífero, ra adj GEOL [con carbón] carbonifère.

carbonilla sf **1.** [ceniza] escarbille *f* **2.** [resto de carbón] poussier *m.*

carbonización sf carbonisation *f.*

carbonizar [13] vt carboniser.
◆ **carbonizarse** vprnl être carbonisé(e).

carbono sm carbone *m* ▸ **carbono 14** carbone 14.

carbunclo = **carbunco**.

carbunco, carbunclo sm MED maladie *f* du charbon.

carburación sf carburation *f.*

carburador sm carburateur *m.*

carburante sm carburant *m.*

carburar ✧ vt TECNOL carburer. ✧ vi *fam* gazer.

carburo sm carbure *m.*

carca ✧ adj & smf *despec* réac. ✧ sf ANDES *fam* [suciedad] crasse *f.*

carcaj (*pl* **carcajes**) sm **1.** [para flechas] carquois *m* **2.** AM [para rifle] fourreau *m.*

carcajada sf éclat *m* de rire ▸ **reír a carcajadas** rire aux éclats.

carcajearse vprnl rire aux éclats ▸ **carcajearse de** se moquer de.

carcamal smf *fam* & *despec* [hombre] vieux croulant *m* ; [mujer] vieille peau *f.*

carcasa sf carcasse *f.*

cárcel sf prison *f* ▸ **meter a alguien en la cárcel** mettre qqn en prison ▸ **cárcel de alta seguridad** quartier *m* de haute sécurité.

carcelario, ria adj carcéral(e) / *la vida carcelaria* la vie en prison.

carcelero, ra sm, f gardien *m,* -enne *f* de prison.

carcoma sf **1.** [insecto] ver *m* à bois **2.** [polvo] vermoulure *f.*

carcomer vt ronger ; [salud] miner. ◆ **carcomerse** vprnl *fig* [consumirse] ▸ **carcomerse de** se ronger de.

carcomido, da adj mangé(e) aux vers, vermoulu(e).

carda sf cardeuse *f.*

cardado sm **1.** [de lana] cardage *m* **2.** [del pelo] crêpage *m.*

cardamomo sm cardamome *f.*

cardán sm cardan *m.*

cardar vt **1.** [lana] carder **2.** [pelo] crêper.

cardenal sm **1.** RELIG cardinal *m* **2.** [hematoma] bleu *m*.

cardenalicio, cia adj cardinalice.

cárdeno, na adj violet(ette).
◆ **cárdeno** sm [color] violet *m*.

cardiaco, ca, cardíaco, ca adj cardiaque.

cárdigan, cardigán sm cardigan *m*.

cardinal adj cardinal(e).

cardiocirugía sf MED cardiochirurgie *f*.

cardiograma sm cardiogramme *m*.

cardiología sf cardiologie *f*.

cardiólogo, ga sm, f cardiologue *mf*.

cardiopatía sf cardiopathie *f*.

cardiorrespiratorio, ria adj cardio-respiratoire / *falleció por parada cardiorrespiratoria* il a succombé à un arrêt cardio-respiratoire.

cardiovascular adj cardio-vasculaire.

cardo sm **1.** [planta] chardon *m* ▸ **cardo borriquero** chardon aux ânes **2.** ESP *fam* & *fig* [persona fea] mocheté *f*.

carear vt DER confronter.

carecer [30] ◆ **carecer de** vi manquer de.

carena sf NÁUT carénage *m*.

carenado sm carénage *m*.

carenar vt NÁUT caréner.

carencia sf [escasez] manque *m* ; MED carence *f*.

carenciado, da adj AM déshérité(e) / *un barrio carenciado* un quartier déshérité.

carente adj dépourvu(e) ▸ **carente de** dépourvu de / *carente de interés* sans intérêt.

careo sm DER confrontation *f*.

carero, ra adj *fam* qui vend cher.

carestía sf **1.** [escasez] manque *m* **2.** [encarecimiento] cherté *f* ▸ **la carestía de la vida** la cherté de la vie.

careta sf **1.** [máscara] masque *m* ▸ **careta antigás** masque à gaz ▸ **quitarse uno la careta** se démasquer **2.** *fig* [engaño] façade *f*.

careto sm *fam* [rostro] tête *f*, bobine *f*.

carey sm **1.** [tortuga] caret *m* **2.** [material] écaille *f*.

carga sf **1.** [acción] chargement *m* **2.** [cargamento] cargaison *f* ▸ **de carga y descarga** [zona] de livraisons ▸ **carga útil** charge utile **3.** ELECTR [de aparato, batería] chargement *m* **4.** [impuesto] charge *f* ▸ **cargas sociales** charges sociales **5.** [repuesto] recharge *f* **6.** MIL [explosivo] charge *f* ▸ **carga de profundidad** charge de profondeur **7.** EXPR **llevar la carga a alguien** RP *fam* baratiner qqn ▸ **volver a la carga** *fig* revenir à la charge.

cargado, da adj **1.** [gen] chargé(e) ▸ **estar cargado de** *fam* crouler sous **2.** [bebida alcohólica] tassé(e) ▸ **un café cargado** un café serré **3.** [tiempo, atmósfera] lourd(e) / *un cielo cargado* un ciel couvert / *¡qué habitación más cargada!* on étouffe dans cette pièce !

cargador, ra adj chargeur(euse).
◆ **cargador** sm **1.** [de aparato] chargeur *m* ▸ **cargador de batería** chargeur de batterie ▸ **cargador de móvil** chargeur de portable **2.** [persona] débardeur *m* ▸ **cargador de muelle** docker.

cargamento sm chargement *m*, cargaison *f*.

cargante adj *fam* & *fig* assommant(e).

cargar [16] ❖ vt **1.** [persona, mercancía & MIL] charger **2.** ELECTR [aparato, batería] charger **3.** [pluma, mechero] recharger **4.** [importe, factura, deuda] faire payer ; [precio] faire monter **5.** [anotar] ▸ **cargar algo en cuenta** mettre qqch sur un compte **6.** *fig* [de obligaciones] donner / *lo cargaron de trabajo / de responsabilidades* ils lui ont donné beaucoup de travail / de responsabilités **7.** ESP *fam* [molestar] gonfler, assommer / *me carga su pedantería* son côté pédant me gonfle **8.** [suj: humo] : *cargar la cabeza* donner mal à la tête / *cargar el ambiente* enfumer l'atmosphère **9.** INFORM [fichero] télécharger *(vers un serveur)* **10.** RP [recipiente] remplir **11.** MÉX *fam* [matar] descendre **12.** RP *fam* [burlarse de] faire marcher **13.** RP *fam* [bromear] faire une mauvaise plaisanterie **14.** RP *fam* [ligar] draguer. ❖ vi **1.** [recaer] ▸ **cargar algo sobre alguien** retomber sur qqn **2.** [atacar] ▸ **cargar (contra) alguien** charger qqn **3.** ▸ **cargar con** a) [paquete] porter b) [costes] prendre à sa charge c) *fig* [responsabilidad, culpa] assumer d) *fig* [consecuencias] accepter. ◆ **cargarse** vprnl **1.** *fam* [romper] bousiller **2.** *fam* [suspender] recaler / *el profe se ha cargado a toda la clase* le prof a massacré toute la classe **3.** *fam* [matar] tuer, dégommer **4.** [colmarse] ▸ **cargarse de** avoir plein de / *cargarse de deudas* se couvrir de dettes ▸ **¡te la vas a cargar!** *fam* tu vas voir ce que tu vas voir !

cargo sm **1.** [gen & DER] charge *f* ▸ **correr a cargo de** être à la charge de ▸ **estar a cargo de algo** être chargé(e) de qqch ▸ **hacerse cargo de** a) [ocuparse de] se charger de b) [asumir el control de] prendre en charge c) [comprender] se rendre compte de **2.** [empleo] poste *m* ▸ **un alto cargo** un haut responsable **3.** ECON débit *m* ▸ **hacer un pago con cargo a una cuenta** débiter un compte d'une somme.

cargosear vt CSUR harceler, importuner.

cargoso, sa adj CSUR agaçant(e).

carguero sm **1.** [barco] cargo *m* **2.** RP [animal] bête *f* de somme.

cariacontecido, da adj affligé(e).

cariado, da adj carié(e).

cariar [8] vt carier. ◆ **cariarse** vprnl se carier.

cariátide sf cariatide *f*.

Caribe npr ▸ **el Caribe** la mer des Caraïbes.

caribeño, ña ❖ adj caribéen(enne).
❖ sm, f Caribéen *m*, -enne *f*.

caricato sm TEATRO comique *mf*.

caricatura sf **1.** [retrato] caricature *f* **2.** MÉX [dibujos animados] dessin *m* animé.

caricaturar = **caricaturizar**.

caricaturesco, ca adj caricatural(e).

caricaturista smf caricaturiste *mf*.

caricaturizar, **caricaturar** vt caricaturer.

caricia sf *pr* & *fig* caresse *f*.

Caricom (*abr de* **Comunidad (Económica) del Caribe**) npr Caricom.

caridad sf charité *f*.

caries sf inv carie *f*.

carilargo, ga adj au visage allongé.

carillón sm carillon *m*.

cariñena sm *vin de Cariñena, dans la province de Saragosse*.

cariño sm **1.** [afecto] affection *f*, tendresse *f* ▸ **tomar cariño a alguien** prendre qqn en affection **2.** [cuidado] soin *m* **3.** [apelativo] chéri *m*, -e *f* **4.** CAm Chile [regalo] cadeau *m* **5.** RP *fam* [en cartas] bise *f*, bisou *m*.

cariñoso, sa adj affectueux(euse).

carioca ❖ adj carioca, de Rio de Janeiro. ❖ smf Carioca *mf*.

carisma sm charisme *m*.

carismático, ca adj charismatique.

Cáritas sf Caritas Internationalis *(œuvre de charité)*.

caritativo, va adj [persona] charitable ; [asociación] caritatif(ive).

cariz sm *(sin pl)* [de asunto, acontecimiento] tournure *f*.

carlinga sf AERON carlingue *f*.

carlismo sm carlisme *m*.

carlista adj & smf carliste.

carmela sf CULIN gril *m*.

carmelita ❖ adj **1.** RELIG du Carmel **2.** Cuba [color] havane *(inv)*, marron clair *(inv)*. ❖ smf carme *m*, carmélite *f*.

carmesí (*pl* **carmesíes** o **carmesís**) ❖ adj cramoisi(e). ❖ sm rouge *m* cramoisi.

carmín ❖ adj [color] carmin *(inv)*. ❖ sm **1.** [color] carmin *m* **2.** [lápiz de labios] rouge *m* à lèvres.

carnada sf *pr* & *fig* appât *m*.

carnal ❖ adj **1.** [de la carne] charnel(elle) **2.** [tío, sobrino] au premier degré ; [primo] germain(e). ❖ sm Méx *fam* [amigo] frère *m*, pote *m*.

carnaval sm carnaval *m*.

carnavalada sf *fam* mascarade *f*.

carnavalesco, ca adj carnavalesque / *los festejos carnavalescos* les réjouissances du carnaval.

carnaza sf *pr* & *fig* appât *m*.

carne sf **1.** [de persona, fruta] chair *f* ▸ **en carne viva** à vif ▸ **entrado o metido en carnes** bien en chair ▸ **ser alguien de carne y hueso** *fig* être qqn d'humain **2.** [alimento] viande *f* ▸ **carne de cerdo** viande de porc ▸ **carne de cordero** a) mouton *m* b) [lechal] agneau *m* ▸ **carne picada** Esp RP a) [de ternera] viande hachée b) [de cerdo] chair à saucisse ▸ **carne de ternera** veau *m* ▸ **no ser ni carne ni pescado** *fig* n'être ni chair ni poisson ▸ **poner toda la carne en el asador** *fig* risquer le paquet. ◆ **carne de cañón** sf chair *f* à canon. ◆ **carne de gallina** sf chair *f* de poule.

carné, **carnet** (*pl* **carnets**) sm **1.** [documento] carte *f* ▸ **carné de biblioteca** carte de lecteur o de bibliothèque ▸ **carné de conducir** permis de conduire ▸ **carné de conductor** RP permis de conduire ▸ **carné de estudiante** carte d'étudiant ▸ **carné de identidad** carte d'identité ▸ **carné de notas** RP bulletin scolaire ▸ **carné de socio** carte de membre **2.** [agenda] agenda *m*.

> ⚠ **Carnet** es un falso amigo, no significa *carné*, sino "libreta".

carnear vt **1.** Am [matar] abattre **2.** Andes RP [estafar, engañar] escroquer.

carnero, ra sm, f Andes RP *fam* & *despec* **1.** [persona sin voluntad] mouton *m* **2.** [en huelga] jaune *mf*, briseur *m*, -euse *f* de grève. ◆ **carnero** sm **1.** [animal] mouton *m* **2.** [carne, piel] mouton *m*.

carnicería sf **1.** [tienda] boucherie *f* **2.** *fig* [destrozo, masacre] carnage *m*.

carnicero, ra ❖ adj [animal] carnassier(ère). ❖ sm, f *pr* & *fig* [persona] boucher *m*, -ère *f*. ◆ **carniceros** smpl ZOOL carnassiers *mpl*.

cárnico, ca adj [industria] de la viande ; [producto] de boucherie.

carnitas sfpl Méx *viande hachée et marinée servant à farcir les « tacos »*.

carnívoro, ra adj carnivore ; [ave] carnassier(ère). ◆ **carnívoros** smpl carnivores *mpl*.

carnosidad sf **1.** [de herida] excroissance *f* **2.** [gordura] embonpoint *m*.

carnoso, sa adj charnu(e).

caro, ra adj cher (chère). ◆ **caro** adv ▸ **costar / vender caro** coûter / vendre cher / *esta tienda vende caro* ce magasin est cher.

carolingio, gia ❖ adj carolingien(enne). ❖ sm, f Carolingien *m*, -enne *f*.

carota smf *fam* : *es un carota* il a un sacré culot.

carótida ❖ adj carotidien(enne) ▸ **la arteria carótida** l'artère carotide. ❖ sf carotide *f*.

carozo sm RP [de aceituna, melocotón] noyau *m (de fruit)*.

carpa sf **1.** [pez] carpe *f* **2.** [de circo] chapiteau *m* ; [para fiestas, etc.] tente *f*.

carpaccio sm carpaccio *m*.

carpanta sf Esp *fam* [hambre] fringale *f*, faim *f* de loup ▸ **tener carpanta** avoir la dalle.

Cárpatos npr ▸ **los Cárpatos** les Carpates *mpl*.

carpeta sf **1.** [portapapeles] chemise *f (de bureau)* **2.** INFORM dossier *m*.

> ⚠ **Carpette** es un falso amigo, no significa *carpeta*, sino "alfombrilla".

carpetazo sm ▸ **dar carpetazo a algo** classer qqch.

carpetovetónico, ca adj typiquement espagnol(e) *(au sens chauvin du terme).*

carpintería sf **1.** [de muebles] menuiserie *f* **2.** [de tejado - técnica] charpenterie *f*; [- obra] charpente *f* ▸ **carpintería metálica** charpente métallique.

carpintero, ra sm, f [de muebles] menuisier *m*; [de tejado] charpentier *m*.

carpo sm carpe *m*.

carraca sf **1.** [instrumento] crécelle *f* **2.** *fig* [cosa vieja] épave *f*.

carrara sm carrare *m*.

carraspear vi **1.** [hablar ronco] parler d'une voix rauque **2.** [toser] se racler la gorge.

carraspeo sm raclement *m* de gorge, toussotement *m*.

carraspera sf ▸ **tener carraspera** être enroué(e).

carrasposo, sa adj **1.** [con carraspera] rauque, enroué(e) **2.** COL CAM VEN [áspero] rugueux(euse).

carrera sf **1.** [gen & DEP] course *f* ▸ **en una carrera** en courant ▸ **tomar carrera** prendre de l'élan ▸ **carrera armamentista** o **de armamentos** course aux armements ▸ **carrera contra reloj** course contre la montre **2.** [trayecto] parcours *m* **3.** [estudios] cursus *m* (universitaire) / *hacer la carrera de derecho* faire des études de droit ▸ **dar carrera a alguien** payer ses études à qqn **4.** [profesión] carrière *f* ▸ **hacer carrera** [triunfar] réussir **5.** [calle] *nom de certaines rues en Espagne* ▸ **hacer la carrera** [prostituirse] faire le trottoir **6.** COL MÉX VEN [en cabello] raie *f*.

carrerilla sf ▸ **coger** o **tomar carrerilla** ESP prendre de l'élan. ◆ **de carrerilla** loc adv [de corrido] d'une seule traite ; [de memoria] de A à Z.

carreta sf **1.** [carro] charrette *f* ▸ **poner la carreta (a) delante de los bueyes** AM mettre la charrue avant les bœufs **2.** RP [transporte] véhicule *m* très lent.

carretada sf **1.** [carga de carreta] charretée *f* **2.** *fam* [gran cantidad] tonne *f* ▸ **a carretadas** à la pelle.

carrete sm **1.** [de hilo, alambre] bobine *f* **2.** FOTO pellicule *f* **3.** [para pescar] moulinet *m* **4.** EXPR **dar carrete a alguien** faire parler qqn.

carretera sf route *f* ▸ **carretera comarcal / nacional** route départementale/nationale ▸ **carretera de cuota** MÉX autoroute à péage.

carretero, ra adj carrossable / *camino carretero* chemin carrossable / *tránsito carretero* AM trafic routier. ◆ **carretero** sm **1.** AM [carretera] route *f* **2.** EXPR **fumar como un carretero** *fam* fumer comme un pompier o comme un sapeur.

carretilla sf **1.** [carro de mano] brouette *f* **2.** RP [quijada] mâchoire *f*.

carricoche sm [coche viejo] guimbarde *f*.

carril sm **1.** [de carretera] voie *f* ▸ **carril bici** voie cyclable ▸ **carril bus** couloir *m* d'autobus ▸ **carril de aceleración** voie d'accélération **2.** [de ferrocarril] rail *m* **3.** [huella] ornière *f*.

carrillo sm joue *f* ▸ **comer a dos carrillos** *fig* manger comme quatre.

carrito sm **1.** [para el equipaje] chariot *m* (à bagages) **2.** [en un supermercado] ▸ **carrito (de la compra)** Caddie® *m* **3.** RP VEN [de venta ambulante] chariot *m* **4.** MÉX VEN [atracción] ▸ **carritos chocones** autos tamponneuses.

carrizo interj MÉX VEN *fam* dis donc, ça alors / *¡carrizo, qué listo es tu hijo!* dis donc, il est drôlement intelligent ton fils !

carro sm **1.** [gen] chariot *m* ▸ **carro alegórico** ANDES CSUR MÉX char de carnaval ▸ **carro de combate** char *m* d'assaut ▸ **¡para el carro!** *fam* [¡basta ya!] eh, mollo ! ▸ **parecer** o **ser un carro lechero** AM avancer comme une tortue o un escargot **2.** AM [coche] voiture *f*, automobile *f* ▸ **carro de bomberos** ANDES CSUR MÉX camion *m* de pompiers **3.** MÉX [vagón] wagon *m* ▸ **carro comedor** wagon restaurant ▸ **carro dormitorio** wagon-lit *m*.

carrocería sf **1.** [de automóvil] carrosserie *f* **2.** [taller] atelier *m* de carrosserie.

carrocero sm carrossier *m*.

carromato sm **1.** [carro] roulotte *f* **2.** [coche viejo] guimbarde *f*.

carroña sf charogne *f*.

carroñero, ra adj **1.** [animal] charognard(e), qui se nourrit de charogne **2.** *fig & despec* [prensa] : *una revista carroñera* un magazine trash.

carroza ❖ sf [coche] carrosse *m* ▸ **carroza fúnebre** RP corbillard, char funèbre. ❖ smf *fam* [viejo] ringard *m*, -e *f*.

carruaje sm voiture *f*.

carrusel sm **1.** [tiovivo] manège *m* **2.** [de caballos] carrousel *m*.

carta sf **1.** [escrito] lettre *f* ▸ **echar una carta** poster une lettre ▸ **carta certificada** lettre recommandée ▸ **carta de crédito** COM lettre de crédit ▸ **carta de naturaleza** lettre de naturalisation ▸ **carta postal** AM carte postale ▸ **carta de recomendación** lettre de recommandation ▸ **cartas credenciales** lettres de créance ▸ **carta urgente** courrier *m* urgent **2.** [naipe, menú, mapa] carte *f* ▸ **a la carta** à la carte ▸ **echar las cartas a alguien** tirer les cartes à qqn ▸ **carta astral** thème *m* astral ▸ **carta de vinos** carte des vins ▸ **carta verde** *carte verte (délivrée par les assurances automobiles)* ▸ **jugarse la última carta** jouer sa dernière carte ▸ **jugarse todo a una carta** *fig* mettre tous ses œufs dans le même panier ▸ **no saber alguien con** o **a qué carta quedarse** ne pas savoir sur quel pied danser ▸ **poner las cartas boca arriba** o **sobre la mesa** *fig* jouer cartes sur table ▸ **tomar cartas en un asunto** intervenir dans une affaire **3.** [documento] charte *f* ▸ **carta de pago** COM reçu *m* ▸ **carta de trabajo** permis *m* de travail **4.** EXPR **a carta cabal** foncièrement / *es honesto a carta cabal* il est foncièrement honnête. ◆ **carta de ajuste** sf TV mire *f*. ◆ **carta blanca** sf ▸ **tener carta blanca** avoir carte blanche.

cartabón sm équerre *f*.

Cartagena npr Carthagène *f* ▸ **Cartagena de Indias** Carthagène d'Indes.

cartagenero, ra ◆ adj carthaginois(e) *(de Carthagène).* ◆ sm, f Carthaginois *m*, -e *f*.

cartaginense ◆ adj HIST carthaginois(e). ◆ smf HIST Carthaginois *m*, -e *f*.

cartaginés, esa ◆ adj HIST carthaginois(e). ◆ sm, f HIST Carthaginois *m*, -e *f*.

cartapacio sm **1.** [carpeta] cartable *m* **2.** [cuaderno] cahier *m*.

cartear ◆ **cartearse** vprnl correspondre, entretenir une correspondance / ***nos seguimos carteando*** nous continuons à correspondre.

cartel sm **1.** [anuncio] affiche *f* ▸ **'prohibido fijar carteles'** 'défense d'afficher' **2.** *fig* [fama] ▸ **de cartel** de renom ▸ **tener cartel** faire fureur.

cártel sm cartel *m* ▸ **cártel petrolero** cartel du pétrole ▸ **el cártel de la droga** le cartel de la drogue.

cartelero, ra adj ▸ **ser cartelero** faire fureur. ◆ **cartelera** sf **1.** [tablón] porte-affiche **2.** PRENSA rubrique *f* des spectacles.

cartelista smf affichiste *mf*.

carteo sm correspondance *f (échange de lettres).*

cárter sm AUTO carter *m*.

cartera sf **1.** [gen] portefeuille *m* ▸ **cartera de clientes** fichier o portefeuille *m* (de) clients ▸ **cartera de pedidos** carnet *m* de commandes ▸ **cartera de valores** portefeuille d'actions **2.** [para documentos] porte-documents *m* ; [sin asa] serviette *f* ; [de colegial] cartable *m* **3.** ANDES RP [de señora] sac *m* à main **4.** EXPR **revolear la cartera** MÉX RP *fam* faire le trottoir ▸ **tener algo en cartera** *fig* avoir qqch en projet.

carterista smf pickpocket *m*.

cartero, ra sm, f facteur *m*, -trice *f*.

cartesiano, na adj & sm, f cartésien(enne).

cartilaginoso, sa adj cartilagineux(euse).

cartílago sm cartilage *m*.

cartilla sf **1.** [documento] livret *m* ▸ **cartilla de ahorros** livret de caisse d'épargne ▸ **cartilla de la seguridad social** carte *f* de sécurité sociale ▸ **cartilla de parado** carte de demandeur d'emploi ▸ **cartilla militar** livret matricule **2.** [para aprender a leer] *premier livre de lecture* **3.** EXPR **leerle la cartilla a alguien** faire la leçon à qqn ▸ **no saberse la cartilla** ne rien y connaître.

cartografía sf cartographie *f*.

cartografiar [9] vt cartographier.

cartográfico, ca adj cartographique.

cartógrafo, fa sm, f cartographe *mf*.

cartomancia sf cartomancie *f*.

cartomántico, ca sm, f cartomancien *m*, -enne *f*.

cartón sm **1.** [material] carton *m* ▸ **cartón piedra** carton-pâte *m* **2.** [de cigarrillos] cartouche *f* **3.** MÉX [tira cómica] bande *f* dessinée.

cartoné ◆ **en cartoné** loc adj ▸ **un libro en cartoné** un livre cartonné.

cartonista smf MÉX [dibujante] dessinateur *m*, -trice *f* de bandes dessinées.

cartuchera sf **1.** [para cartuchos] cartouchière *f* **2.** RP [para lápices] plumier *m*.

cartucho sm **1.** [de arma] cartouche *f* ▸ **quemar el último cartucho** *fig* brûler sa dernière cartouche **2.** [de avellanas, etc.] cornet *m* ; [de monedas] rouleau *m*.

cartujo, ja adj chartreux(euse). ◆ **cartujo** sm **1.** [religioso] chartreux *m* **2.** *fig* [persona retraída] ermite *m*. ◆ **cartuja** sf chartreuse *f*.

cartulina sf bristol *m*.

casa sf **1.** [gen] maison *f* ▸ **casa de socorro** poste *m* de secours ▸ **casa discográfica** maison de disques **2.** [vivienda] logement *m* ▸ **caérsele a uno la casa encima a)** [estar a disgusto] ne plus se supporter chez soi **b)** [tener problemas] avoir le moral à zéro ▸ **casa adosada** maison mitoyenne ▸ **casa bancaria** RP banque ▸ **casa central** o **matriz** maison mère ▸ **casa consistorial** ≃ hôtel de ville ▸ **casa de altos a)** CAM ANDES CARIB MÉX [edificio] immeuble **b)** CSUR PERÚ [de dos plantas] maison à un étage ▸ **casa de apuestas** maison de jeu ▸ **casa de cambio** bureau de change ▸ **casa de campo** maison de campagne ▸ **casa de citas** maison de passe ▸ **casa de empeño** maison de prêt sur gage ▸ **casa de estudios** CSUR université ▸ **casa de gobierno** AM siège du gouvernement ▸ **casa de huéspedes** pension *f* de famille ▸ **casa de locos** o **de orates** *pr* & *fig* maison de fous ▸ **casa de préstamos** établissement de crédit ▸ **casa de putas** *mfam, pr* & *fig* bordel ▸ **casa discográfica** maison de disques ▸ **casa editora** maison d'édition ▸ **casa piloto** maison témoin ▸ **casa real a)** [palacio] palais ▸ **poner casa** s'installer ▸ **casa religiosa** couvent *m* ▸ **casa unifamiliar** maison individuelle ▸ **casa y comida** gîte et couvert ▸ **echar** o **tirar la casa por la ventana** [derrochar] jeter l'argent par les fenêtres ▸ **empezar la casa por el tejado** mettre la charrue avant les bœufs ▸ **en casa del herrero cuchillo de palo** les cordonniers sont les plus mal chaussés ▸ **llevar la tropa a las casas** ramener le troupeau à la ferme ▸ **ser de andar por casa** ne pas être génial(e) **3.** [familia] famille *f* ▸ **casa real** maison royale **4.** CSUR [de hacienda] ferme *f*.

casaca sf casaque *f*.

casación sf cassation *f*.

casadero, ra adj en âge de se marier.

casado, da ◆ adj marié(e) ▸ **estar casado con alguien** être marié avec qqn. ◆ sm, f marié *m*, -e *f* ▸ **los recién casados** les jeunes mariés ▸ **el casado casa quiere** *fig* il est normal de vouloir voler de ses propres ailes.

casamentero, ra ◆ adj : *ser casamentera* jouer les entremetteuses. ◆ sm, f marieur *m*, -euse *f*.

casamiento sm mariage *m*.

casanova sm don Juan *m*.

casar ◆ vt **1.** [gen] marier **2.** [cuentas] enfiler ; [trozos] recoller. ◆ vi aller ensemble. ◆ **casarse** vprnl ▸ **casarse (con)** se marier (avec) ▸ **casarse por la iglesia /**

por lo civil faire un mariage religieux/civil ▸ **no casarse con nadie** *fig* se faire sa propre opinion.

> ⚠ Caser es un falso amigo, no significa *casar*, sino "poner".

cascabel sm grelot *m* ▸ **serpiente de cascabel** serpent à sonnette ▸ **poner el cascabel al gato** *fig* oser faire le premier pas.

cascada sf cascade *f* ▸ **en cascada** en cascade.

cascado, da adj *fam* **1.** [ronco] cassé(e), éraillé(e) / *tengo la voz cascada* j'ai la voix cassée **2.** ESP [en mal estado] décati(e), délabré(e) / *el coche está ya muy cascado* la voiture est vraiment très délabrée.

cascanueces sm inv casse-noix *m inv*.

cascar [10] ◆ vt **1.** [huevo, nuez, voz] casser **2.** *fam* [suj: enfermedad] amocher **3.** ESP *fam* [pegar] cogner **4.** ESP *fam* [estropear] bousiller / *acabas de cascarme el móvil* tu viens de (me) bousiller mon portable **5.** ESP *fam* [morir] ▸ **cascarla** casser sa pipe, clamser. ◆ vi [charlar] papoter, jacasser.

cáscara sf **1.** [de huevo, nuez, etc.] coquille *f* **2.** [de limón, naranja] écorce *f* ; CULIN zeste *m* ; [de plátano] peau *f* **3.** EXPR **echar una cáscara** MÉX jouer un match de football.

cascarilla sf [de arroz, maíz] enveloppe *f* ; [de cacao] coque *f*.

cascarón sm coquille *f (d'œuf)* / *todavía no ha salido del cascarón fig* il n'est pas encore sorti de son cocon *(foyer familial)*.

cascarrabias sm, f inv grincheux *m*, -euse *f*.

casco sm **1.** [para la cabeza] casque *m* **2.** [de barco] coque *f* **3.** [de ciudad] ▸ **casco antiguo** vieille ville *f* ▸ **casco comercial** quartier *m* commerçant ▸ **casco urbano** centre-ville *m* **4.** [de caballo] sabot *m* **5.** ESP MÉX [de botella] bouteille *f* (consignée) **6.** [pedazo] éclat *m* **7.** ANDES CUBA RP [de naranja] quartier *m*. ◆ **cascos** smpl *fam* [cabeza] tête *f* ▸ **calentarse** o **romperse los cascos** se casser la tête ▸ **ser alegre** o **ligero de cascos** être tête en l'air. ◆ **cascos azules** smpl ▸ **los cascos azules** les casques bleus.

cascote sm *(gen pl)* gravats *mpl*.

caserío sm **1.** [pueblecito] hameau *m* **2.** [casa de campo] ferme *f* **3.** [chalet] maison *f* de campagne.

caserita sf AM : *¿qué se le ofrece, caserita?* qu'est-ce qu'on vous sert, ma petite dame ?

caserna sf caserne *f*.

casero, ra ◆ adj **1.** [de casa - comida] maison *(inv)* ; [- trabajos] ménager(ère) ; [- fiesta, velada] familial(e), de famille **2.** [hogareño] casanier(ère). ◆ sm, f **1.** [propietario] propriétaire *mf* **2.** [encargado] intendant *m*, -e *f*.

caserón sm bâtisse *f*.

caseta sf **1.** [casa pequeña] maisonnette *f* **2.** [en la playa] cabine *f* **3.** [de tiro] stand *m* ; [de feria] *tente installée dans les foires pour danser le flamenco* ▸ **caseta de feria** stand de foire **4.** [para perro] niche *f* **5.** MÉX [para telefonear] ▸ **caseta telefónica** cabine téléphonique **6.** MÉX [en las autopistas] ▸ **caseta de cobro** péage *m*.

casete, cassette [ka'sete] ◆ sm o sf [cinta] cassette *f*. ◆ sm [magnetófono] magnétophone *m*.

cash flow ['kaʃflou] sm inv marge *f* brute d'autofinancement, cash-flow *m*.

casi adv presque / *casi no dormí* je n'ai presque pas dormi / *casi se cae* il a failli tomber ▸ **casi nunca** presque jamais.

casilla sf **1.** [de teatro, circo] guichet *m* **2.** [de caja, armario] casier *m* **3.** [de impreso, ajedrez, etc.] case *f* **4.** [para correo] ▸ **casilla de correos** ANDES RP code postal ▸ **casilla postal** CAM CARIB MÉX boîte postale **5.** MÉX [para votar] isoloir *m* **6.** EXPR **sacar a alguien de sus casillas** mettre qqn hors de soi ▸ **salir(se) de sus casillas** sortir de ses gonds.

casillero sm casier *m*.

casino sm **1.** [para jugar] casino *m* **2.** [asociación] cercle *m*.

casis ['kasis] sm inv [licor] cassis *m*.

caso sm **1.** [gen & GRAM] cas *m* ▸ **el caso es que...** le fait est que... ▸ **en el mejor / peor de los casos** dans le meilleur/pire des cas ▸ **caso de conciencia** cas de conscience ▸ **caso de fuerza mayor** cas de force majeure ▸ **caso que, dado el caso que, en caso de que** au cas où ▸ **en todo** o **cualquier caso** en tout cas ▸ **ser un caso** *fam* être un cas / *¡es un caso clínico!* c'est un cas ! ▸ **ser un caso perdido** être un cas désespéré **2.** DER affaire *f* **3.** EXPR **hacer caso a** prêter attention à ▸ **hacer caso omiso de** ne pas faire attention à ▸ **ir al caso** aller droit au fait ▸ **no hacer** o **venir al caso** *fam* être hors de propos ▸ **no hay caso** RP c'est inutile ▸ **no tiene caso** MÉX c'est inutile.

casona sf grande bâtisse *f*.

casorio sm noce *f*, mariage *m*.

caspa sf pellicules *fpl (de cheveux)*.

Caspio sm ▸ **el Caspio** la Caspienne.

casposo, sa adj **1.** [con caspa] plein(e) de pellicules **2.** ESP [pasado de moda] ringard(e) / *los famosos casposos* les has been.

casque ⟶ **cascar**.

casquería sf triperie *f*.

casquete sm calotte *f*. ◆ **casquete esférico** sm calotte *f* sphérique. ◆ **casquete polar** sm calotte *f* glaciaire.

casquillo sm **1.** [de bala] douille *f* **2.** [de bombilla] culot *m* **3.** [de bastón] manche *m* **4.** CAM [herradura] fer *m* à cheval.

casquivano, na adj *fam* [insensato] farfelu(e).

cassette = **casete**.

casta sf **1.** [linaje] lignée *f* **2.** [especie, calidad] race *f* **3.** [en la India] caste *f*.

castaña sf ⟶ **castaño**.

castañazo sm *fam* marron *m (coup)*.

castañetear ❖ vt : *castañetear los dedos* faire claquer ses doigts. ❖ vi claquer des dents.

castañeteo sm **1.** [de castañuelas] : *se oía el castañeteo* on entendait jouer des castagnettes **2.** [de dientes] claquement *m* de dents.

castaño, ña adj [color] marron *(inv)*; [pelo] châtain. ◆ **castaña** sf **1.** [fruto] châtaigne *f* ▸ **castañas asadas** marrons *mpl* chauds ▸ **sacarle a alguien las castañas del fuego** tirer les marrons du feu pour qqn **2.** ESP *fam* [golpe] marron *m* **3.** *fam* [puñetazo] châtaigne *f* **4.** ESP *fam* [borrachera] cuite *f* ▸ **agarrarse una castaña** prendre une cuite **5.** ESP *fam* [año] berge *f*, balai *m*. ◆ **castaño** sm **1.** [color] marron *m inv*; [pelo] châtain *m* ▸ **pasar de castaño a oscuro** *fig* dépasser les bornes **2.** [árbol, madera] châtaignier *m* ▸ **castaño de Indias** marronnier *m* d'Inde.

castañuela sf castagnette *f*.

castellanización sf : *la castellanización de las palabras inglesas* le fait d'hispaniser les mots anglais.

castellanizar [13] vt hispaniser.

castellano, na ❖ adj castillan(e). ❖ sm, f [persona] Castillan *m*, -e *f*. ◆ **castellano** sm [lengua] castillan *m*, espagnol *m*.

castellanohablante adj & smf castillanophone.

castellano-leonés, esa, castellanoleonés, esa ❖ adj de Castille-León. ❖ sm, f *natif ou habitant de Castille-León*.

castellano-manchego, ga, castellanomanchego, ga ❖ adj de Castille-La Manche. ❖ sm, f *natif ou habitant de Castille-La Manche*.

castellanoparlante adj & smf castillanophone, hispanophone.

Castellón npr Castellon.

castellonense ❖ adj de Castellón de la Plana. ❖ smf *natif ou habitant de Castellón de la Plana*.

casticismo sm *pureté de la langue, du style*.

castidad sf chasteté *f*.

castigador, ra *fam* ❖ adj de séducteur(trice). ❖ sm, f tombeur *m*, -euse *f*.

castigar [16] vt **1.** [imponer castigo] punir / *le han castigado sin postre* il a été privé de dessert **2.** DEP pénaliser **3.** [maltratar] endommager, frapper; [el cuerpo] mortifier **4.** *fig* [enamorar] séduire.

castigo sm **1.** [sanción] punition *f* ▸ **quedar sin castigo** rester impuni(e) ▸ **castigo ejemplar** punition o châtiment *m* exemplaire **2.** [sufrimiento] épreuve *f* **3.** DEP pénalité *f*.

Castilla npr Castille *f*.

Castilla-La Mancha npr Castille-La Manche.

Castilla-León npr Castille-León.

castillo sm **1.** [gen] château *m* ▸ **forjarse castillos en el aire** o **de naipes** bâtir des châteaux en Espagne **2.** NÁUT ▸ **castillo de popa / de proa** gaillard *m* d'arrière / d'avant.

casting sm casting *m*.

castizo, za adj pur(e); [autor] puriste.

casto, ta adj chaste.

castor sm castor *m*.

castración sf castration *f*.

castrado ❖ adj m [animal] châtré; [hombre] castré. ❖ sm [hombre] castrat *m*.

castrante adj [ambiente, educación] castrateur(trice).

castrar vt **1.** [animal, persona] castrer **2.** *fig* [debilitar] : *castrar el entendimiento* ramollir le cerveau.

castrense adj militaire.

castrismo sm castrisme *m*.

castrista adj & smf castriste.

casual adj fortuit(e).

casualidad sf hasard *m* ▸ **dio la casualidad de que...** il s'est trouvé que... ▸ **por casualidad** par hasard ▸ **¡qué casualidad!** quelle coïncidence !

casualmente adv **1.** [por casualidad] par hasard, accidentellement **2.** [precisamente] justement, précisément.

casucha sf *despec* bicoque *f*, baraque *f*.

casuístico, ca adj **1.** RELIG de la casuistique **2.** *fig* [sútil] subtil(e). ◆ **casuística** sf casuistique *f*.

casulla sf chasuble *f*.

cata sf dégustation *f*.

catabolismo sm catabolisme *m*.

cataclismo sm *pr* & *fig* cataclysme *m*.

catacumbas sfpl catacombes *fpl*.

catador, ra sm, f dégustateur *m*, -trice *f* ▸ **catador de vinos** taste-vin *m inv*.

catadura sf *fig* : *no me gusta su catadura* sa tête ne me revient pas.

catafalco sm catafalque *m*.

catalán, ana ❖ adj catalan(e). ❖ sm, f Catalan *m*, -e *f*. ◆ **catalán** sm [lengua] catalan *m*.

catalanismo sm **1.** [doctrina] *doctrine défendant les valeurs politiques, économiques et culturelles de la Catalogne* **2.** LING catalanisme *m*.

catalanista adj & smf catalaniste.

catalanohablante adj & smf catalanophone.

catalanoparlante adj & smf catalanophone.

catalejo sm longue-vue *f*.

catalepsia sf catalepsie *f*.

catálisis sf inv catalyse *f*.

catalítico, ca adj catalytique.

catalizador, ra adj **1.** QUÍM catalytique **2.** *fig* [impulsor] : *ser el elemento catalizador de* être le détonateur de. ◆ **catalizador** sm *pr* & *fig* catalyseur *m*.

catalizar [13] vt **1.** QUÍM catalyser **2.** *fig* [impulsar] déclencher.

catalogación sf classement *m*.

catalogar [16] vt cataloguer / *se le cataloga entre los mejores especialistas* on le classe parmi les meilleurs spécialistes ▸ **catalogar a alguien de algo** taxer qqn de qqch.

catálogo sm catalogue *m* ▸ **catálogo en línea** catalogue en ligne.

Cataluña npr Catalogne *f*.

catamarán sm catamaran *m*.

cataplasma sf **1.** MED cataplasme *m* **2.** *fam* & *fig* [pesado] pot *m* de colle.

cataplines smpl *mfam* & *eufem* roupettes *fpl*.

catapulta sf catapulte *f*.

catapultar vt **1.** [aviones] catapulter **2.** *fig* [promocionar] ▸ **catapultar a alguien a la fama** lancer qqn.

catapún ◆ interj patatras. ◆ adj : *del año catapún* d'avant le déluge / *desde el año catapún* depuis des siècles.

catar vt **1.** [probar] goûter **2.** [saborear] déguster.

catarata sf **1.** [de agua] chute *f* **2.** *(gen pl)* MED cataracte *f*.

Cataratas

las cataratas de Iguazú	les chutes d'Iguaçu
las cataratas del Niágara	les chutes du Niagara

cátaro, ra adj & sm, f cathare.

catarro sm rhume *m*.

catarsis sf catharsis *f*.

catártico, ca adj cathartique.

catastral adj cadastral(e).

catastro sm cadastre *m*.

catástrofe sf catastrophe *f* ▸ **catástrofe aérea** catastrophe aérienne ▸ **catástrofe ecológica** catastrophe écologique ▸ **catástrofe natural** catastrophe naturelle.

catastrófico, ca adj catastrophique.

catastrofismo sm **1.** [doctrina] catastrophisme *m* **2.** [pesimismo] alarmisme *m*.

catastrofista adj & smf alarmiste.

catatónico, ca adj **1.** MED catatonique **2.** *fam* [pasmado] abasourdi(e).

catavinos sm inv **1.** [degustador] dégustateur *m* de vins **2.** [borracho] poivrot *m*, pilier *m* de bar.

catch ['katʃ] (*pl* **catchs**) sm DEP catch *m*.

cátcher ['katʃer] (*pl* **catchers**) sm [béisbol] catcher *m inv*.

cate sm *fam* ▸ **dar un cate a alguien** [golpe] flanquer une baffe à qqn ▸ **sacar un cate** [en examen] prendre une gamelle.

cateado, da ◆ adj recalé(e) / *los alumnos cateados volverán a hacer el examen en septiembre* les élèves recalés repasseront l'examen en septembre.
◆ sm, f recalé *m*, -e *f* / *está entre los cateados* il fait partie des recalés.

catear ◆ vt **1.** ESP *fam* [alumno, candidato] recaler / *el profe de lengua ha cateado a toda la clase* le prof de langue a recalé toute la classe **2.** ESP *fam* [asignatura, prueba] être recalé(e) en / *ha cateado inglés* il a été recalé en anglais **3.** AM [casa] fouiller, perquisitionner.
◆ vi *fam* [suspender] être recalé(e), se faire étendre / *toda la clase ha cateado* toute la classe s'est fait étendre.

catecismo sm catéchisme *m*.

catecúmeno, na sm, f catéchumène *mf*.

cátedra sf chaire *f* ▸ **poner o sentar cátedra** *fig* étaler sa science.

catedral sf cathédrale *f*.

catedralicio, cia adj de la cathédrale.

catedrático, ca sm, f professeur *m* d'université ; ≃ professeur *m* agrégé.

categoría sf **1.** [gen] catégorie *f* ▸ **catégorie socio-profesionelle** categoría socioprofesional **2.** [posición social] rang *m* ▸ **de categoría a)** [persona] de haut rang **b)** [artista] grand(e) **c)** [producto] de qualité **d)** [hotel] bon (bonne) **3.** [calidad] ▸ **de primera categoría** de premier choix, de qualité supérieure.

categórico, ca adj catégorique.

catequesis sf inv catéchèse *f*.

catequista smf catéchiste *mf*.

catequizar [13] vt *pr* & *fig* catéchiser.

catering ['katerin] sm catering *m*.

caterva sf bande *f (d'imbéciles, de voyous)*.

catéter sm cathéter *m*.

cateto, ta adj & sm, f *despec* [palurdo] plouc.
◆ **cateto** sm GEOM côté *m*.

catilinaria sf diatribe *f*.

catión sm cation *m*.

catire, ra adj AM blond(e).

catódico, ca adj cathodique.

cátodo sm cathode *f*.

catolicismo sm catholicisme *m*.

católico, ca ◆ adj catholique ▸ **no estar muy católico** *fam* & *fig* ne pas être dans son assiette.
◆ sm, f catholique *mf*.

catolizar [13] vt convertir au catholicisme.
◆ **catolizarse** vprnl se convertir au catholicisme.

catorce adj num inv & sm inv quatorze. ***Ver también* seis**.

catorceavo, va, catorzavo, va adj num quatorzième ▸ **catorceava parte** quatorzième *m*.

catre sm **1.** [cama ligera] lit *m* de camp **2.** *fam* [cama] pieu *m* ▸ **irse al catre** aller se pieuter.

catrín, ina adj AM *fam* bêcheur(euse).

caucásico, ca adj caucasien(enne).

Cáucaso npr Caucase *m*.

cauce sm **1.** [procedimiento] cours *m* **2.** [de río] lit *m* **3.** [de riego] canal *m* **4.** / *todo ha vuelto a su cauce* tout est rentré dans l'ordre.

caucho sm caoutchouc *m* ▸ **caucho vulcanizado** caoutchouc vulcanisé.

caución sf caution *f*.

caudal ❖ adj **1.** [río] principal(e) **2.** [aleta] caudal(e). ❖ sm **1.** [cantidad de agua] débit *m* **2.** [capital] fortune *f* **3.** [abundancia] mine *f* ▸ **tiene un caudal de conocimientos** c'est un puits de science.

caudaloso, sa adj **1.** [río] à fort débit **2.** [persona] fortuné(e).

caudillaje sm commandement *m*.

caudillo sm **1.** [en la guerra] caudillo *m*, chef *m* militaire **2.** [en una comunidad] chef *m* de file **3.** AM *fig* [dirigente] cacique *m*, notable *m*. ◆ **Caudillo** sm ▸ **el Caudillo** HIST *titre donné au général Franco*.

causa sf cause *f* ▸ **a causa de** à cause de ▸ **causa pública** cause publique.

causal adj causal(e) / *los factores causales de la epidemia* les facteurs qui ont causé l'épidémie.

causalidad sf causalité *f*.

causante ❖ adj : *la razón causante de* la cause de. ❖ smf **1.** [causa] ▸ **ser el causante de** être à l'origine de **2.** AM [contribuyente] contribuable *mf*.

causar vt causer ; [placer, víctimas] faire ; [enfermedad] provoquer ; [perjuicio] porter.

causticidad sf *pr* & *fig* causticité *f*.

cáustico, ca adj *pr* & *fig* caustique.

cautela sf précaution *f* ▸ **con cautela** avec précaution.

cautelar adj DER [medida, prisión, detención] préventif(ive).

cauteloso, sa adj & sm, f prudent(e).

cauterizar [13] vt MED cautériser.

cautivador, ra ❖ adj captivant(e) / *una mirada cautivadora* un regard charmeur. ❖ sm, f charmeur *m*, -euse *f*.

cautivante adj captivant(e).

cautivar vt **1.** [apresar] capturer **2.** [seducir] captiver.

cautiverio sm captivité *f* ▸ **vivir en cautiverio** vivre en captivité.

cautividad sf captivité *f* ▸ **vivir en cautividad** vivre en captivité.

cautivo, va adj & sm, f captif(ive).

cauto, ta adj prudent(e).

cava ❖ adj ANAT cave. ❖ sm *vin catalan fabriqué selon la méthode champenoise*. ❖ sf **1.** [bodega] cave *f* **2.** AGRIC bêchage *m*.

cavar ❖ vt creuser. ❖ vi [con laya] bêcher ; [con azada] biner.

caverna sf caverne *f*.

cavernícola ❖ adj [animales] cavernicole ; [personas] des cavernes. ❖ smf **1.** HIST homme *m* des cavernes **2.** *fig* ours *m*.

cavernoso, sa adj **1.** [relieve, zona] accidenté(e) **2.** [voz, sonido] caverneux(euse).

caviar sm caviar *m*.

cavidad sf cavité *f*.

cavilación sf réflexion *f*.

cavilar vi réfléchir.

caviloso, sa adj soucieux(euse).

cayado sm **1.** [de pastor] houlette *f* **2.** [de obispo] crosse *f*.

cayena sf [condimento] poivre *m* de Cayenne.

cayera ⟶ **caer**.

cayo sm *îlot bas et sablonneux*.

cayuco sf [canoa] pirogue *f* ; [de inmigrantes] *bateau utilisé par les immigrés subsahariens qui tentent de se rendre aux îles Canaries*.

caza ❖ sf **1.** [acción de cazar] chasse *f* ▸ **dar caza a alguien** a) [perseguir] traquer qqn b) [alcanzar] rattraper qqn ▸ **salir o ir de caza** aller à la chasse ▸ **caza de brujas** *fig* chasse aux sorcières **2.** [animales, carne] gibier *m* ▸ **caza mayor / menor** gros / petit gibier. ❖ sm avion *m* de chasse.

cazabombardero sm chasseur *m* bombardier.

cazador, ra ❖ adj [perro, etc.] de chasse. ❖ sm, f *pr* & *fig* chasseur *m*, -euse *f* ▸ **cazador de dotes** coureur *m* de dot ▸ **cazador furtivo** braconnier *m*. ◆ **cazadora** sf [prenda] blouson *m*.

cazadotes sm inv coureur *m* de dot.

cazalla sf *eau-de-vie anisée*.

cazar [13] vt **1.** [animales] chasser **2.** *fig* [sorprender] attraper / *lo cazaron con las manos en la masa* ils l'ont pris la main dans le sac **3.** *fam* [conseguir] dégoter.

cazarrecompensas smf inv chasseur *m*, -euse *f* de primes.

cazatalentos smf inv **1.** [de ejecutivos] chasseur *m*, -euse *f* de têtes **2.** [de artistas, deportistas] découvreur *m*, -euse *f* de talents.

cazo sm **1.** [recipiente] casserole *f* **2.** [utensilio] louche *f*.

cazoleta sf **1.** [recipiente] cassolette *f* **2.** [de pipa] fourneau *m*.

cazuela sf **1.** [recipiente] *casserole en terre cuite* **2.** [guiso] ragoût *m* ▸ **a la cazuela** à la casserole.

cazurro, rra ❖ adj **1.** [bruto] abruti(e) **2.** [obstinado] têtu(e) **3.** [huraño] renfrogné(e). ❖ sm, f [bruto] brute *f*.

c / c *abr escrita de* **cuenta corriente**.

CC sm **1.** (*abr escrita de* **código de circulación**) code *m* de la route **2.** (*abr escrita de* **cuerpo consular**) CC *m*.

CC.AA. (*abr de* **Comunidades Autónomas**) sfpl communautés *fpl* autonomes.

CCMA (*abr de* **Corporació Catalana de Mitjans Audiovisuals**) sf *chaîne de radio, télévision et supports multimédia catalane indépendante*.

CC OO, CC.OO. (*abr de* **Comisiones Obreras**) sfpl *syndicat ouvrier espagnol proche du parti communiste*.

CD sm **1.** (*abr de* **compact disc**) CD *m* ▸ **un lector de CD** un lecteur de CD **2.** (*abr escrita de* **club deportivo**) club *m* sportif **3.** (*abr escrita de* **cuerpo diplomático, consejo directivo**) CD *m*.

CDC (*abr escrita de* **Convergència Democràtica de Catalunya**) sf *parti nationaliste catalan de tendance modérée*.

CD-I (*abr de* **Compact Disc Interactivo**) sm CD-I *m*.

CDN (*abr de* **Centro Dramático Nacional**) sm *théâtre national espagnol* ; ≃ Centre *m* national d'art dramatique.

CD-ROM (*abr de* **compact disc read-only memory**) sm **1.** [disco] CD-ROM *m* **2.** [dispositivo] lecteur *m* de CD-ROM.

CD-RW (*abr de* **compact disc rewritable**) sm CD *m* réinscriptible.

ce sf c *m inv* ▸ **ce cedilla** c cédille ▸ **ce por be** *fig* de A jusqu'à Z.

CE ❖ sm (*abr de* **Consejo de Europa**) CE *m*. ❖ sf **1.** (*abr escrita de* **Comunidad Europea**) CE *f* **2.** (*abr de* **constitución española**) Constitution *f* espagnole.

CEAPA (*abr de* **Confederación Española de Asociaciones de Padres de Alumnos**) sf *confédération nationale espagnole des associations de parents d'élèves*.

CEAR (*abr de* **Comisión Española de Ayuda al Refugiado**) sf *organisation espagnole d'aide aux réfugiés*.

cebada sf orge *f*.

cebador sm **1.** [de tubo fluorescente] starter *m* **2.** [de arma de fuego] amorce *f*.

cebar vt **1.** [sobrealimentar] gaver **2.** [máquina] mettre en marche ; [arma, anzuelo] amorcer **3.** [fuego, horno] alimenter. ◆ **cebarse** vprnl ▸ **cebarse en** s'acharner sur.

cebiche = **ceviche**.

cebo sm **1.** [para cazar, atraer] appât *m* **2.** [para alimentar] pâtée *f*.

cebolla sf **1.** BOT oignon *m* **2.** [pieza] filtre *m* ; [de cañería, tubo] crapaudine *f*.

cebollazo sm *fam* méchant coup *m*.

cebolleta sf [tallo] ciboulette *f* ; [bulbo] petit oignon *m* *(frais)*.

cebollino sm **1.** [planta] ciboule *f* **2.** *fam* [necio] crétin *m*, -e *f*.

cebón, ona ❖ adj gras (grasse) *(volaille)*. ❖ sm porc *m*.

cebra sf zèbre *m*.

cebú (*pl* **cebúes** *o* **cebús**) sm zébu *m*.

ceca sf ≃ hôtel *m* de la Monnaie. ◆ **Ceca** sf ▸ **va de la Ceca a la Meca** *fig* il est toujours à droite à gauche.

CECA (*abr de* **Comunidad Europea del Carbón y el Acero**) sf CECA *f*.

cecear vi zézayer.

ceceo sm zézaiement *m* *(prononciation propre à certains parlers andalous et latino-américains)*.

cecina sf AM *viande séchée et salée*.

CECU (*abr de* **Confederación Estatal de Consumidores y Usuarios**) sf *association espagnole de consommateurs et usagers*.

cedazo sm tamis *m*.

ceder ❖ vt céder. ❖ vi **1.** [gen] céder ▸ **ceder a** céder à ▸ **ceder en** céder sur ▸ **ceder a una propuesta** accepter une proposition ▸ **ceder en sus pretensiones** en rabattre **2.** [destensarse] se détendre **3.** [disminuir - dolor] s'apaiser ; [- tiempo] s'adoucir ; [- temperatura] baisser.

cedilla sf [letra] c *m* cédille ; [signo] cédille *f*.

cedro sm cèdre *m*.

cédula sf **1.** [gen] certificat *m* ▸ **cédula de citación** DER assignation *f* ▸ **cédula de habitabilidad** *certificat garantissant l'habitabilité d'un logement* ▸ **cédula de vecindad** *desus* carte d'identité ▸ **cédula hipotecaria** obligation *f* hypothécaire **2.** AM [carné] ▸ **cédula (de identidad)** carte *f* d'identité.

cefalea sf céphalée *f*.

cefálico, ca adj céphalique.

cefalópodo sm céphalopode *m*.

céfiro sm [viento, lienzo] zéphyr *m*.

cegador, ra adj aveuglant(e).

cegar [35] ❖ vt **1.** [gen] aveugler **2.** [tapar - tubo, etc.] boucher ; [- ventana, puerta] murer. ❖ vi être aveuglant(e). ◆ **cegarse** vprnl *pr* & *fig* être aveuglé(e).

cegato, ta adj & sm, f *fam* miro.

cegesimal adj cégésimal(e).

cegué ⟶ **cegar**.

ceguera sm **1.** [de visión] cécité *f* **2.** *fig* [de razón] aveuglement *m*.

CEH (*abr de* **Colegio de Estudios Hispánicos**) sm *centre d'études hispaniques*.

CEI (*abr de* **Comunidad de Estados Independientes**) sf CEI *f*.

Ceilán npr Ceylan.

ceja sf **1.** ANAT sourcil *m* **2.** [borde] rebord *m* **3.** MÚS sillet *m* ; [abragadera] capodastre *m* **4.** EXPR **estar hasta las cejas** *fam* en avoir jusque-là ▸ **meterse algo entre ceja y ceja** *fam* & *fig* se mettre qqch dans la tête ▸ **quemarse las cejas** *fam* cravacher ▸ **tener a alguien entre ceja y ceja o cejas** *fam* avoir qqn dans le nez.

cejar vi ▸ **cejar en** renoncer à, abandonner ▸ **no cejar en su empeño** ne pas abandonner la partie.

cejijunto, ta adj **1.** [persona] aux sourcils broussailleux **2.** [actitud] ▸ **estar cejijunto** froncer les sourcils.

cejilla sf [MÚS - listón] sillet *m* ; [- abrazadera] capodastre *m*.

celada sf [engaño] piège *m*.

celador, ra sm, f surveillant *m*, -e *f* ; [de museo] gardien *m*, -enne *f*.

CELAM (*abr de* **Consejo Episcopal Latinoamericano**) sm *conseil épiscopal latino-américain*.

celar vt **1.** [vigilar] surveiller **2.** [ocultar] dissimuler ; [ilusión, esperanza] nourrir secrètement.

celda sf cellule *f* ▸ **celda de castigo** cellule disciplinaire.

celdilla sf [de panal] alvéole *f*.

celebérrimo, ma adj célébrissime.

celebración sf **1.** [festejo] célébration *f* **2.** [realización] tenue *f*.

celebrar vt **1.** [centenario, misa, etc.] célébrer ; [cumpleaños, buena noticia, etc.] fêter **2.** [reunión, junta] tenir ; [partido deportivo] disputer ; [elecciones] organiser **3.** [alegrarse de] se réjouir de, se féliciter de ; [alabar] louer, faire l'éloge de. ◆ **celebrarse** vprnl **1.** [gen] avoir lieu **2.** [centenario, misa, etc.] être célébré(e).

célebre adj [con fama] célèbre.

celebridad sf célébrité *f*.

celeridad sf promptitude *f*.

celeste adj **1.** [bóveda, cuerpos] céleste **2.** ⟶ **azul**.

celestial adj **1.** [del cielo] céleste ; [gloria] de Dieu **2.** *fig* [placer, etc.] divin(e) ; [música] céleste.

celestina sf entremetteuse *f*.

celibato sm célibat *m*.

célibe adj & smf célibataire.

celo sm **1.** [esmero] zèle *m* **2.** [devoción] ferveur *f* **3.** [de animal] amours *fpl* ▸ **en celo** a) [hembra] en chaleur b) [macho] en rut **4.** [cinta adhesiva] Scotch® *m*. ◆ **celos** smpl jalousie *f* ▸ **dar celos** rendre jaloux(ouse) ▸ **tener celos de alguien** être jaloux(ouse) de qqn.

celofán sm Cellophane® *f*.

celosía sf jalousie *f (de fenêtre)*.

celoso, sa ❖ adj **1.** [con celos] jaloux(ouse) **2.** [cumplidor] : *celoso en su trabajo* exigeant dans son travail. ❖ sm, f [con celos] jaloux *m*, -ouse *f*.

celta ❖ adj celte. ❖ smf Celte *mf*. ❖ sm [lengua] celtique *m*.

celtíbero, ra, celtibero, ra ❖ adj celtibère. ❖ sm, f Celtibère *mf*.

céltico, ca adj celtique.

célula sf cellule *f* ▸ **célula madre** cellule mère. ◆ **célula fotoeléctrica** sf cellule *f* photoélectrique. ◆ **célula fotovoltaica** sf cellule *f* photovoltaïque, photopile *f*.

celular ❖ adj cellulaire. ❖ sm AM [teléfono] (téléphone) portable *m*.

celulitis sf inv cellulite *f*.

celuloide sm **1.** [material] Celluloïd® *m* **2.** [arte] cinéma *m*.

celulosa sf cellulose *f*.

CEM (*abr de* **Centro de Estudios para la Mujer**) sm *centre pédagogique qui promeut l'égalité des droits hommes-femmes*.

cementar vt cémenter.

cementerio sm **1.** [de muertos] cimetière *m* **2.** [de cosas inutilizables] dépotoir *m* ▸ **cementerio de automóviles** o **coches** casse *f* ▸ **cementerio nuclear** o **radioactivo** cimetière de déchets radioactifs.

cemento sm **1.** [de construcción] ciment *m* ▸ **cemento armado** béton *m* armé ▸ **cemento hidráulico** ciment hydraulique **2.** [de dientes] cément *m*.

cena sf dîner *m* ▸ **dar una cena** avoir du monde à dîner ▸ **cena de despedida** repas *m* d'adieu. ◆ **Última Cena** sf ▸ **la Última Cena** la Cène.

cenáculo sm cénacle *m*.

cenadero = **cenador**.

cenador, cenadero sm [en jardín] tonnelle *f*.

cenagal sm **1.** [lugar] bourbier *m* **2.** *fig* [apuro] ▸ **estar metido en un cenagal** être en mauvaise posture.

cenagoso, sa adj bourbeux(euse).

cenar ❖ vt manger au dîner / *cenó huevos* il a mangé des œufs au dîner. ❖ vi dîner.

cencerro sm sonnaille *f* ▸ **estar como un cencerro** *fam & fig* avoir un grain.

cenefa sf **1.** [de tela] liseré *m* **2.** [de pared - abajo] plinthe *f* ; [- arriba] frise *f*.

cenetista smf *membre du syndicat « CNT »*.

cenicero sm cendrier *m*.

ceniciento, ta adj cendré(e). ◆ **cenicienta** sf bonne *f* à tout faire. ◆ **Cenicienta** sf ▸ **la Cenicienta** Cendrillon.

CENIDE (*abr de* **Centro Nacional de Investigaciones para el Desarrollo de la Educación**) sm *organe gouvernemental de recherche sur l'éducation et l'enseignement en Espagne*.

cenit, zenit sm **1.** ASTRON zénith *m* **2.** *fig* [apogeo] ▸ **en el cenit de** au sommet de.

cenital adj **1.** ASTRON zénithal(e) **2.** *fig* ▸ **en el momento cenital de** au sommet de.

cenizo, za adj cendré(e) ; [tez] cendreux(euse). ◆ **cenizo** sm **1.** [mala suerte] poisse *f* **2.** [gafe] ▸ **ser un cenizo** porter la poisse **3.** [en la vid] oïdium *m*. ◆ **ceniza** sf cendre *f*. ◆ **cenizas** sfpl [de cadáver] cendres *fpl*.

cenobio sm monastère *m*.

cenotafio sm cénotaphe *m*.

censar vt recenser.

censo sm **1.** [de población] recensement *m* ▸ **censo (electoral)** ESP listes *fpl* électorales **2.** [tributo] ≃ taxe *f* d'habitation **3.** DER bail *m*.

CENSOLAR (*abr de* **Centro de Estudios de la Energía Solar**) sm *centre de recherche sur l'énergie solaire en Espagne*.

censor, ra sm, f censeur *m*. ◆ **censor de cuentas** sm expert-comptable *m*.

censura sf **1.** [gen] censure *f* ; [de local] fermeture *f* ; [de actividad] interdiction *f* **2.** [reprobación] condamnation *f* / ***ha sido objeto de censura por...*** il a été condamné pour....

censurable adj blâmable.

censurar vt **1.** [gen] censurer **2.** [reprobar] blâmer.

cent (*pl* **cents**) sm [del euro] centime *m*, cent *m*.

centauro sm centaure *m*.

centavo, va adj num centième ▸ **centava parte** centième *m*. ◆ **centavo** sm **1.** [moneda latinoamericana] centavo *m* **2.** [dinero] ▸ **no suelta (ni) un centavo** AM *fam* il a des oursins dans les poches ▸ **quedarse sin un centavo** ne plus avoir un centime.

centella sf **1.** [rayo] éclair *m* **2.** [chispa] étincelle *f* **3.** *fig* [cosa, persona] ▸ **ser una centella** être plus rapide que l'éclair ▸ **como una centella** comme l'éclair.

centelleante adj scintillant(e).

centellear vi scintiller.

centelleo sm scintillement *m*.

centena sf centaine *f*.

centenar sm centaine *f* ▸ **a centenares** par centaines.

centenario, ria adj centenaire. ◆ **centenario** sm **1.** [fecha] centenaire *m* / *quinto centenario* cinq centième anniversaire **2.** MÉX [moneda] *pièce de monnaie en or, d'une valeur de 50 pesos, émise de 1916 à 1931 pour fêter les 100 ans de la guerre d'indépendance*.

centeno sm seigle *m*.

centesimal adj centésimal(e).

centésimo, ma adj num centième ▸ **centésima parte** centième *m*.

centígrado, da adj centigrade.
◆ **centígrado** sm degré *m* centigrade.

centigramo sm centigramme *m*.

centilitro sm centilitre *m*.

centímetro sm centimètre *m* ▸ **centímetro cuadrado / cúbico** centimètre carré / cube.

céntimo sm [moneda] centime *m* ▸ **estar sin un céntimo** *fig* ne pas avoir un sou.

centinela sm sentinelle *f*.

centollo sm araignée *f* de mer.

centrado, da adj **1.** [gen] centré(e) ▸ **centrado en** centré o basé sur **2.** [persona] équilibré(e).
◆ **centrado** sm TECNOL centrage *m*.

central ❖ adj central(e). ❖ sm DEP arrière *m* centre. ❖ sf **1.** [oficina] maison *f* mère ▸ **central telefónica** central *m* téléphonique **2.** [de energía] centrale *f* ▸ **central eólica / hidráulica** centrale éolienne / hydraulique ▸ **central nuclear / térmica** centrale nucléaire / thermique.

centralismo sm centralisme *m*.

centralista adj & smf centraliste.

centralita sf standard *m* (téléphonique).

centralización sf centralisation *f*.

centralizado, da adj centralisé(e) / *cierre centralizado* AUTO verrouillage *m* centralisé.

centralizador, ra adj centralisateur(trice).

centralizar [13] vt centraliser.

centrar vt **1.** [gen & DEP] centrer / *centrar una novela en cuestiones sociales* axer un roman sur des problèmes sociaux **2.** [arma] pointer ; [foto] cadrer **3.** [persona] stabiliser **4.** [mirada, atención] attirer ▸ **centrar la atención / la mirada en algo** fixer son attention / son regard sur qqch. ◆ **centrarse** vprnl **1.** [concentrarse] ▸ **centrarse en** se concentrer sur **2.** [equilibrarse] se stabiliser.

céntrico, ca adj central(e) / *un piso céntrico* un appartement situé en plein centre-ville.

centrifugación sf centrifugation *f*.

centrifugado sm essorage *m*.

centrifugador, ra adj ▸ **una máquina centrifugadora** une centrifugeuse.
◆ **centrifugadora** sf **1.** [máquina centrífuga] centrifugeuse *f* **2.** [para secar ropa] essoreuse *f*.

centrifugar [16] vt centrifuger.

centrífugo, ga adj centrifuge.

centrípeto, ta adj centripète.

centrismo sm POLÍT centrisme *m*.

centrista adj & smf centriste.

centro sm **1.** [gen] centre *m* / *me voy al centro* [de ciudad] je vais en ville ▸ **centro de desintoxicación** centre de désintoxication ▸ **centro nervioso** centre nerveux ▸ **centro óptico** centre optique **2.** [de rebelión, etc.] foyer *m* ; [católico, etc.] institution *f* ; [de estudios, investigación] institut *m* ▸ **centro docente** o **de enseñanza** établissement *m* scolaire **3.** [de las miradas] cible *f* ; [de curiosidad] objet *m* **4.** [de problema] cœur *m* **5.** MÉX [traje] costume *m* **6.** CUBA [enaguas] jupon *m*. ◆ **centro comercial** sm centre *m* commercial. ◆ **centro de atracción** sm centre *m* d'attraction. ◆ **centro de gravedad** sm centre *m* de gravité. ◆ **centro de mesa** sm centre *m* de table.

centroafricano, na ❖ adj centrafricain(e).
❖ sm, f Centrafricain *m*, -e *f*.

Centroamérica npr Amérique centrale.

centroamericano, na ❖ adj centraméricain(e), d'Amérique centrale. ❖ sm, f *natif ou habitant d'Amérique centrale*.

centrocampista smf DEP demi *m*.

centroeuropeo, a ❖ adj d'Europe centrale.
❖ sm, f *natif ou habitant d'Europe centrale*.

centuplicar [10] vt centupler.
◆ **centuplicarse** vprnl centupler.

céntuplo, pla adj centuple ▸ **la céntupla parte** le centième. ◆ **céntuplo** sm centuple *m*.

centuria sf **1.** *culto* [siglo] siècle *m* **2.** [división militar] centurie *f*.

centurión sm centurion *m*.

ceñido, da adj **1.** [prenda - falda, etc.] moulant(e) ; [- camisa] ajusté(e) **2.** [presupuesto, etc.] serré(e).

ceñidor sm ceinture *f*.

ceñir [26] vt **1.** [apretar - ropa] mouler ; [- cinturón] serrer **2.** [abrazar] : *ceñir por la cintura* prendre par la taille **3.** *fig* [amoldar] ▸ **ceñir a** limiter à, borner à. ◆ **ceñirse** vprnl **1.** [apretarse] serrer / *se ciñó el cinturón* il serra sa ceinture **2.** [amoldarse, limitarse] ▸ **ceñirse a** s'en tenir à.

ceño sm ▸ **fruncir el ceño** froncer les sourcils.

CEOE (*abr de* **Confederación Española de Organizaciones Empresariales**) sf *confédération espagnole des organisations patronales* ; ≃ Medef *m*.

cepa sf **1.** [de vid] cep *m* **2.** [de árbol, familia] souche *f* / *un sevillano de pura cepa fig* un Sévillan de souche.

CEPAL (*abr de* **Comisión Económica para América Latina**) sf CEPALC *f*, CEPAL *f*.

cepillado sm brossage *m*.

cepillar vt **1.** [gen] brosser ; [caballo] bouchonner **2.** [madera] raboter **3.** *fam* [adular] ▸ **cepillar a alguien** cirer les pompes à qqn. ◆ **cepillarse** vprnl **1.** [pelo] se brosser ▸ **cepillarse los dientes** se brosser les dents **2.** *fam* [comida] s'envoyer ; [trabajo] expédier **3.** *fam* [robar] dévaliser **4.** *fam* [suspender] étendre **5.** *vulg* [matar] butter.

cepillo sm **1.** [para limpiar] brosse *f* **2.** [de carpintero] rabot *m* **3.** [de donativos] tronc *m*.

cepo sm **1.** [para cazar] piège *m* **2.** [para vehículos] sabot *m* **3.** [para sujetar] attache *f* **4.** [para presos] cep *m*.

ceporro sm *fam* demeuré *m*, -e *f*.

CEPSA (*abr de* **Compañía Española de Petróleos, SA**) sf *groupe pétrolier espagnol* ▸ **la petrolera CEPSA** le groupe pétrolier CEPSA.

CEPYME (*abr de* **Confederación Española de la Pequeña y Mediana Empresa**) sf *confédération nationale espagnole des petites et moyennes entreprises*.

cera sf **1.** [gen] cire *f* ▸ **cera depilatoria / virgen** cire dépilatoire / vierge **2.** [para esquíes] fart *m*.

cerámica sf céramique *f*.

ceramista smf céramiste *mf*.

cerbatana sf sarbacane *f*.

cerca ❖ sf [valla] clôture *f*. ❖ adv **1.** [en el espacio] près / *vive muy cerca* il habite tout près ▸ **por aquí cerca** tout près ▸ **de cerca** de près **2.** [en el tiempo] proche / *la Navidad ya está cerca* Noël est proche. ◆ **cerca de** loc prep près de / *vive cerca de aquí* il habite près d'ici / *ganó cerca de tres millones* il a gagné près de trois millions.

cercado sm **1.** [valla] clôture *f* **2.** [lugar] enclos *m*.

cercanía sf proximité *f*. ◆ **cercanías** sfpl **1.** [afueras] banlieue *f* **2.** [alrededores] environs *mpl*.

cercano, na adj ▸ **cercano (a)** proche (de) / *vive en un pueblo cercano* il habite un village voisin.

cercar [10] vt **1.** [vallar] clôturer **2.** [rodear, acorralar] encercler.

cercenar vt *culto* **1.** [extremidad] couper **2.** [presupuesto, gastos, etc.] réduire ; [poder, atribuciones, etc.] diminuer.

cerciorar vt assurer. ◆ **cerciorarse** vprnl ▸ **cerciorarse (de)** s'assurer (de) / *me cercioré de que no había nadie* je me suis assuré qu'il n'y avait personne.

cerco sm **1.** [gen] cercle *m* ; [de herida] cerne *m* ; [de mancha] auréole *f* **2.** [de puerta, ventana] encadrement *m* **3.** [de astro, luz] halo *m* **4.** [de soldados] haie *f* ; [de policías] cordon *m* ▸ **poner cerco a una ciudad** faire le siège d'une ville **5.** AM [valla] clôture *f*.

cerda sf ⟶ **cerdo**.

cerdada sf *fam* vacherie *f*.

Cerdeña npr Sardaigne *f*.

cerdo, da sm, f **1.** [animal] porc *m*, truie *f* **2.** *fam* & *fig* [persona] porc *m*. ◆ **cerda** sf [pelo - de cerdo] soie *f* ; [- de caballo] crin *m*. ◆ **cerdo** sm [carne] porc *m*.

cereal sm céréale *f*.

cerealero, ra adj & sm, f AM AGRIC céréalier(ère) / *producción cerealera* production céréalière.

cerealista adj & smf AGRIC céréalier(ère) / *región cerealista* région céréalière.

cerebelo sm cervelet *m*.

cerebral adj cérébral(e).

cerebro sm **1.** [cabecilla & ANAT] cerveau *m* **2.** [inteligencia] cervelle *f* ▸ **utilizar el cerebro** faire fonctionner sa cervelle ▸ **tiene cerebro** il est loin d'être bête **3.** *fig* [eminencia] tête *f*. ◆ **cerebro electrónico** sm cerveau *m* électronique.

ceremonia sf cérémonie *f* ▸ **ceremonia civil** mariage *m* civil.

ceremonial ❖ adj cérémoniel(elle) ; [traje] de cérémonie. ❖ sm cérémonial *m*.

ceremonioso, sa adj [persona] cérémonieux(euse) ; [acogida, saludo, etc.] solennel(elle).

céreo, a adj cireux(euse).

cereza sf **1.** [fruta] cerise *f* **2.** AM [de café] cerise *f*, baie *f* rouge.

cerezo sm **1.** [árbol] cerisier *m* **2.** [madera] merisier *m*.

cerilla sf ESP [fósforo] allumette *f* / *una caja de cerillas* une boîte d'allumettes.

cerillero, ra sm, f marchand *m*, -e *f* d'allumettes.

cerillo sm AM allumette *f*.

cerio sm cérium *m*.

cerner [20], **cernir** vt [cribar] tamiser. ◆ **cernerse, cernirse** vprnl *pr* & *fig* planer.

cernícalo sm **1.** [ave] buse *f* **2.** *fam* [bruto] mufle *m*.

cernir = **cerner**.

cero sm zéro *m* / *hace cinco grados bajo cero* il fait moins cinq ▸ **cero absoluto** zéro absolu ▸ **ser un cero a la izquierda** *fam* être un zéro. ***Ver también* seis**.

cerque ⟶ **cercar**.

cerquillo sm AM frange *f (de cheveux)*.

cerquita adv tout près.

cerrada sf AM [calle] impasse *f*.

cerrado, da adj **1.** [gen] fermé(e) ▸ **cerrado a** [mentalidad, sociedad, etc.] fermé à **2.** [tiempo, cielo] couvert(e) ; [vegetación, lluvia] dru(e) ▸ **hace una noche cerrada** il fait nuit noire **3.** [persona - poco comunicativa] réservé(e) ; [- poco receptiva] ▸ **ser muy cerrado** avoir des idées bien arrêtées **4.** [sentido, mensaje] caché(e) **5.** [acento, deje] prononcé(e) **6.** [corriente, circuito] coupé(e).

cerradura sf serrure *f*.

cerrajería sf serrurerie *f*.

cerrajero, ra sm, f serrurier *m*.

cerrar ◆ vt **1.** [gen] fermer ; [agua, gas] couper ; [paso, carretera] barrer **2.** [agujero, bote, etc.] boucher **3.** *fig* [conversación, contrato, etc.] clore ; [trato] conclure **4.** [ir último] : *cerrar el desfile* fermer la marche **5.** [herida] refermer. ◆ vi fermer ▸ **cerrar con llave** fermer à clé ▸ **cerrar con candado** cadenasser ▸ **cerrar con cerrojo** verrouiller. ◆ **cerrarse** vprnl **1.** [gen] se fermer ▸ **cerrarse a** être fermé(e) à **2.** [herida] se refermer **3.** [debate, acto, etc.] être clos(e).

cerrazón sf **1.** [obscuridad] : *había una gran cerrazón* le ciel s'obscurcissait **2.** *fig* [obstinación] entêtement *m*.

cerril adj **1.** [animal] sauvage **2.** [obstinado] buté(e) **3.** [tosco] grossier(ère).

cerro sm colline *f* ▸ **irse por los cerros de Úbeda** ESP *fam* s'écarter du sujet.

cerrojazo sm ▸ **dar el cerrojazo a algo** mettre un terme à qqch.

cerrojo sm verrou *m* ▸ **echar el cerrojo** mettre le verrou.

certamen sm concours *m (de poésie, etc.)*.

certero, ra adj **1.** [tiro] précis(e) **2.** [opinión, juicio, etc.] sûr(e) ; [respuesta] juste.

certeza sf certitude *f* ▸ **tener la certeza de que...** être certain(e) que....

certidumbre sf certitude *f*.

certificación sf **1.** [hecho] attestation *f* **2.** [documento] certificat *m*.

certificado, da adj [carta, paquete] recommandé(e). ◆ **certificado** sm certificat *m* ▸ **certificado de calidad** certificat de qualité ▸ **certificado de depósito** FIN certificat de dépôt ▸ **certificado de origen** certificat d'origine ▸ **certificado médico** certificat médical.

certificar [10] vt **1.** [gen] certifier **2.** *fig* [inocencia] prouver ; [sospechas, etc.] confirmer **3.** [carta, paquete] envoyer en recommandé.

cerumen sm cérumen *m*.

cerval adj ▸ **un miedo cerval** une peur bleue.

Cervantes npr Cervantès.

cervantesco, ca = **cervantino**.

cervantino, na, cervantesco, ca adj de Cervantès ; [estudio] sur Cervantès.

Miguel de Cervantes

Miguel de Cervantes Saavedra, poète et dramaturge originaire de Castille (1547-1616), est immensément célèbre pour son récit **El ingenioso Hidalgo Don Quijote de la Mancha**. La vie de l'auteur est à l'image de la singularité de ce roman. Il participe à la lutte contre les Turcs, perd la main gauche au cours de la bataille de Lépante (1571), est enlevé par des corsaires turcs et reste cinq ans emprisonné à Alger. À sa libération, en 1580, il se consacre à l'écriture, tout en assumant des charges gouvernementales. Accusé d'exactions, excommunié et emprisonné à plusieurs reprises, il parvient à gagner la confiance de Philippe III.

cervatillo sm (petit) faon *m*.

cervato sm faon *m*.

cervecería sf brasserie *f*.

cervecero, ra ◆ adj [industria, etc.] de la bière ; [ciudad, etc.] producteur(trice) de bière. ◆ sm, f brasseur *m*, -euse *f*.
◆ **cervecera** sf [empresa, fábrica] brasserie *f*.

cerveza sf bière *f* ▸ **cerveza de barril** bière (à la) pression ▸ **cerveza negra** bière brune.

cervical ◆ adj cervical(e). ◆ sf *(gen pl)* vertèbres *fpl* cervicales.

cérvidos smpl cervidés *mpl*.

cérvix sm inv ANAT cervix *m*.

cerviz sf nuque *f*.

CES (*abr de* **Confederación Europea de Sindicatos**) sf CES *f*.

cesante ◆ adj **1.** CSUR MÉX [gen] sans emploi, chômeur(euse) **2.** AM [en paro] au chômage.
◆ smf sans-emploi *mf inv*.

cesantear vt AM renvoyer.

cesantía sf **1.** [destitución] révocation *f* **2.** AM [paro] chômage *m*.

Cómo expresar la certeza

- **Elle va réussir, j'en suis sûr et certain.** *Estoy segurísimo de que va a tener éxito.*
- **Je suis persuadé qu'il va revenir.** *Estoy convencido de que va a volver.*
- **Je suis convaincu de sa bonne foi.** *Estoy convencido de su buena fe.*
- **Tu es sûr que c'était elle ?** *¿Estás seguro de que era ella?*
- **On va les retrouver, c'est sûr.** *Seguro que vamos a encontrarlos.*
- **Bien sûr qu'il va venir.** *Por supuesto que va a venir.*
- **Je sais pertinemment qu'il ne le fera pas.** *Sé perfectamente que no lo hará.*
- **Je t'assure, c'est quelqu'un de très bien.** *Te aseguro que es muy buena persona.*
- **Il n'y a pas de doute, c'est bien lui.** *No hay duda alguna, es él.*

cesar ◆ vt [destituir] démettre de ses fonctions ; [funcionario] révoquer. ◆ vi **1.** [parar] ▸ **cesar (de hacer algo)** cesser (de faire qqch) ▸ **sin cesar** sans cesse, sans arrêt **2.** [dimitir] ▸ **cesar (de** o **en)** démissionner (de).

césar sm CINE césar *m*.

cesárea sf césarienne *f* ▸ **practicar una cesárea** faire une césarienne.

cese sm **1.** [gen] arrêt *m* ; [de la actividad, las hostilidades] cessation *f* **2.** [destitución] renvoi *m* ; [de funcionario] révocation *f* **3.** [documento] ordre *m* de cessation de paiements.

Cesedén (*abr de* **Centro Superior de Estudios de la Defensa Nacional**) sm *centre de recherche de l'armée espagnole*.

Cesid (*abr de* **Centro Superior de Investigación de la Defensa**) sm *services secrets espagnols* ; ≃ DGSE *f*.

cesio sm césium *m*.

cesión sf cession *f* ▸ **cesión de bienes** cession de biens.

césped sm pelouse *f*, gazon *m* ▸ **'prohibido pisar el césped'** 'pelouse interdite'.

cesta sf **1.** [recipiente] panier *m* ▸ **'añadir a la cesta'** COM & INFORM 'ajouter au panier' **2.** [de bebé] couffin *m*. ◆ **cesta de la compra** sf panier *m* de la ménagère.

cestería sf **1.** [taller, tienda] ▸ **en la cestería** chez le vannier **2.** [oficio] vannerie *f*.

cestero, ra sm, f vannier *m*.

cesto sm **1.** [cesta grande] corbeille *f* **2.** DEP [baloncesto] panier *m*.

cesura sf LITER césure *f*.

cetáceos smpl cétacés *mpl*.

cetona sf cétone *f*.

cetrería sf fauconnerie *f*.

cetrino, na adj *culto* citrin(e).

cetro sm **1.** [vara, reinado] sceptre *m* **2.** *fig* [superioridad] ▸ **ostentar el cetro de** tenir le sceptre de.

CEU (*abr de* **Centro de Estudios Universitarios**) sm *centre privé d'études secondaires et universitaires en Espagne*.

Ceuta npr Ceuta.

ceutí ◆ adj de Ceuta. ◆ smf *natif ou habitant de Ceuta*.

ceviche, cebiche sm AM *plat à base de poisson cru mariné dans du citron, de l'oignon et des épices*.

cf., cfr. (*abr escrita de* **confróntese**) cf, cf. / *cf. cap. 7* cf. chap.7.

cg (*abr escrita de* **centigramo**) cg.

cgo. *abr escrita de* **cargo**.

CGPJ (*abr de* **Consejo General del Poder Judicial**) sm *conseil supérieur espagnol de la magistrature*.

ch, Ch [ʧe] sf [letra] ch, Ch.

ch / *abr escrita de* **cheque**.

CH (*abr escrita de* **Confederación Helvética**) sf CH.

chabacanada sf grossièreté *f*.

chabacanería sf **1.** [dicho] grossièreté *f* **2.** [cualidad] vulgarité *f*.

chabacano, na adj vulgaire. ◆ **chabacano** sm MÉX **1.** [fruta] abricot *m* **2.** [árbol] abricotier *m*.

chabola sf ESP **1.** [vivienda pobre] baraque *f* / *los barrios de chabolas* les bidonvilles **2.** [vivienda rústica] cabane *f*.

chabolismo sm ESP ▸ **la cuestión del chabolismo** le problème des bidonvilles.

chabolista smf ESP habitant *m*, -e *f* d'un bidonville.

chacal sm chacal *m*.

chácara sf **1.** AM [granja] ferme *f* **2.** COL PAN VEN [bolsa] bourse *f*.

chacarero, ra sm, f ANDES RP **1.** [agricultor] fermier *m*, -ère *f* **2.** [hablador] bavard *m*, -e *f*.

chacha sf *fam* bonne *f*.

chachachá sm cha-cha-cha *m inv*.

cháchara sf *fam* papotage *m* ▸ **estar de cháchara** papoter. ◆ **cháchara**s sfpl MÉX *fig* [baratijas] babioles *f*, colifichets *m*.

chachi ESP *mfam* ◆ adj super, extra. ◆ adv super bien / *ayer nos lo pasamos chachi* nous nous sommes éclatés hier. ◆ interj chouette !

chacina sf *viande de porc préparée pour la charcuterie*.

chacinería sf [tienda, embutidos, fiambres] charcuterie *f*.

chacinero, ra sm, f charcutier *m*, -ère *f*.

chacolí (*pl* **chacolíes** o **chacolís**) sm *vin léger du Pays basque*.

chacota sf ▸ **tomar algo a chacota** *fam* prendre qqch à la rigolade.

chacra sf ANDES RP ferme *f*, métairie *f*.

Chad npr ▸ **el Chad** le Tchad.

chador sm tchador *m*.

chafar vt **1.** [gen] écraser ; [peinado] aplatir **2.** [ropa] froisser **3.** *fig* [plan, proyecto, etc.] bouleverser **4.** [suj: enfermedad] mettre à plat ▸ **chafar la moral** saper le moral.
◆ **chafarse** vprnl [plan, proyecto, etc.] tomber à l'eau.

chaflán sm **1.** [de edificio] pan *m* coupé ▸ **hacer chaflán** faire l'angle **2.** GEOM chanfrein *m*.

chagra AM ◆ smf paysan *m*, -anne *f*. ◆ sf ferme *f*.

chal sm châle *m*.

chalado, da ◆ adj *fam* dingue ▸ **estar chalado por algo** *fig* être fana de qqch ▸ **estar chalado por alguien** *fig* en pincer pour qqn. ◆ sm, f dingue *mf*.

chaladura sf *fam* **1.** [locura] lubie *f* **2.** [enamoramiento] béguin *m*.

chalán, ana sm, f *fig* & *despec* fripouille *f*.
◆ **chalana** sf chaland *m*.

chalar vt rendre fou (folle). ◆ **chalarse** vprnl perdre la tête ▸ **chalarse por alguien** s'enticher de qqn.

chalé, **chalet** (*pl* **chalets**) sm pavillon *m* ; [en el campo] maison *f* de campagne ; [de alta montaña] chalet *m* ▸ **chalé adosado** ESP pavillon jumeau.

chaleco sm **1.** gilet *m* ▸ **chaleco antibalas** gilet pare-balles ▸ **chaleco de fuerza** AM camisole de force ▸ **chaleco salvavidas** gilet de sauvetage **2.** EXPR **a chaleco** MÉX de force.

chalet = **chalé**.

chalupa sf **1.** NÁUT chaloupe *f* **2.** MÉX CULIN gâteau *m* de maïs.

chamaco, **ca** sm, f MÉX **1.** [niño] garçon *m*, fille *f*, gamin *m*, -e *f* **2.** [novio] petit ami *m*, -e *f*.

chamán sm chaman *m*.

chamanismo sm chamanisme *m*.

chamarileo sm brocante *f*.

chamarilero, **ra** sm, f brocanteur *m*, -euse *f*.

chamarra sf blouson *m*.

chamba sf *fam* **1.** [suerte] ▸ **tener chamba** avoir du pot **2.** AM [trabajo] boulot *m*.

chambear vi AM *fam* [trabajar] bosser.

chambelán sm chambellan *m*.

chambergo sm **1.** [chaquetón] vareuse *f* **2.** RP [sombrero] chapeau *m* à large bord.

chamiza sf **1.** [hierba] chaume *m* **2.** [leña] petit bois *m*.

chamizo sm **1.** [leña] tison *m* **2.** [casa] cahute *f* **3.** *fam* & *despec* [lugar] bouge *m*.

champa sf CAM **1.** [tienda] tente *f* **2.** [cobertizo] abri *m*.

champán, **champaña** sm champagne *m*.

champiñón sm champignon *m (de Paris)*.

champú sm shampooing *m*.

champurrado sm AM *boisson à base de lait et de farine de maïs.*

champús (*pl* **champuses**), **champuz** (*pl* **champuces**) sm ANDES *bouillie à base de maïs, de sucre et de jus de "naranjilla".*

chamuscado, **da** adj brûlé(e), roussi(e) / ***una tostada chamuscada*** une tranche de pain légèrement brûlée.

chamuscar [10] vt brûler, roussir.
◆ **chamuscarse** vprnl **1.** [comida] brûler, roussir **2.** [pelo, pelo, papel] brûler.

chamusquina sf ▸ **oler a chamusquina** *fam* & *fig* sentir le roussi.

chance ✧ sf AM [ocasión] chance *f* ▸ **a la primera chance** à la première occasion ▸ **dar una chance a alguien** laisser une chance à qqn. ✧ loc adv MÉX [quizás] peut-être / ***chance sí, chance no*** peut-être bien que oui, peut-être bien que non.

chanchada sf AM *fam* **1.** [porquería] cochonnerie *f* **2.** *fig* [acción sucia] vacherie *f*, tour *m* de cochon.

chancho, **cha** adj AM [sucio] sale. ◆ **chancho** sm AM **1.** [animal] porc *m*, cochon *m* **2.** [persona] porc *m*, cochon *m* **3.** EXPR **comer como un chancho** *fam* manger comme un cochon ▸ **estar gordo como un chancho** *fam* être gras comme un moine ▸ **estar o ser como chanchos** RP *fam* être cul et chemise.

chanchullero, **ra** adj & sm, f *fam* magouilleur(euse).

chanchullo sm *fam* magouille *f*.

chancla sf **1.** *despec* [calzado viejo] savate *f* **2.** [sandalia] tong *f*.

chancleta sf **1.** [sandalia] tong *f* **2.** ANDES RP *fam* [niña] gosse *f*.

chanclo sm **1.** [de madera] socque *m* **2.** [de plástico] caoutchouc *m (enfilé sur les chaussures)*.

chándal (*pl* **chándales** o **chandals**), **chandal** (*pl* **chandals**) sm ESP survêtement *m*.

> ⚠ **Chandail** es un falso amigo, no significa *chándal*, sino "jersey".

chanfaina sf *fricassée d'abats.*

changador sm RP portefaix *m*, porteur *m*.

changarro sm MÉX petit magasin *m*.

chango, **ga** ✧ adj ▸ **estar chango** MÉX PRICO en avoir pour son argent. ✧ sm, f ARG BOL MÉX *fam* [niño] garçon *m*, fille *f*. ◆ **changa** sf ANDES CUBA [broma] plaisanterie *f*.

changurro sm *plat basque d'araignée de mer farcie.*

chanquete sm *alevin d'anchois préparé en friture.*

chantaje sm chantage *m* ▸ **hacer chantaje a alguien** faire du chantage à qqn.

chantajear vt faire chanter.

chantajista smf maître-chanteur *m*.

chantillí, **chantilly** sm chantilly *f*, crème *f* Chantilly.

chanza sf plaisanterie *f*.

chao interj *fam* ▸ **¡chao!** ciao !, tchao !

chapa sf **1.** [gen] plaque *f* **2.** [tapón] capsule *f* **3.** [insignia] badge *m* **4.** [del guardarropa] jeton *m* **5.** COL CUBA MÉX [cerradura] serrure *f* **6.** RP [matrícula] plaque *f* minéralogique **7.** EXPR **no pegar ni chapa** ESP *fam* glander ▸ **no tener ni chapa** ESP *fam* **a)** [no saber] ne pas avoir la moindre idée **b)** [no tener dinero] ne pas avoir un rond. ◆ **chapas** sfpl ▸ **jugar a las chapas** jouer à pile ou face.

chapado, **da** adj **1.** [con metal, madera] plaqué(e) / ***reloj chapado en oro*** une montre en plaqué or **2.** ESP *fam* [cerrado] fermé(e) **3.** EXPR **ser o estar chapado a la antigua** être vieux jeu. ◆ **chapado** sm placage *m*.

chapapote sm galette *f* de pétrole.

chapar ✧ vt **1.** ▸ **chapar algo en oro / plata, etc.** [con metal, madera] plaquer qqch d'or / d'argent etc. **2.** ESP *fam* [cerrar] fermer. ✧ vi ESP *fam* [cerrar] fermer / ***¿a qué hora chapa este garito?*** à quelle heure ferme ce troquet ?

chaparro, **rra** ✧ adj boulot(otte). ✧ sm, f petit gros *m*, petite boulotte *f*. ◆ **chaparro** sm **1.** [mata - de encina] buisson *m* de chênes verts ; [- de roble] buisson *m* de chênes rouvres **2.** MÉX [chico] enfant *m*.

chaparrón sm **1.** [de agua] averse *f* **2.** *fam & fig* [gran cantidad] ▸ **un chaparrón de** une pluie de **3.** *fam* [bronca] ▸ **dar un chaparrón a alguien** passer un savon à qqn.

chapata sf *pain plat, large et allongé ressemblant à la ciabatta.*

chapeado, da adj plaqué(e).

chapear vt **1.** [cubrir] ▸ **chapear algo en oro / plata etc.** plaquer qqch d'or / d'argent etc. **2.** CAM [terreno] désherber, nettoyer.

chapela sf béret *m*.

chapista adj & smf tôlier *m*.

chapistería sf tôlerie *f*.

chapó interj chapeau !

chapopote sm MÉX CARIB asphalte *m*, bitume *m*.

chapotear vi clapoter.

chapoteo sm [ruido] clapotis *m*.

chapucear vt [motor, etc.] bricoler ; [trabajo] bâcler.

chapucería sf : *es una chapucería* c'est du bricolage.

chapucero, ra ❖ adj [trabajo] bâclé(e). ❖ sm, f ▸ **ser chapucero** bâcler son travail.

chapulín sm CAM MÉX **1.** [saltamontes] sauterelle *f* **2.** *fam* [niño] gamin *m*.

chapurrear, chapurrar vt baragouiner.

chapurreo sm baragouinage *m*.

chapuza sf **1.** [trabajo mal hecho] travail *m* de cochon **2.** [trabajo ocasional] bricole *f*.

chapuzón sm ▸ **darse un chapuzón** piquer une tête.

chaqué sm jaquette *f*.

chaqueta sf **1.** [de traje] veste *f* ▸ **cambiarse de chaqueta** *fig* retourner sa veste **2.** [de punto] cardigan *m*.

chaquetear vi retourner sa veste.

chaqueteo sm *fam* **1.** [huida] débandade *f* **2.** ESP [cambio] pirouette *f*, revirement *m*.

chaquetero, ra sm, f *fam* ESP *personne qui retourne facilement sa veste, notamment en politique, dans un but intéressé* ; ≃ girouette *f*.

chaquetilla sf boléro *m*.

chaquetón sm trois-quarts *m*.

charada sf charade *f*.

charanga sf **1.** [banda] fanfare *f* **2.** *fam* [fiesta] bamboula *f*.

charango sm *instrument à cordes typique des Andes.*

charca sf mare *f*.

charco sm flaque *f* (d'eau) ▸ **cruzar el charco** *fig* traverser l'Atlantique.

charcutería sf charcuterie *f*.

charcutero, ra sm, f charcutier *m*, -ère *f*.

charia, sharia ['ʃaria] sf RELIG charia *f*.

charla sf **1.** [conversación] discussion *f* **2.** [conferencia] ▸ **dar una charla sobre** faire un exposé sur.

charlar vi discuter, bavarder.

charlatán, ana ❖ adj bavard(e). ❖ sm, f **1.** [parlanchín] bavard *m*, -e *f* **2.** [embaucador] baratineur *m*, -euse *f* **3.** [vendedor] camelot *m*.

charlatanería sf baratin *m*.

charlestón sm charleston *m*.

charleta sf *fam* [charla] causette *f* ▸ **estar de charleta (con alguien)** faire la causette (avec quelqu'un).

charlotada sf **1.** [payasada] bouffonnerie *f* **2.** TAUROM corrida *f* bouffonne.

charlotear vi papoter.

charloteo sm ▸ **estar de charloteo** papoter.

charnego, ga sm, f *despec en Catalogne, immigrant venant d'une autre région d'Espagne.*

charnela sf charnière *f*.

charol sm **1.** [piel] cuir *m* verni ▸ **de charol** [zapatos] verni(e) **2.** [barniz] vernis *m* **3.** AM [bandeja] plateau *m*.

charola sf AM [bandeja] plateau *m*.

charrería sf MÉX *art de monter à cheval comme les cavaliers mexicains.*

charretera sf MIL épaulette *f*.

charro, rra ❖ adj **1.** ESP [salmantino] de Salamanque / *un poeta charro* un poète de Salamanque **2.** *fig* [recargado] chargé(e). ❖ sm, f **1.** ESP [salmantino] habitant *m*, -e *f* de la province de Salamanque **2.** MÉX *fam* [bobo] idiot *m*, -e *f*.
◆ **charro** sm MÉX **1.** [jinete] cavalier *m* mexicain **2.** [sombrero] chapeau *m* à larges bords.

Los charros

Au Mexique, on nomme **charros** les spécialistes du dressage et de la monte de chevaux. Ce sont en quelque sorte les "cowboys" mexicains. Avec leur habit riche et coloré, composé d'un large chapeau, d'un pantalon ajusté, d'un veston court et de bottines, ils sont l'incarnation même de la tradition rurale mexicaine. Il n'est pas rare de qualifier de **charro de agua dulce** (« charro d'eau douce ») ceux qui tentent, par leur attitude, d'imiter les **charros** alors qu'ils n'en sont pas.

charrúa AM ❖ adj inv urugayen(enne). ❖ smf inv Urugayen *m*, -enne *f*.

chárter adj inv & sm inv charter.

chasca sf AM [de persona] tignasse *f*.

chascar [10] ❖ vt [lengua, dedos] faire claquer. ❖ vi **1.** [lengua] claquer **2.** [madera] craquer.

chascarrillo sm *fam* blague *f*.

chasco sm **1.** [decepción] déception *f* ▸ **llevarse un chasco** être très déçu(e) **2.** [burla] tour *m* ▸ **dar un chasco a alguien** jouer un tour à qqn.

chasis sm inv **1.** AUTO & FOTO châssis *m* **2.** *fam* [de persona] ▸ **quedarse en el chasis** *fig* n'avoir que la peau sur les os.

chasque ⟶ **chascar**.

chasquear ❖ vt **1.** [látigo, lengua] faire claquer **2.** *fig* [engañar] jouer un tour. ❖ vi [madera] craquer. ◆ **chasquearse** vprnl être très déçu(e).

chasquido sm **1.** [de lengua, látigo] claquement *m* ; [de arma] détonation *f* **2.** [de madera] craquement *m*.

chasquillas sfpl AM frange *f (de cheveux)*.

chat (*pl* **chats**) sm INTERNET chat *m*, forum *m* de discussion / *un chat de política / gastronomía* un forum de discussion de politique / gastronomie.

chatarra sf **1.** [metal, piezas] ferraille *f* **2.** *fam & despec* [bisutería] camelote *f* **3.** *fam* [monedas] ferraille *f*, mitraille *f*.

chatarrería sf ▸ **en la chatarrería** chez le ferrailleur.

chatarrero, ra sm, f ferrailleur *m*.

chateador, ra sm, f *fam* INTERNET chatteur *m*, -euse *f*.

chatear vi *fam* **1.** INTERNET chatter **2.** ESP [beber] boire un coup.

chateo sm *fam* **1.** INTERNET participation à un chat o forum de discussion **2.** [bebida] ▸ **ir de chateo** ESP aller boire un coup.

chato, ta ❖ adj **1.** [nariz] aplati(e) ; [persona] au nez camus **2.** [aplanado] plat(e). ❖ sm, f *fam* [apelativo] mon coco *m*, ma cocotte *f* ▸ **¡chata!** [piropo] ma poule ! ◆ **chato** sm ESP *fam* [de vino] petit verre *m* de vin.

chau, chaucito interj AM *fam* ▸ **¡chau!** salut !, salut !

chaucha sf **1.** ANDES RP [moneda] petite monnaie *f* **2.** BOL RP [judía verde] haricot *m* vert **3.** EXPR **por chauchas y palitos** ANDES RP pour une bouchée de pain.

chauvinismo = **chovinismo**.

chauvinista = **chovinista**.

chava sf AM *fam* nana *f*.

chaval, la sm, f *fam* jeune *mf*.

chavalería sf *fam* marmaille *f*.

chavalo, la sm, f AM *fam* gamin *m*, -e *f*.

chaveta sf **1.** [clavija] clavette *f* **2.** *fam* [cabeza] boule *f* ▸ **perder la chaveta** perdre la boule **3.** AM [navaja] canif *m*.

chavo sm **1.** *fam* [dinero] rond *m*, radis *m* ▸ **estar** o **quedarse sin un chavo** être sans un rond o un sou ▸ **no tener un chavo** ne pas avoir un rond o un sou **2.** MÉX [chico] enfant *m* **3.** MÉX [novio] petit ami *m* **4.** MÉX [hombre] type *m*, mec *m*.

chayote sf CAM MÉX BOT chayote *f*.

che, ché interj **1.** [para llamar la atención] eh ! / *¡che! ¿qué hacéis vosotros ahí?* eh ! qu'est-ce que vous faites ici, vous ? **2.** RP *mfam* [como muletilla] alors / *che, ¿vamos?* alors, on y va ?

checada sf CAM ANDES MÉX bilan *m* de santé, check-up *m*.

checar vt ANDES CAM MÉX **1.** [comprobar] vérifier, contrôler **2.** [vigilar] contrôler.

Chechenia npr Tchétchénie *f*.

checheno, na, chechén, ena ❖ adj tchétchène. ❖ sm, f Tchétchène *mf*.

checo, ca ❖ adj tchèque. ❖ sm, f Tchèque *mf*. ◆ **checo** sm [lengua] tchèque *m*.

chef ['ʧef] (*pl* **chefs**) sm chef *m*, chef *m* cuisinier.

chele CAM ❖ adj [rubio] blond(e) ; [de piel blanca] à la peau claire. ❖ smf [rubio] blond *m*, -e *f* ; [de piel blanca] personne *f* à la peau claire.

cheli sm *fam jargon des jeunes Madrilènes*.

chelín sm shilling *m*.

chelo, la adj MÉX blond(e).

chencha adj MÉX paresseux(euse), fainéant(e).

chepa sf *fam* bosse *f*.

cheposo, sa adj & sm, f bossu(e).

cheque sm chèque *m* ▸ **extender un cheque** faire un chèque ▸ **cheque al portador** chèque au porteur ▸ **cheque cruzado** o **barrado / nominativo** chèque barré / nominatif o à ordre ▸ **cheque (de) gasolina** chèque *m* essence ▸ **cheque de viaje** chèque de voyage, traveller's cheque ▸ **cheque en blanco / sin fondos** chèque en blanc / sans provision.

chequear vt **1.** MED ▸ **chequear a alguien** faire un bilan de santé à qqn **2.** [comprobar] vérifier, contrôler.

chequeo sm **1.** MED bilan *m* de santé **2.** [comprobación] vérification *f*, contrôle *m*.

chequera sf carnet *m* de chèques.

cheto, ta adj RP chic.

cheve sf MÉX *fam* [cerveza] mousse *f*.

chévere adj AM *fam* super.

cheviot (*pl* **cheviots**) sm cheviotte *f*.

Chiapas npr Chiapas.

chic adj inv chic.

chica sf ⟶ **chico**.

chicano, na ❖ adj chicano. ❖ sm, f Chicano *mf*. ◆ **chicano** sm [lengua] *langue des Mexicains émigrés aux États-Unis*.

chicarrón, ona sm, f grand garçon *m*, grande fille *f*.

chicha sf *fam* **1.** [para comer] viande *f* **2.** [de persona] graisse *f* **3.** ESP *fam* [carne] viande *f* / *este muslo tiene poca chicha* cette cuisse de poulet n'a pas beaucoup de viande **4.** AM [bebida] *boisson alcoolisée à base de maïs fermenté* **5.** EXPR **no es ni chicha ni limonada** o **limoná** c'est n'importe quoi.

chícharo sm CAM MÉX petit pois *m*.

chicharra sf **1.** [insecto] cigale *f* **2.** MÉX [timbre] sonnerie *f*.

chicharro sm **1.** [pez] chinchard *m* **2.** AM [guisante] petit pois *m*.

chicharrón sm charbon *m (viande carbonisée)*. ◆ **chicharrones** smpl rillons *mpl*.

chiche ❖ adj ANDES RP facile. ❖ sm ANDES RP **1.** *fam* [juguete] joujou *m* **2.** [joya] bijou *m.* ❖ sm AM **1.** *fam* [chuchería] babiole *f* **2.** *mfam* [pecho] néné *m.*

chichi sm GUAT MÉX [nodriza] nounou *f.*

chichón sm bosse *f.*

chichonear vi RP *fam* blaguer.

chichonera sf casque *m (de cycliste).*

chicle sm chewing-gum *m.*

chiclé, chicler sm AUTO gicleur *m.*

chico, ca ❖ adj [pequeño] petit(e). ❖ sm, f **1.** [joven] garçon *m*, fille *f* **2.** [tratamiento] : *¡mira, chico! fam* écoute, mon vieux ! ◆ **chico** sm [recadero] garçon *m* de courses ▸ **chico de los mandados** RP homme à tout faire. ◆ **chica** sf [criada] bonne *f.* ◆ **chica de alterne** sf entraîneuse *f.*

chicote sm AM **1.** [látigo] fouet *m* **2.** [colilla] mégot *m.*

chifa sm AM *restaurant chinois.*

chifla sf **1.** [burla] ▸ **hacer chifla a alguien** se moquer de qqn **2.** [silbido] sifflement *m.*

chiflado, da *fam* ❖ adj **1.** [loco] cinglé(e) **2.** [apasionado] ▸ **chiflado por** [afición, persona] dingue de. ❖ sm, f [loco] cinglé *m*, -e *f.*

chifladura sf **1.** [locura] : *su chifladura no es reciente* ça fait longtemps qu'il a un grain **2.** [pasión] dada *m* ; [manía] toquade *f.*

chiflar ❖ vt *fam* [encantar] raffoler de, adorer / *me chiflan las patatas fritas* j'adore les chips. ❖ vi **1.** [silbar] siffler **2.** AM [aves] chanter.
◆ **chiflarse** vprnl ▸ **chiflarse por algo** s'emballer pour qqch ▸ **chiflarse por alguien** s'enticher de qqn.

chiflido sm AM sifflement *m.*

chigüín sm CAM gamin *m.*

chihuahua sm chihuahua *m.*

chií = **chiita.**

chiita, chií adj & smf chiite.

chilaba sf djellaba *f.*

chilango, ga MÉX *fam* ❖ adj de Mexico. ❖ sm, f *habitant ou natif de Mexico.*

chile sm **1.** CAM MÉX CULIN piment *m* ▸ **chile con carne** chili *m* con carne **2.** CAM *fam* [mentira] bobard *m.*

Chile npr Chili.

chileno, na ❖ adj chilien(enne). ❖ sm, f Chilien *m*, -enne *f.*

chilindrón sm CULIN ▸ **pollo al chilindrón** ≃ poulet basquaise.

chillar vi **1.** [gritar] crier ; [bebé, niño] brailler **2.** [chirriar] grincer **3.** *fam* [reñir] : *le chilló* il lui a crié dessus.

chillido sm **1.** [grito] cri *m* **2.** [chirrido] grincement *m.*

chillón, ona ❖ adj **1.** [voz, color] criard(e) **2.** [niños] braillard(e). ❖ sm, f braillard *m*, -e *f.*

chill out, chill-out [tʃi'laut] sm [música, local] chill out *m*, chill-out *m.*

chilote sm MÉX *boisson à base de pulque, de piments, de chénopode et d'ail.*

chilpayate smf MÉX *fam* gamin *m*, -e *f.*

chimenea sf cheminée *f.*

chimpancé sm chimpanzé *m.*

china sf ⟶ **chino.**

China npr ▸ **(la) China** (la) Chine.

chinchar vt *fam* taquiner. ◆ **chincharse** vprnl *fam* : *ahora te chinchas* maintenant, tant pis pour toi.

chinche ❖ sf **1.** [insecto] punaise *f* **2.** AM [para clavar] punaise *f.* ❖ adj & smf *fam & fig* enquiquineur *m*, -euse *f.*

chincheta sf ESP [para clavar] punaise *f (clou).*

chinchilla sf chinchilla *m.*

chinchín ❖ sm **1.** [ruido] flonflon *m* **2.** *fam* [brindis] toast *m* ▸ **hacer chinchín por alguien** boire à la santé de qqn **3.** CAM [sonajero] hochet *m.* ❖ interj tchin-tchin !

chinchón sm alcool *m* d'anis.

chinchorro sm AM **1.** [red] filet *m* **2.** [hamaca] hamac *m.*

chinchoso, sa ❖ adj ▸ **ser chinchoso** être un enquiquineur. ❖ sm, f enquiquineur *m*, -euse *f.*

chinela sf mule *f (chaussure).*

chinero sm [mueble] vaisselier *m.*

chinesco, ca adj chinois(e).

chinga sf MÉX *mfam* **1.** [trabajo duro] corvée *f* **2.** [fastidio] emmerdement *m.*

chingadera sf MÉX *mfam* **1.** [bajeza] connerie *f* **2.** [objetos] connerie *f.*

chingado, da adj **1.** *mfam* [estropeado] fichu(e) **2.** ESP MÉX *mfam* [estropeado] foutu(e), fichu(e) / *la tele está chingada* la télé est foutue.
◆ **chingada** sf MÉX *vulg* **1.** [fastidio] emmerdement *m* **2.** EXPR **en la casa de la chingada** à perpète ▸ **¡vete a la chingada!** va te faire foutre !

chingar [16] ❖ vt **1.** ESP MÉX *mfam* [molestar] faire chier / *¡deja de chingarme!* arrête de me faire chier ! **2.** ESP MÉX *mfam* [estropear] péter, foutre en l'air **3.** AM *vulg* [fornicar] baiser **4.** MÉX *mfam* [robar] piquer, faucher / *me han chingado la bolsa* on m'a piqué mon sac. ❖ vi **1.** *vulg* [fornicar] baiser **2.** ESP MÉX *mfam* [molestar] faire chier / *¡deja ya de chingar!* arrête de faire chier ! ▸ **¡chíngale!** merde alors ! ◆ **chingarse** vprnl MÉX *mfam* **1.** [estropearse] : *se nos chingó la fiesta* la fête est foutue **2.** [beber mucho] : *nos chingamos todas las botellas* on a sifflé toutes les bouteilles et on s'est bourré **3.** [comer] bouffer / *nos hemos chingado todo lo que había* on a bouffé tout ce qu'il y avait.

chingo, ga adj **1.** CAM VEN [chato] épaté(e) **2.** CAM [corto] court(e). ◆ **chingo** sm MÉX *mfam* [montón] quantité *f* énorme, tonne *f.* ◆ **chingos** smpl CAM sous-vêtement *m.*

chingón, ona adj AM *fam* super.

chinita sf AM bonne *f.*

chino, na ◆ adj **1.** [de la China] chinois(e) **2.** AM [amarillo] jaunâtre. ◆ sm, f **1.** [de la China] Chinois *m*, -e *f* / *me han engañado como a un chino* *fam* & *fig* je me suis fait avoir comme un débutant ▸ **trabajar como un chino** *fig* travailler comme une bête **2.** AM [mestizo] métis *m*, -isse *f* **3.** AM [indio] indien(enne). ◆ **china** sf **1.** [piedra] caillou *m* **2.** *fam* [droga] boulette *f* **3.** AM [campesina] campagnarde *f*, fille *f* de la campagne **4.** AM *despec* [criada] servante *f*, domestique *f* **5.** MÉX [del charro] compagne *f* **6.** RP [del gaucho] amie *f*, amante *f* **7.** / *¡me tocó la china!* *fam* c'est tombé sur moi ! ◆ **chino** sm **1.** [lengua] chinois *m* **2.** AM [rizo] boucle *f*. ◆ **chinos** smpl *jeu qui consiste à deviner combien de pièces ou de cailloux l'autre joueur cache dans sa main.*

chip (*pl* **chips**) sm INFORM puce *f*.

chipé, chipén adj inv *fam* [estupendo] ▸ **(de) chipé** d'enfer.

chipirón sm petit calmar *m*.

Chipre npr Chypre.

chipriota ◆ adj chypriote, cypriote. ◆ smf Chypriote *mf*, Cypriote *mf*.

chiquero sm toril *m*.

chiquilín, ina sm, f ESP CSUR *fam* gamin *m*, -e *f*, gosse *mf*.

chiquillada sf gaminerie *f*.

chiquillería sf *fam* ▸ **la chiquillería** la marmaille.

chiquillo, lla sm, f gamin *m*, -e *f*.

chiquitín, ina ◆ adj tout petit (toute petite). ◆ sm, f ▸ **los chiquitines** les petits *(les enfants)*.

chiquito, ta ◆ adj tout petit (toute petite) ▸ **no andarse con chiquitas** *fig* tourner autour du pot. ◆ sm, f AM [niño] petit(e) / *los chiquitos están durmiendo* les petits sont en train de dormir. ◆ **chiquito** sm ESP [de vino] petit verre *m*.

chiribita sf étincelle *f*. ◆ **chiribitas** sfpl *fam* : *los ojos le hacían chiribitas* *fig* ses yeux jetaient des étincelles.

chirigota sf *fam* blague *f* ▸ **tomar algo a chirigota** prendre qqch à la rigolade.

chirimbolo sm *fam* truc *m*.

chirimía sf MÚS chalumeau *m*.

chirimoya sf anone *f*.

chiringuito sm **1.** *fam* [bar] buvette *f* **2.** [negocio] affaire *f* ▸ **montarse un chiringuito** monter une petite affaire.

chiripa sf *fam* & *fig* ▸ **tener chiripa** avoir du bol ▸ **de** o **por chiripa** par miracle.

chiripá (*pl* **chiripaes**) sm BOL CSUR *sorte de culotte de gaucho faite d'une couverture passée entre les jambes et fixée à la ceinture.*

chirivía sf **1.** BOT panais *m* **2.** ZOOL hochequeue *m*.

chirla sf petite coque *f (coquillage)*.

chirle adj **1.** *fam* [insípido] insipide, fade **2.** RP [masa] liquide.

chirona sf ESP *fam* & *arg crim* [prisión] taule *f*, tôle *f* ▸ **en chirona** en taule.

chirriar [9] vi grincer.

chirrido sm grincement *m*.

chiruca® sf Pataugas® *f*.

chis, chist interj ▸ **¡chis!** chut !

Chisinau npr Chisinau.

chisme sm **1.** [cuento] commérage *m*, cancan *m* **2.** *fam* [cosa] truc *m*.

chismear, chusmear vi faire des commérages, cancaner.

chismorrear vi faire des commérages, cancaner.

chismorreo sm commérages *mpl*.

chismoso, sa adj & sm, f cancanier(ère).

chispa sf **1.** [de fuego, electricidad] étincelle *f* ▸ **echa chispas** *fam* il n'est pas à prendre avec des pincettes **2.** [de lluvia] gouttelette *f* **3.** *fig* [cantidad pequeña] pincée *f* **4.** *fig* [agudeza] esprit *m*. ◆ **chispas** ◆ smf inv *fam* [electricista] électricien(enne). ◆ interj MÉX diable.

chispazo sm **1.** [salto de la chispa] étincelle *f* **2.** *fig* [suceso detonante] détonateur *m*.

chispeante adj **1.** [fuego, metal] qui lance des étincelles ; [madera] qui craque **2.** *fig* [conversación, discurso] brillant(e) ; [mirada] pétillant(e).

chispear ◆ vi **1.** [gen] étinceler **2.** *fig* [ojos - de alegría, malicia] pétiller ; [- por enfado, rabia] jeter des étincelles. ◆ v impers [llover] pleuvoter / *apenas chispeaba* il ne tombait que quelques gouttes.

chisporrotear vi [leña] craquer ; [fuego] crépiter ; [aceite] grésiller.

chisporroteo sm [fuego] crépitement *m*.

chisquero sm briquet *m*.

chist = **chis**.

chistar vi ▸ **sin chistar** sans broncher.

chiste sm **1.** [cuento gracioso] histoire *f* drôle, blague *f* ▸ **contar chistes** raconter des histoires drôles o des blagues ▸ **chiste colorado** MÉX histoire cochonne ▸ **chiste de Lepe** ESP ≃ histoire belge ▸ **chiste verde** histoire cochonne ▸ **de chiste** MÉX pour rire **2.** ANDES MÉX RP [gracia] drôlerie *f*, chose *f* drôle / *no le veo el chiste a lo que ha dicho* je ne vois pas ce qu'il y a de drôle dans ce qu'il a dit **3.** ANDES MÉX RP [cosa cara] : *¿por cuánto salió el chiste de la fiesta?* à combien lui est revenue cette petite plaisanterie de soirée ? **4.** EXPR **ni de chiste** MÉX jamais de la vie.

chistera sf chapeau *m* haut de forme.

chistorra sf *saucisson typique d'Aragon et de Navarre.*

chistoso, sa ◆ adj **1.** [persona] blagueur(euse) **2.** [suceso] drôle. ◆ sm, f blagueur *m*, -euse *f*.

chistu sm *flûte basque.*

chistulari sm *joueur de « chistu ».*

chita ◆ **a la chita callando** loc adv ESP *fam* [en silencio] doucement ; [sin alarde] sans tambour ni trompette ; [con disimulo] en douce.

chitón interj ▸ **¡chitón!** chut !

chivar vt *fam* **1.** ESP [contar] souffler / *me chivó la respuesta de la segunda pregunta* il m'a soufflé la réponse de la deuxième question **2.** AM [fastidiar] casser les pieds. ◆ **chivarse** vprnl **1.** ESP *fam* [entre niños] rapporter, cafter **2.** ESP *fam* [entre delincuentes, adultos] balancer.

chivatazo sm ESP *fam* mouchardage *m* ▸ **dar el chivatazo** moucharder.

chivatear vi **1.** ANDES [jugar] faire le fou **2.** [gritar] pousser des cris, hurler.

chivateo sm ANDES *action de faire le fou.*

chivato, ta adj & sm, f ESP *fam* **1.** [delincuente] mouchard *m*, -e *f*, balance *f* **2.** [niño] rapporteur *m*, -euse *f*. ◆ **chivato** sm **1.** [luz] voyant *m* lumineux **2.** [alarma] sonnerie *f* **3.** AM *fam* [hombre valioso] ponte *m* **4.** AM [aprendiz] apprenti *m*, -e *f*.

chivo, va sm, f chevreau *m*, chevrette *f* ▸ **ser el chivo expiatorio** *fig* être le bouc émissaire.

choc, shock [ʃok o tʃok] sm choc *m (psychologique).*

chocante adj **1.** [extraño] choquant(e) **2.** [sorprendente] surprenant(e) **3.** RP [escandaloso] scandaleux(euse).

chocar [10] ❖ vi **1.** [colisionar] heurter ▸ **chocar contra** rentrer dans **2.** *fig* [discutir] s'accrocher ; [pelear] se battre **3.** *fig* [extrañar] choquer. ❖ vt **1.** [manos] taper dans ▸ **¡choca esa mano o los cinco!, ¡chócala!** tope là ! **2.** [copas, vasos] : *chocaron sus copas* ils ont trinqué.

chochear vi **1.** [de viejo] être gâteux(euse) **2.** *fam* & *fig* [chiflarse] ▸ **chochear por alguien** être gaga devant qqn ▸ **chochear por algo** être dingue de qqch.

chochez sf **1.** [vejez] gâtisme *m* **2.** [dicho, hecho] ▸ **decir chocheces** radoter ▸ **hacer chocheces** faire n'importe quoi.

chocho, cha adj **1.** [viejo] gâteux(euse) **2.** *fam* & *fig* [encariñado] gaga. ◆ **chocho** sm **1.** *vulg* [organo] chatte *f* **2.** [altramuz] graine *f* de lupin.

choclo sm ANDES RP [maíz] *épi de maïs très tendre.*

choclón sm CHILE *fam* foule *f*.

choco, ca adj & sm, f CAM CHILE MÉX mutilé(e). ◆ **choco** sm [sepia] petite seiche *f*.

chocolatada sf *goûter au cours duquel on boit du chocolat épais et chaud.*

chocolate sm **1.** [para comer, beber] chocolat *m* ▸ **chocolate a la taza** chocolat à cuire ▸ **chocolate blanco / con leche** chocolat blanc/au lait **2.** ESP *fam* [hachís] shit *m* **3.** EXPR **chocolate por la noticia** RP *mfam* pas possible.

chocolatera sf ⟶ **chocolatero.**

chocolatería sf chocolaterie *f* ▸ **en la chocolatería** chez le chocolatier.

chocolatero, ra ❖ adj : *es muy chocolatero* il adore le chocolat. ❖ sm, f chocolatier *m*, -ère *f*. ◆ **chocolatera** sf [recipiente] chocolatière *f*.

chocolatina sf barre *f* chocolatée.

chófer, chofer smf chauffeur *m*.

chollo sm ESP *fam* **1.** [producto, compra] affaire *f*, occase *f* **2.** [empleo, situación] planque *f* / *tiene un chollo de trabajo* son travail, c'est une bonne planque.

cholo, la ❖ adj **1.** AM [mestizo americano] métis(isse) **2.** ANDES [indígena occidentalizado] *indien qui a adopté un mode de vie occidental.* ❖ sm, f **1.** AM [mestizo americano] métis *m*, -isse *f* **2.** ANDES [indígena occidentalizado] Indien *m* occidentalisé, Indienne *f* occidentalisée.

chomba, chompa sf **1.** ARG [polo] polo *m* **2.** PERÚ [suéter] pull-over *m*.

chompipe sm CAM MÉX dindon *m*.

chonchón sm ANDES lampe *f* à pétrole.

chongo sm **1.** RP [chabacano] ordinaire **2.** MÉX [moño] chignon *m*.

chop, chopp sm CSUR [bebida] bière *f*.

choped, chóped sm *sorte de mortadelle à base de porc, de poulet ou de dinde hachés.*

chopera sf peupleraie *f*.

chopito sm *petit calmar pané.*

chopo sm peuplier *m* noir.

choque ❖ sm **1.** [impacto] choc *m* ; [de coche, tren, etc.] collision *f* **2.** *fig* [disputa] accrochage *m*. ❖ v ⟶ **chocar.**

chorbo, ba sm, f ESP *mfam* **1.** [joven] jeune mec *m*, jeune nana *f* **2.** [novio] mec *m*, nana *f*.

chorear vi CHILE COL PERÚ RP *fam* bougonner.

choricear = **chorizar.**

choriceo sm *fam* fauche *f*.

chorizar, choricear [13] vt ESP *fam* chouraver, chourer, faucher.

chorizo, za ❖ adj *fam* [ladrón] chapardeur(euse). ❖ sm, f **1.** ESP *fam* [ladrón] chapardeur *m*, -euse *f* **2.** AM [bobo] andouille *f*. ◆ **chorizo** sm **1.** [embutido] chorizo *m* **2.** CSUR [material] torchis *m*.

chorlito sm **1.** ZOOL pluvier *m* **2.** ⟶ **cabeza.**

choro sm ANDES [molusco] moule *f*.

chorrada sf **1.** ESP *fam* [dicho, hecho] bêtise *f* / *eso que cuentas no son más que chorradas* ce que tu racontes, ce ne sont que des bêtises **2.** ESP *fam* [cosa insignificante] babiole *f* / *se pelearon por una chorrada* ils se sont disputés pour une babiole **3.** RP *fam* [estafa] arnaque *f* **4.** RP *fam* [mucho] ▸ **una chorrada de** une tonne de.

chorrear ❖ vi **1.** [gotear] goutter **2.** [brotar] couler. ❖ vt ruisseler de / *chorrear sudor* ruisseler de sueur.

chorreo sm écoulement *m* ; *fig* [gasto continuo] gouffre *m*.

chorreras sfpl jabot *m (de chemise).*

chorretón sm **1.** [chorro] gros jet *m* **2.** [mancha] coulure *f*, traînée *f*.

chorro, rra sm, f RP *fam* voleur *m*, -euse *f*. ◆ **chorra** ❖ smf *mfam* [tonto] : *es un chorra* il est nase ▸ **hacer el chorra** faire le mariole. ❖ sf ESP *mfam* [suerte] pot *m*, bol *m* ▸ **tener chorra** avoir du pot. ◆ **chorro**

◆ sm **1.** [de líquido] jet *m* ▸ **salir a chorros** couler à flots **2.** [hilo] filet *m* **3.** *fig* [de luz, gente, dinero] flot *m* **4.** EXPR **como los chorros del oro** propre comme un sou neuf. ◆ adv MÉX *fam* vachement / ***me gusta chorro*** ça me plaît vachement.

chota sf *fam* & *fig* ▸ **estar como una chota** être dingue o cinglé.

chotearse vprnl *fam* ▸ **chotearse de** se ficher de.

choteo sm *fam* blague *f* ▸ **tomar a choteo** prendre à la rigolade.

chotis sm inv **1.** *danse, musique et chanson typiques de Madrid à la mode au début du siècle* **2.** EXPR **ser más agarrado que un chotis** ESP *fam* être très radin.

choto, ta sm, f **1.** [cabrito] chevreau *m*, chevrette *f* **2.** [ternero] veau *m*.

chovinismo, **chauvinismo** [ʧoβi'nismo] sm chauvinisme *m*.

chovinista, **chauvinista** [ʧoβi'nista] adj & smf chauvin(e).

choza sf hutte *f*.

christmas sm carte *f* de vœux.

chubasco sm averse *f*.

chubasquero sm ciré *m*.

chúcaro, ra adj CAM ANDES RP *fam* **1.** [animal] sauvage **2.** [persona] timide.

chuchería sf **1.** [golosina] friandise *f* **2.** [baratija] babiole *f*.

chucho sm **1.** *fam* cabot *m (chien)* **2.** AM [enfermedad] malaria *f*, paludisme *m*.

chueco, ca ◆ adj **1.** AM [patizambo] tordu(e) / ***piernas chuecas*** des jambes tordues **2.** AM [torcido] entortillé(e). ◆ sm, f **1.** AM [patizambo] cagneux *m*, -euse *f* **2.** MÉX VEN [cojo] personne *f* éclopée.

chufa sf souchet *m (tubercule avec lequel on fait la « horchata »)*.

chufla sf *fam* [burla] rigolade *f* / ***un motivo de chufla*** un motif de rigolade ▸ **estar de chufla** plaisanter ▸ **tomarse algo a chufla** prendre qqch à la rigolade.

chulada sf **1.** [bravuconada] vantardise *f* **2.** *fam* [preciosidad] bijou *m* / ***¡qué chulada de coche tienes!*** t'en as une belle voiture !

chulapo, pa, **chulapón, ona** sm, f *figure typique des quartiers populaires de Madrid*.

chulear *fam* ◆ vt ESP *fam* [prostituta] être le maquereau de / ***detuvieron al tipo que la chuleaba*** ils ont arrêté son maquereau. ◆ vi frimer ▸ **chulear de** se vanter de.

chulería sf **1.** [descaro] insolence *f* ; [valentonería] vantardise *f* **2.** [salero] charme *m*.

chulesco, ca adj typique de Madrid.

chuleta ◆ sf **1.** [de ternera] côtelette *f* ; [de cerdo] côte *f* **2.** ESP VEN *fam* [en exámenes] antisèche *f*. ◆ adj & smf *fam* [chulo] frimeur(euse).

chuletada sf *repas à base de grillades* / ***hacer una chuletada en el campo*** faire une grillade à la campagne.

chuletón sm côte *f* de bœuf.

chulo, la ◆ adj **1.** ESP *fam* [persona] effronté(e), insolent(e) **2.** [insolente] ▸ **ponerse chulo** la ramener **3.** [presuntuoso] crâneur(euse), frimeur *m*, -euse *f* ▸ **ser más chulo que un ocho** ESP être très arrogant **4.** ESP MÉX *fam* [bonito] chouette, beau (belle), joli(e) / ***¡qué coche más chulo tiene!*** quelle belle voiture il a ! / ***llevas un vestido muy chulo*** tu portes une très jolie robe **5.** [del Madrid castizo] typique de Madrid. ◆ sm, f **1.** [presumido] crâneur *m*, -euse *f* **2.** [madrileño] *figure typique des quartiers populaires de Madrid*.

◆ **chulo** sm ESP *fam* [proxeneta] maquereau *m*.

chumba adj ⟶ **higuera**.

chumbera sf figuier *m* de Barbarie.

chumbo adj ⟶ **higo**.

chuminada sf *fam* bêtise *f*.

chumino sm ESP *vulg* [vulva] chatte *f*.

chungo, ga adj *fam* craignos. ◆ **chunga** sf *fam* ▸ **tomarse algo a chunga** prendre qqch à la rigolade.

chupa sf ESP *fam* [cazadora] cuir *m*, blouson *m* ▸ **chupa de cuero** blouson en cuir ▸ **chupa vaquera** o **tejana** blouson en jean.

chupachup® (*pl* **chupachups**) sm sucette *f* ronde.

chupacirios smf inv *despec* [beato] bigot *m*, -e *f*.

chupado, da adj **1.** [delgado] squelettique **2.** *fam* [fácil] ▸ **está chupado** c'est du tout cuit.

◆ **chupada** sf [al fumar] taffe *f*.

chupador, ra ◆ adj [que chupa] suceur(euse). ◆ sm, f RP [que bebe] buveur *m*, -euse *f*.

◆ **chupador** sm RP **1.** [de biberón] tétine *f* **2.** [chupete] sucette *f*.

chupamedias smf inv ANDES RP VEN *fam* & *despec* lèche-bottes *mf inv*.

chupar vt **1.** [succionar] sucer ; [al fumar] tirer sur **2.** [absorber] absorber **3.** [arruinar] soutirer.

◆ **chuparse** vprnl **1.** [adelgazar] devenir squelettique **2.** *fam* [aguantar] se taper / ***se ha chupado siete kilómetros andando*** il s'est tapé sept kilomètres à pied ▸ **¡chúpate esa!** *fig* prends ça dans les gencives !

chupatintas sm, f inv *despec* gratte-papier *m inv*.

chupe sm ANDES ARG [comida] *ragoût de pommes de terre, de viande, d'œufs et de fromage*.

chupete sm [para bebés] tétine *f*.

chupetear vt suçoter.

chupetín sm RP sucette *f*.

chupetón sm *fam* suçon *m*.

chupi ◆ adj inv & adj inv extra, super, génial(e) /***fue un día chupi*** ce fut une journée extra. ◆ sm RP [bebida] boisson *f* alcoolisée / ***no le gusta el chupi*** il n'aime pas l'alcool.

chupinazo sm **1.** [disparo] coup *m* de feu ; [cañonazo] coup *m* de canon ; [en fiestas] *coup d'envoi d'une fête* **2.** [en fútbol] shoot *m* ▸ **dar un chupinazo** shooter.

chupito sm **1.** [sorbo] gorgée *f* **2.** [vasito] petit verre *m* / *chupito de tequila / de licor de melocotón* petit verre de tequila / de liqueur d'abricot.

chupón, ona adj **1.** [bebé] qui tète beaucoup **2.** *fam* & *fig* [gorrón] parasite.
◆ **chupón** sm **1.** MÉX VEN [chupete] tétine *f* **2.** ANDES CAM MÉX [de biberón] tétine *f* **3.** AM [caramelo] sucette *f* **4.** RP [en piel] suçon *m*.

chupóptero, ra sm, f *fam* parasite *m*.

churrasco sm [carne asada] grillade *f*.

churrasqueada sf RP [asado] barbecue *m*.

churrasquear vi RP faire un barbecue.

churrasquera sf RP grill *m*.

churrasquería sf RP rôtisserie *f*.

churrería sf *commerce de « churros »*.

churrero, ra sm, f **1.** *fam* [afortunado] : *¡qué churrero!* il a un bol ! **2.** [que vende churros] vendeur *m*, -euse *f* de « churros ».

churrete sm : *está lleno de churretes de chocolate* il est tout barbouillé de chocolat.

churrigueresco, ca adj churrigueresque.

churro, rra ❖ adj ANDES RP *fam* [atractivo] séduisant(e) / *estás muy churro* tu es très séduisant. ❖ sm, f ANDES RP *fam* beau mec *m*, belle nana *f*.
◆ **churro** sm **1.** CULIN *long beignet cylindrique* **2.** *fam* [fracaso] bide *m* ; [cosa mal hecha] truc *m* mal foutu **3.** *fam* [suerte] pot *m*.

> **Churros**
>
> Les **churros** sont des sortes de beignets en forme de tubes cannelés, frits dans de l'huile et saupoudrés de sucre que l'on consomme chauds en les trempant dans une grande tasse de chocolat épais. Traditionnellement servis au petit déjeuner, ils sont davantage réservés maintenant aux petits matins des lendemains de fête comme le 1er de l'an ou après un mariage. On peut les consommer dans certains bars accompagnés d'un grand chocolat chaud très épais ou les acheter dans des **churrerías**.

churruscar vt [quemar] faire griller.
◆ **churruscarse** vprnl [quemarse] brûler.

churrusco sm *morceau de pain roussi*.

churumbel sm ESP *fam* marmot *m*, gosse *m*.

chusco, ca adj **1.** [gracioso] cocasse, drôle / *comentario chusco* commentaire cocasse / *anécdota chusca* anecdote drôle **2.** PERÚ [animal] bâtard(e).
◆ **chusco** sm *fam* quignon *m* (de pain).

chusma ❖ sf **1.** [muchedumbre] populace *f* **2.** [gente vulgar, despreciable] racaille *f*. ❖ adj & smf RP *fam* [chismoso] cancanier(ière).

chusmear = **chismear**.

chusmerío sm RP commérage *m*, cancan *m*.

chut sm DEP shoot *m*.

chutar vi **1.** [lanzar] shooter **2.** ESP *fam* [funcionar] marcher / *este trasto no chuta* ce machin ne marche pas **3.** EXPR **ir que chuta** ESP *fam* suffire / *le llamaré para darle las gracias ¡y va que chuta!* je l'appellerai pour le remercier et ça suffira !
◆ **chutarse** vprnl *mfam* se shooter.

> ⚠ **Chuter** es un falso amigo, no significa *chutar*, sino "caer".

chute sm ESP *fam* [de heroína] shoot *m*, fixe *m*.

chuzo sm ▸ **llueve a chuzos, caen chuzos de punta** *fig* il pleut des hallebardes.

CI (*abr de* **coeficiente de inteligencia**) sm QI *m* ▸ **un test (de) CI** un test (de) QI.

CIA (*abr de* **Central Intelligence Agency**) sf CIA *f*.

cía., Cía. (*abr escrita de* **compañía**) Cie. *(compagnie)* / *Pérez y Cía.* Pérez et Cie.

cianuro sm cyanure *m*.

ciático, ca adj sciatique. ◆ **ciática** sf sciatique *f*.

cibercafé sm cybercafé *m*, webcafé *m*.

cibercriminalidad sf cybercriminalité *f*.

ciberdelito sm cyberdélit *m*.

ciberespacio sm cyberespace *m* ▸ **navegar por el ciberespacio** naviguer dans le cyberespace.

cibernauta smf cybernaute *mf*.

cibernético, ca adj cybernétique.
◆ **cibernética** sf cybernétique *f*.

cibersexo sm cybersexe *m*.

ciberterrorismo sm cyberterrorisme *m*.

cibertienda sf boutique *f* virtuelle.

ciborg sm cyborg *m*.

cicatería sf [mezquindad] pingrerie *f*.

cicatero, ra adj & sm, f pingre.

cicatriz sf *pr* & *fig* cicatrice *f*.

cicatrización sf cicatrisation *f*.

cicatrizante ❖ adj cicatrisant(e). ❖ sm cicatrisant *m*.

cicatrizar [13] vt & vi cicatriser.

cicerón sm orateur *m* né.

cicerone smf guide *mf*.

Cícladas sfpl ▸ **las Cícladas** les Cyclades *fpl*.

cíclico, ca adj cyclique ; [enseñanza, aprendizaje] progressif(ive).

ciclismo sm cyclisme *m*.

ciclista adj & smf cycliste.

ciclo sm cycle *m*.

ciclocrós, **ciclocross** sm cyclo-cross *m inv*.

ciclomotor sm cyclomoteur *m*.

ciclón sm cyclone *m*.

cíclope sm cyclope *m*.

ciclópeo, **pea** adj cyclopéen(enne).

ciclostil, **ciclostilo** sm [técnica] polycopie *f*; [máquina] machine *f* à polycopier.

cicloturismo sm cyclotourisme *m*.

cicloturista smf cyclotouriste *mf*.

ciclovía sf AM piste *f* cyclable.

CICR (*abr escrita de* **Comité Internacional de la Cruz Roja**) sm CICR *m*.

cicuta sf ciguë *f*.

Cid npr ▸ **el Cid Campeador** le Cid Campeador.

> **El Cid**
>
> Rodrigo Díaz de Vivar est plus connu par son surnom, « le Cid », de l'arabe Sid, « seigneur ». Il est le plus célèbre des héros mi-légendaires, mi-réels de la **Reconquista**. Au service du roi de Castille, il aurait été à l'origine de nombreuses victoires et conquêtes, s'illustrant notamment par la prise de Valence. Le personnage a inspiré l'une des plus belles chansons de geste de la littérature médiévale : **el Cantar de Mio Cid**, œuvre anonyme relatant ses aventures, et les exploits qu'il a accomplis en compagnie de son cheval **Babieca** et de son épée **Tizona**.

CIDE (*abr de* **Centro de Investigación y Documentación Educativa**) sm *organisme gouvernemental espagnol de recherche et d'information sur l'éducation*.

CIDEM (*abr de* **Consejo Interamericano de Música**) sm *association musicale interaméricaine*.

cidra sf cédrat *m*.

cidro sm cédratier *m*.

ciega ⟶ **cegar**.

ciego, **ga** ❖ adj **1.** [gen] aveugle ▸ **a ciegas** à l'aveuglette **2.** *fig* [de ira, amor] aveuglé(e) ▸ **ciego de** aveuglé par, fou de **3.** [pozo, tubería] obstrué(e) **4.** *mfam* [drogado] défoncé(e). ❖ sm, f [invidente] aveugle *mf* ▸ **hacerse el ciego sobre algo** *fig* fermer les yeux sur qqch. ◆ **ciego** sm ESP *fam* [de alcohol] cuite *f*; [de droga] défonce *f* ▸ **tener** o **llevar** o **cogerse** o **agarrarse** o **pillar un ciego a)** [de alcohol] être bourré **b)** [de droga] être défoncé.

ciegue ⟶ **cegar**.

cielo sm **1.** [gen] ciel *m* ▸ **a cielo abierto** à ciel ouvert ▸ **como llovido** o **caído del cielo a)** [oportunamente] à pic **b)** [inesperadamente] comme par miracle ▸ **estar en el séptimo cielo** être au septième ciel / *se le junta el cielo con la tierra* il ne sait où donner de la tête ▸ **mover cielo y tierra** remuer ciel et terre ▸ **venir bajado del cielo** tomber du ciel ▸ **ver el cielo abierto a)** voir le bout du tunnel **b)** [salir de un apuro] être soulagé(e) **2.** [nombre cariñoso] ▸ **(mi) cielo** mon ange ▸ **ser un cielo** être un ange **3.** [parte superior] plafond *m* ▸ **cielo del paladar** voile *m* du palais ▸ **cielo raso** faux plafond.
◆ **cielos** interj ▸ **¡cielos!** ciel !

CIEMAT (*abr de* **Centro de Investigaciones Energéticas, Medioambientales y Tecnológicas**) *commission nationale espagnole de l'énergie*.

ciempiés sm inv mille-pattes *m inv*.

cien adj num inv & sm inv cent ▸ **cien mil** cent mille ▸ **al cien por cien** à cent pour cent / *pura lana al cien por cien* cent pour cent pure laine. ***Ver también* seis.**
◆ **todo a cien®** sm *chaîne de magasins proposant des articles pour la maison à prix très réduits*.

ciénaga sf marécage *m*.

ciencia sf science *f* ▸ **ciencia infusa** *fig* science infuse.
◆ **ciencias** sfpl sciences *fpl* ▸ **ciencias económicas / sociales** sciences économiques / sociales ▸ **ciencias exactas / naturales** sciences exactes / naturelles ▸ **ciencias ocultas** sciences occultes. ◆ **a ciencia cierta** loc adv avec certitude. ◆ **ciencia ficción** sf science-fiction *f*.

cienciología sf scientologie *f*.

cienciólogo, **ga** sm, f scientologue *mf*.

cieno sm **1.** [fango] vase *f* **2.** *fig* [deshonra] boue *f*.

cientificismo sm scientisme *m*.

científico, **ca** ❖ adj scientifique. ❖ sm, f **1.** [investigador] homme *m* de science, femme *f* de science, scientifique *mf* **2.** MÉX POLÍT *membre du groupe de collaborateurs du président de la République Porfirio Díaz (1830-1915)*.

cientista smf AM scientifique *mf* ▸ **cientista social** sociologue *mf*.

ciento adj num & sm cent / *ciento cincuenta* cent cinquante / *cientos de miles de euros* des centaines de milliers d'euros ▸ **por ciento** pour cent ▸ **al ciento por ciento** AM à cent pour cent ▸ **darle ciento y raya a alguien** en remontrer à qqn ▸ **eran ciento y la madre** il y avait foule. ***Ver también* seis.**

cierna ⟶ **cerner**.

cierne ◆ **en ciernes** loc adj en herbe.

cierre sm **1.** [gen] fermeture *f* ▸ **cierre centralizado** AUTO verrouillage *m* centralisé ▸ **cierre patronal** lock-out *m* **2.** [mecanismo] fermeture *f* Éclair® ▸ **cierre metálico** rideau *m* de fer *(d'une boutique)*.

ciertamente adv **1.** [con certeza] certes, sans aucun doute **2.** [sí enfático] oui, bien sûr / *¿vendrás? — ¡ciertamente!* tu viendras ? — bien sûr !

cierto, **ta** adj certain(e) / *cierta tristeza* une certaine tristesse ▸ **estar en lo cierto** être dans le vrai ▸ **lo cierto es que...** c'est un fait que.... ◆ **cierto** adv certainement.
◆ **por cierto** loc adv au fait.

ciervo, **va** sm, f cerf *m*, biche *f*.

cierzo sm bise *f (vent)*.

CIF sm *abr de* **código de identificación fiscal**.

cifra sf **1.** [gen] chiffre *m* ▸ **cifra de negocios** chiffre d'affaires **2.** [clave] ▸ **en cifra** codé(e).

cifrado, da adj codé(e).

cifrar vt **1.** [codificar] coder **2.** *fig* [centrar] ▸ **cifrar en** fonder sur, placer dans.
◆ **cifrarse** vprnl ▸ **cifrarse en** se chiffrer par o en.

cigala sf langoustine *f*.

⚠ **Cigale** es un falso amigo, no significa *cigala*, sino "cigarra".

cigarra sf cigale *f*.

cigarrería sf AM bureau *m* de tabac.

cigarrero, ra sm, f [fabricante] fabriquant *m*, -e *f* de cigares ; [obrera] cigarière *f*.
◆ **cigarrera** sf [caja] boîte *f* à cigares.

cigarrillo sm cigarette *f*.

cigarro sm **1.** [cigarrillo] cigarette *f* **2.** [habano] cigare *m*.

cigoto, zigoto sm BIOL zygote *m*.

ciguato, ta CARIB MÉX ◈ adj *atteint d'une intoxication alimentaire*. ◈ sm, f *personne atteinte d'une intoxication alimentaire*.

cigüeña sf cigogne *f*.

cigüeñal sm vilebrequin *m*.

cilantro sm coriandre *f*.

cilicio sm cilice *m*.

cilindrada sf cylindrée *f*.

cilíndrico, ca adj cylindrique.

cilindro sm cylindre *m*.

cima sf **1.** [punta] cime *f* **2.** *fig* [apogeo] sommet *m*.

cimarrón, ona ◈ adj AM [vago] paresseux(euse), fainéant(e). ◈ sm, f AM HIST [esclavo] esclave *m* marron, esclave *f* marronne. ◆ **cimarrón** sm ARG URUG [mate] maté *m* sans sucre, maté *m* pur.

címbalo sm *(gen pl)* cymbale *f*.

cimborio, cimborrio sm ARQUIT coupole *m*.

cimbreante adj qui se balance.

cimbrear vt **1.** [vara, junco, etc.] faire vibrer **2.** [caderas] balancer. ◆ **cimbrearse** vprnl **1.** [vara, junco] se balancer **2.** [doblarse] s'abaisser.

cimentación sf CONSTR fondations *fpl*.

cimentar [19] vt **1.** [edificio] creuser les fondations de ; [ciudad] fonder **2.** *fig* [paz, unión] cimenter.

cimero, ra adj **1.** [alto] du haut / *las ramas cimeras* les plus hautes branches **2.** *fig* [sobresaliente] culminant(e) / *es la obra cimera de…* c'est l'œuvre majeure de….

cimienta ⟶ **cimentar**.

cimiento sm *(gen pl)* **1.** CONSTR assises *fpl* ▸ **los cimientos** les fondations *fpl* **2.** *fig* [principio] ▸ **echar los cimientos de algo** jeter les bases de qqch.

cimitarra sf cimeterre *m*.

cinabrio sm cinabre *m (sulfure)*.

cinc, zinc sm zinc *m*.

cincel sm ciseau *m (outil)*.

cincelar vt ciseler.

cincha sf sangle *f*.

cinchar vt **1.** [silla] sangler **2.** [tonel, tronco] cercler.

cincho sm **1.** [cinturón] *ceinture en tissu* **2.** [de tonel] cerceau *m*.

cinco ◈ adj num inv cinq. ◈ sm inv cinq *m inv* ▸ **¡choca esos cinco!** *fig* tope là ! ***Ver también* seis**.

cincuenta adj num inv & sm inv cinquante.

cincuentena sf [cincuenta unidades] cinquantaine *f*.

cincuentenario sm cinquantenaire *m*.

cincuentón, ona sm, f quinquagénaire *mf*.

cine, cinema sm cinéma *m* ▸ **cine de estreno** cinéma d'exclusivité ▸ **cine de terror** films *mpl* d'horreur ▸ **cine fantástico** cinéma fantastique ▸ **cine mudo / sonoro** cinéma muet/parlant. ◆ **cine fórum** sm *projection d'un film suivie d'un débat*.

El cine español

La première moitié du XXe siècle est une période de grand dénuement pour le cinéma espagnol. Aux difficultés économiques s'ajoute la censure du régime franquiste. Ainsi, le réalisateur Luis Buñuel préfère s'exiler et tourner librement en France ou au Mexique. Il faut attendre la fin des années 1950 pour découvrir des films à caractère réaliste et social, comme ceux de José Antonio Bardem ou Luis García Berlanga. Avec la reprise économique des années 1970, une nouvelle génération de cinéastes, incarnée par Carlos Saura, Pilar Miró ou Víctor Erice, est largement plébiscitée par les critiques et le public. Enfin, la démocratisation du régime et la fin de l'emprise franquiste permettent au 7e art espagnol de prendre véritablement son essor dans les années 1980. Il est marqué par la personnalité de Pedro Almodóvar avec, entre autres, **Mujeres al borde de un ataque de nervios**, 1988, à l'envergure internationale, **Volver**, 2006, etc. Aujourd'hui, une nouvelle génération de réalisateurs tels que Fernando Trueba et Alejandro Amenábar connaît un grand succès.

cineasta smf cinéaste *mf*.

cineclub sm ciné-club *m*.

cinéfilo, la ❖ adj de cinéphile. ❖ sm, f cinéphile *mf*.

cinegético, ca adj cynégétique.
◆ **cinegética** sf cynégétique *f*.

cinema = **cine**.

cinemascope sm CinémaScope® *m*.

cinemateca sf cinémathèque *f*.

cinemática sf cinématique *f*.

cinematografía sf cinématographie *f*.

cinematográfico, ca adj cinématographique.

cinematógrafo sm cinématographe *m*.

cinerama sm Cinérama® *m*.

cinético, ca adj cinétique. ◆ **cinética** sf cinétique *f*.

cíngaro, ra, zíngaro, ra ❖ adj tsigane.
❖ sm, f Tsigane *mf*.

cínico, ca adj & sm, f cynique.

cinismo sm cynisme *m*.

cinta sf **1.** [gen] ruban *m* ▸ **cinta durex®** CAM ANDES CARIB MÉX ruban adhésif, Scotch® ▸ **cinta Scotch®** RP ruban adhésif, Scotch® ▸ **cinta adhesiva** ruban adhésif ▸ **cinta aisladora** ruban isolant ▸ **cinta aislante** chatterton, ruban isolant ▸ **cinta autoadhesiva** ruban autoadhésif, Scotch® ▸ **cinta engomada** RP ruban adhésif, Scotch® ▸ **cinta de impresora** ruban d'imprimante ▸ **cinta magnética** o **magnetofónica** bande *f* magnétique ▸ **cinta métrica** mètre (à) ruban ▸ **cinta perforada** bande perforée ▸ **cinta (transportadora)** **a)** transporteur *m* à bande **b)** [de mercancías, personas] tapis *m* roulant ▸ **cinta de vídeo** cassette vidéo **2.** [de imagen, sonido] cassette *f* **3.** [de carne] ▸ **cinta de lomo** rôti de porc **4.** INFORM bande *f* ▸ **cinta digital** bande numérique.

cinto sm ceinture *f*.

cintura sf **1.** [de persona] taille *f* **2.** [de traje] ceinture *f* ▸ **meter en cintura a alguien** *fig* serrer la vis à qqn.

cinturilla sf gros grain *m*.

cinturón sm **1.** [gen & DEP] ceinture *f* ▸ **apretarse el cinturón** *fig* se serrer la ceinture ▸ **cinturón negro** ceinture noire ▸ **cinturón de seguridad** ceinture *f* (de sécurité) **2.** [tipo de vía] périphérique *m* **3.** AM [barrio] ▸ **cinturón de miseria** *bidonvilles ceinturant les villes*.

ciña ⟶ **ceñir**.

ciñera ⟶ **ceñir**.

cipote[1] ❖ adj *fam* cruche. ❖ sm *vulg* bite *f*.

cipote[2], ta sm, f CAM [chiquillo] gamin *m*, -e *f*, gosse *mf*.

ciprés sm cyprès *m*.

circense adj de cirque.

circo sm cirque *m*.

circonio sm zirconium *m*.

circuito sm **1.** [gen, DEP & ELECTR] circuit *m* ; [de bicicletas] piste *f* ▸ **circuito cerrado** circuit fermé ▸ **circuito impreso / integrado** circuit imprimé / intégré **2.** [contorno] périmètre *m*. ◆ **corto circuito** sm court-circuit *m*.

circulación sf circulation *f* ▸ **circulación fiduciaria** o **monetaria** circulation fiduciaire o monétaire.

circulante adj [que circula] circulant(e), tournant(e) ▸ **biblioteca circulante** bibliothèque itinérante ▸ **capital circulante** fonds de roulement.

circular[1] adj & sf circulaire.

circular[2] vi **1.** [gen] circuler ▸ **circular por** **a)** [persona, líquido] circuler dans **b)** [vehículos] circuler sur **2.** [monedas] être en circulation.

circulatorio, ria adj circulatoire.

círculo sm **1.** [gen & GEOM] cercle *m* **2.** [corro] attroupement *m*. ◆ **círculo vicioso** sm cercle *m* vicieux.
◆ **círculos** smpl [medios] milieux *mpl*.

circumpolar adj circumpolaire.

circuncidar vt circoncire.

circuncisión sf circoncision *f*.

circunciso, sa adj circoncis(e).

circundante adj environnant(e).

circundar vt entourer.

circunferencia sf GEOM circonférence *f*.

circunflejo sm ⟶ **acento**.

circunlocución sf circonlocution *f*.

circunloquio sm ▸ **contestar con circunloquios** éluder une question.

circunnavegar [16] vt ▸ **circunnavegar algo** faire le tour de qqch en bateau.

circunscribir vt circonscrire. ◆ **circunscribirse** vprnl ▸ **circunscribirse a** s'en tenir à.

circunscripción sf **1.** [limitación] étroitesse *f* **2.** [distrito] circonscription *f*.

circunscrito, ta adj circonscrit(e).
◆ **circunscrito** pp ⟶ **circunscribir**.

circunspección sf circonspection *f*.

circunspecto, ta adj circonspect(e).

circunstancia sf **1.** [gen & DER] circonstance *f* **2.** [requisito] condition *f*.

circunstancial adj **1.** [accidental] fortuit(e) **2.** GRAM ⟶ **complemento**.

circunvalación sf **1.** [vuelta] tour *m* **2.** [vía] ≃ périphérique *m*.

circunvalar vt faire le tour de.

circunvolución sf [vuelta] circonvolution *f*.

cirílico, ca adj cyrillique.

cirio sm cierge *m* ▸ **cirio pascual** cierge pascal ▸ **ser / montar un cirio** *fig* être / faire toute une histoire.

cirrosis sf inv cirrhose *f*.

ciruela sf prune *f* ▸ **ciruela claudia** reine-claude *f* ▸ **ciruela pasa** pruneau *m*.

ciruelo sm prunier *m*.

cirugía sf chirurgie *f* ▸ **cirugía estética** o **plástica** chirurgie esthétique o plastique.

cirujano, na sm, f chirurgien *m*, -enne *f*.

cisco sm **1.** [carbón] poussier *m* **2.** *fam* [alboroto] grabuge *m* **3.** EXPR **hecho cisco** **a)** [persona] démoli **b)** [cosa] déglingué ▸ **tener los pies hechos cisco** avoir les pieds en compote.

Cisjordania npr Cisjordanie *f*.

cisma sm schisme *m*.

cismático, ca adj & sm, f schismatique.

cisne sm cygne *m*.

cisterciense adj & smf cistercien(enne).

cisterna sf **1.** [de retrete] chasse *f* d'eau **2.** [aljibe, tanque] citerne *f*.

cistitis sf inv cystite *f*.

cisura sf fissure *f*.

CIT (*abr de* **Centro de Iniciativas y Turismo**) sm *organisme semi-public espagnol pour le développement du tourisme*.

cita sf **1.** [entrevista] rendez-vous *m* ▸ **tener una cita** avoir rendez-vous **2.** [referencia] citation *f*.

citación sf citation *f*.

citar vt citer. ◆ **citarse** vprnl se donner rendez-vous.

cítara sf cithare *f*.

citología sf **1.** BIOL cytologie *f* **2.** [prueba] frottis *m*.

citoplasma sm cytoplasme *m*.

cítrico, ca adj [ácido] citrique ▸ **un fruto cítrico** un agrume. ◆ **cítricos** smpl agrumes *mpl*.

CiU (*abr de* **Convergència i Unió**) sf *coalition nationaliste catalane*.

ciudad sf ville *f* ▸ **ciudad dormitorio** cité-dortoir *f* ▸ **ciudad jardín** cité-jardin *f* ▸ **ciudad sanitaria** centre *m* hospitalier ▸ **ciudad satélite** ville-satellite *f* ▸ **ciudad universitaria** cité *f* universitaire. ◆ **Ciudad Eterna** sf ▸ **la Ciudad Eterna** la Ville éternelle. ◆ **Ciudad Santa** sf ▸ **la Ciudad Santa** la Ville sainte.

ciudadanía sf **1.** [nacionalidad] citoyenneté *f* **2.** [población] ▸ **la ciudadanía** les habitants *mpl*.

ciudadano, na ❖ adj citadin(e). ❖ sm, f **1.** [habitante] citadin *m*, -e *f* **2.** [súbdito] citoyen *m*, -enne *f* ▸ **el ciudadano de a pie** quelqu'un comme toi et moi.

Ciudad del Cabo npr Le Cap.

Ciudad de México, Ciudad de Méjico npr Mexico.

ciudadela sf citadelle *f*.

Ciudad Real npr Ciudad Real.

ciudadrealeño, ña ❖ adj de Ciudad Real. ❖ sm, f *natif ou habitant de Ciudad Real*.

ciuredano, na sm, f INTERNET cybercitoyen *m*, -enne *f*.

cívico, ca adj civique.

civil ❖ adj *pr & fig* courtois(e) ▸ **tener un comportamiento civil** se comporter correctement. ❖ smf [no militar, no religioso] civil *m*, -e *f* ; ESP [Guardia Civil] ≃ gendarme *mf*. ❖ sm RP [boda] mariage *m* civil.

civilización sf civilisation *f*.

civilizado, da adj civilisé(e).

civilizador, ra adj & sm, f civilisateur(trice).

civilizar [13] vt civiliser.
◆ **civilizarse** vprnl apprendre les bonnes manières.

civismo sm **1.** [urbanidad] civisme *m* **2.** [cortesía] civilité *f*.

cizalla sf [herramienta] cisailles *fpl*.

cizaña sf ivraie *f* ▸ **meter o sembrar cizaña** *fig* semer la zizanie.

cl (*abr escrita de* **centilitro**) cl.

clamar ❖ vt clamer, crier ▸ **clamar justicia** demander justice. ❖ vi **1.** [implorar] ▸ **clamar a** en appeler à **2.** [protestar] ▸ **clamar contra** crier à / ***clamar contra la injusticia*** crier à l'injustice.

clamor sm clameur *f*.

clamoroso, sa adj retentissant(e).

clan sm clan *m*.

clandestinidad sf clandestinité *f*.

clandestino, na adj clandestin(e).

claque sf claque *f (au théâtre, etc.)*.

claqué sm ▸ **el claqué** les claquettes *fpl*.

claqueta sf CINE clap *m*.

clara sf ⟶ **claro**.

claraboya sf lucarne *f*.

claramente adv clairement / ***nos habló claramente*** il nous a parlé clairement / ***eran claramente superiores*** ils étaient nettement supérieurs.

clarear ❖ vt éclairer. ❖ v impers **1.** [amanecer] poindre ▸ **al clarear el día** au point du jour **2.** [despejarse] s'éclaircir. ◆ **clarearse** vprnl **1.** [transparentarse] être transparent(e) **2.** *fig* [descubrirse] se trahir / ***su maldad se clarea en sus palabras*** sa méchanceté transparaît dans ses paroles.

clarete sm [rosado] rosé *m* ; [tinto] clairet *m*.

Cómo fijar una cita

- **On pourrait se voir la semaine prochaine ?** *¿Y si quedamos la semana que viene?*
- **Tu es libre demain midi pour déjeuner ?** *¿Estás libre mañana al mediodía para almorzar juntos?*
- **Nous avons rendez-vous avec l'agent immobilier devant l'immeuble.** *Tenemos cita con el agente inmobiliario delante del edificio.*
- **On se retrouve à l'entrée du parc, d'accord ?** *Quedamos a la entrada del parque, ¿vale?*
- **Mardi 10h30, ça vous va ?** *¿Le va bien el martes a las diez y media?*
- **Disons demain, 20h30, devant le cinéma.** *Digamos mañana a las ocho y media delante del cine.*
- **Je passerai te prendre chez toi à 8 heures.** *Pasaré a recogerte a tu casa a las ocho.*

claridad sf **1.** [gen] clarté *f* ; [de agua, diamante] pureté *f* / *me lo dijo con una claridad meridiana* il me l'a dit très clairement **2.** [lucidez] lucidité *f*.

clarificación sf éclaircissement *m*.

clarificador, ra adj éclairant(e).

clarificar [10] vt clarifier ; [tema, misterio] éclaircir.

clarín sm clairon *m*.

clarinete ❖ sm [instrumento] clarinette *f*. ❖ smf [persona] clarinettiste *mf*.

clarinetista smf clarinettiste *mf*.

clarisa adj ▸ **una religiosa clarisa** une clarisse.

clarividencia sf clairvoyance *f*.

clarividente ❖ adj clairvoyant(e). ❖ smf : *habla con aires de clarividente* il parle en prenant un air averti.

claro, ra adj **1.** [gen] clair(e) ; [imagen] net (nette) / *tener la mente clara* avoir les idées claires / *una clara victoria* une franche victoire ▸ **claro está que…** il est clair que… ▸ **dejar claro que…** faire comprendre que… ▸ **a las claras** clairement ▸ **poner o sacar en claro** tirer au clair ▸ **pasar una noche en claro** passer une nuit blanche **2.** [diluido] léger(ère) **3.** [poco tupido] clairsemé(e) **4.** *fig* [ilustre] éminent(e). ◆ **claro** ❖ sm **1.** [en multitud] vide *m* ; [en bosque] clairière *f* **2.** METEOR éclaircie *f* **3.** [en pintura] clair *m*. ❖ adv clairement. ❖ interj ▸ **¡claro (está)!** bien sûr ! ◆ **clara** sf **1.** [de huevo] blanc *m* **2.** ESP [bebida] panaché *m* **3.** [calvicie] : *tiene unas claras* il se dégarnit. ◆ **claro de luna** sm clair *m* de lune.

claroscuro sm clair-obscur *m*.

clase sf **1.** [gen] classe *f* ▸ **clase media / obrera o trabajadora** classe moyenne / ouvrière ▸ **clase preferente / turista** classe affaires / loisirs ▸ **las clases pasivas** les retraités *mpl* ▸ **primera clase** première classe **2.** [tipo] ▸ **toda clase de** toutes sortes de **3.** [manera de ser] genre *m* **4.** [asignatura] cours *m* ▸ **dar clases a)** [profesor] donner des cours **b)** [alumno] suivre des cours ▸ **clases de recuperación** cours de rattrapage ▸ **clases particulares** cours particuliers.

clasicismo sm **1.** LITER & ARTE classicisme *m* **2.** [costumbre, hábito] : *el clasicismo de sus gustos* ses goûts très classiques.

clasicista adj & smf classique.

clásico, ca ❖ adj **1.** [gen] classique **2.** [peculiar] ▸ **clásico de** typique de. ❖ sm, f classique *m*. ◆ **clásicas** sfpl [estudios] lettres *fpl* classiques. ◆ **clásico** sm **1.** [autor, obra] classique *m* **2.** AM DEP finale *f* / *hoy se juega el clásico* aujourd'hui, on joue la finale.

clasificación sf classement *m*.

clasificado sm AM petite annonce *f*.

clasificador, ra adj classificateur(trice). ◆ **clasificador** sm [carpeta] classeur *m*. ◆ **clasificadora** sf trieuse *f*.

clasificar [10] vt classer. ◆ **clasificarse** vprnl se classer / *se clasificó para la final* il s'est qualifié pour la finale.

clasismo sm discrimination *f* sociale.

clasista adj & smf élitiste.

claudia adj ⟶ **ciruela**.

claudicación sf **1.** [renuncia] abandon *m* **2.** [fallo] faiblesse *f*.

claudicar [10] vi **1.** [someterse] abandonner **2.** [renunciar] ▸ **claudicar de a)** [deberes, principios] manquer à **b)** [promesa, compromiso] faillir à.

claustro sm **1.** ARQUIT & RELIG cloître *m* **2.** [asamblea] réunion *f* ▸ **claustro de profesores** conseil *m* de classe. ◆ **claustro materno** sm sein *m* (maternel).

claustrofobia sf claustrophobie *f*.

claustrofóbico, ca adj claustrophobe.

cláusula sf **1.** [artículo] clause *f* **2.** GRAM proposition *f*.

clausura sf **1.** [gen & RELIG] clôture *f* **2.** [de local] fermeture *f*.

clausurar vt **1.** [acto] clôturer **2.** [local] fermer.

clavadista smf CAM MÉX plongeur *m*, -euse *f*.

clavado, da adj **1.** [con clavos] cloué(e) **2.** [en punto] sonnant(e) **3.** [a la medida] ▸ **ir clavado** aller comme un gant **4.** [parecido] ▸ **ser clavado a alguien** être la copie conforme de qqn **5.** *fam* [inmóvil] planté(e) / *permanecer clavado en la puerta* rester planté devant la porte **6.** *fam* [pasmado] : *me dejó clavado* il m'a scié. ◆ **clavada** sf **1.** [salto al agua] plongeon *m* **2.** ESP *fam* [cobro excesivo] coup *m* de matraque, coup *m* de massue / *nos metieron una buena clavada en ese restaurante* ça a été le coup de matraque o de massue dans ce restaurant, l'addition a été salée dans ce restaurant.

clavar vt **1.** [gen] planter ; [con clavos] clouer **2.** *fig* [fijar] ▸ **clavar la mirada / la atención en** fixer son regard / son attention sur **3.** *fam* & *fig* [dejar pasmado] ▸ **clavar en el suelo** clouer sur place **4.** *mfam* [cobrar] faire casquer **5.** RP *fam* [confinar] cloîtrer **6.** RP *fam* [decepcionar] décevoir. ◆ **clavarse** vprnl **1.** [hincarse] : *me clavé un cristal en el pie* je me suis planté un bout de verre dans le pied **2.** AM *fam* [emborracharse] ▸ **clavársela** prendre une cuite **3.** MÉX *fam* [dedicarse intensamente] ▸ **clavarse a** se tuer à **4.** MÉX *fam* [enamorarse] ▸ **clavarse de** tomber raide dingue de.

clave ❖ adj inv clef / *es el punto clave* c'est l'élément clef. ❖ sm MÚS clavecin *m*. ❖ sf **1.** [código] code *m* ▸ **clave de acceso** INFORM code d'accès ▸ **en clave** codé(e) **2.** [solución & MÚS] clef *f*.

clavecín sm clavecin *m*.

clavel sm œillet *m*.

claveteado sm cloutage *m*.

clavetear vt **1.** [adornar con clavos] clouter **2.** [poner clavos] clouer grossièrement.

clavicémbalo sm clavecin *m*.

clavicordio sm clavecin *m*.

clavícula sf clavicule *f*.

clavija sf **1.** TECNOL & MÚS cheville *f* **2.** ELECTR fiche *f* **3.** EXPR **apretar las clavijas a alguien** serrer la vis à qqn.

clavo sm **1.** [pieza metálica] clou *m* **2.** BOT & CULIN clou *m* de girofle **3.** MED broche *f* **4.** EXPR **agarrarse a un clavo ardiendo** être prêt(e) à tout *(pour s'en sortir)* ▸ **como un clavo** pile à l'heure ▸ **dar en el clavo** mettre dans le mille ▸ **remachar el clavo** **a)** *fam* [insistir] enfoncer le clou **b)** [ridiculizarse] s'enfoncer.

claxon sm Klaxon® *m*.

clemencia sf clémence *f*.

clemente adj *pr* & *fig* clément(e).

clementina sf clémentine *f*.

cleptomanía sf kleptomanie *f*.

cleptómano, na sm, f kleptomane *mf*.

clerecía sf **1.** [clero] clergé *m* **2.** [oficio] prêtrise *f*.

clerical adj & smf clérical(e).

clérigo sm prêtre *m*.

clero sm clergé *m*.

clic, click sm **1.** [ruido] clic *m* **2.** INFORM clic *m* ▸ **clic derecho / izquierdo** clic droit / gauche ▸ **hacer clic** cliquer ▸ **hacer doble clic** double-cliquer.

clicar [10], **cliquear** vi cliquer / *para salir del programa, clica en "cerrar"* pour quitter le programme, cliquez sur « fermer ».

cliché, clisé sm *pr* & *fig* cliché *m*.

click = **clic**.

cliente, ta sm, f client *m*, -e *f*.

clientela sf clientèle *f*.

clientelismo sm clientélisme *m*.

clima sm *pr* & *fig* climat *m* ▸ **clima mediterráneo / tropical** climat méditerranéen / tropical.

climalit® sm climalit®.

climaterio sm âge *m* critique.

climático, ca adj climatique.

climatización sf climatisation *f*.

climatizado, da adj climatisé(e).

climatizador, ra adj : *un sistema climatizador* un système de climatisation.
◆ **climatizador** sm climatiseur *m*.

climatizar [13] vt climatiser.

climatología sf climatologie *f*.

climatológico, ca adj climatologique.

clímax sm inv point *m* culminant.

clínico, ca ❖ adj clinique ; [informe, material, etc.] médical(e). ❖ sm, f **1.** [médico] clinicien *m*, -enne *f* **2.** RP [médico general] médecin *mf* généraliste.
◆ **clínica** sf clinique *f*.

clip sm **1.** [para papel] trombone *m* **2.** [para cabello] pince *f* **3.** [pendiente, videoclip] clip *m*.

clipart [kli'part] sm INFORM clipart *m*.

clíper sm clipper *m*.

cliquear = **clicar**.

clisé = **cliché**.

clítoris sm inv clitoris *m*.

cloaca sf égout *m*.

cloch, cloche sm MÉX VEN embrayage *m*.

clon sm BIOL clone *m*.

clonación sf BIOL clonage *m* ▸ **clonación terapéutica** clonage thérapeutique.

clonar vt BIOL cloner.

clónico, ca adj clonique.

cloquear vi glousser.

cloración sf chloration *f*.

clorar vt chlorer.

clorato sm chlorate *m*.

clorhídrico ⟶ **ácido**.

clórico, ca adj chlorique.

cloro sm **1.** QUÍM chlore *m* **2.** CAM CHILE MÉX VEN [blanqueador] eau *f* de Javel.

clorofila sf chlorophylle *f*.

clorofílico, ca adj chlorophyllien(enne).

clorofluorocarbono sm chlorofluorocarbone *m*, chlorofluorocarbure *m*.

cloroformo sm chloroforme *m*.

cloruro sm chlorure *m* ▸ **cloruro de cal** chlorure de chaux ▸ **cloruro de sodio** o **sódico** chlorure de sodium.

clóset, closet sm AM placard *m*.

clown sm clown *m*.

club (*pl* **clubes** *o* **clubs**) sm club *m* ▸ **club de fans** fan-club *m* ▸ **club náutico** yacht-club *m*.

clueca ⟶ **gallina**.

cm (*abr escrita de* **centímetro**) cm.

CMRE (*abr de* **Consejo de Municipios y Regiones de Europa**) sm CCE *m (Conseil des Communes et régions d'Europe)*.

CMT (*abr de* **Confederación Mundial del Trabajo**) sf CMT *f*.

CNA (*abr de* **Comité Nacional de Árbitros**) sm *association privée espagnole des arbitres sportifs*.

cnd (*abr escrita de* **cuando, cuándo**) SMS qd *(quand)*.

CNMV (*abr escrita de* **Comisión Nacional del Mercado de Valores**) sf *commission nationale espagnole des opérations de Bourse* ; ≃ COB *f* / *obtener la aprobación de la CNMV* obtenir l'agrément de la CNMV.

CNT (*abr de* **Confederación Nacional del Trabajo**) sf *syndicat espagnol anarchiste*.

Co. (*abr escrita de* **compañía**) Cie.

coacción sf pression *f*.

coaccionar vt ▸ **coaccionar a alguien a** o **para hacer algo** faire pression sur qqn pour lui faire faire qqch.

coach [koutʃ] (*pl* **coachs**) smf [entrenador] coach *mf* ▸ **coach personal** coach personnel.

coaching ['koutʃin] sm coaching *m* ▸ **hacer coaching** faire du coaching, coacher.

coactivo, va adj coercitif(ive) / *medios coactivos* des moyens de pression.

coadjutor, ra ❖ adj ▸ **un obispo coadjutor** un coadjuteur. ❖ sm, f coadjuteur *m*, -trice *f*.

coadyuvante adj : *factores coadyuvantes* facteurs favorisants.

coagulación sf coagulation *f*.

coagulante ❖ adj coagulant(e).
❖ sm coagulant *m*.

coagular vt coaguler ; [leche] cailler.
◆ **coagularse** vprnl (se) coaguler ; [leche] (se) cailler.

coágulo sm caillot *m*.

coalición sf coalition *f*.

coaligar = **coligar**.

coartada sf alibi *m*.

coartar vt entraver ; [sentimiento] brider.

coaseguro sm COM coassurance *f*.

coautor, ra sm, f coauteur *m*.

coaxial adj coaxial(e).

coba sf ▸ **dar coba a alguien** ESP MÉX *fam* [hacer la pelota] faire de la lèche à qqn.

cobalto sm cobalt *m*.

cobarde adj & smf lâche.

cobardía sf lâcheté *f*.

cobardica adj & smf *fam* froussard(e).

cobaya sm o sf cobaye *m*.

cobertizo sm appentis *m*.

cobertor sm **1.** [manta] couverture *f* **2.** [colcha] dessus-de-lit *m inv*.

cobertura sf couverture *f* ▸ **cobertura informativa** PRENSA couverture d'un événement.

cobija sf AM [manta] couverture *f*.

cobijar vt abriter. ◆ **cobijarse** vprnl **1.** [gen] se réfugier **2.** [de las intemperies] s'abriter.

cobijo sm refuge *m* ; [contra las intemperies] abri *m* ▸ **dar cobijo a alguien** héberger qqn.

cobista *fam* ❖ adj : *ser cobista* faire du lèche-bottes.
❖ smf lèche-bottes *mf*.

cobra sf [serpiente] cobra *m*.

cobrador, ra sm, f [del autobus] receveur *m*, -euse *f* ; [de facturas, recibos] encaisseur *m* ▸ **el cobrador del frac** *personne envoyée par un créancier chez un mauvais payeur, vêtue d'un frac pour attirer l'attention et forcer ainsi le débiteur à honorer sa dette*.

cobrar ❖ vt **1.** [deuda, cheque] encaisser ; [sueldo] toucher ▸ **¿me cobra, por favor?** je vous dois combien s'il vous plaît ? / *me han cobrado muy caro* on m'a pris très cher **2.** [adquirir] ▸ **cobrar importancia** prendre de l'importance **3.** [sentir] ▸ **cobrar afecto a alguien** prendre qqn en affection. ❖ vi **1.** [en el trabajo] être payé(e) **2.** *fam* [recibir paliza] ▸ **¡vas a cobrar!** tu vas t'en ramasser une !
◆ **cobrarse** vprnl [suj: accidente, etc.] se solder par.

cobre sm **1.** [gen] cuivre *m* **2.** AM *fam* sou *m* ▸ **no tener un cobre** ne pas avoir un sou.

cobrizo, za adj **1.** [color, piel] cuivré(e) **2.** [metal] cuivreux(euse).

cobro sm encaissement *m*.

coca sf **1.** [planta] coca *f* **2.** *fam* [cocaína] coke *f*.

cocaína sf cocaïne *f*.

cocainómano, na sm, f cocaïnomane *mf*.

cocción sf cuisson *f*.

cóccix, coxis sm inv coccyx *m*.

cocear vi ruer.

cocedor sm cuiseur *m* ▸ **cocedor al vapor** cuit-vapeur *m*, cuiseur vapeur ▸ **cocedor de arroz** cuiseur *m* à riz ▸ **cocedor solar** cuiseur *m* solaire.

cocer [41] vt cuire. ◆ **cocerse** vprnl **1.** [comida] cuire / *a medio cocerse* à mi-cuisson **2.** *fig* [plan] se tramer.

cochambre sf *fam* [suciedad] crasse *f* ; [basura] saloperie *f*.

cochambroso, sa adj *fam* crasseux(euse).

cochayuyo sm CHILE PERÚ *algue comestible de couleur noire*.

coche sm voiture *f* ▸ **coche cama** [de tren] wagon-lit *m* ▸ **coche celular** fourgon *m* cellulaire ▸ **coche de alquiler / de bomberos / de carreras** voiture de location / de pompiers / de course ▸ **coche deportivo** voiture de sport ▸ **coche familiar** break *m* ▸ **coche grúa** dépanneuse *f* ▸ **coche patrulla** voiture de patrouille ▸ **coche restaurante** [de tren] wagon-restaurant *m* ▸ **ir en el coche de san Fernando** *fam* aller à pinces. ◆ **coche bomba** sm voiture *f* piégée.

cochecito sm **1.** [de niño] poussette *f* **2.** [juguete] petite voiture *f*.

cochera sf **1.** [de autobuses, tranvías] dépôt *m* **2.** AM [de coches] garage *m*.

cochero sm cocher *m*.

cochinada sf *fam* & *fig* [porquería, grosería] cochonnerie *f* ; [mala jugada] vacherie *f*.

cochinilla sf **1.** [crustáceo] cloporte *m* **2.** [insecto] cochenille *f*.

cochinillo sm cochon *m* de lait.

cochino, na ❖ adj **1.** [persona] dégoûtant(e) **2.** [tiempo] de cochon ; [dinero] ▸ **¡este cochino dinero!** l'argent, toujours l'argent ! ❖ sm, f [animal] cochon *m*, truie *f*.

cocido sm ▸ **cocido (madrileño)** ≃ pot-au-feu *m*.

cociente sm quotient *m*.

cocina sf **1.** [habitación, arte] cuisine *f* ▸ **cocina de mercado** cuisine du marché **2.** [electrodoméstico] cuisinière *f*.

cocinar ❖ vt cuisiner. ❖ vi faire la cuisine, cuisiner.

cocinero, ra sm, f cuisinier *m*, -ère *f*.

cocinilla sf [cocina] réchaud *m*.

cocker sm cocker *m*.

coco sm **1.** [árbol] cocotier *m* ; [fruto] noix *f* de coco **2.** *fam* [cabeza] caboche *f* ▸ **comerse el coco** se prendre la tête ▸ **comer el coco a alguien** [convencer] prendre la tête à qqn **3.** *fam* [fantasma] Père *m* fouettard **4.** BOT [bacteria] coccus *m*.

cococha sf barbillon *m*.

cocodrilo sm crocodile *m*.

cocotero sm cocotier *m*.

cóctel, coctel sm cocktail *m* ▸ **cóctel de frutas** CAM salade de fruits ▸ **cóctel molotov** cocktail Molotov.

coctelera sf shaker *m*.

coctelería sf [establecimiento] bar *m* à cocktails.

cód. *abr escrita de* **código**.

coda sf coda *f*.

codazo sm coup *m* de coude ▸ **abrirse paso a codazos** jouer des coudes.

codear vt pousser du coude. ◆ **codearse** vprnl ▸ **codearse (con)** fréquenter.

codeína sf codéine *f*.

codera sf **1.** [gen] coude *m (pièce de cuir)* **2.** DEP coudière *f*.

códice sm manuscrit *m* ancien ; [precolombino] codex *m*.

codicia sf **1.** [de riqueza] cupidité *f* ▸ **mirar con codicia** convoiter du regard **2.** *fig* [de aprender, saber] ▸ **codicia (de)** soif *f* (de).

codiciar [8] vt convoiter.

codicioso, sa adj avide.

codificación sf **1.** [de mensaje, producto] codage *m* **2.** [de norma, ley] codification *f* **3.** INFORM [de imagen, texto] codage *m*.

codificado, da adj **1.** [lenguaje, mensaje] codé(e) **2.** [programa de TV] crypté(e).

codificador, ra ❖ adj codificateur(trice). ❖ sm, f INFORM [profesional] codeur *m*, -euse *f*. ◆ **codificador** sm [aparato] codeur *m*, encodeur *m*.

codificar [10] vt **1.** [gen & INFORM] coder **2.** [ley] codifier.

código sm code *m* ▸ **código ASCII** code ASCII ▸ **código civil / penal** code civil / pénal ▸ **código de barras** code-barres *m* ▸ **código de circulación** code de la route ▸ **código de comercio** o **mercantil** droit *m* commercial ▸ **código genético** code génétique ▸ **código de identificación fiscal** code d'identification fiscale *(attribué à toute personne physique ou morale payant des impôts en Espagne)* ▸ **código máquina** INFORM langage *m* machine ▸ **código Morse** code Morse ▸ **código postal** code postal ▸ **código de señales** code de signaux ▸ **código territorial** indicatif *m* (téléphonique) ▸ **de código fuente abierto** open-source.

codillo sm **1.** [gen & CULIN] épaule *f* **2.** [de tubería] coude *m*.

codirección sf codirection *f*.

codirector, ra sm, f codirecteur *m*, -trice *f*.

codo, da adj & sm, f MÉX radin(e). ◆ **codo** sm **1.** [en brazo] coude *m* / *estaba de codos sobre la mesa* il était accoudé à la table ▸ **codo con codo, codo a codo** coude à coude ▸ **empinar el codo** *fam* lever le coude ▸ **hablar por los codos** *fam* être un moulin à paroles **2.** [medida] coudée *f* **3.** EXPR **no tener codo** RP être radin.

codorniz sf caille *f*.

coedición sf coédition *f*.

coeditar vt coéditer.

coeficiente sm **1.** [gen] coefficient *m* ▸ **coeficiente de caja** coefficient de trésorerie **2.** [grado, índice] taux *m* ▸ **coeficiente intelectual** o **de inteligencia** quotient *m* intellectuel.

coercer [11] vt limiter.

coerción sf contrainte *f*.

coercitivo, va adj coercitif(ive).

coerza ⟶ **coercer**.

coetáneo, a adj contemporain(e).

coexistencia sf coexistence *f* ▸ **coexistencia pacífica** coexistence pacifique.

coexistente adj coexistant(e).

coexistir vi coexister.

cofia sf coiffe *f*.

cofrade smf **1.** [de cofradía religiosa] membre *m* d'une confrérie **2.** [de cofradía no religiosa] membre *m* d'une corporation.

cofradía sf **1.** [religiosa] confrérie *f* **2.** [no religiosa] corporation *f*.

cofre sm **1.** [para joyas] coffret *m* **2.** [arca] coffre *m* **3.** MÉX AUTO capot *m*.

coger [14] ❖ vt **1.** [gen] prendre / *coger el avión* prendre l'avion ▸ **coger a alguien de** o **por la mano** prendre qqn par la main / *le fui cogiendo cariño* je me suis pris d'affection pour lui **2.** [ladrón, pez, gripe, etc.] attraper **3.** [vehículo, persona] rattraper **4.** [frutos, flores] cueillir **5.** [suj: coche] renverser ; [suj: toro] encorner **6.** [entender] saisir / *no cogió el chiste* il n'a pas compris la plaisanterie **7.** [sorprender] : *me cogió la lluvia* la pluie m'a surpris **8.** [encontrar] : *lo cogí de buen humor* je suis bien tombé, il était de bonne humeur **9.** [emisora] capter **10.** AM *vulg* [fornicar] baiser. ❖ vi **1.** [situarse] ▸ **coger cerca / lejos (de)** être près / loin (de) **2.** [dirigirse] ▸ **coger a la derecha / a la izquierda** prendre à droite / à gauche **3.** EXPR **cogió y se fue** il est parti sans faire ni une ni deux. ◆ **cogerse** vprnl **1.** [agarrarse] s'accrocher ▸ **cogerse de** o **a algo** s'accrocher à qqch **2.** [pillarse, tomarse] se prendre / *cogerse los dedos en la puerta* se prendre les doigts dans la porte.

cogestión sf cogestion *f*.

cogida sf **1.** [de torero] coup *m* de corne **2.** [de frutos] cueillette *f*.

cognac = **coñac**.

cognitivo, va adj *culto* cognitif(ive).

cogollo sm **1.** [de lechuga, col, etc.] cœur *m* **2.** [de árbol, planta] bourgeon *m*.

cogorza sf *fam* cuite *f*.

cogotazo sm *fam* coup *m* derrière les oreilles.

cogote sm *fam* [nuca] colback *m*.

cohabitación sf cohabitation *f*.

cohabitar vi vivre ensemble ▸ **cohabitar con alguien** vivre avec qqn.

cohecho sm corruption *f*.

coherencia sf cohérence *f*.

coherente adj cohérent(e).

cohesión sf cohésion *f*.

cohesionar vt donner de la cohésion à.

cohesivo, va adj **1.** POLÍT de cohésion **2.** FÍS cohésif(ive).

cohete sm **1.** [espacial, explosivo, de fuegos artificiales] fusée *f* **2.** MÉX [barreno] mine *f* **3.** MÉX [pistola] pistolet *m* **4.** EXPR **al cohete** RP en vain.

cohibición sf ▸ **sentir cohibición** être intimidé(e).

cohibido, da adj intimidé(e).

cohibir vt intimider.
◆ **cohibirse** vprnl se laisser intimider.

cohorte sf cohorte *f*.

COI (*abr de* **Comité Olímpico Internacional**) sm CIO *m*.

coima sf ANDES RP *fam* [soborno] pot-de-vin *m*.

coimear vt ANDES RP *fam* soudoyer.

coincidencia sf coïncidence *f*.

coincidir vi **1.** [gen] coïncider ; [versiones] se recouper ; [fechas] concorder **2.** [dos personas] se retrouver **3.** [estar de acuerdo] être d'accord / ***todos coinciden en que...*** tout le monde s'accorde à dire que... / ***todos coinciden en los gustos*** ils ont tous les mêmes goûts.

coito sm coït *m*.

coja ⟶ **coger**.

cojear vi **1.** [persona] boiter **2.** [mueble] être bancal(e) **3.** *fig* [negocio, etc.] battre de l'aile ▸ **cojear de** se ressentir de.

cojera sf boiterie *f*.

cojín sm coussin *m*.

cojinete sm **1.** [en un eje] palier *m* ; [en un riel del ferrocarril] coussinet *m* ▸ **cojinete de bolas** roulement *m* à billes **2.** COL MÉX VEN [alforjas] sacoche *f*.

cojo, ja ◈ adj **1.** [persona] boiteux(euse) **2.** [mueble, razonamiento, frase] bancal(e). ◈ sm, f boiteux *m*, -euse *f* ▸ **no ser cojo ni manco** *fig* ne pas être manchot.

cojón sm *(gen pl) vulg* couille *f* ▸ **¡lo vas a hacer por cojones!** *fig* tu vas le faire, y a pas à chier ! ▸ **tener cojones** *fig* avoir des couilles.
◆ **cojones** interj *vulg* ▸ **¡cojones!** [enfado] bordel !

cojonudo, da adj *vulg* super.

cojudear vt AM *mfam* déconner.

cojudez sf ANDES *mfam* connerie *f*.

cojudo, da adj ANDES *mfam* con *m*, conne *f*.

col sf chou *m* ▸ **col de Bruselas** chou de Bruxelles ▸ **col lombarda** chou rouge.

> ⚠ Col es un falso amigo, no significa *col*, sino "cuello" y también "puerto".

cola sf **1.** [gen] queue *f* ▸ **hacer cola** faire la queue ▸ **cola de caballo** [peinado] queue de cheval ▸ **cola de impresión** INFORM file *f* d'attente d'impression ▸ **tener** o **traer cola** avoir des répercussions **2.** [de vestido] traîne *f* **3.** [pegamento] colle *f* ▸ **no pega ni con cola** *fam* ça ne va pas du tout avec **4.** ARG [de película] bande-annonce *f*.

colaboración sf collaboration *f*.

colaboracionismo sm collaboration *f (avec l'ennemi)*.

colaboracionista ◈ adj collaborationniste. ◈ sm, f collaborateur *m*, -trice *f (avec l'ennemi)*.

colaborador, ra ◈ adj coopératif(ive). ◈ sm, f collaborateur *m*, -trice *f*.

colaborar vi **1.** [gen] ▸ **colaborar (en / con)** collaborer (à / avec) **2.** [contribuir] ▸ **colaborar a que** contribuer à ce que.

colaborativo, va adj INFORM & INTERNET collaboratif(ive) / ***es un trabajo colaborativo*** c'est un travail collaboratif ▸ **enciclopedia colaborativa** encyclopédie collaborative ▸ **espacio colaborativo** INFORM espace collaboratif.

colación sf **1.** [comida, comparación] collation *f* ▸ **sacar** o **traer a colación** *fig* faire mention de **2.** AM [dulce] bonbon *m*.

coladera sf **1.** AM [colador] passoire *f* **2.** MÉX [alcantarilla] égout *m*.

coladero sm *fam* passoire *f*.

colado, da adj **1.** [líquido] filtré(e) **2.** *fig* [enamorado] ▸ **estar colado por alguien** *fam* en pincer pour qqn.
◆ **colada** sf ESP [ropa] lessive *f* ▸ **hacer la colada** faire la lessive.

colador sm passoire *f*.

colágeno sm collagène *m*.

colapsar ◈ vt paralyser. ◈ vi s'effondrer.

colapso sm **1.** MED chute *f* de tension **2.** [de tráfico] : ***provocar el colapso del tráfico*** paralyser la circulation **3.** [de actividad] effondrement *m*.

colar [23] ◈ vt **1.** [líquido] filtrer ; [leche] passer **2.** [dinero falso] écouler ; [mentira] faire croire à **3.** [por sitio estrecho] glisser, introduire. ◈ vi [cosa falsa] prendre / ***su mentira no cuela*** son mensonge ne prend pas / ***esto no cuela*** c'est louche. ◆ **colarse** vprnl **1.** [líquido] ▸ **colarse (por** o **en)** s'infiltrer (dans) **2.** [en un sitio] se faufiler ; [en una fiesta, etc.] s'incruster ▸ **colarse en una cola** resquiller **3.** *fam* [por error] se planter **4.** *fam* [enamorarse] ▸ **colarse por alguien** s'enticher de qqn.

⚠ **Coller** es un falso amigo, no significa *colar*, sino "pegar".

colateral adj collatéral(e).

colcha sf couvre-lit *m*.

colchón sm **1.** [de cama] matelas *m* **2.** INFORM mémoire *f* tampon.

colchonería sf ▸ **en la colchonería** chez le matelassier.

colchonero, ra ◆ adj DEP *du football-club Atlético de Madrid.* ◆ sm, f matelassier *m*, -ère *f*.

colchoneta sf [para playa] matelas *m* pneumatique ; [en gimnasio] tapis *m* de sol.

cole sm *fam* bahut *m (collège)*.

colear ◆ vi **1.** [animal] remuer la queue **2.** *fig* [asunto, problema] : *el asunto todavía colea* l'affaire n'est pas close **3.** AM [por aproximación] : *colea en los sesenta* il frise la soixantaine. ◆ vt COL MÉX *fam* [fastidiar] casser les pieds à. ◆ **colearse** vprnl ARG VEN déraper.

colección sf *pr* & *fig* collection *f*.

coleccionable ◆ adj détachable. ◆ sm supplément *m* détachable.

coleccionar vt collectionner.

coleccionismo sm goût *m* de la collection.

coleccionista smf collectionneur *m*, -euse *f*.

colecta sf collecte *f*.

colectar vt **1.** [dinero] collecter, recouvrer **2.** [plantas, frutos] cueillir, ramasser.

colectividad sf collectivité *f* / *la colectividad agrícola* l'ensemble *m* des agriculteurs.

colectivismo sm collectivisme *m*.

colectivización sf collectivisation *f*.

colectivizar [13] vt collectiviser.

colectivo, va adj collectif(ive).
◆ **colectivo** sm **1.** [gen] ensemble *m* ▸ **colectivo médico** profession *f* médicale **2.** [de investigación] groupe *m* d'étude, comité *m* **3.** ANDES [taxi] taxi *m* collectif **4.** ARG BOL [autobús] autobus *m*.

colector, ra ◆ adj collecteur(trice). ◆ sm, f receveur *m*, -euse *f* ▸ **colector de contribuciones** receveur des contributions. ◆ **colector** sm collecteur *m* ▸ **colector de basuras** vide-ordures *m inv*.

colega smf **1.** [compañero profesional] collègue *mf* ; [abogado, médico, etc.] confrère *m*, consœur *f* **2.** ESP *fam* [amigo] pote *m*.

colegiado, da adj inscrit(e) (à un ordre professionnel).
◆ **colegiado** sm DEP arbitre *m*.

colegial, la sm, f collégien *m*, -enne *f*.
◆ **colegial** adj scolaire.

colegiarse [8] vprnl s'inscrire (à un ordre professionnel).

colegiata sf collégiale *f*.

colegiatura sf **1.** CAM ANDES MÉX [matrícula] frais *mpl* de scolarité **2.** CHILE COL RP [colegiación] cotisation *f*.

colegio sm **1.** [de niños] école *f* ▸ **colegio concertado** ESP école privée sous contrat ▸ **colegio mayor** résidence *f* universitaire ▸ **colegio de pago** école privée **2.** [de profesionales] corporation *f* ; [de arquitectos, médicos] ordre *m* ▸ **colegio de abogados** barreau *m* **3.** [para votar] ▸ **colegio electoral** collège *m* électoral.

colegir [42] vi déduire. ◆ **colegirse** vprnl s'ensuivre / *se colige que…* on en déduit que….

colegislador, ra adj : *un sistema con cuerpos colegisladores* un régime à deux assemblées législatives.

coleópteros smpl coléoptères *mpl*.

cólera ◆ sm MED choléra *m*. ◆ sf [ira] colère *f* ▸ **montar en cólera** prendre une colère.

colérico, ca adj **1.** [carácter] coléreux(euse) **2.** MED cholérique.

colesterol sm cholestérol *m* ▸ **colesterol bueno / malo** bon / mauvais cholestérol.

coleta sf [de pelo] couette *f* ▸ **cortarse la coleta** a) TAUROM abandonner l'arène b) *fig* rendre son tablier.

coletazo sm coup *m* de queue ▸ **dar (los últimos) coletazos** *fig* avoir un dernier élan d'énergie.

coletilla sf [en una carta] petite note *f*.

colgado, da ◆ adj **1.** [gen] ▸ **colgado (de)** pendu (à) **2.** [teléfono] raccroché(e) **3.** *fam* & *fig* [abandonado] ▸ **dejar colgado a alguien** *fam* laisser qqn en rade ▸ **estar colgado** *fam* être taré **4.** *fam* [enganchado] ▸ **quedarse colgado con algo** être accro à qqch ▸ **quedarse colgado con alguien** être pendu aux basques de qqn. ◆ sm, f *fam* camé *m*, -e *f* ▸ **ser un colgado** être paumé.

colgador sm [para secar la ropa] étendoir *m*.

colgajo sm lambeau *m*.

colgante ◆ adj suspendu(e). ◆ sm [de pulsera, broche, etc.] breloque *f* ; [de cadena, collar] pendentif *m*.

colgar [39] ◆ vt **1.** [gen] pendre ; [cuadro] accrocher ; [ropa] étendre ▸ **colgar el teléfono** raccrocher (le téléphone) **2.** [imputar] ▸ **colgar algo a alguien** mettre qqch sur le dos de qqn **3.** [ocupación, profesión] laisser tomber ▸ **colgar los hábitos** rendre son tablier **4.** [suspender en examen] coller. ◆ vi **1.** [gen] ▸ **colgar (de)** pendre (à) **2.** [hablando por teléfono] raccrocher. ◆ **colgarse** vprnl ▸ **colgarse (de)** se suspendre (à), se pendre (à).

colibrí (*pl* **colibríes** o **colibrís**) sm colibri *m*.

cólico sm colique *f* ▸ **cólico hepático** colique hépatique ▸ **cólico nefrítico** o **renal** colique néphrétique.

coliflor sf chou-fleur *m*.

coligar [16], **coaligar** vt allier / *coligar dos países* resserrer les liens entre deux pays.
◆ **coligarse, coaligarse** vprnl s'allier.

colige ⟶ **colegir**.

coligió ⟶ **colegir**.

coligue ⟶ **coligar**.

colija → **colegir**.

colilla sf mégot *m*.

colimba sf ARG *fam* service *m* (militaire).

colina sf colline *f*.

colindante adj [país, pueblo, etc.] limitrophe ; [casa] voisin(e).

colindar vi ▸ **colindar (con)** être limitrophe (de).

colirio sm collyre *m*.

coliseo sm CINE grand cinéma *m* ; TEATRO grand théâtre *m*.

colisión sf **1.** [de vehículos] collision *f* **2.** *fig* [de ideas, personas] affrontement *m*.

colisionar vi *pr* & *fig* ▸ **colisionar contra** heurter.

colista smf lanterne *f* rouge.

colitis sf inv colite *f*.

collado sm [colina] coteau *m*.

collage sm collage *m*.

collar sm collier *m*.

collarín sm minerve *f*.

colleja sf [golpe] claque *f* ▸ **darle una colleja a alguien** donner une claque à qqn.

collera sf ANDES **1.** [pareja] couple *m*, paire *f* **2.** [gemelos] bouton *m* de manchette.

colmado, da adj plein(e), rempli(e).
◆ **colmado** sm épicerie *f*.

colmar vt **1.** [recipiente] remplir à ras bord **2.** *fig* [aspiración, deseo] combler ▸ **colmar a alguien de a)** [atenciones, etc.] combler qqn de **b)** [elogios, regalos] couvrir qqn de.

colmena sf ruche *f*.

colmenar sm rucher *m*.

colmenero, ra sm, f [persona] apiculteur *m*, -trice *f*.

colmillo sm **1.** [de una persona] canine *f* **2.** [de animal] croc *m* **3.** [de elefante] défense *f* **4.** EXPR **enseñar los colmillos** montrer les dents.

colmo sm comble *m* ▸ **¡eso es el colmo!** *fam* & *fig* c'est le comble ! ▸ **para colmo** par-dessus le marché / ***llegó tarde y para colmo no se disculpó*** il est arrivé en retard et par-dessus le marché il ne s'est pas excusé.

colocación sf **1.** [gen] emplacement *m* **2.** *fig* [contratación] placement *m* **3.** [empleo] place *f*.

colocado, da adj **1.** [gen] placé(e) ▸ **estar muy bien colocado** [en empresa, etc.] avoir une bonne place **2.** *fam* [de alcohol, drogas] fait(e).

colocar [10] vt **1.** [gen] placer ▸ **colocar a alguien en…** [dar empleo] placer qqn chez… **2.** [en una posición] mettre ▸ **colocar algo al revés** mettre qqch à l'envers. ◆ **colocarse** vprnl **1.** [en un trabajo] trouver une place **2.** *fam* [con drogas] se défoncer ; [con alcohol] prendre une cuite.

colocón *fam* sm **1.** [con droga] défonce *f* ▸ **llevar un colocón** être défoncé ▸ **pillar un colocón** se défoncer **2.** [con alcohol] cuite *f* ▸ **llevar un colocón** être bourré ▸ **pillar un colocón** prendre une cuite.

colofón sm **1.** [de carrera, etc.] couronnement *m* **2.** [de libro] achevé *m* d'imprimer.

Colombia npr Colombie *f*.

colombianismo sm *mot ou expression propre à l'espagnol parlé en Colombie*.

colombiano, na ◆ adj colombien(enne). ◆ sm, f Colombien *m*, -enne *f*.

colombino, na adj de Christophe Colomb.

Colombo npr Colombo.

colombofilia sf colombophilie *f*.

colon sm côlon *m*.

colón sm colon *m* *(unité monétaire du Costa Rica et du Salvador)*.

Colón npr Colomb ▸ **Cristóbal Colón** Christophe Colomb.

> **Cristóbal Colón**
>
> Christophe Colomb serait né à Gênes en 1451. Il s'installe dès 1476 à Lisbonne, où il étudie la cartographie. Il rencontre les plus célèbres géographes de son temps et en conclut qu'il est possible de rejoindre les Indes par l'Atlantique, évitant ainsi le long voyage autour de l'Afrique. Il propose sans succès ses services au roi de Portugal, Jean II, et c'est finalement Isabelle de Castille qui accepte de financer son voyage. Le 3 août 1492, trois caravelles, la **Pinta**, la **Niña** et la **Santa María**, quittent le port de Palos en Andalousie. Le 12 octobre, Colomb accoste sur l'île de Guanahami (Bahamas), qu'il baptise San Salvador, et découvre ensuite Cuba et Saint-Domingue, où il établit la première colonie espagnole. De 1492 à 1504, Christophe Colomb fait quatre voyages vers le Nouveau Monde. Au cours du troisième, il découvrira l'Amérique. Il meurt en 1506, à Valladolid.

colonia sf **1.** [gen] colonie *f* **2.** [de niños] ▸ **colonias (de verano)** colonie *f* de vacances ▸ **ir de colonias** partir en colonie de vacances **3.** [perfume] eau *f* de Cologne **4.** AM quartier *m* ; ≃ arrondissement *m* ▸ **colonia proletaria** MÉX bidonville *m*.

coloniaje sm AM **1.** [época] *période de la domination espagnole en Amérique* **2.** [gobierno] gouvernement *m* colonial.

colonial adj colonial(e).
◆ **coloniales** smpl ESP produits *mpl* coloniaux.

colonialismo sm colonialisme *m*.

colonialista adj & smf colonialiste.

colonización sf colonisation *f*.

colonizador, ra adj & sm, f colonisateur(trice).

colonizar [13] vt coloniser.

colono sm colon *m*.

colonoscopia sf coloscopie *f*, colonoscopie *f*.

coloque ⟶ **colocar**.

coloquial adj parlé(e) *(langue)*.

coloquio sm **1.** [conversación] discussion *f* **2.** [debate] colloque *m* **3.** AM [simposio] conférence *f*.

color sm **1.** [gen] couleur *f* ▸ **dar color a algo** a) colorier qqch b) *fig* égayer qqch ▸ **de color** de couleur ▸ **en color** en couleurs ▸ **lleno de color** *fig* [escena] coloré(e) ▸ **colores complementarios** couleurs complémentaires ▸ **color local** couleur locale ▸ **color primario** couleur primaire ▸ **sacarle a alguien los colores (a la cara)** faire rougir qqn ▸ **ver las cosas de color de rosa** voir tout en rose **2.** [aspecto] jour *m* **3.** EXPR **no haber color** ESP *fam* ne pas y avoir photo.

coloración sf coloration *f*.

colorado, da ❖ adj **1.** [rojo] rouge ▸ **poner colorado a alguien** faire rougir qqn ▸ **ponerse colorado** rougir **2.** ANDES RP [pelirrojo] roux *m*, -rousse *f*. ❖ sm, f ANDES RP [pelirrojo] roux *m*, -rousse *f*. ◆ **colorado** sm [color] rouge *m*.

colorante ❖ adj colorant(e). ❖ sm [para teñir] colorant *m*.

colorear vt colorier.

colorete sm **1.** [para mejillas] fard *m* à joues ▸ **ponerse** o **darse colorete** se mettre du fard à joues **2.** ANDES [para labios] rouge *m* à lèvres.

colorido sm [de dibujo, etc.] coloris *m* ; [de paisaje] couleur *f*.

colorín sm *(gen pl)* couleurs *fpl* vives ▸ **colorín colorado, este cuento se ha acabado** *fig* ils se marièrent et eurent beaucoup d'enfants.

colorista adj **1.** [gen] varié(e) **2.** ARTE coloriste.

colosal adj colossal(e).

coloso sm **1.** [estatua] colosse *m* **2.** *fig* [cosa, persona] géant *m*, -e *f*.

colt® sm colt *m*.

coltán sm coltan *m*.

columna sf **1.** [gen & ARQUIT] colonne *f* ▸ **quinta columna** cinquième colonne **2.** *fig* [pilar] pilier *m*. ◆ **columna vertebral** sf colonne *f* vertébrale.

columnata sf colonnade *f*.

columnista smf chroniqueur *m*, -euse *f*.

columpiar [8] vt balancer. ◆ **columpiarse** vprnl se balancer.

columpio sm balançoire *f*.

colza sf colza *m*.

coma ❖ sm MED coma *m* ▸ **en coma** dans le coma. ❖ sf GRAM virgule *f*.

comadre sf [mujer chismosa] commère *f*.

comadrear vi cancaner.

comadreja sf belette *f*.

comadreo sm commérage *m*.

comadrona sf sage-femme *f*.

comandancia sf **1.** [rango] grade *m* de commandant ; [cargo] charge *f* de commandant **2.** [edificio] bureau *m* du commandant.

comandante sm commandant *m* ▸ **comandante en jefe** commandant en chef.

comandar vt MIL commander.

comando sm MIL commando *m* ▸ **comando terrorista** commando de terroristes.

comarca sf région *f*.

comarcal adj régional(e).

comatoso, sa adj comateux(euse).

comba sf ESP [juego] saut *m* à la corde ▸ **saltar** o **jugar a la comba** sauter à la corde.

combado, da adj courbé(e), cambré(e).

combadura sf courbure *f*, cambrure *f*.

combar vt faire ployer. ◆ **combarse** vprnl ployer.

combate sm combat *m* ▸ **dejar fuera de combate** *pr* & *fig* mettre hors de combat.

combatiente smf combattant *m*, -e *f*.

combatir ❖ vi ▸ **combatir (contra)** combattre (contre). ❖ vt combattre.

combatividad sf combativité *f*.

combativo, va adj combatif(ive).

combi sm [frigorífico] réfrigérateur-congélateur *m*.

combinación sf **1.** [gen, QUÍM & MAT] combinaison *f* **2.** [bebida] cocktail *m* **3.** [plan] manœuvre *f* **4.** [de enlace] ▸ **tener buena combinación** ne pas avoir beaucoup de changements *(en métro, etc.)* **5.** INFORM ▸ **combinación de teclas** raccourci clavier.

combinado sm **1.** [bebida] cocktail *m* ; [helado] assortiment *m* de glaces **2.** DEP équipe *f* de sélection.

combinar vt **1.** [mezclar] combiner **2.** [armonizar] assortir **3.** [planificar] organiser.

combinatorio, ria adj combinatoire. ◆ **combinatoria** sf combinatoire *f*.

combo sm **1.** ANDES [mazo] masse *f* **2.** CHILE [puñetazo] coup *m* de poing.

combustible adj & sm combustible ▸ **combustible fósil** combustible fossile.

combustión sf combustion *f* ▸ **combustión orgánica** combustion organique.

comecocos sm inv *fam* **1.** [convincente] ▸ **ser un comecocos** prendre la tête **2.** [difícil de comprender] casse-tête *m*.

comedero sm **1.** [para animales] mangeoire *f* **2.** AM *fam* [para personas] salle *f* à manger.

comedia sf **1.** [gen] comédie *f* ; [género] comique *m* ▸ **comedia musical** comédie musicale **2.** *fig* [engaño] farce *f*.

comediante, ta sm, f *pr* & *fig* comédien *m*, -enne *f*.

comedido, da adj réservé(e).

comedimiento sm réserve *f (discrétion)*.

comediógrafo, fa sm, f auteur *m* de comédies.

comedirse [26] vprnl être réservé(e).

comedor sm salle *f* à manger ▸ **comedor de empresa** restaurant *m* d'entreprise.

comedura sf *fam* ▸ **comedura de coco** [preocupación] prise *f* de tête / *a esa edad se tienen muchas comeduras de coco* à cet âge-là, on se prend beaucoup la tête.

comendador sm HIST commandeur *m*.

comensal smf convive *mf*.

comentar vt commenter / *se lo comentaré* je lui en parlerai.

comentario sm commentaire *m*. ◆ **comentarios** smpl [murmuraciones] commentaires *mpl* (malveillants).

comentarista smf commentateur *m*, -trice *f*.

comenzar [34] ❖ vt commencer ▸ **comenzar a hacer algo** commencer à faire qqch ▸ **comenzar haciendo algo** commencer par faire qqch. ❖ vi commencer.

comer ❖ vi manger ; ESP MÉX [al mediodía] manger, déjeuner / *¿qué hay de comer?* qu'est-ce qu'il y a à manger ? / *quedar para comer* se donner rendez-vous pour déjeuner. ❖ vt **1.** [gen] manger **2.** [energía, etc.] consommer ; [colores] ternir **3.** [en juegos de tablero] prendre **4.** *fig* [suj: celos, etc.] dévorer **5.** EXPR **sin comerlo ni beberlo** sans le vouloir.
◆ **comerse** vprnl **1.** [gen] manger **2.** [gastar - metal] ronger ; [- fortuna] engloutir **3.** [en juegos de tablero] prendre **4.** *fig* [palabras de alguien] boire **5.** *fam* [letras, sílabas] avaler ; [líneas, palabras] sauter.

comercial ❖ adj commercial(e) ; [zona, calle] commerçant(e). ❖ smf [vendedor, representante] commercial *m*, -e *f*. ❖ sm AM [anuncio] publicité *f*.

comercialización sf commercialisation *f*.

comercializar [13] vt commercialiser.

comerciante smf commerçant *m*, -e *f*.

comerciar [8] vi commercer ▸ **comerciar con** [persona, país, empresa] faire du commerce avec.

comercio sm commerce *m* ▸ **comercio electrónico** commerce électronique ▸ **comercio exterior / interior** commerce extérieur / intérieur ▸ **libre comercio** libre-échange *m*.

comestible adj comestible.
◆ **comestibles** smpl alimentation *f*.

cometa ❖ sm ASTRON comète *f*. ❖ sf cerf-volant *m*.

cometer vt commettre.

cometido sm **1.** [objetivo] objectif *m* **2.** [deber] devoir *m*.

comezón sf **1.** [picor] démangeaison *f* **2.** *fig* [sentimiento] ▸ **sentir la comezón de algo** être torturé par qqch / *sentía comezón por hablar* ça le démangeait de parler.

cómic (*pl* **comics**), **comic** (*pl* **comics**) sm bande *f* dessinée.

comicidad sf comique *m*.

comicios smpl élections *fpl*.

cómico, ca ❖ adj comique. ❖ sm, f [actor] comique *mf*.

comida sf **1.** [alimento] nourriture *f* ▸ **comida rápida** restauration *f* rapide **2.** [almuerzo, cena, etc.] repas *m* ; [al mediodía] déjeuner *m*.

comidiera ⟶ **comedirse**.

comidilla sf *fam* ▸ **ser la comidilla** être l'objet de tous les potins.

comidió ⟶ **comedirse**.

comido, da adj : *¿vienes comido?* tu as déjà mangé ?

comience ⟶ **comenzar**.

comienzo sm commencement *m*, début *m*.

comillas sfpl guillemets *mpl* ▸ **entre comillas** entre guillemets.

comilón, ona adj & sm, f *fam* goinfre.
◆ **comilona** sf *fam* gueuleton *m*.

comino sm [planta] cumin *m* / *me importa un comino fam* & *fig* je m'en fiche complètement / *no vale un comino fam* & *fig* ça ne vaut pas tripette.

comisaría sf commissariat *m*.

comisario, ria sm, f **1.** [delegado] commissaire *m* ▸ **comisario europeo** commissaire européen ▸ **comisario de policía** commissaire de police ▸ **comisario político** commissaire politique **2.** [de exposición artística] commissaire *mf*.

comisión sf **1.** [recargo, delegación] commission *f* ▸ **(trabajar) a comisión** (travailler) à la commission ▸ **comisión fija** commission fixe ▸ **comisión investigadora** commission d'enquête ▸ **comisión parlamentaria** commission parlementaire **2.** [acción] : *acusado de la comisión de delitos* accusé d'avoir commis des délits.
◆ **comisión de servicio** sf détachement *m*.

comisionado, da ❖ adj mandaté(e). ❖ sm, f mandataire *mf*.

comisionar vt mandater.

comisionista smf commissionnaire *mf*.

comisura sf commissure *f*.

comité sm comité *m* ▸ **comité de empresa** comité d'entreprise ▸ **comité ejecutivo** comité exécutif.

comitiva sf cortège *m*.

como

❖ adv

1. [gen] comme / *vive como un rey* il vit comme un roi / *lo he hecho como es debido* je l'ai fait comme il faut / *como te lo decía ayer* comme je te le disais hier / *es (tan) negro como el carbón* il est noir comme du charbon / *es tan alto como yo* il est aussi grand que moi / *lo que dijo fue como para ruborizarse* ses paroles avaient de quoi faire rougir / *me encanta como bailas* j'adore ta façon de danser ▸ **como ser** AM comme / *frutas exóticas como ser mangostinos* des fruits exotiques comme des mangoustans

2. [en calidad de] comme, en tant que / *asiste a las clases como oyente* il assiste aux cours comme auditeur libre / *como periodista tengo una opinión muy diferente sobre el tema* en tant que journaliste j'ai un avis très différent sur le sujet / *trabaja como bombero* il est pompier

3. [aproximadamente] à peu près, environ / *me quedan como diez euros* il me reste à peu près dix euros / *tiene un sabor como a naranja* ça a un peu le goût d'orange

❖ conj

1. [ya que] comme / *como no llegabas, nos fuimos* comme tu n'arrivais pas, nous sommes partis

2. [si] si / *¡como vuelvas a hacerlo!* si jamais tu recommences ! / *como no te des prisa, llegaremos tarde* si tu ne te dépêches pas, nous allons arriver en retard

3. [que] que / *verás como vas a ganar* tu vas voir que tu vas gagner

◆ **como que** loc conj **1.** [que] que / *le pareció como que lloraban* il lui sembla qu'ils pleuraient **2.** [expresa causa] : *pareces cansado — como que he trabajado toda la noche* tu as l'air fatigué — c'est que j'ai travaillé toute la nuit **3.** [expresa incredulidad] : *como que te voy a creer a ti que eres un mentiroso* comment vais-je te croire, toi qui mens toujours.

◆ **como quiera que** loc conj **1.** [de cualquier modo que] de quelque façon que / *como quiera que se vista, siempre va bien* quoi qu'elle mette, elle est toujours bien habillée / *como quiera que sea* quoi qu'il en soit **2.** [dado que] comme / *como quiera que es domingo, no trabaja* comme c'est dimanche, il ne travaille pas.

◆ **como si** loc conj comme si.

cómo

❖ adv

1. [de qué modo, por qué motivo] comment / *¿cómo lo has hecho?* comment l'as-tu fait ? / *¿cómo te llamas?* comment t'appelles-tu ? / *¿cómo que no la has visto nunca?* comment peux-tu dire que tu ne l'as jamais vue ? / *no sé cómo has podido decir eso* je ne sais pas comment tu as pu dire ça / *¿a cómo están los tomates?* ESP à combien sont les tomates ? ▸ **¿cómo es eso?** comment ça se fait ? ▸ **¿cómo?** [qué dices] comment ?

2. [exclamativo] comme / *¡cómo pasan los años!* comme les années passent vite ! / *está lloviendo, ¡y cómo!* il faut voir comment il pleut ! ▸ **¡cómo no!** bien sûr !

3. EXPR **a cómo de lugar** CAM CARIB MÉX coûte que coûte, à tout prix / *tenemos que estudiar, a cómo de lugar* nous devons à tout prix étudier

❖ sm

1. [gen] comment *m* ▸ **el cómo y el porqué** le comment et le pourquoi

2. CINE ▸ **cómo se hizo** making of / *un cómo se hizo de su última película* un making of de son dernier film

❖ interj

▸ **¡cómo!** comment !

cómoda sf commode *f*.

comodidad sf ▸ **es una gran comodidad** c'est très pratique. ◆ **comodidades** sfpl confort *m*.

comodín ❖ adj AM [comodón] qui aime la facilité. ❖ smf AM [comodón] personne *f* qui aime la facilité. ❖ sm **1.** [naipe] joker *m* **2.** [cosa] passe-partout *m* ; [persona] homme *m* à tout faire.

cómodo, da adj **1.** [confortable] confortable **2.** [fácil, oportuno] pratique **3.** [a gusto] ▸ **sentirse cómodo** être à l'aise.

comodón, ona ❖ adj *fam* qui aime la facilité. ❖ sm, f *fam* personne *f* qui aime la facilité.

comodoro sm commodore *m*.

comoquiera adv [de cualquier manera] n'importe comment ▸ **comoquiera que...** de quelque façon que....

compa smf AM *fam* copain *m*, copine *f*.

compact ['kompak] sm inv (disque) compact *m*.

compactación sf INFORM compression *f* ▸ **compactación de ficheros** compression de fichiers.

compactar vt **1.** [gen] réduire **2.** [lana] faire rétrécir.

compact disk, compact disc sm [disco] Compact Disc® *m*, disque *m* laser ; [aparato] platine *f* laser.

compacto, ta adj **1.** [gen] compact(e) **2.** *fig* [escritura] serré(e).

compactoteca sf *discothèque spécialisée dans les compacts.*

compadecer [30] vt avoir pitié de / *te compadezco* je compatis. ◆ **compadecerse** vprnl ▸ **compadecerse de alguien** plaindre qqn.

compadrada sf RP fanfaronnade *f*.

compadre sm *fam* **1.** [amigo] copain *m* **2.** AM [fanfarrón] fanfaron *m*, matamore *m*.

compadrear vi AM *fam* crâner.

compadreo sm *fam* [amistad] : *hay un buen ambiente de compadreo* il y a une bonne ambiance entre copains.

compadrito sm RP *fam* m'as-tu-vu *m*, poseur *m*.

compaginación sf **1.** [combinación] : *la compaginación del trabajo con el ocio es difícil* il est difficile de concilier le travail avec les loisirs **2.** [en imprenta] mise *f* en page.

compaginar vt **1.** [combinar] concilier **2.** [en imprenta] mettre en page. ◆ **compaginarse** vprnl ▸ **compaginarse con** aller de pair avec.

compañerismo sm camaraderie *f*.

compañero, ra sm, f **1.** [pareja, acompañante] compagnon *m*, compagne *f* ▸ **compañero sentimental** partenaire *mf* **2.** [de trabajo] collègue *mf* ; [de estudios] camarade *mf* **3.** ESP [de vivienda] ▸ **compañero de piso** colocataire *mf* **4.** [par] pendant *m* / *he perdido el compañero de este guante* j'ai perdu l'autre gant.

compañía sf **1.** [gen] compagnie *f* ▸ **en compañía de** en compagnie de ▸ **hacer compañía a alguien** tenir compagnie à qqn **2.** [empresa] société *f* ▸ **compañía de seguros** compagnie d'assurances ▸ **compañía multinacional** société multinationale.

comparable adj comparable ▸ **comparable a o con** comparable à o avec.

comparación sf comparaison *f* ▸ **en comparación con** par rapport à ▸ **sin comparación** de loin / ***es el más fuerte sin comparación*** il est de loin le plus fort.

comparado, da adj comparé(e).

comparar vt ▸ **comparar (con)** comparer (à).

comparativo, va adj comparatif(ive).
◆ **comparativo** sm GRAM comparatif *m*.

comparecencia sf DER comparution *f*.

comparecer [30] vi **1.** DER comparaître **2.** [aparecer] se présenter.

compareciente adj & smf DER comparant(e).

comparsa ❖ sf **1.** TEATRO figurants *mpl* **2.** [en carnaval] *troupe de compagnons qui chantent pour critiquer les notables de leur ville ou de leur village.* ❖ smf **1.** TEATRO figurant *m*, -e *f* **2.** *fig* [persona] subalterne *mf*.

compartido, da adj **1.** [piso, habitación] en colocation **2.** INFORM partagé(e).

compartimentar vt compartimenter.

compartimento, compartimiento sm compartiment *m* ▸ **compartimento estanco** compartiment étanche.

compartir vt partager.

compás sm **1.** [gen & NÁUT] compas *m* **2.** [período & MÚS] mesure *f* ; [ritmo] rythme *m* ▸ **al compás** en rythme ▸ **llevar / perder el compás** tenir / perdre le rythme ▸ **marcar el compás** battre la mesure.
◆ **compás de espera** sm MÚS temps *m* d'arrêt ▸ **dar un compás de espera** *fig* laisser passer un moment.

compasión sf compassion *f*.

compasivo, va adj compatissant(e).

compatibilidad sf [gen & INFORM] compatibilité *f*.

compatibilizar [13] vt rendre compatible.

compatible adj [gen & INFORM] compatible.

compatriota smf compatriote *mf*.

compay sm CUBA *fam* copain *m*.

compeler vt contraindre.

compendiar [8] vt résumer.

compendio sm **1.** [libro] précis *m* **2.** *fig* [síntesis] : ***se considera como un compendio de virtudes*** à l'entendre, c'est la vertu personnifiée.

compenetración sf entente *f*.

compenetrado, da adj : ***están muy compenetrados*** ils s'entendent très bien / ***es un equipo muy compenetrado*** c'est une équipe très unie.

compenetrarse vprnl s'entendre.

compensación sf **1.** [contrapartida & FIN] compensation *f* ▸ **en compensación (por)** en échange (de) ▸ **compensación (bancaria)** compensation *f* (bancaire) **2.** [indemnización] dédommagement *m*.

compensar vt **1.** [valer la pena] : ***no me compensa (perder tanto tiempo)*** ça ne vaut pas la peine (que je perde tant de temps) / ***ver a sus hijos sanos le compensaba de tantos sacrificios*** voir ses enfants en bonne santé le récompensait de tous ses sacrifices **2.** [indemnizar] ▸ **compensar a alguien (de o por)** dédommager qqn (de).

competencia sf **1.** [gen & ECON] concurrence *f* ▸ **competencia desleal** concurrence déloyale ▸ **libre competencia** libre concurrence **2.** [incumbencia] ▸ **no es de mi competencia** cela n'est pas de mon ressort **3.** [aptitud] compétence *f* **4.** [atribuciones] attribution *f*.

competente adj compétent(e).

competer vi ▸ **competer a** incomber à.

competición sf **1.** [lucha] lutte *f* **2.** DEP compétition *f*.

competidor, ra adj & sm, f concurrent(e).

competir [26] vi **1.** [entre personas] ▸ **competir (por / con)** concourir (pour / avec), être en compétition (pour / avec) **2.** [entre empresas, productos] ▸ **competir (con)** faire concurrence (à).

competitividad sf compétitivité *f*.

Cómo hacer una comparación

- **Ils en ont eu autant que nous.** *Tuvieron tanto como nosotros.*
- **C'est comme l'an dernier.** *Es como el año pasado.*
- **C'est mieux / pire que l'an dernier.** *Es mejor / peor que el año pasado.*
- **Cet appartement est plus cher / bien plus cher / encore plus cher que le nôtre.** *Este piso es más caro / mucho más caro / aún más caro que el nuestro.*
- **On a mis plus de temps que prévu.** *Hemos tardado más de lo previsto.*
- **Il est moins doué que son frère.** *Se le da menos bien que a su hermano.*
- **Il est loin d'être aussi rapide qu'elle.** *No es ni de lejos tan rápido como ella.*
- **Ils sont aussi paresseux l'un que l'autre.** *Tanto el uno como el otro son igual de perezosos.*
- **Comparée à Londres, Marseille est une petite ville.** *En comparación con Londres, Marsella es una ciudad pequeña.*
- **Contrairement à son frère, il comprend la plaisanterie.** *Al contrario de su hermano, sabe aceptar las bromas.*
- **Il adore l'opéra et la peinture, alors qu'elle est plutôt sportive.** *A él le encantan la ópera y la pintura, mientras que a ella le va más el deporte.*
- **Autant son dernier spectacle était ennuyeux, autant celui-ci m'a passionné.** *Este espectáculo me ha encantado, mientras que había encontrado aburrido el último.*

competitivo, va adj **1.** [capaz de competir] compétitif(ive) ; [donde hay competencias] concurrentiel(elle) **2.** [de la competición] de compétition.

compilación sf [gen & INFORM] compilation *f*.

compilador, ra adj de compilation.
◆ **compilador** sm INFORM compilateur *m*.

compilar vt [gen & INFORM] compiler ; [información] rassembler.

compincharse vprnl *fam* s'acoquiner.

compinche smf *fam* acolyte *m*.

compita ⟶ **competir**.

compitiera ⟶ **competir**.

complacencia sf **1.** [agrado] plaisir *m*, satisfaction *f* **2.** [indulgencia] complaisance *f*.

complacer [29] vt **1.** [dar satisfacción] rendre heureux(euse) / *me complace verlo* je suis heureuse de le voir **2.** [acceder a los deseos] ▸ **complacer a alguien** faire plaisir à qqn.

complaciente adj **1.** [amable] prévenant(e) **2.** [indulgente] complaisant(e).

complejidad sf complexité *f*.

complejo, ja adj complexe.
◆ **complejo** sm complexe *m* ▸ **complejo de Edipo** complexe d'Œdipe ▸ **complejo (industrial)** complexe industriel ▸ **complejo de inferioridad / de superioridad** complexe d'infériorité / de supériorité.

complementar vt compléter.
◆ **complementarse** vprnl se compléter.

complementario, ria adj complémentaire.
◆ **complementario** sm ESP [en la lotería] numéro *m* complémentaire.

complemento sm complément *m* ▸ **complemento agente** complément d'agent ▸ **complemento circunstancial** complément circonstanciel ▸ **complemento directo / indirecto** complément direct / indirect.

completamente adv complètement / *fracasar completamente* échouer complètement / *estar completamente seguro de algo* être sûr et certain de qqch.

completar vt compléter.
◆ **completarse** vprnl se compléter.

completo, ta adj **1.** [entero, lleno, rotundo] complet(ète) ▸ **por completo** complètement, en entier **2.** CSUR [café, té, chocolate] complet(ète) *(avec des toasts et des viennoiseries)*.

complexión sf constitution *f*.

complicación sf **1.** [gen] complication *f* **2.** [complejidad] complexité *f*.

complicado, da adj **1.** [difícil] compliqué(e) **2.** [comprometido] ▸ **complicado (en)** impliqué (dans).

complicar [10] vt **1.** [dificultar] compliquer **2.** [comprometer] ▸ **complicar (en)** impliquer (dans).
◆ **complicarse** vprnl se compliquer.

cómplice smf complice *mf*.

complicidad sf complicité *f* ▸ **de complicidad** [mirada] complice.

compló, complot (*pl* **complots**) sm complot *m*.

componedor, ra sm, f AM rebouteux *m*, -euse *f*.

componenda sf manœuvre *f (ruse)*.

componente ❖ adj composant(e). ❖ sm **1.** [gen] composant *m* **2.** [persona] membre *m*.

componer [65] vt **1.** [gen] composer **2.** [arreglar] arranger ; [algo roto] réparer **3.** [adornar - cosa] décorer ; [- persona] parer. ◆ **componerse** vprnl **1.** [estar formado] ▸ **componerse de** se composer de **2.** [engalanarse] se parer **3.** [arreglárselas] ▸ **componérselas (para hacer algo)** se débrouiller (pour faire qqch) ▸ **allá se las componga** qu'il se débrouille **4.** AM [de enfermedad] se remettre / *cuando te compongas iremos de compras* nous irons faire des courses lorsque tu te seras remis **5.** AM [tiempo] se lever, s'améliorer / *en cuanto se componga el tiempo empezaremos a cosechar* dès que le temps se sera levé, nous commencerons la récolte.

comportamiento sm comportement *m*.

comportar vt impliquer.
◆ **comportarse** vprnl se conduire.

composición sf composition *f* ▸ **hacer(se) una composición de lugar** se faire une idée de la situation.

compositor, ra sm, f **1.** IMPR & MÚS compositeur *m*, -trice *f* **2.** RP [de caballos] entraîneur *m*, dresseur *m*.

compostelano, na ❖ adj de Saint-Jacques-de-Compostelle. ❖ sm, f *natif ou habitant de Saint-Jacques-de-Compostelle*.

compostura sf **1.** [de algo roto] réparation *f* ; [de algo descosido] raccommodage *m* **2.** [de persona] maintien *m* ; [de rostro] expression *f* **3.** [en el comportamiento] circonspection *f* ▸ **guardar la compostura** bien se tenir.

compota sf CULIN compote *f*.

Cómo expresar la compasión

- **Je suis vraiment désolé.** *Lo siento muchísimo.*
- **C'est vraiment triste !** *¡Qué triste!*
- **Si je peux vous aider en quoi que ce soit, surtout n'hésitez pas.** *Si puedo ayudarle en lo que sea, no lo dude ni un segundo.*
- **Tu n'as vraiment pas de chance** o **de bol !** *fam De verdad, ¡qué mala suerte* o *potra tienes!*
- **Mon / Ma pauvre !** *¡Pobre!*
- **Je suis de tout cœur avec vous.** *Le acompaño en el sentimiento.*
- **Sincères condoléances.** *Mi más sentido pésame.*
- **Ça m'a fait beaucoup de peine d'apprendre la disparition de ton père.** *Me dio mucha pena enterarme del fallecimiento de tu padre.*
- **Je vous souhaite un prompt rétablissement !** *¡Le deseo que se restablezca pronto!*

compra sf **1.** [gen] achat *m* ▸ **ir de compras** aller faire des courses ▸ **compra a plazos** COM achat à tempérament **2.** [de comestibles] ▸ **hacer la compra** ESP faire les courses ▸ **hacer las compras** AM faire les courses ▸ **ir a la compra** aller au marché.

comprador, ra adj & sm, f acheteur(euse).

comprar vt acheter.

compraventa sf achat *m* et vente.

comprender vt comprendre. ◆ **comprenderse** vprnl [entre personas] se comprendre.

comprensible adj compréhensible.

comprensión sf compréhension *f*.

comprensivo, va adj compréhensif(ive).

compresa sf **1.** [para herida] compresse *f* **2.** [para menstruación] serviette *f* hygiénique.

compresión sf compression *f*.

compresor sm compresseur *m*.

comprimido, da adj comprimé(e). ◆ **comprimido** sm comprimé *m*.

comprimir vt comprimer.

comprobación sf vérification *f*.

comprobante sm **1.** [documento] pièce *f* justificative **2.** [recibo] reçu *m*.

comprobar [23] vt vérifier.

comprometedor, ra adj compromettant(e).

comprometer vt **1.** [poner en peligro] compromettre **2.** [avergonzar] faire honte à **3.** [hacer responsable] impliquer ▸ **comprometer a alguien (a hacer algo)** engager qqn (à faire qqch). ◆ **comprometerse** vprnl **1.** [gen] ▸ **comprometerse (a hacer algo / en algo)** s'engager (à faire qqch / dans qqch) **2.** [novios] se fiancer.

comprometido, da adj **1.** [con una idea] engagé(e) **2.** [difícil] délicat(e).

compromisario sm POLÍT grand électeur *m*.

compromiso sm **1.** [obligación] engagement *m* ▸ **compromiso matrimonial** promesse *f* de mariage **2.** [cita] : *tengo un compromiso* je suis pris, je ne suis pas libre **3.** [acuerdo] compromis *m* **4.** [dificultad] embarras *m*.

compuerta sf vanne *f*.

compuesto, ta adj **1.** [gen] composé(e) ▸ **compuesto de** composé de **2.** [persona] paré(e).
◆ **compuesto** ❖ pp ⟶ **componer.** ❖ sm QUÍM composé *m*.

compulsar vt **1.** [cotejar] confronter avec l'original **2.** [hacer una copia] faire une copie conforme de.

compulsivo, va adj irrépressible.

compungido, da adj contrit(e).

compusiera ⟶ **componer**.

computable adj calculable.

computación sf **1.** [cálculo] calcul *m* **2.** AM [ciencia] informatique *f*.

computacional adj informatique ▸ **la lingüística computacional** la linguistique informatique.

computador sm ordinateur *m*.

computadora sf ordinateur *m*.

computar vt **1.** [calcular] calculer **2.** [considerar] prendre en compte.

computerizar, computarizar [13] vt informatiser.

cómputo sm calcul *m*.

comulgar [16] vi **1.** RELIG communier **2.** *fig* [con ideas, etc.] ▸ **comulgar con algo** partager qqch.

común adj **1.** [gen] commun(e) ▸ **hacer algo en común** faire qqch ensemble ▸ **tener algo en común** avoir qqch en commun ▸ **por lo común** en général **2.** [frecuente] courant(e) **3.** AM [ordinario] ordinaire ▸ **común y silvestre** ordinaire.

comuna sf communauté *f*.

comunal adj comunal(e).

comunero, ra ❖ adj ▸ **la revuelta comunera** *le soulèvement des villes de Castille contre Charles Quint.* ❖ sm, f ▸ **los comuneros** *les Castillans qui se soulevèrent contre Charles Quint.*

comunicación sf **1.** [gen] communication *f* ▸ **ponerse en comunicación con alguien** se mettre en rapport avec qqn ▸ **comunicación de masas** communication de

Cómo decir que hemos comprendido o no

Cómo decir que se ha comprendido

- **Ah oui, je comprends maintenant.** *Ah sí, ahora entiendo.*
- **Ça y est, j'ai compris !** *¡Por fin he entendido!*
- **Oui, je vois où vous voulez en venir.** *Sí, veo adónde quiere ir a parar.*
- **Oui oui, d'accord !** *¡Sí, sí, vale!*
- **Ah d'accord... !** *¡Vale, de acuerdo...!*

Cómo decir que no se ha comprendido

- **Excusez-moi, mais je ne suis pas sûr d'avoir bien compris.** *Perdone, pero no estoy seguro de haber entendido bien.*
- **Pardon ?** *(para hacer repetir) ¿Cómo dice?*
- **Attendez, là je ne vous suis plus !** *¡Un momento, no logro seguirlo todo!*
- **Je suis un peu perdu là...** *Estoy un poco perdido...*
- **Désolé, mais je ne comprends toujours pas.** *Lo siento, pero sigo sin entender.*
- **Je n'ai pas saisi le sens de votre question.** *No acabo de entender el sentido de su pregunta.*
- **Je ne pige pas.** *fam No entiendo ni papa.*

masse **2.** [oficial] allocution *f.* ◆ **comunicaciones** sfpl moyens *mpl* de communication.

comunicado, da adj desservi(e) ▸ **bien comunicado** [lugar] bien desservi.
◆ **comunicado** sm communiqué *m.*

comunicador, ra sm, f communicateur *m*, -trice *f.*

comunicante ◈ adj communicant(e). ◈ smf informateur *m*, -trice *f.*

comunicar [10] ◈ vt **1.** [gen] communiquer **2.** [movimiento, virus] transmettre. ◈ vi **1.** [persona] ▸ **comunicar con alguien** contacter qqn **2.** [dos cosas] communiquer ▸ **comunicar con algo a)** communiquer avec qqch **b)** [dos regiones, ciudades, etc.] être relié(e) à qqch **3.** [teléfono, línea] être occupé(e).
◆ **comunicarse** vprnl **1.** [persona - hablarse] communiquer ; [- relacionarse] se voir **2.** [dos habitaciones] communiquer ; [dos regiones, ciudades, etc.] : *Sevilla se comunica con Jerez por autopista* Séville est reliée à Jerez par l'autoroute **3.** [el fuego] se propager.

comunicativo, va adj communicatif(ive).

comunidad sf communauté *f* ▸ **comunidad autónoma** communauté autonome ▸ **comunidad de bienes** communauté de biens ▸ **comunidad de propietarios** syndicat *m* de copropriétaires.
◆ **Comunidad Europea** sf Communauté *f* européenne.
◆ **Comunidad Valenciana** npr communauté *f* autonome de Valence.

Comunidad Autónoma

La division de l'Espagne en communautés autonomes a été instituée après le franquisme et inscrite dans la Constitution de 1978. Les premières communautés à avoir obtenu l'autonomie furent celles qui avaient déjà acquis ce statut pendant la seconde République : la Catalogne et le Pays basque, chacune ayant sa langue et sa culture spécifiques. Les autres communautés (la Galice, l'Andalousie, etc.) furent créées successivement au cours d'un processus conclu en 1983, qui a abouti à l'actuelle carte des 17 **comunidades autónomas** auxquelles il faut ajouter depuis 1995 les villes autonomes de Ceuta et Melilla en Afrique du Nord. Les communautés sont dotées d'institutions propres dont les compétences varient d'une communauté à une autre, mais qui sont en général très étendues.

comunión sf *pr* & *fig* communion *f.*

comunismo sm communisme *m.*

comunista adj & smf communiste.

comunitario, ria adj communautaire.

con

◈ prep

1. [gen] avec ▸ **lo ha conseguido con su esfuerzo** il y est parvenu grâce à son effort ▸ **una cartera con varios documentos** un attaché-case contenant plusieurs documents ▸ **para con** envers / *es amable para con todos* il est gentil envers tout le monde

2. [a pesar de] bien que ▸ **con todo** malgré tout, néanmoins / *con todo lo estudioso que es le suspendieron* bien qu'il soit très studieux, il n'a pas été reçu

3. *(+ infin)* [para introducir una condición] si *(+ v)* / *con salir a las diez vale* si nous partons à dix heures, ça va

4. [expresa condición] ▸ **con (tal) que** *(+ subj)* du moment que / *con que llegue a tiempo me conformo* du moment qu'il arrive à temps, je ne me plains pas

5. [para expresar queja o decepción] *¡mira que perder con lo bien que jugaste!* quel dommage que tu aies perdu, tu avais pourtant si bien joué !

6. AM [indica lugar] auprès de, chez / *los sábados comen con su madre* le samedi ils déjeunent chez leur mère

7. MÉX [indica posterioridad] après / *ha trabajado día con día* il a travaillé jour après jour

conato sm **1.** [intento] tentative *f* ▸ **conato de robo** tentative de vol **2.** [comienzo] début *m* ▸ **conato de incendio** début d'incendie.

concadenar = **concatenar**.

concatenación sf enchaînement *m.*

concatenar, concadenar vt enchaîner.

concavidad sf **1.** [cualidad] concavité *f* **2.** [lugar] anfractuosité *f.*

cóncavo, va adj concave.

concebir [26] vt & vi concevoir.

conceder vt **1.** [dar] accorder ; [premio] décerner **2.** [asentir] admettre.

concejal, la sm, f conseiller municipal *m*, conseillère municipale *f.*

concejalía sf *siège de conseiller municipal.*

concejo sm conseil *m* municipal.

concelebrar vt concélébrer.

concentración sf **1.** [gen] concentration *f* ▸ **concentración parcelaria** ECON remembrement *m* **2.** [de gente] rassemblement *m* **3.** DEP entraînement *m.*

concentrado sm concentré *m.*

concentrar vt **1.** [gen] rassembler **2.** QUÍM & MIL concentrer. ◆ **concentrarse** vprnl **1.** [fijar la atención] se concentrer **2.** [reunirse] se rassembler.

concéntrico, ca adj concentrique.

concepción sf conception *f.*

concepto sm **1.** [idea] concept *m* **2.** [opinión] ▸ **tener un gran concepto de alguien** avoir une haute idée de qqn **3.** [motivo] ▸ **bajo ningún concepto** en aucun cas ▸ **en concepto de** au titre de **4.** [de cuenta] chapitre *m.*

conceptual adj conceptuel(elle).

conceptuar [6] vt : *le conceptúan de inteligente* on le tient pour intelligent.

concerniente adj ▸ **concerniente a algo** concernant qqch.

concernir [21] v impers concerner ▸ **en lo que concierne a...** en ce qui concerne... ▸ **por lo que a mí me concierne** en ce qui me concerne.

concertación sf concertation *f* ▸ **concertación salarial** accord *m* salarial.

concertado, da adj **1.** [acción, plan] concerté(e), organisé(e) **2.** [tratado, negocio] conclu(e) **3.** [organismo, médico] agréé(e) **4.** ESP [escuela] privé(e) sous contrat.

concertar [19] ❖ vt [precio] convenir de ; [entrevista, cita] fixer ; [pacto, etc.] conclure. ❖ vi [concordar] ▸ **concertar (con)** concorder (avec).

concertina sf concertina *m*.

concertino sm premier violon *m*.

concertista smf concertiste *mf*.

concesión sf [gen & COM] concession *f* ; [de un premio] remise *f*.

concesionario, ria adj & sm, f concessionnaire.

concha sf **1.** [de animales] coquille *f* ; [de tortuga] carapace *f* **2.** [material] écaille *f* **3.** AM *vulg* [genital] chatte *f*. ◆ **concha de su madre** smf AM *vulg* salaud *m*, salope *f*.

conchabarse vprnl *fam* s'acoquiner.

conchudo, da adj AM *vulg* con (conne).

conciba ⟶ **concebir**.

concibiera ⟶ **concebir**.

conciencia, consciencia sf conscience *f* ▸ **a conciencia** consciencieusement ▸ **remorderle a alguien la conciencia** avoir mauvaise conscience.

concienciar [8] vt faire prendre conscience. ◆ **concienciarse** vprnl prendre conscience.

concientizar vt AM faire prendre conscience. ◆ **concientizarse** vprnl AM prendre conscience à.

concienzudo, da adj consciencieux(euse).

concierna ⟶ **concernir**.

concierta ⟶ **concertar**.

concierto sm **1.** MÚS [obra] concerto *m* ; [función] concert *m* **2.** [acuerdo] accord *m* ▸ **concierto económico** accord économique **3.** [orden] ordre *m*.

conciliable adj conciliable.

conciliábulo sm conciliabule *m*.

conciliación sf conciliation *f*.

conciliador, ra adj conciliant(e).

conciliar[1] adj conciliaire *(d'un concile)*.

conciliar[2] [8] vt **1.** [enemigos] réconcilier **2.** [varias actividades, cosas, etc.] concilier ▸ **conciliar el sueño** trouver le sommeil.

conciliatorio, ria adj conciliatoire.

concilio sm concile *m* ▸ **concilio ecuménico** concile œcuménique.

concisión sf concision *f*.

conciso, sa adj concis(e).

concitar vt ▸ **concitar a alguien contra alguien** dresser qqn contre qqn / *concitó contra sí mi malhumor* il s'est attiré ma mauvaise humeur.

conciudadano, na sm, f concitoyen *m*, -enne *f*.

cónclave, conclave sm **1.** RELIG conclave *m* **2.** [familiar, entre amigos, etc.] réunion *f*.

concluir [51] ❖ vt **1.** [finalizar] terminer, finir **2.** [sacar conclusión] conclure. ❖ vi finir ▸ **concluir haciendo o por hacer algo** finir par faire qqch.

conclusión sf **1.** [gen] conclusion *f* ▸ **en conclusión** pour conclure **2.** [acuerdo] accord *m* ▸ **llegar a una conclusión** parvenir à un accord.

concluyente adj concluant(e).

concomer vt ronger. ◆ **concomerse** vprnl ▸ **concomerse de a)** [envidia, impaciencia] mourir de **b)** [remordimiento] être rongé(e) de.

concomitancia sf concomitance *f*.

concomitante adj concomitant(e).

concordancia sf [gen & GRAM] concordance *f* ; [entre palabras] accord *m*.

concordar [23] ❖ vt [personas] mettre d'accord ; [cosas] accorder. ❖ vi **1.** [coincidir] concorder **2.** GRAM s'accorder ▸ **concordar en género y número** s'accorder en genre et en nombre.

concordato sm concordat *m*.

concorde adj ▸ **estar concorde** être d'accord.

concordia sf entente *f*.

concreción sf **1.** [limitación] précision *f* **2.** [de partículas] concrétion *f*.

concretamente adv concrètement.

concretar vt **1.** [precisar] préciser ▸ **concretar una fecha** convenir d'une date **2.** [concretizar] ▸ **concretar un acuerdo** conclure un accord **3.** [reducir a lo esencial] résumer. ◆ **concretarse** vprnl **1.** [limitarse] ▸ **concretarse a hacer algo** se borner à faire qqch **2.** [materializarse] se concrétiser.

concreto, ta adj concret(ète) ; [determinado] précis(e) ▸ **en concreto a)** [en resumen] en bref **b)** [específicamente] précisément ▸ **nada en concreto** rien de précis. ◆ **concreto** sm AM [hormigón] béton *m* ▸ **concreto armado** béton armé.

concubina sf concubine *f*.

concubinato sm concubinage *m*.

concuerda ⟶ **concordar**.

conculcar [10] vt enfreindre.

concuñado, da sm, f beau-frère *m*, belle-sœur *f* par alliance.

concupiscencia sf concupiscence *f*.

concurrencia sf **1.** [asistencia] assistance *f* **2.** [de sucesos] coïncidence *f* ; [de circunstancias] concours *m*

3. ECON concurrence *f* ▸ **no concurrencia** DER clause *f* de non-concurrence.

> ⚠ **Concurrence** es un falso amigo, no significa *concurrencia*, sino "competencia".

concurrente ◆ adj [líneas] concourant(e). ◆ smf : *los concurrentes del bar* les gens qui fréquentent le bar.

concurrido, da adj [lugar] fréquenté(e) ; [espectáculo] couru(e).

concurrir vi **1.** [asistir] ▸ **concurrir a** assister à **2.** [influir] ▸ **concurrir a** contribuer à **3.** [participar] ▸ **concurrir a** participer à.

concursante smf participant *m*, -e *f (à un concours)*.

concursar vi concourir.

concurso sm **1.** [gen] concours *m* ▸ **concurso de belleza** concours de beauté ▸ **concurso de televisión** jeu *m* télévisé **2.** [para una obra] adjudication *f* ▸ **salir a concurso** être mis(e) en adjudication **3.** [licitación] appel *m* d'offres ▸ **concurso público** adjudication *f*.

condado sm [territorio] comté *m*.

condal adj comtal(e) ▸ **la Ciudad condal** Barcelone.

conde, esa sm, f comte *m*, comtesse *f*.

condecoración sf **1.** [insignia] décoration *f* **2.** [acto] remise *f* de décoration.

condecorar vt décorer *(d'une médaille)*.

condena sf peine *f* ▸ **cumplir condena** purger une peine.

condenable adj condamnable.

condenado, da ◆ adj **1.** [a una pena] condamné(e) **2.** RELIG damné(e) **3.** *fam* & *fig* [maldito] satané(e). ◆ sm, f **1.** [a una pena] condamné *m*, -e *f* ▸ **trabajar como un condenado** *fig* travailler comme un forçat **2.** RELIG damné *m*, -e *f*.

condenar vt **1.** [gen] condamner ▸ **condenar a alguien a algo / a hacer algo** condamner qqn à qqch / à faire qqch **2.** [al fracaso, silencio, etc.] ▸ **condenar a** vouer à. ◆ **condenarse** vprnl **1.** [acusarse] se déclarer coupable **2.** RELIG être damné(e).

condensación sf condensation *f*.

condensado, da adj condensé(e) ▸ **la leche condensada** le lait concentré.

condensador sm AUTO condenseur *m* ; ELECTR condensateur *m*.

condensar vt *pr* & *fig* condenser.

condescendencia sf **1.** [benevolencia] complaisance *f* **2.** [altivez] condescendance *f*.

condescender [20] vi ▸ **condescender a** **a)** [con amabilidad] consentir à **b)** [con desprecio] condescendre à.

condescendiente adj complaisant(e).

condición sf **1.** [gen] condition *f* / *de condición humilde* de condition modeste ▸ **a** o **con la condición de que** à condition que ▸ **con una sola condición** à une seule condition ▸ **sin condiciones** sans condition **2.** [carácter] caractère *m*. ◆ **condiciones** sfpl **1.** [aptitud] dispositions *fpl* **2.** [circunstancias] conditions *fpl* ▸ **condiciones atmosféricas / de vida** conditions atmosphériques / de vie **3.** [estado] état *m* ▸ **estar en condiciones (de** o **para hacer algo)** être en état (de faire qqch) ▸ **no estar en condiciones, estar en malas condiciones** [alimento] être avarié(e).

condicionado, da adj conditionné(e).

condicional ◆ adj **1.** [gen & GRAM] conditionnel(elle) **2.** [con condiciones] sous condition. ◆ sm GRAM conditionnel *m*.

condicionamiento sm conditionnement *m* ▸ **imponer el condicionamiento de que** poser comme condition que.

condicionante sm ▸ **ser el condicionante de algo** conditionner qqch.

condicionar vt ▸ **condicionar (algo a algo)** faire dépendre (qqch de qqch) / *condicionará su respuesta al resultado* il donnera sa réponse en fonction du résultat.

condimentación sf assaisonnement *m*.

condimentar vt assaisonner.

condimento sm condiment *m*.

condiscípulo, la sm, f condisciple *mf*.

Cómo expresar la condición

- **Je veux bien l'héberger à condition qu'il ne reste que quelques jours.** *No me molesta hospedarlo, a condición de que solo se quede algunos días.*
- **Si tu prépares le repas, je veux bien t'inviter à dîner.** *Si eres tú quien prepara la comida, te invito a cenar con mucho gusto.*
- **Pour être admis en deuxième année, il faut avoir réussi dans toutes les matières.** *Para pasar al segundo año, hay que haber aprobado todas las asignaturas.*
- **Je ne pourrai partir en vacances qu'à condition d'avoir fini le dossier.** *Sólo podré irme de vacaciones si he finalizado el expediente.*
- **On ne peut se présenter au concours que si l'on a l'âge requis.** *Sólo es posible presentarse a las oposiciones si se tiene la edad requerida.*
- **La maîtrise de l'espagnol est une condition impérative pour occuper le poste / présenter sa candidature.** *Dominar el español es un requisito imperativo para ocupar el puesto / presentar su candidatura.*
- **Tu pourras sortir seulement si tu as fini ton travail.** *Sólo si has terminado tu trabajo podrás salir.*
- **Je te prête mon vélo mais il faut que tu sois prudent.** *Te presto mi bicicleta pero tienes que ser prudente.*

condolencia sf condoléances *fpl* ▸ **expresar su condolencia a alguien** présenter ses condoléances à qqn.

condolerse [24] vprnl ▸ **condolerse (de)** compatir (à).

condominio sm **1.** [de un territorio] condominium *m* **2.** [de una cosa] copropriété *f* **3.** AM [edificio] immeuble appartenant à plusieurs propriétaires.

condón sm *fam* capote *f*, préservatif *m*.

condonación sf [de deuda] remise *f*.

condonar vt [peine, dette] remettre.

cóndor sm condor *m*.

conducción sf **1.** ESP [de vehículo, negocio] conduite *f* **2.** FÍS conduction *f*.

conducir [33] ❖ vt **1.** [gen] conduire ▸ **conducir una investigación** mener une enquête **2.** [líquido] amener. ❖ vi conduire / *tu decisión no nos condujo a nada* ta décision ne nous a menés à rien. ◆ **conducirse** vprnl se conduire.

conducta sf conduite *f (comportement)*.

conductismo sm comportementalisme *m*.

conductividad sf conductivité *f*.

conducto sm **1.** [de fluido & ANAT] conduit *m* **2.** *fig* [camino] voie *f* ▸ **por conducto de** par voie de.

conductor, ra ❖ adj FÍS conducteur(trice). ❖ sm, f [de automóvil] conducteur *m*, -trice *f* ; [de camión, autobús] chauffeur *m*. ◆ **conductor** sm FÍS conducteur *m*.

conduela ⟶ **condolerse**.

conectado, da adj **1.** ELECTR branché(e) ▸ **conectado a** branché sur **2.** INFORM connecté(e).

conectar ❖ vt **1.** ELECTR ▸ **conectar algo (a)** brancher qqch (sur) **2.** [unir] ▸ **conectar algo (con)** raccorder qqch (à). ❖ vi **1.** RADIO & TV prendre l'antenne ▸ **conectar con** établir la liaison avec **2.** [persona] ▸ **conectar con** entrer en contact avec.

conector sm **1.** ELECTR connecteur *m* **2.** LING connecteur *m*, mot *m* de liaison.

conejera sf clapier *m*.

conejillo ◆ **conejillo de Indias** sm cochon *m* d'Inde ▸ **ser un conejillo de Indias** servir de cobaye.

conejo, ja sm, f lapin *m*, -e *f* ▸ **conejo a la cazadora** CULIN ≃ lapin chasseur.

conexión sf **1.** [entre dos cosas] lien *m* **2.** ELECTR branchement *m* **3.** RADIO & TV liaison *f*. ◆ **conexiones** sfpl [influencia] contacts *mpl* ▸ **conexiones internacionales** contacts à l'étranger.

conexo, xa adj connexe.

confabulación sf complot *m*.

confabular vi deviser. ◆ **confabularse** vprnl ▸ **confabularse para hacer algo** comploter de faire qqch.

confección sf **1.** [de ropa] confection *f*, prêt-à-porter *m* ▸ **de confección** de prêt-à-porter **2.** [de comida, medicamento] préparation *f* ; [de lista] établissement *m*.

confeccionar vt **1.** [gen] confectionner **2.** [bebida, preparación] préparer ; [lista] dresser, établir.

confederación sf confédération *f*.

confederado, da adj confédéré(e).

confederarse vprnl se confédérer.

conferencia sf **1.** [gen] conférence *f* ▸ **dar una conferencia** faire une conférence ▸ **conferencia episcopal** concile *m* ▸ **conferencia de prensa** conférence de presse **2.** [por teléfono] communication *f* (longue distance) ▸ **poner una conferencia** téléphoner à l'étranger.

conferenciante smf conférencier *m*, -ère *f*.

conferenciar [8] vi s'entretenir / *han estado conferenciando dos horas* ils se sont entretenus deux heures.

conferencista smf AM conférencier *m*, -ère *f*.

conferir [27] vt [gen] ▸ **conferir algo a alguien** **a)** conférer qqch à qqn **b)** [responsabilidades] confier qqch à qqn.

confesar [19] vt **1.** [gen] avouer ▸ **confesar su ignorancia** confesser son ignorance **2.** RELIG ▸ **confesar a alguien** confesser qqn ▸ **confesar algo** confesser qqch. ◆ **confesarse** vprnl RELIG ▸ **confesarse (de algo)** se confesser (de qqch).

confesión sf **1.** [de culpa, secreto] aveu *m* **2.** RELIG confession *f*.

confesional adj confessionnel(elle) ▸ **un Estado confesional** *un pays avec une religion d'État*.

confesionario sm confessionnal *m*.

confeso, sa adj [marxista, etc.] avoué(e) ; [judío] converti(e) / *un reo confeso* un inculpé qui a avoué.

confesonario sm confessional *m*.

confesor sm confesseur *m*.

confeti smpl confetti *m*.

confiable adj AM [fiable] : *un amigo confiable* un ami de confiance.

confiado, da adj confiant(e).

confianza sf **1.** [fe, seguridad] ▸ **confianza (en algo / alguien)** confiance (en qqch / qqn) / *tengo confianza en que se arreglarán las cosas* j'ai bon espoir que les choses s'arrangent ▸ **de confianza** de confiance **2.** [familiaridad] : *tengo mucha confianza con él* nous sommes très intimes / *nos tratamos con mucha confianza* nous sommes très proches ▸ **conmigo hay confianza** nous sommes entre amis ▸ **en confianza** entre nous. ◆ **confianzas** sfpl ▸ **tomar confianzas con alguien** prendre des libertés avec qqn.

confiar [9] ❖ vt ▸ **confiar algo a alguien** confier qqch à qqn. ❖ vi **1.** [tener fe] ▸ **confiar en** avoir confiance en o dans, compter sur / *confío en ti* j'ai confiance en toi **2.** [esperar] ▸ **confiar en / en que** avoir bon espoir de / que / *confío en verle mañana* j'espère le voir demain. ◆ **confiarse** vprnl **1.** [despreocuparse] être sûr(e) de soi **2.** [sincerarse] ▸ **confiarse a alguien** se confier à qqn.

confidencia sf confidence *f*.

confidencial adj confidentiel(elle).

confidencialidad sf confidentialité *f*.

confidente smf **1.** [amigo] confident *m*, -e *f* **2.** [soplón] indicateur *m*, -trice *f*.

confiera ⟶ **conferir**.

confiesa ⟶ **confesar**.

configuración sf [gen & INFORM] configuration *f*.

configurar vt **1.** [formar] donner forme à **2.** INFORM configurer.

confín sm *(gen pl)* confins *mpl*.

confinamiento sm **1.** [de detenido] assignation *f* à résidence **2.** [de desterrado] exil *m*.

confinar vt **1.** [detener] interner ▸ **confinar en el domicilio** assigner à résidence **2.** [desterrar] exiler.

confiriera ⟶ **conferir**.

confirmación sf confirmation *f*.

confirmar vt **1.** [gen] confirmer **2.** [idea] : *confirma la idea que tenía de que...* cela me conforte dans l'idée que....

confiscación sf confiscation *f*.

confiscar [10] vt confisquer.

confitado, da adj confit(e).

confitar vt confire.

confite sm sucrerie *f*.

confitería sf **1.** [tienda] confiserie *f* **2.** AM [café] café *m*.

confitero, ra sm, f confiseur *m*, -euse *f*.

confitura sf confiture *f*.

conflagración sf conflagration *f*.

conflictividad sf : *me preocupa la conflictividad de este asunto* cette affaire pose des problèmes qui m'inquiètent ▸ **conflictividad social** les conflits sociaux.

conflictivo, va adj [situación] conflictuel(elle) ; [tema, asunto] polémique ; [persona] contestataire.

conflicto sm conflit *m*.

confluencia sf **1.** [acción] confluence *f* **2.** [cruce - de ríos] confluent *m* ; [- de calles] carrefour *m*.

confluir [51] vi **1.** [ríos] confluer ; [calles] converger **2.** [personas] se rejoindre.

conformar vt [configurar] adapter.
◆ **conformarse** vprnl ▸ **conformarse con** a) se contenter de b) [suerte, destino] se résigner à.

> ⚠ **Se conformer** es un falso amigo, no significa *conformarse*, sino "adaptarse" y también "someterse".

conforme ◆ adj **1.** ▸ **conforme a** a) [acorde] conforme à b) [adaptado] adapté(e) à **2.** ▸ **conforme con** a) [de acuerdo] d'accord avec b) [contento] heureux(euse) de. ◆ adv **1.** [igual, según] tel que (telle que) / *te lo cuento conforme lo he vivido* je te le raconte tel que je l'ai vécu **2.** [a medida que] à mesure que / *conforme envejecía* à mesure qu'il vieillissait **3.** [en cuanto] dès que / *conforme amanezca, iré* j'irai dès qu'il fera jour ▸ **conforme a** conformément à.

conformidad sf **1.** [aprobación] consentement *m* ▸ **conformidad con** consentement à ▸ **dar su conformidad** donner son consentement **2.** [resignación] résignation *f*.

conformismo sm conformisme *m*.

conformista adj & smf conformiste.

confort sm confort *m*.

confortable adj confortable.

confortar vt réconforter.

confraternidad sf fraternité *f* ; [entre países] amitié *f*.

confraternizar [13] vi fraterniser.

confrontación sf confrontation *f*.

confrontar vt confronter / *confrontar a los testigos* confronter les témoins.

confucianismo, confucionismo sm confucianisme *m*.

confundido, da adj **1.** [equivocado] : *estar confundido* se tromper **2.** [turbado] confus(e).

confundir vt **1.** [gen] ▸ **confundir una cosa con otra** confondre une chose avec une autre ▸ **confundir algo** [letras, números, etc.] mélanger qqch / *confundí la receta* je me suis trompé de recette **2.** [liar] embrouiller.
◆ **confundirse** vprnl **1.** [equivocarse] se tromper ▸ **se ha confundido** [al teléfono] vous faites erreur **2.** [liarse] s'embrouiller **3.** [no distinguirse] ▸ **confundirse en** o **entre** se fondre dans.

confusión sf **1.** [gen] confusion *f* **2.** [error] erreur *f*.

confusionismo sm confusion *f*.

confuso, sa adj confus(e).

conga sf conga *f*.

Cómo confirmar

- **Je te confirme que je viendrai à ta soirée.** *Te confirmo que vendré a tu fiesta.*
- **La présence du ministre à la conférence est confirmée.** *La presencia del ministro a la conferencia está confirmada.*
- **Notre arrivée est bien prévue à 18h mardi prochain.** *En efecto, está previsto que lleguemos el martes que viene a las seis de la tarde.*
- **C'est bien ce que je vous avais dit dans ma lettre.** *Es exactamente lo que le había dicho en la carta.*
- **C'est tout à fait ça !** *¡Es exactamente esto!*
- **C'est lui, j'en suis sûre.** *Es él, estoy segura.*
- **C'est bien la personne que j'ai vue, j'en suis certain.** *Estoy seguro de que es la persona que vi.*
- **En effet, ce sont mes lunettes.** *En efecto, son mis gafas.*

congelación sf **1.** [de alimentos] congélation *f* **2.** [de precios, salarios] gel *m*.

congelado, da adj **1.** [líquido, persona] gelé(e) **2.** [alimento] congelé(e) **3.** [proceso, salario] gelé(e), bloqué(e). ◆ **congelado** sm [congelación] congélation *f*. ◆ **congelados** smpl surgelés *mpl*.

congelador sm congélateur *m*.

congelar vt **1.** [alimento] congeler ; [a temperatura baja] surgeler **2.** [precios, salarios, etc.] geler. ◆ **congelarse** vprnl *pr* & *fig* geler.

congénere smf congénère *mf*.

congeniar [8] vi ▸ **congeniar (con)** sympathiser (avec).

congénito, ta adj **1.** [malformación] congénital(e) ; [enfermedad] héréditaire **2.** [talento, etc.] inné(e).

congestión sf **1.** MED congestion *f* **2.** [atasco] ▸ **la congestión del tráfico** les embouteillages *mpl*.

congestionado, da adj **1.** [nariz] bouché(e) **2.** [rostro] congestionné(e).

congestionar vt bloquer. ◆ **congestionarse** vprnl **1.** MED être congestionné(e) / *se le congestionó la cara de rabia* son visage est devenu rouge de colère **2.** [atascarse] être bloqué(e).

conglomerado sm **1.** GEOL & ECON conglomérat *m* **2.** TECNOL aggloméré *m* **3.** *fig* [mezcla] groupement *m* ▸ **conglomerado urbano** conurbation *f*.

conglomerar vt **1.** TECNOL conglomérer **2.** *fig* [opiniones, etc.] rassembler / *conglomeraron sus intereses* ils ont uni leurs intérêts.

Congo npr ▸ **el Congo** le Congo ▸ **la República Democrática del Congo** la République démocratique du Congo *f*.

congoja sf angoisse *f*.

congoleño, ña ◈ adj congolais(e). ◈ sm, f Congolais *m*, -e *f*.

congraciarse [8] vprnl ▸ **congraciarse con alguien** s'attirer la sympathie de qqn.

congratular vt ▸ **congratular a alguien por algo** féliciter qqn de o pour qqch. ◆ **congratularse** vprnl ▸ **congratularse por algo** se féliciter de qqch ▸ **congratularse de que** o **que** se féliciter que.

congregación sf congrégation *f*.

congregar [16] vt réunir.

congresista smf **1.** [en congreso] congressiste *mf* **2.** [político] membre *m* du Congrès.

congreso sm **1.** [reunión] congrès *m* **2.** POLÍT ▸ **congreso de diputados** [en España] ≃ Chambre *f* des députés. ◆ **Congreso** sm ▸ **el Congreso** [en Estados Unidos] le Congrès.

congrí sm CUBA *plat à base de riz et de haricots*.

congrio sm congre *m*.

congruencia sf [coherencia] cohérence *f*.

congruente adj ▸ **ser congruente (con)** avoir un rapport logique (avec).

cónico, ca adj **1.** GEOM conique **2.** [bonete] pointu(e).

coníferas sfpl conifères *mpl*.

conjetura sf conjecture *f* ▸ **hacerse una conjetura** se livrer à des conjectures ▸ **hacer conjeturas** se perdre en conjectures.

conjeturar vt ▸ **conjeturar algo** faire des conjectures sur qqch ▸ **conjeturar que** supposer que.

conjugación sf **1.** [GRAM - de un verbo] conjugaison *f* ; [- clase de verbos] groupe *m* **2.** [de cosas] ensemble *m*.

conjugar [16] vt **1.** GRAM conjuguer **2.** [combinar] joindre, allier. ◆ **conjugarse** vprnl **1.** GRAM se conjuguer **2.** *fig* [elementos] se conjuguer, s'allier.

conjunción sf *pr* & *fig* conjonction *f*.

conjuntado, da adj assorti(e) ▸ **ir conjuntado** porter des vêtements assortis.

conjuntamente adv conjointement.

conjuntar vt **1.** [gen] assortir **2.** DEP [equipo] souder.

conjuntiva sf ⟶ **conjuntivo**.

conjuntivitis sf inv conjonctivite *f*.

conjuntivo, va adj conjonctif(ive). ◆ **conjuntiva** sf ANAT conjonctive *f*.

conjunto, ta adj conjoint(e) ; [hechos, acontecimientos] simultané(e). ◆ **conjunto** sm **1.** [gen, MAT & MÚS] ensemble *m* ; [de rock] groupe *m* ▸ **en conjunto** dans l'ensemble ▸ **un conjunto de circunstancias** un concours de circonstances ▸ **conjunto urbanístico** grand ensemble *m* **2.** [de deporte] tenue *f*.

conjura sf conjuration *f*.

conjurado, da adj & sm, f conjuré(e).

conjurar ◈ vi [conspirar] conspirer. ◈ vt **1.** [exorcizar] conjurer **2.** [evitar] parer à.

conjuro sm [exorcismo] conjuration *f* ; [súplica] exhortation *f*.

conllevar vt **1.** [implicar] impliquer ▸ **conllevar riesgos** comporter des risques **2.** [soportar] supporter, endurer.

conmemoración sf commémoration *f* ▸ **en conmemoración de** en commémoration de.

conmemorar vt commémorer.

conmemorativo, va adj commémoratif(ive).

conmensurable adj mesurable.

conmigo pron pers avec moi / *llevo / tengo algo conmigo* je porte / j'ai qqch sur moi ▸ **conmigo mismo / misma** avec moi.

conminar vt [amenazar] ▸ **conminar a alguien con algo** menacer qqn de qqch.

conmiseración sf commisération *f*.

conmoción sf **1.** [física, psíquica] commotion *f* ▸ **conmoción cerebral** commotion cérébrale **2.** [política, social] bouleversement *m*.

conmocionar vt **1.** [física o psíquicamente] commotionner **2.** [política o socialmente] bouleverser.

conmovedor, ra adj émouvant(e).

conmover [24] vt **1.** [enternecer] émouvoir **2.** [sacudir] ébranler. ◆ **conmoverse** vprnl **1.** [enternecerse] s'émouvoir **2.** [sacudirse] s'ébranler.

conmutación sf DER commutation *f.*

conmutador sm **1.** ELECTR commutateur *m* **2.** [centralita] standard *m* téléphonique.

conmutar vt DER ▸ **conmutar una pena (por)** commuer une peine (en).

connatural adj inhérent(e) / *la curiosidad es connatural al hombre* la curiosité est inhérente à l'homme.

connivencia sf ▸ **en connivencia** de connivence.

connotación sf connotation *f.*

connotado, a adj AM remarquable.

connotar vt connoter.

cono sm cône *m.*

conocedor, ra sm, f connaisseur *m,* -euse *f* ▸ **ser un buen conocedor de…** être un fin connaisseur en….

conocer [31] vt **1.** [gen] connaître ▸ **conocer a alguien de oídas** avoir entendu parler de qqn ▸ **conocer a alguien de vista** connaître qqn de vue ▸ **darse a conocer** se faire connaître **2.** [por primera vez] ▸ **conocer a alguien** faire la connaissance de qqn **3.** [reconocer] ▸ **conocer a alguien (por algo)** reconnaître qqn (à qqch). ◆ **conocerse** ❖ vprnl **1.** [gen] se connaître ▸ **conocerse de toda la vida** se connaître depuis toujours **2.** [por primera vez] faire connaissance. ❖ v impers [parecer] ▸ **se conoce que…** apparemment….

conocido, da ❖ adj connu(e). ❖ sm, f connaissance *f.*

conocimiento sm connaissance *f* ▸ **con conocimiento de causa** en connaissance de cause ▸ **perder / recobrar el conocimiento** perdre/reprendre connaissance. ◆ **conocimientos** smpl connaissances *fpl* / *tener muchos conocimientos* savoir beaucoup de choses.

conozca ⟶ **conocer**.

conque conj alors / *está de mal humor, conque trátale con cuidado* il est de mauvaise humeur, alors sois gentil avec lui / *¿conque nos vamos o nos quedamos?* alors, on reste ou on s'en va ?

conquense ❖ adj de Cuenca. ❖ smf *natif ou habitant de Cuenca.*

conquista sf *pr* & *fig* conquête *f.*

conquistador, ra ❖ adj [seductor] séducteur(trice). ❖ sm, f **1.** [de tierras] conquérant *m,* -e *f* **2.** HIST conquistador *m* **3.** *fig* [persona seductora] séducteur *m,* -trice *f.*

conquistar vt *pr* & *fig* conquérir.

consabido, da adj [broma, etc.] classique ; [costumbre, paseo] traditionnel(elle).

consagración sf consécration *f* ; [de obispo, rey] sacre *m.*

consagrado, da adj consacré(e).

Los conquistadores

Ce terme fait référence aux Espagnols qui ont découvert le continent américain, l'ont conquis et colonisé. Les conquêtes les plus retentissantes eurent lieu lors de la première moitié du XVIe siècle : Hernán Cortés soumit l'Empire aztèque, tandis que Francisco Pizarro anéantissait l'Empire inca. Très inférieures en nombre aux populations indigènes, leurs armées remportèrent néanmoins des succès rapides et écrasants, notamment par leur supériorité technique (armes à feu, armures, chevaux) et les ravages dus aux maladies importées d'Europe. Au-delà de leur avidité pour l'or et les richesses du Nouveau Monde, les conquistadors œuvraient également pour l'Église, pratiquant des conversions forcées.

consagrar vt consacrer ; [obispo, rey] sacrer ▸ **consagrar algo a algo / a alguien** consacrer qqch à qqch/à qqn. ◆ **consagrarse** vprnl **1.** [dedicarse] ▸ **consagrarse a** se consacrer à **2.** [alcanzar fama] obtenir la consécration.

consanguíneo, a adj consanguin(e).

consanguinidad sf consanguinité *f.*

consciencia = **conciencia**.

consciente adj conscient(e) ▸ **ser consciente de algo** être conscient(e) de qqch ▸ **estar consciente** être conscient(e) *(éveillé).*

consecución sf [de un deseo, objetivo] réalisation *f* ; [de un premio] obtention *f* ; [de un proyecto] réussite *f.*

consecuencia sf conséquence *f* ▸ **a o como consecuencia de** à la suite de ▸ **en consecuencia** par conséquent ▸ **tener consecuencias** avoir des conséquences.

consecuente adj [coherente] conséquent(e).

consecuentemente adv en conséquence.

consecutivo, va adj consécutif(ive) / *el número dos es el consecutivo al uno* le chiffre deux vient immédiatement après le un.

conseguir [43] vt obtenir ; [un objetivo] atteindre ▸ **conseguir hacer algo** réussir à faire qqch.

consejería sf ESP *ministère d'un gouvernement autonome.*

consejero, ra sm, f **1.** [asesor] conseiller *m,* -ère *f* / *Juan es un buen consejero* Juan est de bon conseil **2.** POLÍT ministre *m (d'un gouvernement autonome).*

consejo sm conseil *m* ▸ **dar un consejo** donner un conseil. ◆ **consejo de guerra** sm conseil *m* de guerre. ◆ **consejo de ministros** sm conseil *m* des ministres. ◆ **Consejo de Europa** sm Conseil *m* de l'Europe. *Ver cuadro p. 848.*

Cómo expresar un consejo

Pedir consejo

- **Que feriez-vous à ma place ?** *¿Qué haría usted en mi lugar?*
- **Qu'est-ce que tu en penses ?** *¿Qué piensas (de eso)?*
- **J'aurais besoin d'un conseil.** *Necesito un consejo.*
- **Tu crois que je devrais lui en parler ?** *¿Crees que debería hablarle (de ello)?*

Dar consejos

- **Tu veux mon avis ?** *¿Quieres saber lo que pienso?*
- **Si tu veux mon avis, je pense que tu devrais y aller.** *Si quieres mi opinión, pienso que deberías ir.*
- **Tu sais, je crois que tu devrais accepter.** *¿Sabes qué? Creo que deberías aceptar.*
- **À ta place je le lui dirais.** *En tu lugar se lo diría.*
- **Je vous conseille de le lui dire.** *Le aconsejo que se lo diga.*
- **Tu devrais le lui dire.** *Deberías decírselo.*
- **Tu ferais peut-être mieux de le lui dire.** *Más valdría quizás que se lo dijeras.*
- **Pourquoi tu ne le lui dis pas carrément ?** *¿Por qué no se lo dices claramente?*
- **Et si tu lui en parlais ?** *¿Y si le hablaras (de ello)?*

consenso sm [acuerdo] consensus *m* ; [consentimiento] consentement *m* ▸ **de mutuo consenso** d'un commun accord.

consensual adj consensuel(elle).

consensuar [6] vt approuver à la majorité.

consentido, da ◆ adj gâté(e).
◆ sm, f : *es un consentido* c'est un enfant gâté.

consentimiento sm consentement *m*.

consentir [27] ◆ vt **1.** [gen] permettre ; [el mal, el alboroto] tolérer / *no te consiento que me repliques así* je ne te permets pas de me répondre de cette façon **2.** [mimar] gâter / *le consentía todos los caprichos* elle lui passait tous ses caprices. ◆ vi ▸ **consentir en algo / en hacer algo** consentir à qqch / à faire qqch.

conserje smf gardien *m*, -enne *f*.

conserjería sf **1.** [de hotel] réception *f* **2.** [de edificio] loge *f* ; [de tribunal, etc.] conciergerie *f*.

conserva sf conserve *f* ▸ **en conserva** en conserve.

conservación sf **1.** [gen] conservation *f* **2.** [mantenimiento] entretien *m*.

conservacionismo sm écologisme *m*.

conservacionista ◆ adj écologique.
◆ smf écologiste *mf*.

conservado, da adj conservé(e) ▸ **estar bien conservado** *fam* être bien conservé.

conservador, ra adj & sm, f conservateur(trice).

conservadurismo sm conservatisme *m*.

conservante sm conservateur *m (produit)*.

conservar vt [gen & CULIN] conserver ; [cartas, secreto, salud] garder. ◆ **conservarse** vprnl [persona] être bien conservé(e) / *se conserva joven* il reste jeune.

conservatismo sm AM conservatisme *m*.

conservatorio sm conservatoire *m*.

conservero, ra adj ▸ **la industria conservera** l'industrie de la conserve.

considerable adj [enorme] considérable ; [importante, eminente] remarquable.

considerablemente adv considérablement.

consideración sf **1.** [valoración] examen *m* ▸ **en consideración a algo** compte tenu de qqch ▸ **tomar algo en consideración** prendre qqch en considération **2.** [respeto] considération *f* ▸ **en consideración a alguien** par égard pour qqn ▸ **tratar a alguien con consideración** avoir beaucoup d'égards pour qqn **3.** [importancia] ▸ **de consideración** grave / *hubo varios heridos de consideración* plusieurs personnes ont été grièvement blessées.

considerado, da adj [atento] attentionné(e) ; [respetado] apprécié(e).

considerar vt considérer ▸ **considerar las consecuencias** mesurer les conséquences.

consienta ⟶ **consentir**.

consiga ⟶ **conseguir**.

consigna sf consigne *f*.

consignar vt **1.** [gen] consigner **2.** [cantidad] allouer **3.** [paquete - enviar] envoyer ; [- depositar] laisser à la consigne.

consignatario, ria sm, f consignataire *mf*.

consigo ◆ pron pers [con uno mismo] avec soi ; [con él, ella] avec lui, avec elle ; [con usted] avec vous / *llevar mucho dinero consigo no es prudente* il n'est pas prudent d'avoir beaucoup d'argent sur soi / *lleva siempre la pistola consigo* il a toujours son pistolet sur lui ▸ **consigo mismo / misma** avec lui / elle / *hablar consigo mismo* parler tout seul. ◆ v ⟶ **conseguir.**

consiguiente adj résultant(e) / *recibimos la noticia con la consiguiente pena* nous avons appris la nouvelle et en avons été peinés ▸ **por consiguiente** par conséquent.

consiguiera ⟶ **conseguir**.

consintiera ⟶ **consentir**.

consistencia sf consistance *f*.

consistente adj consistant(e).

consistir vi **1.** [gen] ▸ **consistir en** consister en **2.** [deberse a] ▸ **consistir en** reposer sur.

consistorial adj du conseil municipal ; ⟶ **casa**.

consistorio sm [corporación] conseil *m* municipal ; [edificio] hôtel *m* de ville.

consola sf [tablero de mandos & INFORM] console *f* ▸ **consola de videojuegos** console de jeux (vidéo).

consolación sf consolation *f*.

consolador, ra adj consolant(e).

consolar [23] vt consoler.
◆ **consolarse** vprnl se consoler.

consolidación sf consolidation *f*.

consolidar vt consolider.

consomé sm consommé *m*.

consonancia sf harmonie *f* ▸ **en consonancia con** en accord avec.

consonante sf consonne *f*.

consonántico, ca adj consonantique.

consorcio sm pool *m*, consortium *m* ▸ **consorcio bancario** consortium bancaire.

consorte smf **1.** [esposo] conjoint *m*, -e *f* **2.** [socio] associé *m*, -e *f* ▸ **el príncipe consorte** le prince consort.

conspicuo, cua adj [ilustre] éminent(e) ; [patente] manifeste.

conspiración sf conspiration *f*.

conspirador, ra sm, f conspirateur *m*, -trice *f*.

conspirar vi conspirer.

constancia sf **1.** [perseverancia - en una empresa] persévérance *f* ; [- en las ideas, opiniones] constance *f* **2.** [testimonio] preuve *f* ▸ **dejar constancia de algo** a) [probar] prouver qqch b) [dejar testimonio] laisser un témoignage de qqch c) [registrar] inscrire qqch **3.** AM [certificado] certificat *m*.

constante ❖ adj constant(e). ❖ sf constante *f* ▸ **constantes vitales** constantes vitales.

constantemente adv constamment.

Constantinopla npr Constantinople.

constar vi **1.** [información] ▸ **constar (en)** figurer (dans) / *me consta que ha llegado* je suis sûr qu'il est arrivé ▸ **hacer constar** faire observer ▸ **que conste que...** note que..., notez que... **2.** [estar constituido por] ▸ **constar de** se composer de.

constatación sf **1.** [observación] constatation *f* **2.** [comprobación] vérification *f*.

constatar vt [observar] constater ; [comprobar] vérifier.

constelación sf constellation *f*.

consternación sf consternation *f*.

consternar vt consterner.

constipado, da adj [resfriado] enrhumé(e).
◆ **constipado** sm rhume *m*.

> ⚠ **Constipé** es un falso amigo, no significa *constipado*, sino "estreñido".

constiparse vprnl s'enrhumer.

constitución sf **1.** [gen] constitution *f* **2.** [composición] composition *f*. ◆ **Constitución** sf [de un Estado] ▸ **la Constitución** la Constitution.

constitucional adj constitutionnel(elle).

constitucionalidad sf constitutionnalité *f*.

constituir [51] vt constituer ▸ **constituye para nosotros un honor...** c'est pour nous un honneur de....

constitutivo, va adj constitutif(ive).

constituyente ❖ adj constituant(e).
❖ sm constituant *m*.

constreñir vt **1.** [obligar] ▸ **constreñir a alguien a hacer algo** contraindre qqn à faire qqch **2.** [oprimir] étouffer.

constricción sf **1.** [estrechamiento] constriction *f*, resserrement *m* **2.** MED constriction *f*.

construcción sf **1.** [gen] construction *f* **2.** [arte] bâtiment *m*.

constructivo, va adj constructif(ive).

constructor, ra adj constructeur(trice).
◆ **constructor** sm [de edificios] constructeur *m*.
◆ **constructora** sf entreprise *f* de o en bâtiment.

construir [51] vt construire.

consubstancial = **consustancial**.

consuegro, gra sm, f ▸ **mis consuegros** les beaux-parents de mon fils/ma fille.

consuela ⟶ **consolar**.

consuelo sm consolation *f*, réconfort *m*.

consuetudinario, ria adj coutumier(ère).

cónsul sm consul *m*.

consulado sm consulat *m*.

consular adj consulaire.

consulta sf **1.** [petición de parecer] consultation *f* ▸ **hacer una consulta a alguien** consulter qqn **2.** [de médico] consultation *f* ; [despacho] cabinet *m* (médical) / *el médico pasa consulta de cuatro a seis* le médecin consulte de seize à dix-huit heures.

consultar ❖ vt [libro, persona] consulter ; [dato, fecha] vérifier. ❖ vi ▸ **consultar con alguien** consulter qqn.

consulting [kon'sultin] sm [actividad] conseil *m*.

consultivo, va adj consultatif(ive).

consultor, ra ❖ adj consultant(e), conseil / *órgano consultor* organe consultant / *ingeniero consultor* ingénieur-conseil. ❖ sm, f consultant *m*, -e *f*.

consultora sf RP cabinet *m* de conseil.

consultoría sf cabinet *m* de conseil / *trabajar en una consultoría* travailler comme consultant.

consultorio sm **1.** [de médico] cabinet *m* (de consultation) **2.** PRENSA courrier *m* des lecteurs **3.** RADIO & TV *émission durant laquelle un spécialiste répond aux questions des auditeurs* **4.** [oficina] bureau *m* ▸ **consultorio jurídico** cabinet *m* juridique.

consumación sf consommation *f (accomplissement)*.

consumado, da adj [profesional] accompli(e) ; [granuja, bribón, etc.] parfait(e).

consumar vt consommer *(le mariage)*.

consumible ◆ adj consommable.
◆ sm *(gen pl)* [producto] consommable *m*.

consumición sf consommation *f*.

consumido, da adj [agotado] affaibli(e) ; [flaco] maigre.

consumidor, ra sm, f consommateur *m*, -trice *f*.

consumir ◆ vt **1.** [gen] consommer **2.** [suj: fuego, enfermedad, etc.] consumer. ◆ vi consommer.
◆ **consumirse** vprnl **1.** [con la enfermedad] être rongé(e) **2.** [con el fuego] être consumé(e).

consumismo sm surconsommation *f*.

consumista adj ▸ **la sociedad consumista** la société de consommation.

consumo sm consommation *f* ▸ **consumo de drogas** usage *m* de stupéfiants.

consustancial adj inhérent(e).

contabilidad sf comptabilité *f* ▸ **llevar la contabilidad** tenir la comptabilité ▸ **doble contabilidad** double comptabilité.

contabilización sf comptabilisation *f*.

contabilizar [13] vt comptabiliser.

contable smf ESP comptable *mf*.

contactar vi ▸ **contactar con alguien** contacter qqn.

contacto sm contact *m* ▸ **perder el contacto con alguien** perdre (le) contact avec qqn ▸ **ponerse en contacto con alguien** prendre contact avec qqn. ◆ **contactos** smpl **1.** [amistades] relations *fpl*, contacts *mpl* / *sus contactos le han conseguido un empleo* il a obtenu un emploi grâce à ses relations **2.** ESP PRENSA contacts *mpl*.

contado, da adj **1.** [raro] rare ▸ **contadas veces, en contadas ocasiones** rarement **2.** [enumerado] compté(e).
◆ **contado** sm AM [plazo] paiement *m* / *pagar una deuda en tres contados* régler une dette en trois paiements. ◆ **al contado** loc adv ▸ **pagar al contado** payer comptant.

contador, ra sm, f AM **1.** [prestamista] prêteur *m*, -euse *f* sur gages **2.** AM [contable] comptable *mf*. ◆ **contador** sm [aparato] compteur *m*.

contaduría sf **1.** [oficina] bureau *m* du comptable **2.** [departamento] comptabilité *f*.

contagiar [8] vt [enfermedad] transmettre ; [persona] contaminer. ◆ **contagiarse** vprnl [enfermedad] se transmettre ; [persona] être contaminé(e) ; [risa] se communiquer ▸ **contagiarse con algo** attraper qqch.

contagio sm contagion *f*.

contagioso, sa adj [enfermedad,] contagieux(euse) ; [risa] communicatif(ive).

container = **contenedor**.

contaminación sf **1.** [del medio ambiente] pollution *f* ▸ **contaminación acústica** pollution sonore **2.** [de alimento, de agua potable] contamination *f*.

contaminado, da adj [medio ambiente] pollué(e) ; [alimento, agua potable] contaminé(e).

contaminante adj [del medio ambiente] polluant(e) ; [de alimento] contaminant(e).

contaminar vt **1.** [medio ambiente] polluer ; [alimento] contaminer **2.** *fig* [pervertir] donner le mauvais exemple à.

contante ⟶ **dinero**.

contar [23] ◆ vt **1.** [enumerar, incluir] compter ▸ **contar a alguien entre** compter qqn parmi **2.** [narrar] raconter. ◆ vi **1.** [gen] compter ▸ **contar con algo / alguien** [confiar en] compter sur qqch / qqn / *no contaba con esto* je ne m'attendais pas à ça **2.** [tener] avoir, disposer de / *cuenta con dos horas para hacerlo* il a deux heures pour le faire.

contemplación sf contemplation *f*. ◆ **contemplaciones** sfpl égards *mpl* ▸ **no andarse con contemplaciones** ne pas y aller par quatre chemins.

contemplar vt **1.** [mirar] contempler **2.** [considerar] envisager **3.** [complacer] être indulgent(e) avec.

contemplativo, va adj contemplatif(ive).

contemporaneidad sf contemporanéité *f* / *la contemporaneidad de sus obras / su arte* la contemporanéité de ses oeuvres / son art.

contemporáneo, a adj contemporain(e).

contemporizar [13] vi **1.** [transigir] ▸ **contemporizar con alguien** s'arranger avec qqn **2.** [ceder] ▸ **contemporizar con algo** accepter qqch.

contención sf **1.** CONSTR soutènement *m* **2.** [moderación] retenue *f*.

contencioso, sa adj contentieux(euse).
◆ **contencioso** sm contentieux *m*.

contender [20] vi [competir] rivaliser ; [pelear] lutter.

contendiente adj adverse.

contenedor, ra adj qui contient. ◆ **contenedor** sm container *m* ▸ **contenedor de basura** benne *f* à ordures.

contener [72] vt contenir ; [respiración, risa] retenir.
◆ **contenerse** vprnl se retenir.

contenido sm contenu *m*.

contentar vt faire plaisir à. ◆ **contentarse** vprnl ▸ **contentarse con algo** se contenter de qqch.

contento, ta adj content(e) ▸ **contento con** content de. ◆ **contento** sm joie *f* ▸ **no caber en sí de contento** *fig* être fou (folle) de joie.

conteo sm estimation *f*, évaluation *f*.

contertulio, lia sm, f *participant à une « tertulia »*.

contestación sf réponse *f*.

contestador, ra adj CSUR effronté(e), insolent(e).
◆ **contestador** sm ▸ **contestador (automático)** répondeur (automatique).

contestar vt [dar respuesta] répondre.

contestatario, ria adj contestataire.

contestón, ona adj *fam* [insolente] insolent(e) / *¡niño, no seas contestón!* ne sois pas insolent !

contexto sm contexte *m*.

contextual adj contextuel(elle).

contextualizar [13] vt replacer dans son contexte.

contextura sf **1.** [textura] contexture *f* **2.** [complexión] constitution *f*.

contienda ❖ sf [competición, combate] combat *m* ; [guerra] conflit *m*. ❖ v ⟶ **contender.**

contiene ⟶ **contener**.

contigo pron pers avec toi / *llevas/tienes algo contigo* tu portes/tu as qqch sur toi ▸ **contigo mismo/misma** avec toi.

contigüidad sf contiguïté *f*.

contiguo, gua adj contigu(ë) ; [casa, habitación] voisin(e).

continencia sf [abstinencia] abstinence *f* ; [moderación] modération *f*.

continental adj continental(e).

continente sm **1.** GEOGR continent *m* **2.** [recipiente] contenant *m*.

contingencia sf éventualité *f*.

contingente ❖ adj imprévisible. ❖ sm MIL contingent *m*.

continuación sf suite *f* ▸ **a continuación** ensuite.

continuamente adv continuellement.

continuar [6] ❖ vt continuer. ❖ vi continuer ▸ **continuar haciendo algo** continuer à faire qqch.

continuidad sf continuité *f* ; [permanencia] maintien *m*.

continuista adj [político, política, régimen] conservateur(trice).

continuo, nua adj **1.** [gen & ELECTR] continu(e) ; [movimiento] perpétuel(elle) **2.** [constante] continuel(elle) **3.** [persona] persévérant(e).

contonearse vprnl se dandiner.

contoneo sm dandinement *m*.

contornear vt **1.** [perfilar] tracer le contour de **2.** [seguir el contorno de] faire le tour de.

contorno sm **1.** [línea] contour *m* **2.** *(gen pl)* [territorio] alentours *mpl*.

contorsión sf contorsion *f*.

contorsionarse vprnl se contorsionner ; [de dolor] se tordre.

contorsionista smf contorsionniste *mf*.

contra ❖ prep contre ▸ **en contra** [opuesto] contre / *estar en contra de algo* être contre qqch ▸ **en contra de** [a diferencia de] contrairement à. ❖ sm ▸ **el pro y el contra** le pour et le contre.

contraanálisis sm inv contre-analyse *f* / *el contraanálisis dio positivo/negativo* la contre-analyse est positive/négative.

contraatacar [10] vt contre-attaquer.

contraataque sm contre-attaque *f*.

contrabajo ❖ sm **1.** [instrumento] contrebasse *f* **2.** [voz, cantante] basse *f*. ❖ smf [instrumentista] contrebassiste *mf*.

contrabandista smf contrebandier *m*, -ère *f*.

contrabando sm contrebande *f*.

contracción sf contraction *f*.

contracepción sf contraception *f*.

contraceptivo, va adj contraceptif(ive). ◆ **contraceptivo** sm contraceptif *m*.

contrachapado, da adj contreplaqué(e). ◆ **contrachapado** sm [madera] contreplaqué *m*.

contracorriente sf contre-courant *m* ▸ **ir a contracorriente** *fig* aller à contre-courant.

contráctil adj contractile.

contractual adj contractuel(elle).

contractura sf [muscular] contracture *f*.

contracturado, da adj RP : *tiene la espalda contracturada* il a mal au dos.

contracultura sf contre-culture *f*.

contracultural adj alternatif(ive).

contradecir [66] vt contredire. ◆ **contradecirse** vprnl se contredire.

contradicción sf contradiction *f*.

contradicho, cha pp ⟶ **contradecir**.

contradictorio, ria adj contradictoire.

contraer [73] vt **1.** [reducir el volumen] contracter **2.** [coger - acento, deje] prendre ; [- enfermedad] attraper. ◆ **contraerse** vprnl se contracter.

contraespionaje sm contre-espionnage *m*.

contrafuerte sm contrefort *m*.

contragolpe sm contrecoup *m*.

contrahecho, cha adj [persona] difforme.

contraindicación sf contre-indication *f*.

contraindicado, da adj contre-indiqué(e).

contralmirante sm contre-amiral *m*.

contralor sm AM inspecteur *m* des Finances.

contraloría sf AM inspection *f* des Finances.

contralto ❖ sm [voz] contralto *m*. ❖ smf [cantante] contralto *mf*.

contraluz sm contre-jour *m* ▸ **a contraluz** à contre-jour.

contramaestre sm **1.** NÁUT maître *m* d'équipage **2.** [capataz] contremaître *m*, -esse *f*.

contramanifestación sf contre-manifestation *f*.

contramano ◆ **a contramano** loc adv à contresens.

contraofensiva sf contre-offensive *f*.

contraoferta sf contre-proposition *f*.

contraorden sf contrordre *m* ▸ **si no hay contraorden** sauf contrordre.

contrapartida sf contrepartie *f* ▸ **como contrapartida** en contrepartie.

contrapelo ◆ **a contrapelo** loc adv **1.** [acariciar] à rebrousse-poil **2.** *fig* [actuar] à contrecœur.

contrapesar vt *pr* & *fig* contrebalancer.

contrapeso sm contrepoids *m* ▸ **servir de contrapeso** faire contrepoids.

contraponer [65] vt **1.** [oponer] opposer **2.** [cotejar] confronter. ◆ **contraponerse** vprnl s'opposer.

contraportada sf [de revista, libro] quatrième *f* de couverture ; [de periódico] dernière page *f*.

contraposición sf **1.** [oposición] ▸ **estar en contraposición con** contraster avec **2.** [comparación] confrontation *f*.

contraproducente adj contre-productif(ive).

contraprogramación sf contre-programmation *f*.

contrapuesto, ta adj opposé(e).
◆ **contrapuesto** pp ⟶ **contraponer**.

contrapunto sm **1.** MÚS contrepoint *m* **2.** *fig* [entre cosas, personas] note *f* d'originalité.

contrariado, da adj contrarié(e).

contrariamente ◆ **contrariamente a** loc adv contrairement à.

contrariar [9] vt contrarier.

contrariedad sf **1.** [dificultad] ennui *m* **2.** [disgusto] contrariété *f* **3.** [oposición] contradiction *f*.

contrario, ria ❖ adj [opuesto] contraire, opposé(e) ▸ **al o por el contrario** au contraire / *al contrario de lo que pensaba* contrairement à ce que je pensais ▸ **de lo contrario** sinon ▸ **ser contrario a algo** [persona] être opposé à qqch ▸ **todo lo contrario** bien au contraire ; [rival] adverse. ❖ sm, f [rival] adversaire *mf*. ◆ **contraria** sf ▸ **llevar la contraria a alguien a)** [verbalmente] contredire qqn **b)** [con acciones] contrarier qqn ▸ **llevar siempre la contraria** [contradecir sistemáticamente] avoir l'esprit de contradiction. ◆ **contrario** sm ▸ **el contrario de** le contraire de.

contrarreforma sf Contre-Réforme *f*.

contrarreloj adj DEP contre-la-montre ▸ **ir contrarreloj** être très pressé.

contrarrelojista smf DEP spécialiste *mf* du contre-la-montre.

contrarréplica sf réponse *f (à une réplique)*.

contrarrestar vt **1.** [paliar] neutraliser ; [contrapesar] compenser **2.** DEP [pelota] retourner.

contrarrevolución sf contre-révolution *f*.

contrarrevolucionario, ria adj & sm, f contre-révolutionnaire.

contrasentido sm [interpretación] contresens *m* ; [absurdidad] non-sens *m inv*.

contraseña sf [palabra] mot *m* de passe.

contrastar ❖ vi contraster. ❖ vt **1.** [comprobar] éprouver **2.** [hacer frente] résister à.

contraste sm contraste *m* ; [de caracteres, etc.] différence *f*.

contrata sf adjudication *f (administrative)*.

contratación sf [de personal] embauche *f*.

contratante smf contractant *m*, -e *f*.

contratapa sf **1.** [de libro] deuxième de couverture *f* **2.** CHILE PERÚ RP [de periódico, disco] dos *m*.

contratar vt **1.** [personal] embaucher ; [detective, deportista] engager **2.** [servicio, obra] ▸ **contratar algo con alguien** passer un contrat pour qqch avec qqn.

contraterrorismo sm contre-terrorisme *m*.

contraterrorista adj & smf contre-terroriste.

contratiempo sm contretemps *m* ▸ **tener un contratiempo** avoir un empêchement ▸ **a contratiempo a)** MÚS à contretemps **b)** [demasiado tarde] trop tard.

contratista smf entrepreneur *m*, -euse *f* ▸ **contratista de obras** entrepreneur en bâtiment.

contrato sm contrat *m* ▸ **contrato administrativo** contrat administratif ▸ **contrato de aprendizaje** contrat d'apprentissage ▸ **contrato de arrendamiento / de compraventa** contrat de location / de vente ▸ **contrato basura** *contrat de travail dont les conditions sont très désavantageuses pour l'employé* ▸ **contrato indefinido** contrat à durée indéterminée ▸ **contrato laboral** contrat de travail ▸ **contrato leonino** contrat léonin ▸ **contrato mercantil** contrat commercial ▸ **contrato temporal** contrat à durée déterminée ▸ **contrato a tiempo parcial** contrat à temps partiel ▸ **contrato verbal** contrat verbal.

contravenir [75] vi ▸ **contravenir a** contrevenir à.

contraventana sf contrevent *m*.

contrayente smf ▸ **los contrayentes** les mariés.

contribución sf contribution *f* ▸ **contribución directa / indirecta** contribution directe / indirecte ▸ **contribución urbana** impôts *mpl* locaux.

contribuidor, ra sm, f contributeur *m*, -trice *f*.

contribuir [51] vi **1.** [gen] contribuer **2.** [tomar parte] ▸ **contribuir a** participer à **3.** [pagar impuestos] payer des impôts.

contributivo, va adj INFORM & INTERNET contributif(ive) ▸ **programa contributivo** INFORM logiciel *m* contributif ▸ **enciclopedia contributiva** encyclopédie *f* contributive.

contribuyente smf contribuable *mf*.

contrición sf contrition *f*.

contrincante smf adversaire *mf*.

contrito, ta adj contrit(e).

control sm **1.** [gen] contrôle *m* ▸ **control de calidad** contrôle de qualité ▸ **control de cambios** contrôle des changes ▸ **control de natalidad** contrôle des naissances **2.** [dispositivo de funcionamiento] commande *f*.

controlador, ra sm, f contrôleur *m*, -euse *f* ▸ **controlador aéreo** aiguilleur *m* du ciel.
◆ **controlador** sm INFORM contrôleur *m* ▸ **controlador de disco** contrôleur de disque.

controlar vt **1.** [vigilar, dominar] surveiller **2.** [comprobar] contrôler **3.** [regular] régler.
◆ **controlarse** vprnl se contrôler.

controversia sf controverse *f*.

controvertido, da adj controversé(e).

contubernio sm *fig* collusion *f*.

contumacia sf entêtement *m*.

contumaz adj entêté(e).

contundencia sf **1.** [física] force *f* **2.** *fig* [en el ánimo] ▸ **con contundencia** d'un ton tranchant.

contundente adj **1.** [arma, objeto] contondant(e) **2.** *fig* [razonamiento, argumento] convaincant(e) ; [lógica] implacable ; [prueba] indiscutable.

contusión sf contusion *f*.

contusionar vt contusionner.

contuviera ⟶ **contener**.

conurbación sf conurbation *f*.

conurbano sm RP banlieue *f*.

convalecencia sf convalescence *f*.

convalecer [30] vi être en convalescence ▸ **convalecer de** se remettre de.

convaleciente adj convalescent(e).

convalidación sf [de diploma] équivalence *f*.

convalidar vt **1.** [diploma] valider / *le convalidaron muchas asignaturas* il a obtenu l'équivalence dans beaucoup de matières **2.** [decisión, etc.] confirmer.

convección sf convection *f*.

convector sm convecteur *m*.

convencer [11] vt ▸ **convencer a alguien (de algo)** convaincre qqn (de qqch). ◆ **convencerse** vprnl ▸ **convencerse de algo** se convaincre de qqch.

convencido, da ❖ adj convaincu(e) ▸ **estar convencido de algo** être convaincu de qqch. ❖ sm, f RP convaincu *m*, -e *f* ▸ **es un convencido de que...** il est convaincu que....

convencimiento sm conviction *f*.

convención sf convention *f*.

convencional adj conventionnel(elle).

convencionalismo sm conventionnalisme *m*.

convenido adj [acordado] convenu(e).

conveniencia sf **1.** [pertinencia - de medida, oferta] opportunité *f* ; [- de respuesta] à-propos *m inv* **2.** [interés] convenance *f* ▸ **por su propia conveniencia** dans son propre intérêt. ◆ **conveniencias** sfpl convenances *fpl*.

conveniente adj [beneficioso] bon (bonne) ; [pertinente] opportun(e) ; [correcto] convenable / *sería conveniente asistir a la reunión* il vaudrait mieux aller à la réunion.

convenio sm convention *f* ▸ **convenio colectivo** convention collective.

convenir [75] ❖ vi **1.** [gen] convenir / *conviene analizar la situación* il serait bon d'analyser la situation / *no te conviene hacerlo* tu ne devrais pas le faire ▸ **convenir en que** [acordar que] convenir que / *convenimos en reunirnos* nous avons convenu de nous réunir ▸ **convenir en** [un precio, etc.] convenir de **2.** [asentir] ▸ **convenir en que** admettre que. ❖ vt ▸ **convenir algo** convenir de qqch.

convento sm couvent *m*.

convergencia sf **1.** [de caminos] croisement *m* **2.** *fig* [de intereses, etc.] convergence *f*.

convergente ❖ adj **1.** [líneas, ideas, intereses] convergent(e) **2.** Esp POLÍT *relatif au parti politique nationaliste catalan Convergencia Democrática de Cataluña.* ❖ smf POLÍT *membre du parti nationaliste catalan Convergencia Democrática de Cataluña.*

converger [14] vi **1.** [físicamente] converger **2.** [dos ideas, dos opiniones] ▸ **converger en** tendre vers.

conversación sf conversation *f* ▸ **dar conversación a alguien** faire la conversation à qqn. ◆ **conversaciones** sfpl [negociaciones] pourparlers *mpl*.

conversada sf AM conversation *f*.

conversador, ra ❖ adj bavard(e). ❖ sm, f ▸ **ser un gran conversador** être très volubile.

conversar vi ▸ **conversar con alguien** avoir une conversation avec qqn.

conversión sf conversion *f*.

converso, sa adj & sm, f converti(e).

convertibilidad sf convertibilité *f*.

convertible adj convertible.

convertir [21] vt **1.** [dinero, persona] convertir ▸ **convertir a alguien a algo** RELIG convertir qqn à qqch **2.** [transformar] ▸ **convertir algo en** transformer qqch en / *convirtió a su hijo en una estrella* il a fait de son fils une vedette. ◆ **convertirse** vprnl **1.** RELIG ▸ **convertirse (a)** se convertir (à) **2.** [transformarse] ▸ **convertirse en** devenir.

Cómo convencer

Convencer a alguien de que haga algo

- **S'il te plaît, fais un effort, parle lui.** *Por favor, haz un esfuerzo, háblale.*
- **Allez, sois cool, prête-moi ta voiture.** *fam Vamos, enróllate y préstame el coche.*
- **Vas-y, appelle-le !** *¡Vamos, llámalo!*
- **Allez, viens, tu es sûr que tu ne veux pas venir ?** *Vamos, ven, ¿(estás) seguro que no quieres venir?*
- **Je vous assure, vous ne le regretterez pas.** *Le aseguro que no se arrepentirá.*

Convencer a alguien de que no haga algo

- **Tu as bien réfléchi ? Tu es sûr de vouloir y aller ?** *¿Te lo has pensado bien? ¿(Estás) seguro de que quieres ir?*
- **Si j'étais toi, je n'irais pas.** *Yo que tú no iría.*
- **N'y va pas, ça ne va pas te plaire.** *No vayas, no te va a gustar.*
- **À ta place, j'y réfléchirais à deux fois avant d'accepter.** *En tu lugar, me lo pensaría dos veces antes de aceptar.*

convexo, xa adj convexe.

convicción sf conviction *f* ▸ **tener la convicción de que…** être convaincu(e) que….
◆ **convicciones** sfpl convictions *fpl*.

convicto, ta adj DER ▸ **convicto de** convaincu de.

convidado, da sm, f invité *m*, -e *f*.

convidar ❖ vt inviter ▸ **convidar a alguien a tomar algo** offrir un verre à qqn. ❖ vi ▸ **convidar a** [incitar] inviter à.

conviene ⟶ **convenir**.

convierta ⟶ **convertir**.

convincente adj convaincant(e).

conviniera ⟶ **convenir**.

convite sm **1.** [invitación] invitation *f* **2.** [fiesta] banquet *m*.

convivencia sf vie *f* en commun.

convivir vi ▸ **convivir con** vivre avec / *convive con sus hermanos* il vit avec ses frères.

convocar [10] vt [asamblea, elecciones] convoquer ; [huelga] appeler à.

convocatoria sf **1.** [anuncio, escrito] convocation *f* ; [de huelga] appel *m* **2.** [de examen] session *f*.

convoy (*pl* **convoyes**) sm convoi *m*.

convulsión sf **1.** [de músculos] convulsion *f* **2.** [política, social] agitation *f* **3.** [de tierra, mar] secousse *f*.

convulsionar vt convulsionner, convulser.

convulsivo, va adj convulsif(ive).

convulso, sa adj convulsé(e) ▸ **convulso de ira** *fig* tremblant de colère.

conyugal adj conjugal(e).

cónyuge smf conjoint *m*, -e *f*.

coña sf ESP *mfam* **1.** [guasa] connerie *f* / *espero que lo haya dicho de coña* j'espère qu'il a dit ça en déconnant ▸ **estar de coña** déconner ▸ **¡ni de coña!** même pas en rêve ! ▸ **pasárselo de coña** s'éclater **2.** [molestia] galère *f* ▸ **dar la coña** emmerder, casser les pieds.

coñac (*pl* **coñacs**), **cognac** (*pl* **cognacs**) sm cognac *m*.

coñazo sm *mfam* ▸ **dar el coñazo** emmerder le monde / *¡deja de darnos el coñazo!* arrête de nous emmerder ! ▸ **ser un coñazo** [persona, libro, etc.] être chiant(e) / *es un coñazo tener que trabajar el fin de semana* c'est chiant **o** c'est galère d'avoir à travailler le week-end.

coño *vulg* ❖ sm **1.** [genital] con *m* **2.** [para enfatizar] ▸ **¿dónde coño está el jersey?** où est le pull, bordel ? ▸ **¿qué coño estás haciendo?** qu'est-ce que tu fais, bordel ? ❖ interj ▸ **¡coño!** **a)** [enfado] bordel ! **b)** [asombro] putain !

cookie ['kuki] sf **1.** [galleta] cookie *m* **2.** INFORM cookie *m*.

cooperación sf coopération *f* ▸ **cooperación internacional** coopération *(aide aux pays en développement)*.

cooperador, ra adj coopérant(e).

cooperante adj coopérant(e).

cooperar vi ▸ **cooperar (en algo)** coopérer (à qqch).

cooperativa sf ⟶ **cooperativo**.

cooperativismo sm coopératisme *m*.

cooperativo, va adj coopératif(ive).
◆ **cooperativa** sf coopérative *f* ▸ **cooperativa agrícola** coopérative agricole.

coord. (*abr escrita de* **coordinador**) coord.

coordenada sf *(gen pl)* MAT coordonnée *f*.

coordinación sf coordination *f*.

coordinado, da adj coordonné(e).

coordinador, ra adj & sm, f coordinateur(trice).
◆ **coordinadora** sf [conjunto de personas] fédération *f*.

coordinar vt coordonner ; [palabras] aligner.

copa sf **1.** [vaso] verre *m* (à pied) **2.** [contenido] verre *m* ▸ **ir de copas** sortir prendre un verre **3.** [de árbol] cime *f* **4.** [de sombrero] calotte *f* ▸ **de copa (alta)** haut de forme **5.** DEP coupe *f*. ◆ **copas** sfpl [naipes] *l'une des quatre couleurs du jeu de cartes espagnol*.

copado, da adj RP *fam* **1.** [muy bueno] génial(e) **2.** ▸ **estar copado con algo** **a)** [encantado] être emballé par qqch **b)** [sobrecargado de trabajo] croûler sous qqch.

copante adj RP *fam* super.

copar vt **1.** [puestos] accaparer **2.** MIL prendre par surprise.

copartícipe smf [en empresa] partenaire *mf* ; [en actividad] participant *m*, -e *f*.

COPE (*abr de* **Cadena de Ondas Populares Españolas**) sf *station de radio espagnole*.

copear vi prendre un verre.

Copenhague npr Copenhague.

copeo sm ▸ **ir de copeo** faire la tournée des bars.

copero, ra adj : *un partido copero* une finale de coupe / *un equipo copero* une équipe qui collectionne les coupes.

copete sm **1.** [de ave] huppe *f* **2.** [de pelo] houppe *f* **3.** EXPR **de alto copete** huppé(e).

copetín sm AM apéritif *m*.

copetón, ona adj **1.** AM [ave] huppé(e) **2.** COL *fam* [achispado] éméché(e).

copia sf **1.** [reproducción, acción] copie *f* ; [de foto] épreuve *f* ▸ **copia de seguridad** copie de sauvegarde **2.** [persona] ▸ **ser una copia de alguien** être tout le portrait de qqn.

copiador, ra adj ▸ **una máquina copiadora** un copieur.

copiar [8] ❖ vt copier. ❖ vi [en examen] copier.

copichuela sf *fam* petit verre *m* ▸ **tomarse una copichuela (con alguien)** prendre un verre (avec qqn) / *¿nos tomamos una copichuela?* et si on prenait un petit verre ?

copiloto smf copilote *mf*.

copión, ona sm, f copieur *m*, -euse *f*.

copiosamente adv copieusement / *comer / beber copiosamente* manger/boire copieusement / *llovió copiosamente* il a beaucoup plu.

copioso, sa adj [comida] copieux(euse) ; [lluvia, cabellera] abondant(e).

copista smf copiste *mf*.

copistería sf *magasin de photocopie*.

copla sf **1.** [canción] chanson *f* populaire **2.** [estrofa] couplet *m*. ◆ **coplas** sfpl **1.** [versos] vers *mpl* **2.** *fig* [habladurías] histoires *fpl*.

copo sm flocon *m*.

copón sm ciboire *m* ▸ **del copón** ESP *mfam* : *nos lo pasamos del copón* on s'est éclatés / *hace un frío del copón* il fait un froid de canard / *jugaron un partido del copón* ils ont joué un match d'enfer / *un lío del copón* une grosse embrouille.

copresidencia sf coprésidence *f*.

copresidente, ta sm, f coprésident *m*, -e *f*.

coprocesador sm coprocesseur *m* ▸ **coprocesador matemático** coprocesseur arithmétique.

coproducción sf coproduction *f*.

coproducir [33] vt coproduire.

copropiedad sf copropriété *f*.

copropietario, ria sm, f copropriétaire *mf*.

coprotagonista smf partenaire *mf*.

coprotagonizar vt partager l'affiche de / *ambas actrices coprotagonizan la última película del director mexicano* les deux actrices partagent l'affiche du dernier film du réalisateur mexicain.

copto, ta adj copte. ◆ **copto** sm [lengua] copte *m*.

cópula sf **1.** [sexual] copulation *f* **2.** GRAM copule *f*.

copulación sf copulation *f*.

copular vi copuler. ◆ **copularse** vprnl s'accoupler.

copulativo, va adj copulatif(ive) ; ⟶ **verbo**.

copyright [ˌkopi'rrait] sm copyright *m*.

coque sm coke *m*.

coquetear vi [tratar de agradar] minauder ; [flirtear] flirter.

coqueteo sm *pr* & *fig* flirt *m*.

coquetería sf coquetterie *f*.

coqueto, ta adj **1.** [gen] coquet(ette) **2.** [que flirtea] aguicheur(euse).

coracero sm cuirassier *m*.

coraje sm **1.** [valor] courage *m* **2.** [rabia] ▸ **dar coraje** mettre en colère.

coral ⟡ adj MÚS choral(e). ⟡ sm [de mar] corail *m*. ⟡ sf **1.** [coro] chorale *f* **2.** [composición] choral *m*.

coralino, na adj corallien(enne). ◆ **coralina** sf coralline *f*.

Corán sm ▸ **el Corán** le Coran.

coránico, ca adj RELIG coranique.

coraza sf **1.** [gen] carapace *f* **2.** [de soldado] cuirasse *f*.

corazón sm **1.** [órgano, afecto, sentimientos] cœur *m* ▸ **de (todo) corazón** de tout cœur ▸ **se me encoge el corazón cuando...** cela me serre le cœur quand... ▸ **hablar con el corazón en la mano** parler à cœur ouvert ▸ **llevar el corazón en la mano** avoir le cœur sur la main ▸ **no tener corazón** ne pas avoir de cœur, être sans cœur ▸ **romper** o **partir el corazón a alguien** fendre le cœur à qqn ▸ **ser de buen corazón** avoir bon cœur **2.** [valor, energía] courage *m* **3.** ⟶ **dedo.** ◆ **Sagrado Corazón** sm Sacré-Cœur *m*.

corazonada sf **1.** [intuición] pressentiment *m* **2.** [impulso] coup *m* de tête.

corbata sf cravate *f* ▸ **corbata de pajarita** nœud *m* papillon.

corbeta sf NÁUT corvette *f*.

Córcega npr Corse *f*.

corcel sm coursier *m (cheval)*.

corchea sf croche *f*.

corchera sf ligne *f* de flotteurs *(d'une piscine)*.

corchero, ra adj ▸ **la industria corchera** l'industrie du liège.

corchete sm **1.** [de broche] agrafe *f* ; [a presión] bouton-pression *m* **2.** [signo ortográfico] crochet *m*.

corcho ⟡ sm **1.** [material] liège *m* **2.** [tapón] bouchon *m*. ⟡ interj ESP *fam* & *eufem* **1.** [para expresar sorpresa] nom d'une pipe !, ça alors / *¡corcho, que peinado tan moderno!* ça alors, c'est une coiffure branchée ! **2.** [para expresar enfado] zut ! / *¡deja de molestar, corcho!* laisse-nous tranquille, zut !

córcholis interj ▸ **¡córcholis!** nom d'une pipe !

corcova sf bosse *f (dans le dos)*.

corcovado, da sm, f bossu *m*, -e *f*.

cordada sf DEP cordée *f*.

cordaje sm cordage *m*.

cordel sm ficelle *f*.

cordelería sf **1.** [tienda, oficio] corderie *f* **2.** NÁUT manœuvres *fpl*.

cordero, ra sm, f *pr* & *fig* agneau *m*, agnelle *f*.

cordial adj cordial(e).

cordialidad sf cordialité *f*.

cordialmente adv [en carta] cordialement.

cordillera sf [montañas] chaîne *f* (de montagnes) ; [andina] cordillère *f* ▸ **la Cordillera** RP les Andes.

Cordilleras

la cordillera de los Alpes	la chaîne des Alpes
la cordillera Andina o de los Andes	la cordillère des Andes
la cordillera Cantábrica	les monts Cantabriques
la cordillera del Himalaya	la chaîne de l'Himalaya
la cordillera Pirenaica	la chaîne des Pyrénées

cordillerano, na RP ◆ adj andin(e).
◆ sm, f Andin *m*, -e *f*.

Córdoba npr Cordoue.

cordobés, esa ◆ adj cordouan(e).
◆ sm, f Cordouan *m*, -e *f*.

cordón sm **1.** [gen] cordon *m* ; [de zapatos] lacet *m* ▸ **cordón umbilical** cordon ombilical **2.** [cable eléctrico] fil *m* **3.** AM [de la acera] bord *m* du trottoir ▸ **aparcar en cordón** se garer le long du trottoir.

cordura sf [juicio] raison *f* ; [prudencia] sagesse *f*.

Corea npr Corée *f* ▸ **República de Corea** o **Corea del Sur** la République de Corée o Corée du Sud ▸ **República Popular Democrática de Corea** o **Corea del Norte** la République populaire démocratique de Corée o Corée du Nord.

coreano, na ◆ adj coréen(enne).
◆ sm, f Coréen *m*, -enne *f*.

corear vt **1.** [canción] reprendre en chœur **2.** [decisiones, etc.] approuver.

coreografía sf chorégraphie *f*.

coreografiar [9] vt chorégraphier.

coreógrafo, fa sm, f chorégraphe *mf*.

corintio, tia ◆ adj corinthien(enne).
◆ sm, f Corinthien *m*, -enne *f*.

corista ◆ smf choriste *mf*. ◆ sf [bailarina] girl *f*.

cormorán sm cormoran *m*.

cornada sf coup *m* de corne.

cornamenta sf **1.** [de toro] cornes *fpl* ; [de ciervo] bois *mpl* **2.** *fam* [del cónyuge engañado] cornes *fpl*.

cornamusa sf **1.** [trompeta] cor *m* de chasse **2.** [gaita] cornemuse *f*.

córnea sf cornée *f*.

cornear, acornear vt encorner.

corneja sf corneille *f*.

córner (*pl* **corners**) sm corner *m*.

corneta ◆ sf [instrumento] cornet *m*. ◆ smf [instrumentista] cornettiste *mf*.

cornete sm cornet *m*.

cornetín ◆ sm cornet *m* à piston. ◆ smf [instrumentista] cornettiste *mf*.

cornflakes® ['konfleiks] smpl corn flakes *mpl*.

cornisa sf corniche *f*.

cornucopia sf **1.** [espejo] *miroir à grand cadre doré parfois orné de bougies* **2.** [cuerno] corne *f* d'abondance.

cornudo, da ◆ adj **1.** [animal] à cornes **2.** *fam* & *fig* [cónyuge] cocu(e). ◆ sm, f *fam* & *fig* cocu *m*, -e *f*.

coro sm chœur *m* ▸ **a coro** en chœur / ***hablar a coro*** parler tous en même temps.

corojo, corozo sm corossol *m*.

corola sf corolle *f*.

corolario sm corollaire *m*.

corona sf **1.** [gen] couronne *f* ▸ **corona fúnebre / de laurel** couronne mortuaire / de lauriers **2.** [de santos] auréole *f*.

coronación sf *pr* & *fig* couronnement *m*.

coronamiento sm *pr* & *fig* couronnement *m*.

coronar vt **1.** [gen] couronner **2.** *fig* [concluir] achever **3.** *fig* [alcanzar] atteindre.
◆ **coronarse** vprnl se présenter *(bébé)*.

coronario, ria adj coronaire.

coronel sm colonel *m*.

coronilla sf sommet *m* du crâne ▸ **estar hasta la coronilla de algo** *fig* en avoir par-dessus la tête de qqch.

corotos smpl CARIB *fam* [trastos] trucs *mpl*.

corozo = **corojo**.

corpachón sm *fam* carcasse *f*.

corpiño sm **1.** [de vestido] bustier *m* **2.** ARG [sostén] soutien-gorge *m*.

corporación sf corporation *f*.

corporal adj corporel(elle).

corporativismo sm corporatisme *m*.

corporativista adj & smf corporatiste.

corporativo adj corporatif(ive).

corpóreo, a adj corporel(elle).

corpulencia sf corpulence *f*.

corpulento, ta adj corpulent(e).

corpus (*pl* **corpus** *o* **corpora**) sm [de textos, datos, obras] corpus *m*.

Corpus Christi ['korpus'kristi] sm Fête-Dieu *f*.

corpúsculo sm corpuscule *m*.

corral sm **1.** [para los animales] cour *f* (de ferme) ; [para aves] basse-cour *f* **2.** [para teatro] *ancien théâtre en plein air*.

corralito sm *fam limitation ou interdiction des retraits bancaires imposée par le gouvernement argentin, en 2001, durant la crise financière*.

corralón sm **1.** MÉX [depósito] fourrière *f* **2.** RP [solar] terrain *m* vague ▸ **corralón de materiales** entrepôt *m* **3.** PERÚ [casa de vecinos] *dans les villes, logements collectifs pour familles défavorisées*.

correa sf **1.** [tira & TECNOL] courroie *f* ; [de reloj] bracelet *m* ; [de perro] laisse *f* ; [de bolso] anse *f* **2.** [cinturón] ceinture *f*.

correaje sm [de caballo] harnais *m*.

correcalles sm, f inv *fam* flemmard *m*, -e *f*.

corrección sf correction *f* ▸ **con toda corrección** parfaitement.

correccional ◆ adj correctionnel(elle).
◆ sm maison *f* de redressement.

correctivo, va adj correctif(ive).
◆ **correctivo** sm correction *f*.

correcto, ta adj correct(e) ▸ **políticamente correcto** politiquement correct.

corrector, ra ◈ adj correcteur(trice). ◈ sm, f ▸ **corrector de estilo** lecteur-correcteur *m* ▸ **corrector tipográfico** correcteur typographique. ◆ **corrector** sm INFORM correcteur *m* ▸ **corrector de estilo / ortográfico** correcteur grammatical / orthographique.

corredero, ra adj coulissant(e). ◆ **corredera** sf **1.** [ranura] coulisse *f* **2.** [de máquina de vapor] tiroir *m*.

corredizo, za adj coulissant(e) ▸ **un nudo corredizo** un nœud coulant.

corredor, ra sm, f **1.** [deportista] coureur *m*, -euse *f* **2.** [intermediario] courtier *m*, -ère *f* ▸ **corredor de comercio** ≃ agent *m* de change ▸ **corredor de seguros** courtier d'assurances. ◆ **corredor** sm corridor *m*.

corregidor, ra sm, f corregidor *m* *(officier de justice)*.

corregir [42] vt corriger.
◆ **corregirse** vprnl se corriger.

correlación sf corrélation *f*.

correlacionar vt relier.

correlativo, va adj **1.** [en relación] corrélatif(ive) **2.** [en consecución] consécutif(ive).

correligionario, ria adj [en religión] coreligionnaire ; [en política] du même bord.

correo ◈ sm **1.** [correspondencia] courrier *m* ▸ **a vuelta de correo** par retour du courrier ▸ **correo basura** spam *m* ▸ **correo certificado** courrier recommandé ▸ **correo comercial** prospectus *m* ▸ **correo electrónico** courrier électronique ▸ **echar al correo** poster **2.** [servicio] poste *f* **3.** AM [organismo] ▸ **el Correo** la Poste. ◈ adj postal(e). ◆ **correos** smpl *(gen con mayúscula)* ESP [servicio, edificio] poste *f sing*.

correoso, sa adj [sustancia] caoutchouteux(euse) ; [pan] mou (molle) ; [carne, persona] coriace.

correpasillos sm inv trotteur *m*.

correr ◈ vi **1.** [andar deprisa] courir ▸ **a todo correr** à toute vitesse **2.** [ir deprisa] aller vite ; [coche] rouler vite **3.** [pasar por - río, agua del grifo] couler ; [- camino] passer **4.** [tiempo, horas] passer **5.** [propagarse - suceso, noticia] se propager ; [- rumor] courir **6.** [moneda] avoir cours **7.** [pagar] ▸ **correr con** a) [gastos] prendre à sa charge b) [cuenta] régler ▸ **correr a cargo de** être à la charge de **8.** [cantidad, sueldo, etc.] être dû (due). ◈ vt **1.** [recorrer - distancia] courir ; [- lugar] parcourir **2.** [deslizar - mesa, silla, etc.] pousser ; [- cortinas] tirer **3.** [experimentar - aventuras, vicisitudes] connaître ; [- riesgo] courir **4.** AM *fam* [despedir] renvoyer, virer / *lo corrieron del trabajo* il a été viré de son boulot **5.** AM [perseguir] courir après. ◆ **correrse** vprnl **1.** [desplazarse - persona] se pousser ; [- cosa] glisser **2.** [pintura, colores] couler **3.** *vulg* [tener un orgasmo] jouir.

correría sf escapade *f*.

correspondencia sf **1.** [entre hechos] rapport *m* **2.** [entre estaciones, personas] correspondance *f* ▸ **mantener una correspondencia con alguien** entretenir une correspondance avec qqn **3.** [correo] courrier *m*.

corresponder vi **1.** [pagar, compensar] ▸ **corresponder a algo** remercier de qqch ▸ **corresponder con algo a algo** remercier de qqch par qqch / *me lo ofreció para corresponderme* il me l'a offert pour me remercier **2.** [pertenecer, coincidir] ▸ **corresponder (con)** correspondre (à) **3.** [tocar] : *te corresponde a ti hacerlo* c'est à toi de le faire / *le corresponde la herencia* l'héritage lui revient **4.** [a un sentimiento, favor] rendre / *él la quiere y ella le corresponde* il l'aime et elle le lui rend bien. ◆ **corresponderse** vprnl **1.** [escribirse] ▸ **corresponderse con alguien** correspondre avec qqn **2.** [amarse] ▸ **corresponderse en el amor** s'aimer mutuellement **3.** [habitaciones] communiquer.

correspondiente adj correspondant(e).

corresponsal smf **1.** PRENSA correspondant *m*, -e *f* **2.** COM représentant *m*, -e *f*.

corresponsalía sf PRENSA poste *m* de correspondant.

corretaje sm courtage *m*.

corretear ◈ vi **1.** [correr - niños] galoper ; [- ratones] trotter **2.** *fam* [vagar] traîner. ◈ vt **1.** MÉX [adelantar] doubler, dépasser **2.** ANDES [perseguir] poursuivre.

correveidile smf rapporteur *m*, -euse *f*.

corrido, da adj **1.** [pasado] bon (bonne) ▸ **un kilo corrido de…** un bon kilo de… **2.** [avergonzado] gêné(e). ◆ **corrida** sf **1.** TAUROM corrida *f* **2.** [acción] ▸ **dar una corrido** courir. ◆ **de corrido** loc adv [de memoria] par cœur ; [de una vez] d'un trait.

corriente ◈ adj **1.** [gen] courant(e) **2.** [nada excepcional] ordinaire ▸ **corriente y moliente** tout à fait quelconque. ◈ sf courant *m* ▸ **dejarse llevar de** o **por la corriente** *fig* suivre le mouvement ▸ **estar al corriente de** a) [pagos] être à jour pour b) [noticias] être au courant de ▸ **ir contra corriente** aller à contre-courant.

corrige ⟶ **corregir**.

corrigió ⟶ **corregir**.

corrillo sm petit groupe *m* *(de gens)*.

corrimiento ◆ **corrimiento de tierras** sm glissement *m* de terrain.

corro sm **1.** [círculo] cercle *m* ; [baile] ronde *f* ▸ **en corro** en rond **2.** FIN [en Bolsa] corbeille *f*.

corroborar vt corroborer.

corroer [69] vt **1.** [gen] corroder ; GEOL éroder **2.** *fig* [consumir] ronger.

corromper vt corrompre. ◆ **corromperse** vprnl **1.** [pudrirse] pourrir **2.** [pervertirse] se corrompre.

corrosión sf corrosion *f*.

corrosivo, va adj **1.** [que desgasta] corrosif(ive) **2.** [mordaz] décapant(e).

corrupción sf corruption *f* ▸ **corrupción de menores** détournement *m* de mineur.

corruptela sf [de persona] corruption *f*.

corrupto, ta adj corrompu(e).

corruptor, ra ◈ adj corrupteur(trice) ; [ácido, etc.] corrosif(ive). ◈ sm, f corrupteur *m*, -trice *f*.

corrusco sm quignon *m* de pain.

corsario, ria adj pirate / *una nave corsaria* un bateau pirate / *un capitán corsario* un corsaire.
◆ **corsario** sm corsaire *m*.

corsé sm corset *m*.

corsetería sf boutique *f* de lingerie féminine.

corso, sa ❖ adj corse. ❖ sm, f Corse *mf*.
◆ **corso** sm [lengua] corse *m*.

cortacésped sm tondeuse *f* à gazon.

cortacircuitos sm inv coupe-circuit *m*.

cortado, da adj **1.** [labios, manos] gercé(e) **2.** [nata, leche] tourné(e) **3.** *fig* [avergonzado] timide ; [remilgado] coincé(e) ▸ **quedarse cortado** être décontenancé **4.** [estilo] haché(e). ◆ **cortado** sm noisette *f (café)*.

cortador, ra adj : *una máquina cortadora de madera* une machine à couper le bois. ◆ **cortadora de césped** sf tondeuse *f* à gazon.

cortadura sf coupure *f (blessure)*.

cortafuego sm coupe-feu *m inv*.

cortante adj **1.** [afilado] coupant(e) **2.** *fig* [tajante] cassant(e) ; [viento] cinglant(e) ; [frío] glacial(e).

cortapisa sf entrave *f* ▸ **poner cortapisas** mettre des bâtons dans les roues.

cortaplumas sm inv canif *m*.

cortapuros sm inv coupe-cigare *m*.

cortar ❖ vt **1.** [gen] couper ; [el césped] tondre **2.** [interrumpir - abusos, hemorragia] arrêter ; [- conversación] interrompre **3.** [dar forma - papel] découper ; [- tela] tailler **4.** [labios, piel] gercer **5.** [alterar - leche] faire tourner ; [- mayonesa] faire tomber **6.** [gastos] réduire **7.** [poner fin a - beca, subvención] retirer ; [- abusos] couper court à **8.** [aire, olas] fendre **9.** *fig* [molestar] gêner / *me corta su seriedad* sa gravité me met mal à l'aise. ❖ vi **1.** [gen] couper **2.** *fam* [cesar una relación] rompre.
◆ **cortarse** vprnl **1.** [gen] se couper **2.** [labios, piel] se gercer **3.** [alimento - leche] tourner ; [- mayonesa] ne pas prendre **4.** *fig* [turbarse] se troubler.

cortaúñas sm inv coupe-ongles *m inv*.

corte ❖ sm **1.** [raja - en papel, tela] déchirure *f* ; [- en la piel] entaille *f* **2.** [de pelo, prenda, esquema] coupe *f* ▸ **corte y confección** confection *f* **3.** [herida, pausa, interrupción] coupure *f* **4.** [de tela] coupon *m* **5.** [estilo de una obra] ton *m* **6.** [del cuchillo] fil *m* **7.** *fam* [respuesta ingeniosa] gifle *f (remarque humiliante)* **8.** *fam* [vergüenza] honte *f* ▸ **me da corte salir a la calle** j'ai honte de sortir **9.** EXPR **dar un corte a alguien** casser qqn ▸ **hacer un corte de mangas** *mfam* faire un bras d'honneur. ❖ sf **1.** [palacio] cour *f* **2.** AM [tribunal] cour *f* de justice **3.** EXPR **hacer la corte a alguien** faire la cour à qqn. ◆ **Cortes** sfpl ▸ **las Cortes** *le Parlement espagnol*.

cortedad sf **1.** [brevedad] brièveté *f* **2.** *fig* [timidez] timidité *f* ▸ **cortedad de miras** étroitesse *f* d'esprit.

cortejar vt courtiser.

cortejo sm cortège *m*.

cortés adj courtois(e).

cortesano, na ❖ adj **1.** [fiestas, ceremonias] de la cour / *la vida cortesana* la vie à la cour **2.** [modales] poli(e). ❖ sm, f [personaje de la corte] courtisan *m*, dame *f* d'honneur.
◆ **cortesana** sf [meretriz] courtisane *f*.

cortesía sf **1.** [modales] politesse *f* ▸ **de cortesía** de politesse **2.** [favor] gentillesse *f* **3.** [regalo] : *el aperitivo es cortesía de la casa* l'apéritif vous est offert par la maison.

corteza sf **1.** [del árbol] écorce *f* **2.** [de pan, queso, etc.] croûte *f* ; [naranja, etc.] peau *f* ▸ **corteza terrestre** croûte terrestre **3.** ANAT cortex *m*.

corticoide, corticosteroide sm MED corticoïde *m*, corticostéroïde *m*.

cortijo sm ferme *f* (andalouse).

cortina sf rideau *m*.

cortinaje sm RP rideaux *mpl*.

cortisona sf cortisone *f*.

corto, ta adj **1.** [en extensión, tiempo] court(e) / *una corta espera* une brève attente ▸ **a la corta o a la larga** tôt ou tard **2.** [insuficiente] juste ▸ **corto de** [dinero, ideas] à court de ▸ **corto de vista** myope ▸ **quedarse corto** a) [al calcular] voir trop juste b) [al relatar] être en deçà de la vérité **3.** *fig* [bobo] ▸ **corto (de alcances)** simplet.
◆ **cortas** sfpl [luces] codes *mpl*, feux *mpl* de croisement.
◆ **corto** sm CINE court-métrage *m*. ◆ **cortos** smpl AM CINE bande-annonce *f*.

Las Cortes

Les **Cortes** trouvent leur origine dans des institutions médiévales homonymes ayant existé dans plusieurs royaumes de la Péninsule. Les **Cortes** actuelles sont régies par la Constitution de 1978, qui leur confère la représentation du peuple espagnol et le pouvoir législatif. Composées d'une chambre basse, le Congrès, et d'une chambre haute, le Sénat, elles votent les lois et le budget, et contrôlent l'action du gouvernement. Le Congrès, émanation de la volonté populaire, est la principale assemblée pour l'élaboration des lois. Il se compose de 350 députés, élus tous les quatre ans au suffrage universel dans le cadre de circonscriptions provinciales. Le Sénat, composé de 264 membres, représente les différents territoires. Chaque province élit tous les quatre ans quatre sénateurs, auxquels s'ajoutent un sénateur par communauté autonome plus un sénateur pour chaque million d'habitants vivant dans cette communauté autonome. Enfin, chaque communauté élit dans son ensemble un sénateur.

cortocircuito sm court-circuit *m*.

cortometraje sm court-métrage *m*.

coruñés, esa ◆◆ adj de La Corogne. ◆◆ sm, f *natif ou habitant de La Corogne*.

corva sf ⟶ **corvo**.

corvo, va adj [espalda, etc.] courbé(e) / *una nariz corva* un nez crochu. ◆ **corva** sf jarret *m*.

corzo, za sm, f chevreuil *m*, chevrette *f*.

cosa sf **1.** [gen] chose *f* ▸ **poca cosa** pas grand-chose **2.** *(gen pl)* [pertenencias] affaires *fpl* **3.** *(gen pl)* [instrumentos] matériel *m* ▸ **cosas de coser** nécessaire *m* de couture **4.** *(gen pl)* [ocurrencia] truc *m* ▸ **¡qué cosas tienes!** tu as de ces idées ! **5.** *(gen pl)* [manías] manie *f* / *son cosas de él* c'est bien son style **6.** EXPR **como quien no quiere la cosa** mine de rien ▸ **como si tal cosa** comme si de rien n'était ▸ **cosa mala** ESP *fam* [mucho] énormément / *está lloviendo cosa mala* il pleut à verse / *no sea cosa que se vaya* au cas où il s'en irait / *eso es cosa mía* c'est moi que ça regarde. ◆ **cosa de** loc prep environ / *tuvimos que esperar cosa de 10 minutos* on a dû attendre quelque chose comme 10 minutes.

cosaco, ca adj cosaque. ◆ **cosaco** sm ▸ **los cosacos** les cosaques *mpl* ▸ **beber como un cosaco** *fig* boire comme un trou.

coscorrón sm coup *m* sur la tête.

cosecha sf récolte *f*; [de cereales] moisson *f* ▸ **de su (propia) cosecha** *fig* [poemas, etc.] de son cru.

cosechador, ra adj : *un actor cosechador de premios* un acteur qui a raflé de nombreux prix. ◆ **cosechadora** sf moissonneuse *f*.

cosechar ◆◆ vt **1.** AGRIC récolter ; [cereales] moissonner **2.** *fig* [ganar] obtenir. ◆◆ vi faire la récolte ; [de cereales] moissonner.

cosechero, ra sm, f [de cereales] moissonneur *m*, -euse *f* ; [de frutos] cueilleur *m*, -euse *f*.

coseno sm cosinus *m*.

coser ◆◆ vt **1.** [con hilo] coudre **2.** [con grapas] agrafer **3.** EXPR **coser a balazos** cribler de balles ▸ **coser a cuchilladas** larder de coups de couteau ▸ **ser cosa de coser y cantar** être simple comme bonjour. ◆◆ vi coudre.

cosido sm couture *f (action)*.

cosmético, ca adj cosmétique. ◆ **cosmética** sf cosmétique *f*. ◆ **cosmético** sm cosmétique *m*.

cósmico, ca adj cosmique.

cosmología sf cosmologie *f*.

cosmonauta smf cosmonaute *mf*.

cosmopolita adj cosmopolite.

cosmos sm cosmos *m*.

cosmovisión sf cosmovision *f*.

coso sm **1.** TAUROM arènes *fpl* **2.** CSUR *mfam* [objeto] truc *m*, machin *m*.

cosquillas sfpl chatouilles *fpl* ▸ **hacer cosquillas** chatouiller, faire des chatouilles ▸ **tengo cosquillas** ça me chatouille ▸ **buscarle las cosquillas a alguien** *fig* chercher des poux dans la tête de qqn.

cosquilleo sm **1.** [agradable] chatouillement *m* **2.** *fig* [desagradable] frisson *m*.

costa sf côte *f*. ◆ **Costa Azul** sf ▸ **la Costa Azul** la Côte d'Azur. ◆ **Costa Blanca** sf ▸ **la Costa Blanca** la Costa Blanca. ◆ **Costa Brava** sf ▸ **la Costa Brava** la Costa Brava. ◆ **Costa del Sol** sf ▸ **la Costa del Sol** la Costa del Sol. ◆ **Costa Dorada** sf ▸ **la Costa Dorada** la Costa Dorada. ◆ **a costa de** loc prep **1.** [a expensas de] aux dépens de **2.** [a fuerza de] au prix de. ◆ **a toda costa** loc adv à tout prix.

Costa de Marfil npr Côte-d'Ivoire *f*.

costado sm flanc *m* / *dormir de costado* dormir sur le côté / *en ambos costados de la calle* des deux côtés de la rue.

costal ◆◆ adj costal(e). ◆◆ sm sac *m (de jute)*.

costalada sf [de costado] chute *f* sur le côté ; [de espaldas] chute *f* sur le dos.

costalazo sm [de costado] chute *f* sur le côté ; [de espaldas] chute *f* sur le dos.

costanera sf AM bord *m* de mer.

costar [23] ◆◆ vt **1.** [gen] coûter ▸ **le costó la vida** cela lui a coûté la vie ▸ **costar un ojo de la cara** o **un riñón** coûter les yeux de la tête **2.** [tiempo] prendre. ◆◆ vi coûter / *te costará caro* tu vas le payer cher ▸ **cueste lo que cueste** coûte que coûte.

Costa Rica npr Costa Rica *m*.

costarricense ◆◆ adj costaricien(enne). ◆◆ smf Costaricien *m*, -enne *f*.

coste sm coût *m* ▸ **coste de la vida** coût de la vie ▸ **coste unitario** prix *m* de revient unitaire ▸ **de bajo coste** [producto, viaje] low cost / *compañías aéreas de bajo coste* des compagnies aériennes low cost.

costear vt **1.** [pagar] payer, financer ; [rentabilizar] couvrir **2.** NÁUT longer, côtoyer. ◆ **costearse** vprnl ▸ **costearse algo** se payer qqch / *se costea sus estudios* il se paye ses études.

costeño, ña adj côtier(ère).

costero, ra ◆◆ adj côtier(ère). ◆◆ sm, f AM habitant *m*, -e *f* du littoral. ◆ **costera** sf MÉX [paseo] promenade *f*, front *m* de mer.

costilla sf **1.** [de persona] côte *f* **2.** [de animal] côtelette *f* **3.** [de silla] barreau *m* ; [de barco] membrure *f* **4.** *fam & fig* [cónyuge] moitié *f*. ◆ **costillas** sfpl *fam* : *echaron el trabajo sobre mis costillas* ils m'ont flanqué le travail sur le dos.

costillar sm [de persona] cage *f* thoracique ; [de carne] carré *m*.

costo sm **1.** [gen] coût *m* **2.** ESP *fam* [droga] shit *m*.

costoso, sa adj **1.** [precio] coûteux(euse) **2.** *fig* [trabajo] pénible ; [triunfo] difficile.

costra sf croûte *f*.

costumbre sf **1.** [hábito] habitude *f* **2.** [práctica] coutume *f*. ◆ **costumbres** sfpl [de país] coutumes *fpl* ; [de cultura] mœurs *fpl* ; [de persona] habitudes *fpl*.

costumbrismo sm peinture *f* des mœurs.

costumbrista ❖ adj ▸ **la pintura costumbrista** la peinture de genre. ❖ smf **1.** LITER *écrivain spécialisé dans la peinture des mœurs* **2.** ARTE peintre *mf* de genre.

costura sf couture *f* ▸ **alta costura** haute couture.

costurera sf couturière *f*.

costurero sm **1.** [objeto] corbeille *f* à ouvrage **2.** [oficio] couturier *m*.

cota sf **1.** [altura, nivel] cote *f* **2.** [jubón] cotte *f* ▸ **cota de mallas** cotte de mailles.

cotarro sm ▸ **alborotar el cotarro** mettre la pagaille ▸ **dirigir el cotarro** faire la loi.

cotejar vt confronter *(comparer)*.

cotejo sm confrontation *f*.

cotice ⟶ **cotizar**.

cotidianidad sf quotidienneté *f*.

cotidiano, na adj quotidien(enne).

cotilla ❖ adj ESP *fam* cancanier(ère) / ***no seas tan cotilla*** ne soit pas si cancanier. ❖ smf ESP *fam* [persona] cancanier *m*, -ère *f*, commère *f* / ***eres un cotilla*** tu es une commère.

cotillear vi *fam* faire des ragots.

cotilleo sm *fam* potin *m*.

cotillón sm cotillon *m* ▸ **artículos de cotillón** cotillons *mpl*.

cotizable adj coté(e) en Bourse ▸ **no cotizable** hors cote.

cotización sf **1.** [de producto] prix *m* **2.** [en Bolsa -precio] cours *m* ; [-actividad] cotation *f*.

cotizado, da adj coté(e).

cotizar [13] ❖ vt [valorar] estimer ; [en Bolsa] coter. ❖ vi [pagar] cotiser, verser une cotisation. ◆ **cotizarse** vprnl **1.** [bonos, valores, etc.] ▸ **cotizarse (a)** être coté(e) (à) **2.** [valorarse] être apprécié(e).

coto sm **1.** [terreno] réserve *f* ▸ **coto de caza** chasse *f* gardée **2.** EXPR **poner coto a** [impedir algo] mettre le holà à.

cotorra sf **1.** [ave] perruche *f* **2.** *fam & fig* [persona] pie *f* ▸ **hablar como una cotorra** être un moulin à paroles.

cotorrear vi *fam & fig* jacasser.

cotufa sf **1.** BOT [aguaturma] topinambour *m* **2.** BOT [chufa] souchet *m* **3.** VEN [palomitas] ▸ **cotufas (de maíz)** pop-corn **4.** EXPR **pedir cotufas en el golfo** *fam* demander l'impossible.

coturno sm **1.** HIST cothurne *m* **2.** EXPR **de alto coturno** de haut rang.

country ❖ adj country *(inv)*. ❖ sm **1.** [música, baile] country *m inv* OU *f inv* **2.** ARG [barrio] quartier *m* privé.

covacha sf [vivienda pobre] taudis *m*.

cowboy ['kauboi] (*pl* **cowboys**) sm cow-boy *m*.

coxis = **cóccix**.

coyote sm **1.** [mamífero] coyote *m* **2.** MÉX *fam* [guía] passeur *m*, -euse *f*.

coyotear vi MÉX *fam* trafiquer.

coyuntura sf **1.** [situación] conjoncture *f* ; [oportunidad] occasion *f* **2.** [unión] jointure *f*.

coyuntural adj conjoncturel(elle).

coz sf **1.** [del animal] ruade *f* ; [patada] coup *m* de sabot **2.** [de arma] recul *m* **3.** *fig* [injuria] ▸ **tratar a alguien a coces** *fam* traiter qqn comme un chien.

cozamos ⟶ **cocer**.

CP (*abr escrita de* **código postal**) code *m* postal.

CPN (*abr de* **Cuerpo de la Policía Nacional**) sm *forces de police espagnoles*.

CPU (*abr de* **central processing unit**) sf UC *f (unité centrale)*.

CPYME (*abr de* **Confederación de Pequeñas y Medianas Empresas**) sf *confédération espagnole des petites et moyennes entreprises*.

crac (*pl* **cracs**), **crack** (*pl* **cracks**) sm **1.** [figura] star *f* **2.** FIN krach *m*.

crack sm inv **1.** [droga] crack *m* **2.** = **crac**.

cracker ['kraker] (*pl* **crackers**) smf *fam* INFORM cracker *m*.

crampón sm crampon *m*.

craneal adj crânien(enne).

cráneo sm crâne *m* ▸ **ir de cráneo** **a)** *fam & fig* [ir mal encaminado] se mettre le doigt dans l'œil **b)** [estar en un aprieto] ne pas s'en sortir.

craneoencefálico, ca adj ANAT crânio-encéphalique / ***un traumatismo craneoencefálico*** un traumatisme crânio-encéphalique.

crápula ❖ sm débauché *m*. ❖ sf débauche *f*. ❖ smf AM [mala persona] crapule *f*.

craso, sa adj **1.** [gordo] gras (grasse) **2.** *fig* [grave] ▸ **una ignorancia crasa** une ignorance crasse ▸ **un craso error** une grossière erreur.

cráter sm cratère *m*.

crawl = **crol**.

crayón sm ARG MÉX crayon *m* cire.

creación sf création *f*.

creacionismo sm créationnisme *m*.

creador, ra adj & sm, f créateur(trice). ◆ **Creador** sm ▸ **el Creador** le Créateur.

crear vt **1.** [gen] créer **2.** [desorden, descontento, etc.] provoquer ; [rumores] répandre.

creatividad sf créativité *f*.

creativo, va adj & sm, f créatif *m*, -ive *f*.

crecepelo sm *produit stimulant la repousse des cheveux*.

crecer [30] vi **1.** [niños, sentimientos] grandir ; [plantas, cabello] pousser **2.** [días, noches] allonger **3.** [río] grossir ; [marea] monter ; [luna] croître **4.** [interés, gusto, afición] être croissant(e). ◆ **crecerse** vprnl prendre de l'assurance.

creces ◆ **con creces** loc adv largement.

crecido, da adj [cantidad, niño] grand(e). ◆ **crecida** sf crue *f*.

creciente ❖ adj croissant(e). ❖ sm phase *f* ascendante (de la Lune) ▸ **creciente económico** croissance économique.

crecimiento sm croissance *f* ; [de precios] augmentation *f* ▸ **crecimiento económico** croissance économique.

credencial ❖ adj ⟶ **carta.** ❖ sf [pase] laissez-passer *m*. ◆ **credenciales** sfpl lettres *fpl* de créance.

credibilidad sf crédibilité *f*.

crediticio, cia adj de crédit / *facilidades crediticias* des facilités de crédit.

crédito sm **1.** [gen] crédit *m* ▸ **a crédito** à crédit ▸ **crédito a la exportación** crédit à l'exportation ▸ **crédito al consumo** crédit à la consommation ▸ **crédito blando** prêt *m* assorti de conditions libérales ▸ **crédito hipotecario** crédit hypothécaire ▸ **crédito oficial** *prêt consenti par une banque d'État* ▸ **crédito personal** prêt *m* personnel **2.** [confianza] confiance *f* ▸ **dar crédito a algo** croire qqch **3.** [en universidad] ≃ unité *f* de valeur.

credo sm *pr* & *fig* credo *m*.

credulidad sf crédulité *f*.

crédulo, la adj crédule.

creencia sf **1.** [de fe] croyance *f* **2.** [de opinión] conviction *f*.

creer [50] ❖ vt croire. ❖ vi ▸ **creer en** croire en. ◆ **creerse** vprnl **1.** [considerarse] se croire / *¿quién se cree que es?* pour qui se prend-il ? **2.** [dar por cierto] croire.

> ⚠ **Créer** es un falso amigo, no significa *creer*, sino "crear".

creíble adj crédible.

creído, da sm, f prétentieux *m*, -euse *f*.

crema ❖ sf **1.** [gen] crème *f* ▸ **crema doble / líquida** AM crème fraîche épaisse/liquide **2.** [betún] cirage *m*. ❖ adj inv crème.

cremación sf incinération *f*.

cremallera sf **1.** [para cerrar] fermeture *f* Éclair® **2.** TECNOL crémaillère *f*.

crematístico, ca adj financier(ère).

crematorio, ria adj crématoire. ◆ **crematorio** sm crématorium *m*.

cremoso, sa adj crémeux(euse).

crepe ['krep] sf crêpe *f* / *crepe dulce / salada* crêpe sucrée/salée.

crepé sm **1.** [tejido] crêpe *m* **2.** [pelo] ▸ **hacerse un crepé** se crêper les cheveux.

crepería sf crêperie *f*.

crepitar vi crépiter.

crepuscular adj crépusculaire.

crepúsculo sm *pr* & *fig* crépuscule *m*.

crescendo sm crescendo *m*. ◆ **in crescendo** [inkres'tʃendo] adv : *ir in crescendo* aller en augmentant.

crespo, pa adj crépu(e).

crespón sm crêpe *m (tissu)*.

cresta sf **1.** [gen] crête *f* ▸ **dar a alguien en la cresta** *fig* rabattre le caquet à qqn ▸ **estar en la cresta (de la ola)** *fig* être en vogue **2.** [penacho] huppe *f*.

creta sf craie *f*.

Creta npr Crète *f*.

cretense ❖ adj crétois(e). ❖ smf Crétois *m*, -e *f*.

cretino, na sm, f crétin *m*, -e *f*.

creyente smf croyant *m*, -e *f* ▸ **no creyente** non-croyant(e).

creyera ⟶ **creer**.

crezca ⟶ **crecer**.

cría sf ⟶ **crío**.

criadero sm **1.** [de plantas] pépinière *f* ; [de animales] élevage *m* **2.** [de mineral] gisement *m*.

criadilla sf *testicules d'animal (taureau par exemple) utilisés en cuisine*.

criado, da ❖ adj élevé(e) ▸ **bien criado** bien élevé. ❖ sm, f domestique *mf*.

criador, ra ❖ adj producteur(trice). ❖ sm, f éleveur *m*, -euse *f* ▸ **criador de vino** viticulteur *m*.

criandera sf ANDES CAM CARIB nourrice *f*.

crianza sf **1.** [de bebé] allaitement *m* **2.** [de animales, del vino] élevage *m* **3.** [educación] éducation *f*.

criar [9] vt **1.** [amamantar] allaiter **2.** [cuidar - animales, niños] élever **3.** [plantas] cultiver. ◆ **criarse** vprnl **1.** [crecer] grandir **2.** [reproducirse] se reproduire.

> ⚠ **Crier** es un falso amigo, no significa *criar*, sino "gritar" y también "clamar".

criatura sf **1.** [niño] enfant *m* ; [bebé] nourrisson *m* **2.** [ser vivo] créature *f*.

criba sf **1.** [tamiz] crible *m* **2.** [selección] passage *m* au crible.

cribar vt **1.** [con tamiz] cribler **2.** [seleccionar] passer au crible.

cricket, críquet ['kriket] sm DEP cricket *m*.

crimen sm crime *m* ▸ **cometer un crimen** commettre un crime ▸ **crimen de guerra** crime de guerre ▸ **crimen pasional** crime passionnel.

criminal adj & smf criminel(elle).

criminalidad sf criminalité *f*.

criminalista ❖ adj ▸ **un abogado criminalista** un avocat pénaliste. ❖ smf criminaliste *mf*.

criminalizar vt criminaliser.

criminología sf criminologie *f*.
criminólogo, ga sm, f criminologiste *mf*, criminologue *mf*.
crin sf **1.** [material] crin *m* **2.** *(gen pl)* [pelos] crinière *f*.
crío, a sm, f gamin *m*, -e *f*. ◆ **cría** sf **1.** [hijo del animal] petit *m* **2.** [crianza - de animales] élevage *m* ; [- de plantas] culture *f*.
criogénico, ca adj cryogénique.
criogenizar, crionizar [13] vt cryogéniser.
criollo, lla ❖ adj **1.** créole **2.** EXPR **hacer algo a la criolla** PERÚ PRICO RP faire qqch sans faire de manières. ❖ sm, f Créole *mf*. ◆ **criollo** sm [lengua] créole *m*.
cripta sf crypte *f*.
críptico, ca adj énigmatique.
criptografía sf cryptographie *f*.
criptograma sm cryptogramme *m*.
criptón sm krypton *m*.
críquet = **cricket**.
crisálida sf chrysalide *f*.
crisantemo sm chrysanthème *m*.
crisis sf inv **1.** [gen] crise *f* ▸ **crisis económica** crise économique **2.** [escasez] pénurie *f*.
crisma sf **1.** ESP [tarjeta] carte *f* de Noël **2.** *fam* [cabeza] ▸ **romperle la crisma a alguien** casser la figure à qqn.
crismas sm inv ESP [tarjeta] carte *f* de Noël.
crisol sm **1.** [gen] creuset *m* **2.** [prueba] révélateur *m*.
crispación sf crispation *f*.
crispado, da adj crispé(e).
crispar vt crisper ▸ **crispar los nervios** taper sur les nerfs. ◆ **crisparse** vprnl se crisper.
cristal sm **1.** [material] verre *m* ; [vidrio fino] cristal *m* **2.** ESP [de ventana, coche] vitre *f*, carreau *m* ▸ **cristales tintados** vitres teintées **3.** *fig* [espejo] glace *f*.
cristalería sf **1.** [objetos] verrerie *f* **2.** [fábrica, tienda] vitrerie *f* ▸ **pasar por la cristalería** aller chez le vitrier.
cristalero, ra sm, f **1.** [que coloca cristales] vitrier *m* **2.** [fabricante] verrier *m*. ◆ **cristalera** sf [techo] verrière *f* ; [puerta] porte *f* vitrée ; [armario] armoire *f* à glace. ◆ **cristalero** sm AM [escaparate] vitrine *f*.
cristalino, na adj cristallin(e).
◆ **cristalino** sm cristallin *m*.
cristalización sf **1.** [acción] cristallisation *f* **2.** *fig* [materialización] concrétisation *f*.
cristalizar [13] vt cristalliser. ◆ **cristalizarse** vprnl [sustancia, sentimiento] se cristalliser ; [asunto] se concrétiser ▸ **cristalizarse en** *fig* aboutir à.
cristiandad sf chrétienté *f*.
cristianismo sm **1.** [religión] christianisme *m* **2.** [fieles] chrétienté *f*.
cristianización sf christianisation *f*.
cristianizar [13] vt christianiser.
cristiano, na adj & sm, f chrétien(enne) ▸ **hablar en cristiano** *fig* & *despec* parler clairement.
cristo sm christ *m*. ◆ **Cristo** sm Christ *m* / ***se armó un Cristo*** *fam* & *fig* ça a fait toute une histoire ▸ **vete a donde Cristo dio las tres voces** o **perdió el gorro** *fam* & *fig* va au diable.
criterio sm **1.** [norma] critère *m* **2.** [juicio] discernement *m* **3.** [opinión] avis *m*.
crítica sf ⟶ **crítico**.
criticable adj critiquable.
criticar [10] vt critiquer.
crítico, ca adj & sm, f critique. ◆ **crítica** sf critique *f*.
criticón, ona ❖ adj qui a la critique facile. ❖ sm, f critiqueur *m*, -euse *f*.
Croacia npr Croatie *f*.
croar vi coasser.
croata ❖ adj croate. ❖ smf Croate *mf*.
crocante ❖ adj RP [crujiente] craquant(e), croustillant(e). ❖ sm [guirlache] praline *f*.
crocanti sm nougatine *f*.
croché, crochet [kro'tʃe] sm crochet *m* *(ouvrage et sport)*.
croissant = **cruasán**.
croissantería = **cruasantería**.
crol, crawl ['krol] sm crawl *m*.
cromado sm chromes *mpl*.
cromar vt chromer.
cromático, ca adj chromatique.
cromatismo sm chromatisme *m*.
cromo sm **1.** [metal] chrome *m* **2.** ESP [estampa] image *f*.
cromosoma sm chromosome *m*.
cromosómico, ca adj chromosomique.
crónico, ca adj chronique.
◆ **crónica** sf **1.** [relato] chronique *f* ▸ **crónica roja** RP faits divers **2.** [de televisión] magazine *m* d'information.
cronicón sm HIST chronique *f*.
cronista smf chroniqueur *m*, -euse *f*.
crono sm ESP DEP chrono *m*.
cronoescalada sf DEP [en ciclismo] contre-la-montre *m inv* en montagne.
cronología sf chronologie *f*.
cronológico, ca adj chronologique.
cronometrador, ra sm, f chronométreur *m*, -euse *f*.
cronometraje sm chronométrage *m*.
cronometrar vt chronométrer.
cronómetro sm chronomètre *m*.
croquet sm croquet *m* *(jeu)*.
croqueta sf CULIN croquette *f*.
croquis sm inv croquis *m*.
cross sm inv cross *m inv*.
crótalo sm ZOOL crotale *m*.
croupier = **crupier**.

cruasán, croissant [krwa'san] (*pl* **croissants**) sm croissant *m (pâtisserie)*.

cruasantería, croissantería [krwasante'ria] sf croissanterie *f*.

cruce ❖ v ⟶ **cruzar.** ❖ sm **1.** [de caminos & BIOL] croisement *m* ; [de carreteras, calles] carrefour *m* **2.** [de teléfono] interférence *f* **3.** [de electricidad] court-circuit *m*.

crucero sm **1.** [viaje] croisière *f* **2.** [de iglesia] croisée *f* du transept **3.** [buque de guerra] croiseur *m* **4.** MÉX [de carreteras] carrefour *m* **5.** MÉX [de trenes] passage *m* à niveau.

cruceta sf **1.** [de cruz] croisillon *m* **2.** [en fútbol] lucarne *f*.

crucial adj crucial(e).

crucificar [10] vt [en una cruz] crucifier ; *fig* [atormentar] tourmenter.

crucifijo sm crucifix *m*.

crucifixión sf crucifixion *f*.

crucigrama sm mots croisés *mpl*.

crucigramista smf cruciverbiste *mf*.

crudeza sf **1.** [del tiempo] rigueur *f* **2.** [de descripción] crudité *f* **3.** [de comportamiento] rudesse *f* ; [de la verdad, realidad] dureté *f*.

crudo, da adj **1.** [gen] cru(e) / *es la cruda realidad* c'est la dure réalité ▸ **de forma cruda** crûment **2.** [tiempo] rude, rigoureux(euse) **3.** [color] écru(e) **4.** MÉX GUAT *fam* [con resaca] qui a la gueule de bois. ◆ **crudo** sm pétrole *m* brut, brut *m*.

cruel adj cruel(elle).

crueldad sf cruauté *f*.

cruento, ta adj sanglant(e).

crujido sm craquement *m* ; [de dientes] grincement *m* ; [de la seda] crissement *m*.

crujiente adj craquant(e) ; [pan, patatas fritas] croustillant(e).

crujir vi craquer ; [dientes] grincer ; [seda] crisser.

crupier, croupier [kru'pjer] sm croupier *m*.

crustáceos smpl crustacés *mpl*.

cruz sf **1.** [gen] croix *f* ▸ **cruz gamada** croix gammée ▸ **cruz latina** croix latine **2.** [de animales] garrot *m* **3.** [de moneda] pile *f* **4.** [de ramas] fourche *f* **5.** *fig* [aflicción - persona] poids *m* ; [- actividad, etc.] calvaire *m* **6.** EXPR **hacer cruz y raya a)** [con un asunto] tourner la page **b)** [con una persona] couper les ponts. ◆ **Cruz Roja** sf ▸ **la Cruz Roja** la Croix-Rouge.

cruza sf AM croisement *m (entre espèces)*.

cruzado, da adj **1.** [gen & BIOL] croisé(e) **2.** [atravesado] ▸ **cruzado (en)** en travers (de). ◆ **cruzado** sm HIST croisé *m*. ◆ **cruzada** sf croisade *f* ▸ **ir de cruzada contra** *fig* partir en croisade contre.

cruzar [13] vt **1.** [poner en cruz, emparejar] croiser **2.** [poner de través] mettre en travers **3.** [calle] traverser **4.** [palabras] échanger. ◆ **cruzarse** vprnl ▸ **cruzarse con alguien** croiser qqn / *me crucé con ella* je l'ai croisée ▸ **cruzarse de brazos / piernas** croiser les bras / les jambes.

CSD (*abr de* **Consejo Superior de Deportes**) sm *conseil national des sports en Espagne*.

CSIC (*abr de* **Consejo Superior de Investigaciones Científicas**) sm *conseil supérieur de la recherche scientifique en Espagne* ; ≃ CNRS *m*.

CSN (*abr escrita de* **Consejo de Seguridad Nuclear**) sm *conseil espagnol sur le risque nucléaire*.

cta. (*abr de* **cuenta**) cpte / *cta. cte. nº 193-1533* cpte courant nº 193-1533.

cte. (*abr de* **corriente**) courant / *cta. cte. nº 193-1533* cpte courant nº 193-1533.

CTM [θe te 'eme] (*abr escrita de* **Ciencias de la Tierra y Medioambientales**) sfpl SVT *fpl (sciences de la vie et de la terre)*.

ctra. (*abr escrita de* **carretera**) rte.

c / u (*abr escrita de* **cada uno**) chacun / *20 paquetes de 50 g c / u* 20 paquets de 50 g chacun.

cuaderna sf **1.** [juego] quaterne *m* **2.** [NÁUT - pieza curva] couple *m* ; [- armazón] membrure *f*.

cuaderno sm cahier *m*.

cuadra sf **1.** [de caballos] écurie *f* **2.** AM [manzana] pâté *m* de maisons.

cuadrado, da adj **1.** [gen & MAT] carré(e) **2.** [persona] ▸ **estar cuadrada** *fam* être un pot à tabac. ◆ **cuadrado** sm carré *m*.

cuadrafonía sf quadriphonie *f*.

cuadrafónico, ca adj quadriphonique.

cuadragésimo, ma adj num quarantième.

cuadrangular ❖ adj quadrangulaire. ❖ sm AM DEP [en béisbol] tournoi *m* quadrangulaire.

cuadrángulo sm quadrangle *m*.

cuadrante sm **1.** GEOGR & GEOM quadrant *m* **2.** [reloj] cadran *m*.

cuadrar vi **1.** [información, hechos] concorder ; [caracteres, ropa] s'accorder / *su confesión no cuadra con la declaración* ses aveux ne concordent pas avec sa déclaration **2.** [números, cuentas] tomber juste **3.** [venir a medida] convenir / *le cuadra ese trabajo* ce travail lui convient parfaitement. ◆ **cuadrarse** vprnl **1.** MIL se mettre au garde-à-vous **2.** [mostrar firmeza] durcir le ton **3.** CSUR [solidarizarse con] ▸ **cuadrarse con** soutenir.

cuadratura sf GEOM quadrature *f* ▸ **la cuadratura del círculo** *fig* la quadrature du cercle.

cuádriceps sm inv quadriceps *m*.

cuadrícula sf quadrillage *m*.

cuadriculado, da adj quadrillé(e).

cuadricular vt quadriller *(papier)*.

cuadrilátero sm **1.** GEOM quadrilatère *m* **2.** DEP ring *m*.

cuadrilla sf **1.** [de amigos, maleantes] bande *f* ; [de trabajadores] équipe *f* **2.** [de torero] *équipe qui assiste le matador*.

cuadriplicar vt quadrupler.
◆ **cuadruplicarse** vprnl être multiplier par quatre.

cuadro sm **1.** [gen & TEATRO] tableau *m* ▸ **cuadro de costumbres** étude *f* de mœurs ▸ **cuadro de mandos** tableau de bord ▸ **cuadro flamenco** troupe *f* de flamenco ▸ **cuadro sinóptico** tableau synoptique **2.** [escena] spectacle *m* / *un cuadro desolador* un spectacle affligeant **3.** GEOM carré *m* ▸ **a cuadros** [tela] à carreaux **4.** [de personas] équipe *f* ▸ **el cuadro de dirigentes** la direction **5.** [de bicicleta] cadre *m* **6.** AM [matadero] abattoir *m*.
◆ **cuadro clínico** sm signes *mpl* cliniques.

cuadrúpedo sm quadrupède *m*.

cuádruple, cuádruplo sm quadruple *m*.

cuadruplicar [10] vt quadrupler.

cuádruplo = **cuádruple**.

cuajado, da adj **1.** [líquido] ▸ **la leche cuajada** le lait caillé **2.** [lleno] ▸ **cuajado de** chargé de.
◆ **cuajada** sf caillé *m*.

cuajar ❖ vt **1.** [leche] cailler ; [sangre] coaguler **2.** [de adornos] couvrir. ❖ vi **1.** [lograrse - proyecto, acción] aboutir ; [- acuerdo] être conclu(e) **2.** [gustar - persona] être adopté(e) ; [- moda] prendre ; [- nieve] tenir. ◆ **cuajarse** vprnl **1.** [leche] cailler ; [flan, hielo] prendre ; [sangre] coaguler **2.** [llenarse] se remplir / *se le cuajaron los ojos de lágrimas* ses yeux se sont emplis de larmes.

cuajo sm **1.** [fermento] présure *f* **2.** *fig* [calma] nonchalance *f*. ◆ **de cuajo** loc adv complètement ▸ **arrancar de cuajo** a) [árbol] déraciner b) [pie, mano] arracher.

cual pron relat ▸ **el / la cual** lequel / laquelle / *llamé a Juan, el cual dormía* j'ai appelé Juan, qui dormait ▸ **al / a la cual** auquel / à laquelle / *la película a la cual hago referencia* le film auquel je fais référence / *Ana, a la cual veo a menudo...* Ana, que je vois souvent... ▸ **del / de la cual** dont / *el libro / el amigo del cual te hablé* le livre / l'ami dont je t'ai parlé ▸ **lo cual** a) [sujeto] ce qui b) [complemento] ce que / *está muy enfadada, lo cual es comprensible / entiendo perfectamente* elle est très fâchée, ce qui est compréhensible / ce que je comprends parfaitement / *me soltó un cuento todo lo cual era pura mentira* il m'a raconté une histoire qui n'était que pur mensonge ▸ **sea cual sea** quel que soit, quelle que soit / *sea cual sea el resultado* quel que soit le résultat / *las tres son a cual más inteligente* elles sont toutes les trois plus intelligentes les unes que les autres.

cuál pron **1.** [interrogativo] quel, quelle ; [especificando] lequel, laquelle / *¿cuál es la diferencia?* quelle est la différence ? / *¿cuál prefieres?* laquelle préfères-tu ? / *no sé cuáles son mejores* je ne sais pas lesquels sont les meilleurs **2.** *(en oraciones distributivas)* : *todos han contribuido, cuál más, cuál menos* ils ont tous participé, certains plus que d'autres.

cualidad sf qualité *f*.

cualificación sf qualification *f*.

cualificado, da adj qualifié(e).

cualificar [10] vt qualifier.

cualitativo, va adj qualitatif(ive).

cualquier ⟶ **cualquiera**.

cualquiera ❖ adj *(delante de sust sing: **cualquier**)* **1.** *(delante de sust)* [gen] n'importe quel, n'importe quelle / *cualquier día vendré a visitarte* un de ces jours, je viendrai te rendre visite ▸ **en cualquier momento** n'importe quand ▸ **en cualquier lugar** n'importe où **2.** *(detrás de sust)* [ordinario] quelconque / *un sitio cualquiera* un endroit quelconque. ❖ pron *(pl* **cualesquiera***)* n'importe qui / *cualquiera te lo dirá* n'importe qui te le dira ▸ **cualquiera que** a) [persona] quiconque b) [cosa] quel que (quelle que) / *cualquiera que te viera se reiría* quiconque te verrait rirait / *cualquiera que sea la razón* quelle que soit la raison. ❖ sm, f moins que rien *mf*. ❖ sf *fam* traînée *f*.

cuan adv **1.** [todo lo que] : *se desplomó cuan largo era* il est tombé de tout son long **2.** [compara cantidades] ⟶ **cuanto**.

cuán adv comme / *¡cuán difícil es todo ahora!* comme tout est difficile maintenant !

cuando ❖ adv : *mañana es cuando me voy de vacaciones* c'est demain que je pars en vacances ▸ **de cuando en cuando, de vez en cuando** de temps en temps. ❖ conj **1.** [de tiempo] quand, lorsque / *cuando llegué a París* quand o lorsque je suis arrivé à Paris **2.** [si] si / *cuando tú lo dices será verdad* si c'est toi qui le dis, ça doit être vrai. ◆ **cuando más** loc adv tout au plus / *cuando más costará 100 euros* cela coûtera tout au plus 100 euros / *cuando más dijo que vendría a las diez* il a dit qu'il viendrait au plus tard à dix heures.
◆ **cuando menos** loc adv au moins / *cuando menos tardó dos horas en decidirse* il a mis au moins deux heures à se décider. ◆ **cuando quiera que** loc conj : *cuando quiera que vengas, serás bien recibida* viens quand tu veux, tu seras toujours bien accueillie.

cuándo ❖ adv **1.** quand / *¿cuándo vienes?* quand viens-tu ? / *le pregunté cuándo se iba* je lui ai demandé quand il partait **2.** EXPR **¡cuándo no!** AM : *los empleados se quejan de los sueldos bajos — ¡cuándo no!* les employés se plaignent de leurs bas salaires — ce n'est pas étonnant ! ❖ sm : *ignora el cómo y el cuándo de la operación* il ignore comment et quand se déroulera l'opération.

cuantía sf quantité *f* ; [importe] montant *m*.

cuántico, ca adj quantique.
◆ **cuántica** sf [mecánica] mécanique *f* quantique.

cuantificable adj quantifiable.

cuantificar [10] vt quantifier.

cuantioso, sa adj : *una cuantiosa suma* une forte somme.

cuantitativo, va adj quantitatif(ive).

cuanto, ta

❖ adj

1. [todo] tout le, toute la / *despilfarra cuanto dinero gana* il gaspille tout l'argent qu'il gagne / *soporté cuantas críticas me hizo* j'ai supporté toutes les critiques qu'il m'a faites

2. *(delante de adv)* [compara cantidades] *cuantas más mentiras digas, menos te creerán* plus tu raconteras de mensonges, moins on te croira

❖ pron relat *(gen pl)*

[sujeto] tous ceux qui, toutes celles qui ; [complemento] tous ceux que, toutes celles que / *cuantos fueron, alabaron el espectáculo* tous ceux qui y sont allés ont encensé le spectacle / *dio las gracias a todos cuantos le ayudaron* il remercia tous ceux qui l'avaient aidé / *me gustaron cuantas vi* toutes celles que j'ai vues m'ont plu

◆ **cuanto** ❖ pron relat neutro **1.** [todo lo que] tout ce que / *comprendo cuanto dice* je comprends tout ce qu'il dit / *come cuanto quieras* mange autant que tu voudras **2.** [compara cantidades] : *cuanto más se tiene, más se quiere* plus on en a, plus on en veut. ❖ adv [compara cantidades] : *cuanto más gordo está, más come* plus il est gros, plus il mange.

◆ **cuanto antes** loc adv le plus vite possible, dès que possible / *cuanto antes empecemos, antes acabaremos* plus vite nous commencerons, plus vite nous finirons.

◆ **en cuanto** ❖ loc conj dès que / *en cuanto acabe, te ayudaré* dès que j'aurai fini, je t'aiderai. ❖ loc prep [en calidad de] en tant que / *en cuanto cabeza de familia* en tant que chef de famille.

◆ **en cuanto a** loc prep en ce qui concerne / *en cuanto a tu petición* en ce qui concerne ta demande.

cuánto, ta

❖ adj

1. [interrogativo] combien de / *¿cuánto pan quieres?* combien de pain veux-tu ? / *no sé cuántos invitados había* je ne sais pas combien il y avait d'invités

2. [exclamativo] que de / *¡cuánta gente había!* que de gens il y avait là ! / *¡cuántos libros tienes!* tu en as des livres !

❖ pron *(gen pl)*

combien / *¿cuántos son?* combien sont-ils ? / *dime cuántas quieres* dis-moi combien tu en veux / *¡cuántos quisieran conocerte!* combien aimeraient te connaître !

◆ **cuánto** ❖ pron **1.** [interrogativo] combien / *¿cuánto quieres?* combien en veux-tu ? / *me gustaría saber cuánto te costará* j'aimerais savoir combien ça va te coûter **2.** [exclamativo] : *¡cuánto han cambiado las cosas!* comme les choses ont changé ! / *¡cuánto me gusta este cuadro!* que j'aime ce tableau ! ❖ adv comme / *¡cuánto mejor se ve desde aquí!* comme on voit mieux d'ici !

cuáquero, ra sm, f quaker *m*, -eresse *f*.

cuarenta ❖ adj num inv quarante.

❖ sm inv quarante *m inv* ▸ **cantar las cuarenta a alguien** dire ses quatre vérités à qqn.

cuarentavo, va adj num quarantième.

cuarentena sf quarantaine *f* ▸ **poner en cuarentena** **a)** [enfermo] mettre en quarantaine **b)** [noticia] attendre pour divulguer.

cuarentón, ona sm, f quadragénaire *mf*.

cuaresma sf carême *m*.

cuartear vt [fruta] couper en quartiers ; [res] dépecer.

◆ **cuartearse** vprnl se lézarder.

cuartel sm **1.** MIL caserne *f* ▸ **cuartel general** quartier *m* général / *una lucha sin cuartel* une lutte sans merci **2.** *fig* [piedad] ▸ **¡guerra sin cuartel!** pas de quartier !

cuartelada sf putsch *m*.

cuartelazo sm AM putsch *m*.

cuartelero, ra adj [bromas, expresiones] de corps de garde.

cuartelillo sm [de policía] poste *m*.

cuarteto sm **1.** MÚS quatuor *m* ; [de jazz] quartette *m* **2.** [poema] quatrain *m* **3.** [cuatro cosas] ensemble *m* de quatre (éléments).

cuartilla sf feuille *f* (de papier).

cuarto, ta adj num quatrième ▸ **una cuarta parte** un quart. *Ver también* **sexto.** ◆ **cuarta** sf **1.** [cuarta parte] quart *m* **2.** [palmo] empan *m* ▸ **no levantar una cuarta del suelo** *fam* [persona] être haut comme trois pommes **3.** AUTO quatrième *f* ▸ **meter** o **poner (la) cuarta** AUTO passer la quatrième **4.** DEP [en esgrima] quarte *f* **5.** MÚS quarte *f* **6.** ASTRON quadrant *m* **7.** MIL peloton *m* **8.** MÉX [látigo] fouet *m*. ◆ **cuarto** sm **1.** [parte] quart *m* ▸ **cuarto de hora** quart d'heure ▸ **cuartos de final** quarts de finale ▸ **ser tres cuartos de lo mismo** *fig* être du pareil au même **2.** [sala] pièce *f* ; [de dormir] chambre *f* ▸ **cuarto de aseo** cabinet *m* de toilette ▸ **cuarto de baño** salle *f* de bains ▸ **cuarto de estar** salle *f* de séjour **3.** *(gen pl)* [dinero] sou *m* ; [de Luna] quartier *m* ▸ **cuarto creciente / menguante** premier/dernier quartier.

cuarzo sm quartz *m*.

cuate, ta sm, f AM *fam* copain *m*, copine *f*.

cuaternario, ria adj quaternaire.

◆ **cuaternario** sm quaternaire *m*.

cuatrero, ra sm, f voleur *m*, -euse *f* de bétail.

cuatricromía sf quadrichromie *f* ▸ **en cuatricromía** en quadrichromie.

cuatrienio sm période *f* de quatre ans.

cuatrillizos, zas sm, f pl quadruplés *mpl*, quadruplées *f*.

cuatrimestral adj **1.** [en frecuencia] : *una revista cuatrimestral* un magazine qui sort tous les quatre mois **2.** [en duración] de quatre mois.

cuatrimestre sm période *f* de quatre mois.

cuatrimotor sm quadrimoteur *m*.

cuatripartito, ta adj quadripartite.

cuatro ❖ adj num quatre ; *fig* [poco] : *cuatro fresones* une poignée de fraises / *parece que pasó hace cuatro días* on dirait que c'était hier. ❖ sm inv quatre *m inv*.

❖ sf inv MÉX ▸ **meter las cuatro** mettre les pieds dans le plat. *Ver también* **seis.**

cuatrocientos, tas adj num inv quatre cents. *Ver también* **seiscientos.**

cuba sf tonneau *m* ▸ **estar como una cuba** *fam & fig* être complètement soûl.

Cuba npr Cuba.

cubalibre sm **1.** [de ron] Cuba *m* libre, rhum-Coca *m* **2.** [de ginebra] gin-Coca *m*.

cubano, na ❖ adj cubain(e). ❖ sm, f Cubain *m*, -e *f*.

cubata sm *fam* rhum-Coca *m*.

cubero sm ▸ **a ojo de buen cubero** *fam & fig* à vue de nez.

cubertera sf RP **1.** [cajón] tiroir *m* à couverts **2.** [bandeja] panier *m* à couverts.

cubertería sf ménagère *f (couverts)*.

cubeta sf **1.** [cuba pequeña] petit tonneau *m* ; [de barómetro] cuvette *f* **2.** FOTO bac *m* **3.** AM [cubo] seau *m*.

cubetera sf CSUR PERÚ bac *m* à glaçons.

cubicaje sm cylindrée *f (volume)* / *una moto de gran cubicaje* un gros cube.

cubicar [10] vt GEOM cuber ; [un número] mettre au cube.

cúbico, ca adj **1.** [gen & MAT] cubique **2.** [para volúmenes] : *metro cúbico* mètre cube.

cubierto, ta adj couvert(e) ▸ **estar / ponerse a cubierto** être / se mettre à l'abri. ◆ **cubierta** sf **1.** [para tapar - libro] couverture *f* ; [- cama] couvre-lit *m* ; [- mueble] housse *f* **2.** [de neumático] enveloppe *f* **3.** [de barco] pont *m* **4.** AM [de carta] enveloppe *f*. ◆ **cubierto** ❖ pp ⟶ **cubrir.** ❖ sm **1.** [para comer] couvert *m* **2.** [comida] menu *m*.

cubil sm **1.** [de animales] tanière *f* **2.** *fig* [de ladrones] repaire *m*.

cubilete sm gobelet *m*.

cubique ⟶ **cubicar**.

cubismo sm cubisme *m*.

cubista adj & smf cubiste.

cubitera sf **1.** [bandeja] bac *m* à glace **2.** [cubo] seau *m* à glace.

cubito sm [de hielo] glaçon *m*.

cúbito sm cubitus *m*.

cubo sm **1.** [recipiente] seau *m* ▸ **cubo de la basura** poubelle *f* **2.** GEOM & MAT cube *m* **3.** [de rueda] moyeu *m*.

cubrecama sm couvre-lit *m*.

cubrir vt **1.** [gen] couvrir **2.** [disimular] cacher **3.** [puesto, vacante] pourvoir ▸ **cubrir sus necesidades** pourvoir à ses besoins. ◆ **cubrirse** vprnl ▸ **cubrirse (de)** se couvrir (de) ▸ **cubrirse de gloria** se couvrir de gloire.

cucaña sf mât *m* de cocagne.

cucaracha sf ZOOL cafard *m*.

cuchara sf **1.** [para comer] cuillère *f*, cuiller *f* **2.** [instrumento] benne *f* **3.** AM [de albañil] truelle *f*.

cucharada sf cuillerée *f*.

cucharadita sf petite cuillerée *f*.

cucharilla sf petite cuillère *f* ; [en recetas de cocina] cuillère *f* à café.

cucharón sm louche *f*.

cucheta sf **1.** ARG [litera] lit *m* superposé, couchette *f* **2.** RP NÁUT cabine *f*.

cuchichear vi chuchoter.

cuchicheo sm chuchotement *m*.

cuchilla sf **1.** [hoja] lame *f* **2.** AM [cadena] chaîne *f* **3.** AM [cumbre] crête *f* **4.** ANDES CARIB [cortaplumas] canif *m*.

cuchillada sf [acción] coup *m* de couteau ; [herida] entaille *f*.

cuchillazo sm coup *m* de couteau.

cuchillería sf coutellerie *f*.

cuchillo sm couteau *m* ▸ **cuchillo eléctrico** couteau électrique.

cuchipanda sf *fam* ▸ **salir de cuchipanda** faire la bringue.

cuchitril sm [vivienda] taudis *m* ; [bar] boui-boui *m*.

cuchufleta sf *fam* blague *f*.

cuclillas ◆ **en cuclillas** loc adv accroupi(e) ▸ **ponerse en cuclillas** s'accroupir.

cuclillo sm coucou *m (oiseau)*.

cuco, ca ❖ adj *fam* **1.** [bonito] mignon(onne) **2.** ESP [astuto] futé(e). ❖ sm, f ESP [astuto] malin *m*, -igne *f* / *¡es un cuco, si te ha dicho esto!* c'est un malin s'il t'a dit ça ! ◆ **cuco** sm **1.** coucou *m (oiseau)* **2.** CSUR [coco] croquemitaine *m*, croque-mitaine *m*. ◆ **cucos** smpl COL [braga] culotte *f sing*.

cucú (*pl* **cucúes**) sm coucou *m (chant, pendule)*.

cucufato, ta sm, f **1.** BOL PERÚ [beato] bigot *m*, -e *f* **2.** CSUR *fam* [chiflado] cinglé *m*, -e *f*.

cucurucho sm **1.** [papel] cornet *m* **2.** [gorro] cagoule *f (de pénitent)* **3.** CAM CARIB [punto más alto] sommet *m*.

cuece ⟶ **cocer**.

cuela ⟶ **colar**.

cuelga ⟶ **colgar**.

cuelgue sm *fam* trip *m* / *¡lleva un buen cuelgue!* il est en plein trip !

cuello sm **1.** [del cuerpo] cou *m* **2.** [de objeto, prenda] col *m* ▸ **cuello a la base** RP col ras du cou ▸ **cuello de botella** a) goulot *m* b) *fig* [en carretera] goulet *m* ▸ **cuello de pajarita** col cassé ▸ **cuello tortuga** AM col roulé.

cuenca sf **1.** [de río, región minera] bassin *m* **2.** [del ojo] orbite *f*.

Cuenca npr Cuenca.

cuenco sm [recipiente - grande] terrine *f* ; [- redondo] jatte *f* ; [- pequeño] ramequin *m*.

cuenta ❖ sf

1. [acción de contar] compte *m* ▸ **echar cuentas** faire des comptes ▸ **llevar las cuentas** tenir les comptes / *he perdido la cuenta* je ne sais plus où j'en suis / *me lo dijo tantas veces que perdí la cuenta* il me l'a dit je ne sais combien de fois ▸ **cuenta atrás** compte à rebours

2. FIN & COM compte *m* ▸ **abrir una cuenta** ouvrir un compte ▸ **domiciliar una cuenta** donner une autorisation de prélèvement automatique ▸ **pagar a cuenta** verser un acompte ▸ **cuenta corriente** compte courant ▸ **cuenta de ahorros** compte (d')épargne ▸ **cuenta de ahorro vivienda** compte (d')épargne logement ▸ **cuenta de explotación / de resultados** compte d'exploitation / de résultats

3. [suma, división, etc.] opération *f* ▸ **usar la cuenta de la vieja** *fam* compter sur ses doigts

4. [factura] note *f* ; [de restaurante] addition *f*

5. [obligación, cuidado] charge *f* / *los gastos corren de mi cuenta* je prends les frais à ma charge / *déjalo de mi cuenta* laisse-moi m'en occuper / *lo haré por mi cuenta* je le ferai moi-même

6. [bolita - de collar] perle *f* ; [- de rosario] grain *m*

7. EXPR **a fin de cuentas** en fin de compte, tout compte fait ▸ **ajustarle a alguien las cuentas** régler son compte à qqn ▸ **caer en la cuenta** comprendre ▸ **dar cuenta de** a) [comunicar] rendre compte de b) *fam* [terminar] faire un sort à ▸ **darse cuenta de** se rendre compte de ▸ **en resumidas cuentas** en fin de compte ▸ **más de la cuenta** un peu trop ▸ **pedir cuentas a alguien** demander des comptes à qqn ▸ **tener en cuenta algo** tenir compte de qqch

❖ v

⟶ **contar**.

cuentagotas sm inv compte-gouttes *m inv* ▸ **a o con cuentagotas** au compte-gouttes.

cuentakilómetros sm inv compteur *m* (kilométrique).

cuentapropista smf AM indépendant *m*, -e *f*.

cuentarrevoluciones sm inv compte-tours *m inv*.

cuentear vi AM *fam* cancaner.

cuentero, ra AM *fam* ❖ adj **1.** [chismoso] baratineur(euse), cancanier(ère) **2.** [mentiroso] qui raconte des bobards. ❖ sm, f **1.** [chismoso] cancanier *m*, -ère *f* **2.** [mentiroso] menteur *m*, -euse *f*.

cuentista smf **1.** [escritor] conteur *m*, -euse *f* **2.** [mentiroso] menteur *m*, -euse *f*.

cuentitis sf inv *fam* maladie *f* imaginaire / *tú lo que tienes es mucha cuentitis* tout ça ce ne sont que des histoires !

cuento sm **1.** [fábula, narración] conte *m* / *déjate de cuentos* arrête tes histoires ▸ **es el cuento de la lechera** *fig* c'est l'histoire de Perrette et le pot au lait / *es el cuento de nunca acabar* c'est sans fin / *eso no viene a cuento* cela n'a rien à voir **2.** [mentira] histoire *f* / *lo que me dices es un cuento* tu me racontes des histoires ▸ **cuento chino** histoire à dormir debout ▸ **cuento del tío** AM *fam* arnaque ▸ **tener (mucho) cuento** jouer la comédie ▸ **venir con cuentos** raconter des histoires ▸ **vivir del cuento** vivre d'expédients.

cuerda sf **1.** [gen & GEOM] corde *f* **2.** [de reloj] ressort *m* ▸ **dar cuerda a un reloj** remonter une montre / *habla como si le hubieran dado cuerda* il ne peut plus s'arrêter de parler **3.** EXPR **bajo cuerda** en sous-main ▸ **estar en la cuerda floja** être sur la corde raide ▸ **tener mucha cuerda, tener cuerda para rato** en avoir pour un moment ▸ **tirar de la cuerda** tirer sur la corde. ◆ **cuerdas vocales** sfpl cordes *fpl* vocales.

cuerdo, da ❖ adj **1.** [sano de juicio] : *no estás muy cuerdo* tu ne vas pas bien **2.** [sensato] raisonnable, sage. ❖ sm, f sage *mf*.

cueriza sf ANDES *fam* [paliza] raclée *f*.

cuerno sm **1.** [de animal, bicicleta, luna] corne *f* **2.** MÚS trompe *f* **3.** MÉX [bizcocho] croissant *m* **4.** EXPR **mandar a alguien al cuerno** *fam* envoyer promener qqn. ◆ **cuernos** smpl *fam* cornes *fpl* ▸ **poner cuernos** *fig* faire porter les cornes.

cuero sm **1.** cuir *m* ▸ **cuero cabelludo** cuir chevelu **2.** EXPR **en cueros, en cueros vivos** nu(e) comme un ver ▸ **ser un cuero** MÉX *fam* être canon.

cuerpo sm **1.** corps *m* ▸ **cuerpo de bomberos / de policía** corps des sapeurs-pompiers / de police ▸ **cuerpo extraño** corps étranger **2.** EXPR **a cuerpo** en taille ▸ **de cuerpo entero** [retrato] en pied ▸ **de cuerpo presente** sur son lit de mort ▸ **en cuerpo y alma** *fig* corps et âme ▸ **luchar cuerpo a cuerpo** lutter corps à corps ▸ **ser suelto de cuerpo** RP *fam* être sans rancune ▸ **tomar cuerpo** prendre corps ▸ **vivir a cuerpo de rey** *fig* vivre comme un prince.

cuervo sm corbeau *m*.

cuesco sm **1.** *fam* [pedo] pet *m* **2.** CHILE [de fruta] noyau *m*.

cuesta ❖ sf [pendiente] côte *f* ▸ **ir cuesta abajo** descendre (la côte) ▸ **ir cuesta arriba** monter (la côte) ▸ **llevar a cuestas** porter sur le dos / *se le hizo cuesta arriba hacer este trabajo* *fig* ça lui a été pénible de faire ce travail. ❖ v ⟶ **costar.**

cuestación sf collecte *f (au profit d'une œuvre)*.

cueste ⟶ **costar**.

cuestión sf **1.** [pregunta, asunto] question *f* ▸ **en cuestión de** en matière de **2.** [problema] problème *m*.

cuestionable adj discutable.

cuestionamiento sm questionnement *m*.

cuestionar vt remettre en question. ◆ **cuestionarse** vprnl se demander / *me estoy cuestionando si quedarme o no* je me demande si je reste ou pas.

> ⚠ **Questionner** es un falso amigo, no significa *cuestionar*, sino "interrogar".

cuestionario sm questionnaire *m*.

cuete ❖ adj MÉX *fam* bourré(e). ❖ sm **1.** AM [nave espacial] fusée *f* ▸ **como cuete** comme une fusée **2.** MÉX [de carne] tranche *f* de gigot o de rumsteck **3.** EXPR **al cuete** RP *fam* en vain. ◆ **cuetes** smpl AM [pirotecnia] feu *m* d'artifice.

cueva sf grotte *f*.

cueza ⟶ **cocer**.

cuezo sm ▸ **meter el cuezo** *fam* **a)** [meter la pata] faire une gaffe.

cuico sm **1.** MÉX *fam* [policía] flic *m* **2.** ARG CHILE *despec* [forastero] étranger *m*.

cuicos smpl AM *fam* flics *mpl*.

cuidado ✧ sm **1.** [vigilancia] attention *f* ▸ **cuidados intensivos** soins intensifs ▸ **de cuidado** : *una enfermedad de cuidado* une maladie grave / *un genio de cuidado* un sacré caractère ▸ **estar al cuidado de** s'occuper de ▸ **perder cuidado** AM ne pas s'en faire ▸ **tener cuidado con** faire attention à **2.** [esmero & MED] soin *m* / *eso me trae sin cuidado fig* je n'en ai rien à faire. ✧ interj ▸ **¡cuidado!** attention !

cuidador, ra sm, f DEP soigneur *m*.

cuidadoso, sa adj soigneux(euse).

cuidar ✧ vt **1.** [gen] soigner **2.** [cosa] prendre soin de. ✧ vi ▸ **cuidar de** s'occuper de. ◆ **cuidarse** vprnl se ménager ▸ **cuidarse de** s'occuper de.

cuita sf **1.** *culto* [aflicción] peine *f* **2.** CAM [de ave] fiente *f*.

culata sf **1.** [de arma] culasse *f* **2.** [de animal] croupe *f*.

culatazo sm **1.** [golpe] coup *m* de crosse **2.** [retroceso] recul *m (d'une arme)*.

culé (*pl* **culés**) adj *fam* DEP *du football-club de Barcelone*.

culebra sf couleuvre *f*.

culebrón sm TV feuilleton *m* mélo.

culinario, ria adj culinaire.

culmen sm sommet *m*, zénith *m* / *en el culmen de su carrera* au sommet de sa carrière.

culminación sf point *m* culminant.

culminante adj culminant(e).

culminar ✧ vt ▸ **culminar (con)** mettre le point final (à). ✧ vi culminer ▸ **culminar (con)** *fig* s'achever (par).

culo sm **1.** [de personas] derrière *m* **2.** [de objetos, líquido] fond *m* ; [de botella] cul *m* ▸ **de culo de botella** AM *fam* en cul de bouteille ▸ **de culo de vaso** ESP *fam* en cul de bouteille **3.** EXPR **a tomar por (el) culo** ESP *vulg* : *¡vete a tomar por culo!* va te faire foutre ! / *le pedí dinero prestado y me mandó a tomar por culo* je lui ai demandé de me prêter de l'argent et il m'a envoyé me faire foutre ▸ **tener culo** RP *mfam* avoir du bol.

culpa sf faute *f* / *tiene la culpa* c'est de sa faute ▸ **echar la culpa a alguien** rejeter la faute sur qqn ▸ **por culpa de** à cause de.

culpabilidad sf culpabilité *f*.

culpabilizar [13] vt [culpar] accuser. ◆ **culpabilizarse** vprnl ▸ **culpabilizarse de algo** [confesar] reconnaître qqch.

culpable ✧ adj ▸ **culpable (de)** coupable (de) ▸ **declarar culpable a alguien** déclarer qqn coupable ▸ **declararse culpable** plaider coupable. ✧ smf coupable *mf* / *tú eres el culpable* c'est de ta faute.

culpar vt ▸ **culpar a alguien de algo** **a)** [atribuir la culpa] reprocher qqch à qqn **b)** [acusar] accuser qqn de qqch.

culteranismo sm cultisme *m*.

culterano, na ✧ adj propre au cultisme. ✧ sm, f cultiste *mf*.

cultismo sm mot *m* savant.

cultivable adj cultivable.

cultivado, da adj cultivé(e).

cultivador, ra sm, f cultivateur *m*, -trice *f*.

cultivar vt cultiver. ◆ **cultivarse** vprnl se cultiver.

cultivo sm culture *f (des terres)*.

culto, ta adj [persona] cultivé(e) ; [lengua] soutenu(e). ◆ **culto** sm culte *m* ▸ **rendir culto a** rendre o vouer un culte à.

cultura sf culture *f*.

cultural adj culturel(elle).

cultureta smf *fam* & *despec* intello *mf*.

culturismo sm DEP musculation *f*, culturisme *m*.

culturista adj & smf culturiste.

culturizar [13] vt transmettre sa culture à.

cumbia sf *danse populaire de Colombie*.

cumbre sf [de montaña, punto culminante] sommet *m* ; POLÍT conférence *f* au sommet / *en el momento cumbre de su carrera* au faîte de sa carrière.

cumple sm *fam* anniversaire *m*.

cumpleaños sm inv anniversaire *m*.

cumplido, da adj **1.** [completo, amplio] bon (bonne) / *un cumplido vaso de…* un bon verre de… / *una cumplida recompensa* une bonne récompense / *cinco años cumplidos* cinq ans révolus **2.** [perfecto] parfait(e) / *es un cumplido galán* c'est un parfait séducteur **3.** [cortés] poli(e). ◆ **cumplido** sm **1.** [alabanza] compliment *m* **2.** [cortesía] ▸ **sin cumplidos** sans façons.

cumplidor, ra ✧ adj sûr(e), digne de confiance. ✧ sm, f personne *f* de confiance.

cumplimentar vt **1.** [saludar] accueillir **2.** [felicitar] féliciter **3.** [cumplir] exécuter.

cumplimiento sm [de un deber] accomplissement *m* ; [de orden, contrato] exécution *f* ; [de ley, promesa] respect *m* ; [de plazo] échéance *f*.

cumplir ✧ vt **1.** [deber, misión] accomplir ; [orden, contrato] exécuter ; [promesa, palabra] tenir ; [ley] respecter **2.** [años] avoir / *ha cumplido 40 años* il a fêté ses 40 ans **3.** [condena] purger. ✧ vi **1.** [plazo, garantía] expirer **2.** [persona] faire son devoir ▸ **cumplir con alguien** s'acquitter de ses obligations envers qqn ▸ **para o por cumplir** par courtoisie ▸ **cumplir con el deber** remplir son devoir ▸ **cumplir con la palabra** tenir parole.

cúmulo sm **1.** [de papeles, ropa, etc.] tas *m* **2.** [nube] cumulus *m* **3.** *fig* [de asuntos, acontecimientos] série *f*.

cuna sf *pr* & *fig* berceau *m*.

cundir vi **1.** [alarma, miedo, nerviosismo] se répandre / *¡que no cunda el pánico!* pas de panique ! ▸ **cunde la voz de que…** le bruit court que… **2.** ESP [tiempo, dinero, esfuerzo] : *si te organizas, te cundirá más el tiempo* si tu t'organises, ton temps sera mieux utilisé

/ *este jamón nos ha cundido mucho* avec ce jambon, nous avons eu largement de quoi manger / *me cunde más cuando estudio por la mañana* c'est le matin que je travaille le mieux.

cuneiforme adj cunéiforme.

cuneta sf [de calle] caniveau *m* ; [de carretera] fossé *m*.

cunilinguo sm cunnilingus *m*.

cuña sf **1.** [para sujetar] cale *f* ; [para hender] coin *m* ▸ **hacer la cuña** [en esquí] faire du chasse-neige **2.** [orinal] urinal *m* **3.** ANDES RP *fam* [influencia] piston *m* ▸ **tener cuña** avoir du piston. ◆ **cuña publicitaria** sf RADIO & TV page *f* de publicité.

cuñado, da sm, f beau-frère *m*, belle-sœur *f*.

cuño sm poinçon *m* ▸ **ser de nuevo cuño** *fig* [palabra, término] être un néologisme.

cuota sf **1.** [contribución - a entidad, club] cotisation *f* ; [- a Hacienda] contribution *f* **2.** [precio, gasto] frais *mpl* **3.** [cupo] quote-part *f* ▸ **cuota de mercado** part *f* de marché **4.** AM [plazo] : *comprar en cuotas* acheter à crédit **5.** AM [tarifa] tarif *m*.

cupé sm coupé *m*.

cupido sm *fig* coureur *m* de jupons.

cupiera ⟶ **caber**.

cuplé sm *chanson populaire espagnole légèrement satirique et licencieuse.*

cupletista smf chanteur *m*, -euse *f* de « cuplés ».

cupo ❖ sm **1.** [cantidad máxima - de reclutas] contingent *m* ; [- de mercancías] quota *m* **2.** [cantidad proporcional] quote-part *f* **3.** MÉX VEN [capacidad] contenance *f*, capacité *f*. ❖ v ⟶ **caber.**

cupón sm **1.** [de pedido, compra] bon *m* **2.** [de lotería] billet *m* **3.** [de acciones] coupon *m*.

cúpula sf **1.** ARQUIT coupole *f* ; [techo] dôme *m* **2.** *fig* [mandos] ▸ **la cúpula** les dirigeants *mpl*.

cura ❖ sm **1.** [sacerdote] curé *m* **2.** COL [fruto] avocat *m*. ❖ sf **1.** [curación] guérison *f* **2.** [tratamiento] soin *m* ▸ **cura de sueño** cure *f* de sommeil ▸ **no tener cura** a) [enfermedad] être incurable b) *fam* & *fig* être incorrigible.

curación sf guérison *f*.

curado, da adj [alimento] sec (sèche) ; [pescado] salé(e) ; [carne] séché(e) / *estoy curado de espanto* j'en ai vu d'autres. ◆ **curado** sm séchage *m* ; [de pescado] salage *m*.

curador, ra sm, f RP [de museo] conservateur *m*, -trice *f*.

curalotodo sm *fam* remède *m* miracle.

curandería sf pratique *f* des guérisseurs.

curandero, ra sm, f guérisseur *m*, -euse *f*.

curar ❖ vt **1.** [sanar] soigner **2.** [alimento, material] faire sécher **3.** RP [mate] torréfier. ❖ vi guérir. ◆ **curarse** vprnl **1.** [gen] se soigner ; [sanar] ▸ **curarse (de)** guérir (de) ▸ **curarse en salud** a) prendre ses précautions b) *fig* parer à toute éventualité **2.** [material, alimento] sécher.

> ⚠ **Curer** es un falso amigo, no significa *curar*, sino "mondar" y también "limpiar".

curare sm curare *m*.

curasao, curazao [kura'sao] sm curaçao *m*.

curativo, va adj curatif(ive).

curazao = **curasao**.

curco sm AM **1.** [joroba] bosse *f* **2.** [jorobado] bossu *m*.

curcucho, cha adj AM bossu(e).

curcuncho, cha adj ANDES [jorobado] bossu(e). ◆ **curcuncho** sm ANDES **1.** [joroba] bosse *f* **2.** [jorobado] bossu *m*.

curda sf ESP RP *fam* [borrachera] cuite *f* ▸ **coger** o **agarrar una curda** prendre une cuite.

curdo, da ❖ adj kurde. ❖ sm, f Kurde *mf*. ◆ **curdo** sm [lengua] kurde *m*.

curia sf **1.** HIST & RELIG curie *f* **2.** [DER - tribunal] cour *f* ; [- personal] personnel *m* de l'ordre judiciaire.

curiosear ❖ vi [fisgonear] épier ; [por una tienda] fouiner. ❖ vt [libros, revistas] parcourir.

curiosidad sf **1.** [gen] curiosité *f* ▸ **sentir** o **tener curiosidad por** être curieux(euse) de **2.** [aseo] soin *m*.

curioso, sa ❖ adj **1.** [gen] curieux(euse) **2.** [cuidadoso] soigneux(euse) **3.** [aseado] soigné(e). ❖ sm, f curieux *m*, -euse *f*.

curita sf AM pansement *m* adhésif.

currante adj & smf ESP *fam* bosseur(euse).

currar, currelar ❖ vi ESP *fam* [trabajar] bosser, trimer. ❖ vt **1.** ESP *fam* [pegar] tabasser **2.** RP *fam* [estafar] arnaquer. ◆ **currarse** vprnl ESP *fam* bosser sur, bûcher / *se lo merece, se lo ha currado mucho* il le mérite, il a beaucoup bossé dessus.

curre = **curro**.

currelar = **currar**.

currele = **curro**.

currelo = **curro**.

currículum (*pl* **currícula**), **currículo** (*pl* **currículos**) sm CV *m*, curriculum *m* ▸ **currículum vitae** curriculum vitae *m*.

curro, curre, currele, currelo sm ESP *fam* [tarea, empleo, lugar] boulot *m* / *me voy al curro* je vais au boulot.

curruscar [10] vi croustiller.

currusco sm quignon *m*.

curry (*pl* **currys**) sm curry *m*.

cursar vt **1.** [estudiar] faire des études de ▸ **cursar leyes** faire son droit **2.** [enviar] envoyer **3.** [órdenes, instrucciones] donner **4.** [petición, solicitud] présenter.

cursi ❖ adj *fam* [persona, modales] snob ; [objeto, vestido] cucul (la praline). ❖ smf bêcheur *m*, -euse *f*.

cursilada sf **1.** [acto, comentario] mièvrerie *f* **2.** [objeto] objet *m* de mauvais goût.

cursilería sf **1.** [objeto] objet *m* de mauvais goût **2.** [de objeto] mauvais goût *m* ; [de persona] manières *fpl*.

cursillo sm **1.** [curso] stage *m* **2.** [conferencias] cycle *m* de conférences.

cursiva sf ⟶ **letra**.

curso sm **1.** [gen & ECON] cours *m* ▸ **de curso legal** [moneda] ayant cours légal ▸ **seguir su curso** suivre son cours ▸ **curso de reciclaje** cours de recyclage ▸ **en curso** en cours ▸ **en el curso de** dans le courant de ▸ **dar curso a algo** [dar rienda suelta] donner libre cours à qqch **2.** [año académico] année *f* scolaire **3.** [conjunto de estudiantes] promotion *f*.

cursor sm INFORM curseur *m*.

curtido, da adj tanné(e). ◆ **curtido** sm tannage *m*.

curtiembre sf ANDES RP tannerie *f*.

curtir vt **1.** [piel] tanner **2.** *fig* [persona] aguerrir. ◆ **curtirse** vprnl **1.** [pieles] sécher **2.** [persona] s'aguerrir.

curva sf ⟶ **curvo**.

curvado, da adj incurvé(e) ; [doblado] recourbé(e).

curvar vt courber ; [doblar] recourber. ◆ **curvarse** vprnl se courber.

curvatura sf courbure *f*.

curvilíneo, a adj curviligne.

curvo, va adj courbe. ◆ **curva** sf **1.** [gen] courbe *f* ; [de carretera] virage *m* ▸ **coger una curva** ESP prendre un virage ▸ **curva de nivel** courbe de niveau **2.** [del cuerpo] ▸ **las curvas** les formes *fpl*, les rondeurs *fpl* ▸ **curva de la felicidad** *fig* brioche *f (ventre)*.

Cusco = **Cuzco**.

cuscurro sm croûton *m*.

cuscús sm inv couscous *m*.

cúspide sf *pr* & *fig* sommet *m*.

custodia sf **1.** [vigilancia] garde *f* ▸ **estar bajo la custodia de alguien** être confié(e) à la garde de qqn **2.** RELIG ostensoir *m*.

custodiar [8] vt **1.** [vigilar] garder **2.** [proteger] veiller sur.

custodio ◈ adj ⟶ **ángel.** ◈ sm gardien *m*.

cutáneo, a adj cutané(e).

cúter, cutter (*pl* **cutters**) sm [cuchilla] cutter *m*.

cutícula sf cuticule *f*.

cutis sm inv peau *f* (du visage).

cutre adj ESP *fam* **1.** [objeto, historia, programa] craignos, nul (nulle) / ***esta película es muy cutre*** ce film est vraiment nul **2.** [lugar] craignos, minable / ***hemos ido a un bar cutre*** nous sommes allés dans un bar craignos.

cutrez (*pl* **cutreces**), **cutredad**, **cutrería** sf *fam* **1.** [tacañería] radinerie *f* **2.** [pobreza, sordidez] misère *f*.

cutter = **cúter**.

cuyo, ya adj dont le, dont la / ***ése es el señor cuyo hijo viste ayer*** c'est le monsieur dont tu as vu le fils hier / ***un equipo cuya principal estrella…*** une équipe dont la vedette… / ***el libro en cuya portada…*** le livre sur la couverture duquel… / ***ésos son los amigos en cuya casa nos hospedamos*** ce sont les amis chez qui nous avons logé ▸ **en cuyo caso** auquel cas.

Cuzco, Cusco npr Cuzco *f*.

CV (*abr de* **currículum vitae**) sm CV *m* / ***redactar el CV*** rédiger son CV.

D

d, D [de] sf [letra] d *m inv*, D *m inv*.

D. *abr escrita de* **don**.

Dª *abr escrita de* **doña**.

dabuten, dabuti ❖ adj inv *fam* génial(e) / *Paco es un tío dabuten* Paco est un mec génial. ❖ adv *fam* super bien / *en la fiesta nos lo pasamos dabuten* on s'est super bien amusé à la fête.

Dacca npr Dacca.

dactilar adj → **huella**.

dactilografía sf dactylographie *f*.

dadaísmo, dadá sm dadaïsme *m*.

dadaísta adj & smf dadaïste.

dádiva sf [regalo] présent *m* ; [donativo] don *m*.

dadivoso, sa adj généreux(euse).

dado, da adj **1.** [concreto, determinado] donné(e) ▸ **en un momento dado** à un moment donné ▸ **ser dado a a)** [sentir afición] être féru de **b)** [sentir inclinación] être enclin à **2.** RP [sociable] extraverti(e). ◆ **dado** sm dé *m*. ◆ **dado que** loc conj étant donné que.

dador, ra sm, f **1.** [de letra de cambio] tireur *m*, -euse *f* **2.** *desus* [de carta] porteur *m*, -euse *f*.

daga sf **1.** [puñal] dague *f* **2.** AM [machete] coutelas *m*.

daiquiri, daiquirí sm AM daiquiri *m*.

Dakar npr Dakar.

dal (*abr escrita de* **decalitro**) dal.

dalái lama sm dalaï-lama *m*.

dale interj ▸ **¡dale!** allez !, vas-y !

dalia sf dahlia *m*.

dálmata ❖ adj **1.** GEOGR dalmate **2.** ZOOL ▸ **un perro dálmata** un dalmatien. ❖ smf **1.** [persona] Dalmate *mf* **2.** [perro] dalmatien *m*, -enne *f*.

daltónico, ca adj & sm, f daltonien(enne).

daltonismo sm daltonisme *m*.

dam (*abr escrita de* **decámetro**) dam.

dama sf dame *f*. ◆ **dama de honor** sf [de novia] demoiselle *f* d'honneur ; [de reina] dame *f* d'honneur. ◆ **primera dama** sf première dame *f* / *la primera dama de Francia* la première dame de France. ◆ **damas** sfpl dames *fpl (jeux)*.

damajuana sf dame-jeanne *f*.

damasco sm **1.** [tela] damas *m* **2.** ANDES RP [BOT - fruta] abricot *m* ; [- árbol] abricotier *m*.

Damasco npr Damas.

damasquinado sm damasquinage *m*.

damero sm damier *m*.

damisela sf *despec* & *irón* [señorita] donzelle *f*.

damnificado, da adj & sm, f sinistré(e).

damnificar [10] vt endommager.

dan sm [en judo] dan *f*.

dance → **danzar**.

dandi, dandy sm dandy *m*.

danés, esa ❖ adj danois(e). ❖ sm, f Danois *m*, -e *f*. ◆ **danés** sm [lengua] danois *m*.

dantesco, ca adj *pr* & *fig* dantesque.

Danubio sm ▸ **el Danubio** le Danube.

danza sf danse *f* ▸ **estar en danza** *fig* être toujours sur la brèche *(en pleine activité)* ▸ **meter** o **entrar en danza** *fig* entrer dans la danse.

dañado, da adj **1.** [objeto] endommagé(e) **2.** [alimento] gâté(e), avarié(e) **3.** [vista, ojos] abîmé(e).

dañar vt **1.** [objeto, alimento] abîmer, endommager **2.** [salud] nuire à ; [vista] abîmer **3.** [prestigio, reputación] nuire à, ternir, porter tort à. ◆ **dañarse** vprnl [persona] se blesser ; [objeto, mercancía, alimento] s'abîmer, être endommagé(é).

danzar [13] vi danser ; *fig* [ir de un sitio a otro] avoir la bougeotte.

danzarín, ina sm, f danseur *m*, -euse *f*.

dañino, na adj [tabaco, alcohol, etc.] nocif(ive) ; [animal] nuisible.

daño sm **1.** [dolor] mal *m* ▸ **hacer(se) daño** (se) faire mal **2.** [perjuicio] dégât *m*, dommage *m* ▸ **daños y perjuicios** dommages et intérêts **3.** MÉX RP [mal de ojo] mauvais œil *m*.

DAO (*abr de* **diseño asistido por ordenador**) sm DAO *m* ▸ **un programa de DAO** un logiciel de DAO.

dar [56]

❖ vt

1. [gen] donner ▸ **dar algo a alguien** donner qqch à qqn / *dame un caramelo* donne-moi un bonbon / *me dio un consejo / permiso para…* il m'a donné un conseil / la permission de… / *¿podrías darme un ejemplo?* pourrais-tu me donner un exemple ? / *¿te gusta? te lo doy* ça te plaît ? je te le donne / *esta fuente ya no da agua* cette source ne donne plus d'eau ▸ **donde las dan las toman** on n'a que ce qu'on mérite

2. [naipes] ▸ **dar las cartas** distribuer les cartes

3. [producir - beneficios, intereses] rapporter

4. [suj: reloj] sonner / *el reloj ha dado las dos* l'horloge a sonné deux heures
5. [suministrar] *todavía no nos han dado la luz/el agua* nous n'avons pas encore l'électricité/l'eau
6. [encender] allumer / *da la luz de la cocina* allume la lumière de la cuisine
7. CINE & TV passer ; TEATRO donner
8. [provocar] *dar gusto/miedo/pena* faire plaisir/peur/de la peine / *me da risa* ça me fait rire / *dar escalofríos* donner des frissons / *si no se calla, me va a dar algo* *fam* s'il ne se tait pas, je vais devenir dingue
9. [untar con] *dar crema a los zapatos* cirer ses chaussures / *dar barniz a una silla* vernir une chaise
10. [decir] dire ▸ **dar los buenos días** dire bonjour ▸ **dar las gracias** dire merci, remercier
11. [expresa acción] *voy a dar un paseo* je vais me promener / *dar un grito* pousser un cri / *dar un empujón a alguien* bousculer qqn ▸ **no dar una** avoir tout faux
12. *fam* [fastidiar] *me dio la tarde con sus preguntas* il m'a enquiquinée tout l'après-midi avec ses questions
13. [considerar] ▸ **dar algo por** considérer qqch comme / *lo doy por hecho* c'est comme si c'était fait / *lo dieron por muerto* on l'a tenu pour mort
❖ vi
1. [repartir - en naipes] donner
2. [horas] sonner / *acaban de dar las tres* trois heures viennent juste de sonner
3. [golpear] *la piedra dio contra el cristal* la pierre a heurté la vitre
4. [suceder] *le dio un mareo/un ataque de nervios* il a eu un malaise/une crise de nerfs
5. [asestar] ▸ **dar con algo** donner un coup avec qqch / *le ha dado a la primera* [con escopeta, bolo] il l'a touché du premier coup
6. [accionar] ▸ **dar a** **a)** [llave de paso] tourner **b)** [botón, timbre] appuyer sur
7. [estar orientado] ▸ **dar a** **a)** [ventana, balcón] donner sur **b)** [puerta] ouvrir sur **c)** [fachada, casa] être orienté(e) à
8. ▸ **dar con** [encontrar] trouver / *he dado con la solución* j'ai trouvé la solution / *di con él al salir de aquí* je l'ai rencontré en sortant d'ici
9. RP ▸ **dar con** [comunicar] passer / *¿me das con Pedro?* tu me passes Pedro ?
10. ▸ **dar de** (+ *infin*) [proporcionar] donner à / *darle de comer a alguien* donner à manger à qqn / *le da de mamar a su hijo* elle allaite son fils ▸ **dar de** (+ *sust*) [expresa repetición] donner / *dar de golpes* donner des coups et des coups ▸ **dar de sí** **a)** [ropa] se détendre **b)** [calzado] se faire / *no da más de sí* [persona, animal] il n'en peut plus
11. [coger costumbre] *le ha dado por dejarse la barba* il s'est mis dans la tête de se laisser pousser la barbe
12. ▸ **dar para** [ser suficiente] : *esa tela no da para una falda* il n'y a pas assez de tissu pour faire une jupe / *esta tarjeta de teléfono no da para más* il n'y a plus d'unités sur cette carte de téléphone / *no doy para más* je suis épuisé
13. ▸ **dar que** [motivar] : *dar que pensar* donner à penser / *esa historia dio mucho que hablar* cette histoire a fait beaucoup parler les gens
14. EXPR **dale (que dale)** : *te digo que pares y tú ¡dale que dale!* je te dis d'arrêter et toi tu continues !
◆ **darse** vprnl **1.** [suceder] arriver / *se ha dado el caso de...* il est arrivé que... **2.** [entregarse] ▸ **darse a** se mettre à / *darse a la bebida* s'adonner à la boisson **3.** [golpearse] ▸ **darse contra** se cogner contre / *se ha dado de golpes* il s'est cogné partout **4.** [tener aptitud] : *se me dan bien las matemáticas* je suis bon en mathématiques **5.** [considerarse] : *puedes darte por suspendido* tu peux considérer que tu as échoué **6.** [engañar] ▸ **dársela a alguien** rouler qqn / *se las da de listo* il se croit très intelligent / *se las da de valiente* il joue les durs **7.** RP [tratarse con] ▸ **darse con** fréquenter.

dardo sm **1.** [de juego] fléchette *f* **2.** *fig* [comentario] pique *f.*

dársena sf NÁUT bassin *m* ; [de atraque] dock *m.*

darvinismo sm darwinisme *m.*

datación sf **1.** [de mineral, de restos arqueológicos] datation *f* **2.** [en carta, documento] datation *f.*

datáfono sm dataphone *m.*

datar ❖ vt dater. ❖ vi ▸ **datar de** dater de, remonter à.

dátil sm datte *f.* ◆ **dátiles** smpl *fam* doigts *mpl.* ◆ **dátil (de mar)** sm datte *f* de mer.

dativo sm GRAM datif *m.*

dato sm **1.** [gen, INFORM & MAT] donnée *f* **2.** [información] renseignement *m* ▸ **datos personales** *noms, prénoms, adresse, etc.*

⚠ **Date** es un falso amigo, no significa *dato*, sino "fecha".

dcha., der. (*abr escrita de* **derecha**) dr., dte.

d. de JC., d. JC. (*abr escrita de* **después de Jesucristo**) apr. J.-C. / *en el año 128 d. de JC.* en l'an 128 apr. J.-C.

de

❖ prep (*de + el = del*)
1. [gen] de / *el coche de mi padre* la voiture de mon père / *bebió un vaso de agua* il a bu un verre d'eau / *los libros de historia* les livres d'histoire / *una bici de carreras* un vélo de course / *vengo de mi casa* je viens de chez moi / *soy de Bilbao* je suis de Bilbao / *llorar de alegría* pleurer de joie / *es de buena familia* elle est de bonne famille / *de una sola vez* d'un trait / *el mejor de todos* le meilleur de tous / *más/menos de* plus/moins de / *de nueve a cinco* de neuf heures à cinq heures / *a las tres de la tarde* à trois heures de l'après-midi
2. [materia] en / *un reloj de oro* une montre en or

3. [en descripciones] *de fácil manejo* facile à utiliser / *la señora de verde* la dame en vert / *un sello de sesenta céntimos* un timbre à soixante centimes
4. [en calidad de] *trabaja de bombero* il est pompier / *trabaja de camarero en un hotel* il travaille comme serveur dans un hôtel
5. [durante] *trabaja de noche y duerme de día* il travaille la nuit et dort le jour / *llegamos de madrugada* nous sommes arrivés à l'aube
6. *(delante de infin)* [condición] si / *de querer ayudarme, lo haría* s'il voulait m'aider, il le ferait
7. [enfatiza la cualidad] *el idiota de tu hermano* ton idiot de frère
8. *(detrás de adj y antes de infin)* *difícil de creer* difficile à croire / *fácil de decir* facile à dire

dé ⟶ **dar**.
deambular vi déambuler.
deán sm doyen *m (ecclésiastique)*.
debacle sf débâcle *f (ruine)*.
debajo adv dessous ▸ **por debajo de** en dessous de, au-dessous de / *por debajo de la rodilla* au-dessous du genou / *por debajo del puente* sous le pont ▸ **debajo de** sous / *debajo de la cama* sous le lit.
debate sm débat *m*.
debatir vt ▸ **debatir algo** débattre de qqch. ◆ **debatirse** vprnl [luchar] se débattre.
debe sm débit *m* ▸ **debe y haber** débit et crédit.

deber¹
❖ vt
devoir / *debo hacerlo* je dois le faire / *debes dominar tus impulsos* tu dois maîtriser tes impulsions / *deberían abolir esa ley* cette loi devrait être abolie ▸ **deber algo a alguien** devoir qqch à qqn ▸ **¿cuánto** o **qué le debo?** combien je vous dois ?
❖ vi
▸ **deber de** devoir / *deben de ser las siete* il doit être sept heures / *no debe de haber nadie en casa* il ne doit y avoir personne à la maison / *debe de tener más de sesenta años* elle doit avoir plus de soixante ans
◆ **deberse** vprnl ▸ **deberse a a)** [ser consecuencia de] être dû (due) à **b)** [dedicarse a] se devoir à / *el retraso se debe a la huelga* le retard est dû à la grève / *dice que se debe a sus hijos* elle dit qu'elle se doit à ses enfants.

deber² sm devoir *m*. ◆ **deberes** smpl [trabajo escolar] devoirs *mpl* ▸ **hacer los deberes** faire ses devoirs.
debidamente adv dûment, comme il se doit / *devuelva la solicitud debidamente cumplimentada* renvoyez la demande dûment complétée.
debido, da adj **1.** [adeudado] dû (due) **2.** [justo, conveniente] nécessaire ▸ **como es debido a)** [como está mandado] comme il se doit **b)** [correctamente] comme il faut, correctement. ◆ **debido a** loc prep du fait de, en raison de.

débil ❖ adj faible ; [tras una enfermedad] affaibli(e). ❖ smf faible *mf*.

⚠ Débile es un falso amigo, no significa *débil*, sino "estúpido".

debilidad sf **1.** [gen] faiblesse *f* **2.** [afición, cariño] ▸ **tener** o **sentir debilidad por** avoir un faible pour.
debilitación sf affaiblissement *m*.
debilitamiento sm affaiblissement *m*.
debilitar vt affaiblir. ◆ **debilitarse** vprnl s'affaiblir.
débito sm [debe] débit *m*.
debut (*pl* **debuts**) sm **1.** [de artista] débuts *mpl* **2.** [de película] sortie *f* ; [de obra de teatro] première *f*.
debutante smf TEATRO ▸ **ser debutante** faire ses débuts.
debutar vi débuter, faire ses débuts.
década sf **1.** [años] décennie *f* **2.** [días] décade *f*.
decadencia sf décadence *f* ▸ **estar en decadencia a)** [cultura, sociedad] être en décadence **b)** [moda] se perdre.
decadente adj décadent(e) ; [edificio] dégradé(e).
decaedro sm GEOM décaèdre *m*.
decaer [55] vi décliner ; [enfermo] s'affaiblir ; [estado de salud] s'aggraver ; [calidad] baisser ; [entusiasmo] tomber ▸ **¡que no decaiga!** *fig* ne nous laissons pas abattre !
decágono sm décagone *m*.
decaído, da adj **1.** [desalentado] abattu(e) **2.** [debilitado] affaibli(e).
decaiga ⟶ **decaer**.
decaimiento sm **1.** [desaliento] abattement *m* **2.** [falta de fuerzas] faiblesse *f*.
decalitro sm décalitre *m*.
decálogo sm **1.** RELIG décalogue *m* **2.** *fig* [normas] règles *fpl* d'or.
decámetro sm décamètre *m*.
decanato sm **1.** [cargo] décanat *m* **2.** [despacho] bureau *m* du doyen.
decano, na sm, f doyen *m*, -enne *f*.
decantar vt décanter. ◆ **decantarse** vprnl **1.** [inclinarse] ▸ **decantarse (a)** pencher (vers) **2.** [optar] ▸ **decantarse por algo** pencher pour qqch.
decapitación sf décapitation *f*.
decapitar vt décapiter.
decasílabo, ba adj décasyllabe. ◆ **decasílabo** sm décasyllabe *m*.
decatleta sm, f DEP décathlonien *m*.
decatlón, decathlón sm décathlon *m*.
decayera ⟶ **decaer**.
deceleración sf décélération *f*.
decelerar vt & vi décélérer.
decena sf dizaine *f*.
decencia sf décence *f* ▸ **con decencia** décemment.

decenio sm décennie *f*.

decente adj décent(e) ; [precio, propina] correct(e) / *una mujer decente* une femme qui se respecte.

decentemente adv **1.** [dignamente] décemment **2.** [pulcramente] soigneusement.

decepción sf déception *f*.

decepcionado, da adj déçu(e) ▸ **estar muy decepcionado con algo** être très déçu par qqch.

decepcionante adj décevant(e) / *fue muy decepcionante para todos* cela a été très décevant pour tout le monde.

decepcionar vt décevoir.

deceso sm *culto* décès *m*.

dechado sm ▸ **ser un dechado de virtudes** *fig* être un modèle de vertu.

decibelio sm décibel *m*.

decididamente adv **1.** [con decisión] résolument, carrément **2.** [definitivamente] clairement, sans aucun doute.

decidido, da adj décidé(e).

decidir vt décider ▸ **decidir hacer algo** décider de faire qqch ▸ **decidir algo** [determinar] décider de qqch. ◆ **decidirse** vprnl ▸ **decidirse (a hacer algo)** se décider (à faire qqch) ▸ **decidirse por** se décider pour.

decigramo sm décigramme *m*.

decilitro sm décilitre *m*.

décima sf ⟶ **décimo**.

decimal ❖ adj [sistema] décimal(e) / *la parte decimal* le dixième. ❖ sm décimale *f*.

decímetro sm décimètre *m (mesure)*.

décimo, ma adj num dixième ▸ **décima parte** dixième *m*. ***Ver también* sexto.** ◆ **décima** sf [en medidas] dixième *m* / *una décima de segundo* un dixième de seconde / *tiene unas décimas (de fiebre)* il a un peu de fièvre. ◆ **décimo** sm [fracción, lotería] dixième *m*.

decimoctavo, va adj num dix-huitième.

decimocuarto, ta adj num quatorzième.

decimonónico, ca adj **1.** [del siglo XIX] du XIXe siècle **2.** [anticuado] dépassé(e).

decimonoveno, na adj num dix-neuvième.

decimoquinto, ta adj num quinzième.

decimoséptimo, ma adj num dix-septième.

decimosexto, ta adj num seizième.

decimotercero, ra adj num treizième.

decir ❖ vt

1. [gen] dire / *¿cómo se dice?* comment dit-on ? ▸ **como quien dice, como si dijéramos** comme dirait l'autre ▸ **como quien no dice nada** l'air de rien ▸ **decir a alguien que haga algo** dire à qqn de faire qqch ▸ **decirle a alguien cuántas son cinco** o **las cuatro verdades** dire ses quatre vérités à qqn ▸ **decir mucho de algo** en dire long sur qqch ▸ **se dice que…** il paraît que… ▸ **decir para sí** se dire / *… y dijo para sí: "ya veremos"* … et il s'est dit : « on verra bien » ▸ **decir que sí / no** dire oui / non ▸ **¿diga?, ¿dígame?** ESP [al teléfono] allô ! ▸ **el qué dirán** le qu'en-dira-t-on ▸ **es decir** c'est-à-dire ▸ **ni que decir tiene que…** il va sans dire que… ▸ **no me dice nada el tenis** le tennis ne me dit rien ▸ **no hay más que decir** il n'y a rien à ajouter ▸ **¡no me digas!** ça alors ! ▸ **por decirlo así, por así decirlo** autrement dit ▸ **¿qué decís?** RP comment vas-tu ? ▸ **que digamos** pour ainsi dire ▸ **¡y que lo digas!** ESP je suis tout à fait d'accord !
2. [lección] réciter

❖ sm

▸ **es un decir** c'est une façon de parler

decisión sf décision *f*.

decisivo, va adj décisif(ive).

declamación sf déclamation *f*.

declamar vt déclamer.

declaración sf **1.** [gen] déclaration *f* ▸ **declaración del impuesto sobre la renta, declaración de renta** déclaration d'impôts sur le revenu, déclaration de revenus **2.** [de testigo, reo] déposition *f* ▸ **prestar / tomar declaración** faire / recueillirune déposition.

declarado, da adj [manifiesto] déclaré(e).

declarar ❖ vt déclarer. ❖ vi DER [ante el juez] déposer ; [en un juicio] témoigner. ◆ **declararse** vprnl se déclarer ▸ **declararse a favor / en contra de algo** se déclarer pour / contre qqch ▸ **declararse culpable / inocente** plaider coupable / non coupable.

declinación sf **1.** [fin] déclin *m* / *el día comenzaba su declinación* le jour commençait à décliner **2.** GRAM déclinaison *f*.

declinar vt & vi décliner.

declive sm **1.** [decadencia] déclin *m* **2.** [cuesta] pente *f* ▸ **en declive a)** en pente **b)** *fig* en déclin.

decodificador = **descodificador**.

decodificar [10] = **descodificar**.

decolaje sm AM décollage *m*.

decolar vi AM décoller.

decoloración sf décoloration *f*.

decolorante ❖ adj décolorant(e). ❖ sm décolorant *m*.

decolorar vt décolorer. ◆ **decolorarse** vprnl se décolorer.

decomisar vt DER saisir.

decomiso sm DER saisie *f*.

decoración sf **1.** [gen] décoration *f* **2.** TEATRO décor *m*.

decorado sm décor *m* ▸ **el decorado** CINE & TEATRO les décors.

decorador, ra sm, f décorateur *m*, -trice *f*.

decorar vt décorer.

decorativo, va adj décoratif(ive).

decoro sm **1.** [pudor] décence *f* ▸ **vestir con (mucho) decoro** s'habiller (très) convenablement **2.** [dignidad] dignité *f* ▸ **vivir con decoro** vivre décemment.

decoroso, sa adj convenable.

decrecer [30] vi décroître.

decreciente adj **1.** [gen] décroissant(e) / *la luna está en cuarto decreciente* la lune est dans son dernier quartier ▸ **interés decreciente** désintérêt croissant **2.** [salud, etc.] déclinant(e).

decrépito, ta adj *despec* [persona] décrépit(e) ; [civilización] décadent(e).

decrepitud sf *despec* [de persona] décrépitude *f* ; [de civilización] décadence *f*.

decretar vt décréter.

decretazo sm *fam décret considéré injuste mais approuvé par le gouvernement sans l'accord de l'opposition.*

decreto sm décret *m* ▸ **por real decreto** par décret royal ▸ **decreto ley** décret-loi *m*.

dedal sm dé *m* (à coudre).

dédalo sm dédale *m*.

dedicación sf **1.** [de tiempo] dévouement *m* ▸ **de dedicación en exclusiva** [actividad] à plein temps, à temps complet **2.** [de fondos, etc.] attribution *f* **3.** [de monumento, etc.] consécration *f*.

dedicar [10] vt **1.** [tiempo, dinero, energía] consacrer ; [palabras] adresser **2.** [obra, monumento] dédier **3.** [firmar] dédicacer. ◆ **dedicarse** vprnl ▸ **dedicarse a** [a una profesión] faire / *se dedica a la fotografía* **a)** il fait de la photo **b)** [a una actividad, persona] se consacrer à / *¿a qué te dedicas?* qu'est-ce que tu fais dans la vie ? / *me dedico a la enseñanza* je suis enseignant.

dedicatoria sf dédicace *f*.

dedillo sm ▸ **saber algo al dedillo** *fam* savoir qqch sur le bout des doigts.

dedique ⟶ **dedicar**.

dedo sm **1.** [gen] doigt *m* ▸ **a dedo** au hasard ▸ **elegir a alguien a dedo** désigner qqn ▸ **hacer dedo** *fam* faire du stop ▸ **(dedo) anular** annulaire *m* ▸ **(dedo) corazón** majeur *m* ▸ **dedo gordo, (dedo) pulgar** pouce *m* ▸ **(dedo) índice** index *m* ▸ **(dedo) meñique** petit doigt **2.** [del pie] orteil *m* ▸ **dedo gordo / pequeño** gros / petit orteil **3.** EXPR **comerse** o **chuparse los dedos** se lécher les babines ▸ **escaparse de entre los dedos** glisser entre les doigts ▸ **no me mamo** o **chupo el dedo** *fam* je ne suis pas né de la dernière pluie ▸ **no tener dos dedos de frente** ne pas avoir deux sous de jugeote ▸ **pillarse** o **cogerse los dedos** *fig* se brûler les doigts ▸ **poner el dedo en la llaga** mettre le doigt sur la plaie ▸ **señalar a alguien con el dedo** montrer qqn du doigt.

deducción sf déduction *f* ▸ **deducción fiscal** abattement *m* fiscal.

deducible adj **1.** [idea] : *es fácilmente deducible que…* il est facile d'en déduire que… **2.** [dinero] déductible.

deducir [33] vt déduire.

deductivo, va adj déductif(ive).

dedujera ⟶ **deducir**.

deduzca ⟶ **deducir**.

defecación sf défécation *f*.

defecar [10] vi déféquer.

defección sf défection *f*.

defectivo, va adj défectif(ive).

defecto sm défaut *m* ▸ **defecto de forma** vice *m* de forme. ◆ **por defecto** loc adv par défaut.

defectuoso, sa adj [mercancía] défectueux(euse) ; [trabajo] mal fait(e).

defender [20] vt **1.** [gen & DER] défendre **2.** [resguardar] ▸ **defender a alguien (de)** protéger qqn (de). ◆ **defenderse** vprnl **1.** [gen] se défendre **2.** [resguardarse] ▸ **defenderse (de)** se protéger (de) / *se defiende del frío* il se protège du froid / *se defiende en el trabajo fig* il se défend bien dans son travail.

defendible adj défendable.

defendido, da sm, f défendeur *m*, -eresse *f*.

defenestrar vt *fig* destituer.

defensa ❖ sf **1.** [gen, MIL & DEP] défense *f* ▸ **en defensa propia** pour se défendre ▸ **en defensa de algo** pour défendre qqch ▸ **(en) legítima defensa** (en situation de) légitime défense **2.** DER [argumentos] plaidoyer *m*. ❖ smf DEP arrière *m*. ◆ **defensas** sfpl MED défenses *fpl*.

defensivo, va adj défensif(ive) ; [línea] de défense. ◆ **defensiva** sf ▸ **ponerse / estar a la defensiva** se mettre / être sur la défensive.

defensor, ra ❖ sm, f [persona] défenseur *m* ▸ **defensor del soldado** *organisme créé pour défendre les droits des appelés du contingent.* ◆ **defensor del pueblo** sm ≃ médiateur *m* (de la République). ❖ adj ⟶ **abogado.**

defeño, ña ❖ adj de Mexico. ❖ sm, f habitant *m*, -e *f* de Mexico.

defeque ⟶ **defecar**.

deferencia sf déférence *f* ▸ **por deferencia a** par respect pour.

deferente adj déférent(e).

deferir [27] ❖ vi céder. ❖ vt DER déférer.

deficiencia sf **1.** [defecto] défaillance *f* **2.** [insuficiencia & MED] insuffisance *f*.

deficiente adj **1.** [gen] déficient(e) ; [alimento] pauvre **2.** [alumno] médiocre. ◆ **deficiente (mental)** smf arriéré *m*, -e *f*. ◆ **muy deficiente** sm EDUC mention *f* très insuffisant.

déficit sm inv **1.** ECON déficit *m* **2.** [falta] manque *m*.

deficitario, ria adj déficitaire.

defienda ⟶ **defender**.

defiera ⟶ **deferir**.

definición sf **1.** [gen & TECNOL] définition *f* ▸ **alta definición** haute définition **2.** [descripción] description *f* **3.** [resolución] position *f (idéologique)*.

definido, da adj défini(e).

definir vt définir. ◆ **definirse** vprnl se définir ; [en política, etc.] prendre position.

definitivamente adv **1.** [para siempre] définitivement **2.** [sin duda] décidément, sans aucun doute.

definitivo, va adj définitif(ive) ▸ **en definitiva** en définitive.

defiriera ⟶ **deferir**.

deflación sf déflation *f*.

deflacionario, ria adj déflationniste.

deflagración sf déflagration *f*.

deflector sm AUTO déflecteur *m*.

defoliación sf défoliation *f*.

deforestación sf déboisement *m*, déforestation *f*.

deforestar vt déboiser.

deformación sf déformation *f* ▸ **deformación profesional** déformation professionnelle.

deformado, da adj **1.** [cuerpo, prenda] déformé(e) **2.** [palabras, hechos] déformé(e), dénaturé(e).

deformar vt *pr* & *fig* déformer. ◆ **deformarse** vprnl se déformer.

deforme adj difforme.

deformidad sf difformité *f*; [malformación] malformation *f*.

defragmentación = **desfragmentación**.

defraudación sf fraude *f* fiscale.

defraudador, ra sm, f fraudeur *m*, -euse *f*.

defraudar vt **1.** [decepcionar] décevoir **2.** [estafar] frauder ▸ **defraudar a Hacienda** frauder le fisc.

defunción sf décès *m*.

degeneración sf **1.** [moral] décadence *f* **2.** [física] dégénérescence *f*.

degenerado, da ❖ adj décadent(e). ❖ sm, f dégénéré *m*, -e *f*.

degenerar vi ▸ **degenerar (en)** dégénérer (en).

degenerativo, va adj dégénératif(ive).

deglutir vt & vi déglutir.

degolladero sm abattoir *m*.

degollar [23] vt égorger.

degradable adj dégradable.

degradación sf **1.** [material & MIL] dégradation *f*; [de un cargo] rétrogradation *f* **2.** [moral] déchéance *f*.

degradante adj dégradant(e).

degradar vt [moralmente & MIL] dégrader; [de un cargo] rétrograder. ◆ **degradarse** vprnl **1.** [gen] se dégrader **2.** [caer bajo] se rabaisser.

degüella ⟶ **degollar**.

degüello sm égorgement *m*.

degustación sf dégustation *f*.

degustar vt déguster.

dehesa sf pâturage *m*.

deidad sf **1.** [ser divino] déité *f* **2.** [cualidad] divinité *f*.

deificar [10] vt déifier.

dejada sf ⟶ **dejado**.

dejadez sf laisser-aller *m*.

dejado, da ❖ adj négligent(e); [aspecto] négligé(e). ❖ sm, f souillon *mf*. ◆ **dejada** sf DEP amorti *m*.

dejar

❖ vt

1. [gen] laisser / *deja el libro en la mesa* laisse le livre sur la table / *he dejado el abrigo en el guardarropa* j'ai laissé mon manteau au vestiaire / *deja un poco de café para mí* laisse-moi un peu de café / *dejaré la llave a la portera* je laisserai la clef à la concierge / *su abuelo le dejó mucho dinero* son grand-père lui a laissé beaucoup d'argent / *déjalo, no importa* laisse (tomber), ce n'est pas grave / *¡déjame!, que tengo trabajo* laisse-moi (tranquille), j'ai du travail / *deja que tu hijo venga con nosotros* laisse ton fils venir avec nous ▸ **dejar a alguien en algún sitio** [con el coche] déposer qqn quelque part / *lo dejé por imposible* j'y ai renoncé ▸ **dejar a alguien atrás** devancer qqn ▸ **dejar (mucho** o **bastante) que desear** laisser (beaucoup) à désirer ▸ **más vale dejarlo correr** il vaut mieux laisser courir

2. ESP [prestar] prêter ▸ **dejar algo a alguien** prêter qqch à qqn / *¿puedes dejarme cien euros?* peux-tu me prêter cent euros ?

3. [abandonar - familia, trabajo, país] quitter; [- estudios] arrêter, abandonner / *ha dejado la bebida* il a arrêté de boire

4. [causar - efecto] / *me ha dejado los zapatos como nuevos* il a remis mes chaussures à neuf / *me dejaste preocupado* j'étais inquiet pour toi

5. ▸ **no dejar** [impedir] empêcher / *sus gritos no me dejaron dormir* ses cris m'ont empêché de dormir

6. [omitir] oublier / *lo copió todo, sin dejar una coma* il a tout recopié à la virgule près ▸ **dejar algo por** o **sin hacer** ne pas faire qqch / *dejó la cama sin hacer* il n'a pas fait son lit / *ha dejado por resolver...* il a laissé en suspens...

7. [aplazar] *dejaremos la fiesta para cuando se encuentre bien* nous attendrons qu'il aille mieux pour faire cette fête

8. [esperar] ▸ **dejar que** attendre que / *dejó que terminara de llover para salir* il a attendu qu'il cesse de pleuvoir pour sortir

❖ vi

1. [parar] ▸ **dejar de hacer algo** arrêter o cesser de faire qqch / *deja de gritar* arrête de crier

2. [expresa promesa] *no dejaremos de venir a verte* nous ne manquerons pas de venir te voir / *¡no dejes de escribirme!* n'oublie pas de m'écrire !

◆ **dejarse** vprnl **1.** [olvidar] ▸ **dejarse algo en algún sitio** laisser o oublier qqch quelque part **2.** *(delante de infin)* [permitir] ▸ **dejarse engañar** se laisser berner / *te dejas decir de todo* tu permets qu'on te traite de tous les noms ▸ **dejarse llevar (por) a)** [lo que uno lee, oye, etc.] se laisser influencer (par) **b)** [por la cólera] se laisser emporter (par) **3.** [cesar] : *¡déjate de tonterías!* arrête de raconter des bêtises ! **4.** [descuidarse] se laisser aller / *se dejó mucho después del accidente* il s'est beaucoup laissé aller après l'accident **5.** EXPR **no te dejes** AM ne te laisse pas faire.

deje sm **1.** [tonillo] accent *m* **2.** *fig* [sensación] arrière-goût *m* **3.** AM [parecido] air *m* de famille.

del ⟶ **de**.

delación sf dénonciation *f* ▸ **fomentar la delación** développer l'esprit de délation.

delantal sm **1.** [mandil] tablier *m* **2.** RP [bata] blouse *f*.

delante adv devant / *pasar delante* passer devant / *el de delante* celui de devant. ◆ **delante de** loc prep devant / *delante de la ventana* devant la fenêtre / *delante de él* devant lui / *delante de mi casa* devant chez moi / *por delante de todos* devant tout le monde.

delantero, ra ◇ adj avant, de devant ▸ **las ruedas delanteras** les roues avant. ◇ sm, f DEP avant *m* ▸ **delantero centro** avant-centre. ◆ **delantera** sf **1.** DEP ligne *f* d'attaque **2.** *fam* [de mujer] : *¡vaya delantera!* il y a du monde au balcon ! **3.** EXPR **coger** o **tomar la delantera** prendre les devants ▸ **llevar la delantera a alguien** avoir de l'avance sur qqn ▸ **coger** o **tomar la delantera a alguien** couper l'herbe sous le pied à qqn.

delatar vt dénoncer ; *fig* [suj: ojos, sonrisa, etc.] trahir. ◆ **delatarse** vprnl se trahir.

delator, ra sm, f délateur *m*, -trice *f*.

delco sm Delco® *m*.

delectación sf délectation *f*.

delegación sf **1.** [autorización, personas] délégation *f* **2.** ESP [sucursal] succursale *f* **3.** [de organismo público] office *m* régional ▸ **delegación de Hacienda** centre des impôts **4.** [oficina] agence *f* ▸ **delegación comercial** agence commerciale.

delegado, da sm, f **1.** [gen] délégué *m*, -e *f* **2.** COM représentant *m*, -e *f*.

delegar [16] vt ▸ **delegar algo (en** o **a alguien)** déléguer qqch (à qqn).

deleitar vt enchanter *(plaire)* ▸ **deleitar el paladar** flatter le palais. ◆ **deleitarse** vprnl se régaler.

deleite sm délice *m*.

deletrear vt épeler.

deleznable adj *fig* [clima, libro, actuación] exécrable ; [razón, excusa] minable.

delfín sm dauphin *m*.

delgadez sf **1.** [de persona, animal] maigreur *f* **2.** [de cosa] minceur *f*, finesse *f*.

delgado, da adj **1.** [persona - esbelta] mince ; [- flaca] maigre **2.** [cosa] fin(e).

delgaducho, cha adj maigrichon(onne).

deliberación sf délibération *f*.

deliberado, da adj délibéré(e).

deliberar vi délibérer.

delicadeza sf délicatesse *f*.

delicado, da adj délicat(e) ; [educado] attentionné(e) ; [debilitado] affaibli(e) ▸ **estar delicado de salud / del estómago** avoir la santé / l'estomac fragile.

delicia sf délice *m* ▸ **¡qué delicia!** quel plaisir ! ▸ **estar contigo es una delicia** c'est un vrai plaisir d'être avec toi ▸ **hacer las delicias de alguien** *fig* faire le régal de qqn.

delicioso, sa adj [comida] délicieux(euse) ; [persona] charmant(e).

delictivo, va adj délictueux(euse) ▸ **un acto delictivo** un délit.

delimitación sf délimitation *f*.

delimitar vt délimiter.

delincuencia sf délinquance *f* ▸ **delincuencia juvenil** délinquance juvénile.

delincuente smf délinquant *m*, -e *f*.

delineación sf tracé *m*, dessin *m*.

delineante smf dessinateur *m*, -trice *f*.

delinear vt tracer, dessiner.

delinquir [18] vi commettre un délit.

delirante adj délirant(e).

delirar vi délirer.

delirio sm délire *m* ▸ **delirios de grandeza** folie *f* des grandeurs.

delirium tremens [de,lirium'tremens] sm inv delirium tremens *m inv*.

delito sm délit *m* ▸ **delito ecológico** délit à l'encontre de l'environnement ▸ **cometer un delito** commettre un délit.

delta sm delta *m*.

deltoides adj inv & sm inv ANAT deltoïde.

demacrado, da adj [rostro] émacié(e) ; [cuerpo] décharné(e).

demagogia sf démagogie *f*.

demagógico, ca adj démagogique.

demagogo, ga sm, f démagogue *mf*.

demanda sf **1.** [gen & ECON] demande *f* ▸ **demanda salarial** revendication *f* salariale **2.** DER action *f* en justice ▸ **presentar una demanda contra alguien** poursuivre qqn en justice.

demandado, da sm, f défendeur *m*, -eresse *f*.

demandante smf demandeur *m*, -eresse *f*.

demandar vt DER : *demandar a alguien (por difamación)* poursuivre qqn (en diffamation).

demarcación sf **1.** [señalización] démarcation *f* **2.** [territorio] zone *f* ▸ **demarcación territorial** [jurisdicción] circonscription.

demarcar vt **1.** [límite] délimiter **2.** NÁUT déterminer la route de.

demarrar vi DEP se détacher du peloton.

demás ◇ adj inv autre / *la demás gente* les autres gens. ◇ pron inv ▸ **las / los demás** les autres ▸ **lo demás** le reste ▸ **por lo demás** à part ça ▸ **y demás** et autres.

demasía ◆ **en demasía** loc adv à l'excès.

demasiado, da adj trop de / *demasiado pan* trop de pain / *demasiada comida* trop à manger. ◆ **demasiado** adv trop / *habla demasiado* il parle trop / *va demasiado rápido* il va trop vite.

demencia sf démence *f*.

demencial adj démentiel(elle).

demente adj & smf dément(e).

demérito sm : *es un demérito para ti escribir tan pésimo artículo* cela te fait du tort d'écrire un si mauvais article.

democracia sf démocratie *f*.

demócrata adj & smf démocrate.

democratacristiano, na = **democristiano**.

democrático, ca adj démocratique.

democratización sf démocratisation *f*.

democratizador, ra ❖ adj **1.** [persona] démocrate **2.** [afán, intento] de démocratisation / *proceso democratizador* processus de démocratisation. ❖ sm, f acteur *m*, -trice *f* de la démocratisation.

democratizar [13] vt démocratiser. ◆ **democratizarse** vprnl se démocratiser.

democristiano, na, democratacristiano, na adj & sm, f démocrate-chrétien(enne).

demografía sf démographie *f*.

demográfico, ca adj démographique.

demoledor, ra adj dévastateur(trice) ; [crítica] au vitriol ; [argumento] irréfutable.

demoler [24] vt démolir.

demolición sf démolition *f*.

demoniaco, ca, demoníaco, ca adj démoniaque.

demonio sm **1.** RELIG démon *m* **2.** *fig* diable *m* **3.** [para dar énfasis] ▸ **¿dónde / qué demonios...?** bon sang, où/qui... ? ◆ **demonios** interj ▸ **¡demonios!** flûte !

demonizar [13] vt diaboliser.

demora sf retard *m*.

demorar ❖ vt **1.** [atrasar] retarder **2.** AM [tardar] mettre / *demoraron tres días en pintar la casa* ils ont mis trois jours pour peindre la maison. ❖ vi AM [tardar] mettre du temps. ◆ **demorarse** vprnl **1.** [ir despacio] s'attarder **2.** [llegar tarde] être en retard **3.** AM [tardar en] mettre du temps à / *siempre demora en terminar de comer* il met toujours du temps à terminer son repas.

> ⚠ **Demeurer** es un falso amigo, no significa *demorar*, sino "quedarse", "permanecer" y "residir".

demorón, ona ANDES RP *fam* ❖ adj lent(e). ❖ sm, f tortue *f*.

demostración sf **1.** [gen] démonstration *f* **2.** [prueba] preuve *f* ; [de dolor, alegría] manifestation *f* **3.** [exhibición - deportiva] exhibition *f* ; [- de poder, riqueza] étalage *m*.

demostrar [23] vt **1.** [teoría, hipótesis, verdad] démontrer **2.** [alegría, impaciencia, dolor] manifester ; [poder, riqueza] faire étalage de **3.** [funcionamiento, procedimiento] montrer.

demostrativo, va adj **1.** [que muestra] représentatif(ive) / *un documento demostrativo de* un justificatif de **2.** GRAM démonstratif(ive).

demudar vt : *la noticia le demudó el rostro* quand il a appris la nouvelle, son visage s'est décomposé. ◆ **demudarse** vprnl : *se demudó* son visage s'est décomposé.

demuela ⟶ **demoler**.

demuestra ⟶ **demostrar**.

denegación sf [negación] dénégation *f* ▸ **denegación de auxilio** DER non-assistance à personne en danger ▸ **denegación de paternidad** désaveu de paternité.

denegar [35] vt rejeter.

dengue sm [enfermedad] dengue *f*. ◆ **dengues** smpl [remilgos] chichis *mpl*, manières *fpl* / *no me vengas con dengues* ne fais pas tant de manières.

denigrante adj [acusación, pena] infamant(e) ; [trabajo, actividad] dégradant(e) ; [trato, etc.] humiliant(e).

denigrar vt [humillar] humilier.

denodado, da adj **1.** [soldado] valeureux(euse) **2.** [trabajo, esfuerzo] soutenu(e) **3.** [mente, etc.] déterminé(e).

denominación sf dénomination *f* ▸ **denominación de origen** appellation *f* d'origine.

denominador sm dénominateur *m* ▸ **denominador común** dénominateur commun.

denominar vt appeler.

denostar [23] vt insulter.

denotar vt témoigner de / *un lenguaje que denota mucha cultura* un langage qui témoigne d'une grande culture.

densamente adv : *densamente poblado* densément peuplé.

densidad sf [gen & INFORM] densité *f* ▸ **alta / doble densidad** [disquete] haute/double densité ▸ **densidad de población** densité de population.

denso, sa adj **1.** [gen & FÍS] dense **2.** [líquido] épais(aisse).

dentado, da adj denté(e).

dentadura sf denture *f* / *la higiene de la dentadura* l'hygiène des dents ▸ **dentadura postiza** dentier *m*.

dental adj dentaire.

dente ◆ **al dente** loc adv CULIN al dente.

dentellada sf **1.** [mordisco] coup *m* de dents **2.** [herida] morsure *f*.

dentera sf ▸ **dar dentera** a) faire grincer des dents b) *fig* faire envie.

dentición sf dentition *f* ▸ **dentición de leche** dents de lait.

dentífrico, ca adj dentifrice. ◆ **dentífrico** sm dentifrice *m*.

dentista smf dentiste *mf*.

dentistería sf CAM COL ECUAD VEN **1.** [especialidad] odontologie *f* **2.** [consultorio] cabinet *m* de dentiste.

dentística sf AM odontologie *f*.

dentro adv dedans, à l'intérieur / *quedarse dentro* rester à l'intérieur ▸ **ahí dentro** là-dedans ▸ **de dentro** intérieur(e) / *el bolsillo de dentro* la poche intérieure ▸ **hacia dentro** vers l'intérieur / *irse hacia dentro* rentrer ▸ **por dentro** a) à l'intérieur b) *fig* intérieurement / *hay que lavar el coche por dentro* il faut laver l'intérieur de la voiture. ◆ **dentro de** loc prep 1. [gen] dans / *dentro del sobre* dans l'enveloppe / *dentro de un año* dans un an ▸ **dentro de lo posible** dans la mesure du possible ▸ **dentro de poco** bientôt 2. [de un espacio imaginario] ▸ **dentro de mi / tu etc. alma** en moi / toi etc.

dentudo, da adj *fam* ▸ **ser dentudo** avoir de grandes dents. ◆ **dentudo** sm CUBA [pez] requin-taupe *m* bleu.

denuedo sm [esfuerzo] détermination *f* / *trabajar con denuedo* travailler avec détermination.

denuesta ⟶ **denostar**.

denuncia sf 1. [a la autoridad] plainte *f* ▸ **presentar una denuncia (contra)** déposer une plainte (contre) 2. [de delito] dénonciation *f*.

denunciante sm, f dénonciateur *m*, -trice *f*.

denunciar [8] vt 1. [a la autoridad] signaler 2. [delito] dénoncer.

denuncio sm ANDES [acusación] plainte *f*.

deontología sf déontologie *f*.

deontológico, ca adj déontologique.

D. E. P. (*abr escrita de* **descanse en paz**) RIP (*Requiescat in pace*).

deparar vt [sorpresa] causer ; [placer] procurer ; [oportunidad] offrir ▸ **lo que nos depara la vida** ce que la vie nous réserve.

departamental adj départemental(e).

departamento sm 1. [gen] département *m* 2. [en grandes almacenes] rayon *m* 3. [en escuela, universidad] section *f* 4. [en empresa] service *m* 5. [de cajón, maleta] compartiment *m* 6. AM appartement *m*.

departir vi converser.

depauperación sf 1. [económica] paupérisation *f* 2. [física] affaiblissement *m*.

depauperado, da adj 1. [económicamente] appauvri(e) 2. [físicamente] affaibli(e).

depauperar vt 1. [país, clase, etc.] appauvrir 2. [persona, salud] affaiblir, miner. ◆ **depauperarse** vprnl dépérir.

dependencia sf 1. [gen] dépendance *f* 2. [departamento] service *m*. ◆ **dependencias** sfpl [habitaciones] pièces *fpl* ; [edificios] dépendances *fpl*.

depender vi dépendre ▸ **depender de algo / de alguien** dépendre de qqch / de qqn.

dependienta sf vendeuse *f*.

dependiente ❖ adj dépendant(e). ❖ sm vendeur *m*.

depilación sf épilation *f*.

depiladora sf épilateur *m*.

depilar vt épiler. ◆ **depilarse** vprnl s'épiler.

depilatorio, ria adj dépilatoire, épilatoire. ◆ **depilatorio** sm dépilatoire *m*, épilatoire *m*.

deplorable adj déplorable ; [persona] lamentable.

deplorar vt déplorer.

deponer [65] vt 1. [abandonar] abandonner ; [las armas] déposer / *depuso su actitud hostil* il a cessé de se montrer hostile ▸ **deponer las armas** déposer les armes 2. [destituir - ministro, secretario] démettre ; [- rey, líder] détrôner ▸ **deponer a alguien de su cargo** démettre qqn de ses fonctions.

deportación sf déportation *f*.

deportado, da adj & sm, f déporté(e).

deportar vt déporter.

deporte sm sport *m* ▸ **deportes de riesgo** sports *mpl* à haut risque ▸ **hacer deporte** faire du sport ▸ **practicar un deporte** pratiquer un sport ▸ **hacer algo por deporte** faire qqch pour le plaisir.

deportista adj & smf sportif(ive).

deportividad sf esprit *m* sportif.

deportivo, va adj 1. [gen] sportif(ive) / *la ropa deportiva* les vêtements de sport 2. [conducta, comportamiento] sport, fair-play 3. NÁUT [barco, puerto] de plaisance. ◆ **deportivo** sm voiture *f* de sport.

deposición sf 1. [destitución - de ministro, secretario] destitution *f* ; [- de rey] déposition *f* 2. [defecación] selles *fpl*.

depositar vt 1. [objetos, dinero] déposer 2. *fig* [sentimientos] ▸ **depositar su confianza en alguien** placer sa confiance en qqn ▸ **depositar ilusiones en alguien** entretenir des illusions sur qqn ▸ **depositar cariño en alguien** donner son affection à qqn. ◆ **depositarse** vprnl [asentarse] se déposer.

depositario, ria adj & sm, f dépositaire.

depósito sm 1. [gen & COM] dépôt *m* ▸ **depósito de cadáveres** morgue *f* ▸ **depósito de muebles** garde-meuble *m* ▸ **depósito legal** dépôt légal 2. [recipiente] réservoir *m* ▸ **depósito de gasolina** réservoir d'essence.

depravación sf dépravation *f*.

depravado, da adj & sm, f dépravé(e).

depravar vt dépraver. ◆ **depravarse** vprnl se pervertir.

depre *fam* ❖ adj déprimé(e). ❖ sf déprime *f*.

depreciación sf dépréciation *f*.

depreciar [8] vt déprécier. ◆ **depreciarse** vprnl se déprécier.

depredación sf mise *f* à sac.

depredador, ra adj 1. [animal] prédateur(trice) 2. *fig* [persona] rapace. ◆ **depredador** sm prédateur *m*.

depredar vt [saquear] mettre à sac.

depresión sf dépression *f* ▸ **depresión atmosférica** dépression atmosphérique ▸ **depresión nerviosa** dépression nerveuse.

depresivo, va ◆ adj [deprimido] dépressif(ive) ; [deprimente] déprimant(e). ◆ sm, f dépressif *m*, -ive *f*.

depresor, ra adj déprimant(e).
◆ **depresor** sm ANAT abaisseur *m*.

deprimente adj déprimant(e).

deprimido, da adj déprimé(e).

deprimir vt **1.** [desanimar] déprimer **2.** *fig* [empobrecer] appauvrir. ◆ **deprimirse** vprnl être déprimé(e).

deprisa, de prisa adv vite.

depto., dep. (*abr escrita de* **departamento**) dépt.

depuesto, ta pp ⟶ **deponer**.

depuración sf **1.** [de agua, metal, gas] épuration *f* **2.** *fig* [de organismo, corporación, etc.] purge *f*.

depurado, da adj épuré(e).

depurador, ra adj d'épuration. ◆ **depurador** sm épurateur *m*. ◆ **depuradora** sf station *f* d'épuration.

depurar vt **1.** [gen] épurer **2.** *fig* [organismo, corporación, etc.] purger **3.** [gusto] affiner.

depusiera ⟶ **deponer**.

der. = **dcha.**

derbi (*pl* **derbis**), **derby** (*pl* **derbys**) sm [en hípica, deporte] derby *m*.

derby = **derbi**.

derecha sf ⟶ **derecho**.

derechazo sm [en boxeo] crochet *m* du droit.

derechista ◆ adj POLÍT de droite. ◆ smf homme de droite *m*, femme de droite *f* ▸ **los derechistas** la droite.

derecho, cha adj **1.** droit(e) / *en la fila derecha* dans la file de droite **2.** droit ▸ **andar derecho** se tenir droit **3.** droit / *me fui derecho a la cama* je suis allé (tout) droit au lit ▸ **ir derecho al grano** aller droit au but. ◆ **derecho** ◆ adv droit / *siga derecho por esta calle hasta el final* continuez tout droit jusqu'au bout de la rue ▸ **decir o hacer algo derecho viejo** RP dire o faire qqch sans hésiter. ◆ sm **1.** [gen & DER] droit *m* ▸ **¡no hay derecho!** ce n'est pas juste ! ▸ **'reservado el derecho de admisión'** 'droit d'entrée réservé' ▸ **tener derecho a algo** avoir droit à qqch ▸ **tener derecho a hacer algo** avoir le droit de faire qqch ▸ **derecho administrativo / canónico** droit administratif / canon ▸ **derecho civil / penal** droit civil / pénal ▸ **derecho de retención** ECON droit de rétention ▸ **derecho fiscal / mercantil** droit fiscal / commercial ▸ **derechos civiles** droits civiques ▸ **derechos humanos** droits de l'homme ▸ **reservarse el derecho al pataleo** *fig* avoir le droit de se plaindre **2.** [de tela, prenda] endroit *m* ▸ **del derecho** à l'endroit. ◆ **derecha** sf droite *f* ▸ **a la derecha** à droite ▸ **ser de derechas** être de droite ▸ **no hacer nada a derechas** Esp faire tout de travers. ◆ **derechos** smpl [tasas] droits *mpl* ▸ **derechos de aduana** droits de douane ▸ **derechos de autor** droits d'auteur ▸ **derechos reales** droits de succession.

deriva sf dérive *f* ▸ **a la deriva** à la dérive.

derivación sf dérivation *f*.

derivado, da adj GRAM dérivé(e). ◆ **derivado** sm QUÍM dérivé *m*. ◆ **derivada** sf MAT dérivée *f*.

derivar ◆ vt dériver ; [carretera] dévier ; [conversación] détourner. ◆ vi **1.** [desviarse] dériver ; [conversación] détourner **2.** [proceder & GRAM] ▸ **derivar de** dériver de.

dermatitis, dermitis sf inv MED dermatite *f*, dermite *f*.

dermatología sf dermatologie *f*.

dermatológico, ca adj dermatologique.

dermatólogo, ga sm, f dermatologue *mf*.

dérmico, ca adj dermique.

dermis sf inv derme *m*.

dermitis = **dermatitis**.

dermoprotector, ra adj dermoprotecteur(trice).

derogación sf dérogation *f*.

derogar [16] vt abroger.

derramamiento sm écoulement *m* ▸ **derramamiento de sangre** effusion *f* de sang.

derramar vt **1.** [líquido, cosas menudas] répandre ▸ **derramar lágrimas** verser des larmes ; [por accidente] renverser **2.** EXPR **derramarla** MÉX *fam* mettre les pieds dans le plat. ◆ **derramarse** vprnl se répandre.

derrame sm **1.** MED épanchement *m* ▸ **derrame cerebral** hémorragie *f* cérébrale ▸ **derrame sinovial** épanchement de synovie **2.** [de líquido] déversement *m* ; [de sangre] écoulement *m*.

derrapaje, derrape sm dérapage *m*.

derrapar vi déraper.

derrape = **derrapaje**.

derrengado, da adj *fam* [agotado] crevé(e), éreinté(e).

derrengar vt *fam* [agotar] crever, éreinter.

derretir [26] vt fondre. ◆ **derretirse** vprnl **1.** [gen] fondre **2.** *fam* & *fig* [enamorarse] ▸ **derretirse (por alguien)** être fou (folle) (de qqn).

derribar vt **1.** [edificio] démolir **2.** [árbol, avión] abattre **3.** *fig* [gobierno, gobernante] renverser.

derribo sm **1.** [de edificio] démolition *f* ; [de árbol] abattage *m* **2.** [material] gravats *mpl*.

derrita ⟶ **derretir**.

derritiera ⟶ **derretir**.

derrocamiento sm [de persona, sistema, valor] renversement *m*.

derrocar [10] vt POLÍT renverser.

derrochador, ra adj & sm, f dépensier(ère).

derrochar vt **1.** [malgastar] gaspiller **2.** [rebosar de] déborder de / *derrocha energía* il déborde d'énergie.

derroche sm **1.** [malgasto] gaspillage *m* **2.** [abundancia] profusion *f* ; [de alegría] explosion *f*.

derrota sf **1.** [fracaso] échec *m* **2.** MIL & DEP défaite *f* **3.** NÁUT route *f*.

derrotado, da adj & sm, f **1.** [en deporte, juego, competición] battu(e), perdant(e) **2.** [en guerra, batalla] vaincu(e).

derrotar vt **1.** [gen & DEP] battre ; MIL vaincre **2.** *fig* [desmoralizar] accabler.

derrotero sm **1.** [camino] chemin *m* **2.** NÁUT route *f*.

derrotismo sm défaitisme *m*.

derrotista adj & smf défaitiste.

derruido, da adj [edificio] démoli(e).

derruir [51] vt démolir.

derrumbamiento sm *pr* & *fig* effondrement *m*.

derrumbar vt **1.** [físicamente] démolir **2.** [moralmente] abattre. ◆ **derrumbarse** vprnl *pr* & *fig* s'effondrer.

derrumbe sm *pr* & *fig* effondrement *m*.

desabastecer [30] vt désapprovisionner.

desabastecido, da adj désapprovisionné(e).

desaborido, da *fam* ◇ adj rasoir. ◇ sm, f raseur *m*, -euse *f*.

desabotonar vt déboutonner.
◆ **desabotonarse** vprnl se déboutonner / *desabotonarse el abrigo* déboutonner son manteau.

desabrido, da adj **1.** [alimento] fade **2.** [tiempo] maussade **3.** [persona] renfrogné(e).

desabrigado, da adj **1.** [descubierto] découvert(e) **2.** [con poca ropa] pas assez couvert(e).

desabrigar [16] vt découvrir / *hace frío, no desabrigues a los niños* il fait froid, ne découvre pas les enfants.
◆ **desabrigarse** vprnl se découvrir.

desabrochar vt **1.** [ropa - con botones] déboutonner ; [- con corchetes, broches] dégrafer **2.** [cinturón] défaire.
◆ **desabrocharse** vprnl se déboutonner / *desabrocharse el abrigo* déboutonner son manteau.

desacatar vt [ofender] manquer de respect à ; [ley, regla] enfreindre.

desacato sm **1.** [desobediencia] désobéissance *f* **2.** [insolencia] manque *m* de respect **3.** DER outrage *m* ▸ **desacato a la autoridad** outrage à l'autorité.

desaceleración sf **1.** [de vehículo] décélération *f* **2.** [de proceso, cambio] ralentissement *m*.

desacertado, da adj **1.** [comentarios, persona] maladroit(e) **2.** [opinión, juicio] erroné(e).

desacierto sm maladresse *f*.

desacomodado, da adj RP [habitación] en désordre ; [guerrilla, defensa] désordonné(e) ; [ideas, teoría] confus(e).

desacompasado, da = **descompasado**.

desaconsejable adj déconseillé(e).

desaconsejar vt déconseiller ▸ **desaconsejar a alguien que haga algo** déconseiller à qqn de faire qqch.

desacoplar vt désaccoupler.

desacorde adj [opiniones] discordant(e) ▸ **estar desacorde con algo** [personas] être en désaccord avec qqch.

desacostumbrado, da adj peu commun(e).

desacreditado, da adj discrédité(e).

desacreditar vt discréditer.
◆ **desacreditarse** vprnl se discréditer.

desactivar vt [bomba] désamorcer.

desacuerdo sm désaccord *m* ▸ **estar en desacuerdo** être en désaccord.

desafecto, ta adj [opuesto] opposé(e), contraire.
◆ **desafecto** sm [indiferencia] désintérêt *m*.

desafiante adj provocant(e).

desafiar [9] vt **1.** [persona] défier **2.** [peligro] braver.

desafilado, da adj émoussé(e).

desafinado, da adj **1.** [instrumento] désaccordé(e) **2.** [nota] faux (fausse).

desafinar vi [cantante] chanter faux ; [instrumento, instrumentista] jouer faux.

desafío sm défi *m*.

desaforadamente adv **1.** [con exceso] avec démesure **2.** [con furia] ▸ **gritar desaforadamente** pousser des cris épouvantables.

desaforado, da adj **1.** [apetito, ambición] démesuré(e) **2.** [gritos] épouvantable.

desafortunadamente adv malheureusement.

desafortunado, da ◇ adj **1.** [persona] malchanceux(euse) ▸ **ser desafortunado** ne pas avoir de chance **2.** [accidente, declaraciones] malheureux(euse). ◇ sm, f ▸ **es un desafortunado con las mujeres / los coches** il n'a pas de chance avec les femmes / les voitures.

desafuero sm infraction *f*.

desagradable adj désagréable ; [aspecto] déplaisant(e).

desagradar vi déplaire.

desagradecido, da sm, f ingrat *m*, -e *f*.

Cómo expresar el desacuerdo

- **Je ne suis absolument pas o pas du tout d'accord.** *No estoy en absoluto de acuerdo.*
- **Je ne suis pas de cet o de votre avis.** *No comparto esta o su opinión.*
- **Désolé, mais je ne suis pas d'accord.** *Lo siento, pero no estoy de acuerdo.*
- **Non, c'est faux.** *No, no es verdad.*
- **Ce n'est pas ça du tout !** *¡No es para nada eso!*
- **En fait, ce n'est pas tout à fait exact.** *De hecho, no es del todo exacto.*
- **Vous croyez ? Moi je dirais plutôt que...** *¿Usted cree? Yo diría más bien que...*
- **Je crois que ce n'est pas tout à fait ça.** *Creo que no es exactamente eso.*
- **Ah non, je n'ai pas dit ça !** *¡Ah no, yo no he dicho eso!*
- **Oui, mais cela ne veut pas dire pour autant que...** *Sí, pero eso no quiere decir necesariamente que...*
- **Je ne pense pas qu'il s'agisse de ça.** *No pienso que se trate de eso.*
- **Je ne partage pas votre opinion.** *No comparto su opinión.*

desagrado sm mécontentement *m*.

desagraviar [8] vt ▸ **desagraviar a alguien por algo** a) [ofensa] se faire pardonner qqch par qqn b) [perjuicio] dédommager qqn de qqch.

desagravio sm [por un perjuicio] dédommagement *m*.

desaguadero sm canalisation *f* d'évacuation.

desaguar [45] vi **1.** [agua] s'écouler ; [lavabo, bañera] se vider **2.** [río] ▸ **desaguar en** se jeter dans.

desagüe sm **1.** [cañería] tuyau *m* d'écoulement **2.** [vaciado] écoulement *m*.

desaguisado sm [destrozo] dégâts *mpl*.

desahogado, da adj **1.** [amplio] spacieux(euse) ; [vaciado] dégagé(e) **2.** [persona] aisé(e) ; [posición, situación] confortable.

desahogar [16] vt [pena] soulager ; [ira] décharger ; [pasiones] donner libre cours à. ◆ **desahogarse** vprnl **1.** [contar] s'épancher **2.** [liquidar] se libérer *(d'une dette)*.

desahogo sm **1.** [moral] soulagement *m* **2.** [de espacio] : *tener un mayor desahogo* avoir plus de place **3.** [económico] aisance *f* ▸ **vivir con desahogo** vivre confortablement.

desahuciar [8] vt **1.** [inquilino] expulser **2.** [enfermo] condamner.

desahucio sm expulsion *f*.

desairado, da adj **1.** [poco airoso] médiocre **2.** [pretendiente] ▸ **irse desairado** être éconduit.

desairar vt [ultrajar] vexer.

desaire sm affront *m* ▸ **hacer un desaire a alguien** faire un affront à qqn.

desajustar vt **1.** [pieza] désajuster ; [máquina] dérégler **2.** *fig* [planes, etc.] déranger.

desajuste sm **1.** [de pieza] jeu *m* ; [de máquina, conducta] dérèglement *m* **2.** [entre declaraciones] discordance *f* **3.** [económico, etc.] déséquilibre *m*.

desaladora sf désaliniseur *m*.

desalar vt [bacalao, jamón, agua] dessaler.

desalentador, ra adj décourageant(e).

desalentar [19] vt décourager.
◆ **desalentarse** vprnl se décourager.

desaliento sm découragement *m*.

desalinearse vprnl [soldado] sortir de l'alignement.

desalinizadora sf désaliniseur *m*.

desalinizar vt désaliniser.

desaliñado, da adj [aspecto] négligé(e) ; [pelo] ébouriffé(e).

desaliñar vt [aspecto] négliger ; [pelo] décoiffer ; [ropa] chiffonner.

desaliño sm négligé *m* ▸ **un cierto aire de desaliño** un petit air négligé.

desalmado, da ◆ adj sans-cœur. ◆ sm, f : *es un desalmado* il n'a pas de cœur.

desalojar vt **1.** [por mergencia] (faire) évacuer **2.** [por la fuerza] déloger, expulser **3.** [por propia voluntad] quitter.

desalojo sm **1.** [por emergencia] évacuation *f* **2.** [por la fuerza] expulsion *f*.

desamarrar vt larguer les amarres de.

desambientado, da adj [persona] mal à l'aise ; [cosa] déplacé(e).

desambiguación sf désambiguïsation *f*.

desamiantado sm désamiantage *m*.

desamor sm **1.** [falta - de cariño] manque *m* d'affection ; [- de amor] indifférence *f* **2.** [odio] aversion *f*.

desamortización sf désamortissement *m*.

desamortizar [13] vt désamortir.

desamparado, da ◆ adj abandonné(e), délaissé(e). ◆ sm, f laissé-pour-compte *m*, laissée-pour-compte *f*.

desamparar vt abandonner, délaisser.

desamparo sm **1.** [abandono] abandon *m* **2.** [aflicción] détresse *f*.

desamueblado, da adj non meublé(e).

desandar [52] vt **1.** [en el camino] revenir en arrière ▸ **desandar lo andado** rebrousser chemin **2.** *fig* [en una actividad] reculer.

desangelado, da adj sans charme.

desangrar vt saigner ; *fig* ruiner.
◆ **desangrarse** vprnl [mucho] saigner abondamment ; [totalmente] perdre tout son sang.

desanimado, da adj **1.** [persona] découragé(e) **2.** [fiesta, lugar] : *la fiesta estaba muy desanimada* il n'y avait pas d'ambiance à la fête.

desanimar vt décourager.
◆ **desanimarse** vprnl se décourager.

desánimo sm découragement *m*.

desanudar vt dénouer, défaire le nœud de.

desapacible adj désagréable ; [tiempo, día, etc.] vilain(e).

desaparcar [10] vi sortir un véhicule de son emplacement.

desaparecer [30] ◆ vi disparaître. ◆ vt AM [persona] *dans les dictatures d'Amérique latine, arrêter illégalement, voire tuer*.

desaparecido, da sm, f disparu *m*, -e *f*.

desaparición sf disparition *f*.

desapasionado, da adj objectif(ive).

desapego sm indifférence *f*.

desapercibido, da adj ▸ **pasar desapercibido** passer inaperçu.

desaprensión sf manque *m* de scrupules.

desaprensivo, va sm, f ▸ **es un desaprensivo** il est sans scrupules.

desaprobación sf désapprobation *f*.

desaprobar [23] vt désapprouver.

desaprovechado, da adj **1.** [estudiante] inappliqué(e) **2.** [tiempo] perdu(e) ; [ocasión] manqué(e) ; [tela, agua, etc.] gaspillé(e).

desaprovechamiento sm [de tiempo] perte *f* ; [de tela, agua, etc.] gaspillage *m*.

desaprovechar vt **1.** [gen] ne pas profiter de / *he desaprovechado las vacaciones* je n'ai pas profité des vacances **2.** [tiempo, ocasión] perdre **3.** [tela, agua, etc.] gaspiller.

desarmable adj démontable.

desarmado, da adj **1.** [sin arma] désarmé(e) **2.** [desmontado] démonté(e).

desarmador sm MÉX **1.** [herramienta] tournevis *m inv* **2.** [cóctel] vodka-orange *f*.

desarmar vt **1.** [gen] désarmer **2.** [desmontar] démonter.

desarme sm **1.** MIL & POLÍT désarmement *m* ▸ **desarme nuclear** désarmement nucléaire **2.** [desarticulación] démontage *m*.

desarraigado, da adj déraciné(e).

desarraigar [16] vt **1.** [planta, persona, pueblo] déraciner **2.** [vicio, costumbre] éradiquer.

desarraigo sm *pr* & *fig* déracinement *m*.

desarreglado, da adj **1.** [sin orden] désordonné(e) **2.** [persona] négligé(e).

desarreglar vt **1.** [desordenar] déranger **2.** [estropear] dérégler.

desarreglo sm **1.** [gen] désordre *m* **2.** [de mecanismo] dérèglement *m*.

desarrollado, da adj **1.** [persona] épanoui(e) **2.** [país] développé(e).

desarrollador, ra ❖ adj [impulso, actividad] de développement. ❖ sm, f INFORM développeur *m*, -euse *f* ▸ **desarrollador de software** développeur de logiciels.

desarrollar vt **1.** [gen] développer ; [planta] faire pousser **2.** [cosa enrollada] dérouler **3.** [actividades, experiencias] avoir. ◆ **desarrollarse** vprnl **1.** [crecer - niño] grandir ; [- planta] pousser **2.** [mejorar] se développer **3.** [suceder] se dérouler.

desarrollismo sm *politique de développement à outrance*.

desarrollo sm **1.** [gen] développement *m* **2.** [de niño, planta] croissance *f*.

desarropar vt **1.** [en la cama] découvrir **2.** [desnudar] dévêtir. ◆ **desarroparse** vprnl **1.** [en la cama] se découvrir **2.** [desnudarse] se dévêtir.

desarrugar [16] vt défroisser.

desarticulación sf **1.** [de huesos] déboîtement *m* **2.** [de organización, banda] démantèlement *m*.

desarticular vt **1.** [huesos] déboîter **2.** [mecanismo] démonter **3.** *fig* [organización, banda] démanteler ; [plan] déjouer.

desaseado, da adj [sucio] sale ; [desaliñado] peu soigné(e).

desasirse vprnl [librarse] se dégager ▸ **desasirse de** [costumbre, vicio] se défaire de.

desasistido, da adj [sin asistencia] laissé(e) à l'abandon ▸ **dejar a alguien desasistido** laisser qqn sans assistance, abandonner qqn.

desasosegado, da adj inquiet(ète), anxieux(euse) ▸ **estar desasosegado** être anxieux.

desasosegar [35] vt troubler ; [inquietar] inquiéter. ◆ **desasosegarse** vprnl [inquietarse] s'inquiéter.

desasosiego sm trouble *m*.

desastrado, da adj [descuidado] dépenaillé(e).

desastre sm **1.** [catástrofe, fracaso] désastre *m* ▸ **desastre aéreo** catastrophe aérienne **2.** *fig* [persona inútil] calamité *f*.

desastroso, sa adj **1.** [devastador] désastreux(euse) **2.** *fam* [inepto] nul (nulle).

desatado, da adj **1.** [atadura, animal] détaché(e) / *llevo los cordones desatados* mes lacets sont défaits **2.** [descontrolado] déchaîné(e).

desatar vt **1.** [gen] détacher **2.** *fig* [tormenta, ira, pasiones] déchaîner ; [lengua] délier. ◆ **desatarse** vprnl **1.** [gen] se détacher **2.** *fig* [tormenta, violencia] éclater ; [ira, pasiones] se déchaîner.

desatascador sm déboucheur *m*.

desatascar [10] vt **1.** [lavabo] déboucher **2.** [coche, carreta] désembourber.

desatasco sm débouchage *m*.

desatención sf **1.** [distracción] inattention *f* **2.** [descortesía] impolitesse *f*.

desatender [20] vt **1.** [obligación, trabajo] négliger **2.** [consejos] ne pas écouter ; [ruegos] rester sourd à **3.** [persona] ▸ **desatender a alguien** ne pas s'occuper de qqn / *le procesaron por desatender a una persona* il a été condamné pour non-assistance à personne en danger.

desatendido, da adj **1.** [obligación, persona] négligé(e) **2.** [ruegos, consejos] ignoré(e) **3.** [maleta, paquete] laissé(e) sans surveillance.

Cómo expresar la desaprobación

- **Je désapprouve totalement son attitude.** *Desapruebo completamente su actitud.* **Ça ne me plaît pas qu'il fréquente ces gens.** *No me gusta que se junte con esa gente.*
- **Elle a eu tort de lui parler comme ça.** *Cometió un error hablándole así.*
- **Ce ne sont pas des façons (de faire).** *Esas no son maneras (de actuar).*
- **Mais qu'est-ce qui lui a pris ?** *Pero, ¿qué le pasa?*
- **Je ne peux pas dire que j'approuve son attitude.** *No puedo decir que apruebo su actitud.*
- **Je ne sais pas si elle a bien fait de lui en parler.** *No estoy seguro de que haya tenido razón hablándole de ello.*
- **C'est inadmissible !** *¡Es inadmisible!*

desatento, ta adj **1.** [distraído] inattentif(ive) **2.** [descortés] impoli(e).

desatinar ◆ vt troubler, faire perdre la tête à. ◆ vi **1.** [decir desatinos] déraisonner, dire des absurdités **2.** [desacertar] commettre une erreur, faire un faux pas.

desatino sm **1.** [locura] folie *f* **2.** [desacierto] bêtise *f*.

desatornillador sm CAm ANDES MÉX tournevis *m inv*.

desatornillar vt dévisser.

desatrancar [10] vt [puerta, ventana] libérer ; [tubería] déboucher.

desautorizar [13] vt **1.** [rechazar - persona] désavouer ; [- noticia, declaración] démentir ; [- huelga, manifestación] interdire **2.** [desacreditar] discréditer.

desavenencia sf [desacuerdo] désaccord *m* ; [riña] brouille *f*.

desavenido, da adj brouillé(e) / ***familias desavenidas*** familles brouillées / ***países desavenidos*** pays en désaccord ▸ **estar desavenido con alguien** être en désaccord avec qqn.

desavenirse [75] vprnl ▸ **desavenirse (con)** se brouiller (avec).

desaventajado, da adj **1.** [inferior] désavantagé(e) **2.** [poco ventajoso] désavantageux(euse).

desayunar ◆ vi déjeuner, prendre son petit déjeuner. ◆ vt ▸ **desayunar algo** prendre qqch au petit déjeuner.

desayuno sm petit déjeuner *m*.

desazón sf **1.** [falta de sabor] fadeur *f* **2.** [desasosiego] inquiétude *f* ▸ **causar desazón** chagriner.

desazonar vt causer du chagrin à.

desbancar [10] vt *fig* [ocupar el puesto de] supplanter.

desbandada sf dispersion *f* ▸ **a la desbandada** à la débandade.

desbandarse vprnl se disperser *(fuir)*.

desbarajuste sm désordre *m*.

desbaratado, da adj **1.** [desordenado] désordonné(e) **2.** [roto] cassé(e), détraqué(e) **3.** [deshecho] défait(e).

desbaratar vt **1.** [mecanismo] détraquer **2.** [conspiración, planes] faire échouer **3.** [fortuna] dilapider.

desbarrar vi divaguer.

desbloquear vt [mecanismo,carretera] débloquer ; [país] lever le blocus de.

desbloqueo sm **1.** [de carretera] dégagement *m* ; [de redes de comunicaciones, líneas telefónicas] désencombrement *m* **2.** [de dispositivo, negociación] déblocage *m* **3.** [de cuenta, fondos] déblocage *m*.

desbocado, da adj **1.** [caballo] emballé(e) **2.** [ropa] : ***un jersey desbocado*** un pull au col qui bâille.

desbocar [10] vt **1.** [recipiente] égueuler **2.** [instrumento, plato] ébrécher. ◆ **desbocar en** v + prep **1.** [río] se jeter dans **2.** [calle, camino] déboucher sur o dans. ◆ **desbocarse** vprnl **1.** [caballo] s'emballer **2.** [prenda de vestir, cuello, mangas] s'agrandir **3.** [río] sortir de son lit.

desbordado, da adj débordé(e) / ***le falta tiempo, está desbordada ahora mismo*** elle manque de temps, elle est débordée en ce moment / ***está desbordado de trabajo*** il est débordé de travail.

desbordamiento sm *pr* & *fig* débordement *m*.

desbordante adj débordant(e) / ***una imaginación desbordante*** une imagination débordante.

desbordar ◆ vt **1.** [cauce, ribera] sortir de / ***el agua desborda el lavabo*** l'eau déborde du lavabo **2.** [límites, línea] dépasser ; [paciencia] pousser à bout. ◆ vi ▸ **desbordar (de)** déborder (de). ◆ **desbordarse** vprnl **1.** [líquido, río] ▸ **desbordarse (de)** déborder (de) **2.** *fig* [sentimiento] se déchaîner.

desbravar vt [caballería] dresser, dompter. ◆ **desbravarse** vprnl **1.** [vino, licor] s'éventer **2.** [corriente] s'apaiser, se calmer.

descabalgar [16] vi descendre de cheval.

descabellado, da adj insensé(e).

descabellar vt TAUROM ▸ **descabellar al toro** donner le coup de grâce au taureau.

descabello sm TAUROM **1.** [acción] estocade *f* **2.** [estoque] épée *f (pour donner l'estocade)*.

descabezar [13] vt **1.** [persona] décapiter **2.** [planta, árbol] étêter.

descacharrado, da = **escacharrado**.

descacharrante = **escacharrante**.

descacharrar = **escacharrar**.

descafeinado, da adj **1.** [sin cafeína] décaféiné(e) **2.** *fig* [sin fuerza] édulcoré(e). ◆ **descafeinado** sm décaféiné *m*.

descafeinar vt **1.** [quitar cafeína a] décaféiner **2.** *fig* [quitar fuerza a] édulcorer.

descalabrar vt **1.** [herir] blesser à la tête **2.** *fam* & *fig* [perjudicar] malmener. ◆ **descalabrarse** vprnl se blesser à la tête.

descalabro sm revers *m*.

descalcificación sf **1.** [de huesos] décalcification *f* **2.** [del agua] adoucissement *m*.

descalcificar [10] vt **1.** [huesos] décalcifier **2.** [agua] adoucir. ◆ **descalcificarse** vprnl **1.** [hueso] se décalcifier **2.** [agua] s'adoucir.

descalificación sf **1.** [en competición] disqualification *f* **2.** [ofensa] discrédit *m*.

descalificar [10] vt disqualifier.

descalzar [13] vt déchausser. ◆ **descalzarse** vprnl se déchausser.

descalzo, za adj **1.** [pies] pieds nus, nu-pieds **2.** RELIG déchaux, déchaussé(e).

descamación sf [de piel] desquamation *f*.

descamar ◆ **descamarse** vprnl [piel] se desquamer, peler.

descambiar vt échanger.

descaminado, da adj ▸ **ir descaminado** s'égarer ▸ **no andar muy descaminado** ne pas avoir tout à fait tort.

descaminar vt **1.** [en excursión] égarer **2.** [moralmente] détourner du droit chemin, fourvoyer.
◆ **descaminarse** vprnl **1.** [en excursión] s'égarer **2.** [moralmente] se détourner du droit chemin, se fourvoyer.

descamisado, da ❖ adj **1.** [sin camisa] torse nu **2.** [desaliñado] débraillé(e) **3.** *fig* [pobre] miséreux(euse). ❖ sm, f ARG POLÍT péroniste *mf*.

descampado sm terrain *m* vague.

descansado, da adj **1.** [trabajo, vida] tranquille, reposant(e) **2.** [aspecto, rostro] détendu(e), reposé(e).

descansar vi **1.** [reposar, dormir] se reposer / *¡que descanses!* dors bien ! **2.** [cadáver, viga, teoría] ▶ **descansar (en)** reposer (sur).

descansillo sm palier *m (d'escalier)*.

descanso sm **1.** [reposo] repos *m* ▶ **tomarse un descanso** se reposer ▶ **¡descanso!** MIL repos ! **2.** [alivio] soulagement *m* **3.** [pausa] pause *f* **4.** CINE & TEATRO entracte *m* **5.** DEP mi-temps *f* **6.** [calzado] après-ski *m inv* **7.** MÉX RP [de escalera] palier *m* / *un descanso espacioso* un palier spacieux.

descapitalización sf retrait *m* du capital.

descapitalizar [13] vt COM décapitaliser.
◆ **descapitalizarse** vprnl COM être sous-capitalisé(e).

descapotable ❖ adj décapotable. ❖ sm décapotable *f*.

descaradamente adv **1.** [con desvergüenza] sans vergogne / *me guiñó el ojo descaradamente* il m'a fait un clin d'œil provocant **2.** [flagrantemente] ouvertement / *mentir descaradamente* mentir ouvertement.

descarado, da ❖ adj effronté(e) ; [flagrante] éhonté(e). ❖ sm, f effronté *m*, -e *f*.

descarga sf **1.** [de mercancías] déchargement *m* **2.** [de electricidad, arma] décharge *f* **3.** INFORM téléchargement *m*.

descargador, ra sm, f [en puerto, tren] débardeur *m*, docker *m*.
◆ **descargador** sm [de arma] tire-bourre *m inv*.

descargar [16] ❖ vt **1.** [mercancías, camión, barco] décharger **2.** INFORM [fichero] télécharger. ❖ vi [tormenta] s'abattre. ◆ **descargarse** vprnl **1.** [desahogarse] ▶ **descargarse con alguien** se défouler sur qqn **2.** DER prouver son innocence **3.** [batería] se décharger.

descargo sm **1.** [de camión, barco] déchargement *m* **2.** [excusa] excuse *f* ; DER décharge *f* ▶ **en descargo de mi / tu etc. conciencia** par acquit de conscience ▶ **en (su) descargo** à (sa) décharge **3.** [de deuda] acquittement *m* ; [recibo] reçu *m*.

descarnado, da adj **1.** [persona, animal] décharné(e) **2.** [descripción] cru(e).

descaro sm effronterie *f*.

descarozar vt AM dénoyauter.

descarriado, da adj **1.** [animal, res, oveja] égaré(e) **2.** [moralmente] égaré(e), détourné(e) du droit chemin.

descarriar vt **1.** [persona] détourner du droit chemin, fourvoyer **2.** [res, oveja] séparer *(d'un troupeau)*.
◆ **descarriarse** [9] vprnl **1.** [ovejas, ganado] s'égarer **2.** [moralmente] se détourner du droit chemin, se fourvoyer.

descarrilamiento sm déraillement *m*.

descarrilar vi dérailler.

descartable ❖ adj **1.** [hecho, acción] improbable **2.** AM [objeto] jetable. ❖ sm AM [pañal] couches-culottes *fpl*. ❖ sf AM [jeringuilla] seringue *f* jetable.

descartar vt **1.** [idea, posibilidad, plan] écarter, éliminer **2.** AM [tirar] jeter.
◆ **descartarse** vprnl [naipes] se défausser.

descarte sm [de naipes] défausse *f*.

descascarillado, da adj [pared, plato, pintura] ébréché(e), écaillé(e).

descascarillarse vprnl [esmalte, plato, pared] s'écailler.

descastado, da sm, f ingrat *m*, -e *f*.

descatalogado, da adj [libro, disco] : *este libro está descatalogado* ce livre ne figure plus au catalogue.

descatalogar [16] vt déréférencer.

descendencia sf **1.** [hijos] descendants *mpl* ▶ **tener descendencia** avoir des enfants **2.** [linaje] origine *f*.

descendente adj descendant(e).

descender [20] vi **1.** [en categoría] descendre ▶ **descender de** a) [de tren, avión, linaje] descendre de b) [derivarse de] découler de **2.** [cantidad, valor, nivel] baisser.

descendiente adj & smf descendant(e).

descenso sm **1.** [gen & DEP] descente *f* **2.** [de cantidad, valor, nivel] baisse *f*.

descentrado, da adj **1.** [geométricamente] décentré(e) **2.** [mentalmente] désaxé(e) ; [distraído] déconcentré(e).

descentralización sf décentralisation *f*.

descentralizar [13] vt décentraliser.

descentrar vt **1.** [geométricamente] décentrer **2.** [mentalmente] désaxer.

descerebrado, da adj & sm, f *fam* & *despec* piqué(e) / *es un descerebrado* il a un grain.

descerrajar vt **1.** [puerta, cerradura] forcer **2.** [tiro] tirer.

deschavetado, da adj AM *fam* dingue.

deschavetarse vprnl AM *fam* perdre la boule.

descienda ⟶ **descender**.

descifrable adj déchiffrable.

descifrar vt déchiffrer ; [misterio] élucider ; [problema] démêler.

desclasificar vt déclasser.

desclavar vt déclouer.

descocado, da adj ▶ **ser descocado** être une tête à claques.

descocarse vprnl *fam* se lâcher.

descodificador, ra, decodificador, ra adj de décodage. ◆ **descodificador, decodificador** sm décodeur *m*.

descodificar, decodificar [10] vt décoder.

descojonante adj *vulg* poilant(e), bidonnant(e).

descojonarse vprnl *vulg* se marrer ▸ **descojonarse de risa** pisser de rire.

descojone sm *vulg* : *la cena fue un descojone* on s'est fendu la gueule pendant tout le dîner / *¡qué descojone de película!* quel film poilant !

descolgar [39] vt décrocher. ◆ **descolgarse** vprnl **1.** [caer] se décrocher ▸ **descolgarse (por algo)** se laisser glisser (le long de qqch) **2.** DEP ▸ **descolgarse de** se détacher de **3.** *fam* : *se descuelga con que quiere ser actor* il s'est mis en tête d'être acteur.

descollar vi **1.** [edificio] se dresser **2.** [persona] sortir du lot.

descolocado, da adj **1.** [fuera de lugar] déplacé(e) **2.** [confuso] déconcerté(e).

descolocar vt **1.** [objeto] déplacer, déranger **2.** [persona] déconcerter.

descolonización sf décolonisation *f*.

descolonizar [13] vt décoloniser.

descolorar vt décolorer.

descolorido, da adj décoloré(e).

descomedido, da adj **1.** [desmesurado] démesuré(e) **2.** [descortés] grossier(ère).

descompactar vt INFORM décompacter.

descompasado, da, desacompasado, da adj excessif(ive).

descompensación sf déséquilibre *m* ▸ **descompensación cardíaca** décompensation cardiaque.

descompensado, da adj [conjunto, grupo] déséquilibré(e).

descompensar vt déséquilibrer.

descomponer [65] vt **1.** [pudrir, dividir] décomposer **2.** [estropear] détraquer **3.** [desordenar] mettre en désordre ; [peinado] défaire **4.** *fig* [enojar] : *eso le descompuso* ça l'a mis hors de lui **5.** *fig* [afectar] bouleverser. ◆ **descomponerse** vprnl **1.** [pudrirse] se décomposer **2.** [irritarse] : *se descompuso* il s'est mis dans tous ses états **3.** AM [averiarse] tomber en panne **4.** AM [tiempo, clima] : *con esas nubes es seguro que mañana el tiempo se descompone* avec tous ces nuages, demain il fait mauvais, c'est sûr.

descomposición sf décomposition *f* ▸ **descomposición de vientre** diarrhée *f*.

descompostura sf **1.** [de vestimenta] laisser-aller *m* **2.** [de comportamiento] grossièreté *f* **3.** MÉX RP [avería] panne *f* **4.** AM [malestar] malaise *m* **5.** AM [diarrea] diarrhée *f*.

descompresión sf décompression *f*.

descomprimir vt décomprimer.

descompuesto, ta ❖ adj **1.** [alimento, cadáver] décomposé(e) **2.** [cara, gesto, persona] défait(e), décomposé(e) **3.** CAM ANDES PRICO [borracho] soûl(e) **4.** MÉX RP [mecanismo, máquina] en panne. ❖ pp ⟶ **descomponer**.

descomunal adj énorme.

desconcentrar vt déconcentrer. ◆ **desconcentrarse** vprnl se déconcentrer.

desconcertado, da adj déconcerté(e).

desconcertante adj déconcertant(e).

desconcertar [19] vt déconcerter. ◆ **desconcertarse** vprnl être déconcerté(e).

desconchado sm écaillure *f (de peinture)*.

desconchar vt [pared] décrépir. ◆ **desconcharse** vprnl [pared] s'effriter ; [pintura] s'écailler.

desconchinflar vt MÉX *fam* bousiller. ◆ **desconchinflarse** vprnl MÉX *fam* tomber en panne.

desconcierto sm [desorden] désordre *m* ; [desorientación, confusión] confusion *f*.

desconectado, da adj **1.** [aparato, cable, línea] débranché(e), déconnecté(e) **2.** [persona] déconnecté(e).

desconectar vt [aparato] débrancher ; [línea] couper. ◆ **desconectarse** vprnl se détacher ▸ **desconectarse de algo** se couper de qqch.

desconexión sf **1.** [de aparato, alarma] déconnexion *f* ; [de línea telefónica] coupure *f* **2.** [falta de relación] disproportion *f*.

desconfiado, da ❖ adj méfiant(e). ❖ sm, f : *es un desconfiado* il est méfiant.

desconfianza sf méfiance *f*.

desconfiar [9] vi ▸ **desconfiar de a)** [sospechar de] se méfier de **b)** [no confiar en] ne pas avoir confiance en.

descongelar vt **1.** [producto] décongeler ; [nevera] dégivrer **2.** *fig* [créditos] dégeler ; [cuenta] débloquer ; [salarios, precios] libérer.

descongestión sf **1.** [de vía respiratoria] décongestion *f* **2.** [de vehículos, personas] décongestion *f*.

descongestionante ❖ adj décongestif(ive), décongestionnant(e). ❖ sm [medicamento] décongestif *m*, décongestionnant *m*.

descongestionar vt **1.** [gen & MED] décongestionner **2.** *fig* [dejar libre] débloquer.

desconocedor, ra adj ignorant(e).

desconocer [31] vt [ignorar] ne pas connaître / *desconozco sus planes* je ne connais pas ses projets.

desconocido, da ❖ adj **1.** [no conocido] inconnu(e) **2.** [muy cambiado] méconnaissable. ❖ sm, f inconnu *m*, -e *f*.

desconocimiento sm méconnaissance *f*.

desconsideración sf manque *m* d'égards.

desconsiderado, da sm, f malotru *m*, -e *f*.

desconsoladamente adv : *llorar desconsoladamente* pleurer tout son saoûl.

desconsolado, da adj inconsolable.

desconsolar [23] vt affliger.

desconsuelo sm peine *f*, douleur *f*.

descontado, da adj déduit(e). ◆ **por descontado** loc adv ▸ **dar por descontado que** être convaincu(e) que.

descontaminación sf décontamination *f*, dépollution *f*.

descontaminante ❖ adj dépolluant(e).
❖ sm dépolluant *m*.

descontaminar vt décontaminer, dépolluer.

descontar [23] vt **1.** [cantidad] ▸ **descontar algo de** déduire qqch de **2.** COM [letra, pagaré] escompter.

descontentar vt ▸ **descontentar a alguien** a) [medidas, noticias] mécontenter qqn b) [actitud] déplaire à qqn.

descontento, ta adj mécontent(e).
◆ **descontento** sm mécontentement *m*, grogne *f fam*.

descontrol sm *fam* pagaille *f*.

descontrolado, da adj incontrôlé(e).

descontrolar ❖ vt **1.** [vehículo, aparato, asunto] perdre le contrôle de **2.** [persona, equipo] faire perdre ses moyens à, perturber. ❖ vi *fam* [desmadrarse] se déchaîner. ◆ **descontrolarse** vprnl **1.** [vehículo, aparato, asunto] s'emballer **2.** [persona] perdre la maîtrise de soi.

desconvocar [10] vt ▸ **desconvocar una huelga** annuler un ordre de grève.

descoordinación sf manque *m* de coordination.

descorazonador, ra adj décourageant(e).

descorazonamiento sm découragement *m*.

descorazonar vt décourager.
◆ **descorazonarse** vprnl se décourager.

descorchador sm tire-bouchon *m*.

descorchar vt [botella] déboucher.

descorche sm débouchage *m*.

descornarse [23] vprnl ESP *fam* s'échiner.

descorrer vt tirer *(rideaux, verrou, etc.)*.

descortés adj impoli(e).

descortesía sf impolitesse *f*.

descortezar vt **1.** [pan] enlever la croûte de **2.** [árbol] démascler, écorcer **3.** [fruta] décortiquer, écorcer.

descoser vt découdre.

descosido, da adj [tela, ropa] décousu(e).
◆ **descosido** sm ▸ **como un descosido** a) [beber] comme un trou b) [comer] comme quatre c) [correr] comme un dératé d) [gritar] comme un putois e) [reír] comme un bossu ▸ **hablar como un descosido** être un moulin à paroles.

descostillarse vprnl RP ▸ **descostillarse de risa** être plié de rire.

descoyuntar vt déboîter.
◆ **descoyuntarse** vprnl se déboîter / *se descoyuntó el hombro* il s'est déboîté l'épaule.

descrédito sm discrédit *m*.

descreído, da sm, f incroyant *m*, -e *f*.

descremado, da adj écrémé(e).

descremar vt écrémer.

describir vt décrire.

descripción sf description *f*.

descriptivo, va adj descriptif(ive).

descrito, ta pp ⟶ **describir**.

descuajar vt **1.** [derretir] faire fondre **2.** [arrancar] déraciner.

descuajaringar, descuajeringar [16] vt *fam* déglinguer. ◆ **descuajaringarse, descuajeringarse** vprnl *fam* **1.** [descomponerse] se déglinguer **2.** [troncharse de risa] être plié(e) en quatre.

descuajeringado, da adj *fam* [mueble, aparato] déglingué(e).

descuartizamiento sm **1.** [de animal] dépeçage *m* **2.** [de persona] écartèlement *m* **3.** [de terreno] démembrement *m*.

descuartizar [13] vt **1.** [animal] dépecer **2.** [persona] écarteler **3.** [terreno] démembrer.

descubierto, ta adj découvert(e). ◆ **descubierto** ❖ sm [de cuenta bancaria] découvert *m* ; [de empresa] déficit *m*. ◆ **al descubierto** loc adv **1.** [al raso] en plein air ; [sin protección] à découvert ; [sin disfraz] ouvertement **2.** FIN à découvert ▸ **quedar al descubierto** *fig* [fraude, etc.] être découvert(e). ❖ pp ⟶ **descubrir.** ◆ **en descubierto** loc adv FIN à découvert.

descubridor, ra sm, f découvreur *m*, -euse *f*.

descubrimiento sm **1.** [gen] découverte *f* ; [de máquina, artefacto] invention *f* **2.** [estatua, placa] inauguration *f*.

El descubrimiento de América

Cette expression désigne l'arrivée des Espagnols en Amérique ainsi que la conquête et la colonisation qui s'ensuivirent, bien qu'elle soit impropre dans la mesure où les Vikings avaient atteint ce continent dès le Xe siècle. Le 12 octobre 1492, Christophe Colomb, au service des Rois Catholiques, atteignait l'île de Guanahani (Bahamas), rebaptisée San Salvador, avant d'explorer les Antilles, l'Amérique centrale et l'actuel Venezuela, territoires qu'il prit pour l'Asie, qu'il cherchait alors à atteindre. En 1494, le Portugal et l'Espagne se partagèrent leurs possessions respectives par le traité de Tordesillas, mais celui-ci fut remis en cause par les autres puissances. La colonisation a signifié l'appropriation des terres par les Européens et l'obligation des Indiens à travailler pour eux et à adopter la religion catholique. La découverte du Nouveau Monde, appelé Amérique en l'honneur du navigateur italien Amerigo Vespucci, s'est traduite par un élargissement du monde connu, et a modifié les modes de vie de toute la planète par la diffusion de produits tels que le maïs, le cacao ou le tabac.

descubrir vt **1.** [gen] découvrir ; [máquina, artefacto] inventer **2.** [estatua, placa] inaugurer **3.** [vislumbrar] apercevoir **4.** [intenciones, secreto] dévoiler ; [culpable] démasquer. ◆ **descubrirse** vprnl se découvrir ▸ **descubrirse ante algo** *fig* être en admiration devant qqch.

descuelga ⟶ **descolgar**.

descuenta ⟶ **descontar**.

descuento sm **1.** [de precio] remise *f*, réduction *f* **2.** FIN escompte *m*.

descuerar vt CHILE *fam* [persona] éreinter, critiquer.

descuidado, da adj **1.** [abandonado - persona] négligé(e) ; [- jardín, plantas] mal entretenu(e) **2.** [despistado] distrait(e).

descuidar ❖ vt [desatender] négliger. ❖ vi [no preocuparse] ne pas s'inquiéter / *descuida, que yo me encargo* ne t'inquiète pas, je m'en occupe. ◆ **descuidarse** vprnl **1.** [abandonarse] se négliger, se laisser aller **2.** [despistarse] ne pas faire attention ▸ **descuidar de algo / de hacer algo** négliger qqch / de faire qqch.

descuidero, ra sm, f *fam* pickpocket *mf*.

descuido sm négligence *f* ; [falta de atención] inattention *f*.

desde prep **1.** [tiempo] depuis / *desde el lunes hasta el viernes* du lundi au vendredi / *desde hace mucho / un mes* depuis longtemps / un mois / *no lo veo desde el mes pasado* je ne l'ai pas vu depuis un mois ▸ **desde ahora** dès à présent ▸ **desde entonces** depuis / *desde entonces no lo he vuelto a ver* je ne l'ai plus revu depuis ▸ **desde que** depuis que / *desde que murió mi madre* depuis que ma mère est morte ▸ **desde ya** dès maintenant **2.** [espacio] de / *desde aquí hasta el centro* d'ici au centre-ville. ◆ **desde luego** loc adv **1.** [para confirmar] bien sûr **2.** [para reprochar] décidément / *¡desde luego tienes cada idea!* décidément, tu as de ces idées !

desdecir [66] vi ▸ **desdecir de a)** [desmerecer de] être indigne de **b)** [desentonar con] ne pas aller avec. ◆ **desdecirse** vprnl se dédire ▸ **desdecirse de** revenir sur.

desdén sm dédain *m*.

desdentado, da adj édenté(e).

desdentar [19] vt édenter.

desdeñable adj dédaignable / *una cantidad no desdeñable* une somme non négligeable.

desdeñar vt dédaigner.

desdeñoso, sa adj dédaigneux(euse).

desdibujado, da adj estompé(e).

desdibujar vt estomper. ◆ **desdibujarse** vprnl s'estomper.

desdice ⟶ **desdecir**.

desdicha sf [desgracia] malheur *m*.

desdichado, da adj & sm, f malheureux(euse).

desdicho, cha pp ⟶ **desdecir**.

desdienta ⟶ **desdentar**.

desdiga ⟶ **desdecir**.

desdijera ⟶ **desdecir**.

desdoblamiento sm dédoublement *m*.

desdoblar vt déplier ; [duplicar] dédoubler.

desdoro sm déshonneur *m*, honte *f*.

desdramatizar [13] vt dédramatiser.

deseable adj désirable / *es deseable que...* il est souhaitable que....

desear vt **1.** [gen] désirer / *desearía estar allí* je voudrais y être ▸ **¿qué desea?** [en tienda] vous désirez ? ▸ **(no) dejar (nada) que desear** (ne rien) laisser à désirer **2.** [esperar, felicitar por] souhaiter / *te deseo un feliz Año Nuevo* je te souhaite une bonne année.

desecación sf **1.** [de pozo, marisma] assèchement *m* **2.** [de planta, alimento] dessiccation *f*.

desecar [10] vt **1.** [planta, alimento] dessécher **2.** [pantano, pozo] assécher. ◆ **desecarse** vprnl **1.** [planta, alimento] se dessécher **2.** [pantano, río] s'assécher.

desechable adj jetable.

desechar vt **1.** [gen] se débarrasser de **2.** [oferta, ayuda] rejeter ; [críticas] passer outre **3.** [idea] chasser ; [sospecha] écarter.

desecho sm déchet *m*.

desectorizar vt [la escuela, un departamento] désectoriser.

desembalar vt déballer.

desembalsar vt vider.

desembarazar [13] vt débarrasser ▸ **desembarazar el paso** dégager le passage. ◆ **desembarazarse** vprnl ▸ **desembarazarse de** se débarrasser de.

desembarazo sm **1.** [soltura] aisance *f* (*facilité*) **2.** AM [parto] accouchement *m*.

desembarcadero sm débarcadère *m*.

desembarcar [10] vt & vi débarquer. ◆ **desembarcarse** vprnl AM [de autobús, tren] descendre.

desembarco sm [de pasajeros & MIL] débarquement *m*.

desembarque sm [de mercancías] débarquement *m*.

desembarrancar [10] vt renflouer.

desembocadura sf [de río] embouchure *f*.

desembocar [10] vi ▸ **desembocar en a)** [río] se jeter dans **b)** [calle] déboucher sur / *la disputa desembocó en drama* la dispute a tourné au drame.

desembolsar vt [pagar] verser.

desembolso sm [de dinero] versement *m* ▸ **desembolso inicial** acompte *m*.

desembozar [13] vt **1.** [rostro] découvrir **2.** [cañería] déboucher.

desembragar [16] vt AUTO débrayer.

desembrollar vt [lío, malentendido] débrouiller.

desembuchar ❖ vt [ave] dégorger. ❖ vi *fam* & *fig* vider son sac.

desempacar [10] vt **1.** [mercancías] déballer **2.** [las maletas] défaire.

desempalmar vt déconnecter.

desempañar vt [con trapo] enlever la buée de ; [electrónicamente] désembuer.

desempaquetar vt [paquete] défaire ; [caja] déballer.

desempatar vi départager ▸ **jugar para desempatar** faire la belle.

desempate sm résultat *m* final ▸ **el partido de desempate** la belle.

desempeñar vt **1.** [cargo, misión] remplir ; [función] exercer **2.** [papel] jouer **3.** [objetos] *récupérer un objet mis en gage.* ◆ **desempeñarse** vprnl **1.** [saldar deudas] se libérer de ses dettes **2.** AM [trabajar] travailler / *se desempeña como dibujante* il travaille comme dessinateur.

desempeño sm **1.** [de cargo, misión, función] exercice *m* **2.** [de papel] interprétation *f* **3.** [de objeto] dégagement *m*.

desempleado, da sm, f chômeur *m*, -euse *f*.

desempleo sm chômage *m*.

desempolvar vt **1.** [muebles] épousseter **2.** *fig* [recuerdos] remuer.

desenamorarse vprnl ▸ **desenamorarse (de)** ne plus être amoureux(euse) (de).

desencadenante ❖ adj qui déclenche / *los factores / hechos desencadenantes del conflicto* les facteurs / faits qui ont déclenché le conflit. ❖ sm élément *m* déclencheur, catalyseur *m*.

desencadenar vt **1.** [preso, perro] détacher **2.** *fig* [pasiones, furia] déchaîner ; [guerra, conflicto] déclencher ; [polémica] engager. ◆ **desencadenarse** vprnl se déchaîner ; [guerra, conflicto] se déclencher.

desencajado, da adj **1.** [persona, rostro] décomposé(e) **2.** [ojo] exorbité(e).

desencajar vt **1.** [hueso] déboîter **2.** [mandíbula] décrocher. ◆ **desencajarse** vprnl **1.** [hueso] se déboîter, se démettre **2.** [mandíbula] se décrocher **3.** [rostro] se décomposer **4.** [pieza, cajón, ventana] se déboîter.

desencajonar vt déballer.

desencaminado, da adj ▸ **andar** o **ir desencaminado** [equivocado] se tromper.

desencantamiento sm = **desencanto**.

desencantar vt **1.** [decepcionar] décevoir **2.** [romper el hechizo] désenchanter.
◆ **desencantarse** vprnl déchanter.

desencanto, desencantamiento sm **1.** [decepción] déception *f*, déconvenue *f* **2.** [rompimiento del hechizo] désenchantement *m*.

desencapotarse vprnl se dégager *(ciel)*.

desenchufar vt débrancher.

desencolar vt décoller. ◆ **desencolarse** vprnl se décoller.

desencontrarse vprnl CSUR se rater / *casi nos desencontramos* on a failli se rater.

desencuentro sm **1.** [encuentro fallido] rendez-vous *m* manqué **2.** [desacuerdo] désaccord *m*.

desenfadadamente adv [actuar, vestir] avec décontraction.

desenfadado, da adj [persona, conducta] décontracté(e) ; [comedia, programa de TV] léger(ère).

desenfadar vt ▸ **desenfadar a alguien** calmer qqn.

desenfado sm décontraction *f*.

desenfocado, da adj [imagen] flou(e) ; [visión] trouble.

desenfocar [10] vt : *como te muevas, se desenfocará la fotografía* si tu bouges, la photo sera floue.

desenfrenado, da adj **1.** [ritmo, carrera] effréné(e) ▸ **un baile desenfrenado** une danse endiablée **2.** [comportamiento, estilo] débridé(e) ; [apetito] insatiable.

desenfrenar vt [pasiones] déchaîner. ◆ **desenfrenarse** vprnl [pasiones, tempestad] se déchaîner.

desenfreno sm **1.** [exceso] frénésie *f* **2.** [vicio] débordement *m*.

desenfundar vt **1.** [mueble, traje] enlever la housse de **2.** [pistola] dégainer.

desenganchar vt **1.** [vagón] décrocher **2.** [caballo] dételer. ◆ **desengancharse** vprnl **1.** [soltarse] se décrocher, se dégager **2.** *fam* [de un vicio] décrocher.

desengañado, da adj [de algo] déçu(e) ; [de todo] désabusé(e).

desengañar vt **1.** [a una persona equivocada] ▸ **desengañar a alguien** ouvrir les yeux à qqn **2.** [a una persona esperanzada] ▸ **desengañar a alguien** faire perdre ses illusions à qqn. ◆ **desengañarse** vprnl ▸ **desengañarse (de)** perdre ses illusions (sur) / *desengáñate* détrompe-toi.

desengaño sm déception *f* ▸ **llevarse un desengaño con alguien** être déçu(e) par qqn ▸ **desengaño amoroso** chagrin *m* d'amour.

desengrasar vt dégraisser.

desenlace sm dénouement *m*.

desenlazar [13] vt dénouer ; *fig* résoudre.
◆ **desenlazarse** vprnl se dénouer ; *fig* se résoudre.

desenmarañar vt *pr* & *fig* démêler.

desenmascarar vt démasquer.

desenredar vt *pr* & *fig* démêler.
◆ **desenredarse** vprnl ▸ **desenredarse de algo** bien se tirer de qqch ▸ **desenredarse el pelo** se démêler les cheveux.

desenrollar vt dérouler.

desenroscar [10] vt [tornillo, tuerca] dévisser.

desensillar vt desseller.

desentenderse [20] vprnl **1.** [hacerse el desentendido] faire la sourde oreille **2.** ▸ **desentendersese de** [no ocuparse] ne rien vouloir savoir de ▸ **desentendersese de sus obligaciones** manquer à ses obligations.

desentendido, da adj ignorant(e).

desenterrar [19] vt *pr* & *fig* déterrer.

desentonar vi **1.** MÚS [cantante] chanter faux ; [instrumento] jouer faux **2.** *fig* [color] détonner ; [persona, modales] être déplacé(e).

desentrañar vt éclaircir, percer *(mystère, sens)*.

desentrenado, da adj rouillé(e) ▸ **estar desentrenado** manquer d'entraînement.

desentrenarse vprnl se rouiller.

desentubar vt *fam* débrancher *(un malade)*.

desentumecer [30] vt dégourdir.
◆ **desentumecerse** vprnl se dégourdir.

desenvainar vt dégainer *(épée)*.

desenvoltura sf aisance *f*.

desenvolver [24] vt défaire *(un paquet)*.
◆ **desenvolverse** vprnl **1.** [asunto, proceso] se dérouler **2.** [persona] s'en tirer.

desenvuelto, ta pp ⟶ **desenvolver.** ◆ **desenvuelto** adj à l'aise ; [para arreglárselas] débrouillard(e).

deseo sm **1.** [gen] désir *m* ▸ **arder en deseos de** brûler d'envie de **2.** [voto] souhait *m* ▸ **buenos deseos** meilleurs vœux.

deseoso, sa adj ▸ **estar deseoso de algo / de hacer algo** avoir envie de qqch / de faire qqch.

deseque ⟶ **desecar**.

desequilibrado, da adj & sm, f déséquilibré(e).

desequilibrar vt déséquilibrer.

desequilibrio sm déséquilibre *m*.

deserción sf désertion *f*.

desertar vi déserter.

desértico, ca adj désertique ; [despoblado] désert(e).

desertificación sf désertification *f*.

desertización sf désertification *f*.

desertizarse vprnl se désertifier.

desertor sm déserteur *m*.

desescolarización sf déscolarisation *f*.

desescombro sm déblaiement *m* ▸ **tareas de desescombro** opérations *fpl* de déblaiement.

desesperación sf désespoir *m* ▸ **causar desesperación** désespérer ▸ **con desesperación** désespérément ▸ **ser una desesperación** être désespérant(e).

desesperadamente adv désespérément.

desesperado, da adj désespéré(e) ▸ **actuar a la desesperada** tenter le tout pour le tout.

desesperante adj désespérant(e).

desesperanza sf désespoir *m*.

desesperanzar [13] ◇ vt enlever tout espoir à.
◇ vi ▸ **desesperanzar de** désespérer de.
◆ **desesperanzarse** vprnl désespérer.

desesperar vt désespérer. ◆ **desesperarse** vprnl se désespérer ; [irritarse, enojarse] s'arracher les cheveux.

desestabilización sf déstabilisation *f*.

desestabilizador, ra adj déstabilisateur(trice), déstabilisant(e).

desestabilizar [13] vt déstabiliser.

desestatizar vt AM privatiser.

desestimar vt **1.** [despreciar] sous-es⁺timer **2.** [rechazar] rejeter.

desestresar vt déstresser.
◆ **desestresarse** vprnl déstresser.

desfachatez sf *fam* toupet *m*.

desfalcar [10] vt détourner / ***desfalcaron 600.000 euros*** ils ont détourné 600 000 euros.

desfalco sm détournement *m* de fonds.

desfallecer [30] vi **1.** [debilitarse] défaillir ▸ **desfallecer de a)** [hambre, miedo] mourir de **b)** [cansancio] tomber de **2.** [desmayarse] s'évanouir.

desfallecimiento sm **1.** [desmayo] évanouissement *m* **2.** [debilidad] malaise *m*.

desfasado, da adj [persona, idea] dépassé(e).

desfasar vt **1.** FÍS déphaser **2.** ESP *fam* [pasarse] délirer, s'éclater.

desfase sm **1.** [desacuerdo] décalage *m* **2.** [desajuste] déphasage *m* **3.** ESP *fam* [barbaridad] délire *m* / ***¡qué desfase ayer noche!*** quel délire, hier soir !

desfavorable adj défavorable.

desfavorecer [30] vt **1.** [perjudicar] défavoriser **2.** [no ser favorable] désavantager.

Cómo expresar deseos

- **J'espère qu'il n'y aura pas trop de monde.** *Espero que no haya demasiada gente.*
- **J'aimerais tellement qu'ils viennent avec nous !** *¡Me gustaría tanto que vinieran con nosotros!*
- **Ça serait vraiment bien qu'il accepte de rester.** *Sería realmente estupendo si aceptara quedarse.*
- **Si seulement tu avais été plus discret !** *¡Ojalá hubieras sido más discreto!*
- **Je donnerais n'importe quoi pour être en vacances.** *Daría cualquier cosa por estar de vacaciones.*
- **Pourvu qu'elle dise oui !** *¡Ojalá diga que sí!*
- **Je te souhaite bonne chance dans ton nouveau travail.** *Te deseo mucha suerte en tu nuevo trabajo.*
- **Joyeux anniversaire !** *¡Feliz cumpleaños!*
- **Joyeux Noël !** *¡Feliz Navidad!*
- **Joyeuses Pâques !** *¡Felices Pascuas!*
- **Bonne année !** *¡Feliz Año Nuevo!*
- **Meilleurs vœux !** *¡Muchas felicidades!*
- **Toutes mes félicitations !** *¡Mi enhorabuena!*
- **À la tienne ! / À la vôtre !** *¡Salud!*
- **Bon appétit !** *¡Que aproveche!*

desfavorecido, da adj **1.** [desaventajado] défavorisé(e) **2.** [feo] : *salí muy desfavorecido en la foto* je ne suis pas à mon avantage sur la photo.

desfiguración sf déformation *f.*

desfigurado, da adj **1.** [rostro] défiguré(e) **2.** [cuerpo, verdad, hecho] déformé(e).

desfigurar vt [rostro] défigurer ; [cuerpo, verdad] déformer.

desfiladero sm défilé *m (en montagne).*

desfilar vi **1.** MIL défiler **2.** *fig* [marcharse] se retirer.

desfile sm défilé *m* ▸ **desfile de modelos** défilé de mode.

desflorar vt déflorer.

desfogar [16] vt [irritación, mal humor] décharger ; [pasiones] donner libre cours à. ◆ **desfogarse** vprnl se défouler.

desfogue sm **1.** [de pasión, sentimiento] défoulement *m* **2.** AM [caño] déversoir *m.*

desfondar vt **1.** [caja, bolsa] défoncer **2.** [persona] épuiser. ◆ **desfondarse** vprnl **1.** [persona] s'épuiser **2.** NÁUT toucher le fond.

desforestación sf déforestation *f.*

desfragmentación, defragmentación sf défragmentation *f.*

desgajar vt arracher ; [naranja] couper en quartiers. ◆ **desgajarse** vprnl **1.** [gen] être arraché(e) ; [hojas de un libro] se détacher **2.** [abandonar] ▸ **desgajarse de** s'arracher à.

desgana sf **1.** [falta de hambre] ▸ **tener desgana** manquer d'appétit **2.** [falta de ánimo] ▸ **hacer algo con desgana** faire qqch à contrecœur.

desganado, da adj : *estoy desganado* **a)** [sin apetito] je n'ai pas faim **b)** [sin ganas] je n'ai envie de rien.

desgano sm AM **1.** [falta de apetito] inappétence *f* **2.** [falta de ánimo, interés] indifférence *f*, désintérêt *m.*

desgañitarse vprnl s'égosiller.

desgarbado, da adj dégingandé(e).

desgarrador, ra adj déchirant(e).

desgarrar vt *pr* & *fig* déchirer. ◆ **desgarrarse** vprnl se déchirer / *se me desgarra el corazón* ça me fend le cœur.

desgarro sm **1.** [de tela, en músculo] déchirure *f* **2.** AM [saliva] crachat *m.*

desgarrón sm déchirure *f* / *hizo un desgarrón en la falda* elle a fait un accroc à sa jupe.

desgastado, da adj usé(e).

desgastar vt user. ◆ **desgastarse** vprnl s'user ; *fig* [persona] être fatigué(e).

desgaste sm usure *f.*

desglosar vt **1.** [gen] découper **2.** [impreso] détacher **3.** [gastos] ventiler.

desglose sm découpage *m* ; [de gastos] ventilation *f.*

desgobernar [19] vt [país] toubler l'ordre de.

desgobierno sm désordre *m.*

desgracia sf **1.** [gen] malheur *m* ▸ **caer en desgracia** tomber en disgrâce **2.** [mala suerte] malchance *f* ▸ **por desgracia** malheureusement.

desgraciadamente adv malheureusement.

desgraciado, da ❖ adj **1.** [gen] malheureux(euse) ; [suceso] funeste **2.** [sin suerte] ▸ **ser desgraciado** ne pas avoir de chance. ❖ sm, f **1.** [gen] malheureux *m*, -euse *f* **2.** *fig* [persona insignificante] pauvre homme *m*, pauvre femme *f.*

desgraciar [8] vt **1.** [arruinar] abîmer ; [afear] gâcher **2.** [herir] esquinter **3.** *fig* [malograr] faire échouer. ◆ **desgraciarse** vprnl [herirse] s'esquinter.

desgranar vt **1.** [maíz, uva] égrener **2.** [insultos, frases] débiter ; [ventajas, etc.] énumérer. ◆ **desgranarse** vprnl [perlas] se désenfiler.

desgravable adj déductible des impôts.

desgravación sf dégrèvement *m.*

desgravar vt dégrever.

desgreñado, da adj échevelé(e).

desguace sm [de coches] casse *f.*

desguarnecer [30] vt dégarnir.

desguazar [13] vt mettre en pièces.

deshabillé sm déshabillé *m.*

deshabitado, da adj inhabité(e).

deshabitar vt **1.** [casa] quitter **2.** [territorio] dépeupler.

deshabituar [6] vt déshabituer. ◆ **deshabituarse** vprnl se déshabituer.

deshacer [60] vt **1.** [gen] défaire **2.** [derretir] faire fondre **3.** [poner fin a - pacto, contrato] rompre ; [- negocio] annuler ; [- plan] déjouer ; [- organización] dissoudre **4.** [destruir - casa] détruire ; [- matrimonio] briser **5.** *fig* [afligir] abattre **6.** [despedazar - libro] déchirer ; [- res] dépecer. ◆ **deshacerse** vprnl **1.** [desvanecerse] disparaître **2.** [afligirse] se désespérer **3.** *fig* [librarse] ▸ **deshacerse de** se débarrasser de **4.** *fig* [decir] ▸ **deshacerse en a)** [cumplidos] se répandre en **b)** [elogios] ne pas tarir de **c)** [insultos] couvrir de **d)** [excusas] se confondre en **5.** *fig* ▸ **deshacerse por a)** [desvivirse] se mettre en quatre pour **b)** [estar enamorado] être fou (folle) de.

desharrapado, da ❖ adj déguenillé(e). ❖ sm, f clochard *m*, -e *f.*

deshecho, cha adj **1.** [gen] défait(e) **2.** [derretido] fondu(e) **3.** [motor, máquina] mort(e) **4.** *fig* [afligido] abattu(e). ◆ **deshecho** ❖ sm AM [atajo] raccourci *m.* ❖ pp ⟶ **deshacer.**

deshelar [19] vt [nieve, hielo, etc.] faire fondre ; [parabrisas, nevera, etc.] dégivrer. ◆ **deshelarse** vprnl [nieve, hielo, etc.] fondre.

desheredado, da adj & sm, f déshérité(e).

desheredar vt déshériter.

deshice ⟶ **deshacer.**

deshidratación sf déshydratation *f.*

deshidratado, da adj [persona, piel, alimento] déshydraté(e). ◆ **deshidratado** sm [de alimento] déshydratation *f.*

deshidratante ◆ adj déshydratant(e). ◆ sm déshydratant *m*.

deshidratar vt déshydrater. ◆ **deshidratarse** vprnl se déshydrater.

deshiela ⟶ **deshelar**.

deshielo sm dégel *m*.

deshilachado, da adj [prenda, manga, borde] effiloché(e). ◆ **deshilachado** sm effilochage *m*.

deshilachar vt effilocher.

deshilar vt [tela] effilocher ; [jersey, punto] défaire.

deshilvanado, da adj *fig* [discurso, guión] décousu(e).

deshilvanar vt débâtir.

deshinchar vt **1.** [globo, neumático] dégonfler **2.** [hinchazón] désenfler. ◆ **deshincharse** vprnl **1.** [hinchazón] désenfler **2.** [globo, neumático] se dégonfler **3.** *fam* & *fig* [pedante, presumido] s'écraser.

deshizo ⟶ **deshacer**.

deshojar vt [árbol, flor] effeuiller ; [libro] arracher les pages de. ◆ **deshojarse** vprnl s'effeuiller.

deshollinador, ra sm, f [persona] ramoneur *m*.

deshollinar vt ramoner.

deshonestidad sf malhonnêteté *f*.

deshonesto, ta adj **1.** [sin honradez] malhonnête **2.** [sin pudor] indécent(e).

deshonor sm déshonneur *m (honte)*.

deshonra sf déshonneur *m*.

deshonrar vt déshonorer. ◆ **deshonrarse** vprnl se déshonorer.

deshonroso, sa adj déshonorant(e).

deshora ◆ **a deshora, a deshoras** loc adv [en momento inoportuno] au mauvais moment ; [en horas poco habituales] à n'importe quelle heure ▸ **llegar a deshora** rentrer à une heure indue.

deshuesar vt [carne] désosser ; [fruta] dénoyauter.

deshumanizar [13] vt déshumaniser. ◆ **deshumanizarse** vprnl devenir inhumain(e).

desiderátum sm inv : *triunfar era su desiderátum* réussir était son vœu le plus cher.

desidia sf laisser-aller *m inv*.

desidioso, sa adj **1.** [descuidado] négligent(e) **2.** [desganado] nonchalant(e).

desierto, ta adj **1.** [gen] désert(e) **2.** [libre] : *la vacante queda desierta* le poste reste à pourvoir / *el premio ha quedado desierto* le prix n'a pas été attribué. ◆ **desierto** sm désert *m* ▸ **predicar en el desierto** prêcher dans le désert.

Desiertos

el desierto de Gobi	le désert de Gobi
el desierto de Nubia	le désert de Nubie
el desierto del Sahara	le désert du Sahara

designación sf désignation *f*.

designar vt **1.** [nombrar] désigner **2.** [fijar, determinar] choisir ; [fecha] fixer.

designio sm dessein *m*.

desigual adj **1.** [gen] inégal(e) ; [distinto] dépareillé(e) ▸ **un terreno desigual** un terrain accidenté **2.** [carácter, tiempo] changeant(e).

desigualdad sf inégalité *f*.

desilusión sf **1.** [estado de ánimo] désillusion *f* **2.** [decepción] déception *f* ▸ **llevarse una desilusión con** être très déçu par.

desilusionado, da adj **1.** [sin ilusiones] désabusé(e) **2.** [decepcionado] déçu(e) ▸ **estar desilusionado con algo / alguien** être déçu par qqch / qqn.

desilusionar vt **1.** [decepcionar] ôter ses illusions **2.** [desengañar] décevoir. ◆ **desilusionarse** vprnl **1.** [decepcionarse] être déçu(e) **2.** [desengañarse] perdre ses illusions / *¡desilusiónate!* ne te fais pas d'illusions !

desincentivar vt décourager.

desincrustar vt [cañerías] détartrer.

desindustrialización sf désindustrialisation *f*.

desinencia sf désinence *f*.

desinfección sf désinfection *f*.

desinfectante ◆ adj désinfectant(e). ◆ sm désinfectant *m*.

desinfectar vt désinfecter.

desinflado sm dégonflement *m*.

desinflamar vt désenflammer.

desinflar vt **1.** [quitar aire] dégonfler **2.** *fig* [quitar importancia] minimiser **3.** [desanimar] démoraliser. ◆ **desinflarse** vprnl **1.** [perder aire] se dégonfler **2.** [desanimarse] se démoraliser.

desinformación sf désinformation *f* / *tu desinformación* ton manque d'information.

desinformar vi désinformer.

desinhibición sf désinhibition *f*.

desinhibido, da adj désinhibé(e).

desinhibir vt désinhiber. ◆ **desinhibirse** vprnl se désinhiber, perdre ses inhibitions.

desinstalación sf INFORM désinstallation *f*.

desinstalar vt [andamio, tarima & INFORM] désinstaller.

desintegración sf **1.** [gen] désintégration *f* **2.** [de grupos, organizaciones] éclatement *m*.

desintegrar vt désintégrer. ◆ **desintegrarse** vprnl se désintégrer.

desinterés sm **1.** [indiferencia] manque *m* d'intérêt, indifférence *f* **2.** [generosidad] désintéressement *m*.

desinteresadamente adv de manière désintéressée.

desinteresado, da adj désintéressé(e).

desinteresarse vprnl ▸ **desinteresarse de o por algo** se désintéresser de qqch.

desintoxicación sf désintoxication *f*.

desintoxicar [10] vt désintoxiquer. ◆ **desintoxicarse** vprnl se désintoxiquer.

desinversión sf ECON désinvestissement *m*.

desinvertir vt ECON désinvestir.

desistimiento sm **1.** [de plan, proyecto] abandon *m* **2.** DER désistement *m*.

desistir vi ▸ **desistir (de hacer algo)** renoncer (à faire qqch).

deslavar vt [color] délaver.

deslavazado, da adj **1.** [atenuado] affadi(e) **2.** [desordenado] décousu(e).

desleal adj déloyal(e).

deslealtad sf déloyauté *f*.

desleír [28] vt délayer.

deslenguado, da adj *fig* grossier(ère) *(personne)*.

deslía ⟶ **desleír**.

desliar [9] vt défaire *(paquet)*.

deslíe ⟶ **desleír**.

desligar [16] vt **1.** [desatar] détacher **2.** *fig* [separar] ▸ **desligar algo (de)** dissocier qqch (de).
◆ **desligarse** vprnl **1.** [desatarse] se détacher ; [de una obligación] se dégager **2.** *fig* [separarse] ▸ **desligarse de** se dissocier de ▸ **desligarse de un grupo** prendre ses distances à l'égard d'un groupe.

deslindar vt **1.** [limitar] délimiter **2.** *fig* [separar] cerner.

deslió ⟶ **desleír**.

desliz sm faux pas *m* ; *fig* dérapage *m* ▸ **cometer un desliz** commettre un impair ▸ **un desliz de juventud** une erreur de jeunesse.

deslizamiento sm **1.** [de persona] glissade *f* **2.** [de cosa] glissement *m* ▸ **deslizamiento de terreno** o **de tierra** glissement de terrain.

deslizante adj glissant(e).

deslizar [13] vt glisser. ◆ **deslizarse** vprnl **1.** [gen] glisser ; [serpiente] ramper ; [lágrimas] couler **2.** [introducirse] se glisser **3.** [tiempo] passer.

deslocalización sf délocalisation *f*.

deslocalizar vt délocaliser.

deslomar vt esquinter. ◆ **deslomarse** vprnl *fam* s'esquinter.

deslucido, da adj **1.** [sin brillo] terni(e) **2.** [sin gracia] terne.

deslucir [32] vt [espectáculo] gâcher.

deslumbrante adj éblouissant(e).

deslumbrar vt *pr* & *fig* éblouir.

deslustrar vt [quitar brillo] ternir.

desmadejado, da adj *fam* [sin energía] mou (molle), amorphe.

desmadejar vt *fig* affaiblir.

desmadrar ◇ vt MÉX *fam* [objetos] bousiller.
◇ vi MÉX [averiarse] tomber en panne.
◆ **desmadrarse** vprnl **1.** [río] sortir de son lit, déborder **2.** ESP *fam* [persona] se déchaîner.

desmadre sm *fam* bazar *m*.

desmalezar [13] vt AM désherber, sarcler.

desmán sm **1.** [abuso] excès *m*, abus *m* **2.** *(gen pl)* [desgracia] malheur *m*.

desmanchar vt AM [limpiar] nettoyer, détacher.
◆ **desmancharse** vprnl ANDES PRICO [apartarse] se retirer.

desmandado, da adj **1.** [desobediente] indiscipliné(e) **2.** [indómito] rebelle.

desmandarse vprnl **1.** [desobedecer] n'en faire qu'à sa tête **2.** [insubordinarse] se rebeller.

desmano ◆ **a desmano** loc adv [fuera de alcance] hors d'atteinte ; [fuera del camino seguido] : *me coge a desmano* ce n'est pas sur mon chemin.

desmantelado, da adj démantelé(e).

desmantelamiento sm démantèlement *m*.

desmantelar vt démanteler ; [fábrica] désaffecter ; [nave] démâter.

desmañado, da adj & sm, f maladroit(e).

desmaquillador, ra adj démaquillant(e).

desmaquillar vt démaquiller.
◆ **desmaquillarse** vprnl se démaquiller.

desmarcar [10] vt DEP démarquer.
◆ **desmarcarse** vprnl DEP se démarquer.

desmarque sm **1.** DEP démarquage *m*, démarcage *m* ▸ **buscar el desmarque** DEP chercher à se démarquer **2.** [alejamiento] démarcation *f*.

desmaterializar vt dématérialiser.

desmayado, da adj **1.** [persona] ▸ **caer desmayado** s'évanouir **2.** [color] pâle.

desmayar vi faiblir.

desmayarse vprnl s'évanouir.

desmayo sm **1.** [físico] évanouissement *m* **2.** [moral] défaillance *f* ▸ **sin desmayo** sans relâche.

desmedido, da adj démesuré(e).

desmedirse [26] vprnl dépasser les bornes.

desmejorado, da adj affaibli(e), diminué(e).

desmejorar ◇ vt diminuer ; *fig* [cosa] ternir. ◇ vi [persona] s'affaiblir. ◆ **desmejorarse** vprnl **1.** [persona] s'affaiblir **2.** *fig* [cosa] se détériorer.

desmelenado, da adj **1.** *fam* [persona] déchaîné(e) **2.** [cabello] décoiffé(e).

desmelenar vt décoiffer. ◆ **desmelenarse** vprnl *fam* **1.** [desmadrarse] s'éclater **2.** [enfurecerse] devenir dingue.

desmembración sf [de cuerpo, partido, país] démembrement *m*.

desmembramiento sm [de cuerpo, partido, país] démembrement *m*.

desmembrar [19] vt démembrer.

desmemoriado, da ◇ adj distrait(e) ▸ **ser desmemoriado** ne pas avoir de mémoire.
◇ sm, f ingrat *m*, -e *f*.

desmentido sm démenti *m*.

desmentir [27] vt démentir.

desmenuzador sm déchiqueteur *m*.

desmenuzar [13] vt **1.** [trocear] déchiqueter, réduire en charpie ; [pan] émietter **2.** *fig* [examinar, analizar] éplucher.

desmerecer [30] ❖ vt être indigne de, ne pas mériter / *desmerece la recompensa* il ne mérite pas la récompense. ❖ vi **1.** [decaer] perdre **2.** [ser inferior] ▸ **desmerecer de alguien en algo** être inférieur(e) à qqn en qqch.

desmesura sf démesure *f* / *comer con desmesura* manger sans modération, se gaver.

desmesurado, da adj démesuré(e).

desmida ⟶ **desmedirse**.

desmidiera ⟶ **desmedirse**.

desmiembre ⟶ **desmembrar**.

desmienta ⟶ **desmentir**.

desmigajar vt émietter.
◆ **desmigajarse** vprnl s'émietter.

desmilitarización sf démilitarisation *f*.

desmilitarizar [13] vt démilitariser.

desminar vt déminer.

desmintiera ⟶ **desmentir**.

desmitificación sf démythification *f*.

desmitificador, ra adj démythificateur(trice).

desmitificar [10] vt démythifier.

desmochar vt **1.** [árbol] écimer, étêter **2.** [res] écorner, couper les cornes de.

desmontable adj démontable.

desmontar ❖ vt démonter. ❖ vi ▸ **desmontar de** descendre de *(cheval, véhicule)*.
◆ **desmontarse** vprnl se démonter ▸ **desmontarse de** descendre de *(cheval, véhicule)*.

desmonte sm **1.** *(gen pl)* [de terreno] déblaiement *m* **2.** [de bosque] déboisement *m*.

desmoralización sf démoralisation *f*.

desmoralizado, da adj démoralisé(e).

desmoralizador, ra adj démoralisant(e).

desmoralizante adj démoralisant(e).

desmoralizar [13] vt démoraliser.
◆ **desmoralizarse** vprnl se démoraliser.

desmoronamiento sm éboulement *m*.

desmoronar vt **1.** [edificio] abattre ; [rocas] faire s'ébouler **2.** *fig* [a una persona] décourager.
◆ **desmoronarse** vprnl **1.** [edificio] s'écrouler ; [rocas] s'ébouler **2.** *fig* [persona, imperio] s'effondrer.

desmotivado, da adj démotivé(e).

desmotivar vt démotiver.
◆ **desmotivarse** vprnl perdre sa motivation.

desmovilizar [13] vt démobiliser.

desnacionalizar [13] vt dénationaliser.

desnatado, da adj écrémé(e).

desnatar vt écrémer.

desnaturalizado, da adj dénaturé(e).

desnaturalizar [13] vt **1.** [cosa] dénaturer **2.** [persona] dénaturaliser.

desnivel sm **1.** [de terreno, superficie] dénivellation *f* **2.** [cultural, social] inégalité *m*, déséquilibre *m*.

desnivelado, da adj **1.** [terreno, piso] dénivelé(e), inégal(e) **2.** [sistema, situación, relaciones] inégal(e), déséquilibré(e).

desnivelar vt **1.** [terreno] déniveler **2.** [sistema, situación, relaciones] déséquilibrer **3.** [balanza] dérégler.
◆ **desnivelarse** vprnl **1.** [meuble] être bancal(e) **2.** [terreno] être dénivelé(e).

desnucar [10] vt briser la nuque à.
◆ **desnucarse** vprnl se rompre le cou.

desnuclearización sf **1.** [de armas] dénucléarisation *f* **2.** [de centrales] fermeture *f*.

desnuclearizar [13] vt **1.** [armas] dénucléariser **2.** [centrales] fermer.

desnudar vt **1.** [persona] déshabiller **2.** *fig* [cosa] dépouiller. ◆ **desnudarse** vprnl se déshabiller.

desnudez sf nudité *f*.

desnudismo sm nudisme *m*.

desnudo, da adj nu(e) ; [árbol, hombro, paisaje] dénudé(e) ; [decorado] dépouillé(e) / *es la verdad desnuda* c'est vérité toute nue. ◆ **desnudo** sm ARTE nu *m*.

desnutrición sf malnutrition *f*.

desnutrido, da adj sous-alimenté(e).

desnutrirse vprnl souffrir de malnutrition.

desobedecer [30] vt désobéir.

desobediencia sf désobéissance *f*.

desobediente adj désobéissant(e).

desocupación sf **1.** [desempleo] chômage *m* **2.** [ociosidad] désœuvrement *m* **3.** [desalojo] évacuation *f*.

desocupado, da ❖ adj **1.** [ocioso, vacío] inoccupé(e) **2.** [sin empleo] au chômage. ❖ sm, f AM chômeur *m*, -euse *f*.

desocupar vt [local - abandonar] évacuer ; [- dejar libre] libérer.

desodorante sm [corporal] déodorant *m* ; [de un local] désodorisant *m*.

desodorizar [13] vt désodoriser.

desoír vt ne pas écouter *(un conseil, une recommandation)*.

desolación sf **1.** [destrucción] dévastation *f* ▸ **causar desolación** dévaster **2.** [desconsuelo] désolation *f*.

desolado, da adj **1.** [destruido] dévasté(e), désolé(e) **2.** [sin vida, sin vegetación] désolé(e).

desolador, ra adj **1.** [noticia] désolant(e) **2.** [espectáculo] affligeant(e).

desolar [80] vt **1.** [destruir] dévaster **2.** [afligir] désoler.
◆ **desolarse** vprnl se désoler.

desollar [23] vt **1.** [quitar la piel de] écorcher **2.** *fig* [arruinar] ruiner.

desorbitado, da adj exorbitant(e) ▸ **con los ojos desorbitados** les yeux exorbités.

desorbitar vt *fig* [los hechos] grossir. ◆ **desorbitarse** vprnl **1.** ASTRON sortir de son orbite **2.** [precios] s'envoler.

desorden sm désordre *m*.

desordenado, da adj **1.** [persona] désordonné(e) ; [armario, habitación, etc.] en désordre **2.** *fig* [vida] déréglé(e).

desordenar vt mettre en désordre, déranger ; [pelo] décoiffer.

desorejado, da adj **1.** ANDES CAM ▸ **ser desorejado** ne pas avoir l'oreille musicale **2.** CUBA [derrochador] dépensier(ère).

desorganización sf désorganisation *f*.

desorganizado, da adj [persona, actividad, empresa] désorganisé(e), mal organisé(e).

desorganizar [13] vt désorganiser.

desorientación sf **1.** [en el espacio] : ***su desorientación es enorme*** il n'a aucun sens de l'orientation **2.** *fig* [en la mente] : ***la juventud padece desorientación*** les jeunes se sentent perdus.

desorientado, da adj **1.** [en el espacio] désorienté(e), perdu(e) **2.** [confuso] déconcerté(e), désorienté(e).

desorientar vt *pr* & *fig* désorienter. ◆ **desorientarse** vprnl être désorienté(e).

desosar vt **1.** [carne] désosser **2.** [fruta] dénoyauter.

desovar vt [insectos, anfibios] pondre ; [peces] frayer.

desove sm [de peces, anfibios] frai *m* ; [de insectos] ponte *f*.

desoxirribonucleico adj ⟶ **ácido**.

despabilado, da = **espabilado**.

despabilar = **espabilar**.

despachar ✧ vt **1.** [mercancía, entradas] vendre **2.** [cliente] servir **3.** *fam* & *fig* [trabajo, discurso] expédier ; [comida] engloutir ; [bebida] descendre **4.** *fam* [empleado] ▸ **despachar a alguien (de)** mettre qqn à la porte (de) **5.** [asunto] traiter ; [negocio] régler **6.** AM [facturar] enregistrer. ✧ vi **1.** [sobre un asunto] ▸ **despachar con alguien** avoir un entretien avec qqn **2.** *fam* [hacer deprisa] activer. ◆ **despacharse** vprnl **1.** [hablar francamente] ▸ **despacharse (con alguien)** se soulager (auprès de qqn) **2.** *fam* [desembarazarse, matar] ▸ **despacharse de algo / alguien** liquider qqch / qqn.

despacho sm **1.** [gen] bureau *m* **2.** [venta] vente *f* ; [local de venta] ▸ **despacho de localidades** a) [en teatro] guichet *m* b) [quiosco] ≃ bureau *m* de location ▸ **despacho de pan** dépôt *m* de pain **3.** [comunicación oficial] dépêche *f* ; [del juez] mandat *m*.

despachurrar, espachurrar vt *fam* écrabouiller.

despacio ✧ adv **1.** [lentamente] lentement **2.** AM [sin ruido] doucement. ✧ interj ▸ **¡despacio!** doucement !

despampanante adj *fam* [chica] canon.

despanzurrar vt *fam* éventrer *(fauteuil)*.

desparasitar vt déparasiter.

desparejado, da adj [guante, calcetín] dépareillé(e).

desparejar vt dépareiller.

desparpajo sm *fam* sans-gêne *m inv*.

desparramar vt **1.** [líquido] répandre **2.** *fig* [dinero] dilapider. ◆ **desparramarse** vprnl [líquido] se répandre ; [personas, ganado] se disperser.

despatarrado, da adj ▸ **dejar a alguien despatarrado** épater qqn ▸ **quedarse despatarrado** en rester baba.

despatarrarse vprnl *fam* tomber les quatre fers en l'air.

despavorido, da adj épouvanté(e).

despavorir [78] vt épouvanter.

despecharse vprnl être dépité(e).

despecho sm dépit *m*. ◆ **a despecho de** loc prep en dépit de.

despechugado, da adj *fam* **1.** [con el pecho al aire - hombre] torse nu ; [- mujer] les seins à l'air **2.** [muy escotado - hombre] dépoitraillé(e) ; [- mujer] décolleté(e).

despechugarse [16] vprnl *fam* [quitarse la ropa - hombre] se mettre torse nu ; [- mujer] se mettre les seins à l'air.

despectivo, va adj **1.** [despreciativo] méprisant(e) ▸ **de manera despectiva** avec mépris **2.** GRAM péjoratif(ive). ◆ **despectivo** sm GRAM forme *f* péjorative.

despedazar [13] vt **1.** [físicamente] dépecer **2.** *fig* [moralmente] briser.

despedezador sm déchiqueteur *m*.

despedido, da adj **1.** [persona] licencié(e), renvoyé(e) **2.** [objeto] ▸ **salir despedido** être éjecté. ◆ **despedida** sf **1.** [adiós] ▸ **la despedida** les adieux **2.** [fiesta] soirée *f* d'adieux ▸ **hacer la despedida de soltero** enterrer sa vie de garçon.

despedir [26] vt **1.** [decir adiós] faire ses adieux à / ***fuimos a despedirle a la estación*** nous sommes allés lui dire au revoir à la gare **2.** [echar - de un club, etc.] renvoyer ; [- de un empleo] licencier **3.** [lanzar, arrojar] jeter ; [suj: volcán] cracher **4.** *fig* [difundir, desprender] dégager. ◆ **despedirse** vprnl ▸ **despedirse (de)** a) [una persona] dire au revoir (à) b) [una cosa] dire adieu (à).

despegable adj décollable.

Cómo despedirse

- **Au revoir, Aurélie !** *¡Adiós, Aurélie!*
- **Au revoir, et merci encore !** *¡Adiós, y gracias de nuevo!*
- **Bonsoir !** *¡Buenas tardes* o *noches!*
- **À bientôt !** *¡Hasta pronto!*
- **À tout à l'heure.** *¡Hasta luego!*
- **À la prochaine !** *fam ¡Hasta la próxima!*
- **Salut !** *fam ¡Adiós!*

despegado, da adj *fig* distant(e).

despegar [16] vt & vi **1.** [etiqueta, pegatina, sello] décoller **2.** CAM MÉX [caballos] dételer. ◆ **despegarse** vprnl **1.** [etiqueta, pegatina, sello] se décoller **2.** [alejarse] ▸ **despegarse de alguien** se détacher de qqn.

despego sm détachement *m (indifférence).*

despegue sm décollage *m* ▸ **despegue económico** décollage économique.

despeinado, da adj **1.** [sin peinar] mal coiffé(e), pas coiffé(e) **2.** [con el peinado deshecho] décoiffé(e).

despeinar vt décoiffer. ◆ **despeinarse** vprnl se décoiffer.

despejado, da adj dégagé(e) ▸ **tener la mente despejada** *fig* avoir les idées claires.

despejar vt **1.** [gen] dégager ; [mesa] débarrasser **2.** MAT [incógnita] déterminer. ◆ **despejarse** vprnl **1.** [espabilarse] s'éclaircir les idées ; [despertarse] se réveiller **2.** [tiempo] s'éclaircir ; [cielo] se dégager.

despeje sm DEP dégagement *m.*

despellejar vt **1.** [animal] dépouiller **2.** *fig* [criticar] ▸ **despellejar a alguien** casser du sucre sur le dos de qqn.

despelotado, da *fam* ◆ adj RP [desorganizado] bordélique. ◆ sm, f [desorganizado] : *ser un despelotado* être bordélique.

despelotar vt RP *fam* mettre le bordel dans. ◆ **despelotarse** vprnl *fam* **1.** ESP [desnudarse] se mettre à poil **2.** ESP [mondarse] ▸ **despelotarse (de risa)** se tordre de rire **3.** RP [perder la formalidad] se lâcher.

despelote sm *fam* **1.** [juerga] pagaille *f* ; [risa] crise *f* **2.** ESP [desnudo] : *acabó en un despelote general* finalement, tout le monde s'est mis à poil.

despeluchar vt [muñeco, alfombra] enlever les peluches de. ◆ **despelucharse** vprnl pelucher.

despenalización sf légalisation *f*, dépénalisation *f.*

despenalizar [13] vt légaliser, dépénaliser.

despenar vt **1.** CHILE [desesperanzar] priver d'espoir **2.** AM [matar] zigouiller.

despendolarse vt *fam* se lâcher.

despendole sm *fam* délire *m*, folie *f* / *la fiesta fue un despendole* la fête a été un vrai délire.

despensa sf garde-manger *m.*

despeñadero sm précipice *m.*

despeñar vt précipiter, jeter. ◆ **despeñarse** vprnl se précipiter.

desperdiciar [8] vt gaspiller ; [ocasión] perdre.

desperdicio sm **1.** [gen] gaspillage *m* ; [de tiempo] perte *f* **2.** [residuo] ▸ **los desperdicios** les déchets **3.** / *no tiene desperdicio* **a)** [cosa, trabajo] il n'y a rien à redire **b)** *irón* [persona] il est pourri jusqu'à la moelle.

desperdigar [16] vt disperser. ◆ **desperdigarse** vprnl se disperser ; [papeles] s'éparpiller.

desperezarse [13] vprnl s'étirer.

desperfecto sm [deterioro] dégât *m* ; [imperfección] défaut *m* ▸ **sufrir desperfectos** être endommagé(e).

despersonalizar [13] vt dépersonnaliser.

despertador sm réveil *m (objet).*

despertar ◆ vt **1.** [gen] réveiller **2.** [interés] éveiller ; [admiración] provoquer. ◆ vi se réveiller. ◆ sm réveil *m (action).* ◆ **despertarse** vprnl se réveiller.

despiadado, da adj impitoyable.

despida ⟶ **despedir**.

despidiera ⟶ **despedir**.

despido sm licenciement *m* ▸ **despido improcedente** licenciement abusif.

despiece sm dépeçage *m.*

despierta ⟶ **despertar**.

despierto, ta adj *pr* & *fig* éveillé(e).

despilfarrador, ra adj & sm, f gaspilleur(euse).

despilfarrar vt gaspiller.

despilfarro sm gaspillage *m.*

despintar vt délaver.

despiojar vt épouiller.

despiole sm RP *fam* raffut *m*, boucan *m.*

despiporre sf **1.** *fam* [jaleo] boucan *m* **2.** EXPR **el despiporre** [el acabose] le bouquet, le pompon.

despistado, da ◆ adj **1.** [distraído] tête en l'air **2.** [confundido] ▸ **estar despistado** être désorienté. ◆ sm, f tête *f* en l'air.

despistar vt **1.** [perder] égarer ; [a la policía, etc.] semer **2.** *fig* [confundir] désorienter, dérouter. ◆ **despistarse** vprnl **1.** [perderse] s'égarer **2.** *fig* [distraerse] avoir un moment d'inattention.

despiste sm [distracción] étourderie *f* ; [error] faute *f* d'étourderie.

desplante sm insolence *f (remarque, etc.).*

desplazado, da adj *fig* ▸ **encontrarse desplazado** ne pas se sentir à sa place.

desplazamiento sm déplacement *m.*

desplazar [13] vt **1.** [gen] déplacer **2.** *fig* [desbancar] ▸ **desplazar a alguien / algo** supplanter qqn / qqch. ◆ **desplazarse** vprnl [viajar] se déplacer / *tiene que desplazarse cinco kilómetros* il doit faire cinq kilomètres.

desplegable ◆ adj **1.** [mapa, libro] dépliant(e) **2.** INFORM déroulant(e) ▸ **menú desplegable** menu *m* déroulant. ◆ sm [folleto] dépliant *m.*

desplegar [35] vt **1.** [gen & MIL] déployer **2.** [tela, periódico, etc.] déplier.

despliegue sm déploiement *m* ▸ **despliegue de misiles** déploiement de missiles.

desplomar vt **1.** [edificio, pared] démolir **2.** AM [regañar] réprimander, gronder. ◆ **desplomarse** vprnl **1.** [edificio, andamio, persona] s'écrouler, s'effondrer **2.** [sistema, imperio] s'effondrer, s'écrouler.

desplome sm **1.** [de edificio, andamio] écroulement *m*, effondrement *m* **2.** [de persona] effondrement *m.*

desplumar vt *pr* & *fig* plumer.

despoblación sf dépeuplement *m*.

despoblado, da adj dépeuplé(e). ◆ **despoblado** sm endroit *m* désert ▸ **en despoblado** en rase campagne.

despoblarse vprnl **1.** [lugar] se dépeupler, se vider **2.** [cabeza] se dégarnir.

despojar vt ▸ **despojar a alguien de algo** dépouiller qqn de qqch. ◆ **despojarse** vprnl ▸ **despojarse de** **a)** [bienes, ropa] se dépouiller de **b)** [comida] se priver de.

despojo sm [acción] dépouillement *m*. ◆ **despojos** smpl **1.** [sobras, residuos] restes *mpl* **2.** [de animales] abats *mpl* ; [de aves] abattis *mpl* **3.** [restos mortales] dépouille *f* (mortelle).

despolitizar [13] vt dépolitiser.

desposado, da ◈ adj *form* [recién casado] jeune marié(e). ◈ sm, f [persona recién casada] jeune marié *m*, -e *f*.

desposar vt marier. ◆ **desposarse** vprnl se marier.

desposeer [50] vt ▸ **desposeer a alguien de algo** déposséder qqn de qqch. ◆ **desposeerse** vprnl ▸ **desposeerse de algo** se défaire de qqch.

desposeído, da adj **1.** [muy pobre] démuni(e) **2.** [privado] ▸ **desposeído de** privé de.

desposorios smpl *form* **1.** [compromiso] fiançailles *fpl* **2.** [matrimonio] noces *fpl*.

déspota smf *pr* & *fig* despote *m*.

despótico, ca adj despotique, despote.

despotismo sm despotisme *m* ▸ **despotismo ilustrado** despotisme éclairé.

despotricar [10] vi ▸ **despotricar (contra)** *fam* pester (contre).

despreciable ◈ adj **1.** [indigno] méprisable **2.** [de poca importancia] négligeable, insignifiant(e). ◈ smf [persona] : *ser un despreciable* être méprisable.

despreciar [8] vt **1.** [desdeñar] mépriser **2.** [rechazar] rejeter.

despreciativo, va adj [tono, mirada, actitud] méprisant(e), dédaigneux(euse).

desprecio sm mépris *m* ▸ **hacer un desprecio** faire un affront.

desprender vt **1.** [soltar] détacher ; [despegar] décoller **2.** [olor] dégager ; [luz] diffuser. ◆ **desprenderse** vprnl **1.** [soltarse] se détacher ; [despegarse] se décoller **2.** *fig* [deducirse] : *de sus palabras se desprende que…* ses paroles laissent entendre que… **3.** [librarse, renunciar] ▸ **desprenderse de** se défaire de.

desprendido, da adj [generoso] généreux(euse), désintéressé(e).

desprendimiento sm **1.** [separación] détachement *m* ▸ **desprendimiento de retina** décollement *m* de la rétine ▸ **desprendimiento de tierras** éboulement *m* **2.** *fig* [generosidad] générosité *f*.

despreocupación sf **1.** [tranquilidad] insouciance *f* **2.** [negligencia] négligence *f*.

despreocupadamente adv **1.** [sin preocupaciones] avec insouciance **2.** [con negligencia] négligemment.

despreocupado, da ◈ adj [sin preocupaciones] insouciant(e). ◈ sm, f [sin preocupaciones] insouciant *m*, -e *f* ▸ **es un despreocupado en el vestir** il s'habille n'importe comment.

despreocuparse vprnl ▸ **despreocuparse de** **a)** [un asunto] ne plus penser à **b)** [una persona, un negocio] négliger.

desprestigiar [8] vt discréditer.

desprestigio sm discrédit *m*.

despresurización sf AERON dépressurisation *f*.

desprevenido, da adj ▸ **coger** o **pillar desprevenido** prendre au dépourvu ▸ **estar desprevenido** ne pas s'attendre à qqch.

desprolijidad sf RP désordre *m*.

desprolijo, ja adj RP peu soigneux(euse).

desproporción sf disproportion *f*.

desproporcionado, da adj disproportionné(e).

despropósito sm absurdité *f*, bêtise *f*.

desproteger vt ne pas assurer la protection de.

desprotegido, da adj [sin protección] non protégé(e).

desprovisto, ta adj ▸ **desprovisto de** dépourvu de.

después adv **1.** [gen] après ▸ **poco después** peu après / *años después* des années après / *el año después* l'année d'après **2.** [más adelante - en el tiempo] plus tard / *dos días después* deux jours plus tard ; [en el espacio] plus loin / *dos filas después* deux rangs plus loin ; [en una lista] plus bas **3.** [entonces] ensuite, puis / *llamé primero y después entré* j'ai sonné, puis je suis entré. ◆ **después de** loc prep après / *llegó después de ti* il est arrivé après toi ▸ **después de comer** après le déjeuner. ◆ **después de que** loc conj après que / *después de que lo hice* après que je l'ai fait / *después de que hubiese hablado* après qu'il eut parlé. ◆ **después de todo** loc adv tout compte fait.

> ⚠ **Depuis** es un falso amigo, no significa *después*, sino "desde".

despuntar ◈ vt [lápiz, etc.] épointer. ◈ vi **1.** [planta] bourgeonner ; [flor, capullo] éclore **2.** *fig* [persona] ▸ **despuntar entre / por** se distinguer de / par / *no despunta por su inteligencia* il ne brille pas par son intelligence **3.** [día] poindre.

desquiciado, da adj bouleversé(e), perturbé(e) / *vivimos en un mundo desquiciado* nous vivons dans un monde bouleversé ▸ **tener a alguien desquiciado** mettre qqn hors de lui, faire sortir qqn de ses gonds.

desquiciar [8] vt **1.** [desequilibrar] ébranler, bouleverser **2.** [sacar de quicio] faire sortir de ses gonds, mettre hors de soi.

desquitarse vprnl ▸ **desquitarse de** [ofensa, derrota] se venger de, prendre sa revanche sur.

desquite sm revanche *f*.

desratización sf dératisation *f*.

desratizar [13] vt dératiser.

desregulación sf dérégulation *f*, déréglementation *f*.

desregular vt **1.** [mercado] déréguler, déréglementer **2.** [mecanismo] dérégler.

desrielar vi ANDES CAM VEN [descarrilar] dérailler.

desriñonar vt casser les reins à. ◆ **desriñonarse** vprnl se faire un tour de reins ; *fig* [cansarse] s'éreinter / *no se desriñona fam* & *irón* il ne se foule pas.

destacable adj remarquable, marquant(e).

destacado, da adj **1.** [notable] remarquable ; [figura, personalidad] marquant(e) **2.** MIL en détachement.

destacamento sm MIL détachement *m*.

destacar [10] ❖ vt **1.** [poner de relieve] souligner, faire remarquer ▸ **cabe destacar que...** il convient de souligner que... **2.** MIL détacher. ❖ vi [sobresalir] ressortir. ◆ **destacarse** vprnl ▸ **destacarse (de / por)** se distinguer (de/par).

destajo sm forfait *m (contrat)* ▸ **a destajo** a) à la pièce b) [por un tanto] au forfait c) *fig* [sin descanso] d'arrache-pied.

destapado, da adj **1.** [botella, olla] ouvert(e) **2.** [descubierto] découvert(e). ◆ **destapado** sm MÉX *fam candidat d'un parti aux élections présidentielles dont le nom vient d'être rendu public*.

destapar ❖ vt **1.** [quitar la tapa] ouvrir **2.** [quitar la cubierta] découvrir. ❖ vi MÉX [caballo] s'emballer. ◆ **destaparse** vprnl **1.** [desarroparse] se découvrir **2.** *fig* [revelarse] se montrer sous son vrai jour.

destape sm **1.** [en películas, teatro, etc.] nu *m* **2.** POLÍT ouverture *f* **3.** MÉX POLÍT *annonce officielle faite par un parti politique de son candidat à la présidence*.

destaponar vt [botella, oídos] déboucher.

destartalado, da adj **1.** [casa, mueble] délabré(e) ; [coche, aparato] déglingué(e) *fam* **2.** [desparejado] dépareillé(e).

destellar vi briller ; [estrella] scintiller.

destello sm **1.** [de luz, brillo] éclat *m* ; [de estrella] scintillement *m* **2.** *fig* [de lucidez, esperanza] lueur *f*.

destemplado, da adj **1.** [enfermo] fiévreux(euse) **2.** [instrumento] désaccordé(e) **3.** [tiempo] maussade **4.** [carácter, etc.] emporté(e) **5.** [voz, tono] aigre.

destemplar vt MÚS désaccorder. ◆ **destemplarse** vprnl **1.** [coger frío] prendre froid **2.** [irritarse] s'emporter **3.** ANDES GUAT MÉX [sentir dentera] avoir mal aux dents.

destensar vt détendre. ◆ **destensarse** vprnl se détendre.

desteñido, da adj **1.** [color] passé(e) **2.** [tejido] déteint(e), délavé(e).

desteñir ❖ vt ▸ **desteñir algo** déteindre sur qqch. ❖ vi [despintar] déteindre ; [descolorarse] ternir. ◆ **desteñirse** vprnl [despintar] déteindre ; [descolorarse] ternir.

desternillante adj *fam* tordant(e).

desternillarse vprnl *fam* ▸ **desternillarse de risa** se tordre de rire.

desterrar [19] vt **1.** [persona] exiler **2.** *fig* [idea] chasser **3.** *fig* [costumbre, hábito] bannir.

destetar vt sevrer.

destete sm sevrage *m*.

destiempo ◆ **a destiempo** loc adv à contretemps.

destierra ⟶ **desterrar**.

destierro sm exil *m*.

destilación sf distillation *f*.

destilado sm distillation *f*.

destilar ❖ vt **1.** [gen] distiller **2.** [pus, sangre] suinter. ❖ vi suinter, goutter.

destilería sf distillerie *f*.

destinado, da adj **1.** [predestinado] : *estar destinado al éxito / al fracaso* être voué au succès / à l'échec **2.** [dirigido] ▸ **destinado a** a) [cantidad] alloué(e) à b) [edificio, medidas, programa] destiné(e) à / *fondos destinados a la lucha contra el cáncer* fonds destinés à la lutte contre le cancer / *una reforma destinada a fomentar la inversión* une réforme visant à encourager les investissements **3.** [enviado] ▸ **destinado a** [carta, paquete, mercancía] adressé(e) à **4.** [concierto puesto] ▸ **destinado a** [funcionario, embajador, militar] affecté à.

destinar vt **1.** [gen] destiner ; [cartas] adresser ; [cargo, empleo] affecter **2.** [designar] ▸ **destinar a alguien a** a) [cargo, empleo] affecter qqn à b) [lugar] envoyer qqn à.

destinatario, ria sm, f destinataire *mf*.

destino sm **1.** [sino] destin *m* **2.** [rumbo, finalidad] destination *f* ▸ **con destino a** à destination de **3.** [plaza, empleo] affectation *f*, poste *m*.

destitución sf destitution *f*.

destituir [51] vt destituer.

destornillador sm **1.** [herramienta] tournevis *m* **2.** [bebida] vodka-orange *f*.

destornillar vt dévisser.

destreza sf adresse *f*.

destripar vt **1.** [sacar las tripas] étriper **2.** *fig* [desarmar] désosser.

destronar vt *pr* & *fig* détrôner.

destrozado, da adj **1.** [máquina, ropa, manos] abîmé(e) ; [vida, corazón] brisé(e) **2.** [persona - emocionalmente] anéanti(e), bouleversé(e) / *la noticia lo dejó destrozado* la nouvelle l'a anéanti ; [físicamente] éreinté(e).

destrozar [13] vt **1.** [romper] mettre en pièces ; [estropear] abîmer, détériorer ; [destruir] détruire **2.** *fig* [persona, carrera] briser.

destrozo sm dégât *m* ▸ **ocasionar grandes destrozos** faire de gros dégâts.

destrozón, ona adj & sm, f *fam* brise-tout *(inv)*.

destrucción sf destruction *f*.

destructivo, va adj destructif(ive).

destructor, ra adj destructeur(trice).
◆ **destructor** sm destroyer *m*.

destruido, da adj RP **1.** [físicamente] : *estar destruido* avoir l'air d'une épave **2.** [anímicamente] effondré(e), anéanti(e).

destruir [51] vt détruire ; [argumento, proyecto] démolir.

desubicación sf ANDES RP confusion *f* / *tiene la desubicación típica de su edad* il est déboussolé, comme la plupart des gens de son âge.

desubicado, da adj ANDES RP ▸ **estar desubicado** a) [perdido] se sentir perdu b) [ridículo] ne pas savoir se tenir.

desubicar vt AM désorienter.
◆ **desubicarse** vprnl AM se perdre.

desuella ⟶ **desollar**.

desunión sf **1.** [separación] séparation *f* **2.** [discordia] désunion *f*, mésentente *f*.

desunir vt **1.** [separar] séparer **2.** [enemistar] désunir, diviser.

desusado, da adj **1.** [anticuado] désuet(ète) ; [palabra, término] vieilli(e) **2.** [desacostumbrado] inhabituel(elle).

desuso sm désuétude *f* ▸ **caer en desuso** tomber en désuétude ▸ **estar en desuso** ne plus être utilisé(e).

desvaído, da adj **1.** [color] pâle, passé(e) **2.** [mirada] vague ; [forma, contorno] flou(e).

desvalido, da adj & sm, f démuni(e).

desvalijador, ra sm, f [de casas] cambrioleur *m*, -euse *f*.

desvalijamiento sm cambriolage *m*.

desvalijar vt [persona] dévaliser ; [casa, tienda] cambrioler.

desvalimiento sm détresse *f*.

desvalorizar [13] vt dévaloriser.

desván sm grenier *m*.

desvanecer [30] vt dissiper. ◆ **desvanecerse** vprnl **1.** [gen] se dissiper **2.** [persona] s'évanouir.

desvanecimiento sm évanouissement *m*.

desvariar [9] vi délirer, divaguer.

desvarío sm **1.** [dicho] absurdité *f* ; [hecho] folie *f* **2.** [estado] délire *m*.

desvelar vt **1.** [persona] empêcher de dormir **2.** [noticia, secreto, etc.] dévoiler. ◆ **desvelarse** vprnl **1.** [esmerarse] ▸ **desvelarse por hacer algo** se donner du mal pour faire qqch **2.** CAM MÉX [quedarse despierto] ne pas dormir de la nuit, passer une nuit blanche.

desvelo sm **1.** [insomnio] insomnie *f* **2.** [esfuerzo] effort *m*.

desvencijado, da adj **1.** [mueble, ventana] disloqué(e) **2.** [mecanismo] détraqué(e) **3.** [casa, vehículo] délabré(e).

desvencijar vt déglinguer.

desventaja sf désavantage *m*.

desventajoso, sa adj désavantageux(euse).

desventura sf malheur *m*.

desventurado, da adj & sm, f malheureux(euse).

desvergonzado, da adj & sm, f effronté(e).

desvergüenza sf **1.** [atrevimiento, frescura] effronterie *f* **2.** [dicho, hecho] insolence *f*.

desvestir [26] vt dévêtir.
◆ **desvestirse** vprnl se dévêtir.

desviación sf déviation *f*.

desviacionismo sm déviationnisme *m*.

desviado, da adj **1.** [ojo, columna vertebral] dévié(e) **2.** *fig* [conducta] déviant(e).

desviar [9] vt **1.** [gen] détourner ; [pelota, disparo, tráfico] dévier ; [barco] dérouter **2.** [pregunta] éluder.
◆ **desviarse** vprnl **1.** [cambiar de dirección - conductor] dévier ; [- avión, barco] changer de route **2.** [cambiar] ▸ **desviarse de tema** faire une digression ▸ **desviarse de propósito** changer de cap.

desvincular vt ▸ **desvincular a alguien de una obligación** dégager qqn d'une obligation.
◆ **desvincularse** vprnl ▸ **desvincularse de** a) [amigos] se détacher de b) [responsabilidad] se dégager de.

desvío sm **1.** [vía] déviation *f* **2.** *fig* désaffection *f*, froideur *f*.

desvirgar [16] vt déflorer.

desvirtuar [6] vt dénaturer.

desvista ⟶ **desvestir**.

desvistiera ⟶ **desvestir**.

desvivirse vprnl ▸ **desvivirse (por alguien / algo)** se dépenser sans compter pour qqn / qqch ▸ **desvivirse por hacer algo** mourir d'envie de faire qqch.

detalladamente adv en détail.

detallado, da adj détaillé(e).

detallar vt détailler.

detalle sm **1.** [gen] détail *m* ▸ **con detalle** en détail ▸ **entrar en detalles** entrer dans les détails **2.** [amabilidad] attention *f* ▸ **tener un detalle** avoir une délicate attention. ◆ **al detalle** loc adv COM au détail.

detallista ◆ adj pointilleux(euse). ◆ smf COM détaillant *m*, -e *f*.

detección sf détection *f*.

detectar vt détecter.

detective smf détective *mf* ▸ **detective privado** détective privé.

detectivesco, ca adj [investigación] policier(ère).

detector, ra adj détecteur(trice).
◆ **detector** sm détecteur *m* ▸ **detector de mentiras** détecteur de mensonges.

detención sf **1.** [arresto] arrestation *f* **2.** [paralización] arrêt *m*.

detener [72] vt **1.** [arrestar, parar] arrêter **2.** [retrasar] retenir. ◆ **detenerse** vprnl **1.** [pararse] s'arrêter ▸ **detenerse a hacer algo** prendre le temps de faire qqch **2.** [demorarse] s'attarder.

detenidamente adv attentivement.

detenido, da ◆ adj **1.** [detallado] approfondi(e) **2.** [arrestado] ▸ **estar detenido** être en état d'arrestation. ◆ sm, f détenu *m*, -e *f*.

detenimiento ◆ **con detenimiento** loc adv avec attention.

detentar vt **1.** [récord] détenir **2.** [sin derecho] s'emparer de / *detentó el poder* il s'est emparé du pouvoir.

detergente sm [para la ropa] lessive *f* ; [para el suelo, etc.] détergent *m* ▸ **detergente para la vajilla** AM produit vaiselle.

deteriorado, da adj [estropeado] endommagé(e), abîmé(e) ; [por elementos naturales] endommagé(e) ; [edificio] délabré(e).

deteriorar vt détériorer. ◆ **deteriorarse** vprnl *fig* [empeorar] se détériorer, se dégrader.

deterioro sm détérioration *f*.

determinación sf détermination *f* ▸ **tomar una determinación** prendre une résolution.

determinado, da adj **1.** [concreto] certain(e) / *en determinados casos* dans certains cas **2.** [resuelto] déterminé(e) **3.** GRAM ⟶ **artículo**.

determinante ◆ adj déterminant(e). ◆ sm déterminant *m*.

determinar vt **1.** [gen] déterminer ; [fecha] fixer **2.** [causar, motivar] être à l'origine de **3.** [decidir] ▸ **determinar algo / hacer algo** décider qqch / de faire qqch. ◆ **determinarse** vprnl ▸ **determinarse a hacer algo** se résoudre à faire qqch.

determinismo sm déterminisme *m*.

detestable adj détestable.

detestar vt détester.

detiene ⟶ **detener**.

detonación sf [sonido] détonation *f* ; [acción] ▸ **proceder a la detonación de algo** faire exploser qqch.

detonador sm détonateur *m*.

detonante ◆ adj détonant(e). ◆ sm **1.** [explosivo] explosif *m* **2.** *fig* [desencadenante] détonateur *m*.

detonar vi détoner.

detractor, ra adj & sm, f détracteur(trice).

detrás adv **1.** [en el espacio] derrière / *siéntate detrás* assieds-toi derrière / *tus amigos vienen detrás* tes amis nous suivent **2.** [en el orden] après, ensuite / *primero entró él y detrás ella* il est entré le premier et elle après lui. ◆ **detrás de** loc prep **1.** [gen] derrière / *detrás de la puerta* derrière la porte ▸ **estar detrás de algo** être derrière qqch **2.** [a espaldas de] par-derrière ▸ **decir algo detrás de alguien** dire qqch dans le dos de qqn. ◆ **por detrás** loc adv à l'arrière ▸ **hablar de alguien por detrás** parler de qqn par-derrière.

detrimento sm ▸ **causar detrimento** faire des dégâts ▸ **en detrimento de** au détriment de.

detrito sm détritus *m*. ◆ **detritos** smpl [residuos] détritus *mpl*.

detuviera ⟶ **detener**.

deuda sf dette *f* ▸ **contraer una deuda** contracter une dette ▸ **estar en deuda con alguien** avoir une dette envers qqn ▸ **deuda pública** dette publique ▸ **deuda exterior** dette extérieure.

deudo, da sm, f proche *mf* / *sus deudos* ses proches.

deudor, ra adj & sm, f débiteur(trice).

devaluación sf dévaluation *f*.

devaluar [6] vt dévaluer. ◆ **devaluarse** vprnl se dévaloriser.

devanar vt dévider. ◆ **devanarse** vprnl *fam* ▸ **devanarse los sesos** se creuser la cervelle.

devaneos smpl **1.** [distracción] divagations *fpl* **2.** [amoríos] amourettes *fpl*.

devastador, ra adj dévastateur(trice).

devastar vt dévaster.

develar vt AM **1.** *culto* [revelar] dévoiler **2.** [inaugurar] inaugurer.

devengar [16] vt [intereses] rapporter ; [sueldo] toucher.

devengo sm dû *m*, montant *m* dû.

devenir ◆ sm devenir *m* / *el devenir de los tiempos ha transformado las costumbres* au fil du temps, les coutumes ont évolué. ◆ vi [ocurrir] advenir.

devoción sf *pr* & *fig* dévotion *f*.

devocionario sm missel *m*.

devolución sf [gen] retour *m* ; [de correo] restitution *f*, retour *m* à l'expéditeur ; [de importe] remboursement *m* ▸ **devolución fiscal** remboursement d'impôts.

devolver [24] ◆ vt **1.** [gen] rendre ; [importe] rembourser ; [carta, paquete] renvoyer, retourner ; [brillo] redonner **2.** [colocar en su sitio] remettre. ◆ vi [vomitar] rendre. ◆ **devolverse** vprnl CAM ANDES CARIB MÉX [volver] revenir.

devorar vt *pr* & *fig* dévorer.

devoto, ta ◆ adj **1.** [beato] dévot(e) **2.** [admirador] ▸ **ser muy devoto (de alguien)** être un fervent admirateur (de qqn) **3.** [lugar] de dévotion ▸ **una imagen devota** une image pieuse. ◆ sm, f **1.** [gen] adepte *mf* **2.** [beato] dévot *m*, -e *f*.

devuelta sf CARIB COL monnaie *f*.

devuelto, ta pp ⟶ **devolver**.

devuelva ⟶ **devolver**.

deyección sf **1.** GEOL déjection *f* **2.** [MED - expulsión de excrementos] déjection *f* ; [- excremento] déjections *fpl*.

DF (*abr de* **Distrito Federal**) sm [en México, Venezuela] DF *m*, district *m* fédéral.

dg (*abr escrita de* **decigramo**) dg.

DGT (*abr de* **Dirección General de Tráfico**) sf ESP *service gouvernemental chargé de la circulation routière.*

di 1. ⟶ **dar 2.** ⟶ **decir**.

día sm **1.** [gen] jour *m* / *me voy el día ocho* je pars le huit / *¿a qué día estamos?* quel jour sommes-nous ? ▸ **al día siguiente** le lendemain ▸ **a plena luz del día** en plein jour ▸ **día y noche** jour et nuit ▸ **a 60 días vista** à 60 jours de vue ▸ **el día de hoy / de mañana** aujourd'hui / demain ▸ **en su día** en temps voulu ▸ **hoy en día** de nos jours ▸ **todos los días** tous les jours ▸ **un día sí y otro no** un jour sur deux ▸ **día de pago** [de sueldo] jour de paie ▸ **día festivo** jour férié ▸ **día hábil** o **laborable** o **de trabajo** jour ouvrable ▸ **día lectivo** jour de classe ▸ **día libre** jour de repos ▸ **día sándwich** RP pont ▸ **el día menos pensado** un beau jour ▸ **dar el día** gâcher la journée ▸ **de día en día** de jour en jour ▸ **del día** du jour / *menú del día* plat du jour / *pan del día* du pain frais ▸ **día con día** MÉX jour après jour ▸ **estar en sus días** MÉX avoir ses règles ▸ **mañana será otro día** demain, il fera jour ▸ **no pasan los días para ella** elle ne fait pas son âge ▸ **poner algo al día** mettre qqch à jour ▸ **poner alguien al día** mettre qqn au courant ▸ **tener días** être lunatique ▸ **un día es un día** une fois n'est pas coutume ▸ **vivir al día** vivre au jour le jour **2.** [tiempo, espacio de tiempo] journée *f* / *un día lluvioso* une journée pluvieuse ▸ **todo el (santo) día** toute la (sainte) journée **3.** [conmemoración] fête *f* ▸ **día de los Inocentes** ≃ 1er avril ▸ **el día de la madre** la fête des Mères ▸ **el día de San Juan** la Saint-Jean. ◆ **días** smpl **1.** [vida] vie *f* ▸ **pasar sus días haciendo algo** passer sa vie à faire qqch **2.** [época] époque *f* ▸ **en mis días** à mon époque, de mon temps. ◆ **buen día** interj ▸ **¡buen día!** RP bonjour ! ◆ **buenos días** interj ▸ **¡buenos días!** bonjour !

diabetes sf inv diabète *m*.

diabético, ca adj & sm, f diabétique.

diablesa sf *fam* diablesse *f*.

diablillo sm **1.** [en carnaval] diable *m* **2.** *fam* & *fig* [persona traviesa] diable *m*, diablotin *m*.

diablo sm diable *m* ▸ **mandar al diablo** envoyer au diable ▸ **más sabe el diablo por viejo que por diablo** on n'apprend pas à un vieux singe à faire la grimace ▸ **tener el diablo en el cuerpo, ser la piel del diablo** ne pas tenir en place. ◆ **diablos** *fam* ◇ smpl [para dar énfasis] ▸ **¿dónde / cómo diablos…?** où / comment diable… ? ◇ interj ▸ **¡diablos!** diable !

diablura sf diablerie *f*.

diabólico, ca adj *pr* & *fig* diabolique.

diabolizar vt diaboliser.

diábolo sm [juguete] diabolo *m*.

diácono sm diacre *m*.

diacrítico sm signe *m* diacritique.

diacronía sf diachronie *f*.

diacrónico, ca adj LING diachronique.

diadema sf serre-tête *m* ; [joya] diadème *m*.

diáfano, na adj **1.** [transparente] diaphane **2.** *fig* [claro] limpide.

diafragma sm diaphragme *m*.

diagnosis sf inv diagnostic *m*.

diagnosticar [10] vt diagnostiquer.

diagnóstico sm diagnostic *m*.

diagonal ◇ adj diagonal(e). ◇ sf diagonale *f*.

diagrama sm diagramme *m*.

dial sm [de teléfono] cadran *m*.

dialectal adj dialectal(e).

dialéctico, ca ◇ adj FILOS [proceso, ejercicio] dialectique. ◇ sm, f FILOS [persona] dialecticien *m*, -enne *f*. ◆ **dialéctica** sf dialectique *f*.

dialecto sm dialecte *m*.

dialectología sf LING dialectologie *f*.

diálisis sf inv dialyse *f*.

dialogante adj ▸ **persona dialogante** interlocuteur(trice).

dialogar [16] vi dialoguer.

diálogo sm dialogue *m* ▸ **diálogo de besugos** *fig* conversation *f* sans queue ni tête ▸ **diálogo de sordos** *fig* dialogue de sourds.

diamante sm diamant *m*. ◆ **diamantes** smpl [palo de baraja] carreau *m*.

diametralmente adv diamétralement.

diámetro sm diamètre *m*.

diana sf **1.** [en blanco de tiro] ▸ **hacer diana** faire mouche **2.** [en cuartel] réveil *m* / *tocan diana a las seis* on sonne le réveil à six heures.

dianético, ca adj dianétique. ◆ **dianética** sf dianétique *f*.

diantre interj : *¡que diantre quiere!* que diable veut-il ? / *¡diantre de chico!* *fam* fichu gamin !

diapasón sm diapason *m*.

diapositiva sf diapositive *f*.

diariamente adv tous les jours, quotidiennement.

diariero, ra sm, f ANDES RP marchand *m*, -e *f* de journaux.

diario, ria adj quotidien(enne) ; [actividad] journalier(ère) ▸ **a diario** tous les jours ▸ **ropa de diario** vêtements de tous les jours. ◆ **diario** sm journal *m* ▸ **diario hablado / televisado** journal parlé / télévisé ▸ **diario de a bordo** journal de bord.

diarrea sf diarrhée *f* ▸ **diarrea del viajero** *fam* tourista *f* ▸ **llevar una diarrea mental** *fam* être à côté de ses pompes.

diáspora sf *pr* & *fig* diaspora *f*.

diástole sf diastole *f*.

diatriba sf diatribe *f*.

dibujante smf dessinateur *m*, -trice *f*.

dibujar vt & vi dessiner.

dibujo sm dessin *m* ▸ **dibujo lineal** o **técnico** dessin industriel ▸ **dibujos animados** dessins animés.

dic., dic (*abr escrita de* **diciembre**) déc. / *25 dic. 2004* 25 déc. 2004.

dicción sf diction *f*.

diccionario sm dictionnaire *m*.

dice ⟶ **decir**.

dicha sf **1.** [felicidad] bonheur *m* **2.** [suerte] chance *f*.

dicharachero, ra adj *fam* blagueur(euse).

dicho, cha adj ce, cette. ◆ **dicho** ❖ pp **1.** ⟶ **decir 2.** ▸ **dejar algo dicho** demander qqch ▸ **dejarle dicho algo a alguien** RP : *déjale dicho que salí* dis-lui que je suis sorti ▸ **dicho de otro modo** autrement dit ▸ **dicho y hecho** aussitôt dit, aussitôt fait ▸ **lo dicho** ce qui a été dit o convenu ▸ **mejor dicho** plutôt, plus exactement ▸ **nunca mejor dicho** c'est le cas de le dire. ❖ sm dicton *m* ▸ **del dicho al hecho hay un gran** o **mucho trecho** *fig* il y a loin de la coupe aux lèvres.

dichoso, sa adj **1.** [feliz, afortunado] heureux(euse) **2.** [para enfatizar] maudit(e).

diciembre sm décembre *m*. ***Ver también* septiembre**.

dicotomía sf dichotomie *f*.

dictado sm dictée *f*. ◆ **dictados** smpl préceptes *mpl*.

dictador, ra sm, f dictateur *m*.

dictadura sf dictature *f*.

dictáfono sm Dictaphone® *m*.

dictamen sm **1.** [opinión] opinion *f* ▸ **dar un dictamen** donner un avis **2.** [informe] rapport *m*.

dictaminar vt **1.** [suj: experto] estimer, juger **2.** [suj: médico] conclure à.

dictar vt **1.** [gen] dicter **2.** [sentencia, fallo] prononcer ; [ley, decreto] promulguer.

dictatorial adj dictatorial(e).

didáctico, ca adj didactique.
◆ **didáctica** sf didactique *f*.

diecinueve ❖ adj num inv dix-neuf / *el siglo diecinueve* le dix-neuvième siècle. ❖ sm inv dix-neuf *m inv*. ***Ver también* seis**.

diecinueveavo, va adj num dix-neuvième.

dieciocho ❖ adj num inv dix-huit / *el siglo dieciocho* le dix-huitième siècle. ❖ sm inv dix-huit *m inv*. ***Ver también* seis**.

dieciochoavo, va, dieciochavo, va adj num dix-huitième.

dieciséis ❖ adj num inv seize / *el siglo dieciséis* le seizième siècle. ❖ sm inv seize *m inv*. ***Ver también* seis**.

dieciseisavo, va adj num seizième.

diecisiete ❖ adj num inv dix-sept / *el siglo diecisiete* le dix-septième siècle. ❖ sm inv dix-sept *m inv*. ***Ver también* seis**.

diecisieteavo, va adj num dix-septième.

diente sm dent *f* ▸ **hincar el diente a algo a)** [apropiarse] mettre la main sur qqch **b)** *fig* [empezar] s'attaquer à qqch ▸ **diente de leche** dent de lait ▸ **diente incisivo** incisive *f* ▸ **diente molar** molaire *f* ▸ **enseñar los dientes** montrer les dents ▸ **hablar entre dientes** parler entre ses dents ▸ **le pone los dientes largos** *fam* ça le fait baver d'envie ▸ **me rechinan los dientes** ça me fait grincer des dents. ◆ **diente de ajo** sm gousse *f* d'ail. ◆ **diente de león** sm pissenlit *m*.

diera ⟶ **dar**.

diéresis sf inv tréma *m*.

dieron ⟶ **dar**.

diesel, diésel adj diesel.

diestro, tra adj [hábil] adroit(e) ; [que usa la mano derecha] droitier(ère) ▸ **a diestro y siniestro** *fig* à tort et à travers. ◆ **diestro** sm TAUROM matador *m*. ◆ **diestra** sf main *f* droite ▸ **a la diestra de** à la droite de.

dieta sf régime *m* ▸ **estar a dieta** être au régime.
◆ **dietas** sfpl indemnités *fpl* ▸ **dietas por desplazamiento** frais *mpl* de déplacement.

dietario sm livre *m* de comptes.

dietético, ca adj diététique.
◆ **dietética** sf diététique *f*.

dietista smf AM nutritionniste *mf*.

diez adj num inv & sm inv dix. ***Ver también* seis**.

diezmar vt décimer.

diezmo sm dîme *f*.

difamación sf diffamation *f*.

difamador, ra adj & sm, f diffamateur(trice).

difamar vt diffamer.

difamatorio, ria adj diffamatoire.

diferencia sf **1.** [gen] différence *f* ▸ **a diferencia de** contrairement à **2.** [de opiniones, punto de vista] différend *m* ▸ **limar diferencias** arrondir les angles.

diferencial ❖ adj [gen & MAT] différentiel(elle) ; [rasgo] distinctif(ive). ❖ sm TECNOL différentiel *m*. ❖ sf MAT différentielle *f*.

diferenciar [8] vt différencier ; [los colores, las letras] reconnaître / *diferenciar lo bueno de lo malo* distinguer le bien et le mal. ◆ **diferenciarse** vprnl **1.** [ser distinto] ▸ **diferenciarse (de)** se différencier (de) **2.** [descollar] se distinguer.

diferente ❖ adj différent(e) ▸ **diferente de** o **a** différent de. ❖ adv différemment.

diferido ◆ **en diferido** loc adv en différé.

diferir [27] ❖ vt [posponer] différer. ❖ vi [diferenciarse] ▸ **diferir (de)** différer (de) / *difiero de ti en opiniones* nous n'avons pas les mêmes opinions.

difícil adj difficile ▸ **difícil de hacer** difficile à faire.

difícilmente adv **1.** [con dificultad] difficilement / *algo difícilmente imaginable* une chose difficile à imaginer **2.** [improbablemente] : *si no me cuentas lo que te pasa, difícilmente te podré ayudar* si tu ne me dis pas ce qui t'arrive, je peux difficilement t'aider / *difícilmente van a venir con el chaparrón que está cayendo* il est peu probable qu'ils viennent avec cette averse.

dificultad sf difficulté *f* ▸ **con dificultades** [empresa, etc.] en difficulté ▸ **pasar dificultades** connaître des moments difficiles ▸ **poner dificultades** faire des difficultés.

dificultar vt rendre difficile.

dificultoso, sa adj difficile.

difiera ⟶ **diferir**.

difiriera ⟶ **diferir**.

difteria sf diphtérie *f*.

difuminado, da adj **1.** [difuso] flou(e), vague **2.** ARTE & FOTO estompé(e).

difuminar vt [color] estomper ; [olor] dissiper ; [sonido] assourdir.

difundir vt diffuser ; [noticia] répandre.
◆ **difundirse** vprnl **1.** [gen] se diffuser ; [noticia] se répandre ; [epidemia] se propager **2.** [publicación] être diffusé(e).

difunto, ta adj & sm, f défunt(e).

difusión sf diffusion *f*.

difuso, sa adj diffus(e) / *una difusa sensación* une vague sensation.

difusor, ra ❖ adj [medio, labor] de diffusion.
❖ sm, f diffuseur *m*.

diga ⟶ **decir**.

digerir [27] vt *pr* & *fig* digérer.

digestión sf digestion *f*.

digestivo, va adj digestif(ive).
◆ **digestivo** sm digestif *m*.

digiera ⟶ **digerir**.

digiriera ⟶ **digerir**.

digital adj **1.** [gen] digital(e) **2.** INFORM numérique.

digitalización sf numérisation *f*.

digitalizado, da adj numérisé(e).

digitalizador sm INFORM numériseur *m*.

digitalizar vt numériser.

digitar vt **1.** AM [teclear] saisir **2.** RP *fam* [manipular] truquer.

dígito sm chiffre *m*.

dignamente adv dignement.

dignarse vprnl ▸ **dignarse hacer algo** daigner faire qqch.

dignatario, ria sm, f dignitaire *m*.

dignidad sf dignité *f*.

dignificar [10] vt rendre digne.

digno, na adj ▸ **digno (de)** digne (de).

digo ⟶ **decir**.

digresión sf digression *f*.

dije adj AM sympathique.

dijera ⟶ **decir**.

dilación sf délai *m* ▸ **sin dilación** sans plus attendre.

dilapidar vt dilapider.

dilatación sf dilatation *f*.

dilatado, da adj **1.** [parte del cuerpo] dilaté(e) **2.** [experiencia] long (longue), grand(e).

dilatar vt **1.** [gen] dilater **2.** [prolongar] faire durer.
◆ **dilatarse** vprnl **1.** [gen] se dilater **2.** [prolongarse] durer.

dilema sm dilemme *m*.

diletante adj & smf dilettante.

diligencia sf **1.** [esmero, cuidado] application *f* **2.** [prontitud] ▸ **con diligencia** rapidement **3.** [trámite, gestión] démarche *f* ▸ **hacer unas diligencias** AM faire des courses o des commissions **4.** [vehículo] diligence *f*.

diligente adj appliqué(e).

dilucidar vt élucider.

diluido, da adj [sustancia, disolución] dilué(e).

diluir [51] vt diluer. ◆ **diluirse** vprnl se diluer.

diluviar [8] v impers pleuvoir à torrents.

diluvio sm déluge *m*.

diluya ⟶ **diluir**.

diluyera ⟶ **diluir**.

dimanar vi ▸ **dimanar de a)** [agua] jaillir de **b)** [consecuencias] découler de **c)** [orden, alegría] émaner de.

dimensión sf dimension *f*.

dimes smpl *fam* : *el anuncio provocó dimes y diretes* l'annonce a suscité des commérages o des cancans / *andan todo el día con dimes y diretes* elles passent leurs journées à cancaner.

diminutivo sm diminutif *m*.

diminuto, ta adj tout petit (toute petite), minuscule.

dimisión sf démission *f* ▸ **presentar la dimisión** présenter sa démission.

dimisionario, ria, dimitente adj & sm, f démissionnaire.

dimitir vi ▸ **dimitir (de)** démissionner (de).

dimos ⟶ **dar**.

Dinamarca npr Danemark *m*.

dinámico, ca adj dynamique.
◆ **dinámica** sf dynamique *f*.

dinamismo sm dynamisme *m*.

dinamita sf dynamite *f*.

dinamitar vt dynamiter.

dinamizador, ra adj dynamisant(e).

dinamizar [13] vt dynamiser.

dinamo, dínamo sf dynamo *f*.

dinar sm dinar *m*.

dinastía sf dynastie *f*.

dinástico, ca adj dynastique.

dineral sm *fam* fortune *f*.

dinero sm argent *m* ▸ **dinero circulante** masse *f* monétaire en circulation ▸ **dinero de curso legal** monnaie *f* légale ▸ **dinero falso** fausse monnaie *f* ▸ **dinero negro o sucio** argent sale ▸ **dinero público** fonds *mpl* publics ▸ **dinero sonante o contante y sonante** espèces *fpl* sonnantes et trébuchantes ▸ **andar bien de dinero** être en fonds ▸ **un hombre de dinero** un homme riche.

dinosaurio sm dinosaure *m*.

dintel sm linteau *m*.

diñar vt *fam* ▸ **diñarla** casser sa pipe.

dio ⟶ **dar**.

diócesis sf inv diocèse *m*.

diodo sm ELECTR diode *f*.

dioptría sf dioptrie *f*.

dios, osa sm, f dieu *m*, déesse *f* ▸ **todo dios** *mfam* tout le monde. ◆ **Dios** sm Dieu ▸ **a Dios gracias** grâce à Dieu ▸ **a Dios rogando y con el mazo dando** aide-toi, le Ciel t'aidera ▸ **a la buena de Dios** au petit bonheur la chance ▸ **¡anda** o **ve con Dios!** adieu ! ▸ **se armó la de Dios es Cristo** ça a fait du grabuge ▸ **como Dios le da a entender** tant bien que mal ▸ **como Dios manda** comme il faut ▸ **dar a Dios lo que es de Dios y al César lo que es del César** il faut rendre à César ce qui est à César ▸ **Dios aprieta pero no ahoga** nul ne veut la mort du pécheur ▸ **Dios dirá** advienne que pourra ▸ **Dios los cría y ellos se juntan** qui se ressemble s'assemble ▸ **Dios mediante, si Dios quiere** si Dieu le veut ▸ **¡Dios mío!** mon Dieu ! / *Dios sabe…* Dieu sait… / *necesitó Dios y ayuda para convencerla* ça a été la croix et la bannière pour la convaincre ▸ **¡por Dios!** je t'en/vous en prie ! ▸ **sin encomendarse a Dios ni al diablo** sans réfléchir ▸ **¡vaya por Dios!** nous voilà bien !

dióxido sm QUÍM dioxyde *m* ▸ **dióxido de carbono** dioxyde de carbone.

dioxígeno sm QUÍM dioxygène *m*.

dioxina sf QUÍM dioxine *f*.

diplodoco sm diplodocus *m*.

diploma sm diplôme *m*.

diplomacia sf diplomatie *f*.

diplomado, da adj & sm, f diplômé(e).

diplomar vt diplômer. ◆ **diplomarse** vprnl obtenir son diplôme / *diplomarse en periodismo* obtenir son diplôme de journalisme.

diplomático, ca ❖ adj diplomatique. ❖ sm, f diplomate *mf*.

diplomatura sf ≃ licence *f*.

dipsomanía sf dipsomanie *f*.

díptico sm **1.** [folleto] brochure *f* **2.** ARTE diptyque *m*.

diptongo sm diphtongue *f*.

diputación sf **1.** [corporación] conseil *m* **2.** [cargo] députation *f* ▸ **diputación provincial** ≃ conseil *m* général.

diputado, da sm, f député *m*, -e *f*.

dique sm **1.** [en río] digue *f* ▸ **dique de contención** barrage *m* de retenue **2.** [en puerto] dock *m* ▸ **dique seco** cale *f* sèche.

dir. (*abr escrita de* **dirección**) dir. / *después del peaje tomar dir. Vigo* après le péage, prendre la dir. de Vigo.

Dir. (*abr escrita de* **director**) Dir. ▸ **dir. Gral.** Dir. Gén.

dirá ⟶ **decir**.

dirección sf **1.** [gen & COM] direction *f* ; [de calle, de las agujas del reloj] sens *m* ▸ **dirección prohibida** sens interdit ▸ **dirección única** sens unique ▸ **dirección asistida** AUTO direction assistée ▸ **dirección comercial / general** direction commerciale / générale ▸ **en dirección a** en direction de **2.** [señas] adresse *f*. ◆ **Dirección General de Tráfico** sf *organisme chargé de la circulation routière, dépendant du ministère de l'Intérieur espagnol.*

direccional adj directionnel(elle). ◆ **direccionales** smpl AM AUTO clignotants *mpl*.

direccionamiento sm INFORM adressage *m*.

direccionar vt INFORM adresser.

directamente adv directement.

directivo, va ❖ adj directeur(trice) ; [personal] de direction. ❖ sm, f [gen] dirigeant *m*, -e *f* ; [en empresa] cadre *m* dirigeant. ◆ **directiva** sf **1.** [junta] direction *f* **2.** [norma] directive *f*.

directo, ta adj direct(e). ◆ **directo** ❖ sm [tren] direct *m*. ❖ adv tout droit, directement. ◆ **directa** sf AUTO cinquième vitesse *f (dernière vitesse)* ▸ **poner** o **meter la directa** **a)** passer la cinquième vitesse **b)** *fig* s'y mettre. ◆ **en directo** loc adv en direct.

director, ra sm, f directeur *m*, -trice *f* ▸ **director de cine** réalisateur *m* ▸ **director de escena** o **teatro** metteur *m* en scène ▸ **director de orquesta** chef *m* d'orchestre ▸ **director espiritual** directeur de conscience ▸ **director general** president-directeur *m* général ▸ **director técnico** DEP directeur technique.

directorio sm [gen & INFORM] répertoire *m* ▸ **directorio raíz** répertoire racine.

directriz sf GEOM directrice *f*. ◆ **directrices** sfpl [normas] directives *fpl*.

dirham ['dirxam] sm dirham *m*.

diría ⟶ **decir**.

dirigencia sf AM leadership *m*.

dirigente adj & smf dirigeant(e).

dirigible sm dirigeable *m*.

dirigir [15] vt **1.** [gen] diriger **2.** [obra de teatro] mettre en scène ; [película] réaliser **3.** [palabra, carta] adresser **4.** [asesorar] guider **5.** [dedicar] ▸ **dirigir algo a** consacrer qqch à. ◆ **dirigirse** vprnl **1.** [encaminarse] ▸ **dirigirse a** o **hacia** se diriger vers **2.** [hablar, escribir] ▸ **dirigirse a alguien** s'adresser à qqn.

dirigismo sm dirigisme *m*.

dirija ⟶ **dirigir**.

dirimir vt **1.** [conflicto, problema] résoudre ; [discusión, controversia] trancher **2.** [matrimonio] annuler.

discado sm AM composition *f* d'un numéro de téléphone.

discapacidad sf handicap *m*.

discapacitado, da adj & sm, f handicapé(e).

discar [10] vt AM composer *(un numéro de téléphone)*.

discernimiento sm discernement *m*.

discernir [21] vt discerner.

disciplina sf discipline *f*.

disciplinado, da adj **1.** [persona, actitud] discipliné(e) **2.** [flor] panaché(e), marbré(e).

disciplinar vt [mandar] discipliner.

disciplinario, ria adj disciplinaire.

discípulo, la sm, f disciple *mf*.

disc-jockey [dis'jokei] (*pl* **disc-jockeys**) sm, f disc-jockey *mf*.

disc-man® sm discman® *m*.

disco sm **1.** [gen, DEP & INFORM] disque *m* ▸ **disco compacto** disque compact ▸ **disco de arranque** disque de démarrage ▸ **disco de larga duración** trente-trois-tours *m* ▸ **disco del sistema** disque système ▸ **disco duro** disque dur ▸ **disco magnético / óptico** disque magnétique/optique ▸ **disco removible** disque amovible ▸ **disco virtual** disque virtuel **2.** [semáforo] feu *m* ▸ **disco rojo** feu rouge.

discóbolo sm discobole *m*.

discografía sf discographie *f*.

discográfico, ca adj discographique / *una casa discográfica* une maison de disques.
◆ **discográfica** sf ESP [empresa] maison *f* de disques.

discolibro sm livre *m* audio sur CD.

díscolo, la adj rebelle, turbulent(e).

disconforme adj ▸ **estar disconforme con** ne pas être d'accord avec, être en désaccord avec.

disconformidad sf désaccord *m*.

discontinuidad sf discontinuité *f*.

discontinuo, nua adj discontinu(e).

discopub [ˌdisko'paβ] sm bar *m* dansant.

discordancia sf **1.** [en hechos, cosas] discordance *f*, désaccord *m* **2.** [de opiniones, pareceres] divergence *f* **3.** [de colores] discordance *f*.

discordante adj discordant(e).

discordar [23] vi **1.** [personas] être en désaccord ▸ **discordar de alguien (en algo)** être en désaccord avec qqn (sur qqch) **2.** [opiniones] diverger **3.** [estilo, palabras, etc.] ▸ **discordar con algo** différer de qqch.

discorde adj [persona, actitud] ▸ **discorde con** en désaccord avec.

discordia sf discorde *f*.

discoteca sf discothèque *f*.

discotequero, ra ❖ adj [música, canción] pour danser. ❖ sm, f : *es un discotequero* il adore sortir en boîte.

discreción sf discrétion *f*. ◆ **a discreción** loc adv à volonté.

discrecional adj [servicio de transporte] spécial(e).

discrepancia sf divergence *f*.

discrepar vi diverger ▸ **discrepar de** être en désaccord avec.

discreto, ta adj **1.** [gen] discret(ète) **2.** [cantidad] modéré(e).

discriminación sf discrimination *f* ▸ **discriminación racial** discrimination raciale.

discriminador, ra adj discriminatoire.

discriminar vt discriminer.

discriminatorio, ria adj discriminatoire.

discuerda ⟶ **discordar**.

disculpa sf excuse *f* ▸ **pedir disculpas** présenter ses excuses.

disculpar vt excuser ▸ **disculpar a alguien (de o por algo)** excuser qqn (de qqch). ◆ **disculparse** vprnl ▸ **disculparse (de o por algo)** s'excuser (de qqch).

discurrir vi **1.** [tiempo, vida] s'écouler ; [acto, sesión] se dérouler **2.** [pensar] réfléchir.

> ⚠ **Discourir** es un falso amigo, no significa *discurrir*, sino "disertar".

discurso sm discours *m* ▸ **pronunciar un discurso** prononcer un discours.

discusión sf discussion *f*.

discutible adj discutable.

discutir ❖ vi **1.** [pelearse] se disputer **2.** [conversar] ▸ **discutir de o sobre** discuter de. ❖ vt ▸ **discutir algo** discuter de qqch.

disecado sm naturalisation *f*, empaillage *m*.

disecar [10] vt **1.** [para conservación] naturaliser, empailler **2.** [para estudio] disséquer.

disección sf dissection *f*.

diseccionar vt *pr* & *fig* disséquer.

diseminación sf **1.** [de semillas] dissémination *f* **2.** [de información, cultura, enfermedad] propagation *f*.

diseminar vt **1.** [semillas] disséminer **2.** [ideas, cultura, enfermedad] propager.

disensión sf dissension *f*.

disentería sf dysenterie *f*.

disentir [27] vi ne pas être d'accord ▸ **disentir de alguien / algo** être en désaccord avec qqn/qqch.

diseñador, ra sm, f [de muebles, tejidos] dessinateur *m*, -trice *f*, designer *m* ▸ **diseñador de modas** créateur *m* ▸ **diseñador gráfico** concepteur *m* graphique.

Cómo presentar disculpas

- **Pardon !** *(para disculparse) ¡Perdón!* o *¡Lo siento!*
- **Pardon !** *(para pasar) ¡Con permiso!*
- **Excusez-moi, je dois vous laisser.** *Perdone, pero tengo que irme.*
- **Désolé de vous interrompre, mais...** *Siento interrumpirle, pero…*
- **Je suis désolé pour le malentendu de ce matin.** *Siento el malentendido de esta mañana.*
- **Je suis (vraiment) désolé.** *Lo siento (muchísimo).*
- **J'ai bien peur que nous ne soyons obligés de tout annuler.** *Me temo que vamos a vernos obligados de cancelarlo todo.*
- **Je vous dois des excuses.** *Le debo disculpas.*

diseñar vt **1.** [gen] dessiner **2.** [crear] concevoir.

diseño sm **1.** [gen] dessin *m* **2.** [concepción] conception *f* ▸ **de diseño** [muebles, etc.] design ▸ **diseño asistido por ordenador** conception assistée par ordinateur, CAO *f* ▸ **diseño gráfico** conception graphique.

diseque ⟶ **disecar**.

disertación sf dissertation *f*.

disertar vi disserter.

disfraz sm déguisement *m* ▸ **de disfraces** [baile, fiesta] costumé(e).

disfrazar [13] vt déguiser ▸ **disfrazar a alguien de** déguiser qqn en. ◆ **disfrazarse** vprnl ▸ **disfrazarse (de)** se déguiser (en).

disfrutar ❖ vi **1.** [sentir placer] s'amuser **2.** [disponer de] ▸ **disfrutar de a)** [comodidades, etc.] bénéficier de **b)** [buena salud, favor, etc.] jouir de. ❖ vt ▸ **disfrutar algo** profiter de qqch.

disfrute sm **1.** [placer] : *el disfrute con la música* le plaisir de la musique **2.** [provecho] ▸ **con el disfrute de** en jouissant de ▸ **el derecho al disfrute de** le droit de profiter de.

disfunción sf dysfonctionnement *m*.

disfuncionar vi dysfonctionner.

disgregar [16] vt **1.** [multitud, manifestación] disperser **2.** [roca] désagréger. ◆ **disgregarse** vprnl **1.** [familia, manifestación] se disperser **2.** [roca] se désagréger **3.** [imperio] se morceler.

disgustado, da adj **1.** [enojado] fâché(e), énervé(e) **2.** [consternado] contrarié(e).

disgustar vt déplaire. ◆ **disgustarse** vprnl se fâcher.

> ⚠ **Dégoûter** es un falso amigo, no significa *disgustar*, sino "dar asco".

disgusto sm **1.** [tristeza, pesar] contrariété *f* ▸ **dar un disgusto** contrarier ▸ **llevarse un disgusto** être contrarié(e) ▸ **matar a alguien a disgustos** faire mourir qqn de chagrin **2.** [desinterés, incomodidad] ennui *m* ▸ **hacer algo a disgusto** faire qqch à contrecœur ▸ **estar a disgusto** être mal à l'aise **3.** [pelea] ▸ **tener un disgusto con alguien** s'accrocher avec qqn.

disidencia sf dissidence *f*.

disidente adj & smf dissident(e).

disienta ⟶ **disentir**.

disimulado, da adj dissimulateur(trice) ▸ **hacerse el disimulado** faire comme si de rien n'était.

disimular ❖ vt dissimuler, cacher. ❖ vi [culpable] faire l'innocent(e) ; [fingir desconocimiento] faire comme si de rien n'était.

disimulo sm dissimulation *f* ▸ **con disimulo** en cachette.

disintiera ⟶ **disentir**.

disipar vt dissiper. ◆ **disiparse** vprnl se dissiper.

diskette = **disquete**.

dislate sm ineptie *f*.

dislexia sf dyslexie *f*.

disléxico, ca adj & sm, f dyslexique.

dislocación sf déboîtement *m*.

dislocado, da adj [hueso, miembro, articulación] disloqué(e).

dislocar [10] vt disloquer, démettre. ◆ **dislocarse** vprnl se disloquer, se démettre.

disminución sf diminution *f* ; [de temperatura, paga, etc.] baisse *f*.

disminuido, da adj & sm, f handicapé(e).

disminuir [51] vt & vi diminuer.

disociar [8] vt dissocier.

disolución sf **1.** [gen] dissolution *f* **2.** [mezcla] solution *f*.

disoluto, ta ❖ adj dissolu(e). ❖ sm, f ▸ **ser un disoluto** mener une vie de bâton de chaise.

disolvente ❖ adj dissolvant(e). ❖ sm dissolvant *m*.

disolver [24] vt dissoudre. ◆ **disolverse** vprnl se dissoudre ; [manifestación] se disperser.

disonante, dísono, na adj dissonant(e), discordant(e).

dispar adj différent(e), dissemblable ; [calcetines] dépareillé(e).

disparado, da adj ▸ **salir / entrar disparado** partir / entrer comme une flèche. ◆ **disparada** sf **1.** AM [huida] fuite *f* **2.** EXPR **a la disparada** CSUR [a todo correr] en toute hâte, à fond de train.

disparador sm **1.** [de armas] détente *f* **2.** FOTO déclencheur *m*.

disparar ❖ vt [flecha, dardo] lancer. ❖ vi tirer. ◆ **dispararse** vprnl **1.** [arma de fuego] partir **2.** [persona] s'emporter **3.** [precios] s'envoler.

disparatado, da adj [ilógico] absurde ; [raro] extravagant(e) ▸ **¡qué ideas más disparatadas!** quelles drôles d'idées !

disparatar vi [decir tonterías] dire des bêtises.

disparate sm **1.** [comentario, acción] bêtise *f* ; [idea] drôle d'idée *f* **2.** [dineral] fortune *f* ▸ **costar un disparate** coûter une fortune.

disparatero, ra AM ❖ adj idiot(e). ❖ sm, f *personne qui dit ou fait des bêtises.*

disparidad sf disparité *f*.

disparo sm **1.** [de bala] coup *m* de feu **2.** [de pelota, flecha] tir *m*.

dispendio sm gaspillage *m*.

dispendioso, sa adj **1.** [cosa, modo de vida] dispendieux(euse), onéreux(euse) **2.** [persona] dépensier(ère).

dispensa sf dispense *f*.

dispensar ❖ vt **1.** [disculpar] excuser **2.** [honores] rendre ; [bienvenida] réserver ; [ayuda] donner. ❖ vi [eximir] ▸ **dispensar de** dispenser de.

dispensario sm dispensaire *m*.

dispersar vt disperser.
◆ **dispersarse** vprnl se disperser.

dispersión sf **1.** [gen & FÍS] dispersion *f* **2.** [de objetos] désordre *m*.

disperso, sa adj dispersé(e).

display [dis'plei] (*pl* **displays**) sm INFORM afficheur *m*.

displicencia sf [en el trato] froideur *f*; [indiferencia] désinvolture *f*.

displicente adj [en el trato] froid(e) ; [indiferente] désinvolte.

disponer [65] ❖ vt **1.** [gen] disposer ▸ **disponer lo necesario para** prendre ses dispositions pour **2.** [preceptuar] ▸ **disponer algo a)** [suj: persona] décider de qqch **b)** [suj: ley] stipuler qqch. ❖ vi ▸ **disponer de** disposer de. ◆ **disponerse** vprnl ▸ **disponerse a** s'apprêter à.

disponibilidad sf disponibilité *f*.

disponible adj disponible.

disposición sf **1.** [gen] disposition *f* ▸ **a disposición de** à la disposition de ▸ **tener disposición para** avoir des dispositions pour **2.** [estado] ▸ **estar** o **hallarse en disposición de** être en état de.

dispositivo sm dispositif *m* ▸ **dispositivo intrauterino** stérilet *m*.

dispuesto, ta adj **1.** [listo] prêt(e) ▸ **estar dispuesto a algo / a hacer algo** être prêt à qqch / à faire qqch **2.** [capaz] ▸ **ser muy dispuesto** avoir de bonnes dispositions.
◆ **dispuesto** pp ⟶ **disponer**.

dispusiera ⟶ **disponer**.

disputa sf dispute *f*.

disputar vt **1.** [competir] ▸ **disputar algo** se disputer qqch **2.** [debatir] ▸ **disputar algo** discuter de qqch.

disquera sf CUBA VEN maison *f* de disques.

disquete, diskette [dis'kete] sm INFORM disquette *f*.

disquisición sf **1.** *(gen pl)* [comentarios] digression *f* **2.** [análisis] examen *m* détaillé.

distancia sf distance *f* ▸ **a distancia** à distance / *se saludaron a distancia* ils se sont salués de loin ▸ **distancia de seguridad** distance de sécurité ▸ **de larga distancia** [llamada] international(e) ▸ **acortar las distancias** se rapprocher ▸ **guardar las distancias** garder ses distances ▸ **salvando las distancias** toutes proportions gardées.

distanciamiento sm *fig* recul *m* ; [afectivo] éloignement *m*.

distanciar [8] vt éloigner ; [en competición] distancer.
◆ **distanciarse** vprnl s'éloigner, prendre ses distances.

distante adj **1.** [espacio] éloigné(e) / *no está muy distante* ce n'est pas très loin **2.** [trato] distant(e).

distar vi **1.** [hallarse a] : *ese sitio dista varios kilómetros de aquí* cet endroit est à plusieurs kilomètres d'ici **2.** *fig* [diferir] ▸ **distar de** être loin de.

diste ⟶ **dar**.

distender [20] vt distendre ; [ambiente, cuerda] détendre.

distendido, da adj [informal] décontracté(e).

distensión sf **1.** [gen & MED] distension *f* ▸ **distensión muscular** claquage *m* **2.** [entre países, etc.] détente *f*.

distienda ⟶ **distender**.

distinción sf distinction *f* ▸ **a distinción de** à la différence de.

distinguido, da adj **1.** [destacado] éminent(e) **2.** [elegante] distingué(e).

distinguir [17] vt **1.** [gen] distinguer **2.** [galardonar] ▸ **distinguir con** décorer de.
◆ **distinguirse** vprnl se distinguer.

distintivo, va adj distinctif(ive). ◆ **distintivo** sm **1.** [insignia] badge *m* **2.** [característica] signe *m* distinctif.

distinto, ta adj [diferente] différent(e).
◆ **distintos, tas** adj pl [varios] plusieurs.

distorsión sf **1.** [de tobillo, rodilla] entorse *f* **2.** [de imágenes, sonidos] distorsion *f*.

distorsionar vt déformer.

distracción sf distraction *f*.

distraer [73] vt distraire. ◆ **distraerse** vprnl **1.** [entretenerse] se distraire **2.** [despistarse] être distrait(e) ; [del trabajo] se déconcentrer ▸ **distraerse un momento** avoir un moment d'inattention.

distraído, da ❖ adj **1.** [entretenido] amusant(e) **2.** [despistado] distrait(e). ❖ sm, f étourdi *m*, -e *f*.

distribución sf distribution *f* ▸ **distribución (comercial)** distribution.

distribuidor, ra ❖ adj [entidad] qui distribue ; [red] de distribution. ❖ sm, f [persona] distributeur *m*, -trice *f* ▸ **distribuidor exclusivo** représentant *m* exclusif.
◆ **distribuidor** sm [aparato] distributeur *m*.
◆ **distribuidora** sf [firma] distributeur *m*.

distribuir [51] vt distribuer.

distributivo, va adj distributif(ive).

distrito sm district *m* ; EDUC académie *f* ▸ **distrito electoral** circonscription électorale ▸ **distrito postal** secteur postal.

distrofia sf MED dystrophie *f*.

disturbio sm troubles *mpl*, émeute *f*.

disuadir vt dissuader.

disuasión sf dissuasion *f*.

disuasivo, va adj dissuasif(ive).

disuelto, ta pp ⟶ **disolver**.

disuelva ⟶ **disolver**.

disyuntivo, va adj GRAM disjonctif(ive).
◆ **disyuntiva** sf alternative *f*.

disyuntor sm disjoncteur *m*.

DIU (*abr de* **dispositivo intrauterino**) sm DIU *m* / *insertar un DIU* insérer un DIU.

diurético, ca adj diurétique. ◆ **diurético** sm [medicamento] diurétique *m*.

diurno, na adj diurne.

divagación sf digression *f*.

divagar [16] vi **1.** [desviarse] ▸ **divagar sobre** se perdre en considérations sur **2.** [deambular] errer **3.** [delirar] divaguer.

diván sm divan *m*.

divergencia sf *pr* & *fig* divergence *f*.

divergente adj divergent(e).

divergir [15] vi *pr* & *fig* diverger.

diversidad sf diversité *f*.

diversificación sf diversification *f*.

diversificar [10] vt diversifier. ◆ **diversificarse** vprnl se diversifier.

diversión sf distraction *f*.

diverso, sa adj [diferente] différent(e) ; [variado] divers(e). ◆ **diversos, sas** adj pl [varios] plusieurs.

divertido, da adj [que divierte] amusant(e), drôle ; ANDES ARG GUAT [borracho] éméché(e).

divertimento = **divertimiento**.

divertimiento, divertimento sm **1.** [novela, película] divertissement *m* **2.** MÚS divertissement *m*.

divertir [27] vt amuser. ◆ **divertirse** vprnl s'amuser ; [con pasatiempos] se divertir.

dividendo sm FIN & MAT dividende *m* ▸ **dividendo a cuenta** acompte sur dividende, dividende intérimaire.

dividir vt **1.** [gen & MAT] diviser **2.** [trocear] couper en morceaux **3.** [repartir] partager.

divierta ⟶ **divertir**.

divinamente adv *pr* & *fig* divinement.

divinidad sf divinité *f*.

divino, na adj **1.** [de dioses] divin(e) **2.** *fig* [excelente] merveilleux(euse) ; [gusto, comida] exquis(e).

divirtiera ⟶ **divertir**.

divisa sf *(gen pl)* **1.** [moneda extranjera] devise *f* (étrangère) ▸ **divisa convertible** devise convertible **2.** [distintivo] insigne *m*.

divisar vt apercevoir.

> ⚠ Diviser es un falso amigo, no significa *divisar*, sino "dividir".

divisible adj divisible.

división sf **1.** [gen, MIL & DEP] division *f* ▸ **división del trabajo** division du travail **2.** *fig* [de opinión] discorde *f* / *hubo división de opiniones* les avis ont été partagés.

divisor sm MAT diviseur *m* ▸ **máximo común divisor** plus grand commun diviseur.

divisorio, ria adj de séparation ▸ **un muro divisorio** un mur mitoyen. ◆ **divisoria de aguas** sf ligne *f* de partage des eaux.

divo, va sm, f **1.** MÚS chanteur *m* d'opéra, diva *f* **2.** *fig* [figura] vedette *f*.

divorciado, da adj & sm, f divorcé(e).

divorciar [8] vt **1.** [personas] prononcer le divorce de **2.** *fig* [cosas] séparer. ◆ **divorciarse** vprnl divorcer.

divorcio sm *pr* & *fig* divorce *m*.

divulgación sf **1.** [de noticia, secreto] divulgation *f* **2.** [de cultura, ciencia] vulgarisation *f*.

divulgar [16] vt **1.** [difundir - noticia, secreto] divulguer ; [- rumor] propager **2.** [cultura, ciencia] vulgariser.

divulgativo, va adj vulgarisateur(trice) / *obras / programas de carácter divulgativo* œuvres / programmes à caractère vulgarisateur.

dizque adv ANDES CARIB MÉX **1.** [aparentemente] apparemment, à ce qu'il paraît **2.** *irón* [supuestamente] soi-disant.

d. JC. = **d. de JC.**

Djibuti = **Yibuti**.

dl (*abr escrita de* **decilitro**) dl.

dm (*abr escrita de* **decímetro**) dm.

Dm *abr escrita de* **Dios mediante**.

dnd (*abr escrita de* **donde, dónde**) SMS où.

DNI (*abr escrita de* **documento nacional de identidad**) sm *carte d'identité espagnole* ; ≃ CNI ▸ **tramitar el DNI** faire les démarches nécessaires pour obtenir sa carte d'identité.

Dña. (*abr escrita de* **Doña**) Mme *(Madame) (lorsque 'doña' est uniquement suivi du prénom, il ne se traduit pas en français)* / *Dña. María (García López)* María (García López).

do sm do *m* ▸ **dar el do de pecho** *fam* & *fig* se défoncer *(en el trabajo)*.

doberman (*pl* **dobermans**) sm doberman *m*.

dobladillo sm ourlet *m*.

doblado, da adj **1.** [papel, camisa] plié(e) **2.** [voz, película] doublé(e).

doblador, ra sm, f [de película] doubleur *m*, -euse *f*. ◆ **doblador** sm CAM [de tabaco] spathe *m*.

doblaje sm doublage *m*.

doblar ❖ vt **1.** [gen, NÁUT & CINE] doubler **2.** [plegar] plier **3.** [torcer] tordre **4.** [girar a] ▸ **doblar la esquina** tourner au coin de la rue **5.** *fig* [castigar] ▸ **doblar a alguien a palos** rouer qqn de coups. ❖ vi **1.** [girar] tourner **2.** [campanas] ▸ **doblar (a muerto)** sonner le glas. ◆ **doblarse** vprnl [someterse] ▸ **doblarse a** o **ante algo** **a)** plier sous o se soumettre à qqch **b)** [a una petición] accéder à qqch.

doble ❖ adj **1.** [gen] double ▸ **de doble sentido** à double sens ▸ **doble "l"** deux « l » **2.** [cantidad] : *tiene doble número de habitantes* elle a deux fois plus d'habitants / *doble de ancho que…* deux fois plus large que…. ❖ smf **1.** [persona] double *m*, sosie *m* **2.** CINE doublure *f*. ❖ sm [duplo, copia] double *m* / *gana el doble que yo* elle gagne deux fois plus que moi. ❖ adv double / *ver doble* voir double / *trabajar doble* travailler deux fois plus. ◆ **dobles** sm inv [en tenis] double *m*.

doblegar [16] vt **1.** [torcer] plier **2.** [someter] faire fléchir. ◆ **doblegarse** vprnl [someterse] ▸ **doblegarse a** se plier à ▸ **doblegarse ante / bajo** fléchir devant / sous.

doblete sm doublet *m*.

doblez ◆ sm [pliegue] pli *m.* ◆ sm o sf *fig* [falsedad] duplicité *f.*

doc. (*abr escrita de* **documento**) doc. / *consultar doc. nº 15* consulter le doc. nº15.

doce ◆ adj num inv douze ▸ **las doce** a) [de la mañana] midi b) [de la noche] minuit. ◆ sm inv douze *m inv. Ver también* **seis**.

doceavo, va adj num douzième ▸ **doceava parte** douzième *m.*

docena sf douzaine *f* ▸ **por docenas** a) [doce a doce] à la douzaine b) [en cantidad] beaucoup.

docencia sf enseignement *m.*

docente ◆ adj [personal] enseignant(e) ; [centro] d'enseignement. ◆ smf enseignant *m*, -e *f.*

dócil adj [manso] docile ; [niño] facile.

docilidad sf docilité *f.*

docto, ta adj & sm, f savant(e).

doctor, ra sm, f docteur *m* ▸ **doctor en** a) [en derecho, medicina] docteur en b) [en ciencias, letras] docteur ès.

doctorado sm doctorat *m.*

doctoral adj doctoral(e) / *una tesis doctoral* une thèse de doctorat.

doctorando, da sm, f doctorant *m*, -e *f.*

doctorar vt ▸ **doctorar a alguien** délivrer un doctorat à qqn. ◆ **doctorarse** vprnl ▸ **doctorarse (en)** obtenir son doctorat (de).

doctrina sf doctrine *f.*

doctrinal adj doctrinal(e).

documentación sf **1.** [en archivos] documentation *f* **2.** [identificación personal] papiers *mpl.*

documentado, da adj **1.** [informado] documenté(e) **2.** [con papeles encima] ▸ **ir documentado** avoir ses papiers sur soi.

documental adj & sm documentaire.

documentalista smf documentaliste *mf.*

documentar vt **1.** [evidenciar] documenter ; [petición] fournir des documents à l'appui de **2.** [informar] informer. ◆ **documentarse** vprnl se documenter.

documento sm **1.** [escrito] document *m* ▸ **documento nacional de identidad** carte *f* nationale d'identité **2.** [testimonio] témoignage *m.*

dogma sm dogme *m.*

dogmático, ca adj dogmatique.

dogmatismo sm dogmatisme *m.*

dogmatizar [13] vi dogmatiser.

dogo sm dogue *m.*

Doha npr Doha.

dólar sm dollar *m* ▸ **estar montado en el dólar** ESP *fam* être plein aux as.

dolarización sf ECON dollarisation *f.*

dolby® sm inv Dolby® *m.*

dolencia sf douleur *f.*

> **Dolarización**
>
> La **dolarización** (dollarisation) fait référence au remplacement de la devise nationale par une devise étrangère (le plus souvent le dollar américain) à des fins données. Certains pays d'Amérique latine utilisent le dollar américain comme devise nationale (c'est le cas du Panama depuis 1904, ou de l'Équateur, qui a remplacé le sucre par le dollar en 2000), d'autres essayent d'indexer la valeur de la devise nationale sur celle du dollar par le biais d'un taux de change fixe (ce fut le cas en Argentine après 1991) afin de tenter de stabiliser l'économie. Une dollarisation « non officielle » intervient lorsque les gens perdent confiance en la devise nationale et le système bancaire et prennent l'habitude de réaliser les grosses transactions d'espèces ainsi que leurs économies en dollars. Toute une partie de l'économie disparaît ainsi purement et simplement des statistiques officielles.

doler [24] vi **1.** [físicamente] faire mal / *me duele la pierna* ma jambe me fait mal / *me duele la cabeza* j'ai mal à la tête **2.** [moralmente] faire de la peine, faire du mal / *me duele verte llorar* ça me fait de la peine de te voir pleurer ▸ **ahí le duele** c'est là que le bât blesse. ◆ **dolerse** vprnl ▸ **dolerse de** o **por** a) [quejarse] se plaindre de b) [arrepentirse] regretter de c) [apenarse] être affligé(e) par.

dolido, da adj meurtri(e).

doliente adj [enfermo] souffrant(e) ; [afligido] peiné(e).

dolmen sm dolmen *m.*

dolo sm dol *m.*

dolor sm douleur *f* ▸ **dolor de muelas** rage *f* de dents ▸ **tener dolor de cabeza / de estómago** avoir des maux de tête / d'estomac ▸ **tener dolor de barriga / de riñones** avoir mal au ventre / aux reins.

dolorido, da adj **1.** [físicamente] endolori(e) **2.** [moralmente] peiné(e).

doloroso, sa adj douloureux(euse).

doma sf dressage *m* ; [de fieras] domptage *m.*

domador, ra sm, f dompteur *m*, -euse *f.*

domar vt **1.** [fieras, pasiones] dompter **2.** [persona, animal] dresser.

domesticado, da adj **1.** *pr* & *fig* [animal, persona] apprivoisé(e) **2.** [gesto, voz] maîtrisé(e).

domesticar [10] vt *pr* & *fig* [animal, persona] apprivoiser.

doméstico, ca adj **1.** [de casa] ménager(ère) **2.** [animal] domestique.

domiciliación sf ESP domiciliation *f* / *pagar mediante domiciliación (bancaria)* payer par virement bancaire.

domiciliado, da adj ESP **1.** [cobro] versé(e), domicilié(e) / *tengo el sueldo domiciliado en mi cuenta* mon salaire est directement versé sur mon compte **2.** [pago] prélevé(e) / *tengo el pago del teléfono domiciliado* ma facture de téléphone est prélevée automatiquement.

domiciliar [8] vt ESP **1.** [cobro] domicilier / *domiciliar la nómina* o *el sueldo* faire verser son salaire sur un compte **2.** [pago] prélever / *domiciliar el recibo del gas* faire prélever la facture de gaz.

domiciliario, ria adj [visita, asistencia, etc.] à domicile.

domicilio sm domicile *m* ▸ **a domicilio** à domicile ▸ **domicilio fiscal** domicile fiscal ▸ **domicilio social** siège *m* social.

dominación sf domination *f*.

dominador, ra adj dominateur(trice).

dominante ❖ adj dominant(e) ; [persona] dominateur(trice). ❖ sf dominante *f*.

dominar vt dominer ; [conocer, controlar] maîtriser. ◆ **dominarse** vprnl [contenerse] se dominer, se maîtriser.

domingas sfpl *mfam* nichons *mpl*, lolos *fpl*.

domingo sm dimanche *m* ▸ **domingo de Ramos** dimanche des Rameaux ▸ **domingo de Resurrección** o **de Pascua** dimanche de Pâques. *Ver también* **sábado**.

dominguero, ra *fam* ❖ adj du dimanche. ❖ sm, f ▸ **es un dominguero** c'est un conducteur du dimanche.

Dominica npr Dominique *f*.

dominical adj dominical(e).

dominicano, na ❖ adj dominicain(e). ❖ sm, f Dominicain *m*, -e *f*.

dominico, ca adj & sm, f dominicain(e).

dominio sm **1.** [control] domination *f* ▸ **el dominio de los Austrias** l'empire d'Autriche **2.** [autoridad] pouvoir *m* / *el dominio de la Iglesia* le pouvoir de l'Église **3.** [territorio, ámbito] domaine *m* ▸ **ser del dominio público** être de notoriété publique **4.** [conocimiento] maîtrise *f*. ◆ **dominios** smpl territoires *mpl*.

dominó sm **1.** [juego] dominos *mpl* **2.** [ficha] domino *m*.

domótica sf domotique *f*.

don sm **1.** [tratamiento] : *don Luis García, don Luis* monsieur Luis García, monsieur García **2.** [habilidad] don *m* / *tener el don de los idiomas* avoir le don des langues / *tener el don de los negocios* avoir le sens des affaires ▸ **tener don de gentes** avoir le contact facile.

dona sf CAM MÉX beignet *m*.

donación sf don *m* ; DER donation *f*.

donaire sm **1.** [gen] grâce *f* ; [al andar] allure *f* ; [al expresarse] esprit *m* **2.** [dicho] mot *m* d'esprit.

donante smf [de cuadros, bienes] donateur *m*, -trice *f* ; [de sangre, órganos] donneur *m*, -euse *f*.

donar vt faire don de.

donativo sm don *m*.

doncel sm LITER damoiseau *m*.

doncella sf **1.** LITER damoiselle *f* **2.** [criada] bonne *f*.

donde ❖ adv où / *el bolso está donde lo dejaste* le sac est là où tu l'as laissé / *se fue a donde vivía ella* il est parti là où elle vivait ▸ **de** o **desde donde** d'où ▸ **hacia donde** vers où ▸ **hasta donde** jusqu'où / *llegaré hasta donde pueda* j'irai jusqu'où je pourrai / *pasaré por donde me manden* je passerai par où on me dira de passer. ❖ pron où / *ésa es la casa donde nací* c'est la maison où je suis né ▸ **de donde** d'où / *la ciudad de donde viene* la ville d'où il vient / *el lugar hacia donde me dirijo* le lieu vers lequel je me dirige / *el pueblo hasta donde llegaré* le village jusqu'auquel j'arriverai / *ése es el camino por donde pasamos* c'est le chemin par lequel nous sommes passés.

dónde adv *(interrogativo)* où / *¿dónde estás?* où es-tu ? / *no sé dónde está* je ne sais pas où il est / *¿a dónde vas?* où vas-tu ? / *¿de dónde eres?* d'où es-tu ? / *¿hacia dónde va?* vers où allez-vous ? ▸ **hasta dónde** jusqu'où / *¿por dónde se va al teatro?* par où va-t-on au théâtre ?

dondequiera ◆ **dondequiera que** loc adv où que / *dondequiera que estés* où que tu sois.

donjuán, don Juan sm *fam* don Juan *m*.

donostiarra adj & sm, f de Saint-Sébastien.

dónut® (*pl* **dónuts**) sm donut *m*.

doña sf **1.** [tratamiento] ≃ madame *f* / *doña Ana Bravo* madame Ana Bravo / *doña María* doña María **2.** AM [sin nombre] madame *f* / *¿qué va a llevar hoy, doña?* que prendrez-vous aujourd'hui, madame ?

Doñana npr ▸ **coto de Doñana** *parc national espagnol situé dans la province de Huelva*.

dopado, da adj dopé(e).

dopaje, doping sm dopage *m*.

dopar vt doper. ◆ **doparse** vprnl se doper.

doping ['dopin] = **dopaje**.

doquier ◆ **por doquier** loc adv partout.

dorado, da adj **1.** [color, época] doré(e) **2.** *fig* [edad, siglo] d'or. ◆ **dorada** sf [pez] daurade *f*. ◆ **dorado** sm [material] dorure *f*.

dorar vt **1.** [gen] dorer **2.** [alimento - en la sartén] faire revenir ; [- en el horno] faire dorer **3.** [verdad, mala noticia] enjoliver. ◆ **dorarse** vprnl dorer.

dórico, ca adj **1.** [pueblo] dorien(enne) **2.** ARQUIT dorique.

dormido, da adj **1.** [durmiendo] endormi(e) **2.** [poco activo, poco animado] endormi(e) **3.** [extremidad] engourdi(e).

dormilón, ona *fam* ❖ adj : *es un niño dormilón* c'est un enfant qui dort beaucoup. ❖ sm, f [persona] marmotte *f*. ◆ **dormilona** sf AM [prenda] chemise *f* de nuit.

dormir [25] ❖ vt endormir / *dormir la siesta* faire la sieste. ❖ vi dormir. ◆ **dormirse** vprnl **1.** [persona] s'endormir ▸ **dormirse en los laureles** *fig* s'endormir sur ses lauriers **2.** [mano, pierna] s'engourdir / *se me ha dormido la mano* j'ai la main tout engourdie.

dormitar vi somnoler.

dormitorio sm chambre *f* (à coucher) ; [de colegio] dortoir *m*.

dorsal ❖ adj dorsal(e). ❖ sm DEP dossard *m*.

dorso sm dos *m* ▸ **'véase al dorso'** 'voir au dos'.

dos ◆ adj num inv deux ▸ **de dos en dos** deux par deux ▸ **cada dos por tres** à tout bout de champ. ◆ sm inv deux *m* ▸ **en un dos por tres** en deux temps trois mouvements. ***Ver también* seis**.

DOS (*abr de* **disk operating system**) sm DOS *m*.

doscientos, tas adj num inv deux cents. ***Ver también* seiscientos**.

dosel sm [de trono, altar] dais *m* ; [de cama] baldaquin *m*.

dosificación sf [de fármaco, alimento, fuerzas] dosage *m*.

dosificador sm doseur *m*.

dosificar [10] vt **1.** [gen & QUÍM] doser **2.** *fig* [palabras] peser.

dosis sf inv *pr* & *fig* dose *f* ▸ **dosis individual** dosette *f*.

dossier [do'sjer] (*pl* **dossiers** *o* **dossieres**) sm dossier *m*.

dotación sf **1.** [gen] dotation *f* **2.** [plantilla] personnel *m*.

dotado, da adj ▸ **dotado para** [persona] doué pour ▸ **dotado de** [instalación, aparato] équipé de.

dotar vt **1.** [gen] doter ▸ **dotar algo de a)** [de material] équiper qqch de **b)** [personas] fournir le personnel nécessaire à **2.** *fig* [suj: naturaleza] ▸ **dotar a alguien de** douer qqn de.

dote sm o sf [en boda] dot *f*. ◆ **dotes** sfpl [dones] qualités *fpl* ▸ **tener dotes de** être doué(e) pour.

dps (*abr escrita de* **después**) SMS apr *(après)*.

dpto. (*abr escrita de* **departamento**) dép. *(département)*.

El Dorado

Selon les Indiens, ce lieu regorgeant d'or était situé en Amérique du Sud, entre les fleuves Orénoque et Amazone. Cette croyance remonte à 1534, lorsqu'un Indien raconta l'histoire du roi de Guatavita au conquistador Sebastián de Benalcázar, qui la déforma. Le roi se serait rendu régulièrement en procession à la lagune de Guatavita, où son épouse avait trouvé la mort. Entièrement nu et recouvert de poudre d'or, il aurait jeté dans l'eau des émeraudes et des objets en or en offrande à sa femme, pensant qu'elle trouverait dans l'au-delà le bonheur qu'elle n'avait pas connu avec lui. Pendant presque tout le XVIe siècle, les Espagnols, en particulier Jiménez de Quesada et Lope de Aguirre, organisèrent des expéditions pour trouver la région fabuleuse de l'Indien doré. On emploie d'ailleurs l'expression **ir en busca de El dorado** pour qualifier une entreprise quelque peu chimérique.

Dr. (*abr escrita de* **doctor**) D[r].

Dra. (*abr escrita de* **doctora**) D[r].

draconiano, na adj *fig* draconien(enne).

DRAE (*abr de* **Diccionario de la Real Academia Española**) sm *dictionnaire de l'Académie royale de la langue espagnole*.

draga sf drague *f*.

dragado sm dragage *m*.

dragaminas sm inv dragueur *m* de mines.

dragar [16] vt draguer.

dragón sm dragon *m*.

drague ⟶ **dragar**.

draipen, draypen sm RP stylo *m* pointe feutre.

drama sm drame *m* ▸ **hacer un drama** *fig* faire tout un cirque ▸ **hacer un drama de algo** *fig* faire un drame de qqch.

dramático, ca adj *pr* & *fig* dramatique.

dramatismo sm : *una escena de un gran dramatismo* une scène d'une grande intensité dramatique.

dramatizar [13] vt dramatiser ; [obra, poema] adapter.

dramaturgo, ga sm, f dramaturge *m*.

dramón sm *fam* [obra] mélo *m*.

drapear vt draper.

drástico, ca adj **1.** [efecto, cambio] radical(e) **2.** [medida] draconien(enne), drastique.

drenaje sm drainage *m*.

drenar vt drainer.

dribbling ['driβlin] sm dribble *m*.

driblar vt dribbler.

dribling sm FÚT dribble *m*.

dril sm coutil *m*.

drive ['draif] sm DEP drive *m*.

driver ['draiβer] (*pl* **drivers**) sm **1.** INFORM driver *m* **2.** [en golf] driver *m*.

droga sf drogue *f* ▸ **droga blanda / dura** drogue douce / dure.

drogadicción sf toxicomanie *f*.

drogadicto, ta adj & sm, f toxicomane.

drogado, da adj drogué(e).

drogar [16] vt droguer. ◆ **drogarse** vprnl se droguer.

drogata adj & smf *fam* toxico, camé(e).

drogodependencia sf toxicodépendance *f*.

drogodependiente adj & smf toxicodépendant(e).

drogue ⟶ **drogar**.

droguería sf **1.** ESP [tienda] droguerie *f* **2.** COL [farmacia] pharmacie *f*.

droguero, ra sm, f droguiste *mf*.

dromedario sm dromadaire *m*.

drugstore [droɣes'tor] (*pl* **drugstores**) sm drugstore *m*.

druida sm druide *m*.

dto. (*abr de* **descuento**) : *un 10 % (de) dto.* 10 % de remise o de réduction.

dual adj dual(e).

dualidad sf dualité *f*.

dualismo sm dualisme *m*.

dubitativo, va adj dubitatif(ive).

Dublín npr Dublin.

dublinés, esa ◆ adj dublinois(e).
◆ sm, f Dublinois *m*, -e *f*.

ducado sm **1.** [tierras] duché *m* **2.** [moneda] ducat *m*.

ducal adj ducal(e).

ducha sf douche *f* ▸ **tomar** o **darse una ducha** prendre une douche / *me sentó como una ducha de agua fría fam* & *fig* ça m'a fait l'effet d'une douche froide.

duchar vt doucher. ◆ **ducharse** vprnl se doucher.

ducho, cha adj fort(e) *(expert)*.

dúctil adj **1.** *fig* [carácter] souple **2.** [metal] ductile.

ductilidad sf **1.** *fig* [de carácter] souplesse *f* **2.** [de metal] ductilité *f*.

ducto sm **1.** CAm Méx [gasoducto] gazoduc *m* **2.** RP [pozo de aire] conduit *m* d'aération.

duda sf doute *m* ▸ **no cabe duda** il n'y a pas de doute ▸ **poner algo en duda** mettre qqch en doute ▸ **sacar a alguien de dudas** dissiper les doutes de qqn ▸ **salir de dudas** en avoir le cœur net ▸ **sin duda** sans doute ▸ **tener sus dudas** avoir des doutes.

dudar ◆ vi **1.** [desconfiar] ▸ **dudar de** douter de **2.** [no estar seguro] ▸ **dudar sobre** avoir des doutes sur **3.** [vacilar] hésiter. ◆ vt douter / *dudo que venga* je doute qu'il vienne ▸ **lo dudo** j'en doute.

dudoso, sa adj **1.** [improbable] ▸ **es dudoso que…** il n'est pas certain que… **2.** [vacilante] hésitant(e) **3.** [sospechoso] douteux(euse).

duela ⟶ **doler**.

duelo sm **1.** [combate] duel *m* **2.** [sentimiento] deuil *m*.

duende sm **1.** [personaje] lutin *m* **2.** *fig* [encanto] charme *m*.

dueño, ña sm, f propriétaire *mf* ▸ **hacerse dueño de algo** *fig* se rendre maître de qqch ▸ **ser dueño de sí mismo** *fig* être maître de soi ▸ **ser muy dueño de hacer algo** *fig* être libre de faire qqch.

duerma ⟶ **dormir**.

Duero sm ▸ **el Duero** le Douro.

dueto sm duetto *m*.

dulce ◆ adj doux (douce) ; [con azúcar] sucré(e). ◆ sm **1.** [pastel] gâteau *m* ; [caramelo] bonbon *m* ▸ **dulce de membrillo** pâte *f* de coings ▸ **a nadie le amarga un dulce** *fig* c'est toujours bon à prendre **2.** CAm [pan de azúcar] cassonade *f*. ◆ **dulces** smpl sucreries *fpl*, friandises *fpl*.

dulcificar [10] vt **1.** [endulzar] sucrer **2.** *fig* [suavizar] adoucir.

dulzón, ona adj **1.** [sabor, comida, bebida] douceâtre **2.** [persona] mielleux(euse).

dulzor sm douceur *f*.

dulzura sf douceur *f*.

dumping ['dumpin] sm dumping *m*.

duna sf dune *f*.

dúo sm duo *m* ▸ **a dúo** en duo.

duodécimo, ma adj num douzième ▸ **duodécima parte** douzième *m*.

duodeno sm duodénum *m*.

dupdo. *abr escrita de* **duplicado**.

dúplex, duplex sm inv duplex *m*.

duplicado, da adj [documento] en double exemplaire. ◆ **duplicado** sm duplicata *m* ▸ **por duplicado** en double exemplaire.

duplicar [10] vt **1.** [cantidad] doubler **2.** [documento] faire un double de. ◆ **duplicarse** vprnl doubler / *se ha duplicado el precio* le prix a doublé.

duplicidad sf **1.** [repetición] doublement *m* **2.** [falsedad] duplicité *f*.

duplo, pla adj double. ◆ **duplo** sm double *m*.

duque, esa sm, f duc *m*, duchesse *f*.

durabilidad sf ECOL durabilité *f*.

duración sf durée *f*.

duradero, ra adj durable.

duralex® sm inv Duralex® *m*.

durante prep pendant / *durante las vacaciones* pendant les vacances / *durante toda la semana* toute la semaine.

durar vi durer ; [quedarse, subsistir] persister.

duraznero sm AM pêcher *m*.

durazno sm AM [melocotón] pêche *f*.

dureza sf **1.** [gen] dureté *f* **2.** [callosidad] durillon *m*.

durmiente adj endormi(e) ▸ **la Bella Durmiente** la Belle au bois dormant.

durmiera ⟶ **dormir**.

duro, ra adj dur(e) ▸ **estar a las duras y a las maduras** [sin quejarse] accepter les choses telles qu'elles sont ▸ **ser duro de pelar** être un dur à cuire.
◆ **duro** ◆ sm **1.** [moneda] ▸ **un duro** *desus* cinq pesetas ▸ **¡lo que faltaba para el duro!** il ne manquait plus que ça ! ▸ **no soltar (ni) un duro** ESP *fam* ne pas débourser un centime ▸ **no tener ni un duro** ESP *fam* ne pas avoir un rond ▸ **¡que te den dos duros!** ESP *fam* tu peux aller te faire voir ! **2.** ESP *fam* [poco dinero] rond *m* ▸ **estar sin un duro** ESP *fam* n'avoir pas un rond **3.** [persona] dur *m*. ◆ adv dur ▸ **trabajar duro** travailler dur ▸ **pegar duro** frapper fort.

duty free sm [tienda] boutique *f* hors taxes o en duty free.

d/v (*abr de* **días vista**) : *giro a 15 d/v a la orden del Banco Popular* virement à 15 jours à l'ordre du Banco Popular.

DVD (*abr de* **disco versátil digital**) sm [disco] DVD *m* ; [aparato] lecteur *m* de DVD.

DVR [de be 'ere] (*abr escrita de* **digital video recorder**) sm DVR *m*.

E

e[1], **E** [e] sf [letra] e *m inv*, E *m inv*.

e[2] conj *('e' en lugar de 'y' delante de palabras que empiecen por 'i' o 'hi')* et.

E (*abr escrita de* **estacionamiento**) RP P *(parking)*.

EA (*abr escrita de* **Eusko Alkartasuna**) sf *parti politique basque né d'une scission du PNV*.

EAU (*abr escrita de* **Emiratos Árabes Unidos**) smpl EAU *mpl*.

ebanista smf ébéniste *mf*.

ebanistería sf **1.** [oficio] ébénisterie *f* **2.** [taller] atelier *m* d'ébéniste.

ébano sm [madera] ébène *f*.

ébola sm (virus *m*) Ebola *m*.

ebonita sf ébonite *f*.

ebrio, bria adj [borracho] ivre / *conducía ebrio* ESP il conduisait en état d'ivresse.

Ebro sm ▸ **el Ebro** l'Èbre *m*.

ebullición sf ébullition *f*.

eccema sm eczéma *m*.

ECG (*abr de* **electrocardiograma**) sm ECG *m*.

echar

❖ vt

1. [tirar] lancer ; [basura, red, etc.] jeter

2. [añadir, accionar] mettre / *echar azúcar en el café* mettre du sucre dans son café / *echar el freno de mano* mettre le frein à main ▸ **echar la llave** fermer à clef

3. [dar] ▸ **echar comida** [a animales] donner à manger ▸ **echar de comer** [a personas] servir à manger

4. [salir] *los rosales echan flores* les rosiers fleurissent ▸ **echar los dientes** faire ses dents

5. [vapor, chispas] faire ▸ **echar humo** fumer

6. [carta, postal] poster

7. [expulsar] mettre à la porte

8. [condena] *echar diez años de prisión* condamner à dix ans de prison

9. [adivinar] donner / *¿cuántos años le echas?* quel âge tu lui donnes ?

10. ESP *fam* [en cine, televisión, teatro] passer / *¿qué echan en el cine de al lado?* qu'est-ce qu'on joue au cinéma d'à côté ?

11. AM [animales] faire avancer

12. EXPR **echar abajo** [derrumbar] abattre ▸ **echar cuentas** faire des comptes ▸ **echar a perder a)** [estropear] abîmer **b)** [plan, día] gâcher ▸ **echar de menos** regretter / *echo de menos a mis hijos* mes enfants me manquent ▸ **echar las cartas** tirer les cartes

❖ vi

1. [empezar] ▸ **echar a hacer algo** se mettre à faire qqch

2. *fam* [dirigirse] prendre / *echar por el camino* prendre le chemin

◆ **echarse** vprnl **1.** [lanzarse] se jeter **2.** [acostarse] s'allonger **3.** [empezar] ▸ **echarse a hacer algo** se mettre à faire qqch **4.** [apartarse] ▸ **echarse a un lado** se pousser **5.** [retroceder] ▸ **echarse atrás a)** reculer **b)** *fig* se raviser **6.** [estropearse] ▸ **echarse a perder a)** [comida] s'abîmer **b)** [plan, fiesta] mal tourner.

echarpe sm écharpe *f*.

eclecticismo sm éclectisme *m*.

ecléctico, ca adj & sm, f éclectique.

eclesiástico, ca adj ecclésiastique.
◆ **eclesiástico** sm ecclésiastique *m*.

eclipsar vt **1.** [suj: astro] éclipser **2.** *fig* faire de l'ombre à.

eclipse sm éclipse *f*.

eclosión sf [culto] éclosion *f*.

eco ❖ sm écho *m* ▸ **ecos de sociedad** carnet *m* mondain ▸ **hacerse eco de** se faire l'écho de. ❖ interj AM *fam* OK ! / *¿entonces lo llamo a las once? — ¡eco!* alors je vous appelle à 11 heures ? — OK ! ◆ **eco del radar** sm écho-radar *m*.

ecobalance sm écobilan *m*.

ecobarrio sm écoquartier *m*.

ecociudadano, na adj écocitoyen(enne) / *tenga gestos ecociudadanos* ayez des gestes écocitoyens.

ecoetiqueta sf écolabel *m*, label *m* écologique.

ecografía sf échographie *f*.

ecología sf écologie *f*.

ecológico, ca adj écologique.

ecologismo sm écologisme *m*.

ecologista adj & smf écologiste.

ecólogo, ga sm, f écologue *mf*.

economato sm économat *m*.

econometría sf économétrie *f*.

economía sf économie *f* ▸ **economía de (libre) mercado** économie de marché ▸ **economía doméstica** o **familiar** économie domestique ▸ **economía mixta** économie mixte ▸ **economía planificada** économie planifiée ▸ **economía política** économie politique ▸ **economía sumergida** économie parallèle.

económico, ca adj **1.** [gen] économique / *sirven comidas económicas* on sert des repas à bas prix **2.** [persona] économe. ◆ **económicas** sfpl [estudios] sciences *fpl* économiques.

economista smf économiste *mf*.

economizar [13] vt *pr* & *fig* économiser.

ecosistema sm écosystème *m*.

ecotasa sf écotaxe *f*.

ecoterrorismo sm écoterrorisme *m*.

ecoturismo sm écotourisme *m*.

ectoplasma sm **1.** BIOL ectoplasme *m* **2.** [en parapsicología] ectoplasme *m*.

ecuación sf équation *f* ▸ **ecuación de segundo grado** équation du second degré.

ecuador sm équateur *m*.

Ecuador npr ▸ **(el) Ecuador** l'Équateur *m*.

ecualizador sm égaliseur *m*, equalizer *m*.

ecuánime adj **1.** [en el juicio] impartial(e) **2.** [en el ánimo] d'humeur égale.

ecuanimidad sf **1.** [del juicio] impartialité *f* **2.** [del ánimo] égalité *f* d'humeur.

ecuatorial adj équatorial(e).

ecuatoriano, na ❖ adj équatorien(enne). ❖ sm, f Équatorien *m*, -enne *f*.

ecuestre adj équestre.

ecuménico, ca adj œcuménique.

ed. 1. (*abr escrita de* **edición**) éd. **2.** (*abr escrita de* **editorial**) édit.

edad sf âge *m* ▸ **¿qué edad tienes?** quel âge as-tu ? ▸ **una persona de edad** une personne âgée ▸ **edad de la bobera** RP âge bête ▸ **edad de la punzada** MÉX *fam* âge ingrat ▸ **edad del juicio** o **de la razón** âge de raison ▸ **edad del pavo** âge ingrat ▸ **edad escolar** âge scolaire ▸ **Edad de piedra** âge de pierre ▸ **Edad Media** Moyen Âge ▸ **tercera edad** troisième âge ▸ **estar en edad de merecer** être en âge de se marier.

edecán ❖ sm **1.** MIL aide *m* de camp **2.** *fam* & *irón* [persona servil] petite main *f*. ❖ smf MÉX **1.** [en congreso] huissier *m* de conférence **2.** [acompañante] hôte *m*, -esse *f*.

edelweiss [eðel'βais] sm inv edelweiss *m*.

edema sm œdème *m*.

edén sm *pr* & *fig* éden *m*.

edición sf édition *f* ▸ **edición crítica** édition critique ▸ **edición de bolsillo** édition de poche ▸ **edición electrónica** édition électronique ▸ **edición extraordinaria** édition spéciale ▸ **edición pirata** édition pirate.

edicto sm édit *m*.

edificabilidad sf constructibilité *f*.

edificación sf **1.** [construcción] construction *f* **2.** [edificio] édifice *m*.

edificante adj édifiant(e).

edificar [10] vt **1.** [construir] construire **2.** [aleccionar] édifier.

edificio sm bâtiment *m* ; [bloque] immeuble *m* ▸ **edificio inteligente** immeuble intelligent.

edil sm [concejal] conseiller *m* municipal, conseillère *f* municipale.

Edimburgo npr Édimbourg.

Edipo npr Œdipe ▸ **complejo de Edipo** complexe d'Œdipe.

editar vt éditer.

editor, ra ❖ adj éditeur(trice). ❖ sm, f **1.** [de publicación, disco] éditeur *m*, -trice *f* **2.** [de programa de radio, televisión] réalisateur *m*, -trice *f*. ◆ **editor** sm INFORM éditeur *m* de textes.

editorial ❖ adj éditorial(e). ❖ sm éditorial *m*. ❖ sf maison *f* d'édition.

editorialista smf éditorialiste *mf*.

edredón sm édredon *m* ▸ **edredón (nórdico)** couette *f*.

educación sf éducation *f* / *recibió una buena educación en esa escuela* il a reçu une bonne éducation dans cette école ▸ **¡qué poca educación!** qu'il est mal élevé ! ▸ **educación especial** éducation spécialisée ▸ **educación física** éducation physique ▸ **educación sexual** éducation sexuelle.

educado, da adj bien élevé(e) ▸ **mal educado** mal élevé.

educador, ra sm, f éducateur *m*, -trice *f*.

educar [10] vt éduquer ; [criar] élever.

educativo, va adj éducatif(ive).

edulcorante ❖ adj édulcorant(e). ❖ sm édulcorant *m*.

edulcorar vt édulcorer.

eduque ⟶ **educar**.

EE UU (*abr escrita de* **Estados Unidos**) npr USA *mpl*.

efebo sm *culto* éphèbe *m*.

efectista adj ▸ **ser muy efectista** faire forte impression.

efectivamente adv effectivement.

efectividad sf effet *m*.

efectivo, va adj **1.** [eficaz] positif(ive) **2.** [real] réel(elle) **3.** EXPR **hacer efectivo a)** [promesa, amenaza, plan] mettre à exécution **b)** [sueño] réaliser **c)** [deseo] exaucer **d)** [dinero, crédito] payer. ◆ **efectivo** sm [dinero] liquidités *fpl*, avoirs *mpl* en liquide / *no tengo efectivo* je n'ai pas de liquide ▸ **en efectivo** en espèces. ◆ **efectivos** smpl effectifs *mpl*.

efecto sm **1.** [gen] effet *m* ▸ **hacer** o **surtir efecto** faire effet ▸ **tener efecto** prendre effet ▸ **efecto de comercio** COM effet de commerce ▸ **efecto de favor** COM effet de complaisance ▸ **efecto invernadero** effet de serre ▸ **efecto óptico** illusion *f* d'optique ▸ **efectos especiales** effets spéciaux ▸ **efectos secundarios** effets secondaires ▸ **efectos visuales** effets d'optique ▸ **efecto 2000** INFORM bogue *m* de l'an 2000 **2.** [artificio] trucage *m* **3.** [finalidad] but *m* ▸ **a efecto de** dans le but de ▸ **a efectos de,**

para los efectos de pour. ◆ **efectos personales** smpl effets *mpl* personnels. ◆ **en efecto** loc adv en effet.

efectuar [6] vt effectuer. ◆ **efectuarse** vprnl avoir lieu.

efeméride sf [suceso notable] date *f* anniversaire. ◆ **efemérides** sfpl [notas, libro de sucesos] éphéméride *f*.

efervescencia sf *pr* & *fig* effervescence *f*.

efervescente adj effervescent(e).

eficacia sf efficacité *f*.

eficaz adj efficace.

eficiencia sf efficacité *f*.

eficiente adj efficace.

efigie sf effigie *f*.

efímero, ra adj éphémère.

efluvio sm **1.** [emanación] effluve *m* **2.** *fig* [de simpatía, etc.] atmosphère *f*.

efusión sf effusion *f*.

efusividad sf chaleur *f* / *nos recibió con gran efusividad* il nous a réservé un accueil très chaleureux.

efusivo, va adj expansif(ive).

egipcio, cia ❖ adj égyptien(enne). ❖ sm, f Égyptien *m*, -enne *f*.

Egipto npr Égypte *f* / *el Egipto antiguo* l'Égypte ancienne.

égloga sf églogue *f*.

ego sm ego *m inv*.

egocéntrico, ca adj & sm, f égocentrique.

egocentrismo sm égocentrisme *m*.

egoísmo sm égoïsme *m*.

egoísta adj & smf égoïste.

ególatra adj égotiste.

egolatría sf égotisme *m*.

egregio, gia adj *culto* illustre.

egresado, da sm, f AM [de escuela, universidad] diplômé *m*, -e *f*.

egresar vi AM **1.** [en escuela] ≃ obtenir son baccalauréat **2.** [en universidad] ≃ obtenir sa maîtrise.

egreso sm AM [de universidad] diplôme *m*.

eh interj ▸ **¡eh!** hé !

EH (*abr de* **Euskal Herritarrok**) sm *parti indépendantiste basque*.

ej. (*abr escrita de* **ejemplo**) ex.

eje sm **1.** [gen] axe *m* **2.** [de rotación] arbre *m* **3.** [de coche] essieu *m* **4.** AM [carretera] ▸ **eje vial** artère.

ejecución sf [gen & INFORM] exécution *f*.

ejecutable adj exécutable.

ejecutar vt [gen & INFORM] exécuter.

ejecutivo, va ❖ adj exécutif(ive) / *la secretaría ejecutiva* le secrétariat de direction. ❖ sm, f [profesional] cadre *mf* ▸ **ejecutivo agresivo** jeune cadre dynamique ▸ **ejecutivo de cuentas** responsable *m* de client. ◆ **ejecutiva** sf ▸ **(junta) ejecutiva a)** conseil *m* de direction **b)** POLÍT comité *m* exécutif. ◆ **ejecutivo** sm exécutif *m*.

ejecutor, ra sm, f exécuteur *m*, -trice *f*.

ejecutorio, ria adj exécutoire.

ejem interj ▸ **¡ejem!** hum !

ejemplar adj & sm exemplaire.

ejemplaridad sf exemplarité *f*.

ejemplificar [10] vt [ilustrar] illustrer (par des exemples) ; [dar ejemplos de] donner des exemples de.

ejemplo sm exemple *m* ▸ **dar ejemplo** donner l'exemple ▸ **por ejemplo** par exemple.

ejercer [11] ❖ vt exercer. ❖ vi exercer ▸ **ejercer de** exercer la profession de.

ejercicio sm exercice *m* ▸ **ejercicio económico / fiscal** exercice comptable / fiscal. ◆ **ejercicios espirituales** smpl retraite *f*.

ejercitar vt [un derecho] exercer. ◆ **ejercitarse** vprnl ▸ **ejercitarse (en algo)** s'exercer (à qqch).

ejército sm *pr* & *fig* armée *f*.

ejerza ⟶ **ejercer**.

ejido sm **1.** HIST terrain *m* communal **2.** MÉX [institución] *terrain communal cultivé en coopérative ou individuellement.*

ejote sm CAM MÉX haricot *m* vert.

> **el, la** (*mpl* **los**, *fpl* **las**)
>
> ❖ art (*delante de sf sing que empiece por 'a' o 'ha' tónica:* **el**; a + el = al; de + el = del)
>
> **1.** [gen] le, la / *el libro / la casa* le livre / la maison / *el amor / la vida* l'amour / la vie / *el agua / hacha / águila* l'eau / la hache / l'aigle / *los niños imitan a los adultos* les enfants imitent les adultes / *el Sena / Everest* la Seine / l'Everest / *¡ahora con ustedes, el inigualable Pérez!* et voici l'inégalable Pérez ! / *prefiero el grande* je préfère le grand
>
> **2.** [indica pertenencia] *se rompió la pierna* il s'est cassé la jambe / *se quitó los zapatos* il a enlevé ses chaussures
>
> **3.** [con días de la semana] *vuelven el sábado* ils reviennent samedi prochain
>
> **4.** *(con complemento de nombre, especificativo y posesivo)* ▸ **el de** celui de, celle de / *he perdido el tren, cogeré el de las doce* j'ai raté mon train, je prendrai celui de midi / *mi hermano y el de Juan* mon frère et celui de Juan
>
> **5.** *(delante de frase)* ▸ **el que a)** [sujeto] celui qui, celle qui **b)** [complemento] celui que, celle que / *el que primero llegue...* celui qui arrivera le premier... / *coge el que quieras* prends celui que tu voudras

él, ella pron pers [sujeto] il, elle ; [predicado y complemento] lui, elle / *él se llama Juan* il s'appelle Juan / *el culpable es él* c'est lui le coupable / *díselo a él / ella* dis-le-lui / *voy con ella* je vais avec elle / *le hablé de él* je lui ai parlé de lui ▸ **de él / ella** [posesivo] à lui / elle.

elaboración sf **1.** [de producto] fabrication *f* **2.** [de idea, plan, etc.] élaboration *f*.

elaborar vt **1.** [gen] élaborer, mettre au point **2.** [confeccionar] fabriquer.

elastano sm élasthanne *m*.

elasticidad sf **1.** [de músculo, tejido] élasticité *f* **2.** [en deporte, en el carácter] souplesse *f*.

elástico, ca adj *pr* & *fig* élastique. ◆ **elástico** sm élastique *m*. ◆ **elásticos** smpl bretelles *fpl*.

El Cairo npr (Le) Caire.

E /LE, ELE (*abr escrita de* **español como lengua extranjera**) sm espagnol *m* langue étrangère.

elección sf **1.** [nombramiento] élection *f* **2.** [opción] choix *m*. ◆ **elecciones** sfpl élections *fpl* ▸ **elecciones autonómicas** *élections aux parlements régionaux* ▸ **elecciones generales** *élections législatives, au terme desquelles la tête de liste du parti majoritaire devient chef du gouvernement* ▸ **elecciones municipales** élections municipales.

eleccionario, ria adj AM électoral(e).

electo, ta adj élu(e).

elector, ra sm, f électeur *m*, -trice *f*.

electorado sm électorat *m*.

electoral adj électoral(e).

electoralismo sm électoralisme *m*.

electoralista adj électoraliste.

electricidad sf électricité *f*.

electricista ❖ adj : *un ingeniero electricista* un ingénieur électricien. ❖ smf électricien *m*, -enne *f*.

eléctrico, ca adj électrique.

electrificación sf électrification *f*.

electrificar [10] vt électrifier.

electrizar [13] vt *pr* & *fig* électriser.

electrocardiograma sm électrocardiogramme *m*.

electrochoque, electroshock [elektro'ʃok] (*pl* **electroshocks**) sm électrochoc *m*.

electrocución sf électrocution *f*.

electrocutar vt électrocuter.
◆ **electrocutarse** vprnl s'électrocuter.

electrodiálisis sf inv électrodialyse *f*.

electrodo sm électrode *f*.

electrodoméstico sm (*gen pl*) appareil *m* électroménager ▸ **los electrodomésticos** l'électroménager *m*.

electroencefalografía sf électroencéphalographie *f*.

electroencefalógrafo sm MED électroencéphalographe *m*.

electroencefalograma sm électroencéphalogramme *m*.

electrógeno, na ❖ adj électrogène.
❖ sm ▸ **(grupo) electrógeno** groupe *m* électrogène.

electroimán sm électroaimant *m*.

electrólisis sf inv électrolyse *f*.

electrólito, electrolito sm électrolyte *m*.

electromagnético, ca adj électromagnétique.

electromagnetismo sm électromagnétisme *m*.

electromecánica sf ELECTR électromécanique *f*.

electrón sm électron *m*.

electrónico, ca adj électronique ▸ **un haz electrónico** un faisceau d'électrons.
◆ **electrónica** sf électronique *f*.

electroscopio sm électroscope *m*.

electroshock = **electrochoque**.

electrostático, ca adj électrostatique.
◆ **electrostática** sf électrostatique *f*.

electroterapia sf MED électrothérapie *f*.

elefante, ta sm, f éléphant *m*. ◆ **elefante marino** sm éléphant *m* de mer.

elefantiasis sf inv éléphantiasis *m*.

elegancia sf élégance *f*.

elegante adj élégant(e).

elegantoso, sa adj AM chic.

elegía sf élégie *f*.

elegible adj éligible.

elegido, da adj & sm, f élu(e).

elegir [42] vt **1.** [escoger] choisir **2.** [por votación] élire.

elemental adj **1.** [básico] élémentaire **2.** [obvio] évident(e).

elemento sm **1.** [gen] élément *m* ▸ **estar alguien en su elemento** *fig* être dans son élément **2.** *fam* [persona] numéro *m* / *¡vaya elemento!* quel numéro !
◆ **elementos** smpl **1.** [fuerzas naturales] éléments *mpl* **2.** [nociones] rudiments *mpl*.

elenco sm **1.** [de artistas - conjunto] troupe *f* ; [- reparto] distribution *f* **2.** [catálogo] liste *f*.

elepé sm 33 tours *m inv*.

elevación sf **1.** [gen] élévation *f* **2.** TECNOL levage *m* ▸ **de elevación** [aparatos] de levage.

elevado, da adj **1.** [alto] élevé(e) **2.** *fig* [sublime] noble.

elevador, ra adj élévateur(trice). ◆ **elevador** sm **1.** [gen] élévateur *m* **2.** [ascensor] ascenseur *m*.

elevadorista smf MÉX liftier *m*, -ère *f*.

elevalunas sm inv lève-glace *m* ▸ **elevalunas eléctrico** lève-glace électrique.

elevar vt **1.** [gen] élever ▸ **elevar al cuadrado / al cubo** élever au carré / au cube **2.** [material, mercancía] monter.
◆ **elevarse** vprnl ▸ **elevarse (a)** s'élever (à).

elidir vt élider.

elige, eligió ⟶ **elegir**.

eliminación sf élimination *f* ▸ **eliminación de residuos** élimination de déchets.

eliminar vt éliminer.

eliminatorio, ria adj éliminatoire.
◆ **eliminatoria** sf épreuve *f* éliminatoire ▸ **la eliminatoria** DEP les éliminatoires *fpl*.

elipse sf GEOM ellipse *f*.
elipsis sf inv GRAM ellipse *f*.
elipsoide sm ellipsoïde *m*.
elíptico, ca adj elliptique.
élite, elite sf élite *f*.
elitismo sm élitisme *m*.
elitista adj & smf élitiste.
elixir, elíxir sm *pr* & *fig* élixir *m*.
ella ⟶ **él**.
ellas ⟶ **ellos**.
ello pron pers neutro **1.** [sujeto] cela / *me es antipático, pero ello no impide que le hable* il m'est antipathique, mais cela ne m'empêche pas de lui parler **2.** *(detrás de prep)* [complemento] : *si nos ponemos a ello acabaremos hoy el trabajo* si nous nous y mettons, nous terminerons aujourd'hui notre travail ▸ **de ello** en, de cela / *no quiero hablar de ello* je ne veux pas en parler ▸ **en ello** y / *no quiero pensar en ello* je ne veux pas y penser ▸ **para ello** pour cela / *para ello tendremos que...* pour cela nous devrons... / *llovió, por ello nos quedamos en casa* il a plu, c'est pourquoi nous sommes restés à la maison.
ellos, ellas pron pers [sujeto] ils, elles ; [predicado y complemento] eux, elles / *ellos se llaman Juan y Pepito* ils s'appellent Juan et Pepito / *los culpables son ellos* ce sont eux les coupables / *díselo a ellos* dis-le-leur / *voy con ellas* je vais avec elles / *le hablé de ellos* je lui ai parlé d'eux ▸ **de ellos / ellas** [posesivo] à eux/elles.
elocución sf élocution *f*.
elocuencia sf éloquence *f*.
elocuente adj éloquent(e).
elogiar [8] vt ▸ **elogiar algo / a alguien** faire l'éloge de qqch / qqn.
elogio sm éloge *m*.
elogioso, sa adj élogieux(euse).
elongación sf MED élongation *f*.
elote sm CAM MÉX **1.** [mazorca] épi *m* de maïs vert **2.** [granos] grain *m* de maïs.
El Salvador npr (le) Salvador.
elucidar vt élucider.
elucubración sf élucubration *f*.
elucubrar vt **1.** [reflexionar] ▸ **elucubrar sobre** méditer sur **2.** *despec* [imaginar] échafauder.
eludir vt éviter ; [pregunta] éluder ; [dificultad] contourner ; [perseguidores] échapper à.
EM (*abr de* **Estado Mayor**) sm EM *m*.
Em.ª sf S. Em. ▸ **su Em.a el cardenal** S. Em. le Cardinal.
e-mail [imejl] sm **1.** [mensaje] e-mail *m*, mél *m* ▸ **enviar un e-mail** envoyer un e-mail ▸ **recibir un e-mail** recevoir un e-mail **2.** [sistema de correo] courrier *m* électronique, e-mail *m*.
emanación sf émanation *f*.
emanar vi ▸ **emanar de** émaner de.
emancipación sf **1.** [gen] émancipation *f* ; [de esclavo] affranchissement *m* **2.** [de territorio] indépendance *f*.
emancipado, da adj émancipé(e).
emancipar vt [gen] émanciper ; [esclavo] affranchir. ◆ **emanciparse** vprnl s'émanciper.
embadurnar vt ▸ **embadurnar (de algo)** barbouiller (de qqch). ◆ **embadurnarse** vprnl ▸ **embadurnarse (de algo)** se barbouiller (de qqch).
embajada sf ambassade *f*.
embajador, ra sm, f ambassadeur *m*, -drice *f*.
embalado, da adj *fam* **1.** [rápido] ▸ **ir / pasar embalado** aller/passer à toute vitesse **2.** RP [entusiasmado] emballé(e).
embalaje sm emballage *m*.
embalar vt **1.** [empaquetar] emballer **2.** RP *fam* [entusiasmar] faire rêver / *no lo embales en proyectos irrealizables* ne la fait pas rêver sur des projets irréalisables. ◆ **embalarse** vprnl *pr* & *fig* s'emballer.
embaldosar vt [casa] carreler.
embalsamador, ra sm, f embaumeur *m*.
embalsamamiento sm embaumement *m*.
embalsamar vt embaumer.
embalsar vt ▸ **embalsar agua** retenir l'eau. ◆ **embalsarse** vprnl stagner / *el agua se embalsó en las calles después del chaparrón* les rues étaient inondées après l'averse.
embalse sm [construcción] barrage *m* ; [lago] réservoir *m*.
embarazado, da adj [cohibido] embarrassé(e). ◆ **embarazada** ❖ adj f enceinte ▸ **dejar embarazada** mettre enceinte ▸ **(estar) embarazada de** (être) enceinte de ▸ **quedarse embarazada** tomber enceinte. ❖ sf femme *f* enceinte.

> ⚠ **Embarrassée** es un falso amigo, no significa *embarazada*, sino "confusa".

embarazar [13] vt **1.** [preñar] faire un enfant à **2.** [impedir, molestar] gêner.
embarazo sm grossesse *f*.
embarazoso, sa adj embarrassant(e).
embarcación sf **1.** [barco] embarcation *f* **2.** [embarque] embarquement *m*.
embarcadero sm embarcadère *m*.
embarcar [10] ❖ vt **1.** [para viajar] embarquer **2.** *fig* ▸ **embarcar a alguien en algo** entraîner qqn dans qqch. ❖ vi embarquer. ◆ **embarcarse** vprnl **1.** [para viajar] s'embarquer **2.** *fig* ▸ **embarcarse en algo** se lancer dans qqch.
embargado, da adj [por sentimiento] envahi(e) de.
embargar [16] vt **1.** DER saisir **2.** [suj: sentimiento] paralyser, saisir.
embargo sm **1.** DER saisie *f* **2.** ECON embargo *m*.
embarque sm embarquement *m*.

embarrancar [10] vi s'échouer. ◆ **embarrancarse** vprnl s'embourber.

embarrar vt couvrir de boue. ◆ **embarrarse** vprnl se couvrir de boue.

embarullar vt *fam* embrouiller. ◆ **embarullarse** vprnl *fam* s'embrouiller.

embate sm **1.** [de ira, celos] accès *m* **2.** [golpe] coup *m* ▸ **embate de mar** coup de mer.

embaucador, ra sm, f emberlificoteur *m*, -euse *f*.

embaucar [10] vt embobiner.

embeber vt absorber *(un liquide)*. ◆ **embeberse** vprnl **1.** [ensimismarse] s'absorber **2.** *fig* [empaparse] s'imprégner.

embelesado, da adj subjugué(e) ▸ **embelesado (con algo)** captivé(e) (par qqch).

embelesar vt captiver. ◆ **embelesarse** vprnl être captivé(e).

embeleso sm [encanto] enchantement *m*.

embellecedor sm enjoliveur *m*.

embellecer [30] vt embellir.

embellecimiento sm embellissement *m*.

embestida sf charge *f (attaque)*.

embestir [26] vt charger *(attaquer)*.

emblanquecer [30] vt blanchir.

emblema sm emblème *m*.

emblemático, ca adj emblématique.

embobar vt ébahir.
◆ **embobarse** vprnl rester bouche bée.

embocadura sf embouchure *f*.

embocar [10] vt s'engager dans *(rue, canal, etc.)*.

emboce ⟶ **embozar**.

embolado sm *fam* **1.** [mentira, engaño] bobard *m* **2.** [lío, follón] pétrin *m*.

embolador sm AM cireur *m* de chaussures.

embolar vt **1.** [toro] bouler les cornes de **2.** RP *fam* [aburrir] embêter **3.** RP *fam* [fastidiar] barber.
◆ **embolarse** vprnl ARG *fam* [aburrirse] s'embêter.

embole sm RP *fam* **1.** [aburrimiento] rasoir *m* **2.** [fastidio] poisse *f* **3.** [complicación] corvée *f*, barbe *f* / ***es un embole llegar hasta allá, hay que tomar dos trenes*** c'est une corvée de se rendre là-bas, il faut prendre deux trains.

embolia sf embolie *f*.

émbolo sm piston *m*.

embolsar vt mettre dans un sac.
◆ **embolsarse** vprnl empocher.

embonar vt ANDES CUBA MÉX *fam* **1.** [ensamblar] assembler **2.** [ajustar] ajuster.

emboque ⟶ **embocar**.

emborrachar vt soûler.
◆ **emborracharse** vprnl se soûler.

emborrascarse [10] vprnl [tiempo] se gâter ; [cielo] s'assombrir.

emborronar vt **1.** [garabatear] gribouiller sur **2.** [escribir de prisa] griffonner.

emboscada sf *pr* & *fig* embuscade *f*.

emboscar [10] vt embusquer.

embotamiento sm engourdissement *m (mental)* ▸ **tener embotamiento** avoir l'esprit embrouillé.

embotar vt [sentidos] émousser ; [suj: alcohol] abrutir.

embotellado, da adj en bouteille.
◆ **embotellado** sm mise *f* en bouteilles.

embotelladora sf **1.** [aparato] embouteilleuse *f* **2.** [fábrica] usine *f* d'embouteillage.

embotellamiento sm **1.** [de tráfico] embouteillage *m* **2.** [de líquidos] mise *f* en bouteilles.

embotellar vt **1.** [tráfico] embouteiller **2.** [líquido] mettre en bouteilles.

embozar [13] vt **1.** [conducto] boucher **2.** *fig* [disfrazar, encubrir] déguiser. ◆ **embozarse** vprnl **1.** [persona] se couvrir le visage **2.** [conducto] se boucher.

embozo sm [de sábana] rabat *m* ▸ **hablar sin embozo** *fig* parler ouvertement.

embragar [16] vi embrayer.

embrague sm embrayage *m*.

embravecer [30] vt rendre furieux(euse).
◆ **embravecerse** vprnl **1.** [animal] devenir furieux(euse) **2.** [mar, tempestad] se déchaîner.

embravecido, da adj **1.** [animal, persona] furieux(euse) **2.** [aguas, naturaleza] déchaîné(e) ; [mar] démonté(e).

embriagado, da adj *form* [por alcohol, sentimientos] ivre.

embriagador, ra adj enivrant(e).

embriagar [16] vt enivrer.
◆ **embriagarse** vprnl s'enivrer.

embriaguez sf ivresse *f*.

embriología sf embryologie *f*.

embrión sm *pr* & *fig* embryon *m*.

embrionario, ria adj *pr* & *fig* embryonnaire.

embrollar vt embrouiller.
◆ **embrollarse** vprnl s'embrouiller.

embrollo sm **1.** [enredo] embrouillement *m* **2.** *fig* [lío] imbroglio *m* ; [embuste] mensonge *m*.

embromado, da adj AM *fam* casse-pieds.

embromar vt **1.** [burlarse de] ▸ **embromar a alguien** faire une blague à qqn **2.** AM *fam* [fastidiar] casser les pieds à.

embrujado, da adj [lugar] hanté(e).

embrujamiento sm envoûtement *m*.

embrujar vt ensorceler, envoûter.

embrujo sm **1.** [encantamiento] ensorcellement *m* **2.** [encanto] charme *m*.

embrutecer [30] vt abrutir.
◆ **embrutecerse** vprnl s'abrutir.

embrutecimiento sm abrutissement *m*.

embuchado, da adj ▸ **carne embuchada** *viande préparée en boyaux*.

embuchar vt **1.** *fam* [comer] engloutir **2.** [embutir] farcir *(avec de la viande)*.

embudo sm entonnoir *m*.

embuste sm mensonge *m*.

embustero, ra adj & sm, f menteur(euse).

embutido sm [comida] charcuterie *f*.

embutir vt **1.** [rellenar con carne] farcir **2.** *fig* [introducir] bourrer. ◆ **embutirse** vprnl RP *fam* s'empiffrer.

eme sf *mfam* & *eufem* : ***vete a la eme*** va te faire foutre.

emergencia sf urgence *f*.

emergente adj émergé(e).

emerger [14] vi émerger.

emérito, ta adj EDUC émérite.

emerja ⟶ **emerger**.

emigración sf **1.** [de personas] émigration *f* **2.** [de aves] migration *f*.

emigrado, da sm, f émigré *m*, -e *f*.

emigrante adj & smf émigrant(e).

emigrar vi **1.** [persona] émigrer **2.** [ave] migrer.

emilio sm *fam* INFORM courriel *m*, mél *m*.

eminencia sf [persona] sommité *f* ▸ **eminencia gris** éminence *f* grise. ◆ **Eminencia** sf ▸ **Su Eminencia** Son Éminence.

eminente adj **1.** [distinguido] éminent(e) **2.** [elevado] élevé(e).

emir sm émir *m*.

emirato sm émirat *m*.

Emiratos Árabes Unidos npr ▸ **los Emiratos Árabes Unidos** les Émirats arabes unis.

emisario, ria sm, f émissaire *m*.

emisión sf émission *f* ▸ **emisión de obligaciones** émission obligataire.

emisor, ra adj émetteur(rice). ◆ **emisor** sm émetteur *m*. ◆ **emisora** sf station *f* de radio.

emitir vt & vi émettre.

Emmo. (*abr escrita de* **Eminentísimo**) très éminent.

emoción sf émotion *f*.

emocionado, da adj [expectante] excité(e).

emocional adj émotionnel(elle).

emocionante adj **1.** [conmovedor] émouvant(e), touchant(e) **2.** [apasionante] palpitant(e).

emocionar vt **1.** [conmover] émouvoir, toucher **2.** [apasionar] enflammer. ◆ **emocionarse** vprnl **1.** [conmoverse] être ému(e), être touché(e) **2.** [apasionarse] s'enflammer.

emolumento sm *form* émoluments *mpl*.

emoticón sm INFORM smiley *m*.

emotividad sf **1.** [impacto] : ***la emotividad de la escena es enorme*** la scène est très émouvante **2.** [sensibilidad] émotivité *f*.

emotivo, va adj **1.** [persona] émotif(ive) **2.** [escena, palabras] émouvant(e).

empacadora sf **1.** [máquina] conditionneuse *f* **2.** ECUAD MÉX [fábrica - para tarros] usine *f* de conditionnement ; [- para latas] conserverie *f*.

empacar [10] ❖ vt **1.** [embalar] conditionner, emballer **2.** MÉX [envasar - en tarros] embouteiller ; [- en latas] mettre en conserves. ❖ vi AM faire ses valises. ◆ **empacarse** vprnl **1.** ANDES RP *fam* [con enojo] se braquer **2.** MÉX *fam* [engullir] bâfrer.

empachado, da adj ▸ **estar empachado de a)** [comida] avoir une indigestion de **b)** [cine, televisión, videojuegos] être saturé de.

empachar vt donner une indigestion à. ◆ **empacharse** vprnl avoir une indigestion.

empacho sm indigestion *f*.

empadronamiento sm recensement *m*.

empadronar vt recenser / ***estoy empadronado en Madrid*** je suis inscrit sur les listes électorales de Madrid. ◆ **empadronarse** vprnl se faire recenser.

empalagar [16] vt écœurer. ◆ **empalagarse** vprnl ▸ **empalagarse de** o **con algo** se gaver de qqch.

empalago sm : ***producir empalago*** écœurer.

empalagoso, sa adj écœurant(e).

empalar vt [persona, animal] empaler. ◆ **empalarse** vprnl CHILE **1.** [obstinarse] s'entêter **2.** [envararse] s'engourdir.

empalizada sf palissade *f*.

empalizar [13] vt palissader.

empalmar ❖ vt **1.** [cables, tubos] raccorder **2.** [planes, ideas] enchaîner **3.** [en fútbol] reprendre de volée. ❖ vi **1.** [medios de transporte] ▸ **empalmar (con)** assurer la correspondance (avec) **2.** [autopistas, carreteras] se rejoindre **3.** [sucederse] s'enchaîner / ***un chiste empalmaba con otro*** les blagues s'enchaînaient.

empalme sm **1.** [entre cables, tubos] raccordement *m* **2.** [de carreteras] embranchement *m*.

empanada sf *chausson fourré à la viande ou autre ingrédient salé*. ◆ **empanada mental** sf ▸ **tener una empanada mental** *fam* pédaler dans la semoule.

empanadilla sf CULIN *petit chausson fourré à la viande ou autre ingrédient salé*.

empanado, da adj CULIN pané(e).

empanar vt CULIN paner.

empanizar vt MÉX paner.

empantanado, da adj **1.** [inundado] inondé(e) **2.** *fig* [inacabado] dans une impasse / ***las obras del hospital han quedado empantanadas*** les travaux de l'hôpital piétinent.

empantanar vt embourber. ◆ **empantanarse** vprnl s'embourber.

empañado, da adj embué(e).

empañar vt **1.** [cristal] embuer **2.** *fig* [reputación] ternir. ◆ **empañarse** vprnl être embué(e).

empapado, da adj trempé(e).

empapar vt tremper ; [tierra] détremper. ◆ **empaparse** vprnl **1.** [mojarse] être trempé(e) ; [persona] se faire tremper **2.** [enterarse bien] ▸ **empaparse de** s'imprégner de.

empapelado sm **1.** [acción] pose *f* du papier peint / *procedió al empapelado de la pared* il a tapissé le mur **2.** [papel] tapisserie *f*.

empapelador, ra sm, f tapissier *m*, -ère *f*.

empapelar vt **1.** [pared] tapisser **2.** *fam* & *fig* [procesar] traîner en justice.

empaque ⟶ **empacar**.

empaquetar vt emballer. ◆ **empaquetarse** vprnl RP se mettre sur son trente-et-un.

emparedado, da adj enfermé(e) entre quatre murs, claquemuré(e). ◆ **emparedado** sm *sandwich de pain de mie*.

emparedar vt **1.** [ocultar en la pared] emmurer **2.** *fam* [encarcelar] coffrer.

emparejamiento sm **1.** [de cosas] assemblage *m* par paires **2.** [de personas] ▸ **disponer los emparejamientos** placer les gens deux par deux.

emparejar vt **1.** [aparejar] assembler par paires ; [personas] mettre deux par deux **2.** [nivelar] mettre au même niveau. ◆ **emparejarse** vprnl **1.** se mettre en couple **2.** MÉX [conseguir] ▸ **emparejarse con** obtenir.

emparentado, da adj [personas, cosas] apparenté(e).

emparentar [19] vi ▸ **emparentar con** s'apparenter à.

emparrado sm **1.** [acción] : *mira el emparrado del rosal* regarde comme le rosier grimpe **2.** [cobertizo] treille *f*.

emparrar vt faire grimper *(une plante)*.

empastar vt [muela] plomber.

empaste sm [de muela] plombage *m*.

empatado, da adj [contrincantes, partido, resultado] à égalité / *el partido sigue empatado* les deux équipes sont toujours à égalité / *en el primer puesto hay dos equipos empatados a puntos* deux équipes occupent la première place avec le même nombre de points / *quedaron empatados en la votación* ils ont obtenu le même nombre de voix.

empatar ❖ vi **1.** DEP égaliser / *empatar a dos* faire deux partout ▸ **empatar a cero** faire match nul, zéro partout **2.** [en elecciones] être en ballottage. ❖ vt AM [empalmar] emboîter.

empate sm **1.** DEP : *empate a dos* deux partout ▸ **empate a cero** match *m* nul, zéro à zéro **2.** [en elecciones] ballottage *m* **3.** AM [empalme] emboîtement *m*.

empatía sf empathie *f*.

empecé ⟶ **empezar**.

empecinado, da adj obstiné(e).

empecinamiento sm obstination *f*.

empecinarse vprnl se buter ▸ **empecinarse en hacer algo** s'obstiner à faire qqch ▸ **empecinarse en una idea** avoir une idée en tête.

empedar vt MÉX RP *mfam* soûler. ◆ **empedarse** vprnl MÉX RP *mfam* se soûler.

empedernido, da adj invétéré(e) ▸ **es un fumador empedernido** c'est un fumeur invétéré.

empedrado sm pavement *m*.

empedrar [19] vt paver.

empeine sm **1.** ANAT cou-de-pied *m* **2.** [de zapato] empeigne *f*.

empellón sm bourrade *f* / *abrirse paso a empellones* se frayer un chemin à coups de coude.

empeñado, da adj **1.** [en préstamo] gagé(e) **2.** [obstinado] ▸ **estar empeñado en hacer algo** s'obstiner à faire qqch.

empeñar vt **1.** [joyas, etc.] mettre en gage **2.** [palabra] donner ; [honor] engager. ◆ **empeñarse** vprnl **1.** [obstinarse] ▸ **empeñarse en hacer algo a)** [insistir] s'obstiner à faire qqch **b)** [persistir] s'efforcer de faire qqch **2.** [endeudarse] s'endetter.

empeño sm **1.** [de joyas, etc.] mise *f* en gage **2.** [obstinación] acharnement *m* ▸ **tener empeño en hacer algo** tenir absolument à faire qqch ▸ **está dispuesto a morir en el empeño** il est prêt à y laisser sa vie.

empeoramiento sm [de enfermedad, situación] aggravation *f* ; [de tiempo] détérioration *f*.

empeorar vi empirer.

empequeñecer [30] vt **1.** [reducir de tamaño] rapetisser **2.** *fig* [quitar importancia] minimiser.

emperador, triz sm, f empereur *m*, impératrice *f*. ◆ **emperador** sm [pez] espadon *m*.

emperifollar vt *fam* pomponner. ◆ **emperifollarse** vprnl *fam* se mettre sur son trente et un ; [una mujer] se pomponner.

empero conj *culto* néanmoins.

emperrarse vprnl ▸ **emperrarse (en hacer algo)** s'entêter (à faire qqch).

empezar [34] ❖ vt commencer. ❖ vi ▸ **empezar a / por hacer algo** commencer à / par faire qqch ▸ **para empezar** pour commencer.

empiedra ⟶ **empedrar**.

empiezo ⟶ **empezar**.

empinado, da adj [en pendiente] escarpé(e).

empinar vt **1.** [vasija, jarro, etc.] incliner *(pour boire)* ▸ **empinar el codo** *fam* lever le coude **2.** [levantar] dresser. ◆ **empinarse** vprnl **1.** [animal] se dresser sur ses pattes de derrière **2.** [persona] se mettre sur la pointe des pieds **3.** *mfam* [miembro viril] : *se le empina* il bande.

empingorotado, da adj *despec* tiré(e) à quatre épingles.

empingorotar vt : *empingorotar a alguien a estratos sociales* introduire qqn dans le monde.

empírico, ca ❖ adj empirique. ❖ sm, f empiriste *mf*.

empirismo sm empirisme *m*.

emplasto sm emplâtre *m*.

emplazamiento sm **1.** [ubicación] emplacement *m* **2.** DER assignation *f*, mise *f* en demeure.

emplazar [13] vt **1.** [situar] installer **2.** DER assigner en justice.

empleado, da sm, f employé *m*, -e *f* ▸ **empleada de hogar** employée de maison.

empleador, ra ❖ adj qui emploie. ❖ sm, f employeur *m*, -euse *f*.

emplear vt **1.** employer ; [tiempo] mettre / *empleó mucho tiempo en hacerlo* il a mis beaucoup de temps à le faire **2.** EXPR **dar algo por bien empleado** ne pas regretter qqch ▸ **te / le / os etc. está bien empleado** ESP *fam* c'est bien fait pour toi / lui / vous etc.. ◆ **emplearse** vprnl s'employer, s'utiliser.

empleo sm emploi *m* ▸ **estar sin empleo** être sans emploi ▸ **tener un buen empleo** avoir une bonne situation ▸ **empleo juvenil** emploi des jeunes ▸ **pleno empleo** plein emploi.

emplomadura sf RP [de diente] plombage *m*.

emplomar vt RP [dientes] plomber.

emplumar vt emplumer.

empobrecer [30] vt appauvrir. ◆ **empobrecerse** vprnl s'appauvrir.

empobrecimiento sm appauvrissement *m*.

empollar vt **1.** [huevo] couver **2.** ESP *fam* [suj: estudiante] potasser, bûcher. ◆ **empollarse** vprnl *fam* : *empollarse las matemáticas* bûcher les maths.

empollón, ona adj & sm, f ESP *fam* bûcheur(euse).

empolvar vt **1.** [con polvo] empoussiérer **2.** [con otra sustancia] saupoudrer. ◆ **empolvarse** vprnl **1.** [cara, nariz, pelo] se poudrer **2.** [muebles, libros] prendre la poussière, se couvrir de poussière.

emponzoñar vt [envenenar] empoisonner.

emporio sm **1.** [centro de comercio] centre *m* d'échanges ; [de finanzas] place *f* financière **2.** [lugar notable] haut lieu *m* ▸ **emporio cultural** carrefour *m* culturel.

emporrado, da adj *fam* défoncé(e) *(avec du hachisch)*, stone.

emporrarse vprnl *fam* se défoncer *(avec du hachisch)*.

empotrado, da adj encastré(e).

empotrar vt encastrer.

emprendedor, ra adj entreprenant(e) ▸ **tener espíritu emprendedor** être entreprenant(e).

emprender vt entreprendre ▸ **emprender el vuelo** s'envoler.

empresa sf [sociedad comercial] entreprise *f* ▸ **empresa de seguridad** société *f* de gardiennage ▸ **empresa júnior** junior entreprise ▸ **empresa filial** filiale *f* ▸ **empresa libre, libre empresa** libre entreprise ▸ **empresa matriz** société *f* mère ▸ **empresa mixta** société *f* mixte ▸ **empresa multinacional** société *f* multinationale ▸ **empresa privada** entreprise privée ▸ **empresa pública** entreprise publique ▸ **pequeña y mediana empresa** PME *f*.

> ⚠ **Emprise** es un falso amigo, no significa *empresa*, sino "influencia".

empresariado sm patronat *m*.

empresarial adj patronal(e). ◆ **empresariales** smpl ESP : *estudia empresariales* il fait des études de gestion.

empresario, ria sm, f chef *m* d'entreprise ▸ **pequeño empresario** petit patron *m*.

empréstito sm emprunt *m*.

empujar vt pousser, bousculer ▸ **empujar a alguien a que haga algo** pousser qqn à faire qqch.

empuje sm **1.** [impulso] poussée *f* **2.** [energía] entrain *m*.

empujón sm **1.** [empellón] grand coup *m* ▸ **abrirse paso a empujones** se frayer un chemin en bousculant tout le monde ▸ **dar un empujón a alguien** bousculer qqn **2.** *fig* [impulso] effort *m* ▸ **dar un empujón** donner un coup de collier.

empuñadura sf poignée *f* ; [de espada] pommeau *m*.

empuñar ❖ vt **1.** [espada, paraguas, raqueta] empoigner **2.** *fig* [botella, volante, pluma] se saisir de. ❖ vi CHILE montrer le poing.

EMT (*abr de* **Empresa Municipal de Transportes**) sf *entreprise espagnole de transports municipaux*.

emulación sf [gen & INFORM] émulation *f*.

emulador sm INFORM émulateur *m*.

emular vt **1.** [una persona] ▸ **emular a alguien a)** [rivalizar] rivaliser avec qqn **b)** [imitar] imiter qqn **2.** INFORM émuler.

émulo, la sm, f émule *mf*.

emulsión sf émulsion *f*.

emulsionar vt émulsionner.

> **en**
>
> ❖ prep
>
> **1.** [lugar - en el interior de] dans ; [- sobre la superficie de] sur ; [- en un punto concreto de] à / *entraron en la habitación* ils sont entrés dans la pièce / *en el plato / la mesa* dans l'assiette / sur la table / *viven en París* ils vivent à Paris / *en casa* à la maison / *en el trabajo* au travail
>
> **2.** [tiempo - momento preciso] en, à ; [- duración] en / *llegará en mayo* il arrivera en mai / *nació en 1940* il est né en 1940 / *en Navidades / invierno* à Noël / en hiver / *en aquella época* à cette époque-là / *en la antigüedad* dans l'Antiquité / *lo hizo en dos días* il l'a fait en deux jours / *en la mañana / tarde / noche* AM le matin / l'après-midi / le soir

3. [medio de transporte] en / *ir en tren / coche / avión / barco* aller en train / voiture / avion / bateau
4. [modo] en, à / *pagar en metálico* payer en liquide / *fabricar en serie* fabriquer en série / *lo dijo en inglés* il l'a dit en anglais / *todo se lo gasta en ropa* elle dépense tout son argent en vêtements / *en voz baja* à voix basse / *lo conocí en su forma de hablar* je l'ai reconnu à sa façon de parler / *la inflación ha aumentado en un 10 %* l'inflation a augmenté de 10 %
5. [seguido de cifra] *las ganancias se calculan en millones* les gains se chiffrent en millions / *te lo dejo en 5.000* je te le laisse à 5 000
6. [tema, cualidad] en / *es un experto en la materia* c'est un expert en la matière / *es doctor en medicina* il est docteur en médecine / *le supera en inteligencia* elle est plus intelligente que lui

enagua sf *(gen pl)* jupon *m*.

enajenable adj aliénable.

enajenación sf aliénation *f*.

enajenamiento sm aliénation *f*.

enajenar vt **1.** [enloquecer] rendre fou (folle) **2.** [extasiar] ravir ; [propiedad] aliéner.

enaltecer [30] vt exalter.

enamoradizo, za adj ▸ **ser enamoradizo** avoir un cœur d'artichaut.

enamorado, da adj & sm, f amoureux(euse).

enamoramiento sm amour *m*.

enamorar vt séduire. ◆ **enamorarse** vprnl ▸ **enamorarse (de)** tomber amoureux(euse) (de).

enanismo sm nanisme *m*.

enano, na adj & sm, f nain(e).

enarbolar vt arborer.

enarcar [10] vt arquer ▸ **enarcar las cejas** ouvrir de grands yeux.

enardecer [30] vt enflammer ; [ánimos] échauffer.

enarque ⟶ **enarcar**.

encabezado sm CHILE MÉX PRENSA gros titre *m*.

encabezamiento sm [de carta, escrito] en-tête *m* ; [preámbulo] avant-propos *m inv*.

encabezar [13] vt **1.** [lista, clasificación] être en tête de **2.** [texto] mettre l'en-tête à **3.** [marcha, expedición] être à la tête de.

encabritarse vprnl **1.** [caballo, vehículo] se cabrer **2.** *fam* [persona] se mettre en boule.

encabronarse vprnl ESP MÉX *vulg* se foutre en colère.

encadenado sm CINE fondu *m* enchaîné.

encadenamiento sm enchaînement *m*.

encadenar vt enchaîner.

encajable adj [gen] qui s'emboîte ; [mesa] gigogne.

encajar ✧ vt **1.** [meter] emboîter, faire entrer ; [meter ajustando] ajuster **2.** [hueso dislocado] remettre **3.** [soltar - golpe] assener ; [- insultos] lancer **4.** [recibir] encaisser. ✧ vi **1.** [piezas, objetos] s'emboîter, s'ajuster **2.** [declaraciones, hechos, datos] ▸ **encajar (con)** cadrer (avec) **3.** [ir bien] ▸ **encajar (bien) en / con** aller (bien) dans / avec.

encaje sm **1.** [tejido] dentelle *f* **2.** [ajuste] emboîtement *m*, ajustement *m*.

encajonar vt **1.** [en cajas, cajones] mettre dans des boîtes **2.** [en sitio estrecho] caser.

encalado sm chaulage *m*.

encalar vt blanchir à la chaux.

encallar vi [barco] échouer.
◆ **encallarse** vprnl *fig* [solicitud] rester lettre morte.

encallecer [30] vi devenir calleux(euse).
◆ **encallecerse** vprnl **1.** [piel] devenir calleux(euse) **2.** *fig* [persona] s'endurcir.

encamarse vprnl **1.** [enfermo] s'aliter **2.** *fam* [pareja] ▸ **encamarse con alguien** coucher avec qqn.

encaminador sm INFORM chemin *m* d'accès.

encaminar vt *fig* [conducta, educación] orienter.
◆ **encaminarse** vprnl ▸ **encaminarse a** o **hacia** se diriger vers.

encamotado, da adj ANDES CAM *fam* amoureux(euse).

encamotarse vprnl AM *fam* ▸ **encamotarse de** s'amouracher (de).

encandilado, da adj **1.** [persona] ébloui(e), captivé(e) **2.** [ojos] brillant(e).

encandilar vt éblouir. ◆ **encandilarse** vprnl être ébloui(e).

encanecer [30] vi grisonner *(personne)*.
◆ **encanecerse** vprnl grisonner *(cheveux, tempes)*.

encantado, da adj **1.** [contento] enchanté(e) ▸ **encantado de conocerle** enchanté de faire votre connaissance **2.** [hechizado - casa, lugar] hanté(e) ; [- persona] ensorcelé(e).

encantador, ra adj charmant(e).

encantamiento sm enchantement *m* ; *fig* charme *m*.

encantar vt **1.** [gustar] ▸ **encantarle a alguien algo / hacer algo** adorer qqch / faire qqch **2.** [embrujar] jeter un sort à.

encanto sm **1.** [atractivo] charme *m* ▸ **ser un encanto** être adorable **2.** [apelativo cariñoso] : *oye, encanto* écoute, mon trésor **3.** [hechizo] enchantement *m* ▸ **como por encanto** comme par enchantement.
◆ **encantos** smpl charmes *mpl*.

encañonar vt viser.

encapotado, da adj couvert(e) *(ciel)*.

encapotarse vprnl se couvrir *(le ciel)*.

encapricharse vprnl ESP **1.** [obstinarse] s'engouer, s'enticher / *se ha encaprichado de una consola nueva* il s'est entiché d'une nouvelle console / *el niño se encaprichó con ir al circo* l'enfant s'est mis en tête d'aller au cirque **2.** [enamorarse] s'enticher, s'amouracher / *se encaprichó de su profesor* elle s'est entichée de son professeur / *te encaprichaste por ese chico* tu t'es amourachée de ce garçon.

encapuchado, da ◆ adj masqué(e).
◆ sm, f homme *m* masqué, femme *f* masquée.

encapuchar vt encapuchonner.
◆ **encapucharse** vprnl s'encapuchonner.

encarado, da adj ▸ **bien / mal encarado** qui a une bonne / une sale tête.

encaramar vt jucher. ◆ **encaramarse** vprnl ▸ **encaramarse a** o **en** se jucher o se percher sur.

encarar vt **1.** [gen & DER] confronter **2.** [hacer frente a] affronter, faire face à. ◆ **encararse** vprnl [enfrentarse] ▸ **encararse a** o **con** tenir tête à.

encarcelamiento sm **1.** [acción] incarcération *f*, emprisonnement *m* **2.** [prisión] : *lleva diez años de encarcelamiento* cela fait dix ans qu'il est en prison.

encarcelar vt emprisonner, écrouer, incarcérer.

encarecer [30] vt **1.** [producto] faire monter les prix de **2.** [rogar] ▸ **encarecer a alguien que haga algo** supplier qqn de faire qqch. ◆ **encarecerse** vprnl [precio, producto] augmenter.

encarecidamente adv **1.** [con empeño] instamment / *se lo ruego encarecidamente* je vous en supplie **2.** [con elogios] vivement, chaleureusement.

encarecimiento sm [de precio, producto] augmentation *f*, hausse *f* ▸ **con encarecimiento** instamment ▸ **encarecimiento de la vida** hausse du coût de la vie.

encargado, da ◆ adj ▸ **encargado de algo** responsable de qqch ▸ **encargado de hacer algo** chargé de faire qqch. ◆ sm, f responsable *mf* ; [de negocio] gérant *m*, -e *f*.

encargar [16] vt **1.** [poner al cargo] ▸ **encargar a alguien de algo / que haga algo** charger qqn de qqch / de faire qqch **2.** [pedir] commander.
◆ **encargarse** vprnl [ocuparse] ▸ **encargarse de algo / de hacer algo** se charger de qqch / de faire qqch.

encargo sm **1.** [pedido] commande *f* ▸ **hacer un encargo** passer une commande ▸ **por encargo** sur commande ▸ **como hecho de encargo** [empleo, etc.] sur mesure **2.** [recado] commission *f*.

encariñar vt attendrir. ◆ **encariñarse** vprnl ▸ **encariñarse con** s'attacher à.

encarnación sf [personificación] incarnation *f*.

encarnado, da adj **1.** [personificado] incarné(e) **2.** [color] incarnat(e) ; [de la piel] rouge.
◆ **encarnado** sm incarnat *m*.

encarnar ◆ vt incarner. ◆ vi RELIG s'incarner ▸ **encarnar en** MITOL se métamorphoser en.

encarnizado, da adj acharné(e).

encarnizarse [13] vprnl ▸ **encarnizarse (con)** s'acharner (sur).

encarpetar vt classer (dans une chemise).

encarrilar vt **1.** [tren] remettre sur les rails **2.** *fig* [hacer ir bien] mettre sur la bonne voie. ◆ **encarrilarse** vprnl être sur la bonne voie.

encarte sm encart *m*.

encartonar vt emballer dans du carton ; [libro] cartonner.

encasillado sm [de crucigrama] grille *f*.

encasillamiento sm : *no me gusta el encasillamiento de la gente* je n'aime pas cataloguer les gens.

encasillar vt **1.** [clasificar] cataloguer **2.** [poner en casillas] inscrire sur du papier quadrillé.

encasquetar vt **1.** *fam* [imponer] ▸ **encasquetar algo a alguien** a) [idea, teoría] enfoncer qqch dans le crâne de qqn b) [discurso, lección] assener qqch à qqn c) [trabajo, bultos] refiler qqch à qqn **2.** [sombrero] enfoncer sur la tête. ◆ **encasquetarse** vprnl **1.** [sombrero] : *se encasquetó la boina* il a enfoncé son béret sur sa tête **2.** [empeñarse] ▸ **encasquetársele a alguien hacer algo** se mettre en tête de faire qqch.

encasquillador sm AM maréchal-ferrant *m*.

encasquillar vt AM [caballo] ferrer.
◆ **encasquillarse** vprnl **1.** [arma, cerradura, mecanismo] s'enrayer **2.** [voz, palabras] se brouiller.

encausar vt DER mettre en accusation.

encauzar [13] vt **1.** [corriente] canaliser **2.** [orientar] mener.

encebollado sm *plat de viande aux oignons.*

encebollar vt CULIN garnir d'oignons.

encefálico, ca adj encéphalique.

encéfalo sm encéphale *m*.

encefalograma sm encéphalogramme *m*.

encefalopatía sf MED encéphalopathie *f* ▸ **encefalopatía espongiforme bovina** encéphalopathie spongiforme bovine.

enceguecer vt AM aveugler.

encendedor sm **1.** [de coche] allume-cigares *m inv* ; [de cocina] allume-gaz *m inv* **2.** [mechero] briquet *m*.

encender [20] vt **1.** [gen] allumer ▸ **encender la chimenea** faire du feu dans la cheminée **2.** *fig* [avivar - corazón, discusión] enflammer ; [- ira] provoquer.
◆ **encenderse** vprnl s'allumer.

encendido, da adj **1.** [gen] allumé(e) **2.** *fig* [deseos, mirada] enflammé(e) **3.** [mejillas] en feu.
◆ **encendido** sm allumage *m*.

encerado, da adj ciré(e). ◆ **encerado** sm **1.** [acción] cirage *m* **2.** [pizarra] tableau *m* noir.

encerar vt cirer.

encerrado, da adj enfermé(e) / *se pasó el día encerrado en su habitación* il est resté toute la journée enfermé dans sa chambre ▸ **quedarse encerrado** rester coincé(e).

encerrar [19] vt **1.** [recluir] enfermer **2.** [contener] renfermer. ◆ **encerrarse** vprnl s'enfermer ▸ **encerrarse en sí mismo** se renfermer o se replier sur soi-même.

encerrona sf **1.** [trampa] piège *m* **2.** TAUROM corrida *f* privée.

encestar vi DEP marquer un panier.

enceste sm DEP panier *m*.

enchapado sm placage *m*.

encharcado, da adj inondé(e), détrempé(e).

encharcamiento sm inondation *f*.

encharcar [10] vt inonder, détremper. ◆ **encharcarse** vprnl **1.** [terreno] s'inonder, être détrempé(e) **2.** *fig* [hundirse] ▸ **encharcarse en** [bebida, droga] sombrer dans.

enchilado, da adj MÉX **1.** [alimento] préparé(e) avec du piment **2.** *fam* [persona] rageur(euse) ▸ **estar enchilado** voir rouge. ◆ **enchilada** sf CAM MÉX CULIN enchilada *f (crêpe fourrée à la viande, au poulet ou au fromage, servie dans une sauce au piment ou « chile »).* ◆ **enchilado** sm MÉX CUBA *ragoût de fruits de mer accompagné d'une sauce au piment.*

enchilar vt **1.** CAM MÉX [alimento] accommoder au piment **2.** MÉX *fig* [persona] irriter. ◆ **enchilarse** vprnl MÉX **1.** [con comida] avoir la bouche en feu **2.** *fam & fig* [enfadarse] se mettre en pétard.

enchinar vt AM friser *(les cheveux)*.

enchironar vt *fam* coffrer.

enchufado, da ❖ adj **1.** [en un puesto] pistonné(e) / *su hijo está enchufado en el ministerio* son fils a été pistonné au ministère **2.** RP [ocupado] branché(e) / *ahora está muy enchufado con la lingüística* en ce moment, il est très branché linguistique. ❖ sm, f pistonné(e).

enchufar vt **1.** [aparato] brancher **2.** *fam* [a una persona] pistonner **3.** RP *fam* [endosar] refiler / *le enchufaron un billete falso* on lui a refilé un faux billet. ◆ **enchufarse** vprnl **1.** [a la red eléctrica] se brancher **2.** RP *fam* [prenda] enfiler.

enchufe sm **1.** ELECTR prise *f* (de courant) **2.** *fam* [recomendación] piston *m*.

enchufismo sm ESP *fam & despec* piston *m*.

encía sf gencive *f*.

encíclica sf encyclique *f*.

enciclopedia sf encyclopédie *f*.

enciclopédico, ca adj encyclopédique.

encienda ⟶ **encender**.

encierra ⟶ **encerrar**.

encierro sm **1.** [acción] : *su encierro duró dos días* il s'est enfermé pendant deux jours **2.** [aislamiento] réclusion *f* **3.** TAUROM mise *f* au toril *(tradition selon laquelle les taureaux sont conduits à travers la ville jusqu'au toril)* ; [toril] toril *m*.

encima adv **1.** [arriba] dessus / *ponlo encima* mets-le dessus / *yo vivo encima* je vis au-dessus ▸ **por encima a)** par-dessus, au-dessus **b)** *fig* superficiellement / *leer por encima* lire en diagonale **2.** [además] en plus ▸ **de encima** AM en plus **3.** [sobre sí] : *llevar un abrigo encima* porter un manteau / *llevar dinero encima* avoir de l'argent sur soi. ◆ **encima de** loc prep **1.** [gen] sur / *encima de la mesa* sur la table / *encima de tu casa* au-dessus de chez toi ▸ **estar encima de alguien** être sur le dos de qqn **2.** [además] : *encima de ser guapo es gracioso* non seulement il est beau, mais en plus il est drôle. ◆ **por encima de** loc prep **1.** [gen] au-dessus de / *por encima de la ciudad* au-dessus de la ville / *por encima de sus posibilidades* au-dessus de ses moyens **2.** *fig* [más que] plus que ▸ **por encima de todo** plus que tout.

encimero, ra adj de dessus / *una sábana encimera* un drap de dessus. ◆ **encimera** sf **1.** [de mueble de cocina] plan *m* de travail **2.** ESP [placa, fogón] plaque *f* (de cuisson), table *f* de cuisson.

encina sf chêne *m* vert.

encinta adj f ▸ **estar encinta** être enceinte.

enclaustrar vt cloîtrer. ◆ **enclaustrarse** vprnl se cloîtrer.

enclavado, da adj [ubicado] situé(e).

enclavamiento sm enclavement *m*.

enclavar vt **1.** [clavar] clouer **2.** [ubicar] établir.

enclave sm enclave *f*.

enclenque adj malingre.

encofrador, ra sm, f CONSTR coffreur *m*.

encofrar vt coffrer.

encoger [14] ❖ vt **1.** [ropa] faire rétrécir **2.** [miembro] contracter. ❖ vi rétrécir. ◆ **encogerse** vprnl [ropa] rétrécir ; [miembro] se contracter ▸ **encogerse de hombros** hausser les épaules.

encogido, da adj timoré(e) ▸ **tener el corazón encogido** avoir le cœur serré.

encoja ⟶ **encoger**.

encolado, da adj CHILE MÉX gommeux(euse). ◆ **encolado** sm **1.** [con cola] encollage *m* **2.** [del vino] collage *m*.

encolar vt coller ; [pared] encoller.

encolerizar [13] vt mettre en colère. ◆ **encolerizarse** vprnl se mettre en colère.

encomendar [19] vt confier / *le encomiendo a Ud mi hijo* je vous confie mon fils. ◆ **encomendarse** vprnl ▸ **encomendarse a** s'en remettre à.

encomendero sm **1.** HIST *propriétaire d'Indiens dans l'Amérique coloniale* **2.** CUBA [carnicero] fournisseur *m* de viande en gros **3.** PERÚ [tendero] épicier *m*.

encomiable adj louable.

encomiar [8] vt vanter, célébrer.

encomienda sf **1.** [encargo] service *m* **2.** HIST encomienda *f (dans l'Amérique espagnole, territoire soumis à l'autorité d'un conquistador)* **3.** AM [paquete] colis *m*.

encomio sm : *digno de encomio* digne d'éloges.

enconado, da adj [combate, lucha] acharné(e) ; [partidario, discusión] passionné(e).

enconar vt [persona] exaspérer ; [lucha, disputa] exacerber. ◆ **enconarse** vprnl [persona] se fâcher.

encono sm animosité *f*.

encontradizo, za adj ▸ **hacerse el encontradizo** faire semblant de rencontrer qqn par hasard.

encontrado, da adj opposé(e) / *opiniones encontradas* des opinions opposées / *intereses encontrados* des intérêts opposés.

encontrar [23] vt trouver ; [persona, dificultades] rencontrer. ◆ **encontrarse** vprnl **1.** [gen] se trouver **2.** [coincidir] ▸ **encontrarse con alguien** rencontrer qqn, tomber sur qqn **3.** *fig* [de ánimo] se sentir ▸ **encontrarse mal de salud** être en mauvaise santé.

encontronazo sm choc *m* / *tuve un encontronazo con otro coche* je suis rentré dans une voiture.

encoñarse vprnl ESP *vulg* [enamorarse] ▸ **encoñarse con alguien** s'amouracher de qqn.

encopetado, da adj **1.** [de alto copete] huppé(e) / *damas encopetadas* des dames de la haute société **2.** [presumido] snob.

encorchar vt [botella] boucher.

encordar [23] vt MÚS garnir de cordes ; DEP [raqueta] corder. ◆ **encordarse** vprnl s'encorder.

encorsetar vt corseter.

encorvado, da adj **1.** [objeto] tordu(e) **2.** [persona, espalda] courbé(e).

encorvar vt courber. ◆ **encorvarse** vprnl [por la edad] se voûter ; [por la carga] se courber.

encrespar vt **1.** [ánimo] irriter **2.** [mar] déchaîner **3.** [pelo] friser.

encriptación sf INFORM cryptage *m*.

encriptado sm INFORM cryptage *m*.

encriptar vt INFORM crypter.

encrucijada sf croisement *m* ; *fig* carrefour *m*.

encuadernación sf reliure *f* ▸ **encuadernación en rústica / en pasta** reliure brochée/cartonnée.

encuadernador, ra sm, f relieur *m*, -euse *f*.

encuadernar vt relier ▸ **encuadernar en rústica** brocher.

encuadrar vt **1.** [enmarcar] encadrer **2.** [enfocar] cadrer. ◆ **encuadrarse** vprnl ▸ **encuadrarse en** entrer dans / *esta norma se encuadra en el programa de reforma* cette norme entre dans le programme de réforme.

encuadre sm CINE & FOTO cadrage *m*.

encubierto, ta adj [significado, etc.] caché(e) ; [palabras, etc.] couvert(e) ; [intento, intenciones] secret(ète). ◆ **encubierto** pp ⟶ **encubrir**.

encubridor, ra ❖ adj complice. ❖ sm, f complice *mf* ; DER receleur *m*, -euse *f*.

encubrimiento sm dissimulation *f* ; DER recel *m*.

encubrir vt **1.** [delincuente] cacher ; [delito] être complice de ; DER receler **2.** [intenciones, etc.] dissimuler.

encuentra ⟶ **encontrar**.

encuentro sm **1.** [gen & DEP] rencontre *f* ▸ **salir al encuentro de** a) [para recibir] aller à la rencontre de b) [adelante] couper l'herbe sous le pied à / *dos individuos le salieron al encuentro* il s'est retrouvé nez à nez avec deux individus **2.** [hallazgo] trouvaille *f*.

encuerado, da adj CUBA MÉX *fam* [desnudo] à poil.

encuerar vt CUBA MÉX *fam* **1.** [desnudar] déshabiller **2.** [en el juego] dépouiller.
◆ **encuerarse** vprnl CUBA MÉX *fam* [desnudarse] se déshabiller.

encuerda ⟶ **encordar**.

encuesta sf **1.** [de opinión] sondage *m* **2.** [investigación] enquête *f*.

encuestado, da ❖ adj interrogé(e).
❖ sm, f sondé *m*, -e *f*.

encuestador, ra sm, f enquêteur *m*, -trice *f*.

encuestar vt ▸ **encuestar a alguien** interroger qqn.

encumbrado, da adj élevé(e).

encumbramiento sm ascension *f (sociale, professionnelle)*.

encumbrar vt [socialmente] élever ; [económicamente] enrichir. ◆ **encumbrarse** vprnl **1.** [cosa] s'élever **2.** [persona - socialmente] grimper dans l'échelle sociale ; [- económicamente] s'enrichir.

encurtidos smpl conserves *fpl (dans du vinaigre)*.

encurtir vt conserver dans du vinaigre.

ende ◆ **por ende** loc adv *form* par là-même.

endeble adj faible.

endecasílabo, ba adj LITER hendécasyllabe.
◆ **endecasílabo** sm LITER hendécasyllabe *m*.

endemia sf endémie *f*.

endémico, ca adj *pr* & *fig* endémique.

endemoniado, da ❖ adj **1.** *fam* & *fig* [niño, vida, etc.] infernal(e) / *un trabajo endemoniado* un travail ingrat **2.** [tiempo, olor] épouvantable **3.** [poseído] possédé(e). ❖ sm, f possédé *m*, -e *f* du démon.

endenantes adv AM *fam* **1.** [hace poco] l'autre jour **2.** [antes] avant.

enderezamiento sm redressement *m*.

enderezar [13] vt *pr* & *fig* redresser.
◆ **enderezarse** vprnl se redresser.

ENDESA (*abr de* **Empresa Nacional de Electricidad, SA**) sf *compagnie nationale espagnole d'électricité* ; ≃ EDF.

endeudamiento sm endettement *m*.

endeudarse vprnl s'endetter.

endiablado, da adj épouvantable.

endibia, endivia sf endive *f*.

endilgar [16] vt *fam* [tarea] coller ; [sermón, regañina] faire.

endiñar vt ESP *fam* **1.** [golpe] coller, filer **2.** [trabajo, tarea] refiler.

endiosamiento sm orgueil *m*.

endiosar vt **1.** [ensalzar] déifier, diviniser **2.** [volver altivo] rendre vaniteux(euse). ◆ **endiosarse** vprnl [volverse altivo] s'enorgueillir, devenir vaniteux(euse).

endivia = **endibia**.

endocrino, na ◆ adj endocrine ; [enfermedad] endocrinien(enne). ◆ sm, f endocrinologue *mf*.

endocrinología sf endocrinologie *f*.

endocrinólogo, ga sm, f endocrinologue *mf*.

endodoncia sf MED endodontie *f*.

endogamia sf endogamie *f*.

endógeno, na adj endogène.

endometriosis sf inv MED endométriose *f*.

endomingado, da adj endimanché(e).

endomingar [16] vt endimancher.
◆ **endomingarse** vprnl s'endimancher.

endoplasma sm endoplasme *m*.

endorfina sf BIOL endomorphine *f*.

endosar vt **1.** *fig* [tarea, carga] repasser / *me endosó sus maletas* il m'a repassé ses valises **2.** COM endosser.

endosatario, ria sm, f COM endossataire *mf*.

endoscopia sf endoscopie *f*.

endoscopio sm MED endoscope *m*.

endoso sm COM endossement *m*.

endrogado, da adj CAM MÉX ▸ **estar endrogado** être endetté.

endrogarse vprnl CHILE MÉX PERÚ s'endetter.

endulzar [13] vt **1.** [con azúcar] sucrer **2.** *fig* [con dulzura] adoucir.

endurecer [30] vt **1.** [gen] durcir **2.** [músculos, etc.] raffermir **3.** *fig* [persona] endurcir.

endurecimiento sm durcissement *m* ; *fig* [insensibilización] endurcissement *m*.

ene., ene (*abr escrita de* **enero**) janv. / *5 ene. 2011* 5 janv. 2011.

enebro sm genévrier *m*.

eneldo sm BOT aneth *m*.

enema sf lavement *m* ; [instrumento] clystère *m*.

enemigo, ga adj & sm, f ennemi(e) ▸ **ser enemigo de algo** détester qqch. ◆ **enemigo** sm MIL ennemi *m*.

enemistad sf inimitié *f*.

enemistar vt brouiller. ◆ **enemistarse** vprnl se brouiller.

energético, ca adj énergétique.
◆ **energética** sf énergétique *f*.

energía sf **1.** *pr* & *fig* énergie *f* ▸ **energía atómica** o **nuclear** énergie nucléaire ▸ **energía eólica / hidráulica / solar** énergie éolienne/hydraulique/solaire **2.** [fuerza] force *f*.

enérgicamente adv énergiquement.

enérgico, ca adj énergique.

energúmeno, na sm, f *fig* énergumène *mf*.

enero sm janvier *m*. ***Ver también* septiembre**.

enervante adj [exasperante] fatigant(e).

enervar vt **1.** [debilitar] affaiblir **2.** [poner nervioso] énerver.

enésimo, ma adj **1.** *fig* [que se ha repetido] énième ▸ **por enésima vez** pour la énième fois **2.** MAT ▸ **enésima potencia** puissance n.

enfadado, da adj ESP fâché(e).

enfadar vt ESP mettre en colère.
◆ **enfadarse** vprnl ESP **1.** [enojarse] se mettre en colère, s'énerver **2.** [enemistarse] se fâcher.

enfado sm ESP **1.** [enojo] colère *f* ▸ **pillarse** o **agarrarse un enfado** *fam* piquer une colère **2.** [enemistad] brouille *f*.

enfangar [16] vt couvrir de boue.
◆ **enfangarse** vprnl **1.** [con barro] se couvrir de boue **2.** *fam* & *fig* [en un asunto sucio] tremper.

énfasis sm inv emphase *f*.

enfático, ca adj emphatique.

enfatizar [13] vt souligner, mettre l'accent sur.

enfermar ◆ vt **1.** [contagiar] contaminer **2.** *fig* [irritar] rendre malade. ◆ vi [ponerse enfermo] tomber malade. ◆ **enfermarse** vprnl **1.** AM [ponerse enfermo] tomber malade **2.** CSUR *fam* [menstruar] avoir ses règles.

> ⚠ **Enfermer** es un falso amigo, no significa *enfermar*, sino "encerrar".

enfermedad sf maladie *f* ; [de la sociedad, etc.] mal *m*.

enfermería sf infirmerie *f*.

enfermero, ra sm, f infirmier *m*, -ère *f*.

enfermizo, za adj **1.** [gen] maladif(ive) **2.** [clima] insalubre ; [alimento, curiosidad] malsain(e).

enfermo, ma adj & sm, f malade.

enfervorizar [13] vt galvaniser.

enfiestarse vprnl AM s'amuser.

enfilar ◆ vt **1.** [dirección] prendre **2.** [arma] pointer. ◆ vi ▸ **enfilar hacia** aller tout droit vers / *enfiló hacia su casa* il est allé directement chez lui.

enfisema sm emphysème *m*.

enflaquecer [30] ◆ vt amaigrir, faire maigrir. ◆ vi maigrir.

enflaquecido, da adj amaigri(e).

enfocar [10] vt **1.** [imagen, objetivo] faire la mise au point de **2.** [luz, focos] braquer, diriger **3.** *fig* [tema, cuestión] aborder.

enfoque sm **1.** [de imagen] mise *f* au point **2.** *fig* [de asunto] approche *f*.

enfrascado, da adj ▸ **enfrascado en** absorbé dans.

enfrascar [10] vt [mermelada, café, etc.] mettre en pot ; [perfume, solución, etc.] mettre en flacon.
◆ **enfrascarse** vprnl ▸ **enfrascarse en** [trabajo, lectura] se plonger dans.

enfrentado, da adj : *mantienen posturas enfrentadas* ils ont des positions divergentes.

enfrentamiento sm affrontement *m*.

enfrentar vt **1.** [hacer frente a] affronter **2.** [poner frente a frente] mettre face à face **3.** [oponer] opposer. ◆ **enfrentarse** vprnl **1.** [luchar] s'affronter **2.** DEP se rencontrer **3.** [hacer frente a] affronter, faire face à ▸ **enfrentarse a alguien** tenir tête à qqn ▸ **enfrentarse con alguien** affronter qqn.

enfrente adv en face / *la tienda de enfrente* le magasin d'en face / *enfrente de mi casa* en face de chez moi.

enfriamiento sm refroidissement *m*.

enfriar [9] vt refroidir. ◆ **enfriarse** vprnl **1.** [sentimientos, tiempo] se refroidir **2.** [café, etc.] refroidir **3.** [acatarrarse] attraper froid.

enfundar vt [arma] rengainer. ◆ **enfundarse** vprnl : *enfundarse el abrigo* endosser son manteau.

enfurecer [30] vt rendre furieux(euse). ◆ **enfurecerse** vprnl s'emporter.

enfurecido, da adj **1.** [rostro, voz, gesto] furieux(euse) **2.** [mar] démonté(e).

enfurecimiento sm fureur *f*.

enfurruñado, da adj *fam* ronchon(onne).

enfurruñarse vprnl *fam* [gruñir] ronchonner ; [poner mala cara] bouder.

engalanar vt décorer. ◆ **engalanarse** vprnl se faire beau (belle).

enganchado, da sm, f CAm ANDES MÉX embauché *m*, -e *f*. ◆ **enganchada** sf *fam* ▸ **tener una enganchada con alguien** avoir un accrochage avec qqn, s'accrocher avec qqn.

enganchar vt **1.** [sujetar - remolque, vagones] accrocher ; [- caballos] atteler **2.** *fam* & *fig* [atrapar] ▸ **enganchar a alguien a)** [atraer] mettre le grappin sur qqn **b)** [apresar] mettre la main sur qqn **3.** *fam* [pillar - borrachera] prendre ; [- empleo] décrocher ; [- marido, etc.] dégoter **4.** CAm ANDES MÉX [reclutar] engager, embaucher. ◆ **engancharse** vprnl **1.** [prenderse] s'accrocher ▸ **engancharse a** *fam* [hacerse adicto] devenir accro à **2.** MIL s'engager **3.** CAm ANDES MÉX [para trabajo] se faire embaucher **4.** RP *fam* [enamorarse de] ▸ **engancharse con** commencer à sortir avec / *se enganchó con la morena* il a commencé à sortir avec la brune.

enganche sm **1.** [gen] accrochage *m* ; [de caballos] attelage *m* **2.** MÉX [depósito] arrhes *fpl*, acompte *m* **3.** RP [en prenda] accroc *m*.

enganchón sm accroc *m*.

engañabobos sm inv **1.** [cosa] attrape-nigaud *m* **2.** [persona] charlatan *m*.

engañar vt tromper ▸ **engañar el hambre** tromper la faim ▸ **las apariencias engañan** les apparences sont trompeuses. ◆ **engañarse** vprnl **1.** [ilusionarse] se leurrer **2.** [confundirse] se tromper.

engañifa sf *fam* ▸ **hacerle una engañifa a alguien** mener qqn en bateau.

engaño sm tromperie *f* ▸ **llamarse a engaño** crier à l'injustice.

engañoso, sa adj trompeur(euse).

engarce sm **1.** [unión - de perlas, abalorios] enfilage *m* ; [- de piedra] sertissage *m* **2.** [armadura] monture *f*.

engarzar [13] vt **1.** [perlas, abalorios] enfiler **2.** [piedra] sertir **3.** *fig* [ideas, palabras] enchaîner.

engastar vt **1.** [en metal] sertir **2.** [en montura] monter.

engaste sm **1.** [encaje] sertissage *m* **2.** [montura] chaton *m*.

engatusador, ra *fam* ◈ adj : *unas palabras engatusadoras* du baratin. ◈ sm, f baratineur *m*, -euse *f*.

engatusamiento sm *fam* baratin *m*.

engatusar vt *fam* embobiner.

engendrar vt *pr* & *fig* engendrer.

engendro sm **1.** [obra] horreur *f* **2.** [ser deforme] monstre *m*.

englobar vt englober.

engolado, da adj **1.** [pomposo, afectado] guindé(e) **2.** [engreído] prétentieux(euse).

engolosinarse vprnl ▸ **engolosinarse con algo** prendre goût à qqch.

engomado, da adj apprêté(e). ◆ **engomado** sm encollage *m*.

engomar vt **1.** [pegar] encoller **2.** [dar apresto] apprêter.

engominado, da adj [pelo] gominé(e).

engominar vt gominer. ◆ **engominarse** vprnl se gominer.

engordar ◈ vt **1.** [animal] engraisser ; [aves] gaver **2.** *fig* [arcas] remplir ; [cuenta] faire fructifier. ◈ vi [persona] grossir ; [alimento] faire grossir.

engorde sm engraissement *m*.

engorro sm embêtement *m* ▸ **¡vaya un engorro!** tu parles d'une partie de plaisir !

engorroso, sa adj pénible ; [situación] délicat(e).

engrampadora sf RP agrafeuse *f*.

engrampar vt RP agrafer.

engranaje sm **1.** [gen] engrenage *m* **2.** *fig* [de ideas] enchaînement *m* **3.** *fig* [funcionamiento] rouages *mpl*.

engranar ◈ vt **1.** MECÁN engrener **2.** *fig* [ideas, hechos] allier **3.** AM AUTO [marchas] engager. ◈ vi **1.** MECÁN s'engrener **2.** RP *fam* [estallar] s'énerver.

engrandecer [30] vt **1.** *fig* [enaltecer] exalter **2.** [aumentar] agrandir. ◆ **engrandecerse** vprnl [incrementarse] augmenter.

engrandecimiento sm **1.** [enaltecimiento] glorification *f* **2.** [aumento] agrandissement *m* / *el engrandecimiento de la población* l'accroissement *m* de la population.

engrapadora sf RP agrafeuse *f*.

engrapar vt AM [grapar] agrafer.

engrasar vt graisser.

engrase sm **1.** [acción] graissage *m* **2.** [sustancia] lubrifiant *m*.

engreído, da adj & sm, f suffisant(e) *(prétentieux)*.

engreimiento sm orgueil *m*.

engreír [28] vt remplir d'orgueil. ◆ **engreírse** vprnl ▸ **engreírse (con)** s'enorgueillir (de).

engrescar [10] vt ▸ **engrescar a alguien con** monter qqn contre. ◆ **engrescarse** vprnl se quereller.

engría ⟶ **engreír**.

engriera ⟶ **engreír**.

engringarse [16] vprnl AM *fam* prendre les allures d'un étranger.

engripado, da adj CSUR enrhumé(e).

engriparse vprnl CSUR s'enrhumer, attraper froid.

engrosar [23] vt **1.** [engordar - persona] faire grossir ; [- texto] augmenter **2.** *fig* [aguas, listas] grossir / ***diez personas engrosaron nuestras filas*** dix personnes sont venues grossir nos rangs. ◆ **engrosarse** vprnl grossir *(augmenter en nombre)*.

engrudo sm colle *f* (à papier).

engruesa ⟶ **engrosar**.

engrumecerse [30] vprnl faire des grumeaux.

engullir vt engloutir *(nourriture)*.

enharinar vt enfariner.

enhebrar vt enfiler.

enhiesto, ta adj dressé(e) / ***llevaba la cabeza enhiesta*** il avait la tête haute.

enhorabuena ❖ sf félicitations *fpl*. ❖ adv [afortunadamente] heureusement / ***enhorabuena lo hiciste*** tu as eu raison de le faire ▸ **¡enhorabuena (por...)!** félicitations (pour...) !

enigma sm énigme *f*.

enigmático, ca adj énigmatique.

enjabonado, da adj plein(e) de savon.
◆ **enjabonado** sm savonnage *m*.

enjabonar vt savonner ; *fig* [dar coba] passer de la pommade à.

enjaezar vt harnacher.

enjambre sm **1.** [de abejas] essaim *m* **2.** *fig* [de personas] foule *f*.

enjaular vt **1.** [en jaula] mettre en cage **2.** *fam* & *fig* [en prisión] coffrer.

enjoyar vt parer de bijoux. ◆ **enjoyarse** vprnl se parer de bijoux.

enjuagar [16] vt rincer. ◆ **enjuagarse** vprnl se rincer.

enjuague sm [de ropa] rinçage *m* ; [de boca] bain *m* de bouche.

enjugar [16] vt **1.** [lágrimas] sécher **2.** *fig* [deudas, déficit] éponger.

enjuiciable adj [hecho, fenómeno, cuestión] justiciable.

enjuiciamiento sm DER mise *f* en accusation.

enjuiciar [8] vt **1.** [opinar] porter un jugement sur **2.** DER [persona] juger ; [causa] instruire.

enjundia sf **1.** [sustancia] matière *f* **2.** [grasa] graisse *f*.

enjuto, ta adj [delgado] décharné(e).

enlace ❖ sm **1.** [gen & QUÍM] liaison *f* **2.** [persona] délégué *m*, -e *f*, responsable *mf* ▸ **servir de enlace entre** servir d'intermédiaire entre ▸ **enlace sindical** délégué syndical **3.** INFORM lien *m* informatique **4.** [casamiento] : ***enlace (matrimonial)*** mariage *m* **5.** [de trenes, autocares] correspondance *f* ▸ **vía de enlace** voie *f* de raccordement.
❖ v ⟶ **enlazar.**

enladrillado sm pavage *m (de briques)*.

enladrillar vt paver *(de briques)*.

enlatado, da adj **1.** [alimento, sustancia] en boîte **2.** [programa, música, risas] enregistré(e).
◆ **enlatado** sm mise *f* en conserve.
◆ **enlatados** smpl AM conserves *fpl*.

enlatar vt mettre en boîte ; [conservas caseras] mettre en conserve.

enlazar [13] ❖ vt ▸ **enlazar algo a o con** a) [atar] lier qqch à b) [trabar, relacionar] relier qqch à.
❖ vi ▸ **enlazar (con)** [medios de transporte] assurer la correspondance (avec).
◆ **enlazarse** vprnl s'unir *(par les liens du mariage)*.

enlistar vt AM ordonner.

enlodar vt couvrir de boue.

enloquecedor, ra adj infernal(e) ; [ritmo, música] endiablé(e).

enloquecer [30] ❖ vt **1.** [volver loco] rendre fou (folle) **2.** *fig* [gustar mucho] adorer / ***me enloquece comer*** j'adore manger. ❖ vi devenir fou (folle).

enloquecido, da adj [persona, animal, mirada, ojos] fou (folle).

enloquecimiento sm folie *f*.

enlosador, ra sm, f carreleur *m*.

enlosar vt daller ; [cuarto] carreler.

enlozar [13] vt AM vernir.

enlucir vt **1.** [techo, pared] crépir, enduire **2.** [metal] fourbir.

enlutado, da adj en deuil.

enlutar vt *fig* [entristecer] endeuiller.
◆ **enlutarse** vprnl porter le deuil.

enmaderar vt [suelo] parqueter ; [pared] lambrisser.

enmadrarse vprnl être toujours dans les jupes de sa mère.

enmarañado, da adj **1.** [pelo, ovillo] emmêlé(e) **2.** [asunto, situación] embrouillé(e).

enmarañar vt **1.** [desordenar] emmêler **2.** [complicar] embrouiller.

enmarcar [10] vt encadrer.

enmascarado, da ❖ adj masqué(e). ❖ sm, f homme *m* masqué, femme *f* masquée.

enmascarar vt *pr* & *fig* masquer.

enmendar [19] vt **1.** [gen] corriger ; [daño] réparer **2.** [ley, dictamen] amender. ◆ **enmendarse** vprnl se corriger ▸ **enmendarse de una equivocación** revenir sur une erreur.

enmicado sm AM film *m* plastique.

enmicar [10] vt AM [carnet, etc.] plastifier.

enmienda sf **1.** [gen & POLÍT] amendement *m* ▸ **hacer propósito de enmienda** prendre de bonnes résolutions **2.** [en escritos] correction *f*.

enmiende ⟶ **enmendar**.

enmohecer [30] vt [alimentos, etc.] laisser moisir ; [metal] rouiller, faire rouiller. ◆ **enmohecerse** vprnl moisir ; *fig* [cuerpo, conocimientos] se rouiller.

enmohecimiento sm moisissure *f* ; [de metal] rouille *f*.

enmoquetado sm pose *f (de la moquette)*.

enmoquetar vt ESP RP moquetter / *enmoquetar una habitación* poser de la moquette dans une pièce.

enmudecer [30] ❖ vt faire taire. ❖ vi **1.** [perder el habla] rester muet(ette) **2.** [callarse] se taire.

enmudecimiento sm mutisme *m* ; *fig* silence *m*.

enmugrecer [30], **enmugrar** vt AM salir. ◆ **enmugrecerse, enmugrarse** vprnl AM se salir.

ennegrecer [30] vt noircir ; [suj: nubes] assombrir. ◆ **ennegrecerse** vprnl se noircir ; [nublarse] s'assombrir.

ennoblecer [30] vt **1.** [dar un título a] anoblir **2.** *fig* [dignificar] ennoblir.

enojadizo, za adj irritable.

enojado, da adj AM fâché(e), en colère.

enojar vt irriter, mettre en colère. ◆ **enojarse** vprnl se mettre en colère ▸ **enojarse con / contra** se fâcher avec / contre.

enojo sm colère *f* ▸ **causar enojo** **a)** [enfadar] irriter **b)** [molestar] agacer, ennuyer.

enojoso, sa adj irritant(e) ; [palabra] déplaisant(e).

enología sf œnologie *f*.

enólogo, ga sm, f œnologue *mf*.

enorgullecer [30] vt enorgueillir. ◆ **enorgullecerse** vprnl ▸ **enorgullecerse de** s'enorgueillir de.

enorme adj *pr* & *fig* énorme.

enormemente adv extrêmement.

enormidad sf *pr* & *fig* énormité *f*.

enquistado, da adj enkysté(e).

enquistamiento sm enkystement *m*.

enquistarse vprnl s'enkyster.

enrabiar [8] vt faire enrager. ◆ **enrabiarse** vprnl se mettre en colère.

enrabietarse vprnl enrager.

enraizado, da adj [costumbre, odio] enraciné(e).

enraizar [13] vi s'enraciner.

enramada sf **1.** [ramaje] ramure *f* **2.** [cobertizo] tonnelle *f*.

enrarecer [30] vt raréfier. ◆ **enrarecerse** vprnl se raréfier.

enrarecido, da adj **1.** [situación, ambiente] dégradé(e), détérioré(e) **2.** [aire, gas] raréfié(e).

enredadera ❖ adj grimpant(e). ❖ sf [gen] plante *f* grimpante ; [planta] liseron *m*.

enredado, da adj **1.** [cuerda, pelo] emmêlé(e) **2.** [asunto, situación] embrouillé(e) **3.** [persona - implicado] / *estar enredado en algo* être mêlé à qqch.

enredador, ra ❖ adj [travieso] turbulent(e). ❖ sm, f **1.** [desordenado] brouillon *m*, -onne *f* **2.** [enmarañador] intrigant *m*, -e *f*.

enredar ❖ vt **1.** [gen] emmêler ; [situación, asunto] embrouiller **2.** *fig* [implicar] ▸ **enredar a alguien en** entraîner qqn dans. ❖ vi **1.** [hacer travesuras] faire des bêtises **2.** [hurgar] trafiquer **3.** [meter cizaña] intriguer. ◆ **enredarse** vprnl **1.** [gen] s'emmêler ; [asunto] s'embrouiller **2.** [suj: plantas] grimper **3.** [empezar] ▸ **enredarse en algo** se lancer dans qqch **4.** *fam* [amancebarse] ▸ **enredarse con alguien** se mettre en ménage avec qqn.

enredo sm **1.** [maraña] enchevêtrement *m* ; [en el pelo] nœud *m* **2.** [asunto] imbroglio *m* **3.** [amoríos] liaison *f* **4.** LITER intrigue *f*. ◆ **enredos** smpl [trastos] attirail *m*.

enredoso, sa adj CHILE MÉX **1.** [intrigante] malveillant(e) **2.** [chismoso] cancanier(ère).

enrejado sm **1.** [de rejas] grille *f* **2.** [de cañas] treillage *m*.

enrejar vt grillager.

enrevesado, da adj compliqué(e).

enrielar vt **1.** CHILE MÉX [encarrilar] mettre sur les rails **2.** CHILE [negocio] mettre en bonne voie.

enriquecedor, ra adj enrichissant(e).

enriquecer [30] vt enrichir. ◆ **enriquecerse** vprnl s'enrichir.

enriquecido, da adj [sustancia, producto] enrichi(e).

enriquecimiento sm enrichissement *m*.

enrocar vt & vi [en ajedrez] roquer.

enrojecer [30] ❖ vt rougir ; [persona] faire rougir. ❖ vi rougir. ◆ **enrojecerse** vprnl [persona] rougir ; [rostro, mejillas] s'empourprer.

enrojecimiento sm **1.** [rubor] : *no pudo evitar un enrojecimiento* il n'a pas pu s'empêcher de rougir **2.** [irritación] rougeur *f*.

enrolar vt enrôler. ◆ **enrolarse** vprnl ▸ **enrolarse (en)** s'enrôler (dans).

enrollado, da adj **1.** [en forma de rollo] enroulé(e) **2.** ESP *fam* [persona, película, música] sympa / *un tío muy enrollado* un type très sympa **3.** *fam* [amorosamente] : *están enrollados desde hace tres años* ils sortent ensemble depuis trois ans.

enrollar vt **1.** [arrollar] enrouler **2.** *fam* [gustar] brancher **3.** *fam* [liar] embobiner. ◆ **enrollarse** vprnl *fam* **1.** [ligar] ▸ **enrollarse con** sortir avec **2.** [hablar] avoir la langue bien pendue / *enrollarse por teléfono* rester des heures au téléphone ▸ **enrollarse con alguien** tenir la jambe à qqn **3.** [portarse bien] être sympa / *¡enróllate!* sois sympa !

enronquecer [30] vt enrouer.

enroque sm [en ajedrez] roque *m*.

enroscar [10] vt **1.** [atornillar] visser **2.** [enrollar] enrouler.

ensaimada sf *gâteau brioché typique de Majorque*.

ensalada sf *pr* & *fig* salade *f*.

ensaladera sf saladier *m*.

ensaladería sf saladerie *f*.

ensaladilla sf macédoine *f* ▸ **ensaladilla rusa** ESP salade *f* russe.

ensalmo sm [oración] incantation *f* ; [práctica] remède *m* de bonne femme ▸ **como por ensalmo** *fig* comme par enchantement.

ensalzamiento sm **1.** [elogio] éloge *m* **2.** [exaltación] glorification *f*.

ensalzar [13] vt porter aux nues.

ensamblado sm assemblage *m*.

ensamblador, ra sm, f assembleur *m*.
◆ **ensamblador** sm INFORM assembleur *m*.

ensambladura sf assemblage *m*.

ensamblaje sm assemblage *m*.

ensamblar vt assembler.

ensanchamiento sm élargissement *m*.

ensanchar vt élargir ; [ampliar] agrandir.

ensanche sm **1.** [de calle, etc.] élargissement *m* **2.** [en la ciudad] zone *f* d'extension urbaine, quartiers *mpl* neufs.

ensangrentado, da adj ensanglanté(e).

ensangrentar [19] vt ensanglanter.

ensañamiento sm acharnement *m*.

ensañarse vprnl ▸ **ensañarse con** s'acharner contre o sur.

ensartar vt **1.** [perlas, aguja] enfiler **2.** [puñal, aguja] planter **3.** AM *fam* [engañar] piéger. ◆ **ensartarse** vprnl AM *fam* [ser engañado] se faire avoir.

ensayar vt **1.** [gen] tester **2.** TEATRO répéter.

> ⚠ Essayer es un falso amigo, no significa *ensayar*, sino "probar".

ensayista smf essayiste *mf*.

ensayo sm **1.** [de espectáculo] répétition *f* **2.** [prueba] test *m* **3.** LITER & DEP essai *m*.

enseguida adv **1.** [pronto, inmediatamente] tout de suite / *enseguida vamos* on arrive tout de suite **2.** [acto continuo] aussitôt / *la reconoció enseguida* il la reconnut aussitôt.

ensenada sf **1.** [en costa] crique *f* **2.** ARG [cerco] enclos *m*.

enseña sf enseigne *f*.

enseñado, da adj **1.** [persona] instruit(e) **2.** [perro] dressé(e).

enseñante smf enseignant *m*, -e *f*.

enseñanza sf enseignement *m* ▸ **enseñanza a distancia** enseignement à distance ▸ **enseñanza estatal o pública** enseignement public ▸ **enseñanza privada** enseignement privé ▸ **enseñanza superior / universitaria** enseignement supérieur/universitaire ▸ **primera enseñanza, enseñanza primaria** enseignement primaire ▸ **segunda enseñanza, enseñanza media** enseignement secondaire ▸ **enseñanza virtual** e-learning *m*.
◆ **enseñanzas** sfpl [de maestro] enseignements *mpl*.

enseñar vt **1.** [gen] apprendre ; [dar clases] enseigner **2.** [mostrar, indicar] montrer **3.** [dejar ver] laisser voir.
◆ **enseñarse** vprnl MÉX *fam* prendre l'habitude de.

enseñorearse vprnl ▸ **enseñorearse de** [apoderarse de] s'emparer de.

enseres smpl **1.** [personales] effets *mpl* **2.** [de trabajador] matériel *m*.

enseriarse vprnl CARIB PERÚ prendre une mine sérieuse.

ensillado, da adj sellé(e).

ensillar vt seller.

ensimismado, da adj renfermé(e), replié(e) sur soi-même.

ensimismamiento sm profondes méditations *fpl* / *era tal su ensimismamiento que…* il était tellement absorbé dans ses pensées que….

ensimismarse vprnl **1.** [enfrascarse] ▸ **ensimismarse en** se plonger dans **2.** [abstraerse] se replier sur soi-même.

ensoberbecer vt : *le ensoberbece su éxito* son succès le gonfle d'orgueil.

ensombrecer [30] vt assombrir.
◆ **ensombrecerse** vprnl s'assombrir.

ensoñación sf rêverie *f*.

ensopar vt AM *fam* [empapar] tremper comme une soupe.

ensordecedor, ra adj assourdissant(e).

ensordecer [30] ◈ vt **1.** [causar sordera] rendre sourd(e) **2.** [suj: sonido] assourdir. ◈ vi devenir sourd(e).

ensordecimiento sm [momentáneo] assourdissement *m* ; [enfermizo] surdité *f*.

ensortijar vt [cabello] boucler.

ensuciar [8] vt *pr* & *fig* salir.
◆ **ensuciarse** vprnl se salir.

ensueño sm rêve *m*.

entablado sm [armazón] estrade *f* ; [suelo] plancher *m*.

entablar ◈ vt **1.** [suelo] poser un plancher sur **2.** [conversación] engager ; [negociaciones] entamer ; [amistad] nouer **3.** MED mettre une attelle à. ◈ vi AM **1.** [empatar] être ex æquo, faire match nul **2.** [en juegos de tablero] faire partie nulle. ◆ **entablarse** vprnl AM **1.** [tener principio] commencer **2.** [el viento] tourner.

entablillar vt mettre une attelle à.

entallado, da adj [vestido, falda, chaqueta] cintré(e).

entallar ◈ vt **1.** [prenda] ajuster **2.** [madera] sculpter. ◈ vi être ajusté(e).

entarimado sm **1.** [suelo] plancher *m* ; [parqué] parquet *m* **2.** [plataforma] estrade *f*.

entarimar vt parqueter.

ente sm **1.** [ser] être *m* **2.** [corporación] organisme *m*, société *f* ▸ **ente público** TV service *m* public **3.** *fam* [persona ridícula] phénomène *m*.

entelequia sf **1.** FILOS entéléchie *f* **2.** [fantasía] vue *f* de l'esprit.

entenado, da sm, f MÉX [hijastro] beau-fils *m*, belle-fille *f*.

entendederas sfpl *fam* jugeote *f* ▸ **ser duro** o **corto de entendederas** ne pas avoir la comprenette facile.

entendedor, ra adj & sm, f connaisseur *m*, -euse *f* ▸ **al buen entendedor sobran las palabras** o **pocas palabras bastan** *fig* à bon entendeur, salut.

entender ◆ vt **1.** [gen] comprendre / *¿qué entiendes tú por amistad?* qu'est-ce que tu entends par amitié ? ▸ **dar a entender que** laisser entendre que **2.** [opinar, juzgar] penser / *yo no entiendo las cosas así* je ne vois pas les choses de cette façon-là. ◆ vi [saber] ▸ **entender de** o **en algo** s'y connaître en qqch ▸ **entender algo de** s'y connaître un peu en ▸ **entender poco de** ne pas connaître grand-chose à. ◆ sm ▸ **a mi entender** à mon sens. ◆ **entenderse** vprnl **1.** [gen] se comprendre **2.** [comunicarse] communiquer **3.** [llevarse bien, ponerse de acuerdo] s'entendre **4.** [tener amores] avoir une liaison.

> ⚠ **Entendre** es un falso amigo, no significa *entender*, sino "oír" y también "escuchar".

entendido, da ◆ adj **1.** [comprendido] compris(e) ▸ **¡entendido!** entendu ! ▸ **no se da por entendido** il fait comme s'il n'était pas au courant **2.** [experto] ▸ **ser entendido en** s'y connaître en. ◆ sm, f connaisseur *m*, -euse *f*. ◆ **bien entendido que** loc adv qu'il soit clair que.

entendimiento sm jugement *m* ▸ **con mucho entendimiento** avec une grande présence d'esprit.

entente sf entente *f* *(commerciale, industrielle)*.

enterado, da adj **1.** ESP [ducho, versado] : *es alguien muy enterado en todo lo que se refiere a los seguros* c'est quelqu'un de très au fait sur tout ce qui touche aux assurances **2.** [informado] au courant / *¿está usted enterado de la noticia?* êtes-vous au courant de la nouvelle ? ▸ **darse por enterado** se le tenir pour dit ▸ **no darse por enterado** faire la sourde oreille.

enteramente adv entièrement.

enterar ◆ vt **1.** [informar] informer **2.** CAM CHILE COL MÉX [dinero] verser. ◆ vi ▸ **enterar a alguien de algo** informer qqn de qqch. ◆ **enterarse** vprnl **1.** [saber, descubrir] ▸ **enterarse de algo** apprendre qqch / *me enteré de que te habías mudado* j'ai appris que tu avais déménagé ▸ **¡para que te enteres!** *fam* si tu veux tout savoir ! ▸ **¡te vas a enterar!** tu vas comprendre ton malheur ! **2.** *fam* [aclararse] piger ▸ **¡oye, que no te enteras!** mais tu débarques ! / *no me entero* je n'y comprends rien **3.** [informarse] ▸ **enterarse de algo** se renseigner sur qqch **4.** [percatarse] ▸ **enterarse (de)** se rendre compte (de).

entereza sf [firmeza] fermeté *f* ; [serenidad] force *f* de caractère ; [honradez] intégrité *f*.

enternecedor, ra adj attendrissant(e).

enternecer [30] vt attendrir. ◆ **enternecerse** vprnl s'attendrir.

enternecimiento sm attendrissement *m*.

entero, ra adj **1.** [completo] entier(ère) / *el pueblo entero* tout le village / *la casa entera* toute la maison ▸ **por entero** entièrement **2.** [sereno] fort(e) **3.** [sin daño] intact(e) **4.** GUAT PERÚ *fam* [parecido] pareil(eille). ◆ **entero** sm FIN point *m*.

enterrador, ra sm, f fossoyeur *m*, -euse *f*.

enterramiento sm **1.** [entierro] enterrement *m* **2.** [tumba] sépulture *f*.

enterrar [19] vt enterrer ; *fig* [olvidar] enfouir. ◆ **enterrarse** vprnl *fig* s'enterrer.

entibiar [8] vt **1.** [bebida, etc.] faire tiédir **2.** [ánimos, entusiasmo] freiner ; [cariño, amistad] affaiblir. ◆ **entibiarse** vprnl **1.** [bebida, etc.] tiédir ; [atmósfera, habitación] se réchauffer **2.** [sentimiento] s'affaiblir.

entidad sf **1.** [organismo] organisme *m* ▸ **entidad deportiva** club *m* sportif ▸ **entidad local** collectivité *f* locale **2.** [empresa] société *f* / *una entidad privada* une société privée ▸ **entidad bancaria** établissement *m* bancaire **3.** FILOS entité *f* **4.** [importancia] envergure *f*.

entienda ⟶ **entender**.

entierra ⟶ **enterrar**.

entierro sm enterrement *m* ▸ **el entierro de la sardina** *fête ayant lieu dans certaines régions d'Espagne au moment des Cendres*.

> **Entierro de la Sardina**
>
> L'« enterrement de la sardine » est une fête traditionnelle qui a lieu le mercredi des Cendres dans certaines régions d'Espagne. Elle symbolise la fin des réjouissances et l'arrivée du carême. Autrefois c'était un porc **(cerdina)** que l'on enterrait, par déformation ce mot s'est transformé en **sardina**. Cette tradition connaît aujourd'hui un regain de popularité, en partie grâce aux enfants des écoles primaires. A cette occasion, ils prennent de véritables sardines qu'ils habillent — ou en confectionnent de fausses avec du tissu ou du papier —, les attachent à une canne à pêche et se livrent à un simulacre d'enterrement.

entlo. *abr escrita de* **entresuelo**.

entoldado sm [carpa] tente *f*.

entoldar vt bâcher / *entoldar la terraza* poser un store au-dessus de la terrasse.

entomología sf entomologie *f*.

entomólogo, ga sm, f entomologiste *mf*.

entonación sf intonation *f* ▸ **cantar con buena entonación** chanter dans le ton.

entonar ◆ vt **1.** [cantar] entonner **2.** [tonificar] revigorer. ◆ vi **1.** [al cantar] chanter juste **2.** [armonizar] ▸ **entonar con** être assorti(e) à.

entonces adv alors ▸ **en o por aquel entonces** en ce temps-là ▸ **desde entonces** depuis.

entontecer [30] ◆ vt **1.** [suj: golpe] assommer **2.** [embobar] abrutir. ◆ vi s'abrutir.
◆ **entontecerse** vprnl s'abrutir.

entornado, da adj **1.** [puerta, ventana] entrouvert(e) **2.** [ojos, párpados] entrouvert(e), mi-clos(e).

entornar vt [puerta] entrebâiller ; [ojos, ventana] entrouvrir ▸ **ojos entornados** yeux mi-clos.

entorno sm environnement *m* ▸ **entorno informático** environnement.

entorpecer [30] vt **1.** [debilitar - miembros, mente] engourdir ; [- movimientos] entraver **2.** [dificultar - tráfico] gêner ; [- proceso, evolución] retarder ; [- camino, carretera] encombrer.

entorpecimiento sm **1.** [de los músculos] engourdissement *m* **2.** *fig* [al hablar, etc.] difficulté *f* **3.** *fig* [moral] embarras *m*.

entrada sf **1.** [gen] entrée *f* ; [de hotel] hall *m* ; [de gas, agua] arrivée *f* **2.** [billete] place *f* ▸ **sacar una entrada** prendre une place **3.** ESP [pago inicial] apport *m* initial **4.** [ingreso] recette *f* ▸ **entrada de dinero** rentrée *f* d'argent **5.** [en la frente] ▸ **tener entradas** avoir les tempes dégarnies **6.** [principio] début *m* ▸ **de entrada** d'emblée **7.** INFORM entrée *f*, saisie *f* **8.** CUBA MÉX *fam* [paliza] raclée *f* **9.** EXPR **de entrada por salida** MÉX payé à l'heure.

entrado, da adj : *entrado el otoño / el día* dans le courant de l'automne / de la journée ▸ **entrado en años** d'âge mûr ▸ **entrado en carnes** potelé.

entramado sm CONSTR treillis *m*.

entramar vt treillisser.

entrampado, da adj *fam* [endeudado] criblé(e) de dettes ▸ **estar entrampado** être criblé de dettes.

entramparse vprnl *fam* s'endetter.

entrante ◆ adj [año, mes] prochain(e) ; [presidente, gobierno] nouveau(elle). ◆ sm **1.** ESP [plato] entrée *f* **2.** [hueco] renfoncement *m*.

entraña sf *(gen pl)* **1.** [de persona, animal, Tierra] entrailles *fpl* ▸ **churrasco de entraña** RP flanchet *m* grillé ▸ **se le arrancaban las entrañas** cela lui déchirait le cœur ▸ **no tener entrañas** ne pas avoir de cœur **2.** [de asunto, cuestión] cœur *m*.

entrañable adj [amigo, recuerdos] cher (chère) ; [amistad] profond(e) ; [carta, persona, escena, etc.] attendrissant(e).

entrañar vt comporter.

entrar ◆ vi

1. [gen] ▸ **entrar (en)** entrer (dans) / *entró en la casa* il entra dans la maison / *entré por la ventana* je suis entré par la fenêtre / *entrar en el ejército* entrer dans l'armée / *entramos en un período de...* nous entrons dans une période de... / *esto no entraba en mis cálculos* ceci n'entrait pas dans mes calculs

2. [caber] : *este anillo no te entra* cette bague est trop petite pour toi / *no entramos todos en tu coche* nous ne tenons pas tous dans ta voiture

3. [empezar] ▸ **entrar a hacer algo** commencer à faire qqch / *entró a trabajar aquí el mes pasado* il a commencé à travailler ici le mois dernier / *cuando me lo dijo, entré a atar cabos* RP *fam* lorsqu'il me l'a dit, j'ai commencé à piger / *cuando entró a pensar en el asunto, ya era demasiado tarde* RP *fam* lorsqu'il s'est mis à réfléchir à la question, il était déjà trop tard ▸ **entrar de** être embauché(e) comme / *entró de telefonista y ahora es director* il a débuté comme standardiste et maintenant il est directeur

4. [estado físico o de ánimo] : *le entraron ganas de hablar* il a eu envie de parler / *me está entrando frío* je commence à avoir froid / *le entró pánico* il fut pris de panique

5. [período de tiempo] commencer / *entró el año con buen tiempo* l'année a commencé avec du beau temps

6. [estar incluido] ▸ **entrar en** être compris(e) dans / *esto no entra en el precio* ce n'est pas compris dans le prix

7. [cantidad] : *¿cuántas entran en un kilo?* il y en a combien dans un kilo ?

8. [figurar] ▸ **entrar en** entrer dans / *entro en el grupo de los disidentes* je fais partie du groupe des dissidents

9. *fam* [concepto, asignatura, etc.] : *no le entra la geometría* la géométrie, ça ne rentre pas

10. AUTO [marcha] passer / *no entra la tercera* la troisième ne passe pas

◆ vt

1. [meter] rentrer / *entra las sillas porque está lloviendo* rentre les chaises parce qu'il pleut

2. [prenda de vestir] reprendre

3. [abordar] aborder / *a ése no sé por dónde entrarle* celui-là, je ne sais pas comment l'aborder

entre prep **1.** [gen] entre / *entre Barcelona y Madrid* entre Barcelone et Madrid / *entre la vida y la muerte* entre la vie et la mort ▸ **entre nosotros** [en confianza] entre nous **2.** [en medio de - muchos] parmi ; [- cosas] dans, au milieu de / *entre los mejores* parmi les meilleurs / *entre los papeles* dans les papiers / *entre los rosales* au milieu des rosiers **3.** [adición] : *entre tú y yo lo conseguiremos* à nous deux nous y arriverons / *entre una cosa y otra, nos salió carísimo* au total, ça nous est revenu très cher **4.** [recíproco] ▸ **entre sí** entre eux / *discutían entre sí* ils se disputaient. ◆ **entre más** loc adv CAM ANDES MÉX plus / *entre más duerme, más cansado se siente* plus il dort, plus il se sent fatigué.

entreabierto, ta pp ⟶ **entreabrir**.

entreabrir vt entrouvrir.

entreacto sm entracte *m*.

entrecano, na adj [cabello, persona] grisonnant(e), poivre et sel *(inv)*.

entrecejo sm ▸ **fruncir el entrecejo** froncer les sourcils.

entrecerrar [19] vt pousser la porte.

entrechocar [10] vt entrechoquer ▸ **entrechocar las espadas** croiser le fer.

entrecomillado, da adj entre guillemets. ◆ **entrecomillado** sm citation *f*.

entrecomillar vt mettre entre guillemets.

entrecortado, da adj entrecoupé(e).

entrecot, entrecote sm entrecôte *f*.

entrecruzado sm ARTE entrelacs *m*.

entrecruzar [13] vt entrecroiser ▸ **entrecruzar las miradas** échanger un regard. ◆ **entrecruzarse** vprnl s'entrecroiser ; [caminos, miradas] se croiser.

entredicho sm ▸ **estar en entredicho** être mis(e) en doute ▸ **poner en entredicho** mettre en doute.

entrega sf **1.** [de llaves, dinero, premio] remise *f* ; [de pedido, paquete] livraison *f* ▸ **hacer entrega de algo a alguien** remettre qqch à qqn ▸ **entrega a domicilio** livraison à domicile **2.** [dedicación] dévouement *m* **3.** [fascículo] fascicule *m*.

entregado, da adj [dedicado] consacré(e) / ***vive entregado a su trabajo*** il ne vit que pour son travail.

entregar [16] vt **1.** [llaves, dinero, premio] remettre **2.** [pedido, paquete, persona] livrer. ◆ **entregarse** vprnl **1.** [rendirse] se rendre **2.** ▸ **entregarse a a)** [familia, amigos, trabajo] se consacrer à **b)** [vicio, bebida] s'adonner à **c)** [pasión, hombre] s'abandonner à.

entreguerras ◆ **de entreguerras** loc adj de l'entre-deux-guerres.

entrelazar [13] vt entrecroiser.

entrelínea sf interligne *m*.

entremedio, entremedias adv au milieu.

entremés sm *(gen pl)* CULIN hors-d'œuvre *m inv*.

entremeter vt insérer. ◆ **entremeterse** vprnl [inmiscuirse] ▸ **entremeterse en** se mêler de.

entremetido, da, entrometido, da adj & sm, f indiscret(ète).

entremezclar vt mélanger. ◆ **entremezclarse** vprnl se mêler.

entrenador, ra sm, f entraîneur *m*, -euse *f*.

entrenamiento sm entraînement *m*.

entrenar ❖ vt entraîner. ❖ vi s'entraîner. ◆ **entrenarse** vprnl s'entraîner.

entreoír [62] vt entendre vaguement / ***entreoyó la conversación*** il a vaguement entendu la conversation.

entrepierna sf entrejambe *m*.

entreplanta sf faux-étage *m*.

entresacar [10] vt **1.** [escoger] sélectionner ; [de un texto] tirer **2.** [cortar - cabello] désépaissir ; [- monte] éclaircir.

entresijos smpl [de asunto] dessous *mpl* ▸ **conocer todos los entresijos de algo** connaître qqch dans les moindres détails ; [de negocio] ficelles *fpl* ; [del poder] arcanes *mpl*.

entresuelo sm [piso] entresol *m*.

entretanto ❖ adv pendant ce temps, entre-temps. ❖ sm ▸ **en el entretanto** pendant ce temps, entre-temps.

entretecho sm AM [desván] grenier *m*.

entretejer vt tisser.

entretela sf [de ropa] triplure *f*. ◆ **entretelas** sfpl *fam* ▸ **de mis entretelas** de mes entrailles.

entretención sf CHILE divertissement *m*.

entretener [72] vt **1.** [divertir] distraire **2.** [retrasar - persona] retarder, retenir ; [- fecha, resolución] repousser **3.** [mantener] entretenir **4.** [hacer olvidar - hambre] tromper ; [- dolor] calmer. ◆ **entretenerse** vprnl **1.** [distraerse] ▸ **entretenerse (con)** être distrait(e) (par) **2.** [divertirse] se distraire **3.** [retrasarse] s'attarder.

> ⚠ **Entretenir** es un falso amigo, no significa *entretener*, sino "mantener".

entretenido, da adj [divertido] distrayant(e) ; [trabajoso] prenant(e). ◆ **entretenida** sf [amante] maîtresse *f*.

entretenimiento sm **1.** [diversión, pasatiempo] distraction *f* **2.** [mantenimiento] entretien *m*.

entretiempo sm **1.** CSUR DEP mi-temps *f* **2.** EXPR **de entretiempo** [ropa] de demi-saison.

entrever [76] vt *pr* & *fig* entrevoir. ◆ **entreverse** vprnl *fig* [adivinarse] se profiler à l'horizon.

entreverado ❖ adj CSUR **1.** [mezclado] mélangé(e) **2.** [confuso] confus(e). ❖ sm VEN CULIN *tripes de mouton assaisonnées et grillées*.

entreverar vt CSUR entremêler, mélanger. ◆ **entreverarse** vprnl CSUR se mêler, s'entremêler.

entrevero sm CSUR **1.** [lío] confusion *f* **2.** [pelea] bagarre *f* **3.** EXPR **por los entreveros y recovecos** dans tous les coins et recoins.

entrevista sf **1.** [de trabajo, etc.] entretien *m* ▸ **entrevista de selección** entretien d'embauche **2.** [de periodista] interview *f* ▸ **hacer una entrevista a alguien** interviewer qqn.

entrevistado, da sm, f personne *f* interviewée o interrogée.

entrevistador, ra sm, f interviewer *m*.

entrevistar vt interviewer. ◆ **entrevistarse** vprnl ▸ **entrevistarse (con)** avoir un entretien (avec).

entrevisto, ta pp ⟶ **entrever**.

entristecer [30] vt [persona] attrister ; [cosa] rendre triste. ◆ **entristecerse** vprnl ▸ **entristecerse (por o con algo)** s'attrister (de qqch).

entristecimiento sm tristesse *f*.

entrometerse vprnl ▸ **entrometerse en a)** se mêler de **b)** [conversación] s'immiscer dans.

entrometido, da = **entremetido**.

entrometimiento sm immixtion *f*.

entromparse vprnl **1.** *fam* [emborracharse] se cuiter **2.** AM [enfadarse] se fâcher.

entroncamiento sm [parentesco] lien *m* de parenté.

entroncar [10] vi **1.** ▸ **entroncar con a)** [familia] être apparenté(e) à **b)** [tren, etc.] assurer la correspondance avec **2.** MÉX [aparear] apparier.

entronización sf intronisation *f*.

entronizamiento sm intronisation *f*.

entronizar [13] vt **1.** [en el trono] introniser / *le entronizaron como rey* le roi a été intronisé **2.** *fig* [en una posición] élever.

entropía sf FÍS entropie *f*.

entubado sm tubage *m*.

entubar vt **1.** [cosa] tuber **2.** [persona] intuber.

entuerto sm tort *m* ▸ **deshacer entuertos** jouer les redresseurs de torts.

entumecer [30] vt engourdir.
◆ **entumecerse** vprnl s'engourdir.

entumecido, da adj engourdi(e) / *los dedos entumecidos* les doigts gourds.

entumecimiento sm engourdissement *m*.

enturbiar [8] vt *pr* & *fig* troubler.
◆ **enturbiarse** vprnl *pr* & *fig* se troubler.

entusiasmado, da adj enthousiaste.

entusiasmar vt **1.** [animar] enthousiasmer, emballer **2.** [gustar] : *me entusiasma la música* j'adore la musique. ◆ **entusiasmarse** vprnl ▸ **entusiasmarse (con)** s'enthousiasmer (pour), s'emballer (pour).

entusiasmo sm enthousiasme *m*.

entusiasta ◆ adj enthousiaste.
◆ sm, f passionné *m*, -e *f*.

entusiástico, ca adj enthousiaste.

enumeración sf énumération *f*.

enumerar vt énumérer.

enunciación sf énonciation *f*.

enunciado sm [gen & LING] énoncé *m*.

enunciar [8] vt énoncer.

enuresis sf inv MED énurésie *f*.

envainar vt rengainer.

envalentonamiento sm hardiesse *f*.

envalentonar vt ▸ **envalentonar a alguien** donner du courage à qqn. ◆ **envalentonarse** vprnl s'enhardir.

envanecer [30] vt gonfler d'orgueil. ◆ **envanecerse** vprnl ▸ **envanecerse de algo** être fier (fière) de qqch ▸ **envanecerse de hacer algo** s'enorgueillir de faire qqch.

envanecimiento sm vanité *f*.

envarado, da ◆ adj guindé(e).
◆ sm, f : *es un envarado* il est imbu de lui-même.

envarar vt engourdir. ◆ **envararse** vprnl s'engourdir.

envasado sm [en botellas, paquetes] conditionnement *m* ▸ **envasado en latas** mise *f* en conserve.

envasar vt [en botellas, paquetes] conditionner.

envase sm **1.** [gen] conditionnement *m* **2.** [envoltorio] emballage *m* ; [botella] bouteille *f* ; [lata] boîte *f* ▸ **envase desechable** emballage jetable / *'envase sin retorno'* 'bouteille non consignée'.

envejecer [30] vt & vi vieillir.

envejecido, da adj vieilli(e).

envejecimiento sm vieillissement *m*.

envenenado, da adj **1.** [bebida, alimento] empoisonné(e) / *murió envenenado* il est mort empoisonné **2.** [comentario] envenimé(e) ; [mirada] meurtrier(ère) ; [lengua] de vipère.

envenenamiento sm empoisonnement *m*.

envenenar vt empoisonner.

envergadura sf envergure *f*.

envés sm envers *m*.

enviado, da sm, f envoyé *m*, -e *f* ▸ **enviado especial** envoyé spécial.

enviar [9] vt envoyer ▸ **enviar a alguien por algo / a hacer algo** envoyer qqn chercher qqch / faire qqch ▸ **enviar algo por correo** poster qqch.

> ⚠ **Envier** es un falso amigo, no significa *enviar*, sino "envidiar".

enviciar [8] vt ▸ **enviciar a alguien** avoir une mauvaise influence sur qqn. ◆ **enviciarse** vprnl ▸ **enviciarse con a)** [bebida, juego] s'adonner à **b)** [ordenador, televisión] être mordu(e) de.

envidia sf **1.** [admiración] envie *f* **2.** [celos] jalousie *f* / *me da envidia tu nuevo vestido* je suis jalouse de ta nouvelle robe ▸ **estar verde de envidia** RP *fam* être vert de jalousie ▸ **tener envidia de** être jaloux de.

envidiable adj enviable.

envidiar [8] vt **1.** [sentir admiración] envier **2.** [sentir celos] être jaloux(ouse) de.

envidioso, sa adj & sm, f envieux(euse).

envilecer [30] vt avilir.
◆ **envilecerse** vprnl se dépraver.

envilecimiento sm dépravation *f*.

envío sm **1.** [gen] envoi *m* / *el paquete se perdió en el envío* le paquet s'est perdu pendant le transport **2.** [paquete] colis *m*.

envite sm **1.** [en el juego] mise *f* **2.** *fig* [ofrecimiento] offre *f*.

enviudar vi devenir veuf (veuve).

envoltorio sm [papel, cartón, etc.] emballage *m*.

envoltura sf enveloppe *f* ▸ **poner una envoltura** emballer.

envolvente adj enveloppant(e).

envolver [24] vt **1.** [gen] envelopper / *le envuelve el cariño de su familia* sa famille l'entoure de tendresse **2.** [enrollar] enrouler **3.** [implicar] ▸ **envolver a alguien en** mêler qqn à **4.** [engatusar] enjôler.
◆ **envolverse** vprnl s'envelopper.

envuelto, ta pp ⟶ **envolver**.

envuelto sm AM [tortilla] galette *f*.

envuelva ⟶ **envolver**.

enyesar vt plâtrer / *tiene un brazo enyesado* il a un bras dans le plâtre.

enzarzar [13] vt envenimer ▸ **enzarzar a alguien en** [discusión, pelea] entraîner qqn dans. ◆ **enzarzarse** vprnl ▸ **enzarzarse en** [pelea, negocio] s'empêtrer dans.

enzima sf enzyme *f*.

eólico, ca adj éolien(enne) / *la acción eólica* l'action du vent.

EPA (*abr de* **encuesta de población activa**) sf *enquête sur la population active mettant en évidence le taux de chômage du pays.*

epatar vt épater.

épica sf ⟶ **épico**.

epicardio sm épicarde *m*.

epicentro sm épicentre *m*.

épico, ca adj épique. ◆ **épica** sf poésie *f* épique.

epicureísmo sm épicurisme *m*.

epicúreo, a adj & sm, f épicurien(enne).

epidemia sf épidémie *f*.

epidémico, ca adj épidémique.

epidemiología sf épidémiologie *f*.

epidérmico, ca adj épidermique.

epidermis sf inv épiderme *m*.

epidural sf [anestesia] péridurale *f*.

Epifanía sf ▸ **la Epifanía** l'Épiphanie *f*.

epiglotis sf inv épiglotte *f*.

epígrafe sm épigraphe *f*.

epigrafía sf épigraphie *f*.

epigrama sm [sátira] épigramme *f*.

epilepsia sf épilepsie *f*.

epiléptico, ca ❖ adj épileptique ▸ **un ataque epiléptico** une crise d'épilepsie. ❖ sm, f épileptique *mf*.

epílogo sm *pr* & *fig* épilogue *m*.

episcopado sm épiscopat *m*.

episcopal adj épiscopal(e).

episódico, ca adj épisodique.

episodio sm épisode *m*.

epistemología sf épistémologie *f*.

epístola sf épître *f*.

epistolar adj épistolaire.

epistolario sm **1.** [conjunto de cartas] correspondance *f* **2.** RELIG livre *m* des Épîtres.

epitafio sm épitaphe *f*.

epitelio sm épithélium *m*.

epíteto sm épithète *f*.

epítome sm abrégé *m*.

e.p.m. (*abr escrita de* **en propia mano**) en main(s) propre(s) / *documento entregado e.p.m.* document remis en mains propres.

época sf époque *f* ; [estación] saison *f* ▸ **de época** a) [traje, coche] d'époque b) [película] historique ▸ **hacer época** faire date.

epónimo, ma adj éponyme.
◆ **epónimo** sm éponyme *m*.

epopeya sf *pr* & *fig* épopée *f*.

épsilon sf epsilon *m*.

equidad sf équité *f*.

equidistante adj équidistant(e).

equidistar vi ▸ **equidistar (de)** être équidistant(e) (de).

équidos smpl équidés *mpl*.

equilátero, ra adj équilatéral(e).

equilibrado, da adj équilibré(e).
◆ **equilibrado** sm équilibrage *m*.

equilibrar vt équilibrer.
◆ **equilibrarse** vprnl s'équilibrer.

equilibrio sm équilibre *m* ▸ **mantener algo en equilibrio** tenir qqch en équilibre ▸ **mantenerse en equilibrio** garder l'équilibre ▸ **perder el equilibrio** perdre l'équilibre ▸ **equilibrio ecológico** équilibre écologique ▸ **hacer equilibrios** *fig* ménager la chèvre et le chou.

equilibrismo sm [en trapecio] trapèze *m* ; [funambulismo] exercices *mpl* d'équilibriste.

equilibrista smf équilibriste *mf*.

equino, na adj chevalin(e).

equinoccial adj équinoxial(e).

equinoccio sm équinoxe *m*.

equipaje sm bagages *mpl* ▸ **equipaje de mano** bagage *m* à main.

> ⚠ **Equipage** es un falso amigo, no significa *equipaje*, sino "tripulación".

equipamiento sm équipement *m* ▸ **llevar un equipamiento** être équipé(e).

equipar vt ▸ **equipar (con** o **de)** équiper (en o de).
◆ **equiparse** vprnl s'équiper.

equiparable adj comparable.

equiparación sf égalisation *f*.

equiparar vt ▸ **equiparar a** o **con** comparer à.
◆ **equipararse** vprnl se comparer.

equipo sm **1.** [de objetos] matériel *m* ▸ **equipo de oficina** matériel de bureau **2.** [de novia] trousseau *m* ; [de soldado] paquetage *m* **3.** [de personas, jugadores] équipe *f*

▸ **equipo de rescate** équipe de secours **4.** [de música] ▸ **equipo (de sonido)** chaîne *f* (hi-fi).

equis ❖ adj inv x, X / *un número equis de personas* un nombre x de personnes. ❖ sf inv **1.** x *m inv* **2.** EXPR **estar en la equis** CAM COL ECUAD *fam* [estar flaco] être maigre comme un clou.

equitación sf équitation *f*.

equitativo, va adj équitable.

equivalencia sf équivalence *f*.

equivalente ❖ adj équivalent(e). ❖ sm équivalent *m*.

equivaler [74] vi ▸ **equivaler a** équivaloir à.

equivocación sf erreur *f*.

equivocadamente adv par erreur.

equivocado, da adj erroné(e).

equivocar [10] vt ▸ **equivocar algo con algo** confondre qqch avec qqch. ◆ **equivocarse** vprnl ▸ **equivocarse (de)** se tromper (de) ▸ **equivocarse con alguien** se tromper sur qqn.

equívoco, ca adj équivoque. ◆ **equívoco** sm [error] malentendu *m*.

era ❖ v ⟶ **ser.** ❖ sf **1.** [gen & HIST] ère *f*; [napoleónica, gótica, etc.] époque *f* ▸ **era cristiana** ère chrétienne ▸ **era geológica** ère géologique ▸ **era primaria / secundaria / terciaria** ère primaire / secondaire / tertiaire **2.** [para trillar] aire *f*.

eral, la sm, f *bovin d'âge compris entre un et deux ans*.

erario sm budget *m* ▸ **erario público** Trésor *m* public.

ERASMUS (*abr escrita de* **European Action Scheme for the Mobility of University Students**) sm Erasmus *m*.

ERC (*abr escrita de* **Esquerra Republicana de Catalunya**) sf *parti nationaliste catalan de gauche*.

erección sf érection *f*.

eréctil adj érectile.

erecto, ta adj dressé(e) ; [pene] en érection.

eremita sm ermite *m*.

eres ⟶ **ser**.

ergio sm FÍS erg *m*.

ergonomía sf ergonomie *f*.

ergonómico, ca adj ergonomique.

erguido, da adj dressé(e).

erguir [58] vt dresser. ◆ **erguirse** vprnl se dresser.

erial ❖ adj en friche / *un terreno erial* un terrain en friche. ❖ sm friche *f*.

erice ⟶ **erizar**.

erigir [15] vt **1.** [construir] ériger **2.** [nombrar] nommer. ◆ **erigirse** vprnl ▸ **erigirse en** s'ériger en.

eritema sm érythème *m*.

Eritrea npr Érythrée *f*.

eritreo, a ❖ adj érythréen(enne). ❖ sm, f Érythréen *m*, -enne *f*.

Eriván npr Erevan.

erizado, da adj *pr* & *fig* hérissé(e).

erizar [13] vi AM [irritar] hérisser, irriter / *ese chirrido me eriza* ce grincement me hérisse. ◆ **erizarse** vprnl se hérisser.

erizo sm **1.** [mamífero] hérisson *m* **2.** [pez] poisson-globe *m* **3.** EXPR **quedar erizo** MÉX *fam* : *después de pagar las cuentas, quedé erizo* après avoir réglé les factures, je me suis retrouvé sans un sou ▸ **ser un erizo** *fig* [persona] être aimable comme une porte de prison. ◆ **erizo de mar** sm oursin *m*.

ermita sf ermitage *m*.

ermitaño, ña sm, f ermite *m*. ◆ **ermitaño** sm bernard-l'ermite *m*.

erogación sf **1.** DER distribution *f* **2.** AM *form* [desembolso] dépense *f*, paiement *m*.

erogar vt **1.** DER distribuer **2.** AM *form* [gasto] payer.

erógeno, na adj érogène.

eros sm inv éros *m*.

erosión sf érosion *f*.

erosionar vt éroder. ◆ **erosionarse** vprnl être érodé(e).

erosivo, va adj érosif(ive) *(qui érode)*.

erótico, ca adj érotique. ◆ **erótica** sf ▸ **la erótica del poder** les attraits du pouvoir.

erotismo sm érotisme *m*.

erotizar vt érotiser.

erradicación sf éradication *f* ; [de locales] suppression *f*.

erradicar [10] vt éradiquer.

errado, da adj **1.** [tiro, disparo] manqué(e) **2.** [razonamiento, etc.] erroné(e).

errante adj errant(e) ; [mendigo] vagabond(e).

errar [47] ❖ vt **1.** [camino, rumbo, etc.] se tromper de ▸ **errar la vocación** rater sa vocation **2.** [tiro, golpe] manquer **3.** EXPR **errar el biscochazo** RP *fam* se mettre o fourrer le doigt dans l'œil (jusqu'au coude). ❖ vi **1.** [equivocarse] faire erreur, se tromper / *le erraron con el diagnóstico* RP ils ont fait une erreur de diagnostic à son sujet **2.** [al disparar] manquer son coup **3.** [vagar] errer.

errata sf erratum *m*, coquille *f*.

errático, ca adj **1.** [vida, etc.] errant(e) **2.** MED erratique.

erre sf [letra] r *m inv* ▸ **erre que erre** obstinément.

erróneo, a adj erroné(e).

error sm erreur *f* ▸ **estar en un error** être dans l'erreur ▸ **por error** par erreur ▸ **salvo error u omisión** sauf erreur ou omission ▸ **error de bulto** grossière erreur.

ertzaina smf ESP *membre de la police autonome basque*.

Ertzaintza sf *police autonome basque*.

eructar vi faire un rot.

eructo sm rot *m*.

erudición sf érudition *f*.

erudito, ta adj & sm, f érudit(e).

erupción sf [de volcán] éruption *f* ▸ **en erupción** en éruption.

eruptivo, va adj éruptif(ive).

es ⟶ **ser**.

E / S (*abr escrita de* **entrada / salida**) E/S ▸ **dispositivo (de) E / S** dispositif E/S.

esa ⟶ **ese**.

ésa ⟶ **ése**.

esbeltez sf [de persona] sveltesse *f* ; [de objeto, etc.] grâce *f*.

esbelto, ta adj svelte.

esbirro sm sbire *m*.

esbozar [13] vt *pr* & *fig* ébaucher.

esbozo sm ébauche *f*.

escabechado, da adj CULIN mariné(e).
◆ **escabechado** sm CULIN [proceso] marinage *m* ; [salsa] marinade *f*.

escabechar vt **1.** CULIN faire mariner **2.** *fam* [matar, en examen] massacrer.

escabeche sm marinade *f* ; [de pescado] escabèche *f* / *escabeche de sardina / perdiz* sardines/perdrix marinées ▸ **en escabeche** a) [pescado] à l'escabèche b) [carne] en marinade.

escabechina sf ESP [en examen] hécatombe *f*.

escabroso, sa adj **1.** [superficie] inégal(e) / *un terreno escabroso* un terrain accidenté **2.** [obsceno] scabreux(euse) **3.** [espinoso] délicat(e).

escabullirse vprnl **1.** [escurrirse] filer **2.** [escaparse] s'éclipser **3.** [escaquearse] se défiler.

escacharrado, da, descacharrado, da adj ESP *fam* [roto, averiado] esquinté(e), bousillé(e).

escacharrante, descacharrante adj *fam* [graciosísimo] tordant(e), bidonnant(e).

escacharrar, descacharrar vt ESP *fam* **1.** [mecanismo, aparato, coche] esquinter, bousiller **2.** *fig* [plan, proyecto] ficher en l'air.
◆ **escacharrarse, descacharrarse** vprnl **1.** [mecanismo, aparato, coche] se casser **2.** *fig* [plan, proyecto] échouer, tourner court.

escafandra sf scaphandre *m* ▸ **escafandra espacial** combinaison *f* spatiale.

escafandrista smf scaphandrier *m*.

escala sf **1.** [gen & FÍS] échelle *f* ▸ **a escala 1:50.000** à l'échelle de 1/50 000 / *a escala internacional* à l'échelle internationale ▸ **a gran escala** à grande échelle **2.** MÚS [de colores] gamme *f* ▸ **escala musical** gamme **3.** [en un viaje] escale *f* ▸ **hacer escala** faire escale **4.** [grado] cote *f* ▸ **escala de popularidad** cote de popularité.

escalada sf *pr* & *fig* escalade *f*.

escalador, ra ✧ adj qui fait de l'alpinisme. ✧ sm, f **1.** [que escala] grimpeur *m*, -euse *f* ; [alpinista] alpiniste *mf* **2.** *fam* [de puestos] jeune loup *m*, carriériste *mf*.

escalafón sm hiérarchie *f* ; [en el trabajo] tableau *m* d'avancement.

escalar vt **1.** [gen] escalader **2.** *fam* & *fig* [socialmente] ▸ **escalar puestos** grimper les échelons.

escaldado, da adj **1.** CULIN blanchi(e) **2.** *fig* [persona] échaudé(e).

escaldar vt **1.** CULIN blanchir **2.** [metal] chauffer à blanc **3.** *fig* [ofender] blesser à vif. ◆ **escaldarse** vprnl [con agua] s'ébouillanter ; [con fuego, por el sol] se brûler.

escaleno adj GEOM scalène.

escalera sf **1.** [gen] escalier *m* ▸ **escalera de caracol** escalier en colimaçon ▸ **escalera de incendios** escalier de secours ▸ **escalera de mano** échelle *f* ▸ **escalera de servicio** escalier de service ▸ **escalera de tijera** escabeau *m* ▸ **escalera mecánica o automática** Escalator® *m* **2.** [en naipes] quinte *f* ▸ **escalera de color** quinte flush.

escalerilla sf [de avión] escalier *m*.

escaléxtric sm **1.** [juego] circuit *m* miniature **2.** [de carreteras] échangeur *m*.

escalfado, da adj [huevo] poché(e).

escalfar vt [huevo] pocher.

escalibada sf *spécialité culinaire catalane à base de légumes grillés*.

escalinata sf perron *m*.

escalofriante adj terrifiant(e).

escalofrío sm *(gen pl)* frisson *m*.

escalón sm **1.** [peldaño] marche *f* **2.** *fig* [grado] échelon *m*.

escalonado, da adj **1.** [vacaciones, deuda, etc.] échelonné(e) **2.** [terreno] en terrasses ; [pelo] en dégradé.

escalonar vt échelonner.

escalope sm escalope *f*.

escalpar vt scalper.

escalpelo sm scalpel *m*.

Cómo indicar a alguien su error

- **Ce que tu dis est faux.** *Lo que dices no es verdad.*
- **Ce n'est pas vrai.** *No es verdad.*
- **Je ne suis pas du tout d'accord avec toi.** *No estoy para nada de acuerdo contigo.*
- **Je ne partage pas son avis.** *No comparto su opinión.*
- **Il pense que tu as tort (d'agir ainsi).** *Piensa que te equivocas (actuando así).*
- **Vous avez tort de penser qu'il vous en veut.** *Se equivoca usted si piensa que está resentido con usted.*
- **Tu ne devrais pas réagir comme tu le fais.** *No deberías reaccionar como haces.*
- **Son comportement est inadmissible.** *Su comportamiento es inadmisible.*

escama sf **1.** [de pez, reptil, cebolla] écaille *f* **2.** [de jabón] paillette *f* **3.** [en la piel] squame *f*.

escamado, da adj *fam* méfiant(e).

escamar vt **1.** [quitar escamas] écailler **2.** *fam* & *fig* [mosquear] mettre la puce à l'oreille. ◆ **escamarse** vprnl *fam* [mosquearse] : *se escamó* ça lui a mis la puce à l'oreille.

escamotear vt [estafar] escroquer ; [hurtar] subtiliser.

escampar v impers cesser de pleuvoir.

escanciar [8] vt verser *(boisson)*.

escandalizar [13] vt [indignar] scandaliser ; [alborotar] faire du tapage dans. ◆ **escandalizarse** vprnl se scandaliser ▸ **escandalizarse de** être scandalisé(e) par.

escándalo sm **1.** [gen] scandale *m* **2.** [alboroto] tapage *m* ; [en clase] chahut *m*.

escandaloso, sa ❖ adj **1.** [gen] scandaleux(euse) **2.** [ruidoso] tapageur(euse) ; [niños] bruyant(e). ❖ sm, f ▸ **es un escandaloso** il est très bruyant.

Escandinavia npr Scandinavie *f*.

escandinavo, va ❖ adj scandinave. ❖ sm, f Scandinave *mf*.

escandio sm scandium *m*.

escanear vt **1.** INFORM scanner **2.** MED faire un scanner à.

escáner (*pl* **escáneres**), **scanner** [es'kaner] (*pl* **scanners**) sm scanner *m*.

escaño sm siège *m (au Parlement)*.

escapada sf **1.** [salida rápida] escapade *f* **2.** DEP échappée *f*.

escapado, da sm, f [en ciclismo] échappé *m*, -e *f*.

escapar vi **1.** [huir] ▸ **escapar (de)** [lugar] s'échapper (de) **2.** [librarse, quedar fuera del alcance] ▸ **escapar de algo / a alguien** échapper à qqch / à qqn. ◆ **escaparse** vprnl **1.** [huir] ▸ **escaparse (de algo)** s'échapper (de qqch) ▸ **escaparse de alguien** échapper à qqn **2.** [involuntariamente] : *se le escapó la risa / un taco* un rire / un gros mot lui a échappé / *se le escapó el tren / la ocasión* il a manqué son train / l'occasion **3.** [líquido, gas] fuir.

escaparate sm **1.** [en tienda, casa] vitrine *f* ▸ **ir de escaparates** faire du lèche-vitrines **2.** COL CUBA VEN [armario] armoire *f*.

escaparatismo sm décoration *f* de vitrine.

escaparatista smf étalagiste *mf*.

escapatoria sf **1.** [fuga] évasion *f* ; [escapada] escapade *f* ▸ **no tener escapatoria** [persona] être au pied du mur **2.** *fam* [pretexto] échappatoire *f*.

escape sm [de agua, gas, etc.] fuite *f* ; [de coche] échappement *m* ▸ **a escape** ESP [a toda prisa] à toute vitesse.

escapismo sm évasion *f* de la réalité.

escapista adj [literatura] d'évasion ; [película] d'aventure.

escapulario sm scapulaire *m*.

escaquearse vprnl ESP *fam* se défiler ▸ **escaquearse de** *fam* s'esquiver.

escarabajo sm **1.** ZOOL scarabée *m* **2.** *fam* [coche] coccinelle *f*.

escaramuza sf escarmouche *f*.

escarapela sf cocarde *f*.

escarbar vt [tierra] gratter ; *fig* [vida, pasado] fouiller.

escarceos smpl **1.** [tentativas] incursions *fpl* **2.** [rodeos] divagations *fpl* ▸ **escarceos amorosos** aventures *fpl* amoureuses.

escarcha sf givre *m*.

escarchado, da adj [fruta] candi ▸ **manzana escarchada** pomme d'amour.

escarchar v impers : *ha escarchado anoche* il a gelé cette nuit.

escardar vt sarcler.

escarificación sf [automutilatión] scarification *f*.

escarlata adj & sf écarlate.

escarlatina sf scarlatine *f*.

escarmentado, da adj ▸ **estar / quedar escarmentado** être échaudé(e) / *salió escarmentado de la experiencia* il a tiré la leçon de l'expérience.

escarmentar [19] vi tirer la leçon *(d'une expérience)*.

escarmiento sm leçon *f (avertissement)*.

escarnecer [30] vt railler.

escarnecimiento sm raillerie *f*.

escarnio sm raillerie *f*.

escarola sf frisée *f*.

escarpado, da adj escarpé(e).

escarpín sm **1.** [zapato] escarpin *m* **2.** [calcetín] chausson *m*.

escasear vi manquer.

escasez sf **1.** [carestía] pénurie *f* **2.** [pobreza] indigence *f*.

escaso, sa adj **1.** [insuficiente - recursos, comida] maigre ; [- número, cantidad] faible / *andar escaso de dinero* être à court d'argent **2.** [poco frecuente] rare **3.** [casi completo] : *un metro / kilo escaso* à peine un mètre / kilo / *media hora escasa* une petite demi-heure.

escatimar vt [comida, medios] rogner sur ; [esfuerzos] ménager ▸ **no escatimar algo** ne pas lésiner sur qqch.

escatología sf [de los excrementos] scatologie *f*.

escatológico, ca adj scatologique.

escay, skay [es'kai] sm Skaï® *m*.

escayola sf plâtre *m*.

escayolado, da adj [brazo, pierna] plâtré(e) / *brazo escayolado* bras plâtré. ◆ **escayolado** sm **1.** [acción] plâtrage *m* **2.** [resultado] plâtre *m*.

escayolar vt MED plâtrer.

escayolista smf plâtrier *m*.

escena sf scène *f* ▸ **llevar algo a la escena** porter qqch à la scène ▸ **poner en escena** mettre en scène ▸ **hacer una escena** *fig* faire une scène.

escenario sm **1.** [tablas] scène *f* **2.** CINE & TEATRO [lugar de la acción] cadre *m* **3.** *fig* [de suceso] théâtre *m* ▸ **el escenario del crimen** le lieu du crime.

⚠ **Scénario** es un falso amigo, no significa *escenario*, sino "argumento" y también "guión".

escénico, ca adj scénique.

escenificación sf mise *f* en scène.

escenificar [10] vt mettre en scène.

escenografía sf **1.** [arte] scénographie *f* **2.** [decorados] mise *f* en scène.

escenógrafo, fa sm, f metteur *m* en scène.

escepticismo sm scepticisme *m*.

escéptico, ca adj & sm, f sceptique.

escindir vt scinder. ◆ **escindirse** vprnl ▸ **escindirse (en)** a) [partido político, etc.] se scinder (en) b) [átomo] se diviser (en).

escisión sf [de partido político, etc.] scission *f*; [del núcleo] fission *f*.

esclarecedor, ra adj éclairant(e) *(données, explication)*.

esclarecer [30] vt [asunto] tirer au clair, élucider.

esclarecimiento sm élucidation *f*.

esclava sf ⟶ **esclavo**.

esclavina sf pèlerine *f*.

esclavismo sm esclavagisme *m*.

esclavista adj & smf esclavagiste.

esclavitud sf *pr* & *fig* esclavage *m*.

esclavizar [13] vt réduire en esclavage / *el vino / su trabajo le esclaviza* il est esclave du vin / de son travail.

esclavo, va adj & sm, f *pr* & *fig* esclave.
◆ **esclava** sf [pulsera] gourmette *f*.

esclerosis sf inv sclérose *f*.

esclerótica sf sclérotique *f*.

esclusa sf écluse *f*.

escoba sf balai *m*.

escobazo sm coup *m* de balai.

escobilla sf **1.** [escoba] balayette *f* **2.** ELECTR balai *m* **3.** AM [cepillo] brosse *f*.

escobón sm **1.** [de mango largo] balai *m* **2.** [de mango corto] balayette *f*.

escocedura sf **1.** [quemadura, escozor] brûlure *f* **2.** [rojez] irritation *f*.

escocer [41] vi **1.** [herida, condimento] brûler **2.** *fig* [reprimenda] blesser.
◆ **escocerse** vprnl [piel] être meurtri(e).

escocés, esa ❖ adj écossais(e). ❖ sm, f Écossais *m*, -e *f*. ◆ **escocés** sm [lengua] écossais *m*.

Escocia npr Écosse *f*.

escoger [14] vt choisir.

escogido, da adj **1.** [selecto] choisi(e) **2.** MÉX *fam* [descartado] : *a estas horas la fruta ya está muy escogida* à cette heure-ci, les fruits ont déjà été très tripotés.

escoja ⟶ **escoger**.

escolanía sf manécanterie *f*.

escolapio, pia ❖ adj des écoles pies.
❖ sm, f piariste *m*.

escolar ❖ adj scolaire. ❖ sm, f écolier *m*, -ère *f*.

escolaridad sf scolarité *f*.

escolarización sf scolarisation *f*.

escolarizar [13] vt scolariser.

escolástico, ca adj scolastique. ◆ **escolástico** sm scolastique *m*. ◆ **escolástica** sf scolastique *f*.

escoliosis sf inv scoliose *f*.

escollar vi ARG CHILE échouer.

escollera sf brise-lames *m inv*.

escollo sm *pr* & *fig* écueil *m*.

escolta sf escorte *f*.

escoltar vt escorter.

escombrar vt déblayer.

escombro sm *(gen pl)* décombres *mpl* ; CONSTR gravats *mpl*. ◆ **escombros** smpl **1.** [de edificio] décombres *mpl* ▸ **quedar reducido a escombros** être réduit à néant **2.** EXPR **armar** o **hacer escombro** RP *fam* faire un scandale.

esconder vt *pr* & *fig* cacher.
◆ **esconderse** vprnl se cacher ▸ **esconderse de** a) [mirada, vista] se dérober à b) [gente, etc.] fuir.

escondidas sfpl **1.** AM [jeu] cache-cache *m inv* **2.** EXPR **a escondidas** en cachette.

escondido, da adj caché(e) ; [lugar] retiré(e).

escondite sm **1.** [lugar] cachette *f* **2.** [juego] cache-cache *m inv*.

escondrijo sm cachette *f*.

escoñar vt ESP *mfam* bousiller, péter. ◆ **escoñarse** vprnl ESP *mfam* **1.** [objeto] être pété(e) o naze / *el ordenador se ha escoñado* l'ordinateur est pété **2.** [persona] se bousiller / *se escoñó la muñeca jugando al tenis* il s'est bousillé le poignet en jouant au tennis.

escopeta sf fusil *m* (de chasse) ▸ **escopeta de balines** fusil à air comprimé ▸ **escopeta de cañones recortados** fusil à canon scié.

escopetado, da, escopeteado, da adj ESP *fam* comme une flèche, en trombe.

escopetazo sm coup *m* de fusil.

escorar vi NÁUT gîter.

escorbuto sm scorbut *m*.

escoria sf scorie *f* ; *fig* rebut *m*.

escorpiano, na AM *fam* ❖ adj du signe du Scorpion.
❖ sm, f Scorpion *(inv)*.

Escorpio, Escorpión ❖ sm inv [zodiaco] Scorpion *m inv* ▸ **ser Escorpio** être Scorpion. ❖ smf inv [persona] Scorpion *m inv*.

escorpión sm scorpion *m*.
◆ **Escorpión** sm inv & smf inv = **Escorpio**.

escorzo sm ARTE raccourci *m*.

escotado, da adj décolleté(e).

escotar vt décolleter.

escote sm **1.** [de prendas] encolure *f* **2.** [de persona] décolleté *m* **3.** EXPR **pagar a escote** ESP payer chacun sa part.

escotilla sf écoutille *f*.

escozamos ⟶ **escocer**.

escozor sm brûlure *f*; [de ortiga] piqûre *f*.

escriba sm scribe *m*.

escribanía sf **1.** [DER - oficio] charge *f* de greffier ; [- despacho] greffe *m* **2.** [juego de escritorio] garniture *f* de bureau **3.** [mueble] secrétaire *m*.

escribano, na sm, f **1.** DER greffier *m*, -ère *f* **2.** ANDES CRICA RP DER notaire *m*.

escribiente smf employé *m*, -e *f* aux écritures.

escribir vt écrire. ◆ **escribirse** vprnl s'écrire.

escrito, ta adj écrit(e) ▸ **por escrito** par écrit.
◆ **escrito** ❖ sm écrit *m* ; [texto] texte *m*. ❖ pp ⟶ **escribir.**

escritor, ra sm, f écrivain *m*.

escritorio sm **1.** [mueble] secrétaire *m* **2.** [habitación] bureau *m*.

escritura sf **1.** [gen] écriture *f* **2.** DER acte *m*.
◆ **Sagrada Escritura** sf *(gen pl)* ▸ **la Sagrada Escritura** l'Écriture *f* sainte.

escrituración sf ARG CARIB DER authentification *f*, certification *f* conforme.

escriturar vt DER authentifier par-devant notaire.

escroto sm scrotum *m*.

escrúpulo sm **1.** [duda, recelo] scrupule *m* ▸ **sin escrúpulos** sans scrupules **2.** [cuidado] méticulosité *f* **3.** [aprensión] dégoût *m*.

escrupuloso, sa adj scrupuleux(euse) ; [aprensivo] délicat(e).

escrutar vt **1.** [mirar] scruter **2.** [computar] ▸ **escrutar los votos** dépouiller le scrutin.

escrutinio sm dépouillement *m* du scrutin.

escuadra sf **1.** GEOM équerre *f* **2.** NÁUT escadre *f* **3.** MIL escouade *f*.

escuadrilla sf escadrille *f*.

escuadrón sm escadron *m* ▸ **escuadrón de la muerte** escadron de la mort.

escuálido, da adj *culto* [persona] décharné(e) / *un rostro escuálido* un visage émacié.

escualo sm ZOOL squale *m*.

escucha ❖ smf AM [oyente] auditeur *m*, -trice *f*.
❖ sf [acción] écoute *f* ▸ **escucha telefónica** écoute téléphonique ▸ **permanecer a la escucha** rester à l'écoute.

escuchar vt *pr* & *fig* écouter.
◆ **escucharse** vprnl s'écouter parler.

escuchimizado, da adj ESP *fam* chétif(ive).

escudar vt *fig* protéger. ◆ **escudarse** vprnl ▸ **escudarse en algo** prendre qqch pour excuse.

escudería sf DEP écurie *f*.

escudero sm [paje] écuyer *m*.

escudilla sf écuelle *f*.

escudo sm **1.** [arma] bouclier *m* **2.** [emblema] blason *m* ; [de ciudad, familia] armes *fpl* ▸ **escudo de armas** armoiries *fpl* **3.** [moneda] écu *m* ; [moneda portuguesa] escudo *m*.

escudriñar vt [mirar] scruter ; [investigar] fouiller dans.

escuece ⟶ **escocer**.

escuela sf école *f* ▸ **escuela de magisterio** ≃ institut *m* de formation des maîtres ▸ **escuela privada / pública** école privée / publique ▸ **escuela universitaria** institut *m* universitaire ▸ **formar** o **hacer escuela** faire école ▸ **ser de la vieja escuela** être de la vieille école.

escueto, ta adj [estilo, imagen] sobre ; [respuesta, presentación] succinct(e).

escueza ⟶ **escocer**.

escuincle, cla sm, f MÉX *fam* [muchacho] môme, gamin(e).

esculcar vt MÉX [registrar] fouiller.

esculpir vt sculpter.

escultismo, scoutismo sm scoutisme *m*.

escultor, ra sm, f sculpteur *m*.

escultórico, ca adj sculptural(e) / *una obra escultórica* une sculpture.

escultura sf sculpture *f*.

escultural adj sculptural(e).

escupidera sf **1.** [para escupir] crachoir *m* **2.** ANDES RP [orinal] pot *m* de chambre.

escupir vt & vi **1.** cracher ▸ **escupir a la cara a alguien** *fig* cracher sur qqn **2.** EXPR **escupir para arriba** AM causer sa propre perte.

escupitajo sm crachat *m*.

escurreplatos sm inv égouttoir *m* (à vaisselle).

escurridero sm égouttoir *m*.

escurridizo, za adj **1.** [suelo] glissant(e) **2.** *fig* [persona] fuyant(e) ; [respuesta] évasif(ive).

escurrido, da adj maigre comme un coucou.

escurridor sm [colador] passoire *f*.

escurrir ❖ vt **1.** [gen] égoutter ; [colada] essorer **2.** [vaciar] vider jusqu'à la dernière goutte. ❖ vi **1.** [cosa mojada, líquido] goutter **2.** [suelo] glisser. ◆ **escurrirse** vprnl **1.** [cosa mojada] s'égoutter **2.** [cosa resbaladiza] glisser.

escusado sm *eufem* [retrete] toilettes *fpl*.

escúter (*pl* **escúteres**), **scooter** [es'kuter] (*pl* **scooters**) sm scooter *m*.

esdrújulo, la adj accentué(e) sur l'avant-avant-dernière syllabe. ◆ **esdrújula** sf GRAM proparoxyton *m*.

ese[1] sf s *m inv* ▸ **hacer eses a)** [persona] tituber **b)** [coche] zigzaguer.

ese[2], **esa** (*mpl* **esos**, *fpl* **esas**) adj demos **1.** [gen] ce, cette, ce…-là, cette…-là / ***¿qué es ese ruido?*** qu'est-ce que c'est que ce bruit ? / ***esa corbata que llevas hoy es muy bonita*** la cravate que tu portes aujourd'hui est très belle / ***busco precisamente ese libro*** c'est précisément ce livre que je cherche / ***prefiero esa casa a ésta*** je préfère cette maison-là à celle-ci **2.** *(detrás de sust) despec* ce…-là, cette…-là / ***el hombre ese no me inspira confianza*** cet homme-là ne m'inspire pas confiance.

ése, **ésa** (*mpl* **ésos**, *fpl* **ésas**) pron demos **1.** [gen] celui-là, celle-là / ***no cojas este diccionario, coge ése*** ne prends pas ce dictionnaire-ci, prends celui-là / ***dame un vaso — ¿cuál? — ése que está en la mesa*** donne-moi un verre — lequel ? — celui qui est sur la table / ***ésa es mi idea de…*** c'est l'idée que je me fais de… **2.** [mencionado antes] : ***entraron Ana y María, ésa con un vestido rojo*** Ana et María sont entrées, la première portait une robe rouge **3.** *fam* [despectivo] : ***¿qué se ha creído ésa?*** qu'est-ce qu'elle croit, celle-là ? / ***ése me ha querido timar*** ce type-là a essayé de me rouler ▸ **ni por ésas** *fam* rien à faire.

esencia sf essence *f* ; [lo principal] essentiel *m* ▸ **quinta esencia** quintessence *f*.

esencial adj essentiel(elle).

esfera sf **1.** [globo] sphère *f* ; [de reloj] cadran *m* ▸ **las altas esferas de** *fig* les hautes sphères de ▸ **esfera celeste / terrestre** sphère céleste / terrestre **2.** *fig* [ámbito] domaine *m*.

esférico, **ca** adj sphérique.
◆ **esférico** sm DEP ballon *m*.

esfero (*abr de* **esferográfica** o **esferográfico**) sm COL ECUAD stylo *m* à bille.

esferoide sm sphéroïde *m*.

esfinge sf sphinx *m*.

esfínter sm sphincter *m*.

esforzar [37] vt [voz, vista] forcer.
◆ **esforzarse** vprnl faire des efforts ▸ **esforzarse en o por hacer algo** s'efforcer de faire qqch.

esfuerzo sm effort *m*.

esfumar vt estomper.
◆ **esfumarse** vprnl *fig* se volatiliser.

esgrima sf escrime *f*.

esgrimir vt **1.** [arma blanca] manier ; [amenazando] brandir **2.** *fig* [argumento, hecho, idea] invoquer.

esguince sm foulure *f* ; [con desgarro] entorse *f*.

eslabón sm maillon *m*, chaînon *m* ▸ **eslabón perdido** chaînon manquant.

eslabonar vt **1.** [una cadena] unir les maillons de **2.** *fig* [hechos, ideas] enchaîner.

eslalon (*pl* **eslalons**), **slalom** [es'lalom] (*pl* **slaloms**) sm slalom *m*.

eslam, **slam** sm **1.** [poesía] slam **2.** DEP chelem ▸ **gran / pequeño slam** grand / petit chelem.

eslamero, **ra**, **slamero**, **ra** sm, f slameur *m*, -euse *f*.

eslavo, **va** ◆ adj slave. ◆ sm, f Slave *mf*.

eslip, **slip** [es'lip] (*pl* **slips**) sm slip *m*.

eslogan (*pl* **eslóganes**), **slogan** [es'loɣan] (*pl* **slogans**) sm slogan *m*.

eslovaco, **ca** ◆ adj slovaque. ◆ sm, f Slovaque *mf*.
◆ **eslovaco** sm [lengua] slovaque *m*.

Eslovaquia npr Slovaquie *f*.

Eslovenia npr Slovénie *f*.

esloveno, **na** ◆ adj slovène. ◆ sm, f Slovène *mf*.

esmaltado, **da** adj émaillé(e).
◆ **esmaltado** sm émaillage *m*.

esmaltar vt émailler.

esmalte sm émail *m* ; [arte] émaillerie *f*.
◆ **esmalte (de uñas)** sm vernis *m* à ongles.

esmerado, **da** adj [persona] soigneux(euse) ; [trabajo, pronunciación, etc.] soigné(e).

esmeralda ◆ sf émeraude *f*. ◆ adj inv (vert) émeraude. ◆ sm vert *m* émeraude.

esmerarse vprnl ▸ **esmerarse (en algo / en hacer algo)** s'appliquer (dans qqch / à faire qqch).

esmeril sm émeri *m*.

esmerilado, **da** adj [cristal] dépoli(e).
◆ **esmerilado** sm polissage *m* à l'émeri.

esmerilar vt [pulir] polir à l'émeri.

esmero sm soin *m*, application *f*.

esmirriado, **da** adj chétif(ive).

esmoquin (*pl* **esmóquines**), **smoking** [es'mokin] (*pl* **smokings**) sm smoking *m*.

esnifada sf *fam* sniff *m*.

esnifar vt *fam* sniffer.

esnob (*pl* **esnobs**), **snob** (*pl* **snobs**) adj inv & smf snob.

esnobismo, **snobismo** sm snobisme *m*.

eso pron demos neutro cela, ça / ***¿le habló usted de eso en particular?*** lui avez-vous parlé de cela en particulier ? / ***eso me interesa*** ça m'intéresse / ***eso es la Torre Eiffel*** ça, c'est la tour Eiffel / ***eso es lo que yo pienso*** c'est ce que je pense / ***eso de vivir solo no me gusta*** je n'aime pas l'idée de vivre seul / ***para eso es mejor no ir*** si c'est pour ça, ce n'est pas la peine d'y aller / ***por eso vine*** c'est pour ça que je suis venu ▸ **¡eso, eso!** c'est ça, c'est ça ! ▸ **¿cómo es eso?** comment ça se fait ? ▸ **¡eso es!** c'est ça ! ◆ **a eso de** loc prep vers. ◆ **en eso** loc adv sur ce. ◆ **y eso que** loc conj et pourtant.

ESO (*abr de* **Enseñanza Secundaria Obligatoria**) sf ESP EDUC *premier cycle de l'enseignement secondaire pour les élèves âgés de 12 à 16 ans* ; ≃ collège *m*.

esófago sm œsophage *m*.

esos, **esas** ⟶ **ese**.

ésos, **ésas** ⟶ **ése**.

esotérico, **ca** adj ésotérique.

esoterismo sm ésotérisme *m*.

esp **1.** (*abr escrita de* **especialista**) spécialiste / *se busca técnico esp en instalaciones eléctricas* recherchons technicien spécialisé dans les installations électriques **2.** (*abr escrita de* **especialmente**) spécialement.

espabilado, da, despabilado, da adj vif (vive).

espabilar, despabilar vt **1.** [despertar] réveiller **2.** [avispar] ▸ **espabilar a alguien** dégourdir qqn **3.** [despachar] expédier. ◆ **espabilarse, despabilarse** vprnl **1.** [despertarse] se réveiller **2.** *fam* [darse prisa] se remuer **3.** [avisparse] se dégourdir.

espachurrar = **despachurrar**.

espaciado, da adj espacé(e).

espaciador sm barre *f* d'espacement.

espacial adj spatial(e).

espaciar [8] vt espacer.

espacio sm **1.** [gen] espace *m* / *no tengo mucho espacio* je n'ai pas beaucoup de place / *por espacio de dos años* pendant deux ans ▸ **espacio aéreo** espace aérien ▸ **espacio de tiempo** laps *m* de temps ▸ **espacio publicitario** espace publicitaire ▸ **espacio verde** espace vert ▸ **espacio vital** espace vital **2.** RADIO & TV émission *f* ▸ **espacio musical** plage *f* musicale **3.** [entre líneas] interligne *m* ▸ **a doble espacio** à double interligne.

espacioso, sa adj spacieux(euse).

espada ❖ sf épée *f* ▸ **estar entre la espada y la pared** être pris entre deux feux ▸ **ser espada de dos filos** *fig* être à double tranchant. ❖ sm TAUROM matador *m*. ◆ **espadas** sfpl [naipes] *l'une des quatre couleurs du jeu de cartes espagnol*.

espadachín sm fine lame *f*.

espadaña sf **1.** [planta] massette *f*, quenouille *f* **2.** [campanario] clocher-mur *m*.

espagueti, spaghetti sm *(gen pl)* spaghetti *m*.

espalda sf **1.** [gen] dos *m* ▸ **caerse de espaldas** tomber à la renverse ▸ **cubrirse las espaldas** protéger ses arrières ▸ **echarse algo sobre las espaldas** se charger de qqch ▸ **está cargado de espaldas** il est voûté ▸ **hablar de uno a sus espaldas** parler de qqn dans son dos ▸ **por la espalda** par-derrière ▸ **tener buenas espaldas para hacer algo** être solide ▸ **tirar de espaldas** être renversant(e) ▸ **volver la espalda a alguien** tourner le dos à qqn ▸ **tumbarse de espaldas** s'allonger sur le dos **2.** DEP dos *m* crawlé.

espaldarazo sm ▸ **dar un espaldarazo** donner une tape dans le dos / *se pegó un espaldarazo* il est tombé sur le dos ▸ **dar el espaldarazo (definitivo) a alguien** *fig* consacrer qqn *(la presse, etc.)*.

espaldera sf [para planta] espalier *m*.

espalderas sfpl espalier *m (de gymnastique)*.

espaldilla sf [de cordero] épaule *f* ; [de cerdo] palette *f*.

espam, spam sm INFORM spam *m*.

espanglish, spanglish sm spanglish *m (espagnol comportant de nombreux anglicismes)*.

espantada sf **1.** [de animal] fuite *f* **2.** [de personas] débandade *f*.

espantadizo, za adj craintif(ive).

espantado, da adj **1.** [asustado] épouvanté(e) **2.** [pasmado] stupéfait(e).

espantajo sm épouvantail *m* ; [para amenazar a niños] croque-mitaine *m*.

espantapájaros sm inv épouvantail *m*.

espantar vt **1.** [ahuyentar] faire fuir **2.** [asustar] épouvanter. ◆ **espantarse** ❖ vi **1.** [asustar] faire peur **2.** MÉX VEN [suj: fantasma] : *en esa casa espantan* cette maison est hantée. ❖ vprnl s'affoler ▸ **espantarse de** o **por** être épouvanté(e) de o par.

espanto sm **1.** [miedo] épouvante *f* ▸ **¡qué espanto!** quelle horreur ! ▸ **estoy curado de espantos** *fig* j'en ai vu d'autres **2.** AM [fantasma] fantôme *m*.

espantosamente adv **1.** [terriblemente] épouvantablement **2.** [asombrosamente] incroyablement.

espantoso, sa adj **1.** [aterrador] épouvantable **2.** *fig* [enorme] terrible **3.** [feísimo] horrible.

España npr Espagne *f* ▸ **la España del siglo de oro** l'Espagne du siècle d'or.

español, la ❖ adj espagnol(e). ❖ sm, f Espagnol *m*, -e *f*. ◆ **español** sm [lengua] espagnol *m*.

El español

L'espagnol, ou castillan, est avant tout une langue dérivée du latin. Après les invasions germaniques et arabes, le vocabulaire s'enrichit de termes étrangers, parmi lesquels des termes français, rencontrés tout au long du chemin de Compostelle. Durant le Moyen Âge, les gloses en castillan abondent (les **Glosas Emilianenses** insérées dans les textes ecclésiastiques latins) et l'idiome supplante vite les autres dialectes péninsulaires. À partir du XIIe siècle, la littérature se développe à travers la chanson de geste **(El Cantar de Mio Cid)** et les poèmes religieux de Gonzalo de Berceo. Le castillan devient la langue officielle de l'Espagne au XIVe siècle. La conquête de l'Amérique introduit des différences dialectales et le siècle des Lumières apporte de nombreux gallicismes. L'explosion de la littérature sud-américaine des années 1960 contribue à l'enrichissement de la langue. L'espagnol est aujourd'hui parlé par plus de 400 millions de personnes.

españolada sf *despec qui présente un caractère hispanique exagéré*.

españolismo sm **1.** [afecto] attachement *m* à l'Espagne **2.** [naturaleza] caractère *m* espagnol **3.** [centralismo] *politique favorable au centralisme en Espagne*.

españolista adj & smf centraliste *(en Espagne)*.

españolizar [13] vt hispaniser.
◆ **españolizarse** vprnl [persona] prendre des habitudes espagnoles ; [palabra] s'hispaniser.

esparadrapo sm sparadrap *m*.

esparcido, da adj éparpillé(e).

esparcimiento sm **1.** [diseminación] éparpillement *m* **2.** [ocio] loisir *m*.

esparcir [12] vt [aceite, noticia, etc.] répandre ; [papeles, objetos] éparpiller. ◆ **esparcirse** vprnl se répandre.

espárrago sm asperge *f* ▸ **espárrago triguero** asperge sauvage ▸ **mandar a freír espárragos** *fam* envoyer balader.

esparraguera sf asperge *f (plante)*.

espartano, na ◆ adj spartiate ▸ **educar con espartana disciplina** élever à la spartiate. ◆ sm, f Spartiate *mf*.

esparto sm BOT alfa *m*.

espasmo sm spasme *m*.

espasmódico, ca adj spasmodique.

espatarrarse vprnl *fam* [en sillón, sofá] s'affaler.

espátula sf spatule *f*.

especería = **especiería**.

especia sf épice *f*.

especial ◆ adj spécial(e) ; [trato] de faveur ▸ **en especial** [sobre todo] particulièrement / *uno en especial* un en particulier. ◆ sm **1.** [programa] édition *f* spéciale **2.** RP [sándwich] sandwich *m*.

especialidad sf spécialité *f* ▸ **especialidad de la casa** spécialité de la maison.

especialista ◆ adj spécialiste / *un médico especialista* un spécialiste. ◆ sm, f **1.** [experto] spécialiste *mf* **2.** CINE cascadeur *m*, -euse *f*.

especialización sf spécialisation *f*.

especializado, da adj spécialisé(e).

especializar [13] vt spécialiser.
◆ **especializarse** vprnl ▸ **especializarse (en algo)** se spécialiser (dans o en qqch).

especialmente adv **1.** [con fin específico] spécialement **2.** [en especial] surtout.

especie sf **1.** [gen] espèce *f* **2.** [tipo, clase] genre *m* **3.** [variedad] sorte *f* ▸ **pagar en especie** o **especies** payer en nature.

especiería, especería sf **1.** [tienda] *boutique où l'on vend des épices* **2.** [conjunto de especias] épices *fpl*.

especiero sm [mueble] meuble *m* à épices ; [estantería] étagère *f* à épices.

especificación sf spécification *f* ▸ **hacer especificación de algo** spécifier qqch.

especificar [10] vt ▸ **especificar algo** spécifier qqch ▸ **especificar algo a alguien** préciser qqch à qqn.

especificativo, va adj GRAM déterminatif(ive).

especificidad sf spécificité *f*.

específico, ca adj spécifique.
◆ **específicos** smpl [medicamentos] spécialités *fpl*.

espécimen (*pl* **especímenes**) sm spécimen *m*.

espectacular adj spectaculaire.

espectacularidad sf aspect *m* spectaculaire.

espectáculo sm spectacle *m* ▸ **espectáculo de variedades** spectacle de variétés ▸ **dar el espectáculo** *fig* se donner en spectacle.

espectador, ra sm, f spectateur *m*, -trice *f*.
◆ **espectadores** smpl public *m*.

espectral adj spectral(e).

espectro sm spectre *m*.

espectroscopio sm spectroscope *m*.

especulación sf spéculation *f*.

especulador, ra ◆ adj de spéculation. ◆ sm, f spéculateur *m*, -trice *f*.

especular vi **1.** [mentalmente] ▸ **especular (sobre)** spéculer (sur) **2.** [comercialmente] ▸ **especular (con** o **en)** spéculer (sur).

especulativo, va adj spéculatif(ive).

espejismo sm *pr* & *fig* mirage *m*.

espejo sm **1.** [para mirarse] glace *f*, miroir *m* ▸ **(espejo) retrovisor** rétroviseur *m* **2.** *fig* [imagen] ▸ **ser el espejo de algo a)** [sociedad, época, etc.] refléter qqch **b)** [alma] être le miroir de qqch **3.** *fig* [dechado] modèle *m*.

espeleología sf spéléologie *f*.

espeleólogo, ga sm, f spéléologue *mf*.

espeluznante adj à donner la chair de poule.

espera sf **1.** [acción] attente *f* ▸ **dulce espera** AM grossesse ▸ **a la espera de** [acontecimiento] dans l'espoir de ▸ **en espera de** [carta, paquete, etc.] dans l'attente de **2.** [calma] patience *f*.

esperado, da adj **1.** [anhelado] attendu(e), espéré(e) / *por fin llegó la fecha del esperado concierto* le jour du concert tant attendu arriva enfin **2.** [previsto] prévu(e), escompté(e) / *era el resultado esperado* c'était le résultat escompté.

esperanto sm espéranto *m*.

esperanza sf espoir *m* ▸ **perder la esperanza** perdre espoir ▸ **tener esperanza de hacer algo** avoir l'espoir de faire qqch ▸ **esperanza de vida** espérance *f* de vie.

esperanzado, da adj plein(e) d'espoir ▸ **estar esperanzado con algo** mettre (tout) son espoir dans qqch ▸ **estar esperanzado de que algo ocurra** avoir bon espoir que qqch arrive.

esperanzador adj encourageant(e).

esperanzar [13] vt donner de l'espoir.
◆ **esperanzarse** vprnl reprendre espoir.

esperar vt **1.** [gen] ▸ **esperar (algo / a alguien)** attendre (qqch / qqn) ▸ **esperar algo de alguien** attendre qqch de qqn ▸ **esperar a que alguien haga algo** attendre que qqn fasse qqch ▸ **era algo de esperar** c'était à prévoir / *como era de esperar* comme il fallait s'y attendre ▸ **quien esperar desespera** il n'y a rien de pire que d'attendre **2.** [desear] ▸ **esperar que** espérer que / *espero que sí* j'espère bien ▸ **esperar hacer algo** espérer faire qqch. ◆ **esperarse** vprnl **1.** [imaginarse] s'attendre à / *no se lo esperaba* il ne s'y attendait pas **2.** [aguardar] attendre / *se esperó durante una hora* il a attendu une heure ▸ **esperarse a que alguien haga algo** s'attendre à ce que qqn fasse qqch.

esperma sm o sf sperme *m.*

espermaticida adj & sm spermicide.

espermatozoide sm spermatozoïde *m.*

espermicida adj & sm spermicide.

esperpéntico, ca adj grotesque.

esperpento sm **1.** [persona] épouvantail *m* **2.** [cosa] horreur *f.*

espesar vt CULIN épaissir.

espeso, sa adj **1.** [gen] épais(aisse) **2.** [tupido - vegetación] dense ; [- bosque] touffu(e) **3.** [difícil de entender] impénétrable.

espesor sm épaisseur *f.*

espesura sf **1.** [vegetación] fourré *m* **2.** [espesor] épaisseur *f.*

espetar vt **1.** [palabras] lancer ; [insultos] décocher **2.** [aves, carne] embrocher.

espía sm, f espion *m*, -onne *f.*

espiar [9] vt épier.

espichar vt *fam* ▸ **espicharla** [morir] claquer, passer l'arme à gauche.

espídico, ca adj *fam* speed.

espiga sf **1.** [de trigo, etc.] épi *m* **2.** [en telas] chevron *m* **3.** [de madera, hierro] cheville *f.*

espigado, da adj **1.** *fig* [persona] : *es espigado* il est grand et mince **2.** [planta] monté(e) en graine.

espigar [16] ❖ vt **1.** AGRIC glaner **2.** *fig* [información] glaner. ❖ vi [planta] monter en épi. ◆ **espigarse** vprnl **1.** [niño] pousser **2.** [planta] monter en graine.

espigón sm jetée *f.*

espigue ⟶ **espigarse**.

espiguilla sf chevron *m (motif décoratif).*

espina sf **1.** [pez] arête *f* **2.** [de planta] épine *f* **3.** *fig* [pena] : *tiene una espina clavada* il en a gros sur le cœur ▸ **me da mala espina** cela ne me dit rien qui vaille. ◆ **espina dorsal** sf épine *f* dorsale.

espinaca sf *(gen pl)* épinard *m.*

espinal adj spinal(e).

espinazo sm échine *f* ▸ **doblar el espinazo** *fig* courber l'échine.

espinilla sf **1.** ANAT tibia *m* **2.** [grano] point *m* noir.

espinillera sf protège-tibia *m.*

espino sm **1.** [planta] aubépine *f* **2.** [alambre] barbelé *m.*

espinoso, sa adj *pr* & *fig* épineux(euse).

espionaje sm espionnage *m* ▸ **espionaje industrial** espionnage industriel.

espiración sf expiration *f (d'air).*

espiral sf spirale *f* ▸ **en espiral** en spirale ▸ **espiral inflacionaria** spirale inflationniste.

espirar ❖ vi expirer. ❖ vt exhaler.

espiritismo sm spiritisme *m.*

espiritista ❖ adj spirite. ❖ smf médium *mf.*

espíritu sm **1.** [gen & RELIG] esprit *m* ▸ **ser pobre de espíritu** être pauvre d'esprit ▸ **espíritu de contradicción** esprit de contradiction **2.** *fig* [ánimo] force *f.* ◆ **Espíritu Santo** sm Saint-Esprit *m.*

espiritual ❖ adj spirituel(elle). ❖ sm MÚS ▸ **espiritual (negro)** negro spiritual *m.*

espiritualidad sf spiritualité *f.*

espita sf cannelle *f (robinet).*

esplendidez sf [generosidad] largesse *f.*

espléndido, da adj **1.** [magnífico] splendide **2.** [generoso] prodigue.

esplendor sm splendeur *f.*

esplendoroso, sa adj splendide.

espliego sm lavande *f.*

espolear vt **1.** [caballo] éperonner **2.** *fig* [incitar] ▸ **espolear a alguien para** pousser qqn à.

espoleta sf [de proyectil] détonateur *m.*

espolio = **expolio**.

espolón sm **1.** [de ave] ergot *m* **2.** ARQUIT éperon *m.*

espolvorear vt saupoudrer.

esponja sf éponge *f.*

esponjar vt CULIN faire lever.

esponjosidad sf : *me gusta la esponjosidad de ese pan* j'aime ce pain moelleux.

esponjoso, sa adj spongieux(euse).

esponsales smpl fiançailles *fpl.*

espónsor smf sponsor.

esponsorizar vt sponsoriser.

espontaneidad sf spontanéité *f.*

espontáneo, a ❖ adj spontané(e). ❖ sm, f *spectateur qui saute dans l'arène pour toréer.*

espora sf BIOL spore *f.*

esporádico, ca adj sporadique.

esposado, da adj : *iba esposado* il avait les menottes aux poignets.

esposar vt passer les menottes à.

esposo, sa sm, f époux *m*, -ouse *f.* ◆ **esposas** sfpl menottes *fpl.*

espray (*pl* **esprays**), **spray** (*pl* **sprays**) sm spray *m*, aérosol *m.*

esprint (*pl* **esprints**), **sprint** (*pl* **sprints**) sm sprint *m.*

esprintar, sprintar vi sprinter.

esprínter (*pl* **esprínters**), **sprinter** (*pl* **sprinters**) sm, f sprinter *m.*

espuela sf **1.** [de jinete] éperon *m* **2.** *fig* [estímulo] aiguillon *m* **3.** *fam* & *fig* [última copa] coup *m* de l'étrier.

espuerta sf cabas *m*. ◆ **a espuertas** loc adv en quantité, beaucoup.

espuma sf **1.** [de cerveza, jabón] mousse *f* **2.** [para pelo] mousse *f* coiffante o de coiffage **3.** [de olas, caldo] écume *f*.

espumadera sf écumoire *f*.

espumar vt écumer / *espumó la cerveza* il a retiré la mousse de la bière.

espumarajo sm écume *f (bave)*.

espumilla sf CAm Ecuad meringue *f*.

espumillón sm **1.** [adorno navideño] guirlande *f* de Noël **2.** [tela] crêpe *m* de soie.

espumoso, sa adj [mar, olas] écumeux(euse) ; [vino] mousseux(euse) ; [jabón] moussant(e). ◆ **espumoso** sm [vino] mousseux *m*.

espúreo, a, espurio, ria adj **1.** [hijo] bâtard(e) **2.** *fig* [acepción, documento] faux (fausse).

esputar vi expectorer.

esputo sm expectoration *f*.

esqueje sm bouture *f*.

esquela sf **1.** Esp [para notificar muerte] avis *m* de décès **2.** Am [para invitar] carte *f* **3.** Am [para avisar] faire-part *m inv*.

esquelético, ca adj squelettique.

esqueleto sm **1.** ANAT squelette *m* ▸ **menear o mover el esqueleto** *fam* guincher **2.** CAm Col Méx [papel impreso] formulaire *m*.

esquema sm schéma *m*.

esquemático, ca adj schématique.

esquematizar vt schématiser.

esquí (*pl* **esquís**) sm ski *m* ▸ **esquí alpino** ski alpin ▸ **esquí de fondo o nórdico** ski de fond o nordique ▸ **esquí náutico o acuático** ski nautique.

esquiable adj skiable / *la estación posee un gran dominio esquiable* la station a un grand domaine skiable.

esquiador, ra sm, f skieur *m*, -euse *f*.

esquiar [9] vi skier.

esquicross sm Skicross® *m*.

esquijama sm pyjama *m* d'hiver.

esquila sf **1.** [cencerro] sonnaille *f*, clarine *f* **2.** [campanilla] clochette *f* **3.** [de ganado] tonte *f*.

esquilador, ra sm, f tondeur *m*, -euse *f (de moutons)*.

esquilar vt tondre *(les moutons)*.

esquilmar vt **1.** [terreno, campo de cultivo] épuiser **2.** [recursos, riqueza natural] tarir.

esquimal ❖ adj esquimau(aude). ❖ sm, f [persona] Esquimau *m*, -aude *f*. ❖ sm [lengua] esquimau *m*.

esquina sf coin *m* ▸ **a la vuelta de la esquina** au coin de la rue ▸ **al doblar la esquina** en tournant au coin de la rue ▸ **hacer esquina (con)** faire l'angle (avec).

esquinado, da adj en angle.

esquinazo sm **1.** [esquina] coin *m* ▸ **dar (el) esquinazo a alguien** Esp *fam* **a)** [al ver a alguien] éviter qqn **b)** [en persecución] semer qqn **2.** Chile [serenata] sérénade *f*.

esquinera sf **1.** [mueble] meuble *m* d'angle **2.** Ven [sábana ajustable] drap-housse *m*.

esquirla sf esquille *f*.

esquirol sm *fam* jaune *mf (briseur de grève)*.

esquivar vt éviter ; [golpe] esquiver.

esquivo, va adj farouche.

esquizofrenia sf schizophrénie *f*.

esquizofrénico, ca adj & sm, f schizophrène.

esquizoide adj schizoïde.

esta ⟶ **este**.

ésta ⟶ **éste**.

estabilidad sf stabilité *f* ▸ **estabilidad de precios** stabilité des prix.

estabilización sf stabilisation *f*.

estabilizador, ra adj stabilisateur(trice). ◆ **estabilizador** sm stabilisateur *m*.

estabilizante sm stabilisant *m*.

estabilizar [13] vt stabiliser. ◆ **estabilizarse** vprnl se stabiliser.

estable adj stable.

establecer [30] vt établir. ◆ **establecerse** vprnl s'établir.

establecido, da adj [convencional] établi(e) ▸ **lo establecido** : *conforme con lo establecido en el artículo…* selon les dispositions de l'article…, conformément aux stipulations de l'article….

establecimiento sm établissement *m*.

establo sm étable *f*.

estaca sf **1.** [palo puntiagudo] pieu *m* **2.** [garrote] gourdin *m*.

estacada sf [cerco] palissade *f* ▸ **dejar a alguien en la estacada** laisser tomber qqn ▸ **quedar o quedarse alguien en la estacada** être abandonné(e) à son triste sort.

estación sf **1.** [gen & INFORM] station *f* ▸ **estación de bomberos** Andes Méx caserne de pompiers ▸ **estación de esquí** station de ski ▸ **estación de gasolina** station-service *f*, pompe *f* à essence ▸ **estación de metro** station de métro ▸ **estación de policía** CAm Andes Méx poste o commissariat de police ▸ **estación de servicio** station-service ▸ **estación de trabajo** INFORM poste *m* de travail ▸ **estación meteorológica** station météo **2.** [de tren, autocar] gare *f* ▸ **estación de autocares** gare routière **3.** [del año, temporada] saison *f* **4.** Am RADIO station *f* ▸ **estación emisora** station de radio.

estacional adj saisonnier(ère).

estacionamiento sm **1.** [acción] stationnement *m* ▸ **'estacionamiento indebido'** 'stationnement interdit' **2.** Am [lugar] parking *m*, parc *m* de stationnement **3.** Am [hueco para aparcar] place *f* de parking.

estacionar vt garer. ◆ **estacionarse** vprnl AM **1.** [estabilizarse] se stabiliser **2.** [aparcar] se garer, stationner.

estacionario, ria adj stationnaire.

estadía sf AM [estancia] séjour *m*.

estadio sm stade *m*.

estadista smf homme *m* d'État.

estadístico, ca adj statistique.
◆ **estadística** sf statistique *f*.

estado sm état *m* ▸ **en estado de guerra** en guerre ▸ **estar en buen / mal estado** être en bon / mauvais état / *la carne está en mal estado* la viande est avariée ▸ **estado civil** état civil ▸ **estado de ánimo** humeur *f* ▸ **estado de excepción** o **emergencia** état d'urgence ▸ **estado de sitio** état de siège ▸ **estar en estado (de esperanza** o **buena esperanza)** *fig* attendre un heureux événement. ◆ **Estado** sm [gobierno] État *m* ▸ **Estado Mayor** MIL état-major *m*.

estado-nación sm état-nation *m*.

Estados Unidos (de América) npr les États-Unis (d'Amérique) *mpl* / *Estados Unidos de América salió vencedor* les États-Unis ont gagné.

estadounidense, estadunidense MÉX ❖ adj américain(e) *(des États-Unis)*. ❖ sm, f Américain *m*, -e *f*.

estafa sf escroquerie *f*.

estafador, ra sm, f escroc *m*.

estafar vt escroquer.

estafeta sf bureau *m* de poste.

estafilococo sm staphylocoque *m*.

estalactita sf stalactite *f*.

estalagmita sf stalagmite *f*.

estalinismo, stalinismo sm HIST stalinisme *m*.

estalinista, stalinista adj & smf HIST stalinien(enne).

estallar vi éclater ; [bomba] exploser ; [cristal] voler en éclats ▸ **estallar en sollozos / en una carcajada** éclater en sanglots / de rire.

estallido sm explosion *f* ; [de guerra, neumático] éclatement *m*.

estambre sm **1.** [hilo] fil *m* de laine **2.** [de flor] étamine *f*.

Estambul npr Istanbul.

estamento sm classe *f (de la société)*.

estampa sf **1.** [imagen impresa] estampe *f* **2.** [tarjeta, retrato] image *f* / *este niño es la estampa de su padre* cet enfant est l'image de son père **3.** [aspecto] allure *f*.

estampación sf **1.** [en tela] impression *f* **2.** [en papel] gaufrage *m*.

estampado, da adj **1.** [tela] imprimé(e) **2.** [firma, etc.] apposé(e). ◆ **estampado** sm imprimé *m*.

estampar vt **1.** [imprimir - metal] estamper ; [- tela] imprimer **2.** [escribir] ▸ **estampar su firma** apposer sa signature **3.** *fig* [arrojar] ▸ **estampar algo contra** fracasser qqch contre ▸ **estampar a alguien contra** précipiter qqn contre **4.** *fam* & *fig* [dar] flanquer.

estampida sf fuite *f*, débandade *f* ▸ **salir de estampida** partir comme une flèche.

estampido sm fracas *m*.

estampilla sf **1.** [sello - con firma] cachet *m* ; [- con letrero] estampille *f* **2.** AM [de correos] timbre *m* **3.** AM [cromo] image *f*.

estampillar vt [con firma] cacheter ; [con letrero] estampiller.

estampita sf ⟶ **timo**.

estancado, da adj **1.** [agua] dormant(e), stagnant(e) **2.** [economía, situación, proceso] stagnant(e).

estancamiento sm **1.** [gen] stagnation *f* ▸ **estancamiento económico** stagnation économique **2.** [de situación] enlisement *m*.

estancarse [10] vprnl **1.** [líquido] stagner **2.** [situación, proyecto] rester en suspens.

estancia sf **1.** ESP MÉX [permanencia] séjour *m* **2.** [habitación] pièce *f* **3.** CSUR [hacienda rural] ranch *m*.

estanciero sm CSUR propriétaire *mf* de ranch.

estanco, ca adj étanche. ◆ **estanco** sm **1.** ESP [de tabaco, sellos] bureau *m* de tabac **2.** ANDES [de licores] magasin *m* de vins et spiritueux.

estándar (*pl* **estándares**) adj inv & sm standard.

estandarización sf standardisation *f*.

estandarizar [13] vt standardiser.

estandarte sm étendard *m*.

estanflación sf stagflation *f*.

estanque sm **1.** [alberca] étang *m* **2.** CHILE [depósito] réservoir *m*.

estanquero, ra sm, f buraliste *mf*.

estante sm **1.** [tabla] étagère *f*, rayon *m* **2.** [mueble] bibliothèque *f* **3.** CAM [puntal] étai *m*.

estantería sf étagère *f (meuble)*.

estañar vt étamer.

estaño sm étain *m*.

estar [59]

❖ vi

1. [gen] être / *la llave está en la cerradura* la clef est dans la serrure / *¿está María?* est-ce que María est là ? / *¿a qué estamos hoy?* le combien sommes-nous aujourd'hui ? / *hoy estamos a 13 de julio* aujourd'hui nous sommes le 13 juillet / *estábamos en octubre* c'était en octobre / *¿a cuánto está el dólar?* à combien est le dollar ?

2. [quedarse] rester / *estaré un par de horas y me iré* je resterai une heure ou deux et je m'en irai / *estuvo toda la tarde en casa* il est resté chez lui tout l'après-midi

3. [hallarse listo] être prêt(e) / *el almuerzo estará a las tres* le déjeuner sera prêt à trois heures ▸ **estar para a)** [de humor] être d'humeur à, être disposé(e) à **b)** [en condiciones] être en état de / *no estoy para bromas* je ne suis pas d'humeur à plaisanter / *no estoy para*

jugar je ne suis pas en état de jouer / *para eso están los amigos* les amis sont là pour ça ▸ **estar por** a) [quedar] être à, rester à b) [a punto de] être sur le point de c) [con ganas de] être tenté(e) de / *esto está por hacer* ceci est à faire / *eso está por ver* ça reste à voir / *estaba por irme cuando llegaste* j'étais sur le point de partir quand tu es arrivé / *estuve por pegarle* j'ai failli le frapper / *estoy por llamarlo* je suis tenté de l'appeler

4. RP [ir] aller / *estuve a verlo en el hospital* je suis allée le voir à l'hôpital

❖ v aux

1. *(delante de gerundio)* [expresa duración] *estoy pintando* je suis en train de peindre, je peins / *estuvieron trabajando día y noche* ils ont travaillé jour et nuit

2. *(delante de pp, en construcción pasiva)* être / *la exposición está organizada por el ayuntamiento* l'exposition est organisée par la mairie

3. *(delante de 'sin' + infin)* [expresa negación] *estoy sin dormir desde ayer* je n'ai pas dormi depuis hier / *las obras están sin acabar* les travaux ne sont pas finis

❖ v cop

1. [gen] être / *¿cómo estás?* comment vas-tu ? / *esta calle está sucia* cette rue est sale / *estoy a régimen* je suis au régime / *está de* o *como director de la agencia* il est directeur de l'agence / *están de viaje* ils sont en voyage / *hoy estoy de buen humor* aujourd'hui je suis de bonne humeur / *está que muerde porque ha suspendido* il n'est pas à prendre avec des pincettes parce qu'il a échoué

2. *(delante de 'con' o 'sin' + sust)* [expresa estado] *estoy con ansias de salir* j'ai très envie de sortir / *estamos sin agua* nous n'avons pas d'eau

3. [expresa apoyo, predilección] ▸ **estar por** être pour / *prefiero la montaña, pero ella está por el mar* je préfère la montagne, mais elle, elle aime la mer

4. [consistir] *el problema está en la fecha* c'est la date qui pose problème

5. [sentar] aller / *este traje te está muy bien* cette robe te va très bien

6. ▸ **estar en que** [creer que] penser que, croire que / *estoy en que no vendrá* je pense qu'il ne viendra pas

❖ sm

AM salon *m*, salle *f* de séjour

◆ **estarse** vprnl **1.** [permanecer] rester / *estate quieto* reste tranquille / *puedes estarte unos días aquí* tu peux rester quelques jours ici **2.** RP [ir] être / *estate en el cine a las seis* sois au cinéma à 18 heures.

estarcir vt décorer au pochoir.

estárter (*pl* **estárters**), **starter** (*pl* **starters**) sm starter *m*.

estatal adj de l'État / *un representante estatal* un représentant de l'État / *un organismo estatal* un organisme d'État / *una empresa estatal* une entreprise publique.

estatalizar [13] vt étatiser.

estático, ca adj **1.** FÍS [inmóvil] statique **2.** [pasmado] : *se quedó estático del pavor* il a été saisi d'effroi.

◆ **estática** sf statique *f*.

estatificar [10] vt étatiser.

estatismo sm **1.** POLÍT étatisme *m* **2.** [inmovilidad] statisme *m*.

estatizar vt étatiser.

estator sm stator *m*.

estatua sf statue *f*.

estatuilla sf statuette *f*.

estatura sf stature *f*.

estatus, status sm inv statut *m* social.

estatutario, ria adj statutaire.

estatuto sm statut *m* ▸ **estatuto de autonomía** *loi définissant le fonctionnement d'une communauté autonome espagnole*.

Estatuto de Autonomía

Cette expression désigne l'ensemble des lois qui régissent le fonctionnement et les institutions de chaque communauté autonome espagnole. Tous les **estatutos** actuels, issus de la Constitution de 1978, sont entrés en vigueur entre 1979 et 1982. Il existait déjà des lois relatives au statut d'autonomie dans certaines régions, telles que la Catalogne, le Pays Basque ou la Navarre, mais celles-ci avaient été abolies à la fin de la guerre civile.

estay (*pl* **estayes**) sm NÁUT étai *m*.

este[1] ❖ sm est *m* / *el este de Europa* l'est de l'Europe.

❖ adj [zona, frontera] est *(inv)* ; [viento] d'est.

◆ **Este** sm [punto cardinal] ▸ **el Este** l'Est ▸ **los países del Este** les pays de l'Est.

este[2], **esta** (*mpl* **estos**, *fpl* **estas**) adj demos **1.** ce, cette, ce…-ci, cette…-ci / *este hombre* cet homme / *me regaló estos libros* elle m'a offert ces livres / *me gusta más esta casa que ésa* cette maison-ci me plaît plus que celle-là / *esta mañana ha llovido* ce matin il a plu / *no soporto a la niña esta* cette fille, je ne la supporte pas **2.** MÉX RP [muletilla] : *y entonces, este, le propuse…* et alors, euh, je lui ai proposé….

éste, ésta (*mpl* **éstos**, *fpl* **éstas**) pron demos **1.** [cercano en el espacio] celui-ci, celle-ci / *aquellos cuadros están bien, aunque éstos me gustan más* ces tableaux-là sont bien mais je préfère ceux-ci / *éste es el modelo más barato* c'est o voici le modèle le moins cher / *éste ha sido el día más feliz de mi vida* ça a été le plus beau jour de ma vie **2.** *fam & despec* : *¿qué hace aquí éste?* qu'est-ce qu'il fait ici lui ? / *éste es el que me pegó* c'est lui qui m'a frappé. ◆ **en éstas** loc adv : *en éstas entró el jefe* là-dessus le patron est entré.

estegosaurio sm stégosaure *m*.

estela sf **1.** [de barco] sillage *m* ; [de estrella fugaz] traînée *f* **2.** *fig* [rastro] ▸ **dejar estela** laisser des traces.

estelar adj **1.** ASTRON stellaire **2.** *fig* [más importante] marquant(e) ▸ **la figura estelar** la vedette ▸ **el momento estelar** le moment clé.

estenografía sf sténographie *f*.

estenotipia sf **1.** [arte] sténotypie *f* **2.** [máquina] sténotype *f*.

estenotipo sm sténotype *f*.

estentóreo, a adj *culto* [voz] de stentor ; [sonido, risa] retentissant(e).

estepa sf steppe *f*.

estepario, ria adj steppique.

estera sf natte *f (en paille)*.

estercolero sm tas *m* de fumier ; *fig* [lugar sucio] porcherie *f*.

estéreo ❖ adj inv stéréo. ❖ sm [aparato] chaîne *f* stéréo.

estereofonía sf stéréophonie *f*.

estereofónico, ca adj stéréophonique.

estereoscopio sm stéréoscope *m*.

estereotipado, da adj stéréotypé(e).

estereotipar vt : *la publicidad estereotipa a los españoles* la publicité donne une image stéréotypée des Espagnols.

estereotipo sm stéréotype *m*.

estéril adj *pr* & *fig* stérile.

esterilete sm stérilet *m*.

esterilidad sf stérilité *f*.

esterilización sf stérilisation *f*.

esterilizado, da adj stérilisé(e).

esterilizador, ra adj [producto, aparato] stérilisant(e).
◆ **esterilizador** sm [aparato] stérilisateur *m*.

esterilizar [13] vt stériliser.

esterilla sf **1.** [para limpiarse] paillasson *m* **2.** [para tumbarse] natte *f* **3.** AM [rejilla] cannage *m*.

estérilmente adv stérilement.

esterlina ⟶ **libra**.

esternón sm sternum *m*.

estero sm **1.** AM [pantano] marais *m* **2.** VEN [charca] flaque *f* **3.** CHILE [arroyo] ruisseau *m*.

esteroide sm stéroïde *m*.

esteroides smpl stéroïdes *mpl*.

estertor sm râle *m*.

esteta smf esthète *mf*.

esteticismo sm esthétisme *m*.

esteticista, esthéticienne [esteti'θjen] sf esthéticienne *f*.

estético, ca adj esthétique.
◆ **estética** sf esthétique *f*.

estetoscopio sm stéthoscope *m*.

esthéticienne = **esteticista**.

estiba sf arrimage *m*.

estibador, ra sm, f arrimeur *m*.

estibar vt arrimer.

estiércol sm fumier *m*.

estigma sm *pr* & *fig* stigmate *m*.
◆ **estigmas** smpl RELIG stigmates *mpl*.

estigmatización sf stigmatisation *f*.

estigmatizar [13] vt stigmatiser.

estilarse vprnl *fam* se faire, se porter, être à la mode / *ya no se estila ese tipo de pantalones* ce type de pantalon ne se fait plus.

estilete sm stylet *m*.

estilismo sm stylisme *m*.

estilista smf styliste *mf*.

estilístico, ca adj stylistique.
◆ **estilística** sf stylistique *f*.

estilizado, da adj **1.** [silueta] stylisé(e) **2.** [persona] mince ; [rasgo] fin(e).

estilizar [13] vt styliser ▸ **estilizar la figura** [un vestido] mettre les formes en valeur.

estilo sm **1.** [gen & GRAM] style *m* ▸ **por el estilo de** dans le genre de ▸ **estilo de vida** style de vie ▸ **estilo directo / indirecto** style direct / indirect ▸ **algo por el estilo** quelque chose comme ça **2.** DEP ▸ **estilo libre** nage *f* libre ▸ **estilo mariposa** nage *f* papillon.

estilográfica sf ⟶ **pluma**.

estima sf estime *f* ▸ **tener a alguien en mucha estima** tenir qqn en grande estime.

estimable adj appréciable.

estimación sf **1.** [aprecio] estime *f* **2.** [valoración] estimation *f* ▸ **estimación directa / objetiva singular** *systèmes de calcul des revenus servant à établir la déclaration d'impôts en Espagne*.

estimado, da adj **1.** [gen] estimé(e) / *el valor estimado es de...* la valeur est estimée à... **2.** [en cartas] : *Estimado señor:* Cher monsieur.

estimar vt estimer. ◆ **estimarse** vprnl avoir une haute idée de sa personne.

estimativo, va adj [cálculo, precio, etc.] approximatif(ive).

estimulación sf stimulation *f*.

estimulador, ra adj stimulant(e).

estimulante ❖ adj stimulant(e). ❖ sm stimulant *m*.

estimular vt stimuler.

estímulo sm **1.** [aliciente] stimulant *m* ; [ánimo] stimulation *f* **2.** [de órgano] stimulus *m*.

estío sm *culto* été *m*.

estipendio sm rétribution *f*.

estipulación sf **1.** [de precios, etc.] fixation *f* **2.** DER stipulation *f*.

estipular vt stipuler.

estirado, da adj [afectado] guindé(e) ; [arrogante] hautain(e).

estiramiento sm étirement *m* ▸ **estiramiento de la piel** lifting *m*.

estirar ❖ vt **1.** [alargar] étirer **2.** [desarrugar, poner tenso] tendre ▸ **estirar las piernas** se dégourdir les jambes **3.** *fig* [dinero, conversación] faire durer. ❖ vi ▸ **estirar de** tirer sur. ◆ **estirarse** vprnl **1.** [desperezarse] s'étirer **2.** [tumbarse] s'étendre **3.** [crecer] pousser.

estirón sm **1.** [acción] saccade *f* ▸ **dar un estirón a algo** tirer sur qqch **2.** [al crecer] : *¡vaya estirón que ha dado este niño!* qu'est-ce qu'il a poussé cet enfant !

estirpe sf souche *f (lignée)*.

estival adj estival(e).

esto pron demos neutro ceci, ça / *esto es un nuevo producto* ceci est un nouveau produit / *esto no puede ser* ça n'est pas possible / *esto que acabas de decir no tiene sentido* ce que tu viens de dire n'a pas de sens / *esto de trabajar de noche no me gusta* je n'aime pas travailler la nuit ▸ **esto es** c'est-à-dire / *el precio neto, esto es libre de impuestos, es...* le prix net, c'est-à-dire hors taxe, est de.... ◆ **en esto** loc adv juste à ce moment-là.

estocada sf **1.** [en esgrima] botte *f* **2.** TAUROM estocade *f*.

Estocolmo npr Stockholm.

estofa sf espèce *f*, sorte *f* ▸ **de baja estofa** [gente] de condition modeste.

estofado sm estouffade *f*.

estofar vt CULIN cuire à l'étouffée.

estoicismo sm stoïcisme *m*.

estoico, ca adj stoïque.

estola sf étole *f*.

estomacal ❖ adj **1.** [del estómago] stomacal(e) ▸ **dolencias estomacales** maux d'estomac **2.** [bebida] digestif(ive). ❖ sm digestif *m*.

estómago sm estomac *m*.

estomatología sf MED stomatologie *f*.

Estonia npr Estonie *f*.

estonio, nia, estoniano, na ❖ adj estonien(enne). ❖ sm, f Estonien *m*, -enne *f*. ◆ **estonio** sm [lengua] estonien *m*.

estopa sf étoupe *f*.

estoque sm estoc *m* ; TAUROM épée *f*.

estoquear vt TAUROM estoquer.

estor sm store *m (vénitien)*.

estorbar ❖ vt [obstaculizar, molestar] gêner / *el ruido le estorba* le bruit le gêne / *no quiero estorbar* je ne veux pas vous déranger. ❖ vi [estar en medio] bloquer le passage.

estorbo sm gêne *f*.

estornino sm étourneau *m*.

estornudar vi éternuer.

estornudo sm éternuement *m*.

estos, estas ⟶ **este**.

éstos, éstas ⟶ **éste**.

estoy ⟶ **estar**.

estrábico, ca adj & sm, f strabique.

estrabismo sm strabisme *m*.

estrado sm estrade *f* ; [en actos solemnes] tribune *f*.

estrafalario adj saugrenu(e).

estragón sm estragon *m*.

estragos smpl ▸ **causar** o **hacer estragos** faire des ravages.

estrambótico, ca adj farfelu(e).

estramonio sm stramoine *f*.

estrangulador, ra sm, f étrangleur *m*, -euse *f*.

estrangulamiento sm étranglement *m*.

estrangular vt **1.** [ahogar] étrangler **2.** MED ligaturer **3.** [proyecto] étouffer dans l'œuf. ◆ **estrangularse** vprnl s'étrangler.

estraperlista smf trafiquant *m*, -e *f (au marché noir)*.

estraperlo sm marché *m* noir.

Estrasburgo npr Strasbourg.

estratagema sf stratagème *m*.

estratega smf stratège *m*.

estrategia sf stratégie *f*.

estratégico, ca adj stratégique.

estratificación sf stratification *f*.

estratificado, da adj stratifié(e).

estratificar [10] vt stratifier. ◆ **estratificarse** vprnl former des strates.

estrato sm **1.** GEOL strate *f* **2.** *fig* [social] couche *f*.

estratosfera sf stratosphère *f*.

estrechamente adv **1.** [íntimamente] étroitement **2.** [en poco espacio] à l'étroit / *vivir estrechamente* vivre à l'étroit.

estrechamiento sm **1.** [de tamaño] rétrécissement *m* **2.** *fig* [en las relaciones] resserrement *m*.

estrechar vt **1.** [hacer estrecho] rétrécir **2.** *fig* [relaciones] resserrer **3.** [apretar] serrer / *estrechar entre sus brazos* serrer dans ses bras ▸ **estrechar la mano a alguien** serrer la main à qqn. ◆ **estrecharse** vprnl **1.** [hacerse estrecho] se rétrécir **2.** [abrazarse] s'étreindre **3.** [apretarse] se serrer.

estrechez sf **1.** [gen] étroitesse *f* ▸ **estrechez de miras** étroitesse d'esprit **2.** *fig* [falta de dinero] ▸ **pasar estrecheces** être dans la gêne.

estrecho, cha ❖ adj **1.** [gen] étroit(e) ▸ **estar muy estrecho** être très serré **2.** *fig* [rígido] strict(e). ❖ sm, f *fam* bégueule *mf* ▸ **hacerse el estrecho** jouer les prudes ▸ **ser una estrecha** être une sainte-nitouche. ◆ **estrecho** sm GEOGR détroit *m*.

Estrechos

el estrecho de Bering O Behring	le détroit de Béring
el estrecho del Bósforo	le Bosphore
el estrecho de los Dardanelos	le détroit des Dardanelles
el estrecho de Gibraltar	le détroit de Gibraltar
el estrecho de Magallanes	le détroit de Magellan

estregar [35] vt frotter. ◆ **estregarse** vprnl se frotter.

estrella ◇ adj inv [presentador] vedette ; [producto] phare. ◇ sf **1.** [gen] étoile *f* ▸ **estrella fugaz / polar** étoile filante / polaire **2.** *fig* [celebridad] vedette *f*, star *f* **3.** EXPR **tener buena / mala estrella** être né(e) sous une bonne / mauvaise étoile ▸ **ver las estrellas** voir trente-six chandelles. ◆ **estrella de mar** sf étoile *f* de mer.

estrellado, da adj étoilé(e).

estrellar vt [arrojar] fracasser ; [vaso, plato] briser. ◆ **estrellarse** vprnl **1.** [chocar] ▸ **estrellarse (contra)** a) se fracasser (contre) b) [coche, avión] s'écraser (contre) **2.** *fig* [fracasar] s'effondrer.

estrellato sm vedettariat *m*.

estrellón sm MÉX [choque] collision *f*.

estremecedor, ra adj frappant(e), saisissant(e) / *imágenes estremecedoras* images frappantes / *relato estremecedor* récit saisissant.

estremecer [30] vt **1.** [sacudir] ébranler, faire trembler **2.** *fig* [suj: amenazas, etc.] faire frémir. ◆ **estremecerse** vprnl ▸ **estremecerse (de)** a) [horror] frémir (de) b) [miedo, frío] trembler de.

estremecimiento sm frémissement *m*.

estrenar vt **1.** [gen] étrenner **2.** TEATRO donner la première de ; CINE projeter pour la première fois. ◆ **estrenarse** vprnl **1.** [persona] débuter **2.** [película] sortir.

estreno sm **1.** [de espectáculo] première *f* ; [de película] sortie *f* **2.** [en un empleo] débuts *mpl*.

estreñido, da adj constipé(e).

estreñimiento sm constipation *f*.

estreñir vt constiper.

estrépito sm **1.** [ruido] fracas *m* **2.** *fig* [ostentación] ▸ **con gran estrépito** à grand bruit.

estrepitoso, sa adj retentissant(e).

estreptococo sm BIOL streptocoque *m*.

estreptomicina sf streptomycine *f*.

estrés, stress sm inv stress *m inv*.

estresado, da adj stressé(e).

estresante adj stressant(e).

estresar vt stresser.

estría sf vergeture *f*.

estriado, da adj **1.** [objeto] strié(e) **2.** [piel] vergeté(e). ◆ **estriado** sm **1.** [de objeto] striure *f* **2.** [de arma] rayage *m*.

estriar vt **1.** [superficie] strier, canneler **2.** [arma] rayer. ◆ **estriarse** vprnl [piel] se couvrir de vergetures.

estribar vi ▸ **estribar en** reposer sur.

estribillo sm **1.** MÚS & LITER refrain *m* **2.** *fam* [coletilla] tic *m* de langage.

estribo sm **1.** [de montura] étrier *m* ▸ **perder los estribos** perdre les pédales **2.** [de coche, tren] marchepied *m*.

estribor sm tribord *m* ▸ **a estribor** à tribord.

estricnina sf strychnine *f*.

estrictamente adv strictement.

estrictez sf AM sévérité *f*.

estricto, ta adj strict(e).

estridencia sf **1.** [ruido] stridence *f* **2.** *fig* [extravagancia] excentricité *f*.

estridente adj **1.** [ruido] strident(e) **2.** *fig* [color, etc.] voyant(e).

estriega ⟶ **estregar**.

estriptis, estriptís = **strip-tease**.

estrofa sf strophe *f*.

estrógeno, na adj œstrogène. ◆ **estrógeno** sm œstrogène *m*.

estroncio sm strontium *m*.

estropajo sm tampon *m* à récurer.

estropajoso, sa adj **1.** [habla] bredouillant(e) **2.** [persona] déguenillé(e) **3.** [carne] filandreux(euse).

estropeado, da adj **1.** [coche, teléfono, máquina] en panne **2.** [tejido, piel] abîmé(e).

estropear vt **1.** [averiar] abîmer **2.** [planes, proyecto] faire échouer. ◆ **estropearse** vprnl **1.** [averiarse] tomber en panne **2.** [dañarse] s'abîmer **3.** [planes, proyecto] échouer.

estropicio sm casse *f (dégâts)*.

estructura sf structure *f*.

estructuración sf structuration *f*.

estructurado, da adj structuré(e).

estructural adj structurel(elle).

estructuralismo sm structuralisme *m*.

estructuralista adj & smf structuraliste.

estructurar vt structurer.

estruendo sm **1.** [ruido] vacarme *m* ; [de trueno] grondement *m* ; [de aplauso] tonnerre *m* **2.** [confusión] tumulte *m*.

estruendoso, sa adj tonitruant(e).

estrujar vt **1.** [limón, naranja] presser **2.** [papel] froisser ; [caja, mano] écraser **3.** *fig* [sacar partido] exploiter ; [sacar dinero] saigner. ◆ **estrujarse** vprnl [apretujarse] se serrer ▸ **estrujarse la cabeza** se creuser la tête.

estrujón sm ▸ **dar un estrujón** serrer / *le dio un buen estrujón de mano* il lui a donné une bonne poignée de main.

estuario sm estuaire *m*.

estucado sm [material, obra] stuc *m* ; [acción] stucage *m*.

estucar [10] vt stuquer.

estuche sm [de gafas, instrumento] étui *m* ; [de joyas] coffret *m*. ◆ **estuche de aseo** sm trousse *f* de toilette.

estuco sm stuc *m*.

estudiado, da adj étudié(e).

estudiante smf étudiant *m*, -e *f*.

estudiantil adj estudiantin(e) ; [equipo, asociación] d'étudiants.

estudiar [8] ❖ vt étudier ; [lección, idioma] apprendre / *estudiar derecho* faire des études de droit. ❖ vi étudier / *estudiar para médico* faire médecine / *tengo que estudiar para aprobar* je dois travailler pour être reçu.

estudio sm **1.** [trabajo, análisis] étude *f* ▸ **estar en estudio** être à l'étude ▸ **estudio de mercado** étude de marché **2.** [local de pintor] atelier *m* **3.** [apartamento, local de fotógrafo] studio *m* **4.** *(gen pl)* CINE, RADIO & TV studio *m*. ◆ **estudios** smpl études *fpl* ▸ **tener estudios** avoir fait des études ▸ **estudios primarios / secundarios** études primaires/secondaires.

estudioso, sa ❖ adj studieux(euse). ❖ sm, f spécialiste *mf*.

estufa sf [para calentar] poêle *m*.

estupa sm *fam* ▸ **los estupas** la brigade des stups.

estupefacción sf stupéfaction *f*.

estupefaciente sm stupéfiant *m*.

estupefacto, ta adj stupéfait(e).

estupendamente adv merveilleusement bien ▸ **encontrarse estupendamente** être en pleine forme.

estupendo, da adj formidable, magnifique.

estupidez sf stupidité *f* / *decir / hacer una estupidez* dire/faire une bêtise.

estúpido, da ❖ adj stupide. ❖ sm, f idiot *m*, -e *f*.

estupor sm stupeur *f*.

estupro sm DER stupre *m*.

estuque ⟶ **estucar**.

esturión sm esturgeon *m*.

estuviera ⟶ **estar**.

esvástica sf croix *f* gammée, svastika *m*.

ETA (*abr de* **Euskadi ta Askatasuna**) sf ETA *f* ▸ **un presunto miembro de ETA** un membre présumé de l'ETA.

etano sm éthane *m*.

etanol sm éthanol *m*.

etapa sf étape *f* ▸ **por etapas** par étapes ▸ **quemar etapas** brûler les étapes.

etarra ❖ adj de l'ETA. ❖ smf membre *m* de l'ETA.

ETB (*abr de* **Euskal Telebista**) sf *télévision autonome basque* / *realizar un documental para (la) ETB* réaliser un documentaire pour l'ETB.

etc. (*abr escrita de* **etcétera**) etc.

etcétera ❖ sm : *... y un largo etcétera* ... et j'en passe. ❖ adv et cetera.

éter sm éther *m*.

etéreo, a adj éthéré(e) ; [vapores] d'éther.

eternamente adv éternellement.

eternidad sf *pr* & *fig* éternité *f*.

eternizar [13] vt **1.** [hacer durar] faire durer (éternellement) **2.** [perpetuar] immortaliser. ◆ **eternizarse** vprnl s'éterniser / *se me eternizó el concierto* le concert m'a paru interminable.

eterno, na adj éternel(elle) ; *fig* [larguísimo] interminable.

Ethernet [eθer'net] sf INFORM Ethernet *m*.

ético, ca adj éthique. ◆ **ética** sf **1.** FILOS éthique *f* **2.** [educación] morale *f* ▸ **ética profesional** conscience *f* professionnelle.

etileno sm éthylène *m*.

etílico, ca adj éthylique ▸ **en estado etílico** en état d'ivresse.

etilismo sm éthylisme *m*.

etilo sm éthyle *m*.

etimología sf étymologie *f*.

etimológico, ca adj étymologique.

etiología sf étiologie *f*.

etíope ❖ adj éthiopien(enne). ❖ smf Éthiopien *m*, -enne *f*.

Etiopía npr Éthiopie *f*.

etiqueta sf **1.** [gen] étiquette *f* ▸ **etiqueta ecológica** écolabel *m* ▸ **de etiqueta a)** [cena, traje] habillé(e) **b)** [visita, recibimiento] officiel(elle) **c)** [traje] de soirée **2.** INFORM label *m*.

etiquetado sm étiquetage *m*.

etiquetadora sf [máquina] étiqueteuse *f*.

etiquetar vt étiqueter ▸ **etiquetar a alguien de** *fig* étiqueter qqn comme.

etiquetero, ra adj cérémonieux(euse). ◆ **etiquetera** sf étiqueteuse *f*.

Etna sm ▸ **el Etna** l'Etna *m*.

etnia sf ethnie *f*.

étnico, ca adj ethnique.

etnocentrismo sm ethnocentrisme *m*.

etnografía sf ethnographie *f*.

etnográfico, ca adj ethnographique.

etnógrafo, fa sm, f ethnographe *mf*.

etnología sf ethnologie *f*.

etnológico, ca adj ethnologique.

etnólogo, ga sm, f ethnologue *mf*.

etrusco, ca ❖ adj étrusque. ❖ sm, f Étrusque *mf*.

ETS sf **1.** (*abr de* **Escuela Técnica Superior**) *école supérieure d'ingénieurs dépendant d'une université* **2.** (*abr de* **enfermedad de transmisión sexual**) MST *f*.

ETT (*abr de* **Empresa de Trabajo Temporal**) sf agence *f* d'intérim / *inscribirse / buscar trabajo en una ETT* s'inscrire dans une agence d'intérim/chercher du travail par le biais d'une agence d'intérim.

eucalipto sm eucalyptus *m*.

eucaristía sf eucharistie *f*.

eucarístico, ca adj eucharistique.

eufemismo sm euphémisme *m*.

euforia sf euphorie *f*.

eufórico, ca adj euphorique.

Éufrates sm ▸ **el Éufrates** l'Euphrate.

eugenesia sf BIOL eugénisme *m*, eugénique *f*.

eunuco sm eunuque *m*.

Eurasia npr Eurasie *f*.

eurasiático, ca ◆ adj eurasien(enne). ◆ sm, f Eurasien *m*, -enne *f*.

EURATOM (*abr de* **Comunidad Europea de la Energía Atómica**) sf Euratom *f*.

eureka interj ▸ **¡eureka!** eurêka !

euribor (*abr de* **Euro Inter-Bank Offered Rate**) sm FIN Euribor *m*.

euro sm euro *m*.

euroasiático, ca ◆ adj eurasiatique. ◆ sm, f Eurasien *m*, -enne *f*.

eurocámara sf Chambre *f* européenne.

eurocheque sm eurochèque *m*.

eurocomunismo sm eurocommunisme *m*.

eurocomunista adj & smf eurocommuniste.

euroconector sm prise *f* Péritel®.

eurócrata smf eurocrate *mf*.

eurodiputado, da sm, f député *m* européen, députée *f* européenne, eurodéputé *m*, -e *f*.

eurodivisa sf eurodevise *f*.

eurodólar sm FIN eurodollar *m*.

euroejército sm Eurocorps *m*.

euroescéptico, ca sm, f eurosceptique *mf*.

euroliga sf DEP Euroligue *f*.

euromediterráneo, nea adj euroméditerranéen(enne).

Europa npr Europe *f* ▸ **(la) Europa central** l'Europe centrale ▸ **(la) Europa del Este** l'Europe de l'Est ▸ **la Europa de las dos velocidades** l'Europe à deux vitesses.

europarlamentario, ria ◆ adj du Parlement européen. ◆ sm, f parlementaire *m* européen, parlementaire *f* européenne.

europarlamento sm Parlement *m* européen.

europeidad sf caractère *m* européen.

europeísmo sm européisme *m*, européanisme *m*.

europeísta ◆ adj [políticos] proeuropéen(enne) ; [programas] européen(enne). ◆ smf partisan *m* de l'union européenne.

europeización sf européanisation *f*.

europeizar [13] vt européaniser.

europeo, a ◆ adj européen(enne). ◆ sm, f Européen *m*, -enne *f*.

Europol [euro'pol] (*abr de* **European Police**) sf Europol *f*.

eurotúnel sm eurotunnel *m*.

eurovisión sf Eurovision® *f*.

eurozona sf zone *f* euro.

Euskadi npr Euskadi *(Pays basque espagnol)*.

euskaldún, euskalduna ◆ adj euskarien(enne). ◆ sm, f Euskarien(enne).

euskera ◆ adj euskarien(enne). ◆ sm [lengua] euskera *m*.

eutanasia sf euthanasie *f*.

evacuación sf évacuation *f*.

evacuado, da adj & sm, f évacué(e).

evacuador, ra adj d'évacuation / *un tubo evacuador* un tuyau d'évacuation.

evacuar [7] vt **1.** [desalojar] évacuer **2.** [defecar] ▸ **evacuar (el vientre)** aller à la selle **3.** [gestión, petición] effectuer ; [duda] lever.

evadido, da ◆ adj [dinero, fondos] détourné(e). ◆ sm, f évadé *m*, -e *f*.

evadir vt **1.** [gen] ▸ **evadir (hacer algo)** éviter (de faire qqch) **2.** [responsabilidades] fuir ; [pregunta] éluder. ◆ **evadirse** vprnl s'évader.

evaluable adj évaluable.

evaluación sf **1.** [gen] évaluation *f* **2.** EDUC [examen] contrôle *m* des connaissances ; [período] trimestre *m*.

evaluador, ra adj d'évaluation.

evaluar [6] vt évaluer ; EDUC contrôler les connaissances de.

evanescencia sf *culto* évanescence *f*.

evanescente adj *culto* évanescent(e).

evangélico, ca adj & sm, f évangélique.

evangelio sm évangile *m* ; [doctrina] Évangile *m*.

evangelista sm **1.** RELIG évangéliste *m* **2.** MÉX [escribano] écrivain *m* public.

evangelización sf évangélisation *f*.

evangelizador, ra adj & sm, f évangélisateur(trice).

evangelizar [13] vt évangéliser.

evaporación sf évaporation *f*.

evaporar vt évaporer. ◆ **evaporarse** vprnl *pr* & *fig* s'évaporer.

evaporizar [13] vt vaporiser.

evasión sf **1.** [gen] évasion *f* **2.** ECON fuite *f* ▸ **evasión de capitales** o **divisas** fuite des capitaux ▸ **evasión fiscal** fraude *f* fiscale.

evasivo, va adj évasif(ive). ◆ **evasiva** sf échappatoire *f* ▸ **responder con evasivas** se dérober à une question.

evasor, ra ◆ adj : *una actitud evasora* des faux-fuyants. ◆ sm, f [de la cárcel] évadé *m*, -e *f* / *es un evasor de fondos* il a détourné des fonds.

evento sm événement *m*.

eventual adj **1.** [no fijo] temporaire **2.** [posible] éventuel(elle).

eventualidad sf **1.** [temporalidad] précarité *f* d'une situation **2.** [posibilidad] éventualité *f*.

eventualmente adv **1.** [por casualidad] par hasard **2.** [posiblemente] éventuellement.

Everest npr ▸ **el Everest** l'Everest.

evidencia sf **1.** [claridad] évidence *f* ▸ **poner algo en evidencia** mettre qqch en évidence ▸ **poner a alguien en evidencia** tourner qqn en ridicule **2.** [prueba] preuve *f*.

evidenciar [8] vt mettre en évidence.
◆ **evidenciarse** vprnl être évident(e).

evidente adj évident(e).

evidentemente adv évidemment.

evitable adj évitable.

evitar vt éviter.

evocación sf évocation *f*.

evocador, ra adj évocateur(trice).

evocar [10] vt évoquer.

evolución sf évolution *f*.

evolucionar vi évoluer.

evolucionismo sm évolutionnisme *m*.

evolucionista adj & smf évolutionniste.

evolutivo, va adj évolutif(ive).

evoque ⟶ **evocar**.

ex ❖ smf *fam* [cónyuge] ex *mf*. ❖ pref ex / ***un exministro*** un ex-ministre, un ancien ministre.

exabrupto sm invective *f*.

exacción sf [de impuestos, multas] recouvrement *m* ▸ **exacción de exportación** taxe *f* à l'exportation.

exacerbado, da adj exacerbé(e).

exacerbar vt **1.** [agudizar] exacerber **2.** [irritar] excéder.

exactamente adv exactement.

exactas sfpl ⟶ **ciencia**.

exactitud sf exactitude *f*.

exacto, ta adj exact(e) / ***tres metros exactos*** exactement trois mètres ▸ **para ser exacto** pour être exact.
◆ **exacto** interj ▸ **¡exacto!** exactement !

exageración sf exagération *f* ▸ **contar exageraciones** exagérer ▸ **ser una exageración** être exagéré(e).

exagerado, da ❖ adj exagéré(e) ; [precio, persona] excessif(ive). ❖ sm, f ▸ **ser (un) exagerado** exagérer / ***¡escucha lo que dice ese exagerado!*** écoute-le, il exagère !

exagerar vt & vi exagérer.

exaltación sf **1.** [alabanza, entusiasmo] exaltation *f* **2.** [de príncipe, etc.] élévation *f* sur le trône.

exaltado, da adj & sm, f exalté(e).

exaltar vt **1.** [encumbrar] élever **2.** [glorificar] exalter.
◆ **exaltarse** vprnl s'exalter.

examen sm examen *m* ▸ **hacer un examen de algo** examiner qqch ▸ **presentarse a un examen** se présenter à un examen ▸ **examen de conciencia** examen de conscience ▸ **examen de ingreso** examen d'entrée ▸ **examen final** examen final ▸ **examen médico** examen médical ▸ **examen oral** épreuve *f* orale, oral *m* ▸ **examen parcial** partiel *m* ▸ **libre examen** libre examen ▸ **pasar un examen** AM réussir à un examen ▸ **reprobar un examen** AM échouer à un examen.

examinador, ra sm, f examinateur *m*, -trice *f*.

examinando, da sm, f candidat *m*, -e *f (à un examen)*.

examinar vt **1.** [observar] examiner **2.** [evaluar, interrogar] faire passer un examen à ▸ **examinar a alguien sobre algo** interroger qqn sur qqch.
◆ **examinarse** vprnl ESP passer un examen / ***me examino de historia*** je passe mon examen d'histoire.

exangüe adj *culto* exsangue ; *fig* éreinté(e).

exánime adj **1.** [muerto, desmayado] inanimé(e) **2.** *fig* [agotado] éreinté(e) ▸ **dejar a alguien exánime** épuiser qqn.

exasperación sf exaspération *f*.

exasperante adj exaspérant(e).

exasperar vt exaspérer.
◆ **exasperarse** vprnl être exaspéré(e).

Exc. *abr escrita de* **Excelencia**.

excarcelación sf libération *f (de prison)*.

excarcelar vt élargir *(un détenu)*.

ex cátedra, ex cathedra [eks'kateðra] loc adv *despec* ex cathedra.

excavación sf excavation *f* ; [arqueológica] fouille *f*.

excavador, ra ❖ adj ▸ **una máquina excavadora** une excavatrice. ❖ sm, f fouilleur *m*, -euse *f (archéologique)*. ◆ **excavadora** sf [máquina] pelleteuse *f*.

excavar vt creuser ; [zona arqueológica] fouiller.

excedencia sf ESP **1.** [de empleado] congé *m (sans solde)* **2.** [de funcionario, profesor] congé *m*, disponibilité *f* **3.** EXPR **pedir la excedencia** demander un congé / ***pidió la excedencia por un año*** il a demandé un congé d'un an.

excedentario, ria adj excédentaire.

excedente ❖ adj **1.** [producción, dinero, etc.] excédentaire **2.** [empleado, embarazada] en congé ; [funcionario] en disponibilité. ❖ sm excédent *m*. ❖ smf [empleado] employé *m*, -e *f* en congé ; [funcionario] fonctionnaire *mf* en disponibilité ▸ **salir excedente de cupo** *être exempté du service militaire par tirage au sort*.

exceder ❖ vt dépasser ▸ **exceder a alguien** surpasser qqn. ❖ vi ▸ **exceder (a o de algo)** dépasser (qqch).
◆ **excederse** vprnl **1.** [pasarse de la raya] dépasser les bornes **2.** [exagerar] ▸ **excederse (en algo)** exagérer (dans qqch) ▸ **excederse en el peso** peser trop lourd.

excelencia sf [cualidad] excellence *f* ▸ **por excelencia** par excellence. ◆ **Excelencia** smf ▸ **Su Excelencia** Son Excellence.

excelente adj excellent(e).

excelentísimo, ma adj : ***el excelentísimo señor embajador...*** Son Excellence l'ambassadeur....

excelso, sa adj *culto* **1.** [poeta, director] éminent(e) **2.** [montes] élevé(e).

excentricidad sf excentricité *f*.

excéntrico, ca adj & sm, f excentrique.

excepción sf exception *f* ▸ **hacer una excepción** faire une exception ▸ **a o con excepción de** à l'exception de

▸ **la excepción confirma la regla** l'exception confirme la règle. ◆ **de excepción** loc adj d'exception.

excepcional adj exceptionnel(elle).

excepcionalmente adv exceptionnellement.

excepto adv excepté, hormis.

exceptuar [6] vt **1.** [excluir] exclure / *no exceptúo a nadie* je n'exclus personne / *exceptuando a los chicos* les garçons exceptés **2.** [eximir] ▸ **exceptuar a alguien (de)** [obligación, tarea] dispenser qqn (de). ◆ **exceptuarse** v impers : *se exceptúa a los menores de 16 años* excepté les enfants de moins de 16 ans.

excesivo, va adj excessif(ive).

exceso sm **1.** [gen] excès *m* ▸ **es listo en exceso** il est extrêmement malin / *habla en exceso* il parle trop ▸ **exceso de peso** a) [obesidad] excès de poids b) [carga de más] surcharge *f* ▸ **exceso de poder** abus *m* de pouvoir ▸ **exceso de velocidad** excès de vitesse **2.** [excedente] excédent *m* ▸ **exceso de equipaje** excédent de bagages ▸ **exceso de natalidad** excédent des naissances.

excipiente sm excipient *m*.

excisión sf excision *f*.

excitable adj excitable.

excitación sf excitation *f*.

excitado, da adj excité(e).

excitante ◈ adj excitant(e), palpitant(e). ◈ sm excitant *m*.

excitar vt **1.** [inquietar] exciter **2.** [incitar] ▸ **excitar a alguien a algo / a hacer algo** pousser qqn à qqch / à faire qqch **3.** [activar - apetito] aiguiser ; [- deseos] éveiller ; [- nervios] taper sur. ◆ **excitarse** vprnl s'exciter.

exclamación sf exclamation *f*.

exclamar ◈ vt proférer. ◈ vi s'exclamer.

exclamativo, va adj exclamatif(ive).

excluir [51] vt exclure ▸ **excluir a alguien de** exclure qqn de. ◆ **excluirse** vprnl être incompatible / *esas dos opciones se excluyen* ces deux options sont incompatibles.

exclusión sf exclusion *f*.

exclusiva sf ⟶ **exclusivo**.

exclusive adv non compris, non inclus / *página 10 exclusive* page 10 non comprise / *hasta el 10 de enero exclusive* jusqu'au 10 janvier non inclus.

exclusividad sf **1.** [cualidad] nature *f* exclusive / *ser una exclusividad española* être propre aux Espagnols **2.** [privilegio] : *su exclusividad de ventajas* ses privilèges exclusifs.

exclusivo, va adj **1.** [único] seul(e) **2.** [privilegiado] exclusif(ive) **3.** [que excluye] ▸ **ser exclusivo de algo** exclure qqch. ◆ **exclusiva** sf exclusivité *f*.

excluyente adj [derechos, ventajas] exclusif(ive).

Excma. *abr escrita de* **Excelentísima**.

Excmo. *abr escrita de* **Excelentísimo**.

excombatiente sm, f ancien combattant *m*.

excomulgar [16] vt excommunier.

excomunión sf excommunication *f*.

excrecencia sf excroissance *f*.

excreción sf excrétion *f*.

excremento sm *(gen pl)* excrément *m*.

excretar vt & vi excréter.

excretorio, ria adj excréteur(trice).

exculpación sf disculpation *f* ; DER acquittement *m*.

exculpar vt ▸ **exculpar a alguien de algo** a) disculper qqn de qqch b) DER acquitter qqn de qqch. ◆ **exculparse** vprnl ▸ **exculparse de** se disculper de.

exculpatorio, ria adj d'acquittement.

excursión sf **1.** [viaje] excursion *f* ▸ **ir de excursión** partir en excursion **2.** *fam* [paseo] ▸ **darse una excursión** faire un tour.

excursionismo sm excursionnisme *m*.

excursionista smf excursionniste *mf*.

excusa sf excuse *f*.

excusable adj excusable.

excusado, da adj **1.** [innecesario] inutile, superflu(e) / *excusado es decirlo* inutile de le dire **2.** [puerta, rincón, barrio] dérobé(e), secret(ète) / *puerta excusada* porte dérobée **3.** EXPR **estar excusado (por algo)** être exempté o dispensé (de qqch). ◆ **excusado** sm *eufem* [retrete] commodités *fpl*.

excusar vt **1.** [justificar] excuser **2.** [evitar] ▸ **excusar hacer algo** s'abstenir de faire qqch. ◆ **excusarse** vprnl ▸ **excusarse (con alguien por algo)** s'excuser (de qqch auprès de qqn).

execrable adj *culto* abominable.

execrar vt exécrer.

exégesis sf inv exégèse *f*.

exención sf **1.** [militar] exemption *f* **2.** [escolar] dispense *f* **3.** ECON exonération *f* ▸ **exención fiscal** exonération fiscale.

exento, ta adj ▸ **exento (de)** a) [curiosidad, errores] exempt(e) (de) b) [responsabilidades, obligaciones] libéré(e) (de) c) [impuestos] exonéré(e) (de) d) [clase] dispensé(e) (de).

exequias sfpl obsèques *fpl*.

exfoliación sf exfoliation *f*.

exfoliador sm ANDES MÉX [cuaderno] cahier *m* à feuilles mobiles.

exfoliante adj exfoliant(e).

exfoliar [8] vt exfolier. ◆ **exfoliarse** vprnl s'exfolier.

exhalación sf **1.** [emanación] exhalaison *f* ; [suspiro] exhalation *f* **2.** [rapidez] ▸ **como una exhalación** comme l'éclair.

exhalar vt **1.** [emanar] exhaler **2.** *fig* [suspiros] pousser ; [reproches] proférer ▸ **exhalar el último suspiro** rendre le dernier soupir.

exhaustivo, va adj exhaustif(ive).

exhausto, ta adj [cansado] épuisé(e).

exhibición sf **1.** [de cuadros] exposition *f* **2.** [de danza, karate, etc.] exhibition *f* **3.** [de película] projection *f* **4.** [de modelos] présentation *f* **5.** [de fuerza] démonstration *f*.

exhibicionismo sm *pr* & *fig* exhibitionnisme *m*.

exhibicionista ◆ adj **1.** [jactancioso] ▸ **ser exhibicionista (de su saber)** étaler sa science **2.** [sexual] exhibitionniste. ◆ smf exhibitionniste *mf*.

exhibir vt **1.** [cuadros, fotografías] exposer **2.** [película] projeter **3.** [modelos, productos] présenter. ◆ **exhibirse** vprnl s'exhiber.

exhortación sf exhortation *f*.

exhortar vt ▸ **exhortar a alguien a algo / a hacer algo** exhorter qqn à qqch / à faire qqch.

exhumación sf exhumation *f*.

exhumar vt *pr* & *fig* exhumer.

exigencia sf exigence *f* ▸ **exigencias del trabajo** obligations *fpl* professionnelles.

exigente ◆ adj exigeant(e). ◆ smf ▸ **es un exigente** il est exigeant.

exigible adj exigible.

exigir [15] ◆ vt exiger. ◆ vi [pedir] être exigeant(e).

exigüidad sf [de ración, sueldo] maigreur *f* ; [de espacio] exiguïté *f*.

exiguo, gua adj minime ; [salario] maigre ; [habitación] exigu(ë).

exija ⟶ **exigir**.

exiliado, da adj & sm, f exilé(e).

exiliar [8] vt exiler. ◆ **exiliarse** vprnl s'exiler.

exilio sm exil *m*.

eximente ◆ adj ▸ **una circunstancia eximente** une circonstance atténuante. ◆ sf circonstance *f* atténuante.

eximio, mia adj *culto* insigne.

eximir vt ▸ **eximir de** exempter de. ◆ **eximirse** vprnl ▸ **eximirse de** a) se faire exempter de b) [responsabilidades] être dégagé(e) de c) [obligaciones] être libéré(e) de.

existencia sf existence *f*.
◆ **existencias** sfpl COM stocks *mpl*.

existencial adj existentiel(elle).

existencialismo sm existentialisme *m*.

existencialista adj & smf existencialiste.

existente adj existant(e).

existir vi **1.** [gen] exister **2.** [haber] ▸ **existe…** il y a… / *existen varias posibilidades* il y a plusieurs possibilités.

éxito sm **1.** [gen] succès *m* ; [libro] best-seller *m* ; [canción] tube *m* ▸ **tener éxito** avoir du succès **2.** [de empresa, persona] réussite *f*.

exitoso, sa adj à succès.

ex libris sm inv ex-libris *m*.

éxodo sm exode *m*.

exoneración sf **1.** [de carga, obligación] dégagement *m* **2.** [de tarea] dispense *f* **3.** [de culpa] acquittement *m* **4.** [de impuestos] exonération *f*.

exonerar vt *culto* ▸ **exonerar a alguien de** a) [de cargo, obligación] dégager qqn de b) [de impuestos] exonérer qqn de.

exoplaneta sm exoplanète *f*.

exorbitante adj exorbitant(e).

exorbitar vt exagérer.

exorcismo sm exorcisme *m*.

exorcista smf exorciste *m*.

exorcizar [13] vt exorciser.

exótico, ca adj exotique.

exotismo sm exotisme *m*.

expandible adj **1.** [sustancia, materia] expansible **2.** INFORM extensible.

expandir vt **1.** FÍS dilater **2.** [noticia, rumor] répandre. ◆ **expandirse** vprnl [rumor] se répandre.

expansión sf **1.** [gen, FÍS & ECON] expansion *f* **2.** *fig* [de noticia] propagation *f* **3.** [recreo] détente *f*.

expansionar vt **1.** [cuerpo, gas] dilater **2.** [empresa, mercado] développer. ◆ **expansionarse** vprnl **1.** FÍS se dilater **2.** [divertirse] se détendre **3.** [desahogarse] ▸ **expansionarse con alguien** s'épancher auprès de qqn **4.** ECON se développer.

expansionismo sm expansionnisme *m*.

expansionista adj expansionniste.

expansivo, va adj *pr* & *fig* expansif(ive).

expatriación sf expatriation *f*.

expatriado, da adj & sm, f expatrié(e).

expatriar [9] vt expatrier.
◆ **expatriarse** vprnl s'expatrier.

expectación sf **1.** [espera] attente *f* **2.** [interés] curiosité *f* **3.** [ansias] impatience *f* générale.

expectante adj ▸ **seguir expectante** rester dans l'expectative.

expectativa sf **1.** [espera] expectative *f* ▸ **estar a la expectativa** être dans l'expectative ▸ **estar a la expectativa de** être dans l'attente de **2.** [posibilidad] perspective *f*.

expectoración sf expectoration *f*.

expectorante ◆ adj expectorant(e). ◆ sm expectorant *m*.

expectorar vi expectorer.

expedición sf expédition *f*.

expedicionario, ria ◆ adj expéditionnaire. ◆ sm, f membre *m* d'une expédition.

expedido, da adj [documento] délivré(e) / *expedido en Bogotá el 15 de octubre de 2010* délivré à Bogota le 15 octobre 2010.

expedidor, ra sm, f expéditeur *m*, -trice *f*.

expedientar vt ▸ **expedientar a alguien** a) prendre des sanctions contre qqn b) [investigar] ouvrir une enquête administrative sur qqn.

expediente sm **1.** [documentación, historial] dossier *m* ▸ **expediente de regulación de empleo** *plan pour la restructuration de l'emploi* **2.** [investigación] enquête *f*

▸ **abrir expediente a alguien** a) [castigar] prendre des sanctions contre qqn b) [investigar] ouvrir une enquête administrative sur qqn ▸ **cubrir el expediente** *fig* faire acte de présence.

expedir [26] vt **1.** [carta, paquete] expédier **2.** [pasaporte, certificado] délivrer **3.** [contrato] dresser. ◆ **expedirse** vprnl AM s'exprimer.

expeditivo, va adj expéditif(ive).

expedito, ta adj [vía, camino, etc.] dégagé(e).

expeler vt expulser ; [humo, calor] dégager.

expendedor, ra ✧ adj distributeur(trice) ▸ **una máquina expendedora de…** un distributeur automatique de…. ✧ sm, f vendeur *m*, -euse *f* ▸ **expendedor de tabaco** buraliste *mf*. ◆ **expendedor** sm [máquina] ▸ **expendedor automático** distributeur *m* (automatique).

expendeduría sf bureau *m* de tabac.

expender vt débiter *(vendre)*.

expendio sm AM **1.** [tienda] débit *m* **2.** [venta] débit *m* ▸ **expendio de refrescos** vente de boissons fraiches ▸ **expendio bajo receta** ARG (disponible) sur ordonnance seulement.

expensar vt ARG payer les dépens.

expensas sfpl **1.** DER dépens *mpl* **2.** ARG [de vivienda] charges *fpl*. ◆ **a expensas de** loc prep aux dépens de, aux frais de.

experiencia sf expérience *f*.

experimentación sf expérimentation *f*.

experimentado, da adj [persona] expérimenté(e) ; [método] éprouvé(e).

experimentador, ra ✧ adj d'expérimentation. ✧ sm, f expérimentateur *m*, -trice *f*.

experimental adj expérimental(e).

experimentar vt **1.** [probar] expérimenter **2.** [vivir, sentir] connaître ▸ **experimentar lo que es el miedo** savoir ce qu'est la peur.

experimento sm expérience *f (expérimentation)*.

experto, ta ✧ adj expert(e). ✧ sm, f expert *m*.

expiación sf expiation *f*.

expiar [9] vt expier.

expiatorio, ria adj **1.** expiatoire **2.** ⟶ **chivo**.

expida ⟶ **expedir**.

expidiera ⟶ **expedir**.

expiración sf expiration *f (terme)*.

expirar vi expirer.

explanación sf nivellement *m*.

explanada sf terrain *m* découvert.

explanar vt **1.** [terreno] aplanir **2.** *fig* [asunto] préciser.

explayar vt étendre. ◆ **explayarse** vprnl **1.** [divertirse] se distraire **2.** [desahogarse] ▸ **explayarse con alguien** s'ouvrir à qqn.

explicable adj explicable.

explicación sf explication *f* ▸ **dar / pedir explicaciones** fournir / demander des explications.

explicaderas sfpl façons *fpl* de s'expliquer / *con semejantes explicaderas no nos aclaramos* avec de telles explications nous n'y comprenons rien.

explicar [10] vt expliquer ; [asignatura] enseigner. ◆ **explicarse** vprnl s'expliquer.

explicativo, va adj explicatif(ive).

explicitar vt expliciter.

explícito, ta adj explicite.

explicotearse vprnl *fam* s'expliquer clairement.

exploración sf **1.** [gen] exploration *f* ; [de yacimientos] prospection *f* **2.** MED examen *m*.

explorador, ra ✧ adj de reconnaissance. ✧ sm, f explorateur *m*, -trice *f* ; [scout] scout *m*, -e *f*.

explorar vt **1.** [gen] explorer ; [en yacimientos] prospecter **2.** MED examiner.

exploratorio, ria adj exploratoire / *un instrumento exploratorio* un instrument d'exploration.

explosión sf explosion *f* ▸ **hacer explosión** exploser ▸ **explosión atómica / termonuclear** explosion atomique / thermonucléaire ▸ **explosión demográfica** explosion démographique.

explosionar ✧ vt faire exploser. ✧ vi exploser.

explosivo, va adj explosif(ive). ◆ **explosivo** sm explosif *m*.

explotación sf [negocio] exploitation *f* ▸ **explotación agrícola** exploitation agricole.

explotador, ra ✧ adj : *la empresa explotadora de la mina* l'entreprise qui exploite la mine. ✧ sm, f exploitant *m*, -e *f* ; [negrero] exploiteur *m*, -euse *f*.

Cómo expresar explicaciones

Pedir explicaciones

- **Qu'est-ce que tu veux dire, exactement ?** *¿Qué quieres decir exactamente?*
- **C'est-à-dire ?** *¿Es decir?*
- **Pourriez-vous être un peu plus précis ?** *¿Podría ser un poco más preciso?*
- **Qu'entendez-vous par là ?** *¿Qué quiere decir con eso?*
- **Où est-ce que tu veux en venir, au juste ?** *¿Adónde quieres exactamente ir a parar?*
- **Comment ça ?** *¿Qué quieres decir?*

Dar explicaciones

- **Je veux / voulais dire que…** *Quiero / Quería decir que…*
- **Je vais tâcher d'être plus clair…** *Voy a tratar de ser más claro…*
- **Je m'explique :…** *A ver si me explico:…*
- **Ce que j'essaie de dire, c'est…** *Lo que estoy intentando decir es…*

explotar ◆ vt exploiter. ◆ vi exploser.

expo sf *exposition très importante, notamment l'exposition universelle* / *la expo de Sevilla* l'exposition universelle de Séville.

expoliación sf spoliation *f*.

expoliar [8] vt spolier.

expolio, espolio sm *culto* spoliation *f*.

exponencial ◆ adj exponentiel(elle). ◆ sf exponentielle *f*.

exponente sm **1.** MAT exposant *m* **2.** *fig* [representante] représentant *m*, -e *f*.

exponer [65] vt exposer. ◆ **exponerse** vprnl **1.** [ponerse a la vista] s'exhiber **2.** [arriesgarse] prendre des risques ▸ **exponerse a** courir le risque de.

exportación sf exportation *f* ▸ **exportaciones invisibles** exportations invisibles.

exportador, ra adj & sm, f exportateur(trice).

exportar vt COM & INFORM exporter.

exposición sf **1.** [gen] exposition *f* **2.** [explicación] exposé *m* **3.** [riesgo] risque *m*.

expositivo, va adj : *un discurso expositivo de la situación* un discours exposant la situation.

expósito, ta ◆ adj [niño] trouvé(e). ◆ sm, f enfant *m* trouvé, enfant *f* trouvée.

expositor, ra ◆ adj [principio] fondamental(e). ◆ sm, f **1.** [en feria, galería] exposant(e) / *en esta feria hay más de cien expositores* il y a plus de cent exposants à ce salon **2.** ANDES RP [conferenciante] orateur *m*, -trice *f*, conférencier *m*, -ère *f*.

exprés ◆ adj inv [tren, café] express. ◆ sm inv = **expreso**.

expresado, da adj ADMIN susmentionné(e).

expresamente adv **1.** [a propósito] exprès, spécialement **2.** [explícitamente] expressément.

expresar vt exprimer. ◆ **expresarse** vprnl s'exprimer.

expresión sf expression *f* ▸ **reducir a la mínima expresión** réduire à sa plus simple expression.

expresionismo sm expressionnisme *m*.

expresionista adj & smf expressionniste.

expresividad sf expressivité *f*.

expresivo, va adj **1.** [palabras, mirada] expressif(ive) **2.** [padre, novio] affectueux(euse).

expreso, sa adj [explícito] formel(elle). ◆ **expreso, exprés** ◆ sm [tren, café] express *m*. ◆ adv [intencionadamente] exprès.

exprimelimones sm inv presse-citron *m inv*.

exprimidor sm presse-agrume *m*.

exprimir vt **1.** [cítrico] presser **2.** *fig* [persona, noticia] exploiter.

> ⚠ **Exprimer** es un falso amigo, no significa *exprimir*, sino "expresar".

expropiación sf **1.** [acción] expropriation *f* **2.** [terreno] terrain *m* exproprié.

expropiar [8] vt exproprier.

expuesto, ta adj exposé(e) ; [arriesgado] dangereux(euse). ◆ **expuesto** pp ⟶ **exponer**.

expugnación sf *culto* prise *f* d'assaut.

expulsar vt expulser ; [humos, gases] rejeter.

expulsión sf expulsion *f* ; [de gases de coche] échappement *m*.

expulsor, ra adj d'éjection. ◆ **expulsor** sm éjecteur *m*.

expurgación sf expurgation *f*.

expurgar [16] vt [texto] expurger ; [sociedad] purger.

expusiera ⟶ **exponer**.

exquisitez sf **1.** [cualidad] délicatesse *f* **2.** [comida] délice *m*.

exquisito, ta adj exquis(e).

extasiar [9] vt enthousiasmer. ◆ **extasiarse** vprnl ▸ **extasiarse (ante / con)** s'extasier (devant / sur).

éxtasis sm inv **1.** [estado] extase *f* **2.** *fam* [droga] ecstasy *m*.

extemporaneidad sf intemporalité *f*.

extemporáneo, a adj **1.** [clima] inhabituel(elle) pour la saison **2.** [comentario, respuesta] hors de propos.

extender [20] vt **1.** [gen] étendre **2.** [semillas, azúcar, etc.] répandre **3.** [certificado] délivrer ; [cheque] libeller. ◆ **extenderse** vprnl ▸ **extenderse (en / por)** s'étendre (sur / à).

extendido, da adj **1.** [diseminado] répandu(e) / *tiene el cáncer muy extendido* son cancer s'est généralisé / *el correo electrónico está muy extendido en las empresas* l'usage du courrier électronique est très répandu dans les entreprises **2.** [estirado] étendu(e).

extensible adj extensible.

extensión sf **1.** [gen & INFORM] extension *f* ▸ **por extensión** par extension ▸ **en toda la extensión de la palabra** dans tous les sens du terme **2.** [superficie] étendue *f* **3.** [duración] durée *f* **4.** TELECOM poste *m*.

extensivo, va adj extensif(ive) ▸ **haz extensivos mis saludos a…** transmets mes salutations à….

extenso, sa adj **1.** [llanura, miembro] étendu(e) **2.** [discurso, conversación, etc.] long (longue).

extensor ◆ adj m extenseur / *músculo extensor* muscle extenseur. ◆ sm extenseur *m*.

extenuación sf exténuation *f*.

extenuado, da adj exténué(e).

extenuante adj exténuant(e).

extenuar [6] vt exténuer. ◆ **extenuarse** vprnl s'exténuer.

exterior ◆ adj extérieur(e) ; POLÍT étranger(ère). ◆ sm extérieur *m* ; [aspecto] apparence *f*. ◆ **exteriores** smpl extérieurs *mpl*.

exterioridad sf **1.** [apariencia] aspect *m* extérieur **2.** FILOS extériorité *f*.

exteriorización sf extériorisation *f*.

exteriorizar [13] vt extérioriser.

exteriormente adv extérieurement.

exterminación sf extermination *f*.

exterminador, ra adj exterminateur(trice).

exterminar vt **1.** [aniquilar] exterminer **2.** [devastar] dévaster.

exterminio sm extermination *f*.

externado sm externat *m*.

externalización sf ECON externalisation *f*.

externalizar vt ECON externaliser.

externar vt MÉX exprimer.

externo, na adj externe ; [signo, aspecto] extérieur(e).

extienda ⟶ **extender**.

extinción sf extinction *f*.

extinguidor sm AM extincteur *m*.

extinguir [17] vt éteindre ; [raza] exterminer ; [afecto, entusiasmo] tuer. ◆ **extinguirse** vprnl s'éteindre ; [afecto, entusiasmo, ruido] cesser.

extinto, ta ◆ adj éteint(e). ◆ sm, f AM *form* [persona] défunt *m*, -e *f*.

extintor, ra adj extincteur(trice).
◆ **extintor** sm ESP extincteur *m*.

extirpación sf extirpation *f* ; [de órgano, quiste] ablation *f* ; *fig* [de un mal] éradication *f*.

extirpar vt extirper ; [muela] arracher ; *fig* [mal] éradiquer.

extornar vt ristourner.

extorno sm ristourne *f (d'une assurance)*.

extorsión sf **1.** [molestia] désagrément *m*, dérangement *m* **2.** [delito] racket *m (de fonds)*, extorsion *f*.

extorsionar vt **1.** [molestar] déranger **2.** [delinquir] extorquer.

extorsionista smf escroc *m*, extorqueur *m*, -euse *f (de fonds)*.

extra ◆ adj [calidad, producto] supérieur(e) ; [horas, trabajo, paga, gastos] supplémentaire. ◆ smf CINE [actor - de relleno] figurant *m*, -e *f* ; [- substituto] doublure *f*. ◆ sm [regalo] extra *m* ; [plato] supplément *m*. ◆ sf **1.** AM [gasolina] super *m* **2.** ⟶ **paga**.

extra- pref extra-.

extracción sf extraction *f*.

extracelular adj extracellulaire.

extracomunitario, ria adj extra-communautaire.

extractar vt condenser *(texte)*.

extractivo, va adj extractif(ive).

extracto sm extrait *m* ▸ **extracto de cuentas** relevé *m* de compte.

extractor, ra adj d'extraction ; [industria] de l'extraction. ◆ **extractor** sm extracteur *m* ▸ **extractor (de humos)** hotte *f* (aspirante).

extracurricular adj hors programme *(d'enseignement)*.

extradición sf extradition *f*.

extraditable adj extradable.

extraditar vt extrader.

extraer [73] vt **1.** [sacar] extraire ; [muela] arracher **2.** [conclusiones] tirer.

extraescolar adj EDUC extrascolaire.

extrafino, na adj extra-fin(e).

extrajudicial adj extrajudiciaire.

extralegal adj extralégal(e).

extralimitación sf abus *m (de pouvoir, d'autorité)*.

extralimitarse vprnl *fig* aller trop loin ▸ **extralimitarse en sus funciones** outrepasser ses fonctions.

extramarital adj hors mariage.

extramatrimonial adj hors mariage.

extramuros adv extra-muros.

extranet sf INFORM extranet *m*.

extranjería sf extranéité *f*.

extranjerismo sm barbarisme *m*.

extranjerizar [13] vt ▸ **extranjerizar algo** adapter qqch à un pays étranger.

extranjero, ra adj & sm, f étranger(ère).
◆ **extranjero** sm ▸ **vivir en el extranjero** vivre à l'étranger.

extranjis ◆ **de extranjis** loc adv *fam* [vender, traer] en fraude ; [entrar] en douce.

extrañamiento sm exil *m*.

extrañar vt **1.** [sorprender] étonner / ***me extrañó verte aquí*** j'ai été étonné de te voir ici **2.** [echar de menos] : ***extraña a sus padres*** ses parents lui manquent **3.** [desterrar] exiler **4.** RP [añorarse] avoir le mal du pays / ***a pesar de haber estado afuera muchos años, todavía extraña mucho*** malgré tant d'années passées à l'étranger, il souffre encore du mal du pays. ◆ **extrañarse** vprnl ▸ **extrañarse de** [sorprenderse de] s'étonner de.

extrañeza sf **1.** [sorpresa] étonnement *m* **2.** [rareza] extravagance *f*.

extraño, ña adj **1.** [raro] étrange **2.** [desconocido, ajeno] étranger(ère) **3.** [sorprendente] étonnant(e).

extraoficial adj officieux(euse).

extraordinario, ria adj extraordinaire ; [hora, trabajo] supplémentaire ; [edición, suplemento] spécial(e).
◆ **extraordinaria** sf ⟶ **paga**.
◆ **extraordinario** sm **1.** CULIN extra *m* **2.** PRENSA número *m* hors série **3.** [correo] pli *m* urgent.

extraparlamentario, ria adj extraparlementaire.

extraplano, na adj extra-plat(e).

extrapolación sf *fig* extrapolation *f*.

extrapolar vt [sacar conclusión] déduire.

extrarradio sm banlieue *f*, périphérie *f*.

extrasensorial adj extrasensoriel(elle).

extrasolar adj extrasolaire.

extraterrestre adj & smf extraterrestre.

extraterritorial adj extraterritorial(e).

extraterritorialidad sf extraterritorialité *f*.

extravagancia sf extravagance *f*.

extravagante adj extravagant(e).

extravasación sf extravasation *f*.

extraversión, extroversión sf extraversion *f*.

extravertido, da, extrovertido, da adj & sm, f extraverti(e).

extraviado, da adj **1.** [perdido] perdu(e) **2.** [de vida airada] débauché(e).

extraviar [9] vt [perder] égarer ▸ **le extraviaba la mirada** il avait le regard égaré. ◆ **extraviarse** vprnl **1.** [perderse] s'égarer **2.** [desenfrenarse] se débaucher.

extravío sm **1.** [pérdida] perte *f* **2.** [desenfreno] débauche *f* ▸ **extravío de juventud** écart *m* de jeunesse.

extremadamente adv extrêmement.

extremado, da adj extrême ; [vestido] extravagant(e).

Extremadura npr Estrémadure *f*.

extremar vt pousser à l'extrême ; [vigilancia] renforcer. ◆ **extremarse** vprnl donner le meilleur de soi-même.

extremaunción sf extrême-onction *f*.

extremeño, ña ❖ adj d'Estrémadure. ❖ sm, f habitant *m*, -e *f* d'Estrémadure.

extremidad sf extrémité *f*. ◆ **extremidades** sfpl [manos, pies] extrémités *fpl*.

extremis ◆ **in extremis** loc adv in extremis.

extremismo sm extrémisme *m*.

extremista adj & smf extrémiste.

extremo, ma adj extrême ; [ideología] extrémiste. ◆ **extremo** sm **1.** [en el espacio] extrémité *f* **2.** [límite] extrême *m* ▸ **en último extremo** en dernier recours ▸ **ir o pasar de un extremo al otro** passer d'un extrême à l'autre ▸ **llegar al extremo de hacer algo** en arriver à faire qqch **3.** DEP ailier *m* **4.** [en un texto] point *m*. ◆ **extremos** smpl démonstrations *fpl (de douleur, etc.)*.

extremosidad sf : *la extremosidad de su cortesía* sa politesse excessive.

extremoso, sa adj [persona] excessif(ive).

extrínseco, ca adj extrinsèque.

extroversión = **extraversión**.

extrovertido, da = **extravertido**.

exuberancia sf *pr* & *fig* exubérance *f*.

exuberante adj exubérant(e).

exudación sf exsudation *f*.

exudado, da adj suintant(e).

exudar vt exsuder.

exultación sf débordement *m (de joie, sentiments)*.

exultante adj débordant(e).

exultar vi ▸ **exultar de** exulter de.

exvoto sm ex-voto *m inv*.

eyaculación sf éjaculation *f* ▸ **eyaculación precoz** éjaculation précoce.

eyaculador, ra, eyaculatorio, ria adj éjaculatoire.

eyacular vi éjaculer.

eyección sf éjection *f*.

eyectar vt éjecter.

eyector sm éjecteur *m*.

EZLN (*abr de* **Ejército Zapatista de Liberación Nacional**) sm EZLN *m*.

F

f, **F** [efe] sf [letra] f *m inv*, F *m inv.* ◆ **23 F** sm *date de la tentative de coup d'État perpétrée le 23 février 1981 en Espagne.*

> **23 F**
>
> Le 23 février 1981, un coup d'état manqué fut perpétré à la Chambre des députés espagnole par un groupe de gardes civils avec à leur tête le colonel Tejero, appuyés par certains secteurs de l'armée. Les députés furent retenus en otages. Le Roi Juan Carlos affirma son soutien à la démocratie devant les caméras de télévision, et au matin du 24 février, les rebelles se rendirent.

fa sm MÚS fa *m inv*.

fa. *abr escrita de* **factura**.

fabada sf CULIN *plat asturien comparable au cassoulet.*

fábrica sf **1.** [establecimiento] usine *f* **2.** [fabricación] fabrication *f* **3.** *fig* : *es una fábrica de mentiras* il ment comme il respire **4.** [obra] maçonnerie *f*.

fabricación sf fabrication *f* ▸ **fabricación en serie** fabrication en série.

fabricante ❖ adj qui fabrique. ❖ smf fabricant *m*, -e *f*.

fabricar [10] vt **1.** [producir, elucubrar] fabriquer **2.** [construir] construire.

fábula sf fable *f*.

fabulación sf fabulation *f*.

fabular vi raconter des histoires.

fabulista smf fabuliste *mf*.

fabuloso, **sa** adj fabuleux(euse).

facción sf POLÍT faction *f*. ◆ **facciones** sfpl traits *mpl* (du visage) / *tiene las facciones finas* il a les traits fins.

faccioso, **sa** adj & sm, f rebelle.

faceta sf facette *f*.

facha ❖ sf **1.** *fam* [aspecto] : *con esta facha no puedes ir* tu ne peux pas y aller avec cette dégaine **2.** CHILE [presunción] arrogance *f*. ❖ smf ESP *fam & despec* [fascista] facho *mf*.

fachada sf *pr & fig* façade *f*.

facial adj facial(e).

fácil adj **1.** [gen] facile ▸ **ser una persona fácil** être facile à vivre **2.** [probable] ▸ **es fácil que…** il est probable que….

facilidad sf facilité *f*. ◆ **facilidades** sfpl facilités *fpl* ▸ **facilidades de pago** facilités de paiement.

facilitar vt **1.** [simplificar, posibilitar] faciliter ▸ **facilitar la vida** faciliter la vie **2.** [proporcionar] fournir / *le facilitó la información* il lui a fourni le renseignement.

fácilmente adv **1.** [con facilidad] facilement **2.** *fam* [probablemente] probablement.

facilón, **ona** adj *fam* simple comme bonjour.

facineroso, **sa** ❖ adj dangereux(euse) *(délinquant)*. ❖ sm, f malfaiteur *m*.

facsímil, **facsímile** sm fac-similé *m*.

factible adj faisable.

fáctico, **ca** adj ⟶ **poder**.

facto ◆ **de facto** loc adv de facto.

factor sm facteur *m* ▸ **factor Rh** o **Rhesus** facteur Rhésus.

factoría sf **1.** [fábrica] usine *f* **2.** [colonia] comptoir *m*.

factorizar vt factoriser.

factótum (*pl* **factotums**) sm, f factotum *m*.

factura sf facture *f* ▸ **factura pro forma** o **proforma** facture pro forma.

facturación sf **1.** [tramitación] facturation *f* **2.** [volumen de ventas] chiffre *m* d'affaires **3.** [de equipaje] enregistrement *m*.

facturar vt **1.** [cobrar] facturer **2.** [vender] enregistrer un chiffre d'affaires de **3.** [consignar] enregistrer.

facu sf *fam* [facultad] fac *f*.

facultad sf faculté *f* ▸ **tener facultad para** être habilité(e) à.

facultar vt autoriser ; [legalmente] habiliter.

facultativo, **va** ❖ adj **1.** [opcional] facultatif(ive) **2.** [médico] médical(e) ; [parte] de santé **3.** [de facultad universitaria] universitaire. ❖ sm, f médecin *m*.

FAD (*abr de* **Fondo de Ayuda al Desarrollo**) sm *fonds espagnol d'aide au développement.*

fado sm fado *m*.

faena sf **1.** [trabajo, tarea] travail *m*, tâche *f* ▸ **faenas del campo** travaux des champs ▸ **faenas domésticas** tâches *fpl* ménagères ▸ **hacerle una (mala) faena a alguien** *fig* jouer un (mauvais) tour à qqn **2.** CUBA GUAT MÉX [en hacienda] heures *fpl* supplémentaires **3.** RP [matanza] abattage *m*.

faenar vi **1.** [en mar] pêcher **2.** RP [ganado] abattre, équarrir.

fagocitar vt *pr & fig* phagocyter.

fagocito sm phagocyte *m*.

fagocitosis sf inv phagocytose *f*.

fagot ◆ sm [instrumento] basson *m*. ◆ smf [músico] basson *m*.

fair play ['ferplei] sm fair-play *m inv*.

faisán sm faisan *m*.

faja sf **1.** [para la cintura] ceinture *f* **2.** [de mujer, terapéutica] gaine *f* **3.** [de libro, terreno] bande *f*.

fajar vt **1.** [periódico] mettre sous bande **2.** [niño] emmailloter **3.** AM [bofetada, latigazo] donner, flanquer **4.** RP *fam* [estafar] arnaquer. ◆ **fajar con** vprnl + prep AM *fam* [acometer] attaquer. ◆ **fajarse** vprnl AM *fam* [pegarse] se battre.

fajín sm écharpe *f (insigne)*.

fajo sm **1.** [de billetes] liasse *f* ; [de leña, cañas] fagot *m* **2.** MÉX [cinturón] ceinture *f*.

fake [feik] sm INFORM fake *m*.

fakir = **faquir**.

falacia sf supercherie *f*.

falange sf **1.** ANAT & POLÍT phalange *f* **2.** MIL : *las falanges del enemigo* les troupes ennemies. ◆ **Falange** sf ▸ **la Falange Española** la Phalange espagnole.

falangeta sf phalangette *f*.

falangina sf phalangine *f*.

falangismo sm phalangisme *m*.

falangista adj & smf phalangiste.

falaz adj fallacieux(euse).

falda sf **1.** [prenda] jupe *f* ▸ **falda pantalón** jupe-culotte *f* **2.** [de montaña] flanc *m* **3.** [regazo] ▸ **en la falda de alguien** sur les genoux de qqn ▸ **en la falda materna** dans les jupes de sa mère **4.** [de mesa camilla] tapis *m* de table ; [de mantel] pan *m*. ◆ **faldas** sfpl ▸ **tener afición a las faldas** courir le jupon.

faldero, ra adj **1.** [perro] de compagnie **2.** [mujeriego] ▸ **un hombre faldero** un coureur de jupons.

faldón sm **1.** [de chaqueta, frac] basque *f* ; [de camisa] pan *m* **2.** [de tejado] pan *m*.

Fallas de Valencia

Le 19 mars, la ville de Valence célèbre la Saint Joseph, patron des menuisiers, sous la forme d'une fête satirique et bon enfant. Quelques jours avant, les habitants de chaque quartier élèvent d'immenses personnages en papier mâché à l'effigie des personnalités impopulaires et condamnables du moment ; celles-ci trônent alors au milieu des rues paralysant ainsi complètement la circulation. Le 19 mars au soir, tous les personnages sont brûlés en autant de feux de joie à travers la ville et la fête se poursuit tard dans la nuit.

falencia sf **1.** AM [bancarrota] faillite *f* **2.** CSUR [error] erreur *f*.

falibilidad sf faillibilité *f*.

falible adj faillible.

fálico, ca adj phallique.

falla sf **1.** GEOL faille *f* **2.** [defecto, fallo] défaut *m* **3.** AM [equivocación] erreur *f* **4.** [en Valencia] *grande figure en carton-pâte brûlée à Valence lors des fêtes de la Saint-Joseph*. ◆ **fallas** sfpl *fêtes de la Saint-Joseph à Valence*.

fallar ◆ vt **1.** [sentenciar] prononcer ; [premio] décerner **2.** [equivocar] ▸ **fallar el tiro** manquer son coup. ◆ vi **1.** [fracasar] échouer / ***falló en el examen*** il a échoué à l'examen **2.** [flaquear - memoria] défaillir ; [- corazón, nervios] lâcher **3.** [decepcionar] ▸ **fallarle a alguien** laisser tomber qqn / ***no me falles*** je compte sur toi **4.** [errar] rater **5.** [ceder] céder **6.** [sentenciar] rendre un jugement ▸ **fallar a favor / en contra** se prononcer pour / contre.

fallecer [30] vi décéder.

fallecido, da ◆ adj décédé(e). ◆ sm, f défunt *m*, -e *f*.

fallecimiento sm décès *m*.

fallero, ra ◆ adj des « fallas ». ◆ sm, f ▸ **el fallero mayor** *personne élue roi des « fallas »*.

fallido, da adj **1.** [fracasado] manqué(e) ; [esperanza] déçu(e) **2.** COM irrécouvrable.

fallo sm **1.** [equivocación] erreur *f* **2.** ESP [defecto] défaut *m* / ***siempre le encuentra fallos a todo*** il trouve toujours des défauts à tout **3.** [sentencia] jugement *m* ; [de concurso] résultat *m* **4.** [deficiencia] défaillance *f*.

falluteria sf RP *fam* coup *m* en douce.

falluto, ta adj AM *fam* **1.** [hipócrita] hypocrite **2.** [fallido] raté(e).

falo sm phallus *m*.

falocracia sf phallocratie *f*.

falócrata smf phallocrate *mf*.

falsario, ria ◆ adj mensonger(ère). ◆ sm, f menteur *m*, -euse *f*.

falseamiento sm falsification *f*, contrefaçon *f*.

falsear vt [resultado] fausser ; [hecho, palabra] dénaturer.

falsedad sf fausseté *f* ; [mentira] mensonge *m*.

falsete sm fausset *m*.

falsificación sf **1.** [acción] falsification *f* **2.** [objeto falso] faux *m*.

falsificador, ra sm, f faussaire *mf*.

falsificar [10] vt falsifier ; [firma] contrefaire.

falsilla sf papier *m* ligné.

falso, sa adj faux (fausse). ◆ **en falso** loc adv ▸ **dar un paso en falso** faire un faux pas ▸ **declarar en falso** faire une fausse déclaration.

falta sf **1.** [gen] manque *m* / ***hace falta pan*** il faut du pain / ***me haces falta*** tu me manques ▸ **falta de educación** manque d'éducation **2.** [ausencia] absence *f* ▸ **echar en falta algo** remarquer l'absence de qqch ▸ **echar en falta a alguien** regretter qqn **3.** [imperfección] défaut *m*

4. [error & DEP] faute *f* ▸ **falta de ortografía** faute d'orthographe ▸ **falta personal** faute personnelle **5.** [en la menstruación] : *lleva tres faltas* elle a trois mois de retard. ◆ **a falta de** loc prep faute de.

faltante AM ❖ adj manquant(e). ❖ sm déficit *m*.

faltar vi **1.** [gen] manquer ▸ **faltar a su palabra** manquer à sa parole ▸ **faltar a la confianza de** trahir la confiance de ▸ **faltar (el respeto) a alguien** manquer de respect à qqn ▸ **¡no faltaba o faltaría más! a)** [agradecimiento] je vous en prie ! **b)** [rechazo] il ne manquait o manquerait plus que ça ! **2.** [estar ausente] être absent(e) / *Pedro falta, creo que está enfermo* Pedro n'est pas là, je crois qu'il est malade / *faltó a la cita* il n'est pas venu au rendez-vous **3.** [quedar] rester / *falta un mes para las vacaciones* il reste un mois jusqu'aux vacances / *sólo te falta firmar* il ne te reste plus qu'à signer / *falta mucho por hacer* il y a encore beaucoup à faire / *falta poco para que llegue* il ne va pas tarder à arriver / *faltó poco para que le matase* il s'en est fallu de peu qu'il le tue **4.** [morir] disparaître / *cuando sus padres falten* quand ses parents auront disparu.

falto, ta adj dépourvu(e).

faltón, ona ❖ adj *fam* **1.** [irrespetuoso] irrespectueux(euse) **2.** [poco fiable] peu fiable. ❖ sm, f *fam* [irrespetuoso] impertinent *m*, -e *f*.

faltriquera sf **1.** [bolsa] bourse *f* **2.** [bolsillo] poche *f*.

fam. (*abr escrita de* **familiar**) fam.

fama sf **1.** [popularidad] célébrité *f* **2.** [reputación] réputation *f* ▸ **cría o cobra fama y échate a dormir** *il faut acquérir une bonne réputation pour pouvoir se reposer sur ses lauriers.*

famélico, ca adj famélique.

familia sf famille *f* / *acaba de tener familia* elle vient d'être mère ▸ **en familia** en famille ▸ **familia de acogida** famille d'accueil ▸ **familia numerosa** famille nombreuse.

familiar ❖ adj **1.** [gen & LING] familier(ère) **2.** [de familia] familial(e). ❖ sm parent *m*, -e *f*.

familiaridad sf familiarité *f*.

familiarización sf familiarisation *f* / *este software ofrece una familiarización con el inglés* ce logiciel propose une familiarisation à l'anglais.

familiarizado, da adj familiarisé(e), habitué(e).

familiarizar [13] vt familiariser.
◆ **familiarizarse** vprnl se familiariser.

familiarmente adv familièrement ▸ **familiarmente conocido como Paquito** Paquito, pour les intimes.

famoseo sm *fam* ▸ **el famoseo** les people.

famoso, sa ❖ adj **1.** [conocido] célèbre **2.** *fam* [bueno, excelente] fameux(euse). ❖ sm, f célébrité *f*.

fan (*pl* **fans**) sm, f fan *mf*.

fanático, ca adj & sm, f fanatique.

fanatismo sm fanatisme *m*.

fanatizar [13] vt fanatiser.

fancine = **fanzine**.

fandango sm **1.** [baile, música] fandango *m* **2.** *fam* [lío, jaleo] chambard *m*.

fandanguillo sm fandanguillo *m (fandango andalou de rythme lent)*.

fané adj AM défraîchi(e).

fanega sf fanega *f (mesure agraire utilisée en Espagne, variant selon les régions)*.

fanfarria sf **1.** *fam* [jactancia] fanfaronnade *f* **2.** [de música] fanfare *f*.

fanfarrón, ona adj & sm, f fanfaron(onne).

fanfarronada sf fanfaronnade *f*.

fanfarronear vi fanfaronner, faire le fanfaron ▸ **fanfarronear de** se vanter de.

fanfarronería sf fanfaronnade *f*.

fango sm boue *f*.

fangoso, sa adj boueux(euse).

fantasear ❖ vi rêvasser. ❖ vt rêver de / *fantasea grandes éxitos* il rêve de grands succès.

fantasía sf **1.** [imaginación] imagination *f* / *una joya de fantasía* un bijou fantaisie **2.** [sueño] chimères *fpl* **3.** MÚS fantaisie *f*.

fantasioso, sa adj [persona] imaginatif(ive) ; [idea, proyecto] fou (folle).

fantasma ❖ sm [espectro] fantôme *m*.
❖ smf *fam* [fanfarrón] frimeur *m*, -euse *f*.

> ⚠ **Fantasme** es un falso amigo, no significa *fantasma*, sino "fantasía".

fantasmada sf **1.** ESP [fanfarronada] frime *f* **2.** RP [tontería] bêtise *f*.

fantasmagórico, ca adj fantasmagorique.

fantasmal adj fantomatique.

fantasmón, ona adj & sm, f ESP *fam* frimeur(euse).

fantástico, ca adj fantastique.

fantochada sf ▸ **hacer fantochadas** faire l'imbécile.

fantoche sm **1.** [títere] fantoche *m* **2.** [mamarracho] ▸ **estar hecho un fantoche** avoir l'air ridicule **3.** [persona vanidosa] vantard *m*, -e *f*.

fanzine, fancine sm fanzine *m*.

FAO (*abr de* **Food and Agriculture Organization**) sf FAO *f*.

faquir, fakir sm fakir *m*.

faradio sm farad *m*.

farándula sf **1.** [teatro] ▸ **la farándula** le monde du théâtre **2.** [compañía] troupe *f*.

faraón sm pharaon *m*.

faraónico, ca adj pharaonique.

FARC (*abr de* **Fuerzas Armadas Revolucionarias de Colombia**) sfpl FARC *fpl*.

fardada sf ESP *fam* : *se ha comprado una fardada de casa* il s'est acheté une maison qui en jette.

fardar vi ESP *fam* [llamar la atención] en mettre plein la vue, en jeter / *¡cómo farda esa moto!* elle en jette, cette moto ! ◆ **fardar de** v + prep ESP *fam* [presumir de] frimer.

farde sm *fam* : *esa camisa que te has comprado es un farde* elle en jette la chemise que tu as achetée !

fardo sm ballot *m*.

fardón, ona adj ESP *fam* **1.** [persona] frimeur(euse) **2.** [cosa] tape-à-l'œil.

farero, ra sm, f gardien *m*, -enne *f* de phare.

farfullar vt & vi bredouiller.

faringe sf pharynx *m*.

faringitis sf inv pharyngite *f*.

fariña sf ANDES RP farine *f* de manioc.

fariseo, a sm, f **1.** HIST pharisien *m*, -enne *f* **2.** *fig* [hipócrita] hypocrite *mf*.

farlopa sf *mfam* came *f*.

farmacéutico, ca ◆ adj pharmaceutique. ◆ sm, f pharmacien *m*, -enne *f*.

farmacia sf pharmacie *f* ▸ **farmacia de turno** o **de guardia** pharmacie de garde.

fármaco sm médicament *m*.

farmacología sf pharmacologie *f*.

farmacológico, ca adj pharmacologique.

farmacopea sf pharmacopée *f*.

farmacoterapia sf pharmacothérapie *f*.

faro sm phare *m* ▸ **faro antiniebla** phare antibrouillard ▸ **faro halógeno** phare halogène.

farol sm **1.** [farola] réverbère *m* ; [linterna] lanterne *f* **2.** *fam* [mentira] bluff *m*.

farola sf réverbère *m*.

farolear vi *fam* bluffer.

farolero, ra ◆ adj *fam* bluffeur(euse). ◆ sm, f **1.** [oficio] allumeur *m*, -euse *f* de réverbères **2.** *fam* [fanfarrón] bluffeur *m*, -euse *f*.

farolillo sm **1.** [de papel] lampion *m* ▸ **farolillo rojo** *fig* lanterne *f* rouge **2.** [planta] campanule *f*.

farra sf *fam* bringue *f* ▸ **ir de farra** faire la bringue.

farragoso, sa adj embrouillé(e).

farruco, ca adj **1.** [valiente] intrépide **2.** [terco] ▸ **ponerse farruco** *fam* faire sa tête de mule.

farsa sf farce *f*.

farsante adj & smf comédien(enne) *(simulateur)*.

FAS (*abr de* **Fondo de Asistencia Social**) sm *fonds espagnol d'assistance sociale*.

fascículo sm fascicule *m*.

fascinación sf fascination *f*.

fascinante adj fascinant(e).

fascinar vt fasciner / *me fascinan los coches deportivos* j'adore les voitures de sport.

fascismo sm fascisme *m*.

fascista adj & smf fasciste.

fase sf phase *f*.

fashion ['faʃjon] adj branché(e), hype *(inv)*.

fashionista [faʃjo'nista] smf fashionista *mf*.

fastidiado, da adj [de salud] ▸ **estar fastidiado** *fam* être mal fichu ▸ **estar fastidiado del estómago** avoir l'estomac barbouillé.

fastidiar [8] vt **1.** ESP *fam* [estropear - fiesta, plan, etc.] gâcher ; [- máquina, objeto, etc.] casser, bousiller / *un virus me ha fastidiado el disco duro* un virus a bousillé mon disque dur **2.** [molestar] ennuyer ▸ **¡no (me) fastidies!** *fam* fiche-moi la paix ! ◆ **fastidiarse** vprnl **1.** ESP [objeto, máquina] se détraquer / *se me ha fastidiado la impresora* mon imprimante s'est détraquée **2.** ESP [fiesta, plan] être gâché(e) / *hizo tan mal tiempo que se nos fastidiaron las vacaciones* il a fait si mauvais que ça a gâché nos vacances **3.** ESP [aguantarse] : *si no le gusta, que se fastidie* si ça ne lui plaît pas, tant pis pour lui.

fastidio sm ennui *m* ▸ **ser un fastidio** être ennuyeux(euse).

fastidioso, sa adj ennuyeux(euse).

fasto sm faste *m* ▸ **vivir con gran fasto** mener grand train.

fastuosidad sf faste *m*.

fastuoso, sa adj fastueux(euse).

fatal ◆ adj **1.** [inevitable, seductor] fatal(e) **2.** [muy malo] très mauvais(e). ◆ adv ESP *fam* très mal, affreusement mal / *merecían perder porque jugaron fatal* ils méritaient de perdre car ils ont très mal joué.

fatalidad sf **1.** [desgracia] malchance *f* **2.** [destino] fatalité *f*.

fatalismo sm fatalisme *m*.

fatalista adj & smf fataliste.

fatídico, ca adj fatidique.

fatiga sf fatigue *f*. ◆ **fatigas** sfpl difficultés *fpl*.

fatigado, da adj fatigué(e).

fatigante adj fatigant(e).

fatigar [16] vt fatiguer. ◆ **fatigarse** vprnl se fatiguer.

fatigoso, sa adj fatigant(e).

fatigue ⟶ **fatigar**.

fatuidad sf **1.** [tontería] niaiserie *f* **2.** [vanidad] fatuité *f*.

fatuo, tua adj **1.** [tonto] niais(e) **2.** [presuntuoso] prétentieux(euse).

fauces sfpl [de fieras] mâchoires *fpl*.

fauna sf faune *f*.

fauno sm faune *m*.

fausto, ta adj heureux(euse) / *presencié ese fausto acontecimiento* j'ai assisté à cet heureux événement. ◆ **fausto** sm faste *m*.

fauvismo [fo'βismo] sm fauvisme *m*.

favela sf favela *f*.

favor sm **1.** [gen] faveur *f* ▸ **a favor de** en faveur de ▸ **de favor** de faveur ▸ **tener a** o **en su favor** avoir en sa faveur **2.** [ayuda] service *m* ▸ **hacer un favor a alguien a)** [ayuda] rendre un service à qqn **b)** *fam* [acostarse con] se faire qqn ▸ **hágame el favor de...** auriez-vous l'amabilité de... ▸ **por favor** s'il vous plaît. ◆ **favores** smpl [de una mujer] faveurs *fpl*.

favorable adj ▸ **favorable (para)** favorable (à) ▸ **favorable para la salud** bon pour la santé ▸ **ser favorable a algo** être en faveur de qqch.

favorablemente adv favorablement.

favorecedor, ra adj seyant(e) / *ese vestido le es muy favorecedor* cette robe lui va très bien.

favorecer [30] vt favoriser ; [sentar bien] avantager.

favorecido, da ❖ adj **1.** [persona, sector, país] favorisé(e) **2.** [en foto] à son avantage / *has salido muy favorecida en la foto* sur cette photo tu es vraiment à ton avantage. ❖ sm, f **1.** [persona] privilégié *m*, -e *f*, nanti *m*, -e *f* **2.** AM [ganador] gagnant *m*, -e *f*.

favoritismo sm favoritisme *m*.

favorito, ta adj & sm, f favori(ite).

fax sm inv fax *m* ▸ **mandar por fax** faxer.

faxear ❖ vt faxer, télécopier. ❖ vi envoyer un fax o une télécopie.

fayuquero, ra sm, f MÉX contrebandier *m*, -ère *f*.

faz sf face *f*.

FBI (*abr de* **Federal Bureau of Investigation**) sm FBI *m*.

FC *abr escrita de* **ferrocarril**.

FCI (*abr de* **Fondo de Compensación Interterritorial**) sm *fonds espagnol d'aide économique aux régions les plus défavorisées*.

Fco. *abr de* **Francisco**.

Fdo. (*abr escrita de* **firmado**) signé / *Fdo.: Fernando Alegre* signé : Fernando Alegre.

fe sf **1.** [gen] foi *f* ▸ **de buena fe** de bonne foi ▸ **la fe mueve montañas** la foi soulève les montagnes **2.** [confianza] confiance *f* ▸ **digno de fe** digne de foi **3.** [documento] certificat *m* ▸ **fe de erratas** errata *m inv* ▸ **fe de vida** fiche *f* d'état civil ▸ **dar fe de que** certifier que.

fealdad sf *pr & fig* laideur *f*.

feb., febr. (*abr escrita de* **febrero**) fév. / *12 feb. 2011* 12 fév. 2011.

febrero sm février *m*. *Ver también* **septiembre**.

febril adj *pr & fig* fébrile.

febrilmente adv fébrilement, fiévreusement.

fecal adj fécal(e).

fecha sf date *f* ▸ **en fecha próxima** prochainement ▸ **hasta la fecha** jusqu'à présent ▸ **por estas fechas** à cette période ▸ **fecha de caducidad** a) [de alimentos] date limite de consommation b) [de medicamento] date limite d'utilisation c) [de pasaporte] date d'expiration ▸ **fecha tope o límite** date limite.

fechador sm cachet *m* (de la poste).

fechar vt dater.

fechoría sf méfait *m*.

fécula sf fécule *f*.

fecundación sf fécondation *f* ▸ **fecundación artificial / in vitro** fécondation artificielle / in vitro.

fecundar vt **1.** [fertilizar] féconder **2.** [hacer productivo] fertiliser.

fecundidad sf **1.** [fertilidad] fécondité *f* **2.** [creatividad] production *f*.

fecundo, da adj fécond(e).

FED (*abr de* **Fondo Europeo de Desarrollo**) sm FED *m*.

FEDER (*abr de* **Fondo Europeo de Desarrollo Regional**) sm FEDER *m* *(Fonds européen de développement régional)*.

federación sf fédération *f*.

federal ❖ adj **1.** [de federación] fédéral(e) **2.** [federalista] fédéraliste. ❖ sm, f fédéraliste *mf* ▸ **los federales** HIST les fédéraux.

federalismo sm fédéralisme *m*.

federalista adj & smf fédéraliste.

federar vt fédérer. ◆ **federarse** vprnl se fédérer.

federativo, va ❖ adj fédératif(ive). ❖ sm, f membre *m* d'une fédération.

feedback ['fidbak] (*pl* **feedbacks**) sm feed-back *m*.

fehaciente adj [documento] qui fait foi ; [prueba] irréfutable.

felación sf fellation *f*.

feldespato sm feldspath *m*.

felicidad sf bonheur *m*. ◆ **felicidades** interj ▸ **¡felicidades!** a) félicitations ! b) [en cumpleaños] joyeux anniversaire ! c) [en santo] bonne fête ! d) [en Año Nuevo] meilleurs vœux !

felicitación sf **1.** *(gen pl)* [congratulación] félicitations *fpl* **2.** [deseo] vœux *mpl* **3.** [postal] carte *f* de vœux. ◆ **felicitaciones** interj AM [enhorabuena] félicitations, bravo / *¡felicitaciones por el nuevo trabajo!* félicitations pour ce nouveau travail !

felicitar vt **1.** [congratular] féliciter **2.** [desear] : *felicitar el cumpleaños / el Año Nuevo / las Navidades* souhaiter

Cómo felicitar

- **C'est formidable !** *¡(Es) estupendo!*
- **Bravo !** *¡Bravo!*
- **Bien joué !** *¡Bien hecho!*
- **C'était très réussi ta soirée !** *¡La fiesta fue estupenda!*
- **(Toutes mes) félicitations !** *¡Enhorabuena!*
- **Félicitations pour votre promotion !** *¡Enhorabuena por su ascenso!*
- **Laissez-moi vous féliciter.** *Déjeme que le felicite.*
- **Je suis très content pour vous.** *Me alegro mucho por usted.*
- **Ça m'a fait très plaisir d'apprendre que tu avais réussi ton concours.** *Me alegró muchísimo enterarme de que habías aprobado las oposiciones.*
- **Nous avons été ravis d'apprendre la bonne nouvelle.** *Nos alegramos muchísimo al enterarnos de la buena noticia.*
- **Ça, c'est une bonne nouvelle !** *¡Eso sí que es una buena noticia!*

un joyeux anniversaire/une bonne année/un joyeux Noël. ◆ **felicitarse** vprnl ▸ **felicitarse (por)** se féliciter (de).

félidos smpl félidés *mpl*.

feligrés, esa sm, f paroissien *m*, -enne *f*.

feligresía sf **1.** [feligreses] paroissiens *mpl* **2.** [parroquia] paroisse *f*.

felino, na adj félin(e). ◆ **felinos** smpl félins *mpl*.

feliz adj heureux(euse) ; [cumpleaños, Navidades] joyeux(euse) ; [Año Nuevo] bon (bonne) ▸ **prometérselas tan felices** se réjouir à l'avance.

felizmente adv **1.** [con felicidad] : ***está felizmente casado con cuatro niños*** il vit heureux avec sa femme et ses quatre enfants **2.** [afortunadamente] heureusement / ***felizmente, una ambulancia pasaba por allí*** heureusement, une ambulance passait par là.

felonía sf félonie *f*.

felpa sf peluche *f* ; [de toalla] tissu-éponge *m*.

felpudo sm paillasson *m*.

FEM (*abr de* **Federación Española de Municipios**) sf *fédération de municipalités espagnoles qui négocie les prérogatives de celles-ci avec le gouvernement central.*

femenino, na adj **1.** [gen & GRAM] féminin(e) **2.** [de hembra] femelle. ◆ **femenino** sm GRAM féminin *m*.

fémina sf femme *f*.

feminidad, femineidad sf féminité *f*.

feminismo sm féminisme *m*.

feminista adj & smf féministe.

feminizar [13] vt féminiser.

femoral ❖ adj fémoral(e). ❖ sf artère *f* fémorale.

fémur (*pl* **fémures**) sm fémur *m*.

fenecer [30] vi *culto* périr.

feng shui [fen ʃwi] sm inv feng shui *m*.

fenicio, cia ❖ adj phénicien(enne). ❖ sm, f Phénicien *m*, -enne *f*.

fénix sm inv [ave] phénix *m*.

fenomenal adj **1.** [magnífico] superbe **2.** [de fenómeno] phénoménal(e).

fenómeno ❖ sm phénomène *m*. ❖ adv *fam* vachement bien / ***lo pasamos fenómeno*** c'était vachement bien.

fenomenología sf phénoménologie *f*.

fenotipo sm phénotype *m*.

feo, a ❖ adj **1.** [gen] laid(e) ; [nariz, tiempo, acción] vilain(e) **2.** [asunto] sale ▸ **ponerse feo** *fig* mal tourner. ❖ sm, f : ***es un feo*** il est laid comme un pou ▸ **una fea** un laideron. ◆ **feo** ❖ sm [desaire] affront *m* ▸ **hacer un feo** faire un affront. ❖ adv AM : ***oler feo*** sentir mauvais / ***saber feo*** avoir mauvais goût.

féretro sm cercueil *m*.

feria sf **1.** [mercado] foire *f* ▸ **la Feria de Abril** *fête très populaire ayant lieu pendant une semaine à Séville au mois d'avril* **2.** COM ▸ **feria (de muestras)** salon *m* / ***feria del automóvil/libro*** salon de l'automobile/du livre **3.** [fiesta popular] fête *f* foraine.

> **Feria de Abril**
>
> La **Feria de Abril** a lieu une semaine par an à Séville, environ 15 jours après Pâques. Elle se tient dans un grand parc prévu à cet effet, où sont installés quantité de stands de toile rayée vert et blanc, décorés de fleurs et de lampions. À l'intérieur, les associations de quartier, d'artisans et de commerçants invitent familles et amis à boire un verre, manger des **tapas** et danser des **sevillanas** tout au long du jour et de la nuit. La foire donne alors lieu à différents spectacles, concerts, défilés en costumes traditionnels et corridas pour l'inauguration de la saison taurine.

feriado, da adj AM férié(e). ◆ **feriado** sm AM jour *m* férié.

ferial ❖ adj de foire ▸ **en el recinto ferial** à l'intérieur du salon *(d'exposition)*. ❖ sm champ *m* de foire.

feriante smf **1.** [de fiesta popular] forain *m* **2.** [de feria de muestras] exposant *m*, -e *f* **3.** RP [en mercado] marchand *m*, -e *f*.

fermentación sf fermentation *f*.

fermentar ❖ vi fermenter. ❖ vt faire fermenter.

fermento sm ferment *m*.

ferocidad sf férocité *f*.

feromona sf BIOL phéromone *f*, phérormone *f*.

feroz adj **1.** [animal, bestia] féroce ▸ **el lobo feroz** le grand méchant loup **2.** *fig* [mirada] terrible ; [crimen, enfermedad, sufrimiento] atroce ; [hambre] de loup.

férreo, a adj **1.** [línea, vía] ferré(e) **2.** *fig* [voluntad, disciplina] de fer.

ferretería sf quincaillerie *f*.

ferretero, ra sm, f quincaillier *m*, -ère *f*.

férrico, ca adj ferrique.

ferrocarril sm chemin *m* de fer ▸ **ferrocarril urbano** o **metropolitano** ≃ train *m* de banlieue.

ferrocarrilero, ra adj MÉX ferroviaire.

ferroso, sa adj ferreux(euse).

ferroviario, ria ❖ adj ferroviaire. ❖ sm, f cheminot *m*.

ferry (*pl* **ferries**) sm ferry-boat *m*.

fértil adj fertile.

fertilidad sf fertilité *f*.

fertilización sf fertilisation *f*.

fertilizante ❖ adj fertilisant(e). ❖ sm engrais *m*.

fertilizar [13] vt fertiliser.

ferviente adj fervent(e).

fervor sm ferveur *f*.

fervoroso, sa adj fervent(e).

festejar vt **1.** [agasajar] ▸ **festejar a alguien** être aux petits soins pour qqn **2.** [celebrar] fêter / *el 10 se festeja el santo patrón* le 10, nous fêtons le patron de notre ville **3.** MÉX *fam* [azotar] fouetter.

festejo sm [agasajo] petites attentions *fpl*.
◆ **festejos** smpl [fiestas] festivités *fpl*.

festín sm festin *m*.

festinar vt ANDES MÉX VEN hâter.

festival sm festival *m*.

festivalero, ra adj festivalier(ère).

festividad sf fête *f*.

festivo, va adj **1.** [de fiesta] de fête ; [día] férié(e) **2.** [alegre] enjoué(e) ; [chistoso] badin(e).

festón sm feston *m*.

festonear vt festonner.

fetal adj fœtal(e).

fetén adj ESP *fam* [estupendo] sensass, super / *hay que reconocer que es una idea fetén* il faut reconnaître que c'est une super idée.

fetiche sm fétiche *m*.

fetichismo sm fétichisme *m*.

fetichista adj & smf fétichiste.

fétido, da adj fétide ▸ **una bomba fétida** une boule puante.

feto sm fœtus *m* / *ser un feto fam & despec* être laid(e) comme un pou.

feudal adj féodal(e).

feudalismo sm féodalisme *m*.

feudo sm *pr & fig* fief *m*.

FEVE (*abr de* **Ferrocarriles Españoles de Vía Estrecha**) sm *chemins de fer espagnols à voie étroite*.

fez sm fez *m*.

FF AA, FF.AA. (*abr de* **Fuerzas Armadas**) sfpl *forces armées espagnoles*.

fiabilidad sf fiabilité *f*.

fiabilizar vt fiabiliser.

fiable adj fiable.

fiador, ra sm, f garant *m*, -e *f* ▸ **salir fiador** se porter garant.

fiambre sm **1.** [comida] charcuterie *f* **2.** *fam* [cadáver] macchabée *m*.

fiambrera sf [de metal] gamelle *f* ; [de plástico] ≃ Tupperware® *m*.

fiambrería sf RP charcuterie *f*.

fianza sf caution *f*.

fiar [9] ◆ vt **1.** [vender a crédito] faire crédit de **2.** [hacerse responsable] se porter garant(e) de. ◆ vi ▸ **ser de fiar** être quelqu'un de confiance.
◆ **fiarse** vprnl ▸ **fiarse de algo / alguien** avoir confiance en qqch / qqn, se fier à qqch / qqn ▸ **¡no te fíes!** méfie-toi ! / *se fía demasiado* il est trop naïf.

fiasco sm fiasco *m*.

FIBA (*abr de* **Federación Internacional de Baloncesto Amateur**) sf FIBA *f*.

fibra sf fibre *f* ▸ **fibra de vidrio** fibre de verre ▸ **fibra óptica** fibre optique ▸ **fibra sensible** *fig* corde *f* sensible.

fibroma sm fibrome *m*.

fibromialgia sf MED fibromyalgie *f*.

fibrosis sf inv fibrose *f*.

fibroso, sa adj fibreux(euse).

ficción sf **1.** [simulación] comédie *f* **2.** [invención] fiction *f*.

ficha sf **1.** [para clasificar] fiche *f* ▸ **ficha perforada** INFORM carte *f* perforée **2.** [contraseña] ticket *m* **3.** [de juego, teléfono] jeton *m* ; [del dominó] domino *m* ; [de ajedrez] pièce *f* **4.** DEP licence *f*.

fichaje sm **1.** DEP [contratación] engagement *m* ; [importe] montant *m* du transfert **2.** *fam* [persona contratada] recrue *f*.

fichar ◆ vt **1.** [archivar] mettre sur fiche **2.** [suj: policía] ficher **3.** DEP engager **4.** *fam* [calar] classer, repérer. ◆ vi **1.** [trabajador] pointer **2.** DEP ▸ **fichar (por)** signer un contrat (avec).

fichero sm fichier *m* ▸ **uso compartido de ficheros** partage *m* de fichiers.

ficticio, cia adj fictif(ive).

ficus sm inv ficus *m*.

fidedigno, na adj digne de foi ▸ **según fuentes fidedignas...** de source sûre....

fideicomisario, ria ◆ adj de fidéicommis. ◆ sm, f fidéicommissaire *m*.

fideicomiso sm fidéicommis *m*.

fidelidad sf fidélité *f*.

fidelización sf COM fidélisation *f*.

fidelizar vt COM fidéliser.

fideo sm ▸ **estar como un fideo** *fam* être maigre comme un clou ▸ **quedarse como un fideo** *fam* n'avoir que la peau sur les os. ◆ **fideos** smpl **1.** [para sopa] vermicelles *mpl* **2.** RP [sin caldo] pâtes *fpl*.

fideuá sf *spécialité culinaire du Levant proche de la paella mais à base de vermicelles*.

Fidji, Fiji ['fidʝi] npr ▸ **las Fidji** les Fidji.

fidjiano, na, fijiano, na ['fidʝjano, na] ◆ adj fidjien(enne). ◆ sm, f Fidjien *m*, -enne *f*.

fiduciario, ria adj fiduciaire.

fiebre sf fièvre *f* ▸ **fiebre aftosa** fièvre aphteuse ▸ **fiebre amarilla** fièvre jaune ▸ **fiebre del heno** rhume *m* des foins ▸ **fiebre de Malta** fièvre de Malte.

fiel adj & smf fidèle.

fielmente adv fidèlement.

fieltro sm feutre *m (tissu)*.

fiero, ra adj *pr* & *fig* féroce. ◆ **fiera** ❖ sf [animal] fauve *m* ; [persona] brute *f* ▸ **estar / ponerse hecho una fiera** être / devenir fou de rage. ❖ smf ESP *fam* [genio] bête *f* / *es un fiera en física* c'est une bête en physique.

⚠ **Fier** es un falso amigo, no significa *fiero*, sino "orgulloso".

fierro sm AM [hierro] fer *m*.

fiesta sf **1.** [gen] fête *f* ▸ **aguar la fiesta a alguien** gâcher le plaisir à qqn **2.** [día] jour *m* férié ▸ **hacer fiesta** être en congé ▸ **fiesta de guardar** fête d'obligation ▸ **fiesta mayor** *fête du saint patron dans une localité.* ◆ **fiestas** sfpl fêtes *fpl*.

fiestero, ra adj & sm, f *fam* noceur(euse).

FIFA (*abr de* **Federación Internacional de Fútbol Asociación**) sf FIFA *f*.

fifí sm AM *fam* petit monsieur *m*.

figura ❖ sf **1.** [gen] figure *f* **2.** [tipo, físico] silhouette *f*. ❖ smf ESP *fam* personnage *m* ▸ **¡menudo figura!** *irón* sacré personnage !

figuración sf **1.** ARTE figuration *f* **2.** [invención] : *son figuraciones tuyas* tu te fais des idées.

figurado, da adj figuré(e).

figurante, ta sm, f figurant *m*, -e *f*.

figurar ❖ vi **1.** [aparecer] figurer **2.** [ser importante] être en vue. ❖ vt **1.** [representar] figurer **2.** [simular] feindre. ◆ **figurarse** vprnl [imaginarse] se figurer, s'imaginer / *no se figura lo que me costó convencerle* vous n'imaginez pas à quel point j'ai eu du mal à le convaincre / *¡ya me lo figuraba yo!* c'est bien ce que je pensais !

figurativo, va adj figuratif(ive).

figurín sm dessin *m* de mode ▸ **ir o estar hecho un figurín** *fig* être tiré à quatre épingles.

figurinista smf dessinateur *m*, -trice *f* de mode.

figurón sm m'as-tu-vu *mf inv*.

fijación sf **1.** [gen] fixation *f* **2.** FOTO fixage *m*. ◆ **fijaciones** sfpl [de esquí] fixations *fpl*.

fijador, ra adj fixateur(trice). ◆ **fijador** sm **1.** [líquido] fixateur *m* ▸ **fijador de pelo a)** [espray] laque *f* **b)** [crema] gel *m* **2.** [en esquí] fixation *f*.

fijamente adv **1.** [con seguridad] fortement **2.** [con intensidad] fixement / *mírame fijamente a los ojos* regarde-moi fixement dans les yeux.

fijar vt fixer ▸ **fijar carteles** afficher ▸ **fijar (el) domicilio** se fixer ▸ **fijar la mirada / la atención en** fixer son regard / son attention sur. ◆ **fijarse** vprnl faire attention / *no se fijó y se equivocó* il n'a pas fait attention et il s'est trompé / *fíjate lo que me dijo* tu te rends compte de ce qu'elle m'a dit ▸ **fijarse en algo a)** [darse cuenta] remarquer qqch **b)** [prestar atención] faire attention à qqch.

fijeza sf fixité *f*. ◆ **con fijeza** loc adv : *mirar con fijeza* regarder fixement / *trabajar con fijeza* travailler avec assiduité.

fijo, ja adj fixe ; [cliente] fidèle. ◆ **fijo** adv *fam* sûr / *mañana voy fijo* j'irai demain sûr.

fila sf **1.** [hilera] rang *m* ; [cola] file *f* ▸ **en fila** à la file, en file ▸ **aparcar en doble fila** se garer en double file ▸ **ponerse en fila** se mettre en rang ▸ **en fila india** en file indienne **2.** *fam* [manía] ▸ **cogerle fila a alguien** prendre qqn en grippe. ◆ **filas** sfpl [bando, partido] rangs *mpl* ▸ **cerrar filas** serrer les rangs ▸ **entrar en filas** commencer son service militaire ▸ **llamar a filas** appeler sous les drapeaux ▸ **¡rompan filas!** rompez (les rangs) !

filamento sm filament *m*.

filantropía sf philantropie *f*.

filantrópico, ca adj philantropique.

filantropismo sm philanthropie *f*.

filántropo, pa sm, f philanthrope *mf*.

filarmónico, ca adj philharmonique. ◆ **filarmónica** sf orchestre *m* philharmonique.

filatelia sf philatélie *f*.

filatélico, ca ❖ adj philatélique. ❖ sm, f philatéliste *mf*.

filete sm bifteck *m*.

filetear vt [cortar] couper en fines tranches o rondelles.

filiación sf **1.** [parentesco] filiation *f* **2.** POLÍT appartenance *f*.

filial ❖ adj **1.** [de hijo] filial(e) **2.** [de empresa] ▸ **una compañía filial** une filiale. ❖ sf COM filiale *f*.

filibustero sm flibustier *m*.

filiforme adj *pr* & *fig* filiforme.

filigrana sf **1.** [en orfebrería, billetes] filigrane *m* **2.** *fig* [acción] prouesse *f* ; [objeto] bijou *m*, merveille *f*.

Filipinas npr ▸ **(las) Filipinas** (les) Philippines *fpl*.

filipino, na ❖ adj philippin(e). ❖ sm, f Philippin *m*, -e *f*. ◆ **filipino** sm [lengua] tagalog *m*.

filisteo, a adj *fig* béotien(enne).

film = **filme**.

filmación sf CINE tournage *m*.

filmador, ra ❖ adj ▸ **una máquina filmadora** une caméra. ❖ sm, f cinéaste *mf*. ◆ **filmadora** sf [cámara] caméra *f*.

filmar vt filmer ▸ **filmar una película** tourner un film.

filme, film (*pl* **films**) sm film *m*.

fílmico, a adj filmique.

filmografía sf filmographie *f*.

filmoteca sf cinémathèque *f*.

filo sm fil *m* ▸ **de doble filo, de dos filos** *pr* & *fig* à double tranchant. ◆ **al filo de** loc prep sur le coup de.

filocomunista ❖ adj procommuniste. ❖ smf symphatisant *m*, -e *f* communiste, procommuniste *mf*.

filología sf philologie *f* / *estudiar filología inglesa* faire des études d'anglais.

filológico, ca adj philologique.

filólogo, ga sm, f philologue *mf*.

filón sm *pr* & *fig* filon *m*.

filoso, sa adj AM affilé(e), aiguisé(e).

filosofal adj ⟶ **piedra**.

filosofar vi philosopher.

filosofía sf philosophie *f*.

filosófico, ca adj philosophique.

filósofo, fa sm, f philosophe *mf*.

filoxera sf phylloxéra *m*.

filtración sf **1.** [de agua] filtrage *m* **2.** [de noticia, etc.] fuite *f*.

filtrante adj filtrant(e).

filtrar vt filtrer. ◆ **filtrarse** vprnl [dato, luz] filtrer ; [agua] s'infiltrer.

filtro sm **1.** [gen & FOTO] filtre *m* **2.** [pócima] philtre *m*.

filudo, da adj ANDES aiguisé(e).

fimosis sf inv phimosis *m*.

fin sm **1.** [gen] fin *f* ▸ **dar** o **poner fin a algo** mettre fin à qqch ▸ **fin de fiesta** *fête qui a lieu lors de la dernière d'une pièce de théâtre* ▸ **fin de semana** week-end *m* ▸ **a fines de** [semana, año, etc.] à la fin de ▸ **al** o **por fin** enfin ▸ **a fin de cuentas, al fin y al cabo** en fin de compte ▸ **al fin del mundo** au bout du monde **2.** [objetivo] but *m*. ◆ **a fin de** loc prep afin de. ◆ **en fin** loc adv enfin.

finado, da sm, f défunt *m*, -e *f*.

final ❖ adj final(e). ❖ sm **1.** [término, muerte] fin *f* ▸ **final feliz** happy end *m* **2.** [cabo extremo] bout *m* ▸ **a finales de** [semana, mes, etc.] à la fin de / *a finales de septiembre* à la fin du mois de septembre, fin septembre ▸ **al final** finalement ▸ **al final de** a) [en tiempo] à la fin de b) [en espacio] au bout de / *al final del año académico* à la fin de l'année scolaire / *al final de la calle* au bout de la rue. ❖ sf DEP finale *f*.

finalidad sf but *m*, finalité *f*.

finalista adj & smf finaliste.

finalización sf fin *f (de contrato, etc.)*, terme *m*.

finalizar [13] ❖ vt terminer, achever. ❖ vi se terminer, prendre fin.

finalmente adv **1.** [al final] finalement **2.** [para terminar, en resumen] enfin.

finamente adv finement / *picar finamente la cebolla* hachez finement l'oignon.

financiación sf financement *m*.

financiamiento sm AM financement *m*.

financiar [8] vt financer.

financiero, ra ❖ adj financier(ère). ❖ sm, f financier *m*. ◆ **financiera** sf société *f* financière.

financista smf AM financier *m*, -ère *f*.

finanzas sfpl finance *f* / *el mundo de las finanzas* le monde de la finance / *mis finanzas están por los suelos* mes finances sont au plus bas.

finar vi *culto* décéder.

finca sf **1.** [de campo] propriété *f* **2.** [de ciudad] immeuble *m*.

find (*abr escrita de* **fin de semana**) SMS WE *(week-end)*.

finde sm *fam* week-end *m*.

fineza sf **1.** [cualidad] finesse *f* **2.** [cortesía] gentillesse *f*.

finger (*pl* **fingers**) sm AERON passerelle *f* télescopique.

fingido, da adj [persona] faux (fausse) ; [respuesta] hypocrite.

fingimiento sm feinte *f*, simulation *f*.

fingir [15] ❖ vt feindre. ❖ vi faire semblant.

finiquitar vt **1.** [cuenta] solder **2.** [asunto] liquider.

finiquito sm solde *m* (de tout compte).

finito, ta adj fini(e).

finja ⟶ **fingir**.

finlandés, esa ❖ adj finlandais(e). ❖ sm, f Finlandais *m*, -e *f*. ◆ **finlandés** sm [lengua] finnois *m*.

Finlandia npr Finlande *f*.

fino[1]**, na** adj **1.** [gen] fin(e) / *tiene el oído fino* elle a l'ouïe fine / *una manta fina* une couverture légère **2.** [gusto, modales] raffiné(e) ; [lenguaje] châtié(e) **3.** [persona] poli(e).

fino[2] sm *xérès très sec*.

finolis *fam* ❖ adj inv chochotte. ❖ sm, f inv chochotte *f*.

fintar ❖ vt & vi DEP feinter. ❖ vi MÉX [fingir] bluffer.

finura sf finesse *f*.

fiordo sm fjord *m*.

firma sf **1.** [gen] signature *f* ▸ **estampar una firma** apposer une signature **2.** [empresa] firme *f*.

firmamento sm firmament *m*.

firmante ❖ adj signataire. ❖ smf signataire *mf* ▸ **el abajo firmante** le soussigné.

firmar vt signer ▸ **firmar algo en blanco** a) [documento] signer qqch en blanc b) *fig* signer qqch les yeux fermés.

firme ❖ adj **1.** [gen] ferme / *se mantuvo firme en su posición* il est resté sur ses positions **2.** [estable] stable **3.** [sólido] solide / *un argumento firme* un argument de poids. ❖ sm [de carretera] revêtement *m*. ❖ adv ferme. ◆ **firmes** interj MIL ▸ **¡firmes!** garde à vous !

firmemente adv fermement.

firmeza sf fermeté *f* ; [solidez] solidité *f*.

fiscal ❖ adj fiscal(e). ❖ smf procureur *m* (de la République).

fiscalía sf **1.** [cargo] ministère *m* public **2.** [oficina] cabinet *m* du procureur.

fiscalidad sf [impuestos] fiscalité *f*.

fiscalización sf contrôle *m* (fiscal).

fiscalizador, ra ❖ adj de contrôle. ❖ sm, f contrôleur *m*, -euse *f*.

fiscalizar [13] vt **1.** [los impuestos] soumettre à un contrôle fiscal **2.** *fig* [controlar] : *¡deja de fiscalizar mi vida!* arrête de te mêler de mes affaires !

fisco sm fisc *m*.

fisgar [16], **fisgonear** vi fouiner ▸ **fisgar en** fouiller dans.

fisgón, ona adj & sm, f fouineur(euse).

fisgonear = **fisgar**.

fisgoneo sm indiscrétion *f*.

fisgue ⟶ **fisgar**.

fisible adj fissile.

físico, ca ✧ adj **1.** [de la física, en geografía, del cuerpo] physique **2.** CUBA MÉX [melindroso] maniéré(e). ✧ sm, f physicien *m*, -enne *f*. ◆ **físico** sm [complexión] physique *m*. ◆ **física** sf [ciencia] physique *f*.

fisiología sf physiologie *f*.

fisiológico, ca adj physiologique.

fisiólogo, ga sm, f physiologiste *mf*.

fisión sf fission *f*.

fisionomía = **fisonomía**.

fisionomista = **fisonomista**.

fisioterapeuta smf physiothérapeute *mf*.

fisioterapia sf physiothérapie *f*.

fisonomía, fisionomía sf physionomie *f*.

fisonomista, fisionomista adj & smf physionomiste.

fístula sf fistule *f*.

fisura sf **1.** [grieta] fissure *f* **2.** *fig* [defecto] faille *f*.

fitología sf phytologie *f*.

fitoplancton sm BIOL phytoplancton *m*.

fitosanitario, ria adj BOT phytosanitaire.

fitoterapia sf MED phytothérapie *f*.

FITUR (*abr de* **Feria Internacional del Turismo**) sf *salon international du tourisme*.

flacidez, flaccidez sf flaccidité *f*.

flácido, da, fláccido, da adj flasque.

flaco, ca ✧ adj maigre. ✧ sm, f AM *fam* [como apelativo] : *¿cómo estás, flaca?* comment ça va, ma cocotte ? / *¿has visto el auto que tiene el flaco?* t'as vu la voiture qu'il a, le mec ?

flagelación sf flagellation *f*.

flagelar vt flageller. ◆ **flagelarse** vprnl se flageller.

flagelo sm **1.** [instrumento] fouet *m* **2.** BIOL flagelle *m*.

flagrante adj flagrant(e).

flamante adj **1.** [nuevo] flambant neuf **2.** [vistoso] resplendissant(e).

flambear vt CULIN flamber.

flamear ✧ vi **1.** [fuego] flamber **2.** [bandera, vela] ondoyer. ✧ vt flamber.

flamenco, ca ✧ adj **1.** MÚS flamenco(ca) **2.** [de Flandes] flamand(e). ✧ sm, f **1.** MÚS [bailarín] danseur *m*, -euse *f* de flamenco ; [cantante] chanteur *m*, -euse *f* de flamenco **2.** [de Flandes] Flamand *m*, -e *f*. ◆ **flamenco** sm **1.** MÚS flamenco *m* **2.** [ave] flamant *m* **3.** [lengua] flamand *m*.

El flamenco

Le flamenco est l'art issu du **cante jondo** (chant primitif andalou largement influencé par les Gitans installés en Andalousie au XVe siècle) et qui s'exprime par le chant, la danse et la guitare. Le cante jondo est un cri, une déchirure, qui traduit la souffrance d'un peuple chassé et méprisé. Le poète du peuple andalou Federico García Lorca (1898-1936) le rendit très populaire. Ce chant, qui s'est enrichi de rythmes d'origines hindoue, arabe et juive, incarne le mélange des peuples et des cultures propres à l'Andalousie. Autrefois seulement oral avec la voix et les battements de mains (**palo seco**), il est devenu instrumental avec l'apparition de la guitare. Cet art s'est professionnalisé dès la moitié du XVIIIe siècle et au XIXe, connaissant alors un certain engouement grâce aux **cafés cantantes** (cafés-concerts). Il atteint son apogée au XXe siècle. Depuis 2010, le **flamenco** est inscrit au patrimoine culturel immatériel de l'humanité.

flamencología sf étude *f* du flamenco.

flamencólogo, ga adj & sm, f MÚS expert(e) en flamenco.

flan sm flan *m* ▸ **estar hecho o como un flan** *fig* trembler comme une feuille.

flanco sm flanc *m*.

Flandes npr Flandre *f*, Flandres *fpl*.

flanera sf moule *m* à flan.

flanquear vt flanquer.

flaquear vi [piernas] flageoler ; [fuerzas, entusiasmo] faiblir.

flaqueza sf faiblesse *f*.

flash [flaʃ] (*pl* **flashes**) sm **1.** [gen & FOTO] flash *m* ▸ **tener un flash** *fam* avoir un flash **2.** *fam* [impresión fuerte] ▸ **¡qué flash!** c'est dingue !

flash-back ['flasbak] (*pl* **flash-backs**) sm CINE, TV & LITER flash-back *m*.

flato sm **1.** [gases] gaz ▸ **tener flatos** avoir des gaz **2.** ESP [dolor] point *m* de côté.

flatulencia sf flatulence *f*.

flatulento, ta adj [alimento] flatulent(e) ; [persona] : *es flatulento* il est ballonné.

flauta sf flûte *f*.

flautín sm piccolo *m*.

flautista smf flûtiste *mf*.

flebitis sf inv phlébite *f*.

flebotomía sf MED phlébotomie *f*.

flecha ◆ adj VEN [calle] à sens unique. ◆ sf flèche *f*. ◆ smf *fam* ▸ **ser un / una flecha** être une bête.

flechazo sm **1.** [disparo] coup *m* de flèche ; [herida] blessure *f* par flèche **2.** *fam* [de amor] coup *m* de foudre.

fleco sm frange *f (textile)*.

flema sf **1.** [mucosidad] lymphe *f* **2.** [tranquilidad] flegme *m*.

flemático, ca adj flegmatique.

flemón sm phlegmon *m*.

flequillo sm frange *f (de cheveux)*.

fletamiento sm affrètement *m*.

fletar vt **1.** [alquilar] affréter **2.** [cargar] charger *(le fret)*. ◆ **fletarse** vprnl AM *fam* [largarse] se barrer.

flete sm **1.** [precio, carga] fret *m* **2.** RP [caballo] cheval *m* de selle.

fletero, ra adj AM à louer. ◆ **fletero** sm AM **1.** [de barco] transporteur *m* **2.** [de automóvil] transporteur *m* routier.

flexibilidad sf flexibilité *f* ; [de persona] souplesse *f*.

flexibilización sf assouplissement *m*.

flexibilizar [13] vt assouplir.

flexible adj flexible ; [persona] souple.

flexión sf flexion *f*.

flexionar vt fléchir.

flexo sm ESP lampe *f* d'architecte.

flexor, ra adj ▸ **el músculo flexor** le muscle fléchisseur. ◆ **flexor** sm fléchisseur *m*.

flipado, da adj ESP *fam* [asombrado] : ***me quedé flipado cuando me dijo que se casaba*** j'ai halluciné quand il m'a dit qu'il allait se marier ; [drogado] ▸ **estar flipado** planer.

flipante adj ESP *fam* **1.** [asombroso] dingue, hallucinant(e) **2.** [muy bueno] épatant(e).

flipar *fam* ◆ vi **1.** [disfrutar] ▸ **flipar (cantidad)** s'éclater (un max) **2.** [asombrarse] être scié(e) **3.** [con droga] planer. ◆ vt botter / ***tu cazadora me flipa*** ton blouson me botte. ◆ **flipar con** v + prep ESP *fam* **1.** [gustar] adorer / ***yo flipé con su última película*** moi, j'ai adoré son dernier film **2.** [asombrarse] halluciner / ***flipo con las tonterías que dice*** les bêtises qu'il peut sortir, j'hallucine / ***¿no conoces a su hermano? ¡con él fliparías!*** tu ne connais pas son frère ? tu hallucinerais !
◆ **fliparse** vprnl *fam* **1.** [entusiasmarse] s'éclater **2.** ESP *fam* [drogarse] se défoncer. ◆ **fliparse con** vprnl + prep ESP *fam* [disfrutar] s'éclater avec / ***se flipan con la música de los 60*** ils s'éclatent avec la musique des années 60.

flipe sm ESP *fam* **1.** [con droga] trip *m* **2.** [asombro] : ***¡qué flipe!*** c'est hallucinant ! / ***tiene una moto que es un flipe*** elle est d'enfer, sa moto.

flipper sm flipper *m*.

flirtear vi flirter.

flirteo sm flirt *m*.

flojear vi **1.** [decaer - fuerzas] faiblir ; [- memoria] flancher ; [disminuir - calor, ventas] baisser **2.** [no ser muy apto] ▸ **flojear en algo** être faible en qqch.

flojedad sf **1.** [física] faiblesse *f* **2.** [de ánimo] mollesse *f* ; [en el trabajo] relâchement *m*.

flojera sf *fam* flemme *f*.

flojo, ja adj **1.** [nudo, vendaje] lâche **2.** [bebida, sonido, viento] léger(ère) **3.** [malo] faible ; [trabajo] médiocre / ***flojo en inglés*** faible en anglais **4.** *fam* [persona] mou (molle), flemmard(e).

flor sf fleur *f* ▸ **en flor** en fleur ▸ **la flor (y nata)** la fine fleur ▸ **en la flor de la edad** o **de la vida** dans la fleur de l'âge ▸ **ser una flor de un día** *fig* durer ce que durent les roses ▸ **flor de lis** fleur de lis. ◆ **a flor de** loc prep à fleur de ▸ **a flor de piel** *fig* à fleur de peau.

flora sf flore *f* ▸ **flora intestinal / microbiana** flore intestinale / microbienne.

floración sf floraison *f*.

floral adj floral(e).

floreado, da adj **1.** [tejido, papel] à fleurs **2.** *fig* [discurso, estilo] fleuri(e).

floreal sm floréal *m*.

florear vi **1.** CAM MÉX [florecer] fleurir **2.** MÉX [halagar] faire des compliments.

florecer [30] vi **1.** [planta] fleurir **2.** [prosperar] être florissant(e). ◆ **florecerse** vprnl RP [pelo] fourcher.

floreciente adj florissant(e).

florecimiento sm **1.** [de planta] floraison *f* **2.** *fig* [de arte, cultura] épanouissement *m*.

Florencia npr Florence.

florero sm vase *m*.

florete sm fleuret *m*.

floricultor, ra sm, f fleuriste *mf*.

floricultura sf floriculture *f*.

Florida npr Floride *f*.

florido, da adj fleuri(e).

florín sm florin *m*.

floripondio sm : ***una blusa con un floripondio en la espalda*** un chemisier avec une grosse fleur dans le dos.

florista smf fleuriste *mf*.

floristería sf : ***voy a la floristería*** je vais chez le fleuriste.

floritura sf fioritures *fpl*.

flota sf flotte *f*.

flotabilidad sf **1.** [en el agua] flottabilité *f* **2.** ECON flottement *m*.

flotación sf **1.** [en el agua] flottaison *f* **2.** ECON flottement *m*.

flotador sm flotteur *m* ; [para nadar] bouée *f*.

flotante adj flottant(e).

flotar vi flotter.

flote ◆ **a flote** loc adv [en el mar] à flot ▸ **mantenerse a flote** rester à flot ▸ **sacar a flote** remettre à flot, renflouer ▸ **salir a flote** se remettre à flot, se renflouer.

flotilla sf flottille *f*.

fluctuación sf **1.** [variación] fluctuation *f* **2.** [vacilación] flottement *m*.

fluctuante adj fluctuant(e).

fluctuar [6] vi **1.** [variar] fluctuer **2.** [vacilar] hésiter.

fluidez sf **1.** [gen & ECON] fluidité *f* ; [de relaciones] harmonie *f* **2.** *fig* [en el lenguaje] aisance *f*.

fluidificación sf fluidification *f*.

fluido, da adj fluide. ◆ **fluido** sm fluide *m* ▸ **fluido (eléctrico)** courant *m* (électrique).

fluir [51] vi couler.

flujo sm [gen & ECON] flux *m* / *un flujo de palabras* un flot de paroles ▸ **flujo de caja** marge *f* brute d'autofinancement ▸ **flujo de lava** coulée *f* de lave.

flúor sm fluor *m*.

fluorescencia sf fluorescence *f*.

fluorescente ❖ adj fluorescent(e). ❖ sm néon *m*.

fluoruro sm fluorure *m*.

fluvial adj fluvial(e).

fluya ⟶ **fluir**.

fluyera ⟶ **fluir**.

FM (*abr de* **frecuencia modulada**) sf FM *f*.

FMI (*abr de* **Fondo Monetario Internacional**) sm FMI *m*.

FMLN (*abr de* **Movimiento Farabundo Martí de Liberación Nacional**) sm FMLN *m (au Salvador)*.

FN (*abr de* **Fuerza Nueva**) sf *parti espagnol d'extrême droite*.

FNMT-RMC (*abr de* **Fábrica Nacional de Moneda y Timbre - Real Casa de la Moneda**) sf *hôtel de la Monnaie espagnol*.

fobia sf phobie *f*.

foca sf **1.** [animal] phoque *m* **2.** *fam* & *fig* [persona] grosse vache *f*.

focal adj focal(e).

focalizar [13] vt focaliser.

foco sm **1.** [gen & FÍS] foyer *m* **2.** [lámpara] projecteur *m* **3.** ANDES MÉX [bombilla] ampoule *f* **4.** AM [farola] réverbère *m* **5.** AM AUTO phare *m*.

fofo, fa adj flasque.

fogaje sm CUBA MÉX [erupción] éruption *f (cutanée)*.

fogata sf flambée *f*.

fogón sm **1.** [para cocinar] fourneau *m* **2.** [de máquina de vapor] chaudière *f*.

fogonazo sm éclair *m (décharge)*.

fogonero, ra sm, f chauffeur *m (d'une machine à vapeur)*.

fogosidad sf fougue *f*.

fogoso, sa adj fougueux(euse).

fogueo sm ▸ **de fogueo** [munición, tiro] à blanc.

foie-gras [fwa'ɣras] sm inv foie gras *m*.

fol. (*abr escrita de* **folio**) : *consultar vol.18, fol. 182-185* consulter les pages 182 à 185 du vol. 18.

folclore, folclor, folklor sm folklore *m*.

folclórico, ca ❖ adj folklorique. ❖ sm, f ESP *chanteur ou danseur de flamenco*.

folclorismo sm folklore *m*.

fólder sm ANDES CAM MÉX chemise *f (dossier)*.

foliación sf feuillaison *f*.

folículo sm follicule *m*.

folio sm [hoja] feuille *f* (de papier) ; [tamaño] in-folio *m*.

folk adj & sm MÚS folk.

folklor = **folclore**.

follado, da adj ESP *mfam* [con prisa] : *no me puedo detener, voy follado* je ne peux pas m'arrêter, je suis à la bourre.

follaje sm feuillage *m*.

follar vi *vulg* baiser.

folletín sm feuilleton *m*.

folletinesco, ca adj feuilletonesque.

folleto sm brochure *f* ; [suelto] prospectus *m* ; [plegable] dépliant *m* ; [explicativo] notice *f*.

follón sm ESP **1.** *fam* [lío, desorden] bazar *m* / *¡menudo follón!* quel bazar ! / *me hice un follón con las listas* je me suis complètement embrouillé dans les listes **2.** *fam* [complicación, problema] histoire *f* / *estar metido en un follón* être fourré dans une histoire / *armar un follón* faire un scandale **3.** *fam* [alboroto, discusión] cirque *m* / *montar un follón* faire un cirque / *armar un follón* faire du boucan. ◆ **follones** smpl ECUAD culotte *f*.

follonero, ra adj & sm, f *fam qui cherche la bagarre*.

fomentar vt encourager, développer ; [odio, guerra] susciter.

fomento sm [de producción, industria, etc.] développement *m*.

fonda sf auberge *f*.

fondeadero sm NÁUT mouillage *m*.

fondeado, da adj **1.** [barco] ancré(e) **2.** AM [acaudalado] riche.

fondear ❖ vi NÁUT mouiller. ❖ vt fouiller. ◆ **fondearse** vprnl AM s'enrichir.

fondista smf **1.** [propietario de fonda] aubergiste *mf* **2.** [DEP - esquiador] fondeur *m*, -euse *f* ; [- nadador] nageur *m*, -euse *f* de fond ; [- corredor] coureur *m*, -euse *f* de fond.

fondo sm **1.** [gen] fond *m* ▸ **al fondo de** au fond de ▸ **tener buen fondo** avoir un bon fond ▸ **tocar fondo** toucher le fond ▸ **doble fondo** double fond **2.** [de dinero, biblioteca, archivo] fonds *m inv* ▸ **a fondo perdido** [pago] à fonds perdu ▸ **estar mal de fondos** ne pas être en fonds ▸ **fondo común** caisse *f* commune ▸ **fondo edito-**

rial fonds *(d'une maison d'édition)* ▸ **fondo de amortización** fonds d'amortissement ▸ **fondo de garantía de depósito** fonds de garantie ▸ **fondo de inversión** fonds commun de placement ▸ **fondo de pensiones** caisse *f* de retraite ▸ **fondos reservados** fonds secrets **3.** [fundamento] fondements *mpl* **4.** DEP [resistencia] endurance *f* ▸ **de fondo** de fond ▸ **de medio fondo** de demi-fond **5.** CARIB MÉX [prenda] jupon *m* **6.** RP [patio] cour *f* arrière **7.** CUBA [caldero] chaudron *m*. ◆ **fondos** smpl **1.** [capital] fonds *mpl* ▸ **recaudar fondos** réunir des fonds **2.** [de embarcación] carène *f*. ◆ **a fondo** loc adv à fond ▸ **emplearse a fondo** *fig* se donner à fond. ◆ **en el fondo** loc adv au fond. ◆ **bajos fondos** smpl bas-fonds *mpl*.

fonema sm phonème *m*.

fonendoscopio sm stéthoscope *m*.

fonético, ca adj phonétique.
◆ **fonética** sf phonétique *f*.

fonetista smf phonéticien *m*, -enne *f*.

foniatra smf phoniatre *mf*.

fónico, ca adj phonique.

fono sm AM *fam* **1.** [teléfono] téléphone *m* **2.** [auricular] écouteur *m*.

fonoaudiología sf RP orthophonie *f*.

fonoaudiólogo, ga sm, f RP orthophoniste *mf*.

fonógrafo sm phonographe *m*.

fonología sf phonologie *f*.

fonometría sf phonométrie *f*.

fonoteca sf phonotèque *f*.

fontanería sf plomberie *f*.

fontanero, ra sm, f plombier *m*.

footing ['futin] sm footing *m*.

foque sm NÁUT foc *m*.

forajido, da sm, f hors-la-loi *m inv*.

foral adj local(e).

foráneo, a adj étranger(ère).

forastero, ra sm, f étranger *m*, -ère *f*.

forcé ⟶ **forzar**.

forcejear vi **1.** [para soltarse] se débattre **2.** [luchar] se démener.

forcejeo sm lutte *f*.

forcemos ⟶ **forzar**.

fórceps sm inv forceps *m*.

forense smf médecin *m* légiste.

forestal adj forestier(ère).

forestar vt reboiser.

forfait [for'fe] (*pl* **forfaits**) sm forfait *m* ▸ **a forfait** forfaitaire.

forja sf **1.** [fragua] forge *f* **2.** [forjadura] forgeage *m*.

forjado, da adj forgé(e).

forjador, ra sm, f forgeur *m*, -euse *f*.

forjar vt *pr* & *fig* forger.
◆ **forjarse** vprnl *fig* [labrarse] se forger.

forma sf **1.** [gen] forme *f* ▸ **estar en forma** être en forme **2.** [manera] façon *f* ▸ **de cualquier forma, de todas formas** de toute façon ▸ **de forma que** de façon que ▸ **forma de pago** modalité *f* de paiement **3.** RELIG hostie *f*. ◆ **formas** sfpl [silueta, modales] formes *fpl*.

formación sf formation *f* ▸ **formación de personal** formation interne ▸ **formación profesional** formation professionnelle.

formador, ra adj formateur(trice).

formal adj **1.** [educado] bien élevé(e) ; [de confianza] sérieux(euse) **2.** [acusación, compromiso] formel(elle) ; [lenguaje] soutenu(e).

formalidad sf **1.** [gen] formalité *f* **2.** [seriedad] sérieux *m*.

formalismo sm formalisme *m*.

formalista adj & smf formaliste.

formalización sf officialisation *f* ; [de situación] régularisation *f*.

formalizar [13] vt [situación] régulariser ; [acuerdo, relaciones] officialiser.

formar vt former. ◆ **formarse** vprnl se former ▸ **formarse una idea** se faire une idée.

formateado, da adj INFORM formaté(e).
◆ **formateado** sm [proceso] formatage *m*.

formatear vt formater.

formateo sm formatage *m*.

formativo, va adj formateur(trice).

formato sm [gen & INFORM] format *m*.

Formentera npr Formentera.

formica® sf Formica® *m*.

formidable adj formidable.

formidablemente adv formidablement.

formol sm formol *m*.

Formosa npr Formose.

formoseño, ña ◇ adj formosan(e).
◇ sm, f Formosan *m*, -e *f*.

fórmula sf formule *f*.

formulación sf formulation *f*.

formular ◇ vt formuler ▸ **formular una pregunta** formuler une question. ◇ vi QUÍM rédiger des formules.

formulario sm formulaire *m*.

formulismo sm formalisme *m*.

fornicación sf *culto* fornication *f*.

fornicar [10] vi *culto* forniquer.

fornido, da adj robuste.

foro sm **1.** [tribunal] barreau *m* **2.** TEATRO fond *m* de la scène **3.** [debate] forum *m*.

forofo, fa sm, f *fam* DEP supporter *m*.

forrado, da adj [ropa] doublé(e) ▸ **estar forrado** *fam* & *fig* être plein aux as.

forraje sm fourrage *m*.

forrajero, ra adj [planta] fourrager(ère).

forrar vt [libro, mueble] couvrir ; [ropa] doubler. ◆ **forrarse** vprnl *fam* & *fig* se remplir les poches.

forro sm [de libro] couverture *f* ; [de mueble] housse *f* ; [de ropa] doublure *f* ▸ **forro polar** laine *f* polaire ▸ **ni por el forro** *fam* & *fig* absolument pas.

fortachón, ona adj *fam* costaud.

fortalecer [30] vt renforcer ; [físicamente] fortifier ; [moralmente] réconforter.

fortalecimiento sm renforcement *m* ; [de músculo, tejido] raffermissement *m*.

fortaleza sf **1.** [gen] force *f* **2.** [recinto] forteresse *f*.

fortificación sf fortification *f*.

fortificar [10] vt fortifier.

fortín sm fortin *m*.

fortísimo, ma adj très fort(e). ◆ **fortísimo** adv & sm MÚS fortissimo.

fortuito, ta adj fortuit(e).

fortuna sf **1.** [suerte] chance *f* ▸ **por fortuna** heureusement, par chance ▸ **probar fortuna** tenter fortune **2.** [destino] sort *m* **3.** [riqueza] fortune *f*.

fórum (*pl* **fórums**) sm forum *m*.

forúnculo, furúnculo sm furoncle *m*.

forzado, da adj forcé(e).

forzar [37] vt **1.** [gen] forcer ▸ **forzar a alguien a hacer algo** forcer qqn à faire qqch **2.** [violar] abuser de.

forzosamente adv [necesariamente] forcément / *el ladrón tuvo que entrar forzosamente por esta ventana* le voleur est forcément entré par cette fenêtre.

forzoso, sa adj [obligatorio] obligatoire ; [inevitable] inévitable ▸ **es forzoso que…** il est nécessaire que….

forzudo, da adj & sm, f costaud(e).

fosa sf fosse *f* ▸ **fosa común** fosse commune ▸ **fosa séptica** fosse septique ▸ **fosas nasales** fosses nasales.

fosfatar vt phosphater.

fosfato sm phosphate *m*.

fosforescencia sf phosphorescence *f*.

fosforescente adj phosphorescent(e).

fosforito adj inv ESP *fam* fluo *(inv)*.

fósforo sm **1.** QUÍM phosphore *m* **2.** [cerilla] allumette *f*.

fósil ◈ adj fossile. ◈ sm **1.** GEOL fossile *m* **2.** *fam* & *fig* [viejo] vieux fossile *m*.

fosilización sf fossilisation *f*.

fosilizarse [13] vprnl **1.** GEOL se fossiliser **2.** *fig* [no evolucionar] s'encroûter, se fossiliser.

foso sm **1.** [gen & DEP] fosse *f* **2.** [de fortaleza] fossé *m* **3.** [de obras] tranchée *f* **4.** TEATRO fosse *f* d'orchestre.

foto sf photo *f* ▸ **sacar una foto** faire une photo.

fotocélula sf cellule *f* photoélectrique.

fotocomponedora sf photocomposeuse *f*.

fotocomponer vt photocomposer.

fotocomposición sf photocomposition *f*.

fotocopia sf photocopie *f*.

fotocopiadora sf photocopieuse *f*.

fotocopiar [8] vt photocopier.

fotodepilación sf photo-épilation *f*.

fotoeléctrico, ca adj photoélectrique.

fotofinish, foto finish sf inv DEP photo-finish *f*.

fotofobia sf photophobie *f*.

fotogenia sf photogénie *f*.

fotogénico, ca adj photogénique.

fotograbado sm photogravure *f*.

fotografía sf photographie *f*.

fotografiar [9] vt photographier.

fotográfico, ca adj photographique.

fotógrafo, fa sm, f photographe *mf*.

fotograma sm photogramme *m*.

fotólisis, fotolisis sf inv QUÍM photolyse *f*.

fotolito sm typon *m*.

fotomatón sm Photomaton® *m*.

fotometría sf photométrie *f*.

fotómetro sm photomètre *m*.

fotomodelo smf mannequin *m*.

fotomontaje sm photomontage *m*.

fotón sm FÍS photon *m*.

fotonovela sf roman-photo *m*.

fotorrobot (*pl* **fotorrobots**) sf portrait-robot *m*.

fotosensible adj photosensible.

fotosfera sf photosphère *f*.

fotosíntesis sf inv photosynthèse *f*.

fotuto sm AM klaxon *m*.

foulard = **fular**.

foxterrier [fokste'rrjer] (*pl* **foxterriers**) sm fox-terrier *m*.

foxtrot, fox-trot sm fox-trot *m inv*.

FP (*abr de* **formación profesional**) sf *enseignement technique en Espagne*.

FPLP (*abr de* **Frente Popular para la Liberación de Palestina**) sm FPLP *m*.

fra. *abr escrita de* **factura**.

frac (*pl* **fracs** *o* **fraques**) sm habit *m*, frac *m*.

fracasado, da adj & sm, f raté(e).

fracasar vi échouer / *fracasar en un examen* échouer à un examen / *fracasó como actor* il n'a pas réussi sa carrière d'acteur.

> ⚠ **Fracasser** es un falso amigo, no significa *fracasar*, sino "destrozar".

fracaso sm échec *m* ▸ **fracaso escolar** échec scolaire.

fracción sf fraction *f* ▸ **fracción decimal** fraction décimale.

fraccionamiento sm **1.** [división] fractionnement *m* **2.** MÉX [urbanización] zone *f* urbaine.

fraccionar vt fractionner.

fraccionario, ria adj MAT fractionnaire ▸ **la moneda fraccionaria** la petite monnaie.

fractura sf **1.** MED fracture *f* **2.** DER effraction *f*.

fracturar vt fracturer.
◆ **fracturarse** vprnl se fracturer.

fragancia sf parfum *m*, senteur *f*.

fragante adj odorant(e).

fraganti ◆ **in fraganti** loc adv en flagrant délit.

fragata sf frégate *f*.

frágil adj fragile / *una memoria frágil* une mauvaise mémoire.

fragilidad sf fragilité *f*.

fragmentación sf fragmentation *f*.

fragmentar vt fragmenter.

fragmentario, ria adj fragmentaire.

fragmento sm fragment *m*.

fragor sm [gen] fracas *m* ; [de trueno] grondement *m*.

fragua sf forge *f*.

fraguar [45] ❖ vt **1.** [hierro] forger **2.** *fig* [idea, plan] tramer. ❖ vi [cemento, cal] prendre.
◆ **fraguarse** vprnl se tramer.

fraile sm frère *m (religieux)*.

frambuesa sf framboise *f*.

francamente adv franchement / *francamente, no sé por qué te enfadas* franchement, je ne sais pas pourquoi tu te fâches.

francés, esa ❖ adj français(e) ▸ **marcharse** o **despedirse a la francesa** *fig* filer à l'anglaise. ❖ sm, f Français *m*, -e *f*. ◆ **francés** sm [lengua] français *m*.

francesada sf *fam* : *esta película es una francesada* c'est un film franchouillard.

franchute, ta sm, f *despec* Français *m*, -e *f*.

Francia npr France *f*.

franciscano, na adj & sm, f franciscain(e).

francmasón = **masón**.

francmasonería = **masonería**.

francmasónico, ca = **masónico**.

franco, ca ❖ adj **1.** [gen] franc (franche) ▸ **franco de porte** franco de port **2.** [indudable] net (nette) / *una franca mejoría* une nette amélioration **3.** HIST franc (franque). ❖ sm, f HIST Franc *m*, Franque *f*.
◆ **franco** sm [moneda] franc *m*.

francófilo, la adj & sm, f francophile.

francófobo, ba adj & sm, f francophobe.

francófono, na adj & sm, f francophone.

francotirador, ra sm, f franc-tireur *m*.

franela sf **1.** [tejido] flanelle *f* **2.** BOL COL VEN [camiseta interior] maillot *m* de corps **3.** BOL COL VEN [camiseta exterior] T-shirt *m*.

franja sf [adorno] frange *f* ; [de tierra] bande *f* ; [de luz] rai *m*.

franquear vt **1.** [paso, camino] dégager **2.** [río, obstáculo] franchir **3.** [carta, postal] affranchir.

franqueo sm affranchissement *m*.

franqueza sf **1.** [sinceridad] franchise *f* **2.** [confianza] ▸ **tener franqueza con alguien** être en confiance avec qqn.

franquicia sf franchise *f (commerciale)*.

franquiciado, da adj & sm ECON franchisé(e).

franquiciador, ra adj & sm, f ECON franchiseur(euse).

franquiciar vt franchiser.

franquismo sm franquisme *m*.

El franquismo

Après la défaite républicaine, la période franquiste s'ouvre sur une Espagne très appauvrie et aux forces vives décimées. Durant la Seconde Guerre mondiale, Franco n'offre que très peu d'aide (la División Azul sur le front soviétique) à l'Allemagne hitlérienne et marque sa neutralité dès qu'il sent le vent tourner. S'instituant chef d'État intérimaire à vie d'un royaume sans roi, qu'il se réserve de désigner ultérieurement, il commence par obtenir d'élever à ses côtés le jeune prince héritier Juan Carlos. Il détient tous les pouvoirs, soutenu par un parti unique aux composantes disparates, le **Movimiento**, par l'Église catholique d'Espagne et l'armée. Le cadre constitutionnel définit une structure corporatiste et très centralisatrice. À la toute fin des années 1950, les membres de l'Opus Dei appelés au gouvernement entament des réformes structurelles marquant la fin de l'autarcie et le début du « miracle économique espagnol ». Les classes moyennes parviennent à une certaine aisance et accèdent à la propriété. À la mort de Franco, en novembre 1975, s'ouvre la période dite **de Transition**.

franquista adj & smf franquiste.

frasco sm flacon *m*.

frase sf phrase *f* ▸ **frase hecha** phrase toute faite.

fraseología sf **1.** [estilo] phraséologie *f* **2.** [palabrería] verbiage *m*.

fraternal adj fraternel(elle).

fraternidad sf fraternité *f*.

fraternizar [13] vi fraterniser.

fraterno, na adj fraternel(elle).

fratricida adj & smf fratricide.

fratricidio sm fratricide *m*.

fraude sm fraude *f* ▸ **fraude fiscal** fraude fiscale.

fraudulento, ta adj frauduleux(euse).

fray sm : *fray Luis* frère Luis.

frazada sf AM couverture *f* ▸ **frazada eléctrica** couverture chauffante.

frecuencia sf fréquence *f* ▸ **alta / baja frecuencia** haute / basse fréquence ▸ **frecuencia modulada** modulation *f* de fréquence ▸ **con frecuencia** fréquemment.

frecuentación sf fréquentation *f (relation)*.

frecuentado, da adj fréquenté(e).

frecuentar vt fréquenter.

frecuente adj fréquent(e).

frecuentemente adv fréquemment.

free lance ['frilens] adj & smf inv free-lance *(inv)*.

Freetown ['fritaun] npr Freetown.

freeware sm INFORM logiciel *m* gratuit, gratuiciel *m*.

fregadera sf **1.** [para lavar] évier *m* **2.** CAM ANDES CARIB MÉX *fam* [carga] corvée *f*.

fregadero sm évier *m*.

fregado, da adj AM *fam* **1.** [molesto] enquiquinant(e) **2.** [fastidiado] : *estar fregado* s'enquiquiner. ◆ **fregado** sm **1.** [lavado] lavage *m* ; [de ollas] récurage *m* **2.** *fam* [lío] sac *m* de nœuds **3.** *fam* [pelea] grabuge *m*.

fregar [35] vt **1.** [limpiar] laver ; [ollas] récurer ▸ **fregar los platos** faire la vaisselle **2.** [frotar] frotter **3.** AM *fam* [molestar] enquiquiner.

fregona sf ESP **1.** [utensilio] balai-serpillière *m* / *pasar la fregona* passer la serpillière **2.** *fam* & *despec* [criada] boniche *f*.

fregotear vt : *fregoteó los platos* elle a lavé les assiettes vite fait.

fregué ⟶ **fregar**.

freidora sf friteuse *f*.

freiduría sf friterie *f*.

freír [28] vt **1.** CULIN faire frire **2.** *fam* [molestar] enquiquiner ▸ **freír a preguntas** bombarder de questions **3.** *fam* [matar] refroidir. ◆ **freírse** vprnl frire / *se fríen las patatas* les pommes de terre sont en train de frire.

fréjol sm ANDES CAM MÉX haricot *m*.

frenada sf AM [frenazo] coup *m* de frein.

frenado sm freinage *m*.

frenar ◈ vt freiner ; [impulso, ira] réfréner / *frenar el coche* freiner. ◈ vi freiner.
◆ **frenarse** vprnl se modérer.

frenazo sm **1.** AUTO coup *m* de frein **2.** *fig* [parón] coup *m* d'arrêt.

frenesí (*pl* **frenesíes** *o* **frenesís**) sm **1.** [exaltación] frénésie *f* **2.** [locura] folie *f* furieuse.

frenético, ca adj **1.** [exaltado] frénétique **2.** [furioso] fou furieux (folle furieuse).

frenillo sm ANAT frein *m*.

freno sm **1.** [gen & AUTO] frein *m* ▸ **freno automático** freinage *m* automatique ▸ **freno de disco** frein à disque ▸ **frenos ABS** freins *mpl* ABS **2.** [de caballerías] mors *m*.

frenopático sm *fam* asile *m*.

frente ◈ sf ANAT front *m*. ◈ sm **1.** [gen, METEOR & POLÍT] front *m* ▸ **hacer frente a a)** [problema, etc.] faire face à **b)** [persona] tenir tête à ▸ **frente frío** front froid **2.** [parte delantera] devant *m* ▸ **estar al frente (de)** être à la tête (de). ◆ **de frente** loc adv **1.** [foto] de face ; [encuentro] nez à nez ; [accidente] de plein fouet **2.** [sin rodeos] de front **3.** AM face à / *se puso de frente a la casa* il s'est mis face à la maison. ◆ **frente a** loc prep **1.** [enfrente de] en face de / *frente a su casa* en face de chez lui **2.** [con relación a] par rapport à ; [ante] devant.
◆ **frente a frente** loc adv face à face.

fresa ◈ sf **1.** [fruto & TECNOL] fraise *f* **2.** [planta] fraisier *m*. ◈ adj inv MÉX *fam* [esnob] snob. ◈ smf MÉX *fam* **1.** [esnob] snob *mf* **2.** [conservador] ringard *m*, -e *f*.

fresado sm fraisage *m*.

fresador, ra sm, f fraiseur *m*.
◆ **fresadora** sf fraiseuse *f*.

fresco, ca ◈ adj **1.** [gen] frais (fraîche) / *su recuerdo permanece fresco en mi memoria* je garde son souvenir intact **2.** [caradura] sans gêne **3.** EXPR **estar fresco** *fam* se mettre le doigt dans l'œil ▸ **quedarse tan fresco** rester imperturbable. ◈ sm, f ▸ **ser un fresco** être sans gêne.
◆ **fresco** sm **1.** ARTE fresque *f* ▸ **al fresco** à fresque **2.** [frío moderado] fraîcheur *f* ▸ **tomar el fresco** prendre le frais. ◆ **fresca** sf **1.** [mujer de vida alegre] marie-couche-toi-là *f* **2.** [insolencia] ▸ **soltarle cuatro frescas a alguien** dire ses quatre vérités à qqn.

frescor sm fraîcheur *f*.

frescura sf **1.** [gen] fraîcheur *f* **2.** [descaro] sans-gêne *m*.

fresno sm frêne *m*.

fresón sm fraise *f*.

fresquería sf AM [botillería] débit *m* de boissons fraîches.

fresquito, ta adj *fam* frisquet(ette) / *estos días hace un tiempo fresquito* le temps est plutôt frisquet ces jours-ci.

freudiano, na [froi'ðjano, na] adj freudien(enne).

fría ⟶ **freír**.

frialdad sf **1.** [falta de calor] froid *m* **2.** *fig* [indiferencia] froideur *f*.

fríamente adv [con indiferencia] froidement.

fricandó sm fricandeau *m*.

fricasé sm fricassée *f*.

fricativo, va adj fricatif(ive). ◆ **fricativa** sf fricative *f*.

fricción sf friction *f* ▸ **hacerse una fricción con** se frictionner à.

friccionar vt frictionner.

fríe ⟶ **freír**.

friega ❖ sf **1.** [masaje] friction *f* **2.** ANDES MÉX *fam* [molestia] corvée *f* **3.** EXPR **dar una friega a alguien** ANDES MÉX *fam* donner une raclée à qqn. ❖ v ⟶ **fregar.**

friegaplatos sm inv lave-vaisselle *m inv*.

friera ⟶ **freír**.

frígida adj f frigide.

frigidez sf frigidité *f*.

frígido, da adj **1.** [persona] frigide **2.** *fig* [acogida, respuesta] froid(e).

frigorífico, ca adj frigorifique. ◆ **frigorífico** sm **1.** ESP [nevera] réfrigérateur *m* **2.** RP [matadero] abattoir *m*.

frijol, fríjol sm AM haricot *m*.

friki smf *fam* **1.** [persona extravagante] original *m*, -e *f* **2.** [aficionado] fana *mf*.

frío, a adj froid(e). ◆ **frío** sm froid *m* ▸ **en frío** à froid / *la noticia me cogió en frío* la nouvelle m'a pris de court ▸ **hace un frío que pela** *fam* il fait un froid de canard ▸ **pelarse de frío** se geler / *no me da ni frío ni calor* ça ne me fait ni chaud ni froid ▸ **coger frío** ESP prendre froid ▸ **tomar frío** AM prendre froid.

frió ⟶ **freír**.

friolento, ta adj & sm, f AM frileux(euse).

friolero, ra adj & sm, f ESP frileux(euse). ◆ **friolera** sf *fam* ▸ **costar la friolera de...** coûter la bagatelle de....

friqui sm *fam* [en fútbol] tir *m*.

frisar vt friser / *frisar los cincuenta años* friser la cinquantaine.

frisbee® sm Frisbee® *m*.

friso sm **1.** ARQUIT frise *f* **2.** [zócalo] plinthe *f* **3.** [de madera] lambris *m*.

fritada sf friture *f (plat)*.

fritanga sf *fam* **1.** ESP [comida frita] friture *f* **2.** AM *despec* [comida grasienta] friture *f*.

frito, ta adj **1.** [cocido] frit(e) **2.** *fig* [exasperado] ▸ **tener a alguien frito** taper sur les nerfs de qqn **3.** ESP *fam* [matar] ▸ **dejar frito a alguien** refroidir o descendre qqn. ◆ **frito** ❖ sm *(gen pl)* friture *f*. ❖ pp ⟶ **freír.**

fritura sf friture *f (plat)*.

frivolidad sf frivolité *f*.

frívolo, la adj frivole.

frondosidad sf épaisseur *f* du feuillage.

frondoso, sa adj touffu(e).

frontal ❖ adj frontal(e). ❖ sm ANAT frontal *m*.

frontalmente adv de front / *chocaron frontalmente* ils se sont heurtés de front.

frontenis sm DEP *pelote basque jouée avec une raquette et une balle de tennis.*

frontera sf **1.** [entre países] frontière *f* **2.** *fig* [límite] limite *f*.

fronterizo, za adj frontalier(ère).

frontis sm inv façade *f*.

frontispicio sm **1.** ARQUIT [fachada] façade *f* ; [remate] fronton *m* **2.** [de libro] frontispice *m*.

frontón sm **1.** [cancha & ARQUIT] fronton *m* **2.** [pelota vasca] pelote *f* basque.

frotación sm frottement *m*.

frotamiento sm frottement *m*.

frotar vt frotter. ◆ **frotarse** vprnl se frotter.

frotis sm inv MED frottis *m* ▸ **frotis vaginal** frottis vaginal.

fructífero, ra adj [esfuerzos, resultados] fructueux(euse).

fructificar [10] vi *pr* & *fig* fructifier.

fructosa sf fructose *m*.

fructuoso, sa adj fructueux(euse).

frugal adj frugal(e).

frugalidad sf frugalité *f*.

fruición sf délice *m (plaisir)*.

fruncido sm fronce *f*.

fruncir [12] vt froncer ▸ **fruncir el ceño** froncer les sourcils ▸ **fruncir la boca** faire la moue.

frusleria sf broutille *f*.

frustración sf frustration *f* ; [desilusión] déception *f*.

frustrado, da adj [persona] frustré(e) ▸ **un intento frustrado** une tentative avortée.

frustrante adj frustrant(e).

frustrar vt **1.** [insaciar] frustrer **2.** [desilusionar] décevoir / *me frustra ver que no mejoro* ça me déçoit de voir que je ne progresse pas **3.** [posibilidades, planes] faire échouer. ◆ **frustrarse** vprnl **1.** [estar insaciado] être frustré(e) ; [desilusionarse] être déçu(e) **2.** [planes, proyectos] tomber à l'eau ; [intento] échouer.

fruta sf fruit *m* / *le gusta mucho la fruta* il aime beaucoup les fruits ▸ **fruta confitada** fruits confits ▸ **fruta de estación** RP fruits de saison ▸ **fruta de la pasión** CUBA fruit de la Passion ▸ **fruta de sartén** beignet.

frutal ❖ adj fruitier(ère). ❖ sm arbre *m* fruitier.

frutería sf ▸ **ir a la frutería** aller chez le marchand de fruits.

frutero, ra ❖ adj fruitier(ère). ❖ sm, f [vendedor] marchand *m*, -e *f* de fruits. ◆ **frutera** sf CSUR coupe *f* à fruits. ◆ **frutero** sm [recipiente] coupe *f* à fruits.

frutícola adj arboricole.

fruticultor, ra sm, f arboriculteur(trice).

fruticultura sf fructiculture *f*.

frutilla sf AM [fresa] fraise *f*.

fruto sm fruit *m* ▸ **dar fruto** *fig* porter ses fruits ▸ **sacar fruto de algo** tirer profit de qqch. ◆ **frutos secos** smpl fruits *mpl* secs.

FTP (*abr de* **File Transfer Protocol**) sm INFORM FTP *m* *(protocole de transfert de fichiers).*

fu ◆ **ni fu ni fa** loc adv *fam* couci-couça.

fucsia ❖ sf [planta] fuchsia *m.* ❖ adj inv & sm inv [color] fuchsia.

fue 1. ⟶ **ir 2.** ⟶ **ser**.

fuego sm feu *m* ▸ **a fuego lento** CULIN à feu doux ▸ **atizar el fuego** attiser le feu ▸ **pegar fuego a** mettre le feu à ▸ **fuego fatuo** feu follet ▸ **fuegos artificiales** feu d'artifice ▸ **estar entre dos fuegos** être pris(e) entre deux feux ▸ **jugar con fuego** jouer avec le feu.

fuel, fuel-oil sm fioul *m*.

fuelle sm soufflet *m*.

fuel-oil = **fuel**.

fuente sf **1.** [gen] source *f* ▸ **fuente de alimentación** source d'alimentation *f*, alimentation *f* ▸ **fuente bautismal** fonts *mpl* baptismaux **2.** [construcción] fontaine *f* **3.** [de vajilla] plat *m* **4.** CARIB CHILE COL MÉX [establecimiento] ▸ **fuente de soda** salon de thé.

fuera ❖ adv **1.** [en el exterior] dehors ▸ **hacia fuera** vers l'extérieur ▸ **por fuera** à l'extérieur / *pintamos la casa por fuera* on a peint l'extérieur de la maison **2.** [en otro lugar] ailleurs / *esta semana estaré fuera* cette semaine je ne serai pas là ▸ **de fuera a)** [extranjero] étranger(ère) **b)** [de otro lugar] d'ailleurs **3.** *fig* [alejado] ▸ **fuera de** hors de / *eso está fuera de mis cálculos* je n'avais pas prévu ça ▸ **estar fuera de sí** être hors de soi ▸ **fuera de plazo** hors délai. ❖ interj ▸ **¡fuera!** dehors ! ▸ **¡fuera de aquí!** hors d'ici ! ◆ **fuera de** loc prep [excepto] en dehors de / *fuera de eso, me puedes pedir lo que quieras* à part ça, tu peux me demander ce que tu veux. ◆ **fuera de banda** sm DEP touche *f*. ◆ **fuera de combate** sm DEP hors-combat *m* ▸ **estar fuera de combate a)** être mis(e) hors de combat **b)** *fig* être bon (bonne) à jeter. ◆ **fuera de juego** sm DEP hors-jeu *m inv*. ◆ **fuera de serie** ❖ adj [publicación] hors série ; *fig* [persona] hors pair. ❖ smf ▸ **ser un fuera de serie** être exceptionnel(elle). ❖ v **1.** ⟶ **ir 2.** ⟶ **ser**.

fueraborda sm inv hors-bord *m inv*.

fuerce ⟶ **forzar**.

fuero sm **1.** [ley especial] privilège *m* ; [en la Edad Media] charte *f* ▸ **los fueros** *anciennes chartes espagnoles d'origine médiévale garantissant les privilèges, les libertés et les traditions d'une ville ou d'une région, encore en vigueur en Navarre par exemple* **2.** [jurisdicción] tribunal *m* **3.** EXPR **en su fuero interno** dans son for intérieur.

fuerte ❖ adj **1.** [gen] fort(e) ; [material, pared, nudo] solide ; [frío, calor, color] intense ; [pelea, combate] dur(e) **2.** [malsonante] grossier(ère). ❖ adv **1.** [gen] fort / *trabaja fuerte* il travaille dur **2.** [en abundancia] beaucoup / *come fuerte* il mange beaucoup. ❖ sm [fortaleza] fort *m* ▸ **ser algo el fuerte de alguien** être le point fort de qqn.

fuertemente adv **1.** [con fuerza] fort, fortement / *me apretó fuertemente* il m'a serrée très fort **2.** [vehementemente] fortement, très.

Fuerteventura npr Fuerteventura.

fuerza ❖ sf **1.** [gen & FÍS] force *f* ▸ **tener fuerzas para** être assez fort(e) pour ▸ **tiene que irse por fuerza** il doit absolument partir ▸ **fuerzas del orden público** forces de l'ordre ▸ **a fuerza de** à force de ▸ **a la fuerza a)** [contra la voluntad] de force **b)** [por necesidad] forcément ▸ **por la fuerza** par la force ▸ **sacar fuerzas de flaqueza** faire un ultime effort **2.** [electricidad] courant *m*. ❖ v ⟶ **forzar.**

◆ **fuerzas** sfpl [grupo de personas] forces *fpl*.

fuese 1. ⟶ **ir 2.** ⟶ **ser**.

fuet sm *saucisson fin et long typique de Catalogne.*

fuete sm CAM ANDES CARIB MÉX [látigo] fouet *m*.

fuga sf **1.** [gen] fuite *f* ; [de presos] évasion *f* ▸ **darse a la fuga** prendre la fuite ▸ **fuga de cerebros** fuite des cerveaux **2.** MÚS fugue *f*.

fugacidad sf fugacité *f*.

fugarse [16] vprnl [de la cárcel] s'évader / *su marido se fugó con otra* son mari est parti avec une autre.

fugaz adj fugace.

fugitivo, va ❖ adj **1.** [que huye] en fuite ▸ **fugitivo de la ley** o **justicia** qui fuit la justice **2.** *fig* [que dura poco] fugitif(ive). ❖ sm, f fugitif *m*, -ive *f*.

fugue ⟶ **fugarse**.

führer sm fürher *m*.

fui 1. ⟶ **ir 2.** ⟶ **ser**.

fulano, na sm, f Machin *m*, -e *f* ▸ **fulano de tal** M. Untel ▸ **un fulano** un type.

◆ **fulana** sf [prostituta] prostituée *f*.

fular (*pl* **fulares**), **foulard** [fu'lar] (*pl* **foulards**) sm foulard *m*.

fulero, ra *fam* ❖ adj **1.** [trabajo] bâclé(e) **2.** [chapucero] fumiste. ❖ sm, f [embustero] escroc *m*.

fulgor sm éclat *m*.

fulgurante adj fulgurant(e).

fulgurar vi étinceler / *los rayos fulguraban en el horizonte* les éclairs déchiraient le ciel.

full sm [en póquer] full *m*. ◆ **a full** ❖ loc adj RP VEN *fam* bondé(e) / *el restaurante estaba a full* le restaurant était bondé. ❖ loc adv RP VEN *fam* d'arrache-pied / *trabajar a full* travailler d'arrache-pied.

fullero, ra adj & sm, f tricheur(euse).

full-time adj inv à temps plein.

fulminación sf éclatement *m (d'une bombe, etc.)*.

fulminante adj **1.** [enfermedad, mirada] foudroyant(e) ; [despido, cese] immédiat(e) **2.** [explosivo] détonant(e).

fulminar vt foudroyer ▸ **fulminar a alguien con la mirada** foudroyer qqn du regard.

fumadero sm fumoir *m* ▸ **fumadero de opio** fumerie *f* d'opium.

fumador, ra sm, f fumeur *m*, -euse *f* ▸ **fumador pasivo** fumeur passif.

fumar vt & vi fumer.

fumata sf RELIG ▸ **la fumata blanca** la fumée blanche.

fumeta smf *fam* fumeur *m*, -euse *f* de hasch.

fumigación sf fumigation *f*.

fumigador sm fumigateur *m*.

fumigar [16] vt désinfecter (par fumigation).

funámbulo, la sm, f funambule *mf*.

función sf **1.** [gen] fonction *f* **2.** CINE séance *f* ; TEATRO représentation *f*.

funcional adj fonctionnel(elle).

funcionalidad sf fonctionnalité *f*.

funcionalismo sm **1.** [de objeto, diseño] caractère *m* fonctionnel, fonctionnalité *f* **2.** ARQUIT & LING fonctionnalisme *m*.

funcionalista adj & smf fonctionnaliste.

funcionamiento sm fonctionnement *m* ▸ **entrar / estar en funcionamiento** se mettre / être en marche ▸ **poner algo en funcionamiento** mettre qqch en marche.

funcionar vi **1.** [aparato, máquina] fonctionner ▸ **funcionar con gasolina** marcher à l'essence ▸ **'no funciona'** 'en panne' **2.** [plan, actividad] marcher.

funcionariado sm ▸ **el funcionariado** les fonctionnaires.

funcionario, ria sm, f **1.** [del Estado] fonctionnaire *mf* **2.** RP [de empresa] employé *m*, -e *f*, salarié *m*, -e *f*.

funda sf [gen] étui *m* ; [de almohada] taie *f* ; [de mueble, máquina] housse *f* ; [de disco] pochette *f*.

fundación sf fondation *f*.

fundado, da adj fondé(e).

fundador, ra adj & sm, f fondateur(trice).

fundamentación sf fondement *m*.

fundamental adj fondamental(e).

fundamentalismo sm fondamentalisme *m*.

fundamentalista adj & smf RELIG fondamentaliste.

fundamentalmente adv essentiellement.

fundamentar vt ▸ **fundamentar algo (en)** **a)** CONSTR asseoir qqch (sur) **b)** *fig* [teoría, etc.] fonder qqch (sur). ◆ **fundamentarse** vprnl ▸ **fundamentarse (en)** **a)** CONSTR être assis(e) (sur) **b)** *fig* [teoría, etc.] se fonder (sur).

fundamento sm **1.** *fig* [base] fondement *m* **2.** *fig* [motivo] raison *f* ▸ **sin fundamento** sans fondement. ◆ **fundamentos** smpl **1.** [cimientos] fondations *fpl* **2.** [principios] fondements *mpl*.

fundar vt fonder. ◆ **fundarse** vprnl [teoría, razones, etc.] ▸ **fundarse (en)** se fonder (sur).

fundición sf **1.** [fusión] fonte *f* **2.** [taller] fonderie *f*.

fundido sm **1.** CINE fondu *m* **2.** AM *fam* [arruinado] fauché(e), à sec.

fundir vt **1.** [gen] fondre / *fundieron sus intereses* ils ont uni leurs intérêts **2.** ELECTR [bombilla, aparato] griller ; [fusible] faire sauter. ◆ **fundirse** vprnl **1.** ELECTR [bombilla, aparato] griller ; [fusible] sauter **2.** [derretirse] fondre **3.** *fig* [unirse] se fondre.

fúnebre adj funèbre.

funeral sm funérailles *fpl*.

funerala sf ▸ **ojo a la funerala** œil au beurre noir.

funerario, ria adj funéraire ▸ **una empresa funeraria** une entreprise de pompes funèbres. ◆ **funeraria** sf pompes *fpl* funèbres.

funesto, ta adj funeste.

fungicida adj & sm fongicide.

fungir [15] vi MÉX PERÚ ▸ **fungir de** o **como** faire office de / *funge de árbitro* il fait office d'arbitre.

funicular ❖ adj funiculaire. ❖ sm **1.** [por tierra] funiculaire *m* **2.** [por aire] téléphérique *m*.

funk ['fank], **funky** ['fanki] adj & sm funk.

furcia sf ESP *fam* & *despec* traînée *f*, grue *f*.

furgón sm fourgon *m*.

furgoneta sf fourgonnette *f*.

furia sf fureur *f* ▸ **ponerse hecho una furia** devenir fou furieux.

furibundo, da adj furibond(e).

furioso, sa adj furieux(euse).

furor sm fureur *f* ▸ **hacer furor** *fig* faire fureur.

furtivo, va adj furtif(ive) ▸ **un cazador furtivo** un braconnier.

furúnculo = **forúnculo**.

fusa sf triple croche *f*.

fuseaux sm inv fuseau *m*, pantalon *m* fuseau.

fuselaje sm fuselage *m*.

fusible ❖ adj fusible. ❖ sm ELECTR fusible *m* / *se han quemado los fusibles* les plombs ont sauté.

fusil sm fusil *m (de guerre)*.

fusilamiento sm **1.** [matanza] exécution *f* **2.** *fam* [plagio] plagiat *m*.

fusilar vt **1.** [ejecutar] fusiller **2.** *fam* [plagiar] plagier.

fusilero sm fusilier *m* ▸ **fusilero naval** AM fusilier marin.

fusión sf fusion *f* ▸ **fusión nuclear** fusion nucléaire.

fusionar vt & vi fusionner. ◆ **fusionarse** vprnl ECON fusionner.

fusta sf cravache *f*.

fustán sm AM [enaguas] jupon *m*.

fuste sm **1.** [de columna] fût *m* **2.** AM [enagua] jupon *m*.

fustigador, ra ❖ adj *culto* critique *(négatif)*. ❖ sm, f détracteur *m*, -trice *f*.

fustigar [16] vt **1.** *culto* [azotar] fustiger ; [caballo] fouetter **2.** *fig* [censurar] critiquer vivement.

futbito sm BOL ESP football *m* à cinq.

fútbol, futbol sm football *m* ▸ **fútbol sala** football en salle.

futbolero, ra adj passionné *m*, -e *f* de football.

futbolín sm ESP [juego, mesa] baby-foot *m inv*.

futbolista smf footballeur *m*, -euse *f*.

futbolístico, ca adj [equipo, etc.] de football ; [ambiente, etc.] du football.

fútil adj futile.

futilidad sf futilité *f*.

futón sm futon *m*.

futre *fam* ◆ adj **1.** CHILE [presumido] frimeur(euse) **2.** BOL PERÚ [elegante] chicos *(inv)* ▸ **ponerse futre** BOL PERÚ se mettre sur son trente et un.
◆ sm, f **1.** CHILE [rico] riche *mf* **2.** BOL PERÚ [elegante] : *ir hecho un futre* être habillé chicos.

futurible adj possible.

futurismo sm futurisme *m*.

futurista ◆ adj [diseño, ropa, obra de arte] futuriste.
◆ smf ARTE futuriste *mf*.

futuro, **ra** adj futur(e).
◆ **futuro** sm **1.** [porvenir] avenir *m* ▸ **a futuro** CSUR MÉX : ***eso lo veremos a futuro*** on verra ça plus tard **2.** GRAM futur ▸ **futuro perfecto** futur antérieur.
◆ **futuros** smpl ECON opérations *fpl* à terme.

futurología sf futurologie *f*.

futurólogo, **ga** sm, f futurologue *mf*.

G

g¹, G [xe] sf [letra] g *m*, G *m*.

g² (*abr escrita de* **gramo**) g.

g / *abr escrita de* **giro**.

G8 (*abr de* **Grupo de los Ocho**) sm G8 *m*.

G20 (*abr escrita de* **Grupo de los Veinte**) sm G20 *(Groupe des 20)*.

gabacho, cha ESP *fam* & *despec* ❖ adj [francés] français(e), franchouillard(e). ❖ sm, f Français(e), franchouillard(e).

gabán sm pardessus *m*.

gabardina sf gabardine *f*.

gabinete sm **1.** [gobierno, despacho, sala] cabinet *m* ▸ **gabinete de estudios** bureau *m* d'études **2.** [de dama] boudoir *m* **3.** MÉX RP [cubículo] box *m*, cabine *f* **4.** MÉX [en restaurante] salle *f* privée.

Gabón npr Gabon *m*.

gacela sf gazelle *f*.

gaceta sf gazette *f*.

gacetillero, ra sm, f [periodista] gazetier *m*, -ère *f*, échotier *m*, -ère *f*.

gacha ❖ sf CULIN bouillie *f* / *añadir poco a poco la harina hasta conseguir una gacha espesa* ajouter la farine peu à peu jusqu'à obtenir une bouillie épaisse. ❖ adj → **gacho**.

gachí sf *fam* nana *f*.

gacho, cha adj **1.** [inclinado] penché(e) ▸ **con la cabeza gacha** la tête basse **2.** MÉX *fam* [persona] radin(e) **3.** MÉX *fam* [objeto] moche **4.** MÉX *fam* [feo] laid(e) comme un pou. ◆ **gachas** sfpl CULIN *bouillie de farine cuite avec du lard*.

gachó sm *fam* mec *m*.

gaditano, na ❖ adj de Cadix. ❖ sm, f Gaditan *m*, -e *f*.

gaélico, ca adj gaélique. ◆ **gaélico** sm [lengua] gaélique *m*.

gafa ◆ **gafas** sfpl **1.** [para ver, proteger, nadar] lunettes *fpl* ▸ **gafas bifocales / graduadas** o **progresivas** lunettes à double foyer/à verres progressifs ▸ **gafas de cerca** lunettes pour voir de près ▸ **gafas de natación** lunettes de piscine ▸ **gafas oscuras** lunettes noires ▸ **gafas de sol** lunettes de soleil ▸ **llevar gafas** porter des lunettes **2.** [para submarinismo] masque *m* ▸ **gafas submarinas** masque de plongée.

gafado, da adj ESP *fam* ▸ **estar gafado** avoir la poisse.

gafar vt ESP *fam* [traer mala suerte a] porter la poisse à / *nos has gafado el viaje* tu nous as gâché le voyage.

gafe *fam* ❖ adj ▸ **ser gafe** porter la poisse. ❖ smf oiseau *m* de malheur.

> ⚠ **Gaffe** es un falso amigo, no significa *gafe*, sino "plancha", "metedura de pata".

gafotas smf inv *fam* & *despec* binoclard(e).

gag (*pl* **gags**) sm gag *m*.

gaita sf **1.** MÚS cornemuse *f* **2.** ESP *fam* [fastidio] corvée *f*, galère *f* **3.** RP *fam* Espagnol *m*, -e *f* **4.** EXPR **templar gaitas (con alguien)** ESP *fam* arrondir les angles (avec qqn).

gaitero, ra sm, f joueur *m*, -euse *f* de cornemuse.

gajes smpl primes *fpl* ▸ **gajes del oficio** risques *mpl* du métier.

gajo sm **1.** [trozo de fruta] quartier *m* **2.** [racimo - de uvas] grappillon *m* ; [- de cerezas] bouquet *m* **3.** [rama] rameau *m* **4.** RP [de planta] bouture *f*.

GAL (*abr de* **Grupos Antiterroristas de Liberación**) smpl *anciens groupes terroristes espagnols qui s'attaquaient à l'ETA*.

gala sf **1.** [fiesta] gala *m* ▸ **una fiesta de gala** une soirée de gala ▸ **un vestido de gala** une tenue de soirée **2.** ESP [actuación] gala *m* **3.** [ropa] ▸ **con sus mejores galas** dans ses plus beaux atours **4.** EXPR **hacer gala de algo** **a)** [demostrar] faire étalage de qqch **b)** [preciarse de] être fier(ère) de qqch.

galáctico, ca adj galactique.

galaico, ca adj *culto* galicien(enne).

galán sm **1.** [hombre atractivo] bel homme *m* **2.** TEATRO jeune premier *m*. ◆ **galán de noche** sm [perchero] valet *m* de nuit.

galante adj galant(e) / *tiene fama de galante* il a une réputation de galant homme.

galantear vt : *galantear a una mujer* faire la cour à une femme.

galanteo sm cour *f* / *estoy harta de sus galanteos* j'en ai assez qu'il me fasse la cour.

galantería sf galanterie *f*.

galápago sm **1.** [animal] tortue *f* d'eau douce **2.** HOND PERÚ VEN [silla de montar] selle *f* pour monter en amazone **3.** COL [sillín] selle *f*.

Galápagos sfpl ▸ **las Galápagos** les Galapagos *fpl*.

galardón sm prix *m (récompense)*.

galardonado, da adj lauréat(e).

galardonar vt récompenser ; [con premio] primer ▸ **galardonar con algo** décerner qqch.

galaxia sf galaxie *f*.

galbana sf *fam* flemme *f*, cosse *f*.

galeno, na adj ▸ **un viento galeno** un vent léger. ◆ **galeno** sm *fam* toubib *m*. ◆ **galena** sf galène *f*.

galeón sm galion *m*.

galeote sm galérien *m*.

galera sf **1.** [embarcación] galère *f* **2.** CSUR [sombrero] haut-de-forme *m* **3.** CAM [cobertizo] hangar *m*.

galería sf **1.** [gen] galerie *f* **2.** [para cortinas] tringle *f* ▸ **hacer algo para la galería** *fig* faire qqch pour la galerie. ◆ **galerías (comerciales)** sfpl galerie *f* marchande.

galerista smf galeriste *mf*.

galerna sf galerne *f*.

Gales npr pays *m* de Galles.

galés, esa ❖ adj gallois(e). ❖ sm, f Gallois *m*, -e *f*. ◆ **galés** sm [lengua] gallois *m*.

galgo sm lévrier *m*.

Galicia npr Galice *f*.

galicismo sm gallicisme *m*.

galimatías sm inv galimatias *m*.

gallardete sm NÁUT flamme *f*.

gallardía sf **1.** [valor] bravoure *f* **2.** [elegancia] prestance *f*.

gallardo, da adj **1.** [valiente] courageux(euse) **2.** [bien parecido] ▸ **ser gallardo** avoir fière allure.

gallear vi *fam* rouler les mécaniques.

gallego, ga ❖ adj **1.** [de Galicia] galicien(enne) **2.** CSUR CUBA *fam & despec* [de España] espagnol(e). ❖ sm, f **1.** [de Galicia] Galicien *m*, -enne *f* **2.** CSUR CUBA *fam & despec* [de España] Espagnol *m*, -e *f*. ◆ **gallego** sm [lengua] galicien *m*.

galleguismo sm **1.** [palabra] *mot ou expression propre au galicien* **2.** [doctrina] *doctrine défendant les valeurs politiques, économiques et culturelles de la Galice*.

galleta sf **1.** [para comer] biscuit *m* **2.** ESP *fam* [bofetada] tarte *f*, beigne *f* **3.** ESP *fam* [golpe] coup *m* **4.** MÉX *fam* [fuerza] force *f*.

⚠ **Galette** es un falso amigo, no significa *galleta*, sino "torta".

gallina ❖ sf [ave] poule *f* ▸ **gallina ciega** colin-maillard *m* ▸ **gallina clueca** couveuse *f* ▸ **matar la gallina de los huevos de oro** *fam & fig* tuer la poule aux œufs d'or. ❖ smf *fam & fig* [persona] poule *f* mouillée.

gallináceo, a adj gallinacé(e). ◆ **gallináceas** sfpl gallinacés *mpl*.

gallinero sm poulailler *m*.

gallineta sf AM [pintada] pintade *f*.

gallito sm *fig* [de un grupo] petit chef *m* ▸ **hacerse el gallito con alguien** jouer les durs avec qqn.

gallo sm **1.** [ave] coq *m* ▸ **gallo de pelea** coq de combat ▸ **en menos que canta un gallo** *fam* en moins de deux **2.** *fig* [cabecilla] chef *m* **3.** [nota chillona] couac *m* **4.** [pez] limande *f*.

galo, la ❖ adj HIST gaulois(e) ; [francés] français(e). ❖ sm, f HIST Gaulois *m*, -e *f* ; [francés] Français *m*, -e *f*.

galón sm **1.** [distintivo] galon *m* **2.** [medida] gallon *m*.

galopada sf galopade *f*.

galopante adj galopant(e).

galopar vi galoper.

galope sm galop *m* ▸ **al galope** au galop ▸ **a galope tendido** au triple galop.

galpón sm AM [cobertizo] hangar *m*.

galvanización sf galvanisation *f*.

galvanizar [13] vt galvaniser.

gama sf gamme *f* ▸ **gama de artículos** gamme de produits.

gamba sf crevette *f*.

gamberrada sf acte *m* de vandalisme ▸ **hacer gamberradas** faire des bêtises.

gamberrismo sm ESP vandalisme *m*.

gamberro, rra ❖ adj ESP : ***un niño gamberro*** un enfant très agité / ***es muy gamberro*** il fait beaucoup de bêtises. ❖ sm, f ESP voyou *m*.

Gambia npr Gambie *f*.

gambiano, na, gambiense ❖ adj gambien(enne). ❖ sm, f Gambien *m*, -enne *f*.

gameto sm gamète *m* ▸ **gameto macho / hembra** gamète mâle / femelle.

gamín sm COL gamin *m*, -e *f* des rues.

gammaglobulina sf gammaglobuline *f*.

gamo sm daim *m*.

gamonal sm AM [cacique] cacique *m*.

gamuza sf **1.** [animal, piel] chamois *m* **2.** [paño] peau *f* de chamois.

gana sf ▸ **gana (de)** envie *f* (de) / ***lo hago porque me da la (real) gana*** je le fais parce que ça me plaît / ***no me da la gana de hacerlo*** je n'ai pas envie de le faire ▸ **de buena gana** volontiers ▸ **de mala gana** à contrecœur. ◆ **ganas** sfpl **1.** [deseo] envie *f* ▸ **darle a alguien ganas de** avoir envie de ▸ **tener ganas de algo / de hacer algo** avoir envie de qqch / de faire qqch ▸ **quedarse con las ganas** rester sur sa faim **2.** [hambre] appétit *m* ▸ **comer con ganas** manger avec appétit.

ganadería sf **1.** [gen] élevage *m* **2.** [de país, región, etc.] cheptel *m*.

ganadero, ra ❖ adj d'élevage ▸ **la industria ganadera** l'industrie de l'élevage. ❖ sm, f éleveur *m*, -euse *f*.

ganado sm bétail *m* ▸ **ganado mayor** gros bétail ▸ **ganado menor** petit bétail.

ganador, ra adj & sm, f gagnant(e).

ganancial adj ⟶ **bien**.

ganancias sfpl bénéfices *mpl*.

ganapán sm *fam* balourd *m*.

ganar ◆ vt **1.** [gen] gagner ; [gloria, fama] atteindre **2.** [ciudad, castillo] conquérir **3.** [ser superior] : *me ganas en astucia* tu es plus astucieux que moi. ◆ vi gagner / *gana con el trato* il gagne à être connu / *gana para vivir* il gagne juste de quoi vivre / *hemos ganado con el cambio* nous avons gagné au change / *ganamos en espacio* nous y avons gagné en place ▸ **ganar bien** AM bien gagner sa vie. ◆ **ganarse** vprnl **1.** ▸ **ganarse algo** a) gagner qqch b) [merecer] bien mériter qqch c) [recibir] recevoir qqch ▸ **ganarse a alguien** gagner la faveur de qqn **2.** EXPR **ganársela** ESP *fam* s'en prendre une / *como no te estés quieto, te la vas a ganar* si tu ne te tiens pas tranquille, tu vas t'en prendre une.

ganchillo sm crochet *m (ouvrage)* ▸ **hacer ganchillo** faire du crochet.

ganchito sm **1.** [aperitivo] *biscuit apéritif de forme allongée, généralement à base de maïs et arômatisé au fromage* **2.** RP [grapa, broche] agrafe *f*.

gancho sm **1.** [gen & DEP] crochet *m* **2.** [cómplice - de vendedor] rabatteur *m* ; [- de jugador] compère *m* **3.** CAM ANDES MÉX VEN [percha] cintre *m* **4.** CAM ANDES MÉX [horquilla] épingle *f* à cheveux **5.** MÉX [labor] crochet *m* **6.** RP [para papeles] agrafe *f* **7.** COL VEN [pinza] pince *f* à linge **8.** BOL COL [imperdible] épingle *f* de nourrice **9.** ECUAD [silla de montar] selle *f* d'amazone **10.** EXPR **hacer gancho a alguien con alguien** RP s'entremettre entre deux personnes ▸ **tener gancho** a) *fam* [mujer] avoir du chien b) [vendedor, título, etc.] être accrocheur(euse).

ganchudo, da adj crochu(e).

gandalla sm MÉX *fam* **1.** [sinvergüenza] salaud *m* **2.** [deshonesto] personne *f* malhonnête o roublarde.

gandul, la adj & sm, f *fam* flemmard(e).

gandulear vi flemmarder.

gandulería sf flemmardise *f*.

ganga sf *fam* affaire *f* (en or).

Ganges npr ▸ **el Ganges** le Gange.

ganglio sm ganglion *m*.

gangoso, sa adj [voz, sonido] nasillard(e) ▸ **ser gangoso** [persona] parler du nez.

gangrena sf gangrène *f*.

gangrenado, da adj gangrené(e).

gangrenarse vprnl se gangrener.

gangrenoso, sa adj gangreneux(euse).

gángster (*pl* **gángsters**) sm gangster *m*.

gangsterismo sm gangstérisme *m*.

gansada sf *fam* ânerie *f*.

ganso, sa sm, f **1.** [ave] jars *m*, oie *f* **2.** *fam* [persona] abruti *m*, -e *f*.

gañán sm *fam* & *despec* [hombre rudo] gougnafier *m*.

gañido sm glapissement *m*.

gañir vi **1.** [perro] glapir **2.** [cuervo] croasser ; [gaviota] crier.

ganzúa sf crochet *m (pour ouvrir les portes)*.

garabatear vt & vi gribouiller.

garabato sm gribouillage *m* ▸ **hacer garabatos** faire des gribouillages.

garage sm AM [para aparcar, reparar] garage *m*.

garaje sm garage *m*.

garante smf garant *m*, -e *f* ▸ **salir garante** se porter garant(e).

garantía sf garantie *f* / *este libro es una garantía de éxito* ce livre, c'est le succès assuré ▸ **con garantía** sous garantie ▸ **garantía bancaria** garantie bancaire.

garantizado, da adj garanti(e).

garantizar [13] vt garantir ▸ **garantizar algo a alguien** assurer qqch à qqn.

garapiñar = **garrapiñar**.

garbanzo sm pois *m* chiche.

garbeo sm *fam* balade *f* ▸ **dar o darse un garbeo (por un lugar)** ESP faire une balade o un tour (quelque part).

garbo sm [de persona] allure *f* ; [de escritura] talent *m*.

garboso, sa adj élégant(e) ▸ **ser garboso** avoir de l'allure.

gardenia sf gardénia *m*.

garduña sf fouine *f*.

garete sm ▸ **ir o irse al garete** *fam* & *fig* se casser la figure.

garfio sm crochet *m*.

gargajo sm crachat *m*.

garganta sf gorge *f* / *tengo lo que me ha dicho atravesado en la garganta* ce qu'il m'a dit m'est resté en travers de la gorge / *la tengo atravesada en la garganta* je ne peux pas la sentir.

gargantilla sf ras-du-cou *m (collier)*.

gargantúa sm ▸ **comer como un gargantúa** manger comme un ogre.

gárgara sf *(gen pl)* gargarisme *m* ▸ **hacer gárgaras** faire des gargarismes ▸ **mandar a alguien a hacer gárgaras** *fig* envoyer paître qqn.

gargarismo sm gargarisme *m*.

gárgola sf [de catedral, techo] gargouille *f*.

garita sf MIL guérite *f*.

garito sm **1.** [casa de juego] tripot *m* **2.** *despec* [establecimiento] boui-boui *m*.

garnacha sf grenache *m*.

Garona sm ▸ **el Garona** la Garonne.

garra sf griffe *f* ; [de ave de rapiña] serre *f* ▸ **caer en las garras de alguien** tomber entre les griffes de qqn ▸ **tener garra** être accrocheur(euse).

garrafa sf **1.** [para líquido] carafe *f* **2.** RP [bombona] bonbonne *f*.

garrafal adj [error, equivocación] monumental(e).

garrafón sm **1.** [para líquido] dame-jeanne *f* **2.** MÉX [botella grande] bonbonne *f*.

garrapata sf tique *f*.

garrapiñada sf praline *f*.

garrapiñado, da, garapiñado, da adj praliné(e). ◆ **garrapiñado** sm praline *f*.

garrapiñar, garapiñar vt praliner.

garrocha sf TAUROM pique *f*.

garronear RP *fam* ❖ vt [pedir] taper, taxer. ❖ vi vivre aux crochets des autres.

garrotazo sm coup *m* de gourdin.

garrote sm **1.** [palo] gourdin *m* **2.** [ligadura] garrot *m* **3.** [instrumento] ▸ **garrote vil** garrot *m*.

garrulo, la adj & sm, f *fam* & *despec* plouc.

garúa sf AM bruine *f*.

garza sf héron *m* ▸ **garza real** héron cendré.

gas sm **1.** [fluido] gaz *m* ▸ **gas butano** gaz butane ▸ **gas ciudad** ESP gaz de ville ▸ **gas lacrimógeno** gaz lacrymogène ▸ **gas natural** gaz naturel **2.** ESP *fam* [fuerza] punch *m* / ***el corredor se quedó sin gas*** le coureur a perdu tout son punch / ***pérdida de gas*** coup de pompe. ◆ **gases** smpl [en el estómago] gaz *mpl*. ◆ **a todo gas** loc adv à toute allure.

gasa sf gaze *f*.

gaseado, da adj gazé(e).

gasear vt [líquido] gazéifier ; [persona] gazer.

gaseoducto sm gazoduc *m*, pipeline *m*.

gaseoso, sa adj gazeux(euse). ◆ **gaseosa** sf **1.** ARG ESP [bebida efervescente] limonade *f* **2.** CAM RP [refresco con gas] boisson *f* gazeuse.

gásfiter, gasfitero sm **1.** AM [fontanero] plombier *m* **2.** ECUAD [gasista] gazier *m*.

gasfitería sf AM plomberie *f*.

gasfitero = **gásfiter**.

gasificación sf gazéification *f*.

gasificar [10] vt gazéifier.

gasógeno sm gazogène *m*.

gasoil, gas-oil, gas oil sm **1.** [para vehículo] gasoil *m*, gazole *m* **2.** [para caldera] fioul *m*, mazout *m*.

gasóleo sm gazole *m*.

gasolina sf essence *f* ▸ **poner gasolina** prendre de l'essence ▸ **gasolina normal** essence ordinaire ▸ **gasolina sin plomo** essence sans plomb, sans-plomb *m* ▸ **(gasolina) súper** super *m*.

gasolinera sf pompe *f* à essence.

gasolinería sf MÉX station-service *f*.

gastado, da adj usé(e).

gastador, ra adj dépensier(ère).

gastar ❖ vt **1.** [gen] dépenser **2.** [desgastar] user **3.** [ponerse] porter / ***¿qué número de zapatos gastas?*** quelle est ta pointure ? **4.** [hacer] : ***gastar una broma / cumplidos a alguien*** faire une blague/des compliments à qqn **5.** EXPR **gastarlas** ESP *fam* s'y prendre / ***así es cómo las gasta*** c'est comme ça qu'il s'y prend / ***ya verá cómo las gasto*** il verra de quel bois je me chauffe. ❖ vi **1.** [dinero] dépenser **2.** [persona] user. ◆ **gastarse** vprnl **1.** [por el uso] s'user ; [vela] se consumer **2.** [dinero] dépenser.

gasto sm dépense *f* ▸ **cubrir gastos** couvrir les frais ▸ **no reparar en gastos** ne pas regarder à la dépense ▸ **gasto amortizable** dépense immobilisée o capitalisée ▸ **gasto deducible** frais *m* déductible ▸ **gasto de infraestructura** frais *mpl* de structure ▸ **gasto público** dépenses *fpl* publiques ▸ **gastos de representación** frais *mpl* de représentation ▸ **gastos fijos / generales** frais fixes/généraux.

gástrico, ca adj gastrique.

gastritis sf inv gastrite *f*.

gastroenteritis sf inv gastro-entérite *f*.

gastroenterólogo, ga sm, f gastro-entérologue *mf*.

gastrointestinal adj gastro-intestinal(e).

gastronomía sf gastronomie *f*.

gastronómico, ca adj gastronomique.

gastrónomo, ma sm, f gastronome *mf*.

gatas ◆ **a gatas** loc adv **1.** [para desplazarse] à quatre pattes **2.** RP [apenas] à grand-peine.

gatear vi marcher à quatre pattes.

gatera sf chatière *f*.

gatillo sm gâchette *f*.

gatito, ta sm, f chaton *m*, -onne *f*.

gato, ta sm, f **1.** [animal] chat *m*, chatte *f* ▸ **gato montés** chat sauvage **2.** ESP *fam* [madrileño] Madrilène *mf* **3.** EXPR **dar gato por liebre a alguien** *fam* rouler qqn ▸ **buscar tres pies al gato** chercher midi à quatorze heures ▸ **hay cuatro gatos** il y a trois pelés et un tondu ▸ **hay gato encerrado** il y a anguille sous roche. ◆ **gato** sm AUTO cric *m*.

GATT (*abr de* **General Agreement on Tariffs and Trade**) sm GATT *m* ▸ **los acuerdos del GATT** les accords du GATT.

gatuno, na adj félin(e).

gauchada sf AM *fig* [favor] service *m*.

gaucho, cha ❖ adj **1.** [vida, economía, ropa] de gaucho **2.** RP *fam* [servicial] aimable. ❖ sm, f gaucho *m*. ◆ **gaucho** sm AM [sombrero] chapeau *m* à larges bords.

Gaucho

Le **gaucho** est le cow-boy de la **pampa**, les plaines d'Argentine, d'Uruguay et du sud du Brésil. Issu d'un mélange de cultures européenne et indigène, il trouve son origine à l'époque coloniale. Son costume se compose d'un **poncho**, d'un chapeau, d'un foulard de couleur vive et d'éperons. Réputé fier, ce personnage libre et mélancolique est également un cavalier hors pair et un habile éleveur de bétail. Les gauchos se sont illustrés par leur courage dans les guerres d'indépendance du XIXe siècle.

gaullismo [go'jismo] sm gaullisme *m*.

gavilán sm épervier *m*.

gavilla sf **1.** [de espigas] gerbe *f* **2.** [de sarmientos] fagot *m*.

gaviota sf mouette *f*.

gay adj inv & sm gay.

gayumbos smpl ESP *fam* [calzoncillos] slibard *m*, calbut *m*.

Gaza npr Gaza ▸ **la franja de Gaza** la bande de Gaza.

gazapo sm **1.** [animal] lapereau *m* **2.** [error] lapsus *m* ; [imprenta] coquille *f*.

gazmoñería sf **1.** [pudor] pruderie *f* **2.** [santurronería] tartuferie *f*.

gazmoño, ña ◆ adj [pudoroso] prude. ◆ sm, f tartufe *m*.

gaznate sm gosier *m*.

gazpacho sm CULIN gaspacho *m*.

gazuzo, za adj AM *fam* affamé(e). ◆ **gazuza** sf AM *fam* dalle *f*, fringale *f* ▸ **tener gazuza** avoir la dalle ▸ **dar gazuza a alguien** donner faim à qqn.

Gb (*abr de* **gigabyte**) sm Gb *m*.

GB (*abr escrita de* **Gran Bretaña**) sf GB *f*.

géiser (*pl* **géiseres**), **géyser** (*pl* **géyseres**) sm geyser *m*.

geisha ['geisa, 'xeisa] sf inv geisha *f*.

gel sm gel *m*.

gelatina sf [de carne, etc.] gelée *f* ; [ingrediente] gélatine *f*.

gelatinoso, sa adj gélatineux(euse).

gélido, da adj *form* **1.** [tiempo, lugar] glacé(e) **2.** [actitud, recibimiento] glacial(e).

gema sf gemme *f*.

gemelo, la adj & sm, f jumeau(elle). ◆ **gemelo** sm mollet *m*. ◆ **gemelos** smpl **1.** [de camisa] boutons *mpl* de manchette **2.** [prismáticos] jumelles *fpl*.

gemido sm gémissement *m*.

geminiano, na AM ◆ adj du signe des Gémeaux ▸ **ser geminiano** être Gémeaux. ◆ sm, f inv [persona] Gémeaux *mf inv*.

Géminis ◆ sm inv [zodiaco] Gémeaux *mpl* ▸ **ser Géminis** être Gémeaux. ◆ smf inv [persona] Gémeaux *m inv*.

gemir [26] vi gémir.

gemología sf gemmologie *f*.

gen sm gène *m*.

gendarme sm, f gendarme *m*.

gendarmería sf gendarmerie *f*.

genealogía sf généalogie *f*.

genealógico, ca adj généalogique.

genealogista smf généalogiste *mf*.

generación sf génération *f* ▸ **Generación del 27** *groupe d'écrivains espagnols nés vers le début du XXe siècle* ▸ **Generación del 98** *groupe d'écrivains hispanophones nés dans la deuxième moitié du XIXe siècle* ▸ **generación espontánea** génération spontanée ▸ **generación X** génération X.

Generación del 27

Ce nom fut attribué à un groupe d'écrivains, composé essentiellement de poètes, nés au début du XXe siècle. Ces poètes, dont les plus célèbres se nommaient Federico García Lorca, Rafael Alberti ou Jorge Guillén, publièrent leurs œuvres dans la **Revista de Occidente**, dirigée par Ortega y Gasset. Héritiers des derniers mouvements littéraires européens, ils avaient comme caractéristique commune une grande connaissance de la poésie espagnole et le fait d'avoir suivi une formation universitaire. Le nom de cette génération fait référence à 1927, année du tricentenaire de la mort du poète Góngora.

Generación del 98

Ce nom fait allusion à l'année 1898 qui signa la fin de l'empire colonial espagnol avec la perte de Cuba, des Philippines et de Porto Rico. Ne pouvant rester indifférents à ce que l'on appelle communément le « désastre de 1898 », de nombreux écrivains, parmi lesquels Miguel de Unamuno, Pío Baroja, Antonio Machado, Azorín, Valle Inclán ou Juan Ramón Jiménez (tous nés entre 1864 et 1875), s'indignèrent et protestèrent contre l'image de décadence qu'offrait l'Espagne. Ils se distinguèrent par leur position nihiliste, sceptique et européaniste, et par leurs activités intellectuelles non-universitaires, excepté pour Unamuno. Le genre littéraire préféré des écrivains de cette génération est l'essai ; leur style se caractérise par la sobriété et l'observation directe de la réalité mais aussi par le rejet de la rhétorique et du prosaïsme.

generacional adj de génération.

generador, ra adj générateur(trice). ◆ **generador** sm ELECTR générateur *m*.

general ◆ adj général(e) ▸ **en general, por lo general** en général ▸ **hablar de algo en términos generales** parler de qqch en général. ◆ sm MIL général *m*.

generala sf MIL ▸ **tocar a generala** battre la générale.

generalidad sf **1.** [mayoría] majorité *f* **2.** [vaguedad] généralité *f.* ◆ **generalidades** sfpl [conocimientos básicos] notions *fpl*.

generalísimo sm généralissime *m*.

generalista adj généraliste.

Generalitat [ʒenerali'tat] sf POLÍT *nom du gouvernement de Catalogne et de celui de la communauté de Valence.*

generalización sf généralisation *f*.

generalizado, da adj **1.** [idea, concepto] généralisé(e) **2.** [uso, práctica, opinión] répandu(e).

generalizar [13] vt & vi généraliser.
◆ **generalizarse** vprnl se généraliser.

generalmente adv en général, généralement.

generar vt générer.

generativo, va adj génératif(ive).

generatriz sf GEOM génératrice *f*.

genérico, ca adj générique.

género sm **1.** [gen & GRAM] genre *m* ▸ **el género humano** le genre humain ▸ **género chico** ≃ opérette *f* ▸ **género lírico** art *m* lyrique **2.** [productos] article *m*, marchandise *f* **3.** [tejido] tissu *m.* ◆ **géneros de punto** smpl tricots *mpl*.

generosidad sf générosité *f*.

generoso, sa adj généreux(euse) ; [comida] copieux(euse).

génesis sf inv genèse *f.*
◆ **Génesis** sm ▸ **el Génesis** la Genèse.

genético, ca adj génétique.
◆ **genética** sf génétique *f*.

genial adj génial(e).

genialidad sf **1.** [talento] génie *m* **2.** *irón* [ocurrencia] idée *f* de génie.

genio sm **1.** [temperamento] caractère *m* **2.** [mal carácter] mauvais caractère *m* ▸ **gastar mal genio** ESP avoir mauvais caractère **3.** [ser sobrenatural, persona de talento] génie *m*.

genioso, sa adj MÉX *fam* qui a mauvais caractère.

genital adj génital(e).
◆ **genitales** smpl organes *mpl* génitaux.

genitivo sm génitif *m*.

genocidio sm génocide *m*.

genoma sm génome *m*.

genómico, ca adj BIOL génomique.

genotipo sm génotype *m*.

Génova npr Gênes.

> ⚠ **Genève** es un falso amigo, no significa *Génova*, sino "Ginebra".

genovés, esa ◆ adj génois(e). ◆ sm, f Génois *m*, -e *f*.

gente sf **1.** [gen] gens *mpl* / ***hay poca gente*** il n'y a pas beaucoup de monde ▸ **es buena gente** *fam* il est sympa ▸ **la gente bien** *fam* les gens comme il faut ▸ **la gente de bien** les gens bien ▸ **la gente menuda** les petits *mpl (les enfants)* **2.** *fam* [familia] ▸ **mi gente** les miens.

gentil ◆ adj **1.** [educado] courtois(e) ; [amable] aimable **2.** [apuesto] beau (belle). ◆ smf [pagano] gentil *m*.

gentileza sf **1.** [educación] courtoisie *f* ; [amabilidad] amabilité *f* **2.** [regalo] attention *f*, cadeau *m* ▸ **por gentileza de** offert(e) par.

gentilhombre (*pl* **gentileshombres**) sm gentilhomme *m*.

gentilicio sm ethnonyme *m*.

gentío sm foule *f*.

gentuza sf *despec* [mala gente] racaille *f* ; [muchedumbre] populace *f*.

genuflexión sf génuflexion *f* ▸ **hacer una genuflexión** faire une génuflexion.

genuino, na adj authentique ; [piel] véritable.

GEO (*pl* **GEO** *o* **GEOs**) (*abr de* **Grupo Especial de Operaciones**) sm *brigade d'intervention spéciale de la police nationale espagnole* ; ≃ GIGN *m*.

geodesia sf géodésie *f*.

geodinámica sf géodynamique *f*.

geofísico, ca ◆ adj géophysique. ◆ sm, f géophysicien *m*, -enne *f.* ◆ **geofísica** sf géophysique *f*.

geografía sf géographie *f* / ***visitar la geografía nacional*** *fig* visiter le pays.

geográfico, ca adj géographique.

geógrafo, fa sm, f géographe *mf*.

geolocalización sf géolocalisation *f*.

geología sf géologie *f*.

geológico, ca adj géologique.

geólogo, ga sm, f géologue *mf*.

geometría sf géométrie *f*.

geométrico, ca adj géométrique.

geopolítico, ca adj géopolitique.
◆ **geopolítica** sf géopolitique *f*.

Georgia npr Géorgie *f*.

georgiano, na ◆ adj géorgien(enne). ◆ sm, f Géorgien *m*, -enne *f.*
◆ **georgiano** sm [lengua] géorgien *m*.

geranio sm géranium *m*.

gerencia sf gérance *f*.

gerenciar vt AM assumer la gérance de.

gerente smf gérant *m*, -e *f*.

geriatra smf gériatre *mf*.

geriatría sf gériatrie *f*.

geriátrico, ca adj gériatrique.
◆ **geriátrico** sm [hospital] hôpital *m* gériatrique ; [residencia] maison *f* de retraite.

gerifalte sm **1.** [animal] gerfaut *m* **2.** *fam* & *fig* [persona] grand pontife *m*.

germánico, ca ◆ adj HIST germain(e) ; [alemán] germanique. ◆ sm, f HIST Germain *m*, -e *f* ; [alemán] Allemand *m*, -e *f*. ◆ **germánico** sm [lengua] germanique *m*.

germanismo sm germanisme *m*.

germanista smf germaniste *mf*.

germano, na ◆ adj germain(e). ◆ sm, f Germain *m*, -e *f*.

germanófilo, la adj & sm, f germanophile.

germen sm *pr* & *fig* germe *m*.

germicida adj & sm germicide.

germinación sf germination *f*.

germinar vi *pr* & *fig* germer.

Gerona npr Gérone.

gerontocracia sf gérontocratie *f*.

gerontología sf gérontologie *f*.

gerontólogo, ga sm, f gérontologue *mf*.

gerundense ◆ adj de Gérone. ◆ smf *natif ou habitant de Gérone*.

gerundio sm gérondif *m*.

gesta sf haut fait *m* ▸ **el cantar de gesta** la chanson de geste.

gestación sf *pr* & *fig* gestation *f*.

gestante sf *form* femme *f* enceinte.

gestar vi être en gestation. ◆ **gestarse** vprnl [proyecto] être en gestation ; [cambio] se préparer ; [revolución] couver.

gesticulación sf gesticulation *f* ; *(gen pl)* [gestos] gestes *mpl*.

gesticular vi gesticuler.

gestión sf **1.** [diligencia] démarche *f* **2.** [administración] gestion *f* ▸ **gestión de cartera** gestion de portefeuille ▸ **gestión financiera** gestion financière ▸ **gestión de proyectos** ECON gestion de projets.

gestionar vt **1.** [tramitar] faire des démarches pour / ***tengo que gestionar mis vacaciones*** il faut que j'organise mes vacances **2.** [administrar] gérer.

gesto sm **1.** [gen] geste *m* **2.** [expresión] mimique *f* **3.** [mueca] grimace *f*.

gestor, ra ◆ adj gestionnaire. ◆ sm, f *personne faisant des démarches administratives pour le compte d'un particulier ou d'une entreprise*.

gestoría sf cabinet *m* d'affaires.

gestual adj gestuel(elle).

géyser (*pl* **géyseres**) = **géiser**.

Ghana npr Ghana *m*.

ghanés, esa ◆ adj ghanéen(enne). ◆ sm, f Ghanéen *m*, -enne *f*.

ghetto = **gueto**.

GHz (*abr de* **gigahercio**) sm GHz *m*.

giba sf bosse *f*.

giboso, sa adj & sm, f bossu(e).

Gibraltar npr Gibraltar ▸ **el peñón de Gibraltar** le rocher de Gibraltar ▸ **el estrecho de Gibraltar** le détroit de Gibraltar.

gibraltareño, ña ◆ adj de Gibraltar. ◆ sm, f habitant *m*, -e *f* de Gibraltar.

GIF (*abr de* **graphics interchange format**) sm GIF *m*.

giga sm *fam* [gigabyte] giga *m*.

gigabyte [xiɣa'βait] sm gigaoctet *m*.

gigahercio sm gigahertz *m*.

gigante, ta sm, f géant *m*, -e *f*. ◆ **gigante** adj géant(e).

gigantesco, ca adj gigantesque.

gigantismo sm gigantisme *m*.

gigoló [jiɣo'lo] sm gigolo *m*.

Gijón npr Gijón.

gil, la sm, f AM *fam* [papanatas, incauto] godiche, empoté *m*, -e *f*.

gilí adj & smf *fam* & *insult* con *m*, conne *f*.

gilipollada sf ESP *mfam* connerie *f*.

gilipollas adj inv & sm, f inv ESP *mfam* & *insult* con (conne), connard(asse).

gilipollez sf ESP *mfam* connerie *f*.

gilipuertas adj inv & smf inv *fam* & *eufem* crétin(e), débile.

gima ⟶ **gemir**.

gimiera ⟶ **gemir**.

gimnasia sf gymnastique *f* ▸ **gimnasia correctiva** o **médica** o **terapéutica** gymnastique corrective ▸ **gimnasia deportiva / rítmica** gymnastique sportive / rythmique ▸ **gimnasia sueca** gymnastique suédoise ▸ **confundir la gimnasia con la magnesia** prendre des vessies pour des lanternes.

gimnasio sm gymnase *m*.

gimnasta smf gymnaste *mf*.

gimnástico, ca adj de gymnastique.

gimnosperma sf BOT gymnosperme *m*.

gimotear vi pleurnicher.

gimoteo sm pleurnicherie *f*.

gin = **ginebra**.

gincana, gymkhana [jin'kana] sf gymkhana *m*.

ginebra, gin ['ɟin] sf gin *m*.

Ginebra npr Genève.

ginecología sf gynécologie *f*.

ginecológico, ca adj gynécologique.

ginecólogo, ga sm, f gynécologue *mf*.

ginger ale ['jinje'reil] sm inv *boisson gazeuse au gingembre*.

gingival adj gingival(e).

gingivitis sf inv gingivite *f*.

ginseng [ɟin'sen] sm ginseng *m*.

gin(-)tonic [ɟin'tonik] sm gin tonic *m*.

giñar = **jiñar**.

gira sf tournée *f* ▸ **estar de gira** être en tournée.

giralda sf girouette *f*.

girar ❖ vi **1.** [gen] tourner ▸ **girar en torno a** o **alrededor de** *fig* tourner autour de **2.** COM : *girar a sesenta días* payer à soixante jours. ❖ vt **1.** [gen] tourner ; [peonza] faire tourner ▸ **girar (el volante)** braquer **2.** [dinero] virer **3.** COM [letra] tirer.

girasol sm tournesol *m*.

giratorio, ria adj [movimiento] giratoire ; [mueble, silla] pivotant(e) ; [placa] tournant(e) ; [puerta] à tambour.

giro sm **1.** [movimiento] tour *m* **2.** [de conversación, asunto, frase] tournure *f* **3.** COM traite *f* ; [envío] virement *m* ▸ **giro postal** virement postal ; ≃ mandat *m*.

gis sm MÉX craie *f*.

gitanear vi *fig* escroquer.

gitanería sf **1.** [engaño] roublardise *f* **2.** [gitanos] ▸ **la gitanería** les Gitans.

gitano, na ❖ adj **1.** [del pueblo gitano] gitan(e) **2.** *fam* [estafador] roublard(e) / *¡si será gitano el tío este!* quel arnaqueur ce type ! ❖ sm, f Gitan *m*, -e *f*.

Gitano

D'origine indo-européenne, les **Kalés** ou Gitans sont arrivés en Espagne au début du XVe siècle. Sur les 12 millions de Gitans européens, 500 000 se sont installés dans la Péninsule, en particulier en Andalousie, y important leurs traditions (vêtements, musique, chants et danses), une culture orale, une organisation patriarcale et des rites sociaux spécifiques. Le **caló** est le dialecte parlé par les Gitans d'aujourd'hui en Espagne. Leurs origines nomades ont déterminé le choix de leurs métiers (vendeurs ambulants, ferrailleurs, chanteurs de flamenco, contribuant largement à élever celui-ci en art). Durant le règne des Rois Catholiques (XVe-XVIe siècle), les Gitans furent durement persécutés et marginalisés. Plus tard, sous le régime franquiste, ils subirent à nouveau une répression sévère, étant toujours considérés comme des suspects potentiels. Aujourd'hui, les attitudes xénophobes envers le peuple gitan n'ont pas complètement disparu.

glaciación sf glaciation *f*.

glacial adj glaciaire ; [viento, acogida] glacial(e).

glaciar ❖ sm glacier *m*. ❖ adj glaciaire.

gladiador sm gladiateur *m*.

gladiolo, gladíolo sm glaïeul *m*.

glamour, glamur sm glamour *m*.

glamouroso, sa, glamuroso, sa [glamu'roso] adj *fam* glamour *(inv)*.

glamur = **glamour**.

glamuroso, sa = **glamour**.

glande sm ANAT gland *m*.

glándula sf glande *f*.

glasé ❖ adj glacé(e). ❖ sm taffetas *m* glacé.

glaseado, da adj glacé(e) *(gâteau, papier, tissu)*. ◆ **glaseado** sm glaçage *m*.

glasear vt glacer.

glaucoma sm glaucome *m*.

gleba sf glèbe *f*.

glicéridos smpl glycérides *mpl*.

glicerina sf glycérine *f*.

global adj global(e).

globalización sf globalisation *f*.

globalizar [13] vt globaliser.

globalmente adv globalement.

globo sm **1.** [gen] globe *m* ▸ **globo ocular** globe oculaire ▸ **globo terráqueo** o **terrestre** globe terrestre **2.** [aeróstato, juguete] ballon *m* ▸ **globo sonda** ballon-sonde *m*.

globulina sf globuline *f*.

glóbulo sm globule *m* ▸ **glóbulo blanco / rojo** globule blanc / rouge.

gloria ❖ sf **1.** [gen] gloire *f* ▸ **estar en la gloria** être aux anges **2.** [placer] plaisir *m* ▸ **es una gloria verte** c'est un plaisir de te voir ! ▸ **saber a gloria** être exquis(e). ❖ sm gloria *m*.

glorieta sf **1.** [plaza] rond-point *m* **2.** [de casa, jardín] tonnelle *f*.

glorificación sf glorification *f*.

glorificar [10] vt glorifier. ◆ **glorificarse** vprnl ▸ **glorificarse de** se glorifier de.

glorioso, sa adj **1.** [importante] glorieux(euse) **2.** RELIG bienheureux(euse).

glosa sf glose *f*.

glosador, ra sm, f commentateur *m*, -trice *f*.

glosar vt gloser.

glosario sm glossaire *m*.

gloss [glos] sm gloss *m*.

glotis sf inv glotte *f*.

glotón, ona adj & sm, f glouton(onne).

glotonería sf gloutonnerie *f*.

glucemia sf glycémie *f*.

glúcido sm glucide *m*.

gluconato sm gluconate *m*.

glucosa sf glucose *m*.

gluglú sm glouglou *m*.

glutamato sm glutamate *m*.

gluten sm gluten *m*.

glúteo, tea adj fessier(ère). ◆ **glúteo** sm fessier *m*.

GMT (*abr de* **Greenwich mean time**) sf GMT *m*.

gnomo, nomo sm gnome *m*.

GNV [xe 'ene 'uβe] (*abr escrita de* **gas natural para vehículos**) sm GNV *m (gaz naturel pour véhicules)*.

gobernabilidad sf : *la gobernabilidad de ese país es cada vez más difícil* ce pays est de plus en plus difficile à gouverner.

gobernable adj gouvernable.

gobernación sf **1.** [gestión] gouvernement *m* **2.** MÉX [ministerio del interior] ministère *m* de l'Intérieur.

gobernador, ra ❖ adj gouvernant(e). ❖ sm, f gouverneur *m* ▸ **gobernador civil** ESP ≃ préfet.

gobernanta sf gouvernante *f*.

gobernante ❖ adj gouvernant(e) ; [partido, persona] au pouvoir. ❖ smf gouvernant *m*.

gobernar [19] ❖ vt **1.** [gen & NÁUT] gouverner **2.** [casa] tenir ; [negocios] mener, gérer. ❖ vi NÁUT gouverner.

gobiernista adj ANDES MÉX gouvernemental(e).

gobierno sm **1.** [gen] gouvernement *m* ▸ **gobierno autónomo / central** gouvernement autonome / central ▸ **gobierno de transición** gouvernement provisoire **2.** [forma política] régime *m* ▸ **gobierno militar** régime *m* militaire ▸ **gobierno parlamentario** régime parlementaire **3.** [edificio] ▸ **gobierno civil** ESP ≃ préfecture *f* **4.** NÁUT gouverne *f* ; [timón] barre *f*.

goce ❖ sm jouissance *f*, plaisir *m*. ❖ v ⟶ **gozar.**

godo, da ❖ adj des Goths. ❖ sm, f ▸ **los godos** les Goths *mpl*.

gofre sm ESP gaufre *f*.

gol sm DEP but *m*.

golazo sm *fam* DEP but *m* d'anthologie, but *m* extraordinaire.

goleada sf carton *m*.

goleador, ra sm, f buteur *m*, -euse *f*.

golear vt marquer de nombreux buts contre / *golear al equipo contrario* écraser l'adversaire.

golero, ra sm, f URUG FÚT gardien *m*, -enne *f* de but.

goleta sf goélette *f*.

golf sm golf *m*.

golfa sf ⟶ **golfo**.

golfante smf voyou *m*.

golfear vi *fam* [vaguear] glandouiller.

golfería sf **1.** [golfos] bande *f* de voyous **2.** [granujada] ▸ **hacer golferías** faire les quatre cents coups.

golfista smf golfeur *m*, -euse *f*.

golfístico, ca adj DEP de golf, golfique / *circuito golfístico* parcours de golf / *técnica golfística* technique golfique.

golfo, fa adj & sm, f voyou. ◆ **golfo** sm GEOGR golfe *m*. ◆ **golfa** sf ESP *fam & despec* [mujer promiscua] traînée *f*, garce *f*.

Golfos

el golfo de Bengala	le golfe du Bengale
el golfo de Cádiz	le golfe de Cadix
el golfo de California	le golfe de Californie
el golfo de Campeche	le golfe de Campeche
el golfo de León	le golfe du Lion
el golfo de México	le golfe du Mexique
el golfo Pérsico	le golfe Persique
el golfo de Valencia	le golfe de Valence
el golfo de Vizcaya	le golfe de Gascogne

gollete sm [de botella] goulot *m*.

golondrina sf **1.** [ave] hirondelle *f* **2.** [barco] vedette *f*.

golondrino sm **1.** ZOOL hirondeau *m* **2.** MED furoncle *m* à l'aisselle.

golosina sf friandise *f*.

goloso, sa adj & sm, f gourmand(e).

golpe sm **1.** [gen] coup *m* ; [entre coches] accrochage *m* ▸ **golpe bajo** *pr & fig* coup bas ▸ **golpe franco** DEP coup franc ▸ **errar o fallar el golpe** rater son coup ▸ **moler a alguien a golpes** rouer qqn de coups ▸ **no dar o pegar golpe** *fam* ne pas en ficher une rame **2.** *fam* [ocurrencia] : *¡tiene cada golpe!* **a)** [persona] il en sort de belles ! **b)** [película] il y a de ces gags ! ◆ **de golpe** loc adv [de una vez] d'un seul coup ; [con brusquedad] brusquement. ◆ **de golpe y porrazo** loc adv sans crier gare. ◆ **golpe de Estado** sm coup *m* d'État. ◆ **golpe de suerte** sm coup *m* de chance. ◆ **golpe de vista** sm coup *m* d'œil.

golpear ❖ vt [objeto] frapper sur ; [persona] frapper. ❖ vi **1.** [dar golpes] frapper **2.** ANDES RP [llamar] frapper à la porte / *están golpeando* on frappe à la porte. ◆ **golpearse** vprnl **1.** [recibir un golpe] se cogner / *se golpeó en la cabeza* il s'est cogné la tête **2.** AM [suj: puerta] claquer.

golpetazo sm coup *m* violent / *dar un golpetazo* donner un coup violent.

golpeteo sm [de lluvia] tambourinement *m* / *se oía el golpeteo de la puerta* on entendait battre la porte.

golpismo sm putschisme *m*.

golpista adj & smf putschiste.

golpiza sf AM [paliza] volée *f* de coups, raclée *f*.

goma sf **1.** [gen] gomme *f* ▸ **goma arábiga** gomme arabique ▸ **goma (de borrar)** gomme *(à crayon)* **2.** [tira] ▸ **goma (elástica)** élastique *m* **3.** [caucho] caoutchouc *m* ▸ **goma espuma** Caoutchouc Mousse® *m* ▸ **goma de mascar** chewing-gum *m* **4.** *fam* [preservativo] capote *f* **5.** CSUR CUBA [neumático] pneu *m*. ◆ **Goma-2** sf plastic *m*.

gomaespuma sf caoutchouc Mousse® *m*.

Gomera npr Gomera.

gomería sf CSUR *centre automobile spécialisé en pneus.*

gomero, ra sm, f ANDES [en plantación] *ouvrier dans une plantation d'arbres à caoutchouc.* ◆ **gomero** sm CSUR [árbol] gommier *m*.

gomina sf gomina *f*.

gominola sf bonbon *m* de gomme.

gomoso, sa adj gommeux(euse).

gónada sf gonade *f*.

góndola sf **1.** [barco] gondole *f* **2.** AM [autobús] autobus *m*.

gondolero sm gondolier *m*.

gong sm gong *m*.

gonorrea sf blennorragie *f*.

gordinflón, ona *fam* ❖ adj grassouillet(ette). ❖ sm, f gros bonhomme *m*, grosse bonne femme *f*.

gordo, da ❖ adj gros (grosse) ▸ **me cae gordo** *fam* je ne peux pas le sentir. ❖ sm, f **1.** [gen] gros *m*, grosse *f* ▸ **armar la gorda** *fam* & *fig* faire une scène **2.** AM [palabra cariñosa] mon coco *m*, ma cocotte *f*. ◆ **gordo** sm **1.** [en lotería] gros lot *m* ▸ **tocarle a alguien el gordo** *fam* & *fig* toucher le gros lot **2.** ⟶ **dedo.**

gordura sf embonpoint *m*.

gore ❖ adj inv gore. ❖ sm ▸ **el gore** le gore / *le gusta el gore* il aime le gore.

goretex® ['gore teks] sm Gore-Tex® *m*.

gorgonzola [goɣon'θola, goɣon'tsola] sm gorgonzola *m*.

gorgorito sm MÚS roulade *f*.

gorgoteo sm gargouillement *m*.

gorila sm **1.** ZOOL gorille *m* **2.** ESP *fam* [guardaespaldas] gorille *m* ; [en discoteca] videur *m* **3.** CSUR *fam* [fascista] facho, réac.

gorjear vi [pájaros] gazouiller.

gorjeo sm gazouillement *m (d'oiseau)*, gazouillis *m (d'oiseau, de bébé)*.

gorra ❖ sf casquette *f* ▸ **de gorra** *fam* à l'œil. ❖ sm *fam* parasite *m* ; [para la comida] pique-assiette *mf*.

gorrear *fam* ❖ vt taper. ❖ vi vivre en parasite.

gorrinada, gorrinería sf cochonnerie *f* ; [acción] vacherie *f*.

gorrino, na sm, f **1.** [animal] goret *m* **2.** *fig* [persona] cochon *m*, -onne *f*.

gorrión sm moineau *m*.

gorro sm bonnet *m* ▸ **estar hasta el gorro (de)** *fig* en avoir par-dessus la tête (de).

gorrón, ona ❖ adj ESP MÉX *fam* ▸ **ser gorrón** [aprovechado] être un parasite. ❖ sm, f ESP MÉX parasite *m* ; [para la comida] pique-assiette *mf*.

gorronear ❖ vt ESP MÉX *fam* taper / *gorronear cigarros* taper des cigarettes. ❖ vi ESP MÉX *fam* être un parasite / *siempre está gorroneando* c'est un parasite.

gorronería sf ESP *fam* [aprovechamiento] parasitisme *m*.

gospel ['gospel] sm gospel *m*.

gota sf **1.** [gen & MED] goutte *f* / *cayeron cuatro gotas* il est tombé trois gouttes ▸ **es la gota que colma el vaso** c'est la goutte d'eau qui fait déborder le vase ▸ **se parecen como dos gotas de agua** ils se ressemblent comme deux gouttes d'eau ▸ **sudar la gota gorda a)** *fam* suer à grosses gouttes **b)** *fig* suer sang et eau **2.** [pizca - de aire] souffle *m* ; [- de sensatez, etc.] once *f* ▸ **no me queda ni gota de harina** il ne me reste pas un gramme de farine. ◆ **gota a gota** sm goutte-à-goutte *m inv*. ◆ **gota fría** sf METEOR orage *m* de chaleur.

gotear ❖ vi **1.** [líquido] goutter **2.** *fig* [beneficios, ingresos, etc.] arriver au compte-gouttes. ❖ v impers [chispear] tomber des gouttes.

gotelé sm *peinture à effet de gouttes.*

goteo sm : *el goteo del grifo* le robinet qui goutte.

gotera sf **1.** [filtración] gouttière *f* **2.** [grieta] fuite *f* **3.** [mancha] tache *f* d'humidité. ◆ **goteras** sfpl ANDES [arrabales] faubourgs *mpl*.

gotero sm AM compte-gouttes *m inv*.

gótico, ca ❖ adj gothique. ❖ sm, f [tribu urbana] gothique *mf*. ◆ **gótica** sf [letra] gothique *f*. ◆ **gótico** sm [arte] gothique *m*.

gourmet [gur'met] (*pl* **gourmets**) smf gourmet *m*.

goya sm CINE *prix décerné par l'Académie espagnole du cinéma, analogue aux césars.*

goyesco, ca adj de Goya.

gozada sf *fam* ▸ **¡es una gozada!** c'est le pied !

gozar [13] vi **1.** [disfrutar] éprouver du plaisir ▸ **gozar con a)** se réjouir de **b)** [buena comida] se régaler avec ▸ **gozar de** jouir de **2.** [sexualmente] jouir.

gozne sm gond *m*.

gozo sm plaisir *m* ▸ **ser motivo de gozo** être une occasion de réjouissance ▸ **¡mi gozo en un pozo!** *fig* c'est bien ma chance !

gozoso, sa adj **1.** [que siente gozo] content(e) **2.** [que produce gozo] joyeux(euse).

g/p, g.p. *abr escrita de* **giro postal**.

gpo. (*abr escrita de* **grupo**) gpe.

gr (*abr escrita de* **gramo**) g.

grabación sf enregistrement *m*.

grabado sm gravure *f*.

grabador, ra ❖ adj [plancha, aparato] à graver ; [técnica] de gravure. ❖ sm, f graveur *m*, -euse *f*. ◆ **grabadora** sf magnétophone *m*.

grabar vt **1.** [gen] graver **2.** [sonido & INFORM] enregistrer. ◆ **grabarse** vprnl ▸ **grabarse en** [recuerdos] se graver dans.

gracejo, ja sm, f MÉX [payaso] clown *m*, blagueur *m*, -euse *f*.

gracia sf **1.** [gen] grâce *f* / *no es guapo pero tiene gracia* il n'est pas beau mais il a du charme / *goza de la gracia del rey* il jouit de la faveur du roi **2.** [humor, chiste] drôlerie *f* ▸ **déjate de gracias** assez plaisanté ▸ **caer en gracia** plaire ▸ **hacer gracia a alguien** faire rire qqn ▸ **(no) tener gracia** (ne pas) être drôle ▸ **tiene**

Cómo dar las gracias

Agradecer a alguien

- **Merci beaucoup.** *Muchas gracias.*
- **Je vous remercie.** *Gracias.*
- **Merci mille fois** o **infiniment.** *Mil gracias.*
- **Merci, c'est très gentil à vous.** *Gracias, es muy amable de su parte.*
- **Je ne sais comment vous remercier.** *No sé cómo agradecerles.*
- **Je vous remercie pour votre aide.** *Le agradezco por su ayuda.*
- **Je voulais vous remercier de m'avoir encouragé.** *Quiero agradecerle por haberme dado ánimos.*

Responder a los agradecimientos

- **De rien.** *De nada.*
- **Je t'en prie / Je vous en prie.** *De nada.*
- **Ce n'est rien.** *No hay de qué.*
- **Il n'y a pas de quoi.** *No hay de que.*
- **Tout le plaisir est pour moi.** *El gusto es mío.*
- **Mais de rien, n'hésitez pas...** *De nada, ya sabe...*

gracia *irón* c'est drôle **3.** [arte] goût *m* ; [habilidad] talent *m.* ◆ **gracias** sfpl merci *m* ▸ **dar las gracias** dire merci, remercier ▸ **gracias a** grâce à ▸ **muchas gracias** merci beaucoup.

grácil adj gracile.

gracioso, sa ❖ adj drôle. ❖ sm, f **1.** [persona divertida] comique *m* ▸ **algún gracioso** un petit plaisantin **2.** TEATRO bouffon *m.*

grada sf **1.** [peldaño] marche *f* / ***el rey subió a la grada*** le roi gravit les marches du trône **2.** [graderío] tribune *f* ; TEATRO rangée *f.* ◆ **gradas** sfpl [de estadio, ruedo] gradins *mpl.*

gradación sf **1.** [en retórica] gradation *f* **2.** [de colores] dégradé *m.*

gradería sf **1.** [peldaños] marches *fpl* **2.** ESP [de estadio, teatro] gradins *mpl* **3.** [de plaza de toros] tribunes *fpl.*

graderío sm **1.** [peldaños] marches *fpl* **2.** ESP [de estadio, teatro] gradins *mpl* **3.** [de plaza de toros] tribunes *fpl.*

gradiente ❖ sm FÍS gradient *m.* ❖ sf CHILE ECUAD RP [pendiente] pente *f.*

grado sm **1.** [gen, GRAM & GEOM] degré *m* ▸ **grado centígrado** degré centigrade o Celsius ▸ **a tal grado que** AM à tel point que **2.** MIL & EDUC grade *m* / ***tener el grado de doctor*** avoir le titre de docteur **3.** [curso escolar] année *f* **4.** [voluntad] gré *m* ▸ **de buen / mal grado** de bon / mauvais gré.

graduable adj réglable.

graduación sf **1.** [acción] graduation *f* ; [de vino, licor, etc.] titre *m* ▸ **graduación de la vista** mesure *f* de l'acuité visuelle **2.** [título - MIL] grade *m* ; [- EDUC] diplôme *m.*

graduado, da ❖ adj **1.** [gafas, termómetro] gradué(e) **2.** [universitario] diplômé(e). ❖ sm, f [persona] diplômé *m,* -e *f.* ◆ **graduado** sm [título] diplôme *m* ▸ **graduado escolar** ESP *diplôme de fin d'études primaires.*

gradual adj graduel(elle).

gradualmente adv graduellement.

graduar [6] vt **1.** [medir] mesurer ; [vino, licor, etc.] titrer **2.** [regular] régler **3.** [escalonar - pago] échelonner ; [- termómetro] graduer **4.** [licenciar - MIL] promouvoir ; [- EDUC] diplômer. ◆ **graduarse** vprnl ▸ **graduarse (en)** EDUC obtenir son diplôme (de) ▸ **graduarse la vista** se faire vérifier la vue.

graffiti sm [dibujo, escrito] graffiti *m.*

grafía sf graphie *f.*

gráfico, ca adj **1.** [gen] graphique **2.** *fig* [expresivo] parlant(e). ◆ **gráfica** sf courbe *f (graphique).* ◆ **gráfico** sm graphique *m* ▸ **gráfico de barras** graphique à o en barres ▸ **gráficos de computadora** AM graphiques informatiques ▸ **gráficos de ordenador** ESP graphiques informatiques.

grafismo sm graphisme *m.*

grafista smf graphiste *mf.*

grafitero, ra sm, f graffiteur *m,* -euse *f.*

grafito sm graphite *m.*

grafología sf graphologie *f.*

grafológico, ca adj graphologique.

grafólogo, ga sm, f graphologue *mf.*

gragea sf dragée *f.*

grajo sm freux *m (corbeau).*

gral. (*abr escrita de* **general**) gal.

gramática sf ⟶ **gramático**.

gramatical adj grammatical(e).

gramático, ca ❖ adj grammatical(e). ❖ sm, f [persona] grammairien *m,* -enne *f.* ◆ **gramática** sf grammaire *f.* ◆ **gramática parda** sf système *m* D ▸ **saber mucha gramática parda** ne pas être né(e) de la dernière pluie.

gramínea sf BOT graminée *f.*

gramo sm gramme *m.*

gramófono sm gramophone *m.*

gramola sf **1.** [portátil] phonographe *m* **2.** [en los bares] juke-box *m.*

grampa sf AM agrafe *f.*

gran adj ⟶ **grande**.

granada sf grenade *f* ▸ **granada de mano** grenade à main.

Granada npr **1.** [en España] Grenade **2.** [en las Antillas] (la) Grenade.

granadino, na ❖ adj grenadin(e). ❖ sm, f Grenadin *m,* -e *f.* ◆ **granadina** sf **1.** [bebida] grenadine *f* **2.** [cante] *chant flamenco de Grenade.*

granar vi grener.

granate adj inv & sm grenat.

Gran Bretaña npr Grande-Bretagne *f*.

Gran Canaria npr (la) Grande Canarie.

Gran Cañón del Colorado npr Grand Canyon *m* (du Colorado).

grande (*máximo es el superl irregular de* **grande**) ◆ adj (*delante de sm sing:* **gran**) **1.** [gen] grand(e) / *una casa grande* une grande maison / *un gran susto* une grande peur **2.** *fig* & *irón* ▸ **es grande que…** [enojoso] c'est un peu fort que… **3.** MÉX RP [de edad] d'un certain âge / *cuando se casó ya era grande* quand il s'est marié, il avait déjà un certain âge. ◆ sm [noble] grand *m*. ◆ sf RP [en lotería] gros lot *m* ▸ **tocarle la grande a alguien** *irón* toucher le gros lot. ◆ interj RP *fam* [fantástico] génial, super. ◆ **a lo grande** loc adv en grande pompe ▸ **vivir a lo grande** mener grand train. ◆ **grandes** smpl [adultos] grands *mpl*. ◆ **en grande** loc adv à grande échelle / *lo hemos pasado en grande* *fam* nous nous sommes amusés comme des fous.

grandeza sf **1.** [gen] grandeur *f* **2.** [dignidad] grandesse *f* / *toda la grandeza de España* tous les grands d'Espagne.

grandilocuencia sf grandiloquence *f*.

grandilocuente adj grandiloquent(e).

grandiosidad sf magnificence *f*.

grandioso, sa adj grandiose.

grandullón, ona ◆ adj dégingandé(e). ◆ sm, f *despec* grande perche *f*.

granel ◆ **a granel** loc adv **1.** [gen] en vrac ; [líquido] au litre **2.** [en abundancia] à foison.

granero sm grenier *m*.

granito sm granit *m*.

granizada sf **1.** METEOR grêle *f* **2.** *fig* [abundancia] pluie *f* ▸ **una granizada de golpes** une volée de coups **3.** AM [bebida] boisson *f* glacée, granité *m*.

granizado sm CULIN granité *m*.

granizar [13] v impers grêler.

granizo sm grêle *f*.

granja sf ferme *f* ▸ **granja de vacas** ferme d'élevage bovin.

> ⚠ **Grange** es un falso amigo, no significa *granja*, sino "granero".

granjear vt **1.** [admiración, amistad, desprecio] valoir / *su generosidad le ha granjeado la admiración de todos* sa générosité lui a valu l'admiration de tous **2.** CHILE [estafar] escroquer. ◆ **granjearse** vprnl **1.** [admiración, amistad, simpatía] gagner **2.** [desprecio, desconfianza] s'attirer.

granjero, ra sm, f fermier *m*, -ère *f*.

grano sm **1.** [gen] grain *m* **2.** [en la piel] bouton *m* ▸ **aportar** o **poner alguien su grano de arena** mettre la main à la pâte ▸ **ir al grano** *fig* en venir au fait, aller droit au but.

granuja smf canaille *f* ; [niño] garnement *m*.

granujada sf ▸ **hacer una granujada** jouer un mauvais tour.

granulado, da adj granulé(e) ▸ **el azúcar granulado** le sucre cristallisé. ◆ **granulado** sm granulés *mpl*.

granular vt granuler. ◆ **granularse** vprnl CULIN faire des grumeaux / *la salsa se ha granulado* la sauce a fait des grumeaux.

gránulo sm **1.** [grano] granule *m* **2.** [píldora] granule *m*.

granuloso, sa adj granuleux(euse).

grapa sf agrafe *f*.

> ⚠ **Grappe** es un falso amigo, no significa *grapa*, sino "racimo".

grapadora sf agrafeuse *f*.

grapar vt agrafer.

GRAPO (*abr de* **Grupos de Resistencia Antifascista Primero de Octubre**) smpl *groupes terroristes espagnols d'extrême gauche*.

grasa sf ⟶ **graso**.

grasiento, ta adj graisseux(euse).

graso, sa adj gras (grasse). ◆ **grasa** ◆ adj RP *fam* banal(e), ordinaire. ◆ smf RP *fam* : *sos un grasa* tu es vulgaire. ◆ sf graisse *f* ▸ **grasa vegetal** graisse végétale ▸ **dar grasa a algo** MÉX cirer qqch, astiquer qqch.

grasoso, sa adj **1.** [sustancia] graisseux(euse) **2.** [piel, comida, cabello] gras (grasse).

gratamente adv **1.** [agradablemente] agréablement **2.** [con agrado] avec plaisir.

gratén sm gratin *m* / *macarrones / patatas al gratén* gratin de macaroni / de pommes de terre.

gratificación sf gratification *f*.

gratificante adj gratifiant(e).

gratificar [10] vt **1.** [complacer] récompenser **2.** [retribuir] gratifier.

gratinado, da adj gratiné(e). ◆ **gratinado** sm gratin *m* / *hacer el gratinado* mettre à gratiner.

gratinar vt gratiner.

gratis adv **1.** [sin pagar] gratuitement **2.** [sin esfuerzo] sans peine.

gratitud sf gratitude *f*.

grato, ta adj **1.** [agradable] agréable ▸ **nos es grato comunicarle que…** nous avons le plaisir de vous informer que… **2.** BOL CHILE [agradecido] reconnaissant(e).

gratuidad sf [de servicio] gratuité *f*.

gratuito, ta adj gratuit(e).

grava sf gravier *m*.

gravamen (*pl* **gravámenes**) sm **1.** ECON [impuesto] taxe *f* ; [carga] charge *f* **2.** *fig* [deber] obligation *f*.

gravar vt **1.** ECON grever ; [con impuestos] taxer **2.** *fig* [empeorar] aggraver.

grave adj **1.** [gen] grave **2.** GRAM ▸ **una palabra grave** un mot accentué sur l'avant-dernière syllabe.

gravedad sf gravité *f* ▸ **ser herido de gravedad** être grièvement blessé.

gravemente adv gravement / *está gravemente enfermo* il est gravement malade.

gravidez sf [de hembra] gestation *f* ; [de mujer] grossesse *f*.

grávido, da adj **1.** [cargado] plein(e) **2.** [embarazada - hembra] gravide ; [- mujer] enceinte.

gravilla sf gravillon *m*.

gravitación sf **1.** FÍS gravitation *f* **2.** CSUR [influencia] influence *f*.

gravitacional adj FÍS gravitationnel(elle).

gravitar vi **1.** FÍS graviter **2.** *fig* [suj: amenaza, peligro] ▸ **gravitar sobre** peser sur.

gravitatorio, ria adj FÍS gravitatoire.

gravoso, sa adj **1.** [caro] onéreux(euse) **2.** [molesto] pesant(e).

graznar vi [cuervo, grajo] croasser.

graznido sm **1.** [cuervo, grajo] croassement *m* **2.** *fig* [de personas] cri *m* d'orfraie.

Grecia npr Grèce *f*.

grecolatino, na adj gréco-latin(e).

grecorromano, na adj gréco-romain(e).

gregario, ria adj grégaire ▸ **ser gregario** *fig* avoir l'esprit grégaire.

gregoriano, na adj grégorien(enne).

gremial ◆ adj **1.** [del gremio] corporatif(ive) **2.** AM [sindical] syndical(e) / *un dirigente gremial* un dirigeant syndical. ◆ sf AM syndicat *m*.

gremialismo sm **1.** [corporativismo] corporatisme *m* **2.** AM [sindicalismo] syndicalisme *m*.

gremio sm **1.** [de un oficio] corporation *f* **2.** *fam* [grupo] camp *m*.

greña sf *(gen pl)* tignasse *f* ▸ **andar a la greña** *fam* & *fig* se crêper le chignon.

greñudo, da *fam* & *despec* ◆ adj [cabello, persona] ébouriffé(e), hirsute. ◆ sm, f chevelu *m*, -e *f*.

gres sm grès *m*.

gresca sf **1.** [ruido, jaleo] chahut *m* **2.** [pelea] bagarre *f*.

griego, ga ◆ adj grec (grecque). ◆ sm, f Grec *m*, Grecque *f*. ◆ **griego** sm [lengua] grec *m*.

grieta sf fissure *f* ; [en la piel] gerçure *f*.

grifa sf *fam* marijuana *f*.

grifería sf robinetterie *f*.

grifero, ra sm, f PERÚ pompiste *mf*.

grifo sm **1.** ESP [llave] robinet *m* ▸ **grifo monobloque** robinet monobloc **2.** AM [gasolinera] station-service *f*.

> ⚠ **Griffe** es un falso amigo, no significa *grifo*, sino "garra", "zarpa".

grill ['gril] *(pl* **grills**) sm gril *m*.

grilla sf AM *despec* politique *f* politicienne.

grillado, da adj & sm, f ESP *fam* dingue, cinglé(e).

grillarse vprnl **1.** [cereales, tubérculos] germer **2.** *fam* [volverse loco] devenir cinglé(e).

grillete sm fers *mpl (de prisonnier)*.

grillo sm grillon *m*.

grima sf ▸ **dar grima** a) [irritar] écœurer b) [dar dentera] faire grincer les dents.

gringo, ga *despec* ◆ adj [estadounidense] amerloque. ◆ sm, f **1.** [estadounidense] Amerloque *mf* **2.** AM [extranjero] étranger *m*, -ère *f*.

gringolandia sf AM *fam* & *hum* les États-Unis *mpl*.

grip [grip] sm DEP grip *m*.

gripa sf COL MÉX MED grippe *f*.

gripal adj grippal(e).

griparse vprnl se gripper.

gripe sf grippe *f* ▸ **gripe aviar** o **aviaria** grippe aviaire.

griposo, sa adj grippé(e).

gris ◆ adj **1.** [color] gris(e) **2.** *fig* [triste] morne ▸ **sentirse gris** être morose. ◆ sm gris *m* ▸ **gris marengo / perla** gris foncé / perle.

grisáceo, cea adj grisâtre.

grisalla sf MÉX [pintura] grisaille *f*.

grisear vi grisonner.

grisú *(pl* **grisúes** *o* **grisús**) sm grisou *m*.

gritar ◆ vi crier. ◆ vt ▸ **gritar a alguien** a) crier après qqn b) [a un actor, etc.] huer qqn.

griterío sm cris *mpl*.

grito sm **1.** cri *m* ▸ **dar** o **pegar un grito** pousser un cri ▸ **a grito limpio** o **pelado** à tue-tête **2.** ▸ **pedir a gritos** réclamer à cor et à cri ▸ **poner el grito en el cielo** pousser les o des hauts cris ▸ **ser el último grito** être du dernier cri ▸ **un grito de socorro** un appel au secours.

gritón, ona adj *fam* braillard(e), gueulard(e).

Groenlandia npr Groenland *m*.

grog sm grog *m*.

grogui adj groggy / *la noticia lo dejó grogui* *fam* & *fig* la nouvelle l'a scié.

grosella sf groseille *f* ▸ **grosella negra** cassis *m*.

grosería sf grossièreté *f*.

grosero, ra ◆ adj grossier(ère). ◆ sm, f malotru *m*, -e *f*.

grosor sm épaisseur *f*.

grosso ◆ **grosso modo** loc adv grosso modo.

grotesco, ca adj grotesque.

grúa sf **1.** CONSTR grue *f* **2.** AUTO dépanneuse *f* ▸ **grúa (municipal)** (camion de) la fourrière.

grueso, sa adj gros (grosse) ; [tela, tabla] épais(aisse). ◆ **grueso** sm **1.** [grosor] épaisseur *f* **2.** [la mayor parte] ▸ **el grueso de** le gros de.

grulla sf ZOOL grue *f*.

grumete sm mousse *m*.

grumo sm grumeau *m*.

grumoso, sa adj grumeleux(euse).

grunge [grunʧ] adj grunge.

gruñido sm grognement *m* ▸ **soltar un gruñido a alguien** *fig* gronder qqn.

gruñir vi grogner ; *fam* râler.

gruñón, ona *fam* ❖ adj grognon. ❖ sm, f râleur *m*, -euse *f*.

grupa sf croupe *f*.

grupo sm groupe *m* ▸ **grupo de empresas** groupement *m* d'entreprises ▸ **grupo parlamentario** groupe parlementaire ▸ **grupo de presión** groupe de pression ▸ **grupo profesional** équipe ▸ **grupo sanguíneo** groupe sanguin.

grupúsculo sm groupuscule *m*.

gruta sf grotte *m*.

gruyère [gru'jer] sm ⟶ **queso**.

gta. (*abr escrita de* **glorieta**) Rd Pt / *girar en la gta. de Cuatro Caminos* tourner au Rd Pt des Cuatro Caminos.

guaca, huaca sf AM *sépulture précolombienne*.

guacal, huacal sm CAM COL MÉX **1.** [jaula] cageot *m*, caisse *f* **2.** [árbol] calebassier *m*.

guácala, guácatelas interj MÉX *fam* [¡qué asco!] berk !, beurk !

guacamayo sm ZOOL ara *m*.

guacamol(e) sm guacamole *m*.

guachada sf AM *fam* vacherie *f*.

guachafita sf COL VEN *fam* **1.** [barullo] chahut *m* **2.** [broma] blague *f*.

guache sm **1.** ARTE gouache *f* **2.** COL VEN [canalla] rustre *m*.

guachimán sm AM gardien *m*.

guachinango, huachinango sm MÉX rouget *m*.

guacho, cha, huacho, cha ❖ adj ANDES RP **1.** *fam* [huérfano] orphelin(e) **2.** [objeto] dépareillé(e). ❖ sm, f ANDES RP [huérfano] orphelin *m*, -e *f*.

guaco sm AM *objet funéraire précolombien*.

guadal sm AM marécage *m*.

Guadalajara npr Guadalajara.

guadalajareño ❖ adj de Guadalajara. ❖ smf *natif ou habitant de Guadalajara*.

Guadalquivir npr ▸ **el Guadalquivir** le Guadalquivir.

Guadalupe npr Guadeloupe *f*.

guadaña sf faux *f*.

Guadiana npr ▸ **el Guadiana** le Guadiana.

guagua sf ANDES **1.** [autobús] bus *m* **2.** [niño] bébé *m*.

guajiro, ra sm, f AM *fam* paysan *m*, -anne *f*. ◆ **guajira** sf [canto] *air populaire cubain*.

guajolote sm AM **1.** [pavo] dindon *m* **2.** *fig* [tonto] âne *m*.

gualdo, da adj jaune d'or.

guampa sf AM corne *f*.

guampudo, da adj AM à cornes.

guanábana sm AM [fruto] corossol *m*, anone *m*.

guanaco, ca adj AM *fam* [tonto, torpe] balourd(e). ◆ **guanaco** sm **1.** [animal] guanaco *m* **2.** CHILE *fam* [camión] canon *m* à eau.

guanajo sm CUBA [pavo] dindon *m*.

guanche ❖ adj guanche. ❖ smf Guanche *mf*.

guanera sf AM gisement *m* de guano.

guano sm **1.** [abono] guano *m* **2.** CUBA [hojas] feuilles *fpl* de palmier **3.** AM *fam* [dinero] fric *m*.

guantazo sm *fam* baffe *f*.

guante sm gant *m* ▸ **guante de boxeo** gant de boxe ▸ **un ladrón de guante blanco** un gentleman cambrioleur ▸ **arrojar o tirar el guante a alguien** lancer un défi à qqn ▸ **echarle el guante a algo / a alguien** mettre le grappin sur qqch / qqn ▸ **estar más suave que un guante** courber l'échine.

guantear vt MÉX *fam* [abofetear] gifler.

guantera sf boîte *f* à gants.

guaperas smf ESP *fam* beau gosse *m*, (nana) canon *m*.

guapetón, ona *fam* ❖ adj ESP super mignon(onne). ❖ sm, f beau *m*, belle *f* gosse. ❖ interj [a un niño] mon mignon *m*, ma mignonne *f*, ma puce *f*.

guapo, pa ❖ adj **1.** ESP [atractivo] beau (belle) / *un chico guapo* un beau garçon **2.** ESP [elegante] beau (belle), élégant(e) / *vas muy guapa para el cóctel* tu t'es faite belle pour aller au cocktail **3.** ESP *fam* [cosa] super (*inv*), génial(e) **4.** AM [valiente] courageux(euse). ❖ sm, f **1.** [valiente] : *¿quién es el guapo que…?* qui a le courage de… ? **2.** [fanfarrón] vantard *m*, -e *f* / *se cree el guapo del pueblo* il se prend pour le coq du village. ❖ interj **1.** [piropo] beau gosse *m*, beauté *f* **2.** ESP [apelativo cariñoso] chéri(e), mon mignon *m*, ma mignonne *f* **3.** *irón* [tío] : *¡cállate ya, guapo!* tais-toi, coco, une bonne fois pour toutes !

guapura sf beauté *f*.

guarangada sf AM grossièreté *f*.

guaraní (*pl* **guaranís** o **guaraní**) ❖ adj guarani. ❖ smf Guarani *mf*. ❖ sm [lengua] guarani *m*.

guarapo sm **1.** AM [zumo] vesou *m* **2.** AM [bebida alcohólica] *boisson fermentée à base de vesou* **3.** VEN [café] café *m* très léger.

guarapón sm ANDES *chapeau à larges bords*.

guarda ❖ smf gardien *m*, -enne *f* ▸ **guarda de caza** garde-chasse *m* ▸ **guarda forestal** garde *m* forestier ▸ **guarda jurado** agent *m* de sécurité privé. ❖ sf **1.** [tutela, de libro] garde *f* **2.** ANDES RP [ribete] bordure *f*.

guardabarrera smf garde-barrière *mf*.

guardabarros sm inv BOL ESP RP [de automóvil, bicicleta] garde-boue *m inv*, pare-boue *m inv*.

guardabosque smf garde *m* forestier.

guardacoches smf inv gardien *m*, -enne *f* de parking.

guardacostas sm inv garde-côte *m*.

guardador, ra sm, f gardien *m*, -enne *f*.

guardaespaldas smf inv garde *m* du corps.

guardafango sm AM CAM CARIB [de vehículo] pare-boue *m* ; [de bicicleta] garde-boue *m*.

guardagujas smf inv aiguilleur *m*.

guardameta smf gardien *m* de but.

guardamuebles sm inv garde-meuble(s) *m*.

guardapolvo sm [bata] blouse *f*.

guardar vt **1.** [gen] garder ▸ **guardar cama / silencio** garder le lit / le silence ▸ **guardar la palabra** tenir parole ▸ **guardar las formas** *fig* sauver les apparences ▸ **guardar las leyes** observer les lois **2.** [proteger] ▸ **guardar (de)** protéger (de) **3.** [colocar] ranger. ◆ **guardarse** vprnl ▸ **guardarse de** se garder de ▸ **guardársela a alguien** *fig* garder à qqn un chien de sa chienne.

guardarropa ◇ smf employé *m*, -e *f* de vestiaire. ◇ sm **1.** [armario - público] vestiaire *m* ; [- particular] penderie *f* **2.** [prendas] garde-robe *f*.

guardarropía sf TEATRO [prendas] costumes *mpl* ; [lugar] magasin *m* des accessoires.

guardavallas smf AM gardien *m*, -enne *f* de but, goal *m*.

guardavida smf RP maître nageur *m*, -euse *f*.

guardería sf crèche *f* *(établissement)*.

guardia ◇ sf garde *f* ▸ **aflojar** o **bajar la guardia** relâcher son attention ▸ **estar de guardia** être de garde ▸ **estar en guardia** être sur ses gardes ▸ **Guardia Civil** Garde civile ; ≃ gendarmerie ▸ **guardia montada** police montée ▸ **guardia municipal** o **urbana** police municipale ▸ **la vieja guardia** la vieille garde ▸ **montar (la) guardia** monter la garde. ◇ smf agent *m* ▸ **guardia de tráfico** agent de police ▸ **guardia marina** aspirant.

Guardia Civil

Créée en 1844 comme police rurale, la Garde civile passa rapidement sous juridiction militaire. Lors de la Restauration, elle joua un rôle central dans la répression des conflits sociaux et politiques. En 1932, les autorités créèrent, pour faire contrepoids, une Garde d'assaut dévouée à la République. Dans sa majorité, la Garde civile appuya le coup d'État de Franco et obtint de nouvelles compétences (douanes, circulation routière). La Garde civile est aujourd'hui rattachée au ministère de l'Intérieur, et a été redéployée pour des missions de paix et de secours. Au cours des années 1990, elle a été remplacée dans certaines communautés autonomes par des corps de sécurité spécifiques : l'**Ertzaintza** au Pays basque et les **Mossos d'Esquadra** en Catalogne. Elle a pour attributs traditionnels le tricorne noir et l'uniforme vert olive.

guardián, ana sm, f gardien *m*, -enne *f* *(vigile)*.

guarecer [30] vt ▸ **guarecer (de)** abriter (de), protéger (de). ◆ **guarecerse** vprnl ▸ **guarecerse (de)** s'abriter (de).

guarida sf **1.** [de animales] tanière *f* **2.** *fig* [de malhechores] repaire *m*.

guarismo sm [cifra] chiffre *m* ; [número] nombre *m*.

guarnecer [30] vt [adornar & CULIN] ▸ **guarnecer (con)** garnir (de).

guarnición sf **1.** [adorno & CULIN] garniture *f* **2.** MIL garnison *f*.

guarrada sf ESP *fam* **1.** [cosa sucia, grosería, indecencia] cochonnerie *f* **2.** *despec* [mala jugada] sale coup *m*.

guarrería sf ESP *fam* **1.** [cosa sucia, grosería, indecencia] cochonnerie *f* **2.** *despec* [mala jugada] sale coup *m*.

guarro, rra ◇ adj dégoûtant(e). ◇ sm, f **1.** [animal] cochon *m*, truie *f* **2.** *fam* [persona - sucia] cochon *m*, -onne *f* ; [- mala] pourriture *f*.

guarura sm *fam* **1.** MÉX *fam* [guardaespaldas] gorille *m*, garde *m* du corps **2.** VEN [caracol] conque *f*.

guasa sf *fam* **1.** [gracia] ▸ **déjate de guasas** arrête de rigoler ▸ **estar de guasa** être d'humeur à rigoler **2.** [pesadez] : *¡ese tío tiene una guasa!* quel raseur ce type ! ▸ **¡tiene guasa la cosa!** elle est forte, celle-là !

guasca, huasca sf **1.** RP [correa] courroie *f* **2.** ANDES [látigo] fouet *m*.

guasearse vprnl *fam* ▸ **guasearse (de alguien)** mettre (qqn) en boîte.

guaso, sa, huaso, sa adj & sm, f CHILE paysan(anne).

guasón, ona adj & sm, f blagueur *m*, -euse *f*.

guata sf **1.** [de algodón] ouate *f* **2.** ANDES *fam* [vientre] bedaine *f*, panse *f*.

guateado, da adj molletonné(e).

Guatemala npr Guatemala *m*.

guatemalteco, ca ◇ adj guatémaltèque. ◇ sm, f Guatémaltèque *mf*.

guateque sm surprise-partie *f*, fête *f*.

guatón, ona adj ANDES *fam* bedonnant(e).

guau sm ouah *m*.

guay ESP *fam* ◇ adj cool, sympa ▸ **tope guay** super cool, génial. ◇ adv : *¡lo pasamos guay!* on s'est éclatés ! ◇ interj [genial] super, cool.

guayabate sm CAM MÉX confiture *f* de goyave.

guayabera sf CAM CARIB COL *veste en toile légère.*

guayabo, ba sm, f AM *fam* beau gosse *m*, belle fille *f*. ◆ **guayabo** sm [árbol] goyavier *m*. ◆ **guayaba** sf **1.** [fruta] goyave *f* **2.** CAM ANDES CUBA *fam* [mentira] bobard *m*.

Guayana npr Guyane *f*.

guayín sm AM camionnette *f*.

gubernamental adj gouvernemental(e).

gubernativo, va adj du gouvernement / *una orden gubernativa* ≃ un arrêté préfectoral.

guepardo sm guépard *m*.

güero, ra MÉX *fam* ◆ adj blond(e). ◆ sm, f [rubio] blondinet *m*, -ette *f*.

guerra sf guerre *f* ; [de intereses, ideas, opiniones] conflit *m* ▸ **declarar la guerra** déclarer la guerre ▸ **guerra atómica** o **nuclear** guerre atomique o nucléaire ▸ **guerra bacteriológica** guerre bactériologique ▸ **guerra civil** guerre civile ▸ **guerra de precios** guerre des prix ▸ **guerra espacial** o **de las galaxias** guerre des étoiles ▸ **guerra fría** guerre froide ▸ **guerra mundial** guerre mondiale ▸ **guerra química** guerre chimique ▸ **guerra relámpago** guerre éclair ▸ **guerra santa** guerre sainte ▸ **guerra sin cuartel** guerre totale ▸ **dar guerra a alguien** *fam* & *fig* donner du fil à retordre à qqn / *¡mira que das guerra!* *fam* ce que tu es casse-pieds !

Guerra Civil española

Le soulèvement, en 1936, d'une partie de l'armée dirigée par Francisco Franco contre le régime gauchiste de la Deuxième République, marque le début de la Guerre civile espagnole. Après trois années d'affrontements, les nationalistes, soutenus par l'Allemagne hitlérienne et l'Italie faciste, remportèrent la victoire et installèrent Franco au pouvoir. Celui-ci instaura une dictature qui dura jusqu'à sa mort en 1975. De nombreux artistes et intellectuels furent assassinés, tel que Federico García Lorca. D'autres durent s'exiler, notamment en France et en Amérique Latine, d'où ils s'employèrent à révéler au monde les horreurs de la guerre à travers leurs œuvres, comme Picasso avec son tableau Guernica.

guerrear vi faire la guerre / *los dos pueblos guerrean* les deux peuples se font la guerre.

guerrero, ra ◆ adj guerrier(ère). ◆ sm, f guerrier *m*. ◆ **guerrera** sf [prenda] vareuse *f*.

guerrilla sf MIL [grupo] groupe *m* de guérilleros ; [estrategia] guérilla *f*.

guerrillero, ra sm, f guérillero *m* ▸ **guerrillero urbano** guérillero urbain.

gueto, ghetto ['geto] sm ghetto *m*.

güevón sm AM *vulg* connard *m*.

güey MÉX *mfam* ◆ sm con *m*. ◆ interj putain.

guía ◆ smf [persona] guide *mf* ▸ **guía turístico** guide *(personne)*. ◆ sf **1.** [gen] guide *m* ▸ **guía de ferrocarriles** indicateur *m* des chemins de fer ▸ **guía telefónica** annuaire *m* (du téléphone) ▸ **guía turística** guide touristique *(livre)* **2.** [para cortinas] tringle *f* à glissière.

guiar [9] vt **1.** [gen] guider / *el profesor guió el estudio* le professeur a dirigé l'étude **2.** AUTO conduire **3.** [plantas, ramas] tuteurer. ◆ **guiarse** vprnl ▸ **guiarse (de** o **por)** se guider (sur).

guija sf caillou *m*.

guijarro sm caillou *m*.

guijarroso, sa adj caillouteux(euse).

guillado, da adj *fam* timbré(e).

guilladura sf extravagance *f*.

guillotina sf **1.** [para decapitar] guillotine *f* **2.** [para cortar] massicot *m*.

guillotinar vt **1.** [decapitar] guillotiner **2.** [cortar] massicoter.

guinda sf griotte *f*.

guindar vt **1.** ESP *fam* [robar] piquer, tirer **2.** CAM MÉX VEN [colgar] pendre, accrocher. ◆ **guindarse** vprnl CAM MÉX VEN se bagarrer.

guindilla sf **1.** [fruto] piment *m* rouge **2.** ESP *fam* & *despec* [policía] flic *m*, poulet *m*.

guindo sm **1.** BOT griottier *m* **2.** EXPR **caerse del guindo** ESP *fam* **a)** [ser ignorante] être né de la dernière pluie **b)** [darse cuenta] percuter.

guinea sf guinée *f*.

Guinea npr Guinée *f* ▸ **Guinea-Bissau** Guinée-Bissau *f* ▸ **Guinea Ecuatorial** Guinée-Équatoriale *f*.

guineano, na ◆ adj guinéen(enne). ◆ sm, f Guinéen *m*, -enne *f*.

guiñapo sm loque *f*.

guiñar vt ▸ **guiñar el ojo** faire un clin d'œil. ◆ **guiñarse** vprnl se faire des clins d'œil.

guiño sm clin *m* d'œil.

guiñol sm guignol *m*.

guiñolesco, ca adj de guignol.

guion sm **1.** [esquema] plan *m* **2.** CINE & TV scénario *m* **3.** GRAM [signo] trait *m* d'union.

guionista smf scénariste *mf*.

Guipúzcoa npr Guipuscoa.

guipuzcoano, na adj & sm, f de Guipuscoa.

guiri ◆ adj ESP *fam* & *despec* étranger(ère). ◆ smf *fam* & *despec* étranger *m*, -ère *f*, touriste *mf*.

guirigay sm ESP *fam* **1.** [jaleo] boucan *m*, raffut *m* **2.** [lenguaje] charabia *m*.

guirlache sm *amandes grillées et caramélisées*.

guirnalda sf guirlande *f*.

guisa sf ▸ **a guisa de** en guise de ▸ **de esta guisa** de cette façon.

guisado sm ragoût *m*.

guisante sm ESP **1.** [planta] pois *m* **2.** [legumbre] petit pois *m*.

guisar ◆ vt *fig* cuisiner, mijoter. ◆ vi cuisiner. ◆ **guisarse** vprnl ESP ▸ **él se lo guisa, él se lo come** *fam* il n'a besoin de personne.

guiso sm ragoût *m*.

güisqui, whisky sm whisky *m*.

guita sf ESP RP *fam* [dinero] blé *m*, fric *m* ▸ **tener la guita loca** RP être plein aux as.

guitarra ❖ sf **1.** guitare *f* ▸ **guitarra eléctrica** guitare électrique **2.** ▸ **chafar la guitarra a alguien** casser la baraque à qqn. ❖ smf guitariste *mf*.

guitarrero, ra sm, f luthier *m*.

guitarrista smf guitariste *mf*.

gula sf gloutonnerie *f* ▸ **con (tanta) gula** (si) goulûment.

gulag [gu'laɣ] sm goulag *m*.

gulasch [gu'laʃ] sm goulache *m*.

gurí, isa sm, f RP *fam* **1.** [niño] gamin *m*, -e *f* **2.** [joven] jeune garçon *m*, jeune fille *f*.

guripa sm ESP *fam* **1.** [policía] flic *m*, poulet *m* **2.** [soldado] troufion *m*.

guru, gurú sm gourou *m*.

gusa sf *fam* dalle *f* / *a estas horas me entra una gusa que no veas* à cette heure-ci j'ai vraiment la dalle.

gusanillo sm *fam* ▸ **sentir un gusanillo en el estómago a)** [por el miedo] avoir les tripes nouées **b)** [por el hambre] avoir un petit creux ▸ **tener el gusanillo de la conciencia** avoir quelque chose sur la conscience ▸ **matar el gusanillo** manger un petit quelque chose.

gusanito sm [aperitivo] *petit biscuit apéritif de forme allongée, généralement à base de maïs et aromatisé au fromage.*

gusano sm **1.** [animal] ver *m* ▸ **gusano de (la) seda** ver à soie ▸ **gusano de luz** ver luisant **2.** *fig* [persona] moins-que-rien *mf*.

gusarapo, pa sm, f vermisseau *m*.

gustar ❖ vi [agradar] plaire / *me gusta esa chica* cette fille me plaît / *me gusta el deporte / ir al cine* j'aime le sport / aller au cinéma ▸ **gustar de hacer algo** aimer faire qqch. ❖ vt **1.** [probar] goûter **2.** AM *form* [querer] vouloir, désirer / *¿gusta sentarse?* voulez-vous vous asseoir ?

gustativo, va adj gustatif(ive).

gustazo sm *fam* ▸ **darse el gustazo de** se payer le luxe de ▸ **¡es un gustazo!** c'est le pied !

gustillo sm **1.** [sabor] arrière-goût *m* **2.** [satisfacción] : *le da gustillo ver trabajar a los demás* il prend un malin plaisir à voir les autres travailler.

gusto sm **1.** [gen] goût *m* ▸ **tener buen / mal gusto** avoir bon / mauvais goût ▸ **tomar gusto a algo** prendre goût à qqch ▸ **tener el gusto por algo** avoir du goût pour qqch **2.** [agrado] plaisir *m* ▸ **con mucho gusto** avec plaisir ▸ **da gusto estar aquí** ça fait plaisir d'être ici ▸ **el gusto por hacer algo** le plaisir de faire qqch ▸ **mucho o tanto gusto** enchanté(e) ▸ **vestir con gusto** s'habiller avec goût ▸ **sobre gustos no hay nada escrito** des goûts et des couleurs, on ne discute pas. ◆ **a gusto** loc adv ▸ **estar a gusto** être à son aise ▸ **hacer algo a gusto a)** [de buena gana] prendre plaisir à faire qqch **b)** [cómodamente] être à son aise pour faire qqch.

gustosamente adv avec plaisir.

gustoso, sa adj **1.** [sabroso] savoureux(euse) **2.** [con placer] ▸ **hacer algo gustoso** faire qqch avec plaisir.

gutural adj guttural(e).

Guyana npr Guyana *f*.

guyanés, esa ❖ adj guyanais(e). ❖ sm, f Guyanais *m*, -e *f*.

gymkhana = **gincana**.

Cómo decir que no nos gusta algo o alguien

- **J'aime assez / J'aime vraiment beaucoup ce tableau.** *Me gusta bastante / Me gusta mucho de verdad este cuadro.*
- **J'aime bien mon nouveau travail.** *Me gusta mi nuevo trabajo.*
- **J'adore me promener sur la plage.** *Me encanta pasear por la playa.*
- **L'actualité me passionne.** *La actualidad me apasiona.*
- **Il me plaît énormément.** *Me gusta muchísimo.*
- **Je m'intéresse beaucoup à l'art.** *Me intereso mucho por el arte.*
- **Je déteste conduire la nuit.** *Aborrezco conducir de noche.*
- **Je ne supporte pas qu'on me parle comme ça.** *No soporto que me hablen así.*
- **Ses tableaux ne m'emballent pas.** *fam Sus cuadros no entusiasman.*
- **Je l'apprécie beaucoup.** *Siento mucho aprecio por él / ella.*
- **Je la trouve très sympathique.** *La encuentro muy simpática.*
- **J'ai un faible pour elle.** *Tengo debilidad por ella.*
- **Lui, je ne l'aime pas trop.** *Él no me cae demasiado bien.*
- **Il me tape sur le système.** *fam Me pone de los nervios.*
- **Je ne peux pas le voir (en peinture).** *fam No puedo verlo (ni en pintura).*
- **Je ne suis pas très branché sport.** *fam El deporte no me mola mucho.*
- **L'informatique, c'est pas vraiment mon truc.** *fam La informática no es precisamente lo mío.*
- **Les films de science-fiction, ce n'est pas ma tasse de thé.** *Las películas de ciencia ficción no me van mucho.*

H

h¹, H [atʃe] sf [letra] h *m*, H *m* ▸ **por h o por b** *fig* pour une raison ou pour une autre.

h², h. (*abr escrita de* **hora**) h / *a las 16 h* à 16 h.

ha ❖ (*abr escrita de* **hectárea**) ha.
❖ v ⟶ **haber.**

hab., hab (*abr escrita de* **habitante**) hab, hab. ▸ **hab./km2** hab/km2.

haba sf fève *f.*

habanero, ra ❖ adj havanais(e). ❖ sm, f Havanais *m*, -e *f.* ◆ **habanera** sf MÚS habanera *f.*

habano, na adj havanais(e). ◆ **habano** sm [cigarro] havane *m.*

hábeas corpus sm habeas corpus *m.*

haber¹ [4]

❖ v aux

1. *(delante de verbos transitivos)* avoir / *lo he / había hecho* je l'ai / l'avais fait / *los niños ya han comido* les enfants ont déjà mangé

2. *(delante de verbos de movimiento, de estado o permanencia)* être / *ha salido* il est sorti / *nos hemos quedado en casa* nous sommes restés à la maison

3. [expresa reproche] *haber venido a la reunión* tu n'avais qu'à venir à la réunion

4. [expresa obligación] ▸ **haber de hacer algo** devoir faire qqch / *has de trabajar más* tu dois travailler davantage

5. [expresa probabilidad] *ha de ser su hermano* ce doit être son frère

❖ vt

[ocurrir] se produire / *los accidentes habidos este verano* les accidents qui se sont produits cet été

❖ v impers

1. [existir, estar] *hay mucha gente en la calle* il y a beaucoup de monde dans la rue / *había / hubo problemas* il y avait / il y a eu des problèmes / *habrá dos mil personas* **a)** [expresa futuro] il y aura deux mille personnes **b)** [expresa hipótesis] il doit y avoir deux mille personnes

2. [expresa obligación] ▸ **haber que hacer algo** falloir faire qqch / *habrá que ir a por ella* il faudra aller la chercher

3. [expresa probabilidad] *han de ser las tres* il doit être trois heures

4. EXPR **algo habrá** il doit y avoir une raison ▸ **como hay pocos** comme il y en a peu ▸ **¡hay que ver qué malo es!** qu'est-ce qu'il est méchant ! ▸ **¡hay que ver cómo lo trata!** il faut voir comment il le traite ! ▸ **encontrarás lo habido y por haber** tu trouveras de tout ▸ **no hay de qué** il n'y a pas de quoi ▸ **¿qué hay?** *fam* ça va ?
◆ **haberse** vprnl : *allá se las haya* qu'il se débrouille ▸ **habérselas con alguien** avoir affaire à qqn.

haber² sm [en cuentas, contabilidad] crédit *m* / *tener en su haber* **a)** avoir à son crédit **b)** *fig* avoir à son actif. ◆ **haberes** smpl **1.** [bienes] avoir *m* **2.** [sueldo] appointements *mpl.*

habichuela sf [planta, semilla, fruto] haricot *m.*

hábil adj **1.** [diestro] habile **2.** DER ▸ **hábil para** apte à ▸ **días hábiles** jours ouvrables ▸ **en tiempo hábil** dans le délai requis.

habilidad sf [destreza] habileté *f* ; [aptitud] don *m* ▸ **tener habilidad para algo** être doué(e) pour qqch.

habilidoso, sa adj habile.

habilitación sf **1.** [acondicionamiento] aménagement *m* **2.** DER [autorización] habilitation *f.*

habilitado, da ❖ adj DER [autorizado] habilité(e). ❖ sm, f trésorier-payeur *m.*

habilitar vt **1.** [acondicionar] aménager **2.** DER [autorizar] habiliter.

habiloso, sa adj CHILE astucieux(euse).

habitabilidad sf habitabilité *f.*

habitable adj habitable.

habitación sf pièce *f* ; [dormitorio] chambre *f* ▸ **habitación doble / simple** chambre double / individuelle.

habitacional adj CSUR MÉX : *un complejo habitacional* un lotissement.

habitáculo sm réduit *m* ; [de coche] habitacle *m.*

habitante sm habitant *m*, -e *f.*

habitar vt & vi habiter.

hábitat (*pl* **hábitats**) sm habitat *m.*

hábito sm **1.** [costumbre] habitude *f* **2.** [traje] habit *m* ▸ **ahorcar o colgar los hábitos a)** RELIG jeter le froc aux orties **b)** *fig* [renunciar] rendre son tablier ▸ **el hábito no hace al monje** l'habit ne fait pas le moine.

habituación sf accoutumance *f.*

habitual adj habituel(elle) ; [cliente, lector] fidèle.

habituar [6] vt ▸ **habituar a alguien a** habituer qqn à. ◆ **habituarse** vprnl ▸ **habituarse a a)** s'habituer à **b)** [drogas, etc.] s'accoutumer à.

habla sf *(el)* **1.** [idioma] langue *f* **2.** [facultad] parole *f* ▸ **quedarse sin habla** rester sans voix **3.** LING parler *m.* ◆ **al habla** loc adv ▸ **estar al habla con alguien** être en communication avec qqn.

hablado, da adj ▸ **bien hablado** poli(e) ▸ **mal hablado** grossier(ère).

hablador, ra adj & sm, f **1.** [parlanchín, indiscreto] bavard(e) **2.** MÉX RDOM [mentiroso] menteur(euse).

habladurías sfpl cancans *mpl*, commérages *mpl*.

hablante ❖ adj parlant(e). ❖ smf locuteur *m*, -trice *f*.

hablar ❖ vi ▸ **hablar (con)** parler (à o avec) ▸ **hablar bien / mal de alguien** dire du bien/du mal de qqn ▸ **hablar de tú / de usted a alguien** tutoyer/vouvoyer qqn ▸ **hablar en voz alta / baja** parler à voix haute/basse ▸ **está dando que hablar** tout le monde en parle ▸ **hablar por hablar** parler pour ne rien dire ▸ **¡ni hablar!** pas question ! ❖ vt **1.** [idioma] parler **2.** [asunto] ▸ **hablar algo con alguien** discuter de qqch avec qqn. ◆ **hablarse** vprnl se parler ▸ **no hablarse con alguien** ne pas se parler / *hace un año que no se hablan* ils ne se parlent plus depuis un an.

habón sm [en la piel] cloque *f*, ampoule *f*.

habrá ⟶ **haber**.

Hacedor sm ▸ **el Hacedor** le Créateur.

hacendado, da sm, f **1.** [terrateniente] propriétaire *m* terrien **2.** CSUR [ganadero] éleveur *m*, -euse *f*.

hacendoso, sa adj actif(ive), travailleur(euse) / *es una mujer muy hacendosa* c'est une parfaite ménagère.

hacer [60]

❖ vt

1. [gen] faire / *hizo un vestido / pastel* elle a fait une robe/un gâteau / *hacer planes* faire des projets / *hacer un crucigrama / una fotocopia* faire des mots croisés/une photocopie / *el árbol hace sombra* l'arbre fait de l'ombre / *le hice señas* je lui ai fait des signes / *no hagas ruido / el tonto* ne fais pas de bruit/l'idiot / *debes hacer deporte* tu dois faire du sport / *he hecho la cama* j'ai fait le lit / *me hizo daño / reír* il m'a fait mal/rire / *hizo de ella una buena cantante* il a fait d'elle une bonne chanteuse / *voy a hacer teñir este traje* je vais faire teindre cette robe / *¡ya la has hecho!, has roto el vaso fam* et voilà ! tu as cassé le verre

2. [dar aspecto] *este espejo te hace gordo* cette glace te grossit / *este peinado la hace más joven* cette coiffure la rajeunit

3. [convertir] rendre / *te hará feliz* il te rendra heureuse

4. [representar] ▸ **hacer el papel de** jouer le rôle de

5. [suponer] croire / *yo te hacía en París* je te croyais à Paris

❖ vi

1. [intervenir] faire / *déjame hacer a mí* laisse-moi faire

2. [actuar] ▸ **hacer de a)** CINE & TEATRO jouer le rôle de **b)** [reemplazar] faire office de

3. [aparentar] ▸ **hacer como si o como que** faire comme si / *hace como si no nos viera* il fait comme s'il ne nous voyait pas / *hace como que no entiende* il fait semblant de ne pas comprendre

4. [procurar, intentar] ▸ **hacer por hacer algo** faire tout son possible pour faire qqch / *haré por verle esta noche* je ferai tout mon possible pour le voir ce soir

5. AM [necesidades fisiológicas] aller aux toilettes / *preciso un baño, no hice antes de salir* il faut que j'aille aux toilettes, je n'y suis pas allée avant de partir

6. EXPR **¿hace?** *fam* d'accord ? / *vamos al cine ¿te hace?* on va au cinéma, ça te dit ? ▸ **hacer a** MÉX *fam* **a)** [trabajar] bosser **b)** [droga] se shooter / *por las mañanas estudia y en las tardes le hace a la tienda* le matin elle étudie et l'après-midi elle travaille dans la boutique / *ese tipo le hace a la cocaína* ce type se shoote a la coke

❖ v impers

1. [tiempo meteorológico] faire / *hace frío* il fait froid / *hace buen tiempo* il fait beau

2. [tiempo transcurrido] *hace una semana* il y a une semaine / *hace mucho* il y a longtemps / *mañana hará un mes que estoy aquí* demain ça fera un mois que je suis ici

◆ **hacerse** vprnl **1.** [guisarse, cocerse] cuire **2.** [convertirse] devenir / *se hizo monja* elle est devenue bonne sœur / *se hizo rico* il est devenu riche / *hacerse viejo* se faire vieux **3.** [resultar] : *se está haciendo tarde* il se fait tard **4.** [imaginar] se faire / *no te hagas ilusiones* ne te fais pas d'illusions **5.** [simular] : *se hace el gracioso* il fait le malin / *se hace la atrevida* elle joue les courageuses / *se hace el distraído para no saludar* il fait celui qui ne nous a pas vus pour ne pas nous dire bonjour **6.** [obligar a] : *le gusta hacerse (de) rogar* elle aime se faire prier **7.** [creer] ▸ **se me hace que…** il me semble que…, je crois que… **8.** ▸ **hacerse con algo a)** [ganar] obtenir qqch **b)** [proveerse en] se procurer **c)** [controlar] maîtriser ▸ **hacerse con alguien** gagner qqn à sa cause **9.** [acostumbrarse] ▸ **hacerse a** se faire à / *no me hago a esta casa* je ne me fais pas à cette maison **10.** MÉX RP *fam* [creer] penser, croire / *¿llegará Pedro? — se me hace que no* Pedro va-t-il arriver ? — je ne pense pas **11.** AM *fam* [salir bien] marcher / *precisaba una beca y por suerte se le hizo* il avait besoin d'une bourse et, heureusement, ça a marché **12.** AM *fam* [encontrar] ▸ **hacerse de** trouver / *tengo que hacerme de unas llaves para poder entrar* je dois trouver des clés pour pouvoir entrer.

hacha sf *(el)* **1.** hache *f* **2.** EXPR **bajarle el hacha a alguien** RP *fam* critiquer qqn, dire du mal de qqn ▸ **desenterrar el hacha de guerra** *fig* déterrer la hache de guerre ▸ **ser un hacha** *fam & fig* être un as.

hachazo sm coup *m* de hache.

hache sf ▸ **llamémosle hache** *fig* appelez ça comme vous voudrez.

hachemita, hachemí adj hachémite.

hachís, haschich [xa'ʃis], **hash** [xaʃ] sm haschisch *m*.

hacia prep vers ▸ **hacia abajo / arriba** vers le bas/le haut ▸ **hacia aquí / allí** par ici/là ▸ **hacia atrás / adelante** en arrière/avant / *hacia las diez* vers dix heures.

hacienda sf **1.** [finca] exploitation *f* agricole **2.** [bienes] fortune *f* **3.** RP [ganadería] bétail *m*. ◆ **Hacienda** sf ▸ **la Hacienda Pública** les Finances.

hacinamiento sm entassement *m*.

hacinar vt entasser. ◆ **hacinarse** vprnl s'entasser.

hackear [xake'ar] vi faire du piratage informatique.

hacker ['xaker] smf INFORM hacker *m*, pirate *m* informatique.

hada sf *(el)* fée *f*.

hado sm destin *m*.

haga ⟶ **hacer**.

hagiografía sm RELIG hagiographie *f*.

Haití npr Haïti.

haitiano, na ❖ adj haïtien(enne). ❖ sm, f Haïtien *m*, -enne *f*.

haka ['aka] sm o sf haka *m*.

hala interj ESP **1.** [para dar ánimo, prisa] allez ! / *¡hala! ¡levántate ya!* allez ! lève-toi maintenant ! **2.** [para expresar incredulidad] : *¡hala! ¡qué exagerado eres!* oh ! tu exagères ! **3.** [para expresar asombro, admiración] ouah ! / *¡hala! ¡qué guay!* ouah ! c'est cool ! **4.** [como coletilla] : *si tú no vas yo tampoco, ¡hala!* si tu n'y vas pas, moi non plus, voilà !

halagador, ra adj & sm, f flatteur(euse).

halagar [16] vt flatter.

halago sm flatterie *f*.

halague ⟶ **halagar**.

halagüeño, ña adj [noticia, perspectiva] encourageant(e).

halal adj halal.

halar vt NÁUT haler.

halcón sm faucon *m*.

halconería sf fauconnerie *f*.

hale interj ESP ▸ **¡hale!** allez !

hálito sm *pr* & *fig* souffle *m*.

halitosis sf inv *form* halitose *f*.

hall ['xol] (*pl* **halls**) sm hall *m*.

hallar vt trouver. ◆ **hallarse** vprnl se trouver / *se halla enfermo / en reunión* il est malade / en réunion.

hallazgo sm trouvaille *f* ; [descubrimiento] découverte *f*.

Halloween [xalo'win] npr Halloween.

halo sm **1.** [de astros, objetos, etc.] halo *m* **2.** [de santos] auréole *f* **3.** *fig* [fama] auréole *f*, aura *f*.

halógeno, na adj halogène.

halterofilia sf haltérophilie *f*.

halva sm halva *m*.

hamaca sf **1.** [para colgar] hamac *m* **2.** ESP [en suelo] chaise *f* longue **3.** RP [columpio] balançoire *f*.

hamacar vt RP **1.** [en columpio] balancer **2.** [en cuna] bercer. ◆ **hamacarse** vprnl RP **1.** [en columpio] se balancer **2.** [en cuna] bercer.

hambre sf **1.** faim *f* ▸ **tener hambre** avoir faim ▸ **hambre canina** faim de loup ▸ **matar el hambre** calmer sa faim **2.** ▸ **se han juntado el hambre con las ganas de comer** c'est bonnet blanc et blanc bonnet.

hambreador adj AM : *los propietarios hambreadores del pueblo* les propriétaires qui affament le peuple.

hambriento, ta adj affamé(e).

hambruna sf famine *f*.

hamburguesa sf hamburger *m*.

hamburguesería sf fast-food *m*.

hampa sf ▸ **el hampa** le milieu *(la pègre)*.

hampón sm voyou *m*.

hámster ['xamster] (*pl* **hámsters**) sm hamster *m*.

handball ['xanbol] sm handball *m*.

hándicap ['xandikap] (*pl* **hándicaps**) sm handicap *m*.

hangar sm hangar *m*.

Hanoi npr Hanoi.

hará ⟶ **hacer**.

haragán, ana adj & sm, f fainéant(e).

haraganear vi fainéanter.

haraganería sf fainéantise *f*.

harakiri = **haraquiri**.

harapiento, ta adj en haillons.

harapo sm haillon *m*.

haraquiri, harakiri sm hara-kiri *m*.

hardcore ['xarkor] sm **1.** [música] hardcore *m* **2.** [pornografía] hard *m*.

hardware ['xar'wer] sm hardware *m*, matériel *m*.

harén sm harem *m*.

harina sf farine *f* ▸ **es harina de otro costal** *fig* c'est une autre affaire.

harinoso, sa adj farineux(euse).

harmonía = **armonía**.

harmónica sf = **armónica**.

harmónico, ca adj = **armónico**.

harmonio sm = **armonio**.

harmonioso, sa adj = **armonioso**.

harmonización sf = **armonización**.

harmonizar vt = **armonizar**.

harpa sf = **arpa**.

harpía sf = **arpía**.

hartar vt **1.** [atiborrar] gaver **2.** *fam* [fastidiar] fatiguer. ◆ **hartarse** vprnl **1.** [atiborrarse] se gaver **2.** *fam* [cansarse] en avoir marre **3.** [excederse] ▸ **hartarse de hacer algo** faire qqch du matin au soir.

hartazgo sm indigestion *f* ▸ **darse un hartazgo (de)** *pr* & *fig* avoir une indigestion (de).

harto, ta ❖ adj **1.** [de comida, bebida] repu(e) **2.** *fam* [cansado] fatigué(e) ▸ **tener a alguien harto (con)** fatiguer qqn (avec) ▸ **estar harto de** en avoir marre de. ❖ pron demos CAM ANDES CARIB MÉX plein / *¿tiene* *muchos muebles? — hartos* il a beaucoup de meubles ? — plein. ◆ **harto** adv ESP *form* [muy] extrêmement / *un examen harto difícil* un examen extrêmement difficile / *es harto evidente* c'est on ne peut plus évident.

hartón sm ESP *fam* [de comida, bebida] indigestion *f* ▸ **darse un hartón de llorar** pleurer toutes les larmes de son corps.

haschich = **hachís**.

hash = **hachís**.

hasta ◆ prep **1.** [en el espacio, tiempo, con cantidades] (jusqu')à ▸ **desde aquí hasta allí** d'ici jusque-là ▸ **hasta ahora** à tout de suite ▸ **hasta la vista** au revoir ▸ **hasta luego a)** à tout à l'heure, à plus tard **b)** [adiós] au revoir ▸ **hasta mañana** à demain ▸ **hasta otra** à la prochaine ▸ **hasta pronto** à bientôt **2.** CAM COL ECUAD MÉX [no antes de] pas avant / *pintaremos la casa hasta fin de mes* nous ne peindrons pas la maison avant la fin du mois. ◆ adv même. ◆ **hasta que** loc conj jusqu'à ce que.

hastiar [9] vt lasser, excéder. ◆ **hastiarse** vprnl ▸ **hastiarse de** se lasser de.

hastío sm lassitude *f* ; [por la comida] dégoût *m*.

hatajo sm ESP *despec* [de personas] bande *f* / *¡atajo de cobardes!* bande de lâches !

hatillo sm balluchon *m*.

hato sm **1.** [de ganado] troupeau *m* **2.** [de ropa] balluchon *m*.

Hawai [xa'wai] npr Hawaii.

hawaiano, na ◆ adj hawaiien(enne). ◆ sm, f Hawaiien *m*, -enne *f*.

haya ◆ v ⟶ **haber.** ◆ sf hêtre *m*.

hayedo = **hayal**.

haz ◆ v ⟶ **hacer.** ◆ sm faisceau *m* ; [de mieses] gerbe *f* ; [de leña] fagot *m* ; [de paja, heno] botte *f* ▸ **haz de rayos luminosos** faisceau lumineux.

hazaña sf exploit *m*.

hazmerreír sm risée *f*.

Hda. (*abr escrita de* **hacienda**) finance *f*.

he ⟶ **haber**.

heavy ◆ adj **1.** [música, concierto, grupo] heavy *m inv* **2.** *mfam* [duro] hard. ◆ sm [música] heavy *m inv* ▸ **heavy metal** heavy metal *m*.

hebdomadario, ria *culto* adj hebdomadaire. ◆ **hebdomadario** sm hebdomadaire *m*.

hebilla sf **1.** [de cinturón, zapato] boucle *f* **2.** ARG [para pelo] barrette *f*.

hebra sf **1.** [hilo, tabaco] brin *m* ▸ **de hebra** [tabaco] à rouler **2.** [de hortalizas] fil *m* **3.** EXPR **de una hebra** CHILE d'une traite.

hebraico, ca adj hébraïque.

hebreo, a ◆ adj hébreu (hébraïque). ◆ sm, f ▸ **los hebreos** les Hébreux. ◆ **hebreo** sm [lengua] hébreu *m*.

Hébridas sfpl ▸ **las Hébridas** les Hébrides *fpl*.

hecatombe sf hécatombe *f*.

hechicería sf **1.** [arte] sorcellerie *f* **2.** [maleficio] ensorcellement *m*.

hechicero, ra ◆ adj ensorcelant(e), envoûtant(e). ◆ sm, f sorcier *m*, -ère *f*.

hechizar [13] vt *pr* & *fig* envoûter.

hechizo, za adj CHILE MÉX fait(e) maison. ◆ **hechizo** sm **1.** [sortilegio] sortilège *m*, sort *m* **2.** [encanto] envoûtement *m*, charme *m*.

hecho, cha adj **1.** [gen] fait(e) / *es un trabajo mal hecho* c'est un travail mal fait / *está muy bien hecha fam* elle est très bien faite / *está hecho todo un padrazo* c'est le père idéal ▸ **ya es un hombre hecho y derecho** il est devenu un homme **2.** [comida] cuit(e) / *el pastel está muy hecho* le gâteau est trop cuit / *un filete bien / muy / poco hecho* un steak à point/bien cuit/saignant **3.** ANDES RP [en condiciones] ▸ **estar hecho** être paré. ◆ **hecho** ◆ pp ⟶ **hacer.** ◆ sm fait *m* ▸ **hecho consumado** fait accompli ▸ **hecho diferencial** trait *m* distinctif ▸ **a lo hecho, pecho** ce qui est fait est fait. ◆ interj ▸ **¡hecho!** d'accord ! ◆ **de hecho** loc adv de fait.

hechura sf façon *f (forme)*.

hectárea sf hectare *m*.

hectogramo sm hectogramme *m*.

hectolitro sm hectolitre *m*.

hectómetro sm hectomètre *m*.

heder [20] vi **1.** [oler mal] empester **2.** *fig* [molestar] être empoisonnant(e).

hediondez sf puanteur *f*.

hediondo, da adj **1.** [maloliente] malodorant(e) **2.** *fig* [insoportable] empoisonnant(e).

hedonismo sm hédonisme *m*.

hedonista adj & smf hédoniste.

hedor sm puanteur *f*.

hegemonía sf hégémonie *f*.

hegemónico, ca adj hégémonique.

hégira, héjira sf hégire *f*.

heladera sf **1.** [para hacer helados] sorbetière *f* **2.** CSUR [nevera - en casa] réfrigérateur *m* ; [- portátil] glacière *f*.

heladería sf ▸ **lo compré en la heladería** je l'ai acheté chez le marchand de glaces.

heladero, ra sm, f glacier *m* ; [ambulante] marchand *m*, -e *f* de glaces.

helado, da adj **1.** [gen] gelé(e) ; [postre] glacé(e) **2.** *fig* [asombrado] ▸ **quedarse helado** avoir un choc. ◆ **helada** sf gelée *f*. ◆ **helado** sm glace *f* ▸ **helado de agua** CSUR sorbet.

helador, ra adj *pr* & *fig* glacial(e).

helar [19] ◆ vt **1.** [convertir en hielo] geler **2.** *fig* [dejar atónito] glacer. ◆ v impers geler / *ayer por la noche heló* il a gelé cette nuit. ◆ **helarse** vprnl geler / *se han helado las plantas* les plantes ont gelé / *¡me estoy helando!* je gèle !

helecho sm fougère *f*.

helénico, ca adj hellénique.

helenismo sm hellénisme *m*.

helenista smf helléniste *mf*.

helenizar [13] vt helléniser.
◆ **helenizarse** vprnl : *los romanos se helenizaron* les Romains ont adopté la culture et les mœurs grecques.

heleno, na ◇ adj hellène. ◇ sm, f Hellène *mf*.

hélice sf hélice *f*.

helicoidal adj hélicoïdal(e).

helicóptero sm hélicoptère *m*.

helio sm hélium *m*.

heliocéntrico, ca adj ASTRON héliocentrique.

heliografía sf héliographie *f*.

heliosfera sf héliosphère *f*.

helipuerto sm héliport *m*.

helitransporte sm hélitransport *m*.

Helsinki npr Helsinki.

helvético, ca ◇ adj helvétique. ◇ sm, f Helvète *mf*.

hematíe sm hématie *f*.

hematites sf inv hématite *f*.

hematología sf hématologie *f*.

hematológico, ca adj hématologique.

hematólogo, ga sm, f hématologiste *mf*.

hematoma sm hématome *m*.

hembra sf **1.** [animal] femelle *f* **2.** [mujer] femme *f*; [niña] fille *f* **3.** ELECTR prise *f* femelle.

hembrilla sf [de corchete] boucle *f*.

hemeroteca sf bibliothèque *f* de périodiques.

hemiciclo sm hémicycle *m*.

hemiplejia, hemiplejía sf hémiplégie *f*.

hemipléjico, ca adj & sm, f hémiplégique.

hemisférico, ca adj hémisphérique.

hemisferio sm hémisphère *m*.

hemodiálisis sf inv hémodialyse *f*.

hemofilia sf hémophilie *f*.

hemofílico, ca adj & sm, f hémophile.

hemoglobina sf hémoglobine *f*.

hemograma sm hémogramme *m*.

hemopatía sf hémopathie *f*.

hemorragia sf hémorragie *f* ▸ **hemorragia nasal** saignement *m* de nez.

hemorrágico, ca adj hémorragique.

hemorroides sfpl hémorroïdes *fpl*.

hemostasis sf inv hémostase *f*.

hemoterapia sf thérapie *f* intraveineuse.

henchido, da adj gonflé(e) ▸ **estar henchido de orgullo** être bouffi d'orgueil.

henchir [26] vt remplir / *henchir el pecho de aire* remplir ses poumons d'air. ◆ **henchirse** vprnl **1.** [hartarse] se gaver **2.** *fig* [llenarse] ▸ **henchirse de** [sentimientos] être rempli de.

hender [20] = **hendir**.

hendido, da adj fendu(e).

hendidura sf **1.** [abertura] fente *f* **2.** [grieta - pequeña] fissure *f*; [- grande] crevasse *f*.

hendir [27], **hender** vt fendre.

henna ['xena] sf henné *m*.

heno sm foin *m*.

hepático, ca adj hépatique.

hepatitis sf inv hépatite *f*.

hepatología sf hépatologie *f*.

hepatólogo, ga sm, f hépatologue *mf*.

heptaedro sm heptaèdre *m*.

heptagonal adj heptagonal(e).

heptágono sm heptagone *m*.

heráldico, ca adj héraldique.
◆ **heráldica** sf héraldique *f*.

heraldista smf héraldiste *mf*.

heraldo sm héraut *m*.

herbáceo, a adj BOT herbacé(e).
◆ **herbáceas** sfpl herbacées *fpl*.

herbario sm herbier *m*.

herbicida sm désherbant *m*.

herbívoro, ra ◇ adj herbivore.
◇ sm, f herbivore *m*.

herbolario, ria sm, f herboriste *mf*.
◆ **herbolario** sm herboristerie *f*.

herboristería sf herboristerie *f*.

hercio ['erθjo], **hertz** sm hertz *m*.

hercúleo, a adj herculéen(enne).

hércules sm inv hercule *m*.

Hércules npr MITOL Hercule ▸ **las columnas de Hércules** les colonnes d'Hercule.

heredad sf propriété *f*, domaine *m*.

heredar vt **1.** [recibir] hériter / *heredó un piso* il a hérité d'un appartement / *heredó una casa de su padre* il a hérité une maison de son père / *ha heredado la nariz de su madre* il a hérité du nez de sa mère **2.** MÉX [legar - dinero] léguer ; [- rasgos] transmettre.

heredero, ra ◇ adj ▸ **el príncipe heredero** le prince héritier. ◇ sm, f héritier *m*, -ère *f*.

hereditario, ria adj héréditaire.

hereje sm, f **1.** RELIG hérétique *mf* **2.** *fig* [malhablado] blasphémateur *m*, -trice *f*.

herejía sf **1.** [doctrina, postura] hérésie *f* **2.** [disparate] folie *f* **3.** [daño] ▸ **hacer herejías a** [persona, animal] faire des misères à.

herencia sf héritage *m*.

herético, ca adj hérétique.

herido, da adj & sm, f blessé(e).
◆ **herida** sf *pr* & *fig* blessure *f*.

herir [27] vt *pr* & *fig* blesser.
hermafrodita adj & smf hermaphrodite.
hermafroditismo sm hermaphrodisme *m*.
hermanado, da adj [personas] proche ; [ciudades] jumelé(e).
hermanamiento sm **1.** [unión] union *f* **2.** [de ciudades] jumelage *m*.
hermanar vt **1.** [esfuerzos] conjuguer **2.** [personas] rapprocher **3.** [ciudades] jumeler. ◆ **hermanarse** vprnl **1.** [ciudades] être jumelé(e) **2.** [ideas, tendencias, etc.] s'associer.
hermanastro, tra sm, f demi-frère *m*, demi-sœur *f*.
hermandad sf **1.** [asociación] amicale *f* ; [RELIG - de hombres] confrérie *f* ; [- de mujeres] communauté *f* **2.** [amistad] fraternité *f*.
hermano, na ❖ adj frère (sœur). ❖ sm, f frère *m*, sœur *f* ▸ **hermanos siameses** frères siamois.
herméticamente adv hermétiquement ▸ **herméticamente cerrado** fermé hermétiquement.
hermético, ca adj *pr* & *fig* hermétique.
hermetismo sm hermétisme *m*.
hermoso, sa adj beau (belle).
hermosura sf beauté *f*.
hernia sf hernie *f*.
herniado, da ❖ adj [intestino, etc.] hernié(e) ; [persona] hernieux(euse). ❖ sm, f hernieux *m*, -euse *f*.
herniarse [8] vprnl **1.** MED développer une hernie **2.** *fam* [esforzarse] : *se hernia a trabajar* il se tue au travail.
héroe sm héros *m*.
heroicidad sf **1.** [cualidad] héroïsme *m* **2.** [hecho] acte *m* d'héroïsme.
heroico, ca adj héroïque.
heroína sf héroïne *f*.
heroinomanía sf héroïnomanie *f*.
heroinómano, na sm, f héroïnomane *mf*.
heroísmo sm héroïsme *m*.
herpes sm herpès *m*.
herradura sf fer *m* à cheval.
herraje sm ferrure *f*.
herramienta sf outil *m*.
herrar [19] vt **1.** [caballo] ferrer **2.** [ganado] marquer au fer rouge.
herrería sf **1.** [taller] forge *f* ▸ **en la herrería** chez le forgeron **2.** [oficio] forgeage *m*.
herrero sm **1.** [de hierro] forgeron *m* **2.** AM [de caballos] maréchal-ferrant *m*.
herrín sm rouille *f*.
herrumbrarse vprnl se rouiller.
herrumbre sf rouille *f*.
herrumbroso, sa adj rouillé(e).
hertz = **hercio**.
hervidero sm **1.** [de sentimientos] bouillonnement *m* / *un hervidero de intrigas* un foyer d'intrigues **2.** [de gente] fourmilière *f*.
hervido sm VEN bouilli *m*.
hervidor sm **1.** [para líquidos] bouilloire *f* **2.** TECNOL bouilleur *m*.
hervir [27] ❖ vt faire bouillir. ❖ vi bouillir.
hervor sm ébullition *f* ▸ **dar un hervor a algo** CULIN blanchir qqch.
hetero adj inv *fam* [heterosexual] hétéro.
heteróclito, ta adj hétéroclite.
heterodoxia sf hétérodoxie *f*.
heterodoxo adj & smf hétérodoxe.
heterogamia sf hétérogamie *f*.
heterogeneidad sf hétérogénéité *f*.
heterogéneo, a adj hétérogène.
heteromorfo, fa adj hétéromorphe.
heterónimo sm ▸ **un heterónimo** un terme hétéronyme.
heterosexual adj & smf hétérosexuel(elle).
heterosexualidad sf hétérosexualité *f*.
hético, ca adj [flaco] étique.
hevea sm hévéa *m*.
hexadecimal adj hexadécimal(e).
hexaedro sm hexaèdre *m*.
hexagonal adj hexagonal(e).
hexágono sm hexagone *m*.
hexápodo, da adj hexapode.
hez sf *pr* & *fig* lie *f*. ◆ **heces** sfpl [excrementos] selles *fpl*.
hg (*abr escrita de* **hectogramo**) hg.
hiato sm hiatus *m*.
hibernación sf hibernation *f*.
hibernal adj hivernal(e).
hibernar vi hiberner.
hibisco sm BOT hibiscus *m*.
hibridación sf hibridation *f*.
híbrido, da adj hybride. ◆ **híbrido** sm hybride *m*.
hice ⟶ **hacer**.
hidalgo, ga ❖ adj noble. ❖ sm, f hidalgo *m*.
hidalguía sf **1.** [aristocracia] noblesse *f* **2.** *fig* [caballerosidad] grandeur *f* d'âme.
hidra sf hydre *f*.
hidrácido sm hydracide *m*.
hidratación sf hydratation *f*.
hidratado, da adj hydraté(e).
hidratante ❖ adj hydratant(e). ❖ sm hydratant *m*.
hidratar vt hydrater.
hidrato sm hydrate *m* ▸ **hidrato de carbono** hydrate de carbone.

hidráulico, ca adj hydraulique.
◆ **hidráulica** sf hydraulique *f*.

hídrico, ca adj hydrique.

hidroavión sm hydravion *m*.

hidrocarburo sm hydrocarbure *m*.

hidrocefalia sf hydrocéphalie *f*.

hidrodinámico, ca adj hydrodynamique.
◆ **hidrodinámica** sf hydrodynamique *f*.

hidroelectricidad sf hydroélectricité *f*.

hidroeléctrico, ca adj hydroélectrique.

hidrófilo, la adj hydrophile.

hidrofobia sf hydrophobie *f* ; MED rage *f*.

hidrófobo, ba adj hydrophobe ; MED enragé(e).

hidrófugo, ga adj hydrofuge.

hidrogenar vt hydrogéner.

hidrógeno sm hydrogène *m*.

hidrografía sf hydrographie *f*.

hidrográfico, ca adj hydrographique.

hidrólisis sf inv QUÍM hydrolyse *f*.

hidrolizado, da adj QUÍM hydrolysé(e).
◆ **hidrolizado** sm QUÍM [producto] hydrolysat *m*.

hidrolizar [13] vt hydrolyser.

hidrología sf **1.** [ciencia] hydrologie *f* **2.** [conjunto de aguas] hydrographie *f*.

hidrológico, ca adj hydrologique.

hidromasaje sm massage *m* par l'eau.

hidromecánico, ca adj hydromécanique.

hidrometría sf hydrométrie *f*.

hidroplano sm **1.** [barco] hydroglisseur *m* **2.** [avión] hydravion *m*.

hidropónico, ca adj AGRIC hydroponique.

hidrosfera sf hydrosphère *f*.

hidrosoluble adj hydrosoluble.

hidrostático, ca adj hydrostatique.
◆ **hidrostática** sf hydrostatique *f*.

hidroterapia sf hydrothérapie *f*.

hidrovía sf AM voie *f* navigable.

hidróxido sm hydroxyde *m*.

hidruro sm hydrure *m*.

hieda ⟶ **heder**.

hiedra, yedra sf lierre *m*.

hiel sf fiel *m*. ◆ **hieles** sfpl souffrances *fpl*.

hiela ⟶ **helar**.

hielera sf CSUR MÉX glacière *f*.

hielo sm glace *f* ; [en carretera] verglas *m* ▸ **romper el hielo** *fig* briser la glace.

hiena sf hyène *f*.

hienda ⟶ **hender**.

hiera ⟶ **herir**.

hierático, ca adj hiératique.

hierba, yerba sf herbe *f* ▸ **(hierba) mate** maté *m* ▸ **hierbas medicinales** plantes *fpl* médicinales ▸ **este tipo es mala hierba** ce type c'est de la mauvaise graine ▸ **mala hierba nunca muere** mauvaise herbe croît toujours ▸ **y otras hierbas** et j'en passe.

hierbabuena, yerbabuena sf BOT menthe *f*.

hierro sm **1.** [gen] fer *m* ▸ **de hierro** [salud, voluntad, etc.] de fer ▸ **hierro forjado** fer forgé **2.** [de puñal, cuchillo] lame *f* ▸ **quien a hierro mata a hierro muere** qui se sert de l'épée périra par l'épée.

Hierro npr Hierro.

hierva ⟶ **hervir**.

higadillo sm ▸ **higadillos de pollo** foies *mpl* de volaille.

hígado sm **1.** foie *m* **2.** EXPR ▸ **ponerle a alguien del hígado** ESP *fam* taper sur les nerfs de qqn / *mi suegra me pone del hígado* ma belle-mère me tape sur les nerfs ▸ **tener hígados** *fig* avoir du cran.

higiene sf hygiène *f* ▸ **higiene mental** santé *f* mentale.

higiénico, ca adj hygiénique.

higienista smf hygiéniste *mf*.

higienización sf désinfection *f*.

higienizar [13] vt désinfecter.
◆ **higienizarse** vprnl RP *form* se laver.

higo sm figue *f* ▸ **higo chumbo** figue de Barbarie.

higrometría sf hygrométrie *f*.

higrómetro sm hygromètre *m*.

higroscopio sm hygroscope *m*.

higuera sf figuier *m* ▸ **higuera chumba** figuier de Barbarie ▸ **estar en la higuera** *fig* être dans la lune.

hijab [i'xaβ] sm hijab *m*.

hijastro, tra sm, f beau-fils *m*, belle-fille *f* *(enfants d'un premier mariage)*.

hijo, ja sm, f **1.** [descendiente] fils *m*, fille *f* ▸ **hijo de papá** *fam* fils à papa ▸ **hijo de puta** *vulg* fils de pute ▸ **cualquier** o **todo hijo de vecino** *fam* monsieur Tout-le-Monde **2.** [de una tierra] enfant *mf* **3.** *fig* [obra] fruit *m* **4.** [vocativo] : *¡ay, hija, qué mala suerte!* ma pauvre, c'est vraiment pas de chance ! / *¡pues hijo, podrías haber avisado!* dis donc, tu aurais pu prévenir ! ▸ **hijo mío** mon fils / *¡hijo mío, qué tonto eres!* qu'est-ce que tu es bête mon pauvre ! ◆ **hijo** sm [hijo o hija] enfant *m* / *tiene dos hijos* elle a deux enfants ▸ **hijo ilegítimo** enfant illégitime ▸ **hijo pródigo** enfant prodigue. ◆ **hijo político** sm gendre *m*. ◆ **hija política** sf belle-fille *f* *(bru)*. ◆ **hijos** ❖ smpl [sin distinción de género] enfants *mpl*. ❖ interj MÉX *fam* ouah.

híjole interj MÉX *fam* ▸ **¡híjole!** ça alors !

hijoputa sm *vulg* & *insult* [persona] fils *m* de pute.

hijuela sf [DER - documento] acte *m* de partage ; [- bienes] part *f* (d'héritage).

hilacha sf fil *m* *(qui dépasse)*.

hilada sf rangée *f*.

hilado sm [manual] filage *m* ; [industrial] filature *f*.

hiladora sf [máquina] machine *f* à filer.

hilandería sf filature *f*.

hilandero, ra sm, f fileur *m*, -euse *f*.

hilar vt filer ▸ **hilar delgado o muy fino** *fig* jouer serré.

hilarante adj hilarant(e).

hilaridad sf hilarité *f*.

hilatura sf filature *f*.

hilera sf rangée *f* ▸ **en hilera** en rang.

hilo sm **1.** [gen] fil *m* **2.** *fig* [de agua, sangre, etc.] filet *m* ▸ **hilo de voz** filet de voix **3.** EXPR **al hilo** AM d'affilée, à la suite ▸ **colgar o pender de un hilo** ne tenir qu'à un fil ▸ **mover los hilos** tirer les ficelles ▸ **perder / seguir el hilo** perdre/suivre le fil. ◆ **hilo musical** sm fond *m* musical.

hilván sm faufil *m*.

hilvanado sm bâti *m (en couture)*.

hilvanar vt **1.** [ropa] faufiler, bâtir **2.** *fig* [ideas] relier **3.** *fig* [discurso] improviser.

Himalaya npr ▸ **el Himalaya** l'Himalaya *m*.

himen sm ANAT hymen *m*.

himeneo sm LITER hymen *m*.

himno sm hymne *m*.

hincapié sm ▸ **hacer hincapié en** mettre l'accent sur.

hincar [10] vt planter.

hincha ◆ adj RP [fastidioso, pesado] ennuyeux(euse). ◆ smf DEP supporter *m*. ◆ sf ESP [odio] haine *f* ▸ **tenerle hincha a alguien** avoir une dent contre qqn. ◆ v ⟶ **henchir**.

hinchable adj gonflable.

hinchabolas, hinchapelotas RP *vulg* ◆ adj inv [fastidioso, pesado] casse-couilles. ◆ smf inv [pesado] : *es un hinchabolas* il est casse-couilles.

hinchado, da adj [de aire] gonflé(e) ; [inflamado] enflé(e) ▸ **hinchado de orgullo** bouffi d'orgueil. ◆ **hinchada** sf **1.** *fam* DEP supporters *mpl* **2.** AM [genuflexión] génuflexion *f*.

hinchapelotas adj inv = **hinchabolas**.

hinchar vt **1.** [inflar] gonfler **2.** [exagerar] grossir **3.** RP *fam* [molestar] faire chier **4.** CSUR [ser fan de] ▸ **hinchar por** soutenir, être supporter de. ◆ **hincharse** vprnl **1.** [aumentar de volumen] enfler **2.** *fig* [persona] ▸ **hincharse de orgullo** se gonfler d'orgueil **3.** [excederse - en comida] se gaver ; [- en trabajo, etc.] se tuer.

hinchazón sf gonflement *m*.

hinche ⟶ **henchir**.

hinchiera ⟶ **henchir**.

hindi sm hindi *m*.

hindiera ⟶ **hendir**.

hindú (*pl* **hindúes** o **hindús**) ◆ adj **1.** [de la India] indien(enne) **2.** RELIG hindou(e). ◆ smf **1.** [de la India] Indien *m*, -enne *f* **2.** RELIG hindou *m*, -e *f*.

hinduismo sm RELIG hindouisme *m*.

hinduista adj & smf RELIG hindouiste.

hinojo sm fenouil *m*.

hinque ⟶ **hincar**.

hip interj ▸ **¡hip! ¡hip! ¡hurra!** hip, hip, hip, hourra !

hipar vi hoqueter.

hiper sm *fam* hyper *m*.

hiper- pref *fam* [muy] hyper- / *me ha salido hipercaro* ça m'a coûté hyper-cher.

híper sm inv *fam* hyper *m*.

hiperactividad sf hyperactivité *f*.

hiperactivo, va adj hyperactif(ive).

hipérbaton (*pl* **hipérbatos** o **hiperbatones**) sm hyperbate *f*.

hipérbola sf GEOM hyperbole *f*.

hipérbole sf LITER hyperbole *f*.

hiperbólico, ca adj hyperbolique.

hiperbóreo, a adj hyperboréen(enne).

hipercalórico, ca adj hypercalorique.

hiperenlace sm INFORM hyperlien *m*.

hiperespacio sm hyperespace *m*.

hiperfunción sf hyperfonctionnement *m*.

hiperglucemia sf hyperglycémie *f*.

hiperinflación sf hyperinflation *f*.

hipermedia sm INFORM hypermédia *m*.

hipermercado sm hypermarché *m*.

hipermétrope adj & smf MED hypermétrope.

hipermetropía sf hypermétropie *f*.

hiperónimo sm hyperonyme *m*.

hiperrealismo sm hyperréalisme *m*.

hiperrealista adj hyperréaliste.

hipersensibilidad sf hypersensibilité *f*.

hipersensible adj hypersensible.

hipersónico, ca adj hypersonique.

hipertensión sf hypertension *f*.

hipertenso, sa adj & sm, f hypertendu *m*, -e *f*.

hipertermia sf hyperthermie *f*.

hipertexto sm INFORM hypertexte *m*.

hipertextual adj INFORM hypertexte.

hipertiroidismo sm MED hyperthyroïdie *f*.

hipertrofia sf hypertrophie *f*.

hiperventilación sf MED hyperventilation *f*.

hipervínculo sm INFORM lien *m* hypertexte.

hip-hop ['xip'xop] sm hip-hop *m*.

hípico, ca adj hippique. ◆ **hípica** sf hippisme *m*.

hipismo sm hippisme *m*.

hipnosis sf inv hypnose *f*.

hipnótico, ca adj hypnotique. ◆ **hipnótico** sm hypnotique *m*.

hipnotismo sm hypnotisme *m*.

hipnotización sf hypnose *f*.

hipnotizador, ra ◆ adj **1.** [de hipnosis] hypnotique **2.** *fig* [fascinador] envoûtant(e). ◆ sm, f hypnotiseur *m*, -euse *f*.

hipnotizar [13] vt *pr* & *fig* hypnotiser.

hipo sm hoquet *m* ▸ **quitar el hipo** *fig* couper le souffle.

hipoalergénico, ca, hipoalérgico, ca adj hypoallergénique.

hipocalórico, ca adj hypocalorique.

hipocampo sm **1.** [caballito de mar] hippocampe *m* **2.** ANAT hippocampe *m*.

hipocentro sm hypocentre *m*.

hipocondría sf hypocondrie *f*.

hipocondriaco, ca, hipocondríaco, ca adj & sm, f MED hypocondriaque.

hipocondrio sm hypocondre *m*.

hipocrático, ca adj hippocratique.

hipocresía sf hypocrisie *f*.

hipócrita adj & smf hypocrite.

hipodérmico, ca adj hypodermique.

hipodermis sf inv hypoderme *m*.

hipódromo sm hippodrome *m*.

hipófisis sf inv hypophyse *f*.

hipoglucemia sf hypoglycémie *f*.

hipoglucémico, ca adj & sm, f hypoglycémique.

hipopótamo sm hippopotame *m*.

hipotálamo sm hypothalamus *m*.

hipoteca sf hypothèque *f* ▸ **levantar una hipoteca** lever une hypothèque.

hipotecable adj hypothécable.

hipotecar [10] vt *pr* & *fig* hypothéquer.

hipotecario, ria adj hypothécaire.

hipotensión sf hypotension *f*.

hipotenso, sa adj & sm, f hypotendu(e).

hipotensor sm hypotenseur *m*.

hipotenusa sf GEOM hypoténuse *f*.

hipotermia sf hypothermie *f*.

hipotérmico, ca adj MED hypothermique.

hipótesis sf inv hypothèse *f*.

hipotético, ca adj hypothétique.

hipotiroidismo sm MED hypothyroïdie *f*.

hippy (*pl* **hippies**), **hippie** (*pl* **hippies**) ['xipi] adj & smf hippie.

hiriente adj blessant(e).

hiriera ⟶ **herir**.

hirsuto, ta adj **1.** [cabello] hirsute **2.** *fig* [persona] revêche.

hirviera ⟶ **hervir**.

hisopo sm **1.** [planta] hysope *f* **2.** RELIG goupillon *m*.

hispalense ◆ adj sévillan(e). ◆ smf Sévillan *m*, -e *f*.

hispánico, ca ◆ adj hispanique. ◆ sm, f [de un país de habla hispana] Hispanique *mf*; [español] Espagnol *m*, -e *f*.

hispanidad sf [cultura] hispanité *f*; [pueblos] monde *m* hispanique.

hispanismo sm **1.** [palabra] hispanisme *m* **2.** [estudio] *étude de la culture espagnole*.

hispanista smf hispaniste *mf*.

hispanización sf hispanisation *f*.

hispanizar [13] vt hispaniser.

hispano, na ◆ adj **1.** [de la lengua] espagnol(e) **2.** [en Estados Unidos] latino, hispanique. ◆ sm, f [en Estados Unidos] Latino *mf*, Hispanique *mf*.

Hispanoamérica npr Amérique *f* latine.

hispanoamericanismo sm hispano-américanisme *m*.

hispanoamericano, na ◆ adj hispano-américain(e). ◆ sm, f Hispano-Américain *m*, -e *f*.

hispanoárabe ◆ adj HIST hispano-arabe. ◆ smf HIST musulman *m*, -e *f* d'Espagne.

hispanofilia sf hispanophilie *f*.

hispanófilo, la adj & sm, f hispanophile.

hispanofobia sf hispanophobie *f*.

hispanófobo, ba adj & sm, f hispanophobe.

hispanófono, na adj & sm, f hispanophone.

hispanohablante adj & smf hispanophone.

hispanojudío, a ◆ adj des Juifs d'Espagne. ◆ sm, f Juif *m* d'Espagne, Juive *f* d'Espagne.

hispanoparlante adj & smf hispanophone.

histamina sf histamine *f*.

histerectomía sf hystérectomie *f*.

histeria sf hystérie *f*.

histérico, ca adj & sm, f hystérique.

histerismo sm hystérie *f*.

histograma sm histogramme *m*.

histología sf histologie *f*.

historia sf histoire *f* ▸ **historia antigua / universal** histoire ancienne / universelle ▸ **historia del arte** histoire de l'art ▸ **dejarse de historias** arrêter de raconter des histoires ▸ **pasar algo a la historia** entrer dans l'histoire ▸ **pasar alguien a la historia** laisser son nom dans l'histoire. ◆ **historia natural** sf histoire *f* naturelle.

historiador, ra sm, f historien *m*, -enne *f*.

historial sm **1.** [gen] parcours *m* ▸ **historial médico** o **clínico** antécédents *mpl* médicaux ▸ **historial profesional** parcours professionnel **2.** DEP palmarès *m*.

historiar [9] vt faire l'historique de.

histórico, ca adj **1.** [gen] historique **2.** [verdadero] véridique.

historieta sf **1.** [chiste] histoire *f* drôle **2.** [cómic] bande *f* dessinée.

historiografía sf historiographie *f*.

historiógrafo, fa sm, f historiographe *m*.

histrión sm **1.** [actor] histrion *m* **2.** [persona afectada] cabotin *m*, -e *f*.

histriónico, ca adj cabotin(e).

histrionismo sm cabotinage *m*.

hit ['xit] (*pl* **hits**) sm tube *m*.

hitita ◆ adj hittite. ◆ smf Hittite *mf*.

hitleriano, na [xitle'rjano, na] adj & sm, f hitlérien(enne).

hito sm **1.** [mojón] borne *f* **2.** *fig* [hecho importante] événement *m* marquant **3.** EXPR **mirar de hito en hito** regarder fixement.

hizo ⟶ **hacer**.

hl (*abr escrita de* **hectolitro**) hl.

HL (*abr escrita de* **hasta luego**) SMS A+ (*à plus tard*).

hm (*abr escrita de* **hectómetro**) hm.

Hmno. (*abr escrita de* **Hermano**) frère *m* / *el Hmno. Ángel María* le frère Ángel María.

Hmnos. (*abr de* **Hermanos**) frères.

hnos. (*abr escrita de* **hermanos**) Frères / *Bodegas Pedro Páez y hnos.* Bodegas Pedro Páez et Frères.

hobby ['xoβi] (*pl* **hobbies**) sm hobby *m*.

hocico sm **1.** [gen] museau *m* ; [de puerco, de jabalí] groin *m* **2.** *despec* [de persona] gueule *f* ▸ **romper los hocicos a alguien** casser la gueule à qqn ▸ **te vas a romper el hocico** o **los hocicos** tu vas te casser la gueule.

hockey ['xokei] sm DEP hockey *m* ▸ **hockey sobre hielo / hierba / patines** hockey sur glace / gazon / patins ▸ **hockey sobre césped** AM hockey sur gazon.

hogar sm foyer *m* ; *culto* [chimenea] âtre *m*.

hogareño, ña adj casanier(ère).

hogaza sf miche *f*.

hoguera sf bûcher *m* ; [de fiesta] feu *m* de joie.

hoja sf **1.** [de plantas, papel] feuille *f* ▸ **hoja de paga** feuille de paie ▸ **hoja de servicios** états *mpl* de service **2.** [de metal] lame *f* ▸ **hoja de afeitar** lame de rasoir **3.** [de puerta, ventana] battant *m*. ◆ **hoja de cálculo** sf INFORM feuille *f* de calcul, tableur *m*.

hojalata sf fer-blanc *m*.

hojalatería sf **1.** ferblanterie *f* **2.** MÉX AUTO [taller] tôlerie *f* ; [actividad] tôlage *m*.

hojalatero sm **1.** [objetos] ferblantier *m* **2.** MÉX AUTO tôlier *m*, -ère *f*.

hojaldre sm pâte *f* feuilletée.

hojarasca sf **1.** [hojas secas] feuilles *fpl* mortes **2.** [frondosidad] feuillage *m* épais.

hojear vt jeter un coup d'œil à ; [libro] feuilleter.

hola interj ▸ **¡hola!** bonjour ! ; *fam* salut !

holá interj AM [al teléfono] allô.

Holanda npr Hollande *f*.

holandés, esa ◆ adj hollandais(e). ◆ sm, f Hollandais *m*, -e *f*. ◆ **holandés** sm [lengua] hollandais *m*. ◆ **holandesa** sf [papel] hollande *m*.

holding ['xoldin] sm holding *m ou f*.

holgadamente adv **1.** [ampliamente] largement / *ganó holgadamente* elle a gagné haut la main **2.** [con bienestar] dans l'aisance.

holgado, da adj **1.** [ancho] ample **2.** [situación económica] aisé(e) ; [victoria] facile.

holganza sf oisiveté *f*.

holgar [39] vi être inutile ▸ **huelga decir que…** inutile de dire que….

holgazán, ana adj & sm, f fainéant(e).

holgazanear vi traîner (*paresser*).

holgazanería sf fainéantise *f*.

holgué ⟶ **holgar**.

holgura sf **1.** [anchura] ampleur *f* ; [distancia] espace *m* **2.** [entre piezas] jeu *m* **3.** [bienestar] aisance *f*.

hollar [23] vt fouler.

hollejo sm peau *f* (*du raisin, des légumes secs*).

hollín sm suie *f*.

hollywoodiense adj hollywoodien(enne).

holocausto sm holocauste *m*.

holografía sf holographie *f*.

holograma sm hologramme *m*.

hombre ◆ sm homme *m* ▸ **el hombre de la calle** o **de a pie** l'homme de la rue ▸ **el hombre del saco** *fam* le croque-mitaine ▸ **un buen hombre** un brave homme ▸ **el abominable hombre de las nieves** l'abominable homme des neiges ▸ **hombre de acción** homme d'action ▸ **hombre de color** homme de couleur ▸ **hombre de estado** homme d'État ▸ **hombre de mundo** homme du monde ▸ **hombre de paja** homme de paille ▸ **hombre de palabra** homme de parole ▸ **hombre máquina** homme-robot *m* ▸ **pobre hombre** pauvre homme ▸ **de hombre a hombre** d'homme à homme ▸ **ser muy hombre** être un homme, un vrai ▸ **ser todo un hombre** être un grand garçon. ◆ interj ESP **1.** [como apelativo] : *¿te acuerdas de ella? — ¡sí, hombre, nuestra compañera de clase!* tu te souviens d'elle ? — bien sûr, notre camarade de classe ! / *¡que sí, hombre, que ya voy!* oui, oui, j'arrive ! / *pero, hombre, no te pongas así* voyons, ne te mets pas dans cet état-là ! **2.** [sorpresa] tiens ! **3.** [evidencia] et comment ! **4.** [admiración] ça alors ! ◆ **hombre lobo** (*pl* **hombres lobo**) sm loup-garou *m*. ◆ **hombre orquesta** (*pl* **hombres orquesta**) sm homme-orchestre *m*. ◆ **hombre rana** (*pl* **hombres rana**) sm homme-grenouille *m*.

hombrear ◆ vi [niño, muchacho] se donner des airs d'homme. ◆ vt AM [proteger] protéger.

hombrera sf épaulette *f*.

hombría sf virilité *f*.

hombro sm épaule *f* ▸ **a hombros** sur les épaules ▸ **al hombro** à o sur l'épaule ▸ **encogerse de hombros** hausser les épaules ▸ **arrimar el hombro** *fig* donner un coup de main ▸ **mirar a alguien por encima del hombro** *fig* regarder qqn de haut.

hombruno, na adj hommasse.

homenaje sm hommage *m* ▸ **en homenaje a** en hommage à ▸ **rendir homenaje a alguien** rendre hommage à qqn.

homenajeado, da ◆ adj honoré(e).
◆ sm, f personne *f* à laquelle il est rendu hommage.

homenajear vt honorer.

homeópata adj & smf homéopathe.

homeopatía sf homéopathie *f*.

homeopático, ca adj homéopathique.

homérico, ca adj homérique.

homicida adj & smf meurtrier(ère).

homicidio sm homicide *m*.

homilía sf homélie *f*.

homínido sm hominidé *m*.
◆ **homínidos** smpl hominidés *mpl*.

homo adj inv *fam* [homosexual] homo.

homofobia sf homophobie *f*.

homófobo, ba adj & sm, f homophobe.

homofonía sf homophonie *f*.

homófono, na adj homophone.

homogeneidad sf homogénéité *f*.

homogeneización sf homogénéisation *f*.

homogeneizador, ra adj homogénéisateur(trice).

homogeneizar [13] vt homogénéiser.

homogéneo, a adj homogène.

homógrafo, fa adj homographe.
◆ **homógrafo** sm GRAM homographe *m*.

homologable adj homologable.

homologación sf **1.** [gen & DEP] homologation *f* **2.** [equiparación] harmonisation *f*.

homologar [16] vt **1.** [autorizar & DEP] homologuer **2.** [equiparar] ▸ **homologar con** aligner sur.

homólogo, ga adj & sm, f homologue.

homonimia sf homonymie.

homónimo, ma adj homonyme.
◆ **homónimo** sm homonyme *m*.

homoparental adj homoparental(e).

homosexual adj & smf homosexuel(elle).

homosexualidad sf homosexualité *f*.

hondo, da adj profond(e) ▸ **en lo más hondo de** au plus profond de. ◆ **honda** sf **1.** [para lanzar piedras] fronde *f* **2.** RP [tirachinas] catapulte *f*.

hondonada sf dépression *f (du terrain)*.

hondura sf profondeur *f*.

Honduras npr Honduras *m*.

hondureño, ña ◆ adj hondurien(enne).
◆ sm, f Hondurien *m*, -enne *f*.

honestamente adv honnêtement *(loyalement)*.

honestidad sf honnêteté *f*.

honesto, ta adj honnête.

Hong Kong npr Hongkong, Hong Kong.

hongo sm **1.** BIOL & MED champignon *m* **2.** [sombrero] chapeau *m* melon **3.** EXPR **aburrirse como un hongo** AM *fam* s'ennuyer comme un rat mort ▸ **crecer como hongos** AM pousser comme des champignons.

Honolulú npr Honolulu.

honor sm honneur *m* ▸ **en honor de** en l'honneur de ▸ **en honor a la verdad** pour être franc (franche) ▸ **hacer honor a** faire honneur à.
◆ **honores** smpl [ceremonial] honneurs *mpl* ▸ **hacer los honores de la casa** *fig* faire les honneurs de la maison.

honorabilidad sf honorabilité *f*.

honorable adj honorable. ◆ **Honorable** adj : *el Honorable Alcalde* monsieur le maire.

honorar vt honorer.

honorario, ria adj honoraire.
◆ **honorarios** smpl honoraires *mpl*.

honorífico, ca adj honorifique.

honoris causa loc adj honoris causa / *fue nombrado doctor honoris causa por la Universidad de Salamanca* il a été nommé docteur honoris causa par l'Université de Salamanque.

honra sf honneur *m* ▸ **tener a mucha honra algo** se flatter de qqch / *¡claro que soy ecologista, y a mucha honra!* bien sûr que je suis écologiste, et fier de l'être !
◆ **honras fúnebres** sfpl honneurs *mpl* funèbres o suprêmes.

honradez sf honnêteté *f*.

honrado, da adj honnête.

honrar vt ▸ **honrar (con)** honorer (de). ◆ **honrarse** vprnl : *honrarse (con* o *de* o *en)* s'honorer (de).

honrilla sf amour-propre *m*.

honroso, sa adj honorable.

hooligan smf hooligan *m*.

hora ◆ sf
1. [gen] heure *f* ▸ **a buena hora me lo dices** c'est maintenant que tu me le dis ▸ **¡a buenas horas mangas verdes!** trop tard ! ▸ **a altas horas de la noche** à une heure avancée de la nuit ▸ **a la hora** à l'heure ▸ **a primera hora** à la première heure ▸ **a primera / última hora de** en début/fin de ▸ **a última hora** au dernier moment ▸ **dar la hora** sonner l'heure ▸ **de última hora** a) de dernière heure b) [noticia, información] de dernière minute ▸ **en mala hora lo creí** mal m'en a pris de le croire ▸ **en su hora** le moment venu ▸ **¿éstas son horas de llegar?** c'est à cette heure-ci qu'on rentre ? ▸ **no ver la hora de hacer algo** brûler d'impatience de faire qqch ▸ **poner en hora** mettre à l'heure ▸ **¿qué hora es?** quelle heure est-il ? ▸ **tiene las horas contadas** ses heures sont comptées ▸ **trabajar / pagar por horas** travailler/payer à l'heure ▸ **¡ya era hora!** il était temps ! ▸ **hora H** heure H ▸ **hora de la verdad** heure de vérité / *a la hora de la verdad* au moment crucial ▸ **hora de mayor audiencia** TV prime

time *m* / *un programa emitido a la hora de mayor audiencia* une émission diffusée en prime time ▸ **hora oficial** heure légale ▸ **hora punta** ESP heure de pointe ▸ **horas de oficina / de trabajo** heures de bureau / de travail ▸ **horas de visita** heures de consultation ▸ **horas extraordinarias** heures supplémentaires ▸ **media hora** demi-heure *f*

2. [cita] rendez-vous *m* ▸ **dar / pedir hora** donner / prendre rendez-vous ▸ **tener hora en el dentista** avoir rendez-vous chez le dentiste

3. [muerte] : *llegó su hora* son heure a sonné

horadar vt [roca] forer ; [pared] perforer.

horario, ria adj horaire ▸ **tener problemas horarios** avoir des problèmes d'horaire. ◆ **horario** sm horaire *m* ; [escolar] emploi *m* du temps ▸ **horario comercial** heures *fpl* d'ouverture ▸ **horario flexible** horaire flexible ▸ **horario intensivo** journée *f* continue ▸ **horario laboral** horaire de travail.

horca sf **1.** [patíbulo] potence *f* **2.** AGRIC fourche *f*.

horcajadas ◆ **a horcajadas** loc adv à califourchon.

horchata sf orgeat *m (de souchet)*.

horchatería sf *café où l'on vend de la « horchata » et des glaces.*

horcón sm AM [para vigas] poteau *m*.

horda sf horde *f*.

horizontal adj horizontal(e).

horizonte sm **1.** [gen] horizon *m* **2.** *(gen pl)* [pensamiento] ▸ **tener amplitud de horizontes** avoir l'esprit ouvert.

horma sf [molde] forme *f* ; [utensilio] embauchoir *m* ▸ **encontrar la horma de su zapato** *fig* trouver son maître.

hormiga sf **1.** fourmi *f* **2.** EXPR **ser una hormiga** *fig* être une (vraie) fourmi ▸ **tener hormigas en el culo** RP *mfam* **a)** [moverse] ne pas (pouvoir) tenir en place **b)** [cambiar de vida] avoir la bougeotte.

hormigón sm béton *m* ▸ **hormigón armado** béton armé.

hormigonar vt bétonner.

hormigonera sf bétonnière *f*.

hormiguear vi **1.** [dar hormigueo] : *me hormiguean los pies* j'ai des fourmis dans les pieds **2.** [agitarse] fourmiller.

hormigueo sm ▸ **sentir hormigueo en** avoir des fourmis dans.

hormiguero ◆ adj ⟶ **oso.** ◆ sm *pr & fig* fourmilière *f*.

hormiguita sf petite fourmie *f* / *su mujer es una hormiguita* sa femme est une vraie petite fourmi.

hormona sf hormone *f*.

hormonal adj hormonal(e).

hornada sf fournée *f*.

hornear vt enfourner.

hornillo sm **1.** ESP [para cocinar] réchaud *m* **2.** [de laboratorio] fourneau *m*.

horno sm four *m* ▸ **alto horno** haut-fourneau *m* ▸ **horno crematorio** four crématoire ▸ **horno eléctrico / microondas** four électrique / à micro-ondes ▸ **no está el horno para bollos** *fig* ce n'est pas le moment.

Hornos npr ▸ **el cabo de Hornos** le cap Horn.

horóscopo sm **1.** [signo] signe *m* (du zodiaque) **2.** [predicción] horoscope *m*.

horqueta sf AM **1.** [de camino] bifurcation *f* **2.** [de río] coude *m*.

horquilla sf **1.** [para el pelo] épingle *f* à cheveux **2.** [de bicicleta, etc.] fourche *f*.

horrendo, da adj **1.** [espantoso] horrible **2.** *fam* [muy malo, feo] atroce.

hórreo sm *silo en bois sur pilotis en Galice et dans les Asturies.*

horrible adj horrible.

horripilante adj **1.** *fam* [muy malo, feo] atroce **2.** [espeluznante] terrifiant(e).

horripilar vt terrifier.

horror sm ▸ **los horrores de la guerra** les horreurs de la guerre. ◆ **horrores** adv *fam* : *me gusta horrores el chocolate* j'adore le chocolat.

horrorizado, da adj épouvanté(e).

horrorizar [13] vt épouvanter.
◆ **horrorizarse** vprnl être épouvanté(e).

horroroso, sa adj **1.** [gen] horrible **2.** *fam* [enorme] atroce.

hortaliza sf légume *m*.

hortelano, na adj & sm, f maraîcher(ère).

hortensia sf hortensia *m*.

hortera adj & smf *fam* ringard(e).

horterada sf ESP *fam* : *esa canción es una horterada* cette chanson est complètement ringarde.

hortícola adj horticole.

horticultor, ra sm, f horticulteur *m*, -trice *f*.

horticultura sf horticulture *f*.

hortofrutícola adj horticole et arboricole.

hosanna sm RELIG hosanna *m*.

hosco, ca adj **1.** [persona] bourru(e) **2.** [lugar] sauvage.

hospedador sm INTERNET hébergeur *m* ▸ **hospedador web** hébergeur Web.

hospedaje sm **1.** [alojamiento] hébergement *m* **2.** [precio] pension *f*.

hospedar vt héberger. ◆ **hospedarse** vprnl loger ; [en un hotel] descendre / *se hospedó en el hotel Miramar* il est descendu à l'hôtel Miramar.

hospedería sf **1.** [hotel] petit hôtel *m* ; ≃ chambres *fpl* d'hôte **2.** [de convento] hôtellerie *f*.

hospiciano, na sm, f pensionnaire *mf* d'un orphelinat.

hospicio sm [para niños] orphelinat *m* ; [para pobres] foyer *m* d'accueil.

hospital sm hôpital *m*.

hospitalario, ria adj hospitalier(ère).

hospitalidad sf hospitalité *f*.

hospitalización sf hospitalisation *f*.

hospitalizar [13] vt hospitaliser. ◆ **hospitalizarse** vprnl AM être admis(e) à l'hôpital.

hosquedad sf antipathie *f*.

host sm INFORM (ordinateur) hôte *m*.

hostal sm hôtel *m*.

hostelería sf hôtellerie *f*.

hostelero, ra adj & sm, f hôtelier(ère).

hostería sf **1.** [pensión] auberge *f* **2.** CSUR [hotel] hôtel *m*.

hostia sf **1.** RELIG ostie *f* **2.** ESP *vulg* [bofetada] ▸ **dar una hostia a alguien** foutre son poing dans la gueule à qqn **3.** ESP *vulg* [accidente] ▸ **pegarse una hostia** se planter en voiture **4.** EXPR **estar de mala hostia** ESP *vulg* être de mauvais poil ▸ **ser la hostia** ESP *vulg* [por malo] être nul à chier ▸ **tener mala hostia** ESP *vulg* être un salaud. ◆ **¡hostia!, ¡hostias!** interj *vulg* putain !

hostiar [9] vt *vulg* ▸ **hostiar a alguien** péter la gueule à qqn.

hostigamiento sm MIL harcèlement *m*.

hostigar [16] vt harceler.

hostigoso, sa adj ANDES CAM MÉX ennuyeux(euse).

hostil adj hostile.

hostilidad sf hostilité *f*.

hostilizar [13] vt MIL harceler.

hot dog [xot'doɣ] (*pl* **hot dogs**) sm hot dog *m*.

hotel sm hôtel *m* ▸ **hotel alojamiento** CSUR *hôtel où l'on paie la chambre à l'heure*.

hotelería sf ANDES RP hôtellerie *f*.

hotelero, ra adj & sm, f hôtelier(ère).

hot line [xot lain] (*pl* **hot lines**) sf hot line *f*.

house [xaus] sm MÚS house *f*.

hovercraft [oβer'kraft] (*pl* **hovercrafts**) sm hovercraft *m*.

hoy adv aujourd'hui ▸ **hoy día, hoy en día, hoy por hoy** de nos jours ▸ **de hoy en adelante** dorénavant ▸ **de hoy en más** RP à partir d'aujourd'hui.

hoya sf AM [cuenca de río] vallée *f*.

hoyo sm **1.** [gen & DEP] trou *m* **2.** *fam* [sepultura] tombe *f*.

hoyuelo sm fossette *f*.

hoz sf faucille *f* ▸ **la hoz y el martillo** la faucille et le marteau.

HTML (*abr de* **Hypertext Markup Language**) sm INFORM HTML *m*.

HTTP (*abr de* **Hypertext Transfer Protocol**) sm INFORM HTTP *m* / *el lenguaje HTTP* le langage HTTP.

huaca = **guaca**.

huacal = **guacal**.

huachafería sf PERÚ *fam* **1.** [cosa] *chose ringarde* **2.** [dicho] *commentaire vulgaire*.

huachafo, fa adj BOL PERÚ *fam* [cursi] snob, chichiteux(euse).

huachinango = **guachinango**.

huacho = **guacho**.

huasca = **guasca**.

huaso = **guaso**.

huasteco, ca MÉX ◆ adj huaxtèque. ◆ sm, f [persona] Huaxtèque *mf*. ◆ **huasteco** sm [lengua] huaxtèque *m*.

hubiera ⟶ **haber**.

hucha sf ESP [alcancía] tirelire *f*.

hueco, ca adj creux(euse). ◆ **hueco** sm **1.** [gen] creux *m* **2.** [espacio vacío] place *f*.

huela ⟶ **oler**.

huelga ◆ sf grève *f* ▸ **declararse / estar en huelga** se mettre / être en grève ▸ **huelga de brazos caídos** o **cruzados** grève sur le tas ▸ **huelga de celo** grève du zèle ▸ **huelga de hambre** grève de la faim ▸ **huelga general** grève générale ▸ **huelga indefinida / salvaje** grève illimitée / sauvage. ◆ v ⟶ **holgar.**

huelguista adj & smf gréviste.

huella ◆ sf **1.** [gen] trace *f* ▸ **huella digital** o **dactilar** empreinte *f* digitale ▸ **huella genética** BIOL empreinte *f* génétique ▸ **seguir las huellas de alguien** marcher sur les traces de qqn **2.** *fig* [impresión profunda] marque *f* ▸ **dejar huella** marquer. ◆ v ⟶ **hollar.**

Huelva npr Huelva.

huérfano, na adj & sm, f orphelin(e).

huero, ra adj *pr* & *fig* creux(euse).

huerta sf **1.** [de verduras] plaine *f* maraîchère ; [de árboles frutales] verger *m* **2.** [tierra de regadío] *plaines maraîchères irriguées de Valence et de Murcie*.

huertano, na sm, f **1.** [hortelano] maraîcher *m*, -ère *f* **2.** [habitante] ▸ **ser un huertano** a) [murciano] être de la région de Murcie b) [valenciano] être de la région de Valence.

huertero, ra sm, f maraîcher *m*, -ère *f*.

huerto sm [de verduras] jardin *m* potager, potager *m*.

Huesca npr Huesca.

hueso sm **1.** [del cuerpo] os *m* / ***acabó* o *dio con sus huesos en la cárcel*** il a fini en prison ▸ **estar en los huesos** n'avoir que la peau sur les os ▸ **no poder con sus huesos** être moulu(e) (de fatigue) **2.** [de fruta] noyau *m* **3.** *fam* [persona] peau *f* de vache **4.** *fam* [asignatura] bête *f* noire **5.** AM *fam* sinécure *f*. ◆ **hueso de santo** sm *rouleau de massepain*.

huésped, da sm, f hôte *m*, hôtesse *f* ; [de un hotel] client *m*, -e *f*.

hueste sf (*gen pl*) **1.** [ejército] armée *f*, troupe *f* **2.** [de persona, causa] partisan *m*, -e *f*.

huesudo, da adj osseux(euse).

hueva sf **1.** [de pez] œufs *mpl* **2.** MÉX [pereza] flemme *f* / *¡qué hueva!* quelle flemme !

huevada sf ANDES RP *vulg* connerie *f*.

huevear vi ANDES *fam* faire le con (la conne).

huevero, ra sm, f marchand *m*, -e *f* d'œufs. ◆ **huevera** sf **1.** [para servir] coquetier *m* **2.** [para guardar] boîte *f* à œufs.

huevo sm **1.** [gen & CULIN] œuf *m* ▸ **huevo a la copa** ANDES œuf dur ▸ **huevo duro** œuf dur ▸ **huevo escalfado** œuf poché ▸ **huevo frito** œuf sur le plat *(frit)* ▸ **huevo pasado por agua** œuf à la coque ▸ **huevo tibio** AM œuf à la coque ▸ **huevos al plato** *œufs sur le plat accompagnés de chorizo* ▸ **huevos revueltos** œufs brouillés **2.** *(gen pl) vulg* [testículos] couilles *fpl* ▸ **costar un huevo** coûter la peau du cul ▸ **escorcharle los huevos a alguien** RP casser les couilles de qqn ▸ **saber un huevo** être vachement calé(e) ▸ **¡y un huevo!** mon cul !

huevón, ona adj & sm, f *mfam* **1.** CUBA MÉX [vago] flemmard(e) **2.** ANDES ARG VEN [tonto, torpe] con (conne).

hugonote, ta adj & sm, f huguenot(e).

huida sf fuite *f* ; [de preso] évasion *f*.

huidizo, za adj fuyant(e) ; [animal] farouche.

huipil sm CAM MÉX *tunique décolletée et sans manches, de couleurs vives, portée par les indiennes.*

huir [51] ❖ vi **1.** [escapar] s'enfuir **2.** [evitar] fuir ▸ **huir de algo / alguien** fuir qqch / qqn. ❖ vt fuir.

huiro sm AM algue *f*.

hule sm **1.** [tela] toile *f* cirée **2.** [de bebé] alaise *f* **3.** CAM MÉX [caucho] caoutchouc *m*, gomme *f* des Indes.

hulla sf houille *f*.

hullero, ra adj houiller(ère).

humanidad sf humanité *f*. ◆ **humanidades** sfpl sciences *fpl* humaines.

humanismo sm humanisme *m*.

humanista adj & smf humaniste.

humanístico, ca adj **1.** [del humanismo] humaniste **2.** [de las humanidades] des sciences humaines / *su cultura humanística* sa culture en sciences humaines.

humanitario, ria adj humanitaire.

humanitarismo sm humanitarisme *m*.

humanización sf humanisation *f* / *reclaman la humanización de las condiciones laborales* ils revendiquent des conditions de travail plus humaines.

humanizar [13] vt humaniser. ◆ **humanizarse** vprnl s'humaniser.

humano, na adj humain(e). ◆ **humano** sm *(gen pl)* homme *m*.

humanoide adj & smf humanoïde.

humareda sf nuage *m* de fumée.

humazo sm fumée *f* noire.

humeante adj fumant(e).

humear vi **1.** [salir humo o vapor] fumer **2.** AM [fumigar] fumiger.

humedad sf humidité *f*.

humedal sm marais *m*.

humedecer [30] vt humecter ; [ropa para planchar] humidifier. ◆ **humedecerse** vprnl s'humecter.

humedecimiento sm humectage *m*.

húmedo, da adj humide.

húmero sm humérus *m*.

humidificación sf humidification *f*.

humidificador sm humidificateur *m*.

humidificar [10] vt humidifier.

humildad sf humilité *f*.

humilde adj humble.

humillación sf humiliation *f*.

humillado, da adj humilié(e).

humillante adj humiliant(e).

humillar vt humilier. ◆ **humillarse** vprnl s'humilier ▸ **humillarse a hacer algo** s'abaisser à faire qqch.

humita sf **1.** ANDES ARG CULIN *mets à base de pâte ou de grains de maïs* **2.** CHILE [pajarita] nœud *m* papillon.

humo sm fumée *f*. ◆ **humos** smpl *fig* ▸ **tener (unos) humos** prendre de grands airs ▸ **se le han subido los humos** ça lui est monté à la tête ▸ **bajarle a alguien los humos** *fam* rabattre le caquet à qqn.

humor sm **1.** [gen & ANAT] humeur *f* ▸ **buen / mal humor** bonne / mauvaise humeur ▸ **humor de perros** humeur de chien o massacrante **2.** [gracia] humour *m* ▸ **un programa de humor** une émission humoristique ▸ **humor negro** humour noir.

humorismo sm humour *m* ▸ **el mundo del humorismo** le monde des comiques.

humorista smf [cómico] comique *mf* ; [dibujante, autor] humoriste *mf*.

humorístico, ca adj humoristique.

humoso, sa adj fumant(e).

humus sm inv humus *m*.

hundido, da adj **1.** [desmoralizado] abattu(e) **2.** [ojos] enfoncé(e) **3.** [mejillas] creux (creuse).

hundimiento sm **1.** [naufragio] naufrage *m* **2.** [de empresa, persona] effondrement *m*.

hundir vt **1.** [gen] plonger ; [barco] couler ; [garras, uñas] planter **2.** [terreno] provoquer l'effondrement de **3.** *fig* [persona] anéantir. ◆ **hundirse** vprnl **1.** [objeto] couler ; [submarino] plonger **2.** [techo, empresa, persona] s'effondrer.

húngaro, ra ❖ adj hongrois(e). ❖ sm, f Hongrois *m*, -e *f*. ◆ **húngaro** sm [lengua] hongrois *m*.

Hungría npr Hongrie *f*.

huno, na ❖ adj des Huns. ❖ sm, f ▸ **los hunos** les Huns.

huracán sm ouragan *m*.

huracanado, da adj violent(e) *(vent, etc.)*.

huraño, ña adj farouche.

hurgar [16] vi fouiller. ◆ **hurgarse** vprnl ▸ **hurgarse la nariz** se mettre les doigts dans le nez.

hurgón sm tisonnier *m*.

hurgonear vt tisonner.

hurgue ⟶ **hurgar**.

hurguetear AM ◇ vt fureter dans, fouiller dans. ◇ vi farfouiller, fouiller dans.

hurón sm **1.** [animal] furet *m* **2.** *fig* [persona] ours *m*.

hurra interj ▸ **¡hurra!** hourra !

hurtadillas ◆ **a hurtadillas** loc adv en cachette.

hurtar vt dérober.

hurto sm larcin *m*.

húsar sm hussard *m*.

husky ['xaski] sm husky *m*.

husmeador, ra adj [persona] fureteur(euse).

husmear ◇ vt [olfatear] flairer. ◇ vi [curiosear] fureter.

huso sm fuseau *m*. ◆ **huso horario** sm fuseau *m* horaire.

hutu ◇ adj hutu(e). ◇ smf Hutu *m*, -e *f*.

huy interj ▸ **¡huy!** **a)** [dolor] aïe ! **b)** [sorpresa] oh là là !

huya ⟶ **huir**.

huyera ⟶ **huir**.

I

i (*pl* **íes**), **I** [i] sf [letra] i *m inv*, I *m inv*.

IAE (*abr de* **Impuesto sobre Actividades Económicas**) sm *impôt des travailleurs indépendants en Espagne*.

ib., ibíd. (*abr escrita de* **ibidem**) ib., ibid. / *ib. págs. 19 y 20* ibid. pages 19 et 20.

iba ⟶ **ir**.

ibérico, ca adj ibérique.

íbero, ra, ibero, ra ❖ adj ibère. ❖ sm, f [habitante] Ibère *mf*.
◆ **íbero, ibero** sm [lengua] ibère *m*.

Iberoamérica npr Amérique latine.

iberoamericano, na ❖ adj latino-américain(e). ❖ sm, f Latino-Américain *m*, -e *f*.

Ibex 35 sm *indice boursier de référence composé de 35 valeurs industrielles espagnoles*.

IBI (*abr de* **Impuesto de Bienes Inmuebles**) sm *impôt foncier espagnol*.

íbice sm ibex *m*, bouquetin *m*.

ibicenco, ca ❖ adj d'Ibiza. ❖ sm, f *natif ou habitant d'Ibiza*.

ibídem, ibidem adv ibidem.

ibis sm inv [ave] ibis *m*.

Ibiza npr Ibiza.

ibizenco, ca ❖ adj d'Ibiza. ❖ sm, f habitant *m*, -e *f* d'Ibiza.

ice ⟶ **izar**.

ICE (*abr de* **Instituto de Ciencias de la Educación**) sm *institut national espagnol des sciences de l'éducation*.

iceberg (*pl* **icebergs**) sm iceberg *m*.

icono sm [gen & INFORM] icône *f*.

iconoclasta adj & smf iconoclaste.

iconografía sf iconographie *f*.

iconográfico, ca adj iconographique.

ictericia sf jaunisse *f*.

ictiología sf ichtyologie *f*.

id ⟶ **ir**.

íd., id. (*abr escrita de* **ídem**) id. *(idem)*.

I+D (*abr de* **Investigación y Desarrollo**) sm R&D *f*.

ida sf aller *m* ▸ **un billete de ida y vuelta** un billet aller-retour ▸ **idas y venidas** *fig* allées et venues.

IDE (*abr de* **Iniciativa de Defensa Estratégica**) sf IDS *f*.

idea sf **1.** [gen] idée *f* ▸ **idea fija** idée fixe ▸ **idea luminosa** idée géniale ▸ **tener ideas de bombero** ESP avoir de drôles d'idées **2.** [propósito, plan] intention *f* ▸ **cambiar de idea** changer d'avis ▸ **con la idea de** avec l'intention de ▸ **hacer algo con mala idea** faire qqch avec méchanceté ▸ **tener idea de hacer algo** avoir l'intention de faire qqch **3.** [conocimiento] notion *f* ▸ **no tener ni idea de algo a)** [suceso] ne pas avoir la moindre idée de qqch **b)** [asignatura, tema] ne rien connaître en qqch.
◆ **ideas** sfpl [ideología] idées *fpl*.

ideal ❖ adj idéal(e). ❖ sm idéal *m*.
◆ **ideales** smpl idéaux *mpl*.

idealismo sm idéalisme *m*.

idealista adj & smf idéaliste.

idealización sf idéalisation *f*.

idealizar [13] vt idéaliser.

idear vt concevoir.

ideario sm idéologie *f*.

ideático, ca adj AM déséquilibré(e).

ídem adv idem ▸ **ídem de ídem** *fam* kif-kif.

idéntico, ca adj identique ▸ **idéntico a** identique à.

identidad sf identité *f*.

identificable adj identifiable.

identificación sf identification *f*.

identificar [10] vt [reconocer] identifier.
◆ **identificarse** vprnl / *¡identifíquese!* déclinez votre identité ! ▸ **identificarse (con)** [personaje] s'identifier (à).

ideograma sm idéogramme *m*.

ideología sf idéologie *f*.

ideológico, ca adj idéologique.

ideólogo, ga sm, f idéologue *mf*.

IDH [i de 'atʃe] (*abr escrita de* **Índice de Desarrollo Humano**) sm IDH *m (indice de développement humain)*.

idílico, ca adj idyllique.

idilio sm idylle *f*.

idioma sm langue *f* ▸ **academia de idiomas** école de langues.

idiomático, ca adj idiomatique.

idiosincrasia sf particularité *f* ; *culto* idiosyncrasie *f*.

idiosincrásico, ca adj caractéristique ; *culto* idiosyncrasique.

idiosincrático, ca adj idiosyncrasique.

idiota adj & smf idiot(e).

idiotez sf idiotie *f*.

idiotizar [13] vt abrutir, rendre idiot(e).

ido, ida adj [loco] fou (folle) ; [abstraído] distrait(e).

idólatra ◆ adj idolâtre. ◆ smf **1.** [de ídolos] idolâtre *mf* **2.** *fig* [de una persona] ▸ **ser el idólatra de alguien** idolâtrer qqn.

idolatrar vt idolâtrer.

idolatría sf idolâtrie *f*.

ídolo sm idole *f*.

idoneidad sf : *hay que comprobar la idoneidad del producto* il faut s'assurer que le produit est approprié.

idóneo, a adj idéal(e) ; [persona] indiqué(e) ; [palabra, respuesta] bon (bonne).

i.e. (*abr escrita de* **id est**) i.e.

iglesia sf église *f* ▸ **¡con la iglesia hemos topado!** nous nous heurtons à un mur ! ◆ **Iglesia** sf ▸ **la Iglesia** l'Église *f*.

iglú (*pl* **iglúes** *o* **iglús**) sm igloo *m*.

ígneo, a adj igné(e).

ignición sf ignition *f*.

ignifugación sf ignifugation *f*.

ignífugo, ga adj ignifuge.

ignominia sf ignominie *f*.

ignominioso, sa adj ignominieux(euse).

ignorancia sf ignorance *f* ▸ **ignorancia supina** ignorance crasse.

ignorante adj & smf ignorant(e).

ignorar vt ignorer.

ignoto, ta adj ignoré(e).

igual

◆ adj

1. [idéntico, parecido] pareil(eille) / *dos libros iguales* deux livres pareils / *llevan jerseys iguales* ils portent le même pull ▸ **igual que** le même que / *mi lápiz es igual que el tuyo* j'ai le même crayon que toi / *su hija es igual que ella* sa fille est comme elle

2. [liso, constante] égal(e)

3. MAT *A más B es igual a C* A plus B égale C

◆ smf

égal *m*, -e *f* ▸ **sin igual** sans égal(e)

◆ adv

1. [de la misma manera] de la même façon ▸ **al igual que** de la même façon que ▸ **por igual** de la même façon / *repartió el dinero por igual* il a distribué l'argent à parts égales ▸ **me da igual salir o quedarme** ça m'est égal de sortir ou de rester là ▸ **es igual a la hora que vengas** tu peux venir à l'heure que tu veux

2. ESP [posiblemente] peut-être (bien) / *igual viene* il viendra peut-être

igualación sf égalisation *f* ; [de terreno] nivellement *m*.

igualada sf DEP égalité *f*.

igualado, da adj ▸ **estar igualado** être à égalité / *están muy igualados* ils sont quasiment à égalité.

igualar ◆ vt **1.** [sueldos, terreno, etc.] égaliser ▸ **igualar algo / a alguien a** o **con** mettre qqch / qqn sur le même plan que **2.** [persona] ▸ **igualar a alguien en** égaler qqn en / *nadie le iguala en generosidad* personne n'est aussi généreux que lui. ◆ vi DEP égaliser. ◆ **igualarse** vprnl **1.** [gen] être égal(e) ▸ **igualarse a** o **con algo** être comparable à qqch **2.** [a otra persona] ▸ **igualarse a** o **con alguien** se comparer à qqn.

igualdad sf égalité *f* ▸ **en igualdad de condiciones** à conditions égales ▸ **igualdad de oportunidades** égalité des chances.

igualitario, ria adj égalitaire.

igualitarismo sm égalitarisme *m*.

igualmente adv **1.** [también] également **2.** [fórmula de cortesía] : *recuerdos a tus padres — gracias, igualmente* mon bon souvenir à tes parents — merci, pareillement / *¡que te diviertas mucho! — igualmente* amuse-toi bien ! — toi aussi.

iguana sf iguane *m*.

ijada sf flanc *m*.

ijar sm flanc *m*.

ikastola sf EDUC *école primaire du Pays basque où l'enseignement est donné en langue basque.*

ikurriña sf *drapeau officiel du Pays basque espagnol.*

ilación sf enchaînement *m* / *un discurso sin ilación* un discours incohérent.

ilegal adj illégal(e).

ilegalidad sf [acción] illégalité *f*.

ilegalizar [13] vt rendre illégal.

ilegalmente adv illégalement.

ilegible adj illisible.

ilegitimar vt déclarer illégitime.

ilegitimidad sf illégitimité *f*.

ilegítimo, ma adj illégitime.

ileso, sa adj indemne / *el conductor salió* o *resultó ileso* le conducteur est sorti indemne de l'accident.

iletrado, da adj & sm, f illettré(e).

ilícito, ta adj illicite. ◆ **ilícito** sm AM [delito - poco grave] délit *m* ; [- muy grave] crime *m*.

ilimitado, da adj illimité(e).

Ilmo., a (*abr de* **Ilustrísimo, Ilustrísima**) adj : *el Ilmo. Ayuntamiento de Madrid* la mairie de Madrid / *el Ilmo. señor juez don Lucas Hernández* M. le juge Lucas Hernández.

ilocalizable adj injoignable.

ilógico, ca adj illogique.

iluminación sf **1.** [gen] éclairage *m* / *esta calle tiene poca iluminación* **a)** cette rue est peu éclairée **b)** [en fiestas] illuminations *fpl* **2.** RELIG illumination *f*.

iluminado, da ◆ adj **1.** [lugar] éclairé(e) **2.** RELIG illuminé(e). ◆ sm, f illuminé *m*, -e *f*.

iluminador, ra ◆ adj éclairant(e). ◆ sm, f éclairagiste *mf*.

iluminar vt **1.** [gen] illuminer ; [dar luz, clarificar] éclairer **2.** [libros] enluminer. ◆ **iluminarse** vprnl **1.** [calle] être éclairé(e) ; [monumento] être illuminé(e) ; [rostro, mirada, etc.] s'illuminer, s'éclairer **2.** RELIG être illuminé(e).

ilusión sf **1.** [gen] illusion *f* ▸ **hacerse** o **forjarse ilusiones** se faire des illusions ▸ **ilusión óptica** illusion d'optique **2.** [esperanza] rêve *m* **3.** [confianza] espoir *m* **4.** [emoción] joie *f* / *¡qué ilusión verte!* quel plaisir de te voir ! ▸ **me hace (mucha) ilusión que vengas** ça me fait (très) plaisir que tu viennes.

ilusionar vt **1.** [esperanzar] ▸ **ilusionar a alguien** donner de faux espoirs à qqn **2.** [emocionar] ravir / *me ilusiona verte* je suis ravi de te voir. ◆ **ilusionarse** vprnl **1.** [esperanzarse] ▸ **ilusionarse (con)** se faire des illusions (sur) **2.** [emocionarse] ▸ **ilusionarse (con)** se réjouir (de).

ilusionismo sm illusionnisme *m*.

ilusionista ❖ adj : *un mago ilusionista* un illusionniste. ❖ smf illusionniste *mf*.

iluso, sa adj & sm, f naïf(ïve).

ilusorio, ria adj illusoire.

ilustración sf **1.** [estampa] illustration *f* **2.** [cultura] instruction *f*. ◆ **Ilustración** sf ▸ **la Ilustración** les Lumières *fpl*.

ilustrado, da adj **1.** [publicación] illustré(e) **2.** [persona] instruit(e) **3.** HIST éclairé(e).

ilustrador, ra ❖ adj illustratif(ive). ❖ sm, f illustrateur *m*, -trice *f*.

ilustrar vt **1.** [gen] illustrer **2.** [educar] instruire.

ilustrativo, va adj illustratif(ive).

ilustre adj **1.** [gen] illustre **2.** [título] : *el ilustre señor alcalde* monsieur le maire.

ilustrísimo, ma adj illustrissime. ◆ **Ilustrísima** sf ▸ **Su Ilustrísima** Sa Grandeur.

imagen sf image *f* ▸ **a imagen y semejanza de algo / alguien** à l'image de qqch / qqn ▸ **ser la viva imagen de alguien** être tout le portrait de qqn.

imaginable adj imaginable / *hizo todo lo imaginable para conseguirlo* il a fait tout ce qu'il a pu imaginer pour y parvenir.

imaginación sf **1.** [facultad] imagination *f* ▸ **pasar por la imaginación de alguien** venir à l'esprit o à l'idée de qqn **2.** *(gen pl)* [idea falsa] idées *fpl* / *son imaginaciones tuyas* tu te fais des idées.

imaginar vt imaginer. ◆ **imaginarse** vprnl s'imaginer / *¡imagínate!* tu te rends compte !

imaginario, ria adj imaginaire.

imaginativo, va adj imaginatif(ive).

imaginería sf statuaire *f* religieuse.

imán sm **1.** [para atraer] aimant *m* ; [para la nevera] magnet *m* **2.** RELIG imam *m*.

imanación sf aimantation *f*.

imanar, imantar vt aimanter.

imbatible adj imbattable.

imbatido, da adj invaincu(e).

imbebible adj imbuvable.

imbécil adj & smf imbécile.

imbecilidad sf imbécillité *f*.

imberbe adj imberbe.

imborrable adj *fig* ineffaçable, indélébile.

imbricación sf [acción] imbrication *f*.

imbricado, da adj imbriqué(e).

imbricar [10] vt imbriquer.

imbuir [51] vt inculquer ▸ **imbuir a alguien ideas falsas** inculquer des idées fausses à qqn.

IMC [i 'eme θe] (*abr escrita de* **índice de masa corporal**) sm IMC *m (indice de masse corporelle)*.

imitación sf imitation *f* ; [de obra literaria] plagiat *m* / *joya de imitación* bijou fantaisie / *piel de imitación* imitation cuir.

imitador, ra sm, f imitateur *m*, -trice *f* / *es una imitadora de…* elle imite….

imitar vt imiter.

imitativo, va adj imitatif(ive) / *su capacidad imitativa* sa capacité d'imitation.

imp *abr escrita de* **imprenta**.

impaciencia sf impatience *f*.

impacientar vt impatienter. ◆ **impacientarse** vprnl s'impatienter.

impaciente adj ▸ **impaciente (por hacer algo)** impatient(e) (de faire qqch).

impactante adj **1.** [noticia, declaración] fracassant(e) **2.** [belleza] renversant(e).

impactar vt **1.** [golpear] frapper **2.** *fig* [afectar] toucher.

Cómo expresar la impaciencia

- **Je suis impatiente de le revoir.** *Estoy impaciente por volverlo a ver.*
- **Il me tarde d'être en vacances.** *No veo la hora de estar de vacaciones.*
- **Elle boue d'impatience d'avoir ses résultats d'examen.** *Está muerta de impaciencia por conocer los resultados del examen.*
- **J'attends de partir avec impatience.** *Estoy impaciente por irme.*
- **Il piaffe d'impatience à l'idée de retrouver ses amis.** *Salta de impaciencia solo con la idea de encontrar a sus amigos.*
- **Dépêchons-nous, ils s'impatientent !** *¡Apresurémonos, que se impacientan!*
- **Il s'impatiente de connaître la suite de l'histoire.** *Se muere de ganas de conocer la continuación de la historia.*
- **C'est un impatient, il ne tient pas en place !** *¡Es un impaciente, no se está quieto!*

impacto sm [choque] impact *m* ▸ **impacto ambiental** effet *m* sur l'environnement ; [emocional] choc *m*.

impagable adj **1.** [cantidad] inabordable **2.** [inapreciable] inestimable / *su ayuda es impagable* votre aide n'a pas de prix.

impagado, da adj impayé(e). ◆ **impagado** sm impayé *m*.

impago sm non-paiement *m*.

impalpable adj impalpable.

impar adj **1.** MAT impair(e) **2.** [sin igual] sans pareil(eille).

imparable adj imparable.

imparcial adj impartial(e).

imparcialidad sf impartialité *f*.

impartir vt donner.

impase, impasse [im'pas] sm impasse *f*.

impasibilidad sf impassibilité *f*.

impasible adj impassible.

impavidez sf **1.** [impasibilidad] impassibilité *f* **2.** *culto* [valor] impavidité *f*.

impávido, da adj **1.** [impasible] impassible **2.** *culto* [valiente] impavide.

impecable adj impeccable.

impedancia sf impédance *f*.

impedido, da ❖ adj handicapé(e) ▸ **estar impedido de** avoir perdu l'usage de. ❖ sm, f handicapé *m*, -e *f*.

impedimento sm empêchement *m*.

impedir [26] vt **1.** [imposibilitar] empêcher ▸ **impedir a alguien hacer algo** empêcher qqn de faire qqch **2.** [dificultar] gêner.

impeler vt pousser ▸ **impeler a alguien a algo / a hacer algo** pousser qqn à qqch / à faire qqch.

impenetrabilidad sf impénétrabilité *f*.

impenetrable adj *pr* & *fig* impénétrable.

impenitencia sf impénitence *f*.

impenitente adj impénitent(e).

impensable adj impensable.

impensado, da adj imprévu(e) / *en el momento más impensado* au moment où l'on s'y attendait le moins.

impepinable adj ESP *fam* : *esto es impepinable* c'est sûr et certain / *sus argumentos son impepinables* ses arguments sont imparables.

imperante adj dominant(e).

imperar vi régner, dominer.

imperativo, va adj impératif(ive).
◆ **imperativo** sm [gen & GRAM] impératif *m*.

imperceptible adj imperceptible.

imperdible sm épingle *f* de nourrice.

imperdonable adj impardonnable.

imperecedero, ra adj **1.** [producto] non périssable **2.** *fig* [fama, recuerdo, etc.] impérissable.

imperfección sf imperfection *f*.

imperfecto, ta adj imparfait(e).
◆ **imperfecto** sm GRAM imparfait *m*.

imperial adj impérial(e).

imperialismo sm impérialisme *m* ▸ **imperialismo económico** impérialisme économique.

imperialista adj & smf impérialiste.

impericia sf inexpérience *f*.

imperio sm **1.** [gen] empire *m* / *una mujer que vale un imperio* une femme en or **2.** [mandato] règne *m*.

Imperio español

L'empire englobait les territoires colonisés ou administrés sur les cinq continents par la monarchie espagnole, entre les XVIe et XIXe siècles. Le processus débuta avec la découverte de l'Amérique en 1492 et connut son apogée dans la seconde moitié du XVIe siècle. Le roi Philippe II contrôlait en effet un « empire sur lequel le soleil ne se couchait jamais ». Les victoires de Hernán Cortés sur l'Empire aztèque et de Pizarro sur l'Empire inca débouchèrent ainsi, au milieu du XVIe siècle, sur la création de deux grandes vice-royautés : celle de la Nouvelle-Espagne (Mexique, Amérique centrale et Antilles) et celle du Pérou (Panamá et Amérique du Sud espagnole) qui fournissaient d'importantes quantités d'or et d'argent. Au XVIIe siècle, l'Espagne subit la récession européenne et amorça une longue crise. Elle perdit alors partiellement le contrôle de ses territoires, et, au XIXe siècle, les colonies américaines arrachèrent leur indépendance (1810-1824). En 1898, la défaite face aux États-Unis lui enleva ses dernières colonies en Amérique et en Asie. En 1975, l'Espagne se retire du Sahara occidental. Ne demeurent de cet empire que les enclaves de Ceuta et Melilla.

imperioso, sa adj impérieux(euse).

impermeabilidad sf imperméabilité *f*.

impermeabilización sf imperméabilisation *f*.

impermeabilizante ❖ adj imperméabilisant(e). ❖ sm imperméabilisant *m*.

impermeabilizar [13] vt imperméabiliser.

impermeable adj & sm imperméable.

impersonal adj impersonnel(elle).

impertérrito, ta adj imperturbable.

impertinencia sf impertinence *f*.
impertinente adj & smf impertinent(e).
◆ **impertinentes** smpl face-à-main *m*.
imperturbabilidad sf imperturbabilité *f*.
imperturbable adj imperturbable.
ímpetu sm **1.** [empuje] force *f* **2.** [energía] énergie *f*.
impetuosidad sf impétuosité *f*.
impetuoso, sa ❖ adj **1.** [olas, viento, ataque] violent(e) **2.** [ritmo] soutenu(e) **3.** [persona] impulsif(ive), impétueux(euse). ❖ sm, f impulsif *m*, -ive *f*.
impida ⟶ **impedir**.
impidiera ⟶ **impedir**.
impío, a adj impie.
implacable adj implacable.
implantación sf **1.** [de idea, democracia, etc.] instauration *f* **2.** BIOL & MED implantation *f* ▸ **implantación de órgano** transplantation *f* d'organe.
implantar vt [gen & MED] implanter ; [prótesis] poser.
◆ **implantarse** vprnl s'implanter.
implante sm implant *m*.
implementar vt mettre en œuvre ; [ideas, decisiones] mettre en application.
implemento sm **1.** *(gen pl)* [de cocina] ustensiles *mpl* **2.** LING objet *m*.
implicación sf implication *f*.
implicado, da sm, f [en delito, escándalo] *personne impliquée (dans une affaire)*.
implicancia sf **1.** [incompetencia] incompétence *f* **2.** CSUR [consecuencia] conséquence *f*, séquelle *f*.
implicar [10] vt impliquer.
◆ **implicarse** vprnl ▸ **implicarse en** intervenir dans.
implícito, ta adj implicite.
imploración sf imploration *f*.
implorante adj implorant(e).
implorar vt implorer.
impoluto, ta adj **1.** [limpio] immaculé(e) **2.** *fig* [perfecto] irréprochable.
imponderabilidad sf impondérabilité *f*.
imponderable ❖ adj incalculable ; *fig* inappréciable. ❖ sm impondérable *m*.

imponente adj [edificio, montaña, etc.] imposant(e) ; [obra, espectáculo] impressionnant(e) / ***¡estás imponente con ese abrigo!*** tu es superbe dans ce manteau !
imponer [65] ❖ vt imposer ▸ **imponer las manos** imposer les mains ▸ **imponer respeto / silencio** imposer le respect / le silence. ❖ vi en imposer.
◆ **imponerse** vprnl s'imposer.
imponible adj ⟶ **base**.
impopular adj impopulaire.
impopularidad sf impopularité *f*.
importación sf importation *f* ▸ **de importación** d'importation ▸ **importaciones invisibles** importations invisibles.
importado, da adj importé(e).
importador, ra adj & sm, f importateur(trice).
importancia sf importance *f* ▸ **dar importancia a algo** accorder de l'importance à qqch ▸ **de importancia** important(e) ▸ **quitar importancia a algo** relativiser qqch ▸ **sin importancia** sans importance ▸ **darse importancia** *fig* faire l'important(e).
importante adj important(e).
importar ❖ vt **1.** [gen & INFORM] importer **2.** [suj: factura] s'élever à ; [suj: artículo, mercancía] valoir. ❖ vi **1.** [preocupar] importer / ***eso a ti no te importa*** ça ne te regarde pas / ***me importas mucho*** tu comptes beaucoup pour moi / ***no me importa*** ça m'est égal / ***nos importa saber…*** il est important pour nous de savoir… / ***¿y a ti qué te importa?*** qu'est-ce que ça peut te faire ? ▸ **me importa un bledo** o **un comino** o **un pito** *fam* je m'en fiche comme de l'an quarante o comme de ma première chemise **2.** [en interrogación] ennuyer / ***¿te importa que venga contigo?*** ça t'ennuie si je viens avec toi ? ❖ v impers avoir de l'importance / ***no importa*** ça ne fait rien / ***¡qué importa si llueve!*** ça ne fait rien s'il pleut !
importe sm [de factura, etc.] montant *m* ; [de mercancía] prix *m* ▸ **importe total** montant total.
importunar ❖ vt importuner. ❖ vi être importun(e).
importuno, na = **inoportuno**.
imposibilidad sf impossibilité *f* ▸ **imposibilidad física** impossibilité physique.
imposibilitado, da adj paralysé(e) ▸ **estar imposibilitado para hacer algo** être inapte à faire qqch

Cómo expresar la imposibilidad

- **C'est impossible. / Ce n'est pas possible.** *Es imposible. / No es posible.*
- **Il m'est impossible de partir maintenant.** *Me resulta imposible irme ahora.*
- **Elle ne pourra pas assister à la conférence.** *No podrá asistir a la conferencia.*
- **Il est dans l'impossibilité de reprendre le travail.** *Se encuentra en la imposibilidad de reanudar el trabajo.*
- **Je ne peux rien vous dire.** *No puedo decirle nada.*
- **Il n'y a aucune chance qu'il réussisse son examen.** *No hay ninguna probabilidad de que apruebe el examen.*
- **Je ne peux absolument pas me libérer jeudi.** *No me es posible en absoluto estar libre el jueves.*
- **Il n'arrive pas à résoudre le problème.** *No consigue solucionar el problema.*

▸ **verse imposibilitado para** o **de hacer algo** se voir dans l'impossibilité de faire qqch.

imposibilitar vt ▸ **imposibilitar a alguien para hacer algo** empêcher qqn de faire qqch, mettre qqn dans l'impossibilité de faire qqch.

imposible ❖ adj impossible. ❖ sm impossible *m* ▸ **pedir imposibles** *fig* demander l'impossible ▸ **hacer lo imposible** *fig* faire l'impossible.

imposición sf **1.** [acción de imponer] fait *m* d'imposer / *la imposición de sanciones* le fait d'imposer des sanctions **2.** [obligación] contrainte *f* **3.** [tributo] imposition *f* **4.** [banca] dépôt *m*.

impositivo, va adj fiscal(e) ▸ **el sistema impositivo** le système d'imposition.

impostar vt MÚS poser / *impostar la voz* poser sa voix.

impostor, ra ❖ adj [suplantador] : *una persona impostora* une personne qui se fait passer pour quelqu'un d'autre. ❖ sm, f **1.** [suplantador] imposteur *m* **2.** [calumniador] calomniateur *m*, -trice *f*.

impostura sf **1.** [suplantación] imposture *f* **2.** [calumnia] calomnie *f*.

impotencia sf impuissance *f*.

impotente ❖ adj impuissant(e). ❖ sm impuissant *m*.

impracticable adj **1.** [irrealizable] irréalisable / *el buceo es impracticable sin aletas* on ne peut pas faire de plongée sans palmes **2.** [intransitable] impraticable.

imprecación sf imprécation *f*.

imprecar [10] vt proférer des imprécations contre.

imprecatorio, ria adj imprécatoire.

imprecisión sf imprécision *f*.

impreciso, sa adj imprécis(e).

impredecible adj imprédictible.

impregnar vt imprégner. ◆ **impregnarse** vprnl ▸ **impregnarse (de)** s'imprégner (de).

impremeditación sf ▸ **con impremeditación** sans préméditation.

impremeditado, da adj ▸ **ser impremeditado** ne pas être prémédité.

imprenta sf imprimerie *f*.

imprescindible adj indispensable.

impresentable adj : *estás impresentable* tu n'es pas présentable.

impresión sf **1.** [gen] impression *f* ▸ **cambiar impresiones** échanger des impressions ▸ **causar (una) buena / mala impresión** faire bonne/mauvaise impression ▸ **dar la impresión de** donner l'impression de ▸ **tener la impresión de que** o **que** avoir l'impression que **2.** [huella] marque *f*; [en barro] empreinte *f* ▸ **impresión digital** o **dactilar** empreinte digitale.

impresionable adj impressionnable.

impresionante adj impressionnant(e).

impresionar ❖ vt **1.** [gen & FOTO] impressionner **2.** [sonidos, discurso, etc.] enregistrer. ❖ vi : *esta película impresiona mucho* ce film est très impressionnant. ◆ **impresionarse** vprnl être impressionné(e).

impresionismo sm impressionnisme *m*.

impresionista adj & smf impressionniste.

impreso, sa adj imprimé(e). ◆ **impreso** ❖ sm [formulario] imprimé *m*. ❖ pp ⟶ **imprimir.**

impresor, ra ❖ adj imprimant(e), imprimeur(euse). ❖ sm, f imprimeur *m*. ◆ **impresora** sf INFORM imprimante *f* ▸ **impresora de chorro de tinta** imprimante à jet d'encre ▸ **impresora de agujas** imprimante à aiguilles ▸ **impresora de margarita** imprimante à marguerite ▸ **impresora de matriz** o **matricial** imprimante matricielle ▸ **impresora láser** imprimante laser ▸ **impresora térmica** imprimante thermique.

imprevisible adj imprévisible.

imprevisión sf imprévoyance *f*.

imprevisto, ta adj imprévu(e). ◆ **imprevisto** sm imprévu *m* ▸ **salvo imprevistos** sauf imprévu. ◆ **imprevistos** smpl [gastos] faux frais *mpl*.

imprimir vt & vi imprimer.

improbabilidad sf improbabilité *f*.

improbable adj improbable.

ímprobo, ba adj [trabajo, esfuerzo] considérable.

improcedencia sf [de petición, reclamación] irrecevabilité *f*.

Cómo expresar la improbabilidad

- **Accepteront-ils l'invitation ? Probablement pas.** *¿Aceptarán la invitación? Probablemente no.*
- **Il est peu probable qu'il puisse l'aider.** *Es poco probable que pueda ayudarlo.*
- **Elle ne pourra probablement pas partir en vacances cet été.** *Probablemente este verano no podrá ir de vacaciones.*
- **Il y a peu de chances qu'il retrouve son portefeuille.** *Tiene pocas probabilidades de encontrar su cartera.*
- **Il ne risque pas de progresser vu sa paresse.** *Con lo perezoso que es, no hay riesgo de que progrese.*
- **Son histoire est totalement invraisemblable.** *Su historia es completamente inverosímil.*
- **Cela paraît compromis que nous puissions vous rejoindre demain.** *No es nada seguro que mañana podamos venir con vosotros.*
- **Il n'est pas acquis qu'il passe dans la classe supérieure.** *No se puede dar por sentado que pase de curso.*

improcedente adj **1.** [fuera de lugar] inopportun(e); [comentario] hors de propos; [petición, reclamación] irrecevable **2.** DER irrégulier(ère).

improductivo, va adj improductif(ive).

impronta sf empreinte *f*.

impronunciable adj imprononçable.

improperio sm injure *f* ▸ **llenar a alguien de improperios** accabler qqn d'injures.

impropiedad sf impropriété *f* ▸ **ser una impropiedad** ne pas être correct(e) ▸ **hablar con impropiedad** ne pas parler correctement.

impropio, pia adj **1.** [inadecuado] inapproprié(e); [vocabulario] impropre / ***impropio de su rango*** indigne de son rang / ***cosas impropias de su edad*** des choses qui ne sont pas de son âge **2.** [extraño] inhabituel(elle).

improrrogable adj : ***un plazo improrrogable*** **a)** une échéance qui ne peut pas être prorogée **b)** [contrato] non renouvelable.

improvisación sf improvisation *f*.

improvisado, da adj improvisé(e).

improvisar vt improviser.

improviso ◆ **de improviso** loc adv à l'improviste / ***llegó de improviso*** elle est arrivée à l'improviste / ***todo sucedió de improviso*** tout est arrivé si vite ▸ **nos cogió de improviso** ESP il nous a pris au dépourvu o de court.

imprudencia sf imprudence *f* ▸ **imprudencia temeraria** DER imprudence.

imprudente adj & smf imprudent(e).

impúber adj & smf impubère.

impudicia sf impudicité *f* ▸ **mentir con impudicia** mentir éhontément.

impúdico, ca adj impudique.

impudor sm impudeur *f*.

impuesto, ta pp ⟶ **imponer.** ◆ **impuesto** sm impôt *m*, taxe *f* ▸ **impuesto al consumo** taxe à la consommation ▸ **impuesto de lujo** taxe sur les produits de luxe ▸ **impuesto directo / indirecto** impôt direct / indirect ▸ **impuesto revolucionario** *fig impôt illégal prélevé par l'ETA sur les entreprises basques* ▸ **impuestos municipales** impôts locaux ▸ **impuesto sobre el capital** impôt sur la fortune ▸ **impuesto sobre el valor añadido** taxe sur la valeur ajoutée ▸ **impuesto sobre la renta** impôt sur le revenu.

impugnable adj contestable.

impugnación sf contestation *f*.

impugnar vt contester.

impulsar vt **1.** [gen] pousser **2.** [promocionar] stimuler, développer.

impulsión sf impulsion *f*.

impulsividad sf impulsivité *f*, caractère *m* impulsif.

impulsivo, va adj & sm, f impulsif(ive).

impulso sm **1.** [gen] impulsion *f* ▸ **obedecer a sus impulsos** obéir à ses impulsions **2.** [fuerza, arrebato] élan *m* ▸ **tener un impulso de generosidad** avoir un élan de générosité ▸ **tomar impulso** prendre de l'élan.

impulsor, ra ❖ adj moteur(trice). ❖ sm, f promoteur *m*, -trice *f*.

impune adj impuni(e) ▸ **quedar impune** rester impuni(e).

impunemente adv impunément.

impunidad sf impunité *f* ▸ **con la más absoluta impunidad** en toute impunité.

impuntual ❖ adj non ponctuel(elle). ❖ smf *personne qui est toujours en retard*.

impuntualidad sf manque *m* de ponctualité.

impureza sf *(gen pl)* impureté *f*.

impuro, ra adj impur(e).

impusiera ⟶ **imponer**.

imputabilidad sf imputabilité *f*.

imputable adj imputable.

imputación sf imputation *f*.

imputar vt imputer.

Imserso (*abr de* **Instituto de Mayores y Servicios Sociales**) sm *organisme espagnol en charge de la protection du troisième âge, des handicapés physiques et mentaux et des populations marginalisées et dont les prestations viennent compléter celles provenant du système de sécurité sociale*.

inabarcable adj trop vaste.

inabordable adj inaccessible.

inacabable adj interminable.

inacabado, da adj inachevé(e).

inaccesible adj inaccessible.

inacción sf inaction *f*.

inaceptable adj inacceptable.

inactividad sf inactivité *f*.

inactivo, va adj inactif(ive).

inadaptación sf inadaptation *f*.

inadaptado, da adj & sm, f inadapté(e).

inadecuado, da adj inadéquat(e).

inadmisible adj inadmissible.

inadvertido, da adj inaperçu(e) ▸ **pasar inadvertido** passer inaperçu.

inagotable adj inépuisable.

inaguantable adj insupportable.

inalámbrico adj ⟶ **teléfono**.

inalcanzable adj inaccessible.

inalienable adj inaliénable.

inalterable adj inaltérable; [carácter] imperturbable.

inalterado, da adj inaltéré(e).

inamovible adj inamovible.

inane adj vain(e).

inanición sf inanition *f*.

inanimado, da adj inanimé(e).

inánime adj inanimé(e), sans vie.

inapagable adj inextinguible.

inapelable adj **1.** [inevitable] inévitable **2.** DER sans appel.

inapetencia sf inappétence *f*.

inapetente adj ▸ **estar inapetente** manquer d'appétit.

inaplazable adj : *esta reunión es inaplazable* cette réunion ne peut pas être reportée / *una necesidad inaplazable de…* un besoin urgent de….

inaplicable adj inapplicable.

inapreciable adj **1.** [incalculable] inappréciable, inestimable **2.** [nimio] insignifiant(e) ; [diferencia] imperceptible.

inapropiado, da adj inapproprié(e) ; [comportamiento, actitud] déplacé(e).

inaptitud sf inaptitude *f*.

inasequible adj **1.** [por el precio] inabordable **2.** [inalcanzable] inaccessible.

inatacable adj **1.** [invulnerable] inattaquable **2.** *fig* [irrebatible] irréfutable.

inaudible adj inaudible.

inaudito, ta adj inouï(e).

inauguración sf inauguration *f* ; [de congreso, etc.] cérémonie *f* d'ouverture ; [de carretera] mise *f* en service.

inaugural adj inaugural(e).

inaugurar vt inaugurer.

inca ◆ adj inca. ◆ sm, f Inca *mf*.

incaico, ca adj inca.

incalculable adj incalculable.

incalificable adj inqualifiable.

incandescencia sf incandescence *f*.

incandescente adj incandescent(e).

incansable adj infatigable.

incapacidad sf incapacité *f* ▸ **incapacidad laboral** incapacité de travail.

incapacitado, da adj & sm, f DER incapable.

incapacitar vt ▸ **incapacitar para** a) empêcher de b) [para trabajar, etc.] rendre inapte à.

incapaz adj **1.** [gen & DER] ▸ **incapaz (de)** incapable (de) ▸ **es incapaz de matar una mosca** il ne ferait pas de mal à une mouche ▸ **declarar incapaz a alguien** DER frapper qqn d'incapacité **2.** [sin talento] ▸ **ser incapaz para** ne pas être doué pour.

incautación sf DER saisie *f*.

incautarse vprnl ▸ **incautarse de** a) DER saisir b) [apoderarse de] s'emparer de.

incauto, ta adj & sm, f naïf(ïve).

Los incas

Les Incas sont un peuple d'Amérique précolombienne dont l'empire connut son apogée du milieu du XVe au début du XVIe siècle. Cet empire s'étendait alors de la Colombie à l'Argentine et au Chili actuels et avait pour langue le **quechua**. Sa capitale était Cuzco, aujourd'hui au Pérou. Très structurée, la société inca était divisée entre la noblesse, les prêtres et les paysans, l'autorité de l'**Inca** (« Fils du Soleil »), ou chef suprême, étant absolue. L'empire disparut en 1532, lorsque le dernier empereur, **Atahualpa**, fut tué par le conquistador espagnol **Francisco Pizarro**. Malgré leurs croyances en plusieurs dieux, les Incas vouaient un véritable culte à **Viracocha**, le dieu créateur, et à **Inti**, le dieu-Soleil, père de l'Inca, dont ils se croyaient les fils. Les Incas se déplaçaient facilement sur leur immense territoire grâce à un efficace réseau de communication et étaient de grands bâtisseurs. **Machu Picchu**, ancienne cité bâtie sur les hauteurs de la cordillère des Andes, est le site archéologique inca le plus important et le mieux préservé.

incendiar [8] vt incendier.
◆ **incendiarse** vprnl prendre feu.

incendiario, ria adj & sm, f incendiaire.

incendio sm incendie *m*.

incensario sm encensoir *m*.

incentivar vt stimuler.

incentivo sm incitation *f* ▸ **incentivo fiscal** ECON incitation fiscale / *un trabajo sin incentivos* un travail peu motivant.

incertidumbre sf incertitude *f*.

incesante adj incessant(e).

incesto sm inceste *m*.

incestuoso, sa adj incestueux(euse).

Cómo expresar la incertidumbre

- **Ce n'est pas si sûr.** *No estoy tan seguro (de ello).*
- **Rien n'est encore sûr.** *Por el momento nada es seguro.*
- **Rien n'est moins sûr.** *No es nada seguro.*
- **Nous n'avons encore aucune certitude.** *Todavía no tenemos ninguna certeza.*
- **Je doute qu'il réussisse.** *Dudo que tenga éxito.*
- **Ça m'étonnerait que ça marche.** *Me extrañaría que funcionara.*
- **J'hésite encore à y aller.** *Aún no sé si ir o no.*
- **Il se peut qu'elle vous rappelle.** *Quizás le llame.*

incidencia sf **1.** [repercusión] incidence *f* **2.** [suceso] incident *m*.

incidental adj [no esencial] incident(e) ▸ **un hecho incidental** un incident.

incidente sm incident *m*.

incidir vi **1.** [incurrir] ▸ **incidir en** [error] tomber dans ▸ **incidir en repeticiones** se répéter **2.** [insistir] ▸ **incidir en** [tema] mettre l'accent sur **3.** [influir] ▸ **incidir en** avoir une incidence sur **4.** [suj: cirujano] ▸ **incidir en** faire une incision dans.

incienso sm encens *m*.

incierto, ta adj **1.** [dudoso] incertain(e) **2.** [falso] faux (fausse).

incineración sf incinération *f*.

incinerador sm incinérateur *m*.

incineradora sf incinérateur *m*.

incinerar vt incinérer.

incipiente adj naissant(e) / *una parálisis incipiente* un début de paralysie.

incisión sf incision *f*.

incisivo, va adj *pr* & *fig* incisif(ive). ◆ **incisivo** sm [diente] incisive *f*.

inciso, sa adj : *un estilo inciso* un style incisif. ◆ **inciso** sm **1.** [en un discurso] parenthèse *f* **2.** GRAM incise *f*.

incitación sf incitation *f*.

incitante adj encourageant(e).

incitar vt ▸ **incitar a alguien a algo / a hacer algo** inciter qqn à qqch / à faire qqch.

incívico, ca adj incivique.

incivilizado, da adj mal élevé(e).

incl. (*abr escrita de* **incluido**) incl. ▸ **IVA incl.** TVA incl.

inclasificable adj inclassable.

inclemencia sf **1.** [del clima] rigueur *f* **2.** [de persona] dureté *f*.

inclemente adj [persona] dur(e) ; [juicio] sévère ; [clima] rigoureux(euse).

inclinación sf **1.** [desviación] inclinaison *f* ; [de terreno] pente *f* **2.** [afición, saludo] inclination *f* ▸ **sentir inclinación por algo / alguien** avoir un penchant pour qqch / qqn.

inclinado, da adj **1.** [oblicuo - edificio, objeto] incliné(e), penché(e) / *la torre inclinada de Pisa* la tour penchée de Pise ; [terreno] en pente / *una pendiente / cuesta muy inclinada* une pente / côte très inclinée **2.** [tendente] enclin(e), incliné(e) / *una persona inclinada a la depresión / a deprimirse* une personne encline à la dépression / à déprimer.

inclinar vt **1.** [gen] incliner ▸ **inclinar la cabeza** a) [para saludar] incliner la tête b) [para leer] pencher la tête c) [por vergüenza] baisser la tête **2.** [influir] ▸ **inclinar a alguien a hacer algo** pousser qqn à faire qqch. ◆ **inclinarse** vprnl **1.** [doblarse] se pencher **2.** [para saludar] ▸ **inclinarse (ante)** s'incliner (devant) **3.** *fig* ▸ **inclinarse por** [preferir] pencher pour **4.** *fig* ▸ **inclinarse a** [tender a] être enclin(e) à.

incluido, da adj inclus(e), compris(e) / *IVA incluido* TVA incluse / *el desayuno está incluido en el precio* le petit déjeuner est compris dans le prix.

incluir [51] vt **1.** [poner dentro] inclure **2.** [contener] comprendre.

inclusa sf ⟶ **incluso**.

inclusión sf inclusion *f*.

inclusive adv y compris / *hasta la página 9 inclusive* jusqu'à la page 9 incluse.

incluso, sa adj inclus(e). ◆ **inclusa** sf hospice *m* des enfants trouvés. ◆ **incluso** adv même / *invitó a todos, incluso a tu hermano* il a invité tout le monde, même ton frère / *incluso nos invitó a cenar* il nous a même invités à dîner.

incoar vt DER intenter.

incógnito, ta adj inconnu(e). ◆ **de incógnito** loc adv incognito. ◆ **incógnita** sf **1.** MAT inconnue *f* **2.** [enigma] mystère *m*.

incoherencia sf incohérence *f*.

incoherente adj incohérent(e).

incoloro, ra adj incolore.

incólume adj *culto* indemne.

incombustible adj incombustible.

incomestible adj non comestible.

incomible adj immangeable.

incomodar vt [molestar] gêner ; [suj: visita, llamada, etc.] déranger ; [suj: situación] mettre mal à l'aise. ◆ **incomodarse** vprnl [enojarse] ▸ **incomodarse (por)** se fâcher (à cause de).

incomodidad sf ▸ **ser una incomodidad** a) [no ser confortable] ne pas être confortable b) [no ser adecuado] ne pas être pratique.

incómodo, da adj **1.** [sin comodidad] ▸ **ser incómodo** a) [no confortable] ne pas être confortable b) [inadecuado] ne pas être pratique **2.** [molesto] gênant(e) ▸ **sentirse incómodo** se sentir mal à l'aise.

incomparable adj incomparable.

incomparecencia sf non-comparution *f*.

incompatibilidad sf incompatibilité *f*.

incompatible adj incompatible.

incompetencia sf incompétence *f*.

incompetente adj incompétent(e).

incompleto, ta adj incomplet(ète).

incomprendido, da ◆ adj **1.** [mal comprendido] : *su discurso fue incomprendido* son discours n'a pas été compris **2.** [persona] incompris(e). ◆ sm, f incompris *m*, -e *f*.

incomprensible adj incompréhensible.

incomprensión sf incompréhension *f*.

incompresible adj incompressible.

incomunicación sf manque *m* de communication ; [de detenido] isolement *m* cellulaire.

incomunicado, da adj isolé(e).

incomunicar [10] vt isoler ; [detenido] mettre au secret.

inconcebible adj inconcevable.

inconciliable adj inconciliable.

inconcluso, sa adj inachevé(e).

inconcreto, ta adj **1.** [cálculos, dato] imprécis(e) **2.** [término, objetivo] vague, flou(e).

incondicional adj & smf inconditionnel(elle).

inconexo, xa adj décousu(e).

inconfesable adj inavouable.

inconformismo sm non-conformisme *m*.

inconformista adj & smf non-conformiste.

inconfundible adj caractéristique, reconnaissable entre tous (toutes).

incongruencia sf incongruité *f* ; [de relato] incohérence *f* ▸ **decir incongruencias** dire des absurdités.

incongruente adj incongru(e) ; [relato] incohérent(e).

inconmensurable adj incommensurable.

inconmovible adj [mirada, persona] imperturbable, impassible.

inconquistable adj imprenable.

inconsciencia sf *pr* & *fig* inconscience *f*.

inconsciente ❖ adj & smf inconscient(e). ❖ sm PSICOL ▸ **el inconsciente** l'inconscient *m*.

inconscientemente adv inconsciemment.

inconsecuencia sf inconséquence *f*.

inconsecuente ❖ adj inconséquent(e). ❖ smf ▸ **ser un inconsecuente** être inconséquent.

inconsistencia sf inconsistance *f*.

inconsistente adj inconsistant(e).

inconsolable adj inconsolable.

inconstancia sf inconstance *f*.

inconstante adj inconstant(e).

inconstitucional adj inconstitutionnel(elle).

inconstitucionalidad sf inconstitutionnalité *f*.

incontable adj **1.** [cantidad] innombrable ▸ **un número incontable de** un nombre incalculable de **2.** [hecho, suceso] inracontable.

incontenible adj irrésistible ; [dolor] insoutenable ▸ **una alegría incontenible** une joie débordante.

incontestable adj incontestable.

incontinencia sf incontinence *f*.

incontinente adj **1.** [goloso, bebedor, etc.] intempérant(e) **2.** MED incontinent(e).

incontrolable adj incontrôlable.

incontrolado, da ❖ adj incontrôlé(e) / ***iba a una velocidad incontrolada*** il allait à une vitesse folle. ❖ sm, f élément *m* incontrôlé.

inconveniencia sf **1.** [falta de conveniencia] ▸ **ser una inconveniencia** être un inconvénient **2.** [despropósito] inconvenance *f*.

inconveniente ❖ adj [dicho, conducta] déplacé(e) ; [ropa, estilo] inconvenant(e). ❖ sm **1.** [desventaja] inconvénient *m* ▸ **no tengo inconveniente en...** je ne vois pas d'inconvénient à... **2.** [pega, obstáculo] problème *m* ▸ **poner inconvenientes** faire des difficultés.

incordiar [8] vt *fam* casser les pieds.

incordio sm **1.** ESP *fam* [referido a animal, objeto, fenómeno] plaie *f* **2.** ESP [referido a hecho, trabajo, cosa que hacer] corvée *f* **3.** ESP *fam* [persona] casse-pieds *m inv*, emmerdeur *m*, -euse *f*.

incorporación sf incorporation *f*.

incorporado, da adj incorporé(e).

incorporar vt **1.** [gen] incorporer / ***incorporar los huevos a la masa*** incorporer les œufs à la pâte / ***incorporar un párrafo a un capítulo*** incorporer un paragraphe dans un chapitre **2.** [levantar] redresser. ◆ **incorporarse** vprnl **1.** [gen] ▸ **incorporarse a algo a)** [equipo, grupo] intégrer qqch **b)** [trabajo] commencer qqch **2.** [levantarse] se redresser.

incorpóreo, a adj incorporel(elle).

incorrección sf incorrection *f*.

incorrecto, ta adj incorrect(e).

incorregible adj incorrigible.

incorruptible adj incorruptible.

incorrupto, ta adj **1.** [cadáver] intact(e) **2.** *fig* [persona] non corrompu(e).

incredulidad sf incrédulité *f*.

incrédulo, la adj & sm, f incrédule, sceptique.

increíble adj incroyable.

incrementar vt accroître. ◆ **incrementarse** vprnl s'accroître, augmenter.

incremento sm accroissement *m* ; [de temperaturas] hausse *f*.

increpar vt **1.** [reprender] blâmer **2.** [insultar] injurier.

incriminación sf incrimination *f*.

incriminar vt incriminer.

incriminatorio, ria adj **1.** [persona, actos] incriminateur(trice) **2.** [prueba, documento, declaración] incriminant(e).

incruento, ta adj sans effusion de sang.

incrustación sf **1.** [gen] incrustation *f* **2.** [calcárea] tartre *m*.

incrustado, da adj **1.** [piedra, nácar, cal] incrusté(e) **2.** [objeto] logé(e).

incrustar vt incruster. ◆ **incrustarse** vprnl **1.** [adherirse] s'incruster ; [dos objetos, coches, etc.] s'encastrer **2.** *fig* [en la mente] se graver / ***aquella imagen se le incrustó en la memoria*** cette image s'est gravée dans sa mémoire.

incubación sf incubation *f* ▸ **incubación artificial** incubation artificielle.

incubadora sf couveuse *f*.

incubar vt couver.

incuestionable adj [teoría, razón] indiscutable ; [deber, obligación] impérieux(euse).

inculcar [10] vt ▸ **inculcar algo a alguien** inculquer qqch à qqn.

inculpación sf inculpation *f*.

inculpado, da adj & sm, f inculpé(e).

inculpar vt ▸ **inculpar a alguien (de)** inculper qqn (de).

inculto, ta ◈ adj inculte. ◈ sm, f ignorant *m*, -e *f*.

incultura sf inculture *f*.

incumbencia sf ressort *m* / *no es de mi incumbencia* ce n'est pas de mon ressort / *eso no es asunto de tu incumbencia* cela ne te regarde pas.

incumbir vi ▸ **incumbir (a)** incomber (à).

incumplimiento sm [de ley, contrato] non-respect *m* ; [de orden] non-exécution *f* ▸ **incumplimiento de su palabra / su deber** manquement *m* à sa parole/son devoir.

incumplir vt [ley, contrato] ne pas respecter ; [orden] ne pas exécuter ; [deber, palabra] manquer à ; [promesa] ne pas tenir.

incurable adj incurable.

incurrir vi ▸ **incurrir en** a) [falta, delito] commettre b) [desprecio, odio, ira] encourir, s'exposer à.

incursión sf incursion *f*.

indagación sf investigation *f*.

indagar [16] ◈ vt [orígenes, causas] rechercher. ◈ vi investiguer, procéder à des investigations.

indebidamente adv **1.** [ilegalmente] indûment, de manière irrégulière **2.** [inadecuadamente] incorrectement.

indebido, da adj **1.** [incorrecto] déplacé(e) **2.** [ilegal] illicite **3.** ECON indu(e).

indecencia sf indécence *f*.

indecente adj **1.** [impúdico] indécent(e) **2.** [indigno] infect(e).

indecible adj indicible, inexprimable.

indecisión sf indécision *f*.

indeciso, sa adj indécis(e).

indecoroso, sa adj inconvenant(e).

indefectible adj éternel(elle) / *llegó con su indefectible abrigo* il est venu avec son éternel pardessus.

indefendible adj **1.** [actitud] indéfendable, inexcusable **2.** [caso, teoría] indéfendable.

indefensión sf incapacité *f* à se défendre.

indefenso, sa adj sans défense.

indefinible adj indéfinissable.

indefinidamente adv indéfiniment.

indefinido, da adj indéfini(e) ▸ **un contrato indefinido** un contrat à durée indéterminée.

indeleble adj *culto* indélébile.

indemne adj indemne.

indemnidad sf *culto* immunité *f*.

indemnización sf indemnisation *f* ; [compensación] indemnité *f* ▸ **indemnización por daños y perjuicios** dommages *mpl* et intérêts ▸ **indemnización por despido** indemnité de licenciement.

indemnizar [13] vt ▸ **indemnizar a alguien (por)** indemniser qqn (de).

indemostrable adj indémontrable.

independencia sf indépendance *f*.

independentismo sm indépendantisme *m*.

independentista adj & smf indépendantiste.

independiente adj indépendant(e).

independientemente adv indépendamment ▸ **independientemente de** indépendamment de.

independizar [13] vt rendre indépendant(e) ▸ **independizar a un país** accorder son indépendance à un pays. ◆ **independizarse** vprnl [persona] s'émanciper ; [país] accéder à l'indépendance ▸ **independizarse de** devenir indépendant(e) de.

indescifrable adj indéchiffrable.

indescodificable adj indécodable.

indescriptible adj indescriptible.

indeseable adj indésirable.

indestructible adj indestructible.

indeterminación sf indétermination *f*.

indeterminado, da adj **1.** [gen] indéterminé(e) ▸ **por un tiempo indeterminado** pour une durée indéterminée **2.** GRAM ▸ **un artículo indeterminado** un article indéfini.

indexación sf INFORM indexation *f*.

indexar vt INFORM indexer.

India npr ▸ **(la) India** (l')Inde *f*.

indiano, na ◈ adj indien(enne). ◈ sm, f **1.** [indígena] Indien *m*, -enne *f* **2.** [emigrante] *Espagnol rentré en Espagne après avoir fait fortune en Amérique*.

indicación sf **1.** [gen] indication *f* **2.** [señal, gesto] signe *m*.

indicado, da adj indiqué(e).

Cómo expresar la indiferencia

- **Ça m'est égal.** *Me da igual.*
- **Ça m'est parfaitement égal.** *Me da realmente lo mismo.*
- **De toute manière, ça ne porte pas à conséquence.** *De todos modos, no importa.*
- **Ça n'a pas d'importance.** *No tiene importancia.*
- **Peu importe, choisis.** *Qué más da, elige.*
- **Cela revient au même.** *Viene a ser lo mismo.*
- **Je me moque de ce que pensent les gens.** *Me da igual lo que piensa la gente.*
- **L'art moderne, ça me laisse complètement indifférent.** *El arte moderno me deja totalmente indiferente.*

indicador, ra adj indicateur(trice), qui indique. ◆ **indicador** sm indicateur *m* ▸ **indicador de velocidad** compteur *m* de vitesse ▸ **indicador económico** indicateur économique.

indicar [10] vt **1.** [gen] indiquer ▸ **indicar algo con la mirada** faire signe du regard **2.** [suj: médico] prescrire.

indicativo, va adj indicatif(ive). ◆ **indicativo** sm GRAM indicatif *m*.

índice sm **1.** [gen & MAT] indice *m* ; [de natalidad, alcohol, incremento] taux *m* ▸ **índice bursátil** indice boursier ▸ **índice del coste de la vida** ESP indice du coût de la vie ▸ **índice económico** indicateur *m* économique ▸ **índice de precios al consumo** indice des prix à la consommation **2.** [alfabético, de autores, obras] index *m* ; [de temas, capítulos] table *f* des matières ; [de una biblioteca] catalogue *m* **3.** ⟶ **dedo**.

indicio sm indice *m (signe)*.

Índico npr ▸ **el Índico** l'océan Indien.

indiferencia sf indifférence *f*.

indiferente adj indifférent(e).

indígena adj & smf indigène.

indigencia sf *culto* indigence *f*, dénuement *m*.

indigenismo sm **1.** [estudio] indigénisme *m* **2.** [expresión] indigénisme *m*.

indigente adj & smf indigent(e).

indigerible adj [alimento, libro] indigeste.

indigestarse vprnl **1.** [de comida] avoir une indigestion ▸ **indigestarse de** se donner une indigestion de **2.** *fam* & *fig* : *se me ha indigestado esa chica* je ne peux plus encaisser cette fille / *se me ha indigestado la novela* ce roman me sort par les yeux.

indigestión sf indigestion *f*.

indigesto, ta adj *pr* & *fig* indigeste.

indignación sf indignation *f* ▸ **causar indignación** indigner.

indignado, da adj indigné(e).

indignante adj révoltant(e).

indignar vt indigner. ◆ **indignarse** vprnl ▸ **indignarse (por algo / con alguien)** s'indigner (devant qqch / contre qqn).

indigno, na adj ▸ **indigno (de)** indigne (de).

indio, dia ✣ adj indien(enne). ✣ sm, f Indien *m*, -enne *f* ▸ **hacer el indio** ESP *fam* faire l'idiot. ◆ **indio** sm **1.** CARIB MÉX [gallo] *coq roux et noir* **2.** QUÍM [metal] indium *m* **3.** AM CULIN ▸ **indio viejo** *ragoût au maïs et aux herbes* **4.** EXPR **salirle a alguien el indio de adentro, subírsele a alguien el indio** CSUR *fam* se mettre en colère, sortir de ses gonds.

indique ⟶ **indicar**.

indirectamente adv indirectement.

indirecto, ta adj indirect(e). ◆ **indirecta** sf sous-entendu *m* ▸ **lanzar una indirecta a)** [criticar] lancer une pique **b)** [insinuar] glisser une allusion.

indisciplina sf indiscipline *f*.

indisciplinado, da adj indiscipliné(e).

indiscreción sf indiscrétion *f* ▸ **si no es indiscreción** si cela n'est pas indiscret.

indiscreto, ta adj indiscret(ète).

indiscriminado, da adj indistinct(e) ▸ **de modo indiscriminado** indistinctement.

indiscutible adj indiscutable.

indisociable adj indissociable.

indisolubilidad sf indissolubilité *f*.

indisoluble adj **1.** [substancia] insoluble **2.** [unión, vínculo, etc.] indissoluble.

indispensable adj indispensable.

indisponer [65] vt **1.** [enfermar] indisposer **2.** [enemistar] brouiller.

indisposición sf **1.** [trastorno] indisposition *f* **2.** [reticencia] : *su indisposición para trabajar era manifiesta* manifestement, il n'était pas disposé à travailler.

indispuesto, ta adj souffrant(e). ◆ **indispuesto** pp ⟶ **indisponer**.

indistintamente adv indistinctement, indifféremment.

indistinto, ta adj **1.** [gen] indistinct(e) **2.** [indiferente] ▸ **es indistinto** peu importe ▸ **una cuenta indistinta** un compte joint o commun.

individual adj **1.** [personal] individuel(elle) ; [habitación] simple, pour une personne ; [cama] à une place **2.** [prueba, competición] simple. ◆ **individuales** smpl DEP simple *m* ▸ **individuales masculinos / femeninos** simple messieurs / dames.

individualidad sf individualité *f*.

individualismo sm individualisme *m*.

individualista adj & smf individualiste.

individualizado, da adj individualisé(e).

Cómo expresar la indignación

- **(Mais) c'est une honte o un scandale !** *¡Qué vergüenza o escándalo!*
- **On aura tout vu !** *¡No me lo puedo creer!*
- **Je n'avais jamais vu une chose pareille !** *¡Nunca había visto nada semejante!*
- **Regardez-moi ça !** *¡No, pero bueno!*
- **Non mais je rêve !** *fam ¡Yo alucino!*
- **Non mais, tu te rends compte !** *No, pero, ¿te das cuenta?*
- **C'est inadmissible !** *¡Es inadmisible!*
- **Non mais, vous vous prenez pour qui ?** *Pero bueno, ¿usted quién se ha creído que es?*
- **Quel culot !** *fam ¡Qué morro!*
- **Ça va pas, non ?** *fam ¿Tú no estás bien de la cabeza o qué?*

individualizar [13] vi individualiser / ***no quiero individualizar*** je ne veux nommer personne.

individuo, dua sm, f individu *m* ; *despec* type *m*, bonne femme *f*.

indivisibilidad sf indivisibilité *f*.

indivisible adj indivisible.

indiviso, sa adj [entero] intégral(e) ; DER indivis(e).

indización sf INFORM indexation *f*.

indocumentado, da ◆ adj **1.** [sin documentación] : ***salió indocumentado*** il est sorti sans ses papiers **2.** [ignorante] ignare. ◆ sm, f [ignorante] ignare *mf*.

indoeuropeo, a ◆ adj indo-européen(enne). ◆ sm, f Indo-Européen *m*, -enne *f*. ◆ **indoeuropeo** sm [lengua] indo-européen *m*.

índole sf nature *f* / ***ser de índole pacífica*** être d'un naturel pacifique.

indolencia sf indolence *f*.

indolente adj indolent(e).

indoloro, ra adj indolore.

indomable adj indomptable.

indomesticable adj inapprivoisable.

indómito, ta adj **1.** [animal] indompté(e) **2.** *fig* [persona, carácter] indomptable.

Indonesia npr Indonésie *f*.

indonesio, sia ◆ adj indonésien(enne). ◆ sm, f Indonésien *m*, -enne *f*.

inducción sf **1.** [razonamiento & FÍS] induction *f* **2.** [incitación] incitation *f*.

inducir [33] vt **1.** [gen & FÍS] induire ▸ **inducir a error** induire en erreur **2.** [incitar] ▸ **inducir a alguien a algo / a hacer algo** inciter qqn à qqch / à faire qqch.

inductivo, va adj inductif(ive).

inductor, ra ◆ adj inducteur(trice). ◆ sm, f instigateur *m*, -trice *f*. ◆ **inductor** sm inducteur *m*.

indudable adj indubitable.

indudablemente adv indubitablement.

indujera ⟶ **inducir**.

indulgencia sf indulgence *f* ▸ **indulgencia plenaria** indulgence plénière.

indulgente adj indulgent(e).

indultar vt gracier.

indulto sm [total] grâce *f* ; [parcial] remise *f* de peine.

indumentaria sf costume *m*.

industria sf industrie *f* ▸ **industria del automóvil** industrie automobile ▸ **industria pesada** industrie lourde ▸ **industria punta** industrie de pointe.

industrial ◆ adj industriel(elle). ◆ smf industriel *m*.

industrialismo sm industrialisme *m*.

industrialización sf industrialisation.

industrializado, da adj industrialisé(e).

industrializar [13] vt industrialiser. ◆ **industrializarse** vprnl s'industrialiser.

industrioso, sa adj **1.** [hábil] adroit(e) **2.** [hacendoso] travailleur(euse).

induzca ⟶ **inducir**.

INE (*abr de* **Instituto Nacional de Estadística**) sm *institut national espagnol de statistiques* ; ≃ INSEE *m* ▸ **el índice del INE** ≃ l'indice INSEE.

inédito, ta adj inédit(e).

INEF (*abr de* **Instituto Nacional de Educación Física**) sm *institut national espagnol de formation des professeurs d'éducation physique* ; ≃ INSEP *m*.

inefable adj ineffable.

ineficacia sf inefficacité *f*.

ineficaz adj inefficace.

ineficiencia sf inefficacité *f*.

ineficiente adj inefficace.

inelegible adj inéligible.

ineluctable adj inéluctable.

ineludible adj inévitable, incontournable.

inenarrable adj inénarrable, inracontable.

ineptitud sf inaptitude *f*.

inepto, ta ◆ adj inepte. ◆ sm, f incapable *mf*.

inequívoco, ca adj évident(e), manifeste.

inercia sf inertie *f* ▸ **hacer algo por inercia** *fig* faire qqch par habitude.

inerme adj [sin armas, defensa] désarmé(e).

inerte adj inerte.

inescrutable adj insondable / ***un misterio inescrutable*** un mystère insondable.

inesperadamente adv soudainement.

inesperado, da adj inespéré(e), inattendu(e).

inestabilidad sf instabilité *f*.

inestable adj instable.

inestimable adj inestimable.

inevitable adj inévitable.

inexactitud sf inexactitude *f*.

inexacto, ta adj inexact(e).

inexcusable adj **1.** [imperdonable] inexcusable **2.** [ineludible] incontournable.

inexistencia sf inexistence *f*.

inexistente adj inexistant(e).

inexorabilidad sf inexorabilité *f*.

inexorable adj inexorable.

inexperiencia sf inexpérience *f*.

inexperto, ta adj inexpérimenté(e).

inexplicable adj inexplicable.

inexpresivo, va adj inexpressif(ive).

inexpugnable adj inexpugnable ; [fortaleza] imprenable.

inextinguible adj inextinguible.

infalibilidad sf infaillibilité *f*.

infalible adj infaillible.

infamar vt *culto* diffamer.

infame adj infâme.

infamia sf infamie *f*.

infancia sf enfance *f*.

infante, ta sm, f **1.** [niño] enfant *mf* **2.** [hijo del rey] infant *m*, -e *f*. ◆ **infante** sm [soldado] fantassin *m*.

infantería sf infanterie *f* ▸ **infantería de marina** infanterie de marine ▸ **infantería ligera** infanterie légère.

infanticida adj & smf infanticide.

infanticidio sm infanticide *m*.

infantil adj **1.** [medicina, comportamiento] infantile **2.** [lenguaje, juego] enfantin(e) ; [programa, libro, calzado] pour enfants.

infantilismo sm infantilisme *m*.

infartado, da ❖ adj infarci(e). ❖ sm, f *personne ayant eu un infarctus*.

infarto sm infarctus *m*.

infatigable adj infatigable.

infatuar [6] vt rendre prétentieux(euse).

infausto, ta adj malheureux(euse).

infección sf infection *f*.

infeccioso, sa adj infectieux(euse).

infectar vt infecter. ◆ **infectarse** vprnl s'infecter.

infecto, ta adj **1.** [llaga, herida] infecté(e) **2.** *fig* [habitación, sitio] malsain(e).

infelicidad sf malheur *m*.

infeliz ❖ adj **1.** [desgraciado] malheureux(euse) **2.** *fig* [ingenuo] brave. ❖ smf [ingenuo] ▸ **¡pobre infeliz!** il est bien brave !

inferior adj & smf inférieur(e).

inferioridad sf infériorité *f* ▸ **estar en inferioridad de condiciones** être en situation d'infériorité.

inferir [27] vt **1.** [deducir] conclure / *infiero que es hora de marcharse* j'en conclus qu'il est temps de partir **2.** [ocasionar] faire, causer ▸ **inferir una herida** blesser.

infernal adj infernal(e) ▸ **el reino infernal** le royaume des ténèbres.

infertilidad sf stérilité *f*, infertilité *f*.

infestar vt **1.** [corromper] contaminer **2.** [suj: animales dañinos] infester **3.** *fig* [suj: anuncios, carteles, etc.] envahir.

infidelidad sf infidélité *f*.

infiel adj & smf infidèle.

infiera ⟶ **inferir**.

infiernillo sm réchaud *m*.

infierno sm enfer *m* ▸ **en el quinto infierno** au diable (vauvert) ▸ **¡vete al infierno!** va au diable !

infiltración sf infiltration *f*.

infiltrado, da ❖ adj infiltré(e). ❖ sm, f ▸ **los infiltrados** les espions.

infiltrar vt **1.** [gen & MED] infiltrer **2.** *fig* [ideas] inculquer. ◆ **infiltrarse** vprnl ▸ **infiltrarse (en)** s'infiltrer (dans).

ínfimo, ma adj infime.

infinidad sf ▸ **una infinidad de** une infinité de ▸ **en infinidad de ocasiones** à maintes reprises.

infinitesimal adj infinitésimal(e).

infinitivo, va adj infinitif(ive).
◆ **infinitivo** sm infinitif *m*.

infinito, ta adj infini(e) / *infinitas cartas* un nombre infini de lettres.
◆ **infinito** ❖ sm infini *m*. ❖ adv [mucho] infiniment / *te quiero infinito* je t'aime beaucoup.

infiriera ⟶ **inferir**.

inflable adj gonflable.

inflación sf inflation *f*.

inflacionario, ria, inflacionista adj inflationniste.

inflamable adj inflammable.

inflamación sf inflammation *f*.

inflamar vt *pr* & *fig* enflammer. ◆ **inflamarse** vprnl s'enflammer.

inflamatorio, ria adj inflammatoire.

inflar vt **1.** [con aire] gonfler **2.** *fig* [exagerar] grossir **3.** ESP *fam* [golpear] : *me inflaron a golpes* j'ai été roué de coups. ◆ **inflarse** vprnl ▸ **inflarse (de)** [hartarse] se gaver (de).

inflexibilidad sf **1.** [de material] rigidité *f* **2.** *fig* [de carácter, actitud, etc.] inflexibilité *f*.

inflexible adj **1.** [material] rigide **2.** *fig* [carácter, actitud, etc.] inflexible.

inflexión sf inflexion *f*.

infligir [15] vt infliger.

influencia sf influence *f* ▸ **de influencia** [persona] influent(e).

influenciar [8] vt influencer.

influir [51] vi ▸ **influir en** influer sur, avoir de l'influence sur.

influjo sm influence *f*.

influyente adj influent(e).

infografía sf infographie *f*.

infografista smf infographiste *mf*.

información sf **1.** [conocimiento] information *f*, renseignement *m* **2.** [noticia] information *f* ▸ **información meteorológica** bulletin *m* météorologique **3.** [oficina] bureau *m* d'information ; [en aeropuerto] comptoir *m* information ; [en tienda] accueil *m* **4.** [telefónica] renseignements *mpl*.

informado, da adj informé(e) / *un periodista bien informado* un journaliste bien informé / *no tengo una opinión informada del tema* je n'ai pas assez d'éléments pour avoir un avis sur la question.

informador, ra ◆ adj d'information. ◆ sm, f PRENSA journaliste *mf*.

informal adj **1.** [irresponsable] peu sérieux(euse) **2.** [reunión, etc.] informel(elle) ; [ropa, etc.] décontracté(e).

informalidad sf **1.** [de persona] manque *m* de sérieux **2.** [de reunión, etc.] : *la informalidad del acto fue agradable* le caractère informel de la cérémonie fut agréable.

informante smf informateur *m*, -trice *f*.

informar vt informer ▸ **informar a alguien de algo** informer qqn de qqch. ◆ **informarse** vprnl ▸ **informarse (de)** s'informer (de) ▸ **informarse (sobre)** se renseigner (sur).

informático, ca ◆ adj informatique. ◆ sm, f [persona] informaticien *m*, -enne *f*. ◆ **informática** sf [ciencia] informatique *f*.

informativo, va adj [publicidad] informatif(ive) ; [boletín, revista] d'information. ◆ **informativo** sm RADIO & TV journal *m*, informations *fpl*.

informatización sf informatisation *f*.

informatizar [13] vt INFORM informatiser.

informe ◆ adj informe. ◆ sm rapport *m*. ◆ **informes** smpl renseignements *mpl* ; [de un empleado] références *fpl*.

infortunado, da adj & sm, f malheureux(euse).

infortunio sm infortune *f*.

infracción sf infraction *f*.

infraccionar AM ◆ vt condamner à une amende, donner une contravention à. ◆ vi **1.** [en deporte] commettre une faute **2.** [contra la ley] violer la loi **3.** [contra reglamento] enfreindre, contrevenir.

infractor, ra ◆ adj en infraction. ◆ sm, f contrevenant *m*, -e *f*.

infraestructura sf infrastructure *f*.

infrahumano, na adj inhumain(e).

infranqueable adj infranchissable.

infrarrojo, ja adj infrarouge. ◆ **infrarrojo** sm infrarouge *m*.

infrautilización sf sous-utilisation *f*.

infrautilizar [13] vt sous-utiliser.

infravalorar vt sous-estimer.

infravivienda sf logement *m* insalubre.

infrecuente adj peu fréquent(e).

infringir [15] vt enfreindre.

infructuoso, sa adj infructueux(euse).

ínfulas sfpl prétention *f* ▸ **darse ínfulas** *fam* ne pas se prendre pour n'importe qui.

infumable adj **1.** [que no se puede fumar] infumable **2.** *fam* [insoportable] imbuvable.

infundado, da adj infondé(e).

infundio sm *culto* mensonge *m*.

infundir vt [miedo, temor, etc.] inspirer ; [valor, ánimos] insuffler.

infusión sf infusion *f*, tisane *f*.

infuso, sa adj infus(e).

ingeniar [8] vt inventer. ◆ **ingeniarse** vprnl ▸ **ingeniárselas (para)** s'arranger (pour).

ingeniería sf **1.** [ciencia] génie *m* ▸ **ingeniería electrónica** génie électronique ▸ **ingeniería genética** génie génétique **2.** [estudios] : *estudia ingeniería* il fait des études d'ingénieur.

ingeniero, ra sm, f ingénieur *m* ▸ **ingeniero agrónomo** ingénieur agronome ▸ **ingeniero de caminos, canales y puertos** ingénieur des Ponts et chaussées ▸ **ingeniero de sistemas** ingénieur système ▸ **ingeniero de telecomunicaciones** ingénieur des télécommunications ▸ **ingeniero industrial** ingénieur industriel.

ingenio sm **1.** [inteligencia] esprit *m*, ingéniosité *f* ▸ **aguzar el ingenio** se creuser la tête **2.** [máquina] engin *m*.

ingenioso, sa adj ingénieux(euse).

ingente adj énorme.

ingenuidad sf ingénuité *f*.

ingenuo, nua adj & sm, f ingénu(e).

ingerir [27] vt ingérer.

INGESA (*abr de* **Instituto Nacional de Gestión Sanitaria**) sm *organisme espagnol gouvernemental de santé*.

ingesta sf *form* ingestion *f*.

ingestión sf ingestion *f*.

ingiera ⟶ **ingerir**.

ingiriera ⟶ **ingerir**.

Inglaterra npr Angleterre *f*.

ingle sf aine *f*.

inglés, esa ◆ adj anglais(e). ◆ sm, f Anglais *m*, -e *f*. ◆ **inglés** sm [lengua] anglais *m*.

ingobernable adj ingouvernable.

ingratitud sf ingratitude *f*.

ingrato, ta adj ingrat(e).

ingravidez sf **1.** FÍS apesanteur *f* **2.** *fig* [de bailarina, etc.] légèreté *f* aérienne.

ingrávido, da adj [sin gravedad] léger(e) ; *fig* aérien(enne) ▸ **en estado ingrávido** en apesanteur.

ingrediente sm ingrédient *m*.

ingresar ◆ vt ESP [cheque] déposer, remettre / *ingresar dinero (en el banco)* déposer de l'argent à la banque ; [dinero líquido] déposer, verser. ◆ vi ▸ **ingresar (en)** être admis(e) (dans o à).

ingreso sm **1.** [en un lugar] admission *f* **2.** ESP [de dinero] dépôt *m*, versement *m* ; ESP [de cheque] remise *f*. ◆ **ingresos** smpl [personales] revenus *mpl* ; [comerciales] recettes *fpl* ▸ **ingresos brutos / netos** revenus bruts / nets.

inhábil adj **1.** [torpe] malhabile **2.** [incapacitado] inapte, incapable **3.** [día] chômé(e) ; [hora] de fermeture.

inhabilitación sf incapacité *f* (légale).

inhabilitar vt **1.** [incapacitar] déclarer inapte **2.** [prohibir] interdire.

inhabitable adj inhabitable.

inhabitado, da adj inhabité(e).

inhalación sf inhalation *f*.

inhalador sm inhalateur *m*.

inhalar vt inhaler.

inherente adj inhérent(e).

inhibición sf inhibition *f*.

inhibir vt **1.** [gen & MED] inhiber **2.** DER dessaisir. ◆ **inhibirse** vprnl se refréner ▸ **inhibirse de** [responsabilidades, compromisos] se dérober à.

inhóspito, ta adj inhospitalier(ère).

inhumación sf inhumation *f*.

inhumano, na adj **1.** [cruel] inhumain(e) **2.** CHILE [sucio] crasseux(euse).

inhumar vt inhumer.

iniciación sf **1.** [gen] initiation *f* **2.** [de suceso, curso] début *m*.

iniciado, da ◇ adj initié(e). ◇ sm, f initié *m*, -e *f* ▸ **ser un iniciado en algo** être versé dans qqch.

inicial ◇ adj initial(e) ▸ **una letra inicial** une initiale. ◇ sf [letra] initiale *f*.

inicialización sf INFORM initialisation *f*.

inicializar [13] vt INFORM initialiser.

inicialmente adv initialement.

iniciar [8] vt **1.** [empezar] commencer **2.** [instruir] ▸ **iniciar (a alguien en algo)** initier (qqn à qqch).

iniciático, ca adj initiatique.

iniciativa sf initiative *f* ▸ **tomar la iniciativa** prendre l'initiative ▸ **iniciativa privada** initiative privée.

inicio sm début *m*.

inicuo, cua adj [decisión, etc.] injuste.

inigualable adj inégalable.

inigualado, da adj inégalé(e).

inimaginable adj inimaginable.

inimitable adj inimitable.

ininteligible adj inintelligible.

ininterrumpidamente adv sans interruption, sans arrêt.

ininterrumpido, da adj ininterrompu(e).

iniquidad sf *culto* iniquité *f*.

INIT (*abr de* **Instituto Nacional de Ingenieros Técnicos**) sm *institut national espagnol des ingénieurs*.

injerencia sf ingérence *f*.

injerir [27] vt [introducir] insérer. ◆ **injerirse** vprnl [entrometerse] : *injerirse (en)* s'ingérer (dans).

injertar vt greffer.

injerto sm greffe *f*.

injiera ⟶ **injerir**.

injiriera ⟶ **injerir**.

injuria sf injure *f*.

injuriar [8] vt injurier.

injurioso, sa adj injurieux(euse).

injusticia sf injustice *f*.

injustificable adj injustifiable.

injustificado, da adj injustifié(e).

injusto, ta adj injuste.

inmaculado, da adj immaculé(e). ◆ **Inmaculada** sf ▸ **la Inmaculada** l'Immaculée Conception.

inmadurez sf immaturité *f*.

inmaduro, ra adj **1.** [fruta] pas mûr(e) **2.** [persona] immature.

inmaterial adj immatériel(elle).

inmediaciones sfpl abords *mpl*.

inmediatamente adv immédiatement.

inmediatez sf [en el espacio] proximité *f* ; [en el tiempo] rapidité *f*.

inmediato, ta adj **1.** [contiguo] adjacent(e) ; [cercano] voisin(e) **2.** [instantáneo] immédiat(e) ▸ **de inmediato** immédiatement.

inmejorable adj exceptionnel(elle).

inmemorial adj immémorial(e).

inmensidad sf immensité *f* ; *fig* multitude *f*.

inmenso, sa adj immense.

inmerecido, da adj immérité(e).

inmersión sf immersion *f*.

inmerso, sa adj [en líquido] immergé(e) ; [en lectura] plongé(e).

inmigración sf immigration *f*.

inmigrante smf [establecido] immigré *m*, -e *f* ; [recién llegado] immigrant *m*, -e *f*.

inmigrar vi immigrer.

inminencia sf imminence *f*.

inminente adj imminent(e).

inmiscuirse [51] vprnl ▸ **inmiscuirse (en)** s'immiscer (dans).

inmobiliario, ria adj immobilier(ère). ◆ **inmobiliaria** sf société *f* immobilière.

inmolación sf immolation *f*.

inmolar vt immoler.

inmoral adj immoral(e).

inmoralidad sf immoralité *f*.

inmortal adj immortel(elle).

inmortalidad sf immortalité *f*.

inmortalización sf immortalisation *f*.

inmortalizar [13] vt immortaliser.

inmóvil adj immobile.

inmovilidad sf immobilité *f*.

inmovilismo sm immobilisme *m*.

inmovilizado, da adj immobilisé(e). ◆ **inmovilizado** sm ECON immobilisations *fpl*.

inmovilizar [13] vt immobiliser.

inmueble adj & sm immeuble.

inmundicia sf saleté *f*, crasse *f*.
◆ **inmundicias** sfpl immondices *fpl*.

inmundo, da adj immonde.

inmune adj **1.** MED immunisé(e) **2.** [exento] exempt(e).

inmunidad sf immunité *f* ▸ **inmunidad diplomática / parlamentaria** immunité diplomatique/parlementaire.

inmunitario, ria adj immunitaire.

inmunizar [13] vt immuniser.

inmunodeficiencia sf immunodéficience *f*.

inmunodeficiente adj & smf MED immunodéficitaire.

inmunodepresión sf MED immunodépression *f*.

inmunodepresor, ra adj immunodépresseur *(adj m)*.

inmunoestimulante ✧ adj immunostimulant(e).
✧ sm immunostimulant *m*.

inmunología sf immunologie *f*.

inmunológico, ca adj immunologique / *sistema inmunológico* système immunologique.

inmutabilidad sf immuabilité *f*.

inmutable adj **1.** [ideas, costumbres, etc.] immuable **2.** [persona] ▸ **permanecer inmutable** rester imperturbable.

inmutar vt impressionner. ◆ **inmutarse** vprnl ▸ **no inmutarse** rester imperturbable.

innato, ta adj inné(e).

innecesario, ria adj inutile.

innegable adj indéniable.

innegociable adj : *ese precio es innegociable* ce prix n'est pas négociable.

innoble adj ignoble.

innocuidad = **inocuidad**.

innombrable adj innommable / *es un tema innombrable* c'est un sujet tabou.

> ⚠ **Innombrable** es un falso amigo, no significa *innombrable*, sino "innumerable".

innovación sf innovation *f*.

innovador, ra adj & sm, f innovateur(trice), novateur(trice).

innovar vt innover.

innumerable adj innombrable.

inobservancia sf [de norma, ley] inobservation *f* ; RELIG inobservance *f*.

inocencia sf innocence *f*.

inocentada sf *plaisanterie traditionnelle faite le 28 décembre, jour des saints Innocents* ; ≃ poisson *m* d'avril.

inocente adj & smf innocent(e). ◆ **Inocentes** smf pl ▸ **los Santos Inocentes** les Saints-Innocents ▸ **día de los Inocentes** ≃ 1er avril.

> **Los Santos Inocentes**
>
> Le 28 décembre (jour des Saints-Innocents) commémore le massacre des enfants de moins de deux ans ordonné par Hérode, inquiet de la rivalité d'un nouveau Messie à l'annonce de la naissance de Jésus, nouveau roi des juifs. Ce jour-là, en Espagne et en Amérique Latine, les gens s'adonnent à différentes farces et blagues appelées **inocentadas** qui s'apparentent aux poissons d'avril du 1er avril en France. Même les journaux affichent de fausses nouvelles. L'**inocentada** la plus courante est d'accrocher un bonhomme de papier dans le dos de quelqu'un.

inocuidad, innocuidad sf innocuité *f*.

inocular vt MED inoculer.

inocuo, cua adj **1.** [tratamiento, substancia, etc.] inoffensif(ive) **2.** *fig* [obra, etc.] fade.

inodoro, ra adj inodore. ◆ **inodoro** sm toilettes *fpl*.

inofensivo, va adj inoffensif(ive).

inoficioso, sa adj AM inutile.

inolvidable adj inoubliable.

inoperable adj **1.** [enfermo, enfermedad] inopérable **2.** RP [aeropuerto] fermé(e).

inoperancia sf inefficacité *f*.

inoperante adj [medida] inopérant(e) ; [persona] inefficace.

inopia sf *culto* [pobreza] indigence *f* ▸ **estar en la inopia** *fig* être dans les nuages.

inopinado, da adj inopiné(e).

inoportuno, na, importuno, na adj inopportun(e).

inorgánico, ca adj inorganique.

inoxidable adj inoxydable.

input (*pl* **inputs**) sm ECON input *m*, intrant *m*.

inquebrantable adj inébranlable.

inquiera ⟶ **inquirir**.

inquietante adj inquiétant(e).

inquietar vt inquiéter.
◆ **inquietarse** vprnl s'inquiéter.

inquieto, ta adj **1.** [preocupado] inquiet(ète) **2.** [agitado] agité(e) **3.** [emprendedor] avide de connaissances.

inquietud sf inquiétude *f*. ◆ **inquietudes** sfpl préoccupations *fpl*.

inquilino, na sm, f locataire *mf*.

inquina sf aversion *f*.

inquirir [22] vt *culto* s'enquérir de.

inquisición sf [indagación] enquête *f*.
◆ **Inquisición** sf ▸ **la Inquisición** l'Inquisition *f*.

Inquisición

L'Inquisition fut instituée au XIIIe siècle dans le but de lutter contre les hérésies et se prolongea jusqu'au début du XVIIIe siècle. Ce tribunal religieux dépendait officiellement du Saint-Siège mais demeurait en réalité sous l'influence des Rois Catholiques. Ceux-ci, en vue de faire de l'unité de la foi le ciment national, voulaient s'assurer de la sincérité des convertis juifs et maures, minorités religieuses incorporées lors de la **Reconquista**. Les inquisiteurs procédaient à une enquête, souvent sur la foi de délations, afin d'obtenir les aveux de l'accusé ; ils le soumettaient à la « question » (torture) puis le verdict du jugement était rendu public et la sanction pouvait aller de la peine de prison à la condamnation à mort par le feu. L'accusé devait porter une tunique jaune marquée d'une croix rouge appelée **sambenito**. De là vient l'expression **colgarle el sambenito a alguien** : diffamer quelqu'un.

inquisidor, ra adj inquisiteur(trice). ◆ **inquisidor** sm inquisiteur *m*.
inquisitivo, va adj inquisiteur(trice).
inquisitorial adj inquisitorial(e).
inquisitorio, ria adj inquisitorial(e).
inrayable adj inrayable.
inri sm ▸ **para más inri** ESP *fam* pour couronner le tout.
insaciable adj insatiable.
insalubre adj insalubre.
insalubridad sf insalubrité *f*.
insalvable adj insurmontable.
insano, na adj malsain(e) ; [loco] fou (folle).
insatisfacción sf insatisfaction *f*.
insatisfecho, cha adj **1.** [descontento] insatisfait(e) / *estoy insatisfecho con los resultados de mi hijo* je ne suis pas content des résultats de mon fils **2.** [no saciado] : *está insatisfecho con la comida* il n'est pas rassasié.
inscribir vt inscrire ▸ **inscribir a alguien en a)** [escuela, curso, etc.] inscrire qqn à **b)** [registro civil, lista, etc.] faire inscrire sur. ◆ **inscribirse** vprnl s'inscrire ▸ **inscribirse en a)** [lista, registro] s'inscrire sur **b)** [escuela, curso] s'inscrire à **c)** [club, asociación] s'inscrire dans.
inscripción sf inscription *f*.
inscrito, ta adj inscrit(e).
◆ **inscrito** pp ⟶ **inscribir**.

insecticida adj & sm insecticide.
insectívoro, ra adj insectivore.
◆ **insectívoros** smpl insectivores *mpl*.
insecto sm insecte *m*.
inseguridad sf insécurité *f* ▸ **inseguridad ciudadana** insécurité urbaine.
inseguro, ra adj **1.** [persona] ▸ **es inseguro** il n'est pas sûr de lui **2.** [proyecto, resultado, etc.] incertain(e) **3.** [lugar, artefacto] dangereux(euse).
inseminación sf insémination *f* ▸ **inseminación artificial** insémination artificielle.
inseminar vt inséminer.
insensatez sf stupidité *f*.
insensato, ta adj ridicule.
insensibilidad sf insensibilité *f*.
insensibilizar [13] vt **1.** [no conmover] rendre insensible **2.** MED insensibiliser. ◆ **insensibilizarse** vprnl ▸ **insensibilizarse a** devenir insensible à.
insensible adj insensible.
inseparable adj inséparable.
inserción sf insertion *f*.
insertar vt [gen & INFORM] insérer.
inservible adj inutilisable.
insidia sf **1.** [trampa] coup *m* bas **2.** [dicho] insinuation *f*.
insidioso, sa adj insidieux(euse).
insigne adj éminent(e).
insignia sf **1.** [distintivo] insigne *m* **2.** [bandera] pavillon *m*.
insignificancia sf [cualidad] insignifiance *f* ; [cosa, hecho] broutille *f*.
insignificante adj insignifiant(e).
insinuación sf insinuation *f*.
◆ **insinuaciones** sfpl [amorosas] avances *fpl*.
insinuante adj insinuant(e).
insinuar [6] vt insinuer. ◆ **insinuarse** vprnl **1.** [declararse] faire des avances **2.** [dejarse ver] poindre.
insípido, da adj *pr* & *fig* insipide.
insistencia sf insistance *f*.
insistente adj insistant(e).
insistir vi ▸ **insistir (en)** insister (sur).
insobornable adj incorruptible.
insociable adj insociable.
insolación sf insolation *f* ▸ **coger** o **pillar una insolación** ESP attraper une insolation.
insolencia sf insolence *f*.
insolente adj & smf insolent(e).
insolidaridad sf manque *m* de solidarité.
insolidario, ria adj non solidaire.
insólito, ta adj insolite.
insoluble adj insoluble.

insolvencia sf insolvabilité *f*.

insolvente adj insolvable.

insomne adj *culto* ▸ **permanecer insomne** rester éveillé(e).

insomnio sm insomnie *f*.

insondable adj insondable.

insonorización sf insonorisation *f*.

insonorizado, da adj insonorisé(e).

insonorizar [13] vt insonoriser.

insoportable adj insupportable.

insoslayable adj inévitable.

insospechable adj insoupçonnable.

insospechado, da adj insoupçonné(e).

insostenible adj insoutenable.

inspección sf inspection *f* ▸ **inspección de calidad** contrôle *m* de qualité ▸ **inspección técnica de vehículos** ESP contrôle technique des véhicules.

inspeccionar vt inspecter.

inspector, ra sm, f inspecteur *m*, -trice *f* ▸ **inspector de Hacienda** inspecteur des impôts.

inspiración sf inspiration *f*.

inspirado, da adj inspiré(e).

inspirar vt inspirer. ◆ **inspirarse** vprnl être inspiré(e) / *no escribe si no se inspira* il n'écrit pas s'il n'est pas inspiré ▸ **inspirarse en** s'inspirer de.

instalación sf installation *f*. ◆ **instalaciones** sfpl équipements *mpl*.

instalador, ra sm, f installateur *m*, -trice *f*.

instalar vt installer. ◆ **instalarse** vprnl ▸ **instalarse (en)** s'installer (dans).

instancia sf **1.** [solicitud] requête *f* ▸ **a instancias de** sur la requête de **2.** DER instance *f* **3.** EXPR **en (una) primera instancia** AM tout d'abord ▸ **en última instancia** *fig* en dernier ressort.

instantáneamente adv instantanément.

instantáneo, a adj instantané(e). ◆ **instantánea** sf FOTO instantané *m*.

instante sm instant *m* ▸ **a cada instante** à chaque instant ▸ **al instante** à l'instant ▸ **en un instante** en un instant.

instar vt ▸ **instar a** o **para** prier instamment de.

instauración sf instauration *f*.

instaurar vt instaurer.

instigación sf incitation *f*, instigation *f* ▸ **por instigación de alguien** à l'instigation de qqn.

instigador, ra ◈ adj : *la persona instigadora del crimen* l'instigateur du crime. ◈ sm, f instigateur *m*, -trice *f*.

instigar [16] vt inciter.

instintivo, va adj instinctif(ive).

instinto sm instinct *m*.

institución sf institution *f* ▸ **institución benéfica** société *f* de bienfaisance ▸ **institución pública** EDUC établissement *m* public ▸ **ser una institución** *fig* être une institution. ◆ **instituciones** sfpl institutions *fpl*.

institucional adj institutionnel(elle).

institucionalización sf institutionnalisation *f*.

institucionalizar [13] vt institutionnaliser.

instituir [51] vt instituer.

instituto sm **1.** [corporación] institut *m* **2.** ESP EDUC [de enseñanza] lycée *m* ▸ **instituto de Bachillerato** o **Enseñanza Media** établissement *m* d'enseignement secondaire ▸ **instituto de Formación Profesional** ≃ lycée technique ▸ **instituto politécnico** *institut universitaire d'enseignement technique*. ◆ **instituto de belleza** sm institut *m* de beauté.

institutriz sf institutrice *f*.

instrucción sf instruction *f* ▸ **instrucción militar** instruction militaire. ◆ **instrucciones** sfpl [de uso] mode *m* d'emploi.

instructivo, va adj instructif(ive).

instructor, ra ◈ adj DER & MIL instructeur. ◈ sm, f moniteur *m*, -trice *f* ; MIL instructeur *m*.

instruido, da adj instruit(e).

instruir [51] vt instruire.

instrumental ◈ adj instrumental(e). ◈ sm instruments *mpl*.

instrumentar vt MÚS instrumenter.

instrumentista smf instrumentiste *mf*.

instrumento sm instrument *m* ▸ **instrumento de precisión** instrument *m* de précision.

insubordinación sf insubordination *f*.

insubordinado, da ◈ adj insubordonné(e) ; [niño, actitud] rebelle. ◈ sm, f rebelle *mf*.

insubordinar vt soulever. ◆ **insubordinarse** vprnl se soulever, se rebeller.

insubstancial = **insustancial**.

insubstituible = **insustituible**.

insuceso sm COL ECUAD MÉX RP incident *m* malencontreux.

insuficiencia sf insuffisance *f* ▸ **insuficiencia cardiaca / renal** insuffisance cardiaque / rénale.

insuficiente ◈ adj insuffisant(e). ◈ sm [nota] mention *f* insuffisant.

insufrible adj *fig* insupportable.

ínsula sf île *f*.

insular adj & smf insulaire.

insularidad sf insularité *f*.

insulina sf insuline *f*.

insulso, sa adj *pr* & *fig* fade, insipide.

insultante adj insultant(e).

insultar vt insulter.

insulto sm insulte *f* ▸ **proferir insultos contra alguien** adresser des insultes à qqn.

insumisión sf ESP insoumission *f*.

insumiso, sa ◆ adj insoumis(e). ◆ sm, f [gen] rebelle *mf*; MIL insoumis *m*.

insuperable adj **1.** [inmejorable] imbattable **2.** [sin solución] insurmontable.

insurgente adj & smf insurgé(e).

insurrección sf insurrection *f*.

insurrecto, ta adj & sm, f insurgé(e).

insustancial, insubstancial adj **1.** [insípido] fade **2.** *fig* [sin interés] creux (creuse).

insustituible, insubstituible adj irremplaçable.

INTA (*abr de* **Instituto Nacional de Técnicas Aeroespaciales**) sm *institut national espagnol de l'aérospatiale.*

intachable adj irréprochable.

intacto, ta adj intact(e).

intangible adj intangible.

integración sf intégration *f* ▸ **integración racial / social** intégration raciale/sociale.

integrado, da adj intégré(e) ▸ **paquete integrado (de software)** logiciel intégré.

integral ◆ adj **1.** [total, sin refinar] intégral(e); [pan, arroz] complet(ète) **2.** MAT ⟶ **cálculo.** ◆ sf MAT intégrale *f*.

íntegramente adv intégralement, entièrement.

integrante ◆ adj intégrant(e) ▸ **los países integrantes de la OTAN** les pays membres de l'OTAN. ◆ smf membre *m*.

integrar vt **1.** [gen & MAT] intégrer **2.** [componer] composer / *los capítulos que integran el libro* les chapitres qui composent le livre. ◆ **integrarse** vprnl ▸ **integrarse (en)** s'intégrer (dans).

integridad sf *pr* & *fig* intégrité *f*.

integrismo sm ▸ **integrismo (religioso)** intégrisme *m*.

integrista adj & smf intégriste.

íntegro, gra adj **1.** [completo] intégral(e) **2.** *fig* [honrado] intègre.

intelecto sm intellect *m*.

intelectual adj & smf intellectuel(elle).

intelectualidad sf ▸ **la intelectualidad** les intellectuels.

intelectualizar [13] vt intellectualiser.

inteligencia sf **1.** [entendimiento] intelligence *f* ▸ **inteligencia artificial** intelligence artificielle **2.** MIL ▸ **los servicios de inteligencia** les services secrets.

inteligente adj [gen & INFORM] intelligent(e).

inteligibilidad sf intelligibilité *f*.

inteligible adj intelligible.

Intelsat (*abr de* **International Telecommunications Satellite Organization**) sm Intelsat *m*.

intemperancia sf [intransigencia] intolérance *f*; [falta de moderación] intempérance *f*.

intemperie sf ▸ **a la intemperie a)** à la belle étoile **b)** [fuera] dehors.

intempestivo, va adj [llegada, intervención] intempestif(ive); [proposición, visita] inopportun(e); [comentario] déplacé(e) ▸ **a horas intempestivas** à des heures indues.

intemporal adj intemporel(elle).

intención sf intention *f* ▸ **con buena / mala intención** dans une bonne/mauvaise intention ▸ **tener la intención de** avoir l'intention de.

intencionado, da adj intentionné(e) ▸ **bien / mal intencionado** bien/mal intentionné.

intencional adj intentionnel(elle).

intencionalidad sf intentionnalité *f*.

intendencia sf intendance *f* ▸ **intendencia militar** intendance militaire.

intendente, ta sm, f **1.** [civil] intendant *m*, -e *f* **2.** RP [alcalde] maire *mf*. ◆ **intendente** sm MIL intendant *m*.

intensamente adv intensément / *vive su vida muy intensamente* elle vit sa vie très intensément o de manière intense.

intensidad sf [gen & ELECTR] intensité *f*.

intensificación sf intensification *f*.

intensificador, ra adj : *el desempleo ha sido un factor intensificador de la crisis social* le chômage a été un facteur d'intensification de la crise sociale.

intensificar [10] vt intensifier. ◆ **intensificarse** vprnl s'intensifier.

intensivo, va adj intensif(ive) ▸ **la jornada intensiva** la journée continue.

intenso, sa adj intense.

intentar vt ▸ **intentar hacer algo** essayer o tenter de faire qqch.

intento sm **1.** [gen] tentative *f* **2.** DEP essai *m*.

intentona sf *fam* tentative *f* hasardeuse ▸ **intentona golpista** tentative de coup d'État.

interacción sf interaction *f*.

interaccionar vi interagir.

interactividad sf interactivité *f*.

interactivo, va adj INFORM interactif(ive).

interbancario adj interbancaire.

intercalar vt **1.** [fichas, hojas] intercaler **2.** [capítulos, episodios, etc.] insérer.

intercambiable adj interchangeable.

intercambiador sm ▸ **intercambiador (de transportes)** ESP gare *f* multimodale.

intercambiar [8] vt échanger.

intercambio sm échange *m*.

interceder vi intercéder ▸ **interceder por alguien** intercéder en faveur de qqn.

intercentros adj inv [comité] inter-établissements.

interceptar vt **1.** [carta, conversación, etc.] intercepter **2.** [carretera] barrer.

interceptor, ra adj [dispositivo] d'interception. ◆ **interceptor** sm [avión] intercepteur *m*.

intercesión sf intercession *f*.

intercesor, ra ❖ adj médiateur(trice). ❖ sm, f intercesseur *m*.

intercity sm FERROC train *m* interurbain.

interconexión sf interconnexion *f*.

interconfesional adj interconfessionnel(elle).

intercontinental adj intercontinental(e).

intercostal adj intercostal(e).

intercultural adj interculturel(elle).

interdicción sf interdiction *f*.

interdisciplinar = **interdisciplinario**.

interdisciplinario, ria, interdisciplinar adj interdisciplinaire.

interés sm [gen & FIN] intérêt *m* ▸ **tener interés en algo** tenir à qqch / *tiene interés en que vengamos* il tient à ce que nous venions ▸ **tener interés por algo** être intéressé(e) par qqch / *tiene interés por comprar el cuadro* il est intéressé par l'achat du tableau ▸ **intereses creados** intérêts communs ▸ **interés interbancario** taux *m* (d'intérêt) interbancaire ▸ **interés preferencial** taux *m* préférentiel.

interesado, da ❖ adj intéressé(e). ❖ sm, f personne *f* intéressée.

interesante adj intéressant(e).

interesar ❖ vi être intéressant(e) / *el asunto no interesa* le sujet n'est pas intéressant. ❖ vt ▸ **interesar a alguien en algo** intéresser qqn à qqch. ◆ **interesarse** vprnl ▸ **interesarse (por)** s'intéresser (à) / *se interesó por tu salud* il s'est inquiété de ta santé.

interestatal adj entre États / *las relaciones interestatales* les relations entre États.

interfase sf BIOL interphase *f*.

interfaz sm o sf INFORM interface *f*.

interfecto, ta sm, f DER victime *f*.

interferencia sf FÍS interférence *f*.

interferir [27] ❖ vt **1.** RADIO, TELECOM & TV brouiller **2.** *fig* [interponerse] interrompre. ❖ vi interférer ▸ **interferir en a)** interférer dans **b)** [asuntos, problemas, etc.] se mêler de **c)** [conversación] intervenir dans.

interfono sm interphone *m*.

intergubernamental adj intergouvernemental(e).

ínterin (*pl* **intérines**) sm laps *m* de temps ▸ **en el ínterin** entre-temps.

interinidad sf intérim *m*.

interino, na ❖ adj intérimaire / *el presidente interino* le président par intérim. ❖ sm, f intérimaire *mf*. ◆ **interina** sf femme *f* de ménage.

interior ❖ adj intérieur(e) ▸ **la ropa interior** les sous-vêtements. ❖ sm **1.** [gen] intérieur *m* **2.** [de una región] arrière-pays *m* **3.** [de persona] ▸ **en mi interior** au fond de moi.

interioridad sf intériorité *f*. ◆ **interioridades** sfpl [de personas, empresa] secrets.

interiorismo sm architecture *f* d'intérieur.

interiorista smf architecte *mf* d'intérieur.

interiorización sf intériorisation *f*.

interiorizar [13] vt **1.** [no manifestar] intérioriser **2.** CSUR [informar] renseigner sur, mettre qqn au courant de. ◆ **interiorizarse** vprnl CSUR : *me interioricé de* o *sobre el tema* je me suis familiarisée avec le sujet.

interiormente adv **1.** [en el interior] intérieurement / *la caja está revestida interiormente* la boîte est tapissée à l'intérieur **2.** [en la mente, el corazón] intérieurement / *interiormente sentía mucha rabia* intérieurement o à l'intérieur, il ressentait beaucoup de rage.

interjección sf interjection *f*.

interlineado sm interligne *m*.

interlocutor, ra sm, f interlocuteur *m*, -trice *f*.

interludio sm interlude *m*.

intermediación sf médiation *f*.

intermediar [8] vi intervenir.

intermediario, ria adj & sm, f intermédiaire.

intermedio, dia adj intermédiaire. ◆ **intermedio** sm intermède *m* / *la película tuvo tres intermedios* il y a eu trois coupures publicitaires pendant le film.

interminable adj interminable.

interministerial adj interministériel.

intermitencia sf intermittence *f*.

intermitente ❖ adj intermittent(e). ❖ sm ESP COL AUTO clignotant *m*.

internación sf CSUR **1.** [en hospital] hospitalisation *f* ▸ **internación domiciliaria** MED hospitalisation à domicile **2.** [en prisión] incarcération *f*.

internacional adj international(e). ◆ **Internacional** sf ▸ **la Internacional** l'Internationale *f*.

internacionalidad sf internationalité *f*.

internacionalismo sm internationalisme *m*.

internacionalización sf internationalisation *f*.

internacionalizar vt internationaliser. ◆ **internacionalizarse** vprnl s'internationaliser.

internado, da adj & sm, f interné(e) ; [en colegio] interne. ◆ **internada** sf DEP percée *f*. ◆ **internado** sm **1.** [colegio, estancia] internat *m* **2.** AM [del médico] internat *m*.

internamente adv intérieurement.

internamiento sm [en manicomio] internement *m*.

internar vt interner ; [en colegio] mettre en pension ; RP [en hospital] hospitaliser. ◆ **internarse** vprnl **1.** [en lugar] pénétrer / *los tanques se internaron en la zona enemiga* les tanks ont pénétré dans la zone ennemie **2.** RP [en hospital] être admis(e) / *hoy se interna y* *mañana lo operan* il est admis aujourd'hui et sera opéré demain.

internauta smf internaute *mf*.

Internet sm o sf Internet *m*.

internista ◆ adj ▸ **un médico internista** un spécialiste en médecine interne. ◆ smf interniste *mf*.

interno, na ◆ adj **1.** [gen & MED] interne ; POLÍT intérieur(e) **2.** [en colegio] ▸ **los alumnos internos** les internes. ◆ sm, f **1.** [alumno] interne *mf* **2.** [preso] interné *m*, -e *f*. ◆ **interno** sm RP [de teléfono] poste *m*.

interoceánico, ca adj interocéanique.

interparlamentario, ria adj interparlementaire.

interpelación sf interpellation *f*.

interpelar vt interpeller.

interpersonal adj interpersonnel(elle).

interplanetario, ria adj interplanétaire.

Interpol (*abr de* **International Criminal Police Organization**) sf Interpol *m*.

interpolación sf [en texto] interpolation *f*.

interpolar vt intercaler.

interponer [65] vt **1.** [gen] interposer **2.** DER ▸ **interponer un recurso** interjeter appel. ◆ **interponerse** vprnl [entre dos] s'interposer ▸ **interponerse en** [asuntos, vida] se mêler de.

interposición sf **1.** [gen] interposition *f* **2.** DER interjection *f*.

interpretación sf interprétation *f*.

interpretar vt interpréter.

interpretativo, va adj **1.** [del significado] interprétatif(ive) **2.** [de la interpretación artística] d'interprétation / *la capacidad interpretativa* le talent d'interprétation.

intérprete smf interprète *mf*. ◆ **intérprete** sm INFORM interpréteur *m*.

interpuesto, ta pp ⟶ **interponer**.

interracial adj interracial(e).

interrail sm carte *f* Inter Rail.

interregno sm interrègne *m*.

interrelación sf relation *f*.

interrelacionar vt [entre personas] mettre en relation ; [cosas, fenómenos] faire des rapprochements entre. ◆ **interrelacionarse** vprnl être en relation.

interrogación sf interrogation *f*.

interrogador, ra adj & sm, f interrogateur(trice).

interrogante sm **1.** [incógnita] interrogation *f* **2.** GRAM point *m* d'interrogation.

interrogar [16] vt interroger.

interrogativo, va adj interrogatif(ive).

interrogatorio sm interrogatoire *m*.

interrumpir vt interrompre. ◆ **interrumpirse** vprnl s'interrompre / *la programación se interrumpió* le programme a été interrompu.

interrupción sf interruption *f* ▸ **interrupción voluntaria del embarazo** interruption volontaire de grossesse.

interruptor sm interrupteur *m* ▸ **interruptor general** interrupteur général.

intersección sf intersection *f*.

intersticio sm interstice *m*.

interurbano, na adj interurbain(e).

intervalo sm intervalle *m* ▸ **a intervalos** [tiempo] par intervalles.

intervención sf intervention *f* ▸ **intervención quirúrgica** intervention chirurgicale.

intervencionismo sm interventionnisme *m*.

intervencionista adj & smf interventionniste.

intervenir [75] ◆ vi ▸ **intervenir (en)** intervenir (dans) / *intervenir en un debate* participer à un débat. ◆ vt **1.** MED opérer **2.** TELECOM mettre sur écoutes **3.** DER [armas, droga, etc.] saisir ; [cuentas] contrôler **4.** AM [institución privada] mettre en gérance.

interventor, ra sm, f **1.** [contable] contrôleur *m*, -euse *f* de gestion **2.** [revisor] contrôleur *m*, -euse *f* **3.** [en elecciones] scrutateur *m*, -trice *f* **4.** AM [administrador] administrateur *m*, -trice *f*.

interviú (*pl* **interviús**) sf interview *f*.

intestado, da adj & sm, f intestat.

intestinal adj intestinal(e).

intestino, na adj intestin(e). ◆ **intestino** sm intestin *m* ▸ **intestino delgado** intestin grêle ▸ **intestino grueso** gros intestin.

intifada, Intifada sf Intifada *f*.

íntimamente adv **1.** [privadamente, estrechamente] intimement **2.** [a solas] : *cenar íntimamente* dîner en tête à tête.

intimar vi ▸ **intimar (con)** sympathiser (avec).

intimidación sf intimidation *f*.

intimidad sf intimité *f* ▸ **en la intimidad** dans l'intimité.

intimidar vt intimider.

intimidatorio, ria adj [medida, acción] d'intimidation.

intimista adj intimiste.

íntimo, ma ◆ adj intime ▸ **en lo (más) íntimo de** au plus profond de. ◆ sm, f intime *mf*.

intitular vt intituler.

intocable adj intouchable. ◆ **intocables** sm, f pl [en la India] : *los intocables* les intouchables.

intolerable adj intolérable.

intolerancia sf intolérance *f*.

intolerante adj & smf intolérant(e).

intoxicación sf intoxication *f* ▸ **intoxicación alimenticia** intoxication alimentaire.

intoxicar [10] vt intoxiquer. ◆ **intoxicarse** vprnl s'intoxiquer.

intracomunitario, ria adj intra-communautaire.

intraducible adj intraduisible.

intragable adj *fam* [película, libro] nul (nulle), nase.

intramuros adv intra-muros.

intramuscular adj intramusculaire.

intranet sf INFORM intranet *m*.

intranquilidad sf inquiétude *f*.

intranquilizar [13] vt inquiéter. ◆ **intranquilizarse** vprnl s'inquiéter.

intranquilo, la adj **1.** [preocupado] inquiet(ète) **2.** [nervioso] agité(e).

intransferible adj [derecho, cargo] intransmissible ; [cuenta] non transférable.

intransigencia sf intransigeance *f*.

intransigente adj intransigeant(e).

intransitable adj impraticable.

intransitivo, va adj intransitif(ive).

intrascendencia sf insignifiance *f*.

intrascendente adj insignifiant(e).

intratable adj intraitable.

intrauterino, na adj intra-utérin(e).

intravenoso, sa adj intraveineux(euse).

intrépido, da adj intrépide.

intriga sf **1.** [curiosidad] curiosité *f* ▸ **tener intriga por** être curieux(euse) de **2.** [género] suspense *m* ▸ **de intriga** à suspense **3.** [trama, maquinación] intrigue *f*.

intrigado, da adj intrigué(e) / ***estoy intrigado por saberlo*** je suis curieux de le savoir.

intrigante ◇ adj suspect(e). ◇ smf intrigant *m*, -e *f*.

intrigar [16] vt & vi intriguer.

intrincado, da adj inextricable ; [asunto, problema] compliqué(e) / ***un camino intrincado*** un chemin tortueux.

intrincar [10] vt compliquer.

intríngulis sm inv *fam* hic *m* ▸ **el intríngulis de la historia** le fin mot de l'histoire.

intrínseco, ca adj intrinsèque.

intro sm INFORM entrée *f*.

introducción sf introduction *f*.

introducir [33] vt ▸ **introducir (en)** introduire (dans). ◆ **introducirse** vprnl ▸ **introducirse (en)** s'introduire (dans).

introductor, ra ◇ adj **1.** [que presenta] introductif(ive) **2.** [que trae] qui amène ; [que implanta] qui introduit. ◇ sm, f introducteur *m*, -trice *f*.

introductorio, ria adj [nota, palabra] d'introduction, introductif(ive).

intromisión sf intrusion *f*.

introspección sf introspection *f*.

introspectivo, va adj introspectif(ive).

introversión sf introversion *f*.

introvertido, da adj & sm, f introverti(e).

intrusión sf intrusion *f*.

intrusismo sm exercice *m* illégal d'une profession.

intruso, sa adj & sm, f intrus(e).

intubar vt MED intuber.

intuición sf intuition *f*.

intuir [51] vt avoir l'intuition de, pressentir.

intuitivo, va adj intuitif(ive).

intuya ⟶ **intuir**.

inuit ◇ adj inuit(e). ◇ smf Inuit *m*, -e *f*.

inundación sf inondation *f*.

inundar vt inonder ; *fig* envahir. ◆ **inundarse** vprnl ▸ **inundarse (de)** a) être inondé(e) (de) b) *fig* être envahi(e) (par).

inusitado, da adj [palabra, lenguaje] inusité(e) ; [frío, comportamiento, etc.] inhabituel(elle).

inusual adj inhabituel(elle).

inútil ◇ adj **1.** [cosa, acción] inutile **2.** [persona - incapaz] maladroit(e) ; [- incapacitada] invalide. ◇ smf [incapaz] incapable *mf* ; [incapacitado] invalide *mf*.

inutilidad sf **1.** [cualidad] inutilité *f* **2.** [objeto inservible] : ***esta máquina es una inutilidad*** cette machine ne sert à rien **3.** [incapacidad] invalidité *f*.

inutilizar [13] vt ▸ **inutilizar algo** rendre qqch inutilisable.

invadir vt *pr* & *fig* envahir.

invalidación sf invalidation *f*.

invalidar vt invalider ; [crítica, argumento] infirmer ; [suj: ley] annuler.

invalidez sf [incapacidad] invalidité *f* ▸ **invalidez permanente / temporal** incapacité *f* permanente / temporaire.

inválido, da adj & sm, f invalide.

invalorable adj CSUR inestimable.

invariable adj invariable.

invasión sf invasion *f*.

invasivo, va adj MED [cirugía, tratamiento] invasif(ive).

invasor, ra ◇ adj : ***el país invasor fue sancionado*** le pays agresseur a été sanctionné. ◇ sm, f envahisseur *m*.

invectiva sf invective *f*.

invencible adj **1.** [ejército, equipo, etc.] invincible **2.** [timidez, repugnancia, etc.] insurmontable.

invención sf invention *f*.

invendible adj invendable.

inventar vt inventer. ◆ **inventarse** vprnl inventer / ***se inventó una excusa*** il a inventé une excuse.

inventariar vt inventorier, faire l'inventaire de.

inventario sm inventaire *m*.

inventiva sf imagination *f*.

invento sm **1.** invention *f* **2.** EXPR **fastidiarse el invento** ESP *fam* avec ce temps, tout est tombé à l'eau, nous ne pouvons plus sortir / ***por culpa tuya se fastidió el invento*** c'est raté à cause de toi.

inventor, ra sm, f inventeur *m*, -trice *f*.

invernadero, invernáculo sm serre *f*.

invernal adj hivernal(e).

invernar [19] vi [hibernar] hiberner ; [pasar el invierno] hiverner.

inverosímil adj invraisemblable.

inverosimilitud sf invraisemblance *f*.

inversamente adv **1.** [en proporción] inversement ▸ **inversamente proporcional a** inversement proportionnel à **2.** [a la inversa] inversement, à l'inverse.

inversión sf **1.** [del orden] inversion *f* **2.** [de dinero, tiempo] investissement *m* ▸ **inversiones extranjeras** investissements étrangers / ***una mala inversión*** un mauvais placement.

inversionista smf AM investisseur *m*, -euse *f*.

inverso, sa adj inverse ▸ **inverso a** inverse de. ◆ **a la inversa** loc adv à l'inverse.

inversor, ra adj & sm, f investisseur(euse). ◆ **inversor** sm ELECTR inverseur *m*.

invertebrado, da adj **1.** ZOOL invertébré(e) **2.** *fig* [sin organización] non structuré(e). ◆ **invertebrados** smpl invertébrés *mpl*.

invertido, da adj & sm, f [homosexual] homosexuel(elle).

invertir [27] vt **1.** [orden] inverser **2.** [dinero] investir **3.** [tiempo] mettre / ***invierto mucho tiempo en ir a tu casa*** je mets beaucoup de temps pour aller chez toi.

investidura sf investiture *f*.

investigación sf **1.** [estudio] recherche *f* ; [seguimiento] investigation *f* ▸ **investigación y desarrollo** recherche-développement *f* **2.** [indagación] enquête *f*.

investigador, ra ❖ adj **1.** [que estudia] : ***un centro investigador*** un centre de recherche **2.** [que indaga] : ***una comisión investigadora*** une commission d'enquête. ❖ sm, f **1.** [estudioso] chercheur *m*, -euse *f* **2.** [detective] enquêteur *m*, -euse *f* ▸ **investigador privado** détective *m* privé.

investigar [16] ❖ vt **1.** [estudiar] faire des recherches sur **2.** [indagar] rechercher, enquêter sur. ❖ vi **1.** [estudiar] faire de la recherche **2.** [indagar] enquêter.

investir [26] vt ▸ **investir a alguien con algo** a) [cargo] investir qqn de qqch b) [grado, título] décerner qqch à qqn c) [medalla] décorer qqn de qqch.

inveterado, da adj [costumbre] ancré(e).

inviabilidad sf : ***la inviabilidad de su proyecto es evidente*** il est évident que son projet n'est pas faisable.

inviable adj infaisable.

invicto, ta adj *culto* invaincu(e).

invidencia sf non-voyance *f*.

invidente ❖ adj aveugle. ❖ smf non-voyant *m*, -e *f*.

invierna ⟶ **invernar**.

invierno sm hiver *m*.

invierta ⟶ **invertir**.

inviolabilidad sf inviolabilité *f*.

inviolable adj inviolable.

invirtiera ⟶ **invertir**.

invisible adj invisible.

invista ⟶ **investir**.

invistiera ⟶ **investir**.

invitación sf invitation *f*.

invitado, da adj & sm, f invité(e).

invitar vt inviter ▸ **invitar a alguien a (hacer) algo** inviter qqn à (faire) qqch / ***lo invitó a una copa*** il lui a offert un verre ▸ **invitar a** *fig* [incitar] inviter à / ***el sol invita a pasear*** le soleil invite à la promenade.

in vitro loc adv in vitro.

invocación sf invocation *f*.

invocar [10] vt invoquer.

involución sf **1.** MED involution *f* **2.** *fig* [de situación] régression *f*.

involucionar vi *fig* [situación] régresser.

involucionismo sm retour *m* en arrière.

involucionista adj & smf réactionnaire.

involucrado, da adj impliqué(e).

involucrar vt **1.** [comprometer] impliquer **2.** AM [conllevar] impliquer / ***este cambio involucra gastos que no había calculado*** ce changement implique des frais que je n'avais pas calculés. ◆ **involucrarse** vprnl ▸ **involucrarse en** être impliqué(e) dans.

involuntario, ria adj involontaire.

invoque ⟶ **invocar**.

invulnerabilidad sf invulnérabilité *f*.

invulnerable adj invulnérable ▸ **ser invulnerable a** être invulnérable à.

Cómo invitar

- **J'organise une fête pour mon anniversaire samedi. Vous viendrez, j'espère ?** *Organizo una fiesta por mi cumpleaños el sábado. ¡Espero que vendréis!*
- **Tu viens boire un verre après le travail ?** *¿Vienes a tomar algo después del trabajo?*
- **Tu es libre à déjeuner un jour de la semaine prochaine ?** *¿Hay un día de la semana que viene en que podamos almorzar juntos?*
- **Je me demandais si tu aimerais venir dîner un soir avec Catherine.** *Me preguntaba si a ti y a Catherine os apetecería venir a cenar un día de estos?*
- **Pourquoi ne viendrais-tu pas avec nous à Paris ?** *¿Y por qué no vienes con nosotros a París?*
- **Une partie de tennis, ça te tente ?** *¿Te tienta un partido de tenis?*

inyección sf **1.** [acción] injection *f* **2.** [medicamento] piqûre *f* ▸ **poner una inyección** faire une piqûre ▸ **dar una inyección** RP faire une piqûre.

inyectable ◆ adj injectable. ◆ sm ampoule *f* injectable.

inyectar vt injecter. ◆ **inyectarse** vprnl [con drogas] se piquer ; [con medicamentos] se faire une piqûre de.

iodo = **yodo**.

ion sm ELECTR & QUÍM ion *m*.

ion sm ion *m*.

ionice ⟶ **ionizar**.

iónico, ca adj ionique.

ionización sf QUÍM ionisation *f*.

ionizador sm ioniseur *m*.

ionizar [13] vt ioniser.

ionosfera sf ionosphère *f*.

IPC (*abr de* **índice de precios al consumo**) sm IPC *m*.

iPhone® ['aifon o 'ifon] sm iPhone® *m*.

iPod® ['aipod o 'ipod] sm iPod® *m*.

ippon ['ipon] sm [en judo] ippon *m*.

ipso facto loc adv [en el acto] sur-le-champ.

ir [61]

◆ vi

1. [gen] aller / *voy a Madrid / al cine* je vais à Madrid / au cinéma / *iremos en coche / en tren / andando* nous irons en voiture / en train / à pied / *todavía va al colegio* il va encore à l'école / *nuestra parcela va de aquí hasta el mar* notre terrain va d'ici à la mer / *sus negocios van mal* ses affaires vont mal ▸ **¡vamos!** on y va ! ▸ **ir a mejor / a peor** aller mieux / moins bien

2. *(delante de gerundio)* [expresa duración gradual] *voy mejorando mi estilo* j'améliore mon style / *su estado va empeorando* son état se dégrade

3. [expresa intención, opinión] ▸ **ir a hacer algo** aller faire qqch / *voy a llamarlo ahora mismo* je vais l'appeler tout de suite

4. [funcionar] marcher, fonctionner / *tu coche va muy bien* ta voiture marche très bien ▸ **¿cómo te / le etc. va?** comment ça va ?

5. [vestir] être / *ir de azul / en camiseta / con corbata* être en bleu / en tee-shirt / en cravate

6. [estar] *iba hecho un pordiosero* on aurait dit un mendiant / *iba muy borracho* il était complètement soûl

7. [vacaciones, tratamiento] ▸ **irle bien a alguien** faire du bien à qqn

8. [ropa] ▸ **irle (bien) a alguien** aller (bien) à qqn / *le va fatal el color negro* le noir ne lui va pas du tout

9. [armonizar] ▸ **ir con algo** aller avec qqch

10. [referirse] *lo que he dicho no va con* o *por nadie en particular* ce que je viens de dire ne vise personne en particulier

11. [ser correspondiente] *eso va por lo que tú me hiciste* ça c'est en retour de ce que tu m'as fait

12. [buscar] ▸ **ir por algo / alguien** aller chercher qqch / qqn

13. [alcanzar] ▸ **ir por** en être à / *ya va por el cuarto vaso de vino* il en est à son quatrième verre de vin

14. [con valor enfático] ▸ **ir y hacer algo** aller faire qqch, se mettre à / *fue y se lo contó todo* il est allé tout lui raconter / *fue y se puso a llorar* alors il s'est mis à pleurer

15. [tratar] ▸ **ir de** être sur / *¿de qué va la película?* de quoi parle le film ?

16. [presumir] ▸ **ir de** faire / le / / *va de listo por la vida* ESP il se prend pour un petit malin / *va de intelectual cuando en verdad no sabe nada* il fait l'intello alors qu'en réalité il ne sait rien / *¿pero tú de qué vas?* ESP pour qui te prends-tu ?

17. *(en presente)* [apostar] *van diez euros que no lo haces* je te parie dix euros que tu ne le fais pas ▸ **¿cuánto va?** ça fait combien ?

18. EXPR **irle algo a alguien** ESP *fam* : *a mí lo que me va es el deporte* moi, ce qui me botte, c'est le sport / *no me va la máquina* la techno, c'est pas mon truc / *ni le va ni le viene fam* ça lui est bien égal ▸ **¡qué va!** tu parles ! ▸ **ser el no va más** ESP *fam* être le summum o le nec plus ultra

◆ **irse** vprnl s'en aller, partir / *se ha ido de viaje / a comer* il est parti en voyage / manger / *como sigas me voy* si tu continues je m'en vais / *esta mancha no se va* cette tache ne part pas / *se va el dinero sin darse uno cuenta* l'argent file sans qu'on s'en rende compte ▸ **¡vete!** va-t'en !

ira sf colère *f*.

IRA (*abr de* **Irish Republican Army**) sm IRA *f*.

iracundo, da adj coléreux(euse) / *se puso iracundo* il est devenu furieux.

Irak = **Iraq**.

irakí (*pl* **irakíes** o **irakís**) = **iraquí**.

Irán npr ▸ **(el) Irán** (l')Iran *m*.

iraní (*pl* **iraníes** o **iranís**) ◆ adj iranien(enne). ◆ sm, f Iranien *m*, -enne *f*.

Iraq, Irak npr ▸ **(el) Iraq** (l')Iraq *m*, (l')Irak *m*.

iraquí (*pl* **iraquíes** o **iraquís**), **irakí** (*pl* **irakíes** o **irakís**) ◆ adj irakien(enne). ◆ sm, f Irakien *m*, -enne *f*.

irascible adj irascible.

irenismo sm irénisme *m*.

iridio sm iridium *m*.

iridología sf iridologie *f*.

iris sm inv iris *m*.

Irlanda npr Irlande *f* ▸ **Irlanda del Norte** Irlande du Nord.

irlandés, esa ◆ adj irlandais(e). ◆ sm, f Irlandais *m*, -e *f*. ◆ **irlandés** sm [lengua] irlandais *m*.

ironía sf ironie *f* / *por una curiosa ironía,...* par une curieuse ironie du sort,....

irónico, ca adj ironique.

ironizar [13] ❖ vt tourner en dérision. ❖ vi ▸ **ironizar (sobre)** ironiser (sur).

IRPF (*abr de* **Impuesto sobre la Renta de las Personas Físicas**) sm *impôt sur le revenu des personnes physiques en Espagne.*

irracional adj irrationnel(elle).

irracionalidad sf irrationalité *f*.

irradiación sf **1.** [gen & MED] irradiation *f* **2.** [de cultura, ideas] rayonnement *m*.

irradiar [8] vt **1.** [luz, energía] irradier **2.** *fig* [alegría, felicidad] rayonner de ; [simpatía] déborder de **3.** RP [emitir] émettre.

irrazonable adj déraisonnable.

irreal adj irréel(elle).

irrealidad sf irréalité *f*.

irrealizable adj irréalisable.

irrebatible adj irréfutable.

irreconciliable adj irréconciliable.

irreconocible adj méconnaissable.

irrecuperable adj irrécupérable.

irreductible adj irréductible.

irreemplazable adj irremplaçable.

irreflexión sf irréflexion *f*.

irreflexivo, va adj irréfléchi(e).

irrefrenable adj irrépressible.

irrefutable adj irréfutable.

irregular adj irrégulier(ère).

irregularidad sf irrégularité *f*.

irrelevancia sf insignifiance *f* ; [observación, etc.] manque *m* d'à-propos.

irrelevante adj [sin importancia] insignifiant(e) ; [sin significado] qui n'est pas pertinent(e).

irremediable adj irrémédiable.

irremediablemente adv irrémédiablement.

irremisible adj irrémissible.

irremplazable adj irremplaçable.

irreparable adj irréparable.

irrepetible adj unique.

irreprimible adj irrépressible.

irreprochable adj irréprochable.

irresistible adj irrésistible.

irresoluble adj insoluble / *un problema irresoluble* un problème insoluble.

irresoluto, ta adj & sm, f *culto* irrésolu(e).

irrespetuoso, sa adj irrespectueux(euse).

irrespirable adj irrespirable.

irresponsabilidad sf irresponsabilité *f*.

irresponsable adj & smf irresponsable.

irrestricto, ta adj AM [ilimitado] illimité(e) / *amnistía irrestricta* amnistie générale / *apoyo irrestricto* soutien inconditionnel.

irreverente adj irrévérencieux(euse).

irreversible adj irréversible.

irrevocable adj irrévocable.

irrigación sf **1.** [gen & MED] irrigation *f* **2.** [del intestino] lavement *m*.

irrigar [16] vt irriguer.

irrisorio, ria adj dérisoire.

irritabilidad sf irritabilité *f*.

irritable adj irritable.

irritación sf irritation *f*.

irritado, da adj [persona, tono, piel, ojos, garganta] irrité(e).

irritante adj irritant(e).

irritar vt irriter. ◆ **irritarse** vprnl s'irriter.

irrompible adj incassable.

irrumpir vi faire irruption.

irrupción sf irruption *f*.

isabelino, na adj [en España - de Isabel I] d'Isabelle Ire ; [- de Isabel II] d'Isabelle II ; [en Inglaterra] élisabéthain(e).

ISBN (*abr de* **international standard book number**) sm ISBN *m*.

isla sf **1.** [en el agua] île *f* **2.** [de casas] îlot *m*, pâté *m* de maisons **3.** MÉX RP [bosquecillo] boqueteau *m*.

Islas

las islas Afortunadas (las Canarias)	les îles Fortunées
las islas Anglonormandas	les îles Anglo-Normandes
las islas de Barlovento	les îles du Vent
las islas Británicas	les îles Britanniques
las (islas) Canarias	les (îles) Canaries
la isla de Elba	l'île d'Elbe
la isla Mauricio	l'île Maurice
la isla de Pascua	l'île de Pâques
la isla de la Reunión	(l'île de) la Réunion
las islas de Sotavento	les îles Sous-le-Vent
la isla de la Tortuga	l'île de la Tortue
las islas Virgenes	les îles Vierges

islam sm RELIG islam *m*. ◆ **Islam** sm ▸ **el Islam** l'Islam *m*.

Islamabad npr Islamabad.

islámico, ca adj islamique.

islamismo sm **1.** [religión] islam *m* **2.** [movimiento] islamisme *m*.

islamista adj & smf islamiste.

islamizar [13] vt islamiser. ◆ **islamizarse** vprnl se convertir à l'islam.

islamofobia sf islamophobie *f*.

islandés, esa ◈ adj islandais(e). ◈ sm, f Islandais *m*, -e *f*. ◆ **islandés** sm [lengua] islandais *m*.

Islandia npr Islande *f*.

isleño, ña adj & sm, f insulaire.

isleta sf [en calle] îlot *m*.

islote sm îlot *m*.

ISO (*abr de* **International Organization for Standardization**) sf ISO *f* ▸ **la certificación (de calidad) ISO** certification (qualité) ISO.

isobara, isóbara sf isobare *f*.

isomorfo, fa adj isomorphe.

isópodo, da adj isopode.

isósceles ◈ adj inv isocèle. ◈ sm inv triangle *m* isocèle.

isoterma sf METEOR isotherme *f*.

isotérmico, ca, isotermo, ma adj [vagón, recipiente] isotherme.

isotónico, ca adj isotonique.

isótopo ◈ adj isotopique. ◈ sm QUÍM isotope *m*.

Israel npr Israël.

israelí (*pl* **israelíes** *o* **israelís**) ◈ adj israélien(enne). ◈ smf Israélien *m*, -enne *f*.

israelita adj & smf israélite.

istmo sm isthme *m*.

itacate sm MÉX casse-croûte *f*.

Italia npr Italie *f*.

italianismo sm italianisme *m*.

italianizar [13] vt italianiser.

italiano, na ◈ adj italien(enne). ◈ sm, f Italien *m*, -enne *f*. ◆ **italiano** sm [lengua] italien *m*.

itálico, ca ◈ adj **1.** HIST italique **2.** ⟶ **letra.** ◈ sm, f HIST Italique *mf*.

item, ítem sm **1.** [cosa] objet *m* **2.** DER article *m* **3.** INFORM élément *m* (d'information).

iteración sf **1.** [repetición] réitération *f* **2.** INFORM itération *f*.

itinerancia sf [de móvil] itinérance *f*.

itinerante adj itinérant(e).

itinerario sm itinéraire *m*.

ITV (*abr de* **inspección técnica de vehículos**) sf ESP ≃ contrôle *m* technique automobile ▸ **pasar la ITV** ≃ passer le contrôle technique.

IU (*abr de* **Izquierda Unida**) sf *coalition de partis politiques espagnols de gauche, formée autour du Parti communiste.*

i/v (*abr escrita de* **ida y vuelta**) A/R.

IVA sm **1.** ESP [impuesto sobre el valor añadido] TVA *f (taxe sur la valeur ajoutée)* **2.** AM [impuesto al valor agregado] TVA *f (taxe sur la valeur ajoutée)*.

izar [13] vt hisser.

izda, izqda (*abr escrita de* **izquierda**) gche.

izquierdismo sm POLÍT gauche *f*.

izquierdista ◈ adj de gauche. ◈ smf homme *m* de gauche, femme *f* de gauche ▸ **los izquierdistas** la gauche.

izquierdo, da adj gauche ; [fila, botón, carril] de gauche.

◆ **izquierda** sf **1.** [gen & POLÍT] gauche *f* ▸ **a la izquierda** à gauche / *estaba sentado a mi izquierda* il était assis à ma gauche ▸ **de izquierdas** de gauche **2.** [mano] main *f* gauche ; DEP [pie] gauche *m* / *le dio a la pelota con la izquierda* il a tiré du gauche.

◆ **izquierdas** sfpl ESP POLÍT gauche *f* / *ser de izquierdas* être de gauche.

izquierdoso, sa adj *fam* gaucho *(gauchiste)*.

J

j, J [xota] sf [letra] j *m inv*, J *m inv*.

ja interj ▸ **¡ja!** ha !

jabalí, ina sm, f sanglier *m*, laie *f*.

jabalina sf DEP javelot *m*.

jabato, ta adj courageux(euse). ◆ **jabato** sm marcassin *m*.

jabón sm **1.** [para lavar] savon *m* ▸ **jabón líquido** savon liquide ▸ **dar jabón a alguien** *fam* & *fig* passer de la pommade à qqn **2.** MÉX RP *fam* [miedo] frousse *f*.

jabonada sf savonnage *m*.

jabonar vt [con jabón] savonner. ◆ **jabonarse** vprnl se savonner.

jaboncillo sm craie *f (de tailleur)*.

jabonero, ra adj savonnier(ère). ◆ **jabonera** sf porte-savon *m*.

jabonoso, sa adj savonneux(euse).

jabugo sm Jabugo *m (jambon espagnol de grande qualité)*.

jaca sf **1.** [caballo] bidet *m* **2.** [yegua] jument *f* **3.** AM [gallo] coq *m* de combat.

jacal sm MÉX hutte *f*, chaumière *f*.

jácena sf poutre *f* maîtresse.

jacinto sm jacinthe *f*.

jackpot ['ɟakpot] sm jackpot *m* ▸ **ganar o llevarse el jackpot** *fig* toucher o décrocher le jackpot.

jaco sm *mfam* came *f (héroïne)*.

jacobeo, a adj de saint Jacques (le Majeur).

jacobinismo sm jacobinisme.

jacobino, na adj & sm, f jacobin(e).

jacquard sm inv jacquard *m*.

jactancia sf vantardise *f*.

jactancioso, sa adj vantard(e).

jactarse vprnl ▸ **jactarse de** se vanter de.

jacuzzi sm Jacuzzi® *m*.

jade sm jade *m*.

jadeante adj haletant(e).

jadear vi haleter.

jadeo sm halètement *m*.

Jaén npr Jaén, Jaen.

jaguar (*pl* **jaguars**) sm jaguar *m*.

jaiba ❖ sf **1.** CAM ANDES CARIB MÉX [animal] crabe *m* **2.** MÉX *fam* [policía] ▸ **la jaiba** les flics, les poulets. ❖ smf CARIB MÉX *fam* [persona] malin *m*, -igne *f*.

jaima sf [tienda de campaña] jaima *f*.

jalada sf MÉX **1.** [tirón] ▸ **dar una jalada a algo** tirer sur qqch **2.** *fam* [reprimenda] engueulade *f*.

jalapeño sm [chile] *petit piment vert très piquant, utilisé frais en cuisine*.

jalar vt **1.** ESP *fam* [comer] bouffer **2.** CAM ANDES CARIB MÉX *fam* [tirar] tirer / *lo jaló de la manga* il l'a tiré par la manche **3.** MÉX VEN [arrastrar] traîner. ◆ **jalar con** MÉX *fam* v + prep **1.** [entenderse] s'entendre avec **2.** [robar] faucher. ◆ **jalar en** v + prep MÉX *fam* [trabajar] bosser. ◆ **jalarse** vi **1.** ESP *fam* [comer] bouffer, se taper **2.** VEN *fam* [embriagarse] se soûler.

jale sm MÉX *fam* boulot *m*.

jalea sf gelée *f* ▸ **jalea real** gelée royale.

jalear vt **1.** [animar] encourager *(par des cris, des applaudissements)* **2.** CHILE [fastidiar] ennuyer, agacer.

jaleo sm *fam* **1.** [alboroto] raffut *m* ▸ **armar jaleo** faire du raffut **2.** [desorden] pagaille *f* / ***debido a un fallo electrónico había un jaleo increíble en el aeropuerto*** suite à un problème informatique, il y avait une pagaille incroyable à l'aéroport **3.** [lío] histoire *f* / ***se ha metido en un jaleo muy gordo*** il s'est embarqué dans une sale histoire.

jalisco sm MÉX chapeau *m* de paille.

jalón sm **1.** [palo] jalon *m* **2.** [etapa] tournant *m* **3.** BOL MÉX VEN [distancia] bout *m* / ***todavía nos queda un jalón*** il nous reste encore un bon bout à faire **4.** EXPR **de un jalón** AM d'un seul coup.

jalonar vt *pr* & *fig* jalonner.

Jamaica npr Jamaïque *f*.

jamaicano, na ❖ adj jamaïquain(e). ❖ sm, f Jamaïquain *m*, -e *f*.

jamás adv jamais ▸ **jamás de los jamases** *fig* jamais, au grand jamais.

jamba sf piédroit *m*.

jamelgo sm *fam* rosse *f*.

jamón sm **1.** jambon *m* ▸ **jamón (en) dulce** jambon cuit ▸ **jamón del país** jambon de pays ▸ **jamón serrano** *jambon cru espagnol* ; ≃ jambon de Bayonne ▸ **jamón (de) York** jambon blanc **2.** EXPR **estar jamón** ESP *fam* être canon ▸ **¡y un jamón!** *fam* & *fig* et puis quoi encore ?

jamona *fam* ❖ adj bien en chair. ❖ sf grosse dondon *f*.

jam-session ['jam'sesjon] sf MÚS bœuf *m*.

jansenismo sm jansénisme *m*.

Jánuca npr Hanoukka.

japo sm ESP *fam* crachat *m*.

Japón npr ▸ **(el) Japón** (le) Japon.

japonés, esa ◆ adj japonais(e). ◆ sm, f Japonais *m*, -e *f*. ◆ **japonés** sm [lengua] japonais *m*.

jaque sm échec *m* ▸ **jaque al rey** échec au roi ▸ **jaque mate** échec et mat ▸ **tener en jaque a alguien** *fig* tenir qqn en échec.

jaqueca sf migraine *f* ▸ **dar jaqueca** *fam & fig* casser la tête.

jarabe sm sirop *m* ▸ **lo que necesita es jarabe de palo** il a besoin d'une bonne paire de claques ▸ **tener jarabe de pico** avoir la langue bien pendue.

jarana sf **1.** [juerga] java *f* ▸ **estar** o **irse de jarana** faire la java **2.** [alboroto] bagarre *f* **3.** CAm [deuda] dette *f*.

jaranear vt ANDES CAm *fam* [estafar] escroquer.

jaranero, ra ◆ adj : *es tan jaranero que sale todas las noches* il aime tellement faire la fête qu'il sort tous les soirs. ◆ sm, f noceur *m*, -euse *f*.

jarcia sf **1.** [aparejos] gréement *m* ; [para pescar] attirail *m* de pêche **2.** CAm CUBA MÉX [cordel] corde *f*.

jardín sm **1.** jardin *m* ▸ **jardín botánico** jardin botanique **2.** AM DEP [en béisbol] ▸ **los jardines** le terrain. ◆ **jardín de infancia** sm jardin *m* d'enfants.

jardinera sf ⟶ **jardinero**.

jardinería sf jardinage *m*.

jardinero, ra sm, f **1.** [persona] jardinier *m*, -ère *f* **2.** AM DEP [en béisbol] joueur *m*, -euse *f*. ◆ **jardinera** sf jardinière *f* ▸ **a la jardinera a)** CULIN (à la) printanière **b)** [tortilla] à la jardinière. ◆ **jardinero** sm RP blouse *f*.

jarra sf [para servir] carafe *f* ; [de cerveza] chope *f* ▸ **de** o **en jarras** les poings sur les hanches. ◆ **jarra de cerveza** sf [para beber] chope *f*.

jarrete sm jarret *m*.

jarro sm **1.** [para servir] pichet *m* / *me echó un jarro de agua fría fig* ça m'a fait l'effet d'une douche froide **2.** CSUR [de cerveza] chope *f*.

jarrón sm vase *m*.

Jartum npr Khartoum.

jaspe sm jaspe *m*.

jaspeado, da adj jaspé(e). ◆ **jaspeado** sm jaspure *f*.

jaspear vt jasper.

jauja sf *fam* pays *m* de cocagne ▸ **¡esto es jauja!** c'est Byzance !

jaula sf cage *f*.

jauría sf meute *f*.

Java npr Java.

javanés, esa ◆ adj javanais(e). ◆ sm, f Javanais *m*, -e *f*.

jazmín sm jasmin *m*.

jazz [ɟas] sm jazz *m*.

jazzista [ɟa'sista] smf jazzman *m*.

jazzy ['ɟasi] adj inv *fam* jazzy *(inv)*.

JC, J. C. (*abr escrita de* **Jesucristo**) J.-C.

je interj ▸ **¡je!** ha !

jeans [ɟins] smpl jean *m*.

jeep ['ɟip] (*pl* **jeeps**) sm Jeep® *f*.

jefatura sf direction *f*.

jefazo, za sm *fam* grand chef *m (en entreprise)*.

jefe, fa sm, f **1.** [en trabajo, de tribu] chef *m* ▸ **en jefe** MIL en chef ▸ **jefe de estación** chef de gare ▸ **jefe de Estado** chef d'État ▸ **jefe de estudios** conseiller *m* d'éducation ▸ **jefe de gobierno** chef de gouvernement ▸ **jefe de ventas** responsable *mf* des ventes **2.** [de empresa] patron *m* **3.** MÉX *fam* [padre] vieux *m*, vieille *f* / *los jefes no me dejan llegar más tarde de medianoche* mes vieux m'interdisent de rentrer après minuit.

Jehová npr RELIG Jéhovah.

jején sm AM *moucheron dont la piqûre est extrêmement urticante*.

JEME (*abr de* **Jefe del Estado Mayor del Ejército**) sm *chef de l'état-major de l'armée espagnole*.

jemer ◆ adj khmer(ère). ◆ smf Khmer *m*, -ère *f*.

jengibre sm gingembre *m*.

jeque sm cheikh *m*.

jerarca sm [de partido, organización] chef *m* ; [de la Iglesia] dignitaire *m*.

jerarquía sf hiérarchie *f* ▸ **la alta jerarquía** les hauts dignitaires.

jerárquico, ca adj hiérarchique.

jerarquizar [13] vt hiérarchiser.

jerez sm xérès *m* ▸ **jerez fino** *xérès très sec*.

jerga sf **1.** [de profesión, grupo] jargon *m* **2.** MÉX RP [para caballo] tapis *m* de selle.

jergón sm paillasse *f (matelas)*.

jerifalte sm *fam* big boss *m*.

jerigonza sf **1.** [galimatías] charabia *m* **2.** [jerga] jargon *m*.

jeringa sf seringue *f*.

jeringar vt *fam* **1.** [fastidiar] raser, gonfler **2.** [estropear] bousiller. ◆ **jeringarse** vprnl *fam* **1.** [fastidiarse] tant pis *(pour qqn)* **2.** [estropearse] bousiller, être h.s.

jeringuilla sf seringue *f* ▸ **jeringuilla hipodérmica** seringue hypodermique.

jeroglífico, ca adj hiéroglyphique. ◆ **jeroglífico** sm **1.** [carácter] hiéroglyphe *m* **2.** [juego] rébus *m*.

jerséi (*pl* **jerséis**), **jersey** (*pl* **jerseys**) sm **1.** ESP [de punto] pull *m*, pull-over *m* **2.** AM [tejido] jersey *m*.

Jersey npr Jersey.

Jerusalén npr Jérusalem.

Jesucristo npr Jésus-Christ.

jesuita ◆ adj & sm jésuite. ◆ sm RP [aperitivo] *petit friand au jambon ou au fromage*.

jesuítico, ca adj jésuitique / *la labor jesuítica* le travail des jésuites.

jesús interj ▸ **¡jesús! a)** [tras estornudo] à tes/vos souhaits ! **b)** [sorpresa] ça alors !

jet ['ɟet] (*pl* **jets**) ◆ sm [avión] jet *m*. ◆ sf = **jet-set**.

jeta *mfam* ◆ sf **1.** *fam* [cara] gueule *f* ▸ **romperle la jeta a alguien** casser la gueule à qqn **2.** ESP *fam* [descaro] culot *m* ▸ **tener (mucha) jeta** être gonflé(e) / *¡qué jeta! después de lo que me ha hecho, me pide dinero* quel culot ! après ce qu'il m'a fait, il me demande de l'argent ! ◆ smf ESP *fam* [caradura] : *tu hermana es una jeta* ta sœur a un culot monstre / *¡el muy jeta se quedó el dinero!* il est gonflé, il a gardé l'argent !

jet lag ['ɟetlak] sm inv *fatigue due au décalage horaire.*

jet-set ['ɟetset], **jet** sf ESP [grupo de personas] jet-set *f.*

jíbaro, ra ◆ adj **1.** [indio, tribu] jivaro **2.** CAM ANDES CARIB [animal] sauvage. ◆ sm, f **1.** [indio] Jivaro *mf* **2.** VEN *fam* [traficante] dealer *m.*

jibia sf ZOOL seiche *f.*

jícara sf CAM MÉX VEN **1.** [calabaza] calebasse *f* **2.** [taza] tasse *f.*

jicote sm CAM MÉX **1.** [insecto] bourdon *m* **2.** [nido] essaim *m.*

jiddisch = **yiddish**.

jiennense ◆ adj de Jaén. ◆ smf *natif ou habitant de Jaén.*

jihad = **yihad**.

jijona sm touron *m* (de Jijona).

jilguero sm chardonneret *m.*

jilote sm CAM MÉX [mazorca] épi *m* de maïs.

jineta sf AM [mujer] écuyère *f.*

jinete smf cavalier *m,* -ère *f.*

jinetear vt MÉX *fam* dompter *(des chevaux).*

jinetera sf CUBA *fam* prostituée *f.*

jingle ['ɟingel] sm RADIO & TV jingle *m.*

jingoísmo sm POLÍT chauvinisme *m.*

jiñar, giñar vi *vulg* chier.

jiote sm MÉX urticaire *f.*

jipioso, sa adj & sm, f *fam* hippie, hippy.

jirafa sf girafe *f.*

jirón sm **1.** [andrajo] lambeau *m* ▸ **hecho jirones** en lambeaux **2.** PERÚ [calle] rue *f.*

jitomate sm MÉX tomate *f.*

jiu-jitsu [ɟiu'jitsu], **yiu-yitsu** sm inv jiu-jitsu *m inv.*

JJ OO (*abr escrita de* **juegos olímpicos**) smpl JO *mpl* / *participar en los JJ OO* participer aux JO.

jo interj ESP *fam* & *eufem* **1.** [indica fastidio] mince / *¡jo, me he vuelto a olvidar las llaves!* mince, j'ai encore oublié les clés ! / *¡jo, déjame en paz!* allez, laisse-moi tranquille ! **2.** [indica sorpresa, alegría] : *¡jo, qué suerte!* waouh, quelle chance ! / *¡jo, qué casualidad!* eh ben, quelle coïncidence !

jobar interj ESP *fam* & *eufem* punaise, purée.

jockey = **yóquey**.

jocosidad sf **1.** [cualidad] drôlerie *f* **2.** [chiste, broma] plaisanterie *f.*

jocoso, sa adj cocasse.

jocundo, da adj *culto* jovial(e).

joda sf RP VEN *mfam* **1.** [fastidio] emmerdement *m,* emmerde *f* **2.** [broma] blague *f* **3.** [parranda] nouba *f.*

jodedor, ra sm, f RP *fam* chieur *m,* -euse *f.*

joder *vulg* ◆ vt **1.** [fastidiar] emmerder ▸ **¡no me jodas!** déconne pas ! **2.** [disgustar] faire chier, emmerder **3.** [planes, fiesta] foutre en l'air, bousiller **4.** [máquina, objeto] bousiller, déglinguer **5.** ESP [copular] baiser **6.** ESP [quitar, sisar] piquer, faucher **7.** EXPR **¡anda y que te / le / os / les jodan!** ESP va te / qu'il aille se / allez vous / qu'ils aillent se faire foutre ▸ **joderla** ESP : *¡como nos pille, la hemos jodido!* s'il nous pince, c'est foutu ! ▸ **joder vivo a alguien** baiser qqn ▸ **¡no me jodas!** déconne pas ! ◆ vi **1.** [fastidiar] faire chier, emmerder ▸ **¡no jodas!** déconne pas ! **2.** ESP [copular] baiser. ◆ interj ESP putain. ◆ **joderse** vprnl ESP *vulg* **1.** [aguantarse] aller se faire foutre **2.** [estropearse] être foutu(e).

jodido, da adj *vulg* **1.** [físicamente] mal foutu(e) **2.** [moralmente] emmerdé(e) **3.** [difícil] merdique **4.** [maldito] : *este jodido coche* cette putain de voiture **5.** [estropeado] foutu(e).

jodienda sf *vulg* ▸ **¡qué jodienda!** ça fait chier !

jofaina sf bassine *f.*

jogging ['ɟoɣin] sm **1.** DEP jogging *m* **2.** RP [ropa] survêtement *m.*

Johannesburgo npr Johannesbourg.

jojoba sf [planta] jojoba *m.*

jóker ['ɟoker] (*pl* **jokers**) sm joker *m.*

jolgorio sm fête *f.*

jolín, jolines interj ESP *fam* & *eufem* **1.** [expresa fastidio] punaise, putain / *¡jolines, déjame en paz!* punaise ! laisse-moi tranquille ! **2.** [expresa asombro, admiración] punaise / *¡jolines, qué coche tan guay!* punaise, elle est trop top, ta bagnole !

jondo adj ⟶ **cante**.

jónico, ca adj **1.** ARQUIT ionique **2.** [de Jonia] ionien(enne).

JONS (*abr de* **Juntas de Ofensiva Nacional Sindicalista**) sfpl *mouvement politique espagnol d'extrême droite datant de l'époque franquiste.*

jopé interj ESP *fam* & *eufem* punaise.

Jordania npr Jordanie *f.*

jordano, na ◆ adj jordanien(enne). ◆ sm, f Jordanien *m,* -enne *f.*

jornada sf journée *f* ▸ **jornada de reflexión** *journée précédant les élections au cours de laquelle toute manifestation politique est interdite* ▸ **jornada de trabajo** journée o temps *m* de travail ▸ **jornada intensiva** journée continue ▸ **media jornada** mi-temps *m.*

jornal sm salaire *m* journalier.

> ⚠ **Journal** es un falso amigo, no significa *jornal*, sino "periódico" y también "diario".

jornalero, ra sm, f journalier *m*, -ère *f*.

joroba ◆ sf bosse *f*. ◆ interj ESP *fam* & *eufem* [expresa sorpresa, enfado] merde.

jorobado, da ◆ adj **1.** *fam* [fastidiado] mal fichu(e) / *tengo el estómago jorobado* j'ai mal à l'estomac **2.** [con joroba] bossu(e). ◆ sm, f bossu *m*, -e *f*.

jorobar vt *mfam* casser les pieds à.
◆ **jorobarse** vprnl *fam* : *si no te gusta, te jorobas* si ça ne te plaît pas, tant pis pour toi.

jorongo sm MÉX **1.** [manta] couverture *f* **2.** [poncho] poncho *m* (mexicain).

jota sf **1.** [letra] j *m inv* **2.** [baile, música] jota *f (chanson et danse populaires espagnoles avec accompagnement de castagnettes)* **3.** EXPR **no entiendo ni jota o una jota de inglés** *fam* je ne comprends pas un mot d'anglais ▸ **no veo una o ni jota** *fam* je n'y vois que dalle.

jotero, ra sm, f danseur *m*, -euse *f* de jota.

joto sm MÉX *vulg* & *despec* pédé *m*.

joven ◆ adj jeune ▸ **de joven** quand j'étais/tu étais etc. jeune. ◆ smf jeune homme *m*, jeune fille *f* ▸ **¡joven!** garçon !

jovenzuelo, la sm, f gamin *m*, -e *f*.

jovial adj jovial(e).

jovialidad sf jovialité *f*.

joya sf **1.** [adorno] bijou *m* **2.** *fig* [persona] perle *f* ; [cosa] bijou *m*.

joyería sf bijouterie *f*, joaillerie *f*.

joyero, ra sm, f bijoutier *m*, -ère *f*, joaillier *m*, -ère *f*.
◆ **joyero** sm coffret *m* à bijoux.

joystick sm joystick *m*.

JPEG [xe'peg] sm INFORM JPEG *m*.

JPI (*abr de* **juzgado de primera instancia**) sm *tribunal espagnol de première instance*.

JPT (*abr escrita de* **Jefatura Provincial de Tráfico**) sf *en Espagne, corps de la gendarmerie chargé de la circulation au niveau régional*.

Jr. (*abr escrita de* **junior**) Jr / *Walter Gálvez Jr.* Walter Gálvez Jr.

juanete sm MED oignon *m*.

jubilación sf retraite *f* ▸ **jubilación anticipada** retraite anticipée.

jubilado, da adj & sm, f retraité(e).

jubilar vt mettre à la retraite *fam* ; *fig* [empleado, ropa] mettre au placard. ◆ **jubilarse** vprnl **1.** [retirarse] prendre sa retraite **2.** CUBA MÉX [instruirse] s'instruire.

> ⚠ **Jubiler** es un falso amigo, no significa *jubilar*, sino "entusiasmarse".

jubileo sm RELIG jubilé *m* / *su casa es un jubileo* *fam* & *fig* sa maison est un vrai moulin.

júbilo sm jubilation *f*.

jubiloso, sa adj joyeux(euse).

judaico, ca adj judaïque.

judaísmo sm judaïsme *m*.

judas sm judas *m (traître)*.

judeocristiano, na adj judéo-chrétien(enne).

judeoespañol, la adj & sm, f judéo-espagnol(e).
◆ **judeoespañol** sm [lengua] judéo-espagnol *m*.

judería sf quartier *m* juif.

judía sf haricot *m* ▸ **judía blanca** haricot blanc ▸ **judía verde o tierna** haricot vert.

judiada sf *fam* ▸ **hacer una judiada a alguien** faire une vacherie à qqn.

judicatura sf **1.** [cargo] charge *f* de juge **2.** [cuerpo] magistrature *f*.

judicial adj judiciaire.

judío, a ◆ adj juif(ive). ◆ sm, f Juif *m*, -ive *f*.

judo = **yudo**.

judoka = **yudoca**.

juega ⟶ **jugar**.

juego sm **1.** [gen & DEP] jeu *m* ▸ **abrir / cerrar el juego** ouvrir / terminer le jeu ▸ **estar / poner en juego** être / mettre en jeu ▸ **estar (en) fuera de juego** a) DEP être hors jeu b) *fig* être hors circuit ▸ **hacer juegos malabares** *pr* & *fig* jongler ▸ **¡hagan juego!** faites vos jeux ! ▸ **ser un juego de niños** être un jeu d'enfant ▸ **juego de azar** jeu de hasard ▸ **juego de manos** tour *m* de passe-passe ▸ **juego de palabras** jeu de mots ▸ **juego de prendas** gages *mpl* ▸ **juegos olímpicos** jeux *mpl* Olympiques ▸ **doble juego, juego doble** double jeu ▸ **entre bobos anda el juego** il n'y en a pas un pour rattraper l'autre **2.** [conjunto] ▸ **hacer juego** aller avec / *zapatos a juego con…* des chaussures assorties à… ▸ **juego de café / de té** service *m* à café / à thé ▸ **juego de llaves** trousseau *m* de clés ▸ **juego de sábanas** parure *f* de lit **3.** AM [partido] match *m* **4.** AM [en feria] manège *m*.
◆ **juegos florales** smpl jeux *mpl* floraux *(concours de poésie récompensé par une fleur)*.

juegue ⟶ **jugar**.

juerga sf *fam* bringue *f* ▸ **irse o estar de juerga** faire la bringue ▸ **tomar algo a juerga** *fam* prendre qqch à la rigolade.

juerguista *fam* ◆ adj : *es muy juerguista* il aime bien faire la fête. ◆ smf fêtard *m*, -e *f*.

jueves sm inv jeudi *m* ▸ **jueves lardero** *jeudi précédant le carême* ▸ **no es nada del otro jueves** *fig* ça n'a rien d'extraordinaire. *Ver también* **sábado**.
◆ **Jueves Santo** sm jeudi *m* saint.

juez, za sm, f juge *m* ▸ **juez de instrucción** juge d'instruction ▸ **juez de línea** a) [fútbol, rugby] juge de touche b) [tenis] juge de ligne ▸ **juez de paz** ≃ juge d'instance ▸ **juez de primera instancia juez** ≃ juge au Tribunal de grande instance ▸ **juez de silla** arbitre *m (au tennis, etc.)*.

jugada sf DEP coup *m*, action *f* / *ha sido una buena jugada de…* quelle belle action de… ! ▸ **hacer una mala jugada a alguien** *fig* jouer un mauvais tour à qqn.

jugador, ra adj & sm, f joueur(euse).

jugar [40] ◆ vi jouer / *jugar al balón / a la pelota* jouer au ballon / à la balle ▸ **jugar limpio** jouer franc jeu ▸ **jugar sucio** a) tricher b) *fig* faire des coups bas. ◈ vt **1.** [partido] faire / *jugar un partido de fútbol* faire un match de foot **2.** [dinero, carta] jouer ▸ **jugar un papel** *fig* jouer un rôle. ◆ **jugarse** vprnl **1.** [echar a suertes] parier **2.** [arriesgar] jouer / *te estás jugando el puesto* tu es en train de jouer ton poste / *se jugó la vida para salvarla* il a risqué sa vie pour la sauver **3.** EXPR **jugársela a alguien** jouer un mauvais tour à qqn.

jugarreta sf *fam* sale coup *m*.

juglar sm jongleur *m (poète-musicien du Moyen Âge)*, ménestrel *m*.

juglaresco, ca adj ▸ **la literatura juglaresca** *poèmes épiques du Moyen Âge interprétés par les « jongleurs »*.

juglaría sf art *m* des « jongleurs ».

jugo sm **1.** [gen] jus *m* **2.** ANAT suc *m* **3.** *fig* [interés] ▸ **un artículo con mucho jugo** un article très fouillé ▸ **sacar jugo a algo / alguien** tirer parti de qqch / qqn.

jugosidad sf : *me gusta esta naranja por su jugosidad* j'aime cette orange parce qu'elle est juteuse.

jugoso, sa adj **1.** [con jugo] juteux(euse) **2.** *fig* [interesante] fouillé(e).

juguete sm jouet *m* ▸ **un coche de juguete** une petite voiture ▸ **una vajilla de juguete** une dînette ▸ **juguete bélico** jouet de guerre.

juguetear vi jouer / *deja de juguetear con las llaves* arrête de t'amuser avec les clefs.

juguetería sf magasin *m* de jouets.

juguetón, ona adj joueur(euse).

juicio sm jugement *m* ▸ **a juicio de** de l'avis de ▸ **llevar a alguien a juicio** traîner qqn devant les tribunaux ▸ **(no) estar en su (sano) juicio** (ne pas) avoir toute sa tête ▸ **perder el juicio** perdre la raison. ◆ **Juicio Final** sm ▸ **el Juicio Final** le Jugement *m* dernier.

juicioso, sa adj **1.** [persona] sensé(e) **2.** [acción] judicieux(euse).

jul., jul (*abr escrita de* **julio**) juil. / *14 jul. 1789* 14 juil. 1789.

julay, julái, jula sm *mfam* [homosexual] pédé *m*.

julepe sm ▸ **meter un julepe a alguien** *fam* passer un savon à qqn.

juliana sf CULIN julienne *f* ▸ **en juliana** en julienne.

julio sm **1.** [mes] juillet *m* **2.** FÍS joule *m*. *Ver también* **septiembre**.

jumbo ['ɟumbo] sm jumbo-jet *m*.

jumper sm **1.** CSUR MÉX [prenda] robe *f* chasuble **2.** INFORM jumper *m*, cavalier *m*.

jun., jun (*abr escrita de* **junio**) juin / *24 jun. 2011* 24 juin 2011.

juncal sm jonchaie *f*.

junco sm **1.** [planta] jonc *m* **2.** [embarcación] jonque *f*.

jungla sf jungle *f* ▸ **jungla de asfalto** *fam & fig* jungle de béton.

junio sm juin *m*. *Ver también* **septiembre**.

júnior ['ɟunior] (*pl* **juniors**) ◈ adj inv junior. ◈ smf DEP junior *mf*.

junta sf **1.** [reunión, órgano] assemblée *f* ▸ **junta (general) de accionistas** assemblée (générale) des actionnaires ▸ **junta de gobierno** ESP *gouvernement et administration de certaines communautés autonomes* ▸ **junta directiva** comité *m* directeur ▸ **junta militar** junte *f* (militaire) ▸ **junta municipal** conseil *m* municipal **2.** [unión] joint *m* ▸ **junta de culata** joint de culasse **3.** EXPR **andar con malas juntas** RP VEN avoir de mauvaises fréquentations. ◆ **juntas** sfpl AM [de dos ríos] confluent *m sing*.

juntamente adv ▸ **juntamente con** en même temps que / *hay que estudiarlo juntamente con la otra propuesta* il faut l'étudier en même temps que l'autre proposition.

juntar vt **1.** [unir] réunir ; [manos] joindre **2.** [personas, fondos] rassembler. ◆ **juntarse** vprnl **1.** [reunirse - personas] s'assembler ; [- ríos, caminos] se rejoindre **2.** [convivir] vivre ensemble **3.** [arrimarse] ▸ **juntarse a** se rapprocher de.

junto, ta adj **1.** [reunido] ensemble / *nunca había visto tanta gente junta* je n'avais jamais vu autant de gens réunis / *rezaba con las manos juntas* elle priait les mains jointes **2.** [próximo] côte à côte / *tenía los ojos juntos* il avait les yeux rapprochés. ◆ **junto a** loc prep à côté de, près de. ◆ **junto con** loc prep avec.

juntura sf jointure *f*.

Júpiter npr Jupiter.

jura sf serment *m* ▸ **jura de la bandera** serment au drapeau.

jurado, da adj **1.** [declaración, etc.] juré(e) **2.** [traductor] assermenté(e) **3.** ⟶ **guarda.** ◆ **jurado** sm [tribunal] jury *m* ; [miembro] juré *m*.

juramentar vt assermenter.

juramento sm **1.** [promesa] serment *m* ▸ **bajo juramento** sous serment ▸ **prestar juramento** prêter serment ▸ **tomar juramento a alguien** faire prêter serment à qqn ▸ **juramento hipocrático** serment d'Hippocrate **2.** [blasfemia] juron *m*.

jurar ◈ vt **1.** [prometer] jurer ▸ **jurar por... que** jurer sur... que ▸ **jurar por Dios que** jurer devant Dieu que ▸ **jurar que** jurer que ▸ **jurársela** o **jurárselas a alguien** *fam* jurer de se venger de qqn **2.** [acatar] prêter serment à. ◈ vi [blasfemar] jurer.

jurásico, ca adj jurassique ; [relieve] jurassien(enne). ◆ **jurásico** sm jurassique *m*.

jurel sm chinchard *m*.

jurídico, ca adj juridique.

jurisconsulto, ta sm, f jurisconsulte *m*.

jurisdicción sf **1.** [poder, autoridad] autorité *f* ▸ **estar fuera de la jurisdicción de alguien** ne pas être de la compétence de qqn **2.** DER juridiction *f*.

jurisdiccional adj **1.** [gen] juridictionnel(elle) **2.** ⟶ **agua**.

jurisprudencia sf jurisprudence *f* ▸ **sentar jurisprudencia** faire jurisprudence.

jurista smf juriste *mf.*

justa sf HIST joute *f.*

justamente adv justement / *tienen justamente la misma edad* ils ont exactement le même âge.

justicia sf justice *f* ▸ **administrar justicia** rendre la justice ▸ **en justicia** pour être juste ▸ **hacer justicia a** faire o rendre justice à ▸ **justicia social** justice sociale ▸ **es de justicia que** c'est justice que ▸ **tomarse alguien la justicia por su mano** se faire justice.

justiciero, ra adj & sm, f justicier(ère).

justificable adj justifiable.

justificación sf [gen & INFORM] justification *f* ▸ **justificación automática** justification automatique.

justificado, da adj justifié(e).

justificante sm justificatif *m.*

justificar [10] vt justifier ▸ **justificar a alguien** [excusar] justifier qqn. ◆ **justificarse** vprnl se justifier ▸ **justificarse de algo** se justifier de qqch ▸ **justificarse con alguien** se justifier auprès de qqn.

justificativo, va adj justificatif(ive).

justiprecio sm ▸ **fijar el justiprecio de** [piso, producto] évaluer.

justo, ta adj juste / *tendremos la luz justa para...* nous aurons juste assez de lumière pour... ▸ **estar o venir justo** être juste. ◆ **justo** ◈ sm RELIG ▸ **los justos** les justes. ◈ adv juste / *justo ahora iba a llamarte* j'allais justement t'appeler.

juvenil ◈ adj **1.** [de jóvenes] juvénile **2.** DEP ≃ cadet. ◈ smf *(gen pl)* DEP ≃ cadet *m*, -ette *f.*

juventud sf **1.** [gen] jeunesse *f* **2.** [conjunto] ▸ **la juventud** les jeunes.

juzgado sm **1.** [gen] tribunal *m* ▸ **juzgado de guardia** *tribunal où une permanence est assurée* ▸ **ser de juzgado de guardia** *fam* être scandaleux / *este precio es de juzgado de guardia* ce prix est parfaitement scandaleux ▸ **juzgado municipal** ≃ tribunal d'instance **2.** [territorio] juridiction *f.*

juzgar [16] vt juger ▸ **a juzgar por (como)** à en juger par (la façon dont).

K

k, K [ka] sf **1.** [letra] k *m inv*, K *m inv* **2.** SMS (*abr escrita de* **que** OU **qué**) koi, kwa.

Kabul npr Kaboul.

k a ces (*abr escrita de* **¿qué haces?**) SMS tufékoi *(tu fais quoi)*.

kafkiano, na adj kafkaïen(enne).

káiser sm HIST kaiser *m*.

kaki = **caqui**.

kale borroka sf *perturbations causées dans les rues par les extrémistes basques pour montrer leur opposition aux pouvoirs publics*.

kamikaze sm kamikaze *m*.

Kampala npr Kampala.

kantiano, na adj & sm, f kantien(enne).

karaoke sm **1.** [actividad] karaoké *m* **2.** [local] karaoké *m*, bar *m* karaoké.

kárate sm karaté *m*.

karateka smf karatéka *mf*.

karma sm RELIG karma *m*, karman *m*.

kart (*pl* **karts**) sm kart *m*.

karting sm karting *m*.

kata sf DEP kata *m*.

katiusca, katiuska sf ESP *botte en caoutchouc*.

Katmandú npr Katmandou.

kayac (*pl* **kayacs**) sm DEP kayak *m*.

Kazajistán, Kazakztán npr Kazakhstan, Kazakstan *m*.

Kb (*abr de* **kilobyte**) sm Kb *m*.

Kbps (*abr escrita de* **kilobit por segundo**) INFORM Kbit/s *m*.

kdms SMS *abr escrita de* **quedamos**.

ke (*abr escrita de* **que, qué**) SMS koi *(quoi)*.

kebab sm kebab *m*.

kelvin (*pl* **kelvins**) sm kelvin *m*.

kendo sm kendo *m*.

Kenia npr Kenya *m*.

keniano, na = **keniata**.

keniata, keniano, na ◆ adj kenyan(e). ◆ smf Kenyan *m*, -e *f*.

kepis = **quepis**.

kermés, kermesse sf kermesse *f*.

keroseno = **queroseno**.

ketchup ['ketʃup], **catchup** ['katʃup], **catsup** sm inv ketchup *m*.

keynesianismo sm keynésianisme *m*.

keynesiano, na adj keynésien(enne).

kg (*abr escrita de* **kilogramo**) kg.

kibbutz (*pl* **kibbutz** *o* **kibbutzim**), **kibutz** (*pl* **kibutz** *o* **kibutzim**) [ki'βuts, ki'βuθ] sm kibboutz *m*.

Kiev npr Kiev.

kif = **quif**.

kiko® sm [maíz] *grain de maïs grillé et salé*.

kilim sm kilim *m*.

kilo, quilo sm [peso] kilo *m*.

kilobit sm INFORM kilobit *m*.

kilobyte [kilo'βait] sm INFORM kilobyte *m*.

kilocaloría, quilocaloría sf kilocalorie *f*.

kilogramo, quilogramo sm kilogramme *m*.

kilohercio sm kilohertz *m*.

kilojulio sm kilojoule *m*.

kilolitro, quilolitro sm mètre *m* cube.

kilometraje, quilometraje sm kilométrage *m*.

kilometrar, quilometrar vt kilométrer.

kilométrico, ca, quilométrico, ca adj **1.** [distancia, billete] kilométrique **2.** *fig* [largo] interminable.

kilómetro, quilómetro sm kilomètre *m* ▸ **kilómetros por hora** kilomètres à l'heure ▸ **kilómetro cuadrado** kilomètre carré.

kilovatio, quilovatio sm kilowatt *m*.

kilovoltio, quilovoltio sm kilovolt *m*.

kilt (*pl* **kilts**) sm kilt *m*.

kimono = **quimono**.

kinesi(o)terapia, quinesi(o)terapia sf kinésithérapie *f*.

Kingston npr Kingston.

Kinshasa npr Kinshasa.

kiosco = **quiosco**.

kiosquero = **quiosquero**.

Kirguizistán npr Kirghizistan *m*.

kirial sm *livre de chants de messe*.

kirieleisón sm kyrie *m* ▸ **cantar el kirieleisón** implorer miséricorde.

kirsch ['kirʃ] sm kirsch *m*.

kit (*pl* **kits**) sm kit *m*.

kitesurf ['kaitsurf] sm kitesurf *m*.

kitsch ◆ adj inv [objeto, decoración] kitsch *(inv)*, kitch *(inv)*. ◆ sm [estética] kitsch *m inv*, kitch *m inv*.

kiwi sm kiwi *m*.

KKK (*abr escrita de* **Ku Klux Klan**) sm KKK *m*.

kleenex®, klínex sm inv kleenex® *m*.

km (*abr escrita de* **kilómetro**) km.

km² (*abr escrita de* **kilómetro cuadrado**) km^2.

km/h (*abr escrita de* **kilómetro por hora**) km/h.

knockout [no'kaut] sm DEP [en boxeo] knock-out *m inv*.

KO (*abr de* **knock-out**) sm DEP [en boxeo] K.-O. *m* ▸ **dejar K.O. a alguien** mettre qqn K.-O. ▸ **quedar K.O.** être K.-O.

koala sm ZOOL koala *m*.

kopeck (*pl* **kopecks**) sm kopeck *m*.

kosovar ◆ adj kosovar. ◆ smf Kosovar *mf*.

Kosovo npr Kosovo *m*.

Kremlin npr ▸ **el Kremlin** le Kremlin.

krill, kril sm krill *m*.

kriptón sm QUÍM krypton *m*.

ktl? (*abr escrita de* **¿qué tal?**) SMS sava ? *(ça va?)*.

Kuala Lumpur npr Kuala Lumpur.

kung(-)fu [kun'fu] sm kung-fu *m*.

Kurdistán npr Kurdistan *m*.

kurdo, da ◆ adj kurde. ◆ sm, f Kurde *mf*.

Kuwait [ku'βait] npr **1.** [país] Koweït *m* **2.** [ciudad] Koweït.

kuwaití (*pl* **kuwaitíes** *o* **kuwaitís**) ◆ adj koweïtien(enne). ◆ sm, f Koweïtien *m*, -enne *f*.

kW (*abr escrita de* **kilovatio**) sm kW.

kWh (*abr de* **kilovatio hora**) sm kWh *m*.

L

l[1], L [ele] sf [letra] l *m*, L *m*.

l[2] (*abr escrita de* **litro**) l.

L / *abr escrita de* **letra**.

la[1] sm MÚS la *m*.

la[2] ❖ art ⟶ **el.** ❖ pron ⟶ **lo**.

laberíntico, ca adj **1.** [camino] labyrinthique **2.** *fig* [confuso] embrouillé(e).

laberinto sm labyrinthe *m*.

labia sf *fam* bagou *m*.

labial ❖ adj labial(e). ❖ sf labiale *f*.

lábil adj labile.

labio sm *(gen pl)* **1.** [gen] lèvre *f* ▸ **labio leporino** bec-de-lièvre *m* **2.** *fig* [habla] bouche *f* ▸ **estar pendiente de los labios de alguien** être suspendu(e) aux lèvres de qqn ▸ **no descoser** o **despegar los labios** ne pas desserrer les dents.

labiodental ❖ adj labiodental(e). ❖ sf labiodentale *f*.

labor sf **1.** [trabajo] travail *m* ▸ **labor de equipo** travail d'équipe / *profesión: sus labores* profession : femme au foyer ▸ **no estar por la labor** **a)** [estar distraído] ne pas être à ce que l'on fait **b)** [ser reacio] être réfractaire **2.** [de costura, punto, etc.] ouvrages *mpl* ▸ **labor de aguja** travaux *mpl* d'aiguille.

laborable adj ⟶ **día**.

laboral adj [jornada, condiciones] de travail ; [accidente, derecho] du travail.

laboralista ❖ adj du droit du travail. ❖ smf spécialiste *mf* en droit du travail.

laboratorio sm laboratoire *m* ▸ **laboratorio de idiomas** o **lenguas** laboratoire de langues.

laboriosidad sf **1.** [dedicación] labeur *m* **2.** [dificultad] difficulté *f*.

laborioso, sa adj **1.** [difícil] laborieux(euse) **2.** [trabajador] travailleur(euse).

laborismo sm travaillisme *m*.

laborista adj & smf travailliste.

labrado, da adj [madera, piedra] travaillé(e), ouvré(e) ; [tierra] labouré(e). ◆ **labrado** sm [de madera, piedra] travail *m*, ouvrage *m*.

labrador, ra sm, f cultivateur *m*, -trice *f*.

labranza sf culture *f* / *aperos de labranza* outils *mpl* agricoles / *una casa de labranza* une ferme.

labrar vt **1.** [cultivar] cultiver **2.** [arar] labourer **3.** [grabar] travailler **4.** *fig* [hacer - fortuna] bâtir ; [- futuro, porvenir] se préparer ; [- desgracia] faire. ◆ **labrarse** vprnl [fortuna] bâtir ; [futuro, porvenir] se préparer.

labriego, ga sm, f cultivateur *m*, -trice *f*.

laburante smf RP *fam* bosseur *m*, -euse *f*.

laburar vi RP *fam* bosser.

laburo sm RP *fam* boulot *m*.

laca sf **1.** [gen] laque *f* **2.** [de uñas] vernis *m* **3.** [objeto] laque *m*.

lacado sm laquage *m*.

lacar [10] vt laquer.

lacayo sm laquais *m*.

lacerante adj **1.** [dolor] aigu(ë) **2.** [palabras, etc.] blessant(e) **3.** [grito, etc.] déchirant(e).

lacerar vt **1.** [cuerpo, rostro, etc.] lacérer **2.** *fig* [persona] blesser, meurtrir ; [honor, reputación] salir ; [corazón] déchirer.

lacio, cia adj **1.** [cabello] raide **2.** [piel, planta] flétri(e) **3.** *fig* [sin fuerza] abattu(e).

lacón sm *épaule de porc salée*.

lacónico, ca adj laconique.

laconismo sm laconisme *m*.

La Coruña npr La Corogne.

lacra sf fléau *m* ▸ **las lacras de la sociedad** les plaies de la société.

lacrar vt cacheter à la cire.

lacre ❖ adj AM rouge. ❖ sm cire *f* à cacheter.

lacrimal adj lacrymal(e).

lacrimógeno, na adj [gas] lacrymogène ; *fig* [película, novela, etc.] à l'eau de rose.

lacrimoso, sa adj **1.** [con lágrimas] larmoyant(e) **2.** [triste] mélodramatique.

lactancia sf allaitement *m*.

lactante smf nourrisson *m*.

lactar vi [madre] allaiter ; [bebé] téter.

lácteo, a adj **1.** [producto, industria] laitier(ère) ; [dieta] lacté(e) **2.** *fig* [piel] laiteux(euse).

láctico, ca adj lactique.

lactosa sf lactose *m*.

lacustre adj lacustre.

ladeado, da adj ▸ **el sombrero ladeado** le chapeau de côté.

ladear vt ▸ **ladear la cabeza** pencher la tête.

ladera sf versant *m*.

ladilla sf morpion *m*.

ladino, na adj rusé(e). ◆ **ladino** sm [dialecto] ladino *m*, judéo-espagnol *m*.

lado sm **1.** [gen] côté *m* / *a ambos lados* des deux côtés ▸ **de lado** de côté ▸ **dejar de lado, dejar a un lado** [prescindir] laisser de côté / *dormir de lado* dormir sur le côté ▸ **echarse** o **hacerse a un lado** [apartarse] s'écarter ▸ **mirar de lado a alguien** [despreciar] regarder qqn de haut ▸ **por un lado..., por otro lado...** d'un côté..., d'un autre côté... ▸ **en el lado (de)** sur le côté (de) / *en el lado de abajo / arriba* en bas / haut **2.** [lugar] endroit *m* ▸ **de un lado para otro, de un lado a otro** de droite à gauche / *en algún lado* quelque part / *en algún otro lado* ailleurs. ◆ **al lado** loc adv [cerca] à côté. ◆ **al lado de** loc prep [junto a] à côté de. ◆ **de al lado** loc adj d'à côté / *la casa de al lado* la maison d'à côté.

ladrador, ra adj aboyeur(euse) ▸ **perro ladrador poco mordedor** chien qui aboie ne mord pas.

ladrar vi **1.** [suj: perro] aboyer **2.** *fig* [suj: persona] brailler / *está que ladra* il est d'une humeur de chien.

ladrido sm **1.** [de perro] aboiement *m* **2.** *fig* [de persona] braillement *m*.

ladrillo sm **1.** [de arcilla] brique *f* **2.** *fam* & *fig* [novela, etc.] ▸ **es un ladrillo** c'est ennuyeux comme la pluie.

ladrón, ona adj & sm, f voleur(euse) ▸ **jugar a ladrón y poli** AM jouer aux gendarmes et aux voleurs. ◆ **ladrón** sm ELECTR prise *f* multiple.

lady ['leiði] (*pl* **ladies**) sf lady *f*.

lagar sm pressoir *m*.

lagarta sf ⟶ **lagarto**.

lagartija sf petit lézard *m*.

lagarto, ta sm, f **1.** [animal] lézard *m* **2.** ESP MÉX *fam* [persona] coquin *m*, -e *f*. ◆ **lagarta** sf *fam* & *fig* [mujer] fine mouche *f*. ◆ **lagarto** ❖ sm **1.** *fam* [bíceps] biceps *m* **2.** MÉX ZOOL caïman *m*. ❖ interj ESP touchons du bois ! *(exclamation superstitieuse)*.

lago sm lac *m*.

Lagos

el lago Como	le lac de Côme
el lago (de) Constanza	le lac de Constance
el lago Erie	le lac Érié
el lago de Garda	le lac de Garde
el lago de Ginebra	le lac de Genève
el lago Hurón	le lac Huron
el lago Lemán	le lac Léman
el lago Michigan	le lac Michigan
el lago Tiberiades	le lac Tibériade
el lago Titicaca	le lac Titicaca
el lago Victoria	le lac Victoria

lágrima sf larme *f* ▸ **hacer saltar las lágrimas** faire venir les larmes aux yeux ▸ **llorar a lágrima viva** pleurer à chaudes larmes ▸ **lágrimas de cocodrilo** *fig* larmes de crocodile.

lagrimal ❖ adj lacrymal(e). ❖ sm larmier *m*.

lagrimear vi larmoyer.

lagrimilla sf **1.** [al llorar, reír] petite larme *f* **2.** CHILE [mosto] moût *m*.

lagrimoso, sa adj **1.** [ojos] larmoyant(e) **2.** [película, historia] larmoyant(e), qui fait pleurer.

laguna sf **1.** [de agua] lagune *f* **2.** *fig* [omisión, olvido] lacune *f*.

La Habana npr La Havane.

La Haya npr La Haye.

laicalizar [13] vt ANDES séculariser.

laicidad sf laïcité *f*.

laicismo sm laïcisme *m*.

laico, ca adj & sm, f laïque.

laísmo sm *emploi incorrect de "la" et "las" au lieu de "le" et "les" au datif.*

lama sm **1.** [de madera, aluminio] lama *m* **2.** AM [musgo] vert-de-gris *m* **3.** AM [verdín] vase *f* **4.** MÉX [moho] mousse *f* lacustre.

La Mancha npr (la) Manche *(région d'Espagne)*.

lambada sf lambada *f*.

lamber vt AM **1.** [lamer] lécher **2.** *fam* & *fig* [adular] lécher les bottes.

lambiscón, ona adj & sm, f MÉX *fam* [adulador] lèche-bottes.

lambisconear, lambisquear vt MÉX *fam* lécher les bottes de, faire de la lèche à.

lamé sm lamé *m*.

lameculos smf inv *vulg* & *despec* [persona] lèche-cul *mf inv*.

lamentable adj **1.** [triste, penoso] regrettable **2.** [malo] lamentable.

lamentablemente adv malheureusement, hélas.

lamentación sf lamentation *f*.

lamentar vt regretter ; [víctimas, desgracias, etc.] déplorer / *lamentamos comunicarle...* nous sommes au regret de vous informer.... ◆ **lamentarse** vprnl se lamenter ▸ **lamentarse de** o **por algo** se lamenter sur qqch.

lamento sm lamentation *f*.

lamer vt lécher. ◆ **lamerse** vprnl se lécher.

lametón sm coup *m* de langue.

lamido, da adj [flaco] décharné(e). ◆ **lamido** sm coup *m* de langue.

lámina sf **1.** [plancha] lame *f* **2.** [rodaja] tranche *f* **3.** ARTE planche *f*.

laminado, da adj [reducido a láminas] laminé(e) ; [cubierto con láminas] stratifié(e). ◆ **laminado** sm [reducción a láminas] laminage *m* ; [cubrimiento con láminas] stratifié *m*.

laminador sm laminoir *m*.

laminadora sf [máquina] laminoir *m*.

laminar[1] adj laminaire.

laminar² vt **1.** [hacer láminas] laminer **2.** [cubrir con láminas] stratifier.

lampalagua ❖ adj CHILE glouton(onne). ❖ sf **1.** ARG [reptil] anaconda *m* **2.** CHILE MITOL *créature mythique qui assèche les rivières en en buvant l'eau.*

lámpara sf **1.** [gen] lampe *f* ▸ **lámpara de mesa** lampe de table ▸ **lámpara de pie** lampadaire *m* **2.** *fig* [mancha] tache *f.*

lamparilla sf **1.** [lámpara] petite lampe *f* **2.** [vela] veilleuse *f.*

lamparita sf RP ampoule *f.*

lamparón sm grosse tache *f.*

lampazo sm AM **1.** *fam* & *fig* [latigazo] coup *m* de fouet **2.** [caña] *canne servant à pêcher les oursins.*

lampiño, ña adj **1.** [sin barba] imberbe **2.** [sin vello] lisse.

lampista smf **1.** [electricista] électricien *m*, -enne *f* **2.** *fam* [fontanero] plombier *m.*

lamprea sf lamproie *f.*

lana ❖ sf laine *f* ▸ **de lana** en laine ▸ **ir (a) por lana y volver trasquilado** tel est pris qui croyait prendre. ❖ sm AM *fam* fric *m.*

lanar adj [ganado, res] à laine.

lance ❖ v ⟶ **lanzar.** ❖ sm **1.** [en juego] coup *m* ; [en fútbol] phase *f* de jeu **2.** [acontecimiento] circonstance *f* / ***un lance difícil*** un moment difficile **3.** [riña] altercation *f* **4.** CHILE [regate] esquive *f.*

lancero sm lancier *m.*

lanceta sf ANDES MÉX [aguijón] aiguillon *m.*

lancha sf **1.** [embarcación - grande] chaloupe *f* ; [- pequeña] barque *f* ▸ **lancha neumática** canot *m* pneumatique ▸ **lancha patrullera** patrouilleur *m* ▸ **lancha salvavidas** canot *m* de sauvetage **2.** [piedra] pierre *f* plate.

lancinante adj lancinant(e).

landa sf lande *f.*

landó sm landau *m.*

land rover® sm Land Rover® *m.*

lanero, ra adj lainier(ère).

langosta sf **1.** [crustáceo] langouste *f* **2.** [insecto] criquet *m.*

langostino sm bouquet *m (grosse crevette).*

> ⚠ **Langoustine** es un falso amigo, no significa *langostino*, sino "cigala".

languidecer [30] vi languir.

languidez sf **1.** [debilidad] fragilité *f* **2.** [falta de ánimo] langueur *f.*

lánguido, da adj **1.** [débil] fragile **2.** [falto de ánimo] alangui(e).

lanilla sf **1.** [pelillo] poil *m (d'un lainage qui bouloche)* **2.** [tejido] lainage *m* fin.

lanolina sf lanoline *f.*

lanoso, sa adj laineux(euse).

lanudo, da adj **1.** [con lana, vello] laineux(euse) **2.** VEN *fam* [adinerado] friqué(e), plein(e) aux as.

lanza ❖ sf **1.** [arma] lance *f* **2.** [de carruaje] timon *m.* ❖ smf ANDES *fam* pickpocket *m.*

lanzacohetes sm inv lance-roquette *m.*

lanzadera sf [de telar] navette *f.*
◆ **lanzadera espacial** sf navette *f* spaciale.

lanzado, da adj **1.** [atrevido] ▸ **ser lanzado** ne pas avoir froid aux yeux **2.** [rápido] ▸ **ir lanzado** *fig* foncer.

lanzador, ra ❖ adj qui lance. ❖ sm, f [DEP - de objeto] lanceur *m*, -euse *f* ; [- en ciclismo] (poisson) pilote *m.*
◆ **lanzador** sm [en astronáutica] lanceur *m.*

lanzagranadas sm inv lance-grenade(s) *m.*

lanzallamas sm inv lance-flamme(s) *m.*

lanzamiento sm **1.** [gen] lancement *m* **2.** DEP lancer *m* ▸ **lanzamiento de disco / de jabalina / de martillo** lancer du disque / du javelot / du marteau ▸ **lanzamiento de peso** lancer du poids **3.** [de objeto] jet *m.*

lanzamisiles sm inv lance-missile(s) *m.*

lanzaplatos sm inv ball-trap *m.*

lanzar [13] vt lancer ; [suspiro, grito, queja] pousser.
◆ **lanzarse** vprnl **1.** [tirarse] se jeter **2.** [empezar] se lancer **3.** [abalanzarse] ▸ **lanzarse sobre alguien** se précipiter sur qqn.

Lanzarote npr Lanzarote.

lanzatorpedos sm inv lance-torpille(s) *m.*

Laos npr Laos *m.*

laosiano, na ❖ adj laotien(enne). ❖ sm, f Laotien *m*, -enne *f.* ◆ **laosiano** sm [idioma] laotien *m.*

LAP (*abr escrita de* **lo antes posible**) SMS ASAP *(as soon as possible).*

lapa sf **1.** [molusco] patelle *f* **2.** *fam* [persona] pot *m* de colle ▸ **pegarse como una lapa** être collant(e).

La Palma npr La Palma.

La Paz npr La Paz.

lapicera sf CSUR [bolígrafo] stylo *m* (à) bille, stylo *m* Bic®.

lapicero sm ESP [lápiz] crayon *m.*

lápida ◆ **lápida mortuoria** sf pierre *f* tombale.

lapidación sf lapidation *f.*

lapidar vt lapider.

lapidario, ria adj lapidaire.

lapislázuli sm lapis-lazuli *m inv.*

lápiz sm crayon *m* ▸ **lápiz de labios** crayon à lèvres ▸ **lápiz de ojos** crayon pour les yeux ▸ **lápiz óptico** crayon optique ▸ **lápiz de pasta** CHILE stylo à bille.

lapo sm ESP *fam* **1.** [escupitajo] mollard *m* **2.** [golpe] volée *f.*

lapón, ona ❖ adj lapon(e). ❖ sm, f Lapon *m*, -e *f.*

Laponia npr Laponie *f.*

lapso sm laps *m* ▸ **en el lapso de...** en l'espace de....

lapsus sm inv [al hablar] lapsus *m* ; [al actuar] impair *m.*

laque → **lacar**.

laquear vt laquer.

lar sm **1.** [lumbre] foyer *m* **2.** MITOL lare *m*.
◆ **lares** smpl foyers *mpl* / *regresar a sus lares* s'en retourner à ses foyers.

lardero adj → **jueves**.

lardo sm [tocino] lard *m*.

larga sf → **largo**.

largar [16] ❖ vt **1.** [aflojar] larguer **2.** *fam* [dinero, cosa] filer ; [bofetada, etc.] flanquer **3.** *fam* [discurso, sermón] débiter / *el acusado lo largó todo* l'accusé a lâché le morceau. ❖ vi **1.** ESP *fam* [hablar] l'ouvrir **2.** CSUR [dar la salida] donner le signal du départ.
◆ **largarse** vprnl *fam* ficher le camp, se tirer.

largavistas sm inv BOL CSUR jumelles *fpl*.

largo, ga adj **1.** [gen] long (longue) / *esta falda te está larga* cette jupe est trop longue pour toi **2.** [y pico] et quelques / *una hora larga* une bonne heure **3.** [alto] grand(e) **4.** *fam* [astuto] futé(e) **5.** *fam* & *fig* [generoso] ▸ **largo en hacer algo** prêt à faire qqch.
◆ **larga** sf **1.** TAUROM passe *f* de cape **2.** EXPR **a la larga** à la longue / *está aprendiendo y, a la larga, piensa trabajar* pour le moment il apprend et, à long terme, il pense travailler ▸ **dar largas a algo** faire traîner qqch (en longueur).
◆ **largo** ❖ sm longueur *f* / *siete metros de largo* sept mètres de long ▸ **pasar de largo** [en el espacio] passer sans s'arrêter ▸ **vestirse de largo** s'habiller en robe longue ▸ **a lo largo de a)** [en el espacio] le long de **b)** [en el tiempo] tout au long de / *difundirse a lo largo y a lo ancho de la ciudad* se répandre d'un bout à l'autre de la ville. ❖ adv [extensamente] longuement ▸ **hablar largo y tendido de algo** parler en long et en large de qqch. ❖ interj ▸ **¡largo (de aquí)!** hors d'ici !

> ⚠ Large es un falso amigo, no significa *largo*, sino "ancho" y también "amplio".

largometraje sm long-métrage *m*.

largue → **largar**.

larguero sm **1.** [de cama, puerta, etc.] montant *m* **2.** [de portería] barre *f* transversale.

larguirucho, cha adj *fam* dégingandé(e).

largura sf longueur *f*.

laringe sf larynx *m*.

laringitis sf inv laryngite *f*.

laringología sf laryngologie *f*.

laringólogo, ga sm, f laryngologiste *mf*.

La Rioja npr la Rioja.

larva sf larve *f*.

larvado, da adj larvé(e).

las ❖ art → **el.** ❖ pron → **lo**.

lasaña sf lasagnes *fpl*.

lascivia sf lascivité *f*.

lascivo, va ❖ adj lascif(ive). ❖ sm, f ▸ **ser un lascivo** être sensuel.

láser ❖ adj inv → **rayo.** ❖ sm inv laser *m*.

laserterapia sf laserthérapie *f*.

lasitud sf lassitude *f*.

laso, sa adj **1.** [cansado] las (lasse) **2.** [liso] lisse.

Las Palmas de Gran Canaria npr Las Palmas.

lástima sf **1.** [compasión] pitié *f*, peine *f* ▸ **dar lástima** faire de la peine / *da lástima irse* ça fait de la peine de partir **2.** [disgusto] dommage *m* ▸ **¡qué lástima!** quel dommage ! ▸ **hecho una lástima** en piteux état.

lastimadura sf AM blessure *f*.

lastimar vt **1.** [herir] faire mal à **2.** *fig* [ofender] blesser.
◆ **lastimarse** vprnl : *lastimarse (la pierna / el brazo)* se faire mal (à la jambe / au bras).

lastimero, ra adj plaintif(ive) / *un tono lastimero* un ton plaintif.

lastimoso, sa adj déplorable.

lastrar ❖ vt [globo, barco] lester. ❖ vi RP *fam* [hartarse] s'empiffrer.

lastre sm **1.** [peso] lest *m* ▸ **soltar lastre** jeter du lest **2.** *fig* [estorbo] fardeau *m* / *su pasado es un lastre para su carrera* son passé fait obstacle à sa carrière.

lata sf **1.** [envase] boîte *f* (de conserve) ▸ **una lata de aceite** un bidon d'huile **2.** *fam* [fastidio] ▸ **es una lata a)** [cosa] c'est casse-pieds **b)** [persona] c'est un casse-pieds ▸ **¡qué lata!** quelle barbe ! ▸ **dar la lata** casser les pieds.

latencia sf latence *f* / *período de latencia* période de latence.

latente adj latent(e).

lateral ❖ adj **1.** [gen] latéral(e) **2.** DER [sucesión, línea] collatéral(e). ❖ sm **1.** [lado] côté *m* **2.** DEP latéral *m*.

látex sm inv latex *m*.

latido sm [palpitación] battement *m* ; [dolor] élancement *m*.

latiente adj ▸ **con el corazón latiente** le cœur battant.

latifundio sm latifundium *m* *(grand domaine agricole)*.

latifundismo sm latifundisme *m*.

latifundista smf latifundiste *m* *(grand propriétaire foncier)*.

latigazo sm **1.** [golpe] coup *m* de fouet **2.** [chasquido] claquement *m* de fouet **3.** *fam* [trago] ▸ **pegarse un latigazo** s'en jeter un (derrière la cravate).

látigo sm **1.** [para pegar] fouet *m* **2.** [en la feria] montagnes *fpl* russes.

latiguillo sm **1.** [muletilla] tic *m* de langage ; [de actor] tic *m* d'interpretation **2.** [tubo] câble *m*.

latín sm latin *m* ▸ **latín clásico** latin classique ▸ **latín de cocina** o **macarrónico** latin de cuisine ▸ **latín rústico** o **vulgar** latin populaire o vulgaire ▸ **sabe (mucho) latín** *fig* il est malin comme un singe.

latinajo sm *fam* latin *m* de cuisine.

latinismo sm latinisme *m*.

latinista smf latiniste *mf*.

latinizar [13] vt latiniser.

latino, na ◆ adj latin(e). ◆ sm, f Latin *m*, -e *f*.

Latinoamérica npr Amérique latine.

latinoamericano, na ◆ adj latino-américain(e). ◆ sm, f Latino-Américain *m*, -e *f*.

latir vi **1.** [palpitar] battre **2.** [estar latente] être latent(e).

latitud sf **1.** GEOGR latitude *f* **2.** [extensión] étendue *f* ▸ **por estas latitudes** *fam* dans les parages.

lato, ta adj étendu(e) ▸ **en sentido lato** au sens large.

latón sm **1.** [aleación] laiton *m* **2.** RP [palangana] bassine *f* en métal.

latoso, sa *fam* ◆ adj barbant(e). ◆ sm, f raseur *m*, -euse *f*.

latrocinio sm larcin *m*.

laúd sm luth *m*.

laudable adj louable.

láudano sm laudanum *m*.

laudatorio, ria adj élogieux(euse).

laureado, da adj lauréat(e).

laurear vt *fig* [premiar] récompenser.

laurel sm laurier *m*. ◆ **laureles** smpl lauriers *mpl* ▸ **dormirse en los laureles** *fig* s'endormir sur ses lauriers.

lava sf lave *f*.

lavable adj lavable.

lavabo sm **1.** [objeto] lavabo *m* **2.** [habitación] toilettes *fpl*.

lavacoches smf inv laveur *m*, -euse *f* de voitures.

lavadero sm lavoir *m*.

lavado sm lavage *m* ▸ **lavado de cerebro** lavage de cerveau ▸ **lavado de estómago** lavage d'estomac.

lavadora sf lave-linge *m*.

lavafrutas sm inv *récipient posé sur la table pour laver les fruits*.

La Valeta npr La Valette.

lavamanos sm inv lave-mains *m inv*.

lavanda sf lavande *f*.

lavandería sf blanchisserie *f*.

lavandero, ra sm, f blanchisseur *m*, -euse *f*.

lavandina sf ARG [lejía] eau *f* de Javel.

lavaplatos ◆ smf inv [persona] plongeur *m*, -euse *f*. ◆ sm **1.** [máquina] lave-vaisselle *m inv* **2.** CHILE COL MÉX VEN [fregadero] évier *m* **3.** CAM VEN [detergente] liquide *m* vaisselle.

lavar vt laver ▸ **lavar y marcar** un shampooing et un brushing ▸ **lavar su honor** sauver son honneur. ◆ **lavarse** vprnl se laver.

lavarropas sm inv RP lave-linge *m inv*.

lavaseco sm ANDES teinturerie *f*.

lavativa sf **1.** [utensilio] poire *f* à lavement **2.** [acción] lavement *m*.

lavatorio sm ANDES RP lavabo *m*.

lavavajillas sm inv lave-vaisselle *m*.

laxante ◆ adj **1.** MED laxatif(ive) **2.** [relajante] relaxant(e). ◆ sm laxatif *m*.

laxar vt [vientre] purger.

laxativo, va adj laxatif(ive). ◆ **laxativo** sm laxatif *m*.

laxitud sf **1.** [física] laxité *f* **2.** *fig* [moral] relâchement *m*.

laxo, xa adj **1.** [músculo, cuerpo] détendu(e) ; [cable, cuerda] lâche **2.** *fig* [moral, conducta, etc.] relâché(e).

lazada sf nœud *m*.

lazareto sm **1.** [establecimiento sanitario] lazaret *m* **2.** [para leprosos] léproserie *f*.

lazarillo sm **1.** [persona] guide *m* d'aveugle **2.** [perro] chien *m* d'aveugle.

lazo sm **1.** [atadura] nœud *m* ; [para el pelo] ruban *m* **2.** [de vaquero] lasso *m* **3.** *(gen pl) fig* [vínculo] lien *m*.

l.c. *abr de* **loc. cit.**

LCD (*abr de* **liquid crystal display**) sf LCD *m* ▸ **una pantalla (de) LCD** un écran LCD.

Lda. *abr escrita de* **licenciada**.

Ldo. *abr escrita de* **licenciado**.

le pron pers *(complemento indirecto)* [a él, ella] lui ; [a usted, ustedes] vous / *le di una manzana* je lui ai donné une pomme / *le tengo miedo* j'ai peur de lui/d'elle / *le dije que no* [a usted] je vous ai dit non / *le gusta leer* il/elle aime lire / *añádele sal a las patatas* rajoute du sel dans les pommes de terre.

leal ◆ adj loyal(e) ▸ **leal a a)** [gobierno, corona, etc.] loyal(e) envers **b)** [ideal, convicciones, etc.] fidèle à. ◆ smf loyaliste *mf*.

lealtad sf loyauté *f* ▸ **lealtad a** loyauté envers.

leasing ['lisin] sm leasing *m*.

lebrel sm lévrier *m*.

lección sf leçon *f* ▸ **dar a alguien una lección de algo** donner une leçon de qqch à qqn ▸ **servir de lección** servir de leçon.

lechal ◆ adj de lait *(agneau, cochon)*. ◆ sm agneau *m* de lait.

lechazo sm agneau *m* de lait.

leche ◆ sf **1.** [gen] lait *m* ▸ **leche condensada** lait concentré ▸ **leche descremada o desnatada** lait écrémé ▸ **leche en polvo** lait en poudre ▸ **leche esterilizada** lait stérilisé ▸ **leche homogeneizada** lait homogénéisé ▸ **leche instantánea** AM lait en poudre ▸ **leche merengada** *boisson sucrée à base de lait, de blanc d'œuf et de cannelle* ▸ **leche pasterizada o pasteurizada** lait pasteurisé ▸ **leche semidesnatada** lait demi-écrémé ▸ **leche de almendras** lait d'amandes **2.** *vulg* [semen] foutre *m* ▸ **¡una leche!** mon cul ! ▸ **¡eres la leche!** tu te fais pas chier, toi ! **3.** *vulg* [bofetada] ▸ **pegar una leche a alguien** péter la gueule à qqn **4.** *vulg* [accidente] ▸ **pegarse o darse una leche** se foutre en l'air **5.** *vulg* [malhumor] ▸ **estar de mala leche** être d'une

humeur de cochon ▸ **tener mala leche** avoir un foutu caractère **6.** *vulg* [suerte] bol *m* ▸ **tener mala leche** ne pas avoir de bol ▸ **¡tiene leche!** il a un de ces bols !
❖ interj *(a veces en pl)* ESP putain, merde / ***¿qué haces aquí, leche?*** qu'est-ce que tu fais là putain ? / ***ya te he dicho que no, ¡leche!*** je t'ai déjà dit non, merde !

lechera sf ⟶ **lechero**.

lechería sf *desus* laiterie *f*, crémerie *f*.

lechero, ra ❖ adj **1.** [de la leche] laitier(ère) **2.** CAM BOL MÉX PERÚ *mfam* [afortunado] veinard(e).
❖ sm, f [persona] laitier(ère), crémier(ère).
◆ **lechera** sf [para transportar] bidon *m* de lait ; [para servir] pot *m* à lait.

lecho sm **1.** [gen] lit *m* ; [de mar, lago, canal] fond *m* **2.** [capa] couche *f* **3.** EXPR **no es un lecho de rosas** ce n'est pas toujours rose / ***su vida fue un lecho de rosas*** sa vie a été un long fleuve tranquille.

lechón sm cochon *m* de lait.

lechoso, sa adj **1.** [de la leche] laiteux(euse) **2.** VEN *mfam* [con suerte] veinard(e).

lechuga sf [planta] laitue *f*.

lechuza sf chouette *f*.

lecitina sf lécithine *f*.

lectivo, va adj [día, jornada] de classe ; [año] scolaire.

lector, ra sm, f lecteur *m*, -trice *f*.
◆ **lector** sm lecteur *m* ▸ **lector óptico** lecteur optique.

lectorado sm ESP EDUC lectorat *m*.

lectura sf lecture *f* ; [de tesis] soutenance *f* ; [de contador] relevé *m* ▸ **lectura óptica** lecture optique.

LED [led] (*abr de* **light emetting diode**) sm LED *f*.

leer [50] ❖ vt [gen & INFORM] lire. ❖ vi lire ▸ **leer de corrido** lire couramment.

legación sf légation *f* ; [misión] mission *f (d'un légat)*.

legado sm **1.** DER legs *m* **2.** *fig* [de una generación] héritage *m* **3.** [persona] légat *m* **4.** [cargo diplomático] légation *f*.

legajo sm dossier *m*.

legal adj **1.** [gen] légal(e) ▸ **un médico legal** un médecin légiste **2.** ESP *fam* [de confianza] réglo *(inv)* / ***puedes confiar en él, es un tío muy legal*** tu peux avoir confiance en lui, c'est un type réglo.

legalidad sf légalité *f*.

legalismo sm [actitud] légalisme *m* ; [tecnicismo] formalité *f*.

legalista adj & smf légaliste.

legalización sf **1.** [gen] légalisation *f* **2.** [certificación] authentification *f*.

legalizar [13] vt légaliser.

legaña sf *(gen pl)* chassie *f*.

legañoso, sa adj chassieux(euse).

legar [16] vt **1.** [gen] léguer **2.** [delegar] déléguer.

legatario, ria sm, f légataire *mf*.

legendario, ria adj légendaire.

legibilidad sf lisibilité *f*.

legible adj lisible.

legión sf légion *f*.
◆ **Legión** sf ▸ **la Legión** la Légion. ◆ **Legión de Honor** sf ▸ **la Legión de Honor** la Légion d'honneur.

legionario, ria adj de la Légion.
◆ **legionario** sm légionnaire *m*.

legionela sf [bacteria & MED] légionelle *f* ; [enfermedad & MED] légionnellose *f*.

legionelosis sf inv MED légionnellose *f*.

legislación sf législation *f*.

legislador, ra adj & sm, f législateur(trice).

legislar vi légiférer.

legislativo, va adj législatif(ive).
◆ **legislativas** sfpl [elecciones] législatives *fpl*.

legislatura sf **1.** [período] législature *f* **2.** AM [congreso] corps *m* législatif.

legítima sf ⟶ **legítimo**.

legitimación sf **1.** [gen] légitimation *f* **2.** [certificación] authentification *f*.

legitimar vt **1.** [hacer legal] légitimer **2.** [certificar] authentifier.

legitimidad sf légitimité *f*.

legítimo, ma adj **1.** [gen] légitime **2.** [oro, cuero, etc.] véritable ; [obra] authentique.
◆ **legítima** sf DER réserve *f* (héréditaire).

lego, ga ❖ adj **1.** [ignorante] profane ▸ **ser lego en** ne rien y connaître en **2.** [seglar] laïque **3.** [religioso] lai(e). ❖ sm, f **1.** [ignorante] profane *mf* **2.** [seglar] laïc *m*, laïque *f* **3.** [religioso] frère *m* lai, sœur *f* laie.

legua sf lieue *f* ▸ **legua marina** lieue marine ▸ **se ve a la legua** *fig* ça saute aux yeux.

legue ⟶ **legar**.

leguleyo, ya sm, f *fam* & *despec* avocaillon *m*, -onne *f*, juriste *mf* de pacotille.

legumbre sf *(gen pl)* légume *m* ▸ **legumbres secas / verdes** légumes secs / verts.

leguminosas sfpl légumineuses *fpl*.

lehendakari = **lendakari**.

leído, da adj **1.** [obra] lu(e) **2.** [persona] lettré(e).
◆ **leída** sf lecture *f*.

leísmo sm *emploi incorrect de "le" au lieu de "lo" et de "la" à l'accusatif.*

leitmotiv ['leitmo'tif] sm leitmotiv *m*.

lejanía sf éloignement *m* ▸ **en la lejanía** dans le lointain.

lejano, na adj **1.** [gen] lointain(e) ▸ **estar lejano** être loin / ***no está tan lejano el día en que me hartará*** je ne vais pas tarder à en avoir marre de lui **2.** *fig* [ausente] distrait(e).

lejía sf eau *f* de Javel.

lejos adv loin ▸ **a lo lejos** au loin ▸ **de** o **desde lejos** de loin. ◆ **lejos de** loc prep loin de / ***lejos de mejorar...*** loin de s'améliorer....

lelo, la adj & sm, f niais(e).

lema sm **1.** [norma] devise *f* **2.** [en diccionario] entrée *f* **3.** MAT lemme *m*.

lempira sm lempira *m*.

lencería sf **1.** [de hogar] linge *m* ; [de mujer] lingerie *f* ▸ **lencería fina** lingerie fine **2.** [tienda - de ropa de hogar] magasin *m* de blanc ; [- de ropa interior] boutique *f* de lingerie.

lendakari, lehendakari sm *président du gouvernement autonome du Pays basque espagnol.*

lengua sf langue *f* ▸ **aflojar** o **soltar la lengua** RP vendre la mèche ▸ **írsele a alguien la lengua, irse de la lengua** *fig* ne pas tenir sa langue ▸ **jalarle la lengua a alguien** CAM ANDES CARIB MÉX *fam* tirer les vers du nez à qqn ▸ **morderse la lengua** *fig* se mordre la langue ▸ **se le trabó la lengua** sa langue a fourché ▸ **ser largo de lengua** avoir la langue bien pendue ▸ **tirar a alguien de la lengua** *fig* tirer les vers du nez à qqn ▸ **lenguas amerindias** langues amérindiennes ▸ **lengua de gato** CULIN langue-de-chat ▸ **lengua de víbora** o **viperina** *fig* langue de vipère ▸ **lengua materna** langue maternelle ▸ **lengua muerta** langue morte ▸ **lengua oficial** langue officielle.

Lenguas amerindias

Bien que l'espagnol soit la langue officielle de tous les pays hispanophones d'Amérique, certains comptent une population indigène importante et ont conservé des langues précolombiennes, notamment dans les zones rurales. C'est le cas du **nahuatl** au Mexique et au Salvador, de l'**aymara** en Bolivie et au Pérou, et du **quechua** parlé dans ces deux pays mais également en Équateur.

Lenguas oficiales

Il existe en Espagne plusieurs langues officielles. L'espagnol, ou castillan, est la langue commune à tout le territoire, mais dans certaines communautés autonomes, il est associé à la langue autochtone. Les autres langues officielles sont le catalan en Catalogne, le basque ou euskera au Pays Basque et le galicien en Galice. Chacune de ces communautés a établi des lois visant à réglementer l'utilisation de la langue autochtone dans les écoles, les administrations, le monde du travail, etc., connues sous le nom de **leyes de normalización lingüística** (lois de normalisation linguistique).

lenguado sm sole *f*.

lenguaje sm langage *m* ▸ **lenguaje cifrado** langage codé ▸ **lenguaje coloquial** langue *f* parlée ▸ **lenguaje comercial** vocabulaire *m* commercial ▸ **lenguaje corporal** langage du corps ▸ **lenguaje de alto nivel** langage évolué ▸ **lenguaje de bajo nivel** langage de bas niveau ▸ **lenguaje de programación** langage de programmation ▸ **lenguaje estructurado** langage structuré ▸ **lenguaje máquina** langage machine ▸ **lenguaje orientado al objeto** langage orienté objet ▸ **lenguaje orientado al procedimiento** langage modulaire.

lenguaraz adj **1.** [malhablado] grossier(ère) **2.** [charlatán] ▸ **ser muy lenguaraz** ne pas avoir la langue dans sa poche.

lengüeta sf **1.** [de zapato, instrumento] languette *f* **2.** RP *fam* [persona] bavard *m*, -e *f*.

lengüetada sf coup *m* de langue.

lengüetazo sm coup *m* de langue.

lenidad sf indulgence *f*.

leninismo sm léninisme *m*.

leninista adj & smf léniniste.

lenitivo, va adj apaisant(e) ; MED lénitif(ive).
◆ **lenitivo** sm **1.** [físico] lénitif *m* **2.** [moral] apaisement *m*.

lentamente adv lentement.

lente sf lentille *f* ▸ **lentes de contacto** verres *mpl* de contact. ◆ **lentes** smpl [gafas] lunettes *fpl*.

lenteja sf *(gen pl)* lentille *f*.

lentejuela sf *(gen pl)* paillette *f*.

lenticular adj lenticulaire.

lentilla sf *(gen pl)* ESP lentille *f* (de contact) ▸ **lentilla blanda / dura** lentille souple / dure ▸ **llevar lentillas** porter des lentilles de contact ▸ **ponerse las lentillas** mettre ses lentilles ▸ **sacarse las lentillas** enlever ses lentilles.

lentitud sf lenteur *f* ▸ **con lentitud** lentement.

lento, ta adj lent(e) ▸ **a fuego lento** à feu doux.

leña sf **1.** [madera] bois *m (de chauffage)* **2.** *fam* & *fig* [golpe] ▸ **dar leña a alguien** flanquer une volée à qqn **3.** EXPR **echar leña al fuego** jeter de l'huile sur le feu.

leñador, ra sm, f bûcheron *m*, -onne *f*.

leñazo sm *fam* **1.** [garrotazo] coup *m* de bâton **2.** [golpe] ▸ **darse** o **pegarse un leñazo a)** [caerse] ramasser une pelle **b)** [chocar] se planter.

leñe interj ESP *fam* & *eufem* mince, zut, flûte / *¡leñe, que me quemo!* zut, je me brûle ! / *¡cállate ya, leñe!* tais-toi, bon sang !

leñero, ra ◇ adj *fam* DEP dur. ◇ sm, f **1.** [persona] marchand *m*, -e *f* de bois **2.** *fam* DEP dur *m*, -e *f*.
◆ **leñera** sf remise *f* à bois. ◆ **leñero** sm [lugar] bûcher *m*.

leño sm bûche *f* ▸ **dormir como un leño** dormir comme une souche.

leñoso, sa adj ligneux(euse).

Leo ◆ sm inv [zodiaco] Lion *m* ▸ **ser Leo** être Lion. ◆ smf inv [persona] lion *m inv*.

león, ona sm, f **1.** [animal] lion *m*, lionne *f* **2.** *fig* [persona] ▸ **ser una leona** être une tigresse **3.** ▸ **no es tan fiero el león como lo pintan** il n'est pas si méchant que ça. ◆ **león marino** sm otarie *f*.

León npr [ciudad] León.

leonera sf **1.** [jaula] cage *f* aux lions **2.** ESP *fam* [cuarto desordenado] bazar *m*, chantier *m*.

leonés, esa ◆ adj de Léon *(en Espagne)*. ◆ sm, f *habitant ou natif de León*.

leonino, na ◆ adj **1.** [rostro, aspecto, cabello] léonin(e) ; [piel] de lion **2.** AM [de Leo] du signe du Lion / *ser leonino* être du signe du Lion. ◆ sm, f AM ASTROL Lion *m* / *los leoninos son...* les Lions sont....

leopardo sm léopard *m*.

leotardo sm **1.** *(gen pl)* [medias] collant *m (épais)* **2.** [de gimnasta] justaucorps *m*.

lépero, ra ◆ adj *fam* **1.** CAM MÉX [vulgar] grossier(ère) **2.** CUBA [astuto] malin (maligne). ◆ sm, f CAM MÉX mufle *m*.

lepidóptero sm lépidoptère *m*.

lepra sf lèpre *f*.

leprosería sf léproserie *f*.

leproso, sa adj & sm, f lépreux(euse).

lerdo, da adj & sm, f *fam* empoté(e).

Lérida npr Lérida.

leridano, na ◆ adj de Lérida. ◆ sm, f *habitant ou natif de Lérida*.

les pron pers pl **1.** *(complemento indirecto)* [a ellos, ellas] leur ; [a ustedes] vous / *les he mandado un regalo* je leur ai envoyé un cadeau / *les he dicho lo que sé* je vous ai dit ce que je sais / *les tengo miedo* j'ai peur d'eux/de vous **2.** *(uso tolerado como complemento directo de persona en lugar de* **los***)* ESP [a ellos] les / *les conozco* je les connais / *les atracaron en la calle* on les a agressés dans la rue.

lesbianismo sm lesbianisme *m*.

lesbiano, na adj [homosexual] lesbien(enne) / *asociación lesbiana* association lesbienne. ◆ **lesbiana** sf lesbienne *f*.

lésbico, ca ◆ adj **1.** [homosexual] lesbien(enne) / *prácticas lésbicas* pratiques lesbiennes **2.** [de Lesbos] lesbien(enne) / *poeta lésbico* poète lesbien. ◆ sm, f [de Lesbos] *habitant ou natif de Lesbos (en Grèce)*.

leseras sfpl CHILE *fam* bêtises *fpl*.

lesión sf **1.** [herida & DER] lésion *f* **2.** *fig* [perjuicio] dommage *m* ; [a la honradez] atteinte *f*.

lesionado, da adj & sm, f blessé(e).

lesionar vt **1.** [cuerpo] blesser / *el alcoholismo lesiona el hígado* l'alcoolisme détériore le foie **2.** *fig* [perjudicar] léser. ◆ **lesionarse** vprnl : *lesionarse el brazo* se blesser au bras.

lesivo, va adj ▸ **lesivo (para)** préjudiciable (à).

leso, sa adj **1.** *form* [lastimado, ofendido] lésé(e) / *crimen de lesa majestad* crime de lèse-majesté / *crimen de lesa patria* haute trahison **2.** ANDES *fam* [tonto] bête, niais(e).

Lesotho, Lesoto npr Lesotho *m*.

letal adj mortel(elle).

letanía sf *(gen pl)* litanie *f*.

letárgico, ca adj **1.** MED léthargique **2.** ZOOL ▸ **en estado letárgico** en hibernation.

letargo sm **1.** [gen & MED] léthargie *f* **2.** [de animales] hibernation *f*.

letón = **letonio**.

Letonia npr Lettonie *f*.

letonio, nia, letón, ona ◆ adj letton(onne). ◆ sm, f Letton *m*, -onne *f*. ◆ **letonio, letón** sm [lengua] letton *m*.

letra sf **1.** [signo, sentido] lettre *f* / *dice mucho más de lo que la letra expresa* cela en dit plus long qu'il n'est écrit **2.** [manera de escribir] écriture *f* **3.** [estilo] caractère *m* ▸ **(letra) bastardilla** o **cursiva** o **itálica** (caractère) italique ▸ **letra de imprenta** o **de molde** caractère d'imprimerie ▸ **letra mayúscula** capitale *f* ▸ **letra negrita** o **negrilla** caractère gras ▸ **(letra) versalita** petite capitale *f* ▸ **a la letra, al pie de la letra** *fig* à la lettre, au pied de la lettre **4.** [de una canción] paroles *fpl* **5.** COM ▸ **letra (de cambio)** traite *f*, lettre *f* de change ▸ **letra avalada** traite avalisée ▸ **letra de cambio a la vista** traite à vue ▸ **letra de pelota** o **favor** traite de complaisance ▸ **letra domiciliada** traite domiciliée ▸ **girar / protestar una letra** tirer / protester une traite. ◆ **letras** sfpl EDUC lettres *fpl* ▸ **ser de letras** être un (une) littéraire.

letrado, da ◆ adj lettré(e). ◆ sm, f avocat *m*, -e *f*.

letrero sm écriteau *m*.

letrina sf latrines *fpl*.

letrista smf parolier *m*, -ère *f*.

leucemia sf leucémie *f*.

leucémico, ca adj & sm, f leucémique.

leucocito sm *(gen pl)* leucocyte *m*.

leva sf **1.** MIL levée *f* **2.** NÁUT appareillage *m* **3.** TECNOL came *f*.

levadizo adj ⟶ **puente**.

levadura sf levure *f* ▸ **levadura de cerveza** levure de bière.

levantador, ra ◆ adj élévateur(trice). ◆ sm, f ▸ **levantador (de pesas)** haltérophile *m*.

levantamiento sm **1.** [gen] soulèvement *m* ▸ **levantamiento de pesas** haltérophilie *f* **2.** [supresión] levée *f* ▸ **levantamiento del cadáver** levée du corps.

levantar vt **1.** [gen] lever ; [peso, polvareda] soulever **2.** [retirar - pintura, cal, etc.] arracher **3.** [desmontar - tienda de campaña, caseta, etc.] démonter ▸ **levantar (el) campamento** RP *fig* lever le camp, se mettre en route **4.** [erigir, alzar] élever ▸ **levantar el tono** hausser le ton **5.** [empujar - poste, barrera, etc.] relever ▸ **levantar el ánimo** remonter le moral **6.** [sublevar] ▸ **levantar a**

alguien contra monter qqn contre **7.** [redactar - acta, plano] dresser **8.** RP VEN *fam* [ligar] draguer, lever. ◆ **levantarse** vprnl **1.** [gen] se lever **2.** [subir, erguirse] s'élever **3.** [sublevarse] se soulever **4.** RP VEN *fam* [ligar] draguer, lever / ***se levantó una mina espectacular*** il a dragué une fille superbe.

levante sm **1.** [este] levant *m* **2.** [viento] vent *m* d'est **3.** RP VEN *fam* [ligue] drague *f* ▸ **salir de levante** RP VEN *fam* sortir draguer.
◆ **Levante** npr Levant *m (région d'Espagne)*.

levantino, na ❖ adj levantin(e). ❖ sm, f Levantin *m*, -e *f*.

levar vt ▸ **levar anclas** lever l'ancre.

leve adj léger(ère) ; [enfermedad] bénin(igne) ; [delito, pecado] petit(e).

levedad sf légèreté *f* ; [de enfermedad] bénignité *f* ; [de delito, pecado] petitesse *f*.

levemente adv légèrement.

levita sf redingote *f*.

levitación sf lévitation *f*.

levitar vi léviter.

lexema sm lexème *m*.

lexicalizar [13] vt lexicaliser.
◆ **lexicalizarse** vprnl se lexicaliser.

léxico, ca adj lexical(e). ◆ **léxico** sm lexique *m*.

lexicografía sf lexicographie *f*.

lexicográfico, ca adj lexicographique.

lexicógrafo, fa sm, f lexicographe *mf*.

lexicología sf lexicologie *f*.

lexicólogo, ga sm, f lexicologue *mf*.

El Levantamiento

Mot signifiant « soulèvement » et désignant les différents événements (coups d'État militaires, dictatures civiles ou militaires) qui, au XXe siècle, ont jalonné l'histoire des pays d'Amérique latine. Les premiers régimes anticommunistes autoritaires furent les dictatures de Leguía au Pérou, de Batista à Cuba, d'Uriburu en Argentine, de Pérez Jiménez au Venezuela, de Stroessner au Paraguay, etc. Les soulèvements de 1968 au Pérou et au Panamá changèrent le sens des **levantamientos** : l'armée se rebellait afin de renverser les gouvernements oligarchiques avec le soutien de la gauche. Entre 1972 et 1976, on assista à l'instauration, avec l'appui des États-Unis, de gouvernements militaires dictatoriaux en Bolivie, au Chili, en Uruguay, au Pérou et en Argentine.

lexicón sm lexique *m*.

ley sf **1.** [gen] loi *f* ▸ **las leyes del juego** les règles du jeu / ***ser de buena ley*** être digne de confiance ▸ **ley de extranjería** *loi qui régit le statut des étrangers* ▸ **ley de incompatibilidades** loi d'incompatibilité *(réglementant le cumul des fonctions)* ▸ **ley de la oferta y de la demanda** loi de l'offre et de la demande ▸ **ley del silencio** omerta *f* ▸ **ley de la ventaja** DEP règle *f* de l'avantage ▸ **ley sálica** loi salique ▸ **ley seca** HIST prohibition *f* ▸ **con todas las de la ley** en bonne et due forme ▸ **hecha la ley, hecha la trampa** les lois sont faites pour être violées ▸ **regirse por la ley del embudo** avoir deux poids, deux mesures **2.** [de un metal] titre *m*. ◆ **leyes** sfpl [derecho] droit *m*.

leyenda sf légende *f* ▸ **la leyenda negra** la légende noire *(vision de la conquête de l'Amérique hostile aux colonisateurs espagnols)*.

leyera ⟶ **leer**.

lg SMS ***abr escrita de*** **luego**.

liado, da adj *fam* **1.** [complicado] compliqué(e) **2.** [ocupado] occupé(e) ▸ **estar liado (con algo)** être occupé (avec qqch) **3.** [sentimentalmente] ▸ **estar liado (con alguien)** avoir une liaison (avec qqn).

liana sf liane *f*.

liante, ta *fam* ❖ adj **1.** [persuasivo] baratineur(euse), convaincant(e) **2.** [enredador] compliqué(e). ❖ sm, f **1.** [persuasivo] baratineur *m*, -euse *f* **2.** [enredador] faiseur *m*, -euse *f* d'embrouilles.

liar [9] vt **1.** [atar] lier ; [paquete] ficeler **2.** [envolver] envelopper ; [cigarrillo] rouler **3.** *fam* & *fig* [enredar] embrouiller ▸ **liar a alguien en un asunto** mêler qqn à une histoire **4.** ESP *fam* [meter la pata] ▸ **liarla** se mettre dans de beaux draps. ◆ **liarse** vprnl **1.** [enredarse] s'embrouiller **2.** ESP [empezar] ▸ **liarse a hacer algo** se mettre à faire qqch ▸ **liarse en** [una discusión, etc.] se lancer dans **3.** ESP [entretenerse] s'attarder **4.** ESP [sentimentalmente] avoir une liaison **5.** ESP *fam* [sexualmente] ▸ **liarse (con alguien)** coucher (avec qqn).

libación sf HIST libation *f* ; [de la abeja] ▸ **realizar la libación** butiner.

libanés, esa ❖ adj libanais(e). ❖ sm, f Libanais *m*, -e *f*.

Líbano npr ▸ **el Líbano** le Liban.

libar vt [suj: abeja] butiner.

libelo sm libelle *m*, pamphlet *m*.

libélula sf libellule *f*.

liberación sf **1.** [gen] libération *f* ▸ **liberación de la mujer** liberation de la femme ▸ **liberación sexual** liberation sexuelle **2.** [de hipoteca] levée *f*.

liberado, da ❖ adj libéré(e). ❖ sm, f ESP [preso] personne *f* libérée.

liberal ❖ adj libéral(e). ❖ smf libéral *m*, -e *f*.

liberalidad sf libéralité *f*.

liberalismo sm libéralisme *m*.

liberalización sf libéralisation *f*.

liberalizar [13] vt libéraliser.

liberar vt **1.** [gen] libérer **2.** [eximir] ▸ **liberar (de algo a alguien)** dispenser (qqn de qqch). ◆ **liberarse** vprnl ▸ **liberarse (de algo)** se libérer (de qqch).

Liberia npr Liberia *m*.

liberiano, na ❖ adj libérien(enne).
❖ sm, f Libérien *m*, -enne *f*.

libertad sf liberté *f* ▸ **dejar** o **poner a alguien en libertad** laisser o mettre qqn en liberté ▸ **estar en libertad** être libre ▸ **tener libertad para hacer algo** être libre de faire qqch ▸ **tomarse la libertad de hacer algo** prendre la liberté de faire qqch ▸ **tomarse libertades** prendre des libertés ▸ **libertad bajo fianza** liberté sous caution ▸ **libertad condicional** liberté conditionnelle ▸ **libertad de circulación de capitales / de trabajadores** libre circulation *f* des capitaux/de la main-d'œuvre ▸ **libertad de expresión** liberté d'expression ▸ **libertad de imprenta** o **prensa** liberté de la presse ▸ **libertad provisional** liberté provisoire.

libertador, ra ❖ adj libérateur(trice) / *Bolívar fue el héroe libertador de América Latina* Bolívar a été le héros qui a libéré l'Amérique latine.
❖ sm, f libérateur *m*, -trice *f*.

libertar vt libérer.

libertario, ria adj & sm, f libertaire.

libertinaje sm libertinage *m*.

libertino, na adj & sm, f libertin(e).

liberto, ta sm, f affranchi *m*, -e *f* *(esclave)*.

Libia npr Libye *f*.

libidinoso, sa adj libidineux(euse).

libido sf libido *f*.

libio, bia ❖ adj libyen(enne).
❖ sm, f Libyen *m*, -enne *f*.

libra sf livre *f* ▸ **libra esterlina / irlandesa** livre sterling/ irlandaise.

Libra ❖ sf inv [zodiaco] Balance *f* ▸ **ser Libra** être Balance. ❖ smf inv [persona] balance *f inv*.

librado, da ❖ sm, f tiré *m*. ❖ adj ▸ **salir bien / mal librado** *fig* bien/mal s'en tirer.

librador, ra sm, f COM tireur *m*.

libramiento sm COM tirage *m*.

librano, na ❖ adj AM ASTROL du signe de la Balance / *ser librano* être du signe de la Balance.
❖ sm, f AM ASTROL Balance *f*.

libranza sf COM tirage *m*.

librar ❖ vt **1.** [eximir] dispenser ▸ **librar a alguien de algo** débarrasser qqn de qqch **2.** [entablar] livrer **3.** COM tirer. ❖ vi ESP *fam* [no trabajar] avoir un jour de congé / *libro los lunes* le lundi est mon jour de congé. ◆ **librarse** vprnl ▸ **librarse de algo** [obligación] se dispenser de qqch / *como tú fuiste a la reunión, él se libró* comme tu as été à la réunion, lui s'en est dispensé ▸ **librarse de alguien** se débarrasser de qqn / *de buena te libraste* tu l'as échappé belle.

libre adj libre ▸ **libre de a)** libre de **b)** [impuestos] exonéré(e) de ▸ **libre de franqueo** franc de port ▸ **libre de hipotecas** non hypothéqué(e) ▸ **por libre** ESP : *estudiar por libre* être candidat libre / *trabaja por libre* il travaille à son compte / *cuando viajo me gusta ir por libre más que ir en grupo* quand je voyage, je préfère être indépendant plutôt qu'être en groupe ▸ **ser libre de** o **para hacer algo** être libre de faire qqch.

librea sf livrée *f*.

librecambio sm libre-échange *m*.

librecambismo sm COM libre-échangisme *m*.

librecambista smf libre-échangiste *mf*.

librepensador, ra ❖ adj libre-penseur / *una persona librepensadora* un libre-penseur.
❖ sm, f libre-penseur *m*.

librepensamiento sm libre-pensée *f*.

librería sf **1.** [gen] librairie *f* ▸ **librería digital** librairie électronique o en ligne **2.** ESP [mueble] bibliothèque *f*.

librero, ra ❖ adj du livre. ❖ sm, f libraire *mf*. ◆ **librero** sm AM [mueble] bibliothèque *f*.

libreta sf **1.** [para escribir] carnet *m* **2.** [de banco] ▸ **libreta de ahorros** livret de caisse d'épargne ▸ **libreta de cheques** RP carnet de chèques **3.** [documento] ▸ **libreta de casamiento** RP livret de famille **4.** COM livre *m* de comptes.

libreto sm **1.** MÚS livret *m* **2.** AM CINE [guión] scénario *m*.

Libreville [libre'βil] npr Libreville.

libro sm livre *m* ▸ **llevar los libros** tenir les livres ▸ **libro blanco** livre blanc ▸ **libro de bolsillo** livre de poche ▸ **libro de cabecera** livre de chevet ▸ **libro de caja** livre de caisse ▸ **libro de cocina** livre de cuisine ▸ **libro de comercio** livre de commerce ▸ **libro de cuentas** o **contabilidad** livre de comptes ▸ **libro electrónico** e-book *m*, livre électronique ▸ **libro de escolaridad / de familia** livret *m* scolaire/de famille ▸ **libro de reclamaciones** livre des réclamations ▸ **libro de texto** manuel *m* scolaire ▸ **libro sagrado** livre saint ▸ **día del libro** *Journée Mondiale du livre* ▸ **hablar como un libro** parler comme un livre.

> **Día del libro**
>
> Le 23 avril a été déclaré Journée Mondiale du Livre par l'UNESCO en 1995. Cette date correspond à la mort de William Shakespeare et de Miguel de Cervantes en 1616. Mais l'origine de cette Journée du Livre résiderait dans une tradition catalane qui célèbre le jour de la Sant Jordi (Saint Georges, saint-patron de la Catalogne). En effet, la coutume veut que les hommes offrent une rose aux femmes — comme le fit Saint Georges en gage d'amour à la princesse qu'il sauva du dragon — en échange de quoi les femmes leur offrent un livre.

Lic. *abr escrita de* **licenciado**.

licantropía sf lycanthropie *f*.

licencia sf **1.** [autorización] permission *f*; COM & DEP licence *f* ▸ **licencia de armas** permis *m* de port d'armes ▸ **licencia de conductor** o **de manejo** o **para conducir** MÉX permis de conduire ▸ **licencia de exportación / de importación** licence d'exportation / d'importation ▸ **licencia de obras** permis *m* de construire ▸ **licencia fiscal** *autorisation permettant d'exercer une profession libérale* **2.** [confianza] liberté *f* ▸ **tomarse la licencia de hacer algo** se permettre de faire qqch **3.** AM [en el trabajo] congé *m*.

licenciado, da ❖ adj EDUC ▸ **licenciado en** licencié(e) en. ❖ sm, f **1.** EDUC licencié(e) en **2.** CAM ANDES CARIB MÉX [abogado] avocat *m*, -e *f*; [tratamiento] maître *m* / ***nos atendió el licenciado Sr. López*** nous avons été reçu par maître López.

licenciamiento sm [de soldado] libération *f*.

licenciar [8] vt **1.** AM EDUC accorder la licence, décerner le diplôme de licence **2.** MIL libérer.
◆ **licenciarse** vprnl **1.** EDUC ▸ **licenciarse (en)** *obtenir son diplôme de fin de second cycle (en)* **2.** MIL être libéré.

licenciatura sf EDUC *diplôme sanctionnant cinq années d'études supérieures en Espagne*; ≃ Master *m* 2.

licencioso, sa adj licencieux(euse).

liceo sm **1.** EDUC lycée *m* **2.** [de recreo] club *m*.

lichi sm litchi *m*.

licitación sf appel *m* d'offres.

licitador, ra sm, f enchérisseur *m*, -euse *f*.

licitar vt **1.** [en subasta] enchérir **2.** ECON soumissionner.

lícito, ta adj licite.

licor sm liqueur *f*.

licorera sf [botella] carafe *f* à liqueur; [mueble] bar *m*.

licorería sf [fábrica] distillerie *f*; [tienda] magasin *m* de vins et spiritueux.

LICRA (*abr de* **Liga Internacional contra el Racismo y el Antisemitismo**) sf LICRA *f*.

licuado sm AM [batido] milk-shake *m*.

licuadora sf **1.** ESP [para extraer zumo] centrifugeuse *f* électrique **2.** AM [para batir] mixer *m*.

licuar [6] vt **1.** [para extraer zumo] passer à la centrifugeuse **2.** AM [para batir] mixer, passer au mixeur.

licuefacción sf liquéfaction *f*.

lid sf [lucha] combat *m* ▸ **es experto en esas** o **estas lides** *fig* c'est un expert en la matière.

líder ❖ adj qui occupe la première place.
❖ smf leader *m*.

liderar vt **1.** [ir el primero] être en tête de **2.** [dirigir] être à la tête de.

liderato, liderazgo sm **1.** DEP première place *f* **2.** [dirección] leadership *m*.

lidia sf combat *m*.

lidiador, ra sm, f torero *m*.

lidiar [8] ❖ vi [luchar] ▸ **lidiar (con)** lutter (contre).
❖ vt combattre (le taureau).

liebre sf lièvre *m* ▸ **correr como una liebre** *fig* courir comme un lapin ▸ **levantar la liebre** *fig* faire des révélations.

Liechtenstein ['litʃenstein] npr Liechtenstein *m*.

liendre sf lente *f*.

lienzo sm **1.** [cuadro] toile *f* **2.** MÉX [cerca] morceau *m* de clôture.

lifting ['liftin] sm lifting *m*.

liga sf **1.** [de medias] jarretière *f* **2.** [de estados, personas] ligue *f* **3.** DEP [de fútbol, etc.] championnat *m*.

ligadura sf **1.** [acción & MED] ligature *f* ▸ **ligadura de trompas** ligature des trompes **2.** [atadura, vínculo] lien *m* **3.** MÚS liaison *f*.

ligamento sm ANAT ligament *m*.

ligar [16] ❖ vt **1.** [gen, CULIN & MÚS] lier; [paquete] ficeler **2.** MED ligaturer **3.** RP [conseguir] obtenir. ❖ vi **1.** [coincidir] ▸ **ligar con** s'accorder avec **2.** ESP *fam* [encontrar pareja] draguer ▸ **ligar con** draguer / ***ligó con un chico guapísimo*** elle a dragué un très beau garçon **3.** RP VEN *fam* [tener suerte] être veinard.
◆ **ligarse** vprnl **1.** [unirse] s'allier, s'unir / ***se ligaron para defender sus intereses*** ils se sont alliés pour défendre leurs intérêts **2.** ESP *fam* [conquistar] sortir avec / ***se ligó a una rubia en la discoteca*** en boîte, il est sorti avec une blonde **3.** RP *fam* [castigo] s'en prendre une.

ligazón sf liaison *f*; [entre dos hechos] rapport *m*.

ligeramente adv **1.** [levemente] légèrement, un peu / ***el cuadro está ligeramente torcido*** le tableau est légèrement de travers **2.** [superficialmente] superficiellement / ***la pelota rozó ligeramente el larguero*** le ballon a effleuré o frôlé la barre transversale **3.** [irreflexivamente, a la ligera] à la légère, légèrement / ***actuar ligeramente*** agir à la légère.

ligereza sf **1.** [gen] légèreté *f* **2.** [error] erreur *f*.

ligero, ra adj léger(ère) ▸ **a la ligera** à la légère.

light [lait] adj inv [comida] allégé(e); [refresco, tabaco] light.

ligón, ona adj & sm, f ESP *fam* dragueur(euse).

ligoteo sm ESP *fam* drague *f*.

ligue ❖ sm *fam* **1.** [acción] drague *f* ▸ **ir** o **salir de ligue** aller draguer ▸ **tener un ligue (con alguien)** avoir une aventure (avec qqn) **2.** [persona] petit copain *m*, petite copine *f*, flirt *m*. ❖ v ⟶ **ligar.**

liguero, ra adj DEP du championnat.
◆ **liguero** sm porte-jarretelles *m*.

liguilla sf match *m* de barrage.

lija ❖ adj MÉX rusé(e). ❖ sf **1.** [pez] roussette *f* **2.** [papel] papier *m* de verre.

lijadora sf ponceuse *f*.

lijar vt poncer.

lila ❖ sf [planta] lilas *m*. ❖ adj inv [color] lilas.
❖ sm [color] couleur *f* lilas.

liliputiense adj & smf *fam* lilliputien(enne).

lima sf **1.** [utensilio] lime *f* **2.** BOT [planta] limettier *m*; [fruto] lime *f*.

Lima npr Lima.

limador, ra adj & sm, f limeur(euse).
◆ **limadora** sf [máquina] limeuse *f*.

limar vt **1.** [pulir] limer **2.** [perfeccionar] polir.

limbo sm **1.** RELIG limbes *mpl* ▸ **estar en el limbo** être dans les nuages **2.** ASTRON limbe *m*.

limeño, ña ❖ adj de Lima. ❖ sm, f Liménien *m*, -enne *f*.

limitación sf **1.** [restricción] restriction *f* ▸ **limitación de edad** limite *f* d'âge ▸ **limitación de emisiones** ECOL plafonnement *m* des émissions ▸ **limitación de sueldos** plafonnement *m* des salaires ▸ **limitación de velocidad** limitation *f* de vitesse **2.** [distrito] limite *f*.

limitado, da adj limité(e).

limitar ❖ vt **1.** [gen] limiter ; [terreno] délimiter **2.** [definir] délimiter. ❖ vi confiner.
◆ **limitarse** vprnl ▸ **limitarse a** se borner à.

límite ❖ adj inv limite. ❖ sm limite *f*.

limítrofe adj limitrophe.

limo sm **1.** [barro] limon *m*, boue *f* **2.** CAm ANDES [árbol] limettier *m*.

limón sm citron *m*.

limonada sf citronnade *f* ; [refresco] rafraîchissement *m*.

limonar sm plantation *f* de citronniers.

limonero, ra adj ▸ **la exportación limonera** les exportations de citrons. ◆ **limonero** sm citronnier *m*.

limosna sf aumône *f* ▸ **pedir limosna** demander l'aumône.

limosnear vi demander l'aumône.

limosnero, ra adj MÉX [pordiosero] mendiant(e).
◆ **limosnero** sm AM [mendigo] mendiant(e).

limousine = **limusina**.

limpia sf AM **1.** [escarda] défrichage *m* **2.** [limpieza] nettoyage *m*.

limpiabotas smf inv cireur *m* de chaussures.

limpiacristales sm inv AM produit *m* pour les vitres.

limpiador, ra ❖ adj : *un producto limpiador* un produit de nettoyage, un nettoyant.
❖ sm, f nettoyeur *m*, -euse *f*.
◆ **limpiador** sm MÉX AUTO essuie-glace *m*.

limpiamente adv **1.** [con destreza] adroitement **2.** [honradamente] proprement.

limpiaparabrisas sm inv essuie-glace *m*.

limpiar [8] vt **1.** [gen] nettoyer **2.** *fam* [robar] faucher **3.** MÉX [castigar] punir, châtier **4.** RP VEN [matar] tuer.

limpiavidrios sm inv AM produit *m* pour les vitres.

límpido, da adj *culto* limpide.

limpieza sf **1.** [cualidad] propreté *f* **2.** [acción] nettoyage *m* ▸ **hacer la limpieza** faire le ménage ▸ **limpieza étnica** *fig* purification *f* ethnique **3.** *fig* [destreza] adresse *f* **4.** *fig* [honradez] honnêteté *f*.

limpio, pia adj **1.** [sin suciedad, pulcro] propre ▸ **un cielo limpio** un ciel dégagé **2.** [neto, claro] net (nette) **3.** [honrado] honnête ▸ **un asunto limpio** une affaire claire **4.** [sin culpa] ▸ **estar limpio** avoir la conscience tranquille ▸ **estar limpio de toda sospecha** être lavé de tout soupçon **5.** *fam* [sin dinero] ▸ **dejar limpio a alguien** dépouiller qqn **6.** [sin mezcla] pur(e) ▸ **a grito limpio** *fig* à grands cris ▸ **a puñetazo limpio** *fig* à grands coups de poing. ◆ **limpio** adv [jugar] franc jeu.
◆ **en limpio** loc adv ▸ **poner en limpio** mettre au propre ▸ **sacar en limpio** tirer au clair.

limusina, limousine [limu'sin] sf limousine *f*.

linaje sm lignage *m*.

linaza sf linette *f*.

lince sm lynx *m* ▸ **ser un lince para algo** *fig* avoir le génie de qqch.

linchamiento sm lynchage *m*.

linchar vt lyncher.

lindante adj ▸ **lindante (con)** contigu(ë) (à).

lindar vi ▸ **lindar con algo** a) [espacio] être contigu(ë) à qqch b) [conceptos] rejoindre qqch ▸ **lindar con el ridículo** friser le ridicule.

linde sm o sf limite *f*.

lindero, ra adj contigu(ë). ◆ **lindero** sm limite *f*.

lindeza sf beauté *f*.
◆ **lindezas** sfpl *irón* gentillesses *fpl*.

lindo, da adj joli(e) ▸ **de lo lindo** *fig* joliment. ◆ **lindo** adv AM joliment / *dibuja muy lindo* il dessine très bien.

línea sf **1.** [gen, DEP & MIL] ligne *f* ▸ **cortar la línea (telefónica)** couper la ligne (téléphonique) ▸ **en líneas generales** en gros ▸ **guardar la línea** garder la ligne ▸ **leer entre líneas** lire entre les lignes ▸ **línea de banda** ligne de touche ▸ **línea de crédito** ligne de crédit ▸ **línea de descubierto** découvert *m* autorisé ▸ **línea de saque** ligne de service ▸ **línea continua** ligne blanche ▸ **línea de flotación** ligne de flottaison ▸ **línea de meta** ligne d'arrivée ▸ **línea de mira o tiro** ligne de mire ▸ **línea de puntos** pointillé *m*, ligne de la gamme ▸ **línea recta** ligne droite ▸ **líneas aéreas** lignes aériennes **2.** [fila] rangée *f* ; [de personas] file *f* **3.** [categoría] rang *m* ▸ **en la misma línea** sur le même plan **4.** [relación familiar] lignée *f* **5.** EXPR **en toda la línea** [completamente] sur toute la ligne.

lineal adj linéaire.

linfa sf lymphe *f*.

linfático, ca adj & sm, f lymphatique.

linfocito sm lymphocyte *m*.

linfoma sm MED lymphome *m*.

lingotazo sm ESP *fam* lampée *f*.

lingote sm lingot *m*.

lingüista smf linguiste *mf*.

lingüístico, ca adj linguistique.
◆ **lingüística** sf linguistique *f*.

linier [li'njer] (*pl* **liniers**) sm DEP juge *m* de touche.

linimento sm liniment *m*.

lino sm lin *m*.

linóleo, linóleum (*pl* **linóleums**) sm linoléum *m*.

linotipia sf [máquina] Linotype® *f* ; [técnica] linotypie *f*.

linterna sf [de pilas] lampe *f* de poche. ◆ **linterna mágica** sf lanterne *f* magique.

lío sm **1.** [paquete] ballot *m* **2.** *fam* & *fig* [enredo] embrouillamini *m* ▸ **hacerse un lío** s'emmêler les pinceaux ▸ **meterse en un lío** se mettre dans une sale histoire **3.** *fam* & *fig* [jaleo] vacarme *m* ▸ **armar un lío** faire un scandale **4.** *fam* & *fig* [amorío] aventure *f*.

liofilización sf lyophilisation *f*.

liofilizado, d ❖ adj lyophilisé(e). ❖ sm lyophilisat *m*.

liofilizar [13] vt lyophiliser.

lionés, esa ❖ adj lyonnais(e). ❖ sm, f Lyonnais(e).

lioso, sa adj **1.** [enredado] embrouillé(e) **2.** [intrigante] ▸ **ser lioso** faire des embrouilles.

lípido sm lipide *m*.

lipoescultura sf liposculpture *f*.

liposoluble adj liposoluble.

liposoma sm liposome *m*.

liposucción sf liposuccion *f* ▸ **hacerse una liposucción** se faire faire une liposuccion.

lipotimia sf lipothymie *f*.

liquen sm lichen *m*.

liquidación sf COM [de factura] règlement *m* ; [de existencias] liquidation *f* ; [de inversión] réalisation *f* ▸ **liquidación de bienes** liquidation de biens.

liquidador, ra adj & sm, f liquidateur(trice).

liquidar vt **1.** [gen] liquider ; [cuenta] solder *(fermer)* **2.** [gastar rápidamente] engloutir **3.** [zanjar] résoudre.

liquidez sf liquidité *f*.

líquido, da adj **1.** [gen & FÍS] liquide **2.** ECON [disponible] liquide ; [neto] net (nette). ◆ **líquido** sm **1.** [gen, FÍS & MED] liquide *m* **2.** ECON [capital] liquidité *f*.

lira sf **1.** MÚS lyre *f* **2.** [moneda] lire *f* **3.** [en poesía] *strophe de cinq ou six vers.*

lírico, ca ❖ adj lyrique. ❖ sm, f lyrique *m*. ◆ **lírica** sf lyrique *f*.

lirio sm iris *m*.

lirismo sm lyrisme *m*.

lirón sm ZOOL loir *m* ▸ **dormir como un lirón** *fig* dormir comme un loir.

lis sf iris *m*.

Lisboa npr Lisbonne.

lisboeta ❖ adj lisbonnais(e). ❖ smf Lisbonnais *m*, -e *f*.

lisiado, da adj & sm, f estropié(e).

lisiar [8] vt blesser. ◆ **lisiarse** vprnl : *se lisió la mano* il s'est blessé à la main.

liso, sa ❖ adj **1.** [gen] lisse ; [terreno] plat(e) **2.** [no estampado] uni(e) **3.** DEP ▸ **200 metros lisos** 200 mètres plat. ❖ sm, f AM effronté *m*, -e *f*.

lisonja sf flatterie *f*.

lisonjear vt flatter.

lisonjero, ra adj flatteur(euse).

LISP sm INFORM LISP *m*.

lista sf **1.** [enumeración] liste *f* ▸ **pasar lista** faire l'appel ▸ **lista de boda** liste de mariage ▸ **lista de la compra** ESP liste de courses ▸ **lista de espera** liste d'attente ▸ **lista de precios a)** tarifs *mpl* **b)** [en restaurante] carte *f* ▸ **lista electoral** liste électorale ▸ **lista negra** liste noire **2.** [de tela, papel] bande *f* ; [de madera] latte *f* **3.** [de color] rayure *f*. ◆ **lista de correos** sf poste *f* restante.

listado, da adj à rayures. ◆ **listado** sm liste *f* ; INFORM listing *m*.

listar vt **1.** INFORM lister **2.** AM [datos, problemas] faire o dresser o établir la liste de.

listillo, lla sm, f ESP *fam* & *despec* petit futé *m*, petite futée *f*, petit malin *m*, petite maligne *f*.

listín sm ESP ▸ **listín (telefónico** o **de teléfonos)** annuaire (téléphonique o des téléphones).

listo, ta ❖ adj **1.** [astuto] malin(igne) ; [despabilado] dégourdi(e) ▸ **echárselas** o **dárselas de listo** se croire très malin ▸ **pasarse de listo** vouloir faire le malin ▸ **ser más listo que el hambre** avoir plus d'un tour dans son sac **2.** [preparado] prêt(e) / *estás* o *vas listo (si crees que…)* tu es mal parti (si tu crois que…). ❖ interj ANDES RP OK / *¿nos vemos a las ocho? — ¡listo!* on se retrouve à vingt heures ? — OK.

listón sm **1.** [para marcos] baguette *f* ▸ **poner el listón muy alto** *fig* placer la barre très haut **2.** MÉX [de seda] ruban *m* de soie.

lisura sf AM **1.** [descaro] effronterie *f* **2.** [dicho, hecho] grossièreté *f*.

litera sf [cama] lit *m* (superposé) ; [de tren, barco] couchette *f*.

literal adj littéral(e).

literalidad sf littéralité *f*.

literalmente adv [palabra por palabra] textuellement ; [en sentido propio] littéralement.

literario, ria adj littéraire.

literato, ta sm, f écrivain *m*.

literatura sf littérature *f*.

litigante ❖ adj plaidant(e). ❖ smf plaideur *m*, -euse *f*.

litigar [16] vi être en litige.

litigio sm litige *m*.

litigue ⟶ **litigar**.

litio sm lithium *m*.

litografía sf **1.** [gen] lithographie *f* **2.** [taller] atelier *m* de lithographie.

litografiar [9] vt lithographier.

litoral ❖ adj littoral(e). ❖ sm littoral *m*.

litosfera sf lithosphère *f*.

litro sm litre *m*.

litrona sf ESP *fam bouteille de bière d'un litre.*

Lituania npr Lituanie *f*.

lituano, na ❖ adj lituanien(enne). ❖ sm, f Lituanien *m*, -enne *f*. ◆ **lituano** sm [lengua] lituanien *m*.

liturgia sf liturgie *f*.

litúrgico, ca adj liturgique.

liviandad sf **1.** [de trabajo, material, acto] légèreté *f* **2.** [de persona] frivolité *f*.

liviano, na adj léger(ère).

lividez sf lividité *f* / *me arrestó la lividez de su cara* son visage livide m'a fait peur.

lívido, da adj livide.

living ['liβin] (*pl* **livings**) sm [cuarto] salon *m*.

liza sf [lucha] combat *m* ▸ **entrar en liza** entrer en lice.

Ljubljana npr Ljubljana.

ll, Ll [eʎe] sf [letra] l *m* mouillé.

llaga sf plaie *f*.

llagar [16] vt faire une plaie à. ◆ **llagarse** vprnl se couvrir de plaies.

llama sf **1.** [gen] flamme *f* **2.** ZOOL lama *m*.

llamada sf **1.** [gen & TELECOM] appel *m* ▸ **hacer una llamada** téléphoner ▸ **llamada a cobro revertido** appel en PCV ▸ **llamada a larga distancia** communication *f* vers l'étranger ▸ **llamada interurbana** communication *f* interurbaine ▸ **llamada urbana** communication *f* locale **2.** [en un libro] renvoi *m*.

llamado sm AM **1.** [a la puerta] appel *m* ; [con timbre] sonnerie *f* **2.** [de teléfono] appel *m* ▸ **hacer un llamado** passer un coup de fil.

llamador sm [aldaba] heurtoir *m* ; [timbre] sonnette *f*.

llamamiento sm appel *m*.

llamar ❖ vt **1.** [gen] appeler ▸ **llamar (por teléfono) a alguien** téléphoner à qqn ▸ **llamar de tú / usted a alguien** tutoyer/vouvoyer qqn **2.** DER citer ▸ **llamar a alguien a juicio** appeler qqn à comparaître **3.** MIL ▸ **llamar a filas** appeler sous les drapeaux. ❖ vi **1.** [a la puerta] frapper ; [con timbre] sonner **2.** [por teléfono] téléphoner. ◆ **llamarse** vprnl [tener por nombre] s'appeler.

llamarada sf **1.** [llama] flambée *f* **2.** [rubor] rougeur *f*.

llamativo, va adj voyant(e).

llamear vi flamber.

llana sf ⟶ **llano**.

llanero, ra sm, f **1.** [de las llanuras] *habitant de la plaine* **2.** COL VEN [de Los Llanos] *Indien de la région de Los Llanos*.

llaneza sf simplicité *f*.

llanito, ta ESP *fam* ❖ adj de Gibraltar. ❖ sm, f *natif ou habitant de Gibraltar*.

llano, na adj **1.** [liso] plat(e) **2.** [natural, sencillo] simple **3.** [sin rango] modeste ▸ **el pueblo llano** le petit peuple **4.** GRAM : *una palabra llana* un paroxyton **5.** GEOM plan(e). ◆ **llana** sf CONSTR truelle *f*. ◆ **llano** sm [llanura] plaine *f*.

llanta sf **1.** AUTO jante *f* **2.** AM [rueda] roue *f* **3.** MÉX *fam* [de grasa] bourrelet *m* (*à la taille*).

llantera, llantina sf *fam* crise *f* de larmes.

llanto sm pleurs *mpl*, larmes *fpl*.

llanura sf plaine *f*.

llapa sf AM supplément *m*.

llave sf **1.** [gen & DEP] clef *f* ▸ **echar la llave** fermer à clef ▸ **llave en mano** COM clefs en main ▸ **llave de contacto** clef de contact ▸ **llave inglesa** clef anglaise ▸ **llave maestra** passe-partout *m* ▸ **pasar** o **cerrar con llave** AM fermer à clé **2.** [del gas, agua] robinet *m* ; [de la electricidad] interrupteur *m* ▸ **llave de paso** robinet d'arrêt **3.** [signo ortográfico] accolade *f*.

llavero sm porte-clefs *m*.

llavín sm petite clef *f*.

llegada sf arrivée *f*.

llegar [16] ❖ vi

1. [acudir] arriver ▸ **llegar de viaje** rentrer de voyage

2. [sobrevenir] venir / *al llegar la noche* à la nuit tombante

3. [durar, alcanzar] ▸ **llegar a** o **hasta algo** atteindre qqch, arriver à qqch / *no llegó a la cima* il n'a pas atteint le sommet / *el abrigo le llega hasta la rodilla* son manteau lui arrive au genou / *no llegará a mañana* il ne passera pas la nuit

4. [bastar] suffire / *no me llega para pagar* je n'ai pas assez pour payer

5. [lograr] ▸ **llegar a (ser) algo** devenir qqch / *llegarás a ser presidente* tu deviendras président / *¡si llego a saberlo!* si j'avais su !

6. [atreverse] ▸ **llegar a hacer algo** en arriver à faire qqch, finir par faire qqch

◆ **llegarse** vprnl ▸ **llegarse a** aller, se rendre.

llenado sm remplissage *m*.

llenar ❖ vt **1.** ▸ **llenar algo (de) a)** [ocupar, rellenar] remplir qqch (de) **b)** [tapizar] couvrir qqch (de) **2.** [satisfacer] combler **3.** [colmar] ▸ **llenar a alguien de a)** [indignación, alegría, etc.] remplir qqn de **b)** [consejos, alabanzas] abreuver qqn de **c)** [favores] combler qqn de. ❖ vi **1.** [comida] rassasier **2.** RP *fam* [molestar] casser les pieds / *¡no llenes!* ne me casse pas les pieds ! ◆ **llenarse** vprnl **1.** ▸ **llenarse (de algo) a)** [colmarse] se remplir (de qqch) **b)** [cubrirse] se couvrir (de qqch) **2.** [saciarse] : *ya me he llenado* je n'ai plus faim.

llenazo sm : *hay un llenazo en el estadio* le stade est plein à craquer.

llenito, ta adj *fam* & *eufem* [regordete] rondelet(ette), grassouillet(ette).

lleno, na adj **1.** [gen] plein(e) / *tener la casa llena* avoir beaucoup de monde chez soi ▸ **lleno de a)** [colmado con] plein de **b)** [cubierto con] couvert de **2.** [saciado] repu(e) **3.** *fam* [regordete] potelé(e). ◆ **lleno** sm salle *f* comble ▸ **conseguir un lleno** faire salle comble. ◆ **de lleno** loc adv en plein.

llevadero, ra adj supportable.

llevar

❖ vt

1. [peso, prenda] porter ; [carga] transporter / *lleva un traje nuevo / gafas* elle porte une nouvelle robe/

des lunettes ▸ **llevar puesto** porter / *¿llevas puestas las lentillas?* portes-tu tes lentilles ? / *llevaba un saco en las espaldas* il portait un sac sur le dos / *el avión llevaba carga* l'avion transportait des marchandises
2. [acompañar] emmener / *llevo a Juan a su casa* j'emmène Juan chez lui / *nos llevó al teatro* il nous a emmenés au théâtre / *llévenos al hospital* conduisez-nous à l'hôpital
3. [depositar, causar] apporter / *le llevé un regalo* je lui ai apporté un cadeau
4. [coche, caballo] conduire
5. [inducir] ▸ **llevar a alguien a algo / a hacer algo** conduire o amener qqn à qqch / à faire qqch / *lo llevaron a la victoria / a dejar la carrera* ils l'ont conduit à la victoire / à abandonner ses études
6. [ocuparse de - cuentas, casa] tenir ; [- negocio] diriger, mener
7. [cobrar] prendre / *lleva bastante caro* il prend assez cher
8. [tener] avoir / *llevas las manos sucias* tu as les mains sales / *no llevo dinero* je n'ai pas d'argent sur moi
9. [soportar] supporter / *lleva su enfermedad con resignación* elle supporte sa maladie avec résignation / *lleva mal la soltería* il vit mal le célibat
10. [mantener] *llevar el paso* marcher au pas
11. [haber pasado tiempo] *lleva dos años aquí* ça fait deux ans qu'il est là / *llevo una hora esperándote* ça fait une heure que je t'attends
12. [ocupar tiempo] prendre / *me llevó un día hacer esta tarta* ça m'a pris une journée de faire ce gâteau
13. [sobrepasar en] *se llevan dos años* ils ont deux ans d'écart / *mi hijo me lleva dos centímetros* mon fils me dépasse de deux centimètres
14. [implicar] ▸ **llevar consigo** entraîner
15. CSur [comprar] prendre / *llevaré la corbata roja* je vais prendre la cravate rouge
16. EXPR **llevar las de perder** avoir toutes les chances de perdre
❖ vi
1. [conducir] ▸ **llevar a** mener à
2. *(delante de pp)* [tener] *lleva leída media novela* il en est à la moitié du roman
3. *(delante de gerundio)* [estar] *lleva mucho tiempo saliendo con él* ça fait longtemps qu'elle sort avec lui
◆ **llevarse** vprnl **1.** [coger] emporter, prendre ; [arrastrar] emporter / *los ladrones se llevaron todo* les voleurs ont tout emporté / *alguien se ha llevado mi bolso* quelqu'un a pris mon sac / *la riada se ha llevado la carretera* la crue a emporté la route **2.** [premio] remporter **3.** [acercar] porter / *se llevó la copa a los labios* elle porta le verre à ses lèvres **4.** [recibir] avoir / *¡me llevé un susto!* j'ai eu une de ces peurs ! **5.** [entenderse] ▸ **llevarse bien / mal (con alguien)** s'entendre bien / mal (avec qqn) **6.** [estar de moda] se porter **7.** MAT retenir / *veintitrés, pongo tres y me llevo dos* vingt-trois, je pose trois et je retiens deux.

llorar ❖ vi **1.** [con lágrimas] pleurer **2.** *fam* [quejarse] ▸ **llorarle a alguien** supplier qqn. ❖ vt pleurer.

llorera sf *fam* : *le entró una llorera* il a éclaté en sanglots.

llorica adj Esp *fam* & *despec* pleurnicheur(euse), pleurnichard(e).

lloriquear vi pleurnicher.

lloriqueo sm pleurnichement *m*.

lloro sm pleurs *mpl*.

llorón, ona ❖ adj pleurnicheur(euse) ; [bebé] qui pleure beaucoup. ❖ sm, f pleurnicheur *m*, -euse *f*.

lloroso, sa adj [persona] en pleurs ; [ojos, voz] larmoyant(e).

llover [24] ❖ v impers pleuvoir. ❖ vi *fig* pleuvoir / *le llueve el trabajo* il a du travail à ne plus savoir qu'en faire.

llovizna sf bruine *f*.

lloviznar v impers bruiner.

llueva ⟶ **llover**.

lluvia sf **1.** [de agua] pluie *f* ▸ **lluvia ácida** pluies *fpl* acides **2.** CAm CSur [ducha] douche *f*.

lluvioso, sa adj pluvieux(euse).

lo, la (*pl* **los, las**) pron pers *(complemento directo)* [persona, cosa] le, la, l' *(delante de vocal)* ; [fórmula de cortesía] vous / *no lo / la conozco* je ne le / la connais pas / *la quiere* il l'aime / *los vi* je les ai vus / *la invito a mi fiesta* je vous invite à ma soirée. ◆ **lo** ❖ pron pers neutro *(predicado)* le, l' *(delante de vocal)* / *su hermana es muy guapa pero él no lo es* sa sœur est très belle mais lui ne l'est pas / *es muy bueno aunque no lo parezca* il est très gentil même s'il n'en a pas l'air. ❖ art *(neutro)* : *lo antiguo tiene más valor que lo moderno* les choses anciennes ont plus de valeur que les modernes ▸ **lo mejor / peor** le mieux / pire ▸ **lo más gracioso es que…** le plus drôle c'est que…. ◆ **lo de** loc prep : *siento lo de ayer* je regrette ce qui s'est passé hier. ◆ **lo que** loc conj ce que / *acepté lo que me ofrecieron* j'ai accepté ce qu'on m'a offert.

loa sf **1.** [alabanza] louange *f* **2.** LITER éloge *m*.

loable adj louable.

loar vt louer.

lobato = **lobezno**.

lobbista smf RP lobbyiste *mf*.

lobby ['loβi] (*pl* **lobbies**) sm lobby *m* ▸ **hacer lobby** faire du lobbying.

lobezno, lobato sm louveteau *m*.

lobista smf lobbyiste *mf*.

lobo, ba sm, f loup *m*, louve *f*. ◆ **lobo de mar** sm loup *m* de mer.

lobotomía sf lobotomie *f*.

lóbrego, ga adj lugubre.

lobulado, da adj lobé(e).

lóbulo sm lobe *m*.

lobuno, na adj de loup.

loca ⟶ **loco**.

locación sf MÉX DER location *f*.

local ◆ adj local(e). ◆ sm **1.** [edificio] local *m* **2.** [sede] siège *m*.

localidad sf **1.** [población] localité *f* **2.** [asiento, billete] place *f*.

localismo sm **1.** [sentimiento] esprit *m* de clocher **2.** LING régionalisme *m*.

localista adj [intereses, problemas] local(e) / *es localista* il a l'esprit de clocher.

localización sf localisation *f*.

localizado, da adj localisé(e).

localizador sm MÉX bip *m*.

localizar [13] vt localiser ; [persona, objeto] trouver ; [por teléfono] joindre. ◆ **localizarse** vprnl être localisé(e).

locamente adv follement ▸ **está locamente enamorada** elle est follement o éperdument amoureuse.

locativo, va adj locatif(ive). ◆ **locativo** sm GRAM locatif *m*.

locávoro, ra adj locavore. ◆ **locávoro** sm locavore *m*.

loc. cit., l.c. (*abr escrita de* **loco citato**) loc. cit.

loción sf **1.** [líquido] lotion *f* **2.** [masaje] friction *f*.

lock-out [lok'aut] (*pl* **lock-outs**) sm lock-out *m inv*.

loco, ca ◆ adj fou (folle) ▸ **estar loco de** o **por** o **con** être fou de ▸ **volver loco a alguien** rendre qqn fou ▸ **loco de atar** o **de remate** fou à lier ▸ **a lo loco a)** [conducir] comme un fou **b)** [responder, trabajar, etc.] n'importe comment. ◆ sm, f **1.** *pr* & *fig* fou *m*, folle *f* ▸ **hacerse el loco** faire l'innocent **2.** RP VEN *fam* [como apelativo] type *m*, -nana *f*. ◆ **loca** sf **1.** *fam* & *despec* [homosexual] folle *f* **2.** RP *fam* [prostituta] pute *f*.

locomoción sf **1.** [movimiento] locomotion *f* / *los gastos de locomoción* les frais de transport **2.** AM [transporte] transport *m* public.

locomotor, triz adj locomoteur(trice). ◆ **locomotora** sf locomotive *f*.

locoto sm ANDES piment *m*.

locuacidad sf loquacité *f*.

locuaz adj loquace.

locución sf locution *f*.

locura sf folie *f* ▸ **con locura** à la folie.

locutor, ra sm, f présentateur *m*, -trice *f*.

locutorio sm **1.** [en convento, cárcel] parloir *m* **2.** TELECOM ▸ **locutorio (telefónico)** cabines *fpl* téléphoniques **3.** RADIO & TV studio *m*.

lodazal sm bourbier *m*.

loden sm loden *m*.

lodo sm boue *f*.

logarítmico, ca adj logarithmique.

logaritmo sm logarithme *m*.

logia sf **1.** [masónica - lugar] loge *f* ; [- asamblea] Loge *f* **2.** ARQUIT loggia *f*.

lógicamente adv : *no le dije nada, lógicamente* logiquement o (bien) évidemment, je ne lui ai rien dit / *lógicamente, no volvió a acercarse por aquí* en toute logique, il n'est plus revenu par ici.

lógico, ca ◆ adj **1.** [gen] logique **2.** [normal] ▸ **es lógico que…** c'est normal que…. ◆ sm, f logicien *m*, -enne *f*. ◆ **lógica** sf logique *f*.

logístico, ca adj logistique. ◆ **logística** sf logistique *f*.

logo sm [logotipo] logo *m*.

logopeda smf orthophoniste *mf*.

logopedia sf logopédie *f*.

logos sm inv logos *m*.

logotipo sm logo *m*.

logrado, da adj réussi(e) ; [premio, medalla] obtenu(e).

lograr vt ▸ **lograr algo** obtenir qqch / *lograr su objetivo* atteindre ses objectifs ▸ **lograr hacer algo** réussir à faire qqch.

logro sm réussite *f*.

logroñés, esa ◆ adj de Logroño *(en Espagne)*. ◆ sm, f *natif ou habitant de Logroño*.

Logroño npr Logroño.

Loira npr ▸ **el Loira** La Loire.

loísmo sm *emploi incorrect de "lo" ou "los" au lieu de "le" ou "les" au datif*.

loísta smf *personne qui emploie "lo" ou "los" au lieu de "le" ou "les" au datif*.

lola RP *fam* ◆ sf [teta] néné *m*. ◆ interj [lo lamento] je suis désolé(e).

lolita sf lolita *f*.

loma sf colline *f*.

lombardo, da ◆ adj lombard(e). ◆ sm, f Lombard *m*, -e *f*. ◆ **lombarda** sf BOT chou *m* rouge.

lombriz sf ▸ **lombriz (de tierra)** ver *m* de terre ▸ **tener lombrices** avoir des vers ▸ **lombriz intestinal** ver *m* solitaire.

lomo sm **1.** [gen] dos *m* **2.** [carne - de cerdo] échine *f* ; [- de vaca] ▸ **lomo bajo** bavette *f*.

lona sf **1.** [tela] toile *f* de bâche **2.** DEP tapis *m*.

loncha sf tranche *f*.

lonchar vi MÉX casser la croûte.

lonche sm AM en-cas *m inv*.

lonchería sf MÉX VEN sandwicherie *f*.

lonchero, ra sm, f MÉX VEN employé *m*, -e *f* d'une « lonchería ».

londinense ◆ adj londonien(enne). ◆ smf Londonien *m*, -enne *f*.

Londres npr Londres.

loneta sf toile *f*.

longaniza sf saucisse *f* sèche.

longevidad sf longévité *f*.

longevo, va adj qui vit très vieux (vieille) ▸ **el más longevo** le plus âgé.

longitud sf **1.** [dimensión] longueur *f* / *de diez metros de longitud* de dix mètres de long ▸ **longitud de onda** longueur d'onde **2.** GEOGR & ASTRON longitude *f*.

longitudinal adj longitudinal(e).

long play [lom'plei] (*pl* **long plays**) sm 33-tours *m*.

longui, longuis sm *fam* ▸ **hacerse el longui** faire la sourde oreille.

lonja sf **1.** [loncha] tranche *f* **2.** [edificio oficial] bourse *f* de commerce ▸ **lonja de pescado** ESP halle *f* aux poissons **3.** ARQUIT parvis *m*.

lontananza sf lointain *m* ; [de un cuadro] arrière-plan *m* ▸ **en lontananza** dans le lointain.

look sm *fam* look *m* / *tiene un look retro* il a un look rétro ▸ **cambiar el look de** relooker / *¿qué te parece mi nuevo look?* tu aimes mon nouveau look ? ▸ **cambio de look** relookage *m*.

looping ['lupin] sm looping *m*.

loquería sf AM *fam* asile *m (psychiatrique)*.

loquero, ra sm, f *fam* infirmier *m*, -ère *f* psychiatrique. ◆ **loquera** sf **1.** [jaula de locos] cabanon *m* **2.** AM [acceso de locura] accès *m* de folie **3.** AM [acción] folie *f* **4.** COL [alboroto] agitation *f*. ◆ **loquero** sm AM AM [escándalo] tapage *m*, vacarme *m*.

lord (*pl* **lores**) sm lord *m*.

loro sm **1.** [animal] perroquet *m* **2.** *fam* [mujer fea] laideron *m* **3.** *fam* & *fig* [charlatán] moulin *m* à paroles **4.** EXPR **¡al loro!** ESP *fam* fais gaffe ! ▸ **estar al loro** ESP *fam* **a)** [alerta] être sur ses gardes **b)** [enterado] être au parfum.

los ❖ art ⟶ **el.** ❖ pron ⟶ **lo**.

losa sf dalle *f*.

Los Ángeles npr Los Angeles.

loseta sf carreau *m (de céramique)*.

lote sm **1.** [gen] lot *m* ; [de una herencia] part *f* ▸ **lote de Navidad** *cadeau de Noël offert par les entreprises à leurs employés* **2.** *fam* [magreo] ▸ **darse** o **pegarse el lote** ESP *mfam* se peloter.

lotería sf **1.** [gen] loterie *f* ▸ **jugar a la lotería** jouer à la loterie ▸ **lotería primitiva** ≃ loto *m* ▸ **sacarse la lotería** AM **a)** [en juego] gagner à la loterie o au loto **b)** *irón* gagner o tirer le gros lot ▸ **tocarle a alguien la lotería** gagner à la loterie **2.** [tienda] *kiosque de billets de loterie*.

lotero, ra sm, f vendeur *m*, -euse *f* de billets de loterie.

loto sf ESP *fam* [juego] ≃ Loto®.

Lovaina npr Louvain.

loza sf **1.** [material] faïence *f* **2.** [objetos] vaisselle *f*.

lozanía sf vigueur *f*, fraîcheur *f*.

lozano, na adj vigoureux(euse) ; [persona] qui respire la santé.

LSD (*abr de* **lysergic diethylamide**) sm LSD *m* ▸ **un viaje de LSD** un trip LSD.

Ltd., ltda. (*abr escrita de* **limitada**) SARL.

Luanda npr Luanda.

lubina sf bar *m*, loup *m* de mer.

lubricación sf lubrification *f* ; [de un motor] graissage *m*.

lubricante adj = **lubrificante**.

lubricar [10] vt = **lubrificar**.

lúbrico, ca adj *form* lubrique.

lubrificación, lubricación sf lubrification *f*.

lubrificante, lubricante ❖ adj lubrifiant(e). ❖ sm lubrifiant *m*.

lubrificar, lubricar [10] vt lubrifier.

lucense ❖ adj de Lugo *(ville d'Espagne)*. ❖ smf *natif ou habitant de Lugo*.

lucero sm **1.** [astro] étoile *f* (brillante) ▸ **lucero del alba** étoile du berger **2.** *fig* [lustre] éclat *m* ▸ **como un lucero** propre comme un sou neuf.

lucha sf lutte *f* ▸ **lucha libre** lutte libre ▸ **lucha de clases** lutte des classes.

luchador, ra ❖ adj combatif(ive). ❖ sm, f lutteur *m*, -euse *f*.

luchar vi lutter, se battre ▸ **luchar contra / por** lutter contre / pour.

lucidez sf lucidité *f*.

lucido, da adj splendide.

lúcido, da adj lucide.

luciérnaga sf ver *m* luisant.

Lucifer npr Lucifer.

lucimiento sm éclat *m*.

lucio sm brochet *m*.

lucir [32] ❖ vi **1.** [gen] briller ; [estrellas] luire **2.** [compensar] profiter / *trabajé mucho pero no me ha lucido* j'ai beaucoup travaillé pour rien **3.** [dar prestigio] faire de l'effet. ❖ vt **1.** [valor, ingenio] faire preuve de **2.** [joyas, ropa] porter ▸ **lucir las piernas** montrer ses jambes. ◆ **lucirse** vprnl **1.** [sobresalir] ▸ **lucirse (en)** briller (à) **2.** *fig* & *irón* [quedar mal] : *¡te has lucido!* tu as bonne mine !

lucrarse vprnl s'enrichir.

lucrativo, va adj lucratif(ive).

lucro sm gain *m* ▸ **el afán de lucro** l'appât du gain.

lucubrar vt **1.** [reflexionar] ▸ **lucubrar sobre** méditer sur **2.** *despec* [imaginar] échafauder.

lúdico, ca adj ludique.

ludo sm RP [juego] petits chevaux *mpl*.

ludoeducativo, va adj [software, programa] ludo-éducatif(ive).

ludópata smf joueur *m* invétéré, joueuse *f* invétérée.

ludopatía sf dépendance *f* aux jeux.

ludoteca sf ludothèque *f*.

luego ❖ adv **1.** [justo después] ensuite / *primero aquí y luego allí* d'abord ici et ensuite là-bas / *primero dijo que no, pero luego aceptó* il a d'abord dit non et puis il a accepté / *cenamos y luego nos acostamos* on a dîné et on s'est couchés tout de suite après **2.** [más tarde] : *hazlo luego* fais-le plus tard / *vendré luego* je viendrai tout à l'heure / *luego de comer* après le déjeuner **3.** CHILE MÉX [pronto] vite / *acaba luego, te estoy esperando* termine vite, je t'attends **4.** MÉX [algunas veces] quelquefois **5.** MÉX [cerca] près de, tout près. ◆ conj [así que] donc / *pienso, luego existo* je pense donc je suis. ◆ **luego luego** loc adv AM *fam* [inmediatamente] tout de suite ; [de vez en cuando] de temps en temps.

lugar sm **1.** [gen] lieu *m* / *en el lugar del crimen* sur les lieux du crime ▸ **dar lugar a** donner lieu à ▸ **en primer lugar** en premier lieu, d'abord ▸ **estar en fuera de lugar** AM être à côté de la plaque ▸ **fuera de lugar** hors de propos ▸ **lugar común** lieu commun ▸ **no deja lugar a dudas** cela ne fait aucun doute ▸ **si ha lugar** s'il y a lieu ▸ **tener lugar** avoir lieu **2.** [sitio, emplazamiento] endroit *m* / *en un lugar apartado* dans un endroit retiré / *en este lugar había una iglesia* à cet endroit, il y avait une église ▸ **la gente del lugar** les gens du coin **3.** [posición, puesto] place *f* / *ocupar el segundo lugar* être à la deuxième place / *dejar las cosas en su lugar* laisser les choses à leur place / *en tu lugar, no lo haría* à ta place, je ne le ferais pas **4.** EXPR **a como dé lugar** AM coûte que coûte. ◆ **en lugar de** loc prep au lieu de.

lugareño, ña adj & sm, f villageois(e).

lugarteniente smf [ayudante] adjoint *m*, -e *f*.

Lugo npr Lugo.

lúgubre adj lugubre.

lujo sm luxe *m* ▸ **con todo lujo de detalles** avec un grand luxe de détails ▸ **de lujo** de luxe / *un artículo de lujo* un produit de luxe / *un piso de lujo* *fig* un splendide appartement ▸ **permitirse el lujo de** se payer le luxe de.

lujoso, sa adj luxueux(euse).

lujuria sf luxure *f*.

lujurioso, sa adj lascif(ive) / *una mirada lujuriosa* un regard concupiscent.

lulú sm loulou *m*.

lumbago sm lumbago *m*.

lumbalgia sf MED lombalgie *f*.

lumbar adj lombaire.

lumbre sf **1.** [fuego] feu *m* ▸ **dar lumbre a alguien** donner du feu à qqn **2.** *fig* [resplandor] éclat *m*.

lumbrera sf *fam* ▸ **no ser ninguna lumbrera** ne pas être une lumière.

luminaria sf illumination *f* ; RELIG veilleuse *f* (du saint sacrement).

lumínico, ca adj *culto* lumineux(euse).

luminiscencia sf luminescense *f*.

luminosidad sf luminosité *f*.

luminoso, sa adj *pr* & *fig* lumineux(euse).

luminotecnia sf éclairagisme *m*.

luminotécnico, ca ◆ adj luminotechnique. ◆ sm, f éclairagiste *mf*.

luminoterapia sf luminothérapie *f*.

luna sf **1.** [astro] Lune *f* ▸ **luna creciente** premier quartier *m* ▸ **luna de miel** lune de miel ▸ **luna llena** pleine lune ▸ **luna menguante** dernier quartier *m* ▸ **luna nueva** nouvelle lune ▸ **media luna** croissant *m* *(à manger)* ▸ **estar de buena / mala luna** être bien / mal luné(e) ▸ **estar en la luna** être dans la lune ▸ **pedir la luna** demander la lune **2.** [espejo, cristal] glace *f*.

lunar ◆ adj lunaire. ◆ sm **1.** [en la piel] grain *m* de beauté **2.** [en telas] pois *m* ▸ **de o con lunares** à pois.

lunático, ca adj & sm, f désaxé(e).

lunch ['lantʃ] (*pl* **lunches**) sm lunch *m*.

lunes sm inv lundi *m*. ***Ver también* sábado**.

luneta sf AUTO ▸ **luneta (delantera)** pare-brise *m* ▸ **luneta trasera** lunette *f* arrière ▸ **luneta térmica** dégivreur *m*.

lunfardo sm *argot des classes populaires de Buenos Aires*.

lupa sf loupe *f*.

lupanar sm *form* lupanar *m*.

lúpulo sm houblon *m*.

Lusaka npr Lusaka.

lusitano, na, luso, sa ◆ adj lusitanien(enne), lusitain(e). ◆ sm, f Lusitanien *m*, -enne *f*, Lusitain *m*, -e *f*.

lustrabotas, lustrador sm inv ANDES RP cireur *m* de chaussures.

lustrador sm AM = **lustrabotas**.

lustramuebles sm inv CSUR cire *f*, encaustique *f*.

lustrar vt astiquer ; [zapatos] faire briller.

lustre sm *pr* & *fig* éclat *m*.

lustrín sm AM boîte *f* à cirage.

lustro sm lustre *m* / *hace lustros que no lo veo* il y a des lustres que je ne l'ai pas vu.

lustroso, sa adj brillant(e).

luteranismo sm luthéranisme *m*.

luterano, na adj & sm, f luthérien(enne).

luto sm deuil *m* ▸ **vestir de luto** porter le deuil ▸ **medio luto** demi-deuil *m*.

luxación sf luxation *f*.

Luxemburgo npr Luxembourg *m*.

luxemburgués, esa ◆ adj luxembourgeois(e). ◆ sm, f Luxembourgeois *m*, -e *f*.

luz sf **1.** [gen] lumière *f* ; [electricidad] électricité *f* / *se ha ido la luz* il y a une panne de courant ▸ **cortar la luz** couper le courant ▸ **encender / apagar la luz** allumer / éteindre la lumière ▸ **dar (a) la luz** ESP allumer ▸ **sacar a la luz** a) révéler b) [libro] publier **2.** AUTO phare *m* ▸ **darle las luces a alguien** faire un appel de phares à qqn ▸ **luces de carretera o largas** feux *mpl* de route, phares ▸ **luces de cruce o cortas** feux *mpl* de croisement, codes *mpl* ▸ **luces de freno** feux *mpl* stop ▸ **luces de posición o situación** feux *mpl* de position, veilleuses *fpl* ▸ **luces de tráfico o de señalización** feux *m* de signalisation **3.** [destello] scintillement *m* ▸ **despedir luces** étinceler **4.** ARQUIT ouverture *f* **5.** EXPR **dar a luz** accoucher ▸ **a todas luces** de toute évidence ▸ **dar luz verde** donner le feu vert.
◆ **luces** sfpl **1.** [cultura] ▸ **el Siglo de las Luces** le siècle des Lumières **2.** [inteligencia] ▸ **tener pocas luces** ne pas être très futé(e).

luzca ⟶ **lucir**.

lycra® sf Lycra® *m*.

Lyon npr Lyon.

M

m, M [eme] sf [letra] m *m*, M *m*. ◆ **m** (*abr escrita de* **metro**) m.

> **11 M**
>
> Cette expression fait référence aux attentats très meurtriers commis pas des islamistes dans des trains de banlieue à la gare d'Atocha de Madrid le 11 mars 2004. Les Espagnols désignent souvent par un chiffre (la date), suivi de l'initiale du mois, les grands événements de leur histoire ou de l'histoire mondiale : 23 F (tentative de coup d'état perpétrée par le colonel Tejero le 23 février 1981), 11 S (attentats du 11 septembre 2001 sur les tours du World Trade Center à New York).

m² (*abr escrita de* **metro cuadrado**) m^2.

m³ (*abr escrita de* **metro cúbico**) m^3.

maca sf **1.** [en fruta] talure *f* **2.** [en objeto] défaut *m*.

macabro, bra adj macabre.

macaco, ca ❖ adj CHILE CUBA MÉX [feo] laid(e). ❖ sm, f **1.** *fam* & *despec* [persona insignificante] macaque *m*, singe *m* **2.** *fam* [niño pequeño] morveux *m*, -euse *f*. ◆ **macaco** sm ZOOL [mamífero] macaque *m*.

macana sf AM **1.** [garrote] gourdin *m* **2.** *fam* & *fig* [disparate] bêtise *f* **3.** [mentira] mensonge *m* **4.** [contrariedad] ▶ **¡qué macana!** quel dommage !

macanudo, da adj AM *fam* [extraordinario] formidable, du tonnerre. ◆ **macanudo** interj AM *fam* d'accord !, parfait !

Macao npr Macao.

macarra sm *fam* [granuja] loubard *m* ; [de prostitutas] maquereau *m*.

macarrón sm *(gen pl)* macaroni *m*.

macarrónico, ca adj *fam* : *habla un inglés macarrónico* il parle anglais comme une vache espagnole ▶ **un latin macarrónico** du latin de cuisine.

macedonia sf macédoine *f*.

Macedonia npr Macédoine *f*.

maceración sf macération *f*.

macerar vt CULIN faire macérer.

maceta sf **1.** [tiesto] pot *m* ; [con planta] pot *m* de fleurs **2.** [herramienta] petit maillet *m*.

macetero sm cache-pot *m*.

machaca smf *fam* **1.** [pesado] casse-pieds *mf inv* **2.** [currante] homme *m* à tout faire.

machacador, ra adj à concasser. ◆ **machacadora** sf concasseur *m*.

machacar [10] ❖ vt **1.** [triturar] piler **2.** ESP *fam* & *fig* [insistir sobre] rabâcher, ressasser **3.** *fam* & *fig* [empollar] potasser. ❖ vi *fig* [insistir] insister ; [sobre un tema] rabâcher ; [vencer] écraser. ❖ vi ESP *fam* [insistir] rabâcher, radoter.

machacón, na *fam* ❖ adj soûlant(e). ❖ sm, f rabâcheur *m*, -euse *f*.

machaconería sf rabâchage *m*.

machada sf ▶ **hacer la machada de** avoir le courage de.

machamartillo ◆ **a machamartillo** loc adv ▶ **creer a machamartillo** *fig* croire dur comme fer.

machetazo sm **1.** [golpe] coup *m* de machette **2.** [corte] estafilade *f*.

machete sm **1.** [sable] machette *f* **2.** ARG *fam* [para examen] antisèche *f*.

machetear ❖ vt **1.** [con sable] donner des coups de machette **2.** [con cuchillo] donner des coups de coutelas. ❖ vi **1.** [clavar estacas] planter des pieux **2.** MÉX *fam* [en escuela] bosser.

machetero, ra sm, f MÉX **1.** [peón] manœuvre *m* **2.** [cargador] porteur *m*, -euse *f* **3.** [en el puerto] docker *m* **4.** *fam* [empollón] bûcheur *m*, -euse *f*.

machismo sm machisme *m*.

machista adj & smf machiste.

macho ❖ adj **1.** [gen] mâle **2.** *fig* [hombre] macho **3.** RP VEN *fam* [fuerte] fort(e), viril(e) / *pelo macho* poil viril / *vino macho* vin fort **4.** RP VEN *fam* [importante, de peso] de taille / *un problema macho* un problème de taille. ❖ sm **1.** [gen] mâle *m* ▶ **macho cabrío** bouc *m* **2.** *fig* [hombre] mâle *m* **3.** TECNOL pièce *f* mâle ; ELECTR prise *f* mâle. ❖ interj ESP *fam* : *¡macho, a ver si te callas!* tais-toi un peu, mec ! ▶ **¡oye, macho!** eh, mon vieux !

machote, ta adj & sm, f *fam* dur *m*, -e *f* ▶ **ser un machote** être un dur. ◆ **machote** sm AM [formulario] formulaire *m* ; [borrador] brouillon *m*.

Machu Picchu npr Machu Picchu *m*.

macilento, ta adj *culto* **1.** [flaco] émacié(e) **2.** [descolorido] blafard(e).

macizo, za adj **1.** [oro, madera] massif(ive) **2.** *fam & fig* [persona] ▸ **estar macizo** être baraqué. ◆ **macizo** sm GEOGR & BOT massif *m*.

macramé sm macramé *m*.

macro sf INFORM macro-instruction *f*.

macro- pref macro-.

macrobiótico, ca adj macrobiotique. ◆ **macrobiótica** sf macrobiotique *f*.

macrocefalia sf macrocéphalie *f*.

macrocosmo, macrocosmos sm inv macrocosme *m*.

macroeconomía sf macroéconomie *f*.

macrofestival sm grand festival *m*.

mácula sf **1.** [gen & ASTRON] tache *f* **2.** *fig* [engaño] tromperie *f*.

macuto sm sac *m* à dos.

Madagascar npr Madagascar.

Madeira npr Madère.

madeja sf pelote *f* ▸ **madeja de lana** pelote de laine ▸ **estar hecho una madeja de nervios** *fig* avoir les nerfs en boule.

madera sf **1.** [gen] bois *m* ; [tabla] planche *f* ▸ **de madera** en bois **2.** *fig* [disposición] ▸ **tener madera de** avoir l'étoffe de.

maderaje, maderamen sm bois *m* de construction.

maderero, ra adj [industria] du bois.

madero sm **1.** [tabla] madrier *m* **2.** *fig* [necio] bûche *f* **3.** ESP *mfam* [agente de policía] flic *m*, poulet *m*.

madona sf ▸ **¡a la madona!** quelle bonne surprise !

madrás sm madras *m (étoffe)*.

madrastra sf belle-mère *f (marâtre)*.

madraza sf *fam* maman *f* gâteau.

madrazo sm MÉX grand coup *m*.

madre sf **1.** [gen] mère *f* ▸ **madre adoptiva** mère adoptive ▸ **madre de alquiler** mère porteuse ▸ **madre patria** mère patrie ▸ **madre política** belle-mère *f* ▸ **madre soltera** mère célibataire **2.** [del vino] lie *f* **3.** [de río] lit *m* **4.** EXPR **estar hasta la madre** MÉX *fam* en avoir ras le bol ▸ **estar** o **ser de poca madre** MÉX *fam* être génial ▸ **me vale madre** MÉX *mfam* je m'en fous complètement ▸ **ni madre** MÉX *fam* rien du tout, que dalle / *no oye ni madre* il n'entend que dalle / *¡ni madres!* pas question ! ▸ **salir** o **salirse de madre a)** [río] sortir de son lit **b)** *fig* [persona] faire n'importe quoi ▸ **ser ciento y la madre** *fam* être une flopée ▸ **ser la madre del cordero** être le nœud du problème ▸ **tener poca madre** MÉX *fam* être un salaud. ◆ **madre mía** interj ▸ **¡madre mía!** mon Dieu !

madrear vt MÉX *fam* **1.** [golpear] tabasser **2.** [estropear] déglinguer.

madreperla sf huître *f* perlière.

madreselva sf chèvrefeuille *m*.

Madrid npr Madrid.

madridista ❖ adj du Real Madrid. ❖ sm, f *supporter ou membre de l'équipe du Real Madrid.*

madrigal sm madrigal *m*.

madriguera sf tanière *f* ; [de conejo] terrier *m*.

madrileño, ña ❖ adj madrilène. ❖ sm, f Madrilène *mf*.

madrina sf *pr & fig* marraine *f*.

madroño sm **1.** [árbol] arbousier *m* **2.** [fruto] arbouse *f*.

madrugada sf matin *m* / *la una de la madrugada* une heure du matin ▸ **levantarse de madrugada** se lever très tôt.

madrugador, ra ❖ adj matinal(e). ❖ sm, f : *es un madrugador* il est matinal.

madrugar [16] vi **1.** [levantarse] se lever tôt **2.** *fig* [anticiparse] prendre les devants ▸ **no por mucho madrugar amanece más temprano** rien ne sert de courir, il faut partir à point.

madrugón, ona adj matinal(e). ◆ **madrugón** sm ▸ **darse** o **pegarse un madrugón** *fam* se lever aux aurores.

maduración sf **1.** [de fruta] maturation *f*, mûrissement *m* **2.** [de persona] maturité *f*.

madurar vt & vi mûrir.

madurez sf maturité *f*.

maduro, ra adj **1.** [gen] mûr(e) **2.** [idea, proyecto, solución] mûrement réfléchi(e).

maestranza sf [talleres] ateliers *mpl* militaires.

maestrazgo sm MIL [cargo] *titre de grand maître.*

maestre sm MIL grand maître *m*.

maestría sf **1.** [habilidad] maîtrise *f* **2.** AM EDUC maîtrise *f*.

maestro, tra ❖ adj maître (maîtresse) ▸ **una viga maestra** une poutre maîtresse ▸ **una pared maestra** un mur porteur ▸ **un golpe maestro** un coup de maître. ❖ sm, f **1.** [de escuela] maître *m*, maîtresse *f* **2.** MÉX [en universidad] maître *m*, maîtresse *f* de conférence. ◆ **maestro** sm **1.** [sabio, director] maître *m* ▸ **maestro de ceremonias** maître de cérémonie ▸ **maestro de cocina** chef *m* cuisinier **2.** [compositor, director] maestro *m* ▸ **maestro (de orquesta)** chef *m* d'orchestre **3.** TAUROM matador *m*.

mafia sf mafia *f*.

mafioso, sa ❖ adj mafieux(euse). ❖ sm, f mafioso *m*.

Magallanes npr Magellan ▸ **el estrecho de Magallanes** le détroit de Magellan.

magazine [maɣa'sin] sm magazine *m*.

magdalena sf madeleine *f*.

magenta adj inv & sm magenta.

magia sf magie *f* ; [de persona] charme *m* ▸ **magia blanca / negra** magie blanche/noire.

magiar ❖ adj magyar(e). ❖ smf Magyar *m*, -e *f*.

mágico, ca adj magique.

magisterio sm **1.** [título] *diplôme d'instituteur* **2.** [enseñanza] enseignement *m* primaire **3.** [profesión] corps *m* des instituteurs.

magistrado, da sm, f magistrat *m*.

magistral adj magistral(e).

magistratura sf magistrature *f* ▸ **magistratura de trabajo** ≃ conseil *m* de prud'hommes.

magma sm magma *m*.

magnanimidad sf magnanimité *f*.

magnánimo, ma adj magnanime.

magnate sm magnat *m*.

magnesia sf magnésie *f*.

magnesio sm magnésium *m*.

magnético, ca adj magnétique.

magnetismo sm magnétisme *m*.

magnetizar [13] vt magnétiser.

magnetófono sm magnétophone *m*.

magnetoscopio sm magnétoscope *m*.

magnicida smf assassin *m (d'une personne haut placée)*.

magnicidio sm assassinat *m (d'une personne haut placée)*.

magnificación sf éloge *m*.

magnificar [10] vt faire l'éloge de.

magnificencia sf magnificence *f*.

magnífico, ca adj magnifique.

magnitud sf **1.** [medida] grandeur *f* **2.** ASTRON magnitude *f* **3.** [importancia] ampleur *f*.

magno, na adj grand(e) / ***un acontecimiento magno*** un grand événement.

magnolia sf magnolia *m*.

mago, ga sm, f **1.** [prestidigitador] magicien *m*, -enne *f* **2.** [en cuentos] enchanteur *m*, -eresse *f*.

magra sf ⟶ **magro**.

magrear vt ESP *vulg* peloter, tripoter.

Magreb npr ▸ **el Magreb** le Maghreb.

magrebí (*pl* **magrebíes** *o* **magrebís**) ❖ adj maghrébin(e). ❖ sm, f Maghrébin *m*, -e *f*.

magro, gra adj maigre. ◆ **magra** sf tranche *f* de jambon. ◆ **magro** sm ESP [carne] maigre *m*.

maguey sm AM agave *m*.

magulladura sf meurtrissure *f*.

magullar vt [la piel] meurtrir ; [la fruta] taler.

magullón sm AM meurtrissure *f*.

maharajá = **marajá**.

Mahoma npr Mahomet.

mahometano, na adj & sm, f mahométan(e).

mahonesa sf = **mayonesa**.

maicena sf Maïzena® *f*.

mail sm INFORM mail *m*, mél *m*.

mailing ['meilin] sm mailing *m*.

maillot [ma'jot] (*pl* **maillots**) sm DEP maillot *m* ; [de ballet] justaucorps *m* ; [de gimnasia] body *m* ▸ **maillot amarillo** maillot jaune.

maitines smpl matines *fpl*.

maître ['metre] sm maître *m* d'hôtel.

maíz sm maïs *m*.

maizal sm champ *m* de maïs.

majá (*pl* **majáes**) CUBA ❖ adj *fam* mou (molle). ❖ smf *fam* lambin *m*, -e *f*. ❖ sm boa *m* de Cuba.

majadería sf idiotie *f*.

majadero, ra sm, f **1.** [tonto] idiot *m*, -e *f*, imbécile **2.** CSUR *fam* [pesado] casse-pieds.

majado sm CHILE *plat à base de blé ou de maïs concassé servi dans du bouillon, auquel on peut ajouter de la viande*.

majar vt piler.

majareta, majara adj & smf *fam* cinglé(e), maboul(e), toqué(e).

majestad sf majesté *f*.

majestuosidad sf majesté *f (qualité)*.

majestuoso, sa adj majestueux(euse).

majo, ja ❖ adj ESP *fam* **1.** [simpático - adulto] sympa / ***no es guapo pero es muy majo*** il n'est pas beau mais il est très sympa ; [niño] mignon(onne) / ***tiene unos críos muy majos*** ses gosses sont très mignons **2.** [bonito] joli(e), mignon(onne) / ***se compró una casa muy maja*** il s'est acheté une très jolie maison. ❖ sm, f HIST *nom donné au XVIIIe siècle à un certain type populaire madrilène*.

majorette [majo'ret] sf majorette *f*.

> **mal**
>
> ❖ sm
>
> mal *m* ▸ **el mal** le mal / ***es un mal menor ante…*** il vaut mieux ça que… ▸ **mal de montaña** mal des montagnes ▸ **el mal de ojo** le mauvais œil ▸ **a grandes males, grandes remedios** aux grands maux, les grands remèdes ▸ **del mal, el menos** c'est un moindre mal ▸ **mal de muchos, consuelo de todos** on se console comme on peut ▸ **no hay mal que por bien no venga** à quelque chose malheur est bon
>
> ❖ adv
>
> **1.** [gen] mal ▸ **encontrarse mal** se sentir mal ▸ **estar a mal con alguien** être brouillé avec qqn ▸ **ir de mal en peor** aller de mal en pis ▸ **no estaría mal que…** ça serait bien que… ▸ **oír / ver mal** entendre / voir mal ▸ **oler mal a)** sentir mauvais **b)** *fam* & *fig* sembler louche ▸ **saber mal a)** avoir mauvais goût **b)** *fig* déplaire ▸ **sentar mal a alguien a)** [ropa] aller mal à qqn **b)** [comida] ne pas réussir à qqn **c)** [comentario, actitud] ne pas plaire à qqn / ***lo ha tomado a mal*** il l'a mal pris
>
> **2.** [difícilmente] difficilement / ***mal puede saberlo si no se lo cuentas*** il peut difficilement le savoir si tu ne le lui dis pas
>
> ◆ **mal que** loc conj bien que / ***mal que te pese*** que tu le veuilles ou non.
>
> ◆ **mal que bien** ❖ loc adv tant bien que mal / ***mal que bien, acabó el maratón*** il a terminé le marathon tant bien que mal. ❖ adj ⟶ **malo**.

malabar adj ⟶ **juego**.

malabarismo sm ▸ **hacer malabarismos** *pr* & *fig* jongler.

malabarista smf **1.** [en circo] jongleur *m*, -euse *f* **2.** CHILE [ladrón] voleur *m* adroit, voleuse *f* adroite.

Malabo npr Malabo.

malacostumbrado, da adj gâté(e) *(enfant)*.

malacostumbrar vt donner de mauvaises habitudes à ; [niño] gâter.

Málaga npr Malaga.

malagueño, ña ❖ adj malaguène. ❖ sm, f Malaguène.

malaleche *fam* ❖ smf teigne *f*. ❖ sf [estado] humeur *f* de cochon / *se levantó de malaleche* il s'est réveillé de mauvaise humeur ; [genio] foutu caractère *m* ▸ **tener malaleche** être une peau de vache.

malandro, dra sm, f CARIB RP *fam* **1.** [delincuente] escroc *m* **2.** [mentiroso] tricheur *m*, -euse *f*.

malapata *fam* ❖ smf ESP [persona] guignard *m*, -e *f*. ❖ sf [mala suerte] poisse *f*, guigne *f* / *has tenido malapata* tu n'as pas eu de pot o de bol.

malaria sf malaria *f*.

malasangre ❖ smf [persona] ▸ **ser un malasangre** être foncièrement méchant. ❖ sf [mala intención] mauvais esprit *m* ▸ **hacerse malasangre** *fam* se faire un sang d'encre.

Malasia npr Malaisie *f*.

malasio, sia adj malais(e).

malasombra *fam & despec* ❖ smf ESP [persona] : *es un malasombra* il n'est pas drôle. ❖ sf **1.** [mala suerte] poisse *f*, guigne *f* ▸ **tener malasombra** avoir la poisse **2.** [falta de gracia] balourdise *f*, mauvais goût *m*.

Malaui, Malawi npr Malawi *m*.

malayo, ya ❖ adj malais(e). ❖ sm, f Malais *m*, -e *f*. ◆ **malayo** sm [lengua] malais *m*.

malcomer vi [en restaurante, etc.] mal manger ; [escasamente] manger mal.

malcriado, da adj & sm, f mal élevé(e).

malcriar [9] vt gâter *(un enfant)*.

maldad sf méchanceté *f*.

maldecir [66] ❖ vt maudire. ❖ vi médire ▸ **maldecir de** dire du mal de.

maldición sf malédiction *f*.

maldiga ⟶ **maldecir**.

maldijera ⟶ **maldecir**.

maldito, ta adj maudit(e) ▸ **¡maldita sea!** *fam* bon sang !

Maldivas npr ▸ **las (islas) Maldivas** les (îles) Maldives *fpl*.

maleable adj malléable.

maleado, da adj corrompu(e).

maleante adj & smf délinquant(e).

malear vt corrompre.

malecón sm **1.** [rompeolas] jetée *f*, môle *m* **2.** CAM CUBA [paseo marítimo] front *m* de mer ; [de lago] avenue *f* en bord de lac.

maledicencia sf médisance *f* ; [difamación] calomnie *f*.

maleducado, da adj & sm, f mal élevé(e).

maleficio sm maléfice *m*.

maléfico, ca adj maléfique ▸ **una maléfica influencia** une mauvaise influence.

malentendido sm malentendu *m*.

malestar sm **1.** [dolor físico] douleur *f* ▸ **sentir malestar general** avoir mal partout **2.** *fig* [molestia] malaise *m*.

maleta sf **1.** [de equipaje] valise *f* **2.** ANDES GUAT [fardo] paquet *m* **3.** CHILE VEN [de coche] coffre *m* à bagages.

> ⚠ **Mallette** es un falso amigo, no significa *maleta*, sino "maletín".

maletera sf AM [de coche] coffre *m* à bagages.

maletero sm CUBA ESP [de coche] coffre *m* à bagages.

maletilla smf apprenti *m* torero.

maletín sm mallette *f* ; [portafolios] attaché-case *m*.

malevolencia sf malveillance *f*.

malévolo, la adj malveillant(e).

maleza sf [yerbajos] mauvaises herbes *fpl* ; [espesura] broussailles *fpl*.

malformación sf malformation *f*.

malgache ❖ adj malgache. ❖ smf Malgache *mf*. ❖ sm [lengua] malgache *m*.

malgastar vt gaspiller.

malgenioso, sa adj CHILE MÉX qui a mauvais caractère, qui est toujours de mauvaise humeur.

malhablado, da ❖ adj grossier(ère). ❖ sm, f : *es un malhablado* il parle comme un charretier.

malhechor, ra ❖ adj malfaisant(e). ❖ sm, f malfaiteur *m*.

malherir [27] vt blesser grièvement.

malhumor sm mauvaise humeur *f*.

malhumorado, da adj de mauvaise humeur.

Mali npr Mali *m*.

malicia sf **1.** [maldad] méchanceté *f* **2.** [picardía] malice *f*.

malicioso, sa adj **1.** [malo, malintencionado] mauvais(e) **2.** [pícaro] malicieux(euse).

malignidad sf malignité *f*.

maligno, na adj **1.** [persona] malveillant(e) **2.** MED malin(igne) / *un tumor maligno* une tumeur maligne.

malintencionado, da adj malintentionné(e).

malinterpretar vt mal interpréter.

malla sf **1.** [tejido] maille *f* **2.** [red] filet *m* **3.** ECUAD PERÚ RP [bañador] maillot *m* de bain **4.** RP [de deportista] maillot *m* **5.** RP [de reloj] bracelet *m* métallique. ◆ **mallas** sfpl **1.** [prenda de vestir] tricot *m* **2.** ESP DEP collant *m*.

Mallorca npr Majorque.

mallorquín, ina ❖ adj majorquin(e). ❖ sm, f Majorquin *m*, -e *f*.

malnacido, da adj & sm, f misérable *(vil)*.

malnutrición sf malnutrition *f*.

malnutrido, da adj sous-alimenté(e).

malo, la *(**peor** es el compar y el superl de **malo**; **pésimo** es el superl irregular)* ❖ adj *(delante de sm sing: **mal**)* **1.** [gen] mauvais(e) / *una comida mala* un mauvais repas / *un resultado malo* un mauvais résultat / *es malo para los idiomas* il est mauvais en langues / *ser malo para la salud* être mauvais pour la santé ▸ **estar a (las) malas con alguien** être en mauvais termes avec qqn ▸ **estar o andar de malas** AM **a)** [de mal humor] être de mauvaise humeur **b)** [tener mala suerte] ne pas avoir de chance, ne pas être en veine ▸ **pasar un mal rato** passer un mauvais moment **2.** [malicioso] méchant(e) ▸ **ser malo con alguien** être méchant avec qqn **3.** [difícil] dur(e) ▸ **lo malo es que…** le problème, c'est que… **4.** [enfermo] malade, souffrant(e) ▸ **estar malo** être malade ▸ **ponerse malo** tomber malade **5.** [travieso] vilain(e) **6.** ESP [tiempo] mauvais(e) / *está muy mal el día* il fait très mauvais temps aujourd'hui **7.** EXPR **por las malas** [a la fuerza] de force. ❖ sm, f [de película, etc.] méchant *m*, -e *f*.

malogrado, da adj **1.** [desaprovechado] gâché(e) **2.** [artista] à la carrière éphémère.

malograr vt **1.** [desaprovechar] gâcher ; [oportunidad] rater **2.** [estropear] endommager **3.** AM [romper] casser. ◆ **malograrse** vprnl **1.** [fracasar] tourner court **2.** [morir] mourir prématurément **3.** [estropearse] être endommagé(e) **4.** AM [romperse] se casser ; [coche, máquina] tomber en panne.

maloja sf AM maïs *m*.

malojo sm AM maïs *m*.

maloliente adj malodorant(e).

malón sm **1.** CSUR [ataque] *incursion ou raid d'Indiens* **2.** CSUR *fam* [masa de gente] foule *f*, gang *m* **3.** CHILE [fiesta] fête *f* improvisée.

malparado, da adj mal en point ▸ **salió malparado de…** il ne s'est pas bien tiré de….

malpensado, da sm, f ▸ **ser un malpensado** avoir l'esprit mal tourné.

malquerencia sf antipathie *f*.

malsano, na adj malsain(e).

malsonante adj grossier(ère).

malta sm malt *m*.

Malta npr Malte.

malteada sf AM milk-shake *m*.

malteado, da adj malté(e).

maltés, esa ❖ adj maltais(e). ❖ sm, f Maltais *m*, -e *f*.

maltraer [73] vt [maltratar] malmener, maltraiter ▸ **llevar o traer a maltraer** *fig* faire tourner en bourrique.

maltratado, da adj [persona] maltraité(e), victime de mauvais traitement.

maltratador, ra sm, f auteur *m* de maltraitances.

maltratar vt **1.** [pegar, insultar] maltraiter **2.** [estropear] abîmer.

maltrato sm mauvais traitements *mpl*.

maltrecho, cha adj en piteux état.

maltusianismo sm malthusianisme *m*.

malva ❖ sf BOT mauve *f* ▸ **criar malvas** *fig* manger les pissenlits par la racine. ❖ adj inv mauve. ❖ sm [color] mauve *m*.

malvado, da adj & sm, f méchant(e).

malvavisco sm guimauve *f*.

malvender vt vendre à perte.

malversación sf malversation *f* ▸ **malversación de fondos** détournement *m* de fonds.

malversador, ra sm, f : *ser un malversador de fondos* détourner des fonds.

malversar vt détourner *(de l'argent)*.

Malvinas npr ▸ **las Malvinas** les Malouines *fpl*.

malviviente smf CSUR criminel *m*, -elle *f*.

malvivir vi vivre pauvrement.

mama sf **1.** [órgano - de animal] mamelle *f* ; [- de mujer] sein *m* **2.** *fam* [madre] maman *f*.

mamá sf *fam* [madre] maman *f* ▸ **mamá grande** COL MÉX *fam* grand-mère.

mamacita sf CAM CARIB MÉX **1.** [mamá] petite maman *f* **2.** *fam* [piropo] poupée *f*.

mamadera sf RP **1.** [biberón] biberon *m* **2.** [tetina] tétine *f*.

mamado, da adj **1.** ESP RP *mfam* [borracho] pété(e), bourré(e) / *llegó a su casa mamado* il est rentré chez lui complètement bourré **2.** ESP *mfam* [fácil] fastoche, les doigts dans le nez / *un examen mamado* un examen fastoche. ◆ **mamada** sf **1.** [de bebé] tétée *f* **2.** CHILE PERÚ *fam* [ganga] aubaine *f*.

mamar ❖ vt **1.** [gen] téter **2.** *fig* [aprender] apprendre au berceau. ❖ vi **1.** [bebé, animal] téter ▸ **dar de mamar** donner à téter **2.** ESP *mfam* [beber] picoler. ◆ **mamarse** vprnl ESP RP *mfam* **1.** [beber] descendre, se taper / *se mamó toda la botella él solito* il a descendu la bouteille à lui tout seul **2.** [emborracharse] se bourrer la gueule.

mamario, ria adj mammaire.

mamarrachada sf *fam* **1.** [acción] : *me parece una mamarrachada* c'est débile **2.** [cuadro] croûte *f*.

mamarracho sm **1.** [fantoche] ▸ **estar hecho un mamarracho** être ridicule **2.** [imbécil] pauvre type *m* **3.** [película] navet *m* ; [cuadro] croûte *f*.

mambo sm **1.** [baile] mambo *m* **2.** RP *fam* [confusión] confusion *f*.

mameluco sm **1.** HIST mamelouk *m* **2.** *fam* [torpe, necio] nigaud *m*, -e *f*.

mami sf *fam* maman *f*.

mamífero, ra adj mammifère. ◆ **mamífero** sm mammifère *m*.

mamila sf AM biberon *m*.

mamita sf AM [palabra cariñosa] maman *f*.

mamografía sf mammographie *f*.

mamón, ona ◆ adj **1.** [que mama] nourri(e) au sein **2.** *vulg* [necio] connard (connasse) **3.** MÉX [engreído] crâneur(euse). ◆ sm, f **1.** [que mama] bébé *m* nourri au sein **2.** *vulg* [necio] connard *m*, connasse *f*. ◆ **mamón** sm COL VEN BOT [papayo] papayer *m* ; BOL RP [papaya] papaye *f* ; COL VEN [chirimoya] anone *f*.

mamotreto sm *despec* [libro] pavé *m* ; [mueble, etc.] mastodonte *m*.

mampara sf [de bañera] pare-douche *m*.

mamporro sm *fam* gnon *m* ▸ **darse un mamporro** se cogner.

mampostería sf maçonnerie *f*.

mamut sm mammouth *m*.

maná sm **1.** [de la Biblia] manne *f* **2.** *fig* [cosa fácil] : *esto no es un maná* ça ne tombe pas du ciel.

manada sf **1.** [de caballos, vacas] troupeau *m* ; [de lobos] bande *f* ; [de ciervos] harde *f* **2.** [de gente] horde *f*.

manager (*pl* **managers**) sm manager *m*.

Managua npr Managua.

managüense ◆ adj de Managua. ◆ smf *natif ou habitant de Managua*.

manantial sm source *f*.

manar vi ▸ **manar (de)** jaillir (de).

manazas adj inv & smf inv empoté(e).

mancebo, ba sm, f [joven] jeune homme *m*, jeune fille *f*. ◆ **manceba** sf [querida] concubine *f*.

mancha sf tache *f*.

> ⚠ Manche es un falso amigo, no significa *mancha*, sino "manga".

manchado, da adj **1.** [sucio] ▸ **manchado (de)** taché(e) (de) **2.** [piel] tacheté(e).

manchar vt **1.** [ensuciar] ▸ **manchar (de o con)** tacher (de) **2.** *fig* [deshonrar] souiller. ◆ **mancharse** vprnl [ensuciarse] se tacher.

manchego, ga ◆ adj de la Manche *(région d'Espagne)*. ◆ sm, f habitant *m*, -e *f* de la Manche. ◆ **manchego** sm ⟶ **queso**.

mancillar vt [el honor, etc.] souiller.

manco, ca ◆ adj **1.** [sin brazo, mano] manchot(e) **2.** *fig* [incompleto] boiteux(euse) **3.** ▸ **no ser manco en el arte de...** être passé maître dans l'art de.... ◆ sm, f manchot *m*, -e *f*.

mancomunar vt [esfuerzos, intereses] unir ; [bienes] mettre en commun. ◆ **mancomunarse** vprnl [personas] s'unir.

mancomunidad sf association *f* ; [de municipios, provincias, etc.] fédération *f*.

mancorna, mancuerna sf AM bouton *m* de manchette.

mandado, da ◆ adj MÉX profiteur(euse) / *¡órale, no sea mandado, quieto con las manos!* hep, n'en profitez pas, bas les pattes ! ◆ sm, f **1.** *fam* [subordinado] subordonné *m*, -e *f* / *yo no sé nada, sólo soy un mandado* je ne sais rien, je ne suis qu'un subordonné **2.** MÉX *fam* [caradura] : *es un caradura* il est gonflé. ◆ **mandado** sm **1.** [recado] commission *f* **2.** MÉX [compra] commission *f*, course *f*.

mandamás smf **1.** [jefe] grand patron *m* **2.** [persona influyente] grand manitou *m*.

mandamiento sm commandement *m*.

mandanga sf *fam* **1.** *(gen pl)* [cuento, tontería] : *déjate de mandanga(s)* arrête tes histoires **2.** [calma] ▸ **andar con mandanga** être amorphe / *¡la cosa tiene mandanga!* c'est un peu fort !

mandar ◆ vt **1.** [dar órdenes] ordonner / *el profesor mandó un trabajo para casa* le professeur nous a donné un travail à faire à la maison ▸ **mandar hacer algo** faire faire qqch **2.** [enviar] envoyer ▸ **mandar a alguien a paseo o a la porra** *fam* envoyer balader qqn **3.** [dirigir -ejército] commander ; [-país] diriger **4.** AM [encargar] charger, demander / *mandó decir que llegaría tarde* il a fait prévenir qu'il arriverait en retard. ◆ vi *despec* [dar órdenes] commander ▸ **¿mande?** ESP MÉX *fam* pardon ?, quoi ? / *¿mande? ¿qué es lo que ha dicho?* pardon ? qu'est-ce que vous avez dit ? ◆ **mandarse** vprnl RP VEN *fam* se précipiter.

mandarín sm mandarin *m*.

mandarina sf mandarine *f*.

mandarino, mandarinero sm mandarinier *m*.

mandatario, ria sm, f mandataire *mf* ▸ **primer mandatario** chef *m* de l'État.

mandato sm **1.** [gen] mandat *m* ▸ **mandato judicial** mandat (de justice) **2.** [mandamiento] ordre *m*.

mandíbula sf mâchoire *f* ▸ **reír a mandíbula batiente** *fig* rire à s'en décrocher la mâchoire.

mandil sm **1.** [prenda] tablier *m* **2.** MÉX *fam* [persona] lèche-bottes *mf*.

Mandinga npr AM *nom donné au diable* / *es cosa de Mandinga* c'est une diablerie.

mandingo sm AM diable *m*.

mandioca sf manioc *m*.

mando sm **1.** [gen & MIL] commandement *m* ▸ **estar al mando de** diriger, commander ▸ **los mandos** les dirigeants ▸ **alto mando** MIL haut commandement **2.** [jefe] cadre *m* ▸ **mandos intermedios** cadres moyens **3.** [dispositivo] commande *f* ▸ **mando a distancia** télécommande *f* ▸ **abertura por mando automático** ouverture *f* automatique.

mandolina sf mandoline *f*.

mandón, ona ◆ adj autoritaire. ◆ sm, f petit chef *m* / *es una mandona* elle veut mener tout le monde à la baguette. ◆ **mandón** sm CHILE **1.** [de mina] contremaître *m* des mines **2.** [en carreras de caballos] juge *m* de départ.

mandrágora sf mandragore *f*.

mandril sm **1.** ZOOL mandrill *m* **2.** [pieza] mandrin *m*.

manduca sf ESP *fam* [comida] bouffe *f*.

manducar vt & vi *fam* bouffer.

manecilla sf **1.** [del reloj] aiguille *f* **2.** [cierre] fermoir *m*.

manejable adj maniable.

manejar ❖ vt **1.** [gen] manier **2.** *fig* [dirigir] mener ; [negocios] gérer ▸ **manejar a alguien a su antojo** mener qqn par le bout du nez **3.** AM [coche] conduire. ❖ vi AM [en coche] conduire. ◆ **manejarse** vprnl **1.** [moverse] se déplacer **2.** [desenvolverse] se débrouiller.

manejo sm **1.** [gen] maniement *m* **2.** *(gen pl) fig* [intriga] manigances *fpl* **3.** *fig* [dirección] conduite *f* ; [de negocio, empresa] gestion *f*.

manera sf **1.** [modo] manière *f* ▸ **a la manera de** à la manière de ▸ **a manera de** en guise de ▸ **de cualquier manera** a) [sin cuidado] n'importe comment b) [sea como sea] de toute façon ▸ **de mala manera** ESP *fam* a) [de forma brusca] très mal b) [de forma grosera] grossièrement c) [mucho] beaucoup, terriblement ▸ **de manera que** de telle sorte que ▸ **de ninguna manera, en manera alguna** a) [refuerza una negación] en aucune façon b) [respuesta exclamativa] jamais de la vie ▸ **de todas maneras** de toute façon ▸ **de una manera o de otra** d'une manière ou d'une autre ▸ **en cierta manera** d'une certaine manière ▸ **no hay manera** il n'y a pas moyen **2.** *(gen pl)* [modales] manières *fpl*.

manga sf **1.** [de prenda & DEP] manche *f* ▸ **en mangas de camisa** en manches de chemise ▸ **manga corta / larga** manche courte / longue ▸ **manga raglán** o **ranglán** manche raglan **2.** [filtro] chausse *f* **3.** [medidor de viento] manche *f* à air **4.** [de pastelería] poche *f* à douille **5.** [manguera] tuyau *m* **6.** AM [árbol] manguier *m* **7.** AM [fruto] mangue *f* **8.** MÉX RP *fam* & *despec* [multitud] peuple *m* **9.** MÉX [capa] cape *f* imperméable **10.** CAM [abrigo] manteau *m* **11.** AM [para ganado] passage *m*, goulet *m*, couloir *m* **12.** EXPR **sacarse algo de la manga** inventer qqch *(explication, etc.)* ▸ **ser de manga ancha, tener manga ancha** avoir les idées larges.

manganeso sm manganèse *m*.

mangante adj & smf *fam* [ladrón] voleur(euse).

mangar [16] vt **1.** ESP *fam* [robar] piquer, faucher / *me han mangado la cartera* on m'a piqué mon portefeuille **2.** RP *fam* [pedir] taxer, taper / *siempre me manga cigarros* il me taxe toujours des cigarettes.

mango sm **1.** [asa] manche *m* **2.** [árbol] manguier *m* **3.** [fruta] mangue *f*.

mangonear vi *fam* **1.** [entrometerse] fourrer son nez partout **2.** [mandar] mener tout le monde à la baguette.

mangoneo sm *fam* : *¡déjate de mangoneos!* mêle-toi de tes oignons !

mangosta sf mangouste *f*.

mangue ⟶ **mangar**.

manguera sf tuyau *m* d'arrosage ; [de bombero] lance *f* d'incendie.

mangui *mfam* ❖ adj [persona no fiable] pourri(e). ❖ smf **1.** ESP *fam* [ladrón] voleur *m*, -euse *f* **2.** [persona no fiable] pourri *m*, -e *f*.

manguito sm **1.** [para el frío] manchon *m* **2.** [manga postiza] manchette *f*.

maní (*pl* **manises**) sm **1.** BOT [planta] arachide *f* ; [fruto] cacahouète *f*, cacahuète *f* ; ANDES CARIB RP [semilla] cacahuète *f*, cacahouète *f* **2.** VEN *fam* [problema] affaire *f* délicate.

manía sf **1.** [gen] manie *f* ▸ **manía persecutoria** manie de la persécution **2.** [afición exagerada] folie *f* / *la manía de los videojuegos* la folie des jeux vidéo **3.** *fam* [ojeriza] ▸ **coger manía a alguien** ESP *fam* prendre qqn en grippe.

maniaco, ca, maníaco, ca adj & sm, f maniaque *(malade)* ▸ **maniaco sexual** maniaque sexuel.

maniacodepresivo, va adj & sm, f maniaco-dépressif(ive).

maniatar vt attacher les mains de.

maniático, ca adj & sm, f maniaque ▸ **un maniático del fútbol** *fig* un fou de football.

manicomio sm asile *m (d'aliénés)*.

manicuro, ra sm, f manucure *mf*. ◆ **manicura** sf manucure *f*.

manido, da adj [tema, etc.] rebattu(e).

manierismo sm ARTE maniérisme *m*.

manierista adj & smf ARTE maniériste.

manifestación sf manifestation *f*.

manifestante smf manifestant *m*, -e *f*.

manifestar [19] vt **1.** [gen] manifester **2.** [decir] déclarer. ◆ **manifestarse** vprnl **1.** [por la calle] manifester **2.** [hacerse evidente] se manifester.

manifiesto, ta adj [evidente] manifeste ▸ **poner de manifiesto** mettre en évidence. ◆ **manifiesto** sm [escrito] manifeste *m*.

manija sf poignée *f*.

Manila npr Manille.

manilargo, ga adj *fig* **1.** [generoso] ▸ **ser manilargo** avoir le cœur sur la main **2.** [ladrón] voleur(euse).

manilla sf **1.** [manija] poignée *f* **2.** *(gen pl)* [del reloj] aiguille *f* **3.** *(gen pl)* [grilletes] fers *mpl*.

manillar sm guidon *m*.

maniobra sf manœuvre *f*.

maniobrar vi manœuvrer.

manipulación sf manipulation *f*.

manipulador, ra adj & sm, f manipulateur(trice).

manipular vt manipuler ; [información, resultado] trafiquer.

maniqueísmo sm manichéisme *m*.

maniqueo, a adj & sm, f manichéen(enne).

maniquí (*pl* **maniquíes** o **maniquís**) ❖ sm [de sastre] mannequin *m*. ❖ smf **1.** [modelo] mannequin *m* **2.** *fig* [títere] pantin *m*.

manirroto, ta ◆ adj dépensier(ère). ◆ sm, f panier *m* percé.

manita sf [mano pequeña] petite main *f*, menotte *f* ▸ **hacer manitas** se faire des caresses. ◆ **manitas** ESP *fam* ◆ adj inv [habilidoso] habile de ses mains / *es muy manitas* il est très habile de ses mains. ◆ smf inv [persona habilidosa] bricoleur *m*, -euse *f* / *¡qué suerte tener un manitas en casa!* quelle chance d'avoir un bricoleur à la maison ! ▸ **ser un manitas** être bricoleur ▸ **ser un manitas de plata** avoir des doigts de fée.

manito, mano sm *fam* **1.** MÉX [amigo] ami *m* **2.** EXPR **hacer manito** RP câliner.

manivela sf manivelle *f*.

manjar sm mets *m*.

mano ◆ sf

1. [gen] main *f* ▸ **a mano** a) [cerca] sous la main b) [sin máquina] à la main ▸ **a mano armada** à main armée ▸ **manos libres** [dispositivo] kit mains libres

2. ZOOL patte *f* de devant ; [de cerdo] pied *m*

3. [lado] ▸ **a mano derecha / izquierda** à droite/gauche

4. [de pintura, etc.] couche *f*

5. [destreza] : *tiene buenas manos para hacer bricolaje* c'est un bon bricoleur

6. [capacidad de trabajo] : *necesitamos manos para descargar* on a besoin de bras pour décharger ▸ **mano de obra** main-d'œuvre *f* ▸ **mano de obra especializada** main-d'œuvre qualifiée

7. [influencia] influence *f* ▸ **tener mano en algo / con alguien** avoir de l'influence sur qqch/qqn

8. [ayuda, intervención] coup *m* de main ▸ **echar** o **tender una mano a alguien** donner un coup de main à qqn

9. [almirez] pilon *m*

10. [de juegos] partie *f*

11. *fig* [de golpes] volée *f*

12. CAM ANDES MÉX [conjunto] *ensemble de quatre objets semblables*

13. AM [de plátanos] régime *m*

14. CAM CHILE MÉX [accidente] mésaventure *f*

15. RP [dirección] sens *m*

16. EXPR **alzar la mano contra alguien** lever la main sur qqn ▸ **bajo mano** en sous-main ▸ **caer en manos de alguien** tomber entre les mains de qqn ▸ **cargar la mano** y aller fort, ne pas y aller de main morte ▸ **con las manos cruzadas, mano sobre mano** les bras croisés ▸ **dar** o **estrechar la mano a alguien** serrer la main à qqn ▸ **de primera mano** de première main ▸ **de segunda mano** d'occasion ▸ **dejar de la mano** abandonner ▸ **dejar en manos de alguien** laisser entre les mains de qqn ▸ **echar mano de algo** se servir de qqch ▸ **ensuciarse las manos** se salir les mains ▸ **escapársele** o **írsele a alguien algo de las manos** a) [asunto] échapper à qqn b) [objeto] glisser des mains / *el negocio se le escapó de las manos* l'affaire lui a échappé ▸ **estar a mano** AM être quitte ▸ **estar dejado de la mano de Dios** être abandonné ▸ **írsele a uno la mano** [perder el control] se laisser emporter ▸ **lavarse las manos, lavarse las manos de algo** s'en laver les mains ▸ **llevarse las manos a la cabeza** a) [gesticular] se prendre la tête à deux mains b) [indignarse] lever les bras au ciel ▸ **mano a mano** en tête à tête ▸ **¡manos a la obra!** au travail ! ▸ **¡manos arriba!, ¡arriba las manos!** haut les mains ! ▸ **meter mano a algo** s'attaquer à qqch ▸ **meter mano a alguien** a) [investigar] poursuivre qqn b) *fam* [tocar] peloter ▸ **pedir la mano de una mujer** demander la main d'une femme ▸ **pillar con las manos en la masa** prendre la main dans le sac ▸ **ponerse en manos de alguien** s'en remettre à qqn ▸ **ser la mano derecha de alguien** être le bras droit de qqn ▸ **tener las manos largas** être bagarreur(euse) ▸ **tener mano izquierda** savoir y faire ▸ **traerse algo entre manos** *fam* manigancer qqch ▸ **venir** o **llegar a las manos** en venir aux mains

◆ smf

RP ▸ **ser un mano abierta** être généreux

◆ sm

CAM ANDES CARIB MÉX *fam* [amigo] copain *m*, pote *m* / *¡eh, mano!* eh, mon vieux o mon frère !

manojo sm [de espárragos, rábanos] botte *f* ; [de flores] bouquet *m* ; [de pelo] touffe *f* ; [de llaves] trousseau *m* ▸ **estar hecho un manojo de nervios** *fig* avoir les nerfs en pelote ▸ **ser un manojo de nervios** *fig* être un paquet de nerfs.

manoletina sf **1.** TAUROM *passe inventée par le torero espagnol Manolete* **2.** [zapato] ballerine *f*.

manómetro sm manomètre *m*.

manopla sf **1.** [guante] moufle *f* **2.** [de aseo] gant *m* de toilette.

manosanta smf RP guérisseur *m*, -euse *f*.

manoseado, da adj [tema, asunto, etc.] rebattu(e).

manosear vt tripoter.

manoseo sm : *con tanto manoseo, vais a estropearlo* à force de le tripoter, vous allez l'abîmer.

manotazo sm claque *f*.

manotear ◆ vt **1.** [golpear] frapper de la main, taper sur **2.** RP *fam* [quitar] faucher, voler.
◆ vi gesticuler, agiter les mains.

mansalva ◆ **a mansalva** loc adv [en abundancia] en quantité.

mansarda sf toit *m* mansardé.

mansedumbre sf douceur *f* ; [de animal] docilité *f*.

mansión sf demeure *f*.

manso, sa adj **1.** [apacible] paisible, doux (douce) **2.** [domesticado] docile **3.** AM [enorme] énorme.

manta ◆ adj & smf ESP *fam* [persona] fainéant(e). ◆ sf **1.** [abrigo] couverture *f* ▸ **liarse la manta a la cabeza** *fig* sauter le pas, se jeter à l'eau ▸ **tirar de la manta** *fig* découvrir le pot aux roses **2.** MÉX [tela de algodón] cotonnade *f* **3.** EXPR **a manta** ESP *fam* [muchísimo] à la pelle. ◆ smf *fam* [persona] bon *m* à rien, bonne *f* à rien.

manteca sf **1.** [grasa animal] graisse *f* ▸ **manteca de cerdo** saindoux *m* **2.** [mantequilla] beurre *m* ▸ **manteca de cacao** beurre de cacao.

mantecado sm ESP **1.** [de Navidad] gâteau *m* au saindoux **2.** [helado] glace *f* à la vanille.

mantecoso, sa adj gras (grasse).

mantel sm nappe *f*.

mantelería sf linge *m* de table.

manteleta sf mantelet *m (cape)*.

mantenedor, ra sm, f [de competición, certamen, etc.] organisateur *m*, -trice *f*.

mantener [72] vt **1.** [gen] maintenir / *mantengo que...* je maintiens o je soutiens que... / *mantener la cabeza alta* garder la tête haute ▸ **mantener a distancia o a raya** tenir à distance **2.** [sustentar, tener] entretenir / *mantener a una familia* entretenir une famille ▸ **mantener relaciones / una conversación** entretenir des relations / une conversation ▸ **mantener en buen estado** entretenir **3.** [aguantar] soutenir / *mantener un edificio* soutenir un bâtiment.
◆ **mantenerse** vprnl **1.** [sustentarse] ▸ **mantenerse con o de** vivre de **2.** [permanecer] ▸ **mantenerse derecho / en pie** se tenir droit / debout ▸ **mantenerse joven** rester jeune ▸ **mantenerse en el poder** rester au pouvoir.

mantenido, da ❖ adj [esfuerzo, etc.] soutenu(e). ❖ sm, f [hombre] gigolo *m* ; [mujer] maîtresse *f*.

mantenimiento sm entretien *m* ; [de material] maintenance *f*.

mantequera sf [en la mesa] beurrier *m*.

mantequería sf **1.** [ultramarinos] épicerie *f* **2.** [lechería] crèmerie *f*.

mantequilla sf beurre *m*.

mantero, ra sm, f *fam* [vendedor callejero] vendeur *m*, -euse *f* à la sauvette.

mantiene ⟶ **mantener**.

mantilla sf **1.** [de mujer] mantille *f* **2.** [de bebé] lange *m* **3.** ▸ **estar en mantillas a)** [proyecto] être à l'état d'ébauche **b)** [persona] être novice.

mantis sf ▸ **mantis religiosa** mante *f* religieuse.

manto sm **1.** [prenda] grande cape *f* ▸ **el manto de la Virgen** le manteau de la Vierge **2.** *fig* [que oculta] voile *m* **3.** [terrestre] manteau *m*.

mantón sm châle *m* ▸ **mantón de Manila** châle de Manille.

mantra sm RELIG mantra *m*.

mantuviera ⟶ **mantener**.

manual ❖ adj manuel(elle). ❖ sm [libro] manuel *m*.

manualidad sf *(gen pl)* travaux *mpl* manuels.

manualmente adv manuellement.

manubrio sm manivelle *f*.

manufactura sf **1.** [producto] produit *m* manufacturé / *manufactura española* produit de fabrication espagnole **2.** [taller] usine *f* ; [de tapices, armas] manufacture *f*.

manufacturado, da adj manufacturé(e).

manufacturar vt manufacturer.

manufacturero, ra adj manufacturier(ère).

manumisión sf manumission *f*.

manuscrito, ta adj manuscrit(e).
◆ **manuscrito** sm manuscrit *m*.

manutención sf [sustento] entretien *m* ; [alimento] nourriture *f* ▸ **tener para su manutención** avoir de quoi se nourrir.

maña sf **1.** [destreza] habileté *f* ▸ **darse maña para** être doué(e) pour ▸ **más vale maña que fuerza** plus fait douceur que violence **2.** *(gen pl)* [astucia] ruse *f* ▸ **darse maña para** faire tout ce que l'on peut pour.

mañana ❖ sf **1.** [gen] matin *m* / *a las dos de la mañana* à deux heures du matin ▸ **a la mañana siguiente** le lendemain matin ▸ **(muy) de mañana** de (très) bonne heure ▸ **por la mañana** ESP le matin **2.** [período de tiempo] matinée *f* / *toda la mañana* toute la matinée. ❖ sm [futuro] lendemain *m*, avenir *m*. ❖ adv demain ▸ **¡hasta mañana!** à demain ! ▸ **mañana por la mañana** demain matin ▸ **pasado mañana** après-demain.

manzana sf **1.** [fruta] pomme *f* ▸ **manzana de la discordia** *fig* pomme de discorde **2.** [grupo de casas] pâté *m* de maisons.

mañanero, ra adj **1.** [madrugador] matinal(e) **2.** [matutino] du matin.

manzanilla sf **1.** [planta, infusión] camomille *f* **2.** [vino] manzanilla *m (vin doux)* **3.** [aceituna] *type de petites olives*.

mañanita sf [prenda] liseuse *f*.
◆ **mañanitas** sfpl MÉX *chanson dédié à une personne pour son anniversaire ou sa fête*.

manzano sm pommier *m*.

maño, ña *fam* ❖ adj aragonais(e). ❖ sm, f Aragonais *m*, -e *f*.

mañoso, sa adj ESP [hábil] adroit(e) de ses mains.

maoísmo sm maoïsme *m*.

maoísta adj & smf maoïste.

maorí ❖ adj maori(e). ❖ smf Maori *m*, -e *f*.

mapa sm carte *f* ▸ **mapa de bits** INFORM table *f* d'éléments binaires ▸ **mapa físico / político** carte physique / politique ▸ **mapa mudo** carte muette ▸ **borrar del mapa** rayer de la carte ▸ **desaparecer del mapa** disparaître de la circulation.

mapache sm raton *m* laveur.

mapamundi sm mappemonde *f*.

mapuche ❖ adj mapuche. ❖ smf Mapuche *mf*.

maqueta sf maquette *f*.

maquetación sf IMPR & INFORM mise *f* en page, maquettage *m*.

maquetador, ra sm, f IMPR & INFORM maquettiste *mf*.

maquetar vt maquetter.

maquetista smf **1.** [de páginas, publicaciones] maquettiste *mf* **2.** [de modelos a escala] modéliste *mf*.

maqui = **maquis**.

maquiavélico, ca adj machiavélique.

maquiavelismo sm machiavélisme *m*.

maquiladora sf CAM MÉX usine *f* de sous-traitance.

maquilar vt CAM MÉX [producto, piezas] assembler.

maquillador, ra ◆ adj qui maquille *(qui dissimule)*. ◆ sm, f maquilleur *m*, -euse *f*.

maquillaje sm maquillage *m*.

maquillar vt *pr* & *fig* maquiller. ◆ **maquillarse** vprnl se maquiller.

máquina sf **1.** [gen] machine *f* ▸ **hecho a máquina** fait à la machine ▸ **escribir** o **pasar a máquina** taper à la machine ▸ **a toda máquina** à fond de train ▸ **máquina de afeitar** rasoir *m* électrique ▸ **máquina de calcular** calculatrice *f* ▸ **máquina de coser** machine à coudre ▸ **máquina de escribir** machine à écrire ▸ **máquina de vapor** machine à vapeur ▸ **máquina eléctrica** machine électrique ▸ **máquina fotográfica** appareil *m* photo ▸ **máquina registradora** caisse *f* enregistreuse ▸ **máquina traganíqueles** AM machine à sous ▸ **(máquina) tragaperras** machine à sous **2.** CUBA [coche] auto *f*, voiture *f*.

maquinación sf machination *f*.

maquinal adj machinal(e).

maquinar vt manigancer ▸ **maquinar algo contra alguien** tramer qqch contre qqn.

maquinaria sf **1.** [gen] machinerie *f*; [de reloj] mécanisme *m* ▸ **maquinaria agrícola** matériel *m* agricole **2.** *fig* [organismo] machine *f*.

maquinilla sf ▸ **maquinilla (de afeitar)** rasoir *m* ▸ **maquinilla eléctrica** rasoir électrique.

maquinismo sm machinisme *m*.

maquinista smf [de tren] mécanicien *m*.

maquinizar [13] vt mécaniser.

maquis, maqui sm inv **1.** HIST maquis *m* **2.** CHILE BOT [árbol, fruta] maqui *m*.

mar sm o sf mer *f* ▸ **hacerse a la mar** prendre la mer ▸ **alta mar** haute mer ▸ **mar adentro** au large ▸ **mar de fondo a)** lame *f* de fond **b)** *fig* grande agitation *f* ▸ **a mares a)** [llover] à verse **b)** [llorar] à chaudes larmes ▸ **la mar de** drôlement / ***es la mar de inteligente*** il est drôlement intelligent.

mar., mar, mzo., mzo (*abr escrita de* **marzo**) mars / *8 mar. 2012* 8 mars 2012.

mara sf bande *f* de jeunes délinquants.

marabunta sf **1.** [de hormigas] invasion *f* de fourmis **2.** *fig* [muchedumbre] foule *f*.

maraca sf **1.** MÚS maraca *f* **2.** CHILE *mfam* [prostituta] pute *f*.

maracuyá sm BOT [planta] passiflore *f*; [fruto] fruit *m* de la Passion, maracudja *m*, maracuja *m*.

marajá, maharajá [mara'xa] sm maharaja *m*.

maraña sf **1.** [maleza] broussaille *f* **2.** *fig* [enredo] enchevêtrement *m*.

marasmo sm MED marasme *m*; *fig* [de ánimo] apathie *f*.

maratón sm marathon *m*.

maratoniano, na adj de marathon ▸ **una sesión maratoniana** *fig* une séance-marathon.

Mares

el mar Adriático	la mer Adriatique
el mar de las Antillas	la mer des Antilles
el mar Báltico	la mer Baltique
el mar Caribe	la mer des Caraïbes
el mar Caspio	la mer Caspienne
el mar de (la) China	la mer de Chine
el mar de(l) Coral	la mer de Coral
el mar Egeo	la mer Égée
el mar de Irlanda	la mer d'Irlande
el mar del Japón	la mer du Japon
el mar Iónico	la mer Ionienne
el mar de Mármara	la mer de Marmara
el mar Mediterráneo	la mer Méditerranée
el mar Menor	la mer Mineure de Murcie
el mar Muerto	la mer Morte
el mar Negro	la mer Noire
el mar del Norte	la mer du Nord
el mar de Omán	la mer d'Oman
el mar Rojo	la mer Rouge
el mar de Tasmania	la mer de Tasmanie

maravilla sf **1.** [objeto extraordinario] merveille *f* **2.** [asombro] émerveillement *m* **3.** [planta] souci *m* **4.** EXPR **a las mil maravillas, de maravilla** à merveille ▸ **venir de maravilla** tomber à pic.

maravillar vt **1.** [gustar] émerveiller **2.** [asombrar] stupéfier. ◆ **maravillarse** vprnl **1.** [admirarse] s'émerveiller **2.** [asombrarse] être stupéfait(e).

maravilloso, sa adj merveilleux(euse).

marca sf **1.** [señal] trace *f* **2.** [distintivo] marque *f* ▸ **de marca** de marque ▸ **de marca mayor** *fam* [tontería, resfriado] gros (grosse) ▸ **marca blanca** marque blanche ▸ **marca de fábrica** marque ▸ **marca registrada** marque déposée **3.** DEP score *m* ▸ **batir una marca** battre un record.

marcado, da adj **1.** [gen] marqué(e) **2.** [animales] marqué(e) au fer rouge. ◆ **marcado** sm **1.** [peinado] mise *f* en plis **2.** [señalado] marquage *m*.

marcador, ra adj marqueur(euse). ◆ **marcador** sm tableau *m* d'affichage ▸ **marcador electrónico** tableau d'affichage électronique.

marcaje sm DEP marquage *m*.

marcapáginas sm marque-page *m*.

marcapasos sm inv pacemaker *m*.

marcar [10] ◆ vt **1.** [gen] marquer; [indicar] indiquer **2.** [resaltar] faire ressortir / ***la falda le marca las caderas*** sa jupe lui moule les hanches ▸ **marcar la diferencia** faire la différence **3.** [número de teléfono] composer **4.** [cabello] faire une mise en plis. ◆ vi marquer. ◆ **marcarse** vprnl *fam* ▸ **marcarse un detalle** avoir une attention délicate ▸ **marcarse un tanto** marquer un point.

marcha sf **1.** [gen] marche *f* ▸ **abrir / cerrar la marcha** ouvrir / fermer la marche ▸ **a marchas forzadas** ESP en mettant les bouchées doubles ▸ **a toda marcha** à toute vitesse ▸ **en marcha** a) [máquina] en marche b) [asuntos] en cours ▸ **poner en marcha** a) [máquina] mettre en marche b) [negocio] mettre en route ▸ **sobre la marcha** au fur et à mesure ▸ **marcha fúnebre / nupcial** marche funèbre/nuptiale ▸ **dar marcha atrás** *fig* faire marche arrière **2.** [salida, abandono] départ *m* **3.** AUTO vitesse *f* ▸ **cambiar de marcha** changer de vitesse ▸ **marcha atrás** marche *f* arrière **4.** ESP *fam* [de lugar, local] ambiance *f* / *hay mucha marcha* il y a beaucoup d'ambiance ▸ **ir de marcha** faire la bringue ▸ **tener (mucha) marcha** ESP *fam* a) [persona] être fêtard, aimer faire la fête b) [lugar, local] être animé / *el tío lleva una marcha que no hay quien lo siga* ce type est un sacré fêtard et on a du mal à le suivre.

marchamo sm [de producto] label *m*.

marchante, ta sm, f marchand *m*, -e *f* de tableaux.

marchar vi **1.** [andar, funcionar] marcher **2.** [irse] partir **3.** EXPR **¡no marches!** MÉX *fam* calme-toi ! ◆ **marcharse** vprnl s'en aller / *se marchó* il est parti.

marchitar vt faner. ◆ **marchitarse** vprnl se faner ; [perder fuerza] s'étioler.

marchito, ta adj [flor] fané(e) ; *fig* [persona] étiolé(e).

marchoso, sa ❖ adj *fam* [música, ambiente] plein(e) d'entrain. ❖ sm, f *fam* [persona] fêtard *m*, -e *f*.

marcial adj martial(e).

marcialidad sf air *m* martial.

marcianitos smpl ▸ **jugar a los marcianitoss** faire une partie de jeu vidéo.

marciano, na adj & sm, f martien(enne).

marco sm **1.** [gen] cadre *m* ; [de puerta, ventana] encadrement *m* **2.** [moneda] mark *m* **3.** DEP [portería] buts *mpl*.

marea sf marée *f* ▸ **marea alta / baja** marée haute/basse ▸ **marea negra** marée noire.

mareado, da adj **1.** [con náuseas] ▸ **estar mareado** a) avoir mal au cœur b) [en barco] avoir le mal de mer **2.** *fig* [fastidiado] assommé(e).

mareante adj assommant(e) / *un olor mareante* une odeur entêtante / *le han hecho una oferta mareante* ils lui ont fait une proposition à faire tourner la tête.

marear vt **1.** [causar mareo] faire tourner la tête à **2.** *fam* [fastidiar] assommer. ◆ **marearse** vprnl [sentir mareo] avoir la tête qui tourne ; [en barco] avoir le mal de mer ; [en coche, avión] avoir mal au cœur.

marejada sf **1.** [en el mar] houle *f* ▸ **hay marejada** la mer est houleuse **2.** *fig* [agitación] effervescence *f*.

marejadilla sf houle *f* légère.

mare mágnum sm inv [de cosas] fouillis *m* ; [de personas] foule *f*.

maremoto sm raz *m* de marée.

marengo adj ⟶ **gris**.

mareo sm **1.** [malestar] mal *m* au cœur ; [en barco] mal *m* de mer **2.** *fam* [fastidio] plaie *f*.

marfil sm ivoire *m*.

marfileño, ña adj d'ivoire.

marga sf marne *f*.

margarina sf margarine *f*.

margarita sf **1.** [flor] marguerite *f* ▸ **deshojar la margarita** a) effeuiller la marguerite b) *fig* tergiverser **2.** [bebida] margarita *f*.

margen sm o sf **1.** *(gen m)* [gen & COM] marge *f* ▸ **al margen** en marge ▸ **al margen de la ley** en marge de la loi ▸ **margen de beneficio** marge bénéficiaire ▸ **margen de error** marge d'erreur / *te lo digo con un gran margen de seguridad* je suis presque sûr de ce que je te dis **2.** *(gen f)* [orilla] rive *f* **3.** *(gen m)* [ocasión] ▸ **dar margen a alguien para hacer algo** donner à qqn l'occasion de faire qqch.

marginación sf marginalisation *f* ▸ **marginación social** exclusion *f* (sociale).

marginado, da ❖ adj marginalisé(e). ❖ sm, f marginal *m*, -e *f*.

marginal adj marginal(e) ; [problema, asunto] mineur(e).

marginalidad sf marginalité *f*.

marginalizar vt AM marginaliser.

marginar vt **1.** [persona] ignorer ; [de la sociedad] marginaliser, exclure **2.** [omitir] laisser de côté.

maría sf **1.** *fam* [mujer sencilla, maruja] bobonne *f* **2.** ESP VEN *fam* [marihuana] herbe *f*.

mariachi ❖ adj MÉX *fam* : *Celia es bien mariachi para cocinar* Celia se débrouille comme un manche o est nulle en cuisine. ❖ sm **1.** [tipo de música] *musique de mariachis* **2.** [orquesta] *orchestre de mariachis* **3.** [músico] mariachi *m (au Mexique, musicien ambulant)*.

Mariachis

Ces groupes de chanteurs mexicains en costume folklorique se produisent dans les fêtes populaires, dans la rue ainsi que dans certains restaurants. À Mexico par exemple, ils se réunissent autour de la place Garibaldi dans l'espoir de se voir proposer l'animation d'une fête privée. Il est en effet assez fréquent, en guise de cadeau, de faire venir des mariachis pour animer une fête d'anniversaire.

mariano, na adj marial(e).

marica sm *mfam & despec* pédale *f*.

Maricastaña sf ⟶ **tiempo**.

maricón sm *mfam & despec* pédé *m*.

mariconada sf **1.** *mfam & despec* [mala jugada] vacherie *f* **2.** *vulg* [tontería] connerie *f*.

mariconear vi *vulg* faire des conneries.

mariconera sf *fam* sac *m* d'homme.

marido sm mari *m*.

marihuana sf marijuana *f*.

marimacho sm *fam & despec* virago *f*.

marimandón, ona ESP *fam* ◆ adj autoritaire. ◆ sm, f [persona autoritaria] tyran *m* / *es una marimandona* elle mène tout le monde à la baguette.

marimba sf MÚS marimba *m*.

marimorena sf ▸ **se armó la marimorena** *fam & fig* il y a eu de la baston.

marina sf ⟶ **marino**.

marinar vt CULIN (faire) mariner.

marine sm MIL marine *m*.

marinería sf **1.** [profesión] métier *m* de marin **2.** MIL marine *f* **3.** [marineros] hommes *mpl* d'équipage.

marinero, ra adj **1.** [barrio, pueblo] de marins **2.** [buque] marin(e). ◆ **marinero** sm marin *m*.

marino, na adj [del mar] marin(e). ◆ **marina** sf marine *f* ▸ **marina de guerra** marine de guerre o militaire ▸ **marina mercante** marine marchande. ◆ **marino** sm marin *m*.

marioneta sf marionnette *f*. ◆ **marionetas** sfpl [teatro] marionnettes *fpl*.

mariposa sf **1.** [gen] papillon *m* **2.** [candela, luz] veilleuse *f* **3.** EXPR **a otra cosa mariposa** passons à autre chose.

mariposear vi papillonner.

mariposón sm *fam & despec* [ligón] coureur *m*.

mariquita ◆ sf [insecto] coccinelle *f*. ◆ sm *mfam & despec* [homosexual] tante *f*.

marisabidilla sf ESP *fam* madame *f* je-sais-tout.

mariscada sf *plateau de fruits de mer servis chauds*.

mariscador, ra sm, f pêcheur *m*, -euse *f* de fruits de mer.

mariscal sm maréchal *m*.

mariscar [10] vi pêcher à pied.

marisco sm fruits *mpl* de mer. ◆ **mariscos** smpl AM fruits *mpl* de mer.

marisma sf marais *m (du littoral)*.

marismeño, ña adj marécageux(euse) / *es un cultivo marismeño* ça pousse dans les marais.

marisqueo sm pêche *f* de fruits de mer.

marisquería sf [restaurante] restaurant *m* de poissons.

marital adj marital(e) ▸ **hacer vida marital** vivre maritalement.

marítimo, ma adj maritime.

marketing ['marketin] sm marketing *m* ▸ **marketing telefónico** télémarketing *m*.

marmita sf marmite *f*.

marmitaco, marmitako sm *plat typique du Pays basque à base de morue et de pommes de terre*.

mármol sm marbre *m* ▸ **de mármol** *fig* de marbre.

marmóreo, a adj [de mármol] marmoréen(enne).

marmota sf marmotte *f* ▸ **dormir como una marmota** *fig* dormir comme une marmotte.

maroma sf grosse corde *f*.

maromero sm AM **1.** [acróbata] funambule *mf* **2.** *fam* [político] opportuniste *mf* politique.

maromo sm ESP *fam* jules *m*, mec *m*.

maronita adj & smf maronite.

marque ⟶ **marcar**.

marqués, esa sm, f marquis *m*, -e *f*.

marquesina sf marquise *f (auvent)* ; [de autobús] Abribus® *m*.

marquetería sf marqueterie *f*.

marranada sf *fam* **1.** [porquería] cochonnerie *f* **2.** [mala jugada] saloperie *f*.

marrano, na sm, f **1.** [animal] cochon *m*, truie *f* **2.** *fam* [sucio] cochon *m*, -onne *f* **3.** *fam* [sin escrúpulos] sagouin *m*, -e *f* **4.** EXPR **joder la marrana** ESP *mfam* faire chier.

marras ◆ **de marras** loc adj : *el idiota de marras* l'idiot de service.

marrón ◆ adj [color] marron *(inv)*. ◆ sm **1.** [color] marron *m* **2.** *fam* [situación desagradable] corvée *f*, poisse *f* / *¡qué marrón!* quelle poisse ! ▸ **comerse un marrón** ESP *fam* tout se prendre dans la tronche.

marron glacé [ma'roŋgla'se] (*pl* **marrons glacés**) sm marron *m* glacé.

marroquí (*pl* **marroquíes** o **marroquís**) ◆ adj marocain(e). ◆ smf Marocain *m*, -e *f*.

marroquinería sf maroquinerie *f*.

Marruecos npr Maroc *m*.

marrullero, ra adj & sm, f rusé(e).

Marsella npr Marseille.

marsellés, esa ◆ adj marseillais(e). ◆ sm, f Marseillais(e). ◆ **Marsellesa** sf [himno nacional francés] Marseillaise *f*.

marsupial sm ZOOL marsupial *m*.

Marte npr ASTRON & MITOL Mars.

martes sm mardi *m* ▸ **martes y trece** ≃ vendredi *m* treize. ***Ver también* sábado**.

martillar = **martillear**.

martillazo sm coup *m* de marteau.

martillear, martillar vt marteler.

martilleo sm martèlement *m*.

martillo sm marteau *m* ▸ **martillo neumático** marteau-piqueur *m*.

martinete sm ZOOL héron *m*.

martingala sf **1.** [artimaña] ruse *f*, artifice *m* **2.** RP [cinturón] ceinture *f* dorsale.

Martinica npr Martinique *f*.

martín pescador (*pl* **martín pescadores**) sm martin-pêcheur *m*.

mártir smf martyr *m*, -e *f*.

martirio sm martyre *m*.

martirizar [13] vt *pr & fig* martyriser.

maruja sf ESP *fam* bobonne *f*.

marxismo sm marxisme *m*.

marxista adj & smf marxiste.

marzo sm mars *m*. ***Ver también* septiembre**.

mas conj mais / *hace mucho tiempo de eso, mas todavía lo recuerdo* il y a bien longtemps de cela, mais je m'en souviens encore.

más

❖ adv

1. *(compar)* plus / *Juan es más alto* Juan est plus grand / *necesito más tiempo* j'ai besoin de plus de temps ▸ **más de** plus de / *tengo más de cien euros* j'ai plus de cent euros ▸ **más... que...** plus... que... / *Ana es más joven que tú* Ana est plus jeune que toi / *tiene dos años más que yo* elle a deux ans de plus que moi ▸ **de más** de o en trop / *hay cinco euros de más* il y a cinq euros de o en trop

2. *(superl)* ▸ **el / la / lo más** le/la/le plus / *es la más lista de la clase* c'est la plus intelligente de la classe

3. *(en frases negativas) no quiero más* je n'en veux plus / *ni un vaso más* pas un verre de plus

4. *(con pron interrog y pron indef) ¿qué / quién más?* quoi/qui d'autre ? / *no vendrá nadie más* personne d'autre ne viendra

5. [indica repetición] encore / *quiero más pastel* je veux encore du gâteau

6. [indica preferencia] mieux / *más vale que nos vayamos* il vaut mieux que nous partions

7. [indica intensidad] *¡es más tonto!* il est tellement bête ! / *¡qué día más bonito!* quelle belle journée !

8. MAT plus / *dos más dos igual a cuatro* deux et o plus deux font quatre

9. EXPR **el que más y el que menos** tout un chacun ▸ **es más** : *no estaba contento, es más, estaba furioso* il n'était pas content, je dirais même qu'il était furieux / *no trabaja bien, es más, ahora mismo se lo digo* il ne travaille pas bien, d'ailleurs je vais le lui dire tout de suite ▸ **más bien** plutôt ▸ **más o menos** plus ou moins ▸ **más y más** de plus en plus, toujours plus ▸ **no hay más nada / nadie** AM il n'y a plus rien/personne ▸ **¿qué más da?** qu'est-ce que ça peut faire ? ▸ **sin más (ni más)** comme ça, sans raison

❖ sm inv

MAT [máximo] plus *m* / *es lo más que puedo hacer* c'est tout ce que je peux faire ▸ **tener sus más y sus menos** avoir ses avantages et ses inconvénients

◆ **a más de** loc adv : *a más de inteligente es guapo* non seulement il est intelligent, mais en plus il est beau.

◆ **por más que** loc conj avoir beau / *por más que insistas no te lo diré* tu auras beau insister, je ne te le dirai pas.

masa sf **1.** [gen] masse *f* ▸ **en masa** en masse ▸ **masa atómica** masse atomique ▸ **masa salarial** masse salariale **2.** CULIN pâte *f* **3.** AM [pastelillo] petit gâteau *m* ; [pasta] *pâte à base de maïs.* ◆ **masas** sfpl [pueblo] ▸ **las masas** les masses *fpl*.

masacrar vt massacrer.

masacre sf massacre *m*.

masaje sm massage *m*.

masajear vt masser.

masajista smf masseur *m*, -euse *f*.

mascar [10] vt mâcher.

⚠ **Masquer** es un falso amigo, no significa *mascar*, sino "tapar" y también "ocultar".

máscara sf masque *m* ▸ **máscara antigás** masque à gaz ▸ **quitar la máscara a alguien** arracher son masque à qqn ▸ **quitarse la máscara** lever le masque.

mascarada sf mascarade *f*.

mascarilla sf masque *m*.

mascarón sm gargouille *f* ▸ **mascarón de proa** figure *f* de proue.

mascarpone sm mascarpone *m*.

Mascate npr Mascate.

mascletá sf *lors des Fallas de Valence, gros pétards que l'on allume en même temps.*

mascota sf mascotte *f*.

masculinidad sf masculinité *f*.

masculinizar [13] vt masculiniser.

masculino, na adj masculin(e).

mascullar vt marmonner.

masía sf *ferme traditionnelle en Catalogne ou en Aragon.*

masificación sf massification *f* / *la masificación de las aulas* les classes surchargées.

masificar [10] vt [gente] massifier ; [lugar] surcharger. ◆ **masificarse** vprnl être surchargé(e).

masilla sf mastic *m*.

masivo, va adj massif(ive).

masoca smf *fam* maso *mf*.

masón, ona, francmasón, ona sm, f franc-maçon *m*, -onne *f*.

masonería, francmasonería sf franc-maçonnerie *f*.

masónico, a, francmasónico, a adj maçonnique.

masoquismo sm masochisme *m*.

masoquista adj & smf masochiste.

masque ⟶ **mascar**.

mass media, mass-media smpl mass media *mpl*.

mastectomía sf mammectomie *f*.

máster (*pl* **masters**) sm mastère *m*.

masticar [10] vt mâcher ; *fig* ruminer.

mástil sm **1.** NÁUT [palo] mât *m* **2.** [de instrumentos de cuerda] manche *m*.

mastín sm mâtin *m*.

mastodonte sm mastodonte *m*.

mastodóntico, ca adj *fam* balèze.

mastuerzo sm *fam* bourrique *f*.

masturbación sf masturbation *f*.

masturbar vt masturber.
◆ **masturbarse** vprnl se masturber.

mata sf [arbusto] buisson *m* ; [matojo] touffe *f* ▸ **mata de pelo** touffe de cheveux.

matadero sm abattoir *m*.

matador, ra adj *fam* **1.** [feo] monstrueux(euse) **2.** [agotador] tuant(e). ◆ **matador** sm TAUROM matador *m*.

matambre sm AM CULIN *boulettes de viande*.

matamoscas sm inv [raqueta] tapette *f* (à mouches) ; [papel] papier *m* tue-mouches.

matanza sf **1.** [masacre] tuerie *f* **2.** [del cerdo] abattage *m*.

matar vt **1.** [gen] tuer **2.** [apagar - fuego] éteindre ; [- esperanzas, etc.] briser ; [- color] adoucir ▸ **matar la sed** étancher sa soif **3.** [sello] oblitérer **4.** [redondear] arrondir **5.** EXPR **estar a matar con alguien** être à couteaux tirés avec qqn ▸ **matarlas callando** agir en douce.
◆ **matarse** vprnl se tuer ; [unos a otros] s'entre-tuer ▸ **matarse a trabajar** se tuer au travail.

> ⚠ **Mater** es un falso amigo, no significa *matar*, sino "domar".

matarratas sm inv **1.** [veneno] mort-aux-rats *f* **2.** *fig* [bebida] tord-boyaux *m*.

matasanos smf inv *despec* charlatan *m* ; *fam* toubib *m*.

matasellos sm inv cachet *m*.

matasuegras sm inv langue *f* de belle-mère *(cotillons)*.

match [matʃ] (*pl* **matches**) sm match *m*. ◆ **match ball** ['matʃβol] (*pl* **match balls**) sm balle *f* de match.

mate ◈ adj inv mat(e). ◈ sm **1.** [ajedrez] mat *m* **2.** DEP [baloncesto] smash *m* **3.** CSUR [calabaza] calebasse *f* **4.** CSUR [planta y bebida] maté *m* **5.** CSUR [vasija] *calebasse où l'on boit le maté*.

> **Mate**
>
> Ce mot désigne à la fois l'herbe, l'infusion que l'on en tire et le récipient qui la contient. La consommation de **mate** est un phénomène propre à l'Amérique du sud, et notamment à l'Argentine. On prépare l'infusion, à laquelle on ajoute du sucre, dans une petite calebasse séchée et évidée. On aspire ensuite la boisson avec une espèce de paille, le plus souvent en argent. Pour désigner le fait de verser l'eau bouillante dans la calebasse pleine d'herbe et de sucre, on parle de **cebar el mate**.

matemático, ca ◈ adj mathématique. ◈ sm, f mathématicien *m*, -enne *f*.
◆ **matemáticas** sfpl mathématiques *fpl*.

materia sf matière *f* ▸ **en materia de** en matière de ▸ **entrar en materia** entrer dans le vif du sujet ▸ **materia gris** matière grise ▸ **materia prima, primera materia** matière première.

material ◈ adj **1.** [gen] matériel(elle) **2.** [real] véritable. ◈ sm **1.** [materia] matière *f* ; [de fabricación, construcción] matériau *m* ▸ **material de desecho** gravats *mpl* ▸ **material refractario** matière réfractaire **2.** [instrumentos] matériel *m* ▸ **material bélico** o **de guerra** matériel de guerre.

materialismo sm matérialisme *m* ▸ **materialismo dialéctico / histórico** matérialisme dialectique / historique.

materialista adj & smf **1.** [persona apegada a lo material] matérialiste **2.** MÉX VEN [proveedor] fournisseur *m*, -euse *f*.

materialización sf matérialisation *f*.

materializar [13] vt matérialiser.
◆ **materializarse** vprnl se matérialiser.

materialmente adv matériellement / ***nos será materialmente imposible llegar a tiempo*** il nous sera matériellement impossible d'arriver à temps.

maternal adj maternel(elle).

maternidad sf maternité *f*.

materno, na adj maternel(elle).

mates (*abr de* **matemáticas**) sfpl *arg escol* maths *fpl*, math *fpl*.

matice ⟶ **matizar**.

matificar vt matifier.

matinal adj matinal(e).

matiné [mati'ne] sf matinée *f (spectacle)*.

matiz sm nuance *f*.

matización sf [aclaración] précision *f*.

matizar [13] vt **1.** [gen] nuancer **2.** *fig* [distinguir] détailler **3.** *fig* [dar tono especial] ▸ **matizar con** teinter de.

matojo sm buisson *m*.

matón, ona sm, f *fam* gros dur *m*, brute *f*.
◆ **matón** sm *fam* gorille *m*.

matorral sm fourré *m*.

matraca sf **1.** [instrumento] crécelle *f* ▸ **dar la matraca** *fam* & *fig* bassiner ▸ **ser una matraca** *fam* & *fig* être cassepieds **2.** AM *fam* [metralleta] mitrailleuse *f*.

matriarcado sm matriarcat *m*.

matriarcal adj matriarcal(e).

matricial adj INFORM & MAT matriciel(elle).

matricidio sm matricide *m*.

matrícula sf **1.** [inscripción] inscription *f* **2.** [documento] certificat *m* d'inscription **3.** [del coche] plaque *f* d'immatriculation. ◆ **matrícula de honor** sf ≃ félicitations *fpl* du jury.

matriculación sf **1.** [de alumno] inscription *f* **2.** [de coche] immatriculation *f*.

matricular vt **1.** [alumno] inscrire **2.** [coche] immatriculer. ◆ **matricularse** vprnl s'inscrire.

matrimonial adj matrimonial(e).

matrimonio sm **1.** [unión] mariage *m* ▸ **consumar el matrimonio** consommer le mariage ▸ **contraer matrimonio** se marier ▸ **matrimonio civil** mariage civil **2.** [pareja] couple *m*.

matriz ❖ sf **1.** [gen & MAT] matrice *f* **2.** [de talonario] souche *f*. ❖ adj mère ▸ **la casa matriz** la maison mère.

matrona sf **1.** [madre] matrone *f* **2.** [comadrona] sage-femme *f* **3.** [de aduanas, cárceles] fouilleuse *f*.

matusalén sm vieillard *m* ▸ **ser más viejo que matusalén** *fig* être vieux comme Mathusalem **o** Hérode.

matute ◆ **de matute** loc adv *fam* en cachette, clandestinement.

matutino, na adj matinal(e) ; [prensa] du matin.

maullar vi miauler.

maullido sm miaulement *m*.

mauriciano, na ❖ adj mauricien(enne). ❖ sm, f Mauricien *m*, -enne *f*.

Mauricio npr île *f* Maurice.

Mauritania npr Mauritanie *f*.

mauritano, na ❖ adj mauritanien(enne). ❖ sm, f Mauritanien *m*, -enne *f*.

mausoleo sm mausolée *m*.

maxi sm MÚS ▸ **maxi-single** maxi single *m*.

maxilar adj & sm maxillaire.

maxilofacial adj MED maxillo-facial(e).

máxima sf ⟶ **máximo**.

maximalismo sm maximalisme *m*.

maximalista adj & smf maximaliste.

máxime adv à plus forte raison.

maximizar vt maximiser, maximaliser.

máximo, ma ❖ adj maximal(e) / *el máximo responsable* le plus haut responsable. ❖ superl = **grande**. ◆ **máxima** sf **1.** [sentencia, principio] maxime *f* **2.** [temperatura] température *f* maximale. ◆ **máximo** sm maximum *m* ▸ **como máximo** au maximum.

maxisingle (*pl* **maxisingles**) sm maxi 45-tours *m*.

maya ❖ adj & sm maya. ❖ smf Maya *mf*.

mayestático, ca adj majestueux(euse).

mayo ❖ sm mai *m*. ❖ sf MÉX RP *fam* CULIN [salsa] mayo *f*. *Ver también* **septiembre**.

mayonesa, mahonesa sf mayonnaise *f*.

mayor ❖ adj **1.** [comparativo] ▸ **mayor (que) a)** [de tamaño, importancia] plus grand(e) (que) **b)** [de edad] plus âgé(e) (que) **c)** [de número] supérieur(e) (à) / *su hermano es dos años mayor* son frère a deux ans de plus **2.** [superlativo] ▸ **el / la mayor...** [de tamaño, importancia] le plus grand... / la plus grande... / *el mayor de sus hermanos* le plus âgé de ses frères / *el mayor número de pasajeros* le plus grand nombre de passagers **3.** [gran] : *de mayor importancia* de la plus haute importance **4.** [adulto] grand(e) ▸ **mayor de edad** majeur(e) **5.** [anciano] âgé(e) **6.** MÚS ▸ **en do mayor** en do majeur **7.** EXPR **al por mayor a)** [compra, venta] en gros **b)** [comercio, precios] de gros. ❖ smf ▸ **el / la mayor** l'aîné / l'aînée. ❖ sm MIL major *m*. ◆ **mayores** smpl **1.** [adultos] grandes personnes *fpl* **2.** [antepasados] aïeux *mpl*.

mayoral sm **1.** [pastor] *berger responsable de plusieurs troupeaux* **2.** [capataz] contremaître *m*.

mayorazgo sm **1.** [institución] droit *m* d'aînesse **2.** [bienes] majorat *m* **3.** [persona] possesseur *m* d'un majorat.

mayordomo sm majordome *m*.

mayoreo sm AM gros *m* ▸ **al mayoreo a)** [compra, venta] en gros **b)** [comercio, precios] en gros.

mayoría sf majorité *f* ▸ **la mayoría de** la plupart de ▸ **mayoría absoluta / relativa** majorité absolue / relative ▸ **mayoría silenciosa** majorité silencieuse. ◆ **mayoría de edad** sf majorité *f*.

mayorista ❖ adj de gros. ❖ smf grossiste *mf*.

Los mayas

Les Mayas sont un peuple amérindien présent au sud du Mexique (État du Chiapas et péninsule du Yucatán), au nord du Belize, au Guatemala et à l'ouest du Honduras et du Salvador. Apparue vers 2600 avant J.-C., la civilisation maya connaît son apogée entre le IIIe et le Xe siècle et disparaît au moment de la conquête espagnole (1527-1546). Cette civilisation précolombienne fut brillante (vestiges de Chichén-Itzá, Palenque, Tikal, Uxmal, entre autres). Les Mayas ont maîtrisé l'astronomie et mis au point des calendriers perfectionnés. Ils parlaient plusieurs langues et ont inventé un système d'écriture pictographique, les glyphes. La société maya comprenait trois ordres : la noblesse, le clergé et le peuple et était organisée selon un système de cités-États indépendantes. Polythéistes, les Mayas offraient des sacrifices humains à leurs divinités. Vivant principalement de l'agriculture, ils cultivaient essentiellement le maïs et avaient mis au point une technique d'agriculture en terrasses. Ils savaient aussi fabriquer tissus et poteries, tracer des routes et ils constituèrent de vastes réseaux d'échanges commerciaux avec des peuples plus lointains. Le peuple maya a su préserver son identité jusqu'à nos jours.

mayoritariamente adv **1.** [con mayoría] à la majorité **2.** [principalmente] principalement.

mayoritario, ria adj majoritaire.

mayúsculo, la adj [error] monumental(e) ; [esfuerzo, sorpresa] énorme. ◆ **mayúscula** sf majuscule *f*.

maza sf massue *f*.

mazacote sm : *este pastel es un mazacote* ce gâteau est dur comme du bois.

mazamorra sf **1.** PERÚ [gachas] *bouillie sucrée à base de maïs* **2.** RP [maíz blanco] *dessert à base de maïs, de lait et de sucre* **3.** CARIB [bebida] *boisson à base de maïs, de lait et de cannelle.*

mazapán sm massepain *m*.

mazazo sm coup *m* de massue.

mazmorra sf ▸ **las mazmorras** les oubliettes *fpl*.

mazo ❖ sm **1.** [martillo] maillet *m* **2.** [conjunto] paquet *m* ; [de billetes, papeles] liasse *f*. ❖ adv ESP *fam* [mucho] grave, trop / *te quiero mazo* je t'aime grave / *mola mazo* c'est trop cool **o** trop fort.

mazorca sf ▸ **mazorca (de maíz)** épi *m* (de maïs).

mazurca sf mazurka *f*.

Mb (*abr escrita de* **Megabit**) INFORM Mb *m*.

MB (*abr escrita de* **Megabyte**) INFORM Mo *m*.

MBA (*abr de* **Master of Business Administration**) sm MBA *m*.

mdr SMS *abr escrita de* **más tarde**.

me pron pers [gen] me, m' *(delante de vocal)* ; [en imperativo] moi, me / *viene a verme* il vient me voir / *me quiere* il m'aime / *me lo dio* il me l'a donné / *me tiene miedo* il a peur de moi / *¡mírame!* regarde-moi ! / *¡no me digas que no!* ne me dis pas non ! / *me gusta leer* j'aime lire / *me encuentro mal* je me sens mal.

mea culpa sm inv mea-culpa *m inv* ▸ **entonar el mea culpa** faire son mea-culpa.

meada sf *vulg* pisse *f*.

meadero sm *mfam* pissotière *f*.

meandro sm méandre *m*.

meapilas ❖ adj inv *fam* & *despec* bigot(e). ❖ smf inv *fam* & *despec* bigot *m*, -e *f*, grenouille *f* de bénitier.

mear vi *vulg* pisser.
◆ **mearse** vprnl *vulg* pisser ▸ **mearse de miedo** *fig* faire dans son froc ▸ **mearse de risa** *fig* pisser de rire.

MEC (*abr de* **Ministerio de Educación y Ciencia**) sm *ministère espagnol de l'Éducation.*

meca sf *fig* mecque *f*.

Meca npr ▸ **La Meca** La Mecque.

mecachis interj *fam* & *eufem* mince ! ▸ **mecachis en la mar** ESP mince alors !

mecánica sf ⟶ **mecánico**.

mecanicismo sm machinisme *m*.

mecánico, ca ❖ adj mécanique. ❖ sm, f mécanicien *m*, -enne *f* ▸ **mecánico dentista** prothésiste *m* (dentaire). ◆ **mecánica** sf mécanique *f*.

mecanismo sm mécanisme *m*.

mecanización sf mécanisation *f*.

mecanizado, da adj mécanisé(e).

mecanizar [13] vt mécaniser ; [pieza] usiner.

mecano® sm Meccano® *m*.

mecanografía sf dactylographie *f* ▸ **mecanografía al tacto** dactylographie au toucher.

mecanografiar [9] vt dactylographier.

mecanógrafo, fa sm, f dactylo *mf*.

mecapal sm AM sangle *f* de porteur.

mecate sm CAM MÉX VEN corde *f*.

mecedora sf fauteuil *m* à bascule.

mecenas smf inv mécène *m*.

mecenazgo sm mécénat *m*.

mecer [11] vt bercer. ◆ **mecerse** vprnl se balancer.

mecha sf mèche *f* ▸ **aguantar mecha** *fam* encaisser ▸ **a toda mecha** *fam* à fond la caisse.
◆ **mechas** sfpl AM *fam* [pelo] tignasse *f*.

mechar vt [carne] larder.

mechero sm ESP [encendedor] briquet *m*.

mechón sm mèche *f*.

medalla ❖ sf médaille *f*. ❖ smf médaillé *m*, -e *f* / *fue medalla de oro* il a eu la médaille d'or.

medallero sm DEP palmarès *m*.

medallista smf **1.** [oficio] médailliste *mf* **2.** DEP médaillé *m*, -e *f*.

medallón sm médaillon *m*.

médano sm [duna] dune *f* ; [banco de arena] banc *m* de sable.

Medellín npr Medellín ▸ **el cártel de Medellín** le cartel de Medellín.

media sf ⟶ **medio**.

mediación sf médiation *f* ▸ **por mediación de** par l'intermédiaire de.

mediado, da adj [recipiente] à moitié plein(e) **o** vide ; [obra, trabajo, noche] au milieu de / *mediada la noche* au milieu de la nuit ▸ **a mediados de** vers le milieu de / *a mediados de enero* vers la mi-janvier.

mediador, ra adj & sm, f médiateur(trice).

mediagua sf AM [construcción] cabane *f*.

medialuna sf **1.** [símbolo musulmán] croissant *m* de lune **2.** AM [bollo] croissant *m*.

mediana sf ⟶ **mediano**.

medianamente adv moyennement.

medianía sf [persona] ▸ **ser una medianía** être médiocre.

mediano, na adj moyen(enne). ◆ **mediana** sf **1.** GEOM médiane *f* **2.** [de una carretera] ligne *f* blanche.

medianoche (*pl* **mediasnoches**) sf **1.** [hora] minuit *m* ▸ **a medianoche** au milieu de la nuit **2.** [bollo] *petit sandwich rond.*

mediante prep grâce à.

mediar [8] vi **1.** [llegar a la mitad] : *mediaba el mes de julio* c'était la mi-juillet / *mediaba la tarde cuando empezó a llover* il a commencé à pleuvoir en plein après-midi **2.** [existir] : *media un kilómetro entre las dos casas* il y a un kilomètre entre les deux maisons / *entre los dos edificios media un jardín* un jardin sépare les deux maisons **3.** [intervenir] ▸ **mediar en** [disputa] intervenir dans ▸ **mediar entre a)** [dos personas] s'interposer entre **b)** [dos países] servir de médiateur entre **4.** [interceder] ▸ **mediar en favor de alguien** intercéder en faveur de qqn **5.** [ocurrir] survenir / *media el hecho de que...* le fait est que... **6.** [transcurrir] s'écouler.

mediático, ca adj médiatique.

mediatizar [13] vt avoir une influence sur.

mediatriz sf GEOM médiatrice *f*.

medicación sf **1.** [indicación] prescription *f* (médicale) ; [administración] administration *f* (de médicaments) **2.** [medicamentos] traitement *m*.

medicalizado, da adj médicalisé(e) ▸ **cama medicalizada** lit *m* médicalisé ▸ **establecimiento medicalizado** établissement *m* médicalisé ▸ **helicóptero medicalizado** hélicoptère *m* médicalisé.

medicamento sm médicament *m* ▸ **medicamento genérico** (médicament) générique *m*.

medicar [10] vt donner des médicaments à.
◆ **medicarse** vprnl prendre des médicaments.

medicina sf **1.** [ciencia] médecine *f* ▸ **medicina alternativa** médecine parallèle ▸ **medicina interna** médecine interne ▸ **medicina preventiva** médecine préventive ▸ **medicina social** médecine sociale **2.** [medicamento] médicament *m*.

medicinal adj médicinal(e).

medición sf mesure *f (action)*.

médico, ca ❖ adj médical(e). ❖ sm, f médecin *m* ▸ **ir al médico** aller chez le médecin ▸ **médico de cabecera o familia** médecin de famille ▸ **médico forense** médecin légiste.

medida sf mesure *f* ▸ **a (la) medida** [ropa] sur mesure ▸ **a la medida de** à la mesure de ▸ **en cierta medida** dans une certaine mesure ▸ **en gran medida** en grande partie ▸ **sin medida** immodérément ▸ **tomar la medida de algo** mesurer qqch ▸ **tomar medidas** [disposiciones] prendre des mesures ▸ **medida represiva** mesure de répression ▸ **a medida que** au fur et à mesure que.
◆ **medidas** sfpl [del cuerpo] mensurations *fpl* ▸ **tomar las medidas a alguien** prendre les mesures de qqn.

medidor sm AM compteur *m*.

medieval adj médiéval(e).

medievalismo sm médiévisme *m*.

medievalista smf médiéviste *mf*.

medievo, medioevo sm Moyen Âge *m*.

medina sf médina *f*.

medio, dia

❖ adj

1. [mitad de] demi(e) / *media docena* une demi-douzaine / *un kilo y medio* un kilo et demi

2. [mediano] moyen(enne) / *el español medio* l'Espagnol moyen

3. *fig* [mucho] *medio pueblo estaba allí* tous les habitants du village étaient là, ou presque

4. *fig* [incompleto] *a media luz* dans la pénombre

◆ **media** sf **1.** [promedio] moyenne *f* ▸ **media aritmética** moyenne arithmétique ▸ **media horaria** moyenne horaire ▸ **media proporcional** moyenne proportionnelle **2.** [hora] ▸ **al dar la media** à la demie **3.** *(gen pl)* [prenda] bas *m* **4.** DEP demis *mpl* **5.** EXPR **a medias a)** [pagar] moitié moitié **b)** [hacer, creer] à moitié.

◆ **medias** ❖ sfpl [prenda interior] [hasta la cintura] collant *m*, collants *mpl* ▸ **medias largas** RP collants ; [hasta media pierna] mi-bas *mpl*. ❖ smpl [medios de comunicación] médias *mpl*.

◆ **medio** ❖ adv à moitié / *medio muerta* à moitié morte ▸ **a medio hacer** à moitié fait(e). ❖ sm **1.** [mitad] moitié *f* / *ahí te equivocas de medio a medio* là, tu te trompes sur toute la ligne **2.** [centro, ambiente social & QUÍM] milieu *m* / *en medios bien informados* dans les milieux bien informés ▸ **en medio de** au milieu de ▸ **meterse o ponerse de por medio** *fig* s'interposer **3.** [sistema, manera] moyen *m* ▸ **por medio de** [persona] par l'intermédiaire de **4.** [entorno] ▸ **medio ambiente** environnement *m* **5.** DEP demi *m* **6.** EXPR **meterse o ponerse de por medio** : *cada vez que hay una pelea está de por medio* chaque fois qu'il y a une dispute, il faut qu'il s'en mêle ▸ **ni medio** CSUR *fam* rien du tout ▸ **quitar de en medio a alguien** ESP **a)** [apartar] écarter qqn **b)** [matar] se débarrasser de qqn.

◆ **medios** smpl moyens *mpl* ▸ **medios de comunicación o de información** médias *mpl* ▸ **medios de producción** moyens de production ▸ **medios de transporte** moyens de transport.

medioambiental adj environnemental(e), de l'environnement.

medioambientalista smf environnementaliste *mf*.

mediocampista smf DEP demi *m*.

mediocre adj médiocre.

mediocridad sf médiocrité *f*.

mediodía *(pl* **mediodías)** sm [hora, sur] midi *m* ▸ **al mediodía** à midi.

medioevo, va = **medievo**.

mediofondista smf coureur *m*, -euse *f* de demi-fond.

mediofondo sm DEP demi-fond *m*.

mediopensionista smf demi-pensionnaire *mf*.

medique ⟶ **medicar**.

medir [26] vt **1.** [gen] mesurer **2.** *fig* [sopesar] peser.
◆ **medirse** vprnl **1.** MÉX *fig* [probarse] essayer **2.** ▸ **medirse con a)** [compararse] se comparer à **b)** [enfrentarse] se mesurer à ▸ **medirse al hablar** mesurer ses paroles.

meditabundo, da adj pensif(ive).

meditación sf méditation *f*.

meditar ◆ vi ▸ **meditar (sobre)** méditer (sur). ◆ vt méditer.

meditativo, va adj méditatif(ive).

mediterráneo, a ◆ adj méditerranéen(enne). ◆ sm, f Méditerranéen *m*, -enne *f*. ◆ **Mediterráneo** npr ▸ **el Mediterráneo** la Méditerranée.

médium sm, f inv médium *mf*.

medrar vi **1.** [negocio, etc.] prospérer **2.** [crecer - planta] pousser ; [- animal] grandir **3.** [persona] faire fortune.

medroso, sa adj & sm, f peureux(euse).

médula sf **1.** ANAT moelle *f* ▸ **médula espinal** moelle épinière ▸ **médula ósea** moelle osseuse **2.** [de problema, cosa] cœur *m* ▸ **hasta la médula** *fam* : *está metido hasta la médula en la organización del congreso* il s'implique beaucoup dans l'organisation du congrès.

medular adj ANAT médullaire.

medusa sf méduse *f*.

mefistofélico, ca adj diabolique.

mega sm *fam* INFORM méga *m*.

megabit sm INFORM mégabit *m*.

megabyte [meɣa'βait] sm mégaoctet *m*.

megafonía sf **1.** [técnica] sonorisation *f* **2.** [aparatos] haut-parleurs *mpl*.

megáfono sm haut-parleur *m*.

megahercio sm mégahertz *m*.

megalito sm mégalithe *m*.

megalomanía sf mégalomanie *f*.

megalómano, na adj & sm, f mégalomane.

megalópolis sf mégalopole *f*, mégapole *f*.

megatón sm mégatonne *f*.

megavatio sm mégawatt *m*.

meiga sf sorcière *f*.

mejicanismo sm = **mexicanismo**.

mejicano = **mexicano**.

Méjico = **México**.

mejilla sf joue *f*.

mejillón sm moule *f* ▸ **mejillones a la marinera** CULIN ≃ moules marinière.

mejor

◆ adj

1. *(compar y superl)* meilleur(e) / *el mejor pianista* le meilleur pianiste / *la mejor alumna* la meilleure élève ▸ **mejor que** meilleur(e) que ▸ **estar mejor** aller mieux **2.** [preferible] ▸ **(es) mejor que…** il vaut mieux que…

◆ smf

▸ **el mejor** le meilleur ▸ **la mejor** la meilleure / *lo mejor es que…* la meilleure c'est que…

◆ adv *(compar y superl)*

mieux / *ahora veo mejor (que antes)* je vois mieux maintenant (qu'avant) / *el que la conoce mejor* celui qui la connaît le mieux / *¡mejor para ella!* tant mieux pour elle ! ▸ **¡mejor que mejor!, ¡tanto mejor!** tant mieux !

◆ **a lo mejor** loc adv peut-être / *a lo mejor viene* il viendra peut-être.

◆ **mejor dicho** loc adv plutôt, plus exactement / *tiene dos primos o mejor dicho un primo y una prima* il a deux cousins ou, plus exactement, un cousin et une cousine.

mejora sf **1.** [progreso] amélioration *f* **2.** [aumento] augmentation *f*.

mejorable adj : *es mejorable* cela peut être amélioré.

mejorana sf marjolaine *f*.

mejorar ◆ vt **1.** [gen] améliorer / *esta película mejora a las demás* ce film est meilleur que les autres **2.** [enfermo] : *este medicamento lo mejoró* ce médicament lui a fait du bien **3.** [sueldo, etc.] augmenter. ◆ vi **1.** [enfermo] aller mieux **2.** [tiempo] s'améliorer **3.** [situación, país] évoluer / *el país ha mejorado mucho* la situation économique du pays s'est beaucoup améliorée. ◆ **mejorarse** vprnl **1.** [gen] s'améliorer **2.** [enfermo] aller mieux / *¡que te mejores!* meilleure santé !

mejoría sf amélioration *f*.

mejunje sm *pr* & *fig* mixture *f*.

melado sm AM sirop *m*.

melancolía sf mélancolie *f*.

melancólico, ca adj & sm, f mélancolique.

Melanesia npr Mélanésie *f*.

melanina sf mélanine *f*.

melanita sf mélanite *f*.

melanoma sm MED mélanome *m*.

melaza sf mélasse *f*.

melé sf DEP [en rugby] mêlée *f*.

melena sf **1.** [de persona] longue chevelure *f* **2.** [de león] crinière *f*. ◆ **melenas** sfpl *despec* tignasse *f*.

melenudo, da adj & sm, f *despec* chevelu(e).

melifluo, flua adj mielleux(euse).

Melilla npr Melilla.

melillense ◆ adj de Melilla. ◆ smf *natif ou habitant de Melilla*.

melindre sm CULIN *beignet au miel*. ◆ **melindres** smpl ▸ **hacer melindres** faire le délicat (la délicate).

melindroso, sa adj [meloso] obséquieux(euse) ; [escrupuloso] maniaque.

melisa sf mélisse *f*.

mella sf ébréchure *f* ▸ **hacer mella en alguien** *fig* marquer qqn.

mellado, da adj **1.** [cuchillo, plato] ébréché(e) **2.** [boca] édenté(e).

mellar vt **1.** [cuchillo, tijeras, etc.] ébrécher **2.** [entusiasmo, salud, etc.] ébranler.

mellizos, -zas sm, f pl faux jumeaux *mpl*, fausses jumelles *f*.

melocotón sm ESP [fruto] pêche *f*.

melocotonero sm pêcher *m*.

melodía sf mélodie *f*.

melódico, ca adj mélodique.

melodioso, sa adj mélodieux(euse).

melodrama sm **1.** TEATRO & CINE mélodrame *m* **2.** *fig* drame *m* ▸ **montar un melodrama** faire un drame.

melodramático, ca adj mélodramatique ▸ **ponerse melodramático** en faire un drame.

melomanía sf mélomanie *f*.

melómano, na sm, f mélomane *mf*.

melón sm **1.** [fruto] melon *m* **2.** *fam* & *fig* [persona] cruche *f*. ◆ **melones** smpl ESP *mfam* [pechos] nichons *mpl*, lolos *mpl*.

meloncete sm *fam* & *irón* : ***es un meloncete*** il n'est pas très dégourdi.

melopea sf *fam* cuite *f*.

melosidad sf : ***hablar con melosidad*** être mielleux(euse).

meloso, sa adj **1.** [dulce] sucré(e) **2.** *fig* [empalagoso] mielleux(euse).

membrana sf membrane *f*.

membranoso, sa adj membraneux(euse).

membresía sf AM adhésion *f*.

membrete sm en-tête *m*.

membrillo sm coing *m*.

memento sm mémento *m*.

memez sf niaiserie *f*.

memo, ma adj & sm, f ESP sot (sotte), idiot(e).

memorable adj mémorable.

memorándum (*pl* **memorandos** *o* **memorándum**) sm **1.** [cuaderno] agenda *m* **2.** [nota diplomática] mémorandum *m*.

memoria sf **1.** [gen & INFORM] mémoire *f* ▸ **de memoria** par cœur ▸ **de feliz memoria** qui a laissé un bon souvenir ▸ **de ingrata memoria** de sinistre mémoire ▸ **hacer memoria (de algo)** essayer de se rappeler (qqch) ▸ **traer algo a la memoria** rappeler qqch ▸ **memoria de acceso aleatorio** mémoire à accès direct ▸ **memoria de sólo lectura** mémoire morte ▸ **memoria expandida** mémoire paginée ▸ **memoria extendida** mémoire étendue ▸ **memoria programable** mémoire programmable ▸ **memoria RAM / ROM** mémoire RAM / ROM ▸ **memoria USB** clé *f* USB ▸ **ser flaco de memoria** avoir mauvaise mémoire **2.** [disertación, informe] mémoire *m* ; [de empresa] rapport *m* **3.** [lista] inventaire *m*. ◆ **memorias** sfpl [biografía] Mémoires *mpl* ▸ **escribir sus memorias** écrire ses Mémoires.

memorial sm requête *f*.

memorístico, ca adj de mémoire / ***el estudio memorístico puede ser útil*** il peut être utile d'apprendre par cœur.

memorización sf mémorisation *f*.

memorizar [13] vt mémoriser.

menaje sm articles *mpl* pour la maison ▸ **menaje de cocina** ustensiles *mpl* de cuisine.

mención sf mention *f* ▸ **hacer mención de algo** faire mention de qqch.

mencionar vt mentionner.

menda *fam* ❖ pron [el que habla] bibi. ❖ sm [uno cualquiera] type *m*.

mendicante ❖ adj qui mendie. ❖ smf mendiant *m*, -e *f*.

mendicidad sf mendicité *f*.

mendigar [16] vt & vi mendier.

mendigo, ga ❖ adj MÉX *fam* **1.** [tacaño] radin(e) **2.** [despreciable] méchant(e). ❖ sm, f mendiant *m*, -e *f*.

mendrugo sm quignon *m* (de pain).

menear vt **1.** [mover] remuer ; [cabeza] hocher ; [caderas] balancer **2.** *fig* [activar] relancer. ◆ **menearse** vprnl **1.** [moverse] bouger **2.** [darse prisa, espabilarse] se remuer **3.** EXPR **de no te menees** ESP *fam* de première / ***es un idiota de no te menees*** c'est un idiot de première / ***se llevó un susto de no te menees*** il a eu une de ces peurs / ***se va a llevar un disgusto de no te menees*** je ne te dis pas la déception qu'il va avoir.

meneo sm **1.** [movimiento] mouvement *m* ; [de cabeza] hochement *m* ; [de caderas] balancement *m* ▸ **dar un meneo a algo / a alguien** [mover] secouer qqch / qqn ▸ **dar un meneo a alguien** *fam* & *fig* [pegar] en flanquer une à qqn **2.** ESP *fam* [golpe] volée *f* / ***a ver si tras este meneo la próxima vez te lo piensas dos veces*** voyons si après cette volée, à l'avenir, tu y réfléchiras à deux fois.

menester sm *desus* ▸ **es menester que** il faut que ▸ **haber menester de algo** *desus* avoir besoin de qqch ▸ **salir para un menester** sortir faire une course. ◆ **menesteres** smpl [asuntos] occupations *fpl*.

menesteroso, sa adj & sm, f nécessiteux(euse).

menestra sf jardinière *f* (*de légumes*).

mengano, na sm, f untel *m*, unetelle *f*.

mengua sf **1.** ECON coupe *f* sombre **2.** [falta] manque *m*.

menguado, da adj limité(e).

menguante adj **1.** [gen] décroissant(e) **2.** ⟶ **cuarto**.

menguar [45] ❖ vi diminuer ; [luna] décroître. ❖ vt diminuer.

menhir sm menhir *m*.

meninge sf méninge *f*.

meningitis sf inv méningite *f*.

menisco sm ménisque *m*.

menopausia sf ménopause *f*.

menor ❖ adj **1.** (*compar*) ▸ **menor (que)** a) [de tamaño] plus petit(e) (que) b) [de edad] plus jeune (que) c) [de número] inférieur(e) (à) / ***mi hermano menor***

mon petit frère / *de menor importancia* de moindre importance **2.** (superl) ▸ **el menor / la menor a)** [de tamaño, número] le plus petit / la plus petite **b)** [de edad] le / la plus jeune **c)** [de importancia] le / la moindre **3.** [joven, de poca importancia & MÚS] mineur(e) ▸ **ser menor de edad** être mineur(e) / *un problema menor* un problème mineur ▸ **en do menor** en do mineur **4.** EXPR **al por menor** au détail. ◆ smf **1.** (superl) ▸ **el menor** [hijo, hermano] le cadet ▸ **la menor** [hija, hermana] la cadette **2.** [de edad] mineur *m*, -e *f*.

Menorca npr Minorque.

menorista ◆ adj CHILE MÉX [comercio] au détail. ◆ smf CHILE MÉX [comerciante] détaillant *m*, -e *f*. ◆ sm EDUC élève *m* des classes élémentaires.

menorquín, ina ◆ adj minorquin(e). ◆ sm, f Minorquin *m*, -e *f*.

menos

◆ adv

1. (compar) [cualidad, intensidad] moins ; [cantidad] moins de / *menos gordo* moins gros / *hace menos frío* il fait moins froid / *menos manzanas* moins de pommes ▸ **menos de** moins de / *menos de diez* moins de dix ▸ **menos… que… a)** [cualidad, intensidad] moins… que… **b)** [cantidad] moins de… que… / *hace menos calor que ayer* il fait moins chaud qu'hier / *tiene menos libros que tú* elle a moins de livres que toi / *tengo dos años menos que tú* j'ai deux ans de moins que toi ▸ **de menos** en moins / *hay cinco euros de menos* il y a cinq euros en moins

2. (superl) ▸ **el / la / lo menos** le / la / le moins / *lo menos posible* le moins possible

3. [excepto] sauf / *todo menos eso* tout sauf ça

4. [en horas] moins / *son las dos menos diez* il est deux heures moins dix

5. MAT moins / *tres menos dos igual a uno* trois moins deux égale un

6. *fam* [peor] moins bien / *éste es menos coche que el mío* cette voiture est moins bien que la mienne

7. EXPR **es lo de menos** ce n'est pas le plus important ▸ **hacer de menos a alguien** dédaigner qqn ▸ **¡menos mal!** heureusement ! ▸ **no es para menos** il y a de quoi ▸ **venir a menos a)** [negocio] couler **b)** [persona] déchoir

◆ sm inv

1. [mínimo] *es lo menos que puedo hacer* c'est la moindre des choses que je puisse faire

2. MAT moins *m*

◆ **al menos, por lo menos** loc adv au moins.

◆ **a menos que** loc conj à moins que.

menoscabar vt [fama, honra] entamer ; [derechos, intereses] porter atteinte à.

menoscabo sm *culto* préjudice *m* ▸ **en menoscabo de** au détriment de / *ir en un menoscabo de* porter atteinte à.

menospreciar [8] vt [despreciar] mépriser ; [infravalorar] sous-estimer.

menosprecio sm mépris *m*.

mensáfono sm récepteur *m* d'appel.

mensaje sm message *m*.

mensajería sf messagerie *f*.

mensajero, ra ◆ adj avant-coureur. ◆ sm, f **1.** [de mensajes] messager *m*, -ère *f* **2.** [de paquetes] coursier *m*, -ère *f*.

menstruación sf menstruation *f*.

menstrual adj menstruel(elle).

menstruar [6] vi avoir ses règles.

menstruo sm menstruation *f*.

mensual adj mensuel(elle).

mensualidad sf **1.** [sueldo] mois *m* de salaire **2.** [pago] mensualité *f*.

mensualizar [13] vt mensualiser.

mensurable adj mesurable.

menta sf menthe *f* ▸ **de menta** à la menthe.

mentado, da adj **1.** [mencionado] susnommé(e) **2.** [famoso] réputé(e).

mental adj mental(e).

mentalidad sf mentalité *f*.

mentalización sf préparation *f* psychologique.

mentalizar [13] vt ▸ **mentalizar a alguien (de que) a)** faire prendre conscience à qqn que **b)** [persuadir] convaincre qqn (que).
◆ **mentalizarse** vprnl se préparer (psychologiquement) ▸ **mentalizarse de que** se faire à l'idée que.

mentar [19] vt mentionner / *no me mientes a ese idiota* ne me parle pas de cet imbécile.

mente sf **1.** [inteligencia] esprit *m* **2.** [propósito] intention *f* ▸ **tener algo en mente** [plan, proyecto, etc.] avoir qqch en tête ▸ **tener en mente hacer algo** avoir l'intention de faire qqch.

mentecato, ta sm, f sot *m*, sotte *f*.

mentir [27] vi mentir.

mentira sf [falsedad] mensonge *m* ▸ **aunque parezca mentira** aussi étrange que cela puisse paraître ▸ **de mentira** faux (fausse) / *un reloj de mentira* une fausse montre ▸ **parece mentira que…** c'est incroyable que… / *parece mentira cómo pasa el tiempo* c'est fou comme le temps passe.

mentirijillas ◆ **de mentirijillas** loc adv *fam* pour rire.

mentiroso, sa adj & sm, f menteur(euse).

mentís sm inv démenti *m*.

mentol sm menthol *m*.

mentolado, da adj [cigarros] mentholé(e) ; [jarabe] à la menthe.

mentón sm menton *m*.

mentor sm conseiller *m*.

menú (*pl* **menús**) sm menu *m* ▸ **menú del día** plat du jour ▸ **menú desplegable** INFORM menu déroulant.

menudear ◆ vi se multiplier. ◆ vt **1.** [repetir] multiplier / *menudear las visitas* multiplier les visites **2.** ANDES MÉX vendre au détail.

menudencia sf broutille *f.*
◆ **menudencias** sfpl AM **1.** [de ave] abattis *mpl* **2.** [de res] abats *mpl.*

menudeo sm AM vente *f* au détail.

menudillos smpl [de ave] abattis *mpl.*

menudo, da adj **1.** [pequeño, insignificante] menu(e) **2.** *(delante de sust)* [para enfatizar] : *¡menuda suerte he tenido!* j'ai eu une de ces chances ! / *¡menudo lío!* tu parles d'un pétrin ! / *¡menudo artista!* quel grand artiste ! ◆ **a menudo** loc adv souvent.

meñique sm ⟶ **dedo.**

meollo sm cœur *m* / *el meollo del asunto* le cœur du problème.

meón, ona sm, f *fam* [que mea] pisseur *m*, -euse *f.*

mequetrefe smf *fam* minable *mf.*

mercachifle smf *despec* [comerciante] marchand *m* de tapis / *ese deportista es un mercachifle* ce sportif joue pour l'argent.

mercadear vi commercer.

mercader smf marchand *m*, -e *f.*

mercadería sf marchandise *f.*

mercadillo sm petit marché *m* aux puces.

mercado sm marché *m* ▸ **mercado de abastos** marché couvert, halles ▸ **mercado alcista** marché orienté à la hausse o haussier ▸ **mercado bajista** marché orienté à la baisse o baissier ▸ **mercado bursátil** marché financier ▸ **mercado común** marché commun ▸ **mercado de capitales** marché des capitaux ▸ **mercado de divisas** marché des changes ▸ **mercado de fichajes** FÚT mercato *m* ▸ **mercado de futuros** marché à terme ▸ **mercado de trabajo** marché du travail ▸ **mercado de valores** marché des valeurs ▸ **mercado interbancario** marché interbancaire ▸ **mercado laboral** marché du travail o de l'emploi ▸ **mercado libre** marché libre ▸ **mercado negro** marché noir.

mercadología sf mercatique *f.*

mercadotecnia sf mercatique *f.*

mercancía sf marchandise *f.*

mercante adj marchand(e).

mercantil adj commercial(e).

mercantilismo sm mercantilisme *m.*

mercantilista ◆ adj **1.** [política, ideas] mercantiliste **2.** [abogado] spécialisé(e) en droit commercial. ◆ smf [partidario del mercantilismo] mercantiliste *mf.*

mercantilizar [13] vt ▸ **mercantilizarlo todo** tout ramener à l'argent.

merced sf *desus* grâce *f (faveur)* ▸ **merced a** grâce à ▸ **a la merced de** à la merci de.

mercenario, ria ◆ adj mercenaire. ◆ sm, f mercenaire *m.*

mercería sf mercerie *f.*

merchandising sm COM [técnica] merchandising *m* ; [productos] produits *mpl* promotionnels.

Mercosur sm Mercosur *m.*

mercromina® sf Mercurochrome® *m.*

mercurio sm mercure *m.*

Mercurio npr Mercure.

mercurocromo® sm Mercurochrome® *m.*

merecedor, ra adj méritant(e) ▸ **ser merecedor de algo** mériter qqch.

merecer [30] ◆ vt mériter ▸ **merece la pena...** ça vaut la peine de.... ◆ vi faire reconnaître ses mérites.

merecido sm : *recibirá su merecido* il aura ce qu'il mérite *(punition).*

merendar [19] ◆ vi goûter *(l'après-midi).* ◆ vt ▸ **merendar algo** a) [bebida] boire qqch au goûter b) [comida] manger qqch au goûter.
◆ **merendarse** vprnl *fam* ▸ **merendarse a alguien / algo** ne faire qu'une bouchée de qqn / de qqch.

merendero sm buvette *f.*

merendola sf ESP *fam* goûter *m inv.*

merengue ◆ sm **1.** CULIN meringue *f* **2.** [baile] merengue *m.* ◆ smf *fam* DEP *supporter du football-club du Real Madrid.*

meretriz sf péripatéticienne *f.*

merezca ⟶ **merecer.**

meridiano, na adj **1.** [gen] méridien(enne) ; [exposición] au midi **2.** *fig* [claro] ▸ **una verdad meridiana** une vérité éclatante. ◆ **meridiano** sm méridien *m.*

meridional adj & smf méridional(e).

merienda ◆ sf goûter *m* ▸ **merienda de negros** ESP *fig* foire, pagaille. ◆ v ⟶ **merendar.**

mérito sm mérite *m* ▸ **de mérito** de valeur ▸ **hacer méritos para** tout faire pour.

meritorio, ria ◆ adj méritoire. ◆ sm, f stagiaire *mf.*

merluzo, za adj & sm, f ESP *fam* [persona] crétin(e), abruti(e). ◆ **merluza** sf **1.** [pez] merlu *m*, colin *m* **2.** *fam* [borrachera] cuite *f.*

merma sf diminution *f.*

mermar ◆ vi diminuer. ◆ vt réduire ; [fortuna] entamer.

mermelada sf confiture *f.*

mero, ra adj *(delante de sust)* **1.** [simple] seul(e) / *el mero hecho de...* le simple fait de... / *por mero placer* par pur plaisir ▸ **eso mero** AM c'est ça **2.** CAM MÉX *fam* [mismo] : *¿es usted? — yo mero* c'est vous ? — moi-même. ◆ **mero** ◆ sm [pez] mérou *m.* ◆ adv CAM MÉX *fam* **1.** [exactamente] juste / *nos vemos en el cine, ahí mero* on se retrouve juste devant le cinéma **2.** [casi] : *mero me caigo* j'ai failli tomber.

merodeador, ra sm, f rôdeur *m*, -euse *f.*

merodear vi rôder.

merovingio, gia ◆ adj mérovingien(enne). ◆ sm, f Mérovingien *m*, -enne *f.*

mes sm mois *m* ▸ **tener el mes** *fig* avoir ses règles.

mesa sf table *f* ▸ **bendecir la mesa** bénir le repas ▸ **poner / quitar la mesa** mettre / débarrasser la table ▸ **mesa camilla** *petite table ronde équipée d'un brasero* ▸ **mesa de despacho** o **oficina** bureau *m* ▸ **mesa de edad** *collège électoral réduit appelé à élire un maire ou un chef de gouvernement, comprenant entre autres le membre le plus jeune et le membre le plus âgé du collège entier* ▸ **mesa de mezclas** table de mixage ▸ **mesa (de) nido** tables gigognes ▸ **mesa de operaciones** table d'opération ▸ **mesa directiva** conseil *m* d'administration ▸ **vivir a mesa puesta** vivre comme un coq en pâte. ◆ **mesa electoral** sf bureau *m* de vote. ◆ **mesa redonda** sf [coloquio] table *f* ronde.

mesada sf **1.** AM [pago mensual] mois *m*, mensualité *f* **2.** RP [para adolescentes] argent *m* de poche.

mesana sf **1.** [mástil] artimon *m* **2.** [vela] voile *f* d'artimon.

mescalina sf mescaline *f*.

mescolanza = **mezcolanza**.

mesero, ra sm, f AM [camarero] serveur *m*, -euse *f*.

meseta sf GEOGR plateau *m*.

mesetario, ria adj de la Meseta, du plateau de Castille.

mesiánico, ca adj messianique.

mesianismo sm **1.** RELIG messianisme *m* **2.** *fig* [en una persona] confiance *f* aveugle.

mesías sm messie *m*.
◆ **Mesías** sm ▸ **el Mesías** le Messie.

mesilla sf petite table *f* ▸ **mesilla de noche** table de nuit.

mesita sf petite table *f*.

mesnada sf MIL compagnie *f* de gens d'armes.

mesocracia sf [gobierno] régime *m* bourgeois.

mesolítico, ca adj mésolithique.
◆ **mesolítico** sm mésolithique *m*.

mesón sm auberge *f*.

mesonero, ra sm, f ESP aubergiste *mf*.

Mesopotamia npr Mésopotamie *f*.

mesozoico, ca adj mésozoïque.
◆ **mesozoico** sm mésozoïque.

mester sm *desus* [oficio] métier *m*.

mestizaje sm métissage *m*.

mestizo, za ❖ adj métis(isse) ; [animal, planta] hybride. ❖ sm, f métis *m*, -isse *f* ; [animal, planta] hybride *m*.

mesura sf mesure *f* ▸ **con mesura** [moderación] avec mesure.

mesurado, da adj mesuré(e).

mesurar vt [moderar] modérer.
◆ **mesurarse** vprnl se modérer.

meta sf **1.** [gen] but *m* ▸ **fijarse una meta** se fixer un but **2.** DEP [llegada] ligne *f* d'arrivée ▸ **meta volante** [en ciclismo] sprint *m* intermédiaire.

metabólico, ca adj métabolique.

metabolismo sm métabolisme *m*.

metabolizar vt métaboliser.

metacarpo sm ANAT métacarpe *m*.

metacrilato sm méthacrylate *m*.

metadona sf méthadone *f*.

metafísico, ca ❖ adj métaphysique / *unos problemas metafísicos fig* des problèmes métaphysiques. ❖ sm, f métaphysicien *m*, -enne *f*.
◆ **metafísica** sf métaphysique *f*.

metáfora sf métaphore *f*.

metafórico, ca adj métaphorique.

metal sm **1.** [material] métal *m* ▸ **metal blanco** métal blanc ▸ **metales preciosos** métaux précieux **2.** MÚS cuivres *mpl*.

metalenguaje sm métalangage *m*.

metálico, ca adj métallique.
◆ **metálico** sm ▸ **pagar en metálico** payer en liquide.

metalizado, da adj métallisé(e).

metalizar [13] vt métalliser.

metalurgia sf métallurgie *f*.

metalúrgico, ca ❖ adj métallurgique. ❖ sm, f métallurgiste *m*.

metamórfico, ca adj métamorphique.

metamorfismo sm métamorphisme *m*.

metamorfosis sf inv métamorphose *f*.

metano sm méthane *m*.

metanol sm méthanol *m*.

metástasis sf inv métastase *f*.

metatarso sm métatarse *m*.

metedura ◆ **metedura de pata** sf *fam* gaffe *f*.

meteórico, ca adj **1.** [de un meteoro] météorique **2.** *fig* [rápido] fulgurant(e).

meteorito sm météorite *f*.

meteoro sm météore *m*.

meteorología sf météorologie *f*.

meteorológico, ca adj météorologique.

meteorólogo, ga sm, f météorologue *mf*.

metepatas adj inv & smf inv *fam* gaffeur(euse).

meter

❖ vt

1. [gen] mettre ▸ **meter algo / a alguien en algo** mettre qqch / qqn dans qqch / *meter la llave en la cerradura* mettre la clef dans la serrure / *meter dinero en el banco* mettre de l'argent à la banque / *¡en menudo lío nos ha metido!* il nous a mis dans un beau pétrin ! / *lo metieron en la cárcel* on l'a mis en prison

2. [hacer participar] *me metió en la asociación* il m'a fait entrer dans l'association

3. [causar] *¡no me metas prisa!* ne me bouscule pas ! / *meter miedo a alguien* faire peur à qqn / *no metáis tanto ruido* ne faites pas tant de bruit

4. [obligar] ▸ **meter a alguien a hacer algo** obliger qqn à faire qqch
5. [estrechar - prenda] resserrer / *meter el bajo de una falda* raccourcir une jupe
6. *fam* [decir] *nos metió el mismo rollo* il nous a sorti le même baratin
7. *fam* [imponer] *le han metido diez años de cárcel* il en a pris pour dix ans
8. *fam* [asestar] flanquer / *le metió un puñetazo* il lui a flanqué un coup de poing
9. *fam* [echar] *meter una bronca a alguien* engueuler qqn
10. *fam* [hacer creer] faire avaler
11. EXPR **a todo meter** à fond
◆ **meterse** vprnl **1.** [ponerse] se mettre / *no sabía dónde meterme* je ne savais plus où me mettre / *me metí en la cama a las diez* je me suis mis au lit à dix heures **2.** [entrar] entrer / *se metió en el cine* il entra dans le cinéma **3.** *(en frase interrogativa)* [estar] passer / *¿dónde se ha metido?* où est-il passé ? **4.** [dedicarse a] ▸ **meterse a** devenir / *se metió a periodista* il est devenu journaliste **5.** [entrometerse] ▸ **meterse en** se mêler de / *¡no te metas (por medio)!* mêle-toi de ce qui te regarde ! ▸ **meterse en todo** se mêler de tout **6.** [empezar] ▸ **meterse a hacer algo** se mettre à faire qqch **7.** ▸ **meterse con alguien a)** [atacar] s'en prendre à qqn **b)** [incordiar] taquiner qqn.

meterete smf RP *fam* touche-à-tout *mf inv*, fouineur *m*, -euse *f*.

metete smf CAM ANDES *fam* touche-à-tout *mf inv*.

meticón, ona adj & sm, f *fam* fouineur(euse).

meticulosidad sf méticulosité *f*.

meticuloso, sa adj méticuleux(euse).

metido, da adj **1.** [envuelto] ▸ **andar o estar metido en a)** [asuntos] être mêlé à **b)** [trabajo] être pris par **2.** [abundante] ▸ **metido en años** d'un âge avancé ▸ **metido en carnes** bien en chair **3.** AM *fam* [entrometido] indiscret(ète) **4.** RP *fam* [enamorado] amoureux(euse). ◆ **metida** sf AM *fam* ▸ **metida de pata** gaffe *f*, boulette *f*.

metódico, ca adj méthodique.

metodismo sm méthodisme *m*.

metodista adj & smf méthodiste.

metodizar [13] vt organiser de façon méthodique.

método sm méthode *f*.

metodología sf méthodologie *f*.

metodológico, ca adj méthodologique.

metomentodo smf *fam* ▸ **ser un metomentodo** fourrer son nez partout.

metonimia sf métonymie *f*.

metraje sm **1.** CINE métrage *m* **2.** RP [extensión] surface *f*.

metralla sf mitraille *f*.

metralleta sf mitraillette *f*.

métrico, ca adj métrique ▸ **una cinta métrica** un mètre à ruban. ◆ **métrica** sf métrique *f*.

metro sm **1.** [gen] mètre *m* ▸ **metro cuadrado / cúbico** mètre carré / cube ▸ **metro por segundo** mètre par seconde **2.** [transporte] métro *m*.

metrópoli, metrópolis sf métropole *f*.

metropolitano, na adj métropolitain(e) ▸ **los intereses metropolitanos** les intérêts de la métropole. ◆ **metropolitano** sm *desus* métropolitain *m*.

Mex. *abr de* **México**.

mexicanismo, mejicanismo sm [vocablo, giro] mexicanisme *m*.

mexicano, na, mejicano, na ❖ adj mexicain(e). ❖ sm, f Mexicain *m*, -e *f*.

México, Méjico npr Mexique *m* ▸ **México (distrito federal)** Mexico (DF).

meza → **mecer**.

mezanín, mezanine sm CAM COL MÉX entresol *m*.

mezanine = **mezanín**.

mezcla sf **1.** [gen] mélange *m* **2.** [de sonido] mixage *m*.

mezclador, ra sm, f [persona] ingénieur *m* du son. ◆ **mezclador** sm [aparato] mélangeur *m* ▸ **mezclador de imagen** mélangeur d'image ▸ **mezclador de sonido** mélangeur de son.

mezclar vt **1.** [gen] ▸ **mezclar (con)** mélanger (à) **2.** *fig* [implicar] ▸ **mezclar a alguien en algo** mêler qqn à qqch. ◆ **mezclarse** vprnl **1.** [gen] ▸ **mezclarse con o entre** se mêler à **2.** [intervenir] ▸ **mezclarse en** se mêler de **3.** [combinarse] ▸ **mezclarse (con)** se mélanger (à).

mezclilla sf **1.** [tela] étoffe *f* chinée **2.** CHILE MÉX [tela vaquera] denim *m* / *pantalones de mezclilla* jean.

mezcolanza, mescolanza sf *fam* méli-mélo *m*.

mezquindad sf mesquinerie *f*.

mezquino, na adj mesquin(e). ◆ **mezquino** sm MÉX verrue *f*.

mezquita sf mosquée *f*.

mg (*abr escrita de* **miligramo**) mg.

Mhz (*abr de* **megahercio**) sm Mhz *m*.

mi[1] sm MÚS mi *m*.

mi[2] (*pl* **mis**) adj poses mon, ma / *mis libros* mes livres.

mí pron pers *(detrás de prep)* moi / *no se fía de mí* il n'a pas confiance en moi / *¡a mí!, ¡me estoy ahogando!* à moi !, je me noie ! ▸ **¡a mí qué!** et alors ! ▸ **para mí que...** [yo creo que] à mon avis / *para mí que no viene* je pense qu'il ne viendra pas ▸ **por mí** s'il ne tient qu'à moi / *por mí no hay inconveniente* en ce qui me concerne, je n'y vois pas d'inconvénient.

mía → **mío**.

miaja sf miette *f*.

miasma sm *(gen pl)* miasme *m*.

miau sm miaou *m*.

mica sf GEOL mica *m* ; MÉX [plástico] feuille *f* de plastique.

micción sf miction *f*.

micénico, ca adj mycénien(enne).

michelines smpl *fam* bourrelets *mpl*.

mico sm **1.** [mono] ouistiti *m* **2.** *fam* [persona] macaque *m* **3.** EXPR **ser el último mico** *fam* être la cinquième roue du carrosse.

micología sf mycologie *f*.

micosis sf inv mycose *f*.

micra sf micron *m*.

micrero, ra sm, f AM conducteur *m*, -trice *f* de minibus.

micro sm **1.** *fam* [micrófono] micro *m* **2.** ARG BOL CHILE [autobús] bus *m*.

microbiano, na adj microbien(enne).

microbio sm microbe *m*.

microbiología sf microbiologie *f*.

microbús sf **1.** [autobús] minibus *m* **2.** MÉX [taxi] taxi *m*.

microcentro sm RP centre *m* d'affaires.

microchip sm INFORM puce *f*.

microcirugía sf microchirurgie *f*.

microclima sm microclimat *m*.

microcomputador sm AM INFORM micro-ordinateur *m*.

microcomputadora sf INFORM micro-ordinateur *m*.

microcosmos sm inv microcosme *m*.

microcrédito sm ECON microcrédit *m*.

microeconomía sf microéconomie *f*.

microelectrónica sf microélectronique *f*.

microficha sf microfiche *f*.

microfilm (*pl* **microfilms**), **microfilme** sm microfilm *m*.

micrófono sm microphone *m* ▸ **micrófono inalámbrico** micro *m* sans fil.

microfotografía sf microphotographie *f*.

microinfarto sm MED micro-infarctus *m*.

microinformática sf micro-informatique *f*.

micrón sm micron *m*.

Micronesia npr Micronésie *f*.

microonda sf micro-onde *f*.

microondas sm inv micro-ondes *m inv*.

microordenador sm ESP INFORM micro-ordinateur *m*.

microorganismo sm micro-organisme *m*.

microprocesador sm microprocesseur *m*.

microscópico, ca adj microscopique.

microscopio sm microscope *m*.

microsurco sm microsillon *m*.

mida ⟶ **medir**.

midiera ⟶ **medir**.

miedica adj & smf ESP *fam* & *despec* froussard(e).

miedo sm peur *f* ▸ **coger miedo (a)** ESP : *desde que se perdió ha cogido miedo a la montaña* depuis qu'il s'est perdu, il a peur de la montagne ▸ **dar miedo** faire peur / *le da miedo la oscuridad* il a peur du noir ▸ **meter miedo** faire peur ▸ **temblar de miedo** trembler de peur ▸ **tener miedo a algo / a hacer algo** [asustarse] avoir peur de qqch / de faire qqch ▸ **tener miedo de** *fig* avoir peur de / *tengo miedo de que se entere* j'ai peur qu'il ne l'apprenne ▸ **de miedo** ESP *fam* [estupendo] super / *pasamos una tarde de miedo* nous avons passé une après-midi formidable ▸ **estar cagado de miedo** *vulg* avoir les jetons ▸ **morirse de miedo** être mort(e) de peur.

miedoso, sa adj & sm, f peureux(euse).

miel sf miel *m* ▸ **miel sobre hojuelas** c'est le fin du fin.

miembro sm membre *m* ▸ **miembros inferiores / superiores** membres inférieurs / supérieurs ▸ **miembro (viril)** membre (viril).

mientes sfpl ▸ **parar mientes en algo** *fig* réfléchir à qqch ▸ **pasar por las mientes** venir à l'esprit / *no se le pasó por las mientes llamarme* ça ne lui est pas venu à l'esprit de m'appeler ▸ **traer a las mientes** *fig* rappeler.

mientras ❖ conj **1.** [al tiempo que] pendant que / *puedo leer mientras escucho música* je peux lire pendant que j'écoute de la musique / *mientras más ando más sudo* plus je marche plus je transpire **2.** [hasta que] ▸ **mientras no se pruebe lo contrario** jusqu'à preuve du contraire / *mientras esté aquí* tant que je serai là **3.** [por el contrario] ▸ **mientras que** alors que.
❖ adv ▸ **mientras (tanto)** pendant ce temps / *arréglate, mientras (tanto), hago las maletas* prépare-toi, pendant ce temps, je fais les valises.

miércoles sm inv **1.** mercredi *m* ▸ **miércoles de ceniza** mercredi des Cendres **2.** EXPR **¡de miércoles!** AM *eufem* de merde ! / *¡qué irresponsable de miércoles!* quel irresponsable de merde ! / *¡hace un frío de miércoles!* ça caille ! *Ver también* **sábado**.

mierda *vulg* ❖ sf **1.** [gen] merde *f* ▸ **de mierda** *mfam* [malo] merdique / *tienes un buga de mierda* ta bagnole est merdique / *esta tele / este perro de mierda* cette saloperie de télé / de chien ▸ **irse a la mierda** **a)** [para rechazar] aller se faire foutre **b)** [arruinarse] partir en couilles ▸ **mandar a la mierda** envoyer se faire foutre **2.** [suciedad] : *hay mucha mierda aquí* c'est franchement dégueulasse ici **3.** ESP *vulg* [borrachera] cuite *f*.
❖ smf fumier *m*.

mies sf moisson *f* ▸ **segar la mies** moissonner.
◆ **mieses** sfpl moissons *fpl*.

miga sf **1.** [de pan] mie *f* **2.** (*gen pl*) [restos] miettes *fpl* **3.** EXPR **tener miga** *fam* [ser difícil] ne pas être de la gnognote. ◆ **migas** sfpl CULIN *pain émietté, imbibé de lait et frit* ▸ **hacer buenas / malas migas** *fam* faire bon / mauvais ménage ▸ **hacerse migas** **a)** *fam* [cosa] être réduit(e) en miettes **b)** [persona] être sur les rotules.

migaja sf **1.** [fragmento] miette *f* **2.** *fig* [pizca] gramme *m* / *no entiendo una migaja de japonés* je ne comprends pas un mot de japonais.
◆ **migajas** sfpl [restos] restes *mpl*.

migala sf ZOOL mygale *f*.

migra sf ▸ **la migra** MÉX *fam & despec* la police des frontières *(des États-Unis)*.

migración sf migration *f*.

migraña sf migraine *f*.

migrar vi migrer.

migratorio, ria adj migratoire / *un ave migratoria* un oiseau migrateur.

mijo ◆ sm, f AM *fam* **1.** [a un hijo] mon ange / *¿por qué lloras, mijo?* pourquoi pleures-tu, mon ange ? **2.** [a un adulto] mon vieux *m*, ma vieille *f* / *¡mira mijo, cállate la boca!* écoute, mon vieux, tu ferais mieux de la fermer ! ◆ sm millet *m*.

mil ◆ adj num **1.** mille ▸ **mil gracias** mille fois merci ▸ **mil excusas** mille excuses ▸ **mil y una / uno** *fig* trente-six mille **2.** EXPR **estar a mil** RP *fam* être complètement débordé. ◆ sm mille *m inv*. *Ver también* **seis.**
◆ **miles** smpl [gran cantidad] milliers *mpl* ▸ **miles de** des milliers de.

milagrero, ra sm, f [embaucador] faiseur *m*, -euse *f* de miracles ; *despec* [ingenuo] ▸ **ser un milagrero** croire aux miracles.

milagro sm miracle *m* ▸ **de milagro** par miracle ▸ **hacer milagros** *fig* faire des miracles.

milagroso, sa adj miraculeux(euse).

milamores sf inv mâche *f*.

milanesa sf CULIN escalope *f* milanaise.

milano sm milan *m*.

milenario, ria adj millénaire.
◆ **milenario** sm millénaire *m*.

milenio sm millénaire *m*.

milésimo, ma adj num millième / *la milésima parte* un millième. ◆ **milésima** sf millième *m*.

mileurista smf *en Espagne, terme qui désigne une personne née entre 1965 et 1985 et dont les revenus n'excèdent pas les 1000 € par mois.*

milhojas sm inv mille-feuille *m (gâteau)*.

mili sf ESP *fam & desus* service *m* militaire.

milibar sm FÍS millibar *m*.

milicia sf **1.** [profesión] carrière *f* des armes **2.** *(gen pl)* [grupo armado] milice *f* ▸ **milicias universitarias** *sous le franquisme, service militaire des étudiants.*

miliciano, na ◆ adj de l'armée. ◆ sm, f milicien *m*, -enne *f*.

milico sm AM *fam & despec* [militar] troufion *m*.

miligramo sm milligramme *m*.

mililitro sm millilitre *m*.

milimetrado, da adj millimétré(e).

milimétrico, ca adj millimétrique.

milímetro sm millimètre *m*.

militancia sf militantisme *m*.

militante ◆ adj militant(e) ; *fig* engagé(e).
◆ smf militant *m*, -e *f*.

militar¹ adj & smf militaire.

militar² vi militer.

militarismo sm militarisme *m*.

militarista adj & smf militariste.

militarización sf militarisation *f*.

militarizar [13] vt militariser.

milla sf ▸ **milla (marina)** mille *m* (marin).

millar sm millier *m* ▸ **millares de** des milliers de.

millardo sm milliard *m*.

millón sm million *m* ▸ **un millón de** a) un million de b) *fig* des milliers de ▸ **un millón de gracias** mille fois merci.
◆ **millones** smpl : *costar / ganar millones* coûter / gagner des millions ▸ **tener millones** être riche à millions.

millonada sf *fam* : *cuesta una millonada* ça coûte une petite fortune.

millonario, ria adj & sm, f millionnaire.

millonésimo, ma adj num millionième ▸ **la millonésima parte** un millionième / *es la millonésima vez que…* c'est la énième fois que….
◆ **millonésima** sf millionième *m*.

milonga sf **1.** [composición] *chanson populaire d'Argentine* **2.** [baile] *danse populaire d'Argentine* **3.** EXPR **llorar la milonga** RP se plaindre.

milonguear vi RP danser.

milonguero, ra adj & sm, f RP noceur(euse).

milpear CAM MÉX ◆ vt [labrar] labourer.
◆ vi [brotar] germer.

mimado, da adj [niño, etc.] gâté(e).

mimar vt gâter.

mimbre sm osier *m*.

mimético, ca adj **1.** [animal, planta] mimétique **2.** [persona] influençable.

mimetismo sm mimétisme *m*.

mimetizar [13] vt imiter.

mímico, ca adj mimique / *un actor mímico* un mime.
◆ **mímica** sf [gestos, señas] geste *m* ; TEATRO mime *m*.

mimo sm **1.** [cariño] câlin *m* / *hacer mimos* faire des câlins **2.** [malcrianza] : *con tanto mimo, este niño está maleducado* on a tellement gâté cet enfant qu'il est mal élevé **3.** TEATRO mime *m* ▸ **hacer mimo** faire du mime.

mimosa sf mimosa *m*.

mimoso, sa adj câlin(e).

min (*abr escrita de* **minuto**) min.

mina sf mine *f* ; *fig* [persona] perle *f* ▸ **mina de oro** *pr & fig* mine d'or.

minar vt miner ▸ **minar la autoridad** saper l'autorité.

minarete sm minaret *m*.

mineral ◆ adj **1.** [de la tierra] minéral(e) **2.** ⟶ **agua.** ◆ sm minerai *m*.

mineralizar [13] vt minéraliser.
◆ **mineralizarse** vprnl être minéralisé(e).

mineralogía sf minéralogie *f*.

minería sf **1.** [técnica] extraction *f* minière **2.** [sector] industrie *f* minière.

minero, ra ❖ adj minier(ère). ❖ sm, f mineur *m*.

mineromedicinal adj : ***agua mineromedicinal*** eau minérale.

minestrone sf minestrone *m*.

minga sf ESP *mfam* [pene] queue *f*.

mini sm *mfam grand verre utilisé pour boire en groupe.*

miniatura sf **1.** [gen] miniature *f* ▸ **en miniatura** en miniature **2.** [reproducción] modèle *m* réduit.

miniaturista smf miniaturiste *mf*.

miniaturizar [13] vt miniaturiser.

minibar sm minibar *m*.

minibásket sm mini-basket *m*.

minicadena sf minichaîne *f*.

minidisc® sm inv MiniDisc® *m*.

minifalda sf minijupe *f*.

minifundio sm *petite exploitation agricole.*

minigolf (*pl* **minigolfs**) sm minigolf *m*.

mínima sf ⟶ **mínimo**.

minimalismo sm MÚS minimalisme *m*.

minimalista adj MÚS minimaliste.

mínimamente adv un tant soit peu.

minimizar [13] vt minimiser.

mínimo, ma ❖ adj [muy pequeño] minime ; [menor] moindre ▸ **la temperatura mínima** la température minimale / ***no tengo la más mínima idea*** je n'en ai pas la moindre idée ▸ **como mínimo** au minimum / ***como mínimo podrías haber...*** tu aurais pu au moins... ▸ **en lo más mínimo** le moins du monde. ❖ superl ⟶ **pequeño.** ◆ **mínima** sf METEOR température *f* minimale. ◆ **mínimo** sm [límite] minimum *m* / ***el mínimo del año*** le niveau le plus bas de l'année ▸ **mínimo común múltiplo** plus petit commun multiple.

minino, na sm, f *fam* minou *m*.

minipímer® sm o sf mixer *m*, mixeur *m*.

miniserie sf mini-série *f*.

ministerial adj ministériel(elle).

ministerio sm ministère *m* / ***trabajar en un ministerio*** travailler dans un ministère ▸ **ministerio fiscal** o **público** a) ministère public b) [conjunto de magistrados] parquet *m*.
◆ **Ministerio** sm ministère *m* / ***el Ministerio de Asuntos Exteriores*** le ministère des Affaires étrangères ▸ **Ministerio de Finanzas** AM ≃ Ministère de l'Économie, des Finances et de l'Industrie ▸ **Ministerio de Relaciones Exteriores** AM ≃ Ministère des Affaires étrangères.

ministro, tra sm, f ministre *m* / ***el ministro de Asuntos Exteriores*** le ministre des Affaires étrangères ▸ **ministro de Dios** ministre du culte ▸ **ministro de Finanzas** AM ≃ ministre des Finances ▸ **Ministro de Relaciones Exteriores** AM ≃ ministre des Affaires étrangères ▸ **ministro sin cartera** ministre sans portefeuille ▸ **primer ministro** Premier ministre.

miniturismo sm ARG courte excursion *f*.

minivolumen sm AUTO minispace *m*.

minoría sf minorité *f*.

minorista ❖ adj au détail. ❖ smf détaillant *m*, -e *f*.

minoritario, ria adj minoritaire.

mintiera ⟶ **mentir**.

minucia sf [pequeñez] vétille *f* ; [detalle] détail *m* ▸ **reparar en minucias** se perdre dans les détails.

minuciosidad sf minutie *f*.

minucioso, sa adj minutieux(euse).

minué sm menuet *m*.

minuendo sm MAT nombre *m* à diminuer.

minúsculo, la adj minuscule.
◆ **minúscula** sf minuscule *f*.

minusvalía sf **1.** ECON moins-value *f* **2.** [física] handicap *m*.

minusválido, da adj & sm, f handicapé(e) *(physique)*.

minusvalorar vt sous-estimer.

minuta sf **1.** [factura] honoraires *mpl* **2.** [menú] carte *f*.

minutar vt minuter.

minutero sm aiguille *f* des minutes.

minuto sm minute *f* / ***me lo entregó al minuto de habérselo pedido*** il me l'a rendu juste après que je le lui ai demandé.

mío, mía (*mpl* **míos**, *fpl* **mías**) ❖ adj poses à moi / ***este libro es mío*** ce livre est à moi / ***un amigo mío*** un de mes amis / ***no es asunto mío*** ça ne me regarde pas / ***no es culpa mía*** ce n'est pas (de) ma faute. ❖ pron poses **1.** *(detrás de art det)* ▸ **el mío** le mien / ***la mía*** la mienne / ***aquí guardo lo mío*** c'est là que je range mes affaires **2.** EXPR **ésta es la mía** *fam* à moi de jouer ▸ **lo mío es el teatro** *fam* mon truc c'est le théâtre ▸ **los míos** [mi familia] les miens.

miocardio sm myocarde *m*.

miope adj & smf myope.

miopía sf myopie *f*.

MIR (*abr de* **médico interno y residente**) sm *concours espagnol permettant d'obtenir le titre d'interne des hôpitaux.*

mira sf mire *f* ▸ **con miras a** *fig* en vue de ▸ **tener altas miras** viser haut.

mirado, da adj [prudente] réfléchi(e) ▸ **ser mirado en algo** faire attention à qqch ▸ **bien mirado** tout bien considéré.
◆ **mirada** sf regard *m* ▸ **apartar la mirada** détourner les yeux ▸ **dirigir** o **lanzar la mirada** jeter un regard / ***sin dirigirle la mirada*** sans même lui jeter un regard ▸ **echar una mirada** jeter un coup d'œil ▸ **fulminar con la mirada** foudroyer du regard ▸ **levantar la mirada** lever les yeux.

mirador sm **1.** [balcón] bow-window *m* **2.** [para ver un paisaje] belvédère *m*.

miramiento sm égard *m* ▸ **sin miramientos** sans égards.

mirar ❖ vt **1.** [gen] regarder ▸ **¡mira!** regarde ! ▸ **mirar de cerca / de lejos** regarder de près / de loin ▸ **mirar algo por encima** *fig* jeter un coup d'œil à qqch ▸ **de mírame y no me toques** très fragile ▸ **mirar de arriba abajo** regarder de haut en bas ▸ **mirar feo** AM : *siempre miraba feo a mis amigos* il regardait toujours mes amis méchamment ▸ **si bien se mira** *fig* si l'on y regarde de près **2.** [considerar] penser / *mira bien lo que haces* fais attention à ce que tu fais / *mira si vale la pena* vois si cela vaut la peine ▸ **mirar bien / mal a alguien** penser du bien / du mal de qqn **3.** *(en imperativo)* [explicación] : *mira, yo creo que...* écoute, je crois que... ▸ **mira, mira** [sorpresa] tiens, tiens. ❖ vi **1.** [gen] regarder **2.** [orientarse] ▸ **mirar a a)** [norte, sur, etc.] être orienté(e) au **b)** [calle, patio, etc.] donner sur **3.** [cuidar] ▸ **mirar por alguien / por algo** veiller sur qqn / à qqch **4.** EXPR **¡mira por dónde!** ESP ça alors ! ◆ **mirarse** vprnl se regarder.

miríada sf myriade *f.*

mirilla sf judas *m (de porte).*

mirlo sm merle *m.*

mirón, ona ❖ adj *fam* curieux(euse) / *un tío mirón* un voyeur. ❖ sm, f [voyeur] voyeur *m,* -euse *f* ; [curioso] curieux *m,* -euse *f* ; [en la calle] badaud *m,* -e *f.*

mirra sf **1.** [resina vegetal] myrrhe *f* **2.** VEN [migaja] miette *f.*

mirto sm myrte *m.*

misa sf messe *f* ▸ **cantar / decir misa** chanter / dire la messe ▸ **oír o ir a misa** aller à la messe ▸ **misa cantada** messe chantée ▸ **misa de campaña** messe en plein air ▸ **misa de difuntos** messe des morts ▸ **misa del gallo** messe de minuit ▸ **misa mayor** grand-messe ▸ **esto va a misa** *fam* & *fig* c'est tout vu ▸ **no sabe de la misa la mitad** *fam* & *fig* il n'en sait rien de rien.

misal sm **1.** [de fiel] missel *m* **2.** [del sacerdote] bréviaire *m.*

misantropía sf misanthropie *f.*

misántropo, pa sm, f misanthrope *mf.*

miscelánea sf **1.** [mezcla diversa] mélange *m* **2.** MÉX [tienda] épicerie *f.*

miserable ❖ adj misérable / *una cantidad miserable* une misère / *un sueldo miserable* un salaire de misère. ❖ smf **1.** [tacaño] avare *mf* **2.** [ruin] misérable *mf.*

miseria sf **1.** [gen] misère *f* ▸ **llorar miseria** CSUR *fam* pleurer misère **2.** [tacañería] avarice *f* **3.** EXPR **a la miseria** RP *fam* mal en point.

misericordia sf miséricorde *f* ▸ **pedir misericordia** demander miséricorde.

misericordioso, sa adj miséricordieux(euse).

mísero, ra adj [pobre] misérable / *no nos ofreció ni un mísero café* il ne nous a même pas offert un malheureux café.

misil sm missile *m.*

misión sf mission *f.* ◆ **misiones** sfpl RELIG missions *fpl.*

misionero, ra adj & sm, f missionnaire.

misiva sf *culto* missive *f.*

mismísimo, ma adj superl *fam* en personne / *el mismísimo gobernador* le gouverneur en personne.

mismo, ma

❖ adj

même / *el mismo piso* le même appartement / *del mismo color* de la même couleur / *en este mismo cuarto* dans cette même chambre / *en su misma calle* dans sa propre rue / *el rey mismo* le roi lui-même ▸ **mí / ti etc. mismo** moi- / toi- etc. même ▸ **¡tú mismo!** à toi de voir !

❖ pron

▸ **el mismo** le même / *se prohibe la entrada al edificio al personal ajeno al mismo* accès interdit aux personnes étrangères à l'établissement ▸ **lo mismo (que)** la même chose (que) ▸ **dar o ser lo mismo** être du pareil au même / *me da lo mismo* cela m'est égal / *estamos en las mismas fig* on n'est pas plus avancés ▸ **estar o volver a las mismas** *fig* en être au même point

◆ **mismo** ❖ adv *(detrás de sust)* : *hoy mismo* aujourd'hui même / *ayer mismo me dijo que se iba* il m'a justement dit hier qu'il s'en allait / *lo vi desde mi casa misma* je l'ai vu de ma propre maison ▸ **ahora mismo** tout de suite / *encima / detrás mismo* juste au-dessus / derrière ▸ **mañana mismo** dès demain. ❖ pron MÉX [el cual] : *enviamos un paquete a su oficina, mismo que no ha llegado* nous avons envoyé un colis à votre bureau mais celui-ci n'est pas arrivé.

misoginia sf misogynie *f.*

misógino, na adj & sm, f misogyne.

miss sf miss *f* / *Miss España* Miss Espagne.

míster *(pl* **misters***)* sm DEP entraîneur *m.*

misterio sm mystère *m* / *llevar algo con mucho misterio* faire beaucoup de mystère autour de qqch.

misterioso, sa adj mystérieux(euse).

mística sf ⟶ **místico**.

misticismo sm mysticisme *m.*

místico, ca adj & sm, f mystique. ◆ **mística** sf mystique *f.*

mistificación sf mystification *f.*

mistificar [10], **mixtificar** vt [persona] mystifier ; [historia, realidad] fausser.

mitad sf **1.** [gen] moitié *f* / *la mitad del tiempo no está* la moitié du temps il n'est pas là / *a mitad de precio* à moitié prix / *a mitad del camino* à mi-chemin / *mitad hombre, mitad animal* mi-homme, mi-bête ▸ **cortar / partir por la mitad** couper / partager en deux ▸ **mitad y mitad** moitié moitié **2.** [medio] milieu *m* / *en mitad de la reunión* au milieu de la réunion.

mítico, ca adj mythique.

mitificar [10] vt mythifier ; *fig* idéaliser.

mitigador, ra adj apaisant(e).

mitigar [16] vt [dolor, ansiedad] calmer.

mitin (*pl* **mítines**) sm meeting *m*.

mito sm **1.** [gen] mythe *m* ▸ **¡es puro mito!** c'est un mythe ! / *es un mito que se ha creado* c'est une invention de toutes pièces **2.** [personaje - fabuloso] personnage *m* mythique ; [- famoso] figure *f* / *un mito de la Historia* une figure de l'Histoire.

mitología sf mythologie *f*.

mitológico, ca adj mythologique / *un personaje mitológico romano* un personnage de la mythologie romaine.

mitomanía sf mythomanie *f*.

mitómano, na adj & sm, f mythomane.

mitón sm **1.** [guante] mitaine *f* **2.** RP [manopla] moufle *f*.

mitote sm MÉX *fam* **1.** [baile] *danse aztèque exécutée avant les semailles et avant la récolte* **2.** [pendencia] querelle *f*.

mitra sf **1.** [tocado] mitre *f* **2.** [cargo] prélature *f*.

MITYC (*abr de* **Ministerio de Industria, Turismo y Comercio**) sm *ministère espagnol de l'Industrie, du Tourisme et du Commerce*.

mix [miks] sm inv [fragmento de música] mix *m inv*.

mixtificar [10] = **mistificar**.

mixto, ta adj mixte.

mixtura sf mélange *m* ; [farmacéutica] mixture *f*.

mízcalo, níscalo sm lactaire *m* délicieux.

mjr SMS *abr escrita de* **mejor**.

ml (*abr escrita de* **mililitro**) ml.

mm (*abr escrita de* **milímetro**) mm.

MMS (*abr de* **Multimedia Messaging Service**) sm MMS *m*.

m /n (*abr escrita de* **moneda nacional**) *monnaie nationale*.

mnemónico, ca, nemónico, ca adj mnémonique.

mnemotecnia, nemotecnia sf mnémotechnique *f*.

mnemotécnico, ca, nemotécnico, ca adj mnémotechnique.

mñn (*abr escrita de* **mañana**) SMS 2m1 *(demain)*.

moaré = **muaré**.

mobbing ['moβin] sm harcèlement *m* moral.

mobiliario sm mobilier *m*.

moca sf moka *m*.

mocasín sm mocassin *m*.

mocedad sf jeunesse *f*.

mocetón, ona sm, f beau garçon *m*, belle plante *f*.

moche sm ⟶ **troche**.

mochila sf sac *m* à dos.

mochilero, ra sm, f *fam* routard *m*, -e *f*.

mocho, cha adj **1.** [punta] émoussé(e) ; [árbol] étêté(e) ; [animal] écorné(e) **2.** RP VEN *fam* [mutilado] mutilé(e) / *la pata de la silla está mocha* la chaise est bancale **3.** RP VEN *fam* [corto] trop court(e) **4.** MÉX *fam* & *despec* [conservador] conservateur *m*, -trice *f*, sainte-nitouche *f* **5.** MÉX *fam* & *despec* [beato] réac *mf*.
◆ **mocho** sm [fregona] balai-serpillière *m*.

mochuelo sm **1.** [ave] hibou *m* **2.** *fam* [trabajo] corvée *f* ▸ **cargar con el mochuelo** se taper le sale boulot.

moción sf **1.** [proposición] motion *f* ▸ **moción de censura** motion de censure **2.** [acción] mouvement *m*.

mocionar vt AM ▸ **mocionar una propuesta** faire une proposition.

moco sm morve *f* ▸ **limpiarse los mocos** se moucher ▸ **tener mocos** avoir le nez qui coule ▸ **llorar a moco tendido** *fam* & *fig* pleurer toutes les larmes de son corps ▸ **no ser moco de pavo** *fam* & *fig* ne pas être de la tarte ▸ **tirarse el moco** ESP rouler des mécaniques, frimer.

mocoso, sa ◈ adj ▸ **estar mocoso** avoir le nez qui coule. ◈ sm, f *fam* & *despec* morveux *m*, -euse *f*.

moda sf mode *f* ▸ **estar de moda** être à la mode ▸ **estar pasado de moda** être démodé ▸ **ir a la (última) moda** s'habiller à la dernière mode.

modal adj modal(e).
◆ **modales** smpl manières *fpl* ▸ **tener buenos / malos modales** avoir de bonnes/mauvaises manières.

modalidad sf [tipo] forme *f* ▸ **modalidad de pago** modalité *f* de paiement.

modelado sm modelage *m*.

modelar vt **1.** [figura, adorno] modeler **2.** *fig* [carácter] former **3.** AM être mannequin.

modélico, ca adj modèle.

modelismo sm modélisme *m*.

modelo ◈ adj modèle. ◈ sm modèle *m* ▸ **modelo económico** modèle économique. ◈ smf **1.** [de artista] modèle *m* **2.** [de moda, publicidad] mannequin *m*.

módem ['modem] (*pl* **modems**) sm modem *m*.

moderación sf modération *f*.

moderado, da adj & sm, f modéré(e).

moderador, ra ◈ adj modérateur(trice). ◈ sm, f [de debate, reunión] animateur *m*, -trice *f*.

moderar vt **1.** [velocidad, aspiraciones, etc.] modérer **2.** [debate, reunión] animer.
◆ **moderarse** vprnl se modérer ▸ **moderarse en las palabras** faire attention à son langage.

modernidad sf modernité *f*.

modernismo sm **1.** [gen & LITER] modernisme *m* **2.** ARQUIT & ARTE modern style *m inv* ; ≃ Art *m* nouveau.

modernista ◈ adj **1.** LITER moderniste **2.** ARQUIT modern style. ◈ smf **1.** LITER moderniste *mf* **2.** ARQUIT artiste *mf* modern style.

modernización sf modernisation *f*.

modernizar [13] vt moderniser.
◆ **modernizarse** vprnl se moderniser.

moderno, na ◈ adj moderne. ◈ sm, f *fam* branché *m*, -e *f*.

modestia sf modestie *f* ▸ **vivir con modestia** vivre chichement ▸ **falsa modestia** fausse modestie.

modesto, ta ◈ adj modeste. ◈ sm, f ▸ **los modestos** les gens modestes.

módico, ca adj modique.

modificación sf modification *f*.

modificar [10] vt modifier.

modismo sm idiotisme *m*.

modista smf **1.** [que diseña] couturier *m* **2.** [que cose] tailleur *m*, couturière *f*.

modisto sm **1.** [diseñador] couturier *m* **2.** [que cose] tailleur *m*.

modo sm **1.** [gen] façon *f*, manière *f* / *el modo que tienes de comer* ta façon de manger / *hazlo del modo que quieras* fais-le comme tu veux ▸ **a modo de** [a manera de] en guise de ▸ **al modo de** à la manière de ▸ **de todos modos** de toute façon o manière ▸ **en cierto modo** d'une certaine façon o manière ▸ **de modo que** a) [de manera que] de façon que b) [así que] alors / *lo hizo de modo que...* il a fait en sorte que... ▸ **ni modo** AM impossible / *¿llegaremos a tiempo? — ni modo* serons-nous à l'heure ? — impossible **2.** [estilo & GRAM] mode *m* ▸ **modo adverbial** locution *f* adverbiale ▸ **modo de empleo** mode d'emploi ▸ **modo de vida** mode de vie. ◆ **modos** smpl manières *fpl* ▸ **buenos / malos modos** bonnes / mauvaises manières.

modorra sf *fam* : *me entra la modorra* je ferais bien un petit somme.

modoso, sa adj sage.

modulación sf modulation *f* ▸ **modulación de frecuencia** modulation de fréquence.

modulador, ra adj modulateur(trice). ◆ **modulador** sm RADIO & TV modulateur *m*.

modular[1] ◈ adj modulaire. ◈ sm RP **1.** [sofá] canapé *m* modulaire **2.** [pieza de sofá] module *m*.

modular[2] vt moduler.

módulo sm module *m*.

modus operandi sm manière *f* de procéder.

modus vivendi sm modus vivendi *m inv*.

mofa sf moquerie *f* ▸ **hacer mofa de algo / alguien** tourner qqch / qqn en dérision.

mofarse vprnl ▸ **mofarsese (de)** se moquer (de), bafouer.

mofeta sf ZOOL mouffette *f*, mofette *f*.

moflete sm grosse joue *f*.

mofletudo, da adj joufflu(e).

mogol, la = **mongol**.

mogollón ◈ sm ESP *fam* **1.** [muchos] tas *m* / *llegaron mogollón* des tas de gens sont arrivés **2.** [lío] pagaille *f* / *se metió en el mogollón* il s'est lancé dans la pagaille. ◈ adv ESP *fam* vachement / *me gusta mogollón* ça me plaît vachement ▸ **(un) mogollón de** un tas de / *hay mogollones de bares* il y a des tas de bars.

mohair [mo'er] sm mohair *m*.

mohín sm moue *f*.

moho sm **1.** [hongo] moisi *m* **2.** [herrumbre] rouille *f*.

mohoso, sa adj **1.** [con hongo] moisi(e) **2.** [oxidado] rouillé(e).

moisés sm inv moïse *m*.

mojado, da ◈ adj mouillé(e) ▸ **siempre llueve sobre mojado** *fig* un malheur ne vient jamais seul. ◈ sm, f MÉX *fam* [inmigrante] *immigré entré clandestinement aux États-Unis* / *irse de mojado* passer la frontière clandestinement.

mojama sf *lanières de thon salé et séché*.

mojar vt mouiller ; [pan] tremper. ◆ **mojarse** vprnl se mouiller / *el traje no puede mojarse* ce costume n'est pas lavable.

mojigatería sf **1.** [beatería] pruderie *f* **2.** [falsa humildad] fausseté *f*.

mojigato, ta ◈ adj **1.** [beato] prude **2.** [hipócrita] faux (fausse). ◈ sm, f **1.** [beato] prude *mf* **2.** [hipócrita] petit saint *m*, petite sainte *f*.

mojito sm [cóctel] mojito *m (cocktail à base de rhum, de jus de citron, de sucre et de menthe fraîche)*.

mojón sm borne *f*.

mol sm QUÍM mole *f*.

molar[1] sm molaire *f*.

molar[2] *mfam* ◈ vt brancher / *¿te molaría ir al cine?* ça te brancherait d'aller au ciné ? / *¡cómo me mola ese chico!* ce garçon me plaît vachement ! ◈ vi ESP *mfam* : *salir solo no mola* sortir tout seul, c'est pas marrant / *ese profe mola* ce prof, il déchire, ce prof est trop classe / *¡cómo mola!* c'est super o génial !, ça déchire ! / *¿mola?* c'est cool ?, ça boume ?, ça gaze ? / *me mola mucho esa canción* je kiffe cette chanson / *le mola ese chico* elle kiffe ce garçon ▸ **molar cantidad** o **un mazo** *mfam* être vachement bien, être classe o top.

molcajete sm MÉX CONSTR mortier *m*.

Moldavia npr Moldavie *f*.

moldavo, va ◈ adj moldave. ◈ sm, f Moldave *mf*.

molde sm **1.** moule *m* **2.** EXPR **quedarse en el** o **hacer molde** RP *fam* bien se tenir.

moldeado sm **1.** ESP [de pelo] mise *f* en plis **2.** [de figura, cerámica] moulage *m*.

moldeador, ra ◈ adj qui moule. ◈ sm, f mouleur *m*, -euse *f*.

moldear vt **1.** [con molde] mouler **2.** [escultura, carácter] modeler **3.** [cabello] faire une mise en plis.

moldura sf moulure *f*.

mole[1] sf masse *f*.

mole[2] sm MÉX **1.** [guiso] *plat de viande relevé de piment* ▸ **mole de olla** *ragoût épicé à base de viande* **2.** [salsa] *sauce épaisse et épicée* ▸ **mole poblano** *sauce à base de fruits secs et de chocolat*.

molécula sf molécule *f*.

molecular adj moléculaire.

moler [24] vt **1.** [grano] moudre **2.** *fam* [cansar] crever.

molestar vt **1.** [fastidiar] gêner ; [distraer] déranger / *me molesta hacer…* ça m'ennuie de faire… **2.** [doler] faire mal **3.** [ofender] vexer. ◆ **molestarse** vprnl **1.** [incomodarse] se déranger ▸ **molestarse por alguien / algo** se déranger pour qqn / qqch ▸ **molestarse en hacer algo** prendre la peine de faire qqch **2.** [ofenderse] se vexer.

molestia sf **1.** [incomodidad] gêne *f*, dérangement *m* ▸ **si no es demasiada molestia** si cela ne vous dérange pas trop ▸ **tomarse la molestia de hacer algo** prendre la peine de faire qqch **2.** [malestar] ennui *m*.

molesto, ta adj **1.** [incordiante] ▸ **ser molesto** être gênant **2.** [irritado] ▸ **estar molesto** être fâché **3.** [incómodo] gêné(e).

molestoso, sa CAm ANDES CARIB MÉX *fam* ◆ adj agaçant(e), ennuyeux(euse). ◆ sm, f peste *f*, fléau *m*.

molido, da adj moulu(e) ▸ **estar molido** *fam* être crevé.

molienda sf [acción] mouture *f*.

molinero, ra adj & sm, f meunier(ère).

molinete sm **1.** [ventilador] ventilateur *m* d'extraction **2.** [puerta] tourniquet *m* **3.** [juguete] moulin *m* à vent.

molinillo sm moulin *m (à café)*.

molino sm moulin *m* ▸ **molino de viento** moulin à vent.

molla sf **1.** [parte blanda] chair *f* **2.** [gordura] graisse *f*.

molleja sf [de res] ris *m* ; [de ave] gésier *m*.

mollera sf **1.** *fam* & *fig* [juicio] ▸ **no le cabe en la mollera que…** il n'arrive pas à se mettre dans le crâne que… ▸ **ser duro de mollera** avoir la tête dure **2.** ANAT fontanelle *f*.

molón, ona adj *fam* **1.** ESP [bonito] cool, sympa / *esta música es molona* cette musique est cool / *¡qué cazadora tan molona!* il est classe ce blouson ! **2.** AM [pesado] rasoir, assommant(e).

molote sm **1.** MÉX [tortilla] *galette de maïs garnie d'un hachis* **2.** MÉX [moño] chignon *m* **3.** CAm CARIB MÉX [alboroto] vacarme *m*.

moluscos smpl mollusques *mpl*.

momentáneamente adv [de forma pasajera] momentanément, pour le moment.

momentáneo, a adj momentané(e).

momento sm moment *m* / *no para ni un momento* il n'arrête pas un instant ▸ **a cada momento** tout le temps ▸ **al momento** AM immédiatement / *quiere todo lo que pide al momento* il veut tout tout de suite ▸ **de momento, por el momento** pour le moment ▸ **desde el momento (en) que a)** [tiempo] dès l'instant où **b)** [causa] du moment que ▸ **de un momento a otro** d'un moment à l'autre ▸ **por momentos** progressivement.

momia sf momie *f*.

momificar [10] vt momifier.

monacal adj monacal(e).

Mónaco npr ▸ **(el principado de) Mónaco** (la principauté de) Monaco.

monada sf **1.** [preciosidad] ▸ **es una monada a)** [persona] elle est mignonne **b)** [cosa] c'est mignon **2.** [gracia] pitrerie *f*.

monaguillo sm enfant *m* de chœur.

monarca sm monarque *m*.

monarquía sf monarchie *f* ▸ **monarquía absoluta / constitucional / parlementaria** monarchie absolue / constitutionnelle / parlementaire.

Monarquía española

Les fondateurs de la monarchie espagnole furent, au XVe siècle, les Rois Catholiques : les couronnes d'Aragon et de Castille, et tous les royaumes qui en dépendaient, gardèrent leurs institutions et leurs particularismes, tout en étant réunies au sein de la Couronne. Avec Charles Quint apparaît la maison d'Autriche et un empire à vocation universelle. Philippe II s'adjoint de nouvelles colonies et, en 1580, le Portugal, faisant ainsi de sa monarchie catholique la première de la chrétienté. Au XVIIIe siècle, la politique progressive d'unification administrative menée par la nouvelle dynastie des Bourbons remplace les royaumes par des provinces dotées des mêmes lois. Affaiblie après l'épisode napoléonien, la monarchie reprend de l'influence au cours du XIXe siècle ; il s'agit de la « souveraineté partagée » de la Restauration. Mais les abus de pouvoir d'Alphonse XIII conduisent à l'instauration de la république en 1931. Pendant le franquisme, l'Espagne reste formellement une monarchie. En 1975, Juan Carlos, déjà monarque en titre (désigné par Franco avant sa mort), devient roi de fait et instaure une monarchie constitutionnelle.

monárquico, ca ◆ adj monarchique ; [partidario] monarchiste. ◆ sm, f monarchiste *mf*.

monasterio sm monastère *m*.

monástico, ca adj monastique.

Moncloa npr ▸ **la Moncloa** *résidence du chef du gouvernement espagnol*.

mondadientes sm inv cure-dents *m*.

mondadura sf **1.** [acción] épluchage *m* **2.** [piel] épluchure *f*.

mondar vt éplucher, peler.

◆ **mondarse de** v + prep ESP *fam* : *mondarse de risa* se tordre de rire, être mort de rire.

mondo, da adj ▸ **mondo y lirondo** *fam* pur et simple, clair et net. ◆ **monda** sf [acción] épluchage *m* ; [piel] épluchure *f* ▸ **ser la monda** ESP *mfam* **a)** [ser el colmo] être super **b)** [ser gracioso] être tordant o marrant.

Moncloa

Le palais de la Moncloa, près de Madrid, est la résidence officielle du chef du gouvernement espagnol. C'est là que se tiennent les réceptions en l'honneur des hommes d'État étrangers et les réunions au sommet. En 1977-78, des accords économiques et sociaux y furent signés entre le gouvernement, les représentants des syndicats et ceux du patronat, désormais connus sous le nom de **pactos de la Moncloa**. La Moncloa désigne aussi, par extension, le gouvernement espagnol.

mondongo sm CULIN tripes *fpl*.

moneda sf **1.** [pieza] pièce *f* (de monnaie) ▸ **moneda menuda** o **suelta** petite monnaie **2.** [divisa] monnaie *f* ▸ **ser moneda corriente** a) ECON avoir cours b) *fig* être monnaie courante ▸ **moneda débil / fuerte** monnaie faible/forte ▸ **moneda divisionaria** o **fraccionaria** monnaie divisionnaire ▸ **moneda extranjera** monnaie étrangère ▸ **pagar a alguien con** o **en la misma moneda** rendre à qqn la monnaie de sa pièce **3.** EXPR **y monedas** RP et quelques / *costó 400 pesos y monedas* ça a coûté 400 pesos et quelques.

monedero, ra sm, f monnayeur *m*.
◆ **monedero** sm **1.** [cartera] porte-monnaie *m* ▸ **monedero electrónico** porte-monnaie électronique **2.** AM [teléfono] cabine *f* téléphonique.

monegasco, ca ❖ adj monégasque. ❖ sm, f Monégasque *mf*.

monería sf [de niño] pitrerie *f*; [de mono, payaso] singerie *f*.

monetario, ria adj monétaire.

monetarismo sm monétarisme *m*.

monetarista adj monétariste.

mongol, la, mogol, la ❖ adj mongol(e). ❖ sm, f Mongol *m*, -e *f*. ◆ **mongol** sm [lengua] mongol *m*.

Mongolia npr Mongolie *f*.

mongólico, ca ❖ adj **1.** [enfermo] mongolien(enne) **2.** [de Mongolia] mongol(e). ❖ sm, f **1.** [enfermo] mongolien *m*, -enne *f* **2.** [de Mongolia] Mongol *m*, -e *f*.

mongolismo sm mongolisme *m*.

monigote sm **1.** [muñeco, persona] pantin *m* **2.** [dibujo] bonhomme *m*.

monitor, ra sm, f moniteur *m*, -trice *f*. ◆ **monitor** sm INFORM moniteur *m* ▸ **monitor en color** moniteur couleur.

monitorear vt AM suivre, contrôler.

monitoreo sm AM surveillance *f*, contrôle *m*.

monitorio, ria adj *culto* ▸ **una señal monitoria** *fig* un avertissement.

monitorizar vt [persona, órgano, proceso] mettre sous monitoring, surveiller en continu.

monja sf religieuse *f*.

monje sm moine *m*.

monjil adj [vestido, aspecto] de bonne sœur.

mono, na ❖ adj mignon(onne). ❖ sm, f **1.** [animal] singe *m*, guenon *f* ▸ **mono araña** singe-araignée *m* **2.** COL [rubio] blond(e) **3.** EXPR **aunque la mona se vista de seda, mona se queda** le singe est toujours singe, fût-il vêtu de pourpre ▸ **en lo que pestañea un mono** VEN *fam* en un clin d'œil ▸ **mandar a alguien a freír monos** VEN *fam* envoyer qqn balader ▸ **ser el último mono** *fig* être la cinquième roue du carrosse.
◆ **mona** sf **1.** *fam* [borrachera] cuite *f* ▸ **dormir la mona** cuver son vin ▸ **coger una mona** prendre une cuite **2.** [dulce] ▸ **mona (de Pascua)** *gâteau vendu à Pâques en Espagne, équivalent des œufs de Pâques en France* **3.** CHILE [maniquí] mannequin *mf* **4.** CSUR **andar** o **estar como la mona** *fam* & *fig* ne pas être dans son assiette.
◆ **mono** sm **1.** [prenda - con peto] salopette *f*; [- con mangas] bleu *m* de travail ; [de esquí] combinaison *f* **2.** *fam* [de drogadicto] manque *m* **3.** RP VEN [ropa de bebé] barboteuse *f* **4.** VEN [ropa deportiva] survêtement *m* **5.** ANDES MÉX [monigote] personnage *m* de dessin animé **6.** CHILE [montón] pile *f*, montagne *f*.

monoambiente sm ARG studio *m*.

monocarril adj & sm monorail.

monocolor adj unicolore.

monocorde adj **1.** [gen & MÚS] monocorde **2.** *fig* [quejas, lamentaciones] sempiternel(elle).

monocromo, ma adj monochrome.

monóculo sm monocle *m*.

monocultivo sm monoculture *f*.

monodosis sf unidose *f*.

monoesquí (*pl* **monoesquís** o **monoesquíes**) sm monoski *m*.

monofásico, ca adj monophasé(e).

monogamia sf monogamie *f*.

monógamo, ma adj & sm, f monogame.

monografía sf monographie *f*.

monográfico, ca adj monographique.

monokini sm monokini *m*.

monolingüe ❖ adj monolingue. ❖ sm dictionnaire *m* monolingue.

monolítico, ca adj monolithique.

monolito sm monolithe *m*.

monologar [16] vi monologuer.

monólogo sm monologue *m*.

monomando sm [grifo] mitigeur *m*.

monomanía sf [afición] passion *f*; [preocupación] idée *f* fixe.

monomaniaco, ca, monomaníaco, ca adj ▸ **ser monomaniaco** avoir une idée fixe.

monomotor adj & sm monomoteur.

monoparental adj monoparental(e).

monopatín sm **1.** ESP [tabla] planche *f* à roulettes, skate(-board) *m* **2.** RP [patinete] trottinette *f*.

monoplano adj & sm monoplan.

monoplaza ❖ adj monoplace. ❖ sm monoplace *m* ; [de carrera] monoplace *f*.

monopolio sm monopole *m*.

monopolización sf ECON monopole *m* ; [acción] monopolisation *f*.

monopolizador, ra adj & sm, f ECON monopoliste.

monopolizar [13] vt monopoliser.

monoquini sm monokini *m*.

monorraíl adj & sm monorail.

monosilábico, ca adj monosyllabique.

monosílabo, ba adj monosyllabe.
◆ **monosílabo** sm monosyllabe *m*.

monoteísmo sm monothéisme *m*.

monoteísta adj & smf monothéiste.

monotemático, ca adj : ***es monotemático*** il parle toujours de la même chose / ***sus películas son monotemáticas*** ses films traitent toujours du même sujet.

monotipo sm Monotype® *f*.

monotonía sf monotonie *f*.

monótono, na adj monotone.

monovolumen sm [coche] monospace *m*.

monóxido sm monoxyde *m*.

Mons. ***abr escrita de* Monseñor**.

monseñor sm monseigneur *m*.

monsergas sf ESP *fam* histoires *fpl*, balivernes *fpl* / ***no me vengas con monsergas*** ne me raconte pas d'histoires.

monstruo ❖ adj inv **1.** [grande] énorme **2.** [prodigioso] phénoménal(e). ❖ sm monstre *m* ; *fig* [prodigio] dieu *m*, génie *m*.

monstruosidad sf monstruosité *f*.

monstruoso, sa adj monstrueux(euse).

monta sf **1.** [suma] montant *m* **2.** [importancia] importance *f* ▸ **de mucha monta** d'une grande importance ▸ **de poca monta** de peu d'importance **3.** [en un caballo] monte *f*.

montacargas sm inv monte-charge *m*.

montado sm ESP [tapa] *sorte de canapé servi en tapas, typique du Pays basque*.

montador, ra sm, f monteur *m*, -euse *f*.

montaje sm **1.** [gen] montage *m* **2.** TEATRO réalisation *f* **3.** [farsa] coup *m* monté.

montante sm montant *m* ▸ **montantes compensatorios** COM montants compensatoires.

montaña sf montagne *f* ▸ **las montaña Rocosas** les montagnes Rocheuses ▸ **montaña rusa** montagnes *fpl* russes ▸ **hacerse una montaña de algo** se faire une montagne de qqch.

montañero, ra ❖ adj de montagne.
❖ sm, f alpiniste *mf*.

montañés, esa adj & sm, f **1.** [gen] montagnard(e) **2.** [santanderino] de la région de Santander.

montañismo sm alpinisme *m*.

montañoso, sa adj montagneux(euse).

montar ❖ vt **1.** [gen, TEATRO & CINE] monter ▸ **montar el piso** monter son ménage **2.** [mayonesa, clara] monter ; [nata] fouetter **3.** ESP [fiesta, cena] organiser **4.** ESP [exposición, espectáculo] monter. ❖ vi **1.** [gen] ▸ **montar (a)** monter (à) ▸ **montar en a)** [bicicleta] monter à **b)** [avión] monter en **2.** [sumar] ▸ **montar a** s'élever à **3.** EXPR **tanto monta** c'est du pareil au même. ◆ **montarse** vprnl **1.** [subirse] monter ▸ **montarse en a)** [caballo, bicicleta] monter sur **b)** [avión] monter dans **2.** RP *mfam* [copular] se taper, se sauter **3.** ESP **montárselo** *fam* se débrouiller.

montaraz adj sauvage.

monte sm **1.** [elevación] mont *m*, montagne *f* **2.** [bosque] bois *mpl* ▸ **monte artificial** RP forêt artificielle ▸ **monte natural** RP forêt naturelle **3.** [establecimiento] ▸ **monte de piedad** mont-de-piété **4.** ANAT ▸ **monte de Venus** mont de Vénus **5.** MÉX [pasto] pâturage *m* **6.** VEN [ensalada] salade *f* **7.** COL VEN *fam* [marihuana] herbe *f* **8.** EXPR **echarse** o **tirarse al monte** prendre le maquis ▸ **no todo el monte es orégano** tout ce qui brille n'est pas or ▸ **tenerle a monte a alguien** RP VEN *fam* enquiquiner qqn.

Montes

el monte Ararat	le mont Ararat
el monte Capitolino	le mont Capitolin
el monte Everest	l'Everest O le mont Everest
el monte de los Olivos	le mont des Oliviers
el monte Palatino	le mont Palatin
el monte Quirinal	le mont Quirinal

Montenegro npr Montenegro *m*.

montepío sm caisse *f* de secours.

montera sf *toque du torero*.

montés, esa adj sauvage.

montevideano, na ❖ adj de Montevideo.
❖ sm, f habitant *m*, -e *f* de Montevideo.

Montevideo npr Montevideo.

montículo sm monticule *m*.

montilla sm *vin de Montilla près de Cordoue*.

monto sm montant *m*.

montón sm tas *m* ▸ **a** o **de** o **en montón** en bloc ▸ **hay de eso a montones** il y en a des tas ▸ **ganar a montones** gagner des mille et des cents ▸ **un hombre del montón** monsieur Tout-le-Monde.

Montreal npr Montréal.

montuno, na ◆ adj **1.** montagnard(e) **2.** CARIB [rústico] campagnard(e) **3.** CARIB [montaraz] sauvage. ◆ sm, f CUBA paysan *m*, -anne *f*.

montura sf **1.** [gen] monture *f* **2.** [arreos] harnais *m* ; [silla] selle *f*.

monumental adj monumental(e).

monumento sm monument *m*.

moña ◆ sf **1.** ESP *fam* [borrachera] cuite *f* **2.** [adorno] ruban *m*. ◆ sm *mfam* pédé *m*.

moñita sf URUG nœud *m* papillon.

moñito sm ARG nœud *m* papillon.

moño sm **1.** chignon *m* **2.** EXPR **agarrarse del moño** *fig* se crêper le chignon ▸ **estar hasta el moño** ESP en avoir ras le bol ▸ **ponerse moños** MÉX *fam* **a)** [presumir] prendre des grands airs **b)** [atribuirse méritos] s'envoyer des fleurs.

monzón sm mousson *f*.

monzónico, ca adj de mousson.

moquear vi **1.** [persona] avoir le nez qui coule **2.** RP VEN *fam* [llorar] pleurnicher.

moqueta sf ESP moquette *f*.

moquillo sm maladie *f* de Carré.

mor ◆ **por mor de** loc prep *form* eu égard à, à cause de / *por mor de las circunstancias* eu égard aux circonstances.

mora sf mûre *f*.

morada sf *culto* demeure *f*.

morado, da adj violet(ette) ▸ **pasarlas moradas** *fam & fig* en voir de toutes les couleurs ▸ **ponerse morado** ESP *fam & fig* s'empiffrer, se gaver. ◆ **morado** sm **1.** [color] violet *m* **2.** [cardenal] bleu *m*.

morador, ra sm, f *culto* habitant *m*, -e *f*.

moradura sf [en la piel] bleu *m*.

moral ◆ adj moral(e) / *un ejemplo moral* un exemple de moralité. ◆ sf **1.** [ética] morale *f* **2.** [ánimo] moral *m* ▸ **levantar la moral** remonter le moral ▸ **estar bajo de moral** ne pas avoir le moral ▸ **tener más moral que el Alcoyano** ESP *fam* avoir un moral d'acier. ◆ sm mûrier *m* noir.

moraleja sf morale *f (d'une fable)*.

moralidad sf moralité *f*.

moralina sf *despec* fausse morale *f*, prêchi-prêcha *m inv*.

moralismo sm moralisme *m*.

moralista smf LITER moraliste *mf* ; *despec* moralisateur *m*, -trice *f*.

moralizar [13] vi moraliser.

morapio sm *fam* gros rouge *m*.

morar vi *culto* demeurer.

moratón sm bleu *m*.

moratoria sf moratoire *m*.

morbidez sf morbidesse *f*.

mórbido, da adj **1.** [piel, carnes] doux (douce) **2.** MED morbide.

morbo sm **1.** *fam* [placer malsano] ▸ **tener morbo** avoir une curiosité malsaine **2.** MED maladie *f*.

morbosidad sf morbidité *f*.

morboso, sa adj morbide / *detalles morbosos* détails scabreux.

morcilla sf CULIN boudin *m* noir ▸ **¡que te / le etc. den morcilla!** *mfam & fig* va te / allez vous etc. faire voir !

morcillo sm jarret *m*.

mordacidad sf : *la mordacidad de su pluma* sa plume acerbe.

mordaz adj acerbe.

mordaza sf bâillon *m*.

mordedura sf morsure *f*.

mordelón, ona sm, f MÉX *policier qui accepte un pot-de-vin pour ne pas tenir compte de l'infraction commise*.

morder [24] ◆ vt **1.** [con los dientes] mordre ; [fruta] croquer ▸ **estar alguien que muerde** être d'une humeur de chien **2.** CARIB MÉX *fam* [sobornar] soudoyer **3.** CARIB MÉX [estafar] escroquer **4.** VEN *fam* [entender] piger. ◆ vi **1.** [animal] mordre **2.** CARIB MÉX *fam* [aceptar soborno] accepter un pot-de-vin. ◆ **morderse** vprnl se mordre.

mordida sf CARIB MÉX *fam* [soborno] pot-de-vin *m* ▸ **cobrar mordida** toucher un pot-de-vin ▸ **dar mordida a** soudoyer.

mordisco sm **1.** [mordedura] morsure *f* ▸ **a mordiscos** à coups de dents ▸ **dar un mordisco en algo a)** mordre dans qqch **b)** [fruta] croquer qqch **2.** [trozo] morceau *m*.

mordisquear vt [objeto] mordiller ; [refrigerio] grignoter.

moreno, na ◆ adj **1.** [pelo, piel] brun(e) **2.** [por el sol] bronzé(e) ▸ **ponerse moreno** bronzer **3.** [pan, arroz, etc.] complet(ète) ▸ **el azúcar moreno** le sucre roux ▸ **el trigo moreno** le blé noir. ◆ sm, f brun *m*, -e *f*. ◆ **morena** sf [pez] murène *f*.

morera sf mûrier *m* blanc.

morería sf HIST quartier *m* maure.

moretón sm bleu *m (hématome)*.

morfar vt & vi RP *fam* bouffer.

morfema sm morphème *m*.

morfina sf morphine *f*.

morfinismo sm morphinisme *m*.

morfinómano, na adj & sm, f morphinomane.

morfología sf morphologie *f*.

morfológico, ca adj morphologique.

morganático, ca adj morganatique.

morgue sf morgue *f (pour les cadavres)*.

moribundo, da adj & sm, f moribond(e).

morir [25] vi mourir. ◆ **morirse** vprnl ▸ **morirse (de)** mourir (de).

morisco, ca ◆ adj mauresque ; [converso] morisque. ◆ sm, f morisque *mf*.

mormón, ona adj & sm, f mormon(e).

moro, ra ❖ adj **1.** HIST maure **2.** *despec* [árabe] arabe **3.** *fam* [machista] macho. ❖ sm, f **1.** HIST Maure *mf* **2.** *despec* [árabe] Arabe *mf* ▸ **bajarse al moro** *fam aller acheter du haschisch en Afrique du Nord* ▸ **hay moros en la costa** les murs ont des oreilles.
◆ **moro** sm ESP *fam & despec* [machista] macho *m*.
◆ **Moros y Cristianos** smpl *fête traditionnelle du Levant.*

morocho, cha ❖ adj **1.** AM *fam & fig* [fuerte] robuste, costaud(e) **2.** ANDES RP [moreno] brun(e). ❖ sm, f ANDES RP **1.** [moreno] personne *f* brune **2.** *eufem* [negro] personne *f* de couleur.
◆ **morochos** smpl AM jumeaux *mpl*.

morondo, da adj [árbol] dénudé(e) ; [persona] chauve.

morosidad sf **1.** COM retard *m (de paiement)* **2.** [lentitud] lenteur *f*.

moroso, sa ❖ adj : *es un cliente moroso* ce client a un arriéré. ❖ sm, f mauvais payeur *m*.

> ⚠ **Morose** es un falso amigo, no significa *moroso*, sino "melancólico".

morral sm [de pastor, cazador, soldado, bestia] musette *f*.

morralla sf **1.** *despec* [personas] menu fretin *m* ; [baratija] camelote *f* ; [trastos] bazar *m* **2.** [pescado] fretin *m* **3.** AM [suelto] petite monnaie *f*.

morrazo sm **1.** [golpe] coup *m* au visage **2.** *fam* [cara dura] culot *m*, toupet *m* / *¡qué morrazo tienes!* quel culot tu as !

morrear vt & vi *mfam* se bécoter.
◆ **morrearse** vprnl *mfam* se bécoter.

morreo sm *mfam* patin *m*, pelle *f* / *darse un morreo* se rouler un patin.

morriña sf ESP [nostalgia] mal *m* du pays, nostalgie *f*.

morro, rra sm, f MÉX *fam* **1.** [muchacho] gamin *m*, -e *f* **2.** [novio] petit copain *m*, petite copine *f*.
◆ **morro** sm **1.** [hocico] museau *m* **2.** *(gen pl)* ESP *fam* [boca, labios] bouche *f* ▸ **estar de morros** bouder ▸ **romper los morros a alguien** casser la figure à qqn **3.** *fam* [de coche] avant *m* ; [de avión] nez *m* **4.** ESP *fam* [descaro] culot *m* ▸ **¡qué morro tiene!** il a un de ces culots ! ▸ **tener alguien un morro que se lo pisa** ESP *mfam & hum* avoir un sacré culot.

morrocotudo, da adj **1.** *fam* [enorme] sacré(e) **2.** COL [rico] richard(e).

morrón sm **1.** ESP *fam* gnon *m* **2.** CSUR [pimiento] poivron *m* rouge.

morsa sf ZOOL morse *m*.

morse sm *(en aposición inv)* morse *m (code)*.

mortadela sf mortadelle *f*.

mortaja sf linceul *m*.

mortal adj & smf mortel(elle).

mortalidad sf mortalité *f*.

mortandad sf ▸ **causar mortandad** causer des pertes.

mortecino, na adj [luz] blafard(e) ; [fuego, mirada] éteint(e).

mortero sm mortier *m*.

mortífero, ra adj mortel(elle) ; [epidemia, etc.] meurtrier(ère).

mortificación sf mortification *f*.

mortificante adj mortifiant(e).

mortificar [10] vt mortifier ; *fig* [torturar] tourmenter.
◆ **mortificarse** vprnl se mortifier ; [torturarse] se tourmenter.

mortuorio, ria adj mortuaire ; [cortejo] funèbre.

moruno, na adj mauresque.

mosaico, ca adj [de Moisés] mosaïque.
◆ **mosaico** sm **1.** [obra, técnica] mosaïque *f* **2.** AM [baldosa] carreau *m*.

mosca sf mouche *f* ▸ **mosca tse-tsé** mouche tsé-tsé ▸ **aflojar o soltar la mosca** allonger l'argent ▸ **cazar moscas** gober les mouches ▸ **estoy con o tengo la mosca detrás de la oreja por sus comentarios** ses commentaires m'ont mis la puce à l'oreille ▸ **estar mosca** ESP *fam* [enfadado] faire la tête / *estoy mosca con mi hermana* je suis fâchée avec ma sœur ▸ **no se oye ni una mosca** on entendrait une mouche voler ▸ **por si las moscas** au cas où ▸ **¿qué mosca me / te etc. ha picado?** quelle mouche m'a/t'a etc. piqué ? ▸ **viajar de mosca** MÉX *fam* frauder. ◆ **mosca muerta** sf sainte-nitouche *f*.

moscardón sm **1.** ZOOL mouche *f* bleue **2.** *fam & fig* [persona] casse-pieds *m inv*.

moscatel sm muscat *m (vin doux)*.

moscón sm **1.** [insecto] grosse mouche *f* **2.** *fam & fig* [persona] casse-pieds *m inv*.

moscovita ❖ adj moscovite. ❖ smf Moscovite *mf*.

Moscú npr Moscou.

mosén sm RELIG *titre donné aux prêtres en Catalogne et en Aragon* / *mosén Jacinto* père Jacinto.

mosqueado, da adj *fam* ▸ **estar mosqueado** faire la tête.

mosquear vt *fam* [enfadar] vexer.
◆ **mosquearse** vprnl *fam* [enfadarse] se vexer, prendre la mouche.

mosqueo sm *fam* ▸ **tener un mosqueo** faire la tête.

mosquete sm mousquet *m*.

mosquetero sm mousquetaire *m*.

mosquetón sm mousqueton *m*.

mosquita sf *fam* ▸ **mosquita muerta** sainte-nitouche *f*.

mosquitera sf moustiquaire *f*.

mosquitero sm moustiquaire *f*.

mosquito sm moustique *m*.

mosso d'esquadra sm *membre de la police autonome catalane.*

mostacho sm moustache *f*.

mostaza sf **1.** moutarde *f* **2.** EXPR **se le subió la mostaza** ARG *fam* il s'est vraiment fâché ▸ **subirle a**

alguien la mostaza a las narices *fam* : *se le subió la mostaza a las narices* la moutarde lui est montée au nez.

mosto sm [zumo] jus *m* de raisin ; [residuo] moût *m*.

mostrador sm **1.** [en bar, tienda, aeropuerto] comptoir *m* **2.** RP [encimera] plan *m* de travail.

mostrar [23] vt montrer ; [inteligencia, liberalidad] faire preuve de. ◆ **mostrarse** vprnl se montrer.

mota sf **1.** [partícula] poussière *f* **2.** MÉX RP VEN [de algodón] *petite boule de coton* **3.** CUBA MÉX [en cosmética] houppe *f*, houpette *f* **4.** ANDES [bolita] *bourre de coton ou de laine* **5.** CAM MÉX *fam* [marihuana] herbe *f*.
◆ **motas** sfpl **1.** [jersey] : *tener motas* pelucher **2.** ANDES RP [rulos] boucles *fpl* de cheveux.

mote sm surnom *m*.

motear vt donner un surnom à.

motejar vt ▸ **motejar a alguien de** traiter qqn de.

motel sm **1.** [hotel] motel *m* **2.** CSUR [para parejas] *hôtel où les chambres se louent à l'heure*.

motero, ra *fam* ◆◆ sm, f motard *m*, -e *f*.
◆◆ adj de motard(s).

motín sm émeute *f* ; [de soldados, presos] mutinerie *f*.

motivación sf motivation *f*.

motivar vt motiver.

motivo sm **1.** [causa] raison *f*, motif *m* ▸ **con motivo de a)** [para celebrar] à l'occasion de **b)** [a causa de] en raison de ▸ **dar motivo a** donner lieu à ▸ **por este motivo** pour cette raison / *tengo motivos para quejarme* j'ai des raisons de me plaindre **2.** [de obra literaria] sujet *m* **3.** MÚS [dibujo] motif *m*.

moto sf **1.** moto *f* ▸ **moto acuática** scooter *m* des mers **2.** EXPR **estar como una moto** ESP *fam* **a)** [loco] être complètement fou **b)** [nervioso] péter les plombs o un plomb ▸ **vender la moto a alguien** *fam* vendre sa salade à qqn.

motocicleta sf motocyclette *f*.

motociclismo sm motocyclisme *m*.

motociclista smf motocycliste *mf*.

motociclo sm motocycle *m*.

motocross sm inv motocross *m*.

motocultivo sm motoculture *f*.

motoesquí sm [vehículo] scooter *m* des neiges.

motonáutico, ca adj motonautique.
◆ **motonáutica** sf motonautisme *m*.

motoneta sf AM scooter *m*.

motor, triz adj moteur(trice).
◆ **motor** sm moteur *m* ▸ **motor de arranque** démarreur *m* ▸ **motor de combustión interna** moteur à combustion interne ▸ **motor de explosión** moteur à explosion ▸ **motor de gasolina** moteur à essence ▸ **motor de inyección** moteur à injection ▸ **motor de reacción** moteur à réaction ▸ **motor Diesel** moteur Diesel ▸ **motor eléctrico** moteur électrique ▸ **motor fuera borda** moteur hors-bord.
◆ **motora** sf bateau *m* à moteur.

motorismo sm motocyclisme *m*.

motorista smf **1.** ESP motocycliste *mf*, motard *m*, -e *f* **2.** CAM ANDES [automovilista] automobiliste *mf*.

motorizado, da adj motorisé(e) ▸ **ir motorizado** *fam* être motorisé.

motorizar [13] vt motoriser.
◆ **motorizarse** vprnl *fam* être motorisé(e).

motosierra sf tronçonneuse *f*.

mototaxi sm moto-taxi *f*.

motricidad sf motricité *f*.

motriz sf ⟶ **motor**.

motu proprio adv ▸ **(de) motu proprio** de son plein gré.

mountain bike ['mauntain baik] (*pl* **mountain bikes**) sm mountain bike *m*, VTT *m*.

mouse [maus] sm inv AM INFORM souris *f*.

mousse sm o sf inv ESP [postre] mousse *f*.

movedizo, za adj **1.** [pieza] amovible **2.** [arena, terreno] mouvant(e).

mover [24] vt **1.** [accionar] faire marcher **2.** [cambiar de sitio] déplacer **3.** [agitar] remuer ▸ **mover las masas** remuer les foules **4.** [suscitar] provoquer / *mover la curiosidad* provoquer la curiosité ▸ **mover a piedad / risa** faire pitié / rire **5.** *fig* [incitar] ▸ **mover a alguien a algo / a hacer algo** pousser qqn à qqch / à faire qqch.
◆ **moverse** vprnl **1.** [ponerse en movimiento, agitarse] bouger **2.** [trasladarse] se déplacer **3.** [relacionarse] ▸ **moverse en / entre** évoluer dans / parmi **4.** [darse prisa] se secouer.

movible adj mobile.

movido, da adj **1.** [gen] agité(e) ; [conversación, viaje] mouvementé(e) **2.** [foto, imagen] flou(e).
◆ **movida** sf ESP RP *fam* **1.** [lío, problema] pagaille *f*, embrouille *f* / *cuando llegó la policía se organizó una gran movida* l'arrivée de la police a semé la pagaille / *a mí no me metas en tus movidas* ne me mêle pas à tes embrouilles **2.** [ambiente, actividad] : *aquí hay movida* il y a de l'ambiance ici / *han organizado una gran movida para pedir la retirada de la ley* ils ont organisé une grande mobilisation pour demander le retrait de la loi ▸ **movida (madrileña)** *mouvement de renouveau culturel*.

La movida madrileña

La **movida madrileña**, mouvement de renouveau culturel et artistique plutôt libéral basé sur la provocation, a vu le jour à Madrid dans les années 1980 en réaction aux décennies de dictature franquiste. Ce mouvement regroupait des cinéastes, des peintres, des photographes et des musiciens, comme le réalisateur et acteur Pedro Almodóvar, les chanteurs Miguel Bosé et Alaska, ou encore le groupe Mecano.

móvil adj & sm mobile.

movilidad sf mobilité *f*.

movilización sf mobilisation *f*.

movilizar [13] vt **1.** [poner en movimiento] mobiliser **2.** CSUR [transportar] transporter. ◆ **movilizarse** vprnl **1.** [ponerse en movimiento] se mobiliser **2.** CSUR [moverse] se déplacer.

movimiento sm mouvement *m* ▸ **movimiento continuo** mouvement perpétuel ▸ **movimiento de rotación** mouvement de rotation ▸ **movimiento de tierras** mouvements sismiques ▸ **movimiento obrero** mouvement ouvrier.

moviola sf visionneuse *f*.

moza sf ⟶ **mozo**.

mozalbete sm jeunot *m*.

Mozambique npr Mozambique *m*.

mozambiqueño, ña ❖ adj mozambicain(e). ❖ sm, f Mozambicain *m*, -e *f*.

mozárabe ❖ adj & smf mozarabe. ❖ sm [lengua] mozarabe *m*.

mozo, za ❖ adj jeune. ❖ sm, f **1.** [joven] jeune homme *m*, jeune fille *f* / *es buen mozo* il est beau garçon **2.** AM [camarero] serveur *m*, -euse *f*. ◆ **mozo** sm **1.** [camarero] garçon *m* ; [criado] domestique *m* ▸ **mozo de cordel** o **de cuerda** porteur *m* ▸ **mozo de estación** porteur *m* ▸ **mozo de estoques** valet du matador **2.** ESP [recluta] conscrit *m*. ◆ **moza** sf [criada] domestique *f*.

mozzarella [motsa'rela] sm mozzarella *f*.

MP3 sm INFORM [formato] MP3 *m* ; [archivo] fichier *m* MP3.

MP4 sm INFORM [formato] MP4 *m* ; [archivo] fichier *m* MP4.

MPEG ['eme pe xe] (*abr de* **motion picture experts group**) sm MPEG *m*.

m.s. (*abr escrita de* **manuscrito**) ms.

Mtro. *abr escrita de* **maestro**.

mu sm [mugido] meuh *m* ▸ **no decir ni mu** *fig* ne pas piper mot.

muaré, moaré sm moire *f*.

mucamo, ma sm, f ANDES RP **1.** [en casa] domestique *mf* **2.** [en hotel] valet *m* de chambre, femme *f* de chambre.

muchachada sf AM marmaille *f*.

muchacho, cha sm, f garçon *m*, fille *f*. ◆ **muchacha** sf [criada] servante *f*, domestique *f* ▸ **muchacha de adentro** AM servante à demeure.

muchedumbre sf foule *f*.

mucho, cha

❖ adj

1. [gen] beaucoup de / *mucha gente* beaucoup de gens / *muchos meses* plusieurs mois ▸ **mucho tiempo** longtemps

2. [sueño, hambre, frío, etc.] très / *hace mucho calor* il fait très chaud

❖ pron

tener mucho que contar avoir beaucoup de choses à raconter / *muchos piensan que…* beaucoup de gens pensent que…

◆ **mucho** adv **1.** [gen] beaucoup / *trabaja mucho* il travaille beaucoup / *se divierte mucho* il s'amuse bien **2.** *(indica comparación)* bien ▸ **mucho antes / después** bien avant/après ▸ **mucho más / menos** beaucoup plus/moins ▸ **mucho mejor** beaucoup o bien mieux **3.** [largo tiempo] longtemps / *lo sé desde hace mucho* je le sais depuis longtemps **4.** [frecuentemente] souvent / *viene mucho por aquí* il vient souvent par ici **5.** EXPR **como mucho** a) [como máximo] (tout) au plus b) [en todo caso] à la limite / *tendrá como mucho veinte años* il doit avoir vingt ans tout au plus ▸ **con mucho** de loin / *es con mucho el mejor* c'est de loin le meilleur ▸ **ni mucho menos** loin de là / *no está decidido, ni mucho menos* il est loin d'être décidé ▸ **mucho muy** MÉX très très / *es mucho muy grande* c'est très très grand.

◆ **por mucho que** loc conj : *por mucho que insistas…* tu auras beau insister….

mucosidad sf mucosité *f*.

mucoso, sa adj muqueux(euse). ◆ **mucosa** sf muqueuse *f*. ◆ **mucosas** sfpl muqueuses *fpl*.

mucus sm inv mucus *m*.

muda sf **1.** [de plumas, piel, voz] mue *f* **2.** [ropa] linge *m* de rechange.

mudable adj changeant(e).

mudanza sf **1.** [gen] changement *m* ; [de plumas, piel] mue *f* **2.** [de casa] déménagement *m* ▸ **estar** o **andar de mudanza** déménager.

mudar ❖ vt changer. ❖ vi [cambiar] ▸ **mudar de** changer de ▸ **mudar de casa** déménager ▸ **mudar de plumas / piel / voz** muer. ◆ **mudarse** vprnl ▸ **mudarse (de casa)** déménager ▸ **mudarse (de ropa)** se changer.

mudéjar adj & smf mudéjar(e).

mudo, da adj & sm, f muet(ette).

mueble ❖ sm **1.** [objeto] meuble *m* ▸ **mueble bar** bar *m* **2.** RP [hotel] hôtel *m* de passe. ❖ adj ⟶ **bien**.

mueca sf grimace *f* ; [de disgusto] moue *f*.

muela ❖ sf **1.** [diente] dent *f* ; [molar] molaire *f* ▸ **tener dolor de muelas** avoir mal aux dents ▸ **muela cordal** o **del juicio** dent de sagesse **2.** [piedra] meule *f*. ❖ v ⟶ **moler**.

muelle sm **1.** [de colchón, reloj] ressort *m* **2.** [de puerto] quai *m*.

muera ⟶ **morir**.

muerda ⟶ **morder**.

muérdago sm gui *m*.

muere ⟶ **morir**.

muermo sm **1.** ESP *fam* [aburrimiento] barbe *f* / *la conferencia fue un muermo* la conférence a été rasoir / *¡menudo muermo de película!* quel navet, ce film !

2. ESP *fam* [persona] raseur *m* / *¡qué tío más muermo!* quel raseur, ce type !

muerte sf **1.** [gen] mort *f* ▸ **a muerte** à mort / *un susto de muerte* une peur bleue ▸ **de mala muerte** minable ▸ **muerte natural / violenta** mort naturelle / violente ▸ **muerte súbita (del lactante)** mort subite du nourrisson ▸ **cada muerte de obispo** AM tous les trente-six du mois **2.** [homicidio] meurtre *m*.

muerto, ta ❖ adj **1.** [gen] mort(e) ▸ **estar muerto de miedo / de frío / de hambre** être mort de peur / de froid / de faim **2.** [color] terne **3.** AM [enamorado] ▸ **estar muerto por alguien** être fou amoureux de qqn. ❖ sm, f mort *m*, -e *f* ▸ **hacerse el muerto** faire le mort ▸ **el día de los muertos** ≃ la Toussaint ▸ **cargar con el muerto** *fam* [trabajo, tarea] se taper le boulot ▸ **cargarle a alguien el muerto** *fam* [culpa] tout mettre sur le dos de qqn ▸ **hacer el muerto** faire la planche ▸ **más muerto que vivo** plus mort que vif ▸ **medio muerto** crevé ▸ **muerto viviente** mort-vivant(e) ▸ **no tener dónde caerse muerto** être à la rue.

◆ **muerto** pp ⟶ **morir**.

Día de los muertos

Au Mexique, on fête le jour des morts les 1er et 2 novembre, le 1er étant le jour des enfants et le 2 celui des adultes. Selon la tradition, les morts reviennent ce jour-là pour retrouver les êtres qui leur sont chers. On dresse alors dans les maisons et dans les établissements publics des **altares**, autels décorés de fleurs et garnis de tissus de couleurs, de têtes de morts,... où l'on dépose les portraits des défunts mais aussi leurs objets personnels et leurs plats préférés. Toute la nuit, des bougies et lanternes brûlent pour guider le retour des âmes et leur permettre d'entrer en contact avec leur famille. Après avoir célébré leurs morts, les Mexicains célèbrent ensuite la vie en faisant la fête. Les enfants dégustent de petites têtes de morts en sucre appelées **calaveras de azúcar**.

muesca sf **1.** [gen] encoche *f* **2.** [corte] entaille *f*.

muesli sm muesli *m*.

muestra ❖ sf **1.** [pequeña cantidad] échantillon *m* ▸ **muestra gratuita** échantillon gratuit ▸ **para muestra (basta) un botón** un exemple suffit **2.** [señal, prueba] ▸ **dar muestras de a)** [inteligencia, prudencia, etc.] faire preuve de **b)** [cariño, simpatía] donner des marques de **c)** [cansancio] donner des signes de **3.** [modelo] modèle *m* ▸ **piso de muestra** appartement *m* témoin **4.** [exposición] exposition *f*. ❖ v ⟶ **mostrar**.

muestrario sm échantillonnage *m* ; [de colores] nuancier *m*.

muestreo sm [para encuesta] échantillonnage *m*.

mueva ⟶ **mover**.

Muface (*abr de* **Mutualidad General de Funcionarios Civiles del Estado**) sf *mutuelle espagnole des fonctionnaires de l'administration publique*.

mugido sm mugissement *m*.

mugir [15] vi mugir ; [vaca] meugler.

mugre ❖ adj MÉX inutile. ❖ sf crasse *f*.

mugriento, ta adj crasseux(euse).

muguete sm [planta] muguet *m*.

muja ⟶ **mugir**.

mujer ❖ sf femme *f* ▸ **mujer de la calle** RP prostituée ▸ **mujer de la limpieza** femme de ménage ▸ **mujer de su casa** femme d'intérieur ▸ **mujer fatal** femme fatale ▸ **mujer pública** femme publique. ❖ interj ESP : *pero mujer, no te pongas así* mais voyons, ne te mets pas dans cet état.

mujeriego sm coureur *m* de jupons.

mujeril adj **1.** [femenino] féminin(e) **2.** [afeminado] efféminé(e).

mujerzuela sf *despec* grue *f*.

mulá sm RELIG mollah *m*.

muladí (*pl* **muladíes** *o* **muladís**) smf HIST *en Espagne, chrétien converti à l'Islam*.

mulato, ta adj & sm, f mulâtre.

muleta sf **1.** [para andar] béquille *f* ; *fig* soutien *m* **2.** TAUROM muleta *f*.

muletilla sf **1.** TAUROM petite muleta *f* **2.** *fig* [frase, palabra] tic *m* de langage.

mulillas sfpl TAUROM *mules chargées de traîner la dépouille du taureau hors de l'arène*.

mullido, da adj moelleux(euse).

mullir vt assouplir.

mulo, la sm, f mulet *m*, mule *f*.

◆ **mula** sf *fam* **1.** [testarudo] tête *f* de mule **2.** [traficante] mule *f*.

multa sf amende *f*.

multar vt condamner à une amende.

multicentro sm galerie *f* marchande *(de magasins indépendants)*.

multicine sm inv *(detrás de sust)* cinéma *m* o complexe *m* multisalles.

multicolor adj multicolore.

multiconfesional adj multiconfessionnel(elle).

multicopista sf ESP machine *f* à polycopier.

multicultural adj multiculturel(elle).

multidifusión sf **1.** RADIO & TV multidiffusion *f* **2.** INFORM multicasting *m*.

multidisciplinar, multidisciplinario, ria adj pluridisciplinaire, multidisciplinaire.

multiétnico, ca adj multiethnique.

multiforme adj multiforme.

multifuncional adj [sala, centro, complejo] multifonctionnel(elle).

multigrado adj multigrade.

multilateral adj multilatéral(e).

multimedia adj inv multimédia.

multimillonario, ria adj & sm, f multimillionnaire.

multinacional sf multinationale *f*.

multiplataforma adj inv INFORM multi-plateforme.

múltiple adj multiple.

multiplicable adj multipliable.

multiplicación sf multiplication *f*.

multiplicador, ra adj multiplicateur(trice). ◆ **multiplicador** sm MAT multiplicateur *m*.

multiplicando sm multiplicande *m*.

multiplicar [10] vt & vi multiplier. ◆ **multiplicarse** vprnl **1.** [gen] se multiplier **2.** [esforzarse] être partout à la fois.

multiplicidad sf multiplicité *f*.

múltiplo, pla adj : ***un número múltiplo*** un multiple. ◆ **múltiplo** sm multiple *m*.

multipropiedad sf multipropriété *f*.

multipuesto adj inv multiposte.

multirracial adj multiracial(e).

multirresistente adj [virus] multirésistant(e), ultrarésistant(e).

multirriesgo adj inv [seguro] multirisque.

multisala(s) sm inv [cine] multiplexe *m*, cinéma *m* multisalle(s).

multitarea adj inv multitâche.

multitud sf multitude *f*.

multitudinario, ria adj : ***una manifestación multitudinaria*** une manifestation de masse.

multiuso adj inv à usages multiples.

multiusuario adj multi-utilisateur(s).

mundanal adj de ce monde.

mundano, na adj mondain(e) ; [del mundo] de ce monde.

mundial ❖ adj mondial(e). ❖ sm coupe *f* du monde.

mundialización sf mondialisation *f* / ***la mundialización de la economía / de la información*** la mondialisation de l'économie / de l'information.

mundialmente adv mondialement / ***es mundialmente conocido*** il est mondialement connu / ***es mundialmente famoso*** il est célèbre dans le monde entier.

mundillo sm monde *m* / ***el mundillo teatral*** le monde du théâtre.

mundo sm **1.** [gen] monde *m* ▸ **el cuarto mundo** le quart-monde ▸ **el nuevo mundo** le Nouveau Monde ▸ **el otro mundo** l'autre monde ▸ **el tercer mundo** le tiers-monde ▸ **medio mundo** un monde fou ▸ **todo el mundo** tout le monde ▸ **desde que el mundo es mundo** depuis que le monde est monde ▸ **el mundo anda al revés** c'est le monde à l'envers ▸ **el mundo es un pañuelo** le monde est petit ▸ **no es cosa** o **nada del otro mundo** *fam* ça ne casse pas trois pattes à un canard ▸ **la perfección no es de este mundo** la perfection n'est pas de ce monde ▸ **ponerse el mundo por montera** se moquer du qu'en-dira-t-on ▸ **por nada del mundo** pour rien au monde ▸ **todo mundo** MÉX tout le monde **2.** [experiencia] expérience *f* ▸ **hombre / mujer de mundo** homme / femme du monde ▸ **tener (mucho) mundo** avoir (beaucoup) vécu ▸ **ver** o **correr mundo** courir le monde.

mundología sf savoir-vivre *m inv*.

munición sf munition *f*.

municipal ❖ adj municipal(e). ❖ smf ESP **1.** policier *m*, -ère *f* *(limité à la police municipale)* **2.** ⟶ **guardia.** ◆ **municipales** sfpl [elecciones] municipales *fpl*.

municipalizar [13] vt municipaliser.

municipio sm **1.** [división territorial] commune *f* **2.** [habitantes] ▸ **el municipio** les administrés *mpl* **3.** [ayuntamiento] municipalité *f*.

munificencia sf munificence *f*, largesse *f*.

munir vt RP ▸ **munir de algo a algo / alguien** équiper qqch / qqn de qqch. ◆ **munirse** vprnl ▸ **munirse de** se munir de.

m1ml SMS *abr escrita de* **mándame un mensaje luego**.

muñeco, ca sm, f [juguete] poupée *f*. ◆ **muñeca** sf **1.** ANAT poignet *m* **2.** *fig* [mujer bonita] poupée *f* **3.** ANDES RP *fam* [enchufe] piston *m* ▸ **tener muñeca** avoir du piston **4.** ANDES RP *fam* [habilidad] tour *m* de main ▸ **tener muñeca para hacer algo** avoir la main pour faire qqch **5.** MÉX [mazorca] maïs *m* jeune. ◆ **muñeco** sm *fig* marionnette *f*. ◆ **muñeco de nieve** sm bonhomme *m* de neige.

muñeira sf *musique et danse populaires de Galice*.

muñequera sf DEP poignet *m*.

muñón sm moignon *m*.

mural ❖ adj mural(e). ❖ sm peinture *f* murale.

muralismo sm ARTE muralisme *m*.

muralista adj & smf ARTE muraliste.

muralla sf muraille *f* ; [defensiva] rempart *m*.

Murcia npr Murcie.

murciano, na ❖ adj murcien(enne). ❖ sm, f Murcien *m*, -enne *f*.

murciélago sm chauve-souris *f*.

murga sf **1.** [conjunto musical] *groupe de musiciens ambulants* **2.** ESP *fam* [pesadez] rabâchage *m* ▸ **dar la murga** embêter, casser les pieds à.

muriera ⟶ **morir**.

murmullo sm murmure *m*.

murmuración sf médisance *f*.

murmurador, ra ❖ adj médisant(e). ❖ sm, f mauvaise langue *f*.

murmurar ◆ vt murmurer. ◆ vi **1.** [gen] murmurer **2.** [criticar] ▸ **murmurar de** o **sobre** dire du mal de **3.** *fig* [quejarse] marmonner.

muro sm mur *m* ▸ **muro de contención** mur de soutènement. ◆ **muro del sonido** sm mur *m* du son. ◆ **Muro de las lamentaciones** sm : *el Muro de las lamentaciones* le mur des Lamentations.

mus sm inv *jeu de cartes espagnol.*

musa sf muse *f.* ◆ **musas** sfpl [artes] arts *mpl.*

musaraña sf musaraigne *f* ▸ **mirar a las musarañas** *fig* être dans la lune ▸ **pensar en las musarañas** bayer aux corneilles.

musculación sf musculation *f.*

muscular adj musculaire.

musculatura sf musculature *f.*

músculo sm muscle *m.*

musculoso, sa adj **1.** ANAT musculeux(euse) **2.** [fuerte] musclé(e). ◆ **musculosa** sf RP débardeur *m.*

muselina sf mousseline *f.*

museo sm musée *m.*

museógrafo, fa sm, f muséographe *mf.*

museología sf muséologie *f.*

musgo sm BOT mousse *f.*

El Muralismo

Mouvement artistique révolutionnaire et avant-gardiste mexicain. Lié à l'exaltation de la culture indienne, le muralisme fut impulsé par le gouvernement d'Álvaro Obregón, président favorable aux réformes (1920-1924), et surtout par son ministre de l'Éducation, José Vasconcelo. Entre 1921 et les années 1940, on mit ainsi sur pied un vaste programme de peintures recouvrant les murs des villes, des bâtiments, des espaces publics (bibliothèques, universités) et les couloirs des bâtiments officiels, qui décrivaient des scènes de la vie quotidienne, le folklore et l'histoire. L'art se mettait au service du peuple et de ses revendications sociales. Les principaux représentants de ce mouvement sont Diego Rivera (1886-1957), José Clemente Orozco (1883-1949) et David Alfaro Siqueiros (1896-1974). Ces peintres ont été influencés tout à la fois par l'art précolombien, par l'iconographie traditionnelle et par des mouvements européens contemporains (classicisme, expressionnisme, futurisme).

música sf → **músico**.

musical ◆ adj musical(e) ▸ **un instrumento musical** un instrument de musique. ◆ sm → **comedia**.

musicalidad sf musicalité *f.*

music-hall ['mjusik'xol] (*pl* **music-halls**) sm music-hall *m.*

músico, ca ◆ adj musical(e). ◆ sm, f musicien *m*, -enne *f.* ◆ **música** sf musique *f* ▸ **me suena a música celestial** *fig* j'ai l'impression que c'est du pipeau ▸ **música ambiental** musique d'ambiance ▸ **música de cámara** musique de chambre ▸ **música electrónica** musique électronique ▸ **música funcional** RP musique d'ambiance ▸ **música instrumental** musique instrumentale ▸ **música ligera** musique légère ▸ **música pop** musique pop ▸ **música vocal** musique vocale ▸ **mandar con la música a otra parte** envoyer paître ▸ **¡vete con la música a otra parte!** *fam* va voir ailleurs si j'y suis !

musicología sf musicologie *f.*

musicoterapia sf musicothérapie *f.*

musitar vt murmurer.

muslamen sm *fam* belles cuisses *fpl.*

muslo sm cuisse *f.*

mustela sf **1.** [comadreja] belette *f* **2.** [pez] chien *m* de mer.

mustiar [8] vt faner. ◆ **mustiarse** vprnl se faner.

mustio, tia adj **1.** [marchito] fané(e) **2.** [triste] morne.

musulmán, ana adj & sm, f musulman(e).

mutable adj [carácter, clima] changeant(e).

mutación sf mutation *f* ▸ **mutación de temperaturas** changement *m* de température.

mutante ◆ adj mutant(e). ◆ sm BIOL mutant *m.*

mutar vt [funcionarios] muter.

mutilación sf mutilation *f.*

mutilado, da adj & sm, f mutilé(e).

mutilar vt mutiler.

mutis sm inv TEATRO sortie *f* de scène ▸ **hacer mutis a)** sortir de scène **b)** [marcharse] partir en douce.

mutismo sm mutisme *m.*

mutualidad sf [asociación] mutuelle *f.*

mutualista adj & smf mutualiste.

mutuamente adv mutuellement.

mutuo, tua adj mutuel(elle). ◆ **mutua** sf mutuelle *f* ▸ **mutua de seguros** société *f* d'assurance mutuelle.

muxo (*abr escrita de* **mucho**) SMS bcp *(beaucoup).*

muy adv très / *muy cerca / lejos* très près/loin / *muy de mañana* de très bonne heure / *eso es muy de ella* c'est tout elle / *¡el muy tonto!* quel idiot ! / *por muy cansado que esté...* il a beau être fatigué....

muyahidín ◆ sm moudjahidin *mpl.* ◆ adj des moudjahidin.

Myanmar npr Myanmar *m.*

mzo., mzo = **mar.**

N Ñ

n, N ['ene] sf [letra] n *m inv*, N *m inv*. ◆ **20 N** sm *20 novembre 1975, date de la mort du général Franco.*

n / (*abr de* **nuestro**) n / / *n / Ref.: 2578* n /Réf.

nº (*abr escrita de* **número**) nº / *no de tel.* nº de tél.

nabo sm navet *m*.

> ⚠ **Nabot** es un falso amigo, no significa *nabo*, sino "retaco".

nácar sm nacre *f*.

nacarado, da adj nacré(e).

nacatamal sm CAm *pâté de maïs farci de viande de porc.*

nacer [29] vi **1.** [gen] naître / *nació en Granada* il est né à Grenade / *ha nacido cantante* c'est un chanteur-né / *ha nacido para trabajar* il est fait pour le travail ▸ **nacer parado** VEN être né sous une bonne étoile ▸ **volver a nacer** l'échapper belle **2.** [descender] ▸ **nacer de** être issu(e) de **3.** [surgir - río] prendre sa source ; [- sol] se lever.

nacho sm CULIN nacho *m (chips mexicaine au maïs).*

nacido, da ❖ adj né(e). ❖ sm, f : *los nacidos en enero / en Valencia* les personnes nées en janvier / à Valence ▸ **un recién nacido** un nouveau-né ▸ **ser un mal nacido** *fig* être un odieux personnage.

naciente ❖ adj **1.** [gen] naissant(e) ▸ **el sol naciente** le soleil levant **2.** [nuevo] jeune / *la república naciente* la jeune république. ❖ sf *(gen pl)* RP [origen] sources *fpl*, origine *f*.

nacimiento sm **1.** [gen] naissance *f* ; [de río] source *f* ▸ **de nacimiento** de naissance **2.** [belén] crèche *f*.

nación sf nation *f* ; [territorio] pays *m*. ◆ **Naciones Unidas** sfpl ▸ **las Naciones Unidas** les Nations *fpl* unies.

nacional ❖ adj national(e). ❖ smf HIST ▸ **los nacionales** les nationalistes *(partisans de Franco).*

nacionalidad sf nationalité *f* ▸ **doble nacionalidad** double nationalité.

nacionalismo sm nationalisme *m*.

nacionalista adj & smf nationaliste.

nacionalización sf **1.** ECON nationalisation *f* **2.** [de persona] naturalisation *f*.

nacionalizar [13] vt **1.** ECON nationaliser **2.** [persona] naturaliser.

nacionalsocialismo sm national-socialisme *m*.

nacionalsocialista adj & smf HIST national-socialiste.

naco, ca ❖ adj CAm MÉX *fam* **1.** *despec* [indio] indien(enne), indigène **2.** [ordinario] commun(e). ❖ sm, f **1.** [cobarde] lâche *mf* **2.** CAm MÉX *fam* & *despec* [indio] Indien *m*, -enne *f* **3.** CAm MÉX *fam* [ordinario] personne *f* grossière. ◆ **naco** sm **1.** AM [de tabaco] carotte *f* **2.** PERÚ [puré] purée *f* ▸ **quedar vuelto naco** être réduit en bouillie.

> **nada**
>
> ❖ pron
>
> rien / *no quiero nada* je ne veux rien ▸ **antes de nada** avant tout ▸ **de nada** [respuesta a "gracias"] de rien, je t'en / vous en prie / *un regalito de nada* un petit cadeau de rien du tout / *no dijo nada de nada* il n'a rien dit du tout ▸ **en nada** MÉX *fam* [casi] : *en nada estuvo que cayera* il a bien failli tomber ▸ **nada más** c'est tout / *no quiero nada más* je ne veux rien d'autre ▸ **como si nada** comme si de rien n'était ▸ **¡de eso nada!** pas question ! ▸ **esto no es nada** ce n'est rien
>
> ❖ adv
>
> **1.** [en absoluto] du tout / *no me gusta nada* ça ne me plaît pas du tout
>
> **2.** [poco] peu / *no hace nada que salió* il est sorti à l'instant même
>
> ❖ sf
>
> **1.** [el no ser] néant *m* ▸ **sacar de la nada** tirer du néant
>
> **2.** MÉX RP *fam* [muy poco] *le pedí plata y me dio una nada* je lui ai demandé de l'argent et il ne m'a presque rien donné
>
> ◆ **nada más** loc adv à peine / *nada más irte llamó tu padre* tu étais à peine parti que ton père a appelé.

nadador, ra adj & sm, f nageur(euse).

nadar vi nager ▸ **nadar en deudas** être criblé(e) de dettes ▸ **nadar en dinero** rouler sur l'or ▸ **nadar en la opulencia** nager dans l'opulence.

nadería sf rien *m* / *se enfada por naderías* un rien l'irrite.

nadie ❖ pron personne / *nadie más* plus personne / *nadie me lo ha dicho* personne ne me l'a dit / *no ha llamado nadie* personne n'a téléphoné. ❖ sm ▸ **ser un nadie** être un minable ▸ **un don nadie** un moins que rien.

nado ◆ **a nado** loc adv à la nage.

nafta sf **1.** QUÍM naphte *m* **2.** RP [gasolina] essence *f* ▸ **nafta sin plomo** RP essence sans plomb ▸ **nafta súper** RP essence super.

naftalina sf naphtaline *f*.

nagual sm CAm MÉX **1.** [hechicero] sorcier *m* **2.** [animal] animal *m* de compagnie.

nahua, náhuatl ❖ adj nahua. ❖ smf [persona] Nahua *m*. ❖ sm [lengua] nahuatl *m*.

naïf, naif [na'if] ❖ adj inv & smf inv ARTE naïf(ive). ❖ sm ARTE [estilo] style *m* naïf.

nailon, nilón, nylon® ['nailon] sm Nylon® *m*.

naipe sm carte *f* (à jouer).
◆ **naipes** smpl cartes *fpl* (à jouer).

Nairobi npr Nairobi.

nalga sf **1.** [de persona] fesse *f* **2.** RP [carne] gîte *m* à la noix.

Namibia npr Namibie *f*.

namibio, bia ❖ adj namibien(enne). ❖ sm, f Namibien *m*, -enne *f*.

nana sf **1.** [canción] berceuse *f* **2.** *fam* [abuela] mamie *f*.

nanay interj *fam* ▸ **¡nanay!** des clous !

nandrolona sf MED nandrolone *f*.

nanociencia sf nanoscience *f*.

nanómetro sm nanomètre *m*.

nanopartícula sf FÍS nanoparticule *f*.

nanosegundo sm nanoseconde *f*.

nanotecnología sf nanotechnologie *f*.

nanotubo sm nanotube *m*.

nao sf nef *f (navire)*.

napa sf cuir *m* souple.

napalm [na'palm] sm napalm *m*.

napia sf *(gen pl) fam* pif *m*, tarin *m*.

napoleónico, ca adj napoléonien(enne).

Nápoles npr Naples.

naranja ❖ adj inv orange. ❖ sm [color] orange *m*. ❖ sf **1.** [fruto] orange *f* **2.** EXPR **¡naranjas de la China!** *fig* des clous ! ▸ **no pasa naranja** RP VEN *fam* : *este es un pueblo muy aburrido, acá no pasa naranja* qu'est-ce qu'on s'embête dans ce village, il s'y passe que dalle. ◆ **media naranja** sf *fam* & *fig* moitié *f (épouse)*.

naranjada sf orangeade *f*.

naranjal sm orangeraie *f*.

naranjo sm oranger *m*.

narcisismo sm narcissisme *m*.

narcisista smf narcissique *mf*.

narciso sm BOT narcisse *m* ▸ **es un narciso** il est narcissique.

narco smf : *una red de narcos* un réseau de narcos.

narcosala sf ESP *structure sanitaire permettant aux toxicomanes de s'injecter ou d'ingérer des drogues dans des conditions d'hygiène correctes.*

narcótico, ca adj narcotique.
◆ **narcótico** sm narcotique *m*.

narcotismo sm narcotisme *m*.

narcotizar [13] vt administrer des narcotiques à.

narcotraficante smf trafiquant *m*, -e *f* de drogue, narcotrafiquant *m*, -e *f*.

narcotráfico sm trafic *m* de stupéfiants.

nardo sm nard *m*.

narguile sm narguilé *m*, chicha *f*.

narigudo, da ❖ adj : *¡es tan narigudo!* il a un si grand nez ! ❖ sm, f : *Cyrano es un narigudo famoso* Cyrano est célèbre pour son grand nez.

nariz ❖ sf nez *m* ▸ **nariz aguileña / chata / respingona** nez aquilin / camus / en trompette ▸ **me da en la nariz que...** je sens que... ▸ **dar a alguien en las narices** envoyer promener qqn ▸ **darse de narices con alguien** se trouver nez à nez avec qqn ▸ **de narices** aux petits oignons ▸ **estar hasta las narices** *fig* en avoir par-dessus la tête / *lo harás por narices fam* tu vas le faire, il n'y a pas à tortiller ▸ **hincharle las narices a alguien** ESP *fam* pomper l'air à qqn, taper sur les nerfs de qqn ▸ **se le hinchan las narices** la moutarde lui monte au nez ▸ **meter las narices en algo** *fig* fourrer son nez dans qqch ▸ **romper las narices a alguien** casser la figure à qqn ▸ **romperse las narices** se casser la figure ▸ **ser un nariz para arriba** RP *fam* être snob. ❖ interj ▸ **¡narices!** **a)** mince alors ! **b)** [¡ni hablar!] tintin !

narizotas smf inv *fam* : *es un narizotas* il a un gros pif.

narración sf narration *f* ; [cuento, relato] récit *m*.

narrador, ra sm, f narrateur *m*, -trice *f*.

narrar vt raconter.

narrativo, va adj narratif(ive).
◆ **narrativa** sf [género literario] roman *m*.

NASA (*abr de* **National Aeronautics and Space Administration**) sf NASA *f*.

nasal adj **1.** [gen & LING] nasal(e) **2.** [voz] nasillard(e).

nasalizar [13] vt nasaliser.

Nassau npr Nassau.

nata sf crème *f* ▸ **nata batida** o **montada** crème fouettée ▸ **la (flor y) nata de...** *fig* la fine fleur de....

natación sf natation *f*.

natal adj natal(e).

natalicio sm **1.** [día] jour *m* de naissance **2.** [cumpleaños] anniversaire *m*.

natalidad sf natalité *f*.

natillas sfpl crème *f* renversée.

natividad sf nativité *f*.
◆ **Natividad** sf ▸ **la Natividad** la Nativité.

nativo, va ❖ adj **1.** [gen] natif(ive) ▸ **ser nativo de** être originaire de / *un profesor de inglés nativo* un professeur d'anglais de langue maternelle anglaise **2.** [país, ciudad, pueblo] natal(e). ❖ sm, f natif *m*, -ive *f*.

nato, ta adj **1.** [de nacimiento] né(e) / *es un músico nato* c'est un musicien-né **2.** [cargo, título] de plein droit.

natura sf nature *f* ▸ **contra natura** contre nature.

natural ❖ adj **1.** [gen] naturel(elle) ; [luz] du jour / *esa reacción es natural en él* cette réaction est naturelle chez lui **2.** [nativo] ▸ **ser natural de** être originaire de. ❖ smf [persona] natif *m*, -ive *f*. ❖ sm [índole] naturel *m* ▸ **al natural** au naturel.

naturaleza sf nature *f* ▸ **por naturaleza** par nature ▸ **la madre naturaleza** dame Nature ▸ **naturaleza muerta** nature morte.

naturalidad sf naturel *m* ▸ **con toda naturalidad** tout naturellement.

naturalismo sm naturalisme *m*.

naturalista adj & smf FILOS & LITER naturaliste.

naturalización sf naturalisation *f*.

naturalizado, da adj naturalisé(e).

naturalizar [13] vt naturaliser.
◆ **naturalizarse** vprnl se faire naturaliser.

naturalmente adv [por naturaleza, por supuesto] naturellement.

naturismo sm naturisme *m*.

naturista smf naturiste *mf*.

naturópata smf naturopathe *mf*.

naturopatía sf naturopathie *f*, médecine *f* douce.

naufragar [16] vi **1.** [barco, persona] faire naufrage **2.** *fig* [negocio] couler ; [asunto, proyecto] échouer.

naufragio sm *pr* & *fig* naufrage *m*.

náufrago, ga adj & sm, f naufragé(e).

náusea sf *(gen pl)* nausée *f* ▸ **tener náuseas** avoir la nausée / *me da náuseas* ça me donne la nausée.

nauseabundo, da adj [olor] nauséabond(e) ; [comportamiento, actitud] écœurant(e).

náutico, ca adj nautique. ◆ **náutica** sf navigation *f*.

navajazo sm coup *m* de couteau.

navajero, ra sm, f *agresseur armé d'un couteau*.

navajo, ja ❖ adj navajo. ❖ sm, f Navajo *mf*.
◆ **navaja** sf **1.** [cuchillo] couteau *m* (à lame pliante) ; [pequeño] canif *m* ▸ **navaja de afeitar** rasoir *m* à main **2.** ZOOL couteau *m*. ◆ **navajo** sm [idioma] navajo *m*.

naval adj naval(e).

Navarra npr Navarre *f*.

navarro, rra ❖ adj navarrais(e). ❖ sm, f Navarrais *m*, -e *f*.

nave sf **1.** [barco] navire *m* **2.** [vehículo] vaisseau *m* ▸ **nave espacial** vaisseau spatial ▸ **nave extraterrestre** soucoupe *f* volante **3.** [de iglesia] nef *f* **4.** [almacén] hangar *m* **5.** EXPR **quemar las naves** brûler ses vaisseaux.

navegable adj navigable.

navegación sf navigation *f* ▸ **navegación costera / de altura** navigation côtière/hauturière.

navegador, ra sm, f internaute *mf*.

navegante ❖ adj navigant(e) / *un pueblo navegante* un peuple de navigateurs. ❖ smf navigateur *m*, -trice *f*.

navegar [16] vi naviguer.

naveta sf [monumento] *monument funéraire mégalithique aux Baléares*.

Navidad sf Noël *m* ▸ **¡Feliz Navidad!** joyeux Noël ! ▸ **las Navidades** les fêtes de Noël.

navideño, ña adj de Noël.

naviero, ra adj [compañía, empresa] de navigation.
◆ **naviera** sf [compañía] compagnie *f* maritime.
◆ **naviero** sm [armador] armateur *m*.

navío sm vaisseau *m*.

nazareno, na adj [de Nazaret] nazaréen(enne).
◆ **nazareno** sm RELIG pénitent *m (durant les processions de la Semaine sainte)*.

nazca ⟶ **nacer**.

nazi adj & smf nazi(e).

nazismo sm nazisme *m*.

NB (*abr escrita de* **nota bene**) NB.

NBA (*abr de* **National Basketball Association**) sf NBA *f*.

N. del A. (*abr escrita de* **nota del autor**) NDA, N.D.A.

N. del E. (*abr escrita de* **nota del editor**) NDE, N.D.E.

N. del T. (*abr escrita de* **nota del traductor**) NDT, N.D.T.

neblina sf brume *f*.

neblinoso, sa adj brumeux(euse).

nebulosa sf ⟶ **nebuloso**.

nebulosidad sf nébulosité *f*.

nebuloso, sa adj nébuleux(euse).
◆ **nebulosa** sf ASTRON nébuleuse *f*.

necedad sf sottise *f*.

necesario, ria adj nécessaire / *no es necesario que venga* il n'est pas nécessaire qu'il vienne / *es necesario hacerlo* il faut le faire / *es necesario que le ayudes* il faut que tu l'aides / *si es necesario...* si nécessaire....

neceser sm nécessaire *m* (de toilette).

necesidad sf **1.** [menester] besoin *m* ▸ **en caso de necesidad** en cas de besoin ▸ **sentir la necesidad de** éprouver le besoin de **2.** [imperativo] nécessité *f* ▸ **de primera necesidad** de première nécessité ▸ **obedecer a la necesidad (de)** répondre à la nécessité (de) ▸ **por necesidad** par nécessité.
◆ **necesidades** sfpl **1.** [fisiológicas] ▸ **hacer sus necesidades** faire ses besoins **2.** [estrecheces] ▸ **pasar necesidades** être dans le besoin.

necesitado, da adj & sm, f nécessiteux(euse) ▸ **estar necesitado de** avoir besoin de.

necesitar ❖ vt avoir besoin de / *necesito ayuda / verte* j'ai besoin d'aide/de te voir / *necesito que me digas...* j'ai besoin que tu me dises... / *'se necesita empleada'* 'on demande une employée'.
❖ vi ▸ **necesitar de** avoir besoin de.

necio, cia ❖ adj **1.** [tonto] idiot(e) **2.** AM [terco] têtu(e), entêté(e). ❖ sm, f **1.** AM [terco] têtu(e), entêté(e) **2.** MÉX [susceptible] personne *f* susceptible.

nécora sf étrille *f (crabe)*.

necrófago, ga adj nécrophage.

necrofilia sf **1.** [perversión sexual] nécrophilie *f* **2.** [afición] goût *m* macabre.

necrología sf nécrologie *f*.

necrológico, ca adj nécrologique.
◆ **necrológica** sf [noticia] nécrologie *f*.
◆ **necrológicas** sfpl PRENSA rubrique *f* nécrologique.

necromancia sf nécromancie *f*.

necrópolis sf inv nécropole *f*.

necrosis sf inv nécrose *f*.

néctar sm nectar *m*.

nectarina sf nectarine *f*.

neerlandés, esa ◇ adj néerlandais(e). ◇ sm, f Néerlandais *m*, -e *f*.
◆ **neerlandés** sm [lengua] néerlandais *m*.

nefando, da adj abominable.

nefasto, ta adj néfaste.

nefrítico, ca adj néphrétique.

nefrología sf néphrologie *f*.

negación sf **1.** [gen & GRAM] négation *f* **2.** [negativa] refus *m*.

negacionismo sm négationnisme *m*.

negacionista smf négationniste *mf*.

negado, da ◇ adj : *soy negado para el latín* je suis nul en latin. ◇ sm, f incapable *mf*.

negar [35] vt **1.** [desmentir] nier **2.** [denegar] refuser ▸ **negar el saludo / la palabra a alguien** refuser de saluer qqn / de parler à qqn. ◆ **negarse** vprnl refuser / *no me pude negar* je n'ai pas pu refuser ▸ **negarse a hacer algo** refuser de o se refuser à faire qqch.

negativo, va adj négatif(ive).
◆ **negativa** sf **1.** [rechazo] refus *m* **2.** [mentís] ▸ **contestar con la negativa** répondre par la négative.
◆ **negativo** sm FOTO négatif *m*.

negligé [neɣli'ʝe] sm négligé *m*.

negligencia sf négligence *f*.

negligente adj négligent(e).

negociable adj négociable.

negociación sf **1.** [tratos] négociation *f* ▸ **negociación colectiva** convention *f* collective **2.** MÉX [empresa] entreprise *f*.

negociado sm **1.** [despacho] bureau *m*, service *m* **2.** ANDES RP [chanchullo] affaire *f* louche.

negociador, ra sm, f négociateur *m*, -trice *f*.

negociante ◇ adj commerçant(e). ◇ smf **1.** [comerciante] commerçant *m*, -e *f* ▸ **negociante en** négociant *m*, -e *f* en **2.** *fig* [interesado] ▸ **ser un negociante** être âpre au gain.

negociar [8] ◇ vi **1.** [comerciar] faire du commerce ▸ **negociar en** faire le commerce de **2.** [discutir] ▸ **negociar (con)** négocier (avec). ◇ vt négocier.

negocio sm **1.** [gen] affaire *f* ▸ **hacer negocio** gagner de l'argent ▸ **negocio redondo** affaire en or ▸ **negocio sucio** affaire louche **2.** [establecimiento] commerce *m*.

negra sf ⟶ **negro**.

negrero, ra ◇ adj **1.** [de esclavos] négrier(ère) **2.** *fig* [déspota] tyrannique. ◇ sm, f *pr* & *fig* négrier *m*.

negrita, negrilla sf ⟶ **letra**.

negro, gra ◇ adj **1.** [gen, CINE & LITER] noir(e) ; [tabaco, cerveza] brun(e) ▸ **el mercado negro** le marché noir **2.** [futuro, porvenir] sombre **3.** *fam* [furioso] furax **4.** EXPR **me pone negro** ça me tape sur les nerfs ▸ **pasarlas negras** *fam* en baver ▸ **trabajar como un negro** travailler comme un fou. ◇ sm, f Noir *m*, -e *f*.
◆ **negro** sm **1.** [color] noir *m* **2.** *fig* [trabajador anónimo] larbin *m* ; [de escritor] nègre *m*. ◆ **negra** sf MÚS noire *f* ▸ **tener la negra** *fam* & *fig* avoir la poisse.

negroide adj négroïde.

negrura sf noirceur *f*.

negruzco, ca adj noirâtre.

nem [nem] sm CULIN nem *m*.

nemónico, ca = **mnemónico**.

nemotecnia = **mnemotecnia**.

nemotécnico, ca = **mnemotécnico**.

nene, na sm, f *fam* bébé *m*.

nenúfar sm nénuphar *m*.

neocapitalismo sm néocapitalisme *m*.

neocelandés, esa = **neozelandés**.

neoclasicismo sm néoclassicisme *m*.

neoclásico, ca adj & sm, f néoclassique.

neocolonialismo sm néocolonialisme *m*.

neoconservador, a sm, f néoconservateur *m*, -trice *f*.

neoconservadurismo sm néoconservatisme *m*.

neofascismo sm néofascisme *m*.

neofascista adj & smf néofasciste.

neófito, ta sm, f néophyte *mf*.

neogótico, ca adj néogothique.
◆ **neogótico** sm néogothique *m*.

neolatino, na adj néolatin(e).

neoliberal adj & sm, f néolibéral(e).

neoliberalismo sm néolibéralisme *m*.

neolítico, ca adj néolithique.
◆ **neolítico** sm néolithique *m*.

neologismo sm néologisme *m*.

neón sm néon *m*.

neonato, ta adj *culto* nouveau-né(e).

neonazi adj & smf néonazi(e).

neopreno® sm Néoprène® *m*.

neorrealismo sm CINE néoréalisme *m*.

neoyorquino, na ◇ adj new-yorkais(e). ◇ sm, f New-Yorkais *m*, -e *f*.

neozelandés, esa, neocelandés, esa ◇ adj néo-zélandais(e). ◇ sm, f Néo-Zélandais *m*, -e *f*.

Nepal npr ▸ **el Nepal** le Népal.

nepalés, esa, nepaleses, -esas, nepalí (*pl* **nepalíes**) ◇ adj népalais(e). ◇ sm, f Népalais *m*, -e *f*.

nepotismo sm népotisme *m*.

Neptuno npr Neptune.

nerd [nerd] smf *despec* nerd *m*.

nervadura sf **1.** BOT nervation *f* **2.** ZOOL nervure *f*.

nervio sm **1.** [gen & ANAT] nerf *m* ▸ **hacer algo con nervio** faire qqch avec énergie ▸ **ser puro nervio** être un paquet de nerfs ▸ **tener nervio** avoir du nerf ▸ **nervio ciático** nerf sciatique **2.** BOT & ARQUIT nervure *f*.
◆ **nervios** smpl [nerviosismo] nerfs *mpl* ▸ **tener nervios** être nerveux(euse) ▸ **tener un ataque de nervios** avoir une crise de nerfs ▸ **poner los nervios de punta** taper sur les nerfs ▸ **tener los nervios de punta** avoir les nerfs à vif ▸ **tener nervios de acero** avoir des nerfs d'acier.

nerviosismo sm nervosité *f*.

nervioso, sa adj **1.** [gen & ANAT] nerveux(euse) **2.** [irritado] énervé(e) ▸ **ponerse nervioso** s'énerver / *me pone nervioso* ça m'énerve.

nervudo, da adj [cuello, manos] nerveux(euse).

netamente adv nettement.

netiqueta sf INFORM nétiquette *f*.

neto, ta adj net (nette).

neumático, ca adj pneumatique ; [cámara] à air.
◆ **neumático** sm pneu *m*.

neumonía sf pneumonie *f*.

neura sm *fam* [obsesión] obsession *f* ; [depresión] déprime *f*.

neuralgia sf névralgie *f*.

neurálgico, ca adj névralgique.

neurastenia sf neurasthénie *f*.

neurasténico, ca adj neurasthénique.

neurobiología sf neurobiologie *f*.

neurocirugía sf neurochirurgie *f*.

neurocirujano, na sm, f neurochirurgien *m*, -enne *f*.

neurofisiología sf neurophysiologie *f*.

neurología sf neurologie *f*.

neurológico, ca adj neurologique.

neurólogo, ga sm, f neurologue *mf*.

neurona sf neurone *m*.

neuronal adj neuronal(e).

neuropatía sf neuropathie *f*.

neuropsicología sf neuropsychologie *f*.

neuropsiquiatría sf neuropsychiatrie *f*.

neurosis sf inv névrose *f*.

neurótico, ca ❖ adj [trastorno, comportamiento] névrotique ; [persona] névrosé(e). ❖ sm, f névrosé *m*, -e *f*.

neurotransmisión sf neurotransmission *f*.

neurotransmisor sm neurotransmetteur *m*.

neutral ❖ adj neutre. ❖ sm, f ▸ **los neutrales** les pays neutres.

neutralidad sf neutralité *f*.

neutralizable adj : *son efectos neutralizables* ce sont des effets auxquels on peut remédier.

neutralización sf neutralisation *f*.

neutralizador, ra adj neutralisant(e).

neutralizar [13] vt neutraliser.
◆ **neutralizarse** vprnl QUÍM se neutraliser.

neutro, tra adj neutre. ◆ **neutro** sm **1.** GRAM neutre *m* **2.** AM AUTO point *m* mort.

neutrón sm neutron *m*.

nevado, da adj enneigé(e).
◆ **nevada** sf chute *f* de neige.
◆ **nevado** sm ANDES RP [montaña] montagne *f* enneigée.

nevar [19] v impers neiger.

nevera sf réfrigérateur *m* ; [portátil] glacière *f*.

nevería sf CARIB MÉX boutique *f* de glacier-limonadier.

nevisca sf légère chute *f* de neige.

neviscar [10] v impers neiger légèrement.

new age [ni'weitʃ] sf MÚS new age *f*.

newton ['njuton] sm newton *m*.

new wave [niu weif] sf inv & adj inv new wave.

nexo sm lien *m (rapport)*.

ni ❖ conj ni ▸ **ni... ni...** ni... ni... / *ni de día ni de noche* ni le jour ni la nuit / *no canto ni bailo* je ne chante pas et ne danse pas non plus / *ni uno ni otro* ni l'un ni l'autre ▸ **ni un / una...** même pas un/une... / *no comió ni una manzana* il n'a même pas mangé une pomme / *no dijo ni una palabra* il n'a pas dit un traître mot ▸ **ni que...** comme si... / *¡ni que lo conocieras!* comme si tu le connaissais ! / *¡ni pensarlo!, ni hablar!* pas question ! ❖ adv même pas / *ni tiene tiempo para comer* il n'a même pas le temps de manger / *no quiero ni pensarlo* je ne veux même pas y penser.

Niágara ⟶ **catarata**.

Niamey npr Niamey.

Nicaragua npr Nicaragua *m*.

nicaragüense ❖ adj nicaraguayen(enne). ❖ smf Nicaraguayen *m*, -enne *f*.

nicho sm niche *f (dans un mur)*.

nicky = **niqui**.

Nicosia npr Nicosie.

nicotina sf nicotine *f*.

nicotismo sm tabagisme *m*.

nidada sf nichée *f*.

nidal sm nichoir *m*.

nidificar [10] vi nidifier.

nido sm nid *m* ▸ **nido de ladrones** repaire *m* de brigands ▸ **nido de víboras** *fig* nœud *m* de vipères.

niebla sf *pr* & *fig* brouillard *m*.

niega ⟶ **negar**.

nietastro, tra sm, f *fils, fille du beau-fils ou de la belle-fille*.

nieto, ta sm, f petit-fils *m*, petite-fille *f*.
◆ **nietos** smpl petits-enfants *mpl*.

nieva ⟶ **nevar**.

nieve sf neige *f*. ◆ **nieves** sfpl [nevada] chutes *fpl* de neige. ◆ **nieve carbónica** sf neige *f* carbonique.

NIF (*abr de* **número de identificación fiscal**) sm *numéro d'identification attribué à toute personne physique en Espagne.*

Níger npr Niger *m*.

Nigeria npr Nigeria *m*.

nigeriano, na ❖ adj nigérian(e).
❖ sm, f Nigérian *m*, -e *f*.

nigerino, na ❖ adj nigérien(e).
❖ sm, f Nigérien *m*, -e *f*.

night-club ['naitklub] (*pl* **night-clubs**) sm night-club *m*.

nigromancia sf nécromancie *f*.

nigromante smf nécromancien *m*, -enne *f*.

nihilismo sm nihilisme *m*.

nihilista adj & smf FILOS nihiliste.

Nilo npr ▸ **el Nilo** le Nil.

nilón = **nailon**.

nimbo sm **1.** [de santo] nimbe *m* **2.** [de astro] halo *m* **3.** METEOR nimbus *m*.

Nimes npr Nîmes ▸ **de Nimes** nîmois(e).

nimiedad sf **1.** [cualidad] insignifiance *f* **2.** [dicho, hecho] vétille *f*.

nimio, mia adj insignifiant(e).

ninfa sf nymphe *f*.

ninfómana adj & sf nymphomane.

ninfomanía sf nymphomanie *f*.

ningunear vt négliger.

ninguneo sm mise *f* à l'écart.

ninguno, na ❖ adj (*delante de sm sing:* **ningún**) **1.** [ni uno] aucun(e) / *en ningún lugar* nulle part / *ningún libro* aucun livre / *ninguna mujer* aucune femme / *no tiene ningunas ganas de estudiar* il n'a aucune envie de travailler / *no tiene ninguna gracia* ce n'est pas drôle du tout **2.** [valor enfático] : *no es ningún especialista* ce n'est vraiment pas un spécialiste.
❖ pron ▸ **ninguno (de)** aucun (de) / *ninguno funciona* aucun ne marche / *no vino ninguno* personne n'est venu / *ninguno de ellos lo vio* aucun d'eux ne l'a vu / *ninguna de las calles* aucune des rues.

niña sf ⟶ **niño**.

niñato, ta sm, f morveux *m*, -euse *f*.

niñería sf enfantillage *m*.

niñero, ra adj : *es muy niñero* il aime beaucoup les enfants. ◆ **niñera** sf nourrice *f*.

niñez sf **1.** [infancia] enfance *f* **2.** *fig* [pequeñez] enfantillage *m*.

niño, ña ❖ adj **1.** [crío] petit(e) **2.** [joven] ▸ **ser muy niño** être très jeune. ❖ sm, f **1.** [crío] enfant *mf*, petit garçon *m*, petite fille *f* ; [bebé] bébé *m* ▸ **de niño** quand j'étais petit ▸ **los niños** les enfants ▸ **niño bien** enfant de bonne famille ▸ **niño bonito** *fig* chouchou *m* ▸ **niño de teta** o **pecho** nourrisson *m* ▸ **niño Jesús** Enfant *m* Jésus ▸ **niño probeta** bébé-éprouvette *m* ▸ **niño prodigio** enfant prodige ▸ **estar como un niño con zapatos nuevos** être heureux comme un roi / *si no escribes a máquina, ¿qué ordenador ni qué niño muerto te voy a regalar?* tu ne sais même pas taper à la machine, comment veux-tu que je t'offre un ordinateur ? **2.** [joven] gamin *m*, -e *f*. ◆ **niña** sf [del ojo] pupille *f* ▸ **la niña de sus ojos** *fig* la prunelle de ses yeux.

nipón, ona ❖ adj nippon(onne).
❖ sm, f Nippon *m*, -onne *f*.

níquel sm nickel *m*.

niquelar vt nickeler.

niqui, nicky sm tee-shirt *m*.

nirvana sm nirvana *m*.

níscalo sm girolle *f*.

níspero sm **1.** [fruto] nèfle *f* **2.** [árbol] néflier *m*.

nitidez sf netteté *f* ▸ **ver algo con nitidez** voir qqch très nettement.

nítido, da adj net (nette) ; [agua, explicación] clair(e).

nitrato sm nitrate *m* ▸ **nitrato de Chile** nitrate du Chili.

nítrico, ca adj nitrique.

nitrogenado, da adj azoté(e).

nitrógeno sm azote *m*.

nitroglicerina sf nitroglycérine *f*.

nitroso, sa adj nitreux(euse).

nivel sm niveau *m* ▸ **a nivel europeo** au niveau européen ▸ **al nivel de** à la hauteur de ▸ **al nivel del mar** au niveau de la mer ▸ **nivel de agua** niveau d'eau ▸ **nivel de vida** niveau de vie ▸ **nivel mental** âge mental.

nivelación sf nivellement *m*.

nivelador, ra adj niveleur(euse).
◆ **niveladora** sf niveleuse *f*.

nivelar vt niveler ; [balanza] équilibrer.

níveo, a adj *culto* laiteux(euse).

nixtamal sm CAm Méx *pâte à tortilla*.

Niza npr Nice.

no

❖ adv

1. [gen] non / *¿te gusta? — no* ça te plaît ? — non / *estás de acuerdo ¿no?* tu es d'accord, non ? / *¡a que no te atreves!* je parie que tu ne le fais pas ! ▸ **¡cómo no!** bien sûr ! ▸ **no sólo… sino que** non seulement… mais… / *no sólo se equivoca, sino que encima es testarudo* non seulement il a tort mais en plus il s'entête **2.** [en forma negativa] ne… pas / *no tengo hambre* je n'ai pas faim / *¿no vienes?* tu ne viens pas ? / *creo que no* je ne crois pas / *no quiero nada* je ne veux rien / *no hemos visto a nadie* nous n'avons vu personne ▸ **no fumadores** non-fumeurs ▸ **¿por qué no?** pourquoi pas ? ▸ **todavía no** pas encore ▸ **no bien** à peine ▸ **¡pues no!, ¡que no!, ¡eso sí que no!** certainement pas !

❖ sm (*pl* **noes**)

non *m* ▸ **un no rotundo** un non catégorique

Nobel ◆ npr **1.** Nobel **2.** ▸ **los premios Nobel** les prix Nobel. ◆ smf [galardonado] nobel *mf.*

nobiliario, ria adj nobiliaire.

noble adj & smf noble.

nobleza sf noblesse *f.*

nobuk [nu'buk] sm nubuck *m* / *zapatos de nobuk* des chaussures en nubuck.

noche sf [gen] nuit *f*; [atardecer] soir *m* / *esta noche ceno en casa* ce soir je dîne à la maison ▸ **de noche a)** la nuit **b)** [trabajo] de nuit / *es de noche* il fait nuit ▸ **hacer noche en** passer la nuit à ▸ **pasar la noche en claro o vela** ne pas fermer l'œil de la nuit ▸ **por la noche** la nuit / *ayer por la noche* hier soir / *se ha hecho de noche* la nuit est tombée ▸ **de la noche a la mañana** du jour au lendemain ▸ **es la noche y el día** c'est le jour et la nuit. ◆ **buenas noches** interj ▸ **¡buenas noches! a)** [despedida] bonne nuit ! **b)** [saludo] bonsoir !

Nochebuena sf nuit *f* de Noël.

nochero sm CSur [persona] gardien *m*, -enne *f* de nuit.

Nochevieja sf nuit *f* de la Saint-Sylvestre.

noción sf notion *f.* ◆ **nociones** sfpl ▸ **tener nociones de...** avoir des notions de....

nocividad sf nocivité *f.*

nocivo, va adj nocif(ive).

noctambulismo sm noctambulisme *m.*

noctámbulo, la adj & sm, f noctambule.

nocturnidad sf DER ▸ **con nocturnidad** de nuit.

nocturno, na adj nocturne ; [clase] du soir ; [tren, trabajo, etc.] de nuit. ◆ **nocturno** sm MÚS nocturne *m.*

nodo sm ASTRON & FÍS nœud *m* ; FÍS ▸ **nodo local** nœud local.

nodriza sf **1.** nourrice *f* **2.** ⟶ **avión**.

nódulo sm nodule *m.*

nogal sm noyer *m.*

nómada adj & smf nomade.

nomadismo sm nomadisme *m.*

nomás adv **1.** Am [sólo] seulement / *hasta ahí nomás* pas plus loin que ça **2.** Am [mismo] juste / *así nomás* juste comme ça ▸ **ayer nomás** pas plus tard qu'hier **3.** Méx [tan pronto como] ▸ **nomás que** dès que.

nombrado, da adj **1.** [citado] cité(e) **2.** [famoso] renommé(e).

nombramiento sm nomination *f.*

nombrar vt nommer / *cuando fue nombrado director* quand il a été nommé directeur.

nombre sm **1.** [gen] nom *m* ▸ **a nombre de** au nom de *(lettre, chèque)* ▸ **en nombre de** au nom de ▸ **nombre artístico a)** [de actor] nom de scène **b)** [de escritor] nom de plume ▸ **nombre colectivo** nom collectif ▸ **nombre comercial** nom commercial ▸ **nombre completo, nombre y apellido** noms et prénoms ▸ **nombre común / propio** nom commun / propre ▸ **nombre de soltera** nom de jeune fille ▸ **lo que me has hecho no tiene nombre** ce que tu m'as fait n'a pas de nom ▸ **llamar las cosas por su nombre** appeler un chat un chat **2.** [antes de apellido] ▸ **nombre (de pila)** prénom *m* / *un hombre de nombre Juan* un dénommé Juan ▸ **nombre compuesto** prénom composé **3.** *fig* [fama] renom *m.*

> ⚠ **Nombre** es un falso amigo, no significa *nombre*, sino "número".

nomenclatura sf nomenclature *f.*

nomeolvides sm inv **1.** BOT myosotis *m* **2.** [pulsera] gourmette *f.*

nómina sf **1.** [registro] liste *f* du personnel ▸ **estar en nómina** faire partie du personnel **2.** [hoja] feuille *f* de paie **3.** [pago] paie *f.*

nominación sf nomination *f.*

nominado, da adj nominé(e) / *un cheque nominado a* un chèque à l'ordre de.

nominal adj nominal(e).

nominar vt nommer.

nominativo, va adj nominatif(ive). ◆ **nominativo** sm GRAM nominatif *m.*

nomo = **gnomo**.

non ◆ adj impair(e). ◆ sm nombre *m* impair. ◆ **nones** smpl ▸ **decir que nones** dire que non.

nonagenario, ria adj & sm, f nonagénaire.

nonagésimo, ma adj num quatre-vingt-dixième ▸ **nonagésima parte** quatre-vingt-dixième *m.*

nonato, ta adj **1.** [bebé] né(e) par césarienne **2.** *fig* [cosa] futur(e) / *Rusia manifestó sus deseos de participar en la construcción de la todavía nonata estación espacial* la Russie a manifesté son désir de participer à la construction de la future station spatiale. ◆ **nonato** sm CSur [carne, cuero] agneau *m.*

nono, na adj **1.** *culto* [para ordenar] neuvième **2.** RP Ven *fam* [abuelo] papi *m*, mamie *f.*

nopal sm Am nopal *m (figuier de Barbarie).*

noquear vt **1.** DEP mettre KO **2.** Am [derrotar] battre à plate(s) couture(s).

norcoreano, na ◆ adj nord-coréen(enne). ◆ sm, f Nord-Coréen *m*, -enne *f.*

nordeste, noreste adj & sm nord-est.

nórdico, ca ◆ adj **1.** [del norte] nord **2.** [escandinavo] nordique. ◆ sm, f Nordique *mf.*

noreste = **nordeste**.

noria sf **1.** [para agua] noria *f* **2.** Esp [atracción] grande roue *f.*

norma sf **1.** [reglamento] règle *f* ▸ **por norma** par principe ▸ **por norma general** en règle générale ▸ **norma de conducta** ligne *f* de conduite **2.** [industrial] norme *f.*

normal adj normal(e) ; [gasolina] ordinaire.

normalidad sf normalité *f* / *volver a la normalidad* revenir à la normale.

normalista smf BOL MÉX EDUC [en Escuela Normal - estudiante] ≃ étudiant dans un IUFM ; [- profesor] ≃ professeur dans un IUFM.

normalización sf normalisation *f*.

normalizar [13] vt normaliser.
◆ **normalizarse** vprnl redevenir normal(e).

normalmente adv [generalmente, normal] normalement.

Normandía npr Normandie *f*.

normando, da ❖ adj normand(e). ❖ sm, f Normand *m*, -e *f*. ◆ **normando** sm [lengua] normand *m*.

normar vi AM **1.** [regir] gouverner, diriger **2.** [dotar de norma] régler.

normativo, va adj normatif(ive).
◆ **normativa** sf réglementation *f*.

noroeste adj & sm nord-ouest.

norte ❖ sm nord *m inv* / *el norte de Europa* le nord de l'Europe ▸ **perder el norte** perdre le nord. ❖ adj [zona, frontera] nord *(inv)*.
◆ **Norte** sm ▸ **el Norte a)** [punto cardinal] le Nord **b)** AM [Estados Unidos] les États-Unis.

norteafricano, na ❖ adj nord-africain(e).
❖ sm, f Nord-Africain *m*, -e *f*.

Norteamérica npr Amérique *f* (du Nord).

norteamericano, na ❖ adj nord-américain(e), américain(e). ❖ sm, f Américain *m*, -e *f*.

norteño, ña adj du Nord.

Noruega npr Norvège *f*.

noruego, ga ❖ adj norvégien(enne). ❖ sm, f Norvégien *m*, -enne *f*. ◆ **noruego** sm [lengua] norvégien *m*.

nos pron pers nous / *viene a vernos* il vient nous voir / *nos lo dio* il nous l'a donné / *vistámonos* habillons-nous / *nos queremos* nous nous aimons.

nosocomio sm AM hôpital *m*.

nosotros, tras pron pers nous ▸ **nosotros mismos** nous-mêmes ▸ **entre nosotros** entre nous.

nostalgia sf nostalgie *f*.

nostálgico, ca adj & sm, f nostalgique.

nota sf [gen & MÚS] note *f* ▸ **de mala nota** mal famé(e) ▸ **ir para nota** EDUC vouloir être le premier ▸ **sacar buenas notas** avoir de bonnes notes ▸ **tomar nota de algo** prendre note de qqch ▸ **nota a pie de página** note de bas de page ▸ **nota de corte** moyenne *f* requise *(pour entrer à l'université)* ▸ **nota de gastos** note de frais ▸ **dar la nota** se faire remarquer ▸ **forzar la nota** AM forcer la note. ◆ **nota, notas** sm ESP *fam & despec* [que llama la atención] frimeur *m*. ◆ **nota bene** sf [en correspondencia] nota bene *m inv*. ◆ **notas de sociedad** sm carnet *m* mondain.

notable ❖ adj [meritorio] remarquable ; [considerable] notable. ❖ sm **1.** EDUC mention *f* bien **2.** *(gen pl)* [persona] notable *m*.

notación sf MAT & MÚS notation *f*.

notar vt **1.** [advertir] remarquer ▸ **hacerse notar** se faire remarquer **2.** [percibir] sentir, trouver / *la noto molesta* je la sens gênée ▸ **notar calor / frío** trouver qu'il fait chaud / froid. ◆ **notarse** vprnl se voir / *la mancha se nota* la tache se voit.

notaría sf CAM CARIB ESP MÉX **1.** [profesión] notariat *m* **2.** [oficina] étude *f* de notaire, cabinet *m* de notaire.

notariado sm notariat *m*.

notarial adj notarial(e) ▸ **un acta notarial** un acte notarié.

notario, ria sm, f CAM CARIB ESP MÉX notaire *m* / *ante notario* par-devant notaire.

noticia sf nouvelle *f* ▸ **tener noticias** avoir des nouvelles. ◆ **noticias** sfpl RADIO & TV ▸ **las noticias** les informations.

> ⚠ **Notice** es un falso amigo, no significa *noticia*, sino "instrucciones".

noticiario, noticiero sm AM **1.** [en la radio] bulletin *m* d'informations, informations *fpl* **2.** [en cine] actualités *fpl* (cinématographiques).

notición sm *fam* scoop *m*.

notificación sf notification *f*.

notificar [10] vt notifier.

notoriedad sf notoriété *f*.

notorio, ria adj notoire.

nov., nov, novbre., novbre (*abr escrita de* **noviembre**) nov. / *17 nov. 2010* 17 nov. 2010.

novatada sf **1.** [broma] bizutage *m* **2.** [inexperiencia] erreur *f* de débutant ▸ **pagar la novatada** faire les frais de son inexpérience.

novato, ta adj & sm, f débutant(e).

novecientos, tas adj num neuf cents. *Ver también* **seiscientos**.

novedad sf nouveauté *f* ; [cambio] nouveau *m* ▸ **sin novedad** rien de nouveau.
◆ **novedades** sfpl COM nouveautés *fpl*.

novedoso, sa adj nouveau (nouvelle).

novel adj débutant(e).

novela sf roman *m* ▸ **novela de caballerías** roman de chevalerie ▸ **novela policíaca** roman policier ▸ **novela por entregas** roman-feuilleton *m* ▸ **novela rosa** roman à l'eau de rose.

> ⚠ **Nouvelle** es un falso amigo, no significa *novela*, sino "noticia" y también "relato".

novelar vt romancer.

novelería sf **1.** [fantasía] idées *fpl* o récits *mpl* o aventures *fpl* romanesques **2.** [afición] goût *m* pour le romanesque.
◆ **novelerías** sfpl AM [cosas novedosas] nouveauté *f*.

novelero, ra adj **1.** [fantasioso] imaginatif(ive) / *es muy novelero* il ne manque pas d'imagination **2.** [aficionado a novelas] passionné(e) de romans.

novelesco, ca adj romanesque.

novelista smf romancier *m*, -ère *f*.

novelístico, ca adj du roman.

novelón sm *fam* & *despec* roman-fleuve *m*.

noveno, na adj num neuvième ▸ **novena parte** neuvième *m*. *Ver también* **sexto.**
◆ **novena** sf RELIG neuvaine *f*.

noventa adj num inv & sm inv quatre-vingt-dix.

novia sf ⟶ **novio**.

noviar [8] vi AM ▸ **noviar con** fréquenter.

noviazgo sm fiançailles *fpl*.

noviciado sm **1.** RELIG noviciat *m* **2.** *fig* [aprendizaje] apprentissage *m*.

novicio, cia ❖ adj **1.** RELIG ▸ **los monjes novicios** les novices **2.** *fig* [principiante] novice. ❖ sm, f novice *mf*.

noviembre sm novembre *m*. *Ver también* **septiembre**.

novillada sf TAUROM *course de jeunes taureaux*.

novillero, ra sm, f TAUROM *matador qui combat de jeunes taureaux et n'a pas encore reçu l'alternative*.

novillo, lla sm, f jeune taureau *m*, génisse *f*.
◆ **novillos** smpl *fam* fête *f* ▸ **hacer novillos** ESP *fam* & *fig* faire l'école buissonnière.

novio, via sm, f **1.** [amante] copain *m*, copine *f* ; [prometido] fiancé *m*, -e *f* **2.** [recién casados] jeune marié *m*, jeune mariée *f* ▸ **los novios** les mariés.

novísimo, ma adj tout neuf (toute neuve).

novocaína sf Novocaïne® *f*.

NP (*abr escrita de* **no presentado**) ne s'est pas présenté.

N.ª S.ª *abr escrita de* **Nuestra Señora**.

NS / NC (*abr de* **no sabe, no contesta**) [en encuesta] sans opinion.

NTI (*abr de* **Nuevas Tecnologías de la Información**) sfpl NTI *fpl*.

ntra. (*abr de* **nuestra**) notre.

ntro. *abr escrita de* **nuestro**.

NTSC ['ene te 'ese θe] (*abr de* **National Television Sytem Committee**) ▸ **sistema NTSC** système NTSC.

nubarrón sm gros nuage *m*.

nube sf **1.** [gen] nuage *m* ▸ **nube de verano a)** orage *m* de chaleur **b)** *fig* colère *f* passagère ▸ **caído de las nubes** tombé du ciel ▸ **estar en las nubes** être dans les nuages ▸ **estar por las nubes** être hors de prix ▸ **poner algo / a alguien por las nubes** porter qqch / qqn aux nues ▸ **vivir en las nubes** ne pas avoir les pieds sur terre **2.** *fig* [multitud] nuée *f* **3.** [mancha en el ojo] taie *f*.

nublado, da adj **1.** [cielo] nuageux(euse) **2.** *fig* [mirada] brouillé(e).

nublar vt **1.** [cielo] assombrir **2.** *fig* [mente] obscurcir.
◆ **nublarse** vprnl **1.** [tiempo] se couvrir **2.** [ojos] se voiler **3.** *fig* [persona] : *se le nubló la razón* il a perdu son sang-froid.

nubloso, sa adj nuageux(euse).

nubosidad sf nébulosité *f*.

nuboso, sa adj : *un cielo nuboso* un ciel couvert.

nuca sf nuque *f*.

nuclear[1] adj nucléaire.

nuclear[2] vt AM rassembler / *este club de fans nuclea a todos los seguidores del cantante* ce club de fans rassemble tous les admirateurs du chanteur.
◆ **nuclearse** vprnl AM se rassembler.

nuclearización sf nucléarisation *f*.

nuclearizar [13] vt nucléariser.

núcleo sm noyau *m*.

nucléolo sm nucléole *m*.

nudillo sm jointure *f (des doigts)*.

nudismo sm nudisme *m*.

nudista adj & smf nudiste.

nudo sm **1.** [gen] nœud *m* ▸ **nudo corredizo** nœud coulant ▸ **nudo de comunicaciones** nœud de communications ▸ **hacérsele a alguien un nudo en la garganta** avoir la gorge nouée **2.** *fig* [de amistad] lien *m*.

nudopropiedad sf nue-propriété *f*.

nudopropietario, ria sm, f nu-propriétaire *m*, nue-propriétaire *f*.

nudosidad sf MED nodosité *f*.

nudoso, sa adj noueux(euse).

nuera sf belle-fille *f*.

nuestro, tra ❖ adj poses notre / *nuestro padre* notre père / *nuestros libros* nos livres / *este libro es nuestro* ce livre est à nous / *un amigo nuestro* un de nos amis / *no es asunto nuestro* ça ne nous regarde pas / *no es culpa nuestra* ce n'est pas (de) notre faute. ❖ pron poses ▸ **el nuestro** le nôtre ▸ **la nuestra** la nôtre ▸ **ésta es la nuestra** *fam* à nous de jouer ▸ **lo nuestro es el teatro** *fam* notre truc c'est le théâtre ▸ **los nuestros** [nuestra familia] les nôtres.

nueva sf ⟶ **nuevo**.

Nueva Caledonia npr Nouvelle-Calédonie *f*.

Nueva Delhi npr New Delhi.

nuevamente adv à o de nouveau.

Nueva Orleans npr Nouvelle-Orléans *f*.

Nueva York npr New York.

Nueva Zelanda npr Nouvelle-Zélande *f*.

nueve adj num inv & sm inv neuf. *Ver también* **seis**.

nuevo, va ❖ adj **1.** [gen] nouveau(elle) / *el año nuevo* le nouvel an **2.** [no usado] neuf (neuve) ▸ **quedar como nuevo a)** [persona] être remis sur pied **b)** [cosa] être remis à neuf **3.** EXPR **cogerle algo a alguien de nuevas** ESP surprendre o étonner qqn / *su boda me coge de nuevas* je ne m'attendais pas à ce qu'ils se marient. ❖ sm, f nouveau *m*, -elle *f*. ◆ **buena nueva** sf bonne nouvelle *f*. ◆ **de nuevo** loc adv de o à nouveau.

nuez sf **1.** [fruto] noix *f* **2.** ANAT pomme *f* d'Adam.
◆ **nuez moscada** sf noix *f* (de) muscade.

nulidad sf nullité *f*.

nulo, la adj nul (nulle) / *es nulo para la música* il est nul en musique.

núm. (*abr escrita de* **número**) n°.

numeración sf **1.** [acción] numérotation *f* **2.** [sistema] chiffres *mpl*, numération *f* ▸ **numeración arábiga / romana** chiffres arabes / romains ▸ **numeración binaria / decimal** numération binaire / décimale.

numerador sm MAT numérateur *m*.

numeral adj numéral(e).

numerar vt numéroter ; [contar] compter.
◆ **numerarse** vprnl [personas] se compter.

numerario, ria adj [profesor] titulaire.

numérico, ca adj numérique.

número sm **1.** [cantidad, MAT & GRAM] nombre *m* ▸ **un gran número de...** un grand nombre de... / *había gente sin número* il y avait beaucoup de gens ▸ **número atómico** numéro atomique ▸ **número cardinal / ordinal** nombre cardinal / ordinal ▸ **número complejo / irracional** nombre complexe / irrationnel ▸ **número dígito** chiffre *m* ▸ **número entero** nombre entier ▸ **número fraccionario** o **quebrado** nombre fractionnaire ▸ **número impar / par** nombre impair / pair ▸ **número primo** nombre premier ▸ **hacer números** faire les comptes ▸ **ser el número uno** être le numéro un **2.** [en serie, espectáculo, publicación] numéro *m* ▸ **número complementario** [en lotería primitiva] numéro complémentaire ▸ **número de matrícula** numéro d'immatriculation ▸ **número de teléfono** numéro de téléphone **3.** [cifra] chiffre *m* ▸ **número redondo** chiffre rond ▸ **número romano** chiffre romain **4.** [talla - de ropa] taille *f* ; [- de zapatos] pointure *f* **5.** [billete] billet *m* (*de loterie*) **6.** MIL membre *m* (*de la garde civile, etc.*) **7.** ESP [de policía, guardia civil] agent *m* de police **8.** EXPR **en números rojos** à découvert ▸ **hacer número** AM faire nombre ▸ **montar el número** ESP *fam* **a)** [armar un escándalo] faire (tout) un scandale, faire (tout) un plat **b)** [para llamar la atención] faire son numéro.

numerología sf numérologie *f*.

numeroso, sa adj nombreux(euse).

numerus clausus ['numerus'klausus] sm numerus clausus *m*.

numismático, ca ◇ adj numismatique. ◇ sm, f numismate *mf*. ◆ **numismática** sf numismatique *f*.

nunca adv jamais / *nunca me hablas* tu ne me parles jamais / *no llama nunca* il n'appelle jamais ▸ **nunca jamás** o **más** jamais plus.

nunciatura sf **1.** [cargo, edificio] nonciature *f* **2.** [tribunal de Rota] *tribunal ecclésiastique siégeant en Espagne*.

nuncio sm nonce *m*.

nupcial adj nuptial(e).

nupcias sfpl noces *fpl* ▸ **en segundas nupcias** en secondes noces.

nurse ['nurs] sf nurse *f*.

nutria sf loutre *f*.

nutrición sf nutrition *f*.

nutricionista smf nutritionniste *mf*.

nutrido, da adj **1.** [alimentado] nourri(e) **2.** *fig* [numeroso] nombreux(euse) ▸ **nutrido de** truffé de.

nutriente sm nutriment *m*.

nutrir vt **1.** [gen] ▸ **nutrir (de** o **con)** nourrir (de) **2.** *fig* [agua, etc.] ▸ **nutrir (de)** alimenter (en).
◆ **nutrirse** vprnl **1.** [alimentarse] ▸ **nutrirse de** o **con** se nourrir de **2.** *fig* [proveerse] ▸ **nutrirse de** o **con** se fournir en.

nutriterapia sf nutrithérapie *f*.

nutritivo, va adj nutritif(ive).

nylon® = **nailon**.

ñ, Ñ [eɲe] sf [letra] ñ *m inv*, Ñ *m inv* (*lettre de l'alphabet espagnol*).

ñacañaca sm *fam* & *hum* partie *f* de jambes en l'air ▸ **hacer ñacañaca** s'envoyer en l'air.

ñame sm CAM CARIB COL [planta] igname *f*.

ñam ñam interj *fam* miam-miam.

ñandú sm ZOOL nandou *m*.

ñango adj MÉX *fam* **1.** [persona] chétif(ive), malingre **2.** [animal] maigre, efflanqué(e).

ñaño, ña ◇ adj **1.** COL PAN [consentido] gâté(e) **2.** ANDES [muy amigo] proche. ◇ sm, f **1.** CHILE [hermano] frère *m*, sœur *f* **2.** PERÚ [niño] enfant *mf*.

ñapa, yapa sf ANDES RP *fam* supplément *m* / *le compré dos collares y me dio una ñapa* je lui ai acheté deux colliers et elle m'a fait un petit cadeau.

ñato, ta sm, f AM *fig* [palabra cariñosa] mon coco *m*, ma cocotte *f*. ◆ **ñata** sf AM *fam* [nariz] pif *m*.

ñeque ◇ adj **1.** [valiente] courageux(euse) **2.** CAM ANDES [fuerte] vigoureux(euse).
◇ sm **1.** CAM ANDES [fuerza] vigueur *f* **2.** CAM MÉX [bofetada] gifle *f*.

ñero, ra sm, f MÉX copain *m*, copine *f*.

ñisca sf **1.** CAM [excremento] excrément *m* **2.** ANDES [pizca] morceau *m*.

ñoñería, ñoñez sf niaiserie *f*.

ñoño, ña adj **1.** [recatado] timoré(e) **2.** [soso - estilo] mièvre ; [- apariencia] cucul.
◆ **ñoña** sf ANDES VEN *mfam* **1.** [excremento] merde *f* **2.** [cosa mala] merde *f* / *esta ñoña de bicicleta otra vez está estropeada* ce vélo de merde est encore cassé.

ñoqui sm (*gen pl*) **1.** CULIN gnocchi *m* **2.** ARG CHILE URUG *fam* [persona] *personne (souvent fonctionnaire) qui se présente au travail uniquement le jour de paie* **3.** RP *fam* [puñetazo] coup *m* de poing.

ñu sm gnou *m*.

ñudo ◆ **al ñudo** loc adv RP *fam* pour rien, en vain.

O

o[1] (*pl* **oes**), **O** [o] sf [letra] o *m inv*, O *m inv*.

o[2] conj *('u' en lugar de 'o' delante de palabras que empiecen por 'o' u 'ho'; 'ó' en lugar de 'o' con números)* ou / ***rojo o verde*** rouge ou vert / ***25 o 30*** 25 ou 30 / ***uno u otro*** l'un ou l'autre / ***feo u horrible*** laid ou horrible / ***10 ó 30*** 10 ou 30. ◆ **o sea (que)** loc conj autrement dit.

o / ***abr escrita de*** **orden**.

OACI (***abr de*** **Organización de la Aviación Civil Internacional**) sf OACI *f*.

OAPN (***abr de*** **Organismo Autónomo de Parques Naturales**) sm *organisme espagnol pour la protection de la nature* ; ≃ SNPN *f*.

oasis sm inv *pr* & *fig* oasis *f*.

obcecación sf obstination *f* aveugle.

obcecado, da adj **1.** [empeñado] obstiné(e) **2.** [obsesionado] aveuglé(é).

obcecar [10] vt aveugler. ◆ **obcecarse** vprnl **1.** [empeñarse] ▸ **obcecarse en** s'obstiner à **2.** [cegarse] ▸ **obcecarse con** o **por** être aveuglé(e) par.

obedecer [30] ❖ vt obéir à. ❖ vi obéir / ***calla y obedece*** tais-toi et obéis ▸ **obedecer a** [estar motivado por] être dû (due) à.

obediencia sf obéissance *f*.

obediente adj obéissant(e).

obelisco sm obélisque *m*.

obenque sm NÁUT hauban *m*.

obertura sf MÚS ouverture *f*.

obesidad sf obésité *f*.

obeso, sa adj & sm, f obèse.

óbice sm ▸ **no es óbice para que…** cela n'empêche pas que….

obispado sm **1.** [cargo] épiscopat *m* **2.** [edificio, jurisdicción] évêché *m*.

obispo sm évêque *m*.

óbito sm *culto* décès *m*.

obituario sm [en periódico] rubrique *f* nécrologique.

objeción sf objection *f* ▸ **objeción de conciencia** objection de conscience.

objetar ❖ vt objecter / ***si no tiene nada que objetar*** si vous n'y voyez pas d'inconvénient.
❖ vi Esp *invoquer l'objection de conscience*.

objetivar vt ▸ **objetivar algo** considérer qqch objectivement.

objetividad sf objectivité *f*.

objetivo, va adj objectif(ive).
◆ **objetivo** sm objectif *m*.

objeto sm objet *m* ▸ **ser objeto de** faire l'objet de ▸ **sin objeto** sans raison ▸ **al** o **con objeto de** dans le but de. ◆ **objetos perdidos** smpl objets *mpl* trouvés.

objetor, ra sm, f ▸ **objetor (de conciencia)** objecteur *m* de conscience / ***fue el único objetor a mi solicitud*** c'est le seul qui se soit opposé à ma demande.

oblación sf oblation *f*.

oblea sf **1.** [pan ácimo] pain *m* azyme **2.** [de medicamento] cachet *m*.

oblicuidad sf obliquité *f*.

oblicuo, cua adj oblique.

obligación sf [gen & COM] obligation *f* ▸ **obligación convertible** obligation convertible ▸ **obligación del Estado** bon *m* du Trésor.

obligacionista smf obligataire *mf*.

obligado, da adj obligatoire / ***es obligado llevar corbata*** le port de la cravate est obligatoire.

obligar [16] vt ▸ **obligar a alguien a hacer algo** obliger qqn à faire qqch. ◆ **obligarse** vprnl ▸ **obligarse a hacer algo** s'engager à faire qqch.

obligatoriamente adv obligatoirement / ***debemos cerrar las puertas obligatoriamente a las 8*** nous devons obligatoirement fermer les portes à 20 heures.

obligatoriedad sf obligation *f*.

obligatorio, ria adj obligatoire.

Cómo expresar la obligación

- **Est-ce qu'il faut prendre rendez-vous ?** *¿Hay que pedir cita?*
- **Faut-il faire une réservation ?** *¿Es necesario reservar?*
- **Est-ce que je dois vraiment y aller ?** *¿Es realmente indispensable que vaya?*
- **Il faut que tu y sois à 8 heures.** *Tienes que estar allí a las ocho.*
- **Il faut mettre sa ceinture de sécurité.** *Hay que ponerse el cinturón de seguridad.*
- **Vous devez absolument avoir fini sous huit jours.** *Tiene que haber terminado sin falta de hoy en ocho.*
- **L'assurance est obligatoire pour tous les véhicules de location.** *El seguro es obligatorio para todos los vehículos de alquiler.*
- **Il est obligé d'y aller.** *Se ve obligado a ir.*

obligue ⟶ **obligar**.

oblongo, ga adj oblong(ongue).

obnubilación sf **1.** MED obnubilation *f* **2.** [deslumbramiento] fascination *f*.

obnubilar vt **1.** MED obnubiler **2.** [deslumbrar] fasciner.

oboe ❖ sm [instrumento] hautbois *m*. ❖ smf [persona] hautboïste *mf*.

óbolo sm obole *f*.

obra sf **1.** [gen] œuvre *f* ▸ **poner en obra** mettre en œuvre ▸ **obra de arte** œuvre d'art ▸ **obra de caridad** œuvre de charité ▸ **obra de consulta** ouvrage *m* de référence ▸ **obra de teatro** pièce *f* de théâtre ▸ **obras completas** œuvres complètes ▸ **obra maestra** chef-d'œuvre *m* ▸ **por obra de, por obra y gracia de** grâce à ▸ **por obra y gracia del Espíritu Santo** par l'opération du Saint-Esprit **2.** CONSTR [lugar] chantier *m* ; [reforma] travaux *mpl* ▸ **'cerrado por obras'** 'fermé pour travaux' ▸ **obras públicas** travaux publics.

obrador sm atelier *m*.

obrar vi **1.** [gen] agir **2.** [estar en poder] : *el documento obra en poder del notario* le notaire est en possession du document.

obrero, ra adj & sm, f ouvrier(ère) ▸ **obrero cualificado** ESP ouvrier qualifié.

obrón sm *fam* **1.** [edificio, infraestructura] travaux *mpl* pharaoniques **2.** [obra artística] chef-d'oeuvre *m*.

obscenidad sf obscénité *f*.

obsceno, na adj obscène.

obscurantismo = **oscurantismo**.

obscurecer [30] = **oscurecer**.

obscuridad = **oscuridad**.

obscuro = **oscuro**.

obsequiar [8] vt offrir ▸ **obsequiar a alguien con algo** offrir qqch à qqn.

obsequio sm cadeau *m* ▸ **obsequio de empresa** cadeau d'entreprise.

> ⚠ **Obsèques** es un falso amigo, no significa *obsequio*, sino "funerales", "exequias".

obsequiosidad sf obligeance *f*.

obsequioso, sa adj obligeant(e).

observación sf observation *f* ; [advertencia] remarque *f*.

observador, ra adj & sm, f observateur(trice).

observancia sf observance *f*.

observar vt observer ; [advertir] remarquer / *se observa una cierta mejora* on observe une légère amélioration.

observatorio sm observatoire *m* ▸ **observatorio astronómico** observatoire.

obsesión sf obsession *f*.

obsesionar vt obséder. ◆ **obsesionarse** vprnl ▸ **obsesionarse con** être obsédé(e) par.

obsesivo, va adj obsédant(e), obsessionnel(elle).

obseso, sa adj & sm, f obsédé(e).

obsoleto, ta adj *culto* obsolète.

obstaculizar [13] vt **1.** [obstruir] gêner ▸ **obstaculizar el paso** barrer le passage **2.** *fig* [impedir] faire obstacle à.

obstáculo sm obstacle *m*.

obstante ◆ **no obstante** loc adv néanmoins.

obstar vi empêcher / *eso no obsta para que vengas* cela n'empêche pas que tu viennes.

obstetra smf obstétricien(enne).

obstetricia sf obstétrique *f*.

obstinación sf obstination *f*.

obstinado, da adj obstiné(e).

obstinarse vprnl s'obstiner ▸ **obstinarse en** [idea, etc.] s'obstiner (dans) ▸ **obstinarse en hacer algo** s'obstiner à faire qqch.

obstrucción sf obstruction *f*.

obstruccionismo sm obstructionnisme *m*.

obstruccionista adj & smf obstructionniste.

obstruir [51] vt **1.** [bloquear] obstruer **2.** *fig* [obstaculizar] empêcher.
◆ **obstruirse** vprnl s'obstruer, se boucher.

obtención sf obtention *f*.

obtener [72] vt obtenir. ◆ **obtenerse** vprnl s'obtenir.

obturación sf obturation *f*.

obturador sm obturateur *m*.

obturar vt obturer.

obtuso, sa ❖ adj **1.** [gen] obtus(e) **2.** [sin punta] émoussé(e). ❖ sm, f *fig* : *es un obtuso* il est obtus.

obtuviera ⟶ **obtener**.

obús (*pl* **obuses**) sm **1.** [cañón] obusier *m* **2.** [proyectil] obus *m*.

obviamente adv évidemment.

obviar [8] vt [inconveniente, problema] parer à ; [dificultad, obstáculo] contourner.

obvio, via adj évident(e).

oca sf **1.** [animal] oie *f* **2.** [juego] jeu *m* de l'oie.

ocarina sf MÚS ocarina *m*.

ocasión sf occasion *f* ▸ **con ocasión de** à l'occasion de ▸ **dar ocasión para** donner l'occasion de ▸ **de ocasión** d'occasion ▸ **en alguna o cierta ocasión** une fois ▸ **en algunas ocasiones** parfois ▸ **la ocasión la pintan calva** *fam* il faut sauter sur l'occasion.

ocasional adj occasionnel(elle).

ocasionalmente adv **1.** [casualmente] par hasard **2.** [de vez en cuando] occasionnellement.

ocasionar vt causer.

ocaso sm **1.** [anochecer] crépuscule *m* **2.** *fig* [decadencia] déclin *m*.

occidental ❖ adj occidental(e).
❖ smf Occidental *m*, -e *f*.

occidentalismo sm : *el occidentalismo de esta civilización* le caractère occidental de cette civilisation.

occidentalización sf occidentalisation *f*.

occidentalizar [13] vt occidentaliser.
◆ **occidentalizarse** vprnl s'occidentaliser.

occidente sm occident *m* ▸ **el sol se pone por occidente** le soleil se couche à l'ouest.
◆ **Occidente** sm ▸ **(el) Occidente** (l')Occident *m*.

occipital adj occipital(e).

OCDE (*abr de* **Organización para la Cooperación y el Desarrollo Económico**) sf OCDE *f*.

Oceanía npr Océanie *f*.

oceánico, ca adj **1.** [del océano] océanique **2.** [de Oceanía] océanien(enne).

océano sm océan *m*.

Océanos

el océano Atlántico	l'océan Atlantique
el océano (Glacial) Antártico	l'océan (Glacial) Antarctique O Austral
el océano (Glacial) Ártico	l'océan (Glacial) Arctique
el océano Índico	l'océan Indien
el océano Pacífico	l'océan Pacifique

oceanografía sf océanographie *f*.

oceanográfico, ca adj océanographique.

oceanógrafo, fa sm, f océanographe *mf*.

ocelote sm ocelot *m*.

ochenta ❖ adj num inv quatre-vingts / *ochenta hombres* quatre-vingts hommes ▸ **ochenta y dos** quatre-vingt-deux / *página ochenta* page quatre-vingt.
❖ sm inv quatre-vingts *m inv*.

ocho adj num inv & sm inv huit. ***Ver también* seis**.

ochocientos, tas adj num huit cents. ***Ver también* seiscientos**.

ocio sm loisirs *mpl* ▸ **el tiempo de ocio** le temps libre.

ociosidad sf oisiveté *f*.

ocioso, sa adj oisif(ive) ; [inútil] oiseux(euse) / *el miércoles es un día ocioso* le mercredi, repos.

ocluir [51] vt MED occlure ; [cañería] boucher.
◆ **ocluirse** vprnl MED se fermer ; [cañería] se boucher.

oclusión sf occlusion *f*.

oclusivo, va adj occlusif(ive).
◆ **oclusiva** sf occlusive *f*.

ocluya ⟶ **ocluir**.

ocluyera ⟶ **ocluir**.

ocre ❖ sm **1.** [color] ocre *m* **2.** [mineral] ocre *f*.
❖ adj inv [color] ocre.

oct., oct (*abr escrita de* **octubre**) oct. / *12 oct. 2010* 12 oct.2010.

octaedro sm octaèdre *m*.

octagonal, octogonal adj octogonal(e).

octágono, na adj octogonal(e).
◆ **octágono** sm octogone *m*.

octanaje sm indice *m* d'octane.

octano sm octane *m*.

octava sf ⟶ **octavo**.

octavilla sf **1.** [de propaganda] tract *m* **2.** [tamaño] in-octavo *m inv*.

octavo, va adj num huitième ▸ **octava parte** huitième *m*. ***Ver también* sexto.** ◆ **octavo** sm huitième *m* ▸ **octavos de final** DEP huitièmes de finale.
◆ **octava** sf MÚS octave *f*.

octeto sm **1.** INFORM octet *m* **2.** MÚS octuor *m*.

octogenario, ria adj & sm, f octogénaire.

octogésimo, ma adj num [para ordenar, dividir] quatre-vingtième.

octogonal = **octagonal**.

octógono, na adj GEOM octogonal(e).
◆ **octógono** sm GEOM octogone *m*.

octópodos smpl octopodes *mpl*.

octosílabo, ba adj octosyllabique.
◆ **octosílabo** sm [verso] octosyllabe *m*.

octubre sm octobre *m*. ***Ver también* septiembre**.

OCU (*abr de* **Organización de Consumidores y Usuarios**) sf *agence nationale espagnole de défense des consommateurs*.

ocular adj oculaire.

oculista smf oculiste *mf*.

ocultación sf **1.** [de objeto, sentimiento, información] occultation *f*, dissimulation *f* **2.** DER [de cosas robadas] recel *m*.

ocultar vt cacher ▸ **ocultar algo a alguien** cacher qqch à qqn. ◆ **ocultarse** vprnl se cacher.

ocultismo sm occultisme *m*.

ocultista smf occultiste *mf*.

oculto, ta adj **1.** [gen] caché(e) **2.** *fig* [poderes, ciencias] occulte.

ocupación sf **1.** [gen] occupation *f* **2.** [empleo] profession *f*.

ocupacional adj [terapia, etc.] occupationnel(elle) / *un taller ocupacional* un atelier de travail.

ocupado, da adj occupé(e).

ocupante adj & smf occupant(e).

ocupar vt **1.** [gen] occuper **2.** [dar trabajo] employer.
◆ **ocuparse** vprnl ▸ **ocuparse (de)** s'occuper (de).

ocurrencia sf **1.** [idea] idée *f* / *¡tiene cada ocurrencia!* il a de ces idées ! **2.** [dicho gracioso] trait *m* d'esprit.

ocurrente adj spirituel(elle) *(drôle)*.

ocurrido, da adj ECUAD PERÚ plein(e) d'esprit.

ocurrir vi **1.** [suceder] arriver, se passer, se produire / *aquí ocurre algo extraño* il se passe quelque chose de bizarre ici ▸ **¿qué te ocurre?** qu'est-ce qui t'arrive ? **2.** MÉX [ir] aller / *ocurrí a la central camionera* je suis allée à la gare routière.

◆ **ocurrirse** vprnl [venir a la cabeza] : *no se me ocurre ninguna solución* je ne vois aucune solution ▸ **¡ni se te ocurra!** tu n'as pas intérêt ! / *¿se te ocurre algo?* tu as une idée ? / *se me ocurre que podríamos salir* et si on sortait ?

oda sf ode *f*.

odalisca sf odalisque *f*.

odiar [8] vt haïr ; [comida] détester.

odio sm haine *f* ▸ **tener odio a algo / alguien** haïr qqch / qqn.

odioso, sa adj odieux(euse) ; [lugar, tiempo] détestable.

odisea sf odyssée *f* ; *fig* épopée *f*.

odontología sf odontologie *f*.

odontológico, ca adj dentaire.

odontólogo, ga sm, f odontologiste *mf*.

odre sm outre *f*.

oeste ❖ sm **1.** [zona] ouest *m inv* / *el oeste de Europa* l'ouest de l'Europe ▸ **lejano oeste** Far West *m* **2.** [viento] vent *m* d'ouest. ❖ adj [zona, frontera] ouest *(inv)* ; [viento] d'ouest.

◆ **Oeste** sm [punto cardinal] ▸ **el Oeste** l'Ouest / *la gente del Oeste* les gens de l'Ouest.

ofender ❖ vt offenser. ❖ vi faire offense.

◆ **ofenderse** vprnl se vexer.

ofendido, da adj & sm, f offensé(e).

ofensa sf **1.** [gen] offense *f* **2.** DER outrage *m*.

ofensivo, va adj **1.** [injurioso] offensant(e) **2.** [de ataque] offensif(ive). ◆ **ofensiva** sf offensive *f* ▸ **pasar a la ofensiva** passer à l'offensive.

ofensor, ra sm, f offenseur *m*.

oferta sf **1.** [gen & ECON] offre *f* ▸ **oferta pública de adquisición** offre publique d'achat ▸ **oferta pública de adquisición hostil** offre publique d'achat hostile ▸ **ofertas de trabajo** offres d'emploi **2.** [rebaja] promotion *f* ▸ **de o en oferta** en promotion.

ofertar vt faire une promotion sur.

ofertorio sm offertoire *m*.

off adj ▸ **off the record** *fig* à titre confidentiel ▸ **voz en off** voix off.

office ['ofis] sm inv office *m (d'une cuisine)*.

offset ['ofset] ❖ sm inv [procedimiento] offset *m inv* ; [máquina] offset *f inv*. ❖ adj inv offset.

oficial, la sm, f apprenti *m* qualifié, apprentie *f* qualifiée ▸ **oficial de peluquería** garçon *m* coiffeur.

◆ **oficial** ❖ adj officiel(elle). ❖ sm **1.** MIL officier *m* **2.** [funcionario] ▸ **oficial (administrativo)** employé *m* (administratif).

oficialidad sf : *la oficialidad de la noticia* le caractère officiel de la nouvelle.

oficialismo sm AM **1.** [gobierno] parti *m* au pouvoir **2.** [partidarios del gobierno] *forces qui soutiennent le gouvernement*.

oficialista adj & smf AM *partisan du gouvernement*.

oficializar [13] vt officialiser.

oficiante sm officiant *m*.

oficiar [8] ❖ vt [misa, ceremonia] célébrer. ❖ vi **1.** [sacerdote] officier **2.** [actuar de] ▸ **oficiar de** faire office de.

oficina sf bureau *m* ▸ **oficina de correos** bureau de poste ▸ **oficina de empleo** agence *f* pour l'emploi ; ≃ Pôle *m* emploi ▸ **oficina de turismo** office *m* du tourisme.

oficinista smf employé *m*, -e *f* de bureau.

oficio sm **1.** [gen] métier *m* ▸ **ser del oficio** être du métier ▸ **no tener oficio ni beneficio** être un bon à rien **2.** RELIG office *m* **3.** [función] fonction *f*.

◆ **Santo Oficio** sm Saint-Office *m*.

oficioso, sa adj officieux(euse).

ofidios smpl ophidiens *mpl*.

ofimática sf bureautique *f*.

ofrecer [30] vt offrir ; [fiesta, posibilidad] donner ; [perspectivas] ouvrir ; [particularidad, aspecto] présenter.

◆ **ofrecerse** vprnl ▸ **ofrecerse a o para hacer algo** s'offrir pour faire qqch ▸ **¿qué se le ofrece?** que désirez-vous ?

ofrecimiento sm offre *f* ▸ **ofrecimiento de o para** offre de.

ofrenda sf offrande *f*.

ofrendar vt ▸ **ofrendar algo a alguien** faire offrande de qqch à qqn.

ofrezca ⟶ **ofrecer**.

oftálmico, ca adj ophtalmique / *sufre de migrañas oftálmicas* il souffre de migraines ophtalmiques.

oftalmología sf ophtalmologie *f*.

oftalmólogo, ga sm, f ophtalmologiste *mf*.

ofuscación sf aveuglement *m*.

ofuscar [10] vt *pr* & *fig* aveugler. ◆ **ofuscarse** vprnl se troubler ▸ **ofuscarse con** être obnubilé(e) par.

ogro sm ogre *m* ; *fig* monstre *m*.

oh interj ▸ **¡oh!** oh !

ohmio sm ohm *m*.

oída ◆ **de oídas** loc adv par ouï-dire.

oído sm **1.** [órgano] oreille *f* ▸ **abre los oídos** ouvre bien tes oreilles ▸ **de oído** d'oreille ▸ **entrar por un oído y salir por el otro** entrer par une oreille et sortir par l'autre ▸ **hacer oídos sordos** faire la sourde oreille ▸ **lastimar los oídos** casser les oreilles ▸ **llegar a oídos de alguien** venir aux oreilles de qqn ▸ **prestar oídos a algo** [creer] prêter foi à qqch ▸ **ser duro de oído** être dur d'oreille ▸ **zumbarle a alguien los oídos** *fig* avoir les oreilles qui sifflent **2.** [sentido] ouïe *f* ▸ **aguzar el oído** tendre l'oreille ▸ **ser todo oídos** être tout ouïe ▸ **tener (buen) oído** avoir de l'oreille ▸ **tener mal oído, no tener oído** ne pas avoir d'oreille.

OIEA (*abr de* **Organismo Internacional para la Energía Atómica**) sm AIEA *f*.

oír [62] vt **1.** [gen] entendre **2.** [atender] écouter ▸ **¡oiga, por favor!** votre attention s'il vous plaît ! ▸ **¡oiga!** allô ! (qui est à l'appareil ?) ▸ **¡oye!** *fam* écoute ! ▸ **tú, como quien oye llover** fais comme si de rien n'était ▸ **oír, ver y callar** *fig* écoute, regarde mais ferme-la !

OIT sf **1.** (*abr de* **Organización Internacional del Trabajo**) OIT *f* **2.** (*abr de* **Oficina Internacional del Trabajo**) BIT *m*.

ojal sm boutonnière *f*.

ojalá interj **1.** [esperanza] : *¡ojalá lo haga!* pourvu qu'il le fasse ! **2.** [añoranza] : *¡ojalá estuviera aquí!* si seulement il était là !

OJE (*abr de* **Organización Juvenil Española**) sf *organisation des jeunesses espagnoles créée par Franco en 1960 et dissoute en 1977.*

ojeada sf coup *m* d'œil ▸ **echar** o **dar una ojeada (a)** jeter un coup d'œil (à).

ojeador, ra sm, f **1.** [de jugadores] découvreur(euse) de talents **2.** [de caza] rabatteur(euse).

ojear vt regarder.

ojera sf *(gen pl)* cerne *m* ▸ **tener ojeras** avoir des cernes o les yeux cernés.

ojeriza sf *fam* ▸ **tener ojeriza a alguien** avoir une dent contre qqn.

ojeroso, sa adj ▸ **estar ojeroso** avoir les yeux cernés.

ojete sm **1.** [para cordones] œillet *m* **2.** *vulg* [ano] trou *m* de balle.

ojímetro ◆ **a ojímetro** loc adv *fam* au pifomètre / *calculé las cantidades a ojímetro* j'ai calculé les quantités au pifomètre.

ojiva sf ogive *f*.

ojo ❖ sm **1.** [órgano] œil *m* ▸ **ojo a la funerala** o **virulé** œil au beurre noir ▸ **ojos rasgados** yeux bridés ▸ **abrir los ojos a alguien** ouvrir les yeux à qqn ▸ **andar con (mucho) ojo** faire (bien) attention ▸ **a ojo (de buen cubero)** *fam* à vue de nez ▸ **a ojos vistas** à vue d'œil ▸ **cerrar los ojos** [morir] s'éteindre ▸ **cerrar los ojos ante algo** [ignorar] fermer les yeux sur qqch ▸ **comerse con los ojos a alguien** *fam* dévorer qqn des yeux ▸ **¡dichosos los ojos que te ven!** *fam* quelle bonne surprise ! ▸ **echar el ojo a alguien / algo** jeter son dévolu sur qqn / qqch ▸ **en un abrir y cerrar de ojos** en un clin d'œil ▸ **estar ojo alerta** o **avizor** avoir l'œil *(faire attention)* ▸ **mirar** o **ver con buenos / malos ojos** voir d'un bon / mauvais œil ▸ **no pegar ojo** ne pas fermer l'œil ▸ **no quitar los ojos de encima** ne pas quitter des yeux ▸ **ojo por ojo, diente por diente** œil pour œil, dent pour dent ▸ **ojos que no ven, corazón que no siente** loin des yeux, loin du cœur ▸ **poner los ojos en alguien** jeter son dévolu sur qqn ▸ **poner los ojos en blanco** a) rouler les yeux b) *fig* lever les yeux au ciel ▸ **ser todo ojos** être tout yeux ▸ **tener (buen) ojo** avoir le coup d'œil ▸ **tener ojo clínico** avoir l'œil ▸ **tener ojos de lince** avoir des yeux de lynx **2.** [de aguja] chas *m* ; [de cerradura] trou *m* **3.** [de escalera] jour *m*. ❖ interj ▸ **¡ojo!** attention ! ◆ **ojo de buey** sm œil-de-bœuf *m*. ◆ **ojo de gallo** sm œil-de-perdrix *m*.

OK [o'kei] interj ▸ **¡OK!** OK !

okey interj AM O.K.

okupa smf ESP *fam* squatteur *m*, -euse *f*.

ola sf vague *f* ▸ **la nueva ola** la nouvelle vague.

ole, olé interj ▸ **¡ole!** olé !

oleáceas sfpl oléacées *fpl*.

oleada sf *pr* & *fig* vague *f*.

oleaginoso, sa adj oléagineux(euse).

oleaje sm houle *f*.

óleo sm ARTE huile *f* ▸ **al óleo** à l'huile.

oleoducto sm oléoduc *m*, pipeline *m*.

oleoso, sa adj huileux(euse).

oler [49] ❖ vt sentir. ❖ vi sentir / *huele bien / mal* ça sent bon / mauvais / *huele a lavanda / tabaco* ça sent la lavande / le tabac / *huele a mentira* ça sent le mensonge. ◆ **olerse** vprnl [sospechar] ▸ **olerse algo** flairer qqch / *me lo venía oliendo* je m'en doutais ▸ **olérselas** MÉX *fam* avoir des soupçons.

olfatear vt *pr* & *fig* flairer.

olfativo, va adj olfactif(ive).

olfato sm **1.** [sentido] odorat *m* **2.** *fig* [sagacidad] flair *m*.

oligarca smf oligarque *m*.

oligarquía sf oligarchie *f*.

oligárquico, ca adj oligarchique.

oligoceno adj & sm oligocène.

oligoelemento sm oligoélément *m*.

oligofrenia sf oligophrénie *f*.

oligofrénico, ca adj oligophrène.

oligopolio sm ECON oligopole *m*.

olimpiada, olimpíada sf olympiade *f* ▸ **las olimpiadas** les JO *mpl*.

olímpicamente adv *fam* ▸ **pasar olímpicamente de algo** se ficher royalement de qqch.

olímpico, ca adj **1.** [de la olimpiada] olympique **2.** *fig* [altanero] : *una tranquilidad olímpica* un calme olympien / *un gesto olímpico* un grand geste.

olimpismo sm olympisme *m*.

olisquear vt renifler.

oliva sf olive *f*.

oliváceo, a adj olivâtre.

olivar sm oliveraie *f*.

olivarero, ra ❖ adj oléicole. ❖ sm, f oléiculteur *m*, -trice *f*.

olivera sf olivier *m*.

olivicultor, ra sm, f oléiculteur *m*, -trice *f*.

olivicultura sf oléiculture *f*.

olivo sm olivier *m*.

olla sf marmite *f* ▸ **olla a presión** o **exprés** autocuiseur *m*, Cocotte-Minute® *f* ▸ **olla podrida** CULIN ragoût *m*. ◆ **olla de grillos** sf *fam* poulailler *m*.

olmeca ❖ adj olmèque. ❖ smf Olmèque *mf*.

olmeda sf ormaie *f*.

olmo sm orme *m*.

olor sm odeur *f* ▸ **olor a** odeur de ▸ **olor corporal** odeur corporelle ▸ **en olor de multitudes** *fig* sous les vivats de la foule.

oloroso, sa adj odorant(e). ◆ **oloroso** sm *grand cru de Jerez*.

OLP (*abr de* **Organización para la Liberación de Palestina**) sf OLP *f*.

olvidadizo, za adj tête en l'air *(inv)*.

olvidar vt oublier. ◆ **olvidarse** vprnl ▸ **olvidarse (algo / de hacer algo)** oublier (qqch / de faire qqch) / *se me olvidó el pan* j'ai oublié le pain.

olvido sm oubli *m* ▸ **caer en el olvido** tomber dans l'oubli.

Omán npr Oman.

ombligo sm nombril *m*.

ombudsman ['ombuðsman] (*pl* **ombudsmans**) sm ombudsman *m*, médiateur *m*.

OMC (*abr de* **Organización Mundial del Comercio**) sf OMC *f*.

omega sf oméga *m inv*.

OMG [o 'eme xe] (*abr de* **organismo modificado genéticamente**) sm OGM *m (organisme génétiquement modifié)*.

ominoso, sa adj abominable.

omisión sf omission *f*.

omiso, sa adj ⟶ **caso**.

omitir vt omettre.

OMM (*abr de* **Organización Meteorológica Mundial**) sf OMM *f*.

ómnibus sm inv **1.** ESP [tren] omnibus *m* **2.** ANDES CUBA URUG [autocar interurbano] car *m*.

omnipotencia sf omnipotence *f* / *la omnipotencia divina* la toute-puissance divine.

omnipotente adj omnipotent(e) / *se cree omnipotente* il se croit tout-puissant.

omnipresencia sf omniprésence *f*.

omnipresente adj omniprésent(e).

omnívoro, ra adj & sm, f omnivore.

omoplato, omóplato sm omoplate *f*.

OMS (*abr de* **Organización Mundial de la Salud**) sf OMS *f*.

OMT (*abr de* **Organización Mundial de Turismo**) sf OMT *f*.

onanismo sm onanisme *m*.

once adj num inv & sm inv onze. ***Ver también* seis.** ◆ **onces** smpl ANDES **1.** [por la mañana] pause-café *f*, collation *f* **2.** [por la tarde] goûter *m*.

ONCE (*abr de* **Organización Nacional de Ciegos Españoles**) sf *association nationale espagnole d'aide aux aveugles et aux handicapés qui organise notamment une loterie* ▸ **el sorteo de la ONCE** le tirage au sort de la ONCE.

> **ONCE**
>
> Cette organisation, créée en 1938, a pour but la réinsertion sociale des handicapés physiques, et plus particulièrement des non-voyants. Elle met pour cela à la disposition de ses membres plusieurs centres et moyens de formation. L'une de ses principales sources de financement est la loterie qu'elle organise du lundi au vendredi, au cours de laquelle un seul des **cupones** vendus est tiré au sort. Celui du vendredi est d'une valeur bien supérieure à ceux des autres jours de la semaine, on l'appelle le **cuponazo**.

onceavo, va adj num onzième ▸ **onceava parte** onzième *m*. ***Ver también* sexto**.

oncogénico, ca adj oncogène.

oncología sf oncologie *f*.

oncólogo, ga sm, f oncologue *mf*.

onda sf **1.** FÍS & RADIO onde *f* ▸ **onda corta** ondes courtes ▸ **onda eléctrica** o **hertziana** onde radioélectrique o hertzienne ▸ **onda larga** grandes ondes ▸ **onda luminosa** onde lumineuse ▸ **onda media** ondes moyennes ▸ **onda sonora** onde sonore **2.** [del pelo, tela, etc.] ondulation *f* **3.** EXPR **captar** o **agarrar la onda** MÉX RP piger ▸ **estar en la onda** *fam* être dans le coup ▸ **sacar de onda** MÉX RP déconcentrer.

ondeante adj ondoyant(e).

ondear vi ondoyer.

ondulación sf ondulation *f*.

ondulado, da adj ondulé(e).

ondulante adj ondulant(e).

ondular vt & vi onduler.

ondulatorio, ria adj ondulatoire.

oneroso, sa adj onéreux(euse).

ONG (*pl* **ONGs**) (*abr de* **Organización No Gubernamental**) sf ONG *f*.

ónice, ónix sm o sf onyx *m*.

onírico, ca adj onirique.

ónix = **ónice**.

on-line [onlajn] adj inv INFORM en ligne.

onomástico, ca adj *culto* onomastique. ◆ **onomástica** sf **1.** ESP [día del santo] fête *f* **2.** [ciencia] onomastique *f*. ◆ **onomástico** sm AM **1.** [cumpleaños] anniversaire *m* **2.** [santo] fête *f*.

onomatopeya sf onomatopée *f*.

onomatopéyico, ca adj onomatopéique.

ontología sf ontologie *f*.

ONU (*abr de* **Organización de las Naciones Unidas**) sf ONU f ▸ **el Consejo de Seguridad de la ONU** le Conseil de sécurité de l'ONU.

onubense ◆ adj de Huelva. ◆ smf *natif ou habitant de Huelva.*

ONUDI (*abr de* **Organización de las Naciones Unidas para el Desarrollo Industrial**) sf ONUDI *f.*

onza sf **1.** [unidad de peso] once *f* **2.** [de chocolate] carré *m.*

op. (*abr escrita de* **opus**) op.

OPA (*abr de* **oferta pública de adquisición**) sf OPA *f.*

opacidad sf opacité *f.*

opaco, ca adj opaque.

opalino, na adj opalin(e). ◆ **opalina** sf opaline *f.*

ópalo sm opale *f.*

opar vt ECON lancer une OPA.

opción sf **1.** [elección] choix *m* **2.** [derecho] ▸ **dar opción a algo** donner droit à qqch ▸ **tener opción a algo** avoir droit à qqch **3.** COM option *f* ▸ **opción de compra / de venta** option d'achat/de vente.

opcional adj optionnel(elle), facultatif(ive) / *la radio es opcional* la radio est en option.

open ◆ adj inv DEP open *(inv)* / *torneo open* tournoi open. ◆ sm inv DEP open *m* / *open de tenis* open de tennis.

OPEP (*abr de* **Organización de Países Exportadores de Petróleo**) sf OPEP *f.*

ópera sf opéra *m* ▸ **ópera rock** opéra rock.

operación sf opération *f* ▸ **operación retorno** *opération de régulation de la circulation routière en période de retour de vacances.*

operacional adj opérationnel(elle).

operador, ra sm, f **1.** MED chirurgien *m*, -enne *f* **2.** [de máquina] opérateur *m*, -trice *f* **3.** CINE projectionniste *mf* ▸ **operador de cámara** opérateur *m* de prises de vues.
◆ **operador** sm MAT opérateur *m.*
◆ **operador turístico** sm tour-opérateur *m.*

opera prima [ˌopera'prima] sf première œuvre *f.*

operar ◆ vt opérer ▸ **operar a alguien de algo** opérer qqn de qqch. ◆ vi **1.** [gen] opérer **2.** COM réaliser une opération **3.** MAT faire une opération.
◆ **operarse** vprnl **1.** [gen] ▸ **operarse (de)** se faire opérer (de) **2.** [producirse] s'opérer.

operario, ria sm, f ouvrier *m*, -ère *f.*

operatividad sf : *la operatividad de la campaña* le caractère opérationnel de la campagne.

operativo, va adj opérationnel(elle).

opereta sf opérette *f.*

operístico, ca adj de l'opéra.

opiáceo, a adj opiacé(e). ◆ **opiáceo** sm opiacé *m.*

opinable adj discutable.

opinar ◆ vt penser. ◆ vi donner son avis o son opinion ▸ **opinar de o sobre algo / alguien** penser qqch de qqch/qqn ▸ **opinar bien de** penser du bien de.

opinión sf **1.** [parecer] opinion *f*, avis *m* ▸ **expresar o dar su opinión** donner son avis o son opinion ▸ **reservarse la opinión** réserver son jugement ▸ **opinión pública** opinion publique **2.** [reputación] réputation *f.*

opio sm opium *m.*

opíparo, ra adj copieux(euse) ▸ **una comida opípara** un festin.

opondrá ⟶ **oponer**.

oponente sm, f opposant *m*, -e *f* ; DEP adversaire *mf.*

oponer [65] vt opposer.
◆ **oponerse** vprnl ▸ **oponerse (a)** s'opposer (à).

oporto sm porto *m.*

oportunamente adv **1.** [de manera oportuna] opportunément **2.** [a su debido tiempo] en temps voulu.

oportunidad sf **1.** [ocasión] occasion *f* ▸ **aprovechar la oportunidad** profiter de l'occasion **2.** [conveniencia] opportunité *f* **3.** [posibilidad] chance *f* ▸ **dar otra oportunidad** redonner une chance.
◆ **oportunidades** sfpl COM promotions *fpl.*

oportunismo sm opportunisme *m.*

oportunista adj & smf opportuniste.

oportuno, na adj opportun(e) / *es oportuno decírselo ahora* il convient de le lui dire maintenant.

oposición sf **1.** [gen & POLÍT] opposition *f* **2.** [obstáculo] résistance *f* **3.** *(gen pl)* concours *m* ▸ **oposición a** concours de recrutement de / *oposición a cátedra* ≃ concours de l'agrégation.

Cómo expresar una opinión

Dar su opinión

- **À mon avis, il ment.** *En mi opinión, miente.*
- **Personnellement, je pense que ce n'est pas une bonne solution.** *Personalmente, pienso que no es la solución acertada.*
- **Moi, je dirais que c'est plutôt mal écrit.** *Para mí que está mal escrito.*
- **J'estime qu'elle est trop jeune.** *Considero que es demasiado joven.*
- **Il me semble que nous devons intervenir maintenant.** *Me parece que debemos intervenir ahora.*
- **J'ai l'impression qu'il n'est pas très content.** *Tengo la impresión de que no está muy contento.*

Evitar dar su opinión

- **Je préférerais ne rien dire.** *Prefiero no decir nada.*
- **C'est difficile à dire.** *Es difícil de decir.*
- **Je ne sais pas trop.** *No estoy muy seguro (de ello).*
- **Aucune idée !** *¡Ni idea!*
- **Ça dépend.** *Depende.*

opositar vi se présenter à un concours / *opositar a la magistratura* se présenter au concours de la magistrature.

opositor, ra sm, f **1.** [a un cargo] candidat *m*, -e *f (à un concours)* **2.** [oponente] opposant *m*, -e *f*.

opresión sf **1.** [represión, ahogo] oppression *f* **2.** [de un botón] pression *f*.

opresivo, va adj oppressif(ive).

opresor, ra ❖ adj oppresseur ▸ **una política opresora** une politique d'oppression. ❖ sm, f oppresseur *m*.

oprimido, da ❖ adj **1.** [persona, grupo] opprimé(e) **2.** [objeto, parte del cuerpo] oppressé(e), serré(e). ❖ sm, f [persona, grupo] opprimé *m*, -e *f* / *liberar a los oprimidos* libérer les opprimés.

oprimir vt **1.** [botón] presser **2.** [reprimir] opprimer **3.** *fig* [ahogar] oppresser.

oprobio sm opprobre *m*.

optar vi **1.** [escoger] ▸ **optar por algo** choisir qqch ▸ **optar por hacer algo** choisir de faire qqch **2.** [aspirar] ▸ **optar a** aspirer à.

optativo, va adj optionnel(elle). ◆ **optativa** sf EDUC matière *f* optionnelle.

óptico, ca ❖ adj optique. ❖ sm, f opticien *m*, -enne *f*. ◆ **óptica** sf **1.** [gen] optique *f* **2.** [tienda] ▸ **en la óptica** chez l'opticien.

optimismo sm optimisme *m*.

optimista adj & smf optimiste.

optimización sf optimalisation *f*.

optimizar vt optimaliser.

óptimo, ma ❖ superl ⟶ **bueno.** ❖ adj optimal(e) ; [temperatura] optimum.

opuesto, ta adj opposé(e).
◆ **opuesto** pp ⟶ **oponer**.

opulencia sf opulence *f* ▸ **vivir en la opulencia** vivre o nager dans l'opulence.

opulento, ta adj opulent(e).

opus sm inv MÚS opus *m*.

opúsculo sm opuscule *m*.

opusiera ⟶ **oponer**.

OPV (*abr escrita de* **oferta pública de valores**) OPV ▸ **lanzar una OPV** lancer une OPV ▸ **realizar una OPV** réaliser une OPV.

ora conj *desus* ▸ **ora…, ora…** tantôt…, tantôt… / *ora es amable, ora se enfada* tantôt il est aimable, tantôt il se fâche.

oración sf **1.** [rezo] prière *f* ▸ **oración fúnebre** oraison *f* funèbre **2.** GRAM proposition *f*.

oráculo sm oracle *m*.

orador, ra sm, f orateur *m*, -trice *f*.

oral ❖ adj oral(e). ❖ sm ⟶ **examen**.

órale interj MÉX *fam* **1.** [venga] allez / *órale, apúrate o llegaremos tarde* allez, dépêche-toi, sinon nous allons être en retard **2.** [de acuerdo] ok / *órale, te espero a las cinco* ok, je t'attends à cinq heures.

oralmente adv oralement / *este medicamento se administra oralmente* ce médicament s'administre par voie orale.

orangután sm orang-outan *m*.

orar vi prier.

oratorio, ria adj oratoire. ◆ **oratoria** sf art *m* oratoire. ◆ **oratorio** sm **1.** [lugar] oratoire *m* **2.** [composición musical] oratorio *m*.

orbe sm [universo] univers *m*.

órbita sf **1.** [gen] orbite *f* ▸ **poner en órbita** mettre sur orbite **2.** *fig* [ámbito] sphère *f* d'influence.

orca sf orque *f*.

orce ⟶ **orzar**.

órdago sm ▸ **de órdago** *fig* du tonnerre.

orden (*pl* **órdenes**) ❖ sm ordre *m* ▸ **en orden** en ordre ▸ **llamar a alguien alorden** rappeler qqn à l'ordre ▸ **poner en orden** mettre en ordre ▸ **por orden** par ordre ▸ **sin orden ni concierto** a) au petit bonheur b) [hablar] à tort et à travers ▸ **orden público** ordre public ▸ **en otro orden de cosas** d'un autre côté. ❖ sf RELIG [mandato] ordre *m* ▸ **¡a la orden!** MIL à vos ordres ! ▸ **dar órdenes** donner des ordres ▸ **por orden de** par ordre de ▸ **orden de arresto** mandat *m* d'arrêt ▸ **orden de busca y captura** avis *m* de recherche ▸ **orden de caballería** ordre de chevalerie ▸ **orden de compra** COM ordre d'achat ▸ **orden de pago** ordre de paiement ▸ **orden militar** ordre militaire ▸ **estar a la orden del día** être monnaie courante. ◆ **del orden de** loc prep de l'ordre de. ◆ **orden del día** sm ordre *m* du jour.

ordenación sf **1.** [organización] organisation *f* ; [disposición] classement *m* ▸ **ordenación territorial** aménagement *m* du territoire **2.** RELIG ordination *f*.

ordenadamente adv **1.** [desfilar, colocar] de façon ordonnée, avec ordre **2.** [hablar, pensar] méthodiquement, avec méthode.

ordenado, da adj ordonné(e).
◆ **ordenada** sf ordonnée *f*.

Cómo dar órdenes

- **Sortez (d'ici) !** *¡Salga (de aquí)!*
- **Un peu de silence, s'il vous plaît !** *¡Un poco de silencio, por favor!*
- **Pose ça tout de suite, tu m'entends !** *¡Deja eso ahora mismo, me oyes!*
- **Ne rentre pas dans la cuisine, le sol est mouillé.** *No entres en la cocina, que el suelo está mojado.*
- **Tu m'appelles dès qu'il arrive, d'accord ?** *Llámame tan pronto llegue, ¿vale?*
- **Reculez un peu, s'il vous plaît.** *Échese un poco atrás, por favor.*
- **Tournez à gauche au feu rouge.** *Gire a la izquierda en el semáforo.*

ordenador sm ESP INFORM [máquina] ordinateur *m* ▸ **ordenador central** ordinateur central ▸ **ordenador de despacho** o **de mesa** ordinateur de bureau ▸ **ordenador personal** ordinateur personnel ▸ **ordenador portátil** (ordinateur) portable.

ordenamiento sm **1.** DER ordonnance *f* **2.** AM [organización] rangement *m* / *el ordenamiento de una biblioteca* le rangement d'une bibliothèque.

ordenanza ❖ sm **1.** [empleado] employé *m* de bureau **2.** MIL ordonnance *f*. ❖ sf *(gen pl)* règlement *m*.

ordenar vt **1.** [poner en orden] ranger ; [ideas, cifras] ordonner ▸ **ordenar alfabéticamente** classer par ordre alphabétique **2.** [mandar & RELIG] ordonner **3.** AM [pedir] commander, passer une commande. ◆ **ordenarse** vprnl RELIG : *ordenarse sacerdote* être ordonné prêtre.

ordeñadora sf trayeuse *f* électrique.

ordeñar vt traire.

ordeño sm ESP [de leche] traite *f*.

ordinal ❖ adj ordinal(e). ❖ sm ⟶ **número**.

ordinariez sf [cualidad] vulgarité *f* ; [acción, expresión] grossièreté *f*.

ordinario, ria ❖ adj **1.** [gen] ordinaire ▸ **de ordinario** d'ordinaire **2.** [vulgar] grossier(ère), vulgaire. ❖ sm, f : *ser un ordinario* être vulgaire.

orear vt aérer. ◆ **orearse** vprnl s'aérer.

orégano sm origan *m*.

oreja ❖ sf oreille *f* ▸ **calentarle a alguien las orejas, tirar a alguien de las orejas** tirer les oreilles à qqn ▸ **con las orejas gachas** la queue entre les jambes ▸ **verle las orejas al lobo** sentir le vent tourner. ❖ smf MÉX *fam* indic *m*, balance *f*.

orejera sf oreillette *f*.

orejón sm [de melocotón] pêche *f* sèche.

orejudo, da adj ▸ **ser orejudo** avoir de grandes oreilles.

orensano, na ❖ adj d'Orense. ❖ sm, f *natif ou habitant d'Orense*.

Orense npr Orense.

orfanato, orfelinato sm orphelinat *m*.

orfanatorio sm MÉX orphelinat *m*.

orfandad sf **1.** [estado] ▸ **estar en orfandad** être orphelin(e) **2.** [internado] orphelinat *m* **3.** *fig* [desamparo] désarroi *m*.

orfebre smf orfèvre *mf*.

orfebrería sf orfèvrerie *f*.

orfelinato = **orfanato**.

orfeón sm chorale *f*.

organdí (*pl* **organdíes** *o* **organdís**) sm organdi *m*.

orgánico, ca adj organique.

organigrama sm organigramme *m*.

organillero, ra sm, f joueur *m*, -euse *f* d'orgue de Barbarie.

organillo sm orgue *m* de Barbarie.

organismo sm organisme *m*.

organista smf organiste *mf*.

organización sf organisation *f*.

organizado, da adj organisé(e).

organizador, ra adj & sm, f organisateur(trice).

organizar [13] vt **1.** [estructurar, ordenar, planificar] organiser **2.** ESP *fam* [armar] : *¡la que organizaron!* quel bordel ils ont foutu ! ◆ **organizarse** vprnl **1.** [persona] s'organiser **2.** ESP [pelea, lío] : *se organizó un verdadero follón en la salida* il y a eu une vraie pagaille à la sortie.

organizativo, va adj : *sentido organizativo* sens de l'organisation.

órgano sm **1.** [gen] organe *m* **2.** MÚS orgue *m*.

orgasmo sm orgasme *m*.

orgía sf orgie *f*.

orgiástico, ca adj orgiaque.

orgullo sm **1.** [satisfacción] fierté *f* **2.** [soberbia] orgueil *m*.

orgulloso, sa ❖ adj **1.** [satisfecho] fier (fière) ▸ **estar orgulloso de** être fier de **2.** [soberbio] orgueilleux(euse). ❖ sm, f orgueilleux *m*, -euse *f*.

orientación sf **1.** [gen] orientation *f* **2.** *fig* [información] indication *f*.

orientador, ra ❖ adj *qui oriente*. ❖ sm, f conseiller *m*, -ère *f* d'orientation.

oriental ❖ adj **1.** [del este, de Oriente] oriental(e) **2.** AM [uruguayo] uruguayen(enne). ❖ sm, f **1.** [del este, de Oriente] Oriental *m*, -e *f* **2.** AM [uruguayo] Uruguayen *m*, -enne *f*.

orientalismo sm orientalisme *m*.

orientalista smf orientaliste *mf*.

orientar vt orienter. ◆ **orientarse** vprnl s'orienter.

orientativo, va adj indicatif(ive).

oriente sm orient *m*, est *m* / *el sol sale por oriente* le soleil se lève à l'est.

◆ **Oriente** npr ▸ **(el) Oriente** l'Orient *m* ▸ **Oriente Medio** Moyen-Orient *m* ▸ **Oriente Próximo** Proche-Orient *m* ▸ **Lejano** o **Extremo Oriente** Extrême-Orient *m*.

orificio sm orifice *m*.

orig. (*abr escrita de* **original**) orig.

origen sm origine *f* / *de origen español* d'origine espagnole.

original ❖ adj **1.** [gen] original(e) **2.** [del origen] originel(elle) / *el pecado original* le péché originel. ❖ sm original *m*.

originalidad sf originalité *f*.

originalmente adv **1.** [de modo original] de manière originale **2.** [en el origen] à l'origine.

originar vt provoquer, être à l'origine de.

◆ **originarse** vprnl [incendio] se déclarer ; [tormenta] éclater.

originariamente adv à l'origine.

originario, ria adj **1.** [procedente] ▸ **ser originario de** être originaire de **2.** [inicial, primitivo] original(e).

orilla sf **1.** [gen] bord *m* ▸ **a orillas de** [el mar, etc.] au bord de **2.** [de campo, bosque] lisière *f*. ◆ **orillas** sfpl MÉX RP VEN [de ciudad] périphérie *f*, banlieue *f*.

orillar ❖ vt **1.** [dificultad, obstáculo] éviter **2.** [tela] border. ❖ vi **1.** [arrimarse] se rapprocher du bord, se ranger **2.** MÉX [forzar] forcer, obliger.
◆ **orillarse** vprnl ESP MÉX **1.** [persona] s'écarter, se pousser **2.** [vehículo] se ranger.

orín sm rouille *f*. ◆ **orines** smpl urines *fpl*.

orina sf urine *f*.

orinal sm pot *m* de chambre.

orinar vt & vi uriner. ◆ **orinarse** vprnl ▸ **orinarse en la cama / encima** faire pipi au lit/dans sa culotte.

Orinoco npr ▸ **el Orinoco** l'Orénoque *m*.

orita adv MÉX *fam* tout de suite.

oriundo, da ❖ adj ▸ **oriundo de** originaire de. ❖ sm, f DEP *sportif dont l'un des parents est espagnol*.

orla sf **1.** [gen] bordure *f* ; [de cuadro] passe-partout *m* **2.** [fotografía] *tableau comportant les photos des étudiants et des professeurs d'une même promotion*.

orlar vt border ; [cuadro] encadrer.

ornamentación sf ornementation *f*.

ornamental adj ornemental(e) ; *fig* [inútil] décoratif(ive).

ornamentar vt orner.

ornamento sm ornement *m*.
◆ **ornamentos** smpl RELIG ornements *mpl*.

ornar vt orner, ornementer.

ornato sm ornement *m*.

ornitología sf ornithologie *f*.

ornitólogo, ga sm, f ornithologue *mf*.

ornitorrinco sm ZOOL ornithorynque *m*.

oro sm or *m* ▸ **de oro** en or / *un reloj de oro* une montre en or / *un corazón de oro* un cœur d'or / *un marido de oro* un mari en or ▸ **estar cargado de oro** *fig* être riche comme Crésus ▸ **oro en barras** or en barre ▸ **oro en polvo** poudre *f* d'or ▸ **guardar algo como oro en paño** ESP garder qqch précieusement o comme une relique ▸ **hacerse de oro** faire fortune ▸ **no es oro todo lo que reluce** tout ce qui brille n'est pas or ▸ **prometer el oro y el moro** promettre monts et merveilles.
◆ **oros** smpl *l'une des quatre couleurs du jeu de cartes espagnol*. ◆ **oro negro** sm [petróleo] or *m* noir.

orogénesis sf inv orogenèse *f*.

orogenia sf orogénie *f*.

orografía sf orographie *f*.

orondo, da adj *fam* [satisfecho] tout fier (toute fière).

oropel sm imitation *f* or ; *fig* clinquant *m* / *diamantes de oropel* des faux diamants.

oroya sf AM *panier de corde permettant aux personnes de traverser les rivières*.

orquesta sf orchestre *m* ▸ **orquesta de cámara / sinfónica** orchestre de chambre/symphonique.

orquestación sf orchestration *f*.

orquestar vt *pr* & *fig* orchestrer.

orquestina sf orchestre *m* de danse.

orquídea sf orchidée *f*.

ortiga sf ortie *f*.

orto sm ASTRON lever *m*.

ortodoncia sf orthodontie *f*.

ortodoxia sf orthodoxie *f*.

ortodoxo, xa adj & sm, f orthodoxe.

ortoedro sm parallélépipède *m* rectangle.

ortografía sf orthographe *f*.

ortográfico, ca adj orthographique.

ortopedia sf orthopédie *f*.

ortopédico, ca adj orthopédique.

ortopedista smf orthopédiste *mf*.

oruga sf ZOOL [cadena] chenille *f*.

orujo sm marc *m (de raisin, d'olives)*.

orza sf NÁUT dérive *f*.

orzar [13] vi lofer.

orzuelo sm orgelet *m*.

os pron pers ESP **1.** [objeto directo] vous / *os estoy viendo* je vous vois **2.** [objeto indirecto] vous / *os digo la verdad* je vous dis la vérité **3.** [enfático] vous / *¡os lo habéis comido todo!* vous avez tout mangé ! **4.** [valor reflexivo, pronominal] vous / *deteneos* arrêtez-vous / *no os peleéis* ne vous disputez pas.

osa sf ⟶ **oso**.

osadía sf audace *f*.

osado, da adj audacieux(euse).

osamenta sf [esqueleto] ossature *f* ; [huesos] ossements *mpl*.

osar vi oser.

osario sm ossuaire *m*.

Óscar sm inv CINE oscar *m*.

oscarizado, da adj CINE oscarisé(e).

oscense ❖ adj de Huesca *(ville d'Espagne, autrefois « Osca »)*. ❖ smf *natif ou habitant de Huesca*.

oscilación sf oscillation *f* ; [de temperaturas] fluctuation *f*.

oscilador sm oscillateur *m*.

oscilar vi osciller.

oscilatorio, ria adj oscillatoire.

ósculo sm *culto* baiser *m*.

oscurantismo, obscurantismo sm obscurantisme *m*.

oscurantista, obscurantista adj & smf obscurantiste.

oscurecer [30], **obscurecer** ❖ vt **1.** [gen] obscurcir, assombrir **2.** *fig* [mente] troubler **3.** *fig* [deslucir] faire de l'ombre à. ❖ v impers [anochecer] commencer à faire nuit. ◆ **oscurecerse, obscurecerse** vprnl s'obscurcir, s'assombrir.

oscurecimiento, obscurecimiento sm obscurcissement *m*.

oscuridad, obscuridad sf obscurité *f*.

oscuro, ra, obscuro, ra adj **1.** [gen] obscur(e) ▸ **a oscuras** dans le noir **2.** [color] foncé(e) **3.** [cielo, futuro] sombre.

óseo, a adj osseux(euse).

osezno sm ourson *m*.

osificarse [10] vprnl s'ossifier.

Oslo npr Oslo.

osmio sm osmium *m*.

ósmosis sf inv osmose *f*.

osmótico, ca adj osmotique.

oso, osa sm, f ours *m*, ourse *f* ▸ **oso de felpa** o **de peluche** ours en peluche ▸ **oso hormiguero** fourmilier *m* ▸ **(oso) panda** panda *m* ▸ **oso polar** ours polaire. ◆ **Osa Mayor** sf Grande Ourse *f*. ◆ **Osa Menor** sf Petite Ourse *f*.

ossobuco sm osso-buco *m inv*.

ostensible adj ostensible / *hicieron ostensible su desacuerdo* ils ont manifesté leur désaccord.

ostentación sf ostentation *f* ▸ **hacer ostentación de a)** [ideas] afficher **b)** [bienes] faire étalage de.

ostentador, ra sm, f poseur *m*, -euse *f*.

ostentar vt **1.** [poseer - récord] détenir ; [- título] porter **2.** [exhibir] arborer.

ostentoso, sa adj somptueux(euse).

osteodensitometria sf ostéodensitométrie *f*.

osteología sf ostéologie *f*.

osteópata smf ostéopathe *mf*.

osteopatía sf ostéopathie *f*.

osteoporosis sf ostéoporose *f*.

ostra sf huître *f* ▸ **aburrirse como una ostra** *fam* & *fig* s'ennuyer comme un rat mort. ◆ **ostras** interj ESP *fam* **1.** [para mostrar sorpresa] ça alors / *¡ostras! ¡no sabía que te habías casado!* ça alors ! je ne savais pas que tu t'étais marié ! **2.** [para mostrar enfado] mince alors / *¡déjame en paz, ostras!* mais fiche-moi la paix ! mince alors !

ostracismo sm ostracisme *m*.

ostrogodo, da ❖ adj ostrogoth(e). ❖ sm, f HIST ▸ **los ostrogodos** les Ostrogoths.

OTAN (*abr de* **Organización del Tratado del Atlántico Norte**) sf OTAN *f* ▸ **las fuerzas de la OTAN** les forces de l'OTAN.

otear vt **1.** [divisar] scruter **2.** *fig* [examinar] examiner de près.

otero sm tertre *m*.

OTI (*abr de* **Organización de Televisiones Iberoamericanas**) sf *association regroupant toutes les chaînes de télévision de langue espagnole*.

otitis sf inv otite *f*.

otomano, na ❖ adj ottoman(e). ❖ sm, f ▸ **les otomanos** les Ottomans. ◆ **otomana** sf [sofá] ottomane *f*.

otoñal adj automnal(e).

otoño sm *pr* & *fig* automne *m*.

otorgamiento sm **1.** [de privilegio] octroi *m* ; [de premio] attribution *f* **2.** DER [de contrato] passation *f*.

otorgante ❖ adj qui accorde. ❖ smf : *el otorgante del premio* celui qui a décerné le prix.

otorgar [16] vt [privilegio] octroyer ; [premio] attribuer ; [poderes] conférer ▸ **otorgar su apoyo / el perdón** accorder son soutien / son pardon.

otorrino, na sm, f *fam* oto-rhino *mf*.

otorrinolaringología sf oto-rhino-laryngologie *f*.

otorrinolaringólogo, ga sm, f oto-rhino-laryngologiste *mf*.

otro, tra ❖ adj autre / *otro chico* un autre garçon / *la otra calle* l'autre rue / *otros tres goles* trois autres buts ▸ **el otro día** l'autre jour. ❖ pron un autre, une autre / *dame otro* donne-m'en un autre / *el otro, la otra* l'autre ▸ **¡otra!** [en conciertos] une autre ! / *no fui yo, fue otro* ce n'était pas moi, c'était quelqu'un d'autre / *otros habrían abandonado* d'autres auraient abandonné ▸ **no hay** o **no me queda otra** AM je n'ai pas d'autre choix.

otrora adv *culto* jadis.

otrosí adv *culto* en outre.

Ottawa [o'tawa] npr Ottawa.

ouija sf ouija *m*.

out [aut] adj **1.** DEP [pelota] out **2.** *fam* [pasado de moda] out.

output ['autput] (*pl* **outputs**) sm INFORM sortie *f*.

ovación sf ovation *f*.

ovacionar vt ovationner, faire une ovation à.

oval adj ovale.

ovalado, da adj ovale.

óvalo sm ovale *m*.

ovario sm ovaire *m*.

oveja sf brebis *f* ▸ **cada oveja con su pareja** *fig* à chacun sa chacune. ◆ **oveja descarriada** sf brebis *f* égarée. ◆ **oveja negra** sf brebis *f* galeuse.

ovejuno, na adj ovin(e).

overbooking [oβer'βukiŋ] sm surréservation *f* ; [en aviones] surbooking *m*.

overol sm AM **1.** [para trabajar] bleu *m* de travail **2.** [para bebé] barboteuse *f*.

ovetense ❖ adj d'Oviedo *(ville des Asturies)*. ❖ smf *natif ou habitant d'Oviedo*.

óvidos smpl ovinés *mpl*.

Oviedo npr Oviedo.

ovillar vt pelotonner. ◆ **ovillarse** vprnl se pelotonner.

ovillo sm pelote *f* ▸ **hacerse un ovillo** *fig* se pelotonner.

ovino, na ❖ adj ovin(e). ❖ sm, f ▸ **los ovinos** les ovins *mpl*.

ovíparo, ra adj & sm, f ovipare.

ovni ['ofni] (*abr de* **objeto volador no identificado**) sm ovni *m*.

ovoide adj ovoïde.

ovulación sf ovulation *f*.

ovular[1] adj ovulaire.

ovular[2] vi ovuler.

óvulo sm ovule *m*.

oxidación sf oxydation *f*.

oxidado, da adj **1.** [por óxido] oxydé(e) **2.** *fam & fig* [anquilosado] rouillé(e).

oxidante ◈ adj oxydant(e). ◈ sm oxydant *m*.

oxidar vt rouiller ; QUÍM oxyder.
◆ **oxidarse** vprnl rouiller, se rouiller ; QUÍM s'oxyder.

óxido sm **1.** QUÍM oxyde *m* **2.** [herrumbre] rouille *f*.

oxigenación sf oxygénation *f*.

oxigenado, da adj oxygéné(e) ; [pelo] décoloré(e).

oxigenar vt oxygéner.
◆ **oxigenarse** vprnl s'oxygéner.

oxígeno sm oxygène *m*.

oye ⟶ **oír**.

oyente sm, f **1.** RADIO auditeur *m*, -trice *f* **2.** [alumno] auditeur *m* libre.

oyera ⟶ **oír**.

ozono sm ozone *m*.

ozonosfera sf ozonosphère *f*.

P

p, **P** [pe] sf [letra] p *m inv*, P *m inv*.

p. = **pág.**

Pº *abr de* **paseo**.

p.a. (*abr escrita de* **por autorización**) p.o.

pabellón sm **1.** [gen] pavillon *m* **2.** *fam* [oreja] portugaise *f*.

pábulo sm *culto* ▸ **dar pábulo a algo** [críticas, chismorreos] alimenter qqch.

pacana sf [árbol, fruto] pécan *m*.

pacato, ta adj timoré(e).

pacense ◈ adj [en España] de Badajoz. ◈ smf [en España] *natif ou habitant de Badajoz*.

paceño, ña ◈ adj de La Paz. ◈ sm, f habitant *m*, -e *f* de La Paz.

pacer [29] vi paître.

pachá (*pl* **pachás** *o* **pachaes**) sm pacha *m* ▸ **vivir como un pachá** *fam & fig* vivre comme un pacha.

Pachamama sf AM Terre *f*.

pachanga sf *fam* java *f*.

pachanguero, ra ◈ adj **1.** ESP [música] : *una canción / una orquesta pachanguera* une chanson / un orchestre de bastringue **2.** AM *fam* [alegre] gai(e). ◈ sm, f AM *fam* fêtard *m*, -e *f*.

pacharán sm prunelle *f (liqueur)*.

pachorra sf *fam* ▸ **tener pachorra** être pépère.

pachucho, cha adj *fam* ▸ **estar pachucho** être mal fichu.

pachulí (*pl* **pachulíes** *o* **pachulís**) sm patchouli *m*.

paciencia sf patience *f* ▸ **armarse de paciencia** s'armer de patience ▸ **perder la paciencia** perdre patience ▸ **tener más paciencia que un santo** avoir une patience d'ange.

paciente adj & smf patient(e).

pacificación sf pacification *f*.

pacificador, ra adj & sm, f pacificateur(trice).

pacificar [10] vt pacifier. ◆ **pacificarse** vprnl se calmer.

pacífico, ca adj **1.** [gen] pacifique **2.** [tranquilo] paisible. ◆ **Pacífico** npr ▸ **el Pacífico** le Pacifique.

pacifismo sm pacifisme *m*.

pacifista adj & smf pacifiste.

pack (*pl* **packs**) sm pack *m*.

paco, ca ◈ adj ARG BOL PERÚ [color] rouge, vermillon. ◈ sm, f ANDES PAN *fam* [policía] gendarme *mf*. ◆ **paco** sm [animal] alpaga *m* ; ANDES *mammifère issu du croisement entre un alpaga et un guanaco*.

pacotilla sf pacotille *f* ▸ **de pacotilla** de pacotille.

pactar ◈ vt négocier. ◈ vi ▸ **pactar (con)** négocier (avec) ▸ **pactar con el enemigo / el diablo** pactiser avec l'ennemi / le diable.

pacto sm pacte *m* ▸ **hacer / romper un pacto** conclure / rompre un pacte ▸ **pacto social** accords *mpl* sociaux.

paddle = **pádel**.

padecer [30] ◈ vt **1.** [sufrir - enfermedad, frío, etc.] souffrir de ; [injusticias, abusos] subir / *padecer un cáncer* souffrir d'un cancer / *ha padecido un infarto* il a eu un infarctus **2.** [aguantar] supporter / *padeció todas sus impertinencias* elle a supporté toutes ses impertinences. ◈ vi souffrir ▸ **padecer de** [enfermedad] souffrir de.

padecimiento sm souffrance *f*.

pádel, paddle ['paðel] sm padel *m*.

padezca ⟶ **padecer**.

padrastro sm **1.** [pariente] beau-père *m (second mari de la mère)* **2.** [pellejo] envies *fpl (autour des ongles)*.

padrazo sm *fam* papa *m* gâteau.

padre ◈ sm père *m* ▸ **¡tu padre!** *mfam* et ta sœur ? ▸ **padre de familia** père de famille ▸ **padre espiritual** père spirituel ▸ **de padre y muy señor mío** *fam* de tous les diables. ◈ adj **1.** *fam* [grande] terrible ▸ **un susto padre** une peur bleue **2.** AM [estupendo] génial(e). ◈ adj *fam* **1.** ESP [enorme, terrible] monstre / *un lío / susto padre* une embrouille / peur monstre **2.** MÉX super, génial(e) / *esa canción está muy padre* cette chanson est géniale / *¡qué padre!* super !
◆ **padres** smpl **1.** [padre y madre] parents *mpl* **2.** [antepasados] pères *mpl*. ◆ **Padres de la Iglesia** smpl RELIG Pères *mpl* de l'Église. ◆ **Santo Padre** sm RELIG ▸ **el Santo Padre** le Saint-Père.

padrenuestro sm Notre Père *m*.

padrino sm **1.** [de bautismo] parrain *m* **2.** [en acto solemne] témoin *m* **3.** *fig* [protector] protecteur *m*. ◆ **padrinos** smpl [padrino y madrina] parrains *mpl*.

padrísimo adj MÉX *fam* génial(e).

padrón sm **1.** [censo] recensement *m* ; [para votar] registre *m* électoral **2.** CAM ANDES CARIB [caballo] étalon *m* **3.** CHILE [de automóvil] carte *f* grise.

padrote sm AM *fam* maquereau *m*.

paella sf paella *f*.

paellera sf poêle *f* à paella.

paf interj ▸ **¡paf!** paf !

pág. (*pl* **págs.**), **p.** (*pl* **pp**) (*abr escrita de* **página**) p.

paga sf paie *f* ▸ **paga extra** o **extraordinaria** ≃ treizième mois *m*.

pagadero, ra adj payable.

pagado, da adj payé(e).

pagador, ra ◆ adj payeur(euse). ◆ sm, f payeur *m*, -euse *f* ▸ **buen / mal pagador** bon/mauvais payeur.

paganismo sm paganisme *m*.

pagano, na ◆ adj païen(enne). ◆ sm, f **1.** [no cristiano] païen *m*, -enne *f* **2.** *fam* [pagador] : *siempre soy yo el pagano* **a)** [de factura, cuenta, etc.] c'est toujours pour ma pomme **b)** [de culpas ajenas] c'est toujours moi le dindon de la farce.

pagar [16] ◆ vt **1.** [gen] payer ▸ **pagar con su vida** payer de sa vie **2.** *fig* [corresponder] rendre, payer de retour **3.** EXPR **me las pagarás** *fam* tu me le paieras ▸ **el que la hace la paga** qui casse les verres les paie. ◆ vi AM *fam* valoir la peine / *ese viaje tan largo no paga* ce voyage si long n'en vaut pas la peine. ◆ **pagarse** vprnl se payer / *pagarse unas vacaciones* se payer des vacances.

pagaré sm COM billet *m* à ordre ▸ **pagaré del Tesoro** bon *m* du Trésor.

pagel sm pagel *m (daurade)*.

página sf page *f* ▸ **las Páginas Amarillas®** ≃ les Pages jaunes® ▸ **página web** page Web.

paginación sf pagination *f*.

paginar vt [texto, documento] paginer.

pago sm **1.** [dinero] paiement *m* ▸ **de pago** payant(e) **2.** *fig* [recompensa] : *¿éste es el pago que me das?* c'est comme ça que tu me remercies ? ▸ **en pago de** en remerciement de. ◆ **pagos** smpl [lugar] ▸ **por estos pagos** par ici.

pagoda sf pagode *f*.

pague ⟶ **pagar**.

paila sf AM [sartén] poêle *f* ▸ **a la paila** [huevos] au plat.

paipai (*pl* **paipais**), **paipay** (*pl* **paipays**) sm ESP éventail *m*.

país sm pays *m* ▸ **países desarrollados / subdesarrollados** pays développés/sous-développés ▸ **país industrializado** pays industrialisé ▸ **países en vías de desarrollo** pays en (voie de) développement ▸ **país natal** pays natal ▸ **país satélite** pays satellite. ◆ **países Bálticos** smpl ▸ **los países Bálticos** les pays *mpl* Baltes.

paisaje sm paysage *m*.

paisajismo sm **1.** [en pintura] paysagisme *m* **2.** [de parques y jardines] aménagement *m* paysager.

paisajista adj & smf paysagiste.

paisajístico, ca adj paysager(ère).

paisanaje sm [personas] population *f* civile.

paisano, na ◆ adj [de país] du même pays. ◆ sm, f compatriote *mf*. ◆ **paisano** sm civil *m* ▸ **de paisano** en civil.

> ⚠ **Paysan** es un falso amigo, no significa *paisano*, sino "campesino".

Países Bajos npr ▸ **los Países Bajos** les Pays-Bas *mpl*.

País Valenciano npr ▸ **el País Valenciano** pays valencien, communauté autonome de Valence.

País Vasco npr ▸ **el País Vasco** le Pays basque.

paja ◆ sf **1.** [gen] paille *f* **2.** *fig* [relleno] remplissage *m* **3.** *vulg* [masturbación] ▸ **hacerse una paja** se branler. ◆ adj PERÚ *fam* super.

pajar sm grenier *m* à foin.

pájara sf *fig* garce *f*.

pajarera sf volière *f*.

pajarería sf oisellerie *f* / *en la pajarería* chez l'oiselier.

pajarero, ra ANDES MÉX ◆ adj [caballo] ombrageux(euse). ◆ sm, f [vendedor] vendeur *m*, -euse *f* d'oiseaux.

pajarita sf **1.** ESP [corbata] nœud *m* papillon **2.** [de papel] cocotte *f* en papier.

pajarito sm ▸ **¡mira al pajarito!** [al tomar una foto] attention, le petit oiseau va sortir !

pájaro sm **1.** [ave] oiseau *m* ▸ **pájaro bobo** manchot *m* ▸ **pájaro carpintero** pivert *m* **2.** *fig* [hombre astuto] vieux renard *m* **3.** EXPR **más vale pájaro en mano que ciento volando** un tiens vaut mieux que deux tu l'auras ▸ **matar dos pájaros de un tiro** faire d'une pierre deux coups ▸ **tener pájaros en la cabeza** être écervelé.

pajarraco sm **1.** *despec* [pájaro] vilain oiseau *m* **2.** *fig* [persona] affreux personnage *m*.

paje sm page *m*.

pajilla, pajita sf paille *f (pour boire)*.

pajizo, za adj **1.** [color] paille **2.** [techo] de chaume.

pajolero, ra adj ESP *fam* fichu(e), satané(e) / *no tengo ni pajolera idea* je n'en ai pas la moindre idée.

Pakistán = **Paquistán**.

pakistaní (*pl* **pakistaníes** o **pakistanís**) = **paquistaní**.

pala sf **1.** [herramienta] pelle *f* ▸ **pala mecánica** o **excavadora** pelle mécanique **2.** [raqueta - de ping-pong] raquette *f* ; [- de béisbol] batte *f* **3.** [de remo, hélice] pale *f* **4.** [de calzado] empeigne *f*.

palabra sf **1.** [gen] mot *m* ▸ **dejar a alguien con la palabra en la boca** couper la parole à qqn ▸ **de palabra** de vive voix ▸ **en dos** o **en cuatro palabras** en deux mots ▸ **en una palabra** en un mot ▸ **medir las palabras** peser ses mots ▸ **palabra clave** mot-clé *m* ▸ **palabra de Dios** o **divina** bonne parole, parole de Dieu ▸ **palabra por palabra** mot pour mot ▸ **palabras mayores** : *sus críticas son palabras mayores* ses reproches sont graves ▸ **sin mediar palabra** sans dire un mot ▸ **tomar** o **coger la palabra a alguien** prendre qqn au mot **2.** [aptitud, derecho, promesa] parole *f* ▸ **bajo palabra** sur parole ▸ **dar / quitar la palabra a alguien** donner/couper la parole à qqn ▸ **mantener su palabra** tenir parole ▸ **no tener palabra** ne pas avoir de parole ▸ **palabra de honor** parole d'honneur.

palabrear vt AM *fam* s'entendre sur.

palabrería sf bavardage *m*.

palabrota sf gros mot *m*.

palacete sm petit palais *m* ; [en ciudad] hôtel *m* particulier.

palaciego, ga adj de palais ; [vida, intrigas] de cour.

palacio sm palais *m* ▸ **palacio de congresos** palais des congrès ▸ **palacio de justicia** palais de justice ▸ **palacio municipal** AM mairie *f*.

⚠ Palace es un falso amigo, no significa *palacio*, sino "hotel de lujo".

palada sf **1.** [cantidad] pelletée *f* **2.** [movimiento - de pala] coup *m* de pelle ; [- de hélice] tour *m* d'hélice ; [- de remo] coup *m* de rame.

paladar sm **1.** [en boca] palais *m* **2.** CUBA [en casa] restaurant *m* chez l'habitant.

paladear vt savourer.

paladín sm **1.** [héroe] paladin *m* **2.** *fig* [defensor] champion *m*.

palanca sf **1.** [barra, mando] levier *m* ▸ **palanca de cambio** levier de (changement de) vitesse(s) ▸ **palanca de mando** manche *m* à balai **2.** [trampolín] plongeoir *m*.

palangana ◆ sf cuvette *f*. ◆ sm CAM ANDES *fam* **1.** [descarado] effronté *m* **2.** [fanfarrón] fanfaron *m*, vantard *m*.

palangre sm palangre *f*.

palanqueta sf pince-monseigneur *f*.

palatal ◆ adj **1.** ANAT du palais **2.** LING palatal(e). ◆ sf palatale *f*.

palatino, na adj palatial(e).

palco sm TEATRO loge *f*.

palé = **palet**.

Palencia npr Palencia.

palentino, na ◆ adj de Palencia. ◆ sm, f *natif ou habitant de Palencia*.

paleocristiano, na adj paléochrétien(enne).

paleografía sf paléographie *f*.

paleográfico, ca adj paléographique.

paleógrafo, fa sm, f paléographe *mf*.

paleolítico, ca adj paléolithique.
◆ **paleolítico** sm paléolithique *m*.

paleontología sf paléontologie *f*.

paleontólogo, ga sm, f paléontologiste *mf*.

paleozoico adj & sm paléozoïque.

Palermo npr Palerme.

Palestina npr Palestine *f*.

palestino, na ◆ adj palestinien(enne). ◆ sm, f Palestinien *m*, -enne *f*.

palestra sf ▸ **salir** o **saltar a la palestra** *fig* descendre dans l'arène.

palet [pa'let], **palé** sm palette *f*.

paleta ◆ smf **1.** [albañil] maçon *m*, -onne *f* **2.** RP [acompañante] chaperon *m*. ◆ sf **1.** [instrumento] petite pelle *f* ; [de albañil] truelle *f* **2.** CULIN spatule *f* **3.** ARTE palette *f* **4.** [de hélice, remo] pale *f* **5.** CAM ANDES MÉX [pirulí] sucette *f* **6.** BOL COL PERÚ [polo] glace *f* à l'eau **7.** CSUR [de vaca] épaule *f*.

paletada sf **1.** [de tierra] pelletée *f* **2.** [hecho, dicho] : *¡es una paletada!* ça fait plouc !

paletilla sf **1.** ANAT omoplate *f* **2.** CULIN [de cordero] épaule *f* ; [de cerdo] palette *f*.

paleto, ta adj & sm, f ESP *fam* & *despec* plouc.

paletón sm panneton *m*.

paliar [8] vt **1.** [dolor, pena] apaiser **2.** [error, problema] pallier.

paliativo, va adj palliatif(ive).
◆ **paliativo** sm palliatif *m*.

palidecer [30] vi pâlir.

palidez sf pâleur *f*.

pálido, da adj pâle.

palier [pa'ljer] (*pl* **paliers**) sm **1.** AUTO palier *m* **2.** RP [rellano] étage *m*.

palillero sm porte-cure-dents *m*.

palillo sm **1.** [mondadientes] ▸ **palillo (de dientes)** cure-dents *m inv* **2.** [para tambor, arroz] baguette *f* **3.** *fig* [persona delgada] ▸ **estar hecho un palillo** être maigre comme un clou.

palio sm dais *m*.

palique sm ESP *fam* causette *f* ▸ **dar palique a alguien** papoter avec qqn ▸ **estar de palique** tailler une bavette ▸ **tener palique** avoir la langue bien pendue.

palisandro sm palissandre *m*.

palito sm *(gen pl)* **1.** CULIN bâtonnet *m* ▸ **palito de pescado** bâtonnet de poisson **2.** RP [helado] glace *f* à l'eau.

paliza ◆ sf *fam* **1.** [golpes, derrota] raclée *f* **2.** *fig* [esfuerzo] : *el viaje en coche fue una paliza* le voyage en voiture a été crevant **3.** [rollo] plaie *f*. ◆ smf ESP *fam* casse-pieds *mf* ▸ **ser un paliza** être lourd.

palma sf **1.** [de mano] paume *f* ▸ **conocer como la palma de la mano** connaître comme sa poche **2.** [palmera] palmier *m* **3.** [hoja, triunfo] palme *f* ▸ **llevarse la palma** remporter la palme.
◆ **palmas** sfpl [aplausos] applaudissements *mpl* ▸ **batir palmas** applaudir.

palmada sf **1.** [golpe] tape *f (de la main)* **2.** [aplauso] applaudissement *m* ▸ **dar palmadas** frapper dans ses mains **3.** AM [golpe] coup *m*.

Palma de Mallorca npr Palma (de Majorque).

palmar[1] ◆ adj [de mano] palmaire. ◆ sm palmeraie *f*.

palmar[2] vt & vi *fam* ▸ **palmar(la)** crever *(mourir)*.

palmarés sm palmarès *m*.

palmatoria sf [candelero] bougeoir *m*.

palmear ◆ vt **1.** [representación] applaudir **2.** [persona] ▸ **palmear en la espalda** donner des tapes amicales dans le dos de. ◆ vi applaudir ; [en flamenco] battre des mains.

palmeño, ña ◆ adj de La Palma *(aux Canaries)*. ◆ sm, f *natif ou habitant de La Palma*.

palmera sf palmier *m*.

palmeral sm palmeraie *f*.

palmesano, na ◆ adj de Palma de Majorque. ◆ sm, f *natif ou habitant de Palma de Majorque*.

palmito sm **1.** [árbol] palmier *m* nain **2.** CULIN cœur *m* de palmier **3.** *fam* & *fig* [rostro] minois *m* ▸ **lucir el palmito** montrer son joli minois ▸ **tener palmito** [atractivo] avoir du charme.

palmo sm [medida] empan *m* ▸ **un palmo de** un bout de / *estamos a un palmo de casa* nous sommes à deux pas de la maison ▸ **palmo a palmo** point par point, minutieusement ▸ **dejar a alguien / quedarse con un palmo de narices** laisser qqn/rester le bec dans l'eau.

palmotear vi battre des mains.

palmoteo sm applaudissement *m*.

palo sm **1.** [gen] bâton *m* ; [de escoba] manche *m* **2.** [DEP - de portería] poteau *m* ; [- de golf] club *m* **3.** [madera & BOT] bois *m* ▸ **palo santo** palissandre *m* **4.** [golpe] coup *m* (de bâton) ▸ **moler a alguien a palos** rouer qqn de coups **5.** *fam* [decepción] ▸ **dar un palo a alguien** a) [decepcionar] décevoir qqn b) [criticar] descendre qqn ▸ **llevarse un palo** a) [en examen] se ramasser b) [con alguien] se prendre une baffe **6.** [mástil] mât *m* **7.** [de baraja] couleur *f* **8.** [de letra] jambage *m* **9.** *fam* & *fig* [pesadez] galère *f* / *es un palo* c'est la galère **10.** AM *fam* [millón] million *m* / *esa casa vale dos palos* cette maison coûte deux millions **11.** COL MÉX PAN VEN [como intensificador] : *palo de hombre* grand homme / *palo de mujer* femme admirable **12.** EXPR ▸ **a palo seco** a) [bebida] sec b) [comida] sans rien, tout seul (toute seule) ▸ **dar palo** *fam* embêter ▸ **dar palos de ciego** aller à l'aveuglette ▸ **de tal palo tal astilla** tel père tel fils ▸ **echar un palo** VEN *fam* boire un verre o un coup.

paloma sf ⟶ **palomo**.

palomar sm pigeonnier *m*.

palomilla sf **1.** [insecto] teigne *f* **2.** [tornillo] papillon *m* **3.** [armazón] équerre *f*.

palomino sm pigeonneau *m*.

palomita sf ▸ **palomita (de maíz)** pop-corn *m inv*.

palomo, ma sm, f pigeon *m*, pigeonne *f*. ◆ **paloma** sf **1.** [animal] colombe *f* ▸ **paloma mensajera** pigeon voyageur ▸ **paloma torcaz** pigeon ramier **2.** MÉX [marca] coche *f* **3.** MÉX [cohete] pétard *m*.

palote sm [trazo] bâton *m (pour apprendre à écrire)*.

palpable adj *pr* & *fig* palpable.

palpación sf palpation *f*.

palpar ◆ vt **1.** [tocar] palper **2.** *fig* [percibir] sentir. ◆ vi tâtonner.

palpitación sf palpitation *f*.

palpitante adj palpitant(e).

palpitar ◆ vi **1.** [corazón] palpiter **2.** *fig* [emoción, nerviosismo, etc.] : *en sus palabras palpitaba su emoción* ses paroles trahissaient son émotion. ◆ v impers RP *fam* avoir l'impression que / *me palpita que no van a llegar a tiempo* j'ai l'impression qu'ils ne vont pas être à l'heure.

pálpito sm pressentiment *m*.

palta sf ANDES RP [fruto] poire *f* d'avocat.

palúdico, ca adj paludéen(enne).

paludismo sm paludisme *m*.

palurdo, da adj & sm, f *fam* balourd(e).

> ⚠ **Palourde** es un falso amigo, no significa *palurdo*, sino "almeja".

pamela sf capeline *f*.

pampa sf pampa *f*.

Pampa npr ▸ **la Pampa** la Pampa.

pampeano, na adj **1.** [de La Pampa] de La Pampa **2.** [de las pampas] de la pampa.

pampero, ra ◆ adj de la pampa. ◆ sm, f habitant *m*, -e *f* de la pampa.

pamplina sf *(gen pl) fam* & *fig* balivernes *fpl*, bêtises *fpl* / *no hace más que contar pamplinas* il ne raconte que des bêtises.

Pamplona npr Pampelune.

pamplonés, esa ◆ adj de Pampelune. ◆ sm, f *natif ou habitant de Pampelune*.

pamplonica ◆ adj *fam* de Pampelune. ◆ smf *fam natif ou habitant de Pampelune*.

pan sm **1.** [gen] pain *m* ▸ **pan de molde** o **inglés** pain de mie ▸ **pan francés** pain de campagne ▸ **pan integral** pain complet ▸ **pan moreno** o **negro** pain noir ▸ **pan rallado** chapelure *f* ▸ **pan tostado** AM pain grillé ▸ **a falta de pan buenas son tortas** faute de grives, on mange des merles ▸ **a pan y agua** au pain sec et à l'eau ▸ **contigo pan y cebolla** avec toi jusqu'au bout du monde ▸ **es pan comido** c'est du gâteau ▸ **estar a pan y agua de dinero** *fig* être à court d'argent ▸ **estar a pan y cuchillo** être logé(e) et nourri(e) ▸ **llamar al pan pan y al vino vino** appeler un chat un chat ▸ **ser el pan nuestro de cada día** être monnaie courante ▸ **ser más bueno que el pan** être la bonté même **2.** [de oro, plata] feuille *f*.

pana sf velours *m* côtelé.

panacea sf panacée *f*.

panaché sm légumes *mpl* poêlés.

panadería sf boulangerie *f*.

panadero, ra sm, f boulanger *m*, -ère *f*.

panafricanismo sm panafricanisme *m*.

panal sm rayon *m (d'une ruche)*.

panamá *(pl* **panamaes)** sm panama *m*.

Panamá npr Panama *m*.

panameño, ña ✧ adj panaméen(enne). ✧ sm, f Panaméen *m*, -enne *f*.

panamericanismo sm panaméricanisme *m*.

panamericano, na adj panaméricain(e). ◆ **Panamericana** npr : *la Panamericana autoroute panaméricaine*.

Panamericana

La **Panamericana** est l'autoroute qui parcourt quasiment sans interruption les 48 000 km qui séparent l'Alaska de la Patagonie. L'un des tronçons inachevés correspond à la grande forêt panaméenne de **Dorién**. La construction de la route à cet endroit est extrêmement controversée en raison de la déforestation qu'elle implique, celle-ci constituant une grave menace pour l'écosystème en général mais également pour les cultures des populations indigènes environnantes.

panarabismo sm panarabisme *m*.

pancarta sf pancarte *f*.

panceta sf lard *m*, poitrine *f* de porc.

panchito sm *fam cacahuète grillée et salée*.

pancho, cha adj *fam* pépère, peinard(e) ▸ **se quedó tan pancho** ça ne lui a fait ni chaud ni froid.

páncreas sm inv pancréas *m*.

pancreático, ca adj pancréatique.

panda ✧ sm ⟶ **oso.** ✧ sf bande *f (d'amis)*.

pandemia sf pandémie *f*.

pandereta sf tambour *m* de basque.

pandero sm **1.** MÚS tambour *m* de basque **2.** *fam* [trasero] popotin *m*.

pandilla sf bande *f (d'amis)*.

pandillero, ra sm, f membre *m* d'une bande.

panecillo sm petit pain *m*.

panegírico, ca adj : *un discurso panegírico* un panégyrique *m*. ◆ **panegírico** sm panégyrique *m*.

panel sm panneau *m* ▸ **panel de mandos** tableau de commandes.

panera sf corbeille *f* à pain.

panero sm panier *m* à pain.

paneuropeísmo sm européanisme *m*.

pánfilo, la ✧ adj niais(e). ✧ sm, f idiot *m*, -e *f*.

panfletario, ria ✧ adj polémique. ✧ sm, f pamphlétaire *mf*.

panfleto sm pamphlet *m* ; [propaganda] tract *m*.

pánico sm panique *f* ▸ **presa del pánico** paniqué, affolé.

panificadora sf boulangerie *f* (industrielle).

panocha sf épi *m (de maïs)*.

panoli adj & smf *fam* [tonto] cruche.

panoplia sf **1.** [armadura] armure *f* **2.** [colección de armas] panoplie *f*.

panorama sm panorama *m*.

panorámico, ca adj panoramique. ◆ **panorámica** sf **1.** [vista] vue *f* panoramique **2.** CINE panoramique *m*.

panqueque sm AM crêpe *f*.

pantagruélico, ca adj pantagruélique.

pantaleta sf MÉX [bragas] culotte *f*.

pantaletas sfpl AM [bragas] culotte *f sing*.

pantalla sf **1.** [gen & INFORM] écran *m* ▸ **mostrar en pantalla** montrer à l'écran ▸ **la pequeña pantalla** le petit écran ▸ **pantalla acústica** enceinte acoustique ▸ **pantalla de cristal líquido** écran à cristaux liquides ▸ **pantalla de radar** écran radar ▸ **pantalla táctil** écran tactile **2.** [de lámpara] abat-jour *m*.

pantalón sm *(gen pl)* pantalon *m* / *llevar pantalones azules* porter un pantalon bleu ▸ **pantalones cortos** culottes *fpl* courtes ▸ **pantalón pirata** corsaire *m* ▸ **pantalón pitillo** fuseau *m* ▸ **pantalón tejano o vaquero** jean *m* ▸ **bajarse los pantalones** *fig* baisser son pantalon ▸ **llevar los pantalones** *fig* porter la culotte.

pantaloncillos smpl COL VEN slip *m*.

pantano sm **1.** [ciénaga] marais *m* **2.** [embalse] retenue *f* d'eau.

pantanoso, sa adj **1.** [con pantanos] marécageux(euse) **2.** *fig* [difícil] épineux(euse).

panteísmo sm panthéisme *m*.

panteísta adj & smf panthéiste.

panteón sm panthéon *m*.

pantera sf panthère *f* ▸ **pantera negra** panthère noire.

pantimedias sfpl MÉX collants *mpl*.

pantocrátor sm Christ *m* en majesté.

pantomimo, ma sm, f mime *mf*. ◆ **pantomima** sf pantomime *f*.

pantorrilla sf mollet *m*.

pants smpl MÉX **1.** [pantalón] pantalon *m* de survêtement **2.** [conjunto] survêtement *m*.

pantufla sf *(gen pl)* pantoufle *f*.

panty *(pl* **pantys**) sm collant *m*.

panza sf panse *f*.

panzada sf **1.** [golpe] ▸ **darse una panzada a)** s'étaler de tout son long **b)** [en el agua] faire un plat **2.** *fam* [hartura] ▸ **darse una panzada de comer** s'en mettre plein la panse ▸ **darse una panzada de reír** mourir de rire.

pañal sm couche *f*. ◆ **pañales** smpl **1.** [de niño] langes *mpl* **2.** *fig* [inicios] ▸ **en pañales** à ses débuts / *aún estoy en pañales* je suis encore débutant / *el proyecto está en pañales* le projet en est à ses débuts ▸ **dejar en pañales** laisser loin derrière.

pañería sf draperie *f* / *ir a la pañería* aller chez le drapier.

paño sm **1.** [tela] drap *m* **2.** [trapo] chiffon *m* ▸ **paño de cocina** torchon *m* (de cuisine) **3.** [lienzo] pan *m* de mur **4.** EXPR **conocer el paño** connaître la musique ▸ **ser el paño de lágrimas de alguien** être le confident de qqn.
◆ **paños** smpl **1.** [ropaje] drapé *m* **2.** MED compresse *f* **3.** EXPR **venir con paños calientes** *fig* prendre des gants ▸ **estar en paños menores** être en petite tenue.

pañol sm NÁUT soute *f*.

pañolada sf *agitation de mouchoirs par un public manifestant sa désapprobation lors d'un événement sportif*.

pañoleta sf fichu *m*.

pañuelo sm **1.** [de nariz] mouchoir *m* ▸ **pañuelo de papel** mouchoir en papier **2.** [de adorno] foulard *m*.

papa sf pomme de terre *f* ▸ **papas fritas** AM **a)** [de bolsa] chips **b)** [de sartén] pommes de terre sautées ▸ **ni papa** *fam & fig* rien du tout / ***no sé ni papa de cocina*** je n'y connais rien en cuisine.
◆ **Papa** sm pape *m*.

papá sm *fam* papa *m*. ◆ **papás** smpl parents *mpl*.
◆ **Papá Noel** sm père *m* Noël.

papachador, ra adj AM câlin(e).

papachar vt AM cajoler.

papada sf **1.** [de persona] double menton *m* **2.** [de animal] fanon *m*.

papado sm papauté *f*.

papagayo sm perroquet *m* ▸ **como un papagayo** comme un perroquet.

papal adj papal(e).

papalote sm AM cerf-volant *m*.

papamoscas sm inv gobe-mouches *m inv*.

papanatas sm o sf inv *fam* ballot *m*.

paparazzi [papa'ratsi] smf inv paparazzi *mf*.

papaya sf [fruta] papaye *f*.

papear vi *fam* bouffer.

papel sm **1.** [material, documento] papier *m* ▸ **papel biblia** papier bible ▸ **papel carbón** papier carbone ▸ **papel cebolla** papier pelure ▸ **papel celofán** Cellophane® *f* ▸ **papel continuo** INFORM papier continu ▸ **papel cuché** papier couché ▸ **papel de barba** papier non rogné ▸ **papel de aluminio** o **de plata** papier (d') aluminium ▸ **papel de embalar** o **de embalaje** papier d'emballage ▸ **papel de estraza** papier kraft ▸ **papel de fumar** papier à cigarettes ▸ **papel de lija** papier de verre ▸ **papel higiénico** papier toilette ▸ **papel pintado** papier peint ▸ **papel secante** papier buvard ▸ **papel sellado** o **timbrado** papier timbré ▸ **papel vegetal** papier calque ▸ **ser papel mojado** n'avoir aucune valeur *(contrat, etc.)* **2.** CINE & TEATRO rôle *m* ▸ **desempeñar** o **hacer el papel de** jouer le rôle de **3.** FIN valeur *f* ▸ **papel del Estado** bons *mpl* de l'État ▸ **papel de pagos** ≃ timbre *m* fiscal ▸ **papel moneda** papier-monnaie *m* **4.** EXPR **hacer buen / mal papel** faire bonne/mauvaise figure.
◆ **papeles** smpl [documentos] papiers *mpl* ▸ **los sin papeles** les sans-papiers.

papela sf **1.** *fam* [documentación] papiers *mpl* **2.** *mfam* [de heroína] dose *f*.

papeleo sm paperasserie *f*.

papelería sf papeterie *f*.

papelero, ra adj papetier(ère). ◆ **papelera** sf **1.** [cesto, cubo] corbeille *f* à papier **2.** [fábrica] papeterie *f*. ◆ **papelero** sm **1.** CSUR [papelera] corbeille *f* à papier **2.** VEN [desorden] paperasse *f*.

papeleta sf **1.** [boleto] billet *m* ; [de votación] bulletin *m* de vote **2.** EDUC bulletin *m* de notes **3.** *fig* [situación engorrosa] ▸ **¡vaya papeleta!** quelle tuile !

papelina sf *fam* dose *f (de drogue)*.

papelón sm *fam* ▸ **hacer un papelón** être ridicule.

papeo sm *fam* bouffe *f*.

papera sf [bocio] goitre *m*.
◆ **paperas** sfpl oreillons *mpl*.

papi sm *fam* papa *m*.

papila sf papille *f*.

papilla sf [alimento] bouillie *f* ▸ **echar** o **arrojar la primera papilla** vomir tripes et boyaux ▸ **hecho papilla a)** [cansado] à ramasser à la petite cuillère **b)** [destrozado] réduit(e) en bouillie.

papiloma sm MED papillome *m*.

papilomavirus sm papillomavirus *m*.

papiro sm papyrus *m*.

papiroflexia sf art *m* du pliage.

papista smf papiste *mf* ▸ **ser alguien más papista que el Papa** *fig* être plus royaliste que le roi.

paprika sf paprika *m*.

papú (*pl* **papúes** o **papús**) ◈ adj papou(e).
◈ sm, f Papou *m*, -e *f*.

Papúa-Nueva Guinea npr Papouasie-Nouvelle-Guinée *f*.

paquebote sm paquebot *m*.

paquete, ta adj RP *fam* chic, élégant(e) / ***una mujer muy paqueta*** une femme très chic / ***hoy estás muy paqueta*** tu es très élégante aujourd'hui. ◆ **paquete** sm **1.** [gen] paquet *m* ▸ **paquete bomba** colis *m* piégé ▸ **paquete de acciones** paquet d'actions ▸ **paquete postal** colis *m* postal **2.** INFORM ▸ **paquete (de programas** o **de software)** progiciel *m* **3.** [en moto] ▸ **ir de paquete** monter derrière **4.** [conjunto] ▸ **un paquete de medidas** un train de mesures ▸ **paquete turístico** voyage *m* organisé **5.** *fam* [pañales] couches *fpl* **6.** *fam* [no apto] ▸ **ser un paquete** être nul (nulle) **7.** *fam* [cosa fastidiosa] : ***me ha tocado el paquete de…*** c'est moi qui me suis tapé la corvée de… **8.** *fam* [castigar] ▸ **meter un paquete** passer un savon **9.** MÉX *fam* [problema] tuile *f*, pépin *m*.

paquetería sf **1.** [mercancía] petit commerce *m* **2.** RP *fam* [elegancia] chic *m*, élégance *f*.

paquidermo sm pachyderme *m*.

Paquistán, Pakistán npr Pakistan *m*.

paquistaní (*pl* **paquistaníes** *o* **paquistanís**), **pakistaní** (*pl* **pakistaníes** *o* **pakistanís**) ◆ adj pakistanais(e). ◆ smf Pakistanais *m*, -e *f*.

par ◆ adj **1.** [gen] pair(e) ▸ **jugar a pares o nones** jouer à pair ou impair **2.** [igual] égal(e) ▸ **sin par** hors pair. ◆ sm **1.** [de zapatos, guantes] paire *f* / *dentro de un par de días* dans deux jours / *lo hizo un par de veces* il l'a fait deux ou trois fois **2.** [unos cuantos] : *tomar un par de copas* prendre un ou deux verres **3.** [título] pair *m*. ◆ **a la par** loc adv **1.** [simultáneamente] en même temps **2.** [a igual nivel] au même niveau **3.** FIN au pair. ◆ **de par en par** loc adv ▸ **abierto de par en par** grand ouvert.

> **para**
>
> ◆ prep
>
> **1.** [gen] pour / *es para ti* c'est pour toi / *es malo para la salud* c'est mauvais pour la santé / *sale para distraerse* elle sort pour se distraire / *te lo digo para que lo sepas* je te le dis pour que tu le saches / *está muy espabilado para su edad* il est très éveillé pour son âge ▸ **¿para qué?** pourquoi ? / *lo he hecho para agradarte* je l'ai fait pour te faire plaisir
>
> **2.** [dirección] *vete para casa* rentre à la maison / *salir para Madrid* partir pour Madrid / *échate para el lado* mets-toi sur le côté
>
> **3.** [tiempo] *tiene que estar hecho para mañana* ça doit être fait pour demain / *queda leche para dos días* il reste du lait pour deux jours / *para ser mayo hace mucho frío* il fait très froid pour un mois de mai / *diez para las once* AM onze heures moins dix
>
> **4.** *(detrás de adj y antes de infin)* [inminencia] *la cena está lista para servir* le dîner est prêt à être servi
>
> ◆ **para con** loc prep ▸ **para con alguien** envers qqn.

parabeno sm paraben *m* ▸ **sin parabeno** sans paraben.

parabién (*pl* **parabienes**) sm félicitations *fpl*.

parábola sf parabole *f*.

parabólico, ca adj parabolique.
◆ **parabólica** sf parabolique *m*.

parabrisas sm inv pare-brise *m inv*.

paraca smf *fam* DEP & MIL para *m (parachutiste)*.

paracaídas sm inv parachute *m*.

paracaidismo sm parachutisme *m*.

paracaidista smf parachutiste *mf*.

paracetamol sm MED paracétamol *m*.

parachispas sm inv pare-étincelles *m inv*.

parachoques sm inv pare-chocs *m inv*.

paradero sm **1.** [de persona] point *m* de chute / *desconozco su paradero* j'ignore où il se trouve / *dieron con su paradero* ils ont trouvé où il était **2.** AM [parada de autobús] arrêt *m*.

paradigma sm paradigme *m*.

paradiña sf DEP feinte *f* de frappe.

paradisiaco, ca, **paradisíaco, ca** adj paradisiaque.

parado, da ◆ adj **1.** [inmóvil] arrêté(e) ▸ **quedarse parado** rester interdit **2.** [indeciso] timide **3.** *fam* [sin empleo] au chômage **4.** / *salió bien / mal parado* il s'en est bien / mal tiré. ◆ sm, f *fam* [desempleado] chômeur *m*, -euse *f*. ◆ **parada** sf **1.** [gen] arrêt *m* ▸ **parada de autobús** arrêt d'autobus ▸ **parada de metro** station *f* de métro ▸ **parada de taxis** station *f* de taxis ▸ **parada discrecional** arrêt facultatif **2.** MIL parade *f*.

paradoja sf paradoxe *m*.

paradójico, ca adj paradoxal(e).

parador sm [mesón] relais *m*.
◆ **Parador Nacional** sm *grand hôtel géré par l'État.*

> **Parador Nacional**
>
> Ces hôtels de première catégorie, créés à l'origine sous Franco pour promouvoir le tourisme de luxe, sont installés dans des monuments historiques ou d'une grande valeur artistique, ou encore dans des bâtiments plus récents mais implantés sur des sites exceptionnels. Ils s'apparentent aux « Relais & Châteaux » français, mais pratiquent des prix plus abordables car ils sont généralement la propriété de l'État et gérés par le ministère du Tourisme.

parafarmacia sf [establecimiento, productos] parapharmacie *f*.

parafernalia sf [de persona] attirail *m* ; [de acto, ceremonia] tralala *m*.

parafina sf paraffine *f*.

parafrasear vt paraphraser.

paráfrasis sf inv paraphrase *f*.

paragolpes sm inv RP AUTO pare-chocs *m inv*.

paraguas sm inv parapluie *m*.

Paraguay npr ▸ **(el) Paraguay** le Paraguay.

paraguayo, ya ◆ adj paraguayen(enne). ◆ sm, f Paraguayen *m*, -enne *f*.
◆ **paraguaya** sf [fruta] brugnon *m*.

paragüero sm porte-parapluie *m*.

paraíso sm paradis *m* ▸ **paraíso terrenal** paradis terrestre ▸ **paraíso fiscal** paradis fiscal.

paraje sm endroit *m* ; [región] contrée *f*.

paralelepípedo sm parallélépipède *m*.

paralelismo sm parallélisme *m*.

paralelo, la adj parallèle. ◆ **paralelo** sm parallèle *m* ▸ **en paralelo** ELECTR en parallèle. ◆ **paralela** sf GEOM parallèle *f*. ◆ **paralelas** sfpl barres *fpl* parallèles.

paralelogramo sm parallélogramme *m*.

paralímpico, ca, paraolímpico, ca ◆ adj paralympique. ◆ sm, f athlète *mf* paralympique.

parálisis sf inv paralysie *f* ▸ **parálisis cerebral** attaque *f* cérébrale ▸ **parálisis infantil** paralysie infantile.

paralítico, ca adj & sm, f paralytique.

paralización sf **1.** MED paralysie *f* **2.** *fig* [de obras, proyecto] arrêt *m*.

paralizar [13] vt paralyser. ◆ **paralizarse** vprnl [extremidades] être paralysé(e) ; [obra] être arrêté(e).

paramento sm **1.** ARQUIT & RELIG parement *m* **2.** [adorno] ornement *m* / *es un bonito paramento para la casa* ça décore bien la maison.

parámetro sm paramètre *m*.

paramilitar adj paramilitaire.

páramo sm **1.** [terreno yermo] plateau *m* dénudé **2.** [lugar solitario] endroit *m* isolé.

Paraná npr ▸ **el Paraná** le Parana *m*.

parangón sm comparaison *f* ▸ **sin parangón** sans pareil(eille) ▸ **tener parangón con** être comparable à.

paraninfo sm grand amphithéâtre *m*.

paranoia sf paranoïa *f*.

paranoico, ca adj & sm, f paranoïaque.

paranoide adj paranoïde.

paranormal adj paranormal(e).

paraolímpico = **paralímpico**.

parapente sm DEP parapente *m*.

parapetarse vprnl ▸ **parapetarse (tras)** se retrancher (derrière).

parapeto sm **1.** [gen] parapet *m* **2.** [barricada] barricade *f*.

paraplejía, paraplejia sf MED paraplégie *f*.

parapléjico, ca adj & sm, f paraplégique.

parapsicología, parasicología sf parapsychologie *f*.

parapsicológico, ca, parasicológico, ca adj parapsychologique.

parapsicólogo, ga, parasicólogo, ga sm, f parapsychologue *mf*.

parapúblico, ca adj parapublic(ique) ▸ **el sector parapúblico** le parapublic.

parar ◆ vi **1.** [gen] arrêter ; [tren, etc.] s'arrêter ▸ **(no) parar de** (ne pas) arrêter de / *no para de llover* il n'arrête pas de pleuvoir ▸ **sin parar** sans arrêt ▸ **es un no parar** *fam* il n'arrête pas **2.** [acabar] finir / *¿en qué parará todo esto?* comment tout cela va-t-il finir ? / *fue a parar a la cárcel* il a atterri en prison / *¿dónde iremos a parar?* où en arrivera-t-on ? ▸ **ir a parar a manos de** tomber entre les mains de **3.** [alojarse] descendre. ◆ vt **1.** AM [levantar] lever **2.** AM [poner de pie] mettre debout. ◆ **pararse** vprnl **1.** [gen] s'arrêter ▸ **pararse a hacer algo** prendre le temps de faire qqch **2.** AM [ponerse de pie] se lever **3.** AM [levantarse] se dresser / *se le pararon los pelos* ses cheveux se sont dressés sur sa tête.

pararrayos sm inv paratonnerre *m*.

parasicología = **parapsicología**.

parasicológico, ca = **parapsicológico**.

parasicólogo, ga = **parapsicólogo**.

parasitario, ria adj parasitaire.

parasitismo sm parasitisme *m*.

parásito, ta adj parasite. ◆ **parásito** sm parasite *m*. ◆ **parásitos** smpl [interferencias] parasites *mpl*.

parasitología sf parasitologie *f*.

parasol sm parasol *m*.

parcela sf parcelle *f*.

parcelación sf parcellarisation *f*.

parcelar vt parcellariser.

parcelario, ria adj parcellaire.

parche sm **1.** [para tapar - en tejido] pièce *f* ; [- en neumático] Rustine® *f* **2.** [para curar] ▸ **parche de nicotina** patch *m* antitabac **3.** [retoque] : *ser un parche en el panorama* faire tache dans le paysage **4.** [chapuza] rafistolage *m* **5.** [arreglo provisional] pis-aller *m inv*.

parchear vt [prenda] rapiécer ; [déficit] colmater ; *fig* parer au plus pressé.

parchís sm inv ≃ petits chevaux *mpl*.

parcial ◆ adj **1.** [no total] partiel(elle) **2.** [no ecuánime] partial(e). ◆ sm [examen] partiel *m*.

parcialidad sf partialité *f*.

parco, ca adj **1.** [persona] sobre ▸ **parco en** avare de **2.** [sueldo, comida, etc.] maigre.

pardiez interj *hum* pardi.

pardillo, lla adj & sm, f [ingenuo] poire. ◆ **pardillo** sm ZOOL bouvreuil *m*.

pardo, da adj brun(e) ▸ **nubes pardas** des nuages sombres. ◆ **pardo** sm brun *m*.

pareado sm LITER *strophe dont les vers riment*.

parear vt **1.** [poner en pares] apparier **2.** [comparar] confronter **3.** TAUROM *poser les banderilles*.

parecer [30] ◆ sm **1.** [opinión] avis *m* **2.** [apariencia] allure *f* / *es de buen parecer* elle a un physique agréable. ◆ vi ressembler à / *un perro que parece un lobo* un chien qui ressemble à un loup. ◆ v cop avoir l'air, paraître / *pareces cansado* tu as l'air fatigué / *parece más grande* elle paraît plus grande. ◆ v impers **1.** [opinar, creer] : *me / te etc. parece* il me/te etc. semble / *¿qué te parece?* qu'en penses-tu ? / *me parece que...* j'ai l'impression que... ▸ **me parece muy bien** je trouve ça très bien ▸ **¿te parece?** ça te va ? **2.** [ser posible] : *parece que...* on dirait que... ▸ **al parecer** apparemment. ◆ **parecerse** vprnl se ressembler ▸ **parecerse a (alguien / algo)** ressembler à (qqn / qqch) ▸ **parecerse en algo** se ressembler par qqch / *se parecen en los ojos* ils ont les mêmes yeux.

parecido, da adj [semejante] ▸ **parecido (a)** semblable (à) / *los gemelos son parecidos* les jumeaux se ressemblent ▸ **ser bien parecido** être bien fait de sa personne ▸ **ser mal parecido** être laid. ◆ **parecido** sm ressemblance *f*.

pared sf **1.** [gen & DEP] mur *m* ▸ **pared maestra** mur porteur ▸ **entre cuatro paredes** (enfermé) entre quatre murs ▸ **las paredes oyen** les murs ont des oreilles ▸ **si las paredes hablasen...** si les murs pouvaient parler... ▸ **subirse por las paredes** être fou de rage **2.** ANAT [montaña, etc.] paroi *f*.

paredón sm gros mur *m* ; [de fusilamiento] mur *m* des fusillés.

parejo, ja adj pareil(eille) ▸ **parejo a** équivalent à ▸ **estar parejo** être quitte. ◆ **pareja** sf **1.** [par] paire *f* **2.** [de novios] couple *m* ▸ **pareja de hecho** couple vivant en concubinage **3.** [miembro del par] partenaire *mf* ; [en baile] cavalier *m*, -ère *f* ; [ropa] : *la pareja de este calcetín* la deuxième chaussette.

parentela sf parenté *f (famille)*.

parenteral adj MED parentéral(e) / *por vía parenteral* par voie parentérale.

parentesco sm lien *m* de parenté.

paréntesis sm inv parenthèse *f* ▸ **entre paréntesis** entre parenthèses ▸ **hacer un paréntesis** faire une parenthèse.

pareo sm pareo *m*.

parezca ⟶ **parecer**.

pargo sm pagre *m*.

paria smf *pr* & *fig* paria *m*.

parida sf *fam* : *no dice más que paridas* il ne raconte que des bêtises.

paridad sf parité *f* ▸ **paridad de cambio** parité du change.

pariente, ta sm, f **1.** [familiar] parent *m*, -e *f* **2.** *fam* [cónyuge] moitié *f (la femme pour son mari)*, homme *m (le mari pour sa femme)*.

parietal sm pariétal *m*.

parihuela sf **1.** [camilla] civière *f*, brancard *m* **2.** MÉX [de mariscos] plat *m* de fruits de mer.

paripé sm ▸ **hacer el paripé** *fam* & *fig* jouer la comédie.

parir ❖ vi [animal] mettre bas ; [mujer] accoucher. ❖ vt [animal] mettre bas ; [mujer] accoucher de.

> ⚠ Parier es un falso amigo, no significa *parir*, sino "apostar".

París npr Paris.

parisino, na, parisiense ❖ adj parisien(enne). ❖ sm, f Parisien *m*, -enne *f*.

paritario, ria adj paritaire.

paritorio sm salle *f* d'accouchement.

parka sf parka *m ou f*.

parking ['parkin] sm parking *m*.

párkinson sm [enfermedad] maladie *f* de parkinson.

parlamentar vi parlementer.

parlamentario, ria adj & sm, f parlementaire.

parlamentarismo sm parlementarisme *m*.

parlamento sm **1.** [gen] parlement *m* **2.** TEATRO tirade *f*.

parlanchín, ina adj & sm, f bavard(e).

parlante ❖ adj parlant(e). ❖ sm AM [altavoz] haut-parleur *m*.

parlotear vi *fam* papoter, bavasser.

parloteo sm *fam* papotage *m*.

parmesano sm ⟶ **queso**.

parnaso sm *culto* : *forma parte del parnaso español* il fait partie des poètes espagnols.

parné sm *fam* [dinero] fric *m*, pognon *m*.

paro sm **1.** [gen] chômage *m* ▸ **estar en paro** être au chômage ▸ **paro cíclico / estructural** chômage conjoncturel / structurel ▸ **paro encubierto** chômage déguisé ▸ **paro estacional** chômage saisonnier ▸ **paro forzoso** chômage technique ▸ **paro juvenil** chômage des jeunes **2.** [parada] arrêt *m* ▸ **paro cardiaco** arrêt cardiaque ▸ **paro de imagen** arrêt sur image ▸ **paro laboral** arrêt de travail *(pour grève)* **3.** AM [huelga] grève *f* / *los trabajadores en paro* les travailleurs en grève ▸ **hacer paro, estar en o de paro** faire grève.

parodia sf parodie *f*.

parodiar [8] vt parodier.

parón sm arrêt *m* général ▸ **parón de corriente** coupure *f* de courant.

paroxismo sm paroxysme *m*.

paroxítono, na adj paroxyton *(adj m)*.

parpadeante adj vacillant(e).

parpadear vi **1.** [pestañear] cligner des yeux, battre des paupières **2.** [centellear - luz] vaciller ; [- intermitente] clignoter ; [- estrella] scintiller.

parpadeo sm **1.** [pestañeo] clignement *m* d'yeux **2.** *fig* [de estrella] scintillement *m*.

párpado sm paupière *f*.

parque sm parc *m* ▸ **parque acuático** parc aquatique ▸ **parque de atracciones** parc d'attractions ▸ **parque de bomberos** caserne *f* de pompiers ▸ **parque móvil** parc automobile *(d'une entreprise)* ▸ **parque nacional** parc national ▸ **parque tecnológico** parc technologique, technopole *f* ▸ **parque temático** parc à thème ▸ **parque zoológico** parc zoologique.

parqué, parquet [par'ke] (*pl* **parquets**) sm parquet *m*.

parqueadero sm AM parking *m*.

parquear vt AM garer.

parquedad sf **1.** [moderación] mesure *f* **2.** [sencillez] sobriété *f* **3.** [escasez] manque *m*.

parquet = **parqué**.

parquímetro sm parcmètre *m*.

parra sf treille *f* ▸ **subirse a la parra** a) *fam* & *fig* [enfurecerse] monter sur ses grands chevaux b) [tomarse atribuciones] marcher dessus.

parrafada sf **1.** [charla] ▸ **echar una parrafada con alguien** discuter avec qqn **2.** [monólogo] laïus *m* ▸ **soltar una parrafada** faire tout un laïus.

párrafo sm paragraphe *m*.

parral sm **1.** [conjunto] treille *f* **2.** [terreno] vigne *f*.

parrampán sm AM *fam* pitre *m*.

parranda sf **1.** *fam* [juerga] virée *f* ▸ **irse de parranda** faire la bringue **2.** [banda] *petit orchestre de village*.

parrandear vi *fam* faire la bringue.

parrandista adj & smf *fam* noceur(euse).

parricida smf parricide *mf*.

parricidio sm parricide *m*.

parrilla sf **1.** [utensilio] gril *m* ▸ **a la parrilla** au gril **2.** [sala de restaurante] grill *m* **3.** DEP ▸ **parrilla (de salida)** grille *f* de départ **4.** AM AUTO galerie *f*.

parrillada sf CULIN *assortiment de viandes ou de poissons grillés*.

párroco sm curé *m* (de la paroisse).

parroquia sf **1.** [gen] paroisse *f* **2.** [clientela] clientèle *f*.

parroquial adj paroissial(e).

parroquiano, na sm, f **1.** [feligrés] paroissien *m*, -enne *f* **2.** [cliente] client *m*, -e *f*.

parsimonia sf **1.** [calma] lenteur *f* **2.** [moderación] parcimonie *f*.

parsimonioso, sa adj parcimonieux(euse).

parte ◆ sf
1. [trozo & DER] partie *f* ▸ **en parte** en partie ▸ **formar parte de** faire partie de ▸ **por partes** peu à peu / *vayamos por partes* procédons par ordre ▸ **constituirse en parte civil** se constituer partie civile
2. [porción, lugar] part *f* / *la mayor parte de la gente* la plupart des gens ▸ **en alguna parte** quelque part ▸ **en todas partes cuecen habas** c'est partout pareil ▸ **por ninguna parte** nulle part ▸ **por todas partes** partout ▸ **tener** o **tomar parte en algo** prendre part à qqch
3. [lado] côté *m* ▸ **estar** o **ponerse de parte de alguien** être o se mettre du côté de qqn ▸ **de parte de** de la part de / *¿de parte de quién?* c'est de la part de qui ? / *los tengo de mi parte fig* ils sont de mon côté ▸ **por mi parte** pour ma part ▸ **por otra parte** d'autre part ▸ **por parte de madre / padre** du côté maternel / paternel
4. TEATRO rôle *m*
◆ sm
[informe] rapport *m* ▸ **dar parte** informer ▸ **parte facultativo** o **médico** bulletin *m* de santé ▸ **parte meteorológico** bulletin *m* météorologique
◆ **partes** sfpl [genitales] parties *fpl* intimes ▸ **partes pudendas** parties honteuses.

partenaire [parte'ner] smf CINE & TEATRO partenaire *mf*.

partera sf sage-femme *f*.

parterre sm parterre *m*.

partición sf partage *m* ; [de territorio] partition *f*.

participación sf **1.** [colaboración] participation *f* ; ECON intéressement *m* ▸ **participación en los beneficios** participation aux bénéfices **2.** [de lotería] billet *m* **3.** [comunicación] faire-part *m*.

participante adj & smf participant(e).

participar ◆ vi **1.** [colaborar] ▸ **participar (en)** participer (à) **2.** [beneficiar] ▸ **participar de** o **en** prendre part à **3.** [compartir] ▸ **participar de algo** partager qqch / *participo de tus ideas* je partage tes idées. ◆ vt ▸ **participar algo a alguien** faire part de qqch à qqn.

participativo, va adj : *es muy participativo en clase* il participe beaucoup en classe.

partícipe ◆ adj ▸ **hacer partícipe de algo a alguien** [comunicar] faire part de qqch à qqn.
◆ smf participant *m*, -e *f*.

participio sm participe *m*.

partícula sf particule *f*.

particular ◆ adj **1.** [gen] particulier(ère) ▸ **en particular** en particulier **2.** [no público] privé(e). ◆ smf particulier *m*. ◆ sm [asunto] sujet *m* ▸ **sin otro particular** [en carta] *formule utilisée à la fin d'une lettre commerciale*.

particularidad sf particularité *f*.

particularizar [13] ◆ vt [caracterizar] particulariser ; [pormenorizar] détailler. ◆ vi **1.** [pormenorizar] entrer dans les détails **2.** [personalizar] ▸ **particularizar en alguien** viser qqn en particulier. ◆ **particularizarse** vprnl ▸ **particularizarse por** se distinguer par.

particularmente adv **1.** [especialmente] particulièrement / *está particularmente molesto* il est particulièrement mal à l'aise **2.** [en particular] en particulier / *me refiero particularmente a los productos orgánicos* je fais référence aux produits organiques en particulier.

partida sf ⟶ **partido**.

partidario, ria ◆ adj partisan / *es partidaria de...* elle est partisan de... / *es partidario de cerrar la fábrica* il est pour la fermeture de l'usine. ◆ sm, f partisan *m*.

partidismo sm partialité *f* ; POLÍT esprit *m* de parti.

partidista adj partisan(e).

partido, da adj **1.** [roto] cassé(e) **2.** [rajado] fendu(e).
◆ **partida** sf **1.** [marcha] départ *m* **2.** [en juego] partie *f* ▸ **jugar** o **echar una partida** faire une partie **3.** [documento] acte *m* ▸ **partida de nacimiento a)** [registro] acte de naissance **b)** [copia] extrait *m* d'acte de naissance **4.** COM [mercancía] lot *m* ; [de factura] poste *m*.
◆ **partido** sm **1.** [gen] parti *m* ▸ **buen / mal partido** [novio] bon / mauvais parti ▸ **partido político** parti politique ▸ **partido bisagra** parti charnière *(qui, dans une élection, s'associe à un plus grand parti et peut être décisif dans le résultat du vote)* **2.** DEP match *m* ▸ **partido amistoso** match amical **3.** EXPR **sacar partido de** tirer parti de ▸ **tomar partido por** prendre parti pour.

partir ◆ vt **1.** [romper] casser **2.** [cortar] couper **3.** [repartir] partager. ◆ vi **1.** [marchar] ▸ **partir (hacia)** partir (pour) **2.** [basarse en] ▸ **partir de** partir de.
◆ **partirse** vprnl se casser. ◆ **a partir de** loc prep à partir de.

partisano, na adj & sm, f partisan *m (combattant)* ; [durante la Segunda Guerra Mundial] maquisard *m*.

partitivo, va adj partitif(ive).
◆ **partitivo** sm partitif *m*.

partitura sf partition *f*.

parto sm [animal] mise *f* bas ; [humano] accouchement *m* ▸ **estar de parto** être en travail ▸ **ir de parto** accoucher ▸ **parto natural / prematuro** accouchement naturel / prématuré.

part-time adj inv à temps partiel.

parturienta sf [que está de parto] femme *f* en couches ; MED parturiente *f* ; [que acaba de parir] accouchée *f*.

parvulario sm école *f* maternelle.

párvulo, la sm, f enfant *mf* ▸ **los párvulos** les tout-petits.

pasa sf [fruta] raisin *m* sec.

pasable adj acceptable.

pasacalle sm MÚS marche *f*.

pasada sf ⟶ **pasado**.

pasadizo sm passage *m*.

pasado, da adj **1.** [anterior] dernier(ère) / *el año pasado* l'année dernière / *pasado un año* un an plus tard ▸ **lo pasado, pasado está** le passé c'est le passé **2.** [podrido] périmé(e) ; [fruta] blet(ette). ◆ **pasado** sm passé *m*. ◆ **pasada** sf **1.** [mano] : *dar una pasada de pintura* donner un coup de peinture **2.** *fam* [cosa extraordinaria] : *tu coche nuevo es una pasada* ta nouvelle voiture est vraiment géniale. ◆ **de pasada** loc adv en passant. ◆ **mala pasada** sf mauvais tour *m*.

pasador sm **1.** CONSTR goupille *f* **2.** [para el pelo] barrette *f*.

pasaje sm **1.** [gen] passage *m* **2.** [pasajeros] passagers *mpl* **3.** [de barco, avión] billet *m*.

pasajero, ra adj & sm, f passager(ère).

pasamanería sf passementerie *f*.

pasamano sm [adorno] galon *m*.

pasamanos sm inv [barandilla] main *f* courante.

pasamontañas sm inv passe-montagne *m*.

pasante smf avocat *m*, -e *f* stagiaire.

pasapalos smpl AM amuse-gueules *mpl*.

pasaporte sm passeport *m*.

pasapuré, pasapurés sm inv presse-purée *m*.

pasar

◆ vt

1. [gen] passer / *pásame la sal* passe-moi le sel / *pasar la frontera* passer la frontière / *me ha pasado su catarro* il m'a passé son rhume / *pasó dos años en Roma* elle a passé deux années à Rome / *lo pasó muy mal* il a passé un mauvais moment / *pasar droga* passer de la drogue / *pasar una película* passer un film / *pasar la harina por el tamiz* passer la farine au tamis / *ya hemos pasado las Navidades* Noël est déjà passé

2. [llevar adentro] ▸ **pasar a alguien** faire entrer qqn

3. [cruzar - río, frontera] traverser

4. [trasladar] ▸ **pasar algo de un sitio a otro** déménager qqch d'un endroit à un autre

5. [admitir] tolérer, laisser passer / *ese profesor no deja pasar ni una* e professeur ne laisse rien passer

6. [consentir] ▸ **pasar algo a alguien** passer qqch à qqn / *le pasa todos sus caprichos* elle lui passe tous ses caprices

7. [padecer] *está pasando una depresión* elle fait une dépression / *están pasando problemas económicos* ils ont des problèmes financiers en ce moment ▸ **pasar frío / hambre** avoir froid / faim

8. [aprobar] réussir

9. [sobrepasar] *ya ha pasado los treinta* il a plus de trente ans

10. [coche] dépasser

◆ vi

1. [gen] passer / *pasé por la oficina* je suis passé au bureau / *pasan los días y...* les jours passent et... / *pasó el frío* le froid est passé ▸ **pasar de... a...** passer de... à... / *pasó de la alegría a la tristeza* il est passé de la joie à la tristesse / *ha pasado de secretario a presidente* il est passé de secrétaire à président ▸ **pasar a** passer à / *pasemos a otra cosa* passons à autre chose ▸ **pasar de largo** passer sans s'arrêter

2. [entrar] entrer ▸ **¡pase!** entrez !

3. [suceder] se passer, arriver / *cuéntame lo que pasó* raconte-moi ce qui s'est passé / *¿cómo pasó?* comment est-ce arrivé ? ▸ **pase lo que pase** quoi qu'il arrive

4. [conformarse] ▸ **pasar sin algo** se passer de qqch

5. *fam* [prescindir] *paso de ir al cine* je n'ai aucune envie d'aller au cinéma / *paso de política* la politique, je n'en ai rien à faire / *pasa de él* elle n'en a rien à faire de lui

6. [tolerar] ▸ **pasar por algo** supporter qqch / *¡yo por ahí no paso!* ca, je ne peux pas le tolérer !

◆ **pasarse** vprnl **1.** [acabarse, emplear tiempo] passer / *¿se te ha pasado el dolor?* est-ce que la douleur est passée ? / *se pasaron el día hablando* ils ont passé la journée à parler **2.** [oportunidad, ocasión] laisser passer **3.** [estropearse - comida natural] se gâter ; [- comida envasada, medicamentos] être périmé(e) **4.** [cambiar de bando] ▸ **pasarse a** passer à ▸ **pasarse al otro bando** changer de camp **5.** [omitir] : *se me ha pasado avisarte* j'ai oublié de t'avertir / *te has pasado una página* tu as sauté une page **6.** [olvidar] oublier / *se me pasó decirle que...* j'ai oublié de lui dire que... **7.** [no fijarse] : *no se le pasa nada* rien ne lui échappe **8.** [excederse] ▸ **pasarse de generoso / bueno** être trop généreux / bon **9.** *fam* [propasarse] aller trop loin **10.** [divertirse o aburrirse] : *¿qué tal te lo estás pasando?* alors, tu t'amuses ? ▸ **pasárselo bien** bien s'amuser / *se lo pasó muy mal en la fiesta* elle ne s'est pas amusée du tout à la soirée.

pasarela sf **1.** [de embarque] passerelle *f* **2.** [de desfile] podium *m*.

pasatiempo sm passe-temps *m*.
◆ **pasatiempos** smpl PRENSA rubrique *f* jeux.

pascal sm pascal *m*.

Pascal sm INFORM pascal *m*.

Pascua sf **1.** [de judíos] Pâque *f* **2.** [de cristianos] Pâques *m* ▸ **y santas Pascuas…** un point c'est tout **3.** [EXPR] **hacer la Pascua a alguien** *fam* mettre qqn dans le pétrin. ◆ **Pascuas** sfpl [Navidad] Noël *m* ▸ **¡felices Pascuas!** joyeux Noël ! ▸ **de Pascuas a Ramos** tous les trente-six du mois.

pascual adj pascal(e).

pase sm **1.** [permiso] laissez-passer *m* **2.** [de película, diapositivas, etc.] projection *f* **3.** [de modelos] défilé *m* **4.** DEP passe *f*.

paseante smf promeneur *m*, -euse *f*.

pasear ❖ vi se promener. ❖ vt promener. ◆ **pasearse** vprnl se promener.

paseíllo sm TAUROM *défilé des toreros et de leur "cuadrilla" dans l'arène avant le début de la corrida*.

paseo sm promenade *f* ▸ **dar un paseo, ir de paseo** faire une promenade, aller se promener ▸ **mandar** o **enviar a alguien a paseo** envoyer promener qqn.

pasillo sm couloir *m* ▸ **pasillo deslizante** trottoir *m* roulant ▸ **hacer el pasillo** dégager le passage ▸ **hacer pasillos** frapper à toutes les portes.

pasión sf passion *f*. ◆ **Pasión** sf RELIG Passion *f*.

pasional adj passionnel(elle).

pasionaria sf passiflore *f*.

pasividad sf passivité *f*.

pasivo, va adj **1.** passif(ive) **2.** ECON ▸ **unos haberes pasivos** une retraite *(argent)*. ◆ **pasivo** sm passif *m*.

pasma sf *fam* ▸ **la pasma** les flics *mpl*.

pasmado, da ❖ adj **1.** [asombrado] ébahi(e) **2.** [atontado] hébété(e). ❖ sm, f : *¡no te quedes como un pasmado!* ne reste pas là à gober les mouches !

pasmar vt ébahir. ◆ **pasmarse** vprnl s'ébahir.

pasmarote smf *fam* débile *mf* / *no te quedes ahí como un pasmarote* ne reste pas planté là.

pasmo sm stupéfaction *f*.

pasmoso, sa adj stupéfiant(e).

paso sm **1.** [gen] passage *m* ▸ **abrir** o **abrirse paso** se frayer un chemin ▸ **¡abran paso!** laissez passer ! ▸ **ceder el paso** céder le passage ▸ **'prohibido el paso'** 'défense d'entrer' ▸ **paso a nivel** passage à niveau ▸ **paso a paso** pas à pas ▸ **paso (de) cebra** passage clouté ▸ **paso elevado** CONSTR passerelle *f* ▸ **paso obligado** *fig* passage obligé ▸ **paso peatonal** o **de peatones** passage (pour) piétons ▸ **paso subterráneo** passage souterrain **2.** [forma de andar] pas *m* ▸ **marcar el paso** marquer le pas **3.** *(gen pl)* [gestión] démarche *f* **4.** [mal momento] ▸ **(mal) paso** mauvaise passe *f* **5.** [en procesiones] char *m* **6.** [EXPR] **abrirse paso en la vida** avancer dans la vie ▸ **a cada paso** à tout moment ▸ **a dos** o **cuatro pasos** à deux pas ▸ **a paso de tortuga** à pas de tortue ▸ **dar un paso en falso** faire un faux pas ▸ **salir al paso de** couper court à ▸ **salir del paso** se tirer d'affaire. ◆ **de paso** loc adv au passage. ◆ **paso del Ecuador** sm *moment où les étudiants franchissent la moitié d'un cursus universitaire*.

Paso del Ecuador

En Espagne, à mi-parcours des études universitaires ou **paso del Ecuador,** les étudiants organisent des fêtes. L'argent recueilli à cette occasion sert à organiser un voyage de fin d'année.

pasodoble sm paso doble *m inv*.

pasota adj & smf *fam* je-m'en-foutiste.

pasotismo sm *fam* je-m'en-foutisme *m*.

paspartú sm passe-partout *m*.

pasquín sm [escrito] *pamphlet anonyme affiché dans la rue* ; [cartel] affichette *f*.

pasta sf **1.** [masa] pâte *f* ▸ **pasta dentífrica** o **de dientes** dentifrice *m* ▸ **ser de buena pasta** *fam* être bonne pâte **2.** [CULIN - espagueti, etc.] pâtes *fpl* ; [- pastelillo] petit gâteau *m* sec ▸ **pastas alimenticias** pâtes alimentaires **3.** *fam* [dinero] fric *m* ▸ **pasta gansa** [Esp] *fam* beaucoup de fric o de pognon.

pastar vi paître.

pastel sm **1.** CULIN [dulce] gâteau *m* ; [salado - de carne, verduras] tourte *f* ; [- de pescado] pain *m*, terrine *f* ▸ **repartirse el pastel** *fig* se partager le gâteau **2.** [lápiz] pastel *m* **3.** [EXPR] **descubrir(se) el pastel** découvrir le pot aux roses.

pastelería sf pâtisserie *f*.

pastelero, ra adj & sm, f pâtissier(ère).

pasterizado, da = **pasteurizado**.

pasterizar = **pasteurizar**.

pasteurizado, da, pasterizado, da adj pasteurisé(e).

pasteurizar [13], **pasterizar** vt pasteuriser.

pastiche sm pastiche *m*.

pastilla sf **1.** [gen] pastille *f* ; [de chocolate] tablette *f* ; MED pilule *f* ▸ **pastilla de jabón** savonnette *f* **2.** AUTO plaquette *f* **3.** INFORM puce *f* **4.** [EXPR] **a toda pastilla** *fam* à toute pompe.

pastillero, ra sm, f *fam consommateur de pilules d'ecstasy*.

pastizal sm pâturage *m*.

pasto sm **1.** [acción, lugar] pâturage *m* **2.** [alimento] pâture *f* **3.** [motivo] ▸ **ser pasto para la crítica** alimenter la critique **4.** [EXPR] **a todo pasto** *fam* à gogo / *gasto a todo pasto* je claque tout mon argent ▸ **ser pasto de las llamas** être la proie des flammes.

pastón sm *mfam* ▸ **valer un pastón** valoir un fric fou.

pastor, ra sm, f berger *m*, -ère *f*. ◆ **pastor** sm **1.** [sacerdote] pasteur *m* ▸ **pastor protestante** pasteur protestant **2.** [perro] chien *m* de berger.

pastoral adj pastoral(e).

pastorear vt mener paître.

pastoreo sm pâturage *m (action)*.

pastoril adj **1.** [de los pastores] pastoral(e) **2.** LITER pastoral(e).

pastoso, sa adj pâteux(euse).

pata ❖ sf **1.** [de animal, persona] patte *f* ▸ **a cuatro patas** à quatre pattes ▸ **a la pata coja** *fam* à cloche-pied ▸ **a pata** *fam* à pince(s) **2.** [de mueble] pied *m* **3.** EXPR **estirar la pata** passer l'arme à gauche ▸ **meter la pata** faire une gaffe ▸ **poner / estar patas arriba** mettre / être sens dessus dessous ▸ **tener mala pata** avoir la poisse. ❖ sm AM [amigo] copain *m*. ◆ **pata de gallo** sf **1.** [arrugas] patte-d'oie *f* **2.** [tejido] pied-de-poule *m*. ◆ **pata negra** sm *jambon de pays de première qualité*.

patada sf coup *m* de pied ▸ **dar cien patadas a alguien** *fam* & *fig* enquiquiner qqn ▸ **dar la patada a alguien** *fam* & *fig* virer qqn ▸ **sentar como una patada en el estómago** *fig* rester en travers de la gorge ▸ **tratar a alguien a patadas** *fam* & *fig* traiter qqn à coups de pied dans le derrière.

patagón, ona adj de Patagonie.

Patagonia npr ▸ **la Patagonia** la Patagonie.

patalear vi gigoter ; [en el suelo] trépigner.

pataleo sm **1.** [movimiento] gesticulation *f* **2.** [en el suelo] trépignement *m*.

pataleta sf *fam* cirque *m* / *armó una pataleta* il a fait tout un cirque.

patán adj m & sm **1.** [ignorante] plouc **2.** [grosero] goujat.

patasca sf **1.** ANDES ARG [guiso] *ragoût de porc et de maïs* **2.** CAM PERÚ [disputa] dispute *f*, querelle *f*.

patata sf pomme de terre *f* ▸ **patata caliente** *fig* dossier *m* brûlant ▸ **patatas fritas a)** [gen] frites *fpl* **b)** [de bolsa] chips *fpl*.

patatero, ra ❖ adj : *un rollo patatero fam* du baratin. ❖ sm, f cultivateur *m*, -trice *f* de pommes de terre.

patatín *fam* ▸ **que si patatín, que si patatán** et patati et patata.

patatús sm inv *fam* : *le dio un patatús* ça lui a fichu un coup.

paté sm pâté *m*.

patear ❖ vt **1.** [dar un puntapié a] donner un coup de pied à **2.** [pisotear] piétiner **3.** [recorrer - ciudad] faire à pied. ❖ vi **1.** [patalear] trépigner **2.** *fam* & *fig* [andar] se démener. ◆ **patearse** vprnl **1.** [recorrer] : *se ha pateado la ciudad* il a fait toute la ville à pied **2.** *fam* [malgastar] claquer.

patena sf patène *f* ▸ **limpio o blanco como una patena** *fig* propre comme un sou neuf.

patentado, da adj breveté(e).

patentar vt breveter.

patente ❖ adj manifeste. ❖ sf **1.** [de invento] brevet *m* **2.** [autorización] patente *f* **3.** CSUR AUTO [matrícula] numéro *m* d'immatriculation **4.** CSUR AUTO [impuesto de circulación] vignette *f*.

pateo sm trépignement *m*.

patera sf *embarcation de fortune utilisée par les clandestins partis d'Afrique du Nord pour traverser la Méditerranée*.

paternal adj paternel(elle).

paternalismo sm paternalisme *m*.

paternalista adj paternaliste.

paternidad sf paternité *f*.

paterno, na adj paternel(elle).

patético, ca adj pathétique.

patetismo sm pathétisme *m* / *escenas de gran patetismo* des scènes d'un grand pathétique.

patíbulo sm échafaud *m*.

patidifuso, sa adj *fam* soufflé(e).

patilla sf **1.** [de pelo] patte *f* ; [de barba] favoris *mpl* **2.** [de gafas] branche *f*.

patín sm **1.** [calzado] patin *m* ▸ **patín de cuchilla** patin à glace ▸ **patín de ruedas** patin à roulettes ▸ **a patín** MÉX *fam* [a pie] à pied **2.** [juguete] trottinette *f* **3.** [embarcación] pédalo *m*.

pátina sf patine *f*.

patinador, ra sm, f patineur *m*, -euse *f*.

patinaje sm patinage *m* ▸ **patinaje artístico** patinage artistique ▸ **hacer patinaje sobre hielo / sobre ruedas** faire du patin à glace / à roulettes.

patinar vi **1.** [gen] patiner **2.** *fam* & *fig* [equivocarse] se planter. ◆ **patinarse** vprnl RP *fam* [dinero] : *se patinó todo el dinero en trajes* il a claqué tout son argent en costumes.

patinazo sm **1.** [resbalón] glissade *f* ; [de coche] dérapage *m* **2.** *fam* & *fig* [error] bourde *f*.

patinete sm trottinette *f*.

patio sm **1.** [gen] cour *f* ; [de casa española] patio *m* ▸ **patio interior** cour intérieure ▸ **patio de recreo** cour de récréation **2.** TEATRO ▸ **patio (de butacas)** orchestre *m* ▸ **¡cómo está el patio!** *fam* bonjour, l'ambiance !

patita sf ▸ **poner a alguien de patitas en la calle** *fam* & *fig* flanquer qqn à la porte.

patitieso, sa adj *fam* **1.** [de frío] frigorifié(e) **2.** [de sorpresa] baba.

patito sm caneton *m* ▸ **(ser) el patito feo** (être) le vilain petit canard.

patituerto, ta adj ▸ **ser patituerto a)** [persona, animal] avoir les jambes torses **b)** [mueble] être bancal(e).

patizambo, ba adj cagneux(euse).

pato, ta sm, f canard *m*, cane *f* ▸ **pagar el pato** *fig* payer les pots cassés. ◆ **pato** sm **1.** CHILE [biberón] biberon *m* **2.** MÉX [orinal] pot *m* de chambre.

patógeno, na adj pathogène.

patología sf pathologie *f*.

patológico, ca adj pathologique.

patoso, sa adj & sm, f *fam* pataud(e).

patraña sf *fam* bobard *m*.

patria sf ⟶ **patrio**.

patriarca sm patriarche *m*.

patriarcado sm patriarcat *m*.

patriarcal adj patriarcal(e).

patricio, cia adj & sm, f patricien(enne).

patrimonial adj patrimonial(e).

patrimonio sm patrimoine *m* ▸ **declarar algo patrimonio histórico** déclarer qqch monument historique ▸ **patrimonio nacional** patrimoine national.

patrio, tria adj de la patrie. ◆ **patria** sf patrie *f* ▸ **patria chica** ville *f* natale. ◆ **patria potestad** sf DER autorité *f* parentale.

patriota adj & smf patriote.

patrioterismo sm *despec* chauvinisme *m*.

patriotero, ra adj *despec* chauvin(e).

patriótico, ca adj patriotique.

patriotismo sm patriotisme *m*.

patrocinador, ra ◈ adj : *la empresa patrocinadora* le sponsor. ◈ sm, f sponsor *m*.

patrocinar vt **1.** [en publicidad] sponsoriser **2.** [respaldar - proyecto] parrainer ; [- candidatura] appuyer.

patrocinio sm **1.** [en publicidad] parrainage *m* ▸ **bajo el patrocinio de** sous le patronage de **2.** [respaldo] appui *m*.

patrón, ona sm, f patron *m*, -onne *f*. ◆ **patrón** sm **1.** [de barco, costurera] patron *m* **2.** [referencia] étalon *m* ▸ **patrón monetario** étalon monétaire ▸ **patrón oro** étalon-or *m* ▸ **están cortados por un mismo patrón** *fig* ils sont taillés sur le même modèle.

patronal ◈ adj patronal(e). ◈ sf **1.** [de empresa] direction *f* **2.** [de país] patronat *m*.

patronato sm patronage *m* ; [de beneficiencia] fondation *f*.

patronazgo sm **1.** [apoyo] patronage *m* **2.** RELIG patronage *m*.

patronímico, ca adj patronymique.

patronista smf patronnier *m*, -ère *f*.

patrono, na sm, f patron *m*, -onne *f*.

patrulla ◈ sf patrouille *f* ▸ **estar de patrulla** patrouiller ▸ **patrulla urbana** ≃ îlotiers *mpl*. ◈ adj ⟶ **coche**.

patrullar ◈ vt patrouiller dans. ◈ vi patrouiller.

patrullero, ra adj de patrouille. ◆ **patrullero** sm **1.** [barco] patrouilleur *m* **2.** CSUR [vehículo] voiture *f* de police.

patuco sm *(gen pl)* chausson *m (de bébé)*.

paulatino, na adj **1.** [lento] lent(e) **2.** [gradual] progressif(ive).

pauperización sf paupérisation *f*.

paupérrimo, ma adj très pauvre.

pausa sf pause *f*.

pausado, da adj calme ; [modales, voz] posé(e).

pauta sf **1.** [gen] règle *f* ▸ **seguir unas pautas** suivre des consignes **2.** [en papel] ligne *f*.

pautado, da adj [papel] rayé(e).

pavada sf RP ▸ **decir / hacer una pavada** dire / faire une bêtise.

pavero, ra adj & sm, f [jactancioso] vantard(e).

pavimentación sf revêtement *m*.

pavimentar vt revêtir *(route, sol)* ; [con ladrillos] paver ; [con losas] daller.

pavimento sm revêtement *m* ; [con ladrillos] pavé *m*.

pavo, va ◈ adj *fam* & *despec* godiche. ◈ sm, f **1.** [ave] dindon *m*, dinde *f* ▸ **pavo real** paon *m* **2.** *fam* & *despec* [tonto] âne *m*.

pavonearse vprnl *despec* prendre de grands airs ▸ **pavonearse de** se vanter de.

pavoneo sm *despec* ▸ **¡se trae un pavoneo!** quel vantard !

pavor sm épouvante *f* ; [colectivo] panique *f*.

pavoroso, sa adj épouvantable.

paya sf AM *poème accompagné à la guitare*.

payasada sf [de payaso] clownerie *f* ; [de niño, etc.] pitrerie *f* ▸ **hacer payasadas** faire le pitre.

payaso, sa ◈ adj ▸ **ser payaso** faire le clown. ◈ sm, f clown *m*.

payés, esa sm, f paysan *m*, -anne *f (en Catalogne et aux Baléares)*.

payo, ya sm, f gadjo *mf*.

paz sf paix *f* / *¡déjame en paz!* laisse-moi tranquille ! ▸ **estar** o **quedar en paz** être quitte ▸ **firmar la paz** signer la paix ▸ **hacer las paces** faire la paix ▸ **que en paz descanse, que descanse en paz** qu'il / elle repose en paix / *tu hermana, que en paz descanse, era…* ta sœur, paix à son âme, était….

pazca ⟶ **pacer**.

pazguato, ta adj *fam* & *despec* nunuche.

pazo sm manoir *m (en Galice)*.

PBI (*abr de* **producto bruto interno**) sm PERÚ RP PIB *m*.

PBN (*abr de* **producto bruto nacional**) sm AM PNB *m*.

PC (*pl* **PC** o **PCs**) (*abr de* **personal computer**) sm PC *m*.

PCC (*abr de* **Partido Comunista Cubano**) sm *parti communiste cubain*.

PCE (*abr de* **Partido Comunista de España**) sm *parti communiste espagnol*.

PD, PS (*abr escrita de* **posdata**) PS.

pe sf p *m inv* ▸ **de pe a pa** *fam* & *fig* de a à z.

peaje sm péage *m*.

peana sf socle *m*.

peatón sm piéton *m*, -onne *f*.

peatonal adj piéton(onne).

peatonalizar [13] vt *transformer une voie en zone piétonne*.

peca sf tache *f* de rousseur.

pecado sm péché *m* / *sería un pecado tirar toda esa comida* ce serait un crime de jeter toute cette nourriture

▸ **pecado original** péché originel ▸ **pecados capitales** péchés capitaux.

pecador, ra ◆ adj : *los hombres pecadores* les pécheurs. ◆ sm, f pécheur *m*, -eresse *f*.

pecaminoso, sa adj condamnable.

pecar [10] vi pécher / *pecó de prudente* il a péché par excès de prudence.

pecera sf aquarium *m* ; [redonda] bocal *m* (à poissons).

pechera sf **1.** [de prenda] devant *m* ; [chorrera] jabot *m* **2.** *fam* [pecho] seins *mpl*.

pecho sm **1.** [gen] poitrine *f* **2.** [de animal] poitrail *m* **3.** [mama] sein *m* ▸ **dar el pecho** donner le sein **4.** *fig* [interior] cœur *m* **5.** EXPR **a lo hecho, pecho** ce qui est fait est fait ▸ **a pecho descubierto a)** [hablar] à cœur ouvert **b)** [luchar] à mains nues ▸ **tomarse algo a pecho** prendre qqch à cœur.

pechuga sf **1.** [de ave] blanc *m* **2.** *mfam* [de mujer] nichons *mpl*.

pechugón, ona adj *fam* : *¡es pechugón!* il a un de ces poitrails ! / *es pechugona* elle a une forte poitrine.

pécora sf ▸ **ser una mala pécora** *despec* être une harpie.

pecoso, sa adj ▸ **ser pecoso** avoir des taches de rousseur.

pectoral ◆ adj pectoral(e). ◆ sm sirop *m* pectoral.

pecuario, ria adj du bétail ▸ **la industria pecuaria** l'élevage.

peculiar adj particulier(ère).

peculiaridad sf particularité *f*.

pecuniario, ria adj pécuniaire.

PED (*abr escrita de* **país en desarrollo**) sm PED *m (pays en développement)*.

pedagogía sf pédagogie *f*.

pedagógico, ca adj pédagogique.

pedagogo, ga sm, f pédagogue *mf*.

pedal sm pédale *f*.

pedalada sf coup *m* de pédale.

pedalear vi pédaler.

pedante adj & smf pédant(e).

pedantería sf pédanterie *f*.

pedazo sm morceau *m* ▸ **hacer pedazos a)** mettre en morceaux **b)** *fig* briser ▸ **saltar en pedazos** o **mil pedazos** voler en éclats ▸ **pedazo de alcornoque** o **de animal** o **de bruto** bougre *m* d'âne ▸ **ser un pedazo de pan** *fig* être bon comme le bon pain.

pederasta sm pédéraste *m*.

pederastia sf pédérastie *f*.

pedernal sm **1.** [de cuarzo] silex *m* **2.** [piedra de chispa] pierre *f* à fusil o à feu.

pedestal sm [base] piédestal *m* ▸ **tener a alguien en un pedestal** *fig* mettre qqn sur un piédestal.

pedestre adj pédestre.

pediatra smf pédiatre *mf*.

pediatría sf pédiatrie *f*.

pediátrico, ca adj pédiatrique.

pedicura sf soins *mpl* des pieds.

pedicuro, ra sm, f pédicure *mf*.

pedida sf demande *f* en mariage.

pedido sm **1.** [encargo] commande *f* ▸ **hacer un pedido** passer une commande **2.** AM [petición] demande *f*.

pedigrí (*pl* **pedigríes** o **pedigrís**), **pedigree** (*pl* **pedigrees**) [peðiˈɣri] sm pedigree *m*.

pedigüeño, ña adj ▸ **ser pedigüeño** quémander.

pedir [26] ◆ vt **1.** [solicitar] demander ▸ **pedir a alguien que haga algo** demander à qqn de faire qqch / *te pido que te calles* je te demande de te taire / *¿cuánto piden por este piso?* combien demandent-ils pour cet appartement ? ▸ **pedir a alguien (en matrimonio)** demander qqn en mariage ▸ **pedir prestado** emprunter **2.** [requerir] avoir besoin de / *esta planta pide sol* cette plante a besoin de soleil. ◆ vi [mendigar] mendier.

pedo ◆ sm **1.** [ventosidad] pet *m* ▸ **tirarse un pedo** *vulg* péter **2.** *mfam* [borrachera] cuite *f* ▸ **cogerse un pedo** prendre une cuite **3.** MÉX [problema] problème *m*. ◆ adj inv *mfam* ▸ **estar pedo** être bourré(e).

pedofilia sf pédophilie *f*.

pedófilo, la sm, f pédophile *mf*.

pedorrear vi *vulg* ne pas arrêter de péter.

pedorreta sf ▸ **hacer pedorretas** faire pfft *(par dérision)*.

pedorro, rra *fam* ◆ adj **1.** [que se tira pedos] qui pète sans arrêt **2.** [pelmazo] casse-pieds *(inv)*. ◆ sm, f **1.** [persona que se tira pedos] gros péteur *m*, grosse péteuse *f*, pétomane *mf* **2.** [pelmazo] casse-pieds *(inv)*.

pedrada sf **1.** [con piedra] jet *m* de pierre ▸ **a pedradas** à coups de pierres **2.** [granizada] grêle *f* **3.** MÉX *fam* [con palabras] allusion *f*, insinuation *f* ▸ **tirar pedradas a alguien** insinuer qqch à qqn.

pedrea sf **1.** [premio menor] *plus petit prix de la loterie nationale espagnole* **2.** [granizada] grêle *f* **3.** [lucha] bataille *f* à coups de pierres.

pedregal sm terrain *m* rocailleux.

pedregoso, sa adj rocailleux(euse), pierreux(euse).

pedregullo sm AM gravier *m*.

pedrera sf carrière *f*.

pedrería sf pierres *fpl* précieuses.

pedrisco sm grêle *f*.

pedrusco sm grosse pierre *f*.

peeling [ˈpilin] sm peeling *m*.

pega sf **1.** [obstáculo] difficulté *f* ▸ **poner pegas (a)** mettre des obstacles (à) **2.** [pegamento] colle *f*. ◆ **de pega** loc adj faux (fausse) ; [anillo, pulsera, etc.] en toc.

pegada sf DEP frappe *f*.

pegadizo, za adj **1.** [música] chantant(e) **2.** *fig* [contagioso] contagieux(euse).

pegado sm **1.** [parche] emplâtre *m* **2.** [en la cacerola] gratin *m*.

pegajoso, sa adj *pr* & *fig* collant(e).

pegamento sm colle *f*.

pegar [16] ◆ vt

1. [gen & INFORM] coller ▸ **pegar un botón** coudre un bouton

2. [golpear] frapper ; [dar una paliza] battre

3. [dar - golpe, bofetada] donner ; [- grito] pousser ▸ **pegar un susto** faire peur ▸ **pegar saltos** faire des bonds ▸ **pegar tiros** tirer des coups de feu

4. [contagiar - enfermedad] ▸ **pegar algo a alguien** passer qqch à qqn

◆ vi

1. [adherir] coller

2. [golpear] frapper contre / *la lluvia pegaba en la ventana* la pluie frappait contre la vitre

3. [armonizar] ▸ **pegar con algo** aller avec qqch / *el verde y el rosa no pegan* le vert et le rose ne vont pas ensemble

4. [sol] taper

◆ **pegarse** vprnl **1.** [adherirse] coller ; [arroz, guiso, etc.] attacher **2.** [chocar] ▸ **pegarse (un golpe) con / contra algo** se cogner à/contre qqch **3.** [pelearse] se battre **4.** [darse - golpes, puñetazos, etc.] se donner **5.** *fig* [contagiarse] s'attraper / *se me pegó su acento* j'ai attrapé son accent / *esta música se pega muy fácilmente* c'est un air que l'on retient très facilement **6.** *fam* [ser infiel] ▸ **pegársela a alguien** tromper qqn / *esta vez no me la vas a pegar* cette fois tu ne vas pas me faire le coup **7.** *despec* [engancharse] ▸ **pegarse a alguien** coller qqn, se coller à qqn.

pegatina sf autocollant *m*.

pego sm ▸ **dar el pego a)** [persona] donner le change **b)** *fam* [joya, pieles, etc.] faire vrai.

pegote sm **1.** *fam* [añadido] fioritures *fpl* **2.** *fam* [chapuza] bricolage *m* **3.** *fam* [mentira] blague *f* **4.** [masa pegajosa] emplâtre *m* ▸ **venir de pegote** venir comme un cheveu sur la soupe.

pegotear vt CSUR *fam* rendre collant(e).
◆ **pegotearse** vprnl se coller.

pegue sm MÉX *fam* : *esa cantante tiene mucho pegue* cette chanteuse a du chien.

peinado sm coiffure *f*.

peinador sm peignoir *m (de salon de coiffure)*.

peinar vt **1.** [desenredar] peigner ; [arreglar] coiffer **2.** [registrar] ratisser. ◆ **peinarse** vprnl **1.** [desenredarse] se peigner ; [arreglarse] se coiffer **2.** RP *fam* & *fig* [ilusionarse] s'emballer.

peine sm peigne *m* ▸ **se va a enterar de lo que vale un peine** *fam* & *fig* il va comprendre son malheur.

peineta sf peigne *m* (de mantille).

p. ej. (*abr escrita de* **por ejemplo**) p. ex. / *un felino, p. ej. el tigre* un félin, p. ex. le tigre.

pejiguera sf *fam* ▸ **¡vaya pejiguera!** quelle barbe !

Pekín npr Pékin.

pekinés, esa, pequinés, esa ◆ adj pékinois(e).
◆ sm, f Pékinois *m*, -e *f*.

pela sf *fam* & *desus* [dinero] peseta *f* / *no tengo ni una pela* je n'ai pas un rond.

peladilla sf dragée *f*.

pelado, da ◆ adj **1.** [cabeza] tondu(e) **2.** [montaña, fruta] pelé(e) ; [verdura, patata] épluché(e) / *tengo la espalda pelada* j'ai le dos qui pèle **3.** [árbol, habitación, campo] dénudé(e) **4.** *fam* [sin dinero] fauché(e) **5.** [número] : *quinientos pelados* cinq cents tout rond **6.** CSUR [sin pelo] chauve. ◆ sm, f **1.** ANDES [niño, adolescente] gamin *m*, -e *f* **2.** ANDES [novio] petit ami *m*, petite amie *f* **3.** CAM MÉX [persona humilde] péquenaud *m*, -e *f*. ◆ **pelado** sm coupe *f* de cheveux.

peladura sf **1.** [acción] épluchage *m* **2.** [corteza] épluchure *f*.

pelagatos smf inv *fam* & *despec* pauvre type *m*, pauvre fille *f*.

pelaje sm pelage *m*.

pelambre sm [de un animal] poil *m*.

pelambrera sf *fam* **1.** [cabellera] tignasse *f* **2.** [pelos] : *¡tiene una pelambrera en las piernas!* elle a les jambes poilues.

pelandusca sf *fam* & *despec* poule *f*.

pelapapas sm inv AM épluche-légumes *m inv*.

pelapatatas sm inv épluche-légumes *m inv*.

pelar vt **1.** [pelo] tondre **2.** [fruta] peler ; [verduras, patatas] éplucher **3.** [aves] plumer **4.** *fam* & *fig* [dejar sin dinero] plumer **5.** MÉX *fam* [hacer caso] faire attention à **6.** EXPR **hace un frío que pela** il fait un froid de canard ▸ **corre que se las pela** il court comme un dératé.
◆ **pelarse** vprnl **1.** [piel] peler **2.** [persona] se faire couper les cheveux.

peldaño sm marche *f* ; [de escalera de mano] échelon *m*.

pelea sf **1.** [a golpes] bagarre *f* ; [en boxeo] combat *m* **2.** [riña] dispute *f*.

peleado, da adj **1.** [combate, carrera, partido] acharné(e) **2.** [persona] ▸ **estar peleado (con alguien)** être fâché (avec qqn).

pelear vi **1.** [gen] se battre **2.** [reñir] se disputer.
◆ **pelearse** vprnl **1.** [a golpes] se battre **2.** [reñir] se disputer.

pelele sm **1.** *fam* & *despec* [persona] marionnette *f* **2.** [prenda de bebé] grenouillère *f* **3.** [muñeco] pantin *m*.

peleón, ona adj **1.** [persona] bagarreur(euse) **2.** ⟶ **vino**.

peletería sf **1.** [oficio] pelleterie *f* **2.** [tienda] : *en la peletería* chez le fourreur.

peletero, ra sm, f fourreur *m*.

peli sf *fam* film *m*.

peliagudo, da adj *fig* épineux(euse).

pelicano, pelícano sm pélican *m*.

película sf **1.** CINE film *m* ▸ **echar** o **poner una película** passer un film ▸ **película del Oeste** western *m* ▸ **película de suspense** AM thriller ▸ **película de terror** o **miedo** film d'épouvante ▸ **película de vídeo** cassette *f* vidéo *(film)* ▸ **película muda** film muet ▸ **de película** *fig* du tonnerre **2.** [capa fina & FOTO] pellicule *f* ▸ **película virgen** pellicule vierge **3.** *fam* [historia increíble] roman *m*.

peliculero, ra adj & sm, f **1.** [gen] de film **2.** [persona] ▸ **ser peliculero a)** [aficionado] aimer le cinéma **b)** *fam* [fantasioso] raconter des histoires.

peliculón sm *fam* super film *m*.

peligrar vi [persona, vida] être en danger ; [cosecha, edificio, etc.] être menacé(e).

peligro sm danger *m* ▸ **correr peligro** courir un danger ▸ **correr peligro de** courir le risque de ▸ **estar / poner en peligro** être / mettre en danger ▸ **fuera de peligro** hors de danger ▸ **'peligro de muerte'** 'danger de mort'.

peligrosidad sf danger *m* ; [en ciudad, etc.] insécurité *f*.

peligroso, sa adj dangereux(euse).

pelillo sm *(se usa sobre todo en pl) fam* broutille *f*.

pelín sm *fam* ▸ **un pelín** un tantinet / *es un pelín largo* c'est un poil trop long.

pelirrojo, ja adj & sm, f roux (rousse).

pella sf ▸ **hacer pellas** *fam* & *arg escol* sécher.

pellejo sm **1.** [gen] peau *f* / *expuso su pellejo fam* il a risqué sa peau ▸ **estar / ponerse en el pellejo de alguien** *fig* être / se mettre à la place de qqn ▸ **salvar el pellejo** sauver sa peau **2.** [padrastro] envie *f (des ongles)*.

pelliza sf pelisse *f*.

pellizcar [10] vt **1.** [gen] pincer **2.** [pan, etc.] grignoter.

pellizco sm **1.** [en la piel - acción] pincement *m* ; [- marca] pinçon *m* **2.** [un poco] : *un pellizco de sal* une pincée de sel.

pelma ❖ adj lourd(e). ❖ sm, f casse-pieds *mf inv*.

pelmazo, za *fam* & *despec* ❖ adj lourd(e). ❖ smf casse-pieds *mf inv*.

pelo sm poil *m* ; [cabello] cheveu *m* ▸ **el pelo a)** [de persona] les cheveux **b)** [de animal] le pelage ▸ **con pelos y señales** dans les moindres détails ▸ **de medio pelo** de second ordre ▸ **hacer algo a pelo** *fam* faire qqch sans filet ▸ **montar a caballo a pelo** monter à cru ▸ **no tener pelos en la lengua** *fam* ne pas mâcher ses mots ▸ **no tener un pelo de tonto** *fam* être loin d'être bête ▸ **no verle el pelo a alguien** *fam* ne plus voir qqn ▸ **se le pusieron los pelos de punta** *fam* ses cheveux se sont dressés sur sa tête ▸ **por los pelos** de justesse / *no se mató por un pelo* il s'en est fallu d'un cheveu qu'il ne se tue ▸ **ser (un) hombre de pelo en pecho** être un homme, un vrai ▸ **soltarse el pelo a)** *fam* [decidirse] se lancer **b)** [desmadrarse] être déchaîné(e) ▸ **tomar el pelo a alguien a)** *fam* [burlarse de] se payer la tête de qqn **b)** [dar a creer] faire marcher qqn ▸ **venir al pelo** *fam* tomber à pic. ◆ **a contra pelo** loc adv à rebrousse-poil.

pelón, ona adj **1.** [por pelo muy corto] rasé(e) **2.** [por poco pelo] qui a très peu de cheveux.
◆ **pelón** sm RP [fruta] brugnon *m*, nectarine *f*.
◆ **pelona** sf CAm COL MÉX *fam* ▸ **la Pelona** [la muerte] la Camarde.

pelota ❖ sf **1.** [gen] ballon *m* ; [pequeña] balle *f* ▸ **pelota base** base-ball *m* ▸ **pelota vasca** pelote *f* basque **2.** [esfera] boule *f* **3.** AM DEP [béisbol] base-ball *m* **4.** EXPR **devolver la pelota a alguien** renvoyer la balle à qqn ▸ **hacer la pelota (a alguien)** *fam* cirer les pompes (à qqn). ❖ smf *fam* lèche-bottes *mf inv*.
◆ **pelotas** sfpl **1.** *mfam* [testículos] couilles *fpl* ▸ **en pelotas** *mfam* & *fig* à poil **2.** RP *fam* [persona] con *m sing*, conne *f*, connard *m sing*, -asse *f*.

pelotari smf pelotari *m*.

pelotazo sm coup *m* de ballon.

pelotear vi **1.** DEP faire des balles **2.** *fam* [reñir] s'engueuler.

pelotero, ra ❖ adj ESP *fam* [adulador] lèche-bottes. ❖ sm, f **1.** ESP *fam* [adulador] lèche-bottes *mf* **2.** *fam* FÚT footeux *m*, -euse *f*. ◆ **pelotera** sf *fam* engueulade *f*.

pelotilla sf **1.** [de moco] crotte *f* (de nez) **2.** [de suciedad] mouton *m*.

pelotillero, ra adj & sm, f *fam* lèche-bottes.

pelotón sm **1.** MIL & DEP peloton *m* ▸ **pelotón de ejecución** peloton d'exécution **2.** [de gente] horde *f*.

pelotudez sf RP *mfam* connerie *f* ▸ **hacer / decir una pelotudez** faire / dire une connerie.

pelotudo, da adj RP *fam* **1.** [estúpido] idiot(e) **2.** [grande] gros (grosse) / *tengo que leer un libro pelotudo para la próxima clase* j'ai un gros pavé à lire pour le prochain cours.

peluca sf perruque *f*.

peluche sm peluche *f*.

peludo, da adj poilu(e).

peluquería sf **1.** [establecimiento] salon *m* de coiffure ▸ **ir a la peluquería** aller chez le coiffeur **2.** [oficio] coiffure *f*.

peluquero, ra sm, f coiffeur *m*, -euse *f*.

peluquín sm postiche *m*.

pelusa sf **1.** [vello] duvet *m* **2.** [de tela] peluche *f* **3.** [de polvo] mouton *m*.

pelviano, na, pélvico, ca adj pelvien(enne).

pelvis sf inv bassin *m*.

Pemex (*abr de* **Petróleos Mexicanos**) sf *compagnie pétrolière mexicaine*.

pena sf **1.** [gen] peine *f* ▸ **a duras penas** à grand-peine ▸ **dar pena** faire de la peine ▸ **(no) valer** o **merecer la pena (hacer algo)** (ne pas) valoir la peine (de faire qqch) / *no vale la pena molestarse* ce n'est pas la peine de se déranger ▸ **so** o **bajo pena de** sous peine de ▸ **pena capital** o **de muerte** peine capitale o de mort **2.** [lástima] ▸ **es una pena** c'est dommage ▸ **¡qué pena!** quel dommage ! ▸ **sin pena ni gloria** sans se faire remarquer **3.** AM [vergüenza] : *me da pena molestar* je n'ose pas déranger / *tengo pena de hablar con ella* je n'ose pas lui parler.

penacho sm **1.** [de pájaro] huppe *f* **2.** [adorno] aigrette *f*.

penado, da sm, f condamné *m*, -e *f*.

penal ◈ adj pénal(e). ◈ sm **1.** [cárcel] prison *f*, pénitencier *m* **2.** AM FÚT penalty *m*.

penalidad sf *(gen pl)* peine *f*.

penalista smf avocat *m*, -e *f* pénaliste.

penalización sf pénalité *f*.

penalizar [13] vt **1.** [delito] mettre sous le coup de la loi **2.** DEP pénaliser.

penalti, penalty sm penalty *m* ▸ **se casó de penalti** *fam* elle s'est mariée en cloque.

penar ◈ vt [suj: la ley] punir. ◈ vi [sufrir] peiner.

pendejada sf AM *mfam* **1.** [acto] sale coup *m*, saloperie *f* **2.** [dicho, cosa insignificante] connerie *f*.

pendejear vi MÉX *mfam* faire le con (la conne).

pendejo sm, f **1.** AM *mfam* [tonto] con *m*, conne *f* **2.** MÉX *fam* [cobarde] lavette *f* **3.** RP *mfam & despec* [adolescente] morveux *m*, -euse *f*.

pendenciero, ra adj & sm, f querelleur(euse).

pender vi **1.** [colgar] ▸ **pender (de)** pendre (à) **2.** *fig* [amenaza, etc.] ▸ **pender sobre** peser sur **3.** *fig* [sentencia, etc.] être en suspens.

pendiente ◈ adj **1.** [sin hacer] en suspens ▸ **tener una asignatura pendiente** avoir une matière à rattraper ▸ **tener una cuenta pendiente** *fig* avoir une affaire à régler ▸ **estar pendiente de** [juicio, respuesta, etc.] être dans l'attente de **2.** [atento] : *está muy pendiente de sus hijos* elle s'occupe beaucoup de ses enfants. ◈ sm **1.** [adorno] boucle *f* d'oreille **2.** AM [asunto por resolver] affaire *f* en cours / *la lista de pendientes es enorme* la liste des affaires en cours est très longue. ◈ sf pente *f*.

pendón, ona sm, f *fam* [vago] glandeur *m*, -euse *f* / *estar hecho un pendón* passer sa vie dehors.
◆ **pendón** sm [bandera] bannière *f*; *fam* [mujer] traînée *f*.

pendonear vi *fam* traîner *(dans les rues)*.

pen drive [pen draif] sm INFORM clé *f* USB.

pendular adj pendulaire.

péndulo sm pendule *m*; [de reloj] balancier *m*.

pene sm pénis *m*.

penetración sf pénétration *f* ▸ **penetración de mercado** pénétration du marché.

penetrante adj pénétrant(e); [voz, grito] perçant(e) / *un dolor penetrante* une douleur aiguë.

penetrar ◈ vi ▸ **penetrar (en)** pénétrer (dans) / *el frío penetra en los huesos* le froid pénètre les os.
◈ vt pénétrer.

peneuvista smf *membre du parti nationaliste basque PNV*.

penicilina sf pénicilline *f*.

península sf péninsule *f*; [pequeña] presqu'île *f* ▸ **la península Ibérica** la péninsule Ibérique.

peninsular ◈ adj péninsulaire.
◈ smf ▸ **los peninsulares** les Espagnols du continent.

penique sm penny *m*.

penitencia sf **1.** [sacramento, virtud] pénitence *f* ▸ **hacer penitencia** faire pénitence **2.** RP *fam* [castigo] punition *f*.

penitenciaría sf pénitencier *m*.

penitenciario, ria adj pénitentiaire.

penitente smf pénitent *m*, -e *f*.

penoso, sa adj **1.** [trabajo] pénible **2.** [acontecimiento] douloureux(euse) **3.** [espectáculo] affligeant(e) **4.** AM [vergonzoso] timide.

pensado, da adj ▸ **ser (un) mal pensado** avoir l'esprit mal tourné ▸ **el día menos pensado** un beau jour.
◆ **bien pensado** loc adv tout bien réfléchi.

pensador, ra sm, f penseur *m*, -euse *f*.

pensamiento sm **1.** [gen & BOT] pensée *f* ▸ **leer el pensamiento a alguien** lire dans les pensées de qqn **2.** [mente] esprit *m*.

pensar [19] ◈ vi penser ; [reflexionar] réfléchir ▸ **pensar en** penser à ▸ **pensar en algo / en alguien / en hacer algo** penser à qqch / à qqn / à faire qqch ▸ **dar que pensar** donner à réfléchir. ◈ vt **1.** [gen] penser **2.** [reflexionar] réfléchir à / *piensa lo que te he dicho* réfléchis à ce que je t'ai dit. ◆ **pensarse** vprnl : *tengo que pensármelo* je dois y réfléchir.

pensativo, va adj pensif(ive).

pensión sf pension *f* ▸ **media pensión** demi-pension *f* ▸ **pensión alimenticia o alimentaria** pension alimentaire ▸ **pensión completa** pension complète ▸ **pensión (de jubilación)** retraite *f* ▸ **pensión de viudedad** allocation *f* veuvage.

pensionado sm **1.** [colegio] pensionnat *m* **2.** CSUR [residencia] résidence *f* universitaire.

pensionista smf **1.** [discapacitado] pensionné *m*, -e *f*; [jubilado] retraité *m*, -e *f* **2.** [en pensión, colegio] pensionnaire *mf*.

pentaedro sm pentaèdre *m*.

pentagonal adj pentagonal(e).

pentágono sm **1.** GEOM pentagone *m* **2.** MÉX DEP [en béisbol] base *f*.

pentagrama sm MÚS portée *f*.

pentatlón sm pentathlon *m*.

Pentecostés sm *(no se usa en pl)* Pentecôte *f*.

pentotal sm Penthotal® *m*.

penúltimo, ma adj & sm, f avant-dernier(ère).

penumbra sf pénombre *f* ▸ **en penumbra** dans la pénombre.

penuria sf pénurie *f*.

peña sf **1.** [roca] rocher *m* **2.** [grupo de personas] bande *f* (d'amis) ; [asociación] club *m*.

peñasco sm rocher *m*.

peñazo ◆ adj *fam* rasoir / *¡no seas tan peñazo!* ne sois pas aussi rasoir ! ◆ sm *fam* **1.** [cosa] : *la película es un peñazo* le film est rasoir **2.** [persona] raseur *m*, -euse *f*.

peñón sm rocher *m* ▸ **el peñón (de Gibraltar)** le rocher de Gibraltar.

peón sm **1.** [obrero] manœuvre *m*, ouvrier *m* agricole ▸ **peón caminero** cantonnier *m* **2.** [en ajedrez] pion *m* **3.** [juguete] toupie *f*.

peonada sf **1.** [trabajo, sueldo] journée *f (d'un manœuvre)* **2.** [peonaje] équipe *f* de manœuvres o d'ouvriers agricoles.

peonza sf toupie *f*.

peor

◆ adj *(equivale a 'más malo')*

1. *(compar)* ▸ **peor (que)** pire (que) / *tú eres malo pero él es peor* tu es méchant mais il est pire que toi / *su letra es peor que la tuya* son écriture est moins lisible que la tienne / *soy peor alumno que mi hermano* je suis plus mauvais élève que mon frère ▸ **es peor que peor** c'est encore pire

2. *(superl seguido de sust)* ▸ **el peor** le plus mauvais ▸ **la peor** la plus mauvaise / *el peor alumno de la clase* le plus mauvais élève de la classe / *los peores recuerdos de su vida* les plus mauvais souvenirs de sa vie

◆ smf

▸ **el / la peor** le/la pire / *lo peor es que...* le pire c'est que... / *Juan es el peor del equipo* Juan est le plus mauvais de l'équipe

◆ adv *(compar y superl)*

es peor todavía c'est encore pire / *es cada vez peor* c'est de pire en pire / *cada día escribe peor* il écrit de plus en plus mal / *hoy ha dormido peor que ayer* aujourd'hui il a dormi moins bien qu'hier / *si se lo dices será mucho peor* si tu le lui dis ce sera bien pire ▸ **estar peor** [enfermo] aller encore plus mal ▸ **peor que nunca** pire que jamais ▸ **¡peor para él!** tant pis pour lui !

pepinazo sm *fam* & *fig* **1.** [de cañón, arma] explosion *f* **2.** [en fútbol] boulet *m* de canon.

pepinillo sm cornichon *m*.

pepino sm **1.** BOT concombre *m* **2.** *fam* [obús] obus *m* **3.** EXPR **importarle algo a alguien un pepino** *fam* se ficher de qqch comme de l'an quarante.

⚠ **Pépin** es un falso amigo, no significa *pepino*, sino "pepita".

pepita sf **1.** [de fruta] pépin *m* **2.** [de oro] pépite *f*.

pepito sm **1.** [bocadillo] *sandwich à la viande* **2.** [bollo] ≃ éclair *m*.

pepitoria sf CULIN *fricassée de volaille dont la sauce contient du jaune d'œuf* ▸ **en pepitoria** en fricassée.

pepona sf *grande poupée en carton.*

peppermint = **pipermín**.

peque ⟶ **pecar**.

pequeñez sf **1.** [cualidad] petitesse *f* **2.** *fig* [insignificancia] broutille *f*.

pequeño, ña *(**mínimo** es el superl irregular de **pequeño**)* ◆ adj petit(e). ◆ sm, f [niño] petit *m*, -e *f* / *de pequeño no comía nada* quand j'étais petit, je ne mangeais rien. ◆ **pequeños** smpl ▸ **los pequeños** les petits.

pequeñoburgués, esa adj & sm, f petit-bourgeois (petite-bourgeoise).

pequinés sm [perro] pékinois *m*.

pera ◆ sf poire *f* ▸ **partir peras** se fâcher ▸ **pedir peras al olmo** *fig* demander la lune ▸ **¡este tío es la pera!** *fam* & *fig* c'est quelque chose ce type ! ◆ adj inv *fam* [pijo] snobinard(e) / *un niño pera* un fils à papa.

peral sm poirier *m*.

perborato sm perborate *m*.

perca sf [pez] perche *f*.

percal sm [tela] percale *f* ▸ **conocer el percal** *fig* connaître la musique.

percance sm incident *m*.

percatarse vprnl ▸ **percatarse (de algo)** s'apercevoir (de qqch).

percebe sm **1.** ZOOL pouce-pied *m* **2.** *fam* [persona] cloche *f*.

percepción sf perception *f*.

perceptible adj **1.** [por los sentidos] perceptible **2.** COM recouvrable.

perceptivo, va adj perceptif(ive) ▸ **los centros perceptivos** les centres sensoriels.

percha sf **1.** [de armario] cintre *m* **2.** [de pared, perchero] portemanteau *m* **3.** [para pájaros] perchoir *m*.

perchero sm portemanteau *m*.

percibir vt percevoir.

percusión sf percussion *f*.

percusionista smf percussionniste *mf*.

percutor, percusor sm percuteur *m*.

perdedor, ra adj & sm, f perdant(e).

perder [20] ◆ vt **1.** [gen] perdre ▸ **perder el conocimiento** perdre connaissance ▸ **perder el juicio** perdre la raison ▸ **perder el tiempo** perdre son temps ▸ **perder la esperanza** perdre espoir / *sus malas compañías le perderán* ses mauvaises fréquentations le perdront **2.** [tren, autobús, ocasión] rater, manquer. ◆ vi **1.** [gen] perdre **2.** [decaer] baisser **3.** [dejar escapar aire, agua] fuir **4.** EXPR **echar algo a perder** a) gâcher qqch b) [ocasión] laisser passer qqch. ◆ **perderse** vprnl **1.** [gen] se perdre / *se me han perdido las gafas* j'ai perdu mes lunettes **2.** [desorientarse] s'y perdre **3.** [desaprovechar] ▸ **perderse algo** manquer qqch / *¡no te lo pierdas!* tu ne peux pas manquer ça ! / *¡tú te lo pierdes!* tant pis pour toi ! **4.** [anhelar] : *se pierde por ella* il ferait n'importe quoi pour elle.

perdición sf perte *f* / *eso fue su perdición* ça l'a mené à sa perte.

pérdida sf **1.** [gen] perte *f* ▸ **no tiene pérdida** vous trouverez facilement **2.** [escape] fuite *f*.
◆ **pérdidas** sfpl **1.** MIL, FIN & MED pertes *fpl* ▸ **pérdidas y ganancias** pertes et profits **2.** [daños] dégâts *mpl*.

perdidamente adv éperdument.

perdido, da ❖ adj **1.** [gen] perdu(e) ▸ **estar perdido** *fig* être cuit **2.** *fam* [sucio] : *me he puesto perdido* je me suis tout sali / *perdido de barro* couvert de boue **3.** *fam* [de remate] ▸ **loco perdido** fou à lier ▸ **tonto perdido** bête comme ses pieds. ❖ sm, f débauché *m*, -e *f*.

perdigón sm **1.** [munición] plomb *m* (de chasse) **2.** [pájaro] perdreau *m* **3.** [de saliva] postillon *m*.

perdigonada sf volée *f* de plombs.

perdiguero sm braque *m*.

perdiz sf perdrix *f* ▸ **fueron felices y comieron perdices** ils furent heureux et eurent beaucoup d'enfants.

perdón sm pardon *m* ▸ **con perdón** sauf votre respect / *es, con perdón, un pedazo de imbécil* c'est, si vous me permettez l'expression, un bel imbécile ▸ **no tener perdón** être impardonnable ▸ **pedir perdón** demander pardon ▸ **¡perdón!** pardon !

perdonar vt **1.** [gen] pardonner / *te perdono tus críticas* je te pardonne tes critiques / *¡perdona!* excuse-moi !, pardon ! / *perdone que le moleste* excusez-moi o pardon de vous déranger **2.** [eximir de] ▸ **perdonar algo a alguien a)** faire grâce de qqch à qqn **b)** [deuda, obligación] libérer qqn de qqch **3.** [aprovechar] ▸ **no perdonar algo** ne pas rater qqch ▸ **no perdonar detalle** n'épargner aucun détail.

perdonavidas smf inv *fam* ▸ **ir de perdonavidas** faire le matamore.

perdurable adj **1.** [que dura siempre] éternel(elle) **2.** [que dura mucho] durable.

perdurar vi **1.** [durar mucho - tiempo, efecto] durer ; [- recuerdo, idea, tradición] persister **2.** [perseverar] ▸ **perdurar en** persister dans.

perecedero, ra adj périssable.

perecer [30] vi périr.

peregrina sf ⟶ **peregrino**.

peregrinación sf **1.** RELIG pèlerinage *m* **2.** *fig* [con idas y venidas] pérégrination *f*.

peregrinaje sm **1.** RELIG pèlerinage *m* **2.** *fig* [con idas y venidas] pérégrinations *fpl*.

peregrinar vi **1.** [a un santuario] aller en pèlerinage **2.** *fig* [con idas y vueltas] errer.

peregrino, na ❖ adj **1.** [ave] migrateur(trice) **2.** *fig* [extraño, extraordinario] bizarre, étonnant(e).
❖ sm, f [persona] pèlerin *m*.
◆ **peregrina** sf [molusco] coquille *f* Saint-Jacques.

perejil sm persil *m*.

perenne adj **1.** [gen] vivace ; [follaje, hoja] persistant(e) / *una planta perenne* une plante vivace **2.** [continuo] pérenne.

perennizar vt pérenniser.

perentorio, ria adj **1.** [inaplazable] : *en el plazo perentorio* dans le délai imparti **2.** [apremiante] urgent(e).

pereza sf paresse *f* / *me da pereza levantarme* je n'ai pas le courage de me lever ▸ **tengo que sacudirme la pereza** il faut que je me secoue les puces.

perezca ⟶ **perecer**.

perezoso, sa adj & sm, f paresseux(euse).

perfección sf perfection *f* ▸ **a la perfección** à la perfection.

perfeccionamiento sm perfectionnement *m*.

perfeccionar vt perfectionner.
◆ **perfeccionarse** vprnl se perfectionner.

perfeccionismo sm perfectionnisme *m*.

perfeccionista adj & smf perfectionniste.

perfectamente adv parfaitement.

perfectivo, va adj perfectif(ive).

perfecto, ta adj parfait(e).

perfidia sf perfidie *f*.

pérfido, da adj & sm, f perfide.

perfil sm **1.** [gen & GEOM] profil *m* ▸ **de perfil** de profil **2.** [característica] trait *m*.

perfilar vt **1.** [dibujar] profiler **2.** *fig* [detallar] affiner.
◆ **perfilarse** vprnl se profiler.

perforación sf **1.** [gen & MED] perforation *f* **2.** [de pozo] forage *m*.

perforador, ra adj perforateur(trice).
◆ **perforadora** sf perforatrice *f*.

perforar vt perforer ; [pozo] forer.

perfumar vt parfumer.
◆ **perfumarse** vprnl se parfumer.

perfume sm parfum *m*.

perfumería sf parfumerie *f*.

pergamino sm parchemin *m*.
◆ **pergaminos** smpl titres *mpl* de noblesse.

pergeñar vt *fam* concocter, mijoter.

pérgola sf pergola *f*.

pericardio sm péricarde *m*.

pericia sf habileté *f*.

pericial adj d'expert / *una tasación pericial* une expertise.

perico, ca sm, f CARIB GUAT MÉX [charlatán] bavard *m*, -e *f*. ◆ **perico** sm **1.** *fam* [pájaro] perroquet *m* **2.** *mfam* [cocaína] coke *f* **3.** AM [café con leche] café *m* crème.

periferia sf périphérie *f*.

periférico, ca adj périphérique.
◆ **periférico** sm **1.** INFORM périphérique *m* **2.** CAM MÉX [carretera] périphérique *m*.

perifollos smpl *fam* fanfreluches *fpl*.

perífrasis sf inv périphrase *f*.

perifrástico, ca adj périphrastique.

perilla sf **1.** [barba] bouc *m* ▸ **venir de perilla(s)** *fam* & *fig* tomber à pic **2.** AM [de puerta] poignée *f*.

perímetro sm périmètre *m*.

periodicidad sf périodicité *f*.

periódico, ca adj périodique.
◆ **periódico** sm journal *m*.

periodismo sm journalisme *m*.

periodista smf journaliste *mf*.

periodístico, ca adj journalistique.

periodo, período sm **1.** [gen & MAT] période *f* ▸ **periodo de prácticas** période d'essai **2.** [menstrual] règles *fpl*.

peripatético, ca adj **1.** [de Aristóteles] péripatéticien(enne) **2.** *fam* [ridículo] ridicule.

peripecia sf péripétie *f*.

periplo sm périple *m*.

peripuesto, ta adj *fam* tiré(e) à quatre épingles.

periquete sm ▸ **en un periquete** *fam* en un clin d'œil.

periquito sm perruche *f*.

periscopio sm périscope *m*.

perista smf receleur *m*, -euse *f*.

peritaje sm expertise *f*.

peritar vt expertiser.

perito sm **1.** [experto] expert *m* ▸ **perito mercantil** expert-comptable *m* ▸ **perito tasador** commissaire-priseur *m* **2.** [ingeniero técnico] ingénieur *m* technique.

perjudicado, da ❖ adj **1.** [persona] lésé(e) **2.** [cosa] endommagé(e). ❖ sm, f **1.** [persona] victime *f* **2.** DER lésé *m*, -e *f*.

perjudicar [10] vt nuire à ; [moralmente] porter préjudice à ▸ **perjudicar la salud** nuire à la santé.

perjudicial adj ▸ **perjudicial (para)** nuisible (à).

perjuicio sm [moral] préjudice *m* ; [material] dégât *m* ▸ **ir en perjuicio de** porter préjudice à ▸ **sin perjuicio de** en dépit du fait que.

perjurar vi **1.** [jurar mucho] ▸ **jurar y perjurar** jurer ses grands dieux **2.** [jurar en falso] se parjurer.

perjurio sm parjure *m (faux serment)*.

perjuro, ra adj & sm, f parjure *(personne)*.

perla sf perle *f* ▸ **venir de perlas** *fig* bien tomber.

perlado, da adj **1.** [con perlas] perlé(e) **2.** [con gotas] : *tenía la frente perlada de sudor* des gouttes de sueur perlaient sur son front.

perlé sm coton *m* perlé.

permanecer [30] vi rester, demeurer / *permanecer despierto / mudo* rester éveillé / muet.

permanencia sf **1.** [en un lugar] : *su permanencia en el país...* votre séjour dans le pays... / *la permanencia de las tropas en...* le maintien des troupes dans... **2.** [duración] permanence *f*.

permanentado, da adj : *pelo permanentado* cheveux permanentés.

permanente ❖ adj permanent(e). ❖ sf [del pelo] permanente *f*. ❖ sm MÉX [del pelo] permanente *f* / *hacerse el permanente* se faire faire une permanente.

permeabilidad sf perméabilité *f*.

permeable adj perméable.

permisible adj tolérable / *el rechazo es permisible* il est permis de refuser.

permisividad sf permissivité *f*.

permisivo, va adj permissif(ive).

permiso sm **1.** [gen & MIL] permission *f* ▸ **con permiso, ¿me deja pasar?** pardon, pouvez-vous me laisser passer ? ▸ **estar de permiso** être en permission ▸ **pedir permiso para hacer algo** demander la permission de faire qqch **2.** [documento] permis *m* ▸ **permiso de armas** permis de port d'arme ▸ **permiso de conducir** permis de conduire ▸ **permiso de trabajo** permis de travail ▸ **permiso de residencia** permis de séjour.

permitido, da adj permis(e).

permitir vt permettre ▸ **¿me permite?** vous permettez ? ◆ **permitirse** vprnl se permettre ▸ **no poder permitirse algo** ne pas pouvoir se permettre qqch.

permuta, permutación sf permutation *f*.

permutable adj permutable.

permutación = **permuta**.

permutar vt **1.** [gen] troquer / *he permutado mi piso por una casa* j'ai troqué mon appartement contre une maison **2.** [puestos, cargos] échanger.

pernera sf jambe *f (de pantalon)*.

pernicioso, sa adj pernicieux(euse).

pernil sm [de cerdo] jambon *m*.

perno sm boulon *m*.

pernoctar vi passer la nuit.

pero ❖ conj mais / *un alumno inteligente pero vago* un élève intelligent mais paresseux / *pero ¿cómo quieres que yo lo sepa?* mais comment veux-tu que je le sache ? ❖ sm mais *m* ▸ **no hay pero que valga** il n'y a pas de mais qui tienne ▸ **poner peros a** trouver à redire à.

Cómo pedir permiso

- **Est-ce que je peux m'asseoir ?** *¿Me puedo sentar?*
- **Je peux prendre cette chaise ?** *¿Puedo coger esta silla?*
- **Vous permettez que j'ouvre la fenêtre ?** *¿Me permite que abra la ventana?*
- **J'emprunte ta voiture, d'accord ?** *Te tomo el coche prestado, ¿vale?*
- **Ça te dérange si je fume ?** *¿Te molesta si fumo?*
- **Est-ce que je peux me servir de l'ordinateur ?** *¿Puedo utilizar el ordenador?*

perogrullada sf *fam* lapalissade *f*, vérité *f* de La Palice.

Perogrullo ◆ **de Perogrullo** loc prep *fam* : *una verdad de Perogrullo* lapalissade *f*, vérité *f* de La Palice.

perol sm marmite *f*.

peroné sm péroné *m*.

peronismo sm péronisme *m*.

peronista adj & smf péroniste.

perorar vi **1.** [pronunciar un discurso] prononcer un discours **2.** *fam* [hablar vanamente] pérorer.

perorata sf laïus *m*.

peróxido sm peroxyde *m*.

perpendicular adj & sf perpendiculaire.

perpetrar vt perpétrer.

perpetuación sf perpétuation *f*.

perpetuar [6] vt perpétuer.
◆ **perpetuarse** vprnl se perpétuer.

perpetuidad sf perpétuité *f* ▸ **a perpetuidad** à perpétuité.

perpetuo, tua adj perpétuel(elle) ; [amor, nieves] éternel(elle).

perplejidad sf perplexité *f*.

perplejo, ja adj perplexe.

perra sf **1.** ⟶ **perro 2.** ESP *fam* [rabieta] crise *f* ▸ **coger una perra** piquer une crise **3.** ESP *fam* [dinero] rond *m*, thune *f* ▸ **no tener (ni) una perra** ne pas avoir un rond **4.** *fam* [idea fija] : *está con la perra de irse* il n'a qu'une idée en tête, c'est de partir.

perrera sf ⟶ **perrero**.

perrería sf *fam* : *¡no le hagas perrerías al niño!* n'embête pas le petit ! / *¡han hecho una perrería contigo!* ils t'ont bien arrangé !

perrero, ra sm, f [persona] employé *m*, -e *f* de la fourrière *(pour chiens)*.
◆ **perrera** sf **1.** [lugar] chenil *m* **2.** [vehículo] fourgon *m* de la fourrière *(pour chiens)* **3.** MÉX [caseta] niche *f*.

perrito sm ▸ **perrito (caliente)** hot dog *m*.

perro, rra ❖ sm, f **1.** ZOOL chien *m*, chienne *f* ▸ **perro callejero** chient errant ▸ **perro de caza** chien de chasse ▸ **perro lazarillo** chien d'aveugle ▸ **perro lobo** chien-loup *m* ▸ **perro pastor** chien de berger ▸ **perro policía** chien policier **2.** *fam & despec* [malvado] peau *f* de vache **3.** EXPR **andar como el perro y el gato** s'entendre comme chien et chat ▸ **atar los perros con longaniza** rouler sur l'or ▸ **de perros** [tiempo, etc.] de chien ▸ **perro ladrador poco mordedor** chien qui aboie ne mord pas ▸ **ser perro viejo** être un vieux renard. ❖ adj *fam* [muy malo] de chien ▸ **¡qué vida más perra!** quelle chienne de vie ! ◆ **perro caliente** sm hot dog *m*.

perruno, na adj canin(e).

persa ❖ adj persan(e). ❖ smf Persan *m*, -e *f*.
❖ sm [lengua] persan *m*.

persecución sf **1.** [seguimiento] poursuite *f* **2.** [acoso] persécution *f*.

persecutorio, ria adj ▸ **la manía persecutoria** la manie de la persécution.

perseguir [43] vt **1.** [gen] poursuivre ; *fig* [felicidad, etc.] rechercher **2.** [atormentar] ▸ **perseguir a alguien** persécuter qqn.

perseverancia sf persévérance *f*.

perseverante adj persévérant(e).

perseverar vi ▸ **perseverar (en)** persévérer (dans).

Persia npr Perse *f*.

persiana sf **1.** store *m* ; [postigo] persienne *f* **2.** EXPR **enrollarse como una persiana** ESP *fam* être un moulin à paroles, être bavard comme une pie.

persiga ⟶ **perseguir**.

persignarse vprnl se signer.

persigo ⟶ **perseguir**.

persiguiera ⟶ **perseguir**.

persistencia sf persistance *f*.

persistente adj persistant(e) ; [persona] tenace.

persistir vi ▸ **persistir (en algo)** persister (dans qqch) ▸ **persistir en hacer algo** persister à faire qqch.

Cómo dar permiso

- **Ils autorisent leurs enfants à sortir le samedi soir.** *Autorizan a sus hijos a salir los sábados por la noche.*
- **L'utilisation d'un dictionnaire est autorisée pour l'examen.** *Se puede utilizar un diccionario en el examen.*
- **Je suis d'accord / Je ne vois pas d'inconvénient pour que tu t'inscrives au cours de théâtre.** *Estoy de acuerdo / No veo inconveniente para que te apuntes a clases de teatro.*
- **Il n'est pas permis d'utiliser son téléphone portable dans le lycée.** *No está permitido utilizar el móvil en el instituto.*
- **Vous avez mon accord pour partir plus tôt aujourd'hui.** *Le doy permiso para salir hoy más temprano.*
- **Tu as l'autorisation d'utiliser ma carte de crédit pour faire tes achats.** *Te autorizo a utilizar mi tarjeta de crédito para hacer las compras.*
- **On peut voyager seulement avec sa carte d'identité en Europe.** *En Europa, se puede viajar con solo el carné de identidad.*
- **Les chiens ne sont pas admis dans ce restaurant.** *No se admiten perros en este restaurante.*

persona sf personne *f* ▸ **en persona** en personne ▸ **persona física** DER personne physique ▸ **persona jurídica** personne morale ▸ **persona mayor** grande personne.

personaje sm personnage *m*.

personal ◈ adj personnel(elle). ◈ sm **1.** [trabajadores] personnel *m* **2.** ESP *fam* [gente] gens *mpl* / *¡cuánto personal!* quel peuple ! ◈ sf DEP faute *f* personnelle.

personalidad sf personnalité *f*.

personalismo sm favoritisme *m*.

personalizado, da adj personnalisé(e).

personalizar [13] vi viser quelqu'un en particulier ▸ **sin personalizar** sans citer de nom.

personalmente adv personnellement.

personarse vprnl **1.** [acudir, presentarse] se présenter **2.** ESP DER comparaître.

personero, ra sm, f AM **1.** [representante] représentant *m*, -e *f* **2.** [portavoz] porte-parole *m inv*.

personificación sf personnification *f* / *es la personificación de la bondad* c'est la bonté personnifiée.

personificar vt personnifier.

perspectiva sf **1.** [gen] perspective *f* / *lo ves desde una perspectiva distinta* tu le vois sous une perspective différente ▸ **en perspectiva** en perspective **2.** [dibujo] vue *f*.

perspicacia sf perspicacité *f*.

perspicaz adj perspicace.

persuadir vt persuader ▸ **persuadir a alguien para que haga algo** persuader qqn de faire qqch.
◆ **persuadirse** vprnl ▸ **persuadirse (de / de que)** se persuader (de / que).

persuasión sf persuasion *f*.

persuasivo, va adj persuasif(ive).
◆ **persuasiva** sf pouvoir *m* de persuasion.

pertenecer [30] vi ▸ **pertenecer a** appartenir à / *no me pertenece hacerlo* il ne m'appartient pas de le faire.

perteneciente adj ▸ **perteneciente a** appartenant à ▸ **ser perteneciente a** appartenir à.

pertenencia sf appartenance *f*.
◆ **pertenencias** sfpl [enseres] biens *mpl*.

pértiga sf **1.** [vara] perche *f* **2.** DEP saut *m* à la perche.

pertiguista smf DEP perchiste *mf*.

pertinaz adj **1.** [terco] obstiné(e) **2.** [persistente] persistant(e).

pertinencia sf pertinence *f*.

pertinente adj **1.** [adecuado] pertinent(e) **2.** [relativo] approprié(e).

pertrechar vt MIL équiper. ◆ **pertrecharse** vprnl ▸ **pertrecharse de** s'approvisionner en.

pertrechos smpl **1.** MIL équipement *m* **2.** *fig* [utensilios] attirail *m*.

perturbación sf **1.** [gen & METEOR] perturbation *f* **2.** [emoción, alteración] trouble *m* ▸ **perturbaciones respiratorias** troubles respiratoires.

perturbado, da adj & sm, f déséquilibré(e).

perturbador, ra adj & sm, f perturbateur(trice).

perturbar vt **1.** [gen] perturber **2.** [impresionar, conmover, alterar] troubler ▸ **perturbar el orden público** troubler l'ordre public.

Perú npr ▸ **(el) Perú** (le) Pérou.

peruano, na ◈ adj péruvien(enne).
◈ sm, f Péruvien *m*, -enne *f*.

perversidad sf perversité *f*.

perversión sf perversion *f*.

perverso, sa adj pervers(e).

pervertido, da sm, f pervers *m*, -e *f*.

pervertidor, ra adj & sm, f pervers(e).

pervertir [27] vt pervertir.
◆ **pervertirse** vprnl se pervertir.

pervivir vi survivre.

pesa sf **1.** [gen] poids *m* **2.** *(gen pl)* DEP haltère *m*.

pesabebés sm inv pèse-bebé *m*.

pesacartas sm inv pèse-lettre *m*.

pesada sf ⟶ **pesado**.

pesadez sf **1.** [gen] lourdeur *f* ▸ **pesadez de estómago** lourdeurs *fpl* d'estomac **2.** [aburrimiento, fastidio] ennui *m* / *¡qué pesadez de película!* quel ennui ce film ! ▸ **es una pesadez** c'est pénible.

pesadilla sf cauchemar *m* ▸ **tener pesadillas** faire des cauchemars.

pesado, da ◈ adj **1.** [gen] lourd(e) **2.** [trabajoso] pénible **3.** [aburrido] ennuyeux(euse) **4.** [molesto] assommant(e) / *¡no te pongas pesada!* ne commence pas ! ◈ sm, f casse-pieds *mf inv*. ◆ **pesada** sf pesée *f*.

pesadumbre sf chagrin *m*.

pésame sm condoléances *fpl* ▸ **dar el pésame** présenter ses condoléances.

pesar ◈ sm **1.** [tristeza] chagrin *m* **2.** [arrepentimiento] regret *m*. ◈ vt peser. ◈ vi **1.** [gen] peser / *este paquete pesa* ce paquet pèse lourd / *le pesa tanta responsabilidad* toutes ces responsabilités lui pèsent **2.** [causar tristeza] causer du chagrin ; [causar arrepentimiento] regretter / *me pesa haberlo hecho* je regrette de l'avoir fait **3.** EXPR **mal que le pese** qu'il le veuille ou non ▸ **pese a quien pese** quoi qu'il arrive. ◆ **pesarse** vprnl se peser. ◆ **a pesar de** loc prep malgré ▸ **a pesar de todo** malgré tout ▸ **a pesar mío** malgré moi.
◆ **a pesar de que** loc conj bien que / *saldré a pesar de que llueve* je sortirai bien qu'il pleuve. ◆ **pese a** loc prep malgré / *es muy activo pese a su edad* il est très actif malgré son âge.

pesaroso, sa adj **1.** [arrepentido] désolé(e) **2.** [afligido] ▸ **estar pesaroso** avoir du chagrin.

pesca sf pêche *f* ▸ **ir de pesca** aller à la pêche ▸ **pesca de altura / de bajura** pêche hauturière / côtière ▸ **pesca submarina** pêche sous-marine.

pescadería sf poissonnerie *f*.

pescadero, ra sm, f poissonnier *m*, -ère *f*.

pescadilla sf merlan *m*.

pescado sm poisson *m* ▸ **pescado azul / blanco** poisson gras / maigre.

pescador, ra sm, f pêcheur *m*, -euse *f*.

pescante sm **1.** [de carruaje] siège *m* du cocher **2.** TEATRO machines *fpl*.

pescar [10] vt **1.** [peces] pêcher **2.** *fam* & *fig* [enfermedad] choper **3.** *fam* & *fig* [empleo] dégoter **4.** *fam* & *fig* [ladrón] cueillir **5.** *fam* & *fig* [entender] piger.

pescuezo sm cou *m* ▸ **retorcer el pescuezo a alguien** *fam* tordre le cou à qqn.

pesebre sm **1.** [para animales] mangeoire *f* **2.** [de Navidad] crèche *f*.

pesero sm MÉX [vehículo] taxi *m* collectif.

peseta sf [unidad] peseta *f* ▸ **no tener ni una peseta** o **estar sin una peseta** ESP ne pas avoir un sou o être sans le sou. ◆ **pesetas** sfpl [dinero] argent *m*.

pesetero, ra adj ESP *fam* & *despec* rapiat(e), radin(e).

pesimismo sm pessimisme *m*.

pesimista adj & smf pessimiste.

pésimo, ma ❖ adj très mauvais(e).
❖ superl ⟶ **malo.**

peso sm **1.** [gen & DEP] poids *m* / *tiene un kilo de peso* ça pèse un kilo / *campeón en diferentes pesos* champion dans différentes catégories ▸ **de peso** [importante] de poids ▸ **vender al peso** vendre au poids ▸ **peso atómico / molecular** masse *f* atomique / moléculaire ▸ **peso bruto / neto** poids brut / net ▸ **peso ligero / medio** poids léger / moyen ▸ **peso mosca / pesado** poids mouche / lourd ▸ **peso muerto** poids mort **2.** [moneda] peso *m* **3.** [balanza] balance *f* **4.** EXPR **eso cae por su propio peso** cela va de soi ▸ **pagar algo a peso de oro** payer qqch à prix d'or ▸ **me quita un peso de encima** c'est un soulagement pour moi.

pespunte sm point *m* arrière.

pespuntear vt coudre au point arrière.

pesque ⟶ **pescar**.

pesquería sf **1.** [actividad] pêche *f* **2.** [lugar] pêcherie *f*.

pesquero, ra adj [barco, etc.] de pêche ; [industria] de la pêche. ◆ **pesquero** sm bateau *m* de pêche.

pesquisa sf recherche *f*, enquête *f*.

pestaña sf **1.** [de párpado] cil *m* **2.** [saliente] bord *m* ; [de papel] languette *f* **3.** EXPR **quemarse las pestañas** travailler de nuit.

pestañear vi cligner des yeux ▸ **sin pestañear** *fig* sans sourciller.

pestañeo sm clignement *m* d'œil.

peste sf **1.** [enfermedad] peste *f* ▸ **peste bubónica** peste bubonique **2.** *fam* [mal olor] infection *f* **3.** [plaga] invasion *f* **4.** [molestia] ▸ **ser la peste** être infernal(e) **5.** EXPR **decir pestes de alguien** dire pis que pendre de qqn.

pesticida adj & sm pesticide.

pestilencia sf [mal olor] odeur *f* pestilentielle.

pestilente adj pestilentiel(elle).

pestillo sm verrou *m* ▸ **correr** o **echar el pestillo** mettre le verrou.

pestiño sm [dulce] *sorte de beignet au miel*.

pesto sm [salsa] pesto *m* ▸ **pastas al pesto** pâtes au pesto.

petaca sf **1.** [para tabaco] blague *f* (à tabac) **2.** [para bebidas] flasque *f* **3.** MÉX [baúl] malle *f* **4.** AM [joroba] bosse *f* **5.** EXPR **hacer la petaca** faire le lit en portefeuille. ◆ **petacas** sfpl MÉX *fam* [nalgas] fesses *fpl*.

pétalo sm pétale *m*.

petanca sf pétanque *f*.

petardear vt faire sauter.

petardo sm **1.** [cohete] pétard *m* **2.** *fam* [aburrimiento] : *un petardo de película* un film rasoir **3.** ESP *fam* [porro] pétard *m* / *su padre los pilló liándose un petardo* son père les a chopés en train de se rouler un pétard **4.** *fam* [persona fea] ▸ **ser un petardo** être moche comme un pou.

petate sm **1.** [de marinero, soldado, preso] balluchon *m* ; MIL paquetage *m* ▸ **liar el petate** *fam* & *fig* plier bagage **2.** ANDES CAM MÉX [para dormir] *natte pour dormir.* ◆ **petates** smpl RP *fam* [pertenencias] affaires *fpl*.

petatearse vprnl CAM MÉX *fam* casser sa pipe.

petenera sf *chant du répertoire flamenco* ▸ **salir** o **salirse por peteneras** ESP *fam* s'en tirer par une pirouette.

petición sf **1.** [acción] demande *f* ▸ **a petición de** à la demande de ▸ **petición de mano** demande en mariage **2.** [escrito] pétition *f*.

peticionar vt AM faire une demande o requête auprès de.

petimetre, tra sm, f dandy *m* ▸ **ser un petimetre** se piquer d'élégance.

petirrojo sm rouge-gorge *m*.

petiso, sa, petizo, za adj ANDES RP *fam* petit(e).

peto sm **1.** [gen] plastron *m* **2.** [prenda] salopette *f* **3.** [de prenda] bavette *f*.

pétreo, a adj [camino, masa] de pierre, pierreux(euse) ; *fig* [mirada, etc.] glacial(e) ▸ **de una dureza pétrea** dur(e) comme la pierre.

petrificar [10] vt *pr* & *fig* pétrifier.

petrodólar sm pétrodollar *m*.

petroleado, da adj [ave] mazouté(e).

petróleo sm pétrole *m*.

petrolero, ra adj pétrolier(ère).
◆ **petrolera** sf [empresa] compagnie *f* pétrolière.
◆ **petrolero** sm pétrolier *m*.

petrolífero, ra adj pétrolifère.

petroquímico, ca adj pétrochimique.
◆ **petroquímica** sf pétrochimie *f*.

petulancia sf arrogance *f*.

petulante adj arrogant(e).

petunia sf pétunia *m*.

peúco sm *(gen pl)* chausson *m (de bébé)*.

peyorativo, va adj péjoratif(ive).

pez ❖ sm poisson *m* ▸ **pez espada** espadon *m* ▸ **pez globo** poisson-globe *m* ▸ **pez loro** poisson-perroquet *m* ▸ **pez payaso** poisson-clown *m* ▸ **estar como pez en el agua** *fig* être comme un poisson dans l'eau ▸ **estar pez (en algo)** *fig* être nul (nulle) (en qqch), nager complètement (en qqch). ❖ sf poix *f*. ◆ **pez gordo** sm *fam* & *fig* gros bonnet *m*.

pezón sm **1.** [de pecho] mamelon *m* **2.** BOT queue *f*.

pezuña sf **1.** [de animal] sabot *m* **2.** *fam* [pie] panard *m*.

pH sm QUÍM pH *m*.

Phnom Penh [nom'pen] npr Phnom Penh.

pi sf pi *m inv*.

piadoso, sa adj **1.** [compasivo] ▸ **ser piadoso** avoir bon cœur **2.** [religioso] pieux(euse).

pianista smf pianiste *mf*.

piano ❖ sm piano *m* ▸ **piano bar** piano-bar *m* ▸ **piano de cola** piano à queue ▸ **piano de media cola** demi-queue *m*. ❖ adv piano.

pianola sf piano *m* mécanique.

piar [9] vi piailler.

piara sf troupeau *m (de porcs)*.

piastra sf piastre *f*.

PIB (*abr de* **producto interior bruto**) sm PIB *m*.

pibe, ba sm, f ARG *fam* gamin *m*, -e *f*.

PIC (*abr de* **punto de información cultural**) sm ≃ syndicat *m* d'initiative.

pica sf **1.** [naipe] pique *m* **2.** [lanza & TAUROM] pique *f*. ◆ **picas** sfpl [palo de baraja] pique *m* / *as de picas* as de pique.

picada sf ⟶ **picado**.

picadero sm **1.** [de caballos] manège *m* **2.** *fam* [de soltero] garçonnière *f*.

picadillo sm [de carne] hachis *m* ; [de verdura] julienne *f*.

picado, da adj **1.** [gen] piqué(e) / *un cutis picado de...* un visage marqué par... / *picado de polilla* mangé aux mites **2.** [triturado - carne, verdura] haché(e) ; [- hielo] pilé(e) **3.** [muela] carié(e) **4.** *fig* [enfadado] vexé(e) **5.** AM *fam* [por alcohol] pompette. ◆ **picada** sf **1.** [de insecto, serpiente] piqûre *f* ; [de ave] coup *m* de bec **2.** AM [de avión] piqué *m* ▸ **caer en picada** tomber en piqué. ◆ **picado** sm **1.** ESP [de avión] piqué *m* ▸ **descender en picado** descendre en piqué ▸ **caer en picado** *fig* [ventas, precios] chuter **2.** CULIN hachis *m* **3.** COL RP *fam* FÚT *match de football improvisé* / *¿jugamos un picado?* on tape dans le ballon ?, on se fait un petit match ?

picador, ra sm, f **1.** TAUROM picador *m* **2.** [domador] dresseur *m*, -euse *f* de chevaux **3.** [minero] piqueur *m*.

picadora sf hachoir *m*.

picadura sf **1.** [gen] piqûre *f* **2.** [marca] marque *f* **3.** [de diente] ▸ **tener una picadura en un diente** avoir une dent cariée **4.** [de tabaco] tabac *m* haché.

picaflor sm **1.** ZOOL [ave] oiseau-mouche *m*, colibri *m* **2.** *fam* & *fig* [galanteador] coureur *m* (de jupons).

picajoso, sa adj *fam* susceptible.

picana sf AM **1.** [del boyero] aiguillon *m* **2.** [de tortura] gégène *f*.

picante ❖ adj **1.** [comida] piquant(e) **2.** *fig* [chiste, historia] grivois(e). ❖ sm ANDES [guiso] *plat très épicé*.

picantería sf ANDES **1.** [restaurante] petit restaurant *m* **2.** [carrito] buvette *f* ambulante.

picapica sm o sf *bonbon pétillant* ▸ **polvos de picapica** poil *m* à gratter.

picapleitos smf inv *despec* avocaillon *m*.

picaporte sm [aldaba] heurtoir *m* ; [manivela] poignée *f*.

picar [10] ❖ vt **1.** [gen & TAUROM] piquer / *me picó una avispa* une guêpe m'a piqué ▸ **picar la curiosidad** piquer la curiosité **2.** [escocer] gratter **3.** CULIN hacher **4.** [comer - suj: ave] picorer ; [- suj: persona] grignoter **5.** [piedra] concasser ; [hielo] piler **6.** *fig* [enojar] titiller ; [ofender] vexer **7.** [billete - suj: revisor] poinçonner ; [- en el aparato] composter **8.** [texto] saisir. ❖ vi **1.** [gen] piquer **2.** [pez] mordre ▸ **¿pican?** ça mord ? **3.** [escocer] gratter **4.** [comer - ave] picorer ; [- persona] grignoter **5.** [sol] brûler **6.** *fig* [dejarse engañar] se faire avoir **7.** EXPR ▸ **picar (muy) alto** viser (très) haut. ◆ **picarse** vprnl **1.** [ropa] se miter **2.** [vino] se piquer **3.** *fig* [enfadarse] se fâcher ; [ofenderse] se vexer **4.** [el mar] s'agiter **5.** [oxidarse] se rouiller **6.** [cariarse] : *se me ha picado una muela* j'ai une dent gâtée **7.** *fam* [inyectarse droga] se piquer.

picardía sf **1.** [astucia] malice *f* **2.** [travesura] espièglerie *f* **3.** [atrevimiento] effronterie *f*. ◆ **picardías** sm inv [prenda] nuisette *f*.

picaresco, ca adj **1.** [novela] picaresque **2.** [aspecto, ademán] coquin(e) ▸ **llevar una vida picaresca** vivre d'expédients. ◆ **picaresca** sf **1.** LITER roman *m* picaresque **2.** [modo de vida] débrouillardise *f*.

> **Picaresca**
>
> Le roman picaresque est un genre littéraire espagnol des XVIe et XVIIe siècles. À travers l'autobiographie de ses antihéros, aventuriers issus du peuple et volontiers vagabonds, voleurs ou mendiants, ce sont toutes les couches de la société qui y sont représentées avec dérision. Les trois plus grands romans picaresques sont **El Lazarillo de Tormes**, **El Guzmán de Alfarache** (anonymes) et **El Buscón** (Quevedo). Aujourd'hui le terme **pícaro** s'applique aux personnes chez lesquelles on retrouve les traits de caractère des héros picaresques.

pícaro, ra sm, f **1.** [astuto] malin *m*, -igne *f* **2.** [travieso] coquin *m*, -e *f* **3.** [obsceno] ▸ **ser un pícaro** être grivois.

◆ **pícaro** sm LITER *héros de la littérature espagnole des XVIe et XVIIe siècles caractérisé par son espièglerie.*

picarón, ona ❖ adj *fam* coquin(e). ❖ sm, f *fam* fripouille *f.*

picatoste sm croûton *m (pour la soupe, etc.).*

picazón sf **1.** [picor] démangeaison *f* **2.** *fam & fig* [inquietud] malaise *m.*

picha sf ESP *vulg* bite *f*, queue *f.*

pichi ❖ adj & smf RP *fam* minable, miteux(euse). ❖ sm ESP [prenda] robe *f* chasuble / *iba vestida con un pichi vaquero* elle était vêtue d'une robe chasuble en jean.

pichichi sm, f DEP *meilleur buteur d'un championnat de football.*

pichincha sf RP *fam* [oportunidad] aubaine *f.*

pichirulo sm *fam* bitoniau *m.*

pichón sm **1.** [paloma joven] pigeonneau *m* **2.** *fam & fig* [apelativo cariñoso] : *oye, pichón* dis, mon lapin.

pichula sf AM *vulg* bite *f.*

picnic (*pl* **picnics**) sm pique-nique *m.*

pico sm **1.** [gen] bec *m* **2.** [saliente] coin *m* ; [punta] pointe *f* **3.** [herramienta, montaña] pic *m* **4.** *fam* [boca] caquet *m* ▸ **cerrar el pico** fermer son caquet, la fermer **5.** [cantidad indeterminada] ▸ **y pico** et quelques / *a las cinco y pico* à cinq heures et quelques **6.** [fortuna] ▸ **costar o valer un pico** coûter o valoir une petite fortune **7.** ESP ARG COL *fam* [beso] smack *m* **8.** EXPR **irse de picos pardos** faire la noce ▸ **tiene un pico de oro** *fig* c'est un grand bavard.

picoleto sm ESP *fam membre de la Guardia Civil.*

picor sm démangeaison *f.*

picoso, sa adj MÉX [picante] piquant(e).

picota sf **1.** [de ajusticiados] pilori *m* ▸ **poner en la picota** *fig* faire passer un mauvais quart d'heure **2.** [cereza] bigarreau *m.*

picotazo sm coup *m* de bec.

picotear vt **1.** [suj: ave] picorer **2.** *fig* [comer] grignoter.

picoteo sm [entre las comidas] grignotage *m.*

pictografía sf pictographie *f.*

pictograma sm pictogramme *m.*

pictórico, ca adj pictural(e).

picudo, da ❖ adj **1.** [objeto] pointu(e) **2.** [ave] à grand bec. ❖ sm, f MÉX *fam* débrouillard *m*, -e *f.*

pida ⟶ **pedir**.

pidiera ⟶ **pedir**.

pie ❖ sm

1. [gen] pied *m* / *a los pies de la cama* au pied du lit ▸ **pie de atleta** pied d'athlète ▸ **pies de cerdo** pieds de porc ▸ **pies planos** pieds plats

2. [de escrito] bas *m* / *al pie de la página* au bas de la page

3. TEATRO ▸ **dar pie** donner la réplique

4. EXPR **al pie de la letra** au pied de la lettre ▸ **al pie del cañón** à pied d'œuvre ▸ **andar con pies de plomo** y aller doucement ▸ **a pie** à pied ▸ **a sus pies** je suis à votre service ▸ **buscarle (los) tres pies al gato** chercher midi à quatorze heures ▸ **cojear del mismo pie** avoir les mêmes défauts ▸ **con buen pie** du bon pied ▸ **creer algo a pies juntillas** croire qqch dur comme fer ▸ **dar pie a alguien para que haga algo** donner l'occasion à qqn de faire qqch ▸ **de o en pie** debout ▸ **de pies a cabeza** des pieds à la tête ▸ **en pie de guerra** sur le pied de guerre ▸ **haber nacido de pie** être né coiffé (née coiffée) ▸ **hacer algo con los pies** faire qqch par-dessus la jambe ▸ **levantarse con el pie izquierdo** se lever du pied gauche ▸ **no dar pie con bola** faire tout de travers ▸ **(no) hacer pie** (ne pas) avoir pied ▸ **no tener ni pies ni cabeza** n'avoir ni queue ni tête ▸ **no tenerse de o en pie** a) [persona] ne plus tenir debout b) *fig* [propuesta, etc.] ne pas tenir debout ▸ **pararle los pies a alguien** remettre qqn à sa place ▸ **perder pie** perdre pied ▸ **poner pies en polvorosa** prendre la poudre d'escampette ▸ **saber de qué pie cojea alguien** ESP connaître le défaut de la cuirasse o le point faible de quelqu'un ▸ **seguir en pie** a) [oferta, proposición] être encore valable b) [edificio] être toujours debout

piedad sf **1.** [compasión] pitié *f* **2.** [religiosidad] piété *f.*

piedra sf pierre *f* ▸ **piedra filosofal** *fig* pierre philosophale ▸ **piedra pómez** pierre ponce ▸ **piedra preciosa** pierre précieuse ▸ **no dejar piedra sobre piedra** tout raser ▸ **poner la primera piedra** a) [inaugurar] poser la première pierre b) *fig* poser les bases ▸ **quedarse de piedra** tomber de haut, ne pas en revenir ▸ **tirar la piedra y esconder la mano** *fam* faire ses coups en douce.

piel sf **1.** [gen] peau *f* ▸ **piel roja** Peau-Rouge *mf* ▸ **la piel de toro** *fig* l'Espagne *f* **2.** [cuero] cuir *m* / *una cazadora de piel* un blouson en cuir **3.** [pelo] fourrure *f* / *un abrigo de pieles* un manteau de fourrure **4.** EXPR **dejarse la piel** se donner à fond ▸ **jugarse la piel** risquer sa peau ▸ **ser de la piel del diablo** ne pas tenir en place.

piensa ⟶ **pensar**.

pienso sm tourteau *m.*

piercing ['pirsiŋ] sm piercing *m.*

pierda ⟶ **perder**.

pierna sf **1.** [de persona] jambe *f* ▸ **estirar las piernas** se dégourdir les jambes **2.** [de ave, perro, etc.] patte *f* **3.** CULIN [de cordero] gigot *m* **4.** EXPR **dormir a pierna suelta** dormir à poings fermés.

pieza sf **1.** [gen] pièce *f* ▸ **pieza de recambio o repuesto** pièce détachée ▸ **un dos piezas** un costume deux-pièces ▸ **dejar / quedarse de una pieza** *fig* laisser / rester sans voix **2.** *irón* [persona] ▸ **ser una buena pieza** être un sacré numéro.

pifia sf *fam* [dicho] gaffe *f* ; [error] bourde *f.*

pifiar [8] vt ▸ **pifiarla** *fam* gaffer.

pigmentación sf pigmentation *f.*

pigmento sm pigment *m.*

pigmeo, a ❖ adj pygmée. ❖ sm, f Pygmée *mf.*

pignorar vt mettre en gage.

PIIGS (*abr de* **Portugal, Italy, Ireland, Greece and Spain**) smpl PIIGS *(Le Portugal, l'Italie, l'Irlande, la Grèce et l'Espagne).*

pijada sf *fam* bêtise *f.*

pijama sm pyjama *m.*

pijería sf *fam* snobisme *m.*

pijerío sm *fam* : *el pijerío* les bcbg *mpl.*

pijo, ja *fam* ◆ adj bon chic bon genre.
◆ sm, f minet *m*, -ette *f.*

pijotero, ra *fam & despec* ◆ adj **1.** [molesto] pénible, assommant(e) **2.** [pijo] snob.
◆ sm, f [pesado] emmerdeur *m*, -euse *f.*

pila sf **1.** [gen & ARQUIT] pile *f* ▸ **pila solar** pile solaire **2.** [fregadero] évier *m* **3.** *fam* [montón] montagne *f* / *tiene una pila de deudas* il a une montagne de dettes **4.** EXPR **ponerse las pilas** *fam* se bouger.
◆ **pila bautismal** sf fonts *mpl* baptismaux.
◆ **pila(s)** adv RP *fam* ▸ **querer a alguien pilas** : *la quiere pilas* il l'aime beaucoup.

pilar sm *pr & fig* pilier *m.*

pilastra sf pilastre *m.*

píldora sf pilule *f* ▸ **tomar la píldora** prendre la pilule ▸ **dorar la píldora a alguien** dorer la pilule à qqn.

pileta sf AM **1.** [fregadero] évier *m* **2.** [piscina] piscine *f.*

pilila sf *fam & eufem* zizi *m*, quéquette *f.*

pillaje sm pillage *m.*

pillar ◆ vt **1.** [gen] attraper **2.** [atropellar] renverser **3.** *fam* [sorprender] surprendre / *me pilló en pijama* il m'a surpris en pyjama **4.** [aprisionar] coincer ; [dedos] pincer **5.** [chiste, explicación] saisir. ◆ vi [hallarse] : *me pilla de paso* c'est sur mon chemin / *me pilla lejos* c'est loin de chez moi.
◆ **pillarse** vprnl se coincer ; [un dedo] se pincer.

> ⚠ **Piller** es un falso amigo, no significa *pillar*, sino "saquear".

pillastre smf *fam* polisson *m*, -onne *f.*

pillo, lla adj & sm, f *fam* coquin(e).

pilón sm **1.** [de fuente] vasque *f* ; [de abrevadero] auge *f* **2.** ARQUIT pylône *m.*

pilosidad sf ANAT pilosité *f.*

pilotar vt piloter.

piloto ◆ sm **1.** [conductor] pilote *m* ▸ **piloto automático** pilote automatique ▸ **piloto de pruebas** pilote d'essai **2.** [indicador luminoso - de aparato] voyant *m* lumineux ; [- de vehículo] feu *m.* ◆ adj inv [granja, instituto, etc.] pilote ; [piso] témoin.

piltra sf *mfam* pieu *m.*

piltrafa sf **1.** *(gen pl)* [resto] restes *mpl* **2.** *fam* [persona débil] loque *f.*

pimentero sm poivrier *m.*

pimentón sm piment *m* rouge moulu.

pimienta sf poivre *m* ▸ **pimienta blanca / negra** poivre blanc / noir.

pimiento sm piment *m* ▸ **pimiento morrón** poivron *m.*

pimpante adj **1.** [satisfecho] ravi(e) **2.** [garboso] pimpant(e).

pimpinela sf BOT pimprenelle *f.*

pimpollo sm **1.** [de planta] rejeton *m* ; [de flor] bouton *m* ; [de rosa] bouton *m* de rose **2.** *fam & fig* [persona atractiva] : *¡vaya pimpollo!* quel beau brin de fille ! / *está hecho un pimpollo* il est devenu beau gosse.

pimpón = **ping-pong**.

pin sm *fam* **1.** [insignia] pin's *m* **2.** [de enchufe] broche *f.*

PIN (*abr de* **personal identification number**) sm PIN *m.*

pinacoteca sf **1.** [museo] pinacothèque *f* **2.** [galería] galerie *f (de peinture).*

pináculo sm **1.** [de edificio] pinacle *m* **2.** *fig* [de carrera, etc.] faîte *m* **3.** [juego de naipes] ≃ belote *f.*

pinar sm pinède *f.*

pinaza sf aiguille *f (de pin).*

pincel sm **1.** [instrumento] pinceau *m* **2.** *fig* [estilo] touche *f.*

pincelada sf **1.** [trazo] coup *m* de pinceau **2.** *fig* [indicación] trait *m* ▸ **dar las últimas pinceladas** donner la touche finale.

pincha smf *fam* DJ *mf.*

pinchadiscos smf inv ESP *fam* disc-jockey *mf.*

pinchar ◆ vt **1.** [gen] piquer **2.** [rueda, globo] crever **3.** [fijar] : *pinchar algo en la pared* accrocher qqch au mur **4.** *fam & fig* [irritar] asticoter **5.** *fam & fig* [incitar] tanner **6.** *fam* [teléfono] mettre sur écoutes ▸ **ni pincha ni corta** a) *fam* [persona] c'est la cinquième roue du carrosse b) [cosa] cela n'a rien à voir. ◆ vi **1.** [rueda] crever **2.** [barba] gratter. ◆ **pincharse** vprnl **1.** [gen] se piquer **2.** [rueda] crever **3.** [inyectarse] se faire faire une piqûre **4.** *fam* [droga] se piquer.

pinchazo sm **1.** [gen] piqûre *f* **2.** [de neumático] crevaison *f.*

pinche ◆ smf marmiton *m.* ◆ adj MÉX *fam* [maldito] satané(e) / *¡ese pinche perro!* ce satané chien !

pinchito sm *mini-brochette de viande servie comme « tapa ».*

pincho sm **1.** [espina] épine *f* **2.** [varilla] pique *f* **3.** CULIN *portion servie comme « tapa » dans les bars* ▸ **pincho moruno** *brochette de viande de porc.*

pindonguear vi *fam* vadrouiller.

pineda sf pinède *f.*

pinga sf AM *vulg* bite *f.*

pingajo sm *fam & despec* ▸ **ir hecho un pingajo** être tout déguenillé.

pinganillo sm *fam* [auricular] oreillette *f.*

pingo sm *fam & despec* [persona despreciable] ▸ **estar hecho un pingo** mener une vie de bâton de chaise ▸ **estar de pingo** a) [viajar continuamente] être toujours par monts et par vaux b) [salir de fiesta] être de sortie.

pingonear vi *fam* vadrouiller.

ping-pong, pimpón [pin'pon] sm DEP ping-pong *m*.

pingüe adj [cantidad, beneficios] rondelet(ette).

pingüino sm pingouin *m*.

pinitos smpl ▸ **hacer sus pinitos** *pr* & *fig* faire ses premiers pas.

pino sm pin *m* ▸ **en el quinto pino** *fam* & *fig* à perpète ▸ **hacer el pino** *fig* faire le poirier.

pinta sf ⟶ **pinto**.

pintado, da adj **1.** [coloreado] peint(e) ▸ **'recién pintado'** 'peinture fraîche' **2.** [moteado] tacheté(e) **3.** [maquillado] maquillé(e) ▸ **me viene que ni pintado a)** *fig* ça ne pouvait pas tomber mieux **b)** [ropa] ça me va comme un gant.
◆ **pintada** sf **1.** [escrito] graffiti *m* **2.** [ave] pintade *f*.

pintalabios sm inv rouge *m* à lèvres.

pintar ❖ vt **1.** [gen] peindre **2.** *fig* [describir] dépeindre. ❖ vi **1.** [significar, importar] : *aquí no pinto nada* je n'ai rien à faire ici / *¿qué pinto yo en este asunto?* qu'est-ce que j'ai à voir là-dedans ? **2.** [bolígrafo, rotulador] ▸ **pintar bien / mal** écrire bien / mal.
◆ **pintarse** vprnl **1.** [maquillarse] se maquiller **2.** [manifestarse] se voir / *el miedo se pintaba en su cara* la peur se lisait sur son visage **3.** EXPR **pintárselas uno solo para algo** ne pas avoir son pareil pour qqch.

pintarrajear vt *fam* & *despec* peinturlurer.

pinto, ta adj tacheté(e). ◆ **pinta** sf **1.** [lunar] : *con pintas blancas* tacheté de blanc **2.** *fig* [aspecto] air *m* / *la comida tiene buena pinta* le repas a l'air bon / *¡vaya pintas que lleva!* il a une de ces allures ! **3.** [unidad de medida] pinte *f* **4.** EXPR **irse de pinta** MÉX sécher les cours. ◆ **pintas** smf *fam* ▸ **estar hecho un pintas** avoir une de ces touches.

pintor, ra sm, f peintre *m* ▸ **pintor colorista** coloriste *mf* ▸ **pintor de brocha gorda a)** peintre en bâtiment **b)** *despec* barbouilleur *m*.

pintoresco, ca adj pittoresque ; *fig* [extravagante] haut(e) en couleur.

pintura sf **1.** [gen & ARTE] peinture *f* ▸ **pintura al óleo** peinture à l'huile ▸ **pintura rupestre** peinture rupestre ▸ **no poder ver a alguien ni en pintura** ne pas pouvoir voir qqn en peinture **2.** *fig* [descripción] tableau *m*.

piña sf **1.** [tropical] ananas *m* **2.** [del pino] pomme *f* de pin ▸ **piña colada** piña colada *m* **3.** *fig* [conjunto de gente] ▸ **reaccionar en piña** faire bloc **4.** *fam* [golpe] ▸ **dar una piña a alguien** flanquer un coup à qqn.

pinza sf *(gen pl)* pince *f* ; [para tender la ropa] pince *f* à linge ▸ **coger algo con pinzas** *fam* prendre qqch du bout des doigts.

piñata sf *panier rempli de friandises et suspendu au plafond que des enfants aux yeux bandés brisent à coups de bâton pour en récupérer le contenu*.

piño sm *fam* [diente] dent *f*.

piñón sm pignon *m* ▸ **están a partir un piñón** ils sont comme les deux doigts de la main ▸ **ser de piñón fijo** *fig* avoir des idées bien arrêtées.

pío, a adj pieux(euse) ; [obra] pie. ◆ **pío** sm pépiement *m* ▸ **no decir ni pío** *fig* ne pas piper.

piojo ❖ adj MÉX RP *fam* **1.** [objeto, lugar] nul (nulle) **2.** [persona] radin(e). ❖ sm, f RP *fam* & *hum* grippe-sou *mf*. ❖ sm pou *m*.

piojoso, sa adj & sm, f **1.** [con piojos] pouilleux(euse) **2.** [mezquino] mesquin(e).

piola adj AM *fam* [astuto] malin(igne).

piolet sm [en alpinismo] piolet *m*.

piolín sm AM cordelette *f*.

pionero, ra sm, f pionnier *m*, -ère *f*.

piorrea sf pyorrhée *f*.

pipa sf **1.** [para fumar] pipe *f* ▸ **fumar en pipa** fumer la pipe ▸ **pipa de agua** chicha *f* **2.** [semilla] pépin *m* **3.** [de girasol] graine *f* de tournesol **4.** [tonel] tonneau *m* **5.** EXPR **pasarlo o pasárselo pipa** *fam* s'éclater.

pipermín, peppermint [piper'min] sm peppermint *m*, menthe *f*.

pipeta sf pipette *f*.

pipí sm *fam* pipi *m* ▸ **hacer pipí** faire pipi.

pipiolo, la sm, f *fam* & *despec* petit jeune *m*, jeunette *f*.

pipón, ona sm, f AM *fam* gamin *m*, -e *f*.

pique ❖ sm **1.** [enfado] ▸ **tener un pique con alguien** être en froid avec qqn **2.** [rivalidad] concurrence *f* ▸ **irse a pique** *pr* & *fig* couler. ❖ v ⟶ **picar.**

piqué sm piqué *m*.

piquera sf AM boui-boui *m*.

piqueta sf **1.** CONSTR pic *m* **2.** [de tienda de campaña] piquet *m* ▸ **piqueta (alpina)** piolet *m* **3.** ARG CHILE [vino] piquette *f*.

piquete sm **1.** [gen] piquet *m* ▸ **piquete de huelga** piquet de grève **2.** [grupo armado] peloton *m* ▸ **piquete de ejecución** peloton d'exécution.

pira sf bûcher *m*.

pirado, da adj *fam* cinglé(e).

piragua sf pirogue *f* ; DEP canoë *m*.

piragüismo sm canoë-kayak *m (discipline)*.

piragüista smf piroguier *m*.

piramidal adj pyramidal(e).

pirámide sf pyramide *f*.

piraña sf piranha *m*.

pirarse vprnl *fam* se casser.

pirata ❖ adj **1.** [barco, edición, vídeo] pirate **2.** AM [profesional, servicio] fumiste. ❖ smf **1.** [corsario] pirate *m* ▸ **pirata del aire** pirate de l'air **2.** AM [mal profesional] fumiste *mf*.

piratear vt & vi pirater.

pirateo sm *fam* [de programas informáticos, vídeos, ropa] piratage *m*.

piratería sf piraterie *f*.

pirenaico, ca adj pyrénéen(enne).

pírex®, pyrex® sm Pyrex® *m*.

pirindolo sm machin *m*.

Pirineos npr ▸ **los Pirineos** les Pyrénées *fpl*.

piripi adj *fam* pompette.

pirita sf pyrite *f*.

piro sm ▸ **darse el piro** *fam* se barrer.

pirograbado sm [técnica] pyrogravure *f*.

piromanía sf pyromanie *f*.

pirómano, na sm, f pyromane *mf*.

piropear vt *fam* ▸ **piropear a alguien** faire du plat à qqn.

piropo sm *fam* compliment *m*.

pirotecnia sf pyrotechnie *f*.

pirotécnico, ca ◈ adj pyrotechnique. ◈ sm, f pyrotechnicien *m*, -enne *f*, artificier *m*.

pirrar vt *fam* : *me pirran las albóndigas* j'adore les boulettes de viande.
◆ **pirrarse** vprnl *fam* ▸ **pirrarse por algo** être fana de qqch ▸ **pirrarse por alguien** s'enticher de qqn.

pírrico, ca adj pyrrhique.

pirueta sf pirouette *f* ; *fig* [esfuerzo] ▸ **hacer piruetas con** jongler avec.

piruja sf COL MÉX *mfam* [prostituta] pute *f*.

pirula sf ESP *fam* **1.** [jugarreta] sale coup *m* ▸ **hacer una pirula a alguien** faire un sale coup à qqn **2.** [maniobra ilegal] ▸ **hacer una pirula** commettre une infraction.

piruleta sf sucette *f (plate et ronde)*.

pirulí (*pl* **pirulís**) sm sucette *f*.

pis sm *fam* pipi *m* ▸ **hacer pis** faire pipi.

Pisa npr Pise ▸ **la torre de Pisa** la tour de Pise.

pisada sf pas *m* ▸ **seguir las pisadas de alguien** suivre les traces de qqn, marcher sur les pas de qqn.

pisadura sf trace *f* de pas.

pisapapeles sm inv presse-papiers *m inv*.

pisar vt **1.** [con el pie] marcher sur ; [pedal, acelerador] appuyer sur ▸ **pisar a alguien** *pr* & *fig* marcher sur les pieds de qqn ▸ **pisar fuerte** frapper fort **2.** [uvas] fouler **3.** *fig* [ir a] mettre les pieds à **4.** *fig* [anticiparse] ▸ **pisar una idea a alguien** couper l'herbe sous le pied de qqn.

piscícola adj piscicole.

piscicultor, ra sm, f pisciculteur *m*, -trice *f*.

piscicultura sf pisciculture *f*.

piscifactoría sf établissement *m* piscicole.

piscina sf piscine *f*.

Piscis ◈ sm inv [zodiaco] Poissons *mpl* ▸ **ser Piscis** être Poissons. ◈ smf inv [persona] poissons *m inv*.

pisco sm AM eau-de-vie *f*.

piscolabis sm inv *fam* ▸ **tomarse un piscolabis** casser une petite croûte.

piso sm **1.** [vivienda] appartement *m* ▸ **piso franco** cache *f* **2.** [planta] étage *m* **3.** [suelo] revêtement *m* **4.** [capa] couche *f* **5.** AM [suelo] sol *m*.

pisotear vt **1.** [con el pie] piétiner **2.** *fig* [humillar] bafouer ▸ **pisotear a alguien** rabaisser qqn **3.** *fig* [desobedecer] fouler aux pieds.

pisotón sm *fam* : *me dieron un pisotón* quelqu'un m'a marché dessus.

pispás, pis pas ◆ **en un pispás** loc adv *fam* en un clin d'œil.

pista sf piste *f* ▸ **pista de esquí** piste de ski ▸ **pista de tenis** court *m* de tennis ▸ **seguir la pista a alguien** suivre qqn de près.

pistacho sm pistache *f*.

pistilo sm pistil *m*.

pisto sm CULIN ≃ ratatouille *f*.

pistola sf **1.** [arma, pulverizador] pistolet *m* ▸ **pistola de agua** pistolet à eau **2.** [herramienta] ▸ **pistola (de grapas)** agrafeuse *f*.

pistolero, ra sm, f tueur *m*, -euse *f*.
◆ **pistolera** sf étui *m* de revolver.

pistoletazo sm coup *m* de pistolet o de revolver ▸ **pistoletazo de salida** signal de départ.

pistón sm piston *m*.

pita sf agave *m*.

pitada sf AM *fam* taffe *f*.

pitagorín, ina sm, f *fam* petit génie *m*, petit prodige *m*.

pitanza sf **1.** [ración de comida] ration *f* **2.** *fam* [alimento] pitance *f*.

pitar ◈ vt siffler. ◈ vi **1.** [tocar el pito] siffler ; [del coche] klaxonner **2.** *fam* [funcionar] rouler **3.** AM *fam* [fumar] fumer **4.** EXPR **salir / irse / venir pitando** sortir / partir / venir en quatrième vitesse.

pitbull [piðˈβul] sm pitbull *m*.

pitido sm coup *m* de sifflet ; [del coche] coup *m* de klaxon.

pitillera sf porte-cigarette *m*.

pitillo sm **1.** [cigarro] cigarette *f* **2.** AM [para beber] paille *f*.

pito sm **1.** [silbato] sifflet *m* ; [del coche] Klaxon® *m* **2.** *fam* [cigarrillo] clope *f* **3.** *fam* [pene] zizi *m* **4.** EXPR **no me importa un pito** je m'en fiche comme de l'an quarante ▸ **no valer un pito** o **tres pitos** ne pas valoir tripette ▸ **por pitos o por flautas** pour une raison ou pour une autre ▸ **tomar a alguien por el pito del sereno** se ficher de qqn.

pitón ◈ sm **1.** [cuerno] corne *f* **2.** [pitorro] bec *m* (verseur). ◈ sf ⟶ **serpiente**.

pitonisa sf voyante *f*.

pitorrearse vprnl *fam* ▸ **pitorrearse (de algo / alguien)** se ficher (de qqch / qqn).

pitorreo sm *fam* rigolade *f* ▸ **estar de pitorreo** blaguer.

pitorro sf bec *m* (verseur).

pitufo, fa sm, f *fam* **1.** [niño pequeño] poupon *m*, bambin *m* **2.** [policía municipal - hombre] flic *m*, poulet *m* ; [- mujer] pervenche *f* **3.** EXPR **los Pitufos** les Schtroumpfs.

pituitaria sf [glándula] hypophyse *f*.

pituitario, ria adj pituitaire.

pívot (*pl* **pivots**) smf DEP pivot *m*.

pivotar vi DEP pivoter.

pivote sm pivot *m*.

píxel ['piksel] sm INFORM pixel *m*.

pixelización sf pixellisation *f*.

pixelizar vt pixelliser.

piyama sm o sf AM pyjama *m*.

pizarra sf **1.** [gen] ardoise *f* **2.** [encerado] tableau *m*.

pizarrón sm AM [encerado] tableau *m* (noir).

pizca sf **1.** *fam* [gen] ▸ **una pizca de** un petit peu de ▸ **una pizca de sal** une pincée de sel ▸ **ni pizca** que dalle / *no veo ni pizca* je n'y vois que dalle / *no me gusta ni pizca* je n'aime pas ça du tout **2.** MÉX *fam* [cosecha] récolte *f*.

pizpireta adj f *fam* pétillant(e).

pizza ['pitsa] sf pizza *f*.

pizzería [pitse'ria] sf pizzeria *f*.

pizzero, ra sm, f [repartidor] livreur(euse) de pizza ; [cocinero] pizzaïolo *m*.

pk (*abr escrita de* **porque**) SMS pck *(parce que)*.

pl., pza. (*abr escrita de* **plaza**) Pl., pl.

placa sf **1.** [gen] plaque *f* ▸ **placa de vitrocerámica** plaque vitrocéramique ▸ **placa solar** panneau *m* solaire **2.** [electrónica] carte *f* ▸ **placa madre** carte mère.

placaje sm DEP [en rugby] plaquage *m*.

placar, placard sm RP **1.** [para ropa] armoire *f*, penderie *f* **2.** [de cocina] placard *m*.

placar [10] vt DEP plaquer.

placebo sm placebo *m*.

placenta sf placenta *m*.

placentero, ra adj plaisant(e).

placer ❖ sm plaisir *m*. ❖ vi plaire / *nos place comunicarle que...* nous avons le plaisir de vous faire savoir que... / *haz o que te plazca* fais ce qui te plaît.

> ⚠ **Placer** es un falso amigo, no significa *placer*, sino "colocar", "poner".

placidez sf placidité *f*.

plácido, da adj placide.

plafón sm [lámpara] plafonnier *m*.

plaga sf **1.** [gen] fléau *m* **2.** [de peste, etc.] épidémie *f* **3.** *fig* [gran cantidad] invasion *f*.

plagado, da adj rempli(e) ▸ **plagado de deudas** criblé de dettes ▸ **plagado de** [insectos, tiburones, etc.] infesté de.

plagar [16] vt ▸ **plagar de a)** remplir de **b)** [paredes] couvrir de.

plagiar [8] vt **1.** [copiar] plagier **2.** CAM COL PERÚ VEN [raptar] kidnapper.

plagiario, ria sm, f **1.** [imitador] plagiaire *mf* **2.** CAM COL PERÚ VEN [secuestrador] ravisseur *m*, -euse *f*, kidnappeur *m*, -euse *f*.

plagio sm **1.** [copia] plagiat *m* **2.** CAM COL PERÚ VEN [secuestro] enlèvement *m*, kidnapping *m*.

plague ⟶ **plagar**.

plaguicida adj & sm pesticide.

plan sm **1.** [gen] plan *m* ▸ **plan de estudios** programme *m* scolaire ▸ **plan de pensiones** régime *m* de retraite **2.** [para pasar el tiempo] : *¿que planes tienes?* qu'est-ce que tu comptes faire ? ▸ **¡menudo plan!** *fam* tu parles d'un plan ! **3.** *fam* [ligue] ▸ **salirle un plan a alguien** se faire draguer **4.** *fam* [modo, forma] : *lo dijo en plan serio* il a dit ça sérieusement / *lo dijo en plan (de) broma* il a dit ça pour rire **5.** EXPR **no es plan** *fam* ce n'est pas juste.

plancha sf **1.** [para planchar] fer *m* à repasser ; [acción] repassage *m* **2.** [para cocinar] gril *m* ▸ **a la plancha** grillé(e) **3.** [placa] plaque *f* ; [de madera] planche *f* **4.** *fam* [metedura de pata] gaffe *f* **5.** DEP [fútbol] tacle *m* ▸ **hacer la plancha** faire la planche **6.** [carrocería] tôle *f* **7.** IMPR planche *f*.

> ⚠ **Planche** es un falso amigo, no significa *plancha*, sino "tabla".

planchado sm repassage *m*.

planchar vt repasser.

planchazo sm *fam* gaffe *f*.

planchista smf tôlier *m*.

planchistería sf tôlerie *f*.

plancton sm plancton *m*.

planeador sm planeur *m*.

planeadora sf NÁUT vedette *f*.

planear ❖ vt [hacer planes] projeter ; [preparar] planifier. ❖ vi **1.** [hacer planes] faire des projets **2.** [en el aire] planer.

planeta sm planète *f*.

planetario, ria adj planétaire.
◆ **planetario** sm planétarium *m*.

planetarium (*pl* **planetariums**) sm planétarium *m*.

planicie sf plaine *f*.

planificación sf planification *f* ▸ **planificación económica** planification économique ▸ **planificación familiar** planning *m* familial.

planificar [10] vt planifier.

planilla sf AM formulaire *m*.

planisferio sm planisphère *m*.

planning ['planin] sm planning *m*.

plano, na adj **1.** GEOM plan(e) **2.** [llano] plat(e).
◆ **plano** sm plan *m* ▸ **en primer / segundoplano** *fig* au premier/second plan ▸ **primer plano** premier plan ▸ **cantar de plano** passer aux aveux ▸ **de plano** *fig* en plein / *el sol da de plano en la terraza* le soleil donne en plein sur la terrasse ▸ **caerse de plano** tomber de tout son long. ◆ **plana** sf **1.** [página] page *f* / *una ilustración a toda plana* une illustration pleine page **2.** [llanura] plaine *f*. ◆ **plana mayor** sf MIL état-major *m*.

planta sf **1.** BOT [del pie] plante *f* **2.** [piso] étage *m* ▸ **planta baja** rez-de-chaussée *m inv* ▸ **de nueva planta** [edificio, construcción] tout neuf (toute neuve) **3.** [fábrica] usine *f* ▸ **planta de envase o envasadora** usine de conditionnement ▸ **planta depuradora** station *f* d'épuration ▸ **planta incineradora** usine d'incinération **4.** EXPR **tener buena planta** avoir de l'allure.

plantación sf plantation *f*.

plantado, da adj planté(e) ▸ **dejar plantado a alguien** *fam* & *fig* laisser tomber qqn ▸ **ser bien plantado** *fig* être bien de sa personne.

plantar vt **1.** [gen] planter **2.** *fam* [asestar, poner] flanquer **3.** *fam* [decir con brusquedad] : *le plantó cuatro frescas* il lui a sorti ses quatre vérités **4.** *fam* [despedir] flanquer dehors **5.** *fam* [abandonar] plaquer.
◆ **plantarse** vprnl **1.** [gen] se planter **2.** [llegar] : *en cinco minutos te plantas ahí* tu y es en cinq minutes **3.** [en una actitud] ▸ **plantarse en algo** ne pas démordre de qqch **4.** [en naipes] : *me planto* servi(e).

plante sm **1.** [para protestar] action *f* revendicative **2.** [plantón] ▸ **hacer un plante a alguien** poser un lapin à qqn.

planteamiento sm [enfoque] approche *f*; [exposición] exposé *m*.

plantear vt [problema, cuestión, etc.] poser ; [posibilidad, cambio] envisager. ◆ **plantearse** vprnl [problema, cuestión, etc.] se poser ; [posibilidad, cambio] envisager.

plantel sm **1.** [criadero] pépinière *f* **2.** *fig* [conjunto] groupe *m*.

plantificar [10] vt *fam* [golpe, beso, etc.] coller ; [opinión, verdades] jeter à la figure.
◆ **plantificarse** vprnl *fam* débarquer.

plantígrado sm ZOOL plantigrade *m*.

plantilla sf **1.** [de una empresa] personnel *m* ▸ **estar en plantilla** faire partie du personnel **2.** [suela interior] semelle *f* **3.** [modelo] patron *m*.

plantío sm plantation *f*.

plantón sm *fam* ▸ **dar un plantón** poser un lapin ▸ **estar de plantón** poireauter.

plañidero, ra adj *fam* geignard(e).

plañir ❖ vt [pérdida] pleurer. ❖ vi gémir.

plaqueta sf plaquette *f*.

plasma sm plasma *m*.

plasmar vt **1.** *fig* [reflejar] exprimer **2.** [modelar] façonner. ◆ **plasmarse** vprnl se concrétiser.

plasta ❖ adj & smf enquiquineur(euse). ❖ sf [cosa blanda] bouillie *f*.

plástica sf ⟶ **plástico**.

plasticidad sf plasticité *f*.

plástico, ca adj **1.** [gen] plastique **2.** [expresivo] parlant(e).
◆ **plástico** sm **1.** [material] plastique *m* **2.** *fam* [tarjetas de crédito] cartes *fpl* de crédit.
◆ **plástica** sf plastique *f*.

plastificar [10] vt plastifier.

plastilina sf pâte *f* à modeler.

plata sf **1.** [metal] argent *m* ▸ **plata de ley** argent titré ▸ **hablar en plata** *fam* parler franchement **2.** [objetos de plata] argenterie *f* **3.** AM *fam* [dinero] fric *m* / *¿tienes plata?* tu as du fric ?

plataforma sf **1.** [gen] plate-forme *f* ▸ **plataforma continental** plate-forme continentale ▸ **plataforma del 0,7 %** *en Espagne, mouvement en faveur de l'aide au tiers-monde* **2.** *fig* [punto de partida] tremplin *m*.

platal sm AM *fam* ▸ **un platal** une fortune.

platanal, platanar sm bananeraie *f*.

platanero sm bananier *m*.

plátano sm **1.** [fruta] banane *f* **2.** [árbol - tropical] bananier *m* ; [- de sombra] platane *m*.

platea sf TEATRO parterre *m*.

plateado, da adj argenté(e).

platense adj **1.** [de la ciudad] de La Plata *(Argentine)* **2.** [de la región] de la région du Río de la Plata.

plateresco, ca adj plateresque.
◆ **plateresco** sm art *m* plateresque.

platería sf orfèvrerie *f*.

platero, ra sm, f orfèvre *mf*.

plática sf AM conversation *f*.

platicar [10] CAM MÉX ❖ vi [hablar] parler, discuter. ❖ vt [decir] dire / *te lo platico mañana* je t'en parlerai demain.

platicón, ona adj & sm, f CAM MÉX *fam* bavard(e).

platillo sm **1.** [plato pequeño] soucoupe *f* **2.** [de balanza] plateau *m* **3.** *(gen pl)* MÚS cymbale *f*.
◆ **platillo volante** sm soucoupe *f* volante.

platina sf platine *f*.

platino sm platine *m*. ◆ **platinos** smpl vis *fpl* platinées.

plato sm **1.** [gen] assiette *f* ▸ **lavar los platos** faire la vaisselle ▸ **plato de postre** assiette à dessert ▸ **plato hondo o sopero** assiette creuse o à soupe ▸ **plato llano** assiette plate ▸ **comen en el mismo plato** ils sont très amis ▸ **pagar los platos rotos** payer les pots cassés ▸ **parece que no ha roto un plato en su vida** on lui donnerait le bon Dieu sans confession **2.** [comida] plat *m* ▸ **el plato fuerte de la historia es que…** *fig* la meilleure c'est que… ▸ **plato combinado** plat garni ▸ **plato preparado** plat cuisiné ▸ **primer plato** entrée *f* ▸ **segundo plato, plato fuerte** plat de résistance **3.** [de tocadiscos] platine *f* **4.** [de balanza, bicicleta, etc.] plateau *m* ▸ **plato giratorio** plateau tournant.

plató sm CINE plateau *m*.

platónico, ca adj platonique.

platonismo sm platonisme *m*.

platudo, da adj AM *fam* friqué(e).

plausibilidad sf plausibilité *f*.

plausible adj plausible.

playa sf **1.** [gen] plage *f* **2.** AM [aparcamiento] ▸ **playa de estacionamiento** parking *m*.

play-back ['pleiβak] (*pl* **play-backs**) sm play-back *m*.

play-boy [plei'βoi] (*pl* **play-boys**) sm play-boy *m*.

playero, ra adj de plage.
◆ **playera** sf **1.** *(gen pl)* [zapatilla] chaussures *fpl* en toile **2.** MÉX [camiseta] tee-shirt *m*.

plaza sf **1.** [gen] place *f* / *tenemos plazas limitadas* le nombre de places est limité **2.** [puesto de trabajo] poste *m* **3.** [mercado] marché *m* **4.** TAUROM arène *f* ▸ **plaza de toros** arènes *fpl* **5.** COM [zona, población] zone *f* **6.** [fortificación] place *f* forte.

plazca ⟶ **placer**.

plazo sm **1.** [de tiempo & COM] délai *m* ▸ **plazo de entrega** délai de livraison ▸ **a corto / largo plazo** à court / long terme **2.** [de dinero] versement *m* ▸ **a plazos** à crédit.

plazoleta, plazuela sf [en calle, jardín] petite place *f*.

plazuela = **plazoleta**.

pleamar sf marée *f* haute.

plebe sf plèbe *f*.

plebeyo, ya adj & sm, f plébéien(enne).

plebiscito sm plébiscite *m*.

plegable adj pliant(e).

plegar [35] vt plier.
◆ **plegarse** vprnl ▸ **plegarse a** se plier à.

plegaria sf prière *f*.

plegue ⟶ **plegar**.

pleitear vi [abogado] plaider ; [cliente] être en procès.

pleitesía sf hommage *m* ▸ **rendir pleitesía a** rendre hommage à.

pleito sm DER procès *m* ▸ **poner un pleito (a alguien)** intenter un procès (à qqn).

plenamente adv pleinement, entièrement.

plenario, ria adj plénier(ère).

plenilunio sm pleine lune *f*.

plenipotenciario, ria adj & sm, f plénipotentiaire.

plenitud sf plénitude *f* ▸ **en la plenitud de** dans (toute) la plénitude de.

pleno, na adj plein(e) ▸ **en pleno a)** [en medio de] en plein **b)** [en su totalidad] au grand complet / *en pleno día* en plein jour / *en plena forma* en pleine forme / *el gobierno en pleno* le gouvernement au grand complet.
◆ **pleno** sm **1.** [reunión] séance *f* plénière ▸ **pleno de accionistas** assemblée *f* générale des actionnaires ▸ **pleno del congreso / ayuntamiento** séance plénière du congrès / du conseil municipal **2.** ESP [en juego] plein *m* ▸ **acertar el pleno** avoir tous les bons numéros.

pletórico, ca adj ▸ **pletórico de** plein de.

pleura sf plèvre *f*.

pleuresía sf pleurésie *f*.

plexiglás sm inv Plexiglas® *m*.

plexo sm plexus *m*.

pléyade sf [conjunto] pléiade *f*.

pliega ⟶ **plegar**.

pliego sm **1.** [hoja] feuille *f* (de papier) **2.** [documento] pli *m* ▸ **pliego de condiciones** cahier *m* des charges ▸ **pliego de descargos** mémoire *m* en défense **3.** IMPR cahier *m*.

pliegue sm pli *m (document)*.

plin sm ESP *fam* : *¡a mí, plin!* qu'est-ce que ça peut bien me faire ?

plinto sm **1.** [en gimnasia] cheval-d'arçons *m* **2.** [de columna] plinthe *f*, socle *m*.

plisado sm [acción] plissage *m* ; [resultado] plissé *m*.

plisar vt plisser.

plomada sf fil *m* à plomb.

plomazo, za sm, f *fam* ▸ **ser un plomazo** être gonflant o lourd.

plomería sf AM plomberie *f*.

plomero sm AM plombier *m*.

plomizo, za adj de plomb ▸ **un cielo plomizo** un ciel de plomb.

plomo sm **1.** [gen] plomb *m* ▸ **caer a plomo** *fam* tomber comme une masse **2.** *fam* [pelmazo] casse-pieds *mf inv*.

plotter (*pl* **plotters**) sm INFORM traceur *m*.

plugo ⟶ **placer**.

pluma sf **1.** [gen] plume *f* ▸ **(pluma) estilográfica** stylo *m* (à) plume **2.** *fig* [escritor] homme *m* de plume **3.** AM [bolígrafo] stylo *m* **4.** EXPR **tener mucha pluma** *fam* être efféminé.

plumaje sm plumage *m*.

plumazo sm ▸ **de un plumazo** d'un trait de plume.

plúmbeo, a adj *fig* ennuyeux(euse).

plum-cake [pluŋ'keik] (*pl* **plum-cakes**) sm cake *m*.

plumero sm plumeau *m* ▸ **vérsele a alguien el plumero** *fam* & *fig* voir venir qqn.

plumier (*pl* **plumiers**) sm plumier *m*.

plumífero sm [abrigo] doudoune *f*.

plumilla sf plume *f (de stylo)*.

plumín sm plume *f (de stylo)*.

plumón sm **1.** [de ave] duvet *m* **2.** [anorak] doudoune *f*.

plural ◆ adj pluriel(elle). ◆ sm pluriel *m* ▸ **plural mayestático** pluriel de majesté.

pluralidad sf pluralité *f*.

pluralismo sm pluralisme *m*.

pluralizar [13] vi généraliser.

pluricultural adj pluriculturel(elle).

pluriempleado, da adj ▸ **estar pluriempleado** cumuler les emplois.

pluriemplearse vprnl cumuler les emplois.

pluriempleo sm cumul *m* d'emplois ▸ **hacer el pluriempleo** cumuler les emplois.

plurilingüe adj plurilingue, multilingue.

plurilingüismo sm plurilinguisme *m*, multilinguisme *m*.

pluripartidismo sm pluripartisme *m*.

plurivalente adj plurivalent(e).

plus (*pl* **pluses**) sm prime *f (gratification)* ▸ **plus de peligrosidad** prime de risque ▸ **plus familiar** allocations *fpl* familiales.

pluscuamperfecto sm plus-que-parfait *m*.

plusmarca sf DEP record *m*.

plusmarquista smf recordman *m*, recordwoman *f*.

plusvalía sf plus-value *f*.

plutocracia sf ploutocratie *f*.

Plutón npr Pluton.

plutonio sm plutonium *m*.

pluvial adj pluvial(e).

pluviometría sf pluviométrie *f*.

pluviómetro sm pluviomètre *m*.

pluviosidad sf pluviosité *f*.

pluvioso, sa adj *culto* pluvieux(euse).

PM (*abr de* **policía militar**) sf *police militaire espagnole*.

PMF (*abr escrita de* **preguntas más frecuentes**) INFORM FAQ *(Frequently Asked Questions* ou *foire aux questions)*.

p.n. *abr escrita de* **peso neto**.

PNB (*abr de* **producto nacional bruto**) sm PNB *m* ▸ **el PNB por habitante** le PNB par habitant.

PND (*abr de* **personal no docente**) sm personnel *m* non enseignant.

p.o., p/o *abr escrita de* **por orden**.

población sf **1.** [gen] population *f* ▸ **población activa** population active ▸ **población flotante** population migrante **2.** [acción] peuplement *m* **3.** [ciudad pequeña] localité *f*.

poblado, da adj **1.** [habitado] peuplé(e) **2.** *fig* [barba, cejas] fourni(e). ◆ **poblado** sm village *m*.

poblador, ra ❖ adj : *los indios pobladores de América* les Indiens qui peuplent l'Amérique.
❖ sm, f habitant *m*, -e *f*.

poblar [23] vt peupler. ◆ **poblarse** vprnl se peupler.

pobre ❖ adj pauvre ▸ **pobre en** pauvre en / *¡pobre hombre!* pauvre homme ! ▸ **¡pobre de mí/ti etc.!** pauvre de moi/toi etc. ! ❖ smf pauvre *mf*.

pobreza sf pauvreté *f* ▸ **pobreza de** [de cosas materiales] manque de.

pochismo sm AM *fam* spanglish *m*.

pocho, cha adj **1.** [persona] patraque **2.** [fruta] blet(ette) **3.** AM *fam* américanisé(e) *(se dit des Mexicains)*.

pocholada sf ESP *fam* bijou *m*, merveille *f* ▸ **ser una pocholada (de algo)** être une merveille (de qqch).

pocholo, la adj ESP *fam* chou *(inv)*, mimi *(inv)*.

pocilga sf *pr* & *fig* porcherie *f*.

pocillo sm AM [taza] tasse *f*; [jarra] chope *f*.

pócima sf **1.** [brebaje] potion *f* **2.** *despec* [bebida de mal sabor] : *este cóctel es una pócima* ce cocktail est imbuvable.

poción sf potion *f*.

poco, ca

❖ adj
peu de / *poco trabajo* peu de travail ▸ **de poca importancia** de peu d'importance / *dame unos pocos días* donne-moi quelques jours / *las vacantes son pocas* les places sont rares

❖ pron
peu / *han aprobado pocos* il y en a peu qui ont réussi / *tengo muy pocos* j'en ai très peu / *tengo amigos, pero pocos* j'ai des amis, mais peu ▸ **unos pocos** quelques-uns ▸ **un poco (de)** un peu (de) / *un poco de paciencia* un peu de patience

◆ **poco** adv **1.** [con escasez] peu / *come poco* il ne mange pas beaucoup / *está poco salado* ce n'est pas très salé ▸ **poco más o menos** plus ou moins ▸ **por poco** pour un peu / *por poco lo consigo* j'ai failli réussir / *por poco se desmaya* pour un peu, il s'évanouissait ▸ **tener en poco a alguien** avoir une piètre idée de qqn **2.** [tiempo corto] : *tardaré poco* je ne serai pas long / *al poco de llegar* peu après son arrivée ▸ **dentro de poco** bientôt / *llegará dentro de poco* il arrivera bientôt / *hace poco (tiempo)* il n'y a pas longtemps ▸ **poco a poco** peu à peu ▸ **¡poco a poco!** doucement !

poda sf élagage *m*.

podadera sf serpe *f*; [tijera] sécateur *m*.

podar vt [árboles] élaguer ; [vides, rosales] tailler.

podcast ['podkast] sm podcast *m*.

podcasting [pod'kastin] sm podcasting *m*.

podenco, ca sm, f épagneul *m*, -e *f*.

poder [64]

❖ vt
1. [gen] pouvoir / *puedo pagarme el viaje* je peux me payer le voyage / *puede ejercer su carrera* il peut exercer son métier / *no podemos abandonarlo* nous ne pouvons pas l'abandonner / *puede estallar la guerra* la guerre peut éclater / *podías habérmelo dicho* tu aurais pu me le dire

2. [tener más fuerza que] battre / *a mí no hay quien me pueda* je suis le plus fort

❖ vi
1. [ser posible, estar permitido] pouvoir ▸ **¿se puede?** on peut entrer ?

2. [ser capaz de dominar] ▸ **poder con algo / con alguien** venir à bout de qqch/qqn

3. [ser capaz de realizar] *ella sola no podrá con la corrección de pruebas* elle ne pourra pas corriger les épreuves toute seule

4. [soportar] ▸ **no poder con algo / con alguien** ne pas supporter qqch/qqn ▸ **no puedo más** je n'en peux plus ▸ **disfrutamos a o hasta más no poder** nous nous sommes amusés comme des fous ▸ **es avaro a o hasta más no poder** il est on ne peut plus avare

❖ v impers
[ser posible] : *puede que llueva* il va peut-être pleuvoir / *¿vendrás mañana? — puede* tu viendras demain ? — peut-être

poder sm **1.** [gen] pouvoir *m* ▸ **estar en el / hacerse con el poder** être au / prendre le pouvoir ▸ **tener poder de convocatoria** attirer les foules ▸ **poder absoluto** pouvoir absolu ▸ **poder adquisitivo** pouvoir d'achat ▸ **poder calorífico** pouvoir calorifique ▸ **poder ejecutivo** pouvoir exécutif ▸ **poder fáctico** pouvoir de fait ▸ **poder judicial** pouvoir judiciaire ▸ **poder legislativo** pouvoir législatif **2.** [capacidad] puissance *f* / *un detergente de un gran poder limpiador* un détergent très puissant **3.** [posesión] ▸ **estar en poder de alguien** être entre les mains de qqn **4.** DER [documento] procuration *f*.
◆ **poderes** smpl **1.** POLÍT ▸ **poderes públicos** pouvoirs *mpl* publics **2.** [autorización] pouvoir *m*, procuration *f* ▸ **dar poderes a alguien** donner procuration à qqn ▸ **por poderes** par procuration / *casarse por poderes* se marier par procuration.

poderío sm **1.** [poder] puissance *f* **2.** [territorio] domaine *m*.

poderoso, sa adj puissant(e).

podio, podium sm podium *m*.

podología sf podologie *f*.

podólogo, ga sm, f podologue *mf*.

podómetro sm podomètre *m*.

podrá ⟶ **poder**.

podredumbre sf pourriture *f*.

podría ⟶ **poder**.

podrido, da adj pourri(e).
◆ **podrido** pp ⟶ **pudrir**.

podrir = **pudrir**.

poema sm poème *m* ▸ **es un poema** *fig* c'est (tout) un poème.

poesía sf poésie *f*.

poeta sm poète *m*.

poético, ca adj poétique. ◆ **poética** sf poétique *f*.

poetisa sf poétesse *f*.

póker = **póquer**.

polaco, ca ❖ adj **1.** [de Polonia] polonais(e) **2.** ESP *despec* [catalán] catalan(e). ❖ sm, f **1.** [de Polonia] Polonais *m*, -e *f* **2.** ESP *despec* [catalán] Catalan *m*, -e *f*.
◆ **polaco** sm [lengua] polonais *m*.

polaina sf guêtre *f*.

polar ❖ adj polaire. ❖ sm polaire *m*.

⚠ **Polar** es un falso amigo, no significa *polar*, sino "novela policíaca".

polaridad sf polarité *f*.

polarizador, ra adj polarisateur(trice).
◆ **polarizador** sm polarisateur *m*.

polarizar [13] vt **1.** [atención & FÍS] polariser **2.** *fig* [asunto, cuestión, etc.] centrer.
◆ **polarizarse** vprnl ▸ **polarizarse en a)** se polariser sur **b)** [asunto, cuestión, etc.] être centré(e) sur.

polaroid® sf inv Polaroid® *m*.

polca sf polka *f*.

polea sf poulie *f*.

polémico, ca adj polémique.
◆ **polémica** sf polémique *f*.

polemista smf polémiste *mf*.

polemizar [13] vi ▸ **polemizar (sobre)** polémiquer (sur).

polen sm pollen *m*.

polenta sf polenta *f*.

poleo sm menthe *f* forte.

poli *fam* ❖ smf flic *m*. ❖ sf ▸ **la poli** les flics *mpl*.

poliamida sf polyamide *m*.

polichinela sf polichinelle *m*.

policía ❖ smf policier *m*, femme *f* policier.
❖ sf police *f* ▸ **policía antidisturbios** ≃ CRS *mpl* ▸ **policía autónoma** ESP police régionale ▸ **policía de tráfico** police de la circulation ▸ **policía militar** police militaire ▸ **policía secreta** police secrète ▸ **policía urbana** police urbaine.

policiaco, ca, policíaco, ca adj policier(ère).

policial adj policier(ère) ; [furgón, redada, etc.] de police.

policlínica sf polyclinique *f*.

policromo, ma, polícromo, ma adj polychrome.

polideportivo, va adj omnisports.
◆ **polideportivo** sm palais *m* omnisports.

poliedro sm polyèdre *m*.

poliéster sm inv polyester *m*.

polietileno sm polyéthylène *m*.

polifacético, ca adj éclectique.

polifásico, ca adj polyphasé(e).

polifonía sf polyphonie *f*.

polifónico, ca adj polyphonique.

poligamia sf polygamie *f*.

polígamo, ma adj & sm, f polygame.

políglota, poliglota adj & smf *(existe una forma masculina **polígloto** aunque poco usada)* polyglotte.

poligonal adj polygonal(e).

polígono sm **1.** GEOM polygone *m* **2.** [superficie de terreno] zone *f* ▸ **polígono industrial** zone industrielle.

polilla sf mite *f*.

polímero sm polymère *m*.

polimorfismo sm polymorphisme *m*.

polimorfo, fa adj polymorphe.

Polinesia npr Polynésie *f*.

polinesio, sia ❖ adj polynésien(enne).
❖ sm, f Polynésien *m*, -enne *f*.

polinización sf pollinisation *f*.
polinizar vt polliniser.
polinomio sm polynôme *m*.
polio sf polio *f*.
poliomielitis sf inv poliomyélite *f*.
polipiel sf similicuir *m*.
pólipo sm polype *m*.
Polisario (*abr de* **Frente Popular para la Liberación de Sakiet el Hamra y Río de Oro**) sm ▸ **el Frente Polisario** le Front Polisario *(mouvement armé pour la création d'un État sahraoui indépendant dans le Sahara occidental)*.
polisemia sf polysémie *f*.
polisílabo, ba adj polysyllabe.
◆ **polisílabo** sm polysyllabe *m*.
politburó sm Politburo *m*.
politécnico, ca adj polytechnique ; ⟶ **instituto.**
◆ **politécnica** sf *école supérieure d'enseignement technique*.
politeísmo sm polythéisme *m*.
politeísta adj & smf polythéiste.
políticamente adv ▸ **políticamente correcto** politiquement correct.
politicastro sm *despec* politicard *m*, -e *f*.
político, ca adj **1.** [gen] politique **2.** [pariente] ▸ **el hermano político** le beau-frère ▸ **la familia política** la belle-famille. ◆ **política** sf politique *f* ▸ **política de avestruz** *fig* politique de l'autruche ▸ **político económica / fiscal / monetaria** politique économique / budgétaire / monétaire ▸ **político lingüística** politique linguistique. ◆ **político** sm homme *m* politique.
politiquear vi *despec* faire de la politique politicienne.
politiqueo sm *despec* politique *f* politicienne.
politización sf politisation *f*.
politizar [13] vt politiser. ◆ **politizarse** vprnl [debate, conflicto] se politiser ; [persona] participer à la vie politique.
poliuretano sm polyuréthanne *m*.
polivalencia sf polyvalence *f*.
polivalente adj polyvalent(e).
póliza sf **1.** [de seguros] police *f* ▸ **póliza de compra** titre *m* au porteur ▸ **póliza de crédito** convention *f* de prêt **2.** [sello] timbre *m* fiscal.
polizón sm passager *m* clandestin.
pollera sf AM jupe *f*.
pollería sf : *en la pollería* chez le volailler.
pollino, na sm, f **1.** [animal] ânon *m*, petite ânesse *f* **2.** *fam* [persona] âne *m*.
pollito sm poussin *m*.
pollo, lla sm, f **1.** [cría de la gallina] poussin *m* ▸ **polla de agua** poule d'eau **2.** *(gen m) fam* [joven] jeunot *m*.
◆ **polla** sf *vulg* bite *f* ▸ **¡me suda la polla!** ESP *vulg* je m'en bats les couilles !
◆ **pollo** sm poulet *m*.
polluelo sm poussin *m*.
polo sm **1.** [gen] pôle *m* ▸ **polo de atracción** o **atención** *fig* pôle d'attraction ▸ **polo magnético** pôle magnétique ▸ **polo negativo / positivo** pôle négatif / positif ▸ **polo norte / sur** pôle Nord / Sud **2.** [helado] glace *f (à l'eau)* **3.** [camisa] polo *m* **4.** [DEP - con caballos] polo *m* ; [- acuático] water-polo *m*.
pololear vi AM *fam* flirter.
pololeo sm AM *fam* flirt *m*.
pololo, la sm, f AM *fam* copain *m*, copine *f*.
Polonia npr Pologne *f*.
poltrona sf bergère *f (fauteuil)*.
polución sf pollution *f*.
polucionar vt polluer.
polvareda sf nuage *m* de poussière ▸ **levantar una gran polvareda** *fig* faire grand bruit.
polvera sf poudrier *m*.
polvo sm **1.** [partículas en el aire] poussière *f* ▸ **limpiar** o **quitar el polvo** épousseter **2.** [de producto pulverizado] poudre *f* ▸ **en polvo** en poudre **3.** *vulg* [coito] ▸ **echar un polvo** tirer un coup **4.** EXPR **estar hecho polvo** **a)** *fam* [cansado] être vanné **b)** [estropeado] être fichu **c)** [deprimido] ne pas aller fort ▸ **hacer polvo algo** *fam* bousiller qqch ▸ **morder el polvo** mordre la poussière.
◆ **polvos** smpl [maquillaje] poudre *f*.
pólvora sf poudre *f* ▸ **no haber inventado la pólvora** *fam* & *fig* ne pas avoir inventé la poudre.
polvoriento, ta adj poussiéreux(euse).
polvorín sm poudrière *f*.
polvorón sm *petit gâteau fait de pâte sablée, que l'on mange à Noël*.
pomada sf pommade *f*.
pomelo sm **1.** [árbol] pamplemoussier *m* **2.** [fruto] pamplemousse *m*.
pómez adj ⟶ **piedra**.
pomo sm [de puerta, cajón, etc.] bouton *m*.
pompa sf pompe *f (cérémonial)*. ◆ **pompa de jabón** sf *(gen pl)* bulle *f* de savon. ◆ **pompas fúnebres** sfpl pompes *fpl* funèbres.
Pompeya npr Pompéi.
pompis sm inv *fam* derrière *m*.
pompón sm pompon *m*.
pomposidad sf **1.** [ostentación] pompe *f* **2.** [en el lenguaje] emphase *f*.
pomposo, sa adj pompeux(euse).
pómulo sm [mejilla] pommette *f*.
pon ⟶ **poner**.
ponchar vt AM crever *(pneu)*.
◆ **poncharse** vprnl AM crever.
ponche sm **1.** [bebida] punch *m* **2.** AM [en béisbol] strike *m*.
ponchera sf bol *m* à punch.
poncho sm poncho *m*.
ponderable adj **1.** [elogiable] digne d'éloge **2.** [en peso] pondérable.

ponderación sf **1.** [alabanza] louange *f* ▸ **hablar de alguien con ponderación** faire l'éloge de qqn **2.** [moderación, método estadístico] pondération *f*.

ponderado, da adj pondéré(e).

ponderar vt **1.** [alabar] porter aux nues **2.** [considerar] examiner **3.** [en estadística] pondérer.

pondrá ⟶ **poner**.

ponedor, ra adj pondeur(euse).
◆ **ponedor** sm pondoir *m*.

ponencia sf **1.** [conferencia] communication *f* ; [informe] rapport *m* **2.** [cargo] : *ocupa la ponencia de la mesa sobre...* il est le rapporteur de la table ronde sur... **3.** [comisión] commission *f*.

ponente smf DER rapporteur *m* ; [en congreso] conférencier *m*, -ère *f*.

poner [65]

❖ vt

1. [gen] mettre / *¿dónde has puesto el libro?* où as-tu mis le livre ? / *pon vinagre en la ensalada* mets du vinaigre dans la salade / *lo pones de mal humor* tu le mets de mauvaise humeur / *puso toda su voluntad en ello* il y a mis toute sa volonté / *pon la radio* mets la radio / *ponle el abrigo* mets-lui son manteau ▸ **poner a régimen** mettre au régime ▸ **poner impedimentos** mettre des bâtons dans les roues

2. [cambiar el humor de] rendre ▸ **poner triste** rendre triste

3. [mostrar] faire / *¡no pongas esa cara!* ne fais pas cette tête

4. [contribuir] *ya he puesto mi parte* j'ai déjà payé ma part ▸ **poner algo de su parte** y mettre du sien

5. [calificar, tratar] ▸ **poner a alguien de** traiter qqn de

6. [deberes] donner

7. [telegrama, fax] envoyer ▸ **poner una conferencia** téléphoner à l'étranger / *¿me pones con él?* tu me le passes ?

8. CINE & TV passer ; TEATRO donner

9. [instalar] *están poniendo el gas y la luz* on installe le gaz et l'électricité / *han puesto su casa con mucho gusto* ils ont arrangé leur maison avec beaucoup de goût

10. [montar] ouvrir / *han puesto una tienda* ils ont ouvert un magasin

11. [llamar] appeler / *le pusieron Mario* ils l'ont appelé Mario

12. [suponer] ▸ **pon o pongamos que...** mettons o admettons que...

13. [suj: ave] pondre

❖ vi

[ave] pondre

◆ **ponerse** vprnl **1.** [colocarse] se mettre ▸ **ponerse de pie** se mettre debout **2.** [ropa, galas, maquillaje] mettre **3.** [estar de cierta manera] devenir / *se puso rojo de ira* il est devenu rouge de colère **4.** [vestirse] s'habiller / *se puso muy elegante* il s'est habillé très élégamment **5.** [iniciar acción] ▸ **ponerse a hacer algo** se mettre à faire qqch **6.** [de salud] ▸ **ponerse bien** se rétablir ▸ **ponerse malo o enfermo** tomber malade **7.** [llenarse] : *se ha puesto de barro hasta las rodillas* il s'est couvert de boue jusqu'aux genoux **8.** [suj: astro] se coucher **9.** [llegar] ▸ **ponerse en** arriver à **10.** AM *fam* [tener la impresión de que] : *se me pone que...* j'ai l'impression que... **11.** AM *fam* [emborracharse] ▸ **ponérselas o ponérsela** prendre une cuite.

poni, poney ['poni] sm poney *m*.

poniente sm **1.** [occidente] couchant *m* **2.** [viento] vent *m* d'ouest.

pontificado sm pontificat *m*.

pontifical adj [del papa] pontifical(e) ; [del obispo] épiscopal(e).

pontífice sm pontife *m* ▸ **sumo pontífice** souverain *m* pontife.

pontificio, cia adj pontifical(e).

pontón sm NÁUT ponton *m*.

ponzoña sf [de animal] poison *m*, venin *m*.

ponzoñoso, sa adj [venenoso] empoisonné(e) ; [animal, crítica] venimeux(euse).

pop ❖ adj pop. ❖ sm pop *f*.

popa sf poupe *f*.

popelín sm popeline *f*.

popelina sf popeline *f*.

popote sm AM paille *f (pour boire)*.

populachero, ra adj *despec* **1.** [popular] popu **2.** [que halaga al populacho] démago.

populacho sm *despec* populace *f*.

popular ❖ adj populaire. ❖ smf ESP POLÍT *membre du Parti populaire espagnol*.

popularidad sf popularité *f*.

popularización sf popularisation *f*.

popularizar [13] vt populariser.
◆ **popularizarse** vprnl **1.** [volverse popular] devenir populaire **2.** [deporte, viajes] se démocratiser.

popularmente adv populairement ▸ **popularmente conocido como...** plus connu sous le nom de....

populismo sm populisme *m*.

populista adj & smf populiste.

populoso, sa adj populeux(euse).

pop-up [pop ap] sm pop-up *m*.

popurrí (*pl* **popurrís**) sm pot-pourri *m*.

póquer, póker sm poker *m*.

poquito, ta adj peu de / *hay poquita gente* il y a peu de monde, il n'y a pas grand monde. ◆ **poquito** ❖ adv **1.** [de cantidad] très peu / *ponme poquito* mets-m'en très peu **2.** [de tiempo] très peu de temps ▸ **poquito a poco** peu à peu, petit à petit. ❖ sm ▸ **un poquito** un petit peu / *coge un poquito de pan* prends un petit peu de pain / *tardaré un poquito* je mettrai un peu de temps. ◆ **poquitos, tas** pron indef quelques-uns (quelques-unes) / *sólo unos poquitos lo lograron* seuls quelques-uns ont réussi.

por

◆ prep

1. [causa] à cause de / *se enfadó por tu culpa* elle s'est fâchée à cause de toi
2. [finalidad] pour / *lo hizo por complacerte* il l'a fait pour te faire plaisir / *lo hizo por ella* il l'a fait pour elle
3. [medio, modo, agente] par / *por escrito* par écrit / *por mensajero / fax* par coursier / fax / *lo cogieron por el brazo* ils l'ont pris par le bras / *huevos por docenas* des œufs à la douzaine / *el récord fue batido por el atleta* le record a été battu par l'athlète
4. [tiempo aproximado] *por abril* en avril, dans le courant du mois d'avril
5. [tiempo concreto] *por la mañana / tarde / noche* le matin / l'après-midi / la nuit / *por unos días* pour quelques jours
6. [lugar] *había papeles por el suelo* il y avait des papiers par terre / *entramos en África por Tánger* nous sommes entrés en Afrique par Tanger / *¿por dónde vive?* où habite-t-il ? / *vive por las afueras* il habite en banlieue / *iba paseando por el bosque / la calle* il se promenait dans les bois / la rue / *pasar por la aduana* passer la douane
7. [a cambio de] *lo ha comprado por poco dinero* il l'a acheté pour une petite somme / *cambió el coche por la moto* il a échangé sa voiture contre une moto
8. [en lugar de] pour / *él lo hará por mí* il le fera pour moi
9. [valor distributivo] *tocan a dos por cabeza* il y en a deux par personne / *20 km por hora* 20 km à l'heure
10. [elección] pour / *votó por mí* elle a voté pour moi
11. MAT fois / *tres por tres…* trois fois trois…
12. [en busca de] *baja por pan* descends chercher du pain ▸ **vino a por los libros** il est venu chercher les livres
13. [aún sin] *la mesa está por poner* la table n'est pas (encore) mise / *está por saberse si ganará* on ne sait pas s'il gagnera
14. [a punto de] ▸ **estar por hacer algo** être sur le point de faire qqch / *estuvo por llamarte* elle a failli t'appeler
15. [concesión] : *no me cae bien, por (muy) simpático que te parezca* tu as beau le trouver sympathique, moi je ne l'aime pas / *por mucho que llores, no arreglarás nada* tu auras beau pleurer, cela ne changera rien

porcelana sf porcelaine *f*.

porcentaje sm pourcentage *m*.

porcentual adj en pourcentage.

porche sm porche *m*.

porcino, na adj porcin(e).

porción sf portion *f* ; [de botín, pastel, etc.] part *f*.

pordiosero, ra ◆ adj qui demande l'aumône. ◆ sm, f mendiant *m*, -e *f*.

porfía sf **1.** [disputa] discussion *f* **2.** [insistencia] obstination *f*.

porfiado, da adj obstiné(e).

porfiar [9] vi **1.** [disputar] : *siempre está porfiando* il faut toujours qu'il discute **2.** [insistir] insister lourdement **3.** [empeñarse] ▸ **porfiar en** s'obstiner à.

pormenor sm *(gen pl)* détail *m*.

pormenorizado, da adj détaillé(e).

pormenorizar [13] vt détailler *(énumérer)* ▸ **pormenorizando todos los detalles** sans négliger aucun détail.

porno adj *fam* porno.

pornografía sf pornographie *f* ▸ **pornografía infantil** pornographie enfantine.

pornográfico, ca adj pornographique.

poro sm **1.** [en piel, roca] pore *m* **2.** CHILE MÉX [hortaliza] poireau *m*.

porosidad sf porosité *f*.

poroso, sa adj poreux(euse).

poroto sm ANDES RP haricot *m*.

porque conj **1.** [ya que] parce que **2.** [para que] pour que.

porqué sm ▸ **el porqué de…** le pourquoi de….

porquería sf cochonnerie *f*.

porqueriza sf porcherie *f*.

porquero, ra sm, f porcher *m*, -ère *f*.

porra ◆ sf **1.** [palo] massue *f* ; [de policía] matraque *f* **2.** CULIN beignet *m* ; ≃ chichi *m* **3.** MÉX DEP [hinchada] supporters *mpl* **4.** COL MÉX [arenga] encouragement *m* **5.** EXPR **mandar a la porra** *fam* envoyer balader. ◆ interj *(gen pl)* ▸ **¡porras!** *fam* mince !, nom d'un chien !

porrada sf *fam* ▸ **una porrada de** un tas de.

porrazo sm coup *m*.

porreta smf *mfam* fumeur *m*, -euse *f* de haschisch.

porrillo ◆ **a porrillo** loc adv *fam* en pagaille ▸ **tener algo a porrillo** avoir tout plein de qqch.

porrista ◆ smf MÉX DEP [hunchada] supporter *m*. ◆ sf COL MÉX [animadora] pom-pom girl *f*.

porro sm **1.** *fam* [para fumar] joint *m* **2.** AM [hortaliza] poireau *m*.

porrón sm **1.** [para vino] *flacon en verre pour boire le vin à la régalade* **2.** EXPR **un porrón de** ESP *fam* [gran cantidad de] un paquet de / *había un porrón de gente* il y avait des tas de gens.

portaaviones sm inv porte-avions *m inv*.

portabultos sm inv MÉX galerie *f*.

portada sf **1.** [de libro, revista] couverture *f* ; [de periódico] une *f* **2.** ARQUIT façade *f*.

portadocumentos sm inv **1.** [maletín] porte-documents *m inv* **2.** [para la documentación] porte-cartes *m inv*.

portador, ra ◆ adj porteur(euse). ◆ sm, f porteur *m*, -euse *f* ▸ **al portador** au porteur.

portaequipajes sm inv **1.** [maletero] coffre *m* à bagages **2.** [soporte] galerie *f*.

portaestandarte sm porte-étendard *m*.

portafolio, portafolios sm porte-document *m*.

portal sm **1.** [pieza] entrée *f* **2.** [puerta] portail *m* **3.** [belén] crèche *f* **4.** INFORM portail *m*.

portalámparas sm inv douille *f*.
portaligas sm inv porte-jarretelles *m inv*.
portalón sm **1.** [de palacio] portail *m* **2.** NÁUT coupée *f*.
portamaletas sm inv AM coffre *m* à bagages.
portaminas sm inv portemine *m*.
portamisiles sm inv [buque] porte-missile *m*.
portamonedas sm inv porte-monnaie *m inv*.
portaobjetos sm inv [de microscopio] porte-objet *m*.
portapapeles sm inv INFORM presse-papiers *m*.
portar vt porter. ◆ **portarse** vprnl se comporter / *¡pórtate bien!* sois sage ! / *los niños se han portado bien* les enfants se sont bien tenus / *siempre se ha portado bien conmigo* il a toujours été très correct avec moi.
portarrollos sm inv [de baño] porte-papier *m* ; [de cocina] dérouleur *m* d'essuie-tout.
portátil adj portatif(ive) ; [ordenador] portable.
portavoz smf porte-parole *m inv*.
portazo sm ▸ **dar un portazo** claquer la porte.
porte sm **1.** *(gen pl)* [transporte] port *m* ▸ **porte(s) debido(s) / pagado(s)** port dû / payé **2.** [prestancia] allure *f*.
porteador, ra adj & sm, f porteur(euse).
portento sm prodige *m*.
portentoso, sa adj prodigieux(euse).
porteño, ña ❖ adj **1.** [de Argentina] de Buenos Aires **2.** [de España] de Puerto de Santa María. ❖ sm, f **1.** [de Argentina] *natif ou habitant de Buenos Aires* **2.** [de España] *natif ou habitant de Puerto de Santa María*.
portería sf **1.** [de edificio] loge *f (de concierge)* / *se ocupa de la portería* c'est la gardienne de l'immeuble **2.** DEP buts *mpl*.
portero, ra sm, f **1.** [de edificio] gardien *m*, -enne *f* ▸ **portero electrónico** Interphone® *m* **2.** DEP gardien *m* de but.
portezuela sf **1.** [de vehículo] portière *f* **2.** [puerta pequeña] petite porte *f*.
pórtico sm portique *m*.
portilla sf **1.** NÁUT hublot *m* **2.** [AGRIC - paso] porte *f (d'un pré)* ; [- valla] barrière *f*.
portillo sm **1.** [abertura] brèche *f* **2.** [puerta pequeña] guichet *m*.
portón sm grande porte *f*.
portorriqueño, ña = **puertorriqueño**.
portuario, ria adj portuaire.
Portugal npr Portugal *m*.
portugués, esa ❖ adj portugais(e). ❖ sm, f Portugais *m*, -e *f*. ◆ **portugués** sm [lengua] portugais *m*.
porvenir sm avenir *m*.
pos ◆ **en pos de** loc prep **1.** [detrás de] derrière **2.** [en busca de] en quête de ▸ **ir en pos de algo** courir après qqch.
posada sf **1.** [fonda] auberge *f* **2.** [hospedaje] ▸ **dar posada** héberger **3.** CAM MÉX [fiesta] *fête traditionnelle de Noël*.
posaderas sfpl *fam* fesses *fpl*.
posadero, ra sm, f aubergiste *mf*.
posar vt & vi poser. ◆ **posarse** vprnl **1.** [pájaro, insecto, avión] se poser **2.** [partículas, polvo, etc.] se déposer.
posavasos sm inv dessous *m* de verre.
poscomunismo, postcomunismo sm postcommunisme *m*.
poscomunista, postcomunista adj postcommuniste.
posdata, postdata sf post-scriptum *m inv*.
posdiluviano, na, postdiluviano, na adj postérieur(e) au déluge.
pose sf pose *f (attitude)*.
poseedor, ra ❖ adj ▸ **ser poseedor de algo** posséder qqch. ❖ sm, f possesseur *m* ; [de récord, armas, etc.] détenteur *m*, -trice *f*.
poseer [50] vt posséder.
poseído, da adj & sm, f possédé(e).
posesión sf possession *f* ▸ **tomar posesión de un cargo** entrer en fonction.
posesivo, va adj possessif(ive). ◆ **posesivo** sm GRAM possessif *m*.
poseso, sa adj & sm, f possédé(e).
poseyera ⟶ **poseer**.
posglacial, postglacial adj postglaciaire.
posgrado, postgrado sm ≃ troisième cycle *m*.
posgraduado, da, postgraduado, da adj & sm, f *titulaire d'un diplôme de troisième cycle*.
posguerra, postguerra sf après-guerre *m ou f*.
posibilidad sf possibilité *f* / *hay posibilidades de que…* il est possible que… / *tiene posibilidades de*

Cómo expresar la posibilidad

- **Il est possible qu'il ne vienne pas.** *Es posible que no venga.*
- **C'est (tout à fait) possible.** *Es (perfectamente) posible.*
- **Peut-être est-elle partie à Barcelone ?** *Quizás haya ido a Barcelona.*
- **Peut-être que je n'ai pas bien compris.** *Quizás no lo haya entendido bien.*
- **Il se peut que nous soyons obligés d'annuler.** *Quizás nos veamos obligados a cancelar.*
- **Il risque de refuser de le faire.** *Hay el riesgo de que se niegue a hacerlo.*
- **Prends un parapluie au cas où.** *Coge un paraguas por si acaso.*
- **Tu pourrais gagner, on ne sait jamais !** *Podrías ganar, ¡nunca se sabe!*

éxito il a des chances de réussir. ◆ **posibilidades económicas** smpl ressources *fpl*, moyens *mpl*.

posibilitar vt permettre.

posible adj possible ▸ **dentro de lo posible, en lo posible** autant que possible, dans la mesure du possible ▸ **de ser posible** si c'est possible ▸ **hacer posible** rendre possible / *haré (todo) lo posible* je ferai (tout) mon possible ▸ **lo antes posible** dès que possible.
◆ **posibles** smpl moyens *mpl* / *una persona sin posibles* une personne sans ressources.

posiblemente adv probablement.

posición sf position *f* / *tiene una buena posición* il a une belle situation.

posicionamiento sm **1.** [postura] prise *f* de position **2.** [marketing] positionnement *m*.

posicionarse vprnl se prononcer / *posicionarse a favor del aborto* se prononcer en faveur de l'avortement.

posimpresionismo = **postimpresionismo**.

posindustrial = **postindustrial**.

positivar vt FOTO tirer.

positivismo sm positivisme *m*.

positivista adj & smf FILOS positiviste.

positivizar vt positiver.

positivo, va adj positif(ive).
◆ **positivo** sm FOTO positif *m*.

posmeridiano, na, postmeridiano, na adj de l'après-midi.

posmodernidad, postmodernidad sf postmodernisme *m*.

posmoderno, na, postmoderno, na adj & sm, f postmoderne.

poso sm dépôt *m (d'un liquide)* ▸ **poso de café** marc *m* de café.

posología sf posologie *f*.

posoperatorio, ria = **postoperatorio**.

posparto, postparto ❖ adj inv postnatal(e).
❖ sm post-partum *m inv*.

posponer [65] vt **1.** [relegar] faire passer après **2.** [aplazar] reporter.

posproducción, postproducción sf CINE & TV postproduction *f*.

pospuesto, ta pp ⟶ **posponer**.

pospusiera ⟶ **posponer**.

posta ❖ sf **1.** [apuesta] mise *f* **2.** MIL chevrotine *f* **3.** EXPR **a posta** exprès. ❖ adj RP *fam* cool.
◆ **postas** sfpl ARQUIT volutes *fpl*.

postal ❖ adj postal(e). ❖ sf carte *f* postale.

postdata = **posdata**.

postdiluviano, na = **posdiluviano**.

poste sm poteau *m*.

> ⚠ **Poste** es un falso amigo, no significa *poste*, sino "puesto", "aparato" y también "correos".

póster (*pl* **posters**) sm poster *m*.

postergar [16] vt **1.** [retrasar] repousser **2.** [relegar] reléguer ; [en empresa] rétrograder.

posteridad sf postérité *f*.

posterior adj **1.** [en el espacio] arrière / *la puerta posterior* la porte de derrière ▸ **posterior a algo** derrière qqch **2.** [en el tiempo] ultérieur(e) ▸ **posterior a** postérieur(e) à.

posteriori ◆ **a posteriori** loc adv a posteriori.

posterioridad sf ▸ **con posterioridad** par la suite.

posteriormente adv ultérieurement, postérieurement.

postglacial = **posglacial**.

postgrado = **posgrado**.

postgraduado, da = **posgraduado**.

postguerra = **posguerra**.

postigo sm **1.** [contraventana] volet *m* **2.** [puerta pequeña] guichet *m*.

postimpresionismo, posimpresionismo sm ARTE postimpressionnisme *m*.

postín sm ostentation *f* ▸ **de postín** luxueux(euse).

postindustrial, posindustrial adj postindustriel(elle).

post-it® sm inv Post-it® *m inv*.

postizo, za adj faux (fausse).
◆ **postizo** sm postiche *m*.

postmeridiano, na = **posmeridiano**.

post meridiem adj de l'après-midi.

postmodernidad = **posmodernidad**.

postmoderno, na = **posmoderno**.

post mórtem loc adj post mortem.

postoperatorio, ria, posoperatorio, ria adj postopératoire.

postor, ra sm, f enchérisseur *m*, -euse *f* ▸ **al mejor postor** au plus offrant.

postparto = **posparto**.

postración sf prostration *f*.

postrar vt abattre. ◆ **postrarse** vprnl se prosterner.

postraumático, ca adj MED post-traumatique.

postre ❖ sm dessert *m* ▸ **de postre** en dessert.
❖ sf ▸ **a la postre** *fig* en définitive ▸ **para postre** *fig* pour couronner le tout.

postrero, ra adj dernier(ère).

postrimerías sfpl fin *f* ▸ **en las postrimerías de** à la fin de.

postulado sm postulat *m*.

postulante, ta sm, f **1.** [que hace una colecta] quêteur *m*, -euse *f* **2.** AM [candidato] candidat *m*, candidat *m*, -e *f*, postulant *m*, -e *f*.

postular ◆ vt [exigir] réclamer ; [donativos, fondos] collecter. ◆ vi AM [para trabajo] postuler.
◆ **postularse** vprnl AM **1.** [para cargo] se porter candidat(e) **2.** [para trabajo] se présenter.

póstumo, ma adj posthume.

postura sf **1.** [posición] posture *f* / *en una postura incómoda* en mauvaise posture **2.** [actitud] attitude *f* **3.** [en subasta] offre *f* ; [en ruleta, etc.] mise *f* **4.** AM [uso] utilisation *f* / *este vestido se me estropeó a la segunda postura* cette robe s'est abîmée la deuxième fois que je l'ai portée.

posventa, postventa adj après-vente *(inv)*.

potabilizadora sf [planta] station *f* de potabilisation, usine *f* de potabilisation.

potable adj potable.

potaje sm **1.** [caldo] potage *m* **2.** [guiso] *ragoût à base de légumes secs, de légumes et autres ingrédients*.

potasa sf potasse *f*.

potasio sm potassium *m*.

pote sm **1.** [olla] pot *m* **2.** *fam* [maquillaje] maquillage *m*.

potencia sf puissance *f* ▸ **en potencia** en puissance.

potenciación sf [desarrollo, impulso] renforcement *m*, accroissement *m*.

potenciador, ra adj de renforcement.
◆ **potenciador** sm [sustancia] exhausteur *m* / *potenciador del sabor / aroma* exhausteur de goût / d'arôme.

potencial ◆ adj potentiel(elle). ◆ sm **1.** [gen & ELECTR] potentiel *m* **2.** GRAM conditionnel *m*.

potenciar [8] vt favoriser / *el clima potencia la agricultura* le climat est favorable à l'agriculture.

potentado, da sm, f potentat *m*.

potente adj puissant(e).

potestad sf pouvoir *m*.

potingue sm *fam* **1.** [medicamento] potion *f* **2.** [bebida] breuvage *m* **3.** *(gen pl)* [cremas] ▸ **los potingues** les produits de beauté.

potito sm [comida para bebés] petit pot *m*.

potra sf ⟶ **potro**.

potranco, ca sm, f poulain *m*, pouliche *f*.

potrero sm AM [para cría y pasto] enclos *m*.

potrillo sm AM grand verre *m*.

potro, tra sm, f poulain *m*, pouliche *f*.
◆ **potra** sf *mfam* pot *m* ▸ **tener potra** avoir de la veine o du pot.
◆ **potro** sm cheval-d'arçons *m inv*.

poyo sm banc *m* de pierre.

pozo sm [hoyo] puits *m* ▸ **pozo de petróleo** puits de pétrole ▸ **pozo negro** puisard *m* ▸ **ser un pozo de sabiduría** *fig* être un puits de science.

pozole sm MÉX CAM CARIB *plat à base de maïs, de viande et de piment dans un bouillon*.

p.p. 1. (*abr escrita de* **por poder**) pp **2.** (*abr escrita de* **porte pagado**) pp.

PP (*abr de* **Partido Popular**) sm *parti politique espagnol de droite*.

práctica sf ⟶ **práctico**.

practicable adj **1.** [proyecto, etc.] réalisable **2.** [camino] praticable **3.** [puerta, ventana] ▸ **es practicable** on peut l'ouvrir.

prácticamente adv pratiquement.

practicante ◆ adj pratiquant(e). ◆ smf **1.** RELIG pratiquant *m*, -e *f* **2.** [auxiliar médico] aide-soignant *m*, -e *f*.

practicar [10] ◆ vt DEP faire / *practicar la natación* faire de la natation. ◆ vi s'exercer.

practicidad sf CSUR fonctionnalité *f*.

práctico, ca adj pratique. ◆ **práctica** sf **1.** [gen] pratique *f* ▸ **en la práctica** dans la pratique ▸ **llevar a la práctica, poner en práctica** mettre en pratique **2.** [no teoría] ▸ **las prácticas** les travaux pratiques **3.** [en empresa] stage *m*. ◆ **práctico** sm NÁUT pilote *m*.

pradera sf prairie *f*.

prado sm pré *m*.

Prado npr ▸ **el museo del Prado** le musée du Prado.

Museo del Prado

Réputé pour son exceptionnelle collection de peintures des écoles espagnole, flamande et italienne, le musée du Prado de Madrid est un chef-d'œuvre de l'architecture néoclassique. Il fut érigé dès 1785 par l'architecte Juan de Villanueva à la demande de Charles III, qui souhaitait constituer une galerie de collections royales. En 1814, le roi Ferdinand VII y installe une galerie de peintures et le musée est inauguré en 1819, avant d'être nationalisé en 1868. Y sont notamment représentés l'art roman, l'art gothique, la Renaissance et l'époque baroque espagnole, ainsi que le XVIIIe siècle. Cette pinacothèque, qui est la plus importante du monde pour ce qui est de la peinture espagnole, est particulièrment riche en peintures du Greco, de Zurbarán, Ribera, Murillo ou encore Velázquez, et possède l'essentiel des œuvres de Goya, dont le célèbre **Dos de Mayo**.

Praga npr Prague.

pragmático, ca adj pragmatique.
◆ **pragmática** sf **1.** HIST [edicto] pragmatique *f* sanction **2.** LING pragmatique *f*.
pragmatismo sm pragmatisme *m*.
pral. (*abr de* **principal**) p^al^.
praliné sm [bombón] chocolat *m* praliné ; [crema] praliné *m*.
praxis sf inv **1.** [práctica] pratique *f* **2.** FILOS praxis *f*.
preacuerdo sm accord *m* de principe.
preadolescente smf préadolescent *m*, -e *f*.
preámbulo sm préambule *m*.
preaviso sm préavis *m*.
prebélico, ca adj [clima] de pré-guerre.
prebenda sf **1.** [renta] prébende *f* **2.** *fam* [trabajo] planque *f*.
precalentamiento sm **1.** DEP échauffement *m* **2.** TECNOL préchauffage *m*.
precalentar [19] vt **1.** CULIN préchauffer **2.** DEP s'échauffer.
precampaña sf POLÍT campagne *f* préélectorale, précampagne *f*.
precariedad sf précarité *f*.
precario, ria adj précaire.
precaución sf précaution *f* ▸ **tomar precauciones** prendre des précautions.
precaver vt prévenir.
◆ **precaverse** vprnl ▸ **precaverse (de o contra)** se prémunir (contre).
precavido, da adj prévoyant(e).
precedente ◈ adj précédent(e). ◈ sm précédent *m* ▸ **sentar precedente** créer un précédent ▸ **sin precedentes** sans précédent.
preceder vt ▸ **preceder (algo / a alguien)** précéder (qqch / qqn).
preceptivo, va adj obligatoire.
◆ **preceptiva** sf précepte *m*.
precepto sm **1.** [norma] précepte *m* **2.** [mandato] disposition *f* / *una fiesta de precepto* une fête d'obligation.
preceptor, ra sm, f précepteur *m*, -trice *f*.
preces sfpl prières *fpl* / *Dios oyó mis preces* Dieu a entendu mes prières.
preciado, da adj précieux(euse).
preciar [8] vt apprécier.
◆ **preciarse** vprnl se vanter / *para cualquier médico que se precie...* pour un médecin qui se respecte... ▸ **preciarse de** se flatter de.
precintado sm scellage *m*.
precintadora sf pistolet *m (pour adhésif)*.
precintar vt sceller.
precinto sm DER scellé *m* ; [acción] pose *f* des scellés ▸ **un precinto de garantía** un emballage scellé.
precio sm *pr* & *fig* prix *m* ▸ **al precio de** au prix de ▸ **precio abusivo** prix excessif ▸ **precio de compra** prix d'achat ▸ **precio de fábrica o coste** prix coûtant, prix de revient ▸ **precio de mercado** prix du marché ▸ **precio de venta (al público)** prix (public) de vente ▸ **precio indicativo** prix indicatif ▸ **precio prohibitivo** prix prohibitif ▸ **no tener precio** *fig* ne pas avoir de prix.
preciosidad sf **1.** [cualidad] beauté *f* **2.** [cosa o persona] merveille *f*.
precioso, sa adj **1.** [valioso] précieux(euse) **2.** [bonito] ravissant(e), adorable.
precipicio sm précipice *m*.
precipitación sf précipitation *f*.
precipitado, da adj précipité(e).
◆ **precipitado** sm QUÍM précipité *m*.
precipitar vt précipiter.
◆ **precipitarse** vprnl se précipiter.
precisamente adv justement / *precisamente hablaba de ti* justement, je parlais de toi.
precisar vt **1.** [determinar] préciser **2.** [necesitar] avoir besoin de / *precisa tu colaboración* il a besoin de ta collaboration.
precisión sf précision *f*.
preciso, sa adj **1.** [determinado, conciso] précis(e) **2.** [necesario] : *es preciso que vengas* il faut que tu viennes.
precocidad sf précocité *f*.
precocinado, da adj précuit(e) / *un plato precocinado* un plat cuisiné.
precolombino, na adj précolombien(enne).
preconcebido, da adj préconçu(e).
preconcebir [26] vt concevoir à l'avance.
preconizar [13] vt préconiser.
precoz adj précoce.
precursor, ra ◈ adj précurseur ▸ **un signo precursor** un signe avant-coureur. ◈ sm, f précurseur *m*.
predador, ra adj prédateur(trice).
◆ **predadores** smpl prédateurs *mpl*.
predatorio, ria adj **1.** [que apresa] prédateur(trice) **2.** [del robo] pillard(e).
predecesor, ra sm, f prédécesseur *m*.
predecible adj prévisible.
predecir [66] vt prédire.
predestinación sf prédestination *f*.
predestinado, da adj prédestiné(e) ▸ **predestinado a** prédestiné à.
predestinar vt prédestiner.
predeterminación sf prédétermination *f*.
predeterminar vt prédéterminer.
prédica sf prêche *m*.
predicado sm GRAM prédicat *m*.
predicador, ra sm, f prédicateur *m*, -trice *f*.
predicar [10] vt & vi prêcher.

predicción sf prédiction f / *la predicción del tiempo* les prévisions météorologiques.

predice ⟶ **predecir**.

predicho, cha pp ⟶ **predecir**.

prediga ⟶ **predecir**.

predijera ⟶ **predecir**.

predilección sf prédilection f.

predilecto, ta adj préféré(e).

predio sm AM [edificio] bâtiment m.

predios smpl *biens fonciers et immobiliers*.

predisponer [65] vt prédisposer.

predisposición sf ▸ **predisposición (a)** prédisposition f (à).

predispuesto, ta adj prédisposé(e) ▸ **ser predispuesto a** avoir une prédisposition à. ◆ **predispuesto** pp ⟶ **predisponer**.

predominancia sf prédominance f.

predominante adj prédominant(e).

predominar vi ▸ **predominar (sobre)** prédominer (sur).

predominio sm prédominance f.

preelectoral adj préélectoral(e).

preeminencia sf prééminence f.

preeminente adj prééminent(e).

preescolar ❖ adj préscolaire. ❖ sm maternelle f *(cycle)*.

preestablecido, da adj préétabli(e).

preestreno sm avant-première f.

preexistente adj préexistant(e).

prefabricado, da adj préfabriqué(e).

prefabricar [10] vt préfabriquer.

prefacio sm préface f.

prefecto sm préfet m.

prefectura sf préfecture f.

preferencia sf **1.** [predilección] préférence f **2.** [ventaja] priorité f ▸ **tener preferencia** [vehículos] avoir (la) priorité.

preferencial adj préférentiel(elle).

preferente adj préférentiel(elle).

preferentemente adv de préférence.

preferible adj préférable / *es preferible echar limón a vinagre* il vaut mieux mettre du citron que du vinaigre.

preferido, da adj & sm, f préféré(e).

preferir [27] vt préférer ▸ **preferir algo a algo** préférer qqch à qqch / *prefiere el calor al frío* elle préfère la chaleur au froid / *prefiero aburrirme a salir con ella* je préfère m'ennuyer plutôt que de sortir avec elle.

prefigurar vt préfigurer.

prefijar vt fixer à l'avance.

prefijo sm **1.** GRAM préfixe m **2.** TELECOM ▸ **prefijo (telefónico)** indicatif m (téléphonique).

prefiriera ⟶ **preferir**.

pregón sm **1.** [discurso] discours m **2.** [anuncio] avis m (au public).

pregonar vt **1.** [anunciar] rendre public **2.** *fig* [contar] crier sur les toits.

pregonero, ra sm, f **1.** [oficial] crieur m public **2.** *fig* & *despec* [chismoso] pipelette f.

pregunta sf question f ▸ **hacer una pregunta** poser une question ▸ **pregunta capciosa** question piège ▸ **andar** o **estar** o **quedarse a la cuarta pregunta** *fam* & *fig* être fauché(e) comme les blés.

preguntar ❖ vt demander. ❖ vi ▸ **preguntar por alguien** [interesarse] demander des nouvelles de qqn ▸ **preguntar por algo / alguien** [solicitar] demander qqch / qqn. ◆ **preguntarse** vprnl se demander.

preguntón, ona *fam* ❖ adj curieux(euse) / *es muy preguntón* il n'arrête pas de poser des questions. ❖ sm, f curieux m, -euse f.

prehispánico, ca adj [cultura, civilización] préhispanique.

prehistoria sf préhistoire f.

prehistórico, ca adj préhistorique.

preimpresión sf IMPR préimpression f.

preindustrial adj préindustriel(elle).

preinstalar vt INFORM pré-installer.

prejubilación sf préretraite f.

prejubilado, da sm, f préretraité m, -e f.

prejubilarse vprnl partir en préretraite.

prejuicio sm préjugé m.

prejuzgar [16] ❖ vt juger d'avance. ❖ vi porter un jugement prématuré.

prelado sm prélat m ; [de convento] supérieur m.

prelatura sf prélature f.

prelavado sm prélavage m.

Cómo expresar una preferencia

- **Je préfère de loin le cinéma à la télévision.** *Prefiero con mucho el cine a la televisión.*
- **Je préférerais que tu y ailles à ma place.** *Preferiría que fueras en mi lugar.*
- **J'aime mieux le vin rouge que le vin blanc.** *Prefiero el vino tinto al vino blanco.*
- **Plutôt que d'y aller en train, j'aimerais mieux y aller en avion.** *Preferiría ir en avión a hacerlo en tren.*
- **Samedi me conviendrait davantage.** *El sábado me iría mejor.*
- **Je n'ai pas de préférence.** *Me da lo mismo.*
- **J'aimerais autant que tu m'appelles demain.** *Preferiría que me llamaras mañana.*

preliminar adj & sm préliminaire.
◆ **preliminares** smpl DER préliminaires *mpl*.

preludiar ❖ vt [anunciar] préluder à. ❖ vi MÚS préluder.

preludio sm prélude *m*.

premamá adj inv pour femme enceinte.

prematrimonial adj prénuptial(e).

prematuro, ra adj prématuré(e).

premeditación sf préméditation *f* ▸ **con premeditación y alevosía** avec préméditation.

premeditado, da adj prémédité(e).

premeditar vt préméditer.

premenstrual adj prémenstruel(elle).

premiación sf AM **1.** [en escuela, club] distribution *f* des prix **2.** [de cine, música] cérémonie *f* de remise des prix.

premiado, da adj gagnant(e) / *el número premiado* le numéro gagnant.

premiar [8] vt récompenser.

premier (*pl* **premiers**) sm Premier ministre *m* britannique.

premio sm **1.** [recompensa] prix *m* ▸ **premio de consolación** prix o lot de consolation ▸ **premio Miguel de Cervantes** *prix littéraire espagnol* **2.** [en lotería] lot *m* ▸ **premio gordo** gros lot.

Premio Miguel de Cervantes

Créé en 1975, ce prix littéraire couronne chaque année un écrivain de pays hispanophone dont l'œuvre peut appartenir à tout genre littéraire. Parmi les lauréats, citons Rafael Alberti (1983) ou Miguel Delibes (1993). Le roi Juan Carlos, assisté du ministre de la Culture, préside la remise du prix qui a lieu tous les ans le 23 avril, jour de la mort de Miguel de Cervantes et de la Journée Mondiale du Livre.

premisa sf **1.** [supuesto] hypothèse *f* **2.** [en lógica] prémisse *f*.

premolar ❖ adj ▸ **un diente premolar** une prémolaire. ❖ sm prémolaire *f*.

premonición sf prémonition *f*.

premonitorio, ria adj prémonitoire.

premura sf **1.** [urgencia] ▸ **con premura** à la hâte **2.** [escasez] manque *m*.

prenatal adj prénatal(e).

prenda sf **1.** [vestido] vêtement *m* ▸ **prenda de abrigo** vêtement chaud **2.** [garantía] gage *m* **3.** *(gen pl)* [virtud] qualité *f* / *la generosidad es una de sus prendas* la générosité est une de ses qualités **4.** [apelativo cariñoso] : *este niño es una prenda* cet enfant est un amour **5.** EXPR **no soltar prenda** ne pas dire un mot.

prendar vt charmer. ◆ **prendarse** vprnl ▸ **prendarse de** s'éprendre de.

prendedor sm [alfiler] broche *f*.

prender ❖ vt **1.** [objeto, brazo, etc.] saisir ; [persona] arrêter **2.** [sujetar] accrocher, attacher ; [con alfiler] épingler **3.** [encender] allumer ▸ **prender fuego a** mettre le feu à. ❖ vi **1.** [gen] prendre **2.** *fig* [propagarse] ▸ **prender en** gagner / *el desaliento prendió en el equipo* le découragement a gagné l'équipe.
◆ **prenderse** vprnl prendre feu.

prendido, da adj accroché(e) ▸ **quedar prendido de** être sous le charme de.

prensa sf presse *f* ▸ **prensa amarilla** presse à sensation ▸ **prensa del corazón** presse du cœur ▸ **tener buena / mala prensa** *fig* avoir bonne/mauvaise presse.

prensar vt presser.

prenupcial adj prénuptial(e).

preñado, da adj *fig* [lleno] rempli(e) ▸ **preñado de** empreint de. ◆ **preñada** *fam* ❖ adj f [hembra] pleine ; [mujer] enceinte. ❖ sf femme *f* enceinte.

preñar vt **1.** *fam* [fecundar] féconder **2.** *fig* [llenar] empreindre.

preñez sf [de hembra] gestation *f* ; [de mujer] grossesse *f*.

preocupación sf souci *m*.

preocupado, da adj inquiet(ète) / *preocupado por su hijo* inquiet pour son fils / *preocupado por saber los resultados* inquiet de connaître les résultats.

preocupante adj [que causa temor] inquiétant(e) ; [que causa angustia] préoccupant(e).

preocupar vt **1.** [inquietar] inquiéter **2.** [importar] : *no le preocupa lo que piensen los demás* il se moque de ce que pensent les autres. ◆ **preocuparse** vprnl **1.** [inquietarse] s'inquiéter ▸ **preocuparse por alguien** s'inquiéter pour qqn ▸ **preocuparse por algo** se préoccuper o s'inquiéter de qqch / *¡no te preocupes!* ne t'en fais pas ! **2.** [encargarse] ▸ **preocuparse de** veiller à.

preolímpico, ca adj préolympique.

prepa sf MÉX EDUC ≃ lycée *m*.

prepago sm pré-paiement *m*.

preparación sf **1.** [gen] préparation *f* **2.** [conocimientos, cultura] bagage *m*.

preparado, da adj **1.** [dispuesto] prêt(e) ▸ **preparado para** prêt pour ▸ **¡preparados, listos, ya!** à vos marques, prêts, partez ! **2.** [entendido] compétent(e).
◆ **preparado** sm [sustancia] préparation *f*.

preparador, ra sm, f **1.** [formador] préparateur *m*, -trice *f* **2.** DEP entraîneur *m*.

preparar vt préparer. ◆ **prepararse** vprnl ▸ **prepararse (a o para)** se préparer (à).

preparativo, va adj préparatoire.
◆ **preparativo** sm *(gen pl)* préparatifs *mpl*.

preparatorio, ria adj préparatoire.
◆ **preparatoria** sf MÉX EDUC ≃ lycée *m*.

preponderancia sf prépondérance *f* ▸ **tener preponderancia sobre** avoir la prépondérance sur.

preponderante adj prépondérant(e).

preponderar vi être prépondérant(e).

preposición sf préposition *f*.

preposicional adj prépositif(ive).

prepotencia sf **1.** [arrogancia] arrogance *f* **2.** [poder] toute-puissance *f*.

prepotente adj **1.** [engreído] arrogant(e) **2.** [poderoso] tout-puissant (toute-puissante).

preprogramado, da adj préprogrammé(e).

prepucio sm prépuce *m*.

prerrequisito sm prérequis *m*.

prerrogativa sf prérogative *f*.

prerrománico, ca adj ARTE préroman(e). ◆ **prerrománico** sm ARTE art *m* préroman.

presa sf **1.** [gen] proie *f* ▸ **hacer presa en alguien** s'emparer de qqn ▸ **ser presa del pánico** être pris(e) de panique **2.** [dique] barrage *m*.

presagiar [8] vt [futuro, felicidad] prédire ; [tormenta, problemas] présager.

presagio sm présage *m*.

presb. *abr escrita de* **presbítero**.

presbiterianismo sm presbytérianisme *m*.

presbiteriano, na adj & sm, f presbytérien(enne).

presbiterio sm chœur *m (d'une église)*.

presbítero sm prêtre *m*.

prescindencia sf AM omission *f* ▸ **con prescindencia de** sans.

prescindir vi ▸ **prescindir de** a) [renunciar a] se passer de b) [omitir] faire abstraction de.

prescribir ❖ vt prescrire. ❖ vi DER se prescrire ▸ **prescribe** il y a prescription.

prescripción sf **1.** DER prescription *f* **2.** MED ▸ **prescripción (facultativa)** prescription *f* médicale.

prescrito, ta pp ⟶ **prescribir**.

preselección sf présélection *f*.

preseleccionar vt présélectionner.

presencia sf **1.** [gen] présence *f* ▸ **en presencia de** en présence de **2.** [aspecto] allure *f* ▸ **tener buena / mala presencia** présenter bien / mal ▸ **tener mucha / poca presencia** avoir fière / piètre allure. ◆ **presencia de ánimo** sf présence *f* d'esprit.

presencial adj ⟶ **testigo**.

presenciar [8] vt assister à ; [crimen, delito] être témoin de.

presentable adj présentable.

presentación sf présentation *f* ▸ **tiene buena presentación** c'est bien présenté.

presentador, ra sm, f présentateur *m*, -trice *f*.

presentar vt présenter / *me presentó sus excusas* il m'a présenté ses excuses ▸ **presentar a alguien** présenter qqn. ◆ **presentarse** vprnl se présenter.

presente ❖ adj présent(e) ▸ **el presente mes** le mois courant ▸ **aquí presente** ici présent(e) ▸ **hacer presente algo a alguien** faire savoir qqch à qqn ▸ **tener algo presente** ne pas oublier qqch. ❖ smf [en un lugar] personne *f* présente ▸ **los aquí presentes** les personnes ici présentes. ❖ sm **1.** présent *m* ▸ **presente histórico** présent historique **2.** ▸ **es una persona muy culta, mejorando lo presente** c'est une personne très cultivée, sans parler de vous, bien entendu ▸ **¡presente!** présent ! ❖ sf [carta] présente *f*.

presentimiento sm pressentiment *m*.

presentir [27] vt pressentir.

preservación sf préservation *f*.

preservante sm AM [en alimento] conservateur *m*.

preservar vt **1.** [proteger] préserver **2.** AM [conservar] conserver. ◆ **preservarse** vprnl ▸ **preservarse de** se préserver de.

preservativo, va adj de protection. ◆ **preservativo** sm **1.** [condón] préservatif *m* ▸ **preservativo femenino** préservatif féminin **2.** AM [en alimento] conservateur *m*.

presidencia sf présidence *f*.

presidencial adj présidentiel(elle) ▸ **(elecciones) presidenciales** présidentielle *f* / *anunció su candidatura a las presidenciales* il a annoncé sa candidature aux présidentielles.

Cómo presentarse

Presentarse

- **Je me présente, je m'appelle Michèle.** *Déjeme presentarme, me llamo Michèle.*
- **Bonjour, moi c'est Michèle.** *Hola, yo soy Michèle.*
- **Nous ne nous connaissons pas ?** *¿No nos conocemos?*
- **Je me présente, Jean.** *Me presento, soy Jean.*
- **Bonjour. Tu t'appelles Marie, c'est ça ?** *Hola. Te llamas Marie, ¿verdad?*
- **Je ne crois pas que nous ayons été présentés.** *No creo que nos hayan presentado.*

Presentar a otras personas

- **Je vais faire les présentations.** *Permítanme hacer las presentaciones.*
- **J'aimerais vous présenter un vieil ami, Paul Darmont.** *Me gustaría presentarle a un viejo amigo mío, Paul Darmont.*
- **Sylvie, je te présente M. Darmont.** *Sylvie, te presento al señor Darmont.*
- **Tout le monde se connaît ?** *¿Todo el mundo se conoce?*
- **Marc, (voici) Sylvie ; Sylvie, (voici) Marc.** *Marc, (esta es) Sylvie; Sylvie, (este es) Marc.*

presidencialismo sm présidentialisme *m*.

presidencialista ❖ adj : *un régimen presidencialista* un régime présidentiel. ❖ smf partisan *m* du présidentialisme.

presidente, ta sm, f président *m*, -e *f*.

presidiario, ria sm, f prisonnier *m*, -ère *f*.

presidio sm prison *f*.

presidir vt **1.** [ser presidente] présider **2.** *culto* [suj: sentimiento] présider à / *la bondad preside todos sus actos* la bonté préside à tous ses actes.

presienta ⟶ **presentir**.

presintiera ⟶ **presentir**.

presintonía sf [de radio] présélection *f*.

presión sf pression *f* ▸ **hacer presión sobre** faire pression sur ▸ **a presión** [envase, spray, etc.] sous pression ▸ **presión arterial** o **sanguínea** pression artérielle ▸ **presión atmosférica** pression atmosphérique ▸ **presión fiscal** pression fiscale, poids *m* de l'impôt.

presionar vt **1.** [apretar] ▸ **presionar algo** appuyer sur qqch **2.** *fig* [coaccionar] ▸ **presionar a alguien** faire pression sur qqn.

preso, sa adj & sm, f prisonnier(ère).

prestación sf prestation *f* ▸ **prestaciones de paro** *allocations de chômage et aide à la formation* ▸ **prestación social** prestations *fpl* sociales. ◆ **prestaciones** sfpl [de coche, máquina, etc.] performances *fpl*.

prestado, da adj prêté(e) ▸ **de prestado a)** [ropa] emprunté(e) **b)** [situación] précaire ▸ **pedir** o **tomar prestado** emprunter.

prestamista smf prêteur *m*, -euse *f* (sur gages).

préstamo sm prêt *m* ▸ **pedir un préstamo** faire un emprunt.

prestancia sf prestance *f*.

prestar vt prêter ▸ **prestar crédito a** croire à ▸ **prestar oídos** prêter l'oreille ▸ **prestar servicio** rendre service. ◆ **prestarse** vprnl **1.** [ofrecerse] se proposer / *se prestó a ayudarme* il s'est proposé pour m'aider **2.** [participar] ▸ **prestarse a** se prêter à **3.** [dar motivo] : *esto se presta a confusión* cela prête à confusion.

presteza sf ▸ **con presteza** promptement.

prestidigitación sf prestidigitation *f*.

prestidigitador, ra sm, f prestidigitateur *m*, -trice *f*.

prestigiado, da adj CHILE MÉX prestigieux(euse).

prestigiar [8] vt donner du prestige à.

prestigio sm prestige *m*.

prestigioso, sa adj prestigieux(euse).

presto, ta adj **1.** [dispuesto] prêt(e) ▸ **presto a** prêt à **2.** [rápido] prompt(e).

presumible adj : *es presumible que…* il est probable que….

presumido, da adj & sm, f prétentieux(euse).

⚠ **Présumé** es un falso amigo, no significa *presumido*, sino "presunto".

presumir ❖ vt [suponer] présumer. ❖ vi **1.** [jactarse] s'afficher / *presume de guapa* elle se croit belle **2.** [ser vanidoso] être prétentieux(euse).

presunción sf présomption *f*.

presunto, ta adj présumé(e) / *el presunto asesino* l'assassin présumé.

presuntuoso, sa adj & sm, f prétentieux(euse).

presuponer [65] vt présupposer.

presuposición sf présupposition *f*.

presupuestar vt [obras, etc.] établir le devis de ; [costo] préparer le budget de.

presupuestario, ria adj budgétaire.

presupuesto, ta pp ⟶ **presuponer.** ◆ **presupuesto** sm **1.** [estimación] devis *m* ; [de costo] budget *m* ▸ **presupuestos generales del Estado** budget de l'État **2.** [suposición] presupposé *m*.

presuroso, sa adj pressé(e).

prêt-à-porter [pretapor'te] sm inv prêt-à-porter *m*.

pretencioso, sa, pretensioso, sa adj & sm, f prétentieux(euse).

pretender vt **1.** [intentar] ▸ **pretender hacer algo** chercher à faire qqch **2.** [aspirar a] ▸ **pretender algo** aspirer à qqch ▸ **pretender hacer algo** avoir l'intention de faire qqch **3.** [afirmar] prétendre **4.** [solicitar - plaza, cargo, etc.] postuler à o pour **5.** [cortejar] ▸ **pretender a alguien** faire la cour à qqn.

pretendido, da adj prétendu(e).

pretendiente ❖ smf **1.** [aspirante] ▸ **pretendiente (a)** candidat *m*, -e *f* (à) **2.** [a un trono] ▸ **pretendiente (a)** prétendant *m*, -e *f* (à). ❖ sm [de una mujer] prétendant *m*.

pretensión sm prétention *f* / *sus pretensiones son excesivas* ses prétentions sont exagérées.

pretensioso, sa = **pretencioso**.

pretérito, ta adj passé(e). ◆ **pretérito** sm GRAM passé *m* ▸ **pretérito anterior** passé antérieur ▸ **pretérito imperfecto** imparfait *m* ▸ **pretérito indefinido / perfecto** passé simple / composé ▸ **pretérito pluscuamperfecto** plus-que-parfait *m*.

pretextar vt prétexter.

pretexto sm prétexte *m*.

pretil sm garde-corps *m inv*.

preuniversitario, ria adj ▸ **la enseñanza preuniversitaria** l'enseignement du second degré.

prevalecer [30] vi prévaloir ▸ **prevalecer sobre** l'emporter sur.

prevaler [74] vi ▸ **prevaler (sobre)** prévaloir (sur). ◆ **prevalerse** vprnl ▸ **prevalerse de** se prévaloir de.

prevaricación sf prévarication *f*.

prevaricar [10] vi prévariquer.

prevención sf **1.** [impedimento] prévention *f* ▸ **en prevención de** pour prévenir / *la policía tomó las calles en prevención de disturbios* la police était dans la rue pour prévenir les troubles **2.** [medida] disposition *f* **3.** [desconfianza] préjugé *m*.

prevenido, da adj **1.** [previsor] ▸ **ser prevenido** être prévoyant ▸ **hombre prevenido vale por dos** un homme averti en vaut deux **2.** [avisado] ▸ **estar prevenido** être prévenu.

prevenir [75] vt **1.** [tratar de evitar, avisar] prévenir ▸ **prevenir de** prévenir de ▸ **prevenir a alguien contra algo / alguien** mettre qqn en garde contre qqch / qqn ▸ **más vale prevenir que curar** mieux vaut prévenir que guérir **2.** [preparar] préparer ; [prever] prévoir.

preventivo, va ❖ adj préventif(ive).
❖ sm, f MÉX [policía] policier *m*, -ère *f*.

prever [76] vt prévoir.

previamente adv au préalable, préalablement.

previene ⟶ **prevenir**.

previera ⟶ **prever**.

previniera ⟶ **prevenir**.

previo, via adj préalable / *previa consulta del médico* après consultation du médecin.
◆ **previo** sm présonorisation *f* ▸ **cantar en previo** chanter en play-back.

previó ⟶ **prever**.

previsible adj prévisible.

previsión sf prévision *f* ▸ **en previsión de** en prévision de.

previsor, ra adj prévoyant(e).

previsto, ta adj prévu(e).
◆ **previsto** pp ⟶ **prever**.

prieto, ta adj **1.** [gen] serré(e) **2.** AM *fam* [moreno] brun(e).

prima ⟶ **primo**.

primacía sf **1.** [superioridad] primauté *f* **2.** [prioridad] priorité *f*.

primado, da adj primatial(e).
◆ **primado** sm primat *m*.

primar ❖ vi ▸ **primar (sobre)** primer (sur).
❖ vt primer.

primario, ria adj primaire.
◆ **primarias** sfpl (élections) primaires *fpl*.

primates smpl primates *mpl*.

primavera sf *pr* & *fig* printemps *m*.

primaveral adj printanier(ère).

primer ⟶ **primero**.

primera sf ⟶ **primero**.

primerizo, za ❖ adj **1.** [principiante] débutant(e) **2.** [embarazada] ▸ **ser primeriza** attendre son premier enfant. ❖ sm, f débutant *m*, -e *f*.
◆ **primeriza** sf primipare *f*.

primero, ra ❖ adj *(delante de sm sing:* ***primer****)* premier(ère) ▸ **lo primero** le plus important ▸ **lo primero es lo primero** procédons par ordre ▸ **primero que nada** AM tout d'abord, avant tout. ❖ sm, f premier *m*, -ère *f* / *es el primero de la clase* c'est le premier de la classe ▸ **a primeros de** au début de / *a primeros de año* en début d'année. ◆ **primera** sf [velocidad, clase] première *f* ▸ **de primera** *fam* de première / *en este restaurante se come de primera* on mange super bien dans ce restaurant. ◆ **primero** ❖ adv **1.** [en primer lugar] d'abord / *primero acaba y luego ya veremos* finis d'abord et on verra après **2.** [antes] ▸ **primero... que...** plutôt... que... / *primero morir que traicionar* plutôt mourir que trahir. ❖ sm **1.** [piso] premier (étage) *m* **2.** [curso] première année *f*.

primicia sf [de noticia] primeur *f*.

primigenio, nia adj primitif(ive).

primitivo, va adj primitif(ive).
◆ **primitiva** sf [lotería] loto *m*.

primo, ma sm, f **1.** [pariente] cousin *m*, -e *f* **2.** *fam* [tonto] poire *f* ▸ **hacer el primo** se faire avoir. ◆ **prima** sf **1.** [gen] prime *f* ▸ **primo de riesgo** prime de risque **2.** MÚS chanterelle *f*. ◆ **prima donna** sf prima donna *f*.

primogénito, ta adj & sm, f aîné(e).

primor sm [niño] merveille *f* / *¡tu bebé es un primor!* ton bébé est un amour ! ▸ **con primor** avec art.

primordial adj primordial(e).

primoroso, sa adj **1.** [delicado] ravissant(e) **2.** [diestro] habile.

princesa sf princesse *f*.

principado sm [territorio] principauté *f*.

principal ❖ adj principal(e). ❖ sm **1.** [piso] *étage situé entre le rez-de-chaussée et le premier* **2.** [jefe] chef *m*.

príncipe sm prince *m* ▸ **príncipe consorte / heredero** prince consort / héritier. ◆ **príncipe azul** sm prince *m* charmant.

principesco, ca adj princier(ère).

principiante, ta adj & sm, f débutant(e).

principio sm **1.** [comienzo] début *m* ▸ **al principio** au début ▸ **a principios de** au début de ▸ **en un principio** à l'origine **2.** [fundamento, ley] principe *m* ▸ **en principio** en principe **3.** [origen] : *la falta de organización fue el principio de la quiebra* le manque d'organisation a été à l'origine de la faillite.
◆ **principios** smpl principes *mpl*.

pringado, da *fam* & *despec* ❖ adj **1.** [desgraciado] pauvre, malheureux(euse) **2.** [iluso] poire. ❖ sm, f **1.** [desgraciado] pauvre type *m*, pauvre fille *f* **2.** [iluso] poire *f*.

pringar [16] ❖ vt **1.** [ensuciar] tacher (de graisse) **2.** *fam* & *fig* [comprometer] ▸ **pringar a alguien en un asunto** faire tremper qqn dans une affaire. ❖ vi *fam* trimer. ◆ **pringarse** vprnl **1.** [ensuciarse] se tacher (de graisse) **2.** *fig* [comprometerse] se salir les mains.

pringoso, sa adj graisseux(euse).

pringue ❖ sm **1.** [grasa] graisse *f* **2.** [suciedad] crasse *f*. ❖ v ⟶ **pringar.**

prion sm BIOL prion *m*.

prior, ra sm, f prieur *m*, -e *f*.

priorato sm **1.** RELIG prieuré *m* **2.** [vino] *vin du Priorat (Tarragone)*.

priori ◆ **a priori** loc adv a priori.

prioridad sf priorité *f*.

prioritario, ria adj prioritaire.

priorizar vt donner la priorité à.

prisa sf hâte *f* ▸ **a o de prisa** vite ▸ **a toda prisa** à toute vitesse ▸ **corre prisa** c'est urgent ▸ **darse prisa** se dépêcher ▸ **meter prisa a alguien** bousculer o faire se dépêcher qqn ▸ **tener prisa** être pressé(e) ▸ **de prisa y corriendo** à la va-vite.

prisión sf **1.** [cárcel] prison *f* **2.** [encarcelamiento] emprisonnement *m*.

prisionero, ra sm, f prisonnier *m*, -ère *f*.

prisma sm **1.** GEOM & FÍS prisme *m* **2.** *fig* [punto de vista] angle *m*.

prismático, ca adj prismatique.
◆ **prismáticos** smpl jumelles *fpl*.

privacidad sf vie *f* privée, intimité *f*.

privación sf privation *f* ▸ **pasar privaciones** manquer de tout.

privado, da adj privé(e) ▸ **en privado** en privé.
◆ **privado** sm **1.** [del rey] favori *m* **2.** AM [despacho] bureau *m*.

privar ◈ vt **1.** [quitar] ▸ **privar a alguien / algo de algo** priver qqn/qqch de qqch **2.** [prohibir] ▸ **privar a alguien de hacer algo** interdire à qqn de faire qqch. ◈ vi **1.** [gustar] raffoler de / *le privan los bombones* il raffole des chocolats **2.** [estar de moda] être à la mode **3.** *fam* [beber] picoler.
◆ **privarse** vprnl ▸ **privarse de** se priver de.

privativo, va adj DER privatif(ive).

privatización sf privatisation *f*.

privatizar [13] vt privatiser.

privilegiado, da ◈ adj **1.** [favorecido] privilégié(e) **2.** [extraordinario] exceptionnel(elle). ◈ sm, f **1.** [afortunado] privilégié *m*, -e *f* **2.** [muy dotado] surdoué *m*, -e *f*.

privilegiar [8] vt privilégier.

privilegio sm privilège *m*.

pro ◈ prep pour. ◈ sm pour *m* ▸ **el pro y el contra, los pros y los contras** le pour et le contre ▸ **en pro de** pour, en faveur de.

proa sf **1.** NÁUT proue *f* **2.** AERON nez *m*.

probabilidad sf probabilité *f*.

probable adj probable.

probablemente adv probablement.

probador sm cabine *f* d'essayage.

probar [23] ◈ vt **1.** [demostrar, indicar] prouver **2.** [ensayar] essayer **3.** [degustar, catar] goûter. ◈ vi ▸ **probar a hacer algo** essayer de faire qqch.
◆ **probarse** vprnl [ropa] essayer.

probeta sf éprouvette *f*.

probidad sf *culto* probité *f*.

problema sm problème *m*.

problemático, ca adj problématique.
◆ **problemática** sf problématique *f*.

probo, ba adj *culto* probe.

procacidad sf insolence *f*.

procaz adj insolent(e).

procedencia sf **1.** [origen] origine *f* **2.** [punto de partida] provenance *f* **3.** [pertinencia] bien-fondé *m*.

procedente adj **1.** [originario] ▸ **procedente de** [gente] originaire de ; [tren, etc.] en provenance de **2.** [oportuno] ▸ **no ser procedente** a) être malvenu(e) b) [comentario] être déplacé(e).

proceder ◈ sm façon *f* d'agir. ◈ vi **1.** [derivarse] ▸ **proceder de** venir de **2.** [tener origen] ▸ **proceder de** a) [persona] être originaire de b) [cosas] provenir de **3.** [actuar] ▸ **proceder (con)** procéder (avec) **4.** [empezar] ▸ **proceder a** procéder à **5.** [ser oportuno] convenir.

procedimiento sm **1.** [método] procédé *m* **2.** DER procédure *f*.

prócer sm grand homme *m*.

procesado, da sm, f accusé *m*, -e *f*.

procesador sm INFORM processeur *m*, système *m* de traitement ▸ **procesador de textos** système de traitement de texte.

procesal adj de procédure.

procesamiento sm **1.** DER poursuite *f* **2.** INFORM traitement *m* ▸ **procesamiento de textos** traitement de

Cómo expresar la probabilidad

- **Je la verrai probablement la semaine prochaine.** *Probablemente la vea la semana que viene.*
- **Il est probable qu'il ne dise pas la vérité.** *Es probable que no esté diciendo la verdad.*
- **Vu les nuages, il va sans doute pleuvoir dans l'après-midi.** *Vistas las nubes, sin duda alguna va a llover por la tarde.*
- **Elle a dû oublier de noter l'adresse.** *Debió de olvidar apuntar la dirección.*
- **Il se pourrait qu'il parte vivre à l'étranger.** *Es probable que se vaya a vivir al extranjero.*
- **Le mariage pourrait avoir lieu l'année prochaine.** *Puede que la boda se celebre el año que viene.*
- **Je devrais arriver vers 18h.** *En principio llegaré hacia las seis de la tarde.*
- **Il prendra vraisemblablement sa décision dans les jours qui viennent.** *Probablemente tomará su decisión en los días venideros.*

texte ▸ **procesamiento del lenguaje natural** traitement du langage naturel.

procesar vt **1.** DER poursuivre **2.** INFORM traiter.

procesión sf **1.** RELIG procession *f* ▸ **la procesión va por dentro** : *no muestra nada pero la procesión va por dentro* il ne montre rien, mais il n'en souffre pas moins **2.** [transcurso] : *la procesión de los días* les jours qui s'écoulent.

procesionaria sf processionnaire *f*.

proceso sm **1.** [desarrollo] processus *m* **2.** [método] procédé *m* **3.** [intervalo] espace *m* ▸ **en el proceso de** en l'espace de **4.** DER procédure *f*. ◆ **proceso de datos** sm traitement *m* des données. ◆ **proceso de textos** sm traitement *m* de texte.

proclama sf proclamation *f*.

proclamación sf **1.** [anuncio] proclamation *f* **2.** [ceremonia] intronisation *f*.

proclamar vt proclamer.
◆ **proclamarse** vprnl **1.** [nombrarse] se proclamer **2.** [conseguir un título] être proclamé(e).

proclive adj ▸ **proclive a** enclin(e) à.

procreación sf procréation *f*.

procrear ❖ vi se reproduire. ❖ vt engendrer.

procura sf AM recherche *f*.

procurador, ra sm, f DER procureur *m* ▸ **procurador en Cortes** *député espagnol*.

procuraduría sf MÉX : *procuraduría general de justicia* ministère de la Justice.

procurar vt **1.** [intentar] s'efforcer de, essayer de **2.** [proporcionar] procurer.
◆ **procurarse** vprnl [conseguir] se procurer.

Prode sm ARG loto *m* sportif.

prodigalidad sf **1.** [derroche] prodigalités *fpl* **2.** [abundancia] profusion *f*.

prodigar [16] vt prodiguer. ◆ **prodigarse** vprnl **1.** [exhibirse] se montrer **2.** [excederse] ▸ **prodigarse en** [atenciones, regalos, etc.] se répandre en.

prodigio sm prodige *m*.

prodigioso, sa adj prodigieux(euse).

pródigo, ga adj & sm, f prodigue.

producción sf production *f* ▸ **producción en serie** production en série ▸ **producción limitada** production en série limitée.

producir [33] vt produire.
◆ **producirse** vprnl [ocurrir] se produire.

productividad sf productivité *f*.

productivismo sm ECON productivisme *m*.

productivista adj productiviste.

productivo, va adj productif(ive).

producto sm produit *m* ▸ **producto acabado** produit fini ▸ **producto interior bruto / interior neto** produit intérieur brut/intérieur net ▸ **producto manufacturado** produit manufacturé ▸ **producto nacional bruto** produit national brut ▸ **producto semiacabado** produit semi-fini.

productor, ra adj & sm, f producteur(trice).
◆ **productora** sf CINE maison *f* de production.

proeza sf prouesse *f*.

prof. (*abr escrita de* **profesor**) Pr.

profanación sf profanation *f*.

profanar vt profaner.

profano, na adj & sm, f profane.

profe (*abr de* **profesor**) smf *fam* [de colegio, instituto] prof *mf*.

profecía sf [predicción] prophétie *f*.
◆ **profecías** sfpl [libros] prophéties *fpl*.

proferir [22] vt proférer.

profesar ❖ vt professer ; RELIG pratiquer.
❖ vi RELIG prononcer ses vœux.

profesión sf profession *f* / *es abogado de profesión* il est avocat de profession ▸ **profesión liberal** profession libérale.

profesional adj & smf professionnel(elle).

profesionalidad sf professionnalisme *m*.

profesionalismo sm professionnalisme *m*.

profesionalización sf professionnalisation *f*.

profesionalizar [13] vt professionnaliser.

profesionista adj & smf MÉX professionnel *m*, -elle *f*.

profeso, sa adj & sm, f profès(esse).
◆ **ex profeso** loc adv exprès.

profesor, ra sm, f professeur *m* ▸ **profesor agregado** professeur agrégé ▸ **profesor asociado** maître *m* de conférences ▸ **profesor ayudante** maître-assistant *m* ▸ **profesor particular** professeur particulier ▸ **profesor titular** professeur titulaire.

profesorado sm **1.** [conjunto] corps *m* enseignant **2.** [cargo] professorat *m*.

profeta sm prophète *m*.

profético, ca adj prophétique.

profetisa sf prophétesse *f*.

profetizar [13] vt prophétiser.

profiera ⟶ **proferir**.

profiláctico, ca adj prophylactique.
◆ **profiláctico** sm préservatif *m*.

profilaxis sf inv prophylaxie *f*.

prófugo, ga adj & sm, f fugitif(ive).
◆ **prófugo** sm MIL déserteur *m*.

profundamente adv profondément.

profundidad sf profondeur *f*.

profundizar [13] ❖ vt approfondir.
❖ vi ▸ **profundizar en algo** [cuestión, tema] approfondir qqch.

profundo, da adj profond(e).

profusión sf profusion *f*.

profuso, sa adj abondant(e).

progenie sf descendance *f*.

progenitor, ra sm, f géniteur *m*, -trice *f*.
◆ **progenitores** smpl géniteurs *mpl*.

progesterona sf progestérone *f*.

programa sm **1.** [gen & INFORM] programme *m* ▸ **programa de intercambio** programme d'échange (avec l'étranger) ▸ **programa espacial** programme spatial ▸ **programa residente** programme résident **2.** TV émission *f*.

programable adj programmable.

programación sf programmation *f*.

programador, ra sm, f INFORM programmeur *m*, -euse *f*. ◆ **programador** sm programmateur *m*.

programar vt programmer.

progre adj & smf *fam* progressiste ; ≃ baba (cool).

progresar vi progresser.

progresión sf **1.** [gen & MAT] progression *f* ▸ **progresión aritmética / geométrica** progression arithmétique / géométrique **2.** [mejora] progrès *m* / *su progresión en matemáticas…* ses progrès en mathématiques….

progresismo sm progressisme *m*.

progresista adj & smf progressiste.

progresivo, va adj progressif(ive).

progreso sm progrès *m* ▸ **hacer progresos** faire des progrès.

prohibición sf interdiction *f*.

prohibido, da adj interdit(e) ▸ **'prohibido aparcar'** 'défense de stationner' ▸ **'prohibido fumar'** 'défense de fumer' ▸ **'prohibida la entrada'** 'entrée interdite' ▸ **'dirección prohibida'** 'sens interdit'.

prohibir vt interdire / *'se prohibe el paso'* 'accès interdit'.

•

prohibitivo, va adj **1.** [señal, etc.] d'interdiction **2.** [precio, etc.] prohibitif(ive).

prohijar vt adopter.

prohombre sm grand homme *m*.

prójimo sm prochain *m*.

pról. *abr escrita de* **prólogo**.

prole sf progéniture *f*.

prolegómenos smpl **1.** [de obra, escrito] introduction *f* **2.** *fig* : *déjate de prolegómenoss* arrête de discourir.

proletariado sm prolétariat *m*.

proletario, ria adj & sm, f prolétaire.

proletarizar vt prolétariser.
◆ **proletarizarse** vprnl [barrio, población] se prolétariser.

proliferación sf prolifération *f* ▸ **no proliferación** MIL non-prolifération *f* / *los dos países se negaron a firmar el tratado de no proliferación* les deux pays ont refusé de signer le traité de non-prolifération.

proliferar vi proliférer.

prolífico, ca adj prolifique.

prolijidad sf **1.** [extensión] prolixité *f* **2.** [esmero] soin *m*, méticulosité *f*.

prolijo, ja adj **1.** [persona] prolixe ; [explicación, descripción, etc.] interminable **2.** [esmerado] soigneux(euse), méticuleux(euse).

Prolog sm Prolog *m*.

prologar vt préfacer.

prólogo sm prologue *m* ; [de una obra] préface *f*, avant-propos *m*.

prolongación sf **1.** [gen] prolongation *f* ; [de carretera, calle, etc.] prolongement *m* **2.** DER prorogation *f*.

prolongado, da adj prolongé(e).

prolongar [16] vt prolonger.

promedio sm moyenne *f*.

promesa sf **1.** [compromiso] promesse *f* **2.** *fig* [persona] espoir *m*.

prometedor, ra adj prometteur(euse).

prometer ❖ vt promettre / *prometió venir* il a promis de venir. ❖ vi promettre.
◆ **prometerse** vprnl se fiancer ▸ **prometérselas (muy) felices** *fam* & *fig* s'en promettre de belles.

prometido, da ❖ sm, f fiancé *m*, -e *f*.
❖ adj [dicho] ▸ **lo prometido** ma / ta etc. promesse.

prominencia sf proéminence *f*.

prominente adj **1.** [abultado] proéminent(e) **2.** *fig* [ilustre] éminent(e).

promiscuidad sf promiscuité *f*.

promiscuo, cua adj dissolu(e).

promoción sf **1.** [gen] promotion *f* ▸ **promoción de ventas** promotion des ventes **2.** DEP ▸ **de promoción** [partido] de barrage.

promocional adj promotionnel(elle).

Cómo prohibir

- **Il est interdit de fumer dans les salles de cours.** *Está prohibido fumar en las aulas.*
- **Tu n'as pas le droit de conduire, tu es trop jeune.** *No tienes derecho a conducir, eres demasiado joven.*
- **Je te défends d'en parler à qui que ce soit.** *Te prohíbo hablar de ello a quien sea.*
- **Je t'interdis de me parler sur ce ton !** *¡Te prohíbo que me hables en ese tono!*
- **Et ne t'avise pas de recommencer !** *¡Que no se te ocurra volver a hacerlo!*
- **Pas question que tu ailles à ce concert !** *¡De lo de ir al concierto, ni hablar!*

promocionar vt **1.** [en publicidad] faire la promotion de **2.** [en empresa] promouvoir.
◆ **promocionarse** vprnl se faire valoir.

promontorio sm promontoire *m*.

promotor, ra ◇ adj : *la empresa promotora* le sponsor. ◇ sm, f promoteur *m*, -trice *f* ▸ **promotor inmobiliario** promoteur immobilier.

promover [24] vt **1.** [iniciar] promouvoir **2.** [ocasionar] être à l'origine de **3.** [ascender] : *lo promovieron a general* il a été promu général.

promulgación sf promulgation *f*.

promulgar [16] vt promulguer.

pronombre sm pronom *m* ▸ **pronombre demostrativo / indefinido** pronom démonstratif / indéfini ▸ **pronombre interrogativo / personal** pronom interrogatif / personnel ▸ **pronombre posesivo** pronom possessif ▸ **pronombre relativo** pronom relatif.

pronominal ◇ adj pronominal(e). ◇ sm verbe *m* pronominal.

pronosticar [10] vt pronostiquer ; [el tiempo] prévoir.

pronóstico sm **1.** [gen & MED] pronostic *m* ▸ **pronóstico reservado** pronostic réservé **2.** [del tiempo] prévision *f*.

prontitud sf rapidité *f*.

pronto, ta adj prompt(e) / *una pronta curación* un prompt rétablissement. ◆ **pronto** ◇ adv **1.** [rápidamente] vite ; [dentro de poco] bientôt / *ven pronto* viens vite ▸ **¡hasta pronto!** à bientôt ! ▸ **tan pronto como** dès que **2.** [temprano] tôt / *salimos pronto* nous sommes partis tôt. ◇ sm *fam* saute *f* d'humeur. ◆ **al pronto** loc adv [de repente] sur le moment ; [a primera vista] à première vue. ◆ **de pronto** loc adv soudain. ◆ **por lo pronto** loc adv pour le moment.

pronunciación sf prononciation *f*.

pronunciado, da adj prononcé(e).

pronunciamiento sm **1.** [sublevación] putsch *m* **2.** DER prononcé *m*.

pronunciar [8] vt **1.** [gen & DER] prononcer **2.** [realzar] souligner.
◆ **pronunciarse** vprnl **1.** [definirse] ▸ **pronunciarse (sobre)** se prononcer (sur) **2.** [sublevarse] se soulever.

propagación sf propagation *f*.

propaganda sf **1.** [gen] propagande *f* **2.** [prospectos, anuncios] publicité *f*.

propagandista adj & smf propagandiste.

propagandístico, ca adj de propagande ; [carteles, anuncios] publicitaire.

propagar [16] vt propager.
◆ **propagarse** vprnl se propager.

propalar vt divulguer.

propano sm propane *m*.

propasar vt [ir más allá] dépasser.
◆ **propasarse** vprnl **1.** [excederse] dépasser les bornes **2.** [sexualmente] aller trop loin. ◆ **propasarse con** vprnl + prep **1.** [excederse] abuser de **2.** [faltar al respeto] manquer de respect à ; [sexualmente] profiter de.

propensión sf propension *f*, tendance *f* ; [a enfermar] prédisposition *f*.

propenso, sa adj ▸ **propenso a** [enfermedad] sujet à / *ser propenso a creer que…* être porté à croire que….

propiamente adv proprement ▸ **propiamente dicho** **a)** [en sentido estricto] proprement dit **b)** [en términos exactos] à proprement parler.

propiciar [8] vt favoriser.

propiciatorio, ria adj propitiatoire.

propicio, cia adj propice.

propiedad sf **1.** [gen] propriété *f* ▸ **tener algo de** o **en propiedad** être propriétaire de qqch ▸ **propiedad horizontal** copropriété *f* ▸ **propiedad industrial** propriété industrielle ▸ **propiedad intelectual** propriété intellectuelle ▸ **propiedad privada / pública** propriété privée / publique **2.** [exactitud] justesse *f* ▸ **con propiedad** correctement.

propietario, ria sm, f **1.** [de bienes] propriétaire *mf* **2.** [de cargo] titulaire *mf*.

propina sf pourboire *m*.

propinar vt [golpes, paliza] administrer.

propio, pia adj **1.** [gen & GRAM] propre / *tiene coche propio* il a sa propre voiture / *por tu propio bien* pour ton bien ▸ **propio de** propre à / *no es propio de él* ça ne lui ressemble pas **2.** [apropiado] ▸ **propio para** approprié à **3.** [natural] vrai(e) **4.** [mismo] : *el garaje está en la propia casa* le garage est dans la maison même **5.** [en persona] lui-même, elle-même / *el propio compositor* le compositeur lui-même **6.** [semejante] ressemblant(e) / *es el propio retrato de su padre* c'est tout le portrait de son père.

proponer [65] vt proposer.
◆ **proponerse** vprnl se proposer.

proporción sf proportion *f* ▸ **guardar proporción (con)** être proportionné(e) à.

proporcionado, da adj proportionné(e).

proporcional adj proportionnel(elle).

proporcionar vt **1.** [ajustar] proportionner **2.** [información, datos, etc.] fournir **3.** [alegría, tristeza] apporter, donner.

proposición sf proposition *f*.
◆ **proposiciones** sfpl ▸ **hacer proposiciones a alguien** faire des propositions à qqn ▸ **proposiciones deshonestas** propositions malhonnêtes.

propósito sm **1.** [intención] intention *f* ▸ **tener el propósito de** avoir l'intention de **2.** [objetivo] but *m*.
◆ **a propósito** ◇ loc adj [adecuado] approprié(e). ◇ loc adv **1.** [adrede] exprès **2.** [por cierto] à propos.
◆ **a propósito de** loc prep à propos de.

propuesta sf proposition *f*. *Ver cuado p. 1176.*

propuesto, ta pp ⟶ **proponer**.

propugnar vt soutenir, défendre / *propugnar una reforma* défendre une réforme.

propulsar vt **1.** [impeler] propulser **2.** *fig* [promover] encourager.

Cómo expresar una propuesta

- **J'aimerais faire une proposition.** *Tengo una propuesta que hacer.*
- **Je peux vous aider ?** *¿Puedo ayudarle?*
- **Tu veux que j'aille chercher les enfants ?** *¿Quieres que vaya a buscar a los niños?*
- **Et si je passais vous prendre ?** *¿Y si paso a recogerle?*
- **On va voir une exposition ?** *¿Vamos a ver una exposición?*
- **Est-ce que j'ouvre une autre bouteille de vin ?** *¿Abro otra botella de vino?*
- **Qu'est-ce que vous diriez d'une partie de cartes ?** *¿Os apetece echar una partida de cartas?*
- **Une petite balade, ça te dirait ?** *¿Te apetece ir a dar un paseo?*
- **Tu ne veux pas qu'on aille au cinéma ?** *¿No quieres que vayamos al cine?*
- **Je peux vous loger pendant votre séjour à Paris.** *Podéis venir a mi casa cuando vengáis a París.*
- **Pourquoi ne lui en parlerais-tu pas ?** *¿Por qué no se lo comentas?*
- **Je propose que nous en reparlions demain.** *Propongo que volvamos a hablar de ello mañana.*

propulsión sf propulsion *f*.

propulsor, ra ❖ adj AERON [hélice, rueda] propulsif(ive) ; [gas, mecanismo] propulseur ; [fuerza] de propulsion. ❖ sm, f promoteur *m*, -trice *f*.
◆ **propulsor** sm AERON propulseur *m*.

propusiera ⟶ **proponer**.

prorrata sf prorata *m* ▸ **a prorrata** au prorata.

prorratear vt partager au prorata.

prorrateo sm partage *m* au prorata.

prórroga sf **1.** [gen] prorogation *f* **2.** DEP prolongation *f*.

prorrogable adj renouvelable.

prorrogar [16] vt [contrato, término] proroger ; [plazo, decisión] reporter.

prorrumpir vi ▸ **prorrumpir en a)** [sollozos] éclater en **b)** [lágrimas] fondre en.

prosa sf **1.** LITER prose *f* ▸ **en prosa** en prose **2.** *fig* [aspecto aburrido] monotonie *f*.

prosaico, ca adj **1.** LITER en prose **2.** *fig* [vulgar] prosaïque.

prosapia sf lignée *f*.

proscenio sm TEATRO **1.** [antiguo] proscenium *m* **2.** [moderno] avant-scène *f*.

proscribir vt **1.** [prohibir] interdire **2.** [desterrar] expulser.

proscrito, ta adj & sm, f proscrit(e).
◆ **proscrito** pp ⟶ **proscribir**.

prosecución sf poursuite *f*.

proseguir [43] ❖ vt poursuivre. ❖ vi continuer.

proselitismo sm prosélytisme *m*.

prosélito, ta sm, f prosélyte *mf*.

prosiga ⟶ **proseguir**.

prosiguiera ⟶ **proseguir**.

prosista smf prosateur *m*.

prosodia sf prosodie *f*.

prospección sf prospection *f*.

prospectivo, va adj prospectif(ive).
◆ **prospectiva** sf prospective *f*.

prospecto sm prospectus *m* ; [de medicamento] notice *f*.

prosperar vi **1.** [mejorar] prospérer ; [en el trabajo] réussir **2.** [propuesta, idea] être retenu(e).

prosperidad sf prospérité *f* ; [éxito] réussite *f*.

próspero, ra adj prospère.

próstata sf prostate *f*.

prosternarse vprnl se prosterner.

prostíbulo sm maison *f* close.

prostitución sf prostitution *f*.

prostituir [51] vt prostituer.
◆ **prostituirse** vprnl se prostituer.

prostituto, ta sm, f prostitué *m*, -e *f*.

prota smf *fam* personnage *m* principal.

protagonismo sm rôle *m* principal.

protagonista sm, f **1.** [gen] protagoniste *mf* **2.** LITER héros *m*, héroïne *f* ; TEATRO & CINE acteur *m* principal, actrice *f* principale ; [papel] personnage *m* principal.

protagonizar [13] vt **1.** [obra, película] jouer le rôle principal dans **2.** *fig* [suceso] faire la une de ; [personas] être l'acteur(trice) de.

protección sf protection *f* ▸ **Protección Civil** protection civile.

proteccionismo sm protectionnisme *m*.

proteccionista adj & smf protectionniste.

protector, ra adj & sm, f protecteur(trice).
◆ **protector** sm DEP protège-dents *m inv* ▸ **protector labial** écran *m* labial.

protectorado sm protectorat *m*.

proteger [14] vt protéger.
◆ **protegerse** vprnl se protéger.

protege-slips sm inv protège-slip *m*.

protegido, da adj & sm, f **1.** protégé(e) **2.** INFORM [transacción, pago] sécurisé(e).

proteico, ca adj **1.** [de la proteína] protéique **2.** *culto* [cambiante] instable, changeant(e).

proteína sf protéine *f*.

protésico, ca ◆ adj prothétique. ◆ sm, f prothésiste *mf*.

prótesis sf inv **1.** MED prothèse *f* **2.** GRAM prosthèse *f*.

protesta sf protestation *f*.

protestante adj & smf protestant(e).

protestantismo sm protestantisme *m*.

protestar vi ▸ **protestar (contra o por)** protester (contre) ▸ **protestar una letra** COM dresser un protêt.

protesto sm COM ▸ **protesto (de letra)** protêt *m*.

protestón, ona adj & sm, f *fam* râleur(euse), rouspéteur(euse).

protocolario, ria adj protocolaire.

protocolo sm **1.** [gen & INFORM] protocole *m* ▸ **protocolo de comunicación** protocole de communication **2.** DER ▸ **protocolo (notarial)** minute *f*.

protohistoria sf protohistoire *f*.

protón sm proton *m*.

prototipo sm **1.** [modelo] archétype *m* **2.** [primer ejemplar] prototype *m*.

protozoo sm protozoaire *m*.

protuberancia sf protubérance *f*.

protuberante adj protubérant(e), proéminent(e) / *nariz protuberante* nez proéminent o protubérant.

provecho sm **1.** [gen] profit *m* ▸ **¡buen provecho!** bon appétit ! ▸ **de provecho** a) [persona] valable b) [lectura, consejo] utile ▸ **hacer provecho a alguien** profiter à qqn ▸ **sacar provecho** tirer profit, profiter **2.** [rendimiento] efficacité *f*.

provechoso, sa adj profitable.

proveedor, ra sm, f fournisseur *m*, -euse *f*.

proveer [50] vt **1.** [gen] fournir ▸ **proveer a alguien de** a) fournir qqn en b) [de víveres] approvisionner qqn en **2.** [puesto, vacante] pourvoir.
◆ **proveerse** vprnl ▸ **proveerse de** a) se fournir en b) [de víveres] s'approvisionner en.

proveniente adj ▸ **proveniente de** en provenance de.

provenir [75] vi provenir ▸ **provenir de** a) [en el espacio] provenir de b) [en el tiempo] dater de.

Provenza npr ▸ **(la) Provenza** la Provence.

provenzal ◆ adj provençal(e) ▸ **a la provenzal** CULIN à la provençale. ◆ smf Provençal *m*, -e *f*. ◆ sm provençal *m*.

proverbial adj proverbial(e).

proverbio sm proverbe *m*.

providencia sf **1.** *(gen pl)* [medida] dispositions *fpl* **2.** DER décision *f* judiciaire ; [orden] ordonnance *f*.
◆ **Providencia** sf Providence *f*.

providencial adj *pr* & *fig* providentiel(elle).

proviene ⟶ **provenir**.

provincia sf province *f* ; [división administrativa] ≃ département *m*. ◆ **provincias** sfpl [campo] province *f*.

provincial ◆ adj de province ; ⟶ **diputación**. ◆ sm RELIG provincial *m*.

provincialismo sm provincialisme *m*.

provinciano, na adj & sm, f *despec* provincial(e).

proviniera ⟶ **provenir**.

provisión sf **1.** *(gen pl)* [suministro] provision *f* ▸ **provisión de fondos** provision de fonds **2.** [disposición] mesure *f*.

provisional adj provisoire ; [presidente, alcalde] par intérim.

provisionalmente adv provisoirement.

provisto, ta pp ⟶ **proveer**.

provocación sf **1.** [hostigamiento] provocation *f* **2.** [ocasionamiento] déclenchement *m*.

provocador, ra adj & sm, f provocateur(trice).

provocar [10] vt **1.** [gen] provoquer ▸ **provocar a alguien a hacer algo** inciter qqn à faire qqch **2.** AM *fam* [apetecer] : *¿te provoca ir al cine?* ça te dit d'aller au ciné ?

provocativo, va adj provocant(e).

proxeneta smf proxénète *mf*.

proxenetismo sm proxénétisme *m*.

próximamente adv prochainement.

proximidad sf proximité *f*.
◆ **proximidades** sfpl environs *mpl*.

próximo, ma adj **1.** [gen] proche **2.** [siguiente] prochain(e) / *el domingo próximo* dimanche prochain / *el próximo año* l'année prochaine.

proyección sf **1.** [gen] projection *f* **2.** *fig* [alcance, trascendencia] rayonnement *m* ▸ **de proyección internacional** d'envergure internationale.

proyeccionista smf projectionniste *mf*.

proyectar vt projeter.

proyectil sm projectile *m*.

proyectista smf concepteur-projeteur *m* ; ARQUIT dessinateur *m*, -trice *f*.

proyecto sm projet *m* ▸ **proyecto de investigación** a) [de un grupo] projet de recherche b) [de una persona] mémoire *m*.

proyector, ra adj [aparato] de projection.
◆ **proyector** sm projecteur *m*.

prudencia sf prudence *f* ▸ **con prudencia** [comer, beber] avec modération.

prudencial adj raisonnable.

prudente adj prudent(e) ▸ **a una hora prudente** à une heure raisonnable.

prueba ◆ sf **1.** [demostración, manifestación] preuve *f* ▸ **en o como prueba de** en témoignage de **2.** [trance, examen & DEP] épreuve *f* ▸ **a prueba de** à l'épreuve de ▸ **a toda prueba** à toute épreuve ▸ **poner a prueba** a) [persona] mettre à l'épreuve b) [cosa] tester ▸ **prueba de acceso a la universidad** examen *m* d'entrée à l'université **3.** [comprobación] essai *m* ▸ **a prueba** à l'essai **4.** MED analyse *f* ▸ **prueba del embarazo / del sida** test *m* de grossesse / du sida **5.** AM [ejercicio] acrobatie *f*. ◆ v ⟶ **probar**.

prurito sm **1.** MED prurit *m* **2.** *fig* [afán] manie *f* / *el prurito de la limpieza* la manie de la propreté.

Prusia npr HIST Prusse.

prusiano, na ❖ adj prussien(enne). ❖ sm, f Prussien *m*, -enne *f*.

PSA (*abr de* **Partido Socialista de Andalucía**) sm *parti socialiste andalou*.

PSC (*abr de* **Partit dels Socialistes de Catalunya**) sm *parti socialiste catalan*.

psicoanálisis, sicoanálisis sm inv psychanalyse *f*.

psicoanalista, sicoanalista smf psychanalyste *mf*.

psicoanalítico, ca, sicoanalítico, ca adj psychanalytique.

psicoanalizar [13], **sicoanalizar** [13] vt psychanalyser.

psicodélico, ca, sicodélico, ca adj psychédélique.

psicodrama, sicodrama sm psychodrame *m*.

psicofármaco, sicofármaco sm psychotrope *m*.

psicofonía, sicofonía sf enregistrement *m* paranormal.

psicología, sicología sf psychologie *f*.

psicológico, ca, sicológico, ca adj psychologique.

psicólogo, ga, sicólogo, ga sm, f psychologue *mf*.

psicometría, sicometría sf psychométrie *f*.

psicométrico, ca, sicométrico, ca adj psychométrique.

psicomotor, ra, sicomotor, ra adj psychomoteur(trice).

psicomotricidad, sicomotricidad sf psychomotricité *f*.

psicópata, sicópata smf psychopathe *mf*.

psicopatía, sicopatía sf psychopathie *f*.

psicosis, sicosis sf inv psychose *f* ▸ **psicosis maniacodepresiva** psychose maniaco-dépressive.

psicosomático, ca, sicosomático, ca adj psychosomatique.

psicotécnico, ca, sicotécnico, ca ❖ adj psychotechnique. ❖ sm, f psychotechnicien *m*, -enne *f*. ◆ **psicotécnico, sicotécnico** sm [prueba] test *m* psychotechnique.

psicoterapeuta, sicoterapeuta smf MED psychothérapeute *mf*.

psicoterapia, sicoterapia sf psychothérapie *f*.

psicótico, ca, sicótico, ca adj PSICOL psychotique.

psicotrópico, ca, sicotrópico, ca adj psychotrope. ◆ **psicotrópico, sicotrópico** sm psychotrope *m*.

psique, psiquis sf **1.** [alma] âme *f* **2.** [psiquismo] psyché *f*.

psiquiatra, siquiatra smf psychiatre *mf*.

psiquiatría, siquiatría sf psychiatrie *f*.

psiquiátrico, ca, siquiátrico, ca adj psychiatrique. ◆ **psiquiátrico, siquiátrico** sm hôpital *m* psychiatrique.

psíquico, ca, síquico, ca adj psychique.

psiquis sf = **psique**.

PSOE (*abr de* **Partido Socialista Obrero Español**) sm PSOE *m* ; *parti socialiste espagnol*.

psoriasis, soriasis sf inv MED psoriasis *m*.

pta. (*pl* **ptas.**) (*abr escrita de* **peseta**) pta.

Pte. (*abr escrita de* **presidente**) Pt.

pterodáctilo sm ZOOL ptérodactyle *m*.

Pto. *abr de* **puerto**.

púa sf **1.** [de planta, erizo] piquant *m* **2.** [de peine] dent *f* **3.** MÚS médiator *m*.

pub [paβ] (*pl* **pubs**) sm bar *m*.

púber, ra adj & sm, f pubère.

pubertad sf puberté *f*.

púbico, ca adj pubien(enne), du pubis / *vello púbico* pilosité pubienne / *piojo púbico* pou du pubis.

pubis sm inv pubis *m*.

publicación sf publication *f*.

publicar [10] vt publier.

publicidad sf publicité *f* ▸ **dar publicidad a** rendre public(ique) ▸ **publicidad engañosa** publicité mensongère ▸ **publicidad directa / encubierta / subliminal** publicité directe / déguisée / subliminale.

publicista smf **1.** [publicitario] publicitaire *mf* **2.** [articulista] journaliste *mf*.

publicitar vt faire de la publicité pour.

publicitario, ria adj & sm, f publicitaire.

público, ca adj public(ique) ▸ **en público** en public ▸ **hacer público** [escándalo, noticia] rendre public(ique). ◆ **público** sm public *m*.

publirreportaje sm [anuncio de televisión] film *m* publicitaire ; [en una revista] publireportage *m*.

pucha interj ANDES RP *fam* & *eufem* **1.** [expresa lamento] dis donc / *¡pucha! ¡cómo pasa el tiempo!* ben dis donc, comme le temps passe vite ! **2.** [expresa sorpresa] ouah / *¡pucha que llegaste rápido!* ouah, tu es arrivée vite !

pucherazo sm *fig* fraude *f* électorale.

puchero sm **1.** [para guisar] marmite *f* **2.** [comida] ≃ pot-au-feu *m*. ◆ **pucheros** smpl ▸ **hacer pucheros** faire la moue.

pucho sm AM mégot *m*.

pudding = **pudin**.

pudibundez sf pudibonderie *f*.

pudibundo, da adj pudibond(e).

púdico, ca adj pudique.

pudiente adj & smf nanti(e).

pudin (*pl* **púdines**), **pudding** ['puðin] (*pl* **puddings**) sm pudding *m* ▸ **pudin de pescado** terrine *f* de poisson.

pudor sm pudeur *f*; [timidez] retenue *f*.

pudoroso, sa adj pudique; [tímido] réservé(e).

pudridero sm pourrissoir *m*.

pudrir, podrir vt [descomponer] pourrir, putréfier. ◆ **pudrirse, podrirse** vprnl [descomponerse] pourrir.

puebla ⟶ **poblar**.

pueblerino, na adj & sm, f [de pueblo] villageois(e); *despec* [paleto] plouc.

pueblo sm **1.** [población] village *m* **2.** [nación, proletariado] peuple *m*.

pueda ⟶ **poder**.

puente sm **1.** [gen & ARQUIT] pont *m* ▸ **hacer puente** faire le pont *(congé)* ▸ **puente colgante** pont suspendu ▸ **puente levadizo** a) pont levant b) [en castillo] pont-levis *m* **2.** [aparato dental] bridge *m*. ◆ **puente aéreo** sm pont *m* aérien.

puentear vt **1.** [vehículo, aparato, circuito] court-circuiter **2.** *fam* [persona] court-circuiter.

puenting sm saut *m* à l'élastique.

puerco, ca ◇ adj dégoûtant(e). ◇ sm, f **1.** [animal] porc *m*, truie *f* **2.** *fam* & *fig* [persona - sucia] cochon *m*, -onne *f*; [- malintencionada] goujat *m*. ◆ **puerco** sm MÉX [carne] porc *m*.

puercoespín sm porc-épic *m*.

puericultor, ra sm, f puériculteur *m*, -trice *f*.

puericultura sf puériculture *f*.

pueril adj *fig* puéril(e).

puerilidad sf puérilité *f*.

puerperio sm période *f* postnatale.

puerro sm poireau *m*.

puerta sf **1.** [gen] porte *f* ▸ **a las puertas de** à deux doigts de ▸ **a puerta cerrada** à huis clos ▸ **coger la puerta y marcharse** o **largarse** *fam* prendre la porte ▸ **dar a alguien con las puertas en las narices** claquer la porte au nez de qqn ▸ **estar en puertas** être imminent(e) ▸ **de puerta en puerta** de porte en porte ▸ **puerta blindada** porte blindée ▸ **puerta corrediza** porte coulissante ▸ **puerta giratoria** porte à tambour ▸ **puerta trasera** porte de derrière ▸ **puerta vidriera** a) [interior] porte vitrée b) [exterior] porte-fenêtre *f* **2.** DEP buts *mpl*.

puerto sm **1.** [gen & INFORM] port *m* ▸ **puerto deportivo** port de plaisance ▸ **puerto franco** o **libre** port franc ▸ **puerto paralelo / serie** port parallèle / série ▸ **llegar a puerto** finir par s'en sortir **2.** [de montaña] col *m*.

Puerto Príncipe npr Port-au-Prince.

Puerto Rico npr Porto Rico *m*, Puerto Rico *m*.

puertorriqueño, ña, portorriqueño, ña ◇ adj portoricain(e). ◇ sm, f Portoricain *m*, -e *f*.

pues conj **1.** [dado que, porque] car **2.** [así que] donc / *te decía, pues, que...* je te disais donc que... **3.** [enfático] eh bien / *¡pues ya está!* eh bien voilà ! ▸ **¡pues claro!** mais bien sûr !

puesto, ta adj ▸ **ir muy puesto** être bien habillé / *iba sólo con lo puesto* il avait juste ce qu'il portait sur lui. ◆ **puesto** ◇ pp ⟶ **poner.** ◇ sm **1.** [gen & MIL] poste *m* ▸ **escalar puestos** *fig* grimper les échelons ▸ **puesto de mando** poste de commandement ▸ **puesto (de trabajo)** poste (de travail) **2.** [en fila, clasificación] place *f* **3.** [tenderete] étal *m* ▸ **puesto de periódicos** kiosque *m* à journaux. ◆ **puesta** sf **1.** [acción] mise *f* ▸ **puesta al día / a punto / en marcha** mise à jour / au point / en marche ▸ **puesta de largo** entrée *f* dans le monde ▸ **puesta en escena** mise en scène ▸ **puesta en órbita** mise en orbite **2.** [de ave] ponte *f*. ◆ **puesta de sol** sf coucher *m* de soleil. ◆ **puesto que** loc conj puisque.

puf (*pl* **pufs**) sm pouf *m*.

púgil sm pugiliste *m*.

pugilato sm pugilat *m*.

pugilístico, ca adj pugilistique.

pugna sf *pr* & *fig* lutte *f*.

pugnar vi *pr* & *fig* se battre.

puja sf [en subasta - acción] enchère *f*; [- cantidad] mise *f*.

pujante adj vigoureux(euse).

pujanza sf nerf *m (vigueur)*.

pujar vi **1.** [subastar] enchérir **2.** *fig* [esforzarse] lutter **3.** AM [en parto] pousser.

pulcritud sf propreté *f* ▸ **hacer algo con pulcritud** faire qqch avec soin.

pulcro, cra adj soigné(e).

pulga sf puce *f* ▸ **tener malas pulgas** *fig* avoir mauvais caractère.

pulgada sf pouce *m (mesure)*.

pulgar sm ⟶ **dedo**.

pulgón sm puceron *m*.

pulgoso, sa adj couvert(e) de puces, plein(e) de puces.

pulido, da adj soigné(e). ◆ **pulido** sm ponçage *m*; [superficial] polissage *m*.

pulidor, ra adj à poncer. ◆ **pulidora** sf ponceuse *f*; [para el suelo] cireuse *f*.

pulimentar vt polir.

pulimento sm polissage *m*.

pulir vt **1.** [alisar] polir **2.** [perfeccionar] peaufiner. ◆ **pulirse** vprnl [gastarse] engloutir.

pulla sf ▸ **lanzar pullas** lancer des piques.

pulmón sm poumon *m* ▸ **pulmón artificial** o **de acero** poumon artificiel o d'acier ▸ **a pleno pulmón** *fig* à pleins poumons ▸ **a pulmón libre** en apnée. ◆ **pulmones** smpl *fam* & *fig* ▸ **tener pulmones** avoir du coffre.

pulmonar adj pulmonaire.

pulmonía sf pneumonie *f*.

pulóver sm AM pull-over *m*.

pulpa sf pulpe *f*.

pulpería sf AM épicerie *f*.

púlpito sm chaire *f*.

pulpo sm **1.** [animal] poulpe *m* **2.** *fam* [persona] ▸ **ser un pulpo** avoir les mains baladeuses **3.** [correa elástica] tendeur *m*.

pulque sm CAM MÉX pulque *m* ; *boisson alcoolisée à base de jus d'agave fermenté.*

pulquería sf AM *établissement où l'on sert du « pulque ».*

pulsación sf pulsation *f* / *300 pulsaciones por minuto* 300 frappes à la minute.

pulsador sm bouton *m (de mécanisme, appareil).*

pulsar vt **1.** [botón, tecla, etc.] appuyer sur ; [cuerdas] gratter **2.** [asunto, opinión, etc.] sonder.

pulsera sf bracelet *m*.

pulso sm **1.** [latido] pouls *m* **2.** [de fuerza] bras *m* de fer ▸ **tomar el pulso** *pr* & *fig* prendre le pouls **3.** [firmeza] ▸ **tener buen pulso** avoir la main sûre ▸ **a pulso** à la force du poignet ▸ **echar un pulso con alguien** faire un bras de fer avec qqn **4.** *fig* [prudencia] doigté *m*.

pulular vi pulluler.

pulverización sf pulvérisation *f*.

pulverizador, ra adj : *un aparato pulverizador* un pulvérisateur. ◆ **pulverizador** sm pulvérisateur *m*.

pulverizar [13] vt *pr* & *fig* pulvériser.

pum interj ▸ **¡pum!** **a)** [disparo] pan ! **b)** [golpe, explosión] boum !

puma sm puma *m*.

pumba interj ▸ **¡pumba!** boum !

puna sf ANDES **1.** [lugar] puna *f* **2.** [trastorno] mal *m* des montagnes.

punción sf ponction *f*.

pundonor sm dignité *f* ▸ **hacer algo por pundonor** se faire un point d'honneur de faire qqch.

punible adj punissable.

punición sf punition *f*.

púnico, ca adj punique.

punitivo, va adj punitif(ive).

punk [paŋk, puŋk] (*pl* **punks** *o* **punkis**) adj & smf punk.

punta sf **1.** [gen & GEOGR] pointe *f* ▸ **sacar punta a un lápiz** tailler un crayon **2.** [de lengua, dedos] bout *m* ▸ **tener algo en la punta de la lengua** avoir qqch sur le bout de la langue ; [del pan] croûton *m* ▸ **a punta de pistola** sous la menace du revolver **3.** EXPR **a punta pala** *fam* à la pelle ▸ **estar de punta con alguien** être fâché(e) avec qqn ▸ **ir de punta en blanco** être sur son trente-et-un ▸ **la punta del iceberg** la partie visible de l'iceberg.

puntada sf **1.** [pespunte] point *m* **2.** [agujero] trou *m (d'aiguille)* **3.** RP [dolor] : *me dio una puntada en el corazón* ça m'a fait un point au cœur **4.** MÉX [broma] plaisanterie *f*.

puntal sm **1.** [madero] étai *m* **2.** *fig* [apoyo] soutien *m* ▸ **puntal de familia** soutien de famille.

puntapié sm coup *m* de pied ▸ **echar a alguien a puntapiés** chasser qqn à coups de pied ▸ **tratar a alguien a puntapiés** *fig* traiter qqn comme un chien.

puntazo sm *fam* : *¡qué puntazo de fiesta!* quelle fête géniale !

punteado sm MÚS pincement *m (des cordes).*

puntear vt MÚS ▸ **puntear la guitarra** pincer les cordes de la guitare.

punteo sm **1.** MÚS pincement *m* (des cordes) **2.** [de cuenta] pointage *m*.

puntera sf ⟶ **puntero**.

puntería sf **1.** [destreza] adresse *f (au tir)* ▸ **tener puntería** être bon tireur **2.** [orientación] visée *f*.

puntero, ra ❖ adj ▸ **puntero en** spécialisé dans. ❖ sm, f leader *m* ▸ **ser el puntero** être en tête. ◆ **puntera** sf [de zapato, calcetín] bout *m*. ◆ **puntero** sm **1.** [de profesor] baguette *f* **2.** [cincel] poinçon *m*.

puntiagudo, da adj pointu(e).

puntilla sf dentelle *f* rapportée ▸ **dar la puntilla a** *fig* porter un coup fatal à. ◆ **de puntillas** loc adv sur la pointe des pieds.

puntillismo sm pointillisme *m*.

puntillo sm amour-propre *m*.

puntilloso, sa adj pointilleux(euse).

punto ❖ sm

1. [gen] point *m* ▸ **dar unos puntos a** [en costura] faire un point à ▸ **dos puntos** deux points ▸ **punto cardinal** point cardinal ▸ **punto culminante** point culminant ▸ **punto de apoyo** point d'appui ▸ **punto de confluencia** point *m* de rencontre ▸ **punto de partida** point de départ ▸ **punto de referencia** point de référence ▸ **punto (de sutura)** point (de suture) ▸ **punto de venta** point de vente ▸ **punto de vista** point de vue ▸ **punto muerto** point mort ▸ **puntos suspensivos** points de suspension ▸ **punto y aparte** point à la ligne ▸ **punto y coma** point-virgule *m* ▸ **punto y seguido** point

2. [lugar] lieu *m* ▸ **punto de reunión** **a)** lieu de rencontre **b)** [en aeropuerto, estación] point *m* de rencontre

3. [estado] moment *m*, stade *m* / *estando las cosas en este punto...* les choses en étant arrivées là... / *en ese punto dijo que se le había hecho tarde y se fue* c'est à ce moment qu'il nous a dit qu'il était tard et qu'il est parti

4. [grado de temperatura] ▸ **punto de ebullición** point d'ébullition

5. [tejido] maille *f* ▸ **hacer punto** tricoter

6. [pizca, toque] pointe *f* / *el vino tiene un punto de acidez* il y a dans ce vin une pointe d'acidité

7. EXPR **al punto** immédiatement ▸ **a punto de caramelo** fin prêt(e) ▸ **estar a punto** être au point ▸ **estar a punto de** être sur le point de ▸ **estar en su punto** être à point ▸ **hasta tal punto que** au point que ▸ **llegar a punto** arriver à point ▸ **poner los puntos sobre las íes** mettre les points sur les i ▸ **poner punto final a** mettre un point final à ▸ **y punto** *fam* un point c'est tout

◆ **en punto** loc adv pile / *a las cinco en punto* à cinq heures pile.

◆ **hasta cierto punto** loc adv jusqu'à un certain point.

◆ **punto de equilibrio** sm ECON seuil *m* de rentabilité.

puntocom sf inv ECON pointcom *m*.

puntuable adj ▸ **ser puntuable para** compter pour / *esa prueba es puntuable para el campeonato* cette épreuve compte pour le championnat.

puntuación sf **1.** [calificación] note *f* ; [en concurso, competiciones] classement *m* **2.** [ortográfica] ponctuation *f*.

puntual adj **1.** [gen] ponctuel(elle) **2.** [exacto, detallado] circonstancié(e).

puntualidad sf **1.** [en el tiempo] ponctualité *f* **2.** [exactitud] précision *f*.

puntualización sf précision *f*.

puntualizar [13] vt préciser.

puntualmente adv **1.** [a tiempo] à l'heure / *llegar puntualmente* arriver à l'heure **2.** [en el momento justo] en temps et en heure, en temps voulu.

puntuar [6] ❖ vt **1.** [calificar] noter **2.** [escrito] ponctuer. ❖ vi **1.** [calificar] noter **2.** [entrar en el cómputo] ▸ **puntuar (para)** compter (pour).

punzada sf **1.** [pinchazo] piqûre *f* ▸ **darse una punzada** se piquer **2.** [dolor intenso] élancement *m*.

puñado sm poignée *f* ▸ **a puñados** *fig* à foison.

puñal sm poignard *m*.

puñalada sf coup *m* de poignard ▸ **coser a puñaladas** *fig* larder de coups de couteau ▸ **dar a alguien una puñalada trapera** *fig* faire un coup de Jarnac à qqn.

punzante adj **1.** [objeto] pointu(e) **2.** [dolor, herida] lancinant(e) **3.** *fig* [humor, broma, etc.] caustique.

punzar [13] vt **1.** [pinchar] piquer **2.** [doler] élancer ▸ **punzar el corazón** pincer le cœur.

puñeta ❖ sf **1.** *mfam* [tontería] connerie *f* **2.** [bocamanga] manchette *f* **3.** EXPR **hacer la puñeta a alguien a)** *mfam* emmerder qqn **b)** [hacer una jugarreta] faire une crasse à qqn ▸ **mandar a hacer puñetas** *mfam* envoyer balader o se faire voir. ❖ interj *fam* ▸ **¡puñeta!** crotte !

puñetazo sm coup *m* de poing.

puñetería sf *fam* [menudencia] bêtise *f* ; [molestia] tuile *f* ; [fastidio] crasse *f*.

puñetero, ra ❖ adj *fam* [persona, cosa] fichu(e) / *tu puñetero marido* ton fichu mari. ❖ sm, f *mfam* emmerdeur *m*, -euse *f*.

puño sm **1.** [mano cerrada] poing *m* **2.** [de manga] poignet *m* **3.** [empuñadura] poignée *f* **4.** EXPR ▸ **como un puño** o **puños :** *mentiras como puños* de grossiers mensonges ; *es una verdad como un puño* c'est la vérité vraie **de su puño y letra** de sa propre main ▸ **meter** o **tener a alguien en un puño** mener qqn par le bout du nez ▸ **morderse los puños de hambre** avoir l'estomac dans les talons ▸ **morderse los puños de rabia** écumer de rage.

punzón sm poinçon *m*.

pupa sf **1.** [erupción] bouton *m* **2.** [daño] ▸ **hacerse pupa** se faire bobo.

pupila sf ANAT pupille *f*.

pupilaje sm [de alumnos] pension *f* ; [de coche] location *f* d'un box.

pupilo, la sm, f **1.** [discípulo] élève *mf* **2.** [huérfano] pupille *mf*.

pupitre sm pupitre *m*.

purasangre sm inv pur-sang *m inv*.

puré sm purée *f* ▸ **estar hecho puré** *fam* être vanné.

pureta *fam* ❖ adj vieux jeu *(inv)*. ❖ smf vieux bonze *m*.

pureza sf **1.** [gen] pureté *f* **2.** [integridad] droiture *f*.

purga sf *pr* & *fig* purge *f*.

purgación sf *(gen pl) fam* chaude-pisse *f*.

purgante ❖ adj purgatif(ive). ❖ sm purgatif *m*.

purgar [16] vt purger ; [alma] purifier ; [pecados] expier.
◆ **purgarse** vprnl se purger.

purgatorio sm purgatoire *m*.

purificación sf purification *f*.

purificador, ra ❖ adj purificateur(trice) / *el fuego purificador* le feu purificateur / *máscara purificadora* masque purifiant. ❖ sm, f purificateur *m*, -trice *f* ▸ **purificador de aire / agua / ambientes** purificateur d'air / d'eau / d'atmosphère.
◆ **purificador** sm AM [de agua] purificateur *m* d'eau.

purificante adj purifiant(e).

purificar [10] vt purifier.

Purim npr Pourim.

purista adj & smf puriste.

puritanismo sm puritanisme *m*.

puritano, na adj & sm, f puritain(e).

puro, ra adj **1.** [gen] pur(e) **2.** [íntegro] droit(e).
◆ **puro** sm cigare *m*.

púrpura adj inv & sm pourpre.

purpúreo, a adj *culto* pourpré(e).

purpurina sf paillettes *fpl (poudre)*.

purria sf *fam* [escoria] racaille *f*.

purulencia sf *culto* purulence *f*.

purulento, ta adj *culto* purulent(e).

pus sm pus *m*.

pusiera ⟶ **poner**.

pusilánime adj pusillanime.

puso ⟶ **poner**.

pústula sf pustule *f*.

puta sf ⟶ **puto**.

putada sf *vulg* vacherie *f* ▸ **¡que putada!** quelle vacherie !

putativo, va adj putatif(ive).

puteado, da adj *vulg* ▸ **tener puteado a alguien** emmerder qqn.

putear *vulg* ❖ vt [fastidiar] faire chier. ❖ vi [ir de putas] aller voir les putes.
◆ **putearse** vprnl *vulg* se laisser emmerder.

puteo sm *vulg* **1.** [enfado] ▸ **llevar un puteo** être en pétard **2.** [acción] ▸ **irse de puteo** aller aux putes.

putero adj *vulg* [hombre] homme *m* à putes.
puticlub sm *fam* bar *m* à putes.
puto, ta *vulg* ❖ adj : ***este puto...*** ce putain de.... ❖ sm, f pute *f*. ◆ **puta** adj *vulg* salaud (salope) ▸ **de puto madre** d'enfer ▸ **pasarlas putas** en baver.
putón sm *mfam* : ***un putón (verbenero)*** une salope *f*.
putrefacción sf putréfaction *f*.
putrefacto, ta adj en putréfaction.
pútrido, da adj putride ; [aguas] croupi(e).
puya sf pique *f*.
puyazo sm **1.** [golpe] coup *m* de pique **2.** *fam* [palabras] pique *f*.
puzle, puzzle sm puzzle *m*.
puzzle ['puθle] = **puzle**.
PVC (***abr de*** **polyvinyl chloride**) sm PVC *m* ▸ **una ventana de PVC** une fenêtre en PVC.
PVP (***abr escrita de*** **precio de venta al público**) sm pvp *m*.
PYME (*pl* **PYMEs** *o* **PYME**) (***abr de*** **Pequeña y Mediana Empresa**) sf PME *f*.
Pyongyang npr Pyongyang.
pyrex® = **pírex®**
pza. = **pl.**

Q

q, Q [ku] sf **1.** [letra] q *m inv*, Q *m inv* **2.** SMS (***abr de* que, qué**) koi *(quoi)*.

Qatar npr Qatar *m*.

qatarí (*pl* **qataríes**) ❖ adj qatari(e).
❖ sm, f Qatari *m*, -e *f*.

que

❖ pron relat

1. [sujeto] qui / *la mujer que me saluda* la femme qui me dit bonjour / *la moto que me gusta* la moto qui me plaît / *ese hombre es el que me lo compró* c'est cet homme qui me l'a acheté

2. [complemento directo] que / *el hombre que conociste ayer…* l'homme que tu as rencontré hier… / *no ha leído el libro que le regalé* il n'a pas lu le livre que je lui ai offert

3. [complemento indirecto] *ése es el chico al que hablé* c'est le jeune homme à qui j'ai parlé / *la señora a la que fuiste a ver* la dame que tu es allé voir

4. [complemento circunstancial] *la playa a la que fui de vacaciones* la plage où j'ai passé mes vacances / *la mesa sobre la que escribes* la table sur laquelle tu écris ▸ **(en) que** où / *el día en que fui era soleado* il faisait beau le jour où j'y suis allé

❖ conj

1. [gen] que / *es importante que me escuches* il est important que tu m'écoutes / *me ha confesado que me quiere* il m'a avoué qu'il m'aime / *es más rápido que tú* il est plus rapide que toi / *me lo pidió tantas veces que se lo di* il me l'a demandé tant de fois que je le lui ai donné / *ven aquí que te vea* viens ici que je te voie / *espero que te diviertas* j'espère que tu t'amuseras / *quiero que lo hagas* je veux que tu le fasses

2. [expresa causa] *déjalo que está durmiendo* laisse-le, il dort

3. [en oraciones exclamativas] *¡que te diviertas!* amuse-toi bien ! / *¡que te doy un bofetón!* si tu continues, je vais te donner une gifle !

4. [en oraciones interrogativas] *¿que quiere venir? pues que venga* il veut venir ? eh bien qu'il vienne

5. [expresa hipótesis] *que no quieres, pues no pasa nada* si tu ne veux pas, ce n'est pas grave

6. [expresa reiteración] *estaban charla que charla* ils ne faisaient que bavarder

qué

❖ adj

quel, quelle / *¿qué hora es?* quelle heure est-il ? / *¿qué libros?* quels livres ? / *¡qué día!* quelle journée !

❖ pron

que / *¿qué quieres?* que veux-tu ? / *no sé qué hacer* je ne sais pas quoi faire / *¿qué te dijo?* qu'est-ce qu'il t'a dit ? ▸ **¿qué?** [¿cómo?] quoi ?

❖ adv

1. que / *¡qué tonto eres!* que tu es bête ! ▸ **¡y qué!** et alors !

2. [expresa gran cantidad] ▸ **qué de** que de / *¡qué de gente hay aquí!* que de monde il y a ici !

Quebec npr ▸ **(el) Quebec** le Québec.

quebequés, esa ❖ adj québécois(e). ❖ sm, f Québécois *m*, -e *f*. ◆ **quebequés** sm [lengua] québécois *m*.

quebrada sf ⟶ **quebrado**.

quebradero ◆ **quebradero de cabeza** sm *(gen pl)* tracas *m*.

quebradizo, za adj cassant(e) ; *fig* [débil] fragile.

quebrado, da adj **1.** [camino, terreno] accidenté(e) ▸ **la voz quebrada** la voix cassée ▸ **una línea quebrada** une ligne brisée **2.** MAT [número] fractionnaire **3.** LITER ▸ **un verso de pie quebrado** un vers court. ◆ **quebrado** sm MAT fraction *f*. ◆ **quebrada** sf **1.** [paso estrecho] gorge *f* **2.** AM [torrente] torrent *m*.

quebrantado, da adj brisé(e).

quebrantahuesos sm inv gypaète *m*.

quebrantar vt **1.** [incumplir - ley] enfreindre ; [- palabra, compromiso] ne pas tenir ; [- obligación] ne pas remplir **2.** [romper] casser **3.** *fig* [debilitar] briser. ◆ **quebrantarse** vprnl **1.** [romperse] se casser **2.** [debilitarse] décliner, s'affaiblir.

quebranto sm **1.** [pérdida] perte *f* **2.** [debilitamiento] affaiblissement *m* **3.** [pena] détresse *f*.

quebrar [19] ❖ vt **1.** [romper] casser **2.** [color] pâlir. ❖ vi ECON faire faillite. ◆ **quebrarse** vprnl **1.** [romperse] se casser ▸ **quebrarse una pierna** se casser une jambe **2.** [color] pâlir **3.** [voz] se briser / *se le quebró la voz* il avait la voix brisée.

quechua ❖ adj quechua. ❖ smf ▸ **los quechuas** les Quechuas *mpl*. ❖ sm [lengua] quechua *m*.

quedada sf **1.** [en lugar] rendez-vous *m* **2.** *fam* [broma, burla] bobard *m* / *¡estoy harto de tus quedadas!* tu me fais toujours marcher, j'en ai marre !

quedar

❖ vi

1. [permanecer, haber aún, faltar] rester / *el cuadro quedó sin acabar* le tableau est resté inachevé / *quedan tres manzanas* il reste trois pommes / *nos quedan dos días para...* il nous reste deux jours pour... / *queda mucho por hacer* il reste beaucoup à faire

2. [mostrarse] *quedó como un imbécil* il s'est comporté comme un imbécile ▸ **quedar bien / mal (con alguien)** faire bonne/mauvaise impression (à qqn) ▸ **quedar en ridículo** se ridiculiser

3. [llegar a ser, resultar] *la fiesta ha quedado perfecta* la fête était très réussie

4. [sentar] ▸ **quedar bien / mal a alguien** aller bien/mal à qqn / *esta falda me queda un poco ancha* cette jupe est un peu trop large pour moi

5. [citarse] ▸ **quedar con alguien** prendre rendez-vous avec qqn / *hemos quedado para el lunes* nous nous sommes mis d'accord pour lundi

6. [estar situado] *¿por dónde queda eso?* ça se trouve où ça ?

7. [acabar] en rester / *ahí quedó la conversación* la conversation en est restée là

8. [acordar] ▸ **quedar en** convenir de / *quedamos en traer cada uno una cosa* nous avons convenu d'apporter chacun quelque chose ▸ **quedar en que** convenir que ▸ **¿en qué quedamos?** alors, qu'est-ce qu'on décide ?

❖ v impers

por mí que no quede je ferai tout mon possible / *que no quede por falta de dinero* il ne faut pas que l'argent soit un problème

◆ **quedarse** vprnl **1.** [permanecer] rester **2.** [llegar a ser] devenir / *se quedó ciego* il est devenu aveugle **3.** [retener] garder / *quédese con el cambio* gardez la monnaie **4.** [preferir] ▸ **quedarse con algo** préférer qqch / *me quedo con la azul* je préfère la bleue **5.** *mfam* [burlarse] ▸ **quedarse con alguien** se payer la tête de qqn.

quedo, da adj tranquille ▸ **con voz queda** posément. ◆ **queda** sf ▸ **toque de queda** couvre-feu *m* ▸ **tocar a queda** sonner le couvre-feu. ◆ **quedo** adv doucement ▸ **hablar quedo** parler tout bas.

quehacer sm *(gen pl)* travail *m* ▸ **quehaceres domésticos** travaux *mpl* ménagers.

queimada sf *boisson à base d'eau-de-vie flambée, originaire de Galice.*

queja sf plainte *f*.

quejarse vprnl ▸ **quejarse (de / a)** [lamentarse] se plaindre (de/à) ▸ **quejarse por o de vicio** aimer se plaindre.

quejica smf *despec* [que llora] pleurnichard *m*, -e *f* ; [que se queja] ▸ **ser un quejica** se plaindre sans arrêt.

quejido sm gémissement *m*.

quejoso, sa adj geignard(e) ▸ **estar quejoso de** se plaindre de.

quejumbroso, sa adj plaintif(ive).

quema sf brûlage *m*.

quemado, da adj **1.** [gen] brûlé(e) **2.** [fusible] grillé(e) **3.** EXPR **estar quemado a)** [harto] en avoir assez **b)** [agotado] être mort de fatigue.

quemador sm brûleur *m*.

quemadura sf brûlure *f* ▸ **quemadura solar** coup *m* de soleil.

quemar ❖ vt **1.** [gen] brûler ; [comida] faire brûler **2.** [fusible] fondre ; [motor] griller **3.** *fig* [malgastar] dilapider. ❖ vi **1.** [tener fiebre] brûler **2.** *fig* [desgastar] user. ◆ **quemarse** vprnl **1.** [gen] brûler / *se le quemó el arroz* il a fait brûler le riz **2.** [persona] se brûler ; [por el sol] prendre un coup de soleil ; [fusible] être grillé(e) **3.** *fig* [hartarse] en avoir assez **4.** *fig* [desgastarse] s'user.

quemarropa ◆ **a quemarropa** loc adv **1.** [disparar] à bout portant **2.** [preguntar, contestar] à brûle-pourpoint.

quemazón sf brûlure *f* ; [picor] démangeaison *f*.

quepa ⟶ **caber**.

quepis, kepis sm inv képi *m*.

quepo ⟶ **caber**.

queratina sf kératine *f*.

Cómo expresar una queja

- **J'ai une réclamation à faire au sujet de l'ordinateur acheté chez vous.** *Vengo a presentar una reclamación en relación con el ordenador que compré aquí.*
- **Je voudrais voir le directeur, s'il vous plaît.** *Quiero ver al director, por favor.*
- **Je ne suis pas très content / pas content du tout du service qui nous a été fourni.** *No estoy muy contento / contento en absoluto del servicio recibido.*
- **J'estime que le travail a été effectué de façon déplorable.** *No estoy satisfecho de la manera como el trabajo ha sido realizado.*
- **Il y a un problème avec le chauffage, il ne marche plus du tout.** *Hay un problema con la calefacción, ha dejado de funcionar.*
- **Nous avons été traités de façon inadmissible.** *La manera como nos trataron es inaceptable.*
- **Je pense que vous devriez me rembourser ou au moins me le remplacer.** *Pienso que deberían devolverme el dinero o, al menos, cambiármelo.*
- **Je pense être en droit d'attendre un dédommagement.** *Considero tener derecho a recibir una compensación.*

querella sf **1.** DER [acusación] plainte *f* ▸ **presentar una querella** déposer une plainte **2.** [discordia] querelle *f.*

querellante adj & smf plaignant(e).

querellarse vprnl porter plainte.

querencia sf **1.** [inclinación] attachement *m* **2.** TAUROM *lieu de l'arène où le taureau préfère rester.*

querer [67] ❖ vt **1.** [gen] vouloir / *quiero pan* je veux du pain / *quiere hacerse abogado* il veut devenir avocat / *¿cuánto quiere por el coche?* combien voulez-vous pour la voiture ? / *¿tú quieres que me enfade?* tu veux vraiment que je me fâche ? ▸ **querer que alguien haga algo** vouloir que qqn fasse qqch ▸ **como quien no quiere la cosa** mine de rien ▸ **queriendo** [con intención] exprès ▸ **sin querer** sans faire exprès ▸ **querer es poder** vouloir c'est pouvoir **2.** [amar] aimer ▸ **quien bien te quiere te hará llorar** qui aime bien châtie bien. ❖ v impers [haber atisbos] : *hace días que quiere llover* depuis plusieurs jours, on dirait qu'il va pleuvoir. ❖ sm amour *m.* ◆ **quererse** vprnl s'aimer.

querido, da ❖ adj cher(ère). ❖ sm, f amant *m*, maîtresse *f* / *¡ven querida!* viens, chérie !

quermés, quermese sf kermesse *f.*

queroseno, keroseno sm kérosène *m.*

querrá ⟶ **querer**.

querubín sm **1.** [ángel] chérubin *m* **2.** *fig* [niño] bambin *m.*

quesadilla sf AM *crêpe de maïs fourrée au fromage.*

quesera sf ⟶ **quesero**.

quesería sf fromagerie *f.*

quesero, ra adj & sm, f fromager(ère).
◆ **quesera** sf cloche *f* à fromage.

quesito sm portion *f* de fromage.

queso sm fromage *m* ▸ **queso de bola** fromage de Hollande ▸ **queso gruyère** gruyère *m* ▸ **queso manchego** manchego *m (fromage de brebis de la Manche)* ▸ **queso parmesano** parmesan *m* ▸ **queso rallado** fromage râpé ▸ **queso roquefort** roquefort *m.*

quetzal [ket'sal] sm quetzal *m.*

quevedos smpl binocle *m.*

quia interj *fam* ▸ **¡quia!** tu parles !

quiche sf CULIN quiche *f.*

quicio sm encadrement *m (de porte, fenêtre)* ▸ **estar fuera de quicio** *fig* être hors de soi ▸ **sacar de quicio a alguien** *fig* mettre qqn hors de soi, faire sortir qqn de ses gonds.

quico sm ESP **1.** [maíz tostado] maïs grillé **2.** *fam* & *fig* ▸ **ponerse como el Quico** s'en mettre plein la lampe.

quid (*pl* **quids**) sm ▸ **el quid de la cuestión** le nœud du problème.

quiebra ❖ sf **1.** [ruina] faillite *f* ▸ **quiebra fraudulenta** faillite frauduleuse **2.** *fig* [pérdida] effondrement *m.* ❖ v ⟶ **quebrar.**

quiebro sm **1.** [ademán] écart *m* ; DEP feinte *f* **2.** MÚS trille *m.*

quien ❖ pron relat **1.** [sujeto] qui / *fue mi hermano quien me lo explicó* c'est mon frère qui me l'a expliqué / *eran sus hermanas quienes le ayudaron* ce sont ses sœurs qui l'ont aidé **2.** [complemento] : *son ellos a quienes quiero conocer* ce sont eux que je voudrais connaître / *era de Pepe de quien no me fiaba* c'est à Pepe que je ne faisais pas confiance. ❖ pron indef **1.** [sujeto] celui qui, celle qui / *quien lo quiera que luche por ello* que celui qui le veut se batte pour l'avoir / *quienes quieran verlo que se acerquen* que ceux qui veulent le voir s'approchent **2.** [complemento] : *apoyaré a quienes considere oportuno* je soutiendrai ceux que je jugerai bon de soutenir / *vaya con quien quiera* allez avec qui bon vous semble **3.** EXPR **quien más quien menos** tout un chacun.

quién pron **1.** [interrogativo] qui / *¿quién es ese hombre?* qui est cet homme ? / *no sé quién viene* je ne sais pas qui vient / *¿a quiénes has invitado?* qui as-tu invité ? / *dime con quién vas a ir* dis-moi avec qui tu vas y aller ▸ **¿quién es?** **a)** [en la puerta] qui est là ? **b)** [al teléfono] qui est à l'appareil ? **2.** [exclamativo] : *¡quién pudiera verlo!* si seulement je pouvais le voir !

quienquiera (*pl* **quienesquiera**) pron quiconque / *quienquiera que venga…* quiconque viendra….

quiera ⟶ **querer**.

quieto, ta adj tranquille / *¡estate quieto!* tiens-toi tranquille !, sois sage ! ▸ **¡quieto todo el mundo!** que personne ne bouge !

quietud sf tranquillité *f* ; [sosiego] quiétude *f.*

quif, kif sm kif *m.*

quijada sf mâchoire *f.*

quijotada sf [hecho] belle action *f* / *le ha dado por quijotada de…* [irón] il lui a pris la lubie de….

quijote sm *despec* doux rêveur *m.*
◆ **Don Quijote** npr don Quichotte *m.*

Don Quijote de la Mancha

Célèbre roman de Cervantès, **El ingenioso Hidalgo Don Quijote de la Mancha,** publié en deux parties (1605-1615), connut aussitôt un immense succès. Il marque l'avènement du roman moderne. Les principaux personnages (Alonso Quijano, **Don Quijote**, « le chevalier à la triste figure », son fidèle écuyer **Sancho Panza**, et **Dulcinea**, sa « dame », sont devenus des archétypes humains universels. Cette satire burlesque de l'héroïsme des romans chevaleresques du Moyen Âge, très prisés au début de la Renaissance, influencera également le roman classique du XIXe siècle. Ce roman est considéré comme un chef-d'œuvre de la littérature mondiale.

quijotesco, ca adj chimérique.
quijotismo sm donquichottisme *m*.
quilate sm carat *m*.
quilla sf **1.** NÁUT quille *f* **2.** [de ave] bréchet *m*.
quilo = **kilo**.
quilocaloría = **kilocaloría**.
quilogramo = **kilogramo**.
quilolitro = **kilolitro**.
quilombo sm RP *mfam* bordel *m*.
quilometraje = **kilometraje**.
quilometrar = **kilometrar**.
quilométrico, ca = **kilométrico**.
quilómetro = **kilómetro**.
quilovatio = **kilovatio**.
quilovoltio = **kilovoltio**.
quimbambas sfpl ▸ **vete a las quimbambas** *fam* va voir ailleurs si j'y suis.
quimera sf chimère *f*.
quimérico, ca adj chimérique.
químico, ca ❖ adj chimique. ❖ sm, f chimiste *mf*. ◆ **química** sf chimie *f*.
quimio sf *fam* chimio *f*.
quimioterapia sf chimiothérapie *f*.
quimono, kimono sm kimono *m*.
quina sf quinquina *m* ▸ **ser más malo que la quina** être méchant comme la gale ▸ **tragar quina** *fig* avaler des couleuvres.
quincalla sf quincaillerie *f (objets)*.
quincallería sf quincaillerie *f*.
quince ❖ adj num inv quinze / *el siglo quince* le quinzième siècle. ❖ sm inv quinze *m inv*. ***Ver también* seis**.
quinceañero, ra ❖ adj : *un chico quinceañero* un garçon de quinze ans. ❖ sm, f adolescent *m*, -e *f*, garçon *m*, fille *f* (de quinze ans).
quinceavo, va adj num quinzième ▸ **quinceava parte** quinzième *m*.
quincena sf quinzaine *f*.
quincenal adj bimensuel(elle).
quincenalmente adv tous les quinze jours.
quincuagésimo, ma adj num [para ordenar] cinquantième.
quiniela sf **1.** [boleto] bulletin *m (de loterie)* **2.** [combinación] combinaison *f (au loto)* ▸ **la quiniela** ≃ le loto sportif. ◆ **quiniela hípica** sf ≃ PMU *m*.
quinielista smf parieur *m*, -euse *f (à la loterie)*.
quinielístico, ca adj **1.** [recaudación] du loto sportif **2.** [apuesta, boleto] de loto sportif.
quinientos, tas adj num inv cinq cents. ***Ver también* seiscientos**.
quinina sf quinine *f*.
quinoa sf quinoa *m*.
quinqué sm quinquet *m*.
quinquenal adj quinquennal(e).
quinquenio sm **1.** [periodo] quinquennat *m* **2.** [paga] *augmentation de salaire quinquennale*.
quinqui smf *fam* voyou *m*.
quinta sf ⟶ **quinto**.
quintacolumnista smf membre *m* de la cinquième colonne.
quintaesencia sf inv quintessence *f*.
quintal sm quintal *m* ▸ **quintal métrico** quintal métrique.
quinteto sm **1.** MÚS quintette *m* ; [de jazz] quintet *m* **2.** LITER *strophe de cinq vers*.
quintillizos, zas sm, f pl quintuplés *mpl*, quintuplées *fpl*.
quinto, ta adj num cinquième ▸ **quinta parte** cinquième *m*. ***Ver también* sexto.** ◆ **quinto** sm **1.** [parte] cinquième *m* **2.** MIL appelé *m*. ◆ **quinta** sf **1.** [finca] maison *f* de campagne **2.** MIL promotion *f* ; [curso, edad] : *somos de la misma quinta* nous sommes de la même année ▸ **entrar en quintas** faire ses classes.
quíntuple = **quíntuplo**.
quintuplicar [10] vt [multiplicar] quintupler ; [rebasar] être cinq fois supérieur(e) à. ◆ **quintuplicarse** vprnl quintupler.
quíntuplo, pla, quíntuple adj quintuple. ◆ **quíntuplo** sm quintuple *m*.
quiosco, kiosco sm kiosque *m* ▸ **quiosco de periódicos** kiosque à journaux.
quiosquero, ra, kiosquero, ra sm, f marchand *m*, -e *f* de journaux.
quiquiriquí (*pl* **quiquiriquíes**) sm cocorico *m*.
quirófano sm bloc *m* opératoire.
quiromancia sf chiromancie *f*.
quiromántico, ca ❖ adj divinatoire. ❖ sm, f chiromancien *m*, -enne *f*.
quiromasaje sm chiropractie *f*.
quiromasajista smf chiropracteur *m*.
quiropráctico, ca ❖ adj *de la chiropractie*. ❖ sm, f chiropracteur *m*, -trice *f*, chiropraticien *m*, -enne *f*.
quirúrgico, ca adj chirurgical(e).
quisiera ⟶ **querer**.
quisque sm *fam* ▸ **cada** o **todo quisque** chacun(e) / *que cada quisque se las arregle* que chacun se débrouille.
quisquilla ❖ adj **1.** [color] saumon **2.** *fam* [exigente] pointilleux(euse). ❖ sf **1.** [camarón] crevette *f* **2.** [pequeñez] broutille *f*, bagatelle *f*.
quisquilloso, sa adj **1.** [detallista] pointilleux(euse) **2.** [susceptible] chatouilleux(euse).
quiste sm kyste *m*.
quitaesmalte sm dissolvant *m (pour ongles)*.
quitamanchas sm inv détachant *m*.
quitamiedos sm inv [cuerda] corde *f* de sécurité.

quitanieves sm inv chasse-neige *m inv (machine)*.

quitapenas sm inv *fam* [licor] liqueur *f*.

quitar vt **1.** [gen] enlever ; [desconectar] éteindre ▸ **quitar algo a alguien** [despojar, robar] prendre qqch à qqn ▸ **quitar tiempo** prendre du temps ▸ **de quita y pon** amovible **2.** [impedir] empêcher ▸ **quitar el sueño** empêcher de dormir / *esto no quita que…* il n'empêche que… **3.** [exceptuar] : *quitando el queso me gusta todo* à part le fromage, j'aime tout.
◆ **quitarse** vprnl **1.** [apartarse] se pousser **2.** [ropa] enlever, retirer / *me quito la chaqueta* j'enlève ma veste **3.** [persona] ▸ **quitarse a alguien de encima** o **de en medio** se débarrasser de qqn **4.** [cesar] ▸ **quitarse (de)** arrêter (de) **5.** [suj: mancha] partir.

⚠ **Quitter** es un falso amigo, no significa *quitar*, sino "dejar", "abandonar".

quitasol sm parasol *m*.

quite sm DEP [en esgrima] parade *f* ▸ **estar al quite** *fig* se tenir prêt(e) *(à aider qqn)*.

quiteño, ña ◆ adj de Quito. ◆ sm, f habitant *m*, -e *f* de Quito.

Quito npr Quito.

quizá, quizás adv peut-être / *quizá llueva mañana* peut-être pleuvra-t-il demain / *quizá no lo sepas* tu ne le sais peut-être pas ▸ **quizá sí / no** peut-être que oui / non.

quórum sm inv quorum *m*.

R

r, R ['erre] sf [letra] r *m inv*, R *m inv*.

rabadilla sf **1.** [de persona] coccyx *m* **2.** [de ave] croupion *m* **3.** [de cordero] selle *f*.

rábano sm radis *m* ▸ **importar un rábano** *fig* s'en ficher comme de l'an quarante.

Rabat npr Rabat.

rabel sm rebec *m*.

rabí (*pl* **rabíes** *o* **rabís**) sm rabbin *m*.

rabia sf rage *f* / *me da rabia* ça m'énerve ▸ **tenerle rabia a alguien** *fig* en vouloir à qqn.

rabiar [8] vi **1.** [sufrir] : *está rabiando de dolor* il souffre le martyre **2.** [enfadarse] enrager, se mettre en colère ▸ **estar a rabiar (con alguien)** être à couteaux tirés (avec qqn) ▸ **hacer rabiar a alguien** faire enrager qqn / *no me hagas rabiar* ne m'oblige pas à me mettre en colère **3.** [desear] ▸ **rabiar por** mourir d'envie de ▸ **me gustan los bombones a rabiar** j'adore les chocolats.

rabicorto, ta adj à queue courte.

rabieta sf *fam* ▸ **tener una rabieta** piquer une crise.

rabilargo, ga adj à longue queue.

rabillo sm ▸ **mirar con el rabillo del ojo** *fig* regarder du coin de l'œil.

rabino sm rabbin *m*.

rabiosamente adv **1.** [mucho] follement **2.** [con enfado] rageusement.

rabioso, sa adj **1.** [gen] enragé(e) ; [tono, voz] rageur(euse) **2.** [excesivo] furieux(euse) **3.** [chillón] criard(e).

rabo sm queue *f* ▸ **irse o salir con el rabo entre las piernas** partir la queue entre les jambes.

racanear ❖ vt *fam* gratter. ❖ vi *fam* [ser tacaño] radiner.

racaneo sm *fam* **1.** [tacañería] radinerie *f* **2.** [holgazanería] flemmardise *f*.

racanería sf *fam* **1.** [tacañería] radinerie *f* **2.** [holgazanería] flemmardise *f*.

rácano, na adj & sm, f pingre.

RACE (*abr de* **Real Automóvil Club de España**) sm *club automobile espagnol*.

racha sf **1.** [ráfaga] rafale *f* **2.** [época] vague *f* ▸ **estar de racha** *fig* avoir la chance de son côté ▸ **mala racha** mauvaise passe *f* ▸ **a rachas** *fig* par à-coups.

racheado, da adj ▸ **un viento racheado** un vent en rafales.

racial adj racial(e).

racimo sm [de uva] grappe *f* ; [de dátiles, plátanos] régime *m*.

raciocinio sm **1.** [facultad] raison *f* **2.** [razonamiento] raisonnement *m*.

ración sf **1.** [porción] part *f* ; [cantidad fija] ration *f* **2.** [en bar, restaurante] *assiette de « tapas »*.

racionado, da adj rationné(e).

racional adj **1.** [ser] doué(e) de raison **2.** [método, número] rationnel(elle).

racionalidad sf rationalité *f*.

racionalismo sm rationalisme *m*.

racionalista adj & smf FILOS rationaliste.

racionalización sf rationalisation *f*.

racionalizar [13] vt rationaliser.

racionamiento sm rationnement *m*.

racionar vt rationner.

racismo sm racisme *m*.

racista adj & smf raciste.

rada sf rade *f*.

radar (*pl* **radares**) sm radar *m*.

radiación sf **1.** FÍS radiation *f* **2.** [acción] rayonnement *m* ▸ **radiación solar** rayonnement solaire.

radiactividad, radioactividad sf radioactivité *f*.

radiactivo, va, radioactivo, va adj radioactif(ive).

radiado, da adj **1.** [por radio] radiodiffusé(e) **2.** [radial] radié(e). ◆ **radiados** smpl ZOOL radiaires *mpl*.

radiador sm radiateur *m*.

radial adj **1.** [del rayo] radial(e) **2.** AM [de la radio] radiophonique.

radiante adj **1.** [sol, persona] radieux(euse) ▸ **radiante de alegría** rayonnant(e) de joie **2.** FÍS radiant(e).

radiar [13] vt **1.** [noticias, etc.] radiodiffuser **2.** [luz, calor] émettre (par radiations) **3.** FÍS irradier.

radicación sf **1.** [acción] établissement *m* **2.** MAT extraction *f* de la racine.

radical ❖ adj radical(e). ❖ sm radical *m*.

radicalismo sm radicalisme *m*.

radicalización sf radicalisation *f*.

radicalizar [13] vt radicaliser. ◆ **radicalizarse** vprnl se radicaliser.

radicando sm radicande *m*.

radicar [10] vi ▸ **radicar en** [problema, dificultad, etc.] résider dans.

radio ❖ sm **1.** [rayon & GEOM] rayon *m* ▸ **en un radio de** dans un rayon de ▸ **radio de acción** *pr* & *fig* rayon d'action **2.** ANAT radius *m* **3.** QUÍM radium *m* **4.** CAM ANDES

CARIB MÉX [aparato] radio *f.* ◆ sf radio *f* ▸ **oír algo por la radio** entendre qqch à la radio ▸ **por radio macuto** *fam & fig* par le téléphone arabe.

radioactividad = **radiactividad**.

radioactivo, va = **radiactivo**.

radioaficionado, da sm, f radioamateur *m*.

radiocasete, radiocassette sm radiocassette *f*.

radiocirujía sf radiochirurgie *f*.

radiocomunicación sf radiocommunication *f*.

radiocontrol sm radiocommande *f*.

radiodespertador sm radioréveil *m*.

radiodifusión sf radiodiffusion *f*.

radioemisor, ra adj émetteur(trice). ◆ **radioemisora** sf station *f* émettrice.

radioenlace sm liaison *f* radio.

radioescucha smf inv auditeur *m*, -trice *f* ; [en barco, etc.] radio *m*.

radiofonía sf radiophonie *f*.

radiofónico, ca adj radiophonique.

radiofórmula sf *émission de radio qui diffuse des chansons à succès.*

radiofrecuencia sf radiofréquence *f*.

radiograbador sm CSUR radiocassette *f*.

radiograbadora sf CSUR radiocassette *f*.

radiografía sf radiographie *f*.

radiografiar [9] vt radiographier.

radiología sf radiologie *f*.

radiológico, ca adj radiologique.

radiólogo, ga sm, f radiologue *mf*.

radiomensaje sm **1.** [mensaje] message *m* radio **2.** RP [buscapersonas] bip *m*.

radiomensajería sf TELECOM radiomessagerie *f*.

radionovela sf feuilleton *m* radiodiffusé.

radiooperador, ra sm, f opérateur *m*, -trice *f* radio.

radiorreceptor sm radiorécepteur *m*.

radiorreloj sm radioréveil *m*.

radioscopia sf radioscopie *f*.

radiotaxi sm radio-taxi *m*.

radiotelefonía sf radiotéléphonie *f*.

radioteléfono sm radiotéléphone *m*.

radiotelegrafía sf radiotélégraphie *f*.

radiotelegrafista smf radiotélégraphiste *mf*.

radiotelescopio sm radiotélescope *m*.

radiotelevisión sf radiotélévision *f*.

radioterapia sf radiothérapie *f*.

radiotransmisión sf émission *f* radio.

radiotransmisor sm émetteur *m (poste)*.

radioyente smf auditeur *m*, -trice *f*.

radique ⟶ **radicar**.

RAE (*abr de* **Real Academia Española**) sf *Académie royale de la langue espagnole* ; ≃ Académie *f* française ▸ **el Diccionario de la RAE** le Dictionnaire de la RAE.

raer [68] vt racler.

ráfaga sf rafale *f* ; [con los faros] appel *m* de phares.

rafia sf raphia *m*.

rafting sm DEP rafting *m*.

raglán adj inv ⟶ **manga**.

ragout = **ragú**.

ragtime [rak'taim] sm ragtime *m*.

ragú (*pl* **ragúes** *o* **ragús**), **ragout** [ra'ɣu] (*pl* **ragouts**) sm ragoût *m*.

raid ['raid] (*pl* **raids**) sm raid *m* ▸ **raid aéreo** raid aérien.

raído, da adj râpé(e) *(vêtement)*.

raiga ⟶ **raer**.

raigambre sf **1.** [tradición] tradition *f* ▸ **de profunda raigambre** profondément ancré(e) **2.** [estirpe] souche *f* **3.** BOT racines *fpl*.

raigo ⟶ **raer**.

raíl, rail sm rail *m*.

raíz (*pl* **raíces**) sf **1.** [gen, MAT & GRAM] racine *f* ▸ **echar raíces** prendre racine ▸ **raíz cuadrada** racine carrée ▸ **raíz cúbica** racine cubique **2.** [causa] origine *f* ▸ **a raíz de** à la suite de ▸ **arrancar** *o* **cortar de raíz a)** [habladurías, indisciplina] couper court à **b)** [mal, problema] éradiquer.

raja sf **1.** [de melón, sandía, etc.] tranche *f* ; [de limón, salchichón] rondelle *f* **2.** [grieta - en madera, pared] fissure *f* ; [- en cristal, etc.] fêlure *f*.

rajá (*pl* **rajás** *o* **rajaes**) sm radjah *m* ▸ **vivir como un rajá** *fam & fig* vivre comme un pacha.

rajado, da adj & sm, f *fam* dégonflé(e).

rajar vt **1.** [partir - madera, pared] fissurer ; [- cristal, etc.] fêler / ***el mármol está rajado*** le marbre est fendu / ***tiene el labio rajado*** il a la lèvre fendue **2.** *mfam* [apuñalar] étriper **3.** ANDES RP *fam* [despedir] virer. ◆ **rajarse** vprnl **1.** [partirse - madera, pared] se fissurer ; [- cristal, etc.] se fêler ; [- mármol] se fendre **2.** *fam* [echarse atrás] se dégonfler **3.** CAM ANDES RP *fam* [gastar] claquer / ***se rajó todo el sueldo en una semana*** il a claqué tout son salaire en une semaine.

rajatabla ◆ **a rajatabla** loc adv à la lettre.

ralea sf *despec* engeance *f* / ***de su misma ralea*** du même acabit.

ralentí sm ralenti *m* ▸ **al ralentí** au ralenti.

ralentización sf ralentissement *m*.

ralentizar vt ralentir. ◆ **ralentizarse** vprnl se ralentir.

rallado, da adj râpé(e). ◆ **rallado** sm râpage *m*.

rallador sm râpe *f*.

ralladura sf *(gen pl)* râpure *f*.

rallar vt râper.

rally ['rali] (*pl* **rallies**) sm rallye *m*.

ralo, la adj [pelo, barba] clairsemé(e) ; [dientes] espacé(e).

RAM (*abr de* **random access memory**) sf RAM *f*.

rama sf **1.** branche *f* ▸ **en rama** [algodón, etc.] brut(e) ▸ **canela en rama** cannelle entière **2.** ▸ **andarse por las ramas** *fam* tourner autour du pot.

ramada sf AM abri *m* ; [de feria] stand *m*.

ramadán sm ramadan *m*.

ramaje sm branchage *m*.

ramal sm **1.** [de carretera, ferrocarril] embranchement *m* **2.** [de escalera] volée *f*.

ramalazo sm **1.** *fam* [afeminamiento] : *se le ve el ramalazo* il est de la jaquette **2.** [ataque] crise *f*.

rambla sf **1.** [avenida] promenade *f* **2.** [río] torrent *m*.

rambután sm ramboutan *m*.

ramera sf *fam* catin *f*.

ramificación sf ramification *f*.

ramificarse [10] vprnl ▸ **ramificarse (en)** se ramifier (en).

ramillete sm bouquet *m*.

ramo sm **1.** [gen & ECON] branche *f* **2.** [de flores] bouquet *m*.

rampa sf **1.** [para subir y bajar] rampe *f* ▸ **rampa de lanzamiento** rampe de lancement **2.** [cuesta] côte *f* **3.** [calambre] crampe *f*.

rampante adj rampant(e).

ramplón, ona adj quelconque.

ramplonería sf **1.** [mediocridad] banalité *f*, platitude *f* **2.** [vulgaridad] vulgarité *f*, mauvais goût *m*.

rana sf grenouille *f* ▸ **me salió rana** *fam & fig* je l'ai eue mauvaise.

ranchería sf COL MÉX RP VEN **1.** [en el campo] village *m* pauvre **2.** [en la ciudad] bidonville *m*.

ranchero, ra sm, f fermier *m*, -ère *f*. ◆ **ranchera** sf **1.** MÚS *chanson populaire mexicaine* **2.** AUTO break *m*.

rancho sm **1.** [comida] popote *f* **2.** [granja] ranch *m* **3.** CSUR VEN [cabaña] chaumière *f* **4.** MÉX [pequeña finca] ferme *f*.

rancio, cia adj **1.** [pasado - gen] rance ▸ **oler a rancio** sentir le ranci ; [vino] aigre **2.** [antiguo] ancien(enne) ▸ **de rancio abolengo** de vieille souche.

ranglán adj inv → **manga**.

rango sm rang *m*.

Rangún npr Rangoon.

ranking ['raŋkin] sm classement *m*.

ranura sf rainure *f* ; [para monedas] fente *f*.

rap sm rap *m*.

rapacidad sf rapacité *f*.

rapado, da adj rasé(e) / *los cabezas rapadas* les skinheads.

rapapolvo sm *fam* ▸ **dar** o **echar un rapapolvo** sonner les cloches à qqn.

rapar vt raser. ◆ **raparse** vprnl se raser.

rapaz, za sm, f *desus* garçonnet *m*, fillette *f*. ◆ **rapaz** adj **1.** [que roba] voleur(euse) **2.** ZOOL → **ave.** ◆ **rapaces** sfpl ZOOL rapaces *mpl*.

rape sm **1.** [pez] baudroie *f* ; CULIN lotte *f* **2.** [corte de pelo] ▸ **al rape** (à) ras.

rapé sm *(en aposición inv)* tabac *m* à priser.

rapear vi rapper.

rápel, rapel, rappel sm DEP rappel *m*.

rapero, ra sm, f rappeur *m*, -euse *f*.

rápidamente adv rapidement.

rapidez sf rapidité *f* ▸ **con rapidez** rapidement.

rápido, da adj rapide.
◆ **rápido** ❖ adv vite ▸ **¡no tan rápido!** pas si vite ! ❖ sm [tren] rapide *m*.
◆ **rápidos** smpl [de río] rapides *mpl*.

rapiña sf **1.** [robo] rapine *f* **2.** → **ave**.

rapiñar vt *fam* piquer.

raposo, sa sm, f **1.** [zorro] renard *m*, -e *f* **2.** *fam & fig* [persona] filou *m*.

rappel ['rapel] sm **1.** COM rabais *m* sur achats **2.** = **rápel**.

rapsodia sf rhapsodie *f*.

raptar vt enlever *(personne)*.

rapto sm **1.** [secuestro] enlèvement *m* **2.** [ataque] accès *m*.

raptor, ra sm, f ravisseur *m*, -euse *f*.

raqueta sf **1.** [gen] raquette *f* **2.** [de croupier] râteau *m*.

raquídeo, a adj rachidien(enne).

raquis sm inv rachis *m*.

raquítico, ca ❖ adj **1.** MED rachitique **2.** [sueldo, etc.] maigre. ❖ sm, f MED rachitique *mf*.

raquitismo sm rachitisme *m*.

raramente adv [rara vez] rarement.

rareza sf **1.** [cosa poco común, poco frecuente] rareté *f* **2.** [curiosidad] curiosité *f* **3.** [extravagancia] bizarrerie *f*.

raro, ra adj **1.** [extraño, extravagante] bizarre / *¡qué animal más raro!* quel drôle d'animal ! **2.** [excepcional, escaso] rare / *lo veo rara vez* je le vois rarement.
◆ **rara avis** smf oiseau *m* rare.

ras sm ▸ **a** o **al ras** à ras bord ▸ **a ras de** au ras de ▸ **a ras de tierra** à ras de terre.

rasante ❖ adj [luz, tiro] rasant(e) ; [vuelo] en rase-mottes. ❖ sf inclinaison *f* ▸ **en cambio de rasante** en haut d'une côte.

rasar vt raser *(effleurer)*.

rasca ❖ adj RP *fam* **1.** [ordinario] banal(e) **2.** [de mala calidad] de mauvaise qualité. ❖ sf **1.** *fam* [frío] : *aquí hace mucha rasca* ça caille, ici **2.** ANDES VEN *fam* [borrachera] cuite *f*.

rascacielos sm inv gratte-ciel *m inv*.

rascador sm **1.** [herramienta] grattoir *m* **2.** [para cerillas] frottoir *m*.

rascar [10] ❖ vt **1.** [gen] gratter / *rasca un poco la guitarra fam* il gratte un peu **2.** [con espátula] racler. ❖ vi gratter. ◆ **rascarse** vprnl se gratter.

rasera sf écumoire *f*.

rasero sm racloir *m* ▸ **medir por el mismo rasero** *fig* traiter sur un pied d'égalité.

rasgado, da adj ⟶ **ojo**.

rasgadura sf **1.** [acción] déchirement *m* **2.** [de tela] déchirure *f*.

rasgar [16] vt déchirer. ◆ **rasgarse** vprnl se déchirer.

rasgo sm **1.** [gen] trait *m* **2.** [de heroísmo, etc.] acte *m*. ◆ **rasgos** smpl [de rostro, letra] traits *mpl* ▸ **a grandes rasgos** à grands traits.

rasgón sm déchirure *f*.

rasgue ⟶ **rasgar**.

rasguear vt gratter *(la guitare)*.

rasguñar vt égratigner ; [con uñas] griffer. ◆ **rasguñarse** vprnl s'égratigner ; [con uñas] se griffer.

rasguño sm égratignure *f* ▸ **sin un rasguño** sans une égratignure.

rasilla sf **1.** [tela] serge *f* **2.** [ladrillo] brique *f* creuse.

raso, sa adj **1.** [mano] plat(e) ▸ **en campo raso** en rase campagne **2.** [lleno] plein(e) ; [cucharada, etc.] ras(e) **3.** [cielo] dégagé(e) **4.** [vuelo] en rase-mottes ▸ **muy raso** très bas **5.** MIL ⟶ **soldado.** ◆ **raso** sm satin *m*. ◆ **al raso** loc adv à la belle étoile.

raspa sf **1.** [de pescado] arête *f (de poisson)* **2.** MÉX *fam* [grosero] brute *f* épaisse.

raspado sm **1.** [acción] raclage *m* **2.** MED curetage *m*.

raspador sm grattoir *m* ; MED curette *f* ; [de pintor] couteau *m* de peintre.

raspadura sf **1.** *(gen pl)* [brizna] raclure *f* **2.** [señal] éraflure *f* **3.** [acción] grattage *m*.

raspar ◈ vt **1.** [rascar] racler ; [suj: vino] râper **2.** [rasar] frôler. ◈ vi gratter.

rasposo, sa adj râpeux(euse) ; [piel, prenda] rêche.

rasque ⟶ **rascar**.

rasta *fam* ◈ adj [música, estilo] rasta. ◈ smf [persona] rasta *mf*. ◈ sf [trenza] dreadlock *f*, rasta *f*.

rastafari adj & smf rastafari.

rastras ◆ **a rastras** loc adv ▸ **llevar algo / a alguien a rastras** *pr* & *fig* traîner qqch / qqn.

rastreador, ra adj : *un perro rastreador* un limier.

rastrear ◈ vt **1.** [seguir las huellas de] suivre à la trace **2.** *fig* [buscar pistas en - suj: persona] ratisser ; [- suj: reflector, foco] balayer. ◈ vi *fig* [indagar] enquêter.

rastreo sm ratissage *m*.

rastrero, ra adj [planta] rampant(e) ; [persona] vil(e).

rastrillar vt **1.** [terreno] ratisser **2.** [cáñamo] peigner **3.** MÉX [disparar] tirer sur.

rastrillo sm **1.** [en jardinería] râteau *m* **2.** [mercado] petit marché *m* aux puces ; [benéfico] vente *f* de charité **3.** MÉX [para afeitarse] rasoir *m*.

rastro sm **1.** [gen] trace *f* ▸ **no queda ni rastro de…** il ne reste aucune trace de… ▸ **sin dejar rastro** sans laisser de traces **2.** [mercado] marché *m* aux puces **3.** MÉX [matadero] abattoir *m*.

rastrojo sm chaume *m*.

rasurador sm rasoir *m* électrique.

rasuradora sf rasoir *m* électrique.

rasurar vt raser. ◆ **rasurarse** vprnl se raser.

> ⚠ **Rassurer** es un falso amigo, no significa *rasurar*, sino "tranquilizar".

rata ◈ adj & smf *fam* radin(e). ◈ sf **1.** [animal] rat *m* **2.** *fam* [persona] ▸ **rata de sacristía** grenouille *f* de bénitier **3.** EXPR **hacerse la rata** RP *fam* sécher les cours ▸ **más pobre que una rata** *fam* & *fig* pauvre comme Job.

ratafía sf ratafia *m*.

rataplán sm ▸ **¡rataplán!** rataplan, plan, plan !

ratear vi voler.

ratería sf vol *m*.

ratero, ra sm, f voleur *m*, -euse *f*.

raticida sm raticide *m*.

ratificación sf **1.** [aprobación, confirmación] ratification *f* **2.** DER [de testigos] récolement *f*.

ratificar [10] vt ratifier. ◆ **ratificarse** vprnl ▸ **ratificarse en** s'en tenir à.

ratio sf ratio *m*.

ratlán sm AM osier *m*.

rato sm moment *m* ▸ **al (poco) rato (de)** juste après / *hace un rato* ça fait un moment / *hay para rato* il y en a pour un (bon) moment ▸ **mucho rato** longtemps ▸ **pasar el rato** passer le temps ▸ **pasar un mal rato** passer un mauvais moment ▸ **a ratos** *fig* par moments ▸ **a ratos perdidos** *fig* à mes/tes etc. moments perdus ▸ **al rato** MÉX plus tard / *¿vamos a comer algo? — al rato* on va manger quelque chose ? — plus tard / *¡nos vemos al rato!* à tout à l'heure ! ▸ **saber un rato (largo) de** *fig* en connaître un rayon en.

ratón sm [gen & INFORM] souris *f*. ◆ **ratón de biblioteca** sm rat *m* de bibliothèque.

ratoncito sm ▸ **el ratoncito Pérez** *fam* la petite souris *(pour les dents)*.

ratonera sf **1.** [gen] souricière *f* **2.** [madriguera] trou *m* de souris.

raudal sm **1.** [de agua] torrent *m* **2.** *fig* [montón] flot *m* ▸ **correr a raudales** couler à flots / *gana dinero a raudales* il gagne énormément d'argent.

raudo, da adj ▸ **correr / partir raudo** filer / partir comme une flèche ▸ **pasar raudo** passer en coup de vent.

ravioli sm *(gen pl)* ravioli *m*.

raya ◈ sf **1.** [gen & ZOOL] raie *f* ; [raspadura, de color] rayure *f* ; [de animal] zébrure *f* ▸ **a rayas** à rayures **2.** [de pantalón] pli *m* **3.** [de cocaína] ligne *f* **4.** *fig* [límite] limite *f* ▸ **pasarse de la raya** dépasser les bornes o les limites **5.** [guión] tiret *m* ▸ **mantener** o **tener a raya a alguien** *fig* tenir qqn en respect **6.** MÉX [sueldo] paie *f*, salaire *m*. ◈ v ⟶ **raer.**

rayado, da ◆ adj **1.** [a rayas] rayé(e) **2.** CSUR *fam* [loco] cinglé(e). ◆ sm, f CSUR *fam* [loco] cinglé *m*, -e *f*. ◆ **rayado** sm **1.** [rayas] rayures *fpl* **2.** [acción] tracé *m*.

rayano, na adj **1.** [fronterizo] limitrophe **2.** [parecido] ▸ **ser rayano en algo** confiner à.

rayar ◆ vt **1.** [tachar, arañar, estropear] rayer **2.** MÉX RP [detener] arrêter subitement. ◆ vi **1.** [aproximarse] ▸ **rayar en algo** friser qqch / *raya en lo ridículo* ça frise le ridicule **2.** [amanecer] ▸ **al rayar el alba** à l'aube. ◆ **rayarse** vprnl **1.** [estropearse] se rayer **2.** CSUR *fam* [volverse loco] devenir cinglé(e).

rayera ⟶ **raer.**

rayo ◆ v ⟶ **raer.** ◆ sm **1.** [gen & FÍS] rayon *m* ▸ **rayo láser / X** rayon laser / X ▸ **rayos beta / gamma** rayons bêta / gamma ▸ **rayos infrarrojos / ultravioleta** rayons infrarouges / ultraviolets ▸ **rayos uva** UV, rayons UV **2.** METEOR foudre *f* ▸ **¡que te parta un rayo!** *fam* & *fig* va te faire cuire un œuf ! ▸ **ser un rayo** être rapide comme l'éclair.

rayón sm rayonne *f*.

rayuela sf marelle *f*.

raza sf **1.** [gen] race *f* ▸ **de raza** de race ▸ **raza amarilla** o **mongólica** race jaune ▸ **raza blanca / negra** race blanche / noire **2.** MÉX *despec* [populacho] populace *f* **3.** AM *fam* [cara] culot *m*.

razón sf **1.** [gen & MAT] raison *f* ▸ **atender a razones** se rendre à la raison ▸ **dar la razón a alguien** donner raison à qqn ▸ **en razón de** o **a** en raison de ▸ **hacer entrar en razón a alguien** faire entendre raison à qqn ▸ **perder la razón** perdre la raison ▸ **tener razón** avoir raison ▸ **y con razón** non sans raison ▸ **razón de ser** raison d'être **2.** [información] renseignements *mpl* ▸ **'razón aquí'** 'renseignements' **3.** COL MÉX VEN [recado] message *m* / *Diego no está, ¿quiere dejarle razón?* Diego n'est pas là, vous voulez lui laisser un message ? ◆ **razón de Estado** sf raison *f* d'État. ◆ **razón social** sf raison *f* sociale. ◆ **a razón de** loc prep à raison de.

razonable adj raisonnable.

razonado, da adj raisonné(e).

razonamiento sm raisonnement *m*.

razonar ◆ vt [argumentar] justifier. ◆ vi [pensar] raisonner.

RBE (*abr de* **Resultado Bruto de Explotación**) sm RBE *m* / *un aumento / disminución del RBE* une augmentation / diminution du RBE.

RDB (*abr de* **renta disponible bruta**) sf RDB *f* / *la RDB de las familias* le RDB des ménages.

RDSI (*abr de* **Red Digital de Servicios Integrados**) sm RNIS *m*.

re sm ré *m*.

reabastecer vt réapprovisionner / *aún no han reabastecido mi supermercado (de café)* mon supermarché n'a pas encore été réapprovisionné (en café). ◆ **reabastecerse** vprnl se réapprovisionner / *se ha reabastecido con otro proveedor* il s'est réapprovisionné auprès d'un autre fournisseur.

reabrir vt *pr* & *fig* rouvrir.

reabsorber vt **1.** [disolver] résorber **2.** [volver a absorber] réabsorber. ◆ **reabsorberse** vprnl se résorber.

reacción sf réaction *f*.

reaccionar vi réagir.

reaccionario, ria adj & sm, f réactionnaire.

reacio, cia adj réticent(e) ▸ **reacio a algo** réfractaire à ▸ **reacio a** o **en hacer algo** peu enclin à faire qqch ▸ **un caballo reacio** un cheval rétif.

reacondicionar vt [local] réaménager.

reactivación sf réactivation *f* ; ECON relance *f*.

reactivar vt relancer *(l'économie, etc.)*.

reactividad sf réactivité *f*.

reactivo, va adj réactif(ive). ◆ **reactivo** sm QUÍM réactif *m*.

reactor sm **1.** [propulsor] réacteur *m* **2.** [avión] avion *m* à réaction.

readaptación sf réadaptation *f*.

readaptar vt réadapter. ◆ **readaptarse** vprnl se réadapter.

readmisión sf réadmission *f*.

readmitir vt réadmettre ; [a despedidos] reprendre.

reafirmante adj [crema] raffermissant(e).

reafirmar vt réaffirmer ▸ **reafirmar a alguien en** conforter qqn dans. ◆ **reafirmarse** vprnl s'affirmer ▸ **reafirmarse en** [opinión, creencia] être conforté(e) dans.

reagrupar vt regrouper.

reajustar vt réajuster.

reajuste sm **1.** [cambio] réaménagement *m* ▸ **reajuste ministerial** remaniement *m* ministériel **2.** ECON rajustement *m*.

real ◆ adj **1.** [verdadero] réel(elle) **2.** [de monarquía] royal(e). ◆ sm *desus* [moneda] réal *m* ▸ **no vale un real** *fig* ça ne vaut rien.

realce ◆ v ⟶ **realzar.** ◆ sm **1.** [esplendor] éclat *m* ▸ **dar realce a** donner de l'éclat à **2.** [en pintura] rehaut *m* **3.** [en arquitectura, escultura] relief *m*.

Cómo dar razón a alguien

- **Je dois reconnaître o admettre que vous avez raison.** *Tengo que admitir que tiene usted razón.*
- **Effectivement, c'est une manière de voir les choses.** *Efectivamente, es una manera de ver las cosas.*
- **Peut-être, effectivement.** *Probablemente tenga razón.*
- **C'est possible, oui.** *Sí, es posible.*
- **Tu n'as pas tort.** *No vas desencaminado.*
- **C'est très cher, je vous l'accorde.** *Es muy caro, estoy de acuerdo.*
- **C'est juste.** *Eso es.*

realeza sf **1.** [monarcas] royauté *f* **2.** [magnificencia] faste *m*.

realidad sf réalité *f* ▸ **en realidad** en réalité ▸ **realidad virtual** réalité virtuelle.

realimentación sf **1.** ELECTRÓN feed-back *m* **2.** [de clientes] feed-back *m*.

realismo sm **1.** [gen & ARTE] réalisme *m* **2.** POLÍT royalisme *m*.

realista adj & smf réaliste ; POLÍT royaliste.

reality show sm reality show *m*.

realizable adj réalisable.

realización sf réalisation *f*.

realizado, da adj **1.** [hecho] réalisé(e) **2.** [satisfecho] épanoui(e).

realizador, ra sm, f CINE & TV réalisateur *m*, -trice *f*.

realizar [13] vt réaliser ; [esfuerzo, inversión] faire. ◆ **realizarse** vprnl **1.** [gen] se réaliser **2.** [en un trabajo] s'épanouir.

realmente adv réellement / *está realmente enfadado* il est vraiment fâché.

realquilado, da ◈ adj sous-loué(e). ◈ sm, f sous-locataire *mf*.

realquilar vt sous-louer.

realzar [13] vt rehausser.

reanimación sf **1.** [física, moral] rétablissement *m* / *todos esperamos su reanimación* nous espérons tous qu'il se ressaisisse **2.** MED réanimation *f*.

reanimar vt **1.** [físicamente] revigorer **2.** [moralmente] réconforter **3.** MED réanimer. ◆ **reanimarse** vprnl **1.** [físicamente] être revigoré(e) **2.** MED [recobrar el conocimiento] reprendre connaissance.

reanudación sf reprise *f*.

reanudar vt [amistad, conversación] renouer ; [trabajo, clases] reprendre. ◆ **reanudarse** vprnl [amistad] se renouer ; [trabajo, clases] reprendre.

reaparecer [30] vi réapparaître.

reaparición sf réapparition *f*.

reapertura sf réouverture *f*.

rearmar vt réarmer.

rearme sm réarmement *m*.

reasegurar vt COM réassurer.

reaseguro sm COM réassurance *f*.

reata sf **1.** [correa] harnais *m*, trait *m* **2.** MÉX [para ganado] lasso *m*.

reavivar vt raviver.

rebaja sf réduction *f*. ◆ **rebajas** sfpl soldes *mpl* ▸ **comprar algo de rebajas** acheter qqch en solde ▸ **estar de rebajas** solder ▸ **ir de rebajas** faire les soldes.

rebajado, da adj **1.** [precio] réduit(e) ; [mercancía] soldé(e), en solde **2.** [humillado] rabaissé(e) **3.** ARQUIT surbaissé(e).

rebajar ◈ vt **1.** [precio] réduire ; [mercancía] solder / *le rebajo diez euros* je vous fais une réduction de dix euros **2.** [persona] rabaisser **3.** [intensidad] atténuer **4.** [altura] abaisser **5.** RP [adelgazar] perdre / *rebajé 3 kilos en un mes* j'ai perdu 3 kilos en un mois. ◈ vi RP [adelgazar] maigrir. ◆ **rebajarse** vprnl se rabaisser ▸ **rebajarse a hacer algo** s'abaisser à faire qqch.

rebanada sf tranche *f (de pain)* ; [con mantequilla, etc.] tartine *f*.

rebanar vt **1.** [pan] couper (en tranches) **2.** [cortar] sectionner.

rebañar vt [con pan] saucer / *siempre rebaña la cazuela* il finit toujours les restes dans la casserole.

rebaño sm troupeau *m*.

rebasar vt **1.** [sobrepasar] dépasser **2.** CAM MÉX [vehículo] dépasser, doubler.

rebatible adj **1.** [argumento] réfutable **2.** RP [silla, mesa, cama] pliant(e).

rebatir vt réfuter.

rebato sm tocsin *m* ▸ **tocar a rebato** sonner le glas.

rebeca sf cardigan *m*.

rebelarse vprnl se rebeller.

rebelde ◈ adj **1.** [gen] rebelle **2.** DER contumace. ◈ sm, f **1.** [sublevado] rebelle *mf* **2.** DER condamné(e) par contumace.

rebeldía sf **1.** [gen] révolte *f* **2.** DER ▸ **en rebeldía** par contumace.

rebelión sf rébellion *f*.

rebenque sm AM fouet *m*.

reblandecer [30] vt ramollir. ◆ **reblandecerse** vprnl se ramollir.

reblandecimiento sm [ablandamiento, lesión] ramollissement *m*.

rebobinado sm rembobinage *m*.

rebobinar vt rembobiner.

reboce ⟶ **rebozar**.

reborde sm rebord *m*.

rebosante adj ▸ **rebosante (de)** débordant(e) (de).

rebosar ◈ vt [abundar] déborder. ◈ vi déborder ▸ **rebosar de** déborder de.

rebotado, da adj [cura] défroqué(e).

rebotar vi rebondir. ◆ **rebotarse** vprnl *mfam* [enfadarse] se foutre en rogne.

rebote sm rebond *m* ▸ **de rebote** par ricochet.

rebozado, da adj CULIN pané(e).

rebozar [13] vt CULIN paner *(enrober de pâte à frire)*.

rebozo sm mantille *f*.

rebrotar vi repousser.

rebrote sm *fig* [renacimiento, vuelta] renouveau *m* / *un rebrote de violencia* un regain de violence / *el rebrote de una enfermedad* la réapparition d'une maladie.

rebuscado, da adj **1.** [complicado] recherché(e) **2.** [fingido] affecté(e).

rebuscamiento sm recherche *f (raffinement)*.

rebuscar [10] vt rechercher. ◆ **rebuscarse** vprnl ANDES RP *fam* se débrouiller.

rebuznar vi braire.
rebuzno sm braiment *m*.
recabar vt **1.** [pedir] réclamer **2.** [conseguir] obtenir.
recadero, ra sm, f coursier *m*, -ère *f*.
recado sm **1.** [mensaje] message *m* **2.** [encargo, diligencia] course *f*.
recaer [55] vi **1.** [gen] retomber **2.** [enfermo] rechuter ▸ **recaer en** [vicio, error, etc.] retomber dans ▸ **recaer sobre** [culpa, responsabilidad, etc.] retomber sur.
recaída sf rechute *f*.
recaiga ⟶ **recaer**.
recalar ❖ vt tremper. ❖ vi NÁUT atterrir.
recalcar [10] vt insister sur / *no hace falta que me lo recalques...* tu n'as pas besoin de me le répéter....
recalcitrante adj récalcitrant(e).
recalentamiento sm **1.** [acción de recalentar] réchauffement *m* ▸ **recalentamiento del planeta** réchauffement de la planète **2.** [acero] réchauffage *m* **3.** [calentamiento excesivo] surchauffe *f*.
recalentar [19] vt **1.** [volver a calentar] réchauffer **2.** [motor] surchauffer.
◆ **recalentarse** vprnl [motor] chauffer.
recalificar vt : *recalificar terrenos* réviser le cadastre.
recámara sf **1.** [habitación] dressing *m* **2.** [de arma de fuego] magasin *m* **3.** CAm Col Méx [alcoba] chambre *f*.
recamarera sf CAm Col Méx femme *f* de chambre.
recambiar [8] vt [pieza] remplacer.
recambio sm pièce *f* de rechange ▸ **de recambio** de rechange / *una rueda de recambio* une roue de secours.
recapacitar vi réfléchir.
recapitalización sf recapitalisation *f*.
recapitulación sf récapitulation *f*.
recapitular vt récapituler.
recarga sf recharge *f*.
recargable adj rechargeable.
recargado, da adj surchargé(e).
recargar [16] vt **1.** [gen] ▸ **recargar (algo / a alguien de algo)** surcharger (qqch / qqn de qqch) / *recargar el café de azúcar* mettre trop de sucre dans le café **2.** [volver a cargar] recharger **3.** [aumentar] majorer.
◆ **recargarse** vprnl Méx [apoyarse] s'appuyer / *no te recargues en la puerta* ne t'appuie pas sur la porte.
recargo sm [de deuda, impuesto, etc.] majoration *f*.
recatado, da adj [decente] honnête ; [pudoroso] réservé(e).
recatarse vprnl ▸ **no recatarse de hacer algo** ne pas se priver de faire qqch ▸ **sin recatarse** sans retenue.
recato sm **1.** [decencia] pudeur *f* **2.** [miramiento] prudence *f* ▸ **no tener recato en** n'avoir aucun scrupule à ▸ **sin recato** sans retenue.
recauchutado sm rechapage *m*.
recauchutar vt **1.** [neumático] rechaper **2.** RP [objeto] réparer.
recaudación sf **1.** [acción] recouvrement *m* **2.** [cantidad] recette *f*.
recaudador, ra sm, f receveur *m*, -euse *f* ; [de impuestos] percepteur *m*.
recaudar vt [impuestos, pagos] recouvrer ; [donativos] collecter.
recaudo ◆ **a buen recaudo** loc adv en sûreté ▸ **poner a buen recaudo** mettre en lieu sûr.
recayera ⟶ **recaer**.
rece ⟶ **rezar**.
recelar vi ▸ **recelar (de)** se méfier (de).
recelo sm [suspicacia] méfiance *f*.
receloso, sa adj [suspicaz] méfiant(e).
recensión sf recension *f*.
recepción sf réception *f* ▸ **tributar una recepción a alguien** organiser une réception en l'honneur de qqn.
recepcionar vt [recibir] recevoir.
recepcionista smf réceptionniste *mf*.
receptáculo sm réceptacle *m*.
receptividad sf réceptivité *f*.
receptivo, va adj réceptif(ive).
receptor, ra ❖ adj récepteur(trice). ❖ sm, f receveur *m*, -euse *f* ▸ **receptor de órgano** receveur d'organe.
◆ **receptor** sm [aparato] récepteur *m*.
recesión sf ECON récession *f*.
recesivo, va adj récessif(ive).
receso sm [pausa] pause *f*.
receta sf **1.** CULIN recette *f* **2.** MED ordonnance *f*.
recetar vt MED prescrire.
recetario sm livre *m* de recettes.
rechazar [13] vt **1.** [gen & MIL] repousser **2.** [propuesta, petición & MED] rejeter / *rechazar unas acusaciones* réfuter des accusations.
rechazo sm **1.** [negativa] refus *m* **2.** [no aceptación] rejet *m* **3.** MED rejet *m*.
rechinar vi grincer.

Cómo expresar el rechazo

- **Certainement pas !** *¡De ninguna manera!*
- **Il n'en est pas question !** *¡Ni hablar!*
- **Non, je regrette.** *No, lo siento.*
- **Je ne peux pas accepter vos conditions.** *No puedo aceptar sus condiciones.*
- **Je refuse de le faire.** *Me niego a hacerlo.*
- **Je n'irai pas, un point c'est tout** o **point final !** *¡No iré y punto!*
- **Alors là, tu peux toujours courir !** *fam ¡Ni lo sueñes!*
- **Je m'y oppose catégoriquement.** *Me opongo totalmente.*

rechistar vi *fam* moufter / *obedeció sin rechistar* il a obéi sans moufter.

rechoncho, cha adj *fam* rondouillard(e).

rechupete ◆ **de rechupete** loc adj *fam* [comida] : *está de rechupete* on s'en lèche les babines.

recibí sm ▸ **'recibí'** [en documentos] pour acquit.

recibidor sm [vestíbulo] entrée *f*.

recibimiento sm accueil *m*.

recibir vt **1.** [gen] recevoir / *recibir una carta / invitados* recevoir une lettre/des invités **2.** [dar la bienvenida, acoger] accueillir / *el médico recibe los lunes* le médecin reçoit le lundi.
◆ **recibirse** vprnl AM [graduarse] obtenir un titre o un diplôme / *recibirse de doctor* obtenir le titre de docteur.

recibo sm **1.** [acción] réception *f* ▸ **ser de recibo** être acceptable **2.** [documento] reçu *m* ; [de alquiler, luz, etc.] quittance *f*.

reciclable adj **1.** [vidrio, papel, envase] recyclable **2.** [profesional, empleado] qui peut se recycler.

reciclado, da adj recyclé(e).

reciclaje sm recyclage *m*.

reciclar vt recycler.

recién adv récemment / *recién edificado* récemment construit ▸ **los recién casados** les jeunes mariés ▸ **los recién llegados** les nouveaux venus ▸ **un recién nacido** un nouveau-né.

reciente adj **1.** [gen] récent(e) **2.** [pan, pintura, sangre, etc.] frais (fraîche).

recientemente adv récemment.

recinto sm enceinte *f*.

recio, cia adj **1.** [persona] robuste **2.** [viga, pared, etc.] solide ; [voz, tela] fort(e) ▸ **un tiempo recio** un temps rigoureux. ◆ **recio** adv **1.** AM [trabajar] dur **2.** MÉX [hablar] fort.

recipiente sm récipient *m*.

reciprocidad sf réciprocité *f* ▸ **en reciprocidad a** en remerciement de.

recíproco, ca adj réciproque.

recital sm récital *m* ; [de rock] concert *m*.

recitar vt réciter.

reclamación sf réclamation *f*.

reclamante adj & smf DER requérant(e).

reclamar ❖ vt réclamer. ❖ vi [protestar] ▸ **reclamar (contra)** déposer une réclamation (contre).

reclamo sm **1.** [publicidad] réclame *f* **2.** [ave, pito] appeau *m* **3.** AM [queja] réclamation *f* / *cuente el vuelto antes de retirarse de la ventanilla, después no aceptamos reclamos* vérifiez la monnaie avant de quitter le guichet, après nous n'accepterons pas les réclamations **4.** AM [reivindicación] revendication *f*.

reclinable adj inclinable.

reclinar vt [asiento] incliner ▸ **reclinar algo contra** appuyer qqch contre. ◆ **reclinarse** vprnl s'incliner ▸ **reclinarse sobre** s'appuyer sur.

reclinatorio sm prie-Dieu *m inv*.

recluir [51] vt enfermer.
◆ **recluirse** vprnl s'enfermer, se cloîtrer.

reclusión sf **1.** [encarcelamiento] réclusion *f* **2.** *fig* [encierro] prison *f*.

recluso, sa sm, f prisonnier *m*, -ère *f*.

recluta sm recrue *f*.

reclutamiento sm recrutement *m* ▸ **reclutamiento (obligatorio)** conscription *f*.

reclutar vt **1.** [soldado] enrôler **2.** [trabajador] recruter **3.** RP [ganado] rassembler.

recobrar vt [dinero, salud] recouvrer ▸ **recobrar el aliento / conocimiento** reprendre haleine/connaissance.
◆ **recobrarse** vprnl récupérer ▸ **recobrarse de** se remettre de.

recochinearse vprnl *fam* ▸ **recochinearse de alguien** mettre qqn en boîte.

recochineo sm *fam* : *me roba y encima, con recochineo* il me vole, et par-dessus le marché, il se fiche de moi.

recodo sm [de camino] détour *m* ; [de río] coude *m*.

recogedor sm pelle *f (à poussière)*.

recogemigas sm inv ramasse-miettes *m inv*.

recogepelotas smf inv ramasseur *m*, -euse *f* de balles.

recoger [14] vt **1.** [gen] ramasser ; [habitación] ranger ▸ **recoger la mesa** débarrasser la table **2.** [reunir, albergar] recueillir **3.** [ir a buscar] : *pasó a recogerme* il est passé me prendre **4.** [cosechar, obtener] récolter **5.** [acortar - falda, vestido, etc.] retrousser.
◆ **recogerse** vprnl **1.** [retirarse] aller se coucher **2.** [meditar] se recueillir **3.** [cabello] attacher.

recogido, da adj **1.** [lugar] tranquille **2.** [cabello] attaché(e). ◆ **recogida** sf [de frutas, cereales] récolte *f* ; [de basuras] ramassage *m*.

recogimiento sm **1.** [concentración] recueillement *m* **2.** [retiro] retraite *f* / *vivir en total recogimiento* vivre complètement retiré(e).

recoja ⟶ **recoger**.

recolección sf **1.** [de frutas, cereales] récolte *f* **2.** [de fondos] collecte *f*.

recolectar vt **1.** [cosechar] récolter **2.** [reunir] collecter.

recolector, ra ❖ adj : *país recolector* pays producteur *(de fruits, céréales)*. ❖ sm, f cueilleur *m*, -euse *f*.
◆ **recolector** sm AM [de basura] camion *m* des éboueurs.

recoleto, ta adj [tranquilo] peu fréquenté(e) ; [solitario] retiré(e).

recomendable adj recommandable.

recomendación sf **1.** [gen] recommandation *f* **2.** *(gen pl)* [informes] références *fpl*.

recomendado, da sm, f : *es un recomendado de* il a été recommandé par.

recomendar [19] vt recommander.

recomenzar [34] vt recommencer.

recompensa sf récompense *f*.

recompensar vt récompenser.

recomponer [65] vt réparer.

recompuesto, ta pp ⟶ **recomponer**.

reconcentrar vt **1.** [gen] concentrer **2.** [soldados, objetos] réunir **3.** *fig* [sentimiento, pasión] ▸ **reconcentrar algo en** reporter qqch sur. ◆ **reconcentrarse** vprnl ▸ **reconcentrarse (en)** se concentrer (sur).

reconciliación sf réconciliation *f*.

reconciliar [8] vt réconcilier.
◆ **reconciliarse** vprnl se réconcilier.

reconcomer vt ronger / *los celos la reconcomen* elle est rongée par la jalousie.
◆ **reconcomerse** vprnl être rongé(e) / *reconcomerse de envidia* être rongé(e) de jalousie.

reconcomio sm ressentiment *m*.

recóndito, ta adj **1.** [escondido] retiré(e) **2.** [íntimo] ▸ **lo más recóndito de** le tréfonds de.

reconducir [33] vt [problema, debate, etc.] recentrer.

reconfigurar vt INFORM reconfigurer.

reconfortante adj réconfortant(e).

reconfortar vt réconforter.

reconocer [31] vt **1.** [gen] reconnaître **2.** MED examiner.
◆ **reconocerse** vprnl se reconnaître.

reconocible adj reconnaissable.

reconocido, da adj **1.** [admitido] reconnu(e) **2.** [agradecido] reconnaissant(e).

reconocimiento sm **1.** [gen & MIL] reconnaissance *f* ▸ **reconocimiento del habla** INFORM & LING reconnaissance vocale **2.** MED ▸ **reconocimiento (médico)** examen *m* médical.

reconquista sf reconquête *f*.
◆ **Reconquista** sf HIST : *la Reconquista* la Reconquista *f*.

Reconquista

Ce terme désigne la période allant du VIIIe au XVe siècle durant laquelle les chrétiens combattirent les musulmans pour reconquérir leurs terres après que ceux-ci aient envahi la péninsule ibérique en 711. À mesure que les chrétiens gagnaient du terrain, les musulmans se convertissaient au christianisme, devenant ainsi des **moriscos**. Nombre d'entre eux restèrent dans la péninsule après la prise de Grenade en 1492, qui entraîna l'expulsion définitive des Arabes par les Rois Catholiques. Les Maures vont laisser de nombreuses traces de leur passage tant dans le domaine des sciences que dans celui de l'architecture ou de la vie quotidienne.

reconquistar vt reconquérir.

reconsiderar vt reconsidérer.

reconstituir [51] vt reconstituer.
◆ **reconstituirse** vprnl [rehacerse] se reconstituer.

reconstituyente ❖ adj reconstituant(e).
❖ sm reconstituant *m*.

reconstrucción sf **1.** [gen] reconstruction *f* **2.** [de sucesos] reconstitution *f*.

reconstruir [51] vt **1.** [gen] reconstruire **2.** [suceso] reconstituer.

reconvención sf reproche *m*.

reconvenir [75] vt faire des reproches à ▸ **reconvenir a alguien por algo** reprocher qqch à qqn.

reconversión sf reconversion *f* ▸ **reconversión industrial** reconversion industrielle.

reconvertir [27] vt reconvertir.

recopilación sf **1.** [de documentos] compilation *f* ; [de datos] rassemblement *m* **2.** [libro] recueil *m*.

recopilar vt [documentos] compiler ; [datos] rassembler.

recopilatorio sm [disco] compilation *f*, compil *f*.

recórcholis interj *fam* & *eufem* bon sang, bon Dieu.

récord (*pl* **records**) sm record *m* ▸ **batir / establecer un récord** battre / établir un record ▸ **tener el récord de** détenir le record de.

recordar [23] vt **1.** [gen] rappeler / *te recuerdo que tienes que madrugar* je te rappelle que tu dois te lever tôt / *me recuerda a un amigo mío* il me rappelle un ami à moi **2.** [acordarse de] se rappeler, se souvenir de / *recuerdo mis primeras vacaciones* je me rappelle mes premières vacances ▸ **si mal no recuerdo** si je me souviens bien.

recordatorio sm **1.** [aviso] rappel *m* **2.** [estampa] image *f* commémorative.

recordman [re'korman, 'rekorman] (*pl* **recordmans**) sm recordman *m*.

recorrer vt parcourir.

recorrida sf AM [recorrido] parcours *m*.

recorrido sm [trayecto] parcours *m*.

recortable sm découpage *m (pour enfant)*.

recortado, da adj découpé(e).

recortar vt **1.** [cortar - lo que sobra] couper ; [- figura] découper **2.** *fig* [sueldo, presupuesto, etc.] réduire.
◆ **recortarse** vprnl [perfilarse] se découper.

recorte sm **1.** [pieza cortada] coupure *f* ▸ **recorte de prensa** coupure de presse **2.** *fig* [de gastos, etc.] réduction *f* ▸ **recorte del presupuesto** réduction des dépenses budgétaires **3.** DEP dribble *m* ▸ **hacer un recorte** dribbler.

recostar [23] vt appuyer. ◆ **recostarse** vprnl s'allonger ; [en sillón, etc.] se caler.

recoveco sm **1.** [rincón] recoin *m* **2.** [curva] détour *m* **3.** *fig* [del alma, corazón] repli *m*.

recreación sf recréation *f*.

recrear vt **1.** [entretener] amuser, distraire **2.** [reproducir] recréer. ◆ **recrearse** vprnl **1.** [entretenerse] se distraire **2.** [regodearse] se délecter.

recreativo, va adj [velada, momento] agréable ; [sociedad, centro] de loisirs ▸ **una máquina recreativa** un jeu d'arcade.

recreo sm **1.** [entretenimiento] loisir *m* **2.** EDUC récréation *f*.

recriminación sf récrimination *f*, reproche *m*.

recriminar vt [acusar] récriminer ; [reprender] ▸ **recriminar a alguien por algo** reprocher qqch à qqn. ◆ **recriminarse** vprnl : *no tengo nada de qué recriminarme* je n'ai rien à me reprocher.

recriminatorio, ria adj récriminatoire.

recrudecer [30] vi redoubler. ◆ **recrudecerse** vprnl s'intensifier.

recrudecimiento sm recrudescence *f*.

recta sf ⟶ **recto**.

rectal adj rectal(e).

rectangular adj **1.** [de forma] rectangulaire **2.** GEOM ▸ **un triángulo rectangular** un triangle rectangle.

rectángulo, la adj rectangle. ◆ **rectángulo** sm rectangle *m*.

rectificable adj rectifiable.

rectificación sf rectification *f*.

rectificar [10] vt rectifier ; [enmendar] corriger.

rectilíneo, a adj rectiligne.

rectitud sf rectitude *f* ; *fig* [moral] droiture *f*.

recto, ta adj **1.** [gen] droit(e) **2.** [justo, verdadero] juste **3.** [no figurado] propre. ◆ **recto** ❖ sm ANAT rectum *m*. ❖ adv tout droit. ◆ **recta** sf droite *f* ▸ **la recta final** la dernière ligne droite.

rector, ra ❖ adj directeur(trice). ❖ sm, f EDUC recteur *m*. ◆ **rector** sm RELIG recteur *m*.

rectorado sm rectorat *m*.

rectoría sf **1.** EDUC rectorat *m* **2.** [casa del párroco] cure *f*.

recua sf [de caballos, mulas] troupeau *m (de bêtes de somme)*.

recuadro sm encadré *m*.

recubierto, ta pp ⟶ **recubrir**.

recubrimiento sm revêtement *m*.

recubrir vt recouvrir.

recuento sm dénombrement *m*, décompte *m* ▸ **recuento de votos** dépouillement *m* du scrutin.

recuerda ⟶ **recordar**.

recuerdo sm souvenir *m*. ◆ **recuerdos** smpl : *¡(dale) recuerdos a tu hermano!* bien des choses à ton frère !

recuesta ⟶ **recostar**.

recular vi **1.** [retroceder] reculer / *recular un metro* reculer d'un mètre **2.** *fam* & *fig* [ceder] se dégonfler.

recuperable adj récupérable.

recuperación sf **1.** [de lo perdido] récupération *f* ; [de la salud] rétablissement *m* ; [de la economía] redressement *m* **2.** MED rééducation *f* **3.** EDUC rattrapage *m*.

recuperar vt récupérer ; [horas de trabajo, examen] rattraper ▸ **recuperar el tiempo perdido** rattraper le temps perdu ▸ **recuperar fuerzas** reprendre des forces. ◆ **recuperarse** vprnl **1.** [enfermo] ▸ **recuperarse de** se remettre de **2.** [de una crisis] se relever.

recurrencia sf récurrence *f*.

recurrente ❖ adj **1.** DER appelant(e) **2.** [repetido] récurrent(e). ❖ smf DER appelant *m*, -e *f*.

recurrir vi **1.** [buscar ayuda] ▸ **recurrir a algo / alguien** avoir recours à qqch / qqn **2.** DER faire appel.

recurso sm **1.** [medio] recours *m* **2.** DER pourvoi *m* ▸ **recurso (de apelación)** appel *m* ▸ **recurso de casación** recours o pourvoi en cassation. ◆ **recursos** smpl ressources *fpl* ▸ **recursos propios** fonds *mpl* propres.

recusar vt récuser.

red sf **1.** [gen & INFORM] réseau *m* ▸ **red de carreteras o viaria** réseau routier ▸ **red de tiendas** chaîne *f* de magasins ▸ **red de ventas** réseau commercial ▸ **red local / neuronal** réseau local / neuronal ▸ **caer en las redes de alguien** tomber entre les griffes de qqn **2.** [malla] filet *m*.

redacción sf rédaction *f*.

redactar vt rédiger.

redactor, ra sm, f rédacteur *m*, -trice *f*.

redada sf coup *m* de filet.

redecilla sf [de pelo] résille *f*.

redefinir vt redéfinir.

redención sf **1.** [rescate] rachat *m* **2.** RELIG rédemption *f*.

redentor, ra sm, f rédempteur *m*, -trice *f*. ◆ **Redentor** sm ▸ **el Redentor** le Rédempteur.

redicho, cha adj *fam* [persona] chochotte ; [lenguaje, actitud] de chochotte.

rediez interj ▸ **¡rediez!** zut alors !

redil sm enclos *m*.

redimir vt **1.** [gen & RELIG] racheter **2.** [librar] libérer **3.** [finca, etc.] ▸ **redimir de una hipoteca** lever une hypothèque sur. ◆ **redimirse** vprnl [de un castigo] se racheter ; [de una obligación] se dispenser.

redireccionar vt INFORM rediriger.

redirigir vt [pasajero, cliente, vuelo, suma de dinero] rediriger.

redistribución sf **1.** [de tierra, riqueza] redistribution *f* **2.** [de muebles] nouvelle disposition *f*.

redistribuir [51] vt redistribuer.

rédito sm ECON intérêt *m*.

redoblar ❖ vt redoubler / *redoblar la vigilancia* redoubler d'attention. ❖ vi battre le tambour ; [campanas] sonner.

redoble sm [de tambor] roulement *m*.

redomado, da adj fieffé(e) / *un mentiroso redomado* un fieffé menteur.

redondeado, da adj arrondi(e).

redondear vt **1.** [gen] arrondir **2.** [rematar] ▸ **redondear con** achever par.

redondel sm rond *m* ; TAUROM arène *f*.

redondeo sm [de cantidad, precio] arrondi *m*.

redondo, da adj **1.** [circular, esférico] rond(e) ▸ **a la redonda** à la ronde **2.** [ventajoso] excellent(e) **3.** [rotundo] catégorique **4.** [cantidad] tout rond **5.** EXPR **caerse redondo** *fam* tomber raide.
◆ **redonda** sf [letra] romain *m*.
◆ **redondo** sm CULIN gîte *m* ; [de ternera] noix *f* ▸ **redondo asado** rôti *m*.

reducción sf réduction *f*.

reducido, da adj réduit(e) ; [rendimiento] faible ; [casa, espacio] petit(e).

reducir [33] ◈ vt **1.** [gen] réduire ▸ **reducir a polvo / cenizas** réduire en poussière / cendres **2.** [tropas, rebeldes, etc.] soumettre. ◈ vi AUTO ralentir.
◆ **reducirse** vprnl **1.** [limitarse] ▸ **reducirse a** se réduire à **2.** [equivaler] : *tanta palabrería se reduce a que...* tout ce verbiage revient à dire que....

reducto sm **1.** [fortificación] redoute *f* **2.** *fig* [refugio] bastion *m* ; [de grupo, ideología] fief *m*.

reductor, ra adj réducteur(trice).
◆ **reductor** sm **1.** [de velocidad] réducteur *m* **2.** [de presión] détendeur *m*.

redujera ⟶ **reducir**.

redundancia sf redondance *f*.

redundante adj redondant(e).

redundar vi ▸ **redundar en beneficio / perjuicio de alguien** tourner à l'avantage / au désavantage de qqn.

reduplicar [10] vt redoubler.

reduzca ⟶ **reducir**.

reedición sf réédition *f*.

reedificar vt réédifier, reconstruire.

reeditar vt rééditer.

reeducación sf rééducation *f*.

reeducar [10] vt rééduquer.

reelección sf réélection *f*.

reelegir [42] vt réélire.

reembolsable, rembolsable adj remboursable.

reembolsar, rembolsar vt rembourser.

reembolso, rembolso sm remboursement *m*.

reemplazar [13], **remplazar** vt remplacer.

reemplazo, remplazo sm remplacement *m* ; MIL contingent *m*.

reemprender vt reprendre.

reencarnación sf réincarnation *f*.

reencarnar vt réincarner. ◆ **reencarnarse** vprnl ▸ **reencarnarse (en)** se réincarner (en).

reencontrar [23] vt retrouver.
◆ **reencontrarse** vprnl se retrouver.

reencuentro sm retrouvailles *fpl*.

reenfocar vt [acción, proyecto] recadrer.

reengancharse vprnl MIL rempiler.

reenviar vt renvoyer.

reenvío sm renvoi *m*.

reescribir vt récrire.

reestrenar vt TEATRO & CINE reprendre.

reestreno sm TEATRO & CINE reprise *f*.

reestructuración sf restructuration *f*.

reestructurar vt restructurer.

reexpedir [26] vt réexpédier.

reexportación sf réexportation *f*.

refacción sf *(gen pl)* AM **1.** [reparación] réparation *f* **2.** [recambio] pièce *f* détachée.

refaccionar vt AM réparer.

refaccionaria sf AM magasin *m* de pièces détachées.

refajo sm **1.** [prenda interior] jupon *m* **2.** [falda] jupe *f*.

refanfinflar vt *fam* ▸ **me la refanfinfla** je m'en fous.

refectorio sm réfectoire *m*.

referencia sf référence *f* ; [a una palabra] renvoi *m* ▸ **con referencia a** en ce qui concerne ▸ **hacer referencia a** faire référence à.
◆ **referencias** sfpl [informes] références *fpl*.

referenciar vt INFORM référencer.

referéndum (*pl* **referendos** *o inv*) sm référendum *m*.

referente adj ▸ **referente a algo** concernant qqch.

referir [27] vt **1.** [narrar] rapporter **2.** ▸ **referir a a)** [remitir] renvoyer à **b)** [relacionar] rapporter à **c)** [convertir] convertir en.
◆ **referirse** vprnl ▸ **referirse a a)** [aludir] parler de **b)** [remitirse] se référer à **c)** [relacionarse] se rapporter à / *¿a qué te refieres?* de quoi parles-tu ? ▸ **por lo que se refiere a...** en ce qui concerne....

refilón ◆ **de refilón** loc adv **1.** [de lado] de biais ▸ **dar de refilón** frôler **2.** *fig* [de pasada] en passant.

refinado, da adj raffiné(e).
◆ **refinado** sm raffinage *m*.

refinamiento sm raffinement *m*.

refinanciación sf refinancement *m*.

refinanciar [8] vt refinancer.

refinar vt raffiner.

refinería sf raffinerie *f*.

refiriera ⟶ **referir**.

reflectante adj réfléchissant(e).

reflectar vt FÍS réfléchir.

reflector, ra adj réfléchissant(e). ◆ **reflector** sm **1.** ELECTR & MIL projecteur *m* **2.** [telescopio] réflecteur *m*.

reflejar vt *pr* & *fig* refléter.
◆ **reflejarse** vprnl *pr* & *fig* se refléter.

reflejo, ja adj **1.** [gen & FÍS] réfléchi(e) **2.** [dolor, movimiento] réflexe. ◆ **reflejo** sm **1.** [gen] reflet *m* **2.** [reacción & MED] réflexe *m* ▸ **reflejo condicional** o **condicionado** réflexe conditionné.
◆ **reflejos** smpl [tinte de pelo] balayage *m* ▸ **hacerse reflejos** se faire faire un balayage.

réflex sf inv FOTO [cámara] reflex *m inv*.

reflexión sf réflexion *f*.

reflexionar vi réfléchir.

reflexivo, va adj réfléchi(e).

reflexología sf réflexologie *f*.

reflexoterapia sf réflexothérapie *f*.

refluir [51] vi refluer.

reflujo sm reflux *m*.

reforestación sf reforestation *f*.

reforestar vt reboiser.

reforma sf **1.** [gen] réforme *f* ▸ **reforma agraria** réforme agraire **2.** [de local, habitación, etc.] rénovation *f* ▸ **'cerrado por reformas'** 'fermé pour travaux' ▸ **hacer reformas** faire des travaux.
◆ **Reforma** sf ▸ **la Reforma** RELIG la Réforme.

reformado, da ◇ adj **1.** [organismo, sistema] réformé(e) **2.** [casa, local] rénové(e) **3.** [persona] transformé(e). ◇ sm, f réformé *m*, -e *f*.

reformar vt **1.** [gen] réformer **2.** [local, casa, etc.] rénover. ◆ **reformarse** vprnl changer *(de comportement)*.

reformatorio sm centre *m* d'éducation surveillée.

reformismo sm réformisme *m*.

reformista adj & smf réformiste.

reformular vt reformuler.

reforzado, da adj renforcé(e).

reforzar [37] vt renforcer.

refracción sf réfraction *f* ▸ **doble refracción** double réfraction.

refractar vt réfracter.

refractario, ria adj **1.** réfractaire **2.** ▸ **refractario a** [opuesto] réfractaire à.

refrán sm proverbe *m*.

> ⚠ **Refrain** es un falso amigo, no significa *refrán*, sino "estribillo".

refranero sm recueil *m* de proverbes.

refregar [35] vt **1.** [frotar] frotter ; [cacerolas, cacharros] récurer **2.** *fig* [restregar] narguer **3.** *fig* [reprochar] ▸ **refregar algo a alguien por las narices** jeter qqch à la figure de qqn.

refreír [28] vt **1.** [volver a freír] remettre à frire **2.** [freír en exceso] faire trop frire.

refrenar vt refréner. ◆ **refrenarse** vprnl se refréner.

refrendar vt **1.** [aprobar] ratifier **2.** [legalizar] viser.

refrescante adj rafraîchissant(e).

refrescar [10] ◇ vt rafraîchir. ◇ vi se rafraîchir.
◆ **refrescarse** vprnl [beber, mojarse] se rafraîchir ; [salir] prendre le frais.

refresco sm **1.** [bebida] rafraîchissement *m* **2.** ▸ **de refresco** [tropas, caballo] frais (fraîche).

refría ⟶ **refreír**.

refriega ◇ sf [pelea] bagarre *f* ; MIL échauffourée *f*.
◇ v ⟶ **refregar**.

refrigeración sf **1.** [de alimentos] réfrigération *f* ; [de máquinas] refroidissement *m* **2.** [aire acondicionado] climatisation *f*.

refrigerado, da adj réfrigéré(e).

refrigerador, ra adj réfrigérant(e).
◆ **refrigerador** sm **1.** [de alimentos] réfrigérateur *m* **2.** [de máquinas] refroidisseur *m*.

refrigerante adj réfrigérant(e).

refrigerar vt **1.** [alimentos] réfrigérer **2.** [máquina] refroidir **3.** [local] climatiser.

refrigerio sm **1.** [refresco] rafraîchissement *m* **2.** [tentempié] collation *f*.

refrito, ta adj réchauffé(e).
◆ **refrito** ◇ sm CULIN ▸ **hacer un refrito de algo** faire revenir qqch. ◇ pp ⟶ **refreír.**

refucilo, refusilo sm AM éclair *m*.

refuerce ⟶ **reforzar**.

refuerzo sm **1.** [pieza] renfort *m* **2.** [acción] renforcement *m*. ◆ **refuerzos** smpl MIL renforts *mpl*.

refugiado, da adj & sm, f réfugié(e).

refugiar [8] vt donner refuge à. ◆ **refugiarse** vprnl se réfugier ▸ **refugiarse de** se mettre à l'abri de.

refugio sm refuge *m* ; [contra un ataque] abri *m* ▸ **refugio antiaéreo / atómico** abri antiaérien / antiatomique ▸ **refugio subterráneo** abri souterrain.

refulgencia sf éclat *m*.

refulgente adj resplendissant(e).

refulgir [15] vi resplendir.

refundar vt [partido] refonder.

refundir vt **1.** [material, escrito] refondre **2.** [ideas, propuestas] regrouper.

refunfuñar vi ronchonner.

refunfuñón, ona ◇ adj ronchon(onne). ◇ sm, f ronchonneur *m*, -euse *f*.

refutable adj réfutable.

refutación sf réfutation *f*.

refutar vt réfuter.

regadera sf **1.** [gen] arrosoir *m* ▸ **estar como una regadera** *fig* être complètement cinglé(e) **2.** AM [ducha] douche *f*.

regadío sm terres *fpl* irriguées ▸ **de regadío** [tierra] irrigable.

regalado, da adj **1.** [barato] donné(e) ▸ **precio regalado** prix sacrifié **2.** [agradable] agréable.

regalar vt **1.** offrir ▸ **regalar algo a alguien** offrir qqch à qqn / *le regaló flores* il lui a offert des fleurs ▸ **regalar a alguien con algo** offrir qqch à qqn / *nos regaló con sus últimos poemas* il nous a offert ses derniers poèmes **2.** ANDES CAM CARIB MÉX [prestar, dar] donner / *¿me regalas un cigarrillo, por favor?* tu peux me donner une cigarette, s'il te plaît ?
◆ **regalarse** vprnl ▸ **regalarse con algo** s'offrir qqch.

> ⚠ **Régaler** es un falso amigo, no significa *regalar*, sino "obsequiar con".

regalía sf HIST privilège *m* ; ECON redevance *f*.

regaliz sm réglisse *f*.

regalo sm **1.** [obsequio] cadeau *m* **2.** [placer] régal *m*.

regalón, ona adj AM *fam* gâté(e).

regalonear vt AM *fam* gâter *(les enfants, etc.)*.

regañadientes ◆ **a regañadientes** loc adv *fam* en rechignant.

regañar ❖ vt [reprender] gronder. ❖ vi [pelearse] se disputer.

regañina sf **1.** [reprensión] réprimande *f* **2.** [enfado] dispute *f*.

regaño sm réprimande *f*.

regañón, ona adj & sm, f rabat-joie *(inv)*.

regar [35] vt *pr* & *fig* arroser.

regata sf **1.** NÁUT régate *f* **2.** [reguera] rigole *f*.

regate sm **1.** DEP dribble *m* **2.** *fig* [evasiva] pirouette *f*.

regatear ❖ vt **1.** [mercancía] marchander **2.** DEP dribbler. ❖ vi **1.** [discutir el precio] marchander **2.** NÁUT participer à une régate.

regateo sm marchandage *m*.

regatista smf régatier *m*, -ère *f*.

regazo sm giron *m*.

regencia sf **1.** [reinado] régence *f* **2.** [administración] gérance *f*.

regeneración sf **1.** [de tejido, órgano] régénération *f* **2.** [de persona] transformation *f (morale)*.

regeneracionismo sm *mouvement de réforme du début du XXe siècle en Espagne*.

regenerar vt **1.** [tejido, órgano] régénérer **2.** [persona] transformer.

regenerativo, va adj régénérateur(trice).

regenta sf *femme du « regente »*.

regentar vt diriger ; [almacén, café, etc.] tenir.

regente ❖ adj régent(e). ❖ smf **1.** [de un país] régent *m*, -e *f* **2.** [administrador] gérant *m*, -e *f*. ❖ sm AM [alcalde] maire *m*.

reggae ['reɣe] sm reggae *m*.

regicida smf régicide *mf*.

regicidio sm régicide *m (meurtre)*.

regidor, ra sm, f **1.** [concejal] conseiller *m* municipal, conseillère *f* municipale **2.** TEATRO, CINE & TV régisseur *m*.

régimen (*pl* **regímenes**) sm régime *m* ; [de colegio, instituto, etc.] règlement *m* ▸ **estar a régimen** être au régime ▸ **hacer régimen** faire un régime ▸ **ponerse a régimen** se mettre au régime ▸ **Antiguo régimen** Ancien Régime ▸ **régimen parlamentario** régime parlementaire.

regimiento sm régiment *m*.

regio, gia adj **1.** [del rey] royal(e) **2.** ANDES RP [genial] génial(e).

región sf région *f*.

regional adj régional(e).

regionalismo sm régionalisme *m*.

regionalista adj & smf régionaliste.

regionalizar [13] vt régionaliser.

regir [42] ❖ vt **1.** [gen] régir **2.** [país, nación] diriger ; [negocio] tenir. ❖ vi **1.** [ley] être en vigueur **2.** *fig* [persona] ▸ **regir muy bien** avoir toute sa tête.
◆ **regirse** vprnl ▸ **regirse por** se fier à, suivre.

registrado, da adj **1.** [grabado] enregistré(e) **2.** [patentado] déposé(e).

registrador, ra ❖ adj enregistreur(euse). ❖ sm, f préposé *m*, -e *f* à un registre ▸ **registrador de la propiedad** conservateur *m* des hypothèques.

registradora sf [caja] caisse *f* enregistreuse.

registrar ❖ vt **1.** [gen] enregistrer ; [nacimiento, defunción, etc.] déclarer ; [patente] déposer **2.** [inspeccionar] fouiller. ❖ vi fouiller. ◆ **registrarse** vprnl [matricularse] s'inscrire ; [suceder] se produire.

registro sm **1.** [gen, INFORM & MÚS] registre *m* ▸ **inscribir en el registro civil** inscrire à l'état civil ▸ **registro de la propiedad** conservation *f* des hypothèques ▸ **registro mercantil** o **de comercio** registre du commerce **2.** [inspección] fouille *f* ; [de la policía] perquisition *f* **3.** [señal] signet *m*.

regla sf **1.** [gen] règle *f* ▸ **en regla** en règle ▸ **por regla general** en règle générale ▸ **regla de cálculo** règle à calcul ▸ **regla de tres** règle de trois ▸ **no hay regla sin excepción** l'exception confirme la règle ▸ **salirse de la regla** a) sortir du commun b) [propasarse] dépasser les bornes **2.** MAT opération *f* **3.** *fam* [menstruación] règles *fpl* ▸ **tener la regla** avoir ses règles.

reglaje sm réglage *m*.

reglamentación sf réglementation *f*.

reglamentar vt réglementer.

reglamentario, ria adj réglementaire.

reglamento sm règlement *m*.

reglar vt régler.

regocijar vt réjouir. ◆ **regocijarse** vprnl ▸ **regocijarse (con** o **de)** se réjouir (de).

regocijo sm joie *f*.

regodearse vprnl [deleitarse] se délecter ; [con mala intención] se réjouir.

regodeo sm délectation *f*.

regordete adj rondelet(ette).

regrabable adj [CD] réenregistrable.

regrabadora sf INFORM graveur *m*.

regrabar vt réenregistrer.

regresar ❖ vi rentrer, retourner. ❖ vt ANDES CAM CARIB MÉX **1.** [devolver] rendre **2.** [mandar de vuelta] renvoyer.
◆ **regresarse** vprnl AM [volver] rentrer, retourner.

⚠ **Régresser** es un falso amigo, no significa *regresar*, sino "experimentar una regresión".

regresión sf régression *f*; [de exportaciones, ventas] recul *m*.

regresivo, va adj régressif(ive).

regreso sm **1.** [vuelta] retour *m* **2.** ANDES CAM CARIB MÉX [devolución] restitution *f*.

regué → **regar**.

reguero sm [de agua, sangre] flot *m*; [de pólvora] traînée *f* ▸ **correr como un reguero de pólvora** *fig* se répandre comme une traînée de poudre.

regulable adj régulable.

regulación sf contrôle *m*; [de mecanismo, reloj] réglage *m* ▸ **regulación de empleo** compression *f* de personnel.

regulador, ra adj régulateur(trice).

regular[1] ❖ adj **1.** [reglado, uniforme] régulier(ère) **2.** [mediocre] moyen(enne) **3.** [moderado] raisonnable. ❖ sm MIL régulier *m*. ❖ adv [de salud] comme ci comme ça. ◆ **por lo regular** loc adv habituellement.

regular[2] vt **1.** [gen] régler **2.** [reglamentar] contrôler.

regularidad sf régularité *f* ▸ **con regularidad** régulièrement.

regularización sf régularisation *f*.

regularizar [13] vt régulariser ▸ **regularizar la vida** mettre de l'ordre dans sa vie.
◆ **regularizarse** vprnl se mettre en règle.

regurgitación sf régurgitation *f*.

regurgitar vi régurgiter les aliments.

regusto sm arrière-goût *m*; *fig* [semejanza] air *m*.

rehabilitación sf **1.** [gen] réhabilitation *f* **2.** MED rééducation *f*.

rehabilitar vt **1.** [gen] réhabiliter **2.** MED rééduquer.

rehacer [60] vt refaire.
◆ **rehacerse** vprnl [recuperarse] se remettre.

rehecho, cha pp → **rehacer**.

rehén (*pl* **rehenes**) sm otage *m*.

rehice → **rehacer**.

rehidratar vt réhydrater. ◆ **rehidratarse** vprnl se réhydrater / ***no olvide rehidratarse durante la carrera*** pensez à vous réhydrater pendant la course.

rehogar [16] vt CULIN faire revenir.

rehuir [51] vt fuir / ***rehuyó contestarme*** il a refusé de me répondre.

rehusar vt refuser.

rehuya → **rehuir**.

Reikiavik npr Reykjavik.

reimplantar vt réimplanter.

reimportación sf réimportation *f*.

reimpresión sf réimpression *f*.

reimprimir vt réimprimer.

reina sf **1.** [monarca] reine *f* **2.** [en naipes] ≃ dame *f* **3.** → **abeja**.

reinado sm règne *m*.

reinante adj **1.** [persona, monarquía] régnant(e) **2.** *fig* [frío, calor] qui règne.

reinar vi régner.

reincidencia sf récidive *f*.

reincidente adj & smf récidiviste.

reincidir vi récidiver ▸ **reincidir en** [falta, error] retomber dans.

reincorporar vt MIL [puesto] réintégrer.
◆ **reincorporarse** vprnl ▸ **reincorporarse a** [trabajo] reprendre.

reingresar vi ▸ **reingresar en algo** [organismo de funcionarios] réintégrer qqch.

reinicializar [13] vt réinitialiser.

reiniciar vt **1.** [reanudar] reprendre **2.** INFORM réinitialiser.

reino sm **1.** [gen] royaume *m* ▸ **el reino de los cielos** le royaume des cieux **2.** BIOL règne *m*.

Reino Unido npr ▸ **el Reino Unido** le Royaume-Uni.

reinserción sf réinsertion *f* ▸ **reinserción social** réinsertion sociale.

reinsertar vt réinsérer.

reinstalar vt **1.** [persona, cosa] réinstaller **2.** INFORM réinstaller.

reinstaurar vt réinstaurer.

reintegración sf [a puesto] réintégration *f*; [de dinero] restitution *f*.

reintegrar vt **1.** [dinero] restituer **2.** [timbrar] mettre un timbre fiscal sur.
◆ **reintegrarse** vprnl ▸ **reintegrarse a a)** [puesto] réintégrer **b)** [sociedad] se réinsérer dans.

reintegro sm **1.** [reincorporación] réintégration *f* **2.** [en banco] retrait *m* **3.** [de gastos, préstamos] remboursement *m* **4.** [en lotería] remboursement *m* du billet **5.** [póliza] timbre *m* fiscal.

reinterpretar vt réinterpréter.

reinvertir [27] vt réinvestir.

reír [28] ❖ vi rire ▸ **dar que reír** prêter à rire.
❖ vt rire de / ***le ríe todas las gracias*** il rit de toutes ses plaisanteries. ◆ **reírse** vprnl rire ▸ **reírse con o de algo** rire de qqch ▸ **reírse de alguien** se moquer de qqn.

reiteración sf [de imágenes, palabras, sucesos] réitération *f*.

reiteradamente adv à plusieurs reprises.

reiterar vt réaffirmer; [solicitud] réitérer.
◆ **reiterarse** vprnl ▸ **reiterarse en algo** réaffirmer qqch.

reiterativo, va adj répétitif(ive) ▸ **un discurso reiterativo** un discours plein de répétitions.

reivindicación sf revendication *f*.

reivindicar [10] vt revendiquer.
◆ **reivindicarse** vprnl AM **1.** [responsabilizarse de] : ***la banda se reivindicó el atentado*** le groupe a revendiqué l'attentat **2.** [asumirse como] : ***el grupo se reivindica***

como heredero del punk de los años 80 le groupe se réclame du mouvement punk des années 80.

reivindicativo, va adj revendicatif(ive).

reja sf grille *f* ▸ **estar entre rejas** *fig* être sous les verrous.

rejego, ga adj AM *fam* [indomable, reacio] récalcitrant(e), qui rechigne.

rejilla sf **1.** [enrejado] grillage *m* ; [de cocina, horno] grille *f* **2.** [de silla] cannage *m* ▸ **de rejilla** canné(e).

rejón sm TAUROM pique *f*.

rejoneador, ra sm, f TAUROM *torero à cheval*.

rejoneo sm TAUROM corrida *f* à cheval.

rejuntarse vprnl *fam* se mettre à la colle.

rejuvenecedor, ra adj rajeunissant(e).

rejuvenecer [30] vt & vi rajeunir.
◆ **rejuvenecerse** vprnl rajeunir.

rejuvenecimiento sm rajeunissement *m*.

relación sf **1.** [gen] relation *f* ▸ **con relación a, en relación con** en ce qui concerne ▸ **tener relación con alguien** fréquenter qqn ▸ **relaciones amorosas** relations amoureuses ▸ **relaciones comerciales / diplomáticas** relations commerciales / diplomatiques ▸ **relaciones laborales** relations de travail ▸ **relaciones públicas** relations publiques ▸ **relación precio-calidad** rapport *m* qualité-prix **2.** [enumeración] liste *f* **3.** [descripción] récit *m* **4.** [informe] rapport *m*. ◆ **relaciones** sfpl [contactos] relations *fpl*.

relacionar vt **1.** [vincular] mettre en relation **2.** [relatar] rapporter. ◆ **relacionarse** vprnl ▸ **relacionarse con alguien** fréquenter qqn.

relajación sf **1.** [reposo] relaxation *f* **2.** *fig* [depravación] relâchement *m*.

relajado, da adj **1.** [tranquilo] détendu(e), décontracté(e) **2.** [en lo moral] relâché(e).

relajamiento sm **1.** [de costumbres, severidad, política] relâchement *m* **2.** [de músculo, ánimo] relaxation *f*.

relajante adj [sustancia, medicamento] relaxant(e) ; [música, color] reposant(e).

relajar vt **1.** [músculo] décontracter **2.** *fig* [depravar] relâcher. ◆ **relajarse** vprnl [descansar] se détendre.

relajo sm **1.** [de control, normas, personas] relâchement *m* **2.** AM [broma] blague *f*.

relamer vt lécher. ◆ **relamerse** vprnl **1.** [los labios] se pourlécher **2.** *fig* [deleitarse] se réjouir ▸ **relamerse de alegría** se frotter les mains.

relamido, da adj **1.** [artificial] affecté(e) **2.** [pulcro] soigné(e).

relámpago sm éclair *m*.

relampaguear ◇ v impers : *relampaguea* il y a des éclairs. ◇ vi étinceler.

relampagueo sm éclairs *mpl*.

relanzamiento sm [de obra, etc.] reprise *f* ; [de idea] renouveau *m*.

relanzar [13] vt relancer.

relatar vt [suceso] relater ; [historia] raconter.

relatividad sf relativité *f*.

relativismo sm relativisme *m*.

relativizar [13] vt relativiser.

relativo, va adj [no absoluto] relatif(ive) ; [concerniente] ▸ **relativo a algo** concernant qqch ▸ **en lo relativo a** en ce qui concerne.

relato sm [exposición] rapport *m* ; [narración] récit *m*.

relax sm inv **1.** [relajación] relaxation *f* **2.** [bienestar] détente *f* ▸ **necesitar relax** avoir besoin de se détendre **3.** [sección de periódico] petites annonces *fpl* spécialisées.

relé sm ELECTR & RADIO relais *m*.

relectura sf relecture *f*.

releer [50] vt relire.

relegar [16] vt ▸ **relegar (a)** reléguer (à).

relente sm fraîcheur *f* nocturne ▸ **hace relente** il fait frais.

relevancia sf importance *f*.

relevante adj éminent(e) ; [información] important ▸ **de importancia relevante** de première importance.

relevar vt **1.** [eximir] ▸ **relevar a alguien de** [trabajo, obligación] dispenser qqn de ▸ **relevar a alguien de su cargo** relever qqn de ses fonctions **2.** [sustituir & DEP] relayer.

relevo sm **1.** MIL relève *f* **2.** DEP [acción] relais *m* **3.** EXPR **tomar el relevo** prendre la relève.
◆ **relevos** smpl DEP [carrera] course *f* de relais.

releyera ⟶ **releer**.

relicario sm reliquaire *m*.

relieve sm relief *m* ▸ **alto relieve** haut-relief *m* ▸ **bajo relieve** bas-relief *m* ▸ **de relieve** important(e) ▸ **poner de relieve** *fig* mettre en relief.

religión sf religion *f*.

religiosamente adv *pr* & *fig* religieusement.

religiosidad sf **1.** [observancia] religiosité *f* **2.** *fig* [exactitud] ▸ **pagar con religiosidad** payer rubis sur l'ongle ▸ **trabajar con religiosidad** travailler consciencieusement.

religioso, sa adj & sm, f religieux(euse).

relinchar vi hennir.

relincho sm hennissement *m*.

reliquia sf relique *f* ; *fig* [recuerdo] souvenir *m*.

rellano sm **1.** [de escalera] palier *m* **2.** [de terreno] replat *m*.

rellenar vt **1.** [gen] remplir ; [agujeros] boucher **2.** CULIN farcir.

relleno, na adj CULIN [aceituna, pimiento] farci(e) ; [tarta, pastel] fourré(e) ▸ **estar relleno** [persona] être enveloppé.
◆ **relleno** sm CULIN farce *f* ; [de tarta, pastel] garniture *f* ; *fig* remplissage *m*.

relocalización sf relocalisation *f*.

relocalizar vt relocaliser.

reloj sm horloge *f* ; [de pulsera] montre *f* ▸ **reloj analógico** montre à affichage numérique ▸ **reloj de arena**

sablier *m* ▸ **reloj de bolsillo** montre de gousset ▸ **reloj de cuarzo** montre à quartz ▸ **reloj de cuco** coucou *m* ▸ **reloj (de pared)** pendule *f* ▸ **reloj de pulsera** montre-bracelet *f* ▸ **reloj de sol** cadran *m* solaire ▸ **reloj despertador** réveil *m* ▸ **reloj digital** montre numérique ▸ **reloj interno** INFORM horloge interne ▸ **hacer algo contra reloj** *fig* faire qqch dans l'urgence ▸ **ser como un reloj** *fig* être réglé(e) comme une horloge.

relojería sf horlogerie *f*.

relojero, ra sm, f horloger *m*, -ère *f*.

reluciente adj brillant(e).

relucir [32] vi briller ▸ **sacar algo a relucir** *fam & fig* remettre qqch sur le tapis.

reluctante adj réticent(e).

relumbrar vi reluire.

reluzca ⟶ **relucir**.

remachar vt **1.** [machacar] river **2.** *fig* [recalcar] appuyer.

remache sm **1.** [remachado] rivetage *m* **2.** [roblón] rivet *m*.

remake [ri'meik] (*pl* **remakes**) sm remake *m*.

remanente sm reste *m* ; [de cuenta bancaria] solde *m* positif ▸ **remanente de beneficios** bénéfices *mpl* rapportés.

remangar [16], **arremangar** vt retrousser. ◆ **remangarse, arremangarse** vprnl retrousser ses manches.

remanso sm nappe *f* d'eau dormante ▸ **remanso de paz** havre *m* de paix.

remar vi ramer.

remarcar [10] vt **1.** [volver a marcar] marquer de nouveau **2.** [recalcar] insister sur **3.** COL CRICA CSUR [precios] augmenter.

remasterizar [13] vt MÚS remastériser.

rematadamente adv vraiment.

rematado, da adj **1.** [acabado] achevé(e) **2.** *fig* [incurable] fini(e) ▸ **ser un loco rematado** être fou à lier.

rematar ◇ vt **1.** [acabar, matar] achever **2.** [adjudicar] adjuger **3.** [vender] liquider **4.** DEP ▸ **rematar el pase** tirer au but. ◇ vi DEP tirer au but.

remate sm **1.** [fin] fin *f* **2.** *fig* [colofón] couronnement *m* ▸ **para remate** pour couronner le tout **3.** [en subasta] adjudication *f* **4.** DEP tir *m* au but. ◆ **de remate** loc adv complètement ▸ **loco de remate** fou à lier.

rembolsar = **reembolsar**.

rembolso = **reembolso**.

remecer [11] vi AM remuer.

remedar vt [imitar] imiter ; *fig* [por burla] singer.

remediable adj remédiable.

remediar [8] vt **1.** [mal, problema] remédier à ; [daño] réparer **2.** [peligro] éviter **3.** EXPR **no poder remediar hacer algo** ne pas pouvoir s'empêcher de faire qqch.

remedio sm **1.** [gen] solution *f* ▸ **como último remedio** en dernier recours ▸ **no hay o queda más remedio que...** il n'y a pas d'autre solution que de... ▸ **no tiene más remedio** il n'a pas le choix ▸ **poner remedio a** remédier à ▸ **¡qué remedio (me queda)!** je n'ai pas le choix ▸ **sin remedio** [inevitablemente] forcément **2.** [consuelo] réconfort *m* **3.** [medicina] remède *m* ▸ **remedio casero** remède de bonne femme.

remedo sm **1.** [imitación] imitation *f* **2.** *fig* [parodia] pastiche *m*.

rememorar vt remémorer.

remendado, da adj [ropa] rapiécé(e) ; [animal] tacheté(e).

remendar [19] vt raccommoder *(à l'aide d'une pièce)*, rapiécer ; [zapato] réparer.

remendón, ona adj ⟶ **zapatero**.

remero, ra sm, f rameur *m*, -euse *f*. ◆ **remera** sf **1.** [pluma] rémige *f* **2.** AM [prenda] tee-shirt *m*.

remesa sf COM envoi *m*.

remeter vt remettre ▸ **remeter las sábanas** border le lit.

remezcla sf MÚS remix *m*.

remezclar vt MÚS remixer.

remezón sm AM secousse *f* (sismique).

remienda ⟶ **remendar**.

remiendo sm **1.** [parche] pièce *f* **2.** [acción] raccommodage *m* ; [con parches] rapiéçage *m* **3.** *fam* [apaño] rafistolage *m* ▸ **hacer un remiendo en algo** rafistoler qqch.

remigio sm rami *m*.

remilgado, da adj minaudier(ère) ▸ **ser remilgado comiendo** faire la fine bouche.

remilgarse [16] vprnl faire des minauderies.

remilgo sm minauderie *f* ▸ **andarse con remilgos** faire des chichis ▸ **hacer remilgos al trabajo** rechigner au travail.

reminiscencia sf réminiscence *f*.

remise sm RP [taxi] taxi *m*.

remisero, ra sm, f RP chauffeur *m* de taxi.

remisión sf **1.** [gen] remise *f* **2.** [en texto] renvoi *m* **3.** [de pecado] rémission *f*. ◆ **sin remisión** loc adv sans rémission.

remiso, sa adj réticent(e) ▸ **ser remiso a hacer algo** n'avoir guère envie de faire qqch.

remite sm ▸ **el remite** le nom et l'adresse de l'expéditeur.

remitente smf expéditeur *m*, -trice *f*.

remitir ◇ vt **1.** [enviar] expédier **2.** [perdonar] remettre **3.** [traspasar] transmettre. ◇ vi **1.** [en texto] ▸ **remitir a** renvoyer à **2.** [disminuir] s'apaiser ; [fiebre] baisser. ◆ **remitirse** vprnl ▸ **remitirse a** a) [atenerse a] s'en remettre à b) [referirse a] se reporter à.

remo sm **1.** [pala] rame *f* **2.** DEP aviron *m* **3.** *(gen pl)* [extremidad - de hombre] membres *mpl* ; [- de cuadrúpedo] pattes *fpl* ; [- de ave] ailes *fpl*.

remodelación sf [de edificio] rénovation *f* ; [de ley, gabinete] remaniement *m*.

remodelar vt [edificio] rénover ; [ley, gabinete] remanier.

remojar vt **1.** [humedecer] faire tremper ; [pan] tremper **2.** *fam* [festejar] arroser.

remojo sm ▸ **poner en remojo** faire tremper.

remojón sm *fam* **1.** [bajo lluvia] ▸ **¡vaya remojón!** quelle douche ! **2.** [en piscina, mar] ▸ **darse un remojón** piquer une tête.

remolacha sf betterave *f.*

remolachero, ra adj & sm, f betteravier *m*, -ère *f.*

remolcador, ra adj remorqueur(euse) ▸ **un barco remolcador** un remorqueur ▸ **un coche remolcador** une dépanneuse. ◆ **remolcador** sm remorqueur *m.*

remolcar [10] vt remorquer.

remolino sm **1.** [gen] tourbillon *m* ; [de agua] remous *m* ; *fig* [de gente] foule *f* **2.** [de pelo] épi *m.*

remolón, ona ❖ adj lambin(e). ❖ sm, f ▸ **hacerse el remolón** lambiner.

remolonear vi *fam* lambiner.

remolque sm **1.** [acción] remorquage *m* **2.** [vehículo] remorque *f* ▸ **ir a remolque** être remorqué(e) / *fui a remolque a la fiesta* on m'a traîné à la fête.

remontada sf [en carrera, competición] remontée *f.*

remontar vt **1.** [pendiente, montaña] gravir ; [río, posiciones] remonter **2.** [obstáculo, desgracia] surmonter **3.** [elevar en el aire] faire monter. ◆ **remontarse** vprnl **1.** [aves, aviones] s'élever ▸ **remontarse a** [gastos] s'élever à **2.** *fig* [datar] ▸ **remontarse a** remonter à.

remonte sm remontée *f* mécanique.

rémora sf **1.** [pez] rémora *m* **2.** *fam* & *fig* [obstáculo] handicap *m.*

remorder [24] vt *fig* [atormentar, inquietar] ▸ **remorderle algo a alguien** ronger qqn / *me remuerde haberle reprendido* je m'en veux de l'avoir grondé.

remordimiento sm remords *m.*

remotamente adv [de manera imprecisa] vaguement / *me recuerda remotamente a mi país* cela me rappelle vaguement mon pays / *si alguien está remotamente interesado en ello...* si cela intéresse un tant soit peu quelqu'un....

remoto, ta adj **1.** [en el tiempo, espacio] lointain(e) **2.** *fig* [improbable] minime / *esta posibilidad es muy remota* c'est très peu probable ▸ **no tengo ni la más remota idea de ello** je n'en ai pas la moindre idée.

remover [24] vt **1.** [gen] remuer **2.** [muebles, objetos] déplacer **3.** [pasado] fouiller dans. ◆ **removerse** vprnl s'agiter.

remozar [13] vt rafraîchir.

remplazar [13] = **reemplazar**.

remplazo = **reemplazo**.

remuerda ⟶ **remorder**.

remueva ⟶ **remover**.

remunerable adj rémunéré(e).

remuneración sf rémunération *f.*

remunerado, da adj rémunéré(e).

remunerar vt **1.** [pagar] rémunérer **2.** [recompensar] récompenser.

remunerativo, va adj rémunérateur(trice).

renacentista ❖ adj Renaissance *(adj inv).* ❖ smf spécialiste *mf* de la Renaissance.

renacer [29] vi renaître.

renacimiento sm renaissance *f.* ◆ **Renacimiento** npr ▸ **el Renacimiento** la Renaissance.

renacuajo sm **1.** ZOOL têtard *m* **2.** *fam* & *fig* [niño] bout de chou *m.*

renal adj rénal(e).

renazca ⟶ **renacer**.

rencilla sf querelle *f.*

rencor sm rancune *f* ▸ **guardar rencor a alguien** en vouloir à qqn.

rencoroso, sa adj & sm, f rancunier(ère).

rendición sf reddition *f.*

rendido, da adj **1.** [agotado] épuisé(e) **2.** *fig* [sumiso] ▸ **caer rendido ante** tomber à genoux devant ▸ **un rendido admirador** un fervent admirateur.

rendija sf fente *f.*

rendimiento sm **1.** [gen] rendement *m* **2.** [amabilidad] déférence *f.*

rendir [26] ❖ vt **1.** [vencer] soumettre **2.** [ofrecer] rendre ▸ **rendir homenaje / culto a** rendre hommage / un culte à **3.** [cansar] épuiser. ❖ vi [tener rendimiento] être performant(e) ; [negocio] rapporter, être rentable. ◆ **rendirse** vprnl **1.** [gen] ▸ **rendirse (a)** se rendre (à) ▸ **rendirse ante la evidencia** se rendre à l'évidence **2.** [desanimarse] abandonner.

renegado, da ❖ adj apostat(e). ❖ sm, f renégat *m*, -e *f.*

renegar [35] ❖ vt ▸ **negar y renegar algo** nier fermement qqch. ❖ vi **1.** [repudiar & RELIG] ▸ **renegar de algo / alguien** renier qqch / qqn **2.** *fam* [gruñir] ronchonner.

renegociar [8] vt renégocier.

renegrido, da adj **1.** [color] noirci(e) **2.** [piel] sombre.

renegué ⟶ **renegar**.

Renfe (*abr de* **Red Nacional de los Ferrocarriles Españoles**) sf *réseau public espagnol des chemins de fer* ; ≃ SNCF *f.*

renglón sm [línea] ligne *f* ; [del presupuesto] poste *m* ▸ **a renglón seguido** *fig* aussitôt après. ◆ **renglones** smpl *fam* & *fig* [escrito] lignes *fpl.*

reniega ⟶ **renegar**.

reno sm renne *m.*

renombrado, da adj renommé(e).

renombrar vt INFORM renommer.

renombre sm renom *m.*

renovable adj renouvelable.

renovación sf **1.** [gen] renouvellement *m* **2.** [reforma, actualización] rénovation *f*.

renovado, da adj renouvelé(e).

renovador, ra adj & sm, f rénovateur(trice).

renovar [23] vt **1.** [gen] renouveler ; [carné, pasaporte] faire renouveler **2.** [reformar, actualizar] rénover **3.** [innovar] donner une nouvelle dimension à.

renqueante adj : *iba renqueante* il allait clopin-clopant.

renquear vi clopiner ; *fig* vivoter.

renta sf **1.** [ingresos] revenu *m* ▸ **renta fija / variable** revenu fixe / variable ▸ **renta per cápita** o **por habitante** revenu par habitant **2.** [pensión] rente *f* ▸ **vivir de las rentas** vivre de ses rentes ▸ **renta vitalicia** rente viagère **3.** [alquiler] loyer *m*. ◆ **renta pública** sf dette *f* publique.

rentabilidad sf rentabilité *f*.

rentabilizar [13] vt rentabiliser.

rentable adj rentable.

rentar ❖ vt **1.** [rendir] rapporter **2.** MÉX [alquilar] louer. ❖ vi rapporter.

rentista smf rentier *m*, -ère *f*.

renuencia sf [a hacer algo] répugnance *f*.

renuente adj ▸ **ser renuente a hacer algo** renâcler à faire qqch.

renueva ⟶ **renovar**.

renuncia sf renoncement *m*.

renunciar [8] vi renoncer ▸ **renunciar a algo a)** renoncer à qqch **b)** [rechazar] refuser qqch.

reñido, da adj **1.** [desavenido] brouillé(e) / *están reñidos* ils sont brouillés **2.** [batalla, lucha] serré(e) **3.** [opuesto] ▸ **estar reñido con algo** être incompatible avec qqch.

reñir [26] ❖ vt **1.** [persona, perro] gronder **2.** [batalla, combate] livrer. ❖ vi [enfadarse] se disputer ▸ **reñir con** se brouiller avec.

reo, a sm, f inculpé *m*, -e *f*.

reoca sf *fam* ▸ **es la reoca** c'est trop.

reojo sm ▸ **mirar de reojo** regarder du coin de l'œil.

reordenación sf réaménagement *m*.

reordenar vt [dar nueva ordenación] réaménager.

reorganización sf réorganisation *f* ; POLÍT remaniement *m*.

reorganizar [13] vt réorganiser ; [horarios] réaménager ; POLÍT remanier.

reorientar vt réorienter.

repanchingarse [16] vprnl *fam* se vautrer *(dans un fauteuil)*.

repanocha sf ▸ **ser la repanocha** *fam* être incroyable.

repantingarse [16] vprnl se vautrer *(dans un fauteuil)*.

reparación sf réparation *f*.

reparador, ra adj [descanso, sueño] réparateur(trice).

reparar ❖ vt réparer. ❖ vi [advertir] ▸ **reparar en algo** remarquer qqch ▸ **no reparar en gastos** ne pas regarder à la dépense.

reparo sm **1.** [pega] objection *f* ▸ **poner reparos a algo** contester qqch **2.** [apuro] ▸ **andarse con reparos** être gêné(e) / *me da reparo...* ça me gène de... ▸ **no tener reparos en** ne pas avoir de scrupules à ▸ **sin reparos** sans ménagements.

repartición sf répartition *f*.

repartidor, ra ❖ adj distributeur(trice). ❖ sm, f livreur *m*, -euse *f*.

repartir vt **1.** [dividir] partager **2.** [entregar] livrer ; [correo, cartas, órdenes] distribuer ▸ **repartir justicia** rendre la justice **3.** [esparcir] étaler **4.** [asignar] répartir.

reparto sm **1.** [gen, CINE & TEATRO] distribution *f* **2.** [división] partage *m* ▸ **reparto de beneficios** ESP ECON répartition des bénéfices ▸ **reparto de mercado** partage du marché **3.** [de mercancía] livraison *f* **4.** [asignación] répartition *f* **5.** [adjudicación de papeles] casting *m*.

repasador sm RP [trapo] torchon *m*.

repasar vt **1.** [revisar] réviser, revoir **2.** [recoser] recoudre.

> ⚠ **Repasser** es un falso amigo, no significa *repasar*, sino "planchar".

repaso sm **1.** [revisión] révision *f* **2.** *fam* [reprimenda] savon *m*.

repatear vt *fam* : *me repatea...* ça me dégoûte....

repatriación sf rapatriement *m*.

repatriar [9] vt rapatrier.
◆ **repatriarse** vprnl se faire rapatrier.

repecho sm raidillon *m*.

repelencia sf **1.** [rechazo] aversion *f* **2.** [repugnancia] dégoût *m*.

repelente adj repoussant(e) ; [niño] odieux(euse).

repeler vt **1.** [rechazar] repousser **2.** [repugnar] dégoûter.

repelús sm ▸ **dar repelús** donner le frisson.

repeluzno sm frisson *m*.

repente ◆ **de repente** loc adv **1.** [súbitamente] tout à coup **2.** RP VEN [tal vez] peut-être / *de repente cambió de idea* peut-être a-t-il changé d'idée.

repentinamente adv subitement.

repentino, na adj soudain(e).

repera sf ▸ **es la repera a)** *fam* c'est trop ! **b)** [persona] il me tue !

repercusión sf répercussion *f* / *su película tuvo gran repercusión en el público* son film a eu un grand retentissement dans le public.

repercutir vi ▸ **repercutir en** se répercuter sur.

repertorio sm répertoire *m*.

repesca sf *fam* EDUC repêchage *m*.

repescar [10] vt *fam* EDUC repêcher.

repetición sf répétition *f*.

repetidamente adv à plusieurs reprises.

repetido, da adj **1.** [gen] : *sus repetidos retrasos* ses nombreux retards ▸ **repetidas veces** à plusieurs reprises **2.** [cromos, discos, etc.] en double.

repetidor, ra ❖ adj ▸ **un alumno repetidor** un redoublant. ❖ sm, f EDUC redoublant *m*, -e *f*.
◆ **repetidor** sm ELECTR relais *m*.

repetir [26] ❖ vt **1.** [gen] répéter **2.** EDUC ▸ **repetir curso** redoubler **3.** [en comida] ▸ **repetir algo** reprendre de qqch. ❖ vi **1.** EDUC redoubler **2.** [alimento] donner des renvois **3.** [comensal] reprendre de.
◆ **repetirse** vprnl se répéter.

repetitivo, va adj répétitif(ive).

repicar [10] ❖ vt [campanas] faire sonner ; [tambor] battre. ❖ vi [campanas] carillonner ; [tambor] battre.

repipi adj *fam* gnangnan *(inv)*.

repique ❖ sm [de campanas] carillon *m*. ❖ v ⟶ **repicar.**

repiquetear vi **1.** [campanas, timbre] carillonner ; [tambor] battre **2.** *fig* [persona, lluvia] tambouriner.

repiqueteo sm **1.** [de campanas, timbre] carillon *m* ; [de tambor] roulement *m* **2.** *fig* [de persona, lluvia] tambourinement *m*.

repisa sf **1.** [estante] tablette *f* **2.** ARQUIT console *f*.

repita ⟶ **repetir**.

repitiera ⟶ **repetir**.

replantar vt replanter.

replanteamiento sm réexamen *m*.

replantear vt réexaminer.

replay [ri'plei] (*pl* **replays**) sm TV reprise *f* d'une séquence ▸ **dar el replay** repasser l'action.

replegar [35] vt replier.
◆ **replegarse** vprnl MIL se replier.

repleto, ta adj ▸ **repleto de** plein de / *estoy repleto* je suis repu / *el autobús estaba repleto* l'autobus était plein à craquer.

réplica sf **1.** [gen] réplique *f* **2.** [respuesta] réponse *f* ▸ **el derecho de réplica** le droit de réponse.

replicar [10] vt répliquer.

repliega ⟶ **replegar**.

repliegue sm repli *m*.

repoblación sf repeuplement *m* ▸ **repoblación forestal** reboisement *m*.

repoblar [23] vt repeupler.
◆ **repoblarse** vprnl se repeupler.

repollo sm chou *m* (pommé).

reponer [65] vt **1.** [volver a poner] remettre ; [en empleo, cargo] rétablir **2.** [sustituir] remplacer **3.** TEATRO & CINE reprendre **4.** CINE repasser ; TV rediffuser **5.** [replicar] répondre. ◆ **reponerse** vprnl ▸ **reponerse (de)** se remettre (de) / *tardó en reponerse* il a mis du temps à s'en remettre.

reportaje sm **1.** [programa, artículo] reportage *m* ▸ **reportaje gráfico** reportage photo (graphique) **2.** AM [entrevista] interview *f*.

reportar ❖ vt **1.** [gen] apporter **2.** ECON rapporter **3.** AM [informar] faire un rapport à. ❖ vi AM [dar noticias] donner des ses nouvelles. ◆ **reportarse** vprnl CAM MÉX VEN [presentarse] signaler sa position.

reporte sm AM **1.** [informe] rapport *m*, compte rendu *m* **2.** [noticia] nouvelle *f*.

reportear CHILE MÉX ❖ vt couvrir. ❖ vi : *fue a reportear al Medio Oriente* il a été envoyé comme reporter au Moyen-Orient.

repórter sm reporter *m* ▸ **repórter gráfico** reporter-photographe *m*.

reportero, ra sm, f reporter *m* ▸ **reportero gráfico** reporter-photographe *m*.

reposabrazos sm inv appui-bras *m inv*, accoudoir *m*.

reposacabezas sm inv appui-tête *m*.

reposado, da adj posé(e) ; [decisión] réfléchi(e).

reposamuñecas sm inv repose-poignets *m inv*.

reposapiés sm inv repose-pieds *m inv*.

reposar vi **1.** [gen] reposer **2.** [descansar] se reposer.

reposera sf RP chaise *f* longue.

reposición sf **1.** TEATRO, CINE & TV reprise *f* **2.** TV rediffusion *f* **3.** [de existencias, provisiones] renouvellement *m*.

reposicionamiento sm [de producto, marca, empresa] repositionnement *m*.

reposo sm repos *m* ▸ **dejar en reposo** CULIN laisser reposer.

repostar vt ▸ **repostar combustible** [suj: avión] se ravitailler en carburant ▸ **repostar gasolina** [suj: coche] prendre de l'essence.

repostería sf pâtisserie *f*.

repostero, ra sm, f pâtissier *m*, -ère *f*.
◆ **repostero** sm AM [armario] garde-manger *m inv*.

reprender vt réprimander.

reprensible adj répréhensible.

reprensión sf réprimande *f*.

represa sf **1.** [construcción] digue *f* **2.** AM [embalse] barrage *m*.

represalia sf *(gen pl)* représailles *fpl*.

representación sf représentation *f* ▸ **en representación de** en tant que représentant de.

representante ❖ adj ▸ **ser representante de algo** être représentatif(ive) de qqch. ❖ smf **1.** [gen & COM] représentant *m*, -e *f* **2.** [de artista] agent *m*.

representar vt **1.** [gen & COM] représenter **2.** [suponer] : *eso representaría el fin de nuestros problemas* cela signifierait la fin de nos problèmes **3.** [aparentar] paraître ▸ **no representar su edad** ne pas faire son âge **4.** TEATRO [obra] jouer.

representatividad sf représentativité *f*.

representativo, va adj **1.** [gen] représentatif(ive) ▸ **representativo de** représentatif de **2.** [que simboliza] ▸ **ser representativo de algo** représenter qqch.

represión sf **1.** [política] répression *f* **2.** [psicológica] refoulement *m*.

represivo, va adj répressif(ive).

represor, ra ❖ adj répressif(ive). ❖ sm, f [que oprime] oppresseur *m*.

reprimenda sf réprimande *f*.

reprimido, da adj & sm, f refoulé(e).

reprimir vt réprimer ; [grito] retenir.
◆ **reprimirse** vprnl réprimer ses envies.

reprís, reprise (*pl* **reprises**) sm AUTO reprise *f*.

reprobable adj blâmable.

reprobación sf réprobation *f*.

reprobar [23] vt **1.** [desaprobar] réprouver **2.** AM [en examen] échouer à.

reprobatorio, ria adj réprobateur(trice).

réprobo, ba adj & sm, f réprouvé(e).

reprochar vt reprocher.
◆ **reprocharse** vprnl se reprocher.

reproche sm reproche *m* / *siempre tiene que hacerme un reproche* il faut toujours qu'il me reproche quelque chose.

reproducción sf reproduction *f* ▸ **reproducción asistida** reproduction assitée.

reproducir [33] vt reproduire ; [discurso] restituer.
◆ **reproducirse** vprnl se reproduire.

reproductor, ra adj BIOL reproducteur(trice).

reprografía sf reprographie *f*.

reprueba ⟶ **reprobar**.

reptar vi ramper.

reptil sm reptile *m*.

república sf république *f* ▸ **república bananera** république bananière.

República Centroafricana npr République *f* centrafricaine.

República Checa npr République *f* tchèque.

República de Irlanda npr République *f* d'Irlande.

República de Sudáfrica npr République *f* d'Afrique du Sud.

República Dominicana npr République *f* dominicaine.

republicanismo sm républicanisme *m*.

republicano, na adj & sm, f républicain(e).

República Popular de China npr République *f* populaire de Chine.

repudiar [8] vt repousser ; [suj: marido] répudier.

repudio sm répudiation *f*.

repuebla ⟶ **repoblar**.

repuesto, ta adj remis(e) *(d'une maladie, etc.)*.
◆ **repuesto** ❖ sm pièce *f* de rechange ▸ **de repuesto** a) de rechange b) [rueda] de secours.
❖ pp ⟶ **reponer**.

repugnancia sf répugnance *f*.

repugnante adj répugnant(e).

repugnar vt : *este olor me repugna* cette odeur me répugne / *me repugna este tipo de película* j'ai horreur de ce genre de film.

repujado, da adj repoussé(e) *(cuir)*.
◆ **repujado** sm repoussé *m*.

repujar vt repousser *(graver)*.

repulsa sf ▸ **repulsa ante algo** a) [medidas, política] rejet *m* b) [violencia, crimen] réprobation *f*.

repulsión sf **1.** [aversión] répulsion *f* **2.** [contraataque] : *trás la repulsión del ataque enemigo...* après avoir repoussé l'attaque de l'ennemi....

repulsivo, va adj repoussant(e).

repuntar vi FIN [valor] se redresser.

repunte sm FIN [de valores, precios] hausse *f* / *un repunte de la inflación* une poussée inflationniste.

repusiera ⟶ **reponer**.

reputación sf réputation *f* ▸ **tener buena / mala reputación** avoir bonne/mauvaise réputation.

reputado, da adj réputé(e).

reputar vt considérer, tenir pour / *lo reputan de excelente* il a une excellente réputation.

requemado, da adj brûlé(e).

requemar vt brûler. ◆ **requemarse** vprnl brûler.

requerimiento sm **1.** [demanda] requête *f* **2.** DER [orden] sommation *f* ; [aviso] mise *f* en demeure.

requerir [27] vt **1.** [necesitar] exiger, demander **2.** DER intimer. ◆ **requerirse** vprnl [ser necesario] falloir / *se requiere la nacionalidad española* la nationalité espagnole est exigée.

requesón sm *fromage frais* ; ≃ fromage *m* blanc.

requete- pref *fam* : *requetebién* vachement bien.

requiebro sm mot *m* doux.

réquiem, requiem sm inv requiem *m*.

requiera ⟶ **requerir**.

requiriera ⟶ **requerir**.

requisa sf **1.** [requisición] réquisition *f* **2.** [inspección] ▸ **pasar requisa a** faire l'inspection de.

requisar vt réquisitionner.

requisito sm condition *f* requise ▸ **cumplir los requisitos** remplir les conditions requises.

res sf **1.** [cabeza] tête *f* de bétail **2.** AM [animal vacuno] bœuf *m* / *carne de res* viande de bœuf.
◆ **reses** sfpl AM [ganado] bétail *m*.

resabiado, da adj [persona] retors(e) ; [animal] vicieux(euse).

resabio sm **1.** [sabor] arrière-goût *m* **2.** *fig* [costumbre] mauvaise habitude *f*.

resaca sf **1.** *fam* [de borrachera] gueule *f* de bois **2.** [de las olas] ressac *m*.

resacoso, sa adj [persona] qui a la gueule de bois ▸ **estar resacoso** avoir la gueule de bois.

resalado, da adj *fam* qui a du piquant ; [niño] très gracieux(euse).

resaltar ❖ vi **1.** [destacar] ressortir ; [persona] se distinguer **2.** [balcón, cornisa, etc.] faire saillie. ❖ vt [destacar] faire ressortir.

resalte, resalto sm ESP [en carretera] ralentisseur *m*.

resarcimiento sm dédommagement *m*, indemnisation *f*.

resarcir [12] vt ▸ **resarcir a alguien (de algo)** dédommager qqn (de qqch). ◆ **resarcirse** vprnl ▸ **resarcirse de** se dédommager de.

resbalada sf AM glissade *f*.

resbaladizo, za adj **1.** [gen] glissant(e) **2.** *fig* [asunto, cuestión, etc.] délicat(e).

resbalar vi glisser ; [suelo, calzada] être glissant(e) ▸ **eso me resbala** *fam* j'en ai rien à cirer.
◆ **resbalarse** vprnl glisser.

resbalón sm ▸ **dar** o **pegar un resbalón** glisser.

resbaloso, sa adj glissant(e).

rescatar vt sauver ; [objeto] récupérer ; [rehén, secuestrado] délivrer ; [mediante pago] racheter.

rescate sm **1.** [de persona en peligro] sauvetage *m* **2.** [de rehén, secuestrado] délivrance *f*, libération *f* **3.** [dinero] rançon *f*.

rescindir vt résilier.

rescisión sf résiliation *f*.

rescoldo sm **1.** [brasa] dernières braises *fpl* **2.** *fig* [de un sentimiento] restes *mpl*.

resecar [10] vt dessécher.
◆ **resecarse** vprnl se dessécher.

reseco, ca adj desséché(e) ; [piel, pan] très sec (sèche).

resentido, da ❖ adj ▸ **estar resentido con alguien** en vouloir à qqn. ❖ sm, f ▸ **es un resentido** il est aigri.

resentimiento sm ressentiment *m*.

resentirse [27] vprnl **1.** [sentir molestias] ▸ **resentirse de** se ressentir de / *su salud se resiente* sa santé s'en ressent **2.** [ofenderse] s'offenser.

reseña sf compte rendu *m*.

reseñar vt faire le compte rendu de.

reseque ⟶ **resecar**.

reserva ❖ sf **1.** [gen, MIL & ECON] réserve *f* ▸ **con reservas** sous toutes réserves ▸ **pasar a la reserva** devenir réserviste ▸ **sin reservas** sans réserve ▸ **reserva natural** réserve naturelle **2.** [de hotel, tren, etc.] réservation *f* **3.** [discreción] discrétion *f* ▸ **reserva mental** arrière-pensée *f*. ❖ smf DEP remplaçant *m*, -e *f*. ❖ sm [vino] : *un reserva del 81* un millésime 81. ◆ **reservas** sfpl [energía, recursos] réserves *fpl* ▸ **reservas monetarias** réserves monétaires.

reservación sf MÉX réservation *f*.

reservado, da adj réservé(e).
◆ **reservado** sm [en tren] compartiment *m* réservé ; [en restaurante] salon *m* particulier.

reservar vt réserver. ◆ **reservarse** vprnl se réserver / *me reservo para el postre* je me réserve pour le dessert.

reservista ❖ adj MIL de réserve. ❖ smf MIL réserviste *m*.

resfriado, da adj enrhumé(e).
◆ **resfriado** sm rhume *m*.

resfriar [9] vt refroidir. ◆ **resfriarse** vprnl [constiparse] prendre froid.

resfrío sm ANDES RP rhume *m* / *agarrarse un resfrío* attraper un rhume.

resguardar vt ▸ **resguardar de** protéger de.
◆ **resguardarse** vprnl ▸ **resguardarse de** se mettre à l'abri de.

resguardo sm **1.** [documento] reçu *m* ; [de envío certificado] récépissé *m* **2.** [protección] abri *m* ▸ **al resguardo de** à l'abri de.

residencia sf **1.** [lugar] lieu *m* de résidence **2.** [casa, establecimiento] résidence *f* ▸ **residencia universitaria** résidence universitaire **3.** [hotel] pension *f* de famille **4.** [hospital] hôpital *m* **5.** [periodo de formación] internat *m* **6.** [permiso para extranjeros] permis *m* de séjour **7.** [estancia] séjour *m*.

residencial adj résidentiel(elle).

residente ❖ adj : *los extranjeros residentes en España* les étrangers résidant en Espagne. ❖ smf **1.** [gen] résident *m*, -e *f* ▸ **no residente** non-résident *m* **2.** [médico] interne *m*.

residir vi **1.** [vivir] ▸ **residir en a)** [país] résider en **b)** [ciudad] résider à / *reside en la calle Sargenta, número 1* il réside au numéro 1 de la rue Sargenta **2.** [radicar] ▸ **residir en** résider dans.

residual adj **1.** résiduel(elle) **2.** ⟶ **agua**.

residuo sm résidu *m* ▸ **residuos radiactivos** déchets *mpl* radioactifs.

resienta ⟶ **resentirse**.

resignación sf résignation *f*.

resignarse vprnl ▸ **resignarse (a hacer algo)** se résigner (à faire qqch).

resilencia sf PSICOL résilience *f*.

resina sf résine *f*.

resinoso, sa adj résineux(euse).

resintiera ⟶ **resentirse**.

resistencia sf résistance *f* ▸ **oponer gran resistencia a** opposer une grande résistance à ▸ **resistencia pasiva** résistance passive.

resistente adj résistant(e).

resistir ❖ vt **1.** [gen] ▸ **resistir (algo)** résister (à qqch) / *resistí la tentación* j'ai résisté à la tentation / *resistí su mirada* j'ai soutenu son regard **2.** [tolerar] supporter / *no lo resisto más* je ne peux plus le supporter. ❖ vi ▸ **resistir (a)** résister (à).
◆ **resistirse** vprnl ▸ **resistirse (a)** résister (à) / *no*

hay hombre que se le resista aucun homme ne lui résiste ▸ **resistirse a hacer algo** se refuser à faire qqch / *me resisto a creerlo* je me refuse à le croire / *se le resisten las matemáticas* il a beaucoup de mal en mathématiques.

resma sf rame *f (de papier)*.

resol sm réverbération *f* du soleil.

resollar [23] vi souffler.

resolución sf **1.** [solución] résolution *f* ▸ **para la resolución de algo** pour résoudre qqch **2.** [firmeza] détermination *f* ▸ **de mucha resolución** résolu(e) **3.** [decisión & DER] décision *f* ▸ **tomar una resolución** prendre une décision.

resoluto, ta adj *culto* résolu(e).

resolver [24] vt **1.** [solucionar] résoudre / *con ese gol el partido estaba resuelto* avec ce but le match était gagné **2.** [decidir] ▸ **resolver hacer algo** résoudre de faire qqch. ◆ **resolverse** vprnl **1.** [solucionarse] être résolu(e) **2.** [decidirse] ▸ **resolverse a hacer algo** se résoudre à faire qqch **3.** [acabar] ▸ **resolverse en** se résumer à.

resonancia sf **1.** [gen & FÍS] résonance *f* ▸ **resonancia magnética** résonance magnétique **2.** *fig* [de noticia, etc.] retentissement *m*.

resonar [23] vi résonner.

resoplar vi être essoufflé(e) ; *fig* [por enfado] grogner.

resoplido sm essoufflement *m* ▸ **dar resoplidos** grogner.

resorte sm ressort *m* ▸ **los resortes del poder** les rênes du pouvoir ▸ **tocar todos los resortes** jouer de toute son influence.

respaldar vt soutenir, appuyer. ◆ **respaldarse** vprnl ▸ **respaldarse en** a) [un asiento] s'adosser à b) *fig* [apoyarse] reposer sur.

respaldo sm **1.** [de asiento] dossier *m* **2.** *fig* [apoyo] soutien *m*.

respectar v impers ▸ **por** o **en lo que respecta a alguien / a algo** en ce qui concerne qqn / qqch.

respectivamente adv respectivement.

respectivo, va adj respectif(ive) / *sus respectivos padres* leurs parents respectifs.

respecto sm ▸ **al respecto, a este respecto** à ce sujet ▸ **(con) respecto a, respecto de** au sujet de, en ce qui concerne.

respetabilidad sf respectabilité *f*.

respetable adj respectable.

respetar vt respecter ▸ **hacerse respetar** se faire respecter.

respeto sm respect *m* ▸ **faltar al** o **el respeto a alguien** manquer de respect à qqn ▸ **por respeto a** par respect pour ▸ **presentar sus respetos a alguien** présenter ses respects à qqn.

respetuoso, sa adj respectueux(euse).

respingar [16] vi **1.** [animal, persona] regimber **2.** [falda, vestido] remonter.

respingo sm **1.** [de persona] ▸ **dar** o **pegar un respingo** sursauter **2.** [de animal] ▸ **dar un respingo** ruer.

respingón, ona adj ▸ **una nariz respingona** un nez en trompette.

respiración sf respiration *f* ▸ **respiración artificial** respiration artificielle ▸ **respiración asistida** respiration assistée ▸ **dejar a alguien sin respiración** *fig* couper le souffle à qqn.

respiradero sm bouche *f* d'aération ; [en sótano] soupirail *m*.

respirador, ra adj ANAT & MED respiratoire. ◆ **respirador** sm MED respirateur *m*.

respirar ◇ vt respirer. ◇ vi respirer ▸ **no dejar respirar a alguien** *fig* ne pas laisser respirer qqn.

respiratorio, ria adj respiratoire.

respiro sm **1.** [descanso] répit *m* ▸ **necesitar un respiro** avoir besoin de souffler **2.** [alivio] soulagement *m*.

resplandecer [30] vi **1.** [brillar] resplendir **2.** *fig* [destacar] briller ▸ **resplandecer de algo** rayonner de qqch.

resplandeciente adj resplendissant(e).

resplandor sm éclat *m*.

responder ◇ vt [contestar] répondre à. ◇ vi [replicar] répondre ▸ **responder a** a) [contestar, corresponder] répondre à b) [tratamiento] réagir à ▸ **responder a alguien** répondre à qqn ▸ **responder a una pregunta** répondre à une question ▸ **responder a una necesidad** répondre à un besoin ▸ **responder de algo / por alguien** répondre de qqch / de qqn.

respondón, ona adj & sm, f insolent(e).

responsabilidad sf responsabilité *f* ▸ **un trabajo de mucha responsabilidad** un travail à hautes responsabilités ▸ **responsabilidad civil / penal** responsabilité civile / pénale.

responsabilizar [13] vt rendre responsable ; [culpar] faire porter la responsabilité à. ◆ **responsabilizarse** vprnl ▸ **responsabilizarse de algo** assumer la responsabilité de.

responsable ◇ adj ▸ **responsable (de)** responsable (de) ▸ **hacerse responsable de algo** a) assumer la responsabilité de qqch b) [secuestro, atentado] revendiquer qqch. ◇ smf responsable *mf*.

responso sm absoute *f*.

respuesta sf réponse *f* ▸ **en respuesta a** en réponse à.

resquebrajadura sf fissure *f* ; [en vajilla] fêlure *f*.

resquebrajamiento sm fissure *f* ; [en vajilla] fêlure *f*.

resquebrajar vt fendiller ; [pared] fissurer ; [vajilla, hielo, etc.] fêler. ◆ **resquebrajarse** vprnl se fendiller ; [vajilla, hielo, etc.] se fêler.

resquemor sm ressentiment *m* ▸ **dejar un resquemor a alguien** meurtrir qqn *(moralement)*.

resquicio sm **1.** [abertura] fente *f* ; [de puerta] entrebâillement *m* **2.** *fig* [de esperanza] lueur *f*.

resta sf soustraction *f*.

restablecer [30] vt rétablir. ◆ **restablecerse** vprnl **1.** [curarse] se rétablir **2.** [reimplantarse] être rétabli(e).

restablecimiento sm rétablissement *m*.

restallar ❖ vt faire claquer. ❖ vi claquer.

restallido sm claquement *m*.

restante adj restant(e) ▸ **los restantes años de mi vida** les années qu'il me reste à vivre ▸ **lo restante** le reste.

restar ❖ vt **1.** MAT soustraire ▸ **restar una cantidad de otra** retrancher une somme d'une autre **2.** *fig* [disminuir - importancia, méritos] ôter, enlever ; [- autoridad] affaiblir ▸ **restar dramatismo** dédramatiser **3.** [en tenis] retourner. ❖ vi [faltar] rester.

> ⚠ Rester es un falso amigo, no significa *restar*, sino "quedarse" y también "permanecer".

restauración sf restauration *f*.

restaurador, ra sm, f ARTE restaurateur *m*, -trice *f*.

restaurante sm restaurant *m*.

restaurar vt restaurer.

restitución sf restitution *f*.

restituir [51] vt **1.** [devolver] restituer ▸ **restituir la salud** remettre sur pied **2.** [restaurar] ▸ **restituir algo a** rétablir qqch dans. ◆ **restituirse** vprnl ▸ **restituirse a** [regresar] réintégrer / ***se restituyó a su residencia*** il a réintégré son domicile.

resto sm reste *m* ▸ **echar el resto** faire tout son possible. ◆ **restos** smpl restes *mpl* ▸ **restos mortales** dépouille *f* mortelle.

restorán sm RP restaurant *m*.

restregar [35] vt frotter. ◆ **restregarse** vprnl [manos] se frotter ▸ **restregarse por el suelo** se traîner par terre.

restricción sf **1.** [reducción] restriction *f* **2.** *(gen pl)* [de agua, alimentos, etc.] rationnement *m*.

restrictivo, va adj restrictif(ive).

restringir [15] vt restreindre ; [agua, alimentos, etc.] rationner.

resucitar vt & vi ressusciter.

resuella ⟶ **resollar**.

resuello sm souffle *m* / ***llegó sin un resuello*** il est arrivé complètement essoufflé.

resuelto, ta adj résolu(e) ▸ **estar resuelto a hacer algo** être résolu à faire qqch. ◆ **resuelto** pp ⟶ **resolver**.

resuelva ⟶ **resolver**.

resuena ⟶ **resonar**.

resulta ◆ **de resultas de** loc prep à la suite de.

resultado sm résultat *m* ▸ **dar buen resultado** bien marcher.

resultante ❖ adj résultant(e) ▸ **resultante de** qui résulte de. ❖ sf FÍS résultante *f*.

resultar ❖ vi **1.** [tener como consecuencia] résulter ▸ **¿qué resultará de todo esto?** que ressortira-t-il de tout cela ? **2.** [ser] : ***me resulta difícil*** ça m'est difficile ▸ **resultar un éxito** être réussi(e) / ***nuestro equipo resultó vencedor*** finalement, notre équipe a gagné / ***el viaje resultó largo*** le voyage a été long / ***resultó ser su primo*** il s'est avéré que c'était son cousin / ***resultó ser inexacto*** on a découvert que c'était faux / ***dos personas resultaron heridas*** deux personnes ont été blessées **3.** [salir bien] réussir / ***el experimento ha resultado*** l'expérience a réussi **4.** [costar] revenir / ***nos resultó caro*** ça nous est revenu cher. ❖ v impers [suceder] ▸ **resulta que...** il se trouve que....

resultón, ona adj *fam* [persona] mignon(onne) ; [piso, casa] coquet(ette).

resumen sm résumé *m* ▸ **en resumen** en résumé.

resumidero sm AM égout *m*.

resumido, da adj résumé(e) ▸ **en resumidas cuentas** en fin de compte.

resumir vt résumer. ◆ **resumirse** vprnl ▸ **resumirse en** se résumer à.

resurgimiento sm résurgence *f* ; [de interés] regain *m*.

resurgir [15] vi ressurgir.

resurrección sf résurrection *f*.

retablo sm retable *m*.

retaco sm *fam* [hombre] nabot *m* ; [mujer] naine *f*.

retaguardia sf [tropa] arrière-garde *f* ; [parte trasera] arrière *m*.

retahíla sf kyrielle *f*.

retal sm coupon *m (de tissu)*.

retama sf genêt *m*.

retar vt **1.** [desafiar] lancer un défi à ▸ **retar a alguien a hacer algo** défier qqn de faire qqch **2.** RP [reñir] gronder.

Cómo resumir

- **Finalement, on peut dire qu'on s'en est bien sorti.** *Se puede decir que finalmente hemos salido bien parados.*
- **Après tout, ce n'est pas mon problème.** *Después de todo, no es problema mío.*
- **Tout compte fait, c'est quelqu'un de bien.** *En resumidas cuentas, es buena gente.*
- **En fin de compte, je me suis bien amusé.** *A fin de cuentas, me lo pasé bien.*
- **En gros, ça veut dire qu'ils refusent de nous aider.** *En líneas generales, eso significa que se niegan a ayudarnos.*
- **En un mot, c'est non.** *En una palabra, no.*
- **Pour résumer, ils ont l'intention de porter plainte.** *Resumiendo, tienen la intención de interponer una denuncia.*

retardado, da adj retardé(e) ▸ **de efecto retardado** à retardement ▸ **ser de efectos retardados** *fam* être lent(e) à la détente.

retardar vt retarder.

retardo sm retard *m*.

retazo sm **1.** [retal] coupon *m* **2.** *fig* [fragmento] bribe *f*.

rete adv AM *fam* très.

retén sm ▸ **retén (de bomberos)** piquet *m* d'incendie.

retención sf **1.** [gen & MED] rétention *f* **2.** [en el sueldo] retenue *f* ▸ **retención fiscal** prélèvement *m* fiscal **3.** *(gen pl)* [de tráfico] embouteillage *m*.

retener [72] vt retenir / *la empresa me retiene parte del salario* l'entreprise me retient une partie de mon salaire / *los piratas del aire retienen a 24 pasajeros* les pirates de l'air retiennent 24 passagers en otage.

reticencia sf **1.** [resistencia] réticence *f* **2.** [insinuación] sous-entendu *m*.

reticente adj réticent(e).

retícula sf ARTE grisé *m*.

reticular adj réticulaire.

retiene ⟶ **retener**.

retina sf rétine *f*.

retinol sm MED rétinol *m*.

retintín sm **1.** [ironía] ton *m* moqueur ▸ **con retintín** sur un ton moqueur **2.** [ruido] tintement *m*.

retirado, da ❖ adj **1.** [gen] retiré(e) **2.** [jubilado] retraité(e). ❖ sm, f [jubilado] retraité *m*, -e *f*.
◆ **retirada** sf retrait *m* ; [de ejército vencido] retraite *f* ▸ **batirse en retirada** battre en retraite ▸ **cubrir la retirada a)** couvrir la retraite **b)** *fig* assurer ses arrières.

retirar vt **1.** [gen] retirer ▸ **retirar su candidatura** retirer sa candidature ▸ **retiro lo dicho** je retire ce que j'ai dit **2.** [jubilar] mettre à la retraite. ◆ **retirarse** vprnl **1.** [aislarse, marcharse] se retirer **2.** [jubilarse] prendre sa retraite **3.** MIL battre en retraite **4.** [apartarse] s'écarter.

retiro sm retraite *f*.

reto sm défi *m*.

retocado sm retouche *f*.

retocar [10] vt **1.** [gen] retoucher **2.** [dar el último toque a] mettre la dernière main à.

retoce ⟶ **retozar**.

retomar vt reprendre.

retoño sm rejeton *m*.

retoque ❖ sm retouche *f*. ❖ ⟶ **retocar**.

retorcer [41] vt **1.** [torcer] tordre **2.** *fig* [tergiversar] déformer. ◆ **retorcerse** vprnl [contraerse] ▸ **retorcerse (de)** se tordre (de).

retorcido, da adj **1.** [torcido] tordu(e) **2.** *fig* [rebuscado] alambiqué(e) **3.** *fig* [malintencionado] retors(e).

retórico, ca ❖ adj rhétorique ▸ **una figura retórica** une figure de rhétorique. ❖ sm, f rhétoricien *m*, -enne *f*.
◆ **retórica** sf rhétorique *f*.

retornable adj consigné(e) / *envase retornable / no retornable* emballage consigné / non consigné.

retornar ❖ vt [devolver] rendre. ❖ vi [regresar] ▸ **retornar a** retourner à.

retorno sm [gen & INFORM] retour *m* ▸ **retorno de carro** retour chariot.

retortijón sm *(gen pl)* crampe *f (d'estomac)*.

retozar [13] vi batifoler.

retozón, ona adj folâtre.

retractación sf rétractation *f*.

retractarse vprnl se rétracter ▸ **retractarse de** [lo dicho] revenir sur.

retráctil adj rétractile ; [tren de aterrizaje] escamotable.

retracto sm DER préemption *f* ▸ **derecho de retracto** droit *m* de préemption.

retraer [73] vt **1.** [encoger] rétracter **2.** [disuadir] ▸ **retraer a alguien de hacer algo** dissuader qqn de faire qqch. ◆ **retraerse** vprnl **1.** [encogerse] se rétracter **2.** [aislarse, apartarse] ▸ **retraerse de** se retirer de, s'écarter de **3.** [retroceder] se replier.

retraído, da adj [tímido] renfermé(e).

retraimiento sm [timidez] caractère *m* renfermé.

retransmisión sf retransmission *f*.

retransmitir vt retransmettre.

retrasado, da ❖ adj **1.** [gen] en retard **2.** [mental] attardé(e). ❖ sm, f ▸ **retrasado (mental)** attardé *m*, -e *f*.

retrasar ❖ vt **1.** [gen] retarder **2.** [aplazar - hora, fecha] reculer ; [- viaje, proyecto, etc.] repousser. ❖ vi [reloj] retarder. ◆ **retrasarse** vprnl **1.** [llegar tarde] être en retard **2.** [no estar al día] prendre du retard **3.** [aplazarse] être retardé(e) **4.** [reloj] retarder.

retraso sm retard *m* ▸ **llegar con retraso** arriver en retard ▸ **llevar retraso** avoir du retard / *llevo un retraso de dos días en mi trabajo* j'ai deux jours de retard dans mon travail.

retratar vt **1.** [fotografiar] photographier **2.** [dibujar] faire le portrait de **3.** *fig* [reflejar] dépeindre.
◆ **retratarse** vprnl : *¡me he retratado! irón* je suis catalogué !

retratista smf portraitiste *mf*.

retrato sm **1.** [gen] portrait *m* ▸ **ser alguien el vivo retrato de alguien** être le portrait vivant de qqn ▸ **retrato robot** portrait-robot *m* **2.** *fig* [reflejo] : *su novela es un retrato de la sociedad de la época* son roman est une photographie de la société de l'époque.

retreta sf MIL retraite *f*.

retrete sm toilettes *fpl*.

retribución sf rétribution *f*.

retribuir [51] vt **1.** [pagar] rétribuer **2.** AM [por un favor] payer de retour.

retro adj rétro.

retroactividad sf rétroactivité *f*.

retroactivo, va adj rétroactif(ive).

retroalimentación sf TECNOL rétroalimentation *f.*

retroceder vi reculer ▸ **no retrocede ante nada** il ne recule devant rien ▸ **retroceder en el tiempo** remonter le temps.

retroceso sm **1.** [gen] recul *m* **2.** [en enfermedad] aggravation *f.*

retrógrado, da adj rétrograde.

retropropulsión sf rétropropulsion *f.*

retroproyector sm rétroprojecteur *m.*

retrospección sf examen *m* rétrospectif.

retrospectivo, va adj rétrospectif(ive).
◆ **retrospectiva** sf rétrospective *f.*

retrotraer [73] vt [relato] faire remonter.

retroviral adj MED rétroviral(e).

retrovirus sm MED rétrovirus *m.*

retrovisor ❖ adj ⟶ **espejo.** ❖ sm rétroviseur *m.*

retuerce ⟶ **retorcer.**

retumbante adj retentissant(e).

retumbar vi **1.** [hacer ruido] retentir ; [trueno] gronder ; [cañón] tonner **2.** [resonar] résonner.

retuviera ⟶ **retener.**

reuma, reúma sm o sf rhumatisme *m.*

reumático, ca adj & sm, f rhumatisant(e).

reumatismo sm rhumatisme *m.*

reumatología sf rhumatologie *f.*

reumatólogo, ga sm, f rhumatologue *mf.*

reunificación sf réunification *f.*

reunificar [10] vt réunifier.
◆ **reunificarse** vprnl être réunifié(e).

reunión sf réunion *f.*

reunir vt réunir ; [datos, etc.] rassembler.
◆ **reunirse** vprnl [congregarse] se réunir.

reutilizable adj réutilisable.

reutilizar [13] vt réutiliser.

reválida sf examen *m* de fin d'études.

revalidar vt **1.** ESP DEP revalider **2.** AM EDUC [estudios, diploma] valider.

revalorar = **revalorizar.**

revalorización sf revalorisation *f.*

revalorizar [13], **revalorar** vt revaloriser.
◆ **revalorizarse** vprnl **1.** [aumentarse el valor] prendre de la valeur **2.** [restituirse el valor] reprendre de la valeur.

revancha sf revanche *f* ▸ **tomarse la revancha** prendre sa revanche.

revanchismo sm ▸ **un espíritu de revanchismo** un esprit vindicatif.

reveillón = **revellón.**

revelación sf révélation *f* / *es el cantante revelación del año* ce chanteur est la révélation de l'année.

revelado sm FOTO développement *m.*

revelador, ra adj révélateur(trice).
◆ **revelador** sm FOTO révélateur *m.*

revelar vt **1.** [gen] révéler **2.** FOTO développer.
◆ **revelarse** vprnl se révéler / *se reveló como un gran músico* il s'est révélé être un grand musicien.

revellón, reveillón sm réveillon *m.*

revendedor, ra sm, f revendeur *m*, -euse *f.*

revender vt revendre.

reventa sf revente *f.*

reventado, da adj *fam* crevé(e) *(fatigué).*

reventador, ra sm, f [boicoteador] agitateur *m*, -trice *f*, provocateur *m*, -trice *f.*

reventar [19] ❖ vt **1.** [explotar] faire éclater, crever / *revientas el vestido* cette robe te boudine **2.** [con explosivos] faire sauter **3.** *fam* [cansar] crever **4.** *fam* [destrozar] démolir **5.** *fam* [fastidiar] : *su manera de hablar me revienta* il a une façon de parler qui me tue.
❖ vi **1.** [explotar] éclater **2.** [estar lleno] ▸ **reventar de** regorger de / *el árbol revienta de frutas* l'arbre est chargé de fruits **3.** [desear] ▸ **reventar por hacer algo** mourir d'envie de faire qqch **4.** *fam* & *fig* [estallar] exploser ▸ **reventar de ira** piquer une colère ▸ **reventar de risa** être mort(e) de rire **5.** *fam* [morir] crever.
◆ **reventarse** vprnl **1.** [explotar] éclater **2.** *fam* [cansarse] se crever / *me reviento a trabajar* je me tue au travail.

reventón sm éclatement *m* / *tuve un reventón* mon pneu a éclaté ▸ **darse** o **pegarse un reventón** *fam* se crever.

reverberación sf réverbération *f.*

reverberar vi **1.** [luz, calor] ▸ **reverberar sobre** se réverbérer sur **2.** [sonido] résonner.

reverdecer [30] vi **1.** [planta, campo] reverdir **2.** *fig* [renacer] se ranimer.

reverencia sf révérence *f.*

reverenciar [8] vt révérer.

reverendo, da adj ▸ **reverendo padre** mon révérend père. ◆ **reverendo** sm révérend *m.*

reverente adj révérencieux(euse) / *un reverente silencio* un silence recueilli.

reversibilidad sf réversibilité *f.*

reversible adj réversible.

reverso sm revers *m* / *el reverso de la hoja* le verso ▸ **ser el reverso de la medalla** *fig* être tout l'opposé.

revertir [27] vi **1.** [devolver] restituer **2.** [resultar] ▸ **revertir en beneficio de** tourner à l'avantage de.

revés sm revers *m* ; [de papel] dos *m* ; [de tela] envers *m* ▸ **los reveses de la vida** les revers de fortune ▸ **al revés** à l'envers / *comemos primero y luego vamos al cine o lo hacemos al revés* nous mangeons d'abord et nous allons au cinéma après ou nous faisons l'inverse / *lo entiende todo al revés* il comprend tout de travers / *al revés de lo que piensas…* contrairement à ce que tu penses… ▸ **del revés** à l'envers.

revestimiento sm revêtement *m.*

revestir [26] vt **1.** [gen] ▸ **revestir (de)** revêtir (de) ▸ **revestir importancia** revêtir de l'importance **2.** *fig* [falta, defecto, etc.] camoufler. ◆ **revestirse** vprnl ▸ **revestirse de** [valor, paciencia] s'armer de.

revienta ⟶ **reventar**.

revierta ⟶ **revertir**.

revirtiera ⟶ **revertir**.

revisar vt réviser ; [cuentas] vérifier ; [salud, vista] faire un bilan de ; [coche] faire réviser.

revisión sf **1.** [sometimiento a un nuevo examen] révision *f* **2.** [de cuentas] vérification *f* **3.** [de salud, vista] examen *m* ▸ **revisión médica** visite *f* médicale **4.** [de coche] révision *f* **5.** CAM MÉX [registro] fouille *f*.

revisionismo sm révisionnisme *m*.

revisionista adj & smf révisionniste.

revisor, ra ◇ adj de contrôle. ◇ sm, f [en tren, autobús] contrôleur *m*, -euse *f*.

revista ◇ v ⟶ **revestir.** ◇ sf **1.** [gen & TEATRO] revue *f* ▸ **pasar revista a algo** passer qqch en revue ▸ **revistas del corazón** presse *f* du cœur **2.** [sección de periódico] rubrique *f* ▸ **revista de libros / música** rubrique littéraire / musicale.

revistero, ra sm, f chroniqueur *m*, -euse *f*.
◆ **revistero** sm porte-revues *m inv*.

revistiera ⟶ **revestir**.

revitalizar [13] vt revitaliser.

revival [rri'βaiβal] sm revival *m*.

revivificar [10] vt revivifier.

revivir ◇ vi **1.** [resucitar] revivre **2.** *fig* [sentimiento] se ranimer. ◇ vt [recordar] revivre.

revocable adj révocable.

revocación sf révocation *f*.

revocar [10] vt révoquer ; [sentencia] casser.

revolcar [36] vt rouler ; [persona] faire tomber / *el niño revolcó sus juguetes en el barro* l'enfant a traîné ses jouets dans la boue. ◆ **revolcarse** vprnl se rouler.

revolcón sm **1.** [derribo] ▸ **dar un revolcón a alguien** piétiner qqn **2.** *fam* & *fig* [victoria] ▸ **dar un buen revolcón** donner une bonne leçon.

revolotear vi [pájaro] voleter ; [hoja, papel, etc.] voltiger.

revoloteo sm voltigement *m*.

revoltijo, revoltillo sm fouillis *m*.

revoltoso, sa adj turbulent(e).

revolución sf **1.** [gen & ASTRON] révolution *f* **2.** TECNOL tour *m*. ◆ **Revolución Industrial** sf Révolution *f* industrielle.

revolucionar vt **1.** [perturbar] bouleverser **2.** [transformar] révolutionner.

revolucionario, ria adj & sm, f révolutionnaire.

revolver [24] ◇ vt **1.** [dar vueltas a] remuer **2.** [desorganizar] mettre sens dessus dessous **3.** *fig* [irritar] ▸ **revolver el estómago** o **las tripas** soulever le cœur ▸ **revolver la sangre** retourner les sangs. ◇ vi ▸ **revolver en** fouiller dans.
◆ **revolverse** vprnl **1.** [gen] se retourner ; [moverse] remuer ▸ **revolverse (contra)** se retourner (contre) **2.** [el tiempo] se gâter ; [el mar] s'agiter.

revólver sm revolver *m*.

revoque ⟶ **revocar**.

revuelca ⟶ **revolcar**.

revuelco sm ▸ **dar un revuelco a alguien** faire tomber qqn.

revuelo sm **1.** [de ave] : *mirar el revuelo de los gorriones* regarder les moineaux voleter **2.** *fig* [agitación] trouble *m* ▸ **armar un gran revuelo** jeter le trouble.

revuelque ⟶ **revolcar**.

revuelto, ta adj **1.** [desordenado] sens dessus dessous **2.** [alborotado] troublé(e) **3.** [clima] instable **4.** [aguas, mar] agité(e) **5.** [alterado] ▸ **tengo el estómago revuelto** j'ai l'estomac barbouillé.
◆ **revuelta** sf **1.** [disturbio] révolte *f* **2.** [curva] détour *m*.
◆ **revuelto** pp ⟶ **revolver.**

revuelva ⟶ **revolver**.

revulsión sf révulsion *f*.

revulsivo, va adj *fig* stimulant(e). ◆ **revulsivo** sm *fig* ▸ **servir de revulsivo a** donner un coup de fouet à.

rey sm roi *m*.
◆ **Reyes** smpl ▸ **los Reyes** le roi et la reine. ◆ **Reyes Católicos** smpl ▸ **los Reyes Católicos** les Rois Catholiques. ◆ **Reyes Magos** smpl ▸ **los Reyes Magos** les Rois mages.

Reyes Magos

Le 6 janvier, les Espagnols fêtent les Rois mages. Selon la tradition, ceux-ci apportent des jouets aux enfants qui auparavant leur ont écrit une lettre détaillant leurs souhaits. Les enfants peuvent aussi parler aux Rois mages lors du défilé organisé le 5 janvier dans chaque ville d'Espagne. Le soir du 5, ils laissent en évidence une paire de chaussures afin que les Rois y déposent des présents. On dit que les enfants qui n'ont pas été sages ne reçoivent que du charbon.

reyerta sf rixe *f*.

rezagado, da ◇ adj ▸ **andar** o **ir rezagado** être à la traîne. ◇ sm, f retardataire *mf*.

rezagarse [16] vprnl [retrasarse] prendre du retard ; [quedarse atrás] rester en arrière ; [tardar] traîner.

rezar [13] ◇ vt réciter, dire ▸ **rezar su oración** faire sa prière. ◇ vi **1.** [orar] prier ▸ **rezar a Dios** prier Dieu **2.** [decir] ▸ **según reza...** il est stipulé dans... / *el* *letrero rezaba: ¡abajo la tiranía!* sur le panneau était marqué : à bas la tyrannie !

rezo sm prière *f*.

rezongar [16] vi ronchonner.

rezumar ◆ vt **1.** [transpirar] laisser filtrer **2.** *fig* [manifestar] déborder de. ◆ vi suinter.

RFEF (*abr de* **Real Federación Española de Fútbol**) sf *fédération espagnole de football* ; ≃ F.F.F. *f (fédération française de football)*.

Rh (*abr de* **rhesus**) sm Rh.

rhesus sm MED rhésus *m* ▸ **factor Rhesus** facteur Rhésus.

ría ◆ sf ria *f*. ◆ v ⟶ **reír.**

riachuelo sm ruisseau *m*.

riada sf **1.** [crecida] crue *f* ; [inundación] inondation *f* **2.** *fig* [multitud] flot *m*.

ribeiro sm *vin léger de la région d'Orense, en Espagne*.

ribera sf rive *f* ; [de mar] rivage *m*.

ribereño, ña adj & sm, f riverain(e) *(d'une rivière)*.

ribete sm liseré *m* ; *fig* [atisbo] touche *f* / *tiene ribetes de artista* il a un côté artiste.

ribeteado, da adj à liseré.

ribetear vt poser un liseré à.

ribonucleico, ca adj ⟶ **ácido**.

ricacho, cha, ricachón, ona sm, f *fam* & *despec* rupin *m*, -e *f*.

ricamente adv richement ; [a gusto] ▸ **tan ricamente** tranquillement.

rice ⟶ **rizar**.

ricino sm ricin *m*.

rico, ca ◆ adj **1.** [gen] ▸ **rico (en)** riche (en) **2.** [sabroso] délicieux(euse) **3.** [simpático] adorable **4.** *fam* [apelativo] : *¡oye rico!* écoute, mon vieux ! ◆ sm, f riche *mf* ▸ **los ricos** les riches ▸ **nuevo rico** nouveau riche.

rictus sm rictus *m*.

ricura sf *fam* [monada] : *es una ricura* c'est un amour.

ridiculez sf **1.** [tontería] chose *f* ridicule **2.** [nimiedad] bêtise *f*, rien *m*.

ridiculizar [13] vt ridiculiser.

ridículo, la adj ridicule. ◆ **ridículo** sm ridicule *m* ▸ **poner** o **dejar en ridículo a alguien** ridiculiser qqn ▸ **hacer el ridículo** se ridiculiser.

ríe ⟶ **reír**.

riega ⟶ **regar**.

riego sm arrosage *m* ; [de campos] irrigation *f* ▸ **riego sanguíneo** irrigation sanguine.

riegue ⟶ **regar**.

riel sm rail *m*.

rienda sf **1.** [de caballería] rêne *f* ▸ **dar rienda suelta a** *fig* laisser libre cours à **2.** [moderación] retenue *f*. ◆ **riendas** sfpl *fig* [dirección] rênes *fpl* ▸ **aflojar las riendas** *fig* lâcher la bride ▸ **llevar** o **tener las riendas** *fig* tenir les rênes.

riera ⟶ **reír**.

riesgo sm risque *m* ▸ **a todo riesgo** [seguro, póliza] tous risques ▸ **correr (el) riesgo de** courir le risque de.

riesgoso, sa adj AM périlleux(euse), dangereux(euse).

rifa sf tombola *f*.

rifar vt tirer au sort.
◆ **rifarse** vprnl ▸ **rifarse algo** se disputer qqch.

riff [rif] sm MÚS riff *m* ▸ **riffs de guitarra** riffs de guitare.

rifle sm carabine *f*.

Riga npr Riga.

rige ⟶ **regir**.

rigidez sf **1.** [gen] rigidité *f* **2.** [severidad] rigueur *f* **3.** [inexpresividad] impassibilité *f*.

rígido, da adj **1.** [gen] rigide ▸ **volverse rígido** [cera, sustancia, etc.] se solidifier **2.** [inexpresivo] figé(e).

rigiera ⟶ **regir**.

rigor sm rigueur *f* ▸ **los rigores del verano** les chaleurs estivales ▸ **en rigor** à proprement parler.
◆ **de rigor** loc adj de rigueur.

rigurosamente adv **1.** [severamente - castigar] sévèrement ; [- aplicar] avec rigueur **2.** [exactamente] rigoureusement / *es rigurosamente cierto* c'est rigoureusement vrai.

rigurosidad sf rigueur *f*.

riguroso, sa adj rigoureux(euse).

rija ⟶ **regir**.

rijoso, sa adj **1.** [pendenciero] bagarreur(euse) **2.** [lujurioso] lascif(ive) ; [animal] en rut.

rima sf **1.** [consonancia] rime *f* **2.** *(gen pl)* [composición] vers *mpl*.

rimar ◆ vi rimer. ◆ vt faire rimer.

rimbombante adj **1.** [grandilocuente] ronflant(e) **2.** [ostentoso] tapageur(euse).

rímel, rimmel sm Rimmel® *m*.

Rin npr ▸ **el Rin** le Rhin.

rincón sm **1.** [gen] coin *m* **2.** [lugar alejado] recoin *m*.

rinconera sf meuble *m* d'angle.

rinda ⟶ **rendir**.

rindiera ⟶ **rendir**.

ring sm ring *m*.

rinitis sf inv MED rhinite *f* ▸ **rinitis alérgica** rhinite allergique.

rinoceronte sm rhinocéros *m*.

rinología sf rhinologie *f*.

riña ◆ v ⟶ **reñir.** ◆ sf dispute *f* ▸ **riña de gallos** RP combat *m* de coqs.

riñera ⟶ **reñir**.

riñón sm rein *m* ▸ **riñón artificial** rein artificiel ▸ **costar un riñón** *fig* coûter les yeux de la tête ▸ **tener el riñón bien cubierto** *fig* avoir du foin dans ses bottes.

◆ **riñones** smpl **1.** CULIN rognons *mpl* **2.** [región lumbar] bas *m* du dos.

riñonada sf **1.** [tejido adiposo] reins *mpl* **2.** [región lumbar] bas *m* du dos **3.** CULIN rognons *mpl*.

riñonera sf [pequeño bolso] banane *f*.

río sm **1.** [con desembocadura - en mar] fleuve *m* ; [- en río] rivière *f* ▸ **río abajo** en aval ▸ **río arriba** en amont **2.** *fig* [abundancia] flot *m* **3.** EXPR **a río revuelto, ganancia de pescadores** à quelque chose malheur est bon ▸ **cuando el río suena, agua lleva** il n'y a pas de fumée sans feu.

rió ⟶ **reír**.

Río de Janeiro npr Rio de Janeiro.

Río de la Plata npr Rio de la Plata.

rioja sm *vin de la région espagnole de La Rioja*.

riojano, na ◆ adj de La Rioja. ◆ sm, f habitant *m*, -e *f* de La Rioja.

rioplatense ◆ adj du Rio de la Plata. ◆ smf habitant *m*, -e *f* du Rio de la Plata.

RIP (*abr escrita de* **requiescat in pace**) RIP.

ripio sm **1.** [relleno] remplissage *m* / *son ripios* c'est du remplissage **2.** [en poesía] cheville *f* **3.** [cascote] remplage *m*.

riqueza sf richesse *f* ▸ **tener riqueza vitamínica** être riche en vitamines.

risa sf rire *m* ▸ **¡qué risa!** comme c'est drôle ! ▸ **se me escapó la risa** j'ai éclaté de rire ▸ **mondarse** o **morirse** o **partirse de risa** mourir o se tordre de rire ▸ **tomar a risa** *fam* prendre à la rigolade.

risco sm rocher *m* escarpé.

risible adj risible.

risotada sf éclat *m* de rire.

ristra sf chapelet *m* ▸ **ristra de ajos** chapelet d'ail ▸ **ristra de insultos** chapelet d'injures.

ristre ◆ **en ristre** loc adv [instrumento, herramienta] en main.

risueño, ña adj **1.** [alegre] rieur(euse) **2.** [próspero] souriant(e).

rítmico, ca adj rythmique.

ritmo sm rythme *m*.

rito sm rite *m*.

ritual ◆ adj rituel(elle). ◆ sm rituel *m*.

rival adj & smf rival(e).

rivalidad sf rivalité *f*.

rivalizar [13] vi ▸ **rivalizar con alguien** rivaliser avec qqn ▸ **rivalizar en algo** [generosidad, belleza, etc.] rivaliser de qqch ▸ **rivalizar por** lutter pour.

rivera sf ruisselet *m*.

Riyadh npr Riyad.

rizado, da adj **1.** [pelo] frisé(e) **2.** [mar] moutonneux(euse). ◆ **rizado** sm frisure *f* ▸ **hacerse un rizado** se faire friser les cheveux.

rizar [13] vt friser. ◆ **rizarse** vprnl [pelo] se (faire) friser ; [mar] moutonner.

rizo, za adj [pelo] frisé(e). ◆ **rizo** sm **1.** [de pelo] boucle *f* / *tener rizos en el pelo* avoir les cheveux bouclés **2.** [tela] ▸ **rizo (esponjoso)** tissu-éponge *m* **3.** AERON looping *m* **4.** EXPR **rizar el rizo** chercher midi à quatorze heures.

RNE (*abr escrita de* **Radio Nacional de España**) sf *radio nationale espagnole*.

RO (*abr escrita de* **Real Orden**) sf décret *m* royal / *una RO de fecha 14 de agosto de 1845* un décret royal du 14 août 1845.

roast-beef [ros'βif] (*pl* **roast-beefs**) = **rosbif**.

róbalo, robalo sm [pez] bar *m*.

robar vt **1.** [hurtar] voler **2.** [embelesar] ravir **3.** [en cartas, dominó, damas] piocher **4.** [cobrar caro] : *en ese restaurante te roban* ce sont des voleurs dans ce restaurant.

roble sm chêne *m* (rouvre) ▸ **estar hecho un roble** *fig* être fort comme un chêne.

robledal, robledo sm chênaie *f*, rouvraie *f*.

robo sm vol *m* ▸ **robo a mano armada** vol à main armée ▸ **¡es un robo!** *fam* & *fig* c'est du vol !

robot sm [gen & INFORM] robot *m* ▸ **robot de cocina** robot ménager.

robótica sf robotique *f*.

robotización sf robotisation *f*.

robotizar [13] vt robotiser.

robustecer [30] vt fortifier.
◆ **robustecerse** vprnl [persona] prendre des forces.

robustez sf robustesse *f*.

robusto, ta adj robuste.

roca sf roche *f*.

rocalla sf rocaille *f*.

rocambolesco, ca adj rocambolesque.

roce ◆ v ⟶ **rozar**. ◆ sm **1.** [rozamiento] frottement *m* ; [ligero] frôlement *m* **2.** [marca] éraflure *f* ; [en la piel] égratignure *f* **3.** FÍS friction *f* **4.** [trato] ▸ **roce (entre)** fréquentation (de) **5.** [desavenencia] heurt *m* ▸ **tener un roce con alguien** s'accrocher avec qqn.

rociada sf **1.** [rocío] rosée *f* **2.** [de gotas] aspersion *f* **3.** [de cosas, insultos] pluie *f* **4.** [reprimenda] ▸ **echar una rociada a alguien** remonter les bretelles à qqn.

rociador sm pulvérisateur *m* ▸ **rociador contra incendios** extincteur *m*.

rociar [9] ◆ vt **1.** [con gotas] asperger **2.** [con cosas] arroser. ◆ v impers : *ha rociado* il y a eu de la rosée.

rocín sm *desus* rosse *f*.

rocío sm rosée *f*.

rock (*pl* **rocks**), **rock and roll** sm rock *m*.

rocker (*pl* **rockers**) sm *fam* rocker *mf*, rockeur *mf*.

rockero, ra = **roquero**.

rococó adj rococo.

rocódromo sm **1.** [para conciertos] *espace à l'air libre réservé aux concerts de rock* **2.** [para escalar] centre *m* d'escalade.

Rocosas npr ▸ **las Rocosas** les Rocheuses *fpl*.

rocoso, sa adj rocheux(euse).

roda sf étrave *f*.

rodaballo sm turbot *m*.

rodado, da adj **1.** [tráfico, tránsito] routier(ère) **2.** [piedra] ⟶ **canto.** ◆ **rodada** sf trace *f* de pneus.

rodaja sf tranche *f* ; [de limón, salchichón] rondelle *f* ▸ **en rodajas** en tranches.

rodaje sm **1.** [gen & AUTO] rodage *m* / *le falta rodaje* il faut qu'il se rode ▸ **en rodaje** en rodage **2.** CINE tournage *m*.

Ródano npr ▸ **el Ródano** le Rhône.

rodante adj roulant(e).

rodapié sm plinthe *f*.

rodar [23] ◈ vi **1.** [gen] rouler **2.** CINE tourner **3.** [caer] : *rodó escaleras abajo* il a dégringolé l'escalier **4.** [deambular] ▸ **rodar por** errer dans ▸ **rodar por medio mundo** rouler sa bosse. ◈ vt **1.** CINE tourner **2.** AUTO roder.

Rodas npr Rhodes.

rodear vt **1.** [gen] ▸ **rodear (con)** entourer (de) **2.** [con tropas, policías, etc.] cerner **3.** [dar la vuelta a] faire le tour de **4.** [eludir] ▸ **rodear un tema** tourner autour du sujet. ◆ **rodearse** vprnl ▸ **rodearse de** s'entourer de.

rodeo sm **1.** [gen] détour *m* ▸ **no andar** o **ir con rodeos** ne pas y aller par quatre chemins ▸ **dar rodeos** *fig* tergiverser ▸ **hablar sin rodeos** parler sans détours **2.** [espectáculo, reunión de ganado] rodéo *m*.

rodete sm [con el pelo] tortillon *m*.

rodilla sf genou *m* ▸ **de rodillas** à genoux ▸ **doblar** o **hincar la rodilla** a) [arrodillarse] mettre un genou à terre b) *fig* fléchir le genou ▸ **hincarse** o **ponerse de rodillas** s'agenouiller.

rodillera sf **1.** genouillère *f* **2.** [de pantalón] ▸ **formar rodillera** pocher aux genoux.

rodillo sm rouleau *m*.

rododendro sm rhododendron *m*.

rodrigón sm [para plantas] tuteur *m*.

rodríguez sm *fam homme qui reste en ville pour travailler pendant que sa femme et ses enfants sont en vacances d'été* / *en agosto, me quedo de rodríguez* au mois d'août, je suis célibataire.

roedor, ra adj rongeur(euse).
◆ **roedores** smpl rongeurs *mpl*.

roedura sf [acción] rongement *m* ; [señal] ▸ **tener roeduras** être rongé(e).

roer [69] vt **1.** [con dientes] ronger **2.** *fig* [gastar] manger **3.** *fig* [atormentar] : *los remordimientos le roen la conciencia* il est rongé de remords **4.** EXPR **es duro de roer** c'est un dur à cuire.

rogar [39] vt ▸ **rogar a alguien (que) haga algo** prier qqn de faire qqch ▸ **hacerse (de) rogar** se faire prier.

rogativa sf *(gen pl)* rogations *fpl*.

rogué ⟶ **rogar**.

roiga ⟶ **roer**.

rojez sf rougeur *m*.

rojillo, lla adj & sm, f *fam* gaucho.

rojizo, za adj rougeâtre.

rojo, ja ◈ adj **1.** [gen & POLÍT] rouge ▸ **el color rojo** le rouge **2.** [persona, tez, pelo] roux (rousse). ◈ sm, f POLÍT rouge *mf*. ◆ **rojo** sm [color] rouge *m* ▸ **al rojo vivo** a) [incandescente] chauffé(e) au rouge b) *fig* [ánimos, persona] chauffé(e) à blanc.

rol (*pl* **roles**) sm **1.** [papel] rôle *m* **2.** NÁUT rôle *m* d'équipage.

rollito sm ARG HOND *fam* **1.** [de grasa] bourrelet *m* **2.** CULIN ▸ **rollito (de primavera)** rouleau de printemps.

rollizo, za adj potelé(e).

rollo sm **1.** [cilindro] rouleau *m* **2.** CINE bobine *f* **3.** *fam* [discurso] ▸ **rollo (patatero)** baratin *m*, tchatche *f* ▸ **cascar** o **soltar un rollo a alguien** tenir la jambe à qqn ▸ **tener mucho rollo** être un moulin à paroles ▸ **cortar el rollo a alguien** couper le sifflet à qqn ▸ **soltar el rollo** faire son discours **4.** *fam* [embuste] bobard *m* **5.** *fam* [pelmazo] casse-pieds *mf inv* **6.** *fam* [asunto] : *no sé de qué va el rollo* je ne sais pas de quoi ça cause **7.** *fam* [relación, tipo de vida] ▸ **tener un rollo (con alguien)** *fam* avoir une liaison (avec qqn) ▸ **llevar un rollo raro** être fourré(e) dans des histoires pas possibles ▸ **tener buen / mal rollo (con alguien)** s'entendre bien / mal avec qqn ▸ **traerse un mal rollo** filer un mauvais coton **8.** *fam* [ambiente] : *hay buen rollo aquí* c'est sympa ici ▸ **meterse en el rollo** se mettre dans le coup **9.** *fam* [pesadez] ▸ **ser un rollo** être gonflant(e) ▸ **¡qué rollo!** quelle barbe !

roll-on sm inv déodorant *m* à bille.

ROM (*abr de* **read only memory**) sf ROM *f* ▸ **un CD-ROM** un CD-ROM o CD-Rom.

Roma npr Rome.

romance ◈ adj roman(e). ◈ sm **1.** LING roman *m* **2.** LITER romance *m* **3.** [aventura] idylle *f*.

romancero sm LITER recueil *m* de « romances ».

románico, ca adj roman(e).
◆ **románico** sm roman *m*.

romanización sf romanisation *f*.

romanizar [13] vt romaniser.

romano, na ◈ adj romain(e).
◈ sm, f Romain *m*, -e *f*.

romanticismo sm romantisme *m*.

romántico, ca adj romantique.

romanza sf romance *f*.

rombo sm losange *m*.

romeo sm *fig* soupirant *m*.

romería sf **1.** [peregrinación] pèlerinage *m* **2.** [fiesta] fête *f* patronale **3.** *fig* [multitud] procession *f*.

romero, ra sm, f pèlerin *m*.
◆ **romero** sm BOT romarin *m*.

romo, ma adj **1.** [punta] émoussé(e) **2.** [de nariz] ▸ **ser romo** avoir le nez camus.

rompebolas adj inv & smf inv RP *vulg* casse-couilles.

rompecabezas sm inv **1.** [juego] puzzle *m* **2.** *fig* [problema] casse-tête *m inv*.

rompecorazones ❖ smf inv bourreau *m* des cœurs, tombeur *m*. ❖ adj charmeur(euse), enjôleur(euse).

rompedor, ra adj révolutionnaire.

rompehielos sm inv brise-glace *m inv*.

rompeolas sm inv brise-lames *m inv*.

rompepelotas adj inv & smf inv RP *vulg* casse-couilles.

romper ❖ vt **1.** [partir] casser ; *fig* briser ▸ **romper el hielo** *fig* briser la glace **2.** [papel, tela] déchirer **3.** [desgastar - zapato] abîmer ; [- camisa] user **4.** [relaciones, compromiso, contrato] rompre ▸ **¡rompan filas!** rompez (les rangs) ! ▸ **romper el silencio** rompre le silence. ❖ vi **1.** [terminar relación] ▸ **romper (con alguien)** rompre (avec qqn) **2.** [olas] se briser **3.** [empezar] ▸ **romper a hacer algo** se mettre à faire qqch ▸ **romper a llorar** éclater en sanglots **4.** EXPR **ser de rompe y rasga** avoir du caractère *(une personne)*.
◆ **romperse** vprnl **1.** [partirse] se casser / *se ha roto una pierna* il s'est cassé une jambe / *se rompió el jarrón* le vase s'est cassé **2.** [desgastarse - ropa] s'user.

rompiente sm brisant *m*.

rompimiento sm rupture *f*.

ron sm rhum *m*.

roncador, ra ❖ adj : *es roncador* il ronfle. ❖ sm, f ronfleur *m*, -euse *f*.

roncar [10] vi ronfler.

roncha sf [en la piel] bouton *m* ; [de insecto] piqûre *f*.

ronco, ca adj **1.** [afónico] enroué(e) / *me he quedado ronco* je me suis cassé la voix **2.** [bronco] rauque.

ronda sf **1.** [de vigilancia] ronde *f* **2.** [calle] boulevard *m* périphérique **3.** *fam* [de bebidas, etc.] tournée *f* **4.** [en ciclismo, el juego] tour *m*.

rondalla sf troupe *f* de musiciens.

rondar ❖ vt **1.** [vigilar] faire une ronde dans **2.** [desgracia, enfermedad, etc.] guetter **3.** [rayar en] avoisiner **4.** [cortejar] faire la cour à. ❖ vi [dar vueltas, vagar] rôder.

rondín sm AM **1.** [vigilante] gardien *m* **2.** [armónica] harmonica *m*.

ronque ⟶ **roncar**.

ronquear vi être enroué(e).

ronquera sf enrouement *m*.

ronquido sm ronflement *m*.

ronroneante adj qui ronronne.

ronronear vi ronronner.

ronroneo sm ronronnement *m*.

roña ❖ adj & smf *fam* radin(e). ❖ sf **1.** [suciedad] crasse *f* **2.** *fam* [tacañería] radinerie *f* **3.** [del ganado] gale *f*.

roñería sf *fam* radinerie *f*.

roñica adj & smf *fam* radin(e).

roñoso, sa ❖ adj **1.** [sucio] crasseux(euse) **2.** [tacaño] radin(e). ❖ sm, f radin *m*, -e *f*.

ropa sf vêtements *mpl* ▸ **aligerarse de ropa** se mettre en petite tenue ▸ **ligero de ropa** légèrement vêtu ▸ **quitarse la ropa** se déshabiller ▸ **ropa blanca** linge *m* (blanc) ▸ **ropa interior** a) sous-vêtements *mpl* b) [femenina] dessous *mpl* ▸ **ropa sucia** linge *m* sale ▸ **hay ropa tendida** *fig* il y a des oreilles indiscrètes ▸ **lavar la ropa sucia en público** *fig* régler ses comptes devant tout le monde ▸ **nadar y guardar la ropa** *fig* ménager la chèvre et le chou.

ropaje sm [vestidura] tenue *f*.

ropero sm penderie *f*.

roque sm tour *f (aux échecs)* ▸ **estar roque** *fig* être endormi(e) ▸ **quedarse roque** *fam* & *fig* s'écrouler.

roquefort [roke'for] sm ⟶ **queso**.

roquero, ra, rockero, ra ❖ adj rock. ❖ sm, f rockeur *m*, -euse *f*.

rorro sm bébé *m*.

rosa ❖ sf [flor] rose *f* ▸ **estar (fresco) como una rosa** être frais comme une rose ▸ **no hay rosa sin espinas** *fig* il n'y a pas de roses sans épines. ❖ adj inv [color] rose ▸ **verlo todo de color (de) rosa** *fig* voir tout en rose. ❖ sm [color] rose *m*. ◆ **rosa de los vientos** sf rose *f* des vents.

rosáceo, a adj rosâtre. ◆ **rosáceas** sfpl rosacées *fpl*.

rosado, da adj **1.** [gen] rose **2.** ⟶ **vino**.
◆ **rosado** sm rosé *m*.

rosal sm rosier *m*.

rosaleda sf roseraie *f*.

rosario sm **1.** [gen] chapelet *m* ; [de desgracias] suite *f* **2.** [rezo] rosaire *m* **3.** EXPR **acabar como el rosario de la aurora** *fam* finir en eau de boudin.

rosbif (*pl* **rosbifs**), **roast-beef** (*pl* **roast-beefs**) [ros'βif] sm rosbif *m*.

rosca sf **1.** [de tornillo] filet *m* **2.** [forma cilíndrica] anneau *m* **3.** CULIN couronne *f* **4.** EXPR **hacerle la rosca a alguien** ESP *fam* passer de la pommade à qqn, lécher les bottes à qqn ▸ **pasarse de rosca** *fig* dépasser les bornes.

rosco sm couronne *f (de pain, brioche, etc.)* ▸ **no comerse (ni) un rosco** ESP *fam* : *nunca se come un rosco* il ne réussit jamais à sortir avec une nana.

roscón sm brioche *f* en couronne ▸ **roscón de Reyes** *brioche aux fruits que l'on mange pour la fête des Rois* ; ≃ galette *f* des Rois.

rosedal sm AM roseraie *f*.

roseta sf [de regadera] pomme *f*.

rosetón sm rosace *f*.

rosquilla sf *petit gâteau sec en forme d'anneau* ▸ **venderse como rosquillas** *fam* se vendre comme des petits pains.

rosticería sf CHILE MÉX marchand *m* de poulets rôtis.

rostro sm visage *m* ▸ **tener mucho rostro** *fam* & *fig* avoir un culot monstre.

rotación sf **1.** [giro] rotation *f* **2.** [alternancia] roulement *m*.

rotafolio sm tableau *m* de conférence.

rotar ❖ vi tourner. ❖ vt faire tourner. ◆ **rotarse** vprnl se relayer, faire à tour de rôle.

rotativo, va adj rotatif(ive). ◆ **rotativo** sm journal *m*. ◆ **rotativa** sf rotative *f*.

rotatorio, ria adj rotatoire.

roto, ta ❖ adj **1.** [gen] cassé(e) ; [tela, papel] déchiré(e) **2.** *fig* [vida, corazón] brisé(e) **3.** *fig* [exhausto] éreinté(e). ❖ sm, f AM ouvrier *m*, -ère *f*. ◆ **roto** ❖ sm ESP [desgarrón] accroc *m*, déchirure *f*. ❖ pp ⟶ **romper.**

rotonda sf ARQUIT rotonde *f* ; [plaza] rond-point *m*.

rotoso, sa adj AM *fam* déguenillé(e).

rótula sf rotule *f*.

rotulador sm feutre *m* ; [grueso] marqueur *m* ; [fluorescente] surligneur *m* ▸ **rotulador fosforito** surligneur fluo.

rotular[1] adj rotulien(enne).

rotular[2] vt **1.** [calle] apposer un écriteau sur / *han rotulado la calle con un nombre nuevo* on a rebaptisé la rue **2.** [esquema, dibujo] légender **3.** [carta, artículo] mettre un en-tête à.

rótulo sm [letrero] écriteau *m* ; [comercial] enseigne *f*.

rotundamente adv **1.** [categóricamente] catégoriquement **2.** [completamente] totalement.

rotundidad sf aplomb *m*.

rotundo, da adj **1.** [gen] catégorique **2.** [fracaso, éxito] total(e).

rotura sf rupture *f* ; [de hueso] fracture *f* ; [en tela] déchirure *f*.

roturar vt AGRIC défricher.

roulotte [ru'lot] sf caravane *f*.

round ['raund] (*pl* **rounds**) sm round *m*.

router ['ruter] sm INFORM routeur *m*.

roya ⟶ **roer**.

royalty [ro'jalti] (*pl* **royalties** *o* **royaltys**) sm royalties *fpl*.

royera ⟶ **roer**.

royo ⟶ **roer**.

rozadura sf **1.** [señal] éraflure *f* **2.** [herida] écorchure *f*.

rozamiento sm **1.** [fricción] frottement *m* **2.** *fig* [enfado] friction *f*.

rozar [13] ❖ vt **1.** [tocar] frôler **2.** [raspar] érafler ; [herir] écorcher / *roza los cuarenta* il n'est pas loin des 40 ans **3.** *fig* [aproximarse a] friser. ❖ vi ▸ **rozar con** toucher / *esa cuestión roza con lo jurídico fig* cette question touche au juridique. ◆ **rozarse** vprnl **1.** [gen] se frôler **2.** [herirse] s'écorcher **3.** *fig* [tener trato] ▸ **rozarse con alguien** fréquenter qqn.

r.p.m. (*abr de* **revoluciones por minuto**) sfpl tr/mn, tr/min.

RR HH (*abr de* **recursos humanos**) smpl RH *fpl*.

Rte. (*abr escrita de* **remitente**) exp.

RTVE (*abr de* **Radiotelevisión Española**) sf *organisme public de radiodiffusion et de télévision espagnoles*.

rúa sf rue *f*.

ruana sf AM poncho *m*.

Ruanda npr Rwanda *m*.

rubeola, rubéola sf rubéole *f*.

rubí (*pl* **rubíes** *o* **rubís**) sm rubis *m*.

rubia sf ⟶ **rubio**.

rubicundo, da adj [pelo] roux (rousse) ; [cara, tez] rougeaud(e).

rubio, bia adj & sm, f blond(e).

rublo sm rouble *m*.

rubor sm **1.** [vergüenza] honte *f* ▸ **causar rubor** faire rougir **2.** [sonrojo] rougeur *f* / *el rubor encendió su rostro* son visage s'empourpra.

ruborizado, da adj rougissant(e).

ruborizar [13] vt faire rougir. ◆ **ruborizarse** vprnl rougir.

ruboroso, sa adj rougissant(e).

rúbrica sf **1.** [de firma] paraphe *m* **2.** [título] rubrique *f* **3.** *fig* [final] conclusion *f* ▸ **poner rúbrica a algo** mettre le point final à qqch.

rubricar [10] vt **1.** [firmar] parapher **2.** *fig* [confirmar] confirmer **3.** *fig* [finalizar] conclure.

rubro sm AM **1.** [rúbrica] rubrique *f* **2.** [item] poste *m*.

rucio, cia adj **1.** [pelaje] gris(e) **2.** AM *fam* [persona] blond(e). ◆ **rucio** sm âne *m*.

rucola sf roquette *f*.

rudeza sf **1.** [tosquedad] rudesse *f* **2.** [grosería] grossièreté *f*.

rudimentario, ria adj rudimentaire.

rudimentos smpl rudiments *mpl*.

rudo, da adj **1.** [tosco, brusco] rude **2.** [grosero] grossier(ère).

rueca sf quenouille *f*.

rueda ❖ v ⟶ **rodar.** ❖ sf **1.** [pieza] roue *f* ▸ **la rueda de la fortuna o del destino** *fig* la roue de la fortune ▸ **rueda delantera / trasera** roue avant/arrière ▸ **rueda de repuesto** roue de secours **2.** [corro] cercle *m* ; [para bailar] ronde *f* **3.** [rodaja] tranche *f* ; [de limón, salchichón] rondelle *f* **4.** EXPR **comulga con ruedas de molino** *fam* il gobe tout ce qu'on lui dit ▸ **ir sobre ruedas** aller comme sur des roulettes. ◆ **rueda de prensa** sf conférence *f* de presse. ◆ **rueda de reconocimiento** sf *présentation de suspects en vue d'identification*.

ruedo sm **1.** TAUROM arène *f* ▸ **echarse al ruedo** *fig* descendre dans l'arène **2.** *fig* [de personas] cercle *m* **3.** [esterilla] paillasson *m*.

ruega ⟶ **rogar**.

ruego sm prière *f (demande)*.

rufián sm **1.** [bribón] crapule *f* **2.** [chulo] souteneur *m*.

rugby sm rugby *m*.

rugido sm rugissement *m* ; *fig* [de persona] hurlement *m*.

rugir [15] vi rugir ; [tripas] gargouiller.

rugosidad sf **1.** [cualidad] rugosité *f* **2.** [arruga] ride *f*.

rugoso, sa adj **1.** [áspero] rugueux(euse) **2.** [con arrugas] fripé(e).

ruibarbo sm rhubarbe *f*.

ruido sm bruit *m* ▸ **hacer o meter ruido** *fig* faire beaucoup de bruit ▸ **ruido de fondo** bruit de fond ▸ **mucho ruido y pocas nueces** beaucoup de bruit pour rien.

ruidoso, sa adj bruyant(e) ; *fig* tapageur(euse).

ruin adj **1.** [vil] vil(e) **2.** [avaro] pingre.

ruina sf **1.** [gen] ruine *f* ▸ **amenazar ruina** [edificio] menacer ruine ▸ **dejar en la ruina** ruiner ▸ **estar en la ruina** être ruiné(e) ▸ **llevar a alguien a la ruina** entraîner la ruine de qqn **2.** [perdición] ▸ **ser la ruina de alguien** mener qqn à sa perte **3.** [desastre - persona] ▸ **estar hecho una ruina** être une loque.
◆ **ruinas** sfpl [históricas] ruines *fpl* ; [escombros] décombres *mpl*.

ruinoso, sa adj **1.** [poco rentable] ruineux(euse) **2.** [edificio] en ruine.

ruiseñor sm rossignol *m*.

ruja ⟶ **rugir**.

rular vi *fam* [funcionar] marcher.

ruleta sf roulette *f (jeu)*. ◆ **ruleta rusa** sf roulette *f* russe.

ruletear vi AM conduire un taxi.

ruletero sm AM chauffeur *m* de taxi.

rulo sm [para el pelo] bigoudi *m*.

rulot (*pl* **rulots** *o* **rulotes**) sf caravane *f*.

ruma sf AM tas *m*.

Rumanía, Rumania npr Roumanie *f*.

rumano, na ◇ adj roumain(e). ◇ sm, f Roumain *m*, -e *f*. ◆ **rumano** sm [lengua] roumain *m*.

rumba sf **1.** [música, baile] rumba *f* **2.** CARIB PERÚ [juerga] fête *f*.

rumbear vi **1.** AM [orientarse] s'orienter **2.** ANDES RP ▸ **rumbear para** se diriger vers **3.** CARIB PERÚ *fam* [andar de juerga] faire la fête.

rumbo sm **1.** NÁUT cap *m* ▸ **ir con rumbo a** faire route vers ▸ **poner rumbo a** mettre le cap sur ▸ **perder el rumbo** **a)** [barco] faire fausse route **b)** *fig* [persona] perdre le nord **2.** *fig* [orientación] direction *f* ; [de los acontecimientos] tournure *f* ▸ **con rumbo a** en direction de **3.** *fig* [camino] voie *f* / ***llevar buen rumbo*** être sur la bonne voie.

rumboso, sa adj *fam* [generoso] généreux(euse) ; [suntuoso] splendide.

rumiante ◇ adj ruminant(e). ◇ sm ruminant *m*.

rumiar [8] vt & vi ruminer.

rumor sm **1.** [chisme] rumeur *f* ▸ **circula el rumor de que...** le bruit court que... **2.** [ruido - de voces] brouhaha *m* ; [- de agua] grondement *m*.

rumorearse vprnl ▸ **se rumorea que...** le bruit court que....

runrún sm **1.** [ruido] ronflement *m* **2.** [chisme] bruit *m*.

runruneo sm [de motor] ronronnement *m*.

rupestre adj rupestre.

rupia sf roupie *f*.

ruptura sf rupture *f*.

rural adj rural(e) ; [médico, cura] de campagne.

Rusia npr Russie *f*.

ruso, sa ◇ adj russe. ◇ sm, f Russe *mf*.
◆ **ruso** sm [lengua] russe *m*.

rústico, ca adj **1.** [del campo] de campagne ; [finca, propiedad] rural(e) ; [mobiliario] rustique **2.** [tosco] fruste.
◆ **en rústica** loc adj broché(e).

ruta sf route *f* ; *fig* chemin *m*.

rutilante adj étincelant(e).

rutilar vi étinceler.

rutina sf routine *f*.

rutinario, ria adj routinier(ère).

Rvda. (*abr escrita de* **Reverenda**) ▸ **Rvda. Madre / M.** Rév. mère.

Rvdo. (*abr escrita de* **Reverendo**) ▸ **Rvdo. Padre / P.** Rév. père.

S

s¹, S [ese] sf [letra] s *m inv*, S *m inv*.

s² (*abr escrita de* **segundo**) s.

s., sig. 1. (*abr escrita de* **siglo**) s. / *en el s. XIX* au XIXᵉ s. **2.** (*abr escrita de* **siguiente**) suiv. / *ver pág.s.* voir p. suiv.

S (*abr escrita de* **san**) St / *S Fernando* St Fernando.

SA (*abr de* **sociedad anónima**) sf SA *f*.

sábado sm samedi *m* / *¿qué día es hoy? — (es) sábado* quel jour sommes-nous, aujourd'hui ? — (nous sommes) samedi ▸ **cada dos sábados, un sábado sí y otro no** un samedi sur deux ▸ **cada sábado, todos los sábados** tous les samedis ▸ **caer en sábado** tomber un samedi / *te llamo el sábado* je t'appelle samedi ▸ **el próximo sábado, el sábado que viene** samedi prochain ▸ **el sábado pasado** samedi dernier ▸ **el sábado por la mañana / la tarde / la noche** samedi matin / après-midi / soir ▸ **en sábado** le samedi / *nací en sábado* je suis né un samedi ▸ **este sábado a)** [pasado] samedi dernier **b)** [próximo] samedi prochain ▸ **¿trabajas los sábados?** tu travailles le samedi ? ▸ **trabajar un sábado** travailler un samedi ▸ **un sábado cualquiera** n'importe quel samedi ▸ **hacer sábado** *fig* faire le ménage à fond.

sabana sf savane *f*.

sábana sf drap *m* ▸ **sábana bajera / encimera** drap de dessous / de dessus ▸ **pegársele a alguien las sábanas a)** [voluntariamente] faire la grasse matinée **b)** [sin querer] avoir une panne d'oreiller.

sabandija sf **1.** [animal] bestiole *f* **2.** *fam* & *fig* [persona] minable *mf*.

sabañón sm engelure *f*.

sabático, ca adj sabbatique.

Sabbat ['saβat] sm sabbat *m*.

sabedor, ra adj ▸ **ser sabedor de que** savoir que.

sabelotodo smf inv *fam* : *el sabelotodo de tu hermano* ton frère qui sait tout et qui a tout vu.

saber [70] ❖ vt

1. [gen] savoir / *ya lo sé* je (le) sais bien / *lo supe ayer* je l'ai su hier ▸ **a saber** à savoir ▸ **hacer saber algo a alguien** faire savoir qqch à qqn ▸ **no saber dónde meterse** ne pas savoir où se mettre ▸ **que yo sepa** que je sache ▸ **¡quién sabe!** qui sait ! ▸ **saber hacer algo** savoir faire qqch / *sabe montar en bici* il sait faire du vélo ▸ **¡vete a saber!** *fam* va savoir ! ▸ **¡y yo que sé!** je n'en sais rien, moi !

2. [entender de] s'y connaître en / *sabe mucha física* il s'y connaît en physique

❖ vi

1. [tener sabor] ▸ **saber a** avoir un goût de ▸ **no saber a nada** n'avoir aucun goût ▸ **saber bien / mal** avoir bon / mauvais goût ▸ **saber mal a alguien a)** *fig* [disgustar] ne pas plaire à qqn **b)** [entristecer] faire de la peine à qqn

2. [entender] ▸ **saber de algo** s'y connaître en qqch

3. [tener noticias] ▸ **saber de alguien** avoir des nouvelles de qqn ▸ **saber de algo** être au courant de qqch

4. [parecer] : *eso ne sabe a disculpa* j'ai l'impression que c'est une excuse

◆ **saberse** ❖ vprnl savoir / *me lo sé de memoria* je le sais par cœur ▸ **sabérselas todas** *fig* avoir plus d'un tour dans son sac. ❖ sm savoir *m*.

sabido, da adj [conocido] connu(e) ▸ **como es sabido a)** [como es habitual] selon o suivant la coutume **b)** [no hace falta decirlo] naturellement, comme de bien entendu ▸ **sabido es que** il est bien connu que.

sabiduría sf **1.** [conocimientos] savoir *m* **2.** [prudencia] sagesse *f*.

sabiendas ◆ **a sabiendas** loc adv sciemment ▸ **a sabiendas de que…** en sachant pertinemment que….

sabihondo, da = **sabiondo**.

sabina sf sabine *f*.

sabio, bia ❖ adj savant(e) / *una sabia decisión* une sage décision. ❖ sm, f savant *m*, -e *f*.

sabiondo, da, sabihondo, da ❖ adj pédant(e). ❖ sm, f grosse tête *f*.

sablazo sm **1.** [gen] coup *m* de sabre **2.** *fam* & *fig* [de dinero] ▸ **dar un sablazo a alguien** taper (de l'argent à) qqn.

sable sm sabre *m*.

> ⚠ **Sable** es un falso amigo, no significa *sable*, sino "arena".

sablear vi *fam* taper *(de l'argent)*.

sablista smf *fam* tapeur *m*, -euse *f*.

sabor sm **1.** [gusto] goût *m* ▸ **un sabor a** un goût de ▸ **dejar buen sabor (de boca)** *fig* faire une impression agréable ▸ **dejar mal sabor (de boca)** *fig* laisser un goût amer **2.** *fig* [estilo] saveur *f*.

saborear vt savourer.

sabotaje sm sabotage *m*.

saboteador, ra sm, f saboteur *m*, -euse *f*.

sabotear vt saboter.

sabrá ⟶ **saber**.

sabroso, sa adj **1.** [gustoso] délicieux(euse) ▸ **muy sabroso** vraiment délicieux **2.** *fig* [propuesta, negocio] intéressant(e) ; [cantidad] substantiel(elle) **3.** *fig* [malicioso] savoureux(euse).

sabrosón, ona adj CARIB COL MÉX *fam* **1.** [gustoso] fameux(euse) **2.** [grato] agréable **3.** [entretenido] divertissant(e).

sabrosura CARIB COL MÉX *fam* ❖ sf **1.** [sabor] saveur *f* **2.** [desenfado] culot *m*. ❖ interj beauté !

sabueso sm *pr* & *fig* limier *m*.

saca sf sac *m* ▸ **saca de correos** sac postal.

sacacorchos sm inv tire-bouchon *m*.

sacamuelas sm inv *fam* arracheur *m* de dents.

sacapuntas sm inv taille-crayon *m*.

sacar [10] ❖ vt

1. [gen] sortir ; [conclusión] tirer / *sacó el coche del garaje* il a sorti la voiture du garage / *nos sacó algo de comer* il nous a donné quelque chose à manger ▸ **sacar a bailar** inviter à danser ▸ **sacar adelante** a) [hijos] élever b) [negocio] faire prospérer ▸ **sacar la lengua** tirer la langue ▸ **sacar el pecho** bomber le torse ▸ **sacar el genio** s'emporter

2. [quitar] enlever, retirer ▸ **sacar una muela** arracher une dent

3. [obtener - buenas notas] avoir ; [- premio] gagner ; [- foto, billete] prendre ; [- dinero] retirer ; [- copia] faire ; [- carné, pasaporte] se faire faire

4. [sonsacar] soutirer / *durante el interrogatorio no le sacaron nada* on n'a rien pu lui soutirer pendant l'interrogatoire

5. [extraer - aceite, vino] tirer

6. [resolver - ecuación, etc.] résoudre ▸ **sacar las cuentas** faire le compte

7. [deducir] déduire, conclure ▸ **sacar en claro o limpio** tirer au clair

8. [mostrar] : *lo sacaron en televisión* il est passé à la télévision

9. [prenda - de largo] rallonger ; [- de ancho] élargir

10. [aventajar] : *sacó tres minutos a su rival* il a pris une avance de trois minutes sur son rival

11. DEP lancer ▸ **sacar de banda** faire la remise en jeu

❖ vi

DEP lancer ; [con la raqueta] servir

◆ **sacarse** vprnl [conseguir] avoir ▸ **sacarse el carné (de conducir)** passer son permis (de conduire).

sacárido sm saccharide *m*.

sacarina sf saccharine *f*.

sacarosa sf saccharose *m*.

sacerdocio sm sacerdoce *m*.

sacerdotal adj sacerdotal(e).

sacerdote, tisa sm, f [pagano] prêtre *m*, prêtresse *f*. ◆ **sacerdote** sm [cristiano] prêtre *m*.

saciar [8] vt assouvir ; [aspiraciones] répondre à ▸ **saciar la sed** étancher sa soif. ◆ **saciarse** vprnl se rassasier ▸ **beber hasta saciarse** boire jusqu'à plus soif.

saciedad sf satiété *f* ▸ **hasta la saciedad** *fig* à satiété.

saco sm **1.** [gen] sac *m* ▸ **saco de dormir** sac de couchage **2.** *fig* [persona] ▸ **es un saco de mentiras** il ment comme il respire **3.** AM [chaqueta] veste *f* ; AM [de punto] gilet *m* ; AM [abrigo] manteau *m* **4.** EXPR **entrar a saco en una ciudad** mettre une ville à sac.

sacralizar [13] vt sacraliser.

sacramental adj sacramentel(elle).

sacramentar vt [enfermo] administrer les derniers sacrements à ; [hostia, vino] consacrer.

sacramento sm sacrement *m*.

sacrificar [10] vt **1.** [gen] sacrifier ▸ **sacrificar algo a** sacrifier qqch à **2.** [animal] abattre.
◆ **sacrificarse** vprnl ▸ **sacrificarse (por alguien)** se sacrifier (pour qqn) ▸ **sacrificarse para (hacer algo)** faire des sacrifices pour (faire qqch).

sacrificio sm *pr* & *fig* sacrifice *m*.

sacrilegio sm *pr* & *fig* sacrilège *m*.

sacrílego, ga adj & sm, f sacrilège.

sacristán, ana sm, f sacristain *m*, sacristine *f*.

sacristía sf sacristie *f*.

sacro, cra adj [sagrado] sacré(e) ▸ **el hueso sacro** le sacrum. ◆ **sacro** sm sacrum *m*.

sacrosanto, ta adj sacro-saint(e).

sacudida sf secousse *f* ; *fig* choc *m* ▸ **sacudida eléctrica** décharge *f* (électrique).

sacudidor sm tapette *f (pour tapis)*.

sacudir ❖ vt **1.** [gen] secouer **2.** *fam* [pegar] donner une rouste à. ❖ vi RP secouer / *hay que sacudir bien, si no queda todo el polvo* il faut bien secouer, sinon toute la poussière reste. ◆ **sacudirse** vprnl *fig* [librarse de] chasser, se débarrasser de ▸ **sacudirse el polvo** s'épousseter.

sádico, ca adj & sm, f sadique.

sadismo sm sadisme *m*.

sadomasoquismo sm sadomasochisme *m*.

sadomasoquista adj & smf sadomasochiste.

saeta sf **1.** [arma] flèche *f* **2.** [de reloj] aiguille *f* **3.** MÚS *courte pièce chantée lors des processions de la semaine sainte*.

safari sm **1.** [expedición] safari *m* **2.** [parque] parc *m* animalier.

saga sf saga *f*.

sagacidad sf sagacité *f*.

sagaz adj sagace.

sagitariano, na AM ❖ adj ASTROL du Sagittaire. ❖ sm, f ASTROL Sagittaire *mf*.

Sagitario ❖ sm inv [zodiaco] Sagittaire *m inv* ▸ **ser Sagitario** être Sagittaire. ❖ smf inv [persona] sagittaire *m inv*.

sagrado, da adj sacré(e).

sagrario sm **1.** [parte del templo] sanctuaire *m* **2.** [de las hostias] tabernacle *m*.

sah, sha [sa o ʃa] sm chah *m*, shah *m*.

Sahara, Sáhara npr ▸ **el (desierto del) Sahara** le Sahara.

saharaui ◆ adj sahraoui(e). ◆ smf Sahraoui *m*, -e *f*.

sahariana [saxa'rjana] sf saharienne *f*.

sahariano, na ◆ adj saharien(enne).
◆ sm, f Saharien *m*, -enne *f*.

sahumado, da adj AM *fam* [achispado] éméché(e).

sainete sm saynète *f*.

sajar vt inciser.

sajón, ona ◆ adj saxon(onne).
◆ sm, f Saxon *m*, -onne *f*.

sake sm saké *m*, saki *m*.

sal sf **1.** [gen] sel *m* ▸ **sal de cocina** sel de cuisine ▸ **sal gorda** gros sel ▸ **sal marina** sel marin **2.** *fig* [garbo] charme *m* ; [en el habla] piquant *m*.
◆ **sales** sfpl [para reanimar, para baño] sels *mpl*.

sala sf **1.** [gen] salle *f* ▸ **sala de audio** auditorium *m* ▸ **sala de embarque** salle d'embarquement ▸ **sala de espera** salle d'attente ▸ **sala de fiestas** a) salle de bal b) [en ayuntamiento] salle des fêtes ▸ **sala de juntas** salle de réunion ▸ **sala de máquinas** salle des machines ▸ **sala de operaciones** salle d'opération **2.** [salón] ▸ **sala (de estar)** salle *f* de séjour, séjour *m* **3.** [DER - lugar] salle *f* (d'audience) ; [- conjunto de magistrados] chambre *f*.

saladero sm saloir *m*.

salado, da adj **1.** [con sal] salé(e) ; [con demasiada sal] trop salé(e) ▸ **estar salado** être trop salé **2.** *fig* [gracioso] drôle **3.** AM [desgraciado] malchanceux(euse).

salafismo sm salafisme *m*.

salafista smf salafiste *mf*.

Salamanca npr Salamanque.

salamandra sf salamandre *f*.

salame ◆ sm CSUR [salami] salami *m*.
◆ smf RP *fam* [tonto, bonachón] imbécile *mf*.

salami sm CULIN salami *m*.

salar vt saler.

salarial adj salarial(e) ; [aumento] de salaire.

salario sm salaire *m* ▸ **salario base** o **básico** salaire de base ▸ **salario bruto** salaire brut ▸ **salario mínimo (interprofesional)** salaire minimum ; ≃ SMIC *m* ▸ **salario neto** salaire net.

salaz adj salace.

salazón sf **1.** [de carne, de pescado] salaison *f* **2.** CAM CUBA MÉX *fam* [mala suerte] poisse *f*.
◆ **salazones** sfpl salaisons *fpl*.

salchicha sf saucisse *f*.

salchichón sm saucisson *m*.

salchichonería sf MÉX charcuterie *f*.

saldar vt **1.** [cuenta, producto] solder **2.** [deuda] s'acquitter de **3.** *fig* [diferencias, cuestión] régler.
◆ **saldarse** vprnl [acabar] ▸ **saldarse con** se solder par.

saldo sm **1.** [de cuenta] solde *m* ; [de deudas] règlement *m* ▸ **saldo acreedor / deudor** solde créditeur / débiteur ▸ **saldo negativo** solde négatif **2.** *(gen pl)* [restos de mercancías] soldes *mpl* **3.** *fig* [resultado] bilan *m*.

saldrá ⟶ **salir**.

saledizo, za adj ARQUIT en saillie.
◆ **saledizo** sm auvent *m*.

salero sm **1.** [recipiente] salière *f* **2.** *fig* [gracia] charme *m*.

saleroso, sa adj [garboso] charmant(e) ; [divertido] drôle.

salesiano, na adj & sm, f salésien(enne).

salga ⟶ **salir**.

sálico, ca adj ⟶ **ley**.

salida sf **1.** [gen & INFORM] sortie *f* ; [del sol] lever *m* ▸ **salida de emergencia** o **de incendios** sortie o issue de secours **2.** [de tren, avión & DEP] départ *m* ▸ **salida nula** faux départ **3.** [de carrera & COM] débouchés *mpl* ▸ **tener mucha salida** [productos] s'écouler facilement **4.** [solución] issue *f* **5.** [pretexto] échappatoire *f* **6.** [ocurrencia] trait *m* d'esprit ▸ **salida de tono** remarque *f* désobligeante.

salido, da ◆ adj **1.** [saliente] saillant(e) / *tener los ojos salidos* avoir les yeux globuleux **2.** [animal] en chaleur. ◆ sm, f *fam* [persona] chaud lapin *m*.

saliente ◆ adj **1.** [que sobresale] saillant(e) ; *fig* principal(e) / *los puntos más salientes del discurso* les principaux points du discours **2.** POLÍT sortant(e).
◆ sm ARQUIT saillie *f*.

salina sf ⟶ **salino**.

salinidad sf salinité *f*.

salino, na adj salin(e). ◆ **salina** sf **1.** [en la tierra] mine *f* de sel **2.** *(gen pl)* [en el mar] marais *m* salant.

salir [71]
◆ vi
1. [gen] sortir / *salió a la calle* il est sorti / *Juan sale mucho con sus amigos* Juan sort souvent avec ses amis ▸ **salir de** sortir de / *salgo del hospital* je sors de l'hôpital / *salir de la crisis* sortir de la crise
2. [tren, barco] partir ; [avión] décoller
3. [marcharse] ▸ **salir (de / para)** partir (de / pour) ▸ **salir corriendo** partir en courant ▸ **salir de viaje** partir en voyage
4. [desembocar] ▸ **salir a** déboucher sur
5. [ser novios] ▸ **salir con alguien** sortir avec qqn / *María y Pedro están saliendo* María et Pedro sortent ensemble
6. [resultar] ▸ **salir elegido / premiado** être élu / récompensé / *salió elegida mejor actriz* elle a été élue meilleure actrice ▸ **salir bien / mal** réussir / échouer / *el pastel te ha salido muy bien* ton gâteau est très réussi / *el plan les ha salido mal* leur plan a échoué / *el postre me ha salido mal* mon dessert est raté ▸ **salir ganando** a) bien s'en tirer b) [con dinero] y gagner

▸ **salir perdiendo** a) être désavantagé(e) b) [con dinero] y perdre
7. [en sorteo] être tiré(e) / *¿sabes qué números han salido en la primitiva?* tu sais quels numéros ont été tirés à la loterie ?
8. [resolver] *el problema no me sale* je n'arrive pas à résoudre ce problème / *nunca me salen los crucigramas* je n'arrive jamais à faire les mots croisés
9. [costar] ▸ **salir a** o **por** revenir à, en avoir pour ▸ **salir caro** a) revenir cher b) *fig* coûter cher
10. [proceder] ▸ **salir de** venir de / *de la uva sale el vino* c'est avec du raisin que l'on fait le vin
11. [surgir - sol] se lever ; [- planta, diente] pousser
12. [aparecer - publicación] paraître ; [- producto] sortir
13. [en imagen, prensa] *¡qué bien sales en la foto!* tu es très bien sur la photo ! / *mi vecina salió en la tele* ma voisine est passée à la télé / *la noticia sale en los periódicos* la nouvelle est dans les journaux
14. CINE & TEATRO ▸ **salir de** jouer le rôle de
15. [presentarse - ocasión, oportunidad] se présenter
16. INFORM [de un programa] quitter
17. *fam* [decir inesperadamente] *nunca se sabe por dónde va a salir* on ne sait jamais ce qu'il va sortir
18. [parecerse] ▸ **salir a alguien** ressembler à qqn
19. [en juegos] *te toca salir a ti* c'est à toi de jouer
20. [sobresalir] ressortir / *el que sale por detrás en la foto es mi primo* celui qui ressort derrière sur la photo c'est mon cousin
21. EXPR **a lo que salga, salga lo que salga** *fig* quoi qu'il arrive ▸ **salir adelante** *fig* a) [personne] s'en sortir b) [proyecto] aboutir, se réaliser
◆ **salirse** vprnl **1.** [marcharse] ▸ **salirse (de)** a) [lugar] sortir (de) b) [asociación] quitter **2.** [gas, líquido] ▸ **salirse (por)** s'échapper (par) **3.** [rebosar] déborder / *el agua se salió de la bañera* la baignoire a débordé **4.** [tener un escape] fuir **5.** [desviarse] ▸ **salirse de** a) [vía] dérailler b) [carretera] quitter ▸ **salirse del tema** s'écarter du sujet **6.** EXPR **salirse con la suya** arriver à ses fins.

⚠ **Salir** es un falso amigo, no significa *salir*, sino "ensuciar".

salitre sm salpêtre *m*.
salitroso, sa adj : *ser salitroso* contenir du salpêtre.
saliva sf salive *f* ▸ **gastar saliva en balde** *fig* gaspiller sa salive ▸ **tragar saliva** *fig* avaler sa salive.
salivación sf salivation *f*.
salivadera sf AM crachoir *m*.
salival, salivar ❖ adj salivaire. ❖ vi **1.** [segregar saliva] saliver **2.** AM [escupir] cracher.
salmantino, na ❖ adj de Salamanque.
❖ sm, f *natif ou habitant de Salamanque*.
salmo sm psaume *m*.
salmodia sf **1.** [canto] psalmodie *f* **2.** *fig* [canturreo] litanie *f*.
salmodiar [8] vt psalmodier.
salmón ❖ sm [pez] saumon *m*.
❖ adj & sm inv [color] (rose) saumon.
salmonela, salmonella sf MED **1.** [bacteria] salmonelle *f* **2.** [enfermedad] salmonellose *f*.
salmonelosis sf inv salmonellose *f*.
salmonete sm rouget *m*.
salmuera sf saumure *f*.
salobre adj saumâtre.
salobridad sf [salinidad] salinité *f* ; [sabor] goût *m* salé.
salomón sm *fig* sage *mf*.
salomónico, ca adj [juicio, decisión] de Salomon.
salón sm **1.** [gen] salon *m* ▸ **salón de belleza** institut *m* de beauté **2.** [local] salle *f* ▸ **salón de actos** salle de conférences. ◆ **de salón** loc adj *fig* mondain(e).
salpicadera sf MÉX garde-boue *m inv*.
salpicadero sm ESP tableau *m* de bord.
salpicado, da adj éclaboussé(e) / *un discurso salpicado de anécdotas* un discours émaillé d'anecdotes / *el viaje estuvo salpicado de dificultades* le voyage a été jalonné de mésaventures.
salpicadura sf éclaboussure *f*.
salpicar [10] vt **1.** [rociar] éclabousser **2.** *fig* [diseminar] parsemer.
salpicón sm **1.** CULIN matelote *f* / *salpicón de marisco* matelote de fruits de mer **2.** COL ECUAD [bebida] jus *m* de fruits.
salpimentar [19] vt saupoudrer de sel et de poivre.
salpullido = **sarpullido**.
salsa sf **1.** CULIN sauce *f* ; [de carne] jus *m* ▸ **salsa bearnesa** sauce béarnaise ▸ **salsa bechamel** o **besamel** sauce béchamel ▸ **salsa mayonesa** o **mahonesa** sauce mayonnaise ▸ **salsa muselina** sauce mousseline ▸ **salsa rosa** sauce cocktail ▸ **salsa tártara** sauce tartare **2.** *fig* [interés] attrait *m* **3.** MÚS salsa *f* **4.** EXPR **encontrarse en su propia salsa** *fam* être dans son élément.
salsera sf saucière *f*.
saltador, ra ❖ adj sauteur(euse).
❖ sm, f [de altura] sauteur *m*, -euse *f*.
saltamontes sm inv sauterelle *f*.
saltar ❖ vt **1.** [gen & DEP] sauter ; [al agua] plonger **2.** [hacer estallar] faire sauter. ❖ vi **1.** [gen & DEP] sauter ; [botón] tomber ▸ **saltar sobre algo / alguien** [abalanzarse] sauter sur qqch / qqn ▸ **saltar de un tema a otro** passer du coq à l'âne **2.** [arrojarse, caer] : *saltar de 10 metros* faire un saut de 10 mètres **3.** [levantarse, reaccionar bruscamente] bondir **4.** [desparramarse] jaillir **5.** [estallar] exploser **6.** [romperse] se casser **7.** *fam* [sorprender] ▸ **saltar con (que)** sortir (que) **8.** [salir] ▸ **saltar a** [terreno, pista, etc.] arriver sur **9.** EXPR **estar a la que salta** être prêt à sauter sur toutes les occasions.
◆ **saltarse** vprnl **1.** [gen] sauter / *me he saltado una página* j'ai sauté une page / *se me ha saltado un botón* j'ai perdu un bouton **2.** [no respetar] ignorer ; [semáforo, stop] brûler.

saltarín, ina ◆ adj remuant(e). ◆ sm, f ▸ **es un saltarín** il ne tient pas en place, il a la bougeotte.

salteado, da adj **1.** CULIN sauté(e) **2.** [espaciado] : *la falda tiene lunares salteados* la jupe est parsemée de pois.

salteador, ra sm, f ▸ **salteador (de caminos)** bandit *m* (de grand chemin).

saltear vt **1.** [asaltar] attaquer **2.** CULIN faire sauter. ◆ **saltearse** vprnl RP *fig* **1.** [intencionadamente] éviter **2.** [accidentalmente] sauter.

saltimbanqui smf saltimbanque *m*.

salto sm **1.** [gen & DEP] saut *m* ; [al agua] plongeon *m* ▸ **dar o pegar un salto** a) faire un saut b) *fig* [asustarse] faire un bond c) [progresar] faire un bond en avant ▸ **salto mortal** saut périlleux ▸ **salto con pértiga** saut à la perche ▸ **salto de altura / de longitud** saut en hauteur / en longueur **2.** *fig* [diferencia] écart *m* **3.** *fig* [omisión] trou *m* **4.** [despeñadero] précipice *m* **5.** EXPR **vivir a salto de mata** vivre au jour le jour ▸ **dar saltos de alegría o contento** sauter de joie. ◆ **salto de agua** sm chute *f* d'eau. ◆ **salto de cama** sm saut-de-lit *m*.

saltón, ona adj [diente] en avant ▸ **tener los ojos saltones** avoir les yeux globuleux ; CHILE COL [medio crudo] bleu(e).

salu2 SMS *abr escrita de* **saludos**.

salubre adj salubre.

salubridad sf salubrité *f* ▸ **salubridad ciudadana** salubrité publique.

salud ◆ sf santé *f* ▸ **estar bien / mal de salud** être en bonne / mauvaise santé ▸ **rebosar de salud** respirer la santé ▸ **beber a la salud de alguien** boire à la santé de qqn ▸ **curarse en salud** *fig* prendre ses précautions, parer à toute éventualité. ◆ interj ▸ **¡salud!** a) [para brindar] à la tienne / vôtre ! b) [tras estornudo] à tes / vos souhaits !

saludable adj **1.** [gen] sain(e) **2.** *fig* [provechoso] salutaire.

saludar vt **1.** [a una persona] saluer / *saluda a Ana de mi parte* dis bonjour à Ana de ma part ▸ **le saluda atentamente** recevez l'expression de mes sentiments distingués **2.** [recibir] accueillir. ◆ **saludarse** vprnl se saluer ▸ **no saludarse** [estar enemistados] ne plus se dire bonjour.

saludo sm salut *m* / *Ana te manda saludos* a) [en cartas] je te transmets le bonjour d'Ana b) [al teléfono] tu as le bonjour d'Ana ▸ **dirigir un saludo a alguien** saluer qqn ▸ **un saludo afectuoso** [en cartas] affectueusement.

salutación sf *form* salutation *f*.

salva sf MIL salve *f* ▸ **una salva de aplausos** *fig* une salve d'applaudissements.

salvación sf **1.** [remedio] ▸ **no tener salvación** a) [enfermo] être perdu(e) b) [enfermedad] être incurable **2.** [rescate] secours *m* **3.** RELIG salut *m*.

salvado sm BOT son *m*.

salvador, ra ◆ adj salvateur(trice). ◆ sm, f sauveur *m*. ◆ **Salvador** sm RELIG ▸ **el Salvador** le Sauveur.

salvadoreño, ña ◆ adj salvadorien(enne). ◆ sm, f Salvadorien *m*, -enne *f*.

salvaguarda sf INFORM sauvegarde *f*.

salvaguardar vt sauvegarder ▸ **salvaguardar el honor** sauver l'honneur.

salvaguardia sf **1.** [defensa] sauvegarde *f* ▸ **como o para salvaguardia de algo** pour sauvegarder qqch **2.** [salvoconducto] sauf-conduit *m*.

salvajada, salvajería sf **1.** [acción violenta, desconsiderada] acte *m* barbare o monstrueux / *matar ese gato ha sido una salvajada* c'est monstrueux d'avoir tué ce chat **2.** [dicho, hecho absurdo] insanité *f* / *¡deja de decir salvajadas!* arrête de dire n'importe quoi o des insanités ! / *ponerse a correr bajo este sol abrasador es una salvajada* c'est de la folie d'aller courir sous ce soleil de plomb.

salvaje ◆ adj **1.** [gen] sauvage **2.** [brutal] violent(e). ◆ smf sauvage *mf*.

salvajería = **salvajada**.

salvajismo sm **1.** [estado primitivo] sauvagerie *f* **2.** [brutalidad] barbarie *f*, sauvagerie *f* / *un acto de salvajismo* un acte de barbarie.

salvamanteles sm inv dessous-de-plat *m inv*.

salvamento sm sauvetage *m*.

salvapantallas sm inv INFORM économiseur *m* d'écran.

salvar vt **1.** [gen] sauver **2.** [superar - obstáculo] franchir ; [- dificultad] surmonter **3.** [exceptuar] : *salvando algunos detalles...* excepté quelques détails... **4.** INFORM [un fichero] sauvegarder. ◆ **salvarse** vprnl **1.** [librarse] ▸ **salvarse de** réchapper de ▸ **¡sálvese quien pueda!** sauve qui peut ! **2.** RELIG sauver son âme.

salvaslip sm protège-slip *m*.

salvavidas ◆ adj inv de sauvetage. ◆ smf inv RP [socorrista] maître-nageur *m*. ◆ sm inv bouée *f* de sauvetage.

salve ◆ sf salve regina *m inv*. ◆ interj ▸ **¡salve!** [culto] salut !

Cómo saludar

- **Salut !** *¡Hola!*
- **Bonjour !** *¡Buenos días!, ¡Hola!*
- **Bonsoir !** *¡Buenas tardes o noches!*
- **Ça va ?** *¿Qué hay?*
- **Comment allez-vous ?** *¿Cómo está usted?*
- **(Très) bien, merci, et toi ?** *(Muy) bien, gracias, ¿y tú?*
- **Quoi de neuf ?** *¿Qué hay de nuevo?*
- **Qu'est-ce que tu deviens ?** *¿Qué es de tu vida?*
- **Comme-ci, comme-ça.** *Regular*
- **Ca va plutôt bien / Ça va pas mal** *No me quejo.*

salvedad sf exception *f* ▸ **con la salvedad de que...** excepté que....

salvia sf sauge *f*.

salvo, va adj sauf (sauve) ▸ **estar a salvo** être en sûreté / ***su honor está a salvo*** son honneur est sauf ▸ **poner algo a salvo** mettre qqch à l'abri. ◆ **salvo** adv sauf / ***salvo que llueva*** sauf s'il pleut / ***hablaron todos, salvo él*** ils ont tous parlé sauf lui.

salvoconducto sm sauf-conduit *m*.

samaritano, na ◆ adj samaritain(e). ◆ sm, f Samaritain *m*, -e *f*.

samba sf samba *f*.

sambenito sm *fig* [descrédito] mauvaise réputation *f* ▸ **poner** o **colgar a alguien el sambenito de** faire à qqn une réputation de.

sambumbia sf MÉX *boisson à base d'ananas et de jus de canne à sucre fermenté.*

Samoa npr Samoa.

samoano, na ◆ adj samoan(e). ◆ sm, f Samoan *m*, -e *f*.

samovar sm samovar *m*.

sampleado sm MÚS échantillonage *m*.

samplear vt MÚS échantilloner.

sampler sm MÚS échantillon *m*.

samurái sm samouraï *m*.

san adj saint / ***san José*** saint Joseph.

Sana npr Sana'a.

sanador, ra sm, f guérisseur *m*, -euse *f*.

sanar ◆ vt guérir. ◆ vi guérir / ***no he sanado del todo*** je ne suis pas totalement guéri.

sanatorio sm **1.** [establecimiento - para tratamientos largos] clinique *f* ; [- en la montaña] sanatorium *m* **2.** RP [hospital] clinique *f*.

sanción sf sanction *f* ▸ **dar su sanción a algo** sanctionner qqch *(approuver)*.

sancionar vt sanctionner.

sancochar vt AM cuisiner peu épicé.

sancocho sm **1.** ANDES [guiso] *sorte de pot-au-feu* **2.** RP *fam* [chapucería] saleté *f*.

sanctasanctórum sm inv *pr* & *fig* [santuario] saint *m* des saints.

sandalia sf sandale *f*.

sándalo sm santal *m*.

sandez sf sottise *f*.

sandía sf pastèque *f*.

sandinismo sm sandinisme *m*.

sandinista adj & smf sandiniste.

sánduche sm AM sandwich *m*.

sandunguero, ra adj charmant(e).

sándwich ['sanwitʃ] (*pl* **sándwiches** o **sandwichs**) sm AM [con pan de barra] sandwich *m*.

sandwichera sf appareil *m* à croque-monsieur.

saneado, da adj assaini(e).

saneamiento sm assainissement *m*.

sanear vt assainir.

sanfermines smpl *fête patronale de Pampelune, célèbre pour ses courses de taureaux.*

> **Sanfermines**
>
> La fête des **Sanfermines** se déroule chaque année à Pampelune du 6 au 14 juillet. A cette occasion on organise tous les jours à travers les rues de la ville une course entre le public qui le souhaite et six taureaux. Le parcours, qui s'étend sur 800 mètres et dure 3 minutes environ, se termine dans le toril où les taureaux sont enfermés. C'est de là que vient le mot **encierro**.

sangrante adj qui saigne ▸ **un corazón sangrante** *fig* un cœur brisé.

sangrar ◆ vi saigner ▸ **sangrar por la nariz** saigner du nez. ◆ vt **1.** [gen] saigner **2.** [árbol] gemmer **3.** IMPR renfoncer.

sangre sf [gen] sang *m* ▸ **sangre azul** sang bleu ▸ **chuparle a alguien la sangre** *fam* saigner qqn à blanc ▸ **criar mala sangre** se faire du mauvais sang ▸ **de sangre caliente / fría** [animal] à sang chaud / froid ▸ **encender** o **quemar la sangre a alguien** *fam* taper sur le système à qqn ▸ **se le heló la sangre en las venas** son sang s'est glacé dans ses veines ▸ **llevar algo en la sangre** avoir qqch dans le sang ▸ **no llegó la sangre al río** ça n'a pas été plus loin ▸ **no tiene sangre en las venas** rien ne l'émeut ▸ **se le subió la sangre a la cabeza** il a vu rouge ▸ **sudar sangre** suer sang et eau ▸ **tener mala sangre** être une teigne ▸ **tener sangre de horchata** avoir du sang de navet. ◆ **sangre fría** sf sang-froid *m*.

sangría sf **1.** [gen] saignée *f* **2.** [bebida] sangria *f* **3.** IMPR alinéa *m* ; INFORM retrait *m*, renfoncement *m*.

sangriento, ta adj **1.** [gen] sanglant(e) **2.** [despiadado, cruel] sanguinaire.

sangriligero, ra adj CAM COL MÉX *fam* sympathique.

sangripesado, da, sangrón, ona adj CAM COL MÉX *fam* antipathique.

sangrón, ona adj & sm, f MÉX *fam* & *despec* profiteur(euse).

sanguijuela sf [gusano] sangsue *f* ▸ **ser una sanguijuela para alguien** *fam* & *fig* saigner qqn à blanc.

sanguinario, ria adj sanguinaire.

sanguíneo, a adj sanguin(e).

sanguinolento, ta adj sanguinolent(e).

sanidad sf **1.** [servicio] santé *f* ▸ **trabajar en sanidad** travailler dans le secteur médical ▸ **el ministerio de sanidad** le ministère de la Santé **2.** [salubridad] hygiène *f*.

sanitario, ria ◈ adj sanitaire. ◈ sm, f **1.** [persona] professionnel *m*, -elle *f* de la santé **2.** RP [fontanero] plombier *m*. ◆ **sanitarios** smpl [instalación] sanitaires *mpl*.

sanjacobo sm CULIN escalope *f* cordon bleu.

San José npr San José.

San Juan npr San Juan.

sanmarinense ◈ adj saint-marinais(e). ◈ smf Saint-Marinais *m*, -e *f*.

San Marino npr Saint-Marin.

sano, na adj **1.** [gen] sain(e) ▸ **sano y salvo** sain et sauf ▸ **cortar por lo sano** trancher dans le vif **2.** [entero] intact(e).

San Petersburgo npr Saint-Pétersbourg.

San Salvador npr San Salvador.

sansalvadoreño, ña ◈ adj salvadorien(enne), du San Salvador. ◈ sm, f Salvadorien *m*, -enne *f*.

sánscrito, ta adj sanskrit(e). ◆ **sánscrito** sm sanskrit *m*.

sanseacabó interj *fam* ▸ **¡sanseacabó!** un point c'est tout !

San Sebastián npr Saint-Sébastien.

sansón sm *fig* hercule *m*.

Santa Fe de Bogotá = **Bogotá**.

Santander npr Santander.

santería sf **1.** [beatería] sainteté *f* **2.** [religión] *culte ritualisé pratiqué à Cuba, syncrétisme de catholicisme et de la religion yoruba*.

santero, ra sm, f **1.** [en ermita, santuario] gardien *m*, -enne *f* d'un sanctuaire **2.** [curandero] guérisseur *m*, -euse *f*.

Santiago de Chile npr Santiago (du Chili).

Santiago de Compostela npr Saint-Jacques-de-Compostelle.

Santiago de Cuba npr Santiago.

santiaguero, ra ◈ adj de Santiago de Cuba. ◈ sm, f *natif ou habitant de Santiago de Cuba*.

santiagués, esa ◈ adj de Saint-Jacques-de-Compostelle. ◈ sm, f *natif ou habitant de Saint-Jacques-de-Compostelle*.

santiaguino, na ◈ adj de Santiago du Chili. ◈ sm, f *natif ou habitant de Santiago du Chili*.

santiamén ◆ **en un santiamén** loc adv *fam* en un clin d'œil.

santidad sf sainteté *f* ▸ **una vida de santidad** une vie de saint(e). ◆ **Santidad** npr ▸ **Su** o **Vuestra Santidad** Sa Sainteté.

santificación sf sanctification *f*.

santificar [10] vt sanctifier.

santiguar [45] vt faire le signe de la croix sur. ◆ **santiguarse** vprnl se signer.

santo, ta ◈ adj **1.** [gen] saint(e) ▸ **todo el santo día** toute la (sainte) journée ▸ **hace su santa voluntad** il fait ses quatre volontés **2.** *fam* [beneficioso] miraculeux(euse). ◈ sm, f *pr* & *fig* saint *m*, -e *f* / *el santo de tu marido...* ton mari, cette crème,.... ◆ **santo** sm **1.** [onomástica] fête *f* **2.** *fam* & *fig* [ilustración, foto] image *f* **3.** EXPR **¿a santo de qué?** en quel honneur ? ▸ **írsele a alguien el santo al cielo** perdre le fil (de ses pensées) ▸ **llegar y besar el santo** [persona] réussir qqch du premier coup ▸ **no es santo de mi devoción a)** [persona] je ne le porte pas dans mon cœur **b)** [cosa] ce n'est pas ma tasse de thé ▸ **quedarse para vestir santos** rester vieux garçon (vieille fille). ◆ **santo y seña** sm MIL mot *m* de passe.

Santo Domingo npr Saint-Domingue.

santón sm **1.** RELIG marabout *m* **2.** *fig* [persona influyente] grand manitou *m*.

santoral sm **1.** [libro de vidas de santos] *recueil sur la vie des saints* **2.** [onomástica] martyrologe *m*.

Santo Tomé y Príncipe npr São Tomé et Príncipe.

santuario sm sanctuaire *m*.

santuarizar vt sanctuariser.

santurrón, ona adj & sm, f bigot(e).

santurronería sf bigoterie *f*.

saña sf **1.** [furor] rage *f* **2.** [insistencia] acharnement *m*.

sañudo, da adj **1.** [cruel] haineux(euse) **2.** [insistente] acharné(e).

sapiencia sf *culto* science *f*.

sapo sm crapaud *m* ▸ **echar sapos y culebras** *fig* fulminer.

saque ◈ sm DEP coup *m* d'envoi ; [en tenis, bádminton, etc.] service *m* ▸ **tener buen saque a)** DEP avoir un bon service **b)** *fam* & *fig* avoir une bonne descente ▸ **saque de banda** touche *f* ▸ **saque de esquina** corner *m* ▸ **saque de meta** coup *m* de pied au but. ◈ v ⟶ **sacar.**

saqueador, ra adj & sm, f pillard(e).

saquear vt **1.** [rapiñar] piller, mettre à sac **2.** *fam* [vaciar] faire une razzia sur.

saqueo sm pillage *m*.

Sarajevo npr Sarajevo.

sarampión sm rougeole *f*.

sarao sm **1.** [fiesta] fête *f* **2.** *fam* [jaleo, follón] ▸ **montar un sarao** faire un foin.

sarape sm AM poncho *m*.

sarasa sm *fam* & *despec* grande folle *f*.

sarcasmo sm sarcasme *m*.

sarcástico, ca adj sarcastique.

sarcófago sm sarcophage *m*.

sarcoma sm sarcome *m*.

sardana sf sardane *f*.

sardina sf sardine *f* ▸ **ir como sardinas en canasta** o **en lata** *fig* être serrés comme des sardines.

sardinero, ra adj sardinier(ère).

sardo, da ◈ adj sarde. ◈ sm, f Sarde *mf*.

sardónico, ca adj sardonique.

sargento ◈ smf **1.** MIL sergent *m* **2.** *despec* [persona autoritaria] gendarme *m*. ◈ sm [herramienta] serre-joint *m*.

sari sm sari *m*.

sarmiento sm sarment *m*.

sarna sf gale *f* ▸ **sarna con gusto no pica** *fig* quand on aime, on ne compte pas.

sarnoso, sa adj & sm, f galeux(euse).

sarpullido, salpullido sm éruption *f* cutanée.

sarraceno, na ◈ adj sarrasin(e). ◈ sm, f Sarrasin *m*, -e *f*.

sarro sm tartre *m*.

sarta sf chapelet *m (d'objets)* ; [de desdichas] série *f*.

sartén sf **1.** [utensilio] poêle *f* ▸ **tener la sartén por el mango** tenir les rênes **2.** [cantidad] poêlée *f*.

sashimi [sa'ʃimi] sm CULIN sashimi *m*.

sastre, tra sm, f tailleur *m*, couturière *f*.

sastrería sf ▸ **ir a la sastrería** aller chez le tailleur.

Satán, Satanás npr RELIG Satan *m*.

satánico, ca adj satanique.

satanismo sm satanisme *m*.

satélite adj & sm satellite *m* ▸ **satélite artificial** satellite artificiel.

satelización sf satellisation *f*.

satén sm CAM MÉX **1.** [tela] satin *m* **2.** [madera] bois *m* de satin.

satinado, da adj satiné(e). ◆ **satinado** sm [tratamiento] satinage *m* ; [aspecto] satiné *m*.

satinar vt satiner.

sátira sf satire *f*.

satírico, ca ◈ adj satirique. ◈ sm, f persifleur *m*, -euse *f* ; [escritor] satiriste *mf*.

satirizar [13] vt railler, faire la satire de.

sátiro sm **1.** MITOL satyre *m* **2.** RP [violador] violeur *m*.

satisfacción sf **1.** [gen] satisfaction *f* ▸ **tener cara de satisfacción** avoir un air satisfait / *ayudarte es una satisfacción* c'est un plaisir de t'aider **2.** *fig* [gustazo] luxe *m* ▸ **darse la satisfacción de** s'offrir le luxe de.

satisfacer [60] vt **1.** [gen] satisfaire ▸ **satisfacer la sed** étancher sa soif **2.** [deuda] honorer **3.** [pregunta] répondre à ▸ **satisfacer una duda** lever un doute **4.** [requisitos] remplir. ◆ **satisfacerse** vprnl **1.** [conformarse] ▸ **satisfacerse con algo** se satisfaire o se contenter de qqch **2.** [vengarse] ▸ **satisfacerse (de)** se venger (de).

satisfactorio, ria adj satisfaisant(e).

satisfecho, cha adj **1.** [complacido] satisfait(e) ; [al comer] repu(e) ▸ **darse por satisfecho** s'estimer heureux **2.** [engreído] fier (fière) de soi. ◆ **satisfecho** pp ⟶ **satisfacer**.

saturación sf saturation *f*.

saturado, da adj saturé(e).

saturar vt saturer. ◆ **saturarse** vprnl être saturé(e) ▸ **saturarse de trabajo** travailler comme un fou.

Saturno npr Saturne.

sauce sm saule *m* ▸ **sauce llorón** saule pleureur.

saudí (*pl* **saudíes** o **saudís**), **saudita** ◈ adj saoudien(enne). ◈ sm, f Saoudien *m*, -enne *f*.

sauna sf sauna *m*.

saurio sm saurien *m*. ◆ **saurios** smpl sauriens *mpl*.

savia sf **1.** BOT sève *f* **2.** *fig* [de juventud, amor] fougue *f*.

savoir-faire [sa'βwarfer] sm savoir-faire *m*.

saxofón = **saxófono**.

saxofonista smf saxophoniste *mf*.

saxófono, saxofón, saxo ◈ sm saxophone *m*. ◈ smf saxophoniste *mf*.

saya sf *desus* jupons *mpl*.

sayo sm *desus* casaque *f*.

sazón sf **1.** [madurez] maturité *f* ▸ **estar en sazón** être mûr(e) **2.** [sabor] goût *m*. ◆ **a la sazón** loc adv à ce moment-là, à cette époque.

sazonado, da adj assaisonné(e).

sazonar vt assaisonner.

scanner = **escáner**.

scooter = **escúter**.

scotch [es'kotʃ] sm scotch *m (whisky)*.

scout [es'kaut] (*pl* **scouts**) sm scout *m*, -e *f*.

scoutismo = **escultismo**.

script [es'kript] (*pl* **scripts**) ◈ sm **1.** CINE script *m* **2.** INFORM script *m*. ◈ smf CINE scripte *mf*.

se

◈ pron pers

1. [reflexivo] se, s' *(delante de vocal)* ; [usted mismo, ustedes mismos] vous / *se pasea* il se promène / *se divierte* il s'amuse / *se están bañando, están bañándose* ils se baignent / *hay que lavarse todos los días* il faut se laver tous les jours / *siéntese* asseyez-vous / *¡que se diviertan!* amusez-vous bien !

2. [recíproco] se, s' *(delante de vocal)* / *se tutean* ils se tutoient / *se quieren* ils s'aiment

3. [construcción pasiva] *se ha suspendido la reunión* la réunion a été suspendue

4. [impersonal] on / *'se habla inglés'* 'on parle anglais' / *desde aquí se ve bien* on voit bien d'ici / *'se prohíbe fumar'* 'interdiction de fumer'

5. *('se' en lugar de 'le' o 'les' delante de 'lo', 'la', 'los' o 'las')* [complemento indirecto - a él, ella] lui ; [- a ellos, ellas] leur ; [- a usted, ustedes] vous / *cómpraselo* achète-le-lui / *se lo dije, pero no me hicieron caso* je le leur ai dit, mais ils ne m'ont pas écouté / *si usted quiere, yo se las mandaré* si vous voulez, je vous les enverrai

SE (*abr escrita de* **Su Excelencia**) SE.

sé 1. ⟶ **saber 2.** ⟶ **ser**.

sebáceo, a adj ANAT sébacé(e).

sebo sm graisse *f* ; ANAT sébum *m* ; [para jabón, velas] suif *m*.

seborrea sf séborrhée *f*.

seboso, sa adj gras (grasse).

secadero sm [lugar] sécherie *f* ; [aparato] séchoir *m*.

secado sm séchage *m*.

secador sm **1.** [de pelo] sèche-cheveux *m inv* **2.** [para la ropa] sèche-linge *m* **3.** CAM [toalla] serviette *f*.

secadora sf **1.** [de ropa] sèche-linge *m inv* **2.** MÉX [de pelo] sèche-cheveux *m inv*.

secamanos sm inv sèche-mains *m inv*.

secano sm terre *f* non irriguée.

secante ❖ adj **1.** [secador] siccatif(ive) **2.** ⟶ **papel** **3.** GEOM sécant(e). ❖ sf GEOM sécante *f*.

secar [10] vt **1.** [ropa, lágrimas] sécher ; [planta, piel] dessécher **2.** [enjugar] essuyer. ◆ **secarse** vprnl sécher ; [río, fuente] s'assécher ; [planta, piel] se dessécher ▸ **secarse el pelo** se sécher les cheveux.

secarropas sm RP sèche-linge *m inv*.

sección sf **1.** [departamento - en almacén] rayon *m* ; [- en empresa] service *m* **2.** PRENSA pages *fpl* ▸ **sección deportiva** pages sportives **3.** MIL & GEOM section *f* **4.** [dibujo] coupe *f*.

seccional sf RP **1.** [policial] police *f* de quartier **2.** [gremial] quartier *m*.

seccionar vt sectionner.

secesión sf sécession *f*.

secesionismo sm sécessionnisme *m*.

secesionista adj & smf sécessionniste.

seco, ca adj **1.** [gen] sec (sèche) **2.** [río, lago] à sec ▸ **lavar en seco** nettoyer à sec **3.** EXPR **parar en seco** s'arrêter net ▸ **dejar a alguien seco a)** [matar] faire la peau à qqn **b)** [pasmar] couper le souffle à qqn. ◆ **a secas** loc adv tout court / *se llama Juan a secas* il s'appelle Juan tout court.

secreción sf sécrétion *f*.

secretar vt sécréter.

secretaría sf secrétariat *m* / *ocupa la secretaría* il est chargé du secrétariat.

secretariado sm **1.** [gen] secrétariat *m* **2.** POLÍT secrétariat *m* d'État.

secretario, ria sm, f secrétaire *mf* ▸ **secretario de Estado** secrétaire d'État ▸ **secretario general** secrétaire général.

secretear vi *fam* faire des messes basses.

secreter sm secrétaire *m (meuble)*.

secretismo sm secret *m*.

secreto, ta adj secret(ète) ▸ **en secreto** en secret. ◆ **secreto** sm secret *m* ▸ **bajo secreto de confesión** sous le secret de la confession ▸ **con gran secreto** en grand secret ▸ **secreto a voces** secret de polichinelle ▸ **secreto de estado** secret d'État ▸ **secreto profesional** secret professionnel.

secta sf secte *f*.

sectario, ria ❖ adj **1.** [fanático] sectaire **2.** [de secta] d'une secte. ❖ sm, f **1.** [fanático] sectaire *mf* **2.** [miembro de secta] adepte *mf*.

sectarismo sm sectarisme *m*.

sector sm secteur *m* ; [de partido] courant *m* / *un sector de la opinión pública* une partie de l'opinion publique ▸ **sector primario / secundario / terciario** secteur primaire / secondaire / tertiaire ▸ **sector privado / público** secteur privé / public.

sectorial adj sectoriel(elle).

secuaz smf *despec* acolyte *m*.

secuela sf séquelle *f*.

secuencia sf séquence *f* ; [de temas] série *f*.

secuenciador sm INFORM & BIOL séquenceur *m*.

secuencial adj séquentiel(elle).

secuenciar [8] vt ordonner.

secuestrador, ra sm, f ravisseur *m*, -euse *f* ; [de avión] pirate *m* de l'air.

secuestrar vt **1.** [persona] enlever **2.** [barco, avión] détourner **3.** [periódico, publicación, bienes] saisir.

secuestro sm **1.** [de persona] enlèvement *m* **2.** [de avión, barco] détournement *m* **3.** [de periódico, publicación] saisie *f*.

secula ◆ **secula seculorum** ['sekulaseku'lorum] loc adv ad vitam eternam.

secular ❖ adj **1.** [seglar] séculier(ère) **2.** [centenario] séculaire. ❖ sm séculier *m*.

secularización sf sécularisation *f*.

secularizar [13] vt séculariser.

secundar vt [respaldar] appuyer, soutenir ▸ **secundar a alguien** seconder qqn.

secundario, ria adj secondaire.

secuoya sf BOT séquoia *m*.

sed ❖ sf *pr* & *fig* soif *f*. ❖ v ⟶ **ser.**

seda sf soie *f* ▸ **seda artificial / cruda / natural** soie artificielle / grège / naturelle ▸ **como una seda** comme sur des roulettes.

sedal sm ligne *f (pour pêcher)*.

sedán sm AUTO berline *f*.

sedante ❖ adj apaisant(e) ; MED sédatif(ive). ❖ sm sédatif *m*.

sedar vt calmer.

sedativo, va adj MED sédatif(ive) ; *fig* soporifique.

sede sf siège *m (résidence, diocèse)*. ◆ **Santa Sede** npr ▸ **la Santa Sede** le Saint-Siège.

sedentario, ria adj sédentaire.

sedentarismo sm sédentarité *f*.

sedente adj assis(e) *(sculpture)*.

sedición sf sédition *f*.

sedicioso, sa adj & sm, f séditieux(euse).

sediento, ta adj assoiffé(e).

sedimentación sf sédimentation *f*.

sedimentar vt déposer. ◆ **sedimentarse** vprnl se déposer.

sedimentario, ria adj sédimentaire.

sedimento sm **1.** [poso] dépôt *m* **2.** GEOL sédiment *m* **3.** *(gen pl) fig* [huella] traces *fpl.*

sedoso, sa adj soyeux(euse).

seducción sf séduction *f.*

seducir [33] vt **1.** [atraer] séduire **2.** [persuadir] enjôler.

seductor, ra ❖ adj séduisant(e). ❖ sm, f séducteur *m*, -trice *f.*

sedujera ⟶ **seducir**.

seduzca ⟶ **seducir**.

sefardí (*pl* **sefardíes** o **sefardís**), **sefardita** ❖ adj séfarade. ❖ smf Séfarade *mf.* ❖ sm [lengua] judéo-espagnol *m*.

segada sf **1.** [de hierba, mies] fauchage *m*, fauchaison *f* **2.** FÚT fauchage *m*.

segador, ra sm, f [agricultor] moissonneur *m*, -euse *f.* ◆ **segadora** sf [máquina] moissonneuse *f*; [herramienta] faucheuse *f.*

segar [35] vt **1.** [AGRIC - mieses] moissonner; [- hierba] faucher **2.** *fig* [cortar - cabezas] couper; [- vidas] faucher; [- ilusiones] briser.

seglar adj & sm séculier.

segmentación sf segmentation *f.*

segmentar vt segmenter.

segmento sm segment *m*.

Segovia npr Ségovie.

segoviano, na, segoviense ❖ adj de Ségovie, ségovien(enne). ❖ sm, f Ségovien *m*, -enne *f.*

segregación sf **1.** [discriminación] ségrégation *f* **2.** [secreción] sécrétion *f.*

segregacionismo sm ségrégationnisme *m*.

segregacionista adj & smf ségrégationniste.

segregar [16] vt **1.** [separar] séparer **2.** [discriminar] discriminer **3.** [secretar] sécréter.

segué ⟶ **segar**.

seguidamente adv **1.** [inmediatamente] aussitôt, tout de suite **2.** [acto continuo] aussitôt après.

seguidilla sf **1.** LITER *strophe de quatre ou sept vers, utilisée dans les chansons populaires* **2.** MÚS séguedille *f.*

seguido, da adj [continuo] continu(e); [consecutivo] de suite, d'affilée / *diez años seguidos* dix ans de suite / *se comió 15 pasteles seguidos* il a mangé 15 gâteaux d'affilée / *tener hijos seguidos* avoir des enfants rapprochés. ◆ **seguido** adv **1.** [sin interrupción] tout droit **2.** AM [a menudo] souvent. ◆ **en seguida** loc adv tout de suite.

seguidor, ra sm, f adepte *mf*; DEP supporter *m*.

seguimiento sm suivi *m*.

seguir [43] ❖ vt **1.** [gen] suivre / *alguien nos seguía* quelqu'un nous suivait / *seguí tus instrucciones* j'ai suivi tes instructions / *sigue unos cursos de...* elle suit des cours de... / *la enfermedad sigue su curso* la maladie suit son cours **2.** [reanudar, continuar] poursuivre. ❖ vi **1.** [sucederse] ▸ **seguir a algo** suivre qqch / *la primavera sigue al invierno* le printemps suit l'été **2.** [continuar] continuer / *sigue por este camino* continue dans cette voie / *sigue haciendo frío* il continue à faire froid **3.** [estar todavía] : *sigue enferma / soltera* elle est toujours malade / célibataire / *sigue con vida* il est encore en vie. ◆ **seguirse** vprnl **1.** [deducirse] s'ensuivre **2.** [derivarse] : *de esto se sigue que...* de cela il s'ensuit que....

según ❖ prep **1.** [de acuerdo con] selon, d'après / *según ella, ha sido un éxito* selon elle, ça a été un succès ▸ **según yo / tú etc.** d'après moi / toi etc. / *según lo que me han dicho* d'après ce qu'ils m'ont dit **2.** [dependiendo de] suivant, selon / *según la hora que sea* suivant l'heure (qu'il sera) / *según los casos* selon les cas. ❖ adv **1.** [como] comme / *todo permanecía según lo había dejado* tout était comme il l'avait laissé **2.** [a medida que] (au fur et) à mesure que / *según nos acercábamos, el ruido aumentaba* à mesure que nous approchions, le bruit s'amplifiait **3.** [dependiendo] : *¿te gusta la música? — según* tu aimes la musique ? — ça dépend / *lo intentaré según esté de tiempo* j'essaierai en fonction du temps que j'aurai ▸ **según parece,...** à ce qu'il paraît,.... ◆ **según que** loc adv selon que / *según que haga frío o calor...* selon qu'il fasse froid ou chaud.... ◆ **según qué** loc adj certain(e) / *según qué días la clase es muy aburrida* certains jours, le cours est très ennuyeux. ◆ **según (y) como** loc adv **1.** [exactamente igual] tel que, telle que / *se lo contaré según (y) como me lo contaste* je le lui raconterai tel que tu me l'as raconté **2.** [depende] : *lo intentará según (y) como se encuentre de salud* il essayera selon son état de santé.

segunda sf ⟶ **segundo**.

segundero sm trotteuse *f (d'une montre).*

segundo, da adj num deuxième, second(e) ▸ **segunda parte** moitié *f* / *primos segundos* cousins au second degré. *Ver también* **sexto.** ◆ **segundo** sm seconde *f.* ◆ **segunda** sf [velocidad, clase] seconde *f.* ◆ **con segundas** loc adv ▸ **ir con segundas** [discurso, palabras, etc.] être plein(e) de sous-entendus.

segundón sm [hijo] cadet *m*, -ette *f.*

seguramente adv sûrement *(probablement).*

segurata smf *mfam* [de discoteca] videur *m*.

seguridad sf **1.** [protección] sécurité *f*; [fiabilidad] sûreté *f* ▸ **de seguridad** [cinturón, cerradura, etc.] de sécurité ▸ **seguridad vial** sécurité routière **2.** [certidumbre, confianza] assurance *f* ▸ **con seguridad** avec certitude ▸ **seguridad en sí mismo** confiance en soi. ◆ **Seguridad Social** sf Sécurité *f* sociale.

seguro, ra adj sûr(e) ▸ **tener por seguro que** être sûr(e) o certain(e) que ▸ **sobre seguro** sans prendre de risque. ◆ **seguro** ❖ sm **1.** [contrato] assurance *f* ▸ **seguro a todo riesgo** assurance tous risques ▸ **seguro a terceros** assurance au tiers ▸ **seguro de cambio** couverture *f* des risques de change ▸ **seguro de incapacidad** o **invalidez** assurance invalidité ▸ **seguro de desempleo** o **paro** assurance chômage ▸ **seguro de vida** assurance-vie *f* ▸ **seguro mutuo** assurance mutuelle **2.** [dispositivo] sûreté *f*; [de pistola] cran *m* de sûreté **3.** *fam* [Seguridad Social] Sécu *f* **4.** CAM MÉX [imperdible] épingle *f* de nourrice. ❖ adv sûrement.

seis ❖ adj num inv six / *seis personas* six personnes / *tiene seis años* il a six ans / *página seis* page six / *estamos a día seis* nous sommes le six. ❖ sm inv six *m* / *el seis de agosto* le six août / *calle Mayor (número) seis* six, calle Mayor ▸ **seis por seis** [en multiplicación] six fois six / *el seis de diamantes* le six de carreau ▸ **echar** o **tirar un seis** [en naipes] jouer un six. ❖ pron num six / *somos seis* nous sommes six / *vinieron seis* ils sont venus à six ▸ **los seis** tous les six. ❖ sfpl ▸ **las seis** six heures ▸ **son las seis** il est six heures.

seiscientos, tas adj num inv **1.** [para contar] six cents / *seiscientos hombres* six cents hommes / *seiscientos veinte* six cent vingt **2.** [para ordenar] six cent / *página seiscientos* page six cent.

seísmo, sismo sm séisme *m*.

selección sf **1.** [gen] sélection *f* ; [de personal] recrutement *m* ▸ **selección natural** sélection naturelle **2.** DEP équipe *f* nationale.

seleccionador, ra ❖ adj de sélection. ❖ sm, f DEP sélectionneur *m*, -euse *f*.

seleccionar vt sélectionner.

selectividad sf ESP EDUC *examen d'entrée à l'université* ; ≃ baccalauréat *m*.

selectivo, va adj sélectif(ive).

selecto, ta adj **1.** [excelente] de choix **2.** [escogido] choisi(e) ▸ **la gente selecta** les gens bien.

selector, ra adj de sélection. ◆ **selector** sm sélecteur.

selenio sm sélénium *m*.

selenita ❖ sf sélénite *m*. ❖ smf [habitante] sélénite *mf*.

self-service (*pl* **selfservices**) sm self-service *m*, libre-service *m*.

sellado, da adj [pasaporte, etc.] tamponné(e). ◆ **sellado** sm scellage *m*.

sellar vt **1.** [estampar] tamponner **2.** [timbrar] timbrer **3.** [lacrar, precintar] sceller.

sello sm **1.** [de correos] timbre *m* **2.** [tampón] tampon *m* **3.** [sortija] chevalière *f* **4.** [lacre, impresión] sceau *m* **5.** *fig* [carácter] ▸ **tener un sello personal** avoir un certain cachet ▸ **tener el sello de** porter la marque de. ◆ **sello discográfico** sm maison *f* de disques.

selva sf **1.** jungle *f* ; [bosque] forêt *f* ▸ **selva virgen** forêt vierge **2.** [dulce] ▸ **selva negra** forêt-noire *f*.

selvático, ca adj [terreno, región] boisé(e) ; [vegetación, fauna] des bois.

semáforo sm [de tráfico urbano] feu *m*.

semana sf semaine *f* ▸ **entre semana** en semaine ▸ **semana laboral** semaine de travail. ◆ **Semana Santa** sf Pâques *m* ▸ **la Semana Santa** la semaine sainte.

semanal adj hebdomadaire.

semanalmente adv toutes les semaines, hebdomadairement.

semanario, ria adj hebdomadaire. ◆ **semanario** sm [publicación semanal] hebdomadaire *m*.

semántico, ca adj sémantique. ◆ **semántica** sf sémantique *f*.

semblante sm mine *f (expression du visage)*.

semblanza sf [descripción] portrait *m* ; [reseña] notice *f* biographique.

sembrado, da adj *fig* [lleno] ▸ **sembrado de trampas** semé d'embûches. ◆ **sembrado** sm semis *m*.

sembrador, ra ❖ adj [técnica, procedimiento] d'ensemencement. ❖ sm, f semeur *m*, -euse *f*. ◆ **sembradora** sf semoir *m*.

sembrar [19] vt **1.** [gen] semer **2.** *fig* [llenar] ▸ **sembrar (de** o **con)** couvrir (de).

semejante ❖ adj **1.** [parecido] ▸ **semejante (a)** semblable (a) ▸ **dos casos semejantes** deux cas semblables **2.** [tal] pareil(eille) / *nunca ha habido semejante cola* il n'y a jamais eu une queue pareille. ❖ sm *(gen pl)* semblable *m*.

semejanza sf ressemblance *f*.

semejar vi ressembler. ◆ **semejarse** vprnl se ressembler ▸ **semejarse a alguien** ressembler à qqn.

semen sm sperme *m*.

semental ❖ adj ▸ **un toro / burro semental** un taureau / âne étalon ▸ **un caballo semental** un étalon. ❖ sm étalon *m*.

semestral adj semestriel(elle).

semestre sm semestre *m*.

semiautomático, ca adj semi-automatique.

semicircular adj semi-circulaire, demi-circulaire.

semicírculo sm demi-cercle *m*.

semicircunferencia sf GEOM demi-circonférence *f*.

semiconductor, ra adj semi-conducteur(trice). ◆ **semiconductor** sm semi-conducteur *m*.

semiconsciente adj à demi-conscient(e).

semiconsonante sf semi-consonne *f*.

semicorchea sf double-croche *f*.

Semana Santa

La Semaine Sainte célèbre la mort et la résurrection de Jésus (Pâques). Pendant cette période, les messes donnent lieu à des processions durant lesquelles les fidèles défilent en portant sur leurs épaules d'immenses plateaux avec des scènes sculptées de la passion du Christ : les **pasos**. Ces processions sont généralement escortées par des pénitents des confréries vêtus de longues tuniques et coiffés de capuchons pointus avec deux trous pour les yeux.

semiderruido, da adj à moitié en ruine.

semidesconocido, da ◆ adj quasi inconnu(e). ◆ sm, f quasi-inconnu *m*, -e *f*.

semidesértico, ca adj semi-désertique.

semidesierto, ta adj presque désert(e). ◆ **semidesierto** sm semi-désert *m*.

semidesnatado, da adj demi-écrémé(e).

semidesnudo, da adj à moitié nu(e).

semidiós, osa sm, f demi-dieu *m*, demi-déesse *f*.

semidirecto ◆ adj semi-direct(e). ◆ sm semi-direct *m*.

semienterrado, da adj à demi enterré(e), semi-enterré(e).

semiesférico, ca adj GEOM hémisphérique.

semifinal sf demi-finale *f*.

semifinalista ◆ adj ▸ **quedar semifinalista** aller en demi-finale. ◆ smf demi-finaliste *mf*.

semifusa sf quadruple croche *f*.

semilla sf **1.** [simiente] graine *f* **2.** *fig* [motivo] ▸ **ser la semilla de algo** être à l'origine de qqch ▸ **ser la semilla de la discordia** semer la discorde.

semillero sm **1.** [para plantar] pépinière *f* **2.** [para guardar] germoir *m* **3.** *fig* [origen] ▸ **un semillero de disturbios** une source de tracas.

seminario sm séminaire *m*.

seminarista sm séminariste *m*.

seminuevo, va adj quasiment neuf (neuve), presque neuf (neuve).

semioculto, ta adj à demi-caché(e).

semiología sf sémiologie *f*.

semiólogo, ga sm, f sémiologue *mf*.

semiótica sf **1.** LING sémiotique *f* **2.** MED sémiologie *f*.

semipesado adj & sm mi-lourd.

semiprecioso, sa adj semi-précieux(euse).

semiseco, ca adj demi-sec (demi-sèche).

semita ◆ adj sémite. ◆ smf Sémite *mf*.

semítico, ca adj sémitique.

semitismo sm sémitisme *m*.

semitono sm demi-ton *m*.

semitransparente, semitrasparente adj à demi transparent(e).

semivocal sf semi-voyelle *f*.

sémola sf semoule *f*.

sempiterno, na adj *culto* éternel(elle) ; *fig* sempiternel(elle).

Sena npr ▸ **el Sena** la Seine.

senado sm sénat *m*.
◆ **Senado** sm ▸ **el Senado** le Sénat.

senador, ra sm, f sénateur *m*.

senatorial adj sénatorial(e).

sencillamente adv simplement.

sencillez sf simplicité *f*.

sencillo, lla adj simple.
◆ **sencillo** sm AM *fam* [cambio] monnaie *f*.

senda sf **1.** [camino] sentier *m* **2.** [medio, método] voie *f*.

senderismo sm randonnée *f*.

senderista ◆ adj [miembro de Sendero Luminoso] du Sentier lumineux. ◆ smf **1.** [caminante] randonneur *m*, -euse *f* **2.** [miembro de Sendero Luminoso] *membre ou partisan de la guérilla péruvienne du Sentier lumineux*.

sendero sm sentier *m*.

sendos, das adj chacun un, chacune une, chacune un, chacune une / ***Pedro y Juan llevaban sendos paquetes*** Pedro et Juan portaient chacun un paquet.

senectud sf *culto* vieillesse *f*.

Senegal npr ▸ **(el) Senegal** (le) Sénégal.

senegalés, esa ◆ adj sénégalais(e). ◆ sm, f Sénégalais *m*, -e *f*.

senil adj sénile.

senilidad sf sénilité *f*.

sénior ◆ adj inv **1.** [mayor de dos] : ***¿está el Señor López sénior?*** monsieur López père est-il là ? **2.** DEP senior. ◆ sm (*pl* **seniors**) senior *mf*.

seno sm **1.** [gen] sein *m* / ***tiene grandes senos*** elle a une poitrine opulente ▸ **en el seno de** *fig* au sein de **2.** [concavidad] poche *f* **3.** MAT & ANAT sinus *m*.

sensación sf **1.** [gen] sensation *f* ▸ **causar sensación** faire sensation **2.** [efecto, premonición] impression *f* ▸ **tener la sensación de que** avoir l'impression que.

sensacional adj sensationnel(elle).

sensacionalismo sm sensationnalisme *m*.

sensacionalista adj à sensation.

sensatez sf bon sens *m*.

sensato, ta adj sensé(e).

sensibilidad sf sensibilité *f*.

sensibilización sf sensibilisation *f*.

sensibilizar [13] vt sensibiliser.

sensible adj **1.** [gen & FOTO] sensible **2.** [delicado] délicat(e).

sensiblemente adv sensiblement.

sensiblería sf *despec* sensiblerie *f*.

sensiblero, ra adj *despec* mièvre ; [persona] trop sensible.

sensitivo, va adj sensitif(ive).

sensor sm capteur *m*.

sensorial adj sensoriel(elle).

sensual adj sensuel(elle).

sensualidad sf sensualité *f*.

sentado, da adj [prudente] réfléchi(e) ▸ **dar algo por sentado** considérer qqch comme acquis.
◆ **sentada** sf sit-in *m* ▸ **de una sentado** d'une traite.

sentar [19] ❖ vt *pr* & *fig* asseoir. ❖ vi **1.** [ropa, peinado] aller / *ese vestido te sienta bien* cette robe te va bien / *el negro le sienta fatal* le noir ne lui va pas du tout **2.** [clima, vacaciones, comida, etc.] ▸ **sentar bien / mal a alguien** réussir / ne pas réussir à qqn / *un descanso te sentará bien* ça te fera du bien de te reposer / *el clima húmedo me sienta mal* le climat humide ne me réussit pas / *las espinacas me han sentado mal* je n'ai pas digéré les épinards **3.** [comentario, acción] ▸ **sentar bien** plaire ▸ **sentar mal** déplaire.
◆ **sentarse** vprnl **1.** [en asiento] s'asseoir **2.** [detenerse] ▸ **sentarse a hacer algo** prendre le temps de faire qqch.

sentencia sf sentence *f* ▸ **visto para sentencia** mis en délibéré.

sentenciado, da sm, f : *un sentenciado a muerte / a cadena perpetua* un condamné à mort / à perpétuité.

sentenciar [8] vt **1.** DER ▸ **sentenciar (a)** condamner (à) **2.** *fig* [juzgar de antemano] : *antes de entrar al examen ya estaba sentenciado* avant même de commencer l'examen il savait qu'il n'avait aucune chance ▸ **estar sentenciado al fracaso** être voué à l'échec.

sentencioso, sa adj sentencieux(euse).

sentido, da adj [sentimiento] sincère ▸ **ser muy sentido** être très susceptible.
◆ **sentido** sm **1.** [gen] sens *m* ▸ **una frase sin sentido** une phrase qui ne veut rien dire ▸ **no tiene sentido que...** ça ne sert à rien de... ▸ **de sentido único** à sens unique ▸ **doble sentido** double sens ▸ **sentido común** sens commun ▸ **sentido del humor** sens de l'humour ▸ **sexto sentido** sixième sens **2.** [conocimiento] connaissance *f* ▸ **quedarse sin sentido, perder el sentido** perdre connaissance ▸ **recobrar el sentido** reprendre connaissance. ◆ **sin sentido** sm non-sens *m inv*.

sentimental adj sentimental(e).

sentimentalismo sm sentimentalisme *m*.

sentimentaloide ❖ adj à l'eau de rose. ❖ smf ▸ **ser un sentimentaloide** être fleur bleue.

sentimiento sm *(gen pl)* **1.** [gen] sentiment *m* **2.** [pena] ▸ **le acompaño en el sentimiento** croyez à toute ma sympathie.

sentir [27] ❖ sm sentiment *m*. ❖ vt **1.** [percibir, apreciar] sentir ; [ruido] entendre ▸ **sin sentir** sans s'en rendre compte **2.** [experimentar - hambre, calor] avoir ; [- cariño, lástima, etc.] éprouver, ressentir / *sentir vergüenza* éprouver de la honte **3.** [lamentar] regretter ▸ **lo siento (mucho)** je suis (vraiment) désolé(e) **4.** [creer] penser / *te lo digo como lo siento* je te le dis comme je le pense. ◆ **sentirse** vprnl **1.** se sentir / *sentirse cansado* se sentir fatigué / *sentirse superior* se croire supérieur(e) ▸ **sentirse forzado a hacer algo** se sentir obligé de faire qqch **2.** AM [ofenderse] être offensé(e) / *se sintió mucho por lo que dijiste* ce que tu lui as dit l'a beaucoup offensé.

senyera = **señera**.

seña sf **1.** [gesto] signe *m* ▸ **hablar por señas** parler par signes ▸ **hacer(le) señas (a alguien)** faire des signes (à qqn) **2.** [contraseña] consigne *f* **3.** RP [dinero] acompte *m*, arrhes *fpl*. ◆ **señas** sfpl **1.** [dirección] adresse *f*, coordonnées *fpl* **2.** [detalles] détails *mpl* ▸ **para o por más señas** pour être plus précis(e) ▸ **señas (personales)** signalement *m* **3.** [indicios] ▸ **dar señas de** donner des signes de.

señal sf **1.** [gen] signe *m* ▸ **en señal de** en signe de ▸ **señal de la Cruz** signe de croix ▸ **dar señales de vida** *fig* donner signe de vie **2.** [aviso] signal *m* ; [del teléfono - línea] tonalité *f* ▸ **señal sonora** signal sonore ▸ **señal de alarma / de salida** signal d'alarme / de départ **3.** [huella, cicatriz] marque *f* ▸ **no dejar ni señal** ne pas laisser de traces ▸ **no quedaba ni señal de él** il n'y avait aucune trace de lui **4.** [adelanto] acompte *m*, arrhes *fpl* **5.** AUTO ▸ **señal (de tráfico)** panneau *m* (de signalisation) ▸ **la señal de stop** le stop.

señalado, da adj important(e) ▸ **un día señalado** un grand jour.

señalar vt **1.** [marcar, decir] signaler **2.** [apuntar] montrer / *no señales al señor con el dedo* ne montre pas le monsieur du doigt **3.** [indicar, anunciar] indiquer ; [con marcas] marquer **4.** [determinar] fixer / *hemos señalado la fecha de...* nous avons fixé la date de....
◆ **señalarse** vprnl **1.** [perfilarse] se dessiner **2.** *fig* [destacarse] se distinguer.

señalización sf signalisation *f* / *las señalizaciones son poco claras* la signalisation n'est pas très claire.

señalizador, ra adj de signalisation, signalisateur(trice).

señalizar [13] vt signaliser.

señera, senyera sf *drapeau catalan*.

señor, ra adj **1.** [refinado] distingué(e) **2.** *(en aposición) fam* [gran] beau (belle).
◆ **señor** sm **1.** [tratamiento] monsieur *m* / *el señor Pérez* M. Pérez / *los señores Pérez* M. et Mme Pérez / *el señor presidente* M. le président ▸ **Muy señor mío** [en cartas] Cher Monsieur / *señores siéntense* asseyez-vous messieurs **2.** [hombre] monsieur *m* **3.** [caballero] gentleman *m* ▸ **es todo un señor** c'est un vrai gentleman **4.** [de feudo] seigneur *m* **5.** [amo] : *como el señor no está...* comme Monsieur n'est pas là... ▸ **el señor de la casa** le maître de maison.
◆ **Señor** sm ▸ **el Señor** le Seigneur.
◆ **señora** sf **1.** [tratamiento] madame *f* / *la señora Pérez* Mme Pérez / *la señora presidenta* Mme le président / *¡señoras y señores!* mesdames, mesdemoiselles, messieurs / *Estimada señora* [en cartas] Chère Madame ▸ **¿señora o señorita?** madame ou mademoiselle ? **2.** [esposa] femme *f* **3.** [ama] : *como la señora no está...* comme Madame n'est pas là... ▸ **la señora de la casa** la maîtresse de maison.
◆ **Nuestra Señora** sf Notre-Dame *f inv*.

señorear vt [sobresalir] dominer ; [mandar] contrôler ; [contener] maîtriser.

señoría sf : *su señoría* [juez] Votre Honneur.

señorial adj **1.** [majestuoso] majestueux(euse) **2.** [del señorío] seigneurial(e).

señorío sm **1.** [dominio] autorité *f* **2.** [distinción] distinction *f*.

señorito, ta adj *despec*: *es muy señorito* il aime bien se faire servir.
◆ **señorito** sm **1.** *desus* [hijo del amo] *fils de propriétaires terriens* **2.** *fam* & *despec* [niñato] fils *m* à papa ▸ **el señorito** monsieur.
◆ **señorita** sf **1.** [soltera] demoiselle *f* **2.** [tratamiento] mademoiselle *f* ▸ **la señorita Pérez** mademoiselle Pérez **3.** [maestra] ▸ **¡señorita!** maîtresse !

señuelo sm **1.** [reclamo] appeau *m* **2.** *fig* [trampa] leurre *m*.

seo sf [catedral] cathédrale *f*.

sep., sep, sept., sept (*abr escrita de* **septiembre**) sept. / *10 sep. 2012* 10 sept. 2012.

sepa ⟶ **saber**.

separación sf **1.** [gen] séparation *f* **2.** [espacio] écart *m*. ◆ **separación de bienes** sf DER séparation *f* de biens.

separado, da ❖ adj **1.** [alejado] ▸ **estar separado de** être loin de **2.** [divorciado] séparé(e). ❖ sm, f personne *f* séparée.

separador, ra adj & sm, f séparateur(trice).
◆ **separador** sm [en carpeta] intercalaire *m*.

separar vt **1.** [gen] séparer / *los pantalones están separados por tallas* les pantalons sont rangés par taille **2.** [apartar] ▸ **separar algo de** éloigner qqch de **3.** [reservar] mettre de côté. ◆ **separarse** vprnl ▸ **separarse (de)** a) [gen] se séparer (de) b) [apartarse] s'éloigner (de).

separatismo sm séparatisme *m*.

separatista adj & smf séparatiste.

separo sm MÉX [en cárcel] cellule *f (de prison)*.

sepelio sm obsèques *fpl*.

SEPI (*abr de* **Sociedad Estatal de Participaciones Industriales**) sf *organisme gouvernemental espagnol pour la promotion de l'industrie*.

sepia sf [molusco] seiche *f*.

septentrional ❖ adj septentrional(e).
❖ smf habitant *m*, -e *f* du Nord.

septicemia sf MED septicémie *f*.

séptico, ca adj septique.

septiembre, setiembre sm septembre *m* / *el 1 de septiembre* le 1er septembre / *uno de los septiembres más lluviosos de la última década* l'un des mois de septembre les plus pluvieux de la dernière décennie ▸ **a mediados de septiembre** à la mi-septembre ▸ **a principios / finales de septiembre** au début/à la fin du mois de septembre ▸ **el pasado / próximo (mes de) septiembre** en septembre dernier/prochain ▸ **en pleno septiembre** en plein mois de septembre ▸ **en septiembre** en septembre ▸ **este septiembre (pasado / próximo)** en septembre (dernier/prochain) ▸ **para septiembre** en septembre / *entrará en el colegio para septiembre* il fera sa rentrée scolaire en septembre / *lo quiero para septiembre* je le veux pour le mois de septembre.

séptimo, ma, sétimo, ma adj num septième ▸ **séptima parte** septième *m*. *Ver también* **sexto**.

septuagenario, ria adj & sm, f septuagénaire.

septuagésimo, ma adj soixante-dixième.

septuplicar [10] vt septupler.
◆ **septuplicarse** vprnl septupler.

sepulcral adj **1.** [del sepulcro] funéraire **2.** *fig* [voz] sépulcral(e) ▸ **un frío sepulcral** un froid de loup.

sepulcro sm tombeau *m*.

sepultar vt inhumer ; *fig* ensevelir.

sepultura sf **1.** [enterramiento] inhumation *f* ▸ **dar sepultura** inhumer ▸ **recibir sepultura** être inhumé(e) **2.** [fosa] sépulture *f*.

sepulturero, ra sm, f fossoyeur *m*.

seque ⟶ **secar**.

sequedad sf sécheresse *f*.

sequía sf sécheresse *f*.

séquito sm **1.** [comitiva] suite *f* **2.** [secuela] conséquence *f*.

ser [5]

❖ v aux (*delante de pp forma la voz pasiva*)
être / *fue visto por un testigo* il a été vu par un témoin

❖ v cop

1. [gen] être / *es muy guapo* il est très beau / *soy abogado* je suis avocat / *es un amigo* c'est un ami / *es de la familia* il est de la famille / *él es del sindicato* il est membre du syndicat

2. [servir, ser adecuado] *este trapo es para limpiar los cristales* c'est le chiffon qui sert à nettoyer les vitres / *este libro no es para niños* ce n'est pas un livre pour les enfants

3. ▸ **ser de** a) [estar hecho de] être en b) [ser originario de] être de c) [pertenecer a] être à / *el reloj es de oro* la montre est en or / *yo soy de Madrid* je suis de Madrid / *es de mi hermano* c'est à mon frère

❖ vi

1. [gen] être / *¿cuánto es?* c'est combien ? / *somos tres* nous sommes trois / *lo importante es decidirse* l'important c'est de se décider / *es la tercera vez que…* c'est la troisième fois que… / *hoy es martes* aujourd'hui on est mardi / *mañana es 15 de julio* demain c'est le 15 juillet / *¿qué hora es?* quelle heure est-il ? / *son las tres de la tarde* il est trois heures de l'après-midi ▸ **a no ser que** à moins que ▸ **de no ser por ti me hubiera ahogado** si tu n'avais pas été là je me serais noyé ▸ **no es nada** ce n'est rien / *se ha dado un golpe, pero no es nada* il s'est cogné, mais ce n'est rien ▸ **no es para menos** il y a de quoi ▸ **él no es quién** o **nadie para informar a la prensa** ce n'est pas à lui d'en informer la presse ▸ **pinchamos y por si fuera poco nos quedamos sin gasolina** nous avons crevé et comme si ça ne suffisait pas nous sommes tombés en panne d'essence ▸ **ser algo / alguien de lo que no hay** être unique en son genre / *es de lo que no hay contando chistes* il est impayable quand il raconte des blagues

2. [evolucionar] devenir / *¿qué es de ti?* qu'est-ce que tu deviens ?
3. [suceder, ocurrir] être, avoir lieu / *la conferencia era esta mañana* la conférence a eu lieu ce matin / *¿cómo fue el accidente?* comment l'accident est-il arrivé ? / *allí fue donde nació* c'est là qu'il est né
4. MAT *dos y dos son cuatro* deux et deux font quatre
5. AM ▸ **siendo que...** vu que... / *siendo que tienes la plata, cómprate el vestido más caro* puisque tu as l'argent, achète-toi la robe la plus chère

◆ v impers

1. [expresa tiempo] *es de día* il fait jour / *es muy tarde* il est très tard
2. *(delante de 'de' + infin)* [expresa necesidad, posibilidad] *es de desear que...* il est souhaitable que... / *era de esperar* on pouvait s'y attendre / *es de suponer que...* on peut supposer que...
3. *(delante de 'que')* [expresa motivo] *es que ayer no vine porque estaba enfermo* je ne suis pas venu hier parce que j'étais malade
4. EXPR **como sea** coûte que coûte ▸ **érase una vez, érase que se era** il était une fois ▸ **sea lo que sea** quoi qu'il en soit

◆ sm

[ente] être *m* ▸ **ser humano** être humain

SER (*abr de* **Sociedad Española de Radiodifusión**) sf *société espagnole de radiodiffusion.*

serafín sm [ángel] séraphin *m* ; *fig* [niño] chérubin *m.*

Serbia npr Serbie *f.*

serbio, bia ◆ adj serbe. ◆ sm, f Serbe *mf.*

serbocroata ◆ adj serbo-croate. ◆ smf Serbo-Croate *mf.* ◆ sm [idioma] serbo-croate *m.*

serenar vt [persona] apaiser. ◆ **serenarse** vprnl se calmer ; [tiempo] s'améliorer.

serenata sf 1. MÚS sérénade *f* 2. [fastidio] ▸ **dar serenata** ne pas laisser fermer l'œil de la nuit.

serenidad sf 1. [de persona] sérénité *f* 2. [de noche, mar, etc.] calme *m.*

sereno, na adj 1. [persona] serein(e) 2. [atmósfera, cielo] clair(e) 3. [mar] calme. ◆ **sereno** sm 1. [humedad] fraîcheur *f* de la nuit 2. [vigilante] *personne qui était chargée de surveiller les rues et d'ouvrir les portes des immeubles la nuit à Madrid en particulier.*

serial sm CSUR feuilleton *m.*

seriamente adv sérieusement.

sericicultura = **sericultura**.

sericultura, sericicultura sf sériciculture *f.*

serie sf série *f* ▸ **fuera de serie** a) [publicación] hors série b) *fig* [persona] hors pair. ◆ **en serie** loc adv en série ; INFORM série.

seriedad sf sérieux *m* ▸ **con seriedad** sérieusement.

serigrafía sf sérigraphie *f.*

serigrafiar vt sérigraphier.

serio, ria adj 1. [gen] sérieux(euse) 2. [color] sévère ; [ropa] strict(e). ◆ **en serio** loc adv sérieusement ▸ **tomar(se) algo en serio** prendre qqch au sérieux.

sermón sm sermon *m.*

sermoneador, ra adj sermonneur(euse).

sermonear vt sermonner.

seropositivo, va adj & sm, f séropositif(ive).

seroso, sa adj séreux(euse). ◆ **serosa** sf séreuse *f.*

serpenteado, da adj qui serpente.

serpentear vi serpenter.

serpentina sf serpentin *m.*

serpiente sf serpent *m* ▸ **serpiente de cascabel** serpent à sonnette ▸ **serpiente pitón** python *m.*

serrallo sm sérail *m.*

serranía sf région *f* montagneuse.

serrano, na ◆ adj 1. [de la sierra] montagnard(e) ▸ **una tierra serrana** un pays montagneux 2. ⟶ **jamón** 3. *fig* [hermoso] superbe. ◆ sm, f [de la sierra] montagnard *m,* -e *f.*

serrar [19] vt scier.

⚠ **Serrer** es un falso amigo, no significa *serrar*, sino "apretar".

serrería sf scierie *f.*

serrín sm sciure *f.*

serrucho sm scie *f* (égoïne).

servicentro sm CAM RP station-service *f.*

servicial adj serviable.

servicio sm 1. [gen & DEP] service *m* ▸ **prestar un servicio** rendre un service ▸ **servicio a domicilio** (service de) livraison *f* à domicile ▸ **servicio de inteligencia** o **secreto** services de renseignements o secrets ▸ **servicio de paquetería** service de messagerie ▸ **servicio de prensa** service de presse ▸ **servicio de té / de mesa** service à thé / de table ▸ **servicio de urgencias** service des urgences ▸ **servicio discrecional** service spécial *(d'autobus)* ▸ **servicio militar** service militaire ▸ **servicio postventa** service après-vente ▸ **servicio público** service public 2. [servidumbre] ▸ **servicio (doméstico)** domestiques *mpl* 3. [turno] garde *f* ▸ **estar de servicio** a) être de service b) [soldado] être de garde 4. *(gen pl)* [aseos] toilettes *fpl.*

servidor, ra ◆ sm, f 1. [criado] serviteur *m,* servante *f* 2. [yo] : *este pastel lo ha hecho un servidor* ce gâteau c'est moi qui l'ai fait 3. [en cartas] ▸ **su seguro servidor** votre dévoué serviteur. ◆ interj ▸ **¡servidor!** présent ! *(à l'appel).* ◆ **servidor** sm INFORM serveur *m.*

servidumbre sf 1. [criados] domestiques *mpl* 2. [de vicio, pasión, etc.] dépendance *f* 3. [condición de siervo] servitude *f.*

servil adj servile.

servilismo sm servilité *f.*

servilleta sf serviette *f (de table).*

servilletero sm porte-serviettes *m inv*; [aro] rond *m* de serviette.

servir [26] ◆ vt **1.** [comida, bebida] servir / *sírvanos dos cervezas* deux bières s'il vous plaît / *¿te sirvo más?* je t'en ressers ? **2.** [ser útil a] être utile à / *¿en qué puedo servirle?* en quoi puis-je vous être utile ? ◆ vi servir / *una tabla le servía de mesa* une planche lui servait de table / *sirvió en la administración* il a travaillé dans l'administration ▸ **servir para** servir à / *no sirve para nada* ça ne sert à rien / *no sirve para estudiar* il n'est pas fait pour les études. ◆ **servirse** vprnl **1.** [comida, bebida] se servir / *sírvete...* sers-toi... **2.** [aprovecharse] ▸ **servirse de** se servir de **3.** [fórmula de cortesía] ▸ **sírvase sentarse** veuillez vous asseoir.

servoasistido, da adj AUTO : *freno servoasistido* servofrein / *dirección servoasistida* direction assistée.

servodirección sf direction *f* assistée.

servofreno sm servofrein *m*.

sésamo sm sésame *m*.

sesear vi *prononcer en espagnol les « c », devant « e » et « i », et les « z » comme des « s ».*

sesenta ◆ adj num inv soixante ▸ **los (años) sesenta** les années soixante. ◆ sm inv soixante *m inv*.

sesentavo, va adj num soixantième ▸ **sesentava parte** soixantième *m*.

sesentón, ona *fam* adj & sm, f sexagénaire.

seseo sm *prononciation en espagnol des « c », devant « e » et « i », et des « z » comme des « s ».*

sesera sf **1.** *fam* [cabeza] caboche *f* **2.** *fam* & *fig* [inteligencia] jugeote *f*.

sesgado, da adj [información, visión] biaisé(e), tendancieux(euse).

sesgar [16] vt couper en biais.

sesgo, ga adj en biais ▸ **al sesgo** en biais. ◆ **sesgo** sm *fig* [rumbo] tour *m*.

sesgue ⟶ **sesgar**.

sesión sf séance *f*; TEATRO représentation *f* ▸ **abrir / levantar la sesión** ouvrir / lever la séance ▸ **un cine de sesión continua** un cinéma permanent.

seso sm *(gen pl)* **1.** [gen & CULIN] cervelle *f* **2.** *fam* [sensatez] jugeote *f* ▸ **calentarse** o **devanarse los sesos** se creuser la cervelle ▸ **sorber el seso** o **los sesos a alguien** *fam* tourner la tête à qqn.

sestear vi faire la sieste.

sestercio sm sesterce *m*.

sesudo, da adj *fam* : *es sesudo* c'est une tête.

set (*pl* **sets**) sm DEP set *m*.

seta sf champignon *m*.

setecientos, tas adj num inv sept cents. *Ver también* **seiscientos**.

setenta adj num inv & sm inv soixante-dix.

setentavo, va adj num soixante-dixième ▸ **setentava parte** soixante-dixième *m*. *Ver también* **sexto**.

setiembre = **septiembre**.

sétimo, ma = **séptimo**.

seto sm haie *f (clôture)*.

setter ['seter] sm setter *m*.

seudónimo sm pseudonyme *m*.

Seúl npr Séoul.

s.e.u.o. *abr escrita de* **salvo error u omisión**.

severidad sf sévérité *f*.

severo, ra adj sévère.

Sevilla npr Séville.

sevillano, na ◆ adj sévillan(e). ◆ sm, f Sévillan *m*, -e *f*. ◆ **sevillanas** sfpl *danse folklorique apparentée au Flamenco, composée de quatre mouvements, et qui se danse en couple.*

sexagenario, ria adj & sm, f sexagénaire.

sexagesimal adj sexagésimal(e).

sexagésimo, ma adj num soixantième ▸ **sexagésima parte** soixantième *m*.

sex-appeal [seksa'pil] sm inv sex-appeal *m inv*.

sexismo sm sexisme *m*.

sexista adj & smf sexiste.

sexo sm sexe *m* ▸ **bello sexo** beau sexe ▸ **sexo débil** sexe faible.

sexología sf sexologie *f*.

sexólogo, ga sm, f sexologue *mf*.

sex-shop [sek'ʃop] (*pl* **sex-shops**) sm sex-shop *m*.

sex-symbol smf sex-symbol *m*.

sextante sm sextant *m*.

sexteto sm **1.** MÚS sextuor *m* **2.** LITER sizain *m*.

sexto, ta adj num sixième ▸ **Carlos sexto** Charles six / *el sexto piso* le sixième étage / *el sexto de la clase* le sixième de la classe / *llegó el sexto* il est arrivé sixième ▸ **sexta parte** sixième *m*.

sextuplicar [10] vt sextupler. ◆ **sextuplicarse** vprnl sextupler.

séxtuplo, pla adj sextuple. ◆ **séxtuplo** sm sextuple *m*.

sexuado, da adj sexué(e).

sexual adj sexuel(elle).

sexualidad sf sexualité *f*.

sexy (*pl* **sexys**) adj sexy.

Seychelles [sei'ʃels] npr ▸ **las Seychelles** les Seychelles *fpl*.

SGAE (*abr de* **Sociedad General de Autores de España**) sf *société espagnole des auteurs* ; ≃ SACEM *f*.

sha, sah [ʃa o sa] sm chah *m*.

shakesperiano, na [ʃespi'rjano, na] adj shakespearien(enne).

share ['ʃare] sm TV part *f* d'audience.

shareware sm INFORM shareware *m*, partagiciel *m*.

sharia = **charia**.

sheriff ['ʃerif] sm shérif *m*.

sherpa ['ʃerpa] smf sherpa *m*.

sherry ['ʃerri] (*pl* **sherries**) sm sherry *m*.

shetland ['ʃedlan] (*pl* **shetlands**) sm shetland *m*.

shiatsu ['ʃiatsu] sm shiatsu *m*.

shock = **choc**.

shopping ['ʃopin] sm RP shopping *m*.

short ['ʃort] sm [pantalón corto] short *m*.

shorts ['ʃorts] smpl [calzoncillos] caleçon *m*.

show ['ʃou] (*pl* **shows**) sm show *m* ▸ **montar un show** *fam* faire tout un cirque ▸ **show business** show-business *m inv*.

showman ['ʃouman] (*pl* **showmans**) sm présentateur-vedette *m*.

si¹

❖ conj

1. [gen] si, s' *(delante de 'i')* / *¿y si fuéramos a verlo?* et si on allait le voir / *si viene, me voy* s'il vient je m'en vais / *me pregunto si lo sabe* je me demande s'il le sait **2.** [expresa insistencia] *¡pero si no he hecho nada!* mais je n'ai rien fait ! / *si ya sabía yo que…* je savais bien que…

si² (*pl* **sis**) sm MÚS si *m*.

sí¹

❖ adv

1. [afirmación] oui ; *(detrás de pregunta negativa)* si / *¿vendrás? — sí, iré* tu viendras ? — oui, je viendrai / *¿no te lo dijo? — sí, acaba de hacerlo* il ne te l'a pas dit ? — si, il vient de le faire / *me voy de viaje — ¡(ah) sí…!* je pars en voyage — ah bon ! ▸ **¿por qué lo quieres? — porque sí** pourquoi tu le veux ? — parce que ▸ **¡claro que sí!** mais bien sûr ! ▸ **¡a que no lo haces! — ¡a que sí!** je parie que tu ne le fais pas ! — chiche ! **2.** [uso enfático] ▸ **sí que me gusta** elle me plaît vraiment

❖ pron pers

[él] lui ; [ella] elle ; [ellos] eux ; [ellas] elles ; [usted, ustedes] vous / *cuando uno piensa en sí mismo* quand on pense à soi / *decir para sí (mismo)* se dire ▸ **de por sí** en soi

sí² (*pl* **síes**) sm oui *m* ▸ **dar el sí** donner son approbation.

siamés, esa ❖ adj siamois(e). ❖ sm, f **1.** [de Siam] Siamois *m*, -e *f* **2.** [gemelo] siamois *m*, -e *f*. ◆ **siamés** sm [gato] siamois *m*.

sibarita adj & smf sybarite.

sibaritismo sm sybaritisme *m*.

Siberia npr Sibérie *f*.

siberiano, na ❖ adj sibérien(enne). ❖ sm, f Sibérien *m*, -enne *f*.

sibila sf sibylle *f*.

sibilante adj sifflant(e).

sibilino, na adj sibyllin(e).

sic adv sic.

sicario sm tueur *m* à gages ; *culto* sicaire *m*.

Sicilia npr Sicile *f*.

siciliano, na ❖ adj sicilien(enne). ❖ sm, f Sicilien *m*, -enne *f*.

sicoanálisis = **psicoanálisis**.

sicoanalista = **psicoanalista**.

sicoanalítico, ca = **psicoanalítico**.

sicoanalizar = **psicoanalizar**.

sicodélico, ca = **psicodélico**.

sicodrama = **psicodrama**.

sicofármaco = **psicofármaco**.

sicofonía = **psicofonía**.

sicología = **psicología**.

sicológico, ca = **psicológico**.

sicólogo, ga = **psicológo**.

sicometría = **psicometría**.

sicométrico, ca = **psicométrico**.

sicomoro, sicómoro sm sycomore *m*.

sicomotor, ra = **psicomotor**.

sicomotricidad = **psicomotricidad**.

sicópata = **psicópata**.

sicopatía = **psicopatía**.

sicosis = **psicosis**.

sicosomático, ca = **psicosomático**.

sicotécnico, ca = **psicotécnico**.

sicoterapeuta = **psicoterapeuta**.

sicoterapia = **psicoterapia**.

sicótico, ca = **psicótico**.

sicotrópico, ca = **psicotrópico**.

sida (*abr de* **síndrome de inmunodeficiencia adquirida**) sm sida *m* ▸ **el virus del sida** le virus du sida.

sidecar sm side-car *m*.

sideral adj **1.** [de los astros] sidéral(e) **2.** RP *fam* [precio] extravagant(e).

siderurgia sf sidérurgie *f*.

siderúrgico, ca adj sidérurgique.

Sidney npr Sydney.

sidoso, sa adj & sm, f *despec* sidéen(enne).

sidra sf cidre *m*.

sidrería sf cidrerie *f*.

siega ❖ sf moisson *f*. ❖ ⟶ **segar**.

siembra ❖ sf semailles *fpl*. ❖ v ⟶ **sembrar**.

siempre adv **1.** [gen] toujours ▸ **como / desde siempre** comme/depuis toujours ▸ **de siempre** habituel(elle) ▸ **lo de siempre** comme d'habitude ▸ **somos amigos de siempre** nous sommes amis depuis toujours ▸ **para siempre** pour toujours ▸ **para siempre jamás** à jamais **2.** AM [todavía] toujours / *siempre viven allí* ils vivent toujours o encore là-bas **3.** AM [sin duda] vraiment / *¿siempre nos vemos mañana?* on se voit toujours demain ? ◆ **siempre que** loc conj **1.** [cada vez que] chaque fois que / *siempre que vengo* chaque fois que je viens **2.** [con tal de que] pourvu que, à condition que / *siempre que seas bueno* à condition que tu sois gentil. ◆ **siempre y cuando** loc conj pourvu que.

siempreviva sf BOT immortelle *f*.

sien sf tempe *f*.

sierpe sf ZOOL serpent *m*.

sierra ❖ sf **1.** [herramienta] scie *f* ▸ **sierra eléctrica** scie électrique **2.** GEOGR sierra *f*, chaîne *f* de montagnes **3.** [región montañosa] montagne *f* ▸ **en la sierra** à la montagne. ❖ v ⟶ **serrar.**

Sierra Leona npr (la) Sierra Leone.

Sierra Nevada npr Sierra Nevada *f*.

siervo, va sm, f **1.** [esclavo] serf *m*, serve *f* **2.** RELIG serviteur *m*, servante *f*.

siesta sf sieste *f*.

siete ❖ adj num inv & sm inv sept. ❖ sf ▸ **de la gran siete** RP *fam* du tonnerre ▸ **¡la gran siete!** AM *fam* & *fig* purée ! ***Ver también*** **seis.** ◆ **siete y media** sfpl *jeu de cartes où les joueurs doivent obtenir un score égal à sept et demi.*

sietemesino, na adj & sm, f prématuré(e) *(de sept mois)*.

sífilis sf inv syphilis *f*.

sifilítico, ca adj & sm, f syphilitique.

sifón sm **1.** [gen] siphon *m* **2.** [agua carbónica] eau *f* de Seltz.

sig. = **s.**

siga ⟶ **seguir**.

sigilo sm discrétion *f* ▸ **con mucho sigilo a)** [en secreto] en grand secret **b)** [en silencio] très discrètement.

sigilosamente adv discrètement / *entró sigilosamente en la habitación* il est entré dans la chambre discrètement o sans faire de bruit.

sigiloso, sa adj discret(ète).

sigla sf sigle *m*.

siglo sm siècle *m* / *hace siglos que no te veo* ça fait des siècles que je ne t'ai pas vu ▸ **el Siglo de las Luces** le siècle des Lumières ▸ **el Siglo de Oro** le Siècle d'or ▸ **por los siglos de los siglos** pour la vie.

Siglo de Oro

Le terme « Siècle d'or » désigne la période couvrant les XVIe et XVIIe siècles durant laquelle l'Espagne atteint son apogée. Grâce à la découverte de l'Amérique, le pays devient la première puissance politique et économique européenne. Sur le plan artistique, la littérature vit ses heures de gloire : en témoignent les productions d'auteurs tels que Garcilaso de la Vega, Fray Luis de León, Góngora, Quevedo, Lope de Vega ou Calderón de la Barca.

signatario, ria adj & sm, f signataire.

signatura sf **1.** [en biblioteca] cote *f* **2.** [firma] signature *f*.

significación sf **1.** [gen] signification *f* **2.** [importancia] portée *f*.

significado, da adj important(e). ◆ **significado** sm **1.** [sentido] signification *f* **2.** LING signifié *m*.

significante sm LING signifiant *m*.

significar [10] ❖ vt signifier. ❖ vi [tener importancia] : *significa mucho para mí* cela représente beaucoup pour moi. ◆ **significarse** vprnl ▸ **significarse por algo** se distinguer par qqch.

significativamente adv significativement.

significativo, va adj **1.** [revelador] significatif(ive) ; [mirada, gesto, etc.] éloquent(e) **2.** [importante] important(e).

signo sm signe *m* ▸ **signo de exclamación** o **de admiración** point *m* d'exclamation ▸ **signo de interrogación** point d'interrogation.

sigo ⟶ **seguir**.

siguiente ❖ adj suivant(e) ▸ **a la mañana siguiente** le lendemain matin ▸ **al día siguiente** le lendemain. ❖ sm, f suivant *m*, -e *f* ▸ **¡el siguiente!** au suivant ! ▸ **lo siguiente** la chose suivante.

siguiera ⟶ **seguir**.

sij (*pl* **sijs**) adj & sm, f sikh.

sílaba sf syllabe *f*.

silabear ❖ vt prononcer en détachant les syllabes ; [un verso] scander. ❖ vi détacher les syllabes.

silábico, ca adj syllabique.

silbar vt & vi siffler.

silbato sm sifflet *m*.

silbido, silbo sm **1.** [gen] sifflement *m* **2.** [para abuchear] sifflet *m* **3.** [con silbato] coup *m* de sifflet.

silenciador sm silencieux *m*.

silenciar [8] vt passer sous silence ; [escándalo] étouffer.

silencio sm silence *m* ▸ **en silencio** en silence ▸ **estar en silencio** être silencieux(euse) ▸ **guardar silencio (sobre algo)** garder le silence (sur qqch) ▸ **imponer silencio a alguien** imposer le silence à qqn ▸ **romper el silencio** rompre le silence.

silencioso, sa adj silencieux(euse).

sílex sm inv silex *m*.

sílfide sf sylphide *f*.

silicato sm silicate *m*.

sílice sf silice *f*.

silicio sm silicium *m*.

silicona sf silicone *f*.

silicosis sf inv silicose *f*.

silla sf **1.** [asiento] chaise *f* ▸ **hacer silla de la reina** faire la chaise ▸ **silla de ruedas** fauteuil *m* roulant ▸ **silla eléctrica** chaise électrique **2.** [de caballo] ▸ **silla (de montar)** selle *f* **3.** [de prelado] siège *m*.

sillar sm [piedra] pierre *f* de taille.

sillería sf **1.** [conjunto] sièges *mpl* ; RELIG stalles *fpl* **2.** [taller] fabrique *f* de chaises **3.** ARQUIT ouvrage *m* en pierre de taille.

sillín sm selle *f (de bicyclette, etc.)*.

sillita sf [silla de paseo] poussette *f*.

sillón sm fauteuil *m*.

⚠ **Sillon** es un falso amigo, no significa *sillón*, sino "surco".

silo sm silo *m*.

silogismo sm syllogisme *m*.

silueta sf silhouette *f*.

silvestre adj sauvage *(plante, etc.)*.

silvicultura sf sylviculture *f*.

SIM (*abr de* **Subscriber Identity Module**) ▸ **tarjeta SIM** carte SIM.

sima sf gouffre *m*.

simbiosis sf inv *pr* & *fig* symbiose *f*.

simbólico, ca adj symbolique.

simbolismo sm symbolisme *m*.

simbolista adj & smf symboliste.

simbolizar [13] vt symboliser.

símbolo sm symbole *m*.

simbología sf symbolique *f*.

simetría sf symétrie *f*.

simétrico, ca adj symétrique.

simiente sf *culto* semence *f*.

simiesco, ca adj simiesque.

símil sm similitude *f*.

similar adj ▸ **similar (a)** semblable (à).

similitud sf similitude *f*.

simio, mia sm, f singe *m*, guenon *f*.

simpatía sf sympathie *f* ▸ **ganarse las simpatías de** gagner la sympathie de ▸ **tener** o **sentir simpatía por** avoir de la sympathie pour.

simpático, ca adj sympathique.
◆ **simpático** sm ANAT sympathique *m*.

simpatizante adj & smf sympathisant(e).

simpatizar [13] vi **1.** AM plaire / *los nuevos vecinos no me simpatizan* les nouveaux voisins ne me plaisent pas **2.** EXPR **simpatizar con** ESP **a)** [persona] sympathiser avec **b)** [teoría, etc.] adhérer à.

simple ❖ adj **1.** [gen] simple **2.** [bobo] simplet(ette).
❖ smf niais *m*, -e *f*. ❖ sm DEP simple *m*.

simplemente adv simplement.

simpleza sf simplicité *f* d'esprit ; [tontería] bêtise *f* / *es tal su simpleza que...* il est tellement bête que....

simplicidad sf simplicité *f*.

simplificación sf simplification *f*.

simplificar [10] vt simplifier.
◆ **simplificarse** vprnl être simplifié(e).

simplismo sm simplisme *m*.

simplista adj & smf simpliste.

simplón, ona adj & sm, f simplet(ette).

simposio, simposium sm symposium *m*.

simulación sf simulation *f*.

simulacro sm simulacre *m*.

simulado, da adj simulé(e).

simulador, ra adj simulateur(trice).
◆ **simulador** sm simulateur *m*.

simular vt simuler ▸ **simular hacer algo** feindre de faire qqch.

simultanear vt mener de front / *simultaneo el trabajo y el estudio* je mène de front le travail et les études.

simultaneidad sf simultanéité *f*.

simultáneo, a adj simultané(e).

sin prep sans / *sin sal* sans sel / *sin parar* sans arrêt / *sin alcohol* non alcoolisé(e) / *estamos sin vino* nous n'avons plus de vin / *está sin terminar / hacer* ce n'est pas fini / fait / *sin que nadie se enterara* sans que personne ne le sache. ◆ **sin embargo** loc conj cependant.

sinagoga sf synagogue *f*.

Sinaí npr ▸ **el Sinaí** le Sinaï.

sincerarse vprnl ▸ **sincerarse (con)** se confier (à).

sinceridad sf sincérité *f* ▸ **con sinceridad** sincèrement.

sincero, ra adj sincère.

síncopa sf GRAM & MÚS syncope *f*.

sincopado, da adj syncopé(e).

sincopar vt **1.** GRAM & MÚS syncoper **2.** [abreviar] abréger.

síncope sm syncope *f*.

sincretismo sm syncrétisme *m*.

sincronía sf **1.** [simultaneidad] synchronisme *m* ; [sincronización] synchronisation *f* **2.** LING synchronie *f*.

sincrónico, ca adj **1.** [gen] synchrone **2.** LING synchronique.

sincronismo sm synchronisme *m*.

sincronización sf synchronisation *f*.

sincronizar [13] vt synchroniser.

síncrono, na adj synchrone.

sindéresis sf inv discernement *m*.

sindicación sf syndicalisation *f*.

sindicado, da adj & sm, f **1.** [afiliado] syndiqué(e) **2.** AM inculpé(e), inculpé.

sindical adj syndical(e).

sindicalismo sm syndicalisme *m*.

sindicalista adj & smf syndicaliste.

sindicar [10] vt syndiquer.
◆ **sindicarse** vprnl se syndiquer.

sindicato sm syndicat *m* ▸ **sindicato amarillo** syndicat patronal ▸ **sindicato obrero** syndicat ouvrier ▸ **sindicato vertical** syndicat vertical *(syndicat de travailleurs et d'employés, sous Franco).*

síndico sm syndic *m.*

síndrome sm syndrome *m* ▸ **síndrome de abstinencia** syndrome de sevrage ▸ **síndrome de Down** trisomie *f* 21, syndrome de Down ▸ **síndrome de Estocolmo** syndrome de Stockholm ▸ **síndrome tóxico** syndrome du choc toxique.

sine ◆ **sine die** loc adv indéfiniment.

sinecura sf sinécure *f.*

sinergia sf synergie *f.*

sinérgico, ca adj synergique.

sinestesia sf synesthésie *f.*

sinfín sm ▸ **un sinfín de** une infinité de / *un sinfín de problemas* des problèmes à n'en plus finir.

sinfonía sf symphonie *f.*

sinfónico, ca adj symphonique.

Singapur npr Singapour.

singladura sf **1.** [NÁUT - rumbo] route *f*; [- distancia] *parcours d'un bateau en 24 heures* **2.** *fig* [desarrollo] ▸ **empezar la singladura de algo** [curso, año] entamer qqch.

single ['siŋgel] sm 45-tours *m inv.*

singular ❖ adj **1.** [gen & GRAM] singulier(ère) **2.** [único] unique. ❖ sm GRAM singulier *m* ▸ **en singular** au singulier.

singularidad sf singularité *f* ▸ **tener la singularidad de** avoir la particularité de.

singularizar [13] vt singulariser ▸ **no quiero singularizar** je ne veux nommer personne.
◆ **singularizarse** vprnl se singulariser.

siniestrado, da ❖ adj [edificio, región] sinistré(e) ; [coche] accidenté(e). ❖ sm, f sinistré *m*, -e *f.*

siniestralidad sf ▸ **(índice de) siniestralidad** taux *m* d'accidents.

siniestro, tra adj **1.** [perverso] sinistre **2.** [desgraciado] funeste **3.** [izquierdo] gauche.
◆ **siniestro** sm sinistre *m* ; [en carretera] accident *m.*
◆ **siniestra** sf *desus* main *f* gauche.

sinnúmero sm : *un sinnúmero de* un nombre incalculable de.

sino[1] sm destin *m.*

sino[2] conj **1.** [para contraponer] mais / *no es azul, sino verde* ce n'est pas bleu mais vert / *no sólo es listo, sino también trabajador* non seulement il est intelligent, mais en plus il est travailleur **2.** [para exceptuar] sauf / *nadie lo sabe sino él* personne ne le sait sauf lui / *no podemos hacer nada sino esperar* nous ne pouvons rien faire d'autre que d'attendre / *no hace sino hablar* il ne fait que parler / *no quiero sino que se haga justicia* je veux seulement que justice soit faite.

sínodo sm synode *m.*

sinología sf sinologie *f.*

sinonimia sf synonymie *f.*

sinónimo, ma adj synonyme.
◆ **sinónimo** sm synonyme *m.*

sinopsis sf inv résumé *m* ; [de película] synopsis *m.*

sinóptico, ca adj synoptique.

sinovial adj synovial(e).

sinrazón sf **1.** [disparate] folie *f (gen pl)* **2.** [injusticia] injustice *f.*

sinsabor sm *(gen pl)* désagrément *m.*

sinsentido sm **1.** [cosa sin sentido] non-sens *m*, absurdité *f* **2.** [falta de sentido] absurdité *f.*

sintáctico, ca adj syntaxique.

sintagma sm syntagme *m.*

sintaxis sf inv syntaxe *f.*

síntesis sf inv synthèse *f* ▸ **en síntesis** en résumé ▸ **síntesis del habla** synthèse vocale.

sintético, ca adj synthétique.

sintetizador, ra adj de synthèse.
◆ **sintetizador** sm synthétiseur *m.*

sintetizar [13] vt synthétiser.

sintiera ⟶ **sentir.**

sintoísmo sm shintoïsme *m.*

síntoma sm symptôme *m.*

sintomático, ca adj symptomatique.

sintomatología sf symptomatologie *f.*

sintonía sf **1.** [música] indicatif *m* **2.** [de radio - ajuste] réglage *m* ; [- estación] fréquence *f* **3.** *fig* [compenetración] entente *f* ▸ **estamos en sintonía** nous sommes sur la même longueur d'onde.

sintonización sf **1.** [de radio] recherche *f* de station **2.** *fig* [con personas] écoute *f.*

sintonizador sm tuner *m*, syntoniseur *m.*

sintonizar [13] ❖ vt : *sintoniza Radio Nacional* mets Radio Nacional. ❖ vi **1.** [conectar] : *sintonizan con Radio Nacional* vous écoutez Radio Nacional **2.** *fig* [compenetrarse] être sur la même longueur d'onde ▸ **sintonizar con alguien en algo** s'entendre avec qqn sur qqch.

sinuosidad sf sinuosité *f.*

sinuoso, sa adj **1.** [camino, etc.] sinueux(euse) **2.** *fig* [maniobras, conducta] tortueux(euse).

sinusitis sf inv sinusite *f.*

sinvergüenza ❖ adj effronté(e). ❖ smf crapule *f.*

sionismo sm sionisme *m.*

sionista adj & smf sioniste.

sioux ['siuks], **siux** ❖ adj inv sioux. ❖ smf inv Sioux *mf.*

siquiatra = **psiquiatra.**

siquiatría = **psiquiatría.**

siquiátrico, ca = **psiquiátrico.**

síquico, ca = **psíquico.**

siquiera ❖ conj [aunque] même si / *hazme este favor, siquiera sea el último* rends-moi ce service, même si c'est le dernier / *ven siquiera por pocos días* viens ne serait-ce que quelques jours. ❖ adv [por lo menos] au moins / *dime siquiera su nombre* dis-moi au moins son nom. ◆ **ni (tan) siquiera** loc conj même pas / *ni (tan) siquiera me saludaron* ils ne m'ont même pas dit bonjour.

sirena sf sirène *f*.

Siria npr Syrie *f*.

sirimiri sm bruine *f*.

sirio, ria ❖ adj syrien(enne). ❖ sm, f Syrien *m*, -enne *f*.

siroco sm sirocco *m*.

sirope sm sirop *m*.

sirtaki sm sirtaki *m*.

sirva ⟶ **servir**.

sirviente, ta sm, f domestique *mf*.

sirviera ⟶ **servir**.

sisa sf **1.** [de dinero] ▸ **hacer sisa** grappiller (à droite à gauche) **2.** [de prenda] emmanchure *f*.

sisar ❖ vt **1.** [dinero] grappiller (à droite à gauche) **2.** [prenda] échancrer. ❖ vi grappiller.

sisear vt & vi siffler ; [para imponer silencio] dire « chut ».

siseo sm [abucheo] sifflets *mpl*.

sísmico, ca adj sismique.

sismo = **seísmo**.

sismógrafo sm sismographe *m*.

sismología sf sismologie *f*, séismologie *f*.

sisón, ona sm, f ▸ **ser un sisón** grappiller à droite à gauche. ◆ **sisón** sm [ave] canepetière *f*.

sistema sm [gen & INFORM] système *m* ▸ **proceder / trabajar con sistema** procéder / travailler avec méthode ▸ **sistema ABS** système ABS ▸ **sistema de gestión de bases de datos** système de gestion de bases de données ▸ **sistema dual** TV sous-titrage *m* codé ▸ **sistema educativo** système éducatif ▸ **sistema experto** système expert ▸ **sistema fiscal / monetario** système fiscal / monétaire ▸ **sistema internacional** système international d'unités ▸ **sistema impositivo** système d'imposition ▸ **sistema métrico (decimal)** système métrique ▸ **sistema monetario** système monétaire ▸ **sistema monetario europeo** système monétaire européen ▸ **sistema montañoso** système montagneux ▸ **sistema nervioso** système nerveux ▸ **sistema operativo** système d'exploitation ▸ **sistema periódico de los elementos** classification *f* périodique des éléments ▸ **sistema planetario** o **solar** système solaire. ◆ **por sistema** loc adv systématiquement.

Sistema Central npr ▸ **el Sistema Central** la cordillère Centrale *(en Espagne)*.

Sistema Ibérico npr ▸ **el Sistema Ibérico** les chaînes Ibériques.

sistemático, ca adj systématique.

sistematización sf sistématisation *f*.

sistematizar [13] vt systématiser.

sistémico, ca adj systémique.

sitar sm MÚS sitar *m*.

sitiado, da ❖ adj **1.** [ciudad, castillo] assiégé(e) **2.** [persona] cerné(e). ❖ sm, f **1.** [ciudad, castillo] assiégé *m*, -e *f* **2.** [en otro lugar] personne *f* cernée.

sitiador, ra adj & sm, f assiégeant(e).

sitial sm *culto* fauteuil *m* d'honneur.

sitiar [8] vt **1.** [cercar] assiéger **2.** *fig* [acorralar] traquer.

sitio sm **1.** [lugar] endroit *m* **2.** [asiento, hueco] place *f* ▸ **hacer sitio a alguien** faire de la place à qqn ▸ **en cualquier sitio** n'importe où **3.** [cerco] siège *m* **4.** [en Internet] ▸ **sitio web** site *m* Web **5.** MÉX [granja] petite ferme *f* **6.** MÉX [de taxis] borne *f* de taxi.

sito, ta adj situé(e).

situ ◆ **in situ** loc adv sur place, sur les lieux.

situación sf situation *f* ▸ **estar en situación de a)** [física] être en état de **b)** [económica] être en mesure de / *no estar en situación de pedir nada* ne pas être en position de demander quoi que ce soit ▸ **situación límite** situation critique.

situado, da adj **1.** [ubicado] situé(e) **2.** [acomodado] ▸ **estar bien situado** avoir une bonne situation.

Sistema educativo

Le système éducatif espagnol se compose de la **Educación Infantil**, la **Educación Primaria**, la **Educación Secundaria Obligatoria**, le **Bachillerato** et les **Enseñanzas Universitarias.** L'enseignement obligatoire comprend l'éducation préscolaire et l'école maternelle (jusqu'à 6 ans), l'éducation primaire, composée de trois cycles de deux ans chacun (jusqu'à 12 ans), et l'éducation secondaire obligatoire ou **Educación Secundaria Obligatoria (ESO)** pour les 12 - 16 ans. Les élèves ont ensuite le choix, pendant deux ans, entre un cursus technique ou professionnel et le cursus général, le **Bachillerato**. Le diplôme de **bachillerato** est l'équivalent du bac. Ceux qui veulent suivre des études universitaires doivent passer l'examen de **selectividad**. Dans l'objectif d'unification des systèmes éducatifs européens, l'Espagne offre désormais une éducation universitaire fondée sur des grades (d'une durée de 4 ans en général) qui peuvent ensuite donner lieu à un master (sur un ou deux ans) et à un doctorat.

situar [6] vt **1.** [gen] situer **2.** [colocar] placer.
◆ **situarse** vprnl **1.** [gen] se situer **2.** [colocarse] se placer **3.** [enriquecerse] se faire une situation.

siútico, ca adj AM *fam* snob.

siux = **sioux**.

skateboard [es'keiðβor] (*pl* **skateboards**) sm skateboard *m*.

skater [es'keiter] smf skateur *m*, -euse *f*.

skay = **escay**.

sketch [es'ketʃ] (*pl* **sketchs** *o* **sketches**) sm sketch *m*.

skin head [es'kinxeð] (*pl* **skin heads**) sm, f skinhead *mf*.

SL (*abr de* **sociedad limitada**) sf SARL *f*.

slalom = **eslalon**.

slam = **eslam**.

slamero, ra = **eslamero**.

slim [es'lim] smpl [pantalones] slim *m*.

slip = **eslip**.

slogan = **eslogan**.

SM (*abr escrita de* **Su Majestad**) SM.

smartphone® [es'martfon] sm Smartphone® *m*.

smash [es'maʃ] (*pl* **smashes** *o* **smashs**) sm DEP smash *m*.

SMI sm **1.** (*abr de* **sistema monetario internacional**) SMI *m* **2.** (*abr de* **salario mínimo interprofesional**) *salaire minimum interprofessionel* ; ≃ SMIC *m*.

smoking = **esmoquin**.

smpr (*abr escrita de* **siempre**) SMS tjrs *(toujours)*.

SMS (*abr de* **short message system**) sm [mensaje] SMS *m*.

s/n (*abr escrita de* **sin número**) *indique qu'il n'y a pas de numéro dans une adresse*.

snack (*pl* **snacks**) sm snack *m*.

snack-bar sm inv snack-bar *m*.

snob = **esnob**.

snobismo = **esnobismo**.

snowboard [es'nouβord] sm [deporte, tabla] snowboard *m*, surf *m* des neiges.

so ❖ prep ▸ **so pena / pretexto de** sous peine / prétexte de. ❖ adv *fam* : *¡so tonto!* espèce d'idiot ! ❖ interj ▸ **¡so!** ho ! *(pour arrêter un cheval)*.

sobaco sm aisselle *f*.

sobado, da adj **1.** [ropa, tejido] élimé(e) **2.** *fig* [tema, argumento, etc.] rebattu(e) **3.** CULIN [bollo] à l'huile.
◆ **sobado** sm CULIN *brioche à l'huile*.

sobaquera sf [pieza] dessous-de-bras *m*.

sobaquina sf *fam* : *huele a sobaquina* ça sent les aisselles.

sobar ❖ vt **1.** [gen] tripoter **2.** [ablandar - masa] pétrir ; [- pieles] fouler. ❖ vi *mfam* pioncer.

soberanamente adv **1.** [con autoridad] souverainement **2.** [mucho] suprêmement.

soberanía sf souveraineté *f*.

soberano, na ❖ adj souverain(e) ; *fig* [paliza] magistral(e). ❖ sm, f souverain *m*, -e *f*.

soberbio, bia ❖ adj **1.** [arrogante] prétentieux(euse) **2.** *fig* [magnífico] superbe **3.** *fig* [grande] énorme. ❖ sm, f prétentieux *m*, -euse *f*. ◆ **soberbia** sf **1.** [arrogancia] orgueil *m* **2.** [magnificencia] splendeur *f*.

sobón, ona adj *fam* collant(e).

sobornable adj corruptible.

sobornar vt soudoyer.

soborno sm **1.** [acción] corruption *f* **2.** [dinero, regalo] pot-de-vin *m*.

sobra sf excédent *m* ▸ **estar de sobra** être en trop / *lo sabes de sobra* tu le sais parfaitement / *tengo motivos de sobra para* je n'ai que trop de raisons de.
◆ **sobras** sfpl restes *mpl*.

sobradamente adv parfaitement.

sobrado, da adj **1.** [suficiente] ▸ **tener tiempo sobrado** avoir largement le temps ▸ **tener sobrados motivos para creerlo** avoir toutes les raisons de le croire ▸ **tener sobrada paciencia** avoir de la patience à revendre ▸ **tener sobrada razón** avoir parfaitement raison ▸ **andar** o **estar sobrado (de dinero)** être très à l'aise financièrement **2.** CHILE [enorme] énorme.
◆ **sobrados** smpl ANDES [sobras] restes *mpl*.

sobrante ❖ adj restant(e). ❖ sm excédent *m*.

sobrar vi **1.** [gen] rester / *nos sobra comida* il nous reste à manger **2.** [haber de más] ▸ **sobra algo** il y a quelque chose en trop **3.** [estar de más] être de trop / *tú te callas porque aquí sobras* toi tais-toi parce que tu es de trop ici.

sobrasada sf CULIN *saucisson pimenté typique de Majorque*.

sobre¹ sm **1.** [para cartas] enveloppe *f* **2.** [de alimentos] sachet *m* **3.** *fam* [cama] pieu *m* ▸ **irse al sobre** se pieuter **4.** AM [bolsa] pochette *f*.

sobre² prep **1.** [encima de, acerca de] sur / *el libro está sobre la mesa* le livre est sur la table / *una conferencia sobre el desarme* une conférence sur le désarmement / *fracaso sobre fracaso* échec sur échec **2.** [por encima de] au-dessus de / *el pato vuela sobre el lago* le canard vole au-dessus du lac **3.** [alrededor de] vers / *llegarán sobre las diez* ils arriveront vers dix heures.

sobreabundancia = **superabundancia**.

sobreabundante = **superabundante**.

sobreabundar = **superabundar**.

sobreactuar vi [actor] surjouer.

sobreactuar vt & vi surjouer.

sobrealimentación sf suralimentation *f*.

sobrealimentar vt suralimenter.

sobreañadir vt surajouter.

sobreático sm [piso] ≃ chambre *f* de bonne.

sobrecalentar [19] vt surchauffer *(vapeur)*.

sobrecarga sf surcharge *f*.

sobrecargar [16] vt surcharger.

sobrecargo sm NÁUT subrécargue *m*.
sobrecogedor, ra adj saisissant(e).
sobrecoger [14] vt [noticia, etc.] saisir d'effroi ; [ruido, etc.] faire sursauter. ◆ **sobrecogerse** vprnl [sobresaltar] sursauter ; [asustarse] être saisi(e) d'effroi.
sobrecongelar vt surgeler.
sobrecoste, sobrecosto sm surcoût *m*.
sobrecosto = **sobrecoste**.
sobrecualificado, da adj surqualifié(e).
sobrecubierta sf **1.** [de libro] jaquette *f* **2.** [de barco] pont *m* supérieur.
sobredimensionar vt surdimensionner.
sobredosis sf inv overdose *f*.
sobreentender = **sobrentender**.
sobreentendido, da = **sobrentendido**.
sobreesdrújulo, la = **sobresdrújulo**.
sobreexcitar, sobrexcitar vt surexciter. ◆ **sobreexcitarse, sobrexcitarse** vprnl se mettre dans un état de surexcitation.
sobreexponer = **sobrexponer**.
sobreexposición = **sobrexposición**.
sobrefusión sf surfusion *f*.
sobrehilar vt surfiler.
sobrehumano, na adj surhumain(e).
sobreimpresión sf surimpression *f*.
sobreimprimir vt surimprimer.
sobreinformación sf surinformation *f*.
sobreinformar vt surinformer.
sobrellevar vt supporter *(endurer)*.
sobremanera adv extrêmement.
sobremesa sf **1.** [después de comer] *moment après le repas, durant lequel les convives s'attardent à table, autour d'un café ou d'un digestif, pour bavarder ou regarder la télévision* / *a la comida le siguió una larga sobremesa* après le repas, nous nous sommes longuement attardés à table **2.** RADIO & TV ▸ **la programación de sobremesa** le programme de l'après-midi **3.** INFORM ▸ **de sobremesa** de bureau.
sobrenatural adj surnaturel(elle) ▸ **la vida sobrenatural** la vie après la mort.
sobrenombre sm surnom *m*.
sobrentender, sobreentender vt sous-entendre. ◆ **sobrentenderse, sobreentenderse** vprnl être sous-entendu(e).
sobrentendido, da, sobreentendido, da adj sous-entendu(e).
sobrepasar vt dépasser.
sobrepesca sf surpêche *f*.
sobrepeso sm excédent *m* de bagages.
sobreponer [65], **superponer** vt superposer / *la estantería está sobrepuesta* l'étagère n'est pas fixée ▸ **sobreponer a** *fig* [anteponer] faire passer avant. ◆ **sobreponerse, superponerse** vprnl ▸ **sobreponerse a algo** *fig* [dificultad, etc.] surmonter qqch.
sobreposición = **superposición**.
sobreprecio sm majoration *f* du prix.
sobreproducción = **superproducción**.
sobreproteger [14] vt surprotéger.
sobrepuesto, ta, superpuesto, ta pp ⟶ **sobreponer**.
sobrepujar vt surpasser.
sobresaliente ❖ adj saillant(e) ; *fig* [destacado] remarquable. ❖ sm mention *f* très bien.
sobresalir [71] vi **1.** [en tamaño] dépasser **2.** *fig* [en importancia] ▸ **sobresalir (entre los demás)** se distinguer (des autres) **3.** ARQUIT faire saillie.
sobresaltado, da adj **1.** [de repente] en sursaut **2.** [asustado] effrayé(e).
sobresaltar vt ▸ **sobresaltar a alguien** faire sursauter qqn. ◆ **sobresaltarse** vprnl sursauter.
sobresalto sm sursaut *m* ▸ **dar un sobresalto a alguien** faire sursauter qqn.
sobresaturar vt QUÍM sursaturer.
sobrescribir vt surcharger *(texte)*.
sobrescrito, ta pp ⟶ **sobrescribir**.
sobresdrújulo, la, sobreesdrújulo, la adj GRAM [palabra] accentué(e) sur la syllabe précédant l'antépénultième.
sobreseer [50] vt ▸ **sobreseer un caso** classer une affaire.
sobreseimiento sm non-lieu *m*.
sobrestimar vt surestimer.
sobresueldo sm ▸ **sacar un sobresueldo** arrondir ses fins de mois.
sobretasa sf surtaxe *f*.
sobretitular vt [en el teatro, en la ópera] surtitrer / *la obra está sobretitulada en español* la pièce est surtitrée en espagnol.
sobretodo sm pardessus *m*.
sobrevalorado, da adj [artista, obra] surestimé(e) ; [moneda, acciones] surévalué(e).
sobrevalorar, supervalorar vt surévaluer. ◆ **sobrevalorarse, supervalorarse** vprnl se surestimer.
sobrevenir [75] vi survenir.
sobrevivir vi ▸ **sobrevivir (a)** survivre (à).
sobrevolar [23] vt survoler.
sobrexcitar = **sobreexcitar**.
sobrexponer, sobreexponer vt surexposer.
sobrexposición, sobreexposición sf surexposition *f*.
sobriedad sf sobriété *f*.
sobrino, na sm, f neveu *m*, nièce *f*.

sobrio, bria adj sobre ; [comida] frugal(e) ▸ **sobrio de palabras** avare de paroles ▸ **es sobrio en el comer** il mange avec modération.

socaire sm côté *m* sous le vent ▸ **al socaire de** *fig* protégé(e) par.

socaliña sf astuce *f*.

socarrar vt roussir.
◆ **socarrarse** vprnl brûler légèrement.

socarrón, ona adj sournois(e) ; [cara, sonrisa] narquois(e).

socarronería sf **1.** [disimulación] sournoiserie *f* **2.** [ironía] ▸ **hablar con socarronería** parler sur un ton narquois.

socavar vt [excavar] creuser ; *fig* [debilitar] saper.

socavón sm [en la carretera] nid-de-poule *m*.

sociabilidad sf sociabilité *f*.

sociable adj sociable.

social adj social(e). ◆ **sociales** sfpl **1.** ARG [vida social] vie *f* sociale ▸ **hacer sociales a)** [charlar] discuter **b)** [alternar] fréquenter des gens **2.** RP PRENSA carnet *m* du jour o mondain.

socialdemocracia sf social-démocratie *f*.

socialdemócrata adj & smf social-démocrate (sociale-démocrate).

socialismo sm socialisme *m*.

socialista adj & smf socialiste.

socialización sf socialisation *f*.

socializar [13] vt socialiser.

sociata smf *fam* & *despec* socialo *mf*.

sociedad sf société *f* ▸ **de sociedad** mondain(e) ▸ **entrar** o **presentarse en sociedad** faire son entrée dans le monde ▸ **alta sociedad** haute société ▸ **sociedad anónima** société anonyme ▸ **sociedad civil** société civile ▸ **sociedad colectiva** société en nom collectif ▸ **sociedad comanditaria** o **en comandita** société en commandite ▸ **sociedad cooperativa** société coopérative ▸ **sociedad de cartera** société de Bourse ▸ **sociedad de consumo** société de consommation ▸ **sociedad (de responsabilidad) limitada** société à responsabilité limitée ▸ **sociedad industrial** société industrielle.

socio, cia sm, f **1.** COM associé *m*, -e *f* ▸ **socio capitalista** commanditaire *m* ▸ **socio comanditario** commanditaire *m* ▸ **socio fundador** associé fondateur **2.** [de club, asociación] membre *m* **3.** *fam* [amigo] pote *m* / *¡hola, socio!* salut, vieux !

sociocultural adj socioculturel(elle).

socioeconomía sf sciences *fpl* économiques et sociales.

socioeconómico, ca adj socio-économique.

socioeducativo, va adj socio-éducatif(ive).

sociolaboral adj socioprofessionnel(elle).

sociolingüístico, ca adj sociolinguistique.
◆ **sociolingüística** sf sociolinguistique *f*.

sociología sf sociologie *f*.

sociológico, ca adj sociologique.

sociólogo, ga sm, f sociologue *mf*.

sociopolítico, ca adj politico-social(e).

socorrer vt secourir.

socorrido, da adj **1.** [útil] pratique **2.** [común y trillado] banal(e).

socorrismo sm secourisme *m*.

socorrista smf secouriste *mf*.

socorro ◈ sm secours *m* ▸ **venir en socorro de** venir au secours de. ◈ interj ▸ **¡socorro!** au secours !

socrático, ca adj socratique.

soda sf soda *m*.

sódico, ca adj sodique.

sodio sm sodium *m*.

sodomía sf sodomie *f*.

sodomita smf sodomite *m*.

sodomizar [13] vt sodomiser.

soez adj grossier(ère).

sofá sm canapé *m* ▸ **sofá cama** canapé-lit *m*.

Sofía npr Sofia.

sofisma sm sophisme *m*.

sofista adj & smf sophiste.

sofisticación sf sophistication *f*.

sofisticado, da adj sophistiqué(e).

sofisticar [10] vt **1.** [perfeccionar] sophistiquer **2.** [dar refinamiento] rendre trop sophistiqué(e).

sofocado, da adj [por calor, cansancio] accablé(e).

sofocante adj [humo] suffocant(e) ; [calor] étouffant(e).

sofocar [10] vt **1.** [gen] étouffer **2.** *fig* [avergonzar] faire rougir. ◆ **sofocarse** vprnl **1.** [ahogarse] étouffer **2.** *fig* [avergonzarse] rougir ; [irritarse] être rouge de colère.

sofoco sm **1.** [ahogo] étouffement *m* **2.** *fig* [vergüenza] honte *f* **3.** *fig* [disgusto] ▸ **se llevó un sofoco** il était vert de rage.

sofocón sm *fam* ▸ **se llevó un sofocón** ça lui a donné un coup au cœur.

sofoque ⟶ **sofocar**.

sofreír [28] vt faire revenir.

sofría ⟶ **sofreír**.

sofriera ⟶ **sofreír**.

sofrito, ta pp ⟶ **sofreír.**
◆ **sofrito** sm *friture d'oignons et de tomates.*

sofrología sf sophrologie *f*.

software ['sofwer] sm inv logiciel *m* ▸ **software integrado** logiciel intégré.

soga sf corde *f* ▸ **estar con la soga al cuello** *fig* avoir la corde au cou ▸ **no hay que mentar la soga en casa del ahorcado** *fig* il ne faut pas parler de corde dans la maison d'un pendu.

sois ⟶ **ser**.

soja sf soja *m*.

sojuzgar [16] vt tenir sous son joug.

sol[1] sm MÚS sol *m*.

sol[2] sm **1.** [gen] soleil *m* ▸ **hace sol** il fait beau ▸ **tomar el sol** prendre le soleil ▸ **sol naciente / poniente** soleil levant / couchant ▸ **de sol a sol** *fam* du matin au soir ▸ **arrimarse al sol que más calienta** se mettre toujours du côté du plus fort ▸ **no dejar a alguien ni a sol ni a sombra** ne pas lâcher qqn d'une semelle **2.** *fig* [ángel, ricura] amour *m* **3.** TAUROM *place côté soleil dans l'arène* **4.** [moneda] sol *m*. ◆ **sol y sombra** sm *cocktail de cognac et d'anisette*.

⚠ **Sol** es un falso amigo, no significa *sol*, sino "suelo".

solace ⟶ **solazar**.

solamente adv seulement.

solana sf **1.** [lugar] endroit *m* exposé au soleil **2.** [galería] véranda *f*.

solano sm vent *m* d'est.

solapa sf **1.** [de prenda] revers *m* **2.** [de sobre, libro] rabat *m*.

solapadamente adv en cachette.

solapado, da adj sournois(e).

solapar vt *fig* dissimuler.

solar ❖ adj solaire. ❖ sm terrain *m* (à bâtir).

solariego, ga adj [noble y antiguo] seigneurial(e) ▸ **una casa solariega** un manoir.

solario, solárium (*pl* **soláriums**) sm solarium *m*.

solaz sm **1.** [recreo] distraction *f* **2.** [alivio] soulagement *m*.

solazar [13] vt **1.** [divertir] distraire **2.** [aliviar] soulager. ◆ **solazarse** vprnl se distraire.

soldada sf MIL solde *f*.

soldado sm soldat *m* ▸ **soldado de primera (clase)** soldat de 1er classe ▸ **soldado raso** simple soldat.

soldador, ra sm, f soudeur *m*, -euse *f*. ◆ **soldador** sm fer *m* à souder.

soldadura sf soudure *f*.

soldar [23] vt souder.

⚠ **Solder** es un falso amigo, no significa *soldar*, sino "saldar".

soleá sf *chant et danse populaires andalous aux tonalités mélancoliques*.

soleado, da adj ensoleillé(e).

solear vt exposer au soleil.

solecismo sm solécisme *m*.

soledad sf solitude *f*.

solemne adj **1.** [gen] solennel(elle) **2.** *fig* [enorme] monumental(e).

solemnidad sf solennité *f*.

solemnizar [13] vt célébrer.

soler [81] vi : ***suele cenar tarde*** en général il dîne tard / ***aquí suele hacer mucho frío*** il fait généralement très froid ici / ***solíamos ir a la playa todos los días*** nous allions à la plage tous les jours.

solera sf **1.** [tradición] cachet *m* ▸ **tener solera** avoir du cachet **2.** [del vino] lie *f* ▸ **de solera** élevé en fût **3.** RP [vestido] robe *f* à bretelles.

solfa sf **1.** MÚS solfège *m* **2.** *fam* [paliza] raclée *f* **3.** EXPR **poner algo en solfa** *fam* tourner qqch en ridicule.

solfear vt solfier.

solfeo sm solfège *m*.

solicitante ❖ adj qui se porte candidat(e). ❖ smf candidat *m*, -e *f*.

solicitar vt **1.** [pedir] demander ; [por escrito] solliciter **2.** [persona] ▸ **estar muy solicitado** être très sollicité.

solícito, ta adj prévenant(e).

solicitud sf **1.** [gen] demande *f* ; [de admisión, inscripción] dossier *m* **2.** [atención] empressement *m*.

solidaridad sf solidarité *f*.

solidario, ria adj solidaire / ***un gesto solidario*** un geste de solidarité.

solidarizarse [13] vprnl se solidariser.

solidez sf solidité *f*.

solidificación sf solidification *f*.

Cómo expresar una solicitud

- **Tu peux me donner un coup de main ?** *¿Puedes echarme una mano?*
- **Est-ce que vous pourriez m'aider à attraper ma valise, s'il vous plaît ?** *¿Podría ayudarme a coger la maleta, por favor?*
- **Vous voulez bien m'aider à descendre les colis ?** *¿Me ayuda a bajar los paquetes, por favor?*
- **Tu n'aurais pas le temps de relire cette lettre, par hasard ?** *¿Tienes por casualidad tiempo de leer esta carta?*
- **Je me demandais si tu ne pourrais pas me prêter dix euros…** *Me preguntaba si no podrías prestarme diez euros…*
- **Écoute, j'ai vraiment besoin de ta voiture.** *Oye, necesito de verdad tu coche.*
- **Merci de me rappeler dès que possible.** *Por favor, llámame cuanto antes.*
- **Tu me passes le sel, s'il te plaît ?** *¿Me pasas la sal, por favor?*

solidificar [10] vt solidifier.
◆ **solidificarse** vprnl se solidifier.

sólido, da adj solide. ◆ **sólido** sm solide *m*.

soliloquio sm soliloque *m*.

solista adj & smf soliste.

solitario, ria adj & sm, f solitaire.
◆ **solitaria** sf ver *m* solitaire. ◆ **solitario** sm **1.** [diamante] solitaire *m* **2.** [juego de naipes] réussite *f*.

soliviantar vt **1.** [sublevar] soulever **2.** [indignar] exaspérer. ◆ **soliviantarse** vprnl [indignarse] se révolter.

sollozar [13] vi sangloter.

sollozo sm sanglot *m*.

solo, la adj seul(e) / *lo haré yo solo* je le ferai tout seul ▸ **a solas** tout seul (toute seule).
◆ **solo** ❖ sm MÚS solo *m*. ❖ adv = **sólo**.

sólo, solo adv seulement / *sólo te pido que me ayudes* je te demande seulement de m'aider / *sólo quiere verte a ti* il ne veut voir que toi ▸ **no sólo... sino (también)...** non seulement... mais encore... ▸ **con sólo, sólo con** rien que de / *sólo con oírlo, me saca de quicio* rien que de l'entendre, ça me met hors de moi / *quisiera ir, sólo que no puedo* j'aimerais y aller, seulement je ne peux pas.

solomillo sm [de vaca] aloyau *m* ; [de cerdo] filet *m*.

solsticio sm solstice *m* ▸ **solsticio de verano** solstice d'été.

soltar [23] vt **1.** [gen] lâcher / *no sueltes la cuerda* ne lâche pas la corde / *soltar un perro* lâcher un chien / *suelta cada palabrota...* il sort de ces gros mots... / *no suelta ni un duro fam* il ne lâche pas un centime ▸ **soltar las amarras** larguer les amarres **2.** [dejar libre - pájaro] libérer ; [- preso] relâcher **3.** [desatar - pelo] détacher ; [- nudo] défaire. ◆ **soltarse** vprnl **1.** [de la mano] : *el niño se soltó de la mano de su madre* l'enfant a lâché la main de sa mère **2.** [desatarse] se détacher **3.** [adquirir habilidad] ▸ **soltarse en** se débrouiller en / *se va soltando en inglés* il commence à se débrouiller en anglais **4.** [perder timidez] se dérider **5.** *(delante de infin)* [empezar] ▸ **soltarse a hacer algo** commencer à faire qqch.

soltería sf célibat *m*.

soltero, ra adj & sm, f célibataire.

solterón, ona ❖ adj : *es un viejo solterón* il est vieux garçon. ❖ sm, f vieux garçon *m*, vieille fille *f* ▸ **un solterón convencido** un célibataire endurci.

soltura sf aisance *f* / *hablar con soltura* s'exprimer avec aisance.

soluble adj soluble.

solución sf solution *f*. ◆ **solución de continuidad** sf solution *f* de continuité.

solucionar vt résoudre.

solvencia sf **1.** [económica] solvabilité *f* **2.** [en el trabajo] sérieux *m*.

solventar vt **1.** [pagar] acquitter **2.** [resolver] venir à bout de.

solvente adj **1.** [económicamente] solvable **2.** *fig* [estudios, trabajo, etc.] sérieux(euse).

somalí (*pl* **somalíes** *o* **somalís**) ❖ adj somalien(enne). ❖ sm, f Somalien *m*, -enne *f*.

Somalia npr Somalie *f*.

somático, ca adj somatique.

somatizar [13] vt somatiser.

sombra sf **1.** [gen] ombre *f* ▸ **a la sombra** à l'ombre ▸ **dar sombra** faire de l'ombre ▸ **no hay ni sombra de...** *fig* il n'y a pas l'ombre de... ▸ **permanecer en la sombra** *fig* rester dans l'ombre ▸ **sombra de ojos** ombre à paupières ▸ **a la sombra** *fam* à l'ombre ▸ **hacer sombra a alguien** faire de l'ombre à qqn **2.** [suerte] ▸ **buena sombra** chance *f* / *tiene mala sombra* il n'a pas de chance **3.** [genio] ▸ **tener buena sombra** être avenant(e) ▸ **tener mala sombra** avoir mauvais esprit **4.** TAUROM *place située à l'ombre dans l'arène*. ◆ **sombras** sfpl [inquietudes] : *sólo ve sombras y problemas* il ne voit que le mauvais côté des choses.

sombreado sm ombre *f (d'un tableau)*.

sombrear vt [dibujo, párpados] ombrer.

sombrerería sf chapellerie *f*.

sombrero sm chapeau *m* ▸ **sombrero de copa** chapeau haut de forme, haut-de-forme *m* ▸ **sombrero hongo** chapeau melon ▸ **quitarse el sombrero** *fig* tirer son chapeau.

sombrilla sf **1.** [quitasol - pequeño] ombrelle *f* ; [- grande] parasol *m* **2.** COL [paraguas] parapluie *m* **3.** EXPR **me vale sombrilla** MÉX *fam* je m'en fiche comme de ma première chemise **o** comme de l'an quarante.

sombrío, a adj sombre.

somero, ra adj sommaire.

someter vt soumettre. ◆ **someterse** vprnl se soumettre ▸ **someterse a algo** a) [conformarse] se soumettre à qqch b) [operación, interrogatorio] subir qqch.

sometimiento sm soumission *f*.

somier (*pl* **somieres** *o* **somiers**) sm sommier *m* ▸ **somier de láminas** sommier à lattes.

sommelier = **sumiller**.

somnífero, ra adj somnifère.
◆ **somnífero** sm somnifère *m*.

somnolencia sf somnolence *f*.

somnoliento, ta adj somnolent(e).

somos ⟶ **ser**.

son ❖ v ⟶ **ser.** ❖ sm **1.** [sonido] son *m* **2.** [estilo] façon *f* ▸ **a su son** comme ça lui chante ▸ **vengo en son de paz** *fig* je ne suis pas là pour me battre **3.** EXPR **¿a son de qué?** en quel honneur ? ▸ **tiene que bailar al son que le tocan sus padres** il doit faire ce que ses parents lui disent de faire.

sonado, da adj **1.** [éxito, escándalo] retentissant(e) / *un evento muy sonado* un événement dont on a beaucoup parlé **2.** *fam* [loco] timbré(e) **3.** [atontado] sonné(e) **4.** EXPR **estar sonado** RP *fam* en avoir assez, être à bout.

sonajero sm hochet *m*.

sonambulismo sm somnambulisme *m*.

sonámbulo, la adj & sm, f somnambule.

sonante adj ⟶ **contante**.

sonar[1] sm sonar *m*.

sonar[2] [23] ✧ vi **1.** [gen] sonner ▸ **así o tal como suena** comme je vous le dis **2.** [letra] se prononcer ▸ **tal como suena** comme ça se prononce **3.** [ser conocido] être connu(e) **4.** *fam* [parecer] avoir l'air / *suena raro* ça a l'air bizarre / *suena a falso* ça sonne faux / *me suena a mentira* ça m'a tout l'air d'être un mensonge **5.** [ser familiar] dire quelque chose ▸ **me suena** ça me dit quelque chose / *no me suena su nombre* son nom ne me dit rien **6.** [rumorearse] : *suena por ahí que...* le bruit court que... **7.** RP *fam* [morir] claquer. ✧ vt [niños, etc.] moucher. ◆ **sonarse** vprnl se moucher.

sonata sf sonate *f*.

sonda sf sonde *f* ▸ **sonda espacial** sonde spatiale.

sondar vt sonder ; [roca] forer.

sondear vt sonder.

sondeo sm sondage *m*.

sonería sf sonnerie *f (mécanisme)*.

sonero, ra sm, f sonero *m*.

soneto sm sonnet *m*.

sónico, ca adj sonique.

sonido sm son *m* ▸ **sonido máquina** musique *f* techno.

soniquete sm [ruido] ronron *m*.

sonora sf ⟶ **sonoro**.

sonoramente adv bruyamment.

sonoridad sf sonorité *f*.

sonorización sf sonorisation *f*.

sonorizar [13] vt sonoriser.

sonoro, ra adj **1.** sonore ▸ **una película sonora** un film parlant **2.** ⟶ **banda.** ◆ **sonora** sf LING sonore *f*.

sonotone® sm sonotone *m*.

sonreír [28] vi sourire. ◆ **sonreírse** vprnl sourire ; [dos personas] se sourire.

sonriente adj souriant(e).

sonriera ⟶ **sonreír**.

sonrisa sf sourire *m*.

sonrojar vt faire rougir. ◆ **sonrojarse** vprnl rougir.

sonrojo sm honte *f*.

sonrosado, da adj [mejilla] rose.

sonrosar vt rosir.

sonsacar [10] vt **1.** [conseguir] soutirer **2.** [hacer decir] faire avouer.

sonsear vi AM faire l'imbécile.

sonso, sa = **zonzo**.

sonsonete sm **1.** [ruido] bruit *m* lancinant **2.** *fig* [entonación] ton *m* monotone **3.** *fig* [cantinela] rengaine *f*.

soñado, da adj rêvé(e) / *mi casa soñada* la maison de mes rêves / *por fin llegó el día soñado* le jour tant attendu est enfin arrivé.

soñador, ra adj & sm, f rêveur(euse).

soñar [23] ✧ vt rêver / *soñé que te ibas* j'ai rêvé que tu t'en allais ▸ **¡ni soñarlo!** aucune chance ! ✧ vi ▸ **soñar (con)** rêver (de) ▸ **soñar con los angelitos** faire de beaux rêves ▸ **sueñas despierto si crees que...** tu rêves si tu crois que....

soñoliento, ta adj somnolent(e).

sopa sf **1.** [guiso] soupe *f* ▸ **sopa de ajo** soupe à l'ail ▸ **sopa juliana o de verduras** julienne *f* de légumes **2.** [pedazo de pan en sopa] *morceau de pain que l'on trempe dans la soupe* ; [en huevo] mouillette *f* **3.** EXPR **dar sopas con hondas a alguien** *fam* être bien meilleurque qqn ▸ **encontrarse a alguien hasta en la sopa** *fam* tomber sur qqn à tous les coins de rue ▸ **estar como una sopa** être trempé comme une soupe ▸ **comer la sopa boba en casa de alguien** vivre aux crochets de qqn. ◆ **sopas** interj MÉX *fam* boum.

sopapo sm *fam* claque *f*.

sopero, ra adj **1.** [cuchara] à soupe ; [plato] creux(euse) **2.** *fig* [persona] ▸ **ser muy sopero** aimer beaucoup la soupe. ◆ **sopera** sf soupière *f*. ◆ **sopero** sm assiette *f* à soupe.

sopesar vt **1.** [calcular el peso de] soupeser **2.** *fig* [valorar] peser.

sopetón ◆ **de sopetón** loc adv brutalement ; [decir, contestar] de but en blanc.

soplado sm soufflage *m*.

soplagaitas adj inv *fam* tatillon(onne).

soplamocos sm inv *fam* taloche *f*.

soplar ✧ vt **1.** [gen] souffler **2.** [apartar] souffler sur **3.** [hinchar] gonfler **4.** *fam* & *fig* [denunciar] donner **5.** *fam* & *fig* [hurtar] faucher. ✧ vi **1.** [gen] souffler **2.** *fam* [beber] descendre. ◆ **soplarse** vprnl **1.** *fam* [comer, beber] s'envoyer, se taper **2.** MÉX *fam* [aguantar] se payer / *tuve que soplarme un sermón larguísimo* j'ai dû me payer un sermon qui n'en finissait pas.

soplete sm **1.** [para fundir] chalumeau *m* **2.** CSUR [para pintar] pistolet *m*.

soplido sm souffle *m*.

soplo sm **1.** [gen & MED] souffle *m* **2.** *fig* [instante] ▸ **en un soplo a)** en un instant **b)** [pasar] à toute vitesse **3.** *fam* [chivatazo] ▸ **dar el soplo** vendre la mèche.

soplón, ona sm, f *fam* mouchard *m*, -e *f*.

soponcio sm *fam* ▸ **le ha dado un soponcio** ça lui a fichu un coup.

sopor sm torpeur *f*.

soporífero, ra adj soporifique.

soportable adj supportable.

soportal sm porche *m*. ◆ **soportales** smpl arcades *fpl*.

soportar vt supporter. ◆ **soportarse** vprnl se supporter.

soporte sm **1.** [gen & INFORM] support *m* ▸ **soporte publicitario** support publicitaire **2.** *fig* soutien *m*.

soprano smf soprano *mf*.

sor sf RELIG : *sor Ana* sœur Ana.

sorber vt **1.** [gen] boire ▸ **sorber las palabras de alguien** *fig* boire les paroles de qqn **2.** [tragar] absorber.

sorbete sm **1.** [postre] sorbet *m* **2.** CAM [helado] glace *f*.

sorbetería sf CAM [tienda] glacier *m*.

sorbo sm gorgée *f* ▸ **(beber) a sorbos** (boire) à petites gorgées.

sorda sf ⟶ **sordo**.

sordera sf surdité *f*.

sordidez sf ▸ **vivir en la sordidez** vivre dans une misère noire.

sórdido, da adj sordide.

sordina sf sourdine *f*.

sordo, da ◆ adj sourd(e) ▸ **estar más sordo que una tapia** être sourd comme un pot. ◆ sm, f sourd *m*, -e *f* ▸ **no hay peor sordo que el que no quiere oír** il n'est pire sourd que celui qui ne veut pas entendre ▸ **hacerse el sordo** *fig* faire la sourde oreille.
◆ **sorda** sf LING sourde *f*.

sordomudo, da adj & sm, f sourd-muet (sourde-muette).

Soria npr Soria.

soriano, na ◆ adj de Soria. ◆ sm, f *natif ou habitant de Soria*.

soriasis = **psoriasis**.

sorna sf ▸ **con sorna** sur un ton sarcastique.

soroche sm **1.** ANDES ARG [mal de alturas] mal *m* des montagnes **2.** CHILE [rubor] rougeur *f*.

sorprendente adj surprenant(e).

sorprendentemente adv étonnamment / *se mostró sorprendentemente tranquilo* il a été étonnamment calme / *sorprendentemente, no aceptó el premio* il n'a pas accepté le prix, ce qui est surprenant.

sorprender vt surprendre / *me sorprende que…* ça m'étonne que… / *lo sorprendimos robando* on l'a surpris en train de voler. ◆ **sorprenderse** vprnl être surpris(e) / *no se sorprende con nada* elle ne s'étonne de rien.

sorprendido, da adj surpris(e), étonné(e) ▸ **quedarse sorprendido** être étonné o surpris.

sorpresa sf surprise *f* ▸ **dar una sorpresa** faire une surprise ▸ **de o por sorpresa** par surprise ▸ **llevarse una sorpresa** avoir une surprise.

sorpresivo, va adj AM inattendu(e).

sortear vt **1.** [rifar] tirer au sort **2.** *fig* [obstáculo] éviter ; [dificultad] surmonter.

sorteo sm tirage *m* au sort.

sortija sf bague *f*.

sortilegio sm sortilège *m*.

SOS (*abr de* **save our souls**) sm SOS *m* ▸ **enviar / lanzar un SOS** envoyer / lancer un SOS ▸ **captar / recibir una señal de SOS** capter / recevoir un signal de détresse.

sosa sf soude *f* ▸ **sosa cáustica** soude caustique.

sosaina adj & smf *fam* niais(e).

sosegado, da adj calme.

sosegar [35] vt calmer. ◆ **sosegarse** vprnl se calmer.

soseras smf *fam* godichon *m*, -onne *f*.

sosería sf gaucherie *f*.

sosias sm inv sosie *m*.

sosiega ⟶ **sosegar**.

sosiego sm calme *m*.

soslayar vt [evitar] esquiver ; [pregunta] éluder.

soslayo ◆ **de soslayo** loc adv de biais, de côté ; [mirar] du coin de l'œil.

soso, sa adj **1.** [sin sal] fade **2.** [sin gracia] insipide.

sospecha sf soupçon *m*.

sospechar ◆ vt ▸ **sospechar (que)** soupçonner (que) ▸ **sospechar algo** se douter de qqch. ◆ vi ▸ **sospechar de alguien** soupçonner qqn.

sospechoso, sa adj & sm, f suspect(e).

sostén sm **1.** [gen] soutien *m* **2.** [sujetador] soutien-gorge *m*.

sostener [72] vt soutenir ; [conversación] tenir ; [familia, correspondencia] entretenir. ◆ **sostenerse** vprnl se tenir ▸ **sostenerse en pie** tenir debout.

sostenibilidad sf durabilité *f*.

sostenible adj **1.** [crecimiento, desarrollo] durable ▸ **el desarrollo sostenible** le développement durable **2.** [teoría, razonamiento] soutenable.

sostenido, da adj **1.** [persistente] soutenu(e) **2.** MÚS dièse. ◆ **sostenido** sm dièse *m*.

Cómo expresar la sorpresa

- **Eh bien, pour une surprise c'est une surprise !** *¡Menuda sorpresa!*
- **Quelle bonne surprise !** *¡Qué agradable sorpresa!*
- **Ça alors !** *¡No puede ser!*
- **Je n'en crois pas mes yeux !** *¡No doy crédito a mis ojos!*
- **(C'est) incroyable !** *¡(Es) increíble!*
- **Alors ça, c'est la meilleure !** *fam ¡Esta sí que es buena!*
- **Il faut le voir pour le croire.** *Hay que verlo para creerlo.*
- **Je n'en reviens toujours pas.** *Todavía me cuesta creerlo.*
- **Ça m'en bouche un coin !** *fam ¡Me dejó boquiabierto!*
- **Ah bon ?** *¡Vaya!*
- **Tu aurais vu sa tête !** *fam ¡Si hubieras visto el careto que puso!*

sostiene ⟶ **sostener**.

sostuviera ⟶ **sostener**.

sota sf ≃ valet *m (carte à jouer)*.

sotabanco sm **1.** [buhardilla] mansarde *f* **2.** [de bóveda] sommier *m*.

sotabarba sf double menton *m*.

sotana sf soutane *f*.

sótano sm [piso] sous-sol *m* ; [pieza] cave *f*.

sotavento sm NÁUT côté *m* sous le vent.

soterrado, da adj **1.** [subterráneo] enterré(e) **2.** [oculto] souterrain(e), obscur(e).

soterrar [19] vt *pr* & *fig* enterrer, enfouir.

sotto voce [soto'βotʃe] loc adv à voix basse.

soufflé [su'fle] sm soufflé *m*.

soul sm soul music *f*.

souvenir sm souvenir *m*.

SOV (*abr de* **seguro obligatorio de viajeros**) sm *assurance voyage obligatoire*.

soviet (*pl* **soviets**) sm soviet *m*.

soviético, ca ❖ adj soviétique. ❖ sm, f Soviétique *mf*.

soy ⟶ **ser**.

SP *abr escrita de* **servicio público**.

spaghetti = **espagueti**.

spam = **espam**.

spam [es'pam] sm INFORM spam *m*.

spanglish = **espanglish**.

spaniel [es'panjel] sm épagneul *m*.

sparring [es'parrin] (*pl* **sparrings**) sm sparring-partner *m*.

SPE (*abr de* **Servicios Públicos de Empleo**) smpl *institut national espagnol pour l'emploi* ; ≃ Pôle emploi *m* ▸ **una oficina de los SPE** ≃ une agence du Pôle emploi.

speed [es'pið] (*pl* **speeds**) sm speed *m*, amphétamines *fpl*.

sport [es'por] adj inv sport / *un traje sport* un costume sport.

spot (*pl* **spots**) sm spot *m*.

spray = **espray**.

sprint = **esprint**.

sprintar = **esprintar**.

sprinter = **esprínter**.

squash [es'kuaʃ] sm inv squash *m*.

squatter [es'kuater] (*pl* **squatters**) sm squatter *m*.

Sr. (*abr escrita de* **señor**) M, Mr.

Sra. (*abr escrita de* **señora**) Mme.

SRAG [es'rag] (*abr escrita de* **Síndrome Respiratorio Agudo y Grave**) sm MED SRAS *m (syndrome respiratoire aigu sévère)*.

Sres. (*abr escrita de* **señores**) MM.

Sri Lanka npr Sri Lanka *m*.

SRM (*abr escrita de* **Su Real Majestad**) SAR.

Srta. (*abr escrita de* **señorita**) Mlle.

ss. (*abr escrita de* **siguientes**) suiv. / *consultar pág. 67 y ss.* consulter les p. 67 et suiv.

SS 1. (*abr escrita de* **Seguridad Social**) SS **2.** (*abr escrita de* **Su Santidad**) S.S. ▸ **SS el Papa** S.S. le Pape.

SS. MM. (*abr escrita de* **Sus Majestades**) LL.MM. *(Leurs Majestés)*.

Sta. (*abr escrita de* **santa**) Ste / *Sta. Teresa* Ste Thérèse.

staff [es'taf] (*pl* **staffs**) sm [de empresa] staff *m* ; [de profesores] équipe *f*.

stalinismo = **estalinismo**.

stalinista = **estalinista**.

stand [es'tan] (*pl* **stands**) sm stand *m*.

standing sm standing *m*.

star-system [es'tar'sistem] (*pl* **star-systems**) sm star-system *m*.

starter = **estárter**.

statu quo [es'tatu'kwo] sm inv statu quo *m inv*.

status = **estatus**.

step sm [aeróbic] step *m*.

stick (*pl* **sticks**) sm [de hockey] crosse *f*.

Sto. (*abr escrita de* **santo**) St / *Sto. Tomás* St Thomas.

stock (*pl* **stocks**) sm stock *m*.

stop sm stop *m*.

stradivarius sm inv stradivarius *m*.

stress = **estrés**.

strike [es'traik] sm [en béisbol] prise *f*.

strip-tease [es'triptis] sm inv strip-tease *m*.

strip-tease, estriptis, estriptís sm inv strip-tease *m*, striptease *m*.

su (*pl* **sus**) adj poses [de él, de ella] son, sa ; [de ellos, de ellas] leur ; [de usted, de ustedes] votre / *sus libros* **a)** [de él, ella] ses livres **b)** [de ellos, ellas] leurs livres **c)** [de usted, ustedes] vos livres.

suave adj doux (douce).

suavemente adv doucement / *hablar suavemente* parler doucement.

suavidad sf douceur *f*.

suavizante ❖ adj adoucissant(e). ❖ sm [de ropa] adoucissant *m* ; [de pelo] après-shampooing *m*.

suavizar [13] vt adoucir.

Suazilandia = **Swazilandia**.

subacuático, ca adj sous-marin(e).

subafluente sm sous-affluent *m*.

subalimentación sf sous-alimentation *f*.

subalimentar vt sous-alimenter.

subalquilar vt sous-louer.

subalterno, na adj & sm, f subalterne.
◆ **subalterno** sm TAUROM torero *m* subalterne.

subarrendar [19] vt sous-louer.

subarrendatario, ria sm, f sous-locataire *mf*.

subarriendo sm sous-location *f*.

subasta sf **1.** [venta pública] vente *f* aux enchères **2.** [contrata pública] appel *m* d'offres.

subastador, ra ❖ adj de vente aux enchères. ❖ sm, f commissaire-priseur *m*.

subastar vt vendre aux enchères.

subcampeón, ona adj & sm, f second(e) *(dans un championnat)*.

subcampeonato sm DEP deuxième place *f*.

subclase sf sous-classe *f*.

subcomisión sf sous-commission *f*.

subcomité sm sous-comité *m*.

subconjunto sm sous-ensemble *m*.

subconsciencia sf subconscient *m*.

subconsciente ❖ adj subconscient(e). ❖ sm subconscient *m*.

subcontinente sm sous-continent *m*.

subcontratación sf sous-traitance *f*.

subcontratar vt sous-traiter.

subcontrato sm contrat *m* de sous-traitance.

subcultura sf sous-culture *f*.

subcutáneo, a adj sous-cutané(e).

subdelegación sf subdélégation *f*.

subdelegado, da sm, f subdélégué *m*, -e *f*.

subdesarrollado, da adj sous-développé(e).

subdesarrollo sm sous-développement *m*.

subdirección sf sous-direction *f*.

subdirector, ra sm, f sous-directeur *m*, -trice *f*.

subdirectorio sm INFORM sous-répertoire *m*.

súbdito, ta sm, f **1.** [subordinado] sujet *m*, -ette *f* **2.** [ciudadano] ressortissant *m*, -e *f*.

subdividir vt subdiviser. ◆ **subdividirse** vprnl se subdiviser.

subdivisión sf subdivision *f*.

subemplear vt sous-employer / ***este trabajador está subempleado*** ce travailleur est sous-employé.

subemplear vt sous-employer.

subempleo sm sous-emploi *m*.

subespecie sf sous-espèce *f*.

subestimar vt sous-estimer. ◆ **subestimarse** vprnl se sous-estimer.

subgénero sm **1.** BIOL sous-genre *m* **2.** ARTE genre *m* mineur.

subgrupo sm sous-groupe *m*.

subido, da adj **1.** [fuerte - sabor, olor] fort(e) ; [- color] vif (vive) **2.** *fam* [en cantidad] ▸ **estar de un imbécil subido** avoir de la bêtise à revendre ▸ **tener el guapo subido** a) être en beauté b) *irón* se croire beau (belle) **3.** *fam* [atrevido] ▸ **ser subido (de tono)** être osé. ◆ **subida** sf **1.** [gen] montée *f* **2.** [ascensión] ascension *f* ▸ **la subida a** l'ascension de **3.** [aumento] hausse *f*.

subíndice sm MAT indice *m*.

subinspector, ra sm, f inspecteur *m* adjoint, inspectrice *f* adjointe.

subintendencia sf sous-intendance *f*.

subintendente smf sous-intendant *m*, -e *f*.

subir ❖ vi **1.** [gen] monter ▸ **subir a** a) monter à b) [montaña] faire l'ascension de c) [avión, coche] monter dans **2.** [precio, calidad] augmenter **3.** [cuenta, importe] s'élever à. ❖ vt **1.** [gen] monter ▸ **subir el tono** hausser le ton **2.** [aumentar - precio, peso, etc.] augmenter ; [- producto] augmenter le prix de **3.** [alzar, levantar] remonter. ◆ **subirse** vprnl **1.** [montarse] ▸ **subirse a** a) [caballo, silla, etc.] monter sur b) [árbol] grimper à c) [coche, tren, avión] monter dans / ***el taxi paró y me subí*** le taxi s'est arrêté et je suis monté **2.** *fam* [emborrachar] monter à la tête **3.** [alzarse - calcetines, etc.] remonter ; [- jersey, camisa] relever / ***subirse los pantalones*** remonter son pantalon.

> **Subir** es un falso amigo, no significa *subir*, sino "sufrir".

súbitamente adv subitement.

súbito, ta adj soudain(e).

subjefe, fa sm, f sous-chef *m*.

subjetividad sf subjectivité *f*.

subjetivismo sm subjectivisme *m*.

subjetivo, va adj subjectif(ive).

sub júdice [suβ'juðiθe] adj *en attente d'une décision de justice*.

subjuntivo, va adj subjonctif(ive). ◆ **subjuntivo** sm subjonctif *m*.

sublevación sf soulèvement *m*.

sublevamiento sm soulèvement *m*.

sublevar vt **1.** [amotinar] soulever **2.** [indignar] révolter. ◆ **sublevarse** vprnl [amotinarse] se soulever.

sublimación sf sublimation *f*.

sublimar vt sublimer ; [exaltar] encenser.

sublime adj sublime.

sublimidad sf sublimité *f*.

subliminal adj subliminal(e).

submarca sf sous-marque *f*.

submarinismo sm plongée *f* sous-marine.

submarinista ❖ adj [técnica, lenguaje] de plongée sous-marine. ❖ smf plongeur *m* (sous-marin), plongeuse *f* (sous-marine).

submarino, na adj sous-marin(e). ◆ **submarino** sm sous-marin *m*.

submúltiplo, pla adj sous-multiple. ◆ **submúltiplo** sm MAT sous-multiple *m*.

submundo sm [mundo marginal] univers *m* marginal, bas-fonds *mpl* / ***el submundo de la droga*** l'univers marginal de la drogue.

subnormal adj & smf *fig* & *despec* débile.

subnormalidad sf déficience *f* mentale.
suboficial sm sous-officier *m*.
suborden sm BIOL sous-ordre *m*.
subordinación sf subordination *f*.
subordinado, da adj & sm, f subordonné(e).
subordinante adj GRAM [oración, conjunción, etc.] de subordination.
subordinar vt subordonner.
◆ **subordinarse** vprnl se subordonner.
subproducto sm sous-produit *m*.
subrayado, da adj souligné(e).
◆ **subrayado** sm soulignage *m*.
subrayar vt souligner.
subrepticio, cia adj *culto* subreptice.
subrogación sf subrogation *f*.
subrogar [16] vt subroger.
subsahariano, na ❖ adj subsaharien(enne).
❖ sm, f Subsaharien *m*, -enne *f*.
subsanable adj **1.** [solucionable] résoluble **2.** [corregible] réparable.
subsanar vt **1.** [solucionar] résoudre **2.** [corregir] réparer.
subscribir = **suscribir**.
subscripción = **suscripción**.
subscriptor, ra = **suscriptor**.
subscrito, ta = **suscrito**.
subsecretaría sf sous-secrétariat *m*.
subsecretario, ria sm, f **1.** [de secretario] secrétaire *m* adjoint, secrétaire *f* adjointe **2.** [de ministro] sous-secrétaire *m*.
subsector sm sous-secteur *m*.
subsidiar [8] vt subventionner.
subsidiario, ria adj **1.** [ayuda] subventionnel(elle); [medida] complémentaire **2.** DER subsidiaire.
subsidio sm subvention *f*; [de desempleo, familiar] allocation *f*.
subsiguiente adj ▸ **subsiguiente a** consécutif(ive) à.
subsistencia sf **1.** [vida] subsistance *f* **2.** [conservación] survie *f*. ◆ **subsistencias** sfpl **1.** [medios] moyens *mpl* de subsistance **2.** [reservas] vivres *mpl*.
subsistente adj persistant(e).
subsistir vi subsister.
substancia = **sustancia**.
substancial = **sustancial**.
substanciar [8] = **sustanciar**.
substancioso, sa = **sustancioso**.
substantivación = **sustantivación**.
substantivar = **sustantivar**.
substantivo = **sustantivo**.
substitución = **sustitución**.
substituible = **sustituible**.
substituir [51] = **sustituir**.
substitutivo, va = **sustitutivo**.
substituto, ta = **sustituto**.
substracción = **sustracción**.
substraendo = **sustraendo**.
substraer [73] = **sustraer**.
substrato = **sustrato**.
subsuelo sm **1.** [terreno] sous-sol *m* **2.** ANDES RP [sótano] sous-sol *m*.
subte (*abr de* **subterráneo**) sm RP [metro] métro *m*.
subteniente sm sous-lieutenant *m*.
subterfugio sm subterfuge *m*.
subterráneo, a adj souterrain(e). ◆ **subterráneo** sm **1.** [túnel] souterrain *m* **2.** RP [metro] métro *m*.
subtipo sm sous-genre *m*.
subtitulado, da adj sous-titré(e).
subtitular vt sous-titrer.
subtítulo sm *(gen pl)* sous-titre *m*.
subtotal sm sous-total *m*.
subtropical adj subtropical(e).
suburbano, na adj suburbain(e).
suburbial adj de banlieue.
suburbio sm [extrarradio] banlieue *f*; [barrio pobre] ▸ **los suburbios** les banlieues défavorisées.
subvalorar vt [coste, producto] sous-évaluer; [persona, méritos] sous-estimer.
subvención sf subvention *f*.
subvencionar vt subventionner.
subversión sf subversion *f*.
subversivo, va adj subversif(ive).
subvertir [27] vt [orden social] troubler; [principios, valores] saper.
subyacente adj sous-jacent(e).
subyacer vi être sous-jacent(e).
subyugador, ra adj [dominar] dominateur(trice); *fig* [cautivador] fascinant(e).
subyugar [16] vt **1.** [someter] soumettre **2.** *fig* [cautivar] subjuguer.
succión sf succion *f*.
succionar vt [suj: raíces] absorber; [suj: bebé] sucer.
sucedáneo, a adj de remplacement.
◆ **sucedáneo** sm succédané *m*, ersatz *m*.
suceder ❖ v impers [ocurrir] arriver / *¿qué le sucede?* qu'est-ce qu'il vous arrive ? ❖ vt ▸ **suceder a alguien** succéder à qqn. ❖ vi [venir después] ▸ **suceder a** succéder à / *a la guerra sucedieron años terribles* des années terribles suivirent la guerre.
sucedido sm *fam* anecdote *f*.
sucesión sf **1.** [gen] succession *f* **2.** MAT suite *f*.
sucesivamente adv successivement ▸ **y así sucesivamente** et ainsi de suite.

sucesivo, va adj successif(ive) ▸ **en lo sucesivo** à l'avenir.

suceso sm **1.** [acontecimiento] événement *m* **2.** *(gen pl)* [hecho delictivo] fait *m* divers.

⚠ **Succès** es un falso amigo, no significa *suceso*, sino "éxito".

sucesor, ra sm, f successeur *m*.

sucesorio, ria adj successoral (successorale).

suciedad sf saleté *f*.

sucinto, ta adj **1.** [explicación, relato, etc.] succinct(e) **2.** *fam* & *fig* [taparrabos, biquini] riquiqui.

sucio, cia adj **1.** [gen] sale ▸ **en sucio** au brouillon **2.** [color, trabajo] salissant(e) **3.** [negocio] malhonnête.

sucre sm sucre *m (monnaie)*.

suculento, ta adj succulent(e).

sucumbir vi ▸ **sucumbir (a)** succomber (à).

sucursal sf succursale *f*.

sudaca adj & smf *despec* latino.

sudadera sf **1.** [sudor] : *le ha entrado una sudadera* il a pris une suée **2.** [prenda] sweat-shirt *m*.

sudado sm AM CULIN ragoût *m*.

Sudáfrica npr Afrique *f* du Sud.

sudafricano, na, surafricano, na ❖ adj sud-africain(e), d'Afrique du Sud.
❖ sm, f Sud-Africain *m*, -e *f*.

Sudamérica, Suramérica npr Amérique du Sud.

sudamericano, na = **suramericano**.

Sudán npr Soudan *m*.

sudanés, esa ❖ adj soudanais(e).
❖ sm, f Soudanais *m*, -e *f*.

sudar ❖ vi **1.** [transpirar] suer **2.** [pared] suinter.
❖ vt **1.** [empapar] tremper de sueur **2.** *fam* [trabajar mucho] : *para ganar esta carrera, vas a tener que sudarla* tu vas en baver pour gagner cette course.

sudario sm linceul *m*.
◆ **Sudario** sm ▸ **el Santo Sudario** le saint suaire.

sudeste, sureste adj & sm sud-est.
◆ **Sudeste asiático** npr Asie *f* du Sud-Est.

sudista adj & smf HIST sudiste.

sudoeste, suroeste adj & sm sud-ouest.

sudoku [su'doku] sm sudoku *m*.

sudor sm **1.** [transpiración] sueur *f* ▸ **empapado en sudor** en nage **2.** [de pared] suintement *m* **3.** *fam* [trabajo] : *le costó muchos sudores* il en a bavé ▸ **con el sudor de su frente** à la sueur de son front.

sudoriento, ta = **sudoroso**.

sudoríparo, ra adj sudoripare.

sudoroso, sa, sudoriento, ta adj en sueur.

Suecia npr Suède *f*.

sueco, ca ❖ adj suédois(e). ❖ sm, f Suédois *m*, -e *f* ▸ **hacerse el sueco** *fig* faire la sourde oreille.
◆ **sueco** sm [lengua] suédois *m*.

suegro, gra sm, f beau-père *m*, belle-mère *f*.
◆ **suegros** smpl beaux-parents *mpl*.

suela sf semelle *f* ▸ **no llegarle a alguien a la suela del zapato** *fig* ne pas arriver à la cheville de qqn.

suelda ⟶ **soldar**.

sueldo sm salaire *m* ; [de funcionario] traitement *m* ▸ **a sueldo** [asesino] à gages ▸ **sueldo base** salaire de base.

suelo sm **1.** [gen] sol *m* ▸ **caer al suelo** tomber par terre ▸ **por el suelo** par terre **2.** [de olla, vasija, etc.] fond *m* **3.** EXPR **arrastrarse por el suelo (ante alguien)** ramper (devant qqn) ▸ **echar por el suelo un plan** faire tomber un projet à l'eau ▸ **estar por los suelos a)** *fam* [producto] être donné(e) **b)** [persona] avoir le moral à zéro ▸ **poner** o **tirar a alguien por los suelos** traîner qqn dans la boue.

suelta ⟶ **soltar**.

suelto, ta adj **1.** [no sujeto - pelo] détaché(e) ; [- cordones] défait(e) ; [- hoja] volant(e) ; [- ropa] ample ▸ **andar suelto a)** [fiera] être en liberté **b)** [ladrón, preso] courir **2.** [dinero] : *¿tienes algo suelto?* est-ce que tu as de la monnaie ? **3.** [separado] à l'unité, à la pièce / *la chaqueta y la falda se venden sueltas* la veste et la jupe sont vendues séparément / *tengo unos ejemplares sueltos de la revista* j'ai quelques numéros de cette revue **4.** [no pegado] : *el arroz salió suelto* le riz n'a pas collé **5.** [nudo] lâche **6.** [estilo] qui coule ; [lenguaje] : *está muy suelto en inglés* il parle couramment anglais **7.** [con diarrea] ▸ **tener el estómago suelto** avoir la courante.
◆ **suelto** sm [dinero] (petite) monnaie *f*.

suena ⟶ **sonar**.

sueña ⟶ **soñar**.

sueño sm **1.** [gen] sommeil *m* ▸ **coger el sueño** s'endormir ▸ **descabezar un sueño** faire un (petit) somme ▸ **tener sueño** avoir sommeil ▸ **sueño eterno** *fig* sommeil éternel ▸ **sueño ligero / pesado** sommeil léger / lourd **2.** [fantasía, ambición] rêve *m* ▸ **en sueños** en rêve ▸ **ni en sueños** pour rien au monde ▸ **tener un sueño** faire un rêve **3.** *fam* [cosa bonita] bijou *m*.

suero sm sérum *m* ; [de la leche] petit-lait *m*.

suerte sf **1.** [fortuna] chance *f* ▸ **por suerte** heureusement ▸ **probar suerte** tenter sa chance ▸ **tener suerte** avoir de la chance ▸ **tener mala suerte** ne pas avoir de chance ▸ **tentar a la suerte** prendre des risques **2.** [azar] hasard *m* ▸ **de suerte** par hasard **3.** [destino] sort *m* ▸ **echar** o **tirar (algo) a suertes** tirer (qqch) au sort / *me tocó en suerte un tema que no conocía* je suis tombé sur un sujet que je ne connaissais pas ▸ **la suerte está echada** le sort en est jeté **4.** *culto* [clase, manera] sorte *f* ▸ **de esa suerte** de la sorte ▸ **de suerte que** de sorte que **5.** TAUROM *nom donné aux actions exécutées au cours des "tercios" ou étapes de la corrida*.

suertero, ra ❖ adj CSUR chanceux(euse).
❖ sm, f PERÚ marchand *m*, -e *f* de billets de loterie.

suertudo, da adj *fam* veinard(e).

suéter (*pl* **suéteres**), **sweater** (*pl* **sweaters**) ['sweter] sm pull *m*.

sufí adj & smf RELIG soufi(e).

suficiencia sf **1.** [capacidad] aptitude *f* **2.** [presunción] suffisance *f*.

suficiente ◆ adj suffisant(e). ◆ sm ESP EDUC [nota] mention *f* passable.

suficientemente adv suffisamment.

sufijo sm suffixe *m*.

sufragar [16] ◆ vt [gastos] supporter ; [campaña] financer. ◆ vi AM [votar] voter.

sufragio sm suffrage *m* ▸ **sufragio directo / indirecto** suffrage direct / indirect ▸ **sufragio universal** suffrage universel.

sufragismo sm mouvement *m* des suffragettes.

sufragista ◆ adj des suffragettes. ◆ smf partisan *m* du droit de vote pour les femmes ▸ **las sufragistas** les suffragettes.

sufrido, da adj **1.** [resignado] ▸ **hacerse el sufrido** faire le martyr **2.** [tejido] résistant(e) ; [color] peu salissant(e).

sufridor, ra adj ▸ **ser sufridor** s'inquiéter facilement.

sufrimiento sm souffrance *f*.

sufrir ◆ vt **1.** [padecer - enfermedad] souffrir de ; [- accidente, heridas] être victime de **2.** [penalidades, desgracias] supporter / *tengo que sufrir sus manías* je dois supporter ses manies **3.** [operación, pérdida] subir. ◆ vi [padecer] ▸ **sufrir (de)** souffrir (de) / *sufrir del corazón* être malade du cœur.

sugerencia sf suggestion *f*.

sugerente adj suggestif(ive).

sugerir [27] vt suggérer.

sugestión sf suggestion *f*.

sugestionable adj influençable.

sugestionar vt **1.** [influir] persuader **2.** [obsesionar] faire peur à. ◆ **sugestionarse** vprnl **1.** [obsesionarse] prendre peur **2.** PSICOL faire de l'autosuggestion.

sugestivo, va adj suggestif(ive) ; [atractivo] séduisant(e).

sugiera ⟶ **sugerir**.

sugiriera ⟶ **sugerir**.

suiche sm AM interrupteur *m*.

suicida ◆ adj suicidaire ▸ **una operación suicida** une opération suicide. ◆ smf suicidaire *mf*.

suicidarse vprnl se suicider.

suicidio sm suicide *m*.

sui generis [sui'xeneris] loc adj sui generis.

sui géneris loc adj sui generis.

suite [swit] sf suite *f (d'hôtel)*.

Suiza npr Suisse *f*.

suizo, za ◆ adj suisse. ◆ sm, f Suisse *mf (le féminin est aussi Suissesse)*.

sujeción sf **1.** [atadura] fixation *f* **2.** [sometimiento] assujettissement *m*.

sujetador sm soutien-gorge *m*.

sujetalibros sm inv serre-livres *m inv*.

sujetapapeles sm inv pince *f (à dessin)*.

sujetar vt **1.** [gen] tenir ; [sostener] retenir **2.** [someter] assujettir, soumettre ; [dominar] maîtriser **3.** [atar] attacher. ◆ **sujetarse** vprnl **1.** [agarrarse] ▸ **sujetarse de o a** se tenir à **2.** [someterse] ▸ **sujetarse a a)** se soumettre à **b)** [dieta] s'astreindre à.

sujeto, ta adj **1.** [agarrado] fixé(e) **2.** [expuesto] ▸ **sujeto a** exposé à.
◆ **sujeto** sm **1.** [gen & GRAM] sujet *m* **2.** [persona] individu *m* ▸ **sujeto pasivo** ECON contribuable *m*.

sulfamida sf sulfamide *m*.

sulfatar vt sulfater. ◆ **sulfatarse** vprnl couler / *las pilas se han sulfatado* les piles ont coulé.

sulfato sm sulfate *m*.

sulfurar vt **1.** [encolerizar] mettre hors de soi **2.** QUÍM sulfurer. ◆ **sulfurarse** vprnl être hors de soi.

sulfúrico, ca adj sulfurique.

sulfuro sm sulfure *m*.

sulfuroso, sa adj sulfureux(euse).

sultán sm sultan *m*.

sultana sf **1.** sultane *f* **2.** CULIN congolais *m*.

sultanato sm sultanat *m*.

suma sf **1.** [gen] somme *f* ▸ **en suma** en somme **2.** MAT addition *f*.

sumamente adv extrêmement.

sumando sm terme *m (d'une addition)*.

sumar vt **1.** MAT additionner / *tres y dos suman cinco* trois plus deux font cinq **2.** [costar] s'élever à.
◆ **sumarse** vprnl **1.** [añadirse] ▸ **sumarse (a)** s'ajouter (à) **2.** [incorporarse] ▸ **sumarse a** se joindre à.

sumarial adj DER de l'instruction.

sumario, ria adj sommaire.
◆ **sumario** sm **1.** DER instruction *f* **2.** [índice] sommaire *m* **3.** [resumen] résumé *m*.

sumarísimo, ma adj ▸ **un juicio sumarísimo** une comparution immédiate.

Sumatra npr Sumatra.

sumergible ◆ adj submersible ; [reloj, cámara] étanche. ◆ sm submersible *m*.

sumergido, da adj **1.** [bajo el agua] submergé(e) / *el país está sumergido en el caos* le pays est plongé dans le chaos **2.** [ilegal - economía] souterrain(e) ; [- empresa, taller] clandestin(e).

sumergir [15] vt submerger ; [con fuerza] plonger.
◆ **sumergirse** vprnl **1.** [hundirse] plonger **2.** *fig* [sumirse] ▸ **sumergirse en** se plonger dans.

sumersión sf submersion *f*.

sumidero sm puisard *m* ; [de alcantarilla] bouche *f* d'égout.

sumiller (*pl* **sumillers**), **sommelier** [sumi'jer] (*pl* **sommeliers**) sm sommelier *m*.

suministrador, ra adj & sm, f fournisseur(euse).

suministrar vt fournir.

suministro sm fourniture *f* ; [de agua, electricidad] distribution *f*.

sumir vt plonger. ◆ **sumirse** vprnl ▸ **sumirse en** se plonger dans.

sumisión sf soumission *f*.

sumiso, sa adj soumis(e).

súmmum sm summum *m* / *es el súmmum de la elegancia* elle est l'élégance personnifiée.

sumo, ma adj **1.** [supremo] suprême **2.** [gran] extrême / *con sumo cuidado* avec le plus grand soin. ◆ **a lo sumo** loc adv tout au plus.

suní, sunní, sunita, sunnita adj & smf RELIG sunnite.

sunita = **suní**.

sunní = **suní**.

sunnita = **suní**.

suntuario, ria adj somptuaire.

suntuosidad sf somptuosité *f*.

suntuoso, sa adj somptueux(euse).

supeditación sf subordination *f*.

supeditar vt faire dépendre de ▸ **estar supeditado a** dépendre de.
◆ **supeditarse** vprnl ▸ **supeditarse a** se soumettre à.

super- pref *fam* [muy] super, hyper / *el examen era superfácil* l'examen était hyper facile / *es supermajo* il est super sympa.

súper ❖ adj *fam* super. ❖ sm *fam* supermarché *m*. ❖ sf [gasolina] super *m*.

superable adj surmontable.

superabundancia, sobreabundancia sf surabondance *f*.

superabundante, sobreabundante adj surabondant(e).

superabundar, sobreabundar vi surabonder.

superación sf [de límite, marca] dépassement *m* ; [de crisis, problema] résolution *f* ▸ **el afán de superación** le désir de se surpasser.

superado, da adj [época] révolu(e) / *estar superado* être dépassé(e).

superar vt **1.** [aventajar] surpasser **2.** [adelantar] dépasser **3.** [problema, dificultad] surmonter / *ya hemos superado lo más difícil* nous avons fait le plus dur. ◆ **superarse** vprnl [mejorar] se surpasser ; [lucirse] se dépasser.

superávit adj inv excédent *m*.

supercarburante sm supercarburant *m*.

superchería sf supercherie *f*.

superconductor, superconductora adj FÍS supraconducteur(trice).
◆ **superconductor** sm FÍS supraconducteur *m*.

supercopa sf DEP **1.** [en Europa] Supercoupe *f* d'Europe **2.** [en España] Supercoupe *f* d'Espagne.

superdotado, da adj & sm, f surdoué(e).

superestrella sf superstar *f*.

superestructura sf superstructure *f*.

superficial adj superficiel(elle).

superficialidad sf manque *m* de profondeur, caractère *m* superficiel.

superficie sf **1.** [gen & GEOM] surface *f* **2.** [extensión, apariencia] superficie *f*.

superfino, na adj extra fin(e).

superfluo, a adj superflu(e).

supergigante sm DEP super-géant *m*, super-G *m inv*.

superhéroe sm super héro *m*.

superhombre sm surhomme *m*.

superíndice sm indice *m*.

superintendencia sf surintendance *f*.

superintendente sm, f directeur *m*, -trice *f*.

superior, ra ❖ adj RELIG supérieur(e). ❖ sm, f RELIG père supérieur *m*, mère supérieure *f*. ◆ **superior** ❖ adj **1.** [gen] supérieur(e) **2.** *fig* [excelente] de premier ordre. ❖ sm *(gen pl)* [jefe] supérieur *m* (hiérarchique).

superioridad sf supériorité *f*.

superlativo, va adj **1.** [belleza, grado] extrême **2.** GRAM superlatif(ive).

superligero adj m & sm DEP super-léger.

supermán [super'man] sm surhomme *m*.

supermercado sm supermarché *m*.

supernova sf supernova *f*.

supernumerario, ria ❖ adj **1.** [que está de más] surnuméraire **2.** [funcionario, militar] en disponibilité. ❖ sm, f surnuméraire *mf*.

superpoblación sf surpeuplement *m*.

superpoblado, da adj surpeuplé(e).

superponer = **sobreponer**.

superposición, sobreposición sf superposition *f*.

superpotencia sf superpuissance *f*.

superproducción, sobreproducción sf **1.** [exceso] surproduction *f* **2.** CINE superproduction *f*.

superproteger vt surprotéger.

superpuesto, ta pp ⟶ **superponer**.

superrealismo, surrealismo sm surréalisme *m*.

supersónico, ca adj supersonique.

superstición sf superstition *f*.

supersticioso, sa adj superstitieux(euse).

supervalorar = **sobrevalorar**.

superventas sm inv [libro] best-seller *m* ; [disco] : *su album ha sido el superventas de los últimos meses* son album est classé premier au hit-parade des ventes des trois derniers mois.

supervisar vt superviser ; [empresa, cuentas] contrôler, inspecter.

supervisión sf supervision *f*.

supervisor, ra ❖ adj d'inspection ▸ **un agente supervisor** un inspecteur. ❖ sm, f [de examen] surveillant *m*, -e *f* ; [que supervisa] superviseur *m* ; [que inspecciona] inspecteur *m*, -trice *f*.

supervivencia sf survie *f* ; [de usos y costumbres] survivance *f*.

superviviente, sobreviviente adj & smf survivant(e), rescapé(e).

supiera ⟶ **saber**.

supino, na adj **1.** [tumbado] couché(e) sur le dos **2.** *fig* [excesivo - ignorancia] crasse ; [- estupidez] suprême.

suplantación sf imposture *f* ▸ **suplantación de personalidad** usurpation *f* d'identité.

suplantador, ra sm, f imposteur *m*.

suplantar vt ▸ **suplantar a alguien** se faire passer pour qqn.

suplementario, ria adj supplémentaire.

suplemento sm **1.** [gen & PRENSA] supplément *m* ▸ **suplemento dominical** supplément du dimanche **2.** [en el vestir] accessoire *m*.

suplencia sf remplacement *m* ; [actor] doublage *m*.

suplente ❖ adj suppléant(e) ▸ **un jugador suplente** DEP un remplaçant. ❖ sm, f suppléant *m*, -e *f* ; TEATRO doublure *f* ; DEP remplaçant *m*, -e *f*.

supletorio, ria adj d'appoint.
◆ **supletorio** sm [teléfono] deuxième poste *m*.

súplica sf **1.** [ruego] supplication *f* **2.** [escrito & DER] requête *f*.

suplicante adj suppliant(e) / *me miró con aire suplicante* elle m'a regardée d'un air suppliant.

suplicar [10] vt **1.** [rogar] supplier ▸ **suplicar a alguien que haga algo** supplier qqn de faire qqch **2.** DER ▸ **suplicar (a un tribunal)** se pourvoir (devant un tribunal).

suplicio sm *pr* & *fig* supplice *m* / *su vida es un suplicio* sa vie est un calvaire.

suplique ⟶ **suplicar**.

suplir vt **1.** [substituir] remplacer **2.** [compensar] suppléer à / *su generosidad suple su mal genio* sa générosité compense son mauvais caractère.

supo ⟶ **saber**.

suponer [65] ❖ vt **1.** [gen] supposer / *supongamos que…* supposons o admettons que… **2.** [significar] représenter / *su amistad supone mucho para él* son amitié représente beaucoup pour lui ▸ **era de suponer** il fallait s'y attendre **3.** [conjeturar] imaginer / *lo suponía* je m'en doutais / *te suponía mayor* je te croyais plus vieux / *le supongo 50 años* je lui donne 50 ans. ❖ vi être important(e). ❖ sm ▸ **es un suponer** c'est une simple supposition. ◆ **suponerse** vprnl s'imaginer, supposer.

suposición sf supposition *f*.

supositorio sm suppositoire *m*.

supranacional adj supranational(e).

suprarrenal adj surrénal(e).

supremacía sf suprématie *f*.

supremo, ma adj **1.** [gen] suprême **2.** *fig* [momento, situación, etc.] décisif(ive).
◆ **Supremo** sm ⟶ **tribunal**.

supresión sf suppression *f*.

suprimir vt supprimer.

supuestamente adv soi-disant.

supuesto, ta adj prétendu(e) ; [culpable, asesino] présumé(e) ▸ **dar algo por supuesto** tenir qqch pour acquis ▸ **un nombre supuesto** un faux nom ▸ **por supuesto** bien sûr. ◆ **supuesto** ❖ sm hypothèse *f* ▸ **en el supuesto de que…** en supposant o admettant que… ❖ pp ⟶ **suponer.**

supuración sf suppuration *f*.

supurar vi suppurer.

supusiera ⟶ **suponer**.

sur ❖ sm sud *m* / *el sur de Europa* le sud de l'Europe. ❖ adj [zona, frontera, etc.] sud *(inv)* ; [viento] du sud.
◆ **Sur** sm ▸ **el Sur** [punto cardinal] le sud / *la gente del Sur* les gens du Sud.

surafricano, na = **sudafricano**.

Suramérica = **Sudamérica**.

suramericano, na, sudamericano, na
❖ adj sud-américain(e), d'Amérique du Sud.
❖ sm, f Sud-Américain *m*, -e *f*.

surcar [10] vt **1.** [recorrer] sillonner **2.** [tierra] creuser des sillons dans.

surco sm **1.** [gen & MÚS] sillon *m* **2.** [en camino] ornière *f* **3.** [en piel] ride *f*.

surcoreano, na ❖ adj sud-coréen(enne).
❖ sm, f Sud-Coréen *m*, -enne *f*.

sureño, ña ❖ adj du sud. ❖ sm, f habitant *m*, -e *f* du Sud.

sureste = **sudeste**.

surf, surfing sm surf *m* ▸ **surf aéreo** DEP sky-surfing *m*, sky-surf *m*.

surfear ❖ vi *fam* INFORM surfer. ❖ vt *fam* INFORM surfer sur.

Cómo expresar la suposición

- **J'imagine qu'il a eu un empêchement.** *Me imagino que ha tenido un contratiempo.*
- **Je présume que vous le connaissez.** *Supongo que lo conoce.*
- **Et à supposer qu'il ne puisse pas être présent ?** *¿Y suponiendo que no pueda estar?*
- **Supposons qu'il ait raison et qu'elle démissionne.** *Supongamos que él tenga razón y que ella dimita.*
- **En admettant qu'on commence demain, est-ce que nous tiendrons les délais ?** *Aún admitiendo que empecemos mañana, ¿cumpliremos los plazos?*
- **Et s'il décidait de ne plus vendre ?** *¿Y si finalmente decidiera no vender?*

surfista smf DEP surfeur *m*, -euse *f*.

surgimiento sm apparition *f*.

surgir [15] vi **1.** [gen] surgir **2.** [brotar] jaillir.

Surinam npr Surinam *m*.

suroeste = **sudoeste**.

surque ⟶ **surcar**.

surrealismo = **superrealismo**.

surrealista adj & smf ARTE surréaliste.

surtido, da adj **1.** [abastecido] approvisionné(e) ▸ **surtido en** qui offre un grand choix de **2.** [variado] : *unas pastas surtidas* un assortiment de petits gâteaux. ◆ **surtido** sm [de prendas, tejidos] choix *m* ; [de pastas, bombones] assortiment *m*.

surtidor sm [de fuente] jet *m* d'eau ▸ **surtidor (de gasolina)** pompe *f* (à essence).

surtir ❖ vt [proveer] ▸ **surtir a alguien en** fournir qqn en ▸ **surtir efecto** avoir de l'effet. ❖ vi jaillir. ◆ **surtirse** vprnl [proveerse] ▸ **surtirse de** se fournir en.

susceptibilidad sf susceptibilité *f*.

susceptible adj susceptible.

suscitar vt susciter.

suscribir, subscribir vt **1.** [gen] souscrire **2.** [acuerdo, pacto] souscrire à. ◆ **suscribirse, subscribirse** vprnl ▸ **suscribirse a** a) [publicación] s'abonner à b) COM souscrire à.

suscripción, subscripción sf **1.** [a publicación] abonnement *m* **2.** COM souscription *f*.

suscriptor, ra, subscriptor, ra sm, f **1.** [de publicación] abonné *m*, -e *f* **2.** COM souscripteur *m*.

suscrito, ta, subscrito, ta adj **1.** [abonado] abonné(e) **2.** [seguidor] ▸ **estar suscrito a** être adhérent à.

sushi ['suʃi] sm sushi *m*.

susodicho, cha adj susdit(e).

suspender ❖ vt **1.** [colgar] suspendre **2.** ESP [examen] échouer à ; [asignatura] ne pas avoir la moyenne à / *he suspendido el parcial de física* je n'ai pas eu la moyenne au partiel de physique **3.** ESP [alumno] recaler / *el profesor de matemáticas me ha suspendido* le professeur de mathématiques m'a recalé. ❖ vi ESP [alumno] échouer aux examens / *si suspendo, no me voy de vacaciones* si j'échoue aux examens, je ne partirai pas en vacances.

suspense sm suspense *m*.

suspensión sf [gen & AUTO] suspension *f* ; [ECON - de empleos] suppression *f* ▸ **suspensión de empleo** mise *f* à pied ▸ **suspensión de pagos** cessation *f* de paiement ▸ **en suspensión** [sustancia] en suspension.

suspensivo, va adj ▸ **puntos suspensivos** points de suspension.

suspenso, sa adj **1.** [colgado] suspendu(e) / *suspenso en el aire* suspendu en l'air / *suspenso del techo* suspendu au plafond **2.** ESP [no aprobado] recalé(e) / *lista de alumnos suspensos* liste des élèves non reçus **3.** *fig* [desconcertado] interloqué(e). ◆ **suspenso** sm ESP EDUC [en examen] note *f* éliminatoire ; [en asignatura] : *me he llevado un suspenso en historia* je n'ai pas eu la moyenne en histoire. ◆ **en suspenso** loc adv en suspens.

suspensores smpl AM bretelles *fpl*.

suspensorio sm suspensoir *m*.

suspicacia sf méfiance *f*.

suspicaz adj soupçonneux(euse).

suspirar vi soupirer ▸ **suspirar de** soupirer de ▸ **suspirar por** a) *fig* [persona] soupirer après b) [coche, viaje, etc.] avoir une folle envie de.

suspiro sm **1.** [aspiración] soupir *m* ▸ **dar un suspiro** pousser un soupir **2.** [instante] ▸ **en un suspiro** en un clin d'œil.

sustancia, substancia sf substance *f* ▸ **sustancia gris** matière *f* grise.

sustancial, substancial adj substantiel(elle) ; [medidas, cambio] important(e).

sustanciar, substanciar [8] vt **1.** [compendiar] résumer **2.** DER instruire.

sustancioso, sa, substancioso, sa adj substantiel(elle).

sustantivación, substantivación sf substantivation *f*.

sustantivar, substantivar vt substantiver.

sustantivo, va, substantivo, va adj GRAM nominal(e). ◆ **sustantivo** sm GRAM substantif *m*.

sustentar vt **1.** [gen] soutenir **2.** [persona, familia] nourrir.

sustento sm **1.** [alimento] nourriture *f* ▸ **ganarse el sustento** gagner sa vie **2.** [apoyo] soutien *m*.

sustitución, substitución sf **1.** [cambio] remplacement *m* **2.** DER substitution *f*.

sustituible, substituible adj remplaçable ▸ **somos todos sustituibles** nul n'est irremplaçable.

sustituir, substituir [51] vt ▸ **sustituir (por)** remplacer (par).

sustitutivo, va, substitutivo, va adj substitutif(ive). ◆ **sustitutivo** sm ▸ **sustitutivo (de)** succédané (de).

sustituto, ta, substituto, ta sm, f remplaçant *m*, -e *f*.

susto sm peur *f* ▸ **dar o pegar un susto** faire peur.

sustracción, substracción sf **1.** [robo] vol *m* **2.** MAT soustraction *f*.

sustraendo, substraendo sm plus petit terme *m* *(dans une soustraction)*.

sustraer [73], **substraer** [73] vt **1.** [gen & MAT] soustraire **2.** [robar] voler, subtiliser. ◆ **sustraerse, substraerse** vprnl ▸ **sustraerse (a o de)** se soustraire (à).

sustrato, substrato sm substrat *m*.

susurrante adj : *con voz susurrante* en chuchotant.

susurrar ❖ vt chuchoter. ❖ vi *fig* [viento, agua] murmurer. ◆ **susurrarse** vprnl : *se susurra que lo mataron* on raconte qu'il a été tué.

susurro sm chuchotement *m*.

sutil adj subtil(e) ; [tejido, línea] fin(e).

sutileza sf subtilité *f*.

sutura sf suture *f*.

suturar vt MED coudre.

suyo, ya ◆ adj poses [de él] à lui ; [de ella] à elle ; [de ellos] à eux ; [de ellas] à elles ; [de usted, de ustedes] à vous / *este libro es suyo* ce livre est à lui/à elle etc. / *un amigo suyo* un de ses/vos etc. amis / *no es asunto suyo* ça ne le/la etc. regarde pas / *no es culpa suya* ce n'est pas (de) sa/votre etc. faute ▸ **es muy suyo** *fam* & *fig* il est spécial. ◆ pron poses **1.** *(detrás de art det)* ▸ **el suyo a)** [de él, de ella] le sien **b)** [de usted] le vôtre **c)** [de ellos, de ellas] le leur ▸ **la suya a)** [de él, de ella] la sienne **b)** [de usted] la vôtre **c)** [de ellos, de ellas] la leur **2.** EXPR **de suyo** en soi ▸ **hacer de las suyas** *fam* faire des siennes ▸ **hacer suyo / suya** faire sien/sienne ▸ **lo suyo es el teatro** *fam* son truc c'est le théâtre ▸ **los suyos** [su familia] les siens.

Swazilandia, Suazilandia npr Swaziland *m*.

sweater = **suéter**.

swing [swin] sm swing *m*.

T

t¹, **T** [te] sf [letra] t *m inv*, T *m inv*.

t² (*abr escrita de* **tonelada**) t.

tabacalero, ra adj du tabac ▸ **un establecimiento tabacalero** un magasin d'articles pour fumeurs.

tabaco ◆ sm **1.** [gen] tabac *m* ▸ **tabaco de pipa** tabac à pipe ▸ **tabaco negro / rubio** tabac brun / blond **2.** [cigarrillos] cigarettes *fpl* ▸ **¿tienes tabaco?** tu as une cigarette ? ◆ adj inv [color] tabac.

tábano sm taon *m*.

tabaquera sf tabatière *f*.

tabaquería sf bureau *m* de tabac.

tabaquismo sm tabagisme *m*.

tabardo sm manteau *m*.

tabarra sf *fam* barbe *f* ▸ **dar la tabarra a alguien** tanner qqn.

tabasco® sm Tabasco® *m*.

taberna sf bistrot *m*.

tabernáculo sm tabernacle *m*.

tabernario, ria adj **1.** [de taberna] de bistrot **2.** *fig* [grosero] grossier(ère).

tabernero, ra sm, f patron *m*, -onne *f* de bistrot.

tabicar [10] vt cloisonner ; [obstruir] boucher.

tabique sm cloison *f*.

tabla sf **1.** [de madera & NÁUT] planche *f* ; [de metal, etc.] plaque *f* ; [de estantería] étagère *f* ▸ **tabla de cocina** planche à découper ▸ **tabla de planchar** planche à repasser ▸ **ser una tabla de salvación** être une planche de salut **2.** [de falda, camisa] pli *m* **3.** [esquema, gráfico] tableau *m* ; [lista, catálogo] table *f* ▸ **tabla de materias** table des matières ▸ **tabla de multiplicación** o **pitagórica** table de multiplication **4.** CULIN *assiette de charcuterie ou de fromages* ▸ **tabla de queso** plateau *m* à fromages **5.** EXPR **hacer tabla rasa de algo** passer outre qqch.
◆ **tablas** sfpl **1.** [en ajedrez] ▸ **quedar en** o **hacer tablas** faire partie nulle **2.** TEATRO planches *fpl* ▸ **tiene tablas a)** c'est un acteur confirmé **b)** *fig* [profesional] il a du métier **3.** TAUROM barrières *fpl*.

> ⚠ **Table** es un falso amigo, no significa *tabla*, sino "mesa".

tablado sm TEATRO scène *f* ; [de baile] plancher *m* ; [tarima] estrade *f*.

tablao sm *sorte de cabaret où sont données des représentations de flamenco*.

tablero sm **1.** [tabla] planche *f* ▸ **tablero de anuncios** tableau *m* d'affichage **2.** [de juego] ▸ **tablero (de ajedrez)** échiquier *m* ▸ **tablero (de damas)** damier *m* **3.** DEP panneau *m* **4.** AERON & AUTO ▸ **tablero (de mandos)** tableau *m* de bord.

tableta sf **1.** [de chocolate] tablette *f* **2.** MED comprimé *m*.

tablilla sf **1.** MED atelle *f* **2.** [para escribir] tablette *f*.

tabloide sm tabloïd *m*.

tablón sm planche *f* ▸ **tablón (de anuncios)** panneau *m* d'affichage.

tabú (*pl* **tabúes** o **tabús**) ◆ adj tabou(e).
◆ sm tabou *m*.

tabulación sf tabulation *f*.

tabulador sm tabulateur *m*.

tabuladora sf tabulatrice *f*.

tabular ◆ vt **1.** [valores, cifras, etc.] disposer en tableau **2.** [texto] tabuler. ◆ vi [con máquina, ordenador] mettre des tabulations.

tabula rasa sf table *f* rase ▸ **hacer tabula rasa (de algo)** faire table rase (de qqch).

taburete sm tabouret *m*.

tacada sf **1.** [en billar - golpe] coup *m* de queue ; [- carambolas] carambolages *mpl* **2.** EXPR **de una tacada** *fam* d'un seul coup.

tacañear vi lésiner.

tacañería sf avarice *f*.

tacaño, ña adj & sm, f avare.

tacatá, tacataca sm trotteur *m (pour bébé)*.

tacha sf **1.** [defecto] défaut *m* ▸ **sin tacha** irréprochable **2.** [clavo] punaise *f*.

tachadura sf rature *f*.

tachar vt **1.** [lo escrito] barrer ▸ **tachar lo que no proceda** rayer la mention inutile **2.** *fig* [acusar] ▸ **tachar a alguien de algo** taxer qqn de qqch.

> ⚠ **Tacher** es un falso amigo, no significa *tachar*, sino "manchar".

tachero sm RP *fam* chauffeur *m* de taxi.

tacho sm AM seau *m*.

tachón sm **1.** [tachadura] rature *f* **2.** [clavo] clou *m* de tapissier.

tachonar vt **1.** [poner clavos a] clouter **2.** *fig* [salpicar] parsemer.

tachuela sf punaise *f*.

tácito, ta adj tacite.

taciturno, na adj taciturne.

tacle sm FÚT tacle *m*.

taco sm **1.** [espiche] taquet *m* **2.** [cuña] cale *f* **3.** [de billetes] liasse *f* **4.** *fam* & *fig* [montón] tas *m* **5.** *fam* & *fig* [confusión] pagaille *f* ▸ **armarse un taco** *fam* tout mélanger **6.** [de billar] queue *f* **7.** [de papel, etc.] pile *f* **8.** [de bota de fútbol] crampon *m* **9.** ESP [de jamón, queso] dé *m* / *tacos de queso* dés de fromage **10.** ESP *fam* [palabrota] gros mot *m* ▸ **decir tacos** *fam* dire des gros mots / *sabe tacos en ruso* il connaît des gros mots en russe **11.** ESP *fam* [año] balai *m*, berge *f* / *tiene cuarenta tacos* il a quarante balais **12.** AM [tacón] talon *m* **13.** MÉX CULIN [bocado] *galette de maïs farcie*.

tacógrafo sm tachygraphe *m*.

tacón sm talon *m (de chaussure)* ▸ **de tacón alto** à talons hauts ▸ **tacón de aguja** talon aiguille.

taconazo sm coup *m* de talon.

taconear vi claquer des talons *(en dansant)*.

taconeo sm claquement *m* des talons.

táctico, ca ❖ adj tactique. ❖ sm, f tacticien *m*, -enne *f*. ◆ **táctica** sf tactique *f*.

táctil adj tactile.

tacto sm **1.** [gen] toucher *m* **2.** *fig* [delicadeza] tact *m*.

TAE (*abr de* **tasa anual equivalente**) sf TEG *m*.

taekwondo [tae'kwondo] sm taekwondo *m*.

tafetán sm taffetas *m*.

tafilete sm maroquin *m*.

tagalo, la sm, f Tagalog *mf*. ◆ **tagalo** sm [lengua] tagalog.

Tahití npr Tahiti.

tahona sf boulangerie *f*.

tahúr, ura sm, f joueur *m* invétéré, joueuse *f* invétérée ; *despec* tricheur *m* professionnel, tricheuse *f* professionnelle.

taichi [tai'tʃi] sm tai-chi *m*.

taifa sf HIST royaume *m* de Taifa *(petit royaume issu du califat de Cordoue)*.

taiga sf taïga *f*.

tailandés, esa ❖ adj thaïlandais(e). ❖ sm, f Thaïlandais *m*, -e *f*. ◆ **tailandés** sm [lengua] thaï *m*.

Tailandia npr Thaïlande *f*.

taimadamente adv sournoisement.

taimado, da adj [astuto] rusé(e) ; [disimulado] sournois(e).

Taipei, Taipeh npr Taibei.

Taiwán [tai'wan] npr Taïwan.

taiwanés, esa ❖ adj taiwanais(e). ❖ sm, f Taiwanais *m*, -e *f*.

tajada sf **1.** [rodaja] tranche *f* **2.** *fam* & *fig* [borrachera] cuite *f* **3.** EXPR **sacar tajada de algo** *fam* & *fig* avoir sa part du gâteau.

tajante adj *fig* [tono, decisión, etc.] catégorique.

tajantemente adv catégoriquement.

tajar vt trancher. ◆ **tajarse** vprnl *fam* se pinter.

tajo sm **1.** [corte, herida] estafilade *f* **2.** *fam* [trabajo] turbin *m* **3.** [acantilado] ravin *m*.

Tajo npr ▸ **el Tajo** le Tage.

tal

❖ adj

1. [gen] tel, telle

2. [semejante] tel, telle, pareil, pareille / *tal cosa jamás se ha visto* on n'a jamais vu une chose pareille / *en tales condiciones* dans de telles conditions / *lo dijo con tal seguridad que…* il l'a dit avec une telle assurance que… / *mañana a tal hora* demain à telle heure

3. [poco conocido] *te ha llamado un tal Pérez* un certain o dénommé Pérez t'a appelé

❖ pron

1. [alguna cosa] une chose pareille / *¿quién dijo tal?* qui a dit une chose pareille

2. EXPR **que si tal que si cual, tal y cual, tal y tal** ceci, cela ▸ **ser tal para cual** être faits l'un pour l'autre ▸ **y tal** [coletilla] et ainsi de suite

❖ adv

▸ **¿qué tal?** comment ça va ? ▸ **tal cual** tel quel, telle que

◆ **con tal (de) que** loc conj pourvu que, du moment que / *con tal de que volvamos pronto llegaré a tiempo* pourvu que l'on revienne tôt, je serai à l'heure.

◆ **tal (y) como** loc conj tel que, comme / *tal y como están las cosas* dans l'état actuel des choses.

◆ **tal que** loc adv *fam* [como por ejemplo] comme.

tala sf [de árboles] abattage *m*.

taladradora sf perceuse *f* ; [de papel] perforeuse *f*.

taladrar vt percer.

taladro sm **1.** [taladradora] perceuse *f* **2.** [agujero] trou *m*.

tálamo sm **1.** *culto* [cama] lit *m* nuptial **2.** BOT réceptacle *m* **3.** ANAT thalamus *m*.

talante sm **1.** [humor] humeur *f* **2.** [disposición] ▸ **de buen talante** de bonne grâce.

talar¹ adj long (longue).

talar² vt [árboles] abattre.

talasoterapia sf thalassothérapie *f*.

talayote sm *monument mégalithique des Baléares*.

talco sm talc *m*.

talega sf sac *m (de toile)*.

talego sm **1.** [de tela] sac *m* **2.** *vulg* [cárcel] tôle *f*.

talento sm talent *m* / *ser un talento de la música* être doué(e) en musique.

talentoso, sa adj talentueux(euse).

Talgo (*abr de* **tren articulado ligero de Goicoechea Oriol**) sm *train espagnol aux essieux à écartement variable*.

talibán (*pl* **talibanes** *o* **talibán**) sm taliban *m*.

talidomida sf thalidomide *f*.

talión sm talion *m*.

talismán sm talisman *m*.

talla sf **1.** [gen & ARTE] taille *f* / *¿qué talla usas?* quelle taille fais-tu ? **2.** *fig* [importancia] envergure *f* ▸ **dar la talla** être à la hauteur **3.** ARTE sculpture *f* en bois.

tallado, da adj [madera] sculpté(e) ; [piedras preciosas] taillé(e). ◆ **tallado** sm [de madera] sculpture *f* ; [de piedra] taille *f*.

tallador sm AM [en juego de naipes] donneur *m*.

tallar vt **1.** [esculpir - piedra] tailler ; [- madera] sculpter **2.** [persona] mesurer.

tallarín sm *(gen pl)* tagliatelle *f*.

talle sm **1.** [cintura] taille *f* **2.** [figura, cuerpo] silhouette *f* **3.** [medida] ▸ **tomar el talle** prendre les mesures du buste.

taller sm **1.** [gen] atelier *m* **2.** AUTO garage *m* / *llevar el coche al taller* amener la voiture au garage.

tallista smf [de madera] sculpteur *m* sur bois ; [de diamantes] tailleur *m* de diamants.

tallo sm tige *f* ; [brote] pousse *f* ; [de hierba] brin *m*.

talludo, da adj *fam* [persona] d'âge mûr, mûr(e) / *una señora talludita* une femme d'âge mûr o qui n'est plus toute jeune.

Talmud npr Talmud *m*.

talón sm **1.** [gen & ANAT] talon *m* ▸ **un zapato sin talón** une chaussure ouverte ▸ **talón de Aquiles** *fig* talon d'Achille ▸ **pisarle a alguien los talones** *fig* talonner qqn **2.** [cheque] chèque *m* ▸ **talón bancario / conformado** chèque bancaire / certifié ▸ **talón cruzado** chèque barré ▸ **talón de caja** o **ventanilla** chèque de caisse ▸ **talón devuelto / sin fondos** chèque rejeté / sans provision ▸ **talón en blanco** chèque en blanc.

talonario sm [de cheques] carnet *m* de chèques, chéquier *m*.

talonear ◆ vi MÉX *fam* [prostituirse] tapiner. ◆ vt **1.** AM [espolear] talonner **2.** MÉX *fam* [apresurar] presser, bousculer.

talonera sf talonnette *f*.

talud sm talus *m*.

Tamagotchi® sm Tamagotchi® *m*.

tamal sm AM *pâté de viande à la farine de maïs enveloppé dans des feuilles de maïs*.

tamaño, ña adj [semejante] pareil(eille) / *nunca he visto tamaño atrevimiento* je n'ai jamais vu (une) pareille audace. ◆ **tamaño** sm taille *f* ▸ **de tamaño natural** grandeur nature.

tamarindo sm **1.** [árbol] tamarinier *m* **2.** [fruto] tamarin *m*.

tambaleante adj **1.** [persona] titubant(e) ; [mueble] branlant(e) **2.** *fig* [gobierno, sistema] chancelant(e).

tambalearse vprnl chanceler ; [borracho] tituber ; [barco] tanguer.

tambaleo sm [de persona] titubement *m* ; [de tren, etc.] balancement *m*.

también adv aussi ; [además] de plus.

tambor sm **1.** [gen] tambour *m* ; [de pistola] barillet *m* **2.** ANAT tympan *m*.

tamboril sm tambourin *m*.

tamborilear vi **1.** MÚS jouer du tambourin **2.** [repiquetear] tambouriner.

tamborileo sm tambourinage *m*.

tamborilero, ra sm, f tambour *m (musicien)*.

Támesis npr ▸ **el Támesis** la Tamise.

tamice ⟶ **tamizar**.

tamiz sm tamis *m* ▸ **pasar algo por el tamiz** a) tamiser qqch b) *fig* passer qqch au crible.

tamizar [13] vt **1.** [cribar] tamiser **2.** *fig* [seleccionar] trier.

tampoco adv non plus / *no quiere salir, yo tampoco* il ne veut pas sortir, moi non plus / *no quiere ir al cine ni tampoco comer fuera* il ne veut ni aller au cinéma ni aller au restaurant.

tampón sm tampon *m* ▸ **tampón contraceptivo** tampon contraceptif.

tam-tam, tamtan sm MÚS tam-tam *m*.

tan

◆ adv

1. [mucho] si / *tan grande / deprisa* si grand / vite / *¡qué película tan larga!* qu'est-ce qu'il est long ce film ! ▸ **tan… que…** tellement… que… / *es tan tonto que no se entera* il est tellement bête qu'il ne comprend rien

2. [en comparaciones] ▸ **tan… como…** aussi… que… / *es tan listo como su hermano* il est aussi intelligent que son frère

◆ **tan sólo** loc adv seulement.

tanatorio sm funérarium *m*.

tanda sf **1.** [grupo] groupe *m* ; [de trabajo] équipe *f* **2.** [serie] série *f* ▸ **tanda de palos** volée *f* de coups.

tándem (*pl* **tándemes** o **tándems** o *inv*) sm **1.** [bicicleta] tandem *m* **2.** [pareja - de actores, etc.] duo *m* ; [- de bueyes] paire *f*.

tanga sm string *m*.

tangencial adj tangentiel(elle).

tangente ◆ adj tangent(e). ◆ sf tangente *f* ▸ **irse** o **salirse por la tangente** *fig* prendre la tangente.

Tánger npr Tanger.

tangible adj tangible.

tango sm tango *m*. *Voir encadré p. 1260.*

tanguero, ra ◆ adj du tango. ◆ sm, f **1.** [aficionado] amateur *m*, -trice *f* de tango **2.** [intérprete] chanteur *m*, -euse *f* de tango.

tanguista smf MÚS chanteur *m*, -euse *f* de tango.

tanque sm **1.** MIL tank *m* **2.** [vehículo cisterna] citerne *f* **3.** [depósito] réservoir *m*.

tanqueta sf char *m* léger.

El tango

Le tango est né à la fin du XIXe siècle dans les bas-fonds de Buenos Aires. Il fut d'abord une musique avant de devenir une danse, et se jouait avec un violon, une guitare et une flûte, remplacée par le bandonéon au début du XXe siècle. Les paroles évoquent toujours la solitude, la jalousie et le désespoir lié au départ de la femme aimée. À ses débuts, cette danse, exclusivement réservée aux hommes, était une démonstration passionnée et érotique du machisme argentin et uruguayen, et se pratiquait dans les lupanars de Buenos Aires. Deux Argentins ont fait du tango une musique écoutée et appréciée dans le monde entier : le chanteur d'origine française Carlos Gardel (1890-1935) et le compositeur Astor Piazzolla (1921-1992). Ce dernier a créé le **tango nuevo** en y insérant le jazz et la musique classique.

tanteador sm **1.** [en juegos] marqueur *m* **2.** DEP tableau *m* d'affichage.

tantear ❖ vt **1.** [sopesar] évaluer ; [proyectos, soluciones] examiner de près ▸ **tantear el terreno** tâter le terrain **2.** *fig* [persona] sonder **3.** [contrincante, rival] mesurer. ❖ vi **1.** [andar a tientas] tâtonner **2.** [en juego] compter les points.

tanteo sm **1.** [prueba] essai *m* **2.** [puntuación] score *m* **3.** DER préemption *f.* ◆ **a tanteo** loc adv en gros.

tanto, ta

❖ adj

1. [gran cantidad, cantidad indeterminada] tant de, tellement de / *¡tiene tantos libros!* il a tant de livres ! ▸ **tiene tantas ganas de verte que…** il a tellement envie de te voir que… ▸ **nos daban tanto dinero al día** on nous donnait tant d'argent par jour ▸ **y tantos** et quelques / *tiene cincuenta y tantos años* elle a cinquante ans et quelques

2. [en comparaciones] ▸ **tanto… como…** autant de… que… / *tengo tantos amigos como él* j'ai autant d'amis que lui

❖ pron

1. [gran cantidad] autant / *tienes muchos vestidos, yo no tantos* tu as beaucoup de robes, moi je n'en ai pas autant / *había mucha gente aquí, allí no tanta* il y avait beaucoup de monde ici, il n'y en avait pas autant là-bas ▸ **otro tanto** autant / *le ocurrió otro tanto* il lui est arrivé la même chose

2. [cantidad por determinar] tant / *supongamos que vengan tantos…* supposons qu'il en vienne tant… ▸ **a tantos de** [mes] le tant ▸ **ser uno de tantos** être un parmi d'autres, être quelconque

◆ **tanto** ❖ sm **1.** ▸ **marcar un tanto a)** [punto] marquer un point **b)** [gol] marquer un but **2.** *fam* & *fig* [situación favorable] avantage *m* / *es un tanto a su favor* c'est un avantage qu'il a ▸ **apuntarse un tanto (a favor)** marquer des points ▸ **márcate un tanto y déjame salir** sois sympa et laisse-moi sortir **3.** [cantidad indeterminada] ▸ **un tanto por página** tant par page ▸ **tanto por ciento** pourcentage *m* **4.** EXPR **estar al tanto a)** [al corriente] être au courant **b)** [atento] surveiller. ❖ adv **1.** [gran cantidad] autant / *no me sirvas tanto* ne m'en sers pas autant ▸ **tanto que** tant que, tellement que / *lo quiere tanto que…* elle l'aime tant que… / *de eso hace tanto que…* il y a si longtemps de cela que… / *tanto ganas, tanto vales* tu vaux ce que tu gagnes **2.** [en comparaciones] ▸ **tanto como** autant que **3.** EXPR **¡y tanto!** et comment !

◆ **tantas** sfpl *fam* ▸ **llegar a las tantas** arriver très tard.

◆ **en tanto (que)** loc conj pendant que.

◆ **por (lo) tanto** loc conj par conséquent.

◆ **tanto (es así) que** loc conj tant et si bien que.

◆ **un tanto** loc adv quelque peu.

tántrico, ca adj RELIG tantrique.

Tanzania npr Tanzanie *f.*

tanzano, na ❖ adj tanzanien(enne). ❖ sm, f Tanzanien *m*, -enne *f.*

tañer ❖ vt [tocar] ▸ **tañer un instrumento** jouer d'un instrument. ❖ vi [repicar] sonner.

tañido sm MÚS son *m* ; [de campana] tintement *m.*

taoísmo sm taoïsme *m.*

taoísta adj & smf taoïste.

tapa sf **1.** [para cerrar] couvercle *m* **2.** CULIN *petite quantité d'olives, d'anchois, de « tortilla », etc. servie en apéritif* **3.** [de libro] couverture *f* **4.** [de tacón] talon *m* **5.** [de ternera] gîte *m* à la noix **6.** AM [de botella] bouchon *m* **7.** EXPR **levantarse la tapa de los sesos** *fam* se faire sauter la cervelle.

tapabarro sm AM garde-boue *m inv.*

tapacubos sm inv enjoliveur *m.*

tapadera sf **1.** [tapa] couvercle *m* **2.** *fig* [para encubrir] couverture *f.*

tapadillo ◆ **de tapadillo** loc adv *fam* en douce.

tapado sm AM manteau *m.*

tapar vt **1.** [gen] couvrir **2.** [cerrar - botella, agujero] boucher ; [- baúl, boca] fermer **3.** [no dejar ver] cacher. ◆ **taparse** vprnl se couvrir ▸ **taparse la boca** mettre la main devant sa bouche.

⚠ **Taper** es un falso amigo, no significa *tapar*, sino "golpear".

taparrabos, taparrabo sm inv cache-sexe *m*.

tapear vi manger des tapas / ***ir a tapear*** aller manger des tapas.

tapeo sm action *f* de manger des tapas / ***ir de tapeo*** aller manger des tapas.

táper, tupper ['taper], **tupperware**® [taper'wer] sm Tupperware® *m*.

tapete sm **1.** [de mesa] napperon *m* ; [de juegos] tapis *m* ▸ **tapete de o para ratón** INFORM tapis *m* de souris ▸ **tapete verde** [mesa] tapis *m* vert ▸ **estar / poner sobre el tapete** *fig* être / mettre sur le tapis **2.** AM [alfombra] tapis *m*.

tapia sf mur *m* (de clôture) ▸ **estar sordo como una tapia** *fam* être sourd comme un pot.

tapiar [8] vt **1.** [obstruir] murer **2.** [cercar] clôturer.

tapice ⟶ **tapizar**.

tapicería sf **1.** [tela, oficio] tapisserie *f* **2.** [tienda] : *en la tapicería* chez le tapissier **3.** [tapices] tapisseries *fpl*.

tapicero, ra sm, f tapissier *m*, -ère *f*.

tapioca sf tapioca *m*.

tapiz sm [para la pared] tapisserie *f* ; [para el suelo] tapis *m*.

tapizado sm tapisserie *f*.

tapizar [13] vt **1.** [mueble] recouvrir **2.** [pared] tapisser.

tapón sm **1.** [gen] bouchon *m* ▸ **tapón de rosca** bouchon à vis **2.** *fam* [persona] nabot *m*, -e *f* **3.** DEP lancer *m* tapé.

taponamiento sm bouchage *m* ; MED tamponnement *m*.

taponar vt boucher. ◆ **taponarse** vprnl se boucher.

tapujo sm ▸ **hablar sin tapujos** parler clair.

taquería sf AM *établissement où l'on vend des « tacos »*.

taquicardia sf tachycardie *f*.

taquigrafía sf sténographie *f*.

taquilla sf **1.** [ventanilla] guichet *m* **2.** [casillero] casier *m* **3.** [recaudación] recette *f*.

taquillero, ra ◈ adj [artista, espectáculo] qui fait recette ; [película] qui fait beaucoup d'entrées. ◈ sm, f guichetier *m*, -ère *f*.

Tapas

Les **tapas** sont de petits plats qui se consomment dans un bar à l'apéritif ou à la place d'un repas, notamment le dîner. Le mot recouvre une grande variété d'aliments : olives, omelette aux pommes de terre (**tortilla de patatas**), morceaux de jambon et de fromage, calamars... qui se commandent à plusieurs et sont partagés entre tous. **Ir de tapas** consiste à aller de bar en bar en goûtant, au comptoir ou à une table, aux spécialités de chacun, souvent accompagnées d'un verre de vin rouge (**chato**). La coutume veut que chacun paie sa tournée de tapas.

taquimecanografía sf sténodactylographie *f*.

taquimecanógrafo, fa sm, f sténodactylo *mf*.

taquímetro sm **1.** [en topografía] tachéomètre *m* **2.** [velocímetro] tachymètre *m*.

tara sf tare *f*.

tarado, da ◈ adj **1.** [defectuoso] défectueux(euse) **2.** [tonto] taré(e). ◈ sm, f taré *m*, -e *f*.

tarambana adj & smf *fam* dingue *mf*.

tarántula sf tarentule *f*.

tarar vt tarer.

tarará sm sonnerie *f* (de trompette).

tararear vt fredonner.

tarareo sm fredonnement *m*.

tardanza sf retard *m*.

tardar vi **1.** [llevar tiempo] ▸ **tardar en hacer algo** mettre du temps à faire qqch / ***tardó un año en hacerlo*** il a mis un an à le faire / ***tardo dos minutos*** j'en ai pour deux minutes **2.** [retrasarse] ▸ **tardar en hacer algo** tarder à faire qqch / ***no tardaron en venir*** ils n'ont pas tardé à venir. ◆ **a más tardar** loc adv au plus tard.

tarde ◈ sf [hasta las siete] après-midi *m ou f* ; [después de las siete] soir *m* / ***vendré por la tarde*** **a)** [hasta las siete] je viendrai dans l'après-midi **b)** [después de las siete] je viendrai dans la soirée. ◈ adv **1.** [gen] tard / ***hoy saldré tarde*** aujourd'hui, je sortirai tard ▸ **se está haciendo tarde** il se fait tard ▸ **tarde o temprano** tôt ou tard ▸ **más vale tarde que nunca** mieux vaut tard que jamais **2.** [en demasía] trop tard / ***ya es tarde para...*** il est trop tard pour... ▸ **llegar tarde** arriver en retard. ◆ **buenas tardes** interj ▸ **¡buenas tardes!** **a)** [hasta las siete] bonjour ! **b)** [después de las siete] bonsoir ! ◆ **de tarde en tarde** loc adv de temps à autre ▸ **muy de tarde en tarde** très rarement.

tardío, a adj tardif(ive).

tardo, da adj lent(e) ▸ **tardo de entendimiento / reflejos** lent à comprendre / à réagir.

tardón, ona adj *fam* ▸ **ser tardón** **a)** [impuntual] arriver toujours en retard **b)** [lento] lambiner.

tarea sf **1.** [trabajo] travail *m* ; [misión] tâche *f* ▸ **tareas domésticas** tâches ménagères **2.** EDUC devoirs *mpl*.

tarifa sf tarif *m* ▸ **tarifa nocturna** tarif de nuit ▸ **tarifa plana** [para Internet] forfait *m* mensuel *(avec connexions illimitées)*.

tarifar vt tarifer.

tarima sf estrade *f*.

tarjeta sf carte *f* ▸ **tarjeta amarilla / roja** DEP carton *m* jaune / rouge ▸ **tarjeta con chip** carte à puce ▸ **tarjeta de crédito** carte de crédit ▸ **tarjeta de embarque** carte d'embarquement ▸ **tarjeta monedero** porte-monnaie *m* électronique ▸ **tarjeta multiviaje** *coupon de transport valable pour dix trajets* ▸ **tarjeta perforada** carte perforée ▸ **tarjeta postal** carte postale ▸ **tarjeta de sonido** INFORM carte son.

tarjetero sm porte-cartes *m inv*.

tarot sm tarot *m*.

tarraconense ◆ adj tarragonais(e). ◆ smf Tarragonais *m*, -e *f*.

Tarragona npr Tarragone.

tarrina sf barquette *f*.

tarro sm **1.** [recipiente] pot *m* **2.** *mfam* [cabeza] ▸ **estar mal del tarro** être complètement fêlé(e).

tarso sm tarse *m*.

tarta sf gâteau *m* ; [plana] tarte *f* / *una tarta de chocolate* un gâteau au chocolat ▸ **tarta de cumpleaños** gâteau d'anniversaire.

tartaja adj & smf *fam* bègue.

tartajear vi bégayer.

tartajeo sm bégaiement *m*.

tartaleta sf tartelette *f*.

tartamudear vi bégayer.

tartamudeo sm bégaiement *m*.

tartamudez sf bégaiement *m (maladie)*.

tartamudo, da adj & sm, f bègue.

tartán sm inv Tartan® *m*.

tartana sf **1.** [carruaje] carriole *f* **2.** *fam* [coche] guimbarde *f*.

tártaro, ra ◆ adj **1.** [pueblo] tartare **2.** ⟶ **salsa.** ◆ sm, f Tartare *mf*.

tartera sf [fiambrera] gamelle *f*.

tarugo sm **1.** *fam* [necio] abruti *m* **2.** [de madera] gros morceau *m* de bois ; [de pan] quignon *m* de pain.

tarumba adj *fam* ▸ **estar tarumba** être dingue.

tasa sf **1.** [índice] taux *m* ▸ **tasa de crecimiento** taux de croissance ▸ **tasa de desempleo** o **paro** taux de chômage **2.** [precio, impuesto] taxe *f* ▸ **tasa de importación** taxe à l'importation ▸ **tasas académicas** droits *mpl* d'inscription (à l'université) **3.** [tasación] taxation *f*.

tasación sf taxation *f*.

tasador, ra ◆ adj ⟶ **perito.** ◆ sm, f commissaire-priseur *m*.

tasar vt **1.** [valorar] expertiser **2.** [fijar precio] taxer.

tasca sf **1.** [taberna] bistrot *m* ▸ **ir de tascas** faire la tournée des bistrots **2.** PERÚ [olas] remous *m*.

taser® ['teiser] sm Taser® *m*.

Tasmania npr Tasmanie *f*.

tasquear vi faire la tournée des bistrots.

tasqueo sm tournée *f* des bistrots.

tata sf ⟶ **tato**.

tatami sm tatami *m*.

tatarabuelo, la sm, f trisaïeul *m*, -e *f*.

tataranieto, ta sm, f arrière-arrière-petit-fils *m*, arrière-arrière-petite-fille *f*.

tate interj ▸ **¡tate!** **a)** [cuidado] attention ! **b)** [ya veo] j'y suis !

tato, ta sm, f *fam* grand frère *m*, grande sœur *f*. ◆ **tata** sf **1.** *fam* [niñera] nounou *f* **2.** AM *fam* [padre] papa *m*.

tatuador, ra sm tatoueur *m*, -euse *f*.

tatuaje sm tatouage *m*.

tatuar [6] vt & vi tatouer.
◆ **tatuarse** vprnl se faire tatouer.

taumaturgia sf thaumaturgie *f*.

taumaturgo, ga sm, f thaumaturge *mf*.

taurino, na adj taurin(e).

Tauro ◆ sm inv [zodiaco] Taureau *m inv* ▸ **ser Tauro** être Taureau. ◆ smf inv [persona] taureau *m inv*.

tauromaquia sf tauromachie *f*.

tautología sf tautologie *f*.

tautológico, ca adj tautologique.

TAV (*abr de* **tren de alta velocidad**) sm *train à grande vitesse espagnol* ; ≃ TGV *m*.

taxativo, va adj strict(e).

taxi sm taxi *m*.

taxidermia sf taxidermie *f*.

taxidermista smf taxidermiste *mf*.

taxímetro sm compteur *m (de taxi)*.

taximoto sm moto-taxi *f*.

taxista smf chauffeur *m* de taxi.

taxonomía sf taxinomie *f*.

taxonomista smf taxinomiste *mf*.

Tayikistán npr Tadjikistan *m*.

tayiko, ka ◆ adj tadjik(e). ◆ sm, f Tadjik *m*, -e *f*.

taza sf **1.** [para beber] tasse *f* **2.** [de retrete] cuvette *f*.

tazón sm bol *m*.

tb SMS *abr escrita de* **también**.

Tbilisi npr Tbilissi.

TC (*abr de* **Tribunal Constitucional**) sm ≃ Conseil *m* constitutionnel.

te pron pers **1.** [gen] te, t' *(delante de vocal)* / *vengo a verte* je viens te voir / *te quiero* je t'aime / *te lo dio* il te l'a donné / *te tiene miedo* il a peur de toi / *¡mírate!* regarde-toi ! / *¡no te pierdas!* ne te perds pas ! / *te gusta leer* tu aimes lire / *te crees muy listo* tu te crois très malin **2.** *fam* [impersonal] on / *si te dejas pisar, estás perdido* si on se laisse marcher sur les pieds, on est perdu.

té sm thé *m*.

tea sf torche *f*.

teasing ['tisin] sm [en marketing] teasing *m*.

teatral adj théâtral(e).

teatralidad sf théâtralité *f*.

teatralizar [13] vt théâtraliser.

teatrero, ra adj *fam* **1.** [teatral] théâtral(e) **2.** [aficionado al teatro] passionné(e) de théâtre.

teatro sm **1.** [gen] théâtre *m* ▸ **teatro de variedades** théâtre de variétés ▸ **teatro lírico** théâtre lyrique **2.** [fingimiento] : *es todo teatro* c'est de la comédie ▸ **hacer teatro** jouer la comédie.

tebeo® sm bande *f* dessinée ▸ **está más visto que el tebeo** *fig* tout le monde connaît.

teca sf teck *m*.

techado sm toiture *f*.

techar vt poser la toiture de.

techo sm **1.** [cara interior, tope] plafond *m* ▸ **techo artesonado** plafond à caissons **2.** [tejado, hogar] toit *m* ▸ **bajo techo** sous un toit ▸ **techo corredizo** toit ouvrant.

techumbre sf toiture *f*.

tecla sf [gen & INFORM] touche *f* ▸ **pulsar** o **tocar una tecla** appuyer sur une touche ▸ **tecla aceleradora** raccourci clavier ▸ **tecla de borrado** touche d'effacement ▸ **tecla de control** touche de contrôle ▸ **tecla de función** touche de fonction ▸ **tecla de retorno** touche retour chariot ▸ **tocar muchas teclas** *fig* user de son influence.

teclado sm [gen & INFORM] clavier *m* ▸ **teclado expandido** clavier étendu ▸ **teclado numérico** pavé *m* numérique.

tecleado sm [en computadora] saisie *f*.

teclear vi [en máquina, etc.] taper.

tecleo sm [en máquina, etc.] frappe *f*.

teclista smf claviste *mf*.

tecnicismo sm **1.** [cualidad] technicité *f* **2.** [término] terme *m* technique.

técnico, ca ❖ adj technique. ❖ sm, f technicien *m*, -enne *f*. ◆ **técnica** sf technique *f*.

tecnicocomercial adj technico-commercial(e).

Tecnicolor® sm Technicolor® *m*.

tecnificación sf technicisation *f*.

tecnificar [10] vt techniciser.

tecno sm inv musique *f* techno.

tecnociencia sf technoscience *f*.

tecnocracia sf technocratie *f*.

tecnócrata ❖ adj technocratique. ❖ smf technocrate *mf*.

tecnocratización sf technocratisation *f*.

tecnología sf technologie *f* ▸ **tecnología punta** technologie de pointe.

tecnológico, ca adj technologique.

tecnólogo, ga sm, f technologue *mf*.

tecno(-)pop sm techno-pop *f*.

tecolote sm AM hibou *m*.

tecomate sm MÉX CAM **1.** [calabaza] calebasse *f* **2.** [recipiente] *récipient fait à partir d'une calebasse ou d'une noix de coco.*

tectónico, ca adj tectonique.
◆ **tectónica** sf tectonique *f*.

tedéum sm inv Te Deum *m inv*.

tedio sm ennui *m*.

tedioso, sa adj ennuyeux(euse).

teflón® sm Téflon® *m*.

Tegucigalpa npr Tegucigalpa.

Teherán npr Téhéran.

Teide npr ▸ **el Teide** le Teide.

teísmo sm théisme *m*.

teja sf tuile *f*. ◆ **a toca teja** loc adv rubis sur l'ongle.

tejado sm toit *m*.

tejano, na ❖ adj **1.** [de Texas] texan(e) **2.** [tela] en jean. ❖ sm, f [persona] Texan *m*, -e *f*.
◆ **tejanos** smpl [pantalones] jean *m*.

tejar ❖ sm tuilerie *f*. ❖ vt tuiler.

Tejas = **Texas**.

tejedor, ra ❖ adj **1.** [que teje] à tisser ; [máquina] à tricoter **2.** CHILE PERÚ *fam* [conspirador] intrigant(e). ❖ sm, f tisserand *m*, -e *f* ; [de punto] tricoteur *m*, -euse *f*.

tejeduría sf tissage *m*.

tejemaneje sm *fam* **1.** [maquinación] manigance *f* **2.** [ajetreo] remue-ménage *m inv*.

tejer ❖ vt **1.** [gen] tisser ; [labor de punto] tricoter ; [labor de ganchillo] faire au crochet **2.** [mimbre, esparto] tresser **3.** *fig* [idear] tramer. ❖ vi [hacer punto] tricoter ; [hacer ganchillo] faire du crochet.

tejido sm **1.** [tela, combinación] tissu *m* **2.** AM [de lana] pull *m* **3.** AM [labor] tricot *m*.

tejo sm **1.** [disco] palet *m* **2.** BOT if *m* **3.** EXPR **tirar los tejos a alguien** *fam* faire des avances à qqn.

tejón sm ZOOL blaireau *m*.

tel., teléf., tfno. (*abr escrita de* **teléfono**) tél.

tela sf **1.** [gen] tissu *m* **2.** [tejido basto, cuadro] toile *f* **3.** *fam* [cosa complicada] ▸ **¡tela marinera!** c'est quelque chose ! ▸ **tener (mucha) tela** donner du fil à retordre ▸ **¡vaya tela!** c'est coton ! **4.** EXPR **hay tela (para rato)** [ser largo] il y en a pour un moment ▸ **tener tela de trabajo** *fam* avoir du pain sur la planche ▸ **poner en tela de juicio** remettre en cause. ◆ **tela asfáltica** sf couverture *f* bitumée. ◆ **tela metálica** sf grillage *m*.

telar sm [máquina] métier *m* à tisser.
◆ **telares** smpl [fábrica] usine *f* textile.

telaraña sf toile *f* d'araignée ▸ **la telaraña** [en Internet] la Toile.

tele sf *fam* télé *f*.

teleadicto, ta adj & sm, f mordu(e) de télé.

telearrastre sm remonte-pente *m*.

teleasistencia sf [para ancianos, discapacitados] aide *f* à domicile.

telebanca sf télébanque *f*.

telebasura sf télé-poubelle *f*.

telecabina sf télécabine *f*.

telecomedia sf sitcom *m ou f*.

telecompra sf téléachat *m*.

telecomunicación sf [medio] télécommunication *f*.
◆ **telecomunicaciones** sfpl [red] télécommunications *fpl*.

teleconferencia sf téléconférence *f*.

telecontrol sm télécommande *f*.

telediario sm journal *m* télévisé.

teledifusión sf télédiffusion *f*.

teledirigido, da adj téléguidé(e).

teledirigir [15] vt téléguider.

teléf. = **tel.**

telefax sm télécopieur *m*.

teleférico sm téléphérique *m*.

telefilme, telefilm (*pl* **telefilms**) sm téléfilm *m*.

telefonazo sm *fam* coup *m* de fil ▸ **dar un telefonazo a alguien** donner o passer un coup de fil à qqn.

telefonear vi téléphoner.
◆ **telefonearse** vprnl s'appeler *(au téléphone)*.

telefonía sf téléphonie *f* ▸ **telefonía fija** o **convencional** téléphonie fixe ▸ **telefonía móvil** téléphonie mobile.

telefónico, ca adj téléphonique.

telefonillo sm *fam* interphone *m*.

telefonista smf standardiste *mf*.

teléfono sm téléphone *m* ▸ **colgar el teléfono** raccrocher (le téléphone) ▸ **hablar a alguien por teléfono** avoir qqn au téléphone ▸ **llamar por teléfono** téléphoner ▸ **teléfono inalámbrico** téléphone sans fil ▸ **teléfono modular** téléphone cellulaire ▸ **teléfono inteligente** smartphone *m* ▸ **teléfono móvil** téléphone portable ▸ **teléfono público** téléphone public ▸ **teléfono rojo** téléphone rouge ▸ **teléfono sin manos** appareil *m* « mains-libres ».

telefotografía sf téléphotographie *f*.

telegrafía sf télégraphie *f*.

telegrafiar [9] vt & vi télégraphier.

telegráfico, ca adj télégraphique.

telegrafista smf télégraphiste *mf*.

telégrafo sm [medio, aparato] télégraphe *m*.
◆ **telégrafos** smpl [oficina] télégraphe *m*.

telegrama sm télégramme *m*.

telehuevo sm *fam* œuf *m (télécabine)*.

teleinformática sf téléinformatique *f*.

telejuego sm jeu *m* vidéo.

telekinesia = **telequinesia**.

telele sm *fam* ▸ **le dio un telele a)** [se desmayó] il a tourné de l'œil **b)** [se sorprendió] ça lui a fichu un coup.

telemando sm télécommande *f*.

telemaratón sm téléthon *m*.

telemarketing sm télémarketing *m*, marketing *m* téléphonique.

telemático, ca adj télématique.
◆ **telemática** sf télématique *f*.

telémetro sm télémètre *m*.

telenovela sf feuilleton *m* télévisé.

teleñeco sm marionnette *f (utilisée dans une émission de télévision)*.

teleobjetivo sm téléobjectif *m*.

telepago sm télépaiement *m* / *ya es posible el telepago de los impuestos* le télépaiement des impôts est désormais possible.

telepatía sf télépathie *f*.

telepático, ca adj télépathique.

telepeaje sm télépéage *m*.

teleplatea sf CSUR téléspectateurs *mpl*, audience *f* télévisée.

telepredicador, ra sm, f téléprédicateur *m*, -trice *f*.

telepromter sm prompteur *m*, téléprompteur *m*.

telequinesia, telekinesia sf télékinésie *f*.

telerralidad sf télé-réalité *f*.

telerrealidad sf TV téléréalité *f*.

telescópico, ca adj télescopique.

telescopio sm télescope *m*.

teleserie sf TV série *f* télévisée.

telesilla sm télésiège *m*.

telespectador, ra sm, f téléspectateur *m*, -trice *f*.

telesquí (*pl* **telesquís** *o* **telesquíes**) sm téléski *m*.

teletaquilla sf kiosque *m* interactif.

teletexto sm télétexte *m*.

teletienda sf téléachat *m*.

teletipo sm Télétype® *m*.

teletrabajador, ra sm, f télétravailleur *m*, -euse *f*.

teletrabajo sm télétravail *m*.

televangelismo sm télévangélisme *m*.

televangelista smf télévangéliste *mf*.

televendedor, ra sm, f télévendeur *m*, -euse *f*.

televenta sf télévente *f*.

televidente smf téléspectateur *m*, -trice *f*.

televisado, da adj télévisé(e).

televisar vt téléviser.

televisión sf télévision *f* ▸ **ver la televisión** regarder la télévision ▸ **televisión en blanco y negro** télévision noir et blanc ▸ **televisión en color** télévision couleur ▸ **televisión por cable** télévision par câble ▸ **televisión privada / pública** télévision privée/publique ▸ **televisión vía satélite** télévision par satellite.

televisivo, va adj [programa, entrevista, etc.] télévisé(e).

televisor sm téléviseur *m*.

télex sm inv télex *m*.

telón sm TEATRO & CINE rideau *m* ▸ **telón de acero** *fig* rideau de fer ▸ **telón de fondo** *fig* toile *f* de fond.

telonear vt MÚS jouer en première partie de.

telonero, ra adj ▸ **ser telonero** passer en première partie *(d'un spectacle, d'un concert)*.

telúrico, ca adj tellurique.

telurio sm tellure *m*.

tema sm **1.** [gen] sujet *m* ▸ **tema de actualidad** sujet d'actualité **2.** MÚS thème *m*.

temario sm EDUC programme *m*.

temático, ca adj thématique.
◆ **temática** sf thème *m*.

tembladera sf ▸ **llevar una tembladera** trembler comme une feuille ▸ **tembladera de los ovinos** tremblante *f* du mouton.

temblar [19] vi trembler ▸ **temblar de frío / de miedo** trembler de froid/de peur.

tembleque sm tremblement *m* ▸ **le dio** o **le entró un tembleque** il s'est mis à trembler comme une feuille.

temblequear vi *fam* trembloter.

temblón, ona adj tremblant(e).

temblor sm tremblement *m* ▸ **temblor de tierra** tremblement de terre.

tembloroso, sa adj tremblant(e).

temer ❖ vt ▸ **temer (algo / a alguien)** craindre (qqch/qqn) / *teme el agua / a su madre* il a peur de l'eau/de sa mère / *temo que se vaya* je crains qu'il ne s'en aille. ❖ vi avoir peur, craindre / *teme por sus hijos* il a peur pour ses enfants ▸ **no temas** ne crains rien ▸ **temer por la vida de alguien** craindre pour la vie de qqn. ◆ **temerse** vprnl craindre / *me temo lo peor* je crains le pire.

temerario, ria adj téméraire ; [juicio, acusación] hâtif(ive).

temeridad sf **1.** [valor] témérité *f* **2.** [insensatez] : *es una temeridad* c'est de l'inconscience.

temeroso, sa adj **1.** [receloso] peureux(euse) **2.** [temible] effrayant(e).

temible adj redoutable.

temor sm crainte *f* ▸ **temor a** o **de** crainte de ▸ **temor a que** o **de que** crainte que ▸ **por temor a** o **de** par crainte de.

témpano sm ▸ **témpano (de hielo)** glaçon *m*.

témpera sf ARTE [pintura] tempera *f*.

temperado, da adj tempéré(e).

temperamental adj **1.** [con carácter] qui a du tempérament **2.** [impulsivo] lunatique.

temperamento sm tempérament *m*.

temperancia sf tempérance *f*.

temperar ❖ vt **1.** [enfriar] refroidir **2.** [moderar] tempérer **3.** MED calmer. ❖ vi COL VEN [cambiar de aires] changer d'air.

temperatura sf température *f* ▸ **tomar la temperatura a alguien** prendre la température à qqn ▸ **temperatura ambiental** température ambiante ▸ **temperatura máxima / mínima** température maximale/minimale.

tempestad sf tempête *f*.

tempestuoso, sa adj orageux(euse) ; [persona] tempétueux(euse).

templado, da adj **1.** [tibio - agua, bebida, comida] tiède **2.** [clima, zona & MÚS] tempéré(e) **3.** [persona, carácter - moderado] modéré(e) ; [- sereno] calme.

templanza sf **1.** [moderación] tempérance *f* ; [serenidad] ▸ **tener templanza** savoir garder son calme **2.** [del clima] douceur *f*.

templar ❖ vt **1.** [entibiar] faire tiédir **2.** [calmar - ánimos, nervios] calmer **3.** TECNOL [metal, etc.] tremper **4.** [café, whisky, etc.] couper **5.** MÚS accorder **6.** [tornillo, bisagra, etc.] resserrer. ❖ vi [tiempo, temperatura] s'adoucir. ◆ **templarse** vprnl [tiempo, temperatura] se radoucir ; [líquido] tiédir.

templario sm templier *m*.

temple sm **1.** [serenidad] ▸ **estar de buen / mal temple** être de bonne/mauvaise humeur ▸ **tener temple** savoir garder son calme **2.** TECNOL trempe *f* **3.** ARTE détrempe *f* ▸ **al temple** à la détrempe.

templete sm kiosque *m (à musique)*.

templo sm temple *m* ; [católico] église *f*.

tempo sm tempo *m*.

temporada sf [gen] saison *f* ; [de exámenes] période *f* ▸ **de temporada** a) [fruta] de saison b) [trabajo, actividad] saisonnier(ère) ▸ **temporada alta / baja** haute/basse saison ▸ **temporada media** intersaison *f* ▸ **una temporada** [periodo indefinido] un certain temps, quelque temps.

temporal ❖ adj **1.** [gen & RELIG] temporel(elle) **2.** [provisional] temporaire **3.** ANAT temporal(e). ❖ sm **1.** [tormenta] tempête *f* ▸ **capear el temporal** a) braver la tempête b) *fig* affronter des tempêtes **2.** ANAT temporal *m*.

temporalidad sf temporalité *f*.

temporalmente adv temporairement.

temporariamente adv AM temporairement.

temporario, ria adj AM temporaire.

temporero, ra ❖ adj temporaire. ❖ sm, f travailleur *m*, -euse *f* temporaire.

temporizador sm minuterie *f*.

temporizar [13] vi composer *(transiger)*.

tempranamente adv **1.** [temprano] de manière précoce **2.** [prematuramente] prématurément.

tempranero, ra adj BOT précoce ; [persona] matinal(e).

temprano, na adj précoce ▸ **a horas tempranas** de bonne heure ▸ **frutas / verduras tempranas** primeurs *fpl* / *es una época temprana para hacer la vendimia* il est trop tôt pour faire les vendanges. ◆ **temprano** adv tôt.

ten ❖ sm *fam* ▸ **ten con ten** doigté. ❖ v ⟶ **tener.**

Cómo expresar el temor

- **Il n'y a rien à craindre.** *No hay nada que temer.*
- **Il a peur du noir.** *Le da miedo la oscuridad.*
- **Elle a la phobie des araignées.** *Tiene fobia a las arañas.*
- **Il a très peur en avion.** *Le da mucho miedo ir en avión.*
- **Nous avons eu une frayeur lorsqu'il nous a appelés.** *Nos llevamos un susto cuando nos llamó.*
- **J'ai peur de ne pas avoir assez de temps pour tout faire.** *Me temo no disponer de bastante tiempo para hacerlo todo.*
- **J'ai une appréhension pour mon opération.** *Siento aprensión por la operación.*
- **Il a la trouille pour son examen demain.** *fam El examen de mañana le da canguelo.*

tenacidad sf ténacité *f*.

tenacillas sfpl pincettes *fpl* ; [para el pelo] fer *m* à friser ; [para el azúcar] pince *f* à sucre.

tenaz adj tenace.

tenaza sf *(gen pl)* **1.** [herramienta] tenailles *fpl* **2.** [de crustáceos] pince *f*.

tendal sm [toldo] bâche *f*.

tendedero sm étendoir *m*.

tendencia sf ▸ **tendencia (a)** tendance *f* (à).

tendencioso, sa adj tendancieux(euse).

tender [20] ❖ vt **1.** [gen] étendre ▸ **tender la ropa** étendre le linge **2.** [extender, tramar] tendre ▸ **tender la mano** tendre la main ▸ **tender una trampa** tendre un piège **3.** [puente, vía férrea] construire **4.** AM [cama] faire **5.** AM [mesa] mettre. ❖ vi ▸ **tender a a)** tendre à **b)** [color] tirer sur. ◆ **tenderse** vprnl s'étendre.

tenderete sm étalage *m*.

tendero, ra sm, f petit commerçant *m*, petite commerçante *f* ; [de comestibles] épicier *m*, -ère *f*.

tendido, da adj **1.** [gen] étendu(e) **2.** [extendido] tendu(e).

◆ **tendido** sm **1.** [instalación] pose *f* **2.** TAUROM gradins *mpl*.

tendinitis sf inv MED tendinite *f*.

tendón sm tendon *m*.

tendrá ⟶ **tener**.

tenebrismo sm ténébrisme *m*.

tenebrista smf ténébriste *mf*.

tenebroso, sa adj sombre ; *fig* ténébreux(euse).

tenedor[1] sm fourchette *f*.

tenedor[2], **ra** sm, f COM détenteur *m*, -trice *f* ▸ **tenedor de libros** comptable *m*.

teneduría sf COM comptabilité *f*.

tenencia sf détention *f* ▸ **tenencia ilícita de armas** détention d'armes.

tener [72]

❖ v aux

1. *(delante de pp)* [haber] avoir / *teníamos pensado ir al teatro* nous avions pensé aller au théâtre / *tengo leído medio libro* j'ai lu la moitié du livre

2. *(delante de participio o adj)* [mantener] *me tuvo despierto* ça m'a tenu éveillé / *eso la tiene entretenida* ça l'occupe

3. *(delante de infin)* [expresa obligación] ▸ **tener que** devoir / *tengo que irme* je dois partir, il faut que je parte

4. [expresa propósito] *tenemos que salir a cenar juntos* il faut que nous allions dîner ensemble

❖ vt

1. [gen] avoir / *tiene mucho dinero* il a beaucoup d'argent / *tengo un hermano mayor* j'ai un frère aîné / *¿cuántos años tienes?* quel âge as-tu ? / *tengo hambre* j'ai faim / *tiene buen corazón* il a bon cœur / *le tiene lástima* il a pitié de lui / *tendrá una sorpresa* il aura une surprise / *tener un niño* avoir un enfant / *tener huéspedes* avoir des invités / *hoy tengo clase* j'ai cours aujourd'hui / *tiene algo que decirnos* il a quelque chose à nous dire

2. [medir] faire / *la sala tiene cuatro metros de largo* le salon fait quatre mètres de long

3. [sujetar, coger] tenir / *tenlo por el asa* tiens-le par l'anse

4. [estar] *aquí tiene su cambio* voici votre monnaie ▸ **aquí me tienes** me voici

5. [para desear] *¡que tengas un buen viaje!* bon voyage ! / *que tengan unas felices Navidades* joyeux Noël !

6. [valorar, considerar] ▸ **tener a alguien por** o **como** prendre qqn pour ▸ **tener algo por** o **como** considérer qqch comme ▸ **ten por seguro que lloverá** tu peux être sûr qu'il pleuvra ▸ **tener a alguien en menos** ne pas avoir d'estime pour qqn ▸ **tener a alguien en mucho** avoir beaucoup d'estime pour qqn ▸ **tener a alguien en poco** avoir peu d'estime pour qqn

7. EXPR **¿conque esas tenemos? ¿te niegas a hacerlo?** alors comme ça, tu ne veux pas le faire ? ▸ **no las tiene todas consigo** il n'en mène pas large ▸ **le ruego tenga a bien mandarme...** je vous prie de bien vouloir m'envoyer... ▸ **tener lugar** avoir lieu ▸ **tener presente algo / alguien** se souvenir de qqch / qqn ▸ **tener que ver con algo / alguien** avoir à voir avec qqch / qqn

◆ **tenerse** vprnl **1.** [sostenerse] : *tenerse de pie* **a)** [borracho] tenir debout **b)** [niño] se tenir debout **2.** [considerarse] ▸ **tenerse por algo / alguien** se croire qqch / qqn / *se tiene por listo* il se croit intelligent.

Tenerife npr Tenerife, Ténériffe.

tenia sf ténia *m*.

tenida sf AM tenue *f (vêtement)*.

teniente sm lieutenant *m* ▸ **teniente coronel** lieutenant-colonel *m* ▸ **teniente general** général *m* de corps d'armée. ◆ **teniente (de) alcalde** smf adjoint *m* au maire.

tenis ❖ sm inv tennis *m* ▸ **tenis de mesa** tennis de table. ❖ sfpl tennis *mpl* & *fpl*.

tenista smf joueur *m*, -euse *f* de tennis.

tenístico, ca adj tennistique ; [mundo, etc.] du tennis.

Tenochtitlán npr HIST Tenochtitlán.

tenor sm **1.** MÚS ténor *m* **2.** [estilo] teneur *f* ▸ **algo a este tenor** qqch dans ce goût. ◆ **a tenor de** loc prep compte tenu de.

tenorio sm don Juan *m* / *es un tenorio* c'est un don Juan.

tensado sm tension *f (d'une corde, etc.)*.

tensar vt tendre.

tensión sf tension *f* ▸ **en tensión** tendu(e) ▸ **alta tensión** haute tension ▸ **tensión (arterial)** tension (artérielle).

tenso, sa adj tendu(e).

tensor, ra adj ▸ **los músculos tensores** les muscles tenseurs. ◆ **tensor** sm **1.** [dispositivo] tendeur *m* **2.** ANAT tenseur *m*.

tentación sf **1.** tentation *f* ▸ **caer en la tentación** succomber à la tentation ▸ **ser una tentación** être tentant(e) ▸ **tener la tentación de** être tenté(e) de **2.** EXPR **dar tentación** RP faire rire.

tentáculo sm tentacule *m*.

tentado, da adj ▸ **estar tentado de hacer algo** être tenté de faire qqch.

tentador, ra adj tentant(e).

tentar [19] vt **1.** [gen] tenter **2.** [tocar] tâter. ◆ **tentarse** vprnl **1.** [palparse] se tâter **2.** RP [dar risa] avoir envie de rire.

tentativa sf tentative *f*; DEP essai *m* ▸ **tentativa de asesinato** tentative de meurtre.

tentempié sm en-cas *m inv*; [juguete] culbuto *m*.

tenue adj [lluvia, tela] fin(e); [voz] faible; [dolor] léger(ère); [hilo, luz] ténu(e).

teñido sm teinture *f*.

teñir [26] vt : *teñir (de rojo, etc.)* teindre (en rouge, etc.). ◆ **teñirse** vprnl ▸ **teñirse el pelo** se teindre les cheveux / *teñirse de rubio / moreno* se teindre en blond / brun.

teocracia sf théocratie *f*.

teocrático, ca adj théocratique.

teología sf théologie *f* ▸ **teología de la liberación** théologie de la libération.

teológico, ca adj théologique.

teólogo, ga sm, f théologien *m*, -enne *f*.

teorema sm théorème *m*.

teorético, ca adj **1.** [de la teoría] théorétique **2.** [del teorema] théorématique.

teoría sf théorie *f* ▸ **en teoría** en théorie ▸ **teoría de la información / del conocimiento** théorie de l'information / de la connaissance ▸ **teoría monetaria** théorie monétaire.

teóricamente adv théoriquement.

teórico, ca ❖ adj théorique. ❖ sm, f [persona] théoricien *m*, -enne *f*. ◆ **teórica** sf [teoría] théorie *f*; [del examen de conducir] code *m*.

teorizador, ra adj qui théorise.

teorizar [13] vi théoriser.

tepache sm MÉX *boisson non alcoolisée à base d'ananas fermenté*.

tequila sm o sf tequila *f*.

terabyte [tera'βait] sm INFORM terabyte *m*.

terapeuta smf thérapeute *mf*.

terapéutico, ca adj thérapeutique. ◆ **terapéutica** sf thérapeutique *f*.

terapia sf thérapie *f* ▸ **terapia de grupo** thérapie de groupe ▸ **terapia intensiva** MÉX RP soins intensifs ▸ **terapia ocupacional** ergothérapie *f*.

tercer ⟶ **tercero**.

tercera sf ⟶ **tercero**.

tercermundismo sm tiers-mondisme *m*.

tercermundista adj du tiers-monde; [política, actitud] tiers-mondiste.

tercero, ra adj num *(delante de sm sing:* ***tercer****)* troisième ▸ **tercera parte** tiers *m* ▸ **a la tercera va la vencida** *fig* la troisième fois sera la bonne. ***Ver también* sexto.** ◆ **tercera** sf AUTO troisième *f*. ◆ **tercero** sm **1.** [piso] troisième *m* **2.** [curso - escolar] ≃ quatrième *f*; [- universitario] troisième année *f* **3.** [mediador] tiers *m*, tierce personne *f* ▸ **el tercero en discordia** le troisième larron.

terceto sm **1.** [estrofa] tercet *m* **2.** MÚS trio *m*.

terciar [8] ❖ vt **1.** [colocar en diagonal] mettre en travers; [arma] mettre en bandoulière **2.** [dividir] couper en trois. ❖ vi **1.** [mediar] intervenir, s'interposer **2.** [participar] ▸ **terciar (en)** prendre part (à). ◆ **terciarse** vprnl se présenter ▸ **si se tercia** si l'occasion se présente.

terciario, ria adj tertiaire. ◆ **terciario** sm GEOL tertiaire *m*.

tercio sm **1.** [tercera parte] tiers *m* **2.** MIL régiment *m* d'infanterie ▸ **tercio de la guardia civil** brigade *f* de la garde civile **3.** TAUROM *nom donné à chacune des trois étapes de la corrida* **4.** EXPR **hacer mal tercio** MÉX tenir la chandelle.

terciopelo sm velours *m*.

terco, ca adj & sm, f entêté(e).

tergal® sm Tergal® *m*.

tergiversación sf déformation *f (de propos)*.

tergiversador, ra ❖ adj tendancieux(euse). ❖ sm, f : *es un tergiversador* il dénature les faits.

tergiversar vt déformer *(les propos de qqn)*.

termal adj thermal(e).

termas sfpl thermes *mpl*.

térmico, ca adj thermique.

terminación sf **1.** [finalización] achèvement *m* **2.** [parte final] extrémité *f* **3.** GRAM terminaison *f*.

terminal ❖ adj final(e) ▸ **en fase terminal** MED en phase terminale. ❖ sm **1.** INFORM terminal *m* **2.** ELECTR borne *f*. ❖ sf [de aeropuerto] terminal *m*; [de autobuses] terminus *m*. ◆ **terminal videotex** sm terminal *m* vidéotex.

terminante adj **1.** [tajante] catégorique, formel(elle) **2.** [prueba] concluant(e).

terminantemente adv formellement / *queda terminantemente prohibido...* il est formellement interdit de....

terminar ❖ vt terminer, finir / *terminar un trabajo* terminer un travail / *terminar la carrera* finir ses études. ❖ vi **1.** [acabar] se terminer, finir / *las vacaciones terminan* les vacances se terminent ▸ **terminar con** en finir avec / *hemos terminado con este tema* nous en avons fini avec ce sujet / *terminó de conserje en...* il a fini concierge dans... ▸ **terminar de / por hacer algo** finir de / par faire qqch ▸ **terminar en** se terminer en / *terminó en pelea* ça s'est terminé en bagarre

2. [pareja] rompre. ◆ **terminarse** vprnl **1.** [finalizarse] se terminer **2.** [agotarse] : *se ha terminado el butano* il n'y a plus de gaz.

término sm **1.** [fin] fin *f* ▸ **dar término a algo** achever qqch ▸ **poner término a algo** mettre un terme à qqch **2.** [territorio] ▸ **término (municipal)** ≃ commune *f* **3.** [plazo] délai *m* ▸ **en el término de** dans un délai de **4.** [lugar, posición] plan *m* ▸ **en primer término** ARTE & FOTO au premier plan ▸ **en último término** *fig* en dernier recours **5.** [elemento] ▸ **considerar algo término por término** étudier qqch point par point **6.** LING & MAT terme *m* **7.** [de transportes] ▸ **la estación de término** le terminus. ◆ **término medio** sm juste milieu *m* ▸ **por término medio** en moyenne. ◆ **términos** smpl [palabras] termes *mpl* / *los términos del contrato* les termes du contrat ▸ **en términos generales** en règle générale ▸ **estar en buenos / malos términos** être en bons / mauvais termes.

terminología sf terminologie *f*.

terminológico, ca adj terminologique.

termita sf termite *m*.

termo sm Thermos® *f*.

termoaislante adj calorifuge.

termodinámico, ca adj thermodynamique. ◆ **termodinámica** sf thermodynamique *f*.

termoeléctrico, ca adj thermoélectrique.

termometría sf thermométrie *f*.

termométrico, ca adj thermométrique.

termómetro sm thermomètre *m* ▸ **termómetro centígrado / clínico** thermomètre centigrade / médical.

termonuclear adj thermonucléaire.

termorregulador sm thermorégulateur *m*.

termostato sm thermostat *m*.

terna sf POLÍT *groupe de trois candidats*.

ternario, ria adj ternaire.

ternasco sm agneau *m* de lait.

ternero, ra sm, f [animal] veau *m*, génisse *f*. ◆ **ternera** sf [carne] veau *m*.

terno sm **1.** *fam* [trío] : *son el terno infernal* c'est le trio infernal **2.** [traje] complet *m*.

ternura sf tendresse *f*.

terquedad sf entêtement *m*.

terracota sf terre *f* cuite.

terrado sm terrasse *f (toit)*.

terral, tierral sm AM nuage *m* de poussière.

Terranova npr Terre-Neuve *f*.

terraplén sm terre-plein *m*.

terráqueo, a adj [globo] terrestre.

terrario, terrarium sm terrarium *m*.

terrateniente smf propriétaire *m* terrien, propriétaire *f* terrienne.

terraza sf terrasse *f* ; [balcón] balcon *m*.

terrazo sm [suelo] granito *m*.

terremoto sm tremblement *m* de terre.

terrenal adj terrestre.

terreno, na adj terrestre. ◆ **terreno** sm **1.** [gen & DEP] terrain *m* ▸ **estar** o **encontrarse alguien en su propio terreno** être sur son terrain ▸ **ganar terreno** gagner du terrain ▸ **perder terreno** perdre du terrain ▸ **preparar** o **trabajar el terreno** préparer le terrain ▸ **reconocer** o **tantear el terreno** reconnaître o tâter le terrain ▸ **saber alguien el terreno que pisa** **a)** [asunto] connaître le sujet à fond **b)** [persona] savoir à qui on a affaire ▸ **ser terreno abonado (para algo)** être le terrain idéal (pour qqch) ▸ **sobre el terreno** **a)** [in situ] sur le terrain **b)** [improvisando] sur le moment **2.** *fig* [ámbito] domaine *m*.

térreo, a adj terreux(euse).

terrestre ◈ adj terrestre. ◈ smf [habitante] terrien *m*, -enne *f*.

terrible adj terrible.

terrícola ◈ adj terrestre. ◈ smf [habitante] terrien *m*, -enne *f*.

terrier sm ZOOL terrier *m*.

territorial adj territorial(e).

territorialidad sf DER territorialité *f*.

territorio sm territoire *m*.

terrón sm **1.** [de tierra] motte *f* **2.** [de azúcar] morceau *m*.

terror sm terreur *f* ; CINE horreur *f* ▸ **dar terror** terrifier.

terrorífico, ca adj terrifiant(e).

terrorismo sm terrorisme *m* ▸ **terrorismo ecológico** écoterrorisme *m*.

terrorista adj & smf terroriste.

terroso, sa adj terreux(euse).

terruño sm [terrón] motte *f* (de terre) ; [terreno] lopin *m* de terre ; [patria] pays *m* natal.

terso, sa adj **1.** [piel, superficie] lisse **2.** [aguas, mar] limpide.

tersura sf [de piel] douceur *f*.

tertulia sf *réunion informelle au cours de laquelle un thème particulier est abordé*.

tertuliano, na sm, f **1.** [en reunión] habitué *m*, -e *f* **2.** RADIO & TV invité *m*, -e *f*.

tertuliar vi AM débattre.

Teruel npr Teruel.

tesauro sm thésaurus *m*, thesaurus *m*.

tesela sf tesselle *f*.

tesina sf EDUC ≃ mémoire *m (de maîtrise)*.

tesis sf inv thèse *f*.

tesitura sf **1.** [circunstancia] situation *f* ▸ **en tal tesitura** dans de telles circonstances **2.** MÚS tessiture *f*.

tesón sm persévérance *f*.

tesorería sf trésorerie *f*.

tesorero, ra sm, f trésorier *m*, -ère *f*.

tesoro sm **1.** [gen] trésor *m* / *ven aquí, tesoro fig* [apelativo] viens ici, mon trésor **2.** [persona valiosa] perle *f*.
◆ **Tesoro Público** sm Trésor *m* public.

test (*pl* **tests**) sm test *m* ▸ **test de embarazo** test de grossesse.

testa sf [cabeza] tête *f*; [frente] front *m*.
◆ **testa coronada** sf tête *f* couronnée.

testado, da adj **1.** [sucesión, herencia] testamentaire **2.** [difunto] ▸ **la persona testada** le testateur.

testaferro sm prête-nom *m*.

testamentaría sf **1.** [ejecución] exécution *f* testamentaire **2.** [documentos] papiers *mpl* de la succession **3.** [bienes] biens *mpl* successoriaux.

testamentario, ria ❖ adj testamentaire. ❖ sm, f exécuteur *m*, -trice *f* testamentaire.

testamento sm testament *m*.
◆ **Antiguo Testamento** sm Ancien Testament *m*.
◆ **Nuevo Testamento** sm Nouveau Testament *m*.

testar ❖ vi DER faire un testament. ❖ vt [probar] tester.

testarudez sf entêtement *m*.

testarudo, da adj & sm, f têtu(e).

testear vt [CSur] tester.

testículo sm testicule *m*.

testificar [10] ❖ vt témoigner / *su contestación testifica su buena fe* sa réponse témoigne de sa bonne foi. ❖ vi témoigner.

testigo ❖ smf témoin *m* ▸ **poner por testigo** prendre à témoin ▸ **testigo de cargo / de descargo** témoin à charge / à décharge ▸ **testigo ocular** o **presencial** témoin oculaire. ❖ sm DEP témoin *m*.
◆ **testigo de Jehová** smf témoin *m* de Jéhovah.

testimonial adj DER testimonial(e).

testimoniar [8] vt & vi témoigner.

testimonio sm témoignage *m* ▸ **como testimonio de** *fig* en témoignage de ▸ **dar testimonio de algo** témoigner de qqch ▸ **falso testimonio** faux témoignage.

testosterona sf testostérone *f*.

testuz sm o sf **1.** [de caballo, burro] front *m* **2.** [de buey, toro] nuque *f*.

teta sf **1.** *fam* [de mujer] nichon *m* ▸ **dar la teta** donner le sein ▸ **un niño de teta** un nourrisson **2.** [de hembra] tétine *f*.

tétanos sm inv tétanos *m*.

tetera sf théière *f*.

tetilla sf **1.** [de macho] mamelon *m* **2.** [de biberón] tétine *f*.

tetina sf tétine *f* *(de biberon)*.

tetrabrick (*pl* **tetrabricks**) sm Tétrabrick® *m*.

tetraciclina sf tétracycline *f*.

tetraedro sm tétraèdre *m*.

tetralogía sf tétralogie *f*.

tetraplejía, tetraplejia sf MED tétraplégie *f*.

tetrapléjico, ca adj & sm, f tétraplégique.

tétrico, ca adj lugubre.

teutón, ona ❖ adj **1.** HIST teuton(onne) **2.** *fam* [alemán] teuton(onne). ❖ sm, f **1.** HIST Teuton *m*, -onne *f* **2.** *fam* [alemán] Teuton *m*, -onne *f*.

texapiel sf cuir *m* synthétique.

Texas, Tejas npr Texas *m*.

textil ❖ adj & sm textile. ❖ sf [RP] [fábrica] usine *f* (de) textile.

texto sm texte *m*.

textual adj textuel(elle).

textualmente adv textuellement / *dijo textualmente que* il a dit textuellement que.

textura sf texture *f*.

tez sf teint *m*.

tfno. = **tel.**

thriller ['θriler] (*pl* **thrillers**) sm thriller *m*.

ti pron pers *(después de prep)* toi / *pienso en ti* je pense à toi / *me acordaré de ti* je me souviendrai de toi.

tianguis sm inv [CAm] [Méx] marché *m* (à ciel ouvert).

tiara sf tiare *f*.

Tíbet, Tibet npr ▸ **el Tíbet** le Tibet.

tibetano, na ❖ adj tibétain(e). ❖ sm, f Tibétain *m*, -e *f*.

tibieza sf tiédeur *f*; *fig* froideur *f*.

tibio, bia adj **1.** [agua, infusión, etc.] tiède **2.** *fig* [relaciones, sentimiento, etc.] froid(e) **3.** [EXPR] **poner tibio a alguien a)** *fam* tailler les oreilles en pointe à qqn **b)** [a espaldas] casser du sucre sur le dos de qqn.
◆ **tibia** sf tibia *m*.

tiburón sm **1.** ZOOL requin *m* **2.** FIN raider *m*.

tic sm tic *m*.

TIC [te i θe] (*abr escrita de* **Tecnologías de Información y Comunicación**) sfpl INFORM TIC *fpl (technologies de l'information et de la communication)*.

ticket = **tíquet**.

tico, ca [Am] *fam* ❖ adj costaricien(enne). ❖ sm, f Costaricien *m*, -enne *f*.

tictac sm tic-tac *m inv*.

tie-break [tai breik] sm TENIS tie-break *m*.

tiembla ⟶ **temblar**.

tiempo sm **1.** [gen & GRAM] temps *m* ▸ **al poco tiempo** peu de temps après ▸ **a tiempo** à temps / *aún estás a tiempo de hacerlo* tu as encore le temps de le faire ▸ **a un tiempo** en même temps ▸ **cada cierto tiempo** de temps en temps ▸ **con el tiempo** avec le temps ▸ **con tiempo** à l'avance ▸ **dar tiempo al tiempo** laisser faire le temps ▸ **del tiempo a)** [fruta] de saison **b)** [bebida] à température ▸ **enchinchar el tiempo** [CAm] [Méx] tuer le temps ▸ **en mis / tus etc. tiempos** de mon / ton etc. temps ▸ **en tiempos de Maricastaña** il y a une éternité ▸ **fuera de tiempo** trop tard ▸ **ganar tiempo** gagner du temps ▸ **hace un tiempo de perros** il fait un temps de chien ▸ **perder el tiempo** perdre son temps ▸ **hace buen / mal tiempo** il fait beau / mauvais ▸ **hace tiempo que...** il y a longtemps que... ▸ **hacer tiempo** passer le temps ▸ **matar el tiempo** tuer le temps ▸ **poner a** o **al mal tiempo buena cara** faire contre mauvaise fortune bon cœur ▸ **tener tiempo para** avoir le temps de ▸ **todo el tiempo** tout le temps ▸ **tomarse alguien su tiempo** prendre son temps ▸ **tiempo compuesto** temps composé ▸ **tiempo de acceso** INFORM temps d'accès ▸ **tiempo libre** temps libre ▸ **tiempo real** INFORM temps réel **2.** [edad] âge *m* / *¿qué tiempo tiene tu hijo?* quel âge a ton fils ? **3.** DEP mi-temps *f*.

tienda ❖ sf **1.** [establecimiento] magasin *m* ▸ **tienda de abarrotes** CAm ANDES MÉX épicerie ▸ **tienda de departamentos** MÉX grand magasin ▸ **tienda libre de impuestos** boutique hors taxe **2.** [para acampar] tente *f* ▸ **tienda (de campaña)** tente (de camping). ❖ v ⟶ **tender.**

tiene ⟶ **tener**.

tienta ❖ v ⟶ **tentar.** ❖ sf TAUROM *sélection des jeunes taureaux.* ◆ **a tientas** loc adv à tâtons.

tiento sm **1.** [palpación] toucher *m* **2.** [cuidado, tacto] prudence *f*, tact *m* **3.** *fam* [bocado, trago] ▸ **dar un tiento a algo a)** [trago] boire un coup **b)** [bocado] manger un morceau.

tierno, na adj tendre / *pan tierno* du pain frais.

tierra sf **1.** [gen & ELECTR] terre *f* ▸ **besar la tierra** *fam* se flanquer par terre ▸ **caer a tierra** tomber à terre ▸ **tomar tierra** atterrir ▸ **tierra firme** terre ferme ▸ **tierra de nadie** no man's land *m inv* ▸ **tierra de promisión** Terre promise ▸ **tierra virgen** terre vierge **2.** [patria] pays *m*, terre *f* natale **3.** EXPR **echar algo por tierra** ficher qqch par terre ▸ **echar tierra a un asunto** étouffer une affaire ▸ **poner tierra por medio** prendre le large ▸ **¡trágame tierra!** *fam* je voudrais disparaître ! ▸ **venir(se) a tierra** s'écrouler. ◆ **Tierra** npr ▸ **la Tierra** la Terre. ◆ **Tierra Santa** npr Terre *f* sainte. ◆ **Tierra del Fuego** npr Terre de Feu *f*.

tierral = **terral**.

tieso, sa adj **1.** [gen] raide ▸ **dejar tieso a alguien** *fam & fig* descendre qqn ▸ **quedarse tieso** [de frío] être gelé **2.** *fig* [engreído] guindé(e).

tiesto sm **1.** [maceta] pot *m* ; [con flores] pot *m* de fleurs **2.** [trasto] vieillerie *f* ▸ **salirse del tiesto** *fam* faire le malin.

tifoideo, a adj typhoïde.

tifón sm typhon *m*.

tifus sm inv typhus *m*.

tigre sm **1.** [animal] tigre *m* ; AM [jaguar] jaguar *m* ▸ **oler a tigre** *fam & fig* sentir le fauve **2.** *fam* [retrete] chiottes *fpl*.

tigresa sf tigresse *f*.

Tigris npr ▸ **el Tigris** le Tigre.

TIJ (*abr de* **Tribunal Internacional de Justicia**) sm CIJ *f*.

tijera sf *(gen pl)* ciseaux *mpl* ▸ **unas tijeras** une paire de ciseaux ▸ **de tijera** pliant(e) *(chaise, etc.)*.

tijereta sf **1.** ZOOL perce-oreille *m* **2.** DEP saut *m* en ciseaux.

tijeretazo sm coup *m* de ciseaux.

tijeretear vt découper.

tila sf [infusión] tilleul *m*.

tildar vt ▸ **tildar de** taxer de.

tilde sf **1.** [signo ortográfico] tilde *m* **2.** [acento gráfico] accent *m* écrit.

tiliches smpl AM attirail *m*.

tilín sm ▸ **tilín tilín** dring dring ▸ **hacer tilín** *fam & fig* taper dans l'œil.

tilo sm **1.** BOT [árbol] tilleul *m* **2.** CSUR [infusión] infusion *f* de tilleul.

timador, ra sm, f escroc *m*.

timar vt **1.** [estafar] : *timar cincuenta euros* escroquer de cinquante euros **2.** *fam* [engañar] arnaquer, rouler.

timba sf partie *f* de cartes.

timbal sm [de orquesta] timbale *f*.

timbrado, da adj [sellado] timbré(e) ; [voz] ▸ **bien timbrada** agréable.

timbrar ❖ vt timbrer. ❖ vi CAm ANDES MÉX [llamar] sonner.

timbrazo sm coup *m* de sonnette.

timbre sm **1.** [aparato] sonnette *f* ▸ **tocar el timbre** sonner ▸ **timbre de alarma** sonnette d'alarme **2.** [de documentos, voz] timbre *m* ; [de impuestos] timbre *m* fiscal.

timidez sf timidité *f*.

tímido, da adj & sm, f timide.

timo sm **1.** [estafa] escroquerie *f* ▸ **timo de la estampita** escroquerie *f* aux faux billets **2.** *fam* [engaño] arnaque *f* **3.** ANAT thymus *m*.

timón sm **1.** NÁUT & AERON gouvernail *m* ; [del piloto] manche *m* (à balai) **2.** *fig* [gobierno] ▸ **llevar el timón de** diriger **3.** AM [volante] volant *m*.

timonear vi NÁUT barrer.

timonel, timonero sm timonier *m*.

timorato, ta adj timoré(e).

tímpano sm **1.** ANAT & ARQUIT tympan *m* **2.** [MÚS - tamboril] petit tambour *m* ; [- de cuerda] cymbalum *m*.

tina sf **1.** [tinaja] jarre *f* **2.** [recipiente grande] bac *m* **3.** AM [bañera] baignoire *f*.

tinaja sf jarre *f*.

tinerfeño, ña ❖ adj de Tenerife o Ténériffe *(aux Canaries).* ❖ sm, f *natif ou habitant de Tenerife ou Ténériffe.*

tinglado sm **1.** [cobertizo] hangar *m* **2.** [armazón] estrade *f* **3.** *fig* [lío] pagaille *f* ▸ **armar un tinglado** *fam* faire la foire.

tinieblas sfpl ténèbres *fpl* ▸ **estar en las tinieblas a)** être dans le noir **b)** *fig* être dans le brouillard.

tino sm **1.** [puntería, habilidad] adresse *f* ▸ **tener tino** avoir l'œil **2.** *fig* [moderación] modération *f* ▸ **sin tino** sans mesure **3.** *fig* [juicio] discernement *m*.

tinta sf **1.** encre *f* ▸ **tinta china** encre de Chine ▸ **tinta simpática** encre sympathique ▸ **medias tintas** *fig* demi-mesures **2.** RP [para pelo] teinture *f* **3.** EXPR **cargar** o **recargar las tintas** *fam* en rajouter ▸ **saber algo de buena tinta** savoir qqch de source sûre ▸ **sudar tinta** suer sang et eau.

tintar vt teindre.

tinte sm **1.** [gen] teinture *f* **2.** [tintorería] teinturerie *f* **3.** *fig* [tono] teinte *f*.

tintero sm encrier *m* ▸ **dejar** o **quedársele a alguien algo en el tintero** *fig* omettre de dire qqch.

tintinear vi tinter.

tintineo sm tintement *m*.

tinto, ta adj *fig* [teñido] ▸ **tinto en sangre** taché de sang. ◆ **tinto** sm **1.** [vino] rouge *m* **2.** COL VEN [café] café *m* noir.

tintorera sf requin *m* bleu.

tintorería sf teinturerie *f*.

tintorero, ra sm, f teinturier *m*, -ère *f*.

tintorro sm *fam* gros rouge *m*.

tintura sf teinture *f*.

tiña ❖ sf MED teigne *f*. ❖ v ⟶ **teñir.**

tiñera ⟶ **teñir.**

tiñoso, sa adj MED teigneux(euse) ; [tacaño] pingre.

tío, a sm, f **1.** [familiar] oncle *m*, tante *f* ▸ **tío abuelo** grand-oncle *m* ▸ **tío carnal** oncle au premier degré ▸ **tío Sam** [fig] oncle Sam **2.** *fam* [individuo] mec *m*, nana *f* / *oye, tío, ¿tienes un cigarrillo?* eh, t'aurais pas une cigarette ? **3.** EXPR **no hay tu tía** *fam* tu peux toujours courir.

tiovivo sm manège *m*.

tipazo sm *fam*: *¡vaya tipazo que tiene!* elle est sacrément bien foutue !

tipear vt & vi AM taper à la machine.

tipejo, ja sm, f *despec* sale type *m*, garce *f*.

típico, ca adj typique / *el típico español* l'Espagnol type.

tipificación sf **1.** [estandarización] normalisation *f* **2.** [clasificación] classification *f*.

tipificar [10] vt **1.** [normalizar] classer **2.** [simbolizar] être caractéristique de / *esa chica tipifica la mujer moderna* cette fille est le type même de la femme moderne.

tipismo sm particularisme *m (caractère)*.

tiple ❖ smf [cantante] soprano *mf*. ❖ sm **1.** [voz] soprano *m* **2.** [guitarra] petite guitare *f*.

tipo, pa sm, f *mfam* type *m*, nana *f*. ◆ **tipo** ❖ sm **1.** [clase] type *m* ▸ **no es mi tipo** ce n'est pas mon genre ▸ **todo tipo de** toute(s) sorte(s) de **2.** [cuerpo] ▸ **tener buen tipo** être bien fait(e) / *tener un tipo atlético* avoir une carrure d'athlète **3.** ECON taux *m* ▸ **tipo de cambio** taux de change ▸ **tipo de descuento / de interés** taux d'escompte / d'intérêt ▸ **tipo impositivo** taux d'imposition **4.** ZOOL embranchement *m* **5.** IMPR caractère *m* **6.** EXPR **aguantar** o **mantener el tipo** garder son sang-froid ▸ **jugarse el tipo** risquer sa peau.
❖ adv AM [aproximadamente] environ, vers / *llegaron tipo nueve* ils sont arrivés vers neuf heures.

tipografía sf **1.** [procedimiento] typographie *f* **2.** [taller] imprimerie *f*.

tipográfico, ca adj typographique.

tipógrafo, fa sm, f typographe *mf*.

tipología sf typologie *f*.

Tipp-Ex® ['tipeks] sm Tipp-Ex® *m*.

tíquet (*pl* **tiquets**), **ticket** ['tiket] (*pl* **tickets**) sm ticket *m* ; [de espectáculo] billet *m* ▸ **tíquet de compra** ticket de caisse.

tiquismiquis ❖ adj inv & smf inv *fam* [maniático] pinailleur(euse). ❖ smpl **1.** [escrúpulos] chichis *mpl* **2.** [riñas] ▸ **andar con tiquismiquis** faire des histoires **3.** [bagatelas] broutilles *fpl*.

tira sf **1.** [banda] bande *f* ; [de cuero] lanière *f* **2.** [de viñetas] bande *f* dessinée **3.** EXPR **la tira de...** *fam* une tripotée de....

tirabuzón sm **1.** [rizo] anglaise *f* **2.** [sacacorchos] tire-bouchon *m*.

tirachinas sm inv lance-pierre *m*.

tiradero sm MÉX **1.** [vertedero] décharge *f* **2.** *fam* & *fig* [desorden] foutoir *m* / *su mesa es un tiradero* son bureau est un vrai foutoir.

tirado, da ❖ adj *fam* **1.** [barato] donné(e) **2.** [fácil] fastoche **3.** EXPR **dejar tirado a alguien** laisser qqn en rade. ❖ sm, f [persona] minable *mf*. ◆ **tirada** sf **1.** [lanzamiento] lancer *m* **2.** IMPR tirage *m* **3.** [de versos] tirade *f* **4.** [distancia] : *hay una tirada* ça fait un bout de chemin ▸ **de** o **en una tirada** d'une (seule) traite.

tirador, ra sm, f [persona] tireur *m*, -euse *f*. ◆ **tirador** sm [de cajón, puerta] poignée *f* ; [de campanilla] cordon *m*. ◆ **tiradores** smpl AM [tirantes] bretelles *fpl*.

tiraje sm IMPR tirage *m*.

tiralíneas sm inv tire-ligne *m*.

tiramisú sm CULIN tiramisu *m*.

Tirana npr Tirana.

tiranía sf tyrannie *f*.

tiránico, ca adj tyrannique.

tiranizar [13] vt tyranniser.

tirano, na ❖ adj tyrannique. ❖ sm, f tyran *m*.

tiranosaurio sm tyrannosaure *m*.

tirante ❖ adj tendu(e) ▸ **estar tirantes** [personas] être en froid. ❖ sm **1.** [de delantal, vestido] cordon *m* **2.** ARQUIT tirant *m*. ◆ **tirantes** smpl [de pantalones] bretelles *fpl*.

tirantez sf tension *f*.

tirar ❖ vt
1. [gen] jeter ; [lanzar] lancer / *tirar papeles al suelo / a la basura* jeter des papiers par terre / à la poubelle / *tirar cohetes / piedras* lancer des pétards / des pierres
2. [dejar caer] faire tomber ; [líquido] renverser
3. [malgastar - dinero] dilapider

4. [disparar & DEP] tirer ▸ **tirar un cañonazo** tirer un coup de canon
5. [derribar] abattre ▸ **tirar abajo** a) [edificio] abattre b) [puerta] enfoncer
6. [atraer] attirer / *me tira la vida en el campo* j'irais bien vivre à la campagne
7. IMPR & FOTO tirer / *se han tirado cinco mil ejemplares de este libro* ce livre a été tiré à cinq mille exemplaires
❖ vi
1. [gen] tirer ▸ **tirar a matar** tirer *(dans l'intention de tuer)* / *tirar del pelo* tirer les cheveux / *tirar de la cuerda* tirer sur la corde / *este puro no tira* je n'arrive pas à tirer sur ce cigare / *el ciclista tiraba del pelotón* le cycliste menait le peloton / *la chaqueta me tira de la manga* cette veste me serre aux manches ▸ **el juego del tira y afloja** le marchandage
2. [gustar] : *la patria / familia tira mucho* on aime toujours son pays/sa famille
3. [funcionar] marcher / *el coche no tira* la voiture n'avance pas
4. [dirigirse] ▸ **tirar a la derecha** prendre à droite / *tira por este camino* prends ce chemin
5. *fam* [apañárselas] : *¡vamos tirando!* on fait aller !
6. [parecerse] : *tira a su abuela* elle ressemble à sa grand-mère / *un marrón tirando a gris* un marron qui tire sur le gris
7. [tender] : *este programa tira a hortera* cette émission est un peu ringarde / *el tiempo tira a mejorar* le temps semble s'améliorer
8. DEP shooter
◆ **tirarse** vprnl **1.** [lanzarse, arrojarse] se jeter ▸ **tirarse de cabeza al agua** plonger la tête la première / *se tiró del cuarto piso* il a sauté du quatrième étage **2.** [tumbarse] s'étendre **3.** [el tiempo] passer / *se tiró el día leyendo* il a passé sa journée à lire **4.** *vulg* [fornicar con] ▸ **tirarse a alguien** se faire qqn.

tirita® sf pansement *m*.

tiritar, titiritar vi grelotter.

tiritera, tiritona sf grelottement *m*.

tiro sm **1.** [acción & DEP] tir *m* ▸ **pegar un tiro a alguien** tirer sur qqn ▸ **tiro al blanco** tir à la cible ▸ **tiro al plato** tir au pigeon ▸ **tiro directo / indirecto** coup *m* direct/indirect ▸ **tiro libre** lancer *m* franc **2.** [disparo, estampido] coup *m* (de feu) / *un fusil de cinco tiros* un fusil à cinq coups ▸ **tiro de gracia** coup de grâce **3.** [balazo, herida] balle *f* / *un tiro en el corazón* une balle dans le cœur ▸ **pegarse un tiro** se tirer une balle **4.** [alcance] portée *f* ▸ **a tiro de bala** à portée de tir ▸ **a tiro de escopeta** à une portée de fusil ▸ **estar / ponerse a tiro de** a) [arma] être/passer à portée de b) *fig* [de persona] être/se mettre à la portée de ▸ **ni a tiros** pour rien au monde ▸ **no van por ahí los tiros** tu te goures/il se goure etc. ▸ **salió el tiro por la culata** *fam* ça a raté ▸ **sentar como un tiro** *fam* rester sur l'estomac ▸ **vestirse o ponerse de tiros largos** se mettre sur son trente et un **5.** [de chimenea] tirage *m* **6.** [de pantalón] entrejambe *m* **7.** [de caballos] attelage *m*. ◆ **tiros** smpl AM [tirantes] bretelles *fpl*.

tiroideo, a adj thyroïdien(enne).

tiroides sm inv thyroïde *f*.

tirón sm **1.** [estirón] ▸ **dar un tirón** tirer ▸ **dar tirones** [en el pelo] tirer les cheveux **2.** [muscular] crampe *f* **3.** [robo] vol *m* à l'arraché. ◆ **de un tirón** loc adv d'un trait.

tirotear ❖ vt tirer sur. ❖ vi tirailler.

tiroteo sm fusillade *f*.

tirria sf *fam* ▸ **tenerle tirria a alguien** ne pas pouvoir blairer qqn.

tisana sf tisane *f*.

tísico, ca adj & sm, f phtisique.

tisis sf inv phtisie *f*.

tisú (*pl* **tisúes** o **tisús**) sm lamé *m*.

titán sm titan *m* ; *fig* [de la industria, etc.] géant *m*.

titánico, ca adj [trabajo] de titan.

titanio sm titane *m*.

títere sm **1.** [marioneta] marionnette *f* **2.** *fig* [monigote] pantin *m* **3.** EXPR **no dejar o quedar títere con cabeza** a) *fam* [destrozar] tout saccager b) [criticar] n'épargner personne. ◆ **títeres** smpl [guiñol] spectacle *m* de marionnettes.

titi smf *vulg* mec *m*, gonzesse *f*.

tití sm ouistiti *m*.

Titicaca npr ▸ **el lago Titicaca** le lac Titicaca.

titilar, titilear vi **1.** [temblar] trembloter **2.** [estrella, luz] scintiller.

titipuchal sm AM *fam* ribambelle *f*.

titiritar = **tiritar**.

titiritero, ra sm, f **1.** [de títeres] marionnettiste *mf* **2.** [de circo] acrobate *mf*.

titubeante adj hésitant(e).

titubear vi [dudar] hésiter ; [al hablar] bafouiller.

titubeo sm *(gen pl)* hésitation *f* ▸ **sin titubeos** sans hésiter.

titulación sf **1.** EDUC diplôme *m* **2.** [nombre] titre *m*.

titulado, da adj & sm, f diplômé(e) ▸ **titulado en** diplômé en.

titular[1] ❖ adj & smf titulaire. ❖ sm *(gen pl)* PRENSA gros titre *m* ▸ **con grandes titulares** en gros titre.

titular[2] vt [llamar] intituler. ◆ **titularse** vprnl **1.** [llamarse] s'intituler **2.** [licenciarse] ▸ **titularse (en)** obtenir un diplôme (de).

titularidad sf **1.** [de bienes] : *una empresa de titularidad pública / privada* une entreprise publique/privée **2.** [de puesto] exercice *m* **3.** DEP [de jugador] : *el portero ha perdido la titularidad por una lesión* le gardien n'est plus titulaire en raison d'une blessure.

titulillo sm *despec* diplôme *m* de pacotille.

título sm **1.** [gen, DER & ECON] titre *m* ▸ **a título de** à titre de **2.** EDUC diplôme *m* ▸ **título de bachillerato** ≃ baccalauréat *m*.

tiza sf craie *f* ; [de billar] bleu *m*.

tiznado, da adj : *la cara tiznada de negro* le visage noir de suie.

tiznadura sf **1.** [acción] noircissement *m* **2.** [mancha] tache *f* noire.

tiznar vt **1.** [manchar - de negro] tacher de noir ; [- con suciedad] salir **2.** *fig* [fama, reputación] noircir.
◆ **tiznarse** vprnl **1.** [mancharse - de negro] se tacher de noir ; [- con suciedad] se salir **2.** ARG [emborracharse] s'enivrer.

tizne sm o sf suie *f*.

tizón sm tison *m*.

tizona sf épée *f*.

tk = **tq**.

tlapalería sf MÉX quincaillerie *f*.

TLC (*abr de* **Tratado de Libre Comercio**) sm ALENA *m*.

TNP (*abr de* **Tratado de no Proliferación Nuclear**) sm TNP *m*.

TNT (*abr de* **trinitrotolueno**) sm o sf TNT *m*.

toalla sf **1.** [para secarse - de baño] serviette *f* (de bain) ; [- de playa] serviette *f* (de plage) ; [- para manos] essuie-mains *m inv* ▸ **toalla higiénica** AM serviette hygiénique **2.** [tejido] tissu-éponge *m* **3.** EXPR **arrojar** o **tirar la toalla** *fig* jeter l'éponge.

toallero sm porte-serviette *m*.

toallita sf lingette *f*.

toallón sm RP [de baño, de playa] serviette *f*.

tobera sf tuyère *f*.

tobillera sf chevillère *f*.

tobillo sm cheville *f*.

tobogán sm toboggan *m*.

toca sf [de monja] coiffe *f*.

tocadiscos sm inv tourne-disque *m*.

tocado, da adj **1.** [chiflado] timbré(e) **2.** [fruta] gâté(e).
◆ **tocado** sm [prenda, peinado] coiffure *f*.

tocador sm **1.** [mueble] coiffeuse *f* **2.** [habitación] cabinet *m* de toilette.

tocante adj ▸ **en lo tocante a** pour ce qui est de.

tocar [10] ❖ vt
1. [gen] toucher / *no toques eso* ne touche pas à ça
2. MÚS jouer de / *toca la guitarra / el piano* il joue de la guitare / du piano
3. [campana, hora] sonner / *el reloj tocó las doce* l'horlog a sonné midi
4. [asunto, tema, etc.] aborder / *no toques ese tema* n'aborde pas ce sujet
5. *fig* [dignidad, honor] porter atteinte à ▸ **tocar el amor propio de alguien** blesser qqn dans son amour-propre
❖ vi
1. [estar próximo] ▸ **tocar a** o **con (algo)** toucher qqch / *mi casa toca a la de tu amigo* ma maison est à côté de celle de ton ami ▸ **tocar a su fin** toucher à sa fin
2. [corresponder - en reparto] revenir ; [- obligación] / *te toca hacerlo* c'est à toi de le faire
3. [concernir] : *por lo que a mí me toca* en ce qui me concerne ▸ **tocar de cerca** toucher de près
4. [caer en suerte] gagner / *le ha tocado la lotería* il a gagné à la loterie / *le ha tocado sufrir mucho* il a beaucoup souffert
5. [llegar el momento] : *hemos comido y ahora nos toca pagar* maintenant que nous avons mangé, il faut payer
◆ **tocarse** vprnl [casas, cables, etc.] se toucher / *tocarse el pelo* se passer la main dans les cheveux.

tocata sm **1.** *fam* [tocadiscos] pick-up *m* **2.** MÚS toccata *f*.

tocateja ◆ **a tocateja** loc adv ▸ **pagar a tocateja** payer rubis sur l'ongle.

tocayo, ya sm, f homonyme *mf*.

tocho sm **1.** [de hierro] lingot *m* **2.** *fam* [libro] pavé *m*.

tocinería sf charcuterie *f*.

tocinero, ra sm, f charcutier *m*, -ère *f*.

tocino sm **1.** [grasa] lard *m* ▸ **tocino entreverado** lard maigre **2.** MÉX [beicon] bacon *m*. ◆ **tocino de cielo** sm CULIN *flan riche en jaunes d'œufs*.

tocología sf obstétrique *f*.

tocólogo, ga sm, f obstétricien *m*, -enne *f*.

tocomocho sm *escroquerie consistant à vendre au rabais un billet de loterie prétendument gagnant*.

tocón, ona adj & sm, f *fam* peloteur(euse).
◆ **tocón** sm [de árbol] souche *f*.

todavía adv **1.** [aún] encore / *todavía no* pas encore / *todavía no lo sabe* il ne le sait pas encore / *si no se lo dices será todavía peor* si tu ne le lui dis pas, ce sera encore pire **2.** [con todo, encima] pourtant / *es malo y todavía le quiere* il est méchant et pourtant elle l'aime / *... y todavía se queja* ... et par-dessus le marché, il se plaint.

todo, da

❖ adj
1. [gen] tout(e) / *todo el mundo* tout le monde / *toda España* toute l'Espagne / *todo el día* toute la journée / *no lo he visto en todo el día* je ne l'ai pas vu de la journée / *todos los días / los lunes* tous les jours / les lundis / *un vestido todo sucio* une robe toute sale / *está todo preocupado* il est très inquiet / *toda persona tiene derecho a...* n'importe qui a le droit de...
2. [para enfatizar] *es todo un hombre* c'est un homme, un vrai / *ya es toda una mujer* c'est une vraie femme maintenant / *es todo un éxito* c'est un vrai succès
❖ pron
1. [todas las cosas] tout(e) / *lo ha vendido todo* il a tout vendu / *todo es culpa mía* c'est entièrement ma faute ▸ **de todo** de tout ▸ **no del todo** pas tout à fait ▸ **en todo y por todo** entièrement ▸ **estaba tan contento que nos invitó a cenar y todo** il était tellement content qu'il nous a même invités à dîner

2. *(gen pl)* [todas las personas] tous (toutes) / *han venido todas* elles sont toutes venues / *todos me lo dicen* tout le monde me le dit
◆ **todo** ❖ sm tout *m* ▸ **jugarse el todo por el todo** *fig* risquer le tout pour le tout. ❖ adv tout, entièrement / *esa mujer es todo ojos* cette femme, on ne voit que ses yeux ▸ **todo lana** pure laine.
◆ **con todo** loc adv malgré tout, néanmoins.
◆ **de todas todas** loc adv à coup sûr.
◆ **sobre todo** loc adv surtout.
◆ **todo terreno** sm véhicule *m* tout-terrain.

todopoderoso, sa adj tout-puissant (toute-puissante).
◆ **Todopoderoso** sm Tout-Puissant *m*.

todoterreno ❖ adj inv & sm [vehículo] tout-terrain *(inv)*. ❖ smf *fam* & *fig* [persona] *personne capable de s'adapter à toutes les situations*.

tofe, toffee ['tofi] *(pl* **toffees**) sm caramel *m* au café.

tofu sm CULIN tofu *m*.

toga sf **1.** [gen] toge *f* **2.** [en el pelo] ▸ **hacerse la toga** se faire un tourbillon.

togado, da adj **1.** [catedrático] qui porte la toge **2.** [magistrado] qui porte la robe.

Togo npr Togo *m*.

togolés, esa ❖ adj togolais(e). ❖ sm, f Togolais *m*, -e *f*.

toilette [twa'let] sf **1.** [arreglo personal] toilette *f* **2.** [lavabo] toilettes *fpl*.

toisón ◆ **toisón de oro** sm Toison *f* d'or.

tojo sm ajonc *m*.

Tokio npr Tokyo.

toldo sm **1.** [de tienda] banne *f* **2.** [de camión] bâche *f* **3.** [de ventana] store *m* **4.** AM [de los indios] tente *f*.

toledano, na ❖ adj tolédan(e). ❖ sm, f Tolédan *m*, -e *f*.

Toledo npr Tolède.

tolerable adj tolérable.

tolerado, da adj [película] tout public.

tolerancia sf tolérance *f*.

tolerante adj tolérant(e).

tolerar vt tolérer.

tolteca ❖ adj toltèque. ❖ smf Toltèque *mf*.

tolva sf trémie *f*.

tom. (*abr escrita de* **tomo**) t. / *consultar tom. 3* consulter le t. 3.

toma sf **1.** [gen] prise *f* ▸ **toma de corriente** prise de courant ▸ **toma de tierra** prise de terre **2.** CINE prise *f* de vues **3.** EXPR **ser un toma y daca** être donnant donnant.
◆ **toma de conciencia** sf prise *f* de conscience.
◆ **toma de posesión** sf [de cargo] prise *f* de possession ; [de gobierno, presidente] investiture *f*.

tomacorriente sm AM prise *f* électrique.

tomadura sf ▸ **es una tomadura de pelo** *fam* on se fout de nous.

tomahawk [toma'xauk] *(pl* **tomahawks**) sm tomahawk *m*.

tomar ❖ vt **1.** prendre / *¿qué quieres tomar?* qu'est-ce que tu prends ? / *tomar por imbécil* prendre pour un imbécile / *me tomó por mi hermano* il m'a pris pour mon frère ▸ **tomar cariño a alguien** prendre qqn en affection ▸ **tomar prestado** emprunter ▸ **¡toma!** a) [al dar algo] tiens ! b) [expresa sorpresa] ah, bon ! ▸ **¡toma ésa!** *fam* et pan dans les dents ! ▸ **tomarla o tomarlas con alguien** *fam* prendre qqn en grippe **2.** AM [beber alcohol] boire. ❖ vi [encaminarse] ▸ **tomar a la derecha / izquierda** prendre à droite / à gauche. ◆ **tomarse** vprnl prendre / *tomarse una cerveza* prendre une bière ▸ **tomarse algo a bien / a mal** bien / mal prendre qqch ▸ **tomarse algo a broma** ne pas prendre qqch au sérieux.

tomate sm **1.** [fruto] tomate *f* ▸ **tomate frito** sauce *f* tomate ▸ **ponerse como un tomate** devenir rouge comme une tomate **2.** [en calcetín] trou *m* **3.** *fam* [jaleo] pagaille *f* ▸ **aquí hay tomate** c'est la foire ici.

tomatera sf tomate *f (plante)*.

tomavistas sm inv caméra *f*.

tómbola sf tombola *f*.

tomillo sm thym *m*.

tomo sm [volumen] tome *m*.

ton ◆ **sin ton ni son** loc adv sans rime ni raison.

tonada sf **1.** MÚS air *m* **2.** AM [acento] accent *m*.

tonadilla sf *chansonnette populaire espagnole*.

tonadillero, ra sm, f chansonnier *m*, -ère *f*.

tonal adj tonal(e).

tonalidad sf **1.** MÚS tonalité *f* **2.** [de color] teinte *f*.

tonel sm [recipiente] tonneau *m* ▸ **estar / ponerse como un tonel** *fig* être / devenir gros (grosse) comme une barrique.

tonelada sf tonne *f* ▸ **tonelada métrica** tonne métrique ▸ **pesar una tonelada** *fig* peser une tonne.

tonelaje sm [de buque] tonnage *m*.

tóner *(pl* **tóneres**) sm toner *m*.

tongada sf couche *f (épaisseur)*.

tongo sm **1.** DEP *fait de monnayer sa défaite* **2.** ANDES *fam* [sombrero] *chapeau rond porté par les Indiens en Bolivie*.

tónico, ca adj tonique. ◆ **tónico** sm **1.** [reconstituyente] fortifiant *m* **2.** [cosmético] lotion *f* tonique.
◆ **tónica** sf **1.** [tendencia] ton *m* ▸ **marcar la tónica** donner le ton ▸ **tónica general** tendance *f* générale **2.** MÚS tonique *f* **3.** [bebida] ≃ Schweppes® *m*.

tonificación sf affermissement *m*.

tonificador, ra, tonificante adj tonifiant(e).

tonificar [10] vt tonifier.

tonillo sm *despec* **1.** [sonsonete] ton *m* monocorde **2.** [acento] accent *m* **3.** [retintín] ton *m* moqueur.

tono sm **1.** [gen & MÚS] ton *m* **2.** MED tonus *m* **3.** EXPR **darse tono** *fam* rouler des mécaniques ▸ **fuera**

de tono hors de propos ▸ **ponerse a tono con algo** se soûler à qqch ▸ **ponerse a tono con alguien** se mettre au diapason de qqn ▸ **subir el tono, subirse de tono** hausser le ton.

tonsura sf tonsure *f*.

tontaina *fam* ◆ adj inv bébête / *no seas tan tontaina* arrête de faire l'idiot. ◆ smf inv idiot *m*, -e *f*.

tontear vi **1.** [hacer el tonto] faire l'idiot(e) **2.** [coquetear] ▸ **tontear (con alguien)** flirter (avec qqn).

tontera sf AM *fam* bêtise *f*.

tontería sf **1.** [estupidez] bêtise *f* ▸ **decir cuatro tonterías** dire trois mots ▸ **hacer una tontería** faire une bêtise **2.** [cosa sin valor] bricole *f*.

tonto, ta ◆ adj bête, idiot(e) ▸ **ponerse tonto** faire l'idiot ▸ **tonto de capirote** o **de remate** o **del bote** bête comme ses pieds. ◆ sm, f imbécile *mf* ▸ **hacer el tonto** faire l'idiot ▸ **hacerse el tonto** faire l'innocent ▸ **ser un tonto** être bête. ◆ **a lo tonto** loc adv l'air de rien. ◆ **a tontas y a locas** loc adv à tort et à travers.

tontorrón, ona adj & sm, f bêta(asse).

top (*pl* **tops**) sm [prenda de vestir] haut *m*.

topacio sm topaze *f*.

topadora sf AM bulldozer *m*.

topar vi **1.** [chocar] entrer en collision **2.** [encontrarse] ▸ **topar con** tomber sur. ◆ **toparse** vprnl [encontrarse] ▸ **toparse con** tomber sur.

tope ◆ adj inv [límite] maximal(e) ▸ **la fecha tope** la date butoir. ◆ adv *mfam* [muy] super. ◆ sm **1.** [pieza] butoir *m* **2.** [punto máximo] limite *f* **3.** [obstáculo] frein *m* ▸ **poner tope a algo** mettre un frein à qqch. ◆ **a tope** ◆ loc adv [de velocidad, intensidad] à fond. ◆ loc adj *fam* [lleno] plein(e) à craquer.

topera sf taupinière *f*.

topetazo sm [colisión] choc *m* ▸ **dar** o **darse un topetazo con algo** se cogner contre qqch / *le dio un topetazo con el coche* il l'a tamponné.

topetear vi donner des coups de corne.

tópico, ca adj **1.** [manido] banal(e) **2.** MED topique, à usage local. ◆ **tópico** sm banalité *f*, cliché *m*.

topless, top-less sm inv topless *m* ▸ **hacer topless** faire du topless.

top manta sm *fam vente à la sauvette de copies pirates de CD et de DVD.*

topo sm *pr* & *fig* taupe *f*.

topografía sf topographie *f*.

topográfico, ca adj topographique.

topógrafo, fa sm, f topographe *mf*.

toponimia sf toponymie *f*.

toponímico, ca adj toponymique.

topónimo sm toponyme *m*.

toque ◆ sm **1.** [gen] coup *m* ▸ **toque de diana** coup de clairon ▸ **toque de difuntos** glas *m* ▸ **toque de queda** couvre-feu *m inv* **2.** [matiz] touche *f* ▸ **dar los últimos toques a algo** mettre la dernière main à qqch **3.** [aviso] ▸ **toque (de atención)** mise *f* en garde ▸ **dar un toque a alguien a)** *fam* [llamar] appeler qqn **b)** [por teléfono] passer un coup de fil à qqn **c)** [amonestar] mettre qqn en garde. ◆ v ⟶ **tocar.**

toquetear vt *fam* tripoter.

toqueteo sm tripotage *m*.

toquilla sf châle *m*.

Tora sf Torah *f*.

torácico, ca adj thoracique.

tórax sm inv thorax *m*.

torbellino sm tourbillon *m* ▸ **ser un torbellino** *fig* avoir de l'énergie à revendre.

torcaz adj ⟶ **paloma**.

torcedura sf **1.** [torsión] torsion *f* **2.** MED entorse *f*.

torcer [41] ◆ vt **1.** [doblar] tordre **2.** [girar] ▸ **torcer la esquina** tourner au coin de la rue **3.** [tergiversar] déformer **4.** [pervertir] dépraver / *torcer a alguien del camino recto* détourner qqn du droit chemin. ◆ vi [girar] tourner. ◆ **torcerse** vprnl **1.** [dislocarse] se tordre / *me torcí el dedo* je me suis tordu le doigt / *me tuerzo al escribir* je n'écris pas droit **2.** [ir mal] mal tourner.

torcido, da adj [doblado] tordu(e) ; [mal colocado] de travers.

tordo, da ◆ adj pommelé(e). ◆ sm, f cheval *m* pommelé, jument *f* pommelée. ◆ **tordo** sm [ave] grive *f*.

toreador, ra sm, f torero *m*.

torear ◆ vt **1.** [lidiar] combattre **2.** *fig* [eludir - persona] éviter ; [- peligro] esquiver **3.** *fig* [burlarse de] ▸ **torear a alguien** taquiner qqn. ◆ vi [lidiar] toréer.

toreo sm **1.** [arte] tauromachie *f* **2.** [acción] combat *m*.

torero, ra ◆ adj de torero. ◆ sm, f [persona] torero *m* ▸ **saltarse algo a la torera** *fig* faire fi de qqch. ◆ **torera** sf [prenda] boléro *m*.

toril sm toril *m*.

tormenta sf orage *m* ▸ **acabar en tormenta** *fig* mal tourner.

tormento sm **1.** [congoja] tourment *m* ▸ **ser un tormento** être un calvaire **2.** [castigo] torture *f*.

tormentoso, sa adj orageux(euse).

tornadizo, za adj changeant(e).

tornado sm tornade *f*.

tornar *culto* ◆ vt [convertir] transformer / *los problemas lo han tornado antipático* ses problèmes l'ont rendu antipathique. ◆ vi **1.** [regresar] ▸ **tornar a** retourner à **2.** [volver a hacer] ▸ **tornar a hacer algo** refaire qqch. ◆ **tornarse** vprnl [convertirse] devenir / *la esperanza se tornó en desengaño* l'espoir a laissé place à la déception.

tornas sfpl ▸ **vuelven** o **se vuelven las tornas** *fig* le vent tourne.

tornasol sm **1.** [girasol] tournesol *m* **2.** [reflejo] reflet *m*.

tornasolado, da adj moiré(e).

torneado, da adj **1.** [cerámica] fait(e) au tour **2.** [forma] bien fait(e) ▸ **tener las piernas torneadas**

avoir les jambes galbées. ◆ **torneado** sm [de cerámica] tournage *m*.

tornear vt tourner *(façonner)*.

torneo sm tournoi *m* ▸ **torneo de hípica** concours *m* hippique.

tornero, ra sm, f tourneur *m*, -euse *f*.

tornillo sm vis *f* ▸ **le falta un tornillo** *fam* & *fig* il lui manque une case.

torniquete sm **1.** MED garrot *m* **2.** [en entrada] tourniquet *m*.

torno sm **1.** [de alfarero] tour *m* **2.** [de carpintero] toupie *f* **3.** [de dentista] roulette *f* **4.** [para pesos] treuil *m*. ◆ **en torno a** loc prep **1.** [alrededor de] autour de **2.** [aproximadamente] environ.

toro sm taureau *m* ▸ **toro de lidia** taureau de combat ▸ **agarrar** o **coger** o **tomar el toro por los cuernos** *fig* prendre le taureau par les cornes ▸ **ver los toros desde la barrera** *fig* ne pas se mouiller. ◆ **toros** smpl [lidia] corrida *f*.

Los toros

Les corridas sont très populaires en Espagne, en Amérique Latine et dans le sud de la France. Pendant une corrida, trois toreros vêtus de leur habit de lumières affrontent six taureaux. La corrida se divise en trois parties : le **tercio de varas** où intervient le picador sur son cheval ; le **tercio de banderillas** où le banderillero plante les banderilles ; le **tercio de muerte** où le matador tue le taureau avec l'épée. Le torero acclamé remporte les oreilles et la queue du taureau et sort par la grande porte sur les épaules du public.

toronja sf pamplemousse *m*.

torpe adj **1.** [gen] maladroit(e) **2.** [poco hábil] ▸ **ser torpe para algo** ne pas être très doué(e) pour qqch **3.** [necio] lent(e).

torpedear vt torpiller.

torpedero sm torpilleur *m*.

torpedo sm torpille *f*.

torpeza sf **1.** [gen] maladresse *f* **2.** [necedad] lenteur *f*.

torrar vt *culto* torréfier.

torre sf **1.** [gen] tour *f* ; [de iglesia] clocher *m* ▸ **torre de control** tour de contrôle ▸ **torre de homenaje** donjon *m* ▸ **torre de marfil** *fig* tour d'ivoire **2.** [chalé] pavillon *m*.

torrefacción sf torréfaction *f*.

torrefactar vt torréfier.

torrefacto, ta adj torréfié(e).

torrencial adj torrentiel(elle).

torrente sm torrent *m* ; *fig* [de gente, palabras] flot *m*.

torrentera sf lit *m* (d'un torrent).

torreón sm bastion *m*.

torreta sf **1.** MIL tourelle *f* **2.** ELECTR pylône *m*.

torrezno sm lardon *m*.

tórrido, da adj torride.

torrija sf CULIN pain *m* perdu.

torsión sf torsion *f*.

torso sm *culto* torse *m*.

torta sf **1.** [de harina] galette *f* **2.** *fam* [bofetada] baffe *f* ▸ **dar** o **pegar una torta a alguien** donner une baffe à qqn **3.** CSUR VEN [dulce] gâteau *m* **4.** CAM ANDES CARIB RP [salada] tarte *f* salée **5.** MÉX [sándwich] sandwich *m* **6.** EXPR **costar la torta un pan** *fam* coûter les yeux de la tête. ◆ **ni torta** loc adv *fam* que dalle / ***no veo ni torta*** je n'y vois que dalle.

tortazo sm *fam* **1.** [bofetada] baffe *f* ▸ **dar** o **pegar un tortazo a alguien** flanquer une baffe à qqn ▸ **liarse a tortazos** se flanquer des baffes **2.** [golpe] ▸ **darse** o **pegarse un tortazo** a) prendre une gamelle b) [con el coche] se planter.

tortería sf MÉX sandwicherie *f*.

tortícolis sf inv torticolis *m*.

tortilla sf **1.** [de huevos] omelette *f* ▸ **tortilla a la española** o **de patatas** omelette espagnole ▸ **tortilla a la francesa** omelette nature ▸ **cambió** o **se volvió la tortilla** *fig* le vent a tourné **2.** AM *crêpe de maïs épaisse servant de base à la cuisine mexicaine*.

tortillera sf *vulg* gouine *f*.

tortillería sf [restaurante] *restaurant spécialisé dans les omelettes*.

tortita sf [crepe] crêpe *f*.

tórtola sf tourterelle *f*.

tortolito, ta sm, f **1.** [inexperto] novice *mf* **2.** *(gen pl)* *fam* [enamorado] tourtereau *m*.

tortuga sf tortue *f*.

tortuosidad sf **1.** [sinuosidad] sinuosité *f* **2.** *fig* [perversidad] sournoiserie *f*.

tortuoso, sa adj tortueux(euse).

tortura sf torture *f*.

torturador, ra ◆ adj torturant(e). ◆ sm, f tortionnaire *mf*.

torturar vt torturer. ◆ **torturarse** vprnl se tourmenter.

torvisco sm sainbois *m*.

torvo, va adj torve.

torzamos ⟶ **torcer**.

tos sf toux *f* ▸ **tos ferina** coqueluche *f*.

toscano sm RP [cigarro] cigare *m*.

tosco, ca adj **1.** [gen] grossier(ère) ; [utensilio, construcción] rudimentaire **2.** *fig* [inculto] rustre.

toser vi tousser.

tosquedad sf **1.** [de persona, modales, etc.] grossièreté *f* **2.** [de objeto] aspect *m* rudimentaire.

tostada sf ⟶ **tostado**.

tostadero sm [máquina] torréfacteur *m* ; [lugar] brûlerie *f*.

tostado, da adj grillé(e) ; [color] foncé(e) ; [tez] hâlé(e). ◆ **tostada** sf **1.** [de pan] toast *m* **2.** MÉX [de tortilla] tortilla *f* frite. ◆ **tostado** sm ARG [sándwich] sandwich *m* grillé.

tostador sm grille-pain *m*.

tostadora sf grille-pain *m*.

tostar [23] vt **1.** [dorar, calentar] faire griller **2.** [broncear] brunir. ◆ **tostarse** vprnl se faire bronzer.

tostón sm **1.** CULIN [picatoste] croûton *m* frit **2.** *fam* & *fig* [aburrimiento, rollo] plaie *f*.

total ❖ adj total(e). ❖ sm **1.** [suma] total *m* ▸ **en total** au total **2.** [totalidad, conjunto] totalité *f* / ***el total del grupo*** la totalité du groupe. ❖ adv *fam* [en conclusión] bref ; [de todas formas] de toute manière / ***total que me fui*** bref, je suis parti / ***total no podemos hacer nada*** de toute manière, on ne peut rien y faire.

totalidad sf totalité *f*.

totalitario, ria adj totalitaire.

totalitarismo sm totalitarisme *m*.

totalizar [13] vt **1.** [persona] faire le total de, totaliser **2.** [cifras] se monter à / ***los gastos totalizan 200 euros*** les frais se montent à 200 euros.

totalmente adv totalement, entièrement / ***una publicación totalmente gratuita*** une publication entièrement gratuite / ***es totalmente imposible*** c'est totalement impossible.

tótem (*pl* **totems** *o* **tótemes**) sm totem *m*.

totémico, ca adj totémique.

totora sf AM *pirogue en jonc d'origine précolombienne*.

totuma sf AM calebasse *f*.

tour [tur] (*pl* **tours**) sm [viaje & DEP] tour *m* ; [gira] tournée *f*. ◆ **tour de force** ['turðefors] sm *fig* tour *m* de force.

tournedos [turne'ðo] sm inv tournedos *m*.

tournée [tur'ne] (*pl* **tournées**) sf **1.** [viaje] tour *m* **2.** [gira] tournée *f*.

toxicidad sf toxicité *f*.

tóxico, ca adj toxique. ◆ **tóxico** sm produit *m* toxique, toxique *m*.

toxicología sf toxicologie *f*.

toxicológico, ca adj toxicologique.

toxicomanía sf toxicomanie *f*.

toxicómano, na adj & sm, f toxicomane.

toxina sf toxine *f*.

toy SMS ***abr escrita de*** **estoy**.

tozudez sf entêtement *m*.

tozudo, da adj & sm, f têtu(e).

TPI (*abr de* **Tribunal Penal Internacional**) sm TPI *m*.

tq, tk (***abr escrita de*** **te quiero**) SMS je t'm (*je t'aime*).

traba sf **1.** [cuña] cale *f* **2.** *fig* [estorbo] obstacle *m* ▸ **poner trabas a alguien** mettre des bâtons dans les roues à qqn **3.** RP [seguro] verrou *m*.

trabado, da adj **1.** [unido - salsa] lié(e) ; [- discurso] cohérent(e) **2.** [sílaba] consonantique **3.** RP [asegurado] verrouillé(e).

trabajado, da adj [obra] travaillé(e) ; [persona] fatigué(e) ; [músculo] développé(e).

trabajador, ra ❖ adj travailleur(euse). ❖ sm, f travailleur *m*, -euse *f* ▸ **trabajador eventual / temporal** travailleur occasionnel / temporaire ▸ **trabajador por cuenta propia** travailleur indépendant.

trabajar ❖ vi **1.** [gen] travailler ▸ **trabaja de** *o* **como camarero** il est garçon de café **2.** CINE & TEATRO jouer. ❖ vt travailler.

trabajo sm **1.** [gen] travail *m* ; [empleo] emploi *m* ▸ **hacer un buen trabajo** faire du bon travail ▸ **trabajos forzados** *o* **forzosos** travaux forcés ▸ **trabajos manuales** travaux manuels ▸ **trabajo de chinos** travail de Romain ▸ **trabajo temporal** travail temporaire **2.** *fig* [esfuerzo] efforts *mpl* ▸ **costar mucho trabajo** demander beaucoup d'efforts ▸ **tomarse el trabajo de** prendre la peine de.

trabajoadicto, ta sm, f *fam* accro *mf* au travail.

trabajoso, sa adj **1.** [difícil] laborieux(euse) **2.** [molesto] pénible.

trabalenguas sm inv *mot ou phrase difficile à prononcer*.

trabar vt **1.** [sujetar] attacher ; [unir] assembler **2.** [iniciar - lucha, conversación] engager ▸ **trabar amistad con** se lier d'amitié avec **3.** [obstaculizar] entraver **4.** CULIN [salsa] lier **5.** RP [cerrar - con cerrojo] verrouiller ; [- con llave] fermer à clé ; [- con tranca] barrer. ◆ **trabarse** vprnl **1.** [enredarse] s'emmêler / ***se le trabó la lengua*** sa langue a fourché **2.** [espesarse] épaissir.

trabazón sf **1.** [de maderos, tablas, etc.] assemblage *m* **2.** *fig* [de ideas, argumentos, etc.] enchaînement *m*.

trabilla sf [de abrigo] martingale *f* ; [de cinturón] patte *f*.

trabuco sm tromblon *m*.

traca sf chapelet *m* de pétards ▸ **¡es de traca!** *fam* c'est dingue !

tracción sf traction *f* ▸ **tracción delantera** traction avant.

trace ⟶ **trazar**.

tracoma sm trachome *m*.

tractor, ra adj moteur(trice). ◆ **tractor** sm tracteur *m*.

tractorista smf tractoriste *mf*.

trader ['treiðer] smf trader *mf*.

tradición sf tradition *f*.

tradicional adj traditionnel(elle) ; [persona] traditionaliste.

tradicionalismo sm traditionalisme *m*.

tradicionalista adj & smf traditionaliste.

traducción sf traduction *f* ▸ **traducción automática** traduction automatique ▸ **traducción directa** version *f* ▸ **traducción inversa** thème *m* ▸ **traducción literal** traduction littérale ▸ **traducción simultánea** traduction simultanée.

traducir [33] vt ▸ **traducir de / a** traduire (de / en). ◆ **traducirse** vprnl [a otro idioma] ▸ **traducirse (por)** se traduire (par) ▸ **traducirse en algo** *fig* [ocasionar] entraîner qqch.

traductor, ra sm, f traducteur *m*, -trice *f* ▸ **traductor jurado** traducteur assermenté.

traer [73] vt **1.** [trasladar - cosa] apporter ; [- persona] amener ; [de un sitio - cosa] rapporter ; [- persona] ramener **2.** [provocar] causer **3.** [incluir] : ***el periódico trae un artículo interesante*** il y a un article intéressant dans le journal **4.** [llevar puesto] porter **5.** EXPR **traer algo entre manos** manigancer qqch ▸ **traer de cabeza a alguien** mener la vie impossible à qqn. ◆ **traerse** vprnl : ***el examen se las trae*** *fam* & *fig* l'examen n'est pas piqué des vers / ***este niño se las trae*** *fam* & *fig* cet enfant est impossible.

tráfago sm **1.** [trabajo] multiples occupations *fpl* **2.** [en las calles] agitation *f*.

traficante smf trafiquant *m*, -e *f*.

traficar [10] vi ▸ **traficar (con o en algo)** faire du trafic (de qqch).

tráfico sm **1.** [circulación] circulation *f* ▸ **tráfico rodado** circulation routière **2.** [comercio ilegal] trafic *m* ▸ **tráfico de armas** trafic d'armes ▸ **tráfico de influencias** trafic d'influence.

tragacanto sm **1.** [planta] astragale *m* **2.** [goma] gomme *f* adragante.

tragaderas sfpl *fam* ▸ **tener (buenas) tragaderas** **a)** [ser crédulo] tout gober **b)** [ser tolerante] pouvoir tout encaisser **c)** [comer mucho] avoir un bon coup de fourchette.

tragafuegos smf inv cracheur *m*, -euse *f* de feu.

tragaldabas smf inv *fam* glouton *m*, -onne *f*, goinfre *mf*.

tragaluz sm lucarne *f*.

tragamonedas sf inv AM *fam* machine *f* à sous.

traganíqueles sf inv AM *fam* ⟶ **máquina**.

tragaperras sm o sf machine *f* à sous.

tragar [16] vt **1.** [ingerir, creer] avaler **2.** [absorber] engloutir **3.** *fam* & *fig* [soportar - cosa] se taper ; [- persona] ▸ **no (poder) tragar a alguien** ne pas pouvoir encadrer qqn **4.** *fam* [consumir mucho - coche] pomper ; [- persona] avaler. ◆ **tragarse** vprnl **1.** [ingerir, creer] avaler **2.** [absorber] engloutir **3.** *fam* & *fig* [soportarse] : ***no se tragan*** ils ne peuvent pas s'encadrer **4.** [orgullo, lágrimas] ravaler.

tragedia sf tragédie *f*.

trágico, ca ❖ adj tragique. ❖ sm, f [autor] tragique *m* ; [actor] tragédien *m*, -enne *f*.

tragicomedia sf tragi-comédie *f*.

tragicómico, ca adj tragi-comique.

trago sm **1.** [de líquido] gorgée *f* ▸ **de un trago** d'un trait **2.** *fam* [copa] verre *m* ▸ **echar un trago** boire un coup **3.** *fam* & *fig* [disgusto] ▸ **pasar un mal trago** passer un mauvais quart d'heure **4.** AM *fam* : ***el trago*** la boisson.

tragón, ona adj & sm, f *fam* goinfre.

trague ⟶ **tragar**.

traición sf trahison *f* ▸ **a traición** en traître ▸ **alta traición** haute trahison.

traicionar vt trahir.

traicionero, ra adj & sm, f traître(esse).

traído, da adj usé(e) ▸ **traído y llevado** rebattu(e).

traidor, ra adj & sm, f traître(esse).

traiga ⟶ **traer**.

tráiler ['trailer] (*pl* **trailers**) sm **1.** CINE bande-annonce *f* **2.** AUTO [camión] semi-remorque *m*.

trainera sf *bateau de pêche à la traîne utilisé dans le golfe de Gascogne.*

traje sm **1.** [vestido de mujer] robe *f* ▸ **traje de noche** robe du soir **2.** [prenda] ▸ **traje (de chaqueta)** **a)** [de mujer] tailleur *m* **b)** [de hombre] costume *m* ▸ **traje de baño** maillot *m* de bain ▸ **traje de ceremonia** tenue *f* de cérémonie ▸ **traje de diario** tenue *f* de ville ▸ **traje de etiqueta o de gala** tenue *f* de soirée ▸ **traje de luces** habit *m* de lumière ▸ **traje pantalón** tailleur-pantalon *m* ▸ **traje sastre** tailleur *m (de femme)*.

trajeado, da adj **1.** [vestido] habillé(e) **2.** *fam* [arreglado] sapé(e).

trajear vt habiller.

trajera ⟶ **traer**.

trajín sm *fam* & *fig* [ajetreo] remue-ménage *m*.

trajinar ❖ vi *fam* & *fig* s'activer. ❖ vt transporter. ◆ **trajinarse** vprnl ▸ **trajinarse a alguien** **a)** *fam* embobiner qqn **b)** *vulg* se faire qqn.

trajo ⟶ **traer**.

trallazo sm *fam* DEP [disparo] tir *m*.

trama sf **1.** [de hilos] trame *f* **2.** [de obra] intrigue *f* **3.** *fig* [confabulación] machination *f*.

tramado sm FOTO trame *f*.

tramar vt tramer.

tramitación sf démarches *fpl* ▸ **la tramitación del divorcio** la procédure de divorce.

tramitar vt ▸ **tramitar algo** **a)** [pasaporte, permiso, solicitud] faire des démarches pour obtenir qqch **b)** [venta, préstamo] s'occuper de qqch.

trámite sm [diligencia] démarche *f* ; [papeleo] formalité *f* ▸ **de trámite** de routine.

tramo sm [de carretera] tronçon *m* ; [de pared] pan *m* ; [de escalera] volée *f*.

tramontana sf tramontane *f*.

tramoya sf **1.** TEATRO machinerie *f* **2.** *fig* [enredo] intrigue *f*.

tramoyista smf **1.** TEATRO machiniste *mf* **2.** *fig* [enredador] intrigant *m*, -e *f*.

trampa sf **1.** [gen] piège *m* ▸ **caer en la trampa** tomber dans le piège ▸ **hacer trampas** tricher **2.** [en suelo] trappe *f* **3.** *fig* [deuda] dette *f*.

trampantojo sm ARTE trompe-l'œil *m*.

trampear vi *fam* **1.** [estafar] magouiller **2.** [financieramente] vivoter, galérer / *es imposible encontrar curro, voy trampeando desde hace seis meses* impossible de trouver du boulot, je galère depuis six mois.

trampero, ra sm, f **1.** [cazador] piégeur *m*, -euse *f* **2.** [en Alaska] trappeur *m*.

trampilla sf trappe *f*.

trampolín sm tremplin *m* ; [de piscina] plongeoir *m*.

tramposo, sa adj & sm, f **1.** [en el juego] tricheur(euse) **2.** [moroso] mauvais payeur (mauvaise payeuse).

tranca sf **1.** [de puerta, ventana] barre *f* de fer **2.** [palo] trique *f* **3.** *fam* [borrachera] cuite *f* **4.** MÉX [en verja] barrière *f* **5.** EXPR **a trancas y barrancas** tant bien que mal.

trancar vt **1.** [puerta, ventana] barrer, barricader **2.** AM [atascar] bloquer. ◆ **trancarse** vprnl AM **1.** [atascarse] être bloqué(e) **2.** [detenerse] être suspendu(e).

trancazo sm **1.** [golpe con tranca] coup *m* de trique **2.** *fam* & *fig* [gripe] ▸ **tener un fuerte trancazo** avoir une bonne crève.

trance sm **1.** [apuro] mauvais pas *m* ▸ **estar en trance de muerte** être à l'article de la mort ▸ **pasar (por) un mal trance** passer un mauvais moment **2.** [estado hipnótico] transe *f* ▸ **estar en trance** être en transe. ◆ **a todo trance** loc adv à tout prix.

tranco sm **1.** [zancada] grande enjambée *f* **2.** [umbral] pas *m* de la porte.

tranquilamente adv **1.** [con calma] tranquillement **2.** [con frescura] avec aplomb / *me lo dijo tan tranquilamente* il me l'a dit comme si de rien n'était **3.** [sin dificultad] facilement.

tranquilidad sf tranquillité *f*, calme *m*.

tranquilizador, ra adj rassurant(e).

tranquilizante ◈ adj **1.** [relajante] apaisant(e) **2.** MED tranquillisant(e). ◈ sm MED tranquillisant *m*.

tranquilizar [13] vt **1.** [calmar] tranquilliser, calmer **2.** [dar confianza] rassurer. ◆ **tranquilizarse** vprnl **1.** [calmarse] se tranquilliser **2.** [tomar confianza] se rassurer.

tranquillo sm *fam* ▸ **coger el tranquillo a algo** prendre le coup.

tranquilo, la adj **1.** [gen] tranquille ; [mar, viento, negocio] calme ▸ **(tú) tranquilo** *fam* (ne) t'inquiète pas **2.** [despreocupado] insouciant(e) ▸ **quedarse tan tranquilo** faire comme si de rien n'était.

transacción sf transaction *f* ▸ **transacción electrónica** transaction électronique.

transalpino, na, trasalpino, na adj transalpin(e).

transandino, na, trasandino, na adj transandin(e).

transar vi AM trouver un compromis ; [transigir] céder.

transatlántico, ca, trasatlántico, ca adj transatlantique. ◆ **transatlántico** sm NÁUT transatlantique *m*.

transbordador, trasbordador sm **1.** NÁUT ferry *m* **2.** AERON ▸ **transbordador (espacial)** navette *f* spatiale.

transbordar, trasbordar ◈ vt transborder. ◈ vi changer *(de train, etc.)*.

transbordo, trasbordo sm changement *m* ▸ **hacer transbordo** changer *(de train, etc.)*.

transcendencia = **trascendencia**.

transcendencial = **trascendencial**.

transcendental = **trascendental**.

transcendente = **trascendente**.

transcender [20] = **trascender**.

transcontinental adj transcontinental(e).

transcribir, trascribir vt transcrire.

transcripción, trascripción sf transcription *f*.

transcriptor, ra, trancriptor, ra sm, f [persona] transcripteur *m*. ◆ **transcriptor** sm [aparato] transcripteur *m*.

transcrito, ta, trascrito, ta adj transcrit(e).

transcurrido, da, trascurrido, da adj [tiempo] écoulé(e) / *transcurridos tres días...* au bout de trois jours....

transcurrir, trascurrir vi **1.** [tiempo] s'écouler **2.** [acontecimiento, acción] se passer.

transcurso, trascurso sm ▸ **en el transcurso de a)** [cena, reunión] au cours de **b)** [día, año] dans le courant de.

transcutáneo, a, trascutáneo, a adj MED transcutané(e).

transdérmico, ca, trasdérmico, ca adj MED transdermique(e) ▸ **parche transdermico** timbre *m* transdermique.

transeúnte sm, f **1.** [paseante] passant *m*, -e *f* **2.** [transitorio] personne *f* de passage.

transexual adj & smf transsexuel(elle).

transexualidad sf transsexualité *f*.

transferencia, trasferencia sf **1.** FIN virement *m* ▸ **transferencia de datos** transfert *m* de données ▸ **transferencia electrónica de fondos** transfert de fonds électronique, transfert électronique de fonds **2.** [cesión] transfert *m*.

transferible adj [jugador] transférable.

transferir, trasferir [27] vt **1.** FIN virer **2.** [ceder] transférer.

transfiguración, trasfiguración sf transfiguration *f*.

transfigurar, trasfigurar vt transfigurer. ◆ **transfigurarse, trasfigurarse** vprnl être transfiguré(e).

transformable adj transformable.

transformación, trasformación sf transformation *f*.

transformador, ra, trasformador, ra adj transformateur(trice) ; [industria, sistema] de transformation. ◆ **transformador, trasformador** sm ELECTR transformateur *m*.

transformar, trasformar vt ▸ **transformar algo / alguien en** transformer qqch / qqn en. ◆ **transformarse** vprnl **1.** [cambiar] se transformer **2.** [mejorar] être transformé(e).

transformismo sm transformisme *m*.

transformista ✧ adj transformiste. ✧ smf **1.** [seguidor] transformiste *mf* **2.** [artista] spécialiste *mf* des transformations rapides.

transfronterizo, za adj transfrontalier(ère).

tránsfuga, trásfuga smf **1.** POLÍT transfuge *mf* **2.** AM *fam* & *hum* [sinvergüenza] polisson(onne).

transfuguismo, trasfuguismo sm POLÍT dissidence *f*.

transfusión, trasfusión sf transfusion *f*.

transfusor, ra, trasfusor, ra adj de transfusion. ◆ **transfusor, trasfusor** sm [aparato] transfuseur *m*.

transgeneracional, trasgeneracional adj transgénérationnel(elle).

transgénico, ca adj transgénique.

transgredir [78], **trasgredir** [78] vt transgresser.

transgresión, trasgresión sf transgression *f*.

transgresor, ra, trasgresor, ra sm, f contrevenant *m*, -e *f*.

transiberiano, na adj transsibérien(enne). ◆ **transiberiano** sm FERROC Transsibérien *m*.

transición sf **1.** [gen] transition *f* **2.** POLÍT *nom donné à la période de l'histoire espagnole qui a suivi le franquisme*.

Transición

Ce mot s'applique à la période qui suivit la mort de Franco, caractérisée par l'instauration d'institutions politiques représentatives et par la modernisation de la législation. Fierté nationale, la continuité politique fut assurée sans remous. Les bases de la nouvelle démocratie espagnole furent jetées grâce aux premières élections législatives et à l'élaboration de la nouvelle Constitution, approuvée par référendum le 6 décembre 1978.

transido, da adj [de frío] transi(e) ; [de dolor, pena] accablé(e).

transigencia sf tolérance *f*.

transigente adj tolérant(e).

transigir [15] vi ▸ **transigir (con)** transiger (sur).

transistor sm transistor *m*.

transitable adj [carretera] praticable ; [río] traversable.

transitar vi [gen] passer ; [coche] circuler.

transitivo, va adj transitif(ive).

tránsito sm **1.** [circulación] circulation *f*, passage *m* ▸ **tránsito rodado** circulation routière **2.** [transporte] transit *m*.

transitoriedad sf [de régimen, medida, vida] caractère *m* transitoire o provisoire.

transitorio, ria adj transitoire.

translación, traslación sf **1.** [cambio de lugar de cosa] déplacement *m*, transfert *m* **2.** [cambio de lugar de persona] transfert *m* / *traslación de un preso* transfert d'un prisonnier **3.** [traducción] traduction *f* **4.** ASTRON translation *f*.

translimitación sf [de regla] transgression *f*.

translimitar vt [derechos] outrepasser ; [frontera] franchir.

translúcido, da, traslúcido, da adj translucide.

translucir, traslucir [32] ✧ vt manifester, laisser paraître. ✧ vi ▸ **dejar translucir** laisser voir / deviner. ◆ **translucirse, traslucirse** vprnl **1.** [cristal, porcelana] être translucide **2.** [ropa, tela] être transparent(e) **3.** [sentimiento, motivos, miedo] transparaître.

transmediterráneo, a, trasmediterráneo, a adj transméditerranéen(enne).

transmisible, trasmisible adj transmissible.

transmisión, trasmisión sf transmission *f* ▸ **transmisión de datos** transmission de données ▸ **transmisión del pensamiento** transmission de pensée.

transmisor, ra, trasmisor, ra adj [aparato] de transmission ; [estación] émetteur(trice). ◆ **transmisor, trasmisor** sm RADIO émetteur *m*.

transmitir, trasmitir vt transmettre ; RADIO & TV diffuser. ◆ **transmitirse, trasmitirse** vprnl se transmettre.

transmutación, trasmutación sf transmutation *f*.

transmutar, trasmutar vt transmuter.

transnacional, trasnacional adj transnational(e).

transoceánico, ca adj transocéanique.

transparencia, trasparencia sf **1.** [claridad] transparence *f* ▸ **transparencia fiscal** transparence fiscale **2.** [para una exposición] transparent *m*.

transparentarse, trasparentarse vprnl **1.** [gen] être transparent(e) **2.** *fig* [manifestarse] transparaître.

transparente, trasparente adj **1.** [gen] transparent(e) **2.** *fig* [manifiesto, evidente] clair(e).

transpiración, traspiración sf transpiration *f*.

transpirar, traspirar vi transpirer.

transpirenaico, ca, traspirenaico, ca adj transpyrénéen(enne).

transponer [65], **trasponer** vt **1.** [cambiar] déplacer **2.** [ocultarse detrás de] disparaître derrière.

◆ **transponerse, trasponerse** vprnl **1.** [adormecerse] s'assoupir **2.** [ocultarse] disparaître ; [sol] se coucher.

transportable, trasportable adj portable.

transportador, ra, trasportador, ra adj [cinta] transporteur(euse). ◆ **transportador** sm **1.** [para transportar] transporteur *m* **2.** [para medir ángulos] rapporteur *m*.

transportar, trasportar vt transporter. ◆ **transportarse, trasportarse** vprnl [embelesarse] ▸ **transportarse (con)** être transporté(e) (de).

transporte, trasporte sm transport *m* ▸ **transporte público o colectivo** transports *mpl* en commun.

transportista, trasportista smf transporteur *m*.

transposición, trasposición sf transposition *f*.

transpuesto, ta, traspuesto, ta adj assoupi(e).

transvasar, trasvasar vt [líquido] transvaser.

transvase, trasvase sm **1.** [de líquido] transvasement *m* **2.** [de río] dérivation *f*.

transversal, trasversal ◈ adj transversal(e). ◈ sf GEOM transversale *f*.

transverso, sa, trasverso, sa adj transversal(e).

tranvía sm tramway *m*.

trapear vt AM laver par terre.

trapecio sm trapèze *m*.

trapecista smf trapéziste *mf*.

trapero, ra ◈ sm, f **1.** chiffonnier *m*, -ère *f* **2.** CSUR *fam* [aficionado a la ropa] passionné *m*, -e *f* de mode. ◈ adj CSUR *fam* [aficionado a la ropa] passionné *m*, -e *f* de mode.

trapezoidal adj trapézoïdal(e).

trapezoide sm **1.** GEOM quadrilatère *m* trapézoïdal **2.** ANAT trapézoïde *m*.

trapichear vi *fam* traficoter.

trapicheo sm *fam* [negocio sucio] trafic *m* ; [tejemaneje] micmac *m*.

trapío sm **1.** TAUROM fougue *f* **2.** *culto* [garbo] allure *f*.

trapisonda sf *fam* [enredo] embrouille *f*.

trapisondear vi *fam* **1.** [armar jaleo] faire du tapage **2.** [enredar] traficoter.

trapisondista smf *fam* **1.** [alborotador] personne *f* qui fait du tapage **2.** [enredador] arnaqueur *m*, -euse *f*.

trapo sm **1.** [gen] chiffon *m* ▸ **trapo (de cocina)** torchon *m* ▸ **trapo de piso** RP serpillière **2.** TAUROM muleta *f* **3.** EXPR **los trapos sucios se lavan en casa** il faut laver son linge sale en famille ▸ **poner a alguien como un trapo** traiter qqn de tous les noms. ◆ **trapos** smpl *fam* [ropa] ▸ **hablar de trapos** parler chiffons.

trapón sm MÉX torchon *m* à vaisselle.

tráquea sf trachée *f*.

traqueotomía sf trachéotomie *f*.

traqueteo sm [de tren] secousses *fpl*.

tras prep **1.** [después de] après / *tras su intervención…* suite à son intervention… ▸ **día tras día** jour après jour / *una mentira tras otra* mensonge sur mensonge **2.** [detrás de, en pos de] derrière ▸ **andar tras alguien** être à la recherche de qqn ▸ **andar tras algo** courir après qqch.

trasalpino, na = **transalpino**.

trasandino, na = **transandino**.

trasatlántico, ca = **transatlántico**.

trasbordador, ra = **transbordador**.

trasbordar = **transbordar**.

trasbordo = **transbordo**.

trascendencia, transcendencia sf *fig* importance *f* ▸ **tener una gran trascendencia** être d'une grande importance.

trascendencial, transcendencial adj très important(e).

trascendental, transcendental adj **1.** [importante] ▸ **de trascendental importancia** très important(e) / *una decisión trascendental* une décision capitale **2.** [meditación] transcendantal(e).

trascendente, transcendente adj **1.** [hecho, suceso] marquant(e) **2.** FILOS transcendant(e).

trascender, transcender [20] vi **1.** [extenderse] se propager ▸ **trascender a** a) s'étendre à b) [descontento] gagner ▸ **según ha transcendido** selon certaines sources ▸ **ha transcendido que…** il est ressorti que… **2.** [oler] ▸ **trascender a** exhaler une odeur de **3.** [ir más allá] ▸ **trascender de** dépasser.

trascribir = **transcribir**.

trascripción = **transcripción**.

trascriptor = **transcriptor**.

trascrito, ta = **transcrito**.

trascurrir = **transcurrir**.

trascurso = **transcurso**.

trascutáneo, a = **transcutáneo**.

trasdérmico, ca = **transdérmico**.

trasegar [35] vt **1.** [desordenar] déranger **2.** [transvasar] transvaser.

trasero, ra adj de derrière ; [asiento, rueda, etc.] arrière. ◆ **trasero** sm *fam* derrière *m*. ◆ **trasera** sf arrière *m*.

trasferencia = **transferencia**.

trasferir = **transferir**.

trasfiguración = **transfiguración**.

trasfigurar = **transfigurar**.

trasfondo sm fond *m* ; [de palabras, obra] sens *m* profond ; POLÍT arrière-plan *m*.

trasformación = **transformación**.

trasformador, ra = **transformador**.

trasformar = **transformar**.

trásfuga = **tránsfuga**.

trasfuguismo = **transfuguismo**.

trasfusión = **transfusión**.

trasfusor, ra = **transfusor**.

trasgeneracional = **transgeneracional**.

trasgredir = **transgredir**.

trasgresión = **transgresión**.

trasgresor, ra = **transgresor**.

trashumancia sf transhumance *f*.

trashumancia, trashumación sf transhumance *f*.

trashumante adj transhumant(e).

trashumar vi transhumer.

trasiega ⟶ **trasegar**.

trasiego sm [movimiento] remue-ménage *m inv*.

trasiegue ⟶ **trasegar**.

traslación = **translación**.

trasladable adj transférable.

trasladar vt **1.** [desplazar] déplacer ; [viajeros, herido, etc.] transporter **2.** [empleado, funcionario] muter ; [empresa, local, preso] transférer **3.** [reunión, fecha] reporter **4.** [obra] ▸ **trasladar a la pantalla** porter à l'écran **5.** *fig* [expresar] ▸ **trasladar algo al papel** coucher qqch sur le papier. ◆ **trasladarse** vprnl **1.** [desplazarse] se déplacer ; [empresa, local] être transféré(e) **2.** [mudarse] ▸ **trasladarse (de piso)** déménager.

traslado sm **1.** [desplazamiento] déplacement *m* ; [de viajeros, víveres, herido, etc.] transport *m* ; [de preso] transfert *m* **2.** [mudanza] déménagement *m* **3.** [de empleado, funcionario] mutation *f*.

traslúcido, da = **translúcido**.

traslucir = **translucir**.

trasluz sm ▸ **al trasluz** par transparence.

trasmano ◆ **a trasmano** loc adv **1.** [fuera de alcance] ▸ **tener algo a trasmano** ne pas avoir qqch sous la main **2.** [lejos] loin / *me coge a trasmano* ça n'est pas du tout sur mon chemin.

trasmediterráneo, a = **transmediterráneo**.

trasmisible = **transmisible**.

trasmisión = **transmisión**.

trasmisor, ra = **transmisor**.

trasmitir = **transmitir**.

trasmutación = **transmutación**.

trasmutar = **transmutar**.

trasnacional = **transnacional**.

trasnochado, da adj **1.** [del día anterior] de la veille **2.** [teoría, ideas, costumbre] périmé(e), usé(e).

trasnochador, ra sm, f fêtard *m*, -e *f*.

trasnochar vi **1.** [acostarse tarde] se coucher tard **2.** [no dormir] passer une nuit blanche.

traspapelar vt égarer *(papier)*. ◆ **traspapelarse** vprnl s'égarer *(papier)*.

trasparencia = **transparencia**.

trasparentarse = **transparentarse**.

trasparente = **transparente**.

traspasable adj **1.** [que se puede atravesar] franchissable **2.** [negocio, asunto] cessible, transmissible, transférable.

traspasar vt **1.** [atravesar] transpercer **2.** [cruzar - camino, río] traverser ; [- puerta] franchir **3.** [negocio] céder ▸ **'se traspasa'** 'bail à céder' **4.** DEP [jugador] transférer **5.** *fig* [límite] dépasser ; [ley, precepto] transgresser.

traspaso sm **1.** [de negocio] cession *f* **2.** [precio] reprise *f* ; [de comercio] pas-de-porte *m inv* **3.** DEP [de jugador] transfert *m* **4.** [de poderes] passation *f*.

traspatio sm AM arrière-cour *f*.

traspié (*pl* **traspiés**) sm faux pas *m* ▸ **dar un traspié** *pr* & *fig* faire un faux pas.

traspiración = **transpiración**.

traspirar = **transpirar**.

traspirenaico, ca = **transpirenaico**.

trasplantar vt transplanter.

trasplante sm greffe *f*.

trasponer = **transponer**.

trasportable = **transportable**.

trasportador, ra = **transportador**.

trasportar = **transportar**.

trasporte = **transporte**.

trasportista = **transportista**.

trasposición = **transposición**.

traspuesto, ta = **transpuesto**.

trasquilado, da adj ▸ **vas a salir trasquilado** *fig* tu vas y laisser des plumes.

trasquilar vt **1.** [esquilar] tondre **2.** [el pelo] couper n'importe comment.

trasquilón sm *fam* **1.** [en pelo] tonte *f* ▸ **hacer trasquilones a alguien (en el pelo)** faire des escaliers dans les cheveux de qqn **2.** [en fortuna] saignée *f*, ponction *f*.

trastabillar vi **1.** [tropezar] trébucher **2.** [tambalearse] chanceler **3.** [al hablar] trébucher sur les mots, bredouiller, bafouiller.

trastabillón sm AM faux pas *m*.

trastada sf [travesura] mauvais tour *m* ▸ **hacer una trastada a alguien** jouer un mauvais tour à qqn.

trastazo sm *fam* coup *m* ▸ **darse** o **pegarse un trastazo** se casser la figure.

traste sm **1.** MÚS [de guitarra] touchette *f* **2.** CAM ANDES CARIB MÉX [utensilio de cocina] ustensile *m* de cuisine ▸ **lavar los trastes** faire la vaisselle **3.** AM *fam* [trasero] derrière *m* **4.** EXPR **dar al traste con algo** *fig* gâcher qqch ▸ **irse al traste** *fig* tomber à l'eau.

trastear ◈ vi fouiller *(dans les affaires de qqn)*. ◈ vt **1.** [casa] mettre sens dessus dessous **2.** [toro] travailler **3.** *fam* [persona] mener par le bout du nez.

trastero sm **1.** [depósito] débarras *m* **2.** MÉX [aparador] buffet *m* bas.

trastienda sf arrière-boutique *f*.

trasto sm **1.** [utensilio inútil] vieillerie *f* **2.** *fam* & *fig* [persona traviesa] polisson *m*. ◆ **trastos** smpl **1.** [pertenencias] affaires *fpl* ▸ **tirarse los trastos a la cabeza**

fam s'engueuler **2.** [equipo] matériel *m* ; [de torero] accessoires *mpl*.

trastocar [36] vt [desordenar] déranger *(papiers, etc.)*. ◆ **trastocarse** vprnl [enloquecer] perdre la tête.

trastornado, da adj bouleversé(e) ▸ **tener la mente trastornada** être dérangé(e).

trastornar vt **1.** [volver loco] faire perdre la tête à **2.** [inquietar] tourmenter ; [alterar] bouleverser **3.** [molestar] déranger. ◆ **trastornarse** vprnl [volverse loco] perdre la tête.

trastorno sm **1.** [gen] trouble *m* **2.** [alteración] bouleversement *m* **3.** [molestia] dérangement *m*.

trastrocar [36] vt **1.** [cambiar de orden - papeles] mélanger ; [cambiar - planes] modifier **2.** [cambiar de sentido] déformer.

trasvasar = **transvasar**.

trasvase = **transvase**.

trasversal = **transversal**.

trasverso, sa = **transverso**.

trata sf traite *f* ▸ **trata de blancas** traite des Blanches.

tratable adj [persona] aimable.

tratadista smf auteur *m* de traités.

tratado sm traité *m*.

tratamiento sm **1.** [gen, MED & INFORM] traitement *m* ▸ **rendir un buen / mal tratamiento** être bien / mal traité(e) ▸ **tratamiento del dolor** traitement de la douleur ▸ **tratamiento de residuos** traitement des déchets ▸ **tratamiento de textos** traitement de texte **2.** [título] titre *m* ▸ **apear el tratamiento a alguien** tutoyer qqn.

tratante smf marchand *m*, -e *f* ▸ **tratante de vinos** négociant *m* en vins.

tratar ❖ vt **1.** [gen, MED & INFORM] traiter **2.** [dirigirse a] ▸ **tratar a alguien de tú** tutoyer qqn ▸ **tratar a alguien de usted** vouvoyer qqn **3.** [discutir - convenio, acuerdo] négocier. ❖ vi **1.** [versar] ▸ **tratar de** o **sobre** traiter de **2.** [tener relación] ▸ **tratar con alguien** fréquenter qqn **3.** [intentar] ▸ **tratar de hacer algo** essayer de faire qqch **4.** [utilizar] ▸ **tratar con algo** manipuler qqch **5.** [comerciar] ▸ **tratar en** faire le commerce de. ◆ **tratarse** vprnl **1.** [relacionarse] se fréquenter ▸ **tratarse con alguien** fréquenter qqn **2.** [versar] ▸ **¿de qué se trata?** de quoi s'agit-il ? ▸ **se trata de…** il s'agit de….

tratativas sfpl CSUR tractations *fpl*.

trato sm **1.** [comportamiento, conducta] traitement *m* ▸ **de trato agradable** (d'un commerce) agréable ▸ **malos tratos** mauvais traitements **2.** [relación] fréquentation *f* / *no quiero tratos con ellos* je ne veux pas avoir affaire à eux ▸ **tener trato con alguien** fréquenter qqn **3.** [acuerdo] ▸ **cerrar** o **hacer un trato** conclure un marché ▸ **¡trato hecho!** marché conclu ! **4.** [tratamiento] ▸ **dar un trato a alguien** s'adresser à qqn ▸ **trato de tú** tutoiement *m* ▸ **trato de usted** vouvoiement *m*.

trauma sm traumatisme *m*.

traumático, ca adj traumatique.

traumatismo sm traumatisme *m*.

traumatizante adj traumatisant(e).

traumatizar [13] vt traumatiser. ◆ **traumatizarse** vprnl être traumatisé(e).

traumatología sf traumatologie *f*.

traumatólogo, ga sm, f traumatologiste *mf*.

travelín, travelling sm CINE travelling *m*.

travellers smpl [cheques] chèques *mpl* de voyage, traveller's checks *mpl*.

travelling = **travelín**.

través ◆ **a través de** loc prep **1.** [de un lado a otro de] en travers de **2.** [por entre] à travers, au travers de **3.** [por medio de] par l'intermédiaire de. ◆ **al través** loc adv en travers. ◆ **de través** loc adv de travers ▸ **mirar de través** *fig* regarder de travers.

travesaño sm **1.** [pieza] traverse *f* **2.** DEP barre *f* transversale.

travesero, ra adj ▸ **una flauta travesera** une flûte traversière.

travesía sf **1.** [viaje] traversée *f* **2.** [calle] passage *m*.

travestí, travestís, travesti smf travesti *m*, -e *f*.

travestido, da sm, f travesti *m*, -e *f*.

travestirse [26] vprnl se travestir.

travestismo sm travestisme *m*.

travesura sf espièglerie *f*.

traviesa sf traverse *f*.

travieso, sa adj espiègle.

travista ⟶ **travestirse**.

travistiera ⟶ **travestirse**.

trayecto sm trajet *m*.

trayectoria sf [de proyectil, etc.] trajectoire *f* ; [de persona] parcours *m*.

traza sf **1.** [boceto, plano] épure *f* **2.** [aspecto] air *m* **3.** *(gen pl)* [habilidad] ▸ **darse buenas / malas trazas (para algo)** être / ne pas être doué(e) (pour qqch).

trazado sm tracé *m*.

trazar [13] vt **1.** [dibujar] tracer **2.** [indicar, describir] évoquer ▸ **trazar un paralelo entre** établir un parallèle entre **3.** [idear] concevoir.

trazo sm trait *m*.

trébol sm trèfle *m*. ◆ **tréboles** smpl [palo de baraja] trèfle *m*.

trece ❖ adj num inv treize ▸ **mantenerse** o **seguir en sus trece** *fig* ne pas vouloir en démordre. ❖ sm inv treize *m inv*. ***Ver también* seis**.

treceavo, va adj num treizième ▸ **treceava parte** treizième *m*. ***Ver también* sexto**.

trecho sm ▸ **un buen trecho a)** [espacio] un bon bout de chemin **b)** [tiempo] un bon bout de temps ▸ **de trecho en trecho** de temps à autre.

tregua sf trêve *f*.

treinta adj num inv & sm inv trente.

treintañero, ra adj & sm, f trentenaire.

treintavo, va adj num trentième.

treinteno, na adj num trentième ▸ **treintena parte** trentième *m*. *Ver también* **sexto.** ◆ **treintena** sf [edad] trentaine *f*.

trekking ['trekin] sm trekking *m*, trek *m*.

tremebundo, da adj épouvantable.

tremendismo sm **1.** [exageración] alarmisme *m* **2.** LITER *réalisme social apparu après la guerre civile espagnole.*

tremendista adj **1.** [exagerado] alarmiste **2.** LITER *qui appartient au « tremendismo ».*

tremendo, da adj terrible ▸ **tomar(se) algo a la tremenda** prendre qqch au tragique.

trementina sf térébenthine *f*.

tremolar vi *culto* ondoyer *(drapeau)*.

tremolina sf rafale *f* de vent ; *fig* chambard *m*.

trémolo sm MÚS trémolo *m*.

trémulo, la adj ▸ **una luz trémula** une lumière vacillante ▸ **una voz trémula** une voix chevrotante.

tren sm **1.** FERROC & TECNOL train *m* ▸ **tren correo** train postal ▸ **tren de alta velocidad** train à grande vitesse ▸ **tren de aterrizaje** train d'atterrissage ▸ **tren de carga** train de marchandises ▸ **tren de cercanías** train de banlieue ▸ **tren de lavado** portique *m* de lavage automatique ▸ **tren de mercancías** train de marchandises ▸ **'trenes de largo recorrido'** 'grandes lignes *fpl*' ▸ **tren expreso / semidirecto** train express/semi-direct ▸ **tren mixto** train mixte ▸ **tren rápido** train rapide **2.** [estilo] ▸ **tren (de vida)** train *m* de vie **3.** EXPR **vivir a todo tren** mener grand train ▸ **estar como un tren** *mfam* être canon.

trena sf *mfam* taule *f*.

trenca sf duffel-coat *m*.

trence ⟶ **trenzar.**

trenza sf **1.** [de hilos, cuerdas, pelo] tresse *f* **2.** RP [pelea] dispute *f*, bagarre *f*.

trenzar [13] vt tresser. ◆ **trenzarse** vprnl RP *fam* [enredarse, enzarzarse] : *trenzarse en una pelea* se retrouver mêlé à une dispute.

trepa smf *fam* ▸ **ser un trepa** avoir les dents qui rayent le parquet.

trepador, ra ◇ adj ▸ **una planta trepadora** une plante grimpante. ◇ sm, f *fam* ▸ **ser un trepador** avoir les dents longues.

trepanación sf trépanation *f*.

trepar vi **1.** [subir] grimper / *trepar a los árboles* grimper aux arbres **2.** *fam* & *fig* [medrar] grimper dans l'échelle sociale.

trepidación sf trépidation *f*.

trepidante adj trépidant(e).

trepidar vi **1.** [temblar] trépider **2.** CHILE [dudar] hésiter, douter.

tres ◇ adj num inv trois ▸ **de tres al cuarto** *fig* de rien du tout ▸ **ni a la de tres** *fig* pour rien au monde ▸ **no ver tres en un burro** *fam* être myope comme une taupe. ◇ sm inv trois *m*. *Ver también* **seis.** ◆ **tres cuartos** sm inv [abrigo] trois-quarts *m*. ◆ **tres en raya** sm [juego] marelle *f*.

trescientos, tas adj num inv trois cents. *Ver también* **seiscientos.**

tresillo sm **1.** [sofá] *salon comprenant un canapé et deux fauteuils assortis* **2.** [antiguo juego de naipes] hombre *m* **3.** MÚS triolet *m*.

treta sf [engaño] ruse *f*.

tríada sf triade *f*.

trial sm trial *m* ▸ **trial indoor** trial en salle.

trialsin sm cyclo-cross *m inv*.

triangular adj triangulaire.

triángulo sm GEOM & MÚS triangle *m* ▸ **triángulo equilátero / escaleno** triangle équilatéral/scalène ▸ **triángulo isósceles / rectángulo** triangle isocèle/rectangle.

triates smpl AM triplés *mpl*, triplées *f*.

triatleta smf triathlète *mf*.

triatlón sm triathlon *m*.

tribal adj tribal(e).

tribalismo sm tribalisme *m*.

tribu sf **1.** [de pueblos] tribu *f* **2.** *fam* & *fig* [familia numerosa] smala *f* ▸ **tribu urbana** faune *f*.

tribulación sf tribulation *f* ▸ **las tribulaciones de la vida** les aléas *mpl* de la vie.

tribuna sf tribune *f*.

tribunal sm **1.** [gen] tribunal *m* ; [de orden superior] cour *f* ▸ **llevar a alguien a los tribunales** traîner qqn devant les tribunaux ▸ **Tribunal Constitucional** ≃ Conseil *m* constitutionnel ▸ **Tribunal Supremo** ≃ Cour de cassation ▸ **tribunal tutelar de menores** tribunal pour enfants **2.** [de examen] jury *m*.

tribuno sm tribun *m*.

tributable adj imposable.

tributación sf **1.** [impuesto] contributions *fpl* **2.** [sistema] fiscalité *f*.

tributar ◇ vt [respeto, admiración] témoigner ▸ **tributar un homenaje a** rendre hommage a. ◇ vi [pagar impuestos] payer des impôts.

tributario, ria ◇ adj [sistema, derecho, etc.] fiscal(e). ◇ sm, f contribuable *mf*.

tributo sm **1.** [impuesto] contribution *f* **2.** *fig* [contrapartida] tribut *m* **3.** [sentimiento favorable] ▸ **dedicar un tributo de admiración a alguien** témoigner de l'admiration à qqn.

tricampeón, ona sm, f triple champion *m*, -onne *f*.

tricéfalo, la adj tricéphale.

tricentenario sm tricentenaire *m*.

tríceps sm inv triceps *m*.

triceratops sm tricératops *m*.

triciclo sm tricycle *m*.

tricolor adj tricolore.

tricornio sm tricorne *m*.

tricot sm inv tricot *m*.

tricota sf RP [cerrado] pull *m* ; [abierto] cardigan *m*.

tricotadora, tricotosa sf machine *f* à tricoter, tricoteuse *f*.

tricotar vt & vi tricoter.

tricotosa = **tricotadora**.

tridente sm trident *m*.

tridimensional adj tridimensionnel(elle).

triedro, dra adj trièdre. ◆ **triedro** sm trièdre *m*.

trienal adj triennal(e).

trienio sm **1.** [periodo] trois ans *mpl* **2.** [paga] *augmentation de salaire triennale*.

trifásico, ca adj triphasé(e).

trifulca sf *fam* bagarre *f*.

trigal sm champ *m* de blé.

trigésimo, ma adj num trentième ▸ **trigésima parte** trentième *m*. ***Ver también*** **sexto**.

trigo sm blé *m*.

trigonometría sf trigonométrie *f*.

trigueño, ña adj **1.** [tez] basané(e) ; [cabello] auburn **2.** AM [persona] de peau mate claire.

triguero, ra adj **1.** [tierra] à blé ; [producción, cosecha] de blé **2.** [que vive entre el trigo] des blés.

trilateral adj **1.** GEOM trilatéral(e) **2.** [acuerdo, pacto, etc.] triparti(e).

trilero, ra smf *mfam personne qui escroque les passants en leur proposant de parier dans des jeux truqués*.

trilingüe adj & smf trilingue.

trilla sf AGRIC battage *m*.

trillado, da adj *fig* rebattu(e).

trillador, ra ◇ adj ▸ **una máquina trilladora** une batteuse. ◇ sm, f [persona] batteur *m*, -euse *f*. ◆ **trilladora** sf [máquina] batteuse *f*.

trillar vt AGRIC battre.

trillizos, zas sm, f pl triplés *mpl*, triplées *fpl*.

trilogía sf trilogie *f*.

trimestral adj trimestriel(elle).

trimestre sm trimestre *m*.

trimotor adj & sm trimoteur.

trinar vi faire des trilles / ***está que trina*** *fig* il est fou furieux.

trinca sf [de personas] trio *m*.

trincar [10] *fam* ◇ vt [detener] pincer. ◇ vi [beber] picoler. ◆ **trincarse** vprnl *fam* [beberse] siffler.

trincha sf patte *f (de vêtement)*.

trinchante sm **1.** [cuchillo] couteau *m* à découper ; [tenedor] fourchette *f* à découper **2.** RP [aparador] buffet *m* bas.

trinchar vt découper.

trinchera sf tranchée *f*.

trineo sm [pequeño] luge *f* ; [grande] traîneau *m*.

Trinidad sf RELIG ▸ **la (Santísima) Trinidad** la (Sainte) Trinité.

Trinidad y Tobago npr Trinité-et-Tobago.

trinitario, ria adj & sm, f trinitaire.

trino sm [de pájaros] gazouillis *m*.

trinomio sm trinôme *m*.

trinque ⟶ **trincar**.

trinquete sm **1.** [NÁUT - palo] mât *m* de misaine ; [- vela] misaine *f* **2.** [de rueda] cliquet *m* **3.** MÉX *fam* [estafa] arnaque *f*.

trío sm **1.** [gen & MÚS] trio *m* **2.** [de naipes] brelan *m*.

tripa sf **1.** [intestino] tripes *fpl* **2.** *fam* [barriga] ventre *m* ▸ **revolver las tripas a alguien** *fig* soulever le cœur à qqn. ◆ **tripas** sfpl *fig* [de máquina, objeto] entrailles *fpl* ▸ **hacer de tripas corazón** *fig* prendre son courage à deux mains.

tripartito, ta adj triparti(e).

tripi sm *fam* acide *m*.

triple ◇ adj triple. ◇ sm triple *m* / ***el triple de gente*** trois fois plus de gens.

triplicado sm triplicata *m* ▸ **por triplicado** en triple exemplaire.

triplicar [10] vt tripler. ◆ **triplicarse** vprnl tripler.

trípode sm trépied *m*.

Trípoli npr Tripoli.

tríptico sm **1.** ARTE triptyque *m* **2.** [folleto] dépliant *m*.

triptongo sm triphtongue *f*.

tripulación sf équipage *m*.

tripulante smf membre *m* de l'équipage.

tripular vt **1.** [conducir] piloter **2.** CHILE [mezclar] mélanger.

triquina sf trichine *f*.

triquinosis sf inv trichinose *f*.

triquiñuela sf *(gen pl)* *fam* [truco] ruse *f*.

tris sm inv ▸ **estar en un tris de...** *fig* être à deux doigts de....

trisílabo, ba adj trisyllabe.

trisomía sf trisomie *f* ▸ **trisomía 21** trisomie 21.

triste adj **1.** [gen] triste **2.** *(delante de sust)* [humilde - persona] pauvre ; [- sueldo] maigre **3.** [menor] : ***ni un triste regalo*** même pas un malheureux cadeau.

tristeza sf tristesse *f*.

tristón, ona adj tristounet(ette).

tritón sm ZOOL & MITOL triton *m*.

trituración sf broyage *m*.

triturador sm [de basura] broyeur *m* ; [de papeles] déchiqueteuse *f (de bureau)*.

trituradora sf broyeur *m*.

triturar vt broyer ; [almendras] piler ; [ajo] hacher menu.

triunfador, ra ◇ adj victorieux(euse). ◇ sm, f **1.** [en competición] vainqueur *m* **2.** [en la vida] gagneur *m*, -euse *f*.

triunfal adj triomphal(e).

triunfalismo sm triomphalisme *m*.

triunfalista adj & smf triomphaliste.

triunfante adj triomphant(e).

triunfar vi **1.** [vencer] ▸ **triunfar (sobre)** triompher (de) **2.** [tener éxito] réussir.

triunfo sm **1.** [gen] triomphe *m* ; [en encuentro, elecciones] victoire *f* ; [en la vida] réussite *f* **2.** [trofeo] trophée *m* **3.** [en juegos de naipes] atout *m* ▸ **sin triunfo** sans atout.

triunvirato sm triumvirat *m*.

trivalente adj QUÍM trivalent(e).

trivial adj banal(e).

trivialidad sf banalité *f*.

trivializar [13] vt banaliser.

triza sf *(gen pl)* morceau *m* ▸ **hacer trizas a)** [cosa] casser en mille morceaux **b)** [persona] mettre dans tous ses états.

trocar [36] vt **1.** [intercambiar] échanger **2.** [transformar] ▸ **trocar algo en algo** transformer qqch en qqch **3.** [tergiversar] confondre. ◆ **trocarse** vprnl ▸ **trocarse en** se transformer en.

trocear vt couper en morceaux.

trocha sf AM [sendero] sentier *m* ; [de ferrocarril] écartement *m* des voies.

troche ◆ **a troche y moche** loc adv **1.** [sin orden] à tort et à travers **2.** [en abundancia] généreusement.

trofeo sm trophée *m*.

troglodita ◈ smf [cavernícola] troglodyte *mf*. ◈ sm *fam* [bárbaro, tosco] ours *m* mal léché.

trola sf *fam* ▸ **meter trolas** raconter des salades.

trole sm trolley *m*.

trolebús sm trolleybus *m*.

trolero, ra sm, f *fam* menteur *m*, -euse *f*.

tromba sf trombe *f* ▸ **tromba de agua** trombe d'eau.

trombo sm thrombus *m*.

tromboflebitis sf inv thrombophlébite *f*.

trombón sm trombone *m* ▸ **trombón de pistones** o **de llaves** trombone à pistons ▸ **trombón de varas** trombone à coulisse.

trombosis sf inv thrombose *f*.

trompa ◈ sf **1.** [gen, MÚS & ANAT] trompe *f* ▸ **trompa de Eustaquio** trompe d'Eustache ▸ **trompa de Falopio** trompe de Fallope **2.** *fam* [borrachera] cuite *f* ▸ **coger** o **pillar una trompa** prendre une cuite. ◈ adj *fam* [borracho] bourré(e).

trompazo sm coup *m* ▸ **darse** o **pegarse un trompazo con algo** se cogner contre qqch.

trompear vt AM *fam* cogner. ◆ **trompearse** vprnl AM *fam* se bagarrer.

trompeta sf trompette *f*.

trompetilla sf cornet *m* (acoustique).

trompetista smf trompettiste *mf*.

trompicón sm [tropezón] faux pas *m* ▸ **a trompicones** *fig* par à-coups.

trompo sm [juego] toupie *f*.

trona sf [silla] chaise *f* haute.

tronado, da adj *fam* [persona] cinglé(e) ; [radio, télé] pété(e). ◆ **tronada** sf coups *mpl* de tonnerre.

tronar ◈ v impers tonner. ◈ vi **1.** [resonar] tonner ; [gritos] résonner **2.** MÉX [estallar] exploser, éclater **3.** MÉX [despotricar] fulminer. ◈ vt MÉX **1.** [hacer estallar] faire exploser **2.** *fam* & *fig* [destruir, acabar con] exploser **3.** *fam* [relación] ▸ **tronar con** se brouiller avec.

troncha sf AM **1.** [tajada] tranche *f* **2.** [suerte] chance *f*.

tronchante adj *fam* tordant(e).

tronchar vt casser ; *fig* briser. ◆ **troncharse** vprnl *fam* ▸ **troncharse (de risa)** être plié(e) en quatre.

tronco[1] sm [de árbol, persona, columna] tronc *m* ▸ **dormir como un tronco, estar hecho un tronco** dormir comme une souche.

tronco[2], **ca** ◈ sm, f **1.** *fam* [amigo] pote *m* **2.** AM [persona estúpida] idiot *m*, -e *f* **3.** AM [persona torpe] balourd(e). ◈ adj **1.** AM [estúpido] idiot(e) **2.** AM [torpe] balourd(e).

tronera ◈ sf **1.** ARQUIT embrasure *f* **2.** [en billar] blouse *f*. ◈ sm, f *fam* noceur *m*, -euse *f*.

tronío sm *fam* **1.** [elegancia] chic *m* **2.** [ostentación, riqueza] grande pompe *f*, frime *f*.

trono sm trône *m*.

tropa sf **1.** MIL troupe *f* **2.** *fig* [multitud] armée *f* **3.** RP [de ganado] troupeau *m*.

tropear vt AM conduire le bétail.

tropecientos, tas adj pl *fam* : ***he recibido tropecientos mensajes*** j'ai reçu trente six mille messages.

tropel sm **1.** [de personas] cohue *f* ▸ **en tropel** en masse **2.** [de cosas] tas *m* **3.** RP [de ganado] troupeau *m*.

tropelía sf abus *m*.

tropero sm AM gardien *m* de vaches.

tropezar [34] vi **1.** [al caminar] trébucher ▸ **tropezar con** *pr* & *fig* buter contre, se heurter à **2.** *fam* [encontrar] ▸ **tropezar con alguien** tomber sur qqn. ◆ **tropezarse** vprnl *fam* [encontrarse] se retrouver ▸ **tropezarse con alguien** tomber sur qqn.

tropezón sm faux pas *m*. ◆ **tropezones** smpl CULIN *morceaux de viande, de pain, de fromage, etc. mélangés à la soupe.*

tropical adj tropical(e).

trópico sm tropique *m* ▸ **trópico de Cáncer / de Capricornio** tropique du Cancer / du Capricorne.

tropiece ⟶ **tropezar**.

tropiezo sm **1.** [tropezón, falta] faux pas *m* **2.** *fig* [impedimento] difficulté *f*, embûche *f* **3.** *fig* [desliz sexual] ▸ **tropiezo (de juventud)** erreur *f* de jeunesse ▸ **tener un tropiezo** fauter.

tropismo sm tropisme *m*.

tropo sm trope *m*.

troposfera sf troposphère *f*.

troqué ⟶ **trocar**.

troquel sm **1.** [molde] coin *m*, étampe *f* **2.** [cuchilla] massicot *m*.

troquelado sm **1.** [acuñado] frappe *f* **2.** [recorte] coupe *f*.

troquelar vt **1.** [acuñar] frapper **2.** [recortar] découper.

troquemos ⟶ **trocar**.

trotamundos smf inv globe-trotter *mf*.

trotar vi **1.** [caballo] trotter **2.** *fam* & *fig* [andar mucho] cavaler **3.** AM [para hacer ejercicio] faire du jogging.

trote sm **1.** [de caballo] trot *m* **2.** *fam* [actividad intensa] ▸ **ya no estoy para (esos) trote s** j'ai passé l'âge.

troupe ['trup, 'trupe] sf TEATRO troupe *f*.

trova sf chanson *f* de troubadour.

trovador sm troubadour *m*.

troyano, na ❖ adj troyen(enne). ❖ sm, f Troyen *m*, -enne *f*.

trozar vt AM [carne] couper.

trozo sm bout *m* ▸ **cortar algo en trozos** couper qqch en morceaux.

trucado, da adj **1.** [baraja, fotografía] truqué(e) **2.** [dados] pipé(e).

trucaje sm truquage *m*.

trucar [10] vt truquer ; [motor, mecanismo] trafiquer.

trucha sf **1.** [pez] truite *f* ▸ **trucha a la navarra** *truite au jambon* **2.** CAM [tenderete] éventaire *m* **3.** RP *fam* [cara] tête *f*.

truco sm truc *m* ▸ **coger el truco** prendre le coup.

truculencia sf atrocité *f*.

truculento, ta adj terrifiant(e).

trueca ⟶ **trocar**.

truena ⟶ **tronar**.

trueno sm **1.** METEOR tonnerre *m* ; [estampido] coup *m* de tonnerre **2.** *fig* [de arma, etc.] détonation *f*.

trueque ❖ sm troc *m*. ❖ v ⟶ **trocar.**

trufa sf truffe *f*.

trufar vt truffer.

truhan, ana sm, f truand *m*.

trullo sm *mfam* trou *m*.

truncado, da adj **1.** [carrera, ilusiones, etc.] brisé(e) **2.** GEOM ▸ **un cono truncado** un tronc de cône ▸ **una pirámide truncada** un tronc de pyramide.

truncar [10] vt **1.** *fig* [carrera, ilusiones] briser ; [planes] faire échouer **2.** [frase, texto, etc.] tronquer.

truque ⟶ **trucar**.

trusa sf **1.** PERÚ [calzoncillos] caleçon *m* **2.** RP [faja] gaine *f*.

trust ['trust] (*pl* **trusts**) sm trust *m*.

TS (*abr de* **Tribunal Supremo**) sm ≃ Cour *f* de cassation.

tse-tsé sf ⟶ **mosca**.

TSJ (*abr de* **Tribunal Superior de Justicia**) sm *juridiction suprême espagnole*.

TSJC (*abr de* **Tribunal Superior de Justicia de Catalunya**) sm *juridiction suprême de la communauté autonome de Catalogne*.

TSJPV (*abr de* **Tribunal Superior de Justicia del País Vasco**) sm *juridiction suprême de la communauté autonome du Pays basque*.

tsunami sm tsunami *m*.

tu (*pl* **tus**) adj poses ton, ta / ***tus libros*** tes livres.

tú pron pers [sujeto] tu ; [predicado] toi / ***tú te llamas Juan*** tu t'appelles Juan / ***el culpable eres tú*** c'est toi le coupable ▸ **de tú a tú** d'égal à égal ▸ **hablar** o **tratar de tú a alguien** tutoyer qqn.

tuareg ❖ adj inv touareg(ègue). ❖ smf inv Touareg *mf*.

tuba sf MÚS tuba *m*.

tuberculina sf tuberculine *f*.

tubérculo sm tubercule *m*.

tuberculosis sf inv tuberculose *f*.

tuberculoso, sa ❖ adj **1.** MED tuberculeux(euse) **2.** BOT tubéreux(euse). ❖ sm, f tuberculeux *m*, -euse *f*.

tubería sf **1.** [cañerías] tuyauterie *f* ; [cañería] tuyau *m* **2.** [tubo] conduite *f*.

tubo sm **1.** [de desagüe] tuyau *m* **2.** [recipiente] tube *m* ▸ **tubo de ensayo** tube à essai ▸ **tubo digestivo** tube digestif **3.** RP VEN [de teléfono] combiné *m* **4.** EXPR **pasar por el tubo** faire avec ▸ **por un tubo** *fam* vachement. ◆ **tubo de escape** sm AUTO pot *m* d'échappement.

tubular ❖ adj tubulaire. ❖ sm boyau *m (de bicyclette)*.

tucán sm toucan *m*.

tuerca sf écrou *m* ▸ **apretar las tuercas a alguien** *fig* serrer la vis à qqn.

tuerce ⟶ **torcer**.

tuerto, ta adj & sm, f borgne ▸ **dejar tuerto** éborgner.

tuerza ⟶ **torcer**.

tuesta ⟶ **tostar**.

tueste sm torréfaction *f*, grillage *m*.

tuétano sm moelle *f* ▸ **calarse hasta los tuétanos** être trempé(e) jusqu'aux os ▸ **hasta los tuétanos** profondément.

tufarada sf bouffée *f*.

tufillo sm mauvaise odeur *f* ; CULIN fumet *m*.

tufo sm **1.** [mal olor] puanteur *f* **2.** [emanación] relent *m*.

tugurio sm boui-boui *m* ; [vivienda] taudis *m*.

tul sm tulle *m*.

tulio sm thulium *m*.

tulipa sf tulipe *f (lampe)*.

tulipán sm tulipe *f (fleur)*.

tullido, da adj & sm, f [viejo] impotent(e) ; [discapacitado] infirme.

tullir vt rendre infirme.

tumba sf tombe *f* ▸ **a tumba abierta** *fig* à tombeau ouvert ▸ **ser una tumba** *fig* être muet(ette) comme une tombe.

tumbado, da adj **1.** [recostado] allongé(e), couché(e) / *tumbado en la cama* allongé sur le lit **2.** [derribado] renversé(e).

tumbar vt **1.** [derribar] faire tomber **2.** [extender] allonger **3.** *fam* & *fig* [en examen] coller ; [en competición] battre **4.** *fam* & *fig* [perturbar, atontar] faire tomber à la renverse. ◆ **tumbarse** vprnl s'allonger.

tumbo sm cahot *m* ▸ **dar un tumbo, dar tumbos** [coche, etc.] cahoter ▸ **dando tumbos** *fig* cahin-caha.

tumbona sf [de colchoneta] transat *m* ; [de tela] chaise *f* longue.

tumefacción sf tuméfaction *f*.

tumefacto, ta adj tuméfié(e).

tumor sm tumeur *f*.

tumoración sf [tumefacción] tuméfaction *f* ; [tumor] tumeur *f*.

túmulo sm **1.** [sepulcro] tombeau *m* **2.** [catafalco] catafalque *m* **3.** [montículo] tumulus *m*.

tumulto sm **1.** [disturbio] tumulte *m* **2.** [alboroto] cohue *f*.

tumultuoso, sa adj **1.** [conflictivo] tumultueux(euse) **2.** [turbulento] houleux(euse).

tuna sf → **tuno**.

tunante, ta sm, f canaille *f*.

tunda sf *fam* raclée *f* ; *fig* galère *f*.

tundra sf toundra *f*.

tunecino, na ❖ adj tunisien(enne). ❖ sm, f Tunisien *m*, -enne *f*.

túnel sm tunnel *m* ▸ **salir del túnel** *fig* sortir du tunnel. ◆ **túnel de lavado** sm AUTO station *f* de lavage automatique.

Túnez npr **1.** [capital] Tunis **2.** [país] Tunisie *f*.

tungsteno sm tungstène *m*.

túnica sf tunique *f*.

tuno, na sm, f filou *m*. ◆ **tuno** sm membre *m* d'une « tuna ». ◆ **tuna** sf *petit orchestre d'étudiants*.

> **Tuna**
>
> La **tuna** est une tradition encore présente dans certaines universités espagnoles. Le mot désigne un groupe musical formé de garçons d'une même faculté qui chantent des airs traditionnels généralement accompagnés d'instruments classiques comme la guitare, la mandoline, le luth et le tambourin. Ils sont vêtus d'un costume traditionnel, dont une cape noire portant l'écusson de l'université et divers rubans de couleurs. Ils peuvent chanter les louanges d'une jeune fille ou plus simplement jouer dans les rues pour s'amuser et gagner un peu d'argent.

tuntún ◆ **al (buen) tuntún** loc adv au petit bonheur.

tupé sm toupet *m* ; [de roquero] banane *f*.

tupido, da adj [bosque, follaje] dense.

tupí-guaraní (*pl* **tupí-guaraní** *o* **tupí-guaraníes**) ❖ adj tupi-guarani. ❖ smf [persona] Tupi-Guarani *mf*. ❖ sm [lengua] tupi-guarani *m*.

tupir vt : *los árboles tupen el bosque* la forêt est dense.

tupper = **táper**.

tupperware® = **táper**.

turba sf **1.** [carbón] tourbe *f* **2.** *despec* [muchedumbre] peuple *m*.

turbación sf **1.** [desconcierto] trouble *m* **2.** [azoramiento] embarras *m*.

turbador, ra adj troublant(e).

turbante sm turban *m*.

turbar vt troubler. ◆ **turbarse** vprnl se troubler.

turbiedad sf **1.** [suciedad] aspect *m* trouble **2.** *fig* [de negocios, etc.] caractère *m* louche.

turbina sf turbine *f*.

turbio, bia adj **1.** [gen] trouble **2.** *fig* [negocio, etc.] louche.

turbión sm [chaparrón] averse *f* ; *fig* [aluvión] avalanche *f*.

turbo sm TECNOL & AUTO turbo *m* ▸ **poner el turbo** *fam* & *fig* mettre le turbo.

turbodiésel ❖ adj turbodiesel *(inv)*. ❖ sm turbodiesel *m*.

turbopropulsor sm turbopropulseur *m*.

turborreactor sm turboréacteur *m*.

turbulencia sf **1.** [gen] turbulence *f* **2.** [alboroto] tumulte *m*.

turbulento, ta adj **1.** [gen] turbulent(e) **2.** [confuso] agité(e).

turco, ca ❖ adj turc (turque). ❖ sm, f Turc *m*, Turque *f*. ◆ **turco** sm [lengua] turc *m*.

turgente adj [formas, muslos] rond (ronde).

turismo sm **1.** [gen] tourisme *m* ▸ **turismo rural** tourisme vert ▸ **hacer turismo** faire du tourisme **2.** AUTO voiture *f* de tourisme.

turista smf touriste *mf*.

turístico, ca adj touristique.

Turkmenistán npr Turkménistan *m*.

turmalina sf tourmaline *f*.

túrmix® sf mixer *m*.

turnarse vprnl se relayer ▸ **turnarse con alguien** se relayer avec qqn.

turnedó sm tournedos *m*.

turno sm **1.** [tanda] tour *m* **2.** [de trabajo] équipe *f* ▸ **de turno a)** de service **b)** MED de garde ▸ **turno de día / noche** équipe de jour / nuit.

turón sm putois *m*.

turquesa ❖ sf [mineral] turquoise *f*. ❖ adj inv [color] turquoise. ❖ sm [color] turquoise *m*.

Turquía npr Turquie *f*.

turrón sm touron *m* *(confiserie de Noël semblable au nougat)*.

turronero, ra sm, f fabricant *m*, -e *f* de touron.

turulato, ta adj *fam* baba.

tururú interj *fam* ▸ **¡tururú!** taratata !

tute sm **1.** [juego de naipes] *jeu de cartes semblable au whist* **2.** *fam* & *fig* [esfuerzo] effort *m* démesuré ▸ **darse un tute de algo** *fam* : ***darse un tute de andar*** marcher une trotte.

tutear vt tutoyer. ◆ **tutearse** vprnl se tutoyer.

tutela sf tutelle *f* ▸ **tener la tutela de alguien** avoir qqn sous sa tutelle.

tutelaje sm tutelle *f*.

tutelar ❖ adj tutélaire. ❖ vt [persona] avoir la tutelle de ; [obra, etc.] encourager.

tuteo sm tutoiement *m*.

tutiplén ◆ **a tutiplén** loc adv [en abundancia] à foison ; [a plena satisfacción] tout mon/ton etc. soûl.

tutor, ra sm, f **1.** [gen & DER] tuteur *m*, -trice *f* **2.** [profesor - privado] précepteur *m*, -trice *f* ; [- de un curso] professeur *m* principal.

tutoría sf tutelle *f*.

tutorial ❖ adj *relatif au tutorat ou au tuteur.* ❖ sm INFORM didacticiel *m*, tutoriel *m*.

tutti frutti, tuttifrutti sm tutti frutti *m*.

tutú sm tutu *m*.

tutuma sf AM *fam* citrouille *f*.

tuviera ⟶ **tener**.

tuyo, ya ❖ adj poses à toi / ***este libro es tuyo*** ce livre est à toi / ***un amigo tuyo*** un de tes amis / ***no es asunto tuyo*** ça ne te regarde pas / ***no es culpa tuya*** ce n'est pas (de) ta faute. ❖ pron poses **1.** *(detrás de art det)* ▸ **el tuyo** le tien ▸ **la tuya** la tienne **2.** EXPR **ésta es la tuya** *fam* à toi de jouer ▸ **lo tuyo es el teatro** *fam* ton truc c'est le théâtre ▸ **tú a lo tuyo** occupe-toi de tes affaires ▸ **los tuyos** [tu familia] les tiens.

TV (*abr de* **televisión**) sf TV *f*.

TV3 (*abr de* **Televisión de Cataluña**) sf *chaîne de télévision régionale catalane.*

TVE (*abr de* **Televisión Española**) sf *chaîne de télévision publique espagnole.*

TVG (*abr de* **Televisión de Galicia**) sf *chaîne de télévision régionale de Galice.*

tweed [twið] sm inv tweed *m*.

twist [twist] sm inv twist *m*.

twitear [twite'ar] vi *utiliser l'outil de réseau social Twitter.*

tzatziki [sat'siki] sm CULIN tzatziki *m*.

U

u[1] (*pl* **úes**) **U** [u] sf [letra] u *m inv*, U *m inv*.

u[2] conj ou.

UAB (*abr de* **Universidad Autónoma de Barcelona**) sf *université autonome de Barcelone.*

UAM (*abr de* **Universidad Autónoma de Madrid**) sf *université autonome de Madrid.*

UB (*abr de* **Universidad de Barcelona**) sf *université de Barcelone.*

ubicación sf emplacement *m*.

ubicado, da adj AM [en sala] placé(e).

ubicar [10] vt **1.** [colocar, situar] établir, situer **2.** AM [colocar - mueble] placer, établir ; [- persona] placer **3.** AM [encontrar] trouver **4.** AM [identificar] : *¿González? pues no lo ubico* González ? je ne vois pas qui c'est. ◆ **ubicarse** vprnl **1.** [edificio, lugar] se situer **2.** AM [persona] : *me voy a mudar, en este barrio no termino de ubicarme* je déménage, dans ce quartier je ne trouve pas mes marques **3.** RP [encontrar empleo] trouver du travail.

ubicuidad sf ubiquité *f*.

ubicuo, cua adj ubiquiste.

ubique ⟶ **ubicar**.

ubre sf mamelle *f* ; [de vaca] pis *m*.

UCI (*abr de* **unidad de cuidados intensivos**) sf USI.

UCM (*abr de* **Universidad Complutense de Madrid**) sf *université Complutense de Madrid.*

UCP sf **1.** (*abr de* **unidad central de proceso**) UC *f (unité centrale)* **2.** (*abr de* **unidad de cuidado paliativo**) USP *f*.

Ucrania npr Ukraine *f*.

ucraniano, na ◇ adj ukrainien(enne). ◇ sm, f Ukrainien *m*, -enne *f*. ◆ **ucraniano** sm [lengua] ukrainien *m*.

Ud., Vd. (*abr escrita de* **usted**) : *esto depende de Ud.* cela dépend de vous.

Uds., Vds. (*abr escrita de* **ustedes**) : *como Uds. deseen* comme vous voudrez.

UE (*abr escrita de* **Unión Europea**) sf UE *f* ▸ **los estados / países miembros de la UE** les états/pays membres de l'UE.

UEFA (*abr de* **Unión de Asociaciones Europeas de Fútbol**) sf UEFA *f*.

uf interj ▸ **¡uf!** oh là là !

ufanarse vprnl ▸ **ufanarse de** se targuer de.

ufano, na adj **1.** [persona] fier(ère) **2.** [planta] beau (belle).

ufología sf ufologie *f*.

ufólogo, ga sm, f ufologue *mf*.

Uganda npr Ouganda *m*.

ugandés, esa ◇ adj ougandais(e). ◇ sm, f Ougandais *m*, -e *f*.

ugetista ◇ adj de l'UGT. ◇ smf membre *m* de l'UGT.

UGT (*abr de* **Unión General de los Trabajadores**) sf *syndicat espagnol proche du PSOE.*

UIMP (*abr de* **Universidad Internacional Menéndez Pelayo**) sf *université internationale Menéndez Pelayo.*

UIT (*abr de* **Unión Internacional de Telecomunicaciones**) sf UIT *f*.

ujier sm huissier *m* ; [portero] portier *m*.

újule interj AM ▸ **¡újule!** c'est malin !

ukelele sm ukulélé *m*.

Ulan Bator npr Oulan-Bator.

úlcera sf ulcère *m* ▸ **úlcera de estómago** ulcère à l'estomac.

ulceración sf **1.** [MED - proceso] ulcération *f* **2.** [MED - úlcera] ulcère *m*.

ulcerar vt MED ulcérer. ◆ **ulcerarse** vprnl s'ulcérer.

ulceroso, sa adj & sm, f ulcéreux(euse).

ulterior adj ultérieur(e).

ultimación sf achèvement *m*.

ultimador, ra sm, f AM assassin *m*.

últimamente adv [hace poco] dernièrement ; [por último] enfin.

ultimar vt **1.** [preparativos, etc.] mettre la dernière main à / *ultimar unos detalles* régler quelques détails **2.** [tratado, etc.] conclure **3.** AM [matar] assassiner.

ultimátum (*pl* **ultimatos** *o inv*) sm ultimatum *m*.

último, ma ◇ adj dernier(ère) / *su última película* son dernier film / *el último piso* le dernier étage ▸ **¡es lo último!** *fam* c'est le comble ! ◇ sm, f ▸ **el último** le dernier ▸ **la última** la dernière ▸ **llegar el último** arriver dernier ▸ **este último** ce dernier. ◆ **última** sf ▸ **estar en las últimas a)** [muriéndose] être à l'article de la mort **b)** [de dinero, provisiones] ne plus avoir beaucoup de… ▸ **ir a la última** *fam* être à la dernière mode. ◆ **por último** loc adv enfin, finalement.

ultra ◇ adj d'extrême droite. ◇ smf POLÍT : *es un ultra* il est d'extrême droite. ◆ **non plus ultra** sm summum *m* / *es el non plus ultra* c'est le nec plus ultra.

ultraconservador, ra adj & sm, f ultraconservateur(trice).

ultraderecha sf extrême droite *f*.

ultraderechista ❖ adj POLÍT d'extrême droite. ❖ smf POLÍT personne *f* d'extrême droite.

ultraizquierda sf extrême gauche *f*.

ultraizquierdista ❖ adj POLÍT d'extrême gauche. ❖ smf POLÍT personne *f* d'extrême gauche, gauchiste *mf*.

ultrajante adj outrageant(e).

ultrajar vt outrager.

ultraje sm outrage *m*.

ultraligero sm ULM *m*.

ultramar sm pays *mpl* d'outre-mer ▸ **de ultramar** d'outre-mer.

ultramarino, na adj d'outre-mer. ◆ **ultramarinos** smpl épicerie *f*.

ultramicroscopio sm ultramicroscope *m*.

ultramoderno, a adj ultramoderne.

ultramontano, na adj & sm, f **1.** RELIG ultramontain(e) **2.** *fig* [reaccionario] réactionnaire.

ultranza ◆ **a ultranza** ❖ loc adj convaincu(e). ❖ loc adv à outrance.

ultrarresistente adj [material] ultrarésistant(e).

ultrarrojo, ja adj infrarouge. ◆ **ultrarrojo** sm infrarouge *m*.

ultrasonido sm ultrason *m*.

ultratumba sf ▸ **de ultratumba** d'outre-tombe.

ultravioleta adj inv ultraviolet(ette).

ulular vi [búho] ululer ; [viento] hurler.

umbilical adj ombilical(e).

umbral sm seuil *m* ▸ **en el umbral** o **los umbrales de** au seuil de.

umbrío, a adj ombragé(e).

un, una ❖ art *(delante de sf sing que empiece por 'a' o por 'ha' tónica:* ***un****)*: ***un hombre / amor*** un homme / amour / ***una mujer / mesa*** une femme / table / ***un águila*** un aigle / ***un hacha*** une hache. ❖ adj ⟶ **uno**.

unánime adj unanime.

unanimidad sf unanimité *f* ▸ **por unanimidad** à l'unanimité.

1bso (*abr escrita de* **un beso**) SMS biz *(bises)*.

unción sf onction *f*.

uncir [12] vt atteler.

undécimo, ma adj num onzième. ***Ver también*** **sexto**.

underground ['anderɣraun] adj inv underground.

UNED (*abr de* **Universidad Nacional de Educación a Distancia**) sf *université nationale espagnole d'enseignement à distance.*

Unesco (*abr de* **United Nations Educational, Scientific and Cultural Organization**) sf Unesco *f*.

ungimiento sm onction *f*.

ungir [15] vt oindre ▸ **ungir con algo** oindre de qqch.

ungüento sm onguent *m*.

ungulado, da adj ongulé(e). ◆ **ungulados** smpl ongulés *mpl*.

únicamente adv uniquement.

unicameral adj monocaméral(e).

Unicef (*abr de* **United Nations International Children's Emergency Fund**) sm Unicef *m*.

unicelular adj unicellulaire.

unicidad sf unicité *f*.

único, ca adj **1.** [solo] seul(e) / ***es lo único que deseo*** c'est la seule chose que je souhaite ▸ **es hijo único** il est fils unique **2.** [excepcional] unique.

unicornio sm licorne *f*.

unidad sf unité *f* ▸ **unidad central (de proceso)** unité centrale (de traitement) ▸ **unidad de cuidados intensivos** o **vigilancia intensiva** unité de soins intensifs ▸ **unidad de disco** lecteur *m* de disquette ▸ **unidad por defecto** INFORM unité par défaut. ◆ **unidad móvil** sf TV car *m* de reportage.

unidimensional adj unidimensionnel(elle).

unidireccional adj unidirectionnel(elle) ; [calle] à sens unique.

unido, da adj uni(e).

UNIDO (*abr de* **United Nations Industrial Development Organization**) sf ONUDI *f*.

unifamiliar adj [empresa] familial(e) ; [vivienda] individuel(elle).

unificación sf **1.** [unión] unification *f* **2.** [uniformización] uniformisation *f*.

unificador, ra adj unificateur(trice).

unificar [10] vt **1.** [juntar] unir **2.** [equiparar] unifier.

uniformado, da adj en uniforme.

uniformar vt **1.** [igualar] uniformiser **2.** [personal] mettre un uniforme à.

uniforme adj & sm uniforme.

uniformidad sf uniformité *f*.

uniformización sf uniformisation *f*.

uniformizar [13] vt uniformiser.

unigénito, ta adj unique / ***su hijo unigénito*** son fils unique.

unilateral adj unilatéral(e).

unión sf **1.** [gen] union *f* **2.** [suma, adherimiento] jonction *f*.

Unión Europea npr ▸ **la Unión Europea** l'Union *f* européenne.

Unión Soviética npr ▸ **la Unión Soviética** l'Union *f* soviétique.

unipersonal adj **1.** [de una persona] unipersonnel(elle) **2.** GRAM unipersonnel(elle).

unir vt **1.** [gen] unir **2.** [piezas] assembler **3.** [comunicar - ciudades, etc.] relier **4.** [salsa, problemas] lier **5.** [acercar] rapprocher. ◆ **unirse** vprnl **1.** [gen] s'unir **2.** [carreteras, ríos] se rejoindre **3.** [amigo, invitado] ▸ **unirse a** se joindre à.

unisexo, unisex adj inv unisexe.

unisexual adj unisexué(e).

unísono ◆ **al unísono** loc adv à l'unisson.

unitario, ria adj unitaire.

unitarismo sm unitarisme *m*.

universal adj universel(elle).
◆ **universales** smpl FILOS universaux *mpl*.

universalidad sf universalité *f*.

universalismo sm universalisme *m*.

universalización sf universalisation *f*.

universalizar [13] vt universaliser.

universidad sf université *f* ▸ **universidad a distancia** enseignement *m* supérieur à distance.

universitario, ria ◈ adj universitaire. ◈ sm, f [estudiante] étudiant *m*, -e *f* à l'université ; [graduado] diplômé *m*, -e *f* de l'université.

universo sm univers *m*.

unívoco, ca adj univoque.

unja ⟶ **ungir**.

uno, una ◈ adj *(delante de sm sing:* **un***)*

1. [indefinido] un, une / *un día volveré* je reviendrai un jour / *había unos coches mal aparcados* il y avait des voitures mal garées / *me voy unos días a Madrid* je vais passer quelques jours à Madrid / *vinieron unas diez personas* une dizaine de personnes sont venues

2. *(sólo en sing)* [numeral] un, une / *un hombre, un voto* un homme, une voix

◈ pron

1. [indefinido] un, une / *coge uno* prends-en un / *tienes muchas manzanas, dame unas* tu as beaucoup de pommes, donne-m'en quelques-unes ▸ **uno / una de** l'un / l'une de / *uno de ellos* l'un d'eux ▸ **unos vienen y otros se van** les uns arrivent et les autres s'en vont / *unas son buenas, otras malas* certaines sont bonnes, d'autres mauvaises ▸ **como uno más** comme tout le monde ▸ **de uno en uno, uno por uno** un par un ▸ **hacer una de las suyas** faire des siennes ▸ **lo uno por lo otro** c'est du pareil au même ▸ **más de uno** plus d'un ▸ **una de dos** de deux choses l'une ▸ **una que otra vez** de temps à autre ▸ **una y no más** une fois suffit ▸ **uno a otro** l'un l'autre ▸ **uno a uno** un à un ▸ **uno de tantos** un parmi tant d'autres ▸ **unos cuantos** quelques-uns ▸ **uno tras otro** l'un après l'autre

2. *fam* [cierta persona] : *ayer hablé con uno que te conoce* hier j'ai parlé à un type qui te connaît / *lo sé porque me lo han contado unos* je le sais parce que certaines personnes me l'ont raconté

3. [yo] on / *entonces es cuando se da uno cuenta de...* c'est alors qu'on se rend compte de...

4. EXPR **a una** a) [en armonía] comme un seul homme b) [a la vez] en chœur / *¡todos a una!* tous en même temps !

◆ **uno** sm un *m*. *Ver también* **seis**.

◆ **una** sf [hora] ▸ **la una** une heure.

untar vt **1.** [gen] ▸ **untar con** a) [pan, tostadas, etc.] tartiner de b) [cuerpo] enduire de / *untar una tostada con mantequilla* étaler du beurre sur une tartine **2.** *fam* & *fig* [sobornar] graisser la patte à.
◆ **untarse** vprnl **1.** [mancharse] ▸ **untarse con** se tacher de **2.** *fam* [enriquecerse] se sucrer.

unto sm **1.** [de animal] graisse *f* **2.** [sustancia] onguent *m*.

untuosidad sf onctuosité *f* ; [de sustancia] aspect *m* gras.

untuoso, sa adj **1.** [graso] gras (grasse) **2.** [cremoso] onctueux(euse).

untura sf [sustancia] onguent *m*.

uña sf **1.** [de persona] ongle *m* ▸ **comerse las uñas** se ronger les ongles ▸ **hacer(se) las uñas** se faire les ongles ▸ **enseñar** o **sacar las uñas** *pr* & *fig* montrer o sortir ses griffes ▸ **ser uña y carne** *fig* être comme les deux doigts de la main **2.** [de animal] griffe *f* **3.** [de caballo] sabot *m*.

unza ⟶ **uncir**.

uñero sm **1.** [inflamación] panaris *m* **2.** [uña encarnada] ongle *m* incarné **3.** [de un libro] onglet *m*.

UPC (*abr de* **Universidad Politécnica de Cataluña**) sf *université d'enseignement technique catalane*.

uperización sf upérisation *f*.

uperizado, da adj upérisé(e) ▸ **leche uperizada** lait *m* upérisé.

uperizar [13] vt upériser.

UPG (*abr de* **Unión del Pueblo Gallego**) sf *parti nationaliste galicien*.

UPM (*abr de* **Universidad Politécnica de Madrid**) sf *université d'enseignement technique de Madrid*.

UPU (*abr de* **Unión Postal Universal**) sf UPU *f*.

Ural npr ▸ **el Ural** l'Oural *m (fleuve)*.

Urales npr ▸ **los Urales** l'Oural *m (montagnes)*.

uralita® sf Fibrociment® *m*.

uranio sm uranium *m*.

Urano npr Uranus.

urbanidad sf civilité *f*.

urbanismo sm urbanisme *m*.

urbanista smf urbaniste *mf*.

urbanístico, ca adj urbanistique.

urbanita ◈ adj *hum* citadin(e), urbain(e), de ville.
◈ smf *hum* citadin *m*, -e *f*, rat *m* des villes.

urbanización sf **1.** [acción] urbanisation *f* **2.** [zona residencial] résidence *f*, lotissement *m*.

urbanizador, ra ◈ adj d'urbanisme.
◈ sm, f urbaniste *mf*.

urbanizar [13] vt urbaniser.

urbano, na ◈ adj urbain(e). ◈ sm, f agent *m* de police.

urbe sf grande ville *f*.

urbi et orbi loc adj & loc adv urbi et orbi ▸ **clamar algo urbi et orbi** *fig* clamer qqch urbi et orbi.

urdido sm machination *f*.

urdimbre sf **1.** [de tejido] chaîne *f* **2.** *fig* [intriga] machination *f*.

urdir vt tramer.

urea sf urée *f*.

uremia sf urémie *f*.

uréter sm uretère *m*.

uretra sf urètre *m*.

urgencia sf urgence *f* ▸ **con urgencia** d'urgence ▸ **una urgencia de** un besoin urgent de.
◆ **urgencias** sfpl MED urgences *fpl*.

urgente adj urgent(e).

urgentemente adv urgemment ▸ **hay que intervenir urgentemente, porque está en peligro de muerte** il faut intervenir urgemment car il est en danger de mort.

urgir [15] vi ▸ **urge que** il est urgent que ▸ **me urge** j'en ai besoin rapidement ▸ **me urge hacerlo** il faut que je le fasse le plus vite possible.

úrico, ca adj **1.** [de la orina] urinaire **2.** [del ácido úrico] urique.

urinario, ria adj urinaire. ◆ **urinario** sm urinoirs *mpl*.

urja ⟶ **urgir**.

URL (*abr de* **uniform resource locator**) sm o sf INFORM URL.

urna sf urne *f*; [de museo, etc.] vitrine *f* ▸ **acudir a las urnas** aller aux urnes ▸ **urna cineraria** urne cinéraire.

urogallo sm coq *m* de bruyère.

urología sf urologie *f*.

urólogo, ga sm, f urologue *mf*.

urraca sf pie *f*.

URSS npr ▸ **la URSS** l'URSS *f*.

ursulina sf **1.** RELIG ursuline *f* **2.** *fig* [mujer recatada] bégueule *f*.

urticaria sf urticaire *f*.

Uruguay npr ▸ **(el) Uruguay** (l')Uruguay *m*.

uruguayo, ya ❖ adj uruguayen(enne). ❖ sm, f Uruguayen *m*, -enne *f*.

USA (*abr escrita de* **United States of America**) npr USA *mpl*.

usabilidad sf TELECOM utilisabilité *f* web.

usado, da adj **1.** [utilizado] usagé(e) ; [coche] d'occasion ; [palabra] usité(e) **2.** [gastado] usé(e).

usanza sf ▸ **a la vieja usanza** à l'ancienne mode.

usar ❖ vt **1.** [gen] utiliser, se servir de **2.** [prenda, gafas] porter / ***en invierno usa medias*** en hiver, elle porte des collants. ❖ vi ▸ **usar de** user de.
◆ **usarse** vprnl **1.** [gen] s'utiliser ; [palabra, expresión, etc.] s'employer **2.** [prenda] se porter.

USB [u 'ese be] (*abr de* **universal serial bus**) sm INFORM USB *m* ▸ **memoria USB** clé *f* USB ▸ **puerto USB** port *m* USB.

uso sm **1.** [gen & LING] usage *m* ▸ **de uso externo** MED à usage externe ▸ **fuera de uso** hors d'usage ▸ **hacer uso de** faire usage de **2.** [empleo] utilisation *f* **3.** *(gen pl)* [costumbre] ▸ **usos y costumbres** les us et coutumes.
◆ **uso de razón** sm âge *m* de raison.

usted pron pers vous / ***me gustaría hablar con usted*** j'aimerais vous parler / ***¿cómo están ustedes?*** comment allez-vous ? ▸ **de usted, de ustedes** [posesivo] à vous ▸ **hablar** o **tratar de usted a alguien** vouvoyer qqn.

usual adj habituel(elle).

usuario, ria sm, f [de transportes, servicios, etc.] usager *m* ; [de máquina, ordenador, etc.] utilisateur *m*, -trice *f*.

usufructo sm usufruit *m*.

usufructuar [6] vt avoir l'usufruit de.

usufructuario, ria adj & sm, f usufruitier(ère).

usura sf usure *f*.

usurero, ra sm, f usurier *m*, -ère *f*.

usurpación sf usurpation *f*.

usurpador, ra adj & sm, f usurpateur(trice).

usurpar vt usurper.

UTE (*abr de* **unión temporal de empresas**) sf ECON co-entreprise *f*.

utensilio sm ustensile *m*.

uterino, na adj utérin(e).

útero sm utérus *m*.

útil ❖ adj utile. ❖ sm *(gen pl)* outils *mpl* ▸ **útiles escolares** AM fournitures *fpl* scolaires.

utilería sf outillage *m* ; CINE & TEATRO accessoires *mpl*.

utilidad sf **1.** [cualidad] utilité *f* **2.** [beneficio] profit *m*.

utilitario, ria adj fonctionnel(elle). ◆ **utilitario** sm **1.** AUTO petite voiture *f* **2.** INFORM utilitaire *m*.

utilitarismo sm utilitarisme *m*.

utilización sf utilisation *f*.

utilizar [13] vt utiliser.

utillaje sm outillage *m*.

utopía sf utopie *f*.

utópico, ca adj utopique.

uva sf raisin *m* ▸ **uva moscatel** raisin muscat ▸ **de uvas a peras** *fig* tous les trente-six du mois ▸ **tener mala uva** *fig* avoir un sale caractère. ◆ **uvas** sfpl ▸ **las doce uvas** *grains de raisin que l'on mange le soir du 31 décembre.*

Las doce uvas

En Espagne, la tradition veut que l'on avale douze grains de raisins au moment des 12 coups de minuit le 31 décembre. Ce geste est censé porter chance toute l'année. Les 12 coups de minuit de référence pour toute l'Espagne sont ceux de l'horloge de la Puerta del Sol à Madrid, place où les madrilènes ont l'habitude de se réunir nombreux pour cette occasion. Les 12 coups de la Puerta del Sol sont retransmis en direct dans tout le pays.

uve sf V *m inv.* ◆ **uve doble** sf W *m inv.*

UVI (*abr de* **unidad de vigilancia intensiva**) sf USI *f.*

úvula sf luette *f.*

uvular adj uvulaire.

uy interj ▸ **¡uy!** a) [dolor] aïe ! b) [sorpresa] oh !

Uzbekistán npr Ouzbékistan *m.*

uzbeko, ka ◇ adj ouzbek, uzbek. ◇ sm, f Ouzbek *mf*, Uzbek *mf.* ◆ **uzbeko** sm [idioma] ouzbek *m*, uzbek *m.*

V

v, V ['uβe] sf [letra] v *m inv*, V *m inv*. ◆ **v doble** sf [letra] w *m inv*.

v. = **vid.**

va ⟶ **ir.**

vaca sf **1.** [animal] vache *f* ▸ **vaca lechera** vache laitière ▸ **vaca sagrada** *pr* & *fig* vache sacrée **2.** [carne] bœuf *m*. ◆ **vacas flacas** sfpl *fig* vaches *fpl* maigres. ◆ **vacas gordas** sfpl *fig* vaches *fpl* grasses. ◆ **vacas locas** sfpl *fig* ▸ **la enfermedad de las vacas locas** la maladie de la vache folle.

vacacional adj des vacances, de vacances / *el periodo vacacional* la période des vacances.

vacaciones sfpl vacances *fpl* ▸ **coger vacaciones** prendre des vacances ▸ **estar / irse de vacaciones** être / partir en vacances.

vacacionista smf AM vacancier *m*, -ère *f*.

vacante ❖ adj vacant(e). ❖ sf poste *m* vacant.

vaciado sm **1.** [de recipiente] vidange *f* **2.** [de texto] dépouillement *m* **3.** ARTE moulage *m*.

vaciar [9] vt **1.** [recipiente] vider **2.** [dejar hueco] évider **3.** [libro, texto] dépouiller **4.** ARTE mouler.

vaciedad sf fadaise *f*.

vacilación sf **1.** [duda] hésitation *f* **2.** [oscilación, tambaleo] vacillement *m*.

vacilante adj **1.** [que duda] hésitant(e) **2.** [luz] vacillant(e) ; [paso] chancelant(e).

vacilar ❖ vi **1.** [dudar] hésiter **2.** [luz] vaciller **3.** [tambalearse] chanceler **4.** *fam* [chulear] crâner. ❖ vt *fam* [tomar el pelo a] faire marcher / *¡no me vaciles!* ne te fiche pas de moi !

vacile sm ESP CARIB MÉX *fam* [tomadura de pelo] bobard *m* ▸ **estar de vacile** [de broma] raconter des bobards.

vacilón, ona adj & sm, f *fam* **1.** [chulo] crâneur(euse) **2.** [bromista] farceur(euse). ◆ **vacilón** sm AM [fiesta] fête *f*.

vacío, a adj **1.** [gen] vide ; [frase, discurso, etc.] creux(euse) ; [persona] superficiel(elle) ▸ **vacío de** [sentido, etc.] vide de **2.** [no ocupado] libre. ◆ **vacío** sm vide *m* ▸ **al vacío** sous vide ▸ **caer al vacío** tomber dans le vide ▸ **caer en el vacío** *fig* rester lettre morte ▸ **hacer el vacío a alguien** faire le vide autour de qqn ▸ **tener un vacío en el estómago** avoir l'estomac creux.

vacuidad sf [trivialidad] inconsistance *f*.

vacunación sf vaccination *f*.

vacunar vt vacciner. ◆ **vacunarse** vprnl se faire vacciner.

vacuno, na adj bovin(e). ◆ **vacuna** sf vaccin *m*. ◆ **vacuno** sm ▸ **el vacuno** les bovins *mpl*.

vacuo, cua adj vide ; [persona] superficiel(elle) ; [frase, discurso, etc.] creux(euse).

vadeable adj guéable.

vadear vt [río, arroyo, etc.] passer à gué.

vademécum sm vade-mecum *m inv*.

vado sm **1.** [en acera] bateau *m* ▸ **'vado permanente'** 'sortie de véhicules' **2.** [de río] gué *m*.

vagabundear vi vagabonder ▸ **vagabundear (por)** errer (dans).

vagabundeo sm vagabondage *m*.

vagabundo, da sm, f vagabond *m*, -e *f*.

vagamente adv vaguement.

vagancia sf **1.** [holgazanería] fainéantise *f* **2.** [vagabundeo] vagabondage *m*.

vagar [16] vi **1.** [errar] ▸ **vagar (por)** errer (dans) **2.** [pasear] ▸ **vagar (por)** flâner (dans).

vagina sf vagin *m*.

vaginal adj vaginal(e).

vago, ga ❖ adj **1.** [holgazán] feignant(e) **2.** [impreciso] flou(e), vague. ❖ sm, f [holgazán] feignant *m*, -e *f*.

vagón sm wagon *m* ▸ **vagón cisterna** wagon-citerne *m* ▸ **vagón de mercancías** wagon de marchandises ▸ **vagón de primera / de segunda** voiture de première/de seconde ▸ **vagón restaurante** wagon-restaurant *m*.

vagoneta sf wagonnet *m*.

vaguada sf talweg *m*.

vague ⟶ **vagar.**

vaguear vi fainéanter.

vaguedad sf **1.** [imprecisión] imprécision *f* **2.** [divagación] : *responder con vaguedades* rester dans le vague.

vaharada sf bouffée *f*, souffle *m*.

vahído sm étourdissement *m* ▸ **me dio un vahído** j'ai eu un étourdissement.

vaho sm [vapor] vapeur *f* ; [en cristales] buée *f*. ◆ **vahos** smpl MED inhalations *fpl*.

vaina sf **1.** [funda] étui *m* ; [de espada, sable] fourreau *m* **2.** BOT [de guisantes, etc.] cosse *f* **3.** COL PERÚ VEN *fam* [cosa] truc *m*, machin *m* / *cualquier vaina* n'importe quel truc **4.** COL PERÚ VEN *fam* [tontería] bêtise *f* / *¡déjate de vainas!* arrête tes bêtises ! **5.** COL PERÚ VEN *fam* [persona, cosa molesta] casse-pieds *mf* / *ser una vaina seria* être pénible.

vainica sf jours *mpl (en broderie)*.

vainilla sf **1.** [fruto] vanille *f* **2.** [planta] vanillier *m*.

vaivén sm **1.** [balanceo] va-et-vient *m inv* **2.** *fig* [altibajo] ▸ **los vaivenes** les hauts et les bas.

vajilla sf vaisselle *f*.

valdepeñas sm inv *vin de Valdepeñas*.

valdrá ⟶ **valer**.

vale ❖ sm **1.** [gen] bon *m* ▸ **vale de regalo** chèque-cadeau *m* **2.** [entrada gratuita] billet *m* gratuit **3.** [comprobante] reçu *m* **4.** AM *fam* [amigo] pote *m*.
❖ interj ⟶ **valer**.

valedero, ra adj valable.

valedor, ra sm, f protecteur *m*, -trice *f*.

valencia sf QUÍM valence *f*.

Valencia npr Valence.

valenciano, na ❖ adj valencien(enne). ❖ sm, f Valencien *m*, -enne *f*. ◆ **valenciano** sm [lengua] valencien *m*. ◆ **valenciana** sf AM [de pantalón] revers *m*.

valentía sf **1.** [valor] courage *m* **2.** [hazaña] haut fait *m*.

valentón, ona adj & sm, f fanfaron(onne).

valer [74] ❖ vi **1.** [gen] valoir ; [precio] coûter ▸ **¿cuánto vale?** combien ça coûte ? ▸ **es un chico que vale** c'est un garçon bien ▸ **hacerse valer** se faire valoir ▸ **no vale nada** ça ne vaut rien ▸ **este libro vale por mil** ce livre en vaut mille ▸ **más vale que te vayas** il vaut mieux que tu t'en ailles **2.** [servir, ser útil] ▸ **valer para algo** servir à qqch / ***¿para qué vale?*** à quoi ça sert ? / ***valer para un trabajo*** être fait(e) pour un travail **3.** [ser válido] être valable / ***eso aún vale*** c'est encore valable **4.** EXPR **¡no vale!** [en juego] ce n'est pas du jeu ! ▸ **¿vale?** d'accord ? ▸ **¡vale!** d'accord !, OK ! ▸ **¡vale (ya)!** ça suffit ! ❖ vt valoir ▸ **vale la pena** ça (en) vaut la peine. ◆ **valerse** vprnl **1.** [servirse] ▸ **valerse de algo / de alguien** se servir de qqch / de qqn **2.** [desenvolverse] ▸ **valerse por sí mismo** se débrouiller tout seul.

valeriana sf valériane *f*.

valeroso, sa adj courageux(euse).

valía sf valeur *f*.

validación sf validation *f*.

validar vt valider.

validez sf validité *f* ▸ **dar validez a algo** valider qqch.

valido sm favori *m (d'un roi)*.

válido, da adj valable.

valiente ❖ adj **1.** [valeroso] courageux(euse) **2.** *irón* [menudo] : ***¡valiente jefe!*** tu parles d'un chef ! ❖ sm, f [valeroso] brave *mf*.

valija sf valise *f* ▸ **valija diplomática** valise diplomatique.

valioso, sa adj précieux(euse).

valla sf **1.** [cerca] clôture *f* **2.** DEP haie *f*. ◆ **valla publicitaria** sf panneau *m* publicitaire.

vallado sm clôture *f*.

Valladolid npr Valladolid.

vallar vt clôturer *(un terrain)*.

valle sm vallée *f*.

vallisoletano, na adj de Valladolid.

valón, ona ❖ adj wallon(onne). ❖ sm, f Wallon *m*, -onne *f*. ◆ **valón** sm [dialecto] wallon *m*.

valor sm **1.** [gen] valeur *f* ▸ **de valor** [objetos] de valeur ▸ **valor adquisitivo** pouvoir *m* d'achat ▸ **valor añadido** valeur ajoutée ▸ **valor contable / nominal** valeur comptable / nominale ▸ **valor nutritivo** valeur nutritive **2.** [valentía] courage *m* ▸ **armarse de valor** s'armer de courage **3.** [descaro] sans-gêne *m* ▸ **¡hay que tener valor!** quel sans-gêne ! **4.** *fam* [promesa] ▸ **un joven valor** un jeune talent.
◆ **valores** smpl FIN [principios] valeurs *fpl*.

valoración sf évaluation *f*.

valorar vt **1.** [gen] évaluer ▸ **estar valorado en** être estimé à **2.** [mérito, cualidad] apprécier.

valorización sf [valoración] évaluation *f* ; [aumento del valor] mise *f* en valeur.

valorizar [13] vt **1.** [valorar] évaluer **2.** [dar valor a] mettre en valeur. ◆ **valorizarse** vprnl prendre de la valeur.

vals (*pl* **valses**) sm valse *f*.

valuar [6] vt évaluer, estimer.

valva sf ANAT & BOT valve *f*.

válvula sf **1.** [gen & ELECTR] valve *f* **2.** ANAT valvule *f* **3.** TECNOL soupape *f* ▸ **válvula de seguridad** soupape de sécurité o de sûreté. ◆ **válvula de escape** sf *fig* soupape *f* de sécurité.

vamos adv [introduce inciso, matiz o conclusión] : ***tendrás que hacer la compra tú, vamos, si no es mucha molestia*** tu devras aller faire les courses, enfin, si ça ne te dérange pas trop / ***se trata de un amigo, vamos, de un conocido*** c'est un ami, enfin, plutôt une connaissance / ***vamos, que al final la fiesta fue un desastre*** conclusion, la fête a mal tourné à la fin.

vampiresa sf *fam* vamp *f*.

vampirismo sm vampirisme *m*.

vampiro sm vampire *m*.

vanagloria sf fatuité *f*.

vanagloriarse [8] vprnl ▸ **vanagloriarse (de)** se vanter (de).

vandálico, ca adj **1.** HIST ▸ **los pueblos vandálicos** les Vandales **2.** [salvaje, destructivo] de vandalisme.

vandalismo sm vandalisme *m*.

vándalo, la ❖ adj [salvaje] vandale. ❖ sm, f HIST Vandale *mf*. ◆ **vándalo** sm [salvaje] vandale *m*.

vanguardia sf avant-garde *f*.

vanguardismo sm avant-garde *f*.

vanguardista adj avant-gardiste, d'avant-garde.

vanidad sf vanité *f*.

vanidoso, sa adj & sm, f vaniteux(euse).

vano, na adj **1.** [gen] vain(e) ▸ **en vano** en vain **2.** [presuntuoso] vaniteux(euse).
◆ **vano** sm ARQUIT embrasure *f*.

vapor sm **1.** [gen] vapeur *f* ▸ **al vapor** CULIN à la vapeur ▸ **de vapor a)** [máquina, barco] à vapeur **b)** [baño] de vapeur **2.** [barco] bateau *m* à vapeur, vapeur *m*.

vaporización sf vaporisation *f*.

vaporizador sm vaporisateur *m*.

vaporizar [13] vt vaporiser.
◆ **vaporizarse** vprnl FÍS se vaporiser.

vaporoso, sa adj **1.** [fino] vaporeux(euse) **2.** [baño, etc.] de vapeur.

vapulear vt **1.** [golpear] rouer de coups **2.** [zarandear] houspiller **3.** [reñir, criticar] fustiger.

vapuleo sm **1.** [paliza] volée *f* **2.** [crítica] fustigation *f*.

vaquería sf [establo] étable *f* à vaches ; [lechería] laiterie *f*.

vaquero, ra ❖ adj [ropa] en jean. ❖ sm, f vacher *m*, -ère *f*. ◆ **vaqueros** smpl [pantalón] jean *m*.

vaquilla sf [vaca] vachette *f*.

vara sf **1.** [gen] bâton *m* **2.** [tallo] tige *f* **3.** MÚS [de trombón] coulisse *f* **4.** TAUROM pique *f*.

varadero sm échouage *m*.

varado, da adj NÁUT échoué(e).

varar vi NÁUT échouer.

varear vt **1.** [frutos] gauler **2.** [colchones, etc.] battre **3.** [toro] piquer.

variabilidad sf variabilité *f*.

variable ❖ adj variable ; [carácter, humor] changeant(e). ❖ sf MAT variable *f*.

variación sf **1.** [gen & MÚS] variation *f* **2.** *fig* [cambio] changement *m*. ◆ **variación magnética** sf NÁUT déclinaison *f* magnétique.

variado, da adj varié(e).

variante ❖ adj variable. ❖ sf **1.** [diferencia, versión] variante *f* **2.** [de carretera, etc.] déviation *f* **3.** [en quiniela] *pari sur un match nul ou sur la victoire de l'équipe adverse*.

variar [9] ❖ vt **1.** [modificar] changer **2.** [dar variedad] varier. ❖ vi **1.** [cambiar] varier ▸ **variar (de)** changer (de) ▸ **para variar** *irón* pour changer **2.** [ser diferente] différer ▸ **variar de** être différent(e) de.

varicela sf varicelle *f*.

varicoso, sa adj variqueux(euse).

variedad sf variété *f*. ◆ **variedades** sfpl variétés *fpl*.

varilla sf **1.** [barra larga] baguette *f* ; AUTO jauge *f* **2.** [tira larga - de paraguas, corsé] baleine *f*.

varillaje sm [de paraguas, corsé] baleines *fpl*.

vario, ria adj [variado] varié(e).
◆ **varios, rias** ❖ adj pl **1.** [diferentes] divers(es) **2.** [algunos] plusieurs. ❖ pron pl [algunos] plusieurs.

variopinto, ta adj bigarré(e) ; *fig* varié(e).

varita sf **1.** [vara] baguette *f* ▸ **varita mágica** baguette magique **2.** AM *fam* [policía de tránsito] agent *m* de la circulation.

variz sf *(gen pl)* varice *f* ▸ **tener varices** avoir des varices.

varón sm [hombre] homme *m* ; [chico] garçon *m*.

varonil adj viril(e) ; [prenda, colonia] pour homme.

Varsovia npr Varsovie.

vasallaje sm vassalité *f*.

vasallo, lla sm, f vassal *m*, -e *f*.

vasco, ca ❖ adj basque. ❖ sm, f Basque *mf*.
◆ **vasco, vascuence** sm [lengua] basque *m*.

vascoespañol, la adj hispano-basque.

vascofrancés, esa adj franco-basque.

vascohablante adj & smf bascophone.

vascongado, da ❖ adj basque.
❖ sm, f Basque *mf*.

vascular adj vasculaire.

vasectomía sf vasectomie *f*.

vaselina sf vaseline *f*.

vasija sf pot *m*.

vaso sm **1.** [gen] verre *m* ▸ **ahogarse en un vaso de agua** *fig* se noyer dans un verre d'eau **2.** ANAT & BOT vaisseau *m* ▸ **vasos capilares / sanguíneos** vaisseaux capillaires/sanguins.

> ⚠ **Vase** es un falso amigo, no significa *vaso*, sino "florero", "jarrón" y también "cieno".

vasoconstrictor, ra adj vasoconstricteur(trice).
◆ **vasoconstrictor** sm vasoconstricteur *m*.

vasodilatador, ra adj vasodilatateur(trice).
◆ **vasodilatador** sm vasodilatateur *m*.

vástago sm **1.** [descendiente] descendant *m* **2.** [brote] rejet *m* **3.** [varilla] tige *f*.

vastedad sf immensité *f*.

vasto, ta adj vaste.

vate sm *culto* poète *m*.

váter (*pl* **váteres**), **wáter** ['bater] (*pl* **wáteres**) sm W-C *mpl*.

vaticano, na adj du Vatican.
◆ **Vaticano** npr ▸ **el Vaticano** le Vatican.

vaticinar vt prédire.

vaticinio sm prédiction *f*.

vatio, watio ['batjo] sm watt *m*.

vaudeville = **vodevil**.

vaya ❖ interj **1.** [sorpresa] ▸ **¡vaya!** ça alors ! **2.** [contrariedad] : *¡vaya con las huelgas otra vez!* zut ! encore des grèves ! **3.** [énfasis] : *¡vaya moto!* ouah ! la moto ! / *¡vaya tontería!* quelle idiotie ! ❖ v ⟶ **ir.**

VB, Vº Bº (*abr escrita de* **visto bueno**) sm [en documento] 'lu et approuvé *m*'.

Vd. = **Ud.**

Vda. (*abr escrita de* **viuda**) vve / *Blanca Rosa Muñoz Vda. de Márquez* Blanca Rosa Muñoz, vve Márquez.

Vds. = **Uds.**

ve ◆ sf [letra] v *m inv* ▸ **ve chica** o **corta** AM v *m inv*.
◆ v ⟶ **ir.**

véase = **verse**.

vecinal adj [relaciones, trato, etc.] de voisinage ▸ **un camino vecinal** un chemin vicinal.

vecindad sf voisinage *m*.

vecindario sm **1.** [vecindad] voisins *mpl*, voisinage *m* **2.** [habitantes] habitants *mpl*.

vecino, na ◆ adj **1.** [gen] voisin(e) ▸ **vecino a** voisin de **2.** [habitante] ▸ **ser vecino de** être domicilié à.
◆ sm, f **1.** [de casa, calle] voisin *m*, -e *f* **2.** [de barrio, localidad] habitant *m*, -e *f*.

vector sm vecteur *m*.

vectorial adj vectoriel(elle).

veda sf **1.** [prohibición] interdiction *f*, défense *f (de chasser, pêcher)* **2.** [temporada] fermeture *f (de la chasse, pêche)* ▸ **levantar la veda a)** [de caza] déclarer l'ouverture de la chasse **b)** [de pesca] déclarer l'ouverture de la pêche.

vedado, da adj interdit(e).
◆ **vedado** sm ▸ **vedado (de caza)** réserve *f* de chasse.

vedar vt interdire.

vedette [be'det] sf vedette *f (du spectacle)*.

vedismo sm védisme *m*.

vega sf plaine *f* fertile.

vegano, na adj & sm, f végétalien(enne) / *sigo un régimen végano* je suis un régime végétalien.

vegetación sf végétation *f*.
◆ **vegetaciones** sfpl MED végétations *fpl*.

vegetal ◆ adj végétal(e). ◆ sm végétal *m*.

vegetar vi végéter.

vegetarianismo sm végétarisme *m*.

vegetariano, na adj & sm, f végétarien(enne).

vegetativo, va adj végétatif(ive).

vehemencia sf **1.** [pasión] véhémence *f* **2.** [irreflexión] impulsion *f*.

vehemente adj **1.** [apasionado] véhément(e) **2.** [irreflexivo] impulsif(ive).

vehicular[1] adj **1.** [que sirve de medio] véhiculaire / *lengua vehicular* langue véhiculaire **2.** [de vehículos] *relatif aux véhicules* / *tráfico vehicular* trafic de véhicules.

vehicular[2] vt véhiculer.

vehículo sm véhicule *m*.

veinte ◆ adj num inv vingt ▸ **el siglo veinte** le vingtième siècle. ◆ sm inv vingt *m inv*.

veinteañero, ra ◆ adj d'une vingtaine d'années.
◆ sm, f personne *f* d'une vingtaine d'années.

veinteavo, va adj num vingtième.

veintena sf vingtaine *f*.

veinticinco adj num inv & sm inv vingt-cinq.

veinticuatro adj num inv & sm inv vingt-quatre.

veintidós adj num inv & sm inv vingt-deux.

veintinueve adj num inv & sm inv vingt-neuf.

veintiocho adj num inv & sm inv vingt-huit.

veintiséis adj num inv & sm inv vingt-six.

veintisiete adj num inv & sm inv vingt-sept.

veintitrés adj num inv & sm inv vingt-trois.

veintiuno, na adj num *(delante de sust:* ***veintiún****)* vingt et un(e) ▸ **el siglo veintiuno** le vingt et unième siècle.
◆ **veintiuno** sm inv vingt et un *m inv*.

vejación sf humiliation *f*.

vejamen sm humiliation *f*.

vejar vt humilier.

vejatorio, ria adj humiliant(e).

vejestorio sm *despec* **1.** [persona] vieux fossile *m* **2.** AM [cosa] vieillerie *f*.

vejez sf vieillesse *f* ▸ **¡a la vejez viruelas!** ce n'est plus de mon/ton etc. âge !

vejiga sf vessie *f*.

vela sf **1.** [para dar luz] bougie *f* **2.** NÁUT voile *f* ▸ **a toda vela** toutes voiles dehors **3.** [vigilia] veille *f* ▸ **estar en vela** être éveillé(e) ▸ **pasar la noche en vela** passer une nuit blanche. ◆ **velas** sfpl *fam* [mocos] chandelles *fpl* ▸ **estar a dos velas** *fig* être fauché(e).

velada sf veillée *f*; [social] soirée *f*.

veladamente adv à mots couverts.

velado, da adj voilé(e).

velador, ra adj qui veille. ◆ **veladora** sf AM [vela] bougie *f*. ◆ **velador** sm **1.** [mesita] guéridon *m* **2.** ANDES MÉX [mesa de noche] table *f* de nuit o de chevet **3.** MÉX [vela] bougie *f* **4.** MÉX RP [lámpara] lampe *f* de chevet.

velamen sm NÁUT voilure *f*.

velar[1] adj vélaire.

velar[2] ◆ vi ▸ **velar (por)** veiller (sur). ◆ vt **1.** [enfermo, muerto] veiller **2.** [ocultar & FOTO] voiler.
◆ **velarse** vprnl FOTO être voilé(e).

velatorio sm veillée *f* funèbre.

velcro® sm Velcro® *m*.

veleidad sf **1.** [inconstancia] inconstance *f* **2.** [antojo, capricho] velléité *f*.

veleidoso, sa adj **1.** [inconstante] inconstant(e) **2.** [caprichoso] velléitaire.

velero, ra adj à voiles. ◆ **velero** sm NÁUT voilier *m*.

veleta ◆ sf girouette *f*. ◆ smf *fam* girouette *f*.

velista smf DEP voiliste *mf*.

vello sm duvet *m*.

vellocino sm toison *f*.

vellón sm **1.** [lana] toison *f* **2.** [aleación] billon *m*.

vellosidad sf villosité *f*.

velloso, sa adj duveteux(euse).

velludo, da adj poilu(e).

velo sm voile *m* ▸ **correr** o **echar un (tupido) velo sobre** jeter un voile sur. ◆ **velo del paladar** sm voile *m* du palais.

⚠ **Vélo** es un falso amigo, no significa *velo*, sino "bici".

velocidad sf vitesse *f* ▸ **de alta velocidad** à grande vitesse ▸ **velocidad de crucero** vitesse de croisière ▸ **velocidad media** vitesse moyenne ▸ **velocidad punta** vitesse de pointe ▸ **con la velocidad de un rayo** *fig* à la vitesse de l'éclair.

velocímetro sm compteur *m* de vitesse.

velocípedo sm vélocipède *m*.

velocirráptor sm vélociraptor *m*.

velocista smf sprinter *m*, -euse *f*.

velódromo sm vélodrome *m*.

velomotor sm vélomoteur *m*.

velorio sm veillée *f* funèbre.

veloz adj rapide.

velozmente adv rapidement.

ven ⟶ **venir**.

vena sf veine *f* ▸ **estar en vena** être en veine ▸ **tener vena de pintor** avoir des dispositions pour la peinture ▸ **si le da la vena lo hará** si ça lui chante, il le fera / *de vez en cuando le da la vena de...* de temps en temps ça lui prend de....

venado sm ZOOL cerf *m*; [de caza] gros gibier *m*.

venal adj vénal(e).

vencedor, ra ❖ adj victorieux(euse). ❖ sm, f vainqueur *m*.

vencejo sm [pájaro] martinet *m*.

vencer [11] ❖ vt **1.** [gen] vaincre; [dificultad, obstáculo] surmonter / *me vence el sueño* je succombe au sommeil **2.** [aventajar] battre; DEP mener / *vencer por tres puntos* mener par trois points ▸ **vencer a alguien a algo** battre qqn à qqch. ❖ vi [terminar - contrato, plazo] expirer; [- deuda, pago] arriver à échéance.
◆ **vencerse** vprnl **1.** [estante, cama] s'affaisser **2.** AM [medicamento] *arriver à sa date de péremption*.

vencido, da ❖ adj **1.** [derrotado] vaincu(e) ▸ **darse por vencido** s'avouer vaincu **2.** [caducado] périmé(e); COM arrivé(e) à échéance. ❖ sm, f vaincu *m*, -e *f*.

vencimiento sm **1.** [término - de contrato, plazo] expiration *f*; [- de pago, deuda] échéance *f* **2.** [inclinación] affaissement *m*.

venda sf bandage *m* ▸ **tener una venda en o delante de los ojos** *fig* avoir un bandeau sur les yeux.

vendaje sm **1.** [en tobillo, brazo] bandage *m* **2.** ANDES CARIB [dinero extra] prime *f*.

vendar vt bander.

vendaval sm vent *m* violent.

vendedor, ra ❖ adj ▸ **la parte vendedora** le vendeur. ❖ sm, f vendeur *m*, -euse *f* ▸ **vendedor ambulante** camelot *m*.

vender vt vendre. ◆ **venderse** vprnl se vendre ▸ **'se vende'** 'à vendre' ▸ **venderse caro** *fig* se faire prier.

vendetta sf vendetta *f*.

vendido, da adj vendu(e) ▸ **¡estás o vas vendido!** *fig* tu n'iras pas loin !

vendimia sf [cosecha] vendange *f*; [periodo] vendanges *fpl*.

vendimiador, ra sm, f vendangeur *m*, -euse *f*.

vendimiar [8] vt & vi vendanger.

vendrá ⟶ **venir**.

Venecia npr Venise.

veneno sm poison *m*; [de animales] venin *m*.

venenoso, sa adj [seta] vénéneux(euse); [serpiente] venimeux(euse).

venerable adj vénérable.

veneración sf vénération *f*.

venerador, ra ❖ adj qui vénère. ❖ sm, f adorateur *m*, -trice *f*.

venerar vt vénérer.

venéreo, a adj vénérien(enne).

venezolano, na ❖ adj vénézuélien(enne). ❖ sm, f Vénézuélien *m*, -enne *f*.

Venezuela npr Venezuela *m*.

venga ⟶ **venir**.

vengador, ra adj & sm, f vengeur(eresse).

venganza sf vengeance *f*.

vengar [16] vt venger.
◆ **vengarse** vprnl ▸ **vengarse (de)** se venger (de).

vengativo, va adj vindicatif(ive).

vengo ⟶ **venir**.

vengue ⟶ **vengar**.

venia sf permission *f* ▸ **con la venia de** avec la permission de.

venial adj [pecado] véniel(elle); [falta, delito] mineur(e).

venialidad sf légèreté *f (d'une faute)*.

venida sf venue *f*.

venidero, ra adj à venir.

venir [75]

❖ vi

1. [gen] venir / *vino a las doce* il est venu à midi / *esta palabra viene del latín* ce mot vient du latin / *no me vengas con historias* ne me raconte pas d'histoires

2. [llegar] arriver / *ya vienen los turistas* les touristes arrivent

3. [seguir en el tiempo] *ahora viene la escena más divertida* maintenant, c'est la scène la plus drôle / *el año que viene* l'année prochaine

4. [hallarse, estar] être / *su foto viene en primera página* sa photo est en première page / *el texto viene en inglés* le texte est en anglais

5. [acometer] *me viene sueño* je commence à avoir sommeil / *le vinieron ganas de reír* il eut envie de rire

6. [ropa, zapato] ▸ **venir a alguien** aller à qqn / ***¿qué tal te viene?*** comment ça te va ? / ***el abrigo le viene pequeño*** ce manteau est trop petit pour lui ▸ **venir clavado a alguien** aller comme un gant à qqn

7. *(delante de adv)* [convenir] ***me viene bien / mal*** ça m'arrange / ne m'arrange pas / ***me viene mejor mañana*** ça m'arrange mieux demain

8. *(delante de infin)* [aproximarse] ▸ **venir a ser** revenir à / ***viene a ser lo mismo*** ça revient au même / ***nos vino a costar / salir...*** ça nous est revenu à...

9. EXPR ▸ **¿a qué viene esto?** qu'est-ce que c'est que ça ? ▸ **venir al pelo, venir rodado** *fam* tomber à pic ▸ **venir a menos a)** [negocio] couler **b)** [persona] déchoir ▸ **venir al mundo** venir au monde ▸ **venir a parar en** : ***tanto esfuerzo par venir a parar aquí*** tous ces efforts pour en arriver là / ***¿a dónde quieres venir a parar?*** où veux-tu en venir ?

❖ v aux

1. *(delante de gerundio)* [persistir] ***las peleas vienen sucediéndose desde hace tiempo*** les disputes se succèdent depuis un certain temps déjà

2. *(delante de pp)* [estar] ***los cambios vienen motivados por la presión de la oposición*** les changements sont dus aux pressions exercées par l'opposition

◆ **venirse** vprnl **1.** [llegar] venir / ***se ha venido solo*** il est venu tout seul **2.** EXPR ▸ **venirse abajo a)** [edificio] s'écrouler **b)** [negocio] couler **c)** [proyectos] tomber à l'eau.

venoso, sa adj veineux(euse).

venta sf **1.** [gen] vente *f* ▸ **de venta en** en vente dans ▸ **estar a la** o **en venta** être en vente ▸ **poner a la venta** mettre en vente ▸ **venta a crédito** vente à crédit ▸ **venta a domicilio** démarchage *m*, vente à domicile ▸ **venta al contado / a plazos** vente au comptant / à crédit ▸ **venta al por mayor / al por menor** vente en gros / au détail ▸ **venta ambulante** vente à la sauvette ▸ **venta automatizada** vente par distributeurs automatiques ▸ **venta en exclusiva** vente avec un droit exclusif ▸ **venta por catálogo** vente sur catalogue ▸ **venta por correo** o **por correspondencia** vente par correspondance ▸ **venta pública** vente publique ▸ **venta puerta a puerta** porte-à-porte *m* ▸ **venta sobre plano** vente sur plan **2.** [posada] auberge *f*.

ventaja sf avantage *m* ▸ **dar ventaja** donner l'avantage ▸ **llevar ventaja a alguien** avoir de l'avance sur qqn ▸ **tener la ventaja de** avoir l'avantage de / ***tiene la ventaja de que trabaja en casa*** il a l'avantage de travailler à la maison.

ventajista adj & smf opportuniste.

ventajoso, sa adj avantageux(euse).

ventana sf **1.** [gen & INFORM] fenêtre *f* ▸ **ventana de guillotina** fenêtre à guillotine ▸ **ventana de información** INFORM infobulle *f* **2.** ANAT ▸ **las ventanas (de la nariz)** les narines *fpl*.

ventanal sm baie *f* vitrée.

ventanilla sf **1.** [taquilla] guichet *m* **2.** [de tren, sobre] fenêtre *f* ; [de coche] vitre *f* ; [de avión] hublot *m*.

ventear ❖ v impers venter. ❖ vi renifler *(animal)*.

ventero, ra sm, f aubergiste.

ventilación sf aération *f*, ventilation *f*.

ventilador sm ventilateur *m*.

ventilar vt **1.** [airear] aérer, ventiler **2.** [resolver] tirer au clair **3.** [difundir] divulguer. ◆ **ventilarse** vprnl **1.** [airearse] être aéré(e) **2.** *fam* [terminar] liquider.

ventisca sf tempête *f* de neige.

ventiscar [10], **ventisquear** v impers : ***ventisca*** il y a une tempête de neige.

ventolera sf **1.** [viento] rafale *f* **2.** [idea extravagante] idée *f* saugrenue ▸ **le ha dado la ventolera de...** il s'est mis dans la tête de ...

ventosa sf ventouse *f*.

ventosear vi lâcher un pet.

ventosidad sf *(gen pl)* vents *mpl*.

ventoso, sa adj venteux(euse).

ventresca, ventrecha sf CULIN [de pescado] ventrèche *f*.

ventrículo sm ventricule *m*.

ventrílocuo, cua sm, f ventriloque *mf*.

ventriloquía sf ventriloquie *f*.

ventura sf **1.** [suerte] chance *f* ▸ **buena / mala ventura** bonne / mauvaise fortune ▸ **echar la buena ventura a alguien** dire la bonne aventure à qqn **2.** [casualidad] hasard *m* ▸ **a la (buena) ventura** au hasard **3.** [dicha] félicité *f*.

venturoso, sa adj heureux(euse).

venus sf *fig* [mujer bella] beauté *f*.

Venus npr ASTRON & MITOL Vénus.

venza ⟶ **vencer**.

veo-veo, veoveo sm *jeu consistant à faire deviner quelque chose à quelqu'un en lui disant « je vois quelque chose qui commence par la lettre... ».*

ver [76]

❖ vi

voir ▸ **¿a ver?** [mirar con interés] fais / faites voir ? ▸ **¡a ver! a)** [para llamar la atención] allez ! **b)** [confirmación] évidemment ! ▸ **a ver qué pasa** on verra bien ▸ **dejarse ver** se montrer ▸ **eso está por ver** ça reste à voir ▸ **ni visto ni oído** en moins de temps qu'il n'en faut pour le dire ▸ **ya veremos** on verra

❖ vt

1. [gen] voir / ***desde casa vemos el mar*** depuis chez nous on voit la mer / ***¿has visto esa película?*** as-tu vu ce film ? / ***fue a ver a unos amigos*** il est allé voir des amis / ***ya veo que estás de mal humor*** je vois bien que tu es de mauvaise humeur / ***ya veo lo que quieres decir*** je vois ce que tu veux dire / ***veo que tendré que irme sola*** je vois qu'il faudra que je parte seule / ***cada cual***

tiene su manera de ver las cosas chacun a sa façon de voir les choses / *esto lo veremos más adelante* nous verrons ça plus tard ▸ **habrá que verlo** c'est ce qu'on verra ▸ **hacer ver** ANDES RP : *hazte ver por un médico* il faut que tu voies un médecin ▸ **¡hay que ver lo tonto que es!** qu'est-ce qu'il peut être bête ! ▸ **no poder ver algo / a alguien (ni en pintura)** *fam* ne pas pouvoir voir qqch / qqn (en peinture) ▸ **por lo visto** o **que se ve** apparemment ▸ **si no lo veo, no lo creo** je ne crois que ce que je vois ▸ **si te vi, no me acuerdo** il / elle etc. fait comme si il / elle etc. ne me connaissait pas ▸ **ver venir a alguien** voir venir qqn
2. [televisión] regarder
◆ sm
▸ **estar de buen ver** avoir belle allure
◆ **verse** vprnl **1.** [gen] se voir / *nos vemos a veces* on se voit de temps en temps / *ya me veo haciendo su maleta* je me vois déjà en train de faire sa valise / *él ya se ve en la cumbre de su carrera* il se voit déjà au sommet de sa carrière ▸ **véase anexo 1** voir annexe 1 **2.** [percibir, suceder] voir / *nunca se ha visto nada igual* on n'a jamais vu une chose pareille **3.** EXPR **vérselas y deseárselas para hacer algo** *fam* en baver pour faire qqch.

vera sf **1.** [orilla] bord *m* **2.** *fig* [lado] ▸ **a la vera de** aux côtés de, auprès de.

veracidad sf véracité *f*.

veranda sf véranda *f*.

veraneante ◆ adj en vacances. ◆ sm, f estivant *m*, -e *f*.

veranear vi ▸ **veranear (en)** passer ses grandes vacances (à).

veraneo sm grandes vacances *fpl*, vacances *fpl* d'été.

veraniego, ga adj [clima, temporada, etc.] estival(e) ; [vestido, traje] d'été.

veranillo sm été *m* ▸ **el veranillo de San Juan** l'été de la Saint-Jean.

verano sm été *m*.

veras ◆ **de veras** loc adv [verdaderamente] vraiment ; [en serio] sérieusement.

veraz adj véridique.

verbal adj verbal(e).

verbalizar [13] vt exprimer verbalement.

verbena sf **1.** [fiesta] *fête populaire nocturne* ▸ **la verbena de San Juan** la fête de la Saint-Jean **2.** [planta] verveine *f*.

verbenero, ra adj de fête / *es muy verbenero* il adore faire la fête.

verbigracia adv *culto* par exemple.

verbo sm verbe *m* ▸ **verbo auxiliar** verbe auxiliaire ▸ **verbo copulativo** verbe suivi d'un attribut, verbe attributif ▸ **verbo defectivo** verbe défectif ▸ **verbo impersonal** verbe impersonnel ▸ **verbo irregular** verbe irrégulier ▸ **verbo pronominal** verbe pronominal ▸ **verbo transitivo / intransitivo** verbe transitif / intransitif ▸ **verbo unipersonal** verbe impersonnel.

verborrea sf verbiage *m*.

verbosidad sf verbosité *f*.

verboso, sa adj verbeux(euse).

verdad sf vérité *f* ▸ **a decir verdad, la verdad es que** à vrai dire, en fait ▸ **en verdad** vraiment ▸ **es verdad que…** c'est vrai que… ▸ **está bueno, ¿verdad?** c'est bon, n'est-ce pas ? ▸ **es una verdad como un puño** c'est la vérité vraie. ◆ **verdades** sfpl ▸ **cantar las verdades** *fig* dire ce que l'on pense ▸ **cantarle** o **decirle a alguien cuatro verdades** *fig* dire ses quatre vérités à qqn. ◆ **de verdad** ◆ loc adv **1.** [en serio] sérieusement / *¿lo dices de verdad?* tu parles sérieusement ? **2.** [realmente] vraiment / *¿de verdad?* vraiment ? ◆ loc adj [auténtico] vrai(e) / *es un torero de verdad* c'est un vrai torero.

verdaderamente adv [de verdad] vraiment, réellement.

verdadero, ra adj **1.** [gen] vrai(e) ▸ **¿verdadero o falso?** vrai ou faux ? **2.** [auténtico] véritable.

verde ◆ adj **1.** [gen & POLÍT] vert(e) ▸ **verde oliva** vert olive **2.** *fig* [obsceno] cochon(onne) **3.** *fig* [inexperto] jeune ; [proyecto] prématuré(e) **4.** EXPR **poner verde a alguien** traiter qqn de tous les noms. ◆ sm [color] vert *m*. ◆ **Verde** sm ▸ **los Verdes** POLÍT les Verts *mpl*.

verdear vi verdir.

verdecer [30] vi verdir.

verdinegro, gra adj vert foncé *(inv)*.

verdor sm **1.** [color] couleur *f* verte, verdure *f* **2.** [vigor] verdeur *f*.

verdoso, sa adj verdâtre.

verdugo sm **1.** [gen] bourreau *m* **2.** [pasamontañas] cagoule *f*.

verdulería sf ▸ **ir a la verdulería** aller chez le marchand de légumes.

verdulero, ra sm, f marchand *m*, -e *f* de légumes. ◆ **verdulero** sm [de nevera] bac *m* à légumes. ◆ **verdulera** sf *fam* & *fig* [ordinaria] poissarde *f*.

verdura sf légume *m*.

verdusco, ca adj *despec* verdâtre.

vereda sf **1.** [sendero] sentier *m* ▸ **hacer entrar** o **meter a alguien en vereda** *fig* remettre qqn dans le droit chemin **2.** CSUR PERÚ [acera] trottoir *m*.

veredicto sm verdict *m*.

verga sf **1.** ANAT verge *f* **2.** NÁUT vergue *f* **3.** [vara] bâton *m*.

vergel sm verger *m*.

vergonzante adj honteux(euse).

vergonzoso, sa ◆ adj **1.** [deshonroso] honteux(euse) **2.** [tímido] timide. ◆ sm, f timide *mf*.

vergüenza sf **1.** [gen] honte *f* / *¿no te da vergüenza hacer eso?* tu n'as pas honte de faire cela ? / *me da vergüenza cantar* j'ai honte de chanter ▸ **sentir vergüenza ajena** avoir honte pour qqn ▸ **perder la ver-**

güenza surmonter sa timidité **2.** [dignidad] dignité *f.* ◆ **vergüenzas** sfpl [genitales] parties *fpl* honteuses.

vericueto sm *(gen pl)* [camino] sentier *m* escarpé ; *fig* [de asunto] méandre *m.*

verídico, ca adj **1.** [cierto] véridique **2.** *fig* [verosímil] réel(elle) ▸ **un hecho verídico** un fait réel.

verificable adj vérifiable.

verificación sf [comprobación] vérification *f* ; [de predicción, etc.] accomplissement *m.*

verificador, ra adj & sm, f vérificateur(trice).

verificar [10] vt **1.** [gen] vérifier **2.** [aparato, máquina, etc.] tester. ◆ **verificarse** vprnl **1.** [tener lugar] avoir lieu **2.** [llevar a cabo] effectuer **3.** [resultar cierto - predicción, etc.] se réaliser.

verja sf grille *f.*

vermú, vermut (*pl* **vermuts**) sm **1.** [licor] vermouth *m* **2.** [aperitivo] apéritif *m* **3.** ANDES RP [en cine, teatro] matinée *f.*

vernáculo, la adj vernaculaire.

veronal® sm Véronal® *m.*

verónica sf BOT & TAUROM véronique *f.*

verosímil adj vraisemblable.

verosimilitud sf vraisemblance *f.*

verruga sf verrue *f.*

verrugosidad sf verrucosité *f.*

verrugoso, sa adj verruqueux(euse).

versado, da adj ▸ **versado (en)** versé (dans).

versalita sf ⟶ **letra.**

Versalles npr Versailles.

versallesco, ca adj *fam* [cortés] Grand Siècle.

versar vi ▸ **versar sobre** traiter de, porter sur.

versátil adj **1.** [persona] versatile **2.** [máquina] polyvalent(e).

versatilidad sf versatilité *f.*

versículo sm **1.** RELIG verset *m* **2.** LITER vers *m* libre.

versificación sf versification *f.*

versificar [10] vi & vt versifier.

versión sf version *f* ▸ **en versión original** en version originale.

versionar vt faire une nouvelle version de.

verso sm **1.** [género] vers *m* ▸ **en verso** en vers **2.** [poema] poème *m.*

versus prep *culto* versus.

vértebra sf vertèbre *f.*

vertebrado, da adj vertébré(e). ◆ **vertebrados** smpl ZOOL vertébrés *mpl.*

vertebral adj vertébral(e).

vertebrar vt structurer, organiser.

vertedero sm [de basura] décharge *f* ; [de agua, pantano] déversoir *m.*

verter [20] ◈ vt **1.** [derramar] renverser **2.** [vaciar] verser **3.** [traducir] ▸ **verter (a)** traduire (en) **4.** *fig* [decir - ideas, pensamientos] exprimer ; [- calumnias, infundios] débiter. ◈ vi ▸ **verter a** se jeter dans *(rivière).* ◆ **verterse** vprnl [derramarse] se renverser.

vertical ◈ adj vertical(e). ◈ sm ASTRON vertical *m.* ◈ sf GEOM verticale *f.*

verticalidad sf verticalité *f.*

verticalmente adv verticalement, à la verticale.

vértice sm sommet *m.*

vertido sm déchet *m.*

vertiente sf **1.** [de montaña] versant *m* ; [de tejado] pente *f* **2.** *fig* [de problema, etc.] aspect *m* **3.** AM [manantial] source *f.*

vertiginosidad sf : *la vertiginosidad de su velocidad* sa vitesse vertigineuse.

vertiginoso, sa adj vertigineux(euse).

vértigo sm **1.** [mareo] vertige *m* ▸ **dar vértigo** *pr* & *fig* donner le vertige **2.** *fig* [de ciudad, vida, etc.] rythme *m* effréné ▸ **ir a una velocidad de vértigo** aller à la vitesse grand V.

vesícula sf vésicule *f.*

vesicular adj vésiculaire.

vespa® sf Vespa® *f.*

vespertino, na adj vespéral(e) ; [diario] du soir.

vespino® sm Vespino® *f.*

vestal sf vestale *f.*

vestíbulo sm **1.** [de edificio, hotel] hall *m* ; [de oficina] entrée *f* **2.** [de casa] vestibule *m.*

vestido, da adj habillé(e). ◆ **vestido** sm **1.** [indumentaria] vêtement *m* **2.** [prenda femenina] robe *f.*

vestidor sm **1.** [en casa] dressing *m* **2.** CAM MÉX [en club] vestiaire *m.*

vestidura sf *(gen pl)* **1.** vêtement *m* ; RELIG habit *m* **2.** *fam* & *fig* EXPR **rasgarse las vestiduras** pousser des hauts cris, crier au scandale.

vestigio sm **1.** [resto, señal] vestige *m* **2.** *fig* [huella] trace *f.*

vestimenta sf vêtements *mpl.*

vestir [26] ◈ vt **1.** [gen] habiller **2.** [llevar puesto] porter **3.** *fig* [sentimiento, defecto] : *vestía su maldad de ingenuidad* il cachait sa méchanceté sous le masque de l'innocence ▸ **vestir el rostro de severidad** prendre un air sévère. ◈ vi **1.** [llevar ropa] ▸ **vestir (de)** être habillé(e) (en) ▸ **viste bien / mal** il s'habille bien / mal **2.** [ser elegante] : *vestir mucho* faire très habillé ▸ **de (mucho) vestir** très habillé(e) *(tenue)* **3.** *fig* [estar bien visto] faire bien **4.** EXPR **el mismo que viste y calza** en personne ▸ **vísteme despacio que tengo prisa** hâte-toi lentement. ◆ **vestirse** vprnl **1.** [gen] s'habiller / *vestirse de hada* se déguiser en fée **2.** *fig* [cielo, árboles, etc.] ▸ **vestirse de** se couvrir de.

vestuario sm **1.** [gen & DEP] vestiaire *m* ; [de actores] loge *f* **2.** [vestimenta] garde-robe *f* ; TEATRO costumes *mpl.*

Vesubio npr ▸ **el Vesubio** le Vésuve *m*.

veta sf veine *f (filon, marbrure)*.

vetar vt mettre son veto à.

veteado, da adj veiné(e).

vetear vt veiner.

veteranía sf ancienneté *f (d'une personne)*.

veterano, na ❖ adj [que tiene ancianidad] ancien(enne) ; [soldado, etc.] vieux (vieille) ; [experto] chevronné(e). ❖ sm, f MIL & DEP vétéran *m*.

veterinario, ria adj & sm, f vétérinaire. ◆ **veterinaria** sf [ciencia] médecine *f* vétérinaire.

veto sm veto *m* ▸ **poner veto a algo** mettre son veto à qqch.

vetusto, ta adj *culto* vétuste.

vez sf **1.** [gen] fois *f* ▸ **¿has estado allí alguna vez?** tu y es déjà allé ? ▸ **alguna** o **una que otra vez** de temps à autre ▸ **a la vez (que)** en même temps (que) ▸ **cada vez (que)** chaque fois (que) ▸ **cada vez más** de plus en plus ▸ **cada vez menos** de moins en moins / *cada vez la veo más feliz* je la trouve de plus en plus heureuse ▸ **de una vez** d'un seul coup ▸ **de una vez para siempre** o **por todas** une (bonne) fois pour toutes ▸ **muchas veces a)** [repetidamente] plusieurs fois **b)** [con frecuencia] souvent ▸ **otra vez** encore une fois ▸ **pocas veces, rara vez** rarement ▸ **por última vez** une dernière fois ▸ **una vez** une fois ▸ **una vez más** une fois de plus ▸ **una y otra vez** à plusieurs reprises **2.** [turno] tour *m* ▸ **pedir la vez** demander son tour ▸ **a mi / tu etc. vez** à mon / ton etc. tour **3.** EXPR **érase una vez...** il était une fois... ▸ **hacer las veces de** tenir lieu de. ◆ **a veces** loc adv parfois. ◆ **de vez en cuando** loc adv de temps en temps. ◆ **en vez de** loc prep au lieu de. ◆ **tal vez** loc adv peut-être. ◆ **una vez que** loc conj une fois que.

v.g., v.gr. (*abr escrita de* **verbigracia**) p. ex.

VHF (*abr de* **very high frequency**) sf VHF *f*.

vía ❖ sf voie *f* ▸ **por vía aérea** par avion ▸ **por vía judicial** par voie de droit ▸ **por vía marítima** par bateau ▸ **por vía oficial** par la voie officielle ▸ **por vía oral** par voie orale ▸ **por vía terrestre** par voie de terre ▸ **salir de la vía** [tren] dérailler ▸ **vía de comunicación** voie de communication ▸ **vía estrecha** voie étroite ▸ **vía férrea** voie ferrée ▸ **vía muerta** voie de garage ▸ **vía pública** voie publique ▸ **vía única** voie à sens unique ▸ **vías respiratorias** voies respiratoires ▸ **dar vía libre** laisser le champ libre. ❖ prep **1.** [pasando por] via / *vía Bruselas* via Bruxelles **2.** [por] par / *vía satélite* par satellite / *vía fax* par fax. ◆ **Vía Láctea** npr Voie *f* lactée. ◆ **en vías de** loc prep [de desarrollo, extinción] en voie de ; [de negociación, etc.] en cours de.

viabilidad sf viabilité *f* ; [de proyecto] faisabilité *f*.

viable adj *fig* [posible] viable.

viacrucis sm inv RELIG chemin *m* de croix ; *fig* calvaire *m*.

viaducto sm viaduc *m*.

Viagra® sm o sf Viagra® *m*.

viajante smf voyageur *m* de commerce.

viajar vi voyager.

viaje sm **1.** [gen] voyage *m* ▸ **¡buen viaje!** bon voyage ! ▸ **estar de viaje a)** être en voyage **b)** [profesional] être en déplacement ▸ **ir de viaje** partir en voyage ▸ **viaje de ida** aller *m* ▸ **viaje de vuelta** retour *m* ▸ **viaje de ida y vuelta** voyage aller-retour ▸ **viaje de novios** voyage de noces ▸ **viaje relámpago** voyage éclair **2.** *fam* [alucinación] trip *m* **3.** *fam* & *fig* [golpe] beigne *f*.

viajero, ra ❖ adj ▸ **una persona viajera** un grand voyageur ▸ **un ave viajera** un oiseau migrateur. ❖ sm, f voyageur *m*, -euse *f* ▸ **¡viajeros al tren!** en voiture !

vial ❖ adj routier(ère). ❖ sm fiole *f*.

vianda sf **1.** [alimento] mets *m* **2.** [RP] [para llevar] plat *m* à emporter.

viandante smf passant *m*, -e *f*.

viaraza sf [AM] accès *m* de colère.

viario, ria adj routier(ère).

viático sm viatique *m*.

víbora sf vipère *f*.

vibración sf vibration *f*.

vibrador, ra adj vibratoire. ◆ **vibrador** sm vibromasseur *m* ; TECNOL vibrateur *m*.

vibráfono sm vibraphone *m*.

vibrante ❖ adj **1.** [oscilante] vibrant(e) **2.** *fig* [escena, espectáculo] émouvant(e) ; [voz, público] ému(e). ❖ sf LING vibrante *f*.

vibrar vi vibrer.

vibrátil adj vibratile.

vibratorio, ria adj vibratoire.

vicaría sf **1.** [gen] vicariat *m* ▸ **pasar por la vicaría** *fig* convoler en justes noces **2.** [residencia] presbytère *m*.

vicario sm vicaire *m*.

vicealmirante sm vice-amiral *m*.

vicecanciller smf **1.** [de gobierno] vice-chancelier *m*, -ère *f* **2.** [AM] [de asuntos exteriores] ≃ secrétaire *mf* d'État aux affaires étrangères.

vicecónsul sm vice-consul *m*.

vicepresidencia sf vice-présidence *f*.

vicepresidente, ta sm, f vice-président *m*, -e *f*.

vicerrector, ra sm, f vice-recteur *m*.

vicesecretario, ria sm, f sous-secrétaire *mf*.

viceversa adv ▸ **y viceversa** et vice versa.

vichy [bi'tʃi] (*pl* **vichys**) sm vichy *m (étoffe)*.

vichysoisse [bitʃi'swas] (*pl* **vichysoisses**) sf CULIN vichyssoise *f*.

viciado, da adj [aire, atmósfera, etc.] vicié(e).

viciar [8] vt **1.** [pervertir] corrompre ; [niño] gâter **2.** *fig* [adulterar - texto, aire] vicier ; [- alimento] frelater **3.** [deformar] déformer. ◆ **viciarse** vprnl **1.** [habituarse] ▸ **viciarse (con algo)** être dépendant(e) (de qqch) **2.** [deformarse] se déformer.

vicio sm **1.** [perversión & DER] vice *m* ▸ **vicio de forma** vice de forme **2.** [mala costumbre] manie *f* **3.** [defecto físico] défaut *m* ▸ **vicio de dicción** défaut de prononciation **4.** *fam* & *fig* [mimo] ▸ **tener mucho vicio** être très gâté(e) **5.** EXPR **llorar** o **quejarse de vicio** pleurer o se plaindre par habitude.

vicioso, sa ◈ adj **1.** [defectuoso] défectueux(euse) **2.** [pervertido] vicieux(euse). ◈ sm, f vicieux *m*, -euse *f*.

vicisitud sf instabilité *f*. ◆ **vicisitudes** sfpl [avatares] vicissitudes *fpl*.

víctima sf victime *f* ▸ **ser víctima de** être victime de ▸ **víctima propiciatoria** bouc *m* émissaire.

victimar vt AM tuer, assassiner.

victimario, ria sm, f AM assassin *m*.

victimización sf victimisation *f*.

victimizar vt victimiser.

victoria sf victoire *f* ▸ **adjudicarse la victoria** s'attribuer la victoire ▸ **cantar alguien victoria** *fig* crier victoire.

victoriano, na adj victorien(enne).

victorioso, sa adj victorieux(euse).

vicuña sf vigogne *f*.

vid sf vigne *f*.

vid., v. (*abr de* **véase**) v. / *vid. cap. VII* v. chap. VII.

vida ◈ sf

1. [gen] vie *f* ▸ **amargarse la vida** se gâcher l'existence ▸ **¡así es la vida!** c'est la vie ! ▸ **buscarse la vida** se débrouiller ▸ **dar la vida por** *fig* donner sa vie pour ▸ **darse** o **pegarse la buena vida** mener la belle vie ▸ **de por vida** à vie ▸ **de toda la vida** depuis toujours ▸ **enterrarse en vida** s'enterrer vivant ▸ **en vida de** du vivant de ▸ **¡en mi vida he visto cosa igual!** je n'ai jamais vu une chose pareille ! ▸ **estar con vida** être en vie ▸ **estar entre la vida y la muerte** être entre la vie et la mort ▸ **¡esto es vida!** ça c'est la belle vie ▸ **ganarse la vida** gagner sa vie ▸ **hacer vida social** sortir ▸ **la vida y milagros de alguien** les faits et gestes de qqn ▸ **llevar una vida de perros** mener une vie de chien ▸ **¡mi vida!, ¡vida mía!** mon cœur ! ▸ **pasar a mejor vida** quitter ce monde ▸ **perder la vida** perdre la vie ▸ **¿qué es de tu vida?** qu'est-ce que tu deviens ? ▸ **la otra vida** l'autre vie ▸ **tiene la vida pendiente de un hilo** sa vie ne tient qu'à un fil ▸ **tener siete vida como los gatos** avoir la vie dure ▸ **vida eterna** vie éternelle ▸ **vida espiritual** vie spirituelle ▸ **vida privada** vie privée ▸ **vida sentimental** vie sentimentale **2.** [duración] durée *f* de vie

vidente sm, f voyant *m*, -e *f*.

vídeo, video ◈ sm **1.** [técnica] vidéo *f* **2.** [filmación] film *m* vidéo ▸ **vídeo doméstico** film vidéo amateur **3.** [aparato - reproductor] magnétoscope *m* ; [- filmador] caméra *f* vidéo ▸ **vídeo comunitario** *circuit fermé de télévision à l'usage de tous les habitants d'un immeuble* **4.** [cinta] bande *f* vidéo. ◈ adj inv vidéo.

videoaficionado, da sm, f vidéaste *mf* amateur.

videoarte sm art *m* vidéo.

videoartista smf artiste *mf* vidéo.

videocámara sf Caméscope® *m*.

videocasete sm cassette *f* vidéo, vidéocassette *f*.

videocinta sf bande *f* vidéo.

videoclip sm vidéo-clip *m*.

videoclub (*pl* **videoclubs** *o* **videoclubes**) sm vidéoclub *m*.

videoconferencia sf vidéoconférence *f*, visioconférence *f*.

videoconsola sf console *f* de jeux vidéo.

videodisco sm vidéodisque *m*.

videoedición sf montage *m* vidéo.

videoesfera sf vidéosphère *f*.

videófono = **videoteléfono**.

videojuego sm jeu *m* vidéo.

videoperiodismo sm vidéo-journalisme *m*, journalisme *m* vidéo.

videoportero sm vidéophone *m*.

videoteca sf vidéothèque *f*.

videoteléfono, videófono sm vidéophone *m*, visiophone *m*.

videoterminal sm terminal *m* vidéo.

videotexto, videotex sm inv vidéotex *m*.

videovigilancia sf vidéosurveillance *f*.

vidorra sf *fam* ▸ **pegarse una gran vidorra** mener une vie de patachon.

vidriado, da adj vernissé(e). ◆ **vidriado** sm **1.** [técnica] vernissage *m* **2.** [material] vernis *m*.

vidriero, ra sm, f vitrier *m*. ◆ **vidriera** sf **1.** [ventana] baie *f* vitrée ; [puerta] porte *f* vitrée **2.** [de iglesia] vitrail *m*.

vidrio sm **1.** [material] verre *m* **2.** *(gen pl)* [objetos] objet *m* en verre **3.** [cristal] carreau *m* **4.** EXPR **pagar los vidrios rotos** payer les pots cassés.

vidrioso, sa adj **1.** [material, aspecto] fragile **2.** *fig* [tema, asunto] épineux(euse) **3.** *fig* [ojos] vitreux(euse).

vieira sf coquille *f* Saint-Jacques.

viejo, ja ◈ adj **1.** [en edad, tiempo] vieux (vieille) / *un hombre viejo* un vieil homme ▸ **hacerse viejo** se faire vieux **2.** RP [de toda la vida] : *baila muy bien, es tanguero viejo* il danse très bien, il a toujours aimé le tango. ◈ sm, f **1.** [anciano] (petit) vieux *m*, (petite) vieille *f* ▸ **viejo verde** vieux cochon *m* **2.** *fam* [padres] ▸ **mis viejos** mes vieux **3.** AM *fam* [amigo] vieux *m*, vieille *f* / *¿qué hay de nuevo, viejo?* comment ça va, mon vieux ? ◆ **Viejo de Pascua** sm AM Père *m* Noël.

Viena npr Vienne.

viene ⟶ **venir**.

vienés, esa ◈ adj viennois(e). ◈ sm, f Viennois *m*, -e *f*.

viento sm **1.** [aire] vent *m* / *hace viento* il y a du vent ▸ **contra viento y marea** contre vents et marées ▸ **ir viento en popa** marcher merveilleusement bien ▸ **viento alisio** vent alizé ▸ **viento de costado** o **de lado** vent de travers **2.** [cuerda] câble *m* **3.** NÁUT [rumbo] cap *m* **4.** EXPR **beber los vientos por** brûler de désir pour ▸ **gritar algo a los cuatro vientos** crier qqch sur tous les toits ▸ **irse** o **largarse con viento fresco** *fam* débarrasser le plancher ▸ **mis esperanzas se las llevó el viento** mes espoirs se sont envolés.

vientre sm ventre *m* ▸ **hacer de vientre** aller à la selle ▸ **bajo vientre** bas-ventre *m*.

viera ⟶ **ver**.

viernes sm inv vendredi *m*. ***Ver también* sábado.** ◆ **Viernes Santo** sm vendredi *m* saint.

vierta ⟶ **verter**.

viese ⟶ **ver**.

Vietnam npr ▸ **(el) Vietnam** (le) Viêt Nam.

vietnamita ❖ adj vietnamien(enne). ❖ smf Vietnamien *m*, -enne *f*. ❖ sm [lengua] vietnamien *m*.

viga sf poutre *f* ▸ **viga maestra** poutre maîtresse.

vigencia sf validité *f (d'une loi, etc.)* ▸ **estar / entrar en vigencia** être entrer en vigueur.

vigente adj [ley] en vigueur ; [uso, moda] actuel(elle).

vigésimo, ma adj num vingtième.

vigía ❖ sf tour *f* de guet. ❖ smf guetteur *m* ; NÁUT vigie *f*.

vigilabebés sm surveille-bébé *m*.

vigilancia sf **1.** [cuidado] surveillance *f* **2.** [servicio] service *m* de surveillance.

vigilante ❖ smf gardien *m*, -enne *f* ▸ **vigilante jurado** vigile *m* ▸ **vigilante nocturno** veilleur *m* de nuit. ❖ adj vigilant(e).

vigilar ❖ vt surveiller ; [banco, museo, etc.] assurer la surveillance de. ❖ vi faire attention.

vigilia sf **1.** [gen] veille *f* / ***las preocupaciones lo tienen en continua vigilia*** les soucis l'empêchent de dormir **2.** RELIG vigile *f* ▸ **comer de vigilia** faire maigre.

Vigo npr Vigo.

vigor sm **1.** [gen] vigueur *f* ▸ **estar en vigor** [ley, etc.] être en vigueur ▸ **entrar en vigor** entrer en vigueur **2.** [fuerza -moral] courage *m* ; [-física] énergie *f*.

vigorizante, vigorizador, ra adj fortifiant(e).

vigorizar [13] vt **1.** [fortalecer] fortifier **2.** *fig* [animar] réconforter.

vigoroso, sa adj vigoureux(euse).

vigués, esa ❖ adj de Vigo, en Galice. ❖ sm, f *natif ou habitant de Vigo.*

vigueta sf solive *f*.

VIH (*abr de* **virus de inmunodeficiencia humana**) sm VIH *m*.

vihuela sf MÚS vihuela *f*.

vikingo, ga ❖ adj viking. ❖ sm, f ▸ **los vikingos** les Vikings *mpl*.

vil adj **1.** [despreciable] méprisable **2.** [sin valor] vil(e).

vileza sf bassesse *f*.

vilipendiar [8] vt *desus* vilipender.

villa sf **1.** [población] ville *f* **2.** [casa] villa *f*.

villadiego sm ▸ **coger** o **tomar las de villadiego** *fig* prendre la poudre d'escampette.

villancico sm chant *m* de Noël.

villanía sf vilenie *f*.

villano, na ❖ adj **1.** [plebeyo] roturier(ère) **2.** [malvado] scélérat(e) **3.** [bruto] rustre. ❖ sm, f **1.** [plebeyo] roturier *m*, -ère *f* **2.** [malvado] scélérat *m*, -e *f*.

villorrio sm *despec* bled *m*, trou *m*.

Vilnius, Vilna npr Vilnious.

vilo ◆ **en vilo** loc adv [suspendido] en l'air ▸ **estar en vilo** être sur des charbons ardents ▸ **estar en vilo por saber algo** mourir d'impatience de savoir qqch ▸ **pasar la noche en vilo** ne pas fermer l'œil de la nuit.

vinagre sm vinaigre *m*.

vinagrera sf vinaigrier *m (flacon)*. ◆ **vinagreras** sfpl huilier *m*.

vinagreta sf CULIN vinaigrette *f*.

vinatero, ra ❖ adj vinicole. ❖ sm, f négociant *m* en vins.

vinculación sf lien *m*.

vinculante adj inaliénable.

vincular vt **1.** [enlazar] lier **2.** DER rendre inaliénable. ◆ **vincularse** vprnl se lier.

vínculo sm **1.** [lazo] lien *m* **2.** DER inaliénation *f*.

vindicación sf réparation *f (d'un affront)*.

vindicar [10] vt **1.** [afrenta, etc.] laver **2.** [fama, nombre, etc.] défendre **3.** [derechos] revendiquer.

vindicativo, va adj vindicatif(ive).

vindicatorio, ria adj **1.** [reivindicativo] revendicateur(trice) **2.** *form* [vengativo] vindicatif(ive).

vinería sf AM cave *f* / ***voy a la vinería*** je vais chez le caviste.

vinícola adj vinicole.

vinicultor, ra sm, f viticulteur *m*, -trice *f*.

vinicultura sf viniculture *f*.

viniera ⟶ **venir**.

vinificación sf vinification *f*.

vinilo sm vinyle *m*.

vino sm vin *m* ▸ **vino añejo / de agujas** vin vieux / perlé ▸ **vino blanco / rosado / tinto** vin blanc / rosé / rouge ▸ **vino clarete a)** [rosado] vin rosé **b)** [tinto] vin clairet ▸ **vino de crianza** grand cru *m* ▸ **vino de cosecha** vin millésimé ▸ **vino de mesa** vin de table ▸ **vino dulce / seco** vin doux / sec ▸ **vino espumoso** vin mousseux ▸ **vino moscatel** muscat ▸ **vino peleón** gros rouge *m*.

vintage [bin'teiʃ] adj inv & sm vintage / ***el vintage está muy de moda hoy en día*** le vintage est très tendance aujourd'hui.

viña sf vigne *f*.

viñador, ra sm, f vigneron *m*, -onne *f*.

viñatero, ra sm, f CSUR [dueño] vigneron *m*, -onne *f* ; [trabajador] viticulteur *m*, -trice *f*.

viñedo sm vignoble *m*.

viñeta sf **1.** [de tebeo] dessin *m* **2.** [de libro] illustration *f*.

vio ⟶ ver.

viola ✧ sf viole *f*. ✧ smf joueur *m*, -euse *f* de viole.

violáceo, a adj violacé(e). ◆ **violáceo** sm violet *m*.

violación sf **1.** [de ley, derechos] violation *f* **2.** [abuso sexual] viol *m*.

violador, ra sm, f violeur *m*, -euse *f*.

violar vt violer.

violencia sf **1.** [agresividad, fuerza] violence *f* **2.** [incomodidad] : *me causa violencia pedirle dinero* cela me gêne de lui demander de l'argent.

violentar vt **1.** [incomodar] gêner **2.** [puerta] forcer. ◆ **violentarse** vprnl [incomodarse] être gêné(e).

violento, ta adj **1.** [gen] violent(e) **2.** [incómodo] ▸ **estar / sentirse violento** être / se sentir gêné ▸ **ser violento** être gênant.

violeta ✧ sf [flor] violette *f*. ✧ adj inv [color] violet(ette). ✧ sm [color] violet *m*.

violetera sf marchande *f* de violettes.

violín ✧ sm [instrumento] violon *m*. ✧ smf [instrumentista] violon *m*.

violinista smf violoniste *mf*.

violón ✧ sm [instrumento] contrebasse *f*. ✧ smf [instrumentista] contrebasse *f*.

violoncelista = **violonchelista**.

violoncelo = **violonchelo**.

violonchelista, violoncelista smf violoncelliste *mf*.

violonchelo, violoncelo ✧ sm [instrumento] violoncelle *m*. ✧ smf [instrumentista] violoncelle *m*.

VIP [bip] (*abr de* **very important person**) smf VIP *mf*.

viperino, na adj de vipère ; [crítica, comentario] venimeux(euse).

viraje sm virage *m* ; *fig* [cambio] tournant *m*.

viral adj [enfermedad, marketing] viral(e).

virar vt & vi virer.

virgen adj & sf vierge. ◆ **Virgen** sf ▸ **la Virgen** la Vierge.

virginal adj virginal(e) ▸ **un rostro virginal** un visage d'ange.

virginiano, na ✧ adj AM ASTROL Vierge / *ser virginiano* être Vierge. ✧ sm, f AM ASTROL Vierge / *los virginianos son...* les Vierge sont....

virginidad sf virginité *f*.

virgo ✧ sm [virginidad] virginité *f*. ✧ smf inv [persona] vierge *f inv*.
◆ **Virgo** ✧ sm inv [zodiaco] Vierge *f inv* ▸ **ser Virgo** être Vierge.

virguería sf *fam* ▸ **ser una virguería** être du cousu main ▸ **hacer virguerías** faire des merveilles.

vírico, ca adj viral(e).

viril adj viril(e).

virilidad sf virilité *f*.

virola sf virole *f*.

virolento, ta adj variolé(e).

virología sf virologie *f*.

virólogo, ga sm, f virologue *mf*.

virreina sf vice-reine *f*.

virreinato, virreino sm [cargo, territorio] vice-royauté *f*.

virrey sm vice-roi *m*.

virtual adj virtuel(elle) ; [posible] potentiel(elle).

virtualidad sf virtualité *f*.

virtud sf vertu *f* ▸ **tener la virtud de** a) [capacidad] avoir la vertu de b) [don] avoir le don de. ◆ **en virtud de** loc prep en vertu de.

virtuosismo sm virtuosité *f*.

virtuoso, sa ✧ adj [honrado] vertueux(euse). ✧ sm, f [genio] virtuose *mf*.

viruela sf **1.** [enfermedad] variole *f* **2.** [pústula] pustule *f*.

virulé ◆ **a la virulé** loc adj [torcido] de travers ▸ **ojo a la virulé** œil au beurre noir.

virulencia sf virulence *f*.

virulento, ta adj virulent(e).

virus sm inv [gen & INFORM] virus *m*.

viruta sf copeau *m*.

vis ◆ **vis a vis** loc adv face à face.
◆ **vis cómica** sf génie *m* comique.

visa sf AM visa *m*.

visado sm visa *m*.

visar vt viser.

víscera sf viscère *m*.

visceral adj viscéral(e) ; [carácter] impulsif(e).

visceralmente adv viscéralement.

viscosidad sf **1.** [cualidad] viscosité *f* **2.** [de babosa, caracol, etc.] bave *f*.

viscoso, sa adj visqueux(euse). ◆ **viscosa** sf viscose *f*.

visera sf **1.** [gen] visière *f* **2.** [gorra] casquette *f* **3.** [de automóvil] pare-soleil *m*.

visibilidad sf visibilité *f*.

visible adj visible ▸ **estar visible** être visible.

visigodo, da ✧ adj wisigothique.
✧ sm, f Wisigoth *m*, -e *f*.

visigótico, ca adj wisigothique, visigothique.

visillo sm *(gen pl)* rideau *m*.

visión sf **1.** [gen] vision *f* ; [de santo, Virgen, etc.] apparition *f* ▸ **ver visiones** avoir des visions **2.** [vista] vue *f* ▸ **visión de conjunto** vue d'ensemble **3.** [lucidez] sens *m*.

visionar vt visionner.

visionario, ria adj & sm, f visionnaire.

visir sm vizir *m*.

visita sf **1.** [gen] visite *f* ▸ **hacer una visita a** rendre visite à ▸ **ir de visita** faire une visite ▸ **tener visitas** avoir de la visite ▸ **visita de cumplido** visite de politesse ▸ **visita relámpago** visite éclair **2.** [visitante] visiteur *m*, -euse *f* **3.** MED ▸ **visita (médica)** consultation *f* ▸ **pasar visita** examiner (les malades).

visitador, ra ◆ adj ▸ **ser visitador** aimer rendre visite. ◆ sm, f **1.** [persona que visita] visiteur *m*, -euse *f* **2.** [de laboratorio] ▸ **visitador (médico)** représentant *m*, -e *f* d'un laboratoire pharmaceutique.

visitante adj & smf visiteur(euse).

visitar vt **1.** [amigo, pariente, etc.] rendre visite à ; [cliente, lugar] visiter **2.** [suj: médico] examiner.

vislumbrar vt apercevoir, distinguer ; *fig* entrevoir.

vislumbre sm o sf **1.** [de luz] lueur *f* **2.** [indicio] signe *m*.

viso sm **1.** [aspecto] ▸ **tener visos de** sembler / *tiene visos de ser cierto* cela semble vrai **2.** [reflejo] reflet *m* **3.** [de prenda] doublure *f*.

visón sm vison *m*.

visor sm **1.** FOTO [de arma] viseur *m* **2.** [en fichero] onglet *m*.

víspera sf **1.** [día anterior] veille *f* ▸ **en vísperas de** à la veille de **2.** *(gen pl)* RELIG vêpres *fpl*.

vista ◆ sf **1.** [gen] vue *f* ; [ojos] yeux *mpl* ▸ **a la vista de** à la vue de ▸ **a primera** o **simple vista** à première vue ▸ **conocer a alguien de vista** connaître qqn de vue ▸ **estar a la vista** être en vue ▸ **hacer la vista gorda** *fig* fermer les yeux ▸ **¡hasta la vista!** à la prochaine ! ▸ **operar a alguien de la vista** opérer qqn des yeux ▸ **perder la vista** perdre la vue ▸ **saltar a la vista** sauter aux yeux ▸ **ser corto de vista** a) [miope] avoir la vue courte b) [poco perspicaz] ne pas être très malin ▸ **tener vista** avoir du flair ▸ **vista cansada** presbytie *f* **2.** [mirada] regard *m* ▸ **fijar la vista en algo** fixer qqch ▸ **volver la vista atrás** regarder en arrière **3.** DER audience *f*. ◆ v ⟶ **ver.**
◆ **vistas** sfpl [panorama] vue *f* / *con vistas al mar* avec vue sur la mer. ◆ **a la vista** loc adj [en evidencia] en vue ; *fig* [intenciones] clair(e) ; FIN à vue. ◆ **con vistas a** loc prep dans l'intention de / *una reforma con vistas a...* une réforme visant à.... ◆ **en vista de** loc prep vu, compte tenu de. ◆ **en vista de que** loc conj étant donné que.

vistazo sm coup *m* d'œil ▸ **echar** o **dar un vistazo** jeter un coup d'œil.

viste ⟶ **ver.**

vistiera ⟶ **vestir.**

visto, ta adj ▸ **está muy visto** c'est du déjà vu ▸ **estar bien / mal visto** être bien / mal vu ▸ **está visto que** il est clair que ▸ **lo no** o **nunca visto** du jamais vu ▸ **visto y no visto** en un clin d'œil. ◆ **visto** pp ⟶ **ver.** ◆ **visto bueno** sm ▸ **dar el visto bueno (a algo)** donner son accord (à qqch) ▸ **'visto bueno (y conforme)'** 'lu et approuvé'. ◆ **por lo visto** loc adv apparemment. ◆ **visto que** loc conj vu que, puisque.

vistosamente adv magnifiquement, superbement.

vistosidad sf magnificence *f*, splendeur *f*.

vistoso, sa adj voyant(e).

visual ◆ adj visuel(elle). ◆ sf ligne *f* de mire.

visualización sf **1.** visualisation *f* **2.** INFORM affichage *m*.

visualizador sm INFORM afficheur *m*.

visualizar [13] vt **1.** [gen] visualiser **2.** [imaginar] imaginer **3.** INFORM afficher.

vital adj vital(e) ; [persona] plein(e) de vitalité.

vitalicio, cia adj [renta, pensión] viager(ère) ; [cargo, etc.] à vie. ◆ **vitalicio** sm **1.** [pensión] viager *m* **2.** [seguro de vida] assurance-vie *f*.

vitalidad sf vitalité *f*.

vitalizar [13] vt revitaliser.

vitamina sf vitamine *f*.

vitaminado, da adj vitaminé(e).

vitamínico, ca adj ▸ **un complejo vitamínico** un complexe vitaminé.

vitícola ◆ adj [región, producción, industria] viticole. ◆ sm, f [persona] viticulteur *m*, -trice *f*.

viticultor, ra sm, f viticulteur *m*, -trice *f*.

viticultura sf viticulture *f*.

vitivinicultura sf vitiviniculture *f*.

vítor sm *(gen pl) desus* vivat *m* / *dar vítores a alguien* acclamer qqn.

vitorear vt acclamer.

Vitoria npr Vitoria.

vitoriano, na ◆ adj de Vitoria. ◆ sm, f *habitant ou natif de Vitoria*.

vitral sm vitrail *m*.

vítreo, a adj vitreux(euse) *(matière)*.

vitrificar [10] vt vitrifier.
◆ **vitrificarse** vprnl se vitrifier.

vitrina sf **1.** [en casa] vitrine *f* **2.** AM [en tienda] vitrine *f*, devanture *f*.

vitriolo sm vitriol *m*.

vitrocerámica sf **1.** [material] vitrocéramique *f* **2.** [cocina] cuisinière *f* vitrocéramique.

vitualla sf *(gen pl)* provisions *fpl*.

vituperar vt blâmer ; [obras, etc.] décrier.

vituperio sm ▸ **llenar de vituperios** critiquer sévèrement.

viudedad sf **1.** [viudez] veuvage *m* **2.** [pensión] pension *f* de veuve.

viudez sf veuvage *m*.

viudo, da adj & sm, f veuf (veuve).

viva ◆ sm vivat *m* ▸ **dar vivas a algo / a alguien** acclamer qqch / qqn. ◆ interj ▸ **¡viva!** hourra ! ▸ **¡viva España!** vive l'Espagne !

vivac = **vivaque.**

vivacidad sf vivacité *f*.

vivalavirgen smf inv insouciant *m*, -e *f*.

vivales smf inv petit malin *m*, petite maligne *f*.

vivamente adv vivement ; [relatar, describir] de façon vivante.

vivaque, vivac sm bivouac *m*.

vivaquear vi bivouaquer.

vivaracho, cha adj pétulant(e) ; [ojos] pétillant(e).

vivaz adj **1.** [despierto] vif (vive) **2.** [planta] vivace.

vivencia sf *(gen pl)* expérience *f* (vécue), vécu *m*.

víveres smpl vivres *mpl* ▸ **cortarle los víveres a alguien** RP couper les vivres à qqn.

vivero sm **1.** [de plantas] pépinière *f* **2.** [de peces, moluscos] vivier *m*.

viveza sf vivacité *f*.

vivido, da adj vécu(e).

vívido, da adj vivant(e).

vividor, ra sm, f *despec* bon vivant *m* ; [a expensas de otros] parasite *m*.

vivienda sf logement *m* ▸ **vivienda de protección oficial, vivienda de renta limitada** ≃ HLM *m*.

viviente adj vivant(e).

vivificante adj vivifiant(e).

vivificar [10] vt vivifier.

vivíparo, ra adj & sm, f vivipare.

vivir ◆ vt [experimentar] vivre. ◆ vi **1.** [gen] vivre ▸ **vivir para algo / alguien** vivre pour qqch / qqn ▸ **vivir bien / mal** vivre bien / mal ▸ **vivir para ver** qui vivra verra **2.** [residir] habiter / *vivo en Barcelona* j'habite à Barcelone **3.** EXPR **no dejar vivir a alguien** ne pas laisser qqn tranquille ▸ **¿quién vive?** qui va là ?

vivisección sf vivisection *f*.

vivito adj ▸ **estar vivito y coleando** *fam & fig* se porter comme un charme.

vivo, va ◆ adj **1.** [gen] vif (vive) / *un olor vivo* une odeur forte / *una ciudad viva* une ville pleine de vie **2.** [existente, expresivo] vivant(e) ▸ **estar vivo** être en vie. ◆ sm, f *(gen pl)* vivant *m*. ◆ **en vivo** loc adv [en directo] en direct ; [en persona] en chair et en os.

vizcaíno, na ◆ adj biscaïen(enne) ▸ **a la vizcaína** CULIN basquaise. ◆ sm, f Biscaïen *m*, -enne *f*.

Vizcaya npr Biscaye *f*.

vizconde, esa sm, f vicomte *m*, vicomtesse *f*.

VM (*abr escrita de* **Vuestra Majestad**) SM.

VO (*abr de* **versión original**) sf CINE VO *f* / *ver una película en VO* voir un film en VO.

vocablo sm mot *m*.

vocabulario sm vocabulaire *m*.

vocación sf vocation *f*.

vocacional ◆ adj ▸ **ser vocacional** être une vocation. ◆ sf MÉX *fam* collège *m* technique.

vocal ◆ adj vocal(e). ◆ sm, f [de junta, consejo, etc.] membre *m*. ◆ sf LING voyelle *f*.

vocálico, ca adj LING vocalique.

vocalista smf chanteur *m*, -euse *f (d'un groupe)*.

vocalización sf **1.** [al hablar] vocalisation *f* **2.** MÚS vocalise *f*.

vocalizar [13] vi **1.** [al hablar] articuler **2.** MÚS faire des vocalises, vocaliser.

vocativo sm vocatif *m*.

vocear ◆ vt **1.** [gritar] crier ; [anunciar] proclamer **2.** [mercancía] vendre à la criée **3.** [pregonar] crier sur les toits. ◆ vi [gritar] crier.

vocerío sm cris *mpl*.

vocero, ra sm, f AM porte-parole *mf*.

vociferante adj vociférant(e).

vociferar vi vociférer.

vodcast ['bodkast] sm INFORM vodcast *m*.

vodevil, vaudeville [boðe'βil] sm vaudeville *m*.

vodka ['boθka] sm o sf vodka *f*.

vol. (*pl* **vols.**) (*abr escrita de* **volumen**) vol.

voladizo sm saillie *f*, encorbellement *m*.

volado, da adj **1.** *fam* [loco] ▸ **estar volado** être dingue **2.** RP *fam* [enfadado] énervé(e). ◆ **volada** sf [de ave] vol *m*. ◆ **volado** sm **1.** RP VEN [de vestido] volant *m*, falbala *m* **2.** EXPR **echar volados** MÉX jouer à pile ou face.

volador, ra adj volant(e). ◆ **volador** sm **1.** [pez] poisson *m* volant **2.** [de fuegos artificiales] fusée *f*.

voladura sf explosion *f* ; [en cantera] minage *m*.

volandas ◆ **a las volandas** loc adv COL MÉX PERÚ à la hâte. ◆ **en volandas** loc adv ▸ **coger en volandas** soulever.

volandero, ra adj **1.** [que pende] qui se balance **2.** [fugaz] éphémère.

volando adv ▸ **llegar volando** accourir ▸ **pasar volando** passer à toute vitesse ▸ **salir volando** partir à toute allure.

volantazo sm ▸ **dar un volantazo** donner un coup de volant.

volante ◆ adj volant(e). ◆ sm **1.** [gen] volant *m* ▸ **estar o ir al volante** être au volant **2.** ESP [del médico] justificatif *f* / *para hacerse estos análisis debe solicitar un volante a su médico de cabecera* pour faire ces analyses, vous devez demander un justificatif à votre médecin **3.** AM [de propaganda - política] tract *m* ; [- comercial] prospectus *m*. ◆ smf CSUR FÚT milieu *mf*.

volantín sm AM cerf-volant *m*.

volapié sm TAUROM *estocade donnée au taureau en s'élançant vers lui.*

volar [23] ◆ vt [hacer explotar] faire sauter. ◆ vi **1.** [gen] voler ▸ **volar a a)** [una altura] voler à **b)** [un lugar] voler vers ▸ **echar(se) a volar** s'envoler **2.** *fam* [desaparecer] s'évaporer / *el tiempo vuela* on ne voit pas passer le temps **3.** *fig* [correr] se dépêcher ▸ **me voy volando** je me dépêche ▸ **hacer algo volando** faire qqch en vitesse. ◆ **volarse** vprnl s'envoler / *se me voló el sombrero* mon chapeau s'est envolé.

volátil adj **1.** [inconstante] versatile **2.** [que se evapora] volatil(e).

volatilidad sf **1.** QUÍM volatilité *f* **2.** [inconstancia] instabilité *f* / *la volatilidad de los precios* l'instabilité des prix.

volatilización sf volatilisation *f*.

volatilizar [13] vt volatiliser. ◆ **volatilizarse** vprnl se volatiliser.

volatinero, ra sm, f acrobate *mf*, funambule *mf*.

vol-au-vent = **volován**.

volcado sm INFORM déchargement *m* ▸ **volcado de pantalla en impresora** impression *f* écran.

volcán sm volcan *m*.

volcánico, ca adj volcanique.

volcar [36] ✧ vt renverser ; [vaciar] vider ; [verter] verser. ✧ vi [vehículo] se retourner ; [barco] chavirer. ◆ **volcarse** vprnl **1.** [caerse] se renverser ; [barco] chavirer **2.** [esforzarse] se démener ▸ **volcarse con** o **en** se dévouer à.

volea sf DEP volée *f*.

volear ✧ vt DEP [pelota] rattraper à la volée. ✧ vi DEP **1.** [en el juego de pelota] frapper de volée **2.** [en fútbol] faire une reprise de volée.

voleibol sm volley-ball *m*.

voleo sm volée *f* ▸ **a** o **al voleo** **a)** DEP à la volée **b)** *fam* [arbitrariamente] au petit bonheur.

voley sm *fam* volley *m* ▸ **voley-playa** beach-volley *m*.

volitivo, va adj volitif(ive).

volován (*pl* **volovanes**), **vol-au-vent** [bolo'βan] (*pl* **vol-au-vents**) sm vol-au-vent *m*.

volqué ⟶ **volcar**.

volquete sm **1.** [camión] camion *m* à benne **2.** ARG [contenedor] conteneur *m*.

voltaico, ca adj voltaïque.

voltaje sm voltage *m*.

volteador, ra sm, f voltigeur *m* *(acrobate)*.

voltear ✧ vt **1.** [gen] retourner **2.** [niño] faire sauter en l'air **3.** [campanas] faire sonner à toute volée **4.** AM [derribar] renverser, faire tomber **5.** CAM ANDES CARIB MÉX [cabeza, espalda] tourner. ✧ vi **1.** [caerse] culbuter **2.** MÉX [doblar la esquina] tourner *(dans une rue)*. ◆ **voltearse** vprnl **1.** CAM ANDES CARIB MÉX [chaquetear] retourner sa veste **2.** CAM ANDES CARIB MÉX [volverse] se retourner contre **3.** MÉX [vehículo] se renverser.

voltereta sf culbute *f* ; [en gimnasia] roulade *f* ▸ **dar volteretas** faire des galipettes.

voltímetro sm voltmètre *m*.

voltio sm volt *m*.

volubilidad sf versatilité *f*.

voluble adj [persona] versatile ; BOT volubile.

volumen sm volume *m* ▸ **a todo volumen** à fond ▸ **subir / bajar el volumen** monter/baisser le son ▸ **volumen de contratación** ECON volume des transactions ▸ **volumen de negocios** o **ventas** chiffre *m* d'affaires.

voluminoso, sa adj volumineux(euse).

voluntad sf volonté *f* ▸ **a voluntad** à volonté ▸ **buena / mala voluntad** bonne/mauvaise volonté ▸ **contra la voluntad de alguien** contre la volonté de qqn ▸ **por mi / tu etc. propia voluntad** de mon/ton etc. plein gré ▸ **por voluntad propia** selon sa volonté ▸ **¿qué le debo? la voluntad** combien je vous dois ? à votre bon cœur ▸ **voluntad de hierro** volonté de fer.

voluntariado sm bénévolat *m*.

voluntariedad sf **1.** [intención] volonté *f* **2.** [no obligatoriedad] caractère *m* facultatif.

voluntario, ria adj & sm, f volontaire. ◆ **voluntario** sm MIL volontaire *m*.

voluntarioso, sa adj ▸ **ser voluntarioso** avoir de la volonté.

voluntarismo sm volontarisme *m*.

voluptuosidad sf volupté *f*.

voluptuoso, sa adj voluptueux(euse).

voluta sf volute *f*.

volver [24]

✧ vt

1. [dar la vuelta a] retourner / *ayúdame a volver el colchón* aide-moi à retourner le matelas

2. [cabeza, mirada] tourner / *volvió la espalda a la chimenea* il a tourné le dos à la cheminée

3. [convertir] rendre / *lo volvió loco* il l'a rendu fou

✧ vi

1. [regresar] revenir / *vuelve, no te vayas* reviens, ne t'en va pas / *volvamos a nuestro tema* revenons à notre sujet ▸ **volver en sí** revenir à soi

2. [ir de nuevo] retourner / *no pienso volver allí* je n'ai pas l'intention de retourner là-bas

3. [hacer otra vez] ▸ **volver a hacer / leer** refaire/relire / *vuelve a llover* il recommence à pleuvoir / *no vuelvas a pronunciar esa palabra* ne prononce plus jamais ce mot

◆ **volverse** vprnl **1.** [darse la vuelta] se retourner **2.** [ir de vuelta] ▸ **volverse a** retourner à **3.** [venir de vuelta] ▸ **volverse de** revenir de **4.** [convertirse en] devenir / *se ha vuelto muy cursi* elle est devenue très snob **5.** [desdecirse] ▸ **volverse atrás** faire machine arrière **6.** [oponerse] ▸ **volverse contra** o **en contra de alguien** se retourner contre qqn.

vomitar vt & vi vomir.

vomitera sf vomi *m* ▸ **entrarle a alguien una vomitera** avoir des vomissements.

vomitivo, va adj vomitif(ive) ; *fig* [asqueroso] à vomir. ◆ **vomitivo** sm vomitif *m*.

vómito sm **1.** [acción] vomissement *m* **2.** [sustancia] vomi *m*.

vomitona sf *fam* [acción] vomissement *m* abondant.

voracidad sf voracité *f*.

vorágine sf tourbillon *m*.

voraz adj vorace ; [pasión, etc.] dévorant(e).

vórtice sm tourbillon *m*.

vos pron pers AM **1.** [sujeto] tu / *vas a tener que hacerlo vos mismo* tu vas devoir le faire toi-même **2.** [complemento directo, atributo] toi / *¿sos vos?* c'est toi ? **3.** [complemento con preposición o conjunción] toi / *entre vos y yo* entre nous, entre toi et moi / *hablar* o *tratar de vos a alguien* *tutoyer qqn en utilisant* **vos**.

VOSE (*abr de* **versión original subtitulada en español**) sf VO *f* sous-titrée en espagnol ; ≃ VOST.

voseo sm *emploi de* **vos** *au lieu de* **tú** *pour s'adresser à qqn*, vouvoiement *m*.

vosotros, tras pron pers vous.

votación sf **1.** [acción] vote *m* ▸ **por votación** par voie de scrutin **2.** [efecto] élection *f*.

votante smf votant *m*, -e *f*.

votar ❖ vt voter. ❖ vi voter ▸ **votar en blanco** voter blanc ▸ **votar por a)** [emitir un voto] voter pour **b)** [estar a favor] être pour.

voto sm **1.** [sufragio] voix *f* ; [consulta] vote *m* ▸ **contar los votos** faire le décompte des voix ▸ **voto de calidad** voix prépondérante ▸ **voto de castigo** vote sanction ▸ **voto de censura / de confianza** vote de censure/de confiance / *tiene mi voto de confianza* j'ai toute confiance en lui ▸ **voto por correspondencia** o **correo** vote par correspondance ▸ **voto secreto** vote à bulletin secret **2.** [derecho a votar] droit *m* de vote **3.** [ruego & RELIG] vœu *m* ▸ **hacer voto de** faire vœu de ▸ **hacer votos por** formuler des vœux pour ▸ **voto de castidad / de pobreza** vœu de chasteté/de pauvreté ▸ **voto de felicidad** vœu de bonheur **4.** CHILE CUBA MÉX RP [papeleta electoral] bulletin *m* de vote.

vox pópuli sf vox populi *f inv* ▸ **ser vox populi que…** être de notoriété publique que….

voy → **ir**.

voyeur [bwa'jer] (*pl* **voyeurs**) smf voyeur *m*, -euse *f*.

voyeurismo [bwaje'rismo] sm voyeurisme *m*.

voyeurista adj & smf voyeur(euse).

voz sf **1.** [gen & GRAM] voix *f* ▸ **aclarar** o **aclararse la voz** s'éclaircir la voix ▸ **alzar** o **levantar la voz a alguien** élever la voix devant qqn ▸ **a media voz** à mi-voix ▸ **de viva voz** de vive voix ▸ **en voz alta / baja** à voix haute/basse ▸ **llevar la voz cantante** mener la danse ▸ **mudar de** o **la voz** avoir la voix qui mue ▸ **no tener ni voz ni voto** ne pas avoir voix au chapitre ▸ **tener la voz tomada, tomarse la voz** avoir la gorge prise ▸ **voz activa / pasiva** voix active/passive ▸ **voz de la conciencia** voix de la conscience ▸ **voz en off** voix off **2.** [grito] cri *m* ▸ **a voces** en criant ▸ **a voz en cuello** o **grito** à grands cris ▸ **voz de mando** ordre *m* de commandement ▸ **dar voces** pousser des cris ▸ **estar pidiendo algo a voces** demander qqch à corps et à cris **3.** [rumor] rumeur *f* / *corre la voz de que…* le bruit court que… ▸ **dar la voz de alerta** donner l'alerte **4.** [vocablo] mot *m*.

vozarrón sm *fam* grosse voix *f*.

VPO (*abr de* **vivienda de protección oficial**) sf ≃ HLM *m ou f*.

VUD [be u de] (*abr escrita de* **vehículo utilitario deportivo**) sm SUV *m (sport utility vehicle)*.

vudú sm *(en aposición inv)* vaudou *m*.

vuela → **volar**.

vuelca → **volcar**.

vuelco sm chute *f* ; *fig* revirement *m* ▸ **dar un vuelco** [coche] se retourner ▸ **le dio un vuelco el corazón** *fig* ça lui a fait un coup au cœur.

vuele → **volar**.

vuelo sm **1.** [gen & AERON] vol *m* ▸ **al vuelo a)** [coger] au vol **b)** *fig* [captar] du premier coup ▸ **alzar** o **emprender** o **levantar el vuelo a)** [despegar] s'envoler **b)** *fig* [independizarse] voler de ses propres ailes ▸ **de altos vuelos, de mucho vuelo** de haut vol ▸ **no oírse el vuelo de una mosca** ne pas entendre une mouche voler ▸ **vuelo chárter / regular** vol charter/régulier ▸ **vuelo espacial** vol spatial ▸ **vuelo libre / sin motor** vol libre/sans moteur ▸ **vuelos nacionales** vols nationaux **2.** [de vestido] ▸ **una falda con (mucho) vuelo** une jupe (très) large **3.** ARQUIT saillie *f*.

vuelque → **volcar**.

vuelto, ta adj ▸ **de cuello vuelto** [jersey, etc.] à col roulé. ◆ **vuelta** sf **1.** [gen & DEP] tour *m* ▸ **cerrar con dos vueltas de llave** fermer à double tour ▸ **dar media vuelta** faire demi-tour ▸ **dar la vuelta al mundo** faire le tour du monde ▸ **dar vueltas** tourner ▸ **dar una vuelta** faire un tour ▸ **hacer vuelta al ruedo** TAUROM *faire le tour de l'arène après la mise à mort du taureau* ▸ **vuelta ciclista** tour cycliste ▸ **vuelta de campana** [de vehículo] tonneau *m* **2.** [regreso] retour *m* ▸ **a la vuelta** au retour ▸ **estar de vuelta** être de retour **3.** [dinero sobrante] monnaie *f* ▸ **dar la vuelta** rendre la monnaie **4.** [curva] tournant *m* **5.** [de jersey, collar] rang *m* **6.** [cara opuesta] dos *m* ▸ **dar la vuelta a algo** retourner qqch / *darle la vuelta a la página* tourner la page ▸ **dar(se) la vuelta** se retourner **7.** [cambio, avatar] renversement *m* **8.** [de pantalón, etc.] revers *m* **9.** EXPR **a la vuelta de** [después de] au bout de ▸ **a la vuelta de la esquina** au coin de la rue ▸ **a vuelta de correo** par retour du courrier ▸ **dar la vuelta a la tortilla** *fam* renverser la vapeur ▸ **darle cien vuelta a alguien** être dix fois mieux que qqn ▸ **darle vueltas a algo** tourner et retourner qqch dans sa tête ▸ **estar de vuelta de todo** être revenu(e) de tout ▸ **me da vueltas la cabeza** j'ai la tête qui tourne ▸ **no tiene vuelta de hoja** c'est comme ça et pas autrement ▸ **poner a alguien de vuelta y media a)** [insultar] traiter qqn de tous les noms **b)** [reñir] sonner les cloches à qqn ▸ **sin vuelta de hoja** [decisión] sans appel.
◆ **vuelto** ❖ sm AM [de dinero] monnaie *f* ▸ **dar el vuelto** rendre la monnaie. ❖ pp → **volver.**

vuelva → **volver**.

vuestro, tra ❖ adj poses votre / *vuestros libros* vos livres / *un amigo vuestro* un de vos amis / *no es asunto vuestro* ça ne vous regarde pas / *no es culpa vuestra* ce n'est pas (de) votre faute. ❖ pron poses ▸ **el vuestro** le vôtre ▸ **la vuestra** la vôtre / *ésta es la vuestra* *fam* à vous de jouer / *lo vuestro es el teatro* *fam* votre truc c'est le théâtre ▸ **los vuestros** [vuestra familia] les vôtres.

vulcanología sf volcanologie *f*.

vulcanólogo, ga sm, f volcanologue *mf*.

vulgar adj **1.** [gen] vulgaire **2.** [común] banal(e) ; [día, objeto] ordinaire.

vulgaridad sf vulgarité *f* ▸ **decir vulgaridades a)** [groserías] dire des grossièretés **b)** [trivialidades] dire des banalités.

vulgarismo sm vulgarisme *m*.

vulgarización sf vulgarisation *f*.

vulgarizar [13] vt vulgariser.
◆ **vulgarizarse** vprnl se vulgariser.

vulgarmente adv **1.** [groseramente] vulgairement ▸ **como vulgarmente se dice,...** comme on dit vulgairement,... **2.** [comúnmente] vulgairement / *la tenia, vulgarmente conocida como solitaria* le ténia, vulgairement connu comme le ver solitaire.

vulgo sm *despec* ▸ **el vulgo a)** [plebe] le peuple **b)** [no expertos] le commun des mortels.

vulnerabilidad sf vulnérabilité *f*.

vulnerable adj vulnérable.

vulneración sf [de ley, pacto, etc.] violation *f*.

vulnerar vt **1.** [nombre, reputación, etc.] porter atteinte à **2.** [ley, norma, etc.] violer.

vulva sf vulve *f*.

VV *abr escrita de* **ustedes**.

W X

w, W [' uβe'doble, 'doble'uβe] sf [letra] W *m inv*, W *m inv*.

wagneriano, na [baɣne'rjano, na] adj & sm, f wagnérien(enne).

wagon-lit [ba'ɣon'lit] (*pl* **wagons-lits**) sm wagon-lit *m*.

wah-wah [wa wa] sm MÚS ▸**pedal de wah-wah** pédale *f* Wah Wah.

walkie-talkie ['walki'talki] (*pl* **walkie-talkies**) sm talkie-walkie *m*.

walkman® ['walman] (*pl* **walkmans**) sm Walkman® *m*.

WAP [wap] (*abr de* **wireless application protocol**) sm INFORM WAP *m*.

wapo, pa SMS *abr escrita de* **guapo, guapa**.

wasabi [wa'sabi] sm wasabi *m*.

Washington ['waʃiŋton] npr Washington.

wáter, wáteres ['bater] = **váter**.

waterpolista smf DEP joueur *m*, -euse *f* de water-polo.

waterpolo [water'polo] sm water-polo *m*.

watio = **vatio**.

WC (*abr de* **water closet**) sm W-C *mpl* ▸**los WC públicos** les toilettes publiques.

web ['weβ] sf INFORM ▸**la web** le Web ▸**una (página) web** un site *m* web.

webcam ['weβkam] (*pl* **webcams**) sf INFORM webcam *f*, netcam *f*.

webcast ['weβkast] sm INFORM webcast *m*.

webcasting [weβ'kastin] sm INFORM webcasting *m*.

weblog [weβ'log] sm weblog *m*.

webmail ['weβmeil] sm INFORM webmail *m*.

webmáster, webmaster [weβ'master] smf INFORM webmestre *mf*.

webradio [weβ'raðio] sf webradio *f*.

Wellington ['weliŋton] npr Wellington.

western ['wester] (*pl* **westerns**) sm western *m*.

whiskería sf **1.** [bar de copas] bar *m* (*servant notamment du whisky*), whisky-club *m* **2.** [local de alterne] bar *m* à hôtesses.

whisky = **güisqui**.

wi-fi ['wifi] (*abr de* **Wireless Fidelity**) sm inv Wi-Fi *m inv*.

windsurf ['winsurf], **windsurfing** ['winsurfin] sm ▸**hacer windsurf** faire de la planche à voile.

windsurfista smf véliplanchiste *mf*, planchiste *mf*.

WWW (*abr escrita de* **World Wide Web**) sm o sf WWW *f*.

x, X ['ekis] sf **1.** [letra] x *m inv*, X *m inv* **2.** SMS (*abr de* **por**) pr (*pour*). ◆ **X** sf X *m* / *la señora X* madame X.

xa, xra (*abr escrita de* **para**) SMS pr (*pour*).

xD (*abr escrita de* **carcajada**) SMS MDR (*mort de rire*).

xdon (*abr escrita de* **perdón**) SMS dsl (*désolé*).

xenofilia sf xénophilie *f*.

xenófilo, la adj & sm, f xénophile.

xenofobia sf xénophobie *f*.

xenófobo, ba adj & sm, f xénophobe.

xenotransplante sm MED xénotransplantation *f*, xénogreffe *f*.

xerocopia sf Xérocopie® *f*.

xerocopiar [8] vt reproduire par Xérocopie®.

xerografía sf Xérographie® *f*.

xerografiar vt reproduire par xérographie.

xfa (*abr escrita de* **por favor**) SMS STP (*s'il te plaît*).

xilofón, xilófono sm xylophone *m*.

xilofonista smf joueur *m*, -euse *f* de xylophone.

xilografía sf xylographie.

XML ['ekis 'eme 'ele] (*abr de* **Extensible Markup Language**) sm XML *m*.

xq (*abr escrita de* **porque**) SMS pck (*parce que*).

xra = **xa**.

Xunta [ʃunta] npr ▸**la Xunta de Galicia** la Xunta de Galice (*nom du gouvernement autonome*).

Y

y¹, Y [i'ɣrjeɣa] sf [letra] y *m inv*, Y *m inv*.

y² conj [gen] et / *un café y un pastel* un café et un gâteau / *sabía que no lo conseguiría y seguía intentándolo* il savait qu'il n'y parviendrait pas et pourtant il continuait à essayer / *¡hay restaurantes y restaurantes!* il y a restaurant et restaurant ! / *tras horas y horas de espera* après des heures et des heures d'attente / *¿y tu mujer? ¿dónde está?* et ta femme, où est-elle ?

ya

❖ adv

1. [denota pasado] déjà / *ya en 1998* en 1998, déjà / *ya me lo habías contado* tu me l'avais déjà raconté **2.** [ahora] maintenant ; [inmediatamente] tout de suite / *¿nos vamos ya o dentro de un rato?* on part tout de suite ou dans un moment ? / *hay que hacer algo ya* il faut faire quelque chose tout de suite ▸ **ya no** plus maintenant / *ya no me acuerdo* je ne m'en souviens plus maintenant

3. [denota futuro] *ya te llamaré* je t'appellerai / *ya nos habremos ido* nous serons déjà partis

4. [finalmente] *ya hay que hacer algo* il est temps de faire quelque chose

5. [refuerza al verbo] *ya entiendo* je comprends / *ya lo sé* je (le) sais bien / *¡ya era hora!* il était temps ! ▸ **¡ya está!** ça y est ! ▸ **ya veremos** on verra ▸ **¡ya voy!** j'arrive !

❖ conj

[distributiva] *ya llegue tarde, ya llegue temprano...* que j'arrive tôt ou que j'arrive tard...

❖ interj

▸ **¡ya!** **a)** [asentimiento] je sais ! **b)** [es suficiente] merci **c)** [por fin] enfin ! **d)** [por supuesto] évidemment ! ▸ **¡ya, ya!** bon, bon !

◆ **ya no** loc adv plus maintenant ▸ **ya no... sino** pas seulement..., mais aussi / *fue desagradable, ya no conmigo sino con los demás* il a été désagréable, pas seulement avec moi, mais aussi avec les autres.

◆ **ya que** loc conj puisque / *ya que has venido...* puisque tu es venu....

yacente, yaciente adj gisant(e).

yacer [77] vi **1.** [estar tumbado] être étendu(e) **2.** [estar enterrado] gésir ▸ **aquí yace** ci-gît.

yaciente = **yacente**.

yacimiento sm **1.** [minero] gisement *m* **2.** [histórico] ▸ **yacimiento (arqueológico)** site *m* archéologique.

yaga ⟶ **yacer**.

Yahvé npr RELIG Yahvé, Jahvé.

yak sm [mamífero] yack *m*, yak *m*.

Yakarta npr Djakarta.

yang sm yang *m* ▸ **el yin y el yang** le yin et le yang.

yanqui ❖ adj **1.** HIST yankee **2.** *fam* amerloque. ❖ smf **1.** HIST Yankee *mf* **2.** *fam* Amerloque *mf*.

yantar sm *desus* repas *m*.

Yaoundé [jaun'de] npr Yaoundé.

yapa = **ñapa**.

yaraví (*pl* **yaravíes** *o* **yaravís**) sm AM *complainte indienne*.

yarda sf yard *m*.

yate sm yacht *m*.

yayo, ya sm, f *fam* papy *m*, mamie *f*.

yazca ⟶ **yacer**.

yazga ⟶ **yacer**.

yedra = **hiedra**.

yegua ❖ sf **1.** [animal] jument *f* **2.** CAM [de cigarro] mégot *m*. ❖ adj CSUR *fam* : *la muy yegua* la vieille bique.

yeguada sf **1.** [de animales] troupeau *m* de chevaux, manade *f* **2.** CAM PRICO [disparate] ânerie *f*, énormité *f*.

yeísmo sm *défaut consistant à prononcer de façon identique les lettres « ll » et « y ».*

yelmo sm heaume *m*.

yema sf **1.** [de huevo] jaune *m* **2.** [de planta] bourgeon *m* **3.** [de dedo] bout *m* **4.** CULIN *confiserie au jaune d'œuf et au sucre*.

Yemen npr ▸ **(el) Yemen** (le) Yémen.

yemení ❖ adj yéménite. ❖ smf Yéménite *mf*.

yen sm yen *m*.

yerba = **hierba**.

yerbabuena = **hierbabuena**.

yerbatero, ra ❖ adj RP : *industria yerbatera* industrie du maté / *terreno yerbatero* terrain où pousse le maté. ❖ sm, f ANDES CARIB **1.** [curandero] guérisseur *m*, -euse *f* **2.** [vendedor de hierbas] herboriste *mf*.

yerga ⟶ **erguir**.

yermo, ma adj **1.** [estéril] inculte **2.** [despoblado] désert(e). ◆ **yermo** sm [desierto] désert *m* ; [baldío] terrain *m* en friche.

yerno sm gendre *m*.

yerra ⟶ **errar**.

yerro sm *desus* erreur *f*.

yerto, ta adj [muerto] raide ; [sorprendido, aterrado] saisi(e) ; [congelado] transi(e).

yesca sf amadou *m*.

yesería sf plâtrière *f*.

yesero, ra ❖ adj du plâtre. ❖ sm, f plâtrier *m*.

yeso sm **1.** [mineral] gypse *m* **2.** [polvo, escultura] plâtre *m*.

yeta RP *fam* ❖ smf ▸ **ser un yeta** avoir la poisse o la guigne. ❖ sf poisse *f*, guigne *f* ▸ **tener yeta** avoir la poisse o la guigne.

yeti sm yeti *m*.

yeyé adj yé-yé.

yeyuno sm jéjunum *m*.

Yibuti, Djibuti npr Djibouti.

yiddish, jiddisch ['jiðiʃ] sm yiddish *m*.

yihad [ɟi'xað], **jihad** sf djihad *m*.

yin sm yin *m* ▸ **el yin y el yang** le yin et le yang.

yiu-yitsu = **jiu-jitsu**.

yo ❖ pron pers [sujeto] je, j' *(delante de vocal)* ; [predicado] moi / *yo me llamo Juan* je m'appelle Juan / *el culpable soy yo* c'est moi le coupable ▸ **yo que tú / él etc.** à ta / sa etc. place. ❖ sm PSICOL ▸ **el yo** le moi.

yodado, da adj iodé(e).

yodo, iodo sm iode *m*.

yoga sm yoga *m* ▸ **yoga bikram** *fam* yoga bikram.

yogui smf yogi *m*.

yogur (*pl* **yogures**) sm yaourt *m* ▸ **yogur enriquecido con bifidus** yaourt au bifidus.

yogurtera sf yaourtière *f*.

Yom Kippur npr Yom Kippour.

yonqui smf *fam* junkie *mf*.

yóquey (*pl* **yoqueys**), **jockey** ['jokei] (*pl* **jockeys**) sm jockey *mf*.

yoyó sm Yo-Yo® *m inv*.

yuan sm [moneda] yuan *m*.

yuca sf **1.** [planta] yucca *m* **2.** [mandioca] manioc *m*.

Yucatán npr Yucatan *m*.

yudo, judo ['juðo] sm judo *m*.

yudoca, judoka [ju'ðoka] smf judoka *mf*.

yugo sm joug *m*.

yugular adj & sf jugulaire.

yunque sm enclume *f*.

yunta sf [de animales] attelage *m* ▸ **yunta (de bueyes, etc.)** paire *f* (de bœufs, etc.) ▸ **hacer (buena) yunta** MÉX *fam* faire bon ménage, bien s'entendre.

yuppie (*pl* **yuppies**) smf yuppie *mf*.

yute sm jute *m*.

yuxtaponer [65] vt juxtaposer.
◆ **yuxtaponerse** vprnl se juxtaposer.

yuxtaposición sf juxtaposition *f*.

yuxtapuesto, ta pp ⟶ **yuxtaponer**.

yuyería sf RP herboristerie *f*.

yuyo sm CSUR **1.** [hierbajo] mauvaise herbe *f* **2.** [hierba medicinal] plante *f* médicinale.

Z

z, Z ['θeta] sf [letra] z *m inv*, Z *m inv*.
zafacón sm AM poubelle *f*.
zafado, da adj & sm, f **1.** ANDES RP [descarado] effronté(e) **2.** AM [loco] fou (folle).
zafar ❖ vt NÁUT [soltar] défaire, dégager / *zafar un ancla* dégager une ancre. ❖ vi RP *fam* [salir bien parado] s'en tirer / *zafamos de milagro* on l'a échappé belle.
◆ **zafarse** vprnl **1.** [escaparse] se sauver, s'échapper **2.** [librarse] se dérober **3.** MÉX [articulación] se démettre, se déboîter. ◆ **zafarse de** vprnl + prep **1.** [persona] se débarrasser de **2.** [obligación] se libérer de, esquiver, éviter / *zafarse de un compromiso* se libérer d'un engagement / *zafarse de una pejiguera* esquiver une corvée.
zafarrancho sm **1.** NÁUT branle-bas *m inv* ▸ **zafarrancho de combate** MIL branle-bas de combat **2.** *fig* [riña] bagarre *f*.
zafiedad sf grossièreté *f*.
zafio, fia adj grossier(ère).
zafiro sm saphir *m*.
zaga sf DEP arrières *mpl* ▸ **ir a la zaga** être à la traîne ▸ **no irle a la zaga a alguien** *fig* n'avoir rien à envier à qqn.
zagal, a sm, f *desus* **1.** [muchacho] jeune homme *m*, jeune fille *f* **2.** [pastor] pâtre *m*, bergère *f*.
zaguán sm entrée *f*.
zaherir vt [maltratar] blesser ; [ofender] mortifier.
zahorí (*pl* **zahoríes** o **zahorís**) smf **1.** [de agua] sourcier *m*, -ère *f* **2.** *fig* [persona sagaz] ▸ **es un zahorí** on ne peut rien lui cacher.
zaino, na adj **1.** [caballo] zain *(inv)* **2.** [res] noir(e).
Zaire npr Zaïre *m*.
zaireño, ña ❖ adj zaïrois(e). ❖ sm, f Zaïrois *m*, -e *f*.
zalamería sf *(gen pl)* flatterie *f*.
zalamero, ra adj & sm, f enjôleur(euse).
zamarra sf blouson *m* (fourré).
Zambia npr Zambie *f*.
zambo, ba adj & sm, f **1.** [de piernas torcidas] cagneux(euse) **2.** AM [mestizo] *enfant de Noir et d'Indienne ou l'inverse*.
zambomba ❖ sf MÚS *tambour percé d'une baguette*. ❖ interj ▸ **¡zambomba!** *fam* dis donc !
zambombazo sm **1.** [explosión] détonation *f* **2.** *fam* [porrazo] grand coup *m* ▸ **pegarse un zambombazo** se flanquer un coup.
zambra sf **1.** [fiesta] zambra *f (fête gitane qui réunit chanteurs, danseurs et musiciens flamencos)* **2.** *fig* [algazara] tapage *m*.
zambullida sf plongeon *m* ▸ **darse una zambullida** *fam* [mar, lago] piquer une tête.
zambullir vt plonger.
◆ **zambullirse** vprnl ▸ **zambullirse en a)** [agua] plonger dans **b)** [actividad] se plonger dans.
Zamora npr Zamora.
zamorano, na ❖ adj de Zamora *(en Espagne)*. ❖ sm, f *natif ou habitant de Zamora*.
zampar vt *fam* **1.** [atiborrarse] avaler, bouffer **2.** AM [meter] ficher **3.** AM [decir] sortir.
◆ **zamparse** vprnl *fam* s'enfiler.
zanahoria ❖ sf carotte *f*. ❖ smf ANDES RP VEN [persona] andouille *f*.
zanca sf [de ave] patte *f*.
zancada sf enjambée *f*.
zancadilla sf ▸ **poner una o la zancadilla a alguien a)** [hacer tropezar] faire un croche-pied à qqn **b)** *fig* [engañar] tendre un piège à qqn **c)** [dificultar] mettre des bâtons dans les roues à qqn.
zancadillear vt ▸ **zancadillear a alguien a)** faire un croche-pied à qqn **b)** *fig* tirer dans les pattes de qqn.
zanco sm échasse *f*.
zancudo, da adj **1.** [persona] qui a de longues jambes **2.** [animal] haut(e) sur pattes ▸ **un ave zancuda** un échassier. ◆ **zancudas** sfpl ZOOL échassiers *mpl*.
◆ **zancudo** sm AM ZOOL moustique *m*.
zanganear vi *fam* flemmarder.
zángano, na sm, f *fam* flemmard *m*, -e *f*.
◆ **zángano** sm ZOOL faux bourdon *m*.
zanja sf tranchée *f*.
zanjar vt [asunto, discusión] trancher ; [dificultad, problema] résoudre.
zapallito sm CSUR BOT courgette *f*.
zapallo sm **1.** ANDES RP BOT [calabaza] calebasse *f* **2.** RP *fam* [bobo] courge *f*, andouille *f*.
zapapico sm pioche *f*.
zapata sf **1.** [cuña] taquet *m* **2.** [de freno] mâchoire *f*.
zapateado sm zapateado *m* ; *danse espagnole rythmée par des coups de talon*.
zapatear vi taper des pieds ; MÚS *marquer le rythme en donnant des coups de talon*.
zapatería sf **1.** [oficio] chaussure *f* **2.** [taller] cordonnerie *f* **3.** [tienda] magasin *m* de chaussures.

zapatero, ra sm, f **1.** [fabricante, vendedor] chausseur *m* **2.** [reparador] ▸ **zapatero (de viejo o remendón)** cordonnier *m*, -ère *f* ▸ **¡zapatero a tus zapatos!** *fig* occupe-toi de tes affaires !

zapatilla sf **1.** [gen] chausson *m* **2.** [calzado] ▸ **zapatilla de ballet** chausson de danse ▸ **zapatilla (de deporte)** chaussure *f* de sport, tennis *m ou f* **3.** MÉX [de tacón] escarpin *m* à talon.

zapatismo sm zapatisme *m*.

zapatista adj & smf zapatiste.

zapato sm chaussure *f* ▸ **saber dónde le aprieta el zapato** *fig* savoir où le bât blesse.

zapear vi zapper.

zapeo sm zapping *m*.

zapoteca ◆ adj zapotèque. ◆ smf Zapotèque *mf*.

zapping sm inv zapping *m* ▸ **hacer zapping** zapper.

zar sm tsar *m*.

zarabanda sf sarabande *f*.

Zaragoza npr Saragosse.

zaragozano, na ◆ adj saragossain(e). ◆ sm, f Saragossain *m*, -e *f*.

zaranda sf crible *m*.

zarandajas sfpl *fam* balivernes *fpl*.

zarandear vt [sacudir] secouer. ◆ **zarandearse** vprnl **1.** [dar bandazos] se balancer **2.** AM [contonearse] se dandiner.

zarandeo sm **1.** [sacudidas] secousses *fpl* **2.** [empujón] : *después del zarandeo, le robaron* après l'avoir malmené, ils l'ont volé **3.** AM [contoneo] dandinement *m*.

zarcillo sm *(gen pl)* boucle *f* d'oreille.

zarina sf tsarine *f*.

zarismo sm HIST tsarisme *m*.

zarista adj & smf tsariste.

zarpa sf griffe *f*.

zarpar vi appareiller.

zarpazo sm coup *m* de griffe.

zarrapastroso, sa ◆ adj [vestido, traje] en lambeaux. ◆ sm, f [persona] clochard *m*, -e *f*.

zarza sf ronce *f*.

zarzal sm ronces *fpl*.

zarzamora sf [fruto] mûre *f* ; [arbusto] mûrier *m*.

zarzaparrilla sf salsepareille *f*.

zarzuela sf **1.** MÚS zarzuela *f (opérette espagnole)* **2.** CULIN *plat de poisson et coquillages en sauce.*

zas interj ▸ **¡zas!** vlan !

zascandil sm *fam* [enredador] fouineur *m*.

zascandilear vi *fam* [curiosear] fouiner, mettre son nez partout.

zen adj inv & sm zen.

zenit = **cenit**.

zepelín sm zeppelin *m*.

zigoto = **cigoto**.

Zarzuela

La **zarzuela** est une œuvre dramatique et musicale dont le thème est généralement léger, et dans laquelle chant et danse alternent avec des dialogues parlés. Les premières **zarzuelas** datent du XVIIe siècle et doivent leur nom au petit palais de la Zarzuela, ainsi appelé à cause de la multitude de buissons (**zarzas**) présents aux alentours. Tombées un peu dans l'oubli au cours du XVIIIe siècle, les **zarzuelas** réapparaissent, atteignant leur apogée au début du XXe siècle.

El Palacio de la Zarzuela

Le palais de la **Zarzuela**, près de Madrid, est la résidence officielle de la famille royale espagnole. Les médias appliquent aussi cette expression au roi lui-même ou à la monarchie espagnole, par exemple : « La **Zarzuela** n'a publié aucun communiqué officiel concernant le prochain voyage du prince héritier. »

zigurat sm ARTE & HIST ziggourat *f*.

zigzag (*pl* **zigzags**) sm zigzag *m*.

zigzagueante adj zigzagant(e).

zigzaguear vi zigzaguer.

zigzagueo sm zigzag *m*.

Zimbabue npr GEOGR Zimbabwe.

zimbabuense ◆ adj zimbabwéen(enne). ◆ smf Zimbabwéen *m*, -enne *f*.

zinc = **cinc**.

zíngaro = **cíngaro**.

zíper sm CAM MÉX fermeture *f* à glissière.

zipizape sm *fam* grabuge *m*.

zócalo sm **1.** [de pared] plinthe *f* **2.** [de pedestal] socle *m* **3.** [de edificio] soubassement *m* **4.** MÉX [plaza] place *f* principale.

zoco sm souk *m*.

zodiac® sf NÁUT Zodiac® *m*.

zodiacal adj zodiacal(e).

zodiaco, zodíaco sm zodiaque *m*.

zombi, zombie smf *pr* & *fig* zombie *m*.

zona sf zone *f* ▸ **zona azul** AUTO zone bleue ▸ **zona catastrófica** zone sinistrée ▸ **zona de urgente reindustrialización** zone d'industrialisation prioritaire ▸ **zona euro** zone euro ▸ **zona franca** zone franche ▸ **zona urbana** agglomération *f* ▸ **zona verde** espace *m* vert.

zonal adj zonal(e).

zonzo, za, sonso, sa adj AM *fam* idiot(e).

zoo sm zoo *m*.

zoofilia sf PSICOL zoophilie *f*.

zoología sf zoologie *f*.

zoológico, ca adj zoologique ; [tratado, tema] de zoologie. ◆ **zoológico** sm ⟶ **parque**.

zoólogo, ga sm, f zoologiste *mf*.

zoom ['θum] (*pl* **zooms**) sm zoom *m*.

zooplancton sm zooplancton *m*.

zopenco, ca adj & sm, f crétin(e).

zoquete ❖ adj & smf abruti(e). ❖ sm CSUR [calcetín] socquette *f*.

zorro, rra ❖ adj ▸ **ser zorro** être rusé comme un renard. ❖ sm, f renard *m*, -e *f* ▸ **un zorro viejo** *fig* un vieux renard ▸ **zorro azul** renard bleu. ◆ **zorra** sf **1.** *fam* & *despec* [ramera] garce *f* **2.** RP [remolque] remorque *f*. ◆ **zorro** sm [piel] renard *m*. ◆ **zorros** smpl [utensilio] *petit balai servant à épousseter les meubles* ▸ **estar hecho unos zorros a)** *fam* [cansado, maltrecho] être lessivé **b)** [enfurecido] être furax.

zorzal sm CHILE [tonto] nigaud(e).

zozobra sf *fig* angoisse *f*.

zozobrar vi **1.** NÁUT sombrer, faire naufrage **2.** *fig* [fracasar] échouer ; [negocio] couler.

zueco sm [zapato] sabot *m*.

zulo sm planque *f*, cache *f*.

zulú (*pl* **zulúes** o **zulús**) ❖ adj zoulou(e). ❖ sm, f Zoulou *m*, -e *f*.

zumbado, da adj & sm, f *fam* cinglé(e).

zumbador sm sonnette *f*.

zumbar ❖ vi **1.** [abeja] bourdonner ; [motor] ronfler / *me zumban los oídos* j'ai les oreilles qui bourdonnent **2.** *fam* & *fig* [correr] filer. ❖ vt *fam* [pegar] ▸ **zumbar a alguien** flanquer une raclée à qqn.

zumbido sm [de abeja] bourdonnement ; [de motor] ronflement *m*.

zumbón, ona ❖ adj *fam* moqueur(euse). ❖ sm, f *fam* blagueur *m*, -euse *f*.

zumo sm jus *m* ▸ **zumo de naranja** jus d'orange.

zurcido sm **1.** [acción] reprisage *m* **2.** [remiendo] reprise *f*.

zurcidor, ra sm, f retoucheur *m*, -euse *f*.

zurcir [12] vt repriser ▸ **¡anda y que te zurzan!** *fam* & *fig* va te faire cuire un œuf !

zurdazo sm DEP **1.** [con balón] tir *m* du gauche **2.** [boxeo] gauche *m*.

zurdo, da ❖ adj **1.** [mano, ojo, etc.] gauche **2.** [persona] gaucher(ère). ❖ sm, f [persona] gaucher *m*, -ère *f*. ◆ **zurda** sf **1.** [mano] main *f* gauche **2.** [pie] pied *m* gauche.

zurra sf *fam* raclée *f*.

zurrar vt **1.** [piel] tanner **2.** *fam* [pegar] ▸ **zurrar a alguien** flanquer une raclée à qqn.

zurrón sm gibecière *f*.

zurullo sm *vulg* [excremento] merde *f*.

zurza ⟶ **zurcir**.

zutano, na sm, f Untel *m*, Unetelle *f*.

Imprimé par La Tipografica Varese Srl, Varese - Italie
Dépôt légal : Février 2014 - 316256/03
N° de projet : 11037458 – Novembre 2017

San Diego
Phoenix
110°0
Mexicali
Tijuana
Ensenada
Camalo
S. Quintín
El Rosario
S. Luis
S. Felipe
Pico del Diablo
3 100 m
Pto. Peñasco
Desierto de Altar
ESTADOS UNI
El Paso
Nogales
Caborca
Cananea
Magdalena
Santa Ana
Agua Prieta
Ciudad Juárez
Casas Grandes
Nuevo Casas Grandes
Bavispe
30°N
Desemboque
Sta. Inés
BAJA CALIFORNIA NORTE
Golfo de California
SONORA
Bravo
Río Grande
Ojinaga
Bahía de los Ángeles
Isla Tiburón
Isla Cedros
Hermosillo
CHIHUAHUA
Ciudad Acuña
Guerrero Negro
Baja California
Yaqui
La Junta
Chihuahua
Conchos
Santa Rosalía
Guaymas
Empalme
Ciudad Obregón
Bocoyna
Creel
Cuauhtémoc
Delicias
S. Ignacio
Nueva Rosi
Sabina
Navojoa
Álamos
Camargo
Sierra
Huatabampo
El Fuerte
Fuerte
Hidalgo del Parral
Altas
Monclova
Loreto
S. Javier
Ligui
COAHUILA
Sierra Madre occidental
Santo Domingo
BAJA CALIFORNIA SUR
Los Mochis
Guasave
Gómez Palacio
Torreón
Nazas
Matamoros
Saltillo
OCÉANO
Santa Rita
San Juan de la Costa
Culiacán
Trópico de Cáncer
Costa Altata
La Paz
DURANGO
El Dorado
SINALOA
mesetas
Durango
Concepción de Oro
Todos Santos
Sombrerete
ZACATECAS
Marmol
Mazatlán
PACÍFICO
San José del Cabo
Cabo San Lucas
Chametla
Fresnillo
Zacatecas
Acaponeta
La Quemada
Novillero
NAYARIT
AGUASCALIENTES
Tuxpan
Aguascalientes
Islas Marías
20°N
Tepic
Zapopan
León
Puerto Vallarta
Irapuato
Cabo Corrientes
Guadalajara
JALISCO
Lago de Chapala
Jalisco
Uruapan del Progreso
Archipiélago Revillagigedo
COLIMA
Volcán Paricutín 3 170 m
Apatzingán
Manzanillo
Colima
Tecomán
MICHOACÁN
Sierra
Lázaro Cárdenas
Ecatepec
Tlalnepantla
Teotihuacán
Nezahualcóyotl
Naucalpan
MÉXICO
DISTRITO FEDERAL
Toluca de Lerdo
Popocatépetl
200 km